〈몽테뉴 초상화〉 다니엘 뒤몽스티에. 1578년 무렵

프랑스 왕실 법무원

▲〈샤르트르 포위전〉 1568. 몽테뉴는 포위전에 가담하지 않았다.

▶샤르트르 포위전에서 무공을 세운 앙리 드 기즈 공

▶▶전쟁이 일어나기 2년 전에 태어난 몽테뉴의 여자 친구 그르네

몽테뉴 동상 프랑스 파리

Michel de Montaigne
LES ESSAIS
몽테뉴 수상록
몽테뉴/손우성 옮김

동서문화사

이 책을 읽는 이에게

    이 책을 읽는 이여, 여기 이 책은 성실한 마음으로 썼음을 밝힌다. 이 작품은 처음부터 내 집안일이나 개인적인 일을 말해 보는 것밖에는 다른 어떤 목적도 없었음을 말해 둔다. 이것은 추호도 나의 선대를 위해서나 내 영광을 생각해서 한 일은 아니다. 그것은 내 힘에 겨운 일이다. 다만 나의 집안들이나 친구들의 편의를 도모하기 위한 것으로, 내가 세상을 떠난 뒤에 (오래잖아 그렇게 되겠지만) 그들이 내 어떤 모습이나 기분의 몇 가지 특징을 이 책에서 찾아보며, 나에 대해 알고 있는 지식을 더 온전하고 생생하게 간직하도록 하려는 것이다.
    이것이 세상 사람들의 호평을 사기 위한 것이었다면, 나는 자신을 좀 더 잘 장식하고 조심스레 연구해서 내보였을 것이다. 모두 여기 생긴 그대로의 자연스럽고 평범하고 꾸밈없는 나를 보아주기를 바란다. 왜냐하면 내가 묘사하는 것은 나 자신이기 때문이다. 내 결점들이 여기에 있는 그대로 나온다. 터놓고 보여줄 수 있는 한도에서 타고난 그대로의 내 생김을 내놓았다. 만일 내가 아직도 대자연의 태초의 법칙 아래 감미로운 자유를 누리며 살고 있는 국민 속에서 태어났다면, 나는 기꺼이 자신을 통째로 적나라하게 그렸으리라는 것을 장담한다.
    그러니 이 책을 읽는 이여, 여기서는 나 자신이 바로 내 책의 재료이다. 이렇게도 경박하고 헛된 일이니, 그대가 한가한 시간을 허비할 거리도 못 될 것이다. 그러면 안녕.

1580년 3월 1일
몽테뉴

몽테뉴 수상록
차례

이 책을 읽는 이에게

제1권
　　1 인간은 여러 가지 방법으로 똑같은 결과에 도달한다 … 15
　　2 슬픔에 대하여 … 19
　　3 우리들의 감정은 세상 너머에까지 이른다 … 22
　　4 진실한 목표가 없는 심령이 그릇된 목표에 정열을 쏟는 모습 … 30
　　5 포위당한 요새의 장수가 적과의 강화를 위해 성을 나간다면 … 32
　　6 협상하기에 위험한 때 … 35
　　7 생각이 우리들의 행동을 판단한다 … 37
　　8 나태에 대하여 … 39
　　9 거짓말쟁이들에 대하여 … 40
　　10 빠른 말법과 느린 말법 … 46
　　11 예언에 대하여 … 48
　　12 불굴(不屈)에 대하여 … 52
　　13 제왕들의 회견 의식 … 55
　　14 선악의 취미는 대부분 우리의 생각에 달려 있다 … 56
　　15 당치 않게 한 요구를 지키다가는 벌을 받는다 … 77
　　16 비겁함의 처벌에 대하여 … 78
　　17 어떤 대사들의 특징 … 79
　　18 공포심에 대하여 … 82
　　19 사람의 운은 죽은 뒤가 아니면 판단하지 못한다 … 85
　　20 철학에 마음을 쏟는 것은 죽는 법을 배우는 일이다 … 88

21 상상력에 대하여 … 107
22 한 사람에게만 이로운 것은 다른 사람에게 해롭다 … 118
23 습관에 대하여, 그리고 이어받은 법을 쉽사리 변경하지 않음에 대하여 … 119
24 같은 결심에서 일어나는 여러 가지 다른 결과 … 137
25 학식이 있음을 자랑함에 대하여 … 147
26 아이들의 교육에 대하여 … 161
27 우리들의 능력으로 진위를 가린다는 것은 어리석은 수작이다 … 199
28 우정에 대하여 … 204
29 에티엔 드 라 보에티의 짧은 시 스물아홉 편 … 219
30 절도(節度)에 대하여 … 220
31 식인종에 대하여 … 225
32 거룩한 절차의 비판에는 참견을 조심할 것 … 240
33 생명이 아깝거든 감각적 탐락을 피할 것 … 242
34 운은 가끔 이성의 움직임과 같다 … 244
35 정치의 결함에 대하여 … 248
36 옷 입는 습관에 대하여 … 249
37 작은 카토에 대하여 … 253
38 우리는 같은 일로 울기도 웃기도 한다 … 258
39 고독함에 대하여 … 261
40 키케로에 대한 고찰 … 274
41 자신의 영광을 양보하지 말 것 … 281
42 우리들 사이에 있는 불평등에 대하여 … 283
43 사치 단속법에 대하여 … 295

44 잠에 대하여 … 297

45 드뢰 전투에 대하여 … 299

46 이름에 대하여 … 300

47 판단력의 불확실성에 대하여 … 306

48 군마에 대하여 … 313

49 옛 관습에 대하여 … 322

50 데모크리토스와 헤라클레이토스에 대하여 … 327

51 언어의 허영됨에 대하여 … 331

52 옛사람들의 인색에 대하여 … 334

53 카이사르의 말 한마디 … 335

54 헛된 묘기에 대하여 … 337

55 냄새에 대하여 … 340

56 기도에 대하여 … 342

57 나이에 대하여 … 353

제2권

1 우리 행동의 줏대 없음에 대하여 … 356

2 술주정에 대하여 … 364

3 케아섬의 풍습에 대하여 … 374

4 사무는 내일로 … 390

5 양심에 대하여 … 392

6 실천에 대하여 … 396

7 명예의 포상에 대하여 … 408

8 아이들에 대한 아버지의 애정에 대하여 … 412

9 파르티인의 무기에 대하여 … 434

10 서적에 대하여 … 437

11 잔인성에 대하여 … 452

12 레이몽 스봉의 변호 … 469

13 타인의 죽음 판단하기 … 679

14 우리의 정신이 어떻게 스스로를 방해하는가 … 687

15 우리의 욕망은 어려움에 부닥치면 커진다 … 688

16 영예에 대하여 … 695

17 교만에 대하여 … 711

18 반증에 대하여 … 747

19 신앙의 자유에 대하여 … 752

20 우리는 순수한 것이라곤 아무것도 맛보지 못한다 … 757

21 무위도식에 대하여 … 760

22 역마에 대하여 … 764

23 나쁜 수단을 좋은 목적에 사용함에 대하여 … 765

24 로마의 위대성에 대하여 … 770

25 병자를 흉내 내지 말 것에 대하여 … 772

26 엄지손가락에 대하여 … 774

27 비겁은 잔인의 어머니 … 775

28 모든 일에는 저마다 때가 있다 … 786

29 도덕에 대하여 … 789

30 한 기형아에 대하여 … 797

31 분노에 대하여 … 799

32 세네카와 플루타르크의 변호 … 808

33 스푸리나의 이야기 … 815
34 율리우스 카이사르의 전쟁하는 방법에 대하여 … 823
35 세 현숙한 부인에 대하여 … 833
36 가장 탁월한 인물들에 대하여 … 841
37 자손들이 조상을 닮음에 대하여 … 850

제3권
1 유용성과 정직성에 대하여 … 883
2 후회에 대하여 … 900
3 세 가지 사귐에 대하여 … 916
4 기분 전환에 대하여 … 930
5 베르길리우스의 시구에 붙여 … 942
6 역마차에 대하여 … 1013
7 고귀한 신분의 불편함에 대하여 … 1032
8 논변의 기술에 대하여 … 1037
9 허영에 대하여 … 1064
10 자기 의지의 아낌에 대하여 … 1133
11 절름발이에 대하여 … 1160
12 인상에 대하여 … 1172
13 경험에 대하여 … 1206

몽테뉴의 생애와 사상 … 1272
몽테뉴 연보 … 1284
인명 찾아보기 … 1289

일러두기

1. 이 책은 몽테뉴《에세이(Les Essais)》전3권을 완역하여 책 제목을《몽테뉴 수상록》으로 달았다. 텍스트는 *Les Essais, de Michel de Montaigne*, Paris ; Felix Alcan, 1922, 3 vol를 사용했다.
2. 번역문은 가능한 한 우리글로 쉽게 옮겼고, 역주로서 본문의 이해를 돕도록 했다.
3. 몽테뉴가 인용한 그리스 고전의 시구나 인용문은 되도록 의역을 피했고 지은이를 괄호 속에 밝혔다.
4. 끝에 세목을 넣어 모두를 살펴볼 수 있도록 했다.

제1권

1
인간은 여러 가지 방법으로 똑같은 결과에 도달한다

우리가 누군가를 모욕해서 그의 앙심을 사고 그의 손에 잡혀 꼼짝 못 하게 된 경우, 그의 마음을 누이는 가장 보편적인 방편은 그저 그 앞에 굴복하여 가련하고 측은하게 보이거나 그의 동정심을 일으키는 일이다. 그러나 이와 반대로 담력으로 굳은 지조를 보여 같은 효과를 얻는 수도 있다.

영국 황태자 에드워드는 그렇게 오랫동안 우리 귀엔 지방을 통치했다. 그 성품과 삶에도 훌륭한 점들이 많았던 그였지만, 일단 리모주인으로부터 몹시 큰 모욕을 받은 다음부터는 그들의 도시를 무력으로 함락시키고, 시민들을 여자나 어린애 할 것 없이 무지하게 도살했다. 살려 달라고 발밑에 엎드려 울부짖어도 그의 분노를 막을 도리가 없었는데, 때마침 거리를 지나다 프랑스 귀족 세 사람이 생각도 못 할 용맹함으로 승전군에 맞서 싸우는 것을 보게 되었다. 이렇게도 훌륭한 용덕을 보자 그는 경외와 존경의 마음이 들어 분노의 기세가 꺾였고, 이 세 사람을 비롯한 이 도시의 모든 주민들에게 자비심을 보였다.

에피로스 공 스칸데르베그는 자기 부하 병사 한 사람을 죽이려고 쫓아갔다. 그때 이 병사는 에피로스 공의 마음을 달래어 보려고 갖은 탄원으로 공손히 애걸해 보아도 소용이 없자, 궁지에 몰린 나머지 악이 나서 칼을 뽑아 들고 기다리기로 작정했다. 그러자 이 굳은 결심을 본 그의 윗사람은 그만 분한 마음을 풀고, 그 장한 태도를 가상히 여겨 도리어 그를 총애하게 되었다. 에피로스 공의 경탄할 만한 힘과 용기에 관한 이야기를 읽어보지 않은 사람들은 이 일을 다르게 해석할지도 모른다.

콘라드 3세가 겔프 당인 바바리아 공(公)의 도성을 공격했을 때, 공이 아무리 천하고 비굴한 조건으로 그의 환심을 사려고 애써도 황제는 들어주질 않았다. 황제가 허용한 것은 단지 그 도성 안에 공과 함께 포위당해 있는 귀부인들이 직접 짊어질 수 있는 한도로 짐을 짊어지고 도보로 떠나라는 것이며, 여인들의 신변 또한 보장하겠다고 했다. 그 여인들은 자신들의 남편, 자녀, 그리고 공(公)까지도 어깨에 짊어지고 떠나기로 결심했다. 황제는 이들의 장한 용기를 보고 매우 기뻐하여 감격한 나머지 눈물을 흘리며, 그렇게 치가 떨리도록 미워하던 공에 대한 적개심도 풀고, 그때부터 공과 그 신하들을 다정하게 대접했다.

나 같으면 이 두 가지 방법의 어느 것에라도 쉽사리 넘어갈 것이다. 나는 자비심과 너그럽고 후덕한 마음씨에 아주 약하기 때문이다. 어떻든 내 생각으로는 존경심보다도 동정심으로 인해 더 쉽게 넘어갈 것 같다. 그러나 스토아학파는 연민을 악덕한 심정으로 생각한다. 그들은 불행한 자들을 구해 주려고는 하지만 마음을 굽혀 그들을 동정하려고는 하지 않는다.

그런데 내게는 이런 사례들이 더 당연한 일로 보인다. 더욱이 이런 인물들이 이 두 방법으로 공격당하고 시련을 겪으며, 한 방법에는 요지부동으로 버티다가도 다른 방법에는 굴하고 마니 말이다. 남의 딱한 사정을 보고 마음이 약해지는 일은 안일을 탐하고 세상을 달게 보며 마음이 무른 탓으로, 그 때문에 더 약한 성질을 가진 여자나 어린애나 속인들이 그편으로 더 끌리게 된다. 그러나 울부짖고 애걸하는 수작은 경멸하면서 단지 용감한 덕성의 거룩한 모습 앞에서만 존경심으로 수그러지는 것은, 마음이 굴하지 않는 성미이며 완강하고 씩씩한 정기를 사랑하는 데서 온다고 말할 수 있다.

그렇지만 그렇게 용맹하거나 너그럽고 후덕하지 못한 사람에 대해서도, 경탄의 심정이 같은 효과를 일으키는 수가 있다. 테베 시민들이 그들의 장수 펠로피다스를, 이미 명령으로 결정된 기한을 넘겨서까지 직권을 계속 행사했다는 죄목으로 사형에 처할 일이라고 재판에 회부했을 때였다. 펠로피다스는 이런 공격이 주는 중압감에 굴하여 그저 자기 사정을 잘 조사해 달라고 탄원하는 일밖에 다른 변명을 늘어놓지 못하여 간신히 형벌을 모면했다. 그런데 에파미논다스는 그와 반대로 용감하게 나서서, 자기가 성취한 공적을 당당하고 거만한 태도로 설파하면서 인민들을 책망하고는 투표 의사봉을 손에 들지도 않았다. 그러자 참석한 사람들은 그의 자신만만한 위풍을 극구 칭찬하며 소송을 포기했다.

대(大) 디오니시우스는 극도의 어려움을 겪어 가며 오랜 시일에 걸쳐 레기움 시를 공략했을 때, 이 도시를 그렇게도 완강하게 방어해 온 품위 있는 위대한 장수 퓌톤을 사로잡고, 본보기로 그에게 비극적인 복수를 가하려고 했다. 그는 먼저 퓌톤에게 전날 그의 아들과 친척들을 물에 던져 빠져 죽게 한 경위를 말하게 했다. 그러자 퓌톤은 단지, 죽은 자들이 자기보다 고작 하루 정도 더 행복했다고만 대답했다. 다음에 디오니시우스는 이 패장의 옷을 벗기고 지극히 수치스럽고도 잔인하게 매질을 하게 한 뒤, 거리로 끌고 나가 모욕적인 더러운 욕설을 퍼붓게 했다. 그러나 그는 끝내 용기를 잃지 않았다. 오히려 태연한 얼굴로 자기 죽음이 명예롭고 영광스러운 이유를 소리 높이 외치며, 자기가 조국을 폭군의 손에 넘기지 않으려고 애쓴 것을 말하고는 머잖아 이 폭군에게 신들의 벌이 내릴 것이라고 위협했다. 이때 디오니시우스는 자기 군사들의 눈을 보았는데, 이 패장의 도발적인 언동에 격분하는 것이 아니라 오히려 자기네 수령과 그의 승리를 경멸하고, 패장의 고귀한 덕성에 경탄하여 마음이 약해져서 반란을 일으킬 궁리를 하며, 헌병들의 손에서 퓌톤을 탈출시킬 생각까지 하는 것을 알게 되었다. 그래서 그는 악형을 중지시키고 몰래 그를 바다에 던져 빠져 죽게 했다.

참으로 인간이란 헛되고 가지각색이며 변하기 쉬운 존재이다. 그러기에 어떠한 견실하고 고른 판단을 세우기가 쉽지 않다. 폼페이우스를 보면, 그는 마메르티움 시 사람들에게 극도로 격분했다가, 제논이라는 시민의 장한 마음씨와 덕성을 보고 시민 전체를 용서했었다. 제논은 공공의 책임을 자기가 지고 혼자 형벌을 받겠다는 것밖에 다른 용서는 구하지 않았던 것이다. 그런데 쉴라의 손님은 페르시아에서 똑같은 덕성을 보였지만 자기를 위해서나 남을 위해서나 아무것도 얻지 못했다.

그리고 먼저 든 사례들과는 완전히 다른 인간 중에서 가장 용감하고 피정복자에게 누구보다 너그럽고 후덕했던 알렉산드로스는, 치열한 공방을 겪으며 가자(Gaza)의 도성을 공략한 후, 그 도성을 지키던 베티스를 만났다. 그는 이 인물의 용맹에 관한 놀라운 증거를 공격전에서 뼈저리게 느꼈다. 그때 그는 자기 부하들에게서 버림받고, 무기는 빼앗겼으며, 상처로 피투성이가 되어서도 사방에서 밀려드는 마케도니아 군대의 한복판에서 싸우고 있었다. 알렉산드로스는 이 싸움에서 당한 다른 손해보다도 두 군데나 자기 몸에 상처를 입었기 때문에 이렇게도 비싸게 얻은 승리에 아주 화가 나서, 그에게 이렇게 말했다. "너는 네 소원대로 죽지는 못할 것이다. 베티스, 너는 포로된 자가 받을 수 있는 온갖 고난을 모두 당할 것이다."

그래도 이자는 움찔하지도 않고 건방지고 오만한 태도로 이 위협에 대꾸조차 하지 않았다. 알렉산드로스는 그의 거만하고 고집스러운 침묵을 보고 "무릎도 안 꿇는다? 살려달라는 애원도 하지 않는다? 좋다. 네놈의 다문 입이 열리도록 하겠다. 네가 말을 하지 않으면 적어도 신음 소리라도 내게 하겠다" 하며, 분한 김에 악이 나서 그의 발꿈치를 꿰어 산 채로 수레에 매어달고 끌고 다녀 사지를 산산조각나게 했다.

알렉산드로스에게는 이런 용맹함이 대수롭지 않은 일이며, 감탄할 거리가 되지 못하기 때문에, 베티스를 존경하고 싶은 생각도 나지 않았던 것일까? 또는 용감성을 자신의 전유물로 생각하여, 이렇게도 오만한 용기가 자기 아닌 다른 자에게 있음을 시기하는 울분에서 용서할 수 없었던 것일까? 아니면 그의 분노가 맹렬했기 때문에 자기에게 대항하는 자를 참고 볼 수 없었던 것일까?

그가 이 분노를 억제할 수 있었다면 그는 테베시를 함락시키고 무찔러 나갈 때, 용감한 많은 사람이 조국을 방어할 수 없어 잔혹하게 칼에 찔려 죽는 것을 보고는, 그 분노를 억제할 수 있었을 것이다. 왜냐하면 여기에서 적어도 6천 명은 죽었으며, 그중 한 명도 도망치거나 용서를 구하기는커녕 여기저기 거리 모퉁이에서 승리하는 적에 대항해 자기들의 영광스러운 죽음의 길을 찾아 싸웠기 때문이다. 아무리 심한 부상을 입은 자라도 마지막 숨을 거두는 순간까지 복수하려고 기를 쓰며 절망의 무기를 들었고, 죽음을 지켜보며 자신의 죽음에 대해 위안을 얻으려고 하지 않는 자가 없었다. 그런데 그들의 용감성은 이 재난을 피하지 못했으며, 알렉산드로스의 복수심을 만족시키는 데는 하루 종일도 모자랐다. 이 살육은 마지막 한 방울의 피가 떨어질 때까지 계속되었고, 마침내 무장하지 않은 사람들, 늙은이, 부녀자, 어린아이 등 3만 명이 노예로 끌려가고야 끝이 났다.

2
슬픔에 대하여

나는 이 감정에서 크게 자유롭다. 비록 사람들은 마치 정가를 매겨놓은 것처럼 특별한 기호를 가지고 이 슬픔이라는 감정을 존중하는 일이 있지만, 나는 이것을 좋아하지도 존중하지도 않는다. 사람들은 이것으로 예지·도덕·양심에 옷을 입힌다. 어리석고 추악한 속임수이다. 이탈리아 사람들은 그럴듯하게 이 낱말에 흉악하다는 뜻을 붙였다. 왜냐하면 이 심정은 언제나 해롭고 예측할 수 없기 때문이다. 그리고 스토아학파는 이것을 겁 많고 비굴한 소질이라고 보며, 그 파의 학자들에게 이 감정을 금하고 있다.

이런 이야기가 있다. 이집트 왕 프삼메니토스가 페르시아의 왕 캄비세스에게 패하여 잡혔을 때, 사로잡힌 자기 딸이 노예복을 입고 물을 길어 가느라 앞을 지나치는 것을 보고는, 친구들은 주위에서 모두 울부짖는데도 그는 땅만 내려다보며 말없이 꼼짝 않고 있었다. 그리고 조금 있다가 또 자기 아들이 죽음의 길로 끌려가는 꼴을 보고도 똑같은 모습을 하고 있었다. 그런데 그의 부하 하나가 끌려가는 포로들 속에 있는 것을 보고는 머리를 치며 대성통곡하더라는 것이다.

이와 비슷한 이야기로, 최근에 프랑스 태공 한 사람이 트리엔트에 있을 때, 자기 맏형이 죽었다는 소식을 들었다(그 형은 온 집안의 기둥이며 영광이며 얼굴이다). 그리고 얼마 뒤에 그는 둘째로 희망을 두던 동생의 부고를 듣고도 굳은 마음으로 버티며 견디어 냈는데, 며칠 뒤에 한 하인이 죽자, 이 마지막 변고에는 마음을 억제하지 못하고 슬퍼하며 안타까워했다. 이를 보고 어떤 사람은 그가 이 마지막 충격에만 마음이 움직인 것이라고 말했다. 그러나 사실인즉, 그는 슬픔이 차서 넘치게 된 형편에 있다가 그 위에 일이 더 덮쳐옴으로써, 그의 참을성의 한계가 무너졌던 것이다.

우리 이야기도 다음 말을 첨가하지 않아도 똑같이 판단된다(고 나는 생각한다). 그것은 캄비세스가 프삼메니토스를 보고, 어째서 그가 아들딸의 불행에는 마음이 격하지 않고 있다가 부하의 불행은 참아 내지 못했느냐고 묻자, "이 마지막 불행은 눈물로 마음속이 표현되지만, 처음의 두 사건은 마음속을 표현할 한계를 넘은 것이오"라고 대답했다는 것이다.

  아마도 저 고대 화가의 착상도 이런 경우와 일치할 것이다. 그는 이피게니아가 희생되는 장면에 참석한 인물들의 슬퍼하는 표정을, 각자 이 죄 없는 예쁜 소녀의 죽음에 대해서 갖는 관심의 정도에 따라 예술의 극치를 다하여 그린 다음에, 이 소녀의 부친에 이르러서는 마치 어떠한 표정으로도 슬픔을 표현할 수 없는 것같이 그 얼굴을 덮어서 그려 놓았다. 바로 이런 까닭으로, 시인들은 저 가련한 어미 니오베가 아들 일곱을 먼저 잃고 나서 연달아 같은 수의 딸을 잃었을 때, 이 가혹한 일을 당하고는 그만 돌로 변하고 만 것을 보여주고 있다.

    그 여인은 슬픔에 젖어 돌이 되었다.　　　　　　　　　(오비디우스)

  이는 어떤 참변이 사람이 참아 낼 수 있는 한계를 넘어 충격적일 때, 우리가 겪는 '저 멍청하니 말문이 막히고 귀가 멍하도록 넋을 잃은 심정'을 묘사하는 것이다.
  비참한 일을 참는 것은 극도에 달하면 사람의 정신 전체를 뒤집어엎고, 그 행동의 자유를 잃게 할 것이다. 그것은 우리가 몹시 언짢은 소식을 듣고 놀랐을 때, 몸이 얽매여 얼어붙듯 하며 모든 동작이 오그라져 붙었다가, 눈물과 통곡으로 토해 내면 설움이 한꺼번에 쏟아져나와 얽매였던 마음도 풀리고 몸도 편해지는 식이다.

    마침내 고통은 간신히 울음에 길을 터준다.　　　　　　(베르길리우스)

  페르디난트 왕이 부다시 주위에서 헝가리 왕 요한네스의 미망인과 싸울 때의 일이다. 그는 독일 장수 라이샤크가 어느 기사(騎士)의 시체를 가져오는 것을 보았다. 그 기사가 이 전투에서 지극히 용감하게 싸우는 것을 보았기 때문에 그는 상심하며 그의 죽음을 슬퍼했다. 그런데 이 장군이 사람들과 함께 그가 누구인가 알아보고 싶은 마음에서 갑옷과 투구를 벗겨 보았더니, 바로 자기 아들이었다. 모두가 이 광경에 울부짖는데도 그 혼자만 아무 소리도 눈물도 없이 서서 눈

하나 까딱 않고 아들의 주검을 응시하다가 끝내는 슬픔을 억제하지 못하고 그대로 빳빳이 굳은 채 땅에 쓰러져 죽었다.

얼마나 속이 타는지 말할 수 있는 사람은 미지근하게 속태우는 것이다.
(페트라르카)

이는 견디지 못할 걱정을 표현하고자 하는 연인들의 말이다.

가여운 신세로다!
사랑은 내 감각마저 빼앗는도다. 그대를 한번 보자.
레스비아여, 나는 얼이 빠져
그대에게 할 말도 나오지 않는도다.
혀는 굳어지고 미묘한 불길이 온몸에 퍼져
귀가 울리고 눈이 멀어지기 때문이다.
(카툴루스)

이와 같이 격렬하게 불타 버리는 듯한 정열의 발작에는 비탄이나 말을 늘어놓기가 적합하지 않다. 그런 때에는 마음은 심각한 생각으로 무거워지고 몸은 치우쳐 사랑에 녹아 버린다.

어떤 때는, 그래서는 안 될 시각임에도 우발적인 무기력 상태가 생겨나고, 극도에 달한 열기에 사로잡힌 애인들을 얼리어 재미를 보려는 좋은 기회를 허사가 되게 한다. 실컷 마음 놓고 맛보게 하는 정열은 대수롭지 않는 정열에 지나지 않는다.

가벼운 근심은 쓸데없이 많은 말을 하게 하고,
깊은 근심은 멍하니 정신을 잃게 한다
(세네카)

뜻밖의 기쁨이 불시에 닥쳐 와도 똑같이 우리들을 놀라게 한다.

> 　내가 가까이 하자, 트로이 병사들이 사방에서
> 　내게 몰려오는 것을 보자, 그때는 혼비백산
> 　황천의 환상에 억눌린 듯
> 　이 광경에 몸은 얼어붙고 체온은 그녀의 골격을 버리며
> 　그녀는 실신하여 쓰러졌다가 얼마 지난 뒤에야
> 　겨우 말문을 열었다.　　　　　　　　　　　　(베르길리우스)

　저 로마의 여인이 칸네의 전투에서 살아 돌아오는 아들을 보고 너무나 기쁜 나머지 격해 죽은 일이나, 너무 좋아서 숨을 거둔 소포클레스와 폭군 디오니시우스, 그리고 로마 상원(上院)이 자기를 표창했다는 소식을 듣고 코르시카에서 죽은 탈바의 이야기는 제쳐놓고라도, 지금 이 시대에도 교황 레오 1세가 그렇게 소원하던 밀라노 함락의 보고를 듣고는 기뻐 날뛰다 죽은 예를 알고 있다. 그리고 인간이 변변치 못하고 졸렬하다는 두드러진 예로, 변증법 학자 디오도르스는 학교에서, 그리고 민중들 앞에서 남이 내놓은 논법을 전개시키지 못했기 때문에, 극도의 수치감에 사로잡혀 그 자리에서 죽어 버린 일이 옛사람들에 의해서 주목되고 있다.
　나는 이런 맹렬한 격정에 사로잡히는 일이 드물다. 나는 천성적으로 감수성이 둔하다. 그리고 날마다 생각으로 거적을 씌워 감수성을 무디게 만들고 있다.

3
우리들의 감정은 세상 너머에까지 이른다

　사람들이 늘 미래의 일을 추구한다고 비난하며, 우리를 향해 '장차 올 일은 지나간 일보다도 훨씬 손에 잡힐 거리가 못 되는 만큼, 현재의 행복을 견지하고 거기에 몸을 안정시키라'고 가르치는 자들이, 만일 여러 다른 일에서와 같이 우리들의 지식보다 행동을 염려하여 이런 그릇된 사상을 주입하고, 우리들 천성이 자기가 낳은 자식의 대를 잇는 데 봉사하기 위해 하는 일을 감히 과오라고 부른다면, 그들은 사람이 가장 저지르기 쉬운 잘못을 범하는 것이다. 우리의 눈은 언제

나 제자리에 있지 않고 늘 저 너머에 있다. 공포나 욕망, 희망 등이 우리들을 늘 미래로 비약시킨다. 그리고 우리들에게 현실에 관한 고찰과 마음을 가리고, 앞으로 올 일, 다시 말하면 우리가 장차 세상을 떠날 날의 일에 관심을 갖게 한다.

앞으로의 일을 근심하는 모든 정신은 불행하다. 〈세네카〉

'네 일을 하고, 너 자신을 알라'는 위대한 교훈은 흔히 플라톤에 인용된다. 이 두 가지가 저마다 대체로 우리의 의무를 포함하고 있으며, 마찬가지로 다른 편을 포함하고 있다. 자기 일을 하려는 자는 먼저 자기가 무엇인가, 그리고 자기에게 적당한 일이 무엇인가를 알아야 한다는 것을 깨달을 것이다. 그리고 자기를 아는 자는 남의 일을 자기 일로 혼동하지 않는다. 그는 무엇보다도 먼저 자기를 사랑하고, 자기를 가꾸며, 쓸데없는 일이나 생각을 제안받기를 거절한다.

미친 사람처럼 망령됨은 그 소원하는 것을 주어도 만족하지 않으나,
예지는 현재 있는 것에 만족하여 결코 자기에게 불만을 품지 않는다.〈키케로〉

에피쿠로스는 현자(賢者)에게 미래에 관한 예측과 걱정을 벗어나게 해 주고 있다.

죽은 자에 관한 계율들 중에, 마음의 앙금에서 비롯된 행동을 그들이 죽은 뒤에 심판하고 있는 율법은 다른 일에도 못지않게 견고한 것으로 보인다.
왕들은 법의 주인은 아닐망정 법의 동무들이다. 정의가 그들 자신에게 가하지 못한 제재를 이 율법이, 우리가 때로는 생명보다 더 중하게 여기는 그들의 명성과 그 후계자들의 재산 위에 가해진다는 것은 당연한 일이다.
이런 풍습은 그 율법을 지키는 국민들에게 대단한 이익을 주는 일이며, 자기 추억이 악인들과 비교되기를 꺼리는 착한 왕들이 지켜 주기를 바랄 만한 일이다.
우리는 모든 왕들에게 똑같이 신하로서 예속되어 복종해야 할 의무가 있다. 왜냐하면 그것은 그들의 직권에 관련되기 때문이다. 그러나 존경심은 애정과 마찬가지로 그들의 선함과 덕에 대해서만 가져 줄 의무가 있다. 그들이 권위를 세

우는 데 우리들의 지지를 필요로 한다면, 국가의 질서를 보아서 그들이 못났어도 꾸준히 참아주고, 그들의 악덕을 감춰 주고, 그들의 별것 아닌 행동도 장한 일로 보이게 도와주자. 그러나 그들과 우리의 인연이 끝났을 때에는 정의와 자유에 우리의 진실한 마음을 표현하는 것을 거절할 이유는 없다. 특히 착한 신하들이 자기 주군의 결점을 너무 잘 알고 있으면서도 존경과 충성을 다하여 그를 섬긴 일을 찬양하지 못하게 할 리는 없다. 그것은 후세에 좋은 본보기를 빼앗는 일이다. 그리고 칭찬할 수 없는 왕을 어떤 사사로운 이유 때문에 옹호하는 자들은 공공의 정의를 해쳐 가며 개인의 정의를 행하는 것이다. 티투스 리비우스가 "왕권 아래에서 자란 자들은 항상 그 말투에 어리석은 허식과 헛된 변명이 가득하며, 모두가 그들의 왕들을 차별 없이 선덕의 극한과 절대적인 위대성 위에 올려놓는다"고 말한 것은 맞는 말이다.

네로에게 맞서 다음과 같이 대답한 두 병사의 담대한 태도를 책망할 수도 있다. 한 사람은 왜 자기를 원망하느냐고 네로가 묻자 "나는 그대가 착했을 때에는 그대를 사랑했소. 그러나 그대가 어버이 살해범이고, 방화범이며, 사기꾼이고 마부 같은 자가 된 뒤로는 그 값어치대로 미워하오"라고 했다. 또 한 사람에게 왜 자기를 죽이려고 했느냐고 네로가 묻자 "그대의 계속되는, 어긋나고 흉악한 행위를 달리 치료할 방법이 없기 때문이오"라고 말했다. 네로의 악랄하고 잔인하며 난폭한 행태는 그가 죽은 뒤에 드러났고, 또 이후로도 영원히 그렇게 표명될 평가를 어느 누가 건전한 정신을 가진 상태에서 감히 책망할 것인가?

라케다이모니아와 같은 거룩한 정치 제도 아래에서 이런 허망한 예법이 있었다는 것은 불쾌한 일이다. 그곳에서는 왕이 죽으면 모든 동맹자들, 모든 이웃 사람들, 모든 천민들 할 것 없이, 남자와 여자가 뒤섞여 애통해하는 표시로 이마를 찧어 상처를 내며 울부짖고, 그가 어떤 자였건 모든 왕들 중에 가장 훌륭한 왕이었다고 말하며, 공적에 바쳐야 할 몫을 지위에 바치고, 제일급의 공로자에 바쳐야 할 찬사를 가장 못난 왕에게도 바친다.

모든 일을 뒤적거려 보는 아리스토텔레스는 "아무도 자기가 죽기 전에는 행복하다고 말할 수 없다"고 한 솔론의 말을 음미하며, "어느 자가 순리대로 살다가 죽은 뒤에, 그의 평판이 나빠지고 그의 후손이 비참하게 되어도, 그를 행복한 사람이라고 말할 수 있는가?" 하고 묻는다. 우리는 움직이고 있는 동안 자기에게 좋을 대로 앞을 내다보며 살아간다. 그러나 한번 존재의 밖에 있게 되면, 현재의 것과는 아무런 연락도 가질 수 없다. 그러면 그가 존재하지 않게 된 이후에만 행복할 수 있을 바에야 사람은 결코 행복할 수 없다고 솔론에게 말하는 편이 나을 것이다.

> 누구를 막론하고
> 자기의 뿌리를 완전히 뽑아서, 인생 밖에 내버리기는 곤란하니,
> 사람은 은근히 자신의 어느 부분이 이승에 머무를 것으로 상상한다.
> 인간은 죽음으로 쓰러진 신체에서 완전히 이탈하여
> 해방되지 못한다.   (루크레티우스)

베르트랑 뒤 게클랭은 오베르뉴의 퓌이 옆 랑콩(랑공) 성의 포위전에서 전사했다. 포위당한 군대는 그가 죽은 다음에 항복하고 성문 열쇠는 죽은 자의 시체 위에 갖다 바쳐야만 했다.

베니스군의 무장(武將) 바르톨로메오 드 알비아노는 브레시아 지방의 전쟁에 출정했다가 전사하여, 그의 시체는 적지 베로나를 지나가야만 했다. 그 군대의 의견 대부분은 베로나 사람들에게 안전히 통과할 수 있도록 청해 보자는 것이었다. 그러나 테오도르 트리불치오가 반대했다. 그러고는 전투의 위험을 무릅쓰고라도 강제로 그 땅을 지날 방안을 택했다. 그는 "알비아노가 살아서 적을 두려워한 일이 없었는데, 죽은 뒤 적을 두려워함을 드러내는 것은 온당치 못하다"고 말했다.

사실 이와 비슷한 일로 그리스법에 의하면 장례를 지내 주려고 적에게 시체를 돌려 달라고 요구한 자는 승리를 포기하는 것이며, 죽은 자를 위해서는 전승비를 세울 수 없었다. 이러한 요구를 받은 자는 승리의 자격을 얻는 것이었다. 그래서 니키아스는 코린토스 사람들에게 전쟁에 이기고도 그 권리를 상실했다. 이와 반대로, 아게실라오스는 보에티아 사람들에 대한 모호했던 승리를 확실한 것으로 만들었다.

우리가 자신을 두고 하는 걱정을 인생의 저 너머에까지 연장시킬 뿐 아니라, 하늘의 은총이 우리 무덤에까지 와서 우리들을 돌보아 주며, 그것이 일부 우리 유해(遺骸)에까지 미친다고 생각하는 것이 인정되어 온 일이 아니라면 이상하게 보일 수도 있을 것이다. 이러한 사례는 우리에 관한 것은 그만두고라도 옛날에도 얼마든지 있었던 일이니 부연할 필요도 없다. 영국의 에드워드 1세는, 스코틀랜드의 로버트왕과의 사이에 일어난 오랜 전쟁에서, 자기가 직접 출전했을 때마다 늘 승리를 거두었다. 때문에 자기가 직접 지휘하는 것이 훨씬 유리하다는 사실을 경험하고는, 죽은 뒤에도 자기의 시체를 삶아서 살과 뼈를 갈라, 살은 묻고 뼈는 잘 보관해 두었다가, 스코틀랜드군과의 대전 때 이 유골을 가지고 출정하라고 아들에게 엄숙히 맹세시켰다. 마치 승리가 운명적으로 자신에게 매여 있다는 식이었다.

얀 지슈카는 비클레프의 과오를 옹호하기 위하여 보헤미아 지방을 동란에 몰아넣은 무장(武將)인데, 자기가 죽거든 껍질을 벗겨 그 가죽으로 장구를 만들어서 전장으로 가져가기를 바랐다. 그는 이것으로 자기가 적을 공격할 때 가졌던 우세가 지속되리라고 믿었다. 아메리카 토인들 중에는, 그들의 장수가 살아 있었을 때의 행운을 생각하여 죽은 뒤에도 그 유골을 들고 스페인군과의 싸움에 나서는 자들도 있었다. 그리고 신대륙의 다른 나라 사람들도 행운을 맞이하고 사기를 돋우려고 전쟁에서 죽은 용감한 전사들의 시체를 싸움터로 끌고 나갔다. 첫 번째 예는 그들이 과거 행동에서 얻은 명성을 무덤에까지 보존하는 데 지나지 않으나, 그다음의 예들은 죽은 뒤에도 행동에 힘이 되어 주기를 바라는 것이다.

베이야르 장군의 행적은 더 훌륭했다. 그가 총격전에서 치명상을 입었을 때 전투에서 물러나라는 주위의 권고를 받자, 그는 "마지막에 와서 적에게 등을 보여서야 될쏘냐"고 말하고는 힘이 다할 때까지 싸웠다. 그러다 맥이 풀려 말에서 떨어지자, 그는 숙수장을 불러 자기 몸을 나무 밑에 뉘어 주되, 얼굴이 적을 향하게 하라고 명령하여 그대로 해 주었다는 것이다.

이런 점에서 앞서 나온 여느 사례에 못지않은 훌륭한 예를 하나 더 들어 보겠다. 지금 살아 있는 필립왕의 증조부인 막시밀리안 황제는 그가 가진 훌륭한 소질들 중에도 그 몸맵시가 특히 수려한 왕이었다. 한데 그는 다른 왕들이 중대한 일을 급하게 처리할 때, 벗은 채로 변기를 옥좌 삼아 앉아서 일을 처리하기도 하는 식과는 전혀 다른 점이 있었다. 그는 아무도, 심지어 그의 몸종까지도 그가 탈의실에서 옷을 벗는 동안은 결코 들어오지 못하게 했다. 그가 소변을 볼 때는 처녀가 보통 남에게 보이지 않게 되어 있는 부분을 의사에게까지도 내보이지 않는 것같이 아주 조심스럽게 숨어서 용변을 보았다. 이렇게 험담했지만 나 역시 천성적으로 이런 부끄럼을 가지고 있다. 나는 필요한 때나 탐락에 끌린 때가 아니면, 습관적으로 감추게 되는 신체의 일부분을 결코 남의 눈에 띄게 하지 않는다. 그것은 남자로서, 특히 나 같은 직분에서 점잖게 대처하는 데 필요하다고 생각하는 이상으로 거북살스러운 일이다. 그러나 막시밀리안 황제는 이 버릇이 아주 미신이 되어서, 자기가 죽어도 속바지는 입은 채로 두라고 유언으로 남길 정도였다. 그는 옷을 갈아입히는 자의 눈을 가리라고 유언장에 적어 넣어야 했다.

　키루스가 아들에게 어느 누구이건 숨이 넘어간 뒤에 자기 몸을 보지도 만지지도 못하게 한 명령은, 미신을 가지고 있었던 것으로 상상하게 한다. 왜냐하면 그와 그의 역사가(크세노폰)는, 그들이 가진 위대한 소질들 속에서 일평생을 종교에 대하여 세심한 조심과 존경을 보여 주었기 때문이다.

　이것은 평화로울 때나 전쟁 때나 상당히 알려진 인물로, 나와는 인척 간인 한 분에 대해서 한 귀인이 내게 말한 일인데, 내게는 불쾌한 이야기이다. 그는 늙어서 담석증으로 심하게 고생하며 죽어갈 때, 자기 인생의 마지막 날인 장례식을 화려하게 하려고 방문하는 모든 귀인들에게 장례 행렬에 참가해 달라고 부탁했다. 그의 마지막 모습을 보러 온 왕에게까지 그의 가족에게 이 장례에 참례하도록 명령해 줄 것을 탄원하며, 이것은 자기만 한 인물이면 당연히 받아야 할 대접이라고 이유를 대면서 선례를 들었다. 그러고는 억지 약속을 받고, 이 화려한 의식의 배치와 순서를 자기 마음에 맞도록 정하고는 만족한 듯이 숨을 거두었다. 나는 여태 이만한 허영심을 본 일이 없다.

　내 가까이에 이와는 반대되는 특이한 예가 없는 바는 아니지만, 이 이야기와 사촌 뻘은 되는 일이 있다. 자기 장례를 극도로 절약하여 하인 하나에 남폿불 하나만 따라오라고 유언할 정도로 죽기까지 속을 썩이는 특수하고 보기드문 구두쇠의 이야기이다. 나는 마르쿠스 아이밀리우스 레피두스가 그 상속자들에게 그의 장례에 관례상의 의식도 차리지 못하게 명령한 마음씨를 칭찬하는 사람을 본다. 그런데 풍속과 상식이며, 자기 눈에 보이지도 않는 비용과 쾌락마저 피하는 것이 절도이며 절약이라고 볼 것인가? 이것은 참 값싸고 실행하기 쉬운 개혁이로군!

이런 것을 정비해야 한다면, 장례 같은 데서는 인생의 다른 모든 행동과 마찬가지로 각자가 자기 재산의 정도에 따라 조절해야 할 일이라고 생각한다. 철학자 뤼콘은 점잖게 자기 친구들에게 그들이 가장 좋다고 생각하는 곳에 묻어 달라고 이르고, 장례식은 너무 과분하게도 너무 쓸쓸하게도 하지 말 것을 당부했다. 나라면 이런 의식은 오로지 관습대로 하도록 두겠다. 그리고 내 일을 처리해 줄 사람들의 뜻에 맡겨 두겠다. "이런 심려는 자기 자신을 위해서는 경멸할 것이며, 자기 친척을 위해서는 소홀히 할 수 없다"(키케로), 그리고 "장례 절차와 묘지의 선택과 장례 의식은 고인에게 무슨 부조(扶助)가 되기보다 오히려 산 자들을 위한 위안이다"(아우구스티누스)라고 한 말은 성자다운 말이다. 소크라테스는 임종 때, "어떻게 묻어 줄까?" 하고 크리톤이 묻자, "자네 마음대로 하게"라고 대답했다.

내가 뒷일까지 걱정해야 한다면, 차라리 살아 숨 쉬는 동안 자기 장례식의 질서와 영광을 누리기를 기도하며, 자신의 죽은 모습이 대리석으로 조각된 것을 즐기는 자들이 멋지다고 생각한다. 감각을 잃은 뒤에 자기 감각을 즐기고, 즐길 거리를 주며 자기 죽음을 살아보는 자들은 행복할 것이다.

자칫하면 나는 모든 민중에 의한 지배에 대해 화해할 수 없는 증오심을 품게 된다. 이것은 가장 자연스럽고 공평한 제도이지만, 아테네 시민들이 그들의 용감한 무장들의 변명을 들어 볼 생각도 않고 지체없이 사형에 처해 버린 고사가 생각나기 때문이다. 그들은 아르기누사이 군도 근처의 라케다이모니아 사람들과의 해전에서 승리하고 온 길이었고, 그 싸움은 그리스 사람들이 바다 위에서 무력을 행사해 본 이래로 가장 힘들고 맹렬한 싸움이었다. 그러나 그들은 승리를 거둔 다음에 전사자들을 묻어 줄 생각은 않고 전법(戰法)이 그들에게 허용하는 좋은 기회만을 좇았다고 탈을 잡았다.

그리고 디오메돈의 처신을 보면, 이 처형이 더욱 도리에 어긋나고 흉악하게 여겨진다. 그는 처벌당한 자 가운데 한 사람으로 높은 용덕을 가진 군인이며, 정치가였다. 그는 자기를 처형하는 판결을 듣고 나서 말을 하려고 앞으로 나왔다. 그때서야 겨우 청중이 조용해져 말할 기회를 얻었다. 그는 이 기회에 자신에게 유리한 변명을 늘어놓아 잔혹한 그 판결이 옳지 못한 것임을 밝히려고 애쓴 것이 아니라, 오히려 재판관들을 변호하는 데 마음을 썼다. 이와 같은 판결을 내림으로써 그들에게 행복이 깃들기를 신들에게 축원하며, 자기와 동료들이 바쳤던 맹세를 이행치 못한 대신 이런 혁혁한 행운에 대한 보상으로, 그들 위에 신들의 분노가 없도록 기도하여 자기들의 맹세가 무엇인가를 알려 주었다. 그리고 아무런 타협의 말도 하지 않고 용감한 걸음걸이로 형대를 향해 나아갔다. 그런데 운명은 돌아서 몇 해 뒤에 그들의 원수를 갚아 줬다. 무슨 얘긴가 하면 아테네 해군의 총대장인 카브리아스는 낙소스섬의 해전에서 스파르타 제독 폴리스에 우세하게 되자, 그 승리에 만족하여 지난번의 사례를 다시는 되풀이하지 않으려고, 또한 바다에 떠다니는 전우들의 시체를 잃어버리지 않으려고, 살아 있는 적들이 무수히 헤엄치고 있는 것을 안전하게 놓아 보냄으로써, 아테네 사람들을 위해 대단히 중대한 전승 결과를 상실하고 말았다. 이 쓸모없는 미신 때문에 결국은 비싼 대가를 치렀던 것이다.

　　죽어서 그대가 갈 곳을 알고 싶은가?
　　다음에 태어날 자들이 있는 곳이다.　　　　　　　　　　(세네카)

이 다른 작가는 혼백 없는 신체에 안도의 심정을 준다.

　　생명의 무거운 짐을 내려놓고 나서
　　그의 몸이 평화로이 쉴 항구도
　　그것을 받아 줄 무덤도 없기를.　　　　　　　　　　　(키케로)

그렇지만 많은 사물들이 죽은 다음에도 아직 생명과 눈에 보이지 않는 관계를 맺고 있음을 대자연은 우리에게 보여 준다. 포도주는 그 포도나무의 계절적인 변화에 따라 지하실에서 품질이 변해 간다. 멧돼지 고기는 살아 있는 살의 변화하는 법칙에 따라 소금에 절인 통 속에서도 그 상태와 맛이 변해 간다고 한다.

4
진실한 목표가 없는 심령이 그릇된 목표에 정열을 쏟는 모습

우리 고장의 한 귀인이 통풍(痛風)으로 몹시 고생하고 있었다. 의사가 소금에 절인 고기는 절대로 먹지 말라고 하면, 그는 농담조로, 몸이 아파서 괴로울 때에는 절인 소시지건 혓바닥이건 돼지다리건, 원망할 대상이 있어서 고함을 지르고 욕설이라도 하면, 그만큼 덜 아프게 된다고 대답하는 버릇이 있었다. 그러나 팔을 쳐들어 후려갈기려고 하다가 거기 부딪치게 될 물건이 없어 허공이라도 헛갈기게 되면 마음이 괴로워지듯이, 또 경치를 아름답게 보려면, 눈이 막연히 공중을 방황하며 퍼지지 않고 적당한 거리에 목표가 있어서 시선을 지탱해 주어야 하듯이,

　광풍은 울창한 수풀이 앞에서 가로막지 않으면
　허공에 흩어져서 그 힘을 잃는다.　　　　　　　　　　(루카누스)

하는 식이다. 마찬가지로 요란스럽게 동요하는 마음은 거기에 잡힐 거리를 대어 주지 않으면 자기 자신 속에 사라져 버린다.

그러므로 항상 이 마음이 부딪혀 행동할 수 있도록 목표를 주어야 한다. 플루타르크는 꼬리 긴 원숭이와 강아지를 귀여워하는 사람들을 보고, 그것은 사람들이 지닌 마음이 적당하게 맺어질 상대가 없기 때문에, 헛되이 머물러 있기보다는 차라리 이런 방법으로라도 부질없는 대상을 만드는 것이라고 말한다.

그리고 우리는 심령이 무슨 일에든지 아무 행동을 않고 있기보다는 차라리 허황된 목표, 다시 말하면 자기 자신의 신념에 반대되는 일거리라도 세워가며 자기 자신을 속이고 지내는 것을 본다.

그래서 돌이나 칼에 맞아 상처를 입은 짐승들은 악을 쓰며 대들고, 억센 이빨

로 스스로가 느끼는 고통의 앙갚음을 자신에게 하여 울화를 푼다.

> 파노니아의 곰은 리비아 수렵자의 가는 가죽끈에 매어진
> 투창 끝에 상처 입고 더욱 사나워진다.
> 이 야수는 제 상처 위에 구르며 미친 듯이
> 자기를 꿰뚫은 창을 물려고, 자기와 같이 피하며
> 같이 선회하는 창끝을 쫓는다.
> (루카누스)

　불행이 닥쳐 올 때면 우리는 무슨 원인이건 붙여 보지 않은 일이 있는가? 대들어 볼 상대를 찾기 위해서 옳건 그르건, 어떤 것이나 되는 대로 원망하며, 대들지 않는 것이 있는가? 그 운수 불길한 납 탄알이 지극히 사랑하던 그대 동생의 생명을 앗아간 것은, 그대가 발기발기 쥐어 뜯는 그 금발의 머릿다발도 아니며, 그대가 화가 나서 잔인스레 마구 두드리는 하얀 가슴팍도 아니다.
　원망의 방향을 다른 곳으로 돌려라. 리비우스는 스페인에 있던 로마군이 그들의 위대한 장수였던 두 형제가 죽은 뒤에 보인 모습을 "즉각 전군이 목놓아 큰 소리로 울며 자기들 머리를 난타하더라"고 말했다. 이것은 모두가 하는 버릇이다. 철학자 비온이 왕이 상을 당해 자기 머리칼을 잡아뜯는 것을 보고, "이 사람은 머리칼을 뽑으면 한이 풀리는가?"라고 말한 것이 재미나지 않는가? 돈을 잃어 홧김에 앙갚음으로 카드를 씹어 삼키며 주사위 한 벌을 입에 쑤셔 넣는 것을 보지 못한 사람이 있는가? 크세르크세스는 엘레스퐁(보스포루스해협) 바다에 채찍질을 하고 칼로 치며 바다에 대해 수없는 욕설을 퍼붓고, 그리고 아토스산에 결투의 도전장을 써 보냈다. 그리고 키루스는 긴도스강을 건널 때 무서워 겁이 났던 앙갚음으로, 일개 부대 전체에게 강물에 원수를 갚으라고 며칠을 두고 재미나는 장난거리를 주었다. 그리고 칼리굴라는 제 모친이 아름다운 집에서 재미나는 짓을 했다고 그 집을 부숴 버렸다.
　내가 어릴 적에 들은 말인데, 우리 이웃 나라의 한 왕은 하느님께 매를 맞고는 원수를 갚겠다고 맹세하여 백성들에게 10년 동안 하느님에 대한 기도를 올리지 말 것과, 그에 관한 말조차도 하지 말며, 자기 권한이 미치는 한 하느님을 믿지 말

라고 명령했다고 한다. 이 이야기는 그 천치 같은 수작을 부리기보다도, 그 나라의 타고난 오만을 묘사하려고 한 것이다. 이런 일은 늘 상반되는 악덕이다. 그러나 이런 행동은 어리석음에서보다 도리어 오만에서 나오는 수작이다.

아우구스투스 카이사르는 바다 위에서 폭풍우에 혼이 나자, 바다의 신 넵투누스에게 도전할 생각을 가지고 있었다. 그는 콜로세움[1]에서의 경기 개회식 때 그에게 복수하고자 다른 여러 신들 속에 자리 잡고 있던 넵투누스의 초상을 치워 버리게 했다. 이런 짓은 전보다도 더 용서 못할 일이었다. 사실 그 후에 그만큼의 벌을 받기도 했다. 그는 독일에서 퀸크틸리우스 바루스에게 지휘를 맡긴 전투에 패배하고, 절망과 부아가 치밀어 자기 머리를 성벽에 부딪치고 돌아다니며 "바루스야, 내 군사들을 살려내라!" 하고 고함쳤던 것이다. 이런 것은 바로 신을 책망하는 것이며, 마치 운이 우리의 욕지거리를 들어줄 귀를 가진 것처럼 이 운에 도전하는 식으로 불경건이 결부되어 있는 만큼, 또 마치 트라키아 사람들이 천둥이 들리고 번갯불이 번쩍거릴 때 하느님의 버릇을 고치려고 거대한 복수전으로 하늘에다 화살을 쏘던 것 따위의 분수없는 미친 수작이다. 그런데 플루타르크가 인용하는 옛 시인의 말과 같이

> 일어나는 일들에 화를 내서는 아니 되느니
> 신들은 우리들의 분노 따위에는 개의치도 않는 것을.　　　　(작자 미상)

우리는 우리의 혼란한 정신에 대해서 아무리 욕설을 퍼부어도 족하지 않다.

5
포위당한 요새의 장수가 적과의 강화를 위해 성을 나간다면

로마의 사신 루키우스 마르키우스는 마케도니아의 왕 페르세우스와의 전쟁에서, 자기 군대를 정비할 틈을 얻기 위해서 화해를 제의했다는 소문을 퍼뜨렸다.

---
[1] 이탈리아 로마에 있는 고대의 원형 투기장. 80년경에 완성된 것으로 지붕은 없고 관람석은 둥글게 계단식으로 되어 있다. 여기서 검투사 시합, 맹수 연기 따위가 시행되었다.

여기에 넘어간 적의 왕은 며칠간 정전하는 것에 동의하여 적에게 무장을 완비할 기회와 시간 여유를 주었다. 그로 인하여 이 왕은 최후의 패배를 당한 것이다. 그런데 상원의 원로들은 옛날의 풍습을 회상하면서 이러한 방식은 고대의 격식과는 배치된다고 비난했다. 싸움은 뛰어난 역량으로 하는 것이지 간계나 기습이나 야습으로 해서는 안 되므로, 거짓으로 후퇴하거나 불의의 돌격도 안 되며, 먼저 선전 포고를 하고 시간과 장소까지 정해 놓고 싸우는 것이라고 그들은 말했다. 이러한 마음에서 그들은 피로스에게 배신한 의사를 돌려보내고 팔레리아[2] 사람들에게 그들의 고약한 교사들을 돌려보냈다. 그것은 진실로 로마적인 격식이고, 교활한 그리스나 농간 부리는 카르타고의 격식은 아니었다. 이런 나라에서는 힘으로 이기는 것보다 사기로 이기는 것이 더 영광스러웠던 것이다.

속이는 자는 당장에는 공을 세운다. 그러나 계략이나 운으로 이긴 것이 아니라, 부대와 부대와의 정정당당한 전쟁에서 뛰어난 역량으로 굴복당한 것을 아는 자만이 자기가 졌다고 생각한다. 그것은 다음의 멋진 말귀를 용납하지 않는 선량한 사람들의 언어에 명백하게 나타난다.

간계건 용력이건 원수 사이에 무슨 상관이 있나?   (베르길리우스)

아카이아인들은 전쟁에서의 모든 속임수를 혐오하며, 적의 사기가 떨어진 것이 아니면 승리한 것으로 생각하지 않았다고 폴리비우스는 말한다.

진실한 승리는 오로지 신의와 명예를 떨어뜨리지 않고 취득하는 것임을 유덕한 이는 알아야 한다.   (플로루스)

그댄가, 나인가, 누가 지배자로서의 우연을 주관하는
운명을 원함인지
용기에 걸어서 시험해 보자.   (엔니우스의 시구, 키케로의 인용)

---

2) 이탈리아 에트루리아에 있는 도시. 한 교사가 로마군에게 포위당한 이 도시 양민의 어린애들을 인질로 달라고 교섭하러 갔다가 봉변당했다는 고사로 유명함.

우리가 입버릇처럼 야만국이라고 부르는 테르나테 왕국의 풍습은, 전쟁을 하려면 반드시 먼저 선포하고 전투 방법에 대해서 수단과 인원수, 장비, 공격 무기, 방어 무기 등 충분한 설명을 덧붙여 말해 두는 것이었다. 그러나 만일 적이 여기에 합의해 오지 않으면, 그들은 배신이건 간계건 필요한 모든 수단을 써도, 그 때문에 책망받을 수는 없다고 생각했다.

옛날 플로렌스인들은 기습으로 승리할 생각은 전혀 하지 않았고, 한 달 전부터 '마르티넬라'라는 종을 계속해서 울려 군대 출동을 적에게 알려 주었다.

우리는 그들의 신념과는 달리 전쟁에서 이득을 본 자가 그 영광을 얻는다고 생각하고, 리산데르의 말처럼 사자 가죽이 부족할 때는 여우 가죽 조각으로 때워야 한다고 말하고 있다. 가장 일반적으로 실행되는 기습 기회도 이러한 원칙에 나타나 있으며, 대장은 협상을 담판 짓고 조약을 체결하는 동안보다 더 적의 복병을 경계해야 할 시간은 없다. 그리고 이런 이유에서 포위당한 요새의 장수는, 협상하기 위해서 결코 성문 밖으로 나가서는 안 된다는 것이 우리 시대 모든 무인들의 입에 오르는 규칙이다.

그러나 이를 계산하여 자기편에 유리하고 안전한 방책을 강구해 놓은 뒤 성문을 나서는 자는 변명할 점이 있다. 그것은 레게시에서 드레스키 경이 협상하려고 접근해 왔을 때 기드랑공 백작이 취한 수단이다(뒤 벨레의 말을 믿는다면 그렇다). 백작은 자기 요새에서 얼마 떨어져 있지 않았기 때문에 협상하는 동안 소동이 일어나자, 드레스키 경과 그가 데리고 왔던 군대가 오히려 약세였던 탓으로 알렉산드로 트리불치오가 살해당했을 뿐 아니라, 드레스키 경 자신이 성 안에서의 공격을 피해 가장 안전한 방도로 백작을 믿고 그를 따라서 성 안으로 들어가지 않을 수 없었다.

노라성을 공격하러 온 안티노스가 에우메네스에게 성 밖으로 나와서 협상해 보자고 재촉하자, 에우메네스는 여러 구실 끝에 자기가 더 크고 강한 편이니, 그 편에서 자기 있는 데로 와야만 한다고 핑계를 댔다. 그러고는 "나는 칼을 손에 들고 있는 한, 아무도 나보다 더 크다고는 생각하지 않소"라고 품위있게 대답하고 나서, 안티노스가 그의 요구대로 그의 친조카를 볼모로 내어 줄 때까지는 말을 들어주지 않았다.

하지만 공격자의 말을 듣고 성문을 나가서 아주 잘한 예도 더러 있다. 샹파뉴의 기사 앙리 드 보오가 콤메르시성에서 영국군에게 포위당했을 때였다. 포위군을 지휘하던 바르텔레미 드 본은 밖에서 성 밑 대부분을 파서 나무로 떠받쳐 놓고, 불만 지르면 포위당한 군대가 무너지는 성더미에 쓸어 묻히게 만반의 준비를 해놓은 다음, 앙리에게 그의 이익을 위해서 협상하러 성 밖으로 나오라고 했다. 앙리는 세 사람을 앞세우고 요청대로 했다. 그리고 자신의 명백한 패배를 눈으로 보고 난 다음, 적에게 특이한 감사를 느끼며, 처분을 적에게 맡기고 항복했다. 굴에 불을 지르니 떠받쳤던 나무가 무너지며 성은 뿌리째 둘러엎어졌다.

나는 쉽사리 남을 믿는다. 그러나 솔직하게 그의 신실성을 믿는 것이 아니다. 절망에 빠지고 용기가 없어서 그렇게 하는 것이라고 판단될 수 있다면, 쉽사리 사람을 믿어 주지 않을 것이다.

6
협상하기에 위험한 때

최근 내가 근처의 뮈시당에서 본 바로, 우리 군대에게 쫓겨난 자들과 그들 편의 다른 자들이 말하기를 현재 협상이 진행 중이며 담판이 계속되고 있는데, 기습으로 자기편을 궤멸시킨 것은 배신이라고 고함을 지르고 있었다. 어떻든 그것이 다른 시대라면 그렇게 보일 만도 한 일이지만, 아까 말한 바와 같이 우리들의 관습은 이런 규칙과는 인연이 멀다. 그리고 조약서에 마지막으로 조인하기 전에는 서로 신의를 기대해서는 안된다. 그 마당에 와서도 일거리는 상당히 남아 있는 것이다.

그리고 승리해서 방자하게 된 군대에 순하고 유리한 조건으로 항복한 도시가, 그들이 약속한 바를 지켜 주리라고 믿고 승리감에 들뜬 군사들을 마음대로 입성하게 하는 것은 언제나 위험천만한 일이다. 로마군의 사령관 아에밀리우스 레길루스는 포카이아시를 무력으로 공략하려고 시도했다. 그러나 시민들이 완강하게 방어했기 때문에 시간만 낭비하다가 결국 협약을 맺어 그들을 로마 시민으로 받아들이고, 자기들은 동맹 도시에 들어가는 것처럼 입성하겠다고 약속하여 그들의 적대 행위를 막으려고 했다. 그는 당당한 위풍을 보이려고, 곧바로 군대를 거느리고 들어갔다. 그러나 아무리 애를 쓰며 막아 보아도 자기 부하들을 억제할 도리가 없었다. 그의 눈으로 이 도시의 대부분이 약탈당하는 꼴을 보았다. 금욕과 복수가 그의 권위와 군율의 권한을 유린하고 말았던 것이다.

클레오메스는 "전쟁 때에는 적에게 아무리 나쁜 일을 해도 정의 개념 밖의 일이며, 신들을 비롯해 인간들에 대해서 아무런 책임을 지지 않는 것"이라고 했다. 그리고 아르고스인들과 이레 낮 동안 휴전하기로 언약하고, 사흘째 되는 밤 적이 잠든 틈에 기습하여 패배시키고는 휴전 조약에 밤에 관한 내용은 들어 있지 않다고 핑계를 댔다. 그러나 신들은 이 교활한 배신에 대해 복수해 주었다.

카실리눔시는 시민의 안전을 도모하기 위해 협상이 진행되는 동안에 기습적으로 공략되었다. 장수들이 가장 정의로웠고 로마 군율이 가장 완벽하던 시대에 이루어진 일이다.

왜냐하면 비속한 적에 대해서와 같이 때와 장소에 따라 적의 어리석음을 이용하여 우세를 얻어서 안 된다는 것은 없기 때문이다. 전쟁은 사리에 어긋나도 괜찮다는 특권을 가지며, "타인의 무지를 이용해서는 안 된다"(키케로)는 격언이 여기서는 통하지 않는다.

크세노폰은 위대한 장수이며 소크라테스의 제일급 제자에 속하는 철학자로, 이러한 사항에 관한 경이로운 권위를 가진 작가이다. 그런데 그가 완벽한 제왕 (키루스)의 언행과 잡다한 공적을 이야기하며, 이런 전쟁에 대해서 장수들에게 허용하는 자유의 폭을 보고 나는 놀라 마지않는다. 그리고 나는 그의 면제 조항의 범위에 있어, 무슨 일이건 찬성할 수는 없다.

도비니 경은 카푸아시를 포위하여 맹렬한 전투가 있은 다음, 수장(首將) 파브리치오 콜론나 경과 성 위에서 협상을 시작할 때, 그 부하들이 수비를 허술하게 하는 틈을 타서 요새를 공략하여 적을 흩어지게 만들었다. 그리고 더욱 기억에 새로운 일은, 미숙한 까닭으로 쥘리앙 롬메로 경이 부아에서 원수와 협상하러 나갔다 온 사이, 성은 이미 적군의 점령 하에 있었다. 그러나 우리가 당한 일도 이야기하지 않아서는 안 되니, 페스케르 후작이 우리의 보호를 받고 옥타비아노 프레고스 후작이 지배하는 제노아시를 공격할 때, 이 둘 사이에는 협상이 상당히 진행되어 모두 강화가 성립되는 것으로 알고 있었다. 그런데 스페인군이 성 안으로 숨어들어와 그들이 완전히 승리한 것으로 행세하고 있었다.

그 뒤에 드 브리엔 백작이 지휘하던 리니 앙바로아 시가 황제(카를 5세)가 지휘하는 군대에 공격을 받았을 때, 백작의 부관 베르퇴유가 협상하러 나와 있는 동안에 시가는 이미 함락되어 있었다.

운으로 되었건, 꾀로 되었건
승리는 언제나 칭찬받는다.   (아리오스토)

그러나 철학자 크리시포스의 의견은 다르며 나 역시 여기 찬동할 마음이 없다. 그는 경주하려는 자는 전력을 다해서 뛸 것이지 상대를 못 가게 손으로 붙들거나 발을 내밀어 자빠뜨리는 것은 용서할 수 없다고 말하고 있다.

더욱 훌륭한 태도를 보여준 것은 위대한 알렉산드로스 대왕이다. 그는 폴리페르콘이 야음을 타서 다리우스 왕을 치자는 제안에 대답하여 "안 된다. 승리의 도둑질은 내가 할 일이 아니다"라고 했다.

승리에 수치를 느끼기보다는 차라리 불운을 개탄하리.   (퀸투스 쿠르티우스)

그는 달아나는 오로데스에게 보이지 않는 화살로
뒤에서 쏘아 쓰러뜨리는 것을 천하게 여긴다.
그는 뒤쫓아가 정면에서 맞대고 공격하며
기습 아닌 무력으로 승리를 거둔다.   (베르길리우스)

7
생각이 우리들의 행동을 판단한다

죽음은 우리들의 모든 의무를 면제시킨다고 한다. 나는 이것을 색다른 방식으로 해석한 자들을 안다. 영국 왕 헨리 7세는 그의 적인 백장미파의 서포크 공작이 네덜란드에 피신해 있는 것을, 공작의 생명은 보장하겠다고 막시밀리안 황제의 아들 돈 필리프(또는 이분을 더 영예롭게 대접하여 부르면, 카를 5세 황제의 부친)와 화해 협상에서 약속하고 그를 넘겨받았다. 그러나 왕은 죽기 직전에 자기 아들에게 유언으로 자기가 세상을 뜨거든 즉시 서포크 공작을 처리해 버리라고 명령했다.

최근에 알바 공작이 브뤼셀에서 호온 백작과 에그몬드 백작을 두고 일으킨 비극에는 주목할 만한 일이 많다. 그중에도 지금 말한 에그몬드 백작은 호온 백작이 그의 약속을 믿고 알바 공작에게 항복한 것이기 때문에, 에그몬드 백작은 자기를 먼저 죽여 달라고 간절하게 탄원했다. 에그몬드 백작은 자기의 죽음으로써 호온 백작에 대한 의리가 면제되기 바랐던 것이다.

아마도 헨리왕은 죽음으로도 그의 맹세의 의무에서 면제된 것이 아니고, 에그몬드 백작은 죽지도 않았지만 맹세의 책임은 벗어난 것으로 보인다. 우리는 자기 역량과 수단 밖의 일에 매달릴 수는 없다. 이런 이유에서, 결과와 집행은 결코 우리 힘에 있지 않으며, 우리 힘에 달린 것은 진실로 우리의 의지뿐이니, 인간의 의무에 관한 모든 법칙은 필연적으로 이 의지에 기초를 두고 수립된다. 이리하여 에그몬드 백작은 자기 마음과 의지가 자기 약속에 매여 있다고 믿었던 만큼, 이 약속을 실천할 힘이 자신에게 없어서 살아 남게 되었다고 해도 그는 자기 의무에서 벗어난 것이었다. 그러나 영국 왕은 그의 의향이 약속을 어겼기 때문에, 그의 사후까지 그 배신 행위의 집행을 연기시켰다고 할지라도 그것으로 변명이 될 수는 없다.

헤로도토스에 나오는 미장이가 그의 윗사람인 이집트 왕의 보배에 관한 비밀을 살아 있는 동안은 충실히 지켰으나, 임종 때 자기 아들에게 가르쳐 준 것은 용서받을 수 없는 일이었다. 나는 우리 시대에도 여러 사람들이 남의 재물을 가로채 양심의 가책을 받다가 유언으로 사후에 양심의 가책을 풀려고 하는 것을 보아 왔다. 그들이 그렇게도 급한 일을 처리하는 데 기간을 두었고, 또한 잘못을 시정하려는 마음이나 관심이 그렇게 약했다는 것은 조금도 잘한 일은 아니다. 그들은 무엇보다도 자기들 부담의 일부를 책임진다. 그들이 힘들고 괴로운 일을 수행한다면 그들의 만족은 그만큼 더 정당하고 가치 있어진다. 속죄는 부담을 요구한다.

 자기들이 품은 증오심의 의지를 한평생 감춰 두고 있다가 마지막 유언으로 가까운 친지에게 알려 주며, 자신의 명예에 관한 생각은 보여 주지 않고 피해자가 그들을 추억할 때마다 분개하며, 자기 양심은 생각지 않고 죽음 자체의 존엄을 위해서도 그 못난 구실을 소멸시키지 못하고 죽은 뒤에까지 연장시키는 자들은 더 악질이다. 죽고 나면 아무런 사정도 알아볼 수 없을 터인데 남에게 자기를 판단할 거리를 남겨 주다니, 옳게 생각하지 못한 자들이다. 나는 가능하면 살아 있을 때 말하지 않은 것을 내 죽음이 말하게 하지는 않을 것이다.

8
나태에 대하여

 빈 땅이 기름지고 비옥하다면 수만 가지 쓸데없는 잡초만 무성해진다. 이 땅을 유용하게 이용하려면 이것을 개간해서 씨를 뿌릴 수 있게 만들어야 하듯이, 정신도 마찬가지이다. 정신은 어떤 문제에 전념하도록 제어하고 강제하는 일거리를 주지 않으면 이런저런 공상의 막연한 들판에서 흐리멍덩히 헤매게 된다.

> 청동(靑銅) 화분의 물이 흔들려
> 햇빛이나 달그림자를 반사하면
> 그 빛은 사방에 흩어져서 공중에 날며
> 저 높은 벽에 부딪친다.　　　　　　　　　　(베르길리우스)

 그래서 이런 동요 가운데 정신은 헛된 잡념이건 몽상이건 내놓는다.

> 병자의 몽상과도 같이
> 그들은 허황된 생각을 꾸며 낸다.　　　　　　(호라티우스)

 마음은 일정한 목표가 없으면 갈피를 잡지 못한다. 왜냐하면 사람들의 말처럼,

사방에 있다는 것은 아무 곳에도 있지 않다는 것과 같기 때문이다.

  어디에도 있는 자는, 막시무스여, 아무 데도 없는 자이다. (마르티알리스)

  최근 나는 은퇴하여 가능한 한 내 여생을 편안하게 살아가는 일밖에는 어떤 일에도 참견하지 않기로 작정했다. 그러니 내 마음을 이렇게 한가롭게 놓아 두며, 자기 일만 하고, 그 자체에 머물러 안정하고 있는 것보다 정신에 더 좋은 일을 해 줄 수는 없는 것 같았다. 나이가 차서 무게가 생기고 더 성숙해진 후부터는 이런 경지가 쉽게 이루어지기를 바라는 바이다. 그러나 나는

  한가함은 항상 정신을 산란하게 한다. (루카누스)

는 것을 알며, 거꾸로 풀어 놓은 말과 같이 남이 하는 것보다도 오히려 백 갑절이나 더 많은 일거리를 자기에게 끌어오는 것이라고 본다. 하고많은 헛생각과 부질없는 도깨비 수작을 질서도 목적도 없이 연달아 만들어내, 그 허망하고 괴상한 꼴을 실컷 관찰하고, 또 때가 지나면 이런 일에 마음이 부끄러워지게 하기 위해서 나는 이런 것을 기록하기 시작했다.

9
거짓말쟁이들에 대하여

  기억력에 대해서 말하자면, 나보다 더 못한 사람은 없을 것이다. 왜냐하면 나는 내 기억의 자국도 찾아내지 못하며, 세상에 이렇게도 망측하게 잘 잊어버리는 사람이 또 있으리라고는 생각하지 않기 때문이다. 나는 다른 점에서도 비열하고 범속하다. 그러나 기억이라는 면에서 나는 특이하고 대단히 드문 인물이며, 이 점에서 명성을 얻을 만하다고 생각한다.

  그 때문에 내가 겪는 타고난 불편 이외에도―왜냐하면 그 필요성을 보아서도, 플라톤이 이 기억력을 위대하고 강력한 여신이라고 부른 것은 옳은 일이다―우

리 고장에선 지각없는 사람을 가리켜, '그는 기억력이 없다'고 하므로 내가 내 기억력의 결함을 한탄하자, 사람들은 마치 내가 자신을 바보라고 한 줄로만 알고 나를 책망하며 내 말을 믿으려 하지 않는다. 그들은 기억력과 이해력을 분간하지 못한다. 그것은 너무 억울한 흥정이며, 그들의 잘못이다. 왜냐하면 반대로 탁월한 기억력은 판단력이 약한 사람에게 더 많다는 것을 우리는 경험으로 알 수 있기 때문이다.

그리고 이것 역시 그들의 잘못으로, 나는 그들의 친구가 될 생각밖에 없는데, 내 결함을 비난하는 말투를 배은망덕으로 보이게 하기 때문이다. 사람들은 기억력이 약한 나의 심정을 원망한다. 그리고 이 타고난 결함을 양심의 결함으로 삼는다. '저자는 이런 청탁, 저런 약속을 잊어버렸다'고 말한다. '저자는 친구도 잊어먹었다. 그는 나를 위해서 이렇게 말한다. 이 일을 한다, 이런 것은 말 않겠다고 한 것을 생각하지 못한다'고 하는 것이다. 사실 나는 곧잘 잊어버린다. 그러나 나는 친구가 지워 준 책임을 아무렇게나 넘기는 따위의 짓은 하지 않는다. 나의 불행한 결점을 참아 주어야지 이것을 악의로 받아들여서는 안 된다. 더욱이 악의란 내가 가장 싫어하는 말이다.

어느 정도는 나는 스스로를 위로한다. 먼저 이것이 한 병폐이긴 하지만, 여기서 주로 내게 쉽사리 일어날 수 있는 이것보다도 더 나쁜 병폐, 즉 야심이라는 병폐를 고칠 방안을 얻은 것이다. 이것은 세상과의 교섭에 말려든 자에게는 참을 수 없는 결함이 된다. 그리고 천성의 발전 과정에 이러한 예를 많이 볼 수 있듯이, 내 타고난 기질은 기억력이 약해짐에 따라 다른 소질들을 강화해 주는 수가 많았다. 그리고 기억력 덕택으로 다른 사람들의 생각과 의견들이 내게 남아 있었던들, 내 정신과 판단력도 사람들이 하는 식으로 남이 해놓은 성과 위에 잠자며 시들어 갔을 것이다. 기억의 창고는 내 고찰의 창고보다 더 쉽게 재료의 공급을 받기 때문에, 기억력 부족으로 내가 하는 말은 더욱 짧아진다. 만약 내 기억력이 강했던들 소재는 그런 것을 조종해서 사용할 수 있는 내 소질을 잠 깨워서, 내 생각을 거기에다 열중시켜 말을 끌어내게 하며, 수다스럽게 떠들어 대어 친구들을 모두 귀따갑게 했을 것이다. 가련한 일이다. 나는 친한 친구들 몇몇이 보여준 예에서 이것을 느낀다.

기억력이 사물을 있는 그대로 그들에게 보여줌으로써 그들은 이야기를 너무 멀리 끌고 가며 헛된 소재를 잔뜩 덧붙여 놓기 때문에, 좋은 이야기를 하다가도 그들은 그 좋은 점을 질식시켜 버린다. 그것이 좋은 이야기가 아닌 때에는 그들이 기억력으로 복 받은 것을 저주하지 않으면 판단력에 복이 없는 것을 저주하게 된다. 말문이 열린 후, 그것을 막고 이야기를 풀어 버리고 하기란 어려운 일이다.

한 마리 준마의 힘은 그 말이 적당한 때 딱 정지할 수 있는가를 보는 것으로밖에는 더 잘 알아볼 것이 없다. 분수 있는 사람들 중에도 줄기차게 말하다가 그만 끊고 싶어도 그렇게 하지 못하는 것을 본다. 이야기를 끝낼 계기를 찾고 있는 동안, 그들은 마치 허약한 사람들이 쓰러져 가는 꼴처럼 횡설수설하며 이야기에 질질 끌려간다.

특히 늙은이들에겐 지난날의 기억이 남아 있고 그 말을 되풀이한 것을 잊어버리고 있기 때문에 이런 위험이 더 많다. 나는 한 귀족이 원래는 재미난 이야기를 가지고, 내가 듣기에 진력이 나게 말하는 것을 들은 일이 있다. 자리에 있던 거의 모든 사람들이 전에 백 번은 더 들어본 이야기였기 때문이다.

둘째로, 나는 전에 받은 모욕이 잘 생각나지 않는다. 그것은 옛사람의 말처럼 다리우스가 아테네인들로부터 받은 모욕을 잊지 않으려고 식탁에 앉을 때마다 사동을 시켜서 귀에다 대고 세 번, "왕, 아테네 놈들을 잊지 마시오"라고 일러 주게 한 것처럼, 내게도 한 격식이 있어야 할 정도이다. 그래서 내가 다시 보는 장소와 책들은 늘 신선하고 새로운 맛으로 나를 즐겁게 해 준다.

기억력이 충분하지 못한 사람은 거짓말쟁이가 될 생각을 아예 말라는 것은 이유 없는 말이 아니다. 나는 문법학자들이 '거짓을 말한다'와 '거짓말 한다' 사이에 차이를 두고 있는 것을 잘 안다. 그들은 '거짓을 말한다'는 것은 그릇된 일을 말하면서 그것이 진실인 줄 생각한 것이고, 우리 프랑스어가 라틴어에서 받아온 '거짓말 한다'라는 말의 정의는 자기 양심에 반대되는 뜻을 품었기 때문에, 이것은 자기가 알고 있는 바와는 반대되는 일을 말하는 경우를 가리킨다고 그들은 말한다. 내가 말하는 것은 이런 자들이다. 그런데 이자들은 찌꺼기나 알맹이를 모두 꾸며 대든지, 또는 진실한 근거를 가장해서 변질시킨다. 가장해서 변질시킨 말을 이야기 속에 집어넣다가, 일순간 말문이 막히지 않기란 어렵다. 왜냐하면 사실대로의 이야기가 먼저 기억 속에 들어앉아서 인식과 지식이 되어 박혀 있는 까닭으로, 그것이 공상에 떠돌아서 갑자기 생각이 나기 때문이다. 따라서 아직 확고한 발판도 없고 아주 박히지도 않은 거짓말을 몰아내며 첫 번에 받은 인상이 가짜로, 또는 변질시켜서 말한 부분이 기억을 잊어버리게 하지 않기란 어려운 일이다. 처음부터 끝까지 꾸며 낸 일은 그 거짓과 서로 어긋나게 되며 반대되는 인상이 아무것도 없기 때문에 말이 헛나올 걱정이 덜할 것 같다. 그렇지만 이 또한 본디 매인 곳이 없는 허황된 이야기인 만큼, 확고하게 유념해 두지 않으면 기억에서 사라지기가 쉽다.

그들이 단지 당장에 교섭하고 있는 일을 맞춰서, 그리고 윗사람들의 비위를 맞춰 주기 위해서 이렇게밖에는 할 줄 모른다고 말하는 자들이 당하는 면구스러운 꼴에서, 나는 재미있게도 그 증거를 자주 보았다. 왜냐하면 그들이 양심을 속이고 신의를 굽혀 가며 처리하려는 이런 상황들은 여러 변화를 겪게 되기 때문에, 그에 따라서 그들의 말도 이가 맞지 않게 되는 까닭이다. 그래서 똑같은 일을 가지고도 전에는 회색이던 것이 다음에는 누런빛이 되고, 이 사람에게는 이 모양, 저 사람에게는 저 모양으로 말했다가, 다음에 우연히 그들이 들은 반대되는 말을 가지고 따지러 오게 되면 이 훌륭한 기술은 무슨 꼴이 될 것인가? 뿐만 아니라 그들은 지각없게도 제 올가미에 자신이 걸리는 일이 너무 자주 일어난다. 왜냐하면 똑같은 재료를 가지고 그렇게도 여러 가지로 말해 놓은 것을 무슨 기억력으로 모두 둘러맞출 재간이 있겠는가? 나는 우리 시대에 이런 훌륭한 기술을 가졌다는 평판을 부러워하는 사람들을 보았지만, 그것은 명성이 뭔지 모르거나 성과는 있을 수 없다는 것을 모르고 하는 말이다.

사실 '거짓말'은 저주받을 악덕이다. 우리는 오로지 언약을 지킴으로써만 사람이 되며 서로 믿고 살아갈 수 있다. 거짓말의 가중함과 그 무서운 결과를 잘 알고 있다면, 우리는 다른 범죄보다도 이런 짓을 마땅히 화형에 처해야 할 일이다.

나는 사람들이 대체 어린애들의 죄 없는 잘못을 당치 않게 징계하며, 아무 인상도 결과도 남기지 않는 철없는 행동을 가지고 그 애들을 괴롭히는 것을 자주 본다. 거짓말만이, 그리고 그보다 좀 덜하지만 옹고집은 모든 기회에 억눌러서 나오지도 크지도 못하게 막아야 할 결함이라고 생각한다. 이런 것은 그들과 함께 커 간다. 그리고 주둥이에 이런 못된 버릇이 생기는 것을 놓아두면, 거기서 빠져 나오기란 놀라울 만큼 어렵다. 그 때문에 우리는 본래 점잖은 사람들에게 이 버릇이 생겨서 비뚤어져가는 것을 보기도 한다. 내게는 재봉사 아이 놈이 있는데, 나는 이놈이 진실을 말하는 것을 본 일이 없다. 진실을 말해야 자기에게 유리할 경우에도 그렇게 못하는 것이다.

만일 진실과 같이 거짓말에도 얼굴이 하나밖에 없다면 우리의 사정은 더 나아질 것이다. 그러면 거짓말쟁이가 말하는 것을 반대로 생각하면 확실하기 때문이다. 그러나 진실의 반대는 수없는 얼굴과 무한한 벌판을 가지고 있다.

피타고라스 학파들은 선(善)은 확실하고 한정되었으며, 악은 무한하고 불확실한 것이라고 한다. 수천의 길이 한 목표에서 어긋나서 지나간다. 한 길 만이 그쪽으로 통한다.

정말 나는 엄숙하게 뻔뻔스러운 거짓말을 하고 난 다음, 확실하게 닥쳐올 극도의 위험에서 나를 보호할 수 있을지 자신이 없다.

옛날 교부(敎父 : 성 아우구스티누스)가 말하기를, 우리는 무슨 말을 할는지 알 수 없는 사람보다는 우리가 알고 있는 개와 같이 있는 편이 낫다고 했다.

   그러므로 인간에게 외국인은 서로 간에 인간이 아니다.   (플리니우스)

확실히 그릇된 말은 침묵보다 얼마나 못한가! 프랑수아 1세는 이런 방법으로 밀라노 공 프란체스코 스포르차의 대사였고, 말재간으로 대단히 유명하던 프란체스코 타베르나를 궁지에 몰아넣었다고 자랑했었다. 그는 자기 주군이 지극히 중대한 문제에 대해서 왕에게 변명시키려고 보낸 사람이었다. 그 사정은 이러하다. 왕은 최근에 이탈리아에서 쫓겨온 다음, 수시로 그 나라의 정보를 얻기 위해서 밀라노 공령에 왕을 대표한 사실상의 대사로 한 귀인을 파견하고 있었는데, 그는 외면상으로는 개인의 일 때문에 그곳에 와 있는 것처럼 꾸미고 있었다. 그런데 공은 그때 덴마크 왕의 딸로 로레에느 공의 부인이 된 자기 조카딸의 결혼 문제로 독일 황제에게 더 얽매여 지냈기 때문에, 공개적으로 프랑스와 교섭을 하다가는 큰 손해를 보지 않을 수 없었다. 그 사이의 절충을 위해서는 밀라노 귀족으로 왕의 어마(御馬) 담당인 메르베유라는 사람이 적당하게 보였다.

이 인물은 대사로서 비밀 신임장과 교서, 또 가장한 외면상의 사무를 위해 공작에게 보내는 여러 편지와 추천장을 가지고 파견되어서 너무 오랫동안 공의 옆에 머물러 있었기 때문에, 이것을 황제가 어렴풋이 알아차리게 되어, 우리가 보기엔 그로 인해 다음의 사건이 일어났다고 생각된다. 즉, 어떤 살인 사건이 있었다는 핑계로 공은 이틀 동안에 재판을 해치우고, 어느 날 밤 그의 목을 잘라 죽였다. 프란체스코는 이 사건에 대해서 꾸며댄 이야기를 길게 늘어놓으려 왔던 바—왜냐하면 왕은 이 사건의 해명을 요구하며 모든 기독교 국왕들과 밀라노 공에게도 통고문을 보냈던 것이다—왕은 그것을 아침 알현(謁見)에서 들어주었다. 그는 소송 사건의 자기측 근거를 들어 보이며, 여러 가지 그럴듯한 사실을 꾸며댔다. 그의 주군은 우리가 보낸 사람을 개인으로밖에는 본 일이 없었으며, 자기 신했으며 밀라노에 사무가 있어서 온 것이고, 또 그가 다른 인물로 행세한 일이 없었으며, 프랑스 왕가의 신하라고 안 사실이 없다고 딱 잡아뗐다. 자기도 그를 몰랐으며 더군다나 대사라고는 꿈에도 생각하지 못했다는 것이었다.

이번에는 왕이 여러 가지 반대되는 사항과 질문으로 그를 추궁하여 온갖 방면으로 공격하다가, 마침내는 사형을 밤중에 집행한 점을 들어 무언가 거리끼는 데가 있어서 그리한 것이 아니냐고 몰아쳤다. 그러자 이 가련한 자는 당혹해서 정직한 체하며 하는 소리가, 공은 폐하께 대단히 송구스러워서 이러한 형(刑) 집행을 낮에는 차마 하지 못했다고 대답했다. 프랑수아왕 같은 억센 콧대 앞에 그가 이렇게 모순되는 말을 하고 그 자리를 벗어날 수 있었는지는 누구나 짐작할 수 있는 일이다.

교황 율리우스 2세는 대사를 영국 왕에게 보내어 프랑수아왕에게 적대 행위를 취하게 하려고 했다. 대사가 그의 사명을 아뢰자, 영국 왕은 대답을 하다가, 그렇게 강력한 왕과 싸우기 위해서 준비하는 데 부닥치는 여러 어려운 문제를 꺼냈다. 대사는 격에도 맞지 않게 자기도 그 점을 생각해서 교황께 그 말씀을 올렸다고 말했다. 영국 왕을 즉시 전쟁으로 몰아넣으려던 자기의 제안과는 동떨어진 이 말을 듣고 알게 된 것이지만, 결과적으로 이 대사 개인의 뜻은 프랑스 왕 편에 기울어져 있다는 첫 증거를 얻게 되었다. 그리고 이 사실을 대사의 주군인 교황에게 고했기 때문에 그 대사는 재산을 몰수당하고 목숨을 보존하는 일 외에는 다른 생각을 해볼 겨를이 없었다.

10
빠른 말법과 느린 말법

　　모든 혜택을 주어도 모두에게는 미치지 못했다.　　　　　　(라 보에티)

　　웅변의 소질을 보면, 어떤 이들은 말이 쉽고 빠르게 나오며, 말을 꺼내기가 쉬워서 어떠한 경우에 부닥치더라도 항상 준비가 되어 있다. 또 어떤 이들은 느려서 애를 써 가며 미리 생각해 놓지 않으면 도무지 말을 꺼내지 못한다. 누군가 부인네들에게 그녀들의 가장 아름다운 장점에 따라 유희나 운동을 하라고 규칙을 세워 주는 것처럼, 나보고 웅변의 이 두 가지 다른 장점에 대해서 충고하라면, 말이 느린 사람은 설교가로 적당하고, 빠른 사람은 변호사에 어울린다고 생각한다. 왜냐하면 설교가의 직무는 준비를 위한 충분한 시간이 있고, 그의 직책이 한 줄로 중단됨 없이 이어져 있는 것이지만, 이와는 반대로 변호사가 맡는 기회는 시간을 가리지 않고 아무 때나 싸움터에 나가지 않으면 안 되며, 상대의 예측치 못할 대답이 딴 곳으로 끌어가고, 그런 때에는 즉석에서 새로운 대꾸를 찾아내야 하기 때문이다.
　　어떻든 교황 클레멘스와 프랑수아왕의 마르세유 회견에서는 일이 모두 거꾸로 되어 버렸다. 그때 교황 앞에서 변론을 할 책임을 맡은 포아이예 씨는 평생을 재판정에서 보냈고 명성이 높은 분인데, 이때 할 변론을 사람들 말로는 파리에서부터 미리 준비해 왔다는 것이다. 그런데 이 연설을 하게 된 그날 교황은 자기 주위에 와 있는 다른 나라 대사들의 감정을 상하게 할 말이 나올까 두려워하여, 때와 장소에 가장 적합한 일이었지만 우연히 포아이예 씨가 애써 준비한 것과는 아주 다른 제목을 내놓았다. 그 때문에 그의 연설은 쓸모없는 것이 되었고, 재빨리 다른 것을 준비해야만 했다. 그러나 그런 일이 거의 불가능함을 알아차리고 그 대신 뒤 벨레 추밀경(樞密卿)이 책임을 떠맡아야만 했다.

변호사의 역할은 설교가의 일보다 더 어렵다. 그러나 적으나마 프랑스에서는 쓸 만한 설교가보다는 쓸 만한 변호사가 더 많다는 것이 내 의견이다.

급작스레 신속히 둘러대는 것은 재치에 적당한 일이고, 천천히 침착하게 말하는 것은 판단력에 적합한 일이라고 본다. 그러나 준비할 여유가 없으면 완전히 침묵을 지키는 자와, 여가가 있어도 말을 더 잘 할 수 없는 자는 둘 다 비정상적이다. 전하는 바에 의하면, 세베루스 카시오스는 생각해 두지 않아도 말이 잘 나왔고 노력했다기보다는 운의 덕택을 받았으며, 그가 말하다가 흥분해도 그에게 유리하게 상황이 달라졌다. 그래서 그의 적수들은 그가 화를 내서 훨씬 더 훌륭한 웅변이 될까 봐 그를 자극하는 일을 두려워했다는 것이다.

나는 애써 고생하며 미리 생각해 두는 방식을 견디지 못하는 부류의 천성을 경험으로 알고 있다. 웅변이 자유롭고 유쾌하게 굴러가지 않으면 쓸모 있는 말을 하지 못한다. 어떤 작품들은 애써서 지은 품이 박혀 있어 어딘가 투박하고 무뚝뚝한 맛이 있기 때문에, 거기서 등불과 기름 냄새가 난다고 말한다. 그러나 어떤 것은 잘 지어 보려고 애를 쓰며 자기 일에 너무 긴장하고 억눌린 마음 때문에 자연스러운 웅변을 억누르고 꺾어 빽빽하게 만들고, 마치 풍부한 물이 억지로 맹렬하게 밀려 나가다가 좁은 홈통에서 빠져나갈 구멍을 찾지 못하는 것과 같은 격이 된다.

이런 종류의 성품은 역시 카시오스의 분노와 같이 동시에 강렬한 격정으로 뒤흔들려 자극받기를 원치 않고(왜냐하면 이런 동작은 너무 맹렬할 것이기 때문이다), 충격이 아니라 보살펴 주기를 바라며, 우발적으로 현재 외부에서 오는 기회로 일깨워져서 열을 돋워 주기를 바란다. 이런 웅변은 혼자 놓아두면 질질 끌리며 맥이 빠지게 된다. 자극은 바로 그 생명이며 우아한 맛이다.

나는 자신을 잘 다루지 못한다. 자신의 역량보다도 우연에 더 잘 매인다. 기회와 청중, 내 목소리의 율동까지도, 나 혼자 마음속을 뒤져볼 때보다 더 많은 것을 내 정신에서 끌어낸다. 그래서 아무 값어치 없는 것에 무슨 선택할 거리가 있는 것이라면 말로 하는 것이 글로 쓴 것보다 낫다.

이런 일도 있다. 내가 나를 찾는 곳에서는 나를 발견하지 못하고, 오히려 우연한 기회에 내가 더 잘 발견된다. 이렇게 써 나가다가 무슨 묘한 소리라도 내놓을지 모르겠다.(이것은 다른 사람이라면 둔한 말이지만 내 생각으로는 날카롭다는 의미이다. 이런 터놓은 말은 그만두자. 말은 각자의 힘에 따라서 나온다.) 나는 화제의 요점을 아주 잃어버리고, 내가 무슨 말을 하려고 했는지도 모를 때가 있다. 그래서 가끔 나보다 먼저 다른 사람이 그것을 찾아내 주곤 한다. 필요한 때에 내가 면도날을 가졌었다면 나는 내 글을 모두 긁어버렸을 것이다. 우연한 기회에 이런 점이 대낮과 같이 밝혀질 때가 있을 것이다. 그리고 내가 여태 주저하고 있던 것에 놀라게 될 것이다.

11
예언에 대하여

신탁(神託)으로 말하면, 예수 그리스도가 나오기 훨씬 전에 그 신뢰를 잃기 시작했던 것이 확실하다. 키케로가 예언이 실패하는 원인을 알아보려고 애쓴 흔적이 보이기 때문이다. 그는 이렇게 말했다. "어째서 델포이에서 하던 식의 신탁은 오늘날뿐 아니라 오래전부터 내려오고 있지 않는가? 그것보다 더 경시당하는 일이 없게 된 것은 웬일일까?" 희생으로 바친 짐승의 해부에서 끌어내는 다른 예언들로 말하면, 플라톤은 내적 기관의 자연적 구조를 거기에 결부시켰다. 암탉의 발버둥, 새의 날아감, "우리는 어느 종의 조류의 생존은 징조를 보이는 것 외에 다른 이유가 없다고 믿는다."(키케로) 벼락, 강물의 구비, "점쟁이는 많은 사물을 본다. 예언자들은 많은 사물을 예견한다. 많은 사건이 신탁으로 예고되었고, 점치는 일, 해몽, 기적으로 전해지고, 각기 많은 사건들이 예고되었다."(키케로) 등, 이런 일에 대해 옛날 사람들은 거기에 의지해서 공사나 사사나 대부분의 계획을 세워 갔는데, 우리 종교는 이런 것들을 모두 없애 버렸다. 아직 우리에게는 별이나 정령(精靈)들, 신체의 특징, 꿈같은 수많은 것을 가지고 점치는 방법이 있으나, 그것은 우리들의 천성이 마치 현재의 일은 소화할 거리에 부족한 것처럼 미래의 일에 마음 쓰기를 즐기고 있는 것으로, 우리들의 호기심이 얽매여 있는 본보기이다.

올림푸스의 주(主)여, 어째서 그대는
인생의 불행에 잔인한 징조로 미래의 불행을 알려서
새로운 번민을 보태어 주는가, 그대의 계획이 어떠한 것이건
불시에 우리에게 닥쳐오게 하라, 운명을 예지함에는
인간의 정신이 맹목이게 하라.
공포에 싸여 지내면서도 그들에게 희망이 남아 있게 하라.　　　(루카누스)

미래를 안다는 것은 아무 소용이 없다.
결국 그것은 소득 없이 자기를 괴롭히는 불행이다.　　　(키케로)

그런 만큼 점친다는 것은 매우 권위가 적은 일이다.
그렇기 때문에 드 살루초 후작 프랑수아의 예는 주의를 끌 만한 것으로 보였다. 그는 프랑수아 1세의 알프스 산 너머 원정군 부장(副將)이며 우리 조정의 극진한 총애를 받았고, 자기 형의 영토가 왕에게 몰수당했던 것을 그 후작령까지도 왕에게서 돌려받는 은혜도 입었다. 그런데 그는 대체로 이런 짓을 할 기회가 온 것도 아니고, 자기 마음으로도 거기 반대하면서(다음에 알려진 일이지만), 당시에 카를 5세에게 유리하고 우리에게 불리하게 유포되고 이탈리아에까지 돌고 있던 그럴듯한 예언에 놀라 떨어졌었다. 이 이탈리아란 나라는 이런 어리석은 유언비어가 돌기에 안성맞춤인 상태여서, 우리가 망한다는 소문에 로마에서는 많은 액수의 금전이 교환되는 사태를 보였다. 그는 프랑스 왕가와 이탈리아 안의 친프랑스당에게 불행이 닥쳐올 것은 피치 못할 것이라고 믿고, 그 친지들에게 딱한 사정을 애통하게 말하더니, 끝내는 배반하여 적에게 넘어 갔다. 하지만 그가 어느 별자리의 가호를 받았건, 그는 자기만 큰 손해를 보았다. 그는 마음이 여러 갈래로 찢긴 인간으로 행동했다. 그는 도시들과 군대를 잡고 있으며, 세 발짝 앞에는 안토니오 데레이바가 지휘하는 적군이 있고, 우리는 그가 하는 짓에 의심도 두지 않고 있었으니, 그는 자기가 한 것보다 더 중대한 사태를 일으킬 수도 있었다. 그런데 그가 배반함으로써 우리는 포사노 시 외에 잃은 것이 없었으며, 이 도시도 오랜 격전 끝에 잃은 것이었다.

현명한 신은 어두운 밤으로
미래의 사건들을 우리에게 숨긴다.
그리고 필요 이상으로 불안을 지닌
인생을 농락한다.　　　　　　　　　　　　　　　(호라티우스)

"내일 주피터가 검은 구름으로 하늘을 가리우건 밝은 햇빛을 남겨 주건 상관 있나? 나는 살아 보았다" 하고 날마다 말할 수 있는 자신이 주인이며

인생을 행복하게 사는 자이다.　　　　　　　　　(호라티우스)

현재에 만족하는 정신은 미래의 일로 번민하기를 꺼리리라.　(호라티우스)

"그들은 '점이 맞으니 신들이 있고, 신들이 있으니까 점이 맞는다'"는 논법을 쓴다(키케로)는 말을 거꾸로 믿는 자들은 잘못 믿는 것이다. 파쿠비우스는 더 현명하게 말한다.

새들의 말을 이해하며
자신의 이성보다 어떤 동물의 간장을 믿는 자는
들어주기는 하지만 믿어 줄 것은 없다고 생각한다.
　　　　　　　　　　　　　　(키케로가 인용한 파쿠비우스 말)

저 토스카나인들의 유명한 점복술이 생겨난 내력은 이렇다. 한 농군이 호미로 땅을 깊이 팠더니, 그 속에서 타게스 신이 솟아나왔다. 타게스 신은 얼굴은 어린애 같지만 노인의 지혜를 가진 반신(半神)이었다. 그래서 모두들 거기로 달려 가서 그의 말과 지식을 수집했다. 몇 세기를 두고 전해 온 것에 이 술법의 원칙과 방법이 들어 있다는 것이다. 그 발전의 경위에 상응하는 발생이다.

나는 이런 잠꼬대보다는 주사위를 던져 보고 일을 처리해 가겠다.

참으로 많은 나라에서 점치는 행사에 많은 권위를 주어 왔다. 플라톤은 자기

임의로 꾸며 본 《국가론》에서 여러 가지 중요한 사건을 이렇게 점을 쳐서 처리하고, 그중에도 결혼을 정하는 데 적당한 짝들 사이에 이 방법을 쓰라고 한다. 그리고 이 우연에 맡긴 선택 방법을 대단히 중시하며, 거기서 나온 아이들은 국가가 양육해야 한다고 하며, 나쁜 씨는 멀리 쫓아 버리라고 한다. 그러나 이 쫓겨난 자들 중에서도 자라나는 동안 어쩌다가 좋은 소질의 싹수를 보여주는 경우가 있으면 데려 올 수 있게 하고, 남겨 둔 아이들 중에도 소년 때 거의 희망을 보여주지 않는 자는 아주 쫓아내라는 것이다.

나는 사람들 중에서 달력을 연구·해석하며, 세상 일이 이렇게 되어 간다고 권위를 세워 주는 자가 있음을 본다. 이렇게 말한다면 그들은 거짓말도 참말도 다 할 수가 있다. "사실 하루 종일 활을 쏘다 보면 언젠가는 과녁에 적중하는 수도 있다."(키케로) 나는 이런 것이 우연히 맞을 때가 있다고 해서 존중하지는 않는다. 언제든지 거짓말이 되는 진리나 법칙이 있다면, 그것에 더 확실성이 있을 것이다. 아무도 그들의 잘못을 기록해 두지 않는다. 그런 잘못은 흔하며 무한히 많다. 그리고 어쩌다가 점이 맞는 것은 믿을 수 없이 희한하고 기적과 같으니 값어치 있는 것으로 보인다. 그래서 무신론자라는 별명의 디아고라스는 사모트라키아에 있을 때, 누가 그에게 난파했다가 살아 나온 자들의 축원과 헌판이 사원 안에 많이 바쳐져 있는 것을 보여주며 "그래 당신은 신들이 인간의 일에 무관심하다고 말하는데, 이렇게 신들의 은덕으로 많은 사람들이 구조받은 것은 어떻게 보오?"라고 묻자 "그건 이렇소" 하고 디아고라스는 대답했다. "빠져 죽은 사람들의 그림은 여기 붙어 있지 않소. 그들의 수가 훨씬 더 많소." 키케로는 말하되, 신이 존재한다고 한 모든 철학자들 중에 오직 콜로폰의 크세노파네스만이 모든 종류의 점복술을 배척했다고 한다. 따라서 오늘날의 왕들 중에 이런 헛된 일에 열중하고 있는 분이 더러 있다 하더라도 과히 놀랄 것은 못된다.

다음의 두 기적에 관한 이야기는 내 눈으로 직접 보았으면 싶다. 하나는 미래의 모든 교황의 이름과 외모를 예언한 칼라브리아 사제 요아킴의 비결이고, 다른 하나는 그리스의 황제들과 원로들을 예언하던 레오 황제의 것이다. 어려움 속에서는 사람들이 자기 운에 놀라서 모든 미신을 탐하듯 옛날부터 정해 있을 그들의 불행의 원인과 위협을 하늘에서 찾아보고 있는 것을 내 눈으로 보았다. 그리고 이런 점복술은 할 일은 없고 머리가 예민한 사람들의 좋은 소일거리가 되기 때문에 이런 것을 엮어 보고 풀어 보고 하는 일에 숙달한 자들은 모든 서적에서 그들이 바라는 모든 것을 찾아낼 수 있을 것이라고 나는 확신하게 되었다. 어떻든 예언의 모호하고 막연하며 허황된 말투는 그 작가들이 거기에 분명한 의미도 붙여 두지 않고, 다음 세대 사람들이 제멋대로 해석하게 놓아두었기 때문에, 이런 자들에게 재미나는 일거리를 만들어 준 것이다.

소크라테스의 다이몬(保護神)은 아마도 이성의 충고를 기다리지 않고 언뜻 떠오르는 의지의 충동을 가리키는 것이리라. 그의 마음과 같이 순화된 마음에서는 항상 도덕과 예지의 훈련을 받아서 마음의 이런 경향이 생각이나 궁리되지 않은 채 주견 없이 나와도 본받기에 마땅한 무게 있는 것이었다. 누구나 자기 마음속에 신속하고 맹렬하게 떠오르는 우연한 생각이 뒤흔들리는 모습을 자신에게서 느낀다. 우리들의 예지에 권위를 주지 않는 나로서는, 이런 생각에 권위를 주느냐 안 주느냐도 내 자신에게 달려 있다. 그리고 내게는 이런 헛된 영상이 떠오르면, 그것이 이치상으로 잘 맞지 않을뿐더러 나를 설복시키는 힘이나(또는 소크라테스에게 더 자주 있었던 식으로) 내가 믿지 않게 하는 힘도 맹렬해서, 나는 거기에 유익하고도 요행스럽게 끌려갔다. 때문에 거기에는 무슨 거룩하고 신령한 느낌이 들어 있다고 해석해 볼 수도 있었다.

12
불굴(不屈)에 대하여

결단성과 지조(志操)의 법칙은 우리를 위협하는 불행이나 뜻대로 잘 풀리지 않는 일에 대해서 재주껏 미리 대비해서는 안 된다거나, 그런 일이 닥쳐오는 것을 두려워해서는 안 된다는 말이 아니다. 그와는 반대로, 불행을 막으려는 정당한 방법은 허용될 뿐 아니라 칭찬할 만한 일이다. 그리고 지조의 덕은 주로 피할 수 없는 불행을 꾸준히 참아 나가는 데 있다. 그런 만큼 우리에게 닥쳐오는 타격을 막아낼 수 있다면, 아무리 날쌔게 몸을 움직여도, 손에 어떠한 무기를 들어도 나쁜 일은 아닐 것이다. 전쟁을 좋아하는 국민들은 무력전에서 도망치는 것을 주요한 장기로 사용했고, 그들의 얼굴보다도 더 위험하게 적에게 등을 내보였다.

튀르키예인들은 이런 종류의 방법을 취하고 있다.

소크라테스는 라케스가 용기를 정의하여 '적에 대해서 자기 자리를 확고하게 지킴'이라고 한 것을 조롱하여, "그래, 자기 자리를 내주며 적을 쳐부수는 것이 비굴한 일인가?"라고 말하며, 호메로스가 아이네이스의 도망가는 재주를 칭찬한 구절을 인용했다고 플라톤이 말했다. 그 때문에 라케스는 생각을 달리 하여, 그것은 스키타이족의 습관이라고 고백하며, 어떻든 일반적으로 말타고 싸우는 자들이 하는 일이라고 했다. 그러자 소크라테스는 다시 라케다이모니아 보병의 예를 들었다. 그들은 말을 타지 않고 도보로 싸우도록 훈련되어 있는데, 플라테아 전투에서는 페르시아군의 방어진을 뚫지 못하자, 생각을 돌려 후퇴했다. 이것은 적이 이런 상황을 패주로 오인하게 하여 추격하다가 진형을 부숴 흩어지게 했다. 이렇게 해서 그들은 승리를 얻었다.

스키타이족에 관한 일인데, 다리우스가 그들을 정복하러 갔을 때, 그는 스키타이의 왕에게 늘 후퇴하기만 하며 싸움을 피한다고 욕설을 퍼부었다. 그러자 인다티르스(이것이 그의 이름이었다)는 대답하기를, "다리오스건 누구건 두려워서 후퇴하는 것이 아니다. 적이 빼앗아 이득을 볼 수 있는 농토나 도시 가옥이 없으니, 굳이 방어할 것도 두려워할 것도 없다. 이것이 바로 자기 국민들이 전진하는 방법"이라고 대답했다. 그러나 만일 배가 고파서 대들고 싶거든 자기네의 조상 뼈가 묻힌 곳에 가까이 와 보면, 그때는 상대가 누군가를 알게 되리라고 말하는 것이었다.

그렇지만 흔히 전쟁에서 머리 위로 포탄이 날아오는 소리를 들어보면, 두려워하지 않는다는 말은 적당치 않다. 그 맹렬하고 급박한 위협은 피할 길이 없어 보이기 때문이다. 그런 때 손을 쳐들거나 머리를 숙이다가는 동료들의 웃음거리가 되기 십상이다.

카를 5세가 프랑스 프로방스 지방으로 쳐들어 왔을 때다. 드 가스트 후작이 아를르시를 정탐하러 풍차에 숨어 접근하다가 바깥으로 나왔을 때, 경기장 무대 위에 바람을 쐬러 나왔던 드 본느발 경과 다슈노아 장로에게 들키고 말았다. 그들이 포병 대장 드 빌리에 경에게 그를 가리켜 곧바로 소총을 겨누었다. 불꽃이 튀는 것을 멀리서 보고 몸을 옆으로 비키지 않았더라면 후작은 탄알 세례를 받았을 것이다. 이와 마찬가지로 현왕의 모후인 여왕의 부친 울비노 공작 로렌초 데 메디치는 이탈리아의 요새 도시 비카리아테라고 부르는 땅에 있는 몬돌포를 포위 공격할 때, 자기를 향하고 있는 대포에 불을 붙이는 것을 보고 곧 몸을 깊이 숙였다. 그러지 않았다면 그 머리 위를 스치고 지나간 포탄이 틀림없이 그의 숨통을 꿰뚫었으리라. 사실 이런 동작이 깊이 생각하고 난 후에 한 일이라고는 볼 수 없다. 이렇게 급박한 마당에 조준이 높다든가 얕다든가를 어떻게 판정할 것인가? 그러니 그들은 운이 좋아서 공포에 대한 반사 동작이 나온 것이며, 다른 경우에는 이러한 것이 피하는 길이 아니라 불에 뛰어드는 행동이었다고 생각할 수도 있다.

  나는 엉겁결에 예기치 않은 곳에서 총소리가 귓가에 들리면, 부르르 떨지 않을 수 없다. 나보다 더 용감한 자들에게도 이런 일이 일어나는 것을 본 적이 있다.

  스토아학파들도 그들 현자의 심령이 그에게 닥쳐오는 환영이나 헛생각에 저항할 수 있다고는 생각하지 않는다. 그래서 그들은 천둥소리에 굴복하듯이, 예를 들면 하늘에서 굉장히 큰 소리나 무엇이 무너지는 소리가 들리면 얼굴이 새파래지고 몸이 오그라들며 버티지 못한다고 하는 데 동의한다. 그리고 마음의 다른 움직임에도 그렇지만, 다만 생각이 제대로 머무르며, 이성의 바탕이 어떠한 손상이나 변화를 일으키지 않고, 이 공포나 고민의 영향을 받음이 없으면 역시 같다. 현명하지 못한 자는 처음 단계에는 그와 마찬가지이다. 그러나 다음이 다르다. 왜냐하면 마음에 충격을 받은 인상이 그에게는 피상적으로 머무르지 않고 그대로 이성의 바탕에까지 침투해 독을 부어 넣어서 그를 추락시키기 때문이다. 그는 이 격정에 따라 판단하며, 거기에 부합해 간다. 능숙하게 말 잘하는 스토아파 현사(賢士)의 심정을 얼마만큼 충만하게 하는가를 보라.

  아무리 눈물을 흘려도 그 심령은 굽히지 않는다.　　　　(베르길리우스)

  소요학파의 현자도 이런 격동을 면치 못한다. 다만 그는 그런 마음을 조절할 뿐이다.

13
제왕들의 회견 의식

아무리 쓸데없는 제목이라도 이런 심심풀이에는 넣지 못할 것이다. 우리의 상식적인 법도로는 자기와 같은 지위나 더 지위가 높은 사람이 방문하겠다는 연락이 왔는데, 그때 집에 있지 않으면 실례가 될 것이다. 이 문제에 대해서, 나바르 여왕 마르그리트는 아무리 높은 사람이 오더라도 자기를 찾아오는 사람을 맞이하러 집에서 나간다는 것은 예의에 맞지 않는다고 부언했다. 도중에 그를 만나지 못할 염려가 있다는 사실 하나만으로라도 집에서 기다리는 것이 더 법도에 맞는 일이며, 손님이 떠날 때 따라나가 주면 족하다는 것이다.

나는 집에서 모든 법도를 생략하고 있으니, 이런 헛된 의식은 어떤 것이나 잊어버리기 일쑤이다. 이에 분개하는 사람도 있다. 그러나 어찌하란 말인가. 내가 날마다 분개하기보다는 그를 한 번 분개시키는 편이 낫다. 그러다가는 늘 굴복하고만 있게 된다. 이런 움집에까지 그런 격식을 끌고 올 양이면, 궁궐의 번거로움을 피하여 나온 보람이 어디에 있겠는가?

모든 회합에서는 지위가 가장 낮은 사람이 먼저 지정한 곳에 와서 훌륭한 분들을 기다리는 것이 보통의 예절이다. 그렇지만 교황 클레멘스와 프랑수아왕이 마르세유에서 갖게 된 회견에서는, 왕이 필요한 모든 준비를 명령해 놓고, 멀리 외출한 후 교황에게 2, 3일 동안 쉴 여유를 주고, 그다음에 만났다. 이와 마찬가지로 교황과 황제가 볼로냐에 들어올 때에도 황제는 교황을 먼저 들어와 있게 하고 자기는 다음에 들어왔다. 이러한 제왕들의 회견에는 윗사람이 먼저 지정된 장소, 즉 회의가 개최되는 나라의 주인보다도 먼저 와 있는 것이 보통의 법도라고 한다. 그리고 이 논리는 외적으로 보아 아랫사람이 윗사람을 찾아가서 뵙는 것이지, 윗사람이 아랫사람을 찾아가는 것이 아니라는 데 이유가 있다고 한다.

모든 나라가 다 그럴 뿐 아니라 각기 도시들도 특수한 예절이 있고 모든 직분 역시 그렇다. 나는 어릴 때부터 이 점에 충분히 주의를 기울여 교양을 쌓았기 때문에, 프랑스의 법도에 대해 모르는 것 없이 사람들과 교제해왔다. 그에 대해 강의라도 할 수 있다. 나는 이 법도를 좇고자 하지만 생활이 억압당하며까지 좇고 싶지는 않다. 이 법도에는 힘든 형식이 있어서 잘못 알아서 잊어버리는 것이 아니라, 조심하다가 잊어버리면 그것으로 점잖은 품이 망가진다. 나는 흔히 법도를 지나치게 차리다가 실례를 저지르고 너무나 예절 바르기 때문에 남에게 폐가 되는 사람들을 보았다.

요컨대 법도라는 지식은 대단히 유용하다. 그것은 우아함이나 아름다움과도 같이 사람과 처음 만나서 사귀는 경우에 친밀감을 준다. 따라서 우리에게 다른 나라 사람을 본받아 자신이 교양을 얻는 길을 터준다. 또한 우리가 가르쳐 전해 줄 게 있으면 그것을 보여줄 수도 있다.

14
선악의 취미는 대부분 우리의 생각에 달려 있다

사람들은(그리스의 옛 속담에 말하되) 사물 자체가 아니라, 그들이 사물에 대해서 지닌 생각 때문에 속을 태운다고 한다. 이 전제를 모든 점에서 진실하다고 증명할 수 있는 이는 우리의 비참한 인간 조건을 개선하는 데 크게 얻는 바가 있을 것이다. 불행이 우리의 판단에 의해서 들어오는 것이라면, 그것을 경멸하거나 또는 좋은 일로 돌려놓기는 우리의 힘에 달렸기 때문이다.

만일 사물이 우리 마음대로 된다면, 어째서 그것을 우리에게 유리하게 처리하거나 조절하지 못하는 것인가? 우리가 불행 또는 고통이라고 부르는 것이 그 자체로서 불행도 고통도 아니고, 다만 우리의 생각이 그것에 이와 같은 자질을 부여한다면, 이 소질을 고치는 것은 우리에게 달려 있다. 선택권이 우리에게 있고 아무것도 우리들을 강제하지 않는다면, 병이나 궁색, 경멸 같은 것에도 좋은 맛을 줄 수 있을 것이다. 또한 운은 우리에게 단지 재료만 제공할 뿐이며 형체를 지어 주는 것도 우리가 할 일이라면, 우리에게 가장 괴로운 편으로 자기를 연결시키며, 그런 것에 쓰고 나쁜 맛을 준다는 것은 괴상하게도 어리석은 수작이다. 그런데 우리가 불행이라고 부르는 것이 그 자체로서 불행이 아니거나, 또는 적으나마 그 있는 대로의 불행이 아니라는 것, 결국 다 같은 말이지만, 거기 다른 맛을 준다든가 또는 다른 모습을 지어 주는 일이 우리에게 달려 있다고 하는 것, 이런 논리가 성립되는지 어디 따져 보자.

우리가 두려워하는 이런 사물들의 본질이 그 자체의 권한으로 우리 속에 들어앉을 힘이 있다면, 그것은 모든 사람에게 같은 꼴로 들어앉을 것이다. 왜냐하면 사람들은 모두가 한 종족이며, 좀 더하고 덜한 점을 빼면 모두가 생각하고 판단하는 일에 같은 도구로 장비되어 있기 때문이다.

그러나 이런 사물에 관한 우리의 생각이 가지각색이라는 것은 이 생각들이 상호 합의로밖에 우리들에게 들어오는 것이 아님을 분명히 보여준다. 어떤 자는 사물을 그 본질대로 자기에게 간직한다. 그러나 다른 많은 자들은 자기들끼리 이런 사물에게 새롭고 반대되는 본질을 주고 있다.

우리는 죽음과 빈곤과 고통을 우리들의 주요한 적이라고 생각한다.

그런데 어떤 자들이 전율할 것 중에도 가장 끔찍한 것으로 부르는 죽음을, 다른 자들은 인생의 고초에서 벗어나는 단 하나의 안식처이며 자연의 최고 선이며, 우리들이 자유를 누리는 유일한 곳이며, 모든 불행에 대해 공통되는 효과적인 처방전이라고 부르는 것을 모르는가? 그리고 어떤 자는 벌벌 떨며 공포 속에서 이 죽음을 기다리는데, 어떤 자는 그것을 삶보다도 더 쉽게 당해 내고 있지 않은가? 이런 자는 그것이 너무 쉽다고 한탄한다.

> 죽음이여! 비열한(卑劣漢)의 생명 빼앗기를 경멸하라.
> 그리고 용감한 자만이 너를 차지할 수 있게 하라. (루카누스)

한데 이런 영광스러운 용기는 치워 두자. 테오도로스는 자기를 죽이겠다고 대드는 리시마코스에게 대꾸하되, "너는 독파리에게 대등한 힘을 내는 데도 큰 애를 써야 하겠구나"라고 말했다. 대부분의 철학자들은 자기 의사로 그들의 죽음을 앞당겼거나 재촉했거나, 또는 방조해 주고 있다.

일반 민중들 중에서 단순한 죽음이 아니라 수치와 어떤 때는 혹독한 고초를 겪으며 죽음에 끌려갈 때, 혹은 고집으로, 혹은 단순한 천성으로 이것을 태연히 감내하며 평소와 조금도 다른 점을 보이지 않는 자들을 우리는 얼마나 많이 보고 있는가. 그들은 자기 집안일을 처리하고, 친구들에게 뒷일을 당부하고 노래 부르며, 훈계하며, 사람들과 이야기하며, 어떤 때는 거의 우스갯소리까지 섞어 가며, 그리고 소크라테스와 같이 친지들에게 축배를 들어가며 죽어 가기까지 한다. 어떤 자는 사형대로 끌려 가면서, 어느 길로는 제발 데리고 가지 말아 달라고 했다. 그 길거리에는 한 장사꾼이 오래 갚지 못한 빚으로 자기의 목덜미를 잡아 끌 위험이 있다고 말했다. 또 한 죄수는 사형 집행인에게 자기 목은 건드리지 말아 달라고 당부했다. 간지럼을 너무 타서 웃음을 참지 못하기 때문이라는 것이었다. 또 어떤 자는 참회사(懺悔師)가 그에게 오늘 저녁에는 하느님과 같이 식사할 것이라고 약속하니 "당신이나 가시오, 나는 굶겠소" 하고 대답했다.

또 물을 달라고 청했는데, 사형 집행인이 먼저 마시고 그릇을 내어주자, 그의 뒤에 마시면 천연두에 걸릴까 두렵다고 하며 마시기를 꺼렸다.

누구나 피카르디인의 이야기는 들어 보았을 것이다. 그는 사형 집행대에 올라가기로 되었을 때, 한 여자를 데려다주며(우리 재판소에서도 어떤 때는 하는 것이지만) 그 여자와 결혼한다면 살려 주겠다고 했다. 그러자 그는 그 여자를 잠시 쳐다보고는 절름발이인 것을 알자, "목을 매어 주! 목을 매어 주! 저 여자는 절름발이야!" 하고 소리쳤다.

또 사람들 말에 따르면, 덴마크에서 한 남자가 참수형 선고를 받고 사형대에 올라갔는데, 앞의 이야기와 같은 조건을 내놓자, 자기에게 주는 여자가 볼이 축 늘어지고 코가 너무 뾰족하다고 거절했다고 한다. 툴루즈에서 한 하인이 사교를 믿는다고 고발당했을 때, 그는 자기의 신앙은 주인의 것과 같다고 했다. 그 주인도 같이 감옥에 잡혀온 젊은 학생이었다. 그는 자기 주인이 그 신앙을 버렸다고 말하기보다는 차라리 죽기를 원했다. 우리는 루이 11세가 아라스시를 공략했을 때, 대다수 시민이 "대왕 만세!"라고 부르지 않고 그냥 교수형을 당하고 만 이야기를 안다.

나르싱가 왕국에서는 오늘까지도 그곳 제관(祭官)들의 아내는 남편이 죽으면 산 채로 같이 매장당한다. 다른 여왕들은 남편의 장례 때, 꿋꿋할 뿐 아니라 유쾌하게 산 채로 불에 타 죽는다. 그리고 죽은 왕의 시체를 화장할 때에는 그의 아내와 첩, 귀애하던 동자, 온갖 관리들, 하인들이 떼를 지어 가벼운 마음으로 그들의 윗사람을 태우는 불 속으로 뛰어드는 광경은, 그의 죽음의 동반자가 되기를 영광으로 여기는 것같이 보인다.

어릿광대의 천한 마음으로도, 죽는 마당에까지 우스갯타령을 버리지 않은 자들이 있었다. 한 놈은 사형 집행인이 줄을 잡아당기자, "때갈 놈의!"라고 소리 질렀다. 여느 때 되풀이하던 버릇이었다. 그리고 한 놈은 숨이 넘어갈 무렵에 벽난로 옆 짚자리 위에다 뉘어 놓았는데, 의사가 그에게 어디가 아프냐고 물어보았더니 "걸상과 난로 사이오"라고 대답했다. 그리고 신부가 최후의 성유를 발라 주려고 아파서 웅크리고 있는 발을 찾자, 그는 "다리 끝에 찾아보면 있지요"라고 했다. 하느님께 축원을 올리라고 권하는 사람에게, "누가 거기 가오?"라고 그는 물었다. "당신이 바로 거기 갈 것이오"라고 대답하자, "내일 저녁에 거기 갔으면 해요"라고 대답했다. 그 사람이 또 "글쎄, 하느님께 축원(추천장)을 올리시오, 당신은 바로 거기 갈 것이오"라고 이어 말하자, "그럼 내 추천장은 내가 가지고 가는 편이 낫지요" 하고 그는 덧붙였다.

최근 밀라노 전쟁에서 하도 여러 번 공격하고 반격하는 등쌀에 민중들은 앞날이 엎치락뒤치락하므로 아주 죽어 버리기로 작정했다. 나는 집을 가진 주인들이 일주일 동안에 자그마치 스물다섯이나 스스로 목숨을 끊는 것을 보았다고 부친이 말하는 것을 들었다. 크산토스의 시민들은 참극이 가까워 오자, 남녀노소 할 것 없이 모두 미쳐서 마치 여느 사람들이 죽음을 피하려는 욕심만큼이나 맹렬하게 죽기를 원하며 생명을 버리려고 악을 쓰는 통에, 브루투스는 겨우 그중의 극소수만을 구제할 수 있었다.

모든 사상은 생명을 걸어가며 품어 보기에 족할 만큼 강하다.

그리스인들이 메디아 전쟁에서 맹세하며 지켜 낸 저 아름다운 서약의 제1조는, 각자가 그리스 법률을 페르시아 법률로 바꾸기보다는 차라리 생명을 죽음과 바꾸려는 것이었다. 튀르키예와 그리스의 전쟁에서 얼마나 많은 사람들이 침례받기 위해서 할례를 버리기보다는 차라리 혹독한 죽음을 택했던가. 이러한 예는 어느 종교에서나 찾아볼 수 있다.

카스티야의 왕들이 자기들의 땅에서 유대인들을 쫓아내니, 포르투갈의 주앙왕은 그들이 후일 그 땅에서 떠나야 한다는 조건으로, 한 사람에 8에퀴씩 받고 자기 땅으로에 피난해 오는 것을 허용했다. 그리고 그 날짜가 오면 아프리카로 실어다 주겠다는 것이었다. 그 날짜가 오니(기한이 지나도 머물러 있는 자는 노예가 될 것이라고 일러 주었다) 옹색하게 준비된 배를 탄 사람들은 뱃사람들로부터 혹독하고 천한 대접을 받았다. 다른 학대보다도 배를 이리저리 몰고 다녀 날짜를 끌다가 그들이 지닌 식량을 모두 소비하자, 아주 비싼 값으로 식량을 사게 하고, 또 오래 끌고 다니다가 셔츠바람으로 육지에 내려놓는 것이었다. 그대로 남아 있던 자들은 이 비인간적인 푸대접을 전해 듣고는 대부분 노예가 되기로 결심했다. 그중에 어떤 자는 종교를 바꾸는 체했다.

에마뉴엘은 왕위에 오르자, 먼저 그들에게 자유를 주었다. 그러다 생각을 달리 하여 그들을 나라 밖으로 나가라고 기한을 정해주고, 세 곳의 항구도 지정해 주었다. 우리 시대의 가장 훌륭한 라틴어 역사가인 오소리우스 주교의 말을 빌면, 그는 유대인들에게 자유의 혜택을 주고서도 그들을 그리스도교로 개종시키지 못해서, 그들의 동포가 당한 것처럼 뱃놈들에게 도둑을 맞는 고난과, 지금까지 이 부유한 나라에 살다가 알지도 못하는 낯선 땅으로 가야 한다는 난처한 생각에 그들이 그리스도교로 개종할 것이라고 기대했던 것이라 한다. 그러나 이 기대와는 어긋나게 유대인들이 모두 떠나기로 결심하니, 그는 그들에게 약속해 준 항구 셋 중에서 둘을 취소했다. 그는 이렇게 여행이 오래 걸리고 힘들면 생각을 바꾸는 사람이 있지 않을까 했던 것이다. 또 그가 결정한 일을 집행하기 편하게 그들을 한 곳에 뭉쳐 놓았다. 그것은 아비와 어미의 품에서 열네 살 이하의 어린 것들을 모두 빼앗아 그들과 말도 못하게 보이지 않는 곳으로 데려가서 우리 종교로 교육시키고자 한 것이다.

이 일은 무서운 광경을 빚었다. 부모와 자녀 사이의 본연의 애정과 옛부터 내려온 신앙에 대한 열성이 이 가혹한 명령에 대항해 싸운 것이었다. 아비와 어미들이 서로 목숨을 끊는 것은 예삿일로 보였으며, 그보다 더 심한 예로는 이 가혹한 벌을 받지 않으려고 어린애들을 우물에 던져 넣는 것이었다. 그러는 중에 이미 정한 기한이 다 지나니, 달리 방법이 없어서 그들은 노예가 되기 시작했다. 어떤 사람은 그리스도교도가 되었다. 이들의 신앙과 혈족에 대해서는 지금 백여 년이 지났으나, 오랜 세월은 이러한 추이(推移)에는 다른 어떠한 강제보다도 더 강력한 충고자이지만, 오늘까지도 포르투갈인들은 그들을 미덥지 않게 생각한다.

"얼마나 여러 번 우리 장군들뿐 아니라 군대 전체가 확실한 죽음터로 질주했던 일인가"라고 키케로는 말한다.

나는 내 친한 친구 하나가, 아무리 설복시키려 해도 깨우치지 못하는 여러 사상과 그의 마음속에 깊이 뿌리 박힌 진실한 애정 때문에, 죽음이 화려한 허물을 쓰고 나타난 첫 기회에, 이렇다 할 이유도 없이 열렬한 갈망을 품고 죽음 속으로 뛰어드는 것을 보았다.

오늘날에도 어린애들까지 수월찮은 고통을 받을까 무서워서 죽음을 택하는 예를 흔히 본다. 이 점에서 비겁한 자들까지도 도피의 방법으로 택하는 죽음 따위를 우리가 두려워한다면, 세상에 두렵지 않을 일이 무엇이 있을까 하고 한 고인(古人)은 말한다. 남자건 여자건 한결 행복한 시대에 살며, 여러 종파의 사람들로서 꿋꿋하게 죽음을 맞이한 자, 자진해서 받아들인 자, 또는 이 인생의 고난을 면하기 위해서뿐만 아니라 단지 살기에 지쳐서 저승으로 도피한 자, 그리고 다른 곳에 더 나은 생의 조건을 기대해서 죽음을 택한 자들의 목록을 벌여놓을 양이면 끝이 없을 것이다. 그 수효는 너무나 많아서, 사실 죽음을 두려워한 자를 헤아리는 편이 쉬울 것이다.

바로 이것이 그런 예이다. 철학자 피론은 어느 날 배를 타고 가다가 매우 큰 위험에 빠졌는데, 그때 자기 주위의 공포에 싸인 자들에게 예로서 거기 있던 돼지 한 마리를 보여 주었다. 그 돼지는 그 폭풍우에도 아무 걱정이 없었다. 우리가 대단한 자랑으로 여기는 이성, 그로써 우리가 만물의 영장이며 제왕으로 자처하지만, 그 이성의 장점이 겨우 우리에게 고통을 주는 일이었던가? 사물에 관한 지식을 가졌다고 해서 우리가 안식과 평정을 잃는다고 하면, 그것이 우리를 피론의 돼지만도 못한 조건에 놓아 두니, 무슨 소용이 있단 말인가? 우리가 가장 소중한 보배로 받들고 있는 지성을 가지고 우리는 대자연의 의도, 즉 각자는 자기 편익을 위해서 연장이나 방법을 사용하도록 되어 있는 사물들의 이 보편적 질서와 싸우며, 우리를 파멸시키는 일에 이 지성을 사용해서야 될 말인가?

그렇다. 그대의 규칙은 죽음에는 소용이 된다. 그러나 가난에는 어쩌나 하고 사람들은 말한 것이다. 아리스티푸스와 히에로니무스, 기타 현자들의 대부분이 궁극의 불행으로 간주하는 고통의 문제는 어찌하나? 말로는 그것을 부인하는 자들도 사실은 그것을 고백하고 있지 않는가? 포시도니우스가 심한 병으로 고통을 받고 있을 때, 폼페이우스가 그를 찾아갔다. 그가 철학적인 말을 들어 보기에는 아주 못마땅한 때 찾아왔다고 사과하자 "내가 고통에 져서 생각도 말도 못하게 된다니, 말이 되나!" 하고 포시도니우스는 말했다. 그러나 고통은 제 역할을 하며 끊임없이 그를 괴롭혔다. 그러자 그는 "고통이여! 네가 아무리 해 보아도 너를 불행이라고는 부르지 않겠다!"라고 소리 질렀다. 이 이야기를 듣고는 모두들 장한 모습이라고 하는데, 이것이 고통의 경멸과 무슨 상관이 있는가? 그는 말로만 싸운다. 아픔이 괴롭지 않다면 어째서 말은 중단했던가? 그것을 불행이라고 부르지 않은 것을 어째서 장하다고 생각하는가?

여기서는 모두가 공상으로만 된 것이 아니다. 우리는 다른 일에서는 사색한다. 사색에는 확실한 지식이 그 역할을 맡는다. 우리들의 감각 자체가 그것을 판단한다.

만일 감각이 진실이 아니라면 이성 전체가 똑같이
우리들을 속인다.
(루크레티우스)

우리는 피부에게 가죽 띠로 얻어맞는 것은 간지럽다고 믿게 할 것인가? 우리들 혓바닥에게 쓰디쓴 알로에 맛을 그라브 산 포도주 맛으로 느끼게 할 일인가? 피론의 돼지는 우리와 같은 배를 타고 있다. 그는 죽음을 무서워하지 않는다. 그러나 때려 주면 아프다고 소리 지르며 괴로워한다. 고통을 받으면 떨리는 것은, 하늘 밑에 사는 모든 생명들의 일반적인 천성으로 타고난 본능이다. 그런데 우리는 이것을 억제해야 하는가? 나무까지도 그들이 받은 상처에 신음하는 것 같이 보인다.

죽음은 한순간의 이동인 만큼, 생각으로밖에는 느껴지지 않는다.

죽음은 이미 지나갔던가 또는 앞으로 올 것인가.
죽음 속에 현재는 없다.
(라 보에티)

> 죽음은 그것을 기다리는 일만큼 괴롭지 않다. (오비디우스)

수많은 짐승들, 수많은 인간들은 위협받기보다는 차라리 죽음을 원한다. 그리고 사실 우리가 죽음에서 주로 두려워하는 것은 습관적으로 죽음에 앞서 오는 고통이다.

그러나 거룩한 한 교부(敎父)의 말씀을 믿는다면, "죽음에 뒤따르는 것이 없다면, 죽음은 악이 아니다." (성 아우구스티누스) 그러나 더 진실하게 말하면, 그 앞에 가는 것도 그 뒤에 오는 것도 죽음에 속하는 것이 아니다. 우리는 잘못 변명한다. 그리고 죽음을 상상하는 조바심 때문에 고통을 참을 수 없게 되며, 고통이 우리를 죽음으로 위협하기 때문에 그것을 몇 배 심하게 느낀다는 것을 나는 경험으로 안다. 그러나 이성으로 따져 보면, 죽음은 그렇게도 급하게 오고 그렇게도 피치 못할 일이며, 그렇게도 느껴지지 않는 것을 가지고 두려워한다는 것은 비굴한 일이라는 비난이 나오므로, 우리는 차라리 다음의 구실이 더 변명이 된다고 생각한다. 위험이 없는 모든 아픔을 우리는 위험 없는 일이라고 말한다. 치통을 앓건, 통풍을 앓건, 그것이 아무리 중해도 사람을 죽이지 않는 이상, 누가 그것을 대단한 병으로 치겠는가? 그런데 이것을 잘 헤아려 보라. 우리는 죽음에서 주로 고통을 생각한다. 마치 가난이라는 것이 굶주림, 갈증, 더위, 추위, 밤새움 등으로 우리를 고통의 팔 안에 넘겨주어서 고생시키는 것밖에 아무런 두려워할 것이 없는 식이다.

그러니 여기 고통 하나만을 문제 삼아 보자. 나는 이것이 우리들의 존재 가운데 최악의 사건이라고 내놓는다. 진심으로 하는 말이다. 왜냐하면 나는 세상 사람들 중에도 이 고통을 가장 꺼리며 하느님 덕택에 오늘날까지 대단한 것을 겪지 않았으니, 될 수 있는 한 그것을 피하련다. 그러나 고통이란 것을 없애지는 못할망정 참을성으로 고통을 덜어 보고, 육체가 고통을 느낀다 하더라도 적으나마 마음과 이성을 여기에 단련시키는 일은 우리에게 달려 있다.

그렇지 않다면 우리 중에 도덕·용기·힘·큰 마음·결심 같은 것을 명예로 삼을 자, 그 누구일까? 고통에 도전하는 것이 아니라면, 이런 것이 무슨 역할을 맡을 것인가? "용덕은 위험을 탐한다."(세네카) 거친 방석 위에서 자고, 모든 무장을 갖추어 입고, 한낮의 더위를 참아 내며, 말과 당나귀 고기를 먹고, 자기 살을 째고 뼛속에서 탄알을 뽑아내는 것을 눈으로 보며, 살을 꿰매고 태우고 하는 수술을 참아 내는 것이 아니라면, 우리가 보통사람보다 나을 것이 무엇인가? 똑같이 착한 행동들 중에서도 더 힘든 것이 할 만한 것이라고 현자(賢者)들이 말하는 것은, 불행과 고통을 피하라는 말과는 거리가 멀다.

> 사실 사람이 행복한 것은 경솔의 동류인
> 희열, 쾌락이나 담소, 유희 속에 있을 때가 아니고,
> 비애 속에서 견고성과 지조를 지킬 때이다.   (키케로)

이 때문에 우리 조상들에게 전쟁의 위험을 무릅쓰며 실력으로 정복하는 것이 권모술책(權謀術策)으로 평안하게 하는 것보다 나을 것이 없다는 것을 설복하기는 불가능한 일이었다.

> 덕은 치르는 희생이 클수록 더 큰 희열을 준다.   (루카누스)

우리가 여기서 위안을 얻을 것은 자연의 조화로 심한 고통은 짧고, 가벼운 고통은 길다는 것이다. "심하면 짧고, 길면 가볍다."(키케로) 그대가 고통을 심하게 느끼면, 그 고통은 오래가지 않을 것이다. 고통이 그 자체로 종말을 짓든지, 그렇지 않으면 그대에게 종말을 지어 줄 것이다. 이편이나 저편이나 한가지 일이다. 그대가 고통을 이기지 못하면, 고통이 그대를 이길 것이다. "죽음은 극심한 고통을 종결시키고, 작은 고통에는 중단이 많으며, 중간의 고통은 우리가 억제할 수 있음을 기억하라. 그러므로 가벼운 것은 참고 견딜 수 있고, 감당할 수 없는 것은 불쾌한 연극에서와 같이 이 인생에서 퇴출함으로써 면할 수 있다." 고통이 그렇게도 참을 수 없게 느껴지는 것은, 우리가 만족을 정신에서 얻는 습관을 갖지 않고, 우리들의 조건과 행위의 유일한 윗사람인 우리 심령의 힘에 기대하지 않는 탓이다. 육체는 다소간의 차이를 제하고는 한 자세밖에 갖지 않는다. 마음은 모든 종류의 형태로 변할 수 있고, 육체의 느낌이나 다른 모든 사건을 무엇이든 그

자체에, 그리고 그 자체의 상태에 맞추어 간다. 그러므로 우리는 마음을 연구하고 탐색하며, 그 속에 있는 전능한 원동력을 일깨워야 한다.

마음의 경향과 그 택하는 바에 반대할 수 있는 이치도 명령도 힘도 없다. 마음이 마음대로 취할 수 있는 수많은 자태들 중에서 우리의 안식과 보전에 적당한 것을 하나 찾아 주자. 그러면 우리는 모든 손상에 대해서 대비될 뿐 아니라, 마음만 먹으면 그런 모든 손상과 불행에서 만족과 자랑까지도 얻을 것이다.

마음은 무슨 일이건 가릴 것 없이 거기서 자기 이익이 될 것을 끌어낸다. 그릇된 일, 헛된 생각 따위도 우리를 보장하고 만족시킬 충실한 재료로서 유용하게 쓰인다.

우리 속에 예리한 고통과 쾌락을 일으키는 것이 우리 정신의 민감성임은 이해하기 쉬운 일이다. 짐승들은 정신이 결박되어 있기 때문에, 그 감정을 천성대로 자유롭게 육체에 맡겨 두고 있다. 따라서 그들의 동작이 서로 비슷하게 움직이는 것을 보아서 알듯, 그 심정은 거의 각 종류마다 동일하다. 만일 우리가 우리 육체의 부분들에 속하는 권한을 혼란시키지 않는다면 우리는 그만큼 더 편안할 것이며, 우리 육신은 천성으로 쾌락에 대해서, 그리고 고통에 대해서 올바르고 절도 있는 기질을 가지고 있다고 믿을 만하다. 그리고 모든 점에 고르고 공통적이니, 실수 없이 올바를 것이다. 그러나 우리는 육체의 규칙에서 해방되어 우리들 환상의 자유로운 방황에 몸을 맡기고 있는 만큼, 적으나마 그것을 우리에게 가장 유쾌한 편으로 휘어잡도록 힘써 볼 일이다.

플라톤은 우리가 너무 고통과 쾌락에 집착하며, 그 때문에 마음을 지나치게 육체에 매어 지내게 하는 것을 우려한다. 나는 반대로 생각한다. 이 집착 때문에 영혼이 육체에서 떨어져 풀려나가는 것이 두렵다.

우리가 도망치면 적이 더 악을 쓰며 추격해 오는 것과 같이, 고통도 우리가 그 밑에 떨고 있으면 더욱 거만해진다. 고통은 잘 버티는 자에게 더 순해질 것이다. 고통에 대항해서 마음을 긴장시켜야 한다. 물러나거나 뒤로 빼면, 고통은 우리를 위협하는 파멸을 불러온다. 육체가 굳어질수록 짐을 지기에 더 든든하듯, 마음 역시 그렇다.

그러나 나같이 신장이 약한 자에게 잘 걸리는 예를 들어 보자. 여기서 우리는 마치 보석들이 그것을 놓아두는 자리의 빛깔에 따라 생생하거나 흐릿한 빛깔로 보이듯 고통도 변모해 가며, 우리가 그 고통에 내어주는 자리만큼밖에 우리 속에 자리를 차지하지 않는 것을 알 것이다. "그들은 고통에 몸을 맡길 정도로 고통을 받았다."(성 아우구스티누스) 치열한 전투에서 열 번 칼을 맞는 것보다 외과 의사에게 면도날로 한 번 찢기는 것이 더 아프다. 애를 낳는 고통은 대단한 것이라고 의사들이나 하느님은 생각했으며 우리도 그것을 굉장한 일로 여기지만, 국민 전체가 그런 말을 입 밖에 내지 않는 고장도 있다. 라케다이모니아의 여인들은 말도 말자. 그러나 우리 용병들 사이에 끼어 있는 스위스 여자에게 무슨 달라진 일이 있다고 보는가? 아장아장 남편들 뒤를 따라가는데, 어제는 배 속에 있던 어린아이를 오늘은 목에 둘러메고 간다. 그리고 프랑스에 몰려온 저 가짜 이집트 여자들(집시 여인들)은 자신이 금방 낳은 핏덩이를 가까운 시냇물로 안고 가서 씻겨 주고 자기도 목욕한다. 수많은 소녀들이 애 배는 일뿐 아니라 낳는 일도 날마다 몰래 해치우는 것은 그만두고라도, 저 점잖은 사비누스의 아내는 로마의 귀부인이면서도 다른 사람에게 폐를 끼치기 싫어서 쌍둥이를 낳는 고역에 누구의 도움도 받지 않고, 소리도 고함도 지르지 않고 혼자서 해냈다.

 라케다이모니아의 한 이름 없는 사내아이는 여우 한 마리를 훔쳐 외투 속에 감춰 두고, 여우가 자기 배를 물어뜯어도 그 여우를 내어놓기보다 끝까지 참아냈다. 왜냐하면 그 아이는 아픈 것을 두려워하는 것보다도 도둑질을 서투르게 한 수치가 더 무서웠기 때문이다. 또 한 아이는 제물을 바칠 때 향불을 피우다가, 불똥이 소매 속에 떨어져서 뼈까지 타들어가도 끝까지 참으며 이 신비의 의식을 혼란시키지 않았다.

 그리고 많은 아이들은 그들이 교육받은 격식에 따라, 겨우 일곱 살인데도 용기를 보이기 위해서 매를 맞으면서도 얼굴빛 하나 변하지 않았던 것이다. 그리고 키케로는 이 어린아이들 한 패가 떼를 지어 싸우며 손과 발로 차며 물어뜯고, 기절하여 쓰러져도 졌다고 말하지 않는 것을 봤다. "습관은 결코 천성을 이기지 못한다. 왜냐하면 천성은 굽힐 수 없기 때문이다. 그런데 연약함과 즐거움, 한가·무위·무료로 우리들의 마음을 추락시켰다. 우리는 그릇된 판단과 못된 습성으로 마음을 유약하게 만들었다."(키케로)

누구나 다 스카에볼라³⁾의 이야기를 알고 있다. 그는 적진에 숨어 들어가 적왕을 죽이려다 실패하자, 기묘한 계략을 썼다. 그는 조국의 화근을 덜 생각으로, 그가 죽이려던 적왕인 포르셴나에게 자기 계획을 자백하며, 그의 진영 속의 다수의 로마인들이 자기와 함께 일을 꾸민 공범자라고 말했다. 그리고 자기가 어떠한 인간인가를 보여주기 위해서 불을 가져오게 하고, 팔을 걷어 불에 태우며 자기 눈으로 보며 참아 내었으니, 끝내는 적까지도 참혹하게 생각하여 불을 치우라고 명령했다.

자기 몸을 도려내는 동안에도 눈 하나 깜짝 않고 책을 읽던 자는 어떤가? 자기에게 고문을 가하면 가할수록 조롱하며 비웃던 자는 어떤가? 그 때문에 고문을 하던 집행인들이 화를 내어 잔인하게도 꾸며 낼 수 있는 모든 고문을 연달아 써 보아도 그를 이기지는 못했다. 하지만 그는 철학자였다. 카이사르의 검투사 하나는 그의 상처를 쑤시고 도려내어도 계속 웃고만 있었다. "도대체 보통 검투사라도 신음소리를 내든가, 안색을 변한 일이 있던가? 그들의 자세에서뿐 아니라 쓰러질 때에도 비굴한 태도를 보인 일이 있던가? 뒤집혀 세워지며 죽음의 처단을 받으며, 고개를 돌리는 일이라도 있던가?"(키케로)

여인들을 보자. 새로운 피부의 신선한 살갗을 얻기 위해서 껍질을 벗긴다는 말을 파리에서 듣지 못한 사람들이 있는가? 목소리를 더 부드럽고 곱게 하기 위해서, 또는 치열(齒列)을 바로잡기 위해 아무렇지도 않은 생니를 빼는 여자들이 있다. 고통을 경멸하는 종류의 예를 우리는 얼마나 많이 알고 있는가? 미인이 될 희망이 조금이라도 있다면, 여자들은 무엇이 무섭다고 안 하겠는가?

그녀들의 소원은 백발을 뿌리째 뽑아 내고
살갗을 벗겨 새 얼굴을 만들어 주는 일이다.   (티불루스)

---
3) 무키우스 스카에볼라. 기원전 507년 무렵에 에트루스크족들이 로마를 포위했을 때 적장을 죽이려고 적진에 들어가 대장인 줄 알고 그의 보좌관을 죽인 다음 붙잡혔다. 그는 자기 손이 자기를 속였다고 손을 불 속에 집어넣어 태웠다. 그로 인해서 스카에볼라(왼손잡이)라는 별명을 얻었다.

나는 얼굴빛을 희게 하려고 모래를 먹는 여자, 재를 삼키는 여자, 일부러 배탈을 내는 여자들을 보았다. 그녀들은 스페인식 맵시를 갖고 싶으면 가죽 띠로 매고 죄고, 생살에 굵직한 상처를 내며 어떠한 고초인들 참아 낸다. 그렇다. 어떤 때는 그 때문에 죽기까지 한다.

지금의 여러 국민들에게는 자기 몸에 일부러 상처를 내는 것은 대수롭지 않은 일로 되어 있다. 그리고 우리 왕[4]은 자기를 위해 행한 이러한 일의 주목할 만한 예를 보여주고 있다.

그러나 나는 프랑스에서 몇몇 사람이 이런 본을 뜬 것을 알고 있지만, 그 외에도 한 소녀(몽테뉴 추종자 마리 드 구르네 양)가 자기 약속의 열렬함과 지조를 보여주기 위해서, 머리에 꽂았던 바늘을 뽑아 팔에 너덧 번 찔러 살갗이 찢기고 피가 심히 흐르게 하는 것을 보았다.

튀르키예인들은 사모하는 여인을 위해서 커다란 흉터를 만든다. 그리고 그 표적이 그대로 남아 있게 하려고 상처 위에 급히 불을 갖다 대고는 끔찍하게도 오랫동안 그대로 있다. 그것을 본 사람들은 글로 써놓고 그것이 진실임을 내게 맹세했다. 그들 중에는 10아프르(튀르키예 화폐)만 주면 팔뚝이나 엉덩이에 이런 상처를 깊숙이 만들어 보일 사람들을 날마다 찾아볼 수 있다.

이런 증인들은 그런 일이 더 필요한 세상에서 많이 찾아볼 수 있으니 나는 마음이 편하다. 왜냐하면 그리스도교 국가에서는 그런 예를 얼마든지 볼 수 있기 때문이다. 우리의 거룩하신 안내자의 시범이 있은 뒤에 수많은 사람이 신앙심에서 십자가를 짊어지려고 했다. 믿을 만한 증인이 전하는 이야기로, 성 루이 왕은 항상 말총 셔츠를 입고 지내다가, 늙어서 그의 참회사가 극구 말렸기 때문에 그 습관을 버렸다. 금요일에는 그의 신부(神父)를 시켜서 다섯 줄의 쇠사슬로 자기 어깨를 치게 했고, 그 때문에 쇠사슬을 늘 곽에 넣어 가지고 다니던 것을 우리는 안다.

우리 귀엔의 마지막 성주인 기욤 공작은, 이 땅을 프랑스 왕가와 영국 왕가에 나누어 준 알리에놀(엘레오놀)의 부친인데, 그는 말년에 10년 내지 12년 동안 늘

---

[4] 폴란드 왕 앙리 3세가 프랑스 왕이 되어 떠나올 때에, 그 나라 재상이 이 왕에게 충성심을 보이려고 단도로 팔을 찔러 상처를 내보였다 함.

고행의 방법으로 옷 속에 갑옷을 입고 있었다고 한다. 당쥬 백작 풀크는 예루살렘까지 가서 군주의 묘소 앞에서 자기 목에 밧줄을 걸게 하고 두 하인에게 매질을 하게 시켰다. 그런데 요즈음도 성 금요일이면 날마다 모든 고장에서 수많은 남자와 여자들이 자기 살이 에이도록 치며 뼈에 이르기까지 찌르고 있지 않는가! 나는 이것을 여러 번 보았지만, 조금도 매력을 느끼지 못했다. 그리고 사람들 말로는(왜냐하면 그들은 탈을 쓰고 있었기 때문에) 돈에 대한 탐욕보다도 신앙의 동기에서 할 수 있는 고통에 대한 더한층 큰 경멸하는 마음으로 남의 신앙심을 확보하기 위해 돈을 받고 이런 일을 하는 자들이 있다는 것이다.

Q. 막시무스는 집정관인 자기의 아들을 묻었고, M. 카토는 재판관으로 임명된 아들을, 그리고 L. 폴루스는 며칠 안 되는 사이에 두 아들을 매장하고도 태연한 얼굴로 상심한 빛을 보이지 않았다. 내 시절에도 나는 농담으로 어느 한 분(구르송 백작)이 하느님의 정의를 빼앗아 왔다고 말했다. 그는 호된 천벌로 하룻동안에 다 큰 아이 셋이 뜻밖의 사고로 죽는 것을 보았는데, 이것은 믿을 만한 일이지만, 그는 이것을 은혜로 받아들였다. 나도 아이들 두서넛을 잃었지만 젖먹이 때였다. 슬프지 않은 것도 아니었지만 크게 억울하지는 않았다. 하지만 사람의 가슴을 이보다 더 심히 아프게 하는 변고는 없다. 보통 일어나는 슬픈 경우를 많이 지켜보지만 나는 그런 일을 당해도 그리 슬퍼하지 않으려 한다. 그리고 그 사람들이 극히 혹독한 일로 형용하는 사건이라도 내가 당했을 때에는 그것을 경멸해 왔다. 그것을 사람들에게 자랑한다면 얼굴이 붉어질 일이다. "이것으로 비통은 천성의 작용이 아니고 생각에 의해 생긴 일로 이해된다."(키케로)

생각은 강력하고 과감하여 일정한 정도가 없는 힘을 가진 적이다. 알렉산드로스와 카이사르가 불안하고 곤란한 처지를 탐한 정도로 안전과 휴식을 탐해 본 자 있을 것인가? 시탈케즈의 부친 테레즈는 자기가 전쟁을 하지 않으면 그의 마부와 다를 점이 없다고 버릇처럼 말했다.

카토가 집정관으로 있을 때, 스페인의 여러 도시를 확보하기 위해서 주민들에게 무기 휴대를 금지했더니, 그들 중의 많은 수가 자살하고 말았다. "무기 없이는 살 수 없다고 생각하는 사나운 국민이다."(티투스 리비우스) 얼마나 많은 사람들이 자기 집과 친지들 사이에서 안온하게 보내는 생활을 버리고, 사람이 살 수 없는 사막으로 고난을 찾아가, 천함과 더러움과 사람들의 경멸 속에 몸을 던지며, 그것에 집착해 즐겼던 것인가.

밀라노에서 죽은 보로메 추기경은, 부유한 귀족이자 이탈리아 풍속을 따르는 젊은이로서 마땅히 좇아야 할 방탕한 환경 속에서 엄격한 생활 형식을 지키며, 여름에 입는 옷을 겨울에 입고, 짚방석 위에서 잠자며, 자기 직무에 매인 시간 외에는 식사로 빵과 물만 책 옆에 놓고 무릎을 꿇고 공부만 계속했다. 말만 들어도 질겁을 할 일이다. 반대로 나는 자기 아내의 서방질로 소득과 승진의 혜택을 입은 자들도 알고 있다.

시각은 감각 중에서 가장 필요한 것이 아닐지 모르나, 가장 유쾌한 감각이다. 그러나 가장 유쾌하고도 가장 필요한 기관은 아이를 낳는 데 쓰이는 연장으로 보인다. 그렇지만 많은 사람들은 단지 그것이 너무 맛을 주기 때문에 아주 싫어하고, 그것의 값어치 때문에 그 사용을 포기했다. 자기 눈을 찔러 버린 자들도 시각을 그렇게 생각했었다. 인간들 가운데 가장 공통되고 건전한 심정은 어린애가 많은 것을 큰 행운으로 생각하는 것이다. 나와 바른 사람들 몇몇은 어린애가 없는 것을 똑같은 행운으로 본다. 누가 탈레스에게 왜 결혼하지 않느냐고 물어보면, 그는 자기 혈통을 남기고 싶지 않다고 대답했다.

우리의 생각이 사물에 가치를 부여한다는 것은 대다수의 사물을 존중하려고 거들떠 보지도 않고 자기만을 생각하는 것으로도 알 수 있다. 그리고 우리는 사물들의 품질이나 그 유용성을 따지기보다는, 단지 그것들을 차지하기에 얼마만큼의 값을 치렀나를 헤아리고는, 마치 그것이 사물의 실체 그 어느 부분같이 생각한다. 또 사물이 우리에게 가져오는 것을 가치라고 하지 않고, 그 사물을 위해서 우리가 갖다 주는 것을 가치라고 한다. 이 점에서 우리는 대단한 절약가이다. 돈을 치른 무게에 따라 그만큼 그 사물을 본다. 우리의 생각은 결코 돈 쓴 값어치를 헛된 비용으로는 하지 않는다. 산 값이 금강석을 귀하게 만들고, 덕은 그 닦기의 어려움, 신앙은 그 괴로움, 약은 그 쓴맛이 그 값어치를 만든다.

어떤 자는 가난해지기 위해서 돈을 모두 바닷속에 던져 버렸다. 바로 그 바다에서 다른 자들은 부자가 되기 위해서 사방을 뒤지고 고기를 잡는다. 에피쿠로스는 말하되, '부유하다는 것은 살기 쉬움이 아니라 일거리가 달라지는 일'이라고 했다. 사람이 인색해지는 것은 먹을 것이 없어서가 아니라, 먹을 것이 많아서 그렇게 된다. 이 문제에 관해 내 경험을 말해 보겠다. 나는 유년 시절을 지낸 뒤 세 종류의 다른 환경 아래서 살아 보았다. 처음 30년 동안은 확실한 직업도 없고 규칙도 없이, 남이 갈피를 정해 주는 것과 그 도움에 매여 지냈다. 돈 쓰는 것도 그때그때의 우연에 맡겨졌던 만큼 쓰고 싶은 대로 마음놓고 썼다. 이보다 더 좋을 수는 없었다. 다른 어떤 일보다 남에게 빌린 돈을 기한 내에 갚는 것을 가장 긴요한 일이라고 생각했기 때문에, 친구들의 돈지갑은 언제나 내게 열려 있었다. 내가 친구들을 만족시키려고 심히 애쓰는 것을 보고는 이 기한도 얼마든지 늘려 주었다. 그래서 나는 꼼꼼하게 어느 정도 정직성을 속였고, 갚을 때는 마치 어깨에서 무거운 짐을 내리듯 노예 상태에서 벗어나는 것 같아서 일종의 쾌감을 느꼈다. 그리고 이때 내가 정당하게 행동하고 남을 흡족하게 해주기 때문에 마음에 포근해지는 만족이 있었다. 값을 깎는다든가, 돈의 머릿수를 헤아려서 돈을 치르는 때를 빼놓고 말이다. 왜냐하면 이런 일을 맡길 사람이 없으면, 내 기분과 말하는 방식이 그런 일에 맞지 않기 때문에, 말다다꺼리 하기가 싫어서 수치스럽고 또 부당하게, 될 수 있는 대로 그런 일은 뒤로 미룬다.

  흥정보다 더 싫은 일은 없다. 그것은 순진한 속임수이고 체면을 모르는 수작이다. 한 시간 동안 말다툼을 하고 깎은 다음, 양편이 다 말한 바와 맹세한 바를 뒤집고, 겨우 몇 푼의 소득을 보는 것이다. 그래서 나는 돈을 빌리면 손해만 본다. 직접 가서 달라고 할 용기가 없어 종이쪽지에 적어 인편에 보내니, 그것은 부담을 주는 것이 아니고, 오히려 저편이 거절하기 쉽게 해줌이다.

  그다음엔 내 예측이나 지각에 맡기는 것이 아니고, 유쾌하게 일을 별들에게(운에) 맡기고는 마음 편하게 지낸다.

  꼼꼼한 사람들은 대개 이 모양으로 확실치 않게 살아가는 것을 아주 꺼린다. 첫째로 사람들이 대부분 이렇게 살아가고 있다는 것을 생각하지 않는다. 얼마나 많은 점잖은 사람들이 바람과 같은 왕의 은총이나 무슨 좋은 수를 찾으려고 그들의 확실한 생활을 포기했으며, 지금도 날마다 그러는가? 카이사르는 카이사르가 되기 위해서 자기 재산 외에도 백만금의 부채를 졌다. 그리고 수많은 장사꾼들은 농토를 찾아 무역을 시작하여

그 많은 광풍과 큰 파도의 대해를 횡단하여! （카툴루스）

그 돈을 서인도 제도에 갖다 버리는 것이 아닌가! 요즈음 이 대단한 신앙심의 가뭄 상태에서는 백 갈래 천 갈래의 학파가 있어서, 날마다 하늘의 넓은 은덕으로 밥이 생기기를 기다리며 편하게 살아가고 있다.

둘째로 그들이 바탕으로 삼고 있는 그 확실성이라는 것이 우연이라는 것에 못지않게 위태롭고 불확실한 것임을 그들은 생각하지 않는다. 나는 연수입이 2천 에퀴를 넘는데, 마치 곤궁이 내 곁에 딱 붙어 있는 것처럼 그것을 가까이서 본다. 왜냐하면 운은 우리의 부유함 속에 빈궁으로 떨어질 구멍을 백 군데는 터놓고, 재산이 가장 많을 때와 가장 적을 때 사이에 중간을 두지 않았다.

운은 유리로 만든 것이다. 광채가 휘황할수록 더 약하다. （유스투스 리프시우스）

운은 모든 대비와 축대를 둘러엎을지도 모를뿐더러, 나는 여러 가지 원인으로 보통 재산을 가진 자나 갖지 못한 자나 다 곤궁함을 느끼고 있음을 본다. 그리고 이 곤궁은 아마도 혼자 있을 때가 어쩌다가 부유함과 같이 있을 때보다 덜 불편한 것이다. 이 두 가지는 수입에서보다도 질서에서 온다. "각자는 자기 재운의 직공이다."(살루스티우스) 그리고 부자로서 불안하고 궁색하고 분주한 자는 그저 가난한 자보다 더 가련하게 보인다. "부유한 자가 품고 있는 가난은 가장 무서운 빈곤이다."(세네카)

가장 위대하고 부유한 왕공(王公)들은 대개 빈곤과 기아로 극도의 옹색함에 빠져 있다. 왜냐하면 신하들의 재물을 약탈하는 폭군이나 불의로 권력을 빼앗는 자가 되는 것보다 더 어려운 지경에 몰리는 일이 있을 수 있겠는가?

나의 두 번째 생활은 돈 버는 일이었다. 그 일을 시작한 지 얼마 안 되어 내 형편대로 상당한 금액을 저축했으며 평상시에 쓰는 소비 이상으로 갖는 것이 아니면 가진 것이 아니고, 장차 받을 것이 확실하여도 아직은 받을 희망의 상태로 있는 것은 믿을 수 있는 재산이 아니라고 생각했다. "뭐, 어째? 내게 이러저러한 사건이 닥쳐오면 어떡해?"라고 나는 말했다. 그리고 이런 헛되고 해로운 공상을 한

다음, 약은 체하며 모든 불편에 대비해서 여분의 저축을 해보았다. 그리고 그런 변고는 무한정 일어날 수 있는 일이 아니지 않으냐고 누가 말하면, 나는 전부는 아니더라도 어느 정도의 사태에 대비하는 것이라고 대답할 수도 있었다. 그것은 애써 마음을 쓰지 않고는 될 수 없었다. 나는 그것을 비밀로 했다. 그리고 말을 그렇게도 잘하는 나이지만, 내 돈에 대해 이야기할 때에는 거짓말을 했다. 다른 사람들같이 부유하면 가난한 체하고, 가난하면서 돈이 있는 체하며, 자기들이 가진 것을 결코 보여주지 않는 방식으로 마음속의 걱정을 덜어준, 꼴불견의 수치스러운 조심성이었다.

여행을 떠나려면 아무리 많이 가져도 충분치 못했다. 그리고 돈을 많이 지니면 지닐수록 근심도 점점 더 커졌다. 어떤 때는 도둑을 맞을까 걱정되고, 어떤 때는 짐꾼들이 믿을 만한지가 걱정이 되며, 내가 아는 다른 사람들처럼 늘 지켜보고 있지 않으면 안심이 되지 않았다. 궤짝을 집에 놓아두면 도무지 근심이 되어 언짢게 마음이 쓰인다. 그리고 더 언짢은 일로, 이런 사정을 남에게 말할 수가 없다는 점이었다. 나는 그것에 늘 정신이 쏠렸다. 따져 보면 돈을 벌기보다도 지키는 것이 더 어렵다. 내가 말하는 것만큼은 애를 쓰지 않는다 해도 적으나마 그런 애를 쓰지 않기에 힘이 들었다.

여기서 내가 덕을 본 일은 거의 아무것도 없었다. 더 많은 돈을 쓸 수 있게 되어도 내게는 돈 쓰는 것이 똑같이 괴로웠다. 왜냐하면 비온이 말한 바와 같이 더벅머리이건 대머리이건 머리칼을 뽑으면 화를 내기는 마찬가지이기 때문이다. 그리고 돈더미에 마음이 쏠리는 버릇이 생기면, 그때부터 돈은 그대의 소용이 되지 못한다. 그 가장자리도 떼어 보지 못할 것이다. 생각하다시피, 건드리면 모두가 무너져 버릴 건축물이다. 운명에 목덜미를 잡히듯 꼼짝달싹도 못할 경우에나 건드려 볼 것이다.

전에 내가 양 떼를 잡히거나 말 한 필을 팔 때에는, 극진히 여기며 따로 간수해 둔 지갑을 열 때만큼 억울하거나 섭섭하지 않았다. 그런데 위험한 일은 이 욕망에 확실한 한계를 세워서(좋다고 생각하는 일에 한계를 짓기는 어려운 일이다) 저축을 알맞게 그만두기는 쉽지가 않다는 일이다. 이 돈뭉치를 줄곧 키워 가며, 작은 숫자를 더 큰 숫자로 불려 나가서, 결국엔 비천하게도 자기 재산을 즐겨 볼 생각은 못하고, 모두 간직해 조금도 쓰지 않는 수작만 하는 것이다.

사물을 이런 방식으로 사용한다고 하면, 번창하는 한 도시의 성문과 성벽을 지키는 자들이 세상에서는 가장 부유한 사람들이다. 내가 보기엔 돈을 모으는 사람은 모두가 인색한 자들이다.

플라톤은 육체적 또는 인간적으로 보배로운 재물을 건강, 미모, 체력, 부유의 순서로 늘어놓는다. 그리고 부유는 예지의 빛으로 밝혀지면 장님이 되는 것이 아니라 천리안이 된다고 말한다.

소(小) 디오니시우스는 이 점에서는 점잖았다. 그의 부하인 시라쿠사인 하나가 보배를 땅에 묻어 두었다고 알려 주었다. 디오니시우스는 그 보배를 가져 오라고 명령했다. 그래서 그자는 그 일부를 몰래 숨겨 두고 가져갔다. 그 뒤 그는 재물을 모을 욕심이 사라지자 숨겨 두었던 보배를 찾아 다른 도시에 가서 호화로운 생활을 했다. 이 말을 들은 소 디오니시우스는 나머지 재물도 돌려주게 하면서 이제는 그자도 재물을 쓸 줄 알게 되었으니 기꺼이 돌려주는 것이라고 일렀다.

나는 몇 해 동안을 이대로 보냈다. 어느 착한 귀신이 저 시라쿠사인처럼 나의 이 버릇을 없애 주었는지 모르겠다. 나는 저축하는 버릇을 버렸다. 큰돈을 쓰며 하는 여행의 재미가 이 어리석은 생각을 뒤집었다. 여기서 나는 세 번째의 생활로 들어갔다.(나는 느끼는 대로 말한다.) 실로 더 재미나고 절도 있는 생활로 끌려갔다. 그것은 소비가 수입과 맞아 가게 하는 방식이다. 때로는 한편이 더하고 어느 때는 다른 한편이 더하다. 그러나 두 가지 사이가 떨어지는 일은 매우 드물다. 나는 그날그날을 살아갔다. 그리고 현재의 일상적 필요에 충분하면 만족한다. 비상시의 필요에 대비하려면, 모든 저축을 대어도 부족할 것이다. 그리고 운이 그 자체에 대항해서 우리를 무장해 주리라고 기대하는 것은 어리석은 수작이다. 싸움은 우리의 무기로 싸워야 한다. 우연히 닥쳐오는 목숨을 건 중대한 문제에 부닥칠 때 그러한 무기는 우리를 배반할 것이다.

내가 돈을 모을 때는 머지않아 쓸 데가 있다는 생각으로 저축한다. 더 가져도 소용없는 땅을 사려는 것이 아니라 쾌락을 사려는 것이다. "획득의 욕심이 없음은 재산이다. 사들이는 탐욕이 없음은 수입이다."(키케로) 나는 재산을 불릴 욕심이 전혀 없다. "부유의 과실은 풍부이며, 풍부의 규범은 만족이다."(키케로) 나는 당연히 인색해질 나이에 이 버릇을 고치게 된 것을 매우 고맙게 여긴다. 인색은 늙어서 모두 잘 걸리는 병으로, 인간의 모든 어리석은 수작 중에서 가장 꼴같잖은 일이기 때문이다.

페라울레스는 이 운명의 두 면을 겪고 나서, 재산의 증식에 따라 마시고 먹고 자며 애인을 껴안는 욕심이 느는 것이 아님을 알고(그리고 한편에 그는 내가 겪은 바와 같이 살림살이의 번뇌에 지쳐 보고는), 그의 충실한 친구로 부유한 생활을 갈망하는 한 가난한 청년을 만족시켜 볼 양으로 그의 막대한 재산 전부와 그의 착한 주인 키루스가 후하게 내려 주는 사례금, 그리고 전쟁의 소득으로 날마다 불어 가는 재물들을 청년에게 선사하면서, 자기를 손님이며 친구로 점잖게 대접하고 양육하라는 책임을 지워주었다. 그 후 그들은 이와 같이 한 자기들의 생활 변화에 대해 행복과 만족을 누리며 살아갔다. 이런 재주는 내가 본받았으면 하는 포용할 만한 도량의 재산이다.

나는 한 늙은 사교(司敎)의 필자를 높이 찬양한다. 그는 자기 돈자루 외에 수입 및 소비까지 하인에게 모두 내맡기고는 자기는 여러 해를 두고 집안 살림을 남의 일같이 모르고 지냈다. 타인의 착함을 믿는 마음은 자신이 착하다는 증거가 된다. 그런 사람에 대해서는, 집안 질서가 그보다 더 점잖고 견실하게 지탱되는 일이 있으리라고 생각되지 않는다. 자기의 필요를 알맞게 조절하며 재산을 처리하고 수집하는 걱정 때문에, 자기가 좇고 있는 직분을 중단하는 일 없이, 더 적절하고 안온하고 마음 맞게 그 재산으로 자기의 필요를 충족시켜 가는 자는 행복하도다!

그러니 넉넉함과 가난은 각자의 생각에 달려 있는 것이다. 영광이나 건강도 마찬가지로, 부유를 소유하는 자가 생각하는 정도로밖에는 좋은 것도 유쾌한 것도 못 된다. 각자는 자기 생각대로 잘 살기도 하고 못 살기도 한다. 어느 누가 그렇다고 믿어 주는 사람이 만족한 것이 아니고, 자기가 그렇다고 생각하는 자만이 만족한다. 이 점에서만, 신념은 그 자체에 본질과 진리를 보여준다.

운은 우리를 좋게도 나쁘게도 하지 않는다. 운은 우리에게 그 재료와 씨를 제공할 뿐이다. 우리의 마음은 운보다도 더 강하며, 행복 또는 불행한 조건의 유일한 원인이 되고, 자기 마음대로 운을 돌리며 적용한다.

외부의 첨가물들은 내부의 구조에서 그 맛과 빛깔을 얻는다. 그것은 입는 옷에 열이 있는 것이 아니고, 체온으로 우리 몸을 덥히는 식이다. 의복은 이 열을 품어서 간직해 주기에 적합한 것이다. 이것으로 찬 물체를 가리는 자는 찬 기운을 위해서도 같은 효과를 얻을 것이다. 그래서 눈과 얼음이 보존된다.

실로 못난이의 공부하기와 주정꾼의 술 끊기가 고통이 되는 것과 마찬가지로 수수한 생활이 방탕아에게는 고문이 되며, 연약하고 한가로운 자에게 훈련은 고역이 아닐 수 없다. 다른 경우도 마찬가지이다. 사물은 그 자체로서는 해로운 것도 어려운 것도 아니다. 우리가 약하고 비굴하기 때문에 그렇게 된다. 위대하고 고매한 일들을 판단하려면 그만큼 위대한 마음이 필요하다. 그렇지 않으면 우리는 우리의 것인 악덕을 그런 일에 전가시킨다. 꼿꼿한 삿대는 물속에서 굽어 보인다. 사물은 본다는 것보다도 어떻게 보느냐가 문제이다.

사람들에게 죽음을 경멸하고 고통을 참아 내라고 여러 가지로 설복하는데, 어찌 이렇게도 말이 많고 쓸 만한 일은 하나도 없는가? 이렇게 많은 종류의 환상을 가지고 다른 사람들은 설복시키면서, 각자는 왜 그중의 하나, 자기 기분에 따라 스스로에게는 적용해 보지 않는가? 병의 뿌리를 뽑기 위해서 강하게 씻어 내는 약을 소화하지 못한다면, 적으나마 고통을 덜도록 진통제는 써야 한다.

"경박하고 연약한 편견은, 고통 속에서나 쾌락 속에서나 우리를 지배한다. 우리의 마음은 그 때문에 약해진다. 말하자면 흔들린다. 우리는 벌에 한 번만 쏘여도 고함지르지 않고는 배기지 못한다. 모든 일은 자제할 줄 아는 것에 귀결된다."(키케로) 여기 말해 두지만, 사람은 사는 고통이 심하고 인간은 약하다는 점을 과도하게 주장해 보아도, 철학은 벗어나지 못한다. 왜냐하면 그 논리는 "궁하게 사는 것이 나쁘다면 적어도 궁하게까지 살아가야 할 필요는 없다"는 대꾸를 막아 낼 수 없기 때문이다.

누구나 오래 불행하다는 것은 모두 자신의 탓이다.

죽음도 삶도 참아낼 용기를 갖지 못하는 자를, 저항하기도 달아나기도 원치 않는 자를 어떻게 하란 말인가?

15
당치 않게 한 요구를 지키다가는 벌을 받는다

　용감성은 다른 도덕과 같이 그 한도가 있다. 그것을 넘으면 악덕의 길로 들어간다. 진실은 그 경계를 식별하기가 쉽지 않기 때문에, 그 한계를 잘 모르는 자는 당돌하거나 고집쟁이거나 미치광이가 될 수밖에 없다. 이러한 점 때문에 전투시 지탱 못할 요새를 지키려고 고집하는 자는 군사상의 법칙으로 죽음의 벌을 주는 관습이 나왔다. 그렇지 않으면 벌받지 않는다는 희망에서 닭장만한 요새로 온 군대를 잡아두지 않을 자가 없을 것이다. 드 몽모랑시 원수는 파비아시를 공격할 때 테치노강을 건너는 임무를 맡고 산 안토니오시 교외에 야영을 하게 되었다. 다리 건너편 탑 속의 군대가 악착같이 길을 막았기 때문에 그들을 쳐부수고 탑 속의 병사들을 모조리 죽였다. 그 뒤에 왕태자를 모시고 산 너머로 원정할 때에도, 빌라노시를 공략하고 난 뒤 매우 흥분한 병사들이 부대장과 기수만을 빼고 모두 죽였다. 원수는 같은 이유에서 이 두 명마저 교수형에 처했다. 마찬가지로 당시에 바로 이 나라 토리노의 시장으로 있던 마르탱 뒤 벨레 부대장도 그의 부하들이 요새를 함락하고 적들을 학살하자, 드 생 보니 부대장을 같은 형에 처했다.

　그러나 한 요새가 강하거나 약하다는 평은 그곳을 공격하는 군대의 힘에 비교해서 고려되는 것이다. 가령 어떤 자가 소총 둘에 버티는 것은 당연한 일이며, 대포 서른 대 앞에 저항하는 것은 어리석은 일일 것이다. 여기서 승리한 장군의 위풍·명성, 그리고 마땅히 바쳐야 할 존경 등을 고려할 경우에는, 이 면에 무게를 주어 비중을 달아 보지 않으면 위험하다. 그리고 이와 같은 사정에서 어떤 자들은 자기들에게 대항할 수 있다고 생각하는 것을 어리석은 일로 볼 만큼 자기들의 긍지와 실력을 높이 평가하며, 운이 그들에게 있는 한, 저항하는 자들은 누구든지 무찔러 나간다. 그것은 동양의 왕공(王公)들이 했고, 그 후계자들이 아직도 하는 식으로, 항복의 권고와 도전의 형식이 거만하고 난폭하며 야만적 명령으로 충만해 있다.

　그리고 포르투갈 사람들이 인도를 침략할 때, 왕이 몸소 나왔거나 그 대관(代

官)이 지휘하여 굴복한 적에 대해서는 몸값이나 용서 등은 문제되지 않는 것이 불가침의 보편적인 법칙으로 되어 있는 나라들이 있음을 보았다. 그러니 가능하다면 무엇보다도 승전한, 무장한 적의 심판에 걸리지 않도록 특히 조심해야 할 일이다.

16
비겁함의 처벌에 대하여

나는 전에 무예와 용맹으로도 아주 유명한 한 왕이, 군인이 비겁하다고 해서 사형받을 수는 없다고 하는 주장을 들었다. 그는 마침 식탁에서 드 베르벵 경이 불로뉴성을 내놓고 항복한 죄과로 사형 선고를 받은 재판을 이야기하던 참이었다.

사실 우리가 약해서 저지른 잘못과 우리의 악의에서 오는 잘못은 크게 구별해서 보아야 할 일이다. 왜냐하면 악의로 한 일일 때에는 우리가 천성으로 타고난 이성의 법칙에 반대되게 고의로 자신을 결박한 것이며, 비겁한 경우에는 이렇게 불완전하고 허약하게 놓아두었다고 천성에게 변호해 달라고 호소할 수도 있는 것으로 보인다. 그 때문에 많은 사람들은 우리가 양심에 반대해서 한 일밖에는 사람들의 책망을 받을 것이 없다고 생각해 왔다. 사교를 따르는 자와 종교를 믿지 않는 자를 극형에 처하는 것을 비난하는 자들의 의견, 변호사나 재판관은 무지 때문에 자기 직책에 실수한 것을 가지고 책임을 질 수 없다고 하는 의견은, 이 법칙에 일부 근거를 두고 있다.

그러나 비겁함으로 말하면, 이를 수치와 모욕으로 처벌하는 것이 가장 평범한 방법이다. 그리고 이 법칙은 입법자 카론다스에 의해 처음 실시된 것이라고 전해져 온다. 그 이전에 그리스 사람들은 전쟁터에서 도망한 자들을 사형에 처했는데, 이 카론다스는 그들을 다만 여자 옷을 입히고 사흘 동안 장터에 앉혀 놓아 웃음거리가 되도록 했다. 그는 그들이 이런 수치를 당하고 나서 용기를 얻어 다시 쓸모 있는 인간이 되기를 기대했던 것이다. "유혈보다는 차라리 남아의 얼굴에 붉은 피가 역류하게 하라."(테르툴리아누스)

로마법은 옛날에는 도망한 자를 사형에 처한 것으로 보인다. 아미아누스 마르켈리아누스의 말에 의하면, 율리아누스 황제는 파르티아족을 공격할 때 등을 보이고 달아난 군사 열 명을 옛법에 의해서 먼저 강등시키고, 다음에 사형에 처하는 선고를 했다는 것이다. 그러나 그는 다른 데서는 이러한 과오에 대해서 그중의 다른 자들을 보급 부대의 깃발 아래 포로들 속에 넣으라고 선고하고 있다. 칸느의 탈주병에 대한 로마 시민의 가혹한 판결도, 그리고 이 전투에서의 패장 풀비우스를 따라간 자들에 대한 판결도 사형에까지는 이르지 않았다.

그렇지만 수치를 주면 그들을 절망에 빠뜨리고 냉담해지게 할 뿐 아니라 적개심을 품게 할 염려도 있다. 전에 드 샤티용 원수의 수종부관으로 있던 드 프랑제 경은 드 샤반느 원수에 의해서 드 뤼드 경 대신에 폰 타라비아의 지방 장관으로 임명되었을 때 스페인 군에게 패하여 이 지방을 내주었다고 귀족의 직위를 박탈당하고, 그와 그의 후손들은 상민이 되어 인두세를 물며 무기를 갖지 못한다는 판결을 받았다.

이 혹독한 판결은 리옹에서 집행되었다. 다음에 폰 나사우 백작이 기즈에 입성했을 때, 거기 있던 모든 귀족들이 이와 같은 처벌을 받았으며, 그 후에 다른 자들도 역시 그러했다. 그러나 무지이건 비겁함이건 모든 예사로움을 벗어나 너무 심하게 드러나는 일은, 도리에 어그러지고 악의의 증거로 보기 때문에 처단해야 할 일이다.

17
어떤 대사들의 특징

나는 여행할 때, 항상 남과 이야기를 나누어서 무엇이든지 배워 보려고(이것은 가장 훌륭한 공부의 하나이다) 상대편이 가장 잘 알고 있는 방면으로 화제를 돌려 보는 방법을 실행하고 있다.

   뱃사람은 풍향을 말할 것이고
   농부는 소, 전사는 자기의 상처를

목동은 양 떼에 대해서 말하라.　　　　　　　　(프로페르티우스)

실제로는 그 반대로 되는 일이 빈번하며, 자기의 직업보다 남의 직업을 말하기 좋아한다. 그것으로 그만큼 더 새로운 명성을 얻는다고 생각한다. 아르키다모스가 페리안데르에게, 그가 명의(名醫)의 명성보다도 졸렬한 시인의 평판을 좋아했다고 책망한 것이 이런 실례로 증명된다.

보라, 카이사르는 교량과 기계의 발명에 관한 재주는 크게 자랑하면서도 자기 직무, 용기, 군대의 지휘 등에 대해서는 얼마나 말이 적었던가. 그의 무훈은 그가 탁월한 장수임을 충분히 증명한다. 그런데 그는 그 밖의 어떤 소질을 가지고, 탁월한 기술자로 자기를 알리려고 한다.

법률가의 직책을 가진 한 인물은 자기 직업에 관한 서적들과 다른 종류의 모든 서적이 비치된 어느 서재에 들어가서는 아무런 이야깃거리도 발견하지 못했다. 그런데 그는 이 서재의 나선 계단 위에 세워진 울타리 앞에 와서, 수많은 장교와 병사들이 날마다 지나다니며 눈에 거슬릴 것도 주목할 거리도 없다고 여기는 것 앞에 멈춰 서서 대가답게 혹독한 비평을 가하고 있었다.

대 디오니시우스는 자신의 운명에 알맞은 아주 위대한 장수였다. 그는 자기가 지은 시를 자랑하려고 애썼다. 그렇지만 그는 시에 대해서는 아무것도 아는 것이 없었다.

둔한 소는 안장을 욕심내고, 망아지는 밭갈기를 갈망한다.　　　(호라티우스)

이런 생각으로는 쓸 만한 일은 아무것도 못한다. 그러니 언제든지 건축가이건 화가이건 구두 수선공이건, 다른 무슨 장이이건 제자리로 돌려보내야 한다. 이 점에 대해서는 누구나 그렇겠지만, 역사책을 읽어 보면 나는 작가가 누구인가 버릇처럼 생각해 본다. 그들이 글 쓰는 것밖에 다른 직업이 없는 자들이라면, 나는 주로 그 문체와 단어를 음미해 본다. 그들이 의사라면 왕들의 건강이나 기질이라든가, 상처라든가, 병 같은 것을 가지고 하는 말을 더 신용하고 싶어진다. 그들이 법률가라면 권한의 다툼, 법률, 정책의 수립, 기타 이런 문제를 찾아보아야 하고,

신학자라면 교회의 일, 교직자의 징계, 사면, 결혼 등을 알아볼 일이며, 궁신이라면 관습과 의식을, 군인이라면 그들이 참가했던 전쟁의 공적에 관한 설명을 찾아보며, 대사라면 모책, 양해·방략(方略), 그리고 그런 일을 진행시키는 수단을 알아본다.

이런 이유에서, 다른 사람의 일이라면 주목하지 않고 넘겨 버렸을 테지만, 드 랑제 경의 이야기에서 나는 그런 점을 주목하여 고찰해 보았다. 그는 로마의 추밀원 회의에서 우리나라 대사인 드마콩 주교와 뒤벨리 경이 있는 앞에서 카를 5세가 행한 멋들어진 경고에, 황제는 우리나라를 모욕하는 언사를 썼으며, 자기 무장들이나 병사들이나 신하들이 군사상의 기술로 보아 프랑스 왕의 신하들보다 충성심이나 능력이 탁월하게 나은 것이 아니라면, 자기는 당장 목에 밧줄을 매고 왕의 앞에 나가 용서를 빌겠다고 말했다는 것이다.(이 일에 대해서 그는 다소 자신이 있었던 것 같다. 왜냐하면 한평생 이와 똑같은 말을 두서너 번이나 되풀이하고 있으니까.) 그리고 또 프랑스 왕에게 셔츠 바람으로 칼과 단도를 들고 단둘이 배 위에서 싸워 보자고 했다는 것을 이야기했다. 드 랑제 경은 계속하여, 이 대사들은 이런 일에 대해서 왕에게 급보로 보냈는데, 그 속에 이 경위의 대부분은 숨기고 지금 말한 두 가지 일도 빼놓았다는 이야기를 덧붙이고 있다.

그런데 나로서는 어떤 대사가 자기 주군에게 보낸 보고에서, 특히 이러한 사항이 이 인물의 입으로 대회합에서 발언된 사실을 숨겨 둘 권한이 있는가 하고 대단히 이상하게 생각했다. 일을 판단하고 처리하고 택하는 자유가 윗사람에게 있기 위해서라도, 아랫사람의 직분은 사물들을 일어난 그대로 알려 주는 데 있다고 본다. 왜냐하면 윗사람이 사리를 바르게 알지 못해서 언짢은 처지에 빠질까 염려하여, 그에게 사실을 달리 말하거나 감춰 두거나 하여, 그동안 윗사람이 자기 일을 모르고 있게 하는 일은 법을 집행하는 자의 할 일이지 법의 보호를 받는 자의 할 일은 아니기 때문이다. 어떻든 나는 적은 일이라도 하인이 이런 식으로 섬겨 주기를 바라지 않겠다.

우리는 무슨 구실을 꾸며 대건 명령받기를 즐기지 않으며, 주인의 권한을 빼앗는다. 각자는 너무나 당연하게 자유와 권위를 갈망하기 때문에, 윗자리에 있는 자에게는 그를 섬기는 자로부터 순박하고 단순한 복종을 받는 것보다 더 소중한 일은 있을 수 없다.

　무조건 복종해서 하는 것이 아니고 자유 재량으로 복종하면 명령의 기능을 혼란시킨다. 크라수스가 아시아에서 집정관으로 있을 때, 그리스 기술자에게 전투하는 기계를 만들어야겠다고 아테네에서 본 선박의 돛대 두 개 중에 큰 것을 가져오라고 당부했더니, 이자는 자기의 지식만을 믿고는 거기에 가장 알맞은 작은 것을 가져왔다. 크라수스가 그의 설명을 참을성 있게 듣고 나서, 매로 때리게 한 것은 아주 잘한 일이다. 그는 일이 잘되는 것보다 규율을 더 중하게 생각한 것이다.

　그러나 한편 이렇게 강제된 복종은 미리 결정된 정확한 명령에만 적용된다고 볼 수 있다. 대사들은 더 자유로운 직책을 가지고 있으며, 여러 분야에서 최대의 재량이 그들의 의향에 매어 있다. 그들은 단지 윗사람의 의사를 집행할 뿐 아니라 자기들의 충고로 윗사람의 의사를 세워 준다. 나는 우리 시대에 지휘하는 임무를 맡은 인물들이 사정에 따라 자기 의사로 해야 할 일을 왕의 명령서를 좇아서 시행했다고 오히려 책망 듣는 것을 보았다.

　이해심 있는 사람들은 페르시아 왕들이 대리인이나 부관들의 사무를 세분해서 사소한 일에도 자기 명령을 받도록 하는 버릇을 아직도 비난하고 있다. 그가 지배하는 넓은 영역에서의 이러한 지체는 그들의 일에 커다란 지장을 일으키고 있었기 때문이다. 그러니 크라수스가 한 장인(匠人)에게 이 돛대를 쓸 용도에 관한 자기 의견을 편지로 말한 것은, 그에게 자기의 의견을 상의해 보며 이것을 참작해서 처리해 달라고 청한 것으로 생각되지 않는가?

18
공포심에 대하여

　나는 어리둥절하여 머리털은 곤두서고
　목소리는 얼어붙는다.　　　　　　　　　　　　　　　(베르길리우스)

　나는(사람들이 말하듯) 훌륭한 자연과학자가 아니기 때문에, 어떤 원동력으로 공포심이 우리에게 작용하는지 전혀 모른다. 그러나 아무튼 공포심은 이상한 격정이다. 그리고 이보다 더 우리들의 판단력을 빠르게 탈선시켜 어긋나게 하는 것은 없다고 의사들은 말한다. 사실 나는 많은 사람들이 공포심 때문에 무지각하게 되는 것을 보았다. 그리고 냉철한 사람들도 이 공포의 발작이 계속되는 동안 무서운 현기증을 일으키는 것이 확실하다. 나는 속인들이 공포에 눌려서, 어떤 때는 증조부가 수의를 입고 무덤에서 나온다거나, 도깨비나 귀신이나 괴물이 나오는 것을 본다는 따위는 제쳐둔다. 그러나 이런 공포심을 가져서는 안 될 병사들 중에도 겁에 눌려, 양 떼를 갑옷 입은 대부대로 보게 되고, 갈대나 수수깡이 무장한 사람들이나 창기병(槍騎兵)으로 보이고, 자기편이 적군으로, 흰 십자가 붉은 십자로 보이던 일이 얼마나 흔하게 있었던가.

드 부르봉 대군(大君)이 로마를 공략했을 때, 성 피에트로 요새를 수비하고 있던 기수는 첫 경보에 너무나 기겁을 해서 깃대를 손에 쥔 채 성벽의 무너진 구멍으로 도성 밖의 적군 쪽을 향해 똑바로 돌진하면서도, 도성으로 들어가는 것인 줄로 알고 있었다. 이때 드 부르봉 대군의 부대도 성 안의 군대가 출격하는 것으로 착각했다. 그는 대전하려고 정렬하는 것을 보고야 겨우 정신을 차리고는 발길을 돌려 나온 구멍으로 다시 뛰어들어갔다. 그는 3백 걸음 이상이나 평지로 나왔던 것이다. 생 폴 시가 드 뷔르 백작과 뒤뢰 대군에 공략(攻掠)되어 우리 것이 되었을 때, 쥬이르 부대장의 기수가 당한 일은 그다지 요행스럽지는 못했다. 왜냐하면 그는 놀란 나머지 정신을 잃고 군기를 든 채 성벽 총구멍을 통해 성 밖으로 뛰어나갔다가 공격군의 칼에 산산조각이 나버렸던 것이다. 그리고 바로 이 공격전에서 한 귀인이 공포에 사로잡힌 채 너무 심한 충격을 받은 나머지 얼어붙어서, 아무 상처도 없이 성벽의 무너진 곳에 그냥 빳빳하게 굳어 죽어버린 것은 기억에 남을 만하다.

이러한 공포는 때로는 군중 전체를 엄습한다. 게르마니쿠스가 독일군과 부딪쳤을 때, 한번은 커다란 부대 둘이 놀라 서로 반대 방향의 두 길을 잡으며 상대편이 버리고 떠난 곳으로 도망쳐 달아났던 것이다.

어떤 때는 공포심이 앞서 말한 두 얘기에서와 같이 발꿈치에다 날개를 달아준다. 또는 어떤 때는 마치 데오필루스 황제의 이야기에서 알 수 있듯이 사람의 발목에 차꼬를 채운다. 이 황제는 아가레네스인들과의 전투에 패했을 때 너무 놀라 도망칠 생각도 못하고, '공포는 구원군에게 놀라 넘어질 정도로 심하여'(퀸투스 쿠르티우스) 마침내 자기 군대의 용감한 무장 가운데 한 명인 마누엘이 깊은 잠을 깨우듯, 그를 끌어 잡아당겨 뒤흔들며 "나를 따라 오지 않으면 죽이렵니다. 적의 포로가 되어 제국이 망하게 되는 것보다 황제께서 죽는 편이 낫습니다"라고 말했다는 것이다.

공포심 때문에 의무와 명예 관념까지 버렸다가, 그 공포심으로 해서 우리들이 다시 용기 속으로 뛰어들었을 때에는 궁극의 힘을 발휘한다. 로마군과 한니발과의 첫 정식 전투에서 패한 집정관 셈프로니우스 지휘하의 1만 명 이상의 보병은 공포에 휩쓸려서 그 비굴함을 토해 낼 길을 모르고 간다는 것이 적진 한복판으로 뛰어들어 놀라운 힘으로 악을 써서 카르타고군을 무수히 학살하고, 이 영광스러운 승리의 대가로 수치스럽게 도망쳐 달아난다. 이 때문에 나는 공포라는 것을 무엇보다도 두려워한다.

그 때문에 공포는 그 힘들고 고생스러움이 다른 재앙들보다 더욱 심하다.

폼페이우스(폼페이우스가 마지막에 자기의 옛 백인대장의 배반으로 암살당한 때의 이야기)와 한 배를 타고 가다가 무참한 학살을 목격한 그의 친우들이 받은 것보다 더 당연하고 가혹한 충격이 또 있을까? 어떻든 그때 접근해 오던 이집트 함선에 대한 공포심으로 사려분별이 질식되어, 그들은 뱃사공을 독촉해서 서둘러 삿대를 저어 도망갈 생각밖에 못했다. 마침내 티르항에 도착하여 근심이 없어진 다음에야 그들이 당한 손실을 깨닫고는, 그 걱정 때문에 막혔던 가슴이 겨우 터지고, 실컷 울부짖어 애통할 여유가 생겼던 것이다.

그때 공포는 내 마음에서 온갖 예지를 빼앗아 갔다. (키케로가 인용한 엔니우스)

전장에서 실컷 얻어맞은 자들이 아직 피투성이 그대로일지라도 다음 날 다시 싸움터에 내보낼 수 있다. 그러나 적에 대해서 극심한 공포를 품은 자들에겐 그저 적군을 면대시켜 보지도 못할 것이다. 재산을 빼앗기고 추방당하고 굴복당한다는 천박한 공포에 눌려 있는 자들은 마시지도 먹지도 잠자지도 못하며, 끊임없는 불안 속에서 살아간다. 그 반대로 가난한 자들, 추방된 자들, 농노(農奴)들은 다른 자들과 똑같이 유쾌하게 살아간다. 공포의 충격을 참아 내지 못해서 목매달아 죽고, 빠져 죽고, 뛰어내려 죽는 수많은 사람들을 보면, 공포는 죽음보다도 더 참아 낼 수 없이 괴로운 일임을 알 수 있다.

그리스인들은 인간의 판단이 잘못되어 그런 것이 아니고, 아무런 이유도 없이 하늘에서 내려온다고 말하는 한 종류의 공포를 알고 있다. 흔히 여러 국민 전체, 그리고 여러 부대 전체가 이 공포에 사로잡히는 일도 있다.

카르타고에 경이로운 비탄을 가져온 것도 이러한 공포였다. 거기서는 고함 소리와 놀란 소리 외에는 아무것도 들리지 않았다. 주민들은 경보가 울려 집에서 달려나오다 서로 맞부딪쳐서 상처를 입히고 죽였는데, 마치 적군이 그들 도시를 점령한 듯싶었다. 모든 것이 혼란이고 소동이었다. 마지막에 기도를 하고 제를 지내 신의 분노를 진정시킬 때까지, 이 사태는 이어졌다. 사람들은 이것을 공황(恐慌)이라고 부른다.

19
사람의 운은 죽은 뒤가 아니면 판단하지 못한다

> 사람은 언제나 마지막 날을 기다려 보아야 아느니
> 죽어서 장례 지낸 뒤가 아니면
> 어떤 이라도 행복한 이라고 큰소리치지 못한다.　　　　(오비디우스)

이 문제에 대해서는 어린애들도 크로이수스왕의 이야기를 알고 있다. 그는 키루스 대왕에게 사로잡혀 사형선고를 받자 그 집행하는 마당에서 "오! 솔론이여! 솔론이여!" 하고 소리쳤다. 이 말이 키루스에게 보고되어, 그것이 무슨 뜻인가 하고 심문했다. 크로이수스가 대답하기를, "옛날 솔론이 자기에게 한 말에, 사람은 운이 아무리 좋아도 그 인생의 마지막 날을 보기 전에는 그를 행복한 이라고 부를 수는 없는 법이다. 그것은 인간의 일이 불확실하고 변화무궁하여 아주 가벼운 동기로 어떤 형세에서 전혀 판이한 다른 형세로 변해 가기 때문이라고 하더니,

이제 자기의 불행이 이 예고에 적중되었다"는 것이다.

그리고 이런 동기에서 아게실라우스는 페르시아 왕이 젊은 몸으로 그만큼 강력한 나라를 지배하게 되었으니, 그를 행복한 이라고 하는 사람을 보고 "하지만 프리암도 그 나이엔 불행하지 않았지" 하며 말했다. 어느 때는 저 위대한 알렉산드로스를 계승하던 마케도니아 왕들 중에 장롱을 만드는 목수가 된 사람도 있고, 로마로 가서 서기를 지낸 사람도 있다. 그리고 시칠리아의 폭군들 중에는 코린토스에 가서 교사가 된 사람도 있다. 세계의 반을 정복하고 여러 군대의 장수로 있다가 한 이집트 왕의 군인 무뢰한들에게 목숨을 애걸하는 가련한 신세가 된 사람도 있었다. 위대한 폼페이우스는 인생의 마지막 대여섯 달을 연장시키기에 그토록 어려웠던 것이다.

그리고 우리 조상 대에 밀라노시의 제10대 공작인 루도비코 스포르차는 그렇게도 오래 이탈리아를 뒤흔들더니, 로슈에서 포로가 되어 죽었다. 그러나 10년이나 거기서 살다가 죽었으니, 그에게는 가장 억울한 흥정이었다. 그리스도교 국가에서 가장 위대했던 왕의 미망인인 미모의 여왕은 사형 집행인의 손에 죽어가지 않았던가! 이런 예는 얼마든지 있다. 왜냐하면 광풍과 거대한 파도는 거만하게 높이 솟은 건물에 가서 더 맹위를 떨치듯이, 저 위에는 이 사바 세계의 위대성을 시기하는 정령들이 있기 때문이다.

> 어떤 숨겨진 힘이 인간의 사물들을 부수기까지 하며
> 권한의 상징인 휘황한 창 다발과 잔인한 도끼를
> 유린하며 희롱하는 것같이 보인다.　　　　　(루크레티우스)

그리고 운은 어떤 때 우리 인생의 마지막 날을 정확히 노리고, 그가 오랜 세월을 두고 건설해 준 것을 한순간에 둘러엎는 힘을 보여준다. 라베리우스(기원전 2세기의 로마의 풍자극 작가) 말처럼 "정히 나는 살아야 할 일보다 쓸모없이 하루를 더 살았다"(마크로비우스)라고 소리치게 하는 것 같다.

그래서 우리는 솔론의 그 훌륭한 충고를 당연한 것으로 받아들일 수 있다. 그러나 그는 철학자로서, 운의 좋고 나쁜 것이 행이나 불행의 자리를 잡지 못하며,

위대성이나 권세라는 것은 흥미 없는 성질의 사건이라고 본다. 나로서는 그가 한층 더 멀리 내다보며, 우리 인생의 행복은 천성을 잘 타고난 정신의 안정과 만족, 그리고 조절된 심령의 결단성과 확신에 달려 있는 만큼, 최종 막의 가장 어려운 대목이 상연되는 것을 보기 전에는 판단할 수 없다고 말하는 것이 진실인 듯싶다. 다른 모든 일에서는 가면을 쓰고 있을 수도 있다. 가령 철학자의 아름다운 논법은 우리에게 체면을 꾸미는 일에 지나지 않으며, 여러 사건들은 우리 생명 자체에까지 시련을 주는 것이 아닌 바에야, 우리에게 늘 평정한 용모를 유지할 여유를 줄 수도 있다. 그러나 이 마지막의 죽음과 우리 사이의 역할에는 아무것도 꾸며 댈 건더기가 없다. 똑똑히 프랑스어로 해야 한다.

항아리 속에 있는 좋고 깨끗한 것이 무엇인가를 보여 주어야 한다.

그때 겨우 결실한 언어는 정확히 가슴속에서 나오며
가면이 벗겨지고 참모습이 보인다.   (루크레티우스)

그 때문에 이 마지막 대목에서 우리 인생의 모든 다른 행동들은 시험받고 시련을 겪어야 한다. 그날은 중대한 날이다. 다른 모든 날들을 심판하는 날이다. 그날은 지나간 나의 모든 세월을 심판해 볼 날이라고 옛사람은 말한다. 나는 내 공부의 결실을 시험해 달라고 이 죽음에게 맡긴다. 그때 우리는 내 말이 입에서 나오는지, 마음에서 나오는지를 알 것이다.

나는 여러 사람들이 죽음으로 그들의 전체 생애에 대해서 좋거나 나쁘게 평가하는 것을 보았다. 폼페이우스의 장인 스키피오는 잘 죽음으로써 그때까지 나쁘던 평판을 좋게 바꾸었다. 에파미논다스는 카브리아스와 이피크라테 및 자신, 셋 중에서 누구를 가장 존경하느냐는 질문을 받고, "이 문제를 풀기 전에 우리가 죽는 것을 보아야 하오" 하고 말했다. 인간 종말의 명예와 위대성을 제쳐놓고 사람을 평가하는 일은 그의 많은 부분을 헤아리지 않는 일이다.

하느님께서는 좋으신 대로 일을 처리하셨다. 그러나 더러운 인생의 가장 추한 것으로 내가 알고 있는 타기한 인물 셋은, 죽음에는 태연하여 모든 사정을 완전하게 꾸며 놓고 죽었다. 용감하고도 다행한 죽음이 있다. 어떤 자는 한참 지위가 올라갈 때 목숨을 끊었는데, 그 종말이 너무도 훌륭했다. 내 생각으로는 그의 야심 많고 용감한 인생 목표는 그 중단보다 더 고매하지 못했던 것 같다. 그는 자기가 성취하겠다고 주장하던 것을 이루지 못하고, 그의 욕심과 희망이 지니고 있던 것보다 더 위대하고 영광스러운 종말에 도달했다. 그의 죽음으로 그는 인생의 달음질에서 갈망하던 권세와 명성에 앞섰던 것이다. 다른 사람의 인생을 비판하는 경우, 나는 항상 그 끝이 어떻게 되었는가를 살핀다. 나 자신의 인생에 관한 주요한 관심은 이 종말이 좋을 것, 즉 묵묵히 고요하게 죽어가는 일이다.

20
철학에 마음을 쏟는 것은 죽는 법을 배우는 일이다

키케로는 철학에 마음을 쏟는 것은 죽음을 대비하는 일에 불과하다고 했다. 더욱이 연구와 명상은 우리 마음을 바깥으로 끌어내어, 신체 이외의 일에 분망하게 하는 것이며, 또 죽음을 공부하고 죽음에 닮아가는 일이다. 세상의 모든 예지와 사유가 결국은 죽음을 두려워하지 말라고 가르치는 이 한 점에 귀결된다.

진실로 이성이 농지거리가 아니라면, 이성은 오로지 우리의 만족만을 목표로 한다. 성서에서 말한 바와 같이, 이성의 노력은 결국 우리에게 편안히 살게 하는 길을 찾아 주는 일이라야 한다. 세상의 모든 의견들은(여기 여러 방법이 있다고 하여도) 쾌락이 우리의 목적이라는 점에 일치한다. 그렇지 않다면 우리는 처음부터 이런 것을 배척할 일이다. 왜냐하면 우리의 고통과 불안을 자기 목표로 하는 자의 말을 누가 들을 것인가?

이에 관해 철학의 여러 학파들의 의견 불일치는 말투의 불일치에 그친다. "그렇게 교묘하고 어리석은 이론은 모르는 체하자."(세네카) 여기는 이렇게도 거룩한 표명에 정당 이상의 고집과 논란이 있다. 그러나 사람은 어떠한 역할을 맡든 간에 항상 그중에서 자기의 역할을 연기한다. 그들이 무어라고 말해도, 도덕으로 보아도, 우리들이 지향하는 궁극의 목적은 정신이 빠질 정도로 즐기는 데 있다.

나는 사람들의 귀에 심하게 거슬리는 이 말을 귀 따갑게 말하기를 좋아한다. 그리고 그것이 확실한 최고의 쾌락이나 과도한 만족을 의미한다면, 그것은 어느 다른 도움보다도 더 도덕에 도움받은 것이다. 이 타락은 더욱 유쾌하고 줄기차고 굳세고 씩씩한 만큼, 더 성실하게 쾌락을 준다. 우리는 힘(vigueur)이라는 낱말에서 도덕(vertu)이라는 낱말을 만들었지만, 그보다도 차라리 더 부르기 좋고 충만하며 더 상냥하고 당연하게, 쾌락이라는 이름으로 이 도덕을 말해야 할 것이다. 이보다 더 천박한 다른 종류의 탐락이 이 아름다운 이름을 받을 값어치가 있다고 해도 그것은 특권으로서가 아니라 경쟁으로 얻은 이름이라야 한다. 나는 이 탐락이 그 폐단과 장애 때문에 도덕보다는 순수하지 못하다고 생각한다.

그 맛이 더 순간적이고 유동적이며 노후한 것은 그만두고라도, 철야와 단식과 고통과 유혈이 따라다닌다. 이 밖에도 개별적으로 많은 종류의 힘들고 고생스러운 격정이 있으며, 이 탐락의 면에서 너무나 둔중한 포만이 따라오기 때문에 그것은 고행에 맞먹는다.

마치 자연에서 어떤 반대가 그것의 반대에 서로 활기를 주는 것처럼, 이러한 폐단이 그 탐락에 자극과 양념을 준다고 생각하고, 탐락의 경우보다 훨씬 더 적절하게 도덕이 우리에게 제공하는 신성하고 완전한 쾌감에 품위를 주고 그것을 자극하고 높여 주는 것인데도 불구하고, 탐락의 경우와 같은 후속 사정과 어려움이 도덕을 압도해서, 이 도덕을 가혹하고 도달할 수 없는 일로 만든다고 말하는 것은 대단히 잘못이다.

이 도덕의 수고와 거기서 얻는 소득을 저울질해 보는 자는 그것을 알아볼 자격도 없으며, 실로 그 우아미와 소용을 알지 못하는 자이다. 도덕을 찾는 일은 어렵고도 까다롭고 힘들며, 그것을 누리기에 유쾌하다고 말하는 자들이, 도덕은 언제나 불쾌하다고 말하는 것과 무엇이 다른가? 도대체 어떤 인간적 방법으로 이러한 도덕이 향락에 도달할 것인가? 가장 완벽한 인간들도 그것을 갈망하며, 거기 접근하는 것만으로 만족했을 뿐이고 소유하지는 못했다. 우리가 할 수 있는 모든 쾌락들 중에 그것을 추구하는 일 자체가 재미나는 것이다. 이 시도는 그 자체가 결과의 중요한 부분이며 결과와 동질이기 때문에, 그것이 목적하는 사물의 소질에 의해서 자체의 우아미가 느껴진다. 도덕에 빛나는 행운과 복지는 처음 들어갈 때와 궁극의 막바지까지 그 모든 부속과 주변을 채운다. 그런데 도덕의 중요한 혜택 가운데 죽음에 대한 경멸이 있다. 그것은 우리 인생에 온화한 안정을 공급하고 순수하고도 정다운 맛을 주는 수단이니, 그것 없이는 다른 모든 쾌락은 소멸한다.

그 때문에 모든 규칙은 이 조항에 와서 만나며 서로 합치된다. 그리고 규칙들도 역시 일치해서 인간 생활이 얽매여 있는 고통과 빈한(貧寒), 기타 다른 변고들을 경멸하라고 지도하고 있지만, 이런 변고들은 필연적으로 오는 것이 아니며(대부분의 사람은 빈한을 모르고 지내며, 1백 6세까지 건강하게 살아간 음악가 크세노필로스의 경우와 같이 고통이나 병을 겪지 않기도 한다), 기껏 나빠도 마음만 먹으면 죽음이 모든 다른 폐단을 끝맺고 싹둑 끊어 버릴 수 있기 때문이다. 그러나 죽음만은 피할 수 없다.

우리는 모두 같은 종점으로 밀려간다.
모든 것은 운명의 항아리 속에 뒤섞여,
늦건 빠르건 제비로 뽑혀 나와서
영원한 멸망 속에 저승의 배에 실릴 것이다. (호라티우스)

따라서 죽음이 무섭다면 그것은 끊임없는 고통의 소재이며, 그 고통을 덜어 볼 방도가 없는 것이다. 죽음이 오지 않는 고장은 없다. 우리는 수상한 나라에서와 같이 어리둥절하게 고개를 돌리고 있을 만하다. "그것은 탄탈로스의 바위덩어리와 같이 항상 우리 머리 위에 매달려 있다."(키케로) 우리 재판정은 범인들을 범행 장소로 데려가서 형을 집행한다. 길을 가는 동안 좋은 집 옆을 지나게 하라. 그리고 실컷 맛 좋은 음식을 차려 주어라.

시칠리아의 진수성찬도 단맛을 지을 수는 없고
새의 우짖음도, 거문고의 가락도
그를 편한 잠으로 인도하지 않는다. (호라티우스)

그들이 그런 것을 즐길 수 있다고 생각하는가? 그들 여행의 최종 목적이 그들 눈앞에 보이며, 그것 때문에 그들에게는 이런 모든 편익의 맛이 변질되고 멋쩍어졌다고 보지 않는가?

> 길을 묻고, 날짜를 세고, 인생길의
> 거리를 재어 보며, 다가올 액운에 번민한다.   (클라우디아누스)

우리 생애의 목표는 죽음이다. 이것이 우리가 향해 가는 필연적인 대상이다. 죽음이 그렇게 무섭다면 옆에 두지 않고 어떻게 한 걸음이라도 앞에 떼어 놓을 수 있을 것인가. 속인의 치료법은 죽음을 생각하지 않는 일이다. 그러나 얼마나 황소 같은 바보이기에 그렇게도 사리를 못 보는 장님이 된단 말인가? 당나귀 꼬리를 고삐 삼아 거꾸로 끌고 갈 일이다.

> 반대 방향으로 가는 길의 순서를 뇌리에 두는 자.   (루크레티우스)

그가 자주 이 함정에 빠진다 해도 놀랄 일이 아니다. 죽음을 말하기만 해도 사람들은 놀라며 악마의 이름을 들은 듯 성호를 긋는다. 그리고 유언에 죽음이라는 말이 나온다고 해서 의사가 최후의 선고를 내리기 전에 사람들이 유언을 한다고는 기대하지 마라. 그리고 그때 고통과 공포에 눌려서 얼마나 정확한 판단으로 그것을 꾸며 놓는 것인지 알아볼 일이다.
　이 낱말이 귀에 너무 거세게 울리고 불길하게 들리기 때문에, 로마인들은 완곡한 말법으로 그 인상을 부드럽거나 엷게 만들 줄 알았다. '그는 죽었다'고 말하는 대신에 '그는 살기를 그쳤다', '그는 살아 보았다'라고 말한다. 그 말이 삶을 의미하기만 하면 그것이 이미 끝났어도 위안을 느낀다. 우리는 여기서 고(故) 쟝 선생의 말법을 빌려 왔다.
　아마 사람들 말대로라면, 지불기한까진 그 돈은 값어치가 있다. 우리가 요즈음 정월 초하루에서부터 나이[5]를 계산하는 식으로 나는 1533년 2월 그믐날 11시와 정오 사이에 출생했다. 내가 39세를 넘은 것은 꼭 보름밖에 안 된다. 내게는 적으

---

5) 1563년에 1년의 시작을 정월 초하루로 정했다. 그 전에는 부활절에서 시작했었다.

나마 아직도 세월이 이만큼 더 있어야 한다. 그동안에 그렇게 먼 일을 생각하며 속을 썩이는 것도 미친 수작일 것이다. 그러나 어쩌란 말인가? 젊은이나 늙은이나 같은 조건으로 인생을 떠난다.

누구라도 지금 당장 인생에 들어온 것같이 다른 꼴로 인생에서 나가지 않는다. 그뿐더러 므두셀라(에녹의 아들. 969세까지 살았다고 한다. 창세기 5장)의 나이를 내다보는 자이면 아무리 노쇠했다 하여도 아직도 20년은 더 살겠다고 하지 않는 자 없으니 말이다. 더욱이 가련한 미치광이 같으니, 누가 내 인생의 기한을 정해 줄 것인가? 너는 의사들의 말을 듣고, 자기 생명을 정해 놓는다. 차라리 현실과 경험에 비추어 보라. 사물의 진행으로 보아서, 너는 이미 오래전부터 특수한 은덕을 입고 살아 오고 있다. 너는 인생의 한계를 지났다. 그 증거로 네가 아는 사람들 중에서, 네 나이에 도달한 자보다도 그 전에 죽은 사람이 얼마나 더 많은가를 헤아려 보라.

그리고 명성으로 그들의 인생을 고귀하게 만든 자들의 목록을 꾸며 보라. 35세를 지난 것보다도 그전에 죽은 자의 수가 더 많을 것을 나는 장담하겠다. 예수 그리스도의 박애의 본을 받는다는 것은 지당하고도 경건한 일이다. 그런데 그리스도는 33세에 세상을 떠났다. 가장 위대한 인물 가운데 그저 평범한 인간이던 알렉산드로스도 이 나이에 죽었다.

죽음은 얼마나 많은 기습 방법을 가진 것일까.

> 인간은 그때그때 피해야 할 위험을
> 예측할 수 없다.　　　　　　　　　　　　　　　(호라티우스)

열병이나 폐렴 같은 것은 제쳐놓는다. 내 이웃으로 지내던 교황 클레멘스가 리옹에 들어올 때, 드 브르타뉴 공작이 군중에 치어죽을 줄을 누가 생각이나 했던가? 우리 왕(앙리 2세는 1559년에 무술 시합에서 부상을 입고 죽었다) 한 분이 경기하다가 죽는 것을 보지 못했던가? 그리고 그의 조상(루이 6세의 아들 필리프) 한 사람은 탔던 말이 돼지에 부딪쳐서 떨어져 죽지 않았던가? 아이스킬로스는 집이 쓰러지는 위험을 아무리 피해 보아도 소용없었다. 그는 공중을 나는 독수리 발에서 떨어진 거북에 맞아서 죽었다. 또 하나는 포도씨 한 알로 죽었다. 황제 한 분은 머리를 빗다가 빗에 찔려서 죽었다. 아이밀리우스 레피두스는 자기 집 문지방에 발이 부딪혀 죽었고, 아우피디우스는 회의실에 들어가다가 문에 부딪혀서 죽었으며, 판정관 코르넬리우스 갈루스는 여자의 허벅다리 사이에서 죽었다. 로마의 경비 대장 티킬리누스 만토바 후작, 기도 데 곤자가의 아들 루도비코 등도 그랬다. 그보다 더 못한 꼴로, 플라톤학파의 철학자인 스페우시포스와 우리 교황 가운데 한 명도 죽었다. 재판관 베비우스는 판결 집행을 일주일 연기해 주는 동안에, 가련하게도 제 생명의 기한이 끝나서 잡혀 갔다. 그리고 의사 카이우스 율리우스는 한 환자의 눈에 약을 칠해 주다가 죽음이 와서 그의 눈을 감겼다. 내 형제 가운데 하나인 생 마르탱 대위는 23세 때 이미 용맹한 무인으로 알려졌다. 그는 공을 받다가 오른쪽 귀 조금 위를 얻어맞았는데, 출혈이 있거나 다친 흔적도 없었다. 그는 앉지도 쉬지도 않았다. 그러나 이 얻어맞은 것이 원인이 되어 대여섯 시간 뒤에 졸도하여 죽었다. 이런 예는 대수롭지 않은 일로 흔히 우리 눈앞에서 일어난다. 그런데 어떻게 사람이 죽음의 생각에서 벗어날 수 있고 어느 순간이건 죽음이 우리 목덜미를 잡고 있는 것으로 보지 않을 것인가?

"상관있나? 어떻게 되었건 그 따위로 걱정 않으면 그만이지" 하고 그대들은 말하겠지. 나도 그렇다. 그리고 어떤 방식으로건, 송아지 가죽만 써도 타격을 면할 수 있다고 하여도, 나는 죽음 앞에 물러날 자가 아니다. 왜냐하면 편하게 지내면 그만이기 때문이다. 그리고 내가 할 수 있는 최선의 방도라면 그대가 말하고 싶은 대로 아무리 불명예스럽고 모범스럽지 않은 일이라고 해도 나는 그 길을 취한다.

    내 결함이 즐겁거나 느껴지지 않는다면
    미치광이나 바보로 간주되는 편이 낫지
    현명하여 고민하기는 싫도다.   (호라티우스)

그러나 이런 식으로 거기 도달한다고 기대하는 것은 어리석은 수작이다. 모두들 가고, 오고, 아장거리고, 춤추고 한다. 죽음에 대해서는 소식도 없다. 이런 것 모두가 아름답다. 그러나 역시 그들에게, 또는 그들의 아내나 아이, 친구들이 무방비 상태에 있을 때 갑자기 죽음이 닥쳐오면, 어찌 그렇게도 고민하고 고함지르며 발광하고 절망에 빠져서 허덕거리는가? 세상 사람들이 이렇게도 천해지고, 변하고, 심신이 전도되는 꼴을 본 일이 있는가? 우리는 일찍부터 대비해야 한다. 그러한 우둔한 무관심이 지각 있는 사람의 머리에 들어앉아야 한다 해도(나는 그런 일은 전혀 불가능하다고 보지만) 그 대가가 너무 비싼 것이다. 그것이 피할 수 있는 적이라면 비겁함을 무기로 빌려 와도 좋다고 권하겠다. 그러나 그럴 수 없는 이상, 그대가 도망을 치건 비겁하건 점잖은 인물이건 매한가지로 잡아 가는 이상

    실로 죽음은 연로한 어른이 도망쳐도 뒤따라오고
    용기 없는 젊은이의 겁 많은 등도
    오금도 용서치 않는다. (호라티우스)

    아무리 강하게 쳐낸 강철의 갑옷이라도 막아 내지 못하며
    아무리 조심스레 쇠와 구리의 갑주 밑에 숨어도
    죽음은 그 숨은 머리를 찾아내고 만다. (프로페르티우스)

항상 제자리에 단단히 서서 이 적에 대항해 버티며, 그와 싸우기를 배워 볼 일이다. 그리고 시작할 때 죽음이 우리에 대해 가진 가장 큰 강점을 그로부터 제거하기 위해서 여느 것과는 정반대의 방도를 택해 보자. 그로부터 괴이함을 없애 보자. 그를 다루어 보자. 그와 예사롭게 지내보자. 죽음 이외에 그보다 더 자주 생각해 보는 일이 없도록 하자. 어느 시각에나 이 죽음을 모든 모습으로 머릿속에 그려 보자. 발을 헛디딜 때, 기왓장이 떨어질 때, 바늘에 조금이라도 찔렸을 때, 바로 '그래, 이것이 죽음이라면?' 하고 되새겨 보고 마음을 단단히 먹으며 긴장하자. 진수성찬의 유쾌한 상태에서 항상 우리 인간 조건의 회상인 이 후렴을 되풀이하며, 쾌락에 너무 끌려가지 말고 우리가 유쾌할 때 죽음이 얼마나 많은 종류로 우리를 노리고 있으며, 얼마나 많은 결박으로 우리를 위협하고 있는가를

이따금 상기해 보자. 그래서 이집트인들은 연회 때 그들의 진수성찬 앞에 사자의 메마른 뼈대를 가져오게 하여, 회식자들에게 경고로 삼게 하는 것이다.

매일매일이 그대에게는 마지막 날이라고 생각하라.
기대하지 않는 시간이 오는 것을 감사로 맞이하리라. (호라티우스)

죽음이 어디서 우리들을 기다리고 있는지 확실하지 않다. 어디서든 그것을 기다리자. 죽음의 예상은 자유의 예상이다. 죽기를 배운 자는 노예의 마음씨를 씻어 없앤 자이다. 죽음을 알면 우리는 모든 굴종과 강제에서 해방된다.
생명을 잃는 것이 악이 아님을 이해한 사람에게는 인생에 불행이라는 것이 없다. 파울루스 아에밀리우스는 자신에게 사로잡힌 저 가련한 마케도니아 왕이 그의 개선 행렬에 자기를 끌고 다니지 말아 달라고 간청했을 때 '그것은 자신에게 요구하라'고 대답했다.
모든 일에 본성이 거들어 주지 않으면 기술과 숙달이 조금이라도 늘어 간다는 것은 어려운 일이다. 나는 본성이 우울하지 않고, 다만 몽상가일 뿐이다. 나는 어느 때나 죽음의 생각에 더 매어 있는 일이 없었다. 다시 말하면 내 생애의 가장 방자하던 시기에

한창 나이로 청춘을 누렸을 때 (카툴루스)

여자들 속에서나 잡스러운 놀이를 하는 자리에서, 내가 무슨 질투심이나 불확실한 실망으로 혼자 골몰하고 있다고 생각하고 있을 때, 나는 어느 누군가 그 전날 이런 환락에서 나와 같이 한가롭게 지내며, 사람과 행운으로 머릿속이 가득 차서 나가던 길로 열병에 걸려 생애를 마친 자의 일을 생각해 보며, 그 일로 내 귀에는 이 말귀가 울리는 것이었다.

금세 현재는 사라지고, 다시는 돌아올 수 없으리라. (루크레티우스)

나는 이런 생각 때문에 상을 찌푸리는 일은 없었다. 우리는 처음부터 이런 상념을 가슴 아프게 느끼지 않을 수 없다. 그러나 이것을 오랫동안 뒤적이며 되새겨 나가면, 사람들은 그것에 길들어 버린다. 그렇지 않으면 나로서는 끊임없는 공포와 미친듯이 열중해 들떠 있을 것이다.

나만큼 생명을 미덥지 않게 보고, 나만큼 생명의 지속을 중히 여기지 않는 자도 없을 것이다. 내가 지금까지 항상 누려온 건강도 내 생명에 대한 희망을 길러 주지 않고, 내 몸에 생긴 병도 그 희망을 줄여 주지 않는다. 시시각각으로 생명이 내게서 빠져나가는 듯하다. 그러나 나는 '다른 날에 이루어질 수 있는 일은 오늘에도 있을 수 있다'고 끊임없이 되풀이하여 노래 부른다. 사실 우연과 위험들이라고 우리를 종말에 더 가까이 끌어가는 일은 거의 없다. 그리고 우리를 가장 위협하는 것같이 사건들 외에도 그 밖의 수천 가지 위험이 우리 머리 위에 닥쳐올 수 있음을 생각해 보면, 우리는 유쾌하건 열에 들뜨건, 바다에서나 집에서나, 전쟁할 때나 평안할 때나, 죽음은 똑같이 우리 옆에 있음을 알 것이다. "어느 누구도 그 이웃 사람보다 더 약함이 아니고, 아무도 내일을 보장하지 못한다."(세네카)

내가 죽기 전에 해야 할 일이 단 한 시간에 해치울 수 있는 일이라도, 이것을 완수하기 위해 한가한 모든 시간을 여기에 충당해도 부족할 것 같다. 일전에 누가 내 수첩을 뒤적거리다가 어떤 일에 관한 비망록을 발견했는데, 거기에는 내가 죽은 뒤에 해주기를 바라는 일이 적혀 있었다. 나는 내 집에서 4㎞밖에 안 되는 곳에 가더라도, 비록 내 몸이 건강하고 쾌활한 때에도 집에까지 도달하리라는 보장이 없기 때문에 미리 서둘러서 그것을 적어 놓았다고 사실대로 그에게 말했다. 나는 이것을 항상 내 머릿속에 품어 두었기 때문에, 언제나 있을 수 있는 일에 대비하고 있다.

그러니 죽음이 갑자기 닥쳐온다 해도 아무런 신기한 일도 아닐 것이다.

우리는 우리 힘닿는 대로 늘 신발을 신고 떠날 채비를 갖추고 있어야 한다. 특히 그때는 자기 일에만 전념하도록 유념해야 한다.

어찌하여 이렇게도 짧은 생애에
우리는 그렇게 많은 기도를 하는가? (호라티우스)

왜냐하면 가욋일을 맡지 않아도 우리는 여기서 할 만큼의 일거리는 가질 것이다. 어떤 이는 죽음이 훌륭한 승리의 길을 도중에 끊는다고 한탄하며, 어떤 이는 자기 딸을 시집보내지 못하고, 또는 아이들 교육을 마치지 않고 떠나야 한다고 한탄한다. 또 어떤 이는 아내와 또는 아들과 같이 못 사는 것을 애석하게 여기며 마치 이런 것이 그가 살아가길 주장해 마땅한 이유인 것처럼 생각한다.

나는 지금 인생에 애착이 없는 것은 아니며, 죽는다는 것이 쓰라리기는 하지만, 고맙게도 하느님께서 좋으실 때, 아무 때 불러가셔도 아무 아까울 것 없는 사정에 있다. 나는 아무 데도 매인 곳이 없다.

내게는 하지 않았지만 각자에게는 반은 고별을 하고 있는 점이다. 나보다 더 순수하고 온전하게 세상을 떠날 준비가 되어 있고, 내가 처신하려고 기대하는 것보다 더 자기에 대한 애착을 끊은 사람도 없다.

"가련해라, 오! 가련해라" 하고 그들은 말한다.
불길한 단 하루가 내게서 인생의 모든 재물을 빼앗아 가도다.   (루크레티우스)

그리고 건축가는 말한다.

거대한 벽면은 위태로이 선 채, 내 작품은 중단되어
머무른다(고 그들은 말한다).   (베르길리우스)

지나치게 먼 앞을 내다보며 계획할 것은 아니다. 또 적으나마 그 결말을 보지 못하지나 않을까 하는 생각에 골몰해서는 안 된다. 우리는 행동하려고 세상에 나왔다.

어떻게 죽든, 그것이 한창 일하는 도중이었으면.   (오비디우스)

나는 사람들이 할 수 있는 한 행동하며, 인생의 사업을 길게 연장시키고, 죽음은 내가 양배추를 심는 동안에 와 주되, 죽음이 왔다고 거리낄 것 없고, 정원이 완성되지 않은 것은 더욱 염두에도 두지 말기를 바란다. 나는 어떤 사람이 임종 때 그가 우리 왕의 15대, 또는 16대에 관해서 쓰고 있던 역사의 줄기를 자기 운명이 끊어 놓는다고 끊임없이 한탄하며 죽는 것을 보았다.

이것은 보태어지지 못한다.
재물에 대한 애착은 네 유해에 붙어서
머무르지 않는다. (루크레티우스)

이러한 속되고 해로운 심정은 벗어던져야 한다. 우리 묘지들이 교회당에 붙어서 도시 사람들이 가장 자주 찾아가는 곳에 설치된 까닭은, 친한 사람들이나 여자들, 아이들이 죽은 사람을 보고 놀라지 않게 하고, 우리에게 해골·무덤·장례행렬 등을 늘 보아 눈에 익혀서, 우리 인간 조건을 알려 주게 하기 위함이라고 리쿠르고스는 말했다.

옛날에는 탐식객들을 즐기게 해 주려고
주연석에 검투사들을 불러 결투시켜서
으레 술잔에 와서 쓰러져 식탁을 피로 덮이게 하며,
살인의 잔인한 광경을 섞어서
이 향연을 통쾌하게 하는 습관이 있었다. (시리우스 이탈리쿠스)

그리고 이집트 사람들은 잔치가 끝난 다음, 한 사람을 시켜서 좌중들에게 커다란 주검의 화상을 가져와서, "술 마시며 유쾌히 놀라. 죽으면 나도 이 꼴 되리라" 하며 소리치게 했다.

그래서 나는 공상할 때뿐 아니라 어느 때에도 끊임없이 죽음을 입에 올리는 버릇이 있으며, 사람들의 죽음에 관한 이야기, 그때 그들이 하던 말, 얼굴빛, 자세 따위보다 더 알고 싶은 것이 없었고, 역사를 읽을 때도 이런 대목에 더 주의한다. 이것은 내가 실례를 들어 증명하려고 끄적거려 놓은 것에 나타나 있다. 나는 이 제목에 특별한 애착을 가지고 있다.

내가 책을 지어 내는 장인이라면, 나는 여러 죽음에 관한 주석을 붙인 기록을 꾸며 볼 것이다. 사람들에게 죽는 법을 가르치는 자는 그들에게 사는 법을 가르쳐 줄 것이다. 디카이아르쿠스는 이런 제목으로 책을 지었다. 그러나 목적하는 바가 다르고 좋지 못했다.

사람들은 죽음이라는 현실은 상상보다 훨씬 무서우며 아무리 검도를 잘해도 이런 싸움에는 지지 않을 수 없다고 말할 것이다. 말하고 싶은 대로 말하게 두라. 이것을 예측하고 있는 일은 확실히 유리하다. 적으나마 마음을 변치 않고 일에 들뜨는 일 없이 거기까지 가는 것이 대단찮은 일이란 말인가? 그뿐 아니다. 대자연이 우리에게 손을 빌려 주며 용기를 준다. 짧고 격렬한 죽음이면, 두려워할 여유가 없다. 그렇지 않은 경우에는 병들어 가면서 나는 자연의 일점 인생을 경멸해 가는 것을 알게 된다. 나는 열병에 걸렸을 때보다도 건강한 때에 죽음에 대한 결심을 하기가 어렵다.

나는 이미 인생의 쓸모와 쾌락에 대한 흥미를 잃기 시작했으며, 인생의 재미에 그렇게 애착을 가지고 있지 않으니, 죽음을 대하는 데도 공포를 훨씬 덜 느낀다. 이것은 내가 인생에서 멀어지고 죽음에 더 가까워질수록, 이 두 교환을 더 쉽게 해치울 것이라고 기대하게 한다.

"사람들이 가까이서보다도 멀리서 더 크게 보인다"고 카이사르가 말한 바를 여러 경우에 체험해 본 만큼, 나는 병들어서보다도 건강한 때 병이 훨씬 더 두려워 보이는 것을 알았다. 지금은 경쾌한 건강과 힘과 쾌락을 가졌기 때문에, 나는 사실 병을 어깨에 짊어졌을 때 느끼던 것과 비교가 안 되게 더 흉한 것으로 보여져서, 그 불편한 상태를 반은 더 상상력으로 키워서 더욱 힘들 것으로 생각한다. 죽음 역시 그렇기를 나는 바란다.

우리가 당하고 있는 이 변화와 쇠퇴 속에 자연이 우리에게 이 손실과 악화에 관한 맛을 제거해 주는 모습을 보자. 한 노인에게는 그의 청춘 시절의 힘과 지나간 인생의 무엇이 남아 있는가?

아아! 늙은이에게 어느 만큼의 생명이 남아 있는가?　　　(막시미아누스)

카이사르의 호위대 병사 하나가 기진맥진한 채 쇠약한 몸으로 거리에서 그만 죽으러 가겠다고 퇴직을 요구했다. 그러자 카이사르는 그 쇠잔한 모습을 보고, "너는 아직 살아 있다고 생각하는구나" 하며 놀리듯이 말했다. 갑자기 그런 상태에 떨어진다면 이 변화를 견뎌 낼 수 있으리라고 생각되지 않는다. 그러나 자연의 손에 이끌리어 가벼운 경사를 부지불식 중에 한 계단 한 계단 끌려 내려가면, 자연은 우리를 이 비참한 상태로 굴려가며 거기에 길들여 준다. 그리하여 청춘이 우리에게서 죽어 갈 때는 생명의 온전한 죽음이나 노년의 죽음보다 더 가혹한 일이지만 우리는 아무 충격도 받지 않는다. 감미롭고도 꽃 피어나는 생명에서 힘들고 괴로운 생명으로 변해 갈 때와 같이, 불행한 존재에서 존재하지 않음으로의 비약은 그렇게 힘든 것이 아니다.

육신은 굽어지고 휘어져서 무거운 짐을 지탱하는 힘이 줄어든다. 우리의 마음 역시 그렇다. 이 영혼을 이 적수의 공격에 대항해서 단련시키고 강화해야만 한다. 왜냐하면 마음이 이 적수를 두려워하는 동안 안정을 얻기는 불가능하니, 이것은 인간 조건의 힘에 넘치는 일이지만 우리가 확고하게 이 죽음에 대할 수 있다면, 불안·고민·공포, 그리고 가장 사소한 불쾌감까지도 마음에 깃들기는 불가능하다고 자랑할 수 있다.

폭군의 위협하는 눈길도
아드리아해를 둘러엎는 광풍도
벼락을 던지는 주피터의 강력한 손도
아무것도 그 확고한 마음을 흔들 수 없다.   (호라티우스)

마음은 자기 정열과 못된 잡념을 극복하여 궁핍과 수치·빈한, 그 밖에 운명의 모든 다른 모욕을 극복한다. 할 수 있으면 이 역량을 얻어 두자. 여기 진실한 최고의 자유가 있으니, 그것은 불의와 폭력을 우롱하고 감옥과 쇠사슬을 경멸할 힘을 갖게 한다.

그대 수족을 쇠사슬로 묶어

잔인한 옥사쟁이의 감시하에 두리라.
　　─내 원하면 신이 몸소 와서 끌러 주리라.
　　─정녕 이 사람 말은 "나는 죽겠다"는 뜻이다.
　　죽음은 사물의 종말이니까.
　　　　　　　　　　　　　　　　　　　　　　　(호라티우스)

　　우리의 종교는 인생의 경멸밖에 더 확실한 인간적 기초를 가진 것이 아니었다. 이성의 추리에서 그렇게 생각될 뿐이 아니다. 왜냐하면 잃어버려도 아까울 것 없는 사물(생명)을 잃는다고 무엇이 두려울 것인가? 그리고 우리가 그렇게도 여러 죽음의 방식으로 위협받고 있는 이상, 생명 하나를 유지하기보다는 그 여러 가지를 두려워하는 것이 더 불행한 일 아닐까?
　　피할 수 없는 일인 바에야 그것이 언제 온들 상관있겠는가? 소크라테스에게 "30명의 폭군들이 그대에게 사형 선고를 내렸다"고 알려 주자, "대자연을 그들에게"라고 그는 대답했다.
　　모든 고통에서 벗어나는 통과점에 관해 속을 썩이다니 어리석은 수작이지!
　　우리의 출생이 모든 사물의 출생을 가져온 바와 같이 우리의 죽음은 모든 사물의 죽음을 가져올 것이다. 따라서 지금부터 백 년 뒤에 우리가 살아 있지 않으리라고 슬퍼하는 것은, 지금부터 백 년 전에 우리가 살아 있지 않았다고 슬퍼하는 것과 같이 미친 수작이다. 죽음은 다른 생명의 근원이다. 우리는 울었다. 그래서 이 세상에 들어오기가 힘들었다. 우리는 여기 들어올 때 헌 옷을 벗어 던졌다.
　　한 번밖에 있지 않을 일은 힘들 것이 없다. 그렇게 짧은 시간의 일을 그렇게 오랫동안 두려워할 이유가 있을까? 오래 살기와 짧게 살기는 죽음에 의해서 하나가 된다. 왜냐하면 이미 없는 일에는 긴 것도 짧은 것도 없는 까닭이다. 아리스토텔레스는 말하되, 히파니스강에는 하루밖에 살지 않는 작은 짐승이 있다고 했다. 아침 8시에 죽는 것은 청춘에 죽는 것이고, 저녁 5시에 죽는 것은 노쇠해서 죽는 것이다. 이 순간적인 지속을 가지고 행복이나 불행을 따졌다면 누가 비웃지 않을 것인가? 우리 인생을 영겁에 비교해 보면, 그보다도 산·강물·별·나무, 또는 어떤 동물에 비교해 보면, 좀 더 살거나 덜 살거나 하는 문제 따위는 똑같이 가소로운 일이다.

어떻든 대자연은 우리에게 강제한다. 이 세상에 들어온 것처럼 여기서 나가라고 말한다. 죽음에서 생명으로 들어올 때 거쳐 온 길을 무슨 심정이건, 공포심도 가질 것 없이 생명에서 죽음으로 다시 거쳐 가거라. 그대의 죽음은 우주 질서의 한 부분이다. 그것은 세상 생명의 한 부분이다.

 인생은 생명을 서로 전수한다. 경주장의 계주자들처럼
 손에서 손으로 생명의 횃불을 넘겨준다.   (루크레티우스)

 그대를 위해서 사물들의 이 아름다운 구조를 변경해야 할 일인가? 이것은 그대가 창조된 조건이다. 죽음이란 그대의 한 부분이다. 그대는 자신에게서 도피하는 것이다. 그대가 누리고 있는 그대의 이 존재는 똑같이 생명과 죽음으로 갈라져 있다. 그대가 이 세상에 나온 첫날은, 그대를 삶과 아울러 죽음으로 이끌어 가고 있다.

 우리들 최초의 시간은 우리에게 생명을 주며
 이미 그것을 끊어 갔다.   (세네카)

 태어나면서 우리는 죽는다.
 종말은 시작의 결과이다.   (마닐리우스)

 그대가 살고 있는 것은 모두 생명에서 훔쳐 온 것이다. 생명은, 생명의 희생으로 이루어진다. 그대의 생명이 끊임없이 하는 일은 죽음을 지어가는 것이다. 삶에 있는 동안 그대는 죽음에도 있다. 왜냐하면 그대가 이미 살고 있지 않을 때, 그대는 죽음 저쪽에 있기 때문이다.
 그대는 삶 다음엔 죽어 있다. 살아 있는 동안 그대는 죽고 있다. 그리고 죽음은 죽은 자보다도 죽는 자를 더 혹독하게 침해한다. 더 맹렬하게, 더 본질적으로 침해한다. 그대가 인생에서 소득을 보았으면, 그대는 거기에 포만했다. 만족해서 물러가라.

어째서 마음껏 먹은 손님처럼 인생을 뜨지 않는가?　　　　　　(루크레티우스)

인생을 이용할 줄 몰랐다면, 인생이 쓸데없었다면
그까짓 것 잃었다고 서러울 것 있나? 무엇 때문에 삶을 또 바라나?

　　며칠을 더 살아 보면 무엇 하나.
　　마찬가지로 비참하게 잃어버릴 것이며
　　소용도 없이 없어질 것을.　　　　　　　　　　　　　　　(루크레티우스)

인생은 그 자체로서는 좋은 것도 나쁜 것도 아니다. 그대들이 인생에게 차려 주는 자리의 좋고 나쁨에 따른다.
　그대가 하루 살았으면 다 살아 본 것이다. 하루나 다른 날들이나 마찬가지이다. 낮의 밝음에 다를 것이 없고, 밤의 어두움에 다를 것이 없다. 이 태양, 이 달, 이 별들, 이런 배치들, 이것은 그대 조상들이 누려 온 것이며, 그대 후손들이 다루어 갈 것이다.

　　그대 조상들이 다른 것을 본 바 없고
　　그대 자손들이 다른 것을 볼 바 없으리라.　　　　　　　　(마닐리우스)

　내 연극을 이루는 막들의 모든 배열과 변화는 기껏해야 1년 안에 완수될 것이다. 네 계절의 움직임을 유의해 살펴보았다면, 그것은 이 세상의 유년기, 청년기, 장년기, 노년기를 포함한다. 그것으로 연극은 끝난다. 그것은 다시 시작해 볼밖에 다른 재간은 없다. 그것은 언제나 똑같은 일이다.

　　우리는 모두 같은 궤도를 돌고 있다.
　　거기서 결코 벗어나지 않는다.　　　　　　　　　　　　　(루크레티우스)

　　세월은 제 발자취를 따라 그 위에서만 맴돌고 있다.　　　　(베르길리우스)

나는 그대들에게 다른 새로운 소일거리를 꾸며 줄 생각은 없다.

나는 이 밖에 그대가 좋아하게 꾸며 볼 거리도, 고안할 거리도
아무것도 없다. 모든 일은 언제나 똑같다.　　　　　　　(루크레티우스)

다른 자들에게 자리를 내주라. 다른 자들이 그들에게 해 준 것과 같이. 평등은 공평성의 첫 조항이다. 모두들 들어앉아 있는 속에 자기도 들어 있다고 한탄할 나위가 있나? 그런 만큼 그대가 아무리 살아 보았댔자 그것 가지고 그대가 죽기로 되어 있는 시간을 부수지는 못하리라. 모두 다 헛수작이다. 그대는 마치 아기 때 죽어서 있는 것같이, 그대가 두려워하는 그 상태로 그만큼 오래 있으리라.

그대가 원하는 몇 세기를 기껏 승리자로 살아보아도
영원한 죽음은 똑같이 기다리고 있다.　　　　　　　　(루크레티우스)

그리고 그대를 아무 불평 없는 상태에 놓아 주어도

죽음이 오면 어느 다른 그대가 그대의 시체 앞에
살아서 그대를 슬퍼하고 엎드려 그대를 위해 울어 줄 사람
없을 것을 그대는 모르는가?　　　　　　　　　　　(루크레티우스)

그리고 그대가 그토록 아까워하는 생명을 그대는 원하지도 않을 것이다.

그때엔 아무도 자기 생명이나 자신을 걱정하지 않는다.
우리에겐 자신에 대한 아무런 애석함도 남지 않는다.　(루크레티우스)

무(無)보다도 더 적은 것이 있다면, 죽음은 무만큼도 두려워할 거리가 못된다.

무보다 더 작은 사물이 존재할 수 있다면
우리에겐 죽음은 그보다 훨씬 더 못한
사물로 보일 것이다. (루크레티우스)

죽음은 그대가 살아 있거나 죽어 있거나 상관하지 않는다. 살아 있으면, 그대는 살아 있으니 그렇고, 죽었으면 그대는 이미 없으니 그렇다. 아무도 제 시간 전에는 죽지 않는다. 그대가 남겨 두고 가는 시간은 그대가 출생하기 전의 것과 마찬가지로 그대의 것이 아니다. 그리고 또한 그대에게 상관없는 일이다.

우리들 앞서 지나간 영원한 태고의 세월들이
우리에게는 아무 상관도 없음을 알라. (루크레티우스)

어디서 그대의 생명이 끝나건 생명은 거기서 전부이다. 삶의 효용은 공간에 있지 않고 사용에 있다. 적게 살고도 오래 산 자가 있다. 그대가 살아 있는 동안, 거기 주의하라. 그대가 실컷 산다는 것은 세월의 많고 적음에 달려 있지 않고, 그대의 의지에 달려 있다. 그대가 끊임없이 가고 있는 곳으로 결코 도달하지 못한다고 생각하는가? 나갈 구멍 없는 길은 없다. 길동무가 있어야 덜 허전할 것이라면 세상이 그대가 가는 같은 길을 가는 것이 아닌가?

그대의 생명이 완수된 다음 모두가 그대를 뒤따르리라. (루크레티우스)

그대가 움직일 때 모두가 움직이지 않는가? 그대와 함께 늙지 않는 사물이 있는가? 수천의 인간들, 수천의 동물들, 수천의 다른 생명들이 그대가 죽는 순간에 같이 죽는다.

갓 나온 어린애의 울음소리에 섞여서
죽음과 장례 행렬에 따르는 비통한 울음소리를 들음이 없어
밤이 낮에, 새벽이 밤에 이어오는 일은 없으리라. (루크레티우스)

뒤로 물러날 수 없는 바에야 죽음 앞에 물러나서 무엇하는가? 불행을 면하고 죽어가기 잘한 자들을 얼마든지 보았느니라. 잘못 죽은 자들을 그대는 보았는가? 그대 자신도, 다른 사람이라도, 자기가 경험해 보지 않은 일을 나쁘게 말하는 것은 너무나 어리석은 일이다. 어찌하여 너는 나와 운명을 원망하느냐? 우리가 네게 언짢게 하느냐? 네가 우리를 지배하느냐? 우리가 너를 지배하는 것이냐? 네 나이는 끝나지 않았다 해도, 네 인생은 끝났다. 큰 사람이나 작은 사람이나 완전한 사람이다.

인간들도 그들의 생명은 자로 재지 못한다. 키론은 시간과 지속의 신인 그의 부친 사투르누스에게서 영생의 조건을 듣고 그것을 거절했다. 영원한 생명을 상상해 보라. 인간에게는 내가 그에게 준 생명보다 더 참을 수 없고 괴로우니라. 그대에게 죽음이 없었다면 그대는 내가 죽음을 주지 않았다고 끊임없이 나를 저주했을 것이다. 나는 이 죽음의 효용이 편리함을 고려해서, 그대가 너무 탐하여 천방지축으로 죽음을 찾으려고 하지 못하게 막기 위해서, 거기다가 조금 쓴맛을 섞었다. 그대가 생명을 피하지도 말고 다시 죽음을 피하지도 말라고 내가 그대에게 요구하는 절도를 그대가 지키게 하기 위해서, 나는 삶과 죽음의 단맛과 쓴맛을 골고루 조절하여 놓았다.

나는 그대들 중에 가장 처음 나온 현자인 탈레스에게 삶과 죽음은 차별이 없다는 것을 가르쳐 주었다. 그래서 누가 그에게, 글쎄 어째서 그는 죽지 않느냐고 묻자, 그는 "어느 것이나 마찬가지이니까"라고 현명하게 대답했다. 물·흙·공기·불, 그리고 내 제작품(세상)의 다른 종류들은 네 생명의 도구도, 네 죽음의 도구도 아니다. 어째서 너는 네 마지막 날을 무서워하느냐? 그날은 어느 다른 날이나 마찬가지로 네 죽음에 기여해 주는 것이 없다. 마지막 걸음이 피로를 일으키는 것이 아니다. 그날은 죽음을 선언한다. 모든 날들은 죽음으로 향한다. 마지막 날은 거기 도달한다.

이것이 우리 어머니인 대자연의 착하신 분부이다. 그런데 나는 내가 당하거나 남이 당하거나 간에, 집에 있을 때보다 전쟁터에서 죽음이 비교할 수 없이 무섭지 않은 것은 웬일인가(그렇지 않으면 군대 전체가 의사들과 울보들로 들끓을 것이다). 그리고 죽음이란 늘 한 가지인데, 다른 자들보다 시골 사람이나 비천한 사람들이 훨씬 더 마음이 태평한 까닭은 무엇일까 자주 생각해 보았다. 사실은 우리가 죽음을 둘러싸고 있는 모습과 장비가 죽음보다 더 무서워지게 만드는 것이라고 생각한다. 여기서 삶의 새로운 형식이 나오며, 어머니들, 여자들, 어린아이들이 울부짖고 사람들이 찾아와서 놀라 기절하고, 수많은 하인들이 얼굴이 새파래져서 눈물 흘리며 법석대고, 방은 컴컴하니 촛불은 켜 있고, 머리맡에는 의사와 선교사들이 빙 둘러 서 있으며, 결국 우리 주위의 모두가 공포요 경악에 짓눌리고 있다. 죽기도 전에 우리는 벌써 땅속에 묻혀 있다. 어린애들은 제 동무가 탈을 쓰고 있는 것을 보아도 무서워한다. 어른들도 그렇다. 사람들뿐 아니라 사물들의 탈 또한 벗겨야 한다. 벗겨놓고 보면, 그 아래엔 지난번 하인이나 침모가 두려움 없이 간단하게 넘어간 바로 그 죽음이다. 이런 따위의 장치를 준비해 둘 여가가 없는 죽음이여, 행복할꺼나.

21
상상력에 대하여

'강력한 상상(想像)은 사실로 화한다'고 학자들은 말한다. 나는 상상력에 대단한 영향을 받는다. 저마다 거기에 충격을 받으며 개중에는 거기에 쓰러지는 자도 있다. 상상이 주는 인상은 뼈가 저릴 정도이다. 그리고 나는 그것을 모면하자는 것이지, 거기에 저항하자는 것이 아니다. 나는 오로지 건전하고 쾌활한 사람들의 도움만 받고 살고자 한다. 다른 사람들이 고민하는 것을 보면, 내가 실제로 괴로워지고 내 심정이 흔히 제삼자의 심정을 빼앗는다. 연달아 콜록거리는 사람을 보면 내 허파와 목구멍이 근질거린다. 나는 체면상 찾아가 보아야 할 병자를 위문하러 가기보다는 거리낄 것 없고 존경할 것도 없는 병자를 찾아보는 편이 마음 편하다. 마음이 그쪽으로 쏠리면 그 병을 잡아서 내게 준다. 나는 상상력이 멋대로 일게 두고 그것을 북돋아 주는 자들이 열병에 걸려서 잘 죽는 것을 이상한 일이라고 보지 않는다.

시몽 토마는 당대의 유명한 의사였다. 그는 어느 날 폐병을 앓는 늙은 거부의 집에서 나를 만났는데, 그 병자와 병을 고치는 방법에 관해서 이야기하다가 그가 말하기를, 내가 즐겨 그 노인과 같이 있게 하는 기회를 만들어 주는 것이 한 방법이라고 했다. 그의 눈으로 나의 신선한 얼굴을 응시하고, 그의 생각을 내 청춘에 넘치는 쾌활성과 정력에 매어 두고, 그의 감각을 내가 처해 있는 꽃피어오르는 상태로 채우면, 그의 용태가 나아지리라고 하던 것이 생각난다. 그러나 그는 내 상태가 그 때문에 나빠지리라는 것은 잊어버리고 말하지 않았다.

갈루스 비비우스는 광증의 본질과 동작을 이해하려고 자기 마음을 너무 심히 긴장시키다가 판단력이 일그러져서, 다시는 원상태로 돌아올 수 없었다. 그래서 그는 자기 예지의 힘으로 미치광이가 됐다고 자랑할 수 있었다. 공포 때문에 미리 사형 집행인의 손에 걸려들 것을 예기하는 자도 있다.

어떤 자는 사면장을 읽어 주려고 올라가서 풀어 주고 보니, 그는 이미 자기 상상력의 타격만으로도 빳빳이 굳어 죽어 버렸다. 우리는 상상력의 충격을 받아서 진땀을 흘리고 벌벌 떨며 새파래지기도 하고 새빨개지기도 하며, 털담요에 누워서도 그 상상력의 충격에 교란돼 어떤 때는 숨이 넘어가기까지 한다. 혈기방장한 청년은 깊은 잠이 들어서도 꿈속에서 사랑의 정욕을 만족시킨다.

　　그들은 실제로 행하듯
　　정액의 물결을 쏟아 내며 옷을 흠뻑 적신다.　　　　(루크레티우스)

또 잠자기 전에는 없었는데, 밤사이에 뿔이 돋친 자를 본 것도 새로운 일이 아니다. 그러나 이탈리아 왕 키푸스에게 일어난 사건은 기억할 만하다. 그는 낮에 투우를 아주 재미있게 보고 나서, 하룻밤 내내 머리에 뿔이 돋친 꿈을 꾸었더니, 이 상상력으로 정말 이마에 뿔이 돋았다. 정열은 크로이수스의 아들에게 날 때부터 갖지 못했던 목소리를 주었다. 그리고 안티오쿠스는 스트라토니케[6]의 미모에 너무 심한 충격을 받아서 열병에 걸렸다. 플리니우스는 루키우스 고시티우스가 결혼 당일 여자에서 남자로 변한 것을 보았다고 말했다. 폰타누스와 다른 사람들은 지난 몇 세기 동안 이탈리아에서 이렇게 변신한 예가 더러 있었다고 이야

---
[6] 그리스 왕녀로 절세 미인. 시리아 왕 니카토르의 아내였는데, 안티오쿠스가 열렬히 사랑했기 때문에 그에게 물려주었다.

기한다. 그리고 자기와 그 모친의 맹렬한 욕망으로,

이피스는 소녀 때 남자가 되려고 바친 소원이 성취되었다. (오비디우스)

나는 프랑스령 비트리를 지나다가 한 남자를 보았다. 그는 22세까지 소녀로서 마리라 불리었다는 것을 그곳 주민은 모두 알고 있으나, 소아송의 주교가 남자로 확인하여 제르맹이라고 이름까지 지어 주었다. 그는 당시 텁석부리 수염이 난 늙은이였고, 결혼은 하지 않고 있었다. 그는 뛰면서 힘을 주었더니 남성의 생식기가 돋아나왔다고 말한다. 그래서 그곳 소녀들 사이에는 너무 심히 뛰면 마리 제르맹처럼 남자가 되니 서로 조심하자는 동요가 아직도 돌고 있다. 이런 유의 사례가 자주 있다는 것은 그리 신기한 일도 아니다. 상상력이 이런 일을 일으킬 수 있다면, 이 생각이 계속적으로 극히 강렬하게 한 곳에 집착되고, 이 맹렬한 욕망을 자주 생각지 않아도 좋도록 상상력이 진짜로 여자의 몸에 남자의 부분을 만들어 넣는 일을 해치우는 편이 나은 것이다.

어떤 사람들은 다고베르왕[7]과 성 프란체스코[8]가 가진 상처는 상상력 탓이라고 한다. 살이 그만큼 제 자리에서 떨어져 나갔다는 것이다. 그리고 켈수스의 이야기에는, 한 신부가 황홀감 속에 영혼이 빠져나가서 육체는 오랫동안 호흡이 끊어지고 감각도 없이 지냈다고 한다. 성 아우구스티누스는 다른 사람을 하나 지적하면서, 그는 슬퍼 한탄하는 소리를 듣자 갑자기 실신하여 정신을 차리지 못했는데, 그를 다시 살려 내려고 야단법석을 치며 고함지르고 꼬집고 불로 지지고 해도 효과가 없었다고 말한다. 그는 깨어나서 말하기를, 소리는 들었으나 멀리서 오는 것 같았다고 하며, 그때 비로소 덴 자리와 멍든 자국을 알아보더라는 것이었다. 이것이 그의 감각에 대해 가장한 것이 아니었던 것은 그동안 그에게 맥이 뛰지 않고 숨이 끊어졌던 것만 보아도 알 수 있다는 것이다.

---

[7] 603~639. 프랑스 메로빙거 왕조의 왕의 이름. 전설에 의하면, 그는 괴저병의 공포에서 온몸에 상처가 생겼다고 한다.

[8] 아시시의 성자. 1182~1226. 청빈한 수도로 큰 종파를 세움. 하늘에 붉은 천사가 나타난 것을 보자, 그의 손과 발에 예수의 못 박힌 상처와 같은 상처가 생겨 피가 흘렀다고 전함.

기적·환각, 마술의 현혹 등 이런 해괴한 일들을 믿게 되는 중요한 근거는 주로 마음이 약한 속인들의 마음에 상상력이 작용해서 이루어지는 것으로 보인다. 그들은 너무나 굳게 남의 말을 믿기 때문에, 보이지 않는 것도 보인다고 생각한다.

그리고 요즈음 다른 말은 입에 올리지도 않을 정도로 세상 사람들이 골치를 앓고 있는 그 우스꽝스러운 성교불능증 역시 두려움과 공포에 대한 인상 때문이라고 생각한다. 경험으로 알지만, 나 자신의 일같이 책임지고 말할 수 있는 어떤 사람이, 그는 그렇게 마음이 허한 자도 아니고 귀신이 붙어 그럴 수도 없는 터인데, 자기 친구 하나가 심상치 않은 쇠약증에 빠졌다는 이야기를 듣고, 자기 역시 그런 처지에 놓이게 되었을 때를 생각하며 상상력에 너무 심한 충격을 받아 자기도 그만 그 꼴에 빠졌다. 그리고 그런 거북한 꼴을 당한 추잡스러운 추억에 시달리고 억눌려서 그때부터는 자주 그런 일에 빠지는 버릇이 생겼다. 그는 다른 공상으로 이 공상을 치료하는 방법을 발견했다. 그것은 자신이 이 병을 고백하여 이런 처지에 빠졌던 일을 미리 떠들어 대며, 이 병폐가 반드시 올 것이라고 이야기해 놓자, 자기 책임감이 덜어지고 마음이 덜 거북해져서 긴장이 풀리는 것이었다. 그런 다음 자기 몸의 상태가 좋은 때를 골라서(흐트러진 생각도 가다듬어지고 몸이 평상시 상태로 된 때), 상대편에게 양해를 구한 다음 처음으로 자기 몸을 시험하게 했는데, 손으로 쥐기도 하고 갑자기 들이대기도 하게 해 보았더니, 그는 이 문제에 관해서는 완전히 치유되었다.

사람은 진정한 결함이 아니면, 한번 해 볼 수 있었던 일이 다시 불가능하게 되지는 않는 법이다. 이 불행은 우리 마음이 욕심과 존경심 때문에 고도로 긴장해서, 특히 이런 좋은 기회가 뜻밖에 급히 닥쳐왔을 때 시도하는 경우가 아니면 두려워할 거리가 못된다. 이런 때에는 마음의 혼란을 가다듬어 볼 방도가 없다. 내가 아는 어떤 사람은 이 맹렬한 정욕을 처리하기 위해 다른 데서 정욕을 반은 채워 온몸으로 일에 부딪쳐서 도움을 보았다. 그리고 나이가 들어서 힘이 줄었기 때문에 이 능력은 오히려 더 강해졌다. 또 하나는 한 친구가 그에게 이런 경우의 예방으로 확실한 반격을 할 수 있는 주술을 가졌다고 안심시켜서 효험을 본 일이 있었다. 그 일이 된 내력을 이야기하는 편이 낫겠다.

나와 아주 친하게 지내는 문벌 좋은 백작 한 분이 미모의 여인과 결혼하게 되었다. 그 여인을 귀찮게 쫓아다니던 어느 남자가 이 축하연에 참석했던 터라, 무슨 예방 주술이라도 걸지 않았나 염려해서, 그의 친구들과 친척 가운데 한 늙은 분이 몹시 걱정을 했다. 그래서 자기가 이 결혼식을 주재하고, 식도 자기 집에서 올리게 했다.

이 부인이 내게 이런 사정을 이야기해 주었다. 나는 그런 일은 나만 믿고 걱정 말라고 일러두었다. 나는 다행히 일사병과 두통을 예방하기 위해 천체 그림이 그려 있는 납작한 황금 메달 하나를 궤짝 속에 가지고 있었다. 두개골이 이어진 선에 맞춰서 쓰는 것으로, 꼭 붙어 있게끔 끄나풀이 달려 있고 턱 밑에 잡아매도록 되어 있었다. 이 또한 우리가 말하려는 헛수작과 사촌뻘은 되는 이야기이다. 이 괴상한 물건은 자크 펠르티에가 내게 선사했던 것이다.

나는 이것을 어떻게 써먹을까 생각해 보았다. 그래서 백작에게 이런 주술을 쓰려는 사람들이 더러 있으니 그도 다른 사람들처럼 액운을 겪을지도 모르지만 걱정 말고 가서 자라고 했다. 내가 친구로서 예방해 줄 방법이 있으며, 그가 명예를 걸어 신실하게 비밀을 지켜 주기만 한다면, 필요한 때에는 내가 할 수 있는 기적을 하나 내어 보이기를 아끼지 않겠다고 했다. 그날 밤에 그에게 밤참을 가져갈 때, 만일 일이 잘 되지 않거든 단지 내게 이러저러하게 눈짓만 하라고 일러두었다. 그는 이런 일을 마음에 깊이 새겨듣고 있었기 때문에, 자기 상상력이 혼란에 빠진 것을 느끼고 내게 눈짓을 했다.

그래서 나는 그에게 우리를 쫓아내는 체하며, 장난으로 내가 입던 잠옷을 빼앗아 입고(우리는 키가 아주 비슷했다) 내가 시키는 일을 다할 때까지 그것을 벗지 말라고 했다. 나는 다음과 같이 하도록 했다. 우리가 나가거든 소변을 보러 가서 세 번 이러저러한 주문을 외고 이러저러한 동작을 하는데, 그때마다 내가 손에 쥐어 줄 그 끄나풀을 매고 거기 달린 메달을 조심스레 신장(腎臟)에 대되, 메달의 초상은 어떻게 놓고 할 것이며, 그러고 난 다음은 이 끄나풀이 풀어지지도 움직이지도 않게 꼭 죄어 매고, 안심하고 돌아가서 할 일을 하라고 말이다. 그리고 내 잠옷을 위에 걸쳐 펴고, 둘이 같이 덮는 것을 잊지 말라고 했다.

우리의 사고력은 이런 괴상한 방법이 무슨 난해한 학술에서 오지 않는 것인지 풀어 볼 힘이 없기 때문에, 이런 자질구레한 행동이 일의 절차에 주요 부분을 이룬다. 이런 일은 허망하기 때문에 중대하고 존중해야 할 것으로 보인다. 결국 내부적은 일사병 예방보다도 신방의 예방이 되어, 막는 효과보다 시키는 효과를 내었다. 나는 갑자기 기묘한 생각이 들어서 내 성격과는 달리 이런 짓을 한 것이다. 나는 속임수로 하는 행동은 딱 질색이며, 내 손으로는 노름에서나 유익한 일에나 농간부리기를 싫어한다. 그러므로 이 행동이 도덕에 어긋나지는 않았다 해도 그 방법만은 나쁘다.

이집트 왕 아마시스는 미모의 그리스 여자 라오디케와 결혼했다. 왕은 다른 점에서는 양순한 남편이었는데, 그 여자를 안을 수 없었기 때문에 무슨 마귀의 술수로 여겨 그녀를 죽이려고 했다. 그녀는 이것이 상상력의 조화라고 생각하여 그를 신앙심에 잠기게 이끌었다. 그래서 그는 비너스에게 축원을 올리고 서약을 했더니 신에게 희생과 헌납을 바친 첫날 밤에 일은 신통하게도 바로 되었다.

여자들이 얼굴을 찌푸리고 앙탈하며 도망치는 모습으로 남자를 대하는 것은 잘못이다. 그러면 불타는 정열이 꺼지고 만다. 피타고라스의 며느리는, 여자가 남자와 잘 때는 치마와 함께 부끄러움을 벗어던지고, 속치마를 입을 때 부끄러움을 다시 찾아야 한다고 말했다. 공격하는 자의 마음은 너무 여러 가지 놀라는 일에 무안해서 자칫하면 기가 죽는다. 그리고 상상력이 한번 이런 수치를 당하면(그리고 여자를 처음 알게 되는 때에는 정욕이 끓으며 황급해지고, 더욱이 첫 번에 실패할까 두려워하기 때문에 이런 경우에만 그런 꼴을 당하게 된다), 시작을 잘못했기 때문에 열이 오르고 울화가 나서 다음 경우에도 이러한 변이 잇달아 일어난다.

부부들은 언제나 시간이 있으니 준비가 안 된 일을 급히 서둘거나 시험해서는 안 된다. 그리고 첫날 밤에 심란하고 열이 오른 터에 점잖지 않게 접근하다 실패하는 것보다 다음에 더 친근해져서 놀란 마음이 가라앉는 것을 기다리는 편이 낫다. 첫 번 거절에 놀라서 절망하다가는 영영 비참한 꼴을 당하기 때문이다. 일이 되기 전에는 이런 환자는 화를 내거나 고집을 세우며 자신이 결정적으로 그렇다고 설복하지 말고, 생각이 날 때 여러 번 가볍게 시험해 보아야 한다. 자기 기관의 성질이 순함을 아는 자들은 다만 이런 상상력을 거꾸로 속일 생각을 가져야 한다.

사람들이 이 기관이 방자하게도 말을 안 듣는 성질을 가졌다고 보는 것도 당연하다. 우리가 어찌해 볼 도리도 없는 때 불쑥 나오며 가장 필요한 경우엔 어색하게도 수그러지고, 강압적으로 우리 의지와 권위를 다투며 마음속으로나 손으로 일이 되게 두 손으로 빌 때엔 거만하게도 고집 세워 거절한다.

그렇지만 만약 이 기관이 말을 안 듣는다고 책망하며, 그것을 처단하려고 했을 경우, 그것이 대가를 치러 가며 자기 사정을 변호해 달라고 내게 의뢰했다면, 아마도 나는 그것의 동무인 다른 기관들이 이 기관의 중요성과 그 쾌락을 시기해서 모두 뭉쳐 날조한 사건을 가지고 그것에 싸움을 걸며, 심술궂게도 공통의 죄를 그 기관 혼자에게 뒤집어씌웠다는 혐의를 두어 본다. 나는 우리 신체의 어느 한 부분이라도 우리의 의지가 시키는 것을 거절하는 일이 없는가, 우리 의지가 시키지 않는데도 제멋대로 움직이는 일은 없는가를 생각해 보라고 그대들에게 제언한다. 이 부분들은 각기 그 자체의 버릇을 가지고 있으며, 허가도 받지 않고 깨어났다 잠들었다 한다.

얼마나 여러 번 얼굴이 제멋대로 움직여 우리가 감추고 있는 생각을 드러나게 하고, 남들 앞에 자주 망신을 시키는가! 이 기관에 활기를 주는 바로 그 원인이, 우리가 알지도 못하는 사이에 염통이나 허파나 맥박에 활기를 준다. 미인을 보면 부지불식간에 들떠 감동의 불길이 우리 속에 퍼져나간다. 이런 근육이나 혈맥은 단지 우리의 의지뿐 아니라 생각에도 없이 일어나고 수그러지는 것이 아닌가? 우리는 욕심이나 공포 때문에 머리칼이 쭈뼛 서고 피부에 소름이 돋는 것을 억제하지 못한다. 손은 흔히 우리가 보내지도 않는 곳으로 움직인다. 이런 경우에 다다르면 혓바닥은 굳어지고 소리는 얼어붙는다.

먹을 것이 없어서, 특히 우리가 배고픔을 일부러 참으려고 할 때, 이 먹고 마시고 싶은 욕망은 다른 욕망보다 더 하지도 덜하지도 않게 거기 매여 있는 부분들의 감각을 자극하며, 당치도 않게 제 좋을 대로 우리를 저버린다. 배 속을 비워 내는 기관은 우리의 신장을 비워내는 기관처럼 우리 생각과는 달리 반대로 벌어졌다 오므라졌다 한다. 우리 의지의 전능한 권위를 세우기 위해서 성 아우구스티누스가 보았다고 하는 어떤 자가 방귀를 마음대로 조절하더라는 것, 그의 주석가 비베스가 자기 시대의 다른 예를 덧붙여, 사람이 읊는 시의 곡에 맞추어 조직적으로 방귀를 뀌더라는 이야기는, 이 기관이 온전히 우리 뜻에 복종하고 있다는 의미가 아니다. 보통은 이것이 심히 조심성 없고 소란을 떨기 때문에 하는 말이다. 그뿐더러 내가 본 한 예는 너무나 소란스럽고 말썽거리여서, 이 방귀가 40년 동안 한 번도 끊이지 않고 줄곧 나오게 그 주인을 강제하며, 그를 이 모양으로 죽음으로 끌어가고 있다.

우리 의지의 권위를 세우려고 이런 책망을 내놓지만, 오히려 의지가 혼란과 불복종으로 거역과 모반을 일삼는다고 지적하는 것이 얼마나 더 그럴듯한 일인가! 의지는 우리가 반드시 그것이 원해 주기를 바라는 대로 원하고 있는 것일까? 의지는 대개 우리가 원하지 말라는 것을 원하여, 확실히 우리에게 손해를 보이고 있지 않은가? 의지는 우리의 이성이 결론짓는 곳으로 더 잘 인도되고 있는 것인가?

끝으로 내 피변호인(생식기관을 가리킴)을 위해서 말하고 싶은 것은 "이 사건에서 그의 피소 내용은 불가분하게 한 방조범과 결부되어 있다. 그런데 사람들은 무턱대고 그에게만 대들며, 이 소송 당사자들의 조건으로 보아서, 그에 대한 잘못을 따져 꾸짖는 것과 죄를 캐내어 묻는 것 외에 지금 말한 그 방조범에게는 어느 모로 보아도 관여되거나 연계되어 있다는 점을 고려하지 않는다. 따라서 고발자들의 적의와 비합법성이 명백하게 드러난다"는 점이다. 아무튼 변호사와 재판관들이 아무리 변론하고 판결을 내려 보아도 자연은 거기 얽매이지 않고 제 할 일을 한다. 자연은 이 기관에게 죽어 갈 인생들의 유일한 영생불멸의 작품들의 작가로서 어떤 독특한 특권을 부여할 때, 그는 옳은 일을 하는 것이다. 이 때문에 소크라테스에게는 생식이 거룩한 행동이며, 사랑은 영생의 욕망이고, 그 자체가 영생의 정령인 것이다.

아마도 이 상상력의 효과로 어떤 자는 여기 와서 부스럼[9]을 떼어 놓는데, 그의 동무는 그대로 스페인으로 가져간다. 그 때문에 이러한 일에는 미리부터 마음을 단단히 먹으라고 요구하는 것이 습관으로 되어 있다. 의사들은 그들의 약이 사기인 것을 환자의 상상력으로 보충하려는 의도에서 하는 것이 아니라면, 어째서 환자들에게 병이 낫는다는 가짜 약속으로 미리 환자의 신임을 얻으려고 하

---

9) 프랑수아 1세가 스페인에 볼모로 있었던(1525~1526) 후, 스페인에서는 이 왕이 만져 주면 부스럼이 낫는다는 소문이 돌아 수많은 사람들이 프랑스까지 찾아왔었다.

는 것인가? 환자들에게는 약을 보이기만 해도 효과를 내는 수가 있다고 하는 말을, 이 직업의 한 대가가 글로 적어 놓은 것을 의사들은 알고 있다.

이 모든 변덕스러운(몽테뉴가 친구에게 황금 메달을 가지고 한) 수작은 마침 선친께서 부리시던 약제사 하인이 늘 해 주던 이야기에서 머릿속에 떠오른 것이다. 그는 본시 행동하는 습관이 사람을 속일 줄 모르는 스위스 인인데, 오래전에 한 툴루즈 장사꾼을 알고 지냈다고 한다. 그의 말에 이 장사꾼은 병자로, 담석증을 앓았기 때문에 자주 관장해야 할 필요가 있어 증세에 따라 의사들에게 여러 가지 관장 처방을 쓰게 했다. 이 관장의 도구를 가져와 보면, 그는 여느 때 하는 모든 형식을 하나도 빼놓지 않고 언제나 약이 너무 뜨겁지 않은가 하고 만져 보기도 했다.

그래서 그는 드러눕고, 엎드리고, 차릴 것은 모두 차리고 나서 약을 주입하는 일만 빼놓았다. 이 격식을 마친 약제사가 물러가고 환자는 마치 관장을 시행한 것처럼 차리고 있으면, 그는 관장을 실시한 자와 똑같은 효과를 느꼈다. 그리고 치료가 충분치 못하다고 보면, 의사는 이와 같은 격식을 두서너 번 되풀이하는 것이었다. 내 증인은 맹세하며 말하기를, 그러다가 환자의 아내가 비용을 덜기 위해(왜냐하면 그렇게 할 적마다 치료비를 치렀기 때문이다) 미지근한 물을 넣어 주려고 시도했더니, 그 결과로 이 속임수가 드러났다. 그리고 이 방법이 소용없게 되어 환자는 다시 처음의 방법을 써야만 했다는 것이다.

한 여인은 빵을 먹다가 바늘을 삼켜 목에 바늘이 찔린 줄 알고 아파서 참을 수 없다고 울부짖으며 괴로워했다. 그러나 겉으로는 붓지도 않았고 변한 것도 없었기 때문에, 어떤 약은 사람이 이것은 단순한 상상의 작용이며 빵을 먹다가 조금 긁힌 것을 가지고 그런다고 판단하고, 빵을 토하게 하고 토해 낸 속에 몰래 꼬부라진 바늘을 집어넣었다. 이 여인은 그것을 토해 냈다고 생각하고, 바로 아픔이 없어진 것을 느꼈다.

내가 아는 한 사람은 자기 집에서 잔치를 베풀고 나서 사나흘 후에, 장난으로(그런 것은 안했지만) 참석했던 이들에게 음식에 고양이 고기를 넣었다고 말했다. 그랬더니 그들 중의 한 아가씨는 그만 기절을 해서 위가 뒤집히고 열이 나, 구원할 길이 없었다.

짐승들도 사람과 같이 상상력에 지배당한다. 그 증거로, 개들 중에는 주인이 죽으면 슬퍼서 죽어가는 놈도 있다. 어떤 개는 꿈꾸다가 짖고 꿈틀거리며, 어떤 말은 자다가 울고 허우적거린다.

　이런 것은 모두 정신과 육체의 작용이 서로 통하고 있는 밀접한 연결에서 일어나는 일이라고 해석할 수 있다. 상상력이 어느 때는 자기 육체뿐 아니라 다른 사람의 육체에까지 작용하는 것은 경우가 다르다. 페스트나 천연두나 눈병이 이 사람에게서 저 사람으로 전염되듯, 한 육체가 이웃에 병을 던져 주는 것과 똑같다.

　　안질을 쳐다보면 눈이 똑같이 나빠지며
　　여러 질병은 몸에서 몸으로 전염된다.　　　　　　　　(오비디우스)

　마찬가지로 상상력은 맹렬히 동요되면 외부의 대상을 침범하는 수가 있다. 옛말이 전하는 바에는, 스키타이 여인들은 어떤 자에게 원한을 품고 악이 받치면 눈흘김만으로도 그를 죽일 수 있었다 한다. 거북과 타조는 눈으로 쳐다보기만 하는 것으로 알을 깐다. 거기에 방사하는 효능이 있는 증거이다. 그리고 마술사들은 눈으로 쳐다보기만 해도 남을 침범하는 해로운 힘이 있다고 한다.

　　어떤 눈이 내 유순한 어린 양들을 홀려가는지 모르겠다.　　(베르길리우스)

　마술사들이란 내게는 달갑지 않은 권위자들이다. 그러나 우리는 경험으로 이런 족속들이 사방에 있어서 여자들이 공상으로 품은 것이 배 속의 어린애에게 표적으로 남는 것을 본다. 검둥이를 낳은 여자가 그 증거이다. 보헤미아 왕이며 황제인 카를 앞에 어떤 자가 피사 근처의 소녀를 데려왔는데, 그 애는 숭숭 솟은 털로 덮여 있었다. 그 어미의 말로는 침대 위에 걸린 세례 요한의 화상을 보고 그 아이를 가졌다는 것이다.

　동물들 중에도 이와 같은 일이 있다. 그 증거로 야곱의 양들이 그렇고, 메추리, 토끼 따위는 산에 눈이 오면 색이 희어진다. 요즈음 바로 내 집에서 사람들이 본 일이지만, 고양이 한 마리가 나무 위 높이 앉은 새를 노려보며 얼마 동안 서로 시선을 고정시켜 응시하고 있더니, 새는 자신의 상상력에 취했는지 아니면 고양이에게 끌어오는 어떤 힘이 있었는지, 죽은 듯이 고양이 발 앞에 떨어지고 말았다.

사냥을 좋아하는 사람들은, 매 사냥꾼이 공중의 소리개를 눈독 들여 쳐다보아서 그 시선의 힘만으로도 그 새를 아래로 내려오게 한다고 장담하는 말을 들었다. 그리고 실제로 그렇게 한다는 것이다.

나는 여기 빌려 온 이야기의 진위 여부를 그것을 따 온 사람들 저마다의 양심에 맡겨 둔다. 그것에 관한 고찰은 내가 한다. 이성으로 따져보는 것이지 경험에서 얻지는 않았다. 누구라도 자기 실례를 내놓을 수 있다. 이런 실례가 없는 사람들에게 이 사건들이 너무 잡다하게 많은 것으로 보아, 그런 일이 있었다고 믿지 말아 달라는 말은 아니다. 내가 주석을 잘하지 못하는 것이라면 누구든지 내 대신 주석을 잘해 주기 바란다.

그런 만큼 우리들의 습관이나 동작에 관해서 내가 취하는 연구에 나오는 가공적인 발언들은 그것이 가능한 일이라면 진실한 이야기가 된다. 파리에서건 로마에서건 쟝에게나 피에르에게나, 이런 일이 일어났건 안 일어났건, 그것은 늘 인간 능력의 재주이며, 나는 거기서 얻은 보도를 쓸모있게 이 이야기에 사용했다. 나는 그것을 보며 그것이 진짜이건 그림자이건 똑같이 유익하게 사용한다. 그리고 이러한 이야기들이 흔히 주는 여러 교육 가운데 가장 희한하고 기억에 남는 것을 이용하기로 한다.

작가들 중에는 사건의 이야기를 목적으로 하는 사람들이 있다. 내 이야기는 가능하다면 일어날 수 있는 일을 말해야 했을 것이다. 학문 연구에서는 진실을 파악하지 못했을 때 그와 비슷한 일을 상상해 보는 것이 정당하게 허용된다. 그렇지만 나는 그렇게는 하지 않는다. 그리고 이 방면에서는 미신과 같이 조심스럽게 누구보다도 더 이야기의 진실성을 지켰다. 내가 들었거나 말했거나 여기 내가 인용한 예들은, 그중에 가장 가볍고 부질없는 일을 가지고도 나는 고쳐서 말하기를 꺼린다. 내 양심은 종지부 하나도 바꿔 쓰지 않는다. 내 지식은 보장하지 못한다.

이 점에서 생각해 보면, 역사를 쓰는 일은 철학자나 신학자, 기타 미묘하고 정확한 양심과 예지를 가진 사람에게 마땅한 듯싶다. 어떻게 보통 사람들의 신실성을 보증으로 자기들의 성실성을 담보할 수 있을 것인가? 어떻게 모르는 사람들의 사상에 책임을 지고 그들이 추측하는 바를 현금으로 받아들일 것인가? 자기들 앞에서 일어난 여러 갈래의 복잡한 행동을 갖고도, 한 재판관이 그것을 확인하려고 맹세시킬 때에 그들은 증명해 주기를 거절할 것이다. 아무리 친밀한 사이라도 남의 마음속 의향까지 완전히 책임질 수는 없는 일이다. 나는 지난 일을 쓰는 것이 현재를 쓰기보다 위험성이 적다고 본다. 그것은 필자가 빌려 온 진리에 대한 책임밖에 지지 않기 때문이다.

어떤 이는 내가 쉽게 여러 당파의 수뇌부와 접근할 수 있는 터이므로, 다른 사람만큼 편견에 사로잡히지 않고 현시대의 일을 볼 수 있으리라고 생각하고, 나에게 내 시대의 사건들을 써 보라고 종용한다. 그러나 그들은 내가 살루스티우스의 영광을 얻는다 해도, 그런 수고를 하지 않을 것이라는 말은 하지 않는다. 책임지는 것과 부지런하기와 꾸준하게 일하기는 나와는 상극이며, 광범위하게 이야기하는 것은 내 성미에 아주 맞지 않는 일이기 때문에 이야기를 끌어나가기가 숨차서 자주 끊기며, 일상의 사물에 쓰는 문장이나 어휘는 어린애보다 더 가진 것이 없기 때문에 구문이나 설명이 도무지 쓸 만하게 되지 않는다. 그래서 나는 내 힘에 맞춰서 재료를 조절하며, 내가 말할 수 있는 것을 말해 가는 것이다.

만일 나를 지도해 줄 자의 방식에 따른다면 내 격식은 그의 격식과는 어긋날 것이다. 내 자유가 너무 방자하기 때문에 내 생각대로 사리를 따라 해도 법적이지 않고 처벌당할 판단을 했을 것이다. 플루타르크의 문장 속에 그가 해놓은 일에 관해 인용한 예들이 어느 것이건 모두 진실한 이야기라면, 그 공은 남의 것이고, 그것이 후세에 유익하고 사람들에게 도덕의 길을 밝혀 주는 영예를 지고 나왔다고 하면, 그 영예는 자기가 한 일이라고 기꺼이 말할 것이다. 옛날 이야기에 무엇이 이렇고 저렇다고 말하는 것은, 의사의 처방전이 어떻다는 식으로 아무런 위험할 여지가 없는 일이다.

22
한 사람에게만 이로운 것은 다른 사람에게 해롭다

아테네인 데마데스는 장례에 쓰는 물품을 파는 시민 한 사람을 처벌했다. 그 이유는 너무 많은 값을 요구하며, 이 이익은 많은 사람들이 죽지 않으면 그에게 올 수 없다는 것이었다. 그런데 누가 이득을 보면 다른 자가 반드시 손해를 보게 되어 있으니, 그렇게 하면 모든 종류의 이득은 처벌해야 하는 만큼 이 판결은 잘못된 것으로 보인다.

장사는 청년들의 낭비가 없으면 되지 않는다. 농군은 곡식이 비싸야 하며, 건축가는 집이 무너져야 하고, 재판소 관리는 사람들이 소송과 다툼을 해야 하며, 성직자들의 영광과 직무까지도 우리의 죽음과 악덕이 있어야만 된다. 의사는 자기 친구가 건강한 것도 좋아하지 않으며, 군인은 자기 도시의 평화조차 좋게 보지 않는다고 옛날 그리스 희극 작가는 말한다. 다른 일도 다 마찬가지이다. 더 언짢은 일로, 우리 각자가 자기 속을 뒤져 보면, 우리 마음의 소원은 대부분 다른 사람의 손해가 생겨나 커지는 것이다.

이런 점을 고찰해 본 나는, 대자연이 이 점에서 그의 전반적인 행정을 게을리 하는 바가 없구나 하는 생각이 들었다. 왜냐하면 자연법학자들은 개개의 사물의 출생과 양육과 성장은 다른 사물의 변질과 부패라고 해석하고 있기 때문이다.

어떤 사물이 변화하여 그 한계에서 떠나면
바로 그것이 전에 존재하던 사물의 죽음이 되기 때문이다.　　(루크레티우스)

23
습관에 대하여, 그리고 이어받은 법을 쉽사리 변경하지 않음에 대하여

이 이야기를 처음으로 꾸며 낸 사람은 습관의 힘을 아주 잘 이해한 듯하다. 한 시골 여인이 송아지 한 마리를 낳았을 때부터 두 팔에 안고 쓰다듬어 주는 버릇이 생겨 이 일을 계속했더니, 그것이 습관이 되어 큰 황소가 된 뒤에도 거뜬히 안을 수 있었다는 것이다. 습관이란 것은 사실 배신적인 맹위를 떨치는 훈장인 까닭이다. 그것은 우리 속에 은밀히 그 권위의 발판을 닦는다. 그러나 시작은 순하고 잔잔하게 하다가 시간의 도움을 받아 발판을 닦아 자리잡고 난 뒤, 얼마 안 가 맹렬한 폭군의 얼굴을 드러낼 때, 우리는 거기 대항해서 눈을 쳐들 힘도 없어진다. 우리는 습관이 자연법칙의 모든 방면에 침범하는 것을 본다.

> 습관은 모든 사물들 가운데 최강의 윗사람이다. (플리니우스)

나는 이에 관해서 플라톤의 《국가론》에 나오는 동굴 이야기[10]를 믿으며, 의사들이 흔히 기술에 관한 이유는 제쳐두고 습관의 권위만 존중하는 것과 한 왕[11]이 이 습관의 방법으로 독약을 먹고 지내도록 자기 위장을 단련했다는 이야기, 알베르투스가 말하는 한 소녀가 습관이 되어서 거미를 먹고 살았다는 이야기를 믿는다.

저 새로운 인도(새로 발견한 아메리카 대륙)의 세상에는 큰 민족이 여러 지방에서 거미를 먹고 그것을 저장해서 키우며, 또 여치·개미·도마뱀·박쥐 등도 기르고 있고, 식량이 떨어졌을 때에는 두꺼비 한 마리가 6에퀴에 팔린 일이 있고 이것을 구워서 여러 가지 소스로 조미해 먹는 것이 발견되었다. 거기서 발견된 다른 종족들에게는 우리가 먹는 살코기나 식료품은 치명적인 독이 되는 것이었다.

> 습관의 힘은 크다.
> 수렵인들은 눈 속에 철야하며 산악의 그을리는 햇볕을 참아 낸다.
> 경기자들은 철장갑에 맞아 상처를 입어도
> 소리를 지르지 않는다. (키케로)

이런 이국의 예들은 우리가 평상시에 보는 것으로, 습관이 얼마나 우리들의 감각을 둔하게 만드는가를 고찰해 보면 이상할 것도 없다. 나일강 폭포수 근처에 사는 주민들을 찾아갈 필요도 없다. 그리고 철학자들이 천체의 음악에 관해서 말하는 바, 그 원형 물체들은 고체이기 때문에 굴러갈 때 비비며 마찰하여 경이

---

10) 플라톤의 동굴, 즉 사람은 마치 동굴 속에서 안쪽 벽만 바라보게 묶여 있는 꼴이다. 이 세상의 모든 현상은 밖의 진실된 세상이 입구를 통해서 이 벽에 비쳐진 그림자와 같은 것이라고 한 유명한 우화.
11) 이 왕은 흑해 연안 폰투스 왕국의 미트리다토스. 기원전 121~63년. 소아시아를 정복하여 큰 왕국을 세웠으나 로마와 오랫동안 전쟁하다가 망함.

로운 화음을 내지 않을 수 없으며, 그 화음의 선율과 음조에 따라 별들의 궤도와 변하는 형상을 조절해 간다는 것이다. 그런데 생명의 청각은 이집트인들처럼 계속해서 울리는 음향에도 쉽게 잠들고 마비되어서 아무리 소리가 커도 들리지 않는다는 말은 따져볼거리도 못된다. 대장간·방앗간·병기 공장의 공인들이 우리처럼 소리에 놀란다면, 그들의 귀에 울리는 음향을 찾아내지 못할 것이다.

  내 옷깃에 뿌린 향수는 코에 상쾌하다. 그러나 사흘만 계속해서 입고 다니면 그것은 옆 사람의 코에만 소용이 있을 뿐이다. 더 이상한 일로 이런 습관은 오랜 간격과 중단이 있어도 우리 감각에 그 인상이 준 효과를 가질 수 있다. 종루의 근처에 사는 주민들이 겪는 바가 바로 그렇다. 나는 내 집의 한 탑 속에 살고 있는데, 새벽이나 저녁에는 대단히 큰 종이 날마다 '아베마리아'를 울리고 있다. 이 소란스러운 소리는 내 탑까지 뒤흔든다. 처음에는 참을 수 없었던 이 종소리가 얼마 안 가 거기 길들여지고, 이제는 들어도 괴롭지 않고 흔히 잠도 깨지 않는다.

  플라톤은 한 아이가 도토리를 가지고 놀고 있는 것을 보고 그러지 말라고 책망했다. 그 아이가 "대단찮은 일로 책망하시네요"라고 대꾸하자 "습관은 대단찮은 일이 아니다"라고 플라톤이 대꾸했다. 우리의 가장 큰 악덕은 연약한 소년 시절에 주름잡히는 것이며, 우리의 가장 중요한 훈육은 유모의 손에 달렸다고 생각한다. 어린애가 암탉의 목을 비틀고 개나 고양이에게 상처를 주며 날뛰는 꼴을 보는 것이 어머니들의 소일거리가 되고, 어떤 아버지는 바보처럼 아들이 자기 몸을 방어할 줄 모르는 농민이나 하인을 정당하지 못하게 때리고 있는 것을 보고 기사 정신을 가진 때문이라고 생각하며, 배신과 속임수로 자기 동무를 농락하는 것을 보면 재롱을 피운다고 강조한다. 그렇지만 이런 일은 잔인과 폐악과 배반의 씨앗이며 뿌리이다. 그런 것이 싹이 트고 부끄러움을 모르는 채 자라나 습관의 손에서 힘차게 득세한다.

  이러한 비열한 경향을 아이의 나이가 어리고 경솔한 탓으로 돌리며 변명해 주는 일은 매우 위험한 교육 방법이다. 첫째 이것은 천성이 하는 말이니, 이때 그 천성은 더 약한 만큼 그 소리는 더 순수하고 강력하다. 둘째로 속임수의 더러움은 금화와 푼돈과의 차이에 달려 있는 것이 아니고, 그 자체에 있다. 나는 그들이 말하는 대로 '푼돈을 다룰 때에만 그렇지, 금화를 다룰 때는 결코 그렇지 않다'는 식보다는, '푼돈으로 속일 바에야 어째서 금화로는 못 속여?'라고 결론짓는 편이 더 옳다고 본다. 어린애들에게는 조심해서 그 꾸밈 자체를 미워하도록 가르쳐 주어야 할 일이다. 또 그들이 단지 행동에서 뿐 아니라, 특히 마음에서 이 악덕을 피하도록 본래의 나쁜 점을 가르쳐 주어야 하며, 악덕이 어떤 가난을 뒤집어쓰고 있어도 그런 생각마저 징그럽게 보여 주어야 한다.

나는 어릴 적부터 항상 크고 평탄한 길을 걷도록 가르침받았고, 또 어린애 장난에라도 속임수나 야바위 따위를 섞을 때에는 분노를 느껴왔기 때문에(진실로 어린애들 장난은 장난이 아니고, 그들에게는 가장 신중한 행동이라고 간주해야 하는 만큼), 아무리 가벼운 심심풀이라도 속이는 일에는 마음속에서부터 극도의 혐오를 느꼈다. 나는 카드놀이를 하면 푼돈을 걸더라도 황금 두 닢을 건 것과 같이 하고, 진짜 노름에서나 아내와 딸을 데리고 할 때나 잃고 따는 데 차이를 두지 않는다. 어느 경우라도 나는 모든 일에 충분히 눈으로 내 처신을 살피며, 내 눈보다 더 가까이서 나를 감시하는 것이 없고 내 눈보다 내가 더 존경하는 것이 없다.

나는 요즈음 낭트 출신의 태어날 때부터 기형의, 팔이 없고 키가 작은 한 사람을 보았다. 그는 발을 어찌나 잘 놀리는지 손으로 할 것을 모두 발로 하며 발 본연의 용도는 반은 잊어버리고 있었다. 그뿐더러 자기 발을 손이라고 부르며, 칼로 깎고, 권총에 탄알을 재어서 쏘며, 바늘에 실을 꿰고 바느질을 하며, 글씨를 쓰고, 모자를 벗고 머리를 빗으며, 카드놀이를 하고, 주사위를 던지고, 다른 어느 누가 하는 것만큼 재주 있게 잘 흔든다. 내가 그에게 준 돈을(그는 이렇게 재주를 보이며 돈을 벌고 있었기에), 우리가 손으로 하는 것처럼 발로 집어갔다. 나는 어릴 적에 또 한 사람을 보았는데, 그는 두 손으로는 칼 하나를 갖고 재주를 부리고, 남은 손이 없으니 턱 밑의 주름으로 삼지창을 집어 이것을 공중에 치올렸다가 다시 받고, 단도를 던지고, 프랑스의 여느 마부보다도 채찍질을 더 잘했다.

우리의 마음은 습관의 영향으로 그것에 잘 저항하지 못하기 때문에 그 효과를 더 잘 알 수 있다. 습관이 우리의 판단력과 신념에까지도 무슨 일이든 못 할 것인가? 아무리 해괴한 사상이라도(많은 국민들과 능력 있는 인물들이 잘 빠지는 여러 종교의 속되고 고약한 사기술은 제쳐둔다. 왜냐하면 이 부문은 우리 인간의 이성이 닿지 않는 곳이며, 하늘의 은총으로 비상하게 도에 통달하여 있지 않은 자들이 거기 탐혹하는 것은 용서될 수 없는 일이기 때문이다), 또 모든 사상들 중에서 아무리 괴상하다고 해도 습관이 마음에 내켜서 지배하고 싶은 지방에 자기 법칙을 세워 보지 못할 정도로 괴상한 사상이 있을 수 있겠는가? 옛말에 "자연의 관찰과 탐구가 직책인 자연 철학자로서, 습관에 의해서 편협하게 된 정신들에 진리의 증거를 구해 보며 수치도 느끼지 않는다"(키케로)라고 부르짖는 것은 아주 당연한 일이다.

나는 아무리 허황된 생각이라도 실제로 대부분의 사람들에게 실천되는 예를 찾아볼 수 없을 정도로, 그리고 우리들의 이성이 지탱하고 근거를 세워 줄 수 없을 정도로 해괴한 사상은 인간의 상상력 속에 들어올 수 없다고 생각한다. 어떤 나라에서는 인사할 때 뒤돌아서고, 존대하는 사람을 결코 쳐다보지 않는 국민들이 있다. 또 어떤 곳에서는 왕이 침을 뱉을 때 그 궁전에서 가장 총애받는 부인이 손을 내미는 곳이 있다. 또 어떤 나라에서는 그의 주위에서 가장 명망 높은 자들의 오물을 사람들이 땅에 엎드려서 걸레로 치우는 곳이 있다.

여기 한 가지 더 이야기할 거리를 마련하면, 프랑스의 한 귀인은 늘 손으로 코를 풀었다. 우리 습관으로는 대단히 천한 짓이다. 그래서 그가 자기 하는 짓에 변명하는 말이(점잖은 사람들 사이에 유명하게 되었지만), 이 더러운 오물이 무슨 특권을 가졌기에 그것을 받으려고 곱고 보드라운 헝겊을 준비하고, 더욱이 이것을 싸서 소중히 간직하느냐고 내게 반문하며, 그렇게 하는 일은 우리가 다른 오물을 처리하듯 아무 데서나 던져 버리는 것보다도 오히려 더 가슴 뭉클해지는 징그러운 일이라고 말했다. 나는 그의 이야기가 전혀 이치에 닿지 않는 말은 아니라고 생각했다. 그래서 이것이 다른 나라의 일이라면 대단히 추하게 보였을 테지만, 습관이 된 다음에는 그것을 그다지 괴상하다고 생각지 않고 눈에 거슬리지 않게 되었다.

기적은 우리가 자연에 대해서 무지하기 때문에 있지, 그것이 자연의 본질은 아니다. 버릇이 되면 우리들의 판단력은 마비된다. 야만인들은 우리가 그들 눈에 비친 것보다 그들이 우리 눈에 더 괴상하게 보일 것도 없으며, 더 그러할 이유도 없다. 만일 각자가 이런 사례들을 두루 살펴보고 나서, 자신의 처지를 반성하며 이런 것을 건전하게 생각해 볼 줄 안다면 이렇게 고백할 것이다. 인간의 이성은 (그것이 어떠한 형태로 되어 있건) 우리의 모든 생각과 풍습과 대체로 같은 무게로 물들여진 채색이다. 이성의 재료도 잡다하고 종류도 잡다하다.

다시 원래 이야기로 돌아가자. 어느 나라에서는 왕에게 말할 때 그의 아내와 자녀들을 제외하고는 관(管)을 통하지 않고는 이야기하지 못한다. 바로 그 나라에서 처녀들은 부끄러운 부분을 드러내놓고 다니며, 결혼한 여자들은 그것을 조심스레 감추고 있다. 그리고 다른 지방의 다른 습관도 이것과 관련이 있다. 거기서는 정조는 결혼을 위해서밖에 존중되지 않는다. 왜냐하면 미혼녀들은 자유로이 몸을 내맡길 수 있으며, 아이를 가지면 사람이 보는 데서 약을 써서 아이를 지운다. 그리고 다른 곳에서는 장사꾼이 결혼할 때에는 결혼식에 초대받은 모든 장사꾼들이 신랑보다 먼저 신부와 잔다.

게다가 그 수가 많을수록 여자는 더욱 당차고 능력이 있다는 명예와 칭찬을 얻는다. 장교가 결혼해도 같은 절차를 밟으며, 귀족도 그와 같고, 다른 사람들도 같은데, 농민과 천민들만이 다르다. 그때에는 성주가 하도록 되어 있다. 그렇지만 결혼 생활을 하는 동안은 굳게 정절을 지키는 것을 장려하는 데 빈틈이 없다.

남자 공창이 있는 데도 있고, 남자들끼리의 결혼이 있는 곳도 있다. 여자가 남편과 함께 전쟁에 나가며 전투에서만 아니라 지휘하는 직위를 갖는 곳도 있다. 반지를 코에 뀔 뿐 아니라 입술이나 볼, 발가락에도 끼며, 무거운 황금 막대기를 젖꼭지와 볼기짝에 끼우는 곳도 있다. 식사하면서 손을 허벅다리나 불알이나 발바닥에 문대는 곳도 있다. 아들 딸이 상속하는 것이 아니라 형제나 조카가 상속하는 곳이 있고, 다른 곳에서는 왕의 상속을 빼놓고는 조카들만이 하는 곳도 있다. 재산의 공동 관리가 지켜지고, 어떤 공동 관리는 전반적으로 토지의 경작을 관리하고 각자의 필요에 따라서 생산품을 분배하는 직책을 맡아 본다. 어린이가 죽으면 슬퍼하고, 노인이 죽으면 잔치를 베푸는 곳도 있다. 잠잘 때 열이나 열두엇이 그들의 여자들과 함께 자는 곳도 있다. 어떤 곳에서는 여자들의 남편이 횡사하면 재가할 수 있고 그렇지 않으면 못 한다. 여자들의 조건이 너무나 나빠서 딸을 낳으면 죽여 버리고, 필요할 때는 이웃 나라들에서 여자를 사오는 곳도 있다. 남편이 아무런 이유도 없이 아내를 쫓아내는 곳도 있다. 아이를 낳지 못하는 여자를 팔아 버리는 권리를 남편이 갖고 있는 곳도 있다.

죽은 사람의 시신을 삶아 짓찧어 죽을 만들어 술에 타서 먹는 곳도 있다. 어떤 데서는 가장 바라는 장례가 개에게 뜯어 먹히는 것이고, 다른 데서는 새들에게 쪼아 먹히는 것이다. 그리고 어떤 곳에서는 행복한 영혼들은 자유로이 좋은 것이란 좋은 것은 모두 가지고 안락한 전원에 살고 있고, 우리가 듣는 메아리는 그 영혼들의 소리라고 믿고 있다. 어떤 곳의 사람들은 물속에서 싸우는데, 헤엄치며 활을 정확하게 쏜다. 어떤 데서는 복종의 표시로 어깨를 쳐들고 머리를 숙이며, 왕의 앞에 나갈 때에는 신을 벗어야 한다. 어떤 데서는 내시들이 수녀들을 지키고 있으며, 사랑을 받지 못하도록 코와 입술을 없앤다. 그리고 제관(祭官)들은 귀신과 사귀고 신탁(神託)을 내리기 위해서 눈알을 뺀다. 어떤 데서는 각기 제 마음대로 신(神)을 고른다. 사냥꾼은 사자나 여우를, 고기잡이는 어떤 물고기를 신으로 삼고, 인간의 행동이나 정열까지도 우상으로 삼는다. 해·달·땅은 주요 신들이며, 맹세하는 형식은 해를 쳐다보며 땅을 만지는 일이고, 고기와 생선을 날로 먹는다.

 어떤 데서는 중대한 맹세를 할 때에는 나라에서 명망이 높았던 죽은 인물의 무덤을 만지고 그 이름을 부른다. 어떤 곳에서는 왕이 그 신하인 후작·백작들에게 내리는 새해 선물로 불을 보낸다. 그것을 가져오면 그 전의 불은 모두 꺼버린다. 그리고 이 후작과 백작에 매어 있는 백성들은 각기 이 새 불에서 자기 불을 받아 가야 한다. 그렇게 하지 않으면 불경죄가 된다.

 어떤 데서는 왕이 깊은 신앙생활에 들어가려고(이런 일은 자주 있다) 퇴위하면 그 상속인도 똑같이 해야 하고, 왕국의 권리는 제3의 상속자에게 넘어간다. 어떤 데서는 사세(事勢)의 필요에 따라서 정치 체제를 변혁하며, 아무 때나 왕을 퇴위시키고 노인들이 국가의 정치를 맡아보며, 때로는 그것을 국민의 손에 넘긴다. 어떤 데서는 남자와 여자들이 할례를 받으며, 동시에 세례를 받는다. 어떤 데서는 군인이 한 군데나 여러 군데의 전투에서 적의 머리 일곱 개를 베어 왕에게 바치면 귀족이 된다.

 어떤 데서는 영혼이 죽어서 없어진다는 진기하고도 무례한 사상을 품고 산다. 어떤 곳에서는 여자들이 두려움 없이 울지도 않고 어린애를 낳는다. 어떤 곳에서는 여자들이 양쪽 다리에 구리테를 끼우고 있다. 그리고 이가 물면 용감한 자의 의무로 이것을 다시 깨물어 반격하게 되어 있고, 왕이 원할 때는 그에게 처녀를 바치지 않고는 결혼하지 못한다. 어떤 데서는 인사할 때 손가락으로 땅을 짚고 이것을 다시 하늘로 쳐든다. 어떤 데서는 남자들이 짐을 머리에 이고, 여자들은 어깨에 지며, 여자들은 서서 소변을 보고 남자들은 구부리고 앉아서 본다. 어떤 데서는 우정의 표시로 자기 피를 보내고, 그들이 존경하려는 인물에게는 신의 앞에서 하듯 향을 피운다. 어떤 데서는 사촌까지만이 아니라 친척의 더 먼 촌수와도 결혼이 허용되지 않는다. 어떤 데서는 어린아이에게 네 살까지 젖을 먹이고, 어떤 데는 열두 살까지도 간다. 그런데 바로 그 고장에서는 태어난 첫날 어린애에게 젖을 주면 죽는 것으로 알고 있다. 어떤 데서는 아비는 사내아이들의 징벌을 맡고, 어미는 여자애들을 맡고 있다. 그리고 징벌은 거꾸로 매달고 연기를 쐬게 하는 것이다. 어떤 곳에서는 여자에게 질 입구 주름 절개 수술을 한다. 어떤 데서는 무슨 풀이든지 나쁜 냄새가 나는 것만을 빼놓고는 모두 먹는다. 어떤 데서는 집이 아무리 아름답고 부유하다 해도 모두 열어 놓고, 문도 없고, 창문도 없으며, 담아 둘 궤짝도 없다. 그리고 도둑들은 다른 데서보다 갑절로 처벌받는다. 어떤 데서는 잔나비같이 이를 물어서 죽이고, 손톱으로 뭉개어 죽이는 것을 보면 징그럽다고 한다. 어떤 데서는 한평생 머리도 손톱도 깎지 않는다. 다른 데서는 오른손 손톱은 깎고, 왼손 손톱은 기르는 것이 점잖다고 한다. 어떤 데서는 신체의 오른쪽 털은 모두 기르고, 자라는 대로 놓아 두며, 왼쪽은 깎는다. 그리고 그 이웃 나라에서는 앞면의 털을 기르며 또 다른 지방에서는 뒷면만을 기르고 그 반대편을 깎는다. 어떤 데서는 손님들에게 즐기라고 돈을 받고 아비는 아이들을, 남편은 아내를 빌려 준다. 어떤 데서는 어미에게 아이를 갖게 하는 것이 점잖은 일이고, 어버이들은 딸이나 아들과 육체관계를 맺는다. 어떤 데서는 향연의 회합에서 서로 아이들을 빌려 준다.

 이 고장에서는 사람의 살을 먹고 살며, 저 고장에서는 아비의 나이가 어느 정도 되었을 때 죽이는 것이 효도가 된다. 다른 데서는 아비들이 어린애가 아직 배 속에 들어 있을 때, '이 애는 기르고 저 애는 버려라. 죽여라' 하고 명령한다. 다른 데서의 늙은이들은 아내를 젊은이에게 이용하라고 빌려 준다. 다른 곳에서는 여자를 공동 소유로 해도 죄가 되지 않는다. 즉 그녀들이 경험해 본 남자들의 수만큼 털실 방울을 옷깃에 달고 많이 달수록 그만큼 더 영광의 징표가 된다. 습관은 여자들의 국가를 따로 만들어 놓지 않았던가? 그녀들 손에 무기를 쥐어 주지 않았던가? 군대를 편성해서 전쟁을 시키지 않았던가?

철학이 가장 현명한 사람들의 머리에 심어 넣지 못하는 것을, 습관은 단지 명령만으로 가장 우둔한 속인들에게 가르쳐 주는 것이 아닌가? 왜냐하면 우리는 국민 전체가 죽음을 경멸할 뿐 아니라 치하하고 있는 나라들을 알고 있으니 말이다. 일곱 살 먹은 어린아이가 죽도록 매를 맞아도 얼굴도 꼼짝 않는 곳이 있다. 어떤 데서는 부유함이 오히려 경멸받아 도시의 가장 평범한 시민도 돈지갑을 줍기 위해서 손을 내밀려고 하지 않는다. 그리고 우리는 생활품이 가장 풍부한 지방에서, 그리고 가장 일반적이고 맛 좋은 식사가 빵과 개구리 다리와 물로 되어 있는 곳을 안다.

습관은 키오섬에서 7백 년 동안 아내들이나 처녀들이 잘못을 범한 기억 없이 지냈다는 기적을 실현하지 않았던가? 결국 내 생각으로는 습관이 하지 않는 일이나 하지 못할 일은 없다. 그리고 핀다로스가 습관을 우주의 여제라고 불렀다고 하는 것은 지당한 일이다.

제 아비를 때리던 자가 대답하기를, 그것은 자기 집 습관이라고 했다. 그 아비는 그 조부를 그렇게 때렸고, 그 조부는 그 증조부를 때렸다는 것이다. 그리고 아들을 가리키며, 이 애도 내 나이쯤 되면 나를 때릴 것이라고 했다. 아들이 거리에서 아비를 잡아당기며 끌고 돌아다니다가, 어느 문 앞에 와서는 아비가 아들에게 멈추라고 명령했다. 왜냐하면 그는 아비를 거기까지밖에는 끌고 가지 않았던 것이다. 여기까지가 아들들이 습관적으로 버릇이 되어서, 그 가정에서 아비들에게 모욕적인 취급을 하던 한계였다.

여자들이 병 때문에 털을 뽑고 손톱을 깨물고 숯이나 흙을 먹는 것만큼 자주, 남자들은 천성보다도 습관 때문에 남자들끼리 서로 교접한다고 아리스토텔레스는 말한다.

양심의 법칙은 천성으로 타고난다고 우리는 말하지만, 그것은 습관에서 나온다. 각자는 주위 사람들이 승인하고 받아들인 생각과 풍습을 내심으로 존경하고 있기 때문에, 후회 없이는 그것을 벗어던지지 못하고 찬양하며 거기 응한다.

옛날에 크레테인들은 누구를 저주하려고 할 때에 그가 나쁜 버릇을 갖게 해 달라고 신에게 축원했다.

　그러나 습관의 힘이 가진 주요 효과는 우리를 너무 강력하게 움켜잡아 옭아넣고 있는 까닭에, 명령하는 것을 생각해 따져보기 위해 그 지배에서 벗어나 제 정신을 차려 볼 수가 거의 없다는 점에 있다. 참으로 우리는 태어나 젖먹이 때부터 이 습관을 들이마시며, 처음 세상을 인식할 때 세상은 이 습관이 보여 주는 방식으로 드러나기 때문에 우리는 이 길을 따라가야 하는 조건으로 세상에 나온 것처럼 생각된다. 그리고 우리 주위의 사람들에게 신뢰받고, 조상들에게 씨를 받아서, 우리 마음에 주입되어 있는 공통의 사상은 그것이 보편적이며 자연스러운 사상인 것같이 보인다.

　그래서 사람들은 습관의 테두리에서 벗어나는 것을, 이성의 테두리 밖으로 벗어난 일이라고 믿게 된다. 대개의 경우 이 얼마나 이치에 벗어나는 일인가!

　우리가 자신을 연구해서 자신이 할 일을 배워 온 바와 같이, 각자가 한 정당한 말을 들으며, 즉시 왜 그것이 그대로 자기에게 맞는가를 살펴본다면, 각자는 이것이 좋은 말로 보이기보다도 대개 자기 권한의 어리석은 점을 매질하는 것같이 따끔하게 느껴질 것이다. 그러나 사람들은 진리의 충고와 그 교훈은 일반인에게 보낸 것이고, 결코 자기에게 한 것이 아니라고 생각한다. 그리고 그것을 자기 처신에 적용하지 않고 저마다 아주 어리석고 쓸모없게도 기억에만 담아 둔다.

　습관의 영역으로 돌아와 보자. 자유 속에서 자신들을 지배하며 성장한 국민들은 다른 모든 형식의 정치를 괴상하고 천리에 어긋난 것으로 간주한다. 군주 정치에서 살아온 사람들도 똑같이 생각한다. 그리고 국민들이 대단한 고난을 겪고 군주의 귀찮은 속박에서 벗어났을 때에도 아무리 운이 그들에게 쉽게 변혁할 기회를 준다 하여도, 그들은 똑같은 고민을 하며 새로운 군주를 세우기를 서두르며 통치받는 일 자체를 싫어하고 꺼려할 생각은 하지 못한다.

　다리우스는 어느 그리스인에게 얼마의 상금을 주면 인도인같이 그들의 죽은 부모 시체를 먹겠느냐고(이것이 그곳 습관이었다. 그들은 자기들 배 속보다 더 나은 장지가 없다고 생각했던 것이다) 물어보았다. 그러자 그들은 세상을 다 내어 주어도 그 짓은 못하겠다고 대답했다. 그러나 다시 인도인에게 그들 방식을 버리고 부모의 시체를 불에 태우는 그리스 방식을 따르라고 했더니, 그들은 그것을 더한층 해괴망측하게 보았다. 누구나 다 이렇다. 습관이 사물의 진실한 모습을 보지 못하게 하는 것이다.

첫 번째 접근에 아무리 위대하고 경탄스럽게 보이는 것도
두고 보아서 차츰 놀랍지 않게 보이지 않는 것은 없다.　　　　(루크레티우스)

그전에 나는 우리 주위에 결정적인 권위로 널리 받아들여지는 관례 중의 하나를 검토해 볼 필요가 있었다. 그래서 그것을 현재 실시되는 대로 법률과 본보기의 힘으로만 세우기를 원치 않고, 반대로 그 근원까지 이유를 캐어 보았더니, 그 근거가 너무나 빈약함을 발견하고 다른 사람들에게 그 사실을 확인해 주려던 내가 오히려 거기에 싫증이 나는 것을 참아내기 힘들었다.

플라톤이 자기 시대의 타락된 연애 풍조를 몰아내려고 시도한 것 가운데 가장 훌륭한 방법은 곧 일반 여론이 그것을 비난하고 시인들이나 그 밖의 모두가 거기에 대한 언짢은 이야기를 하게 하는 것이었다. 그것은 가장 예쁜 딸들이 아비의 사랑을 끌지 않고, 미모가 출중한 형제들이 자매들의 사랑을 끌지 않게 하는 방법이며, 튀에스테스나 오이디푸스나 마카레우스의 이야기까지도, 그 노래의 쾌감과 아울러 어린애들의 연약한 머리에 이런 유익한 신념을 주입하는 것이었다.

참으로 정조는 아름다운 덕성이며, 그 필연성은 잘 알려져 있다. 그러나 이것을 잘 다루어 천성대로 효과를 내기는 어려운 반면에, 습관과 법과 교훈으로 효과를 내기는 쉽다. 근본적이며 보편적인 이치는 탐구하기에 어렵다. 우리 스승들은 그런 것을 스쳐 넘겨 버린다. 또는 그런 것은 감히 건드려 보지도 못하고 단번에 습관 속에 뛰어들며, 안전책을 찾아서 잘난 체하고 값싸게 자부한다. 그러나 근본적인 원칙에서 벗어나오기를 원치 않는 자들은 더한층 실수를 범한다. 마치 크리시푸스가 그 사정이야 어떻든 간음적인 결합들을 좋게 보지 않는 것을, 그의 문장 속의 그렇게 많은 곳에서 상관없다고 하는 것과 같다.

습관이라는 맹렬한 편견에서 벗어나고자 하는 자는 거의 의심할 여지없이 확실한 것으로 인정되는 여러 사물들을 발견할 것이다. 그런데 이런 것은 거기 따라 붙는 습관이라는 백발의 수염과 오그라진 주름살밖에 아무 근거도 없는 일들이

다. 그러나 이런 가면을 벗기고 사물들을 사리로 따져서 그 진실대로 보면, 그는 자기 판단의 전부가 둘러엎어지는 것 같을 것이다. 하지만 그 대신 훨씬 더 확고한 상태에 놓이는 것을 느낄 것이다. 예를 들어, 한 국민이 자기 가정의 일, 즉 결혼·증여·유산 상속·물건의 매매 등에 자기들 말로 성문화되지도 않고 공포된 일도 없으며, 그가 알 수도 없고, 그 해석과 적용 방법을 알 필요가 있으면 돈을 치르고 물어봐야 하는 어떤 규칙에 매여서 들어 보지도 못하던 법률을 좇아야만 하게 되어 있으니, 이보다 더 괴상한 일이 어디 있는가? 그것은 자기 왕에게 신하들의 교역과 흥정을 세금 없이 자유롭게 해서 이익을 보게 놓아두고, 금전에 관한 분쟁과 싸움에는 무거운 헌납금을 바치게 하라고 충고한 소크라테스의 교묘한 의견을 좇는 것이 아니고, 괴이한 의견을 좇아서 이성 자체를 흥정하고 법률을 상품으로 취급하는 식이다. 나는 운명의 신에게 감사하는 바이지만, 역사가들의 말에 의하면, 처음으로 라틴의 제국법을 우리들에게 적용하라고 한 샤를마뉴 대제에게 처음 반대한 이는 우리 고장 사람인 가스코뉴 귀족이었다는 것이다.

한 국가에서 합법적인 습관으로 재판하는 직책이 매매되고, 판결할 때는 알짜 현금으로 보수를 받고, 돈을 치를 수 없는 자에게는 합법적으로 재판이 거부된다. 이 장사가 대단한 신용을 얻어서 옛날의 세 계급인 교회와 귀족과 평민들 외에 소송 사무를 취급하는 제4계급이 정부 안에 생기고, 이 계급은 법의 직책과 재산과 생명에 관해서 최대의 권한을 가지고, 귀족 계급 외에 다른 계급을 만든다. 그래서 명예의 법[12]과 정의의 법이라는, 여러 사물에 아주 반대되는 2중의 법이 생겨서(전자는 무안을 당하고 참고 있는 때에, 그리고 후자는 그런 경우에 보복하는 때에 똑같이 엄격한 처단을 받고 있다) 무기를 드는 의무에서, 전자는 모욕을 당하고 참고 있으면 명예와 지위가 떨어지고, 후자는 민사의 의무로서 보복 행위를 한 경우에 극형의 처단을 받는다니(자기 명예에 보상을 당하고 법에 호소하는 자는 수치스러운 행위를 하는 것이며, 거기 호소하지 않는 자는 법률에 의해서 처벌당하고 징계받는다), 이보다 더 야만적인 일이 어디 있는가? 그리고 이렇게도 성질이

---

[12] 중세기에 성행하던 결투는 법률상으로 금지되었다. 그러나 귀족이 모욕을 받았을 때 결투하지 않으면 귀족의 명예에 관한 문제가 된다. 16세기부터 엄하게 금지하기 시작한 결투 금지법을 두고 말하는 것임.

다른 두 부문이 한 우두머리(왕)에게서 오며, 하나는 평화의 유지가 임무이고 하나는 전쟁을 하는 것이 직책이며, 하나는 소득을 올리고 하나는 명예를 얻으며, 하나는 지식을 찾고 하나는 용덕을 가지며, 하나는 구변에 능하고 하나는 용감성을 가지며, 하나는 사리를 갖고 하나는 힘을 가지며, 하나는 긴 옷(재판관 제복), 하나는 짧은 옷(무사의 군복)을 차지하다니 말이다.

　이런 것과는 아무 상관 없는 사물들로, 의복 같은 것을 참된 목적에 맞추어 입고자 하는 자이면, 그것은 몸에 맞고 편리하게 만들어야만 여기에 그 우아함과 독특하게 점잖은 태가 난다. 내 생각이지만 사람이 꾸밀 수 있는 가장 괴상한 것으로는 우리가 쓰는 네 뿔 모자와 여자들이 머리에 달고 다니는 주름잡은 비로드의 긴 꼬리에 잡색의 장식을 한 것, 그리고 우리가 점잖게는 불러 보지도 못한 기관(器官)의 저 헛된 모양의 쓸모없는 조각, 그것을 일반인들 앞에 자랑스레 보여 주고 다니는 꼴을 나는 들어 보고 싶다.

　이런 고찰은 그렇다고 지각 있는 사람이 보통 사람들이 하는 식을 버리게 하지는 않는다. 그와는 반대로 동떨어지게 특수한 태도는, 진실한 이성에서보다도 미친 수작과 야심적인 허식에서 나오는 것처럼 보인다. 그리고 현자는 자기 마음을 군중으로부터 자기 속으로 끌어들이고 사물들을 자유로이 판단하는 자유와 힘을 갖게 하는 반면에, 밖으로는 완전히 우리가 받아 온 태도와 형식을 좇아야 할 것이라고 생각한다. 공공의 사회는 우리의 사상과는 아무 상관이 없다. 그러나 사상과는 다른 우리들의 행동, 일, 재산, 생활 자체 같은 것은 사회의 봉사와 공공의 여론에 맡겨두어야 할 것이다. 마치 저 착하고 위대한 소크라테스가, 비록 법이 부적합하고 불공평했으나 그 법의 권위에 복종치 않음으로써 자기 생명을 구제하기를 거부한 것과 같이 할 일이다. 왜냐하면 자기가 사는 고장의 법을 지킨다는 것은 규칙들 중의 규칙이고 법 중의 일반적인 법이기 때문이다.

　　사람은 조국의 법을 지켜야 한다.　　　　　　　　　(그리스 격언집)

　이렇게 보면 이야기가 다르다. 한 정부는 다른 여러 조각들을 모아서 지어 놓는 건물과 같아서, 그중의 하나만 건드려도 온 몸체가 영향을 받지 않고 있을 수 없도록 연결되어 있는데, 법이 어떻게 만들어졌든, 그것을 움직인다는 것은 언짢은 일인 이상, 우리가 받아 온 법을 고쳐서 그렇게 명백한 이익이 있을 수 있을까에는 큰 의문이 있다. 투리아의 입법자는 누구든지 옛 법 가운데 하나를 폐지하거나 새로운 법을 세우려고 하는 자는 목에 밧줄을 걸고 일반인들 앞에 나오라고 명령했다.

그것은 이 개혁이 시민에 의해서 승인되지 않을 경우에는 그를 즉각 교살당하게 하기 위함이었다. 그리고 라케다이모니아의 입법자는 시민들에게서 자기 명령을 어기지 않겠다는 확실한 약속을 받으려고 일평생을 보냈다. 프리니스가 악기에 첨가한 두 줄을 난폭하게 끊어 버린 에포로스(라케다이모니아 관리)는 그 줄 때문에 악기가 더 좋아졌다거나 조화가 더 풍부해졌다는 것은 거들떠보지도 않는다. 그것이 옛 방식의 변경인 것만으로도 처단하기에 족하다. 마르세이유의 녹슨 정의의 칼은 이것을 의미하던 것이다.

나는 새것이라면 그것이 어떤 것이건 싫다. 그것은 내 생각이 옳다. 왜냐하면 그 결과가 극히 해롭다는 것을 보았기 때문이다. 벌써 여러 해 전부터 우리들을 압박하는 새 풍조(종교 개혁 운동을 말함)는 그것이 전부 저지른 일은 아니지만, 다음에는 그 풍조에 관계없이, 오히려 거기 반대해서 일어나는 불행과 파괴까지 모두 그 새 풍조가 부수적으로 만들어 내고 생겨나게 한 것임은 분명하다. 이것은 이 풍조 자체에 책망이 갈 일이다.

　　아아, 나의 창이 나에게 상처를 주도다.　　　　　　　　　(오비디우스)

국가에 동요를 일으키는 자들은 가장 먼저 그 패망 속에 몰입되기 쉽다. 동란의 결과는 결코 그것을 도발한 자에게 머무르지 않는다. 그것은 다른 낚시꾼에게도 훼방이 되게 물을 치고 뒤흔들어 놓는다. 이 왕조의 통일과 조직, 이 큰 기구는 특히 그 노쇠기에 와서 새 풍조에 의해서 부서지고 풀어져서, 이러한 침범에 대해 벌어진 구멍을 얼마든지 열어 놓았다. 한 고인은 국왕들의 존엄이 절정에서 중간으로 내려오기는, 중간에서 바닥으로 굴러떨어지기보다도 더 어려운 일이라고 말했다.

그러나 발안자들이 끼친 해독이 더 크다 하여도, 이런 일의 흉측하고 사악한 면을 느끼고 그것을 처벌한 바로 그런 사례에 자기가 투신한다는 것은 더욱 악덕스러운 일이다. 그리고 이런 악을 행하는 데도 어느 정도의 영광이 있다고 하면, 이 모방자(신교도의 행악을 탄압하려고 잔혹한 수단을 쓰는 구교도를 말함)들은 발안의 영광과 첫걸음을 내디딘 노력의 용기를 발안자들에게 양보해야 한다.

모든 종류의 새로운 방자함은 좋아라 하며 이 첫 번의 풍부한 원천에서 우리 국가를 동요시키는 본보기와 모범을 받아 온다. 사람들은 시작되는 악을 교정하려고 만들어진 우리 법률에서도 모든 종류의 간악한 기획의 수련과 변명이 되는 조항을 읽어 본다. 그리고 투키디데스가 자기 시대의 내란에 관해서 말한 바, '공공의 악덕을 옹호하려고 달콤하고 새로운 문구로 이런 악덕을 꾸며가며, 법률의 진실한 성격을 나약하게 타락시키는 일'이 우리에게도 일어난다. 그러나 그들의 말로는 이것이 우리들의 양심과 신념을 개조하려는 것이라고 한다.

"구실은 정직하다."(테렌티우스) 그러나 새로움은 구실이 아무리 좋다 해도 극히 위험하다. "구제도에서 초래된 어떠한 변혁도 찬성할 가치가 없음은 너무나 확실한 진실이다."(티투스 리비우스) 그래서 솔직하게 말하면, 자기 의견을 존중하고 확립하기 위해서 공공의 평화를 교란하고, 내란에서 일어나는 많은 불가피한 불행과 그렇게도 흉측스러운 풍속을 이끌어 오며, 국가의 변혁이라는 중대한 사태를 바로 자기가 살고 있는 나라에 일으켜야 한다는 것은, 그들의 자존심과 교만이 엄청나기 때문이라고 생각한다. 이론의 여지가 있고 논란거리가 될 사회의 과오를 타파하기 위해서 그 확실하고도 잘 알려진 많은 악덕을 장려한다는 것은 졸렬한 처사가 아니고 무엇인가? 양심과 타고난 이해력을 공격하는 것보다 더 나쁜 종류의 악덕이 또 있을까?

종교 관리에 관한 문제로 원로원과 국민들 간에 일어난 논쟁에서, 메디아 전쟁 때 델포이인들에게 내린 신탁을 본따서 원로원이 "자기들보다도 더 신들에 관한 문제이니, 신들이 자기들 신앙에 대한 모독을 방지할 것이다"라는 임시변통의 답변을 쓰다니 당돌한 일이었다. 메디아 전쟁 때 페르시아군의 침입을 두려워한 델포이인들은 사원에 있는 신성한 보배들을 옮겨 놓아야 할 것인가, 감춰 두어야 할 것인가를 신에게 물어보았다. 그 신탁에서 신은 그들에게 대답하기를, "아무것도 움직이지 마라. 너희들은 너희들 걱정이나 하라. 신은 자기에게 해당하는 일은 자기가 대비할 능력을 가졌다"라고 했다.

기독교는 궁극의 정의와 유익성의 모든 표적을 가지고 있다. 그러나 당국에 대한 복종과 정치 형태의 유지를 엄격히 권장하는 것보다 더 명백한 표적은 없었다. 인류의 안녕과 질서를 세우고, 죽음과 죄악에 대항하여 신의 영광스러운 승리를 끌어오기 위해서, 다만 우리들의 정치 질서에 그 일을 맡겨 두었다. 또 그 진전과 그렇게도 고매하고 세상의 구제에 유익한 목표의 달성을 우리의 부당하고도 맹목적인 습관과 풍속에 맡겨 두어서, 신이 총애하는 하고많은 이스라엘 백성들의 무고한 피를 흘리게 했다. 이 측량할 수 없이 소중한 열매를 성숙시키는 데 오랜 세월의 손실을 참아내고 계시는 신의 예지는 얼마나 훌륭한 본을 우리에게 보여 주는가!

자기 나라의 격식과 법을 좇고 있는 자들의 원칙과 이런 일들을 지배하여 변혁하려고 하는 자들의 원칙 사이에는 큰 차이가 있다. 전자는 순박함과 복종과 시범을 자기변명으로 내세운다. 무슨 짓을 해도 그것은 악의가 될 수 없다. 기껏해야 불운에 그친다. "사실 가장 명확한 증거로 증명되고 확립된 고대를 존경하지 않은 자 누구인가?"(키케로)

그것은 "결함은 과함보다 절제에 큰 몫을 차지한다"라고 한 소크라테스의 말과는 다르다. 후자가 더 곤란한 입장에 있다. 왜냐하면 자기가 택해서 변혁하려는 일에 끼어들어 간섭하는 자는 비판하는 권위를 억지로 빼앗는 것이며, 그들이 몰아내는 편의 잘못을 찾아내고 자기들이 들여오려는 제도의 장점을 본따고 자부해야 하기 때문이다. 나는 이 평범한 고찰에서 내 자리를 확고히 지키게 되고, 좀 더 패기 있던 내 청춘 시절의 탈선을 억제했다. 그것은 내가 이렇게도 중대성을 띤 지식에 관해서 책임을 지려고 하지 않을 일이다. 그리고 건전한 판단력을 가지고 나는 이편으로 교육을 받아 왔고, 그 면에서 좀 상스럽게 비판해 보아도 아무 폐단이 없는 수련들 중의 가장 쉬운 일을 가지고도 감히 못할 것을 그 부문에서 행한다는 무거운 짐을 내 어깨에 짊어지지는 않을 것이다. 공적으로 변할 수 없는 제도와 관습을 개인 자격으로서 불안정한 망상에 굴복시키려고 하며 (개인적인 일의 이유는 사적인 합법성밖에 갖지 못한다), 어떤 정부도 민사법에 대해서 개혁을 감행치 못하는 터에 거룩한 법을 개혁하려고 하는 것은 내게는 매우 부당한 일로 보였다. 이 민사법은 인간 이성이 거기에 훨씬 더 많은 교섭을 가지고 있지만, 그래도 이 시민들의 법은 재판관 가운데 최고 재판관이며, 사람들의 궁극적인 능력은 기껏해야 법이 용인한 사용법을 설명하고 부인하는 데 있지, 그것을 변경하고 개혁하는 데 있는 것이 아니다.

어느 때 신의 섭리가 필연적으로 우리를 제어하는 규칙을 눈감아 주는 일이 있다 하여도, 그것은 우리에게 그 제약을 면제해 주지는 않는다. 그것은 우리가 모방해야 할 일이 아니고 감탄해야 할 거룩한 수법이며, 그 전능한 힘을 증명하기 위해서 우리의 범주와 역량을 넘어서 신의 뜻이 우리에게 제공하는 기적의 종류다. 또한 그 권한의 특수한 표징이 박혀 있는 비상한 사례들이며, 그것을 이해하려고 시도하는 것부터가 미친 수작이고 불경건한 태도이니, 그것은 좇을 일이 아니라 관찰하여 경탄할 일이다. 그것은 신이 할 행위이고, 인간의 행위가 아니다.

코타는 적절하게 반발한다. "종교 문제에서 늘 나의 권위자는 제논이나 클레안테스, 또는 크리시포스가 아니고, 코룬카니우스, 스키피오, 스카에볼라 등의 대사교장(大司敎長)들이다."(키케로)

하느님은 아시지만, 현재 우리들의 논쟁에는 중대하고 심각한 조합들로 백 가지는 뺄 것과 넣을 것이 있는 터이다. 그런데 이 두 당파의 사리와 논거들을 정확히 알았다고 자랑할 수 있는 자가 몇이나 될까? 이런 것도 수라면, 그런 수는 우리들을 괴롭힐거리는 아무것도 없었을 것이다. 그런데 저편의 다른 군중들은 모두 어디로 가는 것인가? 어느 깃발 아래로 따로 들어가려는 것인가? 그들의 의약은 효력이 약하고 잘못 복용된 다른 약들같이 되었다. 이 약으로 우리 몸에서 씻어 내려고 하는 병은 이 싸움으로 열을 내고 격화되어 급성으로 변해 그대로 우리 안에 남아 있다. 이 약은 효력이 약하기 때문에 우리의 속을 훑어 내지 못하고, 그러는 동안 우리가 그것을 비워 낼 힘이 없게 되도록 우리를 약화시켜 놓았다. 우리는 그 작용에서 고질적인 괴로운 속병을 얻었을 뿐이다.

아무튼 운은 항상 우리의 추리가 미치지 못하는 저 너머에 그 권위를 보유하고, 어느 때는 우리에게 너무나 긴박한 필요를 보여 주기 때문에, 법률들이 그 권위 앞에 어느 정도 자리를 양보해야 한다.

폭력으로 밀고 들어오는 혁신 세력의 증가에 대항할 때에는, 이 행동의 주도권을 쥐고 마음대로 자기 기도를 진행시키며, 자기 이익밖에 다른 법이나 질서를 좇을 줄 모르는 자들에 대항해서 모든 자리와 일에 규칙을 지키고 자제하고 있다는 것은 위험한 의무이며 형세가 불리한 일이다.

배신을 신용하기, 그것은 그에게 해하는 수단을 맡기는 것이다. (세네카)

건전한 상태에 있는 국가의 평범한 규율은 이런 비상사태에 대비하고 있지 않는 만큼, 이 규율은 그 본체가 주요 부분들과 그 역할들로 유지되고, 그 규율을 준수하고 복종한다는 일반의 동의가 있음을 예상한다. 합법적인 태도는 냉철하고 무게 있고 제약된 태도이기 때문에 방자하고 광분한 태도를 버티어 내기에는 적당치 못하다.

옥타비우스와 카토가 전자는 실라의 내란에서, 후자는 카이사르의 내란에서 법을 희생해서라도 국가를 구제하지 않고, 법률의 한 조항이라도 움직이는 데에 반대하여 자기 조국이 극단의 사태를 겪게 했기 때문에, 이 두 위대한 인물들에게도 책임이 올 것을 사람들은 안다. 실제로 도저히 버틸 도리가 없는 이러한 극단의 경우, 아무것도 풀어지지 않게 하려고 힘에 넘치게 덤벼들다가 폭력이 모든 것을 유린할 기회를 주기보다는 차라리 고개를 숙이며 조금 얻어맞는 편이 더 현명할지도 모른다. 그리고 어차피 법이 하고자 하는 것을 못 하고 있으니, 할 수 있는 대로 법에게 맡겨 두는 편이 나을 것이다.

법으로 스물네 시간 잠자고 있으라고 명령한 자[13]와 이번 한 번만은 달력의 날을 뒤흔든 자, 또 하나 6월을 둘째 5월[14]로 한 자는 그렇게 한 것이다. 라케다이모니아인까지도 그렇게 경건하게 자기 나라의 법을 지키는 자들이었다. 이들은 같은 인물을 두 번 제독으로 선출함을 금지하는 법의 제한을 받고, 그들의 모

---

13) 아게실라오스는 전쟁에 져서 패잔병이 너무 많아 법대로 처벌할 수 없게 되자, 스물네 시간 잠을 재우라고 명령했다고 함.
14) 알렉산드로스 때 선왕들의 관습으로 6월에는 전쟁을 할 수 없다고 하자, 그럼 둘째 5월로 부르라고 명령했다는 고사.

든 사정이 다음에도 리산데르가 이 직책을 맡아 보게 되었을 때, 그들은 아르쿠스라는 자를 제독으로 하고, 리산데르는 해군 총감독으로 했다. 그리고 이와 똑같은 솜씨로 대사 한 명이 아테네로 파견되어 어느 조약의 개정을 요구할 때, 페리클레스가 법문이 적혀 있는 표찰을 떼어 놓는 것은 금지되었다고 핑계를 대자, 그것을 뒤집어 놓는 것은 금지 사항이 아니니 좀 돌려놓으라고 했다. 그 때문에 플루타르크는 필로포에멘을 칭찬한다. 그는 권리능력을 시작한 권한으로 명령하게 되어 있어, 법에 따라서 명령할 줄 알았을 뿐 아니라, 공적인 필요성이 그것을 요구할 때에는 법 자체를 명령할 줄 알았다.

24
같은 결심에서 일어나는 여러 가지 다른 결과

프랑스 왕실 사제장 쟈크 아미오가 어느 날 우리나라의 어느 태공을 찬양하며 내게 들려 준 이야기이다(그는 외국인[15] 출신이지만 태공이 될 정당한 자격이 있었다). 우리나라 동란 초기 루앙의 성을 공격했을 때 이 태공은 왕의 모후인 대비께서 보내온 편지를 통해, 그의 생명을 노리는 음모가 있다는 것과 그 음모의 장본인은 앙쥬나 르 망의 귀족이며, 당시 이 목적으로 태공의 저택에 출입하고 있는 자라는 것을 알게 되었다. 하지만 태공은 이 사실을 아무에게도 알리지 않았다.

그 이튿날 우리 포병이 생트 카트린산에 진을 치고 루앙성에 포격을 가하며(마침 우리 군대가 그 도시를 포위하고 있었다), 위에 말한 사제장과 다른 주교 한 분을 데리고 진지를 거닐고 있을 때, 태공은 그 지적받은 귀족이 거기 있는 것을 발견하고, 그를 불러오게 했다. 태공은 그가 앞으로 나오며 양심의 가책을 받고 안색이 변하여 떨고 있는 것을 보고 말했다. "이보시오, 경은 내가 당신을 어떻게 생각하는지 알고 있소? 당신 얼굴에 빤히 보이오. 당신은 내게 아무것도 감출 것이 없소. 당신의 일은 내가 오래전부터 알고 있는 터이니 숨기려고 해봐야 당신에게 불리할 뿐이오. 당신은 이러저러한 일을 잘 알고 있소(그것은 이 음모 사건의 가장

---
15) 외국인이라고 한 것은, 공작 프랑수아 드 기즈가 로레에느 가에 속하며 당시 프랑스에 대해서는 외국인이었음을 말함.

비밀에 속하는 조항의 여러 내역이었다). 생명이 아깝거든 이 계획의 진실을 모두 자백하오." 이 가련한 자는 다 탄로 나서 꼼짝할 수 없음을 알자(왜냐하면 이 사건 전부를 공모자 가운데 하나가 대비께 고한 것이다), 그는 두 손을 합장하고 자비와 용서를 구하려 태공의 발 밑에 꿇어엎드리려고 했다. 그러나 태공은 그러지 못하게 막고는 말을 계속하며 "이보시오, 내가 당신에게 그 전에 무슨 언짢은 일이라도 했소? 내가 특별히 당신 편의 누구를 미워하여 모욕했소? 내가 당신을 안 지 3주일밖에 안 되는데 어째서 당신은 나를 죽이려고 했소?"라고 했다. 그러자 그 귀족은 떨리는 목소리로 대답하며, 그것은 결코 개인적인 혐의로 한 것이 아니라 자기 당파 전체의 이해 문제로 한 계획이며, 어떤 자가 자기를 설득해서 무슨 방법으로든지 자기들 종교의 대적인 태공을 제거하는 일은 신앙에 가장 보람찬 거사라고 했다는 것이었다. 태공은 이어 말했다. "그러면 내가 믿는 종교가 당신이 주장하는 종교보다 얼마나 더 온화한가를 보여 주겠소. 당신 종교는 당신에게 내 말을 들어 보지도 않고 당신을 모욕한 바도 없는 나를 죽이라고 권고했소. 그런데 나의 종교는 당신이 아무 이유 없이 나를 살해하려고 한 것을 확신하면서도 당신을 용서하라고 명령하오. 가시오. 물러나시오. 다시는 내 앞에 나오지 마시오. 그리고 당신이 철이 났다면, 이제부터는 무슨 계획을 할 때 그런 자들보다 더 선량한 사람들의 충고를 받도록 하시오."

아우구스투스 황제가 갈리아에 왔을 때, 그는 루키우스 킨나가 자신을 향한 음모를 꾀한다는 보고를 받았다. 그는 복수할 생각을 하고, 그 목적으로 다음날 친구들의 회의를 소집했다. 그러나 그날 밤은 양갓집의 청년인 폼페이우스의 조카되는 사람을 죽여야 한다는 생각으로 매우 큰 불안 속에 보냈다. 그리고 한탄하며 여러 가지 생각을 하며 혼잣말을 했다. "무슨 말이냐. 나는 공포와 경악 속에 잠겨 있고, 내 살인범은 태평하게 걸어다니게 둔다는 말이냐? 바다로 육지로, 여러 전쟁과 내란에서 죽지 않고 지켜 온 내 생명을 그자가 공격하고도, 말 없이 지낼 수 있단 말이냐? 세계 평화를 확립해 놓은 나를 살해할 뿐 아니라 희생으로 바치겠다고 음모를 하고도, 그놈이 죄를 받지 않는단 말이냐?" 음모에는 아우구스투스가 신에게 희생을 바치는 동안에, 킨나가 그를 죽이기로 되어 있었다.

그다음에 그는 잠시 동안 잠자코 있다가 더 억센 소리로 다시 자신을 책망하고 있었다. "하고많은 사람들에게는 내가 죽어야 하는 일이 중요하다면, 너는 왜 살려고 하나? 너의 복수와 잔인성에는 끝이 없을 것이냐? 네 생명에는 그 많은 손해를 사람들에게 끼쳐 가며 보존해 갈 값어치가 있느냐?" 그의 아내 리비아는 그가 이렇게 고통당하고 있는 것을 보고 "여자들의 조언도 거기 받아들일 수 있나요?" 하며 물었다. "의사들이 여느 때 쓰던 처방이 듣지 않을 때 하는 식으로 하세요. 그들은 반대 처방을 써 봅니다. 당신의 엄하고 모진 처사로는 이제까지 아무런 소득도 얻지 못했습니다. 살비디에누스 다음에 레피두스가 따르고, 레피두스 다음에 무레나가, 무레나가 다음에는 카에피오가, 카에피오 다음에는 에그나티우스가 나왔습니다. 온화하고 너그럽고 후한 처사를 쓰면 다음의 결과가 어찌 될 것인지 시험해 보세요. 킨나는 확증이 나왔습니다. 그를 용서하세요. 당신을 해칠 생각을 다시는 못 할 것입니다. 그리고 이것은 당신의 영광에 보탬이 될 것이에요."

아우구스투스는 자기 마음의 변호인을 발견하고 아주 마음이 흐뭇했다. 그는 아내를 내보내고 회의에 친구들을 소집한 것을 철회하고 나서, 킨나 혼자 자기 앞으로 오라고 명령했다. 그러고는 사람들을 모두 방에서 내보내고 킨나에게 자리를 내어 준 다음, 그에게 이런 태도로 말했다. "처음에는 단지 네게 잠자코 들어 달라고 요구하겠다. 킨나, 내 말을 끊지 마라. 다음에는 네가 충분히 대답할 시간과 여유를 주겠다. 너는 알지, 킨나. 나는 적의 진에서 너를 잡아왔으며, 너는 단순히 내 적이었을 뿐 아니라 출생할 때부터 내 적으로 태어난 너인데도 불구하고, 나는 너를 살려 주었고 너의 재산을 모두 돌려주었다. 그리고 결국 너를 편하고 안락하게 만들어 주었더니, 승리자들이 패자의 조건을 부러워하게까지 되었다. 제례의 직책을 네가 요구하기에 나는 항상 나와 같이 전투해 오던 전우들의 자제가 서로 달라고 청하는 것을 거절하고, 네게 이 직책을 맡겼다. 나는 이렇게 대단한 은혜를 입혔는데 너는 나를 죽이려고 하는구나."

이때 킨나가 소리 지르며 그런 나쁜 생각은 해 본 일이 없다고 주장했다. "너는 내게 약속한 바를 지키지 않는구나, 킨나." 아우구스투스는 이어 말했다. "너는 내 말을 끊지 않겠다고 약속했다. 그렇다. 너는 어느 곳에서 어느 날 누구누구와 이러저러한 방법으로 나를 죽이려고 계획했다."

그가 이런 말을 듣고 아연실색해, 잠자코 있겠다는 약속을 지키기 위해서가 아니라 양심에 압박을 받고 침묵하는 것을 보고, 아우구스투스는 계속해서 말했다. "왜 너는 그런 짓을 하지? 황제가 되고 싶은가? 네가 이 제국을 차지하지 못하게 막는 것이 나 혼자뿐이라면, 정말 나라를 위해 언짢은 일이다. 너는 네 가문도 지키지 못하고 최근에는 변변찮은 해방 노예의 압력 때문에 한 소송 사건에도 패소했다. 너는 카이사르가 될 계획밖에는 딴 수단도 능력도 없느냐? 네 희망을 막는 것이 나 혼자뿐이라면, 내가 황제를 내놓겠다. 너는 파울루스 가(家), 파비우스 가, 코세아 가 사람들이, 세르빌리아 가 사람들이 너를 용납할 줄로 생각하느냐? 그리고 많은 귀족들, 이름만 귀족일 뿐 아니라 그들의 용덕으로 가문에 영광을 세운 귀족들이?"

그는 다른 여러 사연들을 말한 다음에(그는 두 시간 이상을 그에게 말했었다) 말했다. "자, 가거라 킨나. 옛날에 내 원수였던 너를 살려 준 것처럼, 지금 배반자요 시역범(弑逆犯)인 너를 살려 준다. 오늘부터 우리 둘 사이에 우정이 시작되어야 한다. 우리 둘 중에 누가 더 나은 신의로, 나는 네게 생명을 주었고 너는 생명을 받았나를 시험해 보자."

이런 말로 그들은 헤어졌다. 얼마 뒤에 그는 왜 이런 요구도 감히 못했느냐고 책망하며, 킨나에게 집정관의 직책을 맡겼다. 그는 다음부터 그와 절친한 친구가 되었고, 그를 자기 전 재산의 단독 상속자로 삼았다. 이것은 아우구스투스가 40세 때의 일이었는데, 이 사건이 있은 다음에는 결코 그를 반대하는 음모나 계획이 없었고, 이로써 그의 관대한 처사는 정당한 보상을 받았다. 그러나 우리나라의 경우는 이와 똑같이 되지 않았다. 왜냐하면 드 기즈 태공의 온화한 처사[16]는 이러한 배반의 올가미에 걸리지 않게 몸을 보장해 주지 못했다. 인간의 예지란 너무나도 헛되고 가벼운 것이다.

우리의 계획이나 충고나 조심성과는 거꾸로, 사건의 결과는 언제나 운에 달려 있기 때문이다. 우리는 의사들이 치료한 결과가 좋으면, 그들의 운이 좋았다고 말한다. 마치 그들의 기술이 그 자체만으로는 유지될 수 없으며, 그 자체의 힘에

---

16) 프랑수아 드 기즈의 경우는 그가 적을 용서해 준 일이 있은 후, 1563년 2월 18일, 폴트로 드 메레에게 암살당했다.

의지하기에는 기초가 너무 약할 뿐이고, 이 기술은 그 시행에 운의 도움을 받을 필요가 있다는 식이다. 나는 의술에 관해서는 좋다거나 나쁘다거나 사람들 소원대로 믿어 준다.

왜냐하면 고마운 일로 우리 사이에는 아무런 교섭이 없기 때문이다. 나는 다른 사람들과는 반대이다. 언제나 의술을 경멸하기 때문이다. 내가 병들었을 때에는 그것과 화해해 볼 생각은커녕, 도리어 의술을 미워하고 두려워하기 시작한다. 그리고 나에게 약을 먹으라고 재촉하는 사람에게 적으나마 그들의 약을 써서 생길 위험을 무릅쓸 노력을 할 수 있도록 건강과 힘을 회복할 때까지 기다려 달라고 대답한다.

나는 자연에 맡겨 둔다. 그리고 자연은 몸의 구조가 부서지게 하는 일은 피하고 있으니, 이 구조를 유지하기 위해서 자기에게 닥쳐오는 공격을 방어할 이빨과 발톱을 지니고 있다고 생각한다. 나는 약이 신체를 구제하기는커녕, 그것이 질병과 아주 긴박하게 맞붙어 싸우고 있는 만큼 신체가 아니라 그의 적을 거들어 주며 신체에 새 일거리를 덮어씌우지나 않을까 두려워한다.

그런데 나는 의술뿐 아니라 더 확실성 있는 여러 기술도 운에 매이는 수가 많다고 생각한다. 시상이 떠올라 작가가 황홀한 무아경에 실려가며 시를 읊는 경우에는 왜 운을 탔다고 하지 못할까? 이러한 영감은 자기 능력과 힘에 넘치는 일이며, 그것은 자기 자신 밖에서 오는 힘인 것을 작가 자신도 인정한다. 웅변가들도 비상한 동작과 흥분에서 자기가 의도하던 것보다 넘치는 말을 할 때에 그것이 자기 능력이 한 일이라고 하지 않는다. 미술도 그와 같으며, 때로는 화가의 필법을 벗어나서 그의 구상과 지식을 초월하는 작품이 나오면 화가 자신도 감탄과 놀라움에 사로잡히게 된다. 그러나 운은 이런 모든 작품들에 그가 차지하고 있는 몫을 작가의 의도뿐 아니라 지식 없이 이루어지는 그 작품의 우아함과 아름다움 속에 더 명백하게 보여 준다. 능력 있는 독자는 흔히 다른 사람의 문장 속에 작가 자신이 그런 점을 알아보며 거기 넣은 것과는 다른 완벽성이 있는 것을 발견하고, 거기에 더 풍부한 의미와 양상을 찾아 준다. 군사적인 작전으로 말하면, 운이 거기에 얼마나 큰 몫을 차지하고 있는가는 각자가 보는 일이다.

우리의 충고와 고찰에도 그 속에 운과 요행이 섞여 있어야 할 일이다. 왜냐하면 우리의 예지가 할 수 있는 것은 대단하지 않으며, 예지는 예민하고 생동할수록 그 자체에 더욱 허약성을 발견하며, 그 자체를 경계하게 되기 때문이다.

나도 실라와 같이 생각한다. 전쟁의 가장 영광스러운 공적들을 가까이서 주의해 보면, 전쟁을 지휘하는 자들은 형식적으로만 숙려하고 궁리하는 것이며, 그 작전의 대부분은 운에 맡겨 두고 운이 도와줄 것을 믿으며, 형편 닥치는 대로 사색의 모든 한계를 넘어서 행동하는 것을 보는 듯하다.

그들이 해나가는 중에 우연히 마음이 유쾌해지며, 여느 때 없던 맹위가 솟아나서 언뜻 보기에는 아주 근거가 약한 행동을 취하는데, 그것이 사리로는 생각되지 않게 그들의 용기를 고취한다. 그래서 위대한 많은 장수들은 이러한 과감한 의견에 신뢰를 얻게 하려고, 부하들이 어떤 징조를 경험하는 것으로 앞 일이 내다보이는 영감을 받고 있는 것처럼 보이게 하는 일이 자주 있었다.

그러니 사건 하나의 잡다한 내용과 사정이 끌어오는 곤란한 문제에 무엇이 가장 유리한 일인가를 택할 능력이 없는 데서 오는 이 불확실성과 곤혹에 대해서, 다른 고찰로 인한 무슨 묘안으로 대책을 세워 볼 수 없을 때 가장 확실한 길은, 더 점잖고 공명정대한 방침을 잡아가는 일이다. 그리고 가장 빠른 길은 늘 의심스러운 길이니, 항상 올바른 길을 택해야 한다. 그것은 내가 방금 든 이 두 가지 예에서, 침해를 받은 자가 다른 수단을 쓰기보다는 용서해 준 편이 더 아름답고 너그러운 일이었다는 것은 의심할 여지가 없다. 용서해 준 편에게 일이 언짢게 되었다 해도, 그는 이 착한 의도를 가지고 한탄할 것은 없고, 그가 반대의 방향을 취했을 경우, 운이 좋아서 마땅히 당해야 할 일을 면할 수 있었다 해도, 그는 특기할 만한 선행의 영광을 얻지 못했을 것이다.

역사상 많은 사람들이 이런 공포에 사로잡혔다. 그래서 이런 사람들 대부분은 자기를 모함하여 꾸며진 음모에 정면으로 대들며, 원수를 갚거나 고통스러운 형벌을 주거나 한다. 그러나 이 방법이 유리했던 경우를 나는 거의 보지 못했다. 로마의 그 많은 황제들의 예를 보아도 그렇다. 음모를 당할 위험을 느끼는 자는 실력으로도, 경계 조치로도 안전을 기대하지 못한다. 왜냐하면 적이 나를 가장 잘 보살펴 주는 친구의 가면을 쓰고 올 때 적에 대해서 내 안전을 도모하는 것, 그리고 우리들을 보좌하는 자들의 의지와 마음을 알아보기란 얼마나 어려운가?

아무리 외국인을 호위병으로 고용하고, 무장한 사람들로 늘 담을 쌓고 있어도 소용없다.

자기 생명을 하찮게 여기는 자는 그 누구라도 언제나 남의 생명을 마음대로 처치할 것이다. 그리고 왕들이 줄곧 의심을 품고 세상 사람들을 모두 수상쩍다고 보게 되면, 그것이 그에게는 어찌해 볼 수 없는 고통스러운 형벌이 될 것이다.

그러나 디온은 칼리푸스가 그를 죽일 기회를 노리고 있다는 보고를 받고도, 결코 마음에 담아 두려고 하지 않았다. 그는 자기 적들뿐 아니라 친구에게서도 자기를 지켜야 하는 그런 비참한 꼴로 살기보다는 차라리 죽는 편이 낫다고 생각했다. 알렉산드로스는 이 마음씨를 더 생생하고 굳건하게 실제로 보여 주었다. 그는 자기가 가장 신임하는 의사 필리포스가 다리우스에게 매수되어 자기를 독살하려고 한다는 것을 파르메니온의 편지로 알고, 그 편지를 필리포스에게 내어 보이는 동시에 필리포스가 그에게 내어 주는 약을 들이마셨다. 이것은 만일 자기 친구들이 그를 죽이고 싶으면 죽여도 좋다는 동의의 결심을 보여 주는 것이 아닐까? 이제 왕은 모험스러운 행동으로 가장 존경받는 사람이다. 그러나 그의 평생에 이보다 더한 강직성과 이렇게 찬란한 미덕을 보여 준 일이 있는지 나는 알 수 없다.

왕공(王公)들에게 신변의 안전을 확보한다는 핑계로 사람을 믿지 말라고 아주 조심스레 설교하는 자들은 그들의 패망과 참기 힘든 모욕을 설교하고 있는 것이다. 고귀한 일 가운데 위험 없이 되는 일은 없다.

내가 아는 한 사람(앙리 드 나바르)은 전투적인 용맹함과 패기를 가지고도 그 주위의 인물들이 그에게 신변을 부하들로 꼭 둘러싸고, 옛날 적들과의 어떠한 화해도 들어주지 말고 늘 외따로 떨어져 있어서, 누가 어떠한 약속을 하고 어떠한 이익이 있음을 보여도 더 강한 세력과 인연을 맺지 말라고 하는 식으로 설복하며 그의 행운을 손상시키고 있다. 또 다른 사람[17]은 그와 정반대의 의견을 좇았기 때문에 뜻밖의 행운으로 출세했다. 사람들이 탐해서 영광을 찾는 방법으로 쓰는 과감성은, 필요한 때에는 갑옷 속에서뿐 아니라 예복을 입고서라도, 또

---

17) 앙리 드 기즈. 1550~1588. 신교도를 탄압하여 여러 번 무훈을 세워 왕권을 능가하는 세력을 가짐. 왕위 찬탈을 기도했으나 앙리 3세에게 유인되어 발루아성에서 살해당함.

전쟁터에서뿐만 아니라 사무실에서도 팔을 쳐들었거나 내렸거나 똑같이 훌륭하게 나타낼 수 있다. 지나치게 상냥하고 잘 살펴보는 예지는 고매한 사업에는 치명적인 적이다.

스키피오는 시팍스를 자기편으로 만들려고 군대를 남겨 두고, 새로 정복해서 치안이 아직 의심스러운 스페인을 떠나서 아프리카 땅으로 건너가던 때에, 단지 배 두 척을 가지고 적의 땅[18]이며 야만인 왕의 세력권이고 신의도 믿을 길 없는 곳에, 아무 보증도 없이 인질도 잡아 두지 않고, 다만 자신의 위대한 용기와 자기 행운과 높은 희망이 약속하는 바를 믿고 뛰어들었다. "우리가 보여 주는 신념은 신의를 불러온다."(티투스 리비우스)

대망을 품은 고명한 인물의 경우는 그와 반대로 수상쩍은 일이 생겨날 여유를 주지 말고 단호하게 탄압해야 한다. 의구심과 불신은 침해를 초대하여 불러들인다. 우리나라 왕들 중에도 사람을 믿지 않던 왕은 사무를 처리하는 데 있어 자기 생명과 자유를 적의 손에 맡겨 두다시피 하며, 신임을 얻기 위해서 그들을 전적으로 신임하는 태도를 보였다. 카이사르는 자기에게 반란을 일으키려고 무장한 군단 앞에 그의 얼굴의 권위와 자기 말투의 위풍만으로 대항했다. 그는 자기 역량과 행운에 철저한 자신을 갖고 있었기 때문에, 반란을 일으키고 모반하려는 군대에게 자기 운명을 맡기고도 두려워함이 없었다.

> 과감하고 강직한 용모로
> 그는 풀언덕 위에 우뚝 서 조금도 두려움이 없었기에
> 남의 두려워함을 받을 만했다. (티투스 리비우스)

그러나 이런 강력한 자부심은 결국은 있을지도 모르는 죽음, 또는 그보다 더 무서운 일이 있을지 모른다는 의구심에 아무런 공포도 일으키지 않는 사람만이 솔직하게 보여줄 수 있다. 왜냐하면 중요한 화해를 이루자는 마당에, 그것을 의심스럽고 불확실한 일로 생각하며 벌벌 떨고 있다가는 필요한 일도 이루지 못한

---

[18] 루이 11세가 그의 숙적인 부르고뉴 공작 샤를 르 테메레르와 적지 공플랑에 가서 회담하던 사적을 말함.

다. 남의 마음과 신용을 얻는 데는, 그것이 자유로이, 그리고 필요에 몰린 그 어떤 강제도 없이, 또 얼굴에는 적으나마 조심스러운 기색을 벗어던지고 순수하고 깨끗한 신임을 줄 수 있는 조건으로 한다면, 자기가 자진해서 몸을 굽히고 상대편을 믿어 주는 것이 가장 좋은 방법이다.

나는 어릴 적에 대도시의 사령관이던 귀족[19]이 광분한 군중의 난동에 몰려서 압도당하는 것을 보았다. 그는 소란의 불꽃을 무마해 보려고 자기가 있던 안전한 장소를 떠나서 이 요란한 군중들이 있는 데로 가기로 결심했다. 그런데 일이 잘못되어서 그는 거기서 무참하게 살해당한 것이다. 나는 사람들 대부분이 그가 안전한 장소에서 나간 것을 책망하고, 그가 유약과 굴복의 길을 취한 것이고, 지도함이 아니라 추종했고, 꾸짖는 것이 아니라 구걸해 가며 이 광분을 달래어 보려고 한 것이라고 추억하며 비난하는 것같이, 그가 성에서 나간 것이 잘못이라고는 생각하지 않는다. 그때 그가 우아하면서도 엄격하게 과단과 자신감으로 충만한 군사력을 지휘하며, 자기 지위와 직분의 위엄에 합당하게 처신했더라면 결과가 더 나았을 것이며, 적으나마 더 명예롭고 점잖게 일이 끝났으리라. 이런 괴물들에게서는 인간성이나 온화성만큼 기대할 수 없는 일은 없다. 도리어 존경심과 공포심을 일으키게 하여 다루는 편이 쉬울 것 같다. 나는 차라리 그가 과감하다기보다 도리어 용감한 결말을 내려, 이렇게 미쳐 날뛰는 인간들의 광풍노도로 뒤덮이는 바닷속에 허약하게도 평복을 입고 뛰어들었다는 것을 책하겠다.

그는 차라리 일 전부를 당해 내며, 자기의 품격을 버리지 말아야 할 일이었다. 그런데 그는 위험을 인식하고는 혼비백산해서 그가 기도하던 자기 지위를 떠나서, 아첨하는 용모를 놀라 떨어진 얼굴로 바꾸며 경악과 고민으로 목소리와 눈빛깔이 달라지게 되었다. 그리고 도망해 숨으려다가 오히려 군중들의 분노에 불을 지르고 그들의 광분을 자기에게 미치게 했던 것이다.

한번은 각종 무장 부대의 총열병식[20] 거행에 관한 문제가 논의되고 있었다(이

---

[19] 왕의 대관 드 모냉 경이 1548년 보르도 시에서 일어난 소금세 반대 민중 폭동에서 살해당한 사건.

[20] 몽테뉴가 보르도 시장으로 있을 때인 1585년에 시행한 열병식. 전임자 드 마티뇽 원수에게 샤트 오 트롬페트 사령관 직위를 박탈당한 가톨릭교도동맹파 바이야크의 선동으로 일어날 뻔했던 모반 사건을 말함.

것은 비밀의 복수를 수행하는 절호의 기회이고, 이보다 더 안전하게 일을 해치울 기회는 다시 없었다). 여기 이 부대들을 사열하는 데 주임무를 맡고 있던 어떤 인물에 관해서 극히 좋지 못한 기세로 공공연하게 나타나는 징조가 있었다. 그래서 대단히 중대한 사태가 벌어질 곤란한 사정에 처했을 때에 잘 나오듯, 여기 각가지 의견이 백출했다. 내 의견은 사람들이 이런 의심을 가졌다는 태도를 전혀 보이지 않고, 모두 대열 속에 섞여서 고개를 쳐들어 얼굴을 드러내놓고 있을 것이며, 격식은 아무것도 생략하지 말고(다른 사람들은 이 생략하자는 의견을 가장 많이 주장했었다), 그 반대로 부대장들에게 명령해서 참관인들을 위하여 병사들에게 화약을 아낄 것 없이 주어 유쾌하고 멋들어지게 일제 사격을 시켜 보자는 것이었다. 이것은 의심받던 군대에 대한 신임의 표시가 되었고, 그 후에는 상호 간에 유익한 신뢰감이 생겨났다.

  카이사르가 택한 방법은 사람이 취할 수 있는 가장 좋은 방법으로 보인다. 먼저 그는 관대하고도 온후한 마음으로 자기 적에게까지 사랑받으려고 했고, 그에 대한 음모가 발견되었을 때에도 그저 자기도 그 말을 들었다고 공표했다. 그러고 나서 그는 품위 높게 두려움도 근심도 없이 자기에게 일어날 일을 기다리기로 결심하며, 일신의 안전 보장은 제사로 모시는 신들과 운에 맡겨 두었다. 이것이 그가 살해당했을 때의 태도였다.

  한 외국인이 시라쿠사의 폭군 디오니시우스에게 돈만 많이 주면 그의 신하들이 그를 해치려고 꾸밀 음모를 확실하게 알아낼 방법을 가르쳐 주겠다고 공언하고 다녔다. 그러자 디오니시우스는 그 말을 듣고 자기 생명을 보존하는 데 필요한 그 대단한 기술을 알려 달라고 그를 불러오게 했다. 그러자 이 외국인은 별다른 방법은 없다고 하면서, 다만 자기가 그에게 한 재주를 가르쳐 주어서 이상한 비밀을 배웠다고 자랑하고 다니라는 것이었다. 디오니시우스는 이 방법을 좋다고 여기고는, 그에게 6백 에퀴의 상금을 주게 했다. 그가 대단히 필요한 일을 배운 것에 대한 상금이 아니면, 알지도 못하는 사람에게 그러한 거금을 줄 이유가 없었다. 그리하여 이 소문은 그의 적들에게 공포심을 품게 하는 데 사용되었다(그러므로 누가 그들을 해치려고 음모를 꾸미고 있다는 말을 들었을 때에는 자기가 이런 일을 모두 알고 있으며, 왕공들의 귀에 들어가지 않는 일은 꾸며 낼 수 없다고 생각하도록 이런 사실을 공표한 것은 현명한 일이다).

아테네 공작은 그가 최근에 플로렌스에서 펼친 폭군 정치에서 어리석은 일을 많이 했다. 특히 이 국민들이 음모를 꾸미고 있다는 첫 소식을 그들의 공모자인 마테오 드 모르조에게서 듣고도 이 소문을 없애고, 그의 도시 내에서 자기의 정당한 정권을 괴롭힐 자는 아무도 없다고 느끼게 하려고 이 밀고자를 살해한 것이 그 가운데 하나다.

나는 옛날에 어느 로마인의 이야기를 읽은 생각이 난다. 그는 권세 있는 인물이었으나, 삼두 정치의 학정을 피하며 재주껏 꾀를 써서 수없이 여러 번 그를 박해하는 자들의 손에서 벗어났다. 어떤 날은 그를 잡으러 오는 말 탄 사람의 무리가 그가 웅크려 숨어 있는 나무덤불을 지났기 때문에 자칫하면 발각될 뻔했다. 그러나 그는 이런 지경에서 사람들이 끊임없이 자기를 샅샅이 찾아다니는 것을 피하려고 그때까지 겪어온 고난과 이 인생에서 바랄 수 있는 흥미가 거의 없음과 언제까지나 이런 공포 속에 머무르기보다는 차라리 마지막 선을 넘는 편이 얼마나 나은가를 생각했다. 그리고 스스로 그들에게 숨은 자리를 알려주고, 자진하여서 그들의 잔인성에 몸을 맡기며, 그들과 자기의 오랜 고생을 제거해 버렸다. 적의 손을 청한다는 것은 좀 유쾌한 생각이다. 그런 만큼 나는 면할 수 없는 팔자를 늘 열에 들떠 근심하고 있기보다는 차라리 이런 방도를 취하는 편이 훨씬 낫다고 생각한다. 그러나 거기에 대비할 조심성이 불확실하고 불안스러울 뿐이라면, 오히려 단호한 결심으로 일어날 수 있는 모든 일에 마음을 준비해서 사람에게는 무슨 일이 일어날지 모른다는 생각으로 위안을 삼는 편이 나을 것이다.

25
학식이 있음을 자랑함에 대하여

나는 어릴 적에 이탈리아 희극에서 선생님들이 언제나 엉터리로 취급되어 선생이라는 별명이 우리들 사이에 조금도 영광스러운 의미를 갖지 않음을 알고 부아가 났었다. 그들의 지도와 보호를 받고 있는 터에 내가 어찌 그들의 평판에 관해서 고심하지 않을 수 있단 말인가? 나는 여느 속인들과 드물게 탁월한 직책과 지식을 가진 인물들 사이에 있는 본연의 불균형을 들어서, 선생님들을 변명해 보려고 했다. 그러나 가장 활달한 인사들이 그들을 가장 경멸하는 자들이고 보니, 나는 결국 무엇이 무엇인지 알 수가 없어졌다. 그 증거로 성품이 좋은 우리의 뒤 벨레도 이렇게 말한다.

나는 특히 현학적 지식을 미워한다.

이 버릇은 옛날부터 있는 것이다. 플루타르크의 말에, 그리스 말과 문자란 말은 로마인들에게는 비난과 경멸을 의미하던 것이었다고 한다.

그 뒤에 나이가 들어가면서 나는 여기 당연한 이유가 있고, '가장 위대한 학자는 가장 위대한 현자가 아님'(라블레)을 알았다. 그러나 그렇게도 많은 사물들에 풍부한 지식을 가진 인물이 어째서 그것으로 더 생기 있고 사리에 밝아지는 것이 아니며, 또 천하고 상스럽고 비속한 인간이 세상이 가져 볼 수 있었던 가장 탁월한 사상과 판단력을 지니고 있으면서도 그 자격이 개선되지 않는 일이 있을 수 있는가 나는 아직도 의문을 품고 있다.

그것은 다른 사람들의 강력하고 위대한 지식들을 너무 많이 받아들이다가(우리 공주님들 중의 으뜸가는 한 소녀가 어느 인물을 두고 내게 이야기한 말이지만), 남의 지식에 밀려서 자기 판단력은 짓눌리고 억압되어 오그라져 버리는 것이다.

나는 식물이 습기가 너무 많으면 질식하고 등에 기름이 너무 가득하면 불이 꺼진다는 식으로 말하고 싶다. 그와 같이 정신 작용은 공부와 지식과 재료가 너무 과하면, 아는 일이 잡다하게 많아서 거기에만 사로잡혀 당혹해 버리고 사리를 풀어 볼 방법을 잃으며, 이 무게 때문에 학자는 허리가 굽어지고 곱사가 되는 것이라고 본다.

그러나 일은 그렇지도 않다. 왜냐하면 우리 심령은 속이 찰수록 더 커진다. 그리고 옛날의 사례들에서 보면, 그와는 반대로 일을 처리하는 데 능숙한 인물들과 위대한 장수들과 국사의 위대한 고문관들은 모두 학식이 풍부했다. 그리고 모든 공직을 멀리 하는 철학자들로 말하면, 그들 역시 어떤 때는 그 시대의 방자한 기풍의 노리개로 경멸당했고, 그들의 사상과 태도가 그들을 우습게 만들었다.

그들에게 한번 어느 소송 사건의 권리 문제나 인간의 행동에 관해서 심판을 시켜 볼까? 그들은 "기다리고 있었소!" 하고 시작한다. 그런데 그들은 아직도 생명이라는 것이 있는지, 운동이라는 것이 있는지, 인간이 황소와는 다른 사물인지, 작용함과 작용당함은 무엇이고, 법률과 정의, 재판 제도는 어떻게 생긴 짐승인가를 논하고 있다. 행정관에 관해서 말하거나 행정관에게 말하는 태도는 어떠한가? 거기에는 공손치 못하고 무례한 자유가 넘쳐난다. 누가 자기들의 왕공이나 왕을 칭찬하는 소리를 듣는다면? 그것은 그들에게는 양치기이다. 양치기같이 한가로우며, 양들의 젖을 짜내고 털을 깎는 데 골몰하며, 양치기보다 훨씬 더 혹독하게 거짓으로 돈을 빼앗는 인간이다. 누가 땅을 2아르팡 가졌다고 그대가 그를 더 큰 인물로 본다면? 그들은 비웃는다. 그들은 세상 전체를 자기 차지라고 보는 버릇이 있다.

그대가 조상들 중에 부자가 일곱이나 있어 문벌이 훌륭하다고 자랑하면, 그들은 그대가 대자연의 보편적인 모습을 생각해 보지 못하고 우리 각자가 조상들 중의 부자들, 가난뱅이들, 왕들, 하인들, 그리스 사람들, 야만인들 등 얼마나 많은 조상들을 가졌던가는 염두에 두지 않는다고 우리를 변변찮게 본다. 그리고 그대가 헤라클레스의 50대손이라고 해도, 그대가 이 행운의 선물을 밑천으로 삼는 것을 그들은 헛된 일로 본다.

그래서 속인들은 이런 초보적이고 공통적인 사물도 모르며 건방지고 거만하다고 그들을 경멸한다. 그러나 플라톤에 나오는 학자의 묘사는 우리네 학자들의 묘사와는 거리가 멀다. 그런 철학자들은 보통의 방식보다는 위에 처하고, 공적 행동을 경멸하며, 평범함을 초월한 고매한 사상으로 조절되며, 남이 본뜰 수 없는 특수한 생활의 훈련을 받는 것이라고 사람들이 선망했다. 이런 자들은 보통의 방식 이하로 놀며, 공공의 사무를 맡길 수 없고, 속된 무리의 뒤를 따라 그 비굴하고 천한 생활과 행동 습관을 답습하고 있다고 사람들은 경멸한다.

말로만 철학자요, 행동이 비굴한 자를 나는 미워한다.　　　　(파쿠비우스)

내 말이지만 저쪽 철학자들로 말하면, 학문에 위대했던 만큼 모든 행동에 더 위대했다. 사람들이 말하는 저 시라쿠사의 기하학자(아르키메데스, 기원전 287~212)가 바로 그렇다. 아르키메데스는 자기 나라를 방어하기 위해서 잠시 학문 연구를 제쳐 두고 그 일부를 실천에 옮겼다. 그래서 금세 사람들이 상상해 볼 수도 없는 무서운 기계를 발명해서 가동시켰다. 그러나 그 자신은 자기가 만들어 낸 이런 것을 모두 경멸하며, 이것 때문에 자기 학술의 존엄을 타락시켰다고 생각했다. 그는 이 기계를 자기 학문의 실습이며 장난감으로밖에 보지 않았던 것이다. 그 때문에 이런 작자들은 어느 때 사람들이 그 학문을 실제 행동으로 시행해 보면, 그들은 마치 날개가 돋쳐 높이 하늘을 날 듯 사물들의 지식으로 그들의 마음과 심령이 경탄할 만큼 커지고 풍부해진 것을 보여 주었던 것이다.

그러나 어떤 자들은 국정의 직위를 무능한 인간들이 차지하고 있는 것을 보고, 그런 일에서 물러 나갔다. 누가 소크라테스에게 언제까지 철학을 하겠느냐고 묻자, '마부 따위가 우리 군대를 지휘하지 않게 될 때까지'라는 것이 그의 대답이었다. 헤라클레이토스는 왕위를 자기 동생에게 물려 주었다. 그리고 그가 왜 사원 앞에서 어린애들과 놀며 시간을 보내느냐고 에페소스인들이 책망하자, 그는 "당신들과 함께 정치하는 것보다 이런 짓을 하는 것이 더 낫지 않느냐"고 대답했다. 다른 자들은 현세의 영달 따위를 초월한 곳에 사상을 두며, 재판관의 직위나 왕위까지도 천하고 비굴한 것으로 보고 있다. 그리고 엠페도클레스는 아그리겐툼인들이 그에게 제공하는 왕위를 거절했다. 탈레스가 가끔 사람들이 세간살이와 집안 살림살이를 다스리는 것을 가지고 속썩이는 것을 비판하자, 사람들은 그에게 자기가 하지 못하기 때문에 여우처럼 입을 놀리는 것이라고 책망했다. 그는 심심풀이로 실험해 볼 생각으로 그의 학문을 굽혀서 돈을 벌고 재산을 만드는 데 이용하기로 하고, 무역을 시작해서 1년 동안에 가장 경험 많은 사람이 한평생 벌어도 못 벌 만큼의 재산을 만들어 놓았다.

아리스토텔레스가 말한 일이지만, 어떤 자들이 탈레스나 아낙사고라스와 그의 동류들이 더 유익한 일에 마음을 쓰지 않았다고 그들을 현명하고 신중하지 못한 자들이라고 부른 것에 대해, 나는 이 말의 차이를 알지 못할뿐더러 내가 말한 자들을 위한 변명도 되지 않는다. 그들이 천하고 곤궁한 생활에 만족하고 있는 꼴을 보면, 우리는 차라리 두 가지 상황에서 모두 그들이 현명한 자들이 아니라고 말해야 할 일이다.

　나는 이 첫째 논리는 버려 두고 이러한 결함은 그들이 학문을 잘못 다루는 데서 온다고 하는 것이 더 좋다고 생각한다. 그리고 우리가 공부해 온 방식으로는, 학생들이나 선생들이 아무리 그것으로 더 박학해진다 하여도 더 숙련되지 않는 것은 놀랄 일이 아니다. 우리 부친들이 하는 근심과 노력은 우리 머리를 학문으로 채우는 것밖에 안 된다. 판단력과 도덕에 관해서는 관심이 적다. 우리 고장을 지나가는 사람에게 "오, 학자님!" 하고 소리쳐 보라. 또 다른 자에게 "오, 착하신 분!" 하여 보라. 첫 번째 사람에게 존경으로 고개가 돌아가지는 않을 것이다. 세 번째 사람이 나와서 "오, 말뚝 대가리들!" 하고 소리쳐야 할 일이다. 우리들은 곧잘 "저자가 그리스어를 아나? 라틴어를 아나? 시를 쓰나? 산문을 쓰나?" 하며 물어본다. 그러나 그 사람이 더 나아졌는지 총명해졌는지 하는 것이 중요한 문제인데, 이것은 뒤로 돌린다. 여기서는 더 많이 아느냐 하는 것보다 더 잘 아느냐 하고 물어보아야 할 일이다.

　우리는 기억력을 채울 생각만 하고, 이해력과 양심은 빈 채로 둔다. 마치 새들이 모이를 찾으러 나가서 그 모이를 새끼에게 먹이려고 맛보지 않고 입에 물어 오는 것과 똑같이, 우리 학자님들은 여러 책에서 학문을 쪼아다가 입술 끝에만 얹어 주고, 뱉어서 바람에 날려 보내는 짓밖에는 하지 않는다.

　이 어리석은 수작이 얼마나 내 경우에 들어맞는지 참으로 놀라운 일이다. 내가 여기 글을 쓰는 것도 똑같은 수작이 아닐까? 나는 이 책 저 책, 내 마음에 드는 문장을 도둑질해 다니며, 그것을 담아 둘 곳도 없어서, 내게 저장해 두지 못하고 여기다 옮겨놓는 것이다. 사실 이 문장들은 전에 있던 자리에서나 마찬가지로 여기에서도 내 것이 아니다. 우리는 현재의 지식으로만 배우는 것이고, 과거의 것은 미래의 것과 똑같이 지식이 되지 않는다고 생각한다.

　그런데 더욱 언짢은 일은 그들에게 배우는 학생이나 어린것들은 그것을 소화해서 살로 만드는 것도 아니다. 학문이 오로지 자랑거리로 남에게 보여 주고 말해 보고 이야기해 주는 목적밖에 없어, 마치 계산해 보고는 내던지는 것밖에 다른 데는 아무 쓸모가 없는 모형 화폐처럼, 이 손에서 저 손으로 넘어가기만 한다. "그들은 자신에게 말하는 것이 아니라 타인들에게 하는 화법을 배웠다."(키케

로)—"말하는 것이 문제가 아니라 키(舵)를 조정하는 것이 문제이다."(세네카)

대자연은 그가 조종하는 것에 상스러운 일은 없다는 것을 보이기 위해서, 기술 교육을 덜 받은 국민에게서 가장 예술적인 산물에 못지않은 정신적 산물이 나오게 한다. 피리 노래에 나오는 가스코뉴 격언에 '불어라, 많이 불어라. 그러나 우리 손가락을 잘 맞춰 움직여야지' 하는 목동이 부는 피리 소리는 내 문제에 얼마나 멋지게 들어맞는가.

우리는 '키케로는 이렇게 말했다. 이것이 플라톤의 도덕이다. 이것이 바로 아리스토텔레스의 말이다'라는 식으로 말할 줄 안다. 그러나 우리 자신으로는 뭐라고 말하나? 우리는 어떻게 판단하는가? 우리는 무엇을 하는 것인가? 앵무새도 이만큼은 할 것이다.

이런 방식[21]은 저 부유한 로마인이 하던 수작을 생각나게 한다. 그는 많은 비용을 들여 애써 모든 학문에 능한 사람들을 찾아가서, 늘 자기 옆에 데리고 다니며 친구들과 이러저러한 일들을 이야기하게 될 때 '이 사람은 이런 말, 저 사람은 호메로스의 시구 한 구절을' 하는 식으로 각자가 자기 전문에 따라 제공해 주게 하며, 이런 지식은 자기 부하들의 머리 속에 있으니 자기의 것이라고 생각하고 있었다. 마치 자기능력을 자기 집에 있는 풍부한 도서실에 담아 둔 자들이 하는 수작이다.

"당신이 아는 것이 무엇이오?" 하고 물어보면, 책을 달라고 해서 찾아보고 가르쳐 주며, 궁둥이에 옴이 나도 사전을 찾아보지 않으면 옴이 무엇인지, 궁둥이가 무엇인지도 모르는 자를 알고 있다.

우리는 다른 사람들의 의견과 지식을 받아 담는다. 그것뿐이다. 지식은 내 것으로 만들어야 한다. 우리는 불이 필요해서 이웃집에 불을 얻으러 가서는, 거기서 따뜻하게 피어오르는 불을 보고 멈춰서 쬐다가 얻어 온다는 것을 잊어버리는 자와 같다. 배 속에 음식을 잔뜩 채워 보았자, 그것이 소화가 안 되고 우리 안에서 변화하지 않으면, 또 우리들을 더 키워 주고 힘을 주지 않으면, 무슨 소용이 있는가? 학식이 많아서 경험이 없이도 그렇게 위대한 장수가 되었던 루쿨루스는

---

21) 이 이야기는 세네카에 나오는 칼비시우스 사비누스라는 자가 한 것이다.

우리의 방식으로 지식을 섭취했다고 생각하는가?
 우리는 너무 심하게 남의 팔에 매달려 다니다가 결국 우리 자신의 힘마저 없애고 만다. 내가 죽음의 공포에 대비할 생각을 가지면? 나는 겨우 세네카의 사상에서 꺼내올 뿐이다. 내가 자신이나 또는 남을 위해서 위안의 말을 찾아보고 싶으면? 나는 그 말을 키케로에게서 빌려온다. 사람들이 나를 그 지식으로 단련시켜 주었던들, 나는 그것을 자신에게서 찾아 가졌을 것이다. 나는 남에게 의지해서 구걸해 온 능력은 달갑지 않게 여긴다. 남의 지식으로 학자가 되어도 적으나마 자신의 예지가 아니면 우리는 현명해지지 못한다.

 나는 자신을 위해 현명하지 못한 지식인을 증오한다. (에우리피데스)

 그리하여 엔니우스도, 학문이 자기를 이롭게 하지 못하면
 현자의 지식도 허망하다고 말한다. (키케로)

 만일 에우가네아의 어린 양보다 더 빈약하고
 허영되고 비속하다면. (유베날리스)

 지식의 준비만으로 족하지 않다.
 그것을 이용할 줄 알아야 한다. (키케로)

 디오니시우스는 오디세우스의 불행은 알아보려고 애를 써도 자기의 불행은 모르고 있는 문법학자와, 피리의 음조는 잘 맞추어도 자기 행실은 맞출 줄 모르는 음악가, 또 옳은 일을 말하는 법을 배워도 행할 줄 모르는 웅변가를 경멸했다.
 우리 마음이 잘 움직여 주지 않는다면, 우리가 더 건전한 판단을 갖지 못한다면, 나는 차라리 내 학생이 공이나 가지고 나가 시간 보내는 것을 더 좋아할 것이다. 적어도 그 아이의 신체는 더 쾌활해질 것이다. 15, 6년 동안 공부하고 돌아오는 꼴을 좀 보라. 어떤 일에 부딪쳤을 때에 이보다 쓸모없는 인물이란 없다. 거기

에서 소득이라고 볼 수 있는 것은, 단지 그가 그리스어와 라틴어를 안다고 집에서 떠날 때보다 더 잘난 체하고 거만해진 것밖에 없다. 그는 마음속을 채워 돌아와야 했을 터인데, 마음속에 바람만 가득 채워서 돌아온다. 키워 온 것이 아니라 부풀어졌을 뿐이다.

이런 따위의 선생들은 플라톤이 그들의 사촌뻘인 궤변가들에 대해 말하듯, 모든 사람들 중에 인간에게 가장 쓸모 있기를 약속하는 자들이다. 그런데 사람들 중에 그들만이 목수나 석수장이와 같이 자신에게 맡긴 일을 잘 들어주지 않을 뿐더러, 일은 더 나쁘게 해 놓고 그 값을 받아 가는 자들이다.

프로타고라스가 자기 제자들에게 제안한 바 "내가 말한 대로 수업료를 내든지, 사원에 가서 내 교육에서 얻은 소득이 얼마나 된다는 것을 맹세하고, 거기에 따라 나의 수고에 보답하라"고 한 규칙이 준수된다면, 선생들은 이렇게 맹세하고 실험하는 결과에 의지하다가는 낙담할 것이다.

우리 페리고르 지방의 상말로는 이런 학자들을 '글벼락 맞은 자'라고 아주 재미나게 부른다. 마치 '글에 얻어맞은 자'라는 식으로, 문자가 그들에게 망치로 일격을 가했다는 말투이다. 참으로 그들은 대부분의 시간을 상식 이하의 생각에 잠겨 있기가 일쑤다. 농민이나 구두 수선공은 단순하고 순박하게 살아가며, 자기가 아는 대로 말한다. 그런데 이 배운 자들은 공통의 껍데기에 떠도는 지식으로 무장하고 잘난 체하느라고 줄창 말이 막히며, 제 말에 얽힌다. 그들은 멋진 말도 더러 내놓지만, 그것을 주워서 쓰는 것은 다른 사람들이다. 그들은 갈레노스[22]를 잘 안다. 그러나 병자의 일은 전혀 모른다. 그들은 법률의 말투로 사람의 머리를 채워 주었지만, 소송 사건은 아직 요점도 찾지 못한다. 그들은 모든 사물에 대한 이론은 알고 있지만, 그 가운데 그것을 활용할 줄 아는 자가 있는가 찾아보라. 나는 집에서, 내 친구 하나가 이런 자와 상대하며 심심풀이로 이 식자가 여기저기서 따온 말귀를 둘러맞춰 요점도 없는 말을 얼버무리고, 사투리를 흉내 내며 싸움을 걸어 온 종일 흥겨워하며 이 바보를 재미나게 놀려 대자, 이자가 그것을 자기를 반대하는 논법에 대답하는 줄 생각하고, 대꾸랍시고 진땀만 흘리는 꼴을

---

[22] 고대 로마 시대의 유명한 의사이자 해부학자. 129~199.

보았다. 훌륭한 학자복을 입은 평판 좋은 학자라는 꼴이 이러했다.

오, 가문의 혈족들이여! 그대들 뒤통수에는 눈이 없으니
등 뒤에서 조소하지 않을까 조심하라.   (페르시우스)

세상에 널리 퍼져 있는 이런 종류의 인간들을 옆에서 자세히 관찰해 본 사람은, 천성이 처음부터 그들을 달리 만든 것이 아니면 대부분의 경우 그들은 자기도 이해하지 못하고 기억하는 것만을 충실하지만 판단력도 결여된 채 되지 않는 말을 하고 있다는 것을 알아볼 것이다. 이런 사람에는 또 다른 예가 있다. 내가 본 아드리아누스 투르네부스(또는 튀르네브, 1512~1565. 프랑스의 헬레니스트. 많은 그리스 고전을 번역했다)는 글밖에 배운 것이 없고, 그 점에서는 천 년 이래로 가장 위대한 인간으로 보인다. 그렇지만 그의 옷차림과 어떤 외면적 태도에는 학자 티가 전혀 없었다. 외면적인 태도는 궁신(宮臣)들식으로 깨인 멋은 없었으나, 그런 것은 아무것도 아니다. 그리고 나는 마음이 비뚤어진 사람은 무관하게 대하면서 남의 옷차림이 다른 것은 참아내지 못하고, 절하는 법이나 몸치장, 구두 따위를 보고 인물이 어떻다고 평가하는 자들을 싫어한다. 왜냐하면 마음을 보면 이 학자는 세상에서 가장 세련된 인간이었기 때문이다. 때때로 내가 그가 습관적으로 하는 일과 관계가 없는 일을 화제로 삼아 말해 보니, 그는 이것을 빨리 이해하고 아주 건전하게 판단하며, 전쟁이나 국무 같은 것 외에 다른 일은 하지 않는 사람처럼 사리를 분명하게 보고 있었다. 이런 인물은 천성이 훌륭하고 강하다.

프로메테우스(그리스 신화에 나오는 신, 흙으로 사람을 만들어 냈다고 한다)는 그를 위해 더 좋은 점토를 써서
그의 우아한 기술로 오장(五臟)을 만들어 준다.   (유베날리스)

그런 사람은 나쁜 교육을 받아도 자기를 잘 지켜 나간다. 그런데 교육은 우리들을 타락시키지 않는 것만으로 족하지 않다. 교육은 우리들을 더 낫게 변화시켜 주어야 한다.

우리 재판정의 어떤 분들은 관리들을 채용할 때 단지 그들의 학문만을 심사한다. 다른 분들은 그 지각을 실시하며, 어떤 사항에 관한 판단을 맡겨 본다. 이런 분들은 훨씬 더 나은 방법을 쓰는 것으로 보인다. 이 두 방법은 대단히 필요하며, 두 가지가 다 병행되어야 할 것이지만, 사실 학문의 방법은 판단력의 방법보다 못하게 평가된다. 판단력이 있으면 학문은 없어도 된다. 그러나 학문은 판단력 없이는 안 된다. 왜냐하면

마음이 들어 있지 않은 지식은 아무것도 아니다. (스토바에우스)

라는 그리스 시구가 말하듯, 이해력이 없을 때 학문이 소용 있을까? 원컨대 우리나라 재판 제도의 확립을 위해서 이런 기구의 인원들은 학문과 아울러 양식을 갖추었으면 얼마나 좋을까! "인생을 위함이 아니라 학교를 위해서 교육한다."(세네카) 그런데 학문은 마음에 매어 주어서는 안 된다. 거기에 합체시켜야 한다. 퍼부어서는 안 된다. 학문으로 마음을 물들여 주어야 한다. 그리고 마음이 변해서 그 불완전한 상태를 좋게 만들어 주는 게 아니면 확실히 그만두는 편이 훨씬 낫다. 학문은 마음이 약하고 그것을 사용할 줄 모르는 자의 손에 들어가면 '배우지 않은 편이 나은'(세네카) 위험한 무기로, 오히려 그 주인에게 훼방이 되며 손해를 끼친다.

아마도 우리와 교회가 다 같이 여자들에게 많은 학문을 요구하지 않는 것은, 거기에 원인이 있을 것이다. 장 5세의 아들인 드 부르타뉴 공작 프랑수아는 스코틀랜드 왕의 공주 이사보와 혼인 말이 나왔을 때, 그녀가 아무것도 배운 것 없이 단순하게 성장했다는 말을 듣고 이렇게 대답했다. "그편이 더 좋다. 여자란 남편의 셔츠와 윗도리를 분간할 줄 알면 된다."

그런 만큼 우리 조상들이 학문을 그렇게 중시하지 않고, 오늘에 와서도 학문은 왕들의 중요한 자문에는 겨우 어쩌다 오르는 정도며, 그리고 오늘날 오로지 치부하는 수단으로 나오는 법학·의술·교육, 그리고 신학까지도 신뢰를 유지하지 못하고 있다. 그대에게 이전이나 마찬가지로 변변찮게 보인다고 해도, 그것은 사람들이 떠들어 대는 것처럼 해괴한 일이 아니다. 이런 학문이 우리들에게 잘

사색하고 행동하는 법을 가르쳐 주지 못하다니, 참 딱한 일이다. "학식 있는 자들이 나온 이래로 선인들을 볼 수 없게 되었다."(세네카)

선(善)에 대한 지식이 없는 사람에게 다른 모든 지식은 유해하다. 내가 아까 찾아보던 이유가 아마도 여기 있지 않은가 싶다. 즉, 프랑스에서는 잇속을 찾는 직분보다 천성으로 너그러운 직분에 맞게 태어난 사람들이 서적을 탐독하거나 공부한 기간이 너무 짧은 상태에서(아직 그 취미를 얻기 전에 서적과는 전혀 관계 없는 직업에 매여서) 물러난 사람들을 제하고는, 이 공부라는 것은 이득을 보자는 것밖에 다른 목적이 없다. 대개는 공부에 전심하기에는 재산이 넉넉지 못하기 때문에 공부하는 것으로 생계를 도모하려는 사람들밖에 남아 있지 않기 때문이다.

그리고 이런 사람들의 마음은 그 천성과 가정 교육과 본보기의 성분이 좋지 못한 까닭에, 학문의 효과를 잘못 적용한다. 왜냐하면 이 학문은 빛이 없는 마음에 빛을 주는 것이 아니고, 볼 줄 모르는 장님에게 볼 힘을 주는 것이 아니기 때문이다. 그 직분은 그에게 시각을 공증하는 것이 아니라 시력을 단련하는 것이고, 그가 꼿꼿하고 능력 있는 팔다리를 가진 자라면, 그의 자세를 조절해 주는 것이다.

학문은 좋은 약이다. 그러나 어떠한 약도 그것을 담는 병이 나쁜 경우에는 변하고 썩지 않게 보존될 만큼 강력한 것은 없다. 사람은 눈은 잘 보이지만 똑바로 보지 못한다. 따라서 선을 보고도 좇지 않으며, 학문을 보고도 사용할 줄 모른다. 플라톤이 그의 《국가론》에서 가르치는 주요한 교훈은 시민들에게 그들의 천성에 따라 직책을 주는 점에 있다. 대자연은 모든 일을 할 수 있고, 모든 일을 한다. 절름발이는 신체 훈련에는 적합지 않다. 절름발이가 된 마음은 정신의 훈련에 적합하지 않다. 비굴하고 속된 마음은 철학할 자격이 없다. 나쁜 구두를 신고 있는 사람이 구두 수선공이라도 우리는 놀라지 않는다. 마찬가지로 경험은 우리에게 의사로서 의사답지 못하고, 신학자로서 마음이 곧지 못하고, 학자로서 어느 누구보다도 능력이 없는 자들을 보여 주는 것 같다.

키오스의 아리스톤이 옛날에 철학자들이 청중에게 해를 끼친다고 말한 것은 옳은 생각이다. 왜냐하면 학문은 좋게 쓰이지 않으면 나쁘게 쓰이는데, 사람들의 마음은 대부분 이러한 학문에서 이득을 얻기에 적당치 못하기 때문이다. "아리스티포스(탐욕주의자)의 학교에서는 방탕아가 나오고 제논(금욕주의자)의 학교에서는 야만인이 나왔다고 한다."(키케로)

크세노폰이 페르시아인들의 제도라고 말하는 저 훌륭한 교육 방법에서는, 다른 나라에서 글을 가르치듯 어린이들에게 도덕을 가르치고 있는 것을 본다.

플라톤은 왕위 계승을 할 왕자는 다음과 같이 교육받는다고 했다. 아이를 낳으면 여자에게 맡기지 않고 왕이 데리고 있는 가장 도덕심이 있는 내시들에게 맡긴다. 이들은 그의 신체를 아름답고 건전하게 가꾸며, 일곱 살이 지나면 말타기와 사냥을 가르친다. 열네 살이 지나는 해에 그들은 이 아이를 그 나라에서 가장 박학한 자, 가장 정의로운 자, 가장 절도 있는 자, 가장 용감한 자 네 사람에게 넘겨준다. 첫 번 사람은 그에게 종교를 가르치고, 둘째 번 사람은 그를 항상 진실하게, 셋째 번 사람은 탐욕을 억제할 수 있게, 넷째 번 사람은 아무것도 두려워함이 없도록 그를 가르친다.

리쿠르고스의 탁월한 정치에서 보면, 참으로 완벽함이 기적과 같아서 어린아이들의 교육을 국가의 주요한 책임으로 삼으며, 시신(詩神)들의 신전에서 교육이 실시되고, 학문이라는 것이 언급되지 않는 것은 극히 주목할 가치가 있다. 이 용감하고 너그러운 청소년들은 도덕 이외의 다른 제약을 경멸하기 때문에, 그들에게는 우리들처럼 지식을 가르치는 선생 대신에 다만 용기와 예지와 정의감을 가르치는 선생을 제공해야 된다는 식이다. 플라톤의 법은 여기서 본받은 것이다. 그들의 교육 방법은 인간들과 그들의 행동에 관해서 판단하라는 질문을 주며, 그들이 어떤 인물이나 행동을 비난하거나 칭찬하려면, 그 이유를 말해야 했다. 그리고 동시에 이 방법으로 이해력을 단련하고 바른 길을 배우는 것이었다.

크세노폰의 작품에서 아스티아게스가 키루스에게 그의 마지막 학과에 관해서 말하라고 했을 때, 키루스는 이렇게 이야기한다.

"우리 학교에서 키가 큰 아이는 바지가 작아서 그것을 동무 중 키 작은 아이에게 주고 그 아이가 입었던 더 큰 것을 빼앗았습니다. 우리 선생님은 내게 이 싸움을 판결하라고 하기에 나는 그대로 두는 것이 좋고, 양쪽이 다 이렇게 하는 편이 맞아 보인다고 판결했더니, 그는 내가 잘못 생각했다고 꾸짖었습니다. 왜냐하면 나는 잘 맞는다는 것을 고려하기에 그쳤다는 것이었습니다. 나는 먼저 정의를 좇아야 했으며, 정의는 자기 소유물에 관해서 아무것도 남의 침해를 받는 일이 없기를 요구한다고 말했습니다."

그리고 그는 학교에서 '나는 친다'라는 동사의 제1부정과거의 변화를 외우지 못했을 때처럼 매를 맞았다고 한다.

내 선생은 자기 학교가 그만한 값어치가 있다고 나를 설복하기에 앞서 직설법으로 아름다운 연설을 할 것이다. 그들은 처음부터 지름길을 잡으려고 했다. 그리고 학문이란 직접 받는 경우에도 예지와 신중과 결단을 가르치는 일 외에는 못하는 이상, 그들은 어린아이들이 바로 행위하도록 하며, 얘기가 아니라 행동으로 시험해 가르치며, 교훈과 언어로만 하는 것이 아니라 주로 실례를 들고 작품을 보여서 생기 있고 새롭게 형과 틀을 만들어간다. 그래서 학문이 마음속의 지식이 되는 것이 아니고 체질과 습관이 되게 하며, 교육을 찾아서 얻는 것이 아니라 저절로 자기 것이 되게 하려고 했다.

이 문제에 관해 누가 아게실라우스에게 어린아이들의 교육에 관한 의견을 물었더니, '그들이 어른이 되어서 해야 할 일'이라고 대답했다. 이러한 제도가 옛날에 그만큼 경탄스러운 성과를 이룬 것은 놀라운 일이 아니다.

사람들은 수사학자(修辭學者)나 화가나 음악가를 만나려 그리스의 다른 도시로 찾아다녔다는 것이다. 그러나 라케다이모니아에서는 입법자와 관리와 군지휘관을 찾아갔었다. 아테네에서는 말하는 법을 배웠고, 여기서는 행동 잘하기, 저기서는 궤변의 논법 풀기와 사람을 옭아넣는 엉클어진 말의 사기술 부수기, 여기서는 탐락의 유혹을 이겨내고 억센 용기로 운명과 죽음의 위협을 깨트리는 법을 배웠으며, 저편 사람들은 말하는 법을 배우려고 분주했고, 이편 사람들은 일을 알려고 쫓아다녔으며, 저기서는 혓바닥의 끊임없는 훈련이 있었고, 여기서는 마음의 끊임없는 훈련이 있었다. 그러므로 안티파테르가 그들에게 어린이 50명을 볼모로 요구했을 때, 그들은 우리가 한 것과는 반대로 성인들을 두 배로 보내주는 편이 낫다고 대답했다. 그만큼 그들은 자기 나라 교육의 손실을 두려워했던 것이다.

아게실라우스가 크세노폰에게 그의 아이들을 스파르타에 보내서 키우라고 청한 것은 수사학이나 변증법을 배우게 하려던 것이 아니고, 학문 중에서 가장 좋은 학문인 복종하고 명령하는 학문을 배우게 하기 위함이었다.

소크라테스가 자기 식으로 히피아스를 조롱한 것은 대단히 재미있다. 히피아스는, 특히 시칠리아의 어느 작은 마을에서 교사로 돈을 벌었는데, 스파르타에서는 한 푼도 못 벌었다고 한다. 그들은 잴 줄도 헤아릴 줄도 모르며, 문법도 음률도 존중하지 않고 다만 왕들의 계통과 국가의 흥망 성쇠 같은 이야기 나부랭이나 좋아하는 바보들이라고 한 것이다. 그 말을 듣고 소크라테스는 상세한 사실을 들어서 그들 국가의 정치 형태가 탁월하고 생활이 행복하고 도덕적인 것을 자백시키고 나서, 그 결론으로 그자의 기술이 쓸데없는 것임을 깨닫게 했다.

무예를 중히 여겨 받드는 정치와 이와 비슷한 제도에서 보이는 본보기들로 우리는 도리어 학문을 배우는 것이 용기를 다져서 억세게 만들기보다 마음을 약화시키고 옹졸하게 만든다는 것을 알 수 있다. 현재 이 세상에서 가장 강력하게 보이는 나라는 튀르키예이다. 그들은 무기를 숭상하고 글을 경멸하도록 교육된 국민이다. 나는 로마인들이 학문이 성해지기 전에는 더 용감한 국민이었다고 들었다. 우리 시대에 가장 호전적인 국민은 가장 상스럽고 무지한 부류들이다. 스키타이족이나 파르티아족이나 티무르[23]가 이것을 증명한다. 고트족이 그리스를 빼앗았을 때, 모든 도서관이 불타 없어지는 것을 면하게 한 것은, 고트족 중에 하나가 이런 것을 그대로 남겨 두어 적들이 군사 훈련할 생각을 내지 않고, 정착하여 한가로운 일에 매여 있기를 즐기게 해야 된다는 의견을 퍼뜨렸기 때문이었다. 우리 왕 샤를 8세가 칼집에서 칼도 뽑지 않고 나폴리 왕국과 토스카나 왕국 대부분의 주인이 되었을 때, 이탈리아 왕공들과 귀족들이 억세고 호전적이기보다 약하고 학문하기를 즐겼기 때문에 왕이 인솔한 귀족들이 이 나라들의 정복을 의외로 쉽게 했던 것이다.

---

[23] 첩목아(帖木兒), 1336~1405. 칭기즈칸의 먼 친척으로 러시아, 아프가니스탄, 이집트 등에 원정하여 아시아 서부에 대제국을 건설한 정복자.

26
아이들의 교육에 대하여

드 귀르송 백작 부인 디아느 드 포아에게

자기 아들이 아무리 옴쟁이거나 곱사등이라도 아비로서 그를 아들이라고 인정하지 않는 자를 나는 본 일이 없습니다. 그러나 애정에 도취되지 않았다면, 이런 결함을 알아보지 못하는 것은 아닙니다. 그렇다 해도 내 아들은 내 아들입니다. 그래서 나 역시 여기 말하는 것이 어릴 적에 작문의 껍데기밖에 핥지 못하고, 그 똑똑지 못한 일반적인 모습만 기억하며, 프랑스인처럼 무엇이든지 건드려 보나, 하나도 철저하게 아는 것이 없는 자의 잠꼬대에 지나지 않음을 어느 누구보다도 잘 알고 있습니다. 결국 나는 한 의학이 있고, 한 법학이 있고, 수학에 네 부문이 있고, 그것이 대강 무엇을 목표로 하는가를 알고 있습니다. 그리고 또 우리 인생에 소용되기 위해서 학문이 무엇을 의도하고 있는가를 알고 있습니다. 그러나 거기 더 깊이 캐어 들어가거나, 근대 학설의 시조인 아리스토텔레스를 공부하느라고 손톱을 물어뜯고 지내거나, 또 다른 학문에 기를 써 본 일은 전혀 없었으며, 인생을 묘사하는 그림의 윤곽 하나 그려 볼 기술도 가져보지 못했습니다.

또 나는 중류 계급의 어린애가 처음 배워 보는 학과를 적어도 그 학과식으로 다시 살펴볼 지식도 없는 터이니, 그런 어린애라도 나보다 더 유식하다고 말하지 못할 아이는 없습니다. 그리고 나에게 억지로라도 해 보라면, 서투르게나마 보편적인 범위에서 어떤 재료를 끌어내어 그 아이의 타고난 판단력을 심사해 보지 않을 수 없습니다. 그들의 학과가 내게 아주 낯설 정도로, 이런 학과는 그들에게는 전혀 낯설 것입니다.

나는 견실한 서적과도 친해 보지 못했습니다. 겨우 있다는 것이 플루타르크와 세네카의 것이며, 마치 다나이데스같이 거기서 길어 내어 끊임없이 채우며 비워 버립니다. 거기서 얻은 몇 가지를 여기 적어 봅니다만, 내게 담아 둔 것이란 거의 없습니다.

역사는 내가 가장 좋아하는 읽을거리이고, 시 역시 특별히 즐겨서 읽습니다.

왜냐하면 클레안테스가 말하듯, 마치 소리가 나팔의 좁은 홈으로 몰려서 빠져 나갈 때 더 날카롭고 힘차게 나오는 것처럼, 문장은 시의 형식과 음률의 수에 억제되어 더 박차게 솟아 나오며, 내게 더 강하게 감명을 주기 때문입니다. 그것을 여기 시험해 보는 바인데, 내가 타고난 자질로 말하면, 이런 무거운 책임은 지기 힘든 일입니다. 내 생각과 판단은 모색하며, 요동하며, 발에 채며, 헛디디며, 간신히 나가기밖에는 못하고, 내가 할 수 있는 한 해 보아도 나는 전혀 만족을 느끼지 못합니다.

내게는 아직도 저 너머의 나라가 보이는데, 그 시야가 혼탁하고 몽롱해서 아무것도 풀어 보지 못합니다. 그리고 내 공상에 떠오르는 것을 아무것이나 무턱대고 말하려고 하며, 여기 내 고유의 타고난 방법만 쓰기로 하고, 흔히 일어나는 일이지만 좋은 작품들 중에 내가 취급하려는 것과 같은 제재를 우연히 만나 볼 때에는(내가 방금 플루타르크에서 그의 상상력의 힘에 관한 설화에 부딪친 것처럼) 이런 사람들에 비하여 내가 얼마나 약하고, 허술하고, 둔하고, 잠들어 있는가를 깨달으며, 나 자신이 가련해지고 못나 보이게 됩니다.

역시 나는 내 상념이 흔히 그들의 의견과 부합되는 경우에 부딪치는 영광을 가지고, "정말 그렇구나!" 하고 말해 보며, 적으나마 멀리서라도 그들의 뒤를 따르고 있다는 것이 기쁩니다. 그리고 또 누구나 다 하지 못하는 일로 나는 그들의 의견과 내 의견 사이에 대단한 차이를 알아보는 것이 기쁩니다. 그렇지만 나는 허약하고 천한 작품을 이렇게 비교해 보고 발견한 결함을 교정하거나 덮어씌우지 않은 채, 내가 지어 낸 그대로 세상에 내보냅니다. 이런 인물들과 맞서 가려고 하려면, 허리가 상당히 단단해야 합니다. 우리 시대의 철부지인 작가들은 그들의 허황된 작품 속에 옛 작가들의 문장을 그대로 실어 놓고 그것을 자기의 영광으로 삼는데, 사실은 그 반대입니다. 이런 문장들이 발하는 광채는 그들의 것을 너무 무색하고 흐리고 추한 모습으로 보여 주기 때문에, 얻는 것보다 잃는 것이 더 많습니다.

거기에는 두 가지 대조되는 심상이 있습니다. 철학자 크리시포스는 자기 저서에 다른 작가들의 문장뿐 아니라 작품 전체를 넣었고, 그 하나에는 에우리피데스의 《메데아》를 넣었습니다. 그래서 아폴로도로스가 말하기를, 거기서 다른 사람의 글을 빼버리면 그의 종이는 희어질 것이라고 했습니다. 에피쿠로스는 그 반대로 자기가 남긴 3백 권의 작품에, 남의 것은 단 하나도 따오지 않았습니다.

어느 날, 나는 이런 문장에 부딪쳤습니다. 나는 프랑스어의 핏기 없고, 살이 붙지 않고, 속 비고, 의미 없는 글을 흥미 없이 읽어 가자니, 그것은 확실히 프랑스어일 뿐이었습니다. 그렇게 오랫동안 권태를 느끼며 읽어 가다가 갑자기 고매하고 풍부하며 기개가 하늘에 솟는 한 문장에 부딪쳤습니다. 만일 그 내리막이 순하고 오르막이 좀 길게 보였다면, 그것은 변명될 수 있었을 겁니다. 여기 와서는 절벽이 낭떠러지로 깎아지른 듯 첫 번 여섯 글귀로 나는 내 몸이 다른 세상으로 날고 있음을 느꼈습니다. 거기서 나는 전에 읽은 것이 너무 얕고 깊은 구렁텅이임을 깨닫고, 다시는 그리로 내려갈 생각이 나지 않았습니다. 만일 내가 이런 풍부한 약탈품을 가지고 내 글 한 장만 장식했다면, 다른 장들이 얼마나 졸렬한 것인지 너무 잘 밝혀졌을 것입니다.

나 자신의 결함을 남의 작품 탓으로 돌리는 것은, 내가 늘 하듯이 남의 잘못을 내게 책망하는 것과 같은 점이 있습니다. 이런 것을 발견할 때마다 적발하여 모면할 여지를 주지 말아야 합니다. 그래서 나는 비판자들의 분간해 내는 눈을 속여 보고 싶은 당돌한 희망이 없는 것도 아니지만, 나 자신이 어느 때나 내 글을 다른 데서 표절해 온 글과 대등하게 만들려고 하며, 그들과 나란히 가려는 수작이 얼마나 건방진 짓인가를 알고 있습니다. 그러나 이것은 내 착상과 문장력의 덕보다는 내가 적용하는 글의 덕입니다. 그리고 대체로 옛날의 이런 명수들과 맞대들어 싸우자는 것이 아닙니다. 다만 잘고 가볍게 되풀이해서 할퀴어 보렵니다. 거기 부딪혀 보려는 것이 아닙니다. 나는 그들을 더듬어 볼 따름입니다. 그러나 사실 내가 하겠다고 생각하는 것만큼 하지도 못합니다.

내가 그들에게 맞서서 대들 수 있다면 나는 점잖게 해 보겠습니다. 왜냐하면 나는 그들의 가장 경직한 곳만 찾아서 시도해 볼 테니까요.

남이 하는 일을 보고 행하며, 남의 무기로 무장하고, 내 것이라고는 손가락 끝도 내보이지 않으며, 학자들이 여느 재료를 가지고 잘 하는 식으로, 옛날 사람들이 생각해 낸 것을 여기저기서 따다가 꿰매서 자기 계획을 세워 가며, 그러고도 이런 것을 감추고 자기 것으로 보이려고 하는 일은, 첫째 자기가 무슨 값어치 있는 것이라고는 지어 낼 거리가 없기 때문에 남들의 값어치로 자기를 보이려고 하는 비열하고 부정한 수단입니다. 이것은, 속임수로 무지한 속인들의 갈채를 얻기에 만족하고, 남에게서 빌려다 박아놓은 것을 지각 있는 사람들(그들의 칭찬만이 무게가 있습니다)이 코웃음 치며 본다고 원망하는 어리석은 수작입니다.

나로서는 그런 짓을 할 생각은 눈곱만큼도 없습니다. 나는 그만큼 더 내 말을 하기 위한 것이 아니면, 남의 말을 하지 않습니다. 이것은 편찬한 작품으로 발표되는 편저를 지어 내는 것이 아닙니다. 옛사람들은 그만두고, 우리 시대에도 매우 재능 있는 인사들을 보았습니다. 그중에도 카필루푸스라는 이름이 있습니다. 이런 저자들은 여기저기서 볼 수 있습니다. 립시우스의 해박한 역작의 편저 《정치논총(政治論叢)》 같은 것이 그렇습니다.

어쨌든 나는 아무리 서투르다고 해도, 지금 대머리가 되고 백발이 되어 가는 화가가 이것을 완벽한 얼굴로 만들지 않고 자기 것을 그리는 것이나 마찬가지로, 아무것도 감출 생각이 없습니다. 왜냐하면 이것이 글 속의 내 심정이며 내 견해이기 때문입니다. 나는 나 자신을 그만큼 더 많이 말하기 위해서밖에는 남을 말하지 않습니다. 어떻게 생각해야 할 것이라는 식으로 내놓은 것이 아니고, 내가 생각하는 것으로 내놓습니다. 나는 여기 나 자신을 드러내 보일 생각밖에 하지 않습니다. 새로운 일을 배워서 내가 변해 간다면, 나 자신은 아마도 내일쯤 달라질 것입니다. 나는 다른 사람에게 신임받을 권한도 없고, 그것을 바라지도 않습니다. 다른 사람을 가르치기에는 나 자신의 교양이 부족하다는 것을 느끼니까요.

그런데 어떤 분이 앞에 나온 내 글을 읽어 보고 어느 날 찾아와서 말하기를, 내가 마땅히 아동의 양육에 관한 이론을 전개해 보아야 한다고 했습니다. 그래서 부인, 내게 이런 문제를 다룰 능력이 있다면, 그럼 이것을 얼마 안 가서 백작 부인의 옥체에서 멋지게 세상에 나와 보겠다고 위협하고 있는 그 조그만 친구에게 선물로 드리는 일이 가장 좋은 일이라고 생각합니다(부인께서는 너그럽고 후덕하신 덕으로 응당 첫아들을 낳으셔야 합니다). 왜냐하면 나는 부인께서 결혼하실 때 가까이 참여한 처지로, 거기서 일어날 아이의 위대성과 번영에 관심을 가질 권한이 있기 때문입니다. 그 밖에도 이전부터 받들어 섬겨온 충복의 처지에서도 응당 부인께 관계되는 모든 일에 영광과 행복과 이익을 축원해 드릴 의무를 지고 있습니다. 그러나 참으로 나는 인간 학문의 가장 크고 중대한 난점은 다른 무엇보다 어린아이 키우기와 그 교육을 다루는 점에 있다고 봅니다.

농사짓는 일에서와 똑같이, 심기 전의 일처리와 심는 일은 마찬가지로 확실하고 쉽습니다. 그러나 심은 것이 생명을 가지고 나오면, 그것을 가꾸기에는 가지각색의 방법과 어려움이 있습니다. 그와 같이 사람에 있어서도 심는 데는 그리 기교가 안 들지만, 출생한 다음에는 여러 가지 조심성이 필요하며, 기르고 가르치기에 숱한 일거리와 근심이 있습니다.

나이가 어릴 때는 그들의 경향이 너무 연약해서 잘 드러나 보이지 않고, 그 싹이 너무나 불확실하게 나타나기 때문에, 거기에 확실한 판단을 내리기가 힘듭니다.

키몬이나 테미스토클레스나 다른 여러 인물들을 보십시오. 그들은 얼마나 기질이 고르지 못한가요. 곰이나 개의 새끼들은 자연 그대로의 영향을 보입니다. 그러나 사람은 즉시 습관·세론·법률 등에 잡혀서 쉽사리 달라지며 변모합니다.

하지만 타고난 성향을 고치기는 너무 어려운 일입니다. 그래서 자기 길을 잘 잡지 못한 탓으로 사람들은 늘 헛수고를 하며, 오랜 세월을 낭비하여 어린애들이 기반을 닦을 수 없는 일에 쓸데없이 아이들을 훈련하는 일이 일어납니다. 그런 어려움에 대해서 제 견해로는, 어린애들을 항상 가장 좋고 유익한 일로 지도하며, 우리가 어릴 적의 아이들 동작을 보고 경솔하게 짐작하고 예측하는 바를 적용해서는 안 된다는 것입니다. 플라톤도 그의 《국가론》에서 이런 데 너무 권위를 주는 것같이 보입니다.

부인, 학문이란 것은 훌륭한 장식이며, 특히 부인께서 맡게 되신 그런 위대한 운명으로 길러 내시게 된 인물에게는 경이로운 일을 성취하는 도구가 됩니다. 사실 천하고 비굴한 인간에게는 학문이 참된 결과를 내지 못합니다. 학문은 변증적 논법을 세워 보거나, 소송 사건을 변호하거나, 환약 뭉치를 조제하기보다는 더 오만하게 전쟁을 지휘하고 국민을 지배하고, 한 왕공이나 외국과의 우호 관계를 실천하는 데 그 방법을 빌려 줍니다.

그래서 부인, 부인께서는 몸소 학문의 감미로운 진미를 맛보셨고, 그리고 독학의 가문에 계시니(우리는 부인의 부군 되시는 백작과 부인의 선조이신 옛날 여러 대의 드 포아 백작들의 문장을 가졌고, 부인의 숙부 되시는 프랑수아드 캉달르 경은 날마다 다른 문장을 써내시므로, 그것은 댁의 가문이 지닌 이 소질에 관한 지식은 몇 세기 뒤까지 뻗칠 것입니다), 댁에서 이 부분을 소홀히 하지 않으실 것을 믿기 때문에, 보통의 습관과는 반대되는 나의 생각을 하나만 말씀드리고자 합니다. 이것이 이 문제에 관해서 제가 부인께 해 드릴 수 있는 전부입니다.

부인께서 그(아기)에게 주실 사부를 택하시는 데 아이 교육의 모든 결과가 달려 있습니다마는, 거기에는 여러 갈래의 중요한 문제가 있습니다. 그러나 이 점에는 나는 쓸 만한 말을 할 거리가 없으니 언급하지 않겠습니다. 이 조항에 관해서 제가 주고자 하는 조언은, 그가 좋다고 보는 한도로 받아 줄 일입니다. 명문가의 자손 되는 분이 소득을 위해서가 아니고(이런 추잡한 목표는 뮤즈(詩神)의 호의와 은총을 받을 가치가 없고, 또 그것은 남과 관계되고 남에게 의존하는 일입니다), 외면적인 편익을 도모함도 아니며, 단지 학문 자체를 위해서 학문하고, 학자가 되기보다는 원숙한 인간이 되고자 하며, 내면적으로 자신을 풍부히 장식하기 위해서 학문을 하는 경우에는, 그를 위해서 지도자를 택할 때에 머리가 가득 찬 사람보다는 머리가 잘된 사람을 조심해 택해야 할 것이며, 이 두 가지를 모두 요구할 것이로되, 거기에 학문보다는 습관과 이해력을 가지고 새로운 방법으로 자기 직책을 수행하게 해야 할 것입니다.

우리 선생님들은 마치 깔때기에 물을 부어 넣듯 줄곧 우리 귀에 대고 소리칩니다. 그리고 선생의 직책이란, 사람이 말한 바를 되풀이하는 것밖에 없습니다. 나는 선생이 이 방법을 고쳐서 처음부터 그가 다루고 있는 아이의 능력에 따라 사물들을 음미해 보고, 아이가 사물들을 택하고 식별해 보게 하여 그 자질을 시험하게 하는 것으로 시작하며, 어느 때는 그의 길을 열어 주고, 어느 때는 자기가 길을 열어 가게 하기를 바랍니다. 나는 선생이 혼자서 생각하고 말하기를 원치 않습니다. 나는 제자가 제 차례가 되어 말하는 것도 선생이 들어 주기 바랍니다. 소크라테스와 아르케실라스는 먼저 제자들에게 말을 시키고, 다시 다음에 자기들이 말했습니다. "가르치는 자의 권위는 흔히 교육받고자 원하는 자를 해한다."(키케로)

제자의 수준을 판단하고 그의 힘에 맞추기 위해서 자기의 자세를 어느 정도로 낮춰야 할까를 판단하려면, 먼저 자기 앞에 그를 걸어 보게 하는 것이 좋습니다. 이러한 조정이 없기 때문에 모든 것이 잘못됩니다. 이 조정의 비율을 찾아서 정도에 맞게 지도할 줄 아는 것이 제가 알기로는 가장 힘든 일입니다. 그리고 어린아이의 유치한 자세로 자기를 굽혀서 지도할 줄 아는 것은, 고매하고도 극히 강력한 심령이라야 성취할 수 있는 일입니다. 나는 내리막길보다 오르막길을 더 확실하고 단단하게 걷습니다.

우리 습관이 그렇듯, 그 능력과 척도와 형태가 서로 너무나 다른 여러 제자들을 똑같은 학과와 똑같은 행위의 척도로 조절하려고 할 때, 그 많은 어린아이들 중에서 그들의 훈육에 응당한 성과를 올리는 아이가 겨우 두서넛 있을까 말까 하다 해서 이상할 것은 조금도 없습니다.

선생은 제자에게 학과의 글자가 아니라 그 의미와 실질을 설명해 보라고 요구할 일이며, 그가 얻은 소득을 기억으로 증명하는 것이 아니고, 생활의 실천으로 판단해야 할 일입니다. 그가 배운 바를 스승은 제자에게 시켜서 여러 모습으로 보여 주고, 그만큼 여러 가지 제목에 적용해 보게 하며, 플라톤의 교육 방법의 진도를 본받아 그가 배운 바를 진실로 이해해서 자기 것으로 만들었나를 볼 일입니다. 음식을 처음에 삼킨 그대로 내놓는 것은 제대로 소화를 못한 증거입니다. 사람이 소화하라고 준 것을 그 형체와 조건을 변화시켜 놓지 않았다면, 위장이 그 작용을 하지 않은 것입니다.

우리의 정신은 자신의 말을 믿기 전에는 움직이지 않습니다. 남의 헛생각에 대한 욕심에 매이고 구속되면, 그 가르침의 권위 밑에 잡힌 노예가 되기 때문입니다. 우리는 너무 남의 끄나풀에 얽매여 지내므로 자유로운 자세가 없습니다. 우리의 정력과 자유는 사라졌습니다. "그들은 항상 후견 하에 있다."(세네카) 나는 피사에서 개인적으로 한 점잖은 분을 만났는데, 그는 아리스토텔레스에 심취해 있었습니다. 그의 학설에서 가장 보편적인 요점은 견고한 상상력과 진리의 시금석과 법칙은 아리스토텔레스 학설과 합치하는 것에 있으며, 그 밖에는 모든 일이 헛생각이며, 불건전한 사상이고, 그만이 모든 것을 보고 모든 것을 말했다고 생각하는 점이었습니다. 이 제언은 너무 부당하게 넓게 해석되었던 탓으로, 그는 이전에 오랫동안 거추장스럽게 로마의 종교 재판에 회부되어 있었습니다.

스승은 제자에게 모든 것을 체로 쳐서 걸러내고 자기 머리에 있는 단순한 권위와 신용만으로는 아무것도 받지 말게 해야 합니다. 아리스토텔레스의 원칙이건 스토아학파나 에피쿠로스학파의 원칙이건, 그것이 자기 원칙이 되어서는 안 됩니다. 제자에게 여러 가지 다른 판단을 보여 줄 일입니다.

할 수 있으면 택할 것이고, 그렇지 않으면 의문을 붙여 둘 일입니다. 무엇이 확실하고 확정적이라 보는 자는 미친 자들뿐입니다.

의심함은 아는 것과 똑같이 내게 즐겁다.　　　　　　　(단테)

왜냐하면 그가 자기 생각으로 크세노폰이나 플라톤의 의견을 가진다면, 이것은 그들의 의견이 아니고 자기 의견이 되기 때문입니다. 다른 이를 좇는 것은 아무것도 좇는 것이 아닙니다. 그는 아무것도 탈피하지 못하니, 실로 그는 아무것도 찾지 못합니다. "우리는 같은 왕 아래 사는 것이 아니다. 자기 일은 각자가 처리할 일이다."(세네카) 그는 적어도 자기가 안다는 사실만은 알아야 합니다. 그들의 교훈을 배울 것이 아니고 사고 방식을 체득해야 합니다. 하고 싶으면 그가 누구에게 지식을 얻었는가는 과감하게 잊어버리고, 자기가 스스로 적용할 줄 알아야 합니다. 진리와 이치는 각자에게 공통입니다.

그리고 그것은 처음에 말한 자의 소유가 아니며, 뒤에 말하는 자의 것도 아닙니다. 내게 의한 것도 아닌 만큼, 플라톤에 의한 것도 아닙니다. 왜냐하면 그와 내가 똑같이 이해하고 보고 하는 것이니까요. 꿀벌들은 여기저기 꽃에서 꿀을 가져옵니다마는, 다음에는 그것을 자기들 것인 꿀로 만듭니다. 그것은 사향초 꿀도 박하 꿀도 아닙니다. 이렇게 다른 데서 따온 것으로 그는 배운 것들을 변형시켜서 자기 것인 작품을, 바로 자기의 판단을 만들 일입니다. 그의 교육, 노력과 공부의 목표는 이렇게 자기 것을 만드는 데 있습니다.

그는 도움을 받아 온 근원은 모두 숨기고, 그것으로 자기가 만든 것만을 내놓을 일입니다. 표절자들이나 차작자(借作者)들은 남에게서 끌어낸 것이 아니라 그들이 꾸며 놓은 것, 그들이 사들인 것을 그대로 뽐내 보입니다. 부인께서는 대법원의 한 재판관이 무엇을 받는가를 보지 않습니다. 그가 얻은 인척 관계와 그 자손들에게 전해 줄 명예를 봅니다. 아무도 자기가 받은 것은 공개하지 않습니다. 누구나 다 자기가 가진 것을 공개합니다.

우리의 공부가 주는 이익은, 그것으로 자기가 더 나아지고 더 현명해졌다는 일입니다.

에피카르모스는 보고 듣는 것은 오성(悟性)의 일이고, 모든 것을 이용하고 모든 것을 처리하고 행동하고 지배하고 다스리는 것도 오성의 일이며, 그 외 다른 모든 일들은 맹목적이고 몽매하고 혼백이 없다고 했습니다. 우리는 오성에게 제 마음대로 하는 자유를 주지 않았기 때문에 그것을 비굴하고 겁많게 만듭니다. 도대체 자기 제자에게 키케로의 어느 문장의 수사학과 문법을 어떻게 보느냐고 물어본 자가 있었던가요? 그들은 이런 문장을 그 글자와 철음(綴音)이 사물의 실질로 되어 있는 신화나 되는 것처럼, 날개털까지 붙여 가지고 우리의 기억 속에 안겨 줍니다. 외워서 아는 것은 아는 것이 아닙니다. 그것은 남이 주는 것을 기억 속에 보관해 두는 수작입니다. 똑바로 아는 것은 그 스승을 쳐다볼 것 없이, 책을 들여다볼 것 없이 자기가 처리합니다. 순수하게 책에 의한 역량은 비참한 역량이지요! 나는 그런 것은 장식으로나 쓰지, 기본으로 삼지 말기를 바랍니다. 플라톤이 말하듯, 확고성과 신념과 성실성이 진실한 철학이고, 모든 다른 학문, 또는 다른 것을 목표로 하는 학문은 매흙질에 지나지 않습니다.

나는 요즈음 현대 무용의 명수로 이름난 팔류엘이나 폼페에[24]게, 마치 이 학자들이 이해력을 움직이지 않고 우리에게 이해력을 가르치듯, 우리를 자리에서 움직이게 하지 않고 춤을 가르쳐 보라고 하고 싶습니다. 또는 이 선생들이 말하는 것도 판단하는 훈련도 시키지 않고 우리에게 말 잘하고 판단 잘하기를 가르치려고 하듯, 누가 말(馬)이나 창이나 피리를 다루는 법을 훈련하지 않고 가르쳐 보라고 하고 싶습니다. 그런데 이 수업에서는, 우리 눈앞에 보이는 모든 것이 충분히 책의 역할을 합니다. 사동(使童)의 심술궂은 장난, 하인의 어리석은 수작, 식탁에서 하는 한마디, 이런 것 모두가 가르치기 위한 새로운 재료가 됩니다. 그러므로 사람들과의 교제는 이 교육에 적절한 일이며, 외국을 여행하는 것도 그렇

---

24) 팔류엘(루도비코 팔발리)과 폼페에(폼페오디 오보노)는 프랑스의 궁정에 와 있던 유명한 밀라노 무용 교사.

습니다.

  그것은 우리 프랑스 귀족들이 하는 식으로 단지 바티칸의 산타 로톤다의 길이가 몇 자 된다든가, 시뇨라 리비아(아마 몽테뉴 당시의 로마 무용가인 듯)의 잠방이가 얼마나 찬란하다든가, 또는 다른 자들이 하는 것처럼 어떤 곳의 옛 폐허에서 나온 네로 초상이 다른 데서 나온 메달의 초상보다 얼굴이 더 크다든가 길다든가를 살펴보라는 말이 아니고, 거기서 주로 이런 국민들의 기질이나 생활 방식을 배워 와서 다른 자들의 지식으로 자신의 뇌수를 닦고 연마하라는 것입니다. 나는 제자를 아주 어릴 적부터 데리고 다니며, 먼저 일거양득으로 우리와 말이 다른 이웃 나라에 가서 일찍 배우지 않으면 혀가 잘 돌지 않는 외국어를 배워 두게 했으면 합니다.

  그런 만큼 어린애는 부모의 무릎 위에서 키워서는 안 된다는 것은 누구나 다 인정하는 견해입니다. 타고난 애정 때문에, 가장 현명한 부모라도 아이 앞에 마음이 감동되며 약해집니다. 그들은 마땅히 해야 할 일이지만, 어린애의 잘못도 징계하지 못하고 거칠고 위험하게 아이를 훈육하는 것을 그냥 보고 있을 수 없습니다. 그들은 어린애가 훈련에서 먼지를 뒤집어쓰고 돌아오는 것도, 뜨거운 것이나 찬 것을 마시는 것도, 험한 말을 타거나 거친 격검 선생 앞에 격검대를 들고 맞서는 것도, 처음으로 화승총을 드는 솜씨도 차마 보지 못합니다. 왜냐하면 여기에는 어찌해 볼 도리가 없으니까요. 훌륭한 남아로 길러내려면 어린 나이에 몸을 아껴서는 안 됩니다. 그리고 자주 의술의 법칙을 무시해야 됩니다.

> 그를 대기 속에, 그리고 불안 속에
> 살아가게 하라.
> (호라티우스)

  그의 마음을 견고하게 하는 것만으로는 족하지 않습니다. 근육도 견고하게 해주어야 합니다. 심령은 신체의 도움을 받지 않으면 일이 너무 벅차서 혼자 양쪽 모두를 보살피기가 힘겹습니다. 나는 연약하고 감수성이 예민한 신체가 너무 심하게 얹혀 오는 것을 데리고, 내 심령이 여간 고생이 아닌 것을 알고 있습니다. 그리고 나는 글을 읽어 나가다가, 스승들이 그 문장 속에 피부가 두툼하고 뼈가 굵어서 더 잘 감당하는 행동을 기개와 담력의 본으로 평가하고 있는 것을 자주 봅니다. 나는 남자나 여자나 어린아이까지도 이렇게 몽둥이찜질을 손가락 퉁기는 것만큼밖에 느끼지 않으며, 두들겨 맞아도 눈 깜짝 않고 소리 하나 지르지 않는 자들을 보았습니다. 경기 선수들이 참을성으로 철학자를 본받는 것은, 마음보다도 오히려 근육의 힘입니다.

그런데 이런 수고를 참아 내는 단련은 고통을 참아 내는 단련입니다. "노동은 고통에 대하여 피부를 강인케 한다."(키케로) 어린아이는 탈골이나 담석증의 거센 아픔이나 화형·투옥·고문 같은 고역을 견뎌 내도록 길들이기 위해서 거칠고 힘든 운동으로 몸을 단련시켜야 합니다. 왜냐하면 이런 고통스러운 형벌은 요즈음 같은 시절에는 악인이나 마찬가지로 때에 따라서는 착한 사람도 언제 받을지 모르기 때문입니다. 우리는 시대의 시련을 받고 있습니다. 법과 싸우는 자들은 누구나 다 가장 착한 사람을 매와 밧줄로 위협합니다.

그리고 아동에게 으뜸가는 권리를 가져야 할 스승의 권위는, 부모가 있기 때문에 중단되고 제한당합니다. 거기 덧붙여서 가족들이 그를 애지중지하는 것, 자기 가정의 권세와 위대성을 인식시키는 것 등은, 내 생각으로는 이 나이에 적지 않은 장애가 됩니다.

인간과 상대하는 이 학교에서는 이런 결점이 자주 눈에 뜨입니다. 즉, 다른 사람들에 관한 지식을 얻으려고 하는 것이 아니고, 우리는 자신을 알려 주려고만 애쓰며, 새 지식을 얻기보다는 내 지식을 팔아먹기에 분주합니다. 침묵과 공손은 사회에서의 교제에 대단히 편리한 소질입니다.

이 아동은 충분한 능력을 얻고 난 다음에도 자기 역량을 아껴서 간직하게 하고, 자기 앞에서 어리석은 말이나 허황된 이야기가 나와도 그것을 문제로 삼지 않게 훈련받을 것입니다. 왜냐하면 우리 구미에 맞지 않는다고 모두 공격하는 것은 무례한 간섭이기 때문입니다. 자신의 잘못을 고치는 것만으로 만족하고, 자기가 하기를 거절하는 것을 남이 한다고 책망하거나, 자기가 일반의 습관에 반대하는 것으로 보이게 하지는 말아야 할 일입니다. "사람은 과시 없이, 오만 없이 현명할 수 있다."(세네카) 훈계조의 무례한 태도도 피하고, 자기는 다르다고 세련된 체하거나 남을 책망하거나, 또는 새로움을 즐기는 유치한 야심을 버릴 일입니다.

예술적으로 방자하게 노는 것은 대시인이나 할 일인 만큼, 일반의 습관을 초월하는 특권은 위대하고 혁혁한 심령이 아니면 용인될 수 없는 일입니다. 소크라테스나 아리스티푸스가 "늘 하던 습관에서 이탈하는 일이 있다고, 자기도 그렇게 하면서 좋다고 생각해서는 안 된다. 그들에게는 탁월하고 성스러운 자격으로 이러한 방자가 용인된다."(키케로)

이 아이에게는 자기와 싸울 가치가 있는 적을 보았을 때에만 토의나 논쟁을 하도록 할 것이며, 그때에도 자기가 쓸 수 있는 모든 솜씨를 다 드러내는 것이 아니고, 사용에 가장 유리한 재주만을 쓰게 할 일입니다. 그로 하여금 논거의 취택과 선별에 예민하며, 적절한 것, 따라서 간명한 것을 즐기게 할 일입니다. 무엇보다도 그는 진리 앞에서는 그것이 적수의 손에 밝혀졌건 자기가 생각을 돌려서 깨달았건, 알아보는 대로 즉시 그 앞에 항복하고 무기를 버리도록 가르칠 일입니다. 또 반드시 미리 작성된 강의를 하기 위해 강단에 오르게 해서는 안 됩니다. 그는 자기가 인정하는 것 이외의 어느 원칙에도 매이지 않을 일입니다. 또는 회개하고 자기 잘못을 인정하는 자유를 순수히 현금으로 팔아먹는 직업을 갖지 말 일입니다. "어떠한 가난도 명령으로 규정된 사상을 옹호하도록 그를 강제하지 못한다."(키케로)

만일 그의 스승이 내 심정과 같다면, 그가 자기 왕에게 극진히 충성되고 애정을 바치고 용감히 섬기는 신하가 되게 그 아이의 의지를 가꾸어 줄 것입니다. 그러나 왕에 대해서는 공적 의무에 의한 것 이외에는 다른 애착심을 갖는 욕망을 없애게 할 일입니다. 이런 개인적인 은고를 받으면 우리의 지위를 손상시키는 여러 가지 다른 불편을 살뿐더러, 남에게 매수당해서 매여 지내는 인간의 판단은 온전하고 자유로운 것이 못 되든지, 또는 경망과 배은망덕으로 더럽혀집니다.

어떤 훌륭한 궁신은 왕이 많은 신하들 속에서 그를 골라내어 자기 손으로 먹여살려 키우고 있기 때문에, 그는 그 왕에게 유리하게만 말하고 생각하는 권한이나 의지를 가지게 됩니다. 이런 은고와 이익 때문에 그의 자유의사가 부패되고 현혹당하는 것도 무리가 아닙니다. 그래서 우리는 대개 이런 사람들의 말투가 그 나라의 다른 사람들의 언어와는 판이하게 다르고, 이런 일에 그렇게 신임할 수 없음을 보게 됩니다.

이 아이의 양심과 도덕은 그의 언행 속에 빛나며 이성에 의해서만 지도되게 할 일입니다. 자기가 반성해서 자기 사상 속에 발견할 잘못은 비록 아직 자기밖에 그것을 아는 사람이 없다 해도, 이것을 솔직하게 고백하는 것이 그의 성실성과 판단력의 성과이고, 그것이 그가 찾고 있는 주요 목표입니다. 이런 일을 감싸 두려고 고집하며 반박하는 것은 천한 사람들에게서 볼 수 있는 범속한 소질이고, 무슨 일에 열중하다가 생각을 돌려서 자기 행동을 고치고 나쁜 편을 버리는 것은 희귀하고 강력하며 철학적인 소질이라는 것을 이해시킬 일입니다.

어떤 회의에 참석할 때에는 사방으로 모든 일을 두루 살피게 할 일입니다. 왜냐하면 높은 좌석은 대개 그리 능력을 갖지 못한 사람들이 차지하는 법이고, 세도가 대단하다는 것은 능력과는 결합되어 있지 않기 때문입니다.

나는 사람들이 식탁의 저편 상좌에서 융단의 아름다움이나 말부아지 포도주(16세기에 유명하던 그리스 펠로폰네소스의 말부아지산 포도주) 맛을 가지고 이야기하는 동안, 그 좌석의 다른 편 끝에서 나오는 재치 있는 말의 묘미가 헛되게 사라지는 것을 보았습니다.

그는 목동이건 미장이건 길손이건 각각의 재능을 측정해 볼 일입니다. 그는 또 모든 것을 사용해 보고 그 하나하나를 그 품질에 따라 빌려다 볼 일입니다. 참으로 모두가 살림살이에 소용됩니다. 다른 사람의 어리석은 수작이나 약점까지도 자기에게 훈계가 될 것입니다. 사람들은 각자의 우아함과 그 태도들을 비교 조절해 보며, 좋은 것은 선망하고 나쁜 것은 경멸할 생각이 날 것입니다.

그에게 모든 사물에 대해서 알아보려는 점잖은 호기심을 염두에 두게 할 일입니다. 건물·우물·인물·옛 전쟁터·카이사르나 샤를마뉴가 지나간 곳 등, 자기 주위에 있는 무엇이든 범상치 않은 사물들은 그의 눈에 뜨일 것입니다.

어느 땅이 혹한에 마비되고 다른 곳이 작열로 흙먼지가 이는지
어느 바람이 이탈리아로 뱃머리를 돌리기에 적합한지.　　　(프로페르티우스)

그는 이 왕공 저 왕공의 행동 습관·계략·결연 관계 등을 알아볼 일입니다. 이런 일은 배우기에도 재미있고, 알아 두면 매우 유익합니다.

인간과의 이런 교유에 나는 특히 서적의 기억에만 살아 있는 사람들도 포함시킵니다. 이 아동은 역사를 공부해서 여러 훌륭한 시대의 위대한 심령들과 교유해 볼 일입니다. 어찌 보면 이것은 헛된 공부이겠지요. 그러나 어찌 보면 평가할 수 없는 지대한 성과를 거둘 수 있는 공부입니다. 그리고 플라톤이 말한 바 라케다이모니아 인들이 자기들 몫으로 단 하나 중하게 보던 공부입니다. 이 아동은 우리 플루타르크를 읽고, 이 방면에 무슨 소득인들 못 얻겠습니까? 그러나 우리 지도자는 자기 직책의 목적이 어디 있는가를 상기해야 합니다. 그리고 제자들에게 카르타고가 망한 날짜를 기억시키기보다는 한니발과 스키피오의 성격을 알려 주고, 마르켈루스가 어디서 죽었는가를 기억시키기보다는 어째서 그가 거기서 죽은 것이 자기 의무에 어긋나는 일인가를 이해시켜야 합니다.

역사 자체를 가르치기보다도 역사를 비판하는 법을 가르쳐야 합니다. 이것이 내 생각으로는 무엇보다도 정신을 여러 방면에 적용시키는 재료입니다. 나는 티투스 리비우스의 작품 속에 다른 사람이 읽지 못한 수백 가지 사물들을 읽었습니다. 플루타르크는 이 작품 속에 내가 읽을 수 있었던 것 외에도 수백 가지 사물들을 읽었고, 아마도 작가가 생각하던 것 이상의 사연을 읽었습니다. 어떤 사람에게는 그것이 순수한 문법상의 공부이지만, 다른 사람들은 그 속에 우리들 천성의 가장 심오한 부분들이 침투되어 있는 철학의 분석을 공부하게 합니다.

플루타르크의 작품에는 참으로 알아 둘 만한 광범위한 논변이 많이 있습니다. 내 생각으로는 그는 이런 일에 으뜸가는 대가입니다. 그러나 그가 단지 건드리기밖에는 하지 않은 일도 수없이 있습니다. 그는 우리가 가고 싶다면 우리가 가야 할 방향을 단지 곁눈질만 해 줍니다. 그리고 어느 때는 가장 요점이 되는 것을 건드려 두기만 합니다.

그런 점을 꺼내 와서 적당히 전개시켜 보아야 합니다. 그가 한 말 가운데 아시아의 주민들이 '농'(아니)이라는 낱말 한마디를 발음하지 못했기 때문에 단 한 사람을 섬기게 되었다고 한 말에서, 드 라 보에티는 《임의의 노예적 봉사》를 쓸 재료와 기회를 얻었던 것입니다. 그리고 또 그가 한 인물이 일생에서 한 행동이나 말을 추려 내는 것을 보면, 그것은 대단치 않은 말로 보이지만, 이것이 바로 하나의 사상입니다. 이해심 깊은 인물들이 그토록 간편함을 즐기는 것은 유감된 일입니다. 아마도 그들은 그 때문에 명성이 오를 것입니다. 그러나 우리는 손해를 봅니다. 플루타르크는 우리가 그의 지식보다도 그의 판단을 추어올리는 것을 좋아합니다. 그는 우리에게 포만을 주기보다도 그를 읽고 싶어 하는 욕망을 남겨 주기를 즐깁니다. 그는 좋은 일을 말하기에도 말이 지나칠 수 있다는 것을 알았습니다. 그래서 알렉산드리다스는 에포르스(스파르타의 중대한 국사와 민사를 취급하던 다섯 명의 민선 재판관)에게 좋은 말이지만 너무 길게 말하는 자를 책망하여 "오! 외래인이여! 그대는 지당한 말을 지당하지 않게 말하오"라고 했습니다.

몸이 홀쭉한 자들은 옷 속을 채워서 뚱뚱하게 보이려고 합니다. 재료가 빈약한 자는 그것을 말로 채웁니다.

세상 사람들을 많이 알아 두면 판단력에 경탄할 만한 빛을 얻습니다. 우리는 모두 우리들 속에 뭉쳐 죄어서 자기 코앞을 내다보지 못합니다. 누가 소크라테스에게 어디서 왔느냐고 묻자, 그는 '아테네에서'라고 대답하지 않고 '세상에서'라고 대답했습니다. 남달리 상상력이 충만하고 드넓던 그가 세상을 자기 도시와 같이 생각하고, 인류 전체에게 자기 지식과 교유와 애정을 베푼 것은 우리가 발아래밖에 못 보는 것과는 다릅니다.

우리 동네에서 포도덩굴이 된서리를 맞으면, 신부님은 그것을 하느님의 분노가 인류에 가해졌다고 하며, 식인종들이 벌써 구갈증에 걸렸다고 판단합니다. 우리의 내란을 보면, 세상이 뒬러엎어지고 최후 심판의 날이 우리 목덜미를 잡고 있다고 누가 고함치지 않겠습니까? 그는 이보다 더 나쁜 일도 있었던 것과, 그리고 세상의 한 부분인 우리 땅 밖의 다른 1만 갑절의 부분들이 멋대로 재미보고 있다는 것은 생각도 않습니다. 나는 그들이 방자하게 놀아도 벌 받지 않는 것을 보면, 모든 일이 이렇게 부드럽고 순하게 되어가는 일에 감탄합니다.

머리 위에 우박을 맞고 있는 자는 지구 반쪽이 전부 폭풍우에 휩쓸리는 줄 압니다. 저 사보아인[25]은 말하기를, 저 등신 같은 프랑스 왕이 자기 운명을 잘 개척할 줄 알았다면 사보아 공작의 집사쯤 될 만한 인물이라고 했습니다. 그의 상상력으로는 자기 윗사람보다 더 높은 것을 생각해 볼 수 없었기 때문입니다. 우리

---

25) 사보아 왕국. 알프스산 속에 있는 옛날의 공작령. 후에 프랑스에 편입되었음. 우물 안 개구리와 같다는 비유.

들은 모두 부지불식간에 이런 과오에 빠집니다. 그 결과 중대한 편견에 빠집니다. 그러나 풍경화 속에서와 같이 어머니 같은 우리 대자연의 위대한 영상을 그 장엄성 속에 생각해 보는 자, 또 대자연의 모습 속에서 보편적이고 언제나 꾸준한 다양성을 읽어 보는 자, 그리고 그 속에 자기가 아니라 왕국 전체를 극히 가는 붓끝으로 그려 낸 점 하나쯤으로 보는 자는 그 많은 사물들을 정당한 크기로 관찰하는 것입니다.

이 위대한 세상을 어떤 자들은 유(類) 밑에 종(種)으로 분류해 봅니다마는, 그것은 우리 자신을 알기 위해서 곁눈질로 들여다보아야 할 거울입니다.

요약하면, 이 대자연이 우리 학생에게 읽혀야 할 책이 되기를 바랍니다. 하고많은 기분이나 종파들, 판단·의견·법·습관들은 우리에 관해서 건전하게 비판하기를 가르쳐 주며, 우리 판단력에게 그 자체가 천성으로 불완전하며 허약하다는 것을 가르쳐 줍니다. 그것은 변변찮은 수업이 아닙니다.

국내의 하고많은 동요나 공공의 정세 변화는 우리의 신세를 큰 기적으로 여기지 말라고 가르칩니다. 이미 망각 속에 묻혀 버린 그 많은 이름들, 그 많은 승리와 정복한 성과들은 우리가 겨우 이름도 없는 성을 하나 함락시키고, 열이 조금 넘는 소총수를 잡고서 자기 이름을 영원히 남기려는 희망을 품는 어리석음을 보여 줍니다. 외국에서의 거만한 위풍을 보이는 그 많은 화려한 예식들, 여러 궁전들이나 세력가들의 그렇게도 뽐내는 위엄은 우리 시대의 휘황한 위풍들을 눈도 깜짝하지 않고 버티어 볼 눈을 단단히 다져 줍니다.

수천수만의 인간들은 그렇게도 많이 우리보다 먼저 땅에 묻혀서, 우리에게 저세상에 가서 좋은 동무를 만나 보기를 두려워하지 않게 마음을 돋우어 줍니다. 모든 일이 이렇습니다.

우리 인생은 장대한 올림픽 대회의 큰 모임과도 비슷하다고 피타고라스는 늘 말했습니다. 어떤 자들은 경기의 영광을 얻으려고 거기서 신체를 단련합니다. 또 다른 자들은 돈을 벌기 위해 상품을 팔러 가져갑니다. 그중엔, 이것이 가장 나쁜 자는 아니지만, 여러 사물들이 각기 어떻게, 그리고 어째서 되어지는가를 관찰하며 다른 인간들의 생활을 관객으로서 비판하며, 그것으로 자기 인생을 조절하는 것밖에 다른 소득을 찾지 않고 있습니다.

철학의 가장 유익한 교훈들은 바로 이런 예에 맞추어 조화해 갈 수 있을 것입니다. 그리고 인간의 행동들은 그 규칙처럼 철학에 맞추어 가야 합니다. 이 아이에게 말씀해 주십시오.

    그의 소원으로 허용된 것은 무엇인가,
    그렇게 벌기 힘든 금전은 어디 쓸 것이며
    어느 정도로 사람은 조국과 동포들에게 헌신해야 하며
    신께서 그대에게 주기를 원하는 천직은 무엇이며
    신이 이 사회에서 그대에게 지정한 역할은 무엇이며,
    우리는 무엇인가. 또 무엇 때문에 태어났는가.   (페르시우스)

안다는 것과 모른다는 것은 무엇이며, 공부의 목적은 무엇이며, 용기·절도·정의는 무엇이며, 대망과 탐욕, 노예와 신하, 방자함과 자유 사이에는 무슨 차이가 있는가, 진실하고 견고한 만족은 무슨 표지로 알 수 있는가, 죽음과 고통과 수치는 어느 정도까지 두려워해야 하는가 등을 말해 주어야 합니다.

    어떠한 방식으로 노고를 피하거나
    또는 감내할 것인가.   (베르길리우스)

또 어떠한 힘이 우리를 움직이며, 우리에게 있는 잡다한 충동들의 원인은 무엇인가를 말해 주어야 합니다. 왜냐하면 학생에게 그 이해력을 윤택하게 축여 줄 제일의 가르침은 버릇과 감각을 조절하여, 그가 자기를 알게 하고 잘 살고 잘 죽는 방법을 가르치는 사상들이기 때문입니다. 인문과학 중에서 우리들을 해방시키는 사상부터 시작합시다.

다른 모든 사물들도 어느 점에서는 여기에 쓰이지만, 학문은 전부 어느 점에서 우리 인생의 계발과 봉사에 소용됩니다. 그러나 직접적으로, 공개적으로 거기 소용되는 학문을 택해 봅시다.

우리가 우리 인생에 속하는 사물들을 그 정당한 본연의 한계 속에 제한할 수 있다면, 지금 흔히 사용되는 학문들의 대부분은 우리에게 소용된다는 것을 알게 될 것입니다. 그리고 소용되는 학문 중에도 너무 쓸모없는 넓이와 깊이를 가진 학문은 치워 두고, 소크라테스의 교육을 따라서 우리의 필요를 채우지 못하고 있는 학문에만 공부의 범위를 제한하는 것이 좋을 것입니다.

감히 현명하여라.
시작하라, 잘 살아 볼 시간을 미루는 일은
강을 건너려고 물이 다 흘러가 버리기를 기다리는 촌사람 격이니라.
그동안 강물은 흐르며, 영원히 흘러갈 것이다. (호라티우스)

우리 어린아이들에게

물고기자리의 영향과 사자자리의 불길의 표징과
헤스페리드[26]의
바다에서 목욕하는 염소자리의 영향은 어떠한가. (프로페르티우스)

를 가르치며, 점성술의 학문과 여덟 번째 천구의 운동 등을 가르치느라고 아이들 자신의 작문을 뒤로 미룬다는 것은 어리석은 일입니다.

좀생이별 별자리가 내게 무엇이며
황소자리 별자리가 내게 무엇인가? (아나크레온)

아낙시메네스는 피타고라스에게 쓴 편지에서 "내 눈앞에 죽음과 굴욕의 위험이 늘 임박해 오는데, 어떻게 내가 별들의 비밀에 흥겨워할 수 있겠소?"(왜냐하면 당시 페르시아 왕은 그 나라에 대해서 전쟁을 준비하고 있었기 때문입니다)라고 했습니다.

---

26) 고대 그리스인들에게는 이탈리아, 로마인에게는 스페인을 가리킴.

각자는 모두 "야심과 탐욕과 당돌함과 미신으로 속을 썩이며, 그리고 내 속에 생명의 이러저러한 다른 적들을 지니고 있는데, 내가 우주를 흔들어 볼 생각을 하겠는가?"라고 말해야 합니다.

그 아이를 더 현명하고 나아지게 하는 데 필요한 것을 말해 주고 난 다음에 논리학이나 물리학·기하학·수사학이 무엇인가를 이야기해 주어야 합니다. 그러면 이미 판단력이 생겼기 때문에 이 아이는 택한 학문에 바로 통달할 것입니다. 그의 학과는 때로는 이야기로, 때로는 책으로 가르치게 될 것입니다. 때로는 스승이 이 아이의 교육 목적에 적합하도록 바로 어느 작품 속의 문장을 보여 주어야 합니다. 때로는 그 작품의 진수와 완전히 이해된 내용의 골자를 가르쳐 주어야 합니다. 그리고 만일 스승이 의도하는 효과를 거두도록 작품들 속에 있는 하고많은 아름다운 문장들을 찾아낼 수 있을 정도로 서적들에 관한 소양이 충분치 못하다면, 그에게 다른 학자를 데려다주어서 필요할 때마다 적당한 재료를 제공해 주어 그 아동의 훈육에 맞게 베풀어 주어야 합니다. 그러면 이 학과가 가자(15세기에 이탈리아로 피난해 온 그리스 학자)의 학과보다 더 쉽고 자연스럽다는 것을 누가 의심하겠습니까? 이런 학과에 쓰고 있는 것은 가시 돋고 재미없는 교훈이며, 헛되고 멋쩍고 잡힐 건더기가 없는 문구들이기 때문에 사람의 머리를 깨우쳐 주지 못합니다. 우리 방법에서는 심령이 물어뜯고 씹어 볼 거리를 찾아냅니다. 이 성과는 비교할 수 없이 크며, 그래서 학문은 더 빨리 성숙할 것입니다.

우리 세기에는 철학이 이해력 있는 사람에게도 사상으로나 효과로나 아무 쓸모도 값어치도 없는 허망하고 헛된 이름에 불과하게 되었다는 것은 중대한 사태입니다. 이것은 철학에 들어가는 모든 길을 장악하고 있는 꽤 까다로운 말투들에 그 원인이 있다고 생각합니다. 철학이 어린아이들에게는 이해될 수 없으며, 심술궂고 음침하고 무서운 것이라고 보여주는 일은 대단히 큰 잘못입니다. 누가 나에게 그것을 이런 창백하고 징그러운 가짜 모습으로 덮어씌운 것일까요? 그보다 더 상쾌하고 화창하고 밝은 것은 없습니다. 거의 까불거린다고까지 말하고 싶습니다.

철학은 재미와 놀이밖에 설교하지 않습니다. 슬프고 핼쑥한 얼굴은 여기가 들어올 곳이 아니라는 것을 보여 줍니다. 문법학자 데메트리우스는 델포이 신전에서 함께 앉아 있는 철학자들 한 패를 보고 말했습니다. "내가 잘못 보았는지요. 당신들의 얼굴이 아주 평화롭고 유쾌한 것을 보면, 당신들끼리 그렇게 대단한 사상을 말하고 있는 것이 아니구려" 하자, 그들 중의 하나인 메가라 인 헤라클레온이 대답했습니다. "그것은 βάλλω(던지다)라는 동사의 미래의 λ가 둘인가, 비교급 Χειρον(더 나쁘다)과 βελτιον(더 낫다)과, 그 최상급 Χειλιστον과 βελλιστον는 어디서 나왔는가를 알려고 이맛살을 찌푸리며 토론하는 자들의 일이오. 그러나 철학의 가르침으로 말하면, 그것을 취급하는 자들을 짜증 나고 슬퍼지게 하는 것이 아니고, 마음을 늘 유쾌하게 즐겁게 해 주는 것이오."

그대는 몸 속에 감춰진 병든 마음의 고민을 파악하고
동시에 그 희열을 파악한다.
그리하여 얼굴빛은 서로의 성격을 나타낸다. (유베날리스)

철학이 깃든 마음은 그 건전성으로 신체까지 건강하게 만들어 주어야 합니다. 마음은 그 여유와 편안을 밖에까지 빛내야 하며, 자기 틀에 맞춰서 외면의 풍채를 만들고, 따라서 우아한 위풍과 활동적이고 경쾌한 몸가짐과 만족스럽고 온화한 용모로 자태를 무장해야 합니다. 예지가 가장 잘 드러나는 표정은 꾸준히 즐거운 마음을 가지는 것입니다. 그 상태는 항상 명랑한 달나라 너머의 일들 같습니다. 바로코와 바랄립톤(스콜라 학파에서 쓰고 있는 논리학의 인조어, 그 모음이 삼단 논법을 가리킴)의 삼단 논법이 그들의 제자들을 더럽고 충충하게 만드는 것이지, 철학이 그렇게 한 것은 아닙니다. 그들은 철학을 들은풍월로만 알고 있습니다. 어째서요? 철학은 마음의 폭풍 같은 격동을 진정시키고 굶주림이나 열병 따위를 웃어넘기는 일을 맡으며, 그것도 어느 공상적인 에피시클르[27]에 의함이 아니라, 자연스럽고 손에 잡히는 이성의 힘으로 하는 것입니다.

철학의 목적은 도덕입니다. 이것은 학교에서 말하는 것과는 달리, 험하고 기복이 심하며 올라가 볼 수 없는 산꼭대기에 꽂힌 것이 아닙니다. 도덕에 접근한 자

---

27) 고대 천문학술어. 천구상에서의 행성들의 운행궤적. 이심점을 중심으로 하는 이심원의 원궤도를 따라 원을 그리며 돈다고 하여 주전원(周轉圓)이라고 함.

들은 반대로 그것이 기름지고 꽃피는 아름다운 평원에 있으며, 거기서 감히 모든 사물들을 눈아래로 내려다본다고 생각합니다. 그러나 그리로 가는 길을 알기만 하면, 창공의 길이 그렇듯 그늘지고 풀밭 있고 재미나게 꽃피어 향기롭고 반반하며, 가기 쉽게 경사진 길로 거기에 도달할 수 있습니다. 이 아름답고 우아하고 사랑스럽고 감미롭고 또한 용감하며, 불쾌감과 번민과 공포, 강제 따위와는 화해하여 볼 수 없는 공공연한 적이며, 천성을 지도자로 갖고 운세와 탐락을 동무로 삼고 있는 이 최고의 도덕, 이 도덕을 자주 사귀지 못했기 때문에, 그들은 자기의 약점을 따라 슬프고 게걸대고 울분을 품고 위협하며 골탕 먹이는 어리석은 꼴로 도덕을 가장시켜서 저 높이 절벽 꼭대기 가시덤불 속에 올려놓고, 놀라게 하는 귀신처럼 만드는 것입니다.

  우리 선생님들은 제자의 의지를 도덕에 대한 존경심만큼, 또 늘 존경심보다도 더 많이 도덕에 대한 애정으로 채워 주어야 할 것을 알고 있으니, 제자에게 시인들은 일반의 심정을 좇고 있다는 것을 말해 주고, 신들은 팔라스(여신 미네르바. 학문·공예·전쟁의 여신)의 궁전보다는 차라리 비너스의 침실로 가는 길을 더 고생되게 만들어 놓았다는 것을 체험시켜 주어야 합니다. 그리고 제자가 사랑을 느끼기 시작할 때에는, 즐길 애인으로 브라다망이나 안젤리크(브라다망과 안젤리크, 아리오스토 작 《광분한 롤랑》에 나오는 두 여주인공)를 내놓습니다. 그런데 그것은 연약하고 가식적이고 가냘프고 꾸며놓은 것이 아니라, 순박하고 활발하고 관대하고 후덕하며, 남장미인 격이 아닌 사내다운 미인입니다. 하나는 남자 복장으로 가장시켜 번쩍이는 투구를 씌우고, 또 하나는 여자 복장에 진주로 장식한 모자를 씌워서 내놓았을 때에 이 소년이 저 프리기아의 뼈 없는 목동과는 전혀 다르게 골라잡는다면, 그는 제자의 사랑까지도 씩씩하다고 판단할 것입니다.

  그는 제자에게 새로운 교육법으로 진실한 도덕이 가지는 고매한 가치는 그 실천이 쉽고 유익하고 쾌감을 느끼게 하는 점에 있으며, 어려운 일과는 동떨어져 있어 어린아이나 소박한 자나 세련된 자나 아무라도 할 수 있다는 것을 가르쳐 줄 것입니다.

  절제는 도덕의 도구이지 도덕의 힘은 아닙니다. 도덕의 첫째 아들인 소크라테스는 일부러 힘든 것을 버리고 소박하고 순탄한 길을 찾아 도덕으로 향해 갑니다. 도덕은 인간적 쾌락의 어머니입니다. 쾌락을 정당화함으로써 쾌락을 확실하고 순수하게 만들어 줍니다. 도덕은 쾌락을 조절함으로써 이 쾌락을 늘 생생하고 맛있게 해 줍니다. 도덕이 거부하는 쾌락들을 제거함으로써 도덕이 남겨주는 쾌락을 예민하게 느끼게 하며, 천성이 원하는 모든 쾌락에 물리기까지는 아니라고 해도 포만을 느끼도록 자애롭게 남겨 줍니다(만일에라도 술꾼이 만취하기 전에 멈추고, 탐식객이 소화불량이 되기 전에 멈추고, 호색한이 대머리가 되기 전에 멈추게 하는 섭생을 쾌락의 적이라고 말하려는 것이 아니라면 말입니다).

만일 도덕이 일반적인 행복을 얻지 못하더라도 도덕은 그런 것에 초연하거나 그것 없이 해 나가며, 그보다는 떠다니거나 유전하지 않는, 완전히 자기 것인 행동을 만들어 갖습니다. 도덕은 부하고 강하고 박식할 줄 알며, 사향 냄새 풍기는 이부자리에서 잠잘 줄 압니다. 도덕은 인생을 사랑하며, 미인과 영광과 건강을 즐깁니다. 그러나 도덕의 특수하고 고유한 직분은 이런 보배를 절도 있게 사용할 줄 알며, 이런 것을 잃고도 지조를 지키는 데 있습니다. 고생되기보다는 훨씬 고상한 직분이며, 그것 없이는 인생의 모든 흐름은 변질되고 소란해지고 변형되며, 그런 경우에는 저 암초나 가시덤불이나 괴물 같은 위험한 것을 정당하게 결부시켜 볼 수 있습니다.

만일 이 제자가 타고난 본성이 아주 괴상해서, 스승의 말을 들을 때에 좋은 여행 이야기나 현명한 담화보다는 헛된 옛날이야기를 좋아하거나, 또는 그의 동무들의 정열을 무장시키는 군대의 북소리를 피하고 곡마단이나 노름판으로 불러 가는 다른 소리의 낌에 빠져 간다면, 또 그가 자기 소망으로 정구나 무도회에 나가 그런 경기로 상을 타오는 재미보다 전쟁터에서 승리를 거두며 먼지를 덮어쓰고 돌아오는 것을 더 유쾌하고 흥이 나게 보지 않는다면, 차라리 스승은 보는 증인이 없거든 그의 목을 틀어 죽이든지, 그렇지 않으면 그가 아무리 공작의 아들이라도 어린애는 그 부모의 소질을 보아서가 아니라 그자의 마음씨의 소질을 보아서 길러야 한다고 말한 플라톤의 교훈을 따라서, 그를 어느 도시의 빵집 직공으로 보내 버리는 수밖에 다른 교정 방법이 없다고 생각합니다.

철학은 살아가는 방법을 가르치는 학문이며, 거기에는 유년 시절이라도 다른 연배들과 마찬가지의 학과가 있는 이상, 어째서 소년에게 그것을 가르쳐서 안될 일입니까?

> 점토는 부드럽고 축축하다. 어서어서 서두르자.
> 끊임없이 돌아가는 틀바퀴에 넣어 형체를 만들자. (페르시우스)

    사람들은 인생이 끝날 무렵에 인생을 가르칩니다. 수백의 학생들이 아리스토텔레스의 절제에 관한 학과를 배우기 전에 매독에 걸려 버립니다. 키케로는 두 사람 몫의 생명을 살아도 서정 시인들을 배울 여가가 없으리라고 말했습니다. 그래서 나는 이런 궤변가들이 무용지물이라는 것을 더욱 절실하게 느낍니다. 우리 아동은 더 급합니다.
    그의 교육은 열대여섯 살 때까지만 해 두면 됩니다. 이렇게 짧은 세월은 더 필요한 일을 가르치는 데 사용합시다. 이런 짓은 시간 낭비입니다. 변증법의 그 가시 돋친 농간은 모두 치우세요. 그런 것으로 우리 인생은 나아지지 않습니다. 철학의 단순한 가르침을 선택하십시오. 알맞게 택하며 다룰 줄 아십시오. 이런 가르침은 보카치오의 이야기보다도 이해하기 쉽습니다. 이런 것은 어린애가 유모의 손에 있을 때부터 글 읽기와 쓰기를 배우는 것보다 더 잘 배울 수 있습니다. 철학에는 인간의 노쇠기를 위한 것뿐만이 아니라 인간의 출생을 위한 학과도 있습니다.
    나도 플루타르크의 생각과 같습니다. 아리스토텔레스는 그의 위대한 제자(알렉산드로스 대왕)를 가르칠 때, 삼단 논법을 꾸미는 기교나 기하학의 원리보다도 용기와 담력과 호방과 절제, 그리고 아무것도 두려워하지 않는 자신을 갖게 하는 교훈을 가르쳐 그 제자의 흥을 돋우어 주었습니다. 그리고 이 제자가 이런 수련을 받은 다음, 아직 어린 몸으로 단지 보병 3만, 말 5천 필, 그리고 돈 4만 2천 에퀴를 가지고 세계 제국을 정복하러 나가게 했습니다. 알렉산드로스는 다른 기술과 학문들도 그 좋고 탁월한 점을 높이 받들어 숭배했지만, 기껏 거기 흥미를 가져 본 결과로 그는 쉽사리 그런 학문을 실천하고 싶은 심정에 끌려들지 않았다고 플루타르크는 말합니다.

젊은이와 늙은이들이여, 이제부터 그대들 마음에 확고한 목표를 세워서
비참한 백발 때의 지팡으로 삼아라.　　　　　　　　　(페르시우스)

이것은 에피쿠로스가 매니케오스에게 보내는 편지 서두에 한 말입니다. "가장 젊은 자도 철학을 피하지 말 것이며, 가장 늙은이도 거기 물리지 말지어다." 그렇게 하지 않는 자는 아직 행복스럽게 살 때가 오지 않은 자이거나, 또는 벌써 때가 지난 자라고 말하는 것 같습니다.

무엇이 어떻든 나는 아이를 가두어 두어서는 안 된다고 말합니다. 아이를 혹독한 학교 선생의 우울한 기분에 맡겨 두기를 바라지 않습니다. 그를 사람들이 하는 식으로 짐꾼들같이 하루에 열다섯 시간이나 고역과 노동에 매어 두어서, 그 아이의 정신을 퇴락시키고 싶지 않습니다. 그리고 외롭고 우울한 기분에 잠겨서 서적 공부에 철없이 너무 열중하게 하고, 이런 기분을 가꾸어 주는 것도 좋다고 보지 않습니다. 그러다가는 사람과의 교제에 서투르고, 더 좋은 직무를 회피하게 됩니다. 우리 시대에 분에 넘치게 학문을 탐하다가 천치가 된 사람을 얼마나 많이 보고 있습니까! 카르네아데스는 학문 탐구에 너무 미쳐서 머리를 깎고 손톱을 단장할 여가도 없었습니다. 그리고 나는 남들의 무례하고 상스러운 버릇 때문에 그의 너그러운 행동 습관을 그릇되게 하기를 원치 않습니다.

옛 격언에 말하기를, 프랑스의 예지는 일찍 총명해지고 오래 지속하지 않는다고 했습니다. 사실 우리는 프랑스의 어린애만큼 귀여운 것은 없다고 생각합니다. 그러나 그들은 대개 사람들이 품고 있던 희망을 배반해서, 어른이 된 뒤에는 아무런 탁월한 점을 보이지 않습니다. 나는 우리 어린이들이 그처럼 많은 학교에 다니기 때문에 이렇게 바보가 된다고 지각 있는 사람들이 하는 말을 들었습니다.

어린이들을 위해서는 아이들 방에서나 정원에서나, 식탁에서나, 잠자리에서나, 혼자 있을 때나, 동무와 함께나, 아침이나 저녁이나, 모든 시간이 한가지이며, 어디 있어도 공부가 될 것입니다.

왜냐하면 철학은 주요 학과가 판단력과 습성을 만드는 요소로 되어 있어서, 모든 일에 참석하는 특권을 가집니다. 웅변가인 소크라테스는 어느 잔치에서 그의 기술에 관해 말해 달라는 청을 받고 "지금은 내가 할 줄 아는 것을 할 때가

아닙니다. 지금 이 자리에서 해야 할 일을 나는 할 줄 모릅니다"라고 대답했는데, 모두들 옳다고 생각했습니다. 왜냐하면 웃으며 좋은 음식을 먹으려고 모인 자리에서 수사학의 연설이나 토론을 내놓는다면, 너무 심한 부조화의 혼합이 되고 맙니다. 다른 모든 학문에 관해서도 이렇게 말할 수 있습니다. 그러나 철학은 조금 다릅니다. 철학이 인간과 그의 의무와 직분을 취급하는 부문을 가지고 서로 이야기하는 재미로 보아서도, 철학은 연회석에서나 운동 경기 때나 거부될 수 없다는 것이 모든 현자들의 의견입니다. 그리고 플라톤은 《향연》에서도 이것을 화제로 삼았으니, 우리는 철학이 아무리 고상하고 사람에게 유익한 논제를 끌어내도, 때나 자리에 맞춰 모여 있는 사람들에게 얼마나 부드러운 흥취를 돋우는가를 알 수 있습니다.

그것은 가난한 사람이나 부자에게나 똑같이 유익하기 때문에
이것을 소홀히 하면 노소 없이 후회하리라.　　　(호라티우스)

그러니 이 아이는 정녕 다른 아이들보다 덜 게으를 것입니다. 그러나 복도를 거닐 때의 식으로 걸어가면 지정된 길의 세 배의 거리를 가도 피로하지 않는 것처럼, 마찬가지로 우리의 학과는 우연히 일어나는 일같이 진행되기 때문에, 시간과 장소의 제약도 받지 않고 우리의 모든 행동에 섞여 들게 되며, 부지불식간에 흘러들어 올 것입니다. 경주·권투·음악·무용·사냥·승마와 무기 다루기 등 유희와 운동까지도 그가 공부하는 많은 부분을 차지할 것입니다. 외부에 대한 체면과 사람 대할 때의 몸가짐, 그리고 신체의 훈련까지도 마음과 함께 다루어져야 합니다. 길들이는 것은 마음만이 아닙니다. 그것은 사람입니다. 두 가지로 다루어서는 안 됩니다. 그리고 플라톤이 말하듯이 하나하나 따로 길들일 것이 아니라, 한 멍에에 매인 한 쌍의 말과 같이 동일하게 다루어야 합니다.

그리고 그의 말을 들어보면, 신체 단련에 더 많은 시간과 더 많은 정성을 들이며, 그것으로 정신도 동시에 단련되게 되는 것이고, 그 반대가 아닌 것같이 보이지 않습니까?

그뿐더러 이 교육은 늘 있는 식이 아니고 엄격한 온정으로 다루어져야 합니다.

사람들은 어린애들이 글을 배우게 유도하는 대신에, 징그럽고 잔혹한 심술로 남을 해롭게 하는 행위밖에 내놓지 않습니다. 폭력과 강제는 그만두십시오. 내 의견으로는 이보다 더 심하게 점잖은 집 아이를 둔하고 어리석게 만드는 짓은 없습니다. 그가 수치와 징벌을 두려워하게 만들고 싶더라도 거기에 굳어지게는 하지 마십시오. 땀과 추위, 바람, 태양, 위험들을 가소롭게 보도록 단련시키십시오. 입은 옷과 잠자리, 먹는 것과 마실 것은 무엇이든지 보드랍고 맛 좋은 것을 물리치고, 무슨 일이라도 당해 내도록 길들이십시오. 예쁘장한 멋쟁이를 만들지 말고 발랄하고 억센 사내가 되게 하세요.

나는 어렸을 때나 성인이 되었을 때나 늙어서나 늘 똑같이 생각하고 판단했습니다. 그러나 무엇보다도 우리나라 대부분의 학교에서 하는 교육은 늘 내 비위에 맞지 않았습니다. 관대함에 기울어졌다면 이렇게 피해를 입도록 실패하지는 않았을 것입니다. 학교란 정말로 어린애를 가두어 두는 감옥입니다. 그들이 방탕아가 되기 전에 처벌하여 방탕아를 만듭니다. 그들이 공부할 때 학교에 가보세요. 들리는 것은 고초받는 어린애들의 울음소리와, 화가 치밀어 정신을 잃은 선생들의 고함뿐입니다. 이렇게 연하고 겁 많은 어린 마음들을 손에는 채찍을 들고 시뻘겋고 무서운 얼굴로 지도하다니, 이것이 아이들에게 공부할 생각을 일으키게 하는 방법이겠습니까? 부당하고 해로운 방법입니다. 그뿐더러 퀸틸리아누스가 적절히 지적했듯, 이런 강압적인 권위는 위험한 결과를 초래합니다. 특히 우리의 처벌 방법이 그렇습니다. 교실은 피 묻은 회초리 동강이보다도 꽃과 잎새를 깔아 장식하는 것이 얼마나 아담한 일입니까. 나 같으면 철학자 스페우시포스가 학교에서 하던 식으로, 거기다가 기쁨·즐거움·플로라(꽃의 신을 가리킴)·우아의 여신들을 그려 붙이게 하겠습니다. 이익을 얻는 곳에 즐거움도 있어야 합니다. 어린애에게 유익한 음식에는 설탕을 섞고 해로운 음식에는 쓸개즙을 섞어 주어야 합니다.

플라톤이 《법률편》에서 젊은이들의 희락과 여가에 마음 쓰며, 그들의 경주·유희·노래·뛰기·춤 등에 유의하며, 고대인들이 이런 사항의 지도와 수호를 아폴로·뮤즈·미네르바 등의 신들에게 위임했다는 사실을 지적하고 있는 것은 얼마나 탄복할 일입니까. 그는 이것을 학교에서의 교육을 위해서 수많은 교훈으로 전개시킵니다. 문학에 관해서는 그렇게 관심이 없습니다. 그리고 음악을 위해서밖에는 시가(詩歌)를 특히 권장하는 것 같지 않습니다.

우리들의 행위나 습성 중에서 색다른 것과 특이한 것은 모두 사회생활에서 대인 교섭에 적합치 않는 부자연한 것으로 보고 피해야 할 일입니다. 알렉산드로스의 집사 데모폰의 체질이 햇볕에서는 떨고 그늘에서는 땀 흘리는 것을 보고 괴상하다고 하지 않을 자가 누구이겠습니까? 어떤 사람은 총탄이 날아오는 것보다도 사과 냄새가 무서워 도망가고, 또 어떤 사람은 생쥐를 보고 놀라며, 어떤 자는 크림을 보면 게우고, 어떤 사람은 마치 게르마니쿠스가 수탉을 보거나 그 울음소리 듣기를 참아 내지 못하던 식으로 새털처럼 뭉실뭉실한 것을 두려워하는 것을 보았습니다. 아마 거기에는 무슨 신비한 소질이 있을지도 모릅니다.

그러나 일찍부터 노력하면 그런 괴벽은 없앨 수 있다고 생각합니다. 이것은 힘이 들지 않는 것도 아니지만, 나는 교육의 힘으로 맥주를 제외하고는 사람이 먹을 수 있는 음식은 무엇이든지 들 수 있습니다. 이런 이유로 몸이 아직 유연할 때에 모든 방식과 풍습에 몸을 단련시켜야 합니다. 사람이 욕망과 의지를 제어할 수 있는 이상, 젊은이는 과감하게 어느 나라나 어느 사회에서도 편리하게, 즉 필요하다면 문란함과 과도함에도 견디게 만들어 놓아야 합니다. 행위는 습관을 따릅니다. 그는 모든 일을 할 수 있으며 그러고도 착한 일만 하기를 즐겨야 합니다.

철학자들도 칼리스테네스가 술 마시기에 맞서지 못해서 알렉산드로스 대왕의 은총을 잃은 것은 칭찬할 일이 못된다고 보았습니다. 그는 자기 왕과 함께 웃으며 장난하며 방탕도 해야 했습니다. 나는 젊은이가 방탕하는 데도, 정력과 견고성이 동무들보다 뛰어나서 나쁜 짓을 하기에도, 주먹깨나 쓰기에도, 학문을 하기에도 못할 것 없지만, 다만 그렇게 할 의사가 없어 하지 않기를 바랍니다. "악을 행하기를 원치 않음과 할 줄 모름 사이에는 큰 차이가 있다."(세네카)

나는 프랑스의 다른 어떤 분보다도 과도한 일을 하지 않는 한 귀족에게, 그분을 판단하는 것으로 생각하며, 독일에 가서 왕의 일 때문에 필요해서 몇 번이나 만취해 보았느냐고 물어보았습니다. 그는 자랑삼아서 대답하기를, 세 번 그런 일이 있었다고 이야기해 주었습니다. 나는 어떤 분이 이런 소질 없이 그 나라에 가서 일을 하다가, 대단히 고생한 것을 알고 있습니다. 나는 알키비아데스가 자기 건강을 해하지 않고 쉽사리 다른 방식으로 생활을 바꾸며, 어느 때는 페르시아 방식보다도 더 풍부하고 호화롭게 지내고, 어느 때는 엄격하고 소박하기가 라케다이모니아 사람보다도 지나치며, 이오니아에서 탐락을 즐기는 만큼 스파르타에서 절제를 지킨 그 놀랄 만한 소질을 가끔 주목하며 감탄했습니다.

아리스티푸스는 모든 겉모양, 지위, 상태에 적응했다. (호라티우스)

나는 학생을 이렇게 훈련시키고 싶습니다.
누더기를 입든 비단옷을 입든 태연히
그때그때의 환경의 변화에 순응하며, 이 두 역할을
소홀함 없이 연기해 낼 자를 나는 찬양하리. (호라티우스)

　이것이 내 교훈입니다. 이런 것을 아는 자보다도 이런 것을 행한 자가 내 교훈을 더 잘 이용한 것입니다. 그의 모습이 있는 곳에 그의 말이 있습니다. 그의 말이 있는 곳에 그의 행실이 있습니다.
　"참으로 철학한다는 것이 여러 가지 일을 알아서 기술을 토론함이 아니기를!" 하고 플라톤에서 어떤 자가 말합니다.
　"공부에 의해서보다도 행동 습관에 의해서, 그들은 기술 중에도 가장 위대한 기술인 잘 사는 기술에 통달한 것이다." (키케로)
　플리아시아인들의 왕 레온이 폰투스의 헤라클리데스에게 무슨 학문, 무슨 기술을 직업으로 삼겠느냐고 묻자 "나는 기술도 학문도 모르오. 그러나 나는 철학자요"라고 말했습니다.
　누가 디오게네스에게 무식하다면서 어떻게 철학에 참견하느냐고 책망하자, 그는 "그러니까 더욱 적절하게 거기 참견하지"라고 말했습니다.
　헤게시아스가 그에게 어떤 책을 읽어 달라고 하자, "당신도 괴짜요. 당신은 그림의 무화과가 아니라 천연의 진짜 무화과를 집으면서, 왜 글로 쓸 것 말고 진짜 자연의 훈육을 택하지 않소?"라고 그는 대답했습니다.
　그 아이는 학과를 말로만 배우지 않고 실제로 행할 것입니다. 그는 학과를 행동으로 복습할 것입니다. 그가 기도하는 것에는 신중성이 있는가, 그의 행위는 착하고 올바른가, 말하는 것에 판단력이 있고 우아미가 있는가, 병에 걸렸을 때에도 강단이 있는가, 살림살이에 질서가 있는가, "지식을 자기 학문을 전시하는 도구로 삼지 않고 인생의 규칙으로 삼으며, 자신에게 순종하고 자신의 원칙을 준수할 줄 아는 자인가"(키케로), 탐락에 절도가 있는가, 고기건 생선이건 포도주건 물이건 입맛에 가리는 것은 없는가를 살펴볼 일입니다.

우리들 사색의 귀감은 우리들 일상의 생활입니다.

제우크시다모스는 어째서 라케다이모니아인들은 용감한 행동에 대한 규정을 글로 적어 놓지 않고, 또 젊은이들에게 읽을 책을 주지 않느냐고 누가 물어보자 '그들에게 말이 아니라 행동으로 습관 지어 주려고 하는 것'이라고 대답했습니다. 열대여섯 해 뒤에 그와 같은 세월을 두고 단지 학교에서 말하는 법만 배워 온 라틴어 학생 하나를 이자와 비교해 보십시오. 세상은 떠벌이에 불과합니다. 당연히 덜 해야 할 말을 더 붙여서 말하지 않는 자를 본 일이 없습니다. 그렇지만 우리는 인생의 반세월을 이런 짓에 낭비해 버립니다. 우리는 4, 5년 동안 낱말을 배워 그것을 꿰매어서 글귀를 만드는 데 매여 지냅니다. 또 그만한 세월을 글귀를 네댓 부분으로 펼쳐서 긴 문장을 꾸며 보는 일에, 그리고 다시 적어도 5년은 글귀를 묘한 방식으로 간결하게 꾸미고 엮어 보느라고 보냅니다. 이런 수작은 드러내 놓고 그것을 직업으로 삼는 자들에게 맡깁시다.

어느 날 오를레앙에 갔다가, 나는 클레리에 못 미쳐 평원에서 선생님 둘이 서로 50보가량 떨어져서 보르도 쪽을 향해 오는 것을 보았습니다. 더 멀리 그들 뒤에 사람들 한패가 그들의 윗사람인 라 로슈푸코 백작을 선두로 해서 오는 것을 보았습니다. 내 집 하인 하나가 그 선생님 한 분에게 뒤에 오는 귀인이 누구냐고 물어보았습니다. 그는 자기 뒤에 오는 패들을 보지 못하고 자기 동무를 말하는 줄만 알고 웃으며, "그는 귀인이 아니고 문법 학자요, 그리고 나는 논리 학자요"라고 대답했습니다. 그런데 우리는 그 반대로 문법 학자나 논리 학자가 아니고 귀인을 만들려고 하는 것이니, 이런 자들은 저희들 멋대로 시간을 낭비하게 두십시오. 우리 일은 딴 곳에 있습니다. 우리 제자는 사물을 잘 알고만 있으면 말은 얼마라도 따라옵니다. 말이 따라오지 않으면 그가 말을 끌고 갈 것입니다. 나는 표현을 잘 못한다고 변명하면서, 머릿속에는 말할 거리가 얼마든지 있는데, 웅변이 모자라 명확하게 내놓지 못하는 체하는 사람을 봅니다. 그것은 속임수입니다. 그것이 무슨 수작이라고 내가 생각하는지 아십니까?

그것은 어떤 그림자같이 떠오르는 흐리멍덩한 생각을 그들 마음속에 풀어서 밝혀 보지 못하기 때문에 밖으로 내놓지도 못하는 것입니다. 그들은 스스로도 아직 이해하지 못합니다. 이들이 말을 끌어낼 때 더듬거리는 꼴을 보세요. 그들의 노력은 말을 끌어내는 데 있지 않고 생각을 꾸며내는 데 있으며, 그들은 이 불완전한 재료를 핥는 것 외에는 아무것도 하지 않고 있습니다. 나로서는 소크라테스도 그렇게 가르치지만, 자기 마음속에 생기 있고 맑은 생각을 가진 자는 베르가모 사투리(이탈리아 롬바르디아의 도시. 사투리가 가장 심한 곳으로 보임)로라도, 또는 벙어리일 때는 몸짓으로라도 표현해 낼 것입니다.

사물을 알아보면, 언어는 부르지 않아도 따라온다   (호라티우스)

그리고 어떤 자는 산문을 이렇게 시적으로 표현하며 "사물이 정신을 잡으면 언어는 저절로 따라 온다"(세네카)라고 말했습니다. 그리고 다른 자는 "사물은 언어를 이끌어 온다"(키케로)고 말했습니다. 제자는 탈격 조사도 접속사도 명사도 문법도 모릅니다. 그의 하인도, 작은 다리(파리 샤틀레 앞의 생선 시장) 청어장수 마누라도 이런 것은 모릅니다. 그러나 하고 싶기만 하면 실컷 이야기해 볼 것입니다. 그리고 아마 프랑스의 어떤 훌륭한 문법 학자에게도 지지 않게, 또 언어의 규칙에 위배되지 않을 것입니다. 그는 수사학을 모르며, 서문으로 공평한 독자님(16세기 저작의 서문에 잘 나오던 말투)의 호의를 살 줄도 모르고, 그것을 알 생각도 않습니다. 진실로 아무리 아름다운 그림이라도 단순하고 순진한 진리의 밝은 빛 앞에는 바로 무색해져 버립니다. 타키투스의 책에 나오는 아페르가 뚜렷이 보여 주듯, 이런 약은 재주는 소담하고 든든한 음식을 섭취할 능력 없는 속물들에게나 사용됩니다. 사모스의 대사들이 장문의 훌륭한 연설을 준비해 스파르타 왕 클레오메네스에게 와서 폭군 폴리크리테스에 대해 전쟁을 하도록 충동하여 보려고 했습니다. 그들이 실컷 말하게 두고 나서 그는 대답하기를 "당신들이 말하는 처음과 서론은 벌써 잊어버렸소. 따라서 중간도 생각 안 나오. 그러나 그 결론으로 말하면 나는 그렇게 할 생각이 없소"라고 했습니다. 이것이야말로 훌륭한 대답이었고, 연설꾼들의 코가 납작해졌다고 나는 생각합니다.

이자는 또 어떻습니까? 아테네인들은 두 건축가 중에서 한 명의 큰 공사를 지휘할 사람을 택하게 되어 있었습니다. 첫 번 사람은 뽐내며, 이 공사에 관해서 미리 생각한 언변을 가지고 나와서 시민들의 판단을 자기에게 유리하게 이끌고 있었습니다. 그러나 또 한 사람은 서너 마디로 "아테네의 여러분들, 이 사람이 말로 한 것을 나는 실제로 행하겠소"라고 말했습니다.

키케로의 웅변이 한참 열을 올릴 때에, 여러 사람들은 여기에 이끌려 감탄했습니다. 그러나 카토는 그저 웃기만 하며 "우린, 참 재미나는 집정관을 가졌군" 하고 말했습니다. 앞에 오건 뒤에 오건 유치한 격언이나 멋들어진 말귀는 언제나 멋이 있습니다. 그것이 앞에 오는 것에 맞지 않고 뒤에 오는 것에 맞지 않아도 그 말 자체는 좋습니다. 나는 고운 운율이 좋은 시를 만든다고 생각하는 축이 아닙니다. 운율에게 제멋대로 짧은 말도 길게 뽑아 보라고 하세요. 그것은 상관없습니다. 구상이 좋고, 정신과 판단력이 할 일을 다했다면, 나는 "이것 참 훌륭한 시인인데, 시법은 서투르군" 하고 말하겠습니다.

> 그의 시구는 조잡하나 시상(詩想)은 묘하다.　　　　　(호라티우스)

호라티우스는 말하기를, 자기 작품에 꿰맨 자리와 순서를 없애 보라고 했습니다.

> 운율과 박자와 시구의 순서를 바꾸어
> 전구(前句)로 있는 것을 후구로, 말미를 앞에 옮겨 보라.
> 그래도 흩어진 조각들 속에서 시인을 발견하리라.　　　　　(호라티우스)

그 때문에 가치가 없어지지는 않을 것입니다. 그 단편들 자체가 아름다울 것입니다. 이것은 메난데르가 대답한 말인데, 그는 희곡을 지어 놓겠다고 약속한 날이 가까워서도 아직 손도 대고 있지 않다고 사람들이 책망하자 "그것은 다 꾸며서 준비되었으나, 아직 시로 꾸며 놓지 않았을 뿐이오"라고 했습니다. 사물들과 재료들을 마음속에 배치해 놓고는, 나머지는 대수롭지 않게 여겼던 것입니다. 롱사르와 뒤 벨레가 프랑스 시가(詩歌)에 신용을 세워 놓은 다음에는, 어느 풋나기치고 거의 그들만큼 글자를 과장해 표현하고 운율을 정리해 놓지 못하는 자를 보지 못했습니다.

"의미보다 소리가 더하다."(세네카) 속인들이 보기엔 시인들이 이렇게 많이 나온 일은 없었습니다. 그러나 운을 맞추기가 쉬운 것에 비해서, 롱사르의 풍부한 묘사나 뒤 벨레의 가냘픈 묘미를 모방할 솜씨를 가진 자는 없었습니다.

누가 그에게, "햄은(짜서) 물을 마시게 한다. 물을 마시면 갈증이 풀린다. 따라서 햄은 갈증을 푼다"는 식으로 삼단 논법의 궤변적인 잡술(雜術)을 내어 보라고 하면 어찌할까요? 코웃음 치라지요, 그 따위에 대답하기보다는 코웃음 치는 편이 더 술법이 높습니다.

그는 아리스터포스에게서 "묶여 있어도 나를 귀찮게 구는데, 왜 일부러 풀어놓아?"라고 한 재미나는 대꾸를 빌려올 일입니다. 누가 클레안테스에게 변증법의 농간을 걸어 오자, 크리시포스는 그에게 "그런 잡술은 어린애하고나 하라. 어른의 신중하고 정직한 사상을 그런 따위로 헛갈리게 하지 마라"고 말했습니다. '이런 왜곡된 고난의 궤변'(키케로) 따위 어리석은 말을 보고 우리 학생이 거짓말에 감복하게 된다면 위험합니다. 그러나 그런 것이 아무 효과가 없고, 그에게 단지 코웃음만 자아내게 한다면 조심시킬 필요가 없다고 봅니다.

개중에는 멋들어진 말 한마디 찾아보려고 3마장쯤은 딴 길을 돌다가 오는 어리석은 자도 있고, '또는 어구를 사물에 맞추지 않고, 반대로 자기 어구에 적합하도록 외부의 사물들을 끌어대는 자들'(퀸틸리아누스)도 있습니다. 그리고 또 한 작자가 말하듯, "어느 경우에는 매력적인 언어에 끌려서 의도하지 않은 사물을 쓰는 자도 있다"(세네카)는 것입니다. 나는 멋진 말귀를 틀어서 내 생각에 맞춰 쓰기는 하지만, 좋은 말귀에 맞추려고 생각의 실마리를 비꼬아 놓지는 않습니다. 그와는 반대로, 말마디가 따라와서 봉사해 주어야 합니다. 그리고 프랑스어로 부족하거든 가스코뉴 사투리라도 가져와야지요. 나는 말의 핵심인 사물 자체가 드러나서, 듣는 자의 생각을 채워 주고 그 표현된 말을 그가 기억해 주지 않기를 바랍니다. 내가 좋아하는 화법은 입으로 내는 것이건 종이 위에 실린 것이건, 단순하고 순박한 화법이며, 멋이 풍부하고 줄기차고 간결하고 속이 찬 것으로, 묘하고 매끈하기보다는 강렬하고 무뚝뚝한 것입니다.

오로지 감명을 주는 표현만이 명문장이다. (루카누스의 묘비명)

지리한 것보다는 어려운 것이 낫고, 뽐내는 수작과는 인연이 멀며, 분방하고 풀어지고 과감해서 조각 하나하나가 모두 몸체를 가지며, 현학적인 것도 설교적인 것도 변호사조(調)도 아니고, 차라리 수에토니우스가 카이사르를 두고 말하듯 군인조로 된 화법입니다. 그렇지만 나는 그가 이 글을 왜 그렇게 부르는지 잘 알 수가 없습니다.

나는 젊은이들의 옷차림에서 보이는 난잡한 태도를 즐겨 모방했습니다. 망토는 숄 모양으로 걸치고, 한 어깨에는 두건을 얹고, 양말은 늘어진 채로, 요즈음 그 모든 외국식 장식을 경멸하며 오만과 기교를 무시하는 태도가 좋았습니다. 그러나 이런 격식은 화법에 쓰면 더 좋다고 봅니다. 더욱이 프랑스의 자유롭고 유쾌한 취향에는, 가식은 신하의 멋에 맞지 않습니다. 그리고 왕국에서는 모든 귀족들이 신하들 방식으로 훈육되어야 합니다. 그 때문에 우리는 좀 소박하고 소홀한 자세로 기우는 편이 낫습니다.

나는 훌륭한 신체에 뼈마디와 핏줄을 헤아려 볼 수 있어서는 안 되듯, 이어 댄 데와 꿰맨 데가 보이는 꾸밈을 싫어합니다. "진리를 말하는 문장은 기교 없이 단순해야 한다."(세네카)

"가식적으로 말하기를 원하는 자 아니면, 누가 어법에 신경을 쓸 것인가?"(세네카) 웅변 자체로서 마음을 끄는 웅변은 사물들의 표현에 해가 됩니다.

옷차림에서 어떤 괴이하고 유별난 방식으로 시선을 끌려는 것이 못난 수작이듯, 마찬가지로 언어에서도 잘 알려지지 않은 문장과 말마디를 즐겨 찾는 것은 유치하고 현학적인 야심에서 옵니다. 나로서는 파리의 시장 바닥에서 사용되는 말투밖에 쓰지 않았으면 합니다! 문법 학자 아리스토파네스는 이것을 도무지 이해하지 못하고, 에피쿠로스가 언어의 투철성만을 언변 기술의 목표로 삼으며 쓰던 단순한 문장을 책망했던 것입니다. 화법의 모방은 쉽기 때문에 온 국민이 즉시 터득합니다. 판단력과 구상의 모방은 그렇게 빨리 되지 않습니다. 독자들 대부분이 입은 옷이 똑같다고 해서 몸뚱이도 똑같다고 보는 것은 그릇된 생각입니다. 힘과 체력은 빌려 올 수 없습니다. 하지만 장식품과 망토는 빌려 올 수 있습니다.

내게 찾아오는 사람들 대부분은 내 《수상록》에 관해서 같은 말을 합니다. 그러나 그들이 생각하는 바도 같을지는 모르겠습니다.

아테네인의(플라톤이 말하기를) 장점은 조심해서 풍부하고 우아하게 말하는 데에 있고, 라케다이모니아인은 간결하게 말하는 데에 있고, 크레타인은 언어보다도 사상을 풍부하게 갖는 데 있는데, 마지막 것이 가장 우수하다고 했습니다. 제논은 그에게는 두 부류의 제자가 있다고 말했습니다. 하나는 필로로고우스라고 사물들을 배우는 데 관심을 가진 자라고 부르며 그가 귀여워하는 자들이고, 다른 하나는 필로필로우스라고 말 잘하는 데밖에는 생각이 없는 자들이었습니다. 이것은 말을 잘하는 것이 좋은 일이 아니라는 뜻이 아니고, 말을 실행하는 것만큼은 좋지 못하다는 말입니다.

그러나 나는 우리가 한평생을 이런 짓에만 골몰해 있는 것에 불만입니다. 나는 먼저 내 언어와 우리와 평상시에 교섭이 있는 이웃 나라 언어를 잘 알아 두고 싶습니다. 그리스어와 라틴어는 아주 아름답고 훌륭한 장식품입니다마는, 사람들은 그것을 너무 비싸게 사들이고 있습니다. 나는 여기 어느 것보다도 더 값싸게 배우는 방법으로, 내가 시도한 것을 말해 보겠습니다. 하고 싶은 사람은 실행해 볼 일입니다.

나의 선친께서는 사람이 할 수 있는 모든 수단을 강구하여 학식 있고 이해력 있는 분들에게 가장 탁월한 교육 방법을 문의해 보고 나서, 흔히 사용하는 교육 방식에는 결함이 많다고 생각하게 되었습니다. 그리고 첫날 그리스, 로마인은 돈 한 푼 들이지 않고 배운 언어를 우리는 너무 오랜 세월을 두고 배워야 하는 것이, 그들이 가졌던 위대한 마음과 지식을 갖지 못하는 유일한 원인이라는 말을 들었습니다. 나는 이것이 그 유일한 원인이라고는 생각하지 않습니다. 아무튼 부친이 찾아낸 방법은 내가 아직 혀도 풀리지 않고 유모의 손에 있었을 때에 한 독일인에게 나를 맡기는 일이었습니다.

그는 유명한 의사로 그 뒤에 프랑스에서 죽었는데, 우리 말은 전혀 몰랐고, 라틴어에 능숙했던 분입니다. 부친은 그를 일부러 불러와서, 보수도 상당히 많이 주었으며 그는 나를 줄곧 팔에 안고 지냈습니다.

부친은 또 그보다 학문이 좀 못한 사람들도 데리고 와서, 나를 따라다니며 첫 번 분을 거들어 주게 했습니다. 이 사람들은 라틴어로밖에는 나와 이야기하지 않았습니다. 우리 집의 다른 사람들, 즉 부친도 모친도 하인도 침모도 각자 나하고 더듬거리려고 배운 라틴어로밖에는 내게 말하지 않는 것이 불가침의 규칙으로 되어 있었습니다.

각자가 이렇게 해서 얻은 성과는 놀랄 만했습니다. 부친과 모친은 충분히 알아들을 수 있을 정도로 라틴어를 배워서, 또 필요할 때 그것을 사용할 충분한 능력을 얻었고, 내게 매여 있던 하인들도 그러했습니다.

결국 우리는 아주 라틴화해 버리고, 우리 마을 주변에까지 이 습관이 퍼져서 지금까지도 직장(織匠)이나 연장 따위를 라틴어로 부르는 버릇이 남아 있습니다. 나로 말하면 6년 동안이나 프랑스어, 페리고르어, 아라비아어 등을 들어 본 적이 없었습니다. 그래서 기술도, 책도, 문법도, 규칙(교훈)도 없이, 매질도 눈물도 겪지 않고, 우리 학교 선생님이 아는 것만큼 순수하게 라틴어를 배웠습니다.

왜냐하면 나는 그것을 섞거나 다르게 말할 수 없었기 때문입니다. 만일 시험으로 학교에서 하는 방식으로 숙제를 내주려면, 다른 사람에게는 프랑스어로 내주고 내게는 틀린 라틴어로 내주어서 정확한 말로 고치게 했습니다. 그리고 《데 코미티이스 로마노룸》을 쓴 니콜라 그루시나 아리스토텔레스를 주해(註解)한 기욤 게랑트, 스코틀랜드의 위대한 시인 조지 뷰카난, 당시 프랑스와 이탈리아가 최대의 웅변가로 알아주던 마르크 앙토안 뮈레와 나의 가정 교사들은, 내가 어릴 적에 라틴어에 숙달했었기 때문에 내게 와서 말을 걸어 보기가 두려웠다고 자주 말했습니다. 뷰카난은 그 뒤에 고인 드 브리사크 원수를 모시고 있을 때 만나 보았습니다만, 그는 다음에 내 사례를 들어서 아동 교육론을 써보겠다고 말했습니다. 왜냐하면 그는 당시, 후일에 그렇게도 큰 용덕과 호방함과 의협심을 보여준 저 브리사크 백작을 보살펴 주고 있었기 때문입니다.

나는 그리스어를 거의 알지 못합니다만, 부친께서는 나에게 이 언어도 기술적으로, 그러나 새 방법을 선택해서 토론과 연습의 형식으로 가르쳐 보려고 시도했습니다. 우리들은 어미변화를 탁자 위에서 장난해 가며 수학과 기하를 배우는 식으로 주고받곤 했습니다. 부친께서는 무엇보다도 내게 학문과 숙제를 내주는 데도 내 의사를 강제하지 않고 나 자신의 의욕으로 맛보게 하며, 혹독한 강제 없이 내 마음을 순하고 자유로이 가꾸라는 의견을 선택했습니다.

그리고 어떤 분의 어린애가 아침에 잠자는 것을 폭력을 써서 깜짝 놀라게 하여 깨워 일으킴으로써 뇌수를 혼란케 했다는 말을 듣고(어린애들은 우리보다 훨씬 더 깊이 잠드니까요), 부친은 악기를 연주시키며 그 음악 소리로 내 잠을 깨웠습니다. 그리고 내게는 이런 일을 해 주는 사람이 하루도 없는 적이 없었습니다. 이 예만으로도 나머지를 모두 판단해 보고, 그리고 이렇게도 착한 부친의 조심성과 애정을 칭송하기에 족합니다. 그가 이런 미묘한 교육 방법을 써 주신 보람도 없이 아무런 성과도 거두지 못했다고 해도, 그를 원망할 수는 없습니다.

그 원인에는 두 가지가 있었습니다. 첫째로는 내 바탕이 척박하고 부적당했습니다. 왜냐하면 나는 아주 뛰어난 건강체였고, 성질도 순하고 취급하기 쉬웠습니다마는, 워낙 둔하고 유약하고 흐리멍덩해서, 장난을 쳐 보려고 해도 원래 게으른 성미를 깨우쳐 일으킬 수 없었습니다.

나는, 내가 보는 것은 잘 보았습니다. 그러나 이 둔중한 기질을 가지고, 내 나이에 넘치는 과감한 사상과 관념들을 가꾸고 있었습니다. 정신은 느려서 사람이 지도하는 대로 따라가지 못했습니다. 이해력은 둔하고 구상력은 허술하고, 무엇보다도 기억력이 믿을 수 없을 만큼 부족했습니다. 이런 사정에서 내 정신이 값어치 있는 아무런 일도 내놓지 못한 것은 놀랄 거리가 아닙니다.

둘째로는, 마치 병이 낫기를 몹시 원하는 자가 모든 종류의 권고에 끌려 가는 식으로, 이 착하신 분은 자기가 그렇게까지 전심하는 일이 실패로 돌아갈까봐 극도로 염려했습니다. 그래서 마침내 두루미처럼 늘 앞서는 자의 뒤를 따르는 일반의 의견을 좇으며, 당시에는 그가 이탈리아에서 받아왔던 첫 번 계획을 충고해 준 분들이 옆에 없었기 때문에, 일반적인 습관을 좇았던 것입니다. 그래서 내가 여섯 살쯤 되던 때에, 당시 대단히 번성하며 프랑스에서 가장 훌륭하던 귀엔 중학교에 나를 보냈습니다.

거기서는 그가 가졌던 생각에 조력해 줄 아무런 것도 없었고 유능한 가정 교사를 찾아볼 수 없었으며, 중학교에서 쓰는 방법과는 달리 그가 생각해 낸 여러 가지 독특한 체계의 교육 방법도 쓸 수 없었습니다. 그러나 어떻든 이것은 중학교였습니다. 나의 라틴어는 바로 악화되고, 그 후에는 잊어서 쓸 줄도 모르게 되었습니다. 그리고 내가 받은 이 새로운 교육은 단번에 나를 6학년 학급에 넣은 것밖에 아무런 소용이 없었습니다. 왜냐하면 나는 열세 살 때(그들이 말하는) 학업을 마치고 학교를 나왔는데, 실은 거기서 얻은 소득이란 아무것도 없었습니다.

나는 책을 읽는 첫 취미를 오비디우스의 《윤회》 이야기에서 얻었습니다. 왜냐하면 열여덟 살쯤에는 이것을 읽느라고 다른 재미를 버렸던 것입니다. 그 언어가 내 모어(母語)가 되었고, 그리고 이것이 내가 알기에 가장 쉬운 책이었으며, 그 재료가 어린 내 나이에 가장 알맞았기 때문입니다. 나는 어린아이들이 잘 읽는 《호수의 란슬로》나 《아마디스》나 《유옹 드 보르도》 등 기타의 책 나부랭이는 그 이름도 몰랐으며, 아직도 그 내용을 알지 못합니다. 그만큼 나의 훈련은 엄격했습니다. 지정받은 다른 학과는 어슬렁거리며 배워 갔습니다. 여기서 나는 그 이해심 있는 가정 교사와 공부한 것이 아주 다행스럽게 맞았던 것입니다. 그는 교묘하게도 내가 공부는 않고 딴짓만 부리는 이 수작과 저 수작을 못 본 체하고 넘겼습니다. 왜냐하면 이 작품을 거쳐서 나는 단숨에 베르길리우스의 《아이네이스》를 읽었고, 다음엔 테렌티우스, 그다음엔 플라우투스, 그리고 이탈리아 희극을 읽어 갔는데, 모두 이야기의 재미에 유혹되었던 것입니다. 만일 내 선생이 미친 수작으로 이런 짓을 못하게 막았던들, 귀족들이 모두 그렇듯 나도 학교에서 책에 대한 염증밖에 얻지 못했을 것입니다. 그는 여기서 교묘하게 유도했습니다. 아무것도 보지 않는 체하면서도, 그는 그런 책들을 몰래 탐독하도록 의욕을 돋구어 주고 규정된 공부도 힘들지 않게 하도록 했던 것입니다. 왜냐하면 부친이 나를 맡겨 둔 선생들에게 요구하는 주요 소질은 마음의 호방하고 안이한 기풍이었습니다. 그런 만큼 내 심정에는 느리고 게으른 것밖에 다른 결점은 없었습니다.

부친의 염려는 내가 나쁜 일을 하지 않을까에 있지 않고 아무것도 하지 않을

까에 있었습니다. 아무도 내가 악인이 되리라고 예언하는 자는 없었으나, 쓸모없는 인간이 되리라고 보았습니다. 사람들은 내 기질을 보고 악인은 아니고 건달이 되리라고 예측했던 것입니다.

나는 일이 그와 같이 된 것을 느낍니다. 내 귀에 따갑게 들려오는 불평은 이런 것입니다. '게으르고, 친구나 친척 간의 일에, 그리고 공공의 일에 냉담하며, 사람이 너무나 괴짜'라는 것입니다. 가장 욕되는 말이란, "왜 그런 것은 가져갔어? 왜 값을 치르지 않았어?"가 아니라, "왜 빚을 갚지 않아? 왜 더 주지 않아?"라는 것입니다.

나는 사람들이 내게 이런 가욋돈밖에 요구하지 않는 것을 고맙게 받겠습니다. 그들은 자기들이 빚지고 있는 것을 자신에게 요구하는 것보다 훨씬 더 엄격하게 내가 빚지지 않은 것을 내라고 요구하니, 그들이 잘못입니다. 내게 그런 것을 강요함으로써 그들이 해 준 행동의 혜택과 내가 해야 할 감사의 마음을 사라지게 합니다. 그보다도 내게 아무것도 좋은 일을 해 준 것이 없음을 생각해 보면, 내 손으로 적극적으로 해 준 좋은 행동은 더한층 무게를 가져왔을 것입니다. 나는 재산이 내 것이면 내 것일수록 더 자유로이 처분할 수 있습니다. 그렇지만 내가 내 행동을 채색하는 자였던들, 아마도 나는 이런 책망을 굉장히 반박했을 것입니다. 그리고 내가 그렇게 하지 않으니까 그렇지, 하기만 하면 어떤 자는 호되게 모욕을 느끼리라는 것을 그들에게 가르쳐 줄 것입니다.

그동안 내 마음은 그 자체로서 확고한 움직임과 내가 알고 있는 주위 사상들에 관한 명백하고 확실한 판단을 가지고 있던 것이며, 누구와의 상의 없이 그런 것을 혼자서 이해하여 갔습니다. 그리고 진실로 내 마음은 무엇보다도 권세와 폭력 앞에는 전혀 굴할 수 없었으리라고 믿습니다.

내 유년 시절의 소질로, 내가 맡은 역할의 표정에 자신을 갖고, 목소리와 자세가 부드러웠던 것을 아울러 말씀드릴까요?

겨우 내가 열두 살이 되었을 무렵 (베르길리우스)

나는 뷰카난·게랑트·뮈레의 라틴어 비극에 등장하는 주요 인물의 역할을 맡고 귀엔 중학교에서 당당히 연기했던 것입니다. 여기서도 우리 교장 선생님인 앙드레아스 고베아뉘스는 그의 직책상 비길 바 없이 프랑스에서 제일가는 교장이었습니다. 나는 숙달된 명수로 불리었습니다. 그리고 이 연극은 점잖은 집 어린이들에게 권장하지 못할 것이 아닌 훈련입니다. 그리고 우리나라 왕공들도 고인(古人)을 본받아서 점잖고 칭찬을 받아 가며 몸소 거기에 열중하는 것을 보았습니다.

그리스에서는 귀족 출신들이 이것을 직업 삼아 해도 좋았습니다. "그는 자기 계획을 비극 배우 아리스톤에게 고백한다. 그는 가문과 재산으로 명망이 있는 인물이었다. 그의 직업은 결코 수치가 되지 않았다. 왜냐하면 그리스에서는 이것이 결코 수치가 되지 않았기 때문이다."(티투스 리비우스)

나는 이런 오락을 책망하는 자들을 무례하다고 비난했고, 점잖은 우리 도시에서도 대접받을 만한 배우들이 들어오는 것을 거절하며, 시민들이 이런 공공의 오락을 갖는 것을 부당하게 시기하는 자들을 늘 책망했습니다. 우수한 정부는 종교의 엄숙한 의식 때와 같이 이런 경기와 연극에도 시민들을 집합시켜 합동으로 실시하는 데 유의합니다. 그것으로 교제와 우정이 도타워지는 것입니다.

그리고 사람들이 있는 데서, 그리고 바로 관리 앞에서 하는 이런 오락보다 더 절도 있는 오락을 제공할 수도 없습니다. 관리와 왕공들이 자기들 비용으로 시민들에게 부친다운 애정과 호의로 이런 상연을 보여 주며, 그리고 인구 많은 도시에 숨어서 하는 나쁜 짓에서 마음을 돌리도록 이런 행사를 보여 주는 지정된 장소를 둔다는 것은 지당한 일이라고 봅니다.

내 이야기로 돌아와서, 어린애의 교육에는 욕망과 애정을 돋우어 주는 것보다 더 좋은 방법은 없습니다. 그러지 않으면 책을 짊어진 당나귀밖에 만들지 못합니다. 사람들은 그들을 매질해서 그 주머니에 학문을 잔뜩 넣어 줍니다만, 이 학문을 잘 하려면 담아 두기만 해서는 안 됩니다. 자기 것을 만들어야 합니다.

27
우리들의 능력으로 진위를 가린다는 것은 어리석은 수작이다

남의 말을 바로 믿고 잘 설복당하는 것을 지각이 단순하고 무식한 탓으로 돌리는 것은 아마도 이유가 없는 일은 아닐 것이다. 왜냐하면 믿는다는 것은 우리 마음속에 만들어진 '인상' 같은 것이며, 그리고 마음이 부드럽고 저항력이 적을수록 어떤 사물의 인상을 주기는 더 쉬운 일이라고 나는 옛날에 배운 듯하기 때문이다. "중량이 놓이면 접시저울이 필연적으로 기우는 것같이, 마음은 확증 앞에 굴한다."(키케로) 속이 비어 대항할 추가 없으면 그만큼 마음은 사소한 설복의 무게에도 눌린다. 그 때문에 어린애들, 속인들, 여자들, 그리고 병자들은 귀로 들은 것에 끌리기 쉽다.

그러나 한편에서는 내게 진실하게 보이지 않는다고 가짜라 비난하며 경멸하는 것은 역시 어리석은 자부심이다. 이것은 일반인들보다도 좀 더 능력이 있다고 생각하는 자들이 흔히 가지고 있는 결함이다. 나도 옛날엔 그러했다. 그리고 귀신이 나온다거나, 내일의 일에 관한 이야기를 듣거나, 도깨비에 홀린다거나 마술사의 이야기, 또는 내가 이해할 수 없는 다른 이야기를 듣거나,

> 꿈, 마귀 환상의 공포, 기적, 마술사
> 밤의 유령, 그리고 테살리아의 다른 경이들을　　　　　(호라티우스)

들으면 이러한 헛된 소리에 속는 가련한 평민에게 동정이 갔다. 그런데 지금은 그때의 나 자신도 적으나마 똑같이 가련하게 여겨야 할 것이었다고 본다. 그것은 경험으로 나의 초기 신념과 다른 무엇이라도 보았다는 것이 아니고(그리고 내 호기심의 결함에 의한 것도 아니지만), 다음에 나는 이성으로 어떤 사물을 이렇게 결단적으로 그릇되고 불가능하다고 단정하는 것은 하느님의 의지와 우리 어머니인 대자연의 힘에 한계와 제한이 있다는 생각으로 자기를 우월한 처지에 두는 수작이며, 그리고 이런 일을 우리의 능력과 역량의 척도로 다룰 수 있다고 보는 일은 세상에서도 가장 두드러지게 미친 수작이라는 것을 알게 된 까닭이다.

우리의 이성이 이해할 수 없는 것을 괴물이나 기적이라고 부른다면, 얼마나 많이 그런 일이 우리 눈앞에 나타나는 것인가! 우리 손에 잡히는 대부분의 사물들에 관한 지식이라는 것은, 그것을 알게 되기까지 장님이 손으로 더듬듯 얼마나 컴컴한 구름 속을 거쳐서 잡게 되었던 것인가를 생각해 보라. 참으로 우리는 지식

보다도 습관에 의해서 이런 일이 이상하게 보이지 않는다는 것을 알게 될 것이다.

    하도 보아 싫증이 나서 이제는 어느 누구도
    빛나는 창공을 쳐다볼 생각도 않는다.   (루크레티우스)

  그리고 이런 사물들을 처음으로 우리에게 보여 주었더라면, 우리는 다른 어느 것만큼이나 또는 그보다 더 이런 일이 믿을 수 없어 보였을 것이다.

    이제 이 사물이 처음으로 인간들 앞에 나타나서
    마치 그것이 갑자기 그들 눈앞에 놓였다고 상상하라.
    이보다 더 기적에 비할 만한 일이 있을까?
    그것을 보기 전에는 상상도 못 했을 일이다.   (루크레티우스)

  강물을 한 번도 본 일이 없는 자가 처음으로 강 앞에 나왔을 때, 그는 그것이 대양인 줄 알았다. 이와 같이 우리가 알고 있는 가장 큰 사물들은 그것이 자연이 만들어 낸 극한이라고 생각한다.

    분명 큰 강이 아닐지라도
    그보다 더 큰 것을 못 본 자에게는 크게 보인다.
    한 나무와 한 인간을 두고도 그러하니, 모든 종류에게
    각자가 본 가장 큰 것은 거대하게 보인다.   (루크레티우스)

    눈에 익혀 습관이 되면 우리 정신은 사물들과 친근해진다.
    눈은 항상 보는 사물에 놀라지 않으며
    그리고 그 원인을 탐구해 보지 않는다.   (키케로)

  우리는 사물들의 크기보다 그 새로움에서 원인을 찾아보고 싶어진다. 대자연의 무한한 힘은 더한층 존경심을 가지고, 또 우리가 무식하고 허약하다는 인식을 가지고 판단해야 한다. 믿을 만한 사람이 증명한 것으로서, 진실일 듯싶지 않은 사물들이 얼마나 많은가. 그런 것을 믿지 못하겠거든, 적어도 판단을 유예해 두어야 한다. 왜냐하면 그런 일을 불가능하다고 결단을 내리는 것은 당돌한 자부심이며, 가능성의 한계가 얼마나 되는지 알고 있다고 잘난 체하는 것이다. 불가능과 범상치 않음 사이의 차이, 그리고 자연의 흐름이라는 질서에 반대되는 것과 일반 사람들의 의견에 반대되는 것 사이의 차이를 충분히 이해한다면, 또 경솔하게 믿지 않고 쉽사리 믿지 않지도 않는다면, 사람들은 킬론이 권장하는 '아무것도 지나치지 않게'라는 규칙을 지키게 될 것이다.

프로아사르의 작품에서 장 드 카스티유 왕이 쥬베로트에서 패배한 것을 그 일이 있은 다음 날에 드 포아 백작이 베아른에서 알았다고 한다. 그것을 알게 되었다고 말하는 내력을 읽어 보면, 우리는 그런 말을 비웃을 수도 있다. 그리고 우리 《연대기》(1223년 니콜르 질르의 것)가 말하는 바, 교황 호노리우스가 필리프 오귀스트왕이 망트에서 죽던 바로 그날, 그의 장례식을 거행하게 하고, 이탈리아 전국에 추도식을 올리라고 통고했다는 이야기도 그렇다. 왜냐하면 이런 이야기의 진위에 관한 신빙성은 우리들을 믿게 할 만한 권위가 없다. 그러나 어찌 하나? 플루타르크는, 그가 고대에 관해서 들었다는 여러 예는 그만두고, 도미티아누스 황제 때 안토니우스가 독일에서 패전한 소식이 바로 패전한 그날 로마에서 공포되고 온 세상에 전파되었다는 것을 며칠 뒤에 확인한 소식으로 들었다고 말했고, 카이사르가 소문이 사건보다 먼저 도달하는 일이 있었다고 주장한다면, 우리는 이런 단순한 사람들이 우리만큼 통찰력이 없어서 속인들을 따라 속아 넘어갔다고 말해야 할 일인가? 그리고 플리니우스가 머리를 쓸 때 그의 판단보다 더 미묘하고 명료하고 새로운 것이 있단 말인가? 그보다 더 경솔함과 인연이 먼 일이 있단 말인가? 내가 그렇게 평가하지 않는 그 지식의 탁월성은 제쳐두고라도, 이 두 가지 소질들 중의 어느 부문에서 우리가 그보다 우수하다고 할 수 있을 것인가? 그러나 아무리 어린 학생이라도 자신에 관한 학문의 발전을 두고, 그의 말이 거짓이라고 설복하며 강의해 보려고 하지 못할 자는 없다.

부셰의 책에서 우리는 생 틸레르 유해의 기적을 읽어 보고는 그냥 넘겨 둔다.

그는 우리가 그의 말에 반박하려는 자유를 포기할 만큼 신뢰를 받고 있지는 않다. 그러나 단적으로 이와 비슷한 이야기를 모두 부인한다는 것은 확실히 건방지다고 본다. 저 위대한 성 아우구스티누스는, 밀라노에서 성 제르베즈와 성 프로타시우스의 유골로 한 눈먼 어린애가 시력을 회복했고, 카르타고에서는 새로 영세받은 한 여자가 성호를 그어 주어서 위암이 나았고, 자기 친척인 헤스페리우스는 우리 주의 무덤에서 조금 가져온 흙으로, 그때까지 자기 집에 해를 끼치던 귀신들을 쫓아냈고, 이 흙을 다음에 교회로 가져가 한 중풍환자가 그것으로 바로 병이 나았고, 어떤 여인은 한 행렬에서 꽃다발로 성 스테파누스의 성합(聖盒)을 건드리고 이 꽃다발로 눈을 비비니까 그때까지 잃었던 시력이 회복되는 것을 보았다고 증언하며, 다른 기적들이 일어난 여러 곳에 자신이 참석했었다고 말한다. 어떻게 우리는 그와 그가 증인으로 부르는 거룩한 호렐리우스와 막시미누스 주교님 두 분을 비난할 수 있을 것인가? 무지하다고 할 것인가, 단순하다고 할 것인가, 잘 속는다고 할 것인가, 또는 악의를 가졌거나 사기할 마음이 있었다고 할 것인가? 우리 세기에서 도덕이나 신앙심, 지식, 판단력, 자부심으로 그들과 비교할 수 있다고 생각할 만큼 뻔뻔한 사람이 있을까? "그들이 아무 이치에 맞지 않는 말을 한다 해도, 그들은 자신의 권위만으로도 우리를 설복할 것이다."(키케로)

우리가 생각해 볼 수 없는 것을 경멸하는 것은, 어리석은 당돌함을 품을 뿐더러 위험하고 중대한 결과를 이끄는 분수 넘친 월권이다. 왜냐하면 그대의 훌륭한 이해력에 따라서 내가 진리와 허위의 한계를 세우고 나서, 그대가 부인하는 것보다도 더한층 괴이한 일들도 필연적으로 믿어야 하는 일이 생기면, 그대는 벌써 그대가 세운 이 한계들을 버리지 않을 수 없기 때문이다.

그런데 우리가 현재 처해 있는 이 종교의 반란에서 우리 양심에 그토록 심한 혼란을 가져오는 것으로 보이는 일은, 가톨릭교도들이 그들 신앙 일부를 면제하는 일이다. 그들은 논쟁의 초점이 된 조목 중 몇 가지를 적에게 넘겨주며, 자기들은 절도 있고 이해력이 있다고 생각하는 것 같다. 그러나 그 밖에도 적에게 양보하고 뒤로 물러나는 것이 자기를 공격하는 자에게 얼마나 유리하게 해 주는 일인가를 보자. 그것이 얼마나 적이 공격을 속행하는 데 활기를 주는 것인가 말고도, 그들이 가장 가벼운 일로 택하는 이런 조항은 가끔 중대한 결과를 초래하는 것이다. 우리는 완전히 교회 정책의 권위에 순종하든지, 그렇지 않으면 완전히 이탈해야 한다. 우리 교회에 어느 정도로 복종해야 할 것인가를 결정하는 것은 우리가 할 일이 아니다.

그뿐더러 나는 이것을 경험했으니 말할 수 있다. 전자에 내가 개인적으로 택하고 골라내는 자유를 가지고 우리 교회가 명하는 바를 지키는 데 좀 헛되고 괴상하게 보이는 어느 부분을 허술히 하다가, 이 말을 어느 학자에게 상의해 보았는데, 그때 나는 이런 일이 거창하고도 대단히 견고한 근거를 가졌고, 또 그런 점을 다른 것보다 덜 존경하며 받아들이는 일은 우리가 어리석고 무지한 탓임을 알았다. 어째서 우리는 우리의 판단 자체에서 느끼는 모순된 점을 생각해 보지 않는가?

어제까지 신앙의 사항으로 삼던 사물이 얼마나 많이 오늘은 헛된 이야기로 되는가? 오만과 호기심은 우리 마음에 대한 두 가지 천벌이다. 호기심은 우리들이 무슨 일이건 참견하려 하게 하고, 오만은 우리에게 아무것도 결정하지 않고 확실하지 않은 채 두지 못하게 한다.

28
우정에 대하여

나는 집에 데리고 있는 화가가 일하는 경과를 보고 있다가 그를 본뜨고 싶은 생각이 났다.

그는 벽면 하나하나의 한복판 가장 좋은 자리를 택해 온 역량을 기울여 그림을 그려 놓는다. 그리고 주위의 빈자리는 괴상한 것, 잡다하고 괴이할 뿐 우아한 빛이라고는 없는 광상적인 그림으로 채워 넣는다. 그런데 실은 나의 모든 일들이 역시 아무렇게나, 질서도 맥락도 조화도 없이 뚜렷한 형태도 갖지 못하고, 여러 가지 조각들을 붙여 놓은 괴기하고도 우스꽝스러운 덩어리 외에 무어란 말인가?

상체는 미녀인데 하체는 물고기로 끝난다.   (호라티우스)

나는 둘째 부분에서는 이 화가를 따라서 해 본다. 그러나 첫 번의 다른 더 나은 부분에는 따라가지 못한다. 왜냐하면 내 능력은 예술적으로 꾸며진 풍부하고 매끈한 그림을 감히 시도해 볼 만큼 능숙하지 못하기 때문이다. 나는 이 글의 나머지를 빛내 줄 에티엔 드 라 보에티에게서 묘사 하나를 빌려 올 생각이 났다. 그것은 그가 《임의의 예속》(1576년에 신교도들이 이 작품을 불온한 팸플릿 속에 끼워서 출판했다)이라고 제명한 논문이다. 그러나 모르는 자들은 이 작품을 더 적당하게 《반전제론(反專制論)》이라고 명명했다. 그는 폭군에 대한 자유의 옹호를 위해 이것을 논문 형식으로 썼다.

이 논문은 오래전부터 이해력 있는 사람들에게 읽히고 있는데, 마땅히 권장할 가치가 대단히 높은 문장이다. 왜냐하면 이것은 훌륭하고 속이 찬 작품이기 때문이다.

하지만 이것이 그가 할 수 있는 최선의 작품이 아닌 것은 말할 나위도 없다. 그리고 더 나이 들어서, 내가 그를 알게 된 연대에 내가 하는 것과 같은 의도를 가지고 그의 머리에 떠도는 생각을 글로 써 둘 생각이 났더라면, 그는 귀중한 작품들을 많이 남겨서 우리를 고대의 영광에 더 접근시켜 줄 수 있었을 것이다. 왜냐하면 특히 본성의 소질에 관한 부문에서 나는 그에 비길 만한 사람을 알지 못하기 때문이다. 그러나 그가 써 놓은 것으로는 이 논문밖에 남지 않았으며, 그것도 우연히 된 일이고, 그는 이것이 그의 손에서 사라진 이후 이를 다시는 보지 못했으리라고 생각한다. 그리고 또 하나, 우리 내란 때문에 유명해진 《정월 칙령》(1562년 정월에 내린 관용의 칙령)에 관한 비망록 몇 편이 있는데, 이것은 아마 다른 사람의 손에 의해 그 진가를 빛내고 있을 것이다. 이것이 내가 그의 유작으로 찾아낼 수 있었던 전부이다. 그는 운명할 때, 애정에 찬 유언은 물론 그의 유서에서, 내가 출판한 그의 작품 소책자 말고도 나를 그의 장서와 서류의 상속자로 지정해 주었던 것이다.

그리고 이 작품은 우리가 처음 알게 된 인연을 맺어 주었기 때문에, 나는 여기에 그만큼 더 특별한 애착을 느낀다. 왜냐하면 그를 만나기 오래전에 이 작품을 읽어 보고 처음으로 그의 이름을 알았기 때문이다. 또 하느님이 원하시는 동안 우리는 일찍이 이와 같이 완전한 것은 책에도 나온 일이 없고 인간들 사이에 실천되어 본 자취가 없는 우정을 가꾸도록 했기 때문이다. 이런 우정을 이루기에는 많은 사람들이 서로 만나 보아야 하며, 이런 행운은 3세기 동안에 한 번 이루어질까말까 한 희귀한 우정이었다.

본성이 우리를 사교성보다 다른 방향으로 가게 하는 것으로 보이는 일은 없다. 아리스토텔레스는 우수한 입법자들은 정의보다도 우정을 더 가꾸었다고 했다. 그런데 우정의 마지막 완성점은 이러하다. 왜냐하면 대개 탐락이나 이익, 공적으로나 사적인 필요성으로 가꾸는 모든 우정은 그 때문에 우정 자체보다도 다른 원인이나 목적과 보상을 우정에 혼합하기 때문에, 그만큼 아름답지도 너그럽지도 않으며, 그만큼 우정답지도 못하다.

옛날 것으로 자연적·사교적·주객 인연적(主客因緣的)·성적(性的)인 이 네 가지 교제는 따로 떼어서건 한데 합쳐서건, 이 말에는 일치하지 않는다.

어린애들의 부친에 대한 마음은 존경심에 가깝다. 우정은 의사소통으로 가꾸어지는 것인 바, 그들 사이에는 차이가 너무 심해서 우정은 있을 수 없으며, 아마도 그것은 자연의 의무에 위배될 것이다. 왜냐하면 부친이 가진 비밀스러운 생각들을 자녀에게 터놓고 전달하는 것은 격에 맞지 않는 친밀성이며, 우정의 일차적인 봉사 가운데 하나인 잘못을 나무라고 바로잡는 일은 자녀들이 부친에게 행사할 수 없는 일이다. 어느 나라에서는 관습으로, 그들 사이에 일어날 수 있는 장해를 피하기 위해서 아들이 아비를 죽이고, 다른 데서는 아비가 아들을 죽였다. 그래서 당연한 일로 한 편이 잘 되려면 다른 편이 없어져야만 했다. 철학자 중에는 이 자연적인 결연을 경멸하는 자도 있었으니, 아리스티포스가 그런 예이다. 어느 때 사람이 그에게, 자식은 그에게서 나왔으니 자식에게 애정을 가져야 한다고 했다. 그랬더니 그는 침을 탁 뱉으며 "이것도 자기에게서 나왔다. 이와 벌레들도 사람에게서 나온다"고 했다. 그리고 또 어떤 이는 플루타르크가 그의 형제와 화해시키려고 하자, "같은 구멍으로 나왔다고 해서, 나는 그를 크게 존중하지 않는다"고 말했다.

형제라는 이름은 자애에 찬 아름다운 이름으로, 그런 이유에서 그와 나는 형제의 결맹을 맺었다. 그러나 재산의 혼합과 분배, 그리고 하나가 부유하려면 하나는 빈한하게 된다는 사정은 형제간의 맺음을 놀라울 만큼 약화시키고 풀어지게 한다. 형제들은 한 길과 한 줄을 타서 앞길을 개척해 나가야 하기 때문에, 서로 밀어젖히고 충돌하지 않을 수 없다.

하물며 그들 사이에 이런 진실하고 완벽한 우정이 나오게 되는 의기 투합과 친분이 생길 수 있는 일인가? 부친과 아들은 기질이 심하게 다를 수 있으며, 형제간도 그렇다. 이자는 내 아들, 이자는 내 친척이다. 그러나 그는 사귀기 힘든 자이거나 악한이거나 등신이다. 그리고 이들 사이의 관계는 자연의 법칙과 의무가 명령하는 우정인 정도로, 우리의 선택이나 자유의사의 요소가 더 희박해진다. 대체로 우리의 자유의사는 애정과 우정을 생산하는 것보다 더한 자기 고유의 생산을 갖지 못한다. 그렇다고 나는 이런 친척 관계에 있을 수 있는 가장 아름다운 애정을 경험해 보지 않은 건 아니다. 더욱이 내 부친은 노령에 이르기까지 세상에 있던 부친 중 가장 훌륭한 부친으로 대단히 관대했으며, 부자 윗사람으로 유명한 가문에서 났고, 또 형제간의 우애라는 점에서 모범적이었다.

그리고 내 자신
내 동생들에 대한 아버지 같은 애정으로 알려졌다. (호라티우스)

여기 여자에 대한 우정을 비교해 보면, 우리의 선택에서 나오지만, 그것을 우정의 범주에 넣을 수는 없다.

사랑의 근심에 쓰디쓴 감미를 섞는 여신도
나를 모르는 바 아니로되 (카툴루스)

더 활발하고 태우는 듯 더욱 격렬하다. 그러나 이것은 절도가 없고 경박하고 동요하는 잡다한 불꽃이며, 작열하다가 수그러지기 쉽고, 우리의 한구석밖에 잡지 못하는 열병의 불꽃이다. 우정은 전반적이고 보편적이며, 그러면서도 절제 있고 고른 열이고, 견고하고도 침착한 열이며, 거기에는 거칠고 찌르는 것이 없이 아주 보드랍고 매끈한 심정이다. 더욱이 사랑의 열은 우리에게 빠져 달아나는 것을 잡으려고 뒤쫓는 강제된 정욕이 있을 뿐이다.

수렵자는 추위와 더위에도
산으로 계곡으로 산토끼를 쫓아간다.
그는 포획한 것은 이미 거들떠볼 생각이 없고
달아나는 짐승에게만 욕망이 생긴다.　　　　　　　(아리오스토)

　사랑은 우정의 경계, 다시 말하여 의지들의 화합으로 들어가게 되면 바로 사라지며 수그러진다. 거기는 육체라는 목표가 있고, 포만에 빠지는 성질이 있기 때문에, 사랑은 향락에 의해서 소멸된다. 우정은 그 반대로 정신적이며 그 실천으로 마음이 세련되기 때문에, 욕구함에 따라서 기쁨이 오며, 오직 그 향락에 의해서만 일어나고 가꾸어지고 성장한다. 나는 한때 이 완벽한 우정의 지배를 받고 있는 동안에 이런 경박한 애정이 내 속에 자리를 차지한 일이 있었다. 내 친구(라 보에티를 말함)는 자기 시에 이런 심정을 너무 많이 고백하고 있으니, 그의 일은 말할 것도 없다. 그리하여 이 두 가지 정열들은 내 속에 들어와서 서로 알고 지내게 되었으나 결코 비교될 거리는 아니었다. 우정은 고매하고 숭고한 비상으로 그 향하는 길을 유지하며, 사랑이 멀리 저 아래 길을 뚫고 가는 것을 경멸하며 내려다보고 있다.
　결혼으로 말하면, 그것은 들어갈 때가 자유로운 흥정일 뿐인 것 말고도 (그것은 속박과 강제에 의해서 지속되며, 우리의 의사보다는 바른 곳에 매여 있는 것이다) 보통 다른 목적으로 이루어지는 흥정이기 때문에, 거기는 새로운 애정의 줄을 끊고 애정의 흐름을 혼탁시키기에 족한 수많은 외부적 사정이 뒤섞여 있어 이런 것을 풀어 나가야 한다. 그런데 우정에는 그 자체밖에는 아무런 일도 흥정도 없다. 그뿐만 아니라 진실을 말하자면, 여자들의 일반적 능력은 이 거룩한 결연을 가꾸어 가는 화합과 친교에 적합한 소질이 아니며, 그녀들의 심령은 이 밀착해서 지속되는 결연의 포옹을 지탱해 갈 만큼 충분히 단단한 것 같지도 않다. 그리고 사실 남녀 간의 애정이 그렇지 않고, 마음이 완전한 향락을 가질 뿐 아니라 신체도 그 결합에 참여하며, 인간이 전적으로 매이는 자유롭고 임의적인 친교가 설 수 있다면, 우정은 그 때문에 더욱 충만하고 완벽하게 될 것이 확실하다. 그러나 여성들은 어떤 예를 가지고도 아직 거기 도달해 본 일이 없다. 그리고 옛날의 학파들은 전반적으로 여성을 우정에서 제외하는 데 의견이 일치한다.

그리고 그리스의 이 다른 방자한 풍습(동성애를 말함)은 우리 풍속에 의해 정당하게 혐오되고 기피되고 있다. 그뿐더러 이 결연은 그들의 습관에 따라 애인들 사이에 필연적으로 나이의 차가 심하고 봉사하는 성질이 다르기 때문에, 여기서는 우리가 요구하는 우정의 조건인 완전한 결합과 조화를 충분히 성취시키지 못할 것이다. "사실 이 우정의 사랑은 무엇인가? 어째서 그것은 못생긴 청년에게도 잘난 노년에게도 결부되지 않는가?"(키케로) 아카데미아(플라톤의 학교)가 그것을 그려 보이는 묘사 자체도 내가 생각하는 바를 뒤집지는 않을 것이라고 생각한다. 즉, 비너스의 아들이 어린 청춘의 꽃다운 모습을 하고 애인의 마음에 일으켜 주는 초기의 미친 듯한 열정에는, 절도 없는 정열이 일으킬 수 있는 당돌한 미치광이 같은 태도가 섞여 있지만, 그것은 단지 육체적으로 그릇된 영상인 외형의 미에 근거를 두고 있었다. 왜냐하면 정신은 지금 겨우 돋아나는 상태에 있으며 싹이 틀 나이가 되기 전이고, 정신의 모습은 가리워져 있기 때문에 그 우정은 정신에 작용하지 못하는 것이었다. 이 미친 듯한 열정에 잡힌 자가 천한 마음을 가졌다면, 그가 사랑을 추구하는 방법은 재산·선물·직위·승진에 관한 은혜, 기타 이런 따위, 대개 사람들에게 비난받는 천한 대가로 흥정하는 것이었다. 만일 더 너그럽고 후덕한 용덕을 가진 자에게 이러한 정열이 찾아오면, 그 방법은 철학적 교양과 종교를 숭앙하는 훈육, 법률의 준수, 조국을 위한 살신 보국, 용감성의 본보기, 예지, 정의감 등 그 사귐은 더 고상한 방법을 쓰게 되며, 이미 신체의 미가 퇴색된 다음에도 그의 심령이 우아하고 아름다움으로 애인에게 용납될 수 있도록 노력하며, 이런 정신적 교제로 더 견고하고 지속적인 관계가 세워지기를 희구하는 것이다.

이러한 추구가 철맞춰 성과를 얻게 될 때에는(왜냐하면 그들은 사랑하는 자에게는 여유 있는 시간과 신중한 사려를 이 추구에 사용하기를 요구하지 않으나 사랑받는 자에게는 이것을 엄격하게 요구한다. 그는 이 알기 어렵고 가리워져서 잘 발견되지 않는 내적인 미를 판단해야 되기 때문이다), 그때는 사랑받는 자에게 한 정신적 미의 중개로 정신적 상념의 욕망이 생겨나는 것이었다. 이것이 여기서의 중요한 요소였다. 육체적 사랑은 우발적인 제2차적 요소였다. 그것은 사랑하는 자와는 정반대였다. 이런 이유에서 그들은 사랑받는 자를 더 애중한다.

그리고 제신들도 그편을 중시한다고 증명하며, 시인 아이스퀼로스가 아킬레우스와 파트로클레스의 사랑에서, 그리스에서도 가장 미남자이며 그때 청년 초기의 새파란 나이에 있던 아킬레우스에게 사랑하는 자의 역할을 맡긴 것을 심하게 책망하고 있다.

이러한 친교가 세워진 다음에는 더 강조되고 품위 있는 부분이 그 기능을 발휘하며 우세하기 때문에, 거기서 사적으로나 공적으로나 대단히 유익한 결과가 이루어졌다고 그들은 말한다. 그리고 이러한 우정은 그 실천이 용납되는 나라들의 힘이 되며, 여기서 평등과 자유 수호의 주요한 힘이 솟아났다고 한다. 그 증거로 하르모디오스와 아리스토게이톤의 건전한 사랑을 볼 수 있다. 그 때문에 그들은 이 사랑을 신성하고 거룩하다고 본다. 그들 생각으로는 폭군들의 포학과 시민의 비굴성만이 그들의 적이다. 아무튼 아카데미아를 칭송해 말할 수 있는 것은 거기서 실천되던 이런 사랑이 우정으로 끝맺던 일이었으며, 그것은 스토아학파의 사랑의 정의와도 어지간히 부합되는 일이었다. "사랑은 미모에 끌려서 우정을 조절하려는 시도이다"(키케로)를 나는 더 공평하고 정당한 종류의 우정으로 묘사해 보련다. "인간은 나이 들어 성격이 형성되어 굳어진 후가 아니면 우정에 관해서 충분히 판단할 수 없다."(키케로)

대체로 보통 친우 또는 우정이라 부르는 것은 어느 기회에 편의상 맺어져서 우리 마음이 서로 사귀는 친교와 친밀성에 불과하다. 내가 말하는 우정에서는 마음이 아주 보편적인 혼합으로 뒤섞여 융합되기 때문에, 그들을 맺는 매듭이 지어져서 알아볼 수 없이 된다. 누가 내게 왜 그를 사랑하느냐고 물어본다면, 나는 그것을 표현할 수 없음을 느낀다. 다만 '그가 그였고, 내가 나였기 때문'이라고밖에는 대답할 길이 없다.

여기에는 나의 모든 사유를 넘어서, 내가 개인적으로 말할 수 있는 것을 넘어서, 이 결합의 매체를 무엇이라고 설명할 수 없는 운명적인 힘이 있다. 우리는 서로 사람됨을 풍문으로 듣고 있었던 인연으로써, 그것은 풍문으로 들었다는 이유가 지니는 것보다 더한 힘이 우리 마음에 작용함으로써, 아마도 하느님이 정해 주신 바에 의해서 만나기 전부터 서로 찾고 있었다는 것을 나는 믿고 있다. 우리들은 이름으로 서로 포옹하고 있었다. 그리고 우리가 처음 만난 것은 우연히도 시내의 어느 큰 연회석에서 많은 사람들이 함께 있던 자리에서의 일인데, 너무나 온전히 마음이 맺어지며 서로 잘 알고 있고 서로 마음을 써주는 사이가 되어서, 그때부터 세상에 우리 둘 보다 더 가까운 사이가 없었을 정도였다. 그는 훌륭한 라틴어 풍자시를 하나 지었다. 그것은 출판되었다.

  여기서 그는 우리의 이해가 그렇게도 급격하게 완벽에 도달한 것을 설명하며 그 빠른 내력을 밝히고 있다. 이 우정의 기간은 너무나 짧아야 했다. 시작이 그렇게 늦었기 때문이다. 우리는 다 성인이 되었고, 그의 나이가 몇 살 더 했으니, 시간을 낭비할 여유도 없었으며, 다른 우정들처럼 그전에 오래 두고 교섭을 가져 조심하면서 상대하고, 미리 교제하다가 이루어지는 정상적인 유약한 우정의 본을 따를 것도 없었다. 이 우정은 그 자체밖에 다른 생각이 없었고, 그 자체밖에 인연 지을 수 없었다. 그것은 특별한 하나의 고려도, 둘, 셋, 넷, 천의 고려도 아니었다. 그것은 무엇인지 모르는 이 모든 것을 혼합한 정수였으며, 내 모든 의지를 사로잡아서 그의 의지 속에 몰입시켜 지워 버렸고, 그의 모든 의지를 사로잡아서 하나의 갈망으로 똑같은 경쟁에서 내 의지 속에 몰입시켜 지워 버렸던 것이다. 지워 버렸다고 말했지만, 실은 우리 자신의 것이라고는, 또 그의 것도 나의 것도 남긴 것이 없었다.

  로마의 집정관들이 티베리우스 그라쿠스에 대해 선고를 내리고, 그와 내통하던 자들을 소추하고 있던 자리에서, 라엘리우스가 카이우스 블로시우스(그는 그 라쿠스의 친구들 중의 으뜸이었다)에게, 그가 그라쿠스를 위해서 무슨 일을 하겠느냐고 심문하게 되었을 때, 그는 "모든 일을" 하고 대답했다. "뭐? 모든 일? 그래, 그가 그대에게 우리 사원에 불을 지르라고 했다면?" 하고 이어 말하니, "그는 결코 그런 일을 요구하지 않았을 것이오"라고 블로시우스는 대꾸했다. "그러나 했다면?" 하고 라엘리우스가 말하니, "복종했을 것이오"라고 그는 대답했다. 역사에서 말하듯, 그가 그렇게도 완벽하게 그라쿠스의 친구였다면 그는 이 마지막의 과감한 고백으로 집정관들을 모욕할 필요가 없었을 것이며, 그가 그라쿠스의 의지에 대해서 가진 확신을 버려서는 안 될 일이었다.

  그렇지만 이 대답을 도발적이라고 비난하는 자들은 우정의 신비를 이해하지 못하고, 블로시우스가 현실대로 우정의 힘과 이해에 의해서 그라쿠스의 의지를 소매로 잡고 있었다는 것을 짐작하지 못한 것이다. 그들은 시민이기보다 더한 친우였고, 자기 나라의 친구나 적이라기보다도, 야심이나 반란의 친구라기보다 더한 친우였다. 서로가 완전히 마음을 맡겼기 때문에 그들은 완전히 상대편 의향의 고삐를 잡고 있었던 것이다. 그리고 이성의 힘과 지도에 의해서 이 질마를 몰게 되어 있기 때문에(그리고 그것 없이 이 우정을 멍에지울 수 없었을 것이니), 블로시우스의 대답은 당연히 했어야 할 대답이었다. 만일 그들의 행동이 서로 어긋났던들, 그들은 내가 말하는 척도에 의한 친우가 아니었으며, 그들 자신에게도 친우가 아니었을 것이다.

그뿐더러 이 대답은, 누가 나에게 "만일 당신의 의지가 당신 딸을 죽이라고 명령한다면 그렇게 하겠소?" 하고 묻는 말에 내가 동의했으리라는 대답이나 다름없이 진실처럼 들리지 않는다. 왜냐하면 나는 내 의지에 대해서, 그리고 친우의 의지에 대해서 똑같이 의심을 품을 여지가 없는 까닭에, 이것은 조금도 그런 행동을 하는 데 동의한다는 증명이 되지 않기 때문이다. 이 세상의 어떠한 변론의 힘을 가지고도 내 친우의 의향과 판단력에 대해 가진 내 확신을 버리게 할 수는 없다. 그의 행동이 어떠한 모양으로 보여도, 그 동기를 알아보지 못할 것도 없다. 우리의 심령은 너무나 하나로 뭉쳐 있고 너무나 열렬한 애정으로 각자의 오장육부까지 서로 드러내 놓은 똑같은 애정으로 서로 살펴 주고 있기 때문에, 나는 그의 마음을 내 것같이 알고 있을 뿐 아니라, 내 일에 나를 믿기보다도 확실히 그를 더 기꺼이 믿어 주었을 것이다.

다른 대수롭지 않은 우정들 따위는 우리의 우정과 같은 계열에 넣지 말 일이다. 나는 어느 누구보다도 우정에 관해서, 그리고 그 종류의 가장 완벽한 것도 잘 알고 있으나, 이 두 가지 우정의 규칙을 혼동하라고 충고하지는 않는다. 거기에는 오해가 생길 것이다. 이런 다른 우정에서는 고삐를 손에 잡고 조심하고 주의해서 나가지 않으면 안 된다. 그 결합은 서로 믿지 못할 일이 아무것도 없도록 맺어져 있는 것은 아니다.

"어느 날 그를 미워할 것같이 그를 사랑하라. 어느 날 그를 사랑해야 할 것이라고 생각하며, 그를 미워하라"고 킬론은 말했다. 주장되고 있는 최고의 우정에 너무나 가증하게 울리는 이 교훈은 보통 흔히 있는 우정의 실천에서는 건전한 생각이지만, 이런 경우에는 아리스토텔레스가 종종 이야기하던 "오, 내 친구들이여, 친구란 없다"라는 말을 적용해야 할 일이다.

　이런 고상한 교제에서는, 다른 우정들을 가꾸어 내는 봉사와 혜택 따위는 고려할 가치가 없다. 우리 의지의 그러한 충만한 혼동이 그 이유이다. 왜냐하면 내가 자신에 대해서 가진 우정은 스토아학파들이 무슨 말을 하건 내가 필요한 때 자신에게 주는 도움 때문에 증가하지도 않고, 내가 자신에게 해 주는 봉사에 아무 감사도 느끼지 않는 것과 마찬가지로 이러한 친우들의 결합은 완전하기 때문이다. 이 우정은 그들 사이에 이러한 의무의 관념을 없애고 은혜·의무·감사·간청·치사 따위의 분리와 차별을 의미하는 말을 쓰기를 혐오하고 배척하게 한다. 사실 그들 사이에는 의지·사색·판단·재산·여자·어린애·명예·생명 등 모두가 공통이며, 그들의 화합은 아리스토텔레스의 극히 정당한 정의에 의하면, 한 심령이 두 육체에 있는 것인 까닭에 서로 무엇을 빈다든가 준다든가 할 수가 없다. 그 때문에 법을 만드는 자들이 결혼에 이 거룩한 결합과의 상상적 유사성으로 명예를 주기 위해서 남편과 아내 사이에 증여 행위를 금지하고 있는 것은, 모든 것이 각자의 것이 되며 둘이 아무것도 쪼개 갖거나 떼어 갖지 못하게 하려고 하는 것이다.

　내가 말하는 우정에는 만일 한 편이 다른 편에게 무엇을 주는 수가 있다면 그것을 받아 주는 일은 은혜가 되고, 그의 동무에게 감사의 마음을 지울 것이다. 왜냐하면 각자가 무엇보다도 상대편에 더 좋은 일을 해 주고 싶어 하는 터이니, 그런 재료와 기회를 대어 주는 자가 자기 친우에게 그가 가장 바라는 일을 대신해주며 그에게 만족을 주는 너그럽고 후덕한 일을 한 것이 된다. 철학자 디오게네스는 돈이 떨어졌을 때, 친구들에게 달라고 하지 않고 돌려달라고 했다. 그리고 이런 일이 실행되는 실상을 보여 주려고 나는 여기 옛날의 기특한 예를 하나 들어 보겠다.

　코린트인 에우다미다스에게는 시키온인 카리크세노스와 코린트인 아레테우스라는 두 친우가 있었다. 자기는 가난한 처지로 죽어 가고, 그의 친우들은 부유하니, 그는 이렇게 그의 유언을 작성했다. "나는 아레테우스에게 내 모친을 봉양하고 그 노후를 보살펴 줄 일을 상속한다. 카리크세노스에게는 내 딸을 결혼시키고, 그의 힘닿는 한의 지참금을 줄 것을 상속한다. 그리고 그중에 하나가 죽게 될 때에는, 살아 남은 자에게 이 권리를 대행시킨다." 이 유서를 처음 본 자들은 이를 비웃었다.

그러나 그 피상속자들은 그 말을 듣고 만족을 느끼며 수락했다. 그러다가 그중의 하나 카리크세노스가 닷새 뒤에 죽자, 그것을 대행하는 권리가 아레테우스에게 돌아가니, 그는 이 모친을 잘 보살펴 봉양하고, 자기 재산으로 가졌던 5탈렌트 중에서 2탈렌트 반은 자기 외딸에게 주고 나머지 2탈렌트 반은 에우다미다스의 딸에게 주며, 같은 날 결혼식을 올리게 했다.

이 예는 한 조건, 즉 친구가 여럿이 있다는 조건을 제하고는 완전하다. 왜냐하면 내가 말하는 완벽한 우정은 불가분이기 때문이다. 각자는 자기 전체를 친우에게 맡기는 까닭에, 다른 데 분배해 줄 거리가 없다. 그 반면에 그는 자기가 둘, 셋, 넷이 있지 못하고 여러 심령과 여러 의지를 갖지 못해서, 이 모두를 이 한 대상에 넘겨줄 수 없는 것이 한이 된다.

일반의 우정들은 분할될 수 있다. 이 사람에게는 미모를 사랑하고, 저 사람에게는 그 허물없음을, 또 다른 자에게는 너그럽고 후덕함을, 저 사람에게는 친척됨을, 또 다른 사람은 형제니까 라는 식으로 사랑하는 방향이 다를 수 있으나, 우정은 심령을 소유하여 으뜸가는 권리를 가지고 지배하는 만큼 그것이 이중으로 되기는 불가능하다. 만일 둘이 동시에 구원을 청한다면 어디로 향해 갈 것인가? 만일 그들이 그대에게 반대되는 봉사를 요구하면, 어느 것을 명령으로 받아야 할 것인가? 만일 한 사람은 알고 싶어 하는 것을 다른 사람은 비밀로 붙여 달라고 한다면, 어떻게 이 일을 해결할 것인가? 유일하며 주체되는 우정은 다른 모든 의무를 면제해 준다. 아무에게도 밝히지 않겠다고 네가 맹세한 비밀. 나와 다른 자가 아닌 그자에게는 맹세를 어김없이 알려줄 수가 있다. 그는 나다. 자기가 이중으로 된다는 것은 하나의 큰 기적이다. 자기를 삼중으로 한다고 말하는 자는 이 우정의 높이를 이해하지 못한다. 대등한 것이 있는 절정이란 있을 수 없다. 그리고 그들 중에 내가 어느 편이나 똑같이 사랑하고, 그들도 내가 사랑하는 것만큼 서로 사랑하고 나를 사랑한다고 예상하는 자는, 가장 유일하고 안일한 것으로 되어 있으며, 단 하나라도 이 세상에서 가장 찾아보기 힘드는 일인데, 이런 우정을 조합으로 여럿을 만드는 것이다.

이 이야기의 다른 부분은 내가 말하던 것에 아주 잘 들어맞는다. 왜냐하면 에우다미다스는 자기 친우들을 자기가 필요한 대로 이용하는 것을 그들에게 은혜를 베푸는 것과 혜택을 주는 일로 삼기 때문이다. 그는 그들을 자기의 관대함과 후덕함의 피상속자로 삼는다. 관대하고 후덕하다는 것은 자기에게 혜택을 줄 방법을 주는 일이다.

그리고 우정의 힘은 아레테우스에서보다도 그에게서 더 풍부하게 나타난다. 이것은 우정을 맛보지 않은 자들에게는 상상할 수 없는 행동이다. 그리고 이 때문에 나는 한 젊은 병사가 키루스에게 한 대답을 훌륭한 대답이라고 칭찬한다. 키루스가 그 병사에게 경기에서 승리한 말을 얼마 주면 팔겠느냐고, 왕국을 주면 그 말과 바꾸겠냐고 물어보자, "못합지요, 전하. 그러나 내가 친우로 맺을 수 있는 사람을 하나 발견 한다면 친우를 얻기 위해서 이것을 내놓겠습니다"라고 했다.

그는 '내가 하나 발견한다면'이라고 제대로 말했다. 왜냐하면 아무라도 피상적으로 사귀기에 적당한 사람은 쉽게 찾아내는 것이다. 그러나 마음 속속들이 터놓고 행동하며, 서로 남겨 둔 것이 없는 우정에서는 진실로 행동의 모든 원천이 완벽하고 명료하고 확실해야만 할 일이다.

한끝으로밖에 매어 있지 않은 결맹에서는, 특히 이 한끝에 관계되는 불완전한 것만의 보충을 받을 뿐이다. 그리고 나와 나를 섬기는 자들이 세우는 가족적인 친지 관계에서는 나도 같은 수작을 한다. 내 의사나 변호사의 종교가 무엇이건 내게는 상관이 없다. 이런 일은 그들이 내게 해 주어야 할 우정의 봉사와는 관련되는 점이 없다. 그리고 나와 나를 섬겨 주던 자들이 세우는 가족적인 친지 관계에서는 나도 그와 같이 한다. 나는 하인이 정숙한가는 그렇게 따져 보지 않는다. 그가 부지런하기만을 요구한다. 그리고 마부가 노름을 하건 잡짓을 하건, 내 요리사가 욕을 잘하건 무식하건 꺼리지 않는다. 나는 세상에서 해야 할 일은 어떻고 어떻다고 말참견하지 않는다(다른 사람들은 잘 참견한다). 나는 내가 하는 일만 참견한다.

나는 내 일을 이렇게 처리하오,
그대는 그대 일이 잘 되도록 행하오. (테렌티우스)

나는 식탁에서의 친밀성에는 신중성보다 재미를 결부시키고, 침대에서는 착한 것보다도 예쁜 것을, 토론의 자리에서는 정직성이 없더라도 능력을 결부시켜 본다. 다른 일에도 이와 같다.

막대기(막대기 말. 아게실라오스의 고사故事)를 말이라고 걸터타고 아이들과 함께 놀고 있다가 들킨 후, 이 꼴을 본 자에게 그도 자신이 아비가 되기까지 아무 말도 하지 않고 있다고 하면, 그때는 그의 마음속에 애정이 일어나서 이런 행동의 공평한 비판자가 되리라고 생각한 자와 같이, 나 역시 내가 말하는 것을 경험해 본 사람들에게 말해 보고 싶다. 그러나 이러한 우정이 흔히 있는 것과는 얼마나 인연이 먼 일이며, 얼마나 드문 일인가를 잘 알고 있으니, 나는 이에 대한 정당한 비판자를 찾아보리라고 기대하지 않는다. 왜냐하면 이 문제에 관해서 옛날부터 내려온 이야기도 내가 우정에 대해서 가진 심정에 비하면 느즈러진 것같이 꼬이기 때문이다. 그리고 이 점에서 그것은 철학의 교훈보다도 훨씬 더 훌륭하다.

내가 양식(良識)을 가진 한
좋은 친구와 비교될 것은 아무것도 없다. (호라티우스)

옛날 메난데르는 단지 친우의 그림자라도 만나 볼 수 있는 자는 행복한 자라고 말했다. 그것은 옳다. 그것이 경험에 의한 것이라면 그렇게 말할 만했다. 사실 내가 그다음의 일평생을 비교해 볼 때, 하느님 덕택에 내 일평생을 편안하고 순탄하게 보냈으며, 이러한 친우를 잃은 것 외에는 심한 고통이 없었고, 그 대신 아무 다른 재미를 찾을 것 없이 내가 본성으로 가지고 있던 재미만을 얻어 왔지만, 사실 내 일평생을 이 인물과 함께 감미로운 사귐으로써 지내며 누릴 수 있던 4년 동안의 세월에 비교해 본다면, 이 한평생이 구름과 안개에 싸인 컴컴하고 지루한 밤에 지나지 않았다. 내가 그를 잃은 날부터—

내가 항상 눈물 흘리며 칭송하기를 그치지 못할 날이여
　　이것이 그대들의 의지였느니, 오, 제신들이여!　　　　　(베르길리우스)

　나는 힘없이 쇠잔할 뿐이다. 그리고 내게 오는 쾌락들마저 나를 위로하기는커녕 그를 잃은 설움을 더한층 느끼게 한다. 우리들은 전체의 반쪽이었다. 나는 내가 그의 몫을 빼앗고 있는 것 같다.

　　내가 나와 생명을 나누어 갖던 자와 같이 있지 못하는 한
　　나는 어떠한 쾌락도 더 가질 수 없다고 결심했다.　　　　(테렌티우스)

　나는 이미 어느 곳에서나 그의 반신(半身)으로 있기로 되어 있어, 그것이 버릇이 되어서, 나는 이제는 반쪽으로밖에 살아 있지 않는 것 같다.

　　일찍이 죽음의 타격이 내 영혼의 반을
　　빼앗아 간 이래로, 나머지 반인 나는 어째서
　　여기 어물거리고 있는가.
　　이제는 아까운 목숨도 아니고 살아 보람 있을 목숨도 아닌데
　　그날이 우리 서로의 마지막이었노라.　　　　　　　　　(호라티우스)

　행동에서건 사상에서건, 그가 있었더라면 모든 일이 잘될 것 같아서, 그의 없음이 원통해지지 않는 것이 없다. 왜냐하면 그는 다른 모든 능력과 덕성으로 나보다 무한한 거리로 탁월했던 것과 아울러 우정의 의무에서도 그러했기 때문이다.

　　그렇게도 소중한 생명을 잃은 통한(痛恨) 앞에
　　수치니 절제니 있을 수 있나?　　　　　　　　　　　　(호라티우스)

　　오! 불행할꺼나, 형제여, 그대를 잃다니

그대의 달콤한 우정이, 인생에 가다듬던 우리 희열은 모두
그대와 더불어 단번에 사라진다.
그대 죽음으로써 내 온 행복은 부서진다.
형제여! 그대와 더불어 우리 심령은 무덤으로 내려가고
그대 죽은 이후
나는 공부와 내 심령의 모든 열락을 내 마음에서 쫓아냈다.
그대에게 다시는 말도 못 할 것인가?
그대 목소리 다시는 듣지 못할 것인가?
다시는 그대를 볼 수 없을 것인가?
생명보다도 더 소중하던 형제여!
나는 언제까지나 그대를 사랑하리라.

(카툴루스)

   그러나 나이 열여섯 살 된 이 소년의 말을 좀 들어 보자.
   이 작품은 그 후에 우리 정치의 상태를, 그것이 개선될 것인가는 염두에도 두지 않고, 이 상태를 혼란시키고 변혁하려고 애쓰는 자들의 손에 나쁜 목적으로 출판되어서, 그들 투의 다른 문장들 속에 섞어 놓았기 때문에, 나는 그것을 여기에 같이 실어 볼 생각을 포기했다. 그리고 이 작가의 추억이, 그의 사상과 행동을 가까이서 잘 관찰하지 않은 자들 때문에 손상을 받지 않게 하려고 나는 그가 유년 시절에 연습으로 서적들의 수많은 장소에서 따온 범속한 재료를 가지고 이 작품을 꾸며 냈다는 것을 그들에게 알려 준다. 왜냐하면 그는 장난으로 하면서도 거짓말은 하지 않을 정도로 충분히 양심적이었기 때문이다. 그리고 내가 더 알고 있는 것은, 그가 택할 수 있었더라면 그는 사를라크에서보다도 차라리 베네치아에서 출생했기를 좋아했을 것이다. 그것은 당연하다. 그러나 그에게는 자기 마음에 지극히 감명받은 다른 교육이 있었다. 그것은 자기가 출생할 나라의 법률에 대단히 경건하게 복종하고 예속하려는 의지이다.
   그보다 더 선량한 시민은 없었다. 그보다 더 국가의 안녕을 위해 근심한 자 없었고, 더 자기 시대의 동요와 개혁 사상에 반대하는 자는 없었다. 그는 그들을 더 격려시킬 거리를 제공하기보다도 차라리 그것을 종식시키기에 자기 능력을

사용하고 싶었을 것이다. 그는 이 세기보다도 옛 시대의 틀에 자기 정신을 박아 냈던 것이다.

그러면 이 신중하고 정직한 작품 대신에 한 다른 작품을 대치해 놓겠다. 이것은 그와 같은 연대에 쓴 것으로서 더 쾌활하고 희롱조이다.

29
에티엔 드 라 보에티의 짧은 시 스물아홉 편

드 기상 백작 부인 드 그라몽 부인께
부인, 나는 여기에 아무것도 내 것을 드리지 못합니다.
그것은 내 것이 이미 부인 것이 되어 있사옵거나, 또는 그것이 부인께 드릴 가치가 없는 까닭입니다.

그러나 저는 이 시들이 누가 읽어 보건 그 앞머리에 부인의 이름을 실어, 그것으로 이 작품들이 위대한 코리장드 당두앵[28]을 옹호자로 갖는 영광을 얻게 하기 위한 것입니다.

이 선물은 부인께 드릴 만하다고 생각되었습니다. 프랑스의 부인으로, 이 작품을 더 잘 비판할 수 있고 마땅하게 감상할 분이 부인밖에 없는 까닭에, 그리고 대자연이 부인께 증여한 수천의 다른 아름다운 소질들 중에도 부인께서 미려하고 풍부한 음악에 맞추어 하시는 것같이 이 시를 생기 있고 흥이 나게 읊어 줄 분이 없는 이상, 이 선물은 부인께 드리는 것이 지당한 일로 보였습니다.

부인, 이 시는 부인께서 애송하여 주실 만합니다. 왜냐하면 부인께서도 저처럼 가스코뉴에서 이보다 더 묘하고 얌전한 시가 나온 일이 없었고, 더 능숙한 손으로 지어진 것이 없다고 생각하실 것이기 때문입니다.

그리고 이것 말고 다른 작품을 부인의 착하신 부친 드 푸아 경의 이름으로 인쇄시켰다고 샘내지는 말아 주십시오.

---

28) 디안 당두앵 드 기즈 및 드 그라몽 백작 부인. 1555~1621년. 앙리 드 나바르가 프랑스 왕이 되기 전 그의 애인이며 충고자. 이 여인은 몽테뉴의 의견을 받아서 왕에게 유익한 충고를 주었다고 함. 아마디스드 고올르라는 소설을 애독하고 그 속의 코리장드라는 이름을 따서 호로 했다.

왜냐하면 그 작품은 작가가 가장 젊은 시절에 지은 것인 만큼, 거기는 무엇인지 더 힘차게 끓어오르며, 아름답고 고상한 정열이 충만해 있기 때문이며, 그것은 어느 날 부인의 귀에 대고 말씀드리오리다.

다른 것은 그 뒤에 그가 결혼하려고 애쓰던 때에 자기 아내를 위해서 쓴 것인데, 벌써 무엇인지 남편으로서의 냉랭한 맛이 느껴집니다.

그리고 나는 시라는 것의 좀 까불고 방자한 제목만큼 사람을 웃기는 것은 없다고 생각하는 자들의 축에 듭니다.

이 시[29]들은 다른 곳에 실려 있다.

30
절도(節度)에 대하여

우리의 접촉이 불결한 일인 것같이, 우리가 조작하기 때문에 그 자체로는 아름답고 좋은 사람들을 부패시키고 있다. 너무 거칠고 맹렬한 욕망으로 도덕을 포섭하면, 우리는 그것을 가지고 악을 만드는 식으로 도덕을 파악하는 수가 있다. 도덕에는 결코 과분한 일이 없다고 말하는 자들은, 만일 과분함이 있으면 도덕이 아니니 그렇다고 하지만, 그것은 말로 농간을 부리는 수작이다.

> 만일 도덕에 절도를 잃으면
> 현자(賢者)는 몰상식한 사람으로
> 정의자도 불의자로 불릴 만하다. (호라티우스)

이것은 철학상의 미묘한 고찰이다. 사람은 도덕을 사랑함이 지나칠 수 있고, 정당한 행동이 지나칠 수 있다. "필요 이상으로 현명하지 말고, 검소하게 현명하라"고 한 성서의 말씀은 틀린 것을 옳다고 주장하는 것에 일치한다.

---

29) 시는 1588년 판이나 1592년 판에 수록되어 있을 것인데, 그 뒤에 이 판이 발견된 것이 없고, 1595년 판에는 또 삭제되어 있음.

나는 어느 권세 있는 분이 자기 지체에 있는 다른 분들의 예에서 벗어나는 신앙심을 보이다가, 언짢은 평판을 듣는 것을 보았다.

　나는 절도 있는 중용의 마음씨를 좋아한다. 선을 행함에도 절도가 없으면, 역겹지 않다 해도 그것은 나를 놀라게 하며, 그것을 무어라고 불러야 좋을지 모르게 한다. 파우사니아스의 모친이 자기 아들이 죽은 소식을 가장 먼저 알려 주고 그 무덤에 최초의 돌을 날랐다든가, 집정관 포스투미우스가 자기 아들이 젊은 혈기로 먼저 대열을 벗어나 적진에 쳐들어가 성과를 올렸다고 그를 죽이게 한 것 따위는, 내게는 정당하다기보다는 괴상하게 보인다. 그래서 나는 이렇게 천하고 희생이 심한 도덕을 좇으라고는 권하고 싶지 않다.

　과녁 너머로 활을 쏘는 자는 화살이 과녁에 못 미치는 자와 똑같이 실패한다. 눈은 캄캄한 속으로 내려가는 때나 너무 밝은 빛 속에 나가는 때나 똑같이 혼란을 느낀다. 플라톤에 나오는 칼리클레스는 극도의 철학은 해롭다고 하며, 이익이 있는 정도를 넘어서 거기 빠지지 말라고 충고한다. 철학을 절도 있게 대하면 유쾌하고 유익하지만, 마침내는 사람을 황당하고 악덕스럽게 만들고, 일반의 종교와 법률을 경멸하고, 사람들과의 교섭을 회피하며, 인간적인 해학을 적대시하고, 모든 정치적 사건의 처리나 남을 도와주는 일이나, 자기를 지키는 일도 불가능하게 되며, 뺨을 얻어맞아도 대항 못하는 인간이 되게 한다고 말한다. 그의 말이 옳다. 왜냐하면 철학이 과도하고 지나치게 풍부하면 우리의 타고난 자유를 속박하며, 배운 꾀가 탈이 되어서 오히려 자연이 우리에게 그어 준 좋고 탄탄한 길에서 벗어나게 한다.

　우리가 아내에게 갖는 애정은 극히 정당하다. 그런데 신학은 이 애정도 억제해서 제한하기를 꺼리지 않는다. 나는 전에 성 토마스의 글 가운데 촌수 안의 친척 간에 금지된 결혼을 비판하는 조목에서, 여자에 대하여 지니는 애정이 절도를 잃게 된다는 것을 무엇보다도 큰 이유라고 한 것을 읽은 듯싶다. 당연히 그래야 하지만, 만일 남편의 애정이 완전하다면, 친척으로서 갖는 애정은 넘치게 되어 과도한 부담이 되고, 이러한 남편은 이성의 한계를 벗어나게 될 것이 틀림없다는 것이다.

　실학이나 철학과 같이 인간의 행동 습관을 규율하는 학문은 모든 일에 참견한다. 아무리 사사롭고 겉으로 드러나지 않는 행동이라도 그들의 심사와 비판을 면하는 것은 없다. 그들의 자유를 비판하는 것은 아주 풋내기의 소리이다. 여자들이란 남자와 통하려면 얼마든지 몸을 내놓으면서도, 의술의 치료를 받으려면 수치심 때문에 못한다. 그러므로 나는 만일 너무 거기에 열중하는 자가 있다면, 또 그들이 아내들과 함께 맛보는 쾌감에도 절도를 지키지 않는다면, 그것은 책망을 받을 일이며, 거기에는 불법의 교제에서와 같이 방자하고 음탕한 짓으로 실수할 거리가 있다는 점을 말하고 싶다.

우리의 최초 열기로 이런 장난에 쓰게 되는 몰염치하고 지나친 행동은 아내들에 대해서 점잖지 못할 뿐 아니라, 해롭게 실천되는 것이다. 여자들은 이러한 몰염치는 적으나마 다른 데서 배울 일이다. 그녀들은 언제나 우리의 필요를 위해서 충분히 잠 깨어 있다. 나는 여기 자연스러운 단순한 방법밖에 쓰지 않았다.

결혼은 신앙적인 경건한 결합이다. 그 때문에 거기서 얻는 쾌감은 조심스럽고 신중하고 정직하며, 어느 점에서는 엄격성에 관련이 있는 쾌감이라야 한다.

그것은 어느 면으로는 신중하고 양심적인 철학이라야 한다. 그리고 주요 목적이 출산에 있는 까닭에 여자가 늙었다든가 잉태한 경우처럼 우리가 그 성과를 얻을 희망이 없을 때에도 여자의 포옹을 탐할 수 있는가 의심을 품는 자들도 있고, 그것이 플라톤이 말하는 행위이다. 회교 국가에서는 잉태한 여자와 관계하는 것을 몹시 꺼려한다. 또 여러 나라에서는 월경 중에 상관(相關)하는 일을 꺼린다. 제노비아[30]는 그의 남편을 한 번밖에 받아들이지 않았고, 일이 끝나고 잉태 중에는 사뭇 남편이 마음대로 돌아다니게 두며, 해산이 끝난 뒤에만 다시 시작하는 권한을 주었다. 결혼 생활에서의 장하고도 후덕한 시범이다. 이것은 플라톤이 오랫동안 이 쾌락에 궁하고 굶주렸던 어느 시인에게서 빌려 온 이야기이다. 주피터 신(이 이야기는 호메로스의 《일리아드》에 나온다)은 어느 날 자기 아내에게 너무 심하게 대드느라고, 그녀가 침대까지 가는 것도 참지 못하여 마룻바닥에 뉘어 놓았고, 그 쾌감이 너무 맹렬했기 때문에 하늘의 궁전에서 다른 신들과 방금 결정한 대단히 중한 큰 일까지 잊어버렸다. 그리고 이번 짓은 그가 처음으로 부

---

30) 기원전 2세기 팔미라 여왕. 아울레리아누스 황제에게 사로잡힘. 정숙한 여성으로 잘 인용된다.

모 몰래 그녀의 처녀성을 빼앗던 때만큼이나 좋았다고 자랑했던 것이다.

페르시아의 왕들은 향연 모임에 아내들을 불러냈다. 그러나 술이 취해 열이 오르며 탐락을 억제할 수가 없게 되면, 그들은 이 절도 없는 정욕을 보여 주지 않기 위해서, 아내들을 사실(私室)로 올려보내고는, 그녀들 대신에 존경의 의무를 느끼지 않는 여자들을 데려오는 것이었다.

쾌락과 혜택이 모든 사람에게 잘 맞는 것은 아니다. 에파미논다스는 방탕한 사내아이 하나를 감옥에 집어넣었다. 필로피다스가 자기를 보아서 그 아이를 방면해 달라고 간청해도 거절하고는, 방면을 간청해 온 자기 집 소녀를 보아서 허락했다. 그리고 이런 일에는 여자들이 청하는 것이나 들어줄 일이지, 장수의 청으로는 들어줄 일이 아니라고 말했다. 소포클레스는 그가 페리클레스와 함께 집정관으로 있었을 때에 마침 미소년이 지나가는 것을 보고, "야, 저 아이 참 예쁘구나" 했다. 그러자 페리클레스는 "집정관이 아닌 다른 사람 말이라면 좋소. 그렇지만 집정관은 손뿐 아니라 눈도 깨끗해야 하오"라고 말했다.

아엘리우스 베루스 황제는, 그가 다른 여자들의 뒤를 쫓아다닌다고 아내가 불평하자 그녀에게 대답하기를, 결혼 생활은 명예와 품위를 지켜야 하는 것이며 장난으로 하는 외설한 간음이 아닌 이상, 그는 양심적인 동기에서 다른 여자들과 희롱하는 것이라고 했다. 그리고 옛날의 종교가들은 여자가 자기 남편의 외설되고 절도 없는 사랑에 응하지 않고 오히려 쫓아낸 것을 명예로운 일이라고 이야기하고 있다. 결국 절도 없고 과도한 것으로 책망받지 않는 타락이란 없을 것이다.

그러나 사실 말이지, 인간이란 가련한 동물이 아닌가? 그는 자연스러운 조건으로 단 하나라도 완전하고 순결한 쾌락을 맛보게 되면, 바로 다시 수고 해 가며 사색으로 그것을 억제해야만 한다. 기교와 연구를 해 가며 자기 불행을 보태지나 않으면, 그의 신세는 가엾기나 덜할 것이다.

우리는 운명의 비참을 증가시키는 데 자기 기술을 사용했다.
(프로페르티우스)

인간의 예지는 불행을 색칠하고 분칠해서 그 심정을 줄이려고 꾀를 쓰는 데는 유리하고 교묘하지만, 자기 차지인 쾌락의 수와 그 좋은 맛을 깎아내리려고 기교를 부리는 일엔 정말 어리석다. 내가 여기 결정권을 가졌다면 나는 보다 더 자연스러운 다른 길을 택했을 것이다. 진실을 말하면, 그편이 더 편리하고 신성한 것이다. 그리고 자신을 충분히 강하게 하며, 그런 것을 제한하는 수작은 하지 않았을 것이다.

정신적 또는 육체적 의사들이 마치 그들끼리 음모를 꾸민 듯, 고초와 고통과 고생에 의해서밖에 육체나 정신의 질병을 고쳐 줄 아무런 치료 방법도 발견하지 못하다니 무슨 말인가. 밤새우기, 단식, 말총 셔츠, 고독하고 먼 곳으로의 추방, 연속적인 감방 생활, 매질, 그리고 다른 고통들이 이 때문에 도입되어 왔다. 그런데 이것은 참된 고통이며, 찌르는 듯한 아픔이 있어야 하고, 갈릴레오가 당한 일이 오지 않게 하는 조건으로 하는 것이다.

갈릴레오는 레스보스섬에 추방당한 뒤, 그가 거기서 편히 지내며 그에게 고통이 되라고 한 처사가 오히려 그에게 편하게 되었다는 소문이 로마에 들려왔다. 그러자 그들은 생각을 고쳐서 그에 대한 처벌과 그의 느낌이 일치되게 하려고, 그를 다시 자기 집 아내 옆으로 데려와서 거기 가만히 있으라고 명령했다. 왜냐하면 단식이 오히려 건강과 쾌활성을 회복하고 생선이 고기보다 더 맛이 있다는 자에게는, 다른 치료법에서 약을 좋다고 맛있게 먹는 자에게 그 약의 효험이 없듯, 이런 처사는 조금도 건강에 좋은 처방이 못되기 때문이다. 쓴맛과 고난이 있는 사정들이 그들 처사에 도움이 된다. 대황(大黃)을 먹는 버릇을 가진 자에게는 그것을 써보아도 효용이 없다. 위를 고치려면 위를 자극하는 약을 써야 한다. 그래서 사물들은 그 반대되는 사물로 고쳐진다는 고통의 법칙은 여기서는 성립되지 않는다. 왜냐하면 여기서는 악이 악을 고치기 때문이다.

이런 관념은 어떤 점에서 옛사람들의 생각과 일치한다. 그들은 우리의 학살과 살인 행위로 하늘의 비위를 즐겁게 해 준다고 하며, 이런 일은 어떤 종교에서도 실천되어 왔다. 우리 조상들 시대에도 아무라드(무라드)는 이스트모스를 함락시켰을 때, 그리스 청년 6백 명을 자기 부친의 망령에 바쳐서 이 피로 고인의 죄를 속죄해 주기를 바랐다.

그리고 우리 시대에 발견된 신대륙, 우리 땅에 비하면 처녀지인 그곳에서는 이 습관이 도처에서 용납되고 있다. 그들은 모든 우상들에게 사람의 피를 부어 주는데, 그 같은 끔찍하고 잔혹한 실례가 없지 않다. 그 고장에서는 사람들을 생으로 태우고 반쯤 구어졌을 때 불에서 꺼내어 심장과 내장을 뽑아 낸다. 다른 자들, 즉 여자들은 산 채로 껍질을 벗겨서 그 피가 흐르는 사람 가죽을 다른 사람들에게 입히고 씌워 준다. 더욱이 여기에는 그에 못지않게 본받을 만한 지조와 결심이 있다. 이렇게 희생되는 사람들은 노인·여자·어린애 할 것 없이 며칠 앞서 그들 자신이 신에게 바칠 재물을 얻으러 다니며, 거기 참석하는 자들과 함께 춤추고 노래하며 도살장으로 나아가는 것이다.

멕시코 왕의 대사들은 페르난도 코르테즈에게 자기들 왕의 위대성을 말하면서, 그에게는 각기 10만 명의 전사를 모을 수 있는 봉토를 받은 신하 30명이 있고, 하늘 아래에 가장 아름답고 강력한 도성에 살고 있다고 말했다. 그 후 그는 신들에게 1년에 5만 명의 인간을 희생으로 바친다고 덧붙여 말했다. 진실로 그들은 자기 나라 청년들을 훈련시키기 위해서뿐 아니라, 전쟁에서 사로잡은 포로들로 그의 희생에 바칠 거리를 장만하기 위해서 이웃의 큰 나라와 전쟁을 일삼고 있는 것이었다. 다른 도성에서는 앞에 말한 코르테즈를 환영하기 위해서, 한때 50명의 인간을 희생으로 바쳤었다.

나는 이런 이야기를 또 하나 말하겠다. 그곳 어느 나라에서는 그에게 패하고 나서 그와 친교를 맺으려고 사신(使臣)들을 보냈다.

그들은 세 가지 종류의 선물을 이런 방식으로 그에게 제공했다.

"전하, 여기 노예가 다섯 명 있습니다. 그대가 살과 피를 먹고 사는 오만한 신이거든 이들을 자시오. 우리는 그만큼 더 그대를 사랑하리다. 그대가 호방한 신이라면 여기 분향과 날개깃이 있소. 그대가 사람이라면 여기 가져온 새와 과실을 드시오."

31
식인종에 대하여

피로스왕이 이탈리아로 건너갔을 때, 그는 로마인들이 그와 맞서 싸우기 위해 보낸 군대의 질서 정연한 대열을 정찰해 보고, "이자들은 어떤 야만인(왜냐하면 그리스 사람들은 외국인을 모두 야만인이라고 불렀다)인지 모르겠으나, 내가 보는 이 군대의 배열은 결코 야만인이 아니다"라고 말했다. 그리스 사람들은 플라미니우스가 그들의 나라에 보낸 군대를 보고, 그와 마찬가지로 말했다.

그리고 필리오스도 높이 쌓은 망대 위에서 자기 왕국을 향해 진격해 오는 푸블리우스 술피키우스 갈바가 지휘하는 로마군 진영의 질서와 배열을 보고, 그렇게 말했다. 그러니까 속인들의 의견에 매여 지내는 일이 없어야 하며, 그런 것을 일반 여론에 의함이 아니라 이성의 방법으로 판단해야 한다.

나는 우리 세기에 발견된 신대륙에서 빌르게뇽이 상륙해서 남극의 프랑스라고 명명한 지방에 10년 내지 13년 동안 살아온 사람을 오랫동안 데리고 있었다. 이 끝없는 나라의 발견은 고찰해 볼 가치가 있다. 나는 다음에도 마찬가지로 다른 대륙이 발견되지 않는다고 보장할 수 있을지 알 수 없다. 우리보다 더 훌륭한 많은 사람들도 이런 대륙이 있는 것을 몰랐던 것이다. 나는 우리가 위장보다 더 큰 눈을 가지고 있고, 능력 이상의 호기심을 가지고 있는 것이나 아닌지 염려된다. 우리는 모든 것을 포옹해 본다. 그러나 잡히는 것은 바람뿐이다.

플라톤은 솔론이 이집트의 사이스시(市)의 제관(祭官)들에게서 들은 이야기라고 하며, 옛날 대홍수가 나기 전에 지브롤터 해협 바로 앞에 아틀란티스[31]라고 부르는 큰 섬이 있었는데, 거기엔 아프리카와 아시아를 합친 것보다 더 많은 나라들이 있었고, 그곳 왕들의 땅은 그 섬뿐 아니라 본토에까지 넓게 뻗쳐서 그 폭은 아프리카에서 이집트까지의 넓이였고, 그 길이는 유럽에서 토스카나까지의 거리와 같았다 한다. 그런데 그들은 아시아까지 건너가서 지중해를 면하고 있는 모든 나라들을 정복하고는 흑해 만까지 도달하려고 했으며, 이 목적으로 스페인을 지나 고올르, 이탈리아를 거쳐 그리스까지 쳐들어갔고, 거기서 아테네인들이 그들의 진격을 막아 줬다는데, 얼마 뒤에 대홍수가 나서 아테네인들도 성도 모두 물속에 빠져 버렸다는 이야기를 소개한다.

바다가 시칠리아를 이탈리아에서 끊어 냈다고 사람들이 생각하듯, 홍수의 파

---

31) 대서양 속에 묻혔다는 아틀란티스 대륙에 관한 전설을 새로 발견된 신대륙에 결부시켜 해석하려는 시도가 이 시대에 있었다. 홍수의 전설은 노아의 홍수와 결부된다.

괴력은 사람 사는 육지에 경천동지의 대이변을 일으킬 수도 있을 만한 일이다.

옛적 다만 한 개의 대륙을 형성하던 이 육지들은
어느 땐가 격심한 지진으로 서로 분리되었다고 한다.　　　(베르길리우스)

키프로스는 시리아에서, 네그르퐁섬은 보이오티아의 육지에서 떨어져 나왔고, 다른 데서는 떨어져 있던 땅들의 사이를 지진과 모래로 메워붙였다.

옛날에는 노를 저을 수 있었던 불모의 늪이
지금은 많은 인근 도시를 양육하며 무거운
차량의 짐을 지탱한다.　　　(호라티우스)

그러나 이 섬이 바로 우리가 새로 발견한 대륙이라고 보아야 할 근거는 희박하다. 그 섬은 거의 스페인에 닿아 있었다고 하는데, 대홍수의 결과로 1천 2백 류우나 밀려나갔다고 하는 것은 믿을 수 없는 일이다. 그뿐더러 현대 항해술이 거의 밝혀 낸 바에 의하면, 그것은 섬이 아니고 육지로 된 대륙이며, 한 편에는 동방의 인도에 닿아 있고, 다른 편에는 남북 양극의 육지에 닿아 있는 땅이며, 거기에 떨어져 있다고 하여도 그 해협의 간격이 너무나 좁아서 그 때문에 섬이라고 부를 만하지 않다는 것이다. 이 커다란 덩어리들에는 우리 신체와 같이 어느 것들은 본성으로, 다른 것들은 열병으로 움직이는 운동이 있는 것 같다.

내가 우리 고장 도르도뉴강의 압력이 내 시대에 오른편 강변을 파고들어가서, 20년 동안에 여러 건물들의 주춧돌을 뽑는 것을 본 바에서 고찰하면, 이것은 심상치 않은 큰 변동이었음을 알 수 있다. 미래에까지 이렇게 사물이 변해 간다면, 이 세상의 형태는 완전히 변화될 것이다.

그러나 하천에는 변화가 있다. 어느 때는 그것은 한쪽으로, 다른 때는 다른 쪽으로 퍼져 가며, 어느 때는 그대로 있다. 나는 우리가 그 원인을 손에 잡듯이 보는 급격한 홍수라고 말하지 않는다. 메도크는 바다에 연한 땅인데, 나의 형님 아르사크 경은 바다가 토해놓은 모래로 자기 땅이 묻히는 것을 보았다. 어떤 건물들의 꼭대기는 아직도 보인다.

그의 영토와 농지는 변변찮은 목장으로 변해 버렸다. 그곳 주민들이 말하는 바로, 얼마 전부터 바닷물이 심하게 밀려와서 그들은 4류우의 땅을 잃었다고 한다. 이 모래들은 그 선발대이다. 그리고 저 큰 모래 언덕들이 5류우나 앞으로 밀려 들어오며 이 고장 땅을 빼앗고 있는 것을 우리는 보고 있다. 또 하나 이 신대륙 발견과 관련시켜 보고 싶은 옛날의 고증이 아리스토텔레스의 글에서 보인다. 이 《들어본 적 없는 불가사의들》이라는 소책자가 그의 작품이라면 말이다. 그가 여기 이야기하는 바로, 카르타고인들이 지브롤터 밖 대서양으로 나가서 오래 항해한 끝에, 마침내 모든 육지에서 멀리 떨어진 곳에 있는 크고 비옥한 섬을 발견했는데, 거기는 크고 깊은 강물이 흐르고 있었다.

그런데 그들과 다른 사람들이 그 뒤 그 땅의 비옥하고 살기 좋은 맛에 끌려서, 처자를 데리고 건너가서 살기 시작했다. 카르타고의 성주들은 자기 나라의 인구가 점점 줄어드는 것을 보고, 누구든지 그곳에 가는 자는 사형에 처한다고 금지했다. 또 그곳 새 주민들이 때가 지나면 수가 증가하여 자기 자리를 빼앗고 나라를 망칠까 두려워하여, 그들을 모두 몰아냈다고 한다. 아리스토텔레스가 이야기한 것도 이 신대륙과는 합치하지 않는다.

내가 데리고 있던 한 인물은 인품이 단순하고 속되어서 사실과 진실을 증언하기에 적당한 성격을 가졌다. 왜냐하면 세련된 인간들은 더 많은 호기심을 가지고 사물들을 관찰하며, 그것을 비판하고, 그리고 자기들의 해석을 그럴듯하게 붙여 보며, 사람들을 믿게 하려고 이야기를 좀 다르게 꾸미고 싶어 하는 마음을 참지 못하기 때문이다. 그들은 결코 사물을 순수하게 그대로 보지 않는다. 사물에 관해서 자기들이 본 모습으로 그것을 굽히고, 가면을 씌우며, 자기들의 판단에 신용을 주고, 사람들의 마음을 그리로 끌고가기 위해서 한편으로 사실에 덤을 붙여 말하며, 그것을 늘이고 키우고 한다.

남의 이야기를 믿으려면 그 사람이 아주 신실하거나 사람이 아주 단순해서, 거짓으로 꾸며 댄 이야기를 그럴듯하게 보이려고 조작할 머리가 없고, 거기 아무런 생각도 붙여 볼 재간이 없는 자의 말이라야 한다. 내 집에 있는 사람은 그런 인물이었다. 그뿐더러 그는 여행 중에 알게 된 뱃사람들과 장사꾼들을 여러 번 내게 소개했다. 그래서 나는 우주학자들이 말하는 것을 꼼꼼히 따져 보지도 않고, 이 사람이 전해 주는 것으로 만족한다.

우리는 자기들이 가 보고 온 지방을 개인적으로 말해 주는 지정학자들이 필요할 것이다. 그러나 이런 학자들은 팔레스티나를 보고 왔다는 자랑을 하며, 세상의 다른 모든 지방을 이야기하는 특권도 누리려고 한다. 나는 사람들이 각기 자기가 아는 것을 쓰고, 그가 그것을 알고 있는 만큼 그것뿐만 아니라 다른 모든 문제에 관해서도 써 주었으면 한다. 왜냐하면 그는 다른 일에는 누구나 다 아는 것밖에 모르지만, 강물이나 샘물의 성질에 관한 지식이나 경험을 특별히 가지고 있을 수 있기 때문이다. 그렇지만 그는 이 조그만 한편을 내놓기 위해서 물리학 전체를 써 내려고 할 것이다. 이 못된 버릇에서 수많은 혼란이 생겨난다.

그만 본론으로 돌아오기로 하자. 사람들이 내게 전해 준 것에 의하면, 자기 습관이 아닌 것은 모두 '야만적'이라고 하는 이유 외에, 나는 이 나라에 아무것도 야만적이며 상스러운 점이 없다고 본다. 우리에게는 자기가 사는 고장 사람들의 풍습이나 의견에서 얻은 사례나 관념밖에 진리나 이성의 규범은 없는 것으로 보인다. 거기에만 항상 완전한 종교, 완전한 정치, 모든 사물들의 완전하고 완벽한 습관이 있다. 그들을 '야만'이라고 부르는 것은 자연이 그 자체로 여느 상태로 나가며 이루어 놓은 성과를 야만이라고 부르는 의미에서 하는 말이다. 그러나 사실은 오히려 우리의 기교로 사물을 그 평범한 질서에서 틀어 변경해 놓은 것들을 차라리 야만이라고 불러야 할 일이다. 그리고 전자에는 참답고 유용하고 자연스러운 도덕과 소질들이 생생하고 강력하게 있는데, 우리는 그런 것을 이 후자의 부류에서 악화시켜 다만 우리의 부패한 취미의 쾌락에 맞춰 놓고 있는 것이다.

그러나 저 문화가 없는 나라의 사람들이 이루어 놓은 여러 성과에는 우리의 취미로 보아서, 우리 것에 비해서 그 묘미와 맛까지도 탁월한 것이 있다. 인간의 기술이 우리의 위대하고 강력한 어머니인 대자연보다 나은 영광을 차지한다는 것은 당치 않은 말이다. 우리는 자연이 내놓은 작품의 풍부한 미를 우리가 꾸며 낸 기교로 너무 덮어씌워서, 자연의 순진미를 전부 질식시켜 놓고 있다. 그렇지만 자연의 순진성이 빛나고 있는 곳에는 어디서나 자연은 우리의 경박하고 헛된 기도들을 말 못 할 수치 속에 묻히게 한다.

  덩굴은 배양치 않아도 절로 무성하며
  소귀나무는 외따른 동굴 가에 커서 더 아름답고
  새들의 노랫소리는 꾸밈이 없어 더욱 감미롭다. (프로페르티우스)

 우리의 모든 노력은, 저 허약한 거미가 짜내는 거미줄은 말할 것도 없고, 가장 작은 새들이 지어 놓은 아름답고 편리한 새집의 구조 하나도 꾸며 내지 못한다. 플라톤은 "모든 사물들은 자연·우연, 또는 기술에 의해서 만들어진다. 가장 위대하고 아름다운 것은 자연과 우연에 의하며, 가장 못나고 불완전한 것은 기술에 의해서 만들어진다"고 했다.
 그러니 저 나라 사람들은 인간 정신에서 얻은 방법이라고는 대단히 적고, 그들 본연의 순박성에 훨씬 더 가깝기 때문에, 내게는 그렇게 야만으로 보이는 것이다. 그들은 인간의 법률에 의해서 나쁜 방향으로 바뀐 바가 대단히 적기 때문에 아직도 자연의 법률에 지배되고 있다. 그러나 그들의 순결한 상태를 보면, 나는 어느 때는 먼 옛날의 인간들이 우리보다 그들을 더 잘 판단할 수 있었던 시대에 이 지방이 사람들에게 알려지지 않은 일이 안타깝다. 리쿠르고스나 플라톤이 그들을 알지 못한 것이 안타깝다. 왜냐하면 우리가 이런 나라에서 실지로 관찰하는 것은 우리의 시가(詩歌)에 아름답게 묘사되던 황금시대의 일이나, 또는 사람들이 상상해 내는 모든 행복스러운 상태들뿐 아니라, 철학이 생각해 내는 행복한 상태의 개념이나 욕망 자체보다도 더 아름다운 것으로 보이기 때문이다.
 시인들은 우리가 거기서 경험하는 만큼 순수하고 단순한 소박성을 상상해 보지 못하고, 인간 사회가 그렇게도 인간적인 꾸며댐 없이 유지될 수 있으리라고 상상해 보지 못했던 것이다. 나는 플라톤에게, 이 나라에는 어떤 종류의 교역이라는 것도 없고, 문자라는 것도 전혀 알려지지 않았으며, 수학의 학문도 없고, 관리의 직명도 없고, 정치적인 우월성도 없으며, 부자나 가난한 자의 제도도 없고, 계약이라든가 상속, 분배 같은 일도 없고, 직업이라는 것도 힘 안 드는 것밖에 없으며, 친척 간의 관계도 없고, 모두가 공통이며 의복도 없고, 농사도 없고, 금속도 없고, 포도주나 곡식의 사용도 없다는 사실을 말해 주고 싶다. 거짓말·배반·은닉·탐욕·시기·비방·용서 등을 의미하는 언어 자체를 들어 본 일 없는 고장이다. 내가 자기가 상상해 낸 '이상국'이 그 완벽함에 있어서, '신의 손에서 방금 나오는 인간들'(세네카)이 만든 사회인의 고장만 못한가를 알아보았을 것인가!

    이것이 대자연이 내어 준 최초의 법률들이다.   (베르길리우스)

    그뿐더러 그들은 기후도 좋고 대단히 온화한 나라에 살고 있다. 그래서 보고 온 자들의 말에 의하면, 그곳에는 앓는 사람을 보는 일이 드물다는 것이다. 그곳에는 벌벌 떠는 자, 눈곱 낀 자, 이 빠진 자, 늙어서 몸이 굽어진 자를 볼 수 없다고 그들은 확언했다. 그곳 주민들은 바닷가를 따라 자리 잡고 사는데, 한편에는 크고 높은 산으로 막혀 있고, 그 사이 넓이는 폭이 약 1백 류우는 된다.
    그들은 우리 고장에서는 볼 수 없는 생선과 짐승 고기를 풍부하게 가졌으며, 굽는 것밖에는 다른 인공을 가하지 않고 먹는다. 처음 그곳에 말을 타고 들어간 자는, 다른 데서도 여러 곳의 여행에 사용해 왔는데, 그곳 주민들은 그 모양을 보고 아주 흉하게 생각하여, 그것이 무엇인지 알아보지도 않고 그 자리에서 활로 쏘아 죽였다. 그들의 건물은 대단히 길어서 2, 3백 명이 들어갈 수 있고 큰 나무 껍질로 씌웠으며, 우리의 광 모양으로 꼭대기에서 서로 떠받혀 있고, 그 지붕이 땅까지 덮어서 옆벽이 된다. 그들에게는 극히 단단한 나무가 있어 그것을 베어 깎아 칼도 만들고 고기 굽는 꼬챙이도 만든다. 그들의 침대는 무명으로 만들어서 천장에 매달아 놓은 것이 마치 선박의 침대와 같고, 한 사람이 하나씩 차지한다.
    왜냐하면 여자들은 남자와는 따로 떨어져서 자기 때문이다. 그들은 해가 뜰 무렵에 일어나며, 일어나서 바로 식사한다. 그들에게는 아침 식사밖에 다른 식사가 없다. 그들은 수이다스가 동양의 어느 국민들은 먹고 나서 술을 마시더라고 말하는 식으로, 식사 때 술을 마시는 것이 아니고 하루에 몇 번이고 실컷 마신다. 그들의 술은 어느 나무뿌리로 만들었으며, 빛깔은 우리 고장의 순한 포도주와 같다. 그들은 이것을 미지근하게 데워서 마신다. 이 술은 이틀이나 사흘밖에 보존이 안 되며, 톡 쏘는 맛이 있고, 열이 오르지 않고 위장에 좋다. 그리고 처음 마시는 사람은 배 속을 훑어내리는 듯하지만, 늘 마시는 사람에게는 대단히 맛좋은 음료수이다. 그들은 빵 대신 고수의 씨를 절인 것 같은 흰 물질을 사용한다. 나도 그것을 맛보았는데 단맛은 나지만 맛이 없다.

그들은 하루 종일 춤추며 보낸다. 젊은 사람들은 활을 들고 사냥을 나간다. 일부 여인들은 그동안 술을 데워 놓는데, 이것이 그녀들의 주요 직분이다. 거기서는 노인들 중의 하나가 아침 식사를 하기 전에 광 안에다 모두 모아 놓고 설교를 한다. 그는 이 끝에서 저 끝으로 걸어 다니며 한 구절을 여러 번 되풀이하면서 한 바퀴를 돌아온다(왜냐하면 이 건물들은 적어도 백 걸음은 되기 때문이다). 그가 타이르는 말은 이 두 가지밖에 없다. 그것은, '적에 대해서 용감히 싸워라. 자기 아내들에게 정답게 해 주라'고 하는 말이다. 그리고 덧붙여 하는 말로, 그들을 위해서 술을 맛있게 담그고 데워 주고 하는 것이 이 아내들이라는 점을 반드시 주의시켜서 감사한 마음을 잊지 않게 한다.

그들의 침대·밧줄·칼, 그리고 싸우러 나갈 때 손목을 보호하는 나무로 된 팔찌, 기다란 수수깡, 한끝이 비어서 그리로 내는 소리의 가락에 맞추어서 춤추는 악기 등은 여러 곳에서 볼 수 있으며, 내 집에도 있다. 그들은 언제나 머리를 삭발하고 있으며, 나무나 돌로 된 면도칼밖에 없는데, 머리칼은 우리보다 훨씬 더 깨끗이 깎고 있다. 그들은 영혼이 영생한다고 믿으며, 하느님의 은총을 받을 만한 영혼들은 하늘의 해 돋는 곳에 있고, 저주받은 영혼들은 해지는 곳에 있다고 믿는다.

그들에게는 제관(祭官)이나 예언자 같은 자들이 있는데, 산속에 살고 있어, 사람들 앞에 나오는 일은 극히 드물다. 그들이 내려오면 큰 잔치가 벌어지며, 여러 동네(광 하나하나는 내가 묘사한 바와 같이, 그것이 한 동네를 이루며 서로 각기 프랑스 거리 단위로 1류우씩 떨어진 거리에 있다) 사람들의 대집회가 개최된다. 이 예언자는 집회에서 그들에게 도덕과 의무를 지키라고 권장한다. 그러나 그들의 윤리적 학문에 품은 것은 전쟁에 대한 용기와 아내에게 대한 애정이라는 두 가지 조목밖에 없다. 예언자는 그들에게 장차 무슨 일이 일어날 것인가, 그리고 그들이 계획하는 일의 결과가 어떻게 될 것인가를 예언하며, 전쟁을 하라거나 하지 말라거나를 판단한다. 그러나 만일 그의 예언한 바가 맞지 않거나 사건이 다르게 일어나면, 가짜 예언자로 지목되어 도끼에 맞아 천 조각이 나서 죽는다는 조건으로 한다. 그 때문에 한 번 말을 잘못한 자는 두 번 다시 나타나지 않는다.

 점치는 법은 하느님의 선물이다. 그 때문에 속임수를 쓰는 것은 사기로 처벌받는다. 스키타이족들 사이에는 점쟁이가 어쩌다 예언에 실패하면, 그의 손발을 쇠사슬로 묶어 가시덤불을 잔뜩 실은 수레 위에 뉘고 황소로 끌게 하여, 그 위에서 태워 죽인다. 인간의 능력으로 이루어질 수 있는 일을 다루는 자들은 자기가 할 수 있는 일을 하는 것이니 용서받을 수 있다. 그러나 우리가 알 수 없는 일을 알아내는 비상한 능력을 갖춘 자들이 사람을 속이고, 그들이 약속한 바를 지키지 못할 때는 당연히 처벌받아야 할 일이 아닌가?

 그들은 육지로 더 들어가서 산 너머에 있는 나라들과 전쟁을 한다. 그들은 맨발로 거기 달려가며, 무기라고는 활이나 나무 끝을 뾰족하게 깎은 창과 나무칼밖에 가진 것이 없다. 그들이 싸움에 다부지게 대드는 용감성은 놀랄 만한 일이며, 피를 흘리고 사람을 죽여야만 끝난다. 왜냐하면 도망친다든가 무섭다는 것이 무엇인지 모르기 때문이다.

 각자는 자기가 죽인 적의 머리를 전리품으로 가져와서 자기 집 문에 매달아 둔다. 그들의 포로는 오랫동안 잘 대접해 주고 그들이 생각할 수 있는 모든 편의를 보아준다. 그러고 나서 그 주인 되는 자는 자기 친지들 모임을 소집해 놓고, 포로의 한 팔을 밧줄로 동여매어, 그 끝을 손에 잡고 덤벼들지 못하도록 몇 걸음 떨어져 있게 하고, 다른 팔 하나는 마찬가지로 동여매어 그의 가장 친한 친구에게 내어준다. 그리고 그는 모인 사람들 앞에서 포로를 칼로 쳐서 죽인다. 그러고 나서 그것을 구워서 함께 먹고, 오지 않은 친구들에게 조각을 보낸다. 이것은 사람들이 생각하는 것처럼 옛날 스키타이족들이 하던 식으로 먹기 위한 것이 목적이 아니라 극단적인 복수를 보여 주기 위한 일이다.

 이것이 사실인 증거로, 그들은 자기 적과 손을 잡은 포르투갈인들이 자기들 편을 잡았을 때 그들을 죽이는 데 다른 방식을 썼다. 즉, 사람을 허리까지 땅 속에 묻고, 나온 부분에다 화살을 많이 쏜 다음 매달아 죽이는 것을 보고는(다른 세상에서 온 이 사람들은 이웃 사람들에게 많은 악덕의 지식을 전파시켜 놓은 자들이다), 이런 모든 악덕의 행동에는 그들이 자기들보다 훨씬 더 뛰어난 솜씨인 것을 보고, 이런 종류의 복수가 이유 없는 일이 아니고 자기들 방법보다 훨씬 더 혹독하다고 생각했다. 그때부터는 예전 방법을 버리고, 이런 새 방식을 좇기 시작했다.

나는 이러한 행동이 흉측하고 야만적인 행위인 것을 주목하며 언짢게 생각하고 싶지는 않다. 오히려 우리가 그들의 잘못은 잘 비판하면서, 우리의 야만스러운 행위는 주목하지 못하는 일이 슬프다. 나는 산 사람을 잡아먹는 일이 사람을 죽여서 먹는 것보다 더 야만스럽다고 본다. 아직도 아픔을 온전히 느낄 수 있는 신체를 고문과 고통스러운 형벌로 찢고, 불에 달군 쇠로 지지고 개나 돼지에게 물어 뜯겨 죽게 하는 일이(우리는 이런 일을 글에서 읽었을 뿐 아니라 생생하게 우리 눈으로 보았고, 그것은 옛날이 아니라 우리 이웃 사람들, 같은 시민들 사이에서 일어났으며, 더 나쁜 일로는 종교의 경건한 신앙심에서 그런 짓을 하고 있었다) 사람을 죽인 뒤에 구워서 먹는 것보다 더 야만스러운 행동이라고 생각한다.

스토아학파의 수령인 크리시푸스와 제논은 썩은 시체를 아무 데라도 우리가 필요로 하는 곳에 사용하여, 그것으로 식량을 생산해 내어도 나쁠 것 없다고 말했는데, 그것은 잘한 생각이다.

우리 조상들도 알렉시아시에서 카이사르에게 포위당했을 때 늙은이, 여자들, 그리고 싸움에 쓸모없는 다른 인간들의 시체를 이용해서 이 포위전의 기아 상태를 지탱해 내려고 결정했던 것이다.

> 가스코뉴 사람들은 이 식량으로
> 그들의 생명을 연장시켰다고 전한다.
> 〈유베날리스〉

그리고 의사들은 우리의 건강을 위해서 약으로 쓰거나, 모든 종류의 용도에 사람 고기를 사용하는 것을 꺼리지 않는다. 그러나 우리가 예사롭게 저지르고 있는 배신·불성실·포학·잔인성 등 도리에 어긋나는 행위는 어떠한 이유로도 변명될 수 없다. 그러므로 우리는 이성의 법칙에 비추어서 그들을 야만인이라고 부를 수는 있지만, 우리와 비교해서 그들을 야만인이라고 부를 수는 없다. 모든 야만성에서 우리가 그들보다 훨씬 더 심하기 때문이다.

그들의 전쟁은 지극히 고상하고 용감하다. 그리고 인간의 이 병폐가 가질 수 있는 한의 변명과 장점을 지니고 있다. 전쟁은 그들에게는 용덕(勇德)의 시새움밖에 다른 근거가 없다. 그들은 새 땅을 정복하려고 싸움을 걸지 않는다. 왜냐하면 그들은 아직도 대자연의 풍요를 누리며, 노동도 수고도 없이 그들에게 필요한 모든 것을 풍부하게 공급받고 있기 때문에, 영토를 넓힐 필요가 없는 것이다. 그들은 아직도 그들의 본성이 필요를 느끼는 정도밖에 욕심내지 않는 행복한 상태에 있다. 그 정도를 넘는 것은 그들에게는 모두 쓸데없다. 그들은 대개 같은 나이면 서로 형제라고 부르고, 나이가 아래면 아이라고 하고, 늙은이들은 모두에게 아버지가 된다. 이 노인들은 그 공동 피상속자들에게 대자연이 그 소생들을 세상에 내놓으며 아주 순수하게 그들에게 준 것밖에 아무런 다른 자격을 보지 않고, 이 공유 재산의 온전한 소유권을 넘겨준다.

이웃 나라 사람들이 산을 넘어 공격해 와서 승리를 거두면, 승리자의 소득은 용덕으로 한수 위라는 우월감과 영광뿐이다. 달리 해 보았자 패배자의 재산이란 아무 소용도 없는 것이다. 그들은 자기 나라로 돌아간다. 거기는 그들에게 필요한 것에 부족함이 없고, 더욱이 저 위대한 조목, 즉 자기들은 행복을 누리고 있고, 그것으로 족하며, 한편으로 소질도 부족하지 않은 것이다. 이편 사람들도 자기들로서 똑같이 한다. 그들은 포로들에게 패배했다는 고백과 그 사실을 인정하는 것밖에 다른 배상금을 요구하지 않는다. 그러나 그들 중에는 체면으로나 말로나 굽히지 않는 위대한 용기로 차라리 죽기를 택하지 않을 자는 백 년을 두고 하나도 없다. 살려 달라고 애걸하기보다는 살해당해서 잡아먹히기를 더 좋아하지 않을 자는 보이지 않는다.

그들은 포로들에게 생명이 얼마나 소중한가를 느끼게 하기 위해서 그들을 아주 자유롭게 취급한다. 그리고 대개 그들에게 장차 죽일 것이라는 위협과 그들이 당해야 할 고초, 그리고 이 목적을 위해서 준비하는 시설과 그들의 사지가 찢어질 것, 그들의 죽음으로 이루어질 향연 등에 관해서 이야기해 준다. 이 모든 일은 단지 그들의 입에서 조금이라도 유약하고 비굴한 말을 끌어내거나, 또는 도망갈 생각을 하게 해서 놀라게 하고, 그들의 지조를 꺾었다는 만족을 얻기 위한 목적으로 하는 것이다. 왜냐하면 잘 생각해 보면 역시 진실한 승리는 단지 이 점에 있기 때문이다.

> 적이 스스로 패배를 인정케 하기 전에는
> 달리 진실한 승리는 없다. (클라우디아누스)

헝가리인들은 대단히 호전적인 전사들이다. 그들은 적을 항복시키기 위한 목적 외에는 더 이상 공격을 계속하지 않았다. 완전히 패했다는 고백을 얻고 나면, 그들은 적을 해치지도 않고 배상금도 받지 않고 놓아 보내며, 기껏해야 이후부터는 그들에게 대항해서 무기를 들지 않겠다는 서약을 시키는 정도였다.

우리는 적들에 대해서 상당한 우세를 얻고 있는데, 그것은 빌려 온 우세이고, 우리의 것은 아니다. 팔과 다리가 더 건강하다는 것은 짐꾼의 소질이지 도덕의 소질은 아니다. 날쌔다는 것은 생명 없는 육체적인 소질이다. 태양 광선을 반사시켜 적들을 눈부시게 하여 실수토록 하는 것은 운명의 소관이다. 검술에 능숙하다는 것은 꾀와 기술의 재간이며 비겁하고 못난 자도 할 수 있는 일이다. 한 인간의 품위와 가치는 그 마음과 의지로 이루어진다. 여기 그의 진실한 영광이 있다. 용감성은 팔이나 다리가 아니고, 마음과 심령의 견고성이다. 그것은 우리의 말이나 무기의 가치에 있지 않고 우리 자신에게 있는 것이다. 자기 용기에 고집하여 쓰러지며, '쓰러져도 무릎으로 서서 전투하는'(세네카) 자, 아무리 죽음의 위험이 임박해도 태도를 조금도 늦추지 않는 자, 숨을 넘기면서도 경멸하는 확고한 눈초리로 적을 쏘아보는 자는 패하여도 우리에 의해서가 아니라 운명에 패한 것이다. 그는 살해당한 것이지 패한 것은 아니다.

가장 용감한 자는 때로는 가장 불행한 자이다. 그러므로 개선 못지않은 패배도 있다. 태양이 그의 눈으로 보아 온 중에 가장 아름다운 승리인 살라미스·플라타에아·미칼라·시칠리아 등 4대 승리의 영광 전부를 뭉쳐 보아도, 테르모필레 협곡에서의 레오니다스[32]와 그의 부하들이 전멸당한 영광에 감히 대항할 수 없

---

32) 기원전 5세기의 스파르타 왕. 페르시아 대군이 그리스에 침입해 온 것을 테르모필레 협곡에서 소수의 군사들을 이끌고 막아 내다가 전멸당했으나, 그동안 그리스군에게 태세를 정비할 시간을 주어 페르시아군에 대한 승리를 얻을 수 있게 했다.

을 것이다.

명장 이스콜라스의 패배보다, 어느 누가 더 승리하려는 야심과 영광스러운 적개심으로 전투에 돌격한 일이 있었던가? 그가 죽음으로 얻은 것보다 어느 누가 더 교묘하고 처절하게 자신의 안전을 확보할 수 있었던가? 그는 아르카디아인들에 대항해서 펠로폰네소스의 어느 길목을 막을 책임을 맡고 있었다. 그는 이 일을 수행하기가, 그 장소의 여건과 전력의 불균형 때문에 전혀 불가능한 것을 보고, 적군에 대항할 자들만이 필요상 그 자리에 머물러 있어야 한다고 결심했다.

한편 그는 자기 임무를 수행하지 못한다는 것은 자신의 용덕 및 담대성과 아울러 라케다이모니아의 이름을 더럽히는 일이라고 생각하며, 이 두 극단에서 그 중간 방도를 취했다. 즉, 자기 부대에서 가장 젊고 팔팔한 자들은 그들 조국의 방어에 봉사하게 하려고 아껴서 돌려보냈다. 그리고 그는 죽어도 좀 덜 아까운 자들과 함께 이 통로를 막아, 그들의 죽음으로 힘닿는 한 적군에게 가장 값비싼 희생을 치르게 하려고 궁리했다. 일은 그렇게 되었다. 그는 바로 아르카디아인들에게 사방에서 포위당했으나 수많은 적들을 살육하고 나서, 그와 그의 부하들 모두가 장렬하게 적의 칼끝에 찔려 죽었던 것이다. 승리자들에게 지정된 전리품으로서, 패자들이 받아야만 하는 것에 지당하지 않은 것이 있는가? 진실한 승리는 그 역할이 싸움에 있지, 안전에 있는 것은 아니다. 그리고 용덕의 영광은 싸움에 있고, 패배시킴에 있지 않다.

다시 우리 이야기로 돌아와서, 이 포로들은 항복하기는커녕 그들에게 무슨 짓을 해 보아도 두서너 달 감금되고 있는 동안 오히려 사뭇 유쾌한 모습으로 지낸다. 그들은 승자들에게 어서 자기들에게 시련을 가하라고 재촉한다. 그들은 승리자들에게 도전하며, 욕설하고, 비굴하다고 책망하며, 그들이 자기들에게 몇 년의 전투에 패했다고 말한다. 나는 한 포로가 지은 노래를 알고 있다. 거기는 이런 도전의 말이 있다. '그들은 모두 용감하게 닥쳐와서 함께 모여 자기를 먹어 치우라. 자기들은 그들의 아비와 할아비를 잡아먹고 컸으니, 그들은 자신의 아비와 할아비를 함께 먹을 것'이라는 뜻이다.

"이 근육, 이 살점, 이 심줄은 너희들의 살이다. 가련한 미치광이들아, 너희들은 조상의 사지의 실체가 아직도 내 살 속에 있는 것을 알지 못한다. 글쎄, 잘들 맛

보아라. 너희들 자신의 살맛이 여기 있다"라고 그는 말한다. 도저히 야만이 느껴지지 않는 시상(詩想)이다.

그들이 죽어가는 것을 진술하며 사람들이 그들을 때려눕힐 때의 정경을 보여주는 자들은, 포로가 자기를 죽이는 자들에게 침을 뱉으며 입을 삐죽 내미는 모습을 묘사하고 있다. 참으로 그들은 마지막 숨을 거둘 때까지 대항하며 말과 표정으로 도전하기를 그치지 않는다. 거짓말이 아니라 우리와 비교하면, 이거 참, 그들이 야만인들이군! 정말 그들이 진짜로 야만인이든지, 그렇지 않으면 우리가 야만인이라야만 한다. 그들의 성격과 우리 성격 사이에는 굉장한 거리가 있다.

거기서는 남자들은 아내를 여럿 데리고 있다. 그리고 용감성의 평판이 높을수록 더 많은 수의 여자를 갖는다. 그들의 결혼 생활에서 두드러지게 아름다운 점은, 우리 고장 여자들은 우리가 다른 여자들에게서 사랑과 친절을 받지 못하도록 악을 쓰는 데 비해, 거기서는 남편에게 다른 여자의 애정을 끌어 주려고 그만큼 애써 주는 것이다. 그곳 여자들은 다른 어느 일보다도 남편의 명예에 조심하며, 이것이 남편의 용덕을 증명하는 만큼 아무쪼록 그녀들의 동무가 많기를 원한다.

우리 여자들은 기적이라고 소리 지를 것이다. 그러나 기적도 아무것도 아니다. 이것이 바로 그들 결혼의 도덕이다. 다만 가장 높은 단계의 도덕이다. 성서에서도, 리아와 라헬과 사라와 야곱의 아내들은 예쁜 하녀들을 남편에게 제공한다.

리비아는 자기는 손해를 보면서도 아우구스투스의 정욕을 거들어 주었다. 그리고 데이오타루스왕의 아내 스트라토니카는 자기 남편에게 즐기라고 자기가 부리는 미소녀인 침모를 제공했을 뿐 아니라, 그 아이들을 성심껏 기르고 그들이 부친의 나라를 상속하도록 도왔다.

이 모든 것이 단순히 그들의 습관에 매인 노예적인 의무로 하는 것이라고, 그들의 옛 풍습에서 받은 권위 사상의 교양에서 한 것이라고, 또 아무 생각과 판단력 없이 한 것이라고, 그리고 그녀들이 너무나 어리석어서 다른 행동을 취하지 못한 것이라고 생각하지 않도록, 여기 그들 능력의 한 예를 들어주겠다. 앞에 그들이 부르는 전쟁의 노래 하나를 이야기한 것 외에도 나는 다른 종류의 사랑 노래 하나를 알고 있다. 그것은 이렇게 시작한다.

"살모사야, 거기 멈춰라, 거기 멈춰라, 살모사야, 우리 동생이 네 모습에 본을 떠서 훌륭한 끈 장식을 만들어 주거든 우리 님께 선사하련다. 그러면 어느 때나 우리 님은 네 예쁘고 날쌘 맵시를 다른 뱀들보다 더 좋아하리라."

이 첫 절은 한 가요의 후렴이다. 그런데 나는 이 시를 감상할 만큼은 넉넉한 소양을 가졌다. 이 시의 상상력에는 아무런 야만적인 것도 없을 뿐 아니라 이 시가 아나크레온식인 것을 알 수 있다. 그뿐더러 그들의 언어는 보드라운 언어이며, 소리도 듣기 좋고 그리스 말 어미에 닮은 점이 있다. 그들 중의 세 명은 이쪽 땅의 부패한 풍속에 대한 지식이 다음에 그들의 안녕에 얼마나 값비싼 희생을 치르게 할 것인지도 알지 못하고, 이 구대륙(舊大陸) 사람들과 사귀다가는 자기들의 멸망이 올 것도 알지 못하고(그것은 이미 상당한 정도로 진척되었다고 나는 생각하지만), 가련하게도 새것을 보고 싶은 욕망에 속아서, 그들의 온화한 풍토를 버리고 우리 땅을 구경하러 건너왔다. 돌아가신 샤를 9세가 루앙에 있을 때에 거기 와 있었다.

왕은 그들과 오래 이야기해 보았다. 사람들은 그들에게 우리의 생활 방식과 화려한 의식과 아름다운 도시의 형태 등을 보여 주었다. 그다음에 누가 그들에게 의견을 물어보고, 그들이 무엇을 보고 가장 감탄했는가를 알려고 했더니, 그들은 세 가지를 대답했는데, 아깝게도 나는 그중의 마지막 것은 잊어버렸다. 그러나 두 가지는 아직도 기억에 남아 있다. 그들은 첫째로 가장 이상하게 본 것은 왕의 주위에 수염을 기르고 힘세고 무장한 많은 훌륭한 사람들이(그들은 아마도 왕을 지키고 있는 스위스 병정들을 말하는 성싶었다) 한 어린아이에게 복종하고 있으며, 자기들 중에서 지휘자 하나를 뽑아내지 않고 있는 것이 대단히 이상하다 했다. 둘째로 (그들은 자기들이 말하는 방식으로 사람들 상호 간에 타인을 서로 반쪽이라는 이름으로 부른다), 우리들 중에 모든 종류의 좋은 것을 혼자서 잔뜩 차지하고 있는 사람들이 있는데, 그들 문 앞에 찾아오는 반쪽들은 배고픔과 가난으로 바싹 말랐으며, 또 이 반쪽들은 이렇게 곤궁한 속에서 어떻게 이 부정의를 참아낼 수 있는가, 어째서 그들은 다른 자들의 멱살을 잡든지, 그 집에 불을 지르지 않는지 이것이 대단히 이상하다고 했다.

나는 그들 중의 하나와 오래 이야기해 보았다. 그러나 통역이 바보 같아서 내 뜻을 잘 설명하지 못했고, 내 생각을 알아듣지 못했기 때문에, 나는 여기에서 조금도 재미를 보지 못했다. 그가 자기 나라 사람들 중에서 차지하고 있었던 우월한 지위에는 어떠한 특권이 있었느냐고 물어보았더니(왜냐하면 그는 무장(武將)이었고, 우리 뱃사람들은 그를 왕이라고 부르고 있었다), 그는 전쟁 때에 앞장서서 나가는 권리라고 했다. 그리고 얼마나 부하들을 가졌느냐고 했더니, 그는 한 장소를 가리키며 그 속에 들어설 수 있는 인간의 수를 말했다. 그것은 4, 5천 명은 될 듯싶었다. 그럼 전쟁이 끝나면 그의 권한은 없어지느냐고 물어보았더니, 그가 거느리는 마을들을 찾아가려고 할 때, 사람들이 숲 속의 덤불 사이로 오솔길을 닦아서, 그가 편하게 갈 수 있도록 만들어 주는 대우가 남아 있다고 말했다.

이것 모두 언짢은 일이 아니다. 그런데 웬 말인가, 그들은 양복바지도 입지 않고 있다니!

32
거룩한 절차의 비판에는 참견을 조심할 것

사기 수단의 진실한 활약 무대이며 그 재료가 되는 것은 미지의 사물이다. 그것은 우선 이야기가 괴상하기 때문에 바로 믿고 싶어지며, 그다음은 우리들의 범상한 이치로 알 수 없는 일인 까닭에 우리는 그런 일을 반박할 방도가 없는 것이다. 그 때문에 플라톤은 제신의 성질을 두고 말하는 것이 인간의 일을 가지고 말하는 것보다 더 사람에게 만족을 주기 쉽다고 했다. 왜냐하면 듣는 자들이 알지 못하는 일인 까닭에, 사실을 얼마든지 멋들어지게 조작해 꾸며 보일 수 있기 때문이라는 것이다.

그래서 사람들은 잘 알지 못하는 일이 가장 확실하다고 믿고 싶어지며, 우리에게 거짓말을 꾸며 대는 연금술사들, 예언자들, 점성가들, 해몽점술사들, 의사들 같은 '모든 이런 따위 족속들'(호라티우스)만큼 신임을 받는 자들은 없다. 여기 첨가해서 말해도 좋다면, 하느님의 의도를 전하는 해설자들과 비평자들도 수두룩하게 각 사건의 원인을 찾아보고, 하느님이 그 거룩하신 의지의 비밀 속에 하신 일의 이해되지 않는 동기들을 알아보기를 직업으로 삼으며, 잡다하게 일어나는 사건들이 계속적으로 어긋나고, 이런 해석이 이 구석 저 구석, 동쪽 서쪽에서 틀어져 가도 그들은 자신이 해 온 수작을 모르고, 같은 연필로 검게도 희게도 그려 놓는 것이다.

인도의 어느 나라에서는 이런 특이한 계율이 준수되고 있다. 그들은 무력 충돌이나 전투에서 패배당하면, 공공연하게 자기들의 신인 태양에게 자기들 잘못에 관한 용서를 빌며, 행운이나 악운을 하느님의 뜻으로 돌리고, 자기들의 사색과 판단을 그 밑에 승복시키고 있다.

기독교도로서는 모든 일을 하느님이 하신 일이라고 생각하며, 그 거룩하고 측량 못할 예지에 감사하고, 일이 어떻게 되어 왔건 그것은 하느님의 분부라고 좋은 의미로 받아들이면 족하다. 그러나 내가 보는 바 우리의 기도하는 일이 운이 좋아 잘 되어 가는 것을 이유로 들어서, 우리 종교를 강화하고 지지하려는 것은 좋지 못한 일이라고 생각한다. 우리의 신앙은 사건의 권위를 세워 주지 않아도 다른 근거를 충분히 가지고 있다. 왜냐하면 시민들이 자기 비위에 맞게 그럴듯하게 말하는 논법을 믿는 것이 버릇이 되다가, 만일 사건이 이번에는 반대로 그들에게 불리하게 일어나면, 그들 신앙이 동요될 위험이 있기 때문이다.

우리들이 종교 때문에 하고 있는 전쟁에서와 같이, 로슈라베이유[33]에서 갑자기 적들과 맞닥뜨려 벌어진 전투에서 승리를 얻은 자들은 이 행운을 가지고 하느님이 자기들 편을 드는 것이라고 요란스럽게 떠들어 대다가 다음에 몽 콩툴과 자르나크에서 패전한 것을 변명하려고 그것은 하느님 아버지께서 매질하시며 징벌을 내리시는 것이라고 말한다면, 그들이 시민들을 온전히 그들 마음대로 할 수 있는 것이 아니라면, 이것은 한 자루의 가루를 빻는 데 삯을 두 번 받는 식이고, 같은 입으로 더운 김과 찬 김을 뿜어내는 수작이라고 생각하기에 알맞은 일이다.

그보다는 차라리 진리의 진실한 근거를 말해 주는 편이 더 나을 것이다. 몇 달 전(1571년 1월 7일 레판토 해전에서 스페인·베네치아·교황청 연합 함대가 튀르키예 해군에 승전했다)에 돈 환 드 오스트리아 제독이 지휘하는 해군이 튀르키예군에 승전한 것은 참 훌륭한 해전이었다. 그러나 옛날에는 하느님께서 우리 편에 불리하

---

33) 신교들은 1569년 자르나크에서 패전한 것은 잊어버리고, 1569년 5월에 로슈라베이유에서 승전한 것만으로 이런 논법을 세웠다가, 같은 해 10월에 몽콩투르에서 다시 패전했다.

게 일을 만들어 주신 예들도 있었다.

결국 하느님에 관한 일들을 손상시키지 않고, 인간적 저울대를 가지고 헤아리기는 곤란한 일이다. 그리고 저 요사스러운 종교의 두목이던 아리우스와 교황 레온은 괴상하게도 각기 다른 시대에 똑같은 방식으로 죽은 사실(왜냐하면 둘 다 교리 논쟁을 하다가 배탈이 나 화장실로 들어가 갑자기 숨을 거뒀다)의 이유를 설명하며, 그것은 이 장소의 사정으로 하느님께서 보복한 것이라고 과장해 말한다면, 화장실에서 살해당했던 헬리오 가발루스의 죽음 역시 여기 첨가해 말할 수 있을 것이다. 한데 어떻게 된 일인가? 이레나에우스도 같은 운명을 맞고 있다.

하느님께서는 우리에게 이 세상의 운이 좋고 나쁜 것은 상관없이, 착한 자들은 따로 바랄 만한 희망을 가졌고, 악한 자들은 따로 두려워할 거리를 가졌다는 것을 가르치기를 원하시며, 사건들을 그의 은밀한 의향에 따라서 만들어 처리하시고, 우리가 어리석게도 그것을 이용하게 두지 않으신다. 그리고 하느님의 일을 인간의 이성으로 이용하려고 하는 자들은 당치 않은 일을 하는 것이다.

그들은 여기서 한 점 딴다면 반드시 두 점을 잃는다. 성 아우구스티누스는 이것을 그의 논쟁 적수들에 대한 훌륭한 증거로 내놓는다. 이것은 이성의 무기보다도 기억력의 무기에 의해서 결정되는 싸움이다.

우리는 태양이 광선을 통해서 우리에게 보내 주는 대로의 빛으로 만족해야만 한다. 그리고 누구든지 태양의 실체에서 바로 빛을 얻으려고 눈을 쳐드는 자는, 그 오만의 죄과로 시력을 잃는다고 해도 이상한 일로 보아서는 안 된다. "인간들 중에 신의 의도를 누가 알 수 있으며, 주께서 원하시는 바를 누가 추측할 수 있을 것인가?"(묵시록)

33
생명이 아깝거든 감각적 탐락을 피할 것

나는 진실로 대부분의 옛사람들의 의견이 이 점에 합치하는 것을 보았다. 사람이 살아가는 데 좋은 일보다도 나쁜 일이 더 많을 때에는 죽을 시기가 온 것이며, 우리의 생명에서 고통과 불편을 막아 낸다는 것은 바로 자연의 법칙에 위반하는 일이라는 점에서 일치하는 것을 우리는 잘 보아 왔다. 옛날의 교훈은 이것을 이렇게 말하고 있다.

안온한 생활 아니면 행복한 죽음을 얻을지니라.
생명이 짐이 될 때에는 죽는 편이 나으니라.
불행 속에 살기보다는 살지 않음이 더 나으니라.   (그리스 격언)

그러나 죽음에 대한 경멸은 우리가 행운에 속하는 것으로 부르는 명예·부유·권세, 기타 다른 은총과 재물에 대한 관심을 버리기 위해 이것을 사용할 정도로 강조한다. 마치 이성에게 이 새 짐을 지우지 않고는 이성의 힘만으로 우리가 이런 것을 버리게 하지 못할 것같이 보는 것은, 세네카의 문장을 읽어 보기까지 나는 이런 일이 권장 또는 실천되는 것도 본 일이 없었다.

거기서 세네카가 다시 황제의 측근자로 큰 권력을 누리던 세력가 루킬리우스적인 화려한 생활 방식을 고치고, 이 세상의 야심에게 그의 탐락을 버리고 한적하고 고요하고 철학적인 생활로 은퇴하라고 충고했다.

그때 루킬리우스가 몇 가지 곤란한 점을 들어 핑계하자, 세네카는 말했다. "나는 그대가 이런 생활을 버리거나 그렇잖으면 생명 전체를 버리는 일에 찬성한다. 나는 진실로 그대에게 더 순한 길을 잡아서, 그대가 그렇게도 나쁘게 맺어 놓은 것을 부수기보다는 차라리 풀어 놓으라고, 만일 달리 풀어 놓을 길이 없거든 부수라고 권한다. 항상 매달려 근뎅거리고 있기보다는 차라리 떨어지기를 원치 않을 만큼 비겁한 자는 없다."

나는 이 충고가 스토아학파의 원칙에는 맞는다고 보고 싶다. 그러나 이 사상을 에피쿠로스의 글에서 따왔다는 것이 이상하다. 그는 이런 문제로 아주 똑같은 말을 이도메네우스에게 했던 것이다.

그런데 나는 우리나라 사람들 중에도 이와 비슷한 처신을, 다만 기독교적 절도를 지키며 하는 것은 주목할 만하다고 생각한다. 요사스러운 종교의 아리우스의 강적인 포아티에 주교 생 틸래르가 시리아에 가 있었을 때, 그의 아내와 함께 고향에 두고 온 외딸 아브라는 아주 잘 자라난 예쁘고 부유하고 한창 피어오르는 나이의 처녀였다. 그래서 국내에서 가장 문벌 좋고 소문난 귀족들에게서 청혼이 잇달아 들어온다는 소식을 듣고 그는 딸에게 편지하여(다음에 보면 알 일이지만), 사람들이 제공하는 이런 쾌락과 편익에 대한 애착심을 버리고, 자기가 여행중에 훨씬 더 훌륭하고 마땅한 배필을 발견했는데, 그는 전혀 다른 종류의 권세와 훌륭함을 지닌 남편으로, 그녀에게 더할 수 없이 귀중 옷과 보배를 선물로 줄 것이라고 알렸다. 그의 의도는 딸을 온전히 하느님께 맺어 주기 위해서, 그녀에게 세속적 쾌락에 대한 욕심과 습성을 버리게 하려는 것이었다.

그러나 그러기 위한 가장 가깝고 확실한 방법은 딸의 죽음이라고 보았기 때문에, 그는 끊임없는 축원과 간청과 설교로 딸을 이 세상에서 불러 가시라고 하느님께 탄원하기를 마지않았더니 일은 그대로 되었다. 왜냐하면 그가 귀국한 바로 뒤에 그녀는 그를 위해서 죽었기 때문이다. 그래서 그는 대단히 기쁜 빛을 보였다. 이 인물이 처음부터 이런 방법으로 호소하는 것은, 사람들이 곁다리로 하는 일을 그는 자기 외딸을 두고 한 일인 만큼 다른 사람들보다 뛰어난 것으로 보인다.

이것은 딴 말이지만, 나는 이 이야기의 끝을 맺지 않은 채로 두고 싶지는 않다. 생 틸래르의 아내는 자기 딸의 죽음이 남편의 의도와 의지에 의해서 인도된 것이며, 딸이 이 세상에 있는 것보다도 저승으로 떠나서 더한층 행복하다는 사실을 그에게서 듣고, 하늘의 영원한 행복이라는 생각에 깊이 사로잡혀서 자기도 딸과 같이 해 달라고 간곡히 청했다. 그래서 하느님은 그들이 함께 올리는 기도를 받아들여서 얼마 뒤에 곧 그녀를 하늘로 불러 올렸으니, 이것은 기특하게도 모두를 만족시켜 준 죽음이었다.

34
운은 가끔 이성의 움직임과 같다

운의 줏대 없는 온갖 움직임은 우리에게 여러 종류의 모습을 보여 준다. 다음과 같은 것보다 더 명백하게 정의로운 행동이 또 있는가? 드 발란티노아 공작은 추밀경 아드리앙 드 코르네트를 독살하려고 결심하고, 그의 부친인 교황 알렉산드르 6세와 바티칸에 있는 그의 집으로 저녁 식사를 하러 가면서 앞서 독약을 넣은 포도주 몇 병을 보내 놓고, 요리사를 시켜서 그것을 조심스레 보관하라고 명령했다. 교황이 아들보다 먼저 와서 마실 것을 청하자 요리사는 이 포도주가 호의로 보내온 것인 줄로만 알고, 그것을 교황에게 내주었다. 그리고 공작이 마침 간식 시간에 도착해서 자기가 보낸 포도주는 잘 보관하고 있을 것이라고 안심하고, 그 술을 마셨다.

그래서 그 부친은 그로 인해 급사했고, 아들은 오랫동안 병석에서 고생하다가 더 나쁜 운명을 당하도록 목숨만 부지하고 있었다. 어떤 때는 운명이 꼭 알맞은 때 우리에게 농간을 부린다.

당시 드 방도므 대군의 기수이던 데스트레 경과 다스코 공작의 부관이던 드 리크 경은 각기 당파는 달랐지만, 둘 다 풍그젤르(푸크롤) 경의 누이에게 청혼했는데(이런 일은 국경 지방의 이웃 간에 흔하다), 드 리크 경이 승리했다. 그런데 그는 바로 결혼식 날, 아직 신부와 동침하기도 전에 신부를 위해 창을 하나 꺾고 올 생각이 나서 생 토메르 근처로 싸움을 걸어 나갔다. 그러나 전력이 더 강한 데스트레 경에게 사로잡히고 말았다. 딱하게도 신부는

한두 겨울의 긴긴 밤이
그들 사랑의 탐욕을 만족시키기 전에
신랑의 포옹에서 강제로 떨어지게 되어   (카툴루스)

그녀 자신이 예절을 갖춰서 그에게 남편을 돌려 달라고 간청해야만 했다. 일은 그대로 되었다. 프랑스의 귀족은 결코 부인들의 요청을 거절하는 일이 없었다.

다음과 같은 것은 교묘한 운명이라고 보이지 않는가? 헬레나의 아들 콘스탄티누스는 콘스탄티노플 제국을 세웠다. 그리고 수백 년 뒤에 헬레나의 아들인 콘스탄티누스는 이 제국의 막을 내렸다.

어느 때는 운은 즐겨 기적과 솜씨를 다툰다. 우리가 들은 바에 따르면 클로비스왕이 앙굴레므성을 포위하고 공격하자, 성벽은 하느님의 은총으로 저절로 무너졌다고 한다. 그리고 부셰가 다른 작가로부터 인용하는 말에 의하면, 로베르

왕은 한 도성을 포위하여 공격하다가 포위진에서 빠져 나와 오를레앙에 가서 생 테냥의 축제를 엄숙하게 거행하고 있자니, 그가 신앙의 절차를 올리고 있을 때 미사가 진행되는 어느 시각에 이르자, 포위된 도시의 성벽이 아무 힘도 없이 무너져 사라졌다고 한다.

우리 군대가 밀라노를 공격했을 때에는 일이 거꾸로 되었다. 렌조 부대장이 우리 편을 들어 아로나시를 포위 공격하며 성벽의 커다란 벽면 밑에 지뢰를 묻어 터뜨렸더니, 성벽은 갑자기 커다란 덩어리로 쳐들렸다가 똑바로 제자리에 내려앉아서, 포위당한 자들에게는 아무런 탈도 없었다.

어떤 때는 운은 약이 된다. 페레스의 자손은 가슴에 농양을 앓다가 의사들도 손을 들었다. 죽어서라도 고통을 없앨 생각으로 그는 적국의 밀집 부대 속으로 정신없이 돌격해서 몸을 관통당하는 부상을 입었는데, 결국 몸속의 종기가 터져서 병이 나았다.

화가 프로토게네스의 경우에는 운이 그의 기술적 지식보다 더 기술적이 아니었던가? 그는 피로해서 기진맥진한 개의 그림을 한 곳만 빼놓고 그가 만족할 만큼 완성해 놓았는데, 단지 개거품만은 자기 소원대로 표현할 수가 없었다. 그래서 그는 울화가 치밀어 모두 지워 버릴 작정으로, 여러 물감이 배어 있는 해면을 그림에다 집어던졌다. 그랬는데 운 좋게도 그 던진 것이 개의 입에 맞아 완성하지 못하던 것을 완성해 주었다.

운은 어느 때는 우리의 생각을 교정해 주는 것이 아닐까? 영국 여왕 이자벨은 자신의 남편에 대항해서 싸우는 아들을 지원하려고 군대를 거느리고 젤란드에서 자기 왕국으로 건너가게 되었을 때, 만일 그녀가 예정했던 대로 항구에 도착했더라면 패망했을 것이다. 적군이 기다리고 있었기 때문이다. 그러나 운은 그녀의 뜻과는 반대로 다른 곳으로 그녀를 밀어다 놓았기 때문에, 그녀는 무사히 상륙할 수 있었다. 그리고 한 옛사람은 돌을 집어 개를 후려갈긴 것이 그의 계모를 죽게 했다.

한데 그는—

우연은 우리 자신보다 더 잘 일을 결정한다.   (메난데르)

운은 우리보다 더 나은 의견을 가졌다고 하는 이 시구를 읊는 것이 지극히 당연하지 않은가?

이케테스는 두 병사를 부추겨서 시칠리아의 아드라나에 체류하고 있는 티몰레온을 죽이려고 했다. 그들은 티몰레온이 희생을 바치는 시간을 거사의 시작으로 정했다. 그리고 군중 속에 섞여 들어 그들이 적당한 기회가 왔다고 서로 눈짓하고 있을 때, 갑자기 제삼자가 튀어나와서 칼을 휘둘러 그들 중 하나의 머리를 쳐서 쓰러뜨리고 달아났다. 그의 공범자는 사건이 발각되어 자기도 잡혀 죽을 것이라고 생각하고 제단으로 달려가서, 사실을 모두 대겠으니 목숨만 살려 달라고 애걸했다. 이렇게 그가 음모의 사실을 진술하는 동안에 제삼자가 잡혀 왔다. 군중들이 이자를 살인범이라고 잡아서 군중 속으로 떠밀며, 티몰레온과 이 군중들 중의 유력자들이 있는 곳으로 끌고 왔다. 거기서 그자는 살려 달라고 고함지르며, 자기는 부친의 살해범을 정당하게 죽인 것이라고 말했다.

마침 운 좋게 그 자리에 있던 증인들에 의해서, 레온티움인들의 도시에서 이자의 부친이 그 피살자에 의해서 살해당했고, 이자가 지금 그 부친의 원수를 갚은 것이라는 사연이 입증되었다. 그래서 그는 자기 부친의 원수를 갚았기 때문에 그것으로 시칠리아인들의 어버이인 티몰레온의 죽음을 면하게 했다고 10아티카 미나에의 상금을 받았다. 이처럼 운은 그 규정으로 인간 예지의 법칙을 초월하고 있다.

끝으로 하나, 이 사실을 보면 운은 은총과 호의와 특수한 경건심을 지니고 있는 것이 명백하지 않은가? 이그나티우스 부자는 로마의 삼두 집정관들의 체포령을 받고 장하게도 서로 생명을 자기들끼리의 손에 넘겨줌으로써 폭군들의 잔인성을 헛되게 하려고 결심했다. 그들은 서로 칼을 빼들고 대들었다. 칼날은 끝이 서서 똑같이 치명적인 상처를 주었다. 아름다운 애정의 영광으로 그들은 피투성이가 된 팔에 남은 힘으로, 상처에서 칼을 뽑아내고 나서 이 상태로 서로 어찌도 굳게 껴안고 있었던지, 사형 집행인들은 그들의 머리를 한 칼로 쳐서 베었으나 몸은 한 모양으로 껴안은 부자는 상처에 상처를 맞대고 서로가 피와 생명의 나머지를 들이마시고 있었다.

35
정치의 결함에 대하여

나의 선친은 단지 경험과 천성의 도움만 받고 있는 처지로서는 매우 명석한 판단력을 가진 분이었다. 그가 어느 때 내게 도회지 같은 데서 지정된 한 장소를 두고, 가령 내가 진주를 팔고 싶다든가, 팔려고 내놓은 진주가 없나 찾고 있다든가 하는 식으로, 무슨 일이 있는 사람들은 거기 가서 이런 일을 맡아보는 관리에게 자기 볼 일을 신고할 수 있는 시설을 운영해 보았으면 한다고 말씀하셨다. 어떤 자는 파리에 갈 동행을 구하고, 어떤 자는 무슨 기술을 가진 하인을 구하고, 누구는 주인을 구하고, 누구는 직공을 구하고, 누구는 이것, 누구는 저것 하며 각기 자기 일을 신고하게 한다는 것이다. 이렇게 우리가 필요한 일을 서로 알려주는 방법을 쓴다면 사람들의 일 주선에 적지 않은 편익이 있을 것으로 보인다. 왜냐하면 사람들은 언제나 서로 소용되는 일들이 있는데, 서로 알지 못하기 때문에 모두 대단한 불편을 느끼고 있기 때문이다.

나는 우리 시대의 가장 수치스러운 일이, 학문의 성과로 대단히 훌륭한 인물인 이탈리아의 릴리우스 그레고리우스 자랄두스[34]와 독일의 세바스티아누스 카스탈리오[35] 두 분이 우리 눈앞에서 먹을 것이 넉넉지 못해 굶주려 죽었다는 말을 들은 것이다. 만일 이런 일이 세상에 알려졌더라면, 아주 유리한 조건으로 그들을 초청했거나, 그들 있는 곳에 가서 구원해 주었을 사람이 천 명이라도 있었을 것이라고 나는 믿는다.

어떤 종류의 희귀하고 걸출한 재능과 덕을 겸비한 인물이 가끔 극도의 곤궁에 빠지는 경우, 신수가 좋아서 충분한 가산을 물려받은 자가 이런 인물들을 곤궁에서 면하게 해 주고, 적으나마 그렇게 해 주어도 불만이라면 그들의 생각이 부족한 탓이 되겠지만, 큰 호의를 가지고 구원해 줄 사람이 있는 것을 내가 알지 못할 뿐이지, 세상이 썩은 것은 아니다.

---

34) 이탈리아의 시인이며 박학한 고고학자. 1552년 빈궁 속에 죽었다.
35) 자유로운 종교 사상을 가져서 칼빈파와 가톨릭파 양편에서 배척받은 학자. 1567년에 독일어를 쓰는 스위스 바젤시에서 빈궁 속에 죽었다.

가정 경제의 관리에는 나는 내 부친을 찬양하지만 결코 그대로 따라 해 보지 못하는 제도를 쓰셨다. 그것은 살림살이의 여러 가지 자디잔 계산·지출·물품 구매 등 공증인의 손을 빌 필요가 없는 일은 집사 하나를 시켜서 장부에 기록하게 하는 것 외에, 그는 집 사람들 중 글을 쓸 줄 아는 자 하나를 시켜서, 무슨 일은 언제 시작했었나? 언제 끝났나? 어느 분의 행차가 있었나? 얼마 동안 머물러 있었나? 언제 여행했고 언제 집에 있었고, 결혼·죽음·좋은 소식 또는 나쁜 소식 받은 일, 하인을 교체하게 된 일 따위의 주목할 만한 일이 있다면 모두 일지에 적어 넣게 하며, 그날그날의 자기 집 역사의 비망록을 기록해 두게 해서, 다음에 그 기억이 사라지기 시작할 때에 다시 들여다보면 대단히 재미나며, 늘 적잖이 수고를 덜어 주게 한다. 이것은 옛날 습관인데, 각자가 자기 식으로 다시 시작해 보아도 좋은 일이다.

그리고 내가 그렇게 못하는 것이 어리석다고 본다.

36
옷 입는 습관에 대하여

나는 무슨 짓을 하려고 해도 습관의 장벽을 넘어야 한다. 그만큼 조심스레 습관은 나의 모든 행동을 제한하고 있다. 최근 발견된 나라들에서 추운 시절에 습관상 사람들이 알몸뚱이로 다니는 것이, 우리가 인도인이나 아프리카인을 두고 말하듯 공기의 더운 온도 때문에 불가피하게 하는 방식인지, 또는 그것이 인간의 본연의 상태인지 생각해 보았다. 성경 말씀에 따르면, 하늘 아래 있는 모든 것이 동일한 법의 지배를 받고 있는 이상, 이해력 있는 사람들은 이러한 법들을 고려해서 거기 본연의 법과 인위의 법을 식별해 내며, 아무것도 꾸며 낸 것이 있을 수 없는 이 세상의 보편적인 질서에 의거하는 습관으로 되어 있다.

그런데 모든 생물은 그 존재를 유지하기 위해서 정확한 분량의 실과 바늘이 공급되어 있는 데도, 인간들만이 결함 있고 다 갖추어지지 않은 상태로 태어나서 외부의 도움 없이는 자기 몸을 유지할 수 없는 상태에 있다고는 믿을 수 없는 일이다. 그래서 나는 식물들이나 살아 있는 모든 것은, 더위나 추위 같은 계절의 침해에 대한 대비를 위해서 자연적으로 충분한 피복을 갖추고 있는 것으로 생각한다.

이런 이유에서 거의 모든 존재들은
피부·머리털·조개껍데기·외골격 또는 나무껍질 등으로 덮여 있다.
(루크레티우스)

우리 역시 그러했다. 그러나 인공적인 빛을 지우는 자들과 같이, 우리는 빌려 온 방법을 가지고 우리가 타고난 방법을 지워 버린 것이다.

그리고 불가능이 아닌 것을 불가능하게 만드는 것이 습관의 조화임은 알기 쉬운 일이다. 왜냐하면 의복에 관해서 아무것도 아는 것이 없는 이런 국민들 중에는 우리와 같은 기후의 환경 속에 살고 있는 국민들도 있기 때문이다. 그리고 우리 신체의 가장 연약한 부분은 눈·입·코·귀 등 우리가 늘 내놓고 다니는 부분들이다. 우리 고장 농민들은 우리 조상들처럼 가슴과 배를 내놓고 다닌다. 우리가 치마나 그리스 남자 치마를 입어야 할 조건 아래에 출생했다면, 자연은 우리 신체가 계절의 시달림을 받게 될 부분들을 손가락 끝이나 발바닥과 같이 더 두터운 피부로 무장해 주었으리라는 것을 의심해서는 안 된다.

어째서 그것이 믿기 어렵다는 말인가? 내가 옷을 입는 방식과 내 고장 농민의 방식 사이에는, 농민의 방식과 자기 피부만 입고 있는 인간들 사이보다 더 큰 차이가 있는 것을 나는 본다. 하고많은 사람들이, 특히 튀르키예에서는 신앙심으로 벌거벗고 다니지 않는가?

누가 그랬는지 모르지만 어떤 자가 겨울에 셔츠 바람으로 다니는 거지가 귀까지 수달피 가죽으로 싸고 다니는 자만큼이나 유쾌하게 지내는 것을 보고, 어떻게 참아 내느냐고 물어보았다. "한데 나리, 어떠시오?" 하고 그는 대답했다. "나리도 얼굴은 벗었지요. 나는 전체가 얼굴이오." 이탈리아인들이 플로렌스 공작의 어릿광대를 두고 한 말인 듯싶다. 그의 주인이 자기도 추위를 감내하기 어려운데, 그는 옷도 못 입고 어떻게 참아 내느냐고 물어보자, "내가 하는 식으로, 나리님도 가지고 있는 옷을 모두 걸쳐 보십시오. 나보다 더 추울 것 없으리다"라고 그는 말했다. 마시니사왕은 노령에 이르기까지 춥거나 바람이 불거나 비가 오거나, 머리를 덮고 다니지 않았다. 세베루스 황제도 그러했다고 한다.

이집트인들과 페르시아인들 사이에 일어난 전쟁에서, 헤로도토스는 자기도 다른 사람과 같이 보았다며, 거기 죽어 쓰러진 자들을 보니, 이집트인의 머리가 페르시아인의 것보다 비교가 안되게 더 단단한데, 그 이유는 페르시아 사람은 머리에 늘 모자를, 다음에는 터번으로 감고 있으며, 이집트 사람은 어릴 적부터 머리를 깎고 맨머리로 다녔기 때문이라고 한다.

그리고 아게실라오스왕은 노쇠할 때까지 겨울이나 여름이나 똑같이 옷을 입는 습관을 지켰다. 카이사르는 언제나 부대의 선두에 서서 해가 뜨거나 비가 오거나 대개는 맨머리와 맨발로 걸어다녔다고 수에토니우스는 말한다. 한니발도 똑같이 했었다고 사람들은 말한다.

　　그때에 그는 맨머리에
　　　억수 같은 폭우를 얻어맞았다.
　　　　　　　　　　　　　　　　　　　　　(실리우스 이탈리쿠스)

한 베네치아인이 페구 왕국(페루)에 가서 오래 있다가 근래 돌아와서 쓴 글이 있다. 거기서는 남자와 여자들은 다른 부분은 옷을 걸쳤지만, 발은 언제나 벗고 다니며 말을 탈 때에도 맨발이라고 한다.

그리고 플라톤은 몸 전체의 건강을 위해서 발과 머리에는 자연이 준 것 외에는 다른 것을 걸치지 말라고 탄복할 만한 충고를 준다.

우리 왕[36]이 폴란드를 떠나온 후, 그곳 국민들은 자기들의 왕은 진실로 우리 세기의 가장 위대한 왕 중의 한 분이었다고 말했다. 또 그는 결코 장갑을 끼는 일이 없고, 겨울이건 날씨가 어떻건 집 안에서 쓰는 모자를 바꿔 쓰지 않았다고 했다.

내가 단추를 끼지 않거나 끈을 풀고 다니지 못하는 것과 마찬가지로, 내 이웃 농민들은 그런 차림으로는 몸을 결박하고 다니는 것같이 느낄 것이다. 우리가 신

---

[36] 앙리 2세가 프랑스 왕이 되어 1574년에 돌아오기 전에는 폴란드 왕이었다. 그 뒤는 스테판 바토리가 왕위를 계승했다.

이나 높은 관리 앞에 나갈 때 모자를 벗도록 명령받은 것은, 존경의 이유에서보다도 우리의 건강과 기후에 영향을 받지 않게 몸을 단단히 하려고 그렇게 하는 것이라고 바로[37]는 주장한다.

이왕 추위에 관한 말이 나왔고, 우리 프랑스인들은 색깔 있는 옷을 입는 버릇이 있으니(내 말이 아니다. 나는 부친을 본받아 검정과 흰 옷밖에 입지 않는다), 다른 이야기를 붙여 말하자. 마르탱 뒤 벨레 부대장은 룩셈부르크로 진군했을 때 추위가 너무 심해, 얼어붙은 포도주를 도끼로 깨 군사들에게 나누어 주었으며, 포도주 덩어리를 광주리에 담아 가져갔다고 한다. 그리고 오비디우스도 거의 비슷하게 말한다.

포도주는 술병 밖으로 꺼내어도 그 형체를 보존한다.
이것은 액체 음료가 아니라 먹으라고 내주는 고체 조각이다.　　　(오비디우스)

팔루스 마에오티데스만(아조프 바다)의 얼음은 대단해서, 미트리다테스 부관은 발을 적시지 않고 전쟁을 하여 승리한 바로 그 자리에서, 여름에는 해전으로 승리했다.

로마군들은 플라첸티아 옆에서 카르타고군에 전쟁을 걸었을 때, 극히 불리한 처지에 빠졌다. 왜냐하면 로마군은 추위에 피가 얼고 사지가 오그라붙으면서 접전에 들어갔는데, 한니발은 그 반대로 자기 진영 전부에 불을 피워서 군사들을 따뜻하게 하고 기름을 배급해 주어 몸에 바르게 하여 근육을 더 부드럽고 풀리게 하며, 땀구멍을 막아서 불어대는 찬바람에도 견디어 내게 했기 때문이었다.

바빌론(크세노폰의 원정군의 회군 이야기)에서 자기 나라로 돌아오던 그리스인들의 철군에서 그들이 극복해 온 역경은 유명한 이야기이다. 그들은 아르메니아 산중에서 무서운 눈보라를 만나 길을 잃었다. 그래서 그 고장이 어디며 길이 어딘지도 모르고 사방에서 눈에 포위당한 채 하루 낮 하루 밤을 먹지도 마시지도 못했다. 말들은 대부분 얼어 죽고, 수많은 사람들 중에 어떤 자는 죽고 어떤 자는

---

37) Varro(B.C.116~B.C.27) 고대 로마의 철학자·저술가. 로마 최초의 공공 도서관장으로 역사, 지리, 법학, 문학, 의학, 건축의 여러 분야에 걸쳐 연구했다. 저서에 《농업론》 따위가 있다.

눈보라와 눈 빛에 눈이 멀고, 어떤 자는 손끝 발끝이 얼어붙고, 어떤 자는 정신은 멀쩡하나 추위에 온몸이 마비되어 뻣뻣해져 움직이지도 못했다.

알렉산드로스가 어떤 나라에 가보니, 겨울에는 과일나무를 땅에 묻어서 얼어 죽지 않게 하고 있었다.

옷 입는 문제에 관해서 멕시코 왕은 하루에 네 번씩 갈아입는데, 결코 그 옷을 다시 입지 않으며, 버리는 옷은 아랫사람에게 상으로 내주었으며, 그의 부엌이나 식탁에 쓰인 항아리·접시·도구 등도 두 번은 쓰는 일이 없었다.

37
작은 카토에 대하여

나는 자기 마음대로 남을 판단하는 식의 사람들의 공통된 잘못을 저지르지 않는다. 나는 다른 사람에 관한 일은 나의 일과는 다른 점이 있음을 쉽게 이해한다. 내가 어떤 형식에 매여 있다고 해서, 모두가 하는 식으로 세상 사람들을 거기 매여 지내게 하지는 않는다. 그리고 인생에는 수없이 색다른 형식이 있음을 생각하며 이해한다. 그리고 일반과는 반대로 우리들 사이의 유사한 점보다도 상이한 점을 더 쉽게 받아들인다. 나는 사람들의 소원대로, 내 생활 태도와 원칙을 다른 사람에게 씌우는 일은 하지 않으며, 나와 관련 없이 그를 단순히 그 자신으로 고찰하고, 그의 고유한 전형을 따라 옷을 입혀 놓는다. 내가 혹여 무절제한 인간이라고 해도 푀이앙파(시토오(Citeaux) 파에서 1577년에 갈라져 나간 종파. 엄격한 수도를 지킴)나 카퓌생파(성 프란체스코 종파. 청빈 생활을 실천함)들이 절도를 잘 지킨다는 것을 성심으로 고백하고, 그들의 처신을 잘한다고 생각해 마지않는다. 나는 상상으로 곧잘 나 자신을 그들의 입장에 서게 해 본다.

그리고 나는 그들이 나와 다르기 때문에 그만큼 더 그들을 좋아하고, 그들을 찬양한다. 나는 특히 사람들이 우리 각자를 따로따로 판단하고, 나를 일반의 예에 따라서 보아 주지 말기를 바란다.

내가 허약하다고 해도 그것은 평가해 줄 가치가 있는 사람들의 힘과 정력에 관해서 내가 가져야 할 의견을 변경하게 하지는 않는다. "사람들 중에는 자기가 모방할 수 있는 것밖에 칭찬하지 않는 자들이 있다."(키케로) 비록 진창 속에 굴러도, 나는 하늘 꼭대기에 이르듯 도저히 모방할 수 없게 고매한 몇몇 영웅적 심령들을 주목하지 않는 것은 아니다. 나의 실천은 거기 미치지 못한다 해도 내게는 조절된 판단력이 있으며, 또 적으나마 이 부분은 부패하지 않은 채 가지고 있는 것만으로도 나로서는 장한 일이다. 다리가 말을 듣지 않아도, 선량한 의지를 가졌으면 그 정도로도 쓸 만한 일이다. 우리가 살고 있는 이 세기는 적으나마 우리 풍토에서는 너무나 침울해서, 나는 도덕을 실행하라고까지는 말하지 않는다. 도덕을 생각해 주는 일까지도 없다. 그리고 이 말은 학교에서나 쓰는 사투리밖에 아무것도 아닌 듯하다.

> 그들은 도덕이 낱말에 지나지 않으며
> 신성한 수림은 잡목 숲에 지나지 않는다고 본다.　　　　(호라티우스)

"그들은 그것을 이해하기 불가능할지라도 존중해야 할 일이다."(키케로) 그것은 장롱에 매다는 바늘집이거나 귀에 매다는 귀걸이같이, 혀끝에 매달아 두는 장식품인 셈이다.

　요즈음 도덕적 행동이라는 것은 찾아볼 수가 없다. 그리고 도덕의 꼴을 가진 것도 그 본질을 가지고 있지 않다. 왜냐하면 이익·영광·공포·습관 또는 다른 외부적 원인이 우리에게 그런 것을 만들어 내게 하기 때문이다. 정의·용기·호방 같은 것을 우리가 그때 실행한다면 이런 것은 다른 사람들로 보아서, 또 그런 것이 공적으로 지니는 모습에서 그렇게 불릴 수도 있으나, 행하는 자에게는 도덕이 아니다. 거기엔 다른 목적이 있으며, 그 동기가 되는 다른 이유가 있다. 그러나 도덕은 그 자체에 의해서, 그 자체를 위해서 이루어지는 것밖에 시인하지 않는다.

　파우사니아스의 지휘하에 그리스군이 마르도니우스와 페르시아군에 대항해서 승리한 포티다이아의 대전투에서 승리자들은 습관에 따라 그들 사이에 전공의 영광을 분배하기로 되어, 이 전투에서 용기의 탁월성은 스파르타로 돌아갔다. 도덕을 심판하는 일에 탁월한 스파르타인들은 이날 가장 잘 싸웠다는 영광이 누구에게 돌아가야 할 것인가를 결정하기로 했을 때, 아리스토데모스가 생명을 내걸고 가장 용감하게 싸운 것을 발견했다.

그렇지만 그들은 그에게 상금을 주지 않았다. 왜냐하면 그의 용덕은 테르모필레의 공훈 때 그가 받은 책망에 대해 속죄하자는 욕망에 자극되어, 자기 과거의 수치를 깨끗이 씻고 용감하게 죽어 보자는 의욕으로 분발한 것이기 때문이었다.

우리의 판단력은 병들어서 타락한 풍속을 좇고 있다. 우리는 대부분 우리 시대의 정신들이 옛사람들의 행동을 비굴하게 해석하고 그들에게 헛된 사정과 원인들이나 꾸며 붙이며, 고대의 아름답고 후덕한 행적들의 영광을 더럽히는 약은 꾀만 쓰는 것을 본다.

위대한 재간이지! 글쎄, 가장 훌륭하고 순결한 행동을 내놓아 보라. 그러면 나는 거기 그럴듯하게 50가지 나쁜 의향을 꾸며 댈 것이다. 거짓말을 펴 보려고 하는 자에 의해서, 우리 속마음의 의도가 얼마나 여러 가지 모양으로 변해갈 것인가는 하느님만이 아신다. 그들은 남을 모함하는 데는 심술궂기보다도 더 둔중하고 상스럽게 재간을 부린다.

사람들이 이런 위대한 이름들을 깎아내리는 데 쓰는 수고로, 그와 똑같이 방자하게 나는 이런 이름들을 높이는 데 수고하며 어깨를 빌려 줄 것이다. 그 희귀한 모습들은 현자들의 동의를 얻어서 세상의 모범으로 추려낸 것이니, 나는 이 이름들에 영광을 다시 살려 주기 위해서 내가 할 수 있는 한 능력을 다하며, 유리한 사정으로 해석해 보기를 주저하지 않을 것이다. 그러나 우리의 사색 노력은 그들의 가치를 이해할 힘이 너무나 부족하다고 생각해야 한다. 세상에 있을 수 있는 가장 아름다운 도덕을 묘사하는 일은 착한 사람들의 임무이다. 그리고 이렇게 거룩한 모범을 위해서 감격하며 열중하는 것은 우리에게 맞지 않는 일도 아니다.

요즈음 사람들이 이와 반대로 하는 수작은 악의로 하거나, 또는 지금 내가 말한 바 인물들의 신용을 자기들 수준으로 끌어내리려는 악덕에서 하거나, 또는 차라리 이렇게 생각해 보고 싶지만, 찬란한 도덕을 그 소박한 순결성대로 생각해 볼 수 있을 만큼 이해력이 강력하고 명석하지 못하고 그러한 훈련도 받은 일이 없는 탓이다. 마치 플루타르크가 말하는 바, 그의 시대에 어떤 자들이 작은 카토의 죽음의 원인을 카이사르가 무서워서 그랬다고 하는 따위이다. 거기에 대해서 플루타르크가 분개한 것은 당연하다. 그리고 이것으로도, 이 죽음을 야심뿐이라고 해석하는 자들에 대해 그가 얼마나 분개하고 있는가를 짐작할 수 있다. 아름답고 후덕하고 정당한 행동을 그는 영광을 얻기 위해서보다는 차라리 세상의 추악함을 더럽게 생각하여 버렸을 것이다.

이 인물은 진실로 인간의 도덕과 지조가 어느 정도까지 도달할 수 있는가를 보여 주기 위해 대자연이 골라 놓은 시범이었다.

그러나 나는 바로 여기 이 풍부한 제재를 취급하려고 하는 것이 아니다. 나는 다만 5명의 라틴 시인들이 카토를 칭송한 시구를 들어서, 카토의 명예를 위해, 그리고 이왕이면 그들의 명예를 위해서 서로 경쟁시켜 보려고 한다. 그런데 교육을 잘 받은 아이는 첫 번 두 시인은 다른 시인들에 비해 기세가 없고, 셋째는 더 생기가 있지만 제 자신의 허망한 힘에 쓰러졌다고 보아야 할 것이다.

그러나 여기서 넷째에 도달하려면 한 단계 두 단계 더 높은 사상이 있어야 한다고 생각할 일이며, 이 정도에 이르면 그는 손을 마주잡고 감탄만 할 따름일 것이다. 마지막 시인에 가서는 그것은 어느 정도 거리를 둔 제1인자인데, 이 거리는 어떠한 인간 정신으로도 채울 수 없는 일이라고 그는 맹세하며 몹시 놀라 넘어져 실신할 지경에 이를 것이다.

여기 바로 경이가 있다. 우리는 시가(詩歌)의 심판자와 해설자보다도 더 많은 시인들을 가졌다. 시는 이해하기보다 짓기가 더 쉽다. 얕은 수준에서는 시가는 교훈과 기술로 판단할 수가 있다. 그러나 좋은 시, 과분하고 거룩한 시는 규칙이 이치를 초월한다. 확고하고 침착한 눈으로 시의 아름다움을 식별할 수 있는 자는 번갯불의 찬란한 빛깔을 마주 보지 못하듯 그것을 보지 못한다. 시는 판단력을 설복하는 것이 아니다. 황홀케 하며 정신을 잃게 한다. 시의 의미에 침투할 줄 아는 자를 흥분시키는 것은 그가 시를 읽어 읊어 가는 모습으로 제삼자에게까지 깊은 감명을 준다. 자석처럼 바늘을 이끌 뿐 아니라 이 시가 사람을 이끄는 소질을 더욱이 남에게까지 주입해 준다.

이것은 극장에서 더 뚜렷하게 볼 수 있다. 시신(詩神)들의 거룩한 영감은 먼저 시인을 분격과 고민과 증오심으로 충격을 주고, 시신들이 원하는 대로 시인의 혼백을 흘려 가며, 그 시인이 다시 배우에게 감명을 주고, 배우는 결과적으로 국민 전체에게 감명을 준다. 이것은 자석에 줄지어 매달린 바늘과 같은 식이다. 시에는 내가 아주 어릴 적부터 내 폐부를 찌르며 흥분시키는 것이 있었다. 그리고 내가 타고난 천성으로 심히 생동하게 느끼는 이러한 감명은, 그 잡다한 형식으로 잡다하게 이루어졌으며, 높게도 될 뿐 얕게 되는 것이 아니고(왜냐하면 그것은 항상 각각의 종류 중에도 가장 높은 것이었다), 마치 색채가 다른 격이었다. 처음엔 유쾌하고도 교묘한 유동성이며, 다음에는 예민하게 높이 오르는 미묘성이며, 마지막에는 성숙하고 견실한 힘이었다. 오비디우스·루카누스·베르길리우스 등의 예를 들어 보면 더 잘 이해될 것이다. 그러나 여기 우리 시인들이 등장한다.

　　살아 있는 카토가 카이사르보다도 위대하여라.　　　　(마르티알리스)

　라고 하나는 말한다.

　　불굴의 카토는 죽음을 굴복케 한다.　　　　　　　　　(마닐리우스)

　또 하나는 말한다. 그리고 다른 하나는 카이사르와 에페이우스 사이의 내란을—

　　제신은 승자의 편을 든다.
　　그러나 카토는 패자의 편을 든다.　　　　　　　　　　(루카누스)

　이렇게 노래하고, 넷째 시인은 카이사르를 칭송하며—

　　불굴의 심령인 카토를 제하고
　　우주 전체가 그 발밑에 굴하다.　　　　　　　　　　　(호라티우스)

　그리고 저 마음의 스승은 온갖 위대한 로마인들의 이름을 그의 묘사 속에 전개하고 나서, 이런 식으로 끝맺는다.

그들에게 법을 제정해 주는 카토로다.　　　　　　　(베르길리우스)

38
우리는 같은 일로 울기도 웃기도 한다

옛날에 안티고노스의 아들이 그때 대적해서 싸우던 숙적 피로스왕의 머리를 베어 바치자, 안티고노스는 몹시 슬퍼하며 심하게 통곡하기 시작했다고 한다. 그리고 르네 드 로레느 공작은 그가 싸워서 이긴 샤를르 드 부르고뉴 공작이 죽었다는 소식을 듣고, 심히 슬퍼서 그의 장례에 상복을 입었다고 한다. 또 브르타뉴 공작령을 쟁탈하기 위한 오로아 전투에서, 드 몽포르 백작이 자기 적수인 샤를르 드 블로아를 격파하여 승전했을 때에 이 승자는 죽은 적의 시체에 대하여 정중한 조의를 표했다는 이야기를 역사에서 읽어 보고 나서 갑자기—

　　마음은 때로는 희열하고 때로는 침통하는 모습으로
　　서로 반대되는 겉으로 드러난 모습 아래
　　자기 격정을 숨긴다.　　　　　　　　　　　　(페트라르카)

이렇게 부르짖을 일이 아니다.
　카이사르 앞에 폼페이우스의 머리를 가져왔을 때, 그는 추악하고 불쾌한 광경을 보는 것같이 시선을 비켰다고 역사가들은 말한다. 그들 사이에는 공무를 취급해 가는 데 상당히 오랜 양해와 교제가 있었고, 하고많은 공통된 운명을 겪었고, 서로 봉사와 연락이 있었으니 그의 이 안색이 다음 시인이 생각하는 식으로 꾸민 얼굴이었다고 생각해서는 안 된다.

　　그는 그때부터
　　양부(養父)의 심정을 표명하는 것이 현명하다고 생각하고
　　심중에서는 희열을 느끼면서도 억지로 눈물 흘리고 앓는 소리를 자아낸다.
　　　　　　　　　　　　　　　　　　　　　　　(루카누스)

사실 우리의 행동은 가끔 가다가 진실해질 수도 있지만—대부분 가면과 허식이다.

상속자가 흘리는 눈물의 가면 밑은 웃음이다.　　　　　　　　(루카누스)

이런 사례들의 판단에는 우리 마음이 얼마나 자주 온갖 격정에 뒤흔들리고 있는 것인가를 고찰해야 한다. 그리고 우리 신체에는 잡다한 기질들이 서로 모여 있는데, 그중에 우리 체질에 따라 가장 흔하게 우리 내부를 지배하는 것이 주장된 기질이라고 사람들이 말하듯, 마찬가지로 우리 마음에는 그것을 뒤흔드는 여러 가지 움직임이 있지마는, 그 분야에 판치는 움직임이 그중에 하나 있어야만 한다.

그러나 그것은 전적으로 우세한 것만은 아니며, 우리 마음이 너무나 가볍고 부드럽기 때문에, 그 가장 허약한 움직임들도 어쩌다가 역시 자리를 차지하며, 짧은 충격을 주는 일이 없지 않다. 그 때문에 우리는 어린아이들이 똑같은 일을 가지고 천성대로 순진하게 웃다가 울다가 하는 것을 볼 뿐 아니라, 우리 중에도 누구든 자기 소원대로 어떠한 여행을 해 보아도, 자기 가족과 친구들과 고별하는 마당에선 마음속이 찌르르 떨리는 것을 느끼지 않는다고 장담할 자는 아무도 없다. 눈물까지 흘리지는 않더라도 그는 적어도 우울하고 쓸쓸한 얼굴로 발을 말 등자에 얹을 것이다.

그리고 아무리 달콤한 불길이 점잖은 집 소녀의 가슴을 불태워도, 그녀를 신랑에게 내어 줄 때에는 그 착한 배필이 아무리—

　　비너스 여신이 새색시들에게 싫고 밉단 말인가?
　　신방 문지방에 쏟아놓는 이 모든 거짓 눈물로
　　그녀들은 부모의 기쁨마저 조롱한단 말인가?
　　이런 비탄이 진실이라면 내가 죽을 노릇이다!　　　　(카툴루스)

이렇게 말해도, 모친의 목에 매달린 그녀들을 떼어놓기엔 힘이 든다. 그러니 결코 살려 두고 싶지 않은 자라도 죽이고 나서 슬퍼하는 것은 괴상한 일이 아니다. 나는 하인을 꾸짖을 때에는 진심으로 꾸짖는다. 진짜 마음으로 하는 것이고 결코 가짜는 아니다. 그러나 이 울화가 지나고 나면, 그가 내게 일이 있으면 나는 진심으로 대한다. 나는 그 즉시 기분을 돌린다. 내가 그를 바보나 소 같은 놈이라고 부른다 해도, 나는 그 별칭을 영원히 그에게 꿰매 붙이지는 않는다. 얼마 후에 그를 좋은 사람이라고 불러도 내 말을 뒤집은 것이 아니다. 어느 소질도 우리에게 순수하게 보편적으로 배어 있는 것이 아니다.

혼자 지껄이는 것이 미친 자의 수작이 아니라면, 내가 혼자 투덜대며 "바보, 천치!" 하고 욕하는 것이 들리지 않는 날이 없다. 그렇다고 이것이 나의 정의라고 생각지는 않는다.

내가 아내에게 냉담하다가도 금세 상냥해지는 것을 보고, 누가 그중에 하나는 가짜 심정이라고 한다면 그는 바보이다. 네로는 제 어미를 물에 빠뜨려 죽이러 보내느라고 작별하면서, 그래도 이 모친와의 이별에 마음이 동요되어 끔찍하고 측은하게 느꼈다.

태양빛은 계속된 줄기가 아니라고 한다. 그러나 태양은 새 빛을 끊임없이 짙게 연달아 투사하기 때문에 그것을 따로따로 알아보지 못한다.

> 빛의 풍부한 원천인 태양은
> 끊임없이 재생하는 빛을 하늘에 쏟으며
> 연달아 광선을 계속적으로 투사하기 때문이다. (루크레티우스)

이렇게 우리의 마음은 알까 말까 하게 가지각색으로 그 빛을 투사한다.

아르타바노스는 자기 조카 크세르크세스의 얼굴빛이 갑자기 변하는 것을 눈치채고 그를 책했다.

그는 그리스 침공 계획을 수행하기 위해 헬레스폰토스 해협을 건널 때의 군대 형세를 고려하고 있는 중이었다. 그는 처음에는 그렇게도 방대한 군사들이 자기 지휘하에 든 것을 보고 안심하는 마음으로 뿌듯했다. 그래서 얼굴에 유쾌하고 기쁜 빛을 보였다. 그러다가 갑자기 바로 그 순간에, 다음 한 세기 동안 사뭇 얼마나 많은 생명들이 사라질 것인가 하는 생각이 떠올라 상을 찌푸렸다. 그리고 눈물이 핑 돌 정도로 가슴이 아파왔다.

　우리는 단호한 의지로 우리가 받은 모욕에 대한 복수를 추구했고, 그 승리에 아주 큰 만족을 느꼈다. 그러나 우리는 그 때문에 눈물을 흘린다. 소망을 성취한 것에 대해 우는 것이 아니라 살아 뜻을 이루지 못한 한에 대해 눈물을 흘린다.

　그러나 우리 마음은 사태를 다른 눈으로 쳐다보며, 그것을 다른 모습으로 본다. 왜냐하면 사물에는 각기 여러 사연이 있고 여러 양상이 있기 때문이다. 인척 관계와 예부터의 친교와 우정이 우리 마음속에 솟아오르며, 그 사정에 따라서 당장은 깊은 감동을 일으킨다. 그러나 그 전환은 너무나 급격해서 우리는 그것이 무슨 영문인지 모르게 된다.

　정신이 어떤 행동을 제안하여 그 집행을 시작함보다 더 신속한 것이 없음은 확실하다. 그러므로 마음은 우리 눈앞에 놓이고 우리 감각으로 파악되는 어느 사물보다도 기민하게 움직인다.　　　　　　　　　　(루크레티우스)

　그리고 이런 이유에서 우리는 이러한 변화를 하나로 보려고 하지만, 잘 되지 않는다. 티몰레온이 그렇게까지 심사 숙고하여 용감하게 수행한 살인 행위를 가지고 울었을 때, 그는 조국의 자유를 찾는 것이 슬퍼서 우는 것도 아니다. 폭군의 죽음 때문에 우는 것도 아니다. 그는 자기 형의 죽음 때문에 운다. 그의 의무는 끝났다. 이젠 그에게 다른 의무를 실행하게 두라.

39
고독함에 대하여

　외롭고 쓸쓸한 생활과 활동적인 생활의 지루한 비교는 치워 두자. 그리고 야심의 탐욕이 뒤집어쓰는 말투로, 우리는 개인을 위해서 세상에 나온 것이 아니라, 공공을 위해서 나왔다고 하는 저 훌륭한 말투는 과감하게 그런 일로 춤추는 자들에게 맡겨 두자. 반대로 자격이니 직무니 하며 소란 떠는 세상 일이 공공의 일에서 개인적인 이익을 끌어내고 있는 것이 아닌가 하는 것은 그들에게 양심과 드잡이 하게 두어 두자. 우리 시대 사람들이 나쁜 방법을 써 가며 제 앞길을 가는 것을 보면, 그 목적에 그런 가치가 없다는 것이 충분히 드러난다.

야심에게는 그 야심 자체가 우리에게 외롭고 쓸쓸함에 취미를 북돋아 준다고 대답하자. 왜냐하면 야심은 사람과의 융화를 피하는 것이 아닌가? 제멋대로 한다는 것만큼 야심이 갈망하는 것이 있는가? 좋은 일 나쁜 일 할 것들은 사방에 있다. 그러나 비아스의 말이 진실이라면, 나쁜 자들이 대다수이며, 전도서가 가르치는 바 사람이 천 명이라도 착한 자는 하나도 없는 것이니—

> 선인은 희귀하다. 그 수는 테베시 성문만큼
> 또는 고작해야 나일강 하구의 수만큼이다. 〈유베날리스〉

군중 속의 전파는 대단히 위험하다. 사람은 악인들을 모방하든지 미워하든지 해야 한다. 그러나 이 두 가지가 다 위험하다. 그들의 수가 많으니 많아질까 두렵고, 우리와는 너무 다르니 너무 많이 미워할 일이 두렵다.

그리고 바다로 나가는 장사꾼들이, 같은 배에 탄 자들의 마음이 각색이라 욕되게 하는 자가 아닌가, 악인들이 아닌가 살펴보는 것은 지당한 일이다. 그런 자들과 동행함은 불길하다고 생각하는 것이다.

그래서 비아스는 자기와 함께 큰 폭풍우를 겪으며 하느님께 구원을 호소하는 자들을 보고, 농담조로 "잠자코 있소. 당신들이 여기 나와 함께 있는 것을 신들이 알면 아니되오"라고 말했다.

더 적절한 예로, 포르투갈의 에마뉘엘왕을 대리하는 인도 총독 알뷔케르크는 바다에서 폭풍우를 만나 위험한 지경에 처하자, 어린 사내아이를 어깨에 얹고는 그 아이와 자기 운명을 한데 묶음으로써, 아이의 순진함이 하늘의 은총을 받아, 아이가 구제되는 덕택에 자기 생명도 보장되기를 바랐다.

현자는 어디서나 만족스럽게 살아볼 수 없다는 말이 아니다. 궁전 안의 군중들 속에서도 고독하게 살 수 있다. 그러나 택할 수 있다면 그런 것을 보는 일까지도 피할 것이라고 그는 말한다.

그는 필요하다면 쓸쓸함을 참고 지낼 것이다. 그러나 자기 마음대로라면 그는 그것을 피할 것이다. 그가 아직도 다른 자들의 악덕과 싸워야 한다면, 그에게는 자기가 악덕에서 충분히 면제된 것으로 보이지 않는 것이다.

카론다스는 나쁜 자들과 사귀는 증거가 있는 자들을 나쁜 자로서 처벌했다. 사람만큼 서로 나빠지고 좋아지기 쉬운 것은 없다. 악덕으로 의가 나빠지고 천성으로 의가 좋아진다.

안티스테네스는 악인들과 교제한다고 책망하는 자에게, 의사들은 병자들과 함께 잘 지내더라고 하는 말로 그들을 만족시키지는 못했다. 왜냐하면 그들이 병자들의 건강을 회복시키는 데 힘이 된다 해도, 병자들을 치료하다가 그들 자신이 전염되어 건강을 해하는 일이 있기 때문이다.

그런데 고독함의 목적은 모두 더 한가로이 편안하게 살자고 하는 결론에 도달한다고 생각한다. 그러나 사람들은 언제나 그 길을 잘 찾는다. 사람들은 제반사를 저버렸다고 생각하지만, 일거리를 바꾸는 것에 지나지 않는다. 가정 하나를 보살피는 것과 국가를 다스리는 것 사이에는 고초가 더할 것도 덜할 것도 없다. 어디에 마음이 매여 있건, 사람은 거기에 전부 매인다. 그리고 가정일이 덜 중요하다고 해도 귀찮기가 덜할 것은 없다. 그뿐더러 궁전이나 장사일에서 풀려나왔다 해도, 우리는 인생의 고초에서 풀려나온 것은 아니다.

비애를 없애는 것은 이성과 예지이다.
망망한 바다를 내다보는 기슭이 하는 일이 아니다. (호라티우스)

야심·탐욕·불안·공포·음욕 등은 우리가 딴 나라에 가 있다고 해서 우리를 놓아 주지 않는다.

음산한 비통은 기사의 말 뒤 엉덩이에 따라 오른다. (호라티우스)

이러한 사물들은 흔히 수도원 속에도, 철학하는 학교에도 우리를 따라온다. 사막에서도, 절벽 밑 암굴에서도, 고행도, 단식도 우리를 풀어 주지 않는다.

치명적인 화살은 허리에 박혀 있다.　　　　　　　　(베르길리우스)

　　누가 소크라테스에게 아무개가 여행을 다녀왔지만 조금도 나아진 것이 없더라고 말하자 "그는 자기를 짊어지고 갔다 온 것이지" 하며 소크라테스는 말했다.

　　다른 태양이 비치는 지역
　　찾아간들 무엇하리? 조국을 피했다고
　　자기 자신에게서도 피할 수 있는 일인가?　　　　　　(호라티우스)

　　먼저 자기 마음을 억누르는 짐을 내려놓지 않으면, 몸을 움직일수록 마음은 더욱 억눌린다. 배에 실은 짐들이 동요되지 않을 때 짐도 방해되지 않는 법이다. 병자의 자리를 옮겨 주면, 그에게 좋기보다는 더 언짢게 된다. 말뚝을 움직이고 흔들면 더 굳게 박히듯, 몸을 움직이면 그대 병은 더 깊어진다. 그러므로 사람들에게서 떨어져나오는 것만으로 족하지 않다. 자리를 옮겨도 족하지 않다. 자기에게서 사람들의 조건을 물리쳐야 하며, 자기 자신을 격리시켜서 다시 찾아야 한다.

　　나는 사슬을 끊었다고 하시겠지요.
　　그렇소, 마치 개가 오랜 싸움 끝에 사슬을 끊듯이.
　　그러나 달아나 보면, 그의 긴 쇠사슬 한 끝은 목에 달고 있지요.
　　　　　　　　　　　　　　　　　　　　　　　　(프로페르티우스)

　　우리는 쇠사슬을 함께 짊어지고 다닌다. 그것은 완전한 자유가 아니다. 우리는 버리고 온 고장으로 고개를 돌리며, 마음은 늘 그 생각으로 가득 차 있다.

　　마음이 정화되지 않으면, 얼마만 한 투쟁과 위험을
　　소득 없이 겪어야 할 것인가? 얼마만 한 수고와 공포로
　　정열에 사로잡힌 인간이 찢겨야 할 것인가?
　　오만·음탕·분노는 얼마만 한 파멸을 일으킬 것인가!

방종과 나태는 또한 얼마나!　　　　　　　　　　(루크레티우스)

　병은 마음속에 우리를 가두고 있다. 그런데 마음은 그 자신을 벗어나지 못한다.

　병은 결코 자신에게서 이탈하지 못하는 마음에 있다.　　　(호라티우스)

　그러므로 마음을 끌어내어 제 자신에 돌려주어야 한다. 그것이 진정 외롭고 쓸쓸함이다. 이것은 도시의 한복판이나 왕들의 궁전에서도 누릴 수 있다. 그러나 마음은 따로 떨어져서 더 잘 자기를 누린다. 그래서 우리는 홀로 살며 사람들과 교섭 없이 지내려고 하는 만큼, 우리에게 만족이 매여 있게 하자. 우리를 타인에게 얽매이게 하는 모든 연결을 물리치고, 정말 홀로 살며 편안하게 살아갈 능력을 얻기로 하자.
　스틸폰은 자기 도시의 화재를 피해 나오며 거기서 아내도 어린것들도 재산도 잃었다. 데메트리우스 폴리오클레테스는 그가 조국의 그 참혹한 파멸에 처하여 얼굴빛도 변하지 않는 것을 보고, 손해를 본 것이 없느냐고 물어보자, 그는 없다고 대답했다. 고마운 일로 자기 것은 잃은 것이 없다고 했다.
　철학자 안티스테네스가 사람은 물 위에 뜨는 장비를 가지고 난파할 때 헤엄쳐 나갈 차비를 하고 있어야 한다고 농담조로 말한 것은 바로 이 뜻이다.
　실로 이해심 있는 사람은 자신을 잃지 않으면 아무것도 잃은 것이 없다. 놀라시가 야만족들에게 파괴되었을 때 그곳 주교이던 파울리누스는 거기서 모든 것을 잃고 포로가 되어, 하느님께 이렇게 기도드렸다. "주여, 이러한 손실을 느끼지 않게 하여 주옵소서. 왜냐하면 그들은 내게 속한 것은 아무것도 손대지 않았음을 주께서는 아시지 않습니까." 그를 부하게 만들던 재산, 그를 착하게 만들던 보배, 그런 것은 모두 온전했다. 이것이 진실로 손실을 면할 수 있는 보배를 택하는 것이다. 그리고 이 보배를 아무도 갖지 못하는 곳에 감추는 방법이다. 그것은 우리 자신이 아니면 아무도 도둑질해 갈 수 없는 보배이다.
　할 수만 있다면 아내·아이·재물 그리고 무엇보다도 건강을 지녀야 한다. 그리나 우리 행복이 거기에 매여 있게까지 집착해서는 안 된다. 자기 자신에게 남이 침범하지 않는 아주 자기 고유의 것인 뒷방을 가지고, 그 속에 진실한 자유와 은둔처를 마련해 둘 일이다. 여기서 우리 자신과의 일상의 대화가 이루어질 것이다. 그리고 너무나 사사로워서, 외부와의 어떠한 관련이나 교섭도 그곳에는 미치지 못하게 할 일이다.

아내도, 어린애도, 재산도, 다른 사람도, 하인도 없는 듯 그곳에서 혼자 생각하며 웃고 지내며, 그런 것들을 잃는 경우에 부딪혀도 그런 것들 없이 살더라도 아무런 별다름이 없게 할 일이다. 우리는 자기 자신으로 돌아들 수 있는 마음을 가졌다. 그것은 자기를 동무 삼을 수 있다. 마음은 공격할 거리, 방어할 거리, 줄 거리와 받을 거리를 가졌다. 이러한 고독함 속에서 할 일 없이 괴롭다고 오그라들까 두려워 말자.

　고독함 속에 그대 자신이 한 군중이 되라.　　　　　　　　　(티불루스)

도덕은 그 자체로 만족한다. 규율도 언어도 행위도 필요로 하지 않는다고 안티스테네스는 말했다.

우리의 습관이 된 행동들은 천 가지 중에 하나도 우리에게 상관있는 것이 없다. 이 사람은 광분하여 정신없이 총질의 목표가 되며 무너진 성벽을 기어올라가고, 저 사람은 상처투성이로 기진하여 굶주리고 얼굴은 새파랗게 나자빠져 죽는 한이 있더라도 적에게 성문을 열어 주지 않으려는 것을 보며, 그대는 그들이 제정신으로 그렇게 한다고 생각하는가? 그들은 결코 만나 본 일도 없이 그들의 사정에는 아무 걱정도 않고, 그동안 한가로이 자기 재미에만 탐닉하고 있는 자들을 위해서 그렇게 한다.

이 사람이 콧물을 흘리며 눈곱이 끼고 때가 꼬질한 채 한밤중에 연구실에서 나오는 꼴을 보고, 그는 책을 뒤져서 더 만족하고 현명하고 착한 사람이 되려고 한다고 그대는 생각하는가? 그럴 가능성은 없다. 그렇게 해서 목숨을 줄일 뿐이다. 잘해 보았자 그는 후세에 플라우투스의 압운(押韻)이나 라틴어 낱말 하나의 올바른 철자나 가르칠 것이다. 우리 용도에 가장 쓸모없고 헛된 물건인 명성이나 영광을 위해서, 건강과 안락과 생명을 즐겨 바꾸지 않을 자 누구인가? 우리는 죽음만으로 두려움이 부족한가? 우리의 아내·아이·가족들의 죽음까지 짊어지자. 우리의 일만으로 수고가 부족한가? 우리 이웃사람이나 친구들의 일까지 맡아서 속을 썩이고 골치를 앓자.

> 웬 말인가, 한 인간이 무슨 사물을
> 자신보다 더 사랑한다는 생각을 머리에 두다니! (테렌티우스)

고독함은 탈레스의 본을 따서 자기 활동기의 화려한 세월을 세상에 바친 자들에게 더 적합하고 온당한 것같이 보인다.

남을 위해서 실컷 살아 보았으니, 적으나마 인생의 말기에는 자기를 위해 살아 보자. 우리의 사상과 의향을 자신의 안락을 위해 돌아보자. 확실하게 은퇴할 자리를 잡는 것은 가벼운 시도가 아니다. 은퇴해 보면 다른 일에 참견 하지 않아도 할 일이 상당히 많이 생긴다. 하느님께서 우리에게 이사해 갈(죽을) 채비를 할 여유를 주시는 이상, 그 채비를 하자. 짐짝을 꾸리자. 일찍 사람들과 작별하자. 우리를 다른 데 매이게 하고 자신에게서 물러나게 하는 가혹한 속박에서 벗어나자. 이러한 강력한 속박에서 풀려나와 이제부터는 이것저것 즐겨 보며, 무엇보다도 자신 외에는 위하지 말 일이다. 다시 말하면 다른 사물들이 우리 것이 되게 하자. 그러나 그것이 너무 우리의 피부에 달라붙어 살점이 떨어지거나 자신의 한쪽이 무너져 내리지 않고는 떼어 버리지 못하게 되지는 말게 하자. 세상에 가장 중요한 일은 자기 자신으로 있을 줄 아는 일이다.

이제는 사회에 보태 줄 거리도 없으니 우리가 사회에서 물러날 때가 왔다. 그리고 남에게 빌려 줄 거리가 없는 자는 남의 것을 빌려 오려고 생각지 말자. 힘은 빠져가고 있다. 힘을 뽑아다 우리 자신에게 담아두자. 우정의 봉사와 동료의 봉사를 자신에게 쏟아 넣고, 뒤섞을 수 있는 자는 그렇게 할 일이다. 자기를 다른 사람들에게 쓸모없고 걷어차이는 존재가 되게 하는 이 보잘것없음에서, 자기 자신에게도 걷어차이며 둔중하고 쓸모없는 존재가 되지 말게 하라. 자기를 추어올리며 애무해 주라. 자기 이상과 양심을 존경하고 두려워하며, 그들 앞에 잘못하면 면목이 없다고 생각하고, 무엇보다도 자기를 다스리라. "사실 자신을 충분히 존중하는 것은 희귀한 일이다."(퀸틸리아누스)

소크라테스는 말하되, 젊은이는 교육을 받아야 하고, 성인은 일을 잘 해야 하고, 노인은 모든 시민적, 군사적 직무에서 물러나서 어떤 정해진 일에 얽매임 없이 마음대로 살아가야만 한다고 했다.

다른 사람들보다 은퇴의 교훈에 더 맞는 기질을 가진 사람들이 있다. 이해하는 능력이 무르고 늘어진 기질들, 연약한 감성과 의지를 가진 자들, 그리고 쉽사리 굴할 줄도 부림을 당할 줄도 모르는 자들. 나는 타고난 생활 조건과 사상으로 그들 축에 들지만, 이런 자들은 활동적이고 부지런하며 모든 일에 참견하고, 사방에 걸려들어 모든 일에 열중하며, 나서서 일하고, 기회를 찾아서 일에 몰두하는 마음을 가진 자들보다 더 이 의견에 기울어질 것이다. 우연히 우리들 밖에 생겨서 우리에게 편익을 주는 일들이 재미난다면 이용해야 하겠지만, 그것을 우리 생활의 기초로 삼아서는 안 된다. 그것은 기초가 아니다. 이성도 천성도 그것을 원치 않는다. 어째서 자기 법칙에 반해서 우리의 만족을 남의 힘에 굴복시킬 것인가?

많은 사람들이 신앙심에서, 그리고 철학자들은 사색에 의해 운의 변고를 미리 예측하며, 내 손에 잡히는 편익도 잡지 않고, 자기 자신을 부려 일을 시키고, 딱딱한 자리에 잠자고, 눈을 빼어 세상을 보지 않고, 재산을 강물에 내던지고, 몸의 고통을 찾아서 당하지만(어떤 자들은 이승의 고통으로 저승의 행복을 구하며, 어떤 자들은 새로운 몰락이 있을 수 없게 하려고 가장 하층의 생활에 처하지만), 이런 짓은 과분한 도덕이다. 가장 견고하고 강력한 천성을 가진 자들은 그들의 은둔처까지 영광스럽고 모범적이게 만들어 볼 일이다.

> 가난할 때는
> 나의 극히 작은 소유로 안전한 생활을 자랑하고
> 그 적은 것으로 만족할 줄 안다. 그러나 운이
> 잘 돌아서 내가 좀 더 유복하게 될 때는
> 찬연한 옥토(沃土) 위에

> 금전의 기반 위에 서 있는 자들만이 행복하다고
> 나는 주장한다.
> (호라티우스)

내가 그렇게까지 앞질러 생각하지 않아도 일거리는 충분히 많다. 나는 운이 좋은 편이니, 언짢아질 경우를 대비하며, 지금 생활이 편안하니 상상력이 미치는 한으로 불행이 올 수 있다고 상상해 본다. 그것은 우리가 창술 시합이나 무술 시합에 단련되어, 평화 때 전쟁을 모방하는 식이다.

나는 철학자 아르케실라우스가 자기 재산이 허용하는 대로 금과 은 기구를 사용했다고 해서 그가 수양이 부족하다고는 보지 않는다. 그런 것을 쓰지 않은 것보다도 절도 있고 후하게 사용했기 때문에 그를 더 평가한다.

나는 인간 본연의 필요성이 어느 한계까지 도달하는가를 안다. 그리고 자주 내 집 문 앞에 찾아오는 가련한 거지가 나보다 더 유쾌하고 건강한 것을 보고, 나는 나 자신을 그의 자리에 놓아 보며 내 마음에 그의 굳어진 성질을 씌워 본다. 그리고 이렇게 다른 예를 좇아 보며, 죽음·가난·경멸·질병 등이 내 뒤꿈치를 따라오는 것으로 생각하지만, 나보다 못한 자들이 그렇게 참을성 있게 견디어 내는 것을 보고는, 그런 것은 두려워할 거리가 못 된다고 쉽게 결심한다. 그리고 이해력이 약한 것이 강한 것보다 더한 일을 한다거나, 사색의 성과가 습관의 성과에도 미치지 못한다고 생각해 볼 수는 없다. 그리고 인생의 이런 부속적인 편익들이 대단한 것이 아님을 알고 있는 까닭에, 나는 그런 것을 실컷 누리며, '내게서 나오는 재물만으로 만족하게 하여 주옵소서' 하고 하느님께 간청하여 마지않는다. 나는 쾌활한 젊은이들이 감기에 걸렸을 때 쓰려고 늘 가방 속에 약봉지를 가지고 다니며, 그 약을 가지고 있다고 생각하기 때문에 병을 그만큼 덜 두려워하는 것을 본다. 그래야만 한다. 더욱이 그보다 더 심한 병에 걸릴 수 있다고 느낀다면, 그런 부분을 마취시켜 잠재워 줄 약을 준비하고 있어야 할 일이다.

인생에서 택해야 할 직업은 힘도 들지 않고 권태롭지도 않은 것이라야 할 일이다. 그렇지 않으면 이 세상에 와서 체류할 작정을 하는 것이 소용없는 일이다. 그것은 각자의 개인 취미에 달려 있다. 내 것은 조금도 살림살이와 조화되지 않는다. 자기 직업을 좋아하는 자는 절도 있게 거기에 열중해야 한다.

> 사물을 자기에게 종속시키고
> 자기를 사물에 종속시키지 말기를.　　　　　　　　　　(호라티우스)

그렇지 않으면 살루스투스가 말하듯, 살림살이라는 것은 노예적 고역이 된다. 크세노폰이 말한 바, 키루스가 직업 삼아 했다는 정원사 같은 것이라면 할 만하다. 그리고 어떤 자들에게 볼 수 있듯 이런 걱정거리로 마음을 가득 채우고 긴장시키는 체하고 비천한 일거리에 열중해 들어가는 태도와 다른 자들이 하는 식인 극단의 무관심으로 모든 것을 방치해 두는 태도 사이에는, 중용의 길을 찾아볼 수 있다.

> 양 떼는 데모크리투스의 논밭과 수확물을 망치는데
> 그의 정신은 신체를 떠나 멀리 공간을 분망하게 떠돈다.　　(호라티우스)

젊은 플리니우스가 이 고독함에 관해서 그의 친구에게 주는 충고를 들어 보자. "나는 그대가 처한 그 충만하고 풍부한 은퇴 속에서, 그 천하고 더러운 살림살이는 그대 집 사람들에게 내맡기고, 문장 연구에 몰두하며, 거기에서 완전히 그대의 것인 무엇을 끌어내라고 충고한다." 그는 명성에 관해서 말한다. 그것은 키케로가 공공 사무에서 물러난 뒤 외로움과 휴식을 이용해서 문장으로 영원의 생명을 얻고자 한다고 말했던 것과 같은 기분이다.

> 웬 말인가! 그대의 지식은 다른 사람이 알아주지 않으면
> 아무 짝에도 소용이 없단 말인가?　　　　　　　　　　(페르시우스)

여기서는 세상에서의 은퇴를 말하고 있는 만큼, 사람은 세상 밖을 내다보는 것이 옳은 듯이 보인다. 이런 자들은 반밖에 은퇴하는 것이 아니다. 그들은 자기가 없어졌을 때를 위해서 자기 태도를 결정한다. 그러나 그들은 우스운 모순으로 자기들이 이미 없을 때 그들 의도의 성과를 이 세상 밖으로 끌어내겠다고 주장한다.

신앙심으로 외로움을 찾는 자들의 사상은 저승에 가서 하늘의 약속에 대한 확신으로 가득 차 있으니, 그것은 더 건전하고 조리에 맞는다. 그들은 그 착함으로나 힘으로나 똑같이 무한의 대상인 신을 자기 앞에 제시한다. 마음은 거기서 완전히 자유롭게 자기 욕망을 만족시킬 거리를 얻는다. 고통과 번민은 영원한 건강과 향락을 얻기 위해서 사용되기 때문에 그들에게는 이익이 된다. 죽음은 완벽한 상태로 넘어가는 통로로서 소원되는 것이다. 그들의 엄한 생활 규칙은 바로 습관에 의해서 평탄해진다. 그리고 육체적 욕망은 배척되며 그들의 거부로 진정된다. 왜냐하면 그들의 생활은 수련과 실천으로밖에 잡혀 있는 곳이 없기 때문이다. 다른 세상에 있을 영원한 행복의 생활이라는 이 유일한 목표는, 우리가 이 세상의 편하고 달콤한 생활을 저버려 가며 신실하게 찾아볼 만한 가치가 있다. 이 생기 있는 신앙과 희망의 열정으로 진실하고 꾸준하게 자기 마음을 불태울 수 있는 자는 인생의 다른 모든 형식을 넘어서 외로움 속에 탐락적인 생활을 세우는 것이다.

　그러므로 플리니우스의 이 충고는 그 목적도 방법도 나를 만족시키지 않는다. 우리는 늘 열병에서 불의의 병으로 다시 떨어진다. 이 독서의 직무는 다른 모든 일처럼 힘들며 건강에 해롭다. 그러나 건강만은 가장 고려하고 있어야 한다. 그리고 거기서 얻는 쾌락에 마취되어서는 안 된다. 절약가나 인색한 사람이나 탐락자나 야심가를 망치는 것은 바로 이 쾌락이다. 현자들은 우리가 자기 욕망에 배반당하지 않는 진실하고 완전한 쾌락을, 고통이 섞여 있고 잡색으로 된 쾌락들 중에서 식별해 내는 방법을 잘 가르쳐 준다. 왜냐하면 대부분의 쾌락은 이집트인들이 필리스타스라고 부르던 도둑들처럼 우리를 간지럽히고 포옹해 주며 우리 목을 조여올 것이라고 그들은 말하기 때문이다. 만일 취하기 전에 머리가 아파진다면, 우리는 처음부터 과음하지 않을 것이다. 악을 탐하는 것은 우리를 속이느라고 먼저 나오며, 다음에 올 것은 숨겨 둔다. 책은 재미있다. 그러나 책과 너무 가깝게 지내다가 우리에게 최선의 부분인 쾌활성과 건강을 잃고 만다면, 아무리 좋은 책이라도 저버리자. 나는 책을 읽는 결과가 이러한 손실을 보충하지 못한다고 생각하는 사람 중의 하나이다.

　마치 어떤 병으로 몸이 약해졌다고 오래 느껴온 사람이 마침내 약에 몸을 맡기며, 생활의 어떤 규칙을 기술적으로 정해 놓고 다시는 이 규칙을 위배하지 않는 것같이, 평범한 생활에 물리고 싫증이 나서 은퇴하는 자는 자기 생활을 이성의 규칙에 따라 꾸미며, 예측과 사색으로 조절해 가야 한다. 그는 어떠한 형태로건 모든 종류의 힘든 노동과 작별하고, 신체와 마음의 안정을 방해하는 정열은 모두 피하며, 자기 기분에 맞는 길을 택해야 한다.

  각자는 자기 길을 택할 줄 알아야 한다.   (프로케르티우스)

  살림살이에서나 공부에서나, 사냥에서나 다른 모든 훈련에서도, 쾌락의 극한까지 가보아야 한다. 그러나 고통이 섞여들기 시작하는 곳에서는 더 이상 걸려들지 말아야 한다. 우리는 다만 자신을 긴장시키기에 필요할 정도로, 그리고 마음이 늘어져 졸게 되는 게으름이라는 다른 극단을 뒤에 끌어오는 폐단을 막기에 필요할 정도로 일거리와 직무를 갖고 있어야 한다. 학문 중에는 척박하고 가시돋친 것이 있으며, 대부분은 민중을 위해서 꾸며 낸 것이다. 그런 것은 세상 일에 봉사하는 자들에게 맡겨 둘 일이다. 나로서는 재미나고 쉽고 내 기분을 돋워 주거나 내 죽음을 조절하도록 위안을 주며 충고하는 서적들밖에 좋아하지 않는다.

  건강에 좋은 수풀 속을 묵묵히 거닐며
  현자와 선인(善人)의 관심을 끌 가치 있는 문제를
  사색하며.   (호라티우스)

  현명한 사람들은 강하고 굳센 마음을 가졌기 때문에, 극히 정신적인 휴식을 가질 수 있다. 내 마음은 평범하기 때문에 나를 지탱해 가는 데 육체적 편익의 도움을 받을 필요가 있다. 그리고 지금은 나이가 들어서 하고 싶은 재미도 볼 수 없게 되었으니, 늙은 나이에 더 맞도록 남아 있는 재미나 찾으려고 내 욕망을 단련하여 북돋우고 있다. 우리 나이가 주먹에서 하나씩 빼앗아 가는 인생의 쾌락과 향유를 놓치지 말도록, 우리 이빨과 발톱으로 꼭 잡아 두어야 한다.

쾌락을 취하자. 생명만이 우리의 것이다.
때가 지나면 잿더미·그림자·이름밖에 남지 않는다. (페르시우스)

그리고 플리니우스와 키케로가 영광에 관해서 우리에게 제안하는 결론으로 말하면, 그것은 내 생각과는 거리가 멀다. 은퇴와 가장 반대되는 심정은 야심이다. 영광과 안정은 같은 자리에 깃들 수 없는 사물들이다.

내가 보는 바로는 이자들은 팔과 다리만을 군중들 밖에 내밀고 있다. 그들의 의향은 전보다 더 세상에 묻혀 있다.

늙은이여, 그대는 남의 귀를 즐겁게 해 줄 재료만
수집하는가? (페르시우스)

그들은 다만 더 잘 뛰기 위해서, 그리고 더 강력한 동작으로 더 생기 있게 군중 속에 돌입하기 위해서 물러난 것이다. 그들이 한 낱알의 길이가 부족하게 화살을 맞지 못하는 꼴이 보고 싶은가? 학설이 판이한 두 학파의 철학자의 의견을 각기 접시저울에 달아보자. 하나(에피쿠로스)는 그의 친구 이도메네우스에게, 또 하나(세네카)는 친구 루킬리우스에게 편지를 써 보내며, 번거로운 직무와 권세의 지위를 버리고 외로움 속으로 은퇴하도록 권고했던 것이다.
"그대는 이제까지 헤엄치며 둥둥 떠 살아왔다. 항구로 죽으러 돌아오라. 그대는 다른 생명을 모두 빛에게 주었다. 남은 생명은 어둠에게 주라. 생명의 열매를 버리지 않는다면 직무를 버리기는 불가능하다. 이 목적으로 명예와 영광을 위한 모든 근심을 버려라. 그대 과거 행동의 빛은 너무 과하게 그대를 밝혀 주며 그대의 은둔처까지 따라올 위험이 있다. 다른 탐락들과 아울러 남들의 칭찬에서 오는 쾌락을 버려라. 그대의 학문과 능력으로 말하면, 걱정하지 마라. 그 성과는 잃어버린 것이 아니다. 그만큼 그대 자신에 더 값어치가 생긴다. 사람들이 결코 알아줄 수 없는 기술을 가지고, 무엇 때문에 그렇게 고생하느냐고 누가 물어보자 "아는 자, 얼마 없어도 족하다. 하나라도 족하다. 하나도 없어도 족하다"고 대답한 자의 일을 상기하라.

그는 진실을 말했다. 그대와 동무 하나만 있으면, 그대들 둘이 충분히 인생의 무대가 된다. 또 그대와 그대 자신만으로 족하다. 세상 사람들이 그대에게는 하나이며, 그대 하나가 그대에게 민중 전체가 되게 하라. 한가하게 집에 있거나 은둔에서 영광을 끌어내려고 하는 것은 비굴한 야심이다. 자기 굴에 들어가는 문턱에서 발자국을 지우는 산짐승의 본을 떠야 한다.

세상 사람들이 그대의 말을 해 주기를 찾는 것이 그대에게 필요한 일이 아니다. 그대가 어떻게 그대 자신에게 말해야 할 것인가를 찾으라. 자신에게 은퇴하라. 그러나 먼저 그곳에 그대를 받아들일 차비를 하라. 그대가 그대를 지배할 줄 모른다면 자신을 믿는다는 것이 미친 수작이다. 외로움 속에서도 사람들과 있을 때나 마찬가지로 실패하는 수가 있다. 그대가 그 앞에 감히 실수하지 못하는 자가 되기까지, 자신에게 부끄러움과 존경을 느낄 때까지 "그대 마음에 선한 이상을 수호하라."(키케로) 그대 마음에 늘 카토와 포키온과 아리스티데스를 그려 보라. 그들 앞에서는 미친 자들까지도 자기 잘못을 감추더라. 그들을 그대의 모든 의향의 조정자로 삼으라. 만일 이 의향들에 헛길이 들어가면, 그들에 대한 존경심이 길을 잡아 주리라. 그들은 그대가 자신으로 만족하는 길을 지키게 하며, 자신에서밖에 아무것도 빌려 오지 않게 하며, 그대 마음을 확실하고 한정된 사색에 멈춰 다져지게 하며, 그리고 사람들이 이해하면서 더욱 즐기는 진실한 보배를 이해하고 나서, "생명이나 명성을 연장시킬 욕망 없이, 그것만으로 만족하게 하는 올바른 길에 그대를 잡아 둘 것이다"라고 말한다.

이것이 바로 진실하고 순진한 철학의 충고이다. 첫 번의 철학자처럼 번질거리며 말이 많은 식의 철학이 아니다.

40
키케로에 대한 고찰

이러한 사람들의 비교에 또 한 가지 특색이 있다. 키케로와 플리니우스(그의 성격은 내 생각으로는 그의 숙부와 별로 닮지 않았다)의 문장에는 과분하게 야심적인 성질이 있었다는 증거가 무수히 나온다. 그중에도 그들은 세상 사람들이 모두 알 듯 그들 시대의 역사가들이 자기들 일을 기록에서 빼놓지 않기를 축원하고 있다. 그래서 운은 심술이 난 듯, 문제의 그 역사 기록이 이미 없어진 지 오랜 뒤에까지 이러한 허영에 찬 요구를 우리에게 전해 주고 있다. 그러나 이러한 지위에 있는 인물들로서 말을 많이 하는 것과 군소리를 무슨 중요한 영광으로 삼으려고 하고, 자기 친구들에게 개인적인 편지까지 써 보내며 청탁하는 짓은 도에 넘치게 천한 일이다.

그리고 어느 것은 때를 놓쳐서 보내지도 못하고 잠도 자지 않고 애써 지은 문장을 잃어버리고 싶지 않다는 점잖은 구실로 이것을 출판하고 있는 것이다. 그들은 자기들이 모국어를 잘 알고 있다는 평판을 듣고 싶었던 것이다. 한가로운 시간을 얌전하게 훌륭한 편지를 정리해 묶어 놓는 데 사용하는 것이 세계 제국의 최고 관리인 로마의 두 집정관의 직위에 있는 자들로서 격에 맞는 일이 아닌가? 훈장질로 벌어먹는 학교 선생인들 이보다 못한 짓을 할 것인가? 크세논과 카이사르는 그들의 업적이 웅변보다 훨씬 훌륭하지 못했었다 해도, 이런 글을 썼으리라고는 생각되지 않는다. 그들은 자기들의 말이 아니라 행적을 추천하고 장려하려고 했다.

만약에 말 잘하는 완벽성이 위대한 인물에 맞을 만한 무슨 영광을 가져 올 수 있다면, 스키피오와 라엘리우스[38]도 그들의 희곡과 그 모든 우아하고 매력 있는 라틴어 문장을 썼다는 영광을 일개 아프리카 노예에게 넘겨주지는 않았을 것이다. 왜냐하면 이 작품이 그들의 것임은 그 문장의 탁월하고 우미한 품이 충분히 주장하고 있으며, 그리고 테렌티우스 자신이 그것을 고백하고 있다. 누가 내게서 이 신념을 뽑아낸다면 불쾌한 일이다.

그것은 달리 보면 칭찬할 만한 근거가 있다 해도, 자기 지체에 맞지 않는 소질과 자기에게 주요한 것이 될 수 없는 소질을 가지고 어떤 인물을 높이 평가하려고 하는 것은 일종의 조롱이고 모욕이다. 마치 한 왕을 가지고 훌륭한 화가라느니, 훌륭한 건축가라느니, 또는 훌륭한 포수라느니, 마상 경쟁의 고리따기 선수라느니 하는 식이다. 이런 칭찬은 평화시에나 전쟁 시에 정의와 학문을 가지고 자

---

38) 로마의 집정관으로 스키피오의 친구. 시인 테렌티우스는 카르타고 출생의 해방 노예였다. 몽테뉴는 그의 작품을 스키피오와 라엘리우스가 쓴 것이라고 주장한다.

기 국민들을 지도한다는 식으로, 그들의 고유한 소질을 칭송한 뒤에 아울러 내놓은 것이 아니면 영광이 되지 못한다. 그래서 키루스 대왕이 농사를 짓고, 샤를르마뉴 대왕이 웅변가요 문장가였다고 하는 것은 영광이 된다.

  나는 우리 시대에 글을 쓸 줄 알아서 자격과 지위를 얻은 분들이 글 쓰는 수련을 특별히 강력한 태도로 부인하며, 문장을 서투르게 쓰고 이런 천한 소질에는 무식한 체하며, 백성들도 그들이 결코 학자들 축에 들지 않는 것으로 믿게 하고, 자기들은 더 훌륭한 소질을 가진 인물로 처신하는 것을 보았다.

  데모스테네스의 친구들은 필리포스왕에게 사신으로 갔다 와서, 그 왕이 미남자요 웅변가며 호주가라고 칭찬했다. 그러자 데모스테네스는 이것이 여자나 변호사나 주정꾼에게 해 줄 칭찬이지, 왕을 칭송할 말은 못된다고 했다.

> 그는 지도하며, 저항하는 적을 정복하며
> 타도당한 적에게 관대할 일이다.   (호라티우스)

  사냥을 잘하거나 춤출 줄 아는 것은 그의 직분이 아니다.

> 어떤 자는 소송 사건을 변호할 것이다.
> 어떤 자는 컴퍼스를 사용하여 찬란한 천체와
> 별의 운동을 묘사할 것이다.
> 그의 처지로는 국민을 지휘할 줄만 알면 된다.   (베르길리우스)

  플루타르크는 더 심하게 말하며, 필요하지 않은 이런 일에 탁월한 재주를 보이는 것은 오히려 자기 여가와 공부를 잘못 사용했다는 증거가 되는 까닭에, 그런 여가는 차라리 필요하고 유용한 일에 사용되어야 했을 것이라고 말한다. 그래서 마케도니아 왕 필리포스는, 자기 아들인 위대한 알렉산드로스가 연회석에서 우수한 음악가들과 어울려 노래한다는 말을 듣고, "그렇게 노래를 잘 하는 것이 부끄럽지 않은가?" 하고 말했다. 그리고 바로 이 필리포스가 한 음악가에게 그의 소질에 관해서 토론을 하자, "폐하께서 이런 일을 저보다 더 잘 아셔도 언짢은 일이 오지 않으시도록 하느님께서 가호가 계셨으면 하옵니다"라고 음악가는 말했다.

어느 웅변가가 이피크라테스에게 "글쎄, 그대가 그렇게 용감해서 무엇하오? 그대가 무인이오? 그대가 궁수요? 그대가 창수(槍手)요?"하는 식으로 욕설을 퍼부었을 때 이피크라테스는 "나는 아무것도 아니오. 그러나 나는 이 모든 사람들을 지휘할 줄 아는 자요" 하는 식으로 제왕이 대답할 줄 알아야 한다고 대답했다.

그리고 안티스테네스는, 사람들이 이스메니아가 탁월한 피리의 명수라고 칭찬하는 논법을 그의 인격을 훼손하는 것으로 간주했다.

누가 내 《수상록》의 언어에 얽매임을 받고 있다는 말을 들으면, 그는 그런 말을 하지 않는 편이 좋았을 것이라 생각한다. 내 글은 현실과 거리가 멀기보다는 더 직통으로 표현하는 만큼, 그것은 이 문장을 추어올리는 일이 아니고 그 의미를 깎아내리는 일이다. 내가 잘못 알았는지 모르지만, 다른 작가들은 결코 나보다 더 많은 재료를 다루고 있지 않다. 어떻든 그것이 나쁘건 좋건, 어느 작가들이건, 종이 위에 나보다 더 많은 재료를 실어 놓는다든가 적어도 더 빽빽하게 뿌려놓지는 않았다. 나는 더 많이 실으려고 재료의 첫머리에 해당하는 부분만 실어 놓는다. 만일 내가 여기에 그다음을 붙여 간다면, 나는 이 책을 몇 갑절로 만들어 냈을 것이다. 정말로 나는 여기 이야기만 내놓고 말은 하지 않을 것을 얼마나 많이 뿌려 놓은 셈인가. 누가 이것을 좀 교묘하게 풀어서 써 나간다면 그는 이것으로 무한정의 《수상록》을 내놓을 것이다. 이런 이야기나 내 인용문은 언제나 늘 예시와 권위와 장식만으로 쓰이는 것이 아니다. 나는 이런 것을 단지 내가 사용하는 용어로만 보는 것이 아니다. 이 이야기들은 내 제목 이외에 더 풍부하고 과감한 재료의 싹을 지니고 있으며, 그리고 더 많이 표현하기를 원하지 않는 나 자신이나 내가 생각하는 것을 파악하는 자들에게는, 좀 현실과 거리가 멀게 더 미묘한 어조를 울려 준다.

말의 효능 문제로 돌아와서 나는 나쁘게밖에 말할 줄 모르는 것과 말을 잘하는 것밖에 모르는 것 사이에 큰 차이를 발견하지 못한다. "과하게 공들인 장식은 남자의 장식이 아니다."(세네카)

현자들은 지식으로 보면 철학밖에 할 일이 없고, 행동으로 보면 일반적으로 모든 단계와 질서에 적합한 도덕밖에 찾을 것이 없다고 말한다.

이와는 다른 이 두 철학자(에피쿠로스와 세네카를 가리킴)에게는 무엇인지 같은 점이 있다. 왜냐하면 그들은 자기 친구들에게 써 보내는 편지에도 영원성으로 약속하고 있기 때문이다. 그러나 이것은 방식이 다르며, 좋은 의도에서 한 것이 다른 사람의 허영심에서 한 일과 합치된다. 왜냐하면 그들은 친구들에게 쓰기를, 장차 올 시대에 이름을 남기고 명성을 얻고 싶은 생각 때문에 아직도 일처리에 매여 지내며, 자기들이 그들에게 권하는 은퇴와 외로운 생활을 두려워하는 것이라면, 그런 수고는 하지 말라고 했기 때문이다. 또 자기들은 이미 후세에 충분한 신용을 얻고 있으니, 자기들이 그들에게 써 보내는 편지만으로도 그들이 맡은 공적 직책으로 할 수 있는 것만큼, 그들의 명성을 세상에 알리고 유명해지게 할 것을 책임지고 말할 수 있다고 했다. 이러한 차이 외에도 그들의 문장은 낱말을 교묘하게 꾸며 가며 일정한 자리에 운을 규칙적으로 맞추고 정리해서 겨우 지탱하는 속 비고 메마른 글이 아니고, 그것으로 우리가 웅변가가 되는 것이 아니라 더 현명해지고, 그것이 우리에게 말 잘하는 법을 가르치는 것이 아니라 착한 행동을 하게 가르치는 예지의 아름다운 사상으로 채워져 있다. 사물을 말함이 아니고 웅변조만 추구하는 웅변이 무슨 소용이 있을까? 키케로의 경우와 같이, 극도의 완벽에 달해서 웅변 자체가 실체를 이루고 있는 경우가 아니라면 말이다.

나는 여기 또 우리가 이 문제에 관해서 그의 글에서 읽은 이야기를 붙여 말하며, 그의 본성에 접촉해 보겠다. 그는 대중 앞에서 연설하게 되었을 때, 바빠서 마음 놓고 준비할 시간이 없었다. 그때 그의 노예 에로스가 와서, 집회가 다음 날로 연기되었다고 알려 주었다. 그는 너무나 기쁜 나머지 좋은 소식을 전해 준 상으로 그 노예에게 자유를 주었다.

이 편지 쓰는 제목에 관해서 내가 말하고 싶은 것은, 나도 마음만 먹으면 쓸 만큼 쓴다고 내 친구들이 생각하는 일이다. 나도 누구한테 글을 써 보낼 상대가 있었다면, 기꺼이 이 편지 형식을 취해서 내 필치를 발표해 보았을 것이다. 그러기 위해서는 내가 옛날에 가졌던 바와 같이, 누구와 어떤 교섭이 있어서 내 마음을 끌고 나를 지지하고 내 정신을 북돋아 주는 사람이 있어야만 했다. 왜냐하면 다른 사람처럼 허공과 교제하는 것은 나로서는 꿈속에서나 할 일이기 때문이다.

게다가 가식과는 비위가 맞지 않는 나는 헛된 이름을 꾸며서 신중하고 정직한 사물을 이야기해 볼 수는 없었던 것이다. 내게 힘차고 친밀한 상대가 있었다면, 사람들의 잡다한 취미를 관찰해 가며, 내가 지금 하는 것보다 더 조심하며 더 믿음직하게 써 갔을 것이다. 그리고도 의도하는 반만큼 되지 못했다면 실망할 일이다.

내 문체는 본시 해학조의 허물 없는 말투이다. 그것은 어느 때나 내 언어가 갖는 버릇이지만, 공적인 교제에는 부적당하다. 그러나 그것이 내 형식이다. 내 문체는 아주 압축되고 흐트러지고 빽빽하고 독특하다. 그리고 얌전한 구절을 예쁘게 꿰어 맞춘 것 외에 실속 없는 의식적인 문장은 내 비위에 맞지 않는다.

나는 저 심정이 줄줄 흐르며 남의 일을 돌보아 준다는 식의 기다란 말투에는 소질도 취미도 없다. 나는 그런 말을 그대로 믿지 않는다. 그리고 내가 생각하는 것 외에 더 많이 말하는 수작이 싫다. 이것은 요즈음 하는 행위와는 너무나 다르다. 왜냐하면 지금같이 예절이 더럽고 비굴하게 타락한 적이 없었기 때문이다. 생명·영혼·헌신·찬미·노예 따위의 말들이 너무나 속되게 유행되기 때문에 그들이 더 명백하게 품는 존경심을 상대편에게 느끼게 하려고 할 때에는, 그것을 표현할 방법이 없다.

나는 아첨꾼으로 보이는 것은 죽어도 싫다. 그래서 내 말투는 자연히 뻣뻣하고 뭉툭하고 생소하게, 대체로 내 말투를 모르는 사람에게는 좀 경멸조로 보인다. 나는 가장 존경하지 않는 자를 가장 존대한다. 그리고 내 마음이 가장 경쾌하게 향하는 자에게는 체면을 차리지 않고 말한다. 그리고 내가 매여 지내는 분에게는 변변찮게, 그리고 오만하게 존대어를 쓴다. 가장 많이 내 마음을 바친 분에게는 존대어를 쓰지 않는다. 그들은 내 마음속을 읽어야 할 것이며, 내가 말로 표현한다면 내 생각을 잘못 이해시킬 것 같다.

잘 왔느냐고 말하기, 작별하기, 감사하기, 인사하기, 일을 거들어 드리겠다고 하기 등 이런 따위의 의식적인 법칙의 말로 하는 인사치레에서 나만큼 말이 서툰 자를 나는 알지 못한다.

그리고 무엇을 간청하거나 당부하든지 하는 편지인 경우, 그 편지를 받아 볼 사람이 멋쩍고 기운 없다고 보지 않을 편지를 써 본 일이 없다.

이탈리아인들은 편지를 인쇄하는 것을 대단히 좋아한다. 이런 서한집이 내게 백 가지는 있다고 생각한다. 안니발레 카로의 것이 가장 좋은 것 같다. 내가 옛날에 여자들에게 보내려고 종잇장에 지저분하게 긁적거린 것이 모두 그대로 남아 있다면, 그때는 내 손이 정열 때문에 날뛰고 있었으니 개중에는 아마도 요즈음 할 일은 없고 이런 혈기로 싱숭생숭해진 젊은이들에게 보여 줄 만한 글도 더러 있었을 것이다.

나는 편지를 언제나 급하게 쓴다. 너무 서두르기 때문에 도무지 읽을 수 없이 나쁘게 써 나가지만, 다른 사람의 손을 빌기보다는 내 손으로 쓰기를 좋아한다. 왜냐하면 내 생각을 좇아서 쓸 수 있는 자도 없으며, 나는 편지를 결코 다시 베껴 쓰지 않기 때문이다.

나는 나를 알고 있는 높은 분들에게도 박박 지우고 줄을 긋고, 접지도 않고 여백도 없는 편지를 참고 읽어 주도록 버릇을 들여놓았다. 가장 힘들게 쓴 편지는 가장 가치 없는 편지들이다. 편지를 질질 끌며 쓰는 것은 벌써 편지가 되지 않는다는 표시이다. 나는 아무 계획도 없이 붓대를 든다. 그러면 첫 번 생각에 다음 생각이 끌려 나온다. 요즈음의 편지는 수식과 서문 치레뿐이고, 알맹이는 없다. 나는 편지 하나를 써서 접고 봉하기보다는 차라리 편지를 두 통 쓰는 편이 좋으니, 이 일을 늘 남에게 맡긴다. 마찬가지로 말할 재료를 다 말한 다음에는, 끝에 다 붙이는 기다란 연설조 제안, 간청 따위는 남에게 해 달라고 맡기고 싶다. 그리고 습관이 변해서 이런 일은 없애 버렸으면 좋겠다.

또 직위와 칭호의 목록을 적어 넣는 경우는 실수할까 봐 쓸 생각을 포기한 일이 여러 번 있었다. 특히 재판관이나 재무관에게 하는 편지가 그러했다. 하고많은 직무의 변동이 있었고, 잡다한 명예 칭호들이 그렇게도 곤란한 분배와 조정이 있었으며, 이런 칭호는 그들이 상당히 값비싸게 사들인 것이기 때문에, 칭호를 바꿔서 쓰거나 잊어버리고 써주지 않으면 그들은 모욕을 느끼지 않을 수 없다. 나는 우리가 인쇄해서 내는 서적의 겉장과 속의 첫 페이지에 적어 넣는 이름에 붙이는 칭호도 똑같이 기분 나쁘게 본다.

41
자신의 영광을 양보하지 말 것

세상 사람들이 갈피를 못 잡고 헤매는 상태에서 가장 보편적으로 용납되는 것은 명성과 영광을 얻으려고 하는 심정이다. 그 때문에 우리는 재산·휴식·생명·건강 같은 가장 효과적이며 실질적인 재화와 보물도 버리고 실체도 없고 잡히지도 않는 이 헛된 그림자와 단순한 목소리를 추구하는 것이다.

> 명성은 그 달콤한 소리로 오만한 인간들을 매혹하며
> 그다지도 예쁘게 보이지만, 그것은 한 메아리
> 한 꿈에 지나지 않는다. 아니, 살랑 스치는 바람에도
> 불려 사라지는, 꿈의 그림자에 지나지 않는다.　　　　(토르콰토 타소)

그리고 인간들의 가장 주책없는 기분들 중에서, 철학자들까지도 다른 무엇보다 여기서 풀려나는 일이 가장 느리며 마음이 괴로운 것같이 보인다. 이것은 가장 억세고 고집스러운 습성이다. "왜냐하면 명성은 도덕의 길로 상당히 나아간 자들까지도 유혹하기를 그치지 않는다."(성 아우구스티누스) 이것만큼 명백하게 이성이 그 허영됨을 비난하는 것은 없다. 그러나 이 야심은 우리 속에 너무도 생생하게 뿌리를 박고 있기 때문에, 누구 하나 이것을 깨끗이 벗어던진 자가 있을지 모르겠다. 그대는 이런 생각은 없다고 단단히 말하고 굳게 믿고 나서도, 명예욕은 그대의 이성에 거슬러 내장에까지 사무치는 경향을 나타내는 까닭에 여기에 어떻게 당해 낼지 방도가 어렵게 된다.

키케로가 말한 바와 같이, 이런 사상을 배격하는 자들까지도 그런 말을 써내는 그들의 책 겉장에 자기 이름을 붙인다. 그들이 영광을 경멸했다는 것으로 영광을 얻기를 바라기 때문이다. 다른 모든 일들도 흥정 속에 들고 만다.

우리는 친구에게 필요한 때에는 재산과 생명까지 빌려 준다. 그러나 남에게 자기 명예를 전해 주고, 자기 영광을 선사하는 일은 없다. 카툴루스 룩타티우스는 킴부리아인들과의 전쟁에서, 자기 군사들이 적 앞에서 도망치려는 것을 막으려

고 온갖 노력을 다한 끝에, 그 자신이 도망병들 사이에 끼어서 겁쟁이 흉내를 내며, 군사들이 적을 피한다기보다는 차라리 자기 대장을 따라간 것같이 보이려고 했다. 이것은 남의 수치를 덮어 주기 위해서 자기 명성을 버린 일이다.

황제 카를 5세가 1537년에 프로방스 지방으로 들어갔을 때, 안토니오 데 레이바는 자기 왕이 이 원정을 결심한 것을 보고, 이것으로 그에게 큰 영광이 돌아갈 것이라고 생각하면서도, 여기에 반대하는 의견을 말하며 이 원정 계획을 포기하라고 간해 올린다. 그것은 그가 다른 사람들의 의견에 반대인데도 이렇게 훌륭한 원정을 수행할 정도로 황제의 판단과 예측이 탁월했다고 사람들이 말하게 하여, 이 계획의 모든 영광과 명예가 자기 윗사람에게로 돌아가게 하기 위해서 한 일이라고 한다. 이것은 자기 명예를 희생함으로써 그에게 영광을 주는 일이었다.

트라키아인의 사절단이 브라시아스의 모친 아르길레오니스에게 아들의 죽음을 위문하러 가서, 그에 비견될 자는 없었다고 말할 정도로 높이 칭찬하자, 그녀는 이렇게 개인적으로 개인에게 하는 칭찬을 거절하고 그 명예를 대중에게 돌려 주었다.

"그렇게 말하지 마시오. 우리 스파르타에는 그보다 더 위대하고 용감한 자들이 많은 것을 나는 아오."

크레시 전투에서 영국 황태자는 아주 젊은 나이로 전위대를 지휘하고 있었다. 이 전투에서 주요 공방은 이 지점에 집중되고 있었다. 그를 따르던 귀족들은 전투가 대단히 격렬한 것을 보고 에드워드에게, 빨리 자기들을 구원하러 와 달라고 청했다. 왕은 자기 아들의 사정을 물어보고, 그가 살아서 말 위에 있다는 대답을 듣고는 "그가 이렇게 오래 버티고 있는 전투에, 그 승리의 영광을 지금 가서 빼앗는다는 것은 옳지 않은 일이오. 어떠한 위험을 겪어도 승리의 영광은 전부 그의 것이 되어야 하오"라고 말했다. 그리고 자기도 가지 않고 다른 사람도 보내지 않았다. "사실 언제든지 최후의 증원이 승리를 이룬 것같이 보인다."(티투스 리비우스)

로마에서는 많은 사람들이 스키피오의 공적 일부분은 라엘리우스의 힘을 입고 있다고 생각하며, 일반적으로 이 말이 돌고 있었다. 그런데 라엘리우스는 늘

스피키오의 위대성과 영광을 옹호하여 밀어주며, 자기 영광은 생각도 않고 있었다. 또 스파르타 왕 테오폼포스는, 누가 자기에게 그가 지휘를 잘 해서 국가가 반석 위에 놓여 있다고 말하자, "그것은 국민이 잘 복종하니까 그렇소" 하고 대답했다.

귀족의 칭호를 상속하는 부인들이 여성임에도 불구하고 귀족들의 법률에 속하는 사건에 참석해서 의견을 말할 권한이 있듯, 교회의 귀족들 역시 그들의 직무에도 불구하고 전쟁이 일어났을 때는 그들의 친구와 종자들뿐 아니라, 그들이 몸소 왕을 구원해 주어야 하는 것으로 생각하고 있었다. 보베 주교는 필리프 오귀스트왕과 함께 부비느의 전투에 나가 대단히 용감하게 싸움에 참가했다. 그러나 그는 유혈이 낭자한 맹렬한 전투의 성과와 영광에 참여해서는 안 된다고 생각했다. 그는 이날 자기 손으로 여러 적들을 굴복시키고는 그들을 목졸라 죽이든지 포로로 하든지 하라고 만나는 귀족들 아무에게나 내어 주었다.

그는 그 집행을 모두 포기했던 것이다. 그리고 그는 이렇게 잡은 기욤 드 살스베리 백작을 장 드넬르 경에게 넘겨주었다. 다른 행적도 그의 양심에서 한 일이다. 그는 타살하려고는 했지만, 칼은 쓰지 않았다. 그래서 그는 몽둥이만 들고 싸웠다. 우리 시대에 어떤 자가 신부에게 손을 댔다고 왕이 책망하자, 그는 이 일을 강력하고 단호하게 부인했다. 사실 그는 신부를 몽둥이로 때려 눕히고 발로 짓밟았던 것이다.

42
우리들 사이에 있는 불평등에 대하여

플루타르크는 어디에선가 짐승 사이에는 사람과 사람 사이만큼 거리가 보이지 않는다고 했다. 그는 마음의 능력과 내적 소질에 관해서 말한다. 사실 내 생각으로는 에파미논다스는 내가 알고 있는 어떤 사람들(상식을 가진 사람들 말이지만)보다는 너무나 거리가 먼 인물들이기 때문에, 나는 이것을 플루타르크보다 더 강조한다. 그리고 어느 한 사람과 한 짐승보다도 한 사람과 한 사람 사이의 거리가 더 멀다고 생각한다.

> 아아, 한 인간이 다른 한 인간보다 이다지도 탁월한가! (테렌티우스)

그리고 사람들의 정신과 정신 사이에는 땅에서 하늘까지만큼 헤아릴 수 없는 층계가 있다.

그러나 인간들의 평가를 두고 하는 말이지만, 우리들 말고는 어느 사물이건 그 자체의 소질만으로밖에 평가되지 않는다는 것은 이상한 일이다. 우리는 말 한 필을 두고, 그 힘차고 숙달된 것을 칭찬하는 것이며,

> 우리는 한 준마(駿馬)를, 그 속력을 보아
> 저 소란한 경마장 속에 환호를 받으며
> 쉽게 얻은 수많은 종려나무를 보아서 칭찬한다. (유베날리스)

그 안장을 보고 칭찬하는 것이 아니다. 사냥개는 그의 속력을 보고 칭찬하는 것이지 목띠를 보고 칭찬하는 것이 아니며, 보라매는 그 날개를 보고 칭찬하지, 그것과 방울을 보고 칭찬하는 것이 아니다. 그런데 우리는 어째서 한 인간을 마찬가지로 그 자신의 것을 보아서 평가하지 않는가? 그는 따르는 사람이 많고 훌륭한 궁전을 가졌고 신용이 있고 연수입이 많다. 이 모든 것은 그의 주위에 있다. 그에게 있는 것이 아니다. 그대는 자루 속에 넣은 고양이를 자루만 보고 사지 않는다. 말을 흥정할 때는 그 장비를 벗기고 맨몸을 드러내서 보며, 또는 옛날에 왕공들에게 팔려고 내놓을 때 하듯 말을 덮어씌워 놓은 때에는 좀 필요성이 적은 부분을 덮으며, 털이 곱다든가 엉덩이가 크다든가에 현혹되지 않고, 주로 가장 유용한 부분인 다리와 눈과 발을 유의해 본다.

> 왕들에게는 이런 습관이 있다. 말을 구입할 때는
> 옷을 입혀서 심사한다.
> 그것은 흔히 일어나듯
> 말이 화사한 얼굴과 유약한 다리를 가졌을 때
> 그 미려한 엉덩이, 섬세하고 기묘한 머리 모양

> 오만한 목에 현혹되는 폐단을 막기 위함이다. (호라티우스)

어째서 사람을 평가할 때 그대는 싸잡아 묶어 놓고 평가하는가? 그는 자기 것이 아닌 부분밖에는 내보이지 않으며, 그를 진실로 평가하며 판단할 자료가 되는 부분은 감춰 두고 있다. 칼의 가치를 보아야 할 일이지 칼집은 볼 것이 못 된다. 그것을 벗기고 보면 아마도 한 푼이라도 주기가 아까워질 것이다. 그 자체로 평가해야지 그 장식을 보고 평가해서는 안 된다. 그리고 옛사람이 아주 재미나게 말하듯 "당신은 그의 키가 어째서 커 보이는지 아시오? 당신은 그 신발의 높이를 계산에 넣으시오"라는 식이다.

받침돌은 조각이 아니다. 말놀이용 대막대는 제쳐놓고 재어 보라. 부귀와 명예는 제쳐놓고 셔츠 바람으로 나오게 하라. 그가 경쾌하고 건강하여 직무에 적합한 신체를 지녔는가? 그의 마음은 어떤가? 마음이 건전하며 그 모든 부분이 유능하고 잘 하게 보이는가? 그 마음이 자기 것으로 풍부한가? 또는 남의 것으로 풍부한가? 요행으로 얻은 것은 없는가? 뽑아든 칼을 눈을 똑바로 뜨고 쳐다볼 수 있는가? 입으로건 목으로건 어디로 생명이 달아나도 꼼짝도 않는지, 마음이 침착하고 공평하고 만족하는지를 봐야 하며, 이런 것으로 우리들 사이에 있는 극도로 많은 차이를 판단해야 한다.

> 그는 현명하고 자제심이 있는가?
> 가난도 죽음도 쇠사슬도 그를 전율케 못 하는가?
> 그는 자기 정열을 억제하며 명예를 경멸할 수 있는가?
> 완전히 자신 속에 유폐되어, 마치 어떠한 외적 물체도
> 그 굴러가는 것을 막지 못하게 둥글고 매끈한 공과 같이
> 운의 뭇 침해에도 태연자약하고 동요함이 없는가? (호라티우스)

이러한 사람은 왕국이나 공작령 위에 5백 발은 높이 처하며, 그 자신이 자기 제국에 들어앉아 있다.

현자는 실로 자신의 행복을 만든다. 　　　　　　　　　(플라우투스)

　그에게 더 이상 무슨 소원이 있겠는가?

　　천성은 우리들에게 고통 없는 신체와
　　걱정이나 공포 없는 행복의 심정을 누릴 수 있는
　　마음밖에 요구하는 바가 없음을 보지 않는가? 　　　(루크레티우스)

　군중이 어리석고 천하고 비굴하고 지조 없이 잡다한 정열의 폭풍우에 이리 밀리고 저리 밀리며 끊임없이 떠돌고 있는 꼴과, 이 현자의 자태를 비교해 보라. 하늘과 땅 사이보다 더한 거리가 있다. 그러나 우리는 습관적으로 맹목적이 되어서 이러한 차이를 거의 고려하지 않는다. 그런데 만일 우리가 어떤 농군과 왕, 귀족과 상민, 관리와 개인, 부자와 가난한 자를 관찰해 보면, 갑자기 극도의 불평등이 우리 눈앞에 보이는데, 그것은 그들이 입은 잠방이 차이밖에 아니다.
　트라키아에서 왕은 재미나게 매우 과장된 방식으로 국민과 구별하고 있었다. 그는 자기만의 종교, 자기 혼자만의 신을 갖고 있었으며, 국민들은 그것을 숭배할 수 없었는데 그것은 메르쿠리우스였다. 그리고 그는 국민들의 신인 마르스·바쿠스·디아나 등을 경멸했다.
　그러나 이런 것은 아무런 본질적인 차이를 이루지 않는 색칠에 불과하다. 왜냐하면 연극배우들과 같이, 그들은 무대 위에서 공작이나 황제의 가면을 쓰고 나오는 것이다. 그러나 얼마 뒤에는 하인이나 가련한 짐꾼이 되고 마는데, 이것이 그들 본연의 타고난 모습이다. 그런 만큼 화려한 장식이 사람들의 눈을 휘황하게 하지만, 황제는

　　황금 장식을 뒤집어쓰고
　　가장 광택 나는 굵직한 옥 장신구가 그 몸에 번쩍이며,
　　매일 매의 깃털색을 지닌 아름다운 의복을 휘감고
　　비너스의 땀인 향수를 바르고 있는 까닭으로 훌륭하게 보인다. (루크레티우스)

막의 뒤에 가서 보라. 그것은 평범한 한 인간에 불과하며, 아마 그 신하 가운데 가장 변변찮은 사람보다도 더 비굴한 인간이리라. "신하는 내적 행복을 향유한다. 황제는 표면의 행복을 향유함에 불과하다."(세네카)

비겁·혼미·야심·울분·시기심이 다른 자나 마찬가지로 그를 뒤흔든다.

> 왕실 보배도, 집정관의 도끼도
> 금박 칠한 벽면도, 언저리에 떠도는 걱정과
> 마음의 비참한 동요를
> 흩어져 사라지게 하지 못한다. (호라티우스)

자기 군대 한복판에서도 근심과 공포가 그의 목덜미를 잡고 있으며

> 진실로 인간들의 공포와 그들을 압박하는 걱정은
> 무기의 소음도 살인의 창검도 두려워하지 않는다.
> 이런 것들은 과감하게 제왕들과 세력가들 속에 살며
> 황금의 눈부신 빛도 그들을 동요시키지 못한다. (루크레티우스)

열병과 두통·통풍 등은 황제에게는 면제되는 것인가? 노령이 그의 어깨를 누를 때, 그 호위대의 궁수는 그의 짐을 내려 줄 것인가? 죽음의 공포가 그를 실신시킬 때, 그의 방에서 시중드는 귀인들의 구원으로 그는 안심할 것인가? 그가 질투를 느끼고 변덕이 생겼을 때 우리가 큰절을 하면, 그 질투가 없어질 것인가? 황금과 진주로 장식되어 부풀어 오른 관 뚜껑은 심한 복통을 진정시킬 아무런 효험도 없다.

> 열병의 열이, 수놓은 자줏빛 비단 이부자리에 누웠다고
> 평민의 방석에 누운 것보다 더 속히 내리진 않는다. (루크레티우스)

알렉산드로스 대왕의 아첨꾼들은 그가 주피터의 아들이라고 믿게 하려고 했

다. 어느 날 그는 상처에서 피가 흐르는 것을 보고, "이게 어쩐 일인가?" 하고 말했다. "이거, 시뻘거니 순수한 인간의 피가 아닌가? 이것은 호메로스가 신들의 상처에서 흐르게 하는 피의 형태가 아닐세."

시인 헤르모도로스는 안티고노스들 위해 시를 짓고 그를 태양의 아들이라고 불렀다. 그런데 그는 반대로 말하며 "내 침실의 변기를 비우는 자는 내가 그렇지 않은 것을 안다"고 했다. 요컨대 모두 단순한 사람이다. 만일 그 자신이 천한 집에서 태어났었다면, 우주의 제국도 그에게 달리 옷을 입혀 보지 못했을 것이다.

소녀들이 그를 서로 빼앗으려고 대들게 하라.
그의 밟는 발 밑에 장미꽃이 피게 하라. (페르시우스)

마음이 나쁘고 어리석은 인간이니 그런 것을 다 무엇하나? 탐락도 행복도 정력과 정신 없이는 받아들일 수 없다.

사물들은 소유자의 심성(心性)에 따라 가치가 생긴다.
사용할 줄 아는 자에게는 그것이 좋다.
잘 사용할 줄 모르는 자에게는 나쁘다. (테렌티우스)

운으로 얻은 재산은 있는 그대로를 맛보려면 마음이 있어야 한다. 그것을 소유함이 아니고, 누릴 줄 알아야만 행복하게 된다.

가옥이나 토지, 청동이나 황금 더미가
소유자의 걱정이나 신체의 열을 치유함이 아니다.
그 소유자가 건전해야만 획득한 재물을 잘 누린다.
그가 욕심이나 공포로 고민한다면
그의 재산은 눈병 환자에게 그림 격이고
통풍 환자에게 향유 격이다. (호라티우스)

그는 바보요, 그의 취미는 둔중하고 멍청하다. 그는 코감기에 걸린 자가 그리스 포도주 맛을 모르듯, 장식한 말안장을 말이 누리지 못하듯, 마찬가지로 아무 것도 즐기지 못하며, 플라톤이 말하듯 건강·미모·힘·부유·기타 재물이라고 부르는 모든 것이 정당한 자에게 행운이 되듯, 부당한 자에게는 화가 된다. 그리고 재화는 거꾸로 된다.

그리고 신체와 정신이 나쁜 상태에 있다면 이런 외부적 편익이 무슨 소용이 될 것인가? 바늘에 조금 찔리거나 마음이 정열에 사로잡히면, 세상의 쾌락이 다 뭉쳐 와도 소용없다. 통풍을 앓기 시작만 하면 재상이니 대왕이니 다 소용없다.

금이나 은으로 전부 뒤집어 써 보아도. (티불루스)

그의 궁전과 위대함의 추억을 잃어버리는 것이 아닌가? 화가 난다면 그의 태공령(太公領)이 그가 미친 사람같이 얼굴을 붉으락푸르락하고 이를 가는 것을 막을 것인가? 그런데 그가 훌륭한 천성을 가지고 품격이 있는 분이라면, 왕이 된다고 그의 행복에 보탬이 될 것은 별로 없다.

만일 그대의 위장·폐장·수족이 건전하다면
제왕의 부를 통틀어도 그대의 행복에 보탤 것이 없다. (호라티우스)

그는 이런 것이 허식이며 속임수인 것을 안다. 그렇다. 아마도 그는 셀레우스왕이 말한 바 "홀(笏)의 가치를 모르는 자는 그것이 땅에 떨어진 것을 보아도 주울 생각도 하지 않을 것이다"라고 한 의견에 따를 것이다. 이것은 착한 왕에게 있어서 중대하고 어려운 책임을 말하는 것이다. 정히 남을 보살펴 줘야 한다는 것은 그리 쉬운 일이 아니다.

하기는 우리 자신을 지배하기에도 하고많은 어려움이 생기는 것이다.

그런데 사람을 지배하는 것은 대단히 감미로운 일 같지만, 사실 인간의 판단력이 허약하고, 새롭고 의심스러운 사물들을 선택, 결정하기가 얼마나 곤란한 일인가를 생각해 보면, 지배하기보다는 복종하기가 훨씬 쉽고 재미나며, 닦아진 길만 지켜가며 자기 자신의 일밖에 책임질 일이 없다는 것은 자기 정신에 큰 휴식이 된다고 나는 믿는다.

그러므로 나라를 통치하는 책임을 지기보다는
조용히 복종하는 편이 훨씬 나은 일이다. (루크레티우스)

그뿐더러 키루스는 지배받는 자보다 더 낫지 못한 자에게는, 지배하는 일은 맡기지 못한다고 말하고 있었다.
그러나 크세노폰에 나오는 히에론왕은 한층 강하게, 그들은 편안하고 안일한 생활 속에 있기 때문에 탐락을 즐기는 일에서도 새콤달콤한 맛까지 맛보지 못하는 만큼, 보통 사람들보다 더 나쁜 조건에 있다고 했다.

너무 걸쭉하고 강렬한 사랑은 다시 우리를 싫증나게 하며
감미로운 음식이 위장을 해하는 격이다. (오비디우스)

우리는 합창대 아이들이 음악을 대단히 즐긴다고 생각하는가? 너무 많은 음악들로 그들은 오히려 물리고 있다. 향연·춤·가면 무도·무술 시합 등은 그런 것을 자주 본 일이 없고, 보고 싶어 하는 사람들을 즐겁게 해 준다. 그러나 그런 것을 대수롭지 않은 일로 아는 자에게는 멋쩍고 재미없다. 여자도 실컷 즐기는 자에게는 유쾌할 것이 없다. 목마를 틈이 없는 자는 물 마시는 쾌감도 알지 못할 것이다. 광대들의 희극은 보기에 재미있다. 그러나 광대들에게는 이것이 고역이다. 그 증거로 이따금 자기 지체를 떠나 천한 서민들의 생활을 가장해 보는 것이 왕들에게는 무엇보다 큰 기쁨이며 즐거움이 되기 때문이다.

흔히 변화는 권세가들에게 기쁨을 준다.
융단도, 붉은 자줏빛 비단도 없는 가난한 자의
지붕 밑에서 드는 수수하고 깔끔하게 차린 식사는
걱정스러운 그들의 용모의 주름을 펴주었다. (호라티우스)

풍부함보다 더 거북하고 싫증나는 일은 없다. 아무리 욕망이 큰들, 튀르키예 태수가 후궁을 지니고 있는 것같이 3백 명의 여자가 자기 마음대로 된다면 싫증이 나지 않을 자 있겠는가? 조상들 중에 7천 명의 매 사냥꾼을 데리고 가지 않으면 들로 나가지 않던 자는 무슨 취미로 사냥을 했을까?

그뿐더러 이런 휘황한 위대성은 좀 더 온화한 쾌락을 즐기는 데 적지 않는 불편을 가져올 것으로 생각된다. 그들의 행동은 너무 드러나고 너무 많은 눈이 쳐다본다. 그리고 언제 그럴지 모르지만, 사람들은 이런 세도가들에게 그들의 잘못을 더욱 감추고 숨겨 두기를 요구한다. 왜냐하면 우리에게는 단순히 실수로 보이는 일도 그들이 하면 포학이며 법률을 무시하고 경멸하는 일이라고 국민이 판단하기 때문이다. 악덕에 기울어지는 경향 외에도, 그들은 공공의 규칙을 무시하고 발밑에 짓밟는 일에 더욱 쾌감을 느끼는 것같이 보인다.

플라톤은 그의 《대화편》에서, 폭군은 국가에서 자기가 하고 싶은 모든 일을 방자하게 행하는 자를 말한다고 정의한다. 그리고 흔히 이 때문에 그들의 악덕을 드러내 보이고 공표하는 것은, 악덕 이상으로 그들의 명예를 손상시킨다. 각자는 누가 엿보고 감독하는 것을 두려워한다. 국민 전체가 그들을 비판할 권한과 관심을 가졌다고 생각하기 때문에, 그들은 태도나 사상에서도 이런 일을 겪는다. 그뿐더러 모든 사람이 쳐다보는 높은 자리에 앉으면, 작은 결함도 커지며, 이마의 점 하나나 자국 하나도 다른 사람의 칼맞은 자국만큼이나 크게 나타나는 것이다.

그 때문에 시인들은 주피터의 사랑이 그가 한 것과는 다른 모습으로 실천되었다고 상상한다. 그리고 주피터가 했다고 시인들이 생각하는 그 많은 연애 중에 그의 장엄한 위대성에 맞는 것은 하나밖에 없었다고 나는 생각한다.

그러나 히에론의 이야기로 되돌아오자. 그는 역시 자기가 왕위에 앉았기 때문에 자유롭게 여행도 못하고, 자기 나라 영토 안에 감금된 죄수처럼 여간 불편을 느끼지 않으며, 또 모든 행동이 늘 귀찮은 군중들의 시선 아래 놓여 있다고 말한다.

참으로 우리 왕들이 혼자 식탁에 앉아 그 많은 이야기꾼들과 낯 모르는 자들이 쳐다보는 속에 포위당하고 있는 것을 보면, 나는 그들이 부럽기보다 오히려 가련한 생각이 자주 들었다.

알폰소왕은 이 점에서는 당나귀가 왕보다 낫다고 했다. 주인은 당나귀들을 풀어 편안하게 풀을 뜯어먹게 놓아 둔다. 그런데 왕들은 하인들에게서 이런 대접도 못 받는다는 것이다.

그리고 나는 지각 있는 사람의 생활에서 그가 화장실에 갈 때 감시자들이 스무 명이 있다거나, 연수입이 1만 리브르나 된다거나, 카살레 성새(이탈리아의 포 강가의 요새)를 공략했다거나, 또는 시에나시(이탈리아 토스카나 지방의 유명한 종교 예술 도시)를 방어했다는 인물이 섬겨 주는 것이, 경험 많은 착한 하인이 섬겨 주는 것보다 더 편하고 받아들이기 쉬운 무슨 특기할 만한 편익이라고 생각해 본 적은 없었다.

왕들의 호강이라는 것은 거의 공상 속의 호강이다. 신하의 계급 하나하나에는 어떤 점에서는 왕의 모습이 있다. 카이사르는 자기 시대에 프랑스에서 법을 시행하는 제후들을 모두 작은 왕들이라고 불렀다. 왕이라는 이름자를 제하고는, 어떤 자들은 우리 왕들과 상당히 닮은 행세를 한다. 조정에서 멀리 떨어져 있는 시골을 보라. 한 예로 브르타뉴를 들어 보자. 한 귀족이 은퇴하여 집에 들어앉아서 하인들 속에서 살아갈 때, 그 종자들·신하들·무관들의 여러 직책과 봉사와 의식 등을 보라. 그리고 또 그의 공상이 비약하는 것을 보라. 그보다 더 왕다운 일은 없다. 그는 자기 주인인 프랑스 왕에 관해서 말하는 일은 마치 페르시아 왕의 일인 것처럼 1년에 한 번쯤 들으며, 그의 집사가 적어 놓은 기록에 의해서, 먼 사돈의 팔촌 격으로밖에 알지 못한다. 우리 법률은 상당히 자유로워서 왕권의 무게는 프랑스의 귀족에게는 기껏해야 한평생에 두 번밖에 미치지 않는다. 본질적이며 실제적인 주종 관계는 우리들 사이에는 자기 비위에 맞고, 이러한 봉사로 명예를 얻고 부자가 되고 싶은 자들밖에는 관심이 없다. 왜냐하면 자기 집에 틀어박혀 싸움이나 소송 없이 집안 살림이나 살필 줄 아는 자는 베네치아 공만큼이나 자유롭기 때문이다. "노예성에 결박당하는 자는 드물다. 다수는 자진해서 예속한다."(세네카)

그러나 특히 히에론이 강조하는 것은 왕은 인간 생활에서 가장 완벽하고 감미로운 효과를 이루는 우정과 상호 간의 교제를 하지 못한다는 점이다. 왜냐하면 그가 원하건 원하지 않건 그가 할 수 있는 모든 일이 그에게 매여 지내는 자에게 무슨 애정과 호의의 표시를 얻을 수 있을 것인가? 그가 왕에게 아무것도 거절할 수 없는 처지인데, 공손하게 말하고 예절 바르게 인사한다는 것을 중하게 여길 거리가 되는가? 우리를 두려워하는 자에게서 받는 영광은 영광이 아니다. 이런 존경은 왕이기 때문에 얻는 것이지 순수한 인간에 대해서 하는 것은 아니다.

    왕위의 최대의 이점은
    국민이 그 군주의 행동을 받아들여야 할 뿐 아니라
    그것을 칭송해야 하는 점에 있다.   (세네카)

    악한 왕이건 착한 왕이건, 사람들이 미워하는 자건 사랑하는 자건, 존경받기는 똑같다는 것을 보아오지 않았는가? 똑같은 모양과 똑같은 의식으로 나의 조상 세대는 섬김을 받았고, 나의 후대에도 섬김을 받을 것이다. 나의 신하들이 나를 기억하지 않는다 해도, 그것은 무슨 애정을 느껴서 하는 일이 아니다. 그들이 기억하고 싶어도 못 할 처지인데, 내가 어떻게 그리 생각할 것인가? 아무튼 그와 나 사이에 우정이 있어서 내게 복종하는 것이 아니다. 상호 간에 거의 교분도 교섭도 없는 사이에는 우정을 맺어 볼 수가 없을 것이다. 높은 지체가 사람들과 교섭할 수 있는 영역 밖에다 둔다. 거기에는 지나치게 심한 불평등과 불균형이 있기 때문이다. 그들은 예의와 습관으로 나를 좇는다. 또는 자기들의 지체를 올려보려고, 나보다는 차라리 내 지체를 좇는다. 그들이 내게 말하고 행하는 것은 모두 겉치레이다. 그들의 자유는 내가 그들에게 가지고 있는 권력에 의해, 사방에서 억제되고 있기 때문에, 나는 내 주위에 덮어 씌운 것과 가면밖에 아무것도 보지 못한다.

    어느 날, 신하들이 율리아누스 황제에게 일처리를 공정하게 한다고 칭송하자 "나는 언짢은 행동을 감히 비난하고 책망할 수 있는 자들에게서 이런 칭찬을 듣는다면, 그것을 기꺼이 자랑삼겠다"고 말했다.

    왕들이 가지고 있는 편리함은 지체가 중류인 인간들과 교제하는 것이다(날개 돋친 말을 타고 신에게 바쳐진 음식물을 먹는 것은 신들이나 할 일이다). 그들은 결코 우리와 다른 식욕과 수명을 가진 것이 아니다. 그들의 강철은 우리가 무장하는 칼보다 더 굳은 것이 아니다. 그들의 왕관은 태양이나 비를 가려 주지 않는다. 디오클레티아누스는 아주 존경과 숭배를 받고 행운이 있는 왕관을 쓰고 있다가, 개인 생활의 재미를 보려고 황제의 직위를 내던지고 물러나왔다. 얼마 뒤에 국가 사무의 필요로 그에게 다시 직책을 맡아 달라고 요청하자, 그는 간청하는 자들을 보고 "당신들은 내가 집에 심어 놓은 예쁘게 정리된 나무들과 내가 가꾼 듬직한 수박들을 보았더라면, 그렇게 나를 설복하려고 들지 않았을 것이오"라고 대답했다.

아나카르시스에 따르면 가장 잘 된 상태란, 다른 일들은 공평하고 인간의 나음과 못함만이 도덕으로 평가되는 상태일 것이라고 했다.

피로스왕이 이탈리아로 원정하러 가려고 기도하고 있을 때, 그의 현명한 고문관 키네아스는 그의 야심이 얼마나 허영된 것인지 느끼게 하기 위해서, "글쎄, 전하" 하고 물어보았다. "전하는 무슨 목적으로 그런 큰 계획을 세우십니까?" "이탈리아의 영주가 되련다"고 그는 갑자기 대답했다. "그리고 그것이 성취된 다음에는요?" 하며 키네아스는 말을 이었다. "골과 스페인으로 가겠다" 하고 왕은 말했다. "그다음엔요?" "나는 아프리카를 정복하러 가겠다. 그리고 마지막에 세상을 정복하여 내 영토로 만든 다음에는, 나는 만족하고 편안하게 살겠다." 키네아스는 다시 질문했다. "그런 소원이시면 어째서 전하께서는 지금 그렇게 편히 살지 않으시려는지 말씀해 주십시오. 전하께서 원하신다는 그런 생활을 지금 이 시간에 하고, 이 두 나라 사이에 그만한 수고와 위험을 면제해 주지 않으시렵니까?"

> 그것은 명백히 그가 자기 소유욕에 두어야 할 한계와
> 진실한 쾌락은 어느 점에서 성장을 다하는 것인가를
> 모르기 때문이다.
> (루크레티우스)

이 문제에 관해서 특히 묘하게 표현된 옛 시구로 이 글을 끝맺겠다.

> "각자의 성격이 각자의 운을 만든다." (코르넬리우스 네포스)

43
사치 단속법에 대하여

우리 법률이 식탁이나 의복에, 미친 수작으로 낭비하는 것을 억제하려고 시도하는 방법은 오히려 그 목적에 반대되는 일로 보인다. 진실한 방법은 사람들에게 황금과 비단 같은 것을 헛되고 쓸데없는 물건이라고 경멸하는 마음을 갖게 하는 데 있을 것이다. 그런데 우리는 그런 것의 가치를 올려 주고 있으니, 사람들이 그것에 싫증이 나게 하는 방법으로는 서툰 짓이다. 왜냐하면 왕공들만이 새우를 먹고 비단과 황금실로 장식한 옷을 입고 국민에게 그것을 금지한다는 것은, 이런 물건의 가치를 더 높이고 그것을 써 볼 욕심을 더 나게 하는 것이 아니고 무엇인가?

왕공들이 과감하게 결정을 내려 이런 권세의 표시를 없애버릴 일이다. 그런 것이 아니라도 얼마든지 좋은 방식이 있다. 이런 과분함은 다른 누구보다도 왕에게는 용서되지 않는다. 여러 나라들의 예를 보면, 우리는 그 목적으로 이러한 부패와 불편을 명백하게 가꾸어 가지 않아도 외부적으로 우리들과 우리 계급(이것은 진실로 한 국가에 대단히 필요하다고 나는 생각한다)을 구별하는 좋은 방식을 얼마든지 배울 수 있다. 습관이 이런 무관한 일들을 쉽게, 그리고 급격하게 권위의 발판을 닦아 놓는 것을 보는 것은 참 놀라운 일이다. 우리가 앙리 2세의 옷을 만들기 위해 궁정에서 천을 쓴 것이 겨우 1년이 될까 말까 한 때의 일인데, 이미 일반 사람들에게는 비단이 아주 천한 것으로 알려져 있어, 그것을 입은 사람을 보면 대번에 어느 평민이라고 즉석에서 단정해 버릴 정도였다. 예전에 비단은 내과 또는 외과의사만이 입는 것으로 되어 있었다. 그리고 비슷한 것을 입게 되었다고 해도, 그래도 다른 것으로 사람들의 직업이 명백히 구별이 되었다. 우리 군대에서 얼마나 갑자기 모직과 마직의 더러운 옷이 유행하고, 우아하고 풍부한 의복이 경멸과 책망을 받았던가!

이런 낭비는 왕들부터 버리기 시작해야 한다. 그러면 칙령도 명령도 내릴 것 없이 한 달이면 일은 잘될 것이다. 우리는 모두 뒤따를 것이다. 법률은 그 반대로, 짙은 분홍과 금은 장식은 광대나 창녀들을 제외하고는 모든 사람에게 금지되었다고 말할 일이다. 셀레우코스는 로크리스인들의 부패한 풍습을 이런 구상으로 바로잡았다. 그의 명령은 이러했다. "자유로운 신분의 여자는 술 취했을 때 이외에는 침모를 하나 이상 데리고 다니지 못한다. 그리고 밤에는 시외로 나가지 못한다. 그리고 창녀나 매음녀가 아니면 자기 몸에 황금 장식이나 수놓은 옷을 입지 못한다. 방탕아가 아니면 손가락에 황금 반지를 끼거나 밀레토스시에서 짜낸 천 같은 고운 옷을 입지 못한다." 그래서 그는 교묘하게 국민들을 쓸데없는 것과 위험한 탐락에서 마음을 돌리게 했다.

명예와 야심으로 사람들을 복종하도록 이끄는 것은 대단히 유익한 방법이었다. 왕들은 이러한 외부적인 개혁은 무엇이든지 할 수 있다. 그들의 행동 습관은 여기서는 법이 된다. "왕공들이 하는 일은 그들이 명령하는 일로 보인다."(퀸틸리아누스) 프랑스에서는 어디서든지 궁전에서 하는 규칙을 규칙으로 삼는다. 감춰 두는 부분을 너무 드러내 놓는 저 천한 바지, 우리를 아주 딴 사람으로 만들며 무장하기에 거북한 저 무겁고 뚱뚱한 통저고리, 저 나약하게 기다란 머리채, 옛날에는 왕에게만 하던 의식을 지금은 누구나 친구들에게 인사할 때 내미는 손에 키스하는 버릇, 그리고 귀족이 점잖은 곳에 나갈 때 마치 화장실에서 나오듯 아무렇게나 차리고 옆에 칼도 차지 않고 나오는 버릇, 그리고 조상들 때부터 지켜 오던 프랑스 귀족들의 특수한 자유와는 반대로, 그들 주위에서는 아주 먼 곳에서도, 그들의 손자뻘이나 증손자뻘 등의 수많은 사람들 앞에서도 그들 옆에서와 같이 모자를 벗고 있어야 하는 관례, 그리고 이런 따위의 다른 좋지 못한 새로운 버릇들은 즉시 비난받고 없어져야 할 일이다. 이런 것은 겉으로 드러나는 잘못이다. 그리고 좋지 못한 징조이다. 우리 벽면의 칠이 갈라져서 일어나는 것은, 속의 몸체가 무너져가는 것을 알려 주는 일이다.

플라톤은 그의 《법률편》에서 청년들의 행동·댄스·훈련·노래 등에서 이 형식 저 형식으로 자유롭게 의상을 바꿔 입게 놓아두는 일은, 자기 나라를 위해서 세상에 그보다 더 해로운 폐단이 없다고 생각했다. 이런 차림은 이렇게, 저런 차림은 저렇게 사람의 판단을 흔들며, 새것을 좇고, 그런 것을 꾸며 낸 자를 숭배하게 하며, 그래서 풍습은 타락하고 사람들은 모든 옛 제도를 경멸하고 업신여기게 된다는 것이다.

다만 나쁜 일만은 제외하고 모든 일에서 변화는 두려워해야 한다. 계절·바람·식량·기분 등의 변화가 다 그렇다. 하느님께서 어느 정도 오래 계속하게 두어서, 아무도 그 근본이 어떠했던가, 그 전에 따르던 일이 있었던가를 모를 정도로 된 법밖에는 어떠한 법도 진실한 신용을 얻지 못한다.

44
잠에 대하여

이성은 우리에게 항상 같은 길을 가라고 명령하지만, 그렇다고 같은 보조로 가라는 것은 아니다. 현자는 인간의 정열이 바른 길에서 벗어나게 두어서는 안 되는 반면, 자기 의무와는 무관하게 정열이 걸음을 서두르거나 늦추도록 시키게 두고, 거인모양 움직이지 않고 무감각하게 박혀 있지 않아도 된다. 도덕이 사람의 몸으로 나온다 해도 전투에서 공격하러 나갈 때에는 식사하러 갈 때보다 맥이 더 힘차게 뛸 것이다. 참으로 도덕은 열도 나고 감동도 해야 한다. 이런 점에서, 나는 위대한 인물들이 가장 큰 기도와 중대한 사무를 처리하는 경우, 아주 침착한 태도를 취하고 잠자는 시간도 줄이지 않는 것을 보고, 이런 것을 드문 일이라고 주목했다.

알렉산드로스 대왕은 다리우스에 대한 맹렬한 전투를 결행하기로 결정된 날, 아침 늦게까지 너무 깊이 잠이 들어서 파르메이온이(싸움에 나갈 시간이 임박했기 때문에) 방에 들어가서 그의 이름을 두서너 번이나 불러야만 했다.

오토 황제는 자살하려고 결심하고, 바로 그날 밤에 집안일을 정리해 놓고, 금전을 신하들에게 나누어 주고, 결심한 것을 결행하기 위한 칼날도 잘 갈아 놓고, 다만 그 친구들이 안전하게 물러간 것을 알려고 기다리다가, 그만 아주 깊이 잠이 들어 그의 코 고는 소리가 하인들에게까지 들릴 정도였다.

이 황제의 죽음에는 저 위대한 카토의 죽음과 닮은 점이 많았다. 왜냐하면 카토는 자살할 준비가 다 되었고, 그가 물러 가게 한 원로원 의원들이 우티카 항구에서 멀리 떠났다는 소식이 오기를 기다리는 동안, 너무나 깊이 잠들어 그의 숨소리가 이웃 방에까지 들려왔기 때문이다. 그리고 그가 항구로 보낸 사자가 돌아와서 그를 깨우며, 원로원 의원들이 폭풍 때문에 돛을 올리지 못하고 있다고 말하자, 그는 또 다른 자를 보내 놓고 다시 이불 속으로 기어들어가서, 그자가 돌아올 때까지 또 깊이 잠들어 버렸다.

이 사실 역시 알렉산드로스의 이야기와 비교해 볼 수 있다. 그것은 카틸리나의 음모 사건 때 호민관 메텔루스가 에페이우스와 그의 군대를 이 도시로 소환하는 명령을 공포하고, 카토를 압도하려고 충동한 데서 일어난 매우 위험한 소동이었다. 이 명령에 카토만이 반대하여, 원로원에서 그와 메텔루스 사이에 큰 논쟁이 벌어지고 무서운 협박이 오갔다.

그러나 일의 결행은 다음 날 광장에서 하기로 되어 있었다. 거기서 메텔루스는 시민들과 당시 폼페이우스 편을 들어 음모하던 카이사르의 지지를 얻은 것 말고도 수많은 외국 노예들과 생명을 내던지고 대드는 검객들을 데리고 나올 예정이었다. 그런데 카토는 자기 지조만을 믿고 있어, 그의 부모나 집안 사람들, 그리고 많은 점잖은 사람들이 대단히 근심하고 있었다. 그를 노리며 준비되고 있는 위험한 사태 때문에, 몇몇은 함께 모여서 음식을 피하고 잠도 안 자며 밤을 지새우고 있었다.

그의 아내와 누이동생들까지도 집에서 울며 고민하고 있었는데, 그는 반대로 모든 사람들을 안심시키고 있었다. 그리고 여느 때와 같이 취침하러 들어가서는 아침까지 너무 깊이 잠들어 있었기 때문에, 호민관부의 동료 한 사람이 찾아와서 같이 싸우러 가자고 그를 깨워야만 했다. 이 사건 외에 그의 평생 행적으로 우리가 알고 있는 이 인물의 위대한 의지로 보아서, 이것은 그의 마음이 이런 사건들을 초월해서, 평상시 사건들과 똑같이 조금도 머리에 담아 두지 않았기 때문이라고 확신을 가지고 판단할 수 있다.

아우구스투스가 섹스투스 폼페이우스에 대해 승전한 시칠리아의 해전에서 곧 싸우러 나가려고 할 때, 그는 너무 깊은 잠에 빠져서 그의 친구들이 와서 전투 개시 신호를 내려 달라고 그를 깨워야만 했다. 이것은 안토니우스가 다음에(그는 단지 군대의 배치를 눈뜨고 볼 용기도 없어서) 아그리파가 와서 적군에게 승리한 소식을 알려 줄 때까지 감히 군대 앞에 나가 보지 못한 것이라고 그를 책망할 구실을 주었다.

그러나 젊은 마리우스의 경우에는 더욱 언짢은 일로(그는 실라와 대항해서 싸우던 마지막 날에 그의 군대에게 전투 명령과 신호를 내린 다음, 나무 그늘에 누워 너무 깊이 잠들어 그의 군대가 패주할 때에야 겨우 잠이 깨어 싸움을 보지도 못했다), 너무 심한 피로와 수면 부족을 그의 몸이 감당해 내지 못했다는 말도 있다.
　이 점에서 보면, 수면이 생명을 좌우할 정도로 대단히 필요한 일인지 의사들은 생각해 볼 일이다. 왜냐하면 마케도니아의 페르세오스왕은 로마에 사로잡혀 왔을 때, 잠을 못 자게 해서 죽게 한 것을 우리는 알고 있다. 그러나 플리니우스는 잠을 자지 않고 오래 산 사람의 이야기를 하고 있다. 헤로도토스의 이야기에는 사람들이 반년은 잠을 자고 반년은 깨어 있는 나라가 있다고 한다. 그리고 현자 에피메니데스의 전기를 쓴 자들은, 그가 57년 동안 계속해서 잠을 잤다고 말한다.

45
드뢰 전투에 대하여

　드뢰 전투에서는 희귀한 사건이 많이 있었다. 그러나 드 기즈 경의 평판을 그다지 좋게 말하지 않는 자들은, 군대의 사령관인 원수(元帥)의 부대가 적의 포화를 받고 분쇄되고 있는 동안, 그가 자기 부대는 정지시키고 정세만 관망하던 것은 변명할 길이 없다고 말한다. 그리고 적을 배후에서 치게 될 유리한 정세를 기다리느라고 그렇게 심한 타격을 받게 두기보다는, 먼저 모험하여 측면에서 적을 공격하는 편이 나았을 것이라고 주장한다. 그러나 결과가 증명한 것은 그만두고라도, 아무런 감정 없이 이 문제를 토의하려는 자는, 내 생각에는 대장뿐 아니라 병사 하나하나의 목표와 목표물이 전체로 보아서 승리를 안목에 두어야 할 일이고, 거기에 어떠한 개인적인 관계가 있더라도, 또 어떠한 특수한 사정이 있더라도 그것을 이 목적에서 벗어나게 해서는 안 된다는 것을 쉽사리 고백할 것이다.
　필로포에멘은 마카니다스와 갑작스럽게 벌어진 전투에서 첫 번째 전투를 시작하려고 상당한 수의 궁수와 창수(槍手) 부대를 앞에 보냈는데, 적은 그들을 공격하여 달아나게 하고 승리의 여세를 몰아 전속력으로 추격하여, 바로 필로포에멘이 있던 본부대 옆을 지나갔다. 군사들이 동요하고 있는데도 그는 자리에서 움직일 생각을 않았고, 자기 부하들을 구원하려고 적 앞에 나가지도 않았다. 그러다가 적이 눈앞에서 흩어져 달아나는 자기 부대를 추격하는 것을 보고 나서, 적의 기병 부대가 사라진 뒤 그들의 보병 부대를 습격했다. 적은 라케다이모니아 사람들로 자기편이 완전히 승리했다고 생각하고 질서가 문란해지기 시작했고, 그즈음에 습격했기 때문에 그는 쉽사리 목적을 달성했다. 그러고 나서 그는 마카니다스를 추격하기 시작했다. 이 경우에는 드 기즈 경의 이야기와 사촌뻘은 된다.

아게실라오스의 보이오티아군에 대한 맹렬한 전투에서는 크세노폰이 참가했고, 그가 겪은 중에 가장 격렬한 전투였다고 한다. 그런데 거기서 아게실라우스는 보이오티아군 부대를 지나가게 두고 그것을 배후에서 공격하도록 하는, 행운이 가져다 주는 이 좋은 기회를 잡으려고 하지 않았다. 그는 여기에서 확실한 승리가 예측되었다 해도, 용감성보다는 기술이 더 필요하다고 생각했다. 그래서 그는 용감함을 보이기 위해서 오히려 정면에서 공격하는 편을 택했다. 그러나 거기서 패하고 부상을 입고는 마침내 몸을 빼내고, 처음에 생각했던 방법을 취하지 않을 수 없게 되었다. 부하들은 전열을 열어, 세차게 흐르는 물 같은 보이오티아군이 지나가게 두었다. 그리고 그들이 아무 위험이 없어진 줄 알고 승리에 도취해 무질서하게 지나가는 대열을 유의해 보고, 그들을 추격해서 측면에서 공격하게 했다. 그러나 이것으로도 그들을 완전히 궤멸시킬 수는 없었다. 그들은 악을 써서 싸우며 조금씩 퇴각해서 마침내 안전한 지대에까지 물러가고 말았다.

46
이름에 대하여

아무리 야채의 종류가 많다고 해도, 그것은 모두 샐러드라는 이름 속에 포함된다. 마찬가지로 이름에 관한 고찰에서, 나는 여기에 갖가지 조항의 잡탕을 만들어 보련다. 모든 나라들은 어쩐 일인지 나쁜 의미로 쓰이는 몇 가지 이름을 가지고 있다. 우리에게는 장·기욤·브노아 등이 그렇다.

왕들의 족보에는 운명적으로 문제를 일으키는 이름들이 있다. 이집트의 왕들에서 프톨레마이오스가 그렇고, 영국에서는 헨리가 그렇고, 프랑스에서는 샤를이 그렇고, 폴란드에선 보두앵이 그렇고, 옛날 아키테에느에서는 기욤이 그렇다. 이 이름에서 귀엔이라는 지명이 나왔다고 한다. 사실 플라톤에게도 똑같이 생생한 예는 아니라고 해도, 흡사하게 일치되는 것이 있다.

다음 것은 변변찮은 일이지만, 그 이야기가 괴기하고 또 직접 본 사람이 써 놓은 일이니 기억해 둘 가치가 있다. 즉, 영국 왕 헨리 3세의 아들인 노르망디 공작 헨리는 프랑스에서 향연을 베풀었는데, 거기에 모여든 귀빈들이 하도 많아서, 시간을 보내려고 많은 이름들끼리 패를 지어 보았다. 제1단에는 기욤(윌리엄) 패였는데, 지체가 낮은 귀족들과 하인들은 제하고도 기사(騎士)로 이 이름을 가지고 식탁에 앉은 사람이 1백 10명이나 되었다.

게타 황제가 음식 이름의 첫 글자를 보아서 식탁을 차리게 했던 식으로, 식탁에 앉은 사람들에게 그 이름에 따라서 음식을 분배해 주는 것도 재미있다. 그는 M자로 시작하는 살코기, 양(mouton), 돼지고기(marcassin), 대구(merlus), 돌고래(marsouin)식으로 차려 냈다.

좋은 이름을 가지면 좋다는 말이 있다. 바로 신용과 명성을 얻는다는 것이다. 그뿐더러 사실 발음하기 쉽고 듣기 좋은 아름다운 이름을 갖는다는 것은 편리한 일이다. 왜냐하면 왕공들과 세력가들이 더 잘 기억해 주고, 쉽사리 잊어버리지도 않기 때문이다. 그리고 섬기는 자들까지도 이름이 바로 입에서 나오는 자들에게 더 자주 명령도 내리고 일도 시킨다. 내가 본 바에 의하면, 앙리 2세는 가스코뉴 지방 출신인 한 귀족의 이름을 한 번도 정확하게 발음하지 못했다. 그리고 여왕의 한 시녀에게 자기 가문의 성을 붙여 주는 것이 좋다는 의견이었다. 왜냐하면 그녀 부친의 성이 그에게는 너무 괴팍하게 들렸던 것이다.

소크라테스는 어린애들에게 좋은 이름을 지어주는 것은 아비 된 자로서 마음을 써야 할 일이라고 생각했다.

사람들 말에 의하면, 포아티에의 노트르담 라 그랑드 대 사원의 창설은, 이 곳에 살고 있던 한 방탕한 청년이 어떤 말괄량이 여자를 만나서 대뜸 그 이름을 물어보다가 마리아라는 대답을 듣고, 갑자기 우리 구세주의 어머니 되시는 거룩하신 성녀(聖女)와 같은 이름에 존경심과 신앙심이 생생하게 솟아나는 것을 느끼고는, 바로 그 여자를 쫓아 버렸을 뿐 아니라, 한평생을 속죄 생활로 보냈다는 것이다. 그리고 이 기적을 기념해서 이 청년의 집이 있던 자리에 노트르담이라는 이름의 사원을 세우고, 그것이 후에 우리가 지금 보는 교회당이 되었다는 것이다.

음성과 청각과 신앙심에 의한 개과천선이 바로 마음에 도달한 것이다. 또 하나 그와 같은 종류의 이야기인데, 이것은 육체적 감각에 의해서 침투해 들어간 것이다. 피타고라스는 청년들과 한자리에 있을 때, 그들이 잔치로 흥분되어 정숙한 여인의 집을 침범하러 가려는 것을 느끼고, 악사에게 명해서 둔중하고 엄숙한 가락의 음악을 연주시켜 고요히 그들의 열기를 가라앉혀 진정시켰다.

오늘날의 종교 개혁파는 세상의 잘못과 악덕을 타도하고 신앙심과 겸양과 복종과 평화와 모든 종류의 도덕으로 세상을 채웠을 뿐 아니라, 우리가 옛날부터 전해 받은 세례명인 샤를·루이·프랑수아 등을 타도하고 마투살렘·에스겔·말라기 따위의 훨씬 더 신앙심이 느껴지는 이름들을 세상에 펼쳐 놓기까지 했다. 그러니 이 개혁은 미묘하고 정확했던 것이라고 후세는 말하지 않을 것인가? 내 이웃에 사는 한 귀족은 우리 시대보다도 옛날 풍습이 편리했다고 생각하며, 동 그뤼메당·퀴드라캉·아제실랑 등, 그 시대 귀족들의 이름이 존대하고 장엄하던 것을 잊지 않고 있었다. 그리고 그 말소리가 울리는 것을 듣기만 해도 그는 옛사람들이 피에르·기욤·미셸 따위보다는 아주 다른 사람들이었던 것같이 느껴진다는 것이었다.

나는 자크 아미요가 프랑스어로 된 강의록에 라틴어 이름을 프랑스어 음조로 물들여 고치지 않고, 원어대로 남겨 둔 것을 고맙게 생각한다. 처음에는 그것이 좀 어색하게 보였으나 이 용법은 그의 《플루타르크 전》으로 이미 신용을 얻었고, 귀에 익어서 조금도 이상하게 들리지 않는다. 나는 라틴어로 역사를 쓰는 분들이 우리 이름을 부르는 그대로 써 주었으면 하고 바랐다. 왜냐하면 보드몽을 발레몬타누스로 쓰고, 이것을 그리스식 또는 로마식으로 변조하여 장식해 가기 때문에, 우리는 어디가 어디인지, 무슨 이야기인지 알지 못하게 되고 만다.

이런 이야기는 그만 끝내기로 하자. 우리 프랑스 사람들이 각자의 토지와 영지(領地)의 이름으로 부르는 것은 비굴하고도 대단히 나쁜 결과를 가져오는 버릇으로, 세상에서 자기 혈족을 혼란시키고 알아보지 못하게 하는 수작이다. 같은 영토로 토지를 가졌고, 그 땅 이름으로 세상에 알려지고 존경을 받아 오던 지체 있는 집의 차남 이하는 정당하게 그 이름을 버릴 수 없는 일이다. 그런데 그가 죽은 지 3년 뒤에는 그 땅은 다른 사람의 손으로 넘어가고 이번에는 그 사람이 그 이름을 사용한다. 그럼 어떻게 해야 이 사람들을 알아볼 것인지 생각해 보라. 이것은 다른 예를 찾으려 할 것도 없이, 우리 왕의 집안만 보아도 족하다. 거기서는 땅을 분배해 주면 그만큼 이름이 생긴다. 그럭저럭하는 동안 그 줄기의 근본은 잡아 볼 길이 없어진다.

이런 변화에는 자유가 너무 심해서 우리 시대에도 운이 좋아서 엄청나게 높은 지위에 오른 사람 가운데 즉시 자기 조상의 이름은 무시하고 새 족보의 칭호를 따서 유명한 족보에 접붙이지 않는 것을 한 번도 보지 못했다. 그리고 요행히 이름 없는 가문일수록 꾸며 뜯어고치기에 적당하다. 그들 계산으로는 대체로 프랑스에 왕의 집안이 얼마나 많다는 것인가? 다른 집안보다도 더 많다고 나는 생각한다.

내 친구 하나가 이것을 멋지게 말하지 않았던가? 한 노인이 다른 분과 말다툼하는 자리에 여러 사람이 몰려와 있었다. 그 다른 분은 그저 평범한 귀족보다는 높은 집안에서 커서, 칭호와 인척에 우위를 차지하고 있었다. 이 우위 문제로 각자는 상대편에게 대등하려고 애쓰며, 하나가 한 근원을 말하면 하나는 다른 근원을 말하고, 하나가 이름의 닮음을 말하면 하나는 그 집안을 상징하는 문장(紋章)을, 또 하나가 오랜 집안의 족보를 드러내는 식으로, 그중에 가장 못한 것이 어느 먼 바다 건너 왕의 손자뻘이라는 식이었다.

식사 때 이분은 자기 자리를 찾아가 앉는 대신 큰절을 하고는 물러서서 회중에게 용서를 간청했다. 자기가 당돌해서 이제까지 그들과 동무하고 지내왔는데, 이제 그들의 장구한 문벌을 알아 그는 등급에 따라 그들을 존경하기 시작했으니, 이날 저녁에 이렇게 많은 왕공들 사이에 앉아 있을 수는 없다고 했다. 이렇게 쓸데없는 말을 마치고는 그는 그들에게 수없는 욕설을 퍼부으며, "하느님이 무섭거든 당신들 조상이 만족하던 바와 같이 자기가 처한 현실에 만족하시오. 그것만 잘 유지해도 충분하오. 우리 조상들의 운명과 지위를 부인하지 맙시다. 그리고 건방지게 큰 것을 주장하는 자들이 으레 갖고 있는 어리석은 공상은 버립시다"라고 했다.

  문장도 이름만큼이나 확실치 못하다. 우리 집 문장은 감색에 금빛 클로버가 뿌려 있고, 같은 빛깔의 사자 앞발 발톱이 붉은색으로 가운데 새겨져 있다. 이 그림이 특히 내 집에 머물러 있을 무슨 특권을 가졌는가? 사위 하나는 이것을 다른 집안으로 가져갈 것이다. 어떤 변변찮은 자가 이것을 매수하면, 자기 집 첫 문장으로 삼을 것이다. 이보다 더 변화와 혼란이 심한 것은 만나 볼 수 없는 일이다.

  그러나 이러한 고찰에서 나는 다른 면으로 옮겨 가지 않을 수 없다. 좀 더 가까이서 살펴보자. 그리고 제발 세상이 야단법석을 하는 영광이나 명성이 어떤 기반에 결부되어 있는지 고려해 보자. 우리가 그렇게 고생해 가며 찾고 있는 이 명성을 어디에 갖다 둘 셈인가? 결국 이것을 가지고 보관하며 거기 관심을 두는 자는 피에르가 아니면 기욤이다. 오! 덧없는 한 인생이 한순간의 생명 속에 무한·광대·영원 등을 찬탈케 하는 인간의 희망이라니, 용감한 소질이로다. 대자연은 여기 우리에게 재미나는 장난감을 주었다. 그런데 이 피에르건 기욤이건, 기껏했자 한 목소리밖에 더 무엇인가? 또는 서너덧 번 붓대를 끼적거린 글자다. 첫째로 아주 변하기 쉬운 것이니, 그렇게 많은 저 승리의 영광은 누구에게로 돌아가느냐, 게스캥(뒤 게클랭Du Guesclin)이 여러 가지로 잘못 전해진 이름을 들어 본 것임)에게냐, 글레스캥에게냐, 또는 게아캥에게냐 하고 물어보고 싶다. 이런 일은 루키아노스의 M이 T에게 소송을 걸었다는 문법 소송보다도 더 피상적이다.

    장난삼아 걸어놓은 하찮은 상(賞)을 가지고 경쟁함이 아니다.   (베르길리우스)

  거기에는 중대한 문제가 있다. 이 글자들의 어느 것에 그 유명한 원수의 많은 도성 공격과 전투, 부상과 투옥, 프랑스 왕가에 대한 충성 등의 명예가 돌아가야 하느냐 하는 것이 문제되기 때문이다. 니콜라 드니즈(16세기 롱사르가 영도하던 브리가드파 시인의 일원)는 자기 이름의 글자만을 문제 삼고, 이 글자를 바꿔 맞춰 알시노아의 이야기를 지어서 자기의 시와 묘사로 이 이름에 영광을 주었다.

  그리고 역사가 수에토니우스는 자기 이름자의 뜻만을 사랑하고, 그 부친의 이름이던 레니스(고요하다는 뜻)를 떼어 버리고 트란킬루스(고요하다는 뜻)를 자기 문장의 상속자로 했다. 베이야르 장군[39]은 그가 피에르 테라이유의 공적에서 얻어 온 것밖에 다른 명예가 없었다고 한들 누가 믿을 것인가? 그리고 앙투안 에스칼랭[40]은 그렇게 많은 바다의 항해와 육지에서의 공격을 풀랭 선장과 드 라 가르드 남작이라는 이름으로 자기 눈앞에서 도둑맞게 둔다고 하면 누가 정말이라고 곧이들을 것인가?

둘째로, 이런 것은 수많은 사람에게 공통적인 문제이다. 수많은 혈족들에 동성 동명이 얼마나 많은가? 그리고 잡다한 민족·시대·국가에도 또 얼마만큼 많은가? 역사상에는 소크라테스가 셋, 플라톤이 다섯, 아리스토텔레스가 여덟, 크세노폰이 일곱, 데메트리오스가 스물, 그리고 테오도르가 스물 있었다.

이 외 역사에 알려지지 않은 것은 얼마나 될 것인가 짐작해 보라. 그리고 내 집 마부가 폼페이우스 대장군의 이름으로 불린들 누가 막을 것인가? 결국 내 집 마부나 이집트에서 목이 잘린 저 다른 인물에게 그들이 이득을 보도록 결부시키며, 그들에게 이렇게 칭송된 음성과 붓대로 그린 이 명예로운 글줄을 연관시켜 볼 방법이 무엇이 있는가?

> 그것이 죽은 자들의 유해나 망령들에게
> 무슨 상관이 있다고 생각하는가? (베르길리우스)

에파미논다스는 그를 위해 전해 오고 있는 이 영광스러운 시구―

> 내 공훈으로 라케다이모니아의 영광을 무색케 한다. (키케로)

그리고 아프리카누스(스키피오)를 위한 다른 시구―

---

39) 1473~1520. 15, 6세기에 걸쳐 이탈리아 원정, 기타 혁혁한 전공을 세운 프랑스의 무장. 테라이유는 그 조상의 이름.
40) 대단찮은 무관에서 1544년에 해군 부사령관이 된 인물. 드 라 가르드 남작 등은 같은 인물의 딴 이름.

태양이 뜨는 곳에서 보에오티스호(湖)의 너머까지
　　아무도 그 공훈으로 내게 어깨를 나란히 할 자 없다.　　　　　　　(키케로)

　사람들 사이에 그 용감성을 인정받아 지도권을 잡고 있는 이 두 동료는 어떠한 심정을 가지고 있는가?
　살아 남은 자들은 이런 이름의 달콤한 말을 혼자서 좋아한다. 그리고 이런 것으로 질투와 욕망을 품고, 주책없는 공상으로 자신들의 심정을 죽은 자들에게 옮겨 놓으며, 자기들의 희망에 속아서 자기들도 그런 일을 할 수 있다는 생각에 잠긴다. 이것이 될 말인가! 그렇지만—

　　그 때문에 희망은
　　로마·그리스, 그리고 야만국 장군들을 분기시켰고
　　그 때문에 그들에게 수없는 위험과 노고를 겪게 했다.
　　그런 만큼 인간이 도덕보다 더 영광을 탐하는 것은 참으로 진실하다.
　　　　　　　　　　　　　　　　　　　　　　　　　　　(유베날리스)

47
판단력의 불확실성에 대하여

이것은 바로 이 시구가 말하고 있다.

　　좋게나 나쁘게나, 말할 방법은 얼마든지 있다.　　　　　　　(호메로스)

옳건 그르건 간에 여러 면으로 말하는 법은 많이 있다. 예를 들면—

　　한니발은 로마군을 이겼다. 그러나 그는
　　이 승리를 이용할 줄 몰랐다.　　　　　　　　　　　　　　(페트라르카)

이 사고 방식에 찬성해서 최근 몽콩투르에서 얻은 승리를 추격하지 않은 과오를 잘했다고 보거나, 스페인 왕이 우리 군대에 대하여 생 캉탱에서 얻은 승리를 이용할 줄 몰랐다고 비난하는 것은, 자기 행운에 마음이 도취되고, 이 행운의 시작에 배가 차서 벌써 그가 획득한 것을 소화하기가 힘에 겨워 그것을 키워 갈 취미를 잊은 데서 나온 것이라고 말할 수 있다. 그는 한아름 잔뜩 껴안아서 더 잡을 능력이 없었으니 운이 그의 눈에 이러한 좋은 수를 담아 줄 가치가 없었던 것이다. 그런데도 만일 그가 적에게 다음에 다시 기운을 차릴 방법을 준다면, 여기 무슨 이득을 느낄 수 있을 것인가? 적군이 완전히 분쇄되어서 놀라 흩어졌는데도 감히 추격할 수도 없었던 자가, 어떻게 적군이 다시 뭉쳐 재기해서 울분과 복수의 마음으로 무장하고 나오는 것을 또다시 공격을 행하리라 희망을 가질 수 있을 것인가?

운이 전부를 끌어갈 때, 전부가 공포에 눌렸을 때.　　　　　　(루카누스)

그러나 결국 그가 방금 잃은 것밖에 더 나은 무슨 일이 있으리라고 기대할 수 있을 것인가? 그것은 타격 수로 승리가 결정되는 격검과는 다르다. 적이 제 발로 걸어가는 한, 다시 똑같은 싸움을 해야 한다. 전쟁은 끝맺지 않으면 승리한 것이 아니다. 카이사르는 오리쿰시 근처에서 겪은 최악의 고전에서 폼페이우스의 군사들을 보고, 만일 그들의 부대장이 승전하는 방법을 알았더라면 자기가 패했을 것이라고 그들을 책망했다. 그리고 자기 차례가 왔을 때는 전혀 다른 방법으로 적을 추격해 갔다.

그러나 반대로, 그것이 자기 욕심에 한계를 두지 못할 만큼 만족할 줄 모르는 조급한 정신으로 생긴 일, 하느님이 그 은총에 정해 놓으신 척도를 물려 내게 한다는 것은 하느님의 은총을 남용하는 것이며, 승리 뒤에 위험에 뛰어든다는 것은 승리를 또 한 번 운의 바람에 내맡기는 짓이며, 전술의 가장 큰 예지 가운데 하나는 적을 절망에 몰아넣지 않는 일이라고 어째서 말하지 못할 것인가?

실라와 마리우스는 사회 전쟁에서 마르시족들을 무너뜨리고 난 뒤에, 남아 있는 부대가 절망적으로 광분한 맹수와 같이 그들에게 돌격해 오는 것을 보고, 그들을 기다려서 싸울 생각을 하지 않았다. 드 푸아 경의 경우, 만일 그가 라벤나의 승전에서 너무 심하게 열기를 내며 패잔군을 추격하지 않았더라면, 죽음으로써 그 승리에 오점을 남기지는 않았을 것이다. 그러나 지난 일의 기억이 너무 생생했기 때문에 당기앵 경은 세리졸르의 승전에서 그런 참변을 면할 수 있었다. 사람이 무기를 들 수밖에 달리 도리가 없을 때까지 공격하는 일은 위험하다. 왜냐하면 불가피성이란 사나운 교사이기 때문이다. "필사적인 궁지에 몰리면 약자도 강자가 될 수 있다."(포르키우스라트로)

> 죽음에 도전하는 적을 치기에는 승리의 대가가
> 크고도 무겁다.   (루카누스)

그 때문에 파락스는 라케다이모니아 왕이 만티네아인들에게 승리를 얻은 날, 패전의 궤멸을 온전히 면한 천 명의 아르고스인들을 추격해서 도전하지 못하게 막고, 그냥 자유로이 달아나게 두어서 패배에 분격한 용맹을 떨쳐 보려고 대들게 하지 않도록 했다. 아키테에느 왕 클로도미르[41]는 부르고뉴의 왕 공드말에게 승전하고, 그가 패배해서 도주하는 것을 추격하다가, 마침내는 고개를 돌려 싸우지 않을 수 없게 만들었다. 그러다가 적이 악착스레 대들었기 때문에 자기 승전의 성과를 잃었다. 왜냐하면 자기가 그 싸움에서 죽었기 때문이다.

마찬가지로 자기 군사들을 화려하고 웅장하게 무장시킬 것인가, 또는 그저 필요한 정도로만 무장시킬 것인가, 둘 중에서 택해야 할 자는 전자의 편을 유리하게 생각할 것이다. 이것은 세르토리우스·필로포에멘·브루투스·카이사르와 기타 다른 사람들이 취한 길이다. 군사들을 화려하게 장식해 주면, 명예욕과 영광욕에 자극을 주어 자기 무기를 재산이나 상속품처럼 아끼기 때문에, 전투에 부딪칠 때 더 악착스레 싸운다. 크세노폰은 말하기를, 이 때문에 아시아인들은 전쟁할 때 그들의 가장 소중한 재물과 아울러 그들의 아내와 첩들도 데리고 간다고 했다.

---

[41] 클로비스의 둘째 아들, 오를레앙 왕, 511~524. 부르고뉴군과 싸우다 죽음.

그러나 한편에서는 군사들에게 자기 생명을 보전할 생각을 키우기보다는, 오히려 이런 생각을 버리게 해야 하는 수도 있을 것이다. 왜냐하면 이런 방법으로는 병사들이 2중으로 모험을 무릅쓰기가 두려워질 것이기 때문이다. 그뿐더러 적에게는 이 풍부한 전리품을 목표로 승리할 욕심을 북돋아 주는 일이 된다. 그래서 옛날에 로마군이 삼니트족과 대전했을 때 그것이 놀랄 만큼 로마군의 사기를 돋워 주었던 일이 주목되고 있다. 안티오쿠스는 한니발에게, 자기가 로마군에게 대항시키려고 준비한 군대의 장비가 모든 점에서 화려하고 훌륭한 것을 보여 주며, 그에게 "로마군들은 이 군대로 만족할 것인가?" 하고 물어보았더니, "그들이 만족하다니? 그렇고 말고! 그들이 아무리 탐욕이 심하더라도 말이야"라고 대답했다. 리쿠르고스는 자기 부하들의 장비를 화려하게 하는 것뿐 아니라 패배한 적을 약탈하는 것조차 금지하며, 싸움 잘하는 것과 아울러 빈한과 수수함이 빛나기를 원한다고 말했다.

도시나 다른 데서 적에게 공격하는 경우, 우리가 군사들에게 달려들며 온갖 욕설을 퍼부어 모욕하고 경멸하는 것을 마음대로 하게 두는 것은 터무니없는 일은 아니다. 왜냐하면 그들이 그렇게 모욕한 자에게서 기대할 거리가 없을 것을 깨닫게 하며, 적이 사정과 체면을 보며 싸우리라는 희망을 없애버리고, 자기들이 살아날 방도는 승리의 길밖에 없다는 것을 알게 하는 것은 작은 일이 아니기 때문이다. 그러나 비텔리우스의 경우는 그렇게 되지 않았다. 그는 오토와 대전했을 때, 그편 군사들은 전쟁을 오랫동안 해본 일이 없었고, 도시의 유쾌한 생활에 물들어 용기가 약해져 있었다. 그래서 그가 그들에게 로마에 두고 온 여자들이나 잔치놀이 생각만 하는 겁쟁이라고 욕을 퍼부으며 놀려 대 약을 올렸는데, 이것이 다른 어떤 방법으로는 이룰 수도 없을 정도의 용기를 그들의 뱃속에 부어 넣었다. 그래서 적의 주먹을 자신에게 끌어와서는 그들을 밀어 낼 도리가 없었다. 참으로 가슴 저리게 모욕을 받으면, 자기 왕의 싸움을 위해서는 비굴하게 굴던 자들도 자기 싸움으로 삼고 열을 내어 싸우기 쉽다.

한 군대의 지휘관이 모든 사람들이 그를 중시하고 거기 의지하고 있으며, 적의 목표가 주로 그의 머리를 노리고 있는 만큼, 그의 안전을 보장하는 일이 얼마나 중요한가를 생각하면, 여러 위대한 장수들이 한창 치열하게 싸우는 마당에 의상을 바꾸어 변장하는 술책을 취하는 것은 우리가 보아 온 바에는 의심을 품을 수 없는 중요한 일이다. 그러나 이런 방법을 쓰기 때문에 방해가 되는 것은 그것을 써서 불편을 피하는 소득보다 적을 것도 없다. 왜냐하면 부하들이 자기 지휘관을 알아보지 못해서, 그가 옆에 있는 줄 알면 그를 따라서 솟아날 용기도 이 경우 생겨나지 않으며, 그리고 여느 때 보던 그의 특징과 표지를 알아보지 못하기 때문에, 그들은 그가 죽었든가, 또는 전투 중에 절망해서 도망쳤다고 생각할 수도 있다. 그리고 경험으로 보면, 장수는 어느 때는 이편을 찬성하고 다른 때는 다른 방도를 취하고 있다.

피로스가 이탈리아에서 집정관 라에비누스와 싸우던 때 당한 사건은 이것을 두 가지 면에서 생각하게 한다. 왜냐하면 그는 데모가클레스의 갑옷으로 자기를 감추고 그에게 자기 갑옷을 대신 입힌 탓으로, 자기 생명은 확실히 구했으나 그날의 전투는 패할 뻔한 다른 폐단을 겪었다. 알렉산드로스와 카이사르와 루쿨루스는 전투할 때 특별히 찬란한 색채의 화려한 옷차림과 무기로 자신을 드러내 보이기를 즐겼다. 아기스와 아게실라오스, 그리고 저 위대한 귈리포스는 반대로 제왕의 장식 없이, 드러나 보이지 않게 차리고 전장으로 나갔다.

파르살리아의 전투에서 폼페이우스는 다른 책망보다도 그의 군대를 우두커니 세워 두고, 적이 오기를 기다리게 한 것으로 비난을 받는다. 왜냐하면(그것은 나는 여기에 바로 플루타르크의 말을 빌린다. 그편이 내 말보다 낫다) "달음질이 첫 번 타격에 주는 격렬성을 약화시키고, 동시에 고함 소리와 달음질로 그들의 용기를 북돋우며 서로 억세게 맞부딪치게 될 때 대개 무엇보다도 그들의 마음을 맹위와 광분으로 채우는 저 전사들 상호 간의 힘차게 진군하는 기세를 없이하고, 말하자면 군사들의 열기를 식히고 얼리게 하기 때문이다." 이것은 그가 이 경우를 두고 한 말이다. 그러나 만일 카이사르가 패했던들, 그 반대로 가장 강력하고 견고한 자세는 한 자리에 꽉 박혀서 이렇게 전진하는 것을 멈추고, 힘은 필요한 때에 쓰려고 자신에게 압축해서 아껴 두었다가, 저편에서 먼저 움직여 달음질쳐 오는 동안에 벌써 숨결의 반은 소모된 자들에 대항해서 싸우는 것이 훨씬 유리하다고 누가 말하지 못했을 것인가?

그 외에도 군대는 하고많은 여러 조각으로 구성된 단체인 까닭에, 군대가 이 광분 통에도 정확하고 한결같은 동작으로 움직이고, 그로 인하여 질서가 변하거나 무너지지 않고, 활발한 자가 지원군들이 오기 전에 먼저 대들어 싸우지 않기는 불가능하다. 페르시아의 두 형제의 더러운 싸움에서, 키루스 편의 그리스 군사들을 지휘하던 라케다이모니아 인클레아르코스는, 자기는 서두르지 않고 공격하러 군대를 그냥 데리고 가다가, 약 50보 앞에 와서 달음질하게 만들고 이렇게 뛰는 거리를 단축해서 그들의 질서와 숨결을 아껴 주었다. 그리고 그 반면에 군사들의 무기 사용에 최대의 능률을 발휘하게 했던 것이다. 다른 자들은 그들의 용병에 관한 이 의문점을 이런 방식으로 조절했다. 즉, 적군이 달려서 대들면 가만히 서서 기다리는 것이고, 그들이 가만히 기다리고 있으면 이편이 달음질쳐 가는 것이다.

황제 카를 5세가 프로방스에 원정해 왔을 때, 프랑수아왕은 이탈리아에 가서 그를 맞이해 싸우거나 자기 땅에서 기다리고 있거나, 그의 마음에 달려 있었다. 그는 자기 나라에 전쟁의 동란이 미치지 않게 국토를 온전히 깨끗하게 보존해 두고, 자기 군대에 필요한 금전과 물자를 공급해 주는 편이 훨씬 유리한 줄 잘 알고 있었다.

그리고 전쟁은 그때마다 불가피하게 파괴를 일으키는 것이며, 그뿐더러 자신의 재산을 온전히 두고 할 수는 없는 일이라, 농민들은 적이 하거나 자기편이 하거나 이런 강제로 빼앗는 것을 얌전히 참고 있지 않고 나라 안에서 반란을 일으킬지도 모를 일이었다. 도둑질과 약탈하는 자유는 자기 나라에서는 허락할 수 없는 일이지만, 전쟁 당시 병사들은 심심풀이로 이런 짓이라도 하지 않고는 못 배기는 법이며, 급료밖에 바랄 게 없는 자들로서 보면, 처자와 자기 집 가까이서는 군대 복무를 충실히 하기 어려운 일이다.

식탁은 그것을 차려내는 자가 흔히 그 비용을 물게 되는 법이며, 공격하는 편이 방비하는 것보다 더 유쾌한 일이다. 그리고 우리 국토에서 전투에 패하는 날이면 그 충격은 너무나 크다. 공포심만큼 전염되기 쉬운 것은 없고, 이런 일같이 사람들이 잘 믿고 급격히 번져나가는 것도 없는 만큼, 그 충격으로 군대 전체가 붕괴되지 않기는 어려운 일이다.

도시들 중에 이런 폭풍우의 굉장한 소문을 성문 앞에서 듣고 부대장이나 병사들이 헐레벌떡 벌벌 떨며 몰려오는 것을 맞아들이게 되면, 이러한 격동 중에 주민들이 나쁜 짓을 꾸미지나 않을까도 대단히 우려되는 일이다. 그러나 하여간 왕은 산 너머 이탈리아 땅에 두었던 군대를 돌려와서 적이 오기를 기다리기로 작정했다.

왜냐하면 그는 영토 안에서는 자기편에 둘러싸여 있으니, 모든 편리함을 실수 없이 풍부하게 얻을 것이고, 강물이나 통로는 자기에게 충성을 바치며 식량과 자금을 안전하게 운반해 줄 것이고, 신하들은 위험이 가까운 만큼 자기에게 더 헌신하게 될 것이며, 또 자기방어를 위해서 많은 도시와 요새가 있으니 기회와 편익에 따라서 싸움을 걸고 안 걸고 할 수 있을 것이라 판단했기 때문이다. 또 좀 지체할 필요가 있을 때에는 성안에 들어앉아 편안하게 있는 동안, 적군은 적대하는 땅에서 앞이나 뒤나 옆이나 자기에게 싸움을 걸지 않는 것이란 없고, 자기 군대를 교체하거나 확대할 아무런 방법도 없고, 병이 나돌게 되면 부상자들을 재우고 치료할 집도 없고, 금전도 식량도 창끝으로 약탈해 와야만 하고, 휴식하여 숨 쉬게 할 여가도 없으며, 복병이나 기습을 막기 위해 그 고장 그 나라 지세를 잘 아는 자도 없어 이러한 어려움에 진력이 나서 적군은 저절로 붕괴될 수도 있었다. 만일 전투에 패하는 날이면 남은 군대는 수습할 길도 없는 사정이라고 생각할 수도 있는 것이었다. 그리고 이편이나 저편이나 예가 없는 것이 아니었다.

스키피오는 자기 땅을 지키며 자기가 있는 이탈리아에서 적과 싸우기보다는 아프리카로 건너가서 적군의 땅을 공격하는 편이 낫다고 생각했는데, 그것은 잘한 일이었다. 그러나 반대로 한니발은 그 전쟁에서 자기가 정복한 나라를 버리고 자기 땅을 지키러 가다가 패했다. 아테네인들은 자기 땅에 적군을 남겨 두고 시칠리아로 건너갔다가 반대의 운명에 부딪쳤다. 그러나 시라쿠사 왕 아가토클레스는 자기 고장의 전쟁은 놓아두고 아프리카로 건너가서 행운을 얻었다. 그렇기 때문에 사건과 결과는, 특히 전쟁에서는 대부분 운에 달려 있고, 그 운은 우리 생각이나 조심성에 따라서 도는 것이 아니라고 우리가 버릇처럼 말하는 것이 지당한 일이다. 다음 시도 그것을 말한다.

흔히 소홀한 조치가 성공하고, 조심하다가 실수한다.

운은 반드시 행운을 받을 가치 있는 자에게
승인과 원조를 주는 일 없이, 피차를 가리지 않고 돌아간다.
그것은 우리들 위에 군림하여 우리를 지배하는 특별한 힘이 있어
모든 인생의 사물들을 그의 법 아래에 두기 때문이다. (마닐리우스)

그러나 잘 생각해 보면, 우리 의도와 고려가 거기에 많이 달려 있으며, 역시 운이 사고방식을 혼돈시키고 불확실하게 만든다.

우리는 허둥지둥 분별없이 추리한다. 우리와 같이 우리의 사고력은 대부분 우연에 매여 있기 때문이라고 《플라톤》 속에서 티마에오스는 말한다.

48
군마에 대하여

언어라고는 들은풍월로밖에는 배우지 않았고, 이것이 형용사인지 접속사인지 탈격 조사인지 모르는 내가 이제 문법학자가 된 것 같다. 나는 이런 말을 들은 것 같다. 로마인들은 필요한 때 새로운 기분으로 타도록, 다른 용도나 역마로 부리던 말을 '푸날레스'나 '덱스트라리오스'라고 부르고 있었다. 거기서 우리가 부리는 군마를 '데스트리에'라고 부르게 되었다. 그리고 우리나라 말로는 동반한다는 것을 보통 '아데스트레'라고 말한다. 또 말 한 쌍이 서로 매어져 고삐도 안장도 없이 전속력으로 달음질하게 길들인 것을 곡예하는 말(desultorios equos)이라고 부르며, 로마 귀족들은 전신을 무장하고 한창 달음질하다가 이 말에서 저 말로 뛰어 건넜다.

누미디아의 무사들은 손으로 두 필의 말을 끌고 가다가 치열한 전투 중에 갈아탄다. "이 말에서 저 말로 뛰어 건너는 우리 기사들같이, 그들은 말 두 필을 전장에 몰고 가는 습관이 있었다. 그리고 전투가 가장 심할 때 그들은 흔히 전신 무장을 하고, 지친 말에서 기운 찬 말로 갈아탄다. 그만큼 그들은 민첩했으며 그들의 말은 온순했다."(티투스 리비우스)

말들 중에는 적이 칼을 뽑아 들고 나올 때 주인을 구하려고 달려들어, 공격

해 오는 자들을 발로 차고 이빨로 물어뜯게 훈련된 것도 많다. 그러나 말은 적보다 자기편을 해치는 수가 더 많다. 더욱이 말이 한번 싸우기 시작하면 쉽게 그들을 떼어 놓지도 못한다. 페르시아군의 대장 아르티비우스가 살라미스 왕 오네실로스와 단둘이 싸울 때, 이렇게 훈련된 말을 탔다가 참혹한 불행을 당했다. 말이 그의 죽음의 원인이 되었던 것이다. 그의 말이 오네실로스에게 용솟음쳐 대들 때 오네실로스의 부하가 초승달 모양의 언월도로 그의 어깨를 내리쳤다.

그리고 이탈리아인들이 말하는 바, 포르누오바 전투에서는 왕의 말이 달려드는 적들을 발로 차고 짓밟아서 그를 빠져나가게 했다. 그렇지 않았더라면 그는 죽었을 것이다. 사실이라면 그는 대단히 운이 좋은 편에 든다.

맘루크(노예로 구성된 이집트·튀르키에 혼성 민병단. 그들이 다음에는 이집트의 실권을 잡는다)는 세상의 기사들 중에서 가장 재간 있는 말을 가지고 있다고 자랑한다. 그들은 말들이 그 천성과 습성으로 한창 싸우는 마당에서도 신호와 어떤 소리로 주인을 식별해 찾아내고, 이빨로 큰 창과 투창을 주워서 주인에게 바치며, 적을 알아보고 구별하도록 길들이고 있다는 것이다.

카이사르와 대 폼페이우스는 다른 훌륭한 소질들 외에도 말을 다루는 데에 탁월한 선수였다. 카이사르는 젊었을 때 말 위에 바로 누워서 고삐도 잡지 않고 손을 등에 돌려 말이 마음껏 달리게 놓아두었다고 한다.

대자연은 이 인물과 알렉산드로스를 군사 기술상의 기적으로 세상에 내놓기로 한 바, 그들에게 비상한 무력을 갖추어 주려고 애썼다고 말하고 싶다. 알렉산드로스의 말 부케팔로스의 머리는 황소를 닮았고, 주인밖에 아무도 등에 태우지를 않았으며, 이 말이 죽은 뒤 그 영예를 받들어 그 이름으로 한 도시가 세워졌기 때문이다. 카이사르 역시 앞 발이 사람의 발과 같고 발굽이 손가락같이 갈라진 말 한 필을 가지고 있었는데, 카이사르 말고는 그 말을 타거나 다룰 사람이 없었다. 그는 이 말이 죽은 뒤 초상화를 여신 비너스에게 바쳤다. 나는 말을 타면 내리고 싶지 않다. 건강할 때나 아플 때나 그 앉은 자리가 내게 가장 편하기 때문이다. 플라톤은 승마가 건강에 좋다고 권하며, 플리니우스도 이것이 위와 관절에 좋다고 권한다.

이 이야기가 나왔으니 더 더듬어 보자. 크세노폰의 저서에는 말을 가진 사람은 보행으로 여행하는 것이 법으로 금지되었다는 말이 있다.

트로구스와 유스티누스는, 파르티아족들은 전쟁할 때뿐 아니라 모든 공적인 일이나 개인적인 일을 말을 타고 하며, 흥정과 대화, 소풍도 말을 타고 한다고 했다. 그리고 자유민과 노예의 가장 드러난 차이를, 자유민은 말을 타고 다니고 노예는 걸어다닌 것으로, 이것은 키루스왕이 만든 제도라고 한다.

로마 역사에는(수에토니우스는 특히 카이사르의 장에서 이것을 지적한다) 기병들을 지휘하는 지휘관들은 사정이 급박하게 되었을 때 부하들을 말에서 내리라고 하여 도망칠 가능성을 없애고, 이런 전투에서 거둘 수 있는 장점을 최대한 발휘시키려고 한 예가 많이 있다. "이 점에서 로마인은 정녕 탁월했다"고 티투스 리비우스는 말한다.

정복한 민족들의 반란을 진압하는 데 사용되는 첫째 조치가 있다면, 그것은 승마와 무기 휴대를 금지하는 일이었다. 그래서 우리는 카이사르가, '그는 무기를 내놓고 말을 몰아오고 인질을 제공하라고 명령'(카이사르)한 것을 자주 본다. 튀르키예 황제는 오늘날에도 자기 제국 안에 있는 기독교도와 유대인에게 승마와 말 소유를 허가하지 않는다.

우리 조상들은 특히 영국인들과의 전쟁 때, 또 모든 엄숙한 전투와 중대한 행사에는 거의 어느 때나 생명이나 명예와 같이 소중한 일에는 말에서 내려서 하며, 자신의 용기와 사지의 정력과 힘에만 의존하게 했다. 크세노폰에 나오는 크리산테스가 뭐라고 말해도, 그대 용기와 덕, 그리고 그대 운은 말에 달려 있다. 말이 부상하든지 죽든지 하면, 그 결과는 바로 그대에게 미친다. 말의 공포나 그 정기는 그대를 비겁하게 또는 과감하게 만든다. 말이 고삐나 박차(拍車)의 명하는 바를 듣지 않으면, 그대의 명예가 책임을 져야 한다. 그 때문에 나는 내려서 하는 전투가 말을 타고 전투하는 것보다는 더 견실하고 맹렬하다는 것을 이상하게 보지 않는다.

> 승군이나 패군이나 한 번 퇴각했다가는
> 다시 양쪽이 다 전투장으로 매진했다.
> 그리고 쌍방이 패하여 달아날 줄을 몰랐다.　　　　(베르길리우스)

옛사람들의 전투는 오래 승강이하며 잘도 싸웠다. 요즈음 하는 것은 대번에 패주가 있을 뿐이다. "첫 번 함성, 첫 번 돌격이 승패를 결정한다."(티투스 리비우스)

사회의 가장 큰 위기라고 볼 수 있는 일은 우리의 힘에 달려 있어야 한다. 그래서 나는 무기로 우리가 잘 책임질 수 있는 가장 짧은 연장을 택하라고 권하고 싶다. 권총에서 튀어나가는 탄알보다는 우리의 손에 쥔 칼이 더 믿음직하다. 권총에는 화약·부싯돌·방아쇠 등 여러 부분이 있어서, 그중에 하나만 고장이 나도 그 때문에 운명이 결딴난다. 공기가 실어다 주는 것으로는 그 타격이 그렇게 확실치 못하다.

> 그들이 타격의 방향을 바람결에 맡기게 할 때
> 장검은 병사의 힘이다. 모든 전투 국민은
> 장검으로 싸운다. (루카누스)

그러나 이 무기에 대해 말하면, 옛날 무기와 우리 무기를 비교해 보면 더 제대로 말할 수 있다. 그리고 귀를 놀라게 하는 것밖에는, 총도 이제는 모두들 예사로 여기게 되어서 대단치 않지만, 나는 총이 그렇게 효과 있는 무기로 보이지 않으며, 어느 때건 그 사용이 폐지되기를 바란다.

이탈리아인들이 사용하던 투석기와 화기는 더 가공할 무기였다. 그들은 팔라리카라고 부르는 일종의 투창을 가졌는데, 그 끝은 발이 세 쪽으로 갈라진 쇠로 되어 있어 무장한 사람도 쉽게 관통할 수 있었다. 그리고 어느 때는 적을 향해 손으로 던지게 되어 있고, 어느 때는 포위당한 성을 방어하기 위해 기계로 사용하게끔 되어 있다. 자루는 수지와 기름이 밴 삼베 조각으로 감겨 있기 때문에 날다가 불이 일어나고 사람의 신체나 방패에 꽂혀서 무기나 팔다리를 쓸 수 없게 만들었다. 그러나 백병전에서는 공격하는 편에도 방해가 되고, 전쟁터에 불타는 나무토막이 흩어져서 이 접전은 쌍방에게 불편을 주었다.

> 예리한 소리를 발하며 팔라리카는 강력히 투척되어

벽력같이 낙하했다. (베르길리우스)

그들은 이런 데 경험이 없는 우리가 생각해 볼 수 없는 다른 장치들을 가지고 있고 그 사용법에도 익숙해서, 우리가 화약과 탄환을 갖지 못한 점을 보충하고 있었다. 그들은 중투창(重投槍)을 대단한 힘으로 던지며, 순간 방패 두 개와 무장한 사람 둘을 뚫어 산적같이 꿰어 놓는다. 그들의 팔매질도 못지않게 멀리 정확하게 도달했다. "해상에서 돌팔매질하는 훈련을 받아 먼 거리에서도 좁은 과녁을 관통하며, 적의 머리에 명중시킬 뿐 아니라 노리는 얼굴의 부위를 정확하게 강타하는 것이었다."(티투스 리비우스) 그들의 폭격 장치는 우리 것만큼 소음과 효과를 내고 있었다. "폭격 아래 성벽이 진동하는 무서운 소리에 공포와 공황이 포위된 성을 지키는 군사들을 압도했다."(티투스 리비우스)

아시아에 있는 사촌뻘인 골리아인들은 더 큰 용기를 가지고 손으로 맞부딪쳐 싸우게 훈련받았기 때문에, 이런 비겁한 투척 무기를 증오했다. "상처가 큰 것은 그들을 겁내게 하지 않았다. 부상이 크고 깊으면 그들은 영광으로 삼았다. 그러나 화살이나 투석이 그들의 살 속에 박히고 표면에 가벼운 상처밖에 남긴 것이 없으면, 그때 그들은 이렇게 작은 상처로 죽는다는 생각에 광분과 수치로 땅 위에서 구르는 것이었다."(티투스 리비우스) 우리의 화승총 묘사와 비슷하다.

저 1만 명의 그리스군이 그 유명한 장거리 후퇴 작전에서 부딪힌 한 민족은 크고 억센 활과 화살을 써서 싸웠기 때문에 그들에게 심한 피해를 입혔다. 그 화살은 너무 길어서 손으로 잡아 투창식으로 던질 수 있을 정도이며, 방패와 무장한 사람을 꿰뚫는 것이었다. 디오니시우스가 시라쿠사에서 발명한 굵직한 창과 엄청나게 큰 돌을 던지는 장치는, 대단히 먼 거리를 강력하게 날아서 우리 발명품과 거의 비슷한 성능을 가졌다.

또 신학 박사인 피에르 폴이라는 학자가 당나귀에 얹혀서 다니던 재미나는 이야기도 잊어서는 안 된다. 그는 그 위에 여자들처럼 옆으로 걸터앉아 파리 시내를 거니는 버릇이 있었다고 몽스트를레(1390~1453. 15세기의 연대기 작가. 프루아사르의 《연대기》를 이어 자신만의 《연대기》를 지음)는 이야기한다. 그는 또 다른 데서 가스코뉴인들은 질주하다가 바로 돌아서는 무서운 말을 가졌다고 말하며, '그런 것을 본 일이 없던'(이것은 바로 그의 말이다) 프랑스·피카르디·플랑드르·브라방 사람들은 그것을 무슨 큰 기적같이 보았다.

카이사르는 스웨덴인(스웨덴인이란 독일 스바비아인인 것을 몽테뉴가 잘못 알았음)의 이야기를 하며 "말 타고 하는 접전에서 그들은 보행으로 싸우려고 말에서 뛰어내리는데, 그들의 말은 그동안 움직이지 않고 제자리에 있게 길들여져 필요하면 그들은 재빨리 다시 말에 뛰어오른다. 그리고 그들 습관에 의하면, 안장이나 방석을 쓰는 것같이 천하고 비굴한 것은 싫다고 생각해 그것을 쓰는 자들을 경멸하며, 자기들의 수가 훨씬 적어도 그런 자들 다수를 공격하기를 두려워하지 않는다"고 말한다.

내가 그전에 보고 감탄한 일이지만, 말의 고삐는 귀에 걸어 둔 채 막대기 하나로 마음대로 조정할 수 있는 것은 마실리아인들에게는 대수롭지 않은 일이며, 그들은 안장도 고삐도 없이 말을 부리고 있었다.

> 마실리아인은 안장 없는 말을 타며
> 재갈을 쓸 줄 모르고, 조그만 채찍으로 말을 다루었다.　　　(루카누스)

> 그리고 누미디아인은 굴레 씌우지 않은 말을 탄다.　　　(베르길리우스)

"재갈을 물리지 않은 그들의 군마는 보기에 불쾌한 자세였고, 목이 굳세고 곧으며 머리는 앞으로 내밀고 있었다."(티투스 리비우스)

에스파냐에 혁대, 또는 장식띠 기사단을 세운 알폰소왕은 다른 규칙보다도 암탕나귀나 수탕나귀를 못 타게 하며, 위반자에게는 1마르크 은전의 벌금을 물게 하는 규칙을 세웠다는 것을 나는 게바라(1480~1545. 스페인 역사가. 황제 카를 5세의 전기 작가)의 글에서 읽었는데, 그들을 황금 기사단이라고 부르는 자들은 나와는 아주 달리 판단하고 있다.

《궁신(宮臣)》(이탈리아 작가 카스틸리오네 작, 그 번역본이 프랑스에 유행함)이라는 책에서는, 이전에는 그런 것을 타면 귀족인 경우 문책당했다고 한다. 아비시니아인들은 반대로 그들의 윗사람인 프레트 장[42]에게 더 승진할수록 당나귀 타기를 명예로 삼는다.

  크세노폰은, 아비시니아인들은 그들 말이 너무나 거세기 때문에 늘 집에다 매어두며, 말을 풀어 안장을 지우기에는 너무 시간이 걸리기 때문에 적들이 기습해 오면 시간을 끌다 손해를 볼까 두려워하여, 진영에는 반드시 참호를 파고 성을 쌓아 들어가 있었다고 한다.

  그가 섬기던 키루스는 승마술의 대가로 말을 친구처럼 다루며, 땀이 나도록 훈련시키지 않고는 먹을 것을 주지 않았다.

  스키타이인들은 전쟁 때 먹을 것이 궁하면, 말의 피를 뽑아서 마시며 살아갔다.

    또 말 피를 먹고 사는 사르마티아인들이 온다.   (마르티알리스)

  크레테인들은 메텔루스에게 포위당했을 때, 기아에 허덕이며 마실 것이 아무것도 없어서 말 오줌을 사용해야만 했다.

  튀르키예 군대가 우리 군대보다 더 저렴한 비용으로 유지되는 것을 증명하는 일로, 그 나라 군사들은 맹물밖에는 마시지 않고, 쌀과 절인 고기를 가루로 만들어 놓은 것밖에 먹지 않고, 그것으로 한 달 간의 식량을 휴대하고 다니는 것 말고도, 타타르족과 모스크바족같이 말 피로 살아갈 줄 알고 그것을 소금에 절여 둔다.

  인도(아메리카 대륙)의 새 땅에 스페인인들이 갔을 때, 사람들은 사람이나 말이나 똑같이 보고, 그것이 신이 아니면 동물인데, 천성이 그들보다 더 고귀한 것으로 생각했다. 어떤 자들은 패배하고 난 뒤, 사람들에게 평화와 용서를 구하러 황금과 고기를 가지고 와서 말에게도 그 만한 것을 바치고, 사람에게 하듯 똑같은 이야기를 하며, 말이 '이히힝' 하고 울면 그것이 강화와 휴전하자는 말이라고 생각했다.

---

42) 요한 신부, 중세기 전설에 동방에 있다는 강력한 기독교 국가의 제왕. 유럽인들이 회교 국가에 대항해서 같이 싸우려고 오랫동안 연락을 시도했으나, 찾아내지 못한 가상적 인물. 지금의 에티오피아 황제의 조상으로 추측됨.

동방의 인도에서는 옛날에 코끼리를 타는 것은 공후(公侯)나 왕이 갖는 첫 번째 명예였고, 둘째는 말 네 필이 끄는 마차를 타는 일이었으며, 셋째는 낙타를 타는 일이었고, 마지막 가장 천한 등급은 그저 말 한 필을 타고 가거나 수레를 타는 것이었다.

우리 시대의 어떤 사람은 그 땅 어느 나라에서, 황소에 안장을 지우고 등자(발걸이)와 고삐를 달고, 말과 같은 자세로 타고 다니는 것을 봤다고 쓰고 있다.

퀸투스 파비우스 막시무스 루틸리아누스는 삼니트족을 칠 때, 그의 기병들이 너덧 번의 돌격으로 적군 부대를 돌파하려다 실패하는 것을 보고, 기병들이 말고삐를 놓아주고 힘껏 박차를 가하게 하라는 의견을 채택하게 했다. 그 결과 아무도 그 말들의 돌진을 막지 못했고, 무기와 사람들이 쓰러지는 곳으로 보병 부대에 길이 열려서 피비린내 나는 살육을 완수하게 했다.

퀸투스 풀비우스 플라쿠스도 그와 같이 켈티베리아인에 대적하여 부대를 지휘했다. "그대들이 말고삐를 놓아주고 적군을 향하여 돌격시키면, 그들에게 더한층 강력하게 타격을 줄 것이오…… 이 조련법은 로마 기병이 자주 사용하여 성공하고 그들에게 영광을 주었소……. 그들은 말의 고삐를 놓아주고 돌격하여 적군의 진열을 뚫고 다시 적진을 횡단하여 되돌아오며, 적병의 창을 모두 분쇄하며 대살육을 감행했소."(티투스 리비우스)

모스크바 공작은 옛날에 타타르인들이 그에게 사절을 보낼 때, 그들 앞으로 걸어 나가서 말젖 항아리를 제공하며(이것은 그들이 즐기는 음료였), 그들이 마시다가 몇 방울이 말의 갈기에 떨어지면 핥아먹으며 그들에게 경의를 표해야 했다. 러시아에서는 바자제트 황제가 그곳에 보낸 군대가 너무 심한 눈보라에 시달려서, 많은 사람들이 몸을 덮고 추위를 피하려고, 말을 죽여 배 속을 비워내고 그 속에 들어가 몸을 녹였다.

바자제트는 그가 티무르에게 패한 그 무서운 전투 뒤에, 아라비아 말을 타고 전속력으로 도주하고 있었다. 그때 그가 냇물을 건너다가 말에게 물을 실컷 마시게 하여 그 때문에 말의 배가 쿨렁쿨렁해지고 몸이 식어 그 뒤를 추격해 오는 자들에게 손쉽게 사로잡히지만 않았더라도 목숨은 구했을 것이었다. 말은 오줌을 누고 나면 기운이 빠진다고 한다. 그러나 물을 마시게 하는 것은 오히려 말에게 갈증을 가시게 해 더 기운이 나게 했을 것이라고 생각하고 싶다.

크로이수스는 사르디스시의 주변을 지나다가, 한 황무지에 수많은 뱀이 우글거리는 것을 보았다. 그의 군마들은 이 뱀들을 탐하여 잡아먹었다. 그런데 이 일은 그의 사업에 대한 불길한 징조였다고 헤로도토스는 말한다.

우리는 갈기와 귀를 가진 말을 완전한 말이라고 한다. 그리고 다른 것들은 좋은 말로 보이지 않는다. 라케다이모니아인들은 시칠리아에서 아테네인들을 패배시키고 나서, 시라쿠사로 화려하게 개선하여 돌아오며, 다른 위세보다도 패자의 말갈기를 깎고, 그 말들을 개선 행진에 몰고 다녔다.

알렉산드로스는 '다하에'라는 나라를 쳤는데, 그들은 둘씩 쌍을 지어 말 하나에 타고 전장에 나왔다. 그러나 백병전에서 하나씩 번갈아 말에서 내려 도보로 싸우다가는 다시 말을 타고 싸우곤 했다.

나는 승마의 능력과 우아미로는 어느 나라도 우리를 이기지 못한다고 생각한다. 숙련된 기사는 우리가 늘 하는 말로는 기교보다도 용기를 가리키는 것 같다. 내가 알기로는 말에 관해 가장 박식하고 확실하고 이치에 맞게 다루는 대가는, 앙리 2세를 섬기던 카르느발레 경이다.

나는 안장 위에 두 발로 서서 달리다가 안장을 내려놓고, 돌아올 때 그 안장을 다시 끌어 올려놓고 앉아, 늘 고삐를 내린 채로 질주하며 사람들의 모자 위를 뛰어넘어서 뒤돌아서며, 그것을 활로 쏘아 맞히기도 하고, 한 발은 등자에 걸어 둔 채 다른 발로 뛰어내려서 줍고 싶은 것을 주우며, 그리고 다른 종류의 이런 재주로 살아가는 사람을 보았다.

콘스탄티노플에서는 두 사람이 말 하나를 타고 전속력으로 달려가며, 둘이 번갈아 뛰어내리고 다시 안장에 올라타고 하는 것을 볼 수 있었다. 그리고 하나는 이빨로 고삐를 물고, 마구도 갖춘다. 또 하나는 두 마리의 말에 걸터타고, 한 발은 한편 안장에, 한 발은 다른 편 안장을 디디고서, 한 사람을 팔에 안고 전속력으로 달려가며, 이 안긴 사람은 그의 위에 빳빳이 서서 말을 달리며 활을 쏘아 과녁을 맞히는 것이었다. 많은 사람들은 두 다리를 공중에 쳐들고 신월도(新月刀)를 매어 놓은 안장에 머리를 박고 달려갔다. 내가 어릴 적에 술모나 태공은 나폴리에서 거친 말을 온갖 방법으로 조정하며 앉은 자세가 안정하다는 것을 보여 주려고 무릎 밑과 발가락 아래에 동전을 끼웠는데, 그것은 마치 거기에 못 박힌 듯이 붙어 있었다.

49
옛 관습에 대하여

나는 우리 국민에게 자기 자신의 풍습과 습관밖에 달리 자기 완성을 위한 스승과 규칙이 없다는 것을 변명하려고 한다. 왜냐하면 사람들은 출생할 때부터 받아 온 길로 그들의 목표와 한도를 정하는 것이, 속인들뿐 아니라 거의 모든 사람의 공통된 결함이기 때문이다.

나는 그들이 파브리키우스나 라엘리우스를 볼 때, 이런 인물들이 우리와 같은 방식으로 옷을 입지 않고 모습도 같지 않기 때문에, 용모와 태도가 야만적이라고 할 것을 생각하면 마음이 흐뭇해진다. 그러나 그들이 유달리 현재 습관의 권위에 분별없이 속아 넘어가서 판단력을 잃고, 습관에 맞으면 매달 의견이나 생각을 고치며, 자신을 잡다하게 판단하는 것을 슬퍼한다.

자기 젖가슴 사이에 윗도리 가슴받이를 뗄 때에는, 그것이 바른 자리에 있다고 열렬히 주장하더니 몇 해 안 가서 그것이 허벅다리까지 내려가며, 이제는 그 전의 달랐던 습관을 조롱하고, 그때의 것은 참을 수 없는 부적당한 습관이었다고 본다. 현재의 옷 입는 방식은 옛날 것을 당장 잘못된 방식으로 만든다. 그것은 너무나 강력한 결정이며, 전반적으로 인정받고 있는 상황이기 때문에, 이런 일은 사람의 이성을 뒤집어엎는 일종의 광증이라고 말하고 싶다.

우리의 변화가 너무 급격하고 신속해서, 많은 재단사도 미처 새것을 꾸며 낼 겨를이 없을 정도이기 때문에, 세상사는 불가피하게 현재의 경멸받던 형식이 바로 뒤에 다시 신용을 얻게 되고, 유행하던 방식이 바로 뒤에 경멸받게 되는 경우가 자주 일어난다. 그래서 15년이나 20년 사이에 두 가지, 서너 가지로 달라질 뿐 아니라 반대되는 판단까지 갖게 되는 것은, 생각해 볼 수 없을 정도로 주책없고 경솔한 일이다. 우리 중에는 이런 모순에 속아서 부지불식간에 외부 세계를 보는 눈뿐 아니라 내부적인 눈이 헛보이게 되지 않을 정도로 총명한 자는 없다.

나는 내 기억에 남아 있는 대로, 어떤 것은 우리 것과 같고 다른 것은 우리와는 다른 몇 가지 옛날의 하던 식을 들어서, 인간 사물의 계속적인 변천을 성찰하며 우리의 판단력을 더 밝히고 견고하게 하고자 한다.

우리가 칼과 망토로 싸운다고 말하는 것은 로마 사람들에게도 그 습관이 있어서, 카이사르는 "그들은 왼손을 망토로 두르고 칼을 뽑는다"고 말했다. 그리고 그는 그때부터, 지금도 아직 우리나라에 있지만 우리가 길에서 만나는 사람을 멈춰 세우고 강제로 누구냐고 물어보며, 만일 대답을 않으면 욕설하고 생트집을 잡는 버릇이 있었던 것을 지적하고 있다.

옛날 사람들은 날마다 식사하기 전에 목욕하며 우리가 찬물에 손을 씻듯 자주 씻었지만, 처음에는 팔과 다리밖에는 씻지 않았다. 그러나 대부분의 나라에서 여러 세기 동안 계속된 습관으로, 그들은 향수를 뿌려놓은 물에 벌거벗고 씻었으며, 맹물에 씻는 것은 문화가 극히 소박한 증거로 삼고 있었다.

가장 까다롭게 뽐내는 자들은 하루에 서너덧 번씩이나 온몸에 향수를 뿌렸다. 그들은 얼마 전부터 우리 프랑스 여자들이 이마를 다듬는 식으로 자주 털을 뽑곤 했다.

너는 자신의 가슴·다리·팔의 털을 뽑는다. (마르티알리스)

물론, 거기에 적당한 기름을 바르기는 했다.

그녀는 피부에 으아리를 바르거나
건조한 백분 가루를 칠한다. (마르티알리스)

그들은 푹신한 이부자리를 즐겼다. 그리고 담요 위에서 자는 것을 참을성이 있는 증거로 삼았다. 그들은 거의 우리 시대에 튀르키예인들이 하는 자세로 침대에 누워서 식사했다.

그때 침대 위에서 점잖은 아이네이스는

이런 말로 시작했다. (베르길리우스)

그리고 소(小) 카토에 관해서 사람들은, 파르살리아의 전투 이래 국가 사정이 불길해 속을 썩이며, 그는 신중하고 정직한 생활로 지내고 항상 앉아서 식사했다고 한다. 그들은 세도가들을 존대하고 아첨하느라고 손에 키스했다. 그리고 친구들끼리는 베네치아인들처럼 인사할 때 서로 키스를 주고받았다.

그대를 축하하며
감미로운 언어와 함께 입맞춤을 주겠노라. (오비디우스)

그리고 세도가에게 간청하거나 인사할 때는 그 무릎을 만졌다. 크라테스의 동생인 철학자 파시클레스는 무릎에 손을 대는 대신 생식기에 손을 가져갔다. 그가 말을 건 상대자가 화를 내며 물리치자, 그는 "어째 그러시오? 이것도 무릎과 같이 당신 것이 아니오?"라고 말했다.

그들은 우리와 같이 식탁을 물러날 때에 과일을 들었다. 그들은 뒤처리로(언어의 헛된 사양은 여자들에게나 맡겨 둘 일이다) 해면을 이용했다. 그래서 해면(spongia)은 라틴어로는 외설한 뜻을 가지며, 이것은 막대 끝에 달려 있었다. 그 증거로, 어떤 이는 민중들 앞에 맹수의 밥으로 던져질 신세가 되어서 달리 자살할 방도가 없자, 뒤를 보러 가겠다고 청하여 이 해면 달린 막대를 목구멍에 쑤셔 박고 질식해 죽었다는 이야기를 보아도 알 수 있다. 그들은 일을 마친 다음에 남근(男根)을 향수를 뿌린 털실로 닦았다.

네게 아무 일도 않겠다.
그러나 네 그것을 양모로 닦고 난 다음엔…… (마르티알리스)

로마의 네 거리에는 독과 조그만 통이 놓여서 소변보는 데 사용되었다.

어린애들은 잠에 빠져 오줌 누는 그릇에

오줌을 누라고 옷을 쳐들었다고 생각한다. (마르티알리스)

그들은 식사 중간에 간식을 들었다. 그리고 여름에는 포도주를 차게 하라고 얼음을 파는 상인이 있었다. 그리고 겨울에도 포도주가 충분히 차지 않다고 눈을 쓰는 사람들이 있었다. 세도가들에게는 술을 따르고 고기를 썰어 주는 하인이 있었으며, 또 재미를 주려고 어릿광대가 있었다. 그들은 겨울에는 식탁 위에 풍로를 올려놓고 음식을 데워 먹었다. 나도 그것을 보았지만, 가지고 다니는 요리 기구가 있어서, 어디에 갈 때는 그것을 들고 갔다.

이런 식사는 그대들이 가져라. 부유한 탐락가여
우리는 휴대용 요리상을 원치 않노라. (마르티알리스)

여름에 그들은 아래층 큰 방에서 자고, 맑은 물을 홈통에 흘러내리게 하고, 그 속에 살아 있는 물고기를 많이 길러 참석자들이 손으로 골라잡아 각자가 자기 입에 맞게 요리시켰다. 지금도 그렇지만, 생선은 세도가들이 언제나 그 조리하는 방법을 알아 둔다는 특권을 가지고 있다. 그래서 적어도 내게는 생선 맛이 살코기 맛보다 훨씬 낫다.

그러나 모든 종류의 장엄한 것, 방탕, 탐락의 고안, 연약한 행동 습관, 풍성한 것의 취미에는, 사실 로마인들에 대등하려고 우리가 할 수 있는 일이라면 모두 하고 있다. 왜냐하면 우리의 의지도 그들에 못지않게 부패되었기 때문이다. 그러나 우리 능력은 거기 따라가지 못한다. 우리들의 힘이 도덕적인 면이나 타락한 면에서 그들에게 따라갈 수 없는 것이다. 왜냐하면 이 두 면이 정신의 힘에서 나오는 것인데, 이 점은 그들이 우리와 비교도 안 되게 훨씬 위대했기 때문이다. 그리고 마음은 점차로 약해져 감에 따라서 아주 잘 하기도 못 하기도 하는 만큼 방법에 서툴러지는 것이다.

그들 식탁에서 상석은 가운데 자리이다. 그 외 왼쪽이나 오른쪽 자리는 편지 쓸 때나 말할 때나 아무 존경의 의미가 없다. 그것은 그들의 문장에서도 볼 수 있으니, 오피우스와 카이사르라고 쓰거나 카이사르와 오피우스라고 쓰거나 마찬가지이며, 너와 나라고 하거나 나와 너라거나 상관이 없다.

그 때문에 나는 이 전에 프랑스어 번역판 플루타르크의 《플라미니우스의 생애조(生涯條)》에서 작가가 아에톨리아인들과 로마인들 사이에 그들이 공동으로 이룬 전쟁의 승리에 관한 영광을 시기하는 것을 말하며, 그리스의 노래에 아에톨리아인들을 로마인들보다 먼저 부르는 점을 중시하고 있는 것에 주목했다.

여기 프랑스어로 옮길 때 의미가 혼동되지 않았으면 말이다.

부인들은 한증막에 들어갈 때 남자들을 만나고 바로 거기서 남자 하인에게 몸을 씻게 하고 기름을 바르게 했다.

> 그대가 나체로 온탕에서 목욕할 때
> 노예 하나는 사타구니에 검은 앞가리개를 걸치고
> 그대 명령을 기다린다. (마르티알리스)

그녀들은 어떤 가루를 뿌려서 땀을 닦았다. 옛날의 골족들은 앞머리털만 남기고 뒤는 깎았다고 시도니우스 아폴리나리스는 말한다. 이 버릇은 지금 이 시대의 풍습이 나약하고 비굴해져서 다시 유행하고 있다.

로마인들은 배를 타러 갈 때 뱃사공에게 뱃삯을 치렀다. 그것을 우리는 항구에 들어갈 때 치른다.

> 뱃삯 받기와
> 당나귀에 길마 지우기에 온 시간을 보냈다. (호라티우스)

여자들은 침대의 벽 속에서 잤다. 그래서 사람들은 카이사르를 '니코메데스 왕[43]의 침대벽'이라고 불렀다.

그들은 쉬어 가며 술을 마셨다. 그들은 포도주에 이름을 붙였다.

---

43) 니코메데스 3세, 소아시아 흑해 연안의 비튜니아 왕국 왕. 카이사르는 젊었을 때 그의 궁전에 머물렀다. 이 왕은 후에 자기 왕국을 로마에 넘겨주었다.

> 어떤 젊은 노예가
> 이 팔레르니아 포도주의 열기를
> 우리 옆에 흐르는 이 물에 식혀 주려나?　　　　　(호라티우스)

그리고 우리 하인들의 건방진 모습은 그들에게도 있었다.

> 오, 야누스여, 아무도 그대 뒤에서 두 뿔을 세워 보거나
> 당나귀 귀를 만들거나 아풀리의 목마른 개 혓바닥 같은
> 긴 혀끝을 내밀며 비웃는 자 없는 그대여.　　　　　(페르시우스)

아르고스와 로마의 여인들은 흰 상복을 입었다. 그것은 우리 고장 부인들도 전에 하던 일로, 내 말을 들을 생각이면 지금도 그래야 할 일이다.
그러나 이 문제는 그것만으로 쓴 책들이 몇 권이나 있다.

50
데모크리토스와 헤라클레이토스에 대하여

판단력은 모든 문제에 사용되는 도구이며, 모든 일에 참견한다. 그 때문에 나는 여기서 해 보는 수상록에 모든 종류의 기회를 사용한다. 그것이 내가 이해하지 못하는 제목이라면, 그 때문에라도 나는 아주 멀리서부터 여울목을 더듬어 보며 시도한다. 그리고 내 키에 비해 물이 너무 깊은 것을 보고는 물가에 머무른다. 그리고 이 물을 건너갈 수 없다는 것을 알아보는 일이 바로 그 노력의 한 특징이며, 진실로 자랑할 거리의 하나이다. 나는 어느 때는 헛되고 허무한 제목을 가지고 그 논제에 실속이 있는가, 그것을 지지하고 옹호할 재료를 찾아볼 수 있는가를 알아보려고 시도한다. 또 어느 때 나는 사람들이 많이 떠들어 댄 고상한 문제로 판단력을 움직여 보는데, 거기는 남이 찾아본 것을 다시 찾아보는 것 외에 이미 할 거리가 없을 정도로 모든 것이 밝혀져서, 판단력을 움직여 볼 재료가 없다. 그래서 판단력은 그중에서 어느 것이 가장 나은 방법인가를 골라 보려고

시도하며, 수많은 방법들 중에서 이것 또는 저것이 가장 잘 택하여진 방법이라고 말한다.

   나는 되는 대로 아무 논법이나 잡아 본다. 어느 제목이든지 똑같이 좋다. 그리고 이런 논법을 결코 전면적으로 전개시키지는 않는다. 왜냐하면 나는 어떤 것도 그 전체를 보지 않는다. 무엇을 전반적으로 보여 준다고 약속하는 자들로서 그렇게 해 주는 자는 없다. 사물들이 각기 가지고 있는 백 갈래 부분들과 모습들 중에서, 나는 어느 때는 그중의 겨우 하나를 잡아서 훑어보며, 어느 때는 겨우 스쳐보기만 한다. 그리고 때로는 뼈까지도 찔러본다. 나는 거기에 침을 찌른다. 넓게 하는 것이 아니고, 내 힘닿는 대로 깊게 한다. 그리고 나는 전에 해 보지 않은 관점에서 잡아 보기를 잘한다. 내가 나 자신을 좀 덜 알았더라면 무슨 재료를 속속들이 캐어 보려고 모험했을지도 모른다. 그들의 저서에서 따 온 문장들을 여기 한마디 저기 한마디 흩어뿌려 놓으며, 어떠한 계획도 약속도 없이, 그것을 보장해 볼 생각도 없고, 내 마음 내키는 때에도 의견은 변하지 않고, 내 자신이 거기 집착해 있을 생각도 없으며, 의문과 불확실성과 나의 주요 소질인 무지에 항복하려다.

   모든 동작은 자기 속을 내보인다. 파르살리아의 전투에서 명령하고 지휘하는 데 드러내 보였던 카이사르의 심령은 그가 한가롭게 연애하던 솜씨에도 드러난다. 말을 알아보려면 경마장에서 다룰 때뿐만 아니라 천천히 걸어갈 때와 마구간에서 쉴 때에 보아서도 판단된다.

   심령의 기능들 중에는 비천한 면이 있다. 그 면을 보지 못하는 자는 그 전부를 완전히 알지 못한 것이다. 그리고 심령은 마음이 가장 상할 때 가장 잘 식별된다. 그것은 높이 비상할 때 더 잘 정열의 바람에 사로잡힌다. 그뿐더러 심령은 사물 하나하나에 완전히 몰두해서 거기에 매이며, 한 번에 결코 하나 이상 다루지 못한다. 그리고 재료를 그 재료에 따라서 다루는 것이 아니고 자기에 따라서 취급한다.

   사물들은 그 자체로서 무게와 척도와 조건들이 있다. 그러나 심령은 내면으로는 우리 속에서 사물들의 이런 소질을 자기가 이해하는 대로 재단해 간다. 죽음은 키케로에게는 두려워할 일이고, 카토에게는 바랄 만한 일이고, 소크라테스에게는 무관심한 일이다. 건강·양심·권위·학문·부유·미 등과 그 반대되는 것들은 심령 속에 들어갈 때 옷을 벗고 심령에게서 옷을 받으며 갈색·녹색·밝은 빛·음침한 빛·신 것·단 것·심오한 것·피상적인 맛 등, 심령이 좋아하는 색·빛깔과 맛을 받는다. 그리고 심령들 각자의 마음에 드는 것이다. 왜냐하면 심령들은 이런 사물들의 체재·규칙·형체 등을 공동으로 심사해 보지 않았기 때문이다.

심령은 자기 영역에서 여왕이다. 그러므로 우리는 사물들의 외적 소질을 가지고 변명을 삼지 말 일이다. 그것을 설명하는 일은 우리가 할 일이다. 우리의 행, 불행은 오로지 우리 자신에게 달려 있다. 우리가 신에게 바치는 제물과 축원을 우리 자신에게 바치자. 운에게 바칠 일이다. 반대로 우리의 행동 습관이 운을 뒤에 끌고 다니며 운을 자기들 형태로 박아 낸다.

어째서 나는 알렉산드로스를 그가 식탁에 앉아서 실컷 마시며 이야기하는 모습으로 판단하지 못하는가? 그가 장기를 두고 있다면 그의 정신의 어느 줄이건 이 어리석고 유치한 장난을 즐기며 조종하지 않는 줄이 있을 것인가?(이 장기라는 것은 변변한 놀이가 못 되며, 마음을 거기 너무 골똘하게 쏠리게 하기 때문에, 다른 좋은 곳에 쓸 만한 주의력을 거기 쏟는 것이 부끄러워서 나는 장기를 싫어하고 피한다.) 알렉산드로스는 인도 원정의 영광스러운 진군 계획을 세우는 데 이것보다 더 머리를 쓰지 않았으며, 또 이 비범한 분도 인류의 안녕이 거기 매여 있는 문장을 해석하는 데, 여기서보다 더 마음 졸인 것이 아니다. 우리의 심령이 이 가소로운 장난을 얼마나 부풀어 올리고 키워 가는가를 보라. 온 심줄이 얼마나 거기 긴장하는 꼴인가. 얼마나 충만하게 이 장난이 각자에게 자기를 알고 자기를 올바로 판단할 기회를 만들어 주는 것인가를 보라.

나는 다른 어떤 처지에서도 이보다 더 철저하게 나를 보며 심사하는 일이 없다. 이 장난에서 어느 정열이고 우리를 마구 구사하지 않는 것이 있는가? 이런 일에는 분노·울분·증오·조바심, 이겨 보자는 맹렬한 야심 등을 갖기보다는 지려는 야심을 갖는 편이 더 용서될 만하다. 왜냐하면 이런 부질없는 일에서 범인의 능력을 넘어 희귀하게 탁월하다는 것은 명예로운 인물에게 합당치 않은 일이기 때문이다. 내가 말하는 것은 다른 모든 일에도 적용될 수 있다. 한 인간의 부분 하나하나, 하는 일 하나하나가 다른 어느 것이나 똑같이 이것을 지적하며 끄집어 드러내 보인다.

데모크리토스와 헤라클레이토스는 철학자였다. 그중에 데모크리토스는 인간 조건을 헛되고 가소롭게 보며, 밖에 나갈 때에는 늘 웃으며 조롱하는 상을 가졌고, 헤라클레이토스는 우리의 바로 이 조건을 연민과 동정심으로 보았기 때문에, 얼굴이 늘 슬픈 상이었으며, 눈에 눈물을 글썽거리고 있었다.

    그들이 집 밖에 발을 내디디면 바로 하나는 웃고
    또 하나는 울고 있었다.   (유베날리스)

    나는 차라리 첫 번째의 기분을 택한다. 웃는 것이 우는 것보다 더 유쾌해서가 아니라 그편이 더 경멸조이며, 다음 것보다 더 우리를 문책하는 까닭이다. 우리의 가치대로 보면, 우리는 아무리 경멸당해도 과하지 않다고 본다. 연민과 동정에는 가련히 생각하는 사물에 대해 어느 정도 평가하는 심정이 섞여 있다. 사람은 조롱하는 사물들은 가치 없다고 본다. 나는 우리의 불행이 허영심만큼 크다고도, 악의가 어리석음만큼 크다고도 생각하지 않는다. 우리는 악의보다도 무위로 가득 차 있다. 우리 팔자는 참담하다기보다도 비천한 것이다.
    그래서 디오게네스는 술통을 굴리고 혼자서 어슬렁대며 알렉산드로스를 코웃음 쳤고, 인간들을 바람이 가득 찬 오줌보로 보고 있었으니, 그는 내가 보기에는 인간의 증오자라는 별명을 가진 티몬보다도 한층 더 신랄하고 예리했으며, 한층 더 공정한 심판자였다. 왜냐하면 사람이 미워한다는 것은 마음에 걸리는 것이 있기 때문이다. 이 티몬은 우리가 불행하기를 바랐고, 우리의 파멸을 열망했고, 사람들과의 교섭을 위험하고 흉악하고 타락된 것으로 보고 피했다. 디오게네스는 우리를 너무 무시했기 때문에, 우리에게 감동해서 동요하거나 변질되는 일 없이, 우리와의 교제를 두려워하는 것이 아니라 그것을 경멸해서 우리를 제쳐놓고 있었다. 그는 우리를 좋은 일도 나쁜 일도 할 수 있는 존재로 보지 않았다.
    브루투스가 스타틸리우스에게 카이사르를 처치하는 음모에 같이 참가하라고 말했을 때, 그가 한 대답도 같은 성질이다. 그는 이 시도를 정당하다고는 보았으나, 도대체 인간이라는 존재가 그들을 위해서 그런 수고를 해 줄 값어치가 있다고는 보지 않았다. 자기만이 그것을 위해 일해 줄 값어치가 있으므로 현자는 자기를 위한 일밖에 해서는 안 된다고 하는 헤게시아스의 교훈과, 현자가 자기 나라의 이익을 위해서 위험을 무릅쓰는 일은 부정당하며, 미친놈들 때문에 예지를 위태롭게 하는 일이라고 말한 테오도로스의 교훈을 좇은 것이다.

우리 고유의 특수한 조건은 우스꽝스러울 뿐 아니라 가소롭다.

51
언어의 허영됨에 대하여

지난 시대의 한 수사학자는 그의 직업은 작은 일을 가지고 크게 보이게 하고 큰 것으로 생각하게 하는 일이라고 했다. 그것은 작은 발에 큰 구두를 만들어 줄 방법을 아는 구두 수선공과 같다. 이런 속임수의 기술을 직업으로 삼는 자를 스파르타에서는 매질했을 것이다. 그곳 왕이던 아르키다모스는 투키디데스의 대답을 듣고는 놀라지 않을 수 없었으리라 생각된다. 이 왕이 투키디데스(이것은 역사가 투키디데스의 말이 아니고, 페리클레스의 정적인 귀족 당수 밀레시오스의 아들 투키디데스의 말이다)에게 페리클레스와 그, 둘 중에 누가 더 잘 싸우겠느냐고 물어보았더니, "그것은 증명하기 어렵죠. 왜냐하면 내가 씨름으로 그를 쓰러뜨리면, 그는 그것을 본 자들에게 그가 쓰러진 것이 아니라고 설복하고 상은 그가 타오"라고 말했다. 여자들에게 가면을 씌워서 분칠하는 자들의 일은 그보다는 덜 나쁘다. 왜냐하면 여자들을 본 얼굴대로 보지 않는 것은 대단한 손실이 아니기 때문이다. 그런데 이자들은 우리의 눈을 속이는 것이 아니라, 판단력을 속여서 사물들의 본질을 악화시키고 부패시키는 일을 직업으로 삼는다. 정치가 잘 되고 정돈된 국가에서는 크레테와 라케다이모니아에서와 같이, 웅변가들을 그렇게 존중하지 않았다.

아리스톤은 수사학을 현명하게 정의하여 '사람들을 설복하는 학문'이라고 했다. 소크라테스와 플라톤은 이것을 '속이고 아첨하는 기술'이라고 했다. 그리고 일반적인 정의로 이것을 부인하는 자들은 사방에서 그들의 교훈으로 이것을 증명한다.

회교도들은 어린애에게 수사학이 불필요하다고 그런 것을 가르치는 것을 금지한다. 그리고 아테네인들은 이 수사학이 그들 도시에 대단히 유행해서 너무 심한 해를 끼치는 것을 보고, 그 주요 부분인 사람의 마음을 격동시키는 대목과 서론과 결론은 제거하도록 규정했다.

이것은 질서 없는 군중과 시민들을 조종하고 선동하려고 꾸며 낸 연장이며, 약과 같이 병든 국가 외에는 사용되지 않는 연장이다. 아테네·로데스·로마인들 같이 속인들과 무식꾼들인 전체 국민들이 모든 일을 처리할 수 있어, 사물들이 항상 혼란 상태에 빠져 있는 나라로 웅변가들은 몰려갔다. 그리고 이런 나라에서는 웅변의 도움 없이 큰 신임을 받아 온 자가 극히 드물다. 폼페이우스·카이사르·크라수스·루쿨루스·렌툴루스·메텔루스 등은 그들이 도달한 큰 권세에 이르는 데에 이 방법으로 큰 힘을 얻었고, 가장 훌륭했던 시대의 여론과는 반대로 무기보다 여기에 더 많은 도움을 받았다. 왜냐하면 볼룸니우스는 파비우스와 데키우스를 집정관으로 당선시키기 위해 대중에게 말하길 "이 사람들은 전쟁을 위해 출생했고, 행동력이 위대하다. 말씨름에는 서투르나 정말로 집정관다운 정신의 소유자들이다. 꾀바른 자들, 웅변가들, 학자들은 도시 생활을 위해 법률을 맡아 보는 재판관으로나 적당하다"고 했다.

웅변술은 로마 정국이 가장 나쁜 상태에 있고 내란이 세상을 뒤흔들 때 가장 번창했다. 사람이 손대지 않고 놀리고 있는 밭의 풀은 아주 무성하게 자란다. 그 때문에 왕정에 의존하는 국가에서는 다른 나라들보다 그런 인물들의 필요가 적은 것 같다. 왜냐하면 어리석고 속기 쉬운 민중들 속에서 잘 볼 수 있는 성질로, 이 웅변이 보이는, 귀에 달콤하고 조화로운 소리에 쉽사리 조종되고 지배되는 것 때문에, 이성의 힘에 의해 사물의 진리를 저울질하여 이해하지 못하기 때문이다. 사실 이렇게 쉽게 넘어가는 인간은 단 한 사람, 왕에게는 그렇게 쉽사리 찾아볼 수 없는 일이다. 그리고 그는 좋은 제도와 좋은 의견에 의해서 이 해독의 영향을 받지 않도록 자신을 보호하기가 더 쉬운 일이다. 마케도니아나 페르시아에서는 이름난 웅변가라고는 나온 것을 본 일이 없다.

내가 지금 이야기한 것은 작고한 카라파 추밀경이 죽을 때까지 요리사로 그를 섬겨 왔던 한 이탈리아인과 방금 내가 이야기한 데서 생각난 것이다. 내가 그에게 자기 직책에 관해서 이야기해 보라고 하자, 그는 마치 신학상의 큰 문제를 가지고 다루듯 장중하고 점잖은 태도로 요리의 학문에 관해서 이야기했다. 그는 식욕의 여러 가지 양상에 관해서 설명하며, 굶다가 먹을 때의 식욕, 둘째와 셋째 번에 내놓는 음식의 맛, 어느 때는 그저 입맛에 맞추는 법, 어느 때는 입맛을 돋우도록 자극을 주는 법 등을 말했다. 그리고 소스 조미법에 대해서도 먼저 일반적 방법을 말하고, 다음에는 그 재료의 성질과 그 효과를 분류했다. 그리고 계절에 따라서 샐러드의 차이, 데워서 차려내야 하는 것, 차게 차려내야만 되는 것, 보기 좋게 만들기 위해서 장식하고 미화하는 방법 등을 설명했다. 그리고 나서는 미려하고 장중한 고찰로 충만하게 음식 차려내는 순서의 장으로 들어갔다.

    실로 토끼를 자르는 방법과
    영계를 자르는 방법을 구별하기란
    여간 중요한 일이 아니다.
                                     (유베날리스)

그리고 이것이 모두 풍부하고 장중한 말로 확대되어, 마치 한 제국의 정치를 다루는 데 쓰는 말투로까지 사용되는 것이었다. 나는 내가 좋아하는 작가의 생각이 문득 솟아났다.

    이것은 짠맛이 지나치고, 이것은 구운 것이 지나치고, 이것은 맛없고
    저것은 참 맛있다! 다음번에도 이와 같이 맛나게 유의하라.
    나의 빈약한 지식이 허용하는 한, 이런 것을 조심스레 교시하련다.
    여하튼 데메아여
    나는 그들에게, 거울에 비치듯
    음식이 그릇에 반영되게 하도록 권하며
    필요한 제반사를 알려준다.
                                     (테렌티우스)

그리스인들까지도 파울루스 아에밀리우스가 마케도니아에서 돌아와 그들에게 베푼 향연에서 지키던 질서와 규모를 대단히 칭찬했다. 그러나 나는 여기서 그 행동을 말함이 아니고, 언어에 관해서 말한다. 다른 사람도 나와 같은지 모르겠으나, 나는 건축가들이 아무리 벽기둥·주초·주두(柱頭)라든가, 코린트식, 도리

아식이라는 따위 전문어로 엄청난 말을 끌어내도 마치 아폴리돈 궁전[44]에 관한 것같이, 내 상상력으로는 파악해 볼 수 없다고 말하지 않을 수 없다. 그리고 사실 이런 것은 내 집 부엌 문간의 변변찮은 부분들을 가지고 하는 말인 것을 나는 안다.

전유법(轉喩法)·은유법 혹은 우의법(寓意法)이라고 문법학자들이 붙이는 이런 따위 이름들을 들어 보라. 무엇인지 희귀하고 괴상한 언어 형태를 말하는 것 같지 않은가? 이것은 그대 집 침모가 나불거리는 말법에 관해서 붙인 명칭이다.

우리나라의 직무를 로마 사람들의 장엄한 칭호로 부르는 것은, 그 사이에 아무런 닮은 점도 없고 더욱이 그만한 위엄과 권능도 없는 터이니, 지금 말한 것과 비슷한 속임수이다. 또 당치 않게도 옛날 수백 년 동안에 한두 사람에게만 바친 가장 영광스러운 이름을 우리가 하고 싶은 대로 아무에게나 사용한다는 것은, 다음에 보면 우리 시대의 특이한 어리석음을 드러내 놓는 증거가 될 것이라고 나는 생각한다. 플라톤은 아무도 시기할 수 없이 거룩한 것으로 모두가 승인하는 이 이름을 차지했다. 그런데 이탈리아인들은 일반적으로 자기 시대의 다른 나라 사람들보다 더 민첩한 정신과 건전한 사상을 가졌다고 자랑하고 있는 터에 아레티노에게 이 이름을 주고 있는데, 사실 이 작가는 말법이 과장되고 재치가 들끓으며, 교묘하지만 너무나 뽐내고 공상적이며, 결국 웅변조라는 것 외에 자기 시대의 보통 작가보다 낫다고 할 점은 보이지 않는다. 어디에도 이 옛날의 거룩한 작가에게 미칠 것이라곤 아무것도 없다. 그리고 '대왕'이라는 칭호를 우리는 서민의 위대성보다 아무것도 더 나을 것 없는 왕들에게 붙여 주고 있다.

52
옛사람들의 인색에 대하여

아프리카에 원정한 로마군 대장인 아틸리우스 레굴루스[45]는 카르타고군에 대

---

44) (15세기 스페인 소설 《아마디스》에 나오는 경이의 궁전.
45) 기원전 267~156. 전형적인 고대 로마 무장. 카르타고군과의 해전에 승리했다. 그러나 스파르타군에 패전해 사로잡혀서 카르타고로 넘겨진 후, 포로 교환을 교섭하러 본국에 돌려보내졌

한 승리와 영광에 싸여 있을 때, 자기 집 전재산인 농토 7아르팡을 관리하라고 남겨 둔 하인이 농기구를 가지고 도망쳤으니, 자기 처자를 보살피기 위해서 집으로 돌아가야 하겠다고 본국에 휴가를 청했다. 원로원은 그의 재산을 관리할 사람을 따로 제공하고 도둑맞은 것은 도로 찾아주고, 그의 처자는 국비로 양육하도록 명령했다.

대 카토는 스페인 집정관으로 있다가 귀국할 때, 자기 말을 배에 싣는 비용을 절약하려고 그 말을 팔아 버렸다. 사르디니아 정부에 가서는 그의 의복과 제물을 바칠 때 쓰는 항아리 하나를 들고 다니는 공화국 보병 장교 한 명만 데리고 도보로 방문하며 다녔다. 그리고 자기 고리짝은 자기가 들고 다녔다. 그는 10에퀴 이상의 옷을 가져 본 일이 없으며, 하루에 10수 이상의 찬거리를 사기 위해 사람을 장터로 보낸 일이 없고, 매흙질하여 회칠한 집을 별장으로 가져 보지 않았다고 당연한 듯 자랑했다.

스키피오 아에밀리우스는 두 번 승리하고 두 번 집정관이 된 다음, 겨우 하인 일곱을 데리고 외교 사절단으로 떠났다. 호메로스는 하인을 하나 이상 둔 일이 없었다고 하며, 플라톤은 셋, 스토아학파의 수령인 제논은 하나도 없었다고 한다.

티베리우스 그라쿠스는 당시 로마의 제1인자이며, 국무의 책임을 띠고 사절단으로 떠날 때, 하루에 5수 반밖에 받지 않았다.

53
카이사르의 말 한마디

만일 우리가 가끔 자신을 고찰하기 위해 시간을 보내며, 다른 사람들의 일을 살펴보고 우리 주변의 사물들을 알아보는 데 쓰는 시간을 우리 자신을 살펴보는 데 사용한다면, 우리는 우리의 구조가 얼마나 약하고 실패하기 쉬운 부분들로 이뤄져 있는가를 쉽게 느낄 것이다. 우리 마음이 아무것에도 만족해 안정되지 못하고, 욕망과 공상 때문에 우리에게 필요한 것을 택할 힘도 갖지 못한다

을 때에 그는 로마에 와서 포로 교환의 불가함을 역설한 후, 가족과 친지들의 만류에도 다시 카르타고로 돌아가 무참하게 처형당했다.

는 것은, 우리가 불완전하게 생겼다는 특이한 증거가 아니고 무엇일까? 철학자들이 인간의 최고선(最高善)을 찾기 위해 항상 싸웠으나 해결도 합의도 없이 아직도 계속되고 있으며, 영원히 계속될 이 굉장한 논쟁이 이것을 충분히 증명하고 있다.

> 우리가 욕구하는 사물이 자기 것이 되기 전에는
> 그것은 다른 일보다 중대하게 보이며
> 그것을 향유하게 되면, 다른 갈망이 솟아나와서
> 우리는 똑같은 갈증에 사로잡힌다.　　　　　　(루크레티우스)

우리의 인식과 향락에 들어오는 것은 무엇이건 만족을 주지 못함을 우리는 느낀다. 그리고 현재가 우리를 포만시키지 않는 만큼, 우리는 장차 오게 될 알지 못하는 사물들을 우두커니 바라고 있다. 내 생각으로는 그것은 사물들이 우리를 만족시킬 거리가 못 되기 때문이 아니라, 우리가 병적이고 혼란된 상태로 사물들을 파악하기 때문이다.

> 그는 인간에게 요구하는
> 거의 모든 사물들이 필요를 위하여 준비되고
> 인간들이 부와 명예와 명성으로 충만하며
> 자녀들의 좋은 평판을 자만하고 있었으나
> 집에서는 번민으로 가득하며
> 마음은 괴로운 암투에 강제된 것을 보았을 때에
> 그때에 결함은 마음의 그릇에서 우러나는 것이며
> 이 결함이 피부에서 들어오는 모든 선을
> 내부에서 부패시키고 있는 것을 깨달았다.　　　(루크레티우스)

우리의 욕망은 결단성 없고 불확실하다. 그것은 아무것도 좋은 방식으로 보유하지도 향락하지도 못한다. 인간은 이것을 사물들의 결함으로 간주하며, 자기가 알지 못하고 이해하지 못하는 사물들로 자기를 채워 기르고 거기다가 자기 욕망과 희망을 적용하며, 그런 일을 영광으로 삼고 존중한다. 카이사르의 말처럼 "대자연의 대수롭지 않은 악덕으로 우리는 보지 않은 사물, 우리에게 은폐되어 알지 못하는 사물들을 더 신뢰하고 무서워하고 두려워하는 수가 있다."

54
헛된 묘기에 대하여

사람들에겐 경박하고 헛된 묘기가 있어서 때로는 그런 방편으로 자기를 좋게 보이려고 한다. 그것은 마치 똑같은 글자로 시작하는 시구로 한 작품 전체를 꾸며가는 신인들 같은 식이다. 우리는 옛날에 그리스인들이 그들의 시구에 다는 운을 어느 한 형식에 맞추어 길어지게도 하고 짧아지게도 지어, 달걀·공·날개·도끼 같은 형상들을 만들어 내는 것을 본다. 이런 것은 알파벳 글자를 얼마나 많은 종류로 배열해 놓을 수 있는가 헤아려 보기를 흥겨워하며, 플루타르크의 작품에 나오듯 그 엄청난 수를 찾아내던 자들의 학문이다.

나는 좁쌀을 손으로 집어던져서 실수 없이 바늘 구멍으로 빠져 나가게 하는 재간꾼을 한 인물에게 소개하며 그 재주를 보여 준 다음, 이런 희한한 재주에는 무슨 상을 주어야 좋으냐고 물어보았다. 그러자 그는 재미있게도 이런 기술은 훈련을 않고 내버려두어서는 안 되는 재주이니, 그자에게 좁쌀 두서너 미노(단위. 말의 일종)를 주라고 명령했다는 의견에 찬성한다. 어느 사물이 특별히 좋거나 유용한 점이 없는 데도 불구하고, 그것이 희귀하든가 새롭다든가 또는 어렵다든가 하는 점에서 그것을 권장하는 일은 우리의 판단력이 얼마나 약한가를 보여 주는 좋은 증거이다.

우리는 방금 내 집에서 맨 끝이 서로 마주치는 사물들을 누가 더 많이 찾아 내나 하는 놀이를 하고 난 후이다. 예를 들면 Sire(왕, 첨지)는 우리나라에서 최고의 인물인 왕에게 쓰이고, 속인이나 장사꾼에게도 사용되지만 중간치에는 쓰이지 않는다. 점잖은 부인들은 담(Dames)이라고 부르고, 중급은 다모아젤(Damoiselles)이고, 가장 얕은 계급 역시 담(Dames)이다.

탁자 위에 던지는 주사위는 왕공들의 집이나 주막집에서밖에 쓰지 못한다.

데모크리토스는 신들과 짐승들은 중급에 있는 인간들보다 더 예민한 감성을 가졌다고 했다. 로마인들은 초상과 명절에 같은 옷을 입었다. 극도의 공포와 극도로 열이 오른 용기에는 똑같이 배에 자극이 가서 뒤가 마렵게 되는 점이 있다.

나바르의 왕 상쇼 12세가 받은 '떨보'라는 별명은 용기가 공포와 마찬가지로 우리의 사지를 떨게 하는 것임을 알려 준다. 자기를 무장시켜 주던 부하가 상관의 피부가 떨리는 것을 보고 곧 닥쳐올 위험이 대단한 것이 아니라고 안심시키려고 하자, "너희들은 나를 잘 알지 못한다. 내 근육은 내 용기가 방금 그를 어디로 데려가는가를 알게 되면 금세 진정될 것이다"라고 말했다.

비너스가 하는 장난의 냉담과 혐오에서 오는 음경 발기 불능은 맹렬한 욕정과 너무 심한 열에서도 온다. 극도로 찬 것과 극도로 뜨거운 것은 똑같이 지지며 굽는다. 아리스토텔레스는 순수한 납덩이는 극도로 뜨거울 때와 같이 겨울의 혹심한 추위에도 녹는다고 한다. 정욕과 포만은 탐락의 위와 아래 단계를 고통으로 채운다.

우둔과 예지는 인생에서 재앙으로 생긴 불행을 참아 내는 마음과 결단성에서 같은 점에 도달한다. 현자들은 악을 제하고 지배한다. 우둔한 자는 악을 모른다. 후자는 말하자면 사건에 못 미쳐 있고, 전자는 그 너머에 있다.

현자들은 사건들의 성질을 잘 저울질해 보고 고찰하고 나서 건강한 용기의 힘으로 그 위를 뛰어넘는다. 그들은 강력하고 견고한 심령을 가졌기 때문에 인생의 재앙들을 경멸하며, 발밑에 짓밟는다. 그들에게는 운명의 화살이 쏟아져 와도 도로 튀어서 끝만 뭉툭해지고, 그 신체에 아무런 자국도 남겨 주지 않는다. 평범한 인간의 조건은 이 양 극단의 중간에 처해서 불행을 알아보고 느끼며 그것을 참아 내지 못한다. 유년기와 노쇠기는 두뇌의 허약함에서 일치한다. 인색과 낭비는 끌어와서 차지하려는 욕망에서 일치한다.

학문에 앞서서 ABC의 무식이 있고, 또 하나는 학문의 뒤에 오는 박사님의 무식이 있다는 것도 그럴듯한 일이라고 말할 수 있다. 학문은 첫 번 무식을 풀어서 부수는 것과 마찬가지로, 다음 무식은 학문이 만들어 낸다.

호기심이 적고 교양이 없는 허약한 정신에서, 존중과 복종으로 단순히 얻고 법을 잘 지키는 선량한 기독교인이 만들어진다.

  정신의 중질되는 힘과 중질되는 능력에서 잘못된 사상이 생겨난다. 그들은 그럴듯하게 보이는 첫 번 생각만 좇으며 공부에 의해서 그런 일을 잘 알고 있지 않은 우리가 고대의 풍습만 고수하고 있는 것을 보고, 이것을 소박하고 어리석은 노릇이라고 해석할 자격을 갖는다. 위대한 정신은 더욱 침착하고 명석하기 때문에, 다른 방식으로 선량한 신자가 된다. 이런 사람들은 오랜 신앙적 탐구에 의해서 성경의 더 심오하고 난해한 의미에 침투하게 되고, 교회 제도의 신비롭고 거룩한 비결을 감지한다. 그렇지만 우리는 어떤 자들이 이 둘째 방법에 의해서 경탄스러운 성과와 신념으로 기독교 교리의 극한과 같은 이 최후의 단계에 도달하고, 위안과 독실한 감사와 개선된 행동 습관과 겸손한 마음을 가지고 승리를 누리는 것을 본다.

  그러나 나는 자기들이 잘못한 것에 관한 혐의를 씻기 위해서, 그리고 그들에 관해 우리들을 안심시키기 위해서 우리가 교리를 실천해 가는데 극단적이고 조심성 없고 부당하게 행동하며 폭력을 쓴다는 극도의 비난을 받게 함으로써, 교리에 오점을 남기는 자들을 이 계열에 넣고 싶은 생각은 없다.

  순박한 농민들은 선량한 사람들이며 철학자들도 선량한 사람들이다. 적어도 우리 시대에 유익한 학문의 폭넓은 교양을 풍부히 쌓고 천성이 강직하고 명철한 학자들 말이다. 농민들의 배우지 못하고 알지 못함을 경멸하지만, 학자가 되는 길에 이르지 못한 얼치기들은(두 안장에 엉덩이를 걸친 격이니 내가 그들이며, 세상에는 이런 축들이 많다) 위험하고 어리석고 주체 못할 인간들이다. 이들이 세상을 혼란시킨다. 그 때문에 나로서는 될 수 있는 한, 농민 천성의 바탕으로 물러간다. 나는 그 무식의 처지에서 빠져 나가려 한 적이 없었다. 민중들의 자연스러운 시가(詩歌)는 순박성과 우아미를 가졌기 때문에, 그 점에서 기술에 의한 완전한 시가의 주류인 미와 비교된다. 가스코뉴 지방의 전원시인 빌라넬르(목동가)나 아무 학문도 문자조차 모르는 국민들로부터 전해 오는 가요에 이런 점이 있다. 이 두 가지 사이에 머무는 진부한 시가는 명예도 가치도 없이 경멸받는다.

  그러나 이것은 마음의 길이 트인 다음에는 대수롭지 않게 일어나는 일이다. 하지만 아무것도 아닌 것을 가지고 실천하기 어려운 희귀한 일이라고 잘못 본 일이 있었고, 이를 내가 알게 되었고, 그리고 우리의 구상력에 열이 오르면, 그 따위 예는 수없이 발견되는 것을 알았다. 나는 이것만 붙여 말해 두련다. 이 《수상록》은 비판해 볼 값어치가 있다 해도, 내 생각으로는 이것이 평범하고 속된 인간들에게도, 특이하고 탁월한 사람들에게도 결코 비위에 맞지 않으리란 것이다. 속된 인간들은 충분히 이해를 못할 것이며, 탁월한 사람들은 너무나 속속들이 알아볼 것이다.

55
냄새에 대하여

어떤 사람들은 알렉산드로스 왕의 경우와 같이, 어떤 희귀하고 심상치 않은 체질로 인해 그들의 땀이 달콤한 냄새를 풍기고 있다는 말을 한다. 플루타르크와 다른 사람들은 그 원인을 탐구해 보고 있다. 그러나 보통 사람의 신체는 그 반대이다. 그리고 가장 좋은 상태라는 것은 냄새가 없는 경우이다. 아주 건강한 어린애의 숨결같이 가장 순결한 입김의 부드러운 냄새도, 우리를 역하게 하는 아무런 냄새도 없는 것보다 조금도 더 나을 것이 없다. 그 때문에 플라우투스는 말하기를—

여자는 냄새가 나지 않아야 좋은 향기이다.　　　　　　　(플라우투스)

마치 여자의 행동에서 가장 좋은 냄새는 그 행동이 눈에 띄지 않으며 소문이 없는 경우라고 하는 것과 같이, 여자의 가장 완벽한 향취는 아무 냄새도 나지 않는 것이다. 그리고 누가 색다른 좋은 향료를 쓴다면 그것을 사용하는 자들이 이 방면에 무슨 결함을 감추려고 사용하는 것이 아닌가 수상쩍게 생각해 볼 만한 이유가 있다. 그 때문에 옛날 시인들의 시구에 '냄새가 좋다는 것은 악취가 난다는 말'이라는 구절이 있다.

향기가 없다고 그대는 우리를 비웃는가, 코라키누스여

좋은 냄새를 피우기보다 냄새 없음이 더 좋으니라.　　　(마르티알리스)

그리고 다른 데서는—

언제나 좋은 향기를 내는 자는, 포스트무스여
좋은 향기를 냄이 아니다.　　　　　　　　　　(마르티알리스)

그렇지만 나는 좋은 냄새가 맞이해 주는 것이 대단히 좋으며, 악취는 극도로 싫어한다. 나는 그런 것을 누구보다도 멀리서 맡는다.

폴리푸스여, 멧돼지의 고약한 냄새로
그 숨어 있는 굴을 민감하게 색출하는 사냥개보다도 더한층
내 코는 노린내 나는 숫양 냄새를 맡는 데
독특하게 예민하다.　　　　　　　　　　　　　(호라티우스)

　좀 더 단순하고 자연스러운 냄새가 내게는 더 기분 좋게 느껴진다. 특히 부인들의 경우에 그렇다. 가장 둔한 야만족으로 스키타이 여인들은 목욕하고 나서 그들 땅에서 나는 어느 향기 있는 약품으로 전신과 얼굴에 가루를 뿌리고 발랐다. 그리고 남자를 가까이 하려면 이 가루를 털어서 살결은 매끈해지고 향기를 냈다.
　이상하게도 내게는 어떤 냄새건 잘 배어 오며 내 피부는 그것을 잘 흡수한다. 운이 좋지 않아 코에 향기를 담아 두는 장치를 타고나지 못했다고 천성을 탓하는 자는 잘못이다. 향취는 저절로 온다. 그러나 특히 내게는 텁수룩하게 난 콧수염이 향기를 담아 준다. 만일 내가 장갑이나 손수건을 거기 갖다 대면 그 냄새는 하루종일 머물러 있다. 이 냄새로 내가 어디서 오는지 발각된다. 젊었을 적에는 열렬한 키스를 하고 난 후면, 그 탐스럽고 끈적거리는 맛이 여러 시간 동안 거기 남아 있었다.
　그러나 이 때문에 나는 사람들과의 접촉에서 공기로 전염하여 오는 돌림병에

더 잘 걸렸다. 그래서 나는 우리 도시나 군대에 여러 가지로 돌고 있는 돌림병을 피해 다녔다.

　소크라테스에 관해서 이런 말이 책에 나온다. 그는 아테네에서 나가 본 일이 없으며, 페스트가 그렇게도 여러 번 돌고 있는 동안에도 그만은 결코 걸리지 않았다.

　의사들은 이런 향기로 더 많은 효과를 얻을 수 있을 것이다. 왜냐하면 나는 향기가 내 기분을 편하게 하며, 그 향기에 따라서 내 정신에 다르게 작용하는 것을 느꼈기 때문이다. 그래서 옛날부터 모든 나라의 종교에 널리 실천되는 것으로, 교회당에서 분향과 향료를 사용하는 것은 그것으로 우리의 감각을 자극하고 즐겨 주고 정화해서, 정신을 더욱 명상에 적당하게 만드는 것이라고 사람들이 말하는 것에 나도 찬성한다.

　그것을 판단하기 위해서, 나도 조미료를 가지고 특이한 향취를 조화시킬 줄 아는 요리사들의 기술을 배웠으면 싶다. 특히 이것은 우리 시대에 카를 대제와 회견하기 위해서 나폴리에 상륙한 튀니스 왕의 식탁에서 사람들이 주목한 것이다. 그의 음식은 향기 있는 약품을 칠했고, 사치스럽게도 그들 방식으로 공작새 한 마리와 꿩 두 마리를 차려 내는 데 백 뒤카의 돈이 들었던 것이다. 그리고 그 살점을 들어 내자, 큰 방뿐 아니라 궁전에 있는 모든 방과 이웃집에까지 아주 달콤한 향취가 번져 나가서 바로 없어지지도 않았다.

　내가 숙소를 정할 때에 주로 마음을 쓰는 것은 악취나는 답답한 공기를 피하는 일이다. 베네치아나 파리 같은 아름다운 도시들은 하나는 물웅덩이 냄새, 하나는 진흙 냄새 때문에 내가 가진 호의에 흥을 깨뜨린다.

56
기도에 대하여

　나는 학교에서 의심스러운 문제를 가지고 의견을 발표하며 토론을 시작하는 자들처럼, 여기 꼬투리도 없고 결론지을 수 없는 허황된 생각을 내놓는다. 그것은 진리를 세우기 위함이 아니고 진리를 찾기 위한 말이다. 그리고 내 행동과 문장뿐 아니라 내 사상을 조정하는 일을 많은 분들의 판단에 맡기는 바이다. 내가 무식하거나 세상 물정을 몰라 여기에 교회의 신앙 속에서 출생하여 그 속에서 죽어갈 우리 가톨릭적, 사도적(使徒的) 로마 교회의 거룩한 명령에 반대되는 말을 했다면, 그것은 버려야 할 일이라고 생각하며, 내 견해에 반대하거나 또는 동의하는 의견은 똑같이 내게 용납될 만하고 유익할 것이다. 그리고 그 때문에 나는 항상 내게 완전한 권한을 가진 그들의 검열 권위에 복종하며, 여기서와 같이 모든 문제에 이토록 당돌하게 참견하는 것이다.

내가 잘못 알았는지는 모르지만, 거룩하신 신의 은혜로 어떤 형식의 기도하는 법이 하느님의 입으로 한마디 한마디 불려져서 규정되어 있는 것인 만큼, 그것은 우리가 하고 있는 것보다도 더 정상적으로 실행해야 할 일이라고 항상 생각되었다. 그리고 내 말이 옳다면, 우리가 식탁에 앉을 때나 물러날 때, 아침에 일어날 때와 밤에 잠잘 때, 그리고 기도를 올리며 하는 습관이 된 모든 특수한 행동에서 하는 기도에는, 기독교도들이 그것만 해서는 안 된다고 하더라도 적어도 항상 파트노트르(하느님 아버지)를 사용했으면 한다. 교회는 교육의 필요에 따라서 기도를 여러 가지로 확대해 갈 수 있다. 왜냐하면 그것은 언제나 같은 실체요, 같은 사물인 것을 나는 잘 안다. 그러나 파트노트르의 기도는 민중들이 끊임없이 입에 올리는 특권을 가져야 할 것이다. 왜냐하면 이 기도에는 필요한 말이 모두 들어 있으며, 그것은 모든 경우에 아주 적합한 까닭이다. 이것은 내가 어디서든지 쓰는 유일한 기도이며, 변경하는 대신에 되풀이하여 쓰고 있다. 그래서 나는 이것 하나밖에 다른 기도는 기억해 두지 않고 있다.

나는 지금 어째서 우리는 모든 의도와 계획에서 하느님의 구원을 청하며, 기회가 옳은가 그른가는 따져보지도 않고, 우리가 허약해서 하느님의 도움을 받고 싶을 때면 어느 경우든지 모든 필요에 하느님을 부르며, 우리가 어떤 상태에서 무슨 행동을 하고 있건, 그것이 아무리 악덕스러운 일이라도 하느님의 권력에 호소하며, 그 이름을 부르짖는 따위의 이런 잘못이 어디서 오는가를 생각하고 있었다.

그는 단 한 분뿐인 유일한 보호자이며 모든 일에서 우리를 도와주실 수 있다. 그러나 그가 이 부자 간의 상냥한 결연으로 굽어살펴 우리에게 영광을 내리신다 하여도, 그가 착하시고 강력하신 만큼 그는 올바르시다. 그러나 그는 자기 능력보다 더 자주 정의를 사용하며 우리의 요구를 받아서가 아니라 정의란 이유로 우리에게 은총을 내리신다.

플라톤은 《법률편》에서 신들에 대한 세 가지 모독적 신앙을 들고 있다. 그것은 신들이 없다고 생각하는 일, 그들이 우리 일에 간섭하지 않는다고 생각하는 일, 그리고 우리가 간청, 공물(供物), 희생을 바치면, 그들은 아무것도 거절하지 않는다고 생각하는 일이다. 첫째 잘못은 그의 생각으로는 사람이 젊었을 때부터 늙을 때까지 결코 계속해 본 적이 없다. 그다음 두 가지는 그 신념이 힘들게 되는 수가 있다.

그의 정의와 능력은 불가분이다. 좋지 못한 목적으로 그의 힘을 간청해 보아도 헛일이다. 적어도 그에게 기도드리는 순간에는 심령이 깨끗해서 악덕스러운 정열은 버려야 한다. 그렇지 않으면 우리는 그에게 우리를 징벌하는 채찍을 제공하는 것이다. 우리가 용서를 청하는 분에게 무례함과 증오에 찬 심정을 바치다가는 우리는 자기 잘못을 바로잡는 것이 아니라, 그 잘못을 갑절로 늘리게 된다. 그 때문에 더 자주, 더 예사롭게 신에게 기도드리는 자들이고, 기도에 연관되는 행동의 개선과 향상을 조금이라도 보여 주지 않는다면

>만일 밤에는 간음을 범하고
>낮에는 그대가 머리에 골리아 고깔을 뒤집어쓴다면. (유베날리스)

나는 즐겨 그를 칭찬하지 않는다.

그러므로 패악한 생활에 신앙적 행동을 섞는 인간의 상태는, 어떤 점에서는 마음대로 살아가며 모든 행동이 해이한 상태보다 더 처단해야 할 일로 보인다. 그 때문에 우리 교회는 날마다 어떤 두드러진 악행의 완고한 행태를 가진 자들에게 가입하고 회원이 되는 은총을 거부하고 있다.

우리는 습관이나 버릇이 되어서 기도를 올린다. 더 자세히 말하자면, 우리는 기도문을 읽거나 발음한다. 그러나 그것은 결국 흉내 내는 것뿐이다.

그래서 나는 식사 전의 기도나 식후의 기도에 세 번 십자를 긋는 손짓을 보는

것이 불쾌하다.(이것은 내가 존중하고 계속적으로 실행하는 표정인데, 하품이 날 때까지도 하기 때문에 더욱 그렇다.) 그리고 하루 종일 어느 때나 그들 마음속은 증오와 탐욕과 불법 행위에 매여 있으니 말이다. 그들의 시간은 악덕에 바치며, 그 대상으로 체면상 하느님의 시간은 하느님께 바치는 격이다. 이렇게도 내용이 판이한 행동들이 하나에서 다른 것으로 넘어가는 바로 그 경계와 경향에서, 중단도 틈도 느껴지지 않게 동일한 보조로 계속되는 것을 보기는 참으로 기적 같은 일이다.

죄악과 재판관을 한 지붕 밑에서 평화스럽게 교체시키고 기르고 있으면서도 마음 편하게 지내다니, 어떠한 기적적인 양심이기에 이런 수작을 하는 것인가?

머릿속은 늘 음탕한 생각으로 웅성거리면서도 하느님 앞에서는 그것을 더러운 일로 판단하는 자가 하느님께 말할 때에는 무슨 말을 할 것인가? 그는 다시 정신을 차린다. 그러다가 갑자기 다시 타락한다.

그가 말하는 대로 하느님의 정의가 있다는 사실과 그분이 현존한다는 생각에 그의 심령이 뼈저리게 뉘우친다면, 그 깨달음이 아무리 짧은 시간의 일이라도, 바로 공포심 때문에 그의 생각은 자주 그쪽으로 돌아와서, 그는 즉시 자기 속에 버릇이 되어 용을 쓰는 이런 악덕들을 제압하고 있어야 할 일이다.

그러나 웬 말인가! 자기들의 하는 일이 극악한 죄라는 것을 알고 있으면서, 그 성과의 이득 위에 인생 전체를 세우는 자들이 있다니! 우리가 받아 온 직무들 중에 그 본질이 악덕으로 된 것이 얼마나 많은가! 어떤 자는 내게 고백하기를, 그는 자기 직책의 명예와 신용을 잃지 않기 위해서 자기 마음속에 품은 신앙과는 모순되며 자기 생각으론 저주해야 할 종교를 믿으며, 그것을 실천해 왔다고 하니, 그는 자기 마음속에 어떻게 이런 생각을 조화시켰던 것일까? 이 문제에 관해서 그는 하느님의 정의를 어떠한 언어로 말했던 것일까? 그들의 뉘우침은 눈에 보이며 손에 잡히게 뉘우쳐 고치는 실천이 있어야 하는 것이니, 그들은 하느님 앞에서나 우리에게나 그것을 주장할 길을 잃은 것이다. 그들은 만족한 실행과 회개도 없이 용서를 청할 만큼 당돌하단 말인가? 나는 앞에 말한 자들이나 이자들이나 같은 축으로 본다. 그러나 그들의 고집은 꺾기가 힘들다. 그들이 우리에게 꾸며 보이는, 그토록 급격하고 맹렬한 생각의 모순과 변덕은 내게는 기적과 같이 느껴진다. 그들은 우리에게 진정시킬 수 없는 단말마의 모습을 보여 준다.

지난 몇 해 동안에 머리에 얼마간 예지가 빛나며 가톨릭을 표명하는 사람에게 그의 신앙은 가짜며, 상대에게 영광을 준다는 뜻으로 그가 겉으로는 무슨 말을 해도 마음속으로는 자기 식으로 개혁된 종교를 믿고 있음에 틀림이 없다고 하며, 습관적으로 책망하는 자들의 사상은 얼마나 광신적인 태도였던가. 자기와 반대되는 사상을 가질 수 없다고 확신할 만큼 자기를 현명하다고 생각하는 것은 참 언짢은 병폐이다. 내세의 일에 희망과 공포를 품는 사상을 물리치고 인간에게는 현세에서의 어찌 될지 모르는 불균형한 운명밖에 없다는 식의 사상에 확신을 갖는다는 것은 더욱 언짢은 일이다. 그들은 내 말을 믿어도 좋다.

내 청춘 시절을 유혹할 무엇이 있었다면, 이 종교 개혁의 최근 기도에 수반하는 모험과 곤란성에 대한 야심이 거기에 큰 몫을 차지했어야 했을 일이다. 성령이 다윗에게 불러 준 거룩하고 신성한 찬송가를 난잡하고 당돌하고 불근신하게 사용하는 일을 교회가 금지하는 것은, 큰 이유가 없는 일이 아닌 것으로 보인다. 우리는 명예와 경건심에 찬 존경심과 조심성을 갖지 않고는 하느님을 우리 행동에 연관시켜서는 안 된다. 이 노랫소리는 우리 허파를 단련하고 우리 귀에 듣기 좋게 하기 위해서만 부르기에는 너무나 거룩하다. 이 노래는 양심에서 나와야지, 혓바닥에서 나와서는 안 된다. 상점의 점원이 경박하고 헛된 생각이나 하고 있는 중에 이 찬송가를 부르며 희롱하는 것을 용서하는 것은 옳지 않다.

우리 신앙의 거룩한 신비를 보이는 신성한 서적이 큰 방이나 부엌에서 시달리고 있게 두고 보는 것은, 참으로 옳지 못한 일이다. 옛날에는 그것이 신비였다. 지금은 이것이 장난거리이며 희롱거리가 되었다. 이렇게도 신중하고 정직하고 숭엄한 공부를 소일거리로 요란스럽게 해서는 안 된다. 그것은 미리 결정된 안정된 행동이라야 한다. 거기서는 항상 우리가 예배드릴 때의 전주인 '심금을 앙양하여'라는 말을 첨가해야 하며, 그때는 신체도 특수한 주의와 존경심을 보여 주는 태도를 갖추고 있어야 한다.

그것은 모든 사람들이 할 공부가 아니고, 하느님의 부르심을 받아서 거기에 헌신하는 사람들이 할 공부이다. 악인들, 무식꾼들은 그 공부로 더 나빠진다. 그것은 얘기해 줄 이야기가 아니고, 존경하며 두려워하며 숭배해야 할 이야기이다.

그것을 민중 언어로 옮겨 놓았다고 해서 일반인들도 다룰 수 있게 한 것이라고 생각하는 자들이 가관이다! 그들은 성경에서 읽어 보는 것을 모두 이해하지도 못하면서, 그 글자만을 중시한 것이 아닐까? 더 말해 볼까? 그들은 군중들을 이 조그만 효과에 접근시키려고 하다가 더 멀리 물리쳐 보낸다. 완전히 남의 해석에 맡기는 순수한 무식은 오만과 당돌성을 기르는 이 언어의 헛된 학문보다도 훨씬 건전하고 박식했다.

내 생각에는 그렇게도 경건하고 중대한 언어를 갖가지 방언으로 분산시키는 것을 각자의 자유로 맡기는 일은 효용보다도 위험이 더 많다고 본다.

유대인들, 회교도들, 그리고 거의 모든 다른 국민들은 창시 초부터 그들의 신비를 담아 왔던 언어를 선택하고 존중하며, 그것을 고치거나 변경하는 것이 금지되어 있다. 그럴듯하지 않은 것도 아니다. 바스크나 브르타뉴 지방에 그들의 말로 된 성경 번역을 비판할 수 있는 심판자가 있다고 생각하는가? 보편적 가톨릭 교회는 이 일보다 더 힘들고 더 엄숙한 해석, 판단이 있음을 알지 못한다. 설교하며 이야기해 나가면 그 해석은 막연하고 자유롭고 변할 수 있으며, 그 한 부분만을 말한다. 그러니 똑같은 해석이 되지 않는다.

우리 그리스 역사가들 중의 한 명이 기독교 신앙의 비결이 장바닥의 변변찮은 백성들의 손에 전파된다고 하며, 각자가 그것을 토론하며 자기 생각대로 말하고 있고, 하느님의 덕택으로 신앙심의 순수한 신비를 향유하는 우리로서 이것을 속된 무식꾼들의 입이 모독하게 두는 것은 우리의 큰 수치라고 그 시대를 비난한 것은 옳은 일이다.

그리고 이교도들은 소크라테스나 플라톤이나 가장 위대한 현자들에게도 델포이 신전의 제관(祭官)들에게 맡겨진 일을 알아보고 말하는 것을 금했다. 그는 또 군주들의 도당들도 신학의 문제에 관해선 신앙의 열성에서가 아니라 사사로운 감정으로 무장하고 있다고 하며, 신앙의 열성은 그것이 질서와 절제로 지도될 때에는 거룩한 이성과 정의를 본받지만, 인간의 정열로 지도되면 증오감과 시기심으로 변하며, 양식이 되는 밀과 포도 대신에 잡초와 쐐기풀만 무성하게 만드는 것이라고 말한다.

또 다른 역사가는 데오도시우스 황제에게 간청하여 말하기를, 교회의 분열은 토론에 의해서 진정되기보다는 오히려 사교(邪敎)를 잠 깨워 활기를 주는 것일 뿐이니, 그 때문에 모든 논쟁과 변증적 변론은 피하고 적나라하게 고대인들이 세워 놓은 신앙의 명령과 형식에 의거해야 한다고 말했다. 그리고 안드로니쿠스 황제는 그의 궁전에서, 신앙 문제에 있어 중요한 점에 대해서 두 세도가와 로파디우스가 논쟁하는 것을 보고, 그들을 질책하며, 그치지 않으면 그들을 강물에 던져 버리겠다고 위협했다.

우리 시대에는 어린애들과 여인들이 교회법에 관해서 가장 노련하고 경험 있는 자들을 지도하는 셈이다. 그런데 플라톤《법률편》의 첫 조목은, 그들에게 신들의 거룩한 명령에 대신하는 민중 법의 이유를 캐어 보는 것까지도 금지하고 있다. 그리고 노인들에게는 그 일에 관해서 당국자와 심의하는 것을 허가하지만, 거기 첨가해서 그것을 젊은 사람들이나 속인들 앞에서 해서는 안 된다는 조건을 붙이고 있다.

한 주교님(오소리오)은 글로 써놓기를, 이 세상의 다른 끝에는 옛사람들이 디오스고리드(모잠비크 근처의 스코트라 섬)라 부르던 섬이 있는데, 거기서는 모든 종류의 나무와 실과가 풍부하고, 공기는 건강에 좋으며, 그곳 주민들은 기독교도인데, 그 교회와 제단은 다른 그림은 없이 십자가로밖에 장식되지 않았고, 모두 금식과 축제를 철저히 지키고, 신부들에게 십일조를 꼭꼭 치르며, 그 풍습이 극히 정숙해서 남자는 한평생 한 여자밖에 모르며, 그뿐더러 자기들의 삶에 아주 만족해서 바다 한가운데 살면서도 배를 사용할 줄 모르고, 극히 순박해서 그들이 정성껏 지키는 종교에 관해서는 낱말 하나도 이해하지 못한다고 한다. 이것은 이 교도들이 아주 경건한 우상 숭배자이며, 자기들의 신에 관해서는 그 이름과 조각상밖에 아는 바 없다는 사실을 모르는 자에게는 믿어지지 않을 일이다.

에우리피데스의 비극《메날리포스》의 옛날의 글 첫머리는 이렇게 시작했었다.

    오, 제우스여, 그대에 관해서는 단지
    그대의 이름밖에 아무것도 모르나니,

나는 또 내 시대의 어떤 작품들이 순수하게 인간적이며 철학적이고, 신학에 관한 말은 섞지 않았다고 비난하는 것을 보았다. 반대하는 측에도 어떤 정당성이 없는 것은 아니다. 즉, 하늘에 관한 학설은 모든 일을 지배하는 왕좌와 같이 특수하게 자기 지위를 차지하며, 그것은 어디에서나 주(主)가 되고, 보좌적이거나 종속적인 것이 아니며, 문법·수사학·논리학 등의 예는 아마도 이렇게도 신성한 문제에서보다도 연극·유희·공공의 행사 등, 다른 곳에서 찾아보는 것이 적당할 것이다. 신성한 사리는 거기 인간적 사유가 겹쳐 있는 것보다는 오로지 그 자체의 방식으로 존경과 숭배를 받고 고찰되어야 하며, 고전 학자들이 너무 비신학적으로 쓴다는 잘못보다도 신학자들이 지나치게 인간적으로 글을 쓰는 잘못을 자주 저지른다고 하는 식으로, 그들과 반대로 말하는 측에도 어떤 정당성이 없는 것이 아니다.

성 크리소스토모스는 "철학은 이 거룩한 학파에서는 쓸모없는 여자 종과 같이 이미 오래전에 축출당했으며, 하늘의 일에 관한 학설의 거룩한 보고의 제단을 지나다가 단지 그 문간에서 들여다볼 자격도 없는 것으로 간주된다"고 하며, 인간적인 화법은 한층 천한 형식으로 되어 있기 때문에, 거룩한 화법이 가진 위엄과 장려와 권위를 거기 사용해서는 안 된다고 했다. 나로서는 인간적인 화법에, '인정하지 않은 어법'(성 아우구스티누스)으로 운·운명·변고, 행운과 불행, 제신들 그리고 그들 격식의 다른 말투를 사용하게 둔다.

나는 인간적이며, 내 개인적인 상념들을 의문과 변경이 불가능하게 하늘이 내린 것으로서가 아니고, 단순히 인간적 상념으로, 그리고 별개로 고찰된 것으로 내놓는다. 이것은 내 생각의 재료이지 신앙의 재료는 아니다. 나는 하느님을 따라서 믿는 것이 아니고, 어린애들이 자기 생각을 내놓듯이 내 방식으로 생각하는 것이다. 가르쳐 주기 위한 것이 아니라 가르침을 받기 위한 것이다. 속인의 방식으로 하는 것이고, 교회의 방식으로 하는 것이 아니다. 그러나 역시 신앙적으로 하는 것이다.

그리고 신앙을 명백한 직업으로 가진 분들이 아닌 모든 사람들에게는, 종교에 관해서 글쓰는 일에는 대단히 조심하라는 것 외에 간섭하지 말라는 명령은 어떤 유용성과 정당성이 있는 일이다. 사실 나 역시 여기에 대해 입 다무는 편이 옳을 것 같다고 사람들은 말하지 않을 것인가?

나는 우리 편이 아닌 자들(신교도들)이 여느 때 하는 말에는 하느님의 이름을 쓰지 않는다는 말을 들었다. 그들은 감탄조로나 고함지르거나 증명하거나 비교하는 데 사람들이 이 말을 쓰는 것을 원치 않는다. 이 점에서는 나도 그들이 옳다고 본다. 그리고 사람들과 교제하고 사귀는 데 어떤 방식으로 하느님을 부르더라도 그것은 신중하고 경건하게 해야 한다.

크세노폰의 한 문장에는, 우리는 기도하기 위해서 마땅히 처해야 하는 조절되고 개심하고 경건한 자세에 자주 우리 심령을 둘 수 있는 것이 아닌 만큼, 너무 자주 하느님께 기도해서는 안 되며, 그렇지 않으면 우리 기도는 헛되고 쓸모없을 뿐 아니라 악덕스러운 일이라고 말한 곳이 있는 듯싶다. '우리가 우리를 모욕하는 자들을 용서하듯이 우리를 용서하라'고 우리는 말한다. 이것은 우리가 상대에게 복수심도 원한도 안 가졌다고 하는 것이 아니고 무엇인가? 그렇지만 우리는 우리의 잘못을 없애 주기를 호소하며, 그의 구원을 청하고, 불의를 행하라고 신에게 간청한다.

　　내밀히 하지 않으면 청탁 못할 일을 신들에게 간청하며.　　(페르시우스)

인색한 사람은 자기 보배를 쓸모없이 헛되게 보조해 달라고 신에게 간청하고, 야심가는 자기 정열의 지도와 성공을 위해 기도하고, 도둑놈은 그의 나쁜 계획을 진행하는 데에 부딪치는 모험과 어려움을 극복하게 해 달라고 신의 도움을 빌려 하고, 또는 한 통행인의 목을 자르는 데 일을 쉽게 해 주었다고 신에게 감사한다. 가옥을 기어올라가거나 폭파시키려고 그 아래에 와서, 잔인성과 탐욕에 충만한 채 그들은 기도를 올린다.

　　그대가 주피터의 귀에 속삭이려는 것을 스타이우스에게 말해 보라.
　　그는 "주피터님, 맙소사! 이런 일도 있나요!" 할 것이다.
　　그런데 주피터는 똑같이 놀라지 않을 것이라고 그대는 생각하는가!
　　　　　　　　　　　　　　　　　　　　　　　　　　(페르시우스)

나바르 여왕 마르그리트가 젊은 왕공에 관해서 한 이야기이다. 그 이름을 지적하지 않았어도 지체 높은 분인 까닭에 그가 누구인지 알 수 있지만, 그분은 파리의 어느 변호사 부인과 동침하러 지정된 밀회 장소로 가는데, 길이 교회를 거쳐 가게 되어서 오가는 길에 기도를 올리지 않고는 결코 지나갈 수 없었다는 것이다. 나는 하느님의 은총을 이렇게 사용하는 이 착한 마음씨로 가득 찬 그의 심령이 어떤 것인가를 그대들의 비판에 맡겨 둔다! 그러나 여왕은 이것을 신앙심이 특별히 깊은 증거라고 주장한다. 여자들이 신학의 문제를 취급하기에 부적당하다는 증거는, 이 실례만으로 그치는 것이 아니다.

진실한 기도와 우리로부터 하느님께로의 신앙적인 화해는, 바로 그 당시에 악마의 지배에 속하고 있는 불순한 심령에게는 있을 수 없는 일이다. 악덕을 행하는 중에 하느님께 자비를 호소하는 자는 소매치기가 순경에게 도움을 청하는 격이며, 거짓말을 진짜로 보이기 위해서 하느님의 이름을 내놓는 식이다.

    우리는 입 속으로 범죄가 되는 기도를 속삭인다.   (루카누스)

사람들이 신에게 비밀히 요청하는 바를 감히 밝혀 볼 사람은 드물다.

    제단 앞에서 중얼대며 속삭이는 것과는 반대로,
    소리 높여 드러내놓고 자기 소원을 표현하기는
    각자가 할 수 있는 일이 아니다.   (페르시우스)

그 때문에 피타고라스학파들은 이와 같은 좋지 못하고 적당치 않은 일을 신에게 요구하지 못하게 하기 위해, 그 요청이 공공연하게 각자에게 들리게 해 주기를 원했다.

    그는 큰 소리로 "아폴로여!" 하고 말한다. 그러고는
    사람에게 들릴까 봐 입술을 떨며 말한다.
    "예쁜 라베르나(로마의 도둑의 신)여

내게 속이는 힘을 내려 다오.
내가 정직하고 선량한 인간으로 보이게 하라.
내 범죄와 사기를 어두운 밤의 구름으로 은폐하라." (호라티우스)

신들은 오이디푸스가 부당하게 간청하는 바를 들어줌으로써 그를 엄중히 처벌했다. 그는 국가의 계승을 그 아들들이 무기로 해결하도록 기원했던 것이다. 일이 그의 말대로 되어서 불행을 자초했다. 모든 사물이 우리 의지대로 되기를 바라서는 안 된다. 이치에 맞게 되기를 원해야 한다.

우리는 거룩하고 신성한 언어를 마치 무슨 잡술이나 마술적 효과에 쓰는 것처럼 일종의 사투리같이 사용하며, 그 효과가 말의 구조나 소리나 낱말들의 순서나 우리의 용모와 자태에 달려 있는 것처럼 이야기하는 것으로 보인다. 마음은 추잡한 생각으로 가득 차고, 무슨 후회하는 심정이나 하느님과 화해할 생각으로 새로 가진 것도 아니며, 우리는 다만 기억에 담아 두고 있는 말을 신에게 하여, 그것으로 우리 잘못에 대해서 속죄해 주기를 바란다.

아무리 우리가 죄인이고, 증오할 만한 인간일지라도 하느님의 법만큼 쉽고 상냥하고 유리한 것은 없다. 우리가 아무리 비천하고 더럽고 진흙투성이이며 장래에 뭣이 될지 모르더라도, 하느님의 법은 우리에게 손을 내밀어 그 무릎 위에 받아 준다. 그런 만큼 그 보답으로 우리는 그것을 좋은 마음으로 우러러보아야 한다. 더욱이 용서는 감사의 마음으로 받들어야 하며 적어도 하느님께 기도드리는 순간에는 심령이 죄와 잘못을 미워하며, 우리를 하느님께 거역하게 하는 정열을 원수로 보아야 한다. 플라톤은 말하기를 "신들도 악인의 선물은 받지 않는다"고 했다.

> 깨끗한 손으로 제단에 닿기만 한다면
> 풍부한 희생으로 비위 맞추어 줄 것 없이
> 거룩한 떡 한 조각, 톡톡 튀는 식염 한 덩어리로
> 페나트(로마의 터줏신)의 분노를 진정시킬 수 있다. (호라티우스)

57
나이에 대하여

나는 우리가 나이의 지속 기간을 정하는 방식을 용납할 수 없다. 나는 학자들이 여느 사람들의 생각에 비해 나이를 심하게 단축시키는 것을 본다. 소 카토는 자기가 자살하는 것을 막으려는 자들에게 "글쎄, 내 지금 인생을 버리기가 너무 빠르다고 책망할 수 있는 나이인가?"라고 말했다. 그러나 그는 그때 48세밖에 안 되었다. 그는 이 나이에 도달하는 자도 대단히 드문 것으로 생각하여, 자기는 매우 성숙하고 상당히 나이가 들었다고 생각하고 있었다. 그러나 어떻게 계산한 것인지 모르지만, 그것이 자연스러운 일이라고 부르며, 그보다 몇 살 더 약속하는 나이를 살겠다고 하는 생각을 품은 자들은, 만일 우리 각자가 자연스러운 굴복으로 언제 당할지 모르며, 사람들이 자기는 그만큼 살겠다고 작정하는 나이를 마음대로 중단시킬 수 있는 수많은 변고들을 당하지 않는 특권이라도 가진다면, 그만큼 살아 볼 수 있을 것이다.

극도의 노령으로 힘이 쇠약해져서 죽기를 기대하며 생명의 이러한 지속을 목표로 삼는다는 것은, 이런 죽음이 지금은 통용되지 않고 드문 일인 바에 그 무슨 꿈을 꾸고 있는 수작인가? 우리는 마치 말에서 떨어져 목이 부러진다든지 난파선에서 숨 막혀 죽는 것, 갑자기 페스트나 폐렴에 걸려 죽는 것은 마치 자연적 죽음과는 반대되는 일이고, 우리 평상시의 조건은 이런 불길한 사건들을 제공하지 않을 것처럼, 노쇠해서 죽는 것을 자연사라고 부른다. 이런 고운 말로 좋아하지 말자. 아마도 우리는 늘 있는 보편적이고 전반적인 것을 차라리 자연이라고 불러야 한다.

늙어서 죽는다는 것은 희귀하고 특이하고 심상치 않은 죽음이며, 다른 죽음들보다도 오히려 자연스럽지 않다. 앞길이 멀면 멀수록 더욱 우리로서는 그런 생명을 바라기 힘든 일이다. 그것은 우리가 그 너머까지 넘어갈 수 없으며, 자연의 법칙이 그것을 넘지 못하게 결정해 놓은 한계이다. 그러나 그때까지 우리가 생명을 지속한다는 것은 자연이 주는 희귀한 특권이다. 그것은 이삼백 년 동안에 단 한 사람에게 특수한 은총으로 내리는 면제이며, 이 오랜 시기 사이에 운명이 다른 사람들에게 던져 주는 역경과 어려움을 그 사람에게만 덜어 주어서는 안 되는 일이다.

그래서 내 생각으로는, 우리가 지금 도달한 나이를 보면 그것은 몇 사람도 도달하지 못하는 드문 나이다. 평범한 생애로서는 사람들은 여기까지 이르지 못하는 만큼, 이것은 우리 나이가 상당히 지난 것을 말한다. 그리고 우리가 인생의 진실한 척도인 어느 한계를 넘은 이상, 이 나이를 더 넘어 보려는 생각은 말아야 한다. 세상 사람들이 쓰러지는 것을 너무도 많이 직접 보아 왔으나 죽음의 기회를 면했으니, 보통의 관례를 벗어나서 이만큼 우리 목숨을 유지시켜 준 이 심상치 않은 운이 더 계속될 수 없다는 것을 인정해야 한다.

이러한 그릇된 공상을 해 본다는 것은 법칙 자체의 결함이다. 법률은 사람이 25세가 되기 전에 자기 재산을 관리하는 일을 원하지 않는다. 그러나 그는 그때까지 기껏 자기 인생을 관리하는 것이 고작이다. 아우구스투스는 로마의 옛날 법령에서 다섯 살을 깎아서, 법률의 직책을 맡을 수 있는 것은 30세면 족하다고 했다. 세르비우스 툴리우스는 47세를 넘은 기사들에게 전쟁에 나가는 의무를 면제해 주었다. 아우구스투스는 나이를 45세로 끌어당겼다. 55세나 60세 전에 사람을 은퇴시키는 것은 어떤 이유가 있다고는 보지 않는다. 나는 사람이 할 수 있는 한 직책과 직업을 연장시켰으면 한다. 그러나 다른 면에 잘못이 있음을 본다.

그것은 일찍부터 우리에게 직무를 맡기지 않는 일이다. 아우구스투스는 19세에 전 세계의 심판자가 되었는데, 반면에 다른 사람은 빗물 홈통을 달 자리를 판단하는 데 30세가 되어야 한다.

나로서는 우리 심령은 20세가 되면, 그것이 장차 될 싹수는 다 풀려서 할 수 있는 능력을 모두 약속해 준다고 본다. 이 나이에 자기 능력의 명백한 징조를 보여 주지 않은 심령으로서, 그 후에 그런 능력을 가진 증거를 보여준 일은 없었다. 자연의 소질과 덕성은 이 시기가 되면 그 심령이 가진 강력하고 아름다운 표시를 보여 준다. 그렇지 않으면 영원히 보여 주지 않는다.

　　가시는 돋칠 때 찌르지 않으면
　　다시는 찌르는 일이 없다.

도피네 사람들은 말한다.

내가 알고 있는 모든 아름다운 인간 행동들 중에서, 그것이 무슨 종류이건, 옛 시대나 오늘날이나 대부분은 30세 이후보다 그전에 이루어진 것을 더 많이 헤아릴 수 있다고 생각한다. 그렇다.

한 인간의 생애를 두고 보아도 그렇다. 한니발의 생애와 그의 위대한 적수인 스키피오의 생애에서도 확신을 가지고 그렇게 말할 수 있지 않은가? 생애의 아름다운 반생을 그들은 젊었을 때에 얻은 영광으로 살아 보았다. 그다음에 다른 사람들에 비교해 보니 위대했다. 그러나 그들 자신으로 비교해 보면 결코 그렇지가 않다.

나로서는 이 나이부터는 내 정신이나 육체는 불어나기보다 줄었고 전진했다기보다 후퇴했다고 확신한다. 시간을 잘 이용하는 자에게는 학문과 경험은 나이와 함께 자랄 수 있다. 그러나 활기와 민첩성과 견고성, 그리고 우리에게 있는 더 중요하고 본질적인 다른 소질들은 시들며 쇠약해 간다.

   세월의 강력한 공격이 신체를 깨뜨려 부수고
   우리의 체력이 둔화하여 사지가 약화될 때에는
   판단력도 발을 절고 혀와 정신은 고장이 난다.　　　　(루크레티우스)

때로는 신체가 먼저 노령에 항복하고 어느 때는 심령이 먼저 항복한다. 나는 위장과 다리보다도 뇌수가 먼저 쇠약해지는 것을 보았다. 그것을 겪는 자는 그 쇠약이 잘 느껴지지 않고 잘 드러나지 않는 만큼, 그만큼 더 위험하다. 나는 법률이 우리를 너무 늦게까지 일을 시키는 것을 불평함이 아니라, 더욱 오래도록 우리에게 일을 시키지 않는 것을 불평한다. 우리 인생의 연약함을 고찰하고 자연의 암초에 사람들이 얼마나 많이 부딪히는가를 생각해 보면, 우리는 인생의 대부분을 출생과 한가함과 훈련에 할당해서는 안될 일로 보인다.

제2권

1
우리 행동의 줏대 없음에 대하여

인간의 행동을 검토하는 자들은, 그 행동을 하나의 동일한 전체 모습으로 맞추어 보려고 할 때 가장 당혹하게 된다. 왜냐하면 행동들은 이상하게도 대개 서로 모순되어, 도무지 그것이 한 공장에서 만들어진 것이라 하기는 불가능해 보이기 때문이다. 소(小) 마리우스는 어느 때는 마르스 신의 아들이다가, 어느 때는 비너스의 아들이 된다. 보니파치오 교황은 직책을 맡아서 들어갈 때에는 여우 같았고, 죽을 때는 개와 같았다고 한다. 그리고 누가 그 앞에서 어떤 죄인의 사형 선고 판결문에 서명하라고 격식에 따라 내놓자, "내가 글씨를 쓸 줄 몰랐다면 얼마나 좋았을까" 하고 대답하던 자가 바로 저 잔인성의 표본 같은 네로였다는 것을 누가 믿을 수 있겠는가? 한 인간에게 사형을 선고하는 것이 그렇게까지 마음에 괴로웠다니 말이다.

모든 일에는 이런 사례가 너무나 많아 누구라도 이런 예는 얼마든지 찾아낼 수 있다. 결단성이 없는 것은 우리의 천성에서 가장 공통되게 명백한 악덕으로, 나는 지각 있는 사람들이 이런 것을 둘러맞추려고 애쓰고 있는 꼴을 보면 언제나 이상한 생각이 든다. 희극 작가 푸블리우스의 유명한 시구가 그것을 증명한다.

　　재고해 볼 수 없는 결심은 나쁜 결심이다.　　　　(푸블리우스 시루스)

생활에서 가장 예사로운 특징을 가지고 사람을 판단해 보는 것은 타당하다.

그러나 우리의 행동 습관이나 사상은 그 본성부터 확고한 것이 아니기 때문에, 나는 훌륭한 작가들까지도 우리가 지조 있는 견고한 구조를 지니고 있다고 주장하며 고집하는 것은 잘못이라고 생각했다. 그들은 인간의 보편적 자세를 골라내 본다. 그리고 이 모습에 따라 인물들의 행동을 정리하여 해석하려고 한다. 그리고 어지간히 잘 꿰맞춰 볼 수가 없으면 그것을 감추는 수단까지 쓴다. 그들은 아우구스투스의 전부를 파악하지는 못했다. 왜냐하면 이 인물에겐 그의 전 생애를 통해서 행동이 너무나 명백하고 급박하며 결단력이 없었기 때문에, 가장 과감한 심판자라도 그가 어떤 인간인지 종잡을 수 없었기 때문이다. 나는 다른 모든 일보다 인간이 견실성이 있다고는 믿어지지 않으며, 오히려 줏대 없다고 생각하기가 더 쉬웠다. 인간을 단편적으로 세밀한 점을 하나하나 명확하게 판단하는 자가 더 자주 진실을 말할 기회를 가질 것이다.

고대를 통해 예지의 주요 목적인 줏대가 확고히 선 삶을 산 인간은 열두엇도 찾아보기 힘들다. 이 인생을 한마디로 이해하여 우리 인생의 모든 법칙을 하나로 파악해 보면, 그것은 항상 동일한 일을 원하거나 또는 원치 않는 일이라고, 옛사람(세네카)은 말했다. 그는 말한다. "나는 의지가 정당하다면, 하고 붙여 말할 생각은 없다. 왜냐하면 의지가 정당하다면 그것은 항상 하나로 있기가 불가능하기 때문이다."

사실 나는 지난날, 악덕이라는 것은 무질서이자 절도가 부족한 것에 불과하며, 따라서 거기에 줏대를 세우기는 불가능하다는 것을 알았다. 모든 도덕의 시초는 의논과 숙고에 있고, 목표와 완성은 지조에 있다고 한 것은 데모스테네스의 말이라고 한다. 만일 생각함으로써 확실한 길을 잡는다고 한다면 우리는 가장 아름다운 것을 잡을 것이다. 그러나 아무도 그렇게 생각한 자는 없다.

> 그가 원하던 바를 그는 거부한다.
> 그는 다시 포기한 바를 원한다.
> 그는 항상 들떠 있으며
> 그의 인생은 끊이지 않는 모순이다.
> 　　　　　　　　　　　　　　　(호라티우스)

우리는 여느 때 욕망의 경향에 따라서 좌로 우로, 위로 아래로, 기회의 바람이 우리를 실어가는 대로 쫓아간다. 우리는 원하는 그 순간밖에 우리가 원하는 것을 생각하지 않으며, 마치 주변의 빛깔에 따라서 변하는 동물과 같이 변한다. 지금 이 시간에 제안한 것을 우리는 금세 변경하며 방금 걸어온 길을 되돌아간다. 우리는 의지가 없어 흔들릴 뿐이다.

우리는 타인의 끄나풀에 조종되는 인형같이 움직인다.　　　　(호라티우스)

우리가 스스로 가는 것이 아니다. 우리는 떠내려가는 사물처럼, 물이 물결치느냐 잔잔하느냐에 따라 때로는 순하게, 때로는 맹렬하게 실려 간다.

인간은 자기의 원하는 바를 모르고 끊임없이 찾으며
마치 이렇게 해서 자기의 무거운 짐을 벗어던질 수 있는 듯
계속 자리 바꾸는 것을 우리는 보지 않는가?　　　　(루크레티우스)

날마다 새 공상이며 기분은 날씨의 변화에 따라 움직인다.

인간의 사상은 주피터가 그들에게 보내는
풍부한 태양빛과 함께 변한다.　　　　(호메로스)

우리는 여러 의견 사이에 떠돈다. 아무것도 자유롭게, 아무것도 절대적으로, 아무것도 줏대 있게 원하지 않는다. 확실한 법칙과 지침을 머릿속에 결정하여 세워 놓은 자에게서 균형 잡힌 습관과 질서와 사물들 사이의 한결같은 관계가 그의 인생을 통해 빛나는 것을 볼 수 있을 것이다.

엠페도클레스가 주목한 바에 의하면, 아그리겐툼 사람들은 마치 내일 죽을 것처럼 쾌락을 탐하고, 영원히 죽지 않을 것처럼 무언가를 끊임없이 건설해 가는 모순된 습성을 가졌다.

저(법을 세워 가진) 인물의 사상은 소(小) 카토의 경우에서 보는 바와 같이 이해

하기 쉬운 일이다. 그 마음의 한 줄을 튕겨 보면 모든 줄을 튕겨 본 것과 같다. 그것은 서로 어긋남 없이 극히 잘 조화된 음절들의 화음이다. 우리에게는 그 반대로 행동의 수만큼 다른 판단이 있어야 한다. 내 생각으로는 가장 확실한 판단은 사물들을 깊이 파고들어가서 다른 결론을 내리지 말고, 이런 행동들을 그 가장 가까운 사정에 비추어 고찰해야 할 일이다.

우리나라가 불행하게도 혼란에 빠져 있을 때 다음과 같은 이야기를 전해 들었다. 내가 있는 곳에서 아주 가까이 사는 한 소녀는 자기 집에 나그네로 들어온 뜨내기 병정이 범하려 달려드는 것을 피하려고 창문 밖으로 뛰어내렸다. 떨어져도 죽지 않자 그녀는 죽으려고 자기 몸을 칼로 찔렀다. 사람들이 그 행동을 막았지만, 그 때문에 심하게 다쳤다. 그녀의 고백에 따르면, 그 병정은 다만 그녀에게 간청하며 선물을 갖다주었을 뿐, 아직 강제 수단을 쓴 것도 아니었다. 그녀는 강제 수단이 나올까 두려워했던 것이다. 말로나 행동으로나, 자신의 몸을 지키려고 생명을 걸어 피까지 흘린 이 도덕의 증거는 루크레티아가 다시 세상에 나온 것 같은 행동이었다. 그러나 알고 보니 그 여자아이는 그 전에도 그 후에도 그렇게까지 비싸게 굴지 않은 말괄량이였다. 이야기에도 있지만, 그대가 아주 미남요 얌전하게 굴어도 그대가 여자한테 하는 수작이 성공하지 못했다고 해서, 바로 그녀가 애인이 침범할 수 없게 정조를 지키는 열녀라고 결론짓지는 말 일이다. 어떤 마부(馬夫)라도 그 요행수를 얻지 못할 일은 아니다.

안티고노스는 병사 하나가 용감하고 기백이 대단하기에 가상히 여겨서 그가 오랫동안 고생하고 있던 만성 속병을 치료해 주게 했다. 그런데 병이 나은 뒤로 직무에 태만하게 된 것을 보고, 누가 그를 이렇게 변하게 만들어 놓았느냐고 물었더니 그가 대답했다. "당신께서 하셨습니다. 내가 생명을 지푸라기같이 여기게 하던 병을 당신께서 없애 주셨습니다."

루쿨루스의 한 병사는 적에게 약탈당하고 나서 그들에게 보복하려고 용감하게 공격을 감행했다. 그가 약탈당했던 것을 되찾아오자 루쿨루스는 그를 가상하게 여겨—

    비겁한 자라도 용기를 북돋아 일으킬 만한 말씨로   (호라티우스)

그가 생각할 수 있는 가장 좋은 말로 권하며, 그 병사를 어느 위험한 작전에 나가라고 했다. 그랬더니 그 병사는 대답했다. "적에게 약탈당한 어느 가련한 병사에게 시키시오."

아무리 촌부(村夫)일망정 그는 대답하기를
"지갑을 빼앗긴 자라면 그대 원하는 곳에 가리다."　　　　　(호라티우스)

병사는 단호하게 가기를 거절했다.
마호메드는 자기의 친위 대장인 샤산의 부대가 헝가리 군대에게 돌파당하며 싸움에 비겁하게 임하는 것을 보고 그를 호되게 나무랐다. 그러자 샤산은 아무 대답도 없이 차리고 있던 그대로 무기를 잡고는 혼자 닥치는 대로 적진 속에 맹렬하게 뛰어들어 순식간에 그 속에 말려들어 버렸다. 이 이야기를 읽어 보면, 그의 행동은 명예를 회복했다기보다 생각을 바꾼 것으로, 천성이 용맹했던 것이 아니라 그가 새로운 분노를 폭발시켰던 것이리라.
어제 대단한 모험을 무릅쓰던 자가 오늘 아주 겁보 노릇을 하는 것을 본다고 해도 이상한 일은 아니다. 그는 화가 났거나 피로에 지쳤거나, 친구 때문이거나 술이 시켰거나, 또는 나팔소리에 배짱이 생겼던 것이다. 그것은 이성의 힘으로 용감해진 것이 아니라, 사정에 몰려서 강해진 것이다. 그러나 반대로 그가 아주 딴사람이 되었다고 해서 조금도 놀랄 것은 없다.
우리의 태도가 이렇게도 잡다하고 모순된 것을 보고, 어떤 자들은 우리가 두 가지 심령을 가졌다고 하고, 어떤 자들은 두 가지 힘이 우리들을 따라다니며 하나는 좋은 편으로, 하나는 나쁜 편으로 저마다 우리를 조종하는 것이라 하며, 이렇게도 급격한 잡다성은 도저히 단 하나의 주체에서는 나올 수 없는 일이라고 한다.
사건들은 바람처럼 휘몰아쳐 제멋대로 우리를 이끌어 간다. 뿐만 아니라 불안정한 자세 때문에 나 자신이 흔들리면 혼란에 빠진다. 그리고 조심스레 이것을 관찰한 자는 자기가 두 번 똑같은 상태에 있는 것을 보지 못한다. 나는 뉘어놓은 쪽에 따라서 내 심정을 어느 때는 이 모습으로, 어느 때는 다른 모습으로 보여 준다. 내가 나를 여러 가지로 말한다면, 그것은 내가 나를 여러 가지로 보는 까닭이다. 어떤 곳에서 어떤 방식에 따라서 모든 모순이 생겨난다. 부끄럼을 타고 건방지고, 정숙하고 음탕하고, 수다스럽고 시무룩하고, 억세고 연약하고, 약고 얼빠지고, 울적하고 온후하고, 박학하고 무식하고, 거짓말쟁이이고 정직하고, 관후하고 인색하고 낭비하는 이 모든 것을 나는 어느 점, 내가 보는 대로 알아본다. 누구든 세밀히 자기를 살펴보는 자는 자기 속에, 자기 판단력 속에도 이런 변덕과 충돌이 있음을 발견한다. 나에 대하여 나는 절대로 단순하고 견고하게, 혼란이나 혼동 없이, 또는 한마디로 말할 것도 없다. Distingo(잡다화한다)는 내 논리의 가장 보편적인 항목이다.

나는 늘 선(善)을 선이라고 말하고, 선으로 볼 수 있는 일은 좋은 편으로 해석하려고 한다. 그러나 우리 인간의 조건은 이상해서 착한 일을 하는 것이 반드시 의향으로만 판단되는 것이 아니라면, 하여튼 우리는 악덕에 몰려서 선을 행하는 일이 종종 일어날 것이다.

그러므로 어떤 용감한 행위를 보고 어느 자가 용감하다고 결론지어서는 안 된다. 진정으로 용감하게 행하는 자는 어느 때나, 어느 경우에나 용감하게 행할 것이다. 그것이 도덕에서 나온 습관이고 돌발적인 충동이 아니라면, 이 습관은 인간을 혼자 있을 때나 사람들과 같이 있을 때나, 진영(陣營)에서나 전장터에서나 모든 사건에 부딪칠 때 똑같이 결단성을 갖게 할 것이다. 사람이 어떻게 말하건, 길거리의 용감과 진영 안의 용감에 구별은 없는 것이다. 그런 사람은 병석에서 병도 용감하게 이겨 낼 것이며, 자기 집에서나 돌격전에서나 마찬가지로 죽음을 두려워하지 않을 것이다. 같은 인간이 성을 빼앗기 위한 치열한 전투에서는 용맹하게 처신하고, 소송 사건에 졌거나 아들을 잃었다고 여자같이 속을 썩이지는 않을 것이다.

모욕을 받고 비굴하게 굴고, 가난에는 굳게 견디어 내며, 외과의의 수술도 앞에서는 겁을 먹고, 적수의 칼날 앞에서는 완강하게 대할 때, 그 행동은 가상하나 그 인물은 그렇지 않다.

많은 그리스인들은 적의 앞에서는 당해내지 못했으나 병에 걸리면 굳게 견디었으며, 킴브리아인들과 켈베리아인들은 그 반대였다고 키케로는 말한다. "사실

확고한 원칙에서 나오는 것이 아니면, 아무것도 인정할 수 없다."(키케로)

그 예로 보아서 알렉산드로스의 경우보다 더 극단적인 용감성은 없었다. 그러나 그것은 그의 성격 가운데 한 면에 불과할 뿐, 모든 면에서 충만한 것은 못 된다. 그는 다른 사람과는 비교할 수도 없는 용감성을 지녔지만, 그렇다고 거기에 오점이 없는 건 아니다. 그래서 부하가 자기 생명에 대해서 꾸미는 음모에는 아주 사소한 의심에라도 마음이 동요되며, 그것을 수사할 때는 공포 때문에 맹렬하고도 조심성 없게, 정당성도 잃고 타고난 이성이 뒤집힌다. 또한 너무 미신을 믿은 탓으로 그는 다소 겁쟁이의 모습까지 보인다. 그리고 클리토스를 살해하고 나서 그가 과도한 고행을 지킨 것은, 역시 그의 용기가 고르지 못한 증거이다.

우리의 행동은 여러 조각을 모아서 꾸민 것에 불과하며 '탐락을 경멸하지만 고통을 받으면 비굴해지고, 영광은 모멸하나 세평이 언짢으면 용기가 꺾이고'(키케로), 가짜 간판을 세워 놓고 영광을 얻으려 한다. 도덕은 오직 그 자체를 위해서만 추종받기를 원한다. 그리고 우리가 가끔 다른 목적으로 그 가면을 빌려 오면, 도덕은 바로 이것을 벗어 내던진다. 심령이 도덕에 잠겼을 때에는 생생하고 강력하게 물들었기 때문에 그 조각이 떨어져 나가지 않고는 빛깔이 없어지지 않는다. 그 때문에 한 인간을 판단하려면 오랫동안 그 행동의 자취를 더듬어 보아야 한다. 만일 그가 지조를, 그 자체를 위해서 견지하는 것이 아니라면 "자기가 좇고자 원하는 길을 깊이 생각하고 난 다음에 택한 자는"(키케로), 또 만일 잡다한 사정에 따라서 그가 보조를 변화시키고 있는 것이라면(나는 길이라고 말한다. 왜냐하면 보조는 빨라질 수도 무거워질 수도 있기 때문이다), 제멋대로 가게 내버려 둬라. 우리 탈보트[1]가 좌우명 삼아 말하듯, 그런 사람은 바람결을 따라가는 자이다.

어느 옛사람(세네카를 말함)은 우리는 우연 속에 살고 있으니, 우리에게 미치는 우연의 힘이 크다는 것에 그렇게 놀랄 일은 아니라고 했다.

자기 인생에 확실한 목표를 세워 두지 않는 자는 특수한 행동을 처리해 갈 길이 없다. 낱낱으로 된 전부의 형태가 머릿속에 가다듬어지지 않는 자는 그 조각

---

[1] 영국의 무장. 가스코뉴 지방은 옛날 영국 왕의 영토였고, 이 무장의 활동 무대였기 때문에 몽테뉴는 그를 '우리' 탈보트라고 부르는 것이다.

들을 정리할 수 없다. 무슨 그림을 그릴지 모르는 자에게 물감을 주어서는 아무 소용없다. 아무도 자기 인생의 확실한 계획을 세우지 않는다. 그리고 우리는 그 한 부분밖에 고찰하지 않는다. 활을 쏘는 자는 먼저 어디를 겨눌지 알아야 한다. 거기다가 손과 활·시위·화살, 그리고 동작을 맞춰야 한다. 우리 의도는 종잡지 못한다. 거기에는 아무런 방향도 목표도 없기 때문이다. 가야 할 항구가 없는 배는 어떠한 사람도 소용없다.

나는 소포클레스의 비극 하나를 보고 나서, 그의 아들의 비난에 반대하며, 소포클레스가 집안일을 살펴볼 능력이 있다고 결론짓는 사람들의 의견에 찬동하지 않는다. 그리고 밀레토스인들을 계몽하려고 파견된 파로스인들이 그들을 보고 내린 추측도 충분한 것이라고 보지 않는다. 이 섬을 찾아가 보니, 땅은 잘 경작되고 농가는 훌륭하게 관리되어 있었다. 그래서 그들은 도시 시민들의 집회에서 하던 식으로 이곳 집주인들을 등록시키고 이 주인들 중에서 이 지방의 새 장관과 관리들을 임명했다. 그것은 이 섬사람들이 자기의 일들을 잘 처리하니, 공적인 일도 잘 하리라고 판단했기 때문이다.

우리는 모두 조각들로 되어 있으며, 너무나 형편없고 잡다한 구조라서 조각 하나하나가 시시각각 제멋대로 논다.

그리고 우리와 우리 자신 사이에는 우리와 남들 사이만큼이나 차이가 있다. "항상 동일한 인간으로서 행세하기는 대단히 어려움을 명심하라."(세네카) 대망은 사람에게 용감성과 절제와 관대함과 후덕함, 그리고 정의까지 가르칠 수는 없다. 탐욕은 이름 없이 아무것도 하는 일 없는 속에 자라난 가게의 사동의 마음속에 가정의 품을 차 던지고 분노하는 해왕신과 파도의 위험에 몸을 맡겨 낡은 배를 타고 멀리 떠나가 볼 확신을 심어 주고, 지각과 조심성까지도 가르쳐 준다. 또 비너스까지도 아직 매질과 훈련을 받고 있는 젊은이에게 결단성과 용감성을 불어넣고, 모친의 무릎을 떠나지 않는 소녀의 연약한 마음에 싸워 낼 힘을 주는 것인 만큼

비너스의 인도를 받아
소녀는 잠든 보호자의 감시를

남몰래 벗어나서
캄캄한 밤에 홀로 애인을 만나러 간다. (티불루스)

밖에 나타난 우리의 행동은, 단지 침착한 이성의 재주만으로 판단할 수 있는 일이 아니다. 속까지 뒤져 보아서 어떤 원동력이 사람을 움직여 행동하게 하는가를 보아야 한다. 그러나 이것은 고매하고 위태로운 시도인 만큼, 나는 그런 일에 참견하는 사람이 많기를 원치 않는다.

2
술주정에 대하여

세상은 잡다하고 서로 다른 것에 불과하다. 악덕은 그것이 어떤 악덕이든 악덕인 점에서는 같다. 그리고 스토아 학자들도 그것을 이렇게 이해한다. 그러나 이런 것이 똑같이 악덕이긴 하지만 동급의 악덕은 아니다. 그리고 그 한계를 백 보 넘어간 자가—

그것 너머에, 그리고 그곳 못 미처에
바른 길은 존재할 수 없음을. (호라티우스)

겨우 열 걸음 못 미처에 있는 자보다 더 나쁘지 않다는 말은, 믿을 수 없는 말이다. 그리고 신을 모독하는 행위가 우리 집 뜰 안의 양배추 한 포기를 훔친 것보다 더 나쁘지 않다는 말도 그렇다.

이웃집 정원의 어린 양배추를 훔친 행위도
어두운 밤에 신들의 제단을 약탈하는 행위와 똑같은 범죄라고 함은
결코 이성으로 설복하지 못할 일이다. (호라티우스)

다른 일에서와 같이 여기서도 일은 잡다하다.

죄악의 서열과 정도를 혼동함은 위험한 일이다. 그러다가는 살인범·반역자·폭군들이 너무 이득을 본다. 다른 어떤 사람이 게으르다든지, 음탕하다든지, 신앙에 열성이 부족하다고 해서 자기 양심의 책임이 줄어든다는 것은 사리에 맞지 않다. 저마다 자기 동무의 죄악은 들추면서도 자기의 책임은 덮어 둔다. 교사들까지도 죄의 경중을 잘못 다루는 것으로 보인다.

소크라테스가 "예지의 주요 역할은 선과 악의 구별에 있다"고 말한 것과 같이 우리는 기껏해야 악덕은 면치 못하는 터이니, 학문이 악덕을 식별하기 위해 있다고 말해야 할 일이다. 그것이 정확히 알려지지 않으면 도덕군자와 악인이 혼동되어 알아볼 수 없게 될 것이다.

그런데 다른 무엇보다도 술주정은 천하고 상스럽고도 짐승과 같은 악덕으로 보인다. 정신은 여기 낄 틈이 없다. 그리고 악덕 중에는, 이렇게 말해도 좋을지 모르지만, 무언가 좀 더 너그러운 것도 있다.

악덕 중에는 지식·근면·용감·조심·기교와 교묘 등이 섞이는 것이 있으나, 이런 것은 모두 육체적이며 세속적이다. 그래서 오늘날 나라들 중에 가장 야만적인 나라는 이런 것만을 숭상하는 나라(신교국 독일)이다. 다른 악덕들은 이해력을 변질시킨다. 이 술주정은 이해력을 전도시키고 육체를 둔하게 만든다.

> 술의 힘이 우리 몸에 배어들면
> 사지는 무거워지고 다리는 철쇄에 매인 듯 흔들거리며
> 혀는 굳고, 지성은 몽롱해진다. 눈빛은 흐릿해지고
> 그러다가 고함·재채기·싸움질을 하게 된다.　　　　(루크레티우스)

인간 최악의 상태는 자기 인식의 통제력을 잃은 때이다. 그래서 사람들은 포도액이 항아리 속에서 발효하여 바닥에 있는 모든 것을 위로 치밀어 올리듯, 술은 과음한 사람들에게서 그 속속들이 비밀까지 튀어나오게 한다고 말한다.

> 네가 바로 바쿠스의 유쾌한 열광 속에
> 현자(賢者)들에게서 근심과

가장 온화한 사상까지 빼앗아 온다. (호라티우스)

요세푸스는 적이 보낸 사신에게 술을 실컷 먹이고 나서, 말을 걸어 비밀을 토설하게 했다고 한다.
그렇지만 아우구스투스는 트라키아를 정복한 루키우스피소에게 가장 비밀되는 사물을 맡겨 주고, 티베리우스는 코수스에게 자기가 의도하는 바를 모두 일러 주었다. 알다시피 둘 다 술을 대단히 즐겼기 때문에—

습성으로 어제 마신 술이 아직 깨지 아니하니
혈관은 부풀어. (베르길리우스)

곤드레만드레된 것을 원로원에서 데리고 나와야 하는 일이 자주 있었지만, 그것 때문에 낭패를 본 일은 없었다. 사람들은 가끔 술에 취하는 킴베르를 물만 마시는 카시우스와 똑같이 믿어 주며, 카이사르를 죽이려는 계획을 그에게 터놓고 말했던 것이다. 그래서 그는 농담조로, "술도 참아 내지 못하는 나에게 폭군의 일을 입 다물고 참아 내라니!" 하며 대답했다. 독일 사람들은 술고래가 되어도 자기 부대의 구호나 자기 직위를 잊지 않는다.

그들이 술에 취하여 혓바닥이 굳어지고 걸음이 비틀거려도
그들을 넘어서기는 쉬운 일이 아니다. (유베날리스)

나는 역사책 속에서 다음과 같은 이야기를 읽어 보지 않았던들 이렇게까지 심하게 술에 취해서 정신적으로 질식되고 함몰된 이야기를 믿지 못했을 것이다. 그것은 아탈로스가 파우사니아스에게 심한 수치를 보이려고 저녁 식사에 초대했는데(그는 에파미논다스의 집에서 함께 교육받은 성과로 훌륭한 소질을 보여 준 마케도니아의 왕 필리포스를 그 뒤에 바로 이 문제로 죽였지만), 아탈로스는 그 자리에서 파우사니아스에게 술을 많이 먹여 지각을 잃게 한 다음, 그녀의 예쁜 육체를 마치 창녀처럼 마부나 자기 집 천한 하인들 여럿에게 능욕시켰다는 이야기이다.

그리고 이것은 내가 특히 존경하는 점잖은 부인에게 들은 이야기다. 보르도 근처 카스트르 쪽에 살던 과부로, 절개가 있다고 평판을 받고 있던 한 부인이 아이를 밴 기미를 느끼고, 이웃 부인들에게 자기에게 남편이라도 있으면 잉태한 것으로 생각하겠다고 농담처럼 말하고 다녔다. 그런데 날이 갈수록 이 의심은 커가고 마침내 임신이 확실함을 알게 되었다. 그녀는 교회당에서 설교할 때에 공고하여, 누구든지 이 사실을 고백하는 자는 용서하겠으며, 당사자가 마음에 있으면 결혼해 주겠다고 약속했다. 그러자 그 집 밭갈이 젊은 하인 놈이 이 공고에 용기를 얻고 말하기를, 어느 잔칫날 그 부인이 너무 과하게 술이 취해 자기 방 옆에 극히 점잖지 못한 자세로 쓰러져 깊이 잠들어 있는 것을 보고, 깨우지도 않고 그 기회를 이용했던 것이라고 자백했다. 그들은 결혼해서 아직 살고 있다.

고대에는 이 악덕이 그렇게 비난받지 않았던 것이 확실하다. 많은 철학자들의 문장에도 이 문제는 부드럽게 취급되고 있다. 그리스의 스토아학파들까지도 때로는 실컷 마시고 취해 마음을 풀어 놓는 것도 좋다고 충고했다.

> 옛날 위대한 소크라테스는 이 고상한 경쟁에서도
> 승리관을 획득했다고 사람들은 말한다.　　　　　(막시미아누스)

사람들을 가혹하게 비판하고 견책하기로 유명한 카토는 술이 과하다는 비난을 받았다.

> 사람들은 또한 대(大) 카토가 음주의 힘으로
> 용기를 돋우었다고 이야기한다.　　　　　(호라티우스)

저 유명한 임금 키루스는 자기 형 아르타크세르크세스보다 자기가 술을 잘한다고 자랑했다. 그리고 가장 질서 잡히고 정치 잘되는 나라에서는 이렇게 술 잘하는 버릇이 성행했다. 나는 파리에서 온 유명한 의사 실비우스가 우리 위장의 힘을 태만해지지 않게 보존하기 위해서는 한 달에 한 번쯤 술을 많이 마셔 위를 잠 깨우고 자극을 주어 마비되는 것을 방지해야 한다는 말을 들었다. 페르시아인들은 술을 마신 뒤에 중요한 사무를 처리했다고 씌어 있다.

　내 취미와 기질은 내 생각만큼 이 악덕과 사귀지 못한다. 왜냐하면 나는 옛사람들의 권위 있는 의견에서 신념을 얻었을 뿐으로, 나는 이 음주가 비굴하고 어리석은 악덕인 줄 알지만 다른 악덕들이 직접 공공 사회를 해하는 것만큼 나쁘거나 손해 끼치는 것이라고는 보지 않는다. 그리고 사람들의 생각과 같이, 우리는 어떤 쾌락이건 대가를 치르지 않고는 얻지 못하는 법이다. 그런데 이 악덕은 다른 것보다 양심에 가책을 주지 않으며, 또 그것을 준비하기에 어려울 것도 없고, 얻어 보기도 힘들지 않다는 점에서 경시할 수 없는 문제이다.

　이미 직위도 높고 나이도 지긋한 분이 내게 말하기를, 자기 인생에 남아 있는 세 가지 재미 중에 이 음주를 들었다. 그러나 그는 이것을 잘못 생각하고 있었다. 음주에는 너무 심하게 맛을 따지며 조심스레 술을 가리는 취미는 피해야 한다. 맛 좋은 것만 마시기에 탐락을 둔다면, 때로는 술 때문에 불쾌해지는 고통도 겪어야 한다. 취미는 너무 까다롭지 않고 자유로워야 한다. 술을 잘 마시려면 입천장이 보드라울 필요가 없다. 독일 사람들은 거의 아무 술이나 똑같이 유쾌하게 마신다. 그들의 목적은 맛보는 것이 아니라 삼키는 데 있다. 그 때문에 그들은 흥정에 더 유리하다. 그들의 탐락은 풍성하고 손쉬운 데 있다.

　둘째로 프랑스식처럼, 식사할 때 두 차례 절도 있게 건강에 조심하며 마시는 것은 이 주신의 은총을 너무나 제한하는 일이다. 거기는 더 많은 시간과 끈기가 필요하다. 옛날 사람들은 술로 며칠 밤을 연달아 새우며, 낮에도 계속했다. 그러니 여느 때에도 더 많이 더 힘차게 마셔야 한다. 내가 본 한 세도가인 귀인은 사업도 크게 벌이고 성공한 인물인데, 그는 식사 때는 늘 힘 안 들이고 포도주 다섯 로(옛날의 한 되, 로는 4팽트)를 마셨고, 그러고 나서도 일을 현명하고 용의주도하게 처리해 갔다.

　우리가 인생을 살아가는 동안 소중히 여기는 쾌락은 인생에 더 많은 자리를 차지해야 한다. 그리고 상점을 보는 아이나 노동자들처럼 술 마시는 기회를 어느 경우라도 거절해서는 안 되며, 이 욕망을 항상 염두에 두어야 할 일이다. 우리는 점점 더 이러한 욕망을 절제하는 듯하다. 그런데 우리 가정에서 내가 어릴 적에 본 바로는, 점심·저녁 그리고 간식이 더 자주 있었고, 또 그것이 보통이었다. 우리 습성이 얼마만큼 개선되어 가는 것일까? 확실히 개선되지 않았다. 하지만 그것은 우리가 조상들보다 더 색을 탐하고 있기 때문이다. 이 두 가지는 그 힘이 서로 방해하고 있는 것이다. 이 음탕한 버릇 때문에 한편으로 우리의 위가 약해졌고, 또 한편으로는 음식을 절제함으로써 우리는 더 얌전해지고 사랑의 희롱에 더 멋이 들게 된 것이다.

내 선친에게서 들은 바, 그의 시대의 정숙하던 풍습은 놀랄 만한 것이었다. 그것은 기술로나 천성으로나 부인들과의 교제에 아주 능숙한 그가 할 만한 말이었다. 그는 말수가 적었으나 말을 잘했다. 그리고 현대의 사투리, 특히 스페인어에 나오는 수사를 섞어 말했다. 그리고 스페인 서적 중에도 특히 《마르쿠스 아우렐리우스》를 읽었다. 그의 풍모에는 장중미와 공손한 겸양의 덕이 있었다. 그는 걸을 때나 말을 탈 때나 점잖게 체면을 지키려고 유난히 마음을 쓰고 있었다. 또 자기가 한 말에 특히 신의를 지켰고, 양심과 조심성은 미신적인 결벽으로까지 기울었다. 키는 작았으나 정력에 찼고, 풍채가 강직하며 모든 면에 균형이 잡혔다. 얼굴은 의젓하고 약간 갈색을 띠었다. 또 모든 고상한 유희에는 민첩하고 신묘했다.

나는 또 속을 납으로 채운 단장을 보았는데, 그는 이것을 팔 운동에 사용하며, 공이나 돌을 칠 때와 격검할 때의 준비 훈련으로 삼았고, 구두 뒤꿈치를 납으로 때워서 뛸 때나 달음질할 때에 몸이 가벼워지게 단련했다고 한다. 넓이뛰기에서도 그는 몇몇 사람들의 기억에 작은 기적을 남겨 놓고 있다. 나는 그가 환갑이 지나서도 젊은이의 경쾌성을 무색하게 하는 것을 보았다. 그는 퉁퉁한 옷차림으로 말에 뛰어오르고, 엄지손가락을 짚고 탁자 위를 한 바퀴 뺑 돌며, 자기 방에 올라갈 때는 층계를 서너 층씩 뛰어 올라가곤 했다. 내가 물어보았더니 그는, 이 시골에 신분 있는 여인으로서 평판이 나쁘게 하는 사람은 하나도 없었다고 하며, 특히 아무 의심도 받지 않는 점잖은 여인들과 자기가 경험한 진지한 친교 이야기를 해 주었다. 그리고 자기는 결혼할 때까지 동정을 지켰다고 맹세하며 말했다. 그러고도 그는 산(이탈리아를 말함) 너머 전쟁에 오랜 동안 참가했고 공적으로 사적으로 거기서 겪은 일을 일기 형식으로 정확하게 더듬어 가며 적어 놓고 있었다. 그 때문에 그는 대단히 늦은 1528년에(그가 33세 때에) 이탈리아에서 돌아와 결혼했다. 우리, 술병 이야기로 돌아오자.

　노령에 이르면 몸이 불편해져서 어디건 의탁하고 싶어지며 마실 것이 필요하게 되는 법이니, 내가 이런 재미를 찾게 되는 것도 당연한 일이다. 왜냐하면 이것은 인생의 흐름이 우리에게서 빼앗아 가는 마지막 쾌락인 까닭이다. 좋은 친구들의 말로 인간 천성의 열기가 처음으로 발에 오른다고 하나, 그것은 어릴 때의 일이다. 그 열기는 몸의 중허리로 올라가며, 오랫동안 거기에 박혀서 내가 보기에는 육체 생활의 유일하고 진실한 쾌락을 지어 준다. 다른 쾌락은 거기에 비하면 잠자는 따위에 지나지 않는다. 종말에는 그것이 올라가서 날아가는 김과 같이 열기는 목구멍에 도달하며, 거기서 마지막 자리를 잡는다.

　그렇지만 나는 목마르지 않는데 술 마시는 쾌락을 연장시키고, 천성에 반하는 인공적인 욕망을 공상으로 꾸며 내는 수작은 이해할 수 없다. 내 위장이 거기까지 견디어 내지 못할 것이다. 내 위는 필요한 것을 섭취하여 완전히 소화해내기에도 버겁다. 내 체질은 식사한 뒤 외에는 음주를 중요시하지 않는다. 그 때문에 마지막을 가장 큰 잔으로 든다. 아나카르시스는 그리스인들이 식사가 끝날 때 처음보다 더 큰 잔으로 술 마시는 것을 보고 놀랐다. 독일 사람들이 그렇게 하는 것은 내 생각으로는 같은 이유에서일 것이다. 그들은 그때부터 술 마시기 시합을 하는 것이다.

　플라톤은 18세 전에 술 마시는 것을 금하고 40세 전에 취하도록 마시는 것은 금했다. 그러나 40세가 넘은 자들에게는 취하기를 즐기며, 식사 때 인간에게 쾌활을 주고 노년에게 청춘을 돌려주며, 마치 쇠가 불에 물러지는 것처럼 심령의 정열을 무르고 부드럽게 해 주는 착한 신 디오니소스(酒神)의 영향을 많이 받으라고 명령한다. 그리고 그의 《법률편》에서는 술 마시는 모임을(그 집단에 우두머리가 있어 전부를 통제하고 조절한다면) 유익하다고 본다. 술에 취함은 각자의 본성을 다루기에 좋고 확실한 시련이며, 그와 아울러 나이 먹은 사람들에게 제정신을 가지고는 해 볼 생각도 못하는 춤과 음악을 즐기는 용기를 주기 때문이다. 그는 술이 마음에 절도를 주고 신체에 건강을 준다고 말한다. 그러나 그는 부분적으로 카르타고인들에게서 빌려 온 다음의 제한 규칙을 마음에 들어했다. 즉, 전쟁에 나갈 때는 삼갈 것, 모든 재판관들이 직무를 처리하는 때나 국무를 토의할 때는 술을 들지 말 것, 일을 보아야 할 낮 동안에는 거기에 시간을 허비하지 말 것, 또 어린애를 만들기로 작정한 밤에도 들지 말 것을 권한다.

철학자 스틸폰은 노령으로 쇠잔해서 독한 술을 마시다가 진짜로 명을 재촉했다고 한다. 이와 같은 원인으로 고의는 아니었으나 나이가 들어 힘이 쇠약해진 철학자 아르케실라우스는 숨을 넘겼다.

그러나 현자의 마음이 술의 힘에 질 수 있느냐 하는 것은 오래 내려온 재미나는 문제다.

> 굳은 장벽 뒤의 예지를
> 술이 제압할 수 있는지.   (호라티우스)

우리는 얼마나 허황되게 자신에 관해서 자부심을 갖는가! 세상에서 가장 절도를 지키는 마음도 그 자체의 허약 때문에 쓰러지는 것을 막으며 버티고 서 있기에 힘겨운 일이다. 자신의 한평생 한순간에라도 태연하고 침착하게 있었던 자는 천 명 중에 하나도 없다. 도대체 심령이 인간 본연의 조건으로 그 경지에 이를 수 있다는 것이 의문이다. 그러나 거기에 지조를 결부시킨다는 일이 완성의 단계이다. 수천 가지 사건이 부딪칠 수 있는 터에 아무것도 거기 와서 부딪치는 것이 없다 해도 말이다.

저 위대한 시인 루크레티우스는 제아무리 철학하고 자제해 보아도 사랑의 술잔에는 바로 미쳐 버렸다. 소크라테스는 중풍에 걸려도 짐꾼 따위와는 다르므로 졸도하지 않으리라고 그들은 생각하는가? 어떤 사람은 병의 영향으로 자기 이름도 잊어버렸고 가벼운 부상으로 판단력을 잃은 자들도 있다.

아무리 현자라고 해도 그도 결국 사람이다. 사람보다 더 쇠잔하고 불운으로 고생하고 허망한 것이 무엇이 있는가? 예지는 우리가 타고난 조건들을 극복하지는 못한다.

> 공포의 타격으로 식은땀과 창백함이
> 온몸을 휩싸며, 혀가 굳어지고, 목소리가 막히며

시각이 흐려지고, 귀는 울리고
사지가 쇠약해서 전신이 쓰러짐을 우리는 본다. (루크레티우스)

자기를 위협하는 타격 앞에서는 눈을 깜박거려야 하며, 절벽 앞에서는 어린애같이 몸이 떨려야 한다. 천성은 그의 권위의 이런 가벼운 표적을 보존하려고 원했기 때문에, 스토아학파의 도덕으로도 이것은 극복할 길이 없어, 인간이란 부질없이 죽을 신세라는 것을 우리의 이성(理性)에게 가르쳐 준다. 인간은 공포에 눌리면 새파래지며, 수치를 당하면 새빨개진다. 심한 복통이 일어나면 절망적으로 터져 나오는 소리는 아닐지라도, 작으나마 애끊는 쉰 목소리로 꿍꿍 앓는다.

인간적인 것은 모두 자기에게 무관할 수 없다고
생각하게 하라. (테렌티우스)

자기 멋대로 공상하는 시인들도, 그들의 영웅들로부터 눈물을 없애지는 못한다.

아이네이스는 눈물 흘리며 말하고
그의 배는 돛을 한껏 달고 떠난다. (베르길리우스)

사람은 자기 성향을 제어하고 절제하기가 고작이다. 왜냐하면 천성을 극복하는 힘이 없기 때문이다.
인간 행동의 완벽하고 탁월한 심판자인 플루타르코도 브루투스와 토르카투스가 그들의 아이들을 죽이는 것을 보고, 용덕이 여기까지 이를 수 있는가 의심하며, 차라리 이 인물들이 다른 정열 때문에 제정신을 잃은 것이 아닌가 하고 생각했다. 평범의 한계를 넘는 행동은 불길한 해석을 내릴 수 있는 것이다. 그것은 우리의 취미에 모자라는 것이다. 넘치는 것과 마찬가지로 우리 취미에 맞지 않는 까닭이다.
자존심을 터놓고 표명하는 이 다른 학파(에피쿠로스학파)는 제쳐 두자. 그러나 가장 부드럽다고 일컬어진 학파에서도 메트로도로스의 이런 허풍을 들 수 있다. "내 그대의 기선을 제압했다. 운명이여, 그리고 나는 그대를 포착했다. 나는 그대가 내게 도달할 수 있는 모든 통로를 분쇄했다."(키케로) 아낙사고라스는 키프로스의 폭군 니코크레온의 명령으로 돌구유 속에 눕혀져 쇠절구공이로 찧어 맞아 죽으면서도 그치지 않고 "때려라, 부수어라, 너희들은 아낙사고라스가 아니라 그의 껍데기를 찧고 있다"고 말했고, 순교자들은 불길 속에서 폭군에게 부르짖으며, "이쪽은 다 구워졌다. 잘라라, 먹어라, 이번엔 이쪽을 시작해라" 하고 소리쳤다.

《요셉전(傳)》에 나오는 저 어린애는 안티오크스의 집게에 물려서 온몸이 찢기고, 송곳에 찔리면서도 든든하고 확고한 목소리로 그에게 도전하며, "폭군이여, 그대는 헛수고를 한다. 내 마음은 언제나 편하다. 그대가 나를 위협하던 그 고통, 그 고초들이 다 어디 있는가? 내가 그대 잔인성에서 느끼는 고통보다 내 지조로 인해 그대가 당하는 고초가 더 심하다. 오, 비굴한 병정놈아, 그대가 항복한다. 나는 더 강해진다. 그대 할 수 있거든 나를 울려 봐라. 나를 굽혀 봐라. 나를 항복시켜 봐라. 그대 괴뢰들과 그대 사형 집행인들에게 용기를 북돋워 봐라. 이자들은 벌써 마음이 약해진다. 더 하지 못하는구나. 무기를 더 주어 봐라. 약을 올려라" 하며 말했다. 이런 마음들은 아무리 그것이 신성하다 하여도 얼마간 변질된 것이며, 거기에는 광분이 있다.

스토아학파들의 '탐락적이기보다는 광분하기를 원한다'는 경구나 안티스테네스의 말로 '차라리 미칠지언정 방탕을 원치 않는다'라든지, 섹스투스가 탐락보단 고통으로 못박히기를 원한다고 한 말이든지, 에피쿠로스가 휴식과 건강을 거절하고 중풍의 고통으로 애무받기를 바라며, 유쾌한 마음으로 불행에 도전하고 덜한 고통은 경멸하고, 싸우거나 투쟁하는 것을 업신여기며, 당당히 자기가 당할 만한 강력하고 찌르는 듯한 고통을 불러 축원한 일이라든지—

> 이 소심한 가축들에 싫증이 나, 그는 거품 뿜는 멧돼지나
> 산에서 내려오는 사자를 축원으로 부른다.
> (베르길리우스)

하는 것 등을 보면 자기 은신처 밖으로 튀어나온 용기의 받침대라고 누가 판단하지 않을 것인가? 우리의 마음은 그 자리에 앉아서 이렇게 높게까지 도달할 수는 없을 것이다. 이런 때는 마음이 자리를 떠나서 올라가며, 이로 재갈을 악물고 자기 육신을 빼앗아 너무 멀리 실어가며, 다음에는 자기 자신이 이 사실에 놀라게 될 것이다. 그것은 마치 전쟁에서 용감한 병사들이 공훈을 세울 때 싸움에 열이 올라 무의식중에 가장 위험한 경지를 돌파하고 나서 제정신으로 돌아왔을 때에는 자신도 놀라서 그의 용기에 소름이 끼치는 격이다. 그리고 또 시인들이 자기가 지은 작품에 스스로 감탄하며, 어떤 방법으로 그만큼 아름다운 줄기를 좇게 되었는지 알아보지 못하는 식이다. 그들은 이것을 자기들 속의 열기이며 광증이라고 부른다. 그래서 플라톤은 침착한 인간은 시가(詩歌)의 문을 두드려 보아도 헛일이라고 말한 것이며, 아리스토텔레스도 역시 탁월한 심령에는 광기가 섞이지 않는 예가 없다고 말한 것이다. 그 때문에 우리 고유의 판단력과 사고력을 초월하는 모든 비약은 그것이 아무리 칭찬할 만하여도, 광증이라고 불러도 옳은 일이다.

예지는 우리 심령의 질서 있는 조작인 만큼, 마음을 절도 있고 균형 있게 지도하며 책임을 진다.

플라톤은 추론하기를 예언하는 소질은 우리의 능력을 넘는 일이며, 그것을 취급할 때는 우리 자신을 벗어 던져야 하며, 그때는 우리 이성이 졸음 또는 무슨 질병으로 질식되거나, 하늘에서 오는 황홀감에 의해서 제자리를 버리고 떠올라가야 한다고 말한다.

3
케아섬의 풍습에 대하여

사람들의 말처럼 철학함이 의문을 갖는 일이라면, 더군다나 내가 하는 식으로 어리석은 말을 끌어내며 공상하는 것은 의문을 던지는 일이어야 한다. 왜냐하면 탐구하고 토론하는 것은 배우는 자가 할 일이고, 해결은 스승이 해야 할 일인 까닭이다. 나의 스승은 우리를 모순 없이 조절하며, 우리 인간들의 헛된 주장은 초월한 지위에 있는 거룩한 의지의 화신이다.

필리포스가 손에 무기를 들고 펠로폰네소스에 들어갔을 때 누가 다미다스에게 라케다이모니아인들이 필리포스에게 용서를 간청하지 않으면 크게 고생할 것이라고 말하니, 그는 대답하기를 "그래, 이 겁보야, 죽음을 두려워하지 않는 자들이 무엇을 고생으로 삼을 것이냐?" 했다. 누가 아기스에게 사람은 어찌해야 자유로이 살 것인가 하고 물었더니, "죽음을 경멸하면 된다"라고 그는 말했다.

이런 제언과 이 문제에서 나오는 수없는 제언들은, 무엇인지 우리에게 닥쳐오는 죽음을 꾸준히 기다린다는 일 이상의 것을 알려 주고 있다. 왜냐하면 이 인생에는 죽음 자체보다도 참아 내기가 더 힘든 사건들이 많이 있기 때문이다. 그 실례로 이 라케다이모니아 소년은 안티고노스에게 잡혀서 노예로 팔렸을 때, 그 주인이 어떤 더러운 일에 그를 부리려고 하자 "그대가 누구를 샀는가를 보라. 종노릇하는 일은 나의 수치다. 나는 내 손에 자유를 가졌다"라고 말하며 그 집 꼭대기에서 뛰어내렸다. 안티파트로스가 라케다이모니아인들에게 어떤 조건을 실행시키려고 혹독하게 위협하자 그들은 "그대가 죽음보다도 더 나쁜 일로 위협한다면 우리는 기꺼이 죽어 버릴 것이다"라고 대답했다. 그리고 필리포스가 그들에게 모든 기도를 못하게 막겠다고 서면으로 알리자 "뭐! 그대는 우리가 죽는 것도 막을 수 있는가?" 했다.

'현자는 살아야 할 대로 살 일이고, 살 수 있는 대로 살아서는 안 된다'고 사람들은 말한다. 그리고 자연이 우리에게 가장 유리하게 보내 준 선물로써 우리가 우리 조건에 관해 불평을 말한 모든 방법을 없애 버리게 한 것은 우리에게 벌판으로 나가는 열쇠를 준 일이라고 했다. 자연은 인생에 들어가는 길은 하나밖에 주지 않았고, 나가는 길은 얼마든지 남겨 두었다. 우리는 여기서 살아갈 땅을 얻어야 한다고 보이오카투스는 로마인들에게 말했다. 어째서 그대는 이 세상에 불평을 말하는가? 세상이 그대를 붙잡지 않는다. 그대 살기가 괴롭다는 것은 그대의 비굴함이 그 원인이다. 죽기에는 죽기를 원하는 일밖에 남은 것이 없다.

죽음은 사방에 있다.
이것은 하늘이 내린 특수한 은총이다.

누구든지 사람의 생명을 탈취할 수는 있으나
아무도 그에게서 죽음을 탈취하지는 못한다.
죽음으로 향하는 많은 길이 우리에게 열려 있다. (세네카)

 그리고 이것은 그저 단 하나의 질병에 대한 처방이 아니다. 죽음은 모든 고통에 대한 처방이다. 그것은 결코 두려워할 것이 아니며, 가끔 찾아가 볼 만한 아주 확실한 항구이다. 모든 건 하나로 돌아간다. 사람은 이것을 자기 종말로 차지하며, 또는 이것을 당한다. 그 앞으로 달려가든지, 또는 그것을 기다릴 일이다. 그것이 어디서 오든지 그것은 자기 것이다. 어느 자리에서 실오라기가 끊어지건 거기가 전부이다. 그것이 실꾸러미의 끝이다.
 가장 자진해서 받은 죽음이 가장 아름다운 죽음이다. 인생은 남의 의지에 매여 있다. 그러나 죽음은 우리 의지에 달렸다. 무슨 일에도 이 죽음에 관한 일만큼 우리 기분을 맞춰 가서는 안 된다. 평판이라는 것은 이런 기도 앞에는 문제가 되지 않는다. 그런 일을 소중히 생각하는 것은 미친 수작이다. 죽음에 대한 자유가 없다면, 삶이란 노예가 되는 일이다.
 치유를 향한 보통의 길은 생명에 불리하게 되어 간다. 사람들은 우리를 찢고, 지지고, 사지를 자르고, 피와 영양을 뽑는다. 한 걸음 밖으로 나가면 우리는 완전히 치유된다. 어째서 우리는 대정맥과 똑같이 소정맥을 우리 지배하에 두지 못하는가? 가장 힘든 병에는 가장 쓴 약이 있다.
 문법학자 세르비우스는 중풍을 앓으며, 거기에 독약을 써서 자기 다리를 죽이는 수밖에 다른 방안이 없었다. 제멋대로 다리를 못쓰게 되건, 느끼지만 않으면 그만이지! 사는 것이 차라리 죽기보다 나쁜 상태에 있을 때는 그만하면 하느님도 우리를 방면시켜 주는 것이다.
 불행해진다는 것은 약한 일이다. 그러나 불행을 기른다는 것은 미친 짓이다. 스토아 학자들은, 현자는 그가 좋은 길을 잡는다면 아직 한참 행운이 있을 때 인생을 하직하는 것이 천성에 맞게 사는 일이라고 말한다. 그리고 천성을 따른다 함은 대부분의 사물들과 조화해서 살아간다는 말이니, 자기가 비참한 상태에 있으면서도 생명에 집착한다는 것은 미친 자의 할 짓이라고 한다.

내가 내 제물을 가져가거나, 돈지갑을 끊어가는 것이 도둑질이 아닌 것처럼, 내가 내 나무를 불태울 때 방화죄를 저지르는 것이 내 생명을 없앤다고 해서, 내가 살인죄를 저지르는 것은 아니다.

헤게시아스는 생명의 조건과 마찬가지로 죽음의 조건도 우리 선택에 달려 있어야 한다고 했다.

오랜 수포증으로 고생하던 철학자 스페우시포스가 가마를 타고 지나가다가 디오게네스를 보고 "안녕한가! 디오게네스" 하고 소리쳤다. 그러자 디오게네스는 "자네는 안녕하지 못하네, 그려, 그런 상태로 고생을 하며 사니" 하고 대답했다. 정말 얼마 뒤에 스페우시포스는 인생의 고된 조건에 넌더리가 나서 자살하고 말았다.

이것은 반박의 여지가 많다. 많은 사람들은 우리를 여기에 들여놓은 분의 명령 없이는 이 세상이란 병영을 버릴 수 없다고 말한다. 우리를 이곳에 보낸 것은 우리를 위해서뿐 아니라 신을 위해서이며, 또한 그의 영광과 타인에 대한 봉사를 위해서 보낸 일인 이상, 세상을 하직하는 일도 그의 마음에 달려 있고, 우리 마음대로는 못 한다는 것이다. 우리는 우리를 위해서 출생한 것이 아니고 역시 우리나라를 위해서 출생한 것이며, 법률은 그 자체의 이익을 위해서 우리에게 책임을 따지고, 우리 자신에 대한 살인 행위를 문책하는 것이거나, 그렇지 않으면 우리는 자기 직분의 이탈자로서 이 세상과 저승에서 처벌당한다고 주장한다.

> 그 바로 옆에 비애에 지쳐, 올바른 자로서
> 자기 손으로 스스로에 죽음을 주며, 광명을 싫어하여
> 자기 영혼을 지옥에 던지는 자들이 보인다.　　　　(베르길리우스)

우리를 잡아맨 쇠사슬을 부수기보다도 그것을 사용하는 데 훨씬 더 지조가 있으며, 카토보다는 레굴루스에게 더 견고한 시련이 있다. 무분별과 조바심이 우리의 발걸음을 재촉한다. 어떠한 사정도 활기 있는 덕성에게 등지게 하지 않는다. 이런 덕성은 불행과 고통을 자기 양식으로 참는다. 폭군의 위협·고역·박해 등은 이 도덕에게 활기와 정력을 준다.

비옥한 알기두스산 울창한 삼림에
　　쌍날의 도끼로 가지가 잘리는 떡갈나무같이
　　그 손실, 그 상처, 그를 치는 도끼에서까지
　　새로운 힘과 용기를 얻는다.　　　　　　　　　　(호라티우스)

　　그리고 또 어떤 자는 말하기를—
　　아닙니다. 아버지, 도덕은 생각하시는 바와 같이
　　생명을 두려워함에 있지 않고 역경에 대항하여
　　등을 보이고 달아나지 않는 데 있습니다.　　　　(세네카)

　　역경에 처하여 죽음을 경멸하는 것은 쉽다.
　　불행의 극복에는 더한층 용기가 필요하다.　　　(마르티알리스)

　운명의 타격을 피하려고 거대한 무덤 속이나 동굴 속에 가서 웅크리고 숨는 것은, 도덕의 역할이 아니고 비겁함이 시키는 일이다. 어떠한 풍파가 일어나더라도 도덕은 그가 가는 길과 걸음을 멈추지 않는다.

　　우주가 부서져 무너져도 이 멸망 앞에
　　도덕은 두려움 없이 버티어 낸다.　　　(호라티우스 시의 개작)

　가장 흔한 일로, 우리는 다른 장해를 피하다가 새로운 장해에 부딪히며, 어느 때는 죽음을 피하다가 죽음으로 달려가게 된다.

　　죽음이 두려워 죽다니
　　그런 어리석음이 있는가?　　　　　　　　　　(마르티알리스)

　마치 절벽이 무서워서 뛰어내리는 식이다.

불행의 공포만으로 많은 자들이
가장 큰 위험 속에 투신했다.
참으로 용감한 자는 자기가 위험에 맞부딪칠 때
언제든지 당해 낼 각오를 하며 가능하면 그것을
피할 줄 아는 자이다.   (루카누스)

죽음의 공포는 인간에게 생명과 빛에 대한
심한 혐오감을 일으키기 때문에
그들은 고통의 원칙이 바로 죽음의 공포에 있음을 잊고
절망의 발작에서 자신에게 죽음을 준다.   (루크레티우스)

 플라톤은 남들이 강제로 시킨 것도 아니고, 어떤 슬프고 피치 못할 운명적인 사건에 떠밀린 것도 아니며, 참아 낼 수 없는 수치를 당한 것도 아닌데, 무서움을 많이 타고 비굴하고 의지가 박약해서 자기에게 가장 가깝고 친한 자, 다시 말하면 자신에게서 생명과 운명의 흐름을 빼앗는 자에게 수치스러운 매장을 주라고 《법률편》에서 명령한다.
 그리고 우리의 생명을 경멸한다는 사상은 그 자체가 우습다. 왜냐하면 결국 그것은 우리의 존재이며 우리의 전부인 까닭이다. 더 고상하고 풍부한 존재를 가진 사물들이라면 우리 생명을 비난할 수 있다. 그러나 우리가 자신을 경멸하며 아무렇게도 생각하지 않는다는 것은 천성에 반하는 일이다. 그것은 질병이다. 자기를 경멸하고 미워함은 다른 동물에게는 없는 일이다.
 우리가 지금 있는 것과는 다른 것으로 있기를 바란다는 것은 허영이다. 이런 욕망의 결과는 그 자체가 모순되는 것이니, 그것은 우리가 해야 할 일이 아니다. 자기가 천사 같은 인간이 되기를 바라는 자는 자기를 위해서 아무것도 한 것이 아니며, 그 때문에 조금도 더 나아지지 못할 것이다. 그가 없어진다면 자기를 위한 이 보수를 누가 즐기며 느낄 것인가?

 한 생명이 죽음과 고통을 느낄 수 있으려면

> 그 불행이 생성할 수 있는 시간 속에
> 그가 존재해야 한다.
> (루크레티우스)

우리가 죽음의 대가로 이 인생에서 불행의 결여·무감각·무고통·안정성 등을 사들여 보아도 그것은 우리에게 아무런 편익도 주지 않는다. 휴식을 맛볼 거리가 없는 자는 고통을 피한다 해도 쓸데없다.

첫째 의견을 갖는 자들 중에는 '한 인간이 자살을 택하게 되는 데는 어떠한 사정이 그 이유로서 충분한가?' 하는 점에 큰 의문이 있었다. 사람들은 이것을 '정당한 퇴출'(디오게네스 라에르티우스)이라고 부른다. 왜냐하면 우리를 생명에 매어 두는 이유가 강하지 못한 만큼 사람들은 가벼운 이유로 죽어야만 한다고 말하지만, 그래도 거기에는 어떤 척도가 있어야 한다. 개인들뿐 아니라 온 국민들까지도 이유 없이 자살하게 밀어 넣는 허황된 기분이 있다. 나는 이 앞에 그런 사례를 들어 보았다. 그리고 우리는 옛 서적에서 그런 일들을 보았다. 밀레토스의 처녀들은 미쳐서 몰래 서로 짜고 연달아 목매달아 죽었기 때문에, 마침내 관리가 이와 같이 목매다는 처녀가 발각될 때에는 벌거벗기고 그 밧줄로 매어 시내를 끌고 돌아다니라고 명령했다.

트레이키온은 클레오메네스의 일이 언짢게 되는 것을 보고 그에게 자살하기를 권하며, 그가 방금 패한 전투에서 영광스럽게 죽는 기회를 놓쳤으니 명예로 그다음가는 다른 죽음을 받아들이며, 승리자들에게 그에게 수치스러운 죽음이나 생명을 받게 할 여지를 주지 말라고 설교했다. 클레오메네스는 라케다이모니아적이며, 스토아적인 용기로 그 권고가 연약하고 비굴하다고 거절하며, "그것은 언제라도 취할 수 있는 방법이오. 세상에 조금이라도 희망이 남아 있는 동안 사용해서는 안 될 방법이오. 산다는 것이 어느 때는 지조이며 용감성이오"라고 하고, 그는 자기 죽음이 나라에 도움이 되며, 그것으로 명예와 도덕에 맞는 일을 행하려 한다고 말했다.

트레이키온은 그때에 바로 해야 옳다고 생각하고 자살했다. 클레오메네스도 나중에 똑같이 했다. 그러나 그는 운의 마지막 기회를 시도해 본 다음에 결행한 것이다. 모든 불편은 그것을 피하기 위해서 죽고 싶어 할 정도이다. 그러고 인간의 일에는 급격한 변화가 너무나 많기 때문에 어느 점이 바로 우리 희망의 마지막 끝인가를 판단하기는 쉬운 일이 아니다.

> 잔인한 경기장에 패하여 쓰러진 검투사는
> 위협하는 군중이 죽음의 신호로 엄지손가락을 아래로 향해도
> 아직도 생명을 희망한다. (유스투스 립시우스 인용)

옛말에 인간은 살아 있는 동안 모든 것을 바랄 수 있다고 했다(플루타르크). 세네카는 대답한다. "그렇지만 어째서 운이 죽을 줄 아는 자에게는 아무것도 할 수 없다는 생각 대신, 오히려 살아 있는 자에게 무슨 일이라도 할 수 있다는 생각을 머리에 둔단 말인가?" 요세푸스는 국민 전체가 반란을 일으켜 분명한 위험에 임박하자, 그의 계책으로는 아무런 방편도 찾아볼 수 없었다. 그렇지만 그는 자기가 말한 바와 같이 이 문제로 친구들에게서 자살하라는 권고를 받고도 아직 희망이 있다며 고집하고 있는 동안, 사정이 그에게 유리하게 되었다. 왜냐하면 운은 모든 인간적 이유를 넘어서 이 사건을 돌려놓았기 때문에, 그는 아무런 해도 입지 않고 죽음에서 해방되었던 것이다.

이와 반대로 카시우스와 브루투스는 조급하게 용감성을 보여, 시기와 사정이 닿기 전에 자살했기 때문에, 그들이 수호하던 로마의 자유에 대한 마지막 희망까지 사라지고 말았다.

나는 수없이 많은 토끼들이 사냥개의 이빨을 피해 달아나는 것을 보았다. "어떤 자는 도살자의 마수를 면했다."(세네카)

> 시간은 늘 그 무상한 흐름 속에 잡다한 결과로
> 파괴된 운명을 재건했다.
> 운은 늘 그가 타도한 자에게 돌아와서
> 희롱으로 그들을 안정된 지위에 돌려 놓는다. (베르길리우스)

플리니우스는 세상에는 고통을 피하기 위해서 자살할 권리가 있는 세 가지 병

이 있는데, 그중에 가장 심한 것은 방광 결석으로 소변이 막히는 병이라고 했다.

최악의 죽음을 피하기 위해서는 자기 임의로 죽음을 취하라는 의견이 있다. 아이톨리아인의 수령인 다모크리토스는 로마에 포로로 끌려 와서, 밤에 탈주할 기회를 얻었으나 수비병에게 다시 붙들리게 되자, 칼로 자기 몸을 찔렀다.

안티노우스와 테오도토스는 수도 에피로스가 로마군에게 점령당하자 국민들 앞에서 자살하자는 의견을 내놓았다. 그러나 항복하자는 의견이 득세하자, 그들은 자신을 보호하기 위해서가 아니라 적을 치기 위해서 둘이서 적진 속에 들어갔다.

고조섬이 몇 해 전에 튀르키예군에게 공략당했을 때, 한 시칠리아인은 시집 보내게 된 예쁜 딸 둘을 자기 손으로 죽이고, 그녀들의 죽음에 놀라 달려온 모친도 함께 죽였다. 그런 다음, 그는 활과 화승총을 들고 나가 맨 먼저 자기 집 문간에 접근하는 튀르키예 병사를 쏘아 죽였다. 그러고 나서 칼을 뽑아들고 싸움터로 맹렬하게 뛰어들어 즉각 포위당하여 적의 칼에 산산조각이 났다. 그래서 그는 자기 가족들의 봉변을 면하게 하고 난 다음, 자기도 노예가 되는 것을 면했다. 유대인 여자들은 안티오코스의 잔인한 행동을 피하여, 어린아이들에게 할례(割禮)를 행한 다음 함께 몸을 던졌다.

이 또한 어떤 사람에게 들은 이야기이다. 한 귀족이 잡혀서 재판소에 끌려갔는데, 그의 부모는 그가 확실히 사형 선고를 받을 것이라고 들었다. 부모는 자식이 그런 죽음을 당하는 것을 면하게 하기 위해서 한 신부를 그에게 보내, 그가 해방되는 가장 좋은 방법은 그가 이러저러한 축원을 올리며 이러한 성자에게 생명의 구제를 당부하고, 아무리 몸이 허약해져 기운이 빠지더라도 참고 8일 동안만 음식을 끊는 것이라고 말하게 했다. 그는 이 말이 옳다고 생각하고 아무 의심 없이 이 방법을 실행하여 자살로 생명과 위험을 없애 버렸다.

스크리보니아는 자기 조카 리보에게 법의 처단을 기다리기보다는 차라리 자살하라고 충고하며, 서너 달 뒤에 그를 집행하려고 데리러 오는 자들의 손에 맡기려고 생명을 보존해 두는 것은 남의 일을 해 주는 일이며, 그들의 먹을 거리가 되려고 자기 피를 보존하는 수작은 자기 적에게 봉사하는 것이라고 했다.

이것은 성경에 나오는 이야기이다. 하느님 법의 박해자인 니카노올이 당시 그 도덕의 영광스러운 별명으로 유대인들의 아버지라고 불리던 착한 노인 라시아스를 잡으려고 그의 부하를 보냈다. 이 노인은 문이 부서지고 적들이 당장 그를 잡으려고 하자, 어쩔 수 없이 악인들의 손에 넘어가서 자기 지위에 수모를 당하기보다는 차라리 죽기를 택하여 칼로 자신을 찔렀다. 그러나 너무 급하게 서둘러 칼이 잘 들어가지 않자 그는 부대를 횡단하여 달음질치며, 사람들이 물러서는 사이를 타서 벽으로 기어올라 거꾸로 떨어졌다. 그래도 아직 생명이 남아 있는 것을 느끼고는 다시 사력을 다해 피투성이에 상처투성이가 된 몸을 일으켜 군중을 뚫고 어느 깎아지른 절벽의 바위 위로 기어올랐다. 거기서 기진맥진한 채 상처 입은 곳에 두 손을 집어넣어 내장을 꺼내 산산이 찢고 비벼서 자기를 추격하는 자들에게 뿌리며, 그들에게 하늘의 복수가 내리도록 호소하고 그렇게 될 것이라고 확언했다.

양심에 가해지는 학대 중에서 피해야 할 일은, 내 생각에는 여자의 정조에 대한 폭행이다. 더욱이 여기에는 육체적 쾌감이 섞이는 까닭이다. 그리고 거기에 합의가 전적으로 없다고 할 수도 없는 일로 이 폭력 행위에는 얼마간 의지의 양보가 섞이는 것같이 보인다. 펠라기아와 소프로니아는 둘 다 성자의 반열에 올랐다. 펠라기아는 적병들의 폭행을 피하기 위해 자기 모친과 동생을 데리고 강물에 몸을 던졌고, 소프로니아는 막센티우스 황제의 폭행을 피하려고 역시 자살했다. 교회의 역사는 자기 양심에 가하는 폭군들의 폭행에 대항해서 자기를 지키려고 죽음을 자초한 경건한 인물들의 이러한 많은 공적을 존중하고 있다.

혹은 장차 올 세기에는, 특히 파리의 한 박학한 작가(앙리 에티엔느의 헤로도토스에 대한 변명이 나옴. 1528~1598)가 우리 시대 부인들에게 이러한 절망적인 상태에 빠졌을 때 이 끔찍한 계획을 수행하기보다는, 차라리 다른 짓을 하는 편이 낫다고 설복하려 애쓰는 것이 칭찬받게 될지도 모른다. 나는 이런 작가가 내가 툴루즈에서 들었던 이야기, 즉 어느 병사에게 당한 한 여인에 관한 재미나는 말을 듣지 못해서, 그가 자신의 이야기 속에 집어넣지 못한 것이 섭섭하다. 그녀는 "고마우신 하느님 덕분에 내 일평생에 한 번도 죄를 짓지 않고 실컷 즐겨 보았소" 했다.

사실 이런 잔인한 행동은 상냥한 프랑스인의 성미에 맞지 않는다. 그런 만큼 고마운 일로, 저 착한 로마의 규칙을 따라, 그짓은 하면서도 그녀들이 "안돼!" 하기만 하면 된다는 식의 가르침이 있은 이래로, 우리 풍속은 이런 일에는 무한히 밝아지고 있다.

역사에는 수많은 방식으로 고통스러운 생명을 죽음과 바꾼 이야기가 가득하다.

루키우스 아룬티우스는 미래와 과거를 피하려고 자살했다고 말했다. 그라니우스 실바누스와 스타티우스 프록시무스는 네로의 용서를 받고 난 다음에 자살했다. 그것은 악인의 은혜를 입고 살지 않기 위해서이거나, 이 폭군이 자칫하면 착한 사람들을 의심하고 고발하기 쉬운 만큼 다른 때 두 번 용서받는 고통을 면하기 위해서 한 일이다.

토미리스 여왕의 아들 스파르가피세스는 키루스가 그를 전쟁 포로로 잡았다가 다시 풀어 주자, 그는 이 은혜를 자살하는 데 사용했다. 그는 자기가 받은 자유로 사로잡힌 수치를 자신에게 복수하는 일밖에 다른 것을 생각하지 않았다.

크세르크세스왕이 임명한 에이온 총독 보게스는 키몬이 지휘하는 아테네 군에게 포위당하자, 왕이 자기에게 지키라고 내린 임무를 수행하는 데 실패한 자책으로, 재산을 가지고 아시아로 가라는 제안을 거절했다. 그리고 자기 도성을 최후까지 방어하고 나서 더 이상 먹을 것이 없게 되자, 모든 황금과 적이 전리품으로 가져갈 만한 것을 모조리 스트리몬강에 던졌다. 그러고는 나뭇더미에 불을 질러 여자·어린애·첩들·하인들을 목 잘라 불 속에 집어넣고, 자신도 그 속으로 뛰어들었다.

인도의 귀족인 니나케투엔은 포르투갈의 총독이 아무런 이유도 없이 말래카에서의 그의 직책을 떼어서 캄파르 왕에게 주려는 결정을 눈치채고 혼자 결심했다. 그는 좁고 긴 대가(臺架)를 세워 기둥으로 떠받치고 융단으로 깔고 꽃과 향료로 장식하게 했다. 그러고 나서 황금빛 옷감에 값비싼 보석으로 화려하게 장식한 옷을 입고 거리로 나가서 층계를 따라 그 대가 위에 올라갔다. 그 위 한구석에는 향료 나뭇더미에 불이 붙여져 있었다. 사람들은 무슨 목적으로 전에 보지 못한 이런 설비가 되어 있나 구경하러 달려갔다. 니나케투엔은 과감하고도 불만족한 얼굴로 포르투갈 나라가 자기에게 진 의리를 문책하며, 자기가 극히 충실하게 직책을 다한 내력을 이야기하고, 명예가 자기에게는 생명보다 더 소중하다는 것을 보여 주려고, 남을 위해서 여러 번 무기를 들어 본 다음에 자기를 위해 이 명예를 버릴 자가 아니라고 말하며, 자기 신세로는 남이 자기에게 가하려는 모욕에 대항할 수단을 갖지 못했으니, 자기 용기의 명령에 따라 적으나마 국민에게는 얘깃거리가 되고, 자기만 못한 인간들에게 승리가 돌아가는 꼴을 보는 수치의 심정을 물리치려는 바라고 말하고 나서, 불 속에 몸을 던졌다.

스카우루스의 아내 섹스틸리아와 라베오의 아내 팍세아는 자기 남편들에게 닥쳐오는 위험을 피하라고 그들을 북돋웠다. 자기들은 부부의 애정 말고는 달리 상관이 없었으나, 이 최후의 순간에 모범적인 동반자가 되려고 그들을 섬기며, 자진해서 생명을 바쳤다. 그녀들이 남편들을 위해 한 것을 코케이우스 네르바는 자기 조국을 위해서 행했다. 효과는 적었으나 똑같은 사랑의 심정에서 한 일이다. 이 위대한 법률학자는 건강도 썩 좋으며 평판도 좋고 황제의 신임도 받고 있었으니, 로마 공화국의 가련한 상태에 대한 동정에서밖에 자살할 다른 이유가 없었다.

아우구스투스의 친구 풀비우스의 아내의 죽음은 그 미묘한 심정에 더 보탤 말이 없다. 아우구스투스는 그가 풀비우스에게 알려 준 중요한 비밀이 누설된 것을 알고, 그가 찾아왔을 때 대단히 언짢은 얼굴을 보였다. 풀비우스는 절망에 빠져서 집으로 돌아갔다. 그리고 가련한 얼굴로 이런 불행에 빠진 바에 차라리 자살하기로 결심했다고 아내에게 말했다. 그러자 그녀는 아주 솔직하게 "옳소. 내가 입을 다물지 못하는 것을 잘 알면서도 당신은 조심하지 않으셨소. 당신보다 내가 먼저 죽어야 하오" 하고는, 말릴 틈도 없이 자기 몸에 칼을 꽂았다.

비비우스 비리우스는 로마군에 포위당한 자기 도성의 안전에 절망하고, 그들의 자비심도 바랄 수 없는 처지에 대해 원로원의 최후 모임에서 이 문제를 토론했다. 이 상황에서 가장 좋은 길은 자기 손으로 이 운명에서 벗어난다는 것이었다. 적들도 이것을 명예롭게 볼 것이며, 한니발은 극히 충실한 친구들을 두고 떠났음을 느낄 것이다. 그는 자기 의견에 찬성하는 자들을 청하여 집에서 성찬을 베풀고 식사를 마친 다음, 거기에 내놓은 술을 가리키며 '이 술은 우리 신체를 고통에서 해방시키고, 우리 심령을 모욕에서 벗어나게 해주며, 우리 눈과 귀에 저 분노에 찬 잔인한 승리자들에게서 당해야 할 그 많은 부끄럽고 추한 불행의 꼴을 보고 듣지 않게 할 것'이라고 하며 같이 마시자고 했다. 그는 말했다. "나는 우리가 숨이 끊어졌을 때 내 집 앞 나뭇더미에 우리를 던져넣을 적당한 사람들을 불러오라고 명령해 두었소." 상당히 많은 사람들이 이 결심에 찬성했으나, 그것을 본받은 자는 많지 않았다. 원로원 의원 스물 일곱이 그의 뒤를 따랐다. 그들은 이 언짢은 생각을 술 속에 묻어 버리려고 실컷 마신 다음, 이 치명적인 음료로 그들의 식사를 마쳤다. 그리고 자기 나라의 불행을 함께 비탄하며 서로 포옹하고, 어떤 자들은 그 집을 물러가고, 다른 자들은 머물러서 비비우스의 불 속에 그와 함께 묻히려고 했다. 술기가 혈관에 가득 차서 독이 빨리 돌지 않았기 때문에 죽는 데 시간이 너무 오래 걸려, 어떤 사람은 그들이 피해 온 비참한 불행을 당했다. 바로 다음 날 적군이 카푸아로 들어와 성이 함락되는 꼴을 한 시간 가까이나 보게 되었던 것이다.

그곳 시민인 타우레아 주벨리우스는 집정관 풀비우스가 2백 25명의 살육을 자행하고 돌아오는 것을 보고, 거만하게 그의 이름을 불러 그를 멈추게 한 다음 "너, 다른 사람들을 그렇게 많이 학살한 것처럼 나도 마저 죽이라고 명령해라. 그러면 너는 너보다 훨씬 더 용감한 자를 죽였다고 자랑할 수 있을 것이다"라고 말했다. 풀비우스가 그를 미친 사람으로 보고 경멸하며, 또 방금 그의 살육 행위에 반대하는 로마에서 온 편지를 받아 본 터라 손을 쓰지 못하고 있자, 주벨리우스는 이어서 "내 나라는 정복당하고 내 친구들은 죽고, 이 파멸의 비참한 꼴을 보지 말라고 내 손으로 처자들을 죽이고 난 길인데, 나만 내 동포들의 죽음으로 죽을 수도 없게 되었으니, 내 용덕으로 이 더러운 인생에 원수를 갚아야 하겠다"라고 말하며, 감춰 두었던 칼을 꺼내 자기 가슴을 찔러 집정관 발아래 쓰러져 죽었다.

알렉산드로스는 인도의 한 도시를 포위해 공격하고 있었다. 그 안에 있던 자들은 사태가 급박한 것을 느껴, 승리의 쾌감을 적에게 주지 않기로 결심하고, 그 도시와 함께 모든 것을 모조리 불태워 버렸다. 새로운 전쟁이 벌어졌다. 적군은 모두 살리려고 싸웠으며 그들은 없어지려고 싸웠다. 그리고 사람들이 자기 생명을 살리기 위해서 하는 일을, 그들은 자기를 죽이기 위해서 했다.

스페인의 도시 아스타파는 로마군에 대항하기에는 성벽도 방비도 허약한 처지에 있었다. 그래서 그곳 주민들은 재물과 가구 등을 광장에다 쌓아놓고, 여자와 아이들을 이 산더미 위에 올려 보내고 나서, 그 주위를 나무와 불붙기 쉬운 물건들로 둘러싸고, 그 결정을 집행하기 위한 청년 50명만 남겨 놓고는 자기들이 맹세한 바에 따라서 모두 출격했다. 그리고 승리하지 못해 모두 살해당했다.

남은 50명의 청년들은 그 도시 안에 있는 모든 생명을 죽이고, 그 산더미에 불을 지르고는, 자기들 역시 그 속에 뛰어들었다. 그렇게 그들의 호탕한 자유를 고통스럽고 수치스러운 상태에 두기보다는 차라리 무감각한 상태에 두며, 자기들도 운이 좋았더라면 적들에게서 승리를 빼앗을 만한 용기를 가졌다는 것을 보여주었다. 동시에 그들은 적군의 승리를 헛되고 징그러우며, 어떤 자에게는 치명적이 되게 만들었으니, 이 승리군이 황금이 녹아 흐르는 광명에 유혹되어 접근해 왔으나, 연기에 숨 막히고 물러가자니 뒤에 몰려오는 군중에 밀려서 상당수가 불에 타 죽었다.

아비도스인들은 필리포스왕의 공격을 받고 역시 같은 결심을 했다. 그러나 왕은 너무 급히 일을 당해서 그들이 결심을 조급하게 집행하는 꼴을 심히 흉하게 보고는(그들은 보물과 가구 등을 거두어서 불에 처넣고 물에 던지고 하는 것이었다), 자기 병사들을 후퇴시키고, 그들에게 사흘 동안의 여유를 주어 마음 놓고 자살하도록 했다. 그동안 그들은 적대적인 잔인성보다 더 심하게 피흘리는 살육을 자행하며, 도망간 자는 단 한 명도 없었다.

평민층에도 이러한 결심의 사례는 얼마든지 있다. 군중들은 그 결과가 더 전반적으로 미치는 만큼 더욱 잔혹하게 보인다. 이런 행동은 분산해서 행해지는 일이 적다. 각 개인이 깊이 생각해서는 못하는 일이지만 전체로서는 이것을 결행한다. 사회적 격정은 개인적 판단력을 말살한다.

티베리우스의 시대에는 사형을 기다리는 죄수들의 재산은 몰수당하고 무덤도 없었다. 그러나 집행에 앞서 자살하는 자들은 땅에 매장되고 유언을 할 수 있었다.

사람들은 때로는 한층 더 큰 선을 희망해서 죽음을 바란다. 성 바울은 "나는 예수 그리스도와 함께 있기 위하여 죽기를 바란다" 했고, 또 "이 쇠사슬(생명을 말함)을 누가 들어줄 것인가?" 했다. 암브라키아의 클레옴브로토스는 플라톤의 《파이돈》을 읽고 나서, 내세(來世)의 생명에 들어가고 싶은 맹렬한 욕망이 생겨 아무 이유 없이 바닷물에 빠져 죽었다. 그러므로 우리는 이 임의의 해체를 절망이라고 부르는 일이 적당치 못하다는 것을 알 수 있다. 때로는 희망의 열정에서, 때로는 고요하고 침착한 명상의 판단에서 자살을 감행하는 일이 있다.

스아송의 주교 자크 뒤 샤스텔은 성 루이 왕이 바다 건너로 행차한 여행에서, 왕과 군대가 종교 문제를 불완전하게 남겨둔 채 프랑스로 돌아오고 있을 때, 그는 차라리 천당으로 가려고 결심했다. 그래서 하느님과 자기 친구들에게 말하고 나서, 모두가 보는 눈앞에서 적군 속에 뛰어들어 찢겨 죽었다.

이 새 땅(새 땅이란 여기서는 중국을 가리킴. 곤잘베즈 드 멘도자의 《중국사(中國史)》에 나오는 이야기)의 어느 왕국에서는 엄숙한 축제 행렬이 있는 날에는, 그들이 숭배하는 우상을 엄청나게 큰 수레 위에 싣고 군중 사이를 행진하는데, 그때 자기 생살을 떼어서 우상에게 바치는 자들이 많이 있으며, 광장에 꿇어엎드려 지나가는 수레바퀴 밑에 깔려 죽는 자도 있다. 이것은 죽은 뒤에 성자로서의 숭배를 받고자 하는 행위로, 사람들은 그들을 숭배한다.

손에 무기를 든, 앞에서 말한 주교의 죽음은 이 백성들보다 더 호탕하지만, 일부는 전투에 대한 정열이 마음을 끈 것이니, 믿음에서는 그만 못하다.

세상에는 자살이 어떠한 경우에 타당한가를 규정한 국가들도 있다. 우리나라 마르세이유에서는, 옛날에 국가의 비유를 써서 독미나리로 독약을 조제해 놓고, 세상을 일찍 하직하려는 자들에게 먼저 그들의 상원인 6백 명의 의원들의 심의를 거친 다음 승인받는 자에게 이 독약을 내주었으며, 그 밖에 관리의 허가를 얻었거나 정당한 이유가 아니면, 자기 손으로 자기 목숨을 끊는 일은 허용되지 않았다.

다른 곳에도 이런 법률은 있었다. 섹스투스 폼페이우스는 아시아에 갔을 때 네그르르(에우보이아)의 케아섬을 지나갔다. 우연히 그가 거기 있을 때(그와 동행한 자들의 하나가 우리들에게 말해 준 바이지만), 지체가 대단히 높은 한 여인이 시민들 앞에 나서서, 자기가 세상을 하직해야 할 이유를 설명하고 나서, 폼페이우스에게 자기 죽음을 더 영광스럽게 빛내기 위해서 그 자리에 참석해 달라고 간청했다. 그는 응낙했다.

 그때 그는 아주 득의에 차서 웅변을 토하며 오랫동안 그 여인의 생각을 돌려 보려고 애썼으나, 끝내 허사로 되어서 그녀가 소원대로 하도록 둘 수밖에 없었다. 그녀는 90년 동안을 정신적으로 신체적으로 행복하게 살아 왔다. 그러나 그 순간 그녀는 여느 때보다 더 멋있게 장식한 침대에 누워서 "오오, 섹스투스 폼페이우스여, 제신들은, 그리고 내가 가서 만나 보려는 분들보다도 차라리 내가 이 세상에 남겨 두고 가는 자들은, 그대가 나 살아서의 충고자였으며, 나 죽는 자리의 증인이 된 것을 감사하여 주기를! 항상 운세가 다행한 얼굴로 나를 돌보아 주었으니 나는 너무 오래 살고 싶어 하다가 내게 반대되는 운을 당할까 두려워서, 행복한 종말로 내 영혼의 유체에 하직하고 내 두 딸과 손주들을 남겨 두고 갑니다"라고 했다.

 그리고 나서 자기 가족들에게 단합해서 평화로이 살아가라고 당부하며 그들에게 재산을 나눠 주고, 터주신들은 맏딸에게 맡기고, 그녀는 독약이 든 잔을 들었다. 그녀는 메르쿠르스(商神)에게 저승에 가서 행복한 자리에 인도해 달라고 축원과 기도를 올리고 나더니, 갑자기 이 치명적인 음료를 들이켰다. 그녀는 마신 독약의 효과를 좌중에게 이야기하며 자기 신체의 부분들이 하나하나 싸느랗게 식어간다고 하고, 마침내 찬 기운이 심장과 창자에까지 도달했다고 말하며, 두 딸을 불러서 마지막 수습과 아울러 눈을 감겨 달라고 했다.

 플리니우스가 이야기하는 어느 북쪽 나라는 기후가 대단히 온화해서 사람들의 생명에 끝이 없고, 일반적으로 죽음은 주민들 자신의 의사에 달려 있었으며, 다만 그들은 지극히 오래 살고 나서 인생에 피로하고 물려서 한 번 진탕 잘 먹고 난 다음, 그 목적으로 지정된 어느 바윗돌 위에 올라가서 바닷물 속에 몸을 던졌다고 한다.

 참을 수 없는 고통과 극악한 죽음은 이런 기도를 변명해 줄 만한 권유가 될 수 있는 것으로 보인다.

4
사무는 내일로

내가 프랑스 작가들 중에서 자크 아미요[2]에게 영예로운 관을 바치는 것은 당연한 일이라고 생각한다. 간결하고 소박한 언어 사용면에서 다른 작가들보다 탁월하며, 오랜 노력과 자기 학문에 대한 깊은 연구로 그렇게도 거칠고 난해한 작가를 아주 적절하게 설명할 수 있었기 때문만은 아니다.(왜냐하면 남들이 내가 그리스어를 모른다는 둥 무슨 말을 해도, 나는 그가 한 번역이 대단히 아름답고 아주 문맥이 잘 닿으며 줄기가 서 있어, 그는 작가의 진실한 사상을 확실히 이해했거나, 또는 오랜 연구로 자기 마음속에 플루타르크의 마음의 전반적인 사상을 뿌리박게 했기 때문에, 작가의 말을 그릇 전하든지 거꾸로 말하는 일은 없는 것으로 나는 본다.)

나는 그가 특히 이렇게도 가치 있고 마땅한 작품을 골라내어서 자기 나라에 선사할 수 있었던 것을 그에게 감사한다. 만일 이 작품을 자취도 없이 없어지는 위기에서 구하지 않았던들, 우리 무식꾼들에게는 구원의 길이 없었을 것이다. 이 작품 덕택으로 우리는 이 시간에 감히 말을 하고 글을 쓰고 할 수 있다. 이것이 있으니 부인도 학교 선생들에게 강론을 해 줄 수 있는 것이다. 이것은 우리의 경전이다.

만일 이 착한 분이 살아 있다면, 나는 그에게 크세노폰을 지적하며, 똑같이 주해를 달아 달라고 간청하겠다. 그것은 그의 나이에 더 쉽고 그만큼 더 적당한 일거리이다. 그리고 어떻게 했는지 모르지만 그는 어려운 구절들을 민첩하고 명쾌하게 풀어 나가면서도 원문에 억눌리지 않고, 평안하고 한가롭게 전개해 갈 때 그의 문체는 더욱 유려해지는 듯싶다.

나는 방금 플루타르크가 자신에 관해서 말하는 문장을 읽고 있었다. 거기에는, 자기가 로마에서 글을 낭독하고 있는 자리에 루스티쿠스도 참석하고 있었는데, 그는 이때 황제가 보내 준 소포를 받고도 낭독이 끝나도록 뜯어보기를 미루고 있었다. 그래서 좌중은 이 인물의 침착한 태도를 크게 찬양했다고 플루타르

---

[2] 1513~1593. 프랑스의 작가 겸 번역가로 그리스어·라틴어 문학작품 번역에 평생을 바친 것으로 유명하다.

크는 말한다. 이야기가 마침 호기심의 문제를 다루고 있으니 말인데, 우리는 새 것에 대한 탐욕과 정열 때문에 새로 닥쳐 오는 것만 너무 허둥지둥 조바심내며 상대하고, 우리 있는 자리가 어딘지 분간도 않고 사람이 가져오는 편지를 부산하게 뜯어보느라고 좌중에 대한 존경과 예의를 잃는 수가 많으니, 그가 루스티쿠스의 침착성을 칭찬한 것은 당연하겠다. 그리고 자기가 낭독하고 있는 도중에 그것을 중단시키려고 하지 않은 그 범절과 예의바름에 관한 칭찬을 거기에 덧붙일 수도 있었다. 그러나 나는 그가 신중하다고 칭찬하는 데는 의문을 품는다. 왜냐 하면 그가 황제에게서 오는 우편물을 불시에 받고, 읽기를 미루다가 큰 잘못을 저질렀을지도 모르기 때문이다.

호기심에 반대되는 악덕은 무심함이다. 내 기질은 명백히 이편으로 기울어간 다. 그리고 이 경향이 너무 심해서 서너 달 뒤까지도 남이 보낸 편지를 주머니에 넣은 채 뜯지도 않고 있는 사람을 가끔 본다.

나는 남의 편지는 내게 부탁한 것뿐 아니라 우연히 내게 넘어온 것도 결코 뜯어보지 않았다. 그리고 높은 사람 옆에 있을 때 그가 중요한 편지를 읽고 있는 도중에 부주의로 내 눈이 그리 가는 것도 양심에 거리낀다. 나만큼 남의 일에 참견 않고 알아볼 생각을 하지 않는 사람도 없을 것이다.

우리 조상들의 시대에, 드 부티에르 경은 좋은 친구들과 같이 식사를 하고 있을 때 자기가 지배하는 토리노시에 반란이 계획 중이라는 통지를 받고 바로 읽지 않았기 때문에 자칫하면 그 도시를 잃을 뻔했다. 그리고 바로 이 플루타르크의 작품을 읽으며, 나는 율리우스 카이사르가 음모단에 의해 살해당한 날, 원로원에 나가다가 그때 사람이 그에게 보내 준 쪽지를 읽어 보기만 했어도 그가 살해당하지 않았으리라는 것을 알았다. 그리고 플루타르크는 또 테베시의 폭군 아르키아스의 이야기를 하는데, 펠로피다스가 자기 나라의 자유를 찾으려고 꾸며 놓은 계획을 수행하기 전날 밤에, 그에 대해 꾸며지는 음모를 같은 이름의 아테네인인 다른 아르카키스가 상세하게 써 보냈다. 그가 연회석에서 음식을 먹고 있는 중 이 봉투를 전해 주자, 그는 뜯어보기를 미루고, 다음에 그리스의 격언으로 남게 된 '사무는 내일로'로 대신했다.

내 생각에는 현명한 사람은 루스티쿠스가 한자리의 동석자들에게 실례가 되지 않도록 남을 위해서 한 바와 같이, 또는 다른 중대한 사무를 중단시키지 않으려고 다른 사람이 가져온 소식을 다음에 알아 볼 수도 있다. 그러나 자기 개인의 이익과 쾌락을 위해서 그렇게 하는 일은, 특히 그가 공무를 맡은 인물이라면, 식사하거나 잠자기 위해서라도 용서할 수 없는 일이다.

옛날 로마에서는 식탁에서 가장 영광된 상석은 집정관의 자리이며, 그곳에 앉은 자는 누군가 불시에 찾아와 이야기하고 상의하기에 편리하게 배치되어 있었다. 그것은 식탁에 앉아서도 다른 사무나 급히 일어난 일을 전해 주는 것을 막지 않은 증거이다. 그러나 인간 행동에 관해서 운이 거기에 손을 대지 못하게 할 정도로, 이성의 판단을 가지고 극히 정확하게 어떤 규칙을 세운다는 것은 쉽지 않은 일이다.

5
양심에 대하여

우리나라 내란 시대의 어느 날, 나는 드 라 브루스의 성주인 내 형님과 여행하다가 점잖은 한 귀인을 만났다. 그는 우리와 반대당이었다. 그러나 그렇지 않은 체하고 있었기 때문에, 나는 그 사실을 전혀 모르고 있었다. 그리고 이런 내란 때 가장 흉한 일은, 사정이 너무 뒤죽박죽으로 되어서 모두 같은 법률 밑에 살며 풍속도 풍채도 같기 때문에, 적인지 내 편인지 외모로나 언어로나 태도로나 분간할 수 없고, 그 때문에 혼란과 무질서를 피하기가 어렵다는 것이었다. 나로서도 검문당하거나 더 나쁜 일이라도 당할까 봐, 내가 알려지지 않은 고장에서는 우리 부대를 만나는 것도 두려워했다. 그런 일이 내게도 있었다. 나는 이런 오해로 부하들과 말을 잃었고, 그중에도 내가 보살펴 키우던 이탈리아 귀족 출신의 시동(侍童)이 살해되어, 인품이 훌륭하고 장래가 촉망되던 생명 하나가 사라지게 한 일이다.

그러나 이 아이가 무서움으로 정신을 잃어 말 탄 사람을 만날 때나, 임금님이 도시를 지날 때마다 너무나 죽을 상을 하는 것을 보고, 나는 이 아이가 양심에 가책을 받고 있기 때문에 그런 것이라고 짐작했다. 이 가련한 자의 경우, 사람들은 그의 가면과 외투에 달고 다니는 십자가를 꿰뚫어서, 그의 마음속 비밀을 읽어 갈 것으로 보였다. 양심이 애를 쓰면 이렇게까지 놀라 겁먹은 얼굴을 보인다. 양심은 우리 속을 드러내 보이며, 자신을 비난하고 우리 자신과 싸운다. 외부의 증인이 없어도 양심은 우리 의사에 반해서 우리의 속을 드러내 보인다.

    우리는 보이지 않는 채찍으로 매질하며
    그 자체가 우리의 형리가 된다.   (유베날리스)

    이것은 아이들의 입에 잘 오르는 이야기이다. 파이오니아인 베소스는 장난으로 참새 집을 부수고 새를 죽였다는 책망을 받고, 이 작은 새들이 자기가 부친을 죽였다고 줄곧 비난하기를 그치지 않으니, 자기가 한 일이 옳다고 했다. 부친을 죽인 범죄는 그때까지 드러나지 않아서 아무도 아는 사람이 없었다. 그러나 양심의 복수 신들은 누가 죄를 받아야 할 것인가를 드러나게 시켰던 것이다.

    헤시오도스는 징벌은 죄악의 뒤를 바로 쫓는다고 한 플라톤의 말을 정정한다. 벌은 죄악과 동시에 생겨나기 때문이라고 그는 말한다. 징벌을 기다리는 자는 누구든 징벌을 당한다. 그것을 당할 만한 자는 누구든 그것을 기다린다. 악행은 자기 자신을 괴롭히는 고민을 만들어 낸다.

    악은 특히 그것을 지은 자를 압박한다.   (아울루스 겔리우스)

    왕벌은 남을 찔러 해치지만, 결국 제 자신을 해치는 것과 같다. 왜냐하면 그 때문에 자기 바늘과 힘을 영원히 잃기 때문이다.

    그것은 자기가 만든 상처 속에 생명을 버려 둔다.   (베르길리우스)

    가뢰라는 독충은 자연의 상극률로 자신에게 그들 독에 대한 해독제로 쓰이는 부분을 가지고 있다. 그와 같이 사람도 악덕에서 쾌락을 얻을 때는 양심에 반대되는 불쾌감이 생기며, 그것이 우리를 갖가지 공상으로 괴롭힌다.

죄인들 중에는 잠꼬대나 병 중의 헛소리로
　　자기 자신을 비난하며
　　오랫동안 드러나지 않은 잘못을 폭로시킨 자가 많다. 　　(루크레티우스)

　아폴로도르스는 스키타이족들이 자기 살갗을 벗겨 냄비에 삶고 있는데, 자기 마음은 "내가 네게 이 모든 불행의 원인이 되었다"고 수군거리는 꿈을 꾸었다. "악인에게는 숨을 곳이 소용없다. 왜냐하면 양심이 자신에게 그것을 폭로하기 때문에 숨었다 해도 안심할 수 없는 일이기 때문이다" 하고 에피쿠로스는 말했다.

　　죄인들에게 내려지는 최초의 징벌은 그들이 결코
　　자기 자신의 재판정에서 면죄받을 수 없는 일이다. 　　(유베날리스)

　양심은 우리를 공포심으로 채우듯, 마찬가지로 평안과 신념으로 채워 준다. 그리고 나는 내 의지와 의향의 깨끗함을 알고 있는 덕택으로, 수많은 위험한 경지를 더 확고한 걸음으로 걸어 왔다고 말할 수 있다.

　　양심이 자기에게 주는 증명에 따라
　　사람의 마음은 공포나 희망으로 채워진다. 　　(오비디우스)

　이러한 예는 수없이 많다. 동일한 인물에서 다음과 같은 세 가지 예를 들어 보면 충분할 것이다.
　스키피오는 어느 날 중대한 문책으로 로마 국민들 앞에 고발당했을 때, 자기를 변명하거나 심판관 앞에서 아첨하는 대신, "그대들은 사람들을 심판할 권위가 있는 두뇌를 가지고 심판하기만 하면 될 것이오"라고 말했다. 그리고 또 한 번은 사람들이 법을 어겼다고 죄를 뒤집어 씌우고 그를 시민 재판에 붙이자, 그는 자기 사건에 대해서 변론하는 대신 "자, 우리 시민들, 자, 그 전에 오늘과 같은 날에 신들이 카르타고인들에 대해 내게 준 승리를 감사하러 신들의 앞에 나아갑시다" 하고 말하며 사원(寺院)으로 향하여 걸어가기 시작하니, 온 군중과 그의 고

발자 역시 그의 뒤를 따랐다.

그리고 페틸리우스는 카토의 지시를 받고, 스키피오에게 안티오쿠스 지방에서 사용한 금전의 내용을 밝히라고 요구하자, 스키피오는 그 때문에 원로원에 나타나 자기 옷자락 밑에 가지고 있던 계산서를 내보이며, 그 속에 수입과 지출이 사실대로 적혀 있다고 말했다. 그러나 장부를 재판관 앞에 제출하라고 하자 그는 거절하며, 그런 수치스러운 짓은 못 한다고 말하고, 원로원 의원들 앞에서 장부를 조각조각 찢어 던졌다.

나는 양심의 가책을 받는 사람들이 이런 자신 있는 행동을 흉내 낼 수 있다고 생각하지 않는다. 그는 천성이 용맹하고, 너무 높은 행동에만 버릇이 되어서 자기가 죄인의 지위에서 자기 무죄를 변명하는 따위의 천한 짓에 몸을 맡길 수 없는 인물이었다고 티투스 리비우스는 말한다.

고문은 위험한 발명이다. 그것은 진실을 시험하기보다는 참을성을 시험한다. 고문을 참아 낼 수 있는 자는 진실을 감추고, 그것을 참아 내지 못하는 자도 역시 그렇다. 어째서 고통은 있었던 사실을 있다고 불게끔 하기보다도, 없는 사실을 있다고 자백하게 하는 것인가? 또 다른 사람이 고발하는 사실을 범하지 않은 사람이 이런 고초를 참아 낼 수 있을 만큼 인내성이 있다면, 그 덕택으로 생명을 보존할 수 있을 것이다. 그런데 어떤 사실을 행한 자가 어째서 행하지 않았다고 끝까지 버티지 못하겠는가?

내 생각으로는 이 제도를 만든 기초는 양심의 힘을 고려한 점에 있다고 본다. 왜냐하면 죄인에게 고초를 주면 그 죄를 자백시키는 데 양심이 거들어 주게 되고 그의 마음을 약하게 만들지만, 반대로 양심은 죄 없는 자를 고문하면 더 강하게 만드는 것같이 보이기 때문이다. 진실을 말하면, 이것은 아주 불확실하고 위험한 방법이다. 이런 심한 고통을 피하기 위해서 무슨 말인들 하지 않고 무슨 짓인들 행하지 않을 것인가?

　　고통은 죄 없는 자에게도 거짓을 강요한다.　　(푸블리우스 시루스)

그 결과 재판관이 한 인간을 억울하게 죽게 하지 않기 위해서 고문을 행하는 경우에도, 그가 죄가 없을지라도 고문당하고 죽게 되는 일이 일어난다. 수많은 자들이 그들의 거짓 자백으로 죽임을 당한다. 그중에도 나는 알렉산드로스가 필로타스에게 행한 고발과 당사자가 당한 고통의 경과를 보아서, 필로타스를 이런 예로 든다.

그러나 어떻든 사람들은 이것을 인간의 약점이 발명해 낸 것들 중에서 가장 덜 악질적인 축에 든다고 말한다. 그렇지만 내 생각으로는 극히 비인간적이며 쓸모없는 짓이다.

그리스인들과 로마인들이 야만이라고 부르지만, 그들보다는 훨씬 덜 야만적인 여러 나라에서는, 한 인간의 잘못이 아직 확실치 않은 터에 그에게 고통스러운 형벌을 가하고 그의 사지를 찢는 행위는 소름돋는 잔인한 짓이라고 본다. 어째서 그가 그대의 무지에 대해서 책임을 져야 하는가? 이유 없이 그를 죽이지 않으려고, 죽이는 것보다 더 심한 짓을 하는 것은 그대가 부당한 것이 아닌가? 사리가 그러한 것이, 저 형의 집행보다 더 힘들며, 그 혹독함이 형의 집행을 넘어 사람을 죽이는 일이 일어나는 심문을 겪어 내기보다는, 차라리 이유 없이 죽기를 택하는 수가 얼마나 많은가 생각해 보라. 이 이야기는 누구에게서 들은 것인지 모르지만, 이것은 정확하게 우리 재판 제도의 양심을 말한다.

한 시골 부인이 장군인 대법관 앞에서, 그 군대가 마을 주민을 약탈하는 동안, 한 병사가 그 부인이 어린애에게 먹이려고 남겨 둔 우유죽을 빼앗아갔다고 고발했다. 그런데 증거라고는 없었다. 장군이 그 부인에게 하는 말이, 거짓이면 그 고발 때문에 죄가 되니 잘 생각해서 하라고 요구해도 그 부인이 고집을 부리자, 그는 그 사실이 진실인가를 밝히기 위해서 병사의 배를 갈랐다. 그리하여 그 여자의 말이 옳았음을 알려 주었다는 것이다. 매우 교훈적인 방법이다.

6
실천에 대하여

사색과 교양은 기꺼이 신임하는 것이지만, 그것 외에도 경험에 의해서 우리 마음이 우리가 원하는 대로 움직이도록 훈련시키지 않으면, 이 사색과 교양이 우리를 행동하게 할 만큼 충분히 강력하기는 어렵다. 그렇지 않으면 심령이 실제 행동에 들어선 때, 탁월한 경지에 이르고자 원하는 자들은, 싸움에 서투른 상태에서 경험 없이 세파에 뜻하지 않게 습격당할까 봐, 혹독한 운명에서 은신하여 편안하게 기다리는 것만으로는 만족하지 않았다. 그래서 그들은 운명의 앞에 나가서, 진짜로 어려운 시련에 뛰어들기도 했다. 어떤 자들은 자진하여 춥고 배고픔에 단련받기 위해서 부귀를 버렸고, 어떤 자들은 불행과 노고에 몸을 튼튼히 하기 위해서 힘든 노동과 혹독한 고생을 찾아 행동했고, 또 어떤 자들은 신체의 어느 부분이 너무 유쾌하고 즐겁기 때문에 그들의 심령이 해이해질까 봐 두려워하며, 시각이나 생식기관 같은 신체의 가장 중요한 부분을 끊어 버렸다.

그러나 우리가 완수해야 할 최대의 과업인 죽음에 관해서는 수련도 아무 도움이 되지 않는다. 고통·수치·가난, 기타 이런 따위의 변고에 대해서는 습관이나 경험으로 마음을 강하게 만들 수 있다. 그러나 죽음은 한 번밖에 시험해 보지 못한다. 거기에서는 우리 모두가 신입생이다.

옛날에는 탁월하게 시간을 아끼며 죽음까지도 맛보고 음미해 보려고 하고, 자기 정신을 긴장시켜 죽음의 통과가 어떤 것인가를 시험해 보려고 시도한 사람들이 있었다. 그러나 그들은 그 소식을 전해 주려고 돌아오지는 않았다.

   한번 죽음의 차디찬 휴식을 맛본 자는
   다시는 잠 깨지 못한다.   (루크레티우스)

도덕과 마음에 품은 의지가 견고하던 로마의 귀족 카니우스 율리우스가, 악극 칼리굴라 때문에 사형 선고를 받았을 때 그의 강직한 마음씨를 보여 준 경이로운 행적들 가운데 다음과 같은 일화가 있다.

그가 막 사형 집행인들의 손에 넘어가려고 하는 때에 그의 친구인 한 철학자가, "그래, 카니우스, 지금 자네 영혼 상태는 어떤가? 어떻게 하고 있나? 무슨 생각을 하는가?" 하고 물어보자 이렇게 대답했다. "나는 온 힘을 다해서 긴장한 마음으로 준비하고, 이 짧고 간단하게 넘어갈 죽음의 순간에 영혼이 이사 가는 경과를 무엇이라고 지각할 수 있을 것인가, 그리고 영혼이 떠나갈 때의 심정은 어떤가를 보고, 할 수 있으면 다음에 돌아와서 내 친구들에게 알려 주겠다고 생각하고 있네." 이 인물은 죽을 때까지만이 아니라 죽음에 있어서도 철학자였다. 이렇게 자기 죽음이 가르침이 되기를 바라고 이렇게 중대한 순간에 다른 생각을 할 여유가 있었다니, 그 얼마나 큰 신념을 가진 용기 있는 지조였던가!

그는 죽어 가는 영혼에도 이러한 지배력을 견지했다. (루카누스)

그렇지만 나는 우리를 어떻게든 죽음과 친해지게 하고, 그것을 경험하는 방법이 있을 것이라고 믿는다. 우리는 완전하지는 못할망정, 적어도 쓸데없지는 않게 우리에게 힘을 주고 자신을 갖게 하는 방식으로 죽음을 경험해 볼 수 있다. 거기까지 도달은 못하더라도 접근할 수는 있고, 그것을 정탐해 볼 수는 있다. 그리고 그 요새 속까지는 침입하지 못할망정, 적어도 그 접근로(接近路)를 보고 알아볼 수는 있다.

우리가 잠들었을 때의 상태가 죽음과 비슷한 점이 있으니, 바로 수면을 관찰해 보는 것도 무의미한 일은 아니다. 우리는 얼마나 쉽게 잠 깬 상태에서 잠으로 넘어가는가! 어찌도 그리 손실도 거의 느낄 것 없이 광명과 의식을 잃는가! 아마도 자연은 이 수면을 통해 우리에게 살아 있을 때가 죽었을 때와 같은 것이라고 이승에서 미리 저승으로 넘어간 뒤의 영원의 상태를 보여 주며, 거기와 미리 친해져서 두려운 마음을 없애 주려는 것이 아니라면, 수면의 작용이 우리에게 모든 행동과 심정을 제거하는 것이 무의미하고 천성에 배반되는 일로 보일 것이다.

그러나 어떤 참변을 당해서 의식 상실 상태에 빠져 모든 의식을 잃어 본 자는, 내 생각에는 죽음 본연의 진실한 모습을 아주 가까이서 보아 온 자이다. 저승으로 넘어가는 순간에 우리는 아무 마음도, 여유도 갖지 않았기 때문에, 그때는 자기에게 무슨 고통이나 불쾌감을 가질 수 없기 때문이다.

우리의 고통에는 시간이 필요하다. 그런데 죽음의 순간은 지극히 급하고 짧게 넘어가기 때문에 그때에는 필연적으로 감각이 없을 것이다. 거기 접근해 갈 때 공포심이 느껴진다. 이런 것은 경험으로 얻을 수 있다.

많은 사람들은 사실보다 공상 때문에 죽음을 더 크게 본다. 나는 내 나이의 대부분을 건강한 몸으로 보냈다. 건강할 뿐 아니라 경쾌하고 혈기왕성하게 보냈다. 나는 정력에 넘치는 유쾌한 기분 상태에서는 병을 아주 무섭게 생각해 왔기 때문에, 내가 병을 경험하게 되었을 때에는 두려워하던 것보다는 그 고통이 대단치 않고 싱겁게 보였다.

이제 와서 나는 날마다 이렇게 느낀다. 폭풍과 눈비가 휘몰아치는 밤에 나는 훈훈한 방 안에서 편안하게 지내지만, 이런 때 밖의 들판에서 고생하고 있는 사람들을 생각하면, 나는 소름 끼치게 가슴이 저려온다. 그러나 내가 그런 처지에 있을 때에는 다른 곳에 있고 싶다는 생각도 하지 않는다.

방 한 구석에 처박혀 있다는 생각만으로도 내게는 참을 수 없는 일이었다. 나는 돌연히 그렇게 지내기를 일주일, 한 달 겪어 보게 되니, 내가 딱해서 사람이 변하고 마음이 약해졌다.

그리고 내가 건강했을 때 가련하다고 보아 온 병자들은, 내가 직접 당하고 보니 그렇게 가련할 것도 없었다. 또 상상력의 힘이 그 사실의 본질과 진실을 거의 반이나 늘려 주고 있음을 알았다. 아마 죽음에 대해서도 내 심정은 그렇게 될 것이다. 요즈음은 그렇게 어려운 일이라고 미리 차비하고, 힘이 드는 그 고비를 지탱하기 위해서 도움을 청해 놓은 만큼은 애를 쓸 거리가 못될 것으로 예상된다. 아무튼 아무리 대비해 보아도 지나칠 일은 없다.

우리나라 두 번째인가 세 번째인가의 동란 때(그 생각이 잘 나지 않는다), 나는 집에서 4km 가량 되는 곳으로 소풍을 갔었다. 그곳이 바로 프랑스 내란의 중심이 되는 위치였으나, 집에서 아주 가까운 곳이기 때문에 나는 극히 안전하다고 생각하고, 호위할 사람도 데리고 가지 않고, 타기 편한, 그러나 튼튼하지 못한 말을 타고 나갔다. 거기서 돌아오는 길에, 갑자기 이 말이 여느 때 당해 보지 못하던 일에 부딪혔다. 내 부하 중에 억세고 키 큰 사나이가, 생기 있고 기운차고 억센 붉은말을 타고, 용감한 체하며 동료들을 앞장서려고 내가 가는 길을 전속력을 내며 곧장 달려와서, 그 거인같이 굳고 무거운 몸으로 이 조그만 사람과 작은 말에게 벼락 치듯 부딪혀 사람이나 말이 거꾸로 내동댕이쳐지게 했다. 그래서 말은 쓰러지고, 나는 열두어 발자국쯤 앞으로 나가 굴러 떨어져 얼굴은 온통 상처로 벗겨졌고, 손에 쥐었던 칼은 열 걸음 더 앞으로 나가떨어졌으며, 혁대는 조각났다. 감각도 잃고 꿈틀거리지도 않는 내 꼴은 나무토막이나 다름없었다. 이것이 내가 지금까지 경험해 본 단 한 번의 기절 상태였다.

나와 함께 가던 자들이 가능한 한 모든 방법을 써서 나를 살려 내려고 하다가, 죽은 것으로 알고 팔로 안아 약 2km나 되는 내 집까지 운반해 놓았다. 오는 도중과 그후 두 시간 남짓은 죽은 것으로 간주되다가, 겨우 몸을 꿈틀거리며 숨을 쉬기 시작했다. 왜냐하면 내 배 속에 엄청난 분량의 피가 괴어 있어서, 그것을 쏟아 내는 데에 힘을 얻어야만 했다. 사람들은 돌아오는 도중에 몇 번이고 내 발을 쳐들고 거꾸로 세워 거품이 이는 피를 한 통은 토하게 해야 했다.

그러고 나서 나는 조금 생명을 돌리기 시작했으나 그것은 상당히 오랜 시간이 걸려 차츰차츰 회복되었으며, 내가 받은 첫 느낌은 살아 있다기보다는 더 죽음에 훨씬 가까운 것이었다.

아직도 소생이 불확실하며
혼란된 영혼이 다져질 수가 없다.   (토르콰토 타소)

죽음에 관하여 내 마음에 깊이 새겨진 이 추억은 그 모습과 관념을 아주 천성에 가까이 그려 보이기 때문에, 이 추억이 도무지 내 일같이 느껴지지 않는다. 내가 무엇을 의식하기 시작했을 때에는, 시각은 아주 어지럽고 약하고 죽음이나 다름이 없어서 나는 어슴푸레한 빛밖에는 아무것도 분간할 수 없었다.

눈을 감았다 떴다 하며
반은 잠자고 반은 잠 깬 사람과 같다.   (토르콰토 타소)

영혼의 기능으로 말하면, 영혼은 신체의 기능과 함께 살아나기 시작했다. 정신을 차려 보니 몸이 피투성이였다. 겉저고리는 토한 피로 물들어 있었다. 맨 먼저 생각난 것은 머리에 총탄을 맞았다는 생각이었다. 사실은 이와 때를 같이 해서 총소리가 사방에서 들려왔다. 그때 내 생명은 간신히 입술 끝에 매달려 있는 듯싶었다. 나는 이것을 거들어 밖으로 밀어내려는 듯 눈을 감았다. 기운이 빠지며 혼이 나가게 두는 것이 마음에 즐거웠다. 이것은 영혼의 표면에 둥실 떠도는 공상에 불과했다. 다른 모든 부분들처럼 아주 흐늘거리며 극도로 힘없는 것이었으나, 사실 불쾌감이 없었을 뿐 아니라, 마치 잠이 솔솔 올 때와 같은 달콤한 감각이 섞여 있었다.

나는 임종 시에 허약해서 실신하는 자들이 느끼는 상태도 이렇다고 생각한다. 그리고 우리가 그들이 심한 고통에 뒤흔들리며, 그 영혼이 호된 고역이 되는 사색에 억눌려 있다고 생각하고, 가련하게 여기는 것은 이유 없는 일이라고 생각한다. 여러 사람들의 의견이나 에티엔느 드 라 보에티의 의견과는 반대로, 내 생각은 언제나 이러했다. 종말이 가까워 올 때 드러누워 잠든 자들이나 오랜 병고에 지친 자들, 또는 중풍으로 졸도했거나 노환에 걸린 자들—

병의 발작에 전도되어
병자는 벼락 맞은 것처럼 우리 앞에 쓰러진다.
입에는 거품을 물고 고통으로 신음하며 사지는 떨린다.
그는 헛소리를 한다.
그의 근육은 굳어지고 몸은 허우적거리며
호흡하기도 힘이 들고
기진하여 동작이 혼란되며 (루크레티우스)

또는 머리에 부상을 입고 끙끙 앓는 소리를 내며 때로는 찌르는 듯한 한숨을 내쉬는 자들이, 그들에게 아직 의식이 남아 있는 것 같은 어떤 표적이 있고, 전체가 어떤 동작으로 꿈틀거리는 것을 보지만, 나는 늘 그들의 영혼과 육체가 잠들어 묻혀 있다고 생각했다.

그는 살아 있다. 그러나 자신의 생명 의식은 없다. (오비디우스)

그리고 나는 사지가 이렇게 심하게 마비되고 감각이 극심하게 쇠약해진 처지에서는 영혼이 내부에 자기를 의식할 아무런 힘도 유지하지 못하고, 따라서 그들에게는 그들을 괴롭히며 그들 처지의 비참함을 느끼고 판단하게 할 수 있는 아무런 사고력도 없고, 그 때문에 그들을 대단히 가련하게 볼 것은 없다고밖에 생각할 수 없었다.

나는 영혼이 생생한 채 고통을 받으며, 그것을 표현해 볼 방도가 없는 처지만큼 참을 수 없이 참혹한 상태는 상상해 볼 수가 없다. 그것은 확고하고 장중한 용모로 진행될 때 가장 묵묵한 태도가 점잖아 보이는 죽음의 경우를 제외하고, 혀를 끊기고 고문을 당하는 자들의 경우이거나, 이 시대의 비천한 살인범 병사들의 손에 걸린, 저 가련한 피해자들이 그 이행이 불가능하게 너무 과도한 몸값을 강요당하느라고 온갖 종류의 잔인한 수단으로 고초를 받으며, 그동안 그들의 생각이나 끔찍하고 비참한 광경을 표현하거나 알려 줄 아무런 방법도 없는 조건과 황소에 매여 있는 것 같은 경우를 말하려는 것이다.

시인들은 이렇게 쇠잔하는 죽음을 질질 끄는 자들을 해방시키려고 신들이 호의를 품는 것으로 묘사하고 있다.

> 내가 받은 명령에 맞도록
> 나는 머리털을 뽑아 지옥의 신께 바쳐서
> 너를 네 자신에서 해방한다.
> (베르길리우스)

그리고 이런 죄인들의 귀에 대고 고함지르며 야단치고, 그들에게서 빼앗아 낸 흐트러진 짧은 목소리와 대답, 또는 그들이 당하는 요구에 동의하는 듯한 동작 따위는 그래도 그들이 살아 있다는 증거, 적어도 그들이 완전한 삶을 살고 있다는 증거는 아니다. 그것은 우리가 아직 잠이 확실히 들지 않고, 우리 주위에 일어나는 일을 꿈속에서 느끼며, 사람들의 말소리는 혼돈되는 불확실한 청각으로 더듬어서, 영혼의 언저리에 닿을까 말까 하는 듯하며, 사람들이 말하는 마지막 말에 대답한다는 것이 운이 좋아야 무슨 의미가 닿는 식의 잠꼬대에서도 이런 일이 일어난다.

그런데 내가 사실로 경험해 본 현재에 이르러서는 이때까지 판단을 잘못했다는 것에 아무런 의문도 품지 않는다. 왜냐하면 첫째로 나는 아주 기절해서, 내 손톱으로만(나는 무장하고 있지 않았다) 양복저고리를 열어 보려고 애썼다. 그러나 나는 아무런 아프다는 생각이 없었다는 것을 안다. 왜냐하면 우리에게는 우리가 미처 의도하지 않았던 동작을 취하는 경우가 얼마든지 있기 때문이다.

  반은 죽어서 손가락은 떨리며 다시 칼을 잡는다.   (베르길리우스)

 말에서 떨어지는 사람들은 본능적으로 팔을 앞으로 뻗어 내민다. 이렇게 우리의 사지는 제대로 일을 하며, 우리 사고력과 관계없이 움직인다.

  전차(戰車)에 장비된 낫이 극히 바르게 사지를 절단하면
  그 아픔이 영혼에 이르기 전에
  —절단은 그렇게도 신속하여—
  잘라진 수족은 땅에 떨어져서 꿈틀거린다고 한다.   (루크레티우스)

 내 배는 엉긴 피로 꽉 차 있었고, 내 손이 저절로 그리로 가는 것은 마치 우리가 가려움을 느낄 때 하듯 우리 의지와는 반대로 손이 움직이는 것과 같았다. 여러 동물들, 그리고 사람들 역시 죽은 다음에 근육이 오그라들고 꿈틀거리는 것을 볼 수 있다. 시키지도 않았는데 흔히 전체의 일부가 흔들리고, 쳐들리고, 늘어지고 하는 것은 누구나 다 경험해 보는 일이다. 그런데 우리의 피부에만 스쳐가는 이러한 감각은 우리의 것이라고 말할 수는 없다. 그것이 우리 것이 되려면 심신 전체가 거기 관련되어야 한다. 그리고 우리가 잠자는 동안 손이나 발에 느끼는 고통은 우리가 느끼는 것이 아니다.
 내가 우리 집 가까이오니 벌써 낙마했다는 소식이 닿아 있어, 식구들은 이러한 경우에 으레 하듯 울부짖는 소리로 나를 맞이했다. 그때 나는 사람이 묻는 말에 몇 마디 대답했을 뿐 아니라, 이상하게도 내가 아내에게 말을 한 필 갖다 주라고 명령할 생각을 했다고 사람들은 말한다. 그때 나는 그녀가 험준하고 위험한 곳에 허우적거리며 고생하고 있는 것으로 보였던 것이다. 이런 생각은 내 영혼에 정신이 있었기에 나온 것으로 보인다.

그러나 나는 결코 그렇지 않았다. 이런 것은 눈과 귀의 감각으로 이루어진, 구름 속에 떠도는 허황된 생각이었다. 그것은 내게서 나온 생각이 아니었다. 그 반대로 나는 내가 어디서 오는지, 또 어디로 가는지 몰랐으며, 사람이 내게 묻는 것을 헤아리고 생각해 볼 수도 없었다. 그것은 습관에서 오는 것같이 감각이 저절로 꾸며 가는 가벼운 효과였다. 영혼이 거기 참여하는 것은, 말하자면 감각이 아주 연약한 인상으로 꿈속에 스쳐 지나며, 단지 핥아 주고 적셔 주는 식이었다.

사실은 그동안 내 기분은 극히 부드럽고 편안했다. 나는 남을 위해서도, 나를 위해서도 괴로운 일이 없었다. 몸은 아무 고통 없이 나른하며 극도로 허약한 기분이었다. 나는 내 집을 보고도 알아보지 못했다. 사람들이 나를 뉘어 주었을 때에 나는 이 휴식이 무한히 달콤했다. 나는 이 사람들이 가엾게도 그 멀고 험한 길을 수고하며 서로 두서너 번 번갈아 나를 팔로 안고 오느라고 지쳐 버렸고, 내 몸은 몹시 흔들렸다는 것을 알았다. 사람들은 여러 가지 약을 권했으나 하나도 받아들이지 않았다. 머리에 치명상을 입었다고 생각했던 것이다.

그때 죽음을 맞이했다면 아주 행복한 죽음이었으리라는 것은 거짓말이 아니다. 왜냐하면 나는 사고력이 극히 허약했기 때문에 아무것도 판단할 수 없었고, 신체가 허약했기 때문에 아무것도 느끼지 않았으니 말이다. 나는 이보다 더 무게 없는 동작은 느껴 본 일이 없을 정도로 아주 살그머니, 아주 부드럽고 편안한 모습으로 늘어져 있었다. 내가 다시 살아나서, 다시 힘을 얻게 되었을 때는

　　내 감각이 마침내 약간의 기력을 회복한 때에는　　　　　　(오비디우스)

두서너 시간 뒤의 일이었는데, 나는 갑자기 고통을 느끼기 시작하여, 내 팔다리는 낙상으로 인한 부상으로 온통 쑤시고 아팠다. 그리고 이삼일 후에는 어찌나 아프고 괴롭던지, 나는 다시 한 번 호된 죽음을 당할 뻔했다. 그래서 지금도 그때 쑤시고 아프던 충격이 다시 생각난다.

내가 무엇보다도 생각해 볼 수 없었던 일은, 바로 이 낙상한 사실이었다는 것을 잊고 싶지 않다는 것이다. 그것을 이해하기까지에는 몇 번이고 내가 어디로 가던 것인가, 어디서 오던 길인가, 몇 시에 그 일이 일어났던가 하고, 사람에게 말

을 시켜 보아야 했다. 내가 낙상한 모양에 관해서는 그 원인이 된 자를 덮어 주기 위해서 모두가 숨기며 꾸며대면서 말했다. 그러나 그 후 오랜 시간이 지난 뒤에, 그리고 그다음에 내 기억력이 열리며, 말이 내게 부딪치던 것을 지각한 순간의 상태를 더듬어 보게 되었는데(나는 그 말을 내 발뒤꿈치에서 보았고, 나는 죽는 것으로 생각했으나, 이 생각이 너무나 급격했기 때문에 공포심이 생겨날 겨를이 없었다), 그때의 경험은 내 영혼이 벼락에 얻어맞아서 저승에 갔다가 돌아오는 것 같았다.

이 사건은 너무나 경미해서, 내가 거기서 교훈을 끌어내지 않았던들 어지간히 변변찮은 이야기였을 것이다. 왜냐하면 사실 죽음과 친해지기 위해서는 그 가까이 가보는 수밖에 없다고 보기 때문이다. 그런데 플리니우스의 말처럼, 사람은 누구나 가까이서 자기를 충분히 연구해 보는 기회만 있다면, 각자가 그 자신에게 대단히 좋은 연구 재료가 된다. 나는 여기에 내 학설을 내놓는 것이 아니라 내 연구를 피력한다. 남에게 주는 교훈이 아니고 내 자신에게 주는 교훈이다.

그리고 내가 그런 일을 전해 준다고 해서 사람들은 나를 원망할 것은 못 된다. 내게 소용되는 일은 우연히 남에게도 소용이 될 수 있다. 그뿐더러 나는 아무것도 망쳐 놓지 않는다. 나는 내 것만을 사용한다. 그리고 내가 미친 짓을 한다 해도 내 손해가 될 뿐이지, 다른 사람에게는 해를 끼치지 않는다. 왜냐하면 그것은 내 속에서 사라지는 미친 짓이고, 아무런 결과도 남기지 않기 때문이다. 이런 길을 뚫어 본 일에는 옛사람 두서넛에 관한 이야기가 있을 뿐이다. 그리고 그 사람들이나마 이름만 알려졌을 뿐이지, 방식이 나와 같았는지는 말할 수 없다. 아무도 그 뒤 그들의 발자취를 따라가 보지 않았다. 그리고 우리의 정신같이 잘 헤매는 움직임을 좇으며 우리 내심의 주름살의 불투명함 속에 침투해서, 그 요동하는 수많은 세밀한 모습을 하나씩 포착해 보려는 기도는, 생각보다 훨씬 힘든 가시밭길이다. 그리고 여기는 세상에 흔히 있는 일거리를 내던지고, 정말 사람들이 권장하는 일거리마저 집어치우고, 한 번 캐 들어가 볼 만한 새롭고도 이상한 재미가 있다.

벌써 여러 해 전부터 내 사색의 목표는 나 자신밖에 없었고, 나는 나 자신만을 살펴보고 연구해 본다. 그리고 내가 다른 일을 연구한다면, 그것은 바로 자신에 적용해 보기, 또는 적절히 말하자면, 내 자신 속에 적응하기 위해서 하는 일이다. 그리고 이와는 비교할 수 없이 쓸모가 많지 않은 다른 학문에서와 같이, 내가 내 배움의 깊이에 만족하는 것은 아니지만, 여기서 배운 바를 남에게 전해 준다고 해도, 그것이 실수하는 일이라고는 보지 않는다. 자기 자신에 대한 묘사만큼 어려운 묘사도 없으며, 그만큼 유용한 일도 없다. 이것을 밖에 내놓으려면, 그만큼 더 맵시 있게 잘 그려서 더 질서 있게 정리해야만 한다. 나는 계속 내 자신을 장식하고 있다. 왜냐하면 나는 끊임없이 나를 묘사하고 있기 때문이다.

우리 풍습은 자기 말을 하는 것을 악덕으로 본다. 그리고 사람들은 언제나 자기 자신을 증명하는 데 붙어 다니는 것처럼 보이는 자기 자랑을 미워하기 때문에 이것을 완고하게 금하고 있다. 그것은 마치 어린아이의 코를 들이대는 것이 아니고, 코를 잡아 비트는 셈이다.

잘못을 피하려다가 우리는 범죄로 이끌린다.　　　　　(호라티우스)

나는 이런 치료법에는 좋은 점보다도 나쁜 점이 더 많다고 본다. 그러나 사람들에게 자기 말을 하는 것이 필연적으로 자만이 된다는 것이 사실이라고 해도 그것이 내 속에 있는 것, 내 일반적인 의도에 따라서 이 병적 특질을 공표하는 행동을 거부해서는 안 되며, 내가 실천하고 있을 뿐 아니라 공개하고 있는 이 결점을 숨겨 두어도 안 된다. 내 생각을 말하자면, 술을 마시고 많은 사람들이 주정한다고 해서 술을 비난하는 것은 잘못이다. 좋은 일이 아니고서는 남용하는 일이 있을 수 없다. 그리고 자기 말을 하지 말라는 이 규칙은 속인들의 이런 결함에나 적용될 일이라고 생각한다. 그것은 바보들에게 매어 줄 고삐이지, 높이 그 말씀을 받드는 성자들이나 철학자나 신학자들을 얽매어 둘 고삐는 못 된다. 나는 성자도 무엇도 아니지만, 내게도 역시 그 고삐를 얽매어 두어서는 안 된다. 그들은 자기를 묘사하는 일을 뚜렷한 목표로 삼지는 않지만, 적어도 사정이 그렇게 되면 실컷 이 버릇 좇기를 주저하지 않는다.

소크라테스는 자기 말보다 무엇을 더 크게 취급했던가? 자신을 말하기, 책을 읽는 학파가 아니라 자기 심령의 됨됨이와 움직임 외에 다른 무엇으로 제자들을 더 자주 지도했던가? 우리 이웃 친구(신교도를 말함)들이 시민들에게 하듯, 우리는 하느님과 참회자에게 신앙심 깊게 말한다. 그러나 우리는 자신에 대한 비난밖에 말하지 않는다고 사람들은 대꾸하겠지. 그러니 우리는 모든 일을 말하는 것이다. 왜냐하면 우리의 도덕 자체에도 잘못과 회개거리가 있으니 말이다.

　내 직업과 기술은 살아가는 일이다. 내 지각과 경험과 실천에 따라서 그것을 말하지 못하게 막는 자는, 건축가에게 자기 의견이 아니라 다른 사람의 지식을 가지고 말하게 할 일이다. 자기 재주를 공표하는 것이 교만이라면, 어째서 키케로는 호르텐시우스의 웅변을 내놓지 않았던 것인가? 아마도 그들은 내가 자신에 관해 적나라하게 언어로 표현하지 말고, 작품과 행동으로 내 자신을 보여 주라고 하는 뜻으로 말한다. 나는 주로 내 생각을 표현한다. 그것은 형체가 없어 행위로는 표명될 수 없는 재료이다. 갖은 애를 써 가며 나는 공기같이 요동하는 말소리 형태로 그것을 내놓는다. 가장 현명하고 경건한 사람들은 모든 드러나는 행위를 피해 살았다. 내 행위들은 나 자신보다 내 운을 더 잘 말해 줄 것이다. 행위가 그들의 역할을 말한다 하더라도 그것은 추측으로 불확실하게 하는 일이다. 그들은 세부만을 보여 주는 표본이다. 나는 나 자신 전체를 맡겨 놓는다. 그것은 해부용 시체이다. 여기 한눈에 혈관·근육·심줄들이 각기 제자리에 나타난다. 기침이 나는 것은 내 일부를 드러낸다. 얼굴이 파래지는 것, 가슴이 두근거리는 것은 다른 부분을 나타낸다. 어떻든 믿음직하지 못한 표현이다.

　내가 글 쓰는 것은 내 몸짓이 아니다. 그것은 나다. 내 본질이다. 나는 자기를 평가함에는 신중해야 하며, 천하게 보여 주건 고상하게 보여 주건 자기를 보여 줌에는 양심적이라야 한다고 생각한다.

　만일 내가 내게 좋거나 현명하거나 또는 그런 것에 가깝게 보인다면, 나는 힘껏 소리 높여서 내 말을 하겠다. 실제 있는 것보다 더 못하게 말하는 것은 어리석음이지, 겸손이 아니다. 아리스토텔레스에 따르면, 자기 가치보다 못한 짓을 하는 것은 비겁한 짓이고 겁쟁이의 짓이다. 어떠한 도덕도 거기에서는 도움을 받지 못한다. 진리는 결코 잘못의 재료가 되지 못한다. 실제보다 더하게 자기를 말하는 것은 언제나 교만이 되는 것은 아니다. 그것 역시 어리석음에서 나온다. 실제 있는 것보다 지나치게 잘났다고 생각하곤 분별없이 자기 자랑에 빠지는 것이, 내 생각으로는 이 악덕의 실체이다. 그것을 고치는 최상의 치료법은 자기의 말하는 버릇을 금지케 하여, 그 결과로 더욱 자기 생각하기를 중지하는 자들이 명령하는 바를 거꾸로 행하는 데 있다. 자존심은 사상 속에 있다.

여기서 입은 가벼운 역할밖에 맡지 못한다. 자기에게 전념하는 것은 그들에게는 자기에게 만족하는 일로 보이며, 자기를 늘 알아보고 실천하는 일은 자기를 총애하는 수작으로 보인다. 그럴 수도 있다. 그러나 이런 잘못은 피상적으로만 자기를 만지며, 자기 일을 보고 나서 자기를 관찰하고, 자기 자신을 보살피는 일은 몽상이며 나태라고 하고, 자기를 장식하고 세워 가는 것은 공중누각을 짓는 일이라고 보고, 자기 일을 제삼자의 일같이 보며, 자기 자신에게는 상관없는 남의 일 다루듯 하는 자들에게서 나온다.

만일 어떤 자가 자기보다 못한 것만 내려다보며 자기 학식에 도취한다면, 그에게 지나간 시대로 향해서 눈을 위로 돌려보게 할 일이다. 그는 거기 자기는 그 발밑에도 못 따를 사람들을 몇천 명이라도 발견하고는 뿔을 숙일 것이다. 그가 자기 용기에 으쓱해지며, 잘난 체하고 싶어지거든 저 두 스키피오나, 많은 군인들이나 국민들의 생애를 회상해 볼 일이다. 그는 감히 그들 뒤를 따를 생각도 못낼 것이다. 자기가 가진 수많은 불완전하고 허약한 소질들과, 마지막에는 인간 조건의 허무함까지 동시에 고려해 넣는 자는, 어떠한 특수한 소질을 가지고도 자만심을 낼 수 없을 것이다.

소크라테스는 홀로, '너 자신을 알라'는 그의 신의 교훈을 성실하게 이해했다. 그리고 이 연구로 자기를 경멸하기에 이르렀기 때문에 그 혼자만이 '현자'라는 별명을 받을 가치가 있다고 간주되었다. 그렇게까지 자기를 이해하는 자는 용감하게 자신을 자기 입으로 말하며 알려 줄 일이다.

7
명예의 포상에 대하여

아우구스투스 카이사르의 전기를 쓰는 자들은, 그가 군대 훈련에서 상을 줄 만한 자에게는 놀랄 만큼 후히 선물을 주나, 순수한 명예를 위한 시상에는 아끼며 잘 주지 않은 것에 주목한다.

그는 한번 전쟁에 나가 보기도 전에 그 자신이 숙부에게서 군인이 받는 모든 상품을 받았던 것이다.

용덕에 명예를 주어 표창하기 위해서 월계수나 떡갈나무, 도금양의 관을 씌우고, 특색 있는 형태의 의복을 꾸며 주고, 시내로 마차를 타고 가거나 밤에 횃불을 들리고 행진하는 특전을 주고, 공식 집회에 특수한 자리를 주고, 어떤 칭호나 자격을 갖는 특전을 주고, 가문의 문장(紋章)에 어떤 표지를 주었다. 또한 이와 비슷한 일들로 여러 국가의 의견에 따라서 여러 가지가 있고, 지금은 답습되고 있는 습관인, 어느 값없는 헛된 표지를 설정하는 일은 세계 대부분의 정부에 의해 인정되고 있는 훌륭한 방법이다.

우리에게도, 그리고 여러 이웃 나라에도 단지 이 목적에서 세워진 기사단 제도가 있다. 이렇게 드물고 탁월한 인물들의 가치를 인정하며, 국가에 아무런 부담도 주지 않고 임금에게도 돈을 쓰게 할 필요 없이 그들을 흐뭇하게 만족시켜 주는 방법을 생각해 낸 것은 너무도 좋고 유익한 풍습이다. 고대로부터의 경험으로 알려져 왔고, 우리 역시 옛날 우리 사회에서 볼 수 있던 일로, 품위 있는 인물들이 소득과 이익이 되는 상품보다도 이러한 표창을 더 갈망하던 것은 이유 없는 일이 아니며, 당연한 풍습이었다. 만일 단순히 명예로 되어야 할 가치에 다른 편익과 재물을 섞어 준다면 이것은 존경을 크게 하는 것이 아니라 도리어 존경을 낮추고 깎아내리는 일이 된다.

우리에게 오랫동안 신용받아 오던 생 미셸 선생은 인생의 다른 어느 종류의 편익과도 인연을 맺지 않는다는 것 말고는 어떤 큰 편익을 가진 것은 아니었다. 그래서 옛날에는 귀족들에게는 직위건 직책이건 더 큰 존경과 권세를 얻을 수 있는 어떤 신분도, 이 선생직을 얻고 싶은 욕망과 애착심보다 더 열렬한 것이 없었다. 도덕은 유용한 것보다는 차라리 순수하게 자기 것인 영광스러운 포상을 더 기꺼이 갈망했던 것이다.

왜냐하면 다른 선물들은 어떠한 경우에도 흔히 그것을 수여받을 수 있으니, 그것을 받아 보아도 그 선생만큼 값지지 못한 까닭이다. 돈만 가지면, 우리는 하인을 두고 마차를 갖고 댄스·광대놀이 따위, 그리고 사람들이 받고 있는 가장 천한 봉사를 받는 만족을 얻을 수 있다. 아첨이나 매춘·배신 등의 악덕이라도 살 수 있다.

그러기 때문에 도덕적인 인물이 자기에게만 고유하게 독특한 것, 아주 고상하고 관대하고 후덕한 것 외에는 이런 따위 평범한 재물을 즐겨 욕심내고 받지 않는 것은 놀라운 일이 아니다. 명예는 그 주요 본질이 희귀함이라는 특권이기 때문에, 아우구스투스가 이 자격을 주기를 재물보다 훨씬 더 아끼고 인색했던 것은 지당한 일이다. 도덕도 마찬가지다.

아무도 악인으로 보이지 않는 자에게
누가 선인으로 보일 것인가?   (마르티알리스)

사람들은 한 인물을 추천할 때 그가 아이들의 교육을 잘 보살피고 있는가를 주목하지 않는다. 그것이 아무리 정당한 일이라도 사람마다 하는 일인 바엔 모두 같은 나무로 덮인 숲속에서 큰 나무 하나쯤 눈에 띌 거리가 못 되기 때문이다. 나는 스파르타 시민 중 자기 용기를 자랑한 자는 없었다고 생각한다. 왜냐하면 이것은 그 나라에서는 통속적인 도덕이었고, 그런 만큼 충직성이나 부의 경멸이나, 모두 자랑이 되지 못했다. 도덕이 아무리 위대하다 해도 그것이 습관이 되면 표창의 대상이 되지 못한다. 그리고 대수롭지 않은 일을 가지고 위대하다고 부를 수 있을 것인지 나는 모른다.

그러므로 이 명예의 보수는, 그것을 누리는 사람이 적다는 것밖에 다른 가치나 평가할 거리가 없는 만큼 그것을 없애려면 그것을 후하게 쓰는 수밖에 없다. 우리 기사 훈장의 영예를 누릴 만한 사람들이 옛날보다 많아지게 된다고 그 평가를 낮추어서는 안 된다. 그리고 그 가치를 누릴 자가 더 많아지기도 쉬운 일이다. 왜냐하면 군대의 용감성보다 더 쉽게 전파되는 도덕도 없기 때문이다. 도덕에는 또 하나 이보다 훨씬 더 위대하고 충만한 것으로 완벽하고 철학적인 도덕이 있는데(나는 우리 습관에 따라 이 말을 쓴다), 그것은 모든 액운의 변고들을 똑같이 경멸하며, 공평하고 지조군은 우리 심령의 힘과 확고성을 말한다. 여기에 비하면 우리 용덕은 변변찮은 눈부신 빛밖에 갖지 못하는 것이지만, 나는 여기에 그것을 가리키지 않는다. 습관·교육·모범·풍습들은 내가 말하는 것의 가치를 세우는 데 그들이 하고 싶은 무엇이든지 할 수 있으며, 그리고 이런 용덕을 쉽사리 통속화 시킨다. 그것은 우리 내란에서 얻은 경험으로도 쉽게 볼 수 있다. 그리고 만일 누가 지금 이 시간에 우리 국민 전체를 공통되는 시도에 열중시킬 수 있다면, 우리는 옛날의 군사적 명성을 다시 꽃피게 한 것이다.

이 생 미셸 선생의 영예가 지나간 시대에는 이런 점만을 고찰한 것이 아님은 확실하다. 그것은 더 멀리 내다보고 있었다. 그것은 결코 용감한 병사에 대한 포상이 아닌, 유명한 장수에게 주어진 표창이었다. 복종하는 길을 안다는 것에는 그렇게 명예로운 시상의 가치는 없었다. 옛사람들은 여기에 더 보편적인 전투력의 단련을 요구했고, 거기는 군인으로서의 가장 광범위하고 위대한 소질이 품어지는 것이었다. "왜냐하면 병사의 재능과 장수의 재능은 동일하지 않기 때문이다." (티투스 리비우스)

그뿐더러 이 영예는 또 이런 품위에 적합하게 할 수 있는 조건으로 되어 있었다. 그러나 나는 옛날에 있던 것보다 더 많은 사람들이 이 영예를 받을 자격이 있다고 해도 더 후하게 영예를 베풀어서는 안 될 일이며, 우리가 여태 해 온 바와 같이, 이렇게 유용한 고안물을 지나치게 사용하여 영원히 상실시키기보다는 그것을 받을 권리를 가진 자들 모두에게 수여하지 않는 편이 나았을 것이라고 생각한다. 기개 있는 인물은 아무도 뭇사람들이 다 가지고 있는 것으로 자기 자랑을 삼으려 하지 않는다. 그리고 오늘날 이 영예를 받을 가치가 없는 자들은, 특히 영예를 받을 자격은 지녔으나 이 영예의 수여가 부당하게 확대되어 전해졌기 때문에 손해를 보게 된 자들의 자리에 올라앉고 싶어서 더욱 이런 명예를 경멸하는 체한다.

그런데 이렇게 타락된 칭호를 폐지하고 이것을 갱신해서, 신용을 얻을 수 있는 새 명예 제도를 세워놓기를 기대한다는 것은, 우리가 지금 처해 있는 방자하고 병든 시대에 적합한 계획은 되지 못한다. 그래서 최근 생긴 제도(성령 선생을 말함)는 그 시초부터 옛 선생의 명성을 실추시킨 것과 같은 난점에 부딪히게 될 것이다. 이 새 선생의 권위를 세워 보려면 그 수상 자격을 극도로 엄격하게 제한할 필요가 있다. 그러나 이 소란스러운 시대에는 그때를 짧게 잡아 제어하기는 불가능한 일이다. 그뿐더러 그것이 신용을 받게 된 사정이 내 기억에서 사라져야 한다.

여기서 용감성에 관해 고찰해 보고, 또 이 덕성과 다른 덕성 사이의 차이점을 검토해 보자. 그러나 플루타르크가 자주 이 문제를 취급했던 이상, 그가 말한 바를 내가 여기 논하며 건드려 본다는 것은 소용없는 일이다. 그렇지만 우리나라에서 용감성은 도덕의 제1급으로 간주되며, 그 이름이 가리키는 바와 같이 그 의미도 가치라는 글자에서 온 것이다. 그리고 습관으로 우리가 대단히 가치 있는 사람이라거나, 괜찮은 인물을 말할 때, 우리 궁전에서나 귀족 사회에서는 로마에서 하던 식으로 용감한 사람을 말하는 것이다. 왜냐하면 도덕의 일반적 호칭은 그들에게서는 그 어원을 '힘'(라틴어로 Vires로 되었음)에서 받고 있기 때문이다. 프랑스에서 귀족 고유의, 그리고 본질적인 형태는 군인의 직분이다.

사람들 사이에 나타나서 어떤 자들이 다른 자들보다 더 유리한 처지에 서게 한 제1차적인 덕성은, 그것으로 더 강하고 용감한 자들이 더 약한 자들의 지배자가 되고, 특수한 지위와 명성을 얻어, 그것으로 귀족이라는 명예와 품위가 그들에게 돌아가게 된 것이라고 볼 수 있다. 또는 이 나라들이 대단히 호전적이었던 까닭에 도덕 중에도 이런 국민들에게 가장 익숙하고 가장 훌륭한 자격이던 덕성의 호칭에 가치를 주었던 것 같다. 마찬가지로 여자가 정숙하기를 바라는 우리의 열렬한 희망과 애타는 축원이, 착한 여자, 점잖은 여자, 명예와 도덕을 지키는 여자라는 것은, 역시 우리에게서는 사실상 정숙한 여자를 말하는 것과 같다. 그것은 마치 여자에게 이 의무를 강제하기 위해서 우리는 다른 모든 의무에 무관심하며, 그녀들에게 이것 하나만 지켜 주면 다른 모든 잘못은 방임해 두자는 격이다.

8
아이들에 대한 아버지의 애정에 대하여

부인, 대체로 사물의 가치를 지어 주는 진기하고 참신한 맛이 내 글을 구해 주지 않는다면, 나는 글 쓴다는 이 어리석은 노릇에서 명예롭게 벗어나지 못할 것입니다. 그러나 내 글은 너무나 허황된 생각이며, 평범한 습관과는 동떨어진 모습을 가졌기 때문에, 이 글도 그냥 그렇게 될지 모릅니다. 맨 처음 글을 쓰고 싶은 생각을 꿈꿨을 때는, 수년 전 내가 스스로 찾아든 고독하고 적적한 생활에서 슬픈 심정으로, 타고난 기품과는 전혀 반대되는 아주 우울한 기분에서 시작한 일입니다. 그리고 다른 재료라고는 가진 것이 없고 속이 비었기 때문에, 나는 나 자신을 논거와 제목으로 스스로에게 제시해 보았습니다. 이것은 황당무계하고 비천한 시도이며, 이런 종류의 작품은 세상에 단 하나 이것뿐입니다.

    그런 만큼 이 시도에 주목받을 만한 것은 그 진기한 맛뿐입니다. 왜냐하면 이렇게도 허황되고 비천한 제목을 가지고는, 세상에서 가장 기술이 능란한 작가라도 가치 있는 이야기 방식을 꾸며 볼 수 없는 것입니다.

    그런데 부인, 이제 여기 나를 생생하게 그려 보기로 하는 이 마당에, 내가 항상 부인의 품위에 바치는 영광을 여기 표현하지 않는다면 나는 이 글의 중요한 특징을 망각하는 일이 될 것입니다. 그리고 부인이 자녀들에게 보여 주시는 애정은 다른 착한 소질들 중에도 으뜸가는 것이기 때문에, 나는 특히 이 장의 첫머리에 이것을 말하려고 한 것입니다.

    부인의 바깥어른인 데스티사크 경께서 부인을 홀로 남겨 두고 가신 때의 부인의 연세로 보아서, 부인의 지체에 있는 어느 프랑스 귀부인에 못지않게 나오는 그 많은 영광스러운 혼담을 물리치시며, 그 거친 고난을 오랜 세월 동안 겪고 인내해 오신 지조와 결심, 그리고 부인께서 직위로 맡으신 사무를 처리하려고 프랑스 방방곡곡으로 돌아다니며 분망하게 처하시고 지금도 벗어나지 못하시는 처지에서, 오로지 부인의 예지로, 또는 행운으로 원만히 처리해 오는 경위를 아는 자는, 누구라도 부인보다 더 분명하게 모친의 애정을 품은 분을 이 시대에 찾아볼 수 없다고 말할 수 있습니다.

    부인, 나는 그 애정이 그렇게도 훌륭하게 사용되도록 하신 하느님을 찬양합니다. 왜냐하면 부인의 자제분 데스티사크 씨가 훌륭한 장래성을 보여 주며, 성장한 뒤에 아주 착한 아들의 복종과 감사를 부인께 드릴 것을 믿어 의심치 않기 때문입니다. 그러나 나이가 어린 탓으로 그는 부인께서 극진히 기른 사랑을 몸에 느끼지 못하는 터이니, 나는 되도록이면 어느 날 이 문장이 그의 손에 들어가서,

내가 직접 말해 줄 입도 말도 없어졌을 때, 그가 내 글을 읽어 보고, 이런 사실을 알게 되기를 바랍니다. 하느님께서 원하시면 그가 이 글에서 느낀 좋은 성과로, 프랑스의 지체 높은 집안 가운데 자기보다 더 모친의 은혜를 입은 이는 없고, 부인께서 어떠한 분인가를 알아봄으로써 장래 자기 착한 마음과 도덕심의 증거를 보여 줄 길이 없다는 사실이 더한층 명백하게 밝혀질 것입니다.

진실로 자연의 법이라는 것이 세상에 있다면, 다시 말해 짐승에게나 우리에게나 보편적이며 항구적으로 나타나는 본능이라는 것이 있다면(여기에 모순이 없는 바 아니지만), 내 생각에는 모든 동물들의 자기 생명 보존의 본능과 자기에게 해로운 것을 피하는 본능 다음에는 낳은 자가 태어난 자에 대해서 가지고 있는 애정이 이 계열의 둘째 자리를 차지한다고 말할 수 있습니다. 그리고 자연은 자기의 신체를 계승하는 부분들을 연장시켜 앞으로 내보낼 목적에서 이 본능을 부여한 것으로 보이는 만큼, 거꾸로 자손으로부터 조상에게 거슬러 올라가는 치사랑이 그렇게 크지 못하다고 해도 놀랄 일은 아닙니다.

아리스토텔레스가 다른 면에서 고찰한 바, 남에게 좋은 일을 하는 자는 자기가 사랑받는 것보다도 더 그 사람을 사랑한다고 하며, 남에게 혜택을 입힌 자는 혜택을 입은 자보다 더 잘 사랑하는 것이며, 제조자는 그 작품에 감정이 있다면 자기가 사랑받는 것보다 더 그 작품을 사랑하는 것이라고 합니다. 그 때문에 생명을 우리가 소중히 간직하는 것이며, 생명은 동작과 행동으로 구성됩니다. 그래서 사람은 각기 어떤 면에서 자기 작품 속에서 살고 있습니다. 선을 행하는 자는 아름답고 영광스러운 행동을 행합니다. 받는 자는 다만 유용한 행동을 합니다. 그런데 유용성은 영예성(榮譽性)보다 훨씬 귀엽지 못합니다. 영예성은 안정되고 항구적이며 그것을 행한 자에게 꾸준한 만족을 제공합니다. 유용성은 쉽사리 없어지며 사라집니다. 그리고 그 기억은 생생하지도 못하고 달콤하지도 않습니다. 우리에게 더 힘든 사물이 우리에게 한층 더 소중합니다. 그리고 주기는 얻기보다 더 힘듭니다.

하느님 덕분에 우리는 짐승들처럼 공통의 법칙에 지배되지 않고, 자기 의사의 판단과 자유를 행사하도록 어느 정도의 사색 능력을 받고 있는 이상, 우리는 자연의 권위를 좀 세워 주어야 하지만, 자연이 횡포하게 끌어가는 대로 몸을 맡겨서는 안 됩니다. 이성만이 우리의 심정을 이끌어야 합니다.

나로 말하면, 우리 판단력의 조정과 중개 없이 우리에게 생겨난 경향 따위에는 이상하게도 둔감합니다. 따라서 내가 말하는 자녀 교육 문제에 관해서는, 겨우 세상에 나왔을까 말까 하여 영혼에 움직임도 없고, 신체에 형체도 아직 확실히 생기지 않아서, 더욱 귀여워지는 아이를 정신 없이 껴안는 버릇을 나는 받아들일 수 없습니다. 그리고 아이들을 내 옆에 두고 양육하는 것을 참고 지내지도 못합니다.

잘 조절된 진실한 애정은 아이들 자신이 보여 주는 가능성을 알아봄으로써 생겨나고 불어 가고 해야 할 것입니다. 그리고 그때 아이들이 귀여워할 가치가 생기거든 타고난 심정으로 이성과 병행시켜 가며, 진실한 부모의 애정을 가지고 아이들을 키워 가야 할 것입니다. 그리고 아이들이 그렇지 못하다면, 본성의 충동에도 불구하고 항상 이성에 호소해서 마찬가지로 그들을 판단해 가야 할 일입니다.

그러나 일은 그와 정반대로 되는 수가 너무나 많습니다. 우리는 거의 모두 어린아이들이 아주 철이 들어서 행동하는 것보다도, 어린아이가 장난으로 발버둥치며 어리석게 노는 것을 보고 더 감동을 느낍니다. 그것은 마치 아이들을 어른의 노리갯감으로, 원숭이처럼 귀여워하는 격이지 사람으로 보는 것은 아닙니다. 그리고 아이들이 커서 필요한 경우에 돈을 주는 것에는 아주 인색하며, 어릴 적에 장난감을 사 주는 데는 아주 후한 사람도 있습니다.

사실 우리는 이미 세상의 재미를 포기하려는 즈음에 아이들이 세상에 나와서 삶을 즐기는 것을 보고, 질투심에서 아이들에게 돈 주기를 아끼며 인색하게 하는 것 같습니다. 아이들이 우리들을 좇아오는 것이 우리들을 몰아내는 것 같아서 속이 상합니다.

그리고 사물의 질서는 우리의 존재와 생명을 희생함으로써밖에 아이들이 살아갈 수 없는데, 그것이 두렵다면 당초에 아버지가 되어서는 안 됩니다. 나로서는 아이들이 능력이 생긴 뒤에는, 자기 재산을 아이들과 공동으로 나누어 가지며 집안 살림살이도 알려 주고 함께 처리해 가지 않는 것이 부당하고 가혹한 일이라고 봅니다. 그리고 이런 목적으로 아이들을 낳는 것이니, 아이들의 편익을 위해서 자기 편익을 줄이고 절약해야 할 일입니다.

늙어 꼬부라져서 반은 죽어 가는 아버지가 집 안 한구석에서 재산을 혼자 누리며, 여러 아이들의 발전과 교제에 지장을 주고, 그러는 동안에 아이들이 젊은 나이에 공공 사무에 참여하며 세상 사람들에 관한 지식을 얻을 기회를 잃게 하는 것은 옳지 못한 일입니다. 그런 때 아이들은 아무 희망이 없으니, 부당한 방법을 써서라도 자기에게 필요한 것을 얻으려고 하게 됩니다. 나는 우리 시대에 많은 훌륭한 가문의 청년들이 도둑질하는 버릇에 빠져서, 어떠한 징벌을 받아도 고치지 못하는 것을 여럿 보았습니다. 그중의 하나는 그 형이 대단히 점잖고 가문도 좋은 호탕한 귀인인데, 그분이 내게 와서 간청하기에, 언젠가 나는 그 청년에게 말해 보았습니다. 그러자 그는 고백하며 대답하기를, 자기 부친이 너무 엄격하고 인색했기 때문에 그가 이런 더러운 짓을 시작하게 된 것으로, 이제는 버릇이 골수에 박혀서 그 짓을 하지 않고는 못 배긴다고 했습니다. 한데 그때 어떤 부인이 일어나는 자리에 여러 사람들과 참석했던 참에, 그 부인의 반지를 훔치다가 들켜 버리고 말았습니다.

그를 보자, 나는 다른 귀인에 관해서 사람에게 들은 이야기가 생각났습니다. 이분은 어릴 적에 이 버릇에 푹 젖었는데, 자기가 재산의 주인이 된 후에는 이 버릇을 버리려고 결심했으나, 그래도 상점을 지나다 탐나는 물건을 보면 훔치지 않고는 못 배겨서, 그는 그 값을 치르는 수고를 했다는 것입니다. 그리고 나는 많은 사람들이 이런 버릇에 물들어서, 친구 사이에도 예사로 도둑질하며 다음에 돌려주는 것을 보았습니다.

나는 가스코뉴 사람입니다. 그렇지만 도둑질보다 더 성미에 맞지 않는 것은 없습니다. 내 판단으로 비판하는 것보다 기질적으로 혐오합니다. 욕심이 나더라도 나는 아무것도 가져가지는 않습니다. 사실 이 지방은 프랑스의 다른 지방보다도 엄격하여 이 행위가 비난을 받습니다. 그렇지만 이 시대에 여러 번 다른 지방에서 온 좋은 가문의 사람들이 여러 가지 괘씸한 도둑질로 처형받는 것을 보았습니다. 나는 이런 방자한 행위에 관해서, 어느 면에서는 부친의 악덕을 원망해야 할 것이 아닌가 두렵습니다.

여기서는 어느 날 이해력이 깊은 한 귀인이 했던 것과 같은 대답을 할 수도 있습니다. 그는 절약해서 자기 재산을 관리하는 것은 더 소득을 보아서 쓰자고 하는 것이 아니고, 자기 집안 사람들에게 존대받기 위해서 하는 일이라고 하며, 나이가 많아서 다른 힘은 모두 없어졌으니, 이것만이 자기 집에서 그의 권위를 유지하고 남의 경멸을 면하는 유일한 힘이라고 말했습니다(아리스토텔레스에 의하면, 인색은 노년뿐 아니라 모든 허약에서 나옵니다). 그것이 어떤 방편은 됩니다. 그러한 치료법이 필요한 병은 발생하기 전에 막아 두어야 할 일입니다. 어떤 부친이 아들에게 경제적 도움을 주는 방법으로밖에 자식의 애정을 받을 수 없다면, 그는 참 가련한 인물입니다. 이런 것도 애정이라고 부를 수 있다면 말입니다. 사람은 자기 도덕과 그의 능력으로 존경을 받아야 합니다. 그리고 마음이 착하고 행세가 점잖아서 사랑을 받아야 합니다. 풍부한 물질은 불탄 재에도 가치가 있습니다. 그리고 영광을 받던 인물들의 유해와 유물까지도 경의와 숭배를 받는 것은 늘 있는 일입니다. 노년이 되어 아무리 노쇠하고 썩은 냄새가 나더라도, 젊었을 때 영광을 받고 지낸 인물은 그 아이들에게 존경받지 않는 일이 없으며, 그는 그들의 마음을 이치에 맞게 의무를 지키도록 지도한 것이고, 궁하거나 필요에 못 이겨서, 또는 강제와 억압으로 존경하게 만든 것이 아닙니다.

> 내 의견으로는, 권위가 애정보다도
> 힘의 위에 놓일 때 더 견고하고 확실하다고
> 생각함은 대단한 잘못이다. (테렌티우스)

어린아이를 명예와 자유를 위해서 키워 갈 때 그 연약한 마음을 폭력으로 교육하는 일에 나는 반대합니다. 모질고 엄하고 강제적인 교육에는 무엇인지 노예적인 것이 있습니다. 그리고 이성과 예지와 숙련으로 되지 않는 일은 결코 폭력으로도 되지 않는다고 생각합니다. 나는 이런 방식으로 교육받았습니다. 기억하기로 나는 소년 시절에 단 두 번, 그것도 아주 부드럽게밖에 매맞은 일이 없습니다. 나는 내 자식들에게도 그와 같이 했습니다. 그들은 모두 젖먹이 때 죽었습니다만, 이런 불행을 면한 외동딸 레오노르는 제 어미가 너그럽게 길러서, 그 아이의 어린아이다운 잘못에 아주 순한 말로만 벌주었으며, 다른 징계나 지도를 받지 않고 여섯 살이 넘도록 컸습니다. 여기 내가 원하는 것보다 실망적인 결과가 되었다 해도, 그것은 정당하고 자연스러운 것으로 내가 믿고 있는 교육 방법 탓이 아니고, 거기는 나무라야 할 다른 이유가 있을 것입니다. 내게 사내자식이라도 있었다면, 나는 좀 더 엄격하게 키웠을 것입니다. 남자란 좀 더 자유로운 처지로 향하려는 것이니 이 점에 더욱 신중했을 것입니다. 나는 그들의 마음이 호방(豪放)하고 솔직하게 커 가기를 바랐을 것입니다.

나는 매질하는 일이 마음을 더 비굴하게 만들거나 심술궂은 고집쟁이로 만드는 것밖에 다른 효과를 보지 못했습니다.

우리는 어린아이들에게 사랑을 받고 싶은 것일까요? 그들에게 우리가 빨리 죽기를 바라도록 맺어진 인연을 없애고 싶은 것일까요?(이러한 가증할 소원은 정당하거나 용서될 수가 없습니다) "어떠한 범죄도 당위성 위에 세워질 수 없다."(티투스 리비우스) 우리는 그들의 생활을 우리 힘에 닿는 한, 이치에 맞게 조절해 주어야 할 것입니다. 그러기에는 우리 나이가 그들의 나이와 거의 혼동될 정도로 젊어서 결혼해서는 안 될 일입니다. 왜냐하면 이런 처사는 불편하게도 우리를 여러 가지 곤란에 빠지게 하기 때문입니다. 나는 특히 생활 조건이 한가롭고, 소위 연금으로만 살아가는 귀족들을 두고 말합니다. 왜냐하면 자기가 벌어서 살아가는 사람에게는 많은 어린애들을 같이 데리고 산다는 것은 살림살이의 구성 요소가 되며, 그만큼 새 일꾼이 생기고 벌어들이는 도구가 되기 때문입니다.

나는 33세에 결혼했습니다. 그리고 아리스토텔레스가 말했다는 35세 결혼설에 찬성합니다. 플라톤은 30세 전에 결혼하는 것을 원치 않았습니다. 그러나 그가 55세 뒤에 결혼을 하려는 자들을 조롱하며, 그들의 소생은 먹여 살릴 가치가 없다고 보는 것은 옳습니다.

탈레스는 여기에 진실한 한계를 두었습니다. 그는 젊었을 때 그에게 결혼하라고 재촉하는 모친에게, 아직 때가 아니라고 대답했습니다. 그리고 나이가 넘은 다음에는 이미 때가 아니라고 했습니다. 모든 귀찮은 행동에는 좋은 기회를 거절해야 할 일입니다.

옛날 갈리아인들은 20세 전에 여자를 안다는 것을 아주 책망 받을 일로 생각했습니다. 특히 전쟁을 위해서 훈련받는 남자들에게는 여자와 짝지음으로써 용기가 물러지고 흐트러지기 때문에, 상당히 나이가 들도록 그들의 동정을 지키도록 장려했습니다.

　　그때엔 젊은 처와 결합되고
　　아이를 갖는 기쁨과 부친과 남편으로서의 애정에
　　그의 용기가 약화된 것이다.　　　　　　　(토르콰토 타소)

　그리스 역사는 타렌툼인 이코스·크뤼손·아스튈로스·디오폼포스 및 많은 선수들이 올림픽 경기 때의 경주와 씨름과 기타 경기에서 그들의 신체를 견고하게 유지하기 위해서, 훈련이 계속되는 한 모든 종류의 사랑의 행위를 삼간 것을 지적하고 있습니다.
　황제 카를 5세가 다시 자기 나라에 복귀시킨 튀니스 왕 물레이 하산은 자기 부친이 여자를 너무 찾아다니던 것을 추억하며 비판하여, 그를 느림보니, 여자다우니, 어린애 제조장이니 하고 불렀습니다. 스페인령 인도의 어느 나라에서는 남자들에게 40세가 되기 이전에는 결혼을 허가하지 않았으나 소녀들에게는 10세에 허가했습니다.
　35세 되는 한 귀인의 나이는 아직 20세 되는 아들에게 자리를 물려줄 시기는 아닙니다. 그는 자신이 세상에 나가며, 전쟁으로 떠나며, 임금님의 궁정에 나가야 할 나이입니다. 그에게는 자기 몫이 필요하고, 그것을 확실히 따로 가져야 할 일이며, 타인을 위해서 자기 것을 없애서는 안 됩니다. 그리고 부친들이 보통 입에 담는, "나는 자러 가기 전에 옷을 벗고 싶지 않다"는 대답은 이런 경우에 바로 들어맞습니다.
　그런데 어떤 부친이 세월과 불행에 지쳐서 몸이 허약할 대로 허하여 건강이 말이 아니고 보통 사람들과 교제할 기회도 얻지 못하며, 산더미 같은 재물을 쓸 데없이 혼자 품고 있는 것은, 자기에게도 그에게 딸린 가족에게도 잘못하는 일입니다.
　그가 현명하다면, 잠자러 가려고 옷을 벗을 때가 되었습니다. 셔츠까지 벗으라는 것은 아니지만, 너무 더운 잠옷쯤은 벗어야 합니다. 화려한 생활의 나머지는 이제 소용없는 터이니, 그런 것은 자연의 질서에 따라 차지해야 할 자들에게 기꺼이 선사해야 할 일입니다. 자연이 그에게서 그런 것을 빼앗아 가니, 그들에게 그 사용권을 넘겨주어야 합니다. 그렇지 않으면 거기에는 악의와 시기심이 있습니다.

카를 5세(그는 1555년에 양위하고 독일 제국을 아우에게, 스페인과 이탈리아는 아들에게 물려주었다)의 행적 중에 가장 아름다운 점은, 그와 대등한 위인인 옛사람들 몇몇을 본받아 자기 옷이 짐이 되고 거북해진 때에는 그것을 벗어 던지고, 다리에 기운이 없어진 때에는 누우라고 이성이 우리에게 명령하는 바를 깨달은 일입니다. 그는 전에 자기가 얻었던 영광을 가지고 사무를 처리할 힘과 굳은 의지가 자기에게 부족하다는 것을 느꼈을 때, 자기 재산과 위대성과 권세를 자기 아들에게 물려주었습니다.

> 그대가 여정의 말기에 실족하여 허덕이며
> 조소의 대상이 되기를 원치 않거든
> 때맞춰 그대 마차의 늙은 말을 풀어 놓을 양식을 가지라. (호라티우스)

사람이 늙으면 육체와 영혼에게(영혼이 그 반 이상을 차지하는 것이 아니라면) 고르게 닥쳐오는 무기력과 급격한 변화를 일찍부터 느끼고 인식하지 못한 탓으로, 세상 대부분의 위인들의 명성이 땅에 떨어지고 말았습니다.

나는 내 시대에 당당한 권세를 가진 인물들을 보고 또 알고도 지냈습니다만, 옛날에 명성을 떨치던 전성시대의 그들의 능력이 아주 쇠잔해 가는 것을 쉽게 볼 수 있었습니다. 나는 그들이 공무나 군사상의 직책은 이미 짊어질 수 없게 되었으니, 그만 물러나 편안하게 집에 들어앉았으면 싶었습니다.

나는 전에 독신이 된 매우 연로한 귀인과 가까이 지냈는데, 그는 늙었다고 해도 기력은 정정했습니다. 그분은 결혼시킬 딸이 여럿 있었고, 이미 세상에 내보내야 할 나이가 든 아들이 하나 있었습니다. 그 때문에 그의 집은 여러 가지로 비용이 들었고, 손님의 방문을 받는 것이 부담이 되었습니다.

그는 절약하고자 하는 근심뿐 아니라 연령 탓으로 우리와는 아주 현격한 생활 형태를 갖게 되어서 이런 일을 좋아하지 않았습니다. 나는 어느 날 그에게 내 버릇대로 용감하게 이르기를, 그만 우리에게 자리를 내놓고, 아들에게 본집은 물려주고(살기 좋은 집은 그것뿐이었습니다), 그는 이웃 땅에 은퇴해서 살면 아무도 그의 안정을 방해하지 않을 것이라고 말했습니다. 그 자녀들의 사정으로 보아서 이 불편을 면할 다른 도리가 없었기 때문입니다. 그는 그 뒤 내 말대로 해서 편하게 잘 지냈습니다.

아이들에게 재산을 맡기고 나면, 다시는 물리지 못하는 의무를 진다는 말이 아닙니다. 역시 거의 그런 역할을 할 나이가 된 나로서는 아이들에게 내 집과 재산의 이용은 허용하되, 그것을 철회할 자유는 보류하겠습니다. 나는 재산을 향유하는 것이 불편하게 되었으니 그 사용은 그들에게 맡기고, 덩치 큰 사무에 관한 권한은 내가 마음먹을 때까지 보유하고 있겠습니다. 왜냐하면 늙은 아비로서 사무를 관리하는 방법을 아이들에게 알려 주고, 한평생 동안 그들의 행동을 통솔하며 얻은 경험을 알려주어 그들에게 교양과 충고를 주고, 상속자들 손에 달린 자기 집의 명예와 질서를 지도하며, 그것으로 그들이 장래에 내가 바라는 행위를 했으면 하는 내 희망에 책임지는 것은, 늙은 아비에게 큰 만족이 될 것이라고 늘 생각해 왔기 때문입니다.

그리고 이 목적에서 나는 그들과 함께 사는 것을 피하지 않겠습니다. 나는 그들 옆에서 일을 밝혀 주며, 내 나이의 조건에 따라 그들의 즐거운 생활과 환락을 즐기겠습니다. 내가 그들 속에 살지 않는다 해도(내 나이로 우울해지고, 내 병에 얽매여서 그들의 모임에 나가면 흥을 깨지 않을 수 없으며, 그리고 또 내가 그때 갖게 될 생활 규칙과 방식을 억제하고 강제하지 않을 수 없을 것이니), 나는 적어도 그들 옆에서 내 집 방구석에 살며, 내게 가장 편하게 지내겠습니다.

그러나 내가 몇 해 전에 찾아가 본 생 틸레르 드 포아티의 수도원장처럼 하지는 않겠습니다. 그는 우울증 때문에 고독에 빠져서 내가 방에 들어갔을 때 그는 20년 동안이나 한 걸음도 방 밖에 나가지 않고 있었는데, 천식 때문에 배가 거북해진 것 말고는 모든 행동은 자유롭고 편안하게 지내고 있었습니다. 그는 겨우 일 주일에 한 번쯤 누가 그를 찾아 들어오는 것을 허락할 뿐이었습니다. 하인 하나가 하루 한 번 식사를 들고 들어왔다 나가는 것밖에, 그는 늘 방문을 안으로 잠그고 있었습니다. 그가 하는 일은 거닐고 다니며 책이나 읽는 것이었습니다(그는 얼마간 학식이 있었습니다). 그리고 이런 생활 방식으로 죽어 가려고 고집 피우다가 그 후 얼마 지나지 않아 죽었습니다.

나는 상냥한 교제로, 내 편에서는 생생한 애정과 꾸미지 않은 호의를 가지고 아이들을 접하렵니다. 이런 것은 천성을 점잖게 타고난 사람이 쉽사리 얻을 수 있는 일입니다. 만일 지금 세상에 많이 나오는 식으로 그들이 광분한 짐승들 같다면, 그런대로 증오하고 피해야 할 일입니다.

나는 어린애들에게 부친이 가진 이름을 버리고, 자연이 우리의 권위에 충분히 능력을 주지 않은 것처럼, 다른 데서 따 온 더 존경받을 만한 이름을 붙이게 하는 습관을 좋게 보지 않습니다. 우리는 전능하신 하느님을 아버지라고 부르며, 우리 아이들이 우리를 그 이름으로 부르는 것을 경멸합니다. 그리고 또 부친과 친하게 지낼 나이가 된 아들에게 그렇게 하지 못하게 하고, 그들에게 엄숙한 경멸조의 존대풍을 지키며, 그렇게 해서 자기를 두려워하고 자기에게 복종하기를 바라는 것은 옳지 못하고 어리석은 수작입니다.

이것은 아주 쓸데없는 광대짓이며, 자녀들에게 부친을 권태로운 인물로 느끼게 하고, 더 나쁜 일로는 웃음거리로 만들게도 합니다. 그들은 젊음과 힘을 가졌으니, 세상의 풍조와 은총을 받고 있습니다. 그리고 심장에도 혈관에도 이미 피가 말라붙은 인간의 오만하고 횡포한 얼굴을, 진짜 삼밭에 세운 허수아비로밖에는 안 보며 경멸합니다. 나는 나를 두려워하게 할 줄 안다고 하더라도, 그보다는 사랑받기를 원합니다.

노인에게는 너무 결함이 많고 기력이 없습니다. 그들은 경멸받기에 알맞기 때문에, 그들이 얻을 수 있는 가장 좋은 것은 식구들의 애정과 사랑입니다. 명령과 두려움은 무기에 지나지 않습니다. 나는 젊었을 때 이런 성질이 대단히 강하던 인물을 보았습니다. 그는 나이가 많아지자, 아무리 건전하게 지내 보려고 해도 그저 때리고 물어뜯고 욕질하며, 프랑스에서 가장 야단법석을 치는 주인공이 되고 말았습니다. 그는 조심해서 두루 살피느라고 속을 썩입니다.

이런 모든 것이 광대짓에 지나지 않으며, 가족들은 저마다 딴 수작을 합니다. 천장·다락에서부터 지하실에 이르기까지, 그의 돈주머니 속까지도 딴 자들이 가장 좋은 몫을 이용해 먹고 있습니다. 자기는 절약하며 검소한 식사에도 만족하고 있는 동안 집안 구석구석은 잔치판입니다. 노름판이고 돈을 물 쓰듯 하고 늙은이의 헛된 분노와 조심성을 헐뜯기에 이야기꽃을 피웁니다.

모두가 그에 대해 경계를 합니다. 어쩌다가 마음이 약한 어느 하인이 노인에게 애착심을 느끼게 되면, 그는 바로 의심을 받게 마련입니다. 이 의심이란 늙은이들이 즐겨 갖는 성질입니다. 얼마나 여러 번 그는 자기 가족들을 잘 통솔한다고 하며, 정확한 복종과 존경을 받고 있다고 내게 자랑하던지요. 얼마나 그는 자기 일을 잘 살핀다고 말하던지요.

그 혼자만이 아무것도 모른다.　　　　　　　　　(테렌티우스)

나는 이 인물만큼 천성적으로, 그리고 배워 얻은 바로 지배욕을 보존하기에 알맞으며, 그러고도 어린아이와 같이 거기에 속고 있는 자를 알지 못합니다. 그래서 나는 내가 아는 이런 사정에 빠진 사람들 중에서 그를 가장 재미나는 예로 택한 것입니다.

이래야 좋을지 저래야 좋을지, 이것은 스콜라 학파가 문제 삼을 만한 소재입니다. 그의 앞에서는 모두가 그에게 양보합니다. 사람들은 그의 권위 앞에서 이 헛된 수작을 합니다. 그들은 그에게 결코 저항하지 않습니다. 사람들은 그를 믿어 줍니다. 그를 두려워합니다. 실컷 그를 존경해 줍니다. 그가 하인을 하나 내쫓으면 그 하인은 짐짝을 꾸리고 나가 버립니다. 그러나 그의 눈앞에서만 나가는 것입니다. 늙은이의 걸음이란 너무나 느리고 지각은 너무나 흐려서, 그 하인이 같은 집에서 1년 동안 일하며 살아도 알아차리지 못할 것입니다.

그리고 시기가 오면 멀리서 가련한 신세로 용서를 간청하며, 이제부터는 일을 잘하겠다고 잔뜩 약속하는 편지를 써 보내게 해서 용서를 받습니다. 영감님이 그들의 비위에 거슬리는 무슨 흥정이나 편지를 부쳐 본다면요? 그러면 그들은 시치미를 떼고 무시해 버리며, 다음에 그럴듯하게 사연을 꾸며서 시킨 대로 하지 않은 일, 또는 편지 답장이 없었던 이유를 변명합니다. 외부에서 오는 어떠한 편지도 먼저 그에게 가져오는 법이 없고, 그는 자기가 알아도 좋게 보이는 편지밖에는 읽지 못합니다. 만일 어쩌다가 편지를 직접 받게 되면, 그가 믿고 습관이 되어 읽어 달라고 하는 사람이 있기 때문에 그들은 동일한 편지를 가지고, 그를 모욕하는 내용은 그에게 용서를 청하는 것처럼 그때그때 꾸며 맞춰 버립니다. 결국 그는 될 수 있는 한 그에게 슬픔을 주지 않고 분노하지 않게 하려고, 그리고 그를 만족시키도록 꾸며놓은 가짜 모습으로밖에는 자기 일을 보지 못합니다. 나는 여러 가지 형태로 꾸준히 지켜 오던 살림이 이처럼 된 예를 상당히 많이 보았습니다.

여자들은 언제나 남편들과는 반대 의견을 갖게 되는 경향이 있습니다. 그녀들은 남편에게 반대하기 위해 두 손을 내밀며 모든 구실을 잡습니다. 한 꼬투리라도 변명할 재료가 있으면, 그녀들이 하는 모든 일이 정당하다는 증거가 됩니다. 헌금을 많이 내려고 남편에게서 잔뜩 훔쳐 내는 여인을 보았습니다. 그것을 참회사에게 고백했던 것입니다. 이런 경건한 헌금의 분배를 말대로 믿어 보세요! 어떠한 행동도 남편의 양보를 얻어서 한 것이라면 충분한 권위가 서지 않습니다.

이런 행동에 우아미(優雅美)와 권위를 세우려면, 농간을 부려서건, 무례한 수작으로건 언제나 부당하게 남편들의 권한을 빼앗아 가져야 합니다. 내가 여기서 다루는 문제에서와 같이 가련한 늙은이에 대항해서 아이들 편을 드는 경우에는, 여자들은 이것을 구실로 삼고 영광으로 여기며, 자기들의 성정(性情)을 만족시킵니다. 그리고 모두 같은 노예 상태에 있는 것처럼, 여자들은 아이들과 결탁해서 걸핏하면 그의 지배와 지휘에 반항하려고 음모를 꾸밉니다. 사내아이가 성장해서 기운이 차면 그들을 강제로 매수해서, 요리사·회계원, 기타의 가족들을 손아귀에 넣어 버립니다.

아내도 자녀도 없는 사람들은 이런 불행에 빠지는 것이 드문 일이지만, 더 잔혹하고 부당한 대접을 받습니다. 대 카토가 말하기를 "하인의 수가 많으면 그만큼 적이 많다"고 했습니다. 사람의 마음이 순결하던 그의 시대와, 지금 이 시대의 차이를 생각해 보세요. 그는 아직 아내와 아들과 하인의 수만큼 적이 있다고 말하지는 않았던 것입니다. 노쇠한 경우에 일을 알아차리지도 못하며 알지도 못하고 잘 속아 넘어가는 것은 우리가 받는 달콤한 이득입니다. 여기에 악을 쓰며 대들어 보았댔자, 특히 재판관들이 우리의 분쟁을 해결해야 할 때에는 대개 젊은

이들과 같은 꿍꿍이속이며, 젊은이의 편을 드는 바에 우리는 어쩌란 말입니까?

이런 속임수를 보지 못하는 경우라도, 적어도 내가 속아 넘어가기 쉽다는 사실이 내 눈에 띄지 않을 수 없습니다. 친구 하나를 갖는다는 것이 얼마만 한 가치이며, 그것이 얼마나 민법상의 결연(結緣)(결혼을 말함)과 다른가는 아무리 주장해도 지나치지 않습니다. 짐승들 사이에 보는 순결한 우정의 모습까지도 나는 얼마나 경건하게 존경하는지요!

설사 다른 사람들이 나를 속인다고 해도, 적어도 나는 그런 일을 당하지 않을 수 있다고 자신을 평가하기 위해서나 또는 속지 않도록 속을 썩이느라고 내 스스로를 속이지는 않습니다. 나는 남이 하는 일을 알아내려고 안절부절 속이 뒤집히게 하는 심정보다도, 차라리 마음을 바꾸고 내 가슴속에 일어나는 이런 배반 행위를 결단력 있게 그만두게 합니다.

나는 어떤 자의 사정에 관해서 무슨 말을 들으면 그에 대한 생각에 빠지지 않고, 즉시 눈을 내게로 돌리며 내가 어떠한 처지에 있는가를 살펴봅니다. 그에 관한 일은 모두 내 일이 됩니다. 그에게 일어나는 일은 그 방면의 내 처지를 알려 주며, 내가 정신을 차리게 합니다. 우리가 생각을 밖으로 뻗치는 것과 마찬가지로 안으로 돌릴 줄 안다면, 우리가 날마다 시간마다 자신의 문제로 할 일을 남의 일이라고 말하는 것도 알 것입니다.

여러 작자들은 이 모양으로 자기들이 공격하는 사연을 당돌하게 찾으러 나갔다가 적에게 던지는 화살이 도리어 자신에게 튀어 돌아오게 하여 자기들의 주장을 해치고 있습니다.

돌아가신 드 몽뤼크 원수는 그 아들이 마데이라섬에서 죽었을 때, 그가 진실로 용감하고 장래성이 컸던 귀인이었기 때문에, 다른 슬픔보다도 자기 마음을 죽은 아들에게 털어 놓은 일이 없었던 것을 통탄했습니다. 자기가 아비로서 늘 엄하게 꾸짖는 얼굴만 보였고, 비록 아들을 잘 이해하지는 못했지만, 아들을 지극히 사랑했다는 것과 아들의 도덕을 높이 평가하고 있었다는 사실을 아들에게 알려 주지 못했다고 하며 슬퍼하는 것을 보고, 나는 그의 인격을 대단히 존경했습니다. "그래서 이 가련한 아이는, 내가 늘 상을 찌푸리며 경멸하는 얼굴만 보였기 때문에, 그 아이는 내가 사랑하지도, 알아주지도 않는다고 믿어 버리고 말

앉소. 내 마음속에 품고 있던 이 특별한 애정을 누구에게 보여 주려고 간직하고 있는 거요? 그 아이가 알아주어서 기뻐하고 고맙게 여겨 주어야 할 일이 아니었소? 나는 이 가면을 뒤집어 쓰고 있기가 거북하고 괴로웠소. 그러다가 그 아이와 같이 지내는 재미와 그 애의 애정조차 잃어버렸소. 그리고 그 아이는 내게서 모질고 엄한 취급밖에 받지 못했고 나는 그저 폭군의 모습으로만 비쳐졌으니, 나를 아주 냉정한 아버지로밖에 못 보았을 것이오." 나는 이렇게 한탄하는 것을 진실되고 올바른 일이라고 생각했습니다. 왜냐하면 경험으로 확실하게 알고 있는 일이지만, 우리가 친구를 잃었을 때 가장 위안이 되는 것은, 그들과의 사이에 서로 모르는 일이 없었고, 완전히 그들과 마음이 통하며 지냈다는 사실입니다.

나는 내 가족에게(될 수 있는 대로) 내 속을 드러내 보입니다. 그리고 그들에게 아주 기꺼이 내 마음과 내가 그들에 관해서 판단한 것을 누구에게나 알려 줍니다. 나는 내 마음을 알려 주고 내 속을 보여 줍니다. 왜냐하면 나는 좋건 그르건 사람이 나를 잘못 이해하는 것을 원치 않기 때문입니다.

옛날 우리 골족이 가졌던 특이한 습관들 중에 카이사르가 말하는 것 가운데 이런 것이 있었습니다. 어린아이들은 부친들 앞에 못 나가고, 그들이 무기를 들기 전에는 부친과 함께 다른 사람들 앞에 나오지 못하며, 무기를 들 때에야 비로소 부친들은 아이들과 친하게 지낼 시기가 된 것을 말하려는 것 같았다고 합니다.

나는 우리 시대의 어느 부친들이 잘못하는 일로, 오랜 생애 동안 그 아들들이 당연히 가져야 할 재산을 이용하여 누릴 수 있는 권리를 박탈하는 것만으로도 부족해서, 그들이 죽은 다음에 아내에게 그 재산에 관한 권한을 넘겨주며, 마음대로 처리하게 하는 것을 보았습니다. 그리고 어떤 귀족은 우리 왕실의 으뜸가는 무신으로부터 권리를 바랄 수 있는 연금이 5만 에퀴나 있었는데, 50세가 지나서 궁하게 빚에 몰려 지내다가 죽는 것을 보았습니다.

그의 모친이 부친의 명령으로 노령에 이르기까지 자기의 전 재산을 향유하며, 여든 살 가까이 살았던 것입니다. 이런 일은 내게는 결코 옳게 보이지 않습니다.

그렇지만 나는 번성하는 집안의 남자가 많은 지참금을 짊어지고 들어올 아내를 찾아 돌아다니는 꼴은 그렇게 잘하는 일이라고는 보지 않습니다. 밖에서 들어오는 부채 가운데 이보다 더 집안에 파멸을 가져오는 것은 없습니다. 우리 조상들이 충실하게 이 의견을 좇은 것은 잘한 일이고, 나도 역시 그렇게 했습니다. 그러나 부잣집 딸들은 다루기가 힘들고, 고맙게도 여겨 주지 않을 우려가 있으니, 그런 데서 아내를 맞이하지 말라고 권하는 사람들은 그런 경솔한 추측 때문에 속아서 실질적인 이익을 잃는 수가 있습니다. 지각없는 여자는 이런 이치를 눈감아 주거나 저런 이치를 눈감아 주거나, 싹수는 마찬가지입니다. 그런 여자들에겐 그녀들의 가장 못된 점이 가장 자랑거리가 됩니다. 그녀들은 옳지 못한 일에 이끌립니다. 그것은 마치 착한 여자들이 도덕적인 행동을 하는 명예에 이끌리는 식입니다. 마음이 착하면, 신세가 부유할수록 마음이 더 너그럽고, 얼굴이 예쁠수록 더 영광스럽게 정숙한 몸가짐을 즐깁니다.

어린애들이 법이 정하는 바의 재산을 관리할 수 있는 나이에 미달했을 때에는, 어머니들에게 집안일 처리를 맡기는 것이 옳습니다. 그러나 여성은 지각이 좀 못한 터인데, 아이들이 이미 나이에 도달해서도 자기 아내보다 더 총명하게 처리하기를 기대할 수 없다면, 부친들이 그들을 잘못 기른 것입니다. 그렇지만 사실 모친을 아이들의 손에 매여 지내게 하는 것은, 극히 도리에 어긋나는 일입니다. 여자들은 남자들보다 곤궁하고 부족한 생활을 견디기에 적당치 않은 점으로 보아서, 여자들에게는 집안 형세와 나이에 따라서, 지체를 유지하기에 족할 만큼 넉넉하게 재산을 남겨 주어야 할 일입니다.

대체로 우리가 죽을 때에 재산을 가장 공평하게 분배하는 방법은, 재산을 자기 나라의 관습에 따라서 분배하게 두는 일이라고 생각합니다. 법률은 이 점을 우리보다 더 잘 생각하고 있으며, 우리가 독단적으로 실행하다가 실수하는 것보다는, 법률이 정하는 방법에 따르다가 실수하는 편이 낫습니다. 재산은 우리의 것이 아닙니다. 왜냐하면 민법상의 규정은 우리의 의견을 참작하지 않고 재산을 일정한 피상속자에게 가게 했기 때문입니다. 그리고 우리가 그 규정을 넘어서 행사할 수 있는 어떤 자유를 가졌다 해도, 신분상 재산을 받게 되어 있고, 통념상 주기로 되어 있는 자에게서 상속권을 박탈하는 데는 중대하고도 명백한 이유가 있어야 합니다. 이 재산 처리에 관한 자유를 개인감정으로 경박하게 제멋대로 행사하는 일은, 이 자유를 부당하게 남용하는 일이라고 생각합니다. 삶은 다행히도 내게 이런 유혹으로 일반적이며 합법적인 규정에서 일어나게 하는 애정을 가질 수 있는 기회를 주지 않았습니다.

　나는 노인에게 오랜 세월을 두고 극진히 봉사하는 것이 헛수고로 돌아가는 예를 자주 봅니다. 악의를 가지고 슬쩍 한마디 들려준 것으로, 10년 노력이 허사가 되고 맙니다. 마침 숨이 넘어갈 무렵에 비위를 맞춰 주는 자가 요행을 얻지요! 마지막에 해 준 행위가 승리합니다. 가장 열심히 한 봉사에 보람이 오는 것이 아니고, 가장 최근에, 당장 그 자리에서 해 주는 행위가 효과를 봅니다. 이런 사람들은 거기에 이해관계가 있다고 주장하는 자들의 행동 하나하나를 가지고 상을 주거나 징벌을 주려고 유언으로 노름을 하는 수작입니다. 이것은 이렇게 순간마다 이리 끌리고 저리 끌리고 하기에는 그 결과가 너무 중대하고, 먼 훗날까지 영향이 미치는 일입니다. 그러므로 현자들은 이런 일을 이성의 판단과 공적인 관습에 비추어서 단호하게 결정합니다.

　우리는 남자에게 하는 대를 잇는 상속을 너무 중하게 여깁니다. 그리고 우리 족보를 영구히 지속시키려는 것은 우스운 생각입니다. 우리는 유치한 관념으로 미래에 관한 헛된 추측을 너무 중하게 생각합니다. 내가 정신의 훈련에서나 동작이 무겁고 둔해, 내 형제들뿐 아니라 시골 아이들보다 공부하는 데 시일이 더 오래 걸렸고 싫증을 냈다고 해서, 미리 내 신세를 현재의 지위에 있지 못할 것으로 정해 놓는다면, 그것은 부당한 일일 것입니다. 우리를 잘 속여 넘기는 점쟁이의 말을 믿고 신수를 결정하는 것은 어리석은 짓입니다. 만일 우리가 규칙을 어기고 점을 쳐서 나오는 괘에 따라 상속자를 정하고 사람의 운명을 변경시켜도 좋을 것이라면, 차라리 신체에 너무 심한 장애가 있다든지, 영원히 고칠 수 없는 악덕이 있다든지, 또는 미의 위대한 감식가로 자처하는 우리들로서 극히 중대한 결함을 고려해서 피상속자를 변경하는 편이 더 사리에 맞게 보일 것입니다.

　플라톤에 나오는 입법자와 그의 시민들과의 재미나는 대화는 이 조항에 참고가 될 것입니다. 그 시민들은 죽음이 가까워 오는 것을 느끼며 "어째서 우리 것을 우리 마음대로 처리하지 못한단 말이오? 이런 참! 집안 사람들이 우리가 병들었을 때, 우리가 늙었을 때, 우리가 일을 처리할 때, 우리를 섬겨 준 공에 따라서 어느 정도 우리 마음대로 그들에게 재산을 줄 수 없다니, 이런 잔혹한 일이 어디 있소?" 하자, 이에 입법자는 이렇게 대답했습니다. "이 사람들아, 자네들은 얼마 안 가서 죽게 되었으니, 델포이 신탁의 '너 자신을 알라'는 가르침을 따라서 그대들이 자신을 안다거나 그대들 것이 무엇인가를 알기는 쉬운 일이 아니오. 법을 만드는 나로서 보면, 그대들이 그대들 것이 아니며, 그대들이 누리는 것도 그대들 것이 아니라고 생각하오. 그대 재산이나 그대는 똑같이 과거에나 미래에나 그대 가족의 것이오. 그보다도 그대 가족이나 그대 재산이 똑같이 국가의 것이오. 따라서 만일 그대들이 늙었을 때나 병들었을 때나 또는 어떤 감정에 사로잡혔을 때, 어느 아첨꾼들이 그대에게 당치 않게 부당한 유언을 해 달라고 간청한다면, 내가 그것을 못하게 막겠소. 반대로 국가 공동의 이익과 그대 가정의 이익을 고려해서 나는 법을 세우며, 이치에 맞게 개인의 편익은 공공의 이익을 위해서 양보해야 한다는 것을 알려 주겠소. 인간의 요청이 그대에게 호소하는 바에 따라서 호의를 가지고 순하게 물러가시오. 나는 어느 한 일을 다른 일보다 더 중하게 여기지 않는 처지에서 내가 할 수 있는 한 전체를 보살피는 터이니, 그대가 남겨 두고 가는 재물을 처리하는 것은 내가 할 일이오."

다시 우리의 화제로 돌아와서, 나는 웬일인지 모르지만, 어미의 지배나 또는 타고난 신분에 의한 것을 제하고는, 또 남자들이 흥분한 마음으로 자진해서 여자들에게 굴복하여 벌을 받는 경우가 아니면 남자들을 지배할 권한은 어떠한 방식으로라도 여자들에게 돌아갈 것이 아니라고 봅니다. 그러나 우리가 여기서 말하는 늙은 여인의 경우에는 문제가 다릅니다. 이러한 고찰이 정당하기 때문에 우리나라에서는 이제까지 아무도 보지 못한 일이지만, 강제로 여자에게 이 나라 왕위를 계승하는 일을 금지하는 법에 기꺼이 근거를 주게 했으며, 세상의 어느 왕국(王國)에서도 여기서와 같이 이 법에 권위를 주는 지당한 이유가 주장되지 않는 예는 없습니다. 그러나 운에 따라 어느 나라에서는 다른 나라에서보다 더 신용을 얻고 있습니다.

아이들 중에서 선택하며 상속 재산을 배정하는 일을 여자들의 판단에 맡기는 것은 위험한 일입니다. 그 판단은 어느 때나 변덕스럽고 공평치 못합니다. 왜냐하면 여자들은 잉태했을 때의 무절제한 욕망과 병적인 취미를 어느 때나 그 정신에 지니고 있기 때문입니다. 일반적으로 여자들은 가장 약한 자, 또는 못난 자들에게 애정이 쏠리며, 아직 목에 매달려 있는 자가 있다면 그를 사랑합니다. 왜냐하면 골라야 할 만한 자를 골라잡을 충분한 판단력을 갖지 못하고, 그 마음에 유독 인상이 남는 편으로 이끌려 가기 쉽기 때문입니다. 그것은 마치 동물들이 새끼가 젖꼭지에 매달려 있는 동안에는 제 새끼밖에는 알아보지 못하는 것과 같습니다.

그런데 우리는 경험상 그렇게 권위를 세워 주는 타고난 애정이라는 것도 그 근거가 박약하다는 것을 이해하기 쉽습니다. 우리는 날마다 극히 변변찮은 이득을 주어 어미들 품에서 그 어린아이를 밀어내고 우리 어린아이를 맡깁니다. 그녀들은 자기 아이를, 우리가 아이를 도저히 맡기고 싶지 않은 다른 허약한 유모나 염소에게 맡겨서 젖을 먹입니다. 그리고 어떠한 위험이 닥쳐와도 자기 아이에게는 자기 젖을 빨리지 않을뿐더러, 우리 아이들을 보살피기 위해서 자기 아이는 전혀 돌보지도 않습니다. 그리고 여자들의 대부분은 얼마 안 가서 습관으로 남의 아이에 대한 애정이 자기 아이에 대해서보다 더 맹렬해지며, 자신의 아이보다도 맡아 길러 온 아이를 살리려는 데 더 큰 열성을 보입니다.

그리고 내가 염소에 관해서 말한 바는, 우리 집 근처 시골 여자들이 자기 젖꼭지로 어린아이를 기르지 못할 때에는 보통 염소의 도움을 받고 있기 때문입니다. 지금 내 집에 있는 하인들은 한평생 8일밖에는 엄마의 젖을 맛보지 못했습니다. 이 염소들은 바로 이 어린아이들에게 젖을 먹이러 오게 길이 들어 있어, 아이가 울면 그 소리를 알아듣고 쫓아옵니다. 그 염소는 자기가 젖 먹이던 아이가 아닌 다른 아이를 갖다 대면, 젖을 주지 않습니다. 그리고 아이도 다른 염소의 젖은 빨지 않습니다. 나는 지난 번 한 아이에게서 그 염소를 떼어 간 것을 보았습니다. 그것이 이웃 사람에게서 빌려 온 염소였기 때문입니다. 그래서 다른 염소를 갖다 대었더니, 그 아이는 도무지 빨려고 하지 않고, 끝내 그대로 굶어 죽었습니다. 짐승들도 우리와 마찬가지로 쉽사리 타고난 애정을 옮길 수 있습니다.

헤로도토스가 리비아의 어느 지방에 관해서 이야기하는 바에 의하면, 거기서는 여자들과 무분별하게 육체관계를 맺으며, 어린아이가 걸음마할 때가 되면, 군중 속에 데려다 놓고 첫걸음이 향하는 자를 아비로 삼는데, 잘못 잡는 경우가 많다고 합니다. 그런데 아이를 낳았다는 단순한 인연으로 그것을 또 다른 자신이라고 부르며 그 아이들을 사랑하는 것을 생각해 보건대, 그러면 우리에게서 나오는 다른 생산물들이 있으니 그것도 못지않은 가치가 있다고 생각합니다. 왜냐하면 우리가 영혼으로 생산하는 것, 우리의 정신·마음·능력으로 생산하는 것은 우리 육체보다도 더 고상한 부분으로 생산되는 것이며, 더 우리 것이기 때문입니다.

우리는 이 생산물에 대해서 동시에 아버지와 어머니가 됩니다. 그 생산은 아이 낳기보다 훨씬 더 힘들고, 거기에 무슨 좋은 점이 있다면, 그것은 우리에게 더 큰 명예를 주는 것입니다. 왜냐하면 우리에게 다른 아이들의 가치는 우리보다도 차라리 여자들의 것이며, 거기서 우리의 몫은 아주 가벼운 것입니다. 그러나 이편의 생산에서는 그 본래의 미와 우아성과 가치가 우리의 것입니다. 그래서 이러한 작품이 다른 작품들보다 더 생명있게 우리를 대표하며 알려 줍니다.

플라톤은, 이런 산물은 영생불멸의 아이들이며, 그 부친(작가를 말함)들을 영생불멸케 하고, 진실로 리쿠르고스나 솔론이나 미노스의 경우와 같이 그들을 신격화한다고 했습니다.

한데 역사상에는 부친들이 아이들에게 보이는 애정에 관한 이러한 공통된 예가 하도 많아서, 이런 것을 몇몇 골라 보는 것도 격에 맞지 않는 일은 아니라고 보입니다.

트리케아의 저 착한 주교님 헬리오도로스는 자기 딸을 버리기보다는 차라리 존경받는 사교직(司教職)의 직위와 이익과 신앙 생활을 버리겠다고 했습니다. 그 딸은 아주 얌전하게 지금도 살아 있는데, 성직자인 사교의 딸로서는 너무 공들여 마음 녹이게 치장되어 있고 너무 사랑에 밴 냄새를 풍기고 있습니다.

로마에 라비에누스라는 자가 있었는데, 용기가 장하고 권세 있는 인물로 다른 소질보다도 문장에 능했습니다. 그는 갈리아 전쟁 때에 카이사르 휘하에서 으뜸가는 장수로 있다가, 다음에 저 위대한 폼페이우스 편으로 넘어가서 카이사르가 스페인에 진격하여 그를 격파하기까지 너무 용감하게 폼페이우스를 지지했던 위대한 라비에누스의 아들이라 생각됩니다. 내가 지금 말하는 라비에누스에게는 그의 덕성을 시기하는 자가 많았습니다. 그리고 그 시대 황제들의 궁신이나 총신들은 그가 부친에게서 물려받은 솔직성과 폭군 정치에 반항하는 기질을 좋게 보지 않았을 법한 일로, 그런 기분은 그의 문장이나 작품에 배어 있었을 것으로 생각됩니다. 그의 적들은 그를 관청에 고발해서 출판한 여러 작품을 불태우라는 판결을 내리게 했습니다. 이 새로운 방식의 형벌은 그로부터 시작해 로마에서 여러 사람들에게 계속 실시되었는데, 그것은 문장과 연구 논문까지도 사형에 처하는 일이었습니다. 이제는 잔혹한 것을 할 방법과 재료가 부족해서 우리들 정신의 고안과 명성 같은 고통을 느낄 감각이 없는 사물에까지 미치며, 시신(詩神)들의 학문과 업적에까지 물질적 고통을 적용하는 것이었습니다.

그러나 라비에누스는 이런 손실을 참고 지낼 수도 없고 그렇게도 소중한 작품을 잃은 뒤에 살아남을 수도 없었습니다. 그는 조상들의 무덤에 자기를 실어가게 해서 그 속에 들어가 산 채로 파묻혀 자살과 매장을 동시에 감행했습니다. 자기 작품에 대해서 이보다 더 맹렬한 애정을 보여 줄 수는 없는 일입니다. 카시우스 세베루스는 대단한 웅변가로 이 사람의 친구인데, 그의 책이 불태워지는 것을 보고 같은 판결문으로 자기도 함께 산 채로 불태워 버려야 한다고 고함질렀습니다. 왜냐하면 작품 안에 있는 것이 그의 머릿속에 보존되어 있기 때문이라는 것이었습니다.

그렌티우스 코르두스도 그의 작품에 브루투스와 카시우스를 칭찬했다고 고발당하여 같은 처단을 받았습니다. 저 티베리우스보다도 더 나쁜 윗사람을 섬겼던 저 천하고 비굴하고 부패한 원로원은 그의 문장을 화형(火刑)에 처했습니다. 그는 자기 저서와 동행하기에 만족하고, 음식을 끊고 자살했습니다.

저 선량한 루카누스는 극악무도한 네로에게 처단을 받아 생명의 마지막 순간에, 바로 죽으려고 의사에게 끊게 한 팔뚝의 혈관에서 피가 대부분 흘러나와 사지의 끝은 이미 싸늘해져 가고 찬 기운이 생명의 심장부에 접근해 오기 시작하자, 그의 뇌리에 마지막으로 떠오르는 파르살리아 전쟁에 관한 자기 작품의 시 몇 구절을 낭독했습니다. 그리고 이 시구를 마지막으로 소리쳐 읊으며 숨을 거두었습니다. 이것은 그가 자기 아이들에게 주는 애정에 찬 정다운 작별 인사였으며, 죽어 가면서도 자기 가족에게 주는 굳은 포옹과 고별이었고, 이 최후의 순간에 살아 있는 동안 가장 친하게 지내던 사물들을 회상케 하는 타고난 경향에서 나온 것이 아니고 무엇이겠습니까?

에피쿠로스는 그의 말처럼 담석증의 극심한 아픔으로 괴로워하며 죽어 갈 때, 그가 세상에 남겨 두고 가는 학설의 아름다움이 그의 모든 위안이었습니다. 그에게서 태어나 잘 자란 아들들이 있었다 해도, 그들에게서 그가 풍부한 저작을 완성했을 때만큼 만족을 얻었겠습니까? 잘못 성장한 못난 아이나 어리석고 못된 작품 중의 하나를 죽은 뒤에 남겨 두어야 한다면, 그 외에도 그 능력을 가진 사람들은 후자보다도 전자의 불행을 택할 것이라고 생각하지 않습니까?

성 아우구스티누스도(예로 들자면), 우리 종교에 큰 영향을 주고 있는 그의 작품을 땅에 파묻거나 그에게 자식이 있는 경우에 그 아이들을 파묻든지 하라고 제안했을 때, 그가 차라리 아이들을 묻기를 원하지 않았다면 아마도 불경건한 일이 될 것입니다. 나는 내 아내와 관계해서 잘난 아이를 얻는 것보다, 시신(詩神)과의 관계에서 완벽하게 잘생긴 작품을 하나 얻기를 훨씬 좋아할지 어떨지 알 수 없습니다.

이 작품을 생긴 그대로 내가 여기 내놓은 것은 마치 육체적 어린아이와 같이 순수하게 고칠 수 없이 내놓은 것입니다. 이 작품에서 얻은 작은 재산은 이미 내 마음대로 되지 않습니다. 그것은 이미 내가 아는 것보다도 더 충분히 사물들을 알고 있으며, 내게서 자신이 담아 두지 못한 것을 가져갔으며, 아무 관계 없는 딴 사람처럼 필요할 때에는 그에게서 빌려 와야 할 일이 생길 수도 있습니다.

나는 내 작품보다 더 현명할지 모르나, 그는 나보다 더 부유합니다.

시에 열중하는 사람치고 로마에서 가장 으뜸가는 미소년을 낳기보다는 《아이네이스》를 내놓기를 원하지 않을 자 없고, 전자보다도 후자를 잃는 것을 슬퍼하지 않을 자 없습니다. 아리스토텔레스에 의하면, 모든 작가들 중에서 특히 시인들은 자기 후손으로는 딸들만 남겨서, 그녀들이 다음에 조상들에게 영광을 주리라고 자랑하던 에파미논다스(이 딸들이란 그가 라케다이모니아인들에 대해서 두 번 얻은 고귀한 승리를 의미했습니다)가 그녀들을 그리스 전국의 화사한 미녀들과 바꾸었으리라고는 믿기 어렵습니다. 또한 알렉산드로스나 카이사르가 자기 아들과 상속자가 아무리 완벽하고 완성된 인물이라고 해도, 그들을 얻기 위해서 자기들이 전쟁에서 얻은 영광스럽고 위대한 공훈들을 갖지 않아도 좋다고 했으리라고는 생각되지 않습니다.

나는 피디아스나 다른 탁월한 조각가들이 오랜 노력과 면학(勉學)으로 예술적으로 완성해 놓은 탁월한 조각상이 잘 보존되어 영원히 남아 있기를 바랐을 만큼, 그가 낳아 놓은 아이들이 계속해서 보존되기를 원했을까를 의심합니다. 그리고 가끔 부친들이 자기 딸들에게 보이는 사랑이나, 모친들이 자기 아들들에 열중하던 악덕스러운 미치광이 같은 태도의 사랑으로 말하면, 그런 예는 이 다른 종류의 부자 관계에서도 찾아볼 수 있습니다. 그 증거로 피그말리온에 관해서 사람들이 이야기하는 바에 의하면, 그는 특별한 미를 갖춘 여인의 조각상을 만들고 나서, 자기 작품에 대한 억제할 수 없는 사랑에 사로잡혔기 때문에, 미친 듯한 열정을 만족시키기 위해서 신들은 이 조상에 생명을 넣어 주어야 했다는 것입니다.

> 그가 그 상아를 만지니
> 그것은 단단함을 잃고 유연해지며
> 그의 손가락에 눌려 들어간다.　　　　　　　(오비디우스)

9
파르티인의 무기에 대하여

우리 시대의 귀족들이 필요한 상황에 처하지 않으면 무기를 들려고 하지 않으며, 위험이 조금이라도 사라진 기미만 보이면 바로 무장을 풀어놓는 것은 마음이 나약해진 나쁜 행동습관이다. 여기서 여러 혼란이 닥쳐온다. 왜냐하면 돌격하려는 무렵에 각자가 고함지르며 무기가 놓인 곳으로 달려갈 때 어떤 자는 아직 갑옷 끈을 매고 있는데, 그의 동료들은 벌써 싸움에 져 달아나고 있기 때문이다. 우리 조상들은 투구와 창과 가죽 장갑을 하인에게 들리고, 일이 계속되는 동안 다른 장비를 벗어 놓는 일이 없었다. 요즈음 우리 군대들은 무기 때문에 주인에게서 떨어지지 못하는 하인들과 짐짝들로 뒤범벅이 되어 혼란의 극치를 이루고 있다.

티투스 리비우스는 우리 군대를 말하여, "그들의 신체는 전혀 피로를 참아낼 수 없어, 무기를 어깨에 메고 가기도 힘들었다"고 했다.

여러 국민들은 옛날에는 갑옷을 입지 않고 전쟁에 나갔으며, 지금도 그렇게 하고 있다. 그들은 방어에는 소용없는 물건들을 지니고 있었다.

그들은 머리를 코르크나무의 껍질로 덮고 있었다.　　　　(베르길리우스)

　세상에서 가장 모험심 강한 장수 알렉산드로스는 갑옷 입는 일이 극히 드물었다. 그리고 우리 중에 갑옷을 경멸하는 자들은 그 때문에 결코 흥정에 손해 보지는 않는다. 갑옷을 입지 않았기 때문에 살해당하는 자가 있다고 하지만, 무장 때문에 몸이 둔하고 그 무게에 눌려 타박상을 입어 부러지고, 또는 반격을 당하거나 딴 이유로 죽는 자의 수도 그보다 적지 않다. 우리 무장의 무게를 보면, 우리는 방어할 생각밖에 없는 것같이 보인다. 그리고 가리고 있기보다 오히려 무거운 짐을 지고 있다는 편이 옳다. 그 짐을 짊어지기에도 상당한 힘이 들며, 그 때문에 거북해지고 얽매여서 마치 무기와 무기를 부딪치는 것만으로 싸우는 것 같고, 무장이 우리들을 가려 주는 것 이상으로, 우리가 무기를 업고 다닐 의무가 있는 것처럼 보인다.

　타키투스는 옛날 골(갈리아인) 무사들을 우스꽝스럽게 묘사하여, 그저 버티기 위해서 이렇게 무장한 것이지, 공격할 수도 공격을 막을 수도 없어 한 번 쓰러지면 다시는 일어나지도 못한다고 했다. 루쿨루스는 어느 메디아 무사들이 마치 무쇠로 된 감옥 속에 들어앉은 것과도 같이 불편하고 둔중하게 무장하여 티그라네스의 군대 전선에 배치되어 있는 것을 보고, 이자들을 쉽사리 패배시키리라고 생각하고 공격하여 첫 승리를 거두었다.

　이제 소총수들이 중시되고 있는 마당에, 우리는 생명을 보전하기 위해 누가 우리를 성벽 속에 가두는 방책을 생각해내, 옛사람들이 코끼리에 실려가던 것처럼 우리를 성의 요새 속에 들어앉혀서 전장에 끌고 갈 일이라고 나는 생각한다.

　이런 기분은 소 스키피오의 생각과는 동떨어져 있다. 그는 자기 병사들이 그가 공격하고 있는 도시의 적병들이 몰려나와 출격할 만한 지점의 도랑물 속에 덫을 장치하는 것을 보고 심하게 꾸짖으며, 공격하는 자는 진취적이라야 하지 두려워해서는 안 된다고 말했다. 이런 예방책 때문에 병사들의 자기 방위에 소홀해질까 염려한 것은 지당한 일이었다. 그는 또 한 병사가 좋은 방패를 가지고 자랑하는 것을 보고 "그것 참 좋네, 이 사람아. 그렇지만 로마 군인은 자기 왼손보다는 자기 오른손을 더 믿고 싸워야 하네"라고 말했다. 한데 우리들의 무장(武裝)이 참을 수 없을 정도로 짐이 되는 것은 단지 버릇 때문이다.

> 내 여기 노래하는 두 사람의 전사는
> 어깨에 갑옷을 걸치고 머리에 투구를 썼다.
> 그들은 성 안에 들어온 이래로 밤이나 낮이나
> 결코 이 무장을 풀어 놓은 일이 없으며
> 그것이 아주 습관으로 되어 정복과 같이 편하게
> 입고 있던 것이다.   (아리오스토)

카라칼리 황제는 온갖 무기로 무장하고, 자기 군대를 지휘하며 도보로 나라 안을 순찰하고 있었다. 로마의 보병들은 투구와 칼과 방패를 들고 있었을 뿐 아니라(그들은 이런 것을 짊어지는 일이 버릇이 되어서, 자기 팔다리를 움직이는 것만큼도 거북하지 않았다. '병사의 무기는 그의 사지(四肢)라고 한다'고 키케로는 말한다) 보름 동안 지탱할 양식과 60파운드나 되는 일정량의 요새에서 사용할 말뚝을 메고 다닌다. 그리고 마리우스의 병사들은 이렇게 짊어지고 다섯 시간에 20km를 행군하게끔 훈련되었고, 급하게 갈 때엔 24km를 걸었다. 그들의 군사 훈련은 우리의 훈련보다 훨씬 가혹하고 격렬했다. 그런 만큼 그 효과는 아주 달랐다. 이에 관련된 이야기로 라케다이모니아의 한 병사가 전쟁에 나가다가 어느 집에 들어가서 잠을 잤다고 문책당했다는 말은, 그 단편적인 모습에 불과하다. 로마 병사들은 심한 고역에 단련되어서 날씨가 어떻더라도 하늘 아닌 지붕 밑에서 자는 것을 수치스러운 일로 알았기 때문이다. 소 스키피오는 스페인에서 그의 군대를 재훈련시킬 때 병사들에게 식사는 반드시 서서 할 것이고 불에 익힌 것을 먹어서는 안 된다고 명령했다. 우리는 우리 군대에 이런 고역을 실시해 가며 오래 끌고 가지는 못할 것이다.

그뿐더러 마르켈리우스는 로마의 전쟁 속에서 성장한 자로, 파르티인들의 무장하는 방식을 유의해서 주목하고 있다. 그들이 로마에서 멀리 떨어져 있기 때문에 더 주의해서 본 것이다. 그는, 파르티인들은 작은 날개깃 모양으로 갑옷을 가졌으나 동작에 장해가 되지 않았으며, 그 무장은 극히 견고해서 우리 창이 맞으면 튕겨져 나왔다고 한다(그것은 우리 조상들이 아주 습관이 되어 사용하던 거북등딱지 같다). 다른 고장에서는 "그들은 억세고 튼튼한 말에 가죽을 씌워서 부렸으며, 사람들은 머리에서 발에 이르기까지 철판으로 무장하고 있는데, 그것은 팔다리의 마디를 움직이는 데 편리하게 꾸며져 있었다"고 말한다. 철인이라 부르고 싶은 모습이었다. 머리의 장치가 꼭 들어맞게 되어 있고 얼굴 부분 등이 인체 모양에 따라 만들어져서, 그를 찌르려면 눈 있는 자리에 뚫어 놓은 구멍이나, 또는 불편하나마 숨을 쉬게끔 코 부분에 터놓은 틈밖에 없었다.

> 신축성 있는 갑옷은 덮고 있는 사지의 생명을 맡고 있는 듯
> 가공할 광경이다. 걸어가는 쇠의 조각상이다.
> 금속이 호흡하는 전사의 육신이 된 것 같다.
> 그들의 군마들도 똑같이 장비되어
> 그 위협하는 얼굴에는 철갑을 쓰고
> 허리도 철판으로 보호되어 다칠 걱정은 없다. (클라우디아누스)

이 묘사는 프랑스 무사가 철갑을 쓰고 있는 장비와 대단히 닮았다.
플루타르크는 데메트리오스는 자신과 옆에 데리고 있는 으뜸가는 무사 알키노스를 위해서 무장 한 벌에 1백 20파운드나 나가는 장비를 만들게 했다고 한다. 보통의 장비는 60파운드밖에 나가지 않는다.

10
서적에 대하여

내가 이 직업의 대가들이 흔히 다루는 많은 사물들에 대해 말하는 경우가 있다는 것을 안다. 여기에 쓰는 것은 내가 순수하게 타고난 소질을 가지고 하는 시도이지, 결코 남에게서 빌려 온 재료를 가지고 하는 것이 아니다.

그리고 내가 무식꾼이라고 흠을 잡는 자도 내게 불리한 일은 못할 것이다. 왜냐하면 나는 내 사상에 관해서 스스로 책임을 지지 못한다면, 남에게도 책임을 지지 않을 것이기 때문이다. 그렇다고 내가 거기에 만족하는 것은 아니다. 학문을 찾고 있는 자는 지식이 있는 곳에 가서 낚을 일이다. 그렇다고 내가 하고 싶은 말을 하지 않는다는 것은 아니다.

여기서 나는 내 공상들을 말한다. 그것으로 나는 사물들을 알려 주려고 내놓는 것이다. 이런 사물들은 아마도 어느 날 내게 알려질 것이며, 그전에 이런 일들이 밝혀져 있는 곳에 우연히 내가 가보았을 수도 있는 일이다. 그러나 지금은 그것이 어디서였는지 생각도 안 난다.

나는 글을 좀 읽었다고는 하지만 기억력은 아주 약한 사람이다. 그래서 지금 내가 가진 지식이 어느 정도로까지 뻗은 것인가를 알려 주는 수밖에 아무런 확실성도 보장하지 못한다. 그러니 내가 내놓는 재료에 기대하지 말고, 내가 내놓는 형태에 유의할 일이다. 내가 빌려다 쓰는 것을 가지고 내가 취급하는 문제를 빛내 볼 거리를 택할 줄 아는가를 살펴볼 일이다. 나는 어법이 서툴러서, 때로는 내 지각이 빈약하여 자신이 잘 말하지 못할 것을 남을 통하여 말하게 하기 때문이다. 나는 빌려 온 것을 헤아리는 것이 아니다. 그것을 저울질한다. 수량으로 가치를 올릴 생각이었던들 몇 갑절은 내놓았을 것이다. 내가 차용해 온 곳은 모두가 옛날의 너무나 유명한 이름들이기 때문에, 내가 말하지 않아도 아주 잘 알려져 있다. 그리고 내 터전에 옮겨 심고 내 것과 혼동시키는 사리(事理)나 착상들에 관해, 나는 가끔 일부러 그 작가의 이름을 들지 않고 두었다. 그것은 특히 아직 살아 있는 사람들의 새로운 문장으로, 그리고 프랑스 속어로 된 것이라면 무턱대고 공격하여 대들며, 그 사상이나 의도하는 바도 속된 것이라고 설복시키는 것같이 보이는 성급한 문장들의 당돌한 수작을 억제하려는 것이다. 나는 그들이 내 코를 퉁기다가 플루타르크의 코를 건드리고, 나를 모욕하다가 세네카에게 혼이 났으면 한다. 나는 이런 위인들의 신용 밑에 내 약점을 숨겨야만 하겠다.

나는 누가 내 가면을 벗겨 진실을 폭로했으면 한다. 그것은 명석한 판단력과 오로지 그 의견의 힘과 미의 식별에 의해서 그리하라는 말이다. 왜냐하면 나는 기억력이 약하기 때문에 그 원전을 하나하나 골라낼 능력은 없지만, 스스로 헤아려 보면 내 터전은 거기에 뿌려놓은 씨가 대단히 풍부한 꽃들을 피우게 할 수는 없고, 이 터전에서 나오는 모든 성과는 뿌린 씨의 값도 못 된다는 것을 느낄 줄 너무나 잘 알고 있다.

내가 내 생각에 얽혀 있다든가 내 사고방식에 허영과 과오가 있다든가, 그런 것이 내게 지적되었을 때 그것을 느끼지 못했다든가, 또는 느낄 수 없는 것이라면 내가 책임을 질 일이라고 생각한다. 왜냐하면 잘못이 있어도 우리 눈에 띄지 않을 수가 없기 때문이다. 그러나 우리 판단력의 병폐는 다른 사람이 우리의 잘못을 밝혀 주어도 그것을 알아보지 못하는 데 있다. 학문과 진리는 비판력 없이도 우리에게 깃들 수 있으며, 비판력은 학문과 진리가 없어도 가질 수 있다. 사실 자기의 무식을 인정하는 일은 판단력을 가졌다는 가장 아름답고도 확실한 증거라고 나는 본다.

나는 내 글을 질서 있게 정렬시켜 줄 조력자가 없어, 그저 되는 대로 나열해 놓을 뿐이다. 내 몽상이 솟아오르는 대로 그저 쌓아갈 따름이다. 때로는 몽상들이 뭉쳐져 밀려오고, 때로는 한 줄로 길게 뻗어 온다. 나는 생각들이 아무리 산만하고 무질서해도, 그것은 내가 타고난 방식인 것을 사람들이 알아주기 바란다. 나는 있는 그대로의 나를 내놓는다. 그러므로 내 글에 실린 것은 모르면 안 될 재료도 아니고, 그렇다고 아무렇게나 말해서 안 될 제재(題材)도 아니다.

나는 사물들에 관해서 완전히 이해하고 싶다. 그러나 너무 값비싼 노력을 들여 가면서까지 이해하고 싶지는 않다. 내 계획은 내게 남은 인생을 순탄하게, 그리고 힘들이지 않고 넘기는 것이다. 학문을 위해서라도, 그 가치가 아무리 크다 해도 그 때문에 머리를 썩여야 할 것은 없다.

점잖은 재미로 쾌락을 찾기 위해서만 책을 뒤적인 내가 공부를 한다면, 나는 그 속에 내 자신을 알아보는 일을 하며, 내가 잘 살고 잘 죽는 방법을 가르치는 학문밖에 찾지 않는다.

이것이 전속력으로 나아가야 할
내 말(馬)의 목표이다.

(프로페르티우스)

글을 읽다가 어려운 구절에 부딪히면 나는 억지로 이해하려 들지 않는다. 나는 한두 번 공격하다가 집어치운다.

거기에 구애받다가는 방향을 잃고 시간만 낭비한다. 내 정신은 충동적이기 때문이다. 첫 번 부딪쳐 보아서 이해되지 않는 것을 고집 세우다가는 더욱 이해되지 않는다. 재미가 없는 것은 아무것도 하지 않는다. 너무 굳게 긴장하거나 일을 계속하면 판단력이 흐리멍덩하고 우울해져서 피로해 버린다. 관찰력이 혼란되며 흩어진다. 나는 판단력을 철회하고 다시 대들어 보아야 한다. 진홍색 비단의 광택을 감정하려면 여러 모로 두루 살펴서 눈으로 슬쩍 스쳐 보고는 비껴 보았다가 갑작스레 또다시 시작하며, 이것을 되풀이하는 것과 마찬가지다.

이 책이 마음에 들지 않으면 딴 책을 집어든다. 그리고 결코 새로운 책을 탐하지 않는다. 옛날 책이 내용적으로 더 충실하고 진실해 보이기 때문이다. 그리스 책은 아직 공부하는 중인 내 유치한 이해력으로는 판단하기 힘들기 때문에 별로 즐기지 않는다.

단지 재미로만 읽는 책들 중 현대의 것으로는, 이런 것도 이 부류에 넣을 수 있다면, 보카치오의 《데카메론》과 라블레의 것, 그리고 요한네스 세콘두스의 《키스》 등이 재미들일 만한 책들이다. 《아마디스》와 이런 종류의 문장들은 어릴 때는 내 주목을 끌지 못했다. 나는 또 당돌하달까 경솔하달까, 이렇게 말하고 싶다. 이 늙어빠진 둔중한 정신은 아리오스토뿐 아니라 저 선량한 오비디우스에게도 정이 붙지 않는다. 그 평이한 문장과 구상이 옛날에는 나를 반하게 하더니 이제는 내 마음을 끌지 못한다.

나는 모든 사물에 관해서 자유로이 내 의견을 말한다. 사실 내 권한에 넘치는 일과, 결코 내 권한에 있다고 생각하지 않는 사물에 관해서도 말한다. 내가 이렇게 의견을 토로하는 것은 사물의 척도를 밝히려는 것이 아니라, 역시 내 판단력의 한계를 밝히려는 것이다. 플라톤의 《악시오코스》를 읽다가 이 작가의 작품 치고는 힘이 없는 작품이라고 싫증이 나면, 내 판단력은 그것을 믿지 못한다.

내 판단력은 내 스승이며 지도자로 생각하는, 그렇게 많은 다른 유명한 분들이 판단한 바의 권위에 대항할 만큼 어리석지는 않다. 그들에 대해서는 차라리 내 판단이 실수한 것으로 만족한다. 판단의 책임은 내게 있는 것이므로, 나는 내 이해력이 그 속까지 침투해 보지 못해서 피상적으로 머무르거나 또는 가짜 광채에 현혹된 것이라고 자기를 책망한다. 내 판단력은 다만 동요와 혼란에 빠지지 않는 것으로 만족한다. 그 이해력이 박약한 바는 기꺼이 인정하며 고백한다. 내 판단력은 그것이 파악한 개념이 그 자체에 지시하는 겉모습에 정확한 해석을 내린다고 생각한다. 그러나 그 해석은 허약하고 불완전하다.

이솝 우화는 대부분이 여러 가지 의미와 해석을 지니고 있다. 그것을 도덕적으로 해석하는 자들은, 그 이야기와 격이 맞는 어떠한 모습을 골라낸다.

그러나 그것은 대부분 유치하고 피상적인 모습에 지나지 않는다. 그 속에는 더 살아 있고 본질적이며 내면적인 의미가 있으나 거기까지는 뚫어보지 못한다. 나 역시 그 꼴로 읽는다.

그러나 내 방식대로라면 시가(詩歌)에서는 베르길리우스·루크레티우스·카툴루스, 그리고 호라티우스가 유달리 탁월한 위치를 차지하는 것으로 보이며 특히 베르길리우스의 작품 가운데 전원시는 완벽한 시가 작품이라고 생각한다. 여기에 비교해 보면 그의 《아이네이스》의 어느 구절은, 작가에게 시간의 여유가 있었다면 조금 더 손질해야 될 점이 있다는 것을 쉽사리 알아볼 수 있다. 내게는 《아이네이스》의 제5권이 가장 완전하게 보인다. 나는 또 루카누스를 좋아해서 즐겨 읽는다. 문체보다도 그의 고유한 가치와 사상과 판단의 진실함을 즐긴다. 저 선량한 테렌티우스로 말하면 그 라틴어의 애교와 우아미가 우리 심령의 움직임과 풍습의 조건들을 탄복할 만큼 잘 표현하고 있다고 본다. 어느 시각에나 우리 행동을 살펴보면, 나는 그의 시가 생각난다. 아무리 자주 읽어도 그에게는 새로운 미와 아담한 풍치가 발견된다.

베르길리우스가 살던 시대 가까이에 생존했던 사람들은 루크레티우스를 그에게 비교하는 자들이 있다고 불평하고 있다. 내 생각에도 이 비교는 공평한 것이 못 된다. 그러나 루크레티우스의 좋은 시구에 부딪히면 이 신념을 고집하기가 힘들다.

그들이 이 비교에 분개한다면, 그를 지금 아리오스토에 비교하는 어리석고 야만스러운 천치 수작은 어찌 보아야 할 일인가? 그리고 아리오스토 자신은 어떻게 말할 것인가?

오, 조악하고 몰취미한 세기여!　　　　　　　　　　(카툴루스)

　나는 옛사람들이 플라우투스를 테렌티우스에 비교하는 것은(후자가 훨씬 더 점잖은 인격을 느끼게 한다) 루크레티우스를 베르길리우스에게 비교하는 것보다 더 불평할 만한 일이라고 본다. 테렌티우스를 평가하고 애호하는 면에서는, 로마 웅변의 시조(키케로)가 그의 계열에서 홀로 이 시인의 말을 자주 입에 올린 것과, 또 로마 시인들 제일의 비평가(호라티우스)가 그의 동료에 대해서 내린 판단을 보아도 충분하다.
　우리 시대에 희극을 써 보려고 하는 자들은(이 방면에 재간이 있는 이탈리아 사람들처럼) 테렌티우스와 플라우투스에 나오는 재료를 서너덧 합쳐 자기 것 하나를 만들고 있다. 그들은 단 한 편의 희극에 보카치오의 이야기 대여섯 편을 합쳐 놓고 있다. 그들이 이렇게 여러 재료를 한 편에 실어 놓는 것은 자기 고유의 묘미로 작품을 지탱해 나갈 자신이 없기 때문이다. 그들에게는 의지할 본체가 있어야 한다. 자신의 구상만으로는 우리의 흥미를 끌 능력이 없기 때문에, 그들은 이야기나마 재미나게 하려고 한다. 우리가 이 작가를 두고 보면 일은 반대로 나타난다. 그의 말하는 방식이 완벽하게 아름답기 때문에 우리는 그의 재료에는 관심이 끌리지 않는다. 우리는 언제나 그 말투의 얌전하고 애교 있는 맛에 이끌린다. 그는 어디서나 재미난다.

　청명하기가 흐르는 맑은 물과 같다.　　　　　　　(호라티우스)

　그리고 그 문장의 매력이 너무나 우리 마음을 채우기 때문에 이야기의 맛은 잊어버리고 만다.
　바로 이 고찰이 나를 더 앞으로 끌어간다. 나는 고대의 우수한 시인들이 뽐내거나 따지고 파고드는 일을 피하는 것을 본다. 그들은 스페인이나 페트라르카식의 높은 음조의 광상적 노래뿐 아니라, 다음 세기에 오는 모든 시적 작품의 장식을 이루는, 좀 더 보드랍고 조심스러운 익살까지도 피하고 있다. 그러므로 유명한 비평가로서 이 고대 시인들에게 흠을 잡는 이가 없고, 마르티알리스의 시구의 톡 쏘는 맛보다도 카툴루스의 풍자시에 연마되고 줄곧 상징하고 화창하게 아름다운 맛을 비길 바 없이 감탄하지 않는 자 없다. 마르티알리스가 자신에 관해서 "그는 큰 노력을 할 필요가 없었다. 그의 작품 재료는 재주가 있는 기질이 대신된 것이다"라고 말하듯, 내가 금방 말한 것은 바로 이 때문이다. 먼저 말한 작가들은 흥분하지도 분발하지도 않으며, 충분히 감명을 준다. 그들은 아무 데서나 웃음을 찾아낸다. 그들은 자기를 간질일 필요가 없다. 그다음 작가들은 외부의 도움이 필요하다. 그들은 재주가 부족하기에 더욱 육체가 필요하게 된다. 그들은 다리로 걸어갈 만큼 튼튼하지 못하기 때문에 말을 타야만 한다.

    그것은 마치 무도회에서 친분이 있는 사람들이 우리 귀족들의 점잖은 행세를 모방할 수 없으니까, 무도 학교를 세워 가면서 배운 위험한 뜀박질이나 익살스러운 동작의 색다른 잡술을 가지고 장기를 삼는 것과 같은 일이다. 그리고 정식 무도회에서 부인들이 천연스러운 걸음으로 순진한 자세와 타고난 우아미를 보여 주기만 해도 되는 것을, 몸뚱이를 비꼬아 뒤흔드는 무도회에서는 그녀들의 자태를 값싸게 보여 준다. 나도 역시 본 일이지만, 탁월한 배우들은 일상적인 옷을 입고 화장기 없는 용모로도 그들의 예술이 줄 수 있는 모든 쾌감을 주는 데 반해서, 풋내기들은 공부가 거기에 미치지 못하므로 얼굴에 짙은 화장을 하고 옷을 괴상하게 입고는 우리를 웃기려고 동작을 거꾸로도 하고, 얼굴을 망측하게 찌푸리는 것이다.

    내가 여기서 말하는 관념은 《아이네이스》와 《광분하는 롤랑》을 비교해 보면 어느 경우보다도 더 잘 이해가 된다. 전자는 확고하게 날개를 활짝 펴서 높게 날며, 늘 자기의 방향을 잡고 있는 것이 보이는데, 후자는 이 가지에서 저 가지로 옮아앉듯, 이 이야기에서 저 이야기로 뛰어 돌아다니며, 자기 날개에 자신이 없어 짧은 거리밖에는 날지 못하고, 숨과 힘이 지탱 못할까 봐 밭이랑마다 내려서 쉰다.

    그는 단거리 질주를 시도한다.　　　　　　　　　　(베르길리우스)

    이런 것이, 이런 종류의 제재들이 내가 가장 좋아하는 작가들이다.

다른 종류의 독서는, 쾌락에 좀 더 내용을 섞어 주며 거기서 내 기분과 조건들을 조절하는 법을 배우는 것으로, 이런 데 내게 소용되는 작품들은 플루타르크(이것을 그 뒤 프랑스어로 번역했다)와 세네카이다. 그들은 둘 다, 내가 거기에서 찾는 지식을 조각조각 풀어서 취급해 놓았기 때문에 오랜 노력이 필요하지 않은 것이 내 비위에 맞는 특기할 장점이었다.

플루타르크의 《소품집》과 세네카의 《서한집》 등이 그렇다. 이 《서한집》은 그의 작품들 중에 가장 아름답고 유익한 문장이다. 내가 이 공부를 시작하는 데는 큰 계획도 필요하지 않았다. 언제든지 마음이 내키지 않으면 덮어 둔다. 왜냐하면 이 문장들 사이에는 상호 간에 연락이 없기 때문이다.

이 작가들은 대부분의 사상이 유익하고 진실한 점에서 일치한다. 그들은 같은 세기에 출생했고, 둘 다 로마의 두 황제의 사부였으며, 외국에서 들어왔고, 다 부유했고 세력도 누렸다. 그들의 가르침은 철학의 진수를 온당한 방식으로 내놓은 것이었다. 플루타르크는 더 고르고 꾸준하며, 세네카는 더 파동이 있고 잡다하다. 세네카는 힘들고 굳어지며 긴장해서 허약과 공포와 못된 욕망에 대항해서 도덕을 무장시킨다. 플루타르크는 이런 성질의 영향을 그렇게 위험한 것으로 보지 않고, 자기 보조를 서두르거나 이런 일에 경계하는 태도를 경멸하는 것 같다. 플루타르크의 사상은 플라톤적이고 순해서 시민 생활에 조화될 수 있는데, 세네카는 스토아학파와 에피쿠로스학파의 사상을 받아서 일반의 습관과는 융화되지 않으나 내 의견으로는 개인 생활에 더 편리하고 견실하다. 세네카의 경우는 그 시대 황제들의 포학을 좀 옹호하는 것 같다. 그가 카이사르 살해범들의 장한 거사를 비난하는 것은 확실히 강제당한 판단으로 보인다. 플루타르크는 모든 면에 자유롭다. 세네카는 풍자와 재기에 충만하고, 플루타르크는 사물의 지식이 풍부하다. 플루타르크는 보다 만족을 주며 교양을 준다. 그는 우리를 지도한다. 세네카는 우리를 밀어 보낸다.

키케로로 말하면, 그의 작품들 중 내 목적에 소용될 수 있는 것은 특히 도덕 철학을 취급하는 부분이다. 그러나 과감하게 진실을 고백한다면(사실상 이미 건방진 한계를 넘은 바에 이것을 억제할 수도 없다), 그의 글 쓰는 방식이 내게는 지루하게 보이며 다른 점도 그렇다. 서문이나 정의·구분·어원 따위가 그의 작품의 대부분을 채우고 있기 때문이다. 준비가 너무 길기 때문에 문장이 생기를 잃고 내용이 질식되고 있다. 한 시간 동안이라도 그를 읽는 것이 내게는 힘든 일이지만, 거기서 진짜 정수라고 뽑아서 보아도 대개는 바람밖에 잡히지 않는다. 왜냐하면 그는 그때까지도 그의 사상에 필요한 논법이나 내가 찾고 있는 요점에 직접 관계되는 이유를 말하지 않고 있기 때문이다.

나로서는 웅변가나 학자가 되기보다는 현명해지기를 바라고 있는 터이니, 이런 논리학적이며 아리스토텔레스적인 절차는 못마땅하다. 나는 마지막 요점부터 시작하기를 바란다. 나는 죽음이나 탐락이 무엇인지를 잘 알고 있다. 그런 것을 분석해 갈 필요는 없다. 나는 처음부터 이런 노력을 지탱해 나를 가르쳐 줄 진실하고 견고한 이치를 찾고 있다. 문법상의 미묘한 점이라든지, 말과 논법의 교묘한 구조 같은 것은 필요 없다. 나는 가장 심각한 의문점에 첫 공격을 가하는 사색을 요구한다. 그의 문장은 뚝배기 주위를 돌다가 기운이 빠진다. 그런 수작은 학교나 재판정이나 설교단에 맞는 일이다. 그런 데서 우리는 실컷 졸고 있다가 한 15분쯤 뒤에 보아도 말의 줄기를 잡을 여유가 넉넉히 있다. 옳건 그르건 자기가 승소하려는 때, 재판관 앞에서, 그리고 알아들을 수 있나 보려고 모두 말해 주어야 하는 어린아이와 속인들 앞에서 이렇게 말할 일이다.

나는 사람이 주의를 끌려고 포고를 큰 소리로 외치는 사령처럼, "내 말 들으시오!" 하고 5번이나 고함지르는 것을 바라지 않는다. 종교에서 우리들이 Sursum corda(마음을 드높여라)라는 것을 로마 가톨릭에서는 Hoc age(유의하라)라고 말했는데, 이런 것 모두가 내게는 쓸데없는 말이다. 나는 그것을 집에서 준비해 가지고 온다. 내게는 미끼도 양념도 필요치 않다. 나는 날것으로도 잘 먹는다. 이런 준비와 서곡으로는 내 식욕이 당기게 하기는커녕 거기 물려서 입맛을 잃게 만들어 놓는다.

이 시대의 풍조가 방자하다느니, 내가 당돌하게 플라톤의 《대화편》까지도 모독하며, 그 하고많은 훌륭한 말을 많이 가지고 이렇게 헛되게 도입부의 대화를 길게 뽑느라고 알맹이 내놓기를 질질 끌면서, 시간을 보내고 있다고 불평을 해도 용서될 일일까? 내가 무식한 탓으로 그의 문장의 아름다운 맛을 알아볼 수 없는 것이 더 용서될 일이다.

나는 대체로 학문을 응용하는 서적을 필요로 하지만 학문을 세워 놓는 서적을 요구하지는 않는다.
　처음에 말한 두 작가와 플리니우스와 그들과 같은 연배 작가들은 이 Hoc age(유의하라)를 쓰지 않는다. 그들은 이런 일에는 자기가 알아 온 자들과 상대하려고 한다. 혹 그들이 이런 문투를 쓴다면, 그것은 실체를 가진 Hoc age이며, 따로 자기 내용을 지닌 것이다.
　나는 또 서한집 《아티쿠스에게》(키케로의 작품)는 그것이 당대의 역사와 사건들을 풍부하게 알려 줄 뿐 아니라, 거기에서 작가의 개인적 기풍을 찾아볼 수 있기 때문에 즐겨 읽는다. 왜냐하면 나는 다른 데서도 말한 바와 같이, 이런 작가들의 마음과 그 순진한 판단을 알아보는 데 유별난 호기심을 가졌기 때문이다. 우리는 그들의 능력을 잘 판단해야 할 일이고, 그들이 세상에 내놓은 표현을 보고, 그들의 행동 습관과 그들을 판단할 것은 아니다. 나는 브루투스가 도덕에 관해서 쓴 저작이 소실된 것을 수백 번은 애석하게 여겼다. 왜냐하면 실천을 잘할 줄 아는 인물의 이론을 알아두는 것은 좋은 일이기 때문이다. 그러나 설교와 설교자는 같지 않은 만큼, 나는 브루투스를 플루타르크의 저서에서나 그 자신의 저서에서나 마찬가지로 읽어 보고 싶다. 나는 차라리 그가 전투한 다음 날 자기 군대에게 해 준 언행보다, 전투하기 전날 자기 천막 속에서 친한 친구 하나와 흉금을 털어놓고 하던 이야기를 알고 싶으며, 그가 자기 사무실이나 방에서 하던 일을, 그가 광장이나 원로원에서 하던 일보다 더 알고 싶다.
　키케로의 경우, 나는 그가 학문을 제외하고는 마음에 탁월한 점이 적었다고 보는 일반의 판단을 따른다. 그는 성질이 호탕하고 선량한 시민이었다. 그처럼 생긴 뚱뚱한 농담꾼들은 흔히 그렇다. 그러나 그가 마음이 허약하고 허영된 야심을 상당히 가졌다는 것은 진실이다. 그뿐더러 나는 그가 어떻게 자기 시를 세상에 발표할 만한 것으로 여겼는지 변명해 줄 것이 없다. 시구를 잘 못 짓는다는 것은 대단히 불미한 일은 아니다. 그러나 그의 시가 그의 이름의 영광과는 당치 않게 뒤떨어진다는 것을 느끼지 못했다는 것은, 그에게 판단력이 없었던 탓이다. 그의 웅변은 전혀 비겨 볼 거리가 없다. 그에게 대응할 사람은 결코 나오지 않으리라고 나는 생각한다.

소(小) 키케로는 이름 하나밖에 그 부친을 닮은 점이 없었고, 아시아에서 군지휘관이었다. 어느 날 그가 베푼 연회석에 여러 손님들이 참석했는데, 그중에 카에스티우스라는 자가 유력자들의 공적 연석에 잘 끼어드는 식으로 식탁의 말석에 앉아 있는 것을 보고, 키케로는 자기 부하 하나에게 그가 누구냐고 물어서 그의 이름을 알았다.

　그러나 생각이 딴 데 있어 대답하는 말을 잊어버리는 자가 그렇듯, 그는 다음에도 두서너 번 이것을 다시 물었다. 하인은 똑같은 말을 여러 번 되풀이하는 수고를 덜 겸, 전부터 그에게 알려 주려고 하던 터라, "이자는 자기 웅변에 비해서 대감님 조상대에서의 웅변이 대단할 것 없다고 말하는 것을 누군가 말씀 드린 바로 그 카에스티우스입니다"라고 말했다. 키케로는 여기에 분개해서 이 가련한 카에스티우스를 잡아들이게 명령하고, 자기 앞에서 실컷 매질하게 하고 "고약하게 공손한 손님이로군" 했다.

　모든 점을 참고해 보고, 그의 웅변을 비길 바 없는 것으로 평가한 사람들 속에서도 그의 웅변에 흠이 있는 것을 간과하지 않은 자들이 있었다. 그의 친구였던 저 위대한 브루투스도 그의 것을 '부서지고 허리 부러진' 웅변이라고 말한 것이다. 그의 세기와 가까운 시대의 웅변가들 또한 그가 문장의 끝에 붙이는 기다란 시가에 다는 운을 각별히 유의해서 집어넣는 버릇을 꼬집으며, esse videatur(그런 듯싶을 것이다)라는 말을 자주 쓰는 것을 지적했다. 나로서는 장단격으로 짧게 떨어지는 음절을 더 좋아한다. 그러나 그는 드물기는 하지만 음절의 수를 가끔 뒤섞는 일이 있다. 나는 그의 문장에, "나로서는 늙기 전에 늙는 것보다는 늙고 나서 오래 있지 않는 편이 낫다"(키케로)라는 말이 귀에 거슬렸다.

　역사가들은 내게는 입에 맞는 떡이다. 그들은 재미나고 평이하다. 그들은 또 인간의 내적 조건들의 잡다성과 진실성의 전부와 세부적인 것, 그가 총체로 가진 여러 방법의 다양성과 그를 위협하는 사건들, 즉 내가 알고 싶어 하는 인간 전체가 다른 어떤 데서보다도 여기서 더 생기 있게 나타난다. 그런데 인물들의 전기를 쓰는 자들은 그 인물들이 겪은 사건보다도 그 목적에, 또 외부에서 닥쳐오는 것보다도 그들 내부에서 나오는 것에 더 흥미를 갖기 때문에 플루타르크는 특히 나의 마음에 드는 작가이다. 나는 라에르티오스의 열두어 편이 우리에게 없으며,

그의 작품이 더 전파되지 않았고, 그를 이해하는 사람도 적은 것이 애석하다. 내가 이 세상의 위대한 스승들의 생애와 운명에는 그들의 잡다한 학설과 사상에 못지않게 흥미를 가졌기 때문이다.

이런 종류의 역사 연구에는 옛 것이건 현대의 것이건, 프랑스어로 되었건 잡다한 지방 사투리로 되었건, 모든 종류의 작가들을 들추어 보아서 그들이 사물을 각기 다르게 취급하는 방식을 알아 보아야 한다. 특히 카이사르는 단지 역사학뿐 아니라 그 자신을 위해서도 연구해 볼 가치가 있다고 생각한다. 살루스투스도 그런 축에 들지만 그만큼 그는 다른 자들보다 뛰어난 완벽함과 탁월함을 지녔다. 나는 다른 사람들이 딴 작품들을 읽는 것보다 더한 존경과 숭배를 품고 이 작가를 읽는다. 어느 때는 그의 행동과 위대성의 기적을 통하여 그 사람됨 자체를 고찰하며, 때로는 그의 순수하고도 비길 바 없이 연마된 문장을 탐하여 읽는다. 그의 문장은 키케로도 말하듯, 모든 역사가들의 것보다 탁월할뿐더러, 키케로의 것보다 더 나은 글이다. 그의 판단을 보건대, 그만한 성실성을 가지고 적을 말하면서 도리에 어그러지고 흉악한 야심의 그릇된 원칙과 더러운 동기를 감추려고 거짓을 써 나가는 것을 제외하고는 그 자신을 말함에 극히 인색했다는 사실 하나만으로도, 다시 살펴볼 가치가 있다고 생각한다. 그가 자기 글 속에서 말한 것보다 훨씬 더 풍부한 자기 고유의 능력을 사용한 것이 아니었다면, 그만큼 위대한 업적이 수행될 수 없는 일이었다.

나는 극히 소박한 작가이건 탁월한 작가이건 역사가들을 좋아한다. 소박한 역사가들은 자기 것을 거기 넣을 리가 없으며, 그들이 주목한 것을 부지런히 주워 모아서 모든 것을 선택이나 선별 없이 성실하게 기록해 주며, 진실을 알기 위한 판단은 전적으로 우리에게 맡긴다. 누구보다도 선량한 저 프로아사르가 그렇다. 그는 자기가 하고자 하는 것을 솔직하고 소박하게 수행해 나가며, 잘못 기록한 점은 인정하고 사람이 지적해 준 점을 정정하는 것을 조금도 두려워하지 않는다. 그리고 당시에 돌고 있던 잡다한 소문과 자기가 사람들에게서 보고받은 각기 다른 소식을 우리에게 알려 주고 있다. 그것은 정리가 안 된 적나라한 역사 재료이다. 각자는 자기 이해력이 미치는 대로 그것을 이용할 수 있다.

진실로 탁월한 역사가들은 알아 둘 만한 사실을 골라낼 능력을 가지고, 두 가지 보도 중에서 더 진실한 것을 선별할 수 있으며, 군주들의 사정이나 그들의 기분에 관해서 의향을 결론짓고 그들에게 맞는 말을 시키고 있다. 그들이 생각에 따라 우리의 신념을 조절하는 권한을 갖는 것도 옳다. 그러나 그것은 모든 작가들이 할 수 있는 일은 아니다.

 이 두 부류의 중간 것들은(이것이 가장 보통이지만) 모든 것을 벌여 놓는다. 그들은 우리가 씹을 것을 대신 씹어 준다. 그들은 판단할 권한을 자기가 가지며, 역사를 자기 생각대로 꾸며 나간다. 왜냐하면 판단이 한편으로 기울어지는 이상, 사람들은 이야기를 그편으로 굽혀서 돌리지 않을 수가 없기 때문이다. 그들은 알아 둘 만한 사실들을 골라내려고 기도한다. 그래서 우리가 사실을 더 잘 이해할 수 있을 어떤 언행이나 개인적 행동을 묵과해 버린다. 그들이 과감하게 웅변이나 사상을 전개하며, 자기 마음대로 판단하는 일은 좋다. 그러나 다음에 우리가 판단할 거리도 남겨놓아야 하며, 그 재료의 본디 모습을 단축하거나 선택해서 무엇이건 변경시키거나 정리해 놓는 일이 없이, 그 재료의 모든 범위를 순수하고 온전하게 남겨서 우리에게 넘겨주어야 할 일이다.

 대개 어느 때나, 특히 이 시대엔 속인들 중에 말 잘하는 점만을 고려해 사람을 선발해서 이 직책을 맡기는 수가 자주 일어난다. 마치 우리가 이것으로 문법을 배우려는 줄 아는 모양이다. 그들은 그것으로 급료를 받고, 말 잘하는 기능만을 상품으로 내놓는 것이니, 이 부분 말고는 다른 점에 별로 유의하지 않는 것도 그럴 만한 일이다. 그래서 그들은 아름다운 문장으로, 도시의 네거리에서 주워 모은 소문들을 아름답게 꾸며 요리해 내는 것이다.

 잘된 역사는 오로지 사건을 지휘하던 사람이나 거기에 참가하던 자의 손으로써 놓은 것들뿐이다. 적어도 그와 같은 종류의 다른 사건들을 우연히 지휘해 본 사람의 손으로 된 것이라야 한다. 그리스나 로마의 모든 역사들은 이러했다. 왜냐하면 목격한 여러 증인들이 같은 제목을 취급했기 때문에(마침 이 시대에는 위대성과 지식이 일반적으로 구비되었던 까닭에), 거기에 잘못이 있었다 해도 극히 경미한 것이 되지 않을 수 없었으며, 특히 의심스러운 사건에 관해서 그러했다. 의사가 전쟁에 관한 일을 다루거나, 학생이 군주들의 의도에 관한 것을 취급한다면 거기서 무슨 신통한 일을 기대할 수 있을 것인가? 로마인들이 이 점에 조심하던 바를 유의해 보고 싶으면, 이 예만 보아도 된다.

아시니우스 폴리오는 카이사르의 역사까지도 사실과 다르게 전해진 것이 있음을 발견했다. 그것은 카이사르가 그의 군대 전부를 살펴볼 수 없었기 때문에 개인들이 충분히 증명되지 않은 사실을 보고해 오는 경우, 그것을 그대로 믿었거나 또는 그가 없는 동안 부관들이 지휘하던 일에 관해서 세밀한 보고를 받지 못한 데서 일어난 일이었다. 우리는 이 예로 진리의 탐구가 얼마나 미묘한 것이며, 한 전투에서도 그것을 지휘한 자의 지시만을 믿을 수도 없고 병사들이 그들 옆에서 일어난 일을 말한 것을 그대로 믿을 수 없으며, 정당한 보고 방식으로 그 목격자들을 면대해 보고, 사건 하나하나의 상세한 증거에 관한 반발도 들어 보아야 한다는 것을 알 수 있다. 우리가 우리 일에 관해서 알 수 있는 지식도 확실한 것이 못 된다. 그러나 이 문제는 보뎅[3]이 충분히 취급했고, 그것은 내 의견과 일치한다.

나는 잘못 기억하거나 제대로 기억하지 못하는 일이 너무 많아서 몇 해 전에 정독하고 써놓기까지 한 책을 내가 모르는 새로 나온 책이라고 다시 들추어 보는 일이 여러 번 있었다. 그 때문에 나는 얼마 전부터(내가 한 번밖에 쓰지 않으려는 것은) 책마다 끝에 다 읽은 날짜를 기록하고, 적어도 그것을 읽으며 그 작가에 관해서 내가 품은 일반적 관념과 모습을 상상해 보고, 거기서 대강 끌어낸 판단을 적어 넣는 습관을 들였다. 나는 여기에 이런 주석 몇 가지를 적어 보련다.

내가 약 10년 전에 긱쟈르디니의 저서에 적어 둔 것이 여기 있다(작품은 어느 나라 말로 되었건, 나는 거기에다 우리 말로 적는다).

"그는 부지런한 역사 기록자이며, 내 생각으로는 그에게서 다른 어느 누구에게서만큼이나 정확하게 그 시대에 일어난 일의 진실을 알 수 있다. 그런 만큼 그는 대부분의 사건들 중에 그 자신이 상당한 지위를 가지고 역할을 맡아 참여했다. 그에게는 증오심이나 호감이나 허영심으로 사건을 왜곡한 모습은 보이지 않는다. 그가 세력가들, 특히 그에게 직책을 맡겨 출세시킨 교황 클레멘스 7세 같은 분에 관해서 내리는 판단을 보아도 그의 말은 믿을 만하다. 그가 가장 가치 있다고 보

---

3) Bodin(1530~1596). 프랑스의 정치·사상가.

이려 한 부분을 말하면 그의 생각을 진술하는 잡담인데, 거기에는 아름답고 재기가 풍부한 좋은 부분들이 있다. 그러나 그는 그런 일들을 지나치게 즐겼다. 왜냐하면 그의 소재는 풍부하고 충만하며 거의 무진장한데, 말해야 할 것을 하나도 빼놓지 않고 말하려다가 좀 지루해지며, 다소 스콜라 학파의 쓸데없이 늘어놓은 말이 느껴지기 때문이다.

또 내가 느끼기에, 그가 많은 사람과 사실을 판단해 나갈 때 그렇게 많은 동태와 의견들 중에서, 마치 이런 부분들이 세상에서 사라진 것처럼 어느 것도 결코 도덕이나 종교나 양심에 관련시키지는 않는다. 그리고 모든 행동 중에서 그 자체로는 아무리 좋게 보이더라도 그 원인을 어떤 악덕이라든가 이익을 취하는 동기로 돌려 버린다. 그가 판단하는 이 수없이 많은 행동 중에서, 이성의 길로 이루어진 행동이란 단 하나도 없다는 것을 상상해 볼 수 없는 일이다. 어떠한 부패도, 어느 누구도 그 전염을 면치 못할 정도로 사람들을 쓸어 갈 수는 없다. 나는 그의 취미에 악덕이 좀 섞여 있지나 않은가, 그가 자기 마음으로 남의 일을 짐작해 간 것이 아닌가 두려워한다."

그리고 필립 드 코민의 회고록에는 이렇게 적혀 있다.

"그대들은 여기에서 부드럽고 유쾌하며 솔직 담백한 문장을 발견할 것이다. 거기엔 순수한 진술법과 작가의 진실한 마음이 고스란히 빛나고 있으며, 자기를 말하려는 허영도, 다른 사람을 말하는 데 있어 편파성이나 시기심도 없다. 그의 사상과 교훈은 미묘한 능력을 지닌 것도 아니고, 진심의 열성과 진실이 수반되며, 모든 점에서 권위와 신중함, 정직성을 가졌고, 출신이 좋으며 큰 사업을 할 인물로 성장한 됨됨이를 드러내 보인다."

뒤 벨레 경의 《비망록》에는 이렇게 적혀 있다.

"일을 어떻게 처리해야 할 것인가를 경험해 본 자가 쓴 것은 언제 읽어도 재미있다. 그러나 여기에 나오는 두 영감들에게서는 성(聖) 루이왕의 신하 조앵 빌르경이나 샤를마뉴 대왕의 재상인 에지나르, 더 새로운 기억으로 필립 드 코민 등, 같은 계급에 속하는 옛사람들의 빛나는 문장의 자유로움과 솔직성이 크게 부족하다는 것은 부인할 수 없다. 여기 나온 것은 역사라기보다는 차라리 카를 5세에 대한 프랑수아왕의 변호이다. 나는 그가 사실의 큰 덩어리를 변경했다고는 생각하고 싶지 않다. 그러나 이치에 닿지 않게 우리나라에 유리하게 사실을 왜곡하며, 왕의 생애 중에 좀 거북스러운 일은 모두 제거해 버리는 것이 그들의 버릇이다. 그 증거로 여기엔 드 몽모랑시 경과 드 브리옹 경의 총애를 잃은 사실이 감추어졌고, 데스탕프 부인에 관한 일 역시 이름도 비치지 않는다.

비밀 행동은 감춰 두어도 좋지만, 사람들이 다 알고 있는 것과 공적으로 중대한 결과를 가져온 사실들에 관해서 말하지 않는 것은 용서할 수 없는 결함이다. 결국 프랑수아 왕과 그의 시대에 일어난 일에 관한 완전한 지식을 얻기 위해서는, 다른 곳을 찾아보아야 한다. 여기서 얻을 수 있는 소득은 이런 귀인들이 나가 본 전투와 전쟁의 공로에 관한 특수한 전술에 있다. 그들 시대 귀공자들의 사사로운 행동과 말, 드 랑제 대감의 지휘 아래 이루어진 교섭과 협상 등에는 알아볼 만한 사건들과 속되지 않은 사상들이 가득차 있다."

11
잔인성에 대하여

내 생각으로는, 도덕은 우리 속에 생겨나는 선의 성향보다는 좀 더 고상한 것으로 보인다. 태어나기를 잘하고 그 자체로 조절된 심령들은 도덕적인 심령들과 같은 방향을 좇고 그들의 행동에도 같은 모습을 나타낸다. 그러나 도덕은 다행스러운 한 기질로 안온하고도 평화롭게 이성에 따라 지도되는 것보다는, 더 위대하고 행동적인 것으로 보인다. 천성이 상냥하고 순해서 모욕을 당해도 웃고 마는 사람은 대단히 아름답고 칭찬받을 만한 일을 행할 것이다. 그러나 모욕을 받으면 타고난 본성이 왈칵 치밀어올라 격노하는 경우, 복수하고 싶은 맹렬한 의욕에 맞서 이성의 무기로 무장하고 심한 내적 투쟁을 거쳐 자기를 억제하는 일은, 확실히 그보다 더 대단하다. 전자는 잘 행하는 일이며, 후자는 도덕적으로 행하는 일일 것이다. 한편의 행동은 선행이라고 볼 것이고, 또 하나는 도덕이라고 볼 것이다. 왜냐하면 도덕이라는 이름은 미리 어려움과 반대를 예상케 하며 대항 없이 행사될 수 없는 것으로 보이기 때문이다. 우리는 아마도 그 때문에 하느님을 착하고 참하며 너그럽고 정의롭다고 부르지만, 그렇다고 그를 도덕적이라고는 부르지 않는다. 그의 행동은 자연스럽고 노력이 없는 것이다.

철학자들은 스토아학파들뿐 아니라 에피쿠로스학파들도(나는 세상 사람들의 의견을 빌리지만 이 차이는 누가 아르케실라오스에게, 사람들이 그 학파에서 에피쿠로스의 학파로는 넘어오지만) 거꾸로는 하지 않는다고 그를 책하자, 그는 "그렇구 말구. 수탉이 거세한 닭은 될 수 있지만, 거세한 닭이 결코 수탉은 되지 못한다"고 말했다. 이것이 묘한 대꾸이긴 하여도 그것은 잘못된 말이다. 왜냐하면 사실 사상과 교훈의 견고하고 엄격한 면에서는 에피쿠로스학파가 결코 스토아학파에 뒤지지 않기 때문이다.

한 스토아 학자는, 토론객들이 에피쿠로스를 공격하며 그의 논법에 대해서 윗수를 쓰려고, 그가 생각하지도 않은 말을 시켜 놓고 그의 말을 잡아 비틀며 문법상의 규칙을 써서 그가 말하는 방식과는 다른 의미로, 또 그가 마음과 행동 습관에 가지고 있는 것 중에 그들이 알고 있는 신념과는 다른 신념으로 만들어, 따지고 있는 것보다 더 성실한 태도를 보이며, 무엇보다 에피쿠로스학파의 길이 너무 고매하여 여간해서 도달할 수 없는 길이라고 보고, 자기는 이 학파가 될 생각을 포기했다고 말한다.

그리고 탐락의 기호자로 불리는 자들은 사실 "미의 기호자요 정의의 기호자들이며, 모두가 도덕을 애중하고 실천한다."(키케로) 되풀이해서 말하지만, 이 스토아학파와 에피쿠로스학파의 철학자들 중에는, 마음을 도덕에 맞게 잘 조절하여 착한 상태로 두는 것만으로는 충분하지 않다고 판단하는 자들이 많다. 그들은 결심과 사상을 모든 외적 운의 힘을 초월해서 갖는 것만으로 만족하지 않고, 그보다도 그것을 시련해 볼 수 있는 기회를 찾아야 한다고 판단한다. 그들은 고통과 궁핍과 경멸을 싸워 이기며, 그들의 심령을 긴장시키기 위해 이런 것을 찾아 가지려고 한다. "도덕은 투쟁 속에서 크게 성장한다."(세네카)

이것은 그들과는 다른 학파인 에파미논다스가 지극히 합법적으로 운이 그의 손에 쥐어 주는 재물도 거절해 가며, 빈궁과 싸워 나가야 한다고 말하고, 항상 극도의 궁핍 생활을 지켜 가던 이유 가운데 하나이다. 소크라테스는 흉악한 아내를 참아 내는 고역으로, 그보다 더 심한 시련을 받은 것으로 보인다. 그것은 새파랗게 날선 칼만큼 독한 시련이다.

메텔루스는 로마의 원로원 의원들 중 홀로, 로마의 호민관 사투르니누스가 모든 힘을 다해서 평민들에게 유리한 법률을 부정당하게 통과시키려는 포악한 처사에 대항하려고 시도했다. 그러나 결국 이 법을 거절하는 자들에게 사투르니누스가 내리는 극형을 받게 되자, 곤경에 빠져서 자기를 사형장으로 끌고 가는 자들에게 말하기를 "나쁜 일을 하기란 얼마나 쉽고 비열하며, 아무 위험도 없는 곳에서 착한 일을 하기란 얼마나 속된 일인가. 그러나 위험이 있는 곳에서 착한 일을 하기는 도덕군자가 마땅히 할 일이로다"라고 했다.

메텔루스의 이 말은 내가 증명하려는 바를 명료하게 보여 준다. 즉, 도덕은 쉬운 일을 동무 삼기를 거절하는 것이며, 착한 마음의 성향으로 조절된 걸음을 인도하는 평탄하고 경사진 길은 진실한 도덕의 길이 아니라는 것을 의미한다.

도덕은 거칠고 가시덤불진 길을 찾는다. 도덕은 그것이 싸워 나갈 거리로, 메텔루스의 경우와 같이 그 꿋꿋한 행진을 좌절시키려고 운이 즐겨 가져 오는 외부적인 시련이거나 우리 본성의 무질서한 욕망과 불완전성이 가져오는 내면적인 시련을 가지려고 한다.

나는 힘 들이지 않고 여기까지 말해 왔다. 그러나 이런 잡념 끝에, 바로 내가 알고 있는 것 중에서 가장 완벽한 소크라테스의 마음은, 그다지 남에게 권장할 것이 못 된다. 왜냐하면 이 인물에 대해서는 악덕에서 나오는 욕망과 싸우는 어떤 노력도 상상해 볼 수 없기 때문이다. 그의 도덕적인 길 앞에는 아무런 어려움도, 아무런 강제도 상상해 볼 수 없다. 그의 이성은 너무나 강력하며 자기 자신을 잘 제어하고 있기 때문에 결코 나쁜 욕망이 나올 여지를 주지 않는다. 그와 같은 높은 도덕에 있어서는, 그의 앞에 세워 놓을 자를 찾아볼 수가 없다. 이 도덕은 환영식을 거행하여 태평스럽게 행진하는 것 같다.

만일 도덕이 그 반대되는 욕망과 투쟁에서밖에는 빛날 수 없는 것이라면, 도덕은 악덕의 도움을 받지 않고는 해 나갈 수 없는 일이며, 악덕 때문에 영광과 신용을 얻고 있는 점에서 악덕의 덕을 보고 있다고 말해야만 할 일인가? 그러면 저 용감하고 호방한 에피쿠로스학파의 탐락이 도덕을 무릎 위에서 말랑하게 키우며 재롱 피우게 하고, 도덕에게 수치, 열병, 빈궁, 죽음, 지옥의 고초 따위를 노리갯감 삼아 주고 있는 것은 어떻게 말할 일인가? 완벽한 도덕이 고충과 싸우며 참을성 있게 견디고, 통증의 고통도 제자리에서 움직이지 않고 참아 내는 것임을 미리 예상하는 것이라면, 내가 도덕에게 그 필요한 대상으로 몹시 힘들고 어려운 처지와 고난을 지정해 주는 것이라면, 마치 에피쿠로스학파가 세워 놓고 그들 중의 많은 자들이 행동으로 아주 확실한 증거를 남겨 준 바와 같이 그렇게 높이 올라가서 고통을 경멸할 뿐 아니라 그것을 즐기며, 심한 담석증의 통증도 간지러움으로 느낄 정도에 이르는 것이라면, 이 도덕은 어떻게 될 것인가? 그것은 마치 내가 보는 바의 행동으로 그들의 훈련 규칙에 넘치는 일을 하고 있는 다른 많은 사람들이 가지고 있는 도덕과 같은 것이다.

소(小) 카토가 바로 그 증인이다. 그가 자기 내장을 찢어 흩뜯으며 죽어 가는 것을 보면, 나는 그가 그저 마음에 동요와 공포가 전혀 없었다고는 생각할 수 없으며, 이 행동에서 그가 태연자약하고 아무런 감정도 없이 냉철하게, 단지 스토아학파가 그에게 명령하는 규칙을 준수하고 있었다고만도 생각할 수는 없다. 그것만으로 멈추기에는 이 인물의 도덕에는 너무나 많은 쾌활성과 기백이 있었다. 의심할 바 없이 그는 이렇게도 고상한 행동에 쾌감과 탐락을 느꼈으며, 그 생애의 다른 어떤 행동보다도 더 이를 즐겼으리라고 믿는다. "그는 자기에게 죽음을 주는 동기를 발견함에 행복하여 인생을 하직했다."(키케로)

나는 그의 도덕이 너무나 높아서, 그가 이런 훌륭한 행적을 세울 기회를 빼앗기고 싶어 했으리라고 하는 데는 의심을 품는다. 그리고 자기 이익보다도 공공의 이익을 더 옹호할 정도로 착한 그의 마음이 내 심정을 억제하지 않았던들, 나는 악한이 그의 도덕심에 이런 아름다운 시련을 과해 주려고 자기 조국의 옛날 자유를 발밑에 짓밟아 버리게 한 운명의 신에게 감사하고 있었다고 생각하기도 쉬웠을 것이다. 그가 기도하는 높고 고상함을 생각해 볼 때, 이 행동 속에 무엇인지 모르는 마음의 즐거움과 비상한 쾌감, 남성적 탐락에서 오는 감격을 품었던 것을 알아볼 수 있을 것 같다.

죽기로 결심한 만큼 더욱 기개가 높도다.   (호라티우스)

그것은 어떤 사람들의 범상하고 나약한 판단과 같이 영광을 바라고 하는 것은 아니다. 이런 생각이 그만큼 호탕하고 고매하며 강직한 마음을 감동시키기에는 너무나 천한 심정이기 때문이다. 반대로 이 거사가 그 자체로써 아름다운 까닭에 하는 일이다. 우리가 감히 할 수 없는 방편을 구사하고 있는 그는, 이 행적의 아름다움을 훨씬 더 잘 살피고 완벽한 상태로 내다보았던 것이다.

철학은, 이렇게도 아름다운 행동이 카토 아닌 다른 사람의 생애에 있었더라면 맞지 않았을 것이고, 그의 생애만이 이러한 종말을 가질 수 있었다고 판단하는 기쁨을 내게 주었다. 그렇지만 그는 이성을 좇아서 그의 뒤를 따르려는 그의 아들과 가족들, 그리고 원로원 의원들에게는 달리 행동하라고 명령했다. "카토는 그 천성으로 쉬이 남을 믿지 않는 신중한 성향을 가졌고, 또 굳은 절개와 지조로 그의 성격을 강직히 하며 항상 자기주의를 견지하고 있었으므로, 그는 폭군의 지배를 좌시하기보다는 차라리 죽음을 택해야만 했다."(키케로)

모든 죽음은 당사자의 인생에 상응해야만 한다. 죽을 때 사람이 다르게 되는 수는 없다. 나는 항상 그 생애를 보고 그 죽음을 해석한다. 그리고 물러 빠진 생애에 결부된 강렬한 죽음의 이야기를 들으면, 나는 그것이 그 생애에 맞는 약한 원인에서 온 것으로 해석한다.

그러면 그의 죽음이 이렇게도 쉬웠고, 그의 심령의 기백으로 이 일이 그렇게도 쉬워졌다는 것은, 어느 점에서 그의 도덕의 눈부신 빛에 손상을 끼치는 일이라고 말해야 할 것인가? 그리고 두뇌가 다소라도 철학으로 물든 자라면, 소크라테스가 처단을 받아 쇠사슬에 얽매여 투옥당한 사건에서, 그가 공포와 정신적 타격을 받은 일이 없었다고 생각한 것만으로 만족할 수 있을 것인가? 그에게는 확고한 신념과 지조뿐 아니라(이런 것은 그에게는 예사로운 일이었다), 그 밖에도 무엇인지 모르는 새로운 만족과 유쾌한 즐거움이 그의 마지막 말과 태도에 있었음을 누가 알아보지 못할 것인가? 쇠사슬이 벗겨졌을 때 자기 다리를 긁으며 느끼는 쾌감으로 부르르 떨며, 지난날의 모든 고통스러운 고생을 벗어던지고 장차 오려는 일을 알게 된다는 것만으로도 그의 마음은 한결같이 상냥한 기쁨을 내보이는 것이 아닌가? 카토는 나를 용서해 주기 바란다. 그의 죽음은 더 비극적이며 긴장된 것이었다. 그러나 소크라테스의 죽음은 어째서인지 모르지만 한층 더 아름답다.

아리스티포스는 이 사건을 슬퍼하는 자들을 보고, "신들이 내게 이런 운을 보내 주었으면 얼마나 좋았을까!" 하고 말했다.

이 두 인물과 그들의 모방자들(나는 이와 같은 자들이 또 있으리라는 것이 매우 의심스럽기 때문이다)의 마음에는 도덕을 행하는 일이 완전한 습관이 되어, 그들의 체질이 되어 버린 것이다. 그것은 이미 힘들여 얻은 도덕도 아니고, 이성에 의해 조절되며 그것을 유지하기에 심령을 경직시켜야 할 도덕도 아니다. 그것은 바로 그들 심령의 본질이다. 그것은 자연스러운 걸음이다. 철학적 교훈의 오랜 훈련이 아름답고 풍부한 천성을 가꾸어서, 그들 심령을 그렇게 만든 것이다. 우리의 마음속에서 나오는 악덕스러운 정열은 그들에게는 들어갈 구멍이 없어서 동요시키지도 못한다. 그들 심령의 강직한 힘은 이런 죄악스러운 욕망이 꿈틀거리기 시작하면, 바로 질식시켜 꺼 버린다.

그런데 한 고매하고 거룩한 결심으로 유혹이 발생하는 것을 방지하며, 악덕의 씨앗 자체가 뿌리 뽑히도록 도덕으로 자신을 가꾸는 것이, 악덕의 진전을 억지로 힘들여서 방지하며 나쁜 정열의 첫 번째 충격에 사로잡혔다가 그 진행을 정지시키려고 자기를 무장하고 긴장시켜서 악덕을 극복해 가는 것보다 더 아름답다. 그리고 이 둘째 것의 효과가 단지 안이하고 호탕한 천성으로 자기 자신이 방탕과 악덕이 싫어서 하지 않는 것보다 훨씬 더 낫다는 것에는 의문이 간다고 생각되지 않는다. 왜냐하면 이 셋째 번의 마지막 태도는 한 인간을 순진하게는 하지만 도덕적으로 만들지는 않는 것으로 보인다.

나쁜 짓을 할 수는 없으나 그렇다고 착한 일을 하기에 적합한 것도 아니다. 그리고 그 조건은 불완전하고 허약한 성격에 가까워서 그 한계를 어떻게 밝히고 식별해야 할 것인지 나는 모른다. 착함, 순진함 등의 이름이 그렇다고 경멸할 이름이 되는 것은 결코 아니다. 나는 정숙, 수수함, 절제 등 여러 가지 도덕이 육체가 쇠퇴함에 따라서 우리에게 올 수도 있음을 본다. 위험에 대한 견고성(이것을 견고성이라고 부를 수 있다면), 죽음에 대한 경멸, 불행에 대한 인내 등은, 이런 사태를 잘 판단하지 못하고 그 일을 사실 그대로 받아들이기 때문에 갖는 수도 있다. 이해력이 결정되고 우둔하기 때문에 도덕적인 행동을 본뜰 수도 더러 있다. 그래서 사람들은 책망받아야 할 일을 가지고 칭찬받는 경우를 자주 보아 왔다.

한 이탈리아 귀인이 내 앞에서 자기 나라에 불리한 말을 했다. 즉, 이탈리아인들은 약은 재주와 민첩한 사고력을 가지고 그들에게 일어날 수 있는 위험한 사건들을 너무 미리 앞질러 예측하기 때문에, 전쟁터에 나가서 진짜 위험이 닥쳐오기도 전에 자기 안전책을 찾는 꼴을 보인다 해도 이상할 것이 없다는 말이었다. 그리고 우리와 스페인인들은 그렇게 약삭빠르지를 못하기 때문에 더 과하게 나가는 것이며, 위험한 경지를 눈으로 보고 손으로 만지고 나서야만 그것에 놀라며, 그때부터는 우리도 역시 침착한 태도를 지키지 못한다고 한다. 독일인과 스위스인은 더 천하고 둔중해서 자기 처지를 따져 볼 자각도 갖지 못하고, 적의 공격에 쓰러졌을 때에야 겨우 일이 진행되는 형세를 알아차릴까 말까 하다는 것이다. 이것은 아마도 우스갯소리에 불과하리라. 그렇지만 전쟁에서 풋내기들이 위험한 지경이나 아무 잘못 없는 숫자에 몸을 던지며 큰 코를 다친 다음에야 그만두는 것은 사실이다.

> 최초의 전투에서
> 아직 경험하지 못한 영광의 갈망과 첫 번째 승리의 희망에
> 유혹되어 무슨 짓이라도 할 수 있음을
> 모르는 바 아니다.　　　　　　　　　　　　　(베르길리우스)

그 때문에 특수한 행동에 관해서 판단할 때는, 그것을 정의하기 전에 여러 사정과 그것을 행한 자의 인간됨을 고찰해 보아야 한다.

내 자신에 대해서도 한마디 할 일이다. 친구들은 가끔 나를 보고 운이 좋아 된 일을 조심성으로 한 일이라고 생각하고, 내가 사색과 판단으로 한 일을 용기와 인내성으로 이루었다고 생각하며, 때로는 내게 유리하게 때로는 불리하게 나와는 다른 판단을 하는 것을 보았다. 그런데 나로 말하면, 도덕이 습관이 되는 첫째 번의 완벽한 단계에 이르기에는 너무 부족하고, 둘째 번에 이른 것도 아무런 증거가 없다. 나는 어떤 욕망에 몰렸을 때에 그것을 억제해 보려고 큰 노력을 들인 일이 없다. 내 도덕은 도덕이랄까, 더 잘 말하자면, 바라지도 않고 우연히 얻은 순진성이다. 만일 내가 더 무절제한 기질을 타고났더라면 내 행실은 비참하

게 되었을지도 모른다. 나는 간혹 격심한 정열을 경험해 보았다 해도, 그것을 극복하기 위해서 내 마음을 굳게 가지려고 노력해 본 일이 없었다.

나는 마음속에서 싸우고 토론해 보는 소질을 가꿀 줄을 모른다. 그래서 내가 여러 가지 악덕을 갖지 않았다고 해서, 자신에게 크게 고마워할 거리도 없다.

> 만일 내 천성이 대체로 착하고
> 아름다운 육체가 작은 오점을 보일 수 있듯
> 내게 대단치 않은 소수의 결함밖에 갖지 않았던들. (호라티우스)

나는 그것을 내 이성에서보다 운에서 얻은 것이다. 나는 성실하기로 유명한 혈통을 받아서 대단히 선량한 부친에게서 출생했다. 나는 그의 기질 일부가 내게 흘러내려왔는지, 가정 생활의 본보기와 소년 시절의 훌륭한 교육의 도움을 부지불식간에 받았는지, 내가 달리 이렇게 출생한 것으로 되어 있는지 모른다.

> 내가 천칭자리의 신비한 징조 밑에 출생했건
> 돌아오를 때의 눈빛 매서운 전갈자리
> 밑에 나왔건 또는 헤스페리아의 바다에
> 폭군으로 임하는 염소자리 밑에 나왔건. (호라티우스)

어떻든 나는 자신이 악덕과 관계되는 것을 지극히 꺼린다. 누가 최선의 수양 방법을 안티스테네스에게 물어보았을 때, 그가 대답한 '악덕을 배우지 말라'는 말은 내 모습을 정의하는 것 같다.

나는 이런 악덕을 크게 싫어하기 때문에, 어떠한 상황에서도 내가 아주 어릴 때부터 받아 지녀온 이 본능과 인상을 변질시키는 일 없이 이제껏 보존해 왔다고 생각한다. 진실로 세상에 늘 있는 방식으로 풀어 놓으면, 타고난 경향 때문에 내 행동을 혐오하고 피하는 방향으로 쉽사리 탈선시켰을 내 고유의 사상도, 이 성품을 버려 놓지는 못했다.

이것은 괴상한 말이지만, 어떻든 말하겠다. 나는 여기서 여러 일은 두고 보건대, 내 사상보다 행동 습관에 더 제약과 질서가 있고, 내 이성보다도 내 정욕이 덜 방탕한 것을 본다.

아리스티포스는 탐락과 물욕에 관해서 너무 과감한 주장을 했기 때문에, 철학 전체의 공격을 한몸에 받았다. 그러나 그의 행동 습관을 보면 폭군 디오니시우스가 세 명의 예쁜 여자를 그에게 제공하고, 그중에서 하나만 선택하라 하자 그는 그 셋을 모두 갖겠다고 하며, 파리스가 세 여신들 중에서 하나만 고른 것은 잘못이었다고 대답했다. 그런데 그녀들을 자기 집으로 데려가서는 건드려 보지도 않고 돌려보냈다. 그의 하인이 돈을 잔뜩 짊어지고 그의 뒤를 따르자, 하인에게 귀찮은 것을 쏟아 내던지라고 명령했다.

비종교적이고 나약한 학설을 가졌던 에피쿠로스는 한평생 대단히 경건하고 근면하게 살아갔다. 그는 자기 친구에게 자기는 마른 빵과 물만 마시며 산다고 말하고, 성찬을 베풀 때 쓰겠으니 치즈를 좀 보내 달라고 청했다. 글쎄, 완전히 착하기 위해서는 법도 이치도 본보기도 가질 것 없이, 비밀스러운, 타고난 보편적인 소질이 있어야 한다는 것은 사실일까? 하다 보니, 내가 쏠려 들었던 방종성은 고마운 일로 최악의 축에는 들지 않는다. 나는 내게 그런 일이 있으면 마땅히 해야 할 정도로 자신을 책망했다. 그런 것 때문에 내 판단력까지 나쁘게 바뀌지는 않았던 것이다. 그 반대로, 나는 다른 사람보다 자신의 잘못을 더 엄격하게 문책한다.

그러나 그뿐이다. 이런 수작을 조절하거나 다른 악덕이 섞여 드는 것을 막는 일 외에는, 나는 저항하지도 않으며 저울대의 다른 편으로 잘 기울어지는 것이다. 이 악덕들은 그냥 두면 대부분이 서로 얽히며 서로 끌고 들어간다. 내 악덕들은 내 힘이 닿는 한 외떨어져 단순해지도록 단절시키고 압축시켜 놓는다.

　　나는 더 이상은 내 잘못을 사랑하지 않는다.　　(유베날리스)

왜냐하면 스토아학파들에 의하면, 현자는 행동할 때 그 행동의 성실에 따라 한층 더 드러나는 도덕이 있다 해도 모든 도덕을 합쳐서 행하는 것이라고 말하는데(여기서는 어느 점에서는 사람의 신체와 닮은 작용이 있는 것을 볼 수 있다. 그것은 노여움의 작용이 아무리 우세하다 해도 우리 기분 전체가 그것을 거들지 않으면 되지 않는 식이다), 만일 여기서 그들이 한 범죄자가 어떤 잘못을 범할 때 그는 모든 악덕을 합쳐서 범한다는 식의 결론을 끌어내리려고 하는 것이라면, 나는 그들을 그대로 단순하게 믿어 주지 않거나 내가 그들을 이해하지 못한다. 왜냐하면 나는 결과적으로 그와는 반대라고 느끼기 때문이다. 이런 것은 철학이 이따금 구애받는 날카롭고도 실속 없는 교묘한 말이다.

나는 어떤 악덕은 탐한다. 그러나 어떤 악덕은 성자에 못지않게 피한다. 그뿐더러 페리파트 학파(아리스토텔레스 파)들은 이러한 풀릴 수 없는 연결과 융합을 부인한다. 그리고 아리스토텔레스는 현명하고 정의로운 인간도 무절제하고 음탕하고 난잡할 수 있다고 생각한다.

소크라테스는 누가 그의 인상에 악덕의 경향이 있다고 말하자 고백하기를, 사실은 그것이 자기가 타고난 천성이었으나 수양의 힘으로 교정했다고 대답했다. 철학자 스틸폰의 친지들은, 그는 술과 여자를 탐하는 성질을 타고났으나, 수련의 힘으로 둘 다 절제하게 되었다고 했다.

내가 가진 착한 점이라는 것은, 그와는 반대로 타고난 장점에서 얻은 것이다. 나는 그것을 법이나 수양이나 다른 훈련에서 얻지는 않았다. 내게 있는 순진성은 타고난 순진성이다. 활기가 적고 기교가 없다.

나는 다른 악덕들 중에도 내 천성으로, 그리고 내 판단으로 잔인성을 모든 악덕 가운데 극악한 것으로 지독하게 혐오하고 피한다. 그러나 나는 너무 심약해서, 수탉의 목을 비트는 것조차 불쾌감 없이는 보지 못한다. 또 사냥은 아주 좋아하지만 사냥개에 물린 토끼의 비명을 듣는 것은 참지 못한다.

탐락과 싸우려는 자들은 그것이 모두 악덕스럽고 부조리하다는 것을 보이기 위해서 이런 논법을 잘 본다. 즉, 악덕이 가장 큰 노력을 할 때는 이성이 거기에 도달할 수 없을 정도로 우리를 제압한다고 하며, 여자와 육체관계를 맺을 때 우리가 느끼는 그 경험을 끌어서 말한다.

    육체는 쾌락을 재촉하고
    비너스가 여자의 밭에 파종하려고 할 때   (루크레티우스)

그때 쾌락은 우리를 너무 심하게 혼미시켜 버리기 때문에, 우리의 사고력은 그 힘을 상실하고 완전히 탐락 속에 오그라들어 정신을 잃고 마는 경우가 많다.

나는 일이 다르게도 될 수 있으며, 사람은 때로는 자기가 원하면 바로 그 순간에 다른 생각을 할 수 있다는 것을 안다. 그러나 이 마음이란 긴장시켜서 경계심으로 굳게 다져야 한다. 나는 사람들이 이 쾌락의 충격을 억제할 수 있음을 안다. 그리고 나보다도 더 품행이 단정한 많은 사람들이 흔히 증언한 바와 같이, 나는 비너스를 강압적인 여신이라고는 보지 않았다. 나는 나바르 여왕이 《일곱 밤 이야기》의 하나에서 말하듯(이 작품은 그런 제재로는 묘하게 꾸며진 것이다), 한 남자가 오래 갈망해 오던 애인과 며칠 밤을 보내는데, 모든 기회와 자유를 가지고 함께 지내며 단지 키스와 접촉만으로 만족하라는 약속의 신의를 지켰다는 것을 기적 같은 일이라고도, 너무나 어려운 일이라고도 생각하지 않는다.

나는 사냥을 할 경우가 이 예에 더 들어맞는다고 생각한다(여기서 얻는 탐락은 적은 대신, 뜻밖에 부딪히는 황홀감은 더 강하게 이성을 압도하여, 사람에게 마음을 가다듬을 여가를 주지 않는다). 오래 짐승을 찾아 돌아다니다가, 도무지 이런 곳에 있으리라고는 생각되지 않는 곳에서 툭 튀어나오는 때 말이다. 이런 때 충격을 받아 고함지르는 순간의 흥분은 너무나 강렬해서, 이런 경우 사냥을 즐기는 자가 생각을 다른 방향으로 돌리기는 쉽지 않다. 그래서 시인들은 디아나(수렵의 여신)를 큐피드(사랑의 신)의 횃불과 화살촉에 승리하게 하는 것이다.

> 이 환락의 절정에서 사람의 고뇌를
> 잊지 않을 자 누구인가? (호라티우스)

내 이야기로 돌아오자. 나는 다른 사람의 쓰라린 사정에는 깊이 동정한다. 그리고 어떠한 경우라도 내가 울 수만 있다면 같이 따라 울어 줄 것이다. 눈물만큼 내 눈물을 끄는 것은 없다. 진짜뿐 아니라 가짜건 꾸민 것이건 마찬가지이다. 죽은 자들은 가련할 것도 없다. 오히려 부러워진다.

그러나 죽어 가는 자들은 아주 가련해 보인다. 야만인들이 죽은 사람의 고기를 구워 먹는다는 것은 살아 있는 사람을 괴롭히고 박해하는 자들 만큼은 내 기분을 거스르지 않는다. 법을 집행하는 경우라도, 그것이 아무리 정당한 일이라도 나는 눈을 똑바로 뜨고는 그것을 쳐다보지 못한다.

어떤 사람은 카이사르의 마음이 너그러움을 증명하려고, "그는 복수하는 데도 너그럽다. 전에 자기를 사로잡아 몸값을 받아간 해적들을 항복시키고 나서, 미리 그들을 십자형에 처하겠다고 위협해 놓았기 때문에 그대로 형을 내렸으나, 먼저 목매어 죽이고 나서 집행한 것이다. 그의 비서 필로몬이 그를 독살하려고 한 사건에서는, 그를 단순한 사형에 처하는 것 이상으로 가혹한 처분을 하지는 않았다"고 했다. 이렇게 너그러운 마음을 증명하기 위해서 자기를 해치려 한 자를 죽이기만 했다는 이야기를 감히 끌어 대는 이 라틴 작가(수에토니우스)가 누구인가는 굳이 말할 필요도 없다. 그러나 로마의 폭군들이 항상 내리던 형벌이 너무나 굴욕적이고 끔찍스럽게 잔인했는지, 두 눈으로 보고 그가 얼마나 뼈저리게 그 고통을 느꼈던가는 가히 짐작할 수 있다.

나는 법 집행에도 역시 단순한 죽음에서 넘치는 일은 그저 잔인한 것이라고 본다. 그뿐더러 죽은 자들의 영혼을 좋은 상태로 저승에 보내 주어야 할 우리로서는 더욱 그렇다. 그들에게 참아 낼 수 없는 고통스러운 형벌을 가해서 충격을 주고 절망시킨 다음 죽게 한다는 것은 말도 안 된다.

일전에 포로가 된 한 병사가 갇혀 있던 탑에서 아래 광장에 대목들이 형틀을 세우기 시작하고 사람들이 구경하러 모여드는 것을 내려다보고, 그것이 자기를 위해 세워지는 것인 줄 알고 절망에 빠진 채 달리 자살할 방법이 없자, 마침 손에 잡히는 헌 수레의 녹슨 못을 뽑아 두 번이나 자기 목을 세게 찔렀다. 그래도 생명이 끊어지지 않자, 그는 바로 배를 찔러 실신했다. 옥지기 하나가 들어와 그의 정신을 돌려놓고, 다시 실신하기 전에 그를 단두형에 처한다는 판결문을 재빨리 읽어 주었다. 그러자 그는 이것을 듣고 대단히 기뻐하며, 처음에는 안 먹겠다고 거절하던 포도주를 받아 마셨다. 그리고 바라지도 못하던 순한 판결을 내린 재판관에게 감사하며, 자기는 더 잔인한 형벌을 받을 것이라는 생각에 끔찍스러워 자살하려고 했다고 말했다. 그는 그 고통스러운 형벌을 예상하고 죽음의 준비에 대한 공포가 더 심해져서 더욱 참기 어려운 죽음을 피하려고 했다는 것이었다.

사람들이 백성들을 부리는 수단으로 쓰는 이런 잔혹한 본보기는, 죄인들의 시체에 행해져야 한다고 생각한다. 왜냐하면 그들이 무덤도 얻지 못하고 신체는 물에 삶아지고 사지를 찢기는 꼴을 사람들에게 보이면, 그것은 살아 있는 자들에게 과하는 고문과 거의 같은 공포심을 주게 될 것이다. 이 고문의 효과는 아주 적거나 전혀 없는 것이며, 하느님의 말씀과도 같이 "그들은 신체를 죽이는 것이다. 다음에 더한 일을 할 수는 없는 일이다."(누가복음) 그리고 시인들은 이 묘사에 특이하게 공포감을 내어, 죽음 이상으로 무섭게 만든다.

아아! 반은 불에 구워져 뼈가 드러난
검붉은 피투성이 왕의 시체가
무참하게도 땅 위로 끌려간다.　　　　　　　　　(엔니우스)

나는 어느 날 로마에서 카테나라는 유명한 도둑을 갈라 죽이는 것을 보았다. 사람들은 그를 목매어 죽였는데, 그때는 구경꾼들에게 아무런 감명도 주지 못했다. 그런데 그의 사지를 가르는 장면에 와서 집행인이 도끼를 내리치자, 사람들은 울부짖으며 마치 구경꾼 하나하나가 이 죽은 살덩이의 감각을 느끼는 것 같았다.

이런 비인간적인 형벌은 피각(皮殼)에 대해서 행해야 하고, 살아 있는 알몸에 행해져서는 안 된다. 그래서 아르타 크세르크세스는 이와 같은 경우, 페르시아 고대 법률의 가혹한 점을 늦추며, 그 직무를 잘못 수행한 경우에 전에는 몸에 매질하던 것을 옷을 벗겨 그 옷에다 매질했다. 그리고 머리털을 뽑던 형벌 대신, 다만 그들의 춤이 높은 모자를 벗겼다.

이집트인들은 극히 경건했지만, 신들에게 돼지 그림을 그려서 희생으로 바치며, 신들의 정의를 만족시킨다고 생각했다. 본질적 실체인 신에게 그림과 그림자로 대가를 치르다니 당돌한 생각이었다.

나는 국내 전쟁의 퇴폐한 세태로 이러한 믿을 수 없는 악덕의 예가 성행하는 시대에 살고 있다. 우리가 날마다 겪고 있는 극단의 처사는 고대에서는 도무지 찾아볼 수 없는 일이다. 나는 결코 이것을 그저 평범하게 볼 수 없다. 이렇게도 괴물 같은 마음씨들이 있어서, 사람을 죽이는 재미로 살인을 하며, 남의 사지를 쳐서 가르고, 아무 적의도 이익도 없이 고통스러운 형벌을 받고 죽어가는 사람의 비참한 울음소리와 그 가련하게 꿈틀거리는 몸부림을 재미나게 구경하자는 단 하나의 목적으로, 전에 없던 고문과 새로운 살인법을 꾸며 내려고 머리를 쓰다니, 내 눈으로 보기 전에는 도무지 믿어지지 않는 일이다. 왜냐하면 이것이야말로 잔인성이 도달할 수 있는 극한이다. "분노와 공포의 감정에 몰리지 않고, 단지 목숨이 끊어지는 형상을 보려고 인간이 인간을 살해하다니……."(세네카)

나로서는 자기를 방어할 방책도 없고 우리를 모해한 일도 없는 죄없는 짐승을 추격해 죽이는 꼴도 불쾌감 없이는 볼 수 없다. 그리고 보통 일어나는 일이지만, 사슴이 쫓겨서 숨은 가쁘고 힘은 달려서 그를 추격하는 이에게 눈물을 흘리며 살려 달라고 대들 때—

  그리고 유혈이 낭자하여 신음 소리를 내며
  용서를 간청하는 것같이 보이니.   (베르길리우스)

내게는 그것이 언제나 극히 불쾌한 광경으로 보였다. 나는 살아 있는 짐승을 잡으면 반드시 들에 놓아 준다.

피타고라스는 어부나 새잡이들에게서 짐승을 사 들여서는 놓아 주었다.

  이 강철이 처음으로 물든 것은
  야수의 백혈에 의한 것이었다고 나는 생각한다.   (오비디우스)

짐승의 피 보기를 좋아하는 성질은 잔인성을 즐기는 천성을 보여 준다.

로마에서는 사람들이 짐승 죽이는 광경에 익숙해지자, 다음에는 사람과 검투사들의 피를 보고 즐기기에 이르렀다. 천성은 그 자체로 인간에게 비인간적 본성을 결부시켜 준 것이 아닌가 두려워진다.

아무도 짐승들이 서로 장난하며 애무하는 것을 보고, 같이 뛰놀지는 않는다. 짐승들이 서로 물어 뜯고 찢고 하는 것을 보고 좋아 날뛰지 않는 자는 없다.

내가 짐승들에게 이런 동정심을 가진 것을 비웃지 않게 하기 위해서, 신학에서 동물을 귀여워하라는 가르침이 있음을 말하겠다. 같은 주께서 그를 섬기도록 그의 궁전(우주를 말함)에 우리를 살리고 있으며, 짐승들도 우리의 다같은 가족이라는 것을 고려한다면, 신학에서 우리에게 짐승들에 대해서 어떤 배려와 애정을 가지라고 명령하고 있는 것은 당연한 일이다. 피타고라스는 윤회설을 이집트인들에게서 받아 왔다. 그러나 그 이후 여러 민족들, 특히 우리 드뤼드족들이 이것을 받아들였다.

    영혼은 사멸함이 아니다. 항상 그들의 첫 주소를 버리고
    새 주소를 찾아서 자기의 주거로 삼는다.   (오비디우스)

옛날 우리 갈리아인들의 종교는, 영혼은 영생불멸인 까닭에 끊임없이 움직여 이 신체에서 저 신체로 자리를 옮긴다고 했으며, 그 밖에 이 사상에 신의 정의에 관한 고찰을 혼합시키고 있었다. 영혼이 알렉산드로스의 몸에 깃들어 있었던 동안의 행동에 따라서, 하느님은 그에게 다소 더 힘들고 그의 조건에 상응하는 다른 신체에 가서 살라고 명령한다고 그들은 말했다.

    그는 영혼을 동물의 육체 속에 유폐한다.
    그는 잔인한 영혼을 곰 속에 가두고 도적들은 이리 속에 가두며,
    악한들은 여우 속에 가두고
    그들에게 오랜 세월 동안 수많은 윤회를 겪게 한 다음
    마지막에 그들을 망각의 황천에 정화하여
    최종 형체로 돌려준다.   (클라우디아누스)

만일 영혼이 전에 용감했다면 그것을 사자의 몸에 살게 하고, 탐락을 즐겼다면 돼지의 몸에 맡기고, 비굴했다면 사슴이나 토끼의 몸에 갖다 두며, 그래서 영혼이 이런 징계로 정화되어서 어느 다른 사람의 신체를 차지할 때까지 계속된다는 것이었다.

>   나 자신(아직도 떠오르지만)이 트로이 전쟁 때는
>   판테아의 아들 에우포르보스였다.
>
>   (오비디우스)

 우리와 짐승 사이의 친척 관계로 말하면, 나는 이것을 그리 중하게 생각하지 않는다. 그리고 이것도 중시하는 것은 아니지만, 여러 나라에서 특히 가장 오래고 고상한 나라에서는 짐승을 동무로 사귀었을 뿐 아니라, 짐승들에게 자기보다 더 높은 지위를 주며, 때로는 짐승을 그들의 친지로 총애를 받게 하고, 인간 이상의 존경과 숭배를 바쳤으며, 다른 나라에서는 짐승들 이외에 다른 하느님이나 다른 신을 인정하지 않았다는 사실도 나는 중시하지 않는다. "거기서 그들이 이익을 보기 때문에 야만인들은 금수를 신격화했다."(키케로)

>   어떤 자들은 악어를 숭배하고
>   다른 자들은 뱀을 먹고 살찐 따오기를
>   신성한 무서움과 두려워하는 마음으로 예배한다.
>   여기서는 제단 위에 긴꼬리원숭이의 황금상이 빛나고
>   저기서는 생선이 숭배받으며
>   다른 데서는 개가 전 도시의 숭앙의 대상이 된다.
>
>   (유베날리스)

 그리고 플루타르크가 이런 잘못에 대해 내리는 해석도 대단히 잘 된 것이지만, 아직 짐승들에게 영광을 주고 있다. 왜냐하면 그는 말하기를(예를 들면), 이집트인들이 숭배하던 것은 고양이나 황소가 아니고, 이 짐승들을 통해서 신들의 소질에 관한 어느 영상을 숭배했다는 것이다. 즉, 한편에서는 인내와 효용성이고 또 한편에서는 활기를 상징하는 식이며, 또는 우리 이웃의 부르고뉴인들과 독일 사람들 전체가 고양이를 감해서 사는 조바심의 상징으로 보고 이것을 사랑하며, 다른 신성한 소질들보다도 더 사랑하고 숭배하는 자유를 표상했던 것이다.
 다른 일들도 이런 식이다. 가장 절도 있는 사상들 중에서 우리 인간들이 짐승들과 밀접하게 닮아 있는 것을 보여 주려 하며, 그들이 얼마나 우리가 가진 특권까지도 차지하고 있는가를 보고, 우리를 짐승들에게 비교해 보는 논법에 부딪힐

때, 나는 우리의 자만심을 깎아내리며, 다른 동물들에 대해서 우리가 받고 있는 이 공상적인 왕위를 기꺼이 포기한다.

이런 말에는 반박할 여지가 없다 해도 고려할 점은 있으며, 생명과 감정을 가지고 있는 짐승들뿐 아니라 수목이나 하찮은 것이라 하더라도 인류 전체가 져야 할 어떤 경의와 의무가 결부되어 있다. 우리는 인간에게 정의로 대할 의무가 있다. 그리고 착한 성질을 가질 수 있는 다른 생명들에게도 호의와 자애를 베풀어 줄 의무가 있다. 짐승과 우리 사이에는 어떤 교섭이 있으며, 서로 간에 어떤 은혜와 의리가 있는 것이다. 나는 내 심정이 너무나 유치해서 내 집 개에게 격에 맞지도 않게 애정을 베풀거나 애정을 요구하는 것을 거절할 수 없는 것까지, 타고난 내 마음씨가 상냥하다고 해서 두려울 것은 없다.

튀르키예인들은 짐승들에게 시주로 재물을 주고, 짐승들을 위한 병원을 설치했다. 로마인들은 거위들의 감시로 그들 도성이 구제되었다고 거위의 양육을 위한 공공 시설을 만들었다. 아테네인들은 그들이 헤카톰페돈이라는 사원을 지을 때에 일한 당나귀를 방면하도록 명령하고, 어디서 풀을 뜯어도 막지 못하게 했다.

아그리겐툼인들은 희귀한 말이나 필요한 개와 새들, 또는 어린애들의 장난감 노릇을 하던 짐승들까지, 그들이 사랑하던 짐승이 죽으면 예를 갖춰 매장해 주는 것이 예사로운 일이었다. 그리고 다른 일에서도 흔히 보이는 그들의 너그러운 마음씨는 특히 수없이 세워진 기념물에도 나타나서, 이런 것들은 그 후에도 여러 세기를 두고 계속 사람들에게 전시되었다.

이집트인들은 이리와 곰과 악어와 개와 고양이를 신성한 장소에 매장하고, 그들의 신체에 향을 풍겨 주며, 그들이 죽었을 때는 상복을 입었다.

키몬은 그와 함께 올림픽 경기에 나가서 세 번이나 상을 탄 말을 위해서 영광스러운 무덤을 만들어 주었다. 늙은 크산티포스는 바닷가 멧부리 위에 자기 개를 매장하여 그 바다에는 아직도 그의 이름이 붙어 있다. 그리고 플루타르크는 자기를 오랫동안 섬겨 준 황소를 변변찮은 대가를 받으려고 팔아서 도살장에 보내는 일은 양심에 걸린다고 말했다.

12
레이몽 스봉의 변호

＊역자 해설

　레이몽 스봉은 스페인의 바르셀로나 출신 신학자로, 1436년에 툴루즈에서 죽었다. 그는 거기서 의학을 가르쳤다. 그의 《자연신학》은 16세기에 상당한 평판을 얻었다. 몽테뉴의 말에 의하면, 그는 부친의 요구로 1569년에 이 작품을 번역하여 간행했고, 그 뒤 1581년에 제2판이 출간되었다.

　몽테뉴는 스봉의 사상을 변호한다는 구실로 이 변호에서 사실상 스봉의 사상과는 독립적이고 개인적인 사상을 전개시킨다. 몽테뉴의 《에세이》 중 다른 것과는 동떨어지게 긴 이 장은 그 사상이 가장 영향을 끼쳤으며, 동시에 해석에 가장 난점을 많이 제기하는 논문이다. 그의 유명한 표어 '크세주(Que sais je? 나는 무엇을 아는가?)'로 요약되는 이 극단의 회의주의는 몽테뉴의 중심 사상으로 몇 세기 동안 인정되어 오던 것이다. 그러나 최근 학자들의 연구로는 이것이 제3권의 심리적, 도덕적 확신으로 향하는 중간 단계로 해석되고 있다.

　이 논문이 독자를 당혹시키는 것은 주로 그 제목 때문이다. 스봉의 학설을 변호한다는 것은 거의 구실뿐이고, 몽테뉴는 여기서 자기 고유의 사상을 전개하며, 직접 스봉의 사상을 변호한 것은 겨우 한두 쪽에 지나지 않는다. 그것도 스봉이 올바른 신앙을 가졌고 그의 작품에 제한된 가치를 인정할 수 있다는 정도이며, 자기 시대와 같은 종교의 혼란 상태에서는 진실로 올바르게 종교 사상을 받아들인 자가 대단히 드물다는 것을 말하고 있을 뿐이다.

　스봉은 인간을 다른 모든 것들의 저 위에 높이 고립시키고, 모든 생명 가운데 가장 우월한 단계에 올려서, 그것을 창조의 최종 목표로 하고, 그 아래에 밀려오는 모든 불완전한 존재들의 존재 이유로 삼는다. 이에 반해 몽테뉴는 앞머리부터 인간을 자연의 품속에 돌려 놓고, 동물의 수준으로 낮추어 버린다. 스봉은 이성 위에 신념을 세우려고 노력하는 데 반해서, 몽테뉴는 이성의 모든 가치를 과학적 지식의 영역에까지도 부인해 버린다.

　그는 섹스투스 엠피리쿠스의 가르침에 깊이 물들었고, 회의학파, 또는 플라톤학파의 영향을 받아서 수많은 인용문을 따온다(《과학의 허영》의 작가 아그리파, 《신플라톤학파 반박대화》의 작가 기 드 브뤼에르 등). 이 《에세이》는 피론의 회의주의를 받드는 문구를 보여 준다. 그러나 몽테뉴의 회의 사상이 파괴적인 것은 아니다.

몽테뉴는 이성을 사용하는 대신, 섹스투스와 같이 전통의 흐름 속에 몸을 맡긴다. 그리하여 그는 정치적, 종교적 보수주의의 형성을 완수한다. 사실 19세기의 피로니즘은 자유사상가들과 사교도들의 합리주의에 대항해서 가톨릭 정통을 옹호하는 동맹자가 되었다. 인간 이성은 아무것도 이해할 능력이 없으므로 신앙의 문제 같은 중요한 사항을 검토할 자격이 없으므로 무엇을 개혁한다는 사상은 당돌한 기도이며, 사람은 많은 사람들이 옳다고 지키는 바를 그대로 좇아야 한다는 것이 그의 논거이다. 몽테뉴는 사실 이렇게 가톨릭 정통을 이해하며, 1581년 로마를 여행하던 당시 그의 짐짝에서 이 《에세이》가 발견되어 종교 당국의 조사를 받았으나, 그의 사상은 조금도 검토당하지 않았다.

그러나 훨씬 뒤 1676년에는 금지 서류가 되었고, 현대에 와서 18세기에, 특히 영국 범신론자들의 후계자인 철학자들에 의해서 몽테뉴의 '의문'은 그의 보수주의에 반대되는 대차적인 의미로 해석되었다. 생트뵈브 같은 비평가는 이것을 기독교에 대한 배신적 공격으로 보았다. 대체로 피로니즘은 몽테뉴의 사상에서 일시적인 태도에 불과했다. 특히 제3권 제11장에서는, 1586년 그가 제3권을 쓸 무렵에는 이 사상에서 완전히 벗어난 것을 선언한다. 이 시기에는 신앙 영역의 모든 사실이 너무나 착잡해서 인간 지성이 해결할 수 있는 이상의 것으로 보였기 때문에, 그는 정치적 종교적 보수주의에 충실하게 머문다 하여도 다른 영역에서 인간 이성의 판단을 신뢰하는 것은 정당한 일이라고 생각한다.

그러나 피로니즘의 위기는 그의 사상에 결정적인 자취를 남긴다. 그리고 이 《에세이》는 어떻게 보면 그 내용과 형식이 작품의 중심적 위치를 차지하고 있다. 이 논문은 그의 철학의 전환점을 이루고 있다. 몽테뉴는 이성에 대한 신뢰를 잃고, 이성의 계속적 긴장과 죽음의 공포에 대한 방어책을 기대하던 철학에서 이탈하며, 천성에 몸을 맡기고 명상 속에서 해결책을 구하며, 학자나 철학자보다도 농민과 무식자를 본받으라고 권하는 사상으로 향하고 있다. 동시에 섹스투스의 의문에 접함으로써 그의 지적 신중성은 굳어지며, 진리는 상대적이라는 심정과 사람은 사실을 존중해야 한다는 사상을 가꾸며, 그 때문에 그의 사상은 그의 시대에 대단히 드문 비판적 의의를 가지고 드러나게 된다.

다른 면에서는 위와 같은 이유에서, 그는 1572년의 태도보다 좀 더 개인적인 태도로 향하게 된다. 즉, 지적 신중성으로 그는 다른 사람보다 더 경험에 의한 관념을 얻게 되었다는 의식, 자기 관념들이 상대적이라는 심정, 자아라는 직접적으로 알려진 정신적 사실을 세워야 하는 필요성, 이 모든 것이 그 자신을 무대에 내세우게 하며, 그를 자아의 묘사에 밀어 넣는다. 이 경향은 1572년경에는 찾아볼 수 없으나, 1579년경에 확립된다.

이 변호의 사상을 좇기에는 가끔 힘이 든다. 그 구조를 밝혀 보면 독자의 이해에 도움이 될 것이다. 제1부(인간과 동물의 비교)에서는 몽테뉴 작품의 다른 곳에서 그렇게 풍부하게 보이는 비판 정신을 찾아보기 힘든 것에 놀라게 되지만, 이런 짤막한 이야기들은 플루타르크가 보장하는 것으로, 이 전설의 대부분을 16세기 학자들이 인정하는 사실이므로, 거기서 빌려 왔다는 것을 잊어서는 안 된다. 그리고 몽테뉴가 별들에게 생명이 있다고 믿는 것은 그의 시대의 신념을 그대로 받은 것이며, 1597년까지 케플러 같은 천문학자도 이것을 진심으로 믿고 있었다. 제2부의 과학에 대한 비판은 16세기의 과학이 현학적이고 형식적이며 사실보다도 권위를 존중하는 학문이었다는 것을 상기하며 감상해야 한다.

이 장에서 스봉의 문제를 취급하는 부분은 전체의 10분의 1에도 못 미치며, 그는 여기서 신의 도움을 받지 않은 인간 이성이 무력하다는 논법을 전개함으로써, 스봉의 사상에 반대하는 자들에 대한 반박의 형식을 취하고 있다. 그러나 대부분의 몽테뉴 《에세이》가 그렇듯, 여기서도 제목은 내용의 핵심 문제를 가리키지 않고, 아마도 작가는 자기가 번역한 스봉의 사상을 변호해야 할 필요에 부딪혀서, 변호해야 할 사상과는 상당히 거리가 먼 자기 고유의 사상을 펼쳐나간다. 당시에 그가 품고 있던 회의 사상에서 오는 인간 이성의 무능력에 관한 확신이 스봉의 사상과 아울러 무비판적 신앙의 필요성을 옹호하는 것으로 생각했을 것이다.

'레이몽 스봉의 변호' 구조
머리말
  a. 레이몽 스봉의 자연신학, 그것에 대한 반대
  b. 제1의 반대에 대한 응답
    이성은 그것만으로 종교의 진리를 증명하지 못한다. 그러나 기독교는 적어도 가능한 한도로 자기 신앙을 인간적 이성으로 지탱해야 한다.
  c. 제2의 반대에 대한 응답
    스봉의 논법이 불충분하다고 해도 그 반대론자는 더 나은 논법으로 대항하지도 못하고 있다. 왜냐하면 인간 이성은 아무것도 기초를 세우지 못하기 때문이다.
I. 인간의 허영
  그는 주위의 동물보다 나을 것이 없다.
II. 인간이 자랑하는 학문의 허영
  a. 학문은 인생의 행복에 해롭다
  b. 학문은 정직성을 왜곡한다
  c. 학문은 허영되다
    왜냐하면 그 주장하는 바에도 불구하고, 학문은 아무것도 세워 놓은 바가 없기 때문이다.
III. 학문의 도구인 이성의 허영
  a. 학문의 끊임없는 변천과 모순
  b. 학문의 도덕적 법칙 수립의 무능력
  c. 인간 지각의 불완전
결론
  우리는 우주 속에서 아무것도 확고한 것에 도달할 수 없으며, 우리에게 잡히는 것은 부단하게 변화하는 현상들뿐이다.

'레이몽 스봉의 변호'에 관해서 다른 많은 해석이 내려진 것은 충분히 이해될 일이다. 생트뵈브 같은 비평가는 이것을 기독교에 대한 교활하고 옳지 못한 공격이라고 보았고, 어느 평자는 몽테뉴가 단적으로 스봉을 망각했다고 본다. 또 어느 평자는 이 작가가 스봉에 대해서는 아무 관심 없이, 인간의 오만과 인간 이성의 허영에 관한 이론을 전개하며, 인간 이성에 대한 공격이 스봉의 논거를 방증했다고 생각한 것으로 짐작한다.

＊ ＊ ＊

학문이라는 것은 극히 유익하고 위대한 소질이다. 이것을 경멸하는 자들은 그들의 어리석음을 증명하는 것이다. 그렇다고 나는 철학자 헤릴루스가 거기에 최상의 선을 두고 우리를 현명하고 만족하게 만드는 것이 학문의 힘이라고 생각하던 바와 같이, 어떤 자들이 거기 부여하는 극한의 정도로 학문의 가치를 평가하지는 않는다. 나는 이 헤릴루스의 말도 믿지 않고, 다른 자들이 학문은 도덕의 어머니이고, 모든 악덕은 지식에서 나온다고 말하는 것도 믿지 않는다. 그것이 진실이라고 해도, 긴 해설이 필요할 것이다.

우리 집은 옛날부터 학문하는 사람들에게 문을 열어 놓았고, 세상에도 그렇게 알려져 있다. 내 집을 50년 이상이나 보살피던 부친은 프랑수아 1세가 신봉하고 권장하던 학문의 새 정열에 열중해서 많은 노력과 비용을 들여 학자들과 친분을 맺으려고 애쓰며, 신성한 예지의 특수한 영감을 받은 거룩한 인물들처럼 그들을 맞이하고, 그들의 말과 사상을 신탁처럼 받아들이며, 자기가 학문을 판단할 능력이 적었던 만큼, 더한층 경건하게 그들을 존경했다. 왜냐하면 내 부친이나 조상들은 글과는 담을 쌓고 살아 왔기 때문이다. 나는 학문을 사랑하기는 하지만 숭배하지는 않는다.

그중에도 당대에 학문으로 평판이 높던 피에르 뷔넵은 학자들 한패와 함께 몽테뉴의 우리 부친 집에 와서 머물다 떠날 때, 그에게 레이몽 드 스봉 선생의 《자연신학》(일명 생령(生靈)의 서)을 한 권 기증했다. 부친은 스페인어를 잘 알고 있었으며, 이 서적은 스페인어에 라틴어 꼬리를 붙인 말투로 되어 있었기 때문에 부친이 조금만 도움을 받으면 이 작품을 읽어 볼 수 있으리라고 생각하고, 그 시대에 대단히 유익하고 적당한 서적이라고 부친에게 읽어 보기를 권했었다. 그때는 루터의 새 학설이 신뢰를 얻어서, 우리 옛 신앙이 여러 고장에서 동요되기 시작하던 무렵이었다.

이 점에 그는 대단히 좋은 의견을 가지고, 이성의 판단으로 이 병폐의 시초는 버려야 할 무신론으로 기울어지기 쉬울 것을 예견하고 있었다. 왜냐하면 일반인들은 사물을 그 자체로 판단할 능력이 없기 때문에 남이 그럴듯하게 하는 말에 넘어가서, 자기가 지극히 받들어 숭배해 오던 사상을 경멸하며, 자기 영혼 구제의 문제를 따져 보는 식으로 신앙에 관해서 비판해 보려는 당돌한 생각을 물려받았기 때문이다. 또 자기 종교의 어느 조항을 의문에 붙여서 저울질해 보다가 다음에는 다른 조항까지도 불확실한 것이라고 무시하게 되기 쉬워지고, 사람의 의견을 듣고 신념이 흔들린 조항들보다 더 확실한 권위도 기초도 없다고 생각하기 때문이다. 그는 법률의 권위나 예로부터 받아 온 습관에 대한 존경에서 품고 있던 모든 사상들을 횡포한 굴레라고 하여 뿌리친다.

　　사람들은 전에 너무 무서워하고 두려워하던 사물들을
　　격렬하게 유린한다.　　　　　　　　　　　　(루크레티우스)

그때부터는 모든 일을 자기의 판단에 붙여서 개인적으로 동의하지 않고는 아무것도 용납하지 않으려고 한다.

그런데 부친은 돌아가시기 며칠 전에, 버려둔 종이더미 속에서 우연히 이 작품을 끄집어내어, 그것을 프랑스어로 번역해 달라고 내게 명했다. 이와 같은 작가들은 세상에 알려 주어야 할 사항을 밖에 내놓지 않으니, 번역해 두는 것이 좋다. 그러나 언어가 우아하고 단정하고 아름다운 작가를 기대한다는 것은 위험한 일이다. 특히 표현력이 약한 속어로 옮기는 데는 그렇다. 이것은 내게는 극히 신기하고도 이상한 일거리였다. 그러나 마침 그때는 여가가 있었고, 또 세상에서 가장 착하신 부친의 명령은 무엇이건 거절할 수 없었기 때문에, 나는 힘을 다해서 이 일을 완수했다. 부친은 매우 기뻐하며, 그것을 인쇄에 붙이도록 했다. 그 번역판은 부친이 돌아가신 뒤에 나왔다.

나는 이 작가의 사상이 아름답고, 구상에 조리가 정연하고, 의도가 신앙심에 차 있음을 알았다. 많은 사람들이, 특히 우리가 보살펴 주어야 할 부인네들이 이 작품을 흥미있게 읽고 있는 터이기에, 나는 이 작품이 받고 있는 두 가지 중요한 반대 의견에 대해서 해명하여, 이해에 도움이 되게 해 주어야 할 처지에 있음을 느꼈다.

그의 목표는 과감하고 대담하다. 그는 인간의 타고난 이성으로 무신론자들에 대항해서, 기독교 신앙의 모든 조항을 확립하고 증명하려고 기도한다. 나는 이 논거가 지극히 확고하고 적절해서, 이 논거에 보다 더 잘 말할 길이 있으리라고는 생각지 않으며, 여기에 비교할 자도 없다고 본다.

이 작품은, 작가가 스페인 태생이며 툴루즈에서 약 2백 년 전에 살았던 의사라는 것밖에 모르는, 아직 그 이름이 잘 알려지지 않은 자의 것 치고는 내용이 매우 아름답고 풍부하게 보였다. 그래서 나는 그 전에 모든 면에 해박한 지식을 가진 아드리앙 투르네브에게 이 작품이 도대체 무엇인가를 물어보았더니, 이것은 성 토마스 아퀴나스에서 핵심적인 것을 뽑아 온 것으로 생각한다고 그는 대답했다. 무한한 박학과 감탄할 만큼 정밀하고 묘한 사상으로 충만한 그의 마음만이 이런 사색이 가능하다는 것이었다. 어떻든 이런 작품을 지어 낸 작가가 누구이건 (그리고 아무 이유 없이 스봉에게서 이 자격을 박탈할 수 없다), 그는 탁월한 능력과 여러 아름다운 재질을 가진 작가였다.

*스봉에 대한 제1 반대 의견과 그 변호

사람들이 그의 작품에 던지는 첫 번째 책망은, 신앙심은 신에 대한 은혜의 특수한 영감과 신앙에 의해서 품어지는 것인데, 기독교인들의 신앙을 인간의 이성에 의거해서 세운다는 일은 잘못이라는 것이다.

이 반대 의견에는 어딘가 경건한 마음이 지닌 열성이 엿보이며, 그 때문에 우리는 신앙심을 앞세우는 이런 사람들에게 더 존경을 품고 더 상냥하게 만족을 주려고 해야 한다. 이런 일은, 그에 관해서 아무것도 모르는 나보다는 신학에 능통한 사람이 해야 할 직무이다.

그렇지만 나는 이렇게 생각한다. 이렇게도 고매하고 거룩하며, 하느님의 착하신 마음으로 우리를 밝혀 주시는 이 진리와 같이, 인간 이성으로 이해하기엔 너무나 넘치는 사물에 관해서는, 그래도 하느님이 비상한 특권적인 은총으로 우리에게도 도움을 주시어, 그것을 양해해서 우리에게 품어 갖게 해 주실 필요가 있다고 본다. 그리고 그것이 순수하게 인간적인 방법으로 가능하다고는 생각하지 않는다. 그것이 가능했던들, 과거에 타고난 풍부한 능력을 가지고 있던 희귀하고 탁월한 그 많은 인간들이 그들의 사색으로 이 신앙의 이해에 도달하지 않을 수 없었을 것이다. 우리는 오로지 신앙에 의해서만 우리 종교의 높은 비결을 생생하고 확실하게 품어 볼 수 있다.

그러나 이것이 하느님이 우리에게 주신 타고난 인간적인 도구(이성)를 신앙에 적용하는 것이 극히 아름답고 칭찬할 만한 일이 아니라고 하는 말은 아니다. 이것이 우리가 이 인간적 도구에 줄 수 있는 가장 영광스러운 방법이며, 기독교인으로서 그의 모든 노력과 사색으로 자기 신앙을 미화하고 확대하고 충만시키는 것을 목표로 삼는 일은 자기에게 가장 마땅한 직책이며 의도라는 것은 의심할 여지가 없다. 우리가 정신과 영혼으로 하느님을 섬기는 것만으로는 충분하지 않다. 우리는 하느님께 육체적인 존경을 바쳐야 하며, 또 바치고 있다. 우리는 우리의 사지와 동작과 외부적 사물들까지도 그에게 영광을 주기 위해서 사용한다.

우리는 여기서도 마찬가지로, 우리에게 있는 온갖 이성으로 신앙을 실천해야 한다. 그러나 신앙이 우리의 마음에 달려 있다고 생각해서는 안 되며, 우리의 노력과 추리로는 그렇게도 초자연적인 거룩한 지식에는 도달할 수 없다는 보류 조항을 항상 여기에 붙여서 실천해야 한다.

만일 신앙이 우리에게 범상치 않은 주입으로 들어오는 것이 아니라면, 또 신앙이 사색으로 들어올 뿐 아니라 인간의 방법으로도 들어올 수 있는 것이라면, 이런 신앙은 우리에게서 그 위엄성도 찬란성도 갖지 못할 것이다. 그렇지만 나는 우리가 이 길로밖에는 신앙을 누리지 못할 일을 두려워한다. 만일 우리가 살아 있는 신앙의 중개로 하느님에 의존하는 것이라면, 우리가 우리로서가 아니라 하느님에 의해서 하느님께 매여 있다면, 만일 우리가 거룩한 발판과 기반을 가진 것이라면, 인간적 사정들은 그것들이 하고 있는 식으로 우리를 동요시키는 힘을 가질 수 없을 것이다.

우리의 장점은 이런 허약한 공격에 넘어가는 데 있지 않다. 새것을 좋아하는 버릇이나 군주들의 탄압, 한 당파의 우세, 우리 사상이 주책없이 당돌하게 변하는 것 따위가 우리의 신앙을 동요시키고 변질시킬 힘을 갖지는 못할 것이다. 우리는 무슨 새 논법에 의하거나 설복에 의해서, 또는 이제까지 받아 온 모든 수사학을 가지고도 우리 신앙심을 동요시키게 두지는 않을 것이다. 우리는 불굴의 견고성으로 이런 풍조에 버티었을 것이다.

거대한 암석이 밀어닥치는 격랑에 대항하여 물리치며
주위에 포효하는 파도의 포말을 산지 사방 흩어 던지듯. (베르길리우스)

만일 이 성스러움의 광명이 얼마간이라도 우리에게 닿는다면, 그것은 사방으로 나타날 것이다. 우리의 말뿐 아니라 행동에도 이 성스러움의 광명과 눈부신 빛이 비칠 것이다. 우리에게서 나가는 모든 것은 이 고상한 광명으로 빛나 보일 것이다. 우리는 인간의 종파들 중에 그 학설이 아무리 난해하고 괴상한 점을 주장하는 경우라도, 신자로서 자기 종교 행위와 생활을 일치시킨 자가 없었다는 것에 수치를 느껴야 한다. 하늘에서 내린 그렇게도 거룩한 가르침을, 기독교도들은 단지 말로밖에는 표적을 지니고 있지 않다.

그것을 알아보고 싶은가? 우리의 풍습을 이슬람교도나 이교도들의 것에 비교해 보라. 늘 그들만 못할 것이다. 우리 종교의 장점으로 보아서 우리가 그들보다 비교할 수 없이 뛰어난 탁월성으로 빛나야 할 일이면, 사람들이 "저들은 그렇게도 정당하고, 인자롭고 착한가? 그러면 그들은 기독교인이다"라고 말했어야 할 일인데 말이다.

다른 모든 모습, 즉 희망, 신뢰감, 사건들, 의지, 절차, 고행, 순교 등은 종교와 공통적이다. 우리들 진리의 특수한 표적은 역시 하늘에서 내린 가장 어려운 표징이며, 그것이 진리의 가장 가치 있는 소산인 만큼 우리의 도덕이라야 한다.

기독교인이 된 저 타타르 왕이 몸소 리옹에 와서 우리 교황의 발에 입맞추고, 우리 풍습에서 그가 바라고 있는 성스러움을 자기 눈으로 보려고 했을 때, 착한 성 루이 왕이 반대로 우리의 방자한 생활 방식을 보고 거룩한 기독교 신앙에 싫증을 낼까 두려워하며, 굳이 그의 생각을 돌리게 한 것은 잘한 일이었다. 다른 맹랑한 자의 경우는 이와 완전히 달랐다. 그는 같은 목적으로 로마에 갔는데, 그때에 사교들과 시민들의 방탕한 생활을 보고, 이런 부패 속의 악덕한 사람들에게서도 우리 종교가 그 찬란한 위엄을 유지하는 것은 그 거룩한 힘이 얼마나 대단하기에 그런가 하고 생각하며, 더욱 강렬히 우리 종교를 믿었던 것이다.

"우리가 한 방울만큼의 신앙이라도 가졌다면, 우리는 멧부리라도 그 자리에서 옮겨 놓았을 것이다"라는 성경의 말씀이 있다. 이 신덕(神德)의 지도를 받아 수반될 우리 행동은 단순히 인간적일 수는 없을 것이다. 우리의 행동은 우리 신앙과 같이 기적적인 무엇을 가져야만 할 것이다. "도덕과 행복의 길을 신속히 아는 방법은 믿음에 있다."(퀸틸리아누스)

어떤 자들은 그들이 믿지 않는 것을 믿는 것으로 사람들을 믿게 한다. 더 많은 수의 다른 자들은 믿는다는 것이 무엇인지 그 뜻을 파악할 수 없으면서도 자기들에게 믿고 있다고 믿게끔 한다.

요즈음 우리의 형세를 압박하고 있는 종교 전쟁은 사건들이 잡다하게 갈팡질팡 변하는 일이 보통 전쟁과 같은 방식으로 된 것을 보면 이상하다. 그것은 우리가 거기에 우리들 것밖에 아무것도 기여하는 것이 없기 때문이다. 한쪽 파당(派黨)에 있는 정의는 단지 장식과 덮개로만 있는 것이다. 말로만 내놓은 정의이지, 그것이 거기 용납된 것도 들어앉은 것도 파악된 것도 아니다. 그것은 그 파당의 마음이며 성질로 있는 것이 아니라 변호사의 입놀림처럼 있다. 하느님은 그의 비상한 구원을 우리의 열광에 줄 것이 아니라 신앙과 종교에 주어야 한다. 여기서는 인간들이 지도자이며 종교를 이용하고 있다. 사정은 그 반대로 되어야 할 것이다.

생각해 보라. 지금 우리는 참되고 견고한 규칙인 종교를, 마치 초를 주무르듯 우리 손으로 잡아당기며, 수많은 반대되는 형상으로 만들어 보여 주는 것이 아닌가. 이런 현상이 오늘날의 이 프랑스에서만큼 보여진 일이 있는가? 그것을 왼쪽으로 잡는 자도, 오른쪽으로 잡는 자도, 검다고 하는 자도, 그리고 희다고 하는 자도 다 똑같이 이 종교를 그들의 격렬하고 야심적인 계획에 사용한다. 또한 그들의 방자하고 부당한 면에서 너무나 일치하는 태도로 행세하기 때문에, 우리 인생의 법칙과 방향이 매여 있는 이 신앙에 관해서, 그들이 주장하는 것처럼 의견이 잡다하게 있을 수 있다고 믿기가 의심스럽고 어려워진다. 동일한 학파와 훈련에서도, 이보다 더 고르고 통일된 행동 습관이 나올 수 있는가?

우리가 이 거룩한 신앙의 이치를 가지고, 패악무도하게도 공처럼 던지고 받고 하며, 국가의 폭풍우 틈에 운에 따라 자기 자리가 바뀔 때마다 이 신앙의 이치를 얼마나 비신앙적으로 가졌다 버렸다 했던가를 보라. "신하가 자기 종교를 위해서 국왕에게 대항하여 무기를 들어도 좋은가?"라는 이 문제는, 지난 해에는 이것을 긍정하는 말은 한쪽 도당(徒黨)을 지지하는 일이고, 부인하는 말은 다른 도당을 지지하는 일이던가를 회상해 보라. 그런데 올해에는 이편과 저편의 말소리와 가르침이 어느 쪽에서 오는가, 그리고 저 원칙보다 이 원칙을 잡았다고 무기의 소리가 덜 요란스러운가 들어 보라. 우리는 필요를 위해서 진리를 굽혀야 한다고 말하는 자들을 불태워 죽인다. 그런데 프랑스는 그 말보다 얼마나 더 심한 짓을 하는가?

진실을 고백하자. 우리 군대에서 합법적이고 중립적인 편이라도, 그 속에서 오로지 신앙의 열성만으로 행동하고, 단지 자기 나라의 법률을 지키며 자기 국왕에게 충성을 바치려고만 하는 자들을 골라낸다면, 완전 무장한 병사 1개 대대도 꾸며 보지 못할 것이다. 어째서 우리의 공적 행동에는 동일한 의지와 보조를 지켜 온 자들이 그렇게도 적고, 그들이 때로는 천천히 가고 어느 때는 고삐를 늘이고 줄달음질쳐 나가며, 어느 때는 동일한 사람이 사납고 흉악한 태도로, 어느 때는 냉정하고 유약하고 둔중한 태도로 우리 일을 그르친단 말인가? 이것은 그들이 개인적, 우발적인 생각에 밀려서, 생각이 달라지는 대로 움직여 가는 것이 아니고 무엇일까?

나는 우리가 타고난 본성에 비위를 맞춰 주는 의식의 절차 외에는 신앙에 기꺼이 바치는 것이 없음을 본다. 기독교도의 적개심보다 더 심한 것은 없다. 신앙에 대한 열성은 우리를 증오심과 잔인성, 야성, 인색, 비방, 반역으로 기울어지게 할 때는 경이로운 일을 성취한다. 그와는 거꾸로 착함, 자애, 절제로 향하기는, 기적과도 같이 어떤 희귀한 기질이 그런 일을 하지 않는다면, 그런 성품은 걷지도 날지도 않는다.

우리 종교는 악덕을 뿌리뽑기 위해서 된 것인데, 도리어 그런 것을 옹호하고 가꾸며 유발한다.

하느님께(사람들의 말처럼) 밀 대신 여물을 바쳐서는 안 된다. 신앙심이라고 말하지 않고 단순한 신념으로라도 우리가 하느님을 믿는다면, 진실로(대단히 죄송스러운 말이지만) 다른 이야기같이 우리가 하느님을 친구들의 하나로서 믿고 알고 지낸다면, 우리는 하느님의 빛나는 그 무한한 착함과 아름다움 때문에, 다른 어떤 일보다도 그를 더 사랑할 것이다. 적어도 그는 우리의 애정에서 재산, 쾌락, 영광, 친구 등과 동일한 계열에 서게 될 것이다.

우리 중에 가장 나은 자도 자기 이웃 사랑이나 부모나 선생을 모욕하기를 두려워하는 것만큼 신을 모욕하기를 두려워하지 않는다. 도대체 한편에는 악덕스러운 쾌락의 대상이, 다른 편에는 영원 불멸의 영광의 상태가 똑같은 지식과 확신으로 서로 바꿔치기될 수 있다는 이런 단순한 생각이 있을 수 있단 말인가? 그래서 우리는 순전한 경멸에서 이런 영광 얻기를 단념한다. 모독을 재미로 하는 것이 아니라면 무슨 취미로 모독 행위에 이끌려 간단 말인가?

철학자 안티스테네스가 오르페우스의 비결을 전수받을 때, 제관(祭官)이 그에게 이 종교에 헌신하는 자들은 죽은 뒤에 영원하고 완벽한 행복을 얻게 된다고 말하자, 그는 "어째서 그대는 먼저 죽지 않는가?"라고 말했다.

디오게네스는 제관이 그에게 저 세상의 행복을 누리려면 자기 종단(宗團)으로 들어오라고 설교하자, "그대는 나에게 아게실라오스나 에파미논다스 같은 위대한 인물들이 가련한 운명에 있고, 송아지만도 못한 그대가 제관이라고 해서 훨씬 행복하게 될 것이라고 믿어 달란 말인가?" 하며, 그는 우리 문제는 치워 두고 자기 버릇대로 더 무뚝뚝하게 대꾸했다.

영원한 행복이라는 이런 위대한 약속을 철학적 사색과 같은 권위로부터 받는 것이라면, 우리는 그렇게 무서워하는 죽음도 무서워할 것이 없을 것이다.

> 그때에 죽는 자는 해체됨에 더 슬퍼할 것 없으며
> 뱀이 껍질을 벗고, 늙은 사슴이 긴 뿔을 갈 듯
> 그는 차라리 이 세상을 하직함에 희열을 느낄 것이다.   (루크레티우스)

예수 그리스도와 같이 있기를 바란다고 우리는 말해야 할 것이다. 영혼의 영생 불멸에 관한 플라톤 사상의 힘은, 그 제자 중의 어떤 자들이 그에게서 받은 저승의 희망을 더 빨리 누리기 위해서 죽음을 스스로 취하게 했다.

　이런 것은 우리 종교를 우리들 식으로 직접 손으로만 받고 있는 것으로, 다른 자들이 자기 종교를 받는 것과 다른 것이 없다는 아주 명백한 표징이다. 우리는 우리 종교가 통용되는 나라에 우연히 출생한 것이거나, 이 종교의 오랜 역사나 이것을 주장하는 인간들의 권위를 보아 주는 것이거나 이 종교가 불신자에게 던지는 위협을 두려워하거나, 또는 그것이 약속하는 저승의 사상을 좇는 것이다. 이러한 고찰은 우리의 신념에 다만 보조적으로 행하여져야 될 일이다. 이런 것은 인간적인 연대성이다. 다른 지방, 다른 증인들, 똑같은 약속과 위협들은 동일한 방법으로 우리에게 반대되는 신앙을 넣어 줄 수 있는 일이다.

　우리는 페리고르인이나 독일인이라는 것과 같은 자격으로서 기독교인이다.

　플라톤은 말한다. 확고하게 무신론을 믿는 자라도, 어떤 위험이 임박해 올 때 하느님의 권위를 인정하지 않을 만큼 자기 사상을 견지하는 자는 없다고 말한 것은 진실한 기독교인이 취할 역할은 아니다. 인간적 행위로 허용된다는 것은 죽어가게 된 인간적인 종교들에게나 있을 만한 일이다. 마음이 비겁하고 약해서 우리들 속에 심어지고 배워지는 것이라면, 그것이 어떤 따위의 신앙이 된다고 할 것인가? 믿지 않을 용기가 없기 때문에 자기가 믿은 것을 믿는 것일 뿐이라니, 얼마나 가소로운 신앙이냐! 지조가 없다든가 경황의 격정 같은 악덕스러운 정열이 우리 심령에 무슨 작용을 할 수 있을 것인가?

　무신론자들이 이성의 판단으로 지옥이나 미래의 징벌에 관해서 말하는 바는 꾸민 이야기임을 입증한다고 플라톤은 말한다. 그러나 노령이 되거나 병에 걸려 죽음이 가까워 오며 그것을 시험해 볼 기회에 부딪히면, 죽음의 공포는 그들에게 닥쳐오는 조건 때문에 그들의 마음을 전과는 다른 새 신념으로 채운다. 그리고 이러한 상념은 사람들의 마음을 점잖게 만들기 때문에 플라톤은 그의 《법률편》에서 이러한 위협에 관한 가르침과, 신들에게서 무슨 일이 온다고 해도 인간의 더 큰 행복과 그를 개선하는 효과 외에 다른 해악이 올 것이라고 설복하는 일은 모두 금지하고 있다. 사람들은 비온[4]에 관해서 이자는 테오도로스의 무신

---

4) 소아시아 태생의 그리스 목가 시인(?~?). 만년은 시칠리아에서 보냈고 단순하면서 우아한 시를 썼다. 작품에 〈아도니스 애가〉가 있다.

론에 감염되어 오랫동안 신앙 있는 사람들을 조롱하더니, 갑자기 죽음이 닥쳐오자, 마치 신들이 그의 사정에 따라 있었다 없어졌다 하는 듯이 심하게 미신적이 되었다는 것이다.

플라톤의 말이나 이런 예에서 보듯, 우리는 강제로 사랑이나 하느님을 믿게 된다고 결론지으려고 한다. 무신론은 타락하고 해괴망측한 제언이며, 인간의 정신이 아무리 막되고 혼란되었다 해도 그것을 정신 속에 심어 주기는 곤란하고 불안한 일이다. 때문에 상당히 많은 사람들이 속인과는 다른 세상을 개혁하는 사상을 품고 있다는 허영심과 자존심으로 체면상 그런 사상을 표명하고 있으나, 그들은 어지간히 미쳤다고 해도 그런 사상을 마음속에 뿌리박을 만큼 강하지 못한 것으로 보였다. 그들의 가슴팍을 칼로 한 번 찔러 주면, 바로 하늘을 우러러 합장하지 않고는 못 배길 것이다. 그리고 병이나 공포에 눌려 이런 경솔한 기분의 방자한 열성이 수그러질 때는, 그들은 다시 일반의 본을 따라 신앙으로 되돌아와서 극히 조심스레 그것을 실천하지 않고는 못 배길 것이다.

어떤 사상을 신중하게 이해하여 내 것으로 만든 경우와, 이런 피상적 사상이 흐트러진 정신의 방자성에서 나와서 주책없고 불확실하게 공상 속에 떠도는 것과는 문제가 다르다. 될 수 있는 대로 못 되려고 애쓰고 있다니, 머리가 돌아버린 참 가련한 인간들이다.

다른 종교 사상의 잘못과 우리의 거룩한 진리를 알지 못하던 데서, 플라톤의 그 위대한(그러나 단지 인간적 위대성으로) 심령은 그와 가까운 이런 다른 망령에 빠지며, 마치 신앙이 우리의 어리석음에서 생기며 거기서 신뢰를 얻듯이 어린아이와 늙은이들이 더 쉽게 종교를 믿게 된다고 한다.

우리의 판단력과 의지를 결부시키고 우리의 심령을 포옹하여 창조주에게 매어 줄 매듭은, 우리의 사색이나 이성과 정열이 하는 일이 아니다. 그것은 하느님의 권위이고 은총인 형체, 모습, 광채밖에 갖지 않는 거룩하고도 초자연적인 포옹에서 그 습성과 힘을 받는 매듭이라야 할 것이다.

그런데 우리의 마음과 영혼은 신앙심이 다스리고 지배하는 것이니, 다른 모든 소질들을 그 능력에 따라 끌어내서 하느님의 의도에 봉사시키는 것은 당연한 일이다.

그런 만큼 이 기계(우주) 전체는 위대한 건축가(하느님을 말함)의 손자국이 박힌 무슨 표적을 갖지 않았다거나, 이 세상의 사물들에서 그들을 만들어 세워 놓은 직공(역시 하느님을 말함)을 닮은 모습이 없다는 것은 믿을 수 없는 일이다. 그는 자기의 성스러운 성격을 이 고매한 작품들에 남겨 두고 있다. 그것을 발견하지 못하는 것은 우리의 어리석음 때문이다. 눈에 보이지 않는 그의 작업은 눈에 보이는 사물들을 가지고 표명하고 있다는 것을 스스로 말하고 있다.

스봉은 이 연구에 주력했다. 그리고 이 세상의 어느 부분이건 그 제조자가 속이지 않는 과정을 우리에게 보여 준다. 만일 우주가 우리의 믿음에 동의하지 않는다면, 그것은 하느님의 착하심을 그릇되게 만드는 일이 될 것이다. 하늘·땅·원소들, 우리의 신체와 영혼 등 모든 사물들이 여기에 합의한다. 우리는 그들을 사용할 방법을 찾아내기만 하면 된다. 우리가 이해할 능력이 있다면, 그들은 우리를 가르쳐 준다. 왜냐하면 이 세상은 대단히 거룩한 한 사원(寺院)이며, 인간은 그 속에 절대자의 손으로 만들어진 조각상이 아니라, 거룩한 사상이 우리에게 이해할 수 있는 사물들을 표상해 주려고(태양·별·물·땅 등) 지각할 수 있게 해준 조상들을 인식시키기 위해서 안내되어 들어온 것이다. "하느님의 작품들을 통해서 그의 영원한 예지와 신성을 고찰해 보면, 하느님의 보이지 않는 창조 속에 나타나 보인다"라고 성 바울은 말했다.

　　신은 대지가 하늘을 보는 것을 꺼리지 않는다.
　　그는 끊임없이 하늘을 회전시키며, 그의 용모와 현상을 전시한다.
　　그는 우리에게 그 자신을 잘 이해하고, 그의 걸음을 관찰하고
　　그의 법에 우리 주의를 집중시키기를 배우도록
　　그는 진실로 자신을 우리에게 제공하며 체득시킨다.　　(마닐리우스)

*스봉에 대한 제1의 반대에 대한 결론
그런데 우리의 인간적 이성과 사고 방식을 보면, 마치 메마르고 둔중한 물건과 같다. 하느님의 은총이 그것의 형체이다. 이 은총이 형태와 가치를 부여한다. 마치 소크라테스와 카토의 도덕적인 행동들이 그들의 목적을 갖지 못했고, 모든

사물들의 진실한 창조자의 사랑과 공경과 복종을 우러러 받들지 못했고, 하느님을 알지 못했고, 하느님을 알지 못했기 때문에 모두 헛되고 무용한 것으로 머무른 바와 같이, 마찬가지로 우리의 관념과 사고 방식도 헛된 것이다. 그것들은 어떤 형체를 지녔다. 그러나 하느님의 신앙과 은총이 거기에 결부되지 않으면, 그것은 모양도 광명도 없고 형태도 갖지 않은 뭉치에 지나지 않을 것이다. 신앙심은 스봉의 논법에 물들어 광채를 주며, 이 신앙심이 그의 논거를 단단하고 견고하게 만든다. 이 논법들은 초심자를 신앙의 길로 지도하기 위한 방향과 초보의 지침으로 쓰일 수 있다. 그것은 어떤 면에서는 그의 사람됨을 만들어 주며 하느님의 은총을 받을 수 있게 하여 준다. 이 은총의 덕택으로 신앙은 성숙하고 완성되는 것이다.

나는 권세 있고 문장 교양을 쌓은 한 분을 알고 있는데, 그는 스봉의 논조의 중개로 불신앙의 죄에서 다시 돌아왔다고 내게 고백했다. 사실 이 작품에서 문장의 장식과 신앙을 찬성하여 옹호하는 부분을 제거하고, 단지 가공하고 버려야 할 불신앙의 암흑 속에 빠진 자들을 공박하기 위한 순수하게 인간적인 사상으로 잡아 보아도, 그의 논거들은 불신앙에 대항할 수 있는 같은 조건의 어느 논법보다도 더 진실하고 확실한 사상이 될 것이다. 그래서 우리는 반대자들에게,

 그대에게 더 탁월한 논거가 있거든 내놓아라.
 그렇지 않으면 항복하라.   (호라티우스)

고 하며, 그들이 우리 증거 앞에 굴하거나, 그들이 다른 곳에서 다른 제목으로 더 잘 짜이고 더 잘 장식된 논법을 내놓게 할 것이다.

 *스봉에 대한 제2의 반대, 반대자들
나는 스봉을 변호해서 거기 답변하겠다고 제안한 두 번째 반대 의견에 생각도 않고 끌려 들어가고 있다.
어떤 자들은 그의 논거는 그가 원하는 바를 증명하기에는 약하고 부적당하다고 말하며, 손쉽게 그를 공박하려고 한다.

이런 자들은 좀 호되게 다루어 주어야 한다. 왜냐하면 이자들은 첫 번째 자들보다 더 위험하고 악질이기 때문이다. 사람들은 자기가 미리 생각해 놓은 의견을 옹호하려고 남의 문장의 의미를 비틀어 해석하기를 좋아한다. 그리고 무신론자는 자신의 독소로 순진한 재료를 나쁜 쪽으로 바꾸어 가며, 모든 작가들을 무신론으로 끌어넣겠다고 자만한다. 이런 자들은 그들의 판단에 어떤 선입견을 가지고 있어, 스봉의 논지에서 아무 맛도 느끼지 못한다. 그뿐더러 그들은 순수하게 인간적인 무기(이성을 말함)를 가지고 저 권위와 통제로 충만한 장엄성 앞에 감히 공격할 생각을 하지도 못할 우리 종교를 자유로이 공박해 볼 기회를 얻었다고 생각하고 있다. 이런 미친 태도에 일격을 가하기 위해서 가장 적당한 것으로 보고 내가 취하는 방법은, 인간의 오만과 자부심을 짓녹여 발로 짓밟는 일이다.

그들에게 인간의 무력함과 허영됨과 허망함을 깨닫게 하는 일이다. 그들의 손에서 이성이라는 허약한 무기를 박탈하는 일이다. 거룩하신 위엄의 권위와 존숭 밑에 그들의 머리를 억눌러 땅을 물게 하는 일이다. 지식과 예지는 오로지 하느님의 권위에 속한다. 그만이 사물 본연의 가치를 평가할 수 있으며, 우리는 그에게서 자신을 계산하고 평가해 볼 거리를 훔쳐내 온다.

>그것은 신이 자기 이 외의 다른 자가
>크게 예지로움을 원치 않기 때문이다.
>(헤로도토스)

악령의 포학함에 있어 가장 큰 기반인 이 오만을 타도하자. "신은 거만한 자들에게 저항하고 겸허한 자들에게 혜택을 주느니라."(성 베드로) 지성은 모든 신들에게, 그리고 극소수의 인간들에게 있다고 플라톤은 말했다.

*스봉에 대한 제2의 반대와 그 변호

그러나 기독교인에게는 그렇지만 우리들 죽어갈 허약한 도구들이 우리의 거룩하고 신성한 신앙에 안성맞춤으로 되어 있기 때문에, 이 도구들이 그 천성으로 허약하고 사멸하게 된 재료에 사용될 때는, 그보다 더 완전하고 힘차게 적합할 수 없다는 것은 큰 위안이 된다. 인간이 그의 능력으로 스봉보다 더 강력한 다른 이치를 가질 수 있는 일인지, 또는 추론과 사색으로 어떤 확실성에라도 도달하는 것이 인간에게 있을 수 있는 일인지 살펴보자.

성 아우구스티누스는 이런 자들을 반박하며, 우리 이성으로는 그 이치를 세워 볼 수 없는 신앙의 부분들을 그릇된 일로 보는 것이 부당함을 책망할 지당한 이유가 있다. 그리고 우리의 사고력으로 그 본성과 원인 등을 파고들어 연구해 볼 수 없는 상당히 많은 사물들이 있을 수 있고 과거에도 있었던 것을 보여 주기 위해서, 그는 인간이 그 내막을 아무것도 이해할 수 없다고 고백하고 있는 불가사의하고 확실한 경험들을 제시하고 있다. 이것을 다른 사물들과 같이 신중하고 교묘하게 탐구하는 것이다. 우리는 더 나아가서 인간의 이성이 허약함을 설복시키기 위해서는 희귀한 예들을 애써 골라 볼 필요도 없고, 이성은 너무나 결함이 많고 맹목적이기 때문에, 그에게 아주 명백할 정도로 쉽게 이해되는 것은 아무것도 없으며, 평이한 것이나 평이치 않은 것이나 그에게는 같은 일이며, 모든 문제에서와 똑같이 대자연이 인간 이성의 권한과 주선을 거부한다는 것을 사람들에게 알려 주어야 한다.

진리가 우리에게 세속적인 철학을 피하라고 하며 하느님 앞에서는 우리의 예지가 미친 수작에 불과하고, 모든 헛된 것 중에 인간이 가장 헛되며 자기가 무엇을 안다고 잘난 체하는 인간은 안다는 것이 무엇인지를 아직 모르고 있으며, 아무것도 아닌 인간이 자기가 무엇쯤 된다고 생각한다면, 그것은 자신을 꼬이며 기만하는 일이라고 그렇게도 자주 우리에게 타이를 때, 진리는 무엇을 설교하는 것일까? 저 성령의 말씀은 너무나 명백하고 생생하게 내가 주장하려고 하는 바를 표현하고 있으니, 나로서는 이 진리의 권위 앞에 완전한 굴복과 순종을 바치는 자들에게 아무런 증거도 보여 줄 필요가 없다. 그러나 이런 자들은 자기들이 아플지라도 매맞기를 원하며, 이성으로밖에는 그들 이성을 공박하는 것을 인정하려 하지 않는다.

*인간의 허영

그러면 지금 당장은, 외부의 원조 없이 다만 자기 무기로만 무장하고, 그의 존재의 온 영광이며 힘이며 기초가 되는 하느님의 은총과 지식을 받지 않은 순수한 인간만을 고찰해 보자. 이 인간이 그 훌륭하고 단정한 차림 속에 얼마간의 실속을 가졌나 보자. 그가 한 사색의 노력으로 그는 다른 생령들보다 대단히 우월하다는 장점을 어느 기초 위에 세웠다고 생각하는가를 내게 이해하게끔 해 보라.

저 하늘에서 끊임없이 돌아가는 경탄스러운 운행과 그의 머리 위를 저렇게도 품위 높게 굴러가는 저 횃불들의 영원한 광명, 저 무한한 큰 바다의 경탄할 만한 움직임들이 인간의 권익을 위해서 그에게 봉사하려고 세워져서, 그렇게 오랜 세월을 계속하는 것이라고 누가 그를 설복한 것인가? 자기 자신도 극복하지 못하며, 모든 사물들에게 침해당하고 있는 이 가련하게도 허약한 피조물이 이 우주의 주인이며 제왕이라고 자칭하다니, 이런 꼴사나운 일을 도대체 상상해 볼 수 있을까? 그는 이 우주를 지배하기는커녕 아주 작은 일부분을 이해할 능력조차 없지 않은가? 이 거대한 건물(우주를 가리킴) 속에서 홀로 그 미와 부분들을 알아볼 능력을 가졌으며, 홀로 그것을 건축가(창조주를 가리킴)에게 감사하고, 이 세상의 수입과 지출을 계산할 수 있다고 자처하는 특권, 이 특권장(特權狀)에 누가 그를 위해 도장을 찍어 주었단 말인가? 우리에게 이 훌륭하고 위대한 직책의 사령장을 보여 다오.

이러한 사령장은 현자들을 위해서만 부여되었던 것인가? 그러면 그것은 여러 사람들에게 관계될 문제가 아니다. 미친 사람들과 악인들이 이런 비상한 은총을 받을 가치가 있는가? 다른 자들을 제쳐두고 이 우주의 가장 못난 부분들인 그들이 총애받을 가치가 있단 말인가?

여기서 우리는 "누구를 위해서 우주는 창조되었다고 말할 것인가? 정녕 이성을 사용하는 생령을 위해서이다. 확실히 모든 존재들 중 가장 완전한 존재인 신들과 인간들이다"(키케로)라고 한 말을 믿을 것인가? 이렇게 짝지어 주는 오만하고 부끄럼 없는 수작을 아무리 모욕해도 부족할 것이다.

그러나 가련하게도 그에게는 이러한 장점을 가질 만한 무엇이 있는가? 천체들의 불멸의 생명, 그들의 미·위대성, 그들의 그렇게도 정확한 규칙에 의한 계속적인 운동을 고찰해 볼 때

    우리 머리 위의 광막한 우주의 천궁과

찬란한 별무리를 바라볼 때,
　　그리고 우리가 달과 태양의 회전을 고찰해 볼 때.　　　　(루크레티우스)

그리고 이 천체들이 우리들 생명과 운의 조건뿐 아니라

　　그는 인간들의 행동과 생명을
　　별무리에 의존시켰으므로.　　　　　　　　　　　　　(마닐리우스)

우리의 이성이 가르쳐 주고 밝혀 줌에 따라서, 그들의 영향력대로 그들이 지배하고 조종하고 동요시키는 우리의 경향, 사고력, 의지까지도 고찰해 보면

　　그는 저렇게 멀리 보이는 별무리들이
　　그 은밀한 비밀의 법에 따라 인간들을 지배하고
　　전 우주의 운동들이 주기적 원인으로 조정되었고
　　그리고 운명의 변천이
　　천체들의 결정된 형상들에 의존함을 알며.　　　　　(마닐리우스)

한 인간, 한 임금뿐 아니라 왕조와 제국과 이 아래 세상 전부가 천체의 아주 작은 운동의 기회로 맺어진 인연을 받아서 움직임을 볼 때

　　이 아주 작은 운동에 의해 생긴 결과는 얼마나 위대한가?
　　제왕들을 지배하는 이 세력은 그렇게도 강력한가!　　(마닐리우스)

우리들의 도덕, 악덕, 능력과 학문, 그리고 이 별들의 힘에 관해서 우리가 쓰고 있는 사고력, 그리고 그들과 우리를 두고 하는 이 비교, 이것이 우리의 이성이 판단하는 바와 같이 그들의 방법과 은총에 의해서 오는 것이라면

　　어떤 자는 사랑에 미쳐, 트로이를 치려고 바다를 건넌다.

다른 자의 운명은 법률을 편찬함에 있고, 여기서는 자식이 어버이를,
저기서는 부모가 자식을 살해하며,
여기서는 형제에 대항하여 무기를 들고 서로 학살한다.
이 살육의 책임은 우리에게 있지 않다.
운명이 그들을 강요하며, 이렇게 모두를 교란시켜
그들의 손으로 서로 징벌하며 서로 해치게 한다……
그리고 내가 이렇게 운명에 관해서 말하는 것도
운명에 의해서 하는 것이다. (마닐리우스)

우리가 하늘이 분배해 준 대로 우리가 가진 몫의 이성을 받은 것이라면, 어떻게 그 이성이 우리를 하늘에 견줄 수 있을 것인가? 어떻게 하늘의 본질과 조건들을 우리의 지식에 굴복시킬 것인가? 우리가 이런 물체들에서 보는 모든 것이 우리를 놀라게 한다. "이런 광막한 건축을 위하여 사용된 노력·도구·기계·직공들은 어떠한 것이었던가?"(키케로)

어째서 우리는 그들에게 영혼과 생명과 사고력이 없다고 하는가? 우리는 복종하는 것밖에 그들과 아무런 교섭이 없으면서, 그들을 움직이지 못하고 감각도 없이 우둔하다고 생각했던가? 우리는 인간 이 외의 어떠한 피조물도 이성적인 영혼을 사용하는 것을 보지 못했다고 말할 것인가? 웬 말인가? 우리는 태양과 같은 무엇을 보았는가? 우리는 그와 닮은 것을 보지 못했으니, 그는 존재함이 아닌가? 그리고 그의 운동은, 그와 같은 것이 없으니 그것이 없단 말인가? 우리가 보지 못한 것이 존재하지 않는다면, 우리의 지식은 놀라울 만큼 짧아진다. "우리 정신의 한계는 그렇게도 좁다!"(키케로)

아낙사고라스가 말하듯이 달을 하늘에 있는 땅이라고 하고, 거기 산과 골짜기들을 상상해 보는 것은 인간의 허영심이 품은 꿈이 아닐까? 플라톤과 플루타르크가 말하듯이 거기에 인간의 삶과 주소를 세워 놓고, 인간의 편익을 위해서 식민지를 건설한 것인가? 그리고 우리 대지를 빛내는 광명스러운 별로 만들어야 할 것인가? "인간 천성의 다른 허약성 중에서도 심령의 이 맹목성은 인간성으로 하여금 잘못을 범하게 할 뿐 아니라 이 잘못을 총애하게 한다."—"부자의 육체는

영혼을 둔중케 하며, 그 조잡한 겉껍질 아래에 바로 사상의 훈련으로 심령을 위축시킨다."(예지의 서, 성 아우구스티누스가 인용한 것)

*인간은 동물보다 나을 것이 없다

자만심은 타고난 근본적인 병폐이다. 모든 생령들 중에서도 가장 재난당하기 쉽고 취약하며, 동시에 가장 오만한 것은 인간이다. 인간은 우주의 가장 나쁘고, 죽어 없어지며 비천한 부분에 못 박혀, 하늘의 끝없는 곳에서 가장 멀리 떨어진 최후 단계의 주거로, 여기 이 세상의 진흙과 분뇨통 속에서 세 가지 동물들(조류·포유류·어류) 중의 가장 나쁜 조건에 있는 동물들과 함께 자기를 보고 느끼고 한다. 그러고도 그는 상상력으로 달의 궤도 위에 올라서 하늘을 자기 발밑으로 끌어내리고 있다. 바로 이 공상력으로 그는 자기를 하느님과 견주며, 하늘의 거룩한 조건을 자기가 차지하고 자기 자신을 따로 골라 다른 생령들과는 구별해 놓고, 자기 동료며 친구인 동물들에게는 그들의 몫을 갈라 주며, 그들에게 자기 멋대로 정한 소질과 힘을 부여한다. 그는 어떻게 자기 지성의 힘으로 동물들의 내적 움직임과 비밀을 안단 말인가? 그는 어떻게 그들과 우리를 비교하며, 동물들에게 어리석은 성질을 주고 있는 것인가? 내가 고양이와 희롱하고 있자면, 내가 고양이를 데리고 소일하는 것인지 고양이가 나를 데리고 소일하는 것인지 누가 알 일인가?

플라톤은 사투르누스 치하의 황금시대를 묘사하며, 당시 인간들의 주요 장점들 중에서도 그들이 짐승들과 의사가 통해서, 인간이 짐승들에게 물어서 배웠고, 그 하나하나의 진실한 소질과 차이를 알아 그것으로 지극히 완전하고 신중한 지능과 예지를 얻었으며, 우리가 하는 것보다 훨씬 더 오래 행복하게 살 수 있었다는 점을 들고 있다.

인간이 짐승들에 관해서 얼마나 무례한가를 판단하는 데 이보다 더 나은 증거가 또 필요할 것인가? 이 위대한 작가는 자신이 짐승들에게 부여한 대부분의 신체 형태 중에서, 자연은 오로지 당시 사람들이 짐승들에게서 끌어내던, 예측하는 능력을 고려해 주었다고 생각한다.

짐승들과 우리 사이의 의사소통이 불가능하게 된 결함이 어째서 그들에게 있고, 우리에게는 없다는 말인가? 우리가 서로 이해하지 못하는 결함의 책임이 누구에게 있는가는 생각해 보아야 할 일이다. 왜냐하면 짐승들이 우리를 이해하지 못하는 만큼, 우리도 그들을 이해하지 못하기 때문이다. 바로 이 이유로 우리가 그들을 짐승이라고 보는 만큼, 그들도 우리를 짐승이라고 볼 수 있다. 우리가 그들을 이해하지 못한다는 것도 크게 괴이한 일은 아니다. 마찬가지로 우리는 바스크인들이나 트로글르디트족(동굴 속에서 사는 족속을 이름)의 말을 알아듣지 못한다.

    그렇지만 티아나의 아폴로니오스와 멜람포스·티레시아스·탈레스 등과 같이 어떤 자들은 짐승의 말을 이해한다고 자랑하고 있었다. 우주학자들이 말하듯, 개 한 마리를 자기들의 임금으로 받드는 나라가 있다는 것이 사실인 이상, 그 나라 사람들은 개의 목소리와 동작에 어떤 해석을 지어 주어야 할 일이다. 우리는 우리와 짐승들 사이의 대등성을 주목해야 한다. 우리는 그들의 의미를 반쯤은 이해할 수 있다. 짐승들도 대강 그 정도로 우리를 이해하고 있다. 그들은 우리에게 아첨하고, 우리를 위협하고, 우리를 찾고 있다. 우리도 역시 그들에게 그렇게 한다. 그뿐더러 짐승들끼리는 완전한 의사소통이 있으며, 같은 종류들끼리만이 아니라 다른 종들끼리도 서로 이해하고 있음을 우리는 확실히 본다.

> 말할 줄 모르는 가축들과 야수들끼리도
> 공포·고통·희열이 그들을 동요시킴에 따라서
> 저마다 다른 외침 소리를 들려준다.   (루크레티우스)

    개가 어떻게 짖으면 말은 그 개가 화를 냈다는 것을 알며, 다른 어떤 소리를 내면 놀라지도 않는다. 목소리가 없는 짐승들에게까지도 그들끼리 서로 일해 주고 있는 것을 보면, 우리는 거기에 의사를 소통하는 어떤 다른 방법이 있음을 쉽사리 추론한다. 그들의 동작이 대화하며 교섭하고 있는 것이다.

>   그것은 말을 배우는 아이들이
> 몸짓으로 말을 하는 것과 거의 같은 방식이다.   (루크레티우스)

청각장애자들이 수화로 말다툼하고 따지며 이야기하는 것만큼 못할 것인가? 나는 어떤 자들이 이런 동작에 지극히 부드럽고 능란하게 되어서, 사실상 자기가 하고 싶은 말을 아주 완전하게 이해시키는 데에 부족한 바가 없는 것을 보았다. 사랑하는 애인들끼리 화를 내고, 서로 화해하고, 간청하고, 지적하는 모든 일을 눈으로 한다.

침묵도 소망과
생각을 나타낼 줄 안다.   (타소)

손으로는 어찌 하지? 우리는 요구하며, 약속하며, 부르며, 내보이며, 위협하며, 기원하며, 간청하며, 부인하며, 거절하며, 물어보며, 감탄하며, 헤아리며, 고백하며, 후회하며, 두려워하며, 부끄러워하며, 의심하며, 가르쳐주며, 명령하며, 교사하며, 맹세하며, 증거하며, 비난하며, 처단하며, 죄를 사하며, 욕설하며, 경멸하며, 도전하며, 분개하며, 아첨하며, 갈채하며, 축복하며, 굴욕을 보이며, 조롱하며, 화해하며, 권장하며, 고무(鼓舞)하며, 축하하며, 즐기며, 동정하며, 슬퍼하며, 낙담시키며, 절망하며, 놀라게 하며, 소리치며, 침묵케 하며, 그리고 무엇은 못할 것인가? 혓바닥에 못지않게 잡다하고 복잡하게 무엇이든지 표현한다.
우리는 머리로 청하며, 돌려보내며, 자백하며, 말을 부인하며, 진실을 폭로하며, 환영하며, 영광을 주며, 숭배하며, 사모하며, 요구하며, 사절하며, 유쾌하게 굴며, 비탄하며, 애무하며, 견책하며, 굴복시키며, 대거리하며, 추어올리며, 위협하며, 확언하며, 캐어묻는다. 눈썹으로는 어쩌지? 어깨로는 어쩌지? 어느 동작이든 가르침 없이라도 동시에 이해할 수 있는 언어와 공적 언어를 말하지 않는 것이 없다.
그래서 다른 언어들이 가짓수가 많고 용법이 특수한 것을 보면 차라리 이 동작의 언어가 인간 본성의 고유한 언어라고 판단해야 할 것이다. 나는 말할 필요 있는 자에게 당장에 가르쳐 주는 언어와 손가락의 알파벳과 몸짓의 문법과 이런 것으로밖에 행사되고 표현되지 않는 학문과, 플리니우스가 말했듯이 이런 것밖에 다른 언어를 갖지 않은 국민들의 이야기는 생략한다.

아브데라시(市)의 한 대사(大使)는 스파르타 왕 아기스에게 오랫동안 이야기하고 나서 그에게 물어보았다. "글쎄요, 임금님, 우리 시민들에게 무슨 대답을 가져갈까요?" "나는 그대에게 말하고 싶은 대로 실컷 말할 테니, 내가 한마디도 않더라고 하게." 이것이 바로 극히 잘 이해되는 침묵의 화법이 아닌가? 우리가 가진 어떤 종류의 능력을 도대체 동물들의 행동에서는 찾아보지 못한단 말인가? 꿀벌의 사회보다 더 많이 직책과 직무가 구분되고, 더 질서 있게 정리되고, 더 항구적으로 유지되는 사회가 또 있는가? 그 지극히 잘 정돈된 행동과 직무 배정이, 사고력과 예지 없이 이루어진다고 상상해 볼 수 있는가?

> 이러한 표징과 예로, 어떤 자들은
> 꿀벌들이 신의 지혜와 하늘의 신령한 기운을
> 받은 것이라고 말하고 있다.
> (베르길리우스)

봄이 돌아오면 찾아와서 우리 집 구석을 뒤지고 있는 제비들은 수많은 자리들 중에서 그들이 깃들어 살기에 가장 편리한 자리를 아무런 판단력도 없이, 아무런 식별력도 없이 고르는 것인가? 그리고 그들 건축의 저 아름답고도 감탄할 만한 구조에 있어서, 새들은 그 조건과 효과를 알지 못하고 둥근형보다는 차라리 네모, 직각보다는 둔각을 사용하는 것인가? 그들은 굳은 흙도 물을 축이면 물러진다는 것을 판단하지 못하고 때로는 물을, 어느 때는 진흙을 물어 오는 것인가? 그들은 새끼들의 연한 사지가 그 속에서 더 푹신하고 편안하게 지낼 것을 예측하지 못하고 그들 집의 바닥을 이끼풀과 잔털로 까는 것인가? 바람의 다른 여러 성질을 잘 알지 못하고, 한쪽 바람이 다른 쪽 바람보다 그들에게 더 안온하다는 것을 생각해 보지 않고, 그들은 비 실은 바람을 가리며 집을 동쪽에 짓는 것일까? 거미에게 반성과 사색과 추론의 능력이 없다면 어떻게 거미줄을 한 곳은 두텁게 하고 다른 곳은 늦추며, 이 시간에는 이런 종류의 그물을, 다른 시간에는 저런 종류의 그물을 사용하는 것일까?

우리는 동물들 대부분의 작품을 보고, 그들이 우리들보다 얼마나 더 탁월한 점을 가지고 있는가, 우리의 기술이 그들을 모방할 능력이 얼마나 부족한가를 충분히 알고 있다. 그 반면에 우리는 더 조잡한 작품을 만드는 데 우리 소질들을 사용하며, 우리 심령의 온 능력을 거기에 부어 넣고 있는 것을 본다. 어째서 우리는 그들도 그만한 일을 하는 것이라고 생각하지 않는가? 짐승들의 작품은 우리의 본성과 기술로 할 수 있는 것보다 더 우수한데, 어째서 우리는 그들의 작품을 무엇인지 모르는 자연적이며 노예적인 경향으로 돌려 버리는 것인가?

이 점에서 우리는 생각해 보지도 않고 자신이 그들을 위해서는 어머니다운 애정으로 생활의 모든 행동과 안락을 보살피려고, 그들을 쫓아가서 손으로 이끌어 지도해 준다. 또 반대로 우리 자신은 우연과 운에 맡겨 두고 스스로 꾀를 써서 생명 보존에 필요한 사물들을 찾아다니게 두고, 동시에 우리에게는 어떠한 교육과 정신적 노력을 가지고도 짐승들의 타고난 기교에 도달할 수 있는 방법을 알려 주기를 거부한다. 따라서 그들의 짐승으로서의 우둔성이 모든 편익으로 보아서 우리의 거룩한 지성이 할 수 있는 모든 것보다 더 우수하도록 만들어 주게 하며, 우리는 그들에게 우리보다 대단히 큰 장점을 양보하고 있는 것이다.

그렇다면 우리는 자연을 대단히 불공정한 의붓어미라고 불러야 할 일이다. 그러나 결코 그렇지 않다. 우리의 조직 체계는 그렇게 혼란되고 무질서한 것이 아니다. 자연은 보편적으로 모든 피조물들을 포용한다. 그리고 생령 중에서, 자연이 그의 생명 보존에 필요한 모든 방법을 아주 충분하게 제공하지 않는 것은 하나도 없다. 나는 사람들이(그들은 방자한 생각으로 때로는 자기를 구름 위에 올려놓고, 때로는 그 반대편 극단 속에 집어넣는다) "우리는 속박당하고 잘 씌워져서 대지 위에 벌거숭이로 내던져진 단 하나의 동물이며, 남이 내버린 물건으로밖에 자기를 싸감아 무장해 볼 거리도 없다. 반면에 다른 피조물들은 자연이 그들을 조개껍데기·깍지·덧껍질·털·모사·가시·가죽·잔털·날개짓·거북 등껍질·양털 가죽, 돼지털 등 그들의 생활에 필요한 대로 옷을 입혀 주고, 그들을 발톱·이빨·뿔 등으로 무장시켜서 공격하고 방어하게 하고, 자연이 헤엄치기·달음질치기·날기·노래하기 등 그들에게 맞는 일을 가르쳐 주고 있는데, 사람들은 그 반대로 우는 것 외에는 배우지 않으면 길가기·말하기·밥 먹기도 알지 못한다"고 하는 말을 듣는다.

자연이 어미의 배 속에서 고생하며 어린애를 끌어내어

어린애가 막 빛의 세계로 나오는 순간부터
마치 파도의 맹위가
해안으로 내던진 뱃사공과도 같이
어린애는 발가숭이로 언어도 모르며
생존에 필요한 모든 것이 결여된 채 땅에 팽개쳐져 있다.
그리고 애절한 울음소리로 자기가 태어난 장소를 채운다.
그 울음이 옳으리라, 이 불행아에게는 그의 인생행로에 겪어야 할
많은 불행만이 남아 있다! 그 반대로 동물들은
가축이건 야수이건, 크건 작건, 수고로움 없이 성장하며
그들에게는 딸랑딸랑 소리 나는 장난감도
유모의 어르는 말도 필요치가 않다.
그리고 계절 따라 갈아입어야 할 옷조차도
찾으러 나가지 않는다. 끝으로 그들은 재산을 보존하기 위한
무기도 성벽도 필요치 않다.
왜냐하면 대지와 근면한 대자연은 그들에게 필요한
모든 종류의 자료를 풍부하게 생산해 주기 때문이다.　　(루크레티우스)

　이렇게 말하는 천박한 불평을 잘 듣지만, 이 불평은 그릇된 생각들이다. 이 세상의 질서에는 더 위대한 평등과 균일한 연관성이 있다.
　우리의 피부는 그들의 것만큼 추위와 더위에 충분히 버틸 수 있게 되어 있다. 그 증거로, 사람들이 아직도 옷을 입지 않는 나라들이 많이 있다. 옛날 골족들은 결코 옷을 입는 일이 없었다. 이웃 아일랜드 사람들은 추운 기후에도 옷이 없다. 그러나 이것은 우리 자신을 살펴봄으로써 훨씬 더 잘 판단할 수 있다. 우리가 바람과 공기에 드러내놓아도 좋은 부분은 모두 그것을 겪기에 적합하게 되어 있다. 우리는 습관적으로 얼굴·발·손·다리·어깨·머리 등을 내놓고 다닌다. 우리에게 추위 타는 것을 두려워해야 할 듯싶은 약한 부분이 있다면, 그것은 소화가 이루어지는 배일 것이다. 우리 조상들은 그곳을 내놓고 다녔었다. 그리고 우리네 부인들은, 부드럽고 연약하게 생긴 여자의 몸이지만 때로는 배꼽까지 내놓고 다닌다.

갓난아이들을 기저귀로 싸서 동여매는 것도 필요한 것이 아니다.
　라케다이모니아의 어머니들은 어린아이들의 팔다리를 매거나 굽히는 일 없이 자유로이 움직이게 둔 채로 키웠다. 우리가 태어날 때 우는 것은 다른 동물들에게도 공통된 일이다. 태어난 다음 오랫동안 울지 않고 있는 일은 없다. 그것은 그들이 느끼고 있는 허약감에 맞는, 아주 맞는 자세인 까닭이다. 먹는 버릇은 그들이나 우리나 배워야 할 필요 없이 타고난 버릇이다.

　　저마다 자기가 사용할 수 있는 역량을 느끼기 때문이다.　　(루크레티우스)

　어린아이는 혼자서 먹을 힘을 갖게 되며, 자기 먹을 것을 자기가 찾을 줄 안다는 것을 누가 의심하는가? 대지는 농사짓기와 기술 없이도 충분한 식량을 필요한 대로 생산해서 제공한다. 또한 어느 시기에라도 생산하는 때가 아니라면, 짐승을 위해서도 제공해 주지 않는다. 그 증거로 우리는 개미나 다른 동물들이 1년 중 생산 없는 계절에 대비해서 미리 저장해 두는 것을 본다. 우리가 최근에 발견한 나라(신대륙 아메리카를 말함)들에서는, 사람들이 수고해서 준비해 두지 않아도, 자신의 음료와 식량 등이 풍부하게 공급되는 것을 본다. 빵만이 우리의 유일한 식량이 아니며 농사를 짓지 않아도 어머니인 대자연은 우리에게 필요한 것을 풍부하게 제공하고 있음을 알려 준다. 대지는 우리가 기술을 가하고 있는 지금보다 더 충분하고 풍부하게 우리에게 필요한 물건을 제공해 주었을 것으로 보인다.

　　대지는 당초에 인생을 위하여
　　찬란히 수확하고 풍부한 포도를 생산했다.
　　대지는 감미로운 과실과
　　기름진 목초를 제공했다.
　　그런데 지금은 이 모든 걸 우리가 고생하여 재배해도
　　여간해서 성장하지 않으며
　　우리는 여기에 소와 농민들의 기력을 소모하고 있다.　　(루크레티우스)

그것은 우리의 욕망이 너무 과분하고 무질서해서, 그것을 만족시키려고 애쓰는 모든 방법이 넘쳐 있기 때문이다.

무기로 말하면, 우리는 대부분의 다른 동물들보다 더 자연스러운 것을 가지고 있고, 팔다리의 움직임이 더 많고, 배우지 않아도 타고난 대로 그것을 더 능란하게 사용하고 있다. 알몸뚱이로 싸워야 하는 동물들은, 우리와 같은 위험에 몸을 던지는 것을 본다. 몇몇 짐승들은 이 장기(長技)에서 우리보다 우수하다고 하지만, 우리는 이 점에서 다른 많은 짐승들보다 우수하다. 후천적인 방법으로 몸을 강하게 하고 지키는 기술은 타고난 본능과 가르침을 통해 알고 있다. 그 증거로, 코끼리는 이빨을 날카롭게 갈아서 싸움에 이용한다.(그는 이 용도로 특수한 이빨을 가지고 아껴 두며, 결코 다른 일에는 쓰지 않는다) 황소들이 싸우러 나설 때에는 자기들 주위에 먼지가 일게 한다. 산돼지들은 이빨을 갈아 둔다. 그리고 이집트 몽구스는 악어와 부딪쳐 싸우게 될 때에는 그 몸뚱이에 전부 진흙을 이겨 단단하게 칠하며, 갑옷 모양으로 장비한다. 어째서 우리는 나무와 쇠로 무장하는 것이 자연스러운 일이라고 말하지 못하는가?

언어로 말하면, 그것이 자연스러운 것이 아니라면 필요한 것도 아님은 확실하다. 그렇지만 나는 어린아이를 아주 외딴곳에서 사람들과의 접촉도 전혀 없이 키워 보아도(그것은 하기 쉬운 시도가 아니지만), 그는 자기의 뜻을 표현할 어떤 종류의 말을 가질 것이라고 생각한다. 그리고 자연이 이 방법을 다른 동물들에게는 주고, 우리에게만 주기를 거절했으리라고는 믿어지지 않는다. 우리가 보는 대로, 동물들이 서로 우짖고 즐기며 서로 사랑을 청하고 구원을 청하는 것이 언어가 아니면 무엇이란 말인가? 어째서 그들은 자기들끼리 서로 말하지 않을 것인가? 그들은 우리에게, 우리는 그들에게 잘 말한다. 그리고 우리는 얼마나 여러 가지로 개들에게 말하는가? 그리고 개들은 우리에게 대답한다. 우리는 다른 언어를 가지고, 다른 호칭을 가지고 개와 하는 것처럼 새와 돼지·소·말과 이야기한다. 그리고 종류에 따라서 사투리를 달리 쓴다.

그들의 흑색 부대를 보면
개미 떼는 서로 이마를 마주 대며

아마도 그들이 갈 길과 포획의 예상에 대해
　　의논하는 것이리라.　　　　　　　　　　　　　　　　(단테)

　　락탄티우스는 짐승들에게 말뿐 아니라 웃는 능력도 있다고 보는 것 같다. 그리고 나라가 다르므로 언어가 다른 것은, 같은 종류의 동물에게서도 찾아볼 수 있다. 아리스토텔레스는 이에 관해서, 장소와 위치에 따라 메추리의 노랫소리가 다르다고 주장한다.

　　때로 잡다한 조류는
　　계절의 변화에 따라 우는 소리가 대단히 달라지며,
　　그중에는 환경의 변화와 함께 목소리도 변하여
　　목쉰 소리로 노래하는 것도 있다.　　　　　　　(루크레티우스)

　　그러나 이 어린아이가 무슨 말을 할 것인지는 아직 알 수 없는 일이며, 이에 관해 짐작으로 사람들이 말하는 것은 그리 진실하게 보이지 않는다. 만일 누가 이 의견에 반대하여 타고난 청각장애자는 말을 못 한다고 주장한다면, 그것은 그가 다만 귀로 듣는 말과 교육을 받지 못해서 그러할 뿐만 아니라 그보다도 차라리 그들이 갖지 못한 청각기의 감각이 말하는 감각과 관련되어서 본성의 맺음으로 서로 뭉쳐 있는 것이며, 그래서 우리가 말하는 것은 밖으로 남에게 내보내기 전에 먼저 우리의 귀에 말해야 하기 때문이라고 나는 대답한다. 나는 동물들과 인간들 사이에 이러한 유사점이 있다는 것을 주장하려고, 그리고 우리를 대다수의 생령들에게 돌려다가 맺어 주기 위해서 이 모든 것을 말했다. 우리는 다른 동물들보다 위에 있는 것도 아래에 있는 것도 아니다. 하늘 아래 있는 모든 것은 같은 법과 운은 받는다고 현자(디오게네스 라에르티우스)는 말했다.

　　모든 사물들은 정해진 운명의 사슬에 묶여 있다.　　　　(루크레티우스)

　　거기에는 어떤 차이가 있다. 거기에는 질서와 단계가 있다. 그러나 그것은 동일한 본성의 모습 아래에서의 일이다.

> 사물들은 각각의 길을 걸어가면서
> 자연이 정한 움직일 수 없는 차이를 지켜간다. (루크레티우스)

인간은 강제해서 이 한계 안에 정돈해 놓아야 한다. 이 가련한 자는 결코 실제로 자기 조건 너머로 넘어가지 못한다. 그는 얽매여 있으며, 진실하고 본질적인 특권도 탁월성도 없이 아주 평범한 조건으로, 그의 서열의 다른 생령들과 같은 의무에 예속되어 있다. 그가 사색과 공상으로 스스로 만드는 특권은 아무런 실속도 맛도 없다. 그리고 인간만이 동물들 중에서 사색하는 자유와 사상의 혼잡성을 가져서, 그것이 그에게 존재하는 것과 존재하지 않는 것, 그가 원하는 것, 가짜인 것, 진실한 것 등을 그에게 표현해 준다고 해도, 그것은 너무나 값비싸게 얻은 편익이며, 그것으로는 별로 자랑할 거리도 되지 못한다. 왜냐하면 거기서 죄악·질병·우유부단·번민·절망 등 그를 압박하는 불행의 주요 원천이 생겨나기 때문이다.

내 문제로 다시 돌아오자. 그러기 때문에 나는 짐승들이 본성이 강제된 경향으로 우리가 선택 판단과 기교를 가지고 하는 것과 똑같은 일을 한다고 생각하는 것은 타당치 못하다고 말한다. 우리는 성과의 근원에 같은 소질이 있음을 결론지어야 하며, 따라서 우리가 일할 때에 쓰는 동일한 사고력, 동일한 방법은 또한 동물들이 쓰는 것이라고 고백해야 한다. 어째서 우리는 자신이 그런 효과를 느끼지 않으면서, 그들에게는 이러한 자연적 제약이 있다고 상상하는가? 더욱이 본성에서 나오는 불가피한 조건으로, 하느님의 지시에 더 가깝게 방향을 잡아서 절도 있게 행동하는 것이 더 영광스러운 일이며, 우리 행위의 지도를 우리보다 자연에게 맡기는 것이 더 확실한 것이니 말이다.

우리는 오만한 허영심 때문에 하느님의 은덕보다도 우리의 힘으로 능력을 얻기를 더 좋아한다. 그리고 다른 동물들은 본성에서 받은 좋은 소질들로 풍부하게 해 주며, 그런 것은 그들에게 맡기고 우리는 얻어 온 소질을 더 영광스럽고 고귀하게 여긴다. 나는 그것이 너무 단순한 생각이라고 본다. 왜냐하면 나로서는 남에게 구걸해 가며 배워서 얻은 것이나 마찬가지로, 전적으로 내 것인 타고난 혜택을 똑같이 평가하고 싶기 때문이다. 또한 하느님과 자연의 은혜를 받는 것보다 더 훌륭하게 추천되고 장려함을 얻는 것은 우리의 힘에 없는 일이다.

이러한 예로, 트라키아의 주민들은 얼음이 언 시냇물을 건너갈 때 여우를 앞장세우는데, 이 여우를 앞으로 내몰면, 여우는 물가 얼음 가까이에 귀를 대고, 흐르는 물소리가 얼음 밑에서 얼마나 멀리 또는 가까이에서 들리는가를 듣고, 얼음이 두꺼운가 얇은가를 알아서 물러나고 나아가고 하는 것이다. 우리는 이것으로써 여우의 머릿속에 우리 머릿속과 같은 동일한 사고력이 돌고 있어서 '소리가 나는 것은 움직인다. 움직이는 것은 얼지 않는다. 얼지 않은 것은 액체이다. 액체에는 무거운 것이 빠진다'는 생각이 그의 본성의 지각에서 끌어낸 추리의 결과라고 판단하는 것이 옳은 일이 아닐까? 그것을 청각의 힘으로만 붙이고, 그에게 사고력도 추리하는 힘도 없다고 하는 것은 망상이며, 생각할 수 없는 일이기 때문이다. 그리고 우리가 짐승들을 공격할 때에 그들이 몸을 방어하는 데 쓰는 그 많은 종류의 계략과 술책도 같은 식으로 생각해야 할 것이다.

또 우리가 마음대로 짐승들을 포획하고 사용하는 것이 우리의 뜻에 달려 있다는 것을 가지고 어떤 장점을 삼으려고 해 보아도, 그것은 우리가 우리 서로 간에 가지고 있는 것과 똑같은 장점일 뿐이다. 우리는 이런 조건으로 노예들을 소유한다. 그리고 클리마키드들은 귀부인들이 마차에 탈 때에 네 발로 엎드려 디딤돌과 층계 노릇을 하던 시리아의 여자들이 아니던가? 대부분의 자유인들은 아주 변변찮은 소득을 바라고, 타인의 권력 밑에 자기 생명과 존재를 포기한다. 트라키아의 아내와 첩들은 자기 남편과 같이 죽어 합장되는 데 뽑히려고 서로 다투며 호소한다. 폭군들 중의 어떤 자들은 살았을 때와 마찬가지로 죽어서도 사람들을 데려갈 필요성을 느꼈는데, 도대체 이 폭군들은 자기에게 헌신하는 인간들을 넉넉하게 얻기에 실패해 본 일이 있었던가?

군대 전체가 이렇게 장수들에게 매여 있다. 죽어서 삶을 돌보지 않고 끝장내려고 싸우던 검투사들의 준엄한 도장에서 하던 맹세의 문구에는 "우리는 쇠사슬에 매이거나, 화형을 당하거나, 매를 맞거나, 칼에 맞아 죽거나, 정당한 검투사들이 스승에게서 받은 모든 일을 당하겠습니다"라는 약속이 있어, 육체와 영혼을 바쳐서 그에게 봉사하겠다고 지극히 경건하게 서약하기로 되어 있다.

그대 원커든 내 머리를 불태우라.
내 몸을 장검으로 찔러라.
또는 내 등을 매로 쳐서 뭉개라.　　　　　　　　　(티불루스)

그것은 진실한 의무였다. 그래서 어느 해에는 거기 들어가서 죽은 자가 1만 명이나 있었다.

스키타이족들이 임금을 매장할 때는, 그가 가장 총애하던 후궁과 술 따르는 아이·사무관·재상·방문지기, 그의 요리사를 교살하여 그 시체 위에 묻었다. 그리고 그의 제삿날에 말 50마리와 사동 50명을 죽이며, 사동들은 등뼈를 통해서 목구멍까지 말뚝으로 꿰어 말에 태워 그의 무덤 주위에 세워서 전시했다.

우리를 섬기는 인간들은, 우리가 새나 말이나 개를 대접하는 것보다 조심성도 적고 불리한 대우를 받으며 싼 값으로 봉사한다.

왕공들의 편의를 위해서 우리는 무슨 수고를 아끼는 것일까? 나는 이런 왕공들이 영광삼아 짐승들을 위해 해 주는 것만큼 가장 천한 하인들이 윗사람을 위해서 성의를 가지고 섬겨 주는 것이라고 생각하지 않는다.

디오게네스는 부모들이 자기를 노예에서 해방시키려고 애쓰는 것을 보고 "어버이들은 미쳤어. 나를 맡아 대접하고 먹여 살리는 자야말로 나의 노예요" 하고 말했다. 짐승을 먹이는 자들은 짐승이 그들을 섬긴다고 하기보다도 오히려 그들이 짐승을 섬긴다고 말해야 옳다.

그뿐더러 짐승들에게는 더한층 품위 있는 면이 있다. 사자는 결코 다른 사자를 섬긴 일이 없고, 말이 다른 말을 섬긴 일이 없는 것은, 그렇게 할 마음이 없기 때문이다. 우리가 짐승들을 사냥하러 가듯, 호랑이와 사자들은 사람을 사냥하러 간다. 서로 간에 같은 사냥을 하고 있다. 개들이 토끼에게, 꼬치고기가 잉어에게, 제비가 매미에게, 매가 콩새와 종달새에게 하는 식이다.

학은 넓은 풀밭에서 찾아내는

뱀과 도마뱀으로 새끼를 양육하고
주피터의 사자인 고귀한 조류들은 숲속에서
토끼와 새끼사슴을 수렵한다. (유베날리스)

우리는 수고와 고생을 같이 했으니, 사냥해서 얻은 것을 개 및 새와 같이 나눈다. 트라키아의 암피폴리스 너머에서는 사냥꾼들과 야생의 매들은 잡은 것을 꼭 반씩 나눠 갖는다. 마치 모이오소티스(아조프해를 가리킴)의 늪가에서 어부들이 잡은 것과 똑같은 몫을 이리들에게 남겨 주지 않으면, 이리들이 바로 가서 그물을 물어찢는 격이다.

그리고 우리의 사방이 덫이나 낚싯줄·낚시 등을 써서 힘보다도 꾀로 잡듯, 짐승들 사이에도 이와 같은 일을 볼 수 있다. 아리스토텔레스는 오징어들은 그 목에서 줄 같은 긴 창자를 꺼내서 멀리 뻗친 채 놓아두었다가, 작은 고기들이 접근해 오는 것을 보면 대롱 끝을 물게 놓아두고는 모래나 개흙 속에 숨어서 차차로 끌어들여 이 새끼 고기가 아주 가까이 오면 팔짝 뛰어서 그것을 잡는다고 한다.

힘으로 말하면 사람만큼 세상에 위협받기 쉬운 동물은 없다. 구태여 코끼리나 고래나 악어나 기타 이런 동물들이 필요치 않다. 그들 중에 하나만 나서도 많은 인간들은 놀라 도망쳐 버릴 것이다. 이까지도 실라의 독재 정치를 무너뜨리기에 충분하다.

한 위대한 승전 황제의 심장과 생명은 구더기의 아침밥거리에 지나지 않는다.

자기 생활에 소용되는 물건이나, 병의 치료에 도움되는 물건들과 그렇지 않은 물건을 식별하는 것, 그리고 대황과 지네의 효능을 알아내는 것 등은 사람에게는 기술과 사고력에 의해서 세워진 학문과 지식이 맡아 관리하는 일이라고 말한다. 그런데 칸디아의 염소들을 보면, 그들이 화살을 맞았을 때 수많은 잡초들 중에서도 백선(白鮮)을 골라서 치료하며, 거북은 독사를 잡아먹으면 즉시 화박하(花薄荷)를 구해서 속을 훑어 내고, 도마뱀은 회향(茴香)으로 눈을 닦아 밝히며, 고니는 스스로 바닷물로 관장하고, 코끼리는 자기 몸과 자기 동무의 몸에서 뿐 아니라 주인의 몸에서도(그 증거로 알렉산드로스에게 패한 포로스 왕의 코끼리가 있다), 전쟁 때 적에게 얻어맞은 작은 창과 삼지창 등을 우리로서는 할 수 없을 만큼 아프지 않게 뽑아낸다. 이런 것을 어째서 지식이며 예지라고 말하지 못할 것인가? 동물들을 얕보기 위해서, 그들이 이런 일을 아는 것은 단지 본성이 가르치고 지도하는 것이라고 핑계하는 수작은, 그들에게서 지식과 예지의 자격을 빼앗는 일이 아니고, 그렇게도 확실한 여 선생님(本性을 가리킴)의 영광을 위해서 우리보다도 더 그들에게 이 자격을 부여하는 일이 된다.

크리시포스는 다른 일에서는 어떤 철학자보다도 더 동물들을 경멸해서 판단했다. 그런 그가 어느 개 한 마리의 동작을 살폈는데, 그 개가 잃어버린 주인을 찾거나, 자기 앞에 달아나는 짐승을 쫓거나, 길이 셋으로 갈라지는 지점에 와서 첫째 길과 둘째 길에 가서 찾아보고 주인의 자국을 발견하지 못하자, 아무런 주저도 없이 세 번째 길로 줄달음질쳐 가는 것을 보았다. 그는 이 개가 "나는 이 삼거리까지 내 주인의 자국을 쫓아왔다. 그는 이 세 길 중의 하나로 갔음에 틀림없다. 그것은 이 길도 아니고, 저 길도 아니다. 그러므로 그는 틀림없이 이 길로 갔어야만 한다"고 하는 사색과 결론으로 확신을 가졌으며, 개에게 셋째 번 길에는 마음을 쓰지 않고 살펴볼 것도 없이 이성의 힘으로 줄달음칠 수 있게 하는 사색이 오갔음을 고백하지 않을 수 없었다.

이러한 순수히 변증법적인 방법과, 분석하고 종합해 본 전제와 부분들의 충분한 열거법의 사용은 트라케준티우스에게서 논리학을 배운 것만큼 이 개는 저절로 알고 있었던 것이 아닌가?

그러니 짐승들이 우리의 방식으로 교육받는 것도 불가능한 일은 아니다. 찌르레기·까마귀·까치·앵무새 등, 우리는 그들에게 말하는 법을 가르친다. 우리가 잘 아는 것처럼, 그들은 쉽사리 부드럽고 잘 조작되는 목소리와 입김으로, 일정한 수의 글자나 모음과 자음으로 압축해서 꾸며 낸다. 이것은 그들 속에 사고력이 있어서 이렇게 훈련시킬 수 있고 배우기를 즐기는 소질을 가지고 있다는 증거이다. 줄광대들이 개들에게 온갖 재주를 가르치는 것은 누구나 다 물리도록 보고 있다고 생각한다. 댄스를 시키면 개들이 음악의 박자 하나 틀리지 않고, 말로 명령하면 여러 가지 다양한 동작과 도약을 하곤 한다. 이것은 상당히 평범한 예이지만, 나는 이런 행동을 더욱 감탄하며 주목했다. 그것은 들에서나 시가지에서 시각장애자를 인도하는 개의 얘긴데, 주의해 보니, 이 개들은 늘 돈푼이라도 얻는 버릇이 된 집의 문 앞에서는 멈추며, 역마차가 지나갈 때에는 완전히 지나가기까지 안전거리를 유지하며, 또한 시가지의 하수도를 따라 있는 판판하고 고른 길은 두고 주인을 하수도에서 멀리 하려고 더 나쁜 길로 가는 것이었다. 어떻게 사람들은 이 개에게 주인의 안전을 고려하여 그를 섬기기 위해서 자기 편익을 경멸하는 일이 자기 직책이라는 것을 이해시켰던 것일까? 그는 어떤 길이 자기에게는 충분히 넓지만, 시각장애인에게는 그렇지 못하다는 지식을 갖게 된 것일까? 이 모든 것이 추리력과 사고력 없이 이해될 수 있는 일일까?

플루타르크가 로마에서 베스파시아누스 부황제(父皇帝)와 함께 마르켈루스 극장에서 개 한 마리를 보고 한 이야기를 잊어서는 안 된다. 이 개는 주인인 광대가 연기하는 무대에서, 장면도 여럿이고 등장 인물도 많은 이 연극에 한 역할을 맡고 있었다. 이 개는 무슨 약을 먹고 죽었다는 시늉을 한동안 하고 있어야 했다. 그때 이 개는 마치 마비된 것처럼 가끔 벌벌 떨며, 몸을 흔들기 시작하다가 마지막에는 죽은 것처럼 뻗어 나자빠져서 연극대로 이 자리에서 저 자리로 끌려가기까지 그냥 있었다. 그러다가 시간이 다 된 것을 알았을 때는 마치 잠에서 깨어나듯이 시치미를 떼고 꿈틀거리기 시작했다. 그리고 고개를 쳐들어 여기저기 쳐다보며 구경꾼들을 놀라게 하는 것이었다.

수우사의 왕실 정원에서 물 긷는 데 부리는 황소들은, 물통이 달려 있는 커다란 무자위(랑그도크에서 많이 보는 것처럼)를 돌려 물을 길어 올릴 때 하루에 백 번씩 돌리기로 명령받고 있었다. 그들은 이 수에 완전히 길들여져 어떠한 강제를 해 보아도 한 번도 더 돌게 할 수는 없었다. 그들은 이 임무를 마치고는 딱 멈춰 버리는 것이었다. 우리는 백까지 헤아릴 줄 알려면 소년기에 도달해야만 한다. 수라는 관념이 전혀 없는 국민들을 최근에 발견했다.

사람을 가르치는 데는 남에게서 배우기보다도 더 지성이 필요하다. 한데 데모크리토스가 결론짓고 증명한 바, 인간 기술의 대부분은 짐승들에게서 배웠다는 것, 즉 거미로부터 베짜기와 바느질하기, 제비로부터 집짓기, 고니와 꾀꼬리에게서 음악, 그리고 여러 동물들의 본보기에서 의약을 배워 왔다는 말이다. 이를 제쳐두고라도, 아리스토텔레스는 꾀꼬리들이 새끼들에게 노래를 가르치느라고 시간과 마음을 쓰는 것이며, 그 때문에 우리가 꾀꼬리를 새장에 가두어 기르면 그들이 부모 밑에서 공부하는 기회를 얻지 못하는 까닭에 노래의 우아미를 많이 잃는 것이라고 생각한다. 우리는 이것으로써 꾀꼬리가 훈련과 공부에 의해서 개량되는 것임을 알 수 있다. 그리고 자유로운 꾀꼬리들 중에도 모두가 균일한 것은 아니다. 각기 자기 능력에 따라 배우며, 또 공부하는 시새움에서 지나치게 경쟁하기 때문에, 어떤 때는 경쟁에 진 자는 목소리가 아니라 숨이 끊어져 죽기까지도 한다. 가장 어린것들은 생각에 잠겨 중얼거리며, 노래의 어느 한 구절을 모방하기에 골몰한다. 제자는 스승의 가르침을 경청하고 극히 조심해서 왼다.

　어떤 때는 이놈, 다른 때는 저놈이 번갈아 입을 다물고 잘못된 곳을 고쳐 주는 것을 들으며 가끔 선생의 책망을 받기도 한다.

　아리우스는 말한다. "나는 옛날에 한 코끼리가 양쪽 허벅다리에 꽹과리를 달고, 또 콧대롱에도 하나 달고, 이것을 치는 소리에 맞춰서 다른 놈들은 모두 동그랗게 춤을 추며 악기의 지휘에 따라서 어느 박자에 가서는 머리를 올리고 숙이는 것을 보았는데, 이 화음은 듣기에도 유쾌했다." 로마의 극단에서는 코끼리들이 복잡하게 얽히고 끊겨서 대단히 배우기가 힘든 많은 음계와 여러 박자에 맞춰 춤추며 움직이는 것을 예사로 볼 수가 있었다. 그중에는 공부한 것을 혼자서 외워 보며, 스승에게 꾸지람받고 매 맞지 않으려고 힘써 조심해 가며 복습하고 있는 놈들도 있었다.

　그러나 플루타르크가 책임지고 말하는 까치에 관한 다른 이야기는 괴상하기까지 하다. 이 까치는 로마의 어느 이발사의 이발소에서 그가 듣는 모든 것을 목소리로 흉내 내며 사람들을 놀라게 하고 있었다. 어느 날 나팔수들이 이 이발소 앞에 멈춰서 오랫동안 나팔을 분 일이 있었다. 그 이튿날은 이 까치가 사뭇 생각에 잠겨 입을 다물고 우울하게 지냈다. 그것을 본 사람들은 놀라, 그가 나팔소리에 얼이 빠져서 귀가 먹고 그의 청각과 함께 목소리도 사라져 버린 것이라고 생각했다. 그러나 알고 보니, 이것은 심각한 연구이고 자기반성이었으며, 그의 정신은 이 나팔 소리를 표현하려고 준비하고 있었던 것이다. 그가 그 뒤 처음 낸 목소리는 이 나팔소리를 그 반복과 자태, 음조의 변화까지 완전히 표현하는 것이었다. 이 새로운 공부로 그가 전에 말할 줄 알았던 것은 모두 버리고 경멸해 버렸던 것이다.

나는 또 플루타르크가 배를 타고 가다가 보았다는 어느 개에 관한 다른 예의 인용도 빼놓고 싶지는 않다(순서로 말하면 확실히 이 이야기를 먼저 했어야 옳았다고 생각하지만, 나는 이 글의 다른 데서도 예를 드는 데에 모두 순서를 지키지 않고 있다). 이 개는 항아리 속에 있는 기름이 먹고 싶어 애를 쓰다가, 병 목이 좁아서 혀가 닿지 않자, 조약돌을 주워다가 항아리 속에 집어넣어서 기름이 병 주둥이까지 올라오게 하여 목적을 달성할 수 있었다. 그것이 정신의 작용이 아니고 무엇일까? 바르바리아의 까마귀들도 물이 마시고 싶을 때, 물이 깊숙한 곳에 있으면 이와 같은 꾀를 쓴다고 한다.

이 행동은 어느 면에서, 코끼리들에 관해 그들 나라의 임금 쥬바가 이야기하던 것과 흡사하다. 이 코끼리들은 그들 가운데 하나가 사냥하는 자들의 꾀에 넘어가서 사람들이 깊게 구덩이를 파고 눈속임으로 잔 나무덤불로 덮어 놓은 함정 속에 빠지게 되면, 그가 밖으로 기어 나오는 것을 거들어 주기 위해서 그의 동무들이 서둘러서 많은 돌과 나무토막을 가져다 구덩이에 집어넣는다. 이 동물은 다른 행동에서도 사람의 능력에 접근하기 때문에 경험으로 알게 된 것을 자세히 좇아 본다면, 내가 평소 주장해 온 것처럼 사람과 사람 사이의 차이는 동물과 사람 사이의 차이보다 더 크다는 것을 쉽사리 증명할 것이다.

시리아의 어떤 집에서 키우던 코끼리의 관리인은 식사 때마다 코끼리에게 주라고 한 먹이의 반은 훔쳐 내고 있었다. 어느 날은 그 주인이 몸소 코끼리를 보살펴 주려고 먹이로 명령했던 정확한 분량을 밥통에 넣어 주었다. 코끼리는 언짢은 눈으로 그의 관리인을 쳐다보며, 긴 코로 그 반을 따로 갈라 내놓고, 자기가 당해 오던 부정행위를 밝혀 냈다. 또한 코끼리는 그 관리인이 먹이의 분량을 늘리려고 돌을 섞자, 관리인이 식사하려고 고깃국을 끓이고 있는 냄비에 다가가 재를 넣어 가득 채워 주었다.

이런 것은 특수한 사실들이다. 그러나 세상 사람들이 모두 보고 아는 일로, 동방의 나라에서 지휘하는 군대에는 강력한 부대들 중의 하나가 코끼리로 편성되어 있으며, 정규 전투에서 그들과 같은 역할을 맡고 있는 우리 포병 부대와 비교가 안 되게 더 큰 성과를 올렸다(그것은 고대사를 아는 사람들에게는 판단하기 쉬운 일이다).

> 그들(코끼리)의 조상들은 카르타고의 한니발과
> 우리 로마 장수들과 에피로스의 임금을 섬겼다.
> 그리고 강력한 등 위에 보병 부대를 실어 가고
> 치열한 전쟁 속에 그들의 부서를 맡아 본 것이다. (유베날리스)

사람들이 그들에게 전투 부대의 선봉을 맡길 수 있으려면, 마땅히 이 짐승들을 진심으로 신뢰해야 할 일이다. 거기서 만일 이 짐승들이 잠깐이라도 정지하는 일이 있으면, 또 몸집이 크고 육중한 데다가 조금이라도 그들에게 공포심을 일으켜 발길을 돌리게 하는 일이 일어난다 하면, 사태가 틀어지기에 충분하다. 그런데 도리어 우리 자신이 서로 맞대들어 부딪고 부서지는 예는 있더라도 그들이 자기들 부대에 대드는 예는 좀처럼 없었다. 코끼리들에게는 간단한 동작이 아닌 전투 외의 여러 잡다한 책임이 지워졌다. 그것은 스페인 사람들이 서인도를 새로 정복할 때에 개를 사용했던 것과 같았다. 그들은 개에게 급료를 주고 전리품을 분배해 주었던 것이다. 그리고 이 동물들은 열성과 맹위를 가지고 하듯 승리를 추구하며, 물러나며, 기회를 타서 공격하고 후퇴하고, 우군과 적군을 식별하는 데에 마찬가지로 기교와 판단력을 보였다.

우리는 평범한 일보다는 범상치 않은 일들을 더 높이 평가한다. 그렇지 않았던들 나는 이렇게 긴 기록으로 능청대지는 않았을 것이다. 내 생각으로는 우리와 같이 사는 동물들에 관해서 여느 때 우리가 보는 것을 상세히 연구해 본다면, 다른 시대나 다른 나라의 것을 수집해 오는 것만큼 경탄할 만한 사실을 찾아볼 수가 있을 것이다. 사물의 진행은 모두가 동일한 본성에 의해서 굴러간다. 현재의 상태에 관해서 유능하게 판단한 자는, 확실히 미래와 과거 전체를 결론지을 수 있을 것이다.

나는 옛날 먼 나라에서 바다를 건너 우리에게 데려온 사람들을 본 일이 있었다. 우리는 그들의 언어를 조금도 이해하지 못했고, 그들의 생활 방식과 용모·피복 등이 우리와는 현격하게 달랐다. 그러니 우리 중에 어느 누가 그들을 야만인이고 금수 같다고 부르지 않을 것인가? 그들이 벙어리같이 말도 못 하며, 프랑스어를 모르고 우리 손에 키스하는 법과 굽실거리며 절하는 법도 모르고, 우리의 자세·몸가짐 등, 인간의 본성이 실수 없이 본으로 삼아야 할 이런 것을 모른다는 이유로, 그들이 천치 같고 어리석은 탓이라고 돌리지 않을 자 누구인가?

우리는 이상하게 보이는 것, 그리고 우리가 이해하지 못하는 것에 대해서는 모두 흠을 잡는다. 마치 우리가 짐승들을 두고 판단하는 데서 일어나는 것과 같은 것이다. 짐승들에게는 우리의 것과 관련되는 여러 조건들이 있다. 이런 것에 관한 비교에서 우리는 몇 가지 추론을 끌어낼 수 있다. 그러나 짐승들이 독자적으로 가지고 있는 것에 관해서 우리는 그것이 무엇인지 알고 있는가? 말·개·소·양·새 등, 우리와 함께 살고 있는 대부분의 동물들은 우리 목소리를 알아듣고, 이 말소리만으로 복종한다. 이와 마찬가지로 크라수스의 칠성장어도 그가 부르면 따라왔다. 그리고 아레투사의 샘물에 있는 뱀장어들도 그렇게 한다. 나는 양어장에서 그것을 다루는 자들의 목소리를 듣고는 고기들이 먹이를 찾아서 달려오는 것을 많이 봤다.

그들은 저마다 이름을 가지고 하나하나
주인이 부르는 소리에 쫓아온다.　　　　　　　　　　(마르티알리스)

그것을 우리는 판단할 수 있다. 또 코끼리들이 얼마쯤 종교에 참여한다고 말할 수 있는데, 그것은 그들이 아무런 가르침도 교훈도 받지 않고 그들 자신의 성향으로 여러 번 목욕재계하고 몸을 정화한 다음, 코를 팔뚝같이 쳐들고 떠오르는 태양을 응시하며, 하루의 어느 시간에 명상과 관조에 잠겨 고요히 서 있는 것을 보기 때문이다. 다른 동물들에게서 아무런 표징도 보지 못한다고 해서 그들에게 종교가 없다고는 단언할 수 없으며, 우리에게 은폐되어 있는 일은 어느 쪽으로도 잡을 수 없다.

마치 철학자 클레안테스가 개미들의 행동을 보고 주목한 것에서, 그것이 우리의 행동과 닮았기 때문에 우리가 거기서 무엇인지 알아보는 격이다. "나는 개미들이 집에서 죽은 개미를 다른 개미집으로 옮기는 것을 보았다. 그 개미집에서는 여러 개미들이 마치 담판을 하려는 듯 그들 앞에 나왔다. 그리고 거기서 얼마 동안 같이 있다가 후자들은 아마도 그들의 동료들에게로 상의하려는지 돌아갔다. 그리고 이렇게 두서너 번 내왕하며 담판이 쉽지 않다는 것을 보여 주었다. 마침내 이 후자들은 먼저 온 자들에게 죽은 개미의 배상으로 그들 집에서 벌레 한 마리를 가지고 나오며, 전자들은 그 벌레를 등에 지고 그들의 집으로 돌아가고, 죽은 개미는 후자들에게 넘겨주었다"고 그는 말한다. 이것이 클레안데스가 내린 해석이다. 그는 이것으로 소리도 내지 못하는 짐승들 간에도 의사소통이 없는 것이 아니고, 우리가 거기에 참여하지 못하는 것은 우리의 결함임을 증명한다. 그런데 우리는 어리석게도 이 문제에 관해서 판단해 보겠다고 참견하는 것이다.

그런데 짐승들은 우리의 능력을 훨씬 초월하는 일들도 할 줄 안다. 우리는 모방만으로 도저히 거기에 도달할 수 없을뿐더러 사색으로도 그것을 생각해 볼 수 없다. 많은 사람들은 안토니우스가 아우구스투스에게 패한 저 최후의 대해전에서, 그의 기함이 항해하는 도중 로마인들이 '레모라'라고 부르는 작은 고기 때문에 배가 멈춰 섰던 것이라고 생각한다. 이 고기가 달라붙으면 모든 종류의 배들이 다 멈춰 서기 때문이다. 그리고 칼리굴라 황제 또한 대함대를 이끌고 루마니아 해안을 항해하다가, 그가 탄 배만이 바로 이 고기 때문에 딱 멈춰 섰다. 그는 이 고기가 배 밑에 붙어 있는 것을 잡아오게 했다. 그는 이렇게 작은 고기 한 마리가 겨우 그 주둥이로 배에 매달려 있는 것만으로 바다와 바람과 여러 삿대들의 맹렬한 힘을 억제할 수 있었던 것에 울화가 터졌던 것이다(그것은 조개 껍데기가 달린 작은 고기였다). 그래서 그 고기를 배 안에 가져다 놓고 보니, 바다에서 가지고 있던 힘을 이미 갖지 못한 사실에 놀란 것도 당연한 일이었다.

키지코스의 한 시민은 옛날에 고슴도치의 습성을 연구하여 훌륭한 일기 예보자라는 평판을 얻었다. 그 고슴도치는 자기가 사는 굴이 여러 군데로 뚫려 바람을 맞게 되어 있어, 바람이 오는 것을 예측하고, 그편 구멍을 가서 틀어막는 것이었다. 그것을 주목함으로써 이 시민은 자기 도시에 어느 바람이 불 것이라는 확실한 예보를 할 수 있었다.

카멜레온은 앉아 있는 자리의 빛깔을 닮는다. 그러나 문어는 무서운 짐승 앞에서 자기 몸을 감추거나, 또는 잡고 싶은 것을 잡기 위해서 경우에 따라 자기 마음에 드는 빛깔을 나타낸다. 카멜레온에게는 그것이 외부의 작용을 받은 변화이다. 그러나 문어의 경우에는 능동적인 변화이다. 우리는 놀라거나 화가 났거나 부끄럽거나 또는 격정을 느낄 때 얼마간 빛깔이 변하며 얼굴빛이 달라진다. 그러나 그것은 카멜레온의 경우와 같이 수동적인 작용이다. 황달에 걸리면 몸이 노래진다. 그러나 이것은 우리 의지의 움직임에 달린 것이 아니다. 우리는 다른 동물들에게 이런 작용들이 우리보다 더 심하게 일어나는 것을 본다. 이러한 작용들은 그들의 소질과 능력 중의 많은 다른 것들이 십중팔구 아무런 표징으로도 우리에게 알려지지 않고 있는 것이므로, 그것은 우리에게 신비로 되어 있는 어떤 더 탁월한 소질들이 그들에게 있음을 증명한다.

지난 시대의 모든 예언들 중에 가장 오래 되고 확실한 예언은, 날아가는 새의 모습을 보고 점쳐서 하는 것이었다. 우리는 그와 같거나 그렇게 경탄할 만한 것은 아무것도 갖지 않았다. 새들이 날개를 흔들며 나는 규칙과 순서를 보고, 그것으로 사람들은 장차 올 일의 결과를 판정한다. 그렇게 고상한 작용을 하는 데는 이런 규칙이 어떤 탁월한 방법으로 되어 있어야 할 것이다. 이런 것을 내놓는 자의 양해와 동의와 의견도 없이, 자연의 처사에 이런 위대한 효과를 부여하려는 것은 말꼬투리에 의미를 주는 격이며, 그것은 명백히 잘못된 생각이기 때문이다.

그 증거로 해파리는 자신을 만지는 손발을 마비시킬 뿐 아니라, 그물을 끌어당겨 조작하는 손도 저리게 하고 무거워지게 하는 힘을 전달한다. 사실 그보다 더한 일로, 그 위에 물을 부으면 이 작용은 물을 치올라와 손까지 전해져서 손의 촉각을 마비시킨다고 한다. 이 힘은 경이로운 일이다. 그것은 해파리에게 쓸모없는 것이 아니다. 해파리는 의식하고 그것을 이용한다. 그래서 해파리는 그가 찾고 있는 먹이를 잡으려고, 다른 고기가 위를 지나갈 때에 그 찬 기운에 부딪쳐서 잠들어 그의 힘 안에 떨어지도록 진흙 밑에 웅크리고 있는 것을 보게 된다.

두루미와 제비와 다른 철새들은 계절을 따라 그들의 집을 바꾸며, 그 계절 변화를 짐작하는 소질로 그들이 지식을 가졌음을 보이며, 이 지식을 사용하고 있다.

사냥꾼들이 확언하는 바에 의하면, 여러 마리의 강아지 속에서 가장 나은 놈을 골라서 남겨 두려면, 그 어미가 고르도록 하면 된다고 한다. 개 집에서 강아지들을 밖에 내놓으면 어미개가 맨 먼저 가져다 들여놓는 놈이 언제나 가장 나은 놈이며, 개 집을 사방에서 불로 둘러싸는 체하면, 살려내려고 가장 먼저 달려드는 강아지가 가장 좋은 놈이라고 한다. 이것으로 짐승들은 우리가 갖지 못한 예측하는 습관을 가졌거나 또는 새끼들을 판단하는 데에 우리와는 다른 더 생기 있는 덕성을 갖고 있다고 보는 것이 마땅하다.

    짐승들이 출생하고, 새끼를 치고, 기르고, 행동하고, 움직이고, 살고, 죽고 하는 방식이 우리와 아주 닮은 이상, 우리가 짐승들보다 나은 조건을 우리에게 붙이고 짐승들에게서 그들의 원래 자질을 끊어내 버리는 것은, 이성으로 판단해서는 있을 수 없는 일이다.

    우리의 건강을 조절하기 위해서 의사들이 우리에게 권하는 것은 짐승들이 살아가는 방식을 본받으라는 것이다. 사람들이 언제나 입에 담는 말에

> 머리는 차게, 그리고 발은 덥게 하여 두고
> 어떻든 짐승같이 사시오.

라는 격언이 있다. 생식(生殖)은 본성에서 나오는 행동 가운데 주요한 것이다. 우리의 사지는 그것을 하기에 적합하게 배치되어 있다. 그렇지만 의사들은 짐승들이 하는 자세와 격식이 더 효과적이니 그것을 따르라고 우리에게 명령한다.

> 일반적으로
> 여자가 잉태하기에 가장 알맞은 자세는
> 네 발 짐승의 자세인 것 같다.
> 왜냐하면 그때에 젖가슴은 낮고 엉덩이는 쳐들려
> 정자가 쉽게 찾아가기 때문이다.   (루크레티우스)

    그리고 그들은 여자들이 조심하지 않고 건방지게 힘주어 참여하는 동작은 해로운 일이라고 물리치며, 짐승들의 암컷을 본받아서 더 겸손하고 침착한 자세로 돌아오게 주의시킨다.

> 여자가 음탕하게 엉덩이를 뒤틀고

> 부드러운 가슴을 흔들어 남자의 욕정을 자극하면
> 스스로 잉태를 막는 것이 된다.
> 이리하여 그녀는 쟁기를 밭이랑에서 이탈시키고
> 뿌린 씨앗이 제자리를 벗어나게 하기 때문이다.   (루크레티우스)

만일 신세를 지고 은혜를 갚는 일이 정의라고 하면, 짐승들이 자기 은인들을 섬기고 사랑하고 지켜 주며, 낯선 이들과 자기 주인을 침범하는 자들을 쫓아가서 공격하는 점은, 어떤 면에서 우리의 정의감을 닮았다. 새끼들에게 재물을 분배함에 있어서 극히 정당한 공평성을 지키는 면도 그렇다.

우정으로 말하면, 그들은 사람과는 비교할 수 없을 만큼 더 생기 있고 견실하다. 리시마코스 왕의 개 히르카노스는 그 주인이 죽자, 그의 침대 밑에서 먹을 것도 마실 것도 받지 않고 고집하고 있다가, 시체를 태우는 날 달려가서 그 불 속에 뛰어들어 죽었다. 피로스라고 부르는 사람의 개도 역시 그러했다. 이 개는 주인이 죽은 이후로 그의 침대 밑에서 움직이지 않았다. 그리고 그의 시체를 실어 갈 때 함께 실려가서 마침내 그 주인을 불태우는 섶 속에 뛰어들었다.

어떤 사람들은 이것을 공감이라고 부르지만, 우리에게는 어느 때는 이성의 충고도 없이 뜻하지 않게 우연히 애정이 생기는 경향이 있다. 짐승들도 우리처럼 그럴 때가 있다. 우리는 어떤 말들이 서로 친해져서, 결국엔 따로 떼어서 키우거나 또는 따로 여행시키기가 힘든 경우가 있음을 본다. 그들은 얼굴에 하는 식으로 자기 동무의 특정 털에 애정을 표현하며, 그들이 거기에 부딪치면 즉시 야단스럽게 집착하고, 다른 형태에서는 비위에 맞지 않아 싫어하는 것을 본다. 동물들도 우리처럼 사랑에 선택이 있으며, 암컷들 중에서 골라서 갖는다. 그들도 풀 수 없는 극도의 질투심과 시기심에서 오는 번민을 면치 못한다.

욕망은 마시는 것이나 먹는 것과 같이 자연스럽고 필요한 것이 있고, 여자와의 관계와 같이 자연스럽고도 필요치 않은 것이 있고, 또 자연스럽지도 필요하지도 않은 것이 있다. 인간의 모든 욕망은 거의 이 마지막 종류에 속한다. 이런 것은 모두가 피상적이고 인공적이다. 왜냐하면 놀랍게도 본성이 만족하기에 필요한 것은 참으로 적으며, 본성이 우리에게 욕망할 거리를 남겨 놓은 것도 참으로 적은 까닭이다. 우리가 음식상에 차려 내는 것은 우리 본성이 명령하는 것이 아니다. 스토아학파는 사람은 하루에 감람나무의 열매 하나만 먹으면 살기에 족하다고 했다. 포도주의 미묘한 맛은 본성이 명하는 바가 아니며, 사랑의 욕망에 첨가하는 점도 그런 것이 아니다.

    사랑에는 위대한 집정관의 딸이 필요로 할 것은 없다.   (호라티우스)

  행복에 관한 무지와 그릇된 사상이 우리 마음속에 부어 넣는 이런 외부적인 욕망은 너무나 수가 많아서, 본성에서 나오는 욕망들을 거의 모두 몰아낸다. 그것은 마치 한 나라에 외국인이 너무 많아서 자국인을 밖으로 몰아내는 격이며, 권력을 완전히 찬탈하여 그들의 옛날 권리와 권력을 소멸시키는 것과 더하지도 덜하지도 않다.

  동물들은 우리가 하는 꼴보다는 훨씬 더 절도가 있으며, 본성이 우리에게 명령하는 한계 안에서 더한층 절도 있게 자기를 지킨다. 그러나 우리의 방자한 행동은 많은 점에서 그렇게 엄격하지 않다. 그리고 맹렬한 정욕에 몰려 인간이 짐승을 사랑하는 경우가 있는 것과 마찬가지로, 짐승에게도 때로는 우리 인간을 연모하며, 본성에 반하게 서로 다른 종족 간의 애정이 생기는 수가 있다. 그 증거로 문법학자 아리스토파네스의 연적(戀敵)이 된 코끼리는, 알렉산드리아시의 어느 꽃파는 소녀를 사랑하여 열렬한 애인이 하는 봉사에 조금도 뒤질 것 없이 해주었다. 놀랍게도 장터에서 과일을 파는 곳을 지나다가 코로 과일을 집어서 소녀에게 갖다 주곤 했다. 그리고 가능한 한 늘 소녀를 볼 수 있는 자리에 머무르며, 때로는 소녀의 목덜미에 긴 코를 집어넣어 젖가슴을 만져보곤 했다.

  그리고 용(龍)이 소녀를 사랑했다는 이야기가 있으며, 아소포스의 도시에서는 거위가 한 소년을 연모했고, 양이 가수 글라우키아에게 사랑을 바쳤다는 이야기가 있다. 원숭이들이 여자들을 열렬히 사랑하는 것은 날마다 볼 수 있는 일이다. 그리고 어떤 동물은 수놈들끼리 서로 사랑을 탐하는 일이 있다. 오피아누스와 다른 사람들은, 짐승들이 결혼할 때 친척 관계를 고려하는 몇 가지 예를 들고 있다. 그러나 경험으로는 그와 반대되는 일을 보는 수가 많다.

수치심 없이 암소는 자기 몸에 제 부친을 받고
수말은 자기를 낳은 어미 말에게 몸을 맡긴다.
수양은 제가 낳은 암양들과 붙으며
새들은 자기가 생명을 받은 새의 씨를 받는다.　　　(오비디우스)

　　심술궂은 꾀로는 철학자 탈레스의 노새만 한 놈이 있을까? 그놈은 소금을 싣고 개울을 건너다가 우연히 발을 헛디디어 자빠졌는데, 그 때문에 등에 짊어졌던 자루가 속까지 젖어서, 소금이 녹으면서 짐이 더 가벼워진 것을 알았다. 그 뒤 노새는 개울에 들어가기만 하면 정해 놓고 바로 짐을 짊어진 채 물에 잠겨 드는 것이었다. 마침내 그 주인이 이 심술을 알아채고 그 노새에게 양털을 싣고 가게 했다. 마침내 그놈은 자기가 잘못 판단한 것을 깨닫고, 더 이상 이 약은 꾀 쓰기를 그쳤다.
　　짐승들 중에는 우리의 인색한 모습을 닮은 것들도 많다. 그들 중에는 심하게 굳어진 버릇으로 자기에게 필요 없는 것까지도 가져갈 수 있는 것은 무엇이고 집어다가 조심스레 감춰 두는 놈들이 있다.
　　살림살이로 말하면, 짐승들은 장차 올 시기에 미리 대비해서 저축하고 절약하는 일에 우리보다 탁월할 뿐 아니라, 많은 부문에서 필요한 지식도 지니고 있다. 개미들은 곡식과 씨앗이 젖어서 냄새가 나기 시작하면 상해서 썩을까 봐 집 밖으로 들어내어 널고, 신선하게 바람을 쐬어 말린다. 그러나 밀 낟알을 갉아먹으며 쓰는 조심성과 예측은, 인간의 조심성이 상상할 수 있는 한도를 넘는다. 밀은 언제까지나 마르고 성한 채 있지 않고, 무르며 풀리고 우유같이 녹으며 싹이 튼다. 때문에 식량으로 비축해 둔 것이 싹이 나와서 그 본질과 소질을 잃을까 염려하여 싹이 트려는 끝을 먼저 갉아먹어 둔다.
　　인간 행동 가운데 가장 위대하고 화려한 행동인 전쟁으로 말하면, 우리는 어떠한 특권을 옹호하는 논법으로 그것을 사용하려는 것인지, 또는 그 반대로 우리의 우매함과 불완전함의 증거로 소용되는 것인지 참으로 알고 싶다. 이것은 사실 우리는 서로 부수고 죽이며, 우리 종족 자체를 궤멸케 하는 것으로서, 이런 지식을 갖지 않은 짐승들이 우리의 지식을 탐낼 만한 것은 못 된다고 생각한다.

언제 사자가
    다른 약한 사자의 생명을 박탈했던가?
    어느 숲속에 더 강한 멧돼지의 이빨에
    목숨을 잃은 멧돼지가 있었던가?   (유베날리스)

  짐승들도 이런 변고에서 보편적으로 벗어나 있는 것은 아니다. 그 증거로 꿀벌 떼들의 맹렬한 충돌과, 대립하는 두 군대의 여왕벌끼리의 격투를 들 수 있다.

    두 왕들 사이에
    불화로 일어난 큰 투쟁이 벌어진다.
    이때 전군(全軍)의 생기 띤 전투적 열중과
    군중의 진동하는 맹위가 어떠한가는 상상에 맡겨 둔다.   (베르길리우스)

  나는 이 거룩한 묘사를 읽으면, 언제나 인간성의 졸렬한 허영을 읽는 듯하다. 왜냐하면 그 공포와 경악으로 우리를 황홀케 하는 저 투쟁적인 동작, 저 음향과 고함소리의 폭풍우.

    검광이 번쩍 하늘에 솟으니
    주위 대지는 맞부딪치는 무기의 눈부신 빛으로 번쩍이고,
    인간들의 굳센 걸음에 땅이 울리고,
    그 난동에 충격받은 산악의 반향은 하늘의 별들에까지
    그들의 소음을 치솟아 올린다.   (루크레티우스)

  이 수천수만의 무장한 인간들의 가공할 장비, 그 맹위·정열·용기, 이런 것들이 얼마나 쓸데없는 원인으로 일어나서, 가벼운 인연으로 사라지는가를 고찰해 보면 기가 막힐 일이다.

    파리스라는 사람 때문에 저 처참한 전쟁이

그리스와 외족(外族) 국가 사이에 야기되었다고 전한다.　　　　(호라티우스)

아시아 전체가 파리스의 오입질 때문에 전쟁으로 불타 버려 파괴된 것이다. 단 한 남자의 시기심, 울분, 쾌락, 가족 간의 질투 등, 수다스러운 마나님 둘이 서로 할퀴며 대들게 할 만큼 성나게 할 것도 못 되는 원인들, 이것이 전쟁의 핵심이며 직접적인 원인이다. 이런 전쟁을 일으킨 주요한 인물이며, 동기가 된 자들의 말이면 바로 믿어 주어야 할 일인가? 가장 위대했고, 가장 승리했고, 이 세상이 있은 이후로 가장 강력하던 황제가, 놀잇감 삼아서 아주 재미나고 극히 교묘하게 바다와 육지에서 수많은 전쟁을 일으켜, 50만 명의 생령과 피가 그의 운명을 좇아 사라지고, 세계의 동서 두 부분의 힘과 부가 그가 이루려는 계획을 위해 소진되게 한 일을 들어 보자.

> 안토니우스가 글라피라와 사랑을 했다고
> 풀비아는 자기도 사랑해 달라고 내게 의무를 부여한다.
> 풀비아와 사랑을 하라고! 마리우스가 청해 온다면
> 그도 사랑해 줘야 하나?
> 아니다. 내게 이성이 있다면! 사랑 아니면 전쟁을!
> 하며 그녀는 말한다
> —뭐라고 내 생명보다 내 남근이 더 중하도다……
> 울려라! 나팔아!　　　　(아우구스투스 마르티알리스의 인용)

(나는 양심의 자유를 가지고 라틴어를 사용했습니다. 그것은 이미 부인께 용서를 받은 바입니다.)
　그런데 그 많은 모습과 동작을 가지고 하늘과 땅을 위협하는 것처럼 보이는 이 거창한 부대의

> 저 용맹한 오리온이 겨울 바다의 물결 속에 뛰어들 때
> 리비아의 바다에 구르는 수없는 파도와도 같이,

여름의 새로운 태양 아래 빽빽하게 자란 이삭들이
헤르무스 평원이나 리비아의 황금색 정원 위에 성숙하듯
구르는 발걸음과 쟁강 소리 울리는 방패들 밑에
대지는 진동한다. (베르길리우스)

이 팔도 많고 대가리도 많은 사나운 괴물은 어쨌든 인간들이다. 허약하고 참 담하고 가련한 인간들이다. 그것은 다만 뒤흔들리며 열에 뜬 개미집일 뿐이다.

검은 부대는 평원을 횡단하여 행진한다. (베르길리우스)

거꾸로 부는 바람결, 한숨, 까마귀가 날아가며 우는 소리, 우연히 지나가는 한 마리의 독수리, 말의 헛디딤, 꿈 하나, 목소리 하나, 징조 하나, 아침 안개 하나가 그 괴물을 쓰러뜨려 굴러 떨어지게 하기에 족하다. 단지 햇볕을 그의 얼굴에 쬐어 보라.

그는 바로 녹아서 기절하리라. 시인이 노래하는 꿀벌 떼처럼 그의 눈에 먼지 한 줌 불어 넣어 보라.

우리의 모든 군기(軍旗)들, 연들, 그 선두에선 저 위대한 폼페이우스까지도 패하여 흩어진다. 내가 보기엔 세르토리우스가 스페인에서 그 훌륭한 무기로 싸워 이겼다는 것이 바로 이것이었다. 이 방법은 저 에우메네스가 안티고노스에게, 수레나가 크라수스에게 썼듯 다른 자들 역시 사용한 것이다.

이런 맹렬한 격정과 그 대단한 전투들도
한 줌의 먼지로 진정될 것이다. (베르길리우스)

그들 뒤에 우리의 벌 떼라도 좀 몰아쳐 보라. 이 벌 떼들은 군대를 흩뜨려 놓을 힘과 용기를 가질 것이다. 새로운 기억 가운데 포르투갈인들이 크시아티므의 영토에서 탈미시(市)를 공략할 때, 그 시민들은 많은 벌집들을 성벽 위로 가져갔다. 그리고 불을 피워 벌들을 적군에게로 맹렬히 몰아 보내어 그들이 도망가게 만들었다. 벌들이 대들어 쏘는 데는 버텨내지 못했던 것이다. 그래서 그들 도시의 승리와 자유는 이 새로운 원군에게 머무르고 운이 어찌 좋았던지 싸움에서 돌아올 때 벌 한 마리 축난 것이 없었다.

황제들의 영혼이건 구두 수선공들의 영혼이건, 만들어진 틀은 다 하나이다. 왕들의 행동의 중요성과 그 무게를 보고, 우리는 그들 영혼이 더 무게 있고 중대한 원인으로 만들어진 것인 줄로 생각한다. 그러나 이것은 잘못된 생각이다. 그들의 마음도 우리 마음과 똑같은 원리로 움직인다. 우리가 이웃 사람과 말다툼하는 똑같은 이유로 왕들 사이에는 전쟁이 벌어진다. 우리가 하인에게 매질하는 것과 똑같은 이유로 어떤 왕은 한 지방 전체를 망쳐 놓는다. 그들이 바라는 것은 우리만큼 경솔한 것이지만, 그들은 더 큰 힘을 가지고 있다. 똑같은 욕망으로 진딧물도, 코끼리도 움직일 수 있는 것이다.

충성심으로 말하면, 세상에 사람만 한 배신자는 없다. 우리 역사에는 개들이 죽은 주인들의 원수를 맹렬히 추격해 간 이야기가 있다. 피로스왕은 어떤 개가 시체를 지키고 있는 것을 보았다. 그는 이 개가 사흘 동안이나 이러고 있었다는 말을 듣고는 이 시체를 매장하라고 명령하고, 개는 자기가 데리고 갔다. 어느 날 그가 자기 군대의 관병식(觀兵式)에 참석하러 갔을 때, 이 개는 자기 주인을 살해한 범인을 알아보고 참을 수 없는 분노를 느낀 듯 그들을 향하여 맹렬히 짖으며 대들었다. 그래서 이 첫 번째 지적으로 살인 행위에 대한 원수를 갚는 수속이 진행되어 얼마 뒤에 재판의 한 방법이 되었다. 현자(賢者) 헤시오도스의 개도 나우팍토스인 카니스토르의 아들들이 자기 주인에 가한 살인을 입증하여 똑같이 복수를 했다.

다른 개 하나는 아테네의 어느 사원을 지키고 있었는데, 신을 모독하는 도둑 하나가 가장 귀중한 보배를 훔쳐가는 것을 보고 힘 자라는 데까지 짖었다. 그래도 집사가 잠을 깨지 않자, 이 개는 도둑을 쫓아가기 시작했다. 날이 샌 다음에도 도둑을 눈에서 떼지 않고 조금 떨어진 곳에 머물러 감시하며, 그가 먹을 것을 갖다 주어도 받아 먹으려 하지 않았으나 지나가는 다른 사람들에겐 꼬리를 흔들며 주는 것도 받아 먹었다. 그리고 도둑이 자려고 멈추면 이 개도 같이 머무르는 것이었다. 이 개의 소식이 사원의 집사들에게까지 이르러 그 뒤를 쫓기 시작했고,

마침내 크로미온시(市)에서 개를 확인하고, 그 도둑을 잡아 아테네시로 데려와 처벌했다.

　재판관들은 이 개의 착한 봉사에 대한 감사로, 개를 먹여 살리기 위해서 국가의 비용으로 얼마간의 밀을 부담하기로 했으며, 수도사들에게 개를 보살펴 주도록 명령했다. 플루타르크는 이 이야기가 사실이며 자기 시대에 일어난 일이라고 증언하고 있다.

　감사의 심정으로 말하면(우리는 이 말을 애호해야 할 필요가 있다고 생각한다), 다음의 예 하나로도 충분할 것이다.

　이것은 아피온 자신이 눈으로 보았다고 하는 이야기이다. 그는 어느 날 로마에서 시민들이 보기 드문 여러 짐승들, 그것도 아주 큰 사자들의 싸움을 보여 주었는데, 그중에 한 마리는 사나운 생김새와 억세고 굵직한 네 다리와 거창하고도 무섭게 포효하는 소리로 온 관중의 시선을 독차지했다. 시민들에게 이 짐승과 싸우기로 소개된 여러 노예들 중에, 다키아 출신의 안드로두스라는 자가 있었다. 그는 집정관의 직위를 가진 한 로마 귀족의 노예였다. 사자는 멀리서 그를 알아보더니, 먼저 깜짝 놀란 듯 딱 멈춰 섰다. 그러고는 마치 옛 친지와 상면하려는 것처럼 부드럽고 평화로운 태도로 아주 온순하게 접근해 왔다. 그러고 나서 자기가 찾던 것을 확인해 보고는 개들이 주인에게 아첨하는 식으로 꼬리를 흔들며, 미리 공포에 눌려 정신을 잃은 이 가련한 노예의 손이며 엉덩이에 주둥이를 대고 핥기 시작했다. 안드로두스는 이 사자가 순하게 구는 데 정신을 차려 눈을 똑바로 떴다. 마주 쳐다보고는 서로 알아보고, 그러고는 노예와 사자가 서로 쓰다듬으며 기뻐하여 마지않는 광경은 보기에도 신기하고 즐거운 일이었다. 이때 시민들은 기뻐하며 환호성을 올렸다. 황제는 그 노예를 불러 오게 하여 이 일의 내력을 물어보았다. 안드로두스는 황제에게 다음과 같은 신기하고도 놀라운 사실을 이야기했다.

　"제 주인이 아프리카의 총독으로 있을 때, 저를 잔인하고도 혹독하게 부리며 날마다 매질만 했기 때문에 저는 도망치지 않을 수 없었습니다. 저는 그 지방에서 권세가 있는 그를 피해 안전한 곳으로 숨으려고, 가장 가까운 길을 찾아, 사람이 살 수 없는 외딴 사막으로 달아났습니다. 먹고살 방법을 찾을 길이 없으면 자살할 방법을 찾기로 결심했습니다. 점심때가 되자 햇볕은 극도로 강렬하고 더위는 참을 수 없이 심했습니다. 저는 사람이 찾아낼 수 없는 어느 은밀한 동굴에 이르러 그 안에 쓰러지듯 들어갔습니다. 바로 뒤따라 갑자기 이 사자가 들어왔습니다. 사자는 한쪽 발을 다쳐서 피를 흘리고 몹시 아파 신음하며 울고 있었습니다. 그가 들어왔을 때 저는 너무나 무서웠습니다. 그러나 그는 제가 그의 집 한구석에 웅크리고 있는 것을 보고, 가만히 제게로 가까이 오더니 다친 발을 내밀며 구원을 청하는 것 같았습니다. 저는 곧 사자 발에 박혀 있는 나뭇조각을 뽑아 내고, 사자와 조금 더 낯을 익힌 후에, 상처의 고름을 짜내고, 할 수 있는 한 깨끗하게 닦고 씻어 주었습니다. 아픔이 다소 진정되었는지 사자는 발을 제 손에 맡긴 채 누워서 잠들었습니다.

그때부터 사자와 저는 3년 동안 같은 고기를 먹으며, 그 굴 속에서 살았습니다. 그는 사냥을 나가 잡아오는 짐승의 가장 좋은 부분을 제게 갖다 주었습니다. 저는 불이 없었기 때문에 그것을 햇볕에 말려 먹고 살았습니다. 그러는 동안에 나는 이 짐승과의 야만스러운 생활에서 벗어나기로 작정하고, 사자가 사냥을 나간 틈에 그곳을 떠났습니다. 사흘째 되는 날 병사들에게 발각되어 아프리카에서 이 도시로 끌려와서 제 주인에게 인도된 것입니다. 그리고 제 주인은 즉시 저를 사형에 처하여 짐승들에게 던져 주기로 한 것입니다. 그런데 제가 보기에는 이 사자도 바로 뒤에 잡혔고, 상처를 보살펴 준 은혜를 지금 이 시간에 갚으려고 한 것으로 보입니다."

이것이 안드로두스가 황제에게 말한 이야기이다. 이 소문은 한 입 두 입을 거쳐 시민들에게 알려졌다. 그래서 모두의 요구에 따라 그는 사면 판결을 받아 자유를 얻었고, 시민들의 명령에 따라 그 사자도 풀려나게 되었다. 그때부터 안드로두스는 이 사자를 짤막한 줄로 매어 로마의 주막집들을 돌아다니며 사람들이 던져 주는 돈을 받아서 살아가고, 사자는 사람들이 던지는 꽃으로 덮여 있었다. 그들을 만나는 사람들마다 모두 "저기 사람의 손님이 된 사자와, 사자의 의사가 된 사람이 온다"고 하더라고 아피온은 말한다.

우리는 귀여워하던 짐승이 죽으면 슬퍼 운다. 그만큼 짐승들도 사람의 죽음을 슬퍼한다.

이어 그의 군마 아에튼이 장식을 벗어던지고
찾아와서 굵은 눈물 방울로 그의 얼굴을 적셔 준다. (베르길리우스)

어떤 나라에서는 여자들이 공유물이 되어 있고, 어떤 나라에서는 각자가 여자를 가진 것처럼, 짐승들 사이에도 그런 일이 보이는 것은 아닌가? 그리고 우리보다 결혼의 질서를 잘 지키는 예는 없는가? 짐승들이 그들끼리 함께 뭉쳐 서로 도와주기 위해서 만드는 단합과 연맹으로 말하면, 그중의 하나가 공격을 받고 동료들을 불러 대면, 온 짐승 떼가 달려가서 그를 도와 준다. 그를 방어하려고 단결하는 일은 황소들과 돼지들, 그리고 다른 동물들에서도 볼 수 있다.
 에스카르라는 물고기가 낚싯바늘을 삼켰을 때, 다른 놈들이 그 주위로 몰려와 그 낚싯줄을 물어뜯는다. 그리고 어쩌다가 그중에 한 놈이 그물 속에 들면 다른 고기들이 밖에서 꼬리를 넣어 속에 든 놈이 힘껏 이빨로 물게 해서 그물 밖으로 끌어내어 데리고 간다. 누치들은 그들 중 하나가 걸리면, 낚싯줄을 그들의 등 위에 올려놓고, 톱니처럼 날카로운 가시를 세워 줄을 끊어 놓는다.
 우리가 살아가는 데 서로 개인적인 일을 돌보아 주는 예는, 짐승들 사이에도 많이 볼 수가 있다. 고래는 바다의 피라미라고 부르는 작은 고기를 앞에 내세우지 않고는 전진하지 않으며, 그 때문에 그 고기를 '안내자'라고 부른다고 한다. 고래는 그 뒤를 따를 때 마치 키로 배를 돌리듯 쉽사리 끌려 들어가며, 그 보수로 다른 모든 것, 즉 짐승이건 배건 이 괴물의 입속으로 무서운 혼란 속에 들어가면 부숴 삼키는데, 이 작은 고기는 반대로 그 속에 아주 안전하게 피신해서 잠들며, 그것이 잠들어 있는 동안 고래는 움직이지 않는다. 그러나 그 고기가 밖으로 나오면 고래는 바로 그 뒤를 따라간다. 그리고 어쩌다가 그 고기를 놓치면 고래는 마치 키를 잃은 배처럼 헤매며, 바위에도 부딪친다. 이것은 플루타르크가 터카라 섬에서 본 일이라고 증언한다.
 악어새라고 부르는 작은 새와 악어 사이에도 이런 관계가 있다. 이 악어새는 큰 동물의 파수꾼 노릇을 한다. 만일 그의 적 이집트 몽구스가 가까이 오면, 이 작은 새는 그가 잠든 사이에 기습당할까 봐 지저귀며 부리로 쪼아서 그를 깨워 위험을 알려 준다. 이 새는 그 악어의 찌꺼기를 먹고 사는데, 악어는 이 새를 정답게 아가리 속에 받아들여서, 턱과 이 사이에 낀 것을 쪼아 먹게 하고 입속에 남아 있는 고기 조각을 주워 먹게 한다. 그리고 아가리를 다물고 싶으면 차차로 오므려서 새가 날아갈 수 있도록 미리 알려 주며, 결코 그 새를 다치게 하는 일이 없다.

진주모(眞珠母)라고 하는 조개는 게의 일종인 피노데르와 역시 이런 관계에서 살고 있다. 이 피노데르는 늘 반쯤 벌리고 있는 조개의 턱 앞에 앉아서 문지기 노릇을 하며, 잡기에 알맞은 고기가 그 속에 들어가는 것을 보면 그의 살을 꼭 집어서 문을 닫게 하고, 둘이서 그들의 요새 속에 갇혀 있는 고기를 나누어 먹는다.

다랑어가 사는 방식에는 수학의 세 부문에 관한 특이한 지식이 주목할 만하다. 천문학으로 말하면, 그것을 우리에게 가르쳐 줄 정도다. 그들은 겨울이 닥쳐오면 활동을 중지하고 다음 봄까지 움직이지 않는다. 그 때문에 아리스토텔레스까지도 그들에게는 이 지식이 있다고 기꺼이 양보한다. 기하와 수학으로 말하면, 그들은 부대를 언제나 정육면체 또는 정사각형으로 모든 면이 네모지게 하여, 주위가 모두 똑같이 고른 6면으로 둘러싸인 견고하고 꼭 짜인 진영을 만든다. 그리고 이 앞과 뒤가 똑같은 정사각형의 질서로 헤엄쳐가는 까닭에, 깊이는 폭과 같고 폭은 또 길이와 같은 만큼, 한 줄만 보고 헤아리면 그 부대 전체의 수를 쉽사리 알아볼 수 있다.

도량(度量)의 크기로 말하면, 인도에서 알렉산드로스 대왕에게 보내온 큰 개가 한 일보다도 더 분명한 모습을 보기는 어려울 것이다. 사람들은 그에게 싸워보라고 처음에는 사슴을 내놓고 다음에는 산돼지, 그리고 다음에는 곰을 내놓아도, 그는 상대를 않으며 제자리에서 꼼짝도 않았다. 그러나 사자 한 마리를 보았을 때에는 즉시 벌떡 일어서며, 이놈이면 한번 싸워 볼 만하다는 것을 확실하게 보여 주었다.

자기 잘못을 인정하고 후회하는 일로 말하면, 어떤 코끼리 한 마리가 분에 복받쳐 자기를 부리던 사람을 죽이고는 너무 극심한 비탄에 빠져, 먹을 생각을 않고 그대로 죽어갔다는 이야기가 있다.

관대성으로 말하면, 모든 짐승들 중에서도 가장 잔인한 짐승인 어느 호랑이 한 마리가 그 앞에 새끼 염소 한 마리를 내 주어도 해치지 않고 이틀 동안을 굶고 지내다가, 사흘째에는 자기가 갇혀 있던 우리를 부수고 나가서 다른 먹을 거리를 찾아다니기까지 하면서, 자기 손님인 새끼염소를 먹으려고 하지 않았다는 이야기가 있다.

　서로 사귀어서 이루어지는 친밀성과 합의의 권리로 말하면, 그것은 우리가 고양이·개·토끼를 함께 살도록 길들여 볼 때 보통 일어나는 일이다.

　그러나 바다로, 특히 시칠리아의 바다로 여행하는 자들은 알시온의 생활 조건에서 인간 사고력의 한계를 넘는 일을 경험으로 배운다. 어떤 종류의 동물들의 잉태와 출생과 해산에, 자연이 그만한 영광을 부여한 일이 있던가? 과연 시인들이 말하는 바처럼, 델로스의 섬은 옛날에는 둥둥 떠다니다가 라토나의 해산을 위해서 굳어진 것이라고 한다. 그러나 하느님은 알시온이라는 새가 물결 위에 새끼를 치는 동안은 바다 전체가 정지해서 잔잔해지고 물결도 바람도 없고 비도 오지 않게 해 주었다. 그것은 바로 1년 중에 낮이 가장 짧은 동지 때의 일이며, 그의 특권 덕택에 우리는 한겨울에도 이레 밤 이레 낮을 위험 없이 항해할 수 있다. 그 암컷들은 자기 짝 이 외에는 다른 수컷을 모르며, 한평생 버리지 않고 그를 거둔다. 그리고 수놈이 노쇠하여 허약해지면 그를 자기 어깨에 메고 사방으로 다니며, 죽을 때까지 섬긴다.

　그러나 어느 누구도 알시온이 새끼를 기르려고 물결 위에 지어 놓은 보금자리의 놀라운 구조를 밝혀 보거나 그 재료를 짐작해 볼 총명성을 가져 본 일이 없다. 플루타르크는 그 새의 집을 열어 보고 만져도 보았다는데, 그 재료는 여느 물고기의 뼈를 서로 맞추고 잇고 엮고 다른 것은 가로지르고 한 것으로, 곡선과 둥근 면을 조절하여 물에 잘 뜨도록 동그란 배 모양으로 만들었다는 것이다. 그리고 이 새는 집을 다 지어서는 그것을 물결 위에 갖다 놓는데, 바다의 물결은 그것을 살그머니 쳐서 아직 맺어지지 않은 곳을 더 여미고, 그 구조가 아직 확실치 못해서 늘어진 곳을 다진다. 또 잘 이어져 있는 것은 물결이 쳐 조이기 때문에, 돌이나 쇠로 두드려도 여간해서는 부서지지도 풀리지도, 손상되지도 않게 만들어 놓는다고 한다.

　더욱 감탄할 일은 그 내부의 오목한 형상과 균형이다. 과연 그 집을 지은 새밖에는 받아들일 수 없게 꼭 닫혀 있어서, 비단 바닷물뿐 아니라 다른 어떠한 것도 들어가지 못하게 막고 여며져 있다. 이것이 바로 그 구조에 관해 서적에서 인용한 극히 명백하게 설명된 묘사이다. 그렇지만 이 설명은 그 구조를 꾸미기에 곤란한 면을 아직 충분하게 밝히지 않은 것으로 보인다. 그런데 우리는 얼마나 마음이 허영되기에 우리가 모방할 수도 이해할 수도 없는 일을 우리 능력만 못한 것으로 보고, 경멸조로 해석하는 일이 있을 수 있단 말인가?

우리와 짐승들의 능력이 대등하며 상호 관련성이 있다는 점을 좀 더 자세히 말해 보자. 우리의 심령이 생각하는 바를 모두 자기 사정으로 해석하고, 자기에게 잡히는 모든 것에서 없어지게 하는 것이고 육체적인 소질을 벗겨 없애고, 자기가 알아 둘 가치가 있다고 보는 모든 사물들을 거기서 두께·길이·깊이·무게·빛깔·냄새·거칠음·매끈함·단단함·물렁함 등, 모든 감각적인 소질은 전부 피상적인 비천한 재료인 양 치워 두고 정리하며, 그들을 마치 내 마음속에 있는 로마와 파리, 내가 상상하는 파리를, 그것이 크기도 장소도 돌도 회도 나무도 없는 것으로 파악하며, 그들을 영생불멸의 정신적인 자기 조건으로 조절해 가는 것을 영광으로 삼는 우리 심령의 특권, 바로 이 특권을 짐승들도 가지고 있다고 나는 생각한다. 나팔소리나 총소리나 전투에 길들여진 말이 마구간에 누워서, 마치 지금 싸움터에 있는 것처럼 자다가 꿈틀거리고 부르르 떨고 하며, 그 마음속에 소리 없는 북소리, 무기와 부대가 없는 한 군대를 생각하고 있는 것이 확실하다.

> 사실 그대는 강건한 준마들이 사지를 뻗고 잠들어 누워서도
> 그동안 땀을 흘리며 자주 헐떡이며 마치 승리를 다투듯,
> 온 근육을 긴장시킴을 보리라. (루크레티우스)

사냥개가 꿈속에 토끼를 쫓고 있다고 상상하며, 잠 속에서 그 뒤를 쫓느라고 헐떡이며 꼬리를 뻗치고 오금을 흔들며, 그리고 달음질치는 동작을 나타내는 것을 우리는 본다. 이때의 토끼란, 털도 뼈도 없는 토끼이다.

> 그리고 사냥개들은 감미로운 수면 속에
> 흡사 어느 야수들의 발자취를 찾아서 잡을 듯

갑자기 다리를 뻗고 뛰며 짖어 대고
반복하여 코를 쳐들며 냄새를 맡아본다.
그들은 마치 자기 앞에 달아나는 짐승이 보이는 듯
잠이 깨어도 환상이 흩어져 제정신으로 돌아오기까지
환각 속의 사슴의 영상을 추적한다. (루크레티우스)

집 지키는 개들이 흔히 꿈꾸다가 마치 낯선 사람을 본 듯, 으르렁대다가 진짜로 짖으며 깜짝 놀라 깨는 꼴을 우리는 보지만, 그들의 마음이 보는 이 낯선 사람은 크기도 빛깔도 존재도 없으며 지각되지도 않는 정신적인 인간이다.

우리 집에서 길들여 귀여워하는 작은 강아지는
그의 눈에서 날개 돋친 수면을 흔들어 깨우며,
마치 낯선 얼굴이나 수상쩍은 인물이 눈에 보이는 듯
깜짝 놀라 뛰어 일어난다. (루크레티우스)

신체의 미로 말하면, 다른 이야기로 넘어가기 전에 우리 의견이 일치하는가 보아야 할 일이다. 우리는 인간의, 그리고 우리의 미에 그렇게도 여러 형태를 주고 있는 이상 본성으로, 그리고 단편적으로 미가 무엇인지 모른다고 하는 것이 진실일 것이다. 이 형태에 관해서 만일 그 본연의 규정이 있다면, 우리는 마치 불이 뜨거운 것을 인정하듯 공통으로 그것을 인정하게 될 것이다. 우리는 멋대로 그 형태를 상상한다.

벨기에인의 안색은 로마인에게는 추하게 보이리라. (프로페르티우스)

인도 사람들이 미인을 그릴 때는 햇볕에 타서 검은 피부에 입술은 두툼하게 부풀고, 코는 납작하고 커다랗게 묘사한다. 그리고 콧구멍의 연골에 황금 고리를 꿰어서 입까지 매달리게 한다. 그리고 아랫입술은 보석으로 장식한 동그라미를 꿰어서 턱에까지 늘어지게 하며, 이를 잇몸까지 드러나 보이게 하는 것이 그들의 우아미이다. 페루에서는 귀가 가장 큰 자가 가장 미인이며 어떻게든 인공적으로 귀를 크게 늘이고 있다. 그리고 요즈음 어떤 사람이 말하길, 동양 어느 나라에서는 귀를 키우는 것이 대단히 중요시되며 거기에 무거운 보석을 달고 다니기 때문에 귓구멍으로 팔뚝이 들락거리는 것을 보았다고 한다. 다른 곳에서는 사람들이 애를 써서 이를 검게 물들이고 있으며, 이가 흰 것을 경멸하는 국민이 있고, 또 다른 곳에서는 이를 붉게 물들이고 있다 한다.

여자들이 머리 깎는 것을 예쁘게 보는 것은 바스크 지방에서만 그런 것이 아니다. 다른 많은 곳에서도 그러하며, 그보다도 더한 것은 얼음에 덮인 나라에서 그렇다고 플리니우스는 말한다. 멕시코인들은 이마가 좁은 것을 미인이라고 하고, 여자들은 전신에 털이 나게 하며, 이마에는 기술적으로 털을 가꾸어서 늘려 나간다. 그리고 젖이 큰 것을 대단히 중하게 여기며 그것을 어깨 위로 넘겨서, 어린애에게 젖을 먹일 수 있게 되기를 갈망한다. 우리는 이런 것을 추하다고 말할 것이다.

이탈리아 사람들은 미인을 굵직하고 덩치가 크게 만들며, 스페인 사람들은 속을 비워 가냘프게 한다. 우리 사이에서는 흰 것을 미인이라고도 하고, 갈색을 미인이라고도 한다. 어떤 자는 무르고 연약한 것을 좋아하고 다른 자는 억세고 강한 것을 취한다. 어떤 자는 미에 애교 있고 상냥한 멋을 요구하고 다른 자는 품위 있고 장중하기를 원한다.

미의 기호에서도, 플라톤은 그것이 구형(球形)에 있다고 보는데, 에피쿠로스학파들은 미를 피라미드 형이나 사각형에 있다고 보고, 신의 얼굴을 공의 형태로는 떨어뜨려 보지 못한다.

어떻든 자연은 다른 곳에서와 마찬가지로, 여기서도 보통의 법칙 이상으로는 우리에게 특전을 준 것이 없다. 그리고 우리가 잘 판단해 본다면 설사 이 점에서 우리보다 불리한 조건의 동물들이 몇몇 있다고 해도, 동물들 대다수가 우리보다 더 유리한 조건을 가졌으며 "다수의 동물들은 미라는 면에서 우리를 능가한다."(세네카) 우리처럼 땅에 사는 짐승들이 참으로 그렇다. 그리고 바닷고기들이 그렇다. 바닷고기들로 말하면(그 형상은 우리들과는 너무 달라서 비교가 되지 않으니 그만두고), 빛깔로도 정결함으로도 매끈함으로도 날쌔기로도 우리는 그들만 못하고, 날짐승으로 말하면 무슨 소질을 두고 보아도 그렇다. 시인들이 높이 평가하는 것으로 우리의 자세가 그 근원인 하늘을 쳐다보며 똑바로 서는 이 특권,

> 다른 동물들이 얼굴을 숙이고 땅바닥을 보는 반면에,
> 신은 인간의 이마를 세워 주고, 하늘을 관측하며
> 시선을 별들을 향하여 돌리라고 명령했다. (오비디우스)

정말 시적이다. 눈이 완전히 하늘로 향해서 뜨고 있는 짐승들은 얼마든지 있으며, 낙타와 타조의 목덜미는 우리보다 한층 더 꼿꼿하게 쳐들렸다고 생각한다.
도대체 어떤 동물이 얼굴을 위에 갖지 않고, 앞에 갖지 않고, 또 우리와 같이 똑바로 앞을 보지 않고, 정상적인 자세로 사람들만큼 하늘과 땅을 내다보지 않는단 말인가? 플라톤이나 키케로에 나오는, 우리의 육체 구조에 있어 어느 소질들이 수천 가지 짐승들에게 소용되지 못한단 말인가?
우리에게 가장 많은 짐승은, 모든 짐승들 중에서 가장 추하고 못난 짐승이다. 과연 외부에 나타난 모습과 얼굴의 형태로 보아서, 그것은 원숭이일 것이다.

> 가장 못난 짐승인 저 원숭이, 어찌도 그리 우리를 닮았는가! (엔니우스)

내부와 생명이 매인 부분들로 보면 돼지가 그렇다. 아주 벌거숭이로 해놓은 인간을(그렇다. 미의 큰 몫을 차지하는 것으로 보이는 성(性)에서), 그의 오점이나 타고난 굴종과 완전하지 못함을 생각해 보면, 다른 어느 동물보다도 우리가 몸을 감싸고 다니는 것에 정당한 이유가 있음을 알게 된다. 이 점에서 우리보다 더 혜택을 받고 있는 자들에게서, 그들의 미로 우리를 장식하고, 그들에게서 벗겨 온 물건 밑에 우리를 가리려고, 털실·날개깃·털·명주실 등을 빌려 오는 것은 너그러운 눈으로 보아 달라고 해야 할 만한 일이다.
그뿐더러 우리는 그 결함이 바로 동물들의 감정을 거스르는 단 하나의 동물이며, 오로지 우리들만이 본성에서 나오는 행동을 우리 종족에게 숨겨서 해야 한다는 점을 주목하자. 고려해야 할 만한 일은 이 방면의 대가(大家)들이 명령하기

를, 사랑의 정열에서 치유되려면 욕심나는 대상의 육체를 자유로이 들여다볼 일이며, 애정을 냉각시키려면 사랑하는 것을 자유로이 보기만 하면 된다고 한 것이다.

    어떤 자는 상대편 신체의 음부를 보고는
    불타오르던 흥분이 즉시 얼어붙었다.   (오비디우스)

  이런 치료법은 아마도 좀 까다롭고 냉각된 마음에서 나올 수도 있지만, 서로 터놓고 친교를 맺어 가다가 싫증이 나게 된다는 것은 인간성이 지닌 결함의 두드러진 징조이다. 우리네 부인들이 사람들 앞에 나오려고 자신을 분칠하며 장식하고, 여간해서 자기 방으로 들어오지 못하게 하려고 애쓰는 것은, 정숙한 마음보다도 기교와 조심성에서 하는 일이다.

    우리 비너스들은 실수하지 않는다.
    그녀들은 사랑의 올가미로 결박해 두려는 남자들에게
    자기 사생활의 이면을 은닉하려고 매우 조심한다.   (루크레티우스)

  그와 반대로 많은 동물에서 보면, 그들의 것으로서 우리가 즐기게끔 기쁨을 주지 않는 것이란 아무것도 없다. 그들의 배설물이나 토사물에서까지 우리는 맛 좋은 식료뿐 아니라 풍성하고 고운 장식품과 향료까지 뽑아낸다. 이러한 고찰은 우리들 공통의 행동 습관에 관계되는 것뿐이며, 그 속에 이 세속의 물체적 장막 아래 가끔 별과 같이 빛나는 것이 보이는, 저 거룩하고 초자연적인 비상한 미를 포함시키려고 하는 것도 그렇게 큰 모독은 아닐 것이다.
  뿐만 아니라 우리가 동물들에게 자연의 은총으로 내놓는 몫 자체가 우리의 고백으로도 그들에게 대단히 유리한 것이다. 우리는 인간의 능력이 책임질 수 없는 일로 공상적이며 허황된 행복, 즉 현재 있지 않은 미래의 행복이거나 이성·학문·명예 따위, 우리의 방종한 사상이 그릇되게 우리에게 만들어 주는 보배를 가졌다고 주장한다. 본질적이며 손에 잡히는 보배인 평화·휴식·안전·순진·건강 등

자연이 우리에게 해 줄 수 있는 가장 풍부하고 훌륭한 선물은 짐승들의 몫으로 넘겨주고 있다고 나는 생각한다.

그래서 철학은, 특히 스토아 철학은 감히 말하기를, 헤라클레이토스와 페레퀴데스는 그들의 예지를 건강과 바꿀 수만 있다면, 즉 이런 흥정으로 전자는 종기를, 후자는 그가 고생하던 이가 들끓는 병을 면할 수만 있다면 분명히 그랬으리라고 감히 말한다. 그들이 예지를 건강과 비교하며 저울질을 해 본 것은, 역시 그들이 다른 제언에서 한 것보다 그래도 예지에 좀 더 가치를 인정한 일이다. 그들은 만일 키르케가 오디세우스에게 두 가지 약을 내어 주는데, 하나는 미치광이를 현명한 자로 만드는 것이고 하나는 현명한 자를 미치광이로 만드는 것이었다면, 또 키르케가 인간의 얼굴을 짐승의 얼굴로 고치게 하는 것보다는 차라리 미치광이가 되는 약을 받았어야만 했다고 하면, 그의 예지 자체가 그에게 '나를 내버려 두라. 나를 당나귀 얼굴과 몸속에 넣어 주기보다는 차라리 그대로 두라'는 식으로 말했으리라고 말한다.

뭐라고? 이 위대하고 거룩한 예지를 철학자들은 이 땅 위의 육체라는 껍데기 때문에 저버린단 말인가? 그러면 우리는 이성과 사고력과 영혼에 의해서 짐승들보다 우월한 것이 아니라 우리의 미, 고운 안색, 우리의 사지가 잘생긴 것 등으로 우월하다는 것이며, 그런 것 때문에 우리는 지성과 예지와 다른 것들을 포기해야 한다는 말이다.

그런데 나는 이 소박하고 솔직한 고백을 인정한다. 우리가 그렇게도 떠들고 있는 이 부문은 헛된 공상에 지나지 않는 것임을 그들은 알았다. 그러니 짐승들이 스토아학파의 도덕·학문·예지와 능력을 가졌다고 해도 그들은 언제나 짐승이다. 그리고 가련하고 약하며 미친 인간에게도 비교될 수 없다는 말이다. 결국 우리와 같지 않은 것은 아무 가치도 없다. 그리고 하느님도 가치가 있기 위해서는 다음에 말하려는 바와 같이 사람을 닮아야 한다. 그래서 우리는 진실한 사색에 의해서가 아니라 미치광이 같은 오만과 완고한 마음으로 우리가 다른 동물들보다 낫다고 하고, 짐승들의 조건들과 사회에서 우리를 격리시키는 것이다.

인간의 지식은 그를 행복하게 하지 못한다.

그러나 다시 내 논제로 돌아오자. 우리는 우리들 몫으로 지조 없고, 우유부단하며, 불확실성·비관·미신, 장차 올 일에 대한 불안, 즉 죽은 뒷일까지의 걱정과 야심·탐욕·질투·시기, 절제 없고 강제되고 극복 못 할 욕망과 전쟁·거짓말·배신·비방·호기심 등을 가지고 있다. 끊임없이 우리를 사로잡고 있는 이 수없는 격정들의 대가로, 우리가 그렇게도 영광으로 삼는 이 훌륭한 사고력과 판단하고 인식하는 능력을 산 것이라면, 우리는 거기에 괴상하게도 과한 값을 치른 것이다. 소크라테스가 제대로 말한 바와 같이, 인간이 다른 동물에 대해 갖는 이 유명한 특권에 가치를 인정할 양이면, 자연은 짐승들에게는 사람의 탐락(耽樂)에 일정한 시기와 한계를 정해 준 데 반해서, 우리에게는 어느 시간, 어느 기회이건 이 탐락에 제한 없이 고삐를 놓아주었다는 것이다.

"음주가 환자들에게 유익한 일은 드물고 해로운 일이 많으므로, 역시 의심이 되는 이익을 얻자는 희망을 갖고 명백한 위험을 겪게 하기보다는 차라리 전혀 공급하지 않는 편이 낫다. 마찬가지로 아마도 자연이 그렇게도 넓고 후하게 수여한 것으로 우리가 이성이라고 부르는, 이 사상의 활발한 작용, 침투력, 기교를 인류에게 주기를 전적으로 거절했던 편이 더 나았을 것이다. 왜냐하면 이 소질은 극히 소수에게만 유익하고, 다른 자들에게는 치명적이기 때문이다."(키케로)

아리스토텔레스가 그렇게도 많은 일을 알고 있다고 해서 무슨 좋은 수가 있었다고 생각할 수 있는가? 그들은 짐꾼이 당하는 변고는 받지 않아도 좋도록 면제되어 있던가? 그들은 논리학에서 통풍병에 대한 무슨 위안이라도 끌어냈던가? 이 병의 기운이 어떻게 관절에 들어 있는가를 알았다고 해서 덜 아팠단 말인가? 어느 국민들은 죽음을 즐긴다는 일을 알았다고 해서, 그들이 죽음에서 해방됐던가? 어떤 지방에서는 여자가 공유물로 되어 있다는 것을 알기 때문에 아내가 서방질을 해도 타협이 되었던가? 반대로 하나는 로마에서, 하나는 그리스에서 학문의 전성기에 지식으로 제1위를 차지하고 있었다고 해서, 우리는 그들이 인생에 특별히 다른 탁월한 점을 가졌다는 것을 알지 못한다. 사실 이 그리스 학자는 자기가 가진 어떤 흠집을 벗어던지려고 상당히 애를 썼다.

점성학과 문법을 아는 자에게는 탐락과 건강이 더 맛있을 것이라고 누가 보았단 말인가?

무식한 사람의 연장은 더 빳빳이 서지 못한단 말인가? (호라티우스)

그리고 창피당하는 것과 빈궁도 덜 거북하단 말인가?

그대는 정녕 질병과 노쇠를 면하고
비탄과 심려를 모르고 지낼 것이며,
더 오랜 생명과 더 나은 운명을 가질 것이다. (유베날리스)

내 시대에 대학 총장들보다 더 현명하고 행복한 직장인들과 농군들을 몇백 명이고 보았는데, 나는 차라리 이들을 닮고 싶다. 내 의견으로는 학문은 영광이나 가문이나 위엄 같은 사물들, 또는 기껏해야 미모와 부유함같이 인생에 필요한 사물들과, 그러나 현실과 먼 거리에서 본성에서보다는 좀 더 허황된 생각으로 인생에 소용되는 사물들 사이에 자리 잡는다.

두루미나 개미들이 필요로 하는 것 이상으로 직무나 규칙이나 법률 등 우리가 사회를 살아가는 데 필요한 것은 없다. 그리고 우리는 사회가 학문 없이도 극히 질서 있게 진행되어 나가는 것을 본다. 만일 사람이 현명했다면, 그는 사물 하나하나를 인생에 유용하고 적합한 정도에 따라서 그 진실한 가치를 정했을 것이다.

행동이나 행위로 우리를 검토해 본다면, 학자들보다도 배우지 못한 사람들 속에 더 많은 수의 탁월한 인물들이 발견될 것이다. 모든 종류의 도덕에 관해서 말이다. 고대 로마는 도덕에 있어서 평화 때나 전쟁 때나 그 후에 저절로 망해간 저 박학하던 로마보다 더 위대한 인물들이 있었다고 나는 생각한다. 다른 것은 모두 같다고 해도, 적어도 정직성과 순진성은 고대 로마가 나았을 것이다. 왜냐하면 이런 덕성은 특히 단순한 사람들 편에 있기 때문이다.

그러나 나는 이런 논제는 제쳐두겠다. 잘못하다가는 너무 길게 끌 위험이 있으니, 다만 이것만 말하련다. 즉, 오로지 겸양과 복종에서 착한 사람이 나오는 법이다. 자기 의무에 관한 지식은 각자의 판단에 맡겨서는 안 된다. 이것은 자기 생각으로 선택할 일이 아니고 각자에게 명령해 주어야 한다. 그렇지 않으면 에피쿠로스의 말처럼 우리의 이성과 의견이 어리석고 무한히 잡다하기 때문에, 마지막엔 우리가 우리를 잡아먹게 하는 의무들도 꾸며 내게 될 것이다.

하느님께서 인간에게 내리신 최초의 법률은 순수한 복종의 법률이었다. 복종함은 하늘에 계신 한 어른이며 은인인 분을 알아보는, 사리를 아는 심령의 주요한 직무인 만큼, 이 법은 사람이 알아보고 토론해 볼 거리가 없는 적나라하고 단순한 명령이었다. 오만에서 모든 죄악이 나오듯 복종함과 양보함에서 다른 모든 도덕이 나온다. 반대로 악마의 편에서 인간의 천성에 온 최초의 유혹, 즉 그의 최초의 독소는 그가 학문과 지식을 우리에게 준다고 약속하며 우리 속에 침투해 들어온 것이다. "그대는 선과 악을 알면 신과 같으리라."(창세기) 그리고 호메로스의 작품에, 인어들은 오디세우스를 속여 위험하고 파멸하는 함정에 그를 끌어넣기 위해서 그에게 선물로 지식을 제공한다. 인간의 페스트는 지식의 의견이다. 그 때문에 무식은 신앙과 복종에 적합한 소질이라고 우리 종교에 의해서 그렇게도 권장되는 것이다. "철학의 가면 아래, 그릇된 외모에 의하여 기만당하지 않도록 조심하라."(성 바울)

여기에는 모든 학파의 철학자들 사이에 최고의 선은 영혼과 신체의 고요하고 평온한 상태에 있다고 하는 전반적인 합의가 있다. 그러나 어디서 그것을 찾을 것인가?

> 결론적으로 현자는 자기 위에 주피터밖에는 보지 않는다.
> 그는 부유하고 자유롭고 명예롭고 아름답고,
> 특히 화사한 건강으로 결국 왕 중의 왕인데,
> 다만 콧물이 나와서 괴로워하니 탈이다. (호라티우스)

참으로 자연은 우리의 가련하고 허약한 처지에 대한 위안으로, 우리에게 오만함밖에 주지 않은 것으로 보인다. 그것은 에픽테토스가 '사람은 자기 생각을 사용하는 것밖에 자기 고유의 것이란 가진 것이 없다'고 말한 것이다. 우리는 우리의 몫으로 바람과 연기밖에 가진 것이 없다. 철학은, 신들은 건강을 본질로 갖고 질병은 지식 속에 가졌으며, 사람은 그 반대로 행복은 공상으로 갖고 불행은 본질로 가졌다고 한다. 우리가 상상력을 높이 평가하는 것은 옳은 일이다. 왜냐하면 우리의 모든 재화와 보물은 한낱 꿈에 불과하기 때문이다. 이 가련하고 참담한 동물이 허풍을 떠는 꼴을 보라.

"문장을 쓰는 직업만큼 감미로운 것은 없다. 이 문장의 방법으로, 무한한 사물들, 대자연의 광대하고 무한한 위대성, 이 세상에서의 하늘과 땅, 바다들이 우리에게 밝혀진 이런 문장을 쓰는 직업 말이다. 바로 이 학문들이 우리에게 종교와 절제와 아량을 가르쳐 주었고, 그것이 우리 영혼을 암흑으로부터 끌어내서 높은 것, 얕은 것, 최초, 최후와 중간 등 사물들의 모든 면을 보여 주었다. 바로 이 문장들이 우리에게 행복하게 잘 살아갈 거리를 공급해 주며, 우리를 불쾌하지 않고 고통이 없도록 세월을 보내게 지도한다."(키케로) 이것은 영원한 생명이며 전능한 힘을 가진 하느님의 조건을 말하는 것같이 보이지 않는가?

그러나 실제를 보면, 변변찮은 수많은 여자들이 시골 구석에서 이자의 생애보다 더 고르고 순탄하고 견실한 생애를 살아간 것이다.

> 저이는 한 신이었다.
> 그렇다. 신이었다.
> 영광스러운 멤미우스여
> 그는 처음으로 오늘날 예지라고 부르는 생활 규칙을 발견했고,
> 그가 자기의 기술로 우리 인생을
> 그 혹심한 폭풍우와 그 심각한 암흑에서 끌어내어
> 평안과 광명 속에 세워 본 자다.   (루크레티우스)

참으로 굉장하고 훌륭한 말투이다. 그러나 저 신 같은 그의 스승(에피쿠로스를 말함)과 거룩한 예지에도 불구하고 아주 하찮은 변고에 부닥치고는 그의 이성은 못난 양치기의 이성만도 못한 상태에 빠지고 말았다(전설에 의하면 루크레티우스는 광인으로 되어 있다).

데모크리토스의 작품에 나오는 '나는 모든 일에 관해 말하겠다'는 약속도 이와 똑같은 건방진 수작이다. 그리고 아리스토텔레스가 인간들에게 주는, '죽어갈 운명의 신들'이라는 어리석은 칭호도, 크리시포스가 디온은 신과 마찬가지로 도

덕적이라고 한 판단도 똑같이 건방진 말투이다. 그리고 세네카도 "우리가 우리의 도덕을 칭찬함은 정당한 일이다. 만일 우리가 그것을 신에게서 얻은 것이고, 자신에게서 얻은 것이 아니라면 있을 수 없었던 일이다"(키케로)라고 한 말에 맞게, 그는 하느님이 그에게 삶을 준 것도 인정했으나, 선하게 사는 방법은 자기가 찾았다고 했다. "현자는 신과 같은 용기를 가졌다. 그런데 현자의 용기는 인간적인 나약함 속에서 생겼다. 그러므로 그는 신을 능가한다"고 한 것 또한 세네카였다.

이런 따위의 당돌한 말투를 보는 것보다 더 평범한 일이란 없다. 우리 중에 누구도 자기를 동물의 위치까지 낮추어 볼 때에 한 것처럼, 자기를 신과 대등하게 본다고 해서 분개할 자는 없다. 그만큼 우리는 창조주보다 자신에게 더 관심이 많다.

그러나 우리는 이런 어리석은 허영을 발밑에 억누르고, 이런 그릇된 사상을 세워 놓은 우스운 기반을 힘차고 과감하게 뒤흔들어 놓아야 한다. 그가 무슨 방법이나 힘을 가졌다고 생각하고 있는 한, 인간은 결코 주께서 얻어 온 바를 인정하지 않을 것이다. 사람의 말마따나, 그는 늘 달걀을 암탉으로 볼 것이다. 그를 셔츠바람으로 벗겨 놓아야 한다.

그의 철학의 효험이 얼마만 한가 그 두드러진 예를 몇몇 들어 보자.

포시도니오스는 팔이 뒤틀리고 치가 떨리게까지 괴로운 병으로 끙끙 앓으면서도, 병에 대해서는 "네가 아무리 해 보아도 나는 네가 고통이라고는 말하지 않겠다"라고 소리 지르며 자기는 고통을 경멸한 것이라 생각한다. 그는 내 집 하인과 같은 고통을 당하고 있다. 그러나 그는 자기 학파의 법칙에 따라, 다만 아프다는 말을 내지 않는 것만으로 뽐낸다. "실제로는 쓰러지고 있으며, 말로만 용감한 체할 것은 없다."(키케로)

아르케실라오스는 통풍을 앓고 있었다. 카르네아데스가 그를 방문했다가 대단히 민망해하며 돌아가자, 아르케실라오스는 그를 다시 불러들여 다리와 가슴을 가리키며 "다리는 아프지만 여기는 아무렇지도 않다"고 말했다. 이자는 조금 점잖은 셈이다. 왜냐하면 그는 아픈 곳이 있음을 느끼며, 거기서 벗어나기를 원하고 있기 때문이다. 그러나 이 병으로 해서 그의 마음이 타격을 받아 악화된 것은 아니다.

전자는 그 강하게 구는 꼴이 실제보다도 말로만 하는 것이 아닌가 나는 두렵다. 헤라클레아의 디오니시우스는 찌르는 듯 심히 눈이 아파, 그의 스토아적 결심을 포기해야만 했다.

　그러나 그들이 말하듯 학문이 우리를 쫓아오는 불행의 힘들고 고생스러움을 실제로 억눌러 부드럽게 만들어 준다 해도, 그것은 사람이 완전히 무식한 경우에 이런 효과를 많이 얻는 것보다 무엇을 더 뚜렷하게 해 놓고 있단 말인가? 철학자 피론은 바다에서 심한 폭풍우를 만나 큰 위험을 겪으며, 그때 선객들과 함께 있던 돼지가 이런 폭풍우에 두려움 없이 안심하고 있는 꼴을 보고, 그것을 모방하는 일밖에는 같이 있던 자들에게 보여 준 것이 없었다. 이 철학은 그 가르침이 결국 우리에게 운동선수나 나귀몰이의 예를 본뜨라는 결론을 줄 뿐이다. 이런 자들은 타고난 버릇으로 고생을 참도록 되어 있지 않은 마음 약한 자들에게 학문이 해 줄 수 있는 것보다도 죽음이나 고통이나 다른 불행들을 훨씬 덜 느끼고, 마음이 견고한 것을 본다.

　어린아이들의 부드럽고 연한 살이 우리의 살보다 찢고 째기에 더 쉬운 것은 그들이 무지한 탓이 아니고 무엇인가? 그리고 말(馬)의 살은 어떤가? 얼마나 많은 사람들이 오로지 상상력 때문에 병에 걸리는가? 우리는 자기 생각으로만 느끼는 병을 치료하려고 피를 뽑고 속을 훑어 내고, 약을 쓰는 자들을 본다. 우리에게 진짜로 병이 없을 때에는 무엇을 알고 있다는 것이 도리어 탈이 된다. 얼굴 빛깔이 이러니 무슨 염증 충혈의 징조가 되고, 계절이 더우니 무슨 열병에 걸릴 위험이 있고, 그대의 왼손에 생명의 줄이 끊겼으니, 중한 병에 걸릴 징조를 알려 주는 것이 된다. 이 지식이 염치없이 건강에 대든다. 청춘의 이 쾌활한 정력은 늘 그대로 있을 수 없으며, 그 힘이 자신에게 불리하게 작용하면 안 되니까, 미리 피를 뽑아서 힘을 줄여야 한다는 것이다.

　이렇게 상상력에 지배되는 자의 생활과, 타고난 욕심대로 살아가며 지식이나 예측 같은 것 없이 현재의 느낌으로 사물들을 다루며, 정말 병에 걸렸을 때에만 병들어 있는 농군의 생활을 비교해 보면, 전자는 신장에 담석이 생기기 전에 마음에 벌써 담석이 생긴 것이며, 마치 병에 걸렸을 때 실컷 고통을 받지 못할까 겁내는 것처럼, 미리 공상으로 그것을 예측하며 병을 맞이하려 쫓아가는 격이다.

내가 앞서 말한 의약에 관한 예와 같은 것은 다른 학문에서도 찾아볼 수 있다. 여기서 최고의 선(善)은 우리의 판단력이 허약함을 인정하는 데 있다는 옛날의 철학 사상에서 온 것이다. 나의 무식은 내게 공포보다도 오히려 더 많은 희망을 준다. 그리고 내 건강에 관해서 다른 사람의 예나, 같은 경우에 다른 데서 보는 사건의 법칙밖에 별다른 법칙을 가지고 있지 않기 때문에, 수없이 규칙이 있는 것을 보지만 나는 그런 것을 모두 비교해 보고 나서 내가 가장 유리한 것으로 결정한다.

  나는 두 팔을 벌리고 자유롭고 충만하게 건강을 받아들인다. 그리고 지금은 여느 때처럼 성한 것이 별로 없고 건강한 때가 더 드물게 되었으니, 나는 더욱 건강을 누리려고 내 욕심을 북돋운다. 생활 방식에 새로운 억제를 가해서 없던 고통도 만들어 가며, 내 건강의 안정과 순조로움을 동요시킨다는 것은 말이 안 된다. 우리 정신이 동요되면 병에 걸리기가 쉽다는 것은 짐승들이 충분히 보여 준다.

  우리가 전해 듣기로는, 브라질 사람들은 모두가 늙어서만 죽는다고 하는데, 그것은 공기가 청량하고 고요하기 때문이라고 한다. 나는 차라리 그들이 한평생 아무런 학문도, 법도, 임금도, 무슨 종교라는 것도 없이 감탄스러운 단순성과 무지 속에 보내고 있어서, 모든 고뇌와 사상, 마음을 긴장시키는 불쾌한 직무에 시달리는 일이 없는 까닭에 그들의 마음이 명랑하고 고요한 탓이라고 본다.

  우리가 경험으로 보는 바 가장 천하고 둔한 자들이 사랑의 실천에는 더 견실하고 바람직하며, 마부의 사랑이 한량들의 사랑보다 더 유쾌하다는 것은, 후자에게는 마음의 동요가 육체의 힘을 혼란시키고 꺾고 피로케 한 탓이 아니면 무슨 까닭일까?

  역시 심령은 대개 그 자체를 피로케 하고 혼란시킨다. 그 신속함과 날카로움과 민첩함, 결국 그 자체의 힘 외에 무엇이 심령을 뒤집어서 버릇이 되다시피 광증으로 몰아넣는 것인가? 가장 미묘한 광증은 가장 미묘한 예지에 의해서 이루어지지 않겠는가? 가장 큰 우정은 가장 큰 적의에서 나오듯, 또 강한 건강에서 치명적인 병이 생기듯, 마찬가지로 우리 심령의 가장 강력한 작용과 밀접하게 결부되는가를 본다. 광증이 자유로운 정신의 강력한 흥분과 비상한 도덕적 효과와 거의 분간을 못할 만큼 가까운 것을 누가 모르는가?

플라톤은 우울증 환자는 더 훌륭하게 교육할 수 있다고 했다. 그 때문에 그런 사람보다 더 광증에 기울어지기 쉬운 기질은 없다.

수없이 많은 정신들은 그 자체의 힘과 재간에 넘어가서 패망한다. 오랜 세월을 두고, 다른 어떤 이탈리아 시인보다도 분별 있고 교묘하고 고대의 순수한 시형(詩形)에 맞춰서 시를 쓸 수 있는 시인(타소를 말함)은 자신의 경쾌한 심신 착란에서 어떠한 비약을 이루어 놓았는가! 그는 자기 마음의 살인적인 활기에 찬사해야 할 일이 아니었던가? 그를 맹인으로 만든 그 빛에, 또 이성을 잃게 할 만큼 정확하고 긴장된 이해성에 감사해야 할 일이 아니던가! 그가 천치가 되게까지 마음을 쓰며 고생하게 한 학문 탐구의 덕이 아니던가? 마침내 그를 심령도 훈련도 없게 만들어 놓은 것은, 저 심령 훈련의 희귀한 적응성에 의함이 아니던가? 나는 그가 훼라타에서 아주 측은한 상태로 정신을 잃고 육체만 살아남아 자기의 작품도 알아보지 못하며, 그 자신은 알지도 못하게, 그러나 그의 눈앞에 고치지도 않고 형편없이 정리되지도 않은 채로 그의 작품이 세상에 출판된 것을 보고, 동정보다도 울분을 느꼈다.

그대는 한 인간이 건전하기를 원하는가? 그가 견고하고 확실한 자세로 있기를 원하는가? 암흑과 한가로움과 둔중함을 갖추게 하라. 우리를 현명하게 만들려면 짐승으로 만들어야 하고, 우리를 지도하려면 눈이 부셔서 못보게 만들어야 한다.

고통과 불행에 대해서 냉담하고 둔감한 취미를 갖는 것이 주는 편리함은 역시 그 결과로 해서 좋은 것과 유쾌한 것을 누리는 경우에도 예민하지 못하고 맛보지도 못하게 만드는 불편함을 이끌어 온다고 말한다면, 그것은 사실이다. 그러나 우리의 비참한 조건으로는 즐겨야 할 것보다도 피해야 할 일이 더 많고 극도의 탐락은 가벼운 고통만큼도 우리에게 느껴지지 않게 되어 있다. "인간은 고통보다도 쾌락의 감각이 적다."(티투스 리비우스) 우리는 건강을 가장 가벼운 병만큼도 느끼지 못한다.

우리는 살갗에 스칠까 말까 하는
가장 적은 타격에는 민감하나 건강에 대해서는 의식이 없다.

나는 늑막염이나 통풍 환자가 아닌 것을 기뻐하나
건강하고 정력 있다는 것을 깨닫지 못한다.　　　　　　(라 보에티)

우리의 행복이라는 것은 불행이 없다는 것에 불과하다. 그 때문에 탐락을 가장 높이 평가한 어떤 학파의 철학자는 이 행복이라는 것을 다만 고통이 없는 상태라고 세워 놓았다. 엔니우스가 말하듯, 불행하지 않았다는 것은 사람이 바랄 수 있는 한의 행복을 가졌음을 의미한다.

불행을 갖지 않음은 많은 행복을 가짐이다.

우리를 한순간 건강과 고통이 없는 상태 이상으로 끌어올리는 듯한 바로 그 근질거림과 예민한 감각, 이 힘차고 동적이며 무엇인지 모르게 찌르는 듯하고 물어뜯는 듯한 탐락도, 역시 그 목표는 고통이 없는 것이다. 여자와의 접촉에서 우리를 황홀케 하는 정욕은, 우리에게 맹렬한 욕망이 지닌 고통을 없애는 것밖에 찾지 않으며, 이 욕구를 채워 그 열병을 없애고 편안히 쉬는 것밖에 요구하지 않는다. 다른 것들도 마찬가지이다. 그러므로 단순함이 우리를 아무 불행도 없는 방향으로 이끌어 가는 것이라면, 그것은 조건으로서는 대단히 행복한 상태로 지향케 하는 일이다.

그렇다고 그것이 전혀 감정이 없다고 할 만큼 둔감하다고 생각해서는 안된다. 왜냐하면 에피쿠로스의 고통 없는 상태라는 것을 너무 심각하게 세워서 고통이 오거나 접근하는 일까지 없는 것이라고 한다면, 크란토르가 이 사상을 논박하는 것은 당연하다. 나는 가능하지도 바랄 만하지도 않는 이 고통 없는 상태를 칭찬하지 않는다. 나는 병에 걸리지 않는 것만으로 만족한다. 그러나 내가 병에 걸렸으면 그것을 알고자 한다. 그리고 사람이 내 살을 태우고 찢고 하면 그것을 느끼기를 원한다. 진실로 고통의 의식을 뽑아 없애는 자는 동시에 탐락의 의식을 근절시킬 것이며, 마침내는 인간 자체를 파괴할 것이다. "고통이 없음은 높은 값을 지불해서밖에는 얻지 못할 것이다. 즉 심령의 둔화와 육체의 마비를 초래한다."(키케로)

악은 인간에게는 다시 선이 된다. 고통이라고 해서 언제나 피할 것이 아니고 탐락이라고 언제나 좇아야 할 것이 아니다.

학문이 우리를 불행의 무게에 저항할 만큼 강화시키지 못할 때에는, 학문 자체가 우리를 다시 무식의 품안으로 던져 넣는다는 것이 무식을 위해서 대단히 큰 영광이다. 학문은 우리의 고삐를 놓아 주고, 무식의 무릎에 피난하여 그의 보호를 받고, 운명의 타격과 손상에서 벗어나 은신하라고 허락하는 타협에 이르지 않을 수 없다. 학문이 우리에게, 우리를 사로잡고 있는 불행을 생각하지 말고 잃어버린 쾌락 등을 회상하게 하여, 현재의 불행에 대한 원인으로 지난날 행복의 추억을 이용하며, 사라진 만족에 구원을 청해서 우리가 지금 절박해 있는 불행에 대항시키라고 설교한다면, "비통함을 줄이기 위하여 추종해야 할 방법은 그 (에피쿠로스를 가리킴)에 의하면 사색을 모든 불쾌한 사상에서 돌려 유쾌했던 추억의 명상으로 이끌어 오는 데 있다"(키케로)고 한다. 이 말은 자기 학문의 힘이 모자랄 때에는 계략을 쓰는 것이며 체력과 팔의 힘으로 실패했을 때에는 약삭빠르게 다리로 감아 넘기라는 말밖에 다른 무엇을 의미하겠는가? 철학자뿐 아니라 침착한 인물이라도 실제로 높은 열로 대단한 아픔을 느낄 때에는 그리스 포도주를 마시던 달콤한 생각으로 고통에 대항하려는 것이 무슨 효과가 있을 것인가? 그것은 도리어 손해 보는 흥정이 될 것이다.

지나간 행복의 추억은 고통을 배가한다. (단테의 시 개작)

철학이 주는 이 충고로 추억 속에다 지나간 행복만을 담아 두고, 우리가 겪은 불쾌한 일을 지워 버리라는 것은 마치 망자의 기술이 우리의 권한 안에 있는 것 같은 말이니, 다 똑같은 수작이다. 이것은 또 우리를 한층 더 못나게 만드는 충고이다.

지난날 불행의 추억은 감미롭다. (키케로)

운명과 싸울 수 있게 내 손에 무기를 쥐어 주어야 하며, 인간의 모든 역경을 발밑에 유린해 버리도록 내 마음을 굳세게 만들어 주어야 할 철학이 어째서 물러빠지게 이 비겁하고도 꼴사나운 계책으로 나에게 숨을 구멍만 찾아다니게 하려는 것인가? 기억력은 우리가 택하는 것을 보여 주는 것이 아니고 자기가 보여 주고 싶은 것만을 보여 준다. 참으로 무엇을 잊어버리고 싶은 욕망만큼 그것을 우리 기억에 생생하게 새겨넣는 것이란 없다. 어떤 사물을 잃어버리고 축원하는 것은, 우리 마음속에 길이 새겨서 잘 보존하게 하는 좋은 방법이다. 그리고 "어떻게든지 우리의 불행을 영원한 망각 속에 매장하고, 번영하던 시절의 유쾌하고 감미롭던 추억을 환기시킴은 우리 능력 안에 있는 일이다"(키케로)는 말은 거짓말이다. "나는 원치 않는 때에도 내 추억을 간직하고, 내가 원하여도 그것을 잊지 못한다"(키케로)는 말이 진실이다. 이 충고는 누구의 것인가? 그것은 '홀로 자기를 감히 현자라고 표명한 자'의 말이다.

  태양이 떠올라 별들을 소멸시키듯 자신의 천재로
  인류 위에 초월하며 모든 인간들을 무색케 한 자. (루크레티우스)

 기억을 지워서 없애 버리는 일은 무지로 이끄는 진실하고도 적절한 것이 아닌가? "무지는 우리의 불행에 대한 힘 없는 치유법이다."(세네카)
 이와 같은 수많은 교훈들이 우리에게 만족과 위안을 줄 수만 있다면, 우리는 생기 있고도 강력한 이성의 힘이 충분히 작용하지 못하는 속인들에게서 그 경박한 망상을 빌려다 써도 좋다고 가르치는 것을 본다.
 이 교훈들이 우리의 상처를 고치지 못할 때에는, 그것을 잠재워서 아픔을 미봉하는 것이므로 만족한다. 나는 그들이 판단력의 약점과 결함으로 쾌락과 안정 속에 유지되는 생활 상태에 질서와 항구성을 첨가할 수 있다면, 그것을 용납하리라는 것을 부인하지 않을 것이라고 생각한다.

  나는 술이나 마시고 꽃이나 뿌리련다.
  누가 나를 미치광이로 본들 상관있나. (호라티우스)

철학자들 중에는 리카스와 같은 생각을 가질 자도 많이 있을 것이다. 이자는 대체로 행동 습관이 점잖고, 자기 가정에서도 고요하고 평화로이 살며, 가족들이나 타인들에 대한 의무를 이행하는 데에 아무런 결함이 없고, 몸가짐을 잘하며, 언짢은 일은 결코 하지 않는 터이다. 그런데 어쩌다가 정신이 돌아서 늘 극장 속에서 소일거리와 구경거리를 가지고 세상에서도 가장 재미나는 연극을 감상하고 있다는 환각에 빠지곤 했다. 의사들이 이 병적인 기분을 고쳐 주어 병이 낫자, 그는 다시 그 달콤한 공상 속에 돌려보내지 않는다고 의사를 상대로 소송을 하려고까지 했다.

아아, 친구들이여, 그대들은 나를 살해했다.
나를 치유한 것이 아니고, 내 행복을 빼앗았다.
내게 모든 희열을 주던 환각을 박탈해 간 것이다.   (호라티우스)

그것은 피토도로스의 아들 트라실라오스의 것과 같은 몽상이다. 이자는 피라이오스의 항구에 드나드는 모든 선박들이 자기를 위해서만 일하고 있다는 꿈을 꾸며, 배들이 행운을 싣고 항해하고 돌아오는 것을 기뻐하며 반가이 맞이했다. 형 크리톤이 그의 정신을 바로잡아서 아주 건강한 상태로 돌려놓자, 그는 그렇게 기쁨에 차고 아무 불쾌감도 없이 살던 상태를 몹시 애석해했던 것이다. 이것은 옛날 그리스의 시구에 나오는 말로, 사람은 그다지 총명하지 못한 편이 많은 편익을 본다는 뜻이다.

가장 유쾌한 인생은 전혀 사색하지 않음에 있다.   (소포클레스)

그리고 전도서에는 '예지가 많으면 번민이 많다', '학문을 쌓는 자는 노역(勞役)과 고민을 쌓는다'고 했다.
이 점에서 대개 철학 사상이 합치하지만, 모든 종류의 가난에 대한 최후의 해결책은, 그것을 감당해 낼 수 없는 인생에게 종말을 지으라고 명령한다.
"재미있나? 복종하라. 재미 없나? 그대 가고 싶은 데로 가라."(세네카)

"고통이 쓰린가? 그래, 그것이 그대를 괴롭힌다고 하자. 그대가 알몸뚱이거든 목을 내밀라. 그러나 그대가 불카누스의 무기로 옷 입었거든 저항하라."(키케로)

그리스의 향연객들이 사용하던 말로, "술을 마시든지 물러가든지 하라."(키케로)(이 말은 키케로에게보다 B와 V를 잘 혼동하는 가스코뉴의 말에 잘 맞는다.)

> 잘 살 수 없거든 잘 살 줄 아는 자들에게 자리를 물려 주라.
> 그대는 마음껏 즐기고 먹고 마셨다.
> 이제 물러날 때는 왔다.
> 그렇게 하지 않다가는 과음하리라.
> 방자한 청춘들이 그대를 경멸하고 축출할까 두렵다.   (호라티우스)

이것은 자기 무능력의 고백이며, 피하여 숨기 위해서 무식으로뿐 아니라 우둔 속이나 무감각 속에, 무존재 속에 투신하겠다는 고백이 아니고 무엇인가?

> 데모크리스토스는 노령에 이르러
> 기억력과 능력이 쇠퇴함을 알고,
> 자기 자신의 동작으로 자진하여
> 운명에게 목을 제공했다.   (루크레티우스)

이것은 안티스테네스가 말하던 "이해하기 위해서는 판단력을, 목매달기 위해서는 밧줄을 준비하라"고 한 말이고, 크리시포스가 이 제목으로 시인 티르타이오스에게서

> 도덕이 아니면 죽음에 접근하라.

고 한 시구를 인용하던 말이다. 크라테스는 사랑은 시간으로 못 고치면 굶주림으로 고치고, 이 두 방법이 싫은 자에게는 밧줄이 있다고 했다.

세네카와 플루타르크가 대단히 칭찬해 말하던 섹스티우스는, 모든 일을 집어

치우고 철학에만 몰두했다가 자기 공부의 진도가 너무 느리고 오래 걸리는 것을 보고, 바다에 몸을 던지기로 결심했다. 그는 학문이 부족해서 죽음을 찾은 것이다. 여기 이 문제에 대한 법률의 말이 있다.

"어쩌다 심한 불행이 닥쳐와서 달리 도리가 없거든, 항구는 가깝다. 침수하는 배에서 헤엄쳐 나가듯, 육체 밖으로 헤엄쳐 나가라. 살고자 하는 미치광이를 육체에 묶어 두는 것은, 살고자 하는 욕망이 아니라 죽음의 공포가 하는 일이다."

＊ 지식은 인간을 착하게 만들지 못한다.
인생이 순박한 마음을 가진 자에게 더 재미나듯, 그 순박성으로 더 결백하고 나아진다는 것은 내가 방금 말하기 시작한 것이다.
"순박한 자들과 무식한 자들은 올라가서 하늘을 얻는다. 그런데 우리는 우리의 지식을 가지고 지옥의 심연에 빠진다"고 성 바울은 말했다. 나는 둘 다 로마의 황제로서 터놓고 지식과 학문을 적대하던 발렌티아누스와 리키니우스가 이런 것은 모든 정치 국가의 해독이고 악역이라고 부르던 일에도, 그리고 내가 들은 바 자기 신자들에게 학문을 금지한 마호메트에게도 구애되지 않는다.
그러나 저 위대한 리쿠르고스가 보여 준 본과 그의 권위는 물론, 저 라케다이모니아의 아무런 교육도 훈련도 없이 위대하고 경탄스럽게 도덕과 행복으로, 오래 번영했던 훌륭한 정치가 얻게 된 경의(敬意)도 중시되어야 한다. 우리 조상들의 시대에 스페인 사람들에게 발견된 신대륙에서 돌아오는 자들은, 법관도 법률도 갖지 않은 이런 국민들이 일반인보다 법관이 많고, 사람의 행위보다 법률의 수가 더 많은, 우리 세상의 국민들보다 얼마나 더 법에 합치하고 질서 있게 살고 있는가를 증언하고 있다.

소환장·조사서·보고서·위임장으로
그들은 손에 한 아름, 자루에 가득,
또 탄핵문·이유서,
소송장의 서류 등으로 가득하다.
이런 인간들과의 상대로 인해 불행한 자들은

결코 안전하지 못하며,
그들은 전후 사방에 공증인,
검사, 변호사로 포위되어 있다. (아리오스토)

로마 말기의 한 원로원 의원은, 조상들은 입에서 마늘 냄새를 피웠으나 배 속은 착한 양심으로 향기로웠으며, 반대로 자기 시대 사람들은 밖으로만 향내를 피우고 있으나 안으로는 모든 종류의 패덕으로 악취를 피우고 있다고 했다. 다시 말하면, 내 생각으로는, 그들이 학문과 능력은 많으나 인격적으로 큰 결함을 가졌다는 말이다. 무례·무식·단순성·천함 등은 순진성을 잘 동반하고, 호기심·교활한 꾀·학문 등은 악의를 뒤에 끌고 다니며, 겸손·두려움·복종·유순(이런 것은 인간 사회의 보존을 위한 주요한 소질들이다) 등은 속 트이고 온순하고 자만심이 적은 심령을 요구한다.

기독교인들은 호기심이 얼마나 인간이 타고난 근원적 악인가에 관한 특수한 지식을 가지고 있다. 예지와 학문을 더하려는 생각은 인류 퇴락의 첫걸음이었다. 그것은 인류가 영원한 저주 속으로 추락하여 간 길이다.

자존심은 멸망이며 부패의 길이다. 바로 이 자존심이 인간을 공통의 길 밖으로 내던지고, 새로운 것을 신봉하게 한다. 또 진리의 제자가 되어 남의 손에 이끌려 사람이 많이 다닌 평탄한 길 위에 안내받기보다는 패망의 길로 잘못 들어가서 헤매는 군중의 두목이 되기를 택하며, 잘못과 거짓된 말의 옹호자이며 스승이 되기를 택하게 한다. 아마도 옛날 그리스 말로 '미신은 자존심을 좇으며, 부친에게 하듯 그에게 복종한다'(스토바이오스)(몽테뉴는 이 글을 먼저 번역하고 다음에 그리스 원문을 인용하고 있다)는 말이 바로 이것을 말하는 것이리라.

오오 오만이여! 너는 얼마나 우리를 방해하느냐! 소크라테스는 예지의 신이 그에게 현자라는 별명을 붙여 주었다는 말을 듣고 놀랐다. 그리고 자신을 샅샅이 살펴보고 뒤흔들어 보고서도, 거기서 이 거룩한 호칭의 아무런 근거도 발견하지 못했다. 그는 자기만큼 정의롭고 절도 있고 용감하고 박식하며, 자기보다 더 말을 잘 하고 잘생기고 나라를 위해 유익한 사람들을 알고 있었다.

마침내 그는 자기가 남보다 특출난 것이 없고, 자기가 현명한 자로 처신하지 않는 것이 현명하며, 그의 신은 사람이 학문과 예지에 관해서 가진 생각을 사람이 특수하게 어리석은 탓으로 보고 있으며, 최선의 학설은 무지의 학설이며 최선의 예지는 순박성이라고 결론지었다.

성경에서는 우리 중에 자기를 높이 평가하는 자들을 가련한 자들이라고 선언한다. "진흙구덩이, 잿더미야, 네가 무슨 잘난 체할 거리를 가졌는가?" 하며 성경은 말한다. 그리고 다른 구절에서는 "하느님은 사람을 그림자와 같이 만들었느니라. 빛이 물러가서 그림자가 사라질 때에 누가 그것을 판단할 것인가?"라고 했다. 실로 우리는 아무것도 아니다.

우리의 힘으로 하느님의 숭고함을 알아보기란 어림도 없는 일이며, 창조주의 피조물들 중에 우리가 가장 이해하지 못하는 사물들이 그의 특징을 가장 잘 지니고 있으므로 하느님께 어울리는 것이라 할 수 있다. 기독교인들에게는 믿을 수 없는 사물에 봉착한다는 것이 믿어야 할 하나의 기회이다. 그 사물은 인간의 이치에 반대되는 그만큼 더 이치에 맞다. 만일 이치에 맞는다면 그것은 이미 기적이 아니다. 그리고 만일 어떤 본을 따른 것이라면 그것은 이미 특수한 사물이 아닐 것이다. "알지 못하므로, 사람은 하느님을 더 잘 알게 된다"고 성 아우구스티누스는 말했다. 그리고 타키투스는 "신들의 행동에 관해서는 알려고 하기보다 믿는 것이 더 거룩하고 경건하다"고 했다. 플라톤은 하느님과 세상과 사물들의 태초의 원인을 너무 호기심을 가지고 탐구하는 것은 어딘가 불경함이 있다고 간주한다. "참으로, 이 우주의 근원을 아는 것은 어려운 일이며, 설사 그것을 알기에 이른다 해도 속인에게 계시함은 불경한 일이다"라고 키케로는 말한다.

우리는 권력·진리·정의라는 말을 잘도 말한다. 그것은 무엇인지 위대한 사물을 가리키는 말들이다. 그러나 이 사물을 우리는 결코 보지도 못하고, 생각해 보지도 못한다. 우리는 하느님이 두려워하고, 하느님이 분노하고, 하느님이 사랑한다고 말한다.

　　영생의 사물들을 불멸의 말로 표현한다.　　　　　　　(루크레티우스)

이런 것은 모두 우리의 형태를 따라서 하느님께 깃들 수 없는 감정과 정서들이며, 우리도 하느님의 형태를 따라 그것을 생각해 볼 수 없는 일이다. 오로지 하느님만이 자기를 아시며 자기 작품들을 설명하신다.

그런데 그는 여기 땅에 쓰러져 있는 우리에게까지 몸을 낮추어 내려오기 위해서 적당하지 않은 우리의 말로 말씀하신다. 예지는 선과 악 사이의 선택인데, 하느님은 어떤 악에도 접촉될 수 없는 바에야 어찌 예지가 하느님께 맞을 것인가? 이성과 지성은 암담한 사물로부터 명백한 사물에 도달하기 위해서 우리가 사용하는 것인데, 하느님께는 암담한 것이 아무것도 없는 바에야 이 두 가지가 무슨 소용이 될 것인가? 정의는 인간 사회와 그 공동체를 위해 나온 것으로 인간 각자에게 속하는 것을 나누어 주는 일인데, 어찌 그것이 하느님께 있을 것인가? 절도는 어떤가? 이것은 육체적 탐락의 절제인데, 그런 것은 거룩한 영역에는 없는 일이다. 고통과 노고와 위험을 참아 내는 굳세고 단단함 역시 하느님에게는 무관한 일이다. 그래서 아리스토텔레스는 하느님께는 도덕도 악덕도 똑같이 면제되어 있다고 본다.

> 그는 애정도 분노도 감수하지 못한다.
> 이러한 것은 전부 허약하기 때문이다.　　　　(키케로가 인용한 에피쿠로스)

진리의 인식에 우리가 참여함은 그것이 무엇이건 우리가 얻는 것은 자신의 힘으로 한 일이 아니다. 하느님은 우리에게 그의 경탄스러운 비밀을 알려 주려고, 속인들, 순박한 자들, 무식한 자들 중에서 택한 증인들로 우리에게 충분히 가르쳐 주셨다. 우리가 신앙을 얻은 것은 추나 오성에 의한 것이 아니고, 외부적인 권위와 명령에 의한 것이다. 우리가 지닌 판단력의 허약함은 힘보다는 거기에 도움이 되고 우리의 맹목성이 잘 관찰하는 것보다 더 도움이 된다. 학문보다도 무식함의 중개로 우리는 이 거룩한 지식의 학자가 된다. 우리가 타고난 이 땅 위의 방법들이 이 초자연적인 하늘에서 오는 지식을 생각해 볼 수 없음은 놀라운 일이 아니다. 우리의 것으로는 다만 복종과 굴복을 가져오자. 왜냐하면 성경에 씌어 있듯 "나는 현자들의 예지를 쳐부수리라. 그리고 총명한 자의 이해력을 깨뜨려 부수리라. 현자는 어디 있는가? 학자는 어디 있는가? 이 세기의 논객은 어디 있는가? 하느님은 이 세상의 예지를 어리석음으로 만들지 않았던가? 세상은 지혜로서 하느님을 안 것이 아닌 만큼, 그는 설교의 순박성으로 믿는 자들을 구제할 생각이 드셨다."(고린도서)

*인간은 지식을 갖지 않았다

나는 결국 인간이 찾고 있는 것을 발견할 힘이 그의 역량에 있는 것인가, 또는 그렇게 오랜 세기를 두고 찾아본 결과가 어떤 새로운 힘과 견고한 진리로 인간을 부유하게 만들어 주었는가를 알아보아야 할 것이다. 양심적으로 말하는 것이라면, 그가 그 오랜 추구에서 끌어낸 모든 소득이라는 것은 그 자신의 나약함을 인정할 줄 알게 되었다는 것을 고백할 것이라고 나는 생각한다. 우리의 타고난 무지는 오랜 연구로 확인되고 증명되었다.

박학한 사람들에게는 보리 이삭에서와 같은 일이 일어난다. 다시 말해 그들은 속이 비어 있는 동안은 고개를 쳐들고 오만하게 처신한다. 그러나 성숙해져서 낟알이 생기며 속이 차서 굵어지면 겸손해지고 고개를 숙이기 시작한다. 마찬가지로 사람도 모든 것을 시도하고 탐구해 본 다음, 이 학문의 더미와 사물들의 잡다한 창고 속에서 허영된 일 외에는 아무것도 단단하고 견실한 일을 발견하지 못하고, 그들의 자만심을 포기하고 자신의 타고난 조건을 인정하는 것이다.

웰레이우스가 코타와 키케로를 책망하는 것은, 그들이 아무것도 배운 것이 없다는 일을 철학에서 배웠다는 점이다.

그리스 7현(七賢) 가운데 하나인 페레퀴데스는 죽을 때에 탈레스에게 편지를 보내 "나는 가족들에게 나를 매장한 다음에, 내가 써 둔 문장류(文章類)를 그대에게 갖다 주라고 명령했소. 그것이 그대와 다른 현자들에게 만족스럽게 보이거든 출판해 주오. 그렇지 않거든 없애 버리시오. 여기에는 나를 만족시킬 만큼 확실한 것은 아무것도 없소. 그러므로 나는 진리를 안다든가, 진리에 도달한다고는 말하지 않소. 나는 사물들을 발견하기보다도 열어 보는 것이오"라고 했다.

지금까지 있었던 가장 현명한 인간은 무엇을 아느냐고 누가 물어보자, 자기가 아무것도 모른다는 것을 안다고 대답했다. 그는 사람들이 말하는 것, 우리가 아는 것의 최대 부분은 우리가 모르고 있는 사물들의 최소 부분이라는 것, 다시 말하면 우리가 안다고 하는 것은 바로 우리가 모르는 것의 극히 적은 일부분이라는 것을 증명했다. "우리는 꿈으로 사물들을 알고 있다. 실은 우리는 사물들을 모른다"고 플라톤은 말한다.

"거의 모든 옛사람들은 인간이 아무것도 인식하지 못하고, 아무것도 이해하지 못하고, 아무것도 알지 못하며, 우리의 감각은 제한되어 있고, 지성은 허약하고, 인생은 짧다고 말했다."(키케로)

발레리우스는, 모든 가치가 학문에 있어야 할 키케로도 노년기에 이르자 학문을 경시하기 시작했다고 한다. 그리고 문장을 다루는 동안 그는 어느 파당에도 매여 있지 않고, 어느 때는 이 학파, 다른 때는 저 학파를 좇으며, 늘 아카데미(플라톤학파를 말함)에 의문의 태도를 취했다.

"말은 해야 한다. 그러나 아무것도 확인해서는 안 된다. 나는 모든 사물을 탐구하되, 의문을 품으며 나 자신을 불신할 것이다."(키케로) 인간을 공통적인 방식으로 통틀어서 고찰하려고 한다면, 일이 너무 쉬울 것이다. 그러나 투표의 무게에 의해서 판단함이 아니고, 의견의 수로 진리를 판단하는 일반적인 고유의 규칙으로 할 수 있을 것이다.

> 멀쩡히 잠 깨어서도 코 골며……
> 생명과 시각을 누리면서도 죽어 있는 것같이.   (루크레티우스)

자기를 느끼지 않고 자기를 판단하지 않고, 자기가 타고난 소질의 대부분을 쓰지 않고 두는 사람들은 치워 두자.

나는 인간을 가장 높은 상태에서 잡아 보고 싶다. 저 훌륭하고 특수한 본성의 능력을 받아서 조심과 연구와 기술로 더욱 연마하고 굳게 만들어 그가 올려놓을 수 있는 가장 높은 단계의 예지에 올려놓은, 그 골라낸 소수의 탁월한 인물들에게서 이 인간을 고찰해 보자. 그들은 심령을 모든 방향과 각도에서 손질해 보고 거기에 적합한 모든 외부의 도움으로 떠받고, 고이고, 그 편익을 위해서 이 세상의 내부와 외부에서 빌려 올 수 있는 것으로 풍부히 장식하고 있다. 이런 자들 속에 높은 인간성이 깃들어 있다.

그들은 정치와 법률로 세상을 조절했고 기술과 학문으로 세상 사람들을 가르쳤고, 또한 감탄할 만한 행동 습관으로 본을 보이며 가르쳤다.

나는 이런 사람들과 그들이 증명한 것, 그들이 경험한 것만 고려하겠다. 그들이 어느 정도까지 나갔으며 무엇을 존중했는가를 보자. 이런 학파에서 우리가 발견할 병폐와 결함들을 세상 사람들은 자신의 결함이라고 과감하게 고백할 수 있을 것이다.

아무라도 무엇을 탐구하고 있는 자는 이 점에 도달한다. 그는 그것을 찾아 냈다고 말하든지, 그것을 찾아볼 수 없다든지, 또는 그가 아직도 탐구하고 있는 중이라고 말한다. 모든 철학은 이 세 가지로 구분된다. 그 의도는 진리와 지식과 확실성을 찾자는 데에 있다.

소요학파와 에피쿠로스학파와 스토아학파와 다른 학파들은 이것을 발견했다고 생각했다. 이자들은 우리가 가지고 있는 학문을 세웠고, 그것을 확실한 지식으로 취급했다.

클리토마코스와 카르네아스와 아카데미아 학파들은 그들의 탐구에 절망하며, 진리는 우리의 방법으로는 파악될 수 없다고 판단했다. 이들이 도달한 곳은 인간의 허약성과 무지였다. 이 파는 가장 많은 추종자와 고상한 신봉자들을 가지고 있었다.

피론과 다른 회의학파들, 또는 신중론자(많은 옛사람들은 그들의 학설이 호메로스와 일곱 현자들, 아르킬로코스와 에우리피데스 등에서 유래했다 하며, 거기 제논과 데모크리토스, 크세노파네스를 결부시키고 있다)들은 아직도 진리를 찾고 있는 중이라고 말한다. 이들은 진리를 찾아냈다고 생각하는 자들을 무한히 잘못 알고 있다고 하며, 인간의 힘은 거기 도달할 수 없다고 확언하는 이 둘째 번 단계에도 역시 과감한 허영이 있는 것이라고 판단한다. 왜냐하면 우리가 힘의 척도를 세워서 사물들의 곤란함을 인식하고 판단한다는 일 자체가 너무나 큰 극한의 지식이며, 그들은 인간에게 이러한 능력이 있을까를 의심하고 있기 때문이다.

아무것도 모른다고 생각하는 자는,

> 자기가 아무것도 모른다고 주장하는 것을 알 수 있는지도
> 또한 모른다.　　　　　　　　　　　　　　　　(루크레티우스)

자기를 알고 판단하고, 자기를 비판하는 무지(無知)는 완전한 무지가 아니다. 무지이기 위해서는 그 자체를 몰라야 한다. 그래서 피론학파의 주장은 의심하며, 물어보며, 아무것도 확언하지 않고, 아무것도 책임지지 않는다. 심령의 세 가지 작용, 즉 상상·욕망·동의 중에서 그들은 첫 번째 두 가지만 용인하고, 세 번째 것은 아무리 가벼운 일이라도 이편이건 저편이건 한쪽으로 기울어지지도 승인하지도 않고, 애매하게 주장한다.

제논은 심령의 소질들 가운데 이 부문에 관한 그의 개념을 몸짓으로 표현하며, 손을 펴서 내민 것은 외현(外現)이고 손을 반쯤 오므려서 손가락을 약간 굽힌 것은 동의(同意)이며, 주먹을 쥔 것은 이해를 뜻했고, 그가 왼손으로 이 주먹을 더 굳게 쥐어 오므리면 그것은 지식이었다.

그런데 그들(피론학파를 가리킴)이 판단하는 이런 태도는 굽히지 않고, 모든 대상을 적용시키지도 동의하지도 않고 받아들이며, 그들의 아타락시아(고요하고 평온한 상태)로 지향시키고 있다. 이 아타락시아는 우리가 사물들에 관해서 가지고 있다고 생각하는 의견과 지식의 인상에서 받아들였을 것으로 생각되는 동요가 면제된, 평화롭고 정온한 생활 조건이다. 이러한 동요에서 공포·인색·시기심·무절제한 욕망·야심·오만·미신과 새로운 기이한 버릇의 애호, 모반·불복종·고집, 그리고 대부분의 육체적인 악들이 나온다. 그들은 그 때문에 바로 그들의 학설에 관한 질투심에서 벗어난다. 왜냐하면 그들은 극히 부드럽고 온화한 방식으로 싸우기 때문이다.

그들은 토론에 보복당할 근심이 없다. 그들이 아래로 간다고 말할 때에 사람들이 그 말을 믿어 주면, 그들은 매우 서운해할 것이다. 그리고 그들은 판단에 대한 의문이 생겨나게 하기 위해서 반박당할 길을 찾는다. 그들은 우리가 믿고 있다고 생각하는 것을 반박하기 위해서밖에는 의견을 제시하지 않는다.

만일 누가 그들의 의견을 지지하면, 그들은 바로 그 반대 의견을 지지하려고 할 것이다. 모든 것이 그들에게는 마찬가지이다. 거기에는 아무 선택도 없다. 만일

그대가 눈을 검다고 하면, 그들은 반대로 눈은 희다고 반박한다. 만일 그대가 눈은 희지도 검지도 않다고 하면, 그들은 이번에는 눈은 희기도 하고 검기도 하다고 두 가지를 다 주장한다. 만일 그대가 긍정적인 판단으로 자신은 아무것도 모른다고 하면, 그들은 그대가 그것을 안다고 주장할 것이다. 그렇다. 그리고 만일 그대가 긍정적인 원칙으로 그것을 의심한다고 하면, 그들은 그대가 의심하지 않는다거나 그것을 의심한다는 것을 판단하여 세워 놓을 수는 없다고 말한다. 이렇게 그 자체를 뒤흔드는 의문을 극도로 추진시키며, 그들은 자신이 여러 의견에서 떨어지고 갈라지며 여러 방식으로 의문과 무식을 주장하던 그 의견에서까지도 떨어져 나간다.

그들은 말한다. 왜 독단론자들끼리는 하나가 초록색이라고 하면 다른 하나가 노랗다고 하듯, 의문을 품어서는 안 될 것인가? 어떤 사물을 그것이 사실이라고 고백하든지 거부하든지 하는 식으로 제언할 수만 있고, 그것을 애매한 일로 생각해서는 안 될 일이 어디 있는가라고 그들은 말한다. 다른 자들은 그들 나라의 관습을 따르거나, 또는 부모의 가르침을 받았거나, 또는 우연히 다시 말하면 흔히 아직 사리를 식별할 수 있는 나이가 되기 전에 폭풍우에 쏠리듯 이러저러한 사상에, 스토아학파나 에피쿠로스학파에 마치 거기서 떨어져 나오지 못할 것같이 저당잡히고 예속되어 눌어붙어서 "흡사 폭풍우가 밀어다 내던져진 난파자가 암초에 매달리듯, 그들은 어느 학파에건 달라붙는다"(키케로)는 식이 되는데, 어째서 이들은 자기들의 자유를 유지하며 어떠한 사물이나 의무와 굴복 없이 고찰하는 것이 허용되지 않는 일인가? "아무것도 그들의 판단을 제한하지 않으면 않을수록 더욱 자유롭고 독립적이다."(키케로)

다른 자들이 구속받고 있는 필요성에서 자기가 면제되어 있는 것만도 장점이 아니겠는가? 인간의 환상이 만들어 낸 하고많은 잘못 속에 얽혀 가기보다는 아무런 결정도 내리지 않고 있는 편이 더 좋은 일이 아닌가? 이렇게 소란스레 싸움을 거는 분열 속에 섞여드는 것보다는 확신을 갖는 일을 미뤄두는 것이 더 낫지 않는가?

나는 무엇을 택해야 할 것인가? 그대 좋은 대로. 다만 택하는 것은 그대가 하라! 이건 참 어리석은 대답이다. 그렇지만 이 때문에 우리가 알지 못하는 것을 가지고 알지 못한다는 일도 허용되지 않는다는 독단론이 생기는 것으로 보인다.

가장 유명한 학파를 들어 보자. 그 학설을 변호하기 위해서 수백 가지의 반대 이론을 반박하여 싸워 나가야 할 필요가 없을 만큼 확실한 이론은 없을 것이다. 이 싸움판에서 물러나는 편이 낫지 않을까? 영혼 불멸에 관한 아리스토텔레스의 신조를 그대의 명예와 생명처럼 선택하고, 이 문제에 관해서 플라톤에 반대하며 그의 학설을 거짓이라고 비난할 수도 있는 일이다. 그러면 그들은 그대 학설에 의문을 품어서는 안 된다는 말인가?

스토아학파들이 의문을 품지 않는 새점(鳥占)·꿈점·신탁·예언 등에 관해서 파나이티오스는 자기 판단을 미루어도 지당한 일이라면, 자기가 스승에게서 배운 것이며, 그 학파에 속하고 그 학설을 가르치고 있는 학파가 모두 그렇다고 인정하여 세워 놓은 학설들에 대해서 이자가 감히 하고 있는 일을, 어째서 현자가 하지 못할 것인지를 질문한다. 판단하는 자가 어린애라면 판단의 대상이 무엇인지를 모른다. 그가 학자라면 그는 선입관에 잡혀 있다.

피론학파들은 자기 학설을 변호할 책임이 없기 때문에, 이 싸움에 대단히 유리한 위치를 차지하고 있다. 그들은 사람들이 공격해도 상관하지 않는다. 자기들도 공격하면 그만이다. 그리고 모든 일을 자기들에게 유리하게 끌어간다. 그들의 논거가 승리한다면, 그대의 논거에 문제가 있다. 그들이 진다면 그것은 그들이 주장하는 무지를 증명하는 일이 된다. 그대가 패하면 그들이 옳다는 것을 증명한다. 그들이 아무것도 알 수 없다는 것을 증명하면 그대로 좋다. 그들이 그것을 증명할 수 없다면 그것도 그대로 좋다. "같은 제목에 찬성과 반대의 같은 이유를 찾아내며, 이 점에서나 저 점에서나 자기 판단을 유예하기를 더 쉽게 하기 위한 것이다."(키케로)

그들은 한 사물이 진실이라는 것보다도 어째서 그것이 잘못되었는가를 훨씬 더 쉽게 발견할 수 있다는 것과, 무엇이 있다는 것보다도 있지 않다는 것, 그들이 무엇을 믿는다는 것보다도 믿지 않는다는 것을 더 중하게 여긴다.

그들이 말하는 방식은 "나는 아무것도 세우지 않는다. 나는 이렇다는 것도 아니고 저렇다는 것도 아니다. 또는 이것도 저것도 아니다. 나는 그것을 이해하지 못한다. 겉모양은 어디서나 마찬가지이다. 말하는 법은 긍정이나 부정이나 다 똑같다. 그릇될 수 없다고 보이는 것에는 아무것도 진실된 것은 없다"고 하는 식이다. 그들의 말투는 ἐπέχω, 즉 "나는 유예한다. 나는 움직이지 않는다"이다. 이런 말투와 이와 닮은 내용의 다른 말투들이 그들의 후렴이다. 그들의 목표는 판단의 순수하고 아주 완전한 미룸과 정지이다. 그들은 결정지어 선택하기 위해서가 아니라 탐구하며 논박하기 위해서 이성을 사용한다. 어떠한 경우에도 끊임없이 무지를 고백하며, 어느 편으로도 기울어지지 않는 판단을 생각하는 자는 누구나 다 피론주의를 품고 있는 것이다.

나는 될 수 있는 한 이 사고방식을 밝힌다. 왜냐하면 많은 사람들이 이것을 생각하기 어려운 일로 보며, 또 그 작가들 자신이 좀 난삽하게 가지각색으로 이것을 표현하고 있기 때문이다.

인생의 행동으로 말하면, 그들은 이 점에서는 일반이 행하는 방식으로 행한다. 그들은 본성의 경향, 정열의 충동과 억제, 법률과 습관의 제도, 예술의 전통 등과는 조화하려고 힘쓴다. "신은 우리가 사물들에 대한 지식을 가진 것이 아니라 다만 그 사용법만을 알기를 원했기 때문이다."(키케로) 그들은 아무런 추리나 판단 없이, 일반적 행동이 이런 사물들에 의해서 지도되게 내버려 둔다. 그 때문에 나는 사람들이 피론에 관해서 말하는 것을 이 원칙과 잘 조화시킬 수 없다. 그들은 그를 어리석고 움직이지 않고, 비사교적이고 야만적인 생활을 영위하며, 수레가 와도 비키지 않고 부딪히기를 기다리며, 절벽 위를 무턱대고 걸어가며 법률에 협조하기를 거절하는 자같이 묘사하고 있다.

그것은 그의 생활 태도를 과장하는 것이다. 그는 돌덩이나 나무토막이 되기를 원치 않았다. 그는 살아 있고 사색하고 판단하는 인간으로서, 본성이 지닌 모든 쾌락과 편익을 누리며, 육체적이나 정신적인 모든 소질들을 정상적이며 올바른 방식으로 행사하고 사용하는 인간이 되기를 원했다. 인간이 진리를 지배하고 정리하고 확립한다는 그런 환각적이며 허구적인 특권을 가로채는 수작을 그는 진심으로 단념하고 포기한 것이다.

그뿐더러 자기가 살아가기를 원하면, 이해되거나 지각되지도, 동의해 주지도 않는 상당히 많은 사물들에 순응해 가는 것을 그의 현자에게 용인해 주도록 강제하지 않는 학파라고는 없다. 또 그가 항해를 하면, 그것이 자기에게 유리한 것인지도 모르고 그 계획을 좇으며, 자기가 탄 배는 좋으며 길잡이도 경험이 많은 자이고, 계절이 항해에 적합하다는 일을 단지 그럴 수도 있다는 생각에 순응하며, 그다음에는 외부의 사정들이 분명히 자기에게 불리하게 되지만 않으면 움직여 가는 대로 좇아갈 생각으로 있다. 그는 육체를 가졌다. 그는 영혼을 가졌다. 감각이 그를 밀며, 정신이 그를 민다. 그는 자신에게 판단력이라는 이 고유하고도 특이한 표적을 발견하지 않으며, 진실이라는 것과 닮은 어떤 허구가 있을 수 있는 이상 그가 동의해 주어서는 안 된다는 것을 알고 있지만, 그렇다고 자기 인생의 기능을 충만케 하고 편리하게 행사하지 않는 것은 아니다.

　기술이라는 것에는, 지식에 근거를 두지 않고 추측으로만 되어 있는 것임을 밝히며, 진가를 결정하지 않고 단지 그럴 성싶은 일을 좇고 있는 것이 얼마나 많은가! 사람들은 세상에는 참과 거짓이 있으며, 우리에게도 그것을 찾아볼 거리가 있으나 그것을 판정해 볼 방법은 없다고 한다. 우리는 파고들어 연구해 볼 것 없이 세상의 질서에 조종되어 가게 두는 편이 훨씬 더 낫다. 편견에 사로잡히지 않게 보장된 심령은 고요하고 평온한 생활을 향한 놀라운 진척을 이루고 있다. 자기들의 심판자들을 심판하고 심사하는 자들은, 결코 정당하게 그들에게 순종하지 않는다. 종교의 법칙에서나 정치의 법칙에서나 하늘의 일과 인간들의 일의 원칙들을 교사처럼 감시하고 있는 심령들보다 단순하고 호기심 없는 심령들이 얼마나 더 지도하기에 순하고 쉬운가?

　인간이 고찰한 바로, 이 피론주의만큼 진실하고 유익한 것은 없다. 이 사상은 인간성의 허약함을 인정하고 하늘에서 내리는 어떤 외부의 힘을 받아들이기에 적당하며, 인간의 지식을 벗어던지고 자기 속의 신앙에 더 많은 자리를 만들어 주기 위해서 자기 판단을 없애 버리는 까닭에, 그만큼 더 자기에게 거룩한 지식을 받아들이기에 적합하다. 또한 불신자도 아니고 일반이 지키고 있는 사상에 반대되는 어떠한 독단론도 세우지 않고, 겸허하고 순종하며 훈련받을 수 있고 열심이며, 요사스러운 교와는 불구대천의 원수이다. 따라서 그릇된 도당들이 도입한 헛된 불신앙적인 사상을 받아들이지 않는, 적나라하고 공허한 것으로 인간을 제시한다. 그것은 하느님의 손가락이 그려 보고 싶은 대로의 형체를 가질 수 있게 준비된 백지장이다. 전도서는 "사물들이 하루하루 그대에게 오는 대로 좋은 얼굴과 취미로 받아들이라. 다른 일들은 그대가 알 바 아니다"고 했다. "주님은 인간의 생각을 아신다. 그리고 그것의 허망함을 아신다."(시편)

그 때문에 철학의 일반적인 세 학파들 중에서 두 학파는 의문과 무지를 명백하게 밝히고 있다. 그리고 세 번째 독단론자들의 학파에서는 그 대부분이 더 나은 외모를 보이려고 확신에 찬 모습을 갖는 것은 밝혀 보기 쉬운 일이다. 그들은 우리에게 어느 정도까지 진리의 탐구를 추진했는가를 보여 주려는 것만큼 확실성을 세우려는 생각을 해 보지 않았다. "학자들은 그것을 안다기보다도 추측한다."(티투스 리비우스)

티마이오스는 신들과 인간들에 관해서 그가 알고 있는 바를 소크라테스에게 가르쳐 주기로 되어서, 그것을 인간 대 인간으로 말하자고 제안했다. 그리고 자기가 드는 이유가 다른 사람이 드는 이치와 같이 근사하기만 하면 충분하다고 했다. 왜냐하면 정확한 이치를 댄다는 것은 자기 힘에도, 죽을 운명인 어떠한 인간의 힘에도 있지 않기 때문이라고 했다. 이 말을 그가 속한 학파의 누군가가 모방하여 "나는 힘닿는 대로 설명할 것이다. 내 말은 피티 무녀(巫女)에게 내리는 아폴론의 확실하고도 반박할 수 없는 신탁은 아니다. 죽을 운명인 약자로서 나는 추측으로 진실한 일을 찾으려고 한다"(키케로)고 말했다. 그런데 이것은 자연스럽고 통속적인 사상인 죽음의 경멸에 관한 사상을 두고 한 말이었다.

다른 곳에서 그는 플라톤의 말을 그대로 번역해서 "신들의 성질과 이 세상의 근원에 관해서 사색하다가, 내가 제안한 목적을 달성하지 못하는 일이 있다고 해도 그것은 그리 놀랄 일이 아니다. 말하는 나나, 판단하는 그대들이나 우리는 인간에 지나지 않음을 상기할 일이며, 내가 가능성만을 제시한다 해도, 그 이상 아무것도 더 요구하지 말 일이다"라고 했다.

아리스토텔레스는 대개 수많은 다른 의견과 신념을 우리에게 보이며, 자기 의견과 신념을 거기에 비교해 보고 자기가 얼마나 더 심오하게 알아보았으며, 얼마나 더 진실에 접근해 갔는가를 보여 주려고 한다. 진리는 남의 권리와 증명으로 판단되지 않기 때문이다. 그리고 그 때문에 에피쿠로스는 자기 글 속에 다른 사람의 증명을 인용하기를 조심스럽게 피한다. 전자는 독단론의 왕자이다. 그렇지만 많이 안다는 것은 더 많이 의문을 품을 기회를 가져온다는 것을 그에게서 배운다. 우리는 그가 고의로 그의 의견이 무엇인지 알아볼 수 없을 정도로 빽빽하게, 풀어 볼 수 없이 어렵고 까다롭게 내놓는 것을 본다. 이것은 사실 긍정적인 형식 밑에 숨은 피론주의이다.

키케로가 주장하는 바를 들어 보라. 그는 자기의 개념으로 다른 사람들의 개념을 설명하고 있다. "우리가 개인적으로 사물 각각에 관해서 생각하고 있는 것을 알고자 원하는 자들은, 너무 심한 호기심으로 파고들어 연구한다. 철학에서 모든 사물을 토론하되 아무것도 결정하지 않는다는 원칙은, 소크라테스가 세워서 아르케실라오스가 전수하고 카르네아데스가 확립한 것으로, 오늘날에도 성행한다. 우리는 오류가 어느 곳에서나 진리와 혼동되어 있고 진리와 유사하므로, 어느 범주에 의해서도 확실성을 가지고 이것을 판단하고 결정지을 수 없다고 말하는 학파에 속한다."(키케로)

결국 이런 것은 허망한 제목을 가치 있게 보이려고 하며, 우리의 정신에 호기심으로 흥미를 돋운다. 또 우리 정신을 길러 가꿀 재료라고 내주는 것이 살점 없는 헛된 뼈다귀나 갉아먹으라고 던져 주는 것이 아니라면, 어째서 아리스토텔레스뿐만 아니라 거의 대부분의 철학자들이 이런 어려운 사고 방식을 탐하는 것일까? 클리토마코스는 카르네아데스의 문장을 보고, 그가 무슨 의견을 가졌는지 도무지 이해할 수 없었다고 말했다. 에피쿠로스는 어째서 평이한 문체를 피했고, 헤라클레이토스는 왜 '까다로운 자'라는 별명을 받았던가? 난해성은 학자들이 요술쟁이처럼 그들 기술의 허황함을 드러내지 않기 위해서 사용하는 잡술로서, 어리석은 인간들이 여기에 쉽사리 속아넘어간다.

> 난삽한 언어로 속물들에게 명성을 떨친다.(헤라클레이토스를 가리킴)
> 왜냐하면 어리석은 자들은 애매한 문구 속에
> 숨겨진 사상만을 애호하며 탄복하기 때문이다.   (루크레티우스)

키케로는 그의 친구 몇몇이 점성학·법률·변증법·기하학 등에 필요한 이상의 시간을 낭비하는 버릇이 있어서, 그들 인생의 더 유용하고 정직한 의무를 소홀히 한다고 책망하고 있었다. 키레나이카 학파의 철학자들은 물리학과 변증법을 똑같이 경멸했다. 제논은 그의 《국가론(國家論)》의 앞머리에 모든 인문 과학을 필요하지 않은 것이라고 선언했다.

크리시포스는 플라톤과 아리스토텔레스가 논리학에 관해서 쓴 것은 문장의 수련을 위해서 장난으로 한 일이라고 말하며, 그렇게 헛된 재료를 성실한 마음으로 말했으리라고는 믿지 않았다. 플루타르크는 형이상학에 관해서 같은 말을 한다. 에피쿠로스는 수사학과 문학·시학·수학에 관해서, 그리고 물리학을 제외하고 모든 학문에 관해서도 역시 그렇게 말했을 것이다. 소크라테스는 행동 습관과 생활에 관한 것만을 제하고 모든 학문을 그렇게 보았다. 어떠한 사물에 관해서 물어보아도 그는 언제나 먼저 질문하는 자에게 그의 과거와 현재의 생활을 고찰하게 했다. 그는 이런 것을 심사해서 판단했고, 다른 것은 여기에 부수적인 덧붙임으로 간주했다.

"배우는 사람을 도덕적으로 만드는 데에 쓸모없는 이런 문장은 내게는 그리 달갑지 않다."(살루스투스) 대부분의 학술들은 학자들 자신이 이렇게 경멸했다. 그러나 그들은 인생에 유익한 견실성이 조금도 없는 사물들을 가지고 정신을 쓰고 수선을 피우는 것이 당치 않은 일이라고는 생각하지 않았다.

그뿐더러 어떤 자들은 플라톤을 독단론자로 보고 다른 자들은 그를 회의주의자로 보았다. 또 다른 자들은 그를 어느 점에서는 독단론자, 다른 점에서는 회의주의자로 보았다. 그의 《대화편》 속의 주도자인 소크라테스는 항상 물어보며 토론을 일으키며, 결코 그것을 멈추지 않고 만족시키지도 않으며, 반대하는 지식밖에 다른 지식을 갖지 않았다고 말한다. 그들의 시조인 호메로스는 똑같이, 우리가 어느 방향을 잡아 보아도 마찬가지로 의미 없음을 보여 주기 위해서 철학의 모든 학파에 기초를 세워 놓았다.

플라톤에서 열 갈래의 여러 학파가 나왔다고 한다. 그의 학문이 그렇지만 않았다면 학문으로서 결코 동요되고 애매하게 될 이유는 없었다는 말이 된다.

소크라테스는 조산부(助産婦 ; sage-femme. 직역하면 현명한 여자)들은 아이 받아 주는 것을 직업으로 하고, 자신이 아이 낳는 일은 포기한다고 한다. 또 자기는 신들에게서 받은 바 조산부(助産夫 ; sage-homme. 직역하면 현명한 남자)의 자격으로 남성적이며 정신적인 사랑에서 자기 자식을 낳는 소질은 버리고, 다른 사람들이 자식을 낳는 것을 도와주어서, 그 나오는 곳을 열어 주고, 산도(産道)에 기름칠을 해서 출산을 쉽게 만들어 주고, 그것을 판단하고 기운을 돋우고 기저귀로 싸 주고 할례해 주며, 남의 위험과 행운에 자신의 능력을 부리고 다루는 것으로 만족한다고 했다.

옛사람들이 아낙사고라스와 데모크리토스·파르메니데스·크세노파네스, 그리고 다른 작가들의 문장에서 주목한 바, 이런 제3류 대부분의 다른 작가들에게서도 사정은 같다. 그들은 독단론적인 운을 문장에 띄엄띄엄 섞어 가지만, 본질적으로 회의적인 문장 형태를 가지고 가르친다기보다는 물어보는 의도가 들어 있다. 그것은 세네카와 플루타르크에서도 볼 수 있는 일이 아닌가? 그들은 좀 자상히 알고자 하는 자들에게 어느 때는 이런 모습으로, 다른 때는 저런 모습으로 무엇을 말해 주는 것인가! 법률가들의 중재역은 먼저 그들을 각기 자기와 화해시켜야 할 일이다.

플라톤은 자신의 사상이 잡다하고 각각 다른 형태들을 저마다의 자리에 맞게 여러 인물의 입을 통해서, 그 근원을 캐어 보려고 이 대화식의 철학 형식을 즐긴 것으로 보인다.

여러 재료를 잡다하게 취급하는 것은 그것을 고르게 취급하는 것만큼이나 좋다. 오히려 더 나을 수도 있다. 즉, 더한층 풍부하고 유용하게 취급하는 편이 된다. 우리에게서 예를 들어 보자. 판결문은 독단적이며 단정적인 어법의 궁극점이 된다. 우리 재판소는 이 재판소의 권위에 바쳐야 할 존경심을 가꿀 만하게 민중들에게 가장 모범적인 판결문들을 내놓는다. 그렇지만 주로 그것을 행사하는 인물들의 능력에 의해서 그들에게는 일상사이며 어느 판사라도 할 수 있는 결론이 훌륭한 것은 아니다. 그 결론이 아니라 법의 재료가 허용하는 한에서 온갖 상반되는 추리법을 이용한 토론의 교란 방법이 훌륭한 것이다.

그리고 어떤 철학자들이 다른 편 철학자들에 대해서 하는 주된 비난은, 일부러 모든 재료를 둘러싸고 나오는 인간 정신의 동요하는 모습을 보이기 위한 것이거나, 재료의 가변성과 불가변성 때문에 무지에 몰려서 그들 각자가 서로 엇갈려 있는 모순과 의견 차이에서 나오는 것이다.

'미끄러져 흘러가는 자리에서는 우리의 신념을 유예하자'는 이 후렴은 무엇을

의미하는 것일까? 에우리피데스가

> 하느님이 하시는 일은 잡다한 방식으로
> 우리에게 여러 장애를 만들어 준다.   (아미오가 번역한 플루타르크)

라고 말하듯, 엠페도클레스가 하느님의 분노에 뒤흔들리고 진리 앞에서 억눌려 지내는 것처럼, 그의 작품들 속에서 자주 "아니다. 아니야, 우리는 아무것도 느끼지 않고, 아무것도 보지 않는다. 모든 사물들은 우리에게는 이치가 깊고 미묘하다. 그것이 무엇인지 확실히 알 수 있는 것이란 하나도 없다"고 되풀이하던 말과 같이, 마음의 이 거룩한 말 "인간들의 사상은 비겁하다. 그들의 예견과 고안은 불확실하다"(예지의 서)로 돌아온다.

사로잡힌 신세에 절망한 사람들이 진리의 탐구에 기쁨을 느끼는 것도 이상한 일은 아니다. 연구는 그 자체가 재미나는 일이며, 너무나 재미나기 때문에 스토아학파들은 여러 탐락 중에서도 정신의 수련에서 오늘 탐락을 금지하고 그것을 억제하려고 하며, 너무 알고자 하는 데에도 무절제가 있다는 것을 발견한다.

데모크리토스는 식탁에서 꿀맛같이 단 무화과를 먹어 보고는, 이전에 맛보지 못했던 감미로움이 어디서 오는가 하는 생각이 들었다. 그는 그 근원을 밝히려고 식탁에서 일어나 무화과를 따 온 자리의 나무 생김새가 어떤가를 보러 갔다. 그의 하녀는 이렇게 소란을 떠는 이유가 무엇 때문인가를 듣고, 그걸 가지고 그렇게 수고하지 말라고 웃으며 말했다. 왜냐하면 그녀는 그 무화과를 꿀그릇에 담아 두었던 것이다. 그는 이 때문에 탐구해 보려는 기회를 잃고 자기 호기심의 재료를 빼앗긴 것에 분개해서 "물러가거라, 기분 나쁘다. 그렇지만 나는 그것이 본래 그러리라 생각하고, 그 원인을 끝까지 캐어 보겠다"고 말했다. 그러고는 잘못된 추측을 고집한 상태로 진실한 이유를 발견하려고 했다.

이 유명하고 위대한 철학자에 관한 일화는, 우리가 어떤 사물의 원인을 탐구하여 알아내지 못하고 절망할 때, 그 추구해 보는 연구에 대한 정열에서 느끼는 재미의 성질을 명백하게 보여 주고 있다. 플루타르크도 이것과 같은 예를 하나 들고 있다. 어떤 자는 탐구하는 재미를 잃지 않기 위해서, 자기가 그 원인을 캐고 있는 사물이 해명되기를 원치 않더라는 것이다. 또 어떤 자는 물을 마셔서 갈증을 채우는 쾌감을 잃지 않으려고, 의사가 그의 열병에서 오는 갈증을 치료해 주기를 원치 않더라는 것이다. "아무것도 배우지 않고 있기보다는 쓸모없는 사물이라도 배우는 편이 낫다."(세네카)

음식에는 쾌감을 주는 것이 있다. 우리가 먹는 모든 음식은 쾌감을 준다고 해서 반드시 양분이 있고 건강에 좋은 것은 아니다. 마찬가지로 우리의 정신이 학문에서 끌어내는 것은, 그것이 교양을 주는 바도 없고 건전하지도 않은 것이라고 해서 탐락을 주지 않는 것은 아니다.

사람들은 이렇게도 말한다. "자연을 고찰하는 것은 우리 정신에 적당한 영양분을 준다. 그것은 우리 정신을 북돋우고 고양하며 하늘의 우월한 사물들과의 비교로 이 땅 위의 비천한 일들을 경멸하게 된다. 이치가 깊고 미묘하고 위대한 사물들은 그들을 판단하는 데에 존경심과 공포심밖에 느끼지 않는 자들에게조차도 그 탐구를 하는 자체에서 재미를 준다."

이런 병적인 호기심의 허망한 모습은, 그들이 명예로 삼고 자주 입 밖에 내는 다른 예에서도 명백하게 드러나 있다. 에우독소스는 바로 불에 타 죽는 고역을 당하더라도 한 번 태양 가까이 가서, 그 형체와 크기, 아름다움을 알아보고 싶다는 축원을 신들에게 바치며 기도했다. 그는 죽는 한이 있더라도 얻자마자 바로 그 사용도 소유도 잃어버리고 말 지식을 얻고 싶어 하며, 이 순간적이며 홀연히 사라질 지식의 소원 때문에, 자기가 이미 얻었고, 장차 얻을 수 있을 지식들을 잃어도 좋다고 한 것이다.

나는 에피쿠로스와 플라톤과 피타고라스가 원자(原子)와 관념과 수를 맞돈으로 우리에게 내주었다고는 믿을 수 없다. 그들은 현명했으니, 그렇게도 불확실하여 토론거리가 되는 일들을 사람들에게 믿게 할 조건으로 세워 놓을 수 없었다. 그러나 이 세상이라는 까다롭고 알아볼 수 없는 사정 속에, 이 위대한 인물들은 각기 어떻게든지 어떤 빛이라도 던져 보려고 노력했고, 그들의 심령으로 여러 가지 일을 구상하며, 미약하나마 재미나고 그럴듯한 설명을 해 보려고 했다. 그것이 아무리 그릇된 설명이라도 다른 반대 의견에 대항해 갈 수만 있다면 되는 일이었다. "이 체계들은 철학자들 저마다의 천재적인 능력으로 짜여진 꾸며 낸 이

야기들이지, 그들이 발견한 결과는 아니다."(세네카)

어떤 옛사람이 그의 판단으로는 철학을 그다지 중시하는 것도 아니면서 철학을 선전하고 있다고 누가 비난하자, 이것이 바로 철학하는 일이라고 대답했다. 그들은 모든 것을 고찰해 보고, 알아보려고 했다. 그러고는 이것이 우리 속에 가진 타고난 호기심에 적합한 일이라는 것을 알았다. 그들은 어떤 사물들에 관해서는 종교와 같이, 공공 사회의 필요에 응해서 쓴 것이었다. 그리고 나라의 법률과 습관을 준수하는 데 혼란을 일으키지 않게 할 목적으로, 일반에 통용되는 견해를 무조건 뜯어고치려고 하지 않은 점을 고찰해 보면, 그들은 정당했다.

플라톤은 상당히 노골적으로 이 신비를 취급한다. 그는 자기 생각대로 쓰는 곳에서는 아무것도 확실한 규정을 짓지 않는다. 그가 입법자 노릇을 할 때는 지배적이고 긍정적인 문체를 빌려서 쓴다. 그리고 거기서는 군중을 설복시키는 데에는 유용하지만, 자신을 설복시키기 위해서는 우스꽝스럽고 허황된 구상을 섞어 놓는다. 그것은 우리가 모든 인상을 받기에, 특히 가장 황당하고 엄청난 인상을 받기에 안성맞춤으로 되어 있다는 것을 그가 잘 알고 있는 까닭이다. 그리고 그 때문에 그의 《법률편》에서는 대단히 조심해서, 사람들에게는 시가 중에서 꾸며 낸 이야기를, 그리고 유용한 목적을 가진 것만을 노래하게 한다.

모든 환상은 인간 정신에 감명을 주기가 쉬운 까닭에, 쓸데없거나 해로운 거짓말보다는 차라리 유용한 거짓말로 사람들의 마음을 길러 가지 않는 것은 부당한 일이다. 그는 《국가론》에서 인간들의 이익을 위해서는 그들을 속일 필요가 있다고 말한다.

어떤 학파는 진리를 찾고, 또 다른 학파는 효용을 좇는 것을 구별해 보기란 쉬운 일이다. 거기서는 후자가 신용을 얻고 있다. 우리 인간 조건의 불행으로 흔히 우리의 사상에 가장 진실한 일로 나타나는 것이 우리 인생에 가장 유익한 일로 나타나지는 않는다. 가장 과감한 학파인 에피쿠로스학파, 피론학파, 신플라톤학파들은 결국 따져 보면 국가의 법률에 굴하도록 제어되어 있다.

그들은 다른 제목들을 가지고도 이렇게도 해 보고 저렇게도 해 보고 뒤흔들어 대며, 옳건 그르건 무슨 모습이라도 주려고 저마다 애를 쓰고 있다. 왜냐하면 남에게 말하고 싶지 않을 정도로 숨겨진 사물을 발견해 놓은 것이 없기 때문에,

근거 없는 허황된 추측을 꾸며 내지 않을 수 없었다. 그들은 이런 것을 자신이 근거로 삼으려고 하거나 어떤 자리를 세워 보려고 한 것이 아니고, 다만 그들의 연구를 위해 훈련 삼아서 한 일이었다. "그들은 자신이 말한 것을 확신을 가지고 하기보다는 제재(題材) 취급의 곤란성으로 인해 정신을 수련하려고 한 것같이 보였다."(퀸틸리아누스)

우리가 그런 것을 이렇게 생각하지 않는다면, 저 탁월한 심령들이 내놓은 여러 사물들이 그렇게도 두서없고 잡색이며 허망한 것을 어떻게 변명할 것인가? 예를 들면 우리의 유추와 추측으로 하느님을 짐작해 보고, 하느님과 이 세상을 우리의 능력과 법칙에 맞춰서 헤아리고, 거룩하신 권한을 침범하며, 하느님이 우리의 타고난 조건에 분배하여 주신 이 변변찮은 능력의 표본을 사용하는 일보다 더 허망한 일이 어디 있단 말인가? 우리가 시야를 그의 영광스러운 자리까지 뻗쳐 볼 수 없으므로, 그를 부패와 비참함의 구렁텅이인 우리들의 이 아래 세상으로 끌어내렸단 말인가?

종교에 관한 옛사람들의 사상들 중에서, 하느님을 이해할 수 없는 한, 힘이며 모든 사물들의 근원이고 보존자이며, 인간들이 어떠한 모습과 어떠한 명목과 태도로 그에게 명예와 존경을 바쳐도 그것을 좋은 의미로 받아들이는 한, 완전히 착하고 완벽한 존재라고 인정하는 사상이 가장 그럴듯하고 변명될 만한 사상이라고 나는 생각한다.

　　세상과 제왕과 제신의 부모인
　　전능한 주피터.　　　　　　　　　　　　(발레리우스 소라누스)

이 보편적인 열성을 하느님께서는 좋은 눈으로 보아주셨다. 모든 국가는 그들의 신앙에 성과를 거두었다. 불경건한 인간이나 행동은 사방에서 마땅한 응징을 받았다. 이교도들의 역사는 그들이 꾸며 낸 종교에서도 그들의 이익과 교양으로 사용된 신의 권위·질서·정의·기적 등의 관념을 인정하고 있다. 하느님은 아마도 자비심에서 우리의 타고난 이성이 우리들 꿈속의 그릇된 영상을 통해서 하느님에 관해서 우리에게 주신 그런대로의 미숙하고 약한 지식의 원칙을, 이런 세속적인 이익으로 양성하게 하신 것이리라.

　인간이 자기의 구상으로 꾸며 낸 것들은 그릇되었을 뿐 아니라 불경건하고 해롭다. 그리고 성(聖) 바울이 아테네에서 본 모든 종교들 중에서, 그에겐 알려지지 않은 숨어 있는 신에게 그들이 바치는 종교가 가장 용서될 수 있는 종교로 보였다.

　피타고라스는 진리에 한 걸음 더 접근하여 그 윤곽을 보이며, 그 첫째 원리와 존재들 중의 존재(신을 뜻함)에 관한 인식은 불확정적이고 규정지을 수 없고 선포되지 않는 것이며, 그것은 각자가 자기 능력에 따라 그 개념을 확대시켜 가며, 우리들 사상의 완벽성으로 지향시키는 궁극의 노력을 의미하는 것이라고 판단했다. 그러나 누마는 국민의 신앙심을 이 기도에 합치시키며, 미리 정해진 목적도 물질적 혼합도 없이 순수하게 정신적인 종교에 결부시키려고 시도해 보았지만, 아무 쓸모없는 것이었다. 인간 정신은 형체 없는 사상들의 이 무한 속에 떠다니며 유지될 수는 없는 것이다. 이 사상들은 신의 본보기를 따라서 확실한 영상으로 꾸며져야만 한다.

　그러므로 하느님의 존엄성은 우리에게는 어떤 점에서 육체적인 한계로 윤곽이 지어지게 된 것이다. 그가 하늘에서 내리는 초자연적인 자취는 이 땅 위에서 조건의 표징(表徵)을 가지고 있다. 하느님에 대한 숭배는 감지할 수 있는 의식과 언어로 표현되어야 한다. 믿고 기도하는 것은 인간인 까닭이다.

　나는 이 문제에 사용되는 다른 논법은 제쳐둔다. 그러나 우리의 십자가와 거기에 못 박힌 예수의 수난에 대한 화상과 교회당의 장식들이 의식 절차의 행동, 우리 사상의 신앙심과 조화된 목소리 등을 보고 들어서, 우리의 감각에 오는 감격이 사람들의 심령을 지극히 유익한 효과를 가진 종교적 정열로 높여 주지 않는 것이라고는 아무에게도 믿게 할 수 없을 것이다.

　저 보편적인 맹목성(기독교가 나오기 이전의 상태) 속에서 필요에 따라 사람들이 실현시킨 신앙들 중에서는, 나는 태양을 숭배하는 자들에게 기꺼이 가담했을 것으로 생각된다.

　만인의 빛이며 우주의 눈이로다.

만일 신의 머리에 눈이 있다면
태양 광선은 그의 빛나는 눈이로다.
그것은 모두에게 생명을 주고, 우리들을 유지하고 보존하며,
이 세상 인간들의 행적을 내려다본다.
저 아름답고 위대한 태양은
그의 12궁(宮)에 드나듦에 따라
우리에게 네 계절을 지어 주며,
알려진 그의 도덕으로 이 우주를 채우고
눈을 한 번 돌리면 구름을 흩뜨리며
우주의 심령인 타오르는 정신은 하루를 달리는 동안
우주 전체가 돌아간다.
둥글게 방랑하며, 그러고도 확고하니,
무한한 위대성으로 충만하며
그의 밑에 우주 전체를 한계로 삼는다.
휴식 없는 속에 한가롭고도 머무름 없이
그는 대자연의 큰 아들이며 광명의 아버지이다.　　　　(롱사르)

　이러한 위대성과 미(美) 외에도 그는 우리에게서 가장 먼 곳에서 우리가 발견하는 이 기계(우주를 말함)의 한 부분이며, 그 때문에 그가 전혀 알려지지 않은 만큼 그들이 이 방법으로 태양에 감탄하고 숭배해도 용서될 만한 일이었다.
　이 문제를 최초로 파고들어 연구한 탈레스는 하느님이란 물을 가지고 모든 사물을 만들어 낸 정령(精靈)이라고 생각했다.
　아낙시만데르는 신들은 이따금 죽었다 태어났다 하는 무수한 세계라고 생각했다.
　아낙시메네스는 공기가 신이고, 그는 창조되었으며 무한하고 항상 움직인다고 했다.
　아낙사고라스는 최초로 모든 사물들의 형태와 방식은 무한한 정신의 힘과 이성에 의해서 지도된다고 보았다.

알크마에온은 해와 달과 별들과 심령에 거룩한 성질을 부여했다.

피타고라스는 신이란 자연을 통해 모든 사물에 퍼져 있는 정신이라고 하며, 거기서 우리 영혼들이 발산하여 나온다고 했다.

파르메니데스는 신은 하늘을 둘러싸고 있는 테바퀴이며, 빛에서 나오는 열로 우주를 유지한다고 했다.

엠페도클레스는 만물의 근원인 네 원소를 신이라고 하며, 그것으로 모든 사물이 만들어졌다고 했다.

프로타고라스는 신이 있는지 없는지, 그들이 무엇인지 알 수 없다고 했다.

데모크리토스는 어느 때는 영상들과 그들의 회전이 신이라고 하고, 어느 때는 이 영상들을 투사하는 저 자연이, 또 어느 때는 우리의 지식과 지성이 신이라고 했다.

플라톤은 그의 신념을 여러 모습으로 흩어 놓는다. 그는 《티마이오스》에서 우주의 아버지는 이름 지을 수 없다고 했고,《법률편》에서는 신의 존재를 탐구해서는 안 된다고 했다. 또 다른 작품에서는 세상·하늘·별들·대지, 그리고 우리 영혼을 신이라고 하며, 그 밖에 국가마다 각기 옛날의 관습으로 받아들인 것을 신이라고 한다.

크세노폰은 소크라테스의 학설에 관해서 그와 같은 혼란을 보도하며, 어느 때는 신의 형태를 탐구해서는 안 된다고 하고, 다음에는 태양이 신이라고 하고, 심령을 신이라고 그에게 주장시키고, 신은 하나밖에 없다고 했다가 다음에는 여럿 있다고 했다.

플라톤의 조카인 스페우시포스는 신은 사물들을 지배하는 확실한 힘이고 생명을 가졌다고 한다.

아리스토텔레스는 어느 때는 그것이 정신이라고 하고, 어느 때는 세상이라고 하고 어느 때는 하느님을 하늘의 열(熱)이라고 한다.

크세노크라테스는 하느님이 여덟 있다고 하며, 다섯은 유성(遊星)들 중에서 임명되었고, 여섯째는 붙박이 별들로 이루어졌으며, 별들은 그의 부분들이라고 하고, 일곱째와 여덟째는 태양과 달이라고 한다.

폰토스의 헤라클리데스는 여러 의견 사이에서 헤매기만 하며, 마지막에 신은 감정이 없다고 하고, 이 형체에서 저 형체로 움직이게 하며, 다음에는 그것이 하늘과 땅이라고 했다.

테오프라스토스는 똑같이 결론을 내리지 못한 채 자기의 공상 속에 방황하며, 세상을 관리하는 힘을 때로는 오성에게 맡기다가 때로는 하늘에, 때로는 별들에게 맡긴다.

스트라톤은 신이 형체와 감정 없이 생산하고 증가하고 감축하는 힘을 가진 자연이라고 했다.

제논은 신은 선을 권하고 악을 금지하는 자연의 법으로 그 법은 생명을 가지고 있다고 말하며, 일반이 신이라고 부르는 주피터·주노·베스타는 빼놓는다.

아폴로니아의 디오게네스는, 신은 세월(공기 air를 세월 age로 오기한 듯하다)이라고 한다.

크세노파네스는 신은 둥글며, 보고 들으며, 숨을 쉬지 않고, 인간의 천성과는 공통된 점이 없다고 한다.

아리스톤은 신의 형체는 알아볼 수 없다고 생각하며, 감각은 없고, 생명이 있는지 없는지는 모른다고 한다.

클레안테스는 때로는 그것이 이성이라고 하고, 때로는 세상이라고, 때로는 자연의 영혼, 때로는 모든 것을 둘러서 싸감는 궁극의 열이라고 한다.

제논의 제자인 페르세우스는 인간의 생명에 어떤 특수한 유용성을 가져온 자들과, 그 유익한 사물 자체를 사람들이 신이라 한다고 생각한다.

크리시포스는 앞에 나온 모든 진술들을 한데 뭉쳐, 그가 만든 수천 가지 신들의 형체 속에 영생불멸의 이름을 남긴 인간들까지 포함시켰다.

디아고라스와 테오도로스는 신들이 있다는 것을 솔직하게 부인했다.

에피쿠로스는, 신들은 광채를 내고 투명하며 새어 나가고, 두 요새 사이에 끼어 있는 것같이 두 세상 사이에 살며, 타격을 받지 않고, 사람의 형상을 하고 있고, 우리처럼 사지는 가졌으나 사지를 쓰지는 않는다고 한다.

  나는 항상 신들이 존재한다고 생각했고
  부단히 주장했으나, 인간이 하는 일이

그들과 전혀 무관함을 확신한다.   (엔니우스)

   그대의 철학을 믿어 보라. 그 많은 철학적 두뇌가 소란 떠는 것을 보며, 떡·과자 속에서 콩(주현절날 밤에 떡·과자 속에서 콩이 나온 사람이 그날 밤의 왕이 된다)이나 찾았다고 자랑하라.
   세상 일이 진행되는 혼란을 보고 얻은 내 소득은, 내 것과는 다른 여러 색다른 습관들과 사상들에게 불쾌감을 느꼈다기보다는 교양을 얻었고, 그들을 비교해 봄으로써 나를 오만하게 만들기보다는 겸손하게 만들었다. 또한 확실히 하느님의 손에서 온 것이 아닌 다른 선택은 특권이 거의 없는 선택으로 보인다. 나는 본성에 반하는 해괴망측한 생활 태도는 치워 둔다. 세상의 나라들은 이 문제에 관해서 이 학파들의 해석만큼이나 그 해석이 상반되고 있다. 그래서 우리는 운명의 신이 우리 이성만큼 다양하지 않고 맹목적이거나 주책없지도 않다는 것을 알 수 있다.
   가장 알려지지 않은 사물들은 더욱 신비스럽게 치장되기 쉽다. 그렇기 때문에 옛날과 같이 우리 인간을 신으로 삼는 것은 사상이 허약한 극한을 넘는 수작이다. 나로서는 차라리 뱀이나 개나 황소를 숭배하는 자들을 좇는 편이 나을 것 같다. 그것은 그들의 본성과 존재가 우리에게 덜 알려져 있는 만큼, 이런 짐승들에 관해서 우리 좋은 대로 상상해도 좋을 것이기 때문이다. 그러나 우리가 불완전한 존재임을 알고, 이런 조건으로 신을 만들어서 그들에게 욕망·분노·복수·결혼·생식·친척·관계·사랑·질투, 우리의 팔다리, 뼈, 우리의 열병과 쾌락, 우리의 죽음·무덤 등을 부여하는 것은 인간 오성의 놀라운 도취에서 나왔어야 할 것이다.

   내가 말하는 사물들은 신성한 천성과는 너무나 멀며
   신들의 수에 넣기는 너무나 부당한 일이다.
                                                (루크레티우스)

   "사람들은 신들의 용모·연령·의복·장식품·계보·결혼·결연(結緣) 등을 잘 알며, 이 모두가 인간의 결함을 본받아야 표현된다. 사람들이 신들을 인간과 동일한 혼미에 빠지게 하기 때문이다. 사람들은 우리에게 신들의 정열, 그들의 비탄, 분노를 이야기한다.(키케로) 그것은 마치 신앙·도덕·명예·화합·자유·승리·경건성뿐만 아니라 탐락·사기·죽음·시기·노쇠·빈궁·공포·열병과 불운, 그리고 우리의 나약하고 쇠잔한 생명이 가진 다른 나쁜 소성(素性)들에도 거룩한 성질을 부여하고 있는 식이다.

우리의 행동 습관을 사원 안에 도입해서 무엇하나?
오오, 대지로 향해 수그리고 하늘의 사상이 공허한
심령들이여!   (페르시우스)

옛날 이집트 사람들은 철면피한 예지를 가지고, 그들의 신 세라피스와 이시스가 사람이었다고 말하는 자는 교수형에 처한다고 금지했다. 그들이 그리했던 것을 모르는 자가 없었다. 그들의 초상화가 손가락을 입에 댄 모양을 표현하고 있는 것은, 그들의 본성이 죽을 운명의 인간이었다는 것을 사람들이 알게 되면, 필연적으로 그들에 대한 숭배 관념이 없어지게 된다는 이유로 그 말을 입 밖에 내지 말도록 제관(祭官)들에게 명령을 내렸기 때문이라고 바로는 말한다.

인간이 신과 대등하기를 원한다면, 그는 자신의 부패하고 비참한 면모를 하늘로 치올리기보다는 차라리 거룩한 신들의 조건을 자기 수준인 이 아래 세상으로 끌어내리는 편이 나았을 것이라고 키케로는 말한다. 그러나 잘 살펴보면 그는 똑같이 허망한 생각에서 이렇게도 해 보고 저렇게도 해 보았던 것이다.

나는 철학자들이 신들의 계급을 따져 보며 열심히 그들의 혈연관계나 직분이나 능력 등을 구분하는 것을 진심으로 하는 말이라고 볼 수 없다. 플라톤이 플루토(명부의 신)의 과수원과 우리 신체가 파괴되어 없어진 다음에 우리를 기다리는 육체적 고통을 설명하며, 그것을 우리가 이 현세에서 느끼는 감각에 적용시킬 때—

그들은 으슥한 오솔길, 도금양(桃金孃)의 숲 그늘에 숨는다.
사망한 후에도 고뇌는 그들을 따른다.   (베르길리우스)

마호메트가 신자들에게 비단이 깔리고 황금과 보석으로 장식되고, 천하일색의 미인들이 가득하며, 특이한 음식과 술이 가득한 천당을 약속할 때, 그들은 죽어 갈 자기 인생의 욕망에 맞는 관념과 희망으로 꿀을 발라서 우리를 꾀려고 우리의 어리석은 마음에 아첨하는 희롱꾼인 것을 나는 잘 안다. 그런데 우리 중의 어떤 자들은 똑같은 잘못을 범하며, 우리가 부활한 다음에도 온갖 종류의 쾌락과 행복이 수반되는 이승의 현세적 생활이 올 것이라고 믿고 있다.

하늘에서 내린 것 같은 거룩한 개념들로 하느님의 성질을 너무 잘 알고 있어서 거룩하다는 별명까지 얻은 플라톤이, 이 가련한 생령(生靈)인 인간이 이해할 수 없는 힘(거룩한 세상의 힘)에 적응할 수 있는 무엇을 가진 것으로 생각했다고 우리는 믿어야 할 것인가? 그리고 우리의 허약한 이해력이나 감각의 힘이 영원한 행복에 참여할 수 있고 영겁의 고초를 당해 낼 만큼 강력하다고 생각했다고 믿을 수 있는 일인가? 우리는 인간의 이성으로 그에게 이렇게 말해 보아야 할 것이다.

"우리가 저승에 가서 얻으리라고 그대가 약속하는 쾌락들이 내가 이승에서 느끼는 것과 같은 것이라면, 그것은 무한과 아무 공통된 점을 갖지 않는다. 내가 타고난 오관(五官)의 감각들이 환희로 충만하고 이 영혼이 욕구하고 희망할 수 있는 모든 만족으로 잡혀 있다 해도, 우리는 영혼이 할 수 있는 것이 무엇인가를 알고 있다. 그것 역시 아무것도 아닐 것이다."

"그 속에 내 것이 무엇이든지 들어 있다면, 거기에 거룩한 것이라고는 아무것도 없다. 만일 그것이 현재 우리의 처지에 속할 수 있는 것과 다를 것이 없다면, 그것은 고려할 가치도 없다. 사라질 인생들의 모든 만족은 사라질 수밖에 없다. 친척과 자녀들 친구들의 선심이 만일 저승에 가 있는 우리들을 감동시키고 즐겁게 해 줄 수 있다면, 우리가 그때도 그런 쾌락을 중히 여겨야 한다면, 우리는 이승의 제한된 재물들 속에 있는 것이다."

"우리가 저승에서 숭고하고 거룩한 약속을 받아들일 수 있다고 해도 우리는 그것의 위대성을 당연하게 생각해 볼 수는 없다. 그것을 당연하게 상상하기 위해서는, 그런 약속을 상상해 볼 수도 없고 말로 표현할 수도 없고 이해할 수도 없으며, 우리의 이 비참한 경험으로의 위대성과는 완전히 다른 것들이라고 상상해 보아야 한다." "하느님이 신자들에게 준비해 놓으신 행복은 눈으로 볼 수 없으며, 사람의 마음속에 들어갈 수 없느니라" 하고, 사도 바울은 말했다.(고린도서)
"우리에게 그것이 가능하게 하려고, 누가 우리 존재를 개조하고 변경하여 준다면(플라톤이여, 그대가 그대의 정화를 가지고 말하듯), 그것은 너무나 극단적이며 보편적인 변화가 될 것이기 때문에, 물리학의 학설에 의하면 그것은 이미 우리 자신이 아닐 것이다.

> 격전 속에서 싸우던 것은 헥토르였다.
> 그러나 아킬레우스의 말에 끌려가던 시체는
> 이미 헥토르가 아니었다. (오비디우스)

> 변화하는 것은 모두 분해된다.
> 그러므로 그는 멸한다.
> 심령의 부분들은 사실 위치가 바뀌어지고,
> 그 질서가 옮겨진다. (루크레티우스)

는 식의 보상을 받을 것은 다른 사물일 것이다."
"왜냐하면 피타고라스의 윤회설에서, 즉 그가 우리의 영혼에 관하여 상상하던 그 영혼의 거주지가 변함에 따라, 카이사르의 영혼이 들어가 있는 사자는 카이사르가 가지고 있는 심정을 그대로 가지고 있다거나, 또는 그 사자가 카이사르라고 생각해야 할 일인가? 그 사자가 바로 카이사르라면 플라톤의 의견을 논박하며, 당나귀로 변한 어미를 아들이 타고 다닌다는 식의 어리석은 수작이 있을 수 있는 것이라는 말이 옳을 것이다."
"동물들의 신체가 다른 종류의 동물의 신체로 변할 때에, 다음에 나온 동물은 그 전의 동물과 다를 것이 없다고 우리는 생각하는가? 페닉스의 재에서 벌레가 나오고, 다음에 다시 다른 페닉스가 나온다고 사람들은 말한다. 이 둘째 번 페닉스는 첫 번 것과 다를 것이 없다고 누가 생각할 수 있을 것인가? 우리에게 명주실을 만들어 주는 벌레는 죽어서 말라비틀어지는 것같이 보이는데, 바로 이 몸똥이에서 나방이 나오며, 또 거기서 다른 벌레가 나온다. 이 벌레를 아마도 첫 번 벌레라고 본다면 얼마나 우스운 일일까. 한번 존재하기를 그친 것은 이미 없는 것이다."

  그리고 우리가 죽은 다음에도 시간은
  우리의 물질을 모아 지금 있는 질서로 부흥시키고,
  생명의 빛이 다시 우리에게 주어진다 해도
  한 번 우리의 추억의 선이 단절된 다음에는 적어도
  우리는 이런 사건들에 관심이 끌리지 않을 것이다. (루크레티우스)

"그리고 플라톤이여, 그대가 다른 곳에서 내세에 가서 보상을 누린다는 문제가 인간의 정신적인 부분일 것이라고 말하는 것은, 도무지 그럴 성싶지 않은 일을 말한다."

  이리하여 눈알이 뽑혀 신체의 다른 부분과 분리되면
  눈은 단독으로는 어느 물체도 식별할 수 없다. (루크레티우스)

"이 점에서 고려하면, 그것은 이미 인간이 아닐 것이며, 따라서 우리 자신도 아닐 것이다. 왜냐하면 우리는 본질적으로 주요한 두 부분으로 구성되며, 그것의 분리는 우리 존재의 죽음이며 파멸이기 때문이다."

  그 중간에 생명의 멈춤이 일어나고,
  모든 동작은 감각을 떠나 흩어져 갈피를 못잡고
  방황했다. (루크레티우스)

"인간이 사용하며 살아가던 팔다리를 벌레가 파먹고 흙이 그것을 썩힐 때, 인간이 고통받는다고는 말하지 않는다."

> 우리는 영혼과 육체의 결합으로 살아가며,
> 그 집합체가 우리 개인을 구성하므로 그런 일은
> 우리와는 무관하다. (루크레티우스)

그뿐더러 인간 속에 선하고 도덕적인 행동들이 들어가서 실현되게 한 것이 곧 신들이 한 일인 이상, 신들은 그들 정의의 어느 기반 위에서 인간이 죽은 다음 그의 선하고 도덕적인 행동을 알아보고 포상할 수 있을 것인가? 그리고 그들은 의지를 조금만 움직이면 사람들이 실수하는 것을 막을 수 있었을 터인데, 그들이 사람들을 그릇된 조건에 데려다 놓고, 어째서 인간의 악행에 분격하고 복수하는가?

에피쿠로스는 "죽어 갈 인생이 영생불멸의 것에 대해 확실한 것을 정할 수는 없다"고 했다. 그가 자주 말하던 것이 변명이 아니었다면 이것으로 그럴듯하게 인간 이성을 세워서, 플라톤을 반박할 수 있었던 일이 아닌가?

인간의 이성은 어디서든지 헤맬 수밖에 없으며, 그중에도 특히 거룩한 사물들에 참견할 때 그렇다. 누가 우리보다 더 명백하게 그것을 느끼는가? 우리가 이성에게 확실하고 실수 없는 원칙을 주었다고 해도, 또 아무리 우리가 하느님께서 즐겨 우리에게 전해 주신 진리의 거룩한 등불로 이 이성의 보조를 밝혀 주었다고 해도, 그것이 다져진 길에서 어긋나서 교회가 정해 주고 밟아 간 길에서 벗어나 헤매기만 하면, 얼마나 이 이성 그 즉시 길을 잃고 혼미하게 되고, 제 걸음에 얽히며 제어되지 않고, 목표 없이 인간 사상의 혼돈되고 파동하는 아득하게 넓은 바다 위에 소용돌이치며 표류하는 것인가를 우리는 날마다 본다. 이 공통의 큰길을 잃으면 바로 인간의 이성은 수천 갈래의 색다른 길로 나뉘며 흩어져 나간다.

인간은 자기가 있는 것으로밖에는 있을 수 없으며 자기 능력의 한계 안에서밖에 상상해 볼 수 없다. 사람밖에 못 되는 자들로서 신과 반신(半神)들에 관해서 말하려고 하는 것은, 음악을 모르는 자가 노래하는 자를 평가하거나, 진영(陣營)에 있어 본 일이 없는 자가 무기와 전쟁에 관해서 토론하려는 식으로, 경솔한 추측으로 자기가 알지 못하는 기술의 실제를 이해한다고 주장하는 것보다도 더 오만한 수작이라고 플루타르크는 말한다.

옛사람들은 신들에게 인간을 닮게 하며, 자기들의 소질을 입혀 주고, 인간이 지니는 유쾌한 기분과 극히 수치스러운 욕망까지도 선사한다. 또 우리들의 음식을 먹으라고 바치며, 춤·가면극·희극 등을 헌납해서 그들을 즐겁게 하며, 우리 옷을 입으라고 주고, 우리의 집에 살게 하며, 분향과 음악 소리·화환·꽃다발 등으로 달래고, 그들을 인간의 악덕스러운 감정에 적응시키려고 비인도적인 복수 행위로 그들의 정의감에 아첨한다. 게다가 신들이 만들어 보존하고 있는 사물들을 파괴하고 낭비함으로써 그들을 즐겁게 해 주고(예를 들면 티비우스 셈프로니우스는 불카누스 신에게 바치는 희생으로 사르디니아 전쟁에서 얻은 풍부한 전리품과 무기 등을 불태웠고, 파불루스 아에밀리우스는 마케도니아에서 얻은 전리품을 마르스 신과 미네르바 신에게 바쳤고, 알렉산드로스는 인도양에 도달하여 바다신의 호의를 사려고 황금 항아리를 여러 개 바닷물 속에 던져 넣었다), 그 밖에도 여러 나라들, 특히 우리나라에서 흔히 행하는 것처럼 죄없는 짐승들뿐 아니라 사람들까지도 죽여서 그 제단에 바치는 것이 신들의 위대성을 위해 어떤 일을 해 주는 것으로 생각했던 것처럼 보인다. 다음과 같은 시도를 해 보지 않는 나라는 없는 것 같다.

>아이네이스는 술모의 청년 네 명과
>우휀스강 연변에서 성장한 무사 네 명을 사로잡아
>황천의 망령들 앞에 죽여 바치다.　　　(베르길리우스)

게타이족들은 자기들이 영생불멸이고, 죽는 것은 그들의 신 자몰코시스를 향해서 가는 일에 불과한 것이라고 생각한다. 5년에 한 번씩 그들은 자기들에게 필요한 것을 요청하려고, 그들 중의 하나를 그에게 특파한다. 이 대표자는 제비로 뽑힌다. 파견하는 형식은 먼저 그의 직책을 입으로 말해 준 다음에, 그 일을 보좌해 주는 자들 중 셋이 각기 창을 들고 서 있게 하며, 다른 자들은 그를 쳐들어서 힘껏 창끝을 향해 던진다. 만일 치명적인 자리에 창끝이 박혀서 그 자리에서 죽으면, 이것은 하느님의 응낙이 있는 확실한 증거이다. 만일 실패하면 그는 악하고 더러운 것으로 간주되고, 같은 방식으로 다른 자를 다시 골라서 파견한다.

크세르크세스의 모친 아메스트리스는 늙었을 때, 그 나라의 관습에 따라 페르시아의 명문들 중에서 젊은이 열넷을 골라 생매장하며, 지하에 있는 어느 신의 호의를 청했다.

오늘날에도 아직 테미스티탄의 우상들은 어린아이들의 피로 다져지고 있으며, 순진한 어린 영혼들이 아니면 제물로 받기를 즐기지 않는다. 순진한 생명의 피에 기갈이 들린 정의(正義)도 있는 것이다.

종교는 그렇게도 심한 범죄를 충고할 수 있었다. (루크레티우스)

카르타고인은 아이들을 죽여서 사투르누스(농경신)에게 바쳤다. 아이가 없는 자들은 사서 바치는데, 그동안 아비와 어미는 유쾌하고 만족한 얼굴로 이 의식에 참가해야 한다.

하느님의 호의에 대한 대가를 우리 인간들의 고통으로 치르려고 하며, 라케다이모니아인들이 디아나 신의 호의를 사려고 젊은 사내들을 매질하여 고통을 주고, 가끔 죽이는 일까지 있었던 것은 괴상한 일이었다. 이런 행동은 지어 놓은 집을 파괴함으로써 그 집을 지은 건축가의 호감을 사려 하고, 죄 없는 사람들을 처벌하여 죄인들 때문에 길어진 고역을 면하려고 하는 것이다. 그리고 저 가엾은 이피게니아는 아울리스의 항구에서 죽임을 당함으로써 그리스군이 신들에게 가한 모독의 죄과를 면하게 했다.

이 순결한 처녀는 죄악의 희생으로
바로 결혼하는 날에 그 부친의 손에 살해되다. (루크레티우스)

데키우스의 아버지와 아들이, 그 아름답고 너그러운 심령들이 로마의 일이 잘 되도록 신들의 가호를 받기 위해서 적진 속으로 들어가 생명을 내던지고 돌진한 것 따위는 야만스러운 심정이었다.

"이러한 인물을 희생양으로 삼아서만 로마 국민에게 좋은 운을 주기로 동의하다니, 신들의 이 부정의는 웬일인가?"(키케로)

그뿐더러 자기 죄의 정도에 따라 정해진 시일에 자기를 매질하는 것은 범죄자가 할 일이 아니다. 오직 재판관이 명령하는 형벌만이 징벌로 간주될 수 있다. 자기가 당하는 형벌이 스스로 원해서 받는 것이라면 형벌이라고 볼 수 없다. 하늘의 복수라 함은 그의 옳고 그름을 가려 결정하고 우리가 받는 형벌에 대해 우리가 완전히 동의하지 않을 것을 미리 가정해 둔다.

사모스의 폭군 폴리크라테스의 경우도 희극적이었다. 그는 자기가 누리던 행복한 생활을 중단하고, 그것을 보상하기 위해서 자기가 가졌던 가장 비싸고 귀중한 보석을 바닷물에 집어 던지고, 이 타산적인 불행으로 다음에 올지도 모를 운명의 심술을 만족시켜 준다고 생각했다. 그런데 운명은 이 헛된 수작을 조롱하려고 그 보석이 고기의 배 속에 들어가서 다시 그의 손으로 돌아가게 했다.

또 형벌을 받아야 할 대상이 의지에 있는 것이고, 가슴이나 눈·생식기·배·어깨·목 등에 있는 것이 아닌 바에, 코리반트나 메나드 등의 제관(祭官)들이 살이나 사지를 찢고, 오늘날 마호메트 교도들이 얼굴이나 가슴, 사지 등에 상처를 내면서 그들 예언자의 호의를 사는 것이 무슨 소용이 있는가? "바른길을 벗어난 광분한 그들의 정신은 인간의 잔인성에 넘치는 소행으로써 신들을 진정시킨다고 생각할 정도였다."(성 아우구스티누스)

이 본성의 구조(자체를 말함)는 그 용도가 우리들뿐 아니라 하느님과 다른 인간들에 대한 봉사를 위해서 소중한 것이다. 제정신을 가지고 이 본성을 미치게 하는 것은 자신을 죽이는 것과 마찬가지로 부당하다. 이렇게 심령에게 이성에 따라서 신체적 기능들을 지도하는 수고를 면제시켜 주려고, 우둔하고 노예적인 신체의 기능들을 학대하고 악화시키는 일은 극심한 비굴성이며 배반 행위로 보인다.

"이렇게 해야만 신들이 진정된다고 생각하는 자들은, 신들이 무엇에 분개하고 있다고 생각하는 것인가…… 사람들은 왕의 쾌락에 봉사하려고 생식기를 거세했다. 그러나 노예들은 주인이 그들에게 남자가 되기를 포기하라고 명령하여도 결코 스스로 거세한 자는 없었다."(성 아우구스티누스)

이렇게 그들은 여러 가지 나쁜 행동으로 종교의 의무를 수행했다.

> 옛날에는 종교 자체가
> 불경건한 행위를 저지르는 일이 빈번했다. (루크레티우스)

그런데 우리의 성질은 불완전하기 때문에 어떠한 방법으로도 하늘의 일들을 더럽히거나 흔적을 남겨 주지 않고는 아무것도 거기 맞춰 보거나 비교해 볼 수 없다. 이 무한의 아름다움과 힘과 착함으로 존재하는 그 거룩한 소질이, 신성한 위대성에 손상과 퇴락을 일으키지 않고 어떻게 우리들 따위, 이렇게도 더러운 사물들을 닮는다든지 어떠한 관련을 맺는 것을 용납할 수 있을 것인가?

"신의 약함은 인간들보다 더 강하며, 신의 미치광이 버릇은 인간들의 예지보다 더 현명하니라."(성 바울, 고린도서)

철학자 스틸폰은 우리가 바치는 명예와 희생을 신들이 즐겁게 생각하겠느냐는 질문을 받고 "큰 소리로 말하지 마시오. 그 말이 하고 싶거든 으슥한 데로 가서 이야기합시다"라고 말했다.

그렇지만 우리는 신에게 어떤 한계를 정해 주고 그의 권세가 우리 이성에 의해서 포위된 것으로 생각하며(내가 여기서 이성이라고 부르는 것은, 범인이나 악인도 이성의 제약을 받는다는 그런 철학적인 특수한 형식의 이성이 아니라 몽상이나 꿈 같은 것을 말한다), 우리와 우리의 지식 모두 만들어 주신 하느님을 우리 오성(悟性)의 헛되고 약한 겉모습에 예속시키려고 한다. "아무것도 없는 데서는 아무것도 나올 수 없으니, 신은 재료를 갖지 않고는 세상을 만들어 낼 수 없었을 것이다." 뭐라고? 하느님이 그의 권력의 열쇠와 그 마지막 용수철을 우리들 손에 맡겨 두었단 말인가? 그는 우리가 지식의 한계를 넘지 못하게 제한하고 있던가?

오오, 인간이여! 그대가 하느님이 하신 업적의 몇 가지 흔적이라도 주목할 수 있었던 경우를 여기 들어 보라. 그대는 하느님이 할 수 있는 모든 것을 여기 사용했고, 그의 모든 형체와 사상을 이 작품(이 세상을 말함) 속에 넣어 주었다고 생각하는가? 적어도 그것을 볼 수 있다고 해도, 그대는 그대가 살고 있는 이 작은 동굴(플라톤의 동굴 이야기 참조) 속의 질서와 정치밖에 보지 못한다. 하느님의 거룩한 소질은 저 너머에 무한한 권한을 가지고 있다. 그 전체에 비교하면 이 조그만 조각(이 세상을 말함)은 아무것도 아니다.

> 모든 사물들은, 거기에 하늘·땅·바다를 합쳐 보아도,
> 모든 계획의 총계에 비하면 아무것도 아니다.　　　　　(루크레티우스)

그대가 주장하는 것은 한 도시의 법이다. 그대는 보편적인 법이 무엇인지 알지도 못한다. 그대는 그대가 매여 있는 것에 집착하라. 하느님의 일에는 참견하지 마라. 그는 그대의 동료도, 동포도, 친구도 아니다. 하느님이 얼마간이라도 그대와 통하여 있는 것은 그대의 작은 세계에 흡수되려는 것이 아니며, 그대에게 그의 힘을 통제받으려는 것도 아니다.

인간의 신체는 하늘을 날 수 없다. 이것이 그대의 몫이다. 태양은 쉬지 않고 그 정해진 궤도 위를 달린다. 바다와 육지의 경계는 혼동되지 못한다. 물은 정한 형체가 없고 견고성이 없다. 벽에 틈이 없으면 액체가 침투하지 못한다. 사람은 불 속에서 생명을 보존하지 못한다. 그는 육체적으로 한꺼번에 하늘과 땅과 수많은 장소에 있을 수 없다.

이런 규칙은 그대를 위해서 하느님이 만들었다. 이런 규칙이 잡아매어 두는 것은 바로 그대다. 그는 하고 싶은 때 기독교인들을 모두 해방시켜 주었다. 하느님처럼 전능한 분이 어째서 어느 한도로 자기 힘을 제한했겠는가? 누구를 위해서 자기 특권을 포기할 것인가? 그대의 이성은 세상이 여러 겹으로 되어 있다는 것을 확신할 때밖에는 더 그럴듯하고 견고한 기초를 갖지 못한다.

> 대지·태양·달·바다 그리고 존재하는 것은 모두
> 단일하기는커녕 반대로 무한수로 존재한다.　　　　　(루크레티우스)

과거의 가장 유명한 인물들이, 그리고 우리 시절에도 인간 이성의 그럴듯한 모습에 강요되어서 어떤 자들이 이것을 믿었다. 우리가 눈으로 보는 이 기구에는 아무것도 하나로 단독으로 있는 것은 없는 만큼—

> 사물들의 총계 속에 고립해 있고, 하나로서 출생하고
> 자기와 같은 종류 가운데 단독으로 성장하는 것은 없고.　　(루크레티우스)

모든 종족은 어느 수까지 그 개체수가 늘어나는 것인 만큼, 그 까닭에 하느님은 이 작품 하나를 그것의 동료 없이 만들어서, 이 형체의 재료들을 개체 하나를 위해 전부 써 없앤다는 것은 진실하지 않은 일같이 보인다.

> 그러므로 내 거듭해서 말하지만,
> 에테르에 단단히 포옹되어, 우리 세상이 되어 있는 것에
> 유사한 물질의 다른 집단들이,
> 다른 곳에 존재하고 있음을
> 그대에게 고백하지 않을 수 없다. (루크레티우스)

특히 그것이 생명체라면 그 운동으로 보아서 믿을 만한 일이기 때문에 플라톤이 그것을 확인했고, 우리 중의 여러 사람이 그것을 확인하고 감히 그것을 부인하지 못하는 것처럼, 옛사람들의 의견도 하늘이나 땅이나 별들이나, 이 우주의 다른 갈래들도 신체와 영혼으로 구성된 피조물들이며, 그 조직으로 고찰하면 죽어 갈 소질이지만, 창조자가 그렇게 결정했기 때문에 그들이 영생불멸이라는 것을 부인하지 않았다.

그런데 데모크리토스와 에피쿠로스 등 거의 모든 철학자들이 생각한 바와 같이, 만일 우주가 여럿 있다면 그 진리와 규칙들이 다른 우주들에도 마찬가지로 적용될 것인지 누가 알 일인가? 다른 우주들은 아마도 다른 모습과 제도를 가졌을 것이다. 에피쿠로스는 그들의 어떤 것은 서로 닮고 어떤 것들은 서로 닮지 않았다고 한다. 우리는 이 세상에서 장소의 거리만으로 무한한 차이나 변화가 있는 것을 본다. 조상들이 발견한 신대륙에서는 보리도 포도덩굴도, 우리 고장에 있는 동물도 보이지 않는다. 그리고 지나간 시대에 이 세상의 얼마나 많은 곳에서 사람들이 바쿠스도 케레스도 알지 못하고 지냈던가?

플리니우스나 헤로도토스의 말을 믿자면, 어느 고장에는 우리와 거의 닮지 않은 인종들이 있다는 것이다. 그리고 인간과 짐승 사이에는 형태가 애매한 존재들이 있다. 세상에는 사람이 머리도 없이 출생하며, 눈과 입이 가슴에 붙어 있는 나라들이 있고, 사람이 모두 남녀 동체로 된 곳이 있고, 사람이 네 발로 걷는 곳도

있으며, 눈이 이마에 붙고, 머리는 사람이라기보다 개와 닮은 점이 많고, 하반신은 물고기와 같아서 물속에 사는 곳도 있고, 여자들이 다섯 살에 아이를 낳고는 여덟 살 이상을 살지 못하는 곳도 있고, 머리와 이마 가죽이 너무나 딴딴해서 칼로 쳐도 갈라지지 않고 칼날이 부서지는 곳도 있고, 남자들이 수염이 없는 곳도 있으며, 불을 쓸 줄 모르는 나라도 있고, 검은 정액을 쏟는 고장도 있다.

저절로 늑대로 변했다가 말로 변했다가, 다시 사람으로 돌아오는 자들은 어쩌란 말인가? 그리고 플루타르크의 말대로 인도의 어느 고장에서는 사람에게 입이 없어서 어떤 종류의 향기만 맡고 산다는 것이 사실이라면, 우리의 묘사에 그릇된 것이 얼마나 많은가? 그는 웃을 수도 없을 것이고, 아마 이성도 갖고 있지 않을 것이며, 교제도 못할 것이다. 우리 내적 구조의 질서와 상호 작용도 대부분 적용되지 못할 것이다.

그뿐더러 우리가 알고 있는 일들 중에도 이미 정해진 이런 훌륭한 본성의 규칙을 무시하는 사람들이 얼마나 많은가? 그 꼴에 우리는 하느님까지 이런 규칙에 매어 두려고 하다니! 얼마나 많은 사물들을 우리는 기적이라고, 자연에 반하는 일이라고 부르는가! 이것은 개개인과 국민 저마다가 그 무식한 정도에 따라 하는 일이다. 우리는 사물의 비밀에 소질들과 그 정수들을 얼마나 많이 발견하는가? 자연스럽게 되어 간다는 것은, 우리에게는 지성이 좇을 수 있는 한도로 우리가 알아볼 수 있는 범위 내에서 되어 간다는 말 이외의 아무것도 아니다. 그에 넘치는 것은 괴상하고 기이하게 혼돈된 것이다.

그런데 이 계산으로 보면, 가장 지각이 있고 능력 있는 사람에게도 모든 일이 기이하게 보일 것이다. 그들에게는 인간 이성이 아무런 발판도 기반도 갖지 못해서, 눈이 흰 것인지(아낙사고라스는 검다고 말했다), 사물이라는 것이 있는 것인지 아무것도 없는 것인지, 지식이 존재하는 것인지 무식이 존재하는 것인지(메트로도로스는 사람의 말하는 능력까지도 부인한다), 또는 우리가 살고 있는 것인지도 확언할 수 없다. 마찬가지로 에우리피데스는 우리가 사는 인생이 인생인지 또는 죽음이라고 부르는 것이 인생인지에 의문을 품는다.

죽음이라고 부르는 것이 생명인지

생명이라고 부르는 것이 죽음인지 누가 아는가?　　　(에우리피데스)

그것도 그럴듯하지 않은 일은 아니다. 왜냐하면 어떻게 우리가 이 영원한 밤의 무한한 흐름 속의 한 섬광이며, 우리에게 영원히 계속되는 자연조건의 극히 짧은 한 중단임에 불과한 이 순간을 가지고 존재한다는 자격을 얻을 것인가? 죽음은 이 순간의 앞과 뒤의 전부와, 이 순간 자체의 상당한 부분까지도 차지하고 있으니 말이다. 다른 자들은 멜리소스의 추종자들처럼 운동이라는 것은 없으며, 아무것도 움직이지 않는 것이고(왜냐하면 이 우주가 하나밖에 없다면, 플라톤이 말하는 천체의 움직임도, 한 장소에서 다른 장소로의 움직임도 여기에 아무런 의미가 없어지기 때문이다), 또 자연에는 생산도 부패도 없는 것이라고 단언한다.

프로타고라스는 자연에는 의문스러운 일밖에 없다고 말하며, 우리는 모든 일을 다 같이 논쟁할 수 있으며, 바로 그 때문에 이 모든 사물들에 관해서 논쟁할 수 있느냐는 문제도 논쟁될 수 있다고 말한다. 나우시파네스는 있는 듯한 사물들에 관해서 아무것도 있지 않은 것보다 더 있는 것이 아니고, 불확실성밖에 다른 확실성은 없다고 한다. 파르메니데스는 있는 듯한 것 중에서 전반적으로 어떤 사물이라고는 없으며, 그것은 하나일 뿐이라고 말한다. 제논은 하나마저도 있지 않고 세상에는 아무것도 없다고 한다. 만일 하나가 있다면, 그것은 다른 어떤 것에나 또는 그 자체에 있을 것이다. 그것이 다른 것 속에 있으면 그것은 둘이다. 그것이 그 자체 속에 있으면 그것을 포함한 자와 포함된 자를 합해서 그 역시 둘이다. 이런 학설에 의하면, 사물들의 본성은 그릇되거나 헛된 그림자에 지나지 않는다.

나는 어떤 기독교인이, "하느님은 죽을 수 없다. 하느님은 자기 말에 반대할 수 없다. 하느님은 이것 또는 저것을 할 수 없다"는 식으로 말하는 것은 언제나 말이나 행동을 삼가고 조심하지 않는 것이라 생각하고, 불경에 찬 말투로 보았다. 나는 하느님의 힘을 우리 말의 법칙으로 이렇게 얽매어 놓은 것을 좋게 보지 않는다. 그리고 이러한 제언으로 우리에게 나타나는(하느님의) 모습을, 우리는 더 존경심을 가지고 표현해야 할 것이다.

우리 어법에는 다른 일과 같이 약점과 결점이 있다. 세상이 혼돈하게 되는 경우의 대부분은 문법적 이유에서 온다. 우리의 소송 사건은 오로지 법률을 어떻게 해석하느냐에 대한 토론에서 일어난다.

그리고 대부분의 전쟁은 협약과 조약을 미리 명백하게 규정해 놓지 못한 왕들의 무능력에서 온다. 저 Hoc(이것[5])! 라는 철음의 의미에 관한 의문에서, 얼마나 많은 논쟁과 중대한 사태가 벌어졌던가!

논리학 자체가 우리에게 가장 명백한 일이라고 보여 주는 이 문구를 들어 보자. 만일 그대가 '날씨가 좋다'고 말하고, 그대가 사실을 말했다면 날씨는 좋은 것이다. 정말 확실한 어법 아닌가? 그래도 이 말에 우리는 속을 것이다. 그것을 보여 주기 위해서 예를 더 들어 보자. 만일 그대가 '나는 거짓말을 한다'고 하고 진실을 말했다면, 그대는 거짓말을 한 것이다. 이번 결론의 기술·이유·힘 등은 앞의 것과 동일하다. 그렇지만 우리는 여기 구렁텅이에 빠져 있다.

나는 피론주의 철학자들이 어째서 그들의 일반적인 개념을 어떠한 방식으로도 표현할 수 없는가를 알아보았다. 그들에게는 새로운 언어가 필요할 것이기 때문이다. 우리의 어법은 모두가 긍정적인 제언으로 되어 있는 까닭에 그들의 어법과는 완전히 다르다. 그래서 그들이 '나는 의심한다'라고 말하면, 그는 즉석에서 적어도 의심한다는 것을 알고 그것을 확신하고 있다는 사실을 인정하게 하며, 그들의 목덜미를 잡은 것이다. 그래서 그들은 의술에 대한 비유로 도피하지 않을 수 없게 되며, 그 방법이 아니고는 설명되지 않을 것이다. 즉, 그들이 '나는 모른다', 또는 '나는 의심한다'라고 발언했을 때, 그것은 대황(大黃)이 신체 속의 병질을 밖으로 몰아냈을 경우, 그 병질과 함께 그 약까지도 같이 몰아내는 식과 같이, 이 제언은 그 내용의 뜻과 함께 그 자체를 몰아내야만 하는 것이다.

이 생각은 "나는 무엇을 아는가?"[6]라는 질문의 형식으로 더 확실하게 파악된다. 그래서 나는 이 말을 저울대에 표어로 새겨 놓았다.

사람들이 이런 종류의 무례한 어법으로 잘난 체하는 꼴을 보라. 우리 종교에

---

5) 예수의 "이것이 내 신체다"라는 말에서 구교와 신교 사이의 '실체 변화'에 관한 쟁론이 일어났다.
6) "나는 무엇을 아는가?"(끄세쥬)는 몽테뉴의 중심 사상으로 간주되고 있다. 그는 이 말을 1576년에 한 메달에 접시저울과 함께 새겨 놓게 했다.

지금 일어나고 있는 논쟁에는 만일 반대파를 너무 심하게 몰아치면, 그들은 염치 불구하고 하느님은 그 몸을 하늘과 땅과 다른 여러 곳에 동시에 있게 하는 힘이 없다고 말할 것이다. 그리고 저 옛날의 조롱꾼(플리니우스를 가리킴)은 얼마나 용하게 이런 말꼬리를 이용했던 것인가? 적어도 하느님이 모든 일을 할 수 없다는 것을 보는 일은 사람에게 적지 않은 위안이 된다고 그는 말했다. 왜냐하면 우리는 우리 조건들 가운데 가장 큰 혜택으로 자살하는 방법을 가졌는데, 하느님은 자살하려 해도 할 수 없기 때문이라 한다. 그는 죽어 갈 인생들을 영생불멸로 만들지도 못하고, 죽은 자들을 다시 살리지도 못한다. 살아 본 자들을 살아 보지 않은 것으로도 만들지 못한다. 영광을 가져 본 자들을 가져 보지 못한 것으로도 만들지 못한다. 그는 과거에 대해서 망각 이외의 다른 권한을 갖지 못한다고 말했다. 그리고 인간과 신의 관계를 우스꽝스러운 인연으로 맺어지게 하려고, 신은 열이 두 개 모여서 스물이 되지 않게 할 수는 없다고 한다.

이따위 말투가 그가 하는 말이다. 그러나 기독교인은 이런 말을 입 밖에 내어서는 안 될 것이다. 그런데 사람들은 반대로 하느님을 자기들의 척도로 끌어내리려고 미치광이처럼 오만한 이런 어법을 찾아내는 것 같다.

> 내일 신이
> 창공을 검은 구름으로 덮건 밝은 태양으로 채우건
> 그렇다고 우리들 뒤에 지나간
> 모든 사물들을 없었던 것으로 하지는 못하며,
> 시간이 그 도피행에 한번 가져가 버린 것을
> 변경하거나 일어나지 않을 것으로 하지는
> 못할 것이다.　　　　　　　　　　(호라티우스)

과거건 미래건 이 무한한 세기들은 하느님에게는 한순간에 지나지 않으며, 선과 예지와 힘이 그의 본성과 동일한 것이라고 한다면, 우리의 언어는 그것을 말하지만 지성은 그것을 이해하지 못한다. 그렇지만 우리의 오만은 하느님의 소질을 우리의 판단으로 검사해 보려고 한다. 여기서 세상 사람들이 사로잡혀 있는 몽상과 과오가 생기며, 자기 무게보다 동떨어진 사물들을 자기들 저울대로 달아 보려고 한다. "아주 작은 성공에 용기를 얻을 때, 인간 심성의 오만이 저지를 일은 놀랄 정도다."(플리니우스)

에피쿠로스의 "진실로 착하고 행복한 존재는 하느님에게만 속하며, 현명한 인간은 하느님의 그림자이며 닮음에 지나지 않는다"고 하는 생각에 스토아학파들이 얼마나 건방지게 코웃음치는가! 그들은 얼마나 경솔하게 하느님을 운명에 의존케 했으며(기독교인이란 이름을 가진 자는 아무도 이런 수작은 못할 것이다), 탈레스와 플라톤과 피타고라스는 하느님을 필연성에 예속시켰던가!

우리 종교에서 어떤 위대한 인물은 우리 눈으로 하느님을 발견하고 싶은 오만에서 거룩한 본성에 육체적 형태를 주고 있다. 그리고 이것이 우리가 날마다의 중요한 사건은 특별히 지정해서 하느님의 탓으로 돌리게 된 원인이다. 이런 사건들이 우리에게 힘겹기 때문에 하느님께도 힘들 것으로 생각하고, 하느님은 우리에게 예사로 일어나는 가벼운 사건들보다도 이런 사건들에 더 전념하고 주의해서 본다고 생각한다. "신들은 중대한 사건들에 전념하고 사소한 사건들을 무시한다."(키케로) 그가 예로 드는 말을 들어 보라. 그의 이치가 밝혀질 것이다. "제왕들도 정치에서 작은 일은 근심하지 않는다."(키케로)

마치 한 제국을 동요시키거나 나뭇잎 하나를 흔드는 것이 하느님께는 무게가 더하고 덜하며, 전쟁을 좌우하고, 벼룩 한 마리를 튀게 하는 데에 신의 뜻이 달리 움직일 것으로 생각하다니! 그가 지배하는 손은 모든 사물들을 똑같은 방침과 똑같은 힘, 똑같은 질서로 다룬다. 우리의 이해관계는 거기 아무런 영향도 주지 않으며, 우리의 움직임과 척도는 거기 아무런 상관도 없다. "신은 위대한 사물에서의 위대한 직공이며, 마찬가지로 작은 사물에 있어서도 위대한 직공이다."(성 아우구스티누스)

우리는 오만 때문에 하느님을 인간에 비기는 모독 행위를 늘 저지르고 있다. 우리의 직무가 짐이 되기 때문에 스트라톤은 신들에게 그들의 제관(祭官)들과 같이 직무에서 완전히 면제되는 특권을 주고 있다. 그는 대자연에게 모든 사물들을 생산하여 유지하게 시키고, 그 무게와 움직임으로 우주의 부분들을 꾸며 가게 하며, 하느님의 심판에 관한 공포심을 덜어 주고 있다.

"축복받은 영원한 존재는 아무런 근심도 갖지 않고 아무에게도 근심을 주지 않는다."(키케로) 대자연은 동일한 사물들에게는 동일한 관계가 있게 해준다. 그러므로 헤아릴 수 없이 많은 죽어 갈 인생들은 같은 수의 영생불멸자들이 있음을 가르쳐 준다.

헤아릴 수 없이 많은 사물들을 죽이고 해치는 것은 그만한 수의 사물들이 보존하고 이롭게 해 주는 것을 예상하게 한다. 신들의 영혼이 혀나 눈, 귀도 없이, 각기 다른 자가 느끼는 것을 느끼며 우리의 사상을 심판하고 있는 식으로, 인간의 영혼은 잠이 들었거나 다른 실신 상태로 육체에서 벗어나 자유롭게 되면, 육체에 매여 있을 때 볼 수 없던 사물들을 점쳐서 찾아내고 예언하며 알아본다.

성 바울은 "인간들은 자기를 현명하다고 생각하다가 미쳐 버렸다. 그리고 무너질 수 없는 하느님의 영광을 무너뜨려내릴 인간들의 영상으로 변질시켜서 생각한다"고 했다.

옛사람들이 사람을 신격화하던 이 잡술(雜術)을 좀 보라. 그들은 숭엄하고 화려한 장례식을 거행한 다음, 방금 불길이 피라미드 꼭대기에 닿아서 고인이 누운 자리를 사르려고 할 바로 그때, 한 마리의 독수리를 날려 보내 그것이 높이 나는 것을 보고 영혼이 천당으로 간다는 의미를 붙이고 있었다.

우리는 수많은 메달을 가지고 있다. 그중에도 특히 저 점잖은 여인 파우스타나(로마의 황후)의 메달은 이 독수리가 신격화한 영혼들을 등에 업고 하늘로 올라가는 것을 형상하고 있다. 우리 자신의 속임수와 허구에 넘어 가고 있으니 가련한 노릇이다.

  그들은 자신의 상상에 놀란다.   (루카누스)

그것은 마치 어린아이들이 친구들의 얼굴에 검정을 칠하고, 바로 그 얼굴을 보고 놀라는 격이다. "자기 상상의 노예가 된 인간보다 더 가련한 꼴이 어디 있는가?"(출전 미상) 우리가 만들어 낸 자를 숭배하는 것은 우리가 만든 자를 숭배하는 것과는 전혀 다르다. 아우구스투스 황제는 주피터보다 더 많은 사원들을 가졌으며, 그만큼 신앙을 받았고 기적을 내린 것으로 믿어졌다. 타소스섬 사람들은 아게실라오스에게서 받은 은혜에 보답하려고 그를 찾아가서 그를 성렬(聖列)에 올려놓았다고 말했다. 그러자 그는 "이 나라는 자기 마음대로 신을 만들 힘을 가졌는가? 그대들 중에 하나를 신으로 만들라. 그가 그것을 좋아하는가를 보고 나서 나는 그대들의 제단에 감사하겠다"고 했다.

사람은 참으로 지각이 없다. 그는 벌레 하나 만들 힘도 없으면서 신을 열두어 개씩이나 만들어 낸다. 트리스메기스토스가 우리의 능력을 칭찬하는 소리를 들어 보라. "모든 감탄할 만한 사물들 중에 인간이 신의 본성을 발견해서 만들어 낼 수 있었던 것은 감탄의 정도를 넘는 일이다."

철학의 어느 학파 논법에 이런 것이 있다.

> 유독 인간들에게 신과 하늘의 힘을 알아차리거나,
> 또는 그들이 아는 것이 불가능함을 알아보는 일이
> 허용되어 있다.
> 　　　　　　　　　　　　　　　　　　(루카누스)

"만일 신이 존재한다면 그는 동물이다. 그가 동물이라면 감각을 가졌으며, 그 육체는 썩을 것이다. 만약 그에게 육체가 없다면 영혼이 없는 것이다. 따라서 행동이 없다. 그리고 그가 육체를 가졌으면 없어질 몸이다." 이만하면 승리가 아닌가? "우리가 세상을 만들기는 불가능하다. 하나 거기에 손을 댄 더 탁월한 본성이 있다. 우리를 이 우주에서 가장 완전한 사물이라고 보는 것은 어리석은 자만심이다. 그러니 거기에는 무엇인지 더 나은 것이 있다. 그것이 신이다. 그대는 부유하고 화려한 저택을 볼 때, 설사 누가 그 주인인가는 모른다 해도 적어도 쥐가 그 집을 지었다고는 하지 못할 것이다. 그리고 우리가 이 하늘의 궁전에서 보는 거룩한 구조는, 그것이 우리보다도 더 위대한 어느 주인의 집이라고 생각해야 할 일이 아닌가? 가장 높은 것은 가장 위엄 있는 것이 아닌가? 그런데 우리는 아래에 있다."

"영혼과 이성 없이는 아무도 이치를 따질 수 있는 생명체를 생산할 수 없다. 우주는 우리를 생산한다. 그러므로 그는 영혼과 이성을 가졌다."

"우리의 부분 하나하나는 우리보다 못하다. 우리는 우주의 부분들이다. 그러니 우주는 예지와 이성을 가지고 있고, 우리가 가진 것보다 더 풍부하게 가지고 있다."

"어떤 위대한 지배권을 가지는 것은 훌륭한 일이다. 그러니 우주의 지배권은 축복받은 본성에 속한다."

"별들은 우리를 해치지 않는다. 그러므로 그들은 착함으로 충만하다."

"우리는 식량이 필요하다. 그러므로 신들도 식량이 필요하다. 그래서 그들은 이 아래 세상의 증기를 먹고 산다."

"이 세상의 재물들은 신에게는 재물이 아니다. 그러니 그것은 우리에게도 재물이 아니다."

"침해하는 자와 침해받는 자는 똑같이 약하다는 증거이다. 그러므로 하느님을 두려워함은 미친 수작이다."

"하느님은 본성이 착하시다. 사람은 자기 총명으로 착하다. 그것은 더 장한 일이다."

"하느님의 예지와 인간의 예지는, 전자가 영생불멸이라는 것밖에 다른 점이 없다. 그런데 지속은 결코 예지에로의 도달이 아니다. 그러므로 우리는 친구 사이이다."

"우리는 생명과 이성과 자유를 가졌고, 착함과 자비심과 정의를 소중히 여긴다. 이런 소질들은 하느님에게 있다."(이 논법은 키케로의 《신의 본성》에서 인용한 것임)

결국 하느님의 타고난 성품의 구성과 붕괴와 그 조건들은, 인간에 의해서 인간과의 관계를 기초로 하여 꾸며진다. 참 좋은 후원자이며, 좋은 모범이다! 우리 멋대로 인간의 소질을 늘리고 높이고 키워보자. 부풀어올라 보라. 가련한 인간아. 좀더, 좀더, 좀더.

배가 터지더라도(황소와 경쟁하던 개구리의 이야기)
멈추지 말라!고 그는 말한다.   (호라티우스)

"참으로 인간은 자기들이 파악하지도 못하는 신을 상상한다고 생각하며, 자신을 상상하여 본다. 그들은 자기 이외에는 보지 않는다. 신을 보는 것이 아니다. 그들은 신을 자기들에게 비교하는 것일 뿐, 자기를 신에게 비교하는 것이 아니다."
(성 아우구스티누스)

　자연 사물에서 보면, 결과는 그 원인에 반쯤밖에 매여 있지 않다. 어째서 그럴까? 원인은 자연의 질서를 초월한다. 그 조건은 너무나 고매하고 위압적이기 때문에, 우리가 결론으로 잡아매고 결박하는 것을 허용하지 않는다. 그 결과는 우리에 의해서 거기에 도달하는 것이 아니다. 우리의 길은 너무나 저속하다. 우리는 스니산(Mont Cenis, 알프스산맥 중의 고봉의 하나)의 꼭대기에 있어도 바닷물 속에 있는 것보다 하늘에 더 가까운 것이 아니다.

　그것이 어떤가를 천문 관측기로 재어 보라. 그들은 신이 여자와 육체관계까지 맺는다고 끌어내린다. 그것이 몇 번이나 있었고, 자손은 몇 대나 보았던가? 사투르니누스의 아내로 로마에서 이름이 높던 귀부인 파울리나는 세라피스 신과 함께 자는 줄 알았더니, 그 사원 제관(祭官)의 중재로 그 여자를 연모하는 남자의 팔에 안겨 있었다. 라틴 작가들 중 가장 재치 있고 박식하던 바로가 그의 《신학(神學)》이라는 저서에 실은 이야기에, 헤르쿨레스의 제관이 저녁 식사와 여자를 걸고 신과 내기하려고, 제비 하나는 자기를 위해서 뽑고, 또 하나는 헤르쿨레스 신을 위해서 뽑았다는 것이 있다. 자기가 이기면 신에게 바칠 공물에서 그 몫만 가져가고, 지면 자기가 물겠다는 것이었다. 그는 내기에 져서 저녁 식사와 내기값을 치렀다. 여자의 이름은 라우렌티나라고 불렀다. 그녀는 그날 밤에 신의 가슴에 안겨 보았는데, 신은 그녀에게 다음 날 맨 먼저 만나는 남자가 신을 대신해서 그녀의 몸값을 치러 줄 것이라고까지 말했다. 그 남자는 타룬티우스라는 부유한 청년이었다. 그는 이 여자를 자기 집으로 데려갔다. 그리고 다음에 그녀에게 자기 재산을 물려 주었다. 그녀는 신의 호의에 보답하려고 그 재산을 로마 시민에게 나눠 주었다. 그래서 그녀는 신격화되는 명예를 받았다는 것이다.

　아테네 사람들은 플라톤에게 이중의 족보를 만들어 주며, 그가 원래 신의 후손으로 그 가문의 공통의 조상이 넵투누스 신이라고 하는 것만으로는 부족했던지, 그들의 소문에는 아리스톤이 미녀 페릭티오네를 즐기려고 했으나 뜻을 이루지 못하고, 그의 꿈에 아폴론이 현몽해서 그녀가 해산할 때까지 건드리지 말고 깨끗이 두라고 했다는 것이며, 이들이 플라톤의 진짜 부친이며 모친이라는 이야기를 확실한 일로 믿고 있었다.

역사상에는 이와 같이 신들이 가련한 인간들의 아내를 차지한 일이 얼마나 많은가? 그리고 어린아이에게 영광을 주기 위해서 남편들이 얼마나 모욕을 당하는가?

마호메트 교에서는 이런 메를랭[7]들이 상당히 많은 것으로 사람들은 믿고 있다. 즉, 아비 없이 정신적으로 거룩한 연분으로 처녀의 배 속에서 태어났다는 아이들인데, 그들의 언어로 이것을 의미하는 이름을 갖고 있다.

사물은 저마다 자기 존재보다 더 소중하고 가치 있는 것은 아무것도 없으며 (사자·독수리·물개 등은 아무것도 자기 종족보다 뛰어나다고 인정해 주지 않는다), 각자는 다른 사물들의 소질이 자신의 소질 속에 포함되어 있다고 여기는 것을 주목해야만 한다. 이런 소질들을 우리는 길게도 짧게도 만들 수 있다. 그러나 그뿐이다. 왜냐하면 이 관계와 원칙을 우리의 상상력이 뛰어넘지 못하며, 다른 소질들을 짐작하지도 못하고 거기서 벗어나거나 초월하기도 불가능하다. 여기서 옛사람들이 끌어낸 이런 결론이 나온다. "모든 형체들 중에서 가장 아름다운 것은 인간의 형체로 되어 있다. 아무도 도덕 없이는 행복할 수 없고 이성 없이는 도덕도 있을 수 없다. 그리고 어떠한 이성도 인간 형태 이외의 다른 것에 깃들 수 없다. 그러므로 신은 인간의 형태를 쓰고 있다."

"우리가 신을 생각할 때 바로 우리 앞에 인간의 형태가 나타나는 것은, 우리의 마음속에 습관과 선입견이 있기 때문이다."(키케로)

그래서 크세노파네스는 농담조로, 동물들도 신을 만들어 가질 만한 일인데, 그들이 신을 만든다고 하면 확실히 그들 형체로 만들어 자기들의 영광으로 삼을 것이라 했다. 거위의 새끼라면 "우주의 모든 부분들은 나를 위해서 있는 것이다. 땅은 내가 걸어가는 데 소용이 되며 태양은 나를 밝혀 주는 것이고, 별들은 내게 그들의 영향을 주기 위해 있다. 나는 바람이나 물에서 이러저러한 편익을 얻는다. 저 하늘의 기운이 호의를 가지고 내려다보는 것은 나밖에 없다. 나는 우주의 총아이다. 인간은 나를 기르고, 내게 집을 주고, 나를 섬기는 것이 아닌가? 그

---

[7] Merlin. 아더왕 이야기에 나오는 예언자로 마귀의 씨를 받아 태어났다고 함.

가 씨 뿌리고 가루를 만드는 것은 모두 나를 위해서 하는 일이다. 그는 나를 잡아먹는다지만, 인간은 그와 같은 인간도 똑같이 잡아먹으며, 나도 역시 그를 죽이고 파먹고 하는 벌레를 잡아먹는다"라고 말하지 못할 까닭이 무엇인가? 두루미도 똑같은 말을 할 수 있다. 그는 날 수 있는 자유와 저 아름답고 높은 영역을 소유하기 때문에 더한층 장엄하게 말할 수 있다. "그만큼 자연은 자신을 총애케 하는 온화한 중매자이고 유혹자이다."(키케로)

그러니 바로 이런 내력으로 운명이 우리를 위해 있으니, 세상이 우리를 위해 있다. 우리를 위해서 광명이 있고 천둥이 울린다. 창조주나 피조물들이 모두 우리를 위해 존재한다. 이것이 우주 만상이 향해 가는 종결점이며 목적지이다. 철학이 2천 년 이상을 두고 하늘의 일을 기록해 온 것을 들여다 보라.

신들은 인간을 위해서 행동하고 말하기밖에는 하지 않았다. 철학은 신들에게 다른 생각과 기능을 부여하지 않는다. 여기서 신들은 우리에게 대항해서 전쟁을 건다.

> 헤르쿨레스의 완력(腕力) 앞에
> 늙은 사투르누스의 찬란한 궁전을,
> 위기에 몰아 전율케 한
> 대지의 아들 티탄은 제압당했다. (호라티우스)

그래서 신들은 우리가 그들의 싸움에 그렇게도 여러 번 갈라져 편들어 준 데 대한 보답으로, 그들도 우리 싸움에 편들어 대들고 있다.

> 넵투누스 신은 그 강력한 삼지창으로 트로이 성벽을 뒤흔들고,
> 그 기초를 들추며 도시 전체를 둘러엎는다.
> 저편에는 잔학한 주노 여신이 제1열에 나서
> 스카이아 성문을 점령한다. (베르길리우스)

카우니아인들은 그들 신의 지배를 옹호하는 열성에서, 치성을 바치는 날에는

무기를 등에 메고 성 밖을 달음질치며, 칼을 가지고 허공을 이리저리 휘갈기고 돌아다니며, 외국의 신들을 모조리 쫓아서 영토 밖으로 몰아낸다.

신들의 힘은 우리 인간의 필요에 따라 제한되어 있다. 어떤 신은 말을 치료하고, 어떤 신은 페스트를, 또 어떤 신은 대머리병을, 어떤 신은 기침을, 어떤 신은 일종의 옴을, 그리고 어떤 신은 다른 병을 고치며 "이런 정도로 미신은 극히 사소한 사물에까지 신을 끌어 넣는다."(티투스 리비우스) 어느 신은 포도를 가꾸고, 어느 신은 마늘을 가꾸고, 어느 신은 오입질을 맡아 보며, 어느 신은 장삿일을 맡아보며(직업마다 한 신이 맡아보고), 어느 신은 동방(東方)의 시골에 신용이 있고, 어느 신은 서방의 시골에 신용이 있다.

> 저기(카르타고) 그녀(주노)의 무기가 있고,
> 거기에 그녀의 마차가 있었다. (베르길리우스)

> 오오, 신성한 아폴론 신이여,
> 우주의 중심부에 거주하는 그대여! (키케로)

> 케크롭스의 후예들은 팔라스 여신을 숭배하고
> 미노스왕의 크레테에서는 디아나 여신을,
> 렘노스에서는 불카누스 신을,
> 펠로폰네소스의 스파르타와 미케네에서는
> 주노 여신을 숭배한다.
> 솔잎으로 엮은 관을 쓴 신은 마에날라의 신이며,
> 마르스는 라티움에서 숭배받는다. (오비디우스)

어느 신은 한 도성, 또는 한 가족만을 소유하고, 어느 신은 혼자서 살며, 어느 신은 임의로, 또 어느 신은 강제로 같이 산다.

> 시조(始祖)의 사원에는 자손의 사원이 결합된다. (오비디우스)

신들 중에는 너무 허약하고 비천해서(왜냐하면 신들의 수는 3만 6천에까지 이르기 때문이다), 보리 이삭 하나를 만드는 데에도 대여섯이 뭉쳐야 한다. 그들은 저마다 다른 이름을 가지고 있다. 문짝에는 널빤지 신, 지도리 신과 문지방 신, 이렇게 셋이 달려 있다. 어린아이 하나에는 기저귀 보호신, 음료 보호신, 식사 보호신, 젖 보호신 넷이 달려 있다. 어떤 신들은 확실하며, 어떤 신들은 불확실하고 의심쩍다. 어떤 신들은 아직 천당에도 들어가지 못하고 있다.

  그들이 아직도 하늘에 올라갈
  영광의 가치가 있다고 보지 않는 이상
  잠시나마 우리가 허용한 대지에서 살아가게 두자.   (오비디우스)

의술의 신도 있고, 시의 신, 민사(民事)의 신도 있다. 어떤 이는 하늘과 인간의 중간에서 중매자로 있어, 우리를 하느님께 중개해 준다. 좀 못하게 제2류도 숭배받고, 그 자격과 직책도 가지각색이며, 어떤 신은 착하고, 다른 신들은 악하다. 늙어서 꼬부라진 신들도 있고, 죽을 운명의 신도 있다. 크리시포스는 이 세상이 마지막 불타오르는 날에는 주피터 신만 빼놓고 모든 신들이 없어질 것이라고 본다.
  인간은 자기와 신 사이에 수없이 재미나는 교제를 꾸며 놓는다. 신은 그의 동포가 아니던가?

  주피터의 요람인 크레테섬.   (오비디우스)

  그들 시대의 대사교(大司敎) 스카에볼라와 대신학자(大神學者) 바로가 이 문제에 관한 고찰에서 우리에게 변명하기를 "민중들은 진실한 사물들을 모르는 채로, 많은 그릇된 일들을 믿고 있어야 할 필요가 있다"고 했다.
  "민중은 해방되기 위해서만 진리를 찾으니, 기만당하는 것은 그들에게 유리하다고 믿을 만하다."(성 아우구스티누스)
  인간의 눈은 그들이 알고 있는 형태로밖에 사물을 알아보지 못한다. 그리고 우리는 저 가련한 파에톤이 죽어 갈 인간의 손으로 자기 부친의 수레 고삐를 잡아 보려고 하다가, 어떠한 추락을 겪었던가를 상기하지 않는다. 우리의 정신은 그 당돌한 도시 때문에 똑같은 심연에 떨어지며 부서져 흩어진다.

만일 그대가 철학자에게 하늘과 태양이 어떤 물질로 되었는가를 물어본다면, 쇠로 되었다든가, 아낙사고라스와 같이 돌로 되었다든가, 또는 우리가 사용하는 다른 재료로 되었다고밖에 그들이 무어라고 대답할 것인가? 제논에게 자연이 무엇인가 하고 물어본다면, "규칙에 맞추어 생산해 갈 수 있는 기술자 같은 불이다"라고 말할 것이다.

진리와 확실성에 관해서는 다른 자들에 대해 상석권을 요구할 만큼 이 학문의 스승인 아르키메데스는 "태양은 불타는 쇠의 신이다"라고 말한다. 이것은 참으로 기하학적 증명의 불가피한 필연성과 미가 생산한 훌륭한 공상이 아닌가! 그러나 소크라테스는 사람들이 땅을 주고받을 수 있을 정도로 잴 줄 알기만 하면 충분하다고 생각했다. 그리고 기하학은 이 학문으로 가장 유명하고 혁혁한 학자이던 폴리아이노스가, 사람을 나약하게 만드는 에피쿠로스 정원의 달콤한 열매를 맛보고 난 다음에, 이런 학문은 허위와 드러난 허망으로 충만한 것이라고 경멸해 치워 버릴 정도이니, 없어서 안 될 유용한 지식은 아니다.

크세노폰의 저서에 하늘의 신성한 사물들에 관해서 옛사람들이 어느 누구보다도 이 문제에 조예가 깊다고 간주하던 아낙사고라스의 이 말에 대하여 소크라테스가, 아낙사고라스는 자기에게 소속하지 않은 지식을 도에 넘치게 캐고 있는 자들처럼 머리가 좀 돌았다고 했다. 그가 태양을 불타는 돌이라고 하는 점에 관해서 소크라테스는 돌이 불에 타서 빛을 내는 일은 없으며, 더 안 될 말로, 그것이 타 없어진다는 것을 생각하지 않았으며, 태양과 불을 한 가지로 만든 점에서 불은 쳐다보는 자들을 검게 만드는 일이 없는 것, 그리고 우리는 불을 바로 쳐다볼 수 있고, 불이 식물과 풀을 말려 죽이는 것을 생각하고 있지 않다는 점을 든다. 내 견해도 그렇지만 소크라테스의 의견으로는 하늘의 일은 판단하지 않는 것이 하늘을 가장 잘 판단하는 일이다.

플라톤은 《티마이오스》에서 다이몬들에 관해 "그것은 우리의 힘에 넘치는 기도이다. 그 점은 자기들이 다이몬에게서 출생했다고 하는 옛사람의 말을 믿어야 할 일이다. 그들은 자기 가정에 관한 친근한 사물들을 가지고 책임지고 말하는 이상, 그들의 말이 필연적인, 또는 그럴싸한 이치로 세워진 것이 아니라고 해도, 신들의 자손이 하는 말을 믿어 주지 않는 것은 이성에 반하는 일이다"라고 했다.

인간의 사물들과 자연의 사물들에 관한 지식이 좀 더 밝혀진 것이 있는가 살펴보자. 고백하는 바이지만, 지식이 도달할 수 없는 사물들에게 우리는 우리의 생각으로 다른 한 개체를 지어 주고 그릇된 형태를 빌려 준다. 유성들의 움직임은 우리의 정신이 도달할 수도 없고, 그 본연의 운행을 상상해 볼 수도 없는 일인데, 우리는 물질에게서 보듯 그들에게 무게가 있고 형태도 있는 물질적인 소질을 빌려 주며

> 끌채는 황금이고 수레바퀴도 황금이고,
> 바퀴살은 은으로 되어 있다.
> (오비디우스)

이런 식으로 말하는 것은 우스꽝스러운 것이 아닌가? 그대는 플라톤식으로 말하면, 아마 우리들 중에 마부나 대목수나 화가들이 저 하늘에 올라가서 여러 가지로 움직이는 기계를 꾸며 놓고, 물레의 가락을 돌려서 가지각색 빛깔의 천체들을 톱니장치로 꾸며 둘러맞춰 놓았다고 말할 것이다.

> 우주는 다섯의 지대로 둘러싸이고,
> 별자리의 휘황한 표징으로 장식된
> 변경 지역들이 밝은 달빛을 비추는 차량과 두 필의
> 준마를 데리고 비껴가며 횡단하는
> 방대한 구조이다.
> (바로)

이런 따위는 모두 잠꼬대이며 미친 수작의 헛소리이다. 어째서 대자연은 어느 날 그의 품을 열어 움직임의 방법과 절차를 우리에게 보여 주어서, 우리의 눈을 거기에 익숙하게 해 주지 않는 것일까! 오오, 신이여! 그때는 우리의 가련한 지식에 얼마나 기만과 오산이 품어져 있는 것이 밝혀질 것인가! 만일 이 지식이 단 한 가지 사물을 똑바로 제자리에 잡고 있다 해도 내가 잘못 안 것이다. 나는 본시

무식한 것보다도, 거기서 다른 모든 일이 더 무식하게 되어서 떠날 것이다. 나는 플라톤에서, 대자연은 수수께끼 같은 시에 불과하다고 말한 이 거룩한 말을 읽지 않았던가? 그것은 마치 무한히 잡다한 그릇된 빛이 서로 엇갈려 비쳐서, 우리 추측에만 맡겨 두도록 베일로 가려진 한 폭의 그림이라고도 말하고 싶어지는 것이다.

"이런 모든 사물들은 가장 캄캄한 암흑 속에 은폐되어 있고, 아무리 잘 침투하는 정신이라도 푸른 하늘이나 깊은 대지 속을 파고들어 연구해 볼 수는 없는 일이다."(키케로)

참으로 철학은 시적인 궤변에 불과하다. 고대 작가들은 시인들 이 외에 어디서 또 그들의 권위를 받아 왔던가? 최초의 철학자들은 시인이었으며, 시의 기술로 철학을 취급했다. 플라톤은 풀어놓은 시인에 불과하다. 티몬은 그를 위대한 기적의 제조자라고 부르며 욕설을 퍼붓는다.

여자들이 이가 빠지면 상아로 이를 해 넣으며, 그녀들의 진실한 얼굴빛 대신에 어떤 물질로 다른 빛깔을 꾸며 갖거나, 천과 털을 넣어서 엉덩이를 만들며, 솜으로 몸집을 만들어 자기 몸을 만인들 앞에 가장하고 꾸미서 빌려 온 아름다움을 보여 주는 꼴과 마찬가지로, 학문도 그와 같은 수작을 한다(우리의 권리 자체에도 합법적인 허구가 있으며, 그 위에 법률상의 진리가 세워지는 것이라고 한다).

학문은 우리가 수고한 대가로, 그리고 예측으로, 학문이 꾸며 낸 일이라고 우리에게 알려 주는 사물들을 내어 놓는다. 왜냐하면 점성학이 별들의 운행을 설명하는 데 도우려고 쓰는 원주상소원궤(圓周上小圓軌)·원심 또는 구심 따위는 학문이 이 문제에 관해서 꾸며 낼 수 있는 한으로 우리에게 내놓는 것이기 때문이다.

철학도 역시 이면에는 실제로 있는 사물이거나 철학이 믿고 있는 일을 우리에게 내어 주는 것이 아니고, 가장 그럴듯한 것, 그리고 묘한 것을 꾸며 내놓는다.

플라톤은 우리의 육체와 짐승들의 육체를 비교한 고찰에서, "우리가 말한 것의 진실 여부는, 만일 신이 인간을 통해서 확인해 준다면 우리도 그것을 확언해 줄 것이다. 다만 우리는 이것이 우리가 말할 수 있는 것 가운데 가장 그럼직한 일이라고 확언할 뿐이다"라고 말했다.

학문은 하늘에만 그의 밧줄과 기계와 수레바퀴를 던져 보는 것이 아니다. 학문이 우리 자신과 우리의 구조에 관해서 말하는 바를 고찰해 보자. 하늘의 별들과 천체에 관한 지식에도, 이 가련하게 조그마한 인간의 신체를 두고 꾸며 낸 것보다 더한 역행·요동·접근·후퇴·회전 등이 있는 것은 아니다. 진실로 학문이 신체를 하나의 작은 우주라고 부를 만한 이유가 있다. 이것을 만들어 놓는 데 그렇게도 가지각색의 조각과 모습들을 사용한 것이다. 인간 속에 보이는 동작들, 우리가 자신에게서 느끼는 잡다한 기능과 소질들을 조절해 보려고 그들은 얼마나 많은 부분들로 우리의 심령을 포개 놓았던가? 그것을 얼마나 많은 자리에 앉혀 놓았던가? 사람이 타고난 것들이나 지각되는 것들 말고도, 학문은 이 가련한 인간을 얼마나 많은 종목과 단계들로 찢어 놓았던가? 그리고 얼마나 많은 역할과 직분을 맡겨 보았던 것인가? 그들은 이 인간을 가지고 공상의 공화국을 만들고 있다.

인간은 학문이 집어 들고 조작해 보는 소재가 되고 있다. 그들에게는 인간 심령을 제멋대로 풀어놓고 정리하고 모아놓고 속박해 보는 온갖 권한이 허락되어 있다. 그래도 학문은 인간 심령을 파악하지 못한다. 현실에서뿐 아니라 몽상 속에서도 이것을 조절해 볼 수 없기 때문에, 아무리 거창하게 그 구조를 꾸며 보고 수천 가지 거짓 조각으로 둘러맞춰 보아도, 거기에는 어느 박자나 소리가 빠져 버리는 것이 있다.

그들을 변명하는 것은 옳은 일이 아니다. 화가는 하늘이나 땅이나 바다나 멀리 떨어진 섬들을 그릴 때 다만 아주 적은 묘사만 보여 주어도 우리는 그것을 용인한다. 그리고 미지의 사물들처럼 우리는 보여 주는 대로의 음영과 꾸밈으로 만족한다. 그러나 친근하게 알고 있는 소재를 그들이 실물대로 그려 줄 때는, 우리는 그 선과 색채가 완전하고 정확하게 표현되기를 요구하며 거기에 실패할 때는 그들을 경멸한다.

나는 저 밀레토스의 소녀를 신통하다고 본다. 그녀는 철학자 탈레스가 줄곧 하늘만 흥겹게 쳐다보며 언제나 눈을 위로 치뜨고 있는 것을 보고, 그가 지나가는 길목에 어떤 물건을 놓아서 발에 차이게 했다. 그녀는 그가 발밑에 있는 것이라도 똑똑히 보고 나서, 구름 위에 있는 사물을 쳐다보는 편이 나으리라고 경고

하려던 것이다. 진실로 그녀는 그에게 하늘의 일보다 자기 일을 주의해 보라고 충고했다. 데모크리토스가 키케로의 입을 빌려 말하던 바와 같다.

누구나 다 자기 발 바로 앞일은 보지 않고
하늘의 일만 뒤져 본다. (키케로, 이피게니아에서 인용)

그러나 우리의 경우는 우리 손에 잡히는 일에 관한 지식을 하늘의 일들만큼이나 멀리 구름 위에 띄워 놓고 있다. 플라톤의 저서에서 소크라테스가 말하듯, 철학에 참견하는 자는 누구나 다 탈레스가 이 소녀에게 당하던 식으로 자기 앞일은 아무것도 모른다는 책망을 들을 만하다. 왜냐하면 철학자는 모두 이웃 사람이 하는 일은커녕 자신이 하는 일도 모르며, 자기들이 사람인지 짐승인지도 분간하지 못하기 때문이다.

스봉이 드는 논거를 너무 약하다고 보며, 자기들은 모르는 일이라곤 아무것도 없고, 우주를 지배하며 모든 일을 알고 있다는 자들은—

무엇이 대해를 지배하는가,
무엇이 계절을 지배하는가,
별들은 그들 자체로 운행하는지,
또는 이런 일들을 명령받은 것인지,
무엇이 달을 암흑으로 싸고, 또는 그 원반을 드러내는지
이런 사물들의 부조화의 조화는 무엇을 원하며
무엇을 행함인지. (루크레티우스)

이런 일들을 모두 알고 있다는 자들은 어느 때 자기 책을 읽어 나가는 중에, 그들 존재가 무엇인지 알아보는 데 부딪히는 어려운 문제를 어쩌다 뒤져 본 일은 없었던가? 우리는 손가락이 움직이고, 발가락이 움직이며, 어떤 부분들은 우리의 허가를 받지 않아도 저절로 흔들리고, 다른 부분들은 우리의 명령을 받아서 움직이고, 어떤 생각을 하면 얼굴이 붉어지며, 어떤 생각에는 얼굴이 새파래지

고, 어떤 상상력은 비장에만 작용하며, 다른 상상력은 뇌수에 작용하고, 어떤 것은 우리에게 웃음을 일으키며, 다른 것은 울게 하고, 어떤 것은 우리의 모든 감각을 놀라게 하여 사지의 움직임을 얼어붙게 하는 것을 본다. 어떤 물건에는 위가 치밀어 오르고, 어떤 것은 어느 부분들을 내려앉게 한다.

그러나 어째서 정신적 인상이 한 뭉치로 된 굳은 물체 속에 이렇게 길을 만들어가며, 이런 경탄할 만한 장치의 관계와 연락의 성질이 무엇인지 인간으로서는 알아본 자가 없다. "이 모든 사물들은 인간의 이성에 알려지지 않았으며 대자연(본성)의 장엄성 속에 은폐되어 있다"고 플리니우스는 말하며, 성 아우구스티누스는 "육체와 영혼의 결합은 완전한 경이로서 인간의 지성을 초월하며, 이 결합 자체가 인간이다"라고 말했다. 그런데 사람들은 그런 일에 의문을 품지 않는다. 인간들의 의견은 이런 일이 종교나 법률인 것같이, 권위와 신용으로 옛날의 신념을 이어받아 왔기 때문이다.

사람들은 예사롭게 생각되는 일은 늘 쓰는 문투같이 받아들인다. 또 이 진리의 논법과 증거의 온 구조와 장비를 갖추어 이것을 동요시킬 수 없고 비판할 여지없는 확실하고 견고한 물체와 같이 받아들인다. 이와 반대로, 각자는 시새워가며 받아들인 이 신념에 자기 이성이 할 수 있는 모든 것으로 분칠하고 보완한다. 그런데 이 이성이란 무슨 형상에라도 둘러맞출 수 있는 부드러운 연장이다. 세상은 이 모양으로, 멋쩍은 일과 거짓으로 채워지며 절여진다.

우리가 사물들에 관해서 조금도 의문을 품지 않는 것은, 모두가 받아들이는 인상에 대해 아무도 그것을 심사해 보는 일이 없기 때문이다. 우리는 과오와 약점이 깃들어 있는 그 기초를 뒤져 보지 않고, 부차적인 부분만 가지고 토론한다. 그것이 진실인가를 따져 보지 않고, 그것이 어떻게 이해되었는가만을 따진다. 우리는 갈레노스가 무슨 가치 있는 말을 했던가를 알아보지 않고 그가 이렇게 말했던가, 저렇게 말했던가만을 따져 본다. 참으로 우리 판단의 자유에 대한 이런 굴레와 속박, 그리고 우리 신념의 억압이 여러 학파들과 기술들에까지 뻗치게 된 일에는 그만한 이유가 있었다.

스콜라 학파의 학문의 신은 아리스토텔레스이다. 그의 명령에 관한 토론은 스파르타에서 리쿠르고스의 명령에 관한 일처럼 종교 사상으로 되어 있다. 그의 학설은 우리를 지배하는 법이 되었다. 그러나 그것도 틀린 것은 틀린 것이다. 나는 플라톤의 이데아나 에피쿠로스의 원자, 레우키포스와 데모크리토스의 충만과 공허나 탈레스의 물, 아낙시만데르의 자연의 무한성이나 디오게네스의 공기, 피타고라스의 수와 대치나 파르메니데스의 무한, 무사이오스의 하나나 아폴로도로스의 물과 불, 아낙사고라스의 동일한 부분들이나 엠페도클레스의 불화나 친화, 헤라클레이토스의 불이나 훌륭한 인간 이성이 그 확실성과 명찰력을 가지고 모든 일에 참견하여 만들어 낸 무한히 많은 사상들과 문구들의 혼란에 관한 다른 관념들도 아리스토텔레스가 보인 사물들의 원리에 관한 관념과 마찬가지로, 어째서 그대로 받아들이고 싶지 않은 것인지 모른다. 이 원리를 그는 물질과 형체 결정의 세 가지로 꾸며 놓았던 것이다. 도대체 공허를 사물들의 원인으로 삼는다는 것보다 더 허황한 일이 어디 있는가? 결핍은 부정이다.

무슨 의심스러운 생각으로 그는 이것을 존재하는 사물들의 원인과 근원으로 삼을 수 있었던가? 그러나 그것은 논리의 훈련을 위해서밖에는 아무도 감히 흔들어 보지 못한다. 사람들은 여기에 의문을 품어 보려고 토론해 볼 생각은 않고, 단지 이 학파의 작가를 외부의 반대에 대해서 변호할 생각만 갖는다. 그의 권위가 궁극의 목적이다. 그것을 넘어서 함구해 보는 일은 허용되지 않는 것이다.

공인된 기초 위에 자기가 좋아하는 일을 세우기는 쉬운 일이다. 왜냐하면 이 최초의 법칙과 순서에 따라서 구조의 나머지 부분들은 서로 어긋남 없이 쉽게 이루어지기 때문이다.

이 길을 통해서 우리는 이치의 기반이 튼튼한 것을 발견하며, 아주 편하게 추리한다. 왜냐하면 우리 스승들은 기하학자들이 공리(公理)를 가지고 하듯, 그들이 원하는 대로 결론을 짓기에 필요한 만큼 우리의 신임 속에 자리를 차지하여 잡아 두기 때문이다. 우리가 그들에게 빌려 주는 동의와 승인은 우리를 우로나 좌로나 끌어가게 할 거리를 주며, 그들 마음대로 우리를 맴돌게 한다. 누구든 미리 추측한 바를 우리가 믿어만 주면, 그는 우리의 스승이며 신이다. 그는 자기 학설의 기초를 아주 넓찍하고 넉넉하게 잡아 두었기 때문에 마음만 먹으면 우리를 구름 위에라도 올려놓을 것이다.

지식의 이러한 실천과 흥정에서 우리는, '전문가는 각기 자기 기술에 신임을 받아야 한다'는 피타고라스의 말을 바로 받아들였다. 변증론자는 낱말의 뜻에 대해 문법학자를 참조하며, 수사학자는 변증론자에게서 논법의 근거를, 시인은 음악가로부터 박자를, 기하학자는 수학자에게서 전제를 빌려 오고, 형이상학자는 물리학의 추측을 기초로 삼는다. 학문에는 각기 미리 헤아려 놓은 원리가 있고, 그 때문에 인간의 판단은 사방에서 제약을 받기 때문이다. 만일 주요 잘못이 있는 이 방벽에 누가 와서 부딪히면 그들은 당장에 '원칙을 부인하는 자들과는 토론해 볼 필요가 없다'는 선고를 토해 낼 것이다.

그런데 만일 신이 그들에게 계시해 주지 않은 것이라면, 원칙이라는 것은 인간에게 있을 수 없는 일이다. 다른 일은 처음이건 중간이건 끝이건 꿈과 연기에 지나지 않는다. 가정공리(假定公理)를 가지고 논쟁하러 대드는 자들에게는 우리가 토론하는 원리를 반대로 미리 가정해 보아야 한다. 인간이 세운 가정과 명제는 어느 것이건 이성이 거기에 차별을 두지 않는다면 모두 똑같은 권위를 갖기 때문이다. 그래서 이런 것들은 모두 저울질해 보아야 하는데, 무엇보다도 먼저 보편적인 공리, 그리고 우리를 폭력으로 억압하는 것들을 저울질해 보아야 한다. 확실하다는 인상은 미친 수작과 극단의 불확실함을 드러내는 확실한 징조이다. 그리고 세상에 플라톤학파의 엉터리 학자들보다 더 어리석고 더 못난 철학자들이란 없다.

우리는 불이 뜨거운가, 눈이 흰가, 우리 지식 속에 딱딱한 것, 또는 물렁한 것이 있는가를 알아보아야 한다. 옛날 말에 열이라는 것에 의문을 품는 자에게는 불 속에 뛰어들어가 보라고 하고, 얼음이 차다는 것을 부인하는 자에게는 품속에 얼음을 집어넣어 보라고 했다는 대답이 있는데, 이는 철학의 직분에는 가장 마땅치 못한 일이다. 만일 그들이 우리들을 자연적 상태에 놓아 두고 외부의 인상들을 감각에 의해 제공되는 대로 받게 하며, 단순한 욕망에 따라서 우리의 타고난 천성으로 조절하게 했다면, 그렇게 말해도 옳았을 것이다.

그러나 우리가 세상을 판단하는 것은 그들에게서 배운 것이고, 인간의 이성은 하늘의 안팎에 있는 모든 일들의 총감독이며, 모든 것을 포섭하며, 이 이성에 의해서 모든 것이 알려지고 인식된다고 하는 미친 생각은 그들에게서 받아 온 것이다.

이런 대답은 아리스토텔레스의 교훈도 모르고, 물리학의 이름에 관한 지식도 없이 안온하고 평화롭게 살고 있는 식인종들 사이에서는 좋을 것이다. 또한 철학자들의 이성과 착상에서 빌려 온 대답들보다는 더 확고하고 가치 있을 것이다. 그리고 이 대답은 우리와 아울러 모든 동물들, 자연법칙의 지배가 아직도 순수하고 단순하게 행사되는 모든 사물들에게 마땅할 것이다. 그러나 이들은 이런 것을 포기했다.

그들은 내게 "그대가 그것을 그렇게 보고 그렇게 느끼니까 진실이다"라고 말해서는 안 된다고 말한다. 그들은 내가 느낀다고 생각하는 것이 실제로 내가 느끼는 것인가 하고 말해야 하며, 만일 내가 그것을 느낀다면, 다음에는 어째서 그것을 느끼는가, 그리고 어떻게 무엇을 느끼는가를 내가 말하도록 시킨다. 뜨거움과 찬 것의 이름·근원·안팎, 그리고 그 작용하는 자와 작용을 받는 자의 소질들을 말하게 한다. 그렇지 않으면 이성의 방법으로밖에는 아무것도 용납하거나 공정하지도 않은 그들의 직업을 포기해야 한다. 이것이 모든 종류의 실험을 위한 그들의 시금석이다. 그러나 그것은 그릇됨과 오류와 약점과 실패로 가득한 것이다.

우리는 어떻게 이성을 더 잘 시험해 볼 수 있을까? 이성이 그 자체를 말하는 것을 믿어서는 안 될 일이라면, 이성은 외부의 사물들을 판단하기에 적당치 않을 것이다. 만일 이성이 무엇이든 아는 것이 있다면, 적어도 그의 존재와 자리일 것이다. 이성은 영혼에 있다. 그리고 영혼의 부분이거나 효과이다. 진실하고 본질적인 이성은 우리가 그릇된 간판으로 이름을 도둑질해 온 것이지만, 그것은 하느님의 품속에 깃들어 있기 때문이다. 거기에 이성의 집과 은신처가 있다. 이성이 하느님이 생각나는 대로 내보내져서 우리에게 광명을 보여 주는 것은, 마치 팔라스(智神의 이름)가 그 부신(父神)의 머릿속에서 튀어나와서 자신을 세상에 전해 주는 식이다.

그런데 인간의 이성이 그 자체와 영혼에 관해서 우리에게 가르쳐 준 것이 무엇인가를 살펴보자. 그것은 거의 철학이 천체들과 태초의 물체들을 참여시키는 보편적 영혼의 말이 아니고, 또 탈레스가 말하는 자석의 힘에 대한 고찰에서 끌어낸 생명이 없다고 생각되는 사물들에 깃들어 있다고 주장하는 영혼의 말도 아니고, 우리에게 소속되어 우리가 더 잘 알고 있어야 할 영혼을 말한다.

> 사실 영혼의 본성이 무엇인지는 알려져 있지 않았다.
> 영혼은 육체와 함께 나오는가, 출생 때 도입되는가?
> 죽음의 파괴 속에 우리와 함께 소멸되는가?
> 오르쿠스(명부의 신, 플루토의 다른 이름)의 암흑과
> 그 처참한 심연을 찾아가는가?
> 또는 신들의 명령으로 다른 생명들의 신체에
> 잠입하는 것인가? (루크레티우스)

이성은 크라테스와 디카이아르코스에게는, 영혼이란 전혀 없고 신체를 자연의 움직임으로 이렇게 흔들린다고 가르쳤고, 플라톤에게 영혼은 그 자체로 움직이는 실체라고 했고, 탈레스에게는 휴식 없는 본성이라고 했으며, 아스클레피아데스에게는 감각들의 훈련이라고 했고, 헤시오도스와 아낙시만데르에게는 흙과 물로 만들어진 사물이라고 했으며, 파르메니데스에게는 흙과 불로 되었다고 했고, 엠페도클레스에게는 피로 된 것이라고 했다.

> 그는 피에서 영혼을 토해 냈다. (베르길리우스)

포시도니오스와 클레안테스와 갈레노스에게는 열기이거나 열기로 된 기질이라고 했다.

> 영혼은 불의 정력을 가지며,
> 그 근원은 하늘에 있다. (베르길리우스)

히포크라테스에게는 신체에 퍼져 있는 정신이라고 했고, 바로에게는 입으로 받아들인 공기가 허파에서 열을 얻어, 염통에 적셔져서 신체 전부에 퍼진 것이라고 했으며, 제논에게는 네 가지 요소들의 정수라고 했고, 폰토스의 헤라클리

데스에게는 광명이라고 했고, 크세노크라테스와 이집트인들에게는 움직이는 수(數)라고 했고, 칼데아인들에게는 정체 없는 힘이라고 했다.

그리스 사람들이 조화라고 부르는
육체는 어떤 종류의 생명적 습성이다. (루크레티우스)

아리스토텔레스를 잊어버리지 말자. 그는 육체를 자연스레 움직이게 하는 것을 엔텔레케이아(생명 존속)라고 이름 지었다. 그것은 다른 것에서 볼 수 없을 만큼 냉정한 착상이다. 왜냐하면 그는 영혼의 본질도 근원도 본성도 말하지 않고, 다만 그 효과만을 지적하기 때문이다.

락탄티우스와 세네카와 독단론자들 가운데 좀 나은 축들은 그들로서는 영혼은 이해할 수 없는 사물이라고 고백했다. 그리고 이런 견해들을 모두 예거해 놓고 나서, "이 모든 견해들 중에 어느 것이 진실한가는 신이 정해 줄 일이다"라고 키케로는 말했다.

"나는 자신에 의해서 하느님이 얼마나 이해할 수 없는 것인가를 안다. 왜냐하면 나 자신의 존재에 대해서도 대부분 이해할 수 없기 때문이다"라고 성 베르나르는 말했다. 헤라클레이토스는 모든 존재들이 영혼과 다이몬으로 충만하다고 생각했으나, 사람은 영혼에 도달할 수 있을 정도로 영혼의 지식을 얻게까지 나가 볼 수는 없다고 하며, 그렇게도 영혼의 본질은 심오한 것이라고 했다.

영혼을 둘 자리에 관해서도 이에 못지않게 불일치와 논쟁이 있다. 히포크라테스와 히에로필로스는 영혼을 뇌수 속에 두었고, 데모크리토스와 아리스토텔레스는 신체 전체에 두었다.

사람들이 육체의 건강에 관해서 말하지만
그것이 건강한 주체의 한 부분이라는 의미는
아니듯이. (루크레티우스)

에피쿠로스는 영혼을 위장에 두었다.

사실 그곳에 공포와 경황은 전율하며
이 지대에서 희열이 감미로이 고동친다.   (루크레티우스)

　스토아학파들은 영혼을 심장 주위와 안에 두었고, 에라시스트라토스는 두개골의 막에 두었으며, 엠페도클레스는 피에 두었고, 모세 역시 그랬으니, 그 때문에 그는 짐승들의 피를 마시는 것을 금하며, 거기에 그들 영혼이 매여 있다고 했다. 갈레노스는 신체 각 부분은 저마다 영혼을 가졌다고 생각했고, 스트라톤은 그것을 두 눈썹 사이에 두었다.
　"영혼의 형체와 그 있는 자리로 말하면, 그것을 알려고 탐구해서는 안 된다"고 키케로는 말한다.
　나는 이 인물의 말을 그대로 인용한다. 내가 그의 어법을 고치게 할 일인가? 더욱이 그의 사상의 본바탕을 훔쳐 온다고 해 봤자 소득이 적다. 그의 사상들은 너무 흔하거나 견고하거나 알려지지 않은 것이 아무것도 없다.
　그러나 크리시포스가 그의 학파들과 함께 영혼이 심장 주위에 있다고 논한 이유를 잊어서는 안 된다. "우리가 무슨 일이건 확언하려고 할 때에, 우리는 손을 위에 놓고 '나'라는 의미의 'εγω'를 발음할 때에 아래턱을 위장으로 향해서 숙이기 때문이다"라고 그는 말했다. 그렇게 위대한 인물도 이 조목에는 무력한 것을 주목하지 않고 넘겨서는 안 될 일이다. 왜냐하면 이러한 고찰은 그 자체로서 경솔할뿐더러 영혼을 그 자리에 가졌다는 것은 그리스 사람들밖에 증명되지 않았기 때문이다. 아무리 긴장해도 인간의 판단은 가끔 졸고 있지 않을 수 없는 일이다.
　무엇이 무서워 말을 못할 것인가? 인간 예지의 시조인 스토아 학자들은 이렇다. 그들은 인간의 영혼이 패망하여 억눌리면 거기서 벗어나려고 오래도록 질질 끌며 애를 쓰지만, 덫에 치인 생쥐같이 자기 짐을 혼자서 벗어던지지는 못한다고 본다.
　어떤 자들은 최초의 창조는 육체를 가진 것이 아니었는데, 창조되었을 때의 순결성에서 자신의 잘못으로 인해 타락한 정신에 대한 처벌로 그들에게 육체를 주기 위해서 이 세상이 만들어진 것이며, 그들이 영성(靈性)에서 떨어져나간 정도의 많고 적음에 따라 그 정신은 얼마간 가볍거나 무겁게 속에 감기는 것이라고 생각한다. 그 때문에 창조된 물질의 육체에 많은 변종들이 생긴다는 것이다. 그러나 각기 고통스러운 형벌로 태양의 형체에서 변해 온 정신은 아주 희귀하고 특수한 규준의 변화를 가질 것이라고 한다.

우리 탐구의 극단에는 모두가 혼란에 빠진다. 그것은 플루타르크가 마치 지도에서 보면, 사람에게 알려져 있는 땅의 끝은 늪이나 깊은 숲, 사막, 그리고 사람이 살 수 없는 지역으로 싸여 있다는 식으로 역사의 첫머리에 관해서 말하는 격이다. 그 때문에 가장 고매한 사물들을 더욱 심오하게 취급하는 자들에게서 가장 어리석고 유치한 몽상들을 더 흔히 찾아볼 수 있는데, 그것은 그들이 주책없는 망상과 호기심으로 사색의 허공에 잘 빠지는 까닭이다. 학문의 처음과 마지막은 이런 어리석은 수작에 놓고 있는 것이다.

플라톤이 시적인 구름 위에 비상하는 꼴을 보라. 그가 말하는 신들의 헛소리를 들어 보라. 그러나 그는 무슨 잠꼬대로, 사람은 두 발 달린 털 없는 짐승이라고 말한 것인가? 그는 그를 비웃는 자들에게 재미나는 조롱거리를 준다. 왜냐하면 살찐 닭 한 마리를 산 채 털을 뽑아 놓고, 사람들은 이것을 플라톤의 인간이라고 부르며 다녔으니 말이다.

에피쿠로스학파는 어떤가? 그들은 머리가 단순하기에 처음에는 그들의 원자라는 것이 얼마간의 무게와 아래로 향하는 자신의 움직임을 가지는 물체들이며, 이 원자들이 이 세상을 꾸민 것이라고 상상했다. 그러다가 그들의 반대파의 설명에 의하면, 그 원자들의 추락이 직선이고 수직이며 사방에서 평행선을 이루고 있기 때문에, 서로 붙어서 연결될 수는 없다는 주의를 받게 되었다. 그래서 그들은 그 후부터는 이 원자들에 우연히 옆으로 가는 움직임이 있고, 위에 꼬부라진 꼬리가 달려서 서로 붙어 꿰매어질 수 있다는 것을 첨가해야만 했다.

그때에도 이런 다른 고찰로 그들을 논박하는 자들은 난처한 처지에 두는 것이 아닌가? 만일 원자들이 우연에 의해서 여러 형상들을 지어 놓은 것이라고 하면, 어째서 그들은 집 한 채, 구두 한 켤레 만들어 놓을 수 없었던 것인가? 또 어째서 무한수의 그리스 문자를 마당에 뿌려 놓다가 《일리아드》의 원본을 만들게 된 것이라고 생각하지 않았던가?

사리를 알 능력이 없는 것보다 더 나은 것은 없다. 이 세상보다 더 나은 것은 아무것도 없다. 그러므로 이 세상은 사리를 알 능력이 있다고 제논은 말한다. 코타는 바로 이 논법을 가지고 이 세상을 수학자로 만들며, 역시 제논에서 나온 다른 논법을 가지고 세상을 음악가와 오르간 연주자로 만든다. 전체는 부분보다 크다. 우리는 예지를 가질 수 있으며, 이 세계의 부분들이다. 그러므로 세계는 예지롭다(현명하다). 철학자들이 그들의 사상과 학파의 불일치에서 서로 간에 주고받는 비난 속에는 그 논법이 그릇될 뿐 아니라 부적당하고 성립되지도 않아서, 그 작가들을 사려가 깊지 못하다는 책망을 받게 하는 무한히 많은 비슷한 예들을 보게 된다. 누가 인간 예지의 어리석고 미련한 수작을 한 뭉치 듬뿍 묶어 본다면 그는 엄청난 이야깃거리를 가질 것이다.

나는 여기에, 어느 모로 보아도 건전하고 절도 있는 사상에 못지않게 유익한 것을 자랑 삼아 모아 놓는다. 이런 위대한 인물들은 인간의 능력을 그렇게도 높게 올려놓으면서도, 그들에게 너무 드러나게 천한 결함을 가지고 있는 이상, 인간과 그의 감각, 이성에 관해서 평가해 줄 건더기가 무엇인지를 판단해 보자.

나로서는 그들이 마치 아무 손에나 잡히는 장난감같이 학문을 되는 대로 다루고, 헛되고 변변찮은 연장처럼 만지며, 모든 종류의 상념이나 미친 생각들을 때로는 고생하며, 때로는 흐늘흐늘하게 아무렇게나 장난삼아 내놓은 것으로 생각하고 싶어진다. 인간을 암탉이라고 정의하는 플라톤도 다른 데서는 소크라테스를 따라서 인간이 무엇인지 모르며, 극히 알기 어려운 이 세상의 부분 중 하나라고 말한다.

그 지론들이 이렇게 여러 가지이고 불확실하고 보니, 그들은 우리를 손으로 이끌어 주듯 결론을 내리지 못했다는 결론으로 묵묵히 이끌어 간다. 그들은 직업적으로 언제나 그들 사상을 명백하게 드러내 보이지 않는 버릇이 있다. 그들은 때로 그것을 시의 가공적 그림자 밑에 숨기고, 때로는 다른 가면 밑에 감춘다. 왜냐하면 우리 체질이 불완전해서 언제나 날고 기는 위에서 잘 소화되지 않기 때문이다. 그것을 건조시키고 변질시키고 삭여 놓아야 한다. 학자들이 하는 수작도 이와 같다. 때로 그는 그들 본연의 소신이나 판단을 흐리게 해서 사람들이 사용하기에 적합하게 변질시킨다. 그들은 어린애들을 놀라게 하지 않으려고 인간 이성이 무지하고 어리석다는 것을 터놓고 보여 주려 하지 않는다. 뒤죽박죽으로 자기 의견이 없는 그들 학문의 겉포장을 거쳐서 그것은 넉넉히 들여다보인다.

나는 이탈리아에서 이탈리아어를 말하기 힘들다고 하는 사람을 보고, 그에게 자기 말을 알아듣게 하기만 바라고, 특히 탁월하게 말하는 것처럼 보이고 싶지 않거든, 그의 입에 나오는 첫마디만 말하라고 권해 보았다. 라틴어이건 프랑스어이건 스페인어이건 가스코뉴어이건 첫마디만 말하고, 거기에다 이탈리아어의 어미만 붙이면, 언제나 이 나라 방언인 토스카나어이거나 로마어이거나 베네치아어이거나 피에몽어이거나 나폴리어 어느 하나에는 부딪치게 되며, 여러 말투 중의 어느 하나와는 맞게 된다고 말했다.

나는 철학에 관해서도 똑같이 말한다. 철학은 너무나 여러 가지 형태를 가졌고, 말해 놓은 것도 너무 많아서, 우리의 몽상이나 잠꼬대 따위도 모두 그 속에서 찾아볼 수 있다. 인간의 망상은 좋은 것이건 나쁜 것이건, 그 속에 없는 것을 생각해 볼 수 없다. "철학자가 말하지 않았을 정도로 졸렬하고 어리석은 말은 찾아볼 수 없다."(키케로) 그래서 나는 "아무렇게나 나오는" 생각을 더 자유롭게 사람 앞에 내놓는다. 이런 것은 어디서 본뜬 것이 아니고 내게서 나온 것이지만, 그것이 옛사람들의 심정과 닿고 있음을 나는 안다. 그렇다고 누가 "이거, 저기서 따왔군!" 하고 말해서는 안 될 일이다.

내 행동 습관은 자연스럽다. 그것을 세우는 데 나는 어떠한 가르침의 도움도 받지 않았다. 그러나 아무리 내 품성이 어리석다기로서니, 그것을 이야기해 볼 생각이 날 때는 더 점잖게 사람 앞에 내놓기 위해서 사리를 따지고, 예를 들어 보충해 갈 의무를 느낄 때는 우연히도 그것이 하고많은 철학적 사색이나 예들과 합치하게 되는 것은 나 자신에게도 놀라운 일이었다. 내 생활이 어느 부류에 속했던가는 그것이 완수되고 지나버린 다음이 아니면 알아볼 수 없었다.

새로운 풍채이다. 우연히 생긴, 예측되지 않은 철학자도 있다! 우리 영혼의 문제로 돌아오기로 하자. 플라톤이 이성은 머릿속에, 분노는 심장에, 그리고 탐욕을 간에 둔 것은 영혼의 움직임에 대한 해석이고, 한 육체가 여러 기관들을 가지고 있는 식으로 영혼을 구분하고 분할하려고 한 것은 아닌 것 같다. 그리고 그들의 지론 중에 가장 근사하게 보이는 것은, 언제나 영혼이 그의 소질로 신체의 잡다한 기구를 가지고 추리하고 회상하고 이해하고 판단하고 욕망하고, 다른 작용들을 행사하는 것이라고 하며(마치 뱃사공이 경험으로 배를 움직이며, 때로는 한 줄을 잡아당기고 또는 놓아 주고, 때로는 돛을 올린다든가 삿대를 젓는다든가 하며, 같은 힘으로 여러 효과를 내는 식이다), 영혼은 뇌수에 깃들어 있다는 생각이다. 그것은 이 부분에 부상을 입었거나 사고가 생기면, 즉각 영혼의 기능이 손상받는 것을 보아 명백하다. 거기서 영혼이 신체의 다른 부분으로 흘러간다고 보아서 불편할 것은 없다.

페부스(태양)는 그 운행이 결코 하늘의 중도(中道)를
이탈하지 않는다.
그러나 그는 그 광선으로 만물을 비춘다. (클라우디아누스)

마치 태양이 하늘에서 밖으로 그 광명과 위력을 발산하여 세상을 채우는 것과 같이.

전체의 다른 부분인 영혼은 신체 전부에 확산되어
정신의 의지에 따라 그 명령에 복종하여 움직인다. (루크레티우스)

어떤 자들은 세상에는 큰 신체와 같은 보편적인 영혼이 있어서 모든 특수한 심령들이 염출되었다가 다시 그리로 돌아가서 항상 이 보편적인 물질 속에 섞여 들어간다고 했다.

신은 대지와 광막한 대해와 심오한 창공을 통하여
사방으로 확산되어 간다.
그로부터 작고 큰 가축들, 인간들, 모든 야수의 종족들,
결국 모든 존재들이 출생하며 생명의 미묘한 요소를 빌려 온다.
그 반대로 이 모든 요소들은 분해되면 당연히 그에게 돌아간다.
그곳에는 죽음이 차지할 자리는 없다. (루크레티우스)

어떤 사람들은 영혼이 그리로 돌아가서 들어붙기만 한다고 하며, 다른 자들은 영혼이 거룩한 본질로 만들어졌다고 하고, 다른 자들은 천사들이 그들을 불과 공기로 만들어 놓은 것이라고 하며, 어떤 자들은 필요가 생긴 당시에 만들어진다고 한다. 어떤 이들은 영혼이 둥근 달에서 내려와서 다시 그리로 돌아간다고 한다. 옛사람들의 공통된 견해는 영혼이 자연의 다른 사물들과 같은 생산 방식으로 아비에게서 아들로 생산되어 간다고 하는데, 이것은 아들이 아비를 닮는 점에 근거를 둔 것이다.

네 부친의 덕성이 생명과 함께 주입되었다.
······
용감한 자는 용감하고 성실하고 곧은 자에게서 출생한다.　　　(호라티우스)

사람들은 부친들로부터 아이들에게로 신체의 특징뿐 아니라 영혼의 심정과 기질, 경향들의 유사성까지도 흘러들어가는 것이라고 생각한다.

어째서 사나운 위세는 항상 사자족과 연결되는가?
교활은 여우족에, 도피벽은 사슴에게 아비에서 자식으로 이어져
아비 유전의 공포증은 사지를 전율케 하는가?
그것은 각 종족마다 영혼이 그 자체와 새싹을 가지고
육체와 동시에 성장되기 때문이 아닌가?　　　(루크레티우스)

그런 까닭에 거기에 거룩한 정의가 서며 아비의 잘못을 아이들에게 처벌하는 것이니, 그것은 부친들의 악덕이 전염되어 어느 점에서 아이들에게 박혀 있고 그들 의지의 혼란이 아이들에게 관련되어 있는 까닭이다.
더욱이 영혼은 자연의 연속에 의함이 아니고 다른 데서 오며, 영혼이 육체 밖의 다른 사물들이라면, 그들은 고유하게 사색하고 추리하고 회상하는 자연적 소질이 있는 만큼, 그들 전생(前生)의 추억이 남아 있어야 할 일이라고 한다.

만일 영혼이 출생 때 신체에 잠입한다면,
어째서 우리는 지나간 생명에 관해 아무런 기억도 없는가?
어째서 우리는 지난날 행동한 흔적을 아무것도 보존하지 않는가?

(루크레티우스)

    왜냐하면 영혼의 성질에 우리가 바라는 대로의 값어치를 주려면, 영혼은 타고난 단순성과 순수성대로 있을 때, 모두가 박식한 것으로 예측해야 할 일이다. 그리하여 육체의 감옥에 사로잡혀 있지 않은 이상, 육체에 들어오기 전에도 육체에서 나간 뒤와 같이 그랬어야만 할 것이다. 플라톤이, 우리가 배우는 것은 이미 안 것을 생각하는 일에 지나지 않는 것이라고 말한 바와 같이, 영혼은 신체 속에 들어와서도 이 지식을 기억해야 할 일이다. 그러나 이것은 각자가 경험으로 그릇된 말이라고 주장할 수 있다.
    첫째로 우리는 바로 사람들이 가르쳐 주는 것 외에는 생각나지 않으며, 그리고 기억력이 순수하게 자기 역할만 하는 것이라면, 적어도 우리에게 배워서 아는 것 이외의 어느 특징을 암시해 주어야 할 일이다.
    둘째로 영혼이 순수한 때에 알고 있던 것은 존재하는 그대로의 사물들을 그의 거룩한 지성에 의해서 알고 있는 것이니, 이것이 진실한 지식이었다. 그런데 이 세상에서는 사람들이 기억력에서 가르쳐 준다고 해도, 거짓과 악덕만을 받게 하는 것이 아닌가! 여기에서는 기억력이 그 속에 이러한 영상과 개념을 담아 둔 일이 없었기 때문에 그의 기억력을 사용할 수 없다.
    이 육체의 감옥 속에 질식되어서, 그의 순박한 소질이 이 세상에 들어와서 아주 소멸되었다고 말한다면, 그것은 첫째로 영혼의 힘이 너무나 위대하며 인간이 이 세상에서 느끼는 영혼의 작용이 너무나 감탄스러워서, 영혼의 과거는 거룩하고 영원했으며 미래에 영생불멸하리라고 사람들이 믿고 있는, 이 다른 신념에 반대된다.

    영혼의 소질들의 변화가 너무 심하여
    과거의 모든 추억이 말끔히 없어졌을 정도라면,

이러한 상태는 내 생각으로는 사별과 그렇게 다를 바 없다.　　(루크레티우스)

　그뿐더러 영혼의 힘과 효과들은 여기서, 다른 데서가 아니라 이곳에서 고려되어야 한다. 그렇지 않다면 영혼의 완벽성 전부가 헛되고 무용한 일이 된다. 영혼의 영생불멸은 현상태를 위해서 보상되고 인정되어야 하며, 오로지 인간 생명을 위해서 영혼은 책임져야 한다. 영혼에게서 수단과 힘을 박탈해 놓고, 그것이 사로잡히고 갇혀서 허약하고 병약해 있는 동안, 또 이 세상에서 강제받고 억압되어 있는 동안, 이 영혼을 무장 해제시켜 두고, 아마도 한두 시간밖에 못 되는 시간, 기껏해야 한 세기밖에 못 되고, 무한에 비하면 한순간밖에 안 되는 너무나 짧은 시간에 얽매어, 저 무한하고 영원한 지속 위에 판결과 처단을 내리고, 이 간극의 순간을 가지고 그의 온 존재를 결정적으로 조정하고 처리한다는 것은 이치에 어긋날 것이다. 이렇게도 짧은 인생을 살았다는 결과로, 영원의 보상을 치르거나 받아야 한다는 것은 공정치 못한 불균형이 될 것이다.
　플라톤은 이 모순을 면하기 위해서 미래에 치를 업보는 인간 생명의 지속에 상응하도록 백 년의 기한으로 제한하려고 한다. 그리고 우리 시대 사람들도 상당한 수가 거기에 시간적 한계를 두었다.
　이리하여 당시 가장 널리 용인되던 에피쿠로스와 데모크리토스의 사상에서, 사람들은 영혼이 신체가 그것을 받아들일 능력을 갖는 것과 동시에 출생하는 것을 보며, 영혼의 힘은 신체의 힘과 같이 성장하는 것을 본다. 유년 시절에는 허약하고, 때가 지남에 따라서 혈기가 왕성한 시기와 성숙기가 오고, 다음에는 쇠퇴기와 노후기, 그리고 마지막에는 퇴락이 오는 것을 인정하는, 이런 명백한 증거에 따라서 그들은 영혼의 출생이 그의 생명과 같이 인간적 사물들의 공통 조건을 좇는다고 판단했던 것이다.

　　우리는 영혼이 신체와 함께 출생하며
　　그와 함께 성장하고 노쇠함을 느낀다.　　(루크레티우스)

　영혼은 여러 정열을 겪을 수 있어서 여러 가지 괴로운 심정에 시달리며, 그 때문에 피로와 고민에 빠지고, 변질과 변화, 기쁨과 즐거움과 졸음과 지리멸렬을 겪을 수 있고, 위나 발처럼 병들고 다치기 쉽다.

  우리는 정신이 병든 신체와도 같이 치유되며
  의약으로 회복이 가능함을 본다.   (루크레티우스)

 술의 힘으로 혼미하고 교란되며, 열병의 열기로 정신이 제자리에서 벗어나고, 어떤 약을 쓰면 잠이 들고, 다른 약에는 잠이 깬다.

  그러므로 물질적 타격이 정신의 고통을 줄 수 있는 이상
  정신의 실체가 형성되는 것은 물질에 의한다.   (루크레티우스)

 사람들은 미친개에게 물리면 영혼의 본성 전체가 놀라 뒤집히며, 사고력의 어떠한 확고한 위대성도, 어떠한 능력이나 덕성도, 철학적 결단성도, 힘의 긴장도, 이런 재앙에서 헤어나게 할 수는 없다. 그들은 또 한 비루먹은 미친개의 침이 소크라테스의 손에 흐르니, 그의 모든 예지와 위대하게 조절된 사상이 흔들리며, 이전까지 쌓아 올린 지식이 아무런 흔적도 없이 말살되는 것을 보았던 것이다.

  동일한 독의 작용으로 서로 분열되어
  심령의 정력은 교란되고……
  ……산산이 찢기고 흩어져 날아간다.   (루크레티우스)

 이 독소는 이 인물의 영혼에서도 네 살 먹은 어린아이의 영혼에서보다 더한 저항을 받지 않았을 것이다. 그것이 철학에 실체화되면, 철학 전체가 미쳐 광분하게 되는 독소이다. 그래서 카토라도 미친개에 물려서 의사들이 미친갯병이라고 부르는 병에 걸려 쓰러진다면, 죽음과 운명의 신의 목덜미를 틀어 보던 용사라도 거울 쪽이나 물을 보면 놀라움과 공포에 쓰러지며, 감히 쳐다보지도 못했을 것이다.

> 사지에 확산된 병독의 사나운 위세에 찢겨
> 심령이 입거품을 뿜고 솟게 하는 것은
> 흡사 염분 짙은 푸른 바다에 폭풍의 사나운 기세가
> 파도를 끓어오르게 하여 포말 짓는 모양이다.　　　(루크레티우스)

　이 점에서 철학은 다른 모든 재앙을 당하는 고통에 대해서, 인간을 인내심으로, 또는 이것이 너무 힘에 벅차면 실수 없이 책임을 벗게 한다. 즉, 자기 감각을 완전히 박탈하는 것으로 인간을 무장시켜 주었다. 그러나 이런 일은 영혼이 태연자약하며, 자기 힘을 지배하고 사색과 숙고가 가능한 경우에 사용되는 방법이지, 철학자가 영혼이 혼란되고 전도되어 미친 사람의 마음이 되어 버리는 불행을 당한 경우의 일은 아니다. 이런 일은 영혼이 어떤 강력한 격정 때문에 너무나 맹렬한 충격을 받았거나, 신체의 일부에 심한 상처를 입었거나, 또는 위 속의 질병의 발산으로 우리의 머리가 어지러워지며 돌게 되거나 하는 여러 경우에도 일어난다.

> 신체가 병들면 정신은 혼미하게 되어 방황한다.
> 정신은 거칠게 헛소리 내고 폭언하며
> 때로는 둔중한 마비로 눈은 감기고 머리는 숙여지며
> 영혼은 영원한 혼수의 심연으로 실려간다.　　　(루크레티우스)

　철학자들은 이런 심금의 줄을 거의 건드려 본 일이 없는 것 같다.
　그와 똑같이 중대한 다른 마음의 줄도 건드려 보지 않은 것이다. 그들은 우리들의 죽어 갈 조건을 위로하기 위해서 항상 이런 모순된 말을 입에 담으며, "영혼은 반드시 멸망하거나 영생불멸이다. 만일 반드시 멸망하는 것이라면 영혼은 고통이 없을 것이다. 만일 영생불멸이라면 영혼은 업보를 받을 것이다"라고 한다. 철학자들은 "만일 영혼이 더 언짢게 되면 어쩌나?"라는 이 다른 가지를 건드리지 않는다. 그리고 미래의 고역에 관한 위협의 묘사는 시인들에게 맡겨 둔다. 그러나 그 때문에 자기들은 더 좋은 수를 본다. 그것은 그들의 논법에서 내 눈에 드러나면, 이 두 가지는 제외 사항이다. 나는 그 첫 번 사항으로 돌아온다.

이 영혼은 그렇게도 한결같고 견실한 스토아학파의 최상의 선에 대한 고마움을 잊어버린다. 우리의 훌륭하다는 그 예지는 이 점에서는 항복하고 무기를 버려야 한다. 그뿐더러 또 인간 이성의 허영심에서 불멸자와 영생불멸자같이 아주 판이한 두 부분들의 혼합과 협동은 상상해 볼 수 없는 일이라고 생각했다.

> 사실 반드시 멸할 자를 영원자에게 결합시키고
> 둘 사이에 공통의 마음과 상호 반영이 있다고 상상함은 미친 생각이다.
> 당연히 멸할 자를 영원의 불멸자에게 협동하여
> 폭풍우의 사나운 위세를 감당하도록 결합시키는 시도보다
> 서로 간에 더 반발적이고 이질적이고 더 충돌할 일을
> 상상해 볼 수 있는가? (루크레티우스)

뿐만 아니라 그들은 영혼이 육체와 같이 죽음에 관련되어 있음을 느끼고 있었다.

> 영혼은 나이의 무게 밑에 합해 쓰러진다. (루크레티우스)

이것은 제논에 의하면, 수면의 모습이 우리에게 충분히 보여 준다. 왜냐하면 그는 수면을 육체와 아울러 영혼의 쇠약이며 추락으로 간주했던 것이다. "그는(수면 속에) 영혼이 위축되고, 그리고 거의 쇠퇴하여 전도되는 것으로 간주한다."(키케로) 그리고 어떤 자들의 경우에 영혼의 힘과 정력이 생명의 종말까지 유지되는 것이 보이는 사례로, 사람들 중에 이런 궁극의 처지에서 어떤 자는 어떤 감각을, 다른 자는 다른 감각을, 어떤 자는 청각을, 어떤 자는 촉각을 변함없이 유지하며, 사람은 아무리 쇠약해졌다 해도 그중의 한 부분은 온전히 힘차게 유지하고 있는 것이 보이기 때문에, 그들은 이것을 질병의 여러 양상에 결부시켜 생각하는 것이었다.

> 발을 앓는 환자가 발은 아프더라도
> 그동안 머리는 아무런 고통도 받지 않는 격이다. (루크레티우스)

우리의 판단력이 보는 바 진리에 대한 관계는 아리스토텔레스가 말한 것처럼 올빼미의 눈과 태양의 찬란한 빛의 관계와 같다. 그다지도 천한 맹목성을 가지고 이렇게도 명백한 빛 앞에 서는 사정보다, 우리는 무엇으로 이런 관계를 더 잘 설복할 수 있는가?

키케로가 최초로 소개한 영혼의 영생불멸에 대한 반대 사상은, 적어도 서적에 밝혀진 바로는 툴루스왕의 시대에 페레키데스 시루스에 의해서 시작된다고 하는데(어떤 사람은 탈레스의 착상이라고 하고, 어느 사람은 다른 자들에게 전가하고 있다), 이것은 가장 의문을 남겨 두고 취급된 인간 지식의 일부이다. 확고한 독단론자들은 이 점에 관해서는 아카데미아(플라톤학파)의 그늘에 의지해서 숨어 있지 않을 수 없다. 아리스토텔레스가 이 문제를 어떻게 처리했는지, 그리고 '그들이 증명하기보다 차라리 약속하고 있는 가장 착하고 아름다운 사물로', 흔들리는 신념을 가지고 다루는 옛사람들 대부분이 어떻게 처리했는지는 아무도 모른다.

그(키케로를 가리킴)는 가장 난삽하고 이해할 수 없는 말과 뜻의 구름 속에 숨어서, 이 문제와 마찬가지로 그의 판단에 관해서 그의 추종자들에게 토론거리를 남겨 주고 있다. 그들에게는 이 견해가 두 가지로 그럴듯하게 보였다. 하나는 영혼의 영생불멸 없이는 세상 사람들이 놀라울 만큼 신용하며 존중하고 있는 영광에 관한 공허한 희망을 세워 볼 기초가 없어지는 것이며, 또 하나는 플라톤이 말하듯 인간 정의의 불확실하고 침침한 시야에서 악덕이 죄를 벗는 일이 있어도, 그것은 언제까지나 하늘의 정의가 추구하는 목표로 남아서, 즉 죄인들이 죽은 뒤까지 그들의 책임이 추궁된다는 생각이 대단히 유익한 사상이 되는 것이다.

사람은 자기의 생명을 연장하려는 극단적인 생각에 사로잡혀 있다. 그는 여기에 그의 모든 소질들을 준비하여 두었다. 그래서 신체의 보존을 위해서는 무덤이 있고, 이름의 보존을 위해서는 영예가 있다.

그는 운명에 안절부절못해 자기를 다시 세우고, 그의 계획으로 자신을 떠받치려고 모든 재주를 이용했다. 영혼은 그 자체가 혼란되고 허약해서 제 발로 일어설 수 없기 때문에, 자기가 매달려 박혀 있을 외부의 사정 속에 위안과 희망과 기반을 찾아다녔다. 그리고 그의 상상력이 이런 것을 아무리 경박하고 황당하게 꾸며 보여 주어도, 그는 자신보다도 이런 것에 더 안심하고 즐겨 의지한다.

 그러나 정신의 영생불멸에 관한 정당하고 명백한 확신에 가장 완고한 자들이, 그들의 인간적인 힘으로 이것을 증명하기에 얼마나 모자라고 무력한 처지에 있는가를 보는 것은 놀라운 일이다. "이런 것은 가르치는 자가 아니라 욕망하는 자의 몽상이다"(키케로)라고 옛사람은 말했다. 인간이 이 사실을 경험하면서 스스로 발견하는 진리는 운명과 우연의 덕택이라고 인정할 수 있다. 왜냐하면 그가 진리를 손에 잡았을 때에도 이를 파악하고 유지할 능력이 없고, 그의 이성은 이것을 이용할 힘이 없기 때문이다. 자신의 이성과 능력으로 생산된 사물들은 진실하건 거짓이건 모두 불확실성과 힐난을 면치 못할 것들이다. 하느님이 옛날 바벨탑을 무너뜨리고 혼돈을 일으킨 것은, 우리의 오만을 경계하고 우리의 비참하고 무능력한 처지를 깨우쳐 주기 위한 일이었다.

 그의 도움 없이 우리가 기도하는 것이나, 신의 은혜로 등불을 밝히지 않고 우리가 보는 모든 것은 허망하고 미친 생각에 지나지 않는다. 한결같이 변함 없는 진리의 본질도 운명 덕분에 우리가 그것을 소유하게 될 때에는, 우리들의 허약성 때문에 그것을 부패시키고 타락시킨다. 인간이 자기 재주로 어떠한 길을 잡아 보아도 하느님은 언제나 렘로드의 자만심을 꺾고 그의 피라미드 건축의 헛된 시도를 무너뜨린 그 정당한 징벌을 가지고, 우리에게 그 모습을 그렇게도 생생하게 보여 주는 바로 그 혼란에 빠지게 한다. "나는 현자들의 예지를 전도시키고 신중한 자들의 신중성을 무너뜨리리라."(성 바울, 고린도서)

 하느님이 인간 사회라는 작품을 교란하는 수단으로 쓰신 저 방언들과 언어의 잡다성은 인간 지식의 헛된 구조를 수반하며, 그것을 혼란시키는 사상 사이에 끊임없이 일어나는 논쟁과 불화를 의미하는 것 외에 무엇이란 말인가? 하느님이 이 인간 지식의 구조를 뒤섞어 놓으시는 것은 유익한 일이다. 만일 우리가 지식의 한 낱말이라도 갖게 된다면 누가 우리를 제어할 것인가? "우리에게 유익한 사물의 지식을 감추는 암흑은 겸양을 위한 훈련이며, 오만에 대한 제어이다"(성 아우구스티누스)라는 성자의 말씀은 대단히 내 마음에 든다. 우리의 맹목성과 우둔성

제2권 615

은 어느 정도의 오만하고 분수 넘친 수작이라고 우리를 밀어 내지 않을 것인가?

그러나 내 문제로 다시 돌아와서, 우리가 영원한 복지의 향락을 이루는 영생불멸이라는 과실을 오로지 하느님의 두터운 덕에서 받는 것인 이상, 우리가 오로지 하느님께, 그리고 그의 은혜와 그렇게도 고귀한 신앙적 진리의 혜택에 매여 지내게 되어 있다는 것은 참으로 당연한 일이다.

하느님만이, 그리고 신앙만이 우리에게 그렇게 말했다고 솔직하게 고백하자. 왜냐하면 이것은 본성의, 그리고 우리 이성의 가르침은 아니기 때문이다. 그리고 이 거룩한 특권 없이 인간의 존재와 그의 힘을 안으로 밖으로 다시 시험해 보는 자, 또 아첨하지 않고 인간을 똑바로 쳐다보는 자는 거기에서 죽음과 흙냄새밖에 다른 것을 느끼게 하는 아무런 효율도 소질도 보지 못할 것이다. 우리가 하느님께 더 많이 바치고, 은혜를 입고, 갚아 드리고 하면 할수록 우리는 더욱 기독교인답게 행하는 것이 된다.

이 스토아 철학자가 민중의 소리의 우연한 일치에서 따 왔다고 말하는 것보다는 그가 이것을 하느님께 받았던 편이 낫지 않았던가? "우리가 영혼의 불멸에 관해서 토론할 때는, 지옥의 신들을 두려워하거나 무서워하고 숭배하는 인간들의 공통된 의견이 적은 무게를 가진 논법이 아님을 본다. 나는 이 일반의 신념을 이용한다."(세네카)

그런데 이 문제에 관한 인간적 논법의 허약성은, 우리의 영생불멸이 어떠한 조건에 있는가를 찾아보기 위해서 그들이 이 견해에 이어서 덧붙인 허황된 사정들을 보아도 자세히 알아볼 수 있다. "그들은 우리에게 까마귀 같은 장수(長壽)를 준다. 그들에 의하면 우리 심령은 오래 살아야 한다. 그러나 영원히 사는 것은 아니다"(키케로)라고 하면서, 영혼에게 이 세상 너머에 생명을 주기는 하나 한계를 두고 있는 저 스토아학파들은 치워 두자. 가장 보편적이며 널리 인정받는 견해로, 우리 시대까지 여러 곳에 남아 있는 것으로는 피타고라스가 그 작가라고 하지만, 그가 최초에 말한 것이 아니고 그가 인정했다는 권위로 그만큼 더 무게와 신용을 얻은 견해가 있다. 그것은 영혼이 우리를 떠난 다음에는 이 신체에서 다른 신체로, 사자에서 말(馬)로, 말에서 임금으로 굴러다니며, 끊임없이 이 집에서 저 집으로 돌아다닌다는 사상이다.

그리고 그는 자기가 전에는 아이탈리데스였고, 다음에는 에우포르보스였다가, 그 뒤는 헤르모티모스이다가 마지막에 피로스에서 피타고라스로 넘어 왔다고 하며, 206년의 자기 일이 기억난다고 말했다. 어떤 자들은 이 영혼들은 때로는 하늘로 올라갔다가 다시 내려온다고 부언하는 것이었다.

오오, 아버지시여,
영혼으로 여기서 하늘로 올랐다가 다시 무거운 몸으로
귀환하기를 희망하는 자 있다고 생각해야 합니까?
어디서 이 불행한 자들에게 빛으로의 철없는 갈망이
나오는 것입니까?   (베르길리우스)

오리게네스는 영혼을 영원히 좋은 상태에서 나쁜 상태로 오락가락하게 한다. 바로가 진술하는 견해에 의하면, 영혼은 440년 주기로 처음 신체로 돌아온다고 하며, 크리시포스는 그것이 한정되지 않은 시간의 틈을 두고 일어나야 할 일이라고 말한다.

플라톤은 영혼들이 무한한 변천을 겪게 되어 있으며, 이 세상에서의 생명은 일시적인 것이기 때문에 내세에 가서도 아무런 형벌이나 보상도 받지 않는다는 신념을 핀다로스와 옛 시가에서 전해 받았다고 말했다. 그리고 영혼에는 회상의 재료로 그가 여러 여행에서 보고 다시 지나고 체류해 본 하늘이나 지옥이나 이 세상에 관한 특수한 지식이 있다고 결론짓는다.

영혼이 다른 곳에서 지내는 과정은 이러하다. 착하게 산 자는 그에게 지정된 별로 올라가고, 나쁘게 산 자는 여자가 되며, 그때에도 행실을 고치지 않으면 그의 악한 행동 습관에 맞는 짐승으로 다시 변한다. 그가 이성의 힘으로 자기가 가졌던 천하고 어리석고 유치한 소질들을 벗어던지고 순진한 체질로 다시 돌아오는 날까지, 그의 징벌은 끝을 보지 못할 것이라고 한다.

허나 나는 에피쿠로스학파들이, 영혼이 이렇게 이 신체에서 다른 신체로 옮긴다고 하는 견해에 반대하고 있는 것을 기억한다. 이 반대 의견은 흥미롭다. 그들은 죽는 자들의 무리가 출생하는 자들의 수보다 더 많아질 때에는 어떤 순서로

봐야 할 것인가 하고 물어본다. 왜냐하면 자기가 있던 집에서 떠나온 영혼은 이 새로 들어갈 집 속에 누가 먼저 자리 잡을 것인가 하고 서로 미어지도록 대들 것이기 때문이다. 그들은 영혼들에게 새 집이 마련되는 동안, 무슨 짓을 하며 시간을 보낼 것인가를 물어본다. 또는 거꾸로, 죽는 수보다 더 많은 동물들이 출생한다면, 그 신체들은 영혼이 주입되기를 기다리며 극히 곤란한 처지에 서게 되고, 그중에 어떤 자들은 살아 보기도 전에 죽을 것이라고 말한다.

> 결국 영혼은
> 비너스의 신방과 분만의 산실에 지키고 서 있어야 하며,
> 이 영생불멸자들은
> 사라질 기관들을 기다리며 군집하여 몰려와서,
> 서로 먼저 자리에 들어가려고 다투어
> 질주한다는 것은 어리석은 짓이다.   (루크레티우스)

다른 자들은 영혼을 죽은 자들의 신체에 멈추어 두고, 우리의 사지가 썩은 것, 즉 우리의 유해에서 생긴다고 말하는 뱀이나 벌레나 다른 짐승들에게 생명을 주고 있다. 또 다른 자들은 영혼을 둘로 쪼개어 한쪽은 필멸로, 다른 쪽은 영생불멸로 만든다. 다른 자들은 영혼을 육체적으로 보지만, 영생불멸이라고 한다. 어떤 자들은 영혼을 영생불멸로 보지만, 지식과 이해력은 없다고 한다.

또 죄수들의 영혼은 마귀가 된다고 생각한 자들도 있다(그리고 우리들 중에도 그렇게 판단한 자들이 있다). 마치 플루타르크가 구제된 영혼들에게서 신들이 나온다고 생각하는 것과 같다. 이 작가는 다른 데서는 모두 의심스럽고 애매한 방식으로 말하면서 여기서만큼은 드물게 단정적으로 말한다. "도덕적인 인간들의 영혼은 그 본성과 거룩한 정의로 보아서, 인간에서 성자가 되고 성자에서 반신(半神)이 되고, 반신에서는 정화의 희생 같은 것으로 완전히 청소되고 순화된 다음, 모든 수동성과 필멸성(必滅性)에서 해탈되고 나서, 인간들의 법률도 거칠 것 없이 진실로, 그리고 진실한 사리를 따라서 완벽한 신이 되어 지극히 행복하고 영광스러운 종말을 맞는다고 생각하고 확고하게 믿어야 한다."

그러나 이 무리들 중에서는 가장 조심스럽고 절도 있는 그가, 더 과감하게 싸워 가며 이 문제에 관한 기적들을 우리에게 이야기해 주는 것을 보고 싶은 사람들에게는, 나는 그의 《달에 대하여》와 《소크라테스의 다이몬에 대하여》라는 책을 읽어 보라고 권한다. 거기에는 철학상의 신비가 시가(詩歌)의 신비와 공통되는 괴기한 모습을 품고 있는 것이 다른 어디서보다도 명백하게 증명된다. 인간 오성이 모든 사물들을 궁극까지 탐구하여 지배하려고 하다가 혼란에 빠지는 것은, 마치 우리가 인생의 오랜 생애의 힘들고 어려움에 지쳐서 마침내 다시 갓난아이 상태로 돌아오는 식이다.

이것은 우리 영혼의 문제에 관해서 인간의 지식에서 끌어내는 훌륭하고 확실한 교훈이다. 인간의 지식이 육체의 부분들에 관해서 우리에게 가르쳐 주는 것에도 못지않게 경솔한 점이 많다.

거기서 한두 가지 예를 들어 보자. 왜냐하면 너무 캐어 가다가는 의학상 잘못의 바다와 같이 넓은 혼란 속에 정신을 잃을 것이다. 적어도 인간이 서로 무슨 물질로 생산되는가 하는 점에서라도 의견이 일치되는가 알아보자. 인간들의 최초의 생성에 관해서 그렇게도 인간의 오성이 혼돈스럽고 헛갈리는 것은 해괴한 일이 아니다. 자연 철학자 아르케실라오스는, 아리스토크세노스에 의하면 소크라테스가 그의 제자이며 애동(愛童)이었다는데, 인간은 동물들과 마찬가지로 대지의 열에서 뽑아낸 우유 같은 진흙으로 만들어졌다고 했다.

피타고라스는 인간의 정액은 가장 좋은 피의 거품이라고 했다. 플라톤은 이것이 등뼈의 골수에서 흘러내렸다고 하며, 인간이 그 짓을 하고 난 다음에 가장 먼저 피로를 느끼는 곳이 이 부분이라고 하며, 그것이 그래야만 할 징조로 그것을 과도하게 애쓰며 하는 자는 눈이 흐려진다는 사실을 들고 있다. 데모크리토스는 정액을 육체 전체에서 뽑아낸 물질이라고 하고, 에피쿠로스는 영혼과 육체에서 뽑아낸 것이라고 하며, 아리스토텔레스는 우리의 사지에 마지막으로 퍼져 가는 피의 양분에서 끌어낸 배설물이라고 한다. 다른 자들은 생식기의 열에 피를 삶아서 소화해 낸 것이라고 하며, 이 짓의 극심한 노력 끝에는 순수한 피를 토하는 것을 보고 판단한 것인데, 이렇게도 무한히 혼돈을 일으키는 논법들 중에 그럴듯한 것이 있다면, 이 해석이 그래도 가장 근사하게 보인다.

그런데 이 정액이 열매를 맺게 하는 데는 얼마나 많은 반대 의견이 나오는가를 보자. 아리스토텔레스와 데모크리토스는 여자들은 정액을 갖지 않았다고 하며, 그녀들이 쏟는 것은 이 동작의 쾌감에서 나는 열 때문에 쏟아 놓는 땀에 지나지 않고, 생산에는 아무 소용이 없는 것이라고 한다. 갈레노스와 그의 추종자들은 반대로 양쪽 씨들이 서로 만나지 않으면 생산이 이루어질 수 없다고 했다.

이처럼 의사·철학자·법률가, 그리고 신학자들은 여자들이 어떠한 내력으로 열매를 맺게 되는가 하는 문제를 두고 부인들과 논쟁을 하며 싸우고 있다. 그리고 나는 자신의 예로 보아서 그들 중에 어린애가 되기에는 열 달 걸린다고 주장하는 설에 가담한다. 세상은 이 경험으로 세워졌고, 아무리 천한 여자라도 이런 논쟁에 대해서 자기 의견을 말하지 못할 자는 없는데, 그런데도 우리의 의견은 서로 일치할 수가 없단 말이다.

이것만 해도 인간은 정신적인 면뿐만 아니라 육체적인 부분들을 가지고도 자신에 관한 지식을 얻지 못했다는 증명이 충분히 된다. 우리는 인간을 그 자신에 대면시키고, 그의 이성을 그 이성에 대면시켜서, 이 이성이 무엇을 말할 수 있는가를 보았다. 이성이 그 자체와도 양해되지 않은 것을 나는 충분히 보여 주었다고 생각한다.

자기를 양해하지 않은 자가 무슨 일이라고 양해할 수 있을 것인가? "흡사 인간은 자기 자신을 인식할 수 없는 터에, 그 밖의 다른 사물은 계량할 수 있다는 식이다."(플리니우스)

프로타고라스는 자신도 모르는 인간을 모든 사물의 척도로 삼으며, 참 훌륭한 말로 이야기하고 있었다. 그의 말이 아니었던들, 다른 피조물이 이런 장점을 갖는 일은 그의 권위가 허용하지 않았을 것이다. 그런데 그는 그 자신과 그렇게도 모순되며, 자신이 내린 판단을 끊임없이 다른 판단으로 뒤집고 있으니, 이 유리한 제언은 필연적으로 컴퍼스와 컴퍼스 사용자가 모두 무능하다는 결론으로 우리를 이끌어 가는 웃음소리에 지나지 않는다.

탈레스가 인간에 관해서 안다는 것이 인간에게는 대단히 어렵다고 생각한 것은, 다른 모든 일에 관한 인식이 인간에게는 불가능하다는 것을 가르쳐 주는 일이다.

*공주님께 드리는 경고(이 글 전체는 앙리 2세의 딸이자 앙리 드 나바르의 아내인 마르 그리트 드 발로아에게 바친 것으로 간주되고 있다)

공주님을 위해서 나는 습관과는 반대로 이렇게 오래 말을 끌어온 것인 바, 공주님께서는 이미 날마다 배워 온 평범한 논법의 형식으로라도 스봉의 설을 지지하기를 피하지 않으실 것이며, 이 점에서 공주님의 정신과 학문을 수련하실 것입니다. 왜냐하면 여기에 내놓는 마지막의 격검 술법은 최후의 처방으로만 사용해야 됩니다. 그것은 절대 절명의 타격인 만큼, 적의 무기를 쳐부수기 위해서 자기 무기도 부숴 버려야 하는 수법이며, 아주 드물게 극히 조심해서 써야 하는 비밀 술법입니다. 다른 사람을 때려 눕히려고 자기 자신도 쓰러진다는 것은 너무 심한 비약입니다.

고브리아스가 그랬듯이 원수를 갚기 위해서 자기가 죽어서는 안 됩니다. 왜냐하면 그가 페르시아의 어느 귀인과 달라붙어 싸우고 있을 때, 다리오스가 손에 칼을 들고 달려와서 잘못 치다가 고브리아스를 다칠까 염려하며 주저하고 있자, 그는 다리오스에게 둘을 다 한꺼번에 칼로 쳐야 할 때는 과감하게 그대로 내리치라고 소리 질렀던 것입니다.

무기와 전투 조건이 너무 절망적이어서 이편도 저편도 구제해 볼 가망이 없어졌을 때, 기회가 와서 양편을 다 처단해 버리던 예를 알고 있습니다. 포르투갈인들이 튀르키예인 열넷을 인도양에서 사로잡았더니, 이 포로들은 사로잡힌 신세를 참지 못하여, 자기들이나 승리자들이나 배 할 것 없이 잿더미로 만들어 버리려고 결심하고는 배의 못 여러 개를 비벼서 그 불똥이 대포 화약통에 튀게 하여 모두 태워 버리는 데 성공했던 것입니다.

우리는 여기에 학문의 한계와 그 마지막 장벽을 뒤흔들고 있습니다. 학문의 극단은 도덕의 극단과 마찬가지로 악덕에 빠집니다. 언제나 평범한 길을 잡으세요. 너무 정교하고 치밀하며 미묘한 것은 결코 좋지 않습니다. 토스카나 지방의 격언으로, '너무 가늘게 만들다가 잘못하면 부러진다'는 말을 기억하세요.

공주님께서는 의견이나 사상은 행위나 다른 모든 일과 같이, 절도와 중용을 취하고 신기한 것과 색다른 일은 피하시도록 권합니다. 모든 터무니없는 방법은 내 비위에는 맞지 않습니다. 공주님께서는 그 위대한 지체에서 모든 권위와, 더욱이 공주님께서 몸에 지닌 탁월한 소질이 이루어 놓은 업적으로, 눈만 깜박거려도 하고 싶은 대로 사람을 부릴 수 있는 터이니, 이런 직분은 학문을 직업으로 하는 인물로 공주님을 위해서 이 제목을 아주 다른 방도로 지지하고 풍부히 해 줄 분에게 맡겨 두어야 할 것입니다. 그러나 여기 이것만으로도 공주님의 필요에는 충분합니다.

에피쿠로스는 법률에 관해서, 가장 나쁜 법률도 우리에게는 필요하며, 그것 없이는 사람들은 서로 잡아먹을 것이라고 했습니다. 그리고 플라톤은 거의 이와 같은 말로 법률이 없으면 우리는 야수와 같이 살 것이라고 하며, 이것을 증명하려고 시도합니다.

우리의 정신은 주책없이 헤매는 위험한 연장입니다. 이 정신에 질서와 절도를 지어 주기는 쉽지 않은 일입니다. 그리고 우리 시대에도 정신이 다른 사람들보다 어딘가 드물게 탁월하고 범상치 않게 민첩한 인물을 보면, 거의 모두 그 사상과 행동 습관이 방자함으로 흐르고 있습니다. 그중에서 침착하고 사귀어 볼 만한 사람을 만나 본다는 것은 기적과 같은 일입니다.

사람들이 인간 정신에 될 수 있는 한 엄격한 제한을 두는 것은 옳은 일입니다. 공부에서나 다른 일에서나 그 보조를 재어서 조정해야만 합니다. 그것이 추구하는 바의 한도를 기술적으로 끊어 내야 합니다. 사람들은 종교와 법률과 습관과 학문과 교훈, 이 세상에서의 또는 영겁의 형벌과 보상으로 정신을 얽매고 지도합니다. 그렇게 해도 사람들은 입이 싸고 속이 풀어져서 정신은 모든 제약에서 벗어나는 짓을 합니다. 그것은 어디를 잡아 보아도 붙들리지도 잡히지도 않는 공허한 물체입니다. 잡아 매기에도 잡아 보기에도 방도가 없는 잡다하고 형편없는 물체입니다.

누구이건 그 자체의 행위에 신뢰할 수 있고 경박하지 않게 절도를 지키고, 일반의 사상을 벗어난 영역에 자기의 판단으로 자유로이 헤어갈 수 있을 만하게 잘 태어나고, 강력하게 조절되고, 혈통이 좋은 심령을 가진 자는 드뭅니다. 그들을 늘 보호와 감시하에 두는 것이 더 나은 방편입니다.

정신이라는 것은 그것을 질서 있고 조심스레 사용할 줄 모르는 자에게는, 그 정신의 소유자에게까지도 극히 위험한 칼날이 됩니다. 짐승들이라도 이보다 더 그의 발걸음 앞에 시야를 제한하고 복종시키기 위해서 가리개를 대며, 습관과 법률이 그에게 그려 주는 자국 밖으로 여기저기 헤매는 것을 막아 줄 필요가 있는 것은 없습니다.

그러므로 무슨 일이든지 미친 듯이 방자하게 행동하기보다는, 길든 행동 습관 속에 자신을 억제하며 가는 것이 마땅합니다. 그러나 요즈음 나오는 박사님들 중 누군가가 공주님 앞에서 자기 신세와 공주님의 심령 구제를 해쳐가며 교묘한 논법을 쓰려고 기도하는 일이 있거든, 날마다 공주님의 궁전 안(마르그리트 드 발로아가 있던 나바르 궁전은 종교 전쟁 당시에 신교도들의 중심지였다)에 퍼져 가는 이 위험한 페스트를 제거하기 위해서, 지금 극도로 위험한 이 마당에, 이 방부제는 악독의 전파에 대해서 공주님이나 주위 사람들이 감염되는 것을 막아 줄 것입니다.

그러니 옛사람들은 정신의 자유와 천박성에서, 철학과 인간의 지식에 색다른 여러 사상의 파벌을 만들고, 각자가 자기 식으로 판단하며, 자기 행동에 관한 결정을 택하려고 기도하는 것입니다. 그러나 사람들이 모두 한 길을 향하고 있는 지금에 와서는, '고정적으로 결정된 사상에 구축되어, 그것을 받들며, 그들이 찬성하지 않는 사물들까지도 옹호해 주어야 할 지경에 이르렀고'(키케로) 우리는 공민의 권위와 명령으로 교육을 받고 있으며, 학파들은 한 시조와 동일한 제도와 제한된 훈련을 받고 있습니다. 이런 정도이니, 사람들은 돈의 무게와 가치가 얼마나 가는가를 달아 봄이 아니고, 일반이 승인하여 통용되는 가치를 저마다 자기 나름대로 받아들입니다. 사람들은 그 순수성을 논하지 않고 통용성을 가지고 말합니다. 이렇게 모든 일은 똑같이 되어 갑니다.

의학도 기하학과 마찬가지로 받아들이며, 속임수·홀림·불기증(不起症)·주술, 죽은 사람의 혼백과 접하기, 예언, 하늘의 별자리 구분 등과 철학석(哲學石)을 찾아내려는 우스꽝스러운 노력에 이르기까지 모든 일이 이의 없이 되어 갑니다.

사람들은 화성 자리는 손바닥의 삼각형 가운데에 있고 금성은 엄지에, 수성은 새끼손가락에 자리 잡았으며, 집게손가락에서 새끼손가락으로 가는 금이 집게손가락의 돌출부를 끊으면 잔인하다는 표이고, 그 금이 가운뎃손가락에서 없어져서 타고난 중간선이 같은 자리에서 생명선과 각을 만들면, 비참하게 죽을 운명의 표라는 것 따위만 알려고 합니다. 그리고 만일 여자가 타고난 금이 열려서 생명선과 함께 각을 이루지 않으면, 그 여자가 정숙하지 못하리라는 것을 지적합니다. 나는 공주님을 증인으로 대고 싶습니다. 이런 학문을 가지고 있는 사람이 왜 모든 사회에서 명성과 총애를 받고 지내지 못하는가를 말씀해 보세요.

*인간은 지식을 가질 수 없다

테오프라스토스는 감각으로 지도된 인간 지식은 어느 정도까지는 사물들의 원인을 판단하지만, 궁극적으로 태고의 원인에 이르면 그 능력이 약하거나 사물을 이해하기가 곤란해서, 그 지식의 능력은 정지되거나 막힌다고 했다. 우리의 능력은 어떤 사물들을 이해하는 것까지는 할 수 있으나, 그 힘에는 한도가 있기 때문에, 그 밖의 일을 다루는 것은 당돌하다고 보는 것이 중용의 온화한 의견이다. 이 의견은 믿을 만하며 점잖은 사람들의 주장이다.

그러나 우리의 정신에 한계를 지어 주기는 어렵다. 그것은 호기심이 강하고 탐욕이 많기 때문에, 단 50걸음보다 차라리 1천 걸음 앞서서 미리 정지할 줄 모른다.

인간의 사고력은 어떤 자가 실패하고 다른 자가 성공한 이유를 찾아보고, 어느 세기에는 알아보지 못한 사실이 다음 세기에는 그 이유가 밝혀졌고, 예술과 학문은 틀에 넣어 박아 내는 것이 아니라는 것을 경험으로 겪어 보았기 때문에, 사람들은 마치 곰이 새끼를 핥아 서서히 형체를 만드는 식으로, 정신을 주물러 닦아서 서서히 만들어 간다. 내 힘이 밝혀 내지 못하는 것을 나는 탐구하며 찾아보기를 그치지 않는다. 그래서 이 새로운 재료를 다시 만지고 이기고 주무르고 데워서, 나는 내 뒤에 오는 자에게 이것을 더 편하게 누릴 방법을 열어 주고, 이 재료를 더 부드럽고 손에 맞도록 만들어 준다.

히메티아의 봉랍이
햇볕에 물러져 손가락에 이겨져서 수없는 형체로 되며
바로 이 노력으로 다음의 사용에 더 편하게 되듯.　　　　　(오비디우스)

이 둘째 번 사람은 셋째 번 사람에게 똑같은 일을 해 줄 것이다. 그 때문에 일이 아무리 곤란해도, 내가 아무리 무력해도 절망하지 않는다. 왜냐하면 그것은 내가 무력한 것뿐이기 때문이다. 인간은 어떤 일을 할 수 있듯이 모든 일도 할 수 있다. 테오프라스토스가 말하듯, 만일 인간이 태초의 원리와 원칙들에 관한 무지를 고백하거든, 그의 다른 지식들도 과감하게 포기시킬 일이다. 그것의 기초가 결여된다면, 그의 논법은 땅바닥에 무너진다.

토론과 탐구는 원칙들밖에 다른 목표도 한도도 없다. 이 목표가 그의 경로를 결정짓지 않는다면, 그는 무한정 결정을 내리지 못한 상태에 놓인다. "한 사물은 다른 사물보다 더 많이 또는 더 적게 이해될 수는 없다. 그것은 모든 사물에는 이해하는 방식이 하나밖에 없기 때문이다."(키케로)

그런데 영혼이 무엇이든지 이해한다고 하면, 먼저 영혼 그 자체를 알아야 하는 것이 진실일 것이다. 만일 영혼이 자기 밖의 무슨 일을 알고 있다면, 다른 일보다도 먼저 자기 신체와 자기 칼집을 알 일이다. 오늘날까지 의약의 신들이 인체의 해부에 관해서 토론하는 것을 보면—

> 물키베르(화산의 신)는 트로이의 반대편에,
> 아폴론은 트로이 편에 섰다. (오비디우스)

그들의 의견이 일치할 때를 언제까지든 기다려야 할 것인가? 우리는 눈의 흰빛과 돌의 무게보다도 자신과 더 가깝다. 만일 인간이 자기를 알지 못한다면, 어떻게 자기 기능과 힘을 알 수 있을까? 우리에게 지식이 들어온다는 일이 있을 수 없다는 것은 아니다. 그러나 그것은 있다고 해도 우연의 일이다. 그리고 같은 길과 같은 방식과 같은 행위로 우리 영혼은 과오를 받아들이는 만큼 진리와 거짓을 구별하거나 골라잡을 방편이 없다.

아카데미아 학파들은 판단하는 어떤 경향을 인정하며, 눈이 검기보다는 희다는 것이 더 진실하지 않다고 말하거나, 우리 손으로 내던지는 돌의 움직임이나 제8천국의 움직임을 확신할 수는 없다고 말하는 것은 너무나 미숙한 논법이라고 했다. 사실 우리 상상력 속에 쉽사리 들여놓을 수 없는 이런 곤란함과 괴이함을 피하기 위해서, 그들이 아무것도 알 수 없다는 논법을 세우고, 진리는 인간의 눈이 침투할 수 없는 깊은 심연 속에 묻혀 있는 것이라고 해도, 그래도 그들은 어떤 사물이 다른 사물보다 더 진실한 듯하다고 고백하며, 그들의 판단력이 다른 걸 모습보다는 어떤 확실성으로 기울어지는 소질이 있는 것을 받아들이고 있었다. 그들은 인간의 판단력이 어떤 결말을 내리는 것은 금지하면서 이런 경향이 있는 것은 인정했던 것이다.

피론 학파의 사상은 더 과감하며, 그런 만큼 더 진실하다. 아카데미아 학파의 이런 경향과, 한 전제보다는 다른 전제로 기울어지는 일은 저편보다도 이편에 더 명백한 진리를 인정하는 것과 다른 점이 있는가? 만일 우리 인간의 오성이 진리의 형체나 선이나 자세나 모습을 지각할 수 있다면, 진리가 나오기 시작해서 불완전한 상태로 있는 그 반을 볼 수 있는 것과 마찬가지로 그 전체도 볼 수 있을 것이다.

그들이 오른편보다는 차라리 왼편으로 기울어지게 하는 이 진실다움의 겉모습을 좀 증가시켜 보라. 접시저울을 기울어지게 하는 이 진실다움의 한 온스를 백이나 천 온스로 갑절로 해 보라. 마지막 해답은 저울이 결정을 내리고 한 선택, 완전한 진리를 정해 버릴 것이다.

그러나 진리를 모른다면, 어떻게 진실다움으로 기울어질 수 있을 것인가? 그들이 그 본질을 알지 못하며, 그 일이 닮았다는 것은 어떻게 알 수 있단 말인가? 우리는 판단하거나, 그렇지 않으면 판단하지 못한다. 만일 우리의 지적 소질과 감각적 소질들이 기초와 근거가 없는 것이고, 이런 것은 떠들며 더펄거리고 있는 것에 불과하다고 하면, 우리는 판단력을 어느 편으로 작용시킨다고 해도, 그편이 아무리 그럴듯하게 보인다고 해도, 그것은 모두 헛된 일이다. 그러니 우리 오성의 가장 확실하고 유리한 자리는, 그것이 침착하고 곧고 굽히지 않고 흔들리지 않으며 동요되지 않게 앉을 자리일 것이다. "진실한 외관들과 거짓된 외관들 사이에는 판단을 결정할 아무런 차이도 없다."(키케로)

사물은 그들 형체와 본질로 우리에게 깃드는 것이고, 그들 자체의 힘과 권위로 여기에 입장하는 것이 아님을 우리는 충분히 안다. 왜냐하면 그들 자체로서 들어온다면, 우리는 사물을 똑같은 방식으로 받아들일 것이다. 포도주는 병자의 입에나 건강한 자의 입에나 그 맛이 같을 것이다. 손가락이 터서 살이 벌어졌거나 손가락이 마비된 자도 나무나 쇠를 만질 때 다른 자와 똑같이 딱딱하게 느낄 것이다. 그러니 외부의 물체들은 우리 마음대로 된다. 그들은 우리 좋을 대로 우리에게 깃든다.

그런데 만일 우리 편에서 무슨 물건을 변질시키지 않고 받아들인다면, 또 인간의 파악이 우리 자신의 방법으로 진실을 잡아 보기에 충분할 만큼 능력 있고 견실하다면, 이런 방법은 모든 사람들에게 공통된 것이니, 이 진실은 이 손에서 저 손으로, 이 사람에게서 저 사람에게로 주고받고 하게 될 것이다. 그리고 세상에 있는 사물들 중에 적어도 하나는 전원 일치로 사람들에 의해서 믿어질 것이 있을 것이다. 그러나 어떠한 제언이건 우리 사이에 논란되거나 반박되지 않는 것, 그렇게 될 수 없는 것이라고는 하나도 없다는 사실은, 우리의 타고난 판단력이 아주 명확하게 파악하지 못한다는 것을 너무 잘 보여 주고 있다. 왜냐하면 내 판단력은 그 파악한 바를 내 친구의 판단력에게 받아 주게 할 수 없기 때문이다. 그것은 자신에게, 그리고 모든 사람들에게 있는 자연스러운 힘보다는 어떤 방법으로 그것을 파악했다는 징조이다.

철학자들 사이에 볼 수 있는 저 무한히 혼란된 사상들과 사물들의 인식에 관한 전반적이고 끊임없는 논쟁은 제쳐두자. 왜냐하면 인간들은(가장 재질을 타고났고 능력 있는 학자들 말이지만) 어떠한 일을 가지고도 의견 일치를 보지 못하며, 하늘이 우리 머리 위에 있다는 것이라도 말이 맞지 않는다는 것은 진실하게 예측되는 일이다. 왜냐하면 모든 것에 의문을 품기 때문이다.

우리가 무슨 일을 이해할 수 있다는 것조차 부인하는 자들은 하늘이 우리 머리 위에 있는 것인지도 우리는 이해하지 못했다고 말한다.

이 두 견해는 수로 보아서 비교할 수 없이 강력하다. 우리의 판단력이 자신에게 일으키는 혼란에서 생기는 이 잡다함과 무한한 분열함, 그리고 각자가 자신에게서 느끼는 불확실성 이외도 이 판단력의 기초가 아주 단정치 못하다는 것은 알기 쉬운 일이다. 우리는 얼마나 잡다하게 사물들을 판단하는 것인가? 얼마나 여러 번 우리는 생각을 바꾸는 것인가? 내가 오늘 파악하고 믿고 있는 것을 나는 신념을 가지고 파악하여 믿는다. 나의 모든 연장들과 재판들은 이 의견을 틀어쥐고는, 할 수 있는 한 모든 일에 관해서 내 의견에 책임진다. 나는 어떤 진리도 이것을 가지고 하는 것보다 더 강력하게 파악하거나 보존할 줄 모를 것이다. 나는 완전히 거기에 매여 있다. 진실하게 거기에 매여 있다. 그러나 바로 이 모든 도구들을 가지고 이런 조건에서 다른 사물을 파악했다가, 다음에 그것이 잘못이라고 판단한 일이 지금까지 한 번이 아니라 백 번이고 천 번이고 날마다 일어난 일이 아니던가?

적어도 자신이 쓰라린 고비를 넘어 보고, 철이 나야 한다. 내가 자주 이런 겉빛깔에 속아 보았다면, 만일 내 시금석이 대개 그릇 판단하는 것이며 내 저울대가 고르지 못하고 부정확하다면, 나는 어떻게 다른 때보다도 이번에는 확신을 가져 볼 수 있다는 말인가? 내가 한 안내자에게 이렇게도 여러 번 속아 넘어갔다는 것이 어리석은 일이 아닌가?

그렇지만 운명이 우리 있는 자리를 5백 번쯤 옮겨 놓아 보아도, 이 운이 우리의 신앙을 마치 물통같이 다루며, 거기다가 끊임없이 다르고 또 다른 사상들을 채웠다가는 비우고 하는 것밖에 하지 않아도, 늘 마찬가지로 지금 당장의 마지막 사상이 가장 확실하고 실수 없는 사상이다. 이것을 위해서 재산이나 명예·생명·영혼의 구제, 그리고 모든 것을 포기해야만 한다.

    뒤에 오는 사물들이 앞서 발견한 사물들을
    축출하고 그들에 대한 심정을 변하게 한다.   (루크레티우스)

사람들이 우리에게 무엇을 설교하건, 무슨 일을 우리가 배우건, 주는 것도 사람이고 받는 것도 사람이라는 것을 늘 생각해야 할 일이다. 우리에게 그것을 내미는 것도 죽어 갈 자의 손이고, 그것을 받아들이는 것도 죽어 갈 자의 손이다. 하늘에서 우리에게 오는 사물들만이 설복시킬 권한과 권위를 갖는다. 그런 것만이 진리의 표징이다. 그 진리도 우리 눈으로 보는 것이 아니고, 우리 방법으로 받는 것이 아니다. 이 거룩하고 위대한 심상(心像)은, 또 하느님이 용도로 마련해 주지 않는다면, 또 하느님이 그의 특수하고도 초자연적인 혜택과 은총으로 만들어 주고 강화해 주지 않는다면, 이렇게도 약한 거처(인간을 말함) 속에 들어앉지도 못할 것이다.

우리는 적어도 잘못된 조건에서 변화에 더 절도 있게 더 자제하며 처신해야 할 것이다.

우리가 오성에 무엇을 받아들였건 우리는 거기에 그릇된 일을 받아들인다는 것과, 또 잘 모순되고, 그르치는 바로 이 연장들을 가지고 받아들인다는 것을 생각해야만 한다.

그런데 이런 연장들은 아주 가벼운 사정 때문에 잘 기울고 틀어지기 쉬운만큼, 그것이 온당치 않게 된다고 해서 놀랄 일은 아니다. 우리의 이해력과 판단력 및 심령의 소질들은 대개 신체의 움직임과 변화에 따라 영향받는 것이며, 이런 변화가 계속적으로 일어난다는 것은 확실한 일이다. 우리는 병들었을 때보다 건강할 때에 정신이 더 개운하고, 기억력이 빠르며 사고력이 더 새로운 것이 아닌가? 기쁘고 유쾌할 때에는 슬프고 우울할 때보다 더 우리 심령에 나타나는 사물들을 전혀 다른 모습으로 받아들이게 되는 것이 아닌가? 카툴루스나 사포의 시가 인색하고 빽빽한 늙은이에게나 기운차고 정열에 찬 청년에게나 마찬가지로 즐겁게 느껴진다고 생각하는가?

아낙산드리다스의 아들 클레오메네스가 병들었을 때 그의 친구들이 여느 때와는 기분과 생각이 아주 달라졌다고 책망하자, "나도 그렇게 생각하네. 그리고 지금의 나는 건강했을 때의 내가 아닐세. 내가 다른 자이니까, 내 의견과 생각도 역시 다른 것일세"라고 말했다.

재판정에서의 소송 사건에는 이런 말이 통용되고 있다. 재판관들이 기분이 유쾌하고 너그러울 때 범죄자가 재판을 받게 되면, "이 행운을 기뻐하라"고 운이 좋은 것을 즐기라는 것이다. 판결은 어느 때는 더 거칠고 혹독하게 처결되며, 어느 때는 더 안이하고 순하고 용서해 주려는 편으로 기울어지는 수가 자주 있기 때문이다. 자기 집에서 통풍(痛風)의 고통이나 아내의 바가지나 하인의 도둑질을 겪고 마음에 온통 분이 복받쳐서 나온 자는, 반대의 판결 쪽으로 변질될 것이 의심의 여지가 없다.

저 존엄한 아레오파고스들의 원로원은 원고(原告)들의 얼굴을 보고 재판이 불공평해질까 봐 밤에 판결했다. 공기까지도, 그리고 하늘이 청명하다는 것도 우리에게 어떤 변화를 가져오는 것은 키케로에 나오는 이 그리스의 시와 같다.

아버지 신인 주피터가 대지를 밝히려고 보내는
풍요한 광명 따라 변하는 것이 인간 정신이다.　　　(호메로스)

열병에 걸렸다든가 술에 취했다든가 큰 변고를 당해서만 우리의 판단력이 뒤집히는 것은 아니다. 이 세상의 하찮은 일들이 이 판단력을 맴돌게 한다. 그리고 우리가 아직 느끼지 않는다고 해도, 계속되는 열병이 우리 심령을 전도시킬 수 있다면, 학질도 그 정도와 비례에 따라 우리 심령에 어떤 변화를 일으키는 것은 의심할 여지가 없다. 만일 졸도로 우리 지성의 눈이 완전히 잠들고 꺼지는 것이라면, 감기에 걸려도 정신이 어지러워지는 것을 의심해서는 안 된다. 따라서 한평생에 단 한 시간이라도 우리 판단력이 정당한 제자리에 있기는 어려운 일이다. 그만큼 우리의 신체는 계속적인 변화를 겪고 있으며, 너무 여러 가지 장치로 꾸며져 있기 때문에(나는 의사의 말을 믿지만), 언제나 고장이 나는 일이 없기를 바라기는 어렵다.

그뿐더러 이성은 그것이 비뚤어지고 절름발이고, 뼈가 어긋나고 하여도 거짓과 진실을 함께 가지고 늘 그대로 해 나가고 있기 때문에, 이 질병은 그것이 극단적으로 도져서 고칠 수 없는 정도에 이르지 않으면 쉽사리 발견되지도 않는다. 그래서 이성의 오산과 혼란은 발견하기가 쉽지 않아, 나는 각자가 자기에게 꾸며 보는 이 사색과 판단의 겉모양을 이성이라고 부른다. 이 이성은 그 조건이 한 제목을 가지고 백 가지라도 반대 의견을 세울 수가 있으니, 늘이고 굽혀서 모든 왜곡과 척도에 맞출 수 있는 납이나 봉랍으로 된 연장이며, 그것을 주물러 맞출 재간만 있으면 된다.

한 재판관이 아무리 좋은 의도를 지닌다고 해도, 자신의 의향을 세밀하게 잘 살피지 않으면(그런 마음씨를 즐겨 갖는 자는 드물지만), 우정·인척 관계·미모·복수심 같은 것에 끌리는 마음씨이거나, 그렇게 중대한 일 말고라도 우리가 이 일보다 저 일을 좋게 보이게 하며, 이성으로 판단해 보지 않고 두 가지 똑같은 일 중에 하나를 택하게 하는 우발적인 충동이거나 또는 이런 따위의 허망한 그림자라도 부지불식간에 한 사리 판단에 유리하거나 또는 불리한 암시를 주며 저울대를 기울어지게 할 수 있다.

　나로서는 늘 가까이서 나를 엿보며, 내 자신을 끊임없이 주시하고, 그 밖에 달리 할 일이 없는 자 같으니,

　　한랭(寒冷)한 큰곰자리 밑에
　　어느 왕이 뭇 백성을 떨게 하건
　　무엇이 티리하테스왕을 경도시키건 개의하지 않으며,　　　(호라티우스)

　내가 자신에게서 발견하는 허영과 양심은 감히 말할 용기도 안 난다. 내가 디딘 발은 너무 불안정하고 자리 잡히지 못하여, 걸핏하면 쓰러질 듯 금세 근뎅거리고, 내 시각은 너무 혼란해서 배고플 때는 배부를 때와는 아주 다른 사람으로 느껴진다.

　내 몸이 건강하고 청명한 날씨가 웃음을 띠어 주면, 나는 정말 사귈 만한 친구이다. 발가락에 티눈이 박히면 나는 기분 나쁘고 불쾌하고 사귀지 못할 인간이 된다. 말이 똑같은 보조로 걸어가도 어느 때는 거칠게, 어느 때는 편하게 느껴진다. 그리고 똑같은 길이 이 시간에는 더 가깝게, 다른 때는 더 멀게 보이며, 똑같은 형태가 이때는 더 낫게, 저때는 더 못하게 느껴진다. 이제 무슨 일이라도 하려다가 금세 아무 일도 하기 싫어진다. 이 시간에는 내게 유쾌한 것이 어느 때는 내게 괴로워질 것이다.

　내 속에는 조심스럽지 못한 이 우발적인 충동이 수없이 일어난다. 때로는 우울한 기분에 사로잡히며, 때로는 화를 잘 낸다. 이 시간에는 고민이 내 속에 우세하다가도, 저 시간에는 쾌활성이 우세하다.

　내가 책을 들여다보면 어떤 문장에서는 탁월한 우아미를 발견하며 마음조차 깊은 감명을 받게 된다. 그런데 다른 때에 다시 그것을 읽어 보면 아무리 뒤적거리고 다시 돌아와 보아도, 아무리 접어 보고 만져 보아도, 그것은 내게는 알려지지 않은 형편없는 뭉치에 지나지 않는다.

　그리고 내가 쓴 글에서도 처음 내 생각의 모습은 늘 찾아볼 수가 없다. 내가

무엇을 말하려고 했던 것인지 알지 못한다. 그리고 더 나았던 첫 번 생각을 놓치고는 일부 이것을 고쳐 쓰며 새 뜻을 넣어 주려고 애를 쓴다.

나는 왔다 갔다 하기밖에는 하지 않는다. 내 판단력은 늘 진척하는 것이 아니다. 생각은 허공에 떠서 헤매며—

> 광막한 대해에 광풍에 휩쓸린 조각배와 같다.   (카툴루스)

나는 여러 번(내가 즐겨 하는 일이지만) 재미로 내 견해와 반대되는 의견을 주장해 보고 나면, 정신을 이편으로 전념하여 돌아서다가 너무 거기에 집착해서, 내가 첫 번째 의견을 가졌던 이유를 알 수 없게 되며 그 견해를 버리게 되고 만다. 이렇게 되면 내가 기울어지는 곳으로 거의 끌려간다. 그리고 내 무게에 실려 간다.

누구나 다 나처럼 자기를 살펴본다면, 자기에 관해서 거의 같은 말을 할 것이다. 설교가들은 말하거나 느끼는 감각에서 자기들의 신앙심이 더 열렬해지는 것이며, 우리는 지각이 더 냉철하고 침착할 때 하는 것보다도 화가 치밀어오를 때 우리 의견을 옹호하려고 더 열중한다. 그리고 그것으로 우리 마음에 감명을 주고 한층 맹렬하게 찬성하며, 그 사상을 품는다는 것을 알고 있다. 그대가 단순히 어떤 소송 사건을 변호사에게 이야기한다면, 그는 의심스러운 듯 자신 없이 응대한다. 그는 이편을 들건, 저편을 들건 무관하다고 그대는 느낀다. 그대가 돈을 듬뿍 쥐어 주어서 그가 바싹 대들며 사건에 분개하게 해 놓았는가? 그가 거기에 관심을 갖기 시작했는가? 그가 이 사건에 의지를 열중시켰는가? 그의 이성과 지식은 동시에 거기에 열중한다. 여기 명백하고 의심 없는 진실이 그의 오성 앞에 나타난다. 그는 거기서 새로운 빛을 발견하며 그것을 진짜로 믿고 진실이라고 확신한다.

나는 권력이나 위엄의 압력과 포학에 대항하는 울분, 고집에서 나오는 정열이나 평판에 대한 관심 때문에, 어떤 사람이 자기 친지들끼리 자유로이 있을 때는 손가락 끝을 불에 지질 생각도 내지 않을 사상을 지지하느라고 화형장에까지 가게 된 것이 아닌지 하는 생각을 한다.

우리의 심령이 육체적 정열에서 받는 충격과 흥분은 심령에 대단한 영향을 준다. 그러나 심령의 정열에서 받는 충격은 더욱 심하며, 심령이 너무 심하게 거기에 사로잡혀 있기 때문에 아마도 자기 바람의 입김밖에 아무런 다른 추진력과 움직임을 갖지 않았고, 이 바람들이 흔들어 주지 않으면 심령은 마치 바다 가운데에서 바람이 구원을 주지 않고 저버린 배와도 같이, 꼼짝도 않고 머무르게 될 것이라고 주장할 만한 일이다. 그리고 소요학파를 따라 이 견해를 지지하는 자들은, 우리를 크게 잘못이라고 보지 않을 것이다. 왜냐하면 심령의 가장 아름다운 작용은 이 정열의 충동에서 나오며, 그것을 필요로 한다는 것이 알려져 있기 때문이다. 용감성은 분노의 도움 없이는 완벽하지 못할 것이라고 그들은 말한다.

항상 용감한 아작스였다.
그러나 노여워했을 때의 그는 더욱 용감했다. (키케로)

악인이나 적에 대해서도 나는 격분하지 않고는 힘차게 공격을 가하지 못한다. 그 때문에 사람들은 변호사가 재판관에게 분노를 일으켜서 정당한 판결을 내리게 하기를 바란다.

욕심은 데미스토클레스를 흥분시켰고, 데모스테네스를 흥분시켰다. 그리고 철학자들을 부추겨서 애쓰고 철야하며 편력하게 했다. 이 욕심들이 우리를 명예와 학문과 건강 등, 유익한 목표로 인도한다. 그리고 저 번민과 불안을 참아 내는 비굴성은 고행과 후회의 심정을 양심 속에 가꾸어 주고 하느님이 내리는 재앙과 국가가 징계하는 형벌을 우리가 당하는 징벌로 느끼게 하는 데에 소용된다. 동정심은 후덕한 마음에 박차(拍車)가 되고 우리 자신을 보존하고 지배하려는 조심성은 공포심에서 깨어난다. 사람들은 대망을 가졌던 까닭에 얼마나 많은 아름다운 행동을 행했던가? 그리고 오만은 얼마나 큰 일을 했던가? 어떠한 탁월하고 장쾌한 덕성도 결국 주색에 빠진 흥분 없이는 이루어지지 않는다.

정열은 사람의 심령을 도덕적 행동으로 향하게 고무하는 자극 요소이니, 하느님의 착하심의 효과도 정열의 방법으로 인간의 안식을 교란하지 않고는 행사될 수 없었던 만큼, 이것이 바로 에피쿠로스학파들로 하여금 하느님께 우리의 일을 보살펴 주시는 모든 수고와 심려를 덜어 드리게 한 이유 가운데 하나가 아니었던가? 그렇지 않으면 그들은 달리 생각하고 이 정열들을 심령의 안정에서 그 마음을 수치스럽게 타락시키는 폭풍우와 같은 것으로 간주했던 것인가? "대양의 평정은 수면에 주름잡을 수 있는 가장 경미한 미풍도 없음을 의미한다. 이와 같이 우리는 아무런 정열도 감동을 줄 수 없을 때 심령이 고요하고 평화롭다고 확언할 수 있다."(키케로)

우리의 잡다한 정열들은 사물들의 의미와 이치에 얼마만 한 차이를 일으키며, 얼마나 모순된 사상이 나오게 하는가? 그러니 그 초반부터 이런 혼란의 지배하에 있으며 남에게서 빌려 온 강조된 걸음걸이밖에 조금도 걸어가지 못하는, 이렇게도 불안정하고 동요되는 사물(영혼을 말함)에서 우리는 안심을 얻을 수 있을 것인가? 만일 우리의 판단력이 바로 질병과 어지러운 마음에 매여 있고, 광증과 경솔성에서 사물들의 인상을 받게 되어 있다면, 우리는 이 판단력에서 어떤 보장을 얻을 수 있을 것인가?

인간이 자기 정신에서 벗어나서 광분하며 미칠 때 인간들을 어떤 위대하고 거룩한 성질에 접근하는 업적을 세우는 것이라고 평가한다면, 철학에는 거칠고 면밀하지 않은 것만 있는 것이 아닐까? 우리는 이성의 결핍과 그 수면 상태로 개선된다. 하느님의 집에 들어가서 운명의 흐름을 예견하는 두 가지 자연스러운 방법은 광분과 수면이다. 이것은 흥미로운 고찰거리이다. 정열 때문에 우리 이성이 뒤엎어지면 우리는 도덕적이 된다. 광분이 죽음의 심상 때문에 우리의 이성을 뿌리뽑으면, 우리는 예언자와 점쟁이가 된다. 이보다 더 내가 철학을 믿게 할 일은 없다. 거룩한 진리가 철학 정신에 부어 넣은 저 순결한 열성이 철학에게 그 제언과는 반대로, 우리 심령의 평온 상태, 안정 상태, 철학이 심령에게 줄 수 있는 가장 건전한 상태가 심령의 최선의 상태가 아님을 고백시키는 것이다. 우리는 잠 깨어 있는 때가 잠든 때보다 더 잠들어 있다. 우리의 예지는 광증보다 더 예지롭지 못하다. 우리의 꿈은 사색보다 더 가치가 있다. 우리가 잡을 수 있는 가장 나쁜 자리는 우리들 속에 있다.

그러나 정신이 인간에게 벗어나 있으면, 정신을 그렇게도 명료하고 위대하고 완벽하게 만들며, 인간 속에 있는 동안 그것을 속되고 무식하고 혼미하게 하는 목소리는 그 속되고 무식하고 혼미한 인간의 일부분인 정신에서 나오는 목소리이며, 그 때문에 믿을 수 없는 목소리라는 것을 주목할 만한 지각을 우리가 가졌다는 것을, 철학은 생각하지 않는 것인가?

나는 무르고 둔중한 기질을 갖고 있기 때문에, 우리 심령에게 자기를 알아볼 여유를 주지 않고 그 대부분이 우리의 심령을 급격히 엄습하는, 저 맹렬한 충격의 심정에 관한 경험을 가져 본 일이 없다. 그러나 청년들이 너무 한가로워서 마음에 일어난다고 하는 정열이 서서히 절도 있게 진척되더라도, 그 노력에 저항해 보려고 시도해 본 자들에게 '우리의 판단력이 겪는 심신 전도와 변질의 힘이 있는' 것을 아주 명백하게 보여 준다.

나는 전에 이 정열에 저항하며 억누르기 위해서, 정신을 긴장시키려고 시도해 보았다(왜냐하면 나는 악덕들이 나를 끌어가지 않으면, 내가 그들을 따라가지도 않으니, 악덕들을 간청해 부르는 축들과는 인연이 멀기 때문이다). 내가 아무리 저항해도 이 정열은 성장해 가는 것을 느낀다. 그리고 마지막에는 살아서 눈을 뜨고 있는데 이 정열이 나를 점거하고 있으니, 나는 마치 술에 취한 것처럼 사물들의 모습이 여느 때와는 다르게 보이기 시작했다. 내가 욕심내는 상대편의 세력이 내 상상력의 바람에 불려서 점점 더 커지고 부풀어 오르며, 내가 기도하는 바의 어려운 점이 더 평탄해지고, 내 사고력과 양심은 뒤로 물러나는 것을 똑똑히 보았다. 그러나 이 불길이 흩어지고 보니, 마치 번갯불이 번쩍 비치는 듯, 내 심령은 단번에 다른 종류의 시각과 상태와 그리고 다른 판단력을 다시 찾으며, 거기서 물러나기는 너무 힘들고 극복할 수 없이 어려운 것으로 보이고, 동일한 사물들이 정욕의 열에 들떠서 볼 때보다는 전혀 다른 취미와 모습으로 보였다.

어느 편이 더 진실한가? 피론은 아무것도 알지 못한다. 우리는 병들지 않은 일이 없다. 열병에는 열기와 냉기가 있다. 작열한 정열적 효능에서 우리는 추위를 타는 정열의 효능으로 다시 떨어진다.

나는 앞으로 뛰어나갔던 만큼 다시 뒤로 뛰어 돌아온다.

    이리하여 대양이 주기적으로
    때로는 해안으로 밀려와서

암초를 물거품으로 덮으며 멀리 기슭으로 퍼져 나가거나
　　때로는 뒤집히며, 그것이 운반해 온 조약돌들을
　　썰물 속에 다시 실어 가며 멀리 떠나간다.
　　그리고 해변 바닥을 드러낸다.　　　　　　　　　(베르길리우스)

　그런데 이러한 경망성의 지식에서, 내 속에는 어딘가 견실한 사상이 생겨났다. 내가 타고난 최초의 사상을 변질시킨 일은 없었다. 왜냐하면 새것에 어떠한 모습이 보이더라도 나는 바꾸다가 손해 볼까 두려워 여간해서는 바꾸지 않기 때문이다. 또 나는 택할 능력이 없기 때문에 남이 택해 준 것을 잡고, 하느님이 나를 두신 자리를 지킨다. 그렇지 않으면 나는 끊임없이 흘러 돌아다니는 신세를 면치 못할 것이다. 그래서 하느님 덕택으로 나는 양심의 동요 없이 이 시대가 만들어 낸 수많은 종파와 분열을 통해, 우리 종교의 옛 신앙을 온전히 지켜 왔다.

　옛사람들의 문장은(그 중에 충만하고 견실한 좋은 문장들 말이지만) 거의 그들이 원하는 대로 나를 유혹하고 감동시키며, 내가 읽고 있는 작가가 가장 견고하게 보인다. 그들이 서로 반대되는 말을 하더라도, 내게는 그 나름대로 다 옳게 보인다. 재능 있는 두뇌들이 무엇이든지 진실하게 보이고 싶은 것은 힘 안들이고 그렇게 보여 주며, 나같이 단순한 머리를 속이려고 아무리 해괴망측한 일이라도 그럴듯하게 분장해서 보여 주지 못할 것이 없다는 것은 그들의 증명이 근거가 박약하다는 것을 보여 준다.

　하늘과 별들은 3천 년 동안 움직여 왔고 모두들 그렇게 믿어 왔는데, 사모스인 클레안테스나 테오프라스토스에 의하면, 시라쿠사인 니케타스는 이 지구가 황도대(黃道帶)의 비스듬한 궤적을 따라서 한 추축(樞軸)의 주위를 돌고 있다고 생각했고, 우리 시대에는 코페르니쿠스가 이 학설을 아주 잘 세워 놓고 체계적으로 천문학상의 모든 추론을 설명하는 데 사용하고 있다. 우리는 이 두 가지 중 어느 것이 옳은가를 가지고 속 태울 필요가 없다는 것 외에 달리 취할 길이 있는가? 지금부터 천 년 뒤에 누가 다시 전에 나온 이 두 가지를 둘러엎지 않을지 누가 알 일인가?

이리하여 세월의 회전은 사물들의 운명을 변경시킨다.
　　전에 진귀하게 간주되던 것은 영광을 상실하고
　　마침내 다른 사물이 그것을 계승하여 경멸의 암흑에서 기어 나온다.
　　매일 평가는 높아지며, 이 발견의 찬사가 꽃처럼 만발하며
　　그것은 인간들에게 경이로운 신용을 누린다. 　　　　(루크레티우스)

　그러므로 어떤 새 학설이 나오게 되면, 그것을 수상하게 여기고, 그 학설이 나오기 전에는 그 반대 의견이 유행했다는 것을 고려해 볼 충분한 이유가 된다. 그리고 전 것이 이번 학설로 전복된 식으로, 장래에도 마찬가지로 둘째 것을 타도할 제3의 학설이 나올 수 있을 것이다. 아리스토텔레스가 소개한 원칙들이 신용을 얻기 전에는 지금 이것이 우리를 만족시키는 식으로 다른 원칙들이 인간 이성을 만족시키고 있었다. 이 원칙들은 어떠한 특권을 가졌기에, 우리의 사고력이 거기서 정지되고 영원히 우리들 신용의 소유권이 그들에게 소속하는가? 이들도 앞서의 학설들처럼 밀려날 운명에서 면제된 것은 아니다.
　누가 나를 새 논법으로 몰아내면, 나는 마땅히 내가 지금 만족하게 대답하지 못하는 것을 다른 자가 다음에 대답해 주리라고 생각할 것이다. 우리가 부인하지 못한다고 그럴듯한 모든 겉모습을 믿는다는 것은 너무나 순박한 이야기이기 때문이다. 그 때문에 모든 속인들은(우리 모두가 속인이지만) 자기 신임을 바람개비 모양 뱅뱅 돌아가게 하는 일이 있을 것이다. 그들의 심령이 무르고 저항할 힘이 없기 때문에 끊임없이 다른 인상을 받아들이며, 또 마지막 것이 늘 그 전 자국을 지워 가게 하지 않을 수 없기 때문이다. 자신의 허약함을 아는 자는 소송 사무처럼 자기 고문에게 상의해 보겠다고 하거나 또는 자기가 가르침을 받은 더 현명한 분들에게 문의해 보겠다고 대답해야 할 일이다.
　의약이 세상에 실시된 지 얼마나 되는가? 사람들 말에는, 파라켈수스라는 자가 고대의 모든 규칙들을 뒤바꾸고 둘러엎으며, 의술은 지금까지 사람들을 죽이는 데에만 쓰였다고 주장한다고 한다. 나는 그가 이것을 쉽사리 증명할 것이라고 생각한다. 그러나 내 생명을 그의 새 경험의 실험에 맡긴다는 것은 현명한 일은 못 된다고 본다.

모든 사람의 말을 다 믿어서는 안 된다. 사람은 각기 무슨 일이라도 말할 수 있기 때문이라고 옛 교훈은 말한다.
　　이 새 안의 개혁된 내과 의학을 직업 삼는 자가 얼마 전에 내게, 옛사람들은 모두 자연과 바람의 움직임에 관해서 잘못 알았다고 말하며, 내가 그의 말을 들어준다면 그는 이것을 내 손에 쥐어 주듯 극히 명백하게 증명해 보이겠다고 했다. 나는 그럴듯한 말로 가득 찬 그의 논법을 참고 들어준 다음, "그럼 테오프라스토스의 법칙을 따라 항해하던 자들은 그들이 동쪽을 향해 보는데, 어떻게 서쪽으로 갔던가요? 그들은 옆으로나 뒤로 갔던가요?" 하고 그에게 말했다. "그것은 운이였지요. 어떻든 그들은 잘못 안 것이지요" 하고 대답했다. 그때 나는 이치보다 실제를 좇기를 더 좋아한다고 대꾸했다.
　　그런데 이런 일은 곧잘 충돌을 일으킨다. 그리고 나는 기하학에(이것은 학문들 중에 그 확실성으로 최고점을 얻었다고 생각한다) 경험상의 진리를 전복하는 반박할 수 없는 증명이 있다는 말을 사람들에게 들었다. 그것은 자크 펠르티에가 내 집에 와서 한 말인데, 그는 두 선이 합치려고 서로를 향해서 뻗어 나가지만, 그것이 영원히 서로 만나게 되지 않을 것을 증명하겠다는 것이었다. 그리고 피론주의자들은 경험상의 명백한 사실을 사실이 아니라고 분쇄하기에만 그들의 논법과 이성을 사용하고 있다. 그들이 사실의 명확한 증거를 논박하기 위해서 우리들 이성의 묘기를 어느 정도까지 전개시켜 갔는가를 보면 참으로 경탄할 노릇이다. 왜냐하면 그들은 우리가 움직이고 있는 것이 아니고, 우리가 말하고 있는 것이 아니고, 무거운 것, 더운 것 등은 결코 있지 않다는 것을 우리가 가장 진실된 일을 증명하는 것과 똑같이 강력한 논법으로 증명하고 있기 때문이다(기하학상의 쌍곡선과 점근선을 말함).
　　저 위대한 프톨레마이오스는 우리 세상의 한계를 정해 놓았다. 옛날의 철학자들은 모두 그들의 지식 속에서 빠질 수 있는 섬 몇 개를 제하고는 이 세상의 크기를 알고 있다고 생각했다. 1천 년 전에는 우주학의 지식이나 인간 각자가 인정해 온 관념에 의문을 품는다는 것은 피론식의 수작이었을 것이다. 지구의 반대쪽에 땅이 있다고 믿는 것은 사교(邪敎)에 속했다. 그런데 오늘날에는 한 섬, 한 나라가 문제가 아니고, 그 크기가 우리가 살고 있는 세상과 거의 같은 어마어마하게 큰 대륙이 발견되었다. 요즈음 지리학자들은 이제 와서 모든 것이 발견되었고, 사람 눈에 띄지 않은 것이라곤 없다고 확언한다.

　　눈앞의 것이 마음에 들어
　　무엇보다도 좋게 보이기 때문이다.　　　　　　　　　　(루크레티우스)

　문제는 옛날 프톨레마이오스가 그렇게 말한 이유의 기초로 잡은 것이 틀렸던 것인지, 요즈음 이 문제를 갖고 말하는 자들을 믿는 것이 어리석은 일인지, 또는 우리가 세상이라고 부르는 이 커다란 덩어리도 그렇게 진실한 것이 아니며, 우리가 생각하는 것과는 아주 다른 사물인지에 달려 있다.
　플라톤은 세상은 모든 방면에서 달라지며, 하늘과 별과 해는 때로는 우리에게 보이는 움직임을 뒤집으며, 동쪽을 서쪽으로 바꿔 놓는다고 생각했다. 이집트의 제관(祭官)들은 헤로도토스에게, 1만 1천 년 전 그들의 태조 때부터(그들 왕들의 산 모습을 본받아 만든 초상들을 그에게 보여 주며) 태양은 네 번 그 길을 갈았고, 바다와 육지는 서로 번갈아 자리를 바꾸며, 우주의 출생은 일정한 것이 아니라고 했다. 아리스토텔레스와 키케로도 같은 말을 했다. 그리고 우리 중의 어떤 이(오리게네스를 가리킴)는 세상은 여러 변천을 거쳐서 영원한 시간 위에 사라지고 다시 나오는 것이라고 말하며, 하느님이 때로는 피조물 없는 창조자였고, 할 일이 없는 때가 있었고, 이 작품에 손을 댐으로써 자기의 무료한 생활을 포기했고, 따라서 하느님은 변화를 받는 것이 된다고 하는 반대를 피하기 위해서 솔로몬과 이사야를 증인으로 내세우고 있다.
　그리스의 학파들 중 가장 유명한 학파는, 이 세상은 보다 큰 다른 신에 의해서 만들어진 신이며, 하나의 신체와 영혼으로 되어 있고, 그 영혼은 그 중심부에서 주위를 향해 음악적인 수로 확대되어 가고 있으며, 거룩하고도 극히 행복하고, 위대하고 현명하며 영원하다고 했다.
　그에게는 땅·바다·별들이라는 다른 신들이 있으며, 그들은 끊임없는 조화로운 동요와 거룩한 무용으로 때로는 서로 만나고 서로 물러가며, 서로 숨어 보다가 나와 보다가, 이번에는 앞으로 다음에는 뒤로 대열을 바꿔 보기도 하며 서로 사귀고 있는 것이다.

　헤라클레이토스는 세상이 불로 이루어져 있으며, 운명의 명령에 의해서 어느 날 불타서 풀어질 것이고, 어느 날 다시 생겨날 것이라고 했다. 그리고 인간들에 관해서 아폴레이우스는 "개체로서는 반드시 멸망할 자이나 종족으로서는 멸망하지 않을 자이다"라고 했다. 알렉산드로스는 그 모친에게 보내는 편지에, 이집트의 한 제관이 그 둘의 기념물에서 인용하는 진술로 오랜 이 나라의 역사와 다른 나라들의 출생과 발전에 관해서 증명하는 바를 써 보냈다. 키케로와 디오도로스는 그들의 시대에, 칼데아인들은 40만 년에 걸치는 기록을 보존하고 있다고 했고, 아리스토텔레스와 플리니우스와 다른 자들은 조로아스트르(자라투스트라)는 플라톤의 시대에서 6천 년 전에 살았다고 한다. 플라톤은 사이스시 사람들이 1천 년 전에 가진 기록을 가지고 있으며, 아테네시는 그가 말하는 사이스시보다 1천 년 전에 건설되었다고 한다. 에피쿠로스는 사물들은 우리가 여기서 보는 그대로이며, 여러 다른 세상에서도 사물들은 모두 똑같고 동일한 방식으로 되어 있다고 한다. 그가 서인도의 새 세상이 우리 세상과 과거나 현재나 서로 닮고 유사했다는 신기한 예를 목격했다면, 이 말에 더 확신을 가졌을 것이다.

　실제로 이 땅 위의 정치의 경과에 관해 우리의 지식에 들어 온 바를 고찰해 보면, 공간적으로나 시간적으로나 대단히 먼 거리에 있으면서 민중들의 수많은 기괴한 사상들이나 야만적인 풍습과 신앙들이 서로 부합되며, 그런 것은 우리의 타고난 이성으로는 어느 각도에서도 연결할 수 없는 일임을 보고 나는 경탄했다. 인간 정신은 진실로 위대한 기적을 만들어 낸다. 그러나 이런 관계에는 무엇인지 알 수 없는 더 이색적인 것이 있다. 이런 일은 이름에도 사건들에도, 그리고 수많은 다른 사물들에도 발견된다.

　왜냐하면 우리가 알기로는 그곳에는 우리에 관해서 소식을 들어 본 일이 없는 나라들이 있는데, 어디에서는 포경 수술이 중요시되고, 어디에서는 남자들 없이 여자들이 유지하는 국가와 정부들이 있고, 또 어디서는 우리가 하는 단식과 금육식(禁肉食)의 절차가 실시되며 여자와 관계를 삼가는 것까지 더해져 있고, 어디서는 우리 십자가가 여러 방식으로 존중되고 그것으로 묘지를 장식하는 곳이 있으며, 특히 성 안드레 십자가를 귀신 예방에 쓰기도 하고, 어린애 잠자리에 꽂아서 귀신에 홀리는 것을 예방하기도 하며, 다른 데서는 나무로 만든 굉장히 높은 십자가가 있어서 비의 신으로 숭배하고 있는데, 이것은 아주 먼 오지에서의 일이라고 한다.

어떤 곳에는 우리 참사회의 모습과 꼭 닮은 제도가 있으며, 승장(僧杖)의 사용이라던가 제관들의 독신 생활, 제물로 바친 동물의 창자로 점치는 법, 모든 살코기나 물고기 섭취를 끊는 생활 습관, 제관들이 속인들의 말과는 다른 특수한 용어를 쓰는 방식, 그리고 그들 최초의 신은 그 동생되는 둘째 신에게 쫓겨났다는 이야기, 그들은 생활의 모든 편익을 갖추어 창조되었다가 죄를 지었기 때문에 이런 것을 박탈당하고, 영토가 바뀌고, 자연 조건이 나빠졌다는 이야기가 있다. 또 옛날 그들의 나라가 하늘이 내린 물속에 잠겼었는데, 극소수의 가족들만이 구제되어 높은 산의 굴 속에 피하여 그 굴에 물이 들어가지 않도록 그 입구를 꼭 틀어막고 그 속에 여러 종류의 동물들을 데리고 들어가 있었다. 그리고 비가 그친 것을 알았을 때 개들을 밖으로 내보냈더니, 그 개들이 물에 젖어 돌아온 것을 보고는 아직 물이 빠지지 않은 것을 알았으며, 다음에 다른 동물들을 내보냈더니 진흙투성이가 되어 돌아온 것을 보고 그들은 다시 인종을 퍼뜨리러 밖으로 나갔는데, 그때에 세상은 뱀으로 가득 차 있었다는 이야기 등도 있다.

어느 고장에서는 최후 심판의 날에 관한 확신도 보였으며, 그 때문에 그곳 주민들은 당시 사람들이 무덤 속의 보물을 뒤져 내려고 무덤을 파 놓는 것을 보고는 뼈들이 다시 한 곳에 뭉치지 못할 것이라고 말하며 극도로 분개했다. 그들은 물물교환을 하고, 다른 수단은 쓰지 않았으며, 그 때문에 시장과 장날이 있었다. 난쟁이와 장애인들이 왕공(王公)들의 식탁에 장식으로 나오고, 새들의 성질에 따라서 매사냥을 할 줄 알았고, 폭군에게 바치는 상납금, 호화로운 정원, 무용이나 줄광대놀이, 기악 연주, 가문의 상징 표지, 공치기, 주사위놀이와 제비뽑기에 너무나 열중해서, 때로는 그 때문에 자기 몸과 자유를 파는 일까지 있고, 의료법은 무당의 굿 같은 것뿐이며, 글씨는 그림의 형태로 되고, 민중들의 조상으로 최초에 단 한 사람이 있었다는 신앙이 있다. 또 한 신을 숭배하고 있는데, 그는 옛날에 인간으로서 완전한 동정과 단식과 고행을 지키고 자연의 법과 종교 의식을 가르치고 살다가 자연사(自然死)가 아니라 그저 세상에서 사라졌다는 것이며, 거인들에 관한 이야기가 있고, 또 그들의 음료를 마시고 취하기와 많이 마시기, 죽은 자의 뼈나 해골에 색칠해서 만든 종교적 장식품, 흰 제례복·성수(聖水)·논밭에 물대기 행사 등의 풍습, 죽은 남편이나 윗사람을 화장하거나 매장할 때 아내나 하인들이 서로 다투어 구덩이에 뛰어들어가는 일, 장남이 모든 재산을 상속하고 동생에게는 복종하는 의무밖에 남겨 주지 않는 법률, 어느 고귀한 권세의 직위에 오르게 되면 승진한 새 이름을 갖고 자기 이름은 버리는 풍습, 갓난아이의 무릎에 횟가루를 뿌리며, "너는 먼지에서 나와서 먼지로 돌아가리라" 하고 말하는 풍습, 그리고 새점술(鳥占術)도 있다.

이러한 예들에 더러 보이는 우리 종교의 허망한 그림자들은 우리 종교의 존엄함과 거룩함을 증명한다. 우리 종교는 그쪽 대륙의 불신자들에게 모방으로 침투되어 있을 뿐 아니라, 어떤 초자연의 공통된 영감에 의한 것같이 저 야만인들에게도 스며들어 있다.

왜냐하면 거기서는 영혼이 천국에 들어가기 전에 불로 단련받는다는 연옥에 관한 신앙도 새로운 형식으로 실천되는 것이 보였기 때문이다. 우리가 불로 다루는 것을 그들은 추위로 다루며, 영혼은 극도의 혹독한 추위로 정화되고 징벌받는다고 생각한다.

그리고 이 예는 다른 재미나는 차이를 내게 알려 준다. 거기서는 마호메트 교도나 유대교도들처럼 포경 수술로 할례하기를 좋아하는 국민들이 있는 반면에 다른 데서는 이를 몹시 꺼리며, 이 살 끝이 공기에 쏘일까 두려워 그 껍질을 잡아당겨 가는 끈으로 잡아매고 다녔다. 또 이런 속된 풍습으로 우리가 왕을 배알(拜謁)하거나 명절을 축하할 때 가장 좋은 옷을 입고 나가는 것과 같이, 그곳 어느 지방에서는 왕에게 차등과 군신 관계를 보이려고 신하들은 가장 더러운 옷을 입고 그 앞에 나가며, 궁전에 들어갈 때에는 좋은 옷 위에 헐고 해진 옷을 걸쳐서 모든 눈부시게 빛나는 장식은 왕에게만 있게 했다. 본 이야기로 돌아오자.

만일 대자연이 그의 일반적 발전의 조건들 속에 있는 다른 일들과 같이 인간의 신앙·판단·사상 등까지도 포함시키는 것이라면, 또 이 조건들이 양배추 같은 식으로 그들의 변화·계절·출생·죽음을 품는 것이라면, 만일 하늘이 마음대로 그들을 흔들어 굴리는 것이라면, 우리는 그들에게 얼마나 위대하고 영속적인 전위를 부여하려는 것인가? 만일 우리가 경험으로 우리 존재의 형체가 공기와 풍토와 우려가 출생하는 토지에 매여서 우리 피부의 빛깔이나 키·기질·자태뿐 아니라 심령의 소질까지도 거기에 의존한다는 것을 손에 잡듯 알아보는 것이라고 하자. 그렇다면 "풍토는 신체의 정력뿐 아니라 정신의 정력에도 기여한다"고 베게티우스는 말하지만—이집트의 제관들이 솔론에게, "아테테의 공기는 섬세하고 기묘하며 그 때문에 아테네 사람들은 더 미묘한 정신을 가졌다는 평판이 있고, 테베시의 공기는 둔중하며 그 때문에 테베인들을 둔하고 강한 인간들로 간주된다"(키케로)고 지적한 바와 같이, 아테네시를 창건한 여신은 인간들을 신중하게 만드는 풍토에 이 도시의 자리를 골라 잡아 준 것이며, 그래서 과실과 동물들이 갖가지로 생산되는 것처럼, 인간들 역시 다소간 호전적이고 정의롭고 편도 있고 온순하게 출생하는 것이며—여기서는 술을 즐기고, 다른 데서는 도둑질과 음탕한 것을 즐기며, 여기서는 미신을 믿고 다른 데서는 불신앙에 기울어지며, 여기서는 자유를 사랑하고 저기서는 노예처럼 복종하며, 사람들이 차지한 자리에 따라서 학문이나 기술이 능해지고, 천하거나 재간이 능하고, 순종하거나 잘 거역하고, 착하거나 악해지며, 나무들 모양 자리를 바꾸면 기질이 달라지는 것이다. 이런 이유에서 키루스의 기름지고 부드러운 땅은 사람을 무르게 만들고, 비옥한 토지는 정신을 메마르게 만든다고 말하고, 페르시아 사람들에게 거칠고 험준한 땅을 버리고 편평하고 살기 좋은 다른 나라로 옮겨 가는 것을 허용하지 않은 것이다. 만일 하늘에서 내리는 어떤 영향력으로 어느 때는 한 예술, 한 사상이 발달하고, 어느 때는 다른 예술, 다른 사상이 번창하는 것이며, 어느 세기에는 이러저러한 자연환경이 이루어져서 인류에게 어떤 버릇이 생기도록 영향을 주며, 사람들의 정신이 우리의 논밭처럼 때로는 척박해지는 것이라면, 우리가 그렇게 자랑하고 다니는 이 모든 훌륭한 특권들이란 다 무엇이 된단 말인가?

　현명한 사람도 사리를 잘못 아는 수가 있으며, 1백 사람, 여러 국민들, 글쎄, 인간성 자체가 우리에 의하면 몇 세기 동안을 두고 이런 점 저런 점에서 일을 잘못 알고 지내는 터에, 우리는 무슨 확신을 가지고 인간성이 때로는 오산하기를 그치고, 이 세기에는 그것이 사리를 그릇 아는 일이 없다고 믿을 수 있단 말인가?

　우리가 어리석다는 증거들 중에도, 사람은 욕심을 내지만 자기에게 필요한 것을 찾을 줄 모르며, 향락 때문이 아니라 공상과 소원 때문에 우리를 만족시키는 데에 필요한 것에 의견 일치를 보지 못한다는 점을 잊어서는 안 된다고 생각한다. 우리의 사상에 제멋대로 사리를 판단하고 처리하게 두어 보라. 그것은 자기에게 적당한 것을 소원하여 만족을 얻을 줄도 모를 것이다.

이성은 언제 공포와 욕망을 조절해 보았던가?
무엇을 기도하여 성취시킨 일에 후회할 거리가 없도록
능숙하게 계획을 짜 본 일이 있던가? (유베날리스)

그 때문에 소크라테스는 자기에게 유익하다고 신들이 인정하는 것밖에는 요구하지 않았다. 그리고 라케다이모니아인은 공적이건 사적이건 기도를 드릴 때는 단지 좋고 훌륭한 재물들을 그들에게 달라고만 기원할 뿐이며, 이런 재물들을 선택하여 골라내는 일은 신의 뜻에 맡겼던 것이다.

우리는 아내와 자녀들을 소망한다.
그러나 자녀들이나 아내가 어떠할 것인가는
신들에게만 알려져 있다. (유베날리스)

그리고 기독교인들은 시인들이 노래하는 미다스왕의 불행에 빠지지 않기 위해서 "하느님의 뜻이 성취되옵소서" 하며 탄원한다. 미다스왕은 자기가 만지는 것이 모두 황금이 되게 하여 달라고 신에게 요구했다. 그의 소원은 이루어져서 포도주가 황금이 되고, 그의 빵과 이불의 털도 황금, 그의 셔츠와 옷도 황금이 되었다. 그래서 그는 소원이 성취된 것을 누리기에 지쳤고, 감내하지 못할 보물을 선물받게 되었다. 그는 자기의 축원을 풀어 달라고 기도해야만 했다.

부유하고 동시에 궁색한 이런 새로운 불행에 놀라서
그는 재물을 멀리하며,
전에 갈망하던 것을 지금은 혐오한다. (오비디우스)

나 자신의 일을 말하겠다. 나는 젊었을 적에 다른 어느 일만큼이나 생 미셸 훈장을 얻기를 운명의 신에게 요청했었다. 그때에는 그것이 프랑스 귀족에게 가장 희귀한 영광의 표징이었기 때문이다. 운명의 신은 멋들어지게 내게 그 혜택을 내려 주었다. 내가 거기에 도달하게 내 지체를 승진시켜 높여 준 것이 아니라, 운명은 나를 더 얌전하게 대접하며, 그것을 내 어깨높이에까지 아래로 내려서 낮추어 놓았던 것이다.

클레오비스와 비톤은 여신에게, 그리고 트로포니오스와 아가메데스는 신에게 그들의 경건한 행적에 마땅한 보상을 요구했더니, 그들은 신들에게서 선물로 죽음을 받았다. 우리에게 필요한 것에 관한 신들의 생각은 우리의 생각과는 이렇게도 다르다.

하느님은 우리에게 부유와 명예와 생명과 건강까지도 내려 주며, 그것이 어느 때는 우리에게 해로운 것이 되게 할 수도 있다. 왜냐하면 우리에게 기분 좋은 모든 것이 이로운 것은 아니기 때문이다. 만일 그가 우리를 치유하는 것이 아니고 우리에게 죽음이나 불행의 악화를 보내 준다면—"그대의 채찍과 그대의 곤봉이 내게 위안을 준다"(시편)—그것은 우리가 할 수 있는 것보다 훨씬 더 우리가 당해야 할 일을 고려하는 신의 뜻에 의하여 내리는 일이니, 우리는 그것이 지극히 현명하고 친절한 손으로 내리는 것이라고 여겨 좋은 의미로 받아들여야 한다.

그는 충고를 원하는가?
그럼 우리에게 무엇이 적합한가,
우리 일에 무엇이 유익한가를 헤아리는 신들에게 맡겨 두라.
인간은 그 자신에게보다 신들에게
더 소중하다.   (유베날리스)

왜냐하면 그들에게 명예나 직위를 요구하는 것은 그대를 전투장이나 주사위 노름판이나 그 종말이 어찌 될지 알 수 없고 그 결과가 의심스러운 어떤 다른 일에 던져 넣어 달라고 요구하는 일이 된다.

철학자들 사이에는 인간에게 최고의 선은 무엇인가 하는 문제보다 더 치열하고 난폭한 논쟁거리는 없다. 바로의 계산에 의하면 288개의 학파들이 여기에서 갈려 나간 것이다.

"최고 선에 대한 문제에 의견의 일치를 보지 못하자, 사람들은 모든 철학 사상에 견해가 어긋났다."(키케로)

> 나는 의견이 달라 모두 다른 식사를 주문하는
> 세 사람의 손님을 보는 것 같다.
> 그들에게 무엇을 주어야 하고 무엇을 주지 말아야 하나?
> 그대는 다른 자의 요구품을 거부한다.
> 그대가 청하는 것을 다른 두 사람은 맛이 시다고 거부한다.　　(호라티우스)

자연은 그들의 논쟁과 토론에 이렇게 대답해 주어야 할 것이다.
어떤 자들은 우리의 선이 도덕에 있다고 말하고, 다른 자들은 탐락에 있다고 하고, 또 다른 자들은 본성에 동의함에 있다고 한다. 어떤 자는 고통을 받지 않음에 있다고 하고, 어떤 자는 외관에 끌리지 않음에 있다고 한다(그리고 이 사상은 옛날 피타고라스의 다른 사상에서 유래한 것 같다. 그것은 피론학파의 목표이다).

> 어떤 일에도 놀라지 않음은, 누마키우스여,
> 행복을 주며 보존하는 단 하나의 방법이다.　　(호라티우스)

아리스토텔레스는 아무것에도 감탄하지 않는 일은 대도량(大度量)이라고 본다. 그리고 아르케실라오스는 판단을 흔들림 없이 진실로 바르게 하고, 한쪽으로 치우치지 않는 것이 선이고, 반대로 동의와 찬성을 주는 것은 악이며 불행이라고 했다. 그가 이것을 확실한 공리로 세운 점이 피론의 학설에서 나온 것은 사실이다. 피론 학파들이 최고 선을 판단력이 흔들리지 않는 심령의 조용하고 온화함이라고 말할 때, 그들은 이것을 긍정적인 태도로 이해하는 것이 아니다. 낭떠러지를 피하고 밤이슬을 맞지 않으려는 바로 그 심령의 움직임이 그들에게 이런 생각을 갖게 하고 다른 생각을 거부하게 한다.

내가 살아 있는 동안에, 지금 우리에게 남아 있는 가장 박학한 인물로, 극히 점잖고 올바른 정신을 가졌으며, 진실로 나의 투르네부스에 거의 대등한 석학인 주스투스 립시우스나 또는 다른 어느 분의 의지와 건강과 충분한 여가를 가지고 우리가 거기서 볼 수 있는 한, 우리 존재와 행동 습관 등의 문제에 관한 고대 철학의 이론들과 그 반대 이론들, 당파의 도당들과 그 신빙도, 그리고 이런 당파 작가들이 특례적이고 기억할 만한 사건들을 겪으며 자기 생활을 그들의 교리에 적응시켜 간 방식 등을 성실하고 세밀하게 그 유별과 구분에 따라서 수집하여 기록해 주기를 나는 얼마나 바라는가. 그 얼마나 훌륭하고 유익한 작품이 될 것인가!

그뿐더러 우리가 행동 규칙을 자신에게 끌어내는 것이라면, 우리는 얼마나 심한 혼란에 빠질 것인가! 이 점에 관해서 이성이 우리에게 주는 참다운 것으로 여겨지는 충고로, 소크라테스가 신에게서 계시받은 충고라고 말하는 사상도 그렇지만, 그것은 대개 각자 자기 나라의 법률에 복종하라는 것이다. 여기서 우리의 의무에는 우연한 것 말고 다른 규칙은 없다는 것밖에, 이성은 무엇을 말하고 있는 것일까?

진리는 하나의 똑같은 보편적인 모습을 가져야 한다. 정직성과 정의는 만일 사람이 그 신체와 진실한 본질을 알고 있다면, 이 진리를 이 나라나 저 나라 풍속의 조건에 결부시키지는 않을 것이다. 페르시아나 인디아 사람들의 생각을 따라서 도덕이 형태를 가질 수는 없는 일이다.

법률만큼 끊임없이 동요되는 것도 없다. 태어난 이래로 나는 우리 이웃 나라인 영국인들이, 우리가 영원히 불변하기를 원치 않는 정치 문제뿐 아니라 세상에 있을 수 있는 가장 중대한 문제인 종교에 관해서도 법률을 서너덧 번 고치는 것을 보았다. 그 때문에 나는 수치와 분노를 느낀다. 왜냐하면 이 나라는 옛날에 내 지방 사람들과 극히 친밀한 관계를 맺고 있었고, 우리[8] 집에도 옛 인척 관계의 흔적이 아직 남아 있기 때문이다.

그리고 여기 우리 고장에서, 전에는 사형을 받던 행위가 다음에는 합법적인

---

8) 몽테뉴의 고장은 전에 영국 왕의 영토였기 때문에 영국인이 많이 살고 있었고, 몽테뉴의 본디 성(姓)인 Eyquem 자체가 영국적인 이름이다.

행위가 되고, 다른 일을 합법적으로 보는 우리는 전쟁의 운이 불확실하게 돌아감에 따라서 우리의 정의가 부정의에 농락되어 인간의 일과 성스러운 일에 대한 대역죄로 몰려 투옥되며, 그리고 몇 해 안 가서 사정이 본질적으로 뒤집히는 것을 보았다.

이 옛날의 신(아폴론을 말함)은 어떻게 인간의 지식 중에 신성한 존재에 관한 무지를 명백하게 비난하고, 그의 삼각형자리(델포이 여신용)의 가르침을 요구하는 자들에게, 그가 말한 바와 같이 각자의 진실한 신앙은 자기가 있는 고장의 습관으로 지키고 있는 신앙이라고 한 것보다 더 잘 인간들에게 종교라는 것이 그들의 사회를 결속시키기에 적당하게 그들이 고안한 작품에 불과하다는 것을 가르쳐 줄 수 있었던가?

오오, 신이여! 우리는 얼마나 최고 창조주의 착하신 마음으로 저 갈피잡지 못하는 독단적인 경신사상(敬神思想)을 배척하고, 우리 신앙을 거룩한 말씀의 영원한 기초 위에 세워 주신 일에 감사를 올려야 할 것인지!

그런데 우리의 이런 필요에 철학은 무엇을 말해 줄 것인가? 우리에게 우리들 나라의 법을 좇으라고? 다시 말하면 심정의 변화가 일어날 때마다 번번이 정의의 얼굴을 바꿔 꾸미고, 다른 빛깔을 칠해 보이며, 늘 바닷물같이 들떠 있는 국민이나 왕의 사상을 좇으란 말인가? 나는 그렇게도 잘 휘어지는 판단력을 가질 수 없다. 무슨 선이 어제는 신용을 얻더니 내일은 신용을 잃고, 냇물 한 줄기만 건너면 범죄가 된단 말인가?

산맥으로 제한되며, 산 하나 넘으면 허위가 되는 것이 무슨 진리인가?[9]

그러나 법률 등에 어떤 확실성을 주려고 하며, 그들이 자연법이라고 부르는 견고하고 영구적이고 부동불변의 법률에서, 그것은 본질적 조건으로 온 인류에게 판박혀져 있다고 말하는 자들을 보면 참 가관이다. 그리고 이런 법을 두고 어떤 자는 법이 셋 있다고 하고, 어떤 자는 넷이라고 하고, 누구는 더하다고, 누구는 덜하다고 하니, 그것 역시 다른 것들에 못지않게 의심스러운 법이라는 표징이다. 그런데 너무 운이 나빠서(왜냐하면 그렇게도 무한한 법 중에서 운명과 우연의 운으

---

9) 냇물과 산은 국경선을 이룬다. 나라가 다르면 법이 달라져서, 이쪽에선 죄가 아닌 것도 저쪽에선 죄가 된다.

로서, 그중에 하나만이라도 국민들의 동의를 받아서 보편적으로 존재하는 법률을 만나 보지 못한다는 것은, 운이 나쁘다고밖에는 어떻게 달리 말할 것인가?) 이렇게 골라낸 법들 서너덧 중에 한 국민뿐 아니라, 여러 국민들에 의해서 반박되거나 부인되지 않은 법이란 단 하나도 없다. 그런데 어떤 법을 자연법이라는 이름으로 추론할 수 있는 유일한 표징은 보편적 승인뿐이다. 왜냐하면 자연이 진실로 우리에게 명령한 것은 공통의 동의를 가지고 추종할 것이기 때문이다. 그리고 전 국민뿐 아니라 모든 개인은 이 법에 반대되는 방향으로 밀어 내리고 하는 자로부터는 강제와 폭력을 느끼게 될 것이다. 그들은 내게 이런 조건의 하나라도 좀 보여 줬어야 한다.

프로타고라스와 아리스톤은 법률의 정의에 관해서 입법자의 의견과 권위밖에 다른 본질을 주지 않았다. 그리고 이 점을 제쳐놓으면 착함과 정직함의 소질은 사라지고, 남은 것은 무관심과 사물들의 헛된 이름들일 뿐이다. 플라톤에 나오는 트라시마코스는 상관들의 편익밖에 다른 법(권한)이라고는 없다고 생각했다. 세상에는 풍속과 법률들만큼 잡다한 양상을 보이는 것은 없다. 한 곳에서 사람들이 대단히 꺼리는 일이, 라케다이모니아에서 재간 있게 도둑질하는 것이 권장되는 식으로 다른 곳에서는 장려되고 있다. 근친 결혼은 우리 고장에서는 사형에 처할 죄악으로 금지하고 있으나, 다른 데서는 명예로운 일로 삼는다.

> 어느 나라에서는 모친이 자식과,
> 부친이 딸과 교합하며 육친의 애정이
> 연정으로 더욱 증대된다고 한다. (오비디우스)

유아 살해, 자식이 어버이를 죽이는 행위, 처첩의 교환, 도둑질한 물건의 흥정, 온갖 탐락의 방자한 행위 등, 아무리 극단적인 일이라도 어느 나라에서 관습으로 용인된 일이 전혀 없는 것은 하나도 없다.

우리가 다른 동물에게서 보는 바와 같이, 세상에 자연의 법이 있다는 것은 믿을 만하다. 그러나 우리의 사정은 그 훌륭하다는 인간성이 사방에 침투해서 지배하고 명령하며, 그 이성이 허영되고 자기 주장이 있는 의견이 없어 모든 사물들을 뒤섞고 혼란시키기 때문에 이 자연법들은 우리들로부터 사라져 버렸다.
"진실로 우리의 것이라고는 아무것도 남지 않는다. 내가 우리 것이라고 부르는 것은 조작된 것에 불과하다."(키케로)

사물들은 다양한 양상을 가졌으며 다양한 면에서 고찰된다. 주로 그 때문에 다양한 의견이 나온다. 한 국민은 어떤 사물을 한 면모로 관찰하며, 그 관점에 얽매이게 된다. 다른 국민은 다른 관점에서 본다.

자기 아비를 먹는다는 것보다 더 끔찍한 일은 상상되지 않는다. 그러나 옛날에 이 습관을 가졌던 국민들은 이 풍습을 효도와 애정의 증거로 삼고, 그들 부친의 신체와 유해를 마치 그들의 골수에 담아 두듯 자신에게 담아 두며, 그것을 소화시켜 자기들의 살아 있는 살로 변하게 하여 어떤 면에서는 그들에게 생명을 주어서 다시 살아나게 함으로써 이것으로 자기들을 낳아 준 자들에게 가장 영광스러운 장례를 지내 주려고 했다. 이런 미신에 잠겨 있는 인간들의 처지에서 보면, 부모의 유해를 땅에 던져 썩혀서 벌레와 구더기의 밥이 되게 둔다는 것이 얼마나 잔인하고 가증스럽게 보였을까는 쉽사리 상상된다. 리쿠르고스는 도둑질, 다시 말해 자기 이웃집에서 무엇을 몰래 집어 온다는 일에서 활기와 근면성과 과감성과 재치를 보았고, 그래서 각자가 자기 것을 보존하려고 더 조심해서 마음 쓰는 일이 국가의 이익으로 돌아올 것으로 생각했다. 그리고 공격하고 방어하는 이 이중의 훈련에서, 남의 물건으로 덕을 보려는 혼란과 부정의에 비해서 훨씬 더 중시해야 할 군사 훈련(이것은 그가 이 국민을 단련시키는 데 쓰는 주요한 학문이며 도덕이었다)의 성과를 얻는다고 생각했다.

폭군 디오니시우스는 플라톤에게 페르시아식으로 수놓고 향료를 뿜어 놓은 기다란 의복을 선사했다. 플라톤은 이것을 거절하며, 자기는 남자로 태어났기 때문에 여자 옷을 입기는 좋아하지 않는다고 했다. 그러나 아리스티포스는 그것을 받으며, 사람은 어떠한 의상을 입어도 깨끗한 마음을 부패시키지 못한다고 했다. 친구들은 그에게 '디오니시우스가 그의 얼굴에 침을 뱉어도 대수롭게 여기지 않을 것'이라고 그의 비굴성을 나무랐다.

그러자 그는 "어부들은 망둥이 한 마리 잡으려고 머리에서 발끝까지 바닷물에 담그는 일도 참아 내지요"라고 했다. 디오게네스는 양배추를 씻고 있다가 그가 지나가는 것을 보고, "자네, 양배추로 살아갈 줄 알면 폭군한테 굽신거릴 필요가 없지" 했다. 그러자 아리스티포스는 이에 대꾸하며 "자네가 사람들과 같이 살 줄 알면 양배추를 씻지 않아도 좋지"라고 했다. 사람의 이성이 다양한 행동에 그럴 듯한 겉모습을 꾸며 놓는 꼴은 이런 식이다. 그것은 손잡이가 양쪽으로 둘 달린 항아리이다. 왼쪽을 잡아도 좋고 오른쪽을 잡아도 좋다.

오, 우리를 맞이하는 토지여, 그대는 전쟁을 고하도다.
전쟁을 위해 준마는 무장되었고,
큰 짐승 무리는 전쟁으로 위협한다.
그러나 어느 날 짐승들은 다 같이
차량에 매이기에 길들여져서
끌채 밑에 정답게 쌍을 지어 재갈을 물리리라.
평화를 향한 희망은 아직 있도다.
(베르길리우스)

누가 솔론에게 그 아들의 죽음에 쓸데없이 무력한 눈물을 흘리지 말라고 이르자, "눈물은 쓸데없고 무력하니, 바로 그 때문에 더 정당하게 흘려 내버리는 것이오" 하고 그는 말했다. 소크라테스의 아내는 그런 판국을 당해서 비탄에 잠겨 통곡하며 "오, 얼마나 부당하게 그 괴악한 재판관들이 그를 죽게 하는가!"라고 했다. 그러자 "그럼 그들이 한 짓이 정당했더라면 좋았겠소?" 하며 그는 대꾸했다.

우리는 귓불을 뚫고 있다. 그리스 사람들은 그것을 노예의 표징으로 삼았었다. 우리는 여자들과 즐길 때 숨어서 한다. 서인도 사람들은 내놓고 그 짓을 한다. 스키타이족들은 그들의 사원에서 외국인들을 도살했다. 다른 데서는 사원에 숨은 자들은 잡아가지 못한다.

어느 고장에서나 이웃 나라의 신들을 혐오하고
자기들이 숭배하는 것만을 신으로 모셔야 한다는
확신 때문에 민족들의 이런 광분이 터진다.
(유베날리스)

나는 한 재판관의 이야기를 들었는데, 그는 바르톨루스와 발두스 사이에 일어난 맹렬한 싸움에서 이 사건에 여러 모순되는 문제가 걸려 있는 것을 보고, 자기 조서의 여백에 '친구에게 유리한 문제'라고 적어 넣었다고 한다. 말하자면 사실이 너무 뒤엉키고 논란거리가 많기 때문에, 이런 소송 사건에서는 자기에게 좋게 보이는 편을 들게 된다는 말이다. 그가 어떤 데서나 '친구에게 유리한 문제'라는 말을 적용하지 못하는 것은 그의 재치와 재주가 부족한 탓이다.

우리 시대의 변호사와 판사들은 모든 소송 사건에서 자기 좋은 대로 둘러맞출 구멍을 찾아낸다. 그렇게도 무한하고 많은 견해와 독단적인 판단의 권한에 매여 있는 지식의 분야에서는, 판단에 극도의 혼란이 일어나지 않을 수 없다. 그런 만큼 다양한 의견이 생길 수 없을 정도로 사리가 명백한 소송 사건이라고는 없다. 한 패가 판결한 것을 다른 패는 달리 판결한다. 그리고 같은 패라도 때가 바뀌면 다르게 판결한다. 여기에 관해서 우리 재판정의 준엄한 권위와 영광을 놀랍도록 더럽히는 일로, 동일한 소송 사건을 한 판결에 멈추지 않고 이 재판관에서 저 재판관으로 옮겨 가며 결정을 받는 자유 때문에, 이런 예가 빈번하게 일어나는 것을 본다.

악덕과 도덕에 관한 철학 사상의 자유로 말하면, 이 문제를 벌여 볼 필요도 없으며, 사고력이 부족한 사람들에게 공표하기보다는 입을 다무는 편이 나을 때가 많다.

아르케실라오스는 여자와의 육체적 관계는 어느 방면에서 하건, 어느 장소에서 하건 상관없는 문제라고 했다. "여자의 육체를 탐하는 것은 본성이 요구하면 혈통과 문벌과 지위는 고려할 것이 못 되며, 다만 우아미와 나이와 미모를 고려할 일이라고 에피쿠로스는 생각한다."(키케로)

"청순한 사랑이 현자에게 용납될 수 없는 것이라고는 그들은 생각하지 않는다."(키케로) "어느 연령까지 청년들을 사랑해서 좋을지 고려해 보자."(세네카) 이 마지막 스토아학파의 두 문구와 이 문제에 관해서 디카이아르코스가 플라톤에게 한 비난은, 가장 건전한 철학이 보통의 풍습을 벗어날 만큼 방자한 행위도 상당히 용인하고 있는 것을 보여 준다.

법률은 소유와 관용에서 그 권리를 얻는다. 법률을 그 발생의 근원으로 캐어 올라가 보는 것은 위험하다. 그것은 강물처럼 흘러가면서 커지고 고귀해진다. 강물을 거꾸로 거슬러 그 근원으로 올라가 보라. 그것은 거의 알아볼 수 없을 정도로 가느다란 물줄기인데, 그것이 늙어 가면서 이렇게 오만해지고 억세어져 간다. 저 위엄과 공포와 존경으로 가득 찬 그 유명한 사조에 최초의 발빠른 행동을 보여 준 옛사람들의 사고방식을 주의해 보라. 그 사상은 너무 경솔하고 허약해서, 요즈음 모든 일을 이성에 비쳐서 따져 보며, 권위나 신용으로는 아무것도 받아들이지 않는 사람들이 판단하는 바가 일반이 판단하는 바와 거리가 먼 것은 놀라운 일이 아님을 알 것이다. 이런 자들은 본성의 최초 모습을 그들의 스승으로 받들고 있기 때문에, 그들 견해의 대부분이 일반인들이 생각하는 식에서 크게 벗어나는 것은 놀라운 일이 아니다. 예를 들면 그들은 우리 결혼 생활의 강제 조건을 인정하는 일이 거의 없었고, 대부분 여자는 아무 의무 없이 공유되기를 바랐다.

그들은 우리의 법도에 맞는 질서나 절차를 거부하고 있었다. 크리시포스는, 철학자는 감람 씨 열두어 개를 얻으려면 바지도 입지 않고 열두어 번 땅재주를 넘으라고 했다. 그는 히포클리데스가 탁자 위에 곤두서서 두 다리를 벌리는 것을 보았다고 해서, 클리스테네스에게 그의 예쁜 딸 아가리스타를 주지 말라고 충고할 생각은 하지 않았을 것이다.

메트로클레스는 토론하다가 좀 점잖지 못하게 자기 학파들 앞에서 방귀를 뀌고는 민망한 나머지 토론장을 나오고 말았다. 그때 크라테스가 찾아가서 사리를 따져 위로해 주고, 덧붙여 그의 거리낌 없는 행태의 본을 보여 주며, 그와 경쟁해서 방귀를 뀌기 시작하여, 그런 일에 마음 쓰는 생각을 버리게 했다. 그리고 그가 그때까지 좇고 있던 소요학파를 벗어나 더 자유로운 스토아학파에 들어오게 했다.

숨어서 하면 점잖은 말이라도 터놓고는 감히 못하는 일을 예의라고 부르는 것을 그들은 천치의 수작이라고 불렀다. 우리의 본성과 습관과 욕망이 우리 행동에 나타나며 요청하는 것을, 입 밖에 내지 않고 그래서는 못 쓴다고 얌전을 피우는 수작을 그들은 악덕이라고 불렀다.

비너스의 신전에서 사랑의 신비를 끌어내어 사람들의 눈앞에 폭로하는 일은 비너스의 신비를 모독하는 일이며, 사랑의 희롱을 포장 밖으로 내놓는 일은 사랑을 더럽히는 짓이라고 보았다(부끄러운 마음은 일종의 사랑의 무게이며, 숨기고 보류하고 제한하는 것은 그것을 존중하는 마음씨였다). 사랑의 탐락이 도덕이라는 가면 아래 네거리 복판에서 사람들의 눈앞에 유린당해서, 습관상 방 안에서 하는 것이 안락과 위엄을 손상당하는 일이 없다고 고집 세워 주장하는 것은, 그들에게는 대단히 교묘한 수단으로 보였다. 그래서 공창 제도의 철폐는 여자를 찾아다니는 행위를 지정된 장소에서 하던 때보다도 사방에 널리 퍼지게 할 뿐 아니라, 남자들에게 불편을 줌으로써 이 악덕을 자극하게 된다고 어떤 자들은 말한다.

> 전일에는 아우피디아의 남편이더니, 코르비누스여,
> 그녀가 그대의 연적이던 자의 처가 된 이제는
> 그대가 그녀의 애인이 되었구나. 그녀를 소유하던 때는 싫어하더니
> 남의 소유로 된 지금 어째서 그녀가 마음에 드는가?
> 그대는 그러니 두려울 것이 없을 때는 불감증에 빠지는가?   (마르티알리스)

이런 경험에는 가지각색의 예가 있다.

> 그대 처가 누구든 가리지 않고 자유로 접하던 때의 케킬리아누스여,
> 이 도시 안에 그대 처를 욕심내던 자 아무도 없더니
> 이제 그대가 그녀에게 호위병을 붙여 준 이래론,
> 한량들 한 떼가 그녀를 에워싼다.
> 그대는 약은 자로다.   (마르티알리스)

한 철학자가 그 짓을 하다가 들켰다. 그게 무슨 짓이냐고 사람들이 물어보자, "나는 사람을 심고 있소" 하고 담담하게 대답하며, 그 짓을 하다가 들키고도 그가 마늘을 심고 있는 것을 남이 본 것처럼 얼굴빛도 붉히지 않았다.

내 생각에는 한 위대한 종교 작가(성 아우구스티누스를 말함)가 이 행위를 너무 수치스럽고 숨겨야 할 일로 생각했기 때문에, 견유학파(犬儒學派)의 방자한 포옹

행위에서도 그들이 일을 끝까지 해치웠다고는 생각하지 못하고, 단지 그들이 표명하는 뻔뻔스럽고 부끄럼이 없는 태도를 유지하려고 외설한 동작을 보여 주기에 그쳤다. 그리고 수치심 때문에 억제하고 피하던 것을 물리치기는 했지만 다음에는 역시 숨을 자리를 찾아야 할 필요를 느꼈다고 믿는데, 그것은 너무 연약하고 조심스러운 생각에서 한 일이다. 그는 그들의 방자한 행위를 철저하게 들여다보지 못했던 것이다. 왜냐하면 디오게네스는 사람들이 보는 데서 수음을 하며, 구경꾼들을 향해서 배도 이처럼 문질러서 부르게 할 수 있다면 좋겠다고 말했다. 누가 그에게 하필이면 한길에서 식사하느냐고, 왜 더 편리한 장소를 찾아가지 않고 큰길 복판에서 식사하느냐고 물어보자, "길 한복판에서 배가 고프니까 그렇지" 하고 대답했다.

  이 학파들과 섞여 놀던 여인 철학자들은 역시 어느 장소에서나 가리지 않고 그들과 섞여 살았다.

  히파르키아는 무슨 일에서라도 그의 규칙과 풍속을 좇겠다는 조건으로 크라테스와의 교제를 허락받았다. 이런 학자들은 덕성에다 극도의 가치를 두고, 도덕 밖에 다른 훈련은 거절했다. 그래서 그들은 모든 행동에서, 그들 현자의 결정에 최고의 권위를 부여하며, 그것을 법률 이상으로 간주하고, 그리고 탐락에는 절도를 지킬 것과 타인의 자유를 존중하는 것 외에 다른 제한을 두지 않았다.

  헤라클레이토스와 프로타고라스는, 포도주의 맛이 병자에게는 쓰고 건강한 자에게는 달며, 삿대는 물속에서는 굽어 보이고 밖으로 꺼내면 꼿꼿하게 보이며, 여러 사물들에서 겉모습이 이렇게 반대로 보이는 것을 들어서 모든 사물들은 이러한 외관을 가질 원인을 지니고 있다고 하고, 포도주에는 병자에게 느끼게 하는 쓴맛이 있고, 삿대에는 물속에 넣었을 때 굽어 보이는 성질이 있다고 논했다. 그리고 모든 일을 이렇게 생각했다. 모든 일이 모든 사물들에 있고, 따라서 아무 것에도 아무것도 없다는 논법이 된다. 왜냐하면 모든 것이 있는 곳에는 아무것도 없기 때문이다.

  나는 이런 논법에서, 인간 정신이 탐구해 보려고 시도하는 저작들 중에, 굽었다든가 곧다든가 달다든가 하는 감각이건 모습이건, 발견되지 않는 것이 없던 경험이 생각난다. 세상에 있을 수 있는 가장 명백하고 순수하고 완벽한 말 속에도,

사람들은 얼마나 많은 허위와 거짓말이 생겨나게 했던가? 어떠한 사교(邪敎)가 자기의 설을 세우고 유지하기 위해서, 이런 것 속에 충분한 근거와 증거를 찾아내지 못했던가? 이 때문에 거짓 작가들은 시구(詩句)의 해석에 의한 증거와 증명을 버리려고 하지 않는다.

한 지체 높은 분이 자기가 몰두하고 있던 철학석(哲學石)의 탐구에 관해서 권위를 세워 가며, 내 찬성을 얻으려고 최근에는 성경의 문장 대여섯 구를 이용해 보여 주며, 이 문장에 의지해서 자기는 양심에 거리낄 것 없다는 근거를 세우고 있었다(그는 성직의 직분을 가지고 있었다). 그리고 이 착상은 재미날 뿐 아니라 그 훌륭한 학술을 옹호하기에도 적절하게 들어맞는 것이었다.

이런 방법으로 점쟁이들이 꾸며 대는 이야기는 신용을 얻는다. 어떠한 예언자라도 사람들에게 그의 문장을 뒤적거리며 그 말이 지닌 뜻과 모습을 조심스레 알아보게 할 권위를 가졌다면, 옛날 시빌르(그리스의 무녀)처럼 사람들이 바라는 대로 그에게 말을 시켜 보지 못할 자라고는 없다. 왜냐하면 거기에는 얼마든지 해석할 방법이 있기 때문에, 틀어서 말하건 바른대로 말하건, 교묘하게 머리를 쓸 줄 아는 자는 모든 문체를 가지고 자기가 말하고 싶은 점에 소용되는 어느 모습을 찾아내지 못하기가 도리어 어려울 수 있기 때문이다.

그 때문에 세상에는 옛날부터 이런 데 그렇게도 흔하게 쓰여 오던 의심스럽고 흐리멍덩한 문체가 있는 것이다! 이런 작가는 후세 사람들을 끌어서 자기 글을 가지고 일거리를 삼게 할 수 있을 것이다!(이런 일은 능력뿐 아니라, 우연히 얻은 재료의 덕분에 그만큼 또는 더하게 호평을 얻을 수 있다.) 그뿐더러 어리석어서이건 꾀가 많아서이건 좀 알아보기 어렵게 잡색으로 적어 놓을 일이다! 걱정할 것 없다. 수많은 인물들이 그것을 체로 치고, 흔들어 보며, 작가의 뜻을 따르거나 거스르거나, 반대로거나, 그 뜻을 수많은 형태로 설명하며, 이런 것 모두가 그에게 영광을 줄 것이다. 그는 랑디[10]의 장날, 선생들이 받는 수업료처럼 자기 제자들이 찾아낸 방법으로 부자가 될 것이다.

이것이 수많은 허망한 사물들에 가치를 주고, 여러 문장들이 신용을 얻게 하

---

10) Lendit. 중세기에 파리 근처 생 드니 평원에서 6월에 열리던 시장. 이때 학생들은 방학이고, 선생들은 사례금을 받으며, 학교에서는 이 시장에 가서 일년 분의 양피지를 사들였다.

고, 사람들이 원하는 온갖 재료를 거기에 실어 놓게 한 것이다. 동일한 사물이 백이나 천 가지로 우리 좋을 대로의 모습과 고찰을 받는 것이다.

호메로스가 사람들이 모두 그가 말한 것이라고 하는 뜻으로 말한 것이며, 신학자·입법자·장군·철학자, 그리고 학문을 다루는 모든 종류의 인간들이 모두가 색다르게 반대로도 다루며, 그의 말에 의거하고, 그에게 연관 지어서 일을 처리하게 하고, 모든 직무들, 작품들, 장인(匠人)들의 최고 스승이며, 모든 계획의 총고문이 될 생각으로, 자기를 그렇게도 다양한 모습으로 내주었단 말이 있을 수 있는 일인가? 신탁이나 예언이 필요한 자들은 누구나 다 여기서 자기 사실을 찾아내었다. 내 친구인 한 박식한 인물이 여기서 감탄할 만하게도 우리 종교에 유리하고 부합되는 많은 점을 찾아내며, 그리고 이것이 호메로스의 의도였다는 생각을 버리지 못하는 것을 보면 참 가관이다(그러나 그는 우리 시대의 어느 누구에도 못지않게 이 작가에 정통하고 있었다). 그런데 그가 우리 종교에 유리한 사상이라고 거기서 찾아낸 바를, 옛사람들은 그들의 종교에 유리하게 해석했던 것이다.

플라톤을 가지고 모두들 밀어 대고 뒤흔들고 하는 꼴을 보라. 저마다 이 작가를 자기에게 적용하기를 영광으로 삼으며, 자기가 원하는 쪽으로 그를 뉘어 놓는다. 사람들은 세상에 용납되는 모든 새 세상들 속에 그를 끌어들여 끼워 넣으며, 일이 되어 가는 형세의 경과가 달라지게 되면 그를 자신과 달라지게 만든다. 사람들은 그의 작품 속의 방자한 풍습들이 우리 시대의 풍습에 용납되지 않자, 그가 그들의 풍습을 부인한 뜻으로 그를 해석한다. 그것을 해석하는 자의 정신이 생기 있고 강력하면, 모두가 그만큼 힘차고 강력하게 된다.

헤라클레이토스가 지녔던 사상과 동일한 근거에서, 그리고 모든 사물들이 거기서 발견하는 모습들을 지니고 있다고 한 그의 문장에서, 데모크리토스는 그와는 전혀 반대되는 결론을 끌어내고 있었다. 그것은 사물들은 우리가 거기서 발견하는 모습을 아무것도 지니고 있지 않다고 하는 것이며, 꿀은 어느 자에게는 쓰고, 어느 자에게는 달다는 사실에서, 그는 꿀은 쓰지도 달지도 않다는 논법을 내놓는 것이었다. 피론 학자들은 그것이 단지 쓴지, 달지도 쓰지도 않은지, 또는 두 가지 다인지 자기들은 모른다고 말할 것이다. 이들은 항상 극단적으로 의문을 품는 태도를 취하기 때문이다.

키레나이카학파들은 외부에 의해서는 아무것도 지각할 수 없으며, 고통과 쾌감처럼 내적 접촉으로 우리에게 감명을 주는 것만으로 사물들은 지각되는 것이라고 생각한다. 또 음조(音調)나 빛깔은 인정하지 않고, 다만 거기서 오는 어떤 심정만을 인정했으며, 사람은 이것밖에 달리 판단의 근거를 갖지 않았다고 했다. 프로타고라스는 각각의 사람에게 보이는 것이 그대로 진실이라고 했다. 에피쿠로스학파는 사물들의 지식이나 쾌락이나 모든 판단력의 근거를 감각에 두고 있다. 플라톤은 진리의 판단과 진리 자체를 견해와 감각과는 별개로 정신과 사유에 소속시키려고 했다.

*감각은 부적당하다

이 문제에서 나는 우리들 무지의 가장 큰 기초이며 증거가 놓여 있는 감각에 관해서 고찰하게 되었다.

사람이 인식하는 모든 것은 확실히 인식하는 자의 소질에 의해서 인식된다. 왜냐하면 판단은 판단하는 자의 의식적인 행위에서 오는 만큼, 그는 이 행위를 그 자신의 방법과 의지로 완수하는 것이 당연하며, 우리가 사물의 본질적인 법칙을 따라 사물을 인식하는 것이 옳기 때문이다. 타인의 강제에 의해서 하는 인식은 옳은 것이 아니다. 그런데 모든 인식은 감각에 의해서 우리에게 온다. 감각이 우리의 주인이다.

이 길을 따라서 확신은 인간의 마음과
그의 정신의 거룩한 제단에 직접 들어가는 것이다. (루크레티우스)

지식은 감각을 통해서 시작되며, 속에서 해결된다.

결국 우리는 소리·냄새·빛·맛·크기·무게·무름·굳음·거칠음·빛깔·매끈함·폭·깊이 등이 있다는 것을 모르고는 돌이 무엇인지도 모를 것이다. 여기에 우리 지식 구조의 기초와 원칙들이 있다. 그리고 어떤 자들에 의하면 지식은 감각일 뿐, 다른 것이 아니라고 한다. 누구이건 내가 이 감각들에 반박하게 강제할 수 있는 자는 내 목덜미를 잡은 것이다. 그는 나를 더 뒤로 물러갈 길이 없게 만들 것이다.

감각은 인간 지식의 시작이며 마지막이다.

> 우리에게 처음으로 진리의 인식을 준 것은 감각이며
> 그들의 증명을 반박할 수 없음은 그대도 알 것이다……
> 다른 무엇에 감각이 증명하는 것보다 더 큰 신뢰를
> 둘 수 있을 것인가?　　　　　　　　　　　(루크레티우스)

　감각의 역할을 최대한으로 적게 평가해 보라. 그래도 늘 우리의 배움 전체가 감각의 중개와 방법으로 이루어진다는 것은 인정해야만 할 것이다. 키케로는 크리시포스가 감각의 힘과 효능을 깎아내리려고 애쓰다가, 그 자신에게서 거기에 반대되는 논법과 너무 심한 반박이 나와서 이 시도를 만족시키지 못했다고 한다. 그래서 그의 반대파를 지지하던 카르네아데스는 크리시포스를 논박하기 위해서, 바로 그의 무기와 어법을 사용하겠다고 자랑하고, 이 문제로 그를 공격하며, "오 가련한 자여, 그대의 힘에 그대가 패했도다!" 하고 외쳤다.
　우리는 불이 뜨겁지 않다든지, 빛이 밝혀 주지 않는다든지, 피가 무겁지도 단단하지도 않다든지 하는 것보다 더 어리석은 일은 생각해 볼 수 없다. 이런 것은 감각이 우리에게 지적해 주는 사항들이다. 인간의 신념이나 지식으로 그 확실성을 이런 것에 비겨 볼 만한 것은 없다.
　감각의 문제에 관해서 내가 내놓은 제1의 고찰은, 인간이 자연의 모든 감각을 갖추고 있는가에 대해서 의문을 품는 일이다. 나는 여러 동물들이, 어떤 것은 시각이 없고 어떤 것은 청각이 없어도 온전하게 생명을 이어가는 것을 본다. 그러면 우리도 감각들 중에서 하나나 둘이나 셋이나 또는 여러 가지를 갖지 못하고 있는 것인지 누가 알 것인가? 그중에 어느 것이 부족하다고 해도 우리의 사고력은 그 결함을 발견할 수가 없기 때문이다.
　감각은 우리가 지각할 수 있는 극한이라는 것이 그 특권이다. 이 감각 너머에, 우리에게 감각을 발견하게 해 줄 수 있는 것은 아무것도 없다. 진실로 한 감각이 다른 감각을 발견해 낼 도리가 없다.

> 귀가 눈을 문책할 수 있는가? 또는 촉각이 귀를,
> 또는 그 밖에 입의 미각이 촉각을 나무랄 수 있는가?
> 또는 콧구멍이 비난할 수 있는가,
> 눈이 반박할 것인가? (루크레티우스)

그들은 모두 다 우리 소질의 극한을 이룬다.

> 각각의 기능은 구분되고 그 역량은 한정된다. (루크레티우스)

시각장애자로 태어난 사람에게 그가 앞을 못 본다는 것을 생각해 보게 할 수는 없다. 그에게 시각을 욕심내며 그것을 못 가졌다고 슬퍼하게 만들기는 불가능하다.

그런 까닭에 우리의 심령은 자기에게 질병과 불완전한 면이 있다고 해도 그것을 느낄 거리를 갖지 못한 만큼, 우리가 가진 감각들로 만족하고 흡족하다고 하는 것으로 조금도 안심할 수 없는 일이다. 이 시각장애자에게 이치로나 추론으로나 비교로나 그의 상상력에 빛과 빛깔과 시각을 이해시킬 어느 것도 말해 주기는 불가능하다. 그 뒤에는 이 감각을 명확하게 증명해 줄 것이 아무것도 없다. 태어난 시각장애자들이 무엇을 보려고 욕심내는 것은, 그들이 요구하는 것을 이해하기 때문이 아니다. 그들은 우리로부터 우리가 가지고 있는 것이 그들에게는 없고, 그들이 바랄 만한 것이 무엇인가 있다는 것을 배운 것이다. 그것의 이름은 그들도 잘 알고, 그 효과와 결과도 잘 안다. 그러나 그것이 무엇인지는 알지 못하며, 그것을 세밀하게나 어렴풋이라도 이해하고 있는 것이 아니다.

나는 한 명문의 귀인이 태어날 적부터 시각장애자였거나, 적어도 시각이 무엇인지 모르는 나이에 시각장애자가 된 경우를 보았다. 그는 자기에게 무엇이 부족한지 거의 이해하지 못하며, 우리처럼 보는 데 쓰는 말을 쓰지만, 그것을 자기 식으로 아주 독특하게 적용하고 있었다. 누가 그에게 어린아이를 하나 데려다주며 그의 수양아들을 삼게 하자, 그는 그 아이를 팔에 안고는 "이거 참 예쁜 아이구나! 얼마나 보기 좋은가! 얼굴도 쾌활하니!" 하며 말했다. 그는 우리들 중의 하나처럼 "이 방은 전망이 좋군. 날씨가 맑다. 해가 잘 비친다"라고 말한다.

그보다도 더한 일이 있다. 사냥과 공치기와 사격 같은 것은 놀이지만, 그는 이런 말을 많이 듣고 있으면서, 그도 여기 열중하며 바쁘게 군다. 그도 우리와 같이 한몫 끼어 있다고 생각한다. 그는 여기에 신이 나서 재미나는 듯한데, 그렇지만 귀로밖에는 받아들이지 못한다. 그가 말을 타고 박차를 찰 수 있는 훤한 벌판에 나왔을 때에 "저기 토끼가 있다!" 하고 누가 그에게 소리친다. 그러고는 또 토끼 한 마리를 잡았다고 사람들이 그에게 말한다. 그러면 그는 다른 사람들이 하는 말을 들으면서, 그도 이 토끼를 잡은 것으로 의기양양해한다. 그는 공을 왼손에 들고 라켓으로 친다. 화승총을 가지고 아무 데나 대고 쏜다. 그리고 하인들이 높다든가 빗나갔다든가 하고 그에게 말하는 것으로 만족한다.

혹시 인류에게도 어느 감각들이 부족해서 이와 같은 어리석은 짓을 하고 있으며, 이 결함 때문에 우리는 사물들의 모습을 제대로 보지 못하고 있는 것은 아닌지 누가 알 것인가? 자연 속에 일어나는 여러 가지 일 중에 우리가 이해하기 곤란한 점이 많은 것은 여기에 원인이 있지나 않은지 누가 알 것인가? 그리고 동물들이 우리 능력보다 더 나은 소질을 가지고 있는 것은, 우리가 가지고 있지 않은 어떤 감각의 소질에서 나오는 것이며, 그리고 이 동물들 중의 어떤 것들은 이런 이유로 우리보다 더 충만한 생명을 누리고 있는 것이 아닌지 누가 알 것인가?

사과 한 개를 들고, 우리는 거의 모든 감각으로 그것을 파악한다. 우리는 거기서 붉은빛과 매끈한 감촉과 냄새와 맛을 알아본다. 그 밖에도 사과는 건조시키거나 수축시키는 것 같은, 우리에게 알려질 수 없는 다른 효력들을 가질 수 있다. 여러 사물들에 우리가 오묘하다고 부르는 다른 소질들은, 자연 속에는 그것을 지각해서 판단할 수 있는 감각적 소질들이 있지만, 우리는 그런 감각적 기능을 가지고 있지 않기 때문에 그러한 사물들의 진실한 본질을 모르고 지낸다고 보는 것이 진실다운 일이 아닐까?

수탉에게 아침과 자정 시간을 알려 주는 것은 아마 특수한 감각이 있어서 그들을 움직여 울게 하는 것이며, 암탉은 아무런 습관도 경험도 갖기 전에 소리개를 무서워하며, 더 큰 짐승인 거위나 공작새는 무서워하지 않게 하고, 병아리들에게는 고양이가 가지고 있는 적대적 소질을 알려 주며, 개가 짖는 것은 수상하게 여겨지지 않게 하고, 어찌 보면 아양을 피우는 것 같은 야옹 하는 소리에는 경계하여도, 싸우려 대드는 듯 거칠게 짖어 대는 개 앞에서는 경계하지 않게 하는 것이며, 호박벌과 개미들과 쥐들에게는 맛도 보기 전에 가장 맛있는 치즈와 가장 맛 좋은 배를 골라잡게 하고, 사슴과 코끼리와 뱀에게는 약이 되는 풀을 알아보게 하는 것이다.

  감각으로서 큰 지배력을 갖지 않았거나 그 방법으로 무한한 수의 지식을 가져오지 않는 것은 없다. 만일 우리에게 음향과 화음과 목소리의 이해가 없었다면, 그것은 우리의 다른 지식에 상상할 수 없는 혼란을 일으켰을 것이다. 각 감각의 고유한 효과에 결부된 것 외에도 우리는 한 감각과 다른 감각과의 비교에서 얼마나 많은 논거와 결말과 결론을 끌어내는 것인가! 지각 있는 사람에게 인간성이 본래 시각 없이 이루어진 것을 상상하게 해 보라. 이러한 감각의 결함에서 그에게 얼마만 한 무지와 혼란이 올 것이며, 얼마만 한 암흑과 맹목성이 우리 심령에 일어날 것인가를 생각하게 해 보라. 그것으로 우리는 하나나 둘이나 세 가지 감각의 결함이, 만일 그것이 우리에게 있었던들 진리의 인식에 얼마나 중대한 문제로 되는가를 알 것이다. 우리는 오관(五官)의 상의와 협동으로 진리를 형성했다. 그러나 이 진리를 확실하게 그 본질에서 알아보려면, 아마 팔관이나 십관의 일치와 협의가 필요할 것이다.

  여러 학파들이 인간의 지식에 관해서 논쟁하는 것은, 우리의 감각이 불확실하고 허약하기 때문이다. 모든 인식은 감각들의 중개로 우리에게 오는 것인 만큼, 만일 그들이 해 주는 보고에 실수가 있다면, 그들이 밖에서 우리에게 운반해 오는 것을 부패시키고 변질시킨다면, 또 그들에 의해서 우리에게 흘러들어오는 장면이 도중에 흐려진다면, 우리는 의지할 곳이 없어진다. 이러한 극단의 곤란함에서 다음과 같은 허망한 생각이 나오는 것이다. 즉, 각 사물은 우리가 거기서 발견하는 것을 모두 그 자체에 가지고 있다거나, 우리가 발견한다고 생각하는 것은 아무것도 거기에 없다는 식으로 말이다. 에피쿠로스학파의 망상은, 태양은 우리가 시각으로 판단하는 것보다 더 크지 않다고 한다.

    그것이 어떻게 생겼건, 그것은 우리 눈으로 식별한 것보다

더 큰 형상으로 운행되지 않는 것으로 보인다.　　　　　(루크레티우스)

한 물체가 가까이 있는 자에게는 크게 보이고, 멀리 있는 자에게는 작게 보이는 이 외관들은, 두 편이 다 진실하다고 한다.

우리는 그렇다고 눈이 잘못 본다고 생각하지 않는다……
그러므로 정신의 잘못을 눈에게 전가하려고 하지 말자.　　　　(루크레티우스)

그리고 단호하게 감각에는 어떠한 속임수도 없다고 말하며, 감각에 매여 지낼 수밖에 없다고 한다. 우리가 거기서 발견하는 차이와 모순을 설명할 이유는 다른 곳에서 찾아보아야 하며, 감각을 비난하기보다는 차라리 다른 거짓말이나 헛생각을 꾸며 대라고까지 한다(그들은 이렇게까지 말한다). 티마고라스는 아무리 그의 눈을 누르고 삐뚤게 보아도 촛불의 빛이 두 겹으로 보이는 일은 결코 없다고 말하며, 그렇게 보이는 것은 도구의 잘못이 아니라 생각의 잘못에서 오는 것이라고 했다.
에피쿠로스학파의 어리석은 수작 중에도 가장 어리석은 것은 감각의 힘과 효과를 부인하는 일이었다.

따라서 모든 순간의 지각은 진실하다.
바로 접근해서 보면 사각인 물체가 어째서 머리에서는
원으로 보이는가의 이유를 이성이 해결 못한다 해도
자기 손의 명백한 증거를 포기하고,
모든 신념의 최초의 것을 부인하고,
우리 생명과 심령의 구제가 놓여 있는 기초 자체를
없어지게 하기보다는 우리 이성이 밝혀 보지 못한다 해도
차라리 양편의 외관들을 부정확하게 설명해 줌이 나으리라.
왜냐하면 우리가 감각을 믿지 못하고
절벽을 피하는 것 같은 종류의 모든 위험을

> 피하기를 포기하면 모든 이성뿐 아니라
> 생명 그 자체가 동시에 멸망할 것이기 때문이다. (루크레티우스)

　이 절망적이며 너무나 철학적인 충고는 인간의 지식이 미치광이의 억지인 비합리적인 이성에 의해서밖에는 유지될 수 없다는 것이 아니라면, 아무런 다른 의미도 가질 수 없다. 그러나 이래도 역시 사람은 자기의 가치를 세우려면 필연적으로 자기가 어리석다는 것을 자백하기보다, 차라리 아무리 헛된 수작이라도 이 이성과 다른 구제책을 사용해 보는 편이 낫다는 것이니, 참 어처구니없는 진리가 아닌가! 그는 감각이 그의 지식의 최고 윗사람이라는 사실을 피할 길이 없다.
　그러나 이 감각들은 모든 사정에 불확실하고 그릇되기 쉬운 것이다. 이 점이 극한으로 싸워 이겨야 할 문제이며, 만일 우리에게 여기에 꼭 필요한 힘이 없다면, 우리는 여기에 완고성과 과감성과 당돌성을 사용해야 할 일이다.
　에피쿠로스학파가 말하는 것이 진실인 경우, 그러니 감각의 겉모습이 거짓인 경우에 우리는 지식을 갖지 않았다는 것이라면, 그리고 스토아학파들이 말하는 것처럼 감각의 겉모습이 거짓이어서 우리에게 아무런 지식도 줄 수 없다고 하는 것이 진실이라면, 이 독단론적인 두 큰 학파에 미안하지만, 우리는 도무지 지식이라는 것이 없다고 결론 지을 것이다.
　감각 작용의 오류와 불확실성에 관해서는, 각기 다 갖고 싶은 대로 얼마든지 예를 찾아볼 수 있다. 그다지도 감각이 우리에게 주는 과오와 속임수는 흔하다. 골짜기에서는, 뒤에서 부는 나팔소리도 그 방향에 의해 우리 앞에서 오는 것처럼 들린다.

> 저 먼 산악들은 대해 한복판에 하나로 보이지만
> 그들 사이에 넓은 거리가 놓여 있다……
> 우리 배가 스치며 지나는 해안에
> 구릉과 들판을 배의 뒷부분을 향해 달아나는 듯 보인다……
> 우리의 건강한 준마가 하류의 중간에 급정지하면,
> 어떤 힘이 준마의 몸을 밀어

하류를 거꾸로 급격히 돌진시키는 듯 보인다. (루크레티우스)

    화승총의 탄알을 엄지로 만지다가 가운뎃손가락으로 그 위를 잡아 보며, 탄알이 하나뿐이라고 생각하려면 정신을 극도로 긴장시켜야 한다. 그렇게도 강력하게 우리 감각은 탄알을 두 개로 보여 준다. 왜냐하면 감각은 흔히 이성을 지배하며, 그것이 그릇된 인상인 줄 알며, 그렇게 판단해도 그대로 받아들이도록 강제하는 일을 우리는 번번이 당하기 때문이다. 촉각은 그 작용이 더 가깝고 생생하고 실질적이며, 신체에 가져오는 고통의 효과로 스토아학파의 훌륭한 결심들도 둘러엎는 수가 너무 많고, 담석증쯤은 다른 병이나 고통과 마찬가지로 한 현자가 자기 덕성으로 가꾸어 놓은 최고의 행복과 복지를 파괴할 힘이란 아무것도 갖지 않은 무관심한 사물이라고 하는 결심을 가지고 이 학설을 자기 심령에 세워 놓은 자에게까지도, 결심을 주며 고함지르게 하는 것이니, 이 감각은 치워 둔다.
    마음이 아무리 연약한 자라도 북 치고 나팔 부는 데에 흥분하지 않는 자는 없다. 아무리 냉혹한 자라도 달콤한 음악에 기분이 들뜨고 부드러워지지 않는 자는 없다. 아무리 비뚤어진 마음씨라도 교회당의 어두컴컴하고 널찍한 속에 들어가 잡다한 장식품과 의식 절차를 쳐다보고, 오르간의 경건한 소리와 목소리의 그렇게도 침착하고 신앙심 깊은 화성(和聲)을 들으며 경외함에 감동받지 않을 자는 없다. 경멸의 마음을 품고 거기에 들어가는 자들까지도 마음속에 전율과 같은 두려움을 느끼며, 자기들의 사상에 대해서 불신을 품게 된다.
    나로서는 호라티우스와 카툴루스의 시구를, 한 예쁘고 젊은 인물의 입으로 그 풍부한 음성을 가지고 노래하는 것을 침착하게 듣고만 있을 정도로 내 마음이 충분히 강력하다고는 생각하지 않는다.
    제논이 목소리는 미인을 장식하는 꽃이라고 한 것은 옳은 말이다. 우리 프랑스인이면 모두 알고 있는 한 사람이 자기가 지은 시를 낭독해 보이고 내게 깊은 감명을 주었는데, 그 시는 종이에 쓴 것을 음조로 들은 것과는 같지 않으며, 내 눈으로 읽어 보면 귀로 들은 바와는 반대로 판단했으리라고 내게 믿게 하려는 것이었다. 그 정도로 발음은 그 재간에 맡겨진 작품에 가치와 풍류를 즐긴다는 신용을 얻고 있다. 이 점에서, 필로크세노스가 누가 자기 작품을 나쁜 어조로 읽는 것을 보고, 그 사람의 소유인 기왓장을 발로 짓밟아 부수며, "네가 내 것을 망치고 있으니, 나도 네 것을 부순다"고 했다고 해서 그를, 화를 잘 내는 자로 볼 것도 아니다.

  확고한 신념을 가지고 죽음을 택한 자들이, 자기가 청해서 당하는 참형을 무엇 때문에 눈으로 보지 않으려고 고개를 돌리는가? 건강을 위해서 상처를 찢고 지져 주기를 원하며 그렇게 시키는 자들은, 그것을 눈으로 본다고 더 아파지는 것도 아닌데, 어째서 외과의사의 준비와 도구와 수술을 참고 보지 못하는가? 이것은 감각이 이성에 대해서 가진 권위를 증명하는 좋은 예가 아닌가?

  우리가 쓰는 머리 다발은 사동이나 하인들에게서 빌려 온 것이며, 이 연지는 스페인에서 왔고, 이 흰 분과 이 흰 빛깔과 이 매끈한 칠은 오세아니아주의 바다에서 왔다는 것을 아무리 잘 알고 있다 해도, 그 치장한 것을 눈으로 보면 모든 이치에 당치않게 그 사람이 더 예쁘고 귀엽게 보이지 않을 수 없다. 거기에는 자기의 것이란 아무것도 없다.

> 우리는 장식에 유혹당한다.
> 황금과 보석은 결함을 은폐한다.
> 소녀는 그녀 자신의 최소 부분이다.
> 그대는 흔히 이 많은 것 속에 애인은 어디 있나 물어본다.
> 그 풍부한 사랑은 이 방패에 눈을 속인다. (오비디우스)

  나르시스에게 자기의 그림자를 사랑하며 정신을 잃게 한 시인들은 얼마나 감각의 힘을 중시하는 것인가?

> 그는 자신이 감탄받고 있는 모든 것에 감탄하며
> 자기도 모르게 자기를 그리워하며, 칭송하며 칭송받는다.
> 탐하며 탐함을 받고, 자기가 지른 불에 자기가 불탄다. (오비디우스)

피그말리온의 오성은 자기가 만든 상아 조각상을 보고 받은 인상에 너무도 충격받아, 그는 이 조각상을 산 사람으로 보고 사랑하며 섬긴다!

그는 조각상을 입맞춤으로 덮으며, 그것이 응한다고 생각한다.
그는 조각상을 잡고 포옹하며 그 손가락 밑에 살결이 눌린다고 믿고
너무 힘주어 쥐다가 자국을 남길까 두려워한다. (오비디우스)

철학자 한 사람을 환하게 비치는 가는 쇠그물망의 장 속에 집어넣어 노트르담 성당 꼭대기에 매달아 보라. 그가 떨어지기는 불가능하다는 것을 이치로 알고 있을 것이다. 그렇지만(그가 기와장이 직업에 능숙한 자가 아니라면) 그는 그 엄청난 높이에서 내려다보는 데에 얼이 빠져 기절하지 않을 수 없을 것이다. 종루(鐘樓)가 돌로 쌓아 올린 탑이지만, 거기서 밖이 내다보이는 곳에 서면 마음의 안정을 얻기가 힘들기 때문이다. 그렇게 해 볼 생각조차 하지 못하는 사람도 있다. 이 두 탑 위에 사람이 걸어 다녀도 넉넉할 만한 대들보 하나를 걸쳐 놓았다고 하자. 아무리 철학적 예지가 확고했다 해도, 그것이 땅에 있을 때처럼 태연하게 그 위를 걸어가 볼 용기를 우리에게 줄 수는 없다.

나는 자주 피레네 이쪽의 높은 산 위에서 시도해 보았는데(그렇지만 나는 이런 일에 그렇게 놀라지 않는 축에 든다), 그 높은 데서 깊은 골짜기를 내려다볼 때에, 절벽가에서 내 키만큼은 떨어져 있었기 때문에 일부러 위험한 곳에 나가지 않으면 떨어질 염려는 없었다. 그래도 나는 몸이 떨리며 오금이 저리고 엉덩이가 흔들리는 통에 무한히 깊은 그 골짜기를 내려다볼 수가 없었다. 또 내가 주목한 바에는, 아무리 높은 곳에 있어도 거기에 나무 한 그루나 바윗돌 하나가 앞을 가로막아서 사이를 떼어 놓으면, 마치 우리가 떨어질 때에 그것이 구원을 줄 수 있는 것이거나 한 것처럼 안도감을 준다. 그러나 절벽이 반반하게 깎아내려져 있으면, 눈이 빙빙 돌지 않고는 내려다볼 수가 없다.

"그리하여 눈과 머리가 현기증을 느끼지 않고는 아래를 내려다볼 수 없다."(티투스 리비우스) 이것은 시각의 명백한 사기술이다.

저 훌륭한 철학자(데모크리토스)는 심령이 시각 때문에 타락하지 않고 더 자유

로이 철학을 할 수 있도록 두 눈을 뽑아 버렸다.

그러나 그럴 속셈이라면, 그는 마땅히 테오프라스토스가 말하듯, 귀는 우리들의 마음에 맹렬한 인상을 가져와서 정신의 변화와 혼란을 일으키게 하는 가장 위험한 기관이라고 하던 그 귀도 마땅히 틀어막았어야 할 것이다. 그리고 다른 감각을, 다시 말하면 자기 존재와 생명까지도 없애 버려야 할 일이었다. 왜냐하면 이 감각들은 모두 우리 이성과 심령을 지배하는 힘을 가졌기 때문이다. "어느 때는 흔히 어떤 모습이, 어떤 음성이 그 장중성으로, 어떤 가창(歌唱)이 정신을 맹렬히 동요시키는 수도 있으며, 또 흔히 근심과 공포가 역시 그렇게 한다."(키케로)

의사들은 어떤 종류의 체질을 가진 사람들은 어떤 음성이나 악기의 소리만 들어도 동요되는 일이 있다고 생각한다. 나는 남이 식탁에서 뼈를 깨무는 소리를 참고 듣지 못하는 사람을 보았다. 그렇듯 줄로 쇠를 쓸 때의 뚫는 듯 찢는 소리에 마음이 불쾌해지지 않는 사람은 없다. 마찬가지로 누가 우리 옆에서 무엇을 씹어 먹는 소리를 내거나, 목이나 코가 막힌 사람이 말하는 것을 들을 때에 분노와 증오심을 일으킬 정도로 신경질적으로 변하는 사람도 많다.

그라쿠스의 의전 나팔수는 그의 윗사람이 로마에서 연설할 때, 그의 목소리를 부드럽게도 강하게도 둥글게도 울려 주었다. 그러나 만일 그 나팔소리의 움직임과 소질에 청중들의 판단력을 감동시키고 거기에 영향을 주는 힘이 없었던들, 그것이 무슨 소용이 있을 것인가? 이렇게도 가벼운 바람결의 우연한 동요에 조종되어 영향을 받다니, 그 훌륭한 이성의 확고한 영향이란 떠들어 댈 만한 여지가 있군그래!

감각이 우리 오성에 끼치는 이 속임수를 감각도 그들대로 당한다. 우리의 심령은 가끔 그들에게 앙갚음을 한다. 그들은 서로 시새워하여 속이며 속아 넘어간다. 우리가 격분했을 때 보고 듣는 것은, 있는 사실대로 보고 듣는 것이 아니다.

  태양이 둘로, 테베시가 둘로 보인다.   (베르길리우스)

우리가 사랑하는 대상은 실제보다 더 예쁘게 보인다.

그리하여 우리는 모든 면으로 추악하고 못난 여자들이
가장 큰 영광으로 숭배받고 총애받는 것을 본다.   (루크레티우스)

그리고 우리가 싫어하는 자는 더 못나 보인다. 괴로운 처지에 고민하는 자에게는 대낮의 빛도 흐리고 컴컴한 것같이 보인다. 우리의 감각은 심령의 정열 때문에 변질될 뿐 아니라 완전히 마비되는 수가 많다. 정신이 다른 데 팔려 있을 때에는 눈에 띄지 않는 사물들을 얼마나 많이 보는가!

그대가 똑똑히 보는 사물에 관해서도 정신을 차리지 않으면
그에 따라서 마치 시간적으로 먼 일인 듯, 또는
먼 곳의 일처럼 느껴짐을 그대는 관찰할 것이다.   (루크레티우스)

심령은 마치 감각의 힘을 속으로 끌어들여 희롱하는 것같이 보인다. 그래서 인간의 안과 밖은 약점과 거짓으로 가득 차 있다.
우리 인생을 꿈에 견주어 본 자들은, 그들이 생각하는 것보다 더 옳게 본 것이리라. 우리가 꿈을 꿀 때의 심령은 잠이 깨어 있을 때보다 더하지도 덜하지도 않게 살며 행동하며 모든 소질들을 행사하고 있다. 그러나 좀 무르고 흐리다고는 하지만, 그렇다고 그 차이가 분명히 밤과 환한 대낮 사이 만한 것은 아니다. 그렇다. 밤에서 그늘까지의 차이는 있다. 저편에서는 심령은 잠자고 있다. 이편에서는 다소간 졸고 있다. 그것은 언제나 암흑이다. 킴메리아인의 암흑이다.
우리는 잠자며 잠 깨어 있고, 잠 깨어서 잠자고 있다. 나는 잠을 자면서 똑똑히 보지 못한다. 그러나 잠이 깨어 있을 때에도 언제나 흐리지 않게 충분히 또렷하게 보이는 적이 없다. 하기는 잠이 깊이 들 때는 꿈을 잠재우는 수도 있다. 그러나 우리가 잠이 깨어 있음은 결코 깨끗이 꿈을 씻어 흘을 만큼 깨어 있는 것이 아니다. 그 꿈은 깬 자들의 꿈이며, 꿈보다 더 나쁜 꿈이다.
우리의 이성과 심령은 잠자는 동안에 나오는 공상과 개념을 받아들이며, 심령이 낮의 행동에 대해서 인정하는 바와 같은 권위를 꿈속의 행동에도 주고 있는데, '어째서 우리가 생각하고 행동하는 것이 다른 방식의 꿈꾸는 일이며, 깨어 있

는 것이 어떤 종류의 잠이 아닌가' 하고 의문에 붙이지 않는가?
 감각이 우리의 제일차적인 심판자라고 하여도, 우리는 단지 감각에서만 충고를 받으려고 해서는 안 된다. 왜냐하면 이 소질에서는 동물들이 우리만큼 또는 우리보다 더 권한을 갖기 때문이다.
 동물들 중의 어느 것들은 사람보다 더 예민한 청각을 가졌고, 다른 것들은 시각, 다른 것들은 후각, 다른 것들은 촉각이나 미각이 더 예민한 것이 확실하다. 데모크리토스는 신과 짐승들은 인간보다 더 완전한 감각적 소질을 가졌다고 했다. 그런데 그들 감각의 효능과 우리의 것 사이에는 큰 차이가 있다. 우리의 침은 우리들의 상처를 낫게 한다. 그러나 그것은 뱀을 죽인다.

 여기에는 너무나 큰 차이가 있어서,
 어떤 자에게는 양분이, 다른 자에게는 맹독이 된다.
 뱀은 흔히 인간의 침에 접촉하면
 그 자신의 상처를 물어 찢으며 죽는다.　　　　　(루크레티우스)

 우리는 우리 침에 무슨 소질을 주어야 할 것인가? 우리 입장에서 따질 것인가, 뱀의 입장에서 따질 것인가? 이 두 가지 감각의 어느 것에 의해서 우리가 찾고 있는 이 침의 진실한 본질을 증명할 것인가? 플리니우스는 인도에 있는 어느 바닷고기들은 우리에게 독이 되며, 또 우리는 그들에게 독이 되기 때문에, 우리가 건드리기만 해도 이 바닷고기들은 죽어 버린다고 말한다. 그러면 어느 편이 진짜 독인가? 사람인가? 이 물고기인가? 누구를 믿어야 한단 말인가? 사람에 관해서 이 물고기를? 이 물고기에 관해서 사람을? 공기의 어떤 성질은 사람에게는 해가 되는데, 황소에게는 해가 되지 않는다. 또 다른 성질은 황소에게 해로운데 사람에게는 해롭지 않다. 이 두 가지 중의 어느 것이 진실로나 그 본성으로나 유독한 성질을 가진 것인가?
 황달에 걸린 자들에게는 모든 사물이 누렇고 더 희푸르게 보인다.

 황달 환자들에게는 만물이 다 황색으로 보인다.　　　　(루크레티우스)

눈에 염증이 생겨 결막이 충혈되는 증세로, 의사들이 각막충혈이라고 부르는 눈병에 걸린 자들에게는 모든 사물들이 벌겋게 핏빛으로 보인다. 이렇게 우리의 시각을 변질시키는 작용을 하는 기질이 혹시 짐승들에게 우세해서 그들에게는 이것이 예사로운 일인지 누가 알 일인가? 짐승들 중에 어떤 것들은 황달에 걸린 자들과 같이 눈이 노랗고, 어떤 짐승들은 눈에 핏발이 서서 벌겋다. 이런 짐승들에게는 아마도 물건들의 빛깔이 우리들과는 달리 보일 것이다. 우리와 그들 양편 중에 어느 편의 판단이 진실한 것인가? 사물들의 본질은 인간에게만 관련된다는 말은 없다. 단단함·흰 빛·깊이·신맛 등은 우리와 마찬가지로 동물들의 지식과 소용에 관계된다.

자연은 우리와 같이 그들에게도 이런 것을 사용할 권한을 주었다. 우리가 눈을 눌러보면 물체는 더 길게 퍼져서 보인다. 짐승들 중에는 눈이 납작한 것이 많다. 그러나 물체들의 이 길이는 아마도 우리가 이 물건들의 느껴지는 상태에서 보고 판단하는 길이가 아닐 것이다. 아마도 짐승들이 보는 길이가 진실한 길이일지도 모른다. 우리가 눈을 아래에서 누르면 물건은 두 겹으로 보인다.

    등불은 이중의 빛으로 화염을 꽃피우며
    인간들은 이중의 얼굴과 두 개의 신체를 가진다.   (루크레티우스)

어쩌다가 우리 귀가 무엇에 막히거나 청각의 통로가 오므라들면, 여느 때 듣는 것과는 다르게 소리를 받아들인다. 귓속에 털이 났든지 또는 귀 대신 아주 작은 구멍밖에 갖지 않은 동물들에게는, 우리가 듣는 것이 들리지 않고 다른 소리가 들린다. 명절 행사에서나 극장에 가서 횃불의 불빛 앞에 색유리를 대고 비쳐보면, 그곳에 있는 모든 것이 초록색이나 노랗거나 자줏빛으로 되는 것을 볼 수 있다.

    그것은 특히 극장 안에서 기둥과
    가로질러 놓은 나무에 팽팽하게 매여 바람결에 펄렁이는
    황색·홍색·녹색의 견직물 장막으로 이루어진다.

이 장막들이 움직이며 반사해서 계단 위 관중들,
무대 장식, 원로들의 숭엄한 자리 대열, 장막 아래에 모인
귀부인들과 제신들의 조각상들이 물들여진다.　　　　(루크레티우스)

눈이 여러 빛깔로 되어 있는 동물들의 눈은 아마도 모든 물체의 겉모습을 그 눈빛으로 그들에게 보여 주고 있을 것이다.

감각의 작용을 판단하려면, 첫째 우리가 이 점에서 짐승들과 일치해야 하고, 둘째 우리끼리의 일치가 있어야 한다. 그런데 우리는 도무지 그렇지 못하다. 한 사람이 무엇을 듣고 보고 맛보고 하는 것이, 다른 사람과 다르기 때문에 입씨름을 시작하며, 감각이 우리에게 주는 영상들이 다른 것을 가지고 논쟁한다. 어린애는 30대의 성인보다 그 본성의 일반적 규칙에 의해서 빠르게 듣고 보고 맛보며, 이들에 비해 60대 사람은 또 다르게 느낀다.

감각은 어떤 자들에게는 더 컴컴하고 음침하며, 다른 자에게는 더 열리고 예민하다. 우리는 자신의 됨됨이와 생각이 기우는 바에 따라서 사물들을 다르게 받아들인다. 그런데 우리에게 그럴듯이 보이는 것은 너무나 불확실하고 모순이 많아서, 우리는 눈이 희게 보인다고 고백할 수 있으나, 눈이 그 본질에 있어 진실로 그렇다고 증명하기는 어렵다고 누가 말해도, 그것은 기적이 아니다. 그리고 이렇게도 시초가 흔들리고 보면, 이 세상의 모든 지식은 필연적으로 들떠 있게 된다.

뭐? 우리 감각이 서로 방해를 놓고 있다고? 어떤 그림은 눈으로 보면 높고 얕게 보인다. 손으로 만져 보면 반반하다. 사향은 냄새를 맡으면 상쾌하고, 맛을 보면 해로우니, 그것은 상쾌한 것인가 해로운 것인가? 풀이나 연고 중에는 신체의 한 부분에는 이로우나, 다른 부분에는 해로운 것이 있다. 꿀은 맛은 좋지만 보기에는 흉하다. 날개깃 형태로 만든 반지들은 문장학(紋章學)에서는 '끝없는 깃'이라고 부르는데, 아무도 그 폭이 얼마인지 식별하지 못하며, 이 속임수에 넘어가지 않는 자가 없다. 특히 이것을 손가락에 끼고 돌려 보아도, 한편으로는 넓어져 가는데, 다른 편으로는 좁아지며 가늘어져 간다. 그러나 손으로 만져 보면 폭이 고르며 사방이 같다.

옛날에 감각을 돋우기 위해 그들이 쓰려는 연장을 시각으로 키워서 쾌감을 늘려 보려고, 물건을 비치면 더 굵고 크게 보이게 하는 거울을 사용하던 자들은, 이 두 감각들 중에 어느 편의 소득을 바랐던 것인가? 이 연장을 굵직하고 큼직하게 보여 주는 시각을 위한 것이던가? 또는 조그맣고 경멸할 거리로 느껴지게 하는 촉각을 위한 일이었던가? 그 물체에게 이런 여러 조건을 주는 것은 우리의 감각이다. 그렇다고 물체가 한 조건밖에 갖지 않았단 말인가? 마치 우리가 먹는 빵에서 보는 바와 같이 빵은 한 가지인데, 우리는 이것을 사용해서 뼈와 피와 살과 손톱을 만드는 식인가?

> 음식물이 신체의 모든 부분에 분배되어 그 자체를
> 파괴함으로써 다른 실체를 산출케 하는 식이다.   (루크레티우스)

나무뿌리가 빨아올리는 양분은 줄기와 잎새와 열매가 된다. 그리고 공기는 한 가지뿐인데, 이것을 나팔에 적용하면 수천 가지 소리가 나온다. 이렇게 이 물질들에 여러 가지 성질을 꾸며 주는 것은 우리의 감각이 하는 일인가, 또는 재료들이 본래 그렇게 되어 있는 것인가를 나는 모른다. 그리고 이 의문에 대해서 그들의 진실한 본질은 무엇이라고, 어떻게 결론지을 수 있는가? 그뿐더러 질병과 몽상·수면 등의 사고는 사물들을 건강한 자와 현자, 잠 깨어 있는 자들에게 나타나는 것과는 달리 보이게 하는 이상, 우리의 정상 상태와 자연스러운 경향은 역시 사물들에게 이런 조건에 상응하는 존재를 주고, 마치 혼란스러운 기분이 다르게 보여 주는 식으로 이런 상태에 사물들을 알맞게 할 거리를 가진 것이 아닐까? 그리고 우리 질병이 그런 것처럼 건강 상태는 사물들에게 자기 면모를 공급해 줄 수 있는 것이 아닐까? 어째서 절도 있는 자는 무절제한 자가 하는 식으로 물체의 형태를 그 자체에 관련되게 갖지 않는단 말인가? 그리고 물체들에게 마찬가지로 그 성격을 박아 넣지 않을 것인가?

입맛을 잃은 자는 맛 없음을 술의 탓으로 하고, 건강한 자는 그 향취로 술을 칭찬하며, 목마른 자는 그 시원한 맛을 술의 덕으로 돌린다.

그런데 우리의 상태는 사물을 자기에게 알맞게 만들며 자기에 맞춰 변형시키기 때문에, 어느 것이 사물의 진실한 상태인지 알 수 없다. 어느 것이건 우리의 감각에 의해서 변질되고 변형되지 않고는 우리에게 오지 않기 때문이다. 컴퍼스나 각도기나 자가 바르지 못한 때에는 그것으로 잰 모든 비율들, 그것으로 재어서 지은 모든 건축 역시 결함이 있고 불완전하다. 우리 감각의 불확실성은 그들이 만들어 내는 모든 것을 불확실하게 만든다.

> 결국 건축에 있어 최초의 척도가 바르지 못하고,
> 각도가 왜곡되어 수직이 바르지 못하고
> 수평이 어느 부분이 기울면
> 건축 전체가 필연적으로 결함을 지니고 경사지며,
> 불균형이라 앞으로, 뒤로 기울며
> 건물은 붕괴하고 싶은 듯 군데군데 붕괴하며,
> 처음의 계산 착오로 전체가 와해된다.
> 마찬가지로 그대의 사물들에 관한 추리는
> 기반적인 감각에서 덧붙여 말하자면 필연적으로
> 허구이며 옳지 못하다. (루크레티우스)

그뿐만 아니라 이러한 차이점을 정당하게 판단할 자는 누구인가? 우리가 종교에 관한 논쟁에서, 그것이 기독교인들 사이에서는 불가능한 일이지만, 이 당파와 저 당파에 매이지 않고, 편파성과 사사로운 정에 이끌리는 일이 없는 심판자가 필요하다고 말하듯, 여기서도 사정이 같다. 왜냐하면 그가 늙은이라면 자기가 그편에 속하니까 늙은이 심정을 판단하지 못할 것이며, 그가 젊다 해도 그렇고, 건강해도 그렇고, 병자나 잠자는 자나, 그리고 잠 깬 자 역시 그렇다. 판단에 선입견을 품지 않고 이해관계가 없는 입장에서 이런 제언들을 판단하기 위해서는, 이런 모든 소질들을 지니지 않은 자여야만 할 것이다. 이 점으로 보아 우리는 존재하지 않는 심판자가 필요하다.

우리가 객체들에게 받는 외관을 판단하기 위해서는, 정확한 도구가 필요하며, 이 도구의 진실성을 밝히기 위해서는 증명이 필요하며, 증명의 진실성을 밝히기 위해서는 도구가 필요하니, 여기서 순환론법에 빠진다.

　감각은 자체가 불확실성으로 충만해 있으니 우리의 논쟁에 단정을 내릴 수 없고, 단정을 내리는 것은 사물의 이치라야만 한다. 어떠한 이치도 다른 이치 없이는 성립하지 않는다. 이래서 우리는 무한정하게 뒷걸음질을 쳐야 한다.

　우리의 개념은 우리와 관련 없는 사물들에는 적용되지 않는다. 그러니 개념은 감각의 중개로 품어지는 것이다. 그리고 감각은 그들과 상관없는 객체를 이해하지 못한다. 다만 그들 자체가 받은 인상을 담아 둘 뿐이다. 그런 까닭에 개념과 외관은 객체에서 오는 것이 아니고, 다만 감각의 인상과 효과에서 온 것이며, 여기서 인상과 객체는 각기 다른 사물들이다. 이런 까닭에 사물을 겉모습으로 판단하는 자는 객체와는 다른 사물을 가지고 판단하는 것이다. 그런데 감각의 인상들이 외부의 사물들을 그 닮은 모습으로 심령에게 전달해 준다고 하지만, 심령은 그 자체로서 외부의 객체들과 아무런 교섭도 없는 이상 어떻게 심령과 오성은 이 닮은 모습을 가지고 확실한 것을 맡아볼 수 있을 것인가? 그것은 마치 소크라테스를 모르는 자가, 그의 초상화를 보고 그것이 그와 닮았다고 말할 수 없는 식이다.

　그런데 겉모습으로 판단하려고 한다면, 모든 겉모습들을 판단하는 것은 불가능한 일이다. 왜냐하면 우리가 경험으로 아는 바와 같이, 겉모습은 서로 모순되고 불일치함으로써 서로 훼방을 놓기 때문이다.

　그러면 그중에서 골라낸 겉모습들이 다른 겉모습들을 조정하는 것일까? 그러자면 이 골라낸 겉모습은 다른 골라낸 것으로, 이 둘째 것은 셋째 것으로 증명해야 할 것이다. 이래서 그것은 결코 끝이 나지 않을 듯하다.

*변하는 인간은 변하는 사물들을 알 수 없다

　결국 우리의 존재나 객체들의 존재, 나를 막론하고 항상 실재(實在)하는 것은 아무것도 없다.

　그리고 우리나 우리의 판단이나 반드시 멸망할 사물들은 끊임없이 흘러가고 굴러간다. 이러하여 판단하는 자와 판단받는 자는 서로 끊임없는 변화와 움직임 속에 있는 까닭에 하나를 가지고 다른 것에 확실성을 세워 볼 길이 없다.

*변하는 인간은 불변의 신을 알 길이 없다

　우리는 존재와 아무런 연락을 갖고 있지 않다. 인간성 전체는 항상 출생과 죽음의 중간에 있으며, 그 자체에 관해서는 캄캄한 겉모습과 그림자, 그리고 불확실하고 허약한 의견밖에 내놓지 않기 때문이다. 그리고 어쩌다가 그대가 이 인간성의 본질을 파악하려고 사고력을 집중시킨다면, 그것은 물을 잡으려는 자보다 더하지도 덜하지도 않을 것이다. 왜냐하면 그 본성이 사방으로 흘러내리게 된 것을, 아무리 세게 틀어쥐고 움켜쥐어 보아도 자기가 잡으려는 것을 잃고 말 것이기 때문이다. 이렇게 모든 사물들은 한 변화에서 다른 변화로 넘어가게 되어 있는 까닭에, 이성은 거기서 진실한 실체를 찾아보다가 실망하고 만다. 모든 것은 존재해 오면서 완전히 존재하지 않거나, 아직 출생하기 전에 죽어 가기 시작하는 것인 까닭에, 이성은 유지되어 영속하는 것을 아무것도 이해할 수 없기 때문이다.

　플라톤은, 호메로스가 모든 사물이 영속적인 흐름과 움직임과 변화 속에 있는 것을 알려 주려고 오세아누스를 신들의 아버지로 삼고, 테티스(바다의 신)를 어머니로 삼은 점을 고려하여, 육체는 결코 존재해 보지 않았으며 분명히 출생해 본 일이 없다고 말했다. 그것은 그의 시대 이전의 모든 철학자들에게 공통된 사상이었다고 그가 말한 것인데, 그중에 파르메니데스만은 사물들에게 움직임을 거부하며, 움직임의 힘을 대단히 중시했다. 피타고라스는 모든 사람들은 흘러가고 흩어져 간다고 했다. 스토아학파들은 현재라는 때는 없는 것이고, 우리가 현재라고 부르는 시간은 미래 과거가 합치는 연결점에 불과하다고 했다. 헤라클레이토스는 동일한 강물 속에 두 번 들어가 본 사람은 없었다고 했다.

　에피카르모스는, 이전에 돈을 차용한 자는 지금 빚을 지고 있는 것이 아니며, 지난밤에 다음 날 아침식사에 초대된 자는 그자가 이미 똑같은 자가 아니니까 지금은 초대받지 않고 오는 것이며, 그들은 이미 다른 자들이 된 것이라고 했다. 그리고 한 죽어 갈 자의 실체는 두 번 동일한 상태에 있을 수 없으므로, 그 실체는 급격하고 가볍게 변화하여 가며, 이때는 흩어지고 저 때에는 한데 뭉치며, 그것은 오고, 그러고는 가 버린다는 것이다. 그래서 출생하기 시작하는 것은 결코 완벽한 존재에까지 이르지 못한다. 그것은 출생이라는 것이 결코 완수되는 일이 없고, 목표에 도달한 것으로 정지하는 일이 없으며, 반대로 종자 때부터 항상 하나에서 다른 것으로 변하고 변화해 가는 것이라고 한다. 마치 인간의 정액이 어미의 배 속에 들어가서 형체 없는 열매를 맺으며, 다음에 어린애가 형성되어 밖으로 나와서는 젖먹이가 되고, 다음에는 소년이 되고, 연속해서 청년이 되며, 다음에는 성년, 장년으로, 마지막에는 쇠잔한 늙은이가 된다는 식이다. 이렇게 연대와 연속하는 세대는 항상 먼저 것을 해체시켜 부숴 가는 것이다.

    실로 시간은 세상의 모든 본성을 변화시킨다.
    모든 일은 한 상태에서 필연적으로 다른 상태로 바뀌게 되어 있다.
    그리고 자체로 닮아서 남는 것은 없이, 모두가 옮기어 바뀌며
    자연은 모든 것을 변형시키고 변하게 강제한다.   (루크레티우스)

  또 우리는 이미 죽음의 종류들을 거쳐왔고, 하고많은 다른 종류의 죽음들을 겪어 가는 바에, 우리가 한 종류의 죽음을 두려워한다는 것은 어리석은 일이다. 헤라클레이토스가 말하던 바와 같이, 불의 죽음은 공기의 출생이며, 공기의 죽음은 물의 출생일 뿐만 아니라, 우리는 더 확실하게 그것을 자신에게서 볼 수 있기 때문이다. 청춘기는 노년이 닥쳐오면 사라져 가고, 청년기는 장년기에 끝맺고, 소년기는 청년기에, 그리고 유년기는 소년기에 사라지며, 어제는 오늘에 사라지고, 오늘은 내일에 죽어 없어질 것이며, 늘 그대로 머물러서 똑같은 하나로 있는 것은 아무것도 없기 때문이다.
  사실이 그렇다는 증거로, 우리가 늘 하나로 동일하게 머무른다면 우리는 어떻게 이때는 한 사물을 가지고 즐기고, 저때는 다른 사물을 가지고 즐기는 것일까? 어떻게 우리는 반대되는 사물들을 사랑하기도 하고 미워하기도 하며, 칭찬도 하다가 책망도 하는 것일까? 어떻게 우리는 동일한 사상 속에 동일한 심정을 품고 있지 못하며 다른 마음을 품게 되는 것인가? 우리가 변하지 않고는 다른 정열을 품는다는 것은 진실하지 못하다. 그리고 변화를 겪는 것은 동일하게 머무르지 못하며, 동일하지 않으면 역시 있음이 아니다. 그러나 온전히 하나로 있는 존재와 함께 단순한 존재는 변화하며, 항상 하나의 것으로부터 다른 것으로 되어 간다. 그렇게 변화하는 까닭에 자연의 감각들은 속고 속이며, 존재하는 것이 무엇인가

를 잘 모르기 때문에 바깥으로 나타나는 것을 존재하는 것인 줄로 안다.

그러면 진실로 존재하는 것은 무엇인가? 그것은 영원히 있는 것, 다시 말하면 출생한 일이 결코 없었고, 영원히 끝이 없을 것이며, 시간이 그것에 아무런 변화도 가져오는 일이 없는 것이다. 시간이란 움직이는 사물이며, 항상 그림자같이 나타나고, 그 재료는 항상 흐르며 유동하고, 안정해서 머무른다든지 항구적인 것이 없고, 그것에 '전에', '뒤에', '있었던 것', '있을 것'이라는 말이 해당하는 것들은, 그것이 존재하는 사물이 아닌 것을 단번에 보여 준다. 왜냐하면 아직 존재로 있지 않은 것, 또는 이미 존재로 있기를 멈춘 것을 존재한다고 말함은 너무나 어리석은 것이고, 아주 확실한 거짓이기 때문이다. 우리가 주로 그것으로 시간의 이해를 세우며 유지하는 것같이 보이는 '현재'·'순간'·'지금' 같은 말로 말하면, 이성은 그것을 발견하며, 당장에 그것을 부숴 버린다.

이성은 즉석에 그것을 쳐서 미래와 과거로 갈라 버린다. 마치 필연적으로 둘로 갈라놓고 보려는 식이다. 자연을 측량하는 시간에서와 같이, 측량당하는 자연에게도 일은 마찬가지로 되어 간다. 자신에게도 머무르는 것은 아무것도 없으며, 지속되는 것도 없고, 그 반대로 거기서 모든 사물들이 태어났거나, 출생하고 있거나, 죽어 가고 있는 것이다. 이치가 그러하니 단 하나 존재하는 신을 가지고, 그가 전에 있었다든가 장차 있으리라고 말하는 것은 죄스러운 일이 될 것이다.

이러한 용어들은 지속할 수 없거나 존재로 머물러 있을 수 없는 것의 변화·통과·변천 등을 말하기 때문이다. 그 까닭에 신 혼자만이 존재하며, 그것은 어느 시간의 척도에 따르는 것이 아니고, 변화를 겪을 수 없고 움직임이 없으며, 시간으로 측량되지 않고, 어떤 쇠퇴도 당할 수 없는 영원성에 따라서 존재한다. 그 이전에는 아무것도 존재하지 않으며, 뒤에도 존재하지 않을 것이고, 더 새롭다는 것도 최근의 일이라는 것도 없고, 단지 진실로 존재하는 것이며, 그것은 바로 유일한 '지금'을 가지고 영속을 채운다. 그리고 사람들이 '그는 있었다'라거나, '그는 있을 것이다'라고 말할 수 없으며, 시작도 끝도 없이, 그 신 하나밖에는 진실로 존재할 수 없는 것은 아무것도 없다고 결론지어야만 할 일이다.

한 이교도(이 절의 문장은 거의 전부가 아미요가 번역한 플루타르크의 도덕론을 베껴 쓴 것이다)의 종교적인 결론에 붙여서, 나도 한정 없이 재료가 나오는 이 길고 지루한 설화 끝에, 동일한 조건에 있는 한 증인(세네카를 말함)의 말 한마디를 덧붙이겠다. "만일 인간이 인간성을 초월하지 못한다면, 오, 인간이란 얼마나 비굴하고 더러운 사물인가!"

✽신 없이는 인간은 아무것도 아니다

이건 참 좋은 말이고 유익한 욕망이다. 그러나 마찬가지로 부조리하다. 왜냐하면 손바닥보다 더 큰 것을 쥐려고 하고, 팔에 넘치는 것을 안으려 하며, 우리의 다리 길이보다 더 길게 발을 떼어 놓자고 하는 것은 불가능하고 부자연스럽기 때문이다.

인간이 자신과 인간성을 초월한다는 것도 안 될 말이다. 그는 그의 눈으로밖에는 보지 못하고, 그의 파악으로밖에는 잡지 못하기 때문이다.

만일 신이 비상한 은총으로 손을 빌려 주신다면, 그는 올라갈 것이다. 그는 자신의 방법을 포기하고 단념하며, 순수히 하늘에서 내린 방법으로 자기를 높이고 치올리게 할 것이다. 우리는 스토아학파의 도덕에 의해서가 아니라, 우리 기독교 신앙에 의해서 이 거룩하고도 기적적인 변화를 주장해야 할 일이다.

13
타인의 죽음 판단하기

인생에 있어서 가장 주목해야 할 행위인 죽음에 임해서 다른 사람이 어떤 태도를 취했던가를 판단해 볼 때, 그가 그러한 정도에 이르렀으리라고는 사람들이 쉽사리 믿지 않는다는 점에 우리는 유의해야 한다. 사람이란 자기에게 마지막 시간이 왔다고 단정하고 죽어 가는 일은 드물다. 그리고 이런 때일수록 설마 하고 바라는 마음에 속아 넘어가는 경우가 허다하다.

희망은 끊임없이 우리의 귀에 "다른 사람들은 이보다 더 중한 병에도 죽지 않았어. 사람들 말만큼 절망적인 사정은 아니야. 그렇지, 희망이 없다 해도 하느님은 다른 기적을 내리지 않았나" 하며 속삭인다.

그것은 우리가 흔히 자기를 너무 중하게 여기기 때문이다. 모든 사물들이 우리가 없어진다는 점에 괴로워하며, 우리의 사정에 동정하는 것같이 보인다. 우리가 보는 눈이 변했으니 사물들도 똑같이 변한 것으로 보지만, 마치 항해하는 자에게는 자신이 움직이는 대로 산이나 들이나 도시나 육지가 그와 함께 움직여 가는 것처럼 보이는 것과 같다.

　　우리는 항구를 떠나간다.
　　그러면 땅과 도시들도 물러간다.　　　　　　　　　　(베르길리우스)

　우리가 사물들을 두고 가는 것이 서러울 정도로 사물들 또한 우리를 잃는 것이 서러우리라고 생각한다. 늙어서 자기의 곤궁과 설움을 세상과 인간들의 인심 탓으로 돌리고, 지난날을 찬양하며 현재를 비난하지 않는 자를 본 일이 있는가?

　　늙은 농군은 머리를 흔들며 탄식한다.
　　그리고 현재의 세태를 지나간 시대에 비교할 때
　　그는 흔히 제 부모와 조부의 행복을 찬양해 마지않는다.
　　그리고 과거의 인간들은 경건심에 충만했었다며 그리워한다. (루크레티우스)

　우리는 모든 것을 우리와 함께 끌고 간다. 그래서 우리는 죽음을 엄청나게 큰 일이며, 그렇게 쉽사리 넘길 수 없고, 별들에게 엄숙하게 점쳐 보지 않을 수 없고, "그 많은 신들이 단 한 사람의 머리를 둘러싸고 떠들지 않을 수 없는 일로 보게 된다."(세네카) 자신을 높이 평가할수록 우리는 더욱 그렇게 생각한다.
　뭐? 이렇게도 깊은 학식이 큰 손실이 되게 운명의 신들의 특별한 배려도 없이 사라져 버려? 세상의 모범이 되는, 이렇게 희귀한 영혼을 죽이는데 겨우 쓸모없는 속인의 영혼만큼밖에 힘들지 않아? 이 생명은 그 많은 생명들을 보호해 주며, 거기 그 많은 생명들이 매여 있고, 자기를 섬기도록 그 많은 생명들을 거느리고 있으며, 그 많은 지위를 차지하고 있는데, 이런 생명이 단지 자기 혼자에만 매여 있는 생명인 양 자리를 떠나 버려? 우리 중의 누구도 자기가 홀몸에 불과하다는 것을 깊이 생각해 보지 않는다.

그래서 카이사르가 그의 뱃사공에게 말한, 그를 위협하던 바다보다도 더 허풍 치면 이런 말투가 나타난다.

만일 네가 하늘이 무서워 이탈리아로 가기를 거부한다면
나를 믿으라.
네 공포의 단 하나 정당한 이유는
네가 너의 배를 탄 손님이 누구인가를 모르기 때문이다……
내 보호에 안심하고 파도를 헤쳐 나가라.　　　　　　　　　(루카누스)

그리고 이런 말투도 있다.

카이사르는 이제 자기 운명에 어울리게 당당한
위험이라고 보고 말했다.
"조각배의 고물(배 뒷부분)에 앉은 나에게 미쳐 날뛰는 대해가
힘차게 공격해 옴을 보니
신은 나를 넘어뜨리기 위해 저토록
고생을 하는구나."　　　　　　　　　　　　　　　　　(루카누스)

뭇사람들의 망상에는 태양이 그의 죽음을 애도하며, 1년여 동안 그의 이마에 건(巾)을 썼다고 한다.

그 역시 카이사르가 죽으니 로마를 위한 동정의 연민에서
그 찬란한 이마를 검붉은 눈빛으로 물들였다.　　　　　　(베르길리우스)

세상이 그런 말에 쉽사리 넘어가는 수천 가지 비슷한 이야기는, 우리가 당하는 손실 때문에 하늘에 이변이 일어난다고 생각하며, 그의 무한대가 우리의 극미한 영예 때문에 정색하고 대든다고 한다. "푸른 하늘과 우리 사이에는 우리의 죽은 사고 때문에 별들이 소멸할 정도의 교분은 없다."(플리니우스)

그런데 자기가 이미 위험을 당하고 있는데도 사태를 확실히 인식하지 못하고 있는 자에게 결단성과 지조가 있다고 판단함은 당치 않은 일이다. 그리고 그가 이런 처지에 당당하게 대처하던 것이 아니면, 그런 심정으로 죽은 것이라고 보기에는 부족하다. 사람들은 대개가 죽음 앞에 확고했다는 평판을 얻기 위해서, 또 그것을 살아서 누려 보기를 바라며, 그들의 용모와 언동을 강직히 갖게 된다. 내가 본 사람들은 죽어 갈 때, 그들의 의지가 아니고 운명대로 태도를 잡은 것이었다. 옛날에 자기 목숨을 끊은 자들도 당장에 죽은 것인지, 죽기까지 시간이 걸렸던 것인지 잘 밝혀 보아야 한다. 저 잔인한 로마의 황제(칼리굴라 황제를 말함)는 그의 죄수들을 두고, 그들에게 죽음의 맛을 보이고 싶다고 하며, 누가 감옥에서 자살이라도 하면, "저자는 내 손을 벗어났다"고 말했다. 그는 죽음을 연장해 가며 고문으로 그것을 느끼게 하려고 했다.

    우리는 그의 신체가 전신에 타박은 받았으나
    생명에 치명상을 주지도 않고
    가련하게 잔혹한 고문으로 숨 넘기는 죽음을
    미루는 것을 보았다. (루카누스)

사실 완전히 건강해서 아주 침착하게 자살을 수행한다는 것은 그렇게 대단한 일이 아니다. 격투에 들어가기 전에 심술궂은 체하기는 쉽다. 그래서 세상에도 가장 유약한 헬리오가발루스는 가장 비굴하게 탐락을 즐기는 중에, 경우에 따라 피할 수 없을 때에는 절묘하게 자살할 계획을 세웠다. 그는 화려하게 살아 온 일생을 마지막에 더럽히지 않으려고 일부러 호사스러운 탑을 쌓아올리게 하고, 그 아래와 전면은 자기가 뛰어내릴 자리라고 황금과 보석으로 장식한 널판을 대고, 목 매달아 죽을 경우를 생각하여 황금과 진홍색 비단 밧줄을 꼬게 하고, 칼로 찌를 경우를 생각하여 황금 칼을 걸게 하고, 독을 마실 경우를 위해 벽옥(碧玉)과 황옥(黃玉)으로 만든 용기 속에 독약을 담아 두고, 이 모든 죽음의 방법 중에서 마음 내키는 대로 골라 보려고 했다.

강제된 용덕으로 결정하고 용맹하다. (루카누스)

그러나 이자로 말하면, 그 호사한 준비로 보아서 누가 그에게 실제로 일을 시켜 보았더라면 필시 꽁무니를 뺐을 것으로 보인다. 그러나 마음이 더 억센 자들이라도 자살을 결행하려고 할 때에는, 죽음의 심정을 느낄 여지가 없게 일격에 단행한 것이 아닌가 알아봐야 한다. 왜냐하면 생명이 점점 흘러나가는 것을 지켜보면서, 육체의 감각과 심령이 함께 느끼면서, 후회할지도 모르는데 이렇게 위험한 의지를 실천하는 마당에 그의 지조를 완강하게 지켜 갈 수 있는지 밝혀 보아야 할 일이다.

카이사르의 내란시 루키우스 도미티우스는 아브루치 산중에서 사로잡혔을 때 독약을 마시고는 곧 후회했다. 우리 시대에도 어떤 자는 죽으려고 결심했지만, 살이 근질거려 팔에 힘이 빠져서 첫 시도에 힘차게 찌르지 못하고, 뒤에 두서너 번 세게 찔렀으나 자기 힘으로는 충분한 타격을 줄 수 없었던 경우가 있었다. 플라우티우스 실바누스의 소송 사건이 진행되고 있었을 때 그의 할머니 우르굴라니아가 그에게 단도를 보내 주자, 그것으로 자살을 결행하다 못해서 하인들을 시켜서 혈관을 끊게 했다.

티베리우스 황제 시대에 알부킬라는 자살하려다가 상처가 너무 얕아서 적에게 잡혀 갇히고 그들의 방식으로 살해당했다. 대장 데모스테네스가 시칠리아에서 패한 뒤에 한 수작도 그와 마찬가지였다. 그리고 휨브리아는 칼을 너무 약하게 찔러서 하인의 도움으로 목숨을 끊었다.

그와 반대로 오스토리우스는 자기 팔을 쓸 수 없었는데 하인의 칼을 받기를 창피하게 여겨, 단지 칼을 단단히 들고만 있으라고 하고, 자기가 달음질쳐서 목덜미가 칼에 찔리게 했다.

죽음이란 뭐든지 먹을 수 있는 튼튼한 목구멍을 갖지 못한 사람이라면 그냥 삼켜야 할 고깃덩이이다. 그렇지만 하드리아누스 황제는 의사에게 자기 가슴에 치명적인 급소를 표시하게 하고, 자기를 죽일 책임을 지운 자에게 겨눌 자리를 만들어 주었다.

그 때문에 카이사르는 누가 그에게 어떠한 방법으로 죽는 것이 가장 좋겠느냐고 묻자, '예측되지 않은 가장 짧은 죽음'이라고 대답했다. 카이사르까지 이렇게 말한 터에, 내가 그렇게 생각한다고 비굴할 것은 없다.

짧은 죽음은 인생의 최고 요행이라고 플리니우스는 말했다. 사람들은 이것을 인정할 마음이 나지 않는다. 죽음을 흥정하기가 두렵고 눈을 똑바로 뜨고 그것을 보지 못하는 자는, 어느 누구도 죽을 결심을 한 사람이라고 말할 수 없다. 고문을 당할 때, 인생의 종말로 달음질치며 형의 집행을 서둘러서 재촉하는 자들이 보이지만, 그들은 결단력이 있어서 그렇게 하는 것이 아니다. 그들은 죽음을 생각할 시간을 없애버리려고 하는 것이다. 죽는 것이 싫다기보다는, 죽을 때의 괴로움이 정말 싫다는 것이다.

나는 죽고 싶지 않다. 그러나 죽어 버린 것은 무관하다. (키케로)

그 정도의 결단성은 눈을 딱 감고 바닷물 같은 위험 속에 뛰어드는 자들처럼, 나도 할 수 있다는 것은 경험해 본 일이다.

내 생각으로는 소크라테스의 생애 중에, 사형 선고를 받고 30일 동안 이 생각을 되새기며, 그동안 아무런 흥분도, 기분이 변하는 일도 없이 긴장하거나 정도가 심해지지 않고, 오히려 가라앉고 누그러진 행위와 언동으로 이 사건을 음미해 간 태도보다 더 혁혁한 일은 없다.

키케로가 편지를 써 보낸 저 폼포니우스 아티쿠스는 병석에 누워서 그의 사위 아그리파와 친구 두서넛을 불러오게 하고 그들에게, 자기는 병이 나아도 얻을 것이 없으며, 자기 생명을 연장하기 위한 노력은 또한 고통을 연장하고 키우는 일이니, 자기는 이 둘 다 끝장을 내기로 결심했다고 하며, 자기가 결심한 바를 좋게 봐 달라고 간청하고, 아무리 언짢더라도 자기 생각을 돌이키려는 헛수고는 말아 달라고 했다. 그런데 단식으로 자살하려고 했더니 뜻밖에 병이 나아버렸다.

자기 목숨을 끊으려던 단식이 그에게 건강을 돌려 주었던 것이다. 의사들과 친구들은 이 일을 매우 기뻐하며 그와 함께 즐기려 했지만, 그들의 기대는 어긋나고 말았다. 왜냐하면 그들은 이것으로 그가 택한 결심을 돌리게 할 수가 없었기 때문이다. 그는 이왕 한 번은 넘어간 길인 바에야 이렇게까지 일을 진척시켜 놓고, 다른 날 다시 할 수고를 덜어 버리자는 것이라고 했다. 이자는 죽음을 실컷 검토해 볼 여유가 있었고, 죽음에 도달한다고 실망하는 것이 아니라, 거기에 도달하려고 애를 쓰는 것이다. 그것은 그가 얻고자 투쟁한 목표에 만족을 얻음으로써 용감하게 이 일의 끝장을 보는 것을 긍지로 삼았던 것이다.

철학자 클레안테스의 이야기도 이와 아주 비슷하다. 그는 잇몸이 부어서 썩어 가고 있었다. 의사들은 그에게 오랜 단식 요법을 쓰라고 권했다. 이틀 동안 굶어서 그의 병세가 아주 좋아지자, 의사들은 그에게 병이 나았다고 선언하며 여느 때의 생활로 돌아가도 좋다고 허락했다. 그러나 그는 반대로, 이렇게 쇠약해 가는 데에 벌써 어떤 쾌감을 맛보아 다시는 후퇴하지 않기로 작정하고, 그가 진척시켰던 일의 고비를 넘어버렸다.

로마의 청년 툴리우스 마르켈리누스는 병이 들었는데, 의사들이 빨리는 낫지 않더라도 확실히 치료된다고 약속했다. 그러나 그는 자기가 생각하던 이상으로 그를 괴롭혀 온 이 병의 고통을 면하기 위해서 자기 운명의 시간을 미리 당기기를 원하며, 그것을 상의하려고 친구들을 불렀다. 세네카의 말에 따르면 그중에 어떤 자는 비굴한 마음으로 그들 자신이 했을 일을 충고했고, 다른 자들은 그에게 아첨하느라고 그가 좋아할 것이라고 생각하는 바를 충고했다. 그러나 한 스토아학파의 학자는 그에게 이렇게 말했다.

"마르켈리누스여, 그대가 무슨 중대한 일이라도 숙고하는 것같이 애쓰지 마라. 산다는 것이 대단한 일은 아니다. 그대 하인들도 짐승들도 살고 있다. 그러나 점잖고 현명하고 지조 있게 죽는다는 것은 대단한 일이다. 그대가 얼마나 똑같은 일을 하고 있는가를 생각해 보라. 먹고 마시고 자고, 마시고 자고 그리고 먹는다. 우리는 끊임없이 이 쳇바퀴 속을 돌고 있다. 참을 수 없는 언짢은 변고들뿐 아니라 삶의 포만까지도 죽고 싶은 욕망을 준다."

마르켈리누스는 충고해 줄 사람보다는 거들어 줄 사람이 필요했다. 하인들은 거기에 간섭하기를 꺼리고 있었다. 그러나 이 철학자는 그들에게, 하인들은 다만 그 주인의 죽음이 임의적이었던가에 의문이 나는 경우에만 의심을 받는 것이고, 그렇지 않은 경우에는—

그 의지에 반하여 사람을 구함은 그를 죽이는 것만큼이나 잔인하다.

(호라티우스)

그런 만큼 그를 죽지 못하게 막는 것은 죽이는 것만큼이나 나쁜 본이 된다는 것을 이해시켰다.

그러고 나서 그는 마르켈리누스에게, 마치 식사가 끝난 뒤 식탁에 남은 것을 참석자에게 분배해 주듯, 인생이 끝나거든 그 일을 본 자들에게 무엇이든 나눠 주는 일이 마땅하다고 알려 주었다. 그런데 마르켈리누스는 마음이 솔직하고 후했다. 그는 하인들에게 얼마간의 금액을 나눠 주며, 그들을 위로했다. 칼도 피도 필요 없었다.

그는 이 인생에서 벗어나려고 했을뿐, 도망치려는 것은 아니었다. 죽음을 면하려 한 것이 아니고 죽음을 시험해 보려고 한 것이다. 그리고 죽음을 흥정해 볼 여유를 가지려고 모든 음식을 끊고 나서 사흘 뒤에 몸에 미지근한 물을 부어 달라고 하며 차차로 실신하여 갔다. 그리고 자기 말로는, 여기에 어떤 쾌감이 없는 것도 아니었다고 한다. 사실 몸이 허약해서 이렇게 실신해 본 자들은 아무런 고통도 느끼지 않고, 마치 잠이 들거나 휴식으로 넘어갈 때와 같은, 오히려 어떤 쾌감을 느낀다고 말하고 있다.

이런 것을 정말 연구해 보고 음미해 본 죽음들이다.

그러나 유독 카토만이 도덕의 모든 모범을 충족시킬 수 있기 위해서, 그가 위협을 당하여 마음이 물러지기는커녕 도리어 강화되어 여유 있게 죽음을 마주하고 죽음의 목덜미를 잡을 여유를 가졌다. 마치 그의 선한 운명은, 그가 자기를 찌르게 한 손이 오히려 그 때문에 아프게 된 것같이 생각된다. 내가 그의 죽음을 가장 숭고한 모습으로 묘사해 보아야 했을 것이라면, 그 당시의 조각가들이 만들어 놓은 식으로 손에 칼을 든 형상보다는 차라리 피투성이가 되어 창자를 찢어 흩는 상을 보였을 것이다. 왜냐하면 이 둘째 살인이 첫째 살인보다 훨씬 더 격렬했기 때문이다.

14
우리의 정신이 어떻게 스스로를 방해하는가

한 정신이 똑같은 두 가지 욕망 사이에 주저하고 있는 것을 생각해 보는 것은 재미있는 일이다. 왜냐하면 작정과 선택은 가치의 불균형을 품고 있는 만큼, 정신은 어느 편도 택할 도리가 없으리라는 것은 의심할 여지가 없다. 우리가 먹고 싶은 생각과 마시고 싶은 생각의 정도가 똑같은 경우, 술병과 햄 사이에 우리를 데려다 놓으면 정녕 굶주림과 목마름으로 죽어 갈밖에 다른 방도가 없을 것이다.

이러한 상황에 대비하기 위해서, 스토아학파들은 우리 심령이 어느 것을 택하여도 좋은 두 가지 사물들 중 하나를 골라잡으며, 모양이 모두 같아서 어느 것을 더 좋아할 이유가 없는 수많은 에퀴(14세기 끝무렵부터 프랑스에서 쓴 금화) 속에서 하나를 골라잡게 하는 능력은 어디서 오느냐고 물어보면, 그들은 이 심령의 움직임은 비정상적이며 혼란된 것으로서 외부적이며 돌발적이며 우연한 충동으로 우리 속에 들어오는 것이라고 대답한다.

그보다는 차라리 가볍게라도 어떠한 차이가 있어야 하지, 차이가 없는 곳에서는 우리에게 아무 일도 일어나지 않는 것이며, 설사 분간할 수 없을 정도일지라도 시각으로건 촉각으로건 늘 우리를 끄는 무엇이 있다고 말할 수 있을 것으로 생각된다. 마찬가지로 노끈의 모든 부분이 똑같이 고르게 질기다고 예상하면, 이것이 끊어진다는 것은 불가능 중에서도 가장 불가능한 일이다. 어디서부터 끊어지기 시작한다고 생각할 수 있겠는가? 모든 곳이 함께 끊어진다는 것은 있을 수 없지 않은가.

그리고 기하학적 명제들로서, 내용이 포장보다 더 크고 중심이 원주만큼 크다는 것을 증명의 확실성으로 결론 짓고, 끊임없이 서로 접근하는 두 선이 영구히 만나지 못하는 것을 발견하는 이런 기하학적 명제들과, 철학석(哲學石)과 원의 정방형 면적과 같이 생각과 실제가 모순되는 일을 여기 첨가해 본다면, 아마도 여기서 "불확실성보다 더 확실한 것은 없고, 인간보다 더 가련하고 오만한 것은 없다"고 한, 저 플리니우스의 과감한 논법을 옹호해 줄 논거를 끌어 낼 수 있을 것이다.

15
우리의 욕망은 어려움에 부닥치면 커진다

어떠한 이치라도 그 반대의 이치가 없는 것은 없다고 철학자들 중의 가장 현명한 학파(피론학파)는 말한다. 나는 방금 옛사람(세네카)이 인생을 경멸하며 "언젠가는 없어질 것으로 생각되는 것밖에는 어떠한 보배도 우리에게 쾌락을 주지 못한다", "한 사물을 잃어버렸다는 비통과 그것을 잃을 것이라는 공포심은 똑같다"(세네카)고 한 이 묘한 말을 음미하고 있었다. 이 말은 그것을 잃을 근심이 있으면 생을 즐긴다는 것이 진실한 재미가 되지 못한다는 것을 증명하려는 뜻이다. 그러나 반대로 우리는 어떤 보배가 내 것으로 확실히 되어 있지 않고 빼앗길 우려가 있는 경우, 그것에 더한층 애착을 가지고 악착스레 틀어쥐며 매달리는 것이라고 말할 수 있다. 불이 찬 기운이 있을 때 더 잘 일어나듯, 우리의 의지는 반대에 부딪칠 때 더 날카로워지는 것을 우리는 확실하게 느낀다.

다나에가 탑 속에 유폐되지 않았던들
그녀는 결코 주피터에게 아들을 낳아 주지 않았을 것이다. (오비디우스)

당연한 일로, 안일에서 오는 포만감보다 더 우리 취미에 반대되는 것은 없고, 희귀하고 얻기 어려운 일보다 더 우리 취미를 자극하는 것은 없다. "모든 사물에서 쾌락은 그것을 놓쳐 버릴 위험 때문에 더 증대한다."(세네카)

갈라여, 싫다고 해라.
쾌락에 고통이 없으면 사람은 포만을 느낀다. (마르티알리스)

리쿠르고스는, 사랑을 생기 있게 보존하려고 라케다이모니아의 부부들이 숨어서밖에 자지 못하게 했고, 부부가 함께 자다가 들키면 다른 사람들과 자는 것만큼 수치가 될 것이라고 말했다. 만날 날짜 정하기의 어려움, 들킬 위험, 다음 날의 수치,

남모를 나의 생각, 나의 침묵
내 가슴속에서 터져 나오는 탄식.   (호라티우스)

이것이 소스에 쏘는 맛을 준다. 사랑이라는 수작의 얌전하고도 부끄러움 많은 방식에서 얼마나 얄궂게 음탕한 장난이 나오는 것인가! 탐락은 고통으로 자극받기를 원한다. 탐락은 찌르르 쑤시는 때 더 달콤하다. 창녀 플로라는 폼페이우스와 동침할 때는 반드시 그에게 자신이 물어뜯은 자국을 남겨 주었다고 한다.

그들은 정욕의 대상을 강력히 포옹하여 신체에 고통을 주며,
이빨은 흔히 입술에 자국을 남긴다.
그 대상이 무엇이건 이 대상 자체를 상해하려는
비밀스러운 행동에서 사나움의 싹이 솟아난다.   (루크레티우스)

모든 일은 이렇게 돌아간다. 고통이 사물들에게 가치를 준다.

앙코나의 순례자들은 산티아고 데 콤포스텔라 성당에 가서 축원 올리기를 즐긴다. 갈리시아의 백성들은 노트르담 성당에 축원 올리기를 좋아한다. 리에주에서는 루카 온천으로 목욕하러 가는 것이 유행이고, 토스카나에서는 스파 온천 목욕이 인기 있다.[8] 로마의 무술 도장에는 로마 사람은 하나도 없고, 프랑스 사람들로 가득하다. 저 위대한 카토는 우리와 마찬가지로 자기 아내가 자기 것인 동안은 싫어하더니, 그녀가 다른 사람에게 넘어간 다음에는 그 여자를 욕심내었다.

나는 내 종마장에서 늙은 말 한 필을 쫓아냈다. 이놈은 암컷 냄새만으로는 붙여 볼 도리가 없었다. 제 암컷들과는 일이 쉬우니까 바로 물려 버렸다. 그러나 다른 집 암컷들은 어느 것이 목장 부근을 지나기만 해도 귀찮게 이힝힝거리며 흥

---

8) 앙코나(이탈리아), 산티아고 데 콤포스텔라(스페인, 성(聖)야곱의 순교지), 갈리시아(산티아고 데 콤포스텔라 성당이 있는 지방), 리에주(벨기에), 루카(이탈리아), 모두 순례자들이 잘 가는 신앙의 중심지.

분하는 꼴이었다.

   우리의 욕망은 내 손에 있는 것은 경멸하며 넘겨 버린다. 그리고 자기가 갖지 않은 것을 차지하려고 애쓴다.

    그는 수중에 있는 것은 경멸하고
    잡히지 않는 것을 추구한다.   (호라티우스)

    우리에게 무엇을 금지하는 것은 그것을 욕심내게 하는 일이다.

    그대가 애인을 감시하지 않으면
    그녀는 머지않아 내 관심을 잃으리라.   (오비디우스)

    그것을 우리에게 완전히 맡겨 둔다는 것은 경멸을 일으키게 하는 일이다. 결핍과 풍부는 똑같이 폐단이 되고 만다.

    그대는 남은 재산에 골치를 앓고
    나는 가난으로 골을 싸맨다.   (테렌티우스)

   욕심과 향락은 똑같은 고통 위에 사람을 둔다. 애인이 냉혹하게 굴면 괴롭다. 그러나 힘 안 들이고 쉽게 넘어오는 것도 실은 거북하다. 불만과 분노는 자기가 욕심내는 사물을 높이 평가하는 데서 나오는 만큼, 그것이 연정을 자극해서 열이 오르게 하며, 그 반대로 포만은 염증을 일으킨다. 이것은 무디고 둔하며, 지치고 잠든 정열이다.

    여자가 애인을 오래 지배하려면
    그를 경멸할 일이다!   (오비디우스)

    업신여기거나 모욕하라, 애인들이여,

어제 거역하던 자가 오늘은 항복하리라.　　　　　　　(프로페르티우스)

포파에아가 자기 얼굴의 아름다움을 가리는 꾀를 쓴 것은 애인들에게 더 비싸게 보이려고 한 것이 아니고 무엇인가? 여자는 각기 내보이고 싶고, 남자는 각기 보고 싶어 하는데, 왜 이 미인들은 발꿈치 뒤까지 가리는 것인가? 우리의 욕망과 그녀들의 욕망이 주로 거기 있는데, 어째서 여자들은 그 부분들을 겹겹이 가리고 있는 것인가? 우리네 여자들이 그 옆구리를 무장하는 저 성과 요새는 우리의 욕심을 도발하며, 우리를 물리침으로써 더 끌어 보려는 것밖에 무슨 소용이 있는가?

그녀는 수양버들 밑으로 달려갔다.
그러나 그 앞서 쳐다보아 주기를 바랐다.　　　　　　　(베르길리우스)

때로 그녀는 내 정열에 대해 옷으로 장벽을 쌓았다.　　　　(프로페르티우스)

처녀들의 부끄러움 타는 기술은 어디에 필요한가? 시치미를 떼고 냉정한 체하는 맵시, 엄격한 용모, 그리고 가르치는 우리보다 훨씬 더 잘 알고 있으면서도 모르는 체하는 수작, 그것이 모두 우리 욕심대로 이런 장애를 극복하고 책망하고 유린하고 싶은 생각을 더 나게 하는 것밖에 무슨 소용이 있는가? 이 상냥한 애교와 어린애다운 정숙함을 미쳐서 놀아나게 하며, 이 존대하고 거만한 엄숙함을 우리 정열에 굴복시키는 일은 쾌락일 뿐만 아니라 허영심을 만족시킨다. "엄격함과 겸손과 정숙함과 절조를 정복함은 영광이 된다. 그리고 부인들에게 이런 수작을 쓰지 말라고 권하는 자는 여자들뿐만 아니라 자기를 속이는 자이다"라고 사람들은 말한다. 그녀들의 마음은 공포로 떨리고, 우리의 말소리만 들어도 깨끗한 귀를 더럽혀 그 때문에 우리를 미워하는데, 다만 힘에 못 이겨서 우리가 귀찮게 구는 수작에 넘어간다고 믿어야 한다.

미모는 아무리 그 힘이 크다 해도 이런 방법의 중개가 없이는 맛들일 거리가 안 된다. 이탈리아에 가 보라. 거기에는 돈에 팔린 미인, 더욱이 매우 날씬한 미녀가 많은데, 그녀들이 자기를 예쁘게 보이려고 얼마나 색다른 방법과 기술들을 찾고 있는가를 보라. 그러나 사실 무슨 짓을 해도 공중 앞에 팔려 내놓은 몸이니, 그녀들은 언제나 약하고 기운 없는 것이다. 그것은 마치 여성이 지닌 두 가지 같은 효과 중에, 우리는 적어도 더 많은 장애와 모험이 있는 편을 더 훌륭하고 가치 있게 여기는 식이다.

요즈음 보듯이 하느님의 거룩한 교회가 너무나 심한 혼란과 소동으로 흔들리고 있는 것은, 이 반대 현상으로 경건한 마음을 잠 깨워 너무 오랫동안 평정한 상태 속에 한가로이 잠자고 있던 마음들을 정신 차리게 하려고, 거룩한 신의 뜻이 움직인 결과이다. 길을 헤매다 갈라져 나간 자들의 수 때문에 우리가 당한 손실과, 정신을 차려서 이번 싸움을 계기로 우리들의 열성과 힘을 회복한 데서 얻는 소득을 저울질해 보면, 이익이 손실보다 더 크지 않을지 모를 일이다.

우리는 한 번 결혼하면 그것을 풀어 볼 모든 방법을 없애고 있으니, 그 결속을 확고하게 만들었다고 생각한다. 그러나 그 구속이 단단한 만큼, 의지와 애정의 결속은 더 풀어지고 느즈러져 있다. 반대로 로마에서 결혼이 그렇게 오랫동안 명예롭고 안정될 수 있었던 것은, 아무 때건 원하면 서로 헤어질 수 있는 자유에 있었다. 그들은 아내를 빼앗길지도 모르니, 그만큼 더 아내를 사랑했다. 그리고 아무 때나 이혼할 수 있는 자유를 가지고 그들은 4백 년 이상 아무도 그것을 쓰지 않고 보냈다.

허용된 일은 매력이 없다.
금지된 일은 욕심을 도발한다.　　　　　　　　　　(오비디우스)

이 문제에는 "징벌은 악덕을 깨뜨리기보다도 조장한다. 이런 것은 착한 일을 하려는 의지를 일으키지 않는다. 그런 것은 이성과 훈련의 성과이다. 그러나 그것은 다만 나쁜 짓을 하면서 들키지 않을 마음의 의지만 가꾼다"고 한 옛사람의 견해를 여기에 결부시켜서 생각해 볼 수 있다.

근절되었다고 믿은 악은

더 멀리 확대되고 있다.   (루틸리우스)

　나는 이 말이 진실한지 어떤지는 모르지만, 정치는 결코 형벌로 개선되지 않는다는 것을 경험으로 알고 있다. 풍속의 질서와 규율은 다른 방법에 매여 있다.
　그리스 역사에는 스키타이족의 이웃에 사는 아그리피아인들 이야기가 나오는데, 그들은 사람을 치는 채찍이나 몽둥이 없이 살고 있다고 한다. 그들은 아무도 공격하러 갈 생각을 하지 않을뿐더러, 누구든 그곳에 피신해 갈 수 있으면 그들의 도덕적이고 거룩한 생활 때문에 위험한 재해를 면한다. 그리고 감히 그들에게 손을 댈 자는 없다고 한다. 다른 곳 사람들 사이에 분쟁이 일어나면 이것을 조정하기 위해서 그들에게 의뢰했다.
　어느 나라에서는 정원이나 밭을 보존하려고 둘러싼 담장이란 겨우 무명실 한 줄로 되어 있는데, 그것이 우리의 도랑이나 울타리보다도 훨씬 더 안전하고 견고하다고 한다.
　"잠가 둔 곳은 절도를 유인한다. 강도범은 열린 집을 놓아두고 지나간다."(세네카) 아마도 내가 내 집 문을 들어오기 쉽게 개방한 것이, 내란의 난폭에 대해서 내 집을 수호하기엔 다른 방법들보다 더 쓸모 있었을 것이다. 방어는 공격을 유인하고, 불신은 침해를 끌어들인다. 나는 군사들에게 그들이 자격과 구실로 삼는 군사적 영광의 모든 재료와 모험성을 없애고, 공로가 될 거리를 주지 않는 방법을 써서 그들의 공격 의도를 약화시켰다. 정의가 사라진 시대에는 용감하게 행하여진 일은 무엇이든지 영광스러운 일로 간주된다. 나는 누가 내 집을 공략해 보아도, 그것이 비굴하고 배신적인 일이 되게 해 둔다. 내 집은 어느 누가 찾아와서 문을 두드려도 닫혀 있는 일이 없다. 내 집 문을 지키는 자는 예부터 부려 온 예의를 잘 지키는 문지기로서, 내 문을 지키기보다도 차라리 점잖고 얌전하게 열어 주는 역할밖에는 하지 않는다. 내게는 별들이 파수를 보아 주는 것밖에 수비병도 파수병도 없다.
　귀족이라도 자기 집 방비가 완벽하게 갖춰 있지 않으면 방어 태세를 뽐내는 것은 잘못이다. 한쪽이 터져 있으면 사방이 터진 것이다. 우리 조상들은 요새를 건축할 생각을 갖지 않았다. 우리 가옥을 공격하거나 기습하는 방법은 대포와 군대 이외의 말이지만, 수비하는 방법 이상으로 날마다 늘어가고 있다. 사람들의 머리는 이 방면으로 예민해져 간다. 침략할 생각은 모두가 갖는다. 방비는 부유한 자밖에 문제 삼지 않는다.

내 집은 세워진 그 시대로 보아서는 방비가 엄중한 편이었다. 나는 이 방면은 보태어 놓은 것이 없고, 방비의 효과가 오히려 내게 해가 될 것을 두려워한다. 그리고 평화가 돌아오면 방비를 털어야 할 생각도 해야 한다. 우리 가옥을 다시 탈환할 수 없음은 위험하다. 그리고 집을 확보하기는 어려운 일이다.

왜냐하면 내란에서는 자기 하인도 자기가 두려워하는 당파에 속할 수 있기 때문이다. 그리고 신앙 문제가 구실로 되는 때에는 인척들까지도 정의를 위한다는 탈을 쓰고 나서니 믿을 수 없게 된다. 국가의 재정은 우리 개인의 군대까지 보살펴 주지 않는다. 그러다가는 국고가 말라붙을 것이다. 우리 힘으로 수비병을 기를 생각을 하다가는 망할 뿐 아니라, 더 언짢고 비참한 일로, 국민의 생활을 파멸로 몰아가게 될 것이다. 국민이 파멸하느니 내 집이 망하는 것이 더 언짢은 일이 아닐 것이다.

그뿐더러 그대가 패가해 보라. 그대 친구들은 가엾다고 동정하기는커녕 재미있다고 보며, 그대가 부주의했고, 준비가 없었으며, 자기 직책을 수행하는 데 무식하고 게을렀다고 비난한다.

내 집은 그대로 보존되어 있는데, 방어가 잘된 많은 집들이 이미 망한 것을 보니, 그들은 집을 방비했기 때문에 망한 것이라고 말하고 싶어진다.

그것은 공격하는 자에게 욕심과 구실을 준다. 모든 방비는 전투적인 모습을 띠고 있다. 하고 싶으면 아무라도 내 집을 공격할 일이다. 어떻든 나는 공격을 끌어들일 생각은 없다. 여기는 내가 전쟁을 피해서 휴식할 은둔처이다. 내 마음속에 다른 한 구석을 만들고 있듯이, 이 한 구석을 국가의 동란에서 제외시키려고 시도한다. 우리의 전쟁이 아무리 형태를 바꾸고, 수가 잦아지고 새 파당들로 여러 갈래가 된다 해도 나는 꼼짝하지 않는다. 하고많은 무장한 가문들 중에서, 내가 알기로는 프랑스에서 나 혼자만이 나 같은 지체에 있으면서 내 집의 보호를 순전히 하늘에 맡겨 왔다. 그리고 은수저이건 권리 문서 하나 옮겨 놓은 일이 없다. 나는 중턱에서 내 일을 두려워하지도, 나를 구원하지도 않았다. 만일 하느님에 대한 충만한 감사가 거룩한 은총을 얻을 수 있다면, 은총은 내게 끝까지 계속될 것이고, 그렇지 못해도 나는 이 특기할 오랜 생애를 거두어도 좋을 만큼 살아온 것이다. 나는 충분히 30년(종교 전쟁이 30년 동안 계속된 것을 말함 1560~1590) 동안이나 지탱해 낸 것이다.

16
영예에 대하여

세상에는 이름과 사물이 있다. 이름은 사물을 지적해서 의미를 주는 목소리이다. 이름, 그것은 사물의 한 부분도 그 실체도 아니다. 그것은 사물의 밖에서 사물에 결부된 외부의 한 조각이다.

하느님은 그 자신이 완전한 충만이며 모든 완벽의 절정이니, 그는 내부로 증가하거나 성장할 수도 없다. 그러나 그의 이름은 우리가 그의 외부적 작품에 주는 축복과 찬미에 의해서 증가되고 성장할 수 있다. 이 찬미는 하느님께서 선을 취득할 수 없는 만큼, 우리가 이것을 그에게 합체시킬 수 없는 이상 우리는 이 찬미를 그에게 가장 가까이, 그의 밖에 있는 한 조각인 그와 이름에 귀속시키는 것이다.

그러한 까닭으로 영광과 명예는 하느님에게만 소속되는 것이며, 우리가 우리를 위해서 영광을 찾는 일만큼 이치에 벗어날 일은 없다. 사실 우리의 본질은 내부적으로 무력하고 궁핍하며 그 자체가 불완전하여 끊임없는 개선이 필요한 까닭에, 우리가 노력해야 할 것은 바로 이 점이다.

우리는 모두가 속 빈 굴이다. 우리는 바람과 소리로 우리 속을 채울 것이 아니다. 우리를 고쳐 가기 위한 더 견고한 실체가 필요하다. 굶주린 사람이 맛있는 식사보다도 도리어 좋은 의복을 찾는다면, 참으로 어리석은 일일 것이다. 급한 것으로 달려가야 한다. 우리가 여느 때 하는 기도에, '영광은 높은 자리에 계신 신에게, 그리고 지상에는 평화를 인간들에게'라고 말하는 식이다. 우리는 미와 건강과 예지와 도덕, 그리고 이와 같은 본질적인 소질들에 굶주리고 있다. 외부의 장식은 우리에게 필요한 사물들을 갖추고 난 다음에 찾아야 한다. 신학은 더 충분하고 적절하게 이 문제를 다룬다. 그러나 나는 거기에 소양이 부족하다.

크리시포스와 디오게네스는 처음으로 확고하게 이 영광이라는 것을 경멸한 작가였다. 그리고 모든 탐락들 중에도 남의 칭찬에서 오는 쾌감보다 더 위험하고 피해야 할 일은 없다고 말했다. 진실로 경험은 우리에게 해로운 배신 행위를 수없이 느끼게 한다. 왕공(王公)들을 해치는 것은 아첨보다 더한 것이 없고, 아첨의 수단보다 더 악인들이 왕공의 신임을 얻는 재간도 없다. 그리고 여자들의 정절을 타락시키는 데도, 그녀들에게 찬사를 안겨 농락하는 것만큼 적절하고 예사로운 뚜쟁이 수작은 없다.

인어들이 오디세우스를 속이는 데 사용한 마술은 이러했다.

> 이리 오라, 이곳으로!
> 오, 찬양받을 오디세우스여,
> 그리스가 영광으로 삼는 최대의 영예여! (호메로스)

이런 철학자들은 이 세상의 모든 영광은 이성 있는 인간이 그것을 얻으려고 손가락을 내밀 가치조차도 없는 것이라고 했다.

> 영광이 아무리 위대하다 해도,
> 영광일 뿐이 아닌가? (유베날리스)

나는 영광만을 말한다. 왜냐하면 영광에는 그것을 욕심내게 할 만한 여러 가지 편익이 따라다니기 때문이다. 영광은 사람들의 호의를 얻고, 다른 사람들에게서 멸시라든가 모욕이라든가 이와 비슷한 일을 덜 당하게 한다.

이것은 또 에피쿠로스의 주요한 학설의 하나였다. 그 학파의 교훈으로, '네 생활을 감추라'고 하며, 사람들에게 공적 직책이나 교섭을 맡아서 번거로움을 사는 수작을 금하는 것은, 필연적으로 우리가 보여주는 행동에 관해서 세상이 표해 주는 칭찬인 영광을 사람들이 경멸한다는 일을 예측케 한다. 우리를 숨기고 우리 일밖에는 보살피지 말라고 명령하며, 그리고 우리가 남에게 알려지기를 원하지 않는 자는 우리가 남에게서 명예와 영광 받기를 원치 않는다. 그래서 그는 이도베네오스에게, 사람들에게 경멸받기 때문에 자기에게 올지도 모르는 우발적인 번민과 괴로움을 피하기 위한 것이 아니면 결코 자기 행동을 일반의 견해나 소문에 따라 조절하지 말라고 충고했다.

내 생각으로는 이런 논법은 진실하고도 타당하다. 그러나 웬일인지 모르지만, 우리는 자신 속이 이중으로 되어 있어서, 우리가 믿는 것을 믿지 않고, 우리가 질책하는 것을 물리치지 못한다. 에피쿠로스가 죽어 가면서 말한 그의 마지막 말을 보자. 그것은 이 철학자가 마땅히 할 만한 위대한 말이지만, 거기에는 자기 명성을 권장하고 있는 표적과 자기 교훈으로 싫어하여 물리치던 마음씨가 들어 있는 것이 엿보인다. 그가 마지막 숨을 거두기 전에 받아쓰게 한 편지는 이러하다.

　헤르마르코스에게
　나는 행복하게 살아오는 동안, 그것도 바로 그 마지막 날에 이 글을 적어 가고 있자니 내 방광과 내장에는 심하기로는 아무것도 더 보탤 것이 없는 심한 고통을 느끼고 있는 것 같다. 그러나 이 고통은 내 발견과 사색의 업적에 관한 추억이 내 마음속에 가져온 쾌락으로 상쇄되었다. 그대는 어릴 적부터 나와 철학에 대해서 품어 온 애정이 요구하는 대로 메트로도로스(에피쿠로스의 친구이며 제자, 그보다 먼저 죽었음. 기원전 272년)의 아이들을 맡아보라.
　　　　　　　　　　　　　　　　　　　　　　　　에피쿠로스 올림

이것이 그의 편지이다. 그가 자기 발견에 관해서 그 마음속에 느낀다고 말하는 기쁨이란, 그가 죽은 뒤에 그것으로 명성을 얻기를 바란다는 마음과 관련된다고 내가 해석하게 된 것은 그가 유언에 남긴 명령 때문이다. 그는 이 유언에서 그의 후계자인 아미노마코스와 티모그라테스에게 해마다 정월이 되거든 그의 생일을 축하하기 위해서, 그리고 달마다 20일에는 자기와 메트로도로스의 추억을 기념하기 위해서 자기와 친하게 지낸 철학자들의 모임에 필요한 비용을 요구하는 대로 헤르마르코스가 제공하라고 명령한 것이다.

카르네아데스는 그 반대 의견의 주도자로, 영광은 그 자체가 바랄 만한 일이라고 주장하며, 그것은 우리가 후손들이 어떻게 될지 알지도 못하고 그것을 즐겨 볼 길도 없이 자손보기를 바라는 것과 같다고 했다. 이 견해는 우리의 심정에 가장 적합한 의견들과 같이, 더 일반적으로 용납되기에 알맞은 것이었다. 아리스토텔레스는 영광을 외적인 보배들 중의 제1위에 올려놓으며, "절도 없이 그것을 탐하는 일과 그것을 피하는 일은 두 가지 다 극단의 악덕으로 보고 피하라"고 한다.

내 생각에는 키케로가 이 문제를 두고 지은 작품이 남아 있었으면 재미있는 이야기가 있었을 것이라고 생각한다. 왜냐하면 이 인물은 지나치게 명예욕이 심해서 할 수 있었다면 다른 자들이 겪은 실수를 자진해서 저질렀을 것으로 생각된다. 그의 견해로는 도덕도 그 뒤에 명예가 따르지 않으면 바랄 만한 일이 못 된다는 것이었다.

> 숨은 덕행은 매장된 무위(無爲)와 별로 차이가 없다. (호라티우스)

이것은 너무나 그릇된 생각이기 때문에, 나는 이런 견해가 도대체 철학자라는 이름을 가진 영광을 얻은 이, 이해심 있는 인물의 머리에 떠오를 수 있었다는 일 자체에 화가 난다.

그것이 진실이라면, 사람들 앞에서만 도덕적이면 될 것이다. 그리고 도덕이 진실로 자리 잡고 있는 심령의 작용도, 사람들이 알아주지 않으면 규칙과 질서에 맞추어 아무리 지켜 보아도 소용이 없을 것이다.

그러면 못된 것이라도 재간껏 묘하게 하기만 하면 된단 말인가? "이 자리에 뱀이 하나 숨어 있는 것을 그대는 알고 있다. 그때 어떤 사람이 죽으면 그대에게 이익이 돌아올 것이 기대되는 경우에, 바로 그자가 뱀이 숨어 있는 자리에 와서 앉으려고 할 때, 그대가 그것을 알려 주지 않으면 그대는 악을 행하는 것이다. 그대의 행동은 그대밖에 아는 자가 없을 터이니 더욱 그렇다"고 카르네아데스는 말한다.

만일 자신에게 선행의 법칙을 행하지 않는 것이 아니라 벌받지 않은 것이 정의가 된다면, 우리는 얼마나 나쁜 일에 날마다 몰두하게 될 것인가! 페두케우스가 플로리우스의 재산을 맡아 가지고 있다는 사실을 자기만이 알고 있는데도 나중에 돌려 준 일은, 내 자신이 일부 똑같은 일을 하고 있지만, 그것이 내게는 그렇게 칭찬할 거리로는 보이지 않으며, 만일 그가 그렇게 하지 않았다면 악질 행위라고 증오했어야 했을 것으로 보인다. 섹스틸리우스 루푸스가 법에 위반되지 않을 뿐 아니라, 바로 법에 의해서 자기 양심에 위배되는 상속 재산을 받았다고 키케로가 비난하고 있는 것은 오늘날에도 상기해 보기에 좋고 유익한 일이라고 본다.

　마르쿠스 크라수스와 퀸투스 호르텐시우스는 권위와 세력을 가진 인물이었기 때문에, 어느 외국인에게 한 위조 유언서의 상속에 이 방법으로 자기가 한몫 차지할 수 있도록 힘을 빌려 주고, 그들도 분배에 참여하라는 청을 받고는, 이 사기에 참가하지 않는 것으로 만족하나 이득을 보는 것은 거절하지 않았다. "그들은 신을, 다시 말하면 나의 생각으로는 자기 양심이 증인임을 상기할 일이다."(키케로)

　도덕은 그것이 영예가 되기 때문에 권장을 받는다면, 헛되고 경박한 일이다. 도덕에게 특별한 지위를 차지하게 기도하고, 그것을 세상의 운과 분리해서 생각한다는 것은 쓸데없는 일이 될 것이다. 왜냐하면 세평보다 더 운에 매인 일이 어디 있는가? "진실로 운은 모든 사물들에 지배력을 갖는다. 실제보다도 그의 변덕에 따라서 어떤 자는 올려 주고 어떤 자는 끌어내린다."(살루스투스) 행동이 세상에 알려지고 남의 눈에 띄게 하는 것은, 순전히 운에 달린 일이다.

　자기 변덕대로 우리들에게 영광을 붙여 주는 것은 운이 하는 것이다. 나는 영광이 진실한 가치에 앞서 나가며, 흔히 상당한 거리로 가치를 초과하는 것을 보았다. 영광이 그림자를 닮았다고 맨 먼저 생각해 본 자는, 자기 생각보다 더한 일을 했다. 이런 것은 두드러지게 헛된 일들이다.

　영광은 어느 때는 본체보다도 훨씬 앞서 나간다. 그리고 어느 때는 본체보다 길이로 많이 넘친다.

　귀족들에게 용덕(勇德) 속의 영광밖에 찾지 말라고 가르치는 자들은, 또 "행동이 유명해지지 않으면 도덕적이 아닌 것같이" 말하는 자들은, 사람이 주목할 수 없는 경우에 착한 일을 할 기회가 수없이 오는 데도 불구하고 사람이 보아 주지 않으면 결코 위험한 행동을 말 일이며, 그들의 용감성에 관한 소식을 전해 줄 수 있는 증인들이 있는가를 잘 주의해 보라고 가르치는 것밖에 무슨 소득이 있는가? 얼마나 많은 훌륭한 개인적 행동이 전투의 혼돈 속에 묻혀 버리는 것인가? 이러한 혼전 속에 남의 일을 검토하며 구경하는 자는 누구든지 자기는 거기서 조금도 바쁘지 않았다는 말이며, 자기 동료들의 행적을 보도하는 것이 자신에게는 불리한 증명이 된다.

"심령의 진실하고도 현명한 위대성은 우리 본성이 주로 추구하는 선을 행적에 두지 명성에 두지 않는다."(키케로) 내가 내 인생에 주장하는 영광은 안온하게 살아 보았다는 일이다. 메트로도로스나 아르케실라오스나 아리스티포스 식이 아니고 내 식으로 말이다. 철학이 모두에게 공통적으로 좋은 평온함으로 향하는 길을 발견할 수 없었던 이상, 각자는 독자적으로 그것을 찾아볼 일이다.

카이사르와 알렉산드로스는 위대한 명성을 운이 아닌 누구의 덕택으로 얻은 것인가? 운은 얼마나 많은 사람들을 그들 생애의 초기에 없애 버렸던 것인가! 만일 그들 운명의 불행이 그들의 인생 계획을 그 초두에 딱 잘라 버리지 않았던들 그들도 저 영혼들과 똑같은 용기를 그들의 사업에 써 보았을 것인데, 그들에 관해서 우리는 아무것도 아는 바 없지 않은가! 그 많은, 그 극심한 위험을 통해서, 나는 카이사르가 한 번이라도 부상당했다는 글을 읽어 본 기억이 나지 않는다. 그가 겪을 위험들 중에서 가장 변변찮은 것보다 더 변변찮은 위험에 걸려서 수천 명이 죽어 간 것이다.

무한히 훌륭한 행동들은 그중에 하나라도 효과를 내기 전에 목격자 없이 사라질 것이다. 사람들은 성벽을 기어오르거나 군대의 선두에 앞장서 달릴 때, 마치 발판 위에 올라선 것처럼 늘 장군의 눈에 띄는 것이 아니다. 사람들은 참호와 성을 둘러친 목책 사이에서 기습당한다. 허술한 성과 요새 하나 공격하는 데도 운명을 걸어야 한다. 헛간 위에 숨어 있는 서너덧의 못난 총사들을 끌어내려야 한다. 필요에 따라서는 자기 혼자 부대에서 떨어져 일을 꾸며야 한다. 주의해서 잘 보면, 가장 혁혁하지 못한 기회가 가장 위험하다는 것, 그리고 우리 시대에 일어난 전쟁에서는 하고많은 훌륭한 인물들이 명예롭고 당당한 장소에서가 아니라 허술한 성과 요새를 두고 싸우다가, 별로 중요하지 않은 보잘것없는 기회에 더 많이 죽어 갔다는 것을 경험으로 알아볼 것이다.

중요한 사건의 기회에 죽는 것이 아니면 헛죽음을 한다고 생각하는 자들은 죽음을 빛나게 하는 것이 아니라, 모험을 무릅쓸 여러 기회를 놓치고 자진해서 자기 인생을 흐리게 한다. 정의로운 자들은 유유하게 빛나고 있다. 자기의 양심이 충분히 스스로에게 그것을 말해 주고 있는 것이다. "우리의 영광은 양심이 증명해 주는 것으로 된다."(고린도서)

자기가 착한 사람임을 사람들이 알아주고, 그것을 알고 나서 자기를 존경해 줄 것인 까닭에 착한 사람이며, 자기 도덕이 사람들에게 알려지게 된다는 조건으로 착한 일을 하려고 원하는 자는 사람들에게 필요한 자가 아니다.

> 오를란도는 이 겨울 동안 사뭇
> 사람들의 기억에 남을 만한 사업을 했다고 나는 생각한다.
> 그러나 이런 사적(事蹟)은 그 이후 비밀에 묻혔기 때문에
> 내가 그것을 이야기하지 않아도 내 잘못은 아니다.
> 왜냐하면 오를란도는 항상 혁혁한 행동을 하기에만 골몰하고
> 그것을 공표할 생각은 없었기 때문이다.
> 그리고 목격자들이 그 현장에서 본 것이 아니면
> 그의 업적은 사람들의 화제에 오른 일이 없었다.   (아리오스토)

전쟁에서 자기 의무로 생각하고 나가고, 공훈이 아무리 깊은 비밀 속에 묻혀 있어도 모든 훌륭한 행동에, 또 도덕적인 사상에까지도 실수 없이 돌아오는 이 보상을 기다려야 한다. 그 보상은 잘 조절된 한 양심이 선행 자체에서 받는 만족감이다. 사람은 용감성 자체를 위해서, 그리고 자기 마음을 운명의 공격에 대항해서 견고하고 확실한 입장에 세워 두었다는 장점을 위해서 용감해야 한다.

> 수치스러운 실패를 겪지 않은 용덕은
> 이름을 더럽힘 없는 명예로 빛난다.
> 그리고 속인들의 인기 따라 도끼를 들었다 놓았다 하지 않는다.   (호라티우스)

우리의 심령은 드러내 놓고 보여 주기 위해서 자기 역할을 연기하는 것이 아니고, 자신의 눈밖에 다른 어느 눈도 들여다볼 수 없는 내부에서 연기한다. 거기서 심령은 죽음과 고통의 공포와 수치의 공포에 대해서까지 우리를 비호한다. 심령은 거기서 우리가 자식이나 친구나 재산을 잃는 변고에 대해서 우리 마음을 진정시킨다.

그리고 기회가 다가오면 심령은 전쟁의 모험 속에라도 우리를 데려간다. '어떤 이득을 위해서가 아니고, 도덕 자체의 명예를 위해서' 이 소득은 사람들이 우리에 대해서 하는 유리한 판단에 지나지 않는 명예와 영광보다도 더 위대하고 훨씬 더 희망할 만한 가치가 있는 것이다.

한 아르팡의 토지를 파악하기 위해서는 한 나라 전체에서 사람 열두엇만 뽑아 내면 된다. 그리고 우리의 경향과 행동의 판단은 세상에 있을 수 있는 가장 어렵고 중대한 문제인데, 우리는 그것을 무지와 부정과 무절제의 원천인 속인과 어리석은 대중의 여론에 맡긴다. 한 현자의 인생을 광인들의 판단에 매이게 하다니, 그것이 될 말인가?

"사람은 인간들을 개체로는 경멸하다가 그들을 집단으로는 존경하니, 그보다 더 몰지각한 일이 또 있는가?"(키케로) 누구든지 그들을 좋게 해 주려고 마음먹다가는 아무 일도 되지 않는다. 그것은 형체도 없고 잡힐 곳도 없는 목표이다. "군중의 의지보다 더 잴 수 없는 것은 아무것도 없다."(티투스 리비우스)

데메트리우스는 민중의 소리를 두고 우스꽝스럽게 말했다. 그들은 위에서 나오는 소리나 아래서 나오는 소리를 분간하지 못한다고 한 것이다.

이자는 더 심하게 말한다.

"나는 한 사물이 그 자체로는 수치스러운 일이 아닐지라도 군중의 칭찬을 받으면 수치스럽게 된다고 생각한다."(키케로) 어떠한 기술도, 어떠한 융통성 있는 정신도 이렇게까지 주책없이 탈선하는 안내자를 따라서 걸음을 옮겨 놓지는 못할 것이다. 전해 오는 소문과 속인들의 의견이, 그 바람 같은 혼란에 밀려서는 아무런 가치 있는 방향도 잡을 수 없을 것이다. 이렇게 들떠서 헤매는 목표는 세우지 말자. 언제나 꾸준히 이성을 찾아서 행동하자. 소원이거든 대중의 여론이 이성을 쫓아올 일이다. 그런데 이 여론이라는 것은 운에 달려 있으니, 그것이 이 길보다도 차라리 다른 길을 잡아 주기를 기대해 볼 가치조차 없다. 곧은 길은 그것이 곧기에, 또 내가 좇는 것이 아니라 해도 결국 따져 보면 그것이 일반적으로는 가장 좋고 유익하다는 것을 경험으로 알았기 때문에 나는 그것을 좇을 것이다. "신의 뜻은 명예로운 사물이 가장 유익하다는 것을 인간들에게 선물로 주셨다."(퀸틸리아누스) 저 옛날의 뱃사람은 심한 폭풍을 만나서 바다를 다스리는 신 넵투누스에게 이렇게 말했다. "오 신이여, 그대가 원하거든 나를 살리라. 그대가 원하거든 나를 죽이라. 그러나 나는 늘 내 키를 바로잡을 것이다." 나는 수많은 사람들이 약삭빠르고 속이 다르고 애매하게 놀며, 그들이 나보다 더 총명하다는 것에 아무도 의문을 품지 않던 터에, 나는 생명을 보존해 온 상태에서 그들이 패망하는 것을 보았다.

　　　나는 교활도 실수할 수 있음을 보고 웃었다.　　　　(오비디우스)

　　파울루스 아에밀리우스는 영광스러운 마케도니아 원정을 떠나며, 온 로마 국민에게 자기가 없는 동안 자기 행동에 관해서는 한마디도 말고 입 다물고 있으라고 신신당부했다. 방자한 판단은 중대한 사업에 얼마나 장애가 되는 일인가! 각인을 공중의 여론이 모욕적으로 자기를 반대하는 경우에, 파비우스만한 확고한 의지를 마음에 품지 못하는 이상, 그는 자기 직책을 잘못 수행하며 유리한 평판과 공중의 찬의를 얻기보다는 차라리 자기 권위가 사람들의 헛된 망상 때문에 산산조각이 나게 하는 편을 택했다.
　　사람들에게 칭찬을 받는 데에는 무엇인지 모를 자연적인 달콤한 맛이 있다. 그러나 우리는 그것을 너무 지나치게 중요시한다.

　　　나는 목석이 아니므로 칭찬을 싫어하지 않는다.
　　　그러나 그대가 '잘한다' '좋다' 하는 것을
　　　궁극의 목적으로 삼기는 싫다.　　　　(페르시우스)

　　나는 자신에게 내가 어떻게 보이는가를 심려하듯 남이 나를 어떻게 보는가를 걱정하지 않는다. 나는 남의 것을 빌려옴이 아니고, 자신의 것으로 충족되기를 원한다. 다른 사람들은 외부의 사건들과 겉모습밖에 보지 않는다. 사람은 각기 속으로는 열병과 공포심으로 가득하면서, 밖으로는 태평한 모습을 보여 줄 수 있다. 그들은 내 마음을 보지 않는다. 그들은 내 외모밖에 보지 않는다.

사람들이 전시에 계책 쓰는 일을 비난하는 것은 당연하다. 왜냐하면 실천적 인간이 마음속은 물러빠지고 겉으로는 위험을 비켜 보내며 험상궂은 체 뽐내기보다 더 쉬운 일이 어디 있는가? 개인적으로 위험을 무릅쓸 기회를 피하는 방법은 얼마든지 있기 때문에, 우리가 위험한 경지에 발들여 놓기에 앞서 세상을 몇 백 번 속였을 것이며, 그때도 우리가 거기 걸려든 것을 보고 속으로는 마음이 떨리면서도 겉으로는 태평한 얼굴을 하고 확고한 말투를 쓰며, 당장은 우리 속을 감출 수가 있을 것이다.

플라톤 식의 반지는 손바닥 쪽으로 돌리면 그것을 낀 자의 몸이 보이지 않게 된다는데, 상당히 많은 사람들이 그것을 사용하다가 가장 자기를 드러내 보여야 할 경우에 몸을 감춰 두고는, 자기가 아주 영광스러운 자리에 있으며 안전하게 처신할 수 있는 것을 보고 후회하는 일이 흔히 일어날 것이다.

악당이나 사기꾼이 아니고 거짓 칭찬을 즐기며
거짓 비방을 무서워할 자 누구인가? (호라티우스)

그러기 때문에 외부에 드러나는 모습으로 판단 내리는 것은 불확실하고 의심쩍은 일이며, 각자가 자신에 대한 것보다 더 확실한 증인은 아무도 없을 것이다.

이러한 경우, 우리는 얼마나 많은 하인들을 우리 영광의 동료로 데리고 있는가? 저 덮개 없는 참호 속에 태연하게 서 있는 자는 하루에 닷 푼의 돈을 받으며, 그의 길을 터주고 그들의 몸으로 그의 몸을 가려주는 50명의 인부들이 하지 못할 어떤 더 큰 일을 하고 있는 것인가?

저 어리석은 로마가 무슨 일을 제창한다 해도
그대는 저 도량형기의 부정확한 지침은

찬성하거나 책망하지 말 일이다.
그대의 외부에서 그대 자신을 찾지 마라.　　　　　　(페르시우스)

　　우리는 자신의 이름을 여러 사람의 입에 올리게 하는 것을 명성을 키우는 일이라고 생각한다. 우리는 그들이 자기 이름을 좋게 받아 주어서, 이 명성이 커짐으로써 자기에게 이익이 오기를 바란다. 이런 욕망은 그래도 변명될 점이 있다. 그러나 이 병폐가 과하면 자기 말을 무슨 방식으로건 말해 주기를 찾는 자들이 많이 생길 정도에까지 이른다. 트로구스 폼페이우스가 헤로스트라투스에 관해서, 그리고 티투스 리비우스가 마리우스 카피톨리누스에 관해서 말한 것에 따르면, 그들은 좋은 평판보다도 평판이 커지기를 바랐다고 했다. 이런 악덕은 범상한 일이다. 우리는 사람들이 우리 일을 어떻게 말해 주는가 하는 것보다는 우리 말을 해 주는 것에 관심이 가며, 우리 이름이 어떻게 돌건 사람의 입에 오르내리기만 하면 된다. 이름이 알려진다는 것은 자기의 생명과 존속이 남의 손에 보존된다는 것을 의미하는 것과 같다.

　　나는 나 자신으로만 존재한다고 생각한다. 그리고 내 친지들의 인식 속에 깃드는 이 다른 내 생명에 관해서는 그것을 적나라하게, 단지 그 자체로써 생각하던 나는 허황된 생각의 허영에서밖에는 그 성과도 향락도 느끼지 않는 것임을 잘 안다. 그리고 내가 죽은 다음에는, 나는 더욱이 그것을 덜 느낄 것이다. 그뿐더러 때로는 어쩌다가 우연히 죽음의 뒤에 따라오는 이 명성의 효용을 사용해 볼 가치마저 깨끗이 없어질 것이다. 나는 어디로 이 명성을 잡아 볼 건더기도 없을 것이고, 이 명성이 어느 구멍으로 내게 접촉하거나 도달할 것도 없을 것이다.

　　왜냐하면 내 이름이 이 명성을 받아들이기를 기대하자니, 첫째로 내게는 충분히 내 것이라는 이름이 없기 때문이다. 내가 가진 두 이름(성과 이름을 말함) 중에 하나는 내 가문 전체에 공통되는 이름이며, 다른 사람의 이름도 된다. 파리와 몽펠리에는 몽테뉴라는 성을 가진 가족이 하나씩 있고, 또 하나는 브루타뉴와 생통주에 드 라 몽테뉴라는 성이 있다. 철자 하나만 뒤바꾸면 우리 계보와 혼동되며, 그래서 나는 그들의 영광에 참여할 것이고, 그들은 아마도 내가 받는 수치에 한몫할 것이다. 그리고 우리 집안이 옛날부터 에켐(Eyquem)이라는 성을 가졌는데, 그것은 영국에서 이름 있는 집안에 속하고 있다.

내 이름 또 하나(미셸을 가리킴)를 말하면, 그것은 누구라도 갖고 싶은 사람이면 가질 수 있는 이름이다. 그러니 나는 아마도 내 대신 어떤 짐꾼에게 명예를 줄 수도 있는 일이다. 그리고 내가 특수한 어떤 표정을 가지고 있다고 해도, 내가 이미 있지 않은 바에 그것이 무엇을 가리킨단 말인가? 그것이 허무를 지적하고 우대할 수 있는 일인가?

묘비석은 이제 내 유골을 더 가볍게 누르는가?
후세가 칭송하다니.
이제는 이 영광스러운 망령들에서,
이제는 이 분묘의 이 행복한 남은 재에서,
제비꽃이 피어나지 않을 것인가?   (페르시우스)

그러나 나는 이 문제를 다른 곳에서도 말한 바 있다.

그뿐더러 만여 명의 군사들이 다리불구자가 되고 살육되는 전쟁터에서, 사람의 입에 오르는 이름은 열넷을 넘지 못한다. 그것은 좋은 운이 결부된 어떤 탁월한 위대성이나 중대한 결과 때문에, 다만 한 총사(銃士)뿐 아니라 한 소총수라도 그의 사사로운 행동에 가치가 생기게 되어야만 하는 것이다. 사람을 하나 둘, 또는 열을 죽이고 용감하게 죽음 앞에 나선다는 것은 누구에게나 중대한 일이다. 그것은 전부가 거기서 끝나는 까닭이다. 그러나 세상 사람들에게는 너무나 평범한 일이고, 날마다 너무 많이 보고 있는 일이다. 특출한 성과를 이룩하기 위해서는 그와 같은 일이 얼마든지 필요하기 때문에, 우리는 거기서 아무런 특별한 칭찬도 기대할 수가 없는 것이다.

그것은 누구에게나 잘 알려진 사건이고,
이미 흔해 빠진 운명의 어수선한 와중에서 집어 내는 일이다.   (유베날리스)

프랑스에서 지난 1500년 이래로 무기를 손에 들고 죽어 간 수만 명의 용감한 인간들 중에서 우리에게 알려진 이는 백 명을 넘지 못한다. 장수들의 기억뿐만 아니라 전투와 승리의 추억들도 사라졌다. 이 세상의 반 이상이 당하는 운명은 기록이 없기 때문에 제자리에서 움직이지 않고 사라져 버린다. 이 알려지지 않은 사건들을 내가 손에 잡고 있다면, 나는 모든 종류의 예들에서 알려진 사건들을 이런 것과 아주 쉽게 바꿔 놓겠다고 생각해 볼 것이다.

뭐? 로마인들과 그리스인들까지, 그렇게도 많은 작가와 목격자들 중에, 그렇게도 많은 희귀하고 고상한 업적들 가운데에서 우리 시대에까지는 그렇게도 적은 수만 전해 왔단 말인가?

> 겨우 미약한 입김이 그들의 명성을
> 우리의 귀에까지 전해 준다. (베르길리우스)

지금부터 백 년 뒤에 우리 시대에 관해서, 프랑스에 내란이 있었다는 것을 사람들이 대충이나마 기억해 준다면 대단한 일일 것이다.

라케다이모니아인들은 전쟁하러 가기 전에 그들의 공적이 잘 기록되기를 바라며 시신(詩神)들에게 제물을 바쳤다. 그들에게는 자기들의 훌륭한 행동에 생명과 기억을 남겨 줄 수 있는 증인을 얻는다는 것은 거룩한 은총이라고 생각했다.

우리들이 관련된 총격전마다, 우리가 겪어 가는 위험한 사건마다 서기가 급히 옆으로 달려와서 기록해 줄 것이라고 생각하는가? 그리고 백 명의 서기들이 그것을 기록해 준다고 해도 그자들이 풀어놓은 글은 사흘도 계속되지 못할 것이며, 어느 누구의 눈에도 띄지 않고 말 것이다. 우리는 고대 문서의 천분의 1도 가지고 있지 않다.

운이 좋아야 그들에게 생명이 생기며, 그 은총에 따라서 그 생명이 더 짧든지 더 길게 된다. 그리고 우리가 가지고 있는 기록은 우리가 그 밖의 것을 보고 있지 않은 만큼, 가장 변변찮은 사건들이 아니었던가 하고 의심해 볼 여지도 있다.

사람들은 그렇게 작은 일을 가지고는 역사를 만들지 않는다. 한 제국이나 한 왕국을 정복하는 데에 대장이 되어 보았어야 한다. 카이사르와 같이 늘 상대편보다 약한 군대를 가지고 52회의 지정된 전투에 승리를 거두었어야 한다. 1만 명의 선량한 동료들과 수많은 장수들이 그에게로 종군하다 용감하게 죽어 갔다. 그들의 이름은 그들의 처자들이 살아 있는 동안밖에는 지속되지 못했던 것이다.

그들은 어두운 영광 속에 인몰되었다.   (베르길리우스)

우리가 눈으로 보는 훌륭하게 싸우는 사람들까지도, 전쟁터에서 쓰러진 지 석 달이나 3년이 지나면, 마치 그들이 세상에 있은 일도 없었던 것처럼 그들에 관한 이야기도 나오지 않는다. 어떠한 인물들과 사적(事蹟)들이 서적의 기억 속에 남는가를 정당하게 고찰해 보는 자이면, 누구든지 우리 시대에 행동이나 인물로서 어떤 권한이라도 주장할 수 있는 자가 대단히 적다는 사실을 알 것이다. 우리는 용덕을 가진 인물들이 얼마나 많이 그들 청춘에 정당히 얻은 명예와 영광이, 그들이 아직 살아 있는 동안에 사라지는 것을 보고 고민하며, 그들의 명성이 없어진 뒤까지도 당자들이 생존해 있는 것을 보아 왔는가? 그리고 이 허황되고 공상적인 생명을 3년 동안 살기 위해서 우리는 진실하고 본질적인 인생을 잃고 영원한 죽음을 받아야 할 일인가? 현자들은 이렇게 중대한 기도를 위해서는 더한층 훌륭하고 정당한 목표를 세운다.

"선행에 대한 보상은 그것을 수행한 사실이다."(세네카) "어떤 봉사의 과실은 그 봉사 자체이다."(키케로) 아마도 어떤 화가나 다른 장인이나, 또는 수사학자나 문법학자라도 명성을 얻기 위해서 노력하는 것은 용서될 만한 일이다. 그러나 도덕의 행동은 그 자체가 너무 고상해서 그 자체의 가치밖에는 다른 대가를 바랄 수 없다. 특히 인간의 허영된 판단 속에서 그것을 찾을 일이 아니다.

그렇지만 사람들로 하여금 행할 의무를 지키게 하기 위해서는 이런 그릇된 생각이 대중에게 필요하다면, 만일 국민들이 그 때문에 도덕에 잠 깬다면, 만일 세상 사람들이 트라야누스의 추억을 축복하고 네로의 추억을 증오하는 것을 왕공(王公)들이 보고 감격한다면, 만일 옛날에 그렇게도 가공하고 두려움 받던 저 위대한 목매달아 죽일 놈의 이름이, 어떤 학생에게라도 그 일을 배우다가 그렇게도 모욕당하고 저주받는 것을 보고 왕공들이 깊은 인상을 받는 것이라면, 평판은 과감하게 키워 갈 일이며, 사람들은 될 수 있는 한 이 평판을 가꾸어 갈 일이다.

플라톤은 시민들을 도덕적으로 만들기 위해서 모든 방법을 사용하며, 시민들의 좋은 평판과 평가를 경멸하지 말라고 충고하며, 악인들까지도 말로나 사상으로나 거룩한 영감을 받아서 선인들과 악인들을 정당하게 구별할 줄 알게 되는 수가 흔히 있다고 말한다. 이 인물과 그의 스승은 인간의 힘이 부족한 경우, '연극의 결말을 짓지 못하는 경우에, 신의 구원을 받는 비극 시인들의 본을 따서'(키케로) 어디서든지 거룩한 작용과 계시를 결부시킬 줄 알던 과감하고 경이로운 직공들이다. 그 때문에 티몬은 모욕하는 말로, 그를 기적의 위대한 날조자라고 불렀다.

　인간들은 능력이 부족하기 때문에 진짜 돈으로 갚을 길이 없는 이상, 가짜 돈도 써 볼 만한 일이다. 이 방법은 모든 입법자들이 사용해 본 바로, 어느 정부치고 헛된 의식이나 거짓 여론을 혼용하며, 국민을 부리는 고삐로 사용하지 않은 예가 없다. 그 때문에 대부분의 국가들은 가공적 근원이나 건국 역사를 초자연적인 신비로 장식하고 있다. 그것으로 가짜 종교들이 신용을 얻었고, 지각 있는 사람들까지도 그것을 애용하게 만든 것이며, 그 때문에 누마와 세르토리우스는 부하들을 더 충성되게 만들기 위해서 이런 어리석은 수작을 쓰며, 전자는 물의 요정 에게리아가, 후자는 흰 암사슴이, 신들에게서 그들의 결점에 관한 신학을 받아 온다고 했던 것이다.

　누마가 이 여신의 수호를 받았다는 자격으로, 그의 법률에 준 바의 권위를 박트리아인들과 페르시아인들의 입법자인 조로아스터(자라투스트라)는 오르마시스 신의 이름으로 그의 법률에 주었고, 이집트인들의 입법자 트리스메기스토스는 상신 메르쿠리우스의 이름으로 했고, 스키타이인들의 입법자 자몰크시스는 베스타 신의 이름으로, 칼키디아인들의 입법자 카론다스는 사투르누스(농정의 신)의 이름으로, 칸디오트인들의 입법자 미노스는 주피터의 이름으로, 라케다이모니아인들의 입법자 리쿠르고스는 아폴로의 이름으로, 아테네인들의 입법자 드라콘과 솔론은 미네르바의 이름으로 그들 법률의 권위를 세웠다. 모든 나라들은 그들의 우두머리에 한 신을 가졌다. 그러나 다른 나라들은 가짜를 세웠으며, 모세가 이집트에서 나오는 유대인에게 세워 준 신은 진실한 신이다.

　조앵빌르 경의 말에 의하면, 베두인족 사람들의 종교는 무엇보다도 그들 중에 왕을 위해서 죽는 자의 영혼은 첫 번째 육신보다도 더 행복하고 아름답고 강한 다른 육신으로 들어간다고 했다. 그래서 그들은 한층 더 용감하게 그들의 생명을 걸고 모험을 무릅쓰는 것이었다.

> 그들은 즉시 무기를 향해 질주하며,
> 심령은 죽음도 가볍게 여겼고,
> 재귀할 생명을 애석해 함은
> 그들에게는 비굴함이었다. (루카누스)

이런 신념은 아무리 허황하다 해도 지극히 도덕적이다. 모든 나라들은 각기 다 이런 예를 가지고 있다. 하지만 이 제목은 따로 취급할 가치가 있을 것이다.

내 첫 번째 제목에 관해서 한마디 더 하자면, 나는 부인들에게 의무를 명예라고 부르도록 권고하진 않는다. "마찬가지로 일반 언어에서 국민들의 의견으로 영광스럽게 보는 것만을 명예롭다고 부르는 식이다."(키케로) 그녀들의 의무는 알맹이이다. 그녀들의 명예는 껍질에 불과하다. 그리고 나는 그녀들에게 거절하는 대가로 우리에게 이 구실을 주라고 충고하지도 않는다. 왜냐하면 그녀들의 의향과 욕망과 의지는 그중의 아무것도 외부에 나타나는 것이 없는 만큼, 명예와는 아무런 상관이 없으니 나는 그 의향과 욕망과 의지가 그 결과들보다도 더 조절되어 있으리라 예측하는 까닭이다.

> 금하기 때문에 하지 않는 여자는 언젠가는 한다. (오비디우스)

그런 욕망을 갖는 것은 그것을 실행하는 것과 마찬가지로 하느님과 양심에 대한 모독이 된다. 그리고 이런 것은 그 자체가 감춰져 있는 은밀한 행동들이다. 만일 여자들이 정조를 위해서 품고 있는 것밖에 다른 의무 관념과 애정을 갖지 않았다면, 명예라는 것은 남이 알고 있는 사실에 매여 있으니, 그녀들이 남몰래 그런 일을 하기란 쉬운 일이다.

모든 명예로운 인간들은 자기 양심에 실수하기보다는 차라리 명예를 잃는 편을 택한다.

17
교만에 대하여

세상에는 다른 종류의 남을 업신여기며 잘난 체하는 마음이 있으니, 그것은 우리가 자신에 대해서 품는 지나친 호평의 말이다. 그것은 우리가 자신을 애중하는 분수없는 심정이며, 우리를 실제 있는 것과는 다르게 보여 주는 것이 마치 사랑의 정열 때문에 마음속의 인물이 미와 단아한 품을 지녔다고 보는 것이며, 연모하는 자들은 혼란스럽고 변질된 판단력으로 사랑하는 대상을 실제와는 달리 더 완벽한 것으로 보게 하는 식이다.

그렇다고 나는 사람이 이 면에서 실수할까 염려해서, 자기를 잘못 판단하거나 사실보다 못난 것으로 생각하기를 바라지는 않는다. 판단력은 모든 방면에 자기 권한을 유지해야 하며, 이 문제에서도 다른 경우와 같이 진실이 보여 주는 대로 보는 것이 당연하다. 카이사르의 경우라면 그는 자기를 세상에서 가장 위대한 장수로 보아야 한다.

우리는 격식밖에는 차리지 않는다. 격식에 끌려서 우리는 사물의 실체를 놓치고 만다. 부차적인 부분의 끄트머리에 구애하며 본체를 버리고 있다. 우리는 부인들에게 그녀들이 실행하기를 조금도 두려워하지 않는 일을 가지고, 단지 말하는 것만 들어도 얼굴을 붉히도록 가르쳐 주었다. 우리는 우리의 기관을 똑바로는 감히 부르지도 못하면서 그것을 모든 종류의 방탕한 행동에 사용하기는 두려워하지 않는다. 예법은 우리에게 합법적이며 자연스러운 사물들을 말로 표현하는 것을 금하며, 우리는 그래야 한다고 믿고 있다. 이성으로 생각하면 그런 것을 비합법적이거나 나쁜 일로 볼 수 없는 일인데, 아무도 그대로는 믿지 않는다. 나는 예법의 법칙에 얽매여 있다. 왜냐하면 예법을 따르자니, 자기를 좋게 말해서도 나쁘게 말해서도 안 되기 때문이다. 이 문제는 당장은 건드리지 말고 그대로 두기로 하자.

운(그것을 좋게 부르건 나쁘게 부르건)이 좋아서 탁월한 지위에서 인생을 보낸 자들은, 공적 행동으로 그들이 어떠한 인물인가를 보여 줄 수 있다. 그러나 운이 단지 뭇사람으로 다루었고, 자기가 말해 주지 않으면 아무도 자기의 이야기를 해 줄 사람이 없는 자들은 흥미를 가지고 자기의 일을 알아보려는 자들에게 루킬리우스의 본을 떠서 과감하게 자기 일을 말해도 용서될 만하다.

> 그는 충실한 친구에게 하듯, 그의 모든 비밀을 문장에 풀었다.
> 불행히 지냈건 행복했건 어느 다른 것에 회포를 푼 일 없이
> 마치 봉납(奉納)의 현판에 새기듯 늙은 그의 온 생애를 남김없이
> 여기에다 묘사했다.　　　　　　　　　　　　　　　　(호라티우스)

그는 종이에 자기의 행동과 사상을 의탁하며 자신을 느끼는 대로 묘사하여 갔다. "그리고 루킬리우스와 스카우루스가 그것으로 신뢰받지 못하거나 멸시당하거나 한 일은 없었다."(타키투스)

그래서 나는 아주 어릴 적부터 내 몸짓과 자세에 무엇인지 모르게 어딘가 헛되고 어리석고 교만한 태도를 가졌다고 사람들의 주목을 끌던 일이 생각난다. 나는 먼저 자신에게 독특하게 몸에 배어 버려 자기가 느끼고 알아보고 할 방법이 없을 정도로 된 조건과 경향을 갖는 것은 언짢은 일이 아니라고 말하고 싶다. 그리고 이런 타고난 경향은, 자신이 알지도 못하고 동의한 일도 없이, 신체가 그 어느 버릇을 때때로 지니는 것이다. 알렉산드로스가 머리를 한쪽으로 좀 기울이고 다녔고 알키비아데스의 말투가 부드럽고 소탈했던 것은 어떤 면에서 의식적으로 자기 용모를 뽐내는 태도였다. 율리우스 카이사르는 무슨 괴로운 생각에 잠긴 사람의 자태로 늘 손가락으로 머리를 긁고 있었다. 키케로는 콧등을 찌푸리는 버릇이 있던 것 같은데, 이것은 그가 타고난 조롱꾼이라는 것을 의미한다. 우리에게는 이런 몸짓이 미처 깨닫지 못하는 사이에 일어나는 수가 있다.

사람들은 인사나 경례하는 동작 따위를 일부러 꾸며서 하기도 하는데, 나는 이 점에 관해서는 말하지 않지만 이런 것으로 사실과는 다르게 아주 겸손하고 예절 바르다는 명예를 얻는다. 사람은 교만으로 겸손할 수도 있다. 나는 특히 여름에는 흔히 모자를 벗고 인사한다. 그리고 내가 부리는 사람이 아니면, 상대가 누구이건 인사를 받으면 반드시 답례해 준다. 내가 아는 어느 군주들은 인사를 좀 아껴가며 적당히 해 주었으면 한다. 왜냐하면 이렇게 조심 없이 남발하면 인

사에 무게가 없어지기 때문이다. 분간 없이 하는 인사에는 효과가 없다.

주책없는 태도 중에도 콘스탄티누스 황제의 존대풍은 잊을 수 없다. 그는 대중 앞에서도 언제나 고개를 똑바로 쳐들며, 이쪽저쪽 돌아보지도, 고개를 굽히지도, 누가 옆에서 인사해도 쳐다보지도 않으며, 부동의 자세로 마차가 흔들려도 움직이지 않고, 사람들 앞에서는 감히 침도 못 뱉고 코도 못 풀며 땀도 씻지 않았던 것이다.

나는 사람들에게 주목받던 내 자세가 이 첫 번째 부류였는지, 그리고 이것도 있을 수 있는 일이지만, 실은 내게 이런 악덕에 대한 은밀한 비밀의 경향이 있었는지 알 수 없다. 그래서 몸의 움직임에 관해서는 책임지지 못한다. 그러나 마음의 움직임에 관해서는 내가 느끼는 것을 여기 고백하려고 한다.

이런 교만에는 두 가지 종류가 있다. 즉, 자기를 높이 평가하는 일과 남을 충분히 존경하지 않는 일이다. 전자의 경우에 먼저 고려해야 할 것은, 내게 불쾌하고 동시에 부당하고 더욱이 페스러운 것이라고 내가 압박받고 있는 것을 느끼는 일이다.

나는 이 점을 고치려고 애써 본다. 그러나 그것을 뽑아 없애는 일은 할 수 없다. 내가 소유하는 사물들은 내가 소유하기 때문에 그 가치를 깎아내리며, 그것이 내게 없거나 남의 것이거나 내 것이 아닌 때에는 그런 사물들의 가치를 올리기 때문이다. 이런 심정은 어지간히 멀리 확대된다.

예를 들면 권위라는 특권을 가진 까닭에 남편들이 자기 아내를 악덕스럽고 경멸에 찬 눈으로 보고, 많은 부친들이 자기 소생들을 그렇게 보듯 나 역시 그러하며, 두 가지 같은 사물을 가지고 나는 언제나 내 것을 불리하게 평가할 것이다. 나의 발전과 개선을 위한 열성 때문에 내 판단력이 혼란되며, 나 자신에 만족하지 않는 것이 아니라, 그보다도 자기가 지배권을 가지면 저절로 자기가 잡고 지배하는 것에 대해서 경멸감이 생기게 되는 것이다. 먼 나라의 정치와 풍습, 그리고 그 언어들은 내게 좋게 보인다. 어린아이와 평범한 사람들처럼 라틴어는 그 권위 때문에 실제의 가치 이상으로 나를 속이고 있음을 알고 있다. 세간살이나 가옥, 말이나 이웃 사람의 것은 같은 가치라도 내 것이 아니기 때문에 내 것보다 더 낫게 보인다. 그뿐더러 나는 내 일을 아주 모르고 있기 때문에 더하다. 나는 알 수 있는 것이 없으며, 내가 할 수 있다고 감히 책임지는 것이 거의 없는데, 남들은 각기 자신감과 포부를 마음에 가지고 있는 것을 보고 나는 놀란다. 나는 내 방법들을 분류하고 정리하여 가진 것이란 없다. 나는 결과를 보고 나서밖에는 그것을 알지 못한다. 나는 다른 모든 일과 마찬가지로 내 자신의 역량을 의심한다. 그래서 내가 우연히 어떤 일을 잘하는 수가 있으면 그것은 내 역량에 의해서보다도 운이 좋아서 된 일이라고 생각한다. 어떻든 나는 이런 일을 우연에 맡기며 의구심을 품고 계획한다.

마찬가지로 대체로 옛사람들이 품던 인간 전체에 대한 사상들 중에서 내가 가장 즐겨 품으며 애착을 느끼는 것은, 우리를 가장 경멸하고 천시하고 무시하는 사상이라는 것이다. 철학은 내 생각으로는 우리의 교만과 허영심을 공격하며, 철학 자체의 허약성과 무지와 미해결을 성심으로 인정할 때보다 더 잘 할 수는 없는 일로 보인다. 공적으로나 사적으로나 가장 그릇된 사상을 가꾸는 주요 원인은 사람이 자신을 높이 평가하는 데에 있다고 본다.

수성(水星)의 띠에 걸터앉아서 하늘을 멀리 내다보는 자들, 그들은 나를 골탕 먹이고 있다. 내가 인간이라는 제목을 가지고 하는 연구에서도 사람들의 판단이 너무나 다양하고, 서로 간에 풀어 볼 수 없는 너무나 깊은 미궁이 있다. 또 바로 예지의 학파에서도 학설들이 너무 다양하고 불확실하니, 이자들은 그들의 눈앞에 부단히 놓여 있고, 그들 속에 존재하는 그들 자신과 그들 고유의 조건에 관해서도 해결 지을 수 없었던 바에, 그리고 자신이 움직이고 있는 것이 어째서 움직이는 것인지, 또는 자신이 잡고 조종하는 것의 장치가 어떻게 되어 있는 것인지도 설명해 보지 못하는 바에, 그들이 나일강이 불어나고 줄어드는 원인에 관해서 설명하는 것을 어떻게 나보고 믿어 달라는 말인지 생각해 보면 알 일이다. 사물을 알아보려는 호기심은 하느님이 인간에게 내리신 천벌이라는 말씀이 성경에 있다.

그러나 개인의 문제로 돌아와서, 내가 자신을 평가하는 것만큼 어느 누구도 그 자신을 더 못하게 보든지, 또는 어느 누구도 나를 더 못하게 평가하기는 아주 어려운 일로 보인다.

나는 나를 평범한 부류에 속한다고 보는 그 사실 하나만을 빼놓고, 자신을 평범한 부류에 속한다고 본다. 가장 속되고 천한 결함을 가진 죄는 있어도 그런 것을 떳떳이 자백하지 않았거나, 변명해 본 죄는 없다. 그리고 나 자신의 가치를 알고 있는 것 이상으로 나를 평가하지도 않는다.

여기에 교만이 있다면 그것은 내 기질의 배반 때문에 내게 피상적으로 주입되었을 뿐이며, 내 판단 앞에 나타날 만한 실체를 가진 것이 아니다. 나는 그것으로 끼얹어져 있는 것이지 거기에 물들어 있지 않다.

정신의 효과로 말하면, 그것이 어떠한 방식으로 되었건 나를 만족시켜 줄 만한 것이 내게서 나올 길은 없다. 그리고 남이 칭찬해 주는 것은 칭찬의 구실을 못한다. 내 취미는 나약하고도 꽤 까다롭다. 특히 나 자신에 관해서 더욱 그렇다. 나는 끊임없이 나 자신을 부인한다. 그리고 어떤 경우에도 허약해서 들떠 있고 휘어지는 것을 느낀다. 내 것으로 판단력을 만족시킬 수 있는 것은 아무것도 없다. 나는 관찰력이 상당히 명철하고 절도 있다. 그러나 일에 부닥치면 혼란을 일으킨다. 이것은 특히 시가(詩歌)에서 경험한다. 나는 무척이나 시가를 좋아한다. 남의 작품은 어지간히 알아본다. 그러나 사실 내가 시가를 써 보려면 어린아이 장난이 되어 버려, 스스로 참을 수 없게 된다. 사람은 다른 데서는 아무 데서라도 어리석은 수작을 할 수 있지만 시가에서는 못한다.

> 신들도 인간도
> 작품을 붙이는 기둥도
> 시인들의 평범함은 용서되지 않는다. (호라티우스)

우리의 출판사마다 건물 앞에 이 격언이 붙어 있어서, 그 많은 사이비 시인들이 작품을 들여놓지 못하게 하면 얼마나 좋을까!

> 진실로 졸렬한 시인보다 더 자신감 넘치는 자는 없다. (마르티알리스)

어째서 우리에게는 이런 사람들이 없는가? 선대(先代) 디오니시우스는 자기 재주 중에도 시 짓는 것을 가장 자랑삼았다. 올림픽 경기 때 그는 화려하기가 다른 어느 것보다도 더한 수레들을 가지고 제왕답게 금박을 하고 수를 놓은 천막에 깃발을 날리며, 시인들과 음악가들을 시켜서 자기 시를 제출케 했다. 그의 시가 낭독될 때 처음에는 그 운율이 우아하고 탁월한 데서 민중들의 주의를 끌었다. 그러나 다음에 이 작품의 변변찮은 내용을 감식하게 되자, 그들은 처음에는 경멸하기 시작하다가 점점 그 판단이 명확해지자, 금세 화를 내며 달려나가 그 깃발을 모두 쓰러뜨리고 찢어 내팽개쳤다. 수레 역시 경기에서 아무런 성적을 올리지 못했고, 부하들을 실어왔던 배는 시칠리아로 귀환하지 못하고 폭풍우에 밀려서 타렌토의 해안에 가서 부서졌다. 민중들은 이것이 확실히 신들이 그들과 같이 이 못된 시에 분개한 탓이라고 생각했다. 더욱이 난파에서 겨우 살아난 뱃사람까지도 이 민중들의 의견에 가담했다.

그의 죽음을 예언한 신탁 역시 어느 면에서 백성들에게 찬동하는 것 같았다. 그 신탁에는 디오니시우스가 자기보다 우수한 자들에게서 승리를 거두었을 때, 그의 종말이 다가올 것이라고 실려 있었다. 이것을 그는 자기보다 우세하던 카르타고인들이라고 해석했다. 그리고 그들과 싸움을 하게 되었을 때 그는 이 예언의 뜻에 거스르지 않으려고 여러 번 승리할 기회를 저버리며 조절해 갔다. 그러나 그는 잘못 해석했다. 왜냐하면 신은 그가 아테네에서 자기보다 우수한 비극 시인들에 경쟁해서 《레네이아 사람들》이라는 제목의 작품을 상연시키고, 매수행위(買收行爲)와 부정으로 승리를 거두는 때를 그 시기로 정해 놓았기 때문이었다. 이 승리 뒤에 그는 갑자기 죽었다. 얼마간은 그가 이때 느낀 과도한 기쁨 때문이었다.

내가 내 작품을 변명할 수 있는 점은 그 자체와 실제가 그렇다는 것이 아니고, 내가 보기에 사람들이 신용하는 다른 더 나은 작품들에 비교해서 하는 말이다. 나는 자기 작품이 잘되었다고 기뻐하는 자들의 행운이 부러워진다. 왜냐하면 사람들은 이 기쁨을 자신에게서 끌어내고 있으니, 그러한 기분을 얻는 안이한 방법 때문이다. 특히 그들이 고집이 좀 있을 때에 그렇다. 내가 아는 한 시인은 우수한 자들에게서나 약한 자들에게서나, 군중들 속에서나 방 안에서나, 하늘과 땅 모두에게서 시라는 것이 무엇인지도 모른다는 꾸지람을 받고 있다.

그는 누가 뭐라고 하건 상관없이 자기가 지어 놓은 압운 하나 고치려 들지 않고, 줄곧 다시 시작하며 생각해 보며 고집하고 있다. 그리고 자기 의견을 지지하는 사람이 자기뿐인 만큼, 더욱 강경하게 그것을 견지한다. 내 작품은 내게 기쁨을 주기에는 너무나 모자라서 다시 음미해 볼수록 더욱 화만 치민다.

나는 다시 읽을 때에는 얼굴을 붉힌다.
왜냐하면 많은 문장이 작가인 내가 판단하기에도
마땅히 삭제되어야 하기 때문이다.   (오비디우스)

나는 늘 마음속에 한 상념과 뒤섞인 어떤 영상이 떠오른다. 그것은 마치 꿈속에서와 같이 내가 써 내놓는 것보다 더 나은 형태를 보여 주는데, 나는 그것을 파악해서 전개시켜 볼 수가 없다. 그리고 이 상념 자체도 중간쯤밖에 못 된다. 내가 이것으로 추론해 보면 지난 시대의 풍부하고 위대한 심령들이 내놓은 작품들은 내 상상력과 소원의 극한을 훨씬 넘는 것이다. 그들의 문장은 나를 만족시켜 채워 줄 뿐만 아니라 나를 놀라 넘어지게 하며 감탄으로 넋을 잃게 한다. 나는 그들의 미를 판단하며 그 미를 눈으로 본다. 전부를 이해하는 것이 못 되더라도 적어도 내가 그런 것을 써 보려고 갈망해도 가능하다는 것을 알 정도까지는 이해한다.

무슨 일을 기도하건 우아의 신들에게 은총을 청하려고 플루타르크가 누구를 두고 말하는 식으로, 나는 그들에게 희생을 바쳐야 할 일이다.

사람을 즐겁게 해 주는 것은
인간의 감각에 달콤하게 유입되는 것은
모두 귀여운 우아의 신들의 혜택으로 얻는다.   (작자 미상)

그러나 이 여신들은 어디서나 나를 저버린다. 내가 하는 일은 모두가 거칠다. 거기에는 상냥하고 아름다운 맛이 없다. 나는 기껏해야 사물들이 가진 가치밖에는 더 만들 줄 모른다. 내 방식은 아무것도 재료에 보태 주는 것이 없다. 그 때문에 내게는 그 자체로 잡힐 거리가 많고, 그 자체로 빛나는 강력한 재료가 필요하다. 내가 평범하고 유쾌한 재료를 잘 다루는 것은, 내 방식을 좇기 위해서이다. 나는 세상 사람들이 하는 식으로 엄숙하고 음침한 예지를 즐기지 않는다. 차라리 장중하고 엄숙한 재료를 잘 취하는 내 문체(적으나마 내가 하는 형편없고 무질서한 말투이며, 아마파니우스와 라비리우스처럼 비속한 사투리이고, 정의할 수 없는 방식이고, 구분도 결론도 없이 혼란된 것을 문체라고 불러야 한다면 말이지만)를 유쾌하게 만들려는 것이 아니라 나 자신을 유쾌하게 해 주기 위해서 한다.

나는 사람에게 좋게도 즐겁게도 간지럽게도 해줄 줄을 모른다. 세상에서 가장 재미나는 이야기도 내 손에 걸리면 무미건조하고 흐릿하게 된다. 나는 정직하게 말할 줄밖에 모른다. 동료들 중에 많이 있듯이 아무하고나 닥치는 대로 이야기하며, 사람들 한 패의 주의를 끌고, 아무 재료나 되는 대로 사용할 줄 알며, 그들이 상대하는 자들의 기분과 이해 정도에 맞추어 줄 아량을 가졌기 때문에, 그들에게 재료가 부족하다는 일은 결코 없이 왕의 귀를 온갖 말로 피로할 줄 모르게 즐겨 주는 그런 재간은 내게 없다. 왕들은 딱딱한 이야기는 즐기지 않는다. 그리고 나는 헛된 이야기하기를 즐기지 않는다. 사람들이 일반적으로 가장 잘 받아들이는 가장 쉬운 논법을 나는 사용할 줄 모른다. 민중의 설교자로서는 낙제생이다. 모든 재료에 관해서 나는 내가 아는 가장 마지막 일을 즐겨 말한다. 키케로는 철학 논문에서 가장 어려운 부분은 서론이라고 했다. 사실이 그렇다면, 나는 결론에 집착하겠다.

그렇지만 우리는 모든 종류의 곡조에 줄을 맞춰 놓아야 한다. 그리고 가장 높은 곡조는 연주에 가장 드물게 들어오는 것이다. 속 빈 내용을 전개시켜 가는 데에는 무게 있는 내용을 지탱해 나가는 것과 똑같이 완벽한 재간이 필요하다. 때로는 사물들을 피상적으로 다루어야 하고, 때로는 깊이 파고들어 연구해야 한다. 사람들의 대부분은 사물을 피상적으로만 파악하느라고 이 얕은 단계에 머무르고 있다. 그러나 크세노폰이나 플라톤 같은 위대한 스승들은 흔히 이 얕고 평범한 방식으로 부드러워져서 사물들을 말하고 다루며, 그들에게 무궁무진한 우아미로 이 방식에 흥을 돋우어 간다.

또 내 언어는 유창하고 매끈한 맛이 없다. 오히려 거칠고 오만하며 멋대로 노는 방종한 경향이 있다. 내 판단으로는 아닐지라도 내 경향으로는 이대로가 내 취미에 맞다. 그러나 나는 때때로 너무 이런 식으로 흘러서 기교와 허식을 피하려고 애쓰다가 도리어 다른 면으로 거기에 빠지는 것을 느낀다.

    간결하려고 노력하다가
    난삽함에 빠진다.   (호라티우스)

  플라톤은 길고 짧은 것은 문장의 가치를 줄이지도 늘리지도 않는 소질이라고 했다.

  내가 고르며 반질하고 정돈된 다른 문체를 따른다면, 도저히 거기에 도달하지 못할 것이다. 그리고 살루스투스 문장의 간결미와 사기를 북돋움이 내 기분에 더 맞지만, 카이사르의 문체는 더 위대하고 모방하기가 쉽지 않다고 본다. 그리고 내 경향은 한층 세네카의 화법의 모방으로 기울어지지만, 플루타르크의 문장을 더 높이 평가한다. 나는 행동에서와 같이 말하기에도 단순히 내가 타고난 방식을 좇을 뿐이다. 아마도 그 때문에 나는 글쓰기보다도 말하기가 더 능한 것이리라. 동작과 행동은 말에 활기를 준다. 특히 내가 하듯 몸을 갑자기 움직이며 흥분을 잘하는 자들에게 그렇다. 거동·용모·목소리·의상·태도 등은 군소리와 같이 그 자체에는 아무 가치 없는 사물들에게 가치를 준다. 타키투스에 나오는 메살라는, 그 시대의 몸에 꼭 끼는 의상과 웅변가들이 연설할 때에 올라앉아야 하는 의자가 그들 웅변의 힘을 약화시킨다고 불평한다.

  내가 구사하는 프랑스어는 사투리가 거칠기 때문에 발음이나 다른 점이 모두 변질되어 있다. 나는 남쪽 사람들 치고 사투리를 심하게 쓰지 않고 순수한 프랑스어를 익혀 거슬리지 않게 말하는 사람을 본 일이 없다. 그렇다고 내가 페리고르어에 아주 능숙하다는 것은 아니다. 사실 나는 그 말이나 독일어나 마찬가지로 쓰지 않는다. 그래도 내게는 아무런 불편이 없다. 이 말은 내 주위의 이쪽이나 저쪽 다른 지방인 포아투·생통주·앙구우모아·리모주, 그리고 오베르뉴의 사투리 같이 무르고 길게 끌며 수다스럽다. 저 위 산중에는 가스코뉴어가 있는데, 나는 그 말이 유난히 아름답고 야무지고 짧고 함축성 있고, 내가 듣는 다른 어느 지방의 말보다도 더 남성적이고 군대식이라고 본다. 프랑스어의 우아하고 미묘하고 풍부한 맛에 대등하게 이 말은 줄기차고 강하고 직설적이다.

라틴어로 말하면 내가 모국어 삼아 배운 말이지만, 쓰는 습관을 잃어버렸기 때문에 그 말을 빨리 사용할 수 없다. 전에는 라틴어에서는 선생이란 말을 들었는데, 지금은 글 쓰는 것도 못하게 되었다. 이 방면에도 그렇게 대단한 것이 못 된다.

미모는 사람들과의 교제에 추천되는 대단한 장점이며, 사람들 사이에 화합을 이루어 주는 제일의 방편이다. 사람이 아무리 거칠고 퉁명스럽다 해도 그 아름다움에 감명받지 않는 자는 없다. 육체는 우리 인생에 큰 몫을 차지한다. 그 역할은 크다. 그 때문에 신체의 구조와 기질을 존중하는 것은 지당한 일이다. 우리의 이 두 가지 주요 부분을 떼어서 분리하려고 하는 것은 잘못하는 일이다. 반대로 이 둘은 짝지어 맞춰 놓아야 한다. 영혼에게는 육체에서 떨어져 나와 육체를 경멸하고 저버리는 것이 아니고(영혼은 역시 그렇게 하려고 해도 꾸며 댄 원숭이 노릇으로밖에 하지 못할 것이다), 반대로 육체에 결합해서 그것을 포옹하고 애지중지하고, 도와주고 제어하며 충고하고 일으켜 주며 길을 잘못 들 때는 다시 이끌어 오고 결국 그와 결혼하여 육체의 남편 노릇을 하며, 그들의 성과가 서로 다르고 반대되는 것이 아니라, 서로 조화를 이루어 한 길로 나가도록 하라고 영혼에게 명령해야 한다.

기독교인들은 이 통합에 관해서 특수한 교육을 받고 있다. 왜냐하면 그들은 하느님의 정의가 이 육체와 영혼의 화협과 결합을 허용하며, 육체에게 영원한 보상을 받을 수 있게까지 해 주고, 인간이 그의 공적에 따라서 벌을 받거나 상을 받도록 원하는 것을 안다.

모든 학파 중에서 가장 사교적인 소요학파는 현자에게, 단지 제휴된 두 부분들에 공통되는 선(善)을 만들어서 제공하는 배려만을 맡겨 준다. 그리고 다른 학파들이 이 융합에 관한 고찰에 집착하지 않았기 때문에 똑같은 과오에 빠져서 어느 학파는 육체 편에, 다른 학파는 영혼 편에 편파적으로 되며, 자기들의 주체인 인간과 그들이 일반적으로 자기들의 안내자라고 인정하는 이 본성을 격리시키고 있는 것을 보여 준다.

인간들 사이에 있었던 우대와 다른 사람에게 또 다른 이들이 높은 위치를 주던 최초의 배려는 미모의 장점 때문에 한 일일 것이다.

> 그들은 토지를 나누며, 용모와
> 체력과 소질에 따라서 분배해 주었다.
> 왜냐하면 미모는 크게 평가받고
> 체력은 존중했기 때문이다.
>
> (루크레티우스)

내 키는 중간이 좀 못 된다. 이 결함은 그 자체가 보기 싫을 뿐 아니라 지휘관의 직책을 맡은 자에게는 더욱 불편할 일이다. 왜냐하면 훌륭한 외모와 몸집의 위풍이 주는 권위가 부족하기 때문이다.

마리우스는 키가 여섯 자가 못 되는 군사들은 잘 받아들이지 않았다. 《궁신론(宮臣論)》에서는 그가 훈련하는 귀족을 위해서 다른 것보다는 보통의 키를 원하고, 사람들에게 손가락질받을 만한 색다른 특징을 거절한 것은 마땅하다. 그러나 이 보통 키에 넘치는 것보다 모자라는 것을 택해야 한다면, 나는 군인으로는 그를 뽑지 않겠다.

키가 작은 사람들은 아담하기는 하지만 수려하지 못하다. 몸집과 키가 큰 신체에 훌륭한 풍채가 엿보이듯 위대한 행동 속에서 위대한 심령을 알아본다고 아리스토텔레스는 말한다. 에티오피아인들과 인도인들은 왕과 관리들을 뽑을 때 체격이 당당하고 키가 큰 것을 염두에 두었다고 그는 말한다. 그들이 옳았다. 왜냐하면 키가 크고 몸집이 당당한 지휘관이 군대의 선두에서 걸어가는 것을 보면, 그를 따르는 자들에게는 존경심이 일어나고 적군에게는 공포심을 일으키기 때문이다.

> 첫 줄에는 투르누스 자신이 무기를 들고
> 당당한 몸집으로 머리는 군사들 위로 드러내고
> 위풍을 떨치며 나아간다.
>
> (베르길리우스)

우리가 조심성과 신앙심과 존경심을 가지고 주목해야 할 하늘에 계신 거룩하신 하느님도 훌륭한 신체의 권장을 거부하지 않았다. "그는 인간의 아들들 중에 가장 아름다운 자였다."(시편)

그리고 플라톤은 국가의 수호자들이 절제와 용덕과 아울러 미모를 갖기 원한다.

누가 그대 집 사람들 중에서 그대에게 말을 걸며, "나리는 어디 계신가?" 하고 이발사나 서기한테 하는 인사밖에 안 되는 말로 물어본다면, 참으로 울화통이 터질 것이다. 저 가련한 필로포에멘이 그런 창피를 당했다.

그가 자기를 기다리는 집에 자기 패들보다 먼저 도착했더니, 그의 인상이 변변찮았기 때문에 집주인은 그를 알아보지 못하고 그에게 필로포에멘을 대접하기 위해서 여자들을 거들어 물을 긷고 불을 피워 달라고 했다. 자기 패의 신사들이 와서 그가 이 훌륭한 일을 하고 있는 것을 보고(그는 명령받은 것을 그대로 실행하고 있었기 때문이다), 무엇을 하고 있느냐 물어보자, "내 못난 꼴의 값을 치르고 있소"라고 대답했다.

다른 종류의 미(美)들은 여자들에게 필요하다. 신장(身長)의 미가 남자들의 미이다. 몸집이 작으면, 이마가 넓고 둥글건, 눈이 빛나고 상냥하건, 코의 생김이 알맞건, 귀와 입이 작건, 이가 고르게 나고 희건, 갈색 피부에 갈색 수염이 보기 좋고 그럴듯하게 났건, 머리털이 곱슬하건, 머리가 알맞게 둥글건, 안색이 생기 있건, 용모가 부드럽건, 몸에서 냄새가 안 나건, 팔다리가 알맞은 비율로 생겼건, 풍채 좋은 남자는 만들지 못한다.

어떻든 나는 몸이 굳세고 짜여 있으며 얼굴은 뚱뚱하기보다는 탄력 있고, 기질은 쾌활과 우울의 중간이며, 적당히 혈기 있고 정열도 있으며,

    나의 다리와 가슴팍엔 털이 무성하며 (마르티알리스)

억세고 경쾌한 건강으로 나이가 상당히 들 때까지 병으로 크게 고생한 일이 드물었다. 사실 이제 나는 마흔을 넘은 지 오래지만, 지금 이 시간에도 노년의 길에 들었다고는 생각하지 않는다.

    청춘의 힘과 정기는 점점 없어지고
    나이와 함께 우리는 늙어 간다. (루크레티우스)

이제부터 내가 되어 갈 것은 반쪽의 존재밖에 없으며, 그것은 이미 내가 아닌 것이다. 나는 날마다 사라지며, 내 자신에서 빠져나간다.

흘러가는 세월은 하나하나 우리의 행복을 빼앗아 간다.   (호라티우스)

나는 재간과 민첩성을 가져 보지 못했다. 그렇지만 대단히 민첩하고 쾌활한 성격을 죽을 때까지 유지한 아버지의 아들이다. 신체 훈련으로 그에 비길 인물을 나는 본 일이 없다. 내가 달음박질 말고는(이것은 가운데쯤은 갔다) 나를 이기지 못하는 인물을 본 일이 없는 식이다. 내 목소리는 성악에 부적당했고 악기도 잘 다루지 못했기 때문에, 아무도 내게 음악을 잘 가르쳐 줄 수 없었다. 춤과 테니스와 투기에서는 극히 변변찮은 능력밖에 얻지 못했다. 수영과 격검에 장대높이뛰기와 높이뛰기는 전혀 못한다. 손은 투박해서 자신을 위해서도 글쓰기가 힘들다. 그래서 내가 끄적거려 놓은 것은 풀어 읽기보다는 숫제 다시 쓰는 편이 힘이 덜 든다. 다시 써 보아도 더 잘 읽어지지 않는다. 내 말은 들어 주는 사람들에게 힘이 드는 것 같다. 그렇지만 않다면 쓸 만한 학자일 텐데. 나는 편지 하나 똑바로 접을 줄 모르며, 연필심을 깎을 줄도 모르고, 식사에 초대받아서도 먹음직한 것 하나 잘라 낼 줄 모르고, 말에 안장 하나 못 얹으며, 매 한 마리 주먹에 얹고 다니거나 놓아줄 줄 모르고, 개에게나 새·말한테 말 한 번 걸지 못한다.

내 신체의 소질들은 내 영혼과 아주 잘 조화된다. 경쾌한 맛은 하나도 없으나 충만하고 견고한 정책이 있다. 나는 고된 일을 잘 참아 낸다. 내 의지로 그렇게 할 생각이 나서 그런 욕망에 끌렸을 때 말이다.

일의 쾌감은 고됨을 잊게 한다.   (호라티우스)

그렇지 않고 어떤 쾌감에 유인된 것이 아니고 내 순수한 자유의사가 아니라 다른 지도자 밑에 있다면 나는 쓸모없는 인간이다. 왜냐하면 나는 건강과 생명을 위한 것이 아니면, 다른 일로 내 손톱을 깨물고 싶든지, 정신의 고민과 강제받는 대가를 치러 가며 얻고 싶은 것은 아무것도 없는 심경에 있기 때문이다.

그만한 대가로는
  바다로 흘러가는 사금(砂金)을 준다 해도
  타고스강의 모래 전부를 준다 해도 원치 않으리라.　　　　(유베날리스)

　동시에 나는 본성과 기술에서 극도로 게으르고 자유 분방하다. 나는 수고해 주기보다는 즐겨 피를 내어 줄 것이다.
　내게는 자기 식으로 행하는 버릇을 가진 심령이 있다. 나는 지금 이 시각까지 나를 강제하는 지도자나 윗사람을 가져 본 일이 없기 때문에, 마음 내키는 대로 걸어왔다. 그 때문에 내 성질은 물러지고, 남을 위한 일에는 소용없는 인물이 되었으며, 나 자신밖에는 쓸모가 없어지고 말았다. 그리고 나로서는 이 둔중하고 게으르며 무위 무책한 성질을 강제할 필요를 느낀 일이 없었다. 왜냐하면 나는 태어날 적부터 그런대로 만족할 만한 정도의 재산을 가지고 있었고, 가질 만하게 가졌다고 느낄 정도의 지각을 가졌기 때문에, 더 얻어 보려고 한 일도 없고, 더 얻어들인 것도 없다.

  북방의 순풍은 내 돛을 불어 부풀게 하지 않으나
  남방의 역풍도 역시 내 행로를 훼방하지 않는다.
  체력으로나, 재간으로나, 덕성·가문·재산으로나
  나는 제일급의 낮은 계급,
  최하급의 일류에 속한다.　　　　　　　　　　(호라티우스)

　나는 내 몫에 만족하는 능력밖에 다른 능력이 필요하지 않았다. 그렇지만 그것은, 좋게 생각하던 모든 종류의 조건에서 똑같이 갖기 어려운 심령의 조절된 상태이며, 경험에 의하면 풍부한 것보다도 부족한 생활 속에 더 쉽게 찾아볼 수 있는 것이다. 아마도 그것은 우리들 모든 정열의 진행 상태가 그렇듯이, 재물에 대한 탐은 재물의 결핍에서보다 그것을 사용하기 때문에 더 맹렬해지며, 절제의 도덕은 인내의 도덕보다 훨씬 더 드물기 때문이다. 그래서 나는 하느님께서 후덕하신 마음으로 내 손에 넣어 준 재산을 순하게 누려 갈 필요밖에 느끼지 않았다.

나는 진력나는 노동은 겪어 본 일이 없었고, 내 일밖에는 처리해 본 일이 없다. 또 설사 남의 일을 맡아보게 된 일이 있었다 해도, 그것은 나를 신용해 주며 재촉하는 일이 없고, 나를 알고 있는 사람들의 부탁을 받아서 하고 싶은 시간에 내 방식대로 실행한다는 조건으로 수락한 일이었다. 전문가들은 움직이기를 싫어하며 숨을 헐떡이는 낙타에게서도 무언가 부릴 점을 찾아낸다.

나는 어릴 적에도 순하고 자유로운 지도를 받았고, 엄격한 복종을 강제받아 본 일이 없었다. 이런 모든 일은 내 기질을 나약하게 하고 근심거리를 참지 못하게 만들었다. 그래서 내 일에 관한 손실과 혼란까지도 남이 숨겨 주는 편을 좋아하게까지 되었다. 내 지출 항목에는 나를 한가하고 느긋하게 먹여 살리고 보살펴 주고 하는 데에 드는 비용도 계산하여 올리고 있다.

> 이런 일이 바로 주인을 속이고
> 도둑들에게 이득을 주는 낭비이다.　　　　　　　　　(호라티우스)

나는 손해 보는 것을 좀 덜 정확하게 느끼고 싶기 때문에, 내가 가진 것의 계산을 모르고 지내기를 좋아한다. 또 나와 함께 살면서 정이 붙지 않고 좋은 능률을 올리지 못하는 자들에게, 나를 속여서라도 외양만은 잘 꾸며 달라고 간청한다. 나는 우리가 자주 당하듯 일이 여의치 않게 되어 가는 귀찮은 사건들을 감내할 만큼 마음이 강하지 못하고, 늘 긴장해서 일에 질서를 세우고 정돈하며 처리해 갈 수 없기 때문에 될 수 있는 한 내 일을 운에 맡기며, 모든 일이 아주 잘못되어 가는 것이라고 작정해 놓는다. 그리고 이 최악의 사태를 순하게, 그리고 참을성 있게 견디기로 결심한다. 이것이 단 하나 내가 노력하는 일이며, 나의 모든 사색을 그리로 돌리는 목표이다.

어떤 위험을 당하면 나는 그것을 어떻게 면할까 하는 것보다도 면해도 결국 별 수 없다고 생각하기로 한다. 그런 일을 당한다 해도 그까짓 것 무슨 상관 있나? 나는 사건들을 조절할 능력이 없으므로 자신을 조절하여, 사건들이 내게 맞춰 오지 않으면 내가 사건들에 적응해 나간다. 나는 운을 피해서 모면하거나 거슬러가며, 조심스레 사물들을 나에게 맞도록 꾸며서 이끌어 나가는 재주는 전혀 없었다. 더욱이 거기에 필요한 거칠고 힘든 수고를 견디어 낼 참을성도 없다. 그리고 내게 가장 힘든 것은 급한 일에 부닥쳐서 결정은 내리지 못하고 공포와 희망 사이에 바로잡지를 못하는 일이다. 가장 대수롭지 않은 일을 가지고도 그것을 심사 숙고하기는 귀찮아진다. 내 정신은 일을 저질러 놓고는 결말이 어떻게 되건 그것으로 안심하고 작정해 두는 것보다 무슨 일에 의문이 나서 숙고해 보는 우여곡절의 다양한 동요와 충격을 참아 내는 것을 힘들게 느낀다.

나는 어떤 큰 충격을 받고 잠을 이루지 못한 일은 드물다. 그러나 조금이라도 무슨 일을 깊이 생각하면 정신이 어수선해진다. 길 가는 때와 마찬가지로, 나는 낭떠러지와 미끄러져 떨어지는 길을 피한다. 그보다는 진흙구덩이에 박히더라도 더 아래로 가려야 갈 수 없는 단단한 길로 들어서서, 그곳에서 안정을 찾는다. 그런 만큼 나는 불행을 둘러맞추다가 생기는 불확실성 때문에 나를 단련시키지 않으며, 단번에 나를 고통 속으로 밀어 넣는 아주 순수한 불행을 당하는 편이 낫다.

    불확실한 병폐는 더 심한 고통을 준다.　　　　　　　　　　(세네카)

일을 당하면, 나는 씩씩하게 해 낸다. 일 처리는 유치하게 하지만 추락한다는 공포심이 내게는 추락 자체보다도 더 심한 열병을 일으킨다. 노름하는 일은 촛불값어치도 안 된다. 구두쇠는 자기 성격 때문에 가난뱅이보다도 더 셈이 맞지 않는다.

그리고 질투꾼은 속는 서방보다 더 손해 보기 마련이다. 소송을 하기보다는 숫제 포도원을 빼앗기는 편이 흔히 불행이 덜하다. 가장 얕은 길이 가장 단단하다. 그것이 견실성이다. 거기서는 자신밖에 아무도 없다. 견실성은 여기에 기초를 두며, 전적으로 자기에게 의존한다. 숱한 사람들이 알고 지낸 이 귀인의 예에는 철학적인 풍모가 있지 않을까? 그는 젊어서 바람을 피우다가 상당히 나이 들어서 결혼했다.

이야기에도 명수이고 멋진 한량이었다. 서방질하는 아내를 가진 사내들과 말도 많이 했고, 남을 놀리기도 많이 한 것을 생각하며, 자기는 그런 곤경을 당하지 않으려고 사회에서 아무라도 돈만 치르면 차지할 수 있는 여인을 골라 결혼하고, 그녀와 인사는 이렇게 하자고 약조를 맺었다. "안녕한가, 이 갈보—안녕하슈, 이 속은 서방님!" 그리고 자기가 한 이 계획을 숱하게 자기 집에 찾아오는 사람들과 담소하며 터놓고 이야기했다.

 이래서 그는 조롱꾼들이 숨어서 하는 욕설을 막고, 그런 험담의 기세를 꺾었던 것이다. 야심으로 말하면 교만과 이웃 간이랄까, 그보다는 딸 뻘이긴 하지만. 출세하려면 운이 와서 내 손목을 끌고 갔어야 할 일이다. 불확실한 희망 때문에 수고하며 인생행로의 첫머리에 남의 신용을 얻으려고 하는 자들이 당하는 고난을 겪어 내는 일 따위는 나 같으면 못해 냈을 일이다.

 나는 이 값으로는 희망을 사지 않는다.　　　　　　　　(테렌티우스)

 나는 내 눈으로 보고 내 손에 잡히는 일에 집착한다. 그리고 항구에서 멀리 떠나지 않는다.

 한 노는 물을 치고, 한 노는 기슭을 긁으라.　　　　　(프로페르티우스)

 그뿐더러 사람은 먼저 자기 운을 걸지 않고는 이런 영달을 얻는 일은 드물다. 내 의견으로는 사람은 자기가 출생해서 성장한 운을 유지하면 족할 것을, 그 운을 더 키우려고 불확실한 일을 하다가 손에 잡은 운마저 놓치는 일은 미친 수작이라고 본다. 운을 못 타서 살아갈 발판을 닦아 평온하고 안정된 생활을 세워 보지도 못하는 자라면, 어차피 궁핍에 몰려서 운을 터 보아야 하는 이상, 가진 것을 우연의 모험에 던져 보아도 용서될 만한 일이다.

 불행 속에 있을 때는 험한 길을 취해야 한다.　　　　　(세네카)

 나는 한 가문의 명예를 맡고 자기 잘못이 아니면 궁하게 지낼 까닭이 없는 장남의 경우보다는 차라리 차남 이하로 태어난 자들이 상속 재산을 도박에 내던져 보아도 변명이 된다고 본다. 나는 지난날 착한 친구들의 충고를 받고 더 간단하고도 쉬운 길을 택해서 지금은 이런 욕망을 버리고 가만히 들어앉아 있다.

 우승의 승리관 없이 편안한 생활을 누리는 자.   (호라티우스)

 그리고 또 내 역량은 위대한 일을 성취할 수 없다는 것을 건전하게 잘 판단하고, 지금은 고인이 된 올리비에 재상이 말한, 프랑스인들은 마치 원숭이가 이 가지에서 저 가지로 기어올라가며 꼭대기까지 쉬지 않고 올라가는데, 거기 가서는 궁둥이를 드러내 보이는 식이라고 한 말을 생각한다.

 힘에 겨운 짐을 머리에 이다가 무릎이 꺾여서
 바로 짐을 내려놓는 것은 수치스러운 일이다.   (프로페르티우스)

 내가 가진 바, 책망할 거리가 안 되는 소질들까지도 이 시대에는 소용없는 것임을 나는 안다. 안이한 내 습성을 사람들은 비굴성이나 나약성이라고 부를 것이고, 신의와 양심은 여기서는 소심하고 미신적이라고 할 것이며, 솔직하게 터놓은 마음씨는 체면 없고 주책없고 건방지다 할 것이다. 불행도 소용되는 곳이 있다. 이렇게 심하게 타락된 시대에 태어난 것도 좋은 일이다. 왜냐하면 다른 사람들에 비해서 싼값으로 도덕군자라는 말을 듣게 되기 때문이다. 제 부모 살해범이나 신을 모독한 자밖에 되지 못하는 자는 우리 시대에는 착하고 점잖은 인간이다.

 요즘 세상에 그대의 친구가,
 그대가 맡겼던 돈을 부인치 않고
 그대의 녹슨 동전이 든 지갑을 그대로 돌려 준다면
 그것은 토스카나의 서적에 기입될 만한 기적이므로
 마땅히 양을 희생으로 바쳐서 축복할 가치가 있다. (유베날리스)

 지금 이 시대와 이 장소에서만큼 군주들을 위해서 선행과 정의에 대한 더 확실하고 위대한 보답이 제공된 일은 없었다. 가장 먼저 이 방법으로 은총과 신용을 얻으려고 일을 추진시켜 갈 생각을 가진 자가, 만일 그자가 힘 안 들이고 그의 동료들보다 먼저 시작하여 자리 잡지 않는다면, 나는 실망할 것이다. 힘과 폭력은 어떤 일을 할 수는 있다. 그러나 언제든지, 무슨 일이라도 할 수 있는 것은 아니다.

우리는 장사꾼이나 마을의 재판관들과 장인(匠人)들이, 용감성과 군사 지식에서 귀족들과 대등한 것을 본다. 그들은 공적으로나 사적으로나 명예롭게 전투한다. 그들은 전쟁에서 도성들을 공격하고 방어한다. 한 군주의 위엄도 이런 군중 속에서는 묻혀 버린다. 그가 아무리 인의(仁義)와 진리와 신의와 절도와 특히 정의로 빛나 보아도, 그런 것은 이 나라에서는 드물고, 알아보는 이 없고, 이미 밀려난 표징들이다.

그는 오로지 국민의 의사에 의해서만 자기의 일을 처리할 수 있는 것이다. 그런데 다른 소질도 이런 소질만큼 그들의 의사에 영합될 수는 없다. 이런 소질이 다른 것보다 훨씬 더 그들에게 유익하기 때문이다.

선보다 더 인기 있는 것은 없다.   (키케로)

이런 데에 비교해 보면 나는 위대하고 희귀한 인물로 보였을 것이다. 마치 옛날에 누가 복수심을 절제하고, 남에게 받은 모욕을 순하게 넘겨 버리고, 약속을 지키는 데에 진지하고, 겉과 속이 다르지 않고, 술책을 쓰지 않고, 남의 의사에 따라, 사정에 따라 자기 신앙을 조절해 가는 일이 없는 것을 보아도, 거기에 다른 더 강력한 소질이 결합되지 않으면 평범하게 보였던 지난 어느 세기의 인물들에 비교해 보면, 나는 난쟁이 족속의 속물로 보였을 것과 같은 식이다.

나 같으면 일을 하려고 내 신앙을 비틀기보다는 차라리 일의 목이 부러지게 둘 것이다. 왜냐하면 지금 이 시대에 신용을 얻고 있는 가식과 숨김이라는 이 새 도덕을 나는 무엇보다도 증오하기 때문이다. 그리고 모든 악덕들 중에 어느 것도 그만큼 마음의 비굴과 인품이 낮고 용렬함을 증명하는 것이 있다고 보지 않는다. 사람이 가면 밑에 변장하고 자기를 숨기고 다니며, 있는 그대로의 자기를 감히 내어 보이지 못한다는 것은 노예적인 비겁한 심정이다. 이런 것으로 요즈음 사람들은 배신의 훈련을 받는다. 거짓말을 하도록 길들어 있기 때문에 그들은 약속을 어기고도 양심에 꺼리지 않는다. 어질고 너그러운 마음씨를 가진 자는 자기 사상을 배반하지 않는다.

그는 마음 속속들이 들여다보게 둔다. 그 속이 모두 착하든지, 또는 적으나마 그 속의 모든 것이 인간답다.

아리스토텔레스는 터놓고 미워하고 사랑하는 것, 완전히 솔직하게 판단하고 말하는 것, 그리고 진실의 대가로 타인들의 찬성과 반대는 문제 삼지 않는 것을 큰 도량의 의무라고 생각한다.

아폴로니우스는 거짓말은 노예가 할 짓이고, 진실을 말하는 것은 자유인이 할 일이라고 했다. 진실은 도덕의 가장 기본 요소이다. 진실은 그 자체를 위해서 사랑해야 한다. 대체로 진실을 말하지 않으면 안 되게 되었고, 자기에게 소용되기 때문에 진실을 말하며, 누구에게도 상관이 없을 때는 거짓말하기를 두려워하지 않는 자는 진실하지 못한 자이다. 내 심령은 그 기질이 거짓말을 기피하며 거짓을 생각하는 것조차 싫어한다. 가끔 그런 일이 생기지만 어쩌다 엉겁결에 주책없이 마음이 동요해 거짓말을 하게 되면, 나는 마음속에 수치를 느끼며 가슴이 아프도록 양심의 가책을 받는다.

사람은 언제나 모든 일을 말할 필요는 없다. 그것은 어리석은 일이기 때문이다. 그러나 말하는 것은 생각하는 그대로이어야 한다. 그렇지 않으면 악의이다. 사람들이 끊임없이 거짓을 꾸미며 속을 감추는 일은, 그들이 진실을 말할 때에도 남이 신용하지 않기를 바라는 것이 아니라면 무슨 이로운 일을 기대하는 것인지 모를 일이다. 한 번이나 두 번은 사람들을 속일 수 있다. 우리 왕들 중의 몇몇은 자기들은 속을 감춘다고 공언하며, 만일 셔츠가 그들의 진실한 의도를 알고 있다면, 이 셔츠를 불에 처넣겠다고(이것은 옛날 마케도니아의 메텔루스가 한 말이다)하고, 거짓을 꾸밀 줄 모르는 자는 나라를 다스릴 줄 모른다고 자랑했다. 그러나 이것은 그들과 상종하는 자들에게 자기들이 말하는 것은 사기와 거짓말에 지나지 않는다는 것을 알려 주는 수작이다. "인간이 약고 기민할수록 정직하다는 평판을 잃은 뒤에는 더욱 혐오하고 의심받는다."(키케로) 티베리우스가 하던 식으로 겉과 속을 항상 다르게 가질 생각을 하고 있는 자들의 용모나 말에 넘어가는 것은 대단히 순박한 자들의 일이다. 그리고 현금으로 받아들일 수 있는 말은 아무것도 내놓지 않는 이런 인간들이, 사람들과 무슨 교섭을 할 수 있는지 모를 일이다.

　진실에 불충실한 자는 거짓에도 불충실하다. 우리 시대에 한 군주의 의무를 규정함에 있어서, 오로지 정책의 편의만을 고려하고 그가 신의와 양심을 지키는 것을 중하게 여기지 않은 자들은, 단 한 번 약속을 어긴 덕택으로 정치의 기초를 굳힐 수 있었던 제왕에게 배신이 부득이했다고 말할 것이다. 그러나 일은 그렇게 되지 않는다. 사람들은 자주 같은 교섭에 부닥친다. 한평생 여러 번 강화도 하고 조약도 맺는다. 그들에게 첫 불신 행위를 하게 한 이득은(그리고 다른 모든 악질 행위에서와 같이, 거기서는 거의 늘 이득이 생긴다. 신의 모독, 살인·반란·배반 등은 어떤 종류의 성과를 바라기 때문에 기도된다) 다음에 무한한 손해를 끌어들이며, 군주는 그 배신 행위의 예 때문에 모든 교섭과 협상을 맺어 볼 방법을 잃게 된다. 어렸을 적 일이지만, 약속이나 조약을 지키는 데에 조심하지 않는 종족인 오토만족의 솔리만은, 그의 군대를 오트란토에 상륙시켰을 때, 앞서 협약한 바와는 반대로, 메르쿠리노 데 그라티나레와 카스트로의 주민들이 항복하고 나서 포로가 되어 잡혀 있는 것을 알고, 그들을 방면하라는 명령을 보냈다. 그리고 이 나라에 대한 다른 큰 계획도 세우고 있는 터이며, 이런 불신 행위에 대해서는 당장 어떤 이익이 있다 해도 미래에 비난과 불신을 사서 극히 불리한 사태를 불러올 것이라고 말했다.

　그런데 나로 말하면, 속을 감추고 아첨하는 것보다는 차라리 극성스럽고 조심성 없이 행동하는 편을 취한다.

　내가 이렇게 다른 사람은 안중에 두지 않고 자기를 드러내 놓는 태도에는 어떤 교만과 고집이 섞일 수 있음을 자백한다. 나는 그렇게 해서 안 될 곳에서 너무 방자하게 놀며, 상대편을 무시하고 열을 올리는 일이 있는 듯하다. 역시 재간이 없어서 본성대로 놀아 보는 것일지도 모른다. 나는 집에서 하던 방자한 화법과 태도를 세도가들 앞에서도 보이며, 그것이 얼마나 버릇없고 실례되는 일인가를 느낀다. 그러나 내 인품이 이렇게 생겼을뿐더러, 나는 사람이 갑자기 물어보는 것을 살짝 비켜서며 딴전을 피우거나 진실을 숨기거나 하기에 충분한 재치도 없고, 그렇다고 거짓말한 것을 그대로 담아 두기에 충분한 기억력도 없고, 또한 그것을 유지하기에 충분한 자신도 없다. 속이 약하기 때문에 겉으로 강한 체한다. 그 때문에 나는 순박성을 그대로 내놓고 늘 생각하는 대로 말하며, 내 기질과 이성이 그렇기 때문에 그 결과를 운에 맡겨 둔다.

아리스티포스는 그가 철학에서 끌어낸 주요 성과는 아무에게나 자유로이 터놓고 말하게 된 일이라고 했다.

기억력이란 놀랍게도 쓸모가 있으며, 기억력 없이는 판단력이 거의 제 구실을 하지 못한다. 내게는 이 기억력이 전혀 없다. 누가 내게 무엇을 제한하려면 조금씩 떼어서 내놓아야 한다. 왜냐하면 속에 여러 조항이 들어 있는 문제에 대답하기란 내 힘으로는 할 수 없는 일이기 때문이다.

나는 수첩에 적어 넣지 않고는 남의 당부를 맡을 수 없다. 그리고 어떤 중요한 일에 관해서 연설을 해야 할 경우, 그 말이 길 때는 내가 해야 할 말을 한마디 한마디 외고 있지 않으면 안 되는, 비굴하고도 가련한 궁색에 몰리게 된다. 그렇게 하지 않으면 기억력이 나빠서 실수하지 않을까 하는 걱정 때문에, 체면도 자신감도 갖지 못할 것이다. 그러나 이 방법도 그렇게 쉬운 일이 아니다. 세 줄의 시구를 외자면 세 시간은 걸린다. 그리고 내가 쓰는 글에는, 순서를 바꾸고 말을 고치고 재료를 끊임없이 갈아 넣고 하는 자유와 권한을 쓰고 있기 때문에 기억에 담아 두기란 더욱 힘이 든다.

그런데 이렇게 기억력을 믿지 않으면 않을수록 기억은 더욱 혼동된다. 아무렇게나 말해야만 기억이 더 잘된다. 한가하고 느긋하게 기억이 우러나기를 축원해야만 한다. 왜냐하면 생각해 내려고 재촉하다가는 그만 놀라고 말기 때문이다. 그리고 한 번 흔들리기 시작하면 캐어 볼수록 점점 더 엉클어지며 막혀 버린다. 기억은 제가 오고 싶은 시간에 오지, 내가 바라는 시간에는 오지 않는다.

이 기억력에서 느끼는 바를 나는 여러 가지 다른 부분에서도 느끼고 있다. 나는 지휘하거나 책임지거나 강제받는 일은 피한다. 내가 쉽사리 자연스럽게 하는 일이라도 일부러 떠맡겨서 엄격한 명령으로 그것을 하라고 명령받으면, 그만 그 일을 할 수가 없어진다. 신체에 관해서도, 그 자체에 특수한 자유와 권한을 가진 기관은 어느 시간, 어느 점에 결부해서 필요한 일을 하라고 시키면 가끔 말을 듣지 않을 때도 있다. 이렇게 강제해서 미리 정해 주는 일은 그것의 기분을 상하게 하는 것이다. 그것은 공포와 울분으로 오그라들며 기운이 마비된다.

얼마 전에 사람들이 술을 마시라고 권하는 말에 응하지 않으면 안 될 자리에 나갔을 때, 나는 거기서 자유롭고 너그러운 대접을 받으며 그곳 습관에 따라 거기에 참석한 부인들을 위해서 잘 어울려 주려고 애써 보았다. 그런데 일이 재미있게 되었다. 왜냐하면 나는 습관과 본성에서 벗어나 애를 써야 한다는 부담감과 준비 때문에 목구멍이 죄어서 한 방울도 마실 생각이 나지 않았고, 식사에 필요한 술마저 마시지 못하고 말았기 때문이다. 나는 상상력에 사로잡혀서 목이 축축하고 기분에 얼떨떨하게 취해 있었다.

이런 효과는 상상력이 더 강하고 맹렬한 자들에게 더욱 잘 나타난다. 그렇지만 이것은 자연스러운 일이며, 어떤 면에서든 그것을 느끼지 않는 사람이 없다. 누가 사형 선고를 받은 한 탁월한 궁수(弓手)에게 그의 기술을 특출하게 시범해 보이면 생명을 구해 주겠다고 제안하자, 그는 거절했다. 그는 자기 의지가 너무 긴장한 탓에 손이 제대로 움직이지 않아 생명도 구하지 못하고 활쏘기에 명수라는 평판까지 잃을까 두려워했던 것이다.

생각을 다른 데에 두고 걷는 사람은 자기가 늘 거니는 길을 똑같은 수의 걸음으로 거의 한 치의 오차도 없이 걸어갈 것이다. 그러나 만일 재어 보거나 헤아려 보려고 주의를 기울이면, 생각 없이 아무렇게나 걸을 때는 잘되던 일도 그렇게 정확하게 되지 않는 것을 알게 될 것이다.

내 서재는 이 마을 서재들 중에서도 훌륭한 축에 들며, 내 집 한구석에 자리 잡고 있다. 어쩌다가 문득 어떤 상념이 떠올라서, 거기에 올라가서 찾아보고 적어 두고 싶어지면, 안마당을 건너가다가 생각을 놓칠까 두려워서 나는 그것을 다른 사람에게 맡겨 두어야 한다. 누구와 이야기하다가 그 화제에서 조금이라도 벗어나는 짓을 하다가는 반드시 그 본줄기를 놓치고 만다. 그래서 나는 일을 명령할 때에는 힘써 말을 적게 한다. 나는 집에서 부리는 자들도 직책이나 출신 고장의 이름으로 불러야만 한다. 그들의 이름을 기억해 두기가 쉽지 않기 때문이다.

나는 그것이 세 철자로 되어 있고, 소리가 억세며 어느 글자로 시작되고 끝난다는 것을 말할 수 있다. 그리고 내가 오래 살아갈 것이라면, 다른 자들이 하던 것과 같이 자신의 이름마저 잊어버리지 않을 것이라고는 믿지 못한다. 메살라 코르비누스는 2년 동안 전혀 기억의 자취도 없이 지냈다.

조르주 드 트레비종드에 관해서도 같은 말이 전해지고 있다. 나는 내 처지로 보아서 그들의 인생이 도대체 어떠했는가, 그리고 이 기억력 없이 내가 어떤 안락을 누리며 생을 지탱할 거리가 남아 있을까 하며 혼자서 몽상해 보기도 한다. 그리고 이 점을 더 자세히 살펴보며, 이 결함으로 심령의 모든 기능이 상실되지나 않을까 염려된다. "기억력은 단지 철학뿐 아니라 인생의 실천에 관계되는 것과 모든 기술들의 유일한 용기이다."(키케로)

나는 전신에 구멍이 뚫렸다.
나는 사방으로 새어 나간다.
(테렌티우스)

나는 세 시간 전에 내가 주었거나 남에게서 받은 암호를 잊어버리고, 키케로가 뭐라고 말해도, 내 지갑을 어디에 감춰 두었는지 잊어버리는 수가 한두 번이 아니었다. 나는 특별히 주의해서 간직한 것은 도리어 잘 잃어버린다.

기억력이라는 것은 학문을 담는 그릇이며 집이다. 나는 기억력이 너무 약해서 아무것도 알지 못한다고 하여도, 그렇게 서러워할 것이 못 된다. 나는 대개 기술의 이름과 그런 것이 무엇을 취급하는가는 알고 있다. 그러나 그 이상은 모른다. 나는 책을 뒤적거리긴 하지만 공부는 하지 않는다. 거기서 내게 남는 것은 남의 것이라고 인정하지 않는 사물이다. 단지 이것이 내 판단력이 거기서 얻은 조그마한 재주다. 그 사상과 관념 등으로 내 판단이 배어 있다. 그 작가, 글의 소재, 어구와 다른 사정들은 바로 잊어버린다.

그리고 나는 잊어버리는 데에 큰 재주를 가져서, 내가 쓴 문장과 글귀까지도 마찬가지로 잊어버린다. 나는 생각도 나지 않는데, 사람들은 내 《에세》를 인용한다. 내가 여기에 쌓아 놓은 시구와 예문들이 어디서 왔는가를 누가 알고 싶다면, 나는 그것을 말해 주기가 대단히 거북해질 것이다. 그리고 풍부하고도 명예로운 작가의 손으로 된 것이 아니면 내용이 풍부한 것만으로 만족하지 않고, 잘 알려진 유명한 대가의 문장에서밖에 구걸해 오지 않았기 때문에, 여기서는 권위가 이치와 합치되어 있다. 내 작품이 다른 서적들과 같은 운명을 좇게 되며, 내 기억력이 내가 읽는 것과 함께 쓰는 글을, 그리고 내가 받는 것과 아울러 내가 주는 것을 잊어버리게 한다고 해도 놀랄 일은 아니다.

　기억력이 박약한 것 외에도, 내게는 무식을 거들어 주는 다른 결함들이 있다. 나는 머리가 둔하고 무디다. 조금만 흐릿한 점이 있어도 여기에 걸려서(예를 들면) 아주 쉬운 수수께끼라도 풀어 볼 엄두를 내지 못한다. 나는 극히 어쭙잖은 교활한 간계에도 당황한다. 머리를 써야 하는 노름, 예를 들면 장기·트럼프·바둑 등등 따위는 노는 격식밖에 모른다.

　이해력은 느리고 혼탁하다. 그러나 한번 이해한 것을 기억하는 동안은 아주 보편적으로 친밀하고 심오하게 파악한다. 내 관찰력은 멀리 뻗치고 건전하며 온전하다. 그러나 노력에는 쉽사리 피로하며 흐려진다. 이런 경우 남들의 도움을 받지 않고는 오래도록 책과 교제하지 못한다. 젊은 플리니우스[9]는 이것을 시도해 보지 않은 자들에게, 이렇게 지체하는 것이 이 직업에 전념하는 자들에게 얼마나 중요한가를 가르쳐 주고 있다.

　아무리 허약하고 천한 심령에도 참아보면 어떤 장점이 있는 법이다. 아무리 묻혀 있는 정신이라도 어느 모퉁이로든지 삐져나온 귀퉁이가 없는 것이라고는 없다. 그리고 다른 일에는 모두 맹목적이고 잠들어 있는 정신이, 어떻게 해서 특수한 방면에는 생기 있고 명석하게 되는가는 대가들에게 물어보아야 할 일이다. 그러나 아름다운 심령들은 보편적인 재질을 가지고 모든 방면에 틔어서 크게 될 수 있으며, 교육받은 것이 없더라도 적어도 가르쳐 볼 수 있는 심령들이다. 이것은 내 머리를 비난하려고 하는 말이다. 왜냐하면 허약해서건 한가하고 느긋한 탓이건(우리들의 발에 채는 것이나 우리 손아귀에 들어 있는 것 따위, 우리 일상생활에 더 밀접한 관계가 있는 일들을 아무렇게나 해 둔다는 것은 내 지론과는 대단히 거리가 먼 이야기이다), 알아 두지 않으면 수치가 되는 아주 평범한 사물들에 관해서 나만큼 무능력하고 무식한 자는 없기 때문이다. 예를 몇 개 들어 볼 일이다.

　나는 시골의 농사꾼들 틈에서 출생하고 성장했다. 내가 지금 누리고 있는 재산을 나보다 앞서 소유하고 있던 분들이 그 자리를 내게 물려준 뒤 집안 살림과

---

[9] 그는 자기 숙부가 자연과학을 읽어 주는 자와 서사(書士)를 고용해서 주석을 기록하게 했다고 이야기한다.

일처리를 내가 맡아보고 있다. 그러나 나는 수판을 쓰거나 펜을 들거나 계산할 줄을 모르고, 우리가 쓰는 돈의 종류도 대부분 알지 못한다. 그리고 곡식들은 토지에 그대로 있는 것이건, 광에 들어 있는 것이건, 뚜렷하게 특징이 드러나 있지 않으면 그 차이를 분간하지 못하고, 밭에 있는 양배추와 양상추도 거의 가려낼 줄 모른다.

가장 간단한 집안 살림에 쓰이는 물건들의 이름도 모르며, 어린아이들도 알고 있는 농사의 기본 지식도 알지 못한다. 기계 기술이나 무역, 상품의 지식, 과실류, 포도주, 식료품 등 잡다한 종류와 성질은 더 알지 못하고, 새를 기르는 법도, 말이나 개에게 약 쓰는 법도 모른다.

이왕 실컷 흉을 보는 판이니, 누룩이 빵을 만드는 데 쓰인다는 것과 포도주를 발효시키는 것이 무엇인지 모르고 지내다가, 사람들 앞에서 창피당한 것이 한 달도 안 된다.

옛날 아테네에서는 나뭇단을 교묘하게 잘 묶는 사람은 수학에 재능이 있다고 추측했었다. 사람들은 내게서는 아주 반대되는 결론을 얻을 것이다. 왜냐하면 나는 식사 준비에 필요한 도구를 전부 갖추어 주어도 그냥 굶고 있을 수밖에 없기 때문이다.

여기서 고백하는 글을 가지고 사람들은 내게 불리하게 다른 사실들도 상상해 볼 수 있다. 그러나 나에 관해서 무슨 일을 말해도 나를 사실대로 알려 주는 이상, 나는 내 일을 하는 것이다. 그래서 이렇게 천하고 경박한 말을 감히 글로 적어 놓으면서 변명도 않는다. 제목이 비속하니 그럴 수밖에 없다. 하고 싶거든 내 의도를 비난할 일이다. 그러나 내 태도는 비난하지 못한다. 아무튼 남이 알려 주지 않아도, 이런 일이 무게나 값어치 없는 것이고, 내 의도가 미친 수작인 것도 잘 알고 있다. 내 판단이 어긋나지 않으면 그만이다. 이 글은 바로 그런 시도이다.

그대 코가 어떻게 생겼건, 아틀라스 신도
갖고 싶어 하지 않을 코라도, 그대가 라티누스 신을 조롱할 수 있을지라도,
내가 나 자신을 말하는 이런 부질없는 소리보다
더 못난 말은 못 했을 것이다.

무엇 때문에 헛씹는가?
　씹어서 배불리 먹으려면 육류가 필요하다.
　헛수고 마라.
　독설(毒舌)은 자화자찬하는 자를 위해 간직할 일이다.
　나는 이런 모든 것이 부질없는 일인 줄 너무 잘 안다. 　　　(마르티알리스)

　나는 어리석은 짓이 무엇인지 알고 있으며, 그 일로 나를 속이지 않는 이상, 내가 어리석은 일을 말해서 안 된다는 법은 없다. 그리고 바른 정신으로 실수하는 것은 내게는 아주 흔한 일이기 때문에, 나는 다른 방식으로 실수하지 않는다. 나는 결코 우연한 사고로 실수하는 일은 없다. 나의 서툰 행동들을 생각이 건방진 탓으로 돌리는 것은 그리 큰 문제가 되지 않는다. 왜냐하면 내 악덕스러운 행동들을 보통 그런 탓으로 돌리지 않을 수 없기 때문이다. 나는 어느 날 바를르뒤크에서 사람들이 시칠리아 왕 르네의 은덕을 추모하며 왕이 그린 자화상을 프랑수아 2세에게 바치는 것을 보았다. 그가 화필로 자기를 그린 것을 어째서 작자는 펜으로 자기를 그려서는 안 되는가?
　그 때문에 나는 사람들 앞에 내놓기는 적당치 않은 이런 흉까지도 잊어버리지 않고 그려 보는 것이다. 그것은 세상일의 교섭에 대단히 불리한 결함인 우유부단성을 말하는 것이다. 나는 성공이 의심스러운 계획에는 좀처럼 결심이 서지 않는다.

　내 속마음은 옳다고도 그르다고도 말하지 못한다. 　　　(페트라르카)

　나는 어떤 의견을 지지할 줄은 알지만, 그것을 택할 줄을 모른다.
　인간의 일에 관해서는 어느 판단으로 기울어지건, 그것을 긍정하게 할 여러 가지 이유가 나오기 때문에(철학자 크리시포스는 자기 스승인 제논과 클레안테스에게서 단지 교양만을 배우겠다고 말했다. 왜냐하면 설명과 이치에 관해서는 그 자식이 충분히 제공하겠다는 것이었다.) 나는 어느 쪽을 돌아보아도 늘 그쪽 의견을 주장하기 위한 이유를 찾아낸다. 그래서 사정이 임박하기까지는 의문과 택하는 자유를 내게 남겨 둔다. 그리고 그때 진실을 말하면, 대부분의 경우 사람들의 말처럼 깃털을 바람결에 던져 보며, 모든 일을 운에 맡긴다. 나는 극히 가벼운 사정을 따라 마음 내키는 방향으로 쏠리고 있다.

> 마음속에 의문이 있으면
> 정신은 작은 이유로도 이리저리 끌린다. (테렌티우스)

내게는 판단이 너무 불확실해서 대부분의 사정들이 모두 똑같이 보이며 결정하지 못하고 주저하고만 있기 때문에, 제비를 뽑든지 주사위를 던져서 결정짓기를 좋아할 지경이다. 그리고 성경의 이야기에도, 의심이 나는 일의 선택과 결정은 운과 우연에 맡기는 습관을 우리에게 남겨 놓았으니, "추첨해 보니 마티아스로 결정되다"(사도행전)라고 한 예를 보아도 인간의 이성이 얼마나 허약한 것인가를 주목하게 된다.

인간의 이성은 양쪽으로 날이 선 위험한 칼날이다. 이성의 가장 긴밀하고 친근한 친구인 소크라테스의 손에 들려 보아도 이것이 얼마나 여러 갈래의 모서리를 가진 몽둥이인가를 보라.

나는 남의 의견을 좇는 재주밖에 없다. 그리고 쉽사리 군중이 하는 대로 끌려간다. 나는 사람을 지휘하거나 지도할 만한 힘을 넉넉히 가졌다는 자신이 없다. 나는 내가 나아갈 길을 남이 터놓아 주어야만 안심한다. 불확실한 일들 중에서 택해야 할 경우에 부닥치면, 누구든지 자기 의견에 확신을 가지고 있는 자의 뒤를 좇기로 하며, 기초와 지반이 흔들려 보이는 내 의견보다도 더 그의 의견에 가담하고 싶어진다.

그렇지만 나는 반대 의견에도 똑같은 약점이 있는 것을 알기 때문에, 한번 잡은 의견을 쉽사리 변경하지 않는다. "동의하는 습성 자체가 차질이 있어 보인다." (키케로) 특히 정치 문제에는 동요와 논쟁의 좋은 분야가 열린다.

> 그러므로 양쪽 접시에 같은 무게가 실려 있을 때에는
> 저울은 어느 쪽으로 내려가지도 올라가지도 않는다. (티불루스)

예를 들면, 마키아벨리의 논법은 그 제목에 관해서는 견고한 논거가 있었다. 그러나 그것을 공박하기는 대단히 쉬운 일이었다. 그렇다고 그것을 공박한 자들도 자기들의 이론에 공박당할 재료를 덜 남겨 두었다는 말은 아니다.

이런 논법에는 얼마든지 답변·재답변·반박(反駁)·삼박(三駁)·사박이고 얼마든지 논거를 찾아볼 수 있으며, 그것은 마치 우리 소송 사건의 변론을 위해서 얼마든지 토론을 길게 끌어 나가는 논조와도 같은 식이다.

　　우리는 맹공격당한다.
　　그리고 동일한 살상으로 적을 격파한다.　　　　　　　(호라티우스)

이성은 경험밖에 다른 기초를 갖지 않았고, 인간의 잡다한 사건들은 모든 종류의 형태로 무한정한 예들을 보여 준다.

우리 시대의 한 박학한 인물은 누가 우리 달력에 덥다고 적힌 날에 차다고 하고, 건조하다고 적힌 날에 습하다고 하며, 늘 달력이 예언하는 것을 반대로 말하고 싶다면, 이 양쪽의 어느 편에 내기를 걸어야 할 때에도 크리스마스에 심한 더위가 온다든지, 새싹이 움트는 계절에 혹한이 온다고 약속하는 식으로 불확실성이 있을 수 없는 경우를 제하고는 어느 편을 잡아도 무관하리라고 말했다. 그대는 무슨 역할을 맡게 되더라도 너무 두드러지게 드러나는 원칙에 저촉되지만 않으면 다른 동료들과 어울려 훌륭히 해 나갈 수 있다.

그 때문에 내 심정으로는 공사(公事)에 관해서는 나이가 차고 지조를 지키기만 하면, 일을 아무리 나쁘게 처리해도 변혁과 동요보다는 더 잘해 나간다고 본다. 우리의 풍습은 너무나 부패해서 더욱 악화되는 방향으로 현저하게 기울어져 가고 있다.

우리의 법률과 습관으로 말해도, 해괴망측하고 야만적인 것이 얼마든지 있다. 그러나 우리의 사정을 개선하기가 극히 어렵고 이 사회가 붕괴하려는 위험에 처해서 내가 이 사회의 수레바퀴에 쇠막대를 질러 이 점에서 정지시킬 수만 있다면, 나는 진심으로 한번 해 보겠다.

그보다 더 나쁜 것은
남아 있지 않을 정도로 그토록 가증하고
그토록 수치스러운 사례는 없었다. (유베날리스)

우리 사회에서 보는 최악의 사정은 불안정성이며, 우리 법률이 우리의 의복과 마찬가지로 아무런 결정된 형태를 잡을 수 없는 점이다. 인간이 하는 모든 일은 불완전한 것으로 충만해 있기 때문에, 한 정부가 불완전하다고 비난하기는 아주 쉬운 일이다. 한 국민에게 옛날부터 지켜 오는 습관에 경멸감을 일으키기는 쉬운 일이다. 인간으로 이런 일을 기도해서 성취해 보지 않은 자는 없었다. 그러나 그 전 것을 부수고, 그 대신 더 나은 상태를 세우는 일은 이런 일을 기도한 자들 중에 수없는 사람들이 헛수고만 했다.

나는 내 행동에 관해서 신중성을 그렇게 중요시하지 않는다. 나는 세상의 공공 질서에 기꺼이 순종한다. 이치를 따지느라고 속을 썩이지 않고, 명령을 내리는 자보다 명령받은 것을 더 잘 실천하며, 하늘이 굴러가는 대로 순하게 굴러가는 국민은 행복하도다. 사리를 따지며 논란을 일삼는 자들은 그 복종이 순수하지도 안온하지도 못하다.

결국 내 이야기로 돌아와 보면 내 자신에 무슨 값어치라도 있다고 생각하는 하나의 근거는, 어떠한 사람이라도 갖추고 있지 않다고는 생각되지 않는 사항이다. 그런데 내가 하는 자기 추천은 비천하고 평범하다. 도대체 누가 자기에게 지각이 없다고 생각해 본 일이 있었던가? 이것은 그 자체에 모순을 품고 있는 제언일 것이다. 이 병은 결코 그 증세가 나타나는 곳에 있지 않은 병이다.

이 병은 끈덕지고 억세다. 그러나 태양의 눈이 짙은 안개를 뚫듯 환자 눈의 광선이 한 번 그 증세를 뚫어 보면 당장에 흩어지는 병이다. 자기를 비난함은 이 문제에서는 자기를 변명하는 일이며, 자기를 처단함은 자기를 사면하는 일이 될 것이다. 도둑이건 여자이건, 자기 필요에 충분한 지각을 가졌다고 생각하지 않은 자는 없었다. 우리는 다른 사람들에게는 용기나 체력이나 경험이나 민첩성, 미모의 장점이 있다고 쉽사리 인정해 준다. 그러나 판단력의 장점은 아무에게도 양보하지 않는다. 그리고 다른 사람들이 단순하고 자연스러운 추리로 내놓은 논법들은 그쪽을 쳐다보기만 해도 찾아냈을 것같이 보인다. 다른 사람들의 작품에서 보는 그 학식과 문체와 다른 부분들은, 그것이 우리 것보다 우수하다는 것을 쉽사리 느끼게 한다.

그러나 오성의 단순한 산물들에 대해서는 각자가 다 똑같은 것을 자기 속에 만들어 낼 수 있다고 생각하며, 거기에 비교할 수 없을 만큼의 극도의 차이가 있어 간신히 알아보는 경우가 아니면, 그것의 무게와 그것을 얻기가 지극히 어려운 점을 알기 어렵다. 그런 까닭에 나의 이 시도는 권장이나 칭찬을 바랄 거리로는 극히 변변찮은 수련이며 명성을 올릴 거리가 못 되는 문장 방식이다.

그런데 그대는 누구를 위해서 글을 쓰는가? 책의 판정(判定)을 일삼는 학자들은 학문 이외에 다른 가치를 알아보지 못하며, 우리 마음에 학식과 기술밖에 다른 방법을 용인하지 않는다. 만일 그대가 두 스키피오를 혼돈하고 있다면 그대에게 무슨 쓸 만한 말이 남아 있단 말인가? 아리스토텔레스를 모르는 자는, 그들에 의하면 그 일 자체로써 자기를 모르는 것이다. 평범하고 변변치 못하고 속된 심령들은 고매하고 섬세한 사상의 아담한 풍치를 이해하지 못한다. 그런데 이 두 가지 전형이 세상을 채우고 있다. 셋째의 부류는 그대가 그들의 손아귀에 걸려들지만, 그 자체로 조절되고 강력한 심령들의 이 부류는 너무나 희귀하기 때문에 우리 사이에는 이름도 지위도 갖지 않는다. 이런 인간들을 즐겨 주려고 갈망하며 수고해 보아도 반은 헛수고가 된다.

사람들은 일반적으로 자연이 그의 은총을 우리에게 나누어 준 가장 정당한 몫은 감각의 몫이라고 한다. 왜냐하면 아무도 자연이 자기에게 분배해 준 감각으로 만족하지 않는 자는 없기 때문이다. 당연한 일이 아닌가? 그 너머를 넘겨다 보려는 자는 자기 시야의 너머를 보려는 것이다.

나는 정당하고 건전한 사상을 가졌다고 생각한다. 그러나 누가 자기의 사상을 그렇게 생각하지 않을 것인가? 내가 그러한 사상을 가졌다는 최상의 증명 가운데 하나는 내가 자신을 대수롭지 않게 평가하는 점이다. 이 사상이 확고하지 않았던들, 자기의 애정을 거의 전적으로 나 자신에게 끌어들이며, 그 너머로 이것을 흩뜨리지 않는 내 일인 만큼, 내 사상들은 내가 자신에게 특수하게 가지고 있는 애정에 쉽사리 넘어갔을 것이다. 다른 사람들이 무한히 많은 수의 친구와 친지들에게, 그들의 영광과 위대성에 분배해 주는 애정을 나는 모두 내 정신의 안정과 자신에게 끌어들인다. 거기서 다른 데로 빠져나가는 것은 내 이성의 명령에 의한 것이 아니다.

    정녕 나 위해 강하고 튼튼하게 살아가도록 훈련받아서   (루크레티우스)

    그런데 내 의견들은 내가 보기에는 내 무능력을 책망하는 데 과감하고 견실하다. 이것은 내가 다른 어느 문제보다도 더 판단력을 행사하는 문제이다. 세상 사람들은 늘 서로 상대편을 쳐다본다. 나는 내 눈을 내 안으로 돌리며, 시선을 거기에 처박고, 그 안을 부지런히 둘러본다. 모두들 자기 앞만 쳐다본다. 나는 내 안을 들여다본다. 나는 나밖에 일이 없다. 나는 끊임없이 나를 고찰하며 검토하며, 나를 맛본다. 다른 자들은 그들이 잘 생각해 본다면, 늘 다른 곳으로 가고 있다. 그들은 늘 앞으로 간다.

    아무도 자기 속으로 들어가려고 시도하지 않는다.   (페르시우스)

    나는 내 속에서 굴러다닌다. 내 속에 있는 진실이 무엇이건, 이 진실을 추려 내는 능력과 내 신념을 쉽사리 굽히지 않는 이 자유의사를 나는 주로 내게서 얻었다. 내가 가진 가장 견실하고 일반적인 사상들은, 말하자면 나와 함께 탄생했다. 그것은 자연스럽고 그리고 완전히 내 것이다. 나는 이 사상들을 마냥 단순하고 과감하며 강력한 생산으로, 그러나 좀 뒤섞이고 불완전하게 생산했다. 그 이래로 나는 남의 권위에 의해서, 그리고 내가 판단력을 양성하는 데에 적당하다고 본 몇 사람들의 건전한 사상에 비추어 내 사상을 세우고 강화했다. 이런 인물들이 내 사상을 확고히 파악하게 했고, 그것을 더 완전히 누리고 소유하게 했다.
    각자가 활기 있고 기민한 재치로 남의 칭찬을 받으려고 하는 것을, 나는 절도로써 얻으려고 한다. 특수하고 혁혁한 행동이나 어떤 특수한 능력에서 얻으려고 하는 것을, 나는 질서와 상호 이해와 평온한 사상과 행동 습관으로 얻었다고 주장한다. "무엇이든 칭찬할 만한 일이 있다면 그것은 개인적인 행동으로도 반대로 되어 어긋나는 일이 없는 행위의 고르고 가지런함이다. 만약 타인의 것을 모방하기 위해서 자기 생활양식을 포기하다가는 이 균제성은 보전하지 못한다."(키케로)

그러니 여기서 내가 교만의 악덕에 속한다고 말한 이 제1부의 과오를 내가 어느 정도로 범하고 있는가를 느낄 수 있다. 그리고 남을 충분히 존중하지 않는 것으로 된 제2부의 과오에 대해서 말하면, 내가 그렇게 잘 설명할 수 있을지 모르겠다. 일이 아무리 괴롭더라도 나는 있는 그대로 말하려고 하기 때문이다.

그런데 옛사람들의 감정에 지속적으로 교섭하는 것과 지난 시대의 풍부한 사상은 내게 남들과 자신에 모두 싫증나게 한다. 사실 우리는 극히 낡아서 새롭지 못한 일밖에 내놓지 않는 세기에 살고 있다. 어떻든 나는 대단히 감탄할 만한 것이라고는 본 일이 없으며, 또 그런 일을 판단해 볼 정도로 친숙한 사람들을 알지도 못한다. 그리고 내 지체로 더 일반적으로 교제하는 사람들은 대부분 이 심령의 교양에 관심이 적은 사람들로, 그들에게 행복감이라고는 명예감이 있을 뿐, 인격의 완벽성이라고는 용감성밖에 모르는 사람들이다.

다른 사람이 훌륭한 점을 가졌다고 여겨지면, 나는 그것을 진심으로 칭찬하며 존경한다. 내가 생각하는 바를 과장하기까지 한다. 그리고 그런 정도로 나를 속이는 수도 있다. 왜냐하면 거짓 재료를 꾸며 낼 줄 모르기 때문이다. 나는 친구들에게 칭찬할 점이 있기 때문에 즐겨 그것을 증언한다.

그리고 한 치쯤의 값어치라면 한 치 반쯤으로 말한다. 그러나 그들이 갖지 않은 소질을 가졌다고는 못하며, 그들이 가진 불완전한 점도 터놓고 변명해 주지 못한다.

내 적들에게 인정해야 할 영광도 나는 솔직하게 인정한다. 내 심정은 변한다. 내 판단력은 원치 않는다. 그리고 나는 내 싸움과 거기에 관계 없는 다른 사정들을 혼동하지 않는다. 그리고 판단력의 자유를 너무나 아끼기 때문에 어떠한 격정에 끌려 보아도 이 자유를 쉽사리 버리지 못한다. 내가 거짓말한다면, 그것은 내 거짓말의 대상이 된 자보다도 자신에게 더 큰 욕이 된다. 페르시아인들이 불구대천의 원수로 맹렬히 싸움을 걸고 있는 자들에 관해서 그 용덕(勇德)의 공적에 주어야 할 한도로 명예롭고 공평하게 말하는, 이런 가상하고 후덕한 습관을 가진 것이 주목된다.

나는 여러 가지 훌륭한 소질을 가진 사람들을 상당히 알고 있다. 누구는 정신이, 누구는 용기가, 누구는 재주가, 누구는 양심이, 누구는 문체가, 누구는 학문이, 어느 자는 다른 어떤 점이 탁월하다. 그러나 대체로 위인으로서 하고많은 훌륭한 소질을 가진 인물을 두고 보면, 사람들이 놀랄 정도로 한 소질에 특출하거나 우리가 영광을 바치는 지나간 시대의 인물들에 비겨 볼 수 있는 자는, 내 운으로는 만나 본 일이 없었다. 그리고 그 심령의 타고난 소질을 두고 하는 말이지만, 산 사람으로 내가 알고 지낸 가장 위대하고 훌륭한 인물은 에티엔느 드 라 보에티였다. 그는 충만한 심령을 가졌고 모든 방면으로 훌륭한 모습을 보였다. 옛날의 풍모를 지닌 심령이며, 그는 운만 타고났던들 그 풍부한 천성에 학문과 연구로 크게 이뤄 위대한 업적을 쌓았을 것이었다.

그러나 웬일인지 모르지만, 사실(일은 정녕 그랬었다) 문장의 천직과 서적에 의존하는 직무에 참여하며 남보다 더한 능력을 가졌다고 표명하는 자들이, 다른 어느 종류의 사람들에게 볼 수 없을 정도로 허영심이 강하며 이해력이 박약하다. 그것은 아마도 사람들이 그들에게 더한 것을 요구하고, 기대가 크며 일반적인 결함도 용서하지 않기 때문이거나, 또는 그들이 박식하다는 생각에서 더 과감하게 자기를 표현하고 너무 과하게 자기를 드러내 놓는 때문일 것이다. 마치 한 장인(匠人)이 풍부한 재료를 입수해서, 이것을 어리석게도 규칙에 반해서 자기 작품에 뒤섞어 맞춰 놓으면, 못한 재료를 썼을 때보다도 자기의 못난 꼴을 더 잘 드러내 보이며, 석고로 만든 조각상보다도 황금의 조각상에 드러난 결함이 더 사람의 눈에 거슬리는 것과 같다. 이런 학자들은 제자리에 두면 그 자체로는 괜찮을 사물들을 앞에 내놓다가 같은 실수를 하게 된다. 왜냐하면 그들은 자기의 이해력은 고려하지 않고 기억력에 명예를 주다가 이런 문장을 조심 없이 인용하기 때문이다. 그들은 키케로와 갈레노스와 울피아노스와 성 히에로니무스에게는 영광을 바치며, 그들 자신은 꼴불견이 된다.

나는 우리 교육 방법의 적절치 못한 점을 즐겨 되풀이하며 고찰한다. 교육은 우리를 선량하고 현명하게 만드는 것이 목적이 아니고 학자를 만드는 것이 목적이었다. 그것은 달성했다. 교육은 우리에게 도덕과 예지를 좇고 파악하라고 가르치지 않고, 말의 유래와 어원(語源)의 지식을 주입시켰다. 우리는 도덕을 사랑할 줄은 몰라도, 도덕의 어미(語尾)를 변화시킬 줄은 안다. 우리는 효과와 경험으로 예지가 무엇인지는 몰라도 잠꼬대로 외어서 이 말을 안다. 우리는 이웃 사람들과는 그 가문·친척·인척 등이 어떠한가를 아는 것으로 만족하지 않고, 그들과 친교를 맺고 교섭하고 양해받기를 원한다. 교육은 우리에게 족보에 나오는 이름과 가계(家系)를 가르치는 식으로, 도덕의 정의와 구분·세분만 가르치고, 우리와 도덕 사이의 친밀성과 정다운 친구 관계의 실천을 세워 볼 생각은 않는다. 교육은 우리를 수련시키기 위해서, 더 건전하고 진실한 사상을 실은 서적을 주는 것이 아니고, 가장 훌륭한 그리스어, 라틴어가 실려 있는 서적을 골라 주며, 그 아름다운 문자들 속에서 고대의 가장 헛된 심정들을 우리 사상 속에 흘러들게 했다.

훌륭한 교육은 판단력과 행동 습관을 고쳐 준다. 그것은 저 방탕아이던 그리스 청년 폴레몬이 겪어 본 바이다. 그는 우연히 크세노크라테스의 강의를 들으러 갔다가 그 선생의 웅변과 능력을 주목했을 뿐 아니라 어떤 훌륭한 지식을 가지고 집에 돌아왔다. 즉, 그의 초기 생활에서 급격한 변화와 개선이라는 더 현저하고 견실한 성과를 얻어 왔다. 우리의 교육에서 누가 이런 경과를 경험해 본 일이 있는가?

    그대는 옛날에 폴레몬이 개심한 바를 행하겠는가?
    단식하고 재계(齋戒)하는 스승이 질책하는 소리를 듣고
    그가 음주 후에 목에 걸었던 화환을 몰래 벗어던졌다고
    사람들이 말하는 식으로 그대는 광기의 성장인
    리본, 쿠션이나 목장식 등을 벗어던질 수 있는가?   (호라티우스)

사람들 중에 가장 덜 경멸받는 조건은 그 순박성 때문에 가장 낮은 지위에 있고, 우리와 더 조절된 교섭을 맺는 자들의 생활인 듯하다. 농민들의 행동 습관과 언동은 일반적으로 우리 철학자들과는 다른 진실한 철학이 규정하는 바에 따라서 더 절도 있는 것으로 보인다. "평범한 사람은 자기에게 필요한 만큼 현명한 까닭에 더욱 현명하다."(호라티우스)

그 외부에 나타난 모습으로 가장 특기할 인물이라고 내가 판단한 자들은(내 식으로 판단하기라면, 그들은 더 가까이서 밝혀 볼 일이다), 전쟁의 공적과 군사적인 능력으로 보아서 저 오를레앙에서 전사한 드 기즈 공작과 스토로치 원수이다. 능력과 아울러 범상치 않은 도덕을 가진 사람들로는 프랑스의 재상인 올리비에와 로피탈이 있다.

시가(詩歌)에서도 역시 우리 시대에는 한 유행이 있었던 것 같다. 우리는 이 직업에 도라·베즈·뷔카낭·로피탈·몽도레·투르네부스 등 하고많은 능숙한 장인(匠人)들을 가지고 있다. 프랑스어로 쓰는 작가들에게 그들은 이 부문을 있을 수 있는 최고의 수준으로 올려놓았다고 생각한다. 그리고 롱사르와 뒤 벨레가 탁월하게 성취한 부분에서 나는 그들이 결코 고대의 완벽성에 뒤지지 않는다고 본다. 아드리아누스 투르네부스는 자기 시대와 멀지 않은 그 전 시대의 어느 누구보다도 더 많이 알았고, 자기가 아는 바를 더 잘 알고 있었다.

최근에 죽은 알바 공작과 몽모랑시 원수는 고귀한 생애를 보냈고, 삶에도 희귀하게 닮은 점이 많았다. 이 몽모랑시가 파리 시민과 왕을 섬기며, 그들의 눈앞에서 가장 친근한 자들에 대항해서 자기의 지휘하에 승전하는 군대의 선두에 서고, 노령에도 한 칼로 그렇게 훌륭하고 영광스럽게 쓰러진 죽음은 우리 시대의 특기할 만한 사건들 중의 하나로 넣어야 할 일일 것이다.

또 드 라 누 경이 진짜 반역과 비인간성과 강도들의 도당인 무장한 파당의 그런 부정 속에서 대단한 경험을 쌓은 위대한 무인으로 성장하여, 꾸준히 착한 마음과 상냥한 처신과 온건한 양심을 간직한 것도 특기할 만하다.

나는 양딸 마리 드 구르네 르 쟈르에 대해서 품은 희망을 여러 곳에서 즐겨 말해 보았다. 그녀는 참으로 부친 이상의 애정을 내게서 받으며, 나의 이 고적한 은둔처에 싸여서 내 생명의 최선의 부분과 같은 존재가 되었다. 나는 세상에 그녀밖에 기대를 두지 않는다. 청소년기가 미래를 예언해 줄 수 있는 것이라면, 그녀의 심령은 장차 가장 훌륭한 일을 할 수 있을 것이다. 무엇보다도 여성으로 도달할 수 있다고 본 일이 없을 정도의 가장 거룩한 우정의 완벽한 경지에 도달할 것이다. 그녀가 처신하는 성실성과 견고성은 이미 충분하고, 그녀가 가진 나에 대한 애정은 과한 정도 이상이며, 55세의 나를 만나서 내 여생이 길지 않으리라는 염려가 그녀에게 너무 혹독하게 근심을 끼치지만 않는다면, 더 이상 바랄 점이 없는 인물이다. 그녀가 내 《에세》의 첫 권을 읽고 한 판단과 더욱이 이런 시대에 그렇게 젊은 여자가, 나를 만나기 전에 고향에서 혼자 내 작품을 읽고 나를 이해한 것으로 소문이 날 정도로 애독하고 나를 알고자 오랫동안 열망해 왔다 하니, 진실로 가상하게 생각해야 할 일이다.

다른 덕성들은 이 시대에는 거의, 또는 전혀 평가되지 못하고 있다. 그러나 용감성은 우리나라의 내란 중에 평범한 일로 되어 버렸다. 그리고 이 방면에서는 우리들 중에 완벽에 이르기까지 지조 굳은 인물들이 수없이 많아 그중에서 어느 누구를 들어 보기도 불가능한 일이다.

이것이 이제까지 흔히 보지 못한 심상치 않은 위대성으로 내가 알아본 전부이다.

18
반증에 대하여

하기는 글쓰는 재료로 자기를 사용하려는 의도는, 명성이 높아서 사람들에게 그들을 알고 싶어 하는 욕망을 주는 희귀하고 유명한 인물들의 경우에는 변명될 만한 일이라고 말할 것이다. 고백하지만 그것은 확실하다. 그리고 평범하게 생긴 인간을 보기 위해서는, 한 직공이 자기 일거리에서 눈도 쳐들지 않지만, 저명하고 위대한 인물이 도시에 도착한다면 구경하러 나가느라고 공장과 상점들이 비어 버린다. 사람들이 모방할 거리를 가지고 있고, 생활과 사상이 남의 모범이 될 만한 자가 아니면, 누구나 다 자기에 관해서 말한다는 것은 온당한 일이 못 된다. 그러나 카이사르와 크피노폰만 한 인물이라면, 그들의 위대한 공적이 정당하고 견고한 기초가 되어서 그 위에 자기들의 이야기를 세우고 다져 놓을 거리를 가질 수 있다. 그래서 알렉산드로스 대왕의 일기와 아우구스투스·카토·실라·브루투스 그리고 다른 인물들이 자기들의 업적에 관해서 남겨 놓은 역사적 기록 등은 바람직한 작품들이 된다. 이만한 인물들이면 구리나 돌로 새긴 형상이라도 사람들이 사랑하고 소중하게 여기고 연구해 본다.

다음의 비난은 진실한 말이지만, 내게는 별로 걸리는 말이 아니다.

나는 이것을 친구들에게만, 그것도 간청을 받고 읽어 준다.
청중과 장소를 불문하고 읽어 주지는 않는다.
그러나 많은 작가들은 시장 한가운데서나 공중탕 속에서
자기 작품을 읽어 보인다.　　　　　　　　　　(호라티우스)

　나는 여기에 한 도시의 네거리나 교회당 속 또는 광장 한복판에 조각상을 세우고 있는 것이 아니다.

나는 물거품 같은 허풍으로 내 작품을
부풀게 하려고 노력함이 아니다……
우리는 사사로이 밀담한다.　　　　　　　　　(페르시우스)

　이것은 서재의 한구석에 꽂아 두고, 이웃이나 친척이나 친구로 이 영상 속에 나와 사귀고, 나를 알아보고 싶은 이에게 심심풀이로 주기 위한 것이다. 남들은 당당하고 풍부한 재료를 자기들 속에서 찾기 때문에 자기의 말을 할 생각이 났다. 나는 반대로 내 재료가 너무 가늘고 얇으며 빈약한 것을 발견했기 때문이니, 여기에 자랑으로 보여 준다는 의심의 여지는 없다.
　나는 즐겨 남의 행동을 비판한다. 내 행동은 무가치한 까닭에 비판할 거리가 별로 되지 않는다. 나는 얼굴을 붉히지 않고 말할 수 있을 만한 것을 내게서 찾아보지 못한다.
　누가 내 조상들의 행동 습관과 용모·자세, 심상한 화법, 그리고 그들의 운 같은 것을 내게 이야기해 주면 얼마나 재미있을 일인가! 얼마나 나는 주의해서 들을 것인가! 만일 친구들과 조상들의 초상, 그들의 의복과 무기의 형태까지도 경멸한다면, 참으로 그것은 못된 본성에서 나오는 일일 것이다. 나는 조상들의 필적·인장·신앙 일과장(信仰日課帳), 그리고 전용 도검 하나까지도 전부 보존하고 있다. 그리고 부친께서 언제나 손에 들고 계시던 긴 지팡이 같은 것도 서재에서 내보내지 않았다.
　"부친의 의복과 반지 하나라도 그에 대한 애정이 두터웠을수록 더욱 자녀들에

게 소중해진다."(성 아우구스티누스)

그렇지만 내 후손들의 욕망이 이와 다르다면 내게도 거기에 앙갚음할 거리가 있을 것이다. 왜냐하면 그들은 그때가 되어서 내가 그들을 변명한 것보다 더 못하게 내 일을 생각해 줄 수는 없을 것이기 때문이다.

내가 이 책으로 일반 사람들과 가질 수 있는 교제는 기껏해야 그들의 인쇄 기계를 빌린다는 일뿐이다. 그것이 더 신속하고 편리하기 때문이다. 그 대신 이 책의 낱장은 아마도 장터에서 버터 한 귀퉁이가 녹아 떨어지지 않게 막아 줄 것이다.

    다랑어나 올리브를 마음껏 싸는 포장지가 되어 주자.   (마르티알리스)

    그리고 나는 자주 고등어에게 편하게 들어 있을
    옷을 제공하련다.   (카툴루스)

내 글을 읽어 주는 사람이 아무도 없다고 해도, 내가 그 많은 한가한 시간을 그렇게도 유용하고 즐거운 사색으로 보낸 것이 시간의 낭비였다고 보아야 할 것인가? 내 자신의 틀에 이런 그림을 판박아 내며, 나를 뽑아내기 위해서 그렇게도 여러 번 손질하고 꾸며 보아야 했기 때문에, 나라는 원형이 어느 점에서 굳어지고 만들어져 갔다. 남을 위해서 나를 그려 가다가, 나는 첫 빛깔보다도 더 뚜렷한 색채로 내 속에 나를 색칠해 간 것이다. 내가 내 작품을 만들었는지 내 작품이 나를 만들었는지 모를 정도로, 이 작품은 작가와 동체이며 작가 자신만이 취급되고, 내 생명의 부분으로 되어 있다. 다른 서적들처럼 제3의 외부적인 목적으로 취급된 것이 아니다.

내가 그렇게도 끊임없이, 그렇게까지 호기심을 가지고 나 자신을 보고해 온 것은 단지 시간 낭비뿐이었을까? 오로지 공상으로, 그리고 말로만 몇 시간 동안 자기를 더듬어 보는 자들은, 그것으로 자기 연구와 자기 작품, 그리고 자기 직업을 삼으며 성심껏 전력을 다해서 꾸준히 기록해 가는 일에 전념하는 자만큼 본심으로 자기를 살피지도 자기 속에 침투하지도 못한다.

가장 감미로운 쾌락은 그것이 내부적으로 소화되면 그 흔적을 남기기를 피하고, 세상 사람들뿐 아니라 남의 눈에 띄는 것을 꺼린다.

얼마나 여러 번 이 일이 내게서 울적한 상념을 흩어지게 해 줬는가! 모든 부질없는 상념들은 울적한 것으로 간주해야 한다. 자연은 우리들에게 외따로 반성하는 소질을 풍부하게 선사했고, 우리는 부분적으로는 사회의 신세를 지고 있지만, 그 최대 부분은 우리 자신에게 신세 지고 있다는 것을 가르쳐 주기 위해서 우리에게 스스로 반성해 보도록 자주 권고한다. 내 공상에도 어떤 질서와 계획을 세워서 몽상해 가도록 정리하여 그것이 바람결에 흩어져 사라지는 것을 막으려면, 이 공상에 떠오르는 하고많은 자디잔 생각들에 형체를 주어서 기록해 두는 수밖에 없다. 나는 몽상들을 기록해 두어야 하기 때문에, 이 몽상들을 주의해서 듣는다. 내가 얼마나 여러 번 어떤 행동에 관해서 예법과 이성이 드러내 놓고 비난하지 못하게 하는 데 마음속에 화가 북받쳤는가, 그것을 대중에게 알려 주려는 의도도 없지 않아서 여기에 털어놓는다. 그리고 참으로—

저 잡놈의 눈깔 위에 탁!
배때기에 탁! 등때기에 탁!　　　　　　　　　　　　　　(마로)

이 시의 채찍은 몸뚱이에 때릴 때보다 종잇장 위에 매질할 때 자국이 더 잘 박힌다. 뭐? 내가 다른 책들에서 무엇이건 도둑질해 작품을 장식하거나, 보강할 수 있을까 하고 엿보아 온 것에, 좀 더 책들의 말에 주의해서 귀를 기울이면 어떠냐고? 나는 책을 만들기 위해서 공부한 것이 아니고, 책을 만들었기 때문에 얼마쯤 공부했다. 적어도 이때는 이 작가, 저때는 저 작가의 머리나 다리를 스쳐 보고 꼬집어 보는 것이 공부라면 말이다. 결코 내 사상을 만들려고 한 것은 아니다. 벌써 오래전에 형태가 잡힌 사상들을 보충하고 거들어 주기 위해서 하는 일이다.

그러나 이렇게 부패한 시대에 자기 말을 한다고, 누가 그것을 믿어 줄 것인가? 거짓말해도 별로 잇속이 없는 남의 일을 말할 때에도 믿을 만한 사람이 거의 없거나, 전혀 없는 사정이니 말이다. 퇴폐 풍속의 첫째 특징은 진실의 추방에 있다. 왜냐하면 핀다로스가 말한 바와 같이 진실한 존재는 위대한 도덕의 시초이며,

플라톤이 그의 공화국 통치자에게 요구하는 제1조이기 때문이다. 우리들 당대의 진리는 사실 있는 것을 말함이 아니고, 남이 잘 설복되는 것을 말한다. 마치 우리가 진짜 돈뿐 아니라 가짜도 통용되는 것은 돈이라고 부르는 식이다. 우리나라는 이 거짓말하는 악덕으로 많은 비난을 받아 왔다. 발렌티니아누스 황제 때 사람인 마르세유의 살비아누스는 프랑스인들에게는 거짓말하기와 약속을 저버리는 행위는 악덕이 아니라 말하는 한 방식이라고 했다.

이 증언에 덤을 붙여 주고 싶은 자는, 아마도 이제 그것이 그들에게 도덕으로 되었다고 말하리라. 사람들은 명예로운 훈련을 받는 식으로 그 속에 자기 형체를 만들며, 그것으로 자기 본때를 보인다. 왜냐하면 속임수는 이 세기의 가장 특기할 소질이기 때문이다.

그래서 나는 사람들이, 아주 흔한 일인 이 악덕으로 책망받는 것을 다른 무슨 일보다도 아픈 모욕으로 느끼며, 거짓말한다고 비난당하는 것을 말로 할 수 있는 극도의 모욕이라고 보는 이 습관을 그렇게도 경건하게 지키고 있는 것은 어디서 나올 수 있었는가 자주 고찰해 보았다. 이 점에 관해서 우리가 가장 심하게 감염되어 있는 결함을 가장 열렬히 변명한다는 것은 당연한 일이다. 우리는 이런 비난을 뼈저리게 느끼고 거기에 분개함으로서 어느 편이 허물을 벗어 놓는 것 같다. 우리는 이 결함을 실제로 가지고 있다고 해도, 적어도 겉으로는 책망하는 것이다.

또 이 비난은 사람들의 마음이 용렬하고 비겁한 것을 감싸 주려는 의도로 보이는 것이 아닐까? 자기가 한 말을 부인하는 것보다 더 확실한 비겁이 또 있을까? 뭐, 우리가 알고 있는 것 자체를 부인하다니?

거짓말은 천한 악덕이다. 그리고 옛사람(플루타르크를 말함)은 이것을 수치스럽게 묘사하며, 그것은 신을 경멸하고 동시에 인간을 두려워한다는 증거를 보여 주는 일이라고 했다. 이 악덕의 흉칙스럽고 비굴하고 난잡스러움을 이보다 더 풍부하게 표현할 수는 없다. 인간에 대하여 비굴하고 신에 대해서 용감하다는 것보다 더 비굴한 일을 달리 상상해 볼 수 있는가? 우리들의 상호 양해는 오로지 언어를 통해 이루어지는데, 이 말을 그릇하는 자는 공공 사회를 배반하는 것이다. 말은 그 방법으로 우리의 의지와 사상을 서로에게 전달하는 유일한 연장이다.

그것은 우리들 심령의 통역이다. 말이 우리에게 없으면 우리는 서로 의지할 수 없으며, 알아보지도 못한다. 말이 우리를 속인다면 우리의 모든 관계를 부수며 우리 사회의 모든 연락을 무너뜨린다.

새 인도의 어느 국민들은(그 이름을 지적하여도 아무 소용이 없다. 그들은 이미 존재하지 않는다. 왜냐하면 이 지방의 정복은 전대미문의 극악무도한 사례로 그 이름과 장소에 관한 지난날의 지식을 전적으로 말살하려고 섬멸전을 확대해 나갔기 때문이다) 그들 신들에게 인간의 피를 제공했다. 그러나 혀와 귀에서 뽑은 피만 썼으며, 이는 들은 말이나 말한 것이나 거짓말을 속죄하기 위한 일이었다.

그리스의 한 의협심이 많은 사람(리산데르를 가리킴)은 어린아이들은 구슬로 장난하고 어른들은 말로 장난한다고 했다.

거짓말을 배격하는 우리의 다양한 풍습과 그에 관한 명예의 법칙과, 겪어 온 변천에 관해서는 다음번에 말하기로 하고, 다만 할 수 있으면 말의 가치를 정확하게 달아 보고 재어 보며 거기에 우리의 명예를 결부시키는 습관이 어느 시대에 시작되었는가를 이야기해 보련다. 옛날 그리스나 로마 사람들 사이에 이런 습관이 없었던 것은 판단하기 쉬운 일이다. 그들이 서로 거짓말을 폭로하고 욕질하면서도 싸움으로 말려들지 않은 것이, 내게는 이상하고 신기하게 보였다. 그들 의무의 법칙은 우리의 것과는 다른 길을 향해 있었다. 사람들은 카이사르를 보고 어느 때는 도둑놈이라고, 어느 때는 주정뱅이라고 맞대 놓고 쏘아붙인다. 우리는 그들이 서로 자유로이 욕설을 주고받는 것을 본다. 이것은 전쟁하는 양쪽 나라의 가장 높은 장수들 말이지만, 거기서 말은 단지 말로 상대될 뿐이지 다른 결과는 이끌지 않는다.

19
신앙의 자유에 대하여

선의(善意)의 의도가 절도 없이 사용되면 사람들을 극히 악덕스러운 결과로 몰아넣는 것을 흔히 보게 된다. 지금 프랑스를 내란으로 뒤흔들고 있는 원인이 된 이 논쟁에서 가장 선량하고 건전한 편은 의심 없이 나라의 옛 종교 정부를 지지

하는 당파이다. 그러나 그편을 좇는 선량한 사람들 중에는(나는 개인의 원수를 갚기 위해서나 자기들의 탐욕을 채우려거나, 또는 군주들의 은총을 얻기 위해서 그것을 구실로 삼는 자들을 말하는 것이 아니고, 반대로 그들의 종교에 대한 진실한 열성과 조국의 평화와 치안을 유지하려는 거룩한 심정으로 하는 자들을 말한다) 격정에 몰려서 이성에 벗어나는 행동을 자행하며, 때로는 부당하고 난폭하고, 무모한 방향을 취하는 자들이 많이 보인다.

우리 종교가 법률과 아울러 권위를 얻기 시작하던 초기에는, 그중에 많은 사람들이 신앙의 열성에서 모든 종류의 이교 서적(異敎書籍)들을 파기했기 때문에 학문하는 사람들에게 막대한 손실을 준 것은 확실하다. 나는 이런 난동이 야만인들의 방화보다도 학문에 더욱 큰 손해를 끼쳤다고 본다. 코르넬리우스 타키투스는 그것을 목격한 증인이다. 그의 친척인 타키투스 황제가 특별한 명령을 내려 그의 서적을 세계의 모든 도서관에 배포하여 주었지만, 그의 서적 가운데 우리 신앙에 반대되는 대여섯 줄의 부질없는 문구 때문에 그것을 없애 버리기를 강요했다. 면밀하게 찾아다니는 자들의 눈을 피한 단 한 권의 서적이나마 온전하게 남은 것이 없었다. 그들은 또한 우리 종교를 위해서 일해 준 모든 황제들에게 쉽사리 잘못된 찬사를 바치며, 우리에게 적대하던 자들의 모든 행동을 전반적으로 비난했다. 그것은 배신자라는 별명을 얻은 율리아누스 황제의 경우로도 쉽사리 볼 수 있다.

그는 진실로 철학 사상에 심오하게 물들어 있고, 그것으로 자기의 모든 행동을 조절한다고 표명하던 자로서, 대단히 위대하고 희귀한 인물이었다. 그리고 어떤 종류의 도덕으로도 크게 특기할 만한 예를 남기지 않은 것이 없었다. 맑고 깨끗한 절개로 말하면(이것은 그의 생애가 명백한 증거를 보여 준다), 그는 알렉산드로스와 스키피오와 동일한 성품을 가진 것으로 보이며, 나이 한창 시절에 그 많은 절색의 미녀 포로들 중 누구 하나 쳐다볼 생각조차 하지 않았다. 그가 파르티족에게 살해되었을 때의 나이가 겨우 31세였다.

정의감으로 말하면, 그는 스스로 수고해서 소송 사건을 들어 주며, 자기 앞에 출두하는 자들에게는 호기심으로 그들의 종교를 물어보았지만, 그렇다고 그가 우리 종교에 대해서 품은 적개심 때문에 심리 결과를 판단함에 공정하지 못한 판결을 내리는 일은 없었다. 그는 많은 훌륭한 법률을 지었고, 선임자들이 징수하던 헌납금과 세금의 큰 부분을 삭제했다.

우리는 그의 행동을 목격한 역사가들을 알고 있다. 그중에 마르켈리누스는 여러 군데에서 모든 기독교 수사학자와 문법학자들에게 학교를 세우고 글 가르치는 일을 금지하는 법률을 내었다고 그를 신랄하게 비난하며, 이자의 행동이 침묵 속에 묻혀 버렸으면 싶다고 말했다. 그가 우리에게 더 가혹한 일을 했더라면 마르켈리누스는 우리 편에 호의를 가졌던 만큼 그것을 잊지 않고 기록에 남겼을 것이다.

참으로 그는 우리에게 가혹했다. 그러나 잔혹한 것은 아니었다. 우리 기독교인들은 그에 관해서 이런 이야기를 말하고 있다. 어느 날 마르켈리누스가 칼케도니아의 도시 주변을 거닐고 있는데, 그곳 주교이던 마리스가 그를 그리스도에 대한 못된 배신자라고 불렀다. 그는 아무 말도 않고 다만 주교에게 "가거라, 이 가련한 놈아, 네 눈을 잃은 것이나 슬퍼하며 울어라" 하고 대답했다. 이에 주교는 다시 "내가 그대의 무례한 얼굴을 보지 않도록, 내 눈을 멀게 하여 주면 예수 그리스도께 감사한다"고 대꾸했다. 이 점에 마르켈리누스는 철학자다운 참을성을 보였다고 기독교인들은 말한다. 어떻든 이 사실은 그가 우리에게 잔인하게 행동했다고 사람들이 말하는 것을 잘 보도하여 준 것은 아니다. 그는(나의 또 하나의 증인인 에우트로피우스는 말하기를) 기독교도의 적이었으나 피를 보이지는 않았다.

다시 그의 정의감으로 돌아오면 그는 집권 초기 선왕 콘스탄티누스의 파당을 추종하는 자들에 대한 가혹한 처사밖에 비난할 거리가 없다.

검소한 면으로 말하면, 그는 항상 군인다운 생활을 지켰고, 평화 때에도 전시의 궁핍에 대비해서 단련하는 자 같은 의복과 식사로 살아갔다.

경계심은 그에게 밤을 셋이나 네 부분으로 나누어, 그 가장 작은 부분을 수면에 충당하는 정도였다. 다른 시간은 전부 군대와 호위대들을 둘러보거나 또는 공부하는 시간으로 사용했다.

그는 자기가 가진 희귀한 소질들 중에도 모든 종류의 문학에 탁월했다. 알렉산드로스 대왕은 자고 있을 때 잠 때문에 그의 사색과 공부에 방해가 될까 우려해서, 그의 침대에 바로 붙여서 대야를 하나 놓아 두게 하고, 한 손에 구리공을 하나 들고 밖으로 내밀고 있으며, 잠이 들어 손가락이 풀리면 공이 대야에 떨어지는 소리로 잠을 깨게 했다. 그러나 타키투스는 자기가 원하는 바에 너무 마음이 긴장했고, 특수한 절욕 생활(節慾生活) 덕으로 마음의 혼탁을 철저하게 방지했기 때문에, 그런 기교는 부릴 필요가 없었다.

군사 능력으로 말하면, 그는 위대한 장수의 소질을 모두 갖춘 인물이었다. 그래서 거의 한평생을 우리와 함께 프랑스에서 알레만족과 프랑크족에 대항해서 전쟁을 하고 있었다. 그보다 더 위험한 경지를 당했거나 더 자주 자기 몸에 시련을 과한 인물이 없었다.

그의 죽음은 어느 면에서 에파미논다스의 죽음과 닮은 점이 있다. 사실 그는 화살에 맞아 그것을 뽑으려고 했으나 화살촉에 날이 서서 손을 베었고, 기운이 빠져 못 했지만 그렇지 않았던들 자기가 뽑아 냈을 것이다. 그는 바로 이런 상태로 끊임없이 전투장으로 데려다 달라고 요구하며, 거기서 자기 군사들의 싸움을 독려하고 사기를 북돋아주겠다고 했다. 군사들은 그 없이도 매우 용감히 싸웠으며, 밤이 되어 양편 군대가 물러설 때까지도 계속했다.

그가 자기 생명과 인간에 대해 특수한 경멸감을 품은 것은 철학 덕택이었다. 그는 영혼의 영생불멸에 대한 확고한 신념을 가지고 있었다.

그는 종교 문제에는 모든 면에서 악랄했다. 그는 우리의 종교를 버렸기 때문에 배교자라는 별명을 얻었다. 그렇지만 그는 이 신앙을 진심으로 품어 본 일이 없었고, 그보다는 법률에 복종하느라고 제국의 지배권을 손아귀에 넣을 때까지 가장하고 있었다는 견해가 더 진실인 듯싶다. 그는 자기 종교에 대한 미신을 가졌기 때문에 같은 종교를 믿는 자들까지도 그를 조롱했다. 그리고 사람들 말에는, 만일 그가 죽지 않고 파르티아족에 승리를 거두었더라면, 신들에게 희생을 흡족하게 바치기 위해서 온 세상의 황소 씨를 말렸을 것이라고 한다. 그는 점치는 술법에도 골똘해서 모든 방식의 예언들에 권위를 인정하고 있었다.

무엇보다도 그는 죽어 가면서 신들이 자기를 기습으로 죽이려 하지 않고 오래 전부터 죽을 장소와 시간을 알려 주었으며, 할 일 없고 나약한 자들에게나 더 알맞는 순하고 비굴한 죽음을 준 것도 아니고, 길게 끌다가 기운빠져 쓰러지는 괴로운 죽음을 준 것도 아니며, 이렇게 고상한 방식으로 그가 승리하는 도중에 한

창 영광에 싸여서 죽어야 마땅한 인물로 보아 준 일을 고맙게 여기며 신들에게 감사를 바친다고 말했다. 그는 마르쿠스 브루투스의 환각과 같은 것을 보았는데, 처음에는 골(Gaul)에서 그것에 위협을 받았고, 다음에는 그가 죽음에 임박했을 때 다시 나타났던 것이다.

그가 치명상 입은 것을 알고 말했다고 전하는 "나자레 사람이여, 그대가 이겼다"라든가, 다른 사람들이 전하는 "나자레 사람이여, 만족하라"고 했다는 말은, 함께 군대에서 그의 최후에 관한 극히 사소한 행적과 언동까지 주목해 본 내 증인들이 그것을 증명해 주었던들 이것 역시 사람들이 여기에 결부시키는 다른 기적들과 아울러 망각되지는 않았을 것이다.

다시 본론으로 돌아오기로 하자. 마르켈리누스는 오래전부터 이교를 마음속에 품고 있었다. 그러나 자기 군대 모두가 기독교도였기 때문에 감히 그것을 드러내지 못했다. 마침내 자기 생각을 감히 드러내도 좋을 정도로 자기가 강력해졌다고 보았을 때, 그는 신들을 모신 사원의 문을 열게 하고 모든 방법으로 우상숭배를 부흥시키려 했다. 그는 목적을 달성하기 위해서 콘스탄티노폴리스의 분열된 기독교회 사교(司教)들과 불화를 일으킨 국민들을 만나 보고, 자기 궁전으로 찾아오게 하며, 그들에게 이 시민들 사이의 충돌을 유화시키라고 절실히 훈계하며, 제각기 거리낄 것도 두려워할 것도 없이 자기 종교를 섬기라고 했다. 이것은 그가 이러한 자유방임으로 파당과 분열의 음모를 조장함으로써, 그 결과 민중들이 화합과 전원 일치의 이해로 서로 단결이 강화되어 그에게 대항하는 것을 막을 수 있으리라는 희망을 품은 데다 어느 기독교도들의 잔혹한 행동으로 인간에게는 세상에 인간보다 더 두려운 존재란 없다는 것을 경험했기 때문이다.

이것이 대강 그가 한 말이다. 여기서 우리는 왕들이 민중들의 분쟁을 끝내려고 요사이 사용해 온 양심의 자유와 똑같은 방법을 율리아누스 황제가 민중들의 분쟁을 불질하는 데 쓴 것은 고찰해 볼 만한 일이다. 한편 여러 도당들에게 자기의 의견을 품고 있도록 고삐를 늦춰 준다는 것은 분열의 씨를 뿌리며 확대시키는 일이라고 말할 수 있다. 이것은 그 진척을 제어하고 막으려고 법률에 의해서 아무런 방책도 강제도 쓰지 않고, 분열을 증대시키는 데에 거의 손을 빌려 주다시피 하는 일이다. 그러나 다른 면으로 보면 여러 도당들에게 자기들 의견을 품고 있으라고 고삐를 늦춰 주는 것은 그 안일함에서 그들을 순하게 만들고 해이시키는 일이며, 그 희귀성과 참실성과 곤란성 때문에 날카로워지는 새 풍조의 기세를 둔화시키는 일이라고도 말할 수 있다.

그렇지만 나는 우리 왕들의 신앙심의 명예를 위해서, 그들은 자기들이 원하는 바를 할 수 없었기 때문에, 차라리 그들이 할 수 있었던 일을 자기들이 원하고 있는 일처럼 보이려고 한 것이라고 생각한다.

20
우리는 순수한 것이라곤 아무것도 맛보지 못한다

우리는 천성이 허약하기 때문에 사물들을 그 단순성과 자연스러운 순수성대로 사용할 수 없게 되어 있다. 우리가 누리는 요소들은 변질되어 있다. 금속들도 역시 그렇다. 그래서 황금을 우리의 용도에 적응시키려면 다른 물질을 가지고 나쁜 방향으로 변화시켜야 한다.

도덕도 그렇게 단순치 않다. 그래서 아리스톤과 피론, 그리고 더욱이 스토아학파들이 인생의 목적으로 삼던 도덕도, 그리고 퀴레네학파와 아리스티포스의 탐락도 다른 요소를 배합하지 않고는 사용할 수 없었다.

우리가 갖는 쾌락이나 재물들은 고통과 불편이 얼마간 섞여 있지 않은 것은 하나도 없다.

> 쾌락의 샘 복판에 쓴 것이 솟아나와
> 꽃처럼 피어나는 연인들을 괴롭힌다.　　　　　(루크레티우스)

우리의 탐락은 극도에 도달하면 어느 점에서 신음과 오열의 풍이 있다. 이 탐락이 고민 속에 사라진다고 말하지 못할 일인가? 진실로 우리가 그 모습을 절정 상태에 꾸며 볼 때, 우리는 그것을 오뇌·유연·허약·실신·병태 등 병적이며 고통스러운 소질의 접두사로 매흙질한다. 그들이 혈연성과 동질성으로 되었다는 두드러진 증거이다.

심각한 기쁨은 쾌활성보다 더 엄격함을 지닌다. 극도로 충만한 만족감에는 유쾌미보다도 한층 안정감이 있다. "절제 없는 행복감은 그 자체를 파괴한다." 안일은 우리들을 찢어발긴다.

그리스의 한 시구 첫머리가 바로 그런 뜻으로 말하고 있다. "신들은 우리에게 주는 모든 좋은 일들을 판매하고 있다." 다시 말하면 그들은 어떠한 좋은 일도 순수하고 완벽하게 주지 않으며, 그것을 우리는 대가를 치르고 산다는 말이다. 노고와 쾌락은 기본 성질상 대단히 다르지만, 그렇지만 무엇인지 모르는 자연스러운 결합으로 서로 협력한다.

소크라테스는 어떤 신이 고통과 쾌락을 뭉쳐서 뒤섞어 놓으려고 했다가 그것을 잘 해낼 수 없자, 이들을 꼬랑지끼리 붙들어 매어 놓기로 작정한 것이라고 했다.

메트로도로스는 비애 속에는 어느 정도 쾌락이 섞여 있다고 했다. 그가 다른 뜻으로 말하려고 한 것인지 모르지만, 나는 자기 속에 우울증을 가꾸는 데는 정히 의도와 찬성과 호의가 있다고 생각한다.

역시 거기에 야심도 섞일 수 있음은 제쳐두고 말한다. 우울증의 무릎 위에는 우리에게 웃음 짓고 아첨하는 달고 좋은 맛의 그림자가 있다. 우울증을 양분으로 섭취하는 기질은 없는가?

　　우는 데에는 어떤 쾌감이 있다.　　　　　　　　　　　(오비디우스)

　　그리고 세네카의 작품에 아탈루스라는 자는 말한다.
　　잃어버린 친구의 추억은
　　너무 오래된 포도주의 쓴맛과 같이 우리 구미에 돌고
　　팔레르나의 해묵은 포도주를 차려 내며
　　동자야, 그중 쓴 술로 내 잔을 채워라!　　　　　　　(카툴루스)

그리고 사과의 달고도 신맛과 같다고 했다.

대자연은 우리에게 이런 혼돈을 드러내 보인다. 화가들은 울 때에 사용하는 얼굴 움직임과 주름살이 웃을 때에도 역시 쓰인다고 생각한다. 이 두 가지 표현이 완수되기 전에 화가가 그려가는 모습을 살펴보라. 어느 쪽으로 그려 가는 것인지 의심이 생긴다. 그리고 웃음의 절정에는 울음이 섞인다.

"보상 없는 불행은 없다."(세네카) 인간이 소원대로의 편익으로 둘러싸여 있는 것을 상상해 보면(신체의 모든 부분이 늘 생식 행동(生殖行動)의 쾌감이 극치에 이르렀을 때의 것과 같은 쾌감으로 잡혀 있을 경우를 들어 보면), 나는 그가 쾌감의 무게 밑에 쓰러져서, 그렇게도 순수하고 견실하고 보편적인 탐락을 전혀 견디어 낼 수 없을 것이라고 본다. 그런 경지에 있으면 그는 마치 발을 단단히 디딜 수 없어 빠져 들어갈까 두려워하는 것같이 조급해져서 달아난다.

나 자신을 경건하게 고백해 보면, 내가 가진 최상의 선에는 악이 물들어 있는 것을 발견한다. 그리고 나는 플라톤이 그의 가장 새롭고 생기 있는 도덕에서(나 자신 어느 누구에 못지않게 이런 도덕과 이와 비슷한 류의 도덕들을 진지하고 성실하게 평가하는 바이지만), 만일 그가 도덕을 더 자세히 들어 보았다면(하기는 그는 자세히 듣고 있었지만), 거기 인간적 혼합의 어색한 박자와 음조, 그러나 단지 자기에만 느껴지는 애매한 박자와 음조를 느꼈을 것이다.

인간은 어떤 일에서나, 어느 곳에서나 임시로 꾸며대고 온갖 것이 뒤섞여 있다. 정의의 법률도 부정의가 섞이지 않으면 존속될 수 없다. 그래서 플라톤은 법률에서 모든 결함과 폐단을 제거한다고 주장하는 자는 히드라[10]의 대가리를 자르려고 기도하는 것이라고 했다. "모든 표본적 처벌은 개인들에 대하여 비공정성을 지니되, 그것은 공공의 이익으로 보상된다"고 타키투스는 말한다.

인생의 필요와 공공 사무에 대한 봉사를 위해서는 정신의 순수성과 통찰성에는 지나치는 일이 있을 수 있고, 이 투철한 예지에 너무 과한 치밀함과 고찰이 있는 것은 똑같은 진실이다. 그러한 정신들은 모범과 실무에 더욱 복종시키기 위해서 둔중하고 무디게 만들어야 하고, 이 암담한 세속의 인생에 적응시키기 위해서 좀 탁하고 침침하게 만들어야 한다. 그 때문에 평범하고 좀 덜 긴장된 정신들이 일처리에 더 적합하고 묘하다. 그리고 고매하고 정교하고 치밀한 철학 사상은 실

---

10) 그리스 신화에 나오는 뱀. 머리가 100개, 50개, 9개인 것으로 알려졌으며 머리 하나를 자르면 그 자리에 새로 머리 두 개가 생긴다는 괴물로, 헤라클레스가 이를 죽였다고 한다.

천에는 부적당한 것이다. 이러한 심령의 예민한 활기와 유연하고 불안정한 변통성은 우리의 교섭을 혼란시킨다. 인간의 기도들은 더 피상적으로 거칠게 다루어야 하며, 많은 큼직한 몫을 운의 권한에 남겨 두어야 한다. 일을 그렇게까지 심오하고 정밀하게 밝힐 필요는 없다. 사람들은 많은 반대되는 양상과 잡다한 형태 속에서 갈피를 잡지 못한다. "상호 모순되는 사물들 사이에 이리저리 모습을 바꾸다가 그들의 심령은 어두워졌다."(티투스 리비우스)

이것은 옛사람들이 시모니데스를 두고 하던 말이다. 그의 상상력에는(히에론왕이 던진 질문에 응답하려고 그는 며칠 동안 심사숙고했다) 예리하고 정교하고 치밀한 고찰들이 다양하게 마음속에서 우러나왔기 때문에, 어느 것이 가장 진실다운가를 의심하며 진실찾기를 단념했던 것이다.

일의 모든 사정과 결과들을 찾아보고 받아들이는 자는 그의 선택에 궁하다. 중용(中庸)의 정신은 일처리를 고르게 하며, 중대한 일이나 가벼운 일을 처리하기에 충분하다. 살림을 잘하는 자들은 어떻게 그렇게 하는지를 잘 말하지 못하며, 말을 능숙하게 잘하는 자들은 흔히 살림에 쓸모 있는 짓이란 할 줄 모르는 것을 유의해 보라. 나는 청산유수처럼 말을 잘하고 모든 종류의 살림살이를 아주 훌륭하게 설명하는 자를 알고 있는데, 그는 얼마나 못났던지 자기 손에 들어올 연금 10만 프랑을 놓쳐 버렸다. 이런 자를 또 하나 알고 있는데, 그는 회의에 나오는 그 어느 누구보다도 말을 잘하고 좋은 의견을 내놓으며, 세상에 그보다 더 훌륭한 머리와 능력을 보여 준 사람은 없을 정도였는데, 실제로 그의 하인들은 그를 아주 다르게 보고 있었다. 운이 나빴던 것은 계산에 넣지 않고 말이다.

21
무위도식에 대하여

베스파시아누스 황제는 이내 병으로 죽었지만, 병석에 누워서도 제국의 형편에 대한 관심을 버리지 않고, 침대에서 여러 중대한 사무를 끊임없이 처리해 내고 있었다. 그래서 의사가 건강에 나쁘다고 책망하자 "황제된 자는 서서 죽어야 한다"고 말했다. 참으로 훌륭한 말이며, 위대한 왕이 할 만한 이야기라고 생각한다. 하드리아누스 황제는 나중에 이와 같은 경우에 이 말을 인용했다. 많은 사람들을 지배하는 막중한 책임은 지지 않고, 왕이 그동안 비굴하고 헛된 일로 쓸모없이 살아가는 것을 보고, 신하가 자기 왕을 섬기기 위해서 고통과 위험을 감수하는 경우가 있다. 왕이 아무것도 하지 않고 살아가는 것을 보고, 자신의 생명을 보존하려고 마음을 쓰는 것이 이보다 더 신하에게 혐오를 일으키게 할 일은 없다는 것을 느끼게 하기 위해서 왕들에게 이 말을 자주 돌아보도록 해야 한다.

왕이 자기보다 다른 자를 시켜서 전쟁을 수행하는 편이 낫다고 주장하고 싶다면, 운은 왕의 부관들이 중대한 기도를 수행하여 준 예와, 왕이 나와 있으면 일에 유익하기보다 도리어 해로웠던 예를 얼마든지 보여 줄 것이다. 그러나 도덕적이고 용감한 왕이라면 아무도 자기에게 이렇게 수치스러운 충고를 하게 놓아두지는 않을 것이다. 그것은 마치 국가의 행운을 위해서, 성자의 조상처럼 그의 생명을 보존해야 한다는 구실로, 일이 모두 군사 행동으로 되어 있는 왕의 직무에서 그를 내려오게 하고 그에게 그 자격이 없다고 선언하는 일이다.

내가 아는 어떤 왕(아마 장래의 앙리 4세인 앙리 드 나바르왕을 가리킨 듯 함)은 다른 자들이 자기를 위해 싸우는 동안 잠을 자고 있기보다는 차라리 패전하기를 택할 것이며, 자기가 없는 동안에 부하들이 무슨 위대한 일을 수행해 놓는 것을 시기심 없이는 참고 보지 못했다.

셀림 1세가, 지당하게 말했다고 생각하는데, 윗사람이 참가하지 않고 얻은 승리는 완전한 승리가 못 된다고 했다. 그는 이런 윗사람은 겨우 자기 목소리와 생각밖에 쓰지 않고 자기 이름 앞으로 한몫을 주장한다는 것을 큰 수치로 알고 얼굴을 붉혀야 한다고 기꺼이 말했을 것이다.

그런 보탬도 못한 것이 이러한 과업에 명예를 가져오는 의견과 지휘는, 다만 사건의 한복판에서 그 당장에 내려지는 것이라야만 할 일이다. 어떤 뱃사공도 육지에 서서 그의 직무를 수행하지 않는다.

세상에 전쟁의 운을 제일 잘 타고난 민족인 오토만족의 군주들은 이 사상을 열렬히 품고 있었다. 그리고 바자제트 2세와 그의 아들은 그런 직무를 저버리고 학문과 다른 비활동적인 직무에 흥겨워하다가, 그들의 제국에 큰 수치를 초래했다. 그리고 지금 왕위에 있는 아무라트 3세는 그들의 본을 뜨고 거의 같은 방향을 잡기 시작했다. 우리나라의 샤를 5세를 두고, "왕으로 그만큼 무장하지 않은 왕은 없었고, 그만큼 내게 할 만한 일을 준 왕도 없었다"고 말한 것은 영국 왕 에드워드 3세가 아니었던가? 그가 이것을 이치라기보다는 운의 덕이라고 이상하게 본 것은 지당했다.

그리고 카스틸라와 포르투갈의 제왕들이 한가로운 궁궐에서 멀리 4천8백 킬로미터 밖에, 대리인들의 지휘로 이편과 저편 인도를 지배하고 있는 것을 호전적인 위대한 제왕들 축에 헤아리려고 하는 자들은, 나와는 다른 견해를 가진 자들을 찾고 있다.—이런 왕들은 단지 그 현장에 가서 몸소 그 대륙의 지배권을 누려볼 용기나마 가졌는지 알아보아야 한다.

율리아누스 황제는 한층 더 강경하게 철학자와 의협심이 있는 사람은 숨돌릴 사이도 갖지 말아야 한다고 했다. 다시 말하면 심령과 육체를 항상 훌륭하고 위대하고 도덕적인 사물들에 분망하게 두며, 육체적 필요에는 거절할 수 없는 것밖에 주지 말아야 한다는 말이다. 그는 사람들 앞에서 침을 뱉거나 땀을 흘리는 것도 수치로 여겼다. (이것은 또한 사람들이 라케다이모니아 청년들에 관해서 말한 것이고, 크세노폰이 페르시아 청년에 관해서 말한 바이다.) 왜냐하면 그는 단련과 계속적인 노동과 검소한 생활로 이런 쓸데없는 것은 모두 태워 버렸어야 한다고 생각했던 것이다. 세네카의 말에, 옛날 로마인들은 그들의 젊은 시절을 진실하고 강직하게 지켜 왔다고 한 것은 이 자리에 잘 맞지 않는 말도 아니다. "그들은 어린아이들이 앉아서 배울 수 있는 것은 아무것도 가르치지 않았다"고 그는 말한다.

죽기까지도 유용하고 씩씩하기를 원한다는 것은 호방한 갈망이다. 그리고 그 성과는 우리의 선한 결심보다도 좋은 운에 달려 있다. 수많은 사람들이 전투할 때 이기지 않으면 죽기로 작정했으나 이 두 가지 중에 하나도 얻지 못했던 것이다. 부상을 입고 투옥당하고 하여 그들의 의도는 어긋났으며, 강요받는 생활에 얽매이게 된다.

질병 중에는 우리의 욕망과 의식까지 타도하는 것도 있다.

페즈의 왕 물레이 말리크가 저 포르투갈의 세바스티안왕을 반격하여 승리하고, 세 명의 왕이 죽고, 이 큰 왕국이 카스틸라로 넘어가던 저 유명한 날, 포르투갈인들이 군사 장비를 갖추고 그의 국토 안에 침입하여 왔을 때, 그는 이미 중병을 앓고 있었으며, 병세는 사뭇 죽음을 향하여 악화되어 가고 그 자신도 죽음을 예측하고 있었다. 인간으로서 그보다 더 힘차고 영광스럽게 자기를 사용한 자는 없었다. 그는 자기 진영에 입장하는 의식이 그들 방식으로는 장엄 무쌍하고 온갖 힘찬 행동으로 벅찬 것이었기 때문에 그것을 지탱해 내지 못할 정도로 허약해서, 이 영광을 자기 동생에게 맡겼다.

그러나 이것은 그가 장수로서의 직책을 남에게 맡긴 유일한 경우였다. 필요하고 유용한 다른 일들은 자신이 지극히 고통스럽게 고생해 가며 정확하게 수행했다. 비록 몸은 누워 있었지만, 그의 이해력과 용기는 마지막 숨을 거둘 때까지 죽음의 너머에까지 굳게 서 있었다.

그는 자기 땅에 침입해 들어온 적들을 무찌를 수 있었다. 그러나 살아갈 날들이 얼마 남지 않고, 이 전쟁을 지휘하고 혼란스러운 국가의 일을 대신 맡아 줄 사람이 없는 것이 무섭도록 괴로웠다. 그는 확실하고 뚜렷한 다른 방법을 손에 잡고 있으면서, 유혈이 낭자한 위험을 무릅쓰는 승리의 길을 택했다. 어떻든 그는 자기 질병이 기적적으로 계속되는 동안 적군의 병력을 소모시키고, 그가 아프리카 해안에 가지고 있던 해군과 해안 요새에서 멀리 적군을 끌어들여, 그의 생명을 마지막 날까지 아껴 두었다가 이날을 생의 최후의 날로 맞이했다.

그는 자기 군세를 원형으로 포진하여, 포르투갈군을 완전 포위했다. 이 원형진은 굽어서 오므라들며, 공격하는 젊은 왕의 용맹으로 극히 치열해진 전투에서 사방에 적과 대하게 되었기 때문에 마음대로 싸울 수 없게 만들었을 뿐 아니라, 패배한 후 달아날 방도마저 없게 만들었다.

그리하여 모든 퇴각로가 막힌 것을 알고 그들은 자기편끼리 싸워 "살육뿐 아니라 도주에 의해서 한 곳에 겹쳐 쌓였다."(티투스 리비우스) 서로 포개져 쌓여서 승리자들에게 극히 살육적이며 완전한 승리를 제공했다.

그는 죽어 가면서도 들것에 흔들리며 자기가 가 보아야 할 곳으로 가게 했다. 그리고 대열 사이를 달리며 대장들과 군사들을 번갈아 독려했다. 그러나 그의 전선 한 귀퉁이가 무너지자 주위에서 말려도 막무가내로 칼을 뽑아 들고 말에 올라타는 것이었다. 그는 전장 속으로 뛰어들려고 악을 썼다. 그의 부하들 중의 어떤 자는 고삐를 붙들고 어떤 자는 옷에 매달리고, 또 어떤 자는 발걸이를 잡아

가며 그를 말렸다. 이 노력은 그에게 남아 있던 실낱같은 생명을 꺾어 눕히고 말았다. 사람들은 그를 다시 눕혔다. 그는 기절했다가 깜짝 놀라듯 되살아나며, 모든 기력이 소멸된 뒤에도 사람들에게 자기 죽음을 알리지 말라고 한마디 남겨 주었다. 그것은 이 소식으로 자기 군대에 어떤 절망감을 일으키지 않게 하기 위해서 당시 그가 할 수 있는 가장 절실한 명령이었다. 그리고 침묵을 지키라는 일반적인 신호로 다문 입술 위에 손가락을 갖다 대고 숨을 넘겼다. 누가 이렇게까지 오래도록, 이렇게까지 깊이 죽음 속에 들어가서 살아 본 일이 있었던가? 누가 이토록 서서 죽은 일이 있었던가? 죽음을 용감하게, 그리고 가장 자연스럽게 다루는 극한의 한도는, 놀라는 일 없이 죽음을 볼 뿐 아니라 무관하게 대하며 죽음의 속까지 자유롭게 생명의 길을 계속하는 일이다. 그것은 유혈이 낭자하게 맹렬한 죽음을 머릿속에 그리며 마음속에 품고 있고, 이 죽음을 손에 잡고 있으며, 마음 편히 잠도 자고 책도 읽던 카토가 하던 식이다.

22
역마에 대하여

몸이 단단하고 키가 작은 나와 같은 몸집을 가진 사람들에게 적합한 이 훈련에서 나는 가장 약한 축에 들지는 않았다. 그러나 나는 그런 일은 포기한다. 그것을 오래 지속하기는 우리에게 너무 힘든 고역이 된다.(역마(驛馬)로 달려가는 일을 말함)

나는 방금 키루스왕이 넓은 그의 제국의 모든 지방에서 가장 손쉽게 소식을 얻기 위해 말 한 필이 하루에 얼마나 달리는가를 보게 하고는, 그 지점에 사람을 두어 말을 간수하게 하며, 그쪽으로 향해 오는 자들에게 제공할 준비를 갖추고 있도록 했다는 이야기를 읽고 있었다.

어떤 자는 그 속도는 두루미가 나는 속도만 했다고 한다.

카이사르는 루키우스 비불루스 루푸스는 폼페이우스에게 급하게 정보를 송달해야만 되어서, 밤낮을 가리지 않고 달리며, 빨리 가려고 말을 갈아탔다고 한다. 그리고 수에토니우스의 말에 의하면, 그 자신도 갈아타는 역마가 있어 하루에 백 마일을 달렸다고 한다. 그는 날쌘 기수였다. 그는 가다가 강물이 가로막힌 곳에 와서는 헤엄쳐 건너갔다. 다리나 여울목을 찾으려고 곧은 길을 버리고 돌아가는 일은 없었다. 티베리우스 네로는 독일에서 병든 그의 형제 드루수스를 보러 갈 때에, 세 번이나 말을 갈아타면서 하루에 2백 마일을 달렸다.

안티오코스왕에 대한 로마인의 전쟁에서, 셈프로니우스 그라쿠스는 "암피사에서 펠라까지 역마를 갈아타며 믿을 수 없을 정도의 속력으로 3일 만에 도달했다"고 티투스 리비우스는 말한다. 그 장소로 보아 질주를 위해서 새로 갖춘 말이 아니고 준비된 역마를 사용했던 것이 분명하다.

케킨나가 자기 집에 소식을 전하는 방법은 훨씬 더 신속했다. 그는 제비를 데리고 다니며, 소식을 전하고 싶은 때는 언제나 가족들과 정해 놓은 약속에 따라 그가 말하려는 것을 빛깔로 표시하여 집으로 날려 보냈다. 로마 극장에서 가장(家長)들은 비둘기를 안고 있다가, 집안 사람들에게 무슨 말을 전하고 싶은 때는 편지를 달아 날려 보냈다. 그리고 이 비둘기들은 답장을 받아오도록 길들여져 있었다. 브루투스는 무티나에서 포위당했을 때와 다른 곳에서 이 방법을 사용했다.

페루에서는 사람이 사람을 타고 달리는데, 이자들은 사람을 가마 위에 싣고 어깨에 메고 아주 빠르게 달리느라고, 첫 번 가마꾼들은 달음질을 멈추지 않고 다음 가마꾼에게 가마째로 던져 주었다.

나는 튀르키예 고관들의 역졸(驛卒)인 발라키아인들이 극도의 속력을 내었던 것을 알 수 있다. 그들은 달려가는 도중 누구든 말 탄 사람을 만나면 그 말을 빼앗아 타고, 징발했던 피곤한 말을 내주는 권한을 가지고 있었으며, 피로를 막기 위해서 널찍한 띠로 전신을 꼭 죄고 있었다.

23
나쁜 수단을 좋은 목적에 사용함에 대하여

삼라만상을 모두 거느려 다스리는 대자연의 조화에는 경탄할 만한 상호 관계와 균형이 있으며, 그것은 이 자연이 우연에 매였거나 다양한 윗사람들에게 지배되는 것이 아님을 보여 준다. 우리의 육체적 질병과 용태는 국가와 정부에서도 볼 수 있다. 왕국과 공화국들은 우리와 같이 출생하여 번창하며 노쇠로 시들어 떨어진다. 우리는 쓸데없고 해로운 기질 때문에 비대해지기 쉽다. 어떤 때에는 좋은 체액에 의해서 그렇고(의사들은 바로 그것을 두려워한다. 그리고 우리에게는 안정된 것은 아무것도 없기 때문에, 그들은 말하기를, 너무 경쾌하고 강력한 건강은 우리 본성이 어떤 확실한 장소에도 안정할 수 없고, 개선되기 위해서 올라갈 곳이 없어진 까닭에, 혼돈 속에 너무 급격히 뒤로 물러나지나 않을까 염려되므로, 이런 건강은 기술적으로 감퇴시켜 억눌러야 하는 것이라고 한다. 그런 까닭에 그들은 운동 선수들에게 속을 비워 내고 피를 뽑아서 건강 과잉증을 감축시키라는 처방을 내어 준다), 또 언짢은 체액에 의한 비대증이 있다. 이것은 질병의 일반적인 원인이 된다.

국가들도 이와 비슷한 비대증으로 병드는 일이 흔히 있다. 그래서 사람들은 습관화되어 여러 종류의 빼내는 방법을 쓰고 있다. 어떤 때는 사람들이 국가의 짐을 덜어 보려고 수많은 가족들을 밖으로 내보낸다. 그러면 이 가족들은 다른 데로 가서 남을 물리치고 자리 잡을 곳을 찾아간다. 이런 방식으로 옛날 프랑크족들은 독일의 오지를 떠나 와서 골(Gaul)을 점령하고 그곳 주민들을 몰아 냈던 것이다. 그래서 브렌누스와 다른 자들의 영도하에 무한한 인간들의 조수가 형성되어 이탈리아로 흘러들었고, 고트족과 반달족들은 현재 그리스를 점유한 국민들처럼 그들이 출생한 나라를 버리고 더 넓은 다른 땅을 찾아 나섰던 것이다. 이러한 소란을 겪어 보지 않은 구석은 세상에 두서너 군데도 되지 않을 것이다.

로마인들은 이런 방식으로 식민지를 세워 나갔다. 그들은 자기들의 도시가 과도하게 불어나는 것을 보고 국내에 그리 필요하지 않은 민중들을 정복한 땅으로 내보내 농사지어 살아가게 한 것이다. 또 때로는, 그들은 부패의 근원이 되는 나태 때문에 어떤 더 나쁜 재앙과 변고에 빠질까 두려워 민중들을 항상 긴장시키기 위함이었다.

  그리고 우리는 장구한 평화에 병들었다.
  전쟁보다 더 무서운 방탕이 물밀듯 들어왔다.   (유베날리스)

또한 그들의 공화국에서 피를 뽑아내어 청년들의 맹렬한 열기를 식히고, 이 줄기에서 너무 장성하게 돋아나는 잔가지를 자르고 솎아 주기 위해서, 가끔 일부러 적들과의 전쟁을 꾸며 놓는다. 이 목적으로 그들은 옛날에 카르타고인과의 전쟁을 이용했다.

브레티니 조약에서 영국 왕 에드워드 3세가 우리 왕과 전면적인 평화 조약을 맺을 때, 브르타뉴 공국에 관한 분쟁을 거기에다 포함시키려고 하지 않은 이유는, 자기편 전사들에게 패기를 쏟아놓을 장소를 남겨 두고 이 땅에서 사건을 행했던 영국인 민중들이 다시 영국으로 되돌아오지 않게 하기 위한 일이었다. 그것은 필리프왕이 자기 군대에 있는 많은 피 끓는 청년들을 함께 데리고 가도록 아들 장을 바다 건너의 전쟁에 보내는 데에 동의한 이유 가운데 하나였다.

많은 사람들은 당대에도 이런 식으로 생각하며, 가슴속의 이 끓는 정열은 지금 당장 우리 몸을 지배하고 있는, 일을 저지르는 체액을 딴 데로 흘려보내지 않으면 그것이 항상 우리의 열기를 기운차게 하고 마침내는 우리나라에 완전한 파멸을 초래하지 않을까 염려하며, 이 열기를 어느 이웃 나라와의 전쟁으로 풀어 보기를 바랐다. 그리고 사실 외국과의 전쟁은 내란보다는 훨씬 덜 고된 불행이다. 그러나 나는 우리의 편익을 위해서 남을 침범하고 싸움을 거는 이런 부당한 기도를 하느님께서 애호하리라고는 생각지 않는다.

> 오, 람누스(정의와 복수의 신 네메시스)의 처녀여
> 우리 주신(主神)의 의사에 반하여 기도되는
> 당돌한 사업의 욕망이 내게 일지 말게 하라.   (카툴루스)

그렇지만 인간 조건의 약점은 우리에게 좋은 목적을 위해서 나쁜 방법을 사용할 필요에 몰리게 한다. 세상에서 가장 도덕적으로 완벽한 입법자인 리쿠르고스가 자기 국민에게 절제를 가르치기 위해서, 그들의 노예인 엘로트족을 강제로 술에 취하게 하는 이런 부당한 방법을 생각해 낸 것은, 그들이 이렇게 술에 잠겨 정신을 잃는 것을 보고 스파르타인들이 이 악덕의 지나침에 멀미 나게 하려고 한 일이었다.

옛날에 죄수들이 어떠한 종류의 죽음에 처단을 받았건, 의사들에게 사람의 내부를 실제로 관찰하고 그것으로 의술에 확실성을 세워 보게 하려고 이 죄수들을 산 채로 절개해 보는 것을 허가한 자들은 한층 더 부당하다. 왜냐하면 사람이 과분한 행동을 취할 필요가 있다면, 신체의 건강보다는 심령의 건강을 위해서 하는 편이 더 용서될 만한 일이기 때문이다. 마치 로마인들이 그들 앞에서 검투사와 검객들이 서로 치고받으며 죽이는 맹렬한 장면을 구경시켜, 민중들을 용감하게 하고 위험과 죽음을 경멸하게 훈련시키던 식으로 말이다.

> 이런 불경스럽고 몰지각한 경기
> 청년들의 이런 학살
> 피가 가득한 이런 쾌락에
> 무슨 다른 목적이 있을 것인가? (프루덴티우스)

그리고 이 습관은 테오도시우스 황제 때까지 이어졌다.

> 그대의 치세까지 연기된 이 영광을
> 군주여, 잡으시라.
> 부군(父君)의 찬양의 계승자로
> 그가 남겨놓은 영예를 이어받으시라.
> 로마에서 사람들의 쾌락을 위해 죽는 자가 없게 하라.
> 저 수치스러운 경기장이 이후로는
> 단지 짐승의 피만으로 만족하고
> 유혈의 무기에 의한 어떠한 살인도
> 사람들이 즐기지 못하게 하라. (프루덴티우스)

진실은 날마다 자기 앞에 1백, 2백, 1천 쌍의 인간들이 서로 무장하고 대항해서, 나약한 말, 동정을 구하는 말 한마디 내지 않고, 결코 등을 돌리는 일 없이 적수의 칼날을 피하려는 비굴한 동작 하나 하지 않고, 오히려 그의 칼 앞에 목을 내밀며 그 칼을 맞을 정도로 흉포한 마음을 가지고 서로 치고 자르며 산산조각 나는 것을 본다는 것, 이것은 민중을 교육하기 위해서는 경이로운 본보기이며, 지극히 큰 성과를 올리는 일이었다. 그들 중에는 치명적인 부상을 수없이 입고 땅에 쓰러지며 숨을 거두기 직전에 자기들이 의무를 완수한 것에 만족했느냐고 관중들에게 물어보러 보내는 자들도 많았다. 그들은 굳세게 싸워서 죽어야 할 뿐 아니라 또 유쾌하게 죽어 가야 했다. 그래서 어쩌다가 그들이 죽음을 받지 않으려고 발악하며 악쓰는 것을 보면 시민들은 고함치며 욕설을 퍼붓는 것이었다. 처녀들도 그들을 충동했다.

> 저 얌전한 처녀도 칼로 칠 때마다 튀쳐 일어난다.
> 승리자가 칼을 적의 목에 찌를 때마다 기뻐 날뛰며
> 엄지손가락을 세워
> 땅에 쓰러진 적을 죽이라고 재촉한다.   (프루덴티우스)

초기의 로마인들은 이러한 행사에 죄수들을 사용했다. 그러나 이후로는 죄없는 노예들과 이런 일을 하려고 자기 몸을 파는 자유인도, 심지어 원로원 의원들과 기사들까지도, 그리고 여자들까지도 이용되었다.

> 이제 그들은 죽음의 경기장에 자기 몸을 판다.
> 그리고 전쟁이 끝났는데도 각자는 서로를 적으로 삼는다.   (마닐리우스)

> 이런 전율, 이 신기한 경기 속에
> 무식하고 미숙한 여성도 분기하여
> 패악(悖惡)하게도 남성의 격투 속에 참여한다.   (스타티우스)

날마다 수천 명의 외국인들이 우리의 전쟁에 뛰어들며, 돈벌이를 위해서 그들과 아무 이해관계도 없는 싸움에 피와 생명을 내걸고 있는 것을 예사로 볼 수 있지 않았다면, 나는 이런 일을 당연히 매우 괴상하고 믿을 수 없는 일이라고 보았을 것이다.

24
로마의 위대성에 대하여

나는 이 엄청난 제목을 두고, 이 시대의 변변찮은 위대성을 저 로마의 위대성에 비교해 보는 일들이 얼마나 어리석은가를 보여 주기 위해서 한마디 하려고 한다.

키케로의 《친한 자에게 보내는 편지》 제7권에(문법학자들이 이 친한 자라는 말을 제거하고 싶으면 제거해도 좋다. 왜냐하면 이 말이 사실 여기에 꼭 맞는 것은 아니기 때문이다. 그리고 이 '친한 자'라는 말 대신에 '지인(知人)에게 보내는'이라는 말로 바꿔 넣은 자들은 수에토니우스가 《카이사르의 생애》에서 그의 '지인에게 보내는' 서한집 한 권이 있다고 말한 것을 들어서 거기에 어떤 논거를 세워 볼 수 있다) 당시 골에 있던 카이사르에게 보내는 편지 한 편에, 전에 카이사르가 그에게 보낸 다른 편지의 끝에 있던, "그대가 내게 추천한 마르쿠스 푸리우스를 골(Gaul) 왕으로 삼겠노라. 그리고 그대 친구들 중의 누군가를 승진시켜 주기 바란다면 내게로 그 사람을 보내 다오"라는 구절을 되풀이하고 있다.

당시에 카이사르가 그랬지만, 단순한 로마 시민이 왕국들을 처분한다는 것은 별로 신기한 일이 아니었다. 그는 거뜬히 데이오타루스왕으로부터 그의 왕국을 빼앗아, 미트리다테스라고 부르는 페르가모시의 한 귀족에게 주었다. 그리고 그의 전기를 쓰는 자들은 그가 다른 여러 왕국들을 팔아 치운 사람을 기록하고 있다. 한편 수에토니우스는 그는 프톨레마이오스왕에게서 단번에 360만 에퀴를 끌어 냈다고 하니, 실로 그것은 그에게 거의 자기 왕국을 판 것이나 다름없는 일이다.

> 갈라테아는 얼마, 폰토스는 얼마, 리디아는 얼마
> 하며 그대는 값을 부른다.   (클라우디아누스)

마르쿠스 안토니우스는 로마 시민의 위대성은 그들이 빼앗는 것보다도 주는 것으로 나타난다고 했다. 아마 안토니우스가 나오기 한 세기 전에, 그중에도 매우 혁혁한 주권 하나를 빼앗은 일이 있는데, 그들의 역사 중에 그보다 더 그들 권위의 명성을 높여 주는 표시를 나는 알지 못한다.
　안티오쿠스는 이집트 전체를 점령하고 키프로스와 이 제국의 나머지 다른 영토들을 정복할 작정이었다. 그의 승리가 진척되는 중에 포필리우스가 원로원을 대표하여 찾아와서는, 대뜸 자기가 가져온 편지를 그가 읽어 보기 전에는 악수하기를 거절했다. 왕이 편지를 읽어 보고 숙고해 보겠다고 말하자, 포필리우스는 지팡이로 안티오쿠스가 서 있는 자리에 둥글게 금을 그어 놓고 말하기를, "그대가 이 동그라미 밖으로 나가기 전에 원로원에 가져갈 답장을 쓰라"고 했다. 안티오쿠스는 이렇게도 급박한 명령의 가혹함에 놀라서, 잠깐 생각해 본 다음 "원로원이 명령하는 대로 하겠노라"고 말했다. 그때 포필리우스는 그를 로마 시민의 친구로서 인사했다.
　글자 서너 줄이 끼치는 인상으로 이렇게도 큰 왕국과 그렇게도 번창하는 행운의 흐름에서 손을 떼다니! 그가 한 바와 같이 다음에 대사(大使)를 로마 원로원에 보내어, 자기는 그들의 명령을 영생불멸의 신에게서 온 것과 똑같은 존경을 가지고 들었다고 말하게 한 것은 참으로 지당한 일이었다.
　아우구스투스는 그가 전쟁의 권리로 획득한 모든 왕국들을, 잃은 자들에게 되돌려 주거나 외국인들에게 선사했다. 그리고 이 문제로 타키투스가 영국 왕 코기두누스에 관해서 말하는 것은 경이로운 필치로 이 무한한 무력(武力)을 느껴지게 한다. "로마인들은 태고부터 왕들까지도 '제왕을 사역의 도구로 소유하기 위하여' 그들이 굴복시킨 왕들에게, 자기들의 권한 밑에 왕국을 소유하게 하는 것이 버릇이 되어 있었다."
　우리는 술레이만이 헝가리 왕국과 다른 국가들을 선물로 내주는 것을 보았지만, 그것은 버릇으로 말하듯 그가 그렇게 많은 왕조들과 권력을 갖는 것에 물려서 짐이 되었다고 하던 것보다는, 이런 이유를 고려해서 한 것이 더 진실인 듯하다.

25
병자를 흉내 내지 말 것에 대하여

마르티알리스의 풍자시로 잘된 것 중의 하나에서(그의 시에는 가지각색이 있다) 그는 코엘리우스의 이야기를 재미있게 서술하고 있다. 이 코엘리우스는 로마에서 어느 세도가들에게 문안드리러 다니고, 시중들고, 부축하고, 따라다니고 하는 노릇을 피하려고 통풍에 걸려 있는 체했다. 그리고 이 핑계를 더 그럴듯하게 보이려고 다리에 약칠을 하고 싸매고 다니며 통풍 환자의 태도와 모습을 본뜨고 있었다. 그러다가 운(運)은 그에게 진짜로 통풍 환자가 되는 쾌락을 베풀어 주었다.

　　꾀병하다가 얻은 결과를 보라!
　　코엘리우스는 통풍을 가장할 필요가 없게 되었다. 　　(마르티알리스)

나는 아피아노스의 작품 어디에서 이와 같은 이야기를 읽은 것 같다. 그는 로마의 삼두 집정관(三頭執政官)의 체포령을 면하려고 자기를 추적하는 자들이 알아보지 못하게 하기 위해 변장하고 숨어 지내며, 거기다가 또 애꾸눈을 본뜨는 꾀까지 첨가했다. 그가 조금 더 자유를 찾게 되어서 오랫동안 눈에 붙였던 고약을 떼어 내려고 했을 때, 그는 이 가면 밑에 그의 시각이 실제로 상실된 것을 발견했다.

그의 시각은 너무 오래 사용하지 않고 두었기 때문에 마비되어서, 시력이 다른 눈으로 쏠렸을 수 있다. 왜냐하면 우리는 감고 있는 눈의 효력 어느 부분을 그 동료에게 넘겨주어, 그 때문에 남아 있는 눈의 시력이 커지고 확대되는 것을 확실히 느끼기 때문이다. 마치 다리의 한가로움이 붕대와 연고의 열기와 함께 마르티알리스의 통풍병에 역시 그 병의 나쁜 기운을 끌어들일 수 있었던 일과 같다.

프로아사르의 작품에, 영국의 젊은 귀족들 한 무리가 프랑스에 건너와 우리들과 전쟁을 할 때, 무공을 세우기까지 왼쪽 눈을 싸매고 다니자고 맹세했다는 이야기를 읽으면서, 나는 그들이 자기 애인을 위해서 이런 일을 기도했다가 막상 애인들을 다시 만나 보았을 때에는 마치 다른 자들처럼 모두 애꾸눈이 되어 버린 것을 발견했으리라는 생각에 가끔 웃음보를 터뜨렸다.

어머니들이 아이들이 애꾸눈이나 절름발이나 사팔뜨기, 또는 인간의 다른 결함 같은 것을 흉내 내는 것을 보고 꾸짖는 것은 옳은 일이다. 왜냐하면 그 때문에 그들같이 연약한 몸에 언짢은 버릇이 박힐 수 있는 것 외에도, 어쩐지 모르게 운은 이런 흉내를 진짜로 만들며 우리를 골려 주는 것 같기 때문이다. 그리고 나는 사람들이 꾀병을 부리다 정말로 같은 병에 걸렸다는 얘기를 여러 번 들었다.

나는 말을 탈 때나 걸을 때나 언제든지 멋으로 손에 채찍이나 지팡이를 들고 있으며, 맵시를 내느라고 그것을 짚고 쉬는 버릇이 생기게까지 되었다. 나는 이것으로 우리 가문에 통풍 환자가 생기게 될까 우려한다.

그러나 이 장(章)을 늘려서 좀 다채롭게 시각장애인에 관한 다른 이야기를 하나 첨가해 보자. 플리니우스는 어떤 자가 전에는 아무런 병도 없었는데, 자다가 시각장애인이 된 꿈을 꾸고 나서 다음 날 바로 시각장애인이 되어 버렸다고 한다. 내가 다른 데서도 말했지만, 상상력은 그런 작용을 일으키는 데에 도움이 될 수 있다. 플리니우스도 같은 의견인 것 같다. 그러나 의사들이 그 원인을 알아보려고 했으면 발견했을 일이지만, 그에게서 시각을 앗아 가고 있던 증상을 신체는 그 내부에 느끼고 있었으며, 이 증상이 꿈을 꾸게 한 동기가 되었다고 보는 것이 더 이치에 맞다.

이 제목에 가까운 것으로 세네카가 그의 편지에서 말하는 것을 덧붙여 보자. 그는 루킬레우스에게 써 보낸 편지에서 이렇게 말한다.

"그대가 알다시피 내 아내의 여자 광대 하르파스타는 상속해 받았기에 내 집에 머무르고 있다. 내 취향은 이런 이상한 사람들과는 전혀 맞지 않는데, 그것은 광대를 보고 웃고 싶은 생각이 났다면, 멀리 찾아볼 것도 없이 나 자신을 보고 웃으면 되기 때문이다. 그런데 이 여자 광대가 어느 날 갑자기 시각을 잃었다. 그대는 내 이야기가 이상하게 들릴 것이다. 그렇지만 이것은 사실이다. 그녀는 자기가 시각장애인임을 느끼지 못한다. 그리고 줄곧 그의 보호자에게 밖으로 데리고 나가 달라고 졸라 댄다. 그녀는 집 안이 캄캄하다고 말한다.

우리가 그녀를 안타깝게 생각하는 것은 그대는 믿어 주기 바란다. 아무도 자기가 인색하다든가, 욕심이 많다는 것을 알지 못한다. 시각장애인들은 안내자라도 붙여 달라고 요구하지만, 우리는 자신에게서 벗어난다. '나는 야심가가 아니라고 말한다. 그러나 로마에서는 그렇지 않게 살아갈 도리가 없다. 나는 사치스러운 성질이 아니다. 그러나 이 도시는 큰 낭비를 요구한다. 내가 화를 잘 낸다면 그것은 내 잘못이 아니다. 내가 아직 아무런 확실한 생활을 세우지 않았다고 해도 그것은 젊음의 탓이다.'

우리의 병폐는 우리 밖에서 찾을 일이 아니다. 우리 안에 있다. 그리고 바로 우리가 병들어 있는 것을 모르기 때문에, 우리의 병을 고치기가 어려워진다. 우리가 일찍부터 자신을 보살피지 않으면 언제 가서 그 많은 상처와 병폐에 대비할 수 있을 것인가? 그 때문에 우리는 철학이라는 대단히 감미로운 약을 가지고 있다. 왜냐하면 다른 모든 약들은 치료되고 난 뒤에는 유쾌한 맛을 느끼지 못하는데, 이 약은 쓸 때에도 유쾌하며, 동시에 병을 고쳐 주기 때문이다."

이것이 세네카가 편지글에서 한 말이다. 그 때문에 나는 나의 본래 제목에서 벗어났다. 그러나 말을 바꿔 보는 데에도 소득은 있다.

26
엄지손가락에 대하여

타키투스의 이야기에 이런 것이 있다. 어느 야만국의 왕들은 약속을 굳게 맺기 위한 격식으로 서로 오른손을 꼭 쥐고 엄지손가락을 옭아잡으며, 꽉 죄는 힘으로 그 끝에 피가 몰렸을 때, 바늘로 가볍게 찔러서 피를 내고 그것을 서로 빨아먹는다고 한다.

의사들 말로는 엄지손가락은 손가락 중의 윗사람으로, 어원은 라틴어 강하다(pollere)에서 왔다고 한다. 그리스어로는 안티케이르(ἀντίχειρ), 즉 '또 하나의 손'이라는 식으로 부른다. 그리고 가끔 로마 사람들은 역시 이것을 손 전체의 의미로 쓴다.

그러나 이것은 부드러운 목소리나
연한 엄지손가락의 애무 없이도 일어선다.　　　　　　　　(마르티알리스)

로마에서 엄지손가락을 오므리고 아래로 숙이는 것은 만족의 표시였다.

> 그대의 도당(徒黨)들은 두 엄지로
> 그대의 경기를 갈채하리라.   (호라티우스)

그리고 엄지를 쳐들어 밖으로 돌리는 것은 불만의 표시였다.

> 민중의 엄지가 위로 쳐들리면 바로
> 그들을 즐겁게 해 주기 위해 누구건 하나 살해된다.   (유베날리스)

로마인들은 엄지손가락을 다친 자는 무기를 굳게 잡을 수 없는 것으로 보고 전쟁에 나가는 것을 면제해 주었다. 아우구스투스는 한 로마 기사가 자기의 두 아들을 전쟁에 내보내지 않으려고, 고의로 그들의 엄지손가락을 베었다고 그의 전재산을 몰수했다. 그리고 그보다 앞서 로마의 원로원은 이탈리아 전쟁 때 카이우스 바티에누스가 이 원정에서 빠지려고 고의로 자기 왼손 엄지손가락을 베었다고 해서 종신형에 처하고, 그의 전재산을 몰수했다.

누구인지 생각이 안 나지만, 어떤 자는 해전에 승리하고 나서, 패한 적들의 엄지손가락을 잘라 버리고 다시는 싸우지도 노를 젓지도 못하게 했다.

아테네인들은 아이기네테스인들이 항해술에 월등한 것을 꺾기 위해서 그들의 엄지손가락을 잘라 버렸다.

라케다이모니아에서는 어린아이들이 엄지손가락을 깨물면 선생님이 그들에게 벌을 주었다.

27
비겁은 잔인의 어머니

나는 '비겁은 잔인의 어머니'라는 말을 자주 들었다. 그리고 저 악의에 찬 비인간적인 마음씨의 악랄함과 가혹함은 대개 여성적인 유약한 성격에 수반된다는 것을 경험으로 알게 되었다. 나는 그중에도 가장 잔인한 자들이 변변찮은 이유로 쉽사리 우는 것을 보았다.

페레스의 폭군 알렉산드로스는 연극에서 헤쿠바와 안드로마케의 불행한 운명을 구경하다가 엉엉 우는 꼴을 시민들이 볼까 봐 극장에서의 비극을 차마 보지도 못하던 자인데, 무자비하게도 날마다 많은 사람들을 잔인하게 살해했던 것이다. 그들이 이렇게 극단으로 잘 기울어진 것은 마음이 약한 탓이었을까?

용감성은 다만 저항에 대해서 행사되는 것만이 그 효과이고

> 그리고 투우라도 저항치 않으면
> 살육하기 재미없는 것이며 (클라우디아누스)

적이 자기에게 굴한 것을 보는 일로 그친다. 그러나 비굴성은 자기도 역시 그 공세에 한몫 들었다고 말하려고, 그 첫 역할에 참여할 수 없었던 만큼, 자기 몫으로 둘째 역할인 학살과 유혈극에 참여한다. 승리 뒤의 살육은 대개 국민들과 보급 부대가 자행한다. 그리고 민중들의 전쟁에 전대미문의 잔인성이 흔하게 자주 보이는 것은, 이 비속한 천민들이 참된 용기는 느끼지 못하므로, 전쟁을 한답시고 무기를 휘둘러 시체 하나를 가지고 팔꿈치까지 피에 묻히며 발로 짓이겨 뭉개는 꼴이다.

> 승냥이나 곰 같은 짐승들 중에도
> 가장 비겁한 부류들이 죽어 가는 사람을
> 집요하게 습격한다. (오비디우스)

마치 겁 많은 똥개들이 들판에서는 공격할 엄두도 못 내던 야수들의 껍질을, 집에 가지고 와서는 찢고 물어뜯는 식이다.

지금 싸움만 나면 모두 살상에 이르고야 마는 것은 웬일인가? 우리 조상들은 복수하는 데에도 어떤 단계가 있었는데, 지금에 와서 우리는 마지막 단계에서 시작하며 무턱대고 서로 죽인다는 말만 하는 것은 어쩐 일인가? 그것이 비굴성이

아니고 무엇인가?

  적의 숨길을 끊기보다는 패배시키는 것에, 그를 죽이기보다는 굴복시키는 데에 더 큰 용맹과 멸시가 있는 것은 누구나 다 알고 있다. 그뿐더러 복수의 욕망은 이것으로 더 만족한다. 복수는 자기 실력을 뼈저리도록 느끼게 하는 것밖에 다른 목적이 없기 때문이다. 그 때문에 우리는 짐승이나 돌덩이에 상처를 입었다고 해서 그것을 공격하지는 않는다. 왜냐하면 그것들은 우리의 보복을 느낄 수 없기 때문이다. 그리고 사람을 하나 죽인다는 것은, 그를 우리로부터 모욕받지 않는 피난처로 보내 주는 일이다.

  마치 미아스가 한 악인을 보고, "나는 네가 조만간에 벌받을 것을 안다. 내가 그것을 못 볼까 두렵다"고 부르짖었고, 리키스코스가 오르코메니아인들에 대해서 범한 배신 때문에 받게 된 벌이 그 배반의 피해를 입고 그 벌을 보고 쾌감을 느꼈을 자들이 하나도 남아 있지 않은 시기에 이른 것을 그들을 위해 딱하게 여기던 바와 같다. 마찬가지로 복수는 그를 대적해 원수를 갚은 상대가 그것을 느껴 볼 방도를 잃게 되는 때는 한스러운 일이다. 왜냐하면 복수는 쾌감을 얻기 위해서 그것을 보고자 하는 것과 같이, 복수를 당하는 자도 역시 고통과 후회를 느끼도록 그 일을 눈으로 보아야 할 일이기 때문이다.

  "그는 후회할 것이다"고 우리는 말한다. 그런데 그의 머리에 권총을 쏘고 나서 그가 후회하리라고 우리는 생각하는가? 그 반대로 주의해 본다면, 그는 쓰러지며 우리에게 볼을 삐쭉 내미는 것을 볼 것이다. 그는 우리를 원망하지도 않을 뿐 아니라 후회하는 것과는 정말 거리가 멀다. 우리는 그에게 인생의 모든 일 중에 가장 유리한 봉사를 해 주는 것이다. 즉, 그것은 느낄 새 없이 신속하게 죽이는 일이다. 우리는 우리를 추격하는 경찰관을 피해서 토끼처럼 숨고 뛰어 돌아다니며 도망쳐야 하는데, 그는 편안히 쉬고 있다. 죽인다는 것은 장차 올 침해를 피하는 데는 좋지만, 이미 침해당한 것을 복수하는 데는 좋지 않다. 그것은 도전보다는 공포심의 행동이며, 용기보다는 조심성의 행동이며, 공격보다는 방어의 행동이다. 그것으로써 우리는 동시에 복수의 진실한 목표와 명성에 대한 존경심을 상실할 것임이 분명하다. 우리는 그가 살아 있으면 다시 우리들에게 똑같은 모욕을 주지나 않을까 두려워한다.

그를 처치하는 일은 그를 해치는 것이 목적이 아니고, 그대를 위해서 하는 일이다.

나르싱가 왕국에서는 이런 방편이 필요치 않았을 것이다. 거기서는 무인(武人)들뿐 아니라 장인(匠人)들도 싸움을 칼끝으로 해결한다. 왕은 싸우려고 하는 자들에게 싸움터 주기를 거절하지 않는다. 그리고 귀족의 경우에는 그 자리에 참석하며, 승리한 자에게 금사슬을 상으로 준다. 그러나 그 상을 얻기 위해서는, 그것이 욕심나는 자는 누구든지 그것을 차지한 자와 무기를 들고 싸울 수 있다. 그래서 한번 싸움을 하자면 여럿을 상대하게 된다.

만일 우리가 용덕으로 항상 적을 제압하고 마음대로 그를 골려 줄 것이라고 생각한다면, 그가 죽으면서 우리 손길을 면한다는 것은 매우 섭섭한 일일 것이다. 우리는 이기고 싶다. 그러나 명예롭게보다도 안전하게 이기려고 한다. 그리고 우리의 싸움에서는 영광보다 당장 해치워 버릴 일만 생각한다.

아시니우스 폴리오는 명예로운 인물인데도 이런 과오를 범했다. 그는 플란쿠스를 비방하는 욕설을 써 놓고는 그가 죽기를 기다려서 그것을 발표했다. 그것은 시각장애인에게 손가락질하고, 청각장애인에게 욕설하며, 감정 없는 사람을 모욕하는 것이지, 상대편의 원한을 사려고 모험을 무릅쓰는 일은 못 된다. 그래서 사람들은 그를 두고 죽은 자와 싸우는 것은 귀신이나 할 일이라고 했다. 한 문장을 공격하려고 그 작가가 죽기를 기다리는 자는 약한 자이며 싸움꾼이라는 것밖에 무엇을 뜻하는가? 누가 아리스토텔레스에게, 어떤 자가 당신을 나쁘게 말하더라고 하자 그는, "그보다 더한 것이라도 하게 하오. 내가 없는 데서라면 아무리 내게 매질해도 좋소"라고 말했다.

우리 조상들은 모욕에 대해서는 면박을 주고, 면박에 대해서는 한번 치는 것으로 만족했다. 그들은 적이 모욕받고 살아 있어도 두려워하지 않을 만큼 용감했다. 우리는 적이 제 발로 걸어 다니는 것을 보는 한, 무서워서 벌벌 떤다. 그런 증거로 오늘날 우리들을 모욕한 자와 똑같이 우리가 모욕한 자도 죽여 버릴 때까지 우리를 추격하는 것이 아닌가?

우리들 개인의 싸움에 보좌역이나 부보좌역, 부부보좌역을 데리고 가는 습관을 도입하게 된 것도 사람이 비굴해진 증거이다. 옛날에는 단 두 사람만의 결투였다. 그것이 지금은 쌍방 군대가 갑작스럽게 부딪쳐 벌이는 조우전이다. 처음에 이것을 고안한 자들은 단독으로 하기가 무서웠던 것이다. "왜냐하면 각자 자신을 불신했기 때문이다."(티투스 리비우스) 무엇이든지 데리고 가면 위험에 대해서 당연히 마음이 멀어지고 안심이 된다. 옛날에는 싸움에 무질서와 배신 행위가 없도록 막고, 승부 운(運)에 증인을 세우기 위해서 제삼자를 데리고 갔다. 그러나 그들까지도 함께 싸우는 것이 습관이 된 뒤, 거기에 초청받은 자는 가만히 있으면 인정도 용기도 없는 자라고 책 잡힐까 두려워서, 누구도 점잖게 관객으로 머물러 있지 못하는 것이다.

자기 명예를 보존하는 데 자기 것이 아닌 다른 용기와 힘을 빌리는 따위의 행동은 정당치 못하고 비굴한 일일 뿐 아니라, 자기의 운을 보조자의 운과 혼동한다는 것은, 자신을 가지고 자기 명예를 지키는 자에게는 도리어 불리한 행동이라고 본다.

저마다 남을 위해서 위험을 무릅쓰지 않아도 충분할 만큼 자기 몫의 위험을 가지고 있다. 그리고 이렇게도 소중한 사물을 제삼자의 손에 얽매어 있게 하지 않아도 자기의 생명을 방어하기 위해서 용덕 속에 자기를 견고하게 지키는 것으로 벅찬 일거리를 가지고 있다. 왜냐하면 일이 명백하게 그 반대로 양해된 것이 아니라면, 이것은 네 사람이 연계된 싸움이기 때문이다. 만일 그대의 보좌가 쓰러지면 그대는 당연히 둘을 당해 내야 한다. 그리고 이것이 불공평하다고 말한다면 실제로 그렇긴 하다.

그것은 마치 빈틈없이 무장을 하고 칼 한 자루밖에 들지 않은 사람을 공격하거나, 또는 아주 건강한 몸으로 이미 심하게 다친 사람을 치는 격이다. 그러나 싸우다가 이런 유리한 형세를 얻은 것이라면 그것을 그대로 이용해도 비난받을 것이 없다.

짝이 기운다든가 불공평하다는 것은 싸움을 시작할 때의 상태에서밖에는 고려되지 않는다. 다음 일은 운에나 매달려 볼 일이다. 그리고 그대의 동료들이 칼에 맞아서 죽고 그대 혼자서 셋을 당해 내야 할 때에도, 내가 전쟁에서 적 하나가 우리 편 하나에게 대들어서 싸우는 것을 보면, 이런 유리한 형세에 그 적을 한칼로 치는 것보다 사람들이 그대에게 부당한 일을 하는 것이 아니다.

집단의 성질은 부대와 부대가 대항할 때에는(우리 오를레앙 공작이 영국 왕 헨리에게 도전했을 때에는 1백 명 대 1백 명이었고, 아르고스인들이 라케다이모니아인들과 대전했을 때에는 3백 대 3백이었고, 호라티우스가(家)와 쿠리아리우스가 대전했을 때에는 3 대 3이던 것과 같이) 양편의 군중들은 단 한 사람으로밖에 생각되지 않는다. 같은 편이 있는 곳에서는 어디든지 위험은 혼동되고 뒤섞여 있다.

나는 내 집안의 일과 관련하여 이 고찰에 관심을 가지고 있다. 나의 아우 드 마트콜롱 경은 로마에서 자기도 알지 못하는 한 귀인으로부터 싸움에 가세해 달라는 청을 받았는데, 그 귀인은 다른 자의 도전을 받아서 방어하는 위치에 있었다. 그런데 이 싸움에서 그의 상대가 된 자는 우연히도 아우와 더 가깝고 잘 알고 지내는 사이였다.(나는 명예의 법칙이 그렇게도 자주 이편의 법칙과 충돌되어 혼란을 일으키는 것을 누가 해결해 주었으면 싶다.) 그가 자기가 맡은 자를 해치우고 난 다음, 이 싸움의 양편 주역들이 아직도 생생히 제 발로 서서 싸우고 있는 것을 보고, 그는 자기 동무를 풀어 주러 갔다. 그보다 덜 해 줄 수 있었던가? 그는 운이 나쁘면 자기가 방어해 주러 온 사람이 패하는 경우에도 가만히 서서 보고만 있어야 했던가? 그러면 그가 지금까지 해 온 것이 아무런 도움도 되지 않는다. 싸움은 결판이 나지 않고 있다. 그대가 적을 좋지 않은 조건에, 그리고 매우 불리한 처지에 몰아넣었을 때, 거기는 남의 이해(利害)가 걸려 있고, 그대는 수행원에 지나지 않으며 싸움이 그대 싸움이 아닌 경우라면, 그대가 적에 대하여 할 수 있는, 또 해야만 하는 범절을 어떻게 지킬 수 있을지 나는 알 수 없다.

그는 자기가 힘을 빌려 주기로 한 자가 당면하는 위험 앞에 정당할 수도, 예절 바를 수도 없다. 그 때문에 그는 우리 왕이 급히 보낸 엄숙한 권고에 의해서 이탈리아의 감옥에서 석방되었다.

방자한 국민이로다! 우리는 악덕과 어리석음을 평판으로 알려 주는 것만으로는 부족해서, 외국에까지 나가서 그들의 눈앞에 이것을 보여 주고 있다. 리비아의 사막에 프랑스 사람 셋을 데려다 놓아 보라. 그들은 서로 꼬집고 할퀴지 않고는 한 달도 함께 지내지 못할 것이다. 그대는 이러한 편력이 대부분의 경우, 우리의 불행을 고소하게 생각하며 비웃고 있는 외국인에게 우리들의 비극을 구경하는 재미를 주기 위해서 꾸며진 연극이라고 말하고 싶을 것이다.

우리는 이탈리아로 격검을 배우러 간다. 그리고 그것을 익히기 위해 생명을 희생해 가며 격검을 수련한다. 그러나 수련의 법칙에 따라, 실천에 앞서 이론을 배워야 할 일이다. 우리는 수업에 해로운 짓만 하고 있다.

젊은 무인의 불행한 시검(試劍)이여!
앞날의 전쟁을 위한 가혹한 수업이로다!
(베르길리우스)

나는 이것이 그 목적을 위한 유용한 기술인 것을 잘 안다(스페인에서는 사촌 사이인 두 왕의 결투에서, 늙은 편이 무기 다루는 기술로 젊은 편의 철없는 혈기를 손쉽게 억눌렀다고 티투스 리비우스는 말한다). 그리고 경험으로 안 바이지만, 이 기술을 익히게 되면 어떤 자들은 그들의 타고난 분수에 넘치게 마음이 커진다. 그러나 이것은 기교의 뒷받침에서 나오는 것이고, 그 자체와는 다른 기초를 갖기 때문에, 정당하게 말하는 용덕은 아니다.

전투의 명예는 기술이 아니라 마음의 열성에 있다. 그리고 그 때문에 나는 이 방면의 대가라는 평판을 듣고 있는 내 친구 하나가 결투에 나설 때 사람들이 그의 승리를 용기보다도 격검술의 탓으로 돌리지 않게 하고, 전적으로 운과 자신에 달려 있게 하기 위해서 자기에게 유리한 방법을 사용할 수 없는 무기를 택하여 나서는 것을 보았다. 그리고 내가 어렸을 때에는 귀족들이 격검 선수라는 평판을 모욕으로 생각하고 피하며, 진실된 본연의 용덕과 이에 저촉되는 속임수로 보고 그것을 배우는 것도 숨어서 했다.

그들은 몸을 빼지도 비키지도 도주하지도 않는다.
기교는 그들의 격투에 한몫 들지 않는다.
때로는 직접, 때로는 측면에서 행하는
그들의 타격은 가식이 아니다.
분노와 격정에 모든 기술 사용이 없어진다.
강철 조각이 맞부딪치는
저 칼들의 무서운 소리를 들어 보라.

그들은 한 발자국도 물러나지 않을 것이다.
그들의 발은 항상 확고하고
그들의 손은 항상 움직인다.
찌르거나 치거나
그들의 타격에는 헛손질이 없다.　　　　　　　　　(토르콰토 타소)

　활쏘기·마상 무술·창술 시합·전투 연습은 우리 조상들의 훈련 종목이었다. 결투라는 이 다른 종류의 훈련은 법과 정의를 배반하고, 서로 죽이는 것만 가르치며, 어떻게 하건 늘 손해 나는 결과밖에 이루지 못하며, 이러한 목표밖에 갖지 못하는 만큼 고상한 것도 못 된다. 우리 사회를 침해하는 것이 아니라, 그 안전을 확보하고 공공의 안녕과 공동의 영광을 세우려는 일을 위해서 행하는 수련이 훨씬 더 고상하고 마땅한 일이다.
　집정관 푸블리우스 루틸리우스는 최초로 군인에게 기교와 학문으로 무기를 조종하는 법을 가르쳐서, 용덕에 기술을 결부시킨 자이다. 그것은 개인적인 싸움을 위해서 한 것이 아니고, 로마 시민의 전쟁과 전투를 위해서 한 일이었다. 시민의 공익을 위한 격검이었다.
　그리고 카이사르가 파르살리아의 전투에서 주로 폼페이우스 군사들의 얼굴을 쏘라고 부하들에게 명령한 것 말고도 수많은 다른 전쟁의 지휘관들은 이렇게 무기의 새로운 형식과 상황의 필요에 따라서, 공격과 방어의 새 방식을 고안해 내려 생각했다. 그러나 필로포에멘이 명예를 존중하는 사람들은 군사 훈련에만 전심해야 한다고 생각하며, 자기는 투기(鬪技)의 명수였지만 군사 훈련에 속하는 것과는 다르다고 보고, 이 운동의 훈련을 금지했던 바와 마찬가지로, 나는 요즈음 새 학파에서 청년들에게 사지를 놀려 농간을 부리게 가르치는 동작의 훈련은 군대 전투에는 불필요할 뿐 아니라 해롭다고 생각한다.
　그뿐더러 우리나라 사람들은 보통 이 용도에 쓰려고 고안한 특수하고 독특한 무기를 사용하고 있다. 나는 한 귀인이 칼과 단도로 도전을 받았을 때 전사(戰士)의 무장을 하고 나오는 것을 사람들이 좋게 여기지 않음을 보았다. 플라톤에 나오는 라케스가 우리 풍습에 해당하는 무기 조종 훈련을 언급하여, 결코 이 학파에서 전쟁의 위인, 특히 전쟁의 대가들이 나오는 것을 본 일이 없다고 말한 것은 고려해 볼 가치가 있다. 격검술에 관해서도 우리는 경험상 똑같은 말을 할 수 있다. 어떻든 적어도 우리는 이런 능력들이 아무런 상호 관계도, 공통되는 점도 없다는 것을 말할 수 있다.

플라톤은 《국가론》의 아동 교육법에서, 아미코스와 에페이오스가 창시한 권투와 안타이오스와 케르키온이 창시한 씨름을 금지하고 있다. 이런 기술은 청년들을 전쟁에 능숙하게 만드는 것과는 다른 목적을 가졌으며, 전쟁에는 아무런 소용도 되지 않기 때문이다.

그런데 나는 지금 제목과는 상당히 벗어나 딴전을 피우고 있다.

모리스 황제는 해몽과 여러 예언으로, 당시 알려지지 않은 포카스라는 병사가 자기를 살해하리라는 것을 알고, 그의 사위 필리포스에게 이 포카스가 누구이며 그 신분과 행동 습관이 어떤 자인가를 물어보았다. 필리포스는 그가 아주 비굴하고 겁 많은 자라고 말하자, 황제는 즉석에서 그가 살인할 만한 잔인한 자라고 결론지었다.

무엇이 폭군들로 하여금 그렇게 피를 좋아하게 만드는가? 비열함은 자신의 안전을 확보하려는 근심이며, 그들의 비열한 마음은 여자들까지도 대들어 할퀼까 무서우니, 그를 해칠 수 있는 자들이면 모두 살육해 버리는 것밖에 다른 호신책을 발견하지 못하기 때문이다.

　　모두가 무서워서 모두를 친다.　　　　　　　　　　(클라우디아누스)

최초의 잔인성은 그 자체의 재미로 실행된다. 거기서 정당한 보복에 대한 공포심이 생기며, 다음에 이것이 서로 다른 공포심을 억누르려고 일련의 새로운 잔인성을 자아낸다.

로마 시인과 많은 말썽거리를 가졌던 마케도니아의 왕 필리포스는 자기의 명령으로 자행된 살인 행위의 공포에 몰려서 자기가 살해한 피살자의 가족들을 어떻게 대처해야 좋을지 몰라, 피살자의 아이들을 체포하기로 결심했다. 그들을 하루하루 번갈아 처치해서 안전책을 세우려는 것이었다.

좋은 재료는 어느 곳에 뿌려도 늘 격에 들어맞는다. 나는 생각의 순서와 맥락보다도 그 무게와 효용에 더 관심을 갖는 터이니, 여기에 좀 어긋나지만 아주 재미나는 이야기 하나를 내놓기에 두려워해서는 안 될 것으로 여긴다. 필리포스에게 처형당한 자들 중에 테살리아인들의 왕으로 헤로디코스라는 자가 있었다. 그를 죽인 다음에도 필리포스는 그의 두 사위를 살해하고 각기 아주 어린 아들 하나씩만을 남겨 두었다. 테오크세나와 아르코는 그들의 두 과부였다. 테오크세나는 구혼하는 자들에게 상당히 부대꼈으나 재혼할 생각을 하지 않았다. 반면 아르코는 아이니아인들 가운데 일인자인 포리스와 결혼해서 아이를 여럿 낳았으나 그 아이들이 어렸을 적에 세상을 떠났다. 그러자 테오크세나는 조카들에 대한 모성애의 측은한 마음을 억제하지 못해서, 그 아이들을 자기가 보호, 지도하려고 포리스와 결혼했다.

여기에 왕의 칙령이 선포되었다. 즉, 이 용감한 어머니는 동시에 필리포스의 잔인성과 그 앞잡이들의 방자한 행투에 도전하며, 이 아이들을 내어 주기보다는 자기 손으로 죽이겠다고 과감하게 말했다. 포리스는 이 선언에 놀라서 그 아이들을 몰래 빼내 아테네로 데려가서 자기와 가까이 지내던 어느 충실한 부하의 보호하에 두겠다고 그녀에게 약속했다. 그들은 아이니아에서 아이네이스를 기념하는 연례행사의 축제일의 기회를 타서 가려고 했다. 낮에는 공공 의식과 축연에 참석하고, 밤에 미리 준비해 놓은 배 속에 숨어들어 바닷길로 그 나라로 가려고 했다.

설상가상 바람이 거꾸로 불어왔다. 다음 날 보니, 배는 닻을 올린 육지 가까이에 있었기 때문에 항구의 수비병에게 추격당했다. 그들이 따라오니 포리스는 뱃사람을 보고 빨리 가라고 재촉했는데, 테오크세나는 사랑과 복수심을 억제치 못하며 그녀의 첫 번 생각으로 다시 돌아왔다. 그리고 무기와 독약을 준비해 놓고 이것을 아이들에게 보여 주며 "자, 가자, 아이들아, 죽음만이 오늘 너희들의 방어와 자유의 유일한 방법이다. 거룩한 정의를 내리는 것은 신들의 할 일이다. 뽑아 든 이 칼들, 그리고 이 독배(毒盃)들이 너희들에게 그리로 들어가는 길을 열어 준다. 용기를 가져라! 그리고 아이야, 너는 그중에서 큰 편이니 이 칼을 잡고, 더 억센 죽음을 하여라." 한편에서는 강력하게 충고하는 여인이 있고, 다른 편에는 적들이 목을 노리며 앞으로 대드는 통에, 그들은 광분하여 제각기 자기에게 가장 맞는 것을 선택하기 위해 달려갔다. 그녀는 반쯤 죽은 그들을 바닷물에 던져 넣었다. 테오크세나는 이렇게도 영광스럽게 아이들 모두의 안전을 보장한 일이 자랑스러워서, 열렬하게 그녀의 남편을 포옹하며 "이 아이들을 따라갑시다. 여보, 그리고 그들과 한 무덤을 가집시다" 하고는 서로 껴안은 채 물속에 몸을 던졌다. 배는 주인 없이 빈 채로 해안으로 밀려갔다.

폭군들은 사람 죽이기와 자기들의 분노를 느끼게 하는 일, 두 가지를 모두 함께 하려고, 죽음을 오래 끌게 하는 방법을 찾는 데에 온 힘을 기울였다. 그들은 적이 사라지기를 바란다. 그러나 복수의 재미를 맛볼 여가가 없어질 정도로 적들이 빨리 사라지기를 바라지는 않는다. 특히 이 점에 그들은 대단히 애를 쓴다. 왜냐하면 고문이 맹렬하면 시간이 짧고, 고문을 오래 끌자면 그들에게 시원할 정도로 고통을 주지 못하기 때문이다. 그러니 그들은 갖가지 연장·도구 등을 다룬다. 우리는 이런 예를 고대에도 수없이 본다. 우리도 이런 야만 행위의 어느 흔적을 간직하고 있지 않는지 모를 일이다.

단순한 죽음에 넘치는 모든 것은 내게는 순전한 잔인성으로 보인다. 우리의 사법 제도는 죽는다든가 단수형(斷首刑) 또는 교수형을 당한다는 공포를 가지고도 범행을 억제하지 못하는 자가, 길게 끄는 불의 형벌이나 집게, 수레바퀴 형벌을 받으리라는 생각으로 그 범행이 제지되리라고 기대할 수는 없다. 그것은 오히려 그들을 자포자기에 빠뜨릴지도 모른다. 왜냐하면 수레바퀴 위에 몸이 부서지거나 옛날식으로 십자가에 못박혀서 24시간 동안 죽음을 기다리는 인간의 심령이 어떠한 상태에 있을 것인가?

요세푸스의 이야기에 의하면, 로마인들의 유대 전쟁 때, 유대인 몇이 사흘 전부터 십자가에 못박혀 있는 곳을 지나다가, 그중 자기 친구 셋이 있는 것을 알아보고는 그들을 떼어 내리는 허가를 얻었는데, 둘은 죽었고 하나는 그때까지 살아 있었다고 말했다.

신의의 인물인 칼콘딜라스는 그 근처에서 일어났던 사건들에 관해 남겨 놓은 비망록에서 가장 혹독한 극형은 마호메트 황제가 손수 집행하던 식으로 사람을 신체의 중허리쯤 횡격막이 있는 곳을 한 칼에 쳐 가르는 형벌이라고 말하고 있다. 이것은 두 번 죽음이 일어나게 하며, 신체의 한쪽과 다른 쪽 부분이 생명에 차서 오랫동안 고통에 몰려 꿈틀거리는 것이 보이더라고 그는 말했다.

나는 이 동작에 큰 감각이 있었다고는 생각하지 않는다. 보기에 더 흉한 고문이 늘 참아 내기에 가장 힘든 것은 아니다. 다른 역사가들이 보도한 것으로, 에피루스의 귀족들에게 과한 형벌에서 그는 극히 조직적인 악의에 찬 처리로 조금씩 껍질을 벗겨 가며, 그들의 생명이 고민 속에 보름 동안이나 지탱하게 한 이야기가 더 잔혹하다고 본다.

또 다른 이야기 둘은 이러하다. 크로이소스는 그의 아우 판탈레온의 총신인 한 귀족을 체포해서 양복점으로 데려가게 하여, 솔과 빗으로 어찌나 긁고 문질렀던지 그 때문에 죽어 버렸다. 폴란드의 농민 지도자 조르주 세셀이 십자군의 명목으로 많은 행패를 부리고 다니다가 트란실바니아의 보이보드(太守)와의 전투에 패해서 잡혔을 때, 그는 벌거숭이로 형틀에 묶여서 사흘 동안 각자 꾸며 낼 수 있는 모든 악형을 당했으며, 그동안 다른 죄수들에게는 아무런 먹을 것도 마실 것도 주지 않았다. 마지막에는 아직 살아 있어서 눈으로 볼 수 있을 때, 그가 귀애하고 그 생명의 구원을 기원해 주며 그의 잘못을 모두 스스로 짊어지고 있던 아우 리키스에게 그의 피를 마시게 하고, 그가 가장 총애하던 그의 부대장들에게 그의 살을 이빨로 물어뜯어 그 조각을 삼키게 했다. 그가 절명한 뒤에도 그 신체의 나머지와 내장의 부분들을 삶아서 그의 다른 부하들에게 먹게 했다.

28
모든 일에는 저마다 때가 있다

자신의 살해자인 저 소 카토와 검열관 카토를 비교해 보는 자는 가까운 형태의 훌륭한 두 천성을 비교해 보는 것이다. 후자는 더 많은 모습으로 자신의 타고난 소질을 떨쳐 보였고, 군사적 공로와 유익한 공공 봉사에 탁월했다. 그러나 소 카토의 덕성은 정력으로, 어느 누구와 비교해 본다는 것이 모독이 될 뿐 아니라 훨씬 더 깨끗했다. 참으로 저 검열관의 착한 심성으로나 탁월한 모든 소질로 보아서, 자기나 그의 시대 다른 사람보다도 훨씬 더 위대하던 스키피오의 명예를 감히 공격한 그 시기심과 야심을 누가 면제해 줄 수 있단 말인가?

사람들이 그에 관해서 말하는 것은 다른 일보다도, 그가 노령에 이르러 마치 오랜 갈망을 채우려는 듯 열렬한 의욕을 가지고 그리스어를 배우기 시작했다는 것이 그에게 그리 명예로운 일이라고 보이지 않는다는 것이다. 그것은 바로 말하면, 다시 어린아이로 떨어지는 노릇이라고 우리가 말하는 일이다.

모든 일에는 저마다 때가 있다. 좋은 일이건, 그렇지 않은 일이건 모두 그렇다. 그리고 하느님께 올리는 기도에도 철에 맞지 않는 것이 있다고 말할 수 있다. 퀸티우스 플라미니우스가 군대의 장수로 있으면서, 그가 승리한 전쟁에서의 일이지만, 한창 싸우는 마당에 혼자 따로 떨어져서 하느님께 기도를 올리느라고 꾸물거리고 있었다고 비난받던 따위의 일이 그 예이다.

　　현자는 덕행에도 한계를 둔다.　　　　　　　　　　　　(유베날리스)

에우데모니다스는 크세노크라테스가 아주 늙어서도 자기 학파의 공부에 열중하는 것을 보고 "아직도 배우고 있다면 언제 가서 이치를 알게 될 것인가?" 하고 말했다.

그리고 필로포에멘은 프톨레마이오스 왕이 무기 훈련으로 날마다 자기 신체를 단련하는 것을 높이 칭찬하는 자들을 보고, "그 나이의 왕으로 그런 일에 몸을 단련하는 것은 칭찬할 만한 일이 아니다. 그는 이제부터는 그것을 실제로 사용해야 할 일이다"라고 말했다.

젊은이는 자기 준비를 해야 하고, 늙은이는 그것을 누려야 한다고 현자들은 말한다. 그리고 우리의 천성에서 그들이 주목하는 가장 큰 결함은, 우리의 욕망이 끊임없이 다시 젊어지는 일이다. 우리는 늘 살기를 다시 시작한다. 우리의 공부와 욕망은 때로는 늙음을 느껴야 할 일이다. 우리는 한 발은 무덤 속에 있는데도 욕망과 추구는 출생만 하고 있다.

　　그대는 죽음에 임박해서도 무덤 생각은 않고,
　　　대리석을 깎으며 가옥을 건축한다.　　　　　　　　(호라티우스)

내 계획은 가장 긴 것이라 해도 일 년의 폭을 넘지 않는다. 나는 이제부터는 마지막을 장식할 생각밖에 않는다. 나는 내게서 모든 새로운 희망과 계획을 벗어 던진다. 나는 이제 두고 떠나려는 모든 장소에 마지막 작별을 고한다. 그리고 날마다 내가 가진 것을 포기해 간다.

"오래전부터 나는 잃지도 따지도 않는다. 내게는 갈 길보다 더 많은 비용이 남아 있다."(세네카)

나는 살아 보았다.
그리고 운명이 정해 준 길을 끝마쳤다. (베르길리우스)

결국은 내 마음속에서 세상 형편에 관한 걱정, 재산을 모아 부자가 되는 것에 관한 걱정, 위대성이나 지식·건강, 내 자신에 관한 걱정 따위, 인생을 심란하게 만드는 여러 욕망과 번뇌를 사라지게 하는 것이 내가 노령기에 발견하는 모든 위안이다. 저자(검열관 카토)는 영원히 입 다무는 것을 배워야 할 때 겨우 말하는 법을 배우는 것이다.

우리는 어느 때라도 공부를 계속할 수 있다. 그러나 학교 공부는 그렇지 않다. 늙은이가 알파벳 배우는 어리석음이라니!

사람은 저마다 다른 흥미를 가졌으나
모든 연령에 모든 일이 적합한 것은 아니다. (막시미아누스)

공부해야 할 것이라면, 누가 노쇠기에 이런 공부는 뭣하러 하느냐고 물었을 때 "그것으로 더 나아져서 더 편하게 떠나려고"라고 대답한 자와 같이 대답할 수 있도록 우리들 조건에 맞는 내용을 공부하자. 소 카토가 자기 종말이 가까워 옴을 느끼며, 플라톤의 영혼의 영원성에 관한 토론에서 만나 본 바와 같은 것이 이러한 공부였다. 우리가 믿어야 할 일은, 그가 오래전부터 이러한 출발(죽음)을 위한 온갖 종류의 장비로 준비되어 있었다는 것이다. 자신과 견고한 의지와 학문에 관해서 그는 플라톤이 자신의 문장 속에 가진 것보다 더 많은 것을 가졌고,

그의 지식과 마음은 이 점에서는 철학을 초월하고 있었다. 그는 죽음을 편안히 하려고 이것을 일삼은 것이 아니고, 이러한 중대한 고찰 속에 잠자는 것도 중단하지 않는 자로서, 그는 선택도 변경도 없이 그의 인생에 습관화된 다른 행동들과 함께 그의 공부도 계속했던 것이다.

집정관 직을 거절당한 그날 밤 그는 놀이로 밤을 보냈다. 그가 죽어야 하던 날 밤은 책을 읽으며 보냈다. 생명을 잃거나 직책을 잃는다는 것, 그런 모든 것이 그에게는 한 가지였다.

29
도덕에 대하여

나는 심령의 혼미한 충동과 결단성 있는 견실한 습관 사이에는 큰 차이가 있는 것을 경험으로 발견한다. 우리는 할 수 없는 일이 없고, 자기의 근본 조건으로 무감각해지는 것보다 자체의 힘으로 무감각해지는 것은 대단한 일인 만큼, 신격 그 자체를 능가하기까지 한다고 어떤 자(세네카를 말함)는 말하며, 인간의 허약성에 신의 결단성과 확신을 결부시키기까지 하는 것을 나는 잘 안다.

그러나 그것은 발작적으로 일어난다. 그리고 지나간 시대의 저 영웅들의 생애에는 어느 때는 기적 같은 특색이 있으며, 그것은 우리가 타고난 힘을 멀리 뛰어넘는 것같이 보인다.

그러나 이런 것은 진실로 단순한 특색들이다. 그리고 이렇게 앙양된 소질들을 가지고 심령이 염색되고 축여져서 그것이 심령에 본연으로 있던 것같이 심상하게 될 수 있다고는 믿기 어렵다.

우리에게도 때로는 심령이 다른 사람의 사상이나 본보기에 잠 깨어, 그 심상한 상태 너머로 저 멀리 비상하는 수가 있다. 그러나 이것은 심령을 밀어 흔들며 어느 점에서 심령을 밖으로 벗겨 내는 일종의 격정이다. 왜냐하면 이 회오리바람을 거치면, 우리의 심령은 생각도 없이, 그 마지막 단계까지는 아닐지라도 적어도 이미 기세가 높아졌던 심령이 어느새 풀어지고 해이해지는 것을 본다. 그래서 그때에는 어느 경우에나 우리는 거의 평범한 사람들 가운데 하나처럼, 새를 한 마리 잃었다든가 유리잔 하나 깬 것 가지고 흥분하게 되는 것이다.

질서와 절도와 지조 있는 일 말고는, 대체로 크게 결함이 있고 실수 많은 인물에게도 모든 일들이 할 만하다고 나는 생각한다.

이런 이유에서 한 인물을 진실로 정당하게 판단하려면, 주로 그의 평상시 행동을 검토하고 여느 때 하는 버릇을 순간적으로 잡아 보아야 한다고 현자들은 말한다.

다른 진실한 철학자들처럼, 무지(無知)에서 학문을 세워 놓은 피론은 생활을 그의 학설에 부합시키려고 시도했다. 그리고 그는 인간의 판단력이 너무 허약해서 무슨 결정을 짓거나 어느 방향을 잡을 수가 없다고 주장하며, 모든 사물들을 무관심하게 관찰하고 받아들이며, 판단을 줄곧 주저하여 망설이고 있었기 때문에, 항상 동일한 태도와 용모를 유지했다고 사람들은 말한다. 그가 말을 한번 시작하면, 자기가 말하는 상대편이 가 버린 다음에도 그는 자기 말을 끝까지 다하는 것이었다. 그가 길을 가면 어떠한 장애물에 부딪혀도 길을 멈추는 일이 없고, 절벽에서 떨어지거나 차량에 충돌하거나 다른 사고가 생기지 않게 친구들이 보호해 주었다. 무슨 일을 두려워하거나 피한다는 것은, 어떤 선택의 능력이나 확실성을 인정하지 않는 그의 제언에 저촉되기 때문이었다. 어느 때는 살을 절개하고 불로 지지는 수술을 받아도 눈 하나 깜짝하지 않았다.

마음을 이러한 사상으로 이끌어 오는 것도 장한 일이다. 그것을 행동에 옮긴다는 것은 더욱 장한 일이다. 이것이 불가능하지는 않다. 그런데 보통의 습관과는 너무나 거리가 먼 이러한 기도에서, 진정 이것을 평범한 생활 방식으로 세워 갈 정도로 그만한 인내와 지조를 가지고 실천한다는 것은, 사람이 할 수 있는 일이라고는 도무지 믿어지지 않는다.

그 때문에 그가 어느 해 자기 집에서 누이와 말다툼하는 것을 보고, 그것이 그의 무관심 원칙에 저촉되지 않느냐고 누가 책망하자, 그는 "뭐? 이 못난 여자까지도 내 규칙의 증인이 될 수 있단 말인가?"라고 말했다. 한 번은 개가 대드는 것을 그가 막고 있는 것을 사람들이 보자, 그는 "인간의 버릇을 완전히 박탈하기는 대단히 어려운 일이다. 그러므로 우리는 사물들을 첫째 실행으로, 그리고 이론이나 논증으로 일을 극복해 가려고 노력해야 하며, 그것을 의무로 삼아야 한다"고 말했다.

　약 7, 8년 전에, 여기서 8킬로미터쯤 떨어진 동네에 사는 자가(지금도 살아 있지만), 오래전부터 부인의 질투에 머리가 돌아 버렸다. 어느 날 일터에서 돌아오자 그의 부인은 여느 때 버릇인 고함으로 그를 맞아들였다. 그는 어찌나 화가 났던지, 당장에 손에 들고 있던 낫으로 부인이 그렇게 열에 들떠 야단치는 물건을 싹둑 잘라서 부인의 콧대에 휙 던져 버렸다.

　또 우리 고장 젊은 귀족 한 분은 사랑에 빠져 꾸준히 졸라댄 결과, 마침내 예쁜 애인의 마음을 녹여 놓고 마침 일을 시작하자, 그 자신은 그만 기운이 빠졌다.

　남자답지 못하게 그의 기관은
　노쇠한 귀두(龜頭)밖에 쳐들지 못하니.　　　　　　　　　　(티불루스)

　그는 이에 절망하고 집으로 돌아와 그것을 잘라, 피투성이의 잔인한 희생물을 자기가 끼친 모욕에 대한 속죄로 그녀에게 보내 주었다는 말이 있다. 만일 이것이 키벨레 여신의 제관들같이 사색과 신앙심에서 한 일이라면, 이렇게도 고매한 기도에 대해서 우리는 무슨 말을 못할 것인가?
　며칠 전에 내 집에서 20킬로미터 되는 도르도뉴강 상류의 베르주라크 마을에 사는 한 여자는 전날 밤에 성품이 꽤 까다로워 화를 잘 내는 남편에게 들볶임을 받고 얻어맞은 뒤, 자기 생명을 희생하며 그의 난폭한 행동에서 벗어나려고 결심했다. 그래서 다음 날 일어나서 여느 때와 같이 이웃 사람들과 만나며 그들에게 자기 일처리에 관해서 몇 마디 남겨 놓은 다음, 여동생의 손을 잡고 다리 위로 가서는, 마치 장난하는 것처럼 동생에게 작별 인사를 하더니, 갑자기 위에서 거꾸로 뛰어내려 강물 속으로 사라졌다. 여기서 더 장한 일은 이 생각이 하룻밤 내내 그녀의 머릿속에서 성숙했다는 점이다.
　인도 여자들의 경우 전혀 다르다. 그들의 관습으로 남편들은 많은 아내들을 거느리게 되어 있고, 아내들 중에서 가장 총애받은 여자가 남편의 뒤를 따라 죽게 되어 있어서, 여자들은 저마다 일평생을 통해 동료들 대신 자기가 이 특권을 얻으려고 노력하고 있다. 아내들이 남편에게 해 준 극진한 봉사는 그의 죽음의 길에 동행으로 뽑힌다는 것밖에 다른 보상을 바라지 않는다.

> 죽은 육신의 침대에 최후의 횃불이 밝혀지자
> 처첩의 경건한 무리는 머리를 풀어헤치고 선다.
> 그리고 남편을 따라가려는 황천으로의 사투가 시작된다.
> 죽음이 허용되지 않음이 단 하나의 수치이다.
> 싸움에 이긴 여자는 젖가슴을 불길에 제공하며
> 그 여인들의 타는 입술을 남편의 입술에다 밀착시킨다.   (프로페르티우스)

한 인물은 우리 시대에도 이런 동방의 나라에서 이 습관이 장려되며, 아내들뿐 아니라 그 남자가 관계한 여자 노예들까지도 그들의 남편을 따라 매장되는 것을 보았다고 기록하고 있다. 그 방법은 이렇게 실행된다.

남편이 죽으면, 그 과부는 원한다면 자기 일을 처리하는 데 두서너 달의 여유를 요구할 수도 있지만, 그렇게 하려는 여자는 거의 없다. 그날이 오면, 그녀는 결혼식에 나가는 것처럼 치장하고 말을 탄다. 그리고 유쾌한 얼굴로 한 손에는 거울을, 다른 손에는 화살촉을 들고 가며, 마치 남편과 자러 가는 것 같다고 말한다. 자기 친구들, 친척들, 그리고 축제 기분의 많은 사람들을 데리고 이렇게 행차하며 돌고 나서, 그녀는 바로 이런 광경들을 실시할 예정인 광장으로 안내된다.

그곳은 넓은 마당인데, 그 한복판에 나뭇단으로 가득 채워진 구덩이가 하나 있고, 거기 접해 있는 너댓 층계 되는 높은 자리 위로 안내되는데, 그 앞에는 굉장한 진수성찬이 차려진다.

다음에 그녀는 춤추며 노래하기 시작한다. 그리고 자기가 좋다고 생각하는 때 불을 지르라고 명령한다. 그러고는 내려온다. 그리고 자기 남편의 가장 가까운 친척의 손을 잡고, 함께 가까운 강물에 가서 완전히 벌거벗고, 자기 친구들에게 보배와 의복들을 나누어 주고는, 마치 자기 피를 씻으려는 듯 물속에 뛰어든다. 물에서 나와서는 열네 발 길이의 노란 천으로 몸을 두르고, 그다음엔 같이 온 남편 친구의 손을 잡고 둑 위에 다시 올라가 거기서 사람들에게 말하며, 자녀가 있으면 자녀들 일을 당부한다.

둑과 구덩이 사이에는 그 작열하는 불더미가 보이지 않게 하려고 사람들이 장막을 쳐 준다. 어떤 여자들은 더한 용기를 보여 주려고 이것도 하지 못하게 한다. 그 여인이 말을 끝내면, 한 여자가 기름이 가득한 항아리를 내 주어 머리와 온몸을 기름으로 바르게 한다. 그것이 끝나면 그 항아리를 불 속에 던지고, 바로 그 여인은 그 속에 뛰어든다. 그러면 사람들은 당장에 그 여인 위에 장작더미를 둘러엎고, 여자가 오래 괴로워하지 않게 해 준다. 그리고 그들의 모든 기쁨은 통곡과 비탄으로 변한다.

가문이 낮은 사람들의 시체는 사람들이 그를 매장하려고 원하는 자리로 실어 가서 제자리에 앉혀 놓고, 과부가 앞에 무릎을 꿇고 그를 꼭 껴안은 자세로 있는 동안, 사람들은 그들의 주위에 담을 쌓아올리며, 담이 그들의 어깨에 다가갈 때 그의 식구 중의 하나가 뒤에서 여인의 머리를 잡아 목을 비튼다. 그리고 여인이 숨을 거둘 때에 담은 재빨리 쌓아져서 닫히고, 그들은 그대로 묻혀 버린다.

바로 이 나라에서 나체 행자(裸體行者)들 사이에 이와 같은 일이 있었다. 남이 강제로 시킨 것도 아니고, 급격한 감정의 강렬한 충동에서 한 것도 아니며, 그들의 규칙에 명시된 맹세한 소원대로 하는 일이다. 그들의 방식으로는 어느 나이에 도달해 가거나 어떤 질병으로 위협을 받게 되면 나뭇더미를 쌓게 하고, 잘 장식된 침대를 그 위에 올려놓고는 친지나 친구들과 유쾌하게 향연을 베풀고 난 다음, 아주 단호한 결심으로 그 침대 위로 올라앉는다. 불을 지르고 나서도 그들이 발이건 손이건 움직이는 것을 본 일이 없다. 그들의 하나인 칼라누스는 알렉산드로스 대왕의 군대 전체 앞에서 이렇게 죽었다.

이렇게 자살해서 이승에서 받은 모든 것을 소각한 다음, 자기의 영혼을 불로 씻고 정화해 보내지 않는 자들은 성자(聖者)라고도, 더없이 행복한 자라고도 생각되지 않는다.

일생 동안의 이러한 확고 불멸하게 꾸며지는 이것이 기적을 낸다.

우리의 다른 논쟁들 중에는 '운명'에 관한 논쟁이 섞여 든다. 장차 올 사물들과 우리의 의지를 확실하고 불가피한 필연성에 결부시키기 위해서, 사람들은 아직도 '하느님이 그렇게 하시는 것처럼, 하느님은 모든 일들이 이렇게 되어야 할 것을 예견하는 이상, 일들은 이렇게 일어나야만 한다'고 하는 지난날의 논법을 쓴다. 여기에 대해서 우리 신학자들은 어떤 일이 일어나는 것을 본다는 일은, 우리가 그렇게 하며 하느님도 같이 하는 식으로(모든 일이 하느님에게 현존하는 만큼, 그는 앞일을 예견하기보다도 차라리 현재로 보는 것이다), 그 일이 일어나게 강제하는 것은 아니다.

우리는 일이 일어나는 까닭에 보는 것이지, 우리가 보기 때문에 어떤 일이 일어나는 것은 아니다. 사건이 지식을 만들지, 지식이 사건을 일어나게 하는 것은 아니다. 우리가 지켜보는 사건은 그렇게 일어난다. 그러나 일은 달리 일어날 수도 있었던 것이다. 그리고 하느님은 예지하시는 것 속에 간직한 일들이 일어나는 원인을 기록해 둔 장부 속에, 우리가 우발적으로 일어나는 일이라고 부르는 사건들의 원인도 기록해 두었고, 우리의 판정에 맡겨 둔, 우리의 자유의사에 달려 있는 임의적 행동에 의한 사건들의 원인도 기록해 두었으며, 우리가 실수하려고 원할 것이기 때문에 우리가 실수하리라는 것을 알고 있다.

그러나 나는 상당히 많은 사람들이 이 운명적 필연성이라는 사상을 가지고 자기들 부대를 독려하는 것을 보았다. 우리의 마지막 시간이 확정된 한 점에 고정되어 있는 것이라면, 아무리 적들이 총질을 하거나 우리가 과감한 행동에 나서거나, 도망을 치거나 비겁하게 놀더라도, 이 시간을 당겨 오지도 밀어내지도 못할 것이기 때문이다.

그것의 말로는 훌륭하다. 그러나 누가 그것을 실현시킬 것인가를 알아보라. 그리고 강력하고 확고한 신념이 그 위에 똑같은 행동들을 끌어들인다는 것으로 일이 되어 있다면, 진정 우리가 입속에 가득 넣고 다니는 이 신앙은, 그것이 사업에 대해서 품는 경멸감 때문에 이런 사업을 동무삼기마저 경멸하게 만든다는 말밖에 할 수 없다. 그것은 우리 시대에는 너무나 엄청나게 경박한 사상이다.

아무튼 바로 이 문제를 가지고, 다른 일과 마찬가지로 믿을 만한 증인인 조생빌르 경은 생 루이 왕이 성지(聖地)에 갔을 때, 그들과 말썽이 있었던 사라센족과 섞여서 사는 민족인 베두인족들에 관해서 이야기를 들었다. 그에 따르면 그들은 자기들 종교에서 각자의 죽을 날짜는 미리 결정되고, 정해진 운명으로 계산되어 있다고 너무나 확고하게 믿고 있기 때문에, 다만 튀르키예인도 칼 한 자루를 지니고, 몸에 삼베 천 하나만 걸치고, 알몸뚱이로 전쟁터에 나가더라고 말하고 있다. 그리고 그들이 자기들 편 사람에게 화를 낼 때 늘 입에 담는 가장 심한 욕설은, "죽음이 두려워 무장하는 놈처럼, 저주받아라!" 하며 소리치는 것이었다. 이것은 우리 것과는 아주 딴판의 신념과 신앙을 가진 증거가 아닌가!

우리 조상들의 시대에 플로렌스의 두 수도승이 보여 준 증거도 역시 이런 축에 속한다. 그들은 학문 문제로 논쟁을 하다가, 저마다 자기 학설이 옳다는 것을 증명하기 위해서 광장에 가서 시민들이 보는 눈앞에서 둘이 함께 불 속에 뛰어들기로 합의했다. 그리고 준비가 다 되어 일이 집행되게 되었을 때, 뜻밖의 사건이 생겨서 일은 중단되고 말았다.

튀르키예의 한 젊은 귀족은 방금 전투를 시작하려는 아무라트와 후니아드의 두 부대가 보고 있는 앞에서 개인적으로 눈에 띄는 공훈을 세웠다. 그가 그렇게 젊고 경험도 없는 처지에(이것은 그가 처음 나온 전쟁이었다), 누가 그를 그렇게도 호탕한 기개의 용맹으로 채워 주었느냐고 아무라트가 묻자, 그는 용기의 스승으로 토끼 한 마리를 본받았노라고 말했다. "어느 날 사냥을 갔다가 나는 토끼 한 마리가 굴 속에 있는 것을 발견했습니다. 나는 훌륭한 사냥개 두 마리를 데리고 있었으나, 토끼를 놓치지 않기 위해 역시 내 활을 사용하는 것이 낫다고 생각했습니다. 과연 토끼는 알맞은 과녁이 되었습니다. 나는 화살을 쏘기 시작했습니다. 그러나 내 화살통에 있던 40개를 다 쏘도록, 토끼를 죽이지도 못했을 뿐만 아니라 잠도 깨우지 못했습니다. 나중에 나는 사냥개를 풀어서 뒤쫓게 했으나 결국 그 토끼를 잡지 못했습니다. 나는 이것으로 이 토끼가 자기 운명에 의해서 보호받고 있는 것으로, 화살로든 칼로든 우리들 운명의 허가 없이는 죽이지 못하는 것이며, 이 운명을 밀어 내거나 가까이 끌어오는 것은 우리의 소관이 아닌 것을 알았습니다." 이 이야기는 우리 이성이 얼마나 모든 종류의 인상에 영향받기 쉬운가를 보여 주는 데 소용이 될 것이다.

나이로, 이름으로, 위엄으로, 그리고 학문으로 위대한 인물 한 분은 그가 외부의 충격을 받아서 자기 신앙에 대단히 중대한 변화를 일으켰다고 내게 자랑했다. 그런데 내게는 그것이 너무나 괴이하고, 요령이 닿지 않는 일이었기 때문에, 나는 그 반대로 해석하는 편이 더 강력한 논법이 될 것이라고 생각했다. 그는 그것을 기적이라고 불렀는데, 나는 그와는 다른 의미로 역시 기적이라고 했다.

튀르키예의 역사가들은 그들에게는 생존의 기일이 운명적으로 결정되어 있다는 확신이 일반적으로 퍼져 있기 때문에, 분명한 위험에 대처할 자신을 갖게 하는 데 힘이 되고 있다고 말한다. 나는 한 위대한 군주(앙리 4세를 가리킴)가, 만일 운이 계속해서 그에게 가담해 준다면 이 점에서 이득을 보고 있는 것을 안다.

우리가 기억하기로는 오라녜 공의 암살을 음모한 두 자객[11]이 보여준 결단성보다 더 경탄할 만한 성과는 없었다. 자기 동료는 그가 할 수 있는 모든 일을 하고서도 일이 언짢게 되어 간 큰일이었다. 그런데 그 일을 수행한 둘째 자객의 의지는 어떠한 고무를 받았기에, 그는 똑같은 길을 좇아서 동일한 무기를 가지고, 최근에 그런 일을 당해서 신변의 위험을 경계하여 무장하고 있으며, 강력한 친구들을 수반하고 체력도 건장하며, 모두가 성주에게 헌신하고 있는 도시에서 호위병에게 둘러싸여 자기 방에 있는 성주를 어떻게 처치하러 들어갈 수 있었던가. 진실로 경이로운 일이다.

진정 그는 여기에 단호한 손과 힘찬 정열에 분격한 용기를 사용했다. 적을 쓰러뜨리려면 단도가 더 확실하다. 그러나 단도는 권총보다 더 큰 동작과 힘이 필요한 만큼, 그것으로 치려면 잘못하다가는 빗나가거나 동요되기 쉽다. 이자가 확실한 죽음 속에 뛰어든 것은 크게 의심할 나위 없다. 왜냐하면 그에게 무슨 희망을 주려고 해 보아도 그것은 침착한 이해력에는 용납될 수 없는 일이기 때문이다. 그리고 그의 공적 행위를 보면 그에게는 이해력도 용기도 부족함이 없었다. 이러한 강력한 소신의 동기는 여러 가지가 있을 수가 있다. 왜냐하면 우리의 공상은 자기(신교도를 말함)와 우리들(가톨릭교도를 말함)에 관해서 자기 좋은 대로 생각해 볼 수 있게 하기 때문이다.

오를레앙 근처에서 감행된 암살 행위는 견줄 만한 예가 없다.[12] 거기는 힘보다도 운이 더 작용했다. 운이 거들지 않았던들 그 저격은 치명적일 수밖에 없었다. 말을 타고 멀리서 말이 움직이는 대로 흔들리는 사람을 쏘려는 시도는, 도망칠

---

11) 첫 번째 사람은 1582년 3월 18일 안트베르펜에서 오라녜 공 암살을 시도한 장 드 죠르기(미수에 그침), 두 번째 사람은 1854년 7월 10일 델프트에서 오라녜 공을 살해한 발타자르 제라르.
12) 기즈 공작(앙리 1세) 암살 사건. 1563년 2월 18일 장 드 폴트로에 의해서 블루아 성에서 암살당함.

때 실수하기보다도 일의 수행에 실수하기를 더 바라는 자의 기도라고밖에 볼 수 없는 일이었다. 다음에 일어난 일로 그것이 밝혀졌다. 과연 그는 이렇게도 엄청난 일을 수행했다는 생각에 너무나 얼이 빠지고 혼미해서 도망칠 방도를 찾거나 심문당할 때의 대답에 조리 있는 말이 나오지 않을 정도로, 완전히 지각을 잃고 정신이 뒤집혔던 것이다. 그가 강물을 건너 우군의 구원을 청하는 것밖에 무슨 할 일이 있었던가? 그것은 내가 아주 어쭙잖은 위험에도 취해 온 방법인데, 강폭이 아무리 넓더라도 말이 들어갈 곳, 찾기가 쉽고, 물의 흐름을 따라 건너편에 올라가기 쉬운 강둑을 미리 보아 두기만 하면 위험도 적다고 생각되는 방법이다. 먼 젓번 사람(기욤 도랑주를 살해한 발타자르 제라르)은 그 끔찍한 선고를 받았을 때, "그것은 각오하고 있었소. 그대들은 내 참을성을 보고 놀랄 것이오"라고 말했다.

페니키아에 예속된 국민인 아사신족들은 마호메트교도들 사이에서도 지극한 신앙심과 순결한 풍습을 가진 것으로 간주된다. 그들은 천당에 들어갈 자격을 얻는 가장 확실한 방법이 누구든지 반대 종교를 믿는 자를 살해하는 일이라고 생각한다. 그래서 이렇게 유익한 일을 수행하기 위해서는 자기가 부딪치는 모든 위험을 경멸하며 한 명이나 두 명이 적의 진영 속으로 들어가 적을 살해(그들의 이름에서 이 암살자 assassiner라는 말이 유래했다)하려고 죽음을 무릅쓰고 나서는 일이 흔했다. 이런 자들에게 우리 레이몽드 트리폴리 백작은 자기 도성 안에서 살해당했다.

30
한 기형아에 대하여

이 이야기는 아주 간단하게 진술될 것이다. 그에 관해서 토론하는 일은 의사들에게 맡겨 두련다. 나는 그저께 한 어린아이를 보았는데, 그 부친과 숙부와 숙모라고 말하는 두 남자와 한 유모가 그 괴상한 꼴을 보여 주며 돈 몇 푼을 얻기 위해 데리고 다니는 것이었다. 이 아이는 모두 정상적인 형태를 가지고 제 발로 지탱하고 걸음마를 하며, 거의 같은 나이 또래의 다른 아이들처럼 중얼거리고 있었다. 그는 아직까지 유모의 젖밖에 다른 것을 먹으려고 하지 않았다. 그리고 내 앞에서 누가 그 아이에게 먹여 보려고 하는 것은, 조금 씹어 보다가는 삼키지 않고 뱉어 버리곤 했다. 그 아이의 우는 소리에는 무엇인지 특이한 점이 있는 것 같았다. 그 아이는 태어난 지 10개월밖에 되지 않았다.

그 아이의 가슴 밑에는 머리가 없는 다른 아이가 붙어 있고, 다른 것은 모두 완전히 갖추었는데 항문은 막혀 있었다. 팔 하나는 좀 짧지만 그것은 출생할 때의 사고로 부러진 탓이었다. 그들은 마주 보고 붙어 있고, 마치 더 작은 아이가 큰 아이 목에 매달려 있는 것 같았다. 그들이 붙어 있는 자리의 부착된 넓이는 네 손가락을 나란히 한 폭밖에 안 되며, 그래서 이 불완전한 아이를 쳐들어 보면 아래에 다른 아이 배꼽이 보였다. 즉 결착은 가슴과 배꼽 사이에서 이루어졌다. 불완전한 아이의 배꼽은 보이지 않았으나 그 나머지는 모두 볼 수 있었다. 이런 식으로 이 불완전한 아이의 팔·볼기짝·허벅다리·다리, 같이 붙어 있지 않은 모든 부분은 다른 아이에 매달려서 근뎅거리며, 길이는 그 아이의 다리 중간까지 닿았다. 유모의 말에 의하면 오줌은 양쪽에서 다 싼다고 했다. 그러니 이 다른 아이의 사지는 살아 있으며, 그것이 작고 가는 점을 제하면 본 아이의 것과 같은 조건에 있었다.

이 두 개의 신체와 많은 사지들이 한 머리에 연결되어 있는 것으로 보아서, 우리 국가의 부분들과 파당들을 통일된 한 법률 아래에 유지할 수 있는 유리한 길조라고 우리 왕께 제공할 수 있을 일이다. 그러나 사건이 거꾸로 되면 면구스러우니, 그대로 두는 편이 나을 것이다. 왜냐하면 "사건이 일어난 후에 이것을 어떤 조짐으로 삼는, 무슨 해석을 내리기 위하여" 지난 일을 가지고 점치는 일밖에 아무 것도 아니기 때문이다. 마치 에피메니데스가 뒷걸음질 치며 점친다고 사람들이 말하던 식이다.

나는 메도크에서 방금 한 양치기를 보고 오는 길인데, 나이는 서른쯤 된 자로 생식기의 흔적도 갖고 있지 않다. 그에게는 구멍이 셋 있어서 그리로 끊임없이 물을 내보낸다. 그는 털보이고 정욕을 느끼며, 여자들을 접촉해 보려고 한다.

우리가 기형이라고 부르는 것을 하느님은 그렇게 보지 않는다. 하느님은 자기 작품의 무한대 속에 자기가 거기에 포함시킨 무한수의 형태를 본다. 그리고 우리들을 놀라게 하는 이 형상은 인간에게 알려지지 않은 동일한 종족의 다른 형상에 관련되고 결부되어 있는 것이라고 믿어야 할 일이다. 그의 예지 전체로부터는 착하고 공통되고 정상적인 것밖에 아무것도 나오지 않는다. 그러나 우리는 그 조절과 관계를 알지 못한다.

"그가 빈번히 보는 것은 어째서 그렇게 되는가를 그가 알지 못할 때라도 그를 놀라게 하지는 않는다. 그가 전에 본 일이 없는 것이 일어나면, 그것은 기적이라고 생각한다."(키케로)

우리는 습관에 반대되게 일어나는 것은 자연에 반하는 일이라고 부른다. 무슨 일이건 자연에 따라서 되지 않는 일이란 없다. 보편적이며 자연적인 이성이 참신함이 일으키는 과오와 경악을 우리에게서 불식하게 하라.

31
분노에 대하여

플루타르크는 모든 점으로 보아 감탄할 만하지만, 특히 그가 인간의 행동을 판단할 때에는 더욱 그렇다. 그가 리쿠르고스와 누마의 비교에서 어린아이들을 국가에 맡기고 부친들의 책임하에 기른다는 것이, 우리들에게 엄청나게 어리석은 일이라는 문제에 대해 말하는 훌륭한 글을 우리는 읽을 수 있다. 아리스토텔레스가 말하는 바와 같이, 우리들 대부분의 국가에서는 키클롭스(고대 그리스 신화에 나오는 외눈박이 거인)가 하는 식으로, 여자와 어린아이들을 어리석고 철부지 같은 생각이 하는 대로 각자에게 맡겨 두고 있다. 그리고 라케다이모니아인들과 크레테인들만이 어린아이의 훈련을 법률에 맡겨 두었던 것이다. 한 국가에서는 모든 일이 국가의 훈육과 부양에 달려 있는 것을 누가 보지 않는가? 그러나 부모들이 아무리 어리석고 패악해도, 그들이 하고 싶은 대로 어린아이들을 맡겨 둔다.

다른 일 중에도, 나는 거리를 지나다가 어떤 아비나 어미가 광분하며 열이 치밀어올라 어린아이를 피부가 벗겨지고 상처가 나도록 마구 두들겨 패는 것을 보고, 얼마나 여러 번 그 아이의 원수를 갚아 주고픈 술책을 꾸며 볼 생각이 났던가! 그들의 눈에서 독살에 찬 불덩어리가 튀어나오는 것을 보라.

간장(肝臟)은 광증(狂症)으로 불타며
마치 산꼭대기에서 바위가 굴러
깎아지른 벼랑 밑으로 떨어지듯
그들의 분노는 터진다.　　　　　　　　　　　　　　(유베날리스)

(히포크라테스에 의하면 가장 위험한 질병은 얼굴을 변형시키는 질병이라고 한다) 게다가 그들은 칼로 찢는 듯한 목소리를 가지고 유모의 품에서 겨우 떨어진 어린아이를 마구 야단치는 일조차 있다. 아이들은 몽둥이찜질에 얼이 빠지고 다리 불구자가 된다. 그런데 우리의 법률은 이런 신체 불구자들은 우리 국민의 일원이 아닌 것처럼 이런 일은 고려해 보지도 않는다.

그대가 그를 나라에 바칠 수 있고 밭갈이에 쓸모 있고,
전쟁의 복역과 아울러
평화로울 때 힘든 일에 쓸모 있게 만들어 준다면,
그대는 조국과 국민에게 한 시민을 제공한 것으로
감사받을 만하다.　　　　　　　　　　　　　　(유베날리스)

분노만큼 판단력의 성실성을 혼란시키는 정열은 없다. 재판관이 분노 때문에 죄인을 처단한다면, 이 재판관을 사형에 처할 것은 아무도 의심하지 않을 것이다. 그러면 어째서 부친들과 교사들이 분노해 어린아이들을 때리고 벌 주는 것이 허용된단 말인가? 그것은 이미 징계가 아니다. 그것은 보복이다. 징계는 어린아이에게는 약이 된다. 그런데 우리는 의사가 그의 환자에게 흥분해서 화를 낸다면, 그대로 참고 볼 일인가? 우리 자신도 올바르게 처신하려면, 분노가 우리에게 남아 있는 동안 결코 하인들에게 손을 대서는 안 될 일이다. 우리의 맥이 극도로 뛰며 흥분을 느끼는 동안은 일을 중지할 일이다. 우리의 마음이 가라앉아 냉철해질 때에는 사물들은 다르게 보일 것이다. 그때는 격정이 지배하고 격정이 말하지, 우리가 하는 것이 아니다.

격정을 통해서 보면, 마치 안개를 통하여 보는 물체와 같이 잘못들이 우리에

게 더 크게 보인다. 배고픈 자는 음식을 찾는다. 그러나 징계를 사용하고자 하는 자는 벌 주고 싶은 생각에 굶주리고 목이 말라서는 안 된다.

그리고 무게와 신중성을 가지고 행하는 징벌은 그것을 당하는 자가 더 잘, 그리고 더 많은 성과를 가지고 달게 받는다. 그렇지 않으면 그는 분노로 심란해진 사람에게서 정당하게 벌을 받았다고 생각하지 않는다. 그리고 그의 윗사람이 심상치 않은 동작을 하며 얼굴에 피가 치밀어 오르고 평소에 쓰지 않던 욕설을 퍼붓고 마음이 진정되지 않아 주책없이 서두르는 수작을 들어서, 도리어 자기가 옳다고 변명하는 구실로 삼는다.

얼굴은 분노로 충혈되고 혈관의 피는 검푸르게 되며
눈은 고르곤의 눈보다 더 흉악한 빛으로 번쩍인다.　　　　(오비디우스)

수에토니우스의 이야기에 루키우스 사투르니누스는 카이사르에게 형의 선고를 받았을 때(그가 호소한), 시민들의 호의를 사서 그가 승소하게 한 것은, 카이사르가 이 선고를 내렸을 때 품었던 적의와 난폭성 때문이었다.

말하기는 행하는 것과는 다르다. 설교하는 것과 설교하는 자와는 따로 고찰해야 한다. 우리 시대 교회의 성직자들의 악덕을 들어서 우리 교회의 진리를 공격하려고 시도한 자들은 비겁한 수단을 쓴 것이다. 교회의 진리는 그 증명을 다른 곳에서 끌어온다. 이런 행태는 어리석은 추론 방식이며, 모든 사물들을 혼란에 빠뜨리는 수작이다. 행세가 점잖은 사람도 그릇된 의견을 가질 수 있으며, 악인이나 진정 진리를 믿지 않는 자라도 진리를 설교할 수 있다. 행실과 말이 부합해 간다면 정녕 그것은 아름다운 조화이다. 그리고 말에 실행이 수반할 때에는 가장 큰 권위와 효력이 생긴다는 것을 나는 부인하고 싶지 않다.

그것은 에우다미다스가 한 철학자의 전쟁에 관한 강의를 듣고 "이런 말은 참 훌륭하다. 그러나 그것을 말하는 자가 그렇게 할 수 있다고는 믿지 않는다. 왜냐하면 그는 전투할 때 치는 북소리에 익은 귀를 갖지 않았기 때문이다"라고 하던 식이다. 클레오메네스는 한 수사학자가 용감성에 관해서 연설하는 것을 듣고 포복절도하며 웃었다. 그때 이 학자가 분개하자, 그는 "제비가 그렇게 말한다면 나는 똑같이 웃겠다. 그러나 그것이 독수리라면 기꺼이 그 말을 들어 주겠다"고 했다.

나는 옛사람들의 문장에 자기가 생각하는 바를 쓰는 자는, 그런 생각을 가진 체하고 말하는 자보다 더 강한 감명을 주는 것에 주목한다. 키케로가 자유애(自由愛)에 관해서 말하는 것을 들어 보라. 브루투스가 같은 제목으로 말하는 것을 들어 보라. 그 문장에서, 이 후자는 생명을 내걸고 자유를 살 인물이라는 것이 울려온다.

웅변의 시조인 키케로에게 죽음의 경멸을 말하게 해 놓고, 세네카에게 같은 문제를 다루게 해 보라. 전자는 기운 없이 끌어간다. 그리고 자기가 결단을 내리지 못하는 것을 그대에게 결단 내리게 하려는 것을 느낄 수 있다. 그는 그대에게 조금도 용기를 주지 않는다. 왜냐하면 그 자신이 용기가 없기 때문이다. 후자는 그대에게 활기를 주고 불을 지른다. 나는 작가들, 특히 도덕과 의무를 취급하는 작가들은 그가 어느 종류의 인물인가를 호기심을 가지고 살펴보지 않고는 그 작품을 읽지 않는다.

에포르스는 스파르타에서 결단성 없는 어떤 인물이 시민들에게 충고하는 것을 보고는 그에게 침묵을 명령하고, 한 착한 인물에게 그 사상을 자기 것으로 만들어서 시민들에게 제안하라고 청했다.

플루타르크의 문장을 잘 음미해 보면 그 인물이 잘 드러나 보인다. 그리고 그의 심령 속속들이 들여다보인다고 생각한다. 그렇지만 나는 그의 생애에 관한 기록이 우리에게 남아 있으면 한다. 그리고 아울루스 겔리우스가 그의 습관에 관한 이야기를 우리에게 남겨 준 일을 고맙게 생각하며, 거기 이 '분노에 관해서'라는 내 글 제목에 관련되는 말이 나오기에 나는 여기서 여담으로 들어간 것이다. 그의 노예 가운데 하나는 마음이 나쁘고 행실이 패악했으나 철학적 교훈이 얼마간 귀에 젖은 자였는데, 무슨 잘못 때문에 플루타르크의 명령으로 사람들이 그의 옷을 벗기고 매질을 했다. 그러자 그는 처음에는 이것이 당치않은 일이라고 자기는 아무것도 한 일이 없다고 불평했다. 그러다가 마지막에는 울며 불며 그의 주인에게 욕설을 퍼부으며, 그는 자기가 자랑하는 식의 철학자가 아니었다고 비난했다. 자기는 그가 화를 내는 것은 못난 것이라고 말하는 것을 들었으며, 그가 이것으로 책도 한 권 썼다고 말했다. 그리고 그가 분노에 잠겨서 이렇게도 잔인하게 자기를 두들겨맞게 하는 것은 그의 글과는 모순되는 일이라고 했다.

이것을 듣고 플루타르크는 아주 냉철하고 침착하게 말했다. "뭐? 이 촌놈아, 무엇을 가지고 너는 내가 지금 노했다고 판단하느냐? 내 얼굴이, 내 목소리가, 내 빛깔이, 내 말이 내가 흥분했다는 어떤 증거를 보이느냐? 나는 눈을 우락부락 뜬다고도, 얼굴이 일그러졌다고도, 무섭게 고함을 지른다고도 생각하지 않는다. 내가 얼굴을 붉히느냐? 내가 입거품을 내느냐? 내 입에서 내가 다음에 후회할 거리가 될 말이라도 나오느냐? 내가 부르르 떠느냐? 분노를 참지 못해 전율하느냐? 이런 것이 분노의 진실한 표정이다."

그러고는 매질하던 자를 돌아보며, "계속해서 하던 일을 하게. 그동안 나는 이 자하고 토론이나 하겠네"라고 말했다. 이것이 그의 이야기이다.

타렌툼의 아르키타스가 총대장이 되어서 지휘하던 전쟁에서 돌아와 보니, 자기 집 세간살이가 엉망이 되고, 그의 소작권 관리인이 관리를 잘못하여 토지가 황무지로 된 것을 발견했다. 그래서 그는 관리인을 불러오게 하고는 "가거라! 내가 화가 치밀어오르지 않았더라면, 늘씬 도리깨질을 해 주었을 것이다"라고 말했다. 플라톤도 마찬가지로 그의 노예 하나에게 울화를 느끼며, 자기는 분노하고 있기 때문에 그에게 손을 대지 못하겠다고 변명하며, 그를 징벌하는 책임을 스페우시포스에게 맡겼다. 라케다이모니아인 카릴로스는 자기에게 무례하고 건방지게 노는 한 엘로트에게, "제기랄! 내가 화가 나지 않았던들 당장 너를 죽여 버렸을 것이다"라고 말했다.

분노는 그 자체에 쾌락을 느끼며, 아부하는 격정이다. 얼마나 여러 번 우리는 그릇된 원칙 아래 혼동해서, 누가 와서 우리들 앞에 정당한 변호와 변명을 제시하면, 우리는 진리나 실속 없는 일에 대해서 분개하는가? 나는 이 문제에 관해서 옛날의 한 경이로운 예를 기억하고 있다.

피소는 탁월한 도덕을 가진 인물이었다. 그런데 그는 자기 부하 병사 하나가 꼴을 베러 갔다가 혼자 돌아왔고 같이 갔던 동료를 어디에 두고 왔는지 말하지 못하는 것을 보고 화가 나서, 이자가 그를 죽인 것이 명백하다고 생각하고 당장에 그에게 사형을 선고했다. 그래서 그를 사형대에 올려놓았을 때 마침 길을 잃었던 동료가 돌아왔다. 군대 전체는 이것을 큰 경사로 여기고, 두 병사는 한참 서로 껴안고 어루만지면서 반가워했다. 그다음 거기 와 있던 피소에게도 이 일은 대단히 기쁘리라고 기대하고, 사형 집행인이 이 두 병사를 그의 앞으로 데려갔다.

그러나 사정은 거꾸로였다. 피소는 수치와 울분으로 아직도 속에서 치밀어오르던 화가 배로 터지며, 그의 격정이 갑자기 꾸며 댄 궤변으로, 홧김에 이 셋에게 죄를 씌우며 모두 형장으로 보내게 했다. 첫 번 병사는 그가 선고를 받았으니 유죄이고, 길을 잃었던 둘째 병사는 그의 동료의 죽음의 원인이 되었으니 그렇고, 사형 집행인은 그가 받은 명령에 복종하지 않은 까닭에 죄가 있다는 것이었다.

완고한 여자들과 관계한 일이 있는 자들은, 그 여자들이 흥분한 경우에 침묵과 냉담으로 대하며, 그 여자들의 분노를 북돋아 줄 생각을 하지 않으면 그 여자들의 발광이 얼마나 심한가를 볼 수 있을 것이다. 웅변가 켈리우스는 놀랍게도 화를 잘 내는 성미였다. 그와 한자리에서 식사하던 자는 사람이 순하고 대화도 부드럽게 하는 사람으로, 그자의 기분을 거스르지 않으려고 그가 말하는 모든 것에 찬성하고 동의하기로 작정하고 있었다. 그러자 그는 자기의 불쾌한 심정이 자극을 얻지 못하고 이렇게 넘어가 버리는 것을 참고 있을 수가 없어 말했다. "제기랄, 참! 무엇이건 좀 반대를 하여 보시오! 사람이 둘 있다는 표가 나야지." 마찬가지로 여자들은 사랑의 법칙을 본떠서, 사람이 맞장구쳐 화를 내게 하기 위해서밖에는 달리 화를 내지 않는다. 포키온은 누가 그의 말을 훼방 놓으며 심하게 욕지거리를 하자, 아무런 대꾸도 않고 잠자코 있으며 실컷 화풀이를 하게 하고 나서는, 그것이 끝나자 이 소란에 관해서는 한마디 말도 없이 자기 말을 끊어 두었던 자리에서 이야기를 다시 이어갔다. 이러한 대꾸보다 더 뼈아픈 대꾸는 없는 것이다.

프랑스에서 가장 화를 잘 내는 사람에게(분노는 언제나 불완전한 성격이다. 그러나 군인의 경우에는 더 용서될 수 있다. 왜냐하면 이 직업에서는 분노 없이 넘길 수 없는 경우가 있다), 그는 내가 아는 한 화를 가장 잘 억제하는 참을성 있는 사람이라고 나는 자주 말한다. 분노는 너무나 난폭하고 사나운 기세를 가지고 그를 뒤흔들기 때문이다.

그와 같이 청동 가마 밑에 명랑한 소리 내며
장작의 불꽃이 장쾌하게 타오를 때
물은 끓어 치솟으며 속에 갇혀 광분하고
거품은 높이 굽이쳐 빠른 물살로 넘쳐 흐른다.

이 물결 억누를 것 없으니
김은 공중에 서리며 난다.   (베르길리우스)

 분노를 조절하려면 잔혹하게 자기를 억제해야만 한다. 나로서는 격정치고, 그것을 덮어가며 버티어 나가는 데 이렇게 힘든 것을 알지 못한다.
 나는 예지에 이렇게 비싼 값을 붙이고 싶지 않다. 나는 예지가 성취해 놓는 것보다도 일을 더 나쁘게 만들어 놓지 않은 데에 얼마나 힘이 드는가를 더 중시한다.
 다른 분은 내게 자기의 행동 습관이 규칙에 맞고 온화하다는 것을 자랑했는데, 그것은 특이한 일이다. 나는 그에게 그분과 같이 사람들의 눈을 끄는 탁월한 지위에 있는 분들에게는 항상 자기를 조절해서 세상에 내놓는다는 것이 상당히 어려운 일이고, 중요한 일은 내부적으로 자신에게 역량을 담아 두는 일이며, 속으로 끙끙 앓고 있는 것은 자기 일을 잘 처리하는 것이 못 된다고 말했다. 나는 그가 밖으로 이 가면과 절제 있는 외모를 지키느라고 이러한 꼴을 당하지나 않을까 두려워했던 것이다.
 사람들은 분노를 숨기다가 그것이 몸에 배어들게 한다. 그것은 마치 데모스테네스가 주막집에서 사람들에게 들킬까 봐 속으로 기어들어가는 것을 보고, 디오게네스가 "속으로 물러나 들어갈수록 더욱 그대는 그 속으로 들어간다"고 말한 식이다. 나는 점잖은 외모를 보이느라고 속으로만 고민하는 것보다는 차라리 격에 맞지 않게 하인의 뺨을 한 대 치는 편이 낫다고 충고한다. 그리고 고생하며 울화통을 덮어두기보다는 차라리 그것을 밖으로 터뜨려 내보낼 것이다. 격정은 새어 나가서 밖으로 표현되면 힘이 약해진다. 격정의 화살을 안으로 향하게 해서 우리를 해치게 하는 것보다는 밖으로 작용시키는 편이 낫다. "모두 드러내 보이

는 악덕은 비교적 가볍다. 그것은 가장(假裝)된 건전함 밑에 은폐된 때 가장 나쁘다."(세네카)

나는 내 집안에서 화를 낼 권한을 가진 자들에게 경고한다. 첫째로 그들의 분노를 아끼고 아무렇게나 휘두르지 말아야 한다. 왜냐하면 그것이 분노의 효과와 무게를 방해하기 때문이다. 평상시에 주책없이 고함지르고 다니면 버릇이 되어 모두가 그를 깔보게 된다. 하인이 도둑질을 해서 야단쳐 보아도 그것은 유리잔을 잘못 닦았다거나 걸상을 잘못 놓았다고 그에게 백 번은 했던 것과 같은 꾸지람인 만큼, 하인에게는 그다지 중요하게 느껴지지 않는다. 둘째로 허공에 대고 화를 내서는 안 된다. 그 꾸지람이 자기가 불평으로 생각하는 자에게 도달하도록 잘 보아서 해야 한다. 어떤 자는 꾸지람받을 자가 앞에 나오기도 전에 고함지르며, 그가 가 버린 뒤에도 한 세기를 두고 계속해서 소리지른다.

　　광증은 흥분 속에 자신에게로 돌아와 소란을 떤다.　　　(클라우디아누스)

그들은 자기의 그림자를 몰아내며, 이런 요란스러운 목소리를 듣고 또 어찌해 볼 도리도 없는 사람들 말고는 아무도 그 때문으로 아파하지도 않고 관심도 갖지 않는 자리로 이 소란을 몰아간다. 마찬가지로 나는 말다툼에서 상대도 없는데 발악하며 화를 내는 자들을 비판한다. 이런 허풍은 효과를 낼 기회가 올 때까지 담아 두어야 한다.

　　그와 같이 황소가 싸움을 시작하려 할 때에는
　　우선 무서운 포효(咆哮)하는 소리를 내며
　　그의 분노와 뿔을 시험하여
　　나무둥치를 들이받고 바람을 치며 공격의 서곡으로
　　발밑에 흙먼지를 파헤쳐 던진다.　　　　　　(베르길리우스)

나는 화가 치밀 때는 맹렬히 터뜨린다. 그러나 될 수 있는 한 아주 짧게, 그리고 은밀하게 해치운다. 나는 너무 황급하고 맹렬해서 성정을 가다듬지 못한다.

그러나 아무렇게나 되는 대로 온갖 종류의 욕설을 퍼붓고 돌아다니며, 내 호통이 어디에 들어맞아야 가장 아프게 느낄 것인가를 차근히 찾아보지 못할 정도로 정신이 혼란에 빠지는 일은 없다. 왜냐하면 나는 대개 여기 2권에 있던 이야기밖에는 사용하지 않기 때문이다. 내 하인들은 작은 실수보다도 큰 일을 저질렀을 때, 더 값싸게 당한다. 작은 일에도 나는 놀라 떨어진다. 불행한 일로 사람이 낭떠러지에 서게 되면, 누가 어떻게 밀건 늘 바닥까지 떨어지게 마련이다. 추락은 그 자체가 돌진과 격앙과 촉진력을 제공한다.

큰 일을 저질렀을 때는 내 분노가 너무나 정당한 일이기 때문에, 다른 사람들이 거기 응분의 분노가 터져나리라고 기대하는 것이 내게 만족을 준다. 나는 그들의 기대를 뒤집는 데 영광을 둔다. 나는 마음을 긴장시키며, 이 분노에 대항해서 단속한다. 이 분노를 그대로 쫓아가다가는 머리를 혼란시켜 어마어마하게 정신을 잃게 한다. 나는 거기에 빠지는 일은 쉽게 면한다. 그리고 그들을 기대하고 있으면, 거기에 아무리 맹렬한 원인이 있어도, 이 격정의 충동을 넉넉히 물리칠 만큼 강하다. 그러나 이 격정이 미리 내게 들어앉아서 사로잡기만 하면 이유가 아무리 하찮아도 정신을 잃게 된다.

나는 내게 말다툼을 걸 수 있는 자들과 "내가 먼저 흥분한 것이 느껴지거든, 옳건 그르건 그대로 두시오. 나도 내 차례로 당할 때에 그렇게 하리다" 하며 흥정한다. 폭풍우는 서로 맞부딪히기 때문에 잘 일어나는 분노의 경쟁에서밖에 생겨나지 않는다. 그건 한쪽에서만 나오지는 않는다. 분노는 각기 따로 터지게 놓아두자. 그러면 우리는 언제나 평화롭게 지낸다. 유익한 처방이다. 그러나 실천하기는 힘이 든다.

때로 나는 조금도 격한 일 없이 내 집안일을 조정하려고, 화를 낸 체하는 수도 있다. 나이가 들어 성미가 꾀까다로워짐에 따라서, 나는 거기에 대항하려고 노력한다. 그리고 성정이 울적하고 꾀까다로워져도 더 변명이 되고, 더 그렇게 기울어지기 쉬운 처지에 있을수록, 하기는 지금까지도 나는 그렇지 않은 축에 들었지만, 할 수 있으면 이제부터는 더욱 그렇지 않도록 해 보겠다.

이 장을 맺기 위해서 한마디만 더 하자. 아리스토텔레스는 분노는 때로는 용덕과 용감성에 무기 노릇을 한다고 했다. 그럴듯한 말이다. 그렇지만 이 말에 반대하는 자들은 그것이 새로운 용도의 무기라고 농으로 하는 말투로 대답한다. 왜냐하면 다른 무기를 가지고는 우리가 그 무기를 움직이지만, 분노라는 무기는 반대로 우리를 움직이기 때문이다. 우리의 손이 무기를 조종하는 것이 아니라 그것이 우리의 손을 조종한다. 이 분노라는 무기가 우리를 잡고 있지, 우리가 이 무기를 잡고 있는 것은 아니다.

32
세네카와 플루타르크의 변호

내가 이 인물들에 대해서 품는 친밀감과, 그들이 내 노령기에 그리고 순수히 그들에게서 약탈해 온 재료로 엮어 내는 내 작품에게 주는 도움 때문에, 나는 그들의 영광을 예찬하지 않을 수 없다.

세네카로 말하면, 요즈음 소위 종교개혁파라고 하는 자들이 그들 주의를 옹호하기 위해서 수많은 소책자를 세상에 퍼뜨리고 있으며 개중에는 유능한 작가들의 손으로 된 것도 있으니, 그들이 더 나은 일에 종사하지 않는 것이 여간 애석하지 않다. 내가 전에 본 이런 책자 중의 하나에는 우리들의 가련한 선왕(先王), 샤를 9세의 정부와 네로 정부 사이의 닮은 점을 확대해서 채우려고, 고인 드 로레느 추밀경을 세네카와 비교하고 있다. 둘 다 정부의 제일인자였던 그들의 운명과 아울러, 그들의 성격과 품행을 비겨 본 것이다.

내 의견으로는, 이 책자는 위에 말한 추밀경에게 과분한 영광을 바치고 있다. 나 역시 그의 재기와 웅변과 자기 종교와 왕에 대한 봉사 열성, 그리고 좋은 가문 출신으로 위엄 있고 능력 있고 자기의 직무를 완수할 수 있는 교회의 인물을 가졌다는 것이 그렇게도 신기하고 희귀하다는 것, 아울러 공공의 안녕을 위해서 필요한 시대에 출생했다는 그의 행운을 높이 평가하는 자들 축에 든다. 그러나 진실을 말하면, 나는 그의 능력이 그 정도에 대단히 가깝다거나 그의 도덕이 세네카의 것만큼 순수하고 온전하다거나, 그만큼 견실하다고는 생각하지 않는다.

그런데 이 책자는 목적하는 것을 이루기 위해서, 내가 그 증언을 전혀 신용하지 않는 역사가 디온의 비난을 인용하며 극히 부당하게 세네카를 묘사하고 있다.

디온은 조리에 일관성이 없을뿐더러, 어느 때는 세네카를 대단히 현명하다고 보며, 어느 때는 네로의 악덕에 대한 불구대천의 원수라고 불렀다가, 다른 데서는 그를 탐욕이 많고 인색하고 야심적이며 비굴하고 탐락적이고 가짜 간판의 철학자 티를 내는 인물로 만들고 있다. 그러나 세네카의 도덕은 그의 문장 속에 생생하고 힘차게 나타나며, 그의 재산과 지나친 낭비를 두고 말하는 것같이 이런 비방의 어느 조목에서 그의 변호가 너무나 명백하게 드러나기 때문에, 나는 그 반대의 어느 증언도 믿어 주지 않을 것이다. 그리고 이런 일에 관해서는, 그리스 사람들이나 외국인들보다도 로마의 역사가들을 믿어 주는 편이 훨씬 더 온당한 일이다. 타키투스와 다른 자들은 세네카의 생애와 죽음을 모두 대단히 명예롭게 하며, 그를 모든 일에 대단히 탁월하고 극히 도덕적인 인물로 묘사하고 있다. 그리고 나는 디온의 판단에 대해서는 비난을 가하고 싶지 않다. 그러나 이것만은 불가피하다. 바로 로마의 사정에 대한 그의 이해가 너무나 병들어서, 그는 폼페이우스에 대해서 율리우스 카이사르의 편을, 그리고 키케로에 대해서 안토니우스의 편을 감히 지지하고 있는 것이다.

플루타르크로 돌아오자.

장 보댕은 우리 시대의 유능한 작가로, 자기 시대의 사이비 학자들보다 훨씬 더 풍부한 판단력을 가졌고, 존경해 줄 값어치 있는 작가이다. 나는 그가 《역사 방법론》에서 플루타르크를 무식하다고 비난할 뿐만 아니라(그 점은 멋대로 말하게 놓아두고 싶었다. 왜냐하면 그것은 내가 참견할 부분이 아니기 때문이다) 이 작가가 전혀 가공적(이것은 그의 말이다)인 믿을 수 없는 사물들에 관해서 쓰고 있다고 비난하는 문장에서, 나는 보댕이 좀 당돌하다고 본다. 그가 단순히 사물들을 있는 것과는 달리 썼다고 해도, 그것은 크게 비난할 거리가 아니다. 왜냐하면 우리가 눈으로 보지 않은 일은 남이 말하는 것을 신용하기 때문이다.

나는 그가 고의로, 때로는 같은 이야기를 다른 방식으로 이야기하는 것을 본다. 예를 들면 세상에 있었던 가장 훌륭한 세 명의 장수들에 관해 한니발의 판단이 그런데, 《플라미니우스의 생애》에서는 달리 말했고, 《피로스의 생애》에서는 또 다르게 말하고 있다. 그러나 믿을 수 없는 불가능한 사물들을 사실이라고 받아들였다고 그를 공격하는 것은, 세상에서 가장 정당한 작가를 판단이 그르다고 비난하는 일이다.

　이것이 그가 든 예이다. "그가 말하는 것은 라케다이모니아의 한 소년이 훔쳐 가진 새끼여우가 그의 배를 물어뜯어도 도둑질을 들키기보다는 차라리 죽을 때까지 이 새끼여우를 그의 옷자락 밑에 그대로 감춰 두고 있었다고 이야기할 때와 같다." 나는 먼저 이 예가 잘못 선택되었다고 본다. 왜냐하면 신체의 힘은 우리에게 그 역량의 한계를 정하고 그것을 알아볼 권한이 있는 것과는 반대로, 심령의 노력을 제한한다는 것은 쉽지 않은 일이기 때문이다. 이런 이유에서 내가 했다면 나는 차라리 이 둘째 종류에서 한 예를 골라 보았을 것이다. 그리고 여기에는 믿기 어려운 일이 있으니, 그중에도 그가 피로스를 두고 하는 이야기에, 온몸에 부상을 입고도, 그는 모든 장비로 무장한 적 하나를 한 칼로 어찌나 세게 내리쳤던지, 이 적은 머리통에서부터 아래까지 쪼개어져, 몸뚱이가 두 쪽으로 갈라졌다고 말하는 따위이다.

　그가 든 예에서 나는 큰 기적도 찾을 수 없으며, 플루타르크가 우리에게 주의시켜서 신용을 억제하려고, '사람들의 말에'라고 덧붙였다고 해서 그를 옹호하는 것을 변명으로도 받아들이지 않는다. 왜냐하면 그는 고대나, 또는 종교상의 권위와 존경으로 용인된 사물들이 아니라면 그 자체로 믿을 수 없는 일을 자기가 용인하지도 않았을 것이며, 우리에게 믿어 달라고 제안하려고 하지도 않았을 것이기 때문이다.

　이 '사람들의 말에'라는 말은 이 자리에 그런 효과를 얻으려고 사용한 것이 아님은, 다른 곳에서 라케다이모니아의 어린아이들의 참을성에 관한 제목에서, 자기 시대에 일어난 더 설복하기 어려운 예들을 이야기하고 있는 것으로도 쉽사리 알 수 있다. 이런 예는 키케로가 그보다 앞서, 그의 말로는 자기가 직접 보았다고 하며, 어린아이들의 참을성을 디아나 신전 앞에서 시도해 보았다고 한다. 온 전신에 피가 흐르도록 매를 맞아도 비명 한 번 지르지 않을 뿐 아니라, 앓는 소리도 내는 일이 없고, 어떤 아이들은 기꺼이 생명을 내놓기까지 참아 내는 일이 자기 시대에도 있었다고 증언한 따위이다. 그리고 플루타르크가 백 명의 다른 증인들과 함께 이야기하는 것으로, 희생을 바칠 때 라케다이모니아의 한 어린아이가 향불을 피우다가 빨간 숯불 덩어리가 소매 속으로 굴러들어가 살이 타는 냄새를 참석자들이 맡을 수 있게까지 팔뚝이 다 타게 두었다는 이야기도 있다.

그들의 습관에 의하면, 도둑질하다가 들키는 것보다 더 나쁜 평판을 얻거나, 더 심한 책망과 수치를 당해야 할 거리는 아무것도 없었던 것이다. 나는 이 시대 인물들의 위대성에 심취해서 보댕의 말처럼 그의 이야기가 믿을 수 없는 일로 보이지도 않을뿐더러, 그것을 희귀하고 이상한 일이라고도 보지 않는다. 스파르타의 역사는 그보다 더 가혹하고 희귀한 예들로 가득 차 있다. 우리의 표준으로는 그것은 모두가 기적이다.

마르켈리누스는 도둑질이라는 제목으로 이야기하기를, 자기 시대에는 이집트인이 그들 사이에 유행하던 이런 나쁜 짓을 하다가 들켰을 때, 어떠한 종류의 고문을 가하여도 그가 자기 이름을 밝히도록 강제할 방법을 찾아볼 수가 없었다고 한다.

스페인의 한 농부는 집정관 루티우스 피소 살해 사건의 공모자들을 대라고 한창 고문을 당하는 동안에도, 친구들을 향하여 안심하고 거기에 참석하여 움직이지 말고 있으라고, 자기에게서 자백의 한마디를 뱉어 내게 할 고통이라고는 없다고 소리 질렀다. 그래서 첫날에는 아무런 성과를 얻지 못했다. 그다음 날 다시 고문을 시작하려고 사람들이 데려가자, 그는 수비병의 손에서 맹렬히 몸을 뿌리치며 벽을 향해 머리를 부딪쳐 자살했다.

에피카리스는 네로 꼭두각시들의 잔인성을 물리도록 맛보며 온갖 고문을 하루 종일 참아 내면서 자기 음모에 관해서는 한마디도 입을 떼지 않고 그들의 불찜질·몽둥이질·기계 등의 고문에 온종일 버티었다. 다음 날 사지가 부러진 채 다시 고문대에 데려다 놓자, 그녀는 자기 옷 끈 하나를 의자의 팔걸이 밑으로 넣어 올가미를 만들고, 거기에 머리를 틀어박고는 자기 몸무게로 목 졸라 죽었다.

이렇게 죽으며 첫 번 고문을 면하는 용기를 가졌으니, 그녀는 이 폭군을 조롱하며, 다른 자들도 이와 같은 기도를 하라고 권장하기 위해서 일부러 이 참을성의 시련에 자기 생명을 빌려 준 것으로 보이지 않는가?

그리고 아무라도 우리 기총수(騎銃手)들에게 그들이 이 내란 통에 얻은 경험에 관해서 물어보면, 이 비참한 시대에, 그리고 이집트의 민중들보다도 더 무르고 나약한 천민들 속에, 우리가 방금 스파르타의 용덕에 관해서 말한 자들과 당당하게 비교해 볼 만한 참을성과 고집과 완고성의 행적을 발견할 수 있을 것이다.

저 소박한 농민들 중에는, 발바닥을 불에 지지고 손가락을 총의 개머리로 찧고, 이마를 굵직한 밧줄로 죄어서 피투성이 눈알이 밖으로 튀어나오기까지 해도 몸값조차도 내려고 하지 않는 자들이 있는 것을 나는 안다. 내가 본 한 녀석은, 다 죽은 줄 알고 구덩이 속에 벌거숭이로 던져두었는데, 모가지는 상처투성이이며 사람들이 밤새도록 밧줄로 말꼬리에 매어 끌고 돌아다니던 줄이 걸려 있는 채 퉁퉁 부었고, 몸뚱이에는 그에게 고통과 공포감을 주기 위해서 찌른 단도 자국이 백 군데는 더 되었다.

이 모든 일을 참아 내며, 그 때문에 언어와 의식마저 상실할 정도가 되면서도 사람들 말에는 차라리 골백번 죽을망정(고통으로 말하면 그는 죽음을 완전히 겪어 낸 것이었다) 한 푼도 내놓겠다고 약속하지 않았는데, 그는 이 지방에서 가장 부유한 농민들 중의 하나였다. 얼마나 많은 사람들이 남이 알아주지도 않고 알려지지도 않은, 남에게서 빌려 온 사상 때문에 자기 몸을 불에 태우고 굽고 하게 두었던가!

나는 화가 났을 때 속에 품은 생각을 입 밖에 내기보다는 차라리 벌겋게 단 쇠를 입에 물고 버티었을 여자들을 몇백 명이고 알고 있다.—과연 사람들 말처럼 가스코뉴인들의 머리는 이 점에 어떤 특권이 있다고 하겠다. 그녀들은 얻어맞거나 강제당하면 악을 쓴다. 한 여자는 아무리 몽둥이찜질이나 위협의 벌을 주어도, 자기 남편을 '이투성이'라고 부르기를 그치지 않고, 물속에다 처넣으니까 숨이 막히면서도 두 손을 쳐들며 머리 위로 '이 죽이는 시늉'을 하더라는 이야기를 꾸며 낸 자는, 우리가 날마다 보는 여자들 옹고집의 뚜렷한 모습을 보여 주는 이야기를 꾸며 낸 것이다. 그리고 고집은 적으나마 그 힘과 견고성으로는 지조의 누이뻘은 된다.

가능한 일과 가능하지 않은 일은, 내가 다른 데서 말한 바와 같이 우리의 지각으로 믿을 수 있거나 믿을 수 없는 것에 따라 판단해서는 안 된다. 그리고(이것은 보댕에게 하는 말이 아니지만) 자기들이 할 수 없거나 하고 싶지 않는 것이라고, 남이 하는 것을 여간해서 믿지 않으려는 것은 대단한 잘못이며 사람들 대부분이 거기에 잘 빠진다. 각자에게는 자연이 주장하는 형태가 자기에게 있는 것같이 보이며, 이 형태를 시금석으로 모든 다른 형태들을 여기에 관련시켜 본다. 자기 태도에 맞추지 않은 자세는 꾸며 낸 것이고 인공적인 것이다. 얼마나 바보 같은 우둔성인가!

나로서는 어떤 사람들은 나보다 아주 위에 있다고 보는데, 특히 옛사람들이 그렇다. 내 걸음으로 그들을 뒤따르기에는 역부족이라는 것을 인정한다 해도, 그래도 나는 그들을 눈으로 뒤따르며 그들을 그렇게 높이 올려놓는 원동력을 판단해 보는 일을 멈추지 않고, 어느 점에서 그 힘의 씨앗이 내게도 있음을 알아본다. 마찬가지로 나는 그 어느 심정이 극도로 비천한 것을 알아보고, 거기에 놀라지도 않으며 그것을 믿는다. 나는 이런 인물들이 자기를 높이 올리려고 사용하는 법을 잘 고찰해 보며, 그들의 위대성에 감탄하고, 내가 대단히 훌륭하다고 보는 이런 비상(飛翔)을 내 속에 품어 보며, 비록 내 힘이 도달하지 못할망정 적어도 내 판단력은 기꺼이 노력한다.

플루타르크가 말한 것으로 가공적이고 전혀 믿을 수 없는 일이라고 보댕이 인용한 다른 예 하나는, 아게실라오스가 그의 시민들의 마음과 의지를 자기에게만 끌어갔다는 이유로 에포르스에게서 벌금형을 받았다는 이야기이다. 나는 그가 여기서 어떤 거짓의 표적을 발견했는지 알 수 없다. 그러나 어떻든 간에 플루타르크는 여기서 그가 우리보다 훨씬 더 잘 알고 있어야 할 일을 말하고 있으며, 그리스에서는 사람들이 너무 시민들의 인기를 얻었다는 것만으로 벌받고 추방당하는 것은 신기한 일이 아니었다. 그 증거로 오스트라시즘과 페탈리즘이 있다.[13]

같은 곳에 다른 비난이 또 하나 있는데, 나는 여기서 플루타르크를 위해서 분개한다. 보댕은 플루타르크는 로마인들과 로마인, 그리스인들과 그리스인들을 비교해 볼 때에는 성실하게 맞춰 보고 있지만, 로마인들을 그리스인들에게 비교할 때에는 그렇지 못하다고 하며, 그 증거로 데모스테네스와 키케로, 카토와 아리스티테스, 실라와 리산데르, 마르켈루스와 펠로피다스, 폼페이우스와 아게실라오스의 비교가 그렇다고 말한다. 플루타르크가 그리스인들에게 너무 짝이 맞지 않

---

13) 스파르타에서 감람나무 잎사귀에 기명해서 추방할 것인지 투표하던 것을 페탈리즘(엽편추방, 페타리스모스)이라고 하고, 아테네에서 조개껍데기에 기명해서 추방할 것인지 투표하던 것을 오스트라시즘(도편추방, 오스트라키스모스)이라고 불렀다.

는 상대를 대어 주며, 그들의 편을 들었다고 생각하는 것이다. 이것은 바로 플루타르크의 가장 탁월하고 칭찬받을 만한 점을 공격하는 일이다. 그의 비교는(이것은 그의 작품 중에 가장 감탄할 만한 부분이며, 내 생각으로는 이것이 그의 회심의 문장이라고 본다) 판단력의 충직성과 성실성이 그 깊이와 무게에 맞먹는 것이다. 이것은 우리에게 도덕을 가르쳐 주는 철학이다.

자, 이런 주어진 임무를 저버림과 허구의 비난에 대항해서 우리 작가를 옹호할 수 있는가 알아보자. 내가 생각하기에 이러한 판단에 기회를 준 것은 우리가 머릿속에 담고 있는 로마인들의 이름이 지닌 그 위대하고 찬란한 빛이다. 우리에게는 데모스테네스가 위대한 공화국의 집정관이며 지방 총독이며 지사(志士)이던 인물의 영광에 대등할 수 있다고는 보이지 않는다. 그러나 플루타르크가 노린 바, 사물들을 그 실제로, 그리고 인물들을 그 자체로 고찰해 보며 그들의 운보다는 그들의 성격과 본성과 능력을 비교해 본다면, 보댕의 말과는 반대로 키케로와 대 카토가 그들의 동년배에 비해 부족한 점이 있다고 나는 생각한다. 그의 목적한 바로는 나 같으면 포키온에 비교한 소 카토의 예를 택했을 것이다. 왜냐하면 이 한 쌍에서는 로마인의 편에 유리하게 더 사실다운 불균형이 발견되기 때문이다. 마르켈루스와 실라와 폼페이우스로 말하면, 그들 전쟁의 공훈은 플루타르크가 그들에게 비기는 그리스인들의 것보다 더 영광스럽고 화려한 것을 본다. 그러나 전쟁에서건 다른 데서건 가장 훌륭하고 도덕적인 행동이 반드시 가치를 지니는 것은 아니다.

나는 장수들의 이름이 다른 이름들의 찬란한 빛 아래 시들어 버리는 것을 흔히 본다. 그 증거로 라비에누스와 웬티디우스와 텔레시누스와 그밖에 많은 이름들이 있다. 이러한 관점에서 내가 그리스인들의 편을 들어 불평을 말한다면, 카밀루스는 테미스토클레스에, 그라쿠스 형제는 아기스와 클레오메네스에, 누마는 리쿠르고스에 비해서 훨씬 못한 인물들이라고 말 못할 것인가?

그러나 한 특징을 가지고 그렇게도 많은 모습을 지닌 사물들을 판단하려는 것은 어리석다. 플루타르크가 그들을 비교해 보는 것은 그들을 동등하게 보기 때문은 아니다. 누가 그들의 차이를 그보다 더 능숙한 말로 지적할 수 있을 것인가? 그가 폼페이우스 지휘하의 승리와 무훈의 공적들과 군대의 전투력 및 그의 개선 행진을 아게실라오스의 것과 비교해 볼 때, "나는 크세노폰이 지금 살아 있어서 아게실라오스의 편을 들어 그가 쓰고 싶은 것을 모두 쓰게 시켜도, 그를 감히 여기에 비교해 보았으리라고는 생각지 않는다"고 말한다. 그가 레산드로스를 실라에게 비교하게 되면, "승리의 횟수로나 전투의 위험성으로나 비교가 되지 않는다. 왜냐하면 리산드로스는 단지 두 번 해전에 승리를 거두었을 뿐이다"라고 말한다.

이것은 로마인에게서 아무것도 빼앗아 가는 것이 아니다. 그들을 다만 그리스인들의 옆에 두어 보았다고 해서 어떤 불균형이 있다고 해도, 그가 그들에게 모욕을 끼친 것은 아니다. 그리고 플루타르크는 그들을 전부 비교해서 달아 보는 것이 아니다. 대체로 거기에는 아무런 편파성도 없다. 그는 하나하나 단편들과 사정들을 비교하며 그것들을 따로따로 판단한다. 그러므로 누가 그를 편파적이라고 선고하려면, 거기서 어느 특수한 판단을 들어내 오든지, 또는 전체로 보아서 비교해 보기에 더 대응되고 잘 연관되는 다른 인물들이 있는데, 어떤 그리스인을 로마인에게 맞추어 본 것이 실수였다고 말해야 했을 것이다.

33
스푸리나의 이야기

철학이 이성에게 우리 심령의 최고 지배권과 우리의 욕망을 제어하는 권한을 주었을 때, 그의 방법을 잘못 사용했다고 생각하지는 않는다. 이런 욕망들 중에도 사랑이 만들어 내는 욕망보다 더 맹렬한 것은 없다고 판단하는 자들은, 이 욕망이 심령과 신체에 큰 영향을 끼치고, 모든 인간이 거기에 사로잡혀 있으며, 건강까지도 매여 있고 의약도 때로는 그들의 뚜쟁이 노릇밖에는 하지 못하도록 강제되어 있다고 주장한다.

그러나 그 반대로 신체의 교합이 일종의 감퇴와 약화를 가져온다고도 말할 수 있을 것이다. 왜냐하면 이러한 욕망은 채울 수 있고 물질적인 치료법이 가능하기 때문이다. 많은 사람들은 이 욕망이 끼치는 계속적인 공황에서 그들의 심령을 해방시키기를 원하며, 이런 흥분되고 변질되는 부분들을 절개하고 절단하는 방법을 사용했다. 다른 자들은 눈이나 초 같은 찬 물건을 자주 거기에 붙여서 그 힘과 열기를 완전히 죽여 버렸다.

우리 조상들의 고행의(苦行衣)는 이 목적으로 사용되었으며, 그것은 말총으로 짜낸 물건인데, 그들 중의 어떤 이는 이것으로 셔츠를 만들고, 다른 자들은 그들의 허리에 고통을 주는 띠를 만들었다.

한 황족은 얼마 전에 내게 말하기를, 그분이 젊었을 적에 프랑수아 1세의 궁전에서 모두가 화려하게 차리고 나온 엄숙한 축제 자리에, 그가 아직도 가지고 있던 자기 부친의 고행의를 입고 싶은 생각이 났다고 한다. 그러나 그의 신앙심이 아무리 깊어도 그 옷을 벗어 놓으려고 밤까지 기다리고 있을 참을성을 가질 수가 없어 벗어 버렸고, 그 때문에 오래 병석에 눕게 되었다고 하며 덧붙여 말하기를, 젊은 시절의 열기가 아무리 거칠다고 해도 이 방법을 써서 억누르지 못할 정도의 것은 없다고 했다.

그렇지만 그는 태우는 듯한 열기는 아마 겪어 보지 않은 것 같다. 이러한 격정은 흔히 아주 거칠고 조악한 옷을 입고도 지속되며, 고행의라도 그것을 입는 자들을 반드시 무력하게 만들지 않는 것을, 경험이 우리에게 보여 주었기 때문이다. 크세노크라테스는 여기에 더 가혹한 방법을 썼다. 제자들이 그의 절조를 시험해 보려고, 저 유명한 예쁜 창녀 라이스를 벌거벗겨 그녀의 미모와 아양떠는 매력의 무기를 발휘하도록 그가 자는 침대 속에 밀어 넣었더니, 그는 자기 사상과 규칙에도 불구하고 몸뚱이가 말썽을 부리며 거역하기 시작하자, 이 반역에 귀를 기울인 부분들을 불로 태워 버렸다.

이와는 반대로, 야심이나 탐욕이나 기타 다른 것들처럼 완전히 심령 속에 있는 정열들은 이성에게 더 벅찬 일거리를 준다. 왜냐하면 이성은 그 자체의 역량밖에 다른 도움을 받을 수 없으며, 이런 욕망들은 채울 수도 없고, 향락에 의해 도리어 격화되고 불어 가기 때문이다.

율리우스 카이사르의 예 하나만으로도 이런 욕망들의 불균형을 드러내 보이기에 충분할 것이다. 어느 누구도 그보다 더 사람의 탐락에 골몰한 자는 없었다. 그가 자기 얼굴을 치장하는 데에 세심한 주의를 기울인 것도 한 증거로, 자기 온몸의 털을 모두 뽑게 하고 극도의 세련된 취미로 향수를 바르는 것 같은, 당시에 사용되던 가장 음란한 방법을 여기에 사용할 정도였다. 그는 태어날 때부터 미남자로 얼굴빛이 희고 날씬하며 살결은 야무지고 눈은 또렷한 갈색이었다. 수에토니우스의 말이 정말이라면 말이다. 왜냐하면 로마에서 볼 수 있는 그의 조각상들은 모든 면에서 이 묘사와 일치하지 않기 때문이다.

그가 네 번 갈아치운 아내들 외에도 유년 시절의 비티니아 여왕 니코메데스와의 사랑은 말할 것도 없이, 그는 저 유명한 이집트의 여왕 클레오파트라의 처녀를 빼앗았으니, 그 증거로 그에게서 어린 케사리온이 출생했다. 그는 또 마우리타니아의 여왕 에우노에를 사랑했고, 로마에서는 셀비우스 술피티우스의 아내 포스투미아를, 가비니우스의 아내 롤리아를, 크라수스의 아내 테르툴라를, 그리고 대 폼페이우스의 아내 무티아까지 사랑했으며, 로마 역사가들의 말로는 이 때문에 그 남편이 그녀를 쫓아냈다고 하며, 플루타르크는 이 사실을 몰랐다고 고백한다. 그리고 쿠리오 부자는 다음에 폼페이우스가 카이사르의 딸과 결혼했을 때에 그를 비난하기를, 그는 자기 아내와 붙은 남자이며 그가 버릇이 되어 아이기스토스[14]라고 부르던 자의 사위가 되었다고 했다.

이 많은 수의 여자 외에도 그는 카토의 누이동생이며 마르투스 브루투스의 어머니인 세르빌리아와도 육체관계를 맺었고, 브루투스가 카이사르의 피를 받았다고 봄직한 시기에 출생했기 때문에 카이사르는 그에게 대단한 애정을 갖게 된 것이라고 모두들 생각한다.

그래서 그를 대단히 방탕하며 연애 잘하는 체질을 가진 자라고 보는 것이 옳다고 생각된다. 그러나 역시 그의 중병이었던 야심이라는 또 하나의 정열이 이 탐색의 정열을 싸워 이겨서, 바로 그 자리를 빼앗아 버린 것이다.

나는 이 문제에 관해서, 저 콘스탄티노폴리스를 정복하고 그리스라는 이름을 최종적으로 말살해 버린 마호메드를 생각해 볼 때, 이 두 가지 정열을 그보다 더 고르게 균형을 이루며 지니고 있던 자가 또 있는가를 알지 못한다. 똑같이 지칠 줄 모르는 호색한 군인이다. 그러나 그의 생애에 이 두 가지가 경쟁해서 나타나면 싸움하는 열기가 늘 사랑하는 열기를 이겨 낸다. 그리고 제 시절은 아니었지

---

14) 아가멤논의 아내 클리템네스트라의 간부(姦夫). 아가멤논이 트로이 전쟁에서 돌아왔을 때 둘이 공모해서 그를 살해했다. 그는 다음에 아가멤논의 아들 오레스테스에게 살해당했다.

만, 그가 아주 늙어서 전쟁의 무거운 짐을 감내하지 못할 나이가 된 때에, 비로소 이 사랑의 열기는 그 최고의 권위를 충만하게 잡았던 것이다.

이와는 반대로 사람들이 나폴리의 왕 라디슬라우스에 관해서 이야기하는 것은 주목할 만하다. 용감하고 야심적인 훌륭한 장수로서, 그는 색을 탐하고 희귀한 미인과의 쾌락을 자기 야심의 주요 목표로 삼았다. 그의 죽음도 탐락 속에 맞이했다. 그는 성 공격전을 잘 몰아쳐, 플로렌스시를 급박하게 쳐들어가 주민들이 그의 승리의 조건을 들어주게 만들어 놓고는, 그가 소문으로 들은 그 도시에서 미모가 빼어나다는 소녀를 자기에게 내어 주면 이 도시를 그들에게 맡겨 두겠다고 했다. 한 개인이 욕된 일을 당하더라도 어쩔 수 없이 그녀를 그에게 내어 주고 대중을 멸망에서 구제해야만 했다. 그녀는 당시 유명한 의사의 딸이었다. 그런데 이런 더러운 곤경에 빠지게 되자, 이 소녀는 한 고매한 계획을 실천하려고 결심했다. 모두가 그녀를 치장해 주며 그녀가 이 새 애인의 마음에 들도록 패물과 보석 등으로 장식해 주고 있었는데, 그도 역시 그녀에게 미묘한 향내가 배고 정교하게 수놓은 손수건 하나를 선사해 보냈다. 이것은 그들이 처음 접촉할 때 그녀가 사용하게 될 것이며, 여자들이 이런 경우 결코 잊지 않는 물건이다. 그녀는 이 손수건에 자기 기술껏 지은 독약을 배게 하여서, 그 흥분한 육체들과 벌어진 땀구멍에 대고 문지르자, 이 독약을 어찌나 빨리 빨아들였던지 더운 땀이 갑자기 찬 땀으로 변하며 그들은 서로 껴안은 채 숨이 끊어지고 말았다.

다시 카이사르로 돌아온다.

그는 쾌락 때문에 일각의 시간이라도 놓치는 일이 없었고, 자기 세력을 키워 갈 기회가 닥쳐오면 거기서 한 걸음도 발길을 돌리는 일이 없었다. 이 정열은 그에게서 너무나 압도적으로 다른 정열들을 지배하고, 너무나 충만한 권위를 가지고 그의 심령을 점유했기 때문에, 그는 이 정열이 원하는 곳으로 어디든지 끌려갔다. 다른 모든 면에서 이 인물의 위대성과 그가 가졌던 그 경이로운 소질들, 학문으로서 그가 글로 남겨 놓지 않은 것이 없을 정도로 모든 종류의 지식을 가졌던 그 엄청난 능력을 고찰해 보면, 나는 그저 어리둥절해질 뿐이다. 그는 너무나 훌륭한 웅변가였기 때문에, 많은 사람들은 키케로의 웅변보다 그의 웅변을 더 알아주었다. 그리고 그 자신도 이 부문에서 키케로에게 결코 지지 않는다고 자부하고 있었을 것으로 생각된다. 그의 《반 카토론》 두 편은 주로 키케로가 그의 《카토론》에 사용한 명문에 대항하려고 써 놓았던 것이다.

　하여튼 어떤 심령이 도대체 그의 심령만큼 조심성 많고 활동적이고 노고에 강인해 보았던가? 정녕 그의 심령은 수많은 덕성의 희귀한 씨앗으로, 생생하고도 자연스러우며 결코 꾸며진 것이 아닌 씨앗으로 더욱 아름다웠다. 그는 특이하게도 검소하며 식사를 가리지 않았다. 오피우스는 말하기를, 어느 날 그가 식탁에 내놓은 소스에 여느 기름이 아닌 약내가 풍기는 기름이 쳐져 있었지만, 그는 주인에게 수치를 보이지 않으려고 실컷 먹어 주었다는 것이다. 또 한 번은 빵 굽는 자가 여느 때의 것이 아니고 다른 빵을 차려 냈다고 그를 매질하게 했다.

　카토도 그에 관해서 자기 나라를 멸망으로 이끌어 간 그는 검소하기로 제일인 자였다고 버릇처럼 말했다. 바로 이 카토가 어느 날 그를 주정뱅이라고 말한 것은(그것은 이런 식으로 일어났다. 그때 둘이 다 원로원에 나가서, 카이사르도 거기에 관련되었다고 의심받던 카틸리나의 음모에 관해서 말이 나왔는데, 누군가 밖에서 그에게 쪽지 한 장을 전해 주었다. 카토는 이것이 음모자들이 무엇인지 그에게 알려 주는 것이라고 생각하고 자기에게 달라고 요구했다. 카이사르는 더 큰 의심받기를 피하려고 그렇게 하지 않을 수 없었다. 그것은 우연히도 카토의 누이 세르빌리아가 써 보낸 연애 편지였다. 카토는 이것을 읽고 나더니, "옛다, 이 주정뱅이야!"라고 말하며 쪽지를 그에게 내던졌다), 내가 생각하기에, 결코 우리가 여기에 결부시켜서 보는 자들에게 들려주어야 할 말은 아니지만, 화가 났을 때 맨 먼저 입에서 튀어나오는 욕설이며, 오히려 화가 나서 경멸하는 말투이고, 이 악덕을 공격하는 말은 아니다. 하기는 카토가 그를 책망하는 그 악덕은 그가 카이사르에게서 발견한 악덕과 놀랍게도 가까운 처지에 있다. 과연 비너스와 바쿠스는 의기 상통한다고 격언에도 말이 있다. 그러나 내가 생각하기에는 비너스는 절주(節酒)가 수반될 때 오히려 더 경쾌한 맛이 있다.

　그가 자기를 모욕한 자에게 상냥하고 후덕하게 대해 준 예는 수없이 많다. 나는 내란이 아직 종식되지 않았을 때 그가 해 준 일은 제외하고 말한다. 이런 행동은 그가 자기 적들의 심정을 녹여 주며, 자기가 다음에 승리해서 나라를 지배하게 될 때 자기를 두려워하지 않도록 하기 위해서 사용한 것임은, 그의 문장으로 충분히 느껴진다. 이러한 예들은 그의 타고난 성격이 상냥하다는 것을 증명하기에는 충분치 못하지만, 적어도 이 인물의 경이로운 자신과 용기의 위대성을 보여 준다. 그는 싸움에 이기고 나서, 한 군대 전체를 적에게 돌려보내며, 그들이 자기에게 호의는 갖지 않을망정 전쟁은 걸지 말고 근신하고 있으라고 강제로 맹세케 할 생각조차 내지 않는 일이 흔했다.

그는 세 번인가 네 번 폼페이우스의 어느 장수를 사로잡았으나 그때마다 풀어 주었다. 폼페이우스는 싸우기 위해 자기를 따라나서지 않는 자들은 모두 자기 적이라고 선언하고 있었다. 그런데 카이사르는 움직이지 않는 자들, 그리고 실지로 자기에게 대항해서 무기를 들지 않는 자들은 모두 자기편으로 간주한다고 포고하게 했다. 그의 장수들 중에 다른 데 가서 섬기려고 자기를 버리는 자들에게는 무기와 말과 장비 역시 돌려보냈다. 그가 무력으로 점령한 도시들에는 그가 상냥하고 후덕했다는 기억 말고는 다른 수비대를 남겨 두지 않고, 자기들 마음에 드는 편에 자유로이 가담하게 방임했다. 그는 파르살리아의 대전투가 있던 날에는, 극단의 경우가 아니면 로마 시민에게 손을 대지 말라고 금령을 내렸다.

이런 일은 내 판단으로는 무척 위험한 행동이다. 그리고 우리가 지금 당하고 있는 내란에서 그와 같이 그들 나라의 옛 질서를 부수려고 싸우는 자들이 그의 본을 뜨지 않는 것은 놀랄 일이 아니다. 이런 일은 비상한 수단이며 카이사르의 운에만 속하는 일이고, 현묘하게 일을 이끌어 가는 그의 감탄할 예지로만 할 수 있는 일이다. 나는 이 심령의 비견할 수 없는 위대성을 고찰해 볼 때, 아주 부정당하고 불법한 이유의 전쟁에서도 승리가 그를 뿌리치지 않은 것을 용서한다.

그의 관대하고 후덕함으로 돌아와 보면, 우리는 그가 모든 일을 자기 손아귀에 넣고 더 이상 가면을 쓰고 있을 필요가 없었던 그의 통치 시대에 그 순수하고 올바른 예를 많이 볼 수 있다. 카이우스 멤미우스가 그를 공격하는 매우 신랄한 담화를 본 데 대해 그는 아주 날카롭게 응수했다. 그러나 그는 바로 뒤에 멤미우스를 집정관으로 밀어주는 데에 조력을 아끼지 않았다. 카이우스 칼부스는 전에 그를 공격하는 많은 풍자시를 지어 줬다가, 자기 친구들을 사이에 세워서 그와 화해하려고 하자, 카이사르는 자기가 먼저 그에게 편지 쓰는 수고를 했다. 그리고 우리의 호인인 카툴루스는 마무라라는 이름으로 그를 혹독하게 다뤄 오다가 화해하려고 찾아가자, 카이사르는 바로 그 자리에서 그를 식탁으로 청했다. 어떤 자들이 그를 나쁘게 말하더라고 누가 알려 주자, 그는 공석(公席)의 연설에서 자기가 그런 말을 들었다고 공언(公言)하기만 하고 다른 말은 하지 않았다. 그는 적들을 두려워하기는커녕 미워하지도 않았다. 그의 생명을 노리며 음모하는 집단이 그에게 발각되자, 그는 그 사실이 알려졌다고 포고로 공개하기만 하고, 그 모사(謀士)들을 추궁하는 일이 없었다.

그의 친구들에 대해서 품는 경의로 말하면, 카이우스 오피우스가 그와 함께 여행하다가 병으로 눕게 되니, 그는 거기 단 하나 있던 잠자리를 그에게 내어 주고 자기는 밤새도록 딱딱한 바닥에서 덮을 것도 없이 지새웠다.

그의 정의감으로 말하면, 그는 자기가 특히 사랑하던 하인이 어떤 로마 기사의 부인과 같이 잤다는 이유로, 아무도 고발한 사람이 없었지만 사형에 처했다. 어느 누구도 승리에 처해서 그만큼 절도를 지킨 자는 없었고 불운을 당해서 그만큼 결단성을 발휘한 자도 없었다.

그러나 이런 모든 훌륭한 성향은 야심이라는 맹렬한 정열 때문에 변질되고 질식되었다. 그는 이 격정에 너무나 정신을 잃어서, 이것이 그의 모든 행동의 명예와 키를 잡고 있었다고 사람들은 주장할 수 있다. 야심이라는 격정은, 이런 관대하고 후덕한 인물을 그의 통이 큰 선심에 갖춰 주기 위해서 공공의 도둑으로 만들었다. 그리고 세상에서 가장 패악하고 타락한 인간이라도 그의 정복욕에 충실하게 봉사해 준다면, 그들을 총애하고 자기 권력으로 그들을 가장 선량한 인간들과 마찬가지로 출세시키겠다고 하는 비열하고도 부당한 말을 그에게 하게 시켰다. 또한 야심은 그를 극단적인 허영심으로 도취케 해서 감히 같은 나라 사람들 앞에서 이 위대한 로마 공화국에 형태도 실체도 없는 이름을 주었다고 자랑했고, 이제부터는 그의 대답이 법률이 될 것이라고 말했으며, 원로원이 한 단체로서 자기를 방문했을 때 앉아서 맞이했고, 사람들이 그를 신으로 숭배하고 그의 앞에서 신에게 드리는 영광을 바치게 허용했다. 결국 이 야심이라는 악덕 하나가 내 생각에는 세상에서 가장 아름답고 풍부한 천성을 타락시켰으며, 그가 자기 나라의 패망과 세상에 다시는 있지 못할 강성하고 번창하던 공화국을 뒤집어 엎어서 자기의 영광을 찾으려 했다고 모든 선량한 인간들에게 그에 대한 기억을 가증스러운 것으로 만들었다.

이와는 반대로 마르쿠스 안토니우스나 다른 사람들의 경우와 같이, 위대한 인물들이 탐락에 묻혀 일처리를 잊어버린 예들도 많이 찾아 볼 수 있을 것이다. 그러나 사랑과 야심의 비중이 똑같으며 똑같은 힘을 가지고 서로 충돌하게 될 때에는 지배권이라는 상이 이 후자에게 돌아갈 것임을 나는 의심하지 않는다.

그러나 내 발자취를 다시 더듬어 보기로 하면, 이성의 추리로 우리 욕망을 제어할 수 있거나 우리 신체의 부분에 폭력을 써서 의무를 수행하도록 강요한다는 것은 장한 일이다. 그러나 우리 이웃 사람들의 일을 위해서 자신에게 매질하고, 우리가 남을 즐겁게 해 주며 각자에게 서로 사랑받고 사모하는 마음을 느끼는 쾌감을 물리치며, 우리를 애무하는 이 달콤한 정열을 포기하는 데 그치지 않고, 그런 일의 원인이 되는 우리의 우아미를 증오하고 역겹게 다루며, 다른 자가 거기 열중하기 때문에 우리의 미모를 질책하는 일은 다른 데서는 예를 본 일이 없다.

이자는 그런 예에 든다. 그는 토스카나의 청년 스푸리나이다.

> 황금에 아로새긴 보석이
> 목걸이나 머리 장식으로서 빛나듯이
> 또는 회양목이나 오리키아의 침엽수에 끼운
> 상아가 빛나듯이. (베르길리우스)

스푸리나는 너무나 특별한 미모를 갖추어서 가장 근신하는 눈도 그 눈부신 빛 앞에 오래 견디어 내지 못할 정도였다. 때문에 그는 자기가 사방으로 불을 지르고 다니는 그 많은 열병과 불길을 구제하지 않고 그대로 방치하는 데 만족하지 못하고, 자신과 자연이 그에게 증여한 이런 풍부한 선물에 대해서 맹렬히 분노했다. 그리고 다른 사람들의 실수에 대해서 이 미모라는 소질을 원망해야 할 것처럼, 그는 고의로 자기 살을 찔러 상처를 만들어서, 그다지도 신묘하게 그의 얼굴을 지켜 준 그 완벽한 비율과 질서를 끊어서 문란케 했다.

여기에 내 의견을 말해 보면, 나는 이러한 행동에 영광을 바치기보다는 오히려 탄복한다. 그의 의도는 훌륭하고 양심적이었다. 그러나 내 의견으로는 그는 조금 예지가 부족하다. 뭐? 만일 그의 추한 용모가 다음부터는 다른 자들을 경멸하고 증오하는 죄악, 또는 그렇게도 희귀한 업적의 영광을 시기하거나, 또는 이런 심정을 강제받은 야심에서 나온 것이라고 곡해하여 비방하는 죄악 속에 던져 넣는 데에 소용된다면? 어느 형태이건, 악덕이 원한다면 거기에 작용해 볼 기회를 만들어 낼 거리가 안 되는 것이 있었던가? 그는 하느님이 보내신 선물을 모범적인 도덕과 절제된 행위의 주제로 삼는 것이 더 정당하고, 영광스러웠던 것이다.

단정하게 처신하는 한 인간을 인간 생활에 결부시켜 주는 많은 모습의 공동생활의 의무와 무한수의 꾀까다로운 규칙들을 회피하는 자들은, 내 생각으로는 자신에게 아무리 특별하게 가혹한 일을 가한다 해도 자기 일은 훌륭하게 아끼고 있는 것이다. 그것은 어느 의미로는 잘 살아가는 번뇌를 피하기 위해서 죽어 가는 것이다. 그들은 다른 상품을 얻을 수 있다. 그러나 내게는 그들이 결코 곤란에 버티어 간다는 상품을 가진 것이라고는 보이지 않는다. 그리고 어려운 일을 세상 사람들의, 군중의 물결 속에 굳세게 버티며 자기 책임의 모든 부분들에 충실하게 응하고 그것을 완수해 간다는 일보다 더한 것은 없다. 모든 점에서 자기 아내와 온당하게 동거를 유지해 가기보다는 모든 여성과 딱 끊어 버리고 지내는 편이 더 쉬운 일일 것이다. 그리고 풍부한 재산을 올바르게 소비하는 것보다는 가난 속에서 더 근심 없이 세월을 보낼 수 있다. 이성으로 향락을 조절하는 일은 색욕을 억제함보다도 더 가혹한 일이다. 절제는 고통보다도 훨씬 더 힘이 드는 도덕이다. 소 카토의 선량한 생활에는 수천의 방식이 있다. 디오게네스의 선량한 생활에는 한 방식밖에 없다. 탁월하고 완벽한 인생은 그 유용성과 그 힘으로 이 디오게네스의 생활보다 우수한 반면에, 이자의 인생은 그 순진함에 있어서 평범한 인생들보다 우수하다.

34
율리우스 카이사르의 전쟁하는 방법에 대하여

사람들은 많은 전쟁의 영도자에 관해서, 마치 알렉산드로스가 호메로스를 좋아했고, 로마의 장군 스키피오는 크세노폰을, 마르쿠스 브루투스는 폴리비우스를, 카를 5세는 필리프 드 코민을 좋아했듯, 그들은 어떤 서적들을 특별히 애독했다고 이야기한다. 그리고 이 시대에는 마키아벨리가 아직도 다른 데서 신용을 얻고 있다는 말이 있다. 그러나 고(故) 스트로시 원수가 자기의 애독서로 카이사르를 택한 것은 확실히 더 편한 일이다. 왜냐하면 그는 군사술 최고의 진정한 스승인 만큼 그의 작품은 모든 무인들에게 항상 귀중한 책이 되어야 할 것이기 때문이다. 또 그가 얼마나 수려하고 아름다운 말로 이 풍부한 재료를 장식했는가는 하느님이 아신다. 말하는 방식이 순수하고 정묘하며 완벽해서, 이 세상의 어느 문장도 이 부문에서 그의 글에 비교할 수 없을 정도이다.

여기에 내 기억에 남아 있는 것으로, 전쟁의 업적에 관해서 그의 개인적인 희귀한 특징을 기록하려 한다. 주바 왕이 그에게 대전하려고 대군을 인솔해서 온다는 소문이 돌아 그의 군대가 공포에 싸인 것을 보고, 그는 군사들이 품은 생각을 분쇄하고 적의 역량을 약하게 보이게 하는 대신에, 군사들을 안심시키고 용기를 북돋우기 위해서 그들을 집합시켜, 우리가 습관으로 하는 것과는 반대의 방법을 사용했다. 즉, 그는 다가오는 적의 군세가 얼마나 되는가를 애써 물어볼 것도 없이 그에 관한 확실한 보고를 받았다고 말했다. 그러고는 크세노폰의 글에 나오는 키루스의 충고를 따라서 그 실제보다도, 그리고 그의 군대 속에 떠도는 소문보다도 훨씬 그 수를 늘려서 말했다. 부딪치고 보니 적이 실제로 기대했던 것보다 약하다는 것은, 소문으로 적군을 약하게 보다가 실제로는 대단히 강한 것을 다음에 알게 되는 것만큼 심한 속임수는 아니기 때문이다.

특히 그는 군사들이 지휘관의 의도를 캐묻거나 말참견하지 않고 단순히 복종하는 습관을 지니도록 했다. 이 의도는 실천할 때밖에는 알려 주지 않았고, 그 계획의 어떤 구석이라도 누설되었을 때는 당장 작전을 고쳐서 그들의 의표에 벗어나기를 좋아했다. 그리고 흔히 이 목적으로 어느 곳에 숙영(宿營)을 지정해 놓고는 그곳을 지나쳐 버리며, 특히 비가 오든지 날씨가 궂으면 행군을 연장시키는 것이었다.

스위스군이 골전쟁(갈리아전쟁) 초에 로마 땅을 지나가겠으니 길을 빌려 달라고 교섭하러 사람을 보냈다. 그러자 카이사르는 무력으로 그들을 막으려고 작정해 놓고 있었으나, 표면으로는 좋은 얼굴을 보이면서 대답을 며칠 기다리게 하며,

그동안에 자기 군대를 모아 놓았다. 이 가련한 자들은 그가 얼마나 탁월하게 시간을 아껴 쓸 줄 아는 자인가를 모르고 있었다. 그는 때맞추어 기회를 잡아 번개같이 집행하는 것이 장수된 자의 최고의 역할이라고 몇 번이고 되풀이했으며, 이 재간이 사람의 일로 믿어지지 않는 전대미문의 공훈을 세웠던 것이다.

그가 협상한다는 허울로 적에 대해 유리한 형세를 꾸민다는 것은 결코 양심적이 못 되었지만, 군사들에게 용감성밖에 다른 도덕을 요구치 않고 반란과 불복종밖에 결코 다른 악덕을 처벌치 않은 것도 도무지 양심적이라고는 볼 수 없다. 그는 승리를 거둔 다음에 군사들에게 방자한 행동을 멋대로 하게 두며, 얼마 동안 군대의 규율을 면제해 주었으나, 아무리 그래도 군대를 잘 훈련시켜 놓았기 때문에, 향수를 바르고 사향을 풍기면서도 싸움에는 여전히 맹렬하게 달려가는 것이었다. 실제로 그는 그들이 여러 가지로 무장하는 것을 좋아했고, 자기들의 무기를 빼앗기지 않을 생각에서 더 억세게 방어하여 싸우게 만들기 위해 그들에게 금과 은으로 조각된 마구(馬具)를 갖게 했다. 그들에게 '친구'라는 말로 불렀으며, 그 습관은 우리가 아직도 쓰고 있다. 이것을 그의 계승자 아우구스투스는 개혁했다. 그것은 카이사르가 필요에 따라서, 그리고 자진해서 자기를 추종하는 자들의 마음에 아첨하려고 한 일이다.

> 라인강 위에서 카이사르는 우리 대장이었고
> 여기서는 동료이다.
> 죄악은 거기에 물드는 자들을
> 동등하게 만든다.
> (루카누스)

그러나 이 방법은 황제이며 군대 장수인 자의 위엄을 격하하는 일이라고 간주하며, 단지 '병사들'이라고 부르는 방식을 통용시켰다.

카이사르는 이런 호의를 베푼 반면에 그들을 탄압하는 데에는 매우 엄격하고 혹독한 조치를 취했다. 제9군단이 플라켄티아 근처에서 반란을 일으켰을 때, 당시 적인 폼페이우스가 아직도 버티고 있는데도 불구하고 그 군단을 무지막지하게 해산시켰다가 누차의 탄원을 받고서야 겨우 용서했다. 그는 그들을 선심보다는 권위와 과감성을 가지고 진정시켰던 것이다.

그가 라인강을 건너 독일로 들어가는 정경을 말하는 대목에 가서는, 자기 군대를 배로 건넌다는 것은 로마인의 위신에 걸린다고 생각하며, 군대가 걸어서 넘도록 다리를 놓게 했다고 말한다. 그가 자세하게 가설법(架設法)을 설명하고 있는 그 유명한 다리를 놓은 것은 바로 여기였다. 그는 이런 종류의, 손으로 만드는 작업에서의 신묘한 고안을 설명할 때밖에는 그의 공훈의 어느 조목에도 그렇게 즐겨 꼬치꼬치 설명하지 않는다.

또 내가 주목한 바로 그는 전투에 앞서 군사들의 사기 진작을 대단히 중시하고 있다. 기습을 당했다든가 급하게 추격받은 것을 보이고 싶은 구절에는, 그는 늘 그의 군대에게 연설할 사이도 없었다고 핑계를 대고 있다. 투론족들과의 대전투에 들어가기 전에, "카이사르는 다른 모든 일에 관한 명령을 내리고 나서, 자기 부하들을 독려하려고 아무 데고 발 닿는 대로 급히 달려갔다. 그리고 제10군단을 만나서는 자기들의 습관이 된 용감성을 상기하고, 놀라지 말고 과감하게 적군의 공격에 버티어 내라고밖에는 다른 말을 할 여유도 없었다. 적군이 이미 화살의 사정 거리에 접근했기 때문에 그는 전투 개시 신호를 내렸다. 그러고는 다른 자들을 독려하려고 급하게 다른 곳으로 달려가 보니, 그들은 이미 전투에 접어들고 있었다"고 말한다. 이것이 이 장소에서의 전투를 말하는 그의 격식이다. 진정 구설은 여러 곳에서 그에게 특기할 공을 세워 주었다. 그리고 그 시대에도 그의 군사상의 웅변은 대단히 찬양되었으며, 군대에서 많은 사람들이 그의 연설을 필기해 두고 있었다. 이 방법으로 그 기록이 몇 권으로 수집되어, 그가 죽은 뒤 오래도록 사람들이 애독했다. 그의 말투에는 독특한 정취가 있었기 때문에 그의 친지들, 그중에도 아우구스투스는 누가 그의 말을 적어 놓은 글을 읽는 것만 듣고도, 그가 말한 것이 아닌 구절과 낱말까지 알아내는 것이었다.

그가 공공의 직책을 맡고 최초로 로마를 떠났을 때 그는 8일 만에 로느 강에 도달했는데, 그동안 마차 속에서 자기 앞에 서기 한두 명이 그의 말을 받아쓰고 있었고 뒤에는 칼을 든 자가 있었다.

사람들은 그저 여행만 하더라도, 그가 항상 승전하며 골을 떠나 폼페이우스를 쫓아 브린디시로 가고, 18일 만에 이탈리아를 정복하고, 브린디시에서 로마로 돌아오고, 로마에서 스페인 오지의 끝까지 쫓아가 아프라니우스와 페트레이우스를 치는 전쟁에 극도의 곤란을 겪고, 그리고 마르세유의 오랜 공략전을 해 낸 것만큼 빠른 속도를 거의 내지 못할 것이다. 거기서 그는 마케도니아로 돌아가서 파르살리아의 전투에서 로마군을 격파하고, 거기서 폼페이우스를 쫓아 이집트로 건너가서 이 나라를 정복했다. 이집트에서 그는 시리아로, 그리고 폰토스(흑해 연안)의 나라로 가서 파르나케스를 격파하고는, 다시 아프리카로 건너가 스키피오와 주바를 패배시키고, 길을 돌려서 이탈리아를 거쳐 스페인으로 가서 폼페이우스의 아들들을 격멸했다.

 번개보다도, 새끼를 낳은 호랑이보다도 더 빨리. (루카누스)

 바람에 뿌리 뽑히고 비에 씻겨서
 또는 흐르는 세월에 침식되어, 산정에서
 수직의 벼랑을 굴러떨어지며
 무서운 기세로 격돌하여 숲과 양 떼와
 사람까지 쓸어 나가며 대지를 진동시키는
 바위와 같다. (베르길리우스)

 아바리쿰의 공략전을 이야기하며, 그는 자기가 부리는 노무자들과 함께 밤과 낮을 같이 지내는 것이 습관이라고 말한다. 모든 중대한 기획 작전에서는 자신이 정탐하며, 자기가 먼저 살펴보지 않은 곳에는 결코 군대를 통과시키지 않았다. 수에토니우스의 말을 믿는다면, 그가 영국으로 건너가려고 계획했을 때 최초로 그 상륙 지점을 정찰한 것도 바로 그 자신이었다.
 그는 무력보다도 지략으로 승리하기를 더 좋아한다고 버릇처럼 말했다. 그리고 페트레이우스와 아프라니우스에 대한 전쟁에서는 운이 그에게 아주 유리한 기회를 제공했는데도, 그는 좀 더 시간이 걸려도 위험이 적을 때 적을 처치할 생각으로 이 기회 잡기를 거절했다고 말한다.
 그는 또 거기서 놀라운 일을 수행했다. 그것은 온 군대를 헤엄쳐서 강을 건너게 한 일이다.

> 병사들은 전장으로 쇄도하며
> 달아날 때라면 취하지 않았을 길로 돌입했다.
> 그들은 무장을 다시 갖추고
> 젖은 몸을 덥히며, 한랭한 강물에
> 굳어진 다리를 달려서 녹인다. (루카누스)

나는 그가 알렉산드로스보다는 이런 기도에 신중하고 깊이 생각한다고 본다. 왜냐하면 후자는 개울물이 아무 신중성도, 취사 선택도 없이 앞에 닥치는 것을 모두 부수며 나가듯, 억지로 위험을 찾아서 당해 나가는 것같이 보이기 때문이다.

> 이렇게 아폴리아의 다우누스를 흐르는
> 아우피두스강은 장마철에는 황소같이 맹렬하게 흐르며
> 경작된 평원을 무서운 홍수로 석권하려고 위협한다. (호라티우스)

이와 같이 알렉산드로스는 청춘의 혈기방장한 시절에 행동에 나섰으나, 카이사르는 그 반대로 이미 성숙한 뒤에 일에 착수했다. 알렉산드로스는 다혈성이고 화를 잘 내고 열렬한 성미인 것 말고도 음주로 더욱 이 기질을 앙진시키고 있는데, 카이사르는 술을 극히 절제하고 있었다. 그러나 필요한 기회가 닥쳐와서 사정이 요구할 때에는 카이사르만큼 자기 생명을 값싸게 다루는 자도 없었다.

내가 보기에는, 그의 공훈의 많은 대목에, 패배하는 굴욕을 면하기 위해서 목숨을 내던지려는 확고한 결심이 있는 듯하다. 투론족들에 대한 전투에서는 그의 군대 전위가 동요하는 것을 보고, 섰던 그대로 방패도 들지 않은 채 적군의 선두까지 달려갔다. 이런 일은 다른 경우에도 여러 번 있었다. 그의 부하들이 포위당했다는 말을 듣고, 그는 변장해서 적진을 뚫고 들어가, 함께 있어 줌으로써 자기 편의 사기를 돋우어 주었다. 변변찮은 부대를 데리고 뒤라키움으로 건너갔다가,

안토니우스에게 지휘하라고 맡겨 둔 나머지 부대들이 자기를 따라오는 것이 늦어지는 것을 보고, 그는 혼자서 심한 폭풍우의 바다를 다시 건너가려고 했다. 건너편 항구와 바다 전체를 폼페이우스가 장악하고 있는 터에, 그는 조용히 빠져나가 나머지 부대를 거느리고 되돌아왔던 것이다.

무장한 군대를 거느리고 하는 작전에서는 군사적 이론에서 벗어나는 위험한 기도를 수도 없이 단행했다. 그는 허약한 군세를 거느리고도 이집트 왕국을 굴복시키려고 했으며, 다음에는 자기 군대보다 열 배가 더 큰 스키피오와 주바의 군세를 치려고 기도한 일도 있지 않았던가? 이런 인물들은 그들의 운에 관해서 무엇인지 모르는 인간 이성의 자신을 가지고 있었던 것이다. 그는 고매한 사업은 수행할 뿐이고 숙고하는 것이 아니라고 말하고 있었다.

파르살리아의 전투를 치른 다음, 자기 군대는 먼저 아시아로 보내 놓고, 그는 단지 배 한 척을 타고 헬리스폰토스 해협(보스포러스)을 건너가다가, 바다에서 큰 전함 열 척을 거느리고 오는 루키우스 카시우스와 마주쳤다. 카이사르는 다만 루키우스 카시우스를 기다릴 뿐 아니라, 곧장 그에게 가서 항복하라고 통고하는 용기를 보였다. 그리고 목적을 달성했다.

저 맹렬한 알렉시아의 공략전을 기도했을 때, 안에는 8만 명의 방비군이 있고, 골(Gaul) 전체가 일어나서 그에게 대들어 포위를 풀게 하려고 19만의 말과 24만 명의 보병을 세워 놓았는데, 그는 무슨 과감성과 미치광이 같은 자신을 가졌기에 그 기도를 포기하지 않고 양면에서 압박하는 커다란 난경을 극복하려고 결심했던 것인가? 그러나 그는 이 어려움을 버티어 냈다. 외부의 적들에 대한 큰 전투에 승리를 거둔 다음에는, 그가 포위하고 있던 자들을 마음대로 처치할 수 있었다. 티그라네스왕과 대전한 티그라노케르타 공략전에서도 루쿨루스는 똑같은 위치에 처해 있었으나 루쿨루스가 상대한 적들이 약한 점으로 보아서 조건이 전혀 달랐다.

나는 이 알렉시아 공략전의 역사 기록에서 역시 두 가지 희귀하고도 심상치 않은 사건을 주목하고 싶다. 하나는 골족들이 카이사르와 대전하려고 집합하여, 군세를 점검하고 나서 그들의 회의에서 자신이 혼란에 빠질 것을 염려하여, 이 방대한 군중의 상당한 부분을 끊어 내려고 결정한 일이다. 수가 너무 많은 것을 두려워한다는 이런 예는 새로운 일이다. 그러나 이것을 잘 살펴보면 한 군대의 집단은, 그것을 부양하기 곤란한 점으로나, 지휘하고 질서를 세우기에 곤란한 점으로나, 적당한 크기를 갖고 어떤 한계로 규제되어야 함은 당연하다. 사실 그 병력으로 어마어마한 이 군대들이 별로 쓸 만한 일을 못했다는 것은 증명하기 쉬울 것이다.

크세노폰에 나오는 키루스의 말에 의하면, 아군을 유리하게 이끄는 것은 부대의 수가 아니라 능력 있는 병사의 수며, 그 나머지는 도움보다 장애가 된다는 것이다. 그리고 바자제트가 그의 모든 장수들의 의견에 반대하고 티무르와 대전하려고 결심한 주요 근거는, 무한히 많은 적의 군사 수로 보아 확실히 혼란에 빠지리라는 희망을 가질 수 있었던 점에 있던 것이다. 스칸데르베그는 유능한 판단력을 가진 정통한 전략가로서 전쟁에 유능한 장수는 1만이나 1만 2천 명의 충실한 전사를 가지면 모든 종류의 군사적 필요에서 자기 명성을 보장해 가기에 충분하리라고 버릇처럼 말하고 있었다.

전쟁의 관례에도 이치에도 모두 반대되는 것으로 보이는 또 다른 점 하나는, 항거에 일어선 골 지방들의 수령이며 장수로 임명된 베르생제토릭스가 알렉시아 성 안에 들어가서 농성하려고 결심한 일이다. 실로 한 나라 전체를 통솔하는 자는 자기가 마지막으로 붙어 있을 자리가 떨어지게 되고, 이 자리를 방어함으로써 밖에는 달리 딴 희망을 걸 수 없는 극단의 경우가 아니면 결코 자신을 매어 두어서는 안 되는 법이고, 그렇지 않은 경우에는 그의 정치의 모든 부문에 대비할 방법을 가질 수 있도록 자기 몸을 자유로이 두어야 할 것이다.

카이사르로 다시 돌아와서, 그는 그의 친지인 오피우스가 증언하는 바와 같이, 나이가 듦에 따라 좀 더 느리고 더 일을 고려하게 되었다. 그 많은 승리의 명예를 단 한 번의 불운으로 모두 상실하게 될 수도 있는 일이니, 쉽사리 이 명예를 위험에 내걸어서는 안 된다고 생각한 것이다. 이탈리아 사람들은 젊은이들에게서 볼 수 있는 저 당돌한 과감성을 책망하고 싶어할 때는, 명예에 궁했다고, 'bisognosi d'honore'라 부른다. 명성에 굶주리던 동안은 어떠한 희생을 바쳐서라도 그것을 얻어 보려고 할 만하지만, 이미 명성을 넉넉히 얻은 자들은 그래서는 안 된다고 하는 것이 바로 이 말이다. 다른 일에서와 같이 이 영광의 욕망에도 알맞은 절도와 그 욕심에 어떤 한계가 있어야 한다. 상당히 많은 사람들이 그것을 이렇게 실천하고 있다.

그는 옛날 로마인들이 그들의 전쟁에 단순하고 소박한 도덕밖에 이용하지 않으려던 조심성과는 크게 달랐다. 그래도 그는 지금 우리가 하는 것보다는 더 양심적으로 행동했고, 승리를 얻기 위해서 모든 종류의 방법을 승인한 것은 아니었다. 아리오비스투스와의 전쟁에서는 그와 협상하는 동안에, 아리오비스투스 기병들의 잘못으로 양편 군대 사이에 동요가 일어났다. 이 소란에서 카이사르는 적에 대해서 대단히 유리한 입장에 놓였다. 그러나 그는 신의에 어긋난 짓을 했다고 비난받을까 염려하며, 이 기회를 이용하려고 하지 않았다.

그는 싸움에 나설 때 빛깔이 찬란하고 장비가 풍부한 무장을 갖추고서, 사람들의 주목을 끌려고 하는 버릇이 있었다. 또 그는 적진에 가까이 있을 때는 군사들을 더 엄하게 다루고 더 심하게 단속했다.

옛날 그리스인들은 사람이 극도로 무능력한 것을 비난하려고 할 때에는, 일반이 쓰는 격언으로 '그자는 읽을 줄도 헤엄칠 줄도 모른다'고 했다. 카이사르도 이와 같은 의견을 가지고 헤엄치는 기술은 전쟁에 대단히 유용하다고 보았으며, 이로써 많은 편의를 얻었다. 그는 급하게 가야 할 때에는 앞에 강물이 닥치면 대개 헤엄쳐 건넜다. 또한 그는 알렉산드로스 대왕처럼 걸어서 여행하기를 즐겼다. 언젠가 이집트에서는 달아나기 위해서 작은 배를 타게 되었는데, 그와 함께 너무 많은 사람들이 달려들어 배가 침몰할 위험이 있는 것을 보고는 차라리 바닷물에 뛰어들 생각을 했다. 그는 나이가 이미 상당히 들었는데도 왼손에는 서판(書板)을 물 위에 쳐들고 적에 빼앗기지 않게 갑옷은 이빨로 물고 끌며, 거기서 2백 보 이상 떨어져 있는 자기 함대로 헤엄쳐 갔다.

전쟁의 지휘관으로 그만큼 자기 군사들의 신망을 얻은 자는 없었다. 그가 일으킨 내란의 시초에 대장 백 명은 자기 무인 한 명씩 자기 비용으로 고용해서 바치겠다고 제안했고, 보병들은 자기 부담으로 그를 섬기겠다고 했으며, 좀 더 넉넉한 자들은 더 궁한 자들의 사정을 보아줄 생각까지 가졌다. 드 샤티용 제독은 최근에 우리 내란에서 이런 경우를 보여 주었다. 그의 군대의 프랑스 인물은 자기 비용으로 그를 따라오는 외국인 용병들의 급료를 치러 주고 있었던 것이다. 예부터 질서의 법률 아래 종래의 행동을 답습하는 자들 사이에서는, 이렇게 열렬하고 서두르며 나서는 애정의 예는 결코 찾아볼 수 없을 것이다.

정열은 이성보다도 훨씬 더 매섭게 우리를 지배한다. 그렇지만 한니발에 대한 전쟁에서는 도시의 로마 국민의 관대하고 후덕함을 본받아, 무인들과 부대 장들은 급료 받기를 거절했고, 그리고 마르켈루스의 진영에서는 급료를 받는 자들을 용병이라고 불렀다.

뒤라키움 근처에서 참패를 당한 뒤에 그의 군사들은 자진해서 앞으로 나와 징계하고 처벌해 달라고 애걸했기 때문에, 그는 그들을 책하기보다 위로해 주느라 힘이 들었다. 그의 군대 가운데 단 한 부대가 폼페이우스의 4개 군단에 대항해서 4시간 이상이나 버티다가 결국 화살에 맞아 거의 궤멸하다시피 되었고, 참호에는 화살이 13만 대가 꽂혀 있었다. 그 입구를 지키던 스카에마라고 부르는 병사는 한 눈은 찌그러지고 어깨와 허벅지에 화살을 맞고, 그의 방패는 2백 30군데나 뚫리고서도 제자리에 버티고 있었다. 그의 군사들은 적에게 사로잡혀 끌려가기보다는 죽음을 택하는 일이 많았다. 그라니우스 페트로니우스는 아프리카에서 스키피오에게 사로잡혔는데, 스키피오가 그의 동료들을 살해하고 나서, 그는 귀족이고 경리관이기 때문에 생명은 붙여 준다고 통고했다. 페트로니우스는, 카이사르의 군사들은 생명을 남에게 주면 주었지 받는 일은 결코 없다고 말하며 자살했다.

그들의 충실성에 관해서는 무수히 많은 예가 있다. 우리는 폼페이우스에 대항해서 카이사르의 편을 들던 도시 살로나에서 일어난 희한한 사건 때문에, 거기서 포위되었던 자들의 행적을 잊어서는 안 된다. 마르쿠스 옥타비우스가 그들을 포위하고 있었다. 그 안에 있던 자들은 극도의 궁핍에 몰려, 그들 중의 대부분이 죽었거나 부상당했기 때문에 부족한 인원을 보충하려고 노예들을 모두 해방시켰고, 식량 부족의 무서운 기아 상태 외에도 기계에 소용되는 밧줄을 꼬려고 여자들의 머리털을 모조리 깎아야만 했다. 그리고도 결코 항복은 않기로 결심했다. 이 포위 작전은 대단히 오래 끌어, 그 때문에 옥타비우스가 더 태만해지고 자기 작전에 주의를 덜하게 되자, 성안에 있던 자들은 어느 날 정오 때를 택해서 태평한 꼴을 보이려고 성벽 위에는 여자들과 어린아이들을 늘어놓고는, 포위군에 대해서 어찌나 심한 기세로 출격했던지, 제1, 제2, 제3 수비대의 전열을 뚫고, 넷째와 나머지를 뚫어 완전히 참호를 포기하게 만들고 바다로 쫓아 버렸다. 그리고 옥타비우스는 폼페이우스가 있는 뒤라키움으로 달아났다. 나는 지금 당장은 포위당한 자들이 포위군을 통째로 쳐부수고 전쟁터의 형편을 제압했거나, 또는 한 번 출격의 결과로 전투에서 순수하고 완전한 승리를 거둔 예를 기억해 낼 수 없다.

35
세 현숙한 부인에 대하여

이런 여자란 다 알다시피 열두엇도 되지 못하며, 특히 결혼의 의무에 관해서는 더욱 그렇다. 왜냐하면 이것은 너무나 가시 돋친 사정에 가득 찬 흥정인 까닭에, 여자의 의지가 온전히 오래도록 거기에 지탱하기가 쉽지 않기 때문이다. 남자들은 좀 더 나은 조건에 있기는 하지만, 역시 힘에 벅찬 일이다.

화목한 결혼의 기준과 진실한 증거는 그 교합이 얼마나 지속되며, 이 교합이 꾸준히 조용하고 성실하고 유쾌했던가에 달려 있다. 우리 시대에는 여자들은 일반적으로 선량한 봉사와 맹렬한 애정을 남편이 죽은 뒤에 표시하려고 보류해 두고 있으며, 그때야 비로소 그 선의의 증거를 보여주려고 한다. 때늦은 표시로다! 여자들은 도리어 이것으로 남편들을 죽어서밖에 사랑하지 않는다는 것을 증명한다.

생전엔 다툼으로 가득하고, 사후엔 사랑과 예절로 가득하다. 부친들이 그들 자녀에 대한 애정을 감추고 있듯, 그녀들은 점잖은 존경심을 유지하기 위해서 즐겨 남편에 대한 애정을 감춘다. 이런 신비는 내 비위에 맞지 않는다. 그녀들이 아무리 머리털을 쥐어뜯고 자기 몸을 할퀴고 해 보아도 소용없다. 나는 바로 침모(針母)나 서기의 귀에 대고, "그이들은 어떻게 되었지? 그이들은 어떻게 살았지?" 하고 물어본다.

나는 늘 "가장 애통이 적은 자가 가장 소란스레 비탄한다"(타키투스)라는 좋은 말이 생각난다. 그녀들의 찌푸린 상은 살아 있는 자들에게 흉하고, 죽은 자들에게는 소용없다. 살아 있는 우리에게 웃어 준다면 죽은 뒤에 웃는 것을 기꺼이 면제해 줄 것이다. 내가 살아 있는 동안 코에 대고 침뱉던 자가, 이제 죽어 갈 때에 와서 발을 문질러 본다면, 울화가 터져서라도 다시 살아날 일이 아닌가? 남편의 죽음을 울어 주는 데 무슨 명예가 있다면, 그것은 그들에게 웃어 준 여자들만의 차지가 된다. 살아서 울어 준 여자들은 죽어서는 속으로나 겉으로나 웃어 댈 일이다.

그러므로 그 축축한 눈과 가엾은 목소리를 보지 말고, 저 요란스러운 베일 밑의 저 거동, 저 안색, 저 오통통한 볼을 보라. 그녀는 이런 것으로나 프랑스어로 말한다. 그다음에 건강이 더 좋아지지 않는 예는 드물다. 이 소질만은 속이지 못한다. 이런 격식을 차리는 자태는 앞이나 꾸밀까, 자기 뒤는 그다지 가다듬어 주지 못한다. 그것은 밖에서 빌려 온 것이고, 자기 속을 내어 주는 것이 아니다. 나는 어릴 적에, 지금도 살아 있지만, 한 점잖고 대단히 예쁜 귀부인이 왕공의 과부 신분으로는 우리의 관습이 허용하는 이상의 몸치장을 하고 있음을 보았다. 사람들이 그것을 책망하자 그녀는 "그건 내가 새로운 친교를 맺지 못한 까닭이오. 그리고 나는 재가할 뜻이 없소" 하고 말했다.

우리의 관습과는 어긋나는 일이 없도록, 나는 여기에 자기의 착한 마음과 애정의 노력을 남편이 죽은 뒤에도 계속한 세 여인의 예를 택했다. 그렇지만 그녀들의 행적은 조금 색다르며 너무나 절실해서 과감하게도 생명을 희생하는 결과를 가져온다.

이탈리아에서 젊은 플리니우스의 집 옆에 살던 한 이웃은 부끄러운 곳에 생긴 종기 때문에 아주 고생하고 있었다. 그의 아내는 그가 그토록 오래 쇠약해 가는 것을 보다 못해서 자기가 직접 병의 상태를 가까이서 자세히 보고, 누구보다도 더 솔직하게 그가 기대할 수 있는 바를 말하도록 허락해 달라고 간청했다. 그에게서 승낙을 얻고는 그를 세밀히 살펴본 다음, 그녀는 그가 치유되기는 불가능한 일이며, 그가 기대할 수 있는 것은 고통스럽게 시들어 가는 생명을 오래오래 끌게 되리라는 것임을 알았다. 그래서 그녀는 최선의 가장 확실한 치료법으로 그에게 목숨을 스스로 끊을 것을 권했다. 그가 이렇게 가혹한 수단을 쓰기에는 좀 마음이 약한 것을 보고, 그녀는 말했다. "여보, 당신이 괴로워하는 고통을 보고,

내가 당신만큼 괴로워하는 것이 아니라고는 생각지 말아요. 나도 괴로움을 벗어 나려고, 당신께 권하는 이 치료법을 나 자신에게 사용하지 않을 것이라고도 생각지 말아요. 나는 당신의 병도 같이 겪어 온 것처럼 당신이 치유되는 곳으로 같이 따라가겠어요. 그런 걱정은 제쳐 두세요. 그리고 우리에게서 이러한 고민을 없애 줄 이 길목을 넘을 때에 우리는 쾌감밖에 느끼지 않을 것이라고 생각해요. 우리는 행복하게 함께 떠날 거예요."

이렇게 남편의 용기를 돋우어 주고 나서, 그녀는 바다가 보이는 창문 밖으로 둘이서 함께 뛰어내리기로 결심했다. 그리고 한평생 그를 포옹해 주던 그 충실하고 맹렬한 애정을 끝까지 유지하려고, 그녀는 그를 자기 품에 꼭 껴안고 죽기를 원했다. 그러나 떨어지다가 겁에 질려 팔심이 빠져 껴안은 것이 풀리지나 않을까 두려워, 그녀는 자기 몸을 그의 몸에 밀착하여 단단히 동여매었다. 이렇게 자기 남편의 휴식을 위해 생명을 버렸던 것이다. 이 여인은 하층 계급 출신이었다. 그리고 이런 조건에 사는 사람들에게서 이렇게도 착한 마음씨를 찾아보기란 그렇게도 신기한 일은 아니다.

> 정의는 이 세상을 떠날 때
> 그들 속에 마지막 자국을 남겨 둔다.
> (베르길리우스)

다른 두 여인은 도덕이 깃드는 예가 드문 부유한 귀족 계급에서 나왔다.

집정관 급의 인물인 파에투스 케킨나의 아내 아리아는, 네로의 시대에 도덕 군자로 이름이 높았던 트라세아 파에투스의 아내인 또 다른 아리아의 모친이며, 이 사위를 거쳐서 파우니아의 외조모가 되었다. 사실 이런 남자들과 여자들의 이름은 운명이 닮은 데서 많은 혼란이 일어난다. 이 첫 번 아리아는, 그 남편 케킨나 파에투스가 속했던 스크리보니아가 패하여 클라우디아누스 황제의 부하들에게 잡혀서 포로가 되었을 때, 그를 사로잡아 로마로 데려가는 자들에게 자기도 같이 태워 달라고, 그러하면 자기 남편을 보살피기 위해서 많은 사람들을 쓰거나 많은 비용을 쓰는 불편을 덜게 될 것이며, 자기가 그의 방 심부름·식사·기타 모든 일을 돌보아 주겠다고 간청했다. 그러나 그들은 거절했다. 그러자 그녀는 당장에 고깃배 하나를 빌려 타고, 그 뒤를 따라갔다.

그들이 로마에 이르렀을 때, 어느 날 황제가 있는 앞에서 스크리보니아누스의 과부 유니아가 그들의 팔자가 서로 닮았다는 것으로 그녀에게 가까이 오자, 그녀는 이런 말로 거칠게 그 과부를 물리쳤다. "내가 당신에게 말을 걸거나, 당신 말을 들으라고요? 당신 무릎 위에서 스크리보니아누스는 살해당하지 않았소? 그러고도 당신은 아직 살아 있구려!" 이런 말과 아울러 여러 표정을 보고, 그녀의 부모들은 그녀가 자기 남편의 불운을 참아 내지 못하고 자살하리라는 것을 느꼈다. 그리고 사위 트라세아는 이런 말을 듣고, 그녀에게 죽을 생각을 말라고 간곡히 타이르며 말했다. "뭐요! 내가 케킨나와 같은 운명에 놓인다면, 당신의 딸인 내 아내가 그와 같은 일을 하기를 원하겠습니까?" "뭐라고? 내가 원하느냐고?" 그녀는 대답했다. "원하고말고, 나와 내 남편만큼, 그 아이가 자네와 오래도록 화합해서 살았다면, 나는 그 애가 그렇게 하기를 원하겠네." 이런 대답으로 그녀를 지켜보던 자들의 근심은 더해져 갔다.

그리고 그녀의 행동을 더 주의해 살피게 되었다. 어느 날 그녀는 자기를 지키는 자들에게 "자네들이 암만 해 보아도 내가 더 죽기 힘들게는 할 수 있지만 죽지 못하게는 못 할 것일세"라고 하며, 자기가 앉아 있던 의자에서 갑자기 뛰쳐나가, 온 힘을 다해 가까운 벽면에 머리를 부딪쳤다. 이 충격으로 얼마간 기절했다가 사람들이 갖은 애를 써서 다시 숨을 돌리게 하니, 그녀는 말했다. "내 말하지 않았던가. 만일 자네들이 내가 편하게 죽는 방법을 거절하면, 나는 아무리 힘들더라도 다른 방법을 취하겠네."

이렇게도 감탄할 만한 도덕의 결말은 이러했다. 그의 남편 파에투스는 잔인한 황제가 그를 강제하던 대로 자결하기에 충분히 견고한 마음을 갖지 못했기 때문에, 어느 날 그녀는 이 일을 수행하라고 남편에게 격려의 말로 적당한 충고를 준 다음, 남편이 가지고 있던 단도를 뽑아 들고는 격려의 마지막 말로, "이렇게 해요, 파에투스" 하고 말했다. 그리고 동시에 자기 배를 찔러 치명상을 내고는 다시 칼을 뽑아 들고 "봐요, 파에투스, 아프지도 않아요"라는 고귀하고 후덕한 영원불멸의 말과 더불어 자기 생명을 거두며 칼을 남편에게 내주었다. 그녀는 이렇게도 아름답게 "봐요, 파에투스, 조금도 아프지 않아요"라는 세 마디 말밖에는 할 여유가 없었다.

저 정절한 아리아가 파에투스에게
바로 자기 내장에서 뽑아 낸 칼을 내주었을 때
"내 말 믿어요. 지금 찌른 칼은 아프지 않아요."
"그대가 그대 자신에게 주는 상처가 내겐 아파요"
하고 그녀는 말했다.
(마르티알리스)

이 시는 원문이 훨씬 더 생기 있고 의미가 풍부하다. 그녀 남편의 상처와 그 죽음, 그리고 자기 상처와 죽음은 자기가 충고하고 추진했던 만큼 그녀에게는 괴로운 것과는 거리가 먼 일이기 때문이다. 그렇기는커녕 이 고매하고 용감한 기도를 오로지 자기 남편을 위해서 수행한 것인 만큼, 그녀에게는 마지막 숨결을 넘길 때까지도 남편 생각밖에 없었으며, 자기를 좇아서 죽는 공포심을 없애 줄 일밖에는 고려하지 않았다. 파에투스는 당장에 같은 칼로 자결했다. 아마도 그는 이렇게도 소중하고 귀한 가르침을 받아야 했던 것에 수치를 느꼈으리라.

폼페이아 파울리나는 대단한 명문가의 규수로 세네카가 노령에 이르렀을 때 그와 결혼했다. 그의 훌륭한 제자 네로가 관리를 보내 그에게 자결할 것을 선고하니(그런 처사는 이렇게 수행되었다. 이 시대의 로마 황제들이 어느 지체 높은 인물에게 사형을 선고했을 때에는 관리들을 시켜서 죽는 방법은 자신이 택하라고 통고하며, 그들이 얼마나 분노했느냐에 따라서, 때로는 더 촉박하게, 때로는 더 길게 기한을 정해 주고, 그동안에 일처리를 해 두라고 하며, 어느 때는 시간이 급해서 그런 일을 할 여유도 주지 않고 어느 시일까지 자결하라고 통고하는 것이었다. 그리고 만일 선고받은 자가 명령을 어기면 행을 집행하기에 적당한 사람을 보내어 그에게 팔이나 다리의 혈맥을 끊든지, 또는 강제로 독약을 삼키게 한다. 그러나 명예로운 인물들은 이러한 강제를 기다리지 않고 자신의 의사나 외과의에게 이 일을 시킨다), 세네카는 평화롭고 확고한 자태로 그들의 문죄를 듣고 난 다음에 유언을 쓰기 위해 종이를 달라고 청했다. 대장이 이것을 거절하자 그는 자신의 친구들을 돌아보며 말했다. "나는 그대들에게 입은 은혜에 대한 감사로 올바른 물건을 남겨 줄 것이 없는 이상 적으나

마 내가 가진 가장 아름다운 것을 전해 주오. 그것은 내 행동 습관과 내 생활의 모습이니, 이것을 그대들의 기억에 잘 간직하여 실천함으로써 성실하고 진정한 친구라는 영광을 얻도록 하시오." 동시에 그의 친구들이 대단히 서러워하는 것을 보며 혹은 상냥한 말로 진정시키고, 혹은 목소리를 거칠게 하여 그들을 책망하며 말했다. "그 훌륭한 철학의 가르침은 어디에다 두었소? 우리가 그렇게 여러 해 동안 운성(運星)의 변고에 대항해서 쌓아 온 준비는 어디다 두었소? 네로의 잔인함을 우리가 모르고 있었단 말이오? 자기 어미와 형을 죽인 자로부터 이번에는 자신을 길러 준 스승을 죽인 것밖에 무엇을 기대할 수 있단 말이오?"

그는 모두에게 이런 말을 한 다음, 그의 아내를 돌아보며, 그리고 그녀가 심히 괴로워하며 용기와 힘을 잃는 것을 보고 애절하게 포옹하며, 자기를 보아서라도 이 변고를 좀 더 참을성 있게 당해 내라고 부탁했다. 그리고 그가 공부에서 얻은 성과를 사색과 토론으로서가 아니고 실천으로 보여 줄 때가 왔다고 하고, 이제 자기는 확실히 죽음을 고통 없이 유쾌한 일로 맞이한다고 말했다. "그러니 여보, 당신이 내 명성보다도 자신을 더 사랑하는 것으로 보이지 않도록 이 죽음을 당신 눈물로 더럽히지 마오. 당신이 내 행동에서 배운 지식으로 당신이 골몰하는 점잖은 일에 매여서 여생을 보내며 비탄을 진정시키고 자신을 위로해 가도록 하오."

파울리나는 조금 정신을 차리고 지극히 고귀한 애정으로 자기 마음의 장렬한 기개를 복돋우며 대답했다. "아니에요, 세네카, 이러한 곤경에서 당신과 함께하지 않고 버려 둘 사람은 아니에요. 내가 당신의 높은 도덕적 생애의 모범에서, 아직도 떳떳이 죽는 법을 배우지 못했다고 여기기를 바라지 않아요. 그리고 당신과 함께 가는 것 외에, 달리 더 잘, 더 점잖게, 더 내 마음에 흡족하게 죽을 수 있겠어요? 그러니 나도 당신과 함께 가는 것으로 알아주세요."

그때 세네카는 그의 아내의 이다지도 훌륭하고 영광스러운 결심을 좋은 의미로 받아들이고, 자기가 죽은 뒤 그녀가 잔인한 적들에게 매여 지내리라는 걱정에서 벗어나기 위해서 말했다. "파울리나, 나는 당신이 인생을 가장 행복하게 살아가는 데 필요한 일을 권했소. 그런데 당신은 죽음의 명예를 더 사랑하고 소중하게 여기는구려. 나는 당신의 그런 마음을 나무라지 않겠소. 우리가 함께 가는 죽음에서 그 지조와 결심은 같을 것이오. 그러나 그 영광은 당신 편이 더 크오."

그러자 사람들은 동시에 그들 팔뚝의 혈관을 끊었다. 그러나 세네카의 혈맥은 노령일 뿐 아니라 절제했던 생활 때문에 조여서 피가 너무 오래 힘 없이 흘렀기 때문에, 그는 허벅다리 혈관을 또 끊어 달라고 했다. 그리고 그가 이것으로 겪는 고통스러운 모습에 아내가 괴로워할까 하는 염려와, 자신도 그녀가 그렇게 가련한 상태에 있는 것을 보고 겪는 괴로운 심정을 벗어나려고, 그녀와 사랑에 넘치는 고별을 한 다음, 그녀를 옆방에 데려가 달라고 간청했다. 그러나 이렇게 절단한 것이 모두 그를 죽게 하기에는 충분치 못해서, 그는 의사인 스타티우스 안네우스에게 명해서 독약을 가져오게 하여 이것을 써 보았지만 조금도 효과를 얻지 못했다. 왜냐하면 사지가 허약하고 싸늘해서 독이 심장에까지 도달할 수가 없었기 때문이다. 그래서 사람들은 목욕물을 아주 덥게 준비시켰다. 그때 그가 자기 종말이 가까워 옴을 느끼며, 숨결이 남아 있는 동안 자기가 처해 있는 사정에 관해서 극히 탁월한 담화를 했고, 그의 말을 알아들을 수 있는 대로 그의 비서들이 적어 두었다. 그의 최후의 이 말은 그 뒤 오래도록 사람들에게 영예를 받으며 남아 있었다(이 기록이 우리에게까지 전해 오지 못하고 상실된 것은 매우 애석한 일이다). 그는 죽음의 마지막 고비를 느끼자, 완전히 피에 물든 목욕탕 물을 머리에 뒤집어쓰며 "나는 이 물을 해방자 주피터에게 바치노라"고 말했다.

네로는 이 모든 일을 보고받고, 로마에서 친척이 가장 많은 귀부인들 가운데 한 명이며, 자기가 아무런 개인 감정도 품고 있지 않은 파울리나의 죽음 때문에 책망이 돌아올 것을 두려워하여 황급히 사람을 보내 그녀의 상처를 꿰매게 했다. 이것은 그녀 집사람들이 그녀가 이미 반은 죽어서 아무 지각이 없는 동안에 행한 일이다. 그리고 그녀가 자기 의도와는 달리 계속해 살아간 그 생애는 그녀의 도덕에 마땅하게 지극히 명예로운 일생이었으며, 그 얼굴빛의 창백함은 그녀의 상처로 얼마나 생명이 흘러 나갔는가를 보여 준다.

이것이 내가 말하려던 이야기 세 편인데, 우리가 일반에게 흥미를 주려고 마음대로 꾸며 내는 이야기만큼 재미있고 비극적인 것이라고 본다. 그리고 이런 일에 열중하는 사람들이 차라리 서적들 속에서 읽는 1만 가지의 훌륭한 이야기들 중에서 골라 보면, 수고하지 않고도 더 많은 재미와 소득을 얻을 것인데, 그럴 생각을 하지 않는 것이 내게는 이상하게 보인다. 그리고 누가 그런 것으로만 서로 연결된 내용으로 한 책자를 꾸며 본다면, 그가 할 일이라고는 마치 다른 금속을 용접하는 것같이 관계를 지어 주는 것밖에 할 일이 없을 것이다. 이런 방법으로 모든 종류의 수많은 진실된 사건들을 쌓아 올리며, 오비디우스가 저 수많은 이야기를 거의 꿰매고 이어대서 그의 《윤회》를 지어 낸 것같이, 작품의 미가 요구하는 대로 사건들을 구분하고 정리해 놓을 수 있을 것이다.

이 마지막 한 쌍에서는 파울리나가 자기 남편을 위해 자진해서 생명을 버리겠다고 제안하고, 그녀의 남편은 그전에 그녀를 위해 자기 죽음을 단념했었다는 사실도 생각해 볼 만하다. 이 교환에는 완전히 공평한 균형이 서 있는 것은 아니다. 그러나 스토아학파로서 그는, 그가 그녀를 위해서 자기 생명을 연장시킨 것은 마치 그녀를 위해 죽은 것이나 마찬가지로 그녀를 위해서 한 일이라고 생각한 것으로 보인다.

그가 루킬리우스에게 보낸 편지 하나에, 그는 자기가 로마에서 열병에 걸려 길을 떠나려는 것을 만류하려는 아내의 뜻과는 반대로, 전원에 있는 자기 별장으로 가려고 마차를 탔고, 자기가 걸린 열병은 신체의 열병이 아니라 장소의 열병이라고 그녀에게 답장을 보냈다는 내력을 루킬리우스에게 이해시킨 다음, 이렇게 편지를 잇고 있다.

"그녀는 나에게 건강에 조심하라고 신신당부하면서 나를 떠나게 했소. 그녀의 생명을 내 생명 속에 품고 있는 것을 아는 나로서는, 그녀를 보살피기 위해서 나를 보살피기 시작하는 것이오. 노령이 내게 준 특권으로, 나는 여러 사물에 관해서 더 확고하고 단성 있게 되었는데, 나 같은 노인에게도 생명이 있음을 생각하면, 나는 이 특권을 잃게 되오. 나는 그녀가 나를 더 사랑하도록 만들지 못하지만, 그녀는 내가 나 자신을 더 알뜰히 조심스레 사랑하도록 만들고 있소. 왜냐하면 점잖은 애정에는 무엇이건 내주는 것이 있어야 하기 때문이오. 그리고 때로는 사정들이 우리를 그 반대편으로 밀고 가지만, 우리는 생명을 참으로 그 고초와 아울러 다시 불러들여야 하오. 삶의 법칙은 점잖은 인물들에게는 자기 좋은 대로 사는 것이 아니고, 그들의 의무에 따라서 사는 것인 만큼, 우리는 이빨로 물고 늘어지며 목숨을 붙들어 두어야 하오.

아내나 한 친구 때문에 생명을 연장시킬 정도로 아내나 친구를 생각해 주지 않고 죽겠다고 고집을 세우는 것은 너무 꾀까다롭고 마음이 약한 자의 일이오. 우리 친지들이 그것을 요구할 때에는, 영혼은 스스로에게 그것을 명령해야 하오. 우리는 때로는 우리를 친구들에게 빌려 주어야 하며, 우리가 자신을 위해서 죽기를 원한다 치더라도 그들을 위해서 그 계획을 중지해야 하오. 남을 생각해서 인생으로 돌아온다는 것은 많은 탁월한 인물들이 실천한 바와 같이, 마음이 위대하다는 증거가 되오. 그리고 늙은 생명을 보존한다는 것은(노령의 가장 큰 편익은 자기 지속에 대해 심로함이 없고, 생명을 더한층 경멸하며 이것을 용감하게 사용하는 데 있소), 만일 이 봉사가 유난히 애정을 가진 어떤 이에게 감미롭고 유쾌하고 유익하다는 것을 느낀다면, 그것은 특수한 선과 덕의 특징이 되오. 우리는 여기서 대단히 즐거운 보상을 받는 것이오. 왜냐하면 자기 아내를 생각해 줌으로써 자기가 자신에게 더 소중해질 정도로 아내에게 소중하다는 것보다 더 감미로운 일이 어디 있겠소? 그래서 나의 파울리나는 그녀에 대한 심려뿐 아니라 내게 대한 심려를 나에게 짊어지게 한 것이오. 나에게는 내가 얼마나 결단성을 가지고 죽을 수 있는가 하는 것을 고려하는 것만으로는 충분하지 않았소. 그보다도 나는 그녀가 이것을 얼마나 결단성 있게 참아 낼 수 있는 일인가를 고려해 보았소. 나는 참고 살아가기로 했소. 그리고 산다는 것은 어떤 때는 장려할 일이오." 이것이 그의 생각이다. 그의 처신이 그러하듯 탁월한 말이다.

36
가장 탁월한 인물들에 대하여

누구든 내가 알고 있는 사람 중에서 특출한 인물을 골라 보라고 하면 나는 다른 사람들보다 뛰어나게 탁월한 인물 셋을 들 수 있을 것 같다.

하나는 호메로스이다. 아리스토텔레스나 바로(예를 들면)가 그만큼 박식하지 못하다는 것은 아니고, 예술에서 베르길리우스가 그에게 비교되지 않는다는 것도 아니다. 이 판단은 그들을 모두 알고 있는 사람들에게 맡겨 둔다. 한편밖에 알지 못하는 나로서는, 단지 내가 아는 한도로 시신(詩神)들까지도 이 로마 시인보다 뛰어나다고는 생각지 않는다고 말할 수 있다.

> 그는 킨토스의 신 아폴론이 조절한 곡조처럼
> 정묘한 하프에 맞춰 시가를 노래한다. (프로페르티우스)

그러나 이 판단에서도 베르길리우스가 그 재질을 주로 호메로스에게서 배워 온 것이었으며, 이 시인이 그의 안내자이며 스승이었고, 《일리아드》의 단 한 줄이 저 위대하고 거룩한 《아이네이스》에 본체와 재료를 제공했다는 사실을 잊어서는 안 된다. 내가 고찰하는 것은 그런 의미가 아니다.

나는 여기에 이 인물을 감탄스럽고 거의 인간 조건 이상으로 만들어 주는 여러 가지 다른 사정들을 섞어서 생각한다.

사실 나는 자기 권위로 많은 신들을 세상에 내놓고 사람들을 믿게 한 그가, 자신이 신의 지위에 오르지 못한 것을 자주 이상하게 여겨 왔다. 앞을 보지 못하며 궁핍한 몸으로 학문이 아직 규칙과 확실한 관찰로 사물들을 기록해 놓기도 전에, 그는 이런 일을 모두 알고 있어서, 다음에 정치를 세우고 전쟁을 지휘하고, 어느 학파에 속하건 종교나 철학에 관한 것을 쓰고, 기술을 다루는 일에 간섭하는 자들은 누구나 다 그를 모든 사물들에 관한 지식의 지극히 완벽한 스승과 같이 보며, 그의 작품을 모든 종류의 능력을 기르는 기초 터전 같이 이용했다.

> 그는 무엇이 명예롭고 수치스러우며
> 유용하고 그렇지 않은가를
> 크리시포스와 크란토르보다도 더 능란하게
> 더 완전하게 말한다. (호라티우스)

그리고 다른 자가 말하는 것처럼—

> 마치 무궁무진한 샘처럼
> 피에리아(詩神들의 고향)의 물에

시인들은 입술을 축이러 온다.   (오비디우스)

또 다른 자는 말하기를—

헬리콘[15] 시신들의 길동무들을 더하라.
그 가운데 단 한 사람 호메로스만이
별무리의 높이에 오른다.   (루크레티우스)

그리고 또 하나는 말하기를—

그의 풍부한 원천에서
후세의 시인들은 그들 시가에 물을 길었고
단 한 사람의 재보로 부유해져서
감히 수많은 작은 하류로
물을 끌어대는 큰 강이다.   (마닐리우스)

그가 세상에 있을 수 있는 가장 탁월한 것을 생산해 냈다는 것은 자연의 질서에 반하는 일이다. 왜냐하면 사물들은 출생할 때 대개 불완전하며 성장하면서 불어 가고 강해지기 때문이다. 호메로스는 시가와 많은 다른 학문을 그 유년기에 성숙하고 완벽하게 만들었다. 이러한 이유에서 옛사람들이 그를 두고, 자기 앞에 아무도 모방할 사람이 없었기 때문에 자기 뒤에 그를 모방할 자가 없었다고 말한 이 아름다운 증언에 따라, 우리는 그를 시인들 중에서 처음이며 마지막 시인이라고 부를 수 있다. 그의 말은 아리스토텔레스에 의하면 생기와 행동을 가진 유일한 것이라고 한다. 그것은 유일한 실질적인 언어이다. 알렉산드로스 대왕은 다리우스왕의 전리품 가운데에 호화롭게 장식된 한 상자를 발견하고는, 그것을 호메로스를 넣어 두는 데에 사용하라고 명령하며, 이 시인은 자기 군사 업무

---

15) 보이오티아 접경의 산, 중턱에 시신(詩神)들의 제전이 있었다.

에 가장 훌륭하고 충실한 고문이라고 말했다. 바로 이와 같은 이유에서, 아낙산 드리다스의 아들 클레오메네스는, 호메로스는 군사 훈련에 대단히 훌륭한 스승이기 때문에 라케다이모니아인들의 시인이라고 말했다.

플루타르크의 판단에 의하면, 그는 독자에게 언제나 전혀 다르게 나타나며, 항상 새로운 우아미로 개화하며, 결코 사람들을 물리게 하거나 염증 나게 하는 일이 없는, 세상에 단 하나뿐인 작가라는 특별한 찬사를 받는다. 장난하기 좋아하는 알키비아데스는 학자로 자처하는 어떤 자에게 호메로스 한 권을 달라고 요구했더니, 가진 것이 없다고 하자, 따귀를 한 대 갈겨 주었다. 그것은 마치 우리 신부님들 중에 성무 일과서(聖務日課書)를 갖지 않은 자를 보는 식이다.

크세노파네스가 어느 날 시라쿠사의 폭군 히에론에게 자기는 하인 둘을 먹여 살릴 거리도 갖지 못했다고 불평을 하자, 그가 대답했다. "뭐? 그대보다 훨씬 더 가난하던 호메로스는 아무리 죽을 지경이언정 만 명 이상의 학자들을 먹여 살리고 있다." 파나이티오스가 플라톤을 철학자들의 호메로스라고 말했을 때, 이 말에 무슨 부족한 것이 있었던가?

그뿐더러 어떤 영광을 그의 영광에 비겨 볼 수 있단 말인가? 그의 이름과 작품보다 더 사람들의 입에 생생하게 살아 있는 것은 없을 것이다. 아마도 지금까지 한 번도 본 적이 없는 트로이의 헬레나와 그녀로 인한 전쟁만큼 사람들에게 잘 알려지고 인정받은 것은 없을 것이다. 우리네 아이들은 3천 년이 넘는 옛날에 그가 꾸며 댄 이름을 아직도 쓰고 있다.

누가 헥토르와 아킬레우스를 모르는가? 어느 사사의 가문들뿐 아니라 대부분의 국민들은 그가 꾸민 이야기 속에 자기들의 근원을 찾고 있다. 마호메드라는 이름을 두 번째 가진 튀르키예 황제가 교황 피우스 2세에게 편지를 보내기를, "우리는[16] 트로이 사람들에게서 나왔고, 나도 그들과 같이 그리스인들에 대해서 헥토르의 피에 대한 원수를 갚으려고 하는 데 관심을 가졌는데, 어째서 이탈리아인들이 내게 대항해서 단결하는지 나는 이상하게 생각한다"고 말했다. 이 작

---

[16] 튀르키예 왕은 트로이가 자기 땅에 있었으니 자기들이 트로이의 후손이라고 자처하고, 로마인은 트로이 전쟁 때 거기서 도망쳐 온 아이네이스의 후손이라는 전설에서 로마인을 동족이라고 불러 본 것임.

품은 국왕들과 국가들과 황제들이 그렇게 오랜 세기를 두고 그 속에 자기의 역할을 연기해 오고, 이 큰 우주 전체가 그것의 무대로 쓰이는 한 고상한 연극이 아닌가?

그리스의 일곱 개 도시들이 서로 그의 출생지로 자처하려고 다투었다. 그의 근본이 확실치 못한 것까지도 그만큼 그에게는 영광을 가져왔다.

스미르나·로도스·콜로폰·살라미스·키오스·아르고스·아테나이에.
(아울루스 겔루스)

또 하나는 알렉산드로스 대왕이다. 왜냐하면 그가 그의 계획을 시작한 나이, 그가 그렇게도 영광스러운 계획을 완수하는 데 쓴 방법이라는 것이 대단치 않다는 것, 그가 그 어린 나이에 세상에서 가장 위대하고 경험 많은 장수들 사이에 권위를 세워서 그들을 따라오게 한 일, 그 모험적이며 거의 철없다고 할 만한 하고많은 그의 업적을 운이 품어 주고 밀어 준, 예사로움을 넘어선 하늘의 은총 등을 고려해 보면,

그의 무한한 욕구에 장애되는 모든 것을 부수어 가며
파괴의 한가운데에서 혈로를 여는 기쁨을 맛보며 (루카누스)

이 위대성은 33세의 나이에, 사람이 살 수 있는 땅 전체를 승리자로서 거쳐 갔고, 반생 동안에 인간의 천성이 성취할 수 있는 궁극에 도달했으며, 그래서 인간을 초월한 무엇인지를 상상해 보지 않고는, 정상적인 생명의 폭을 가지고는 용덕으로, 그리고 운으로 그의 정당한 지속 기한과 성장을 상상해 볼 수 없을 정도로 된 일, 그의 군사들 속에서 여러 왕실들이 가지를 쳐 나가게 하고, 죽은 뒤에도 군대의 부대장들인 네 명의 상속자에게 세계를 분할하여 그 후손들이 계속해서 이 방대한 영토를 유지하며 오래도록 계속된 일, 정의·절제·관후성·약속을 지키는 신의, 자기 가족들에 대한 사랑, 피정복자에 대한 인간성 등 하고많은 탁월한 덕성들을 가지고 있던 일.

사실 그의 성격은 책망받을 거리가 없는 듯하다. 그의 개인적인, 극히 드물고 평범치 않은 행동 가운데 어떤 것들은 책망을 받을 수도 있다. 그러나 그렇게도 위대한 행동을 집행하는 데는 정의의 규칙에 의하기는 불가능한 일이다. 이러한 인물들은 그들 행동의 주요 목표를 보고 그 전체로 판단해야 할 일이다. 테베의 궤멸, 메난테르와 에페스티온 의사의 살해와 수많은 페르시아 포로들을 일격에 섬멸한 일, 배신의 위험이 없지 않는 한 인도 군부대의 살육과 코세이아 사람들을 어린애까지 죽인 일은 용서하기에 좀 어려운 충동적인 행위들이다. 클리토스로 말하면, 그 잘못은 그 무게에 넘치게 보상되었고, 이 행동은 다른 모든 것만큼 그의 기질이 호방했고, 그 기질이 탁월하게 선덕(善德)으로 꾸며진 것임을 증명한다. 그리고 천성에서 도덕을 받았고 운에서 악덕을 받았다고 한 말은 그를 두고 묘하게 표현한 말이다. 그리고 그가 좀 허풍선이이고 자기를 욕하는 말을 듣고 너무나 참을성 없이 하는 점으로 말하면, 또 그가 인도에서 구유통과 무기와 말고삐 등을 사방에 뿌리고 다니게 한 일 등, 이런 모든 일들은 그의 나이로 보아서, 그리고 그의 운이 현저하게 번창한 탓으로 보아서 넓게 용서해 줄 만한 것으로 보인다.

아울러 그의 부지런함·예측·참을성·훈련·책략·호방·결단성 그리고 한니발의 권위가 이것을 우리에게 가르쳐 주지 않았다 하더라도, 그가 사람들 중의 제일인자였던 행운 등의 하고많은 군사적 덕성, 기적이라고까지 보고 싶은 인물의 희미한 미모와 성품, 그렇게도 불그레하니 화색이 도는 젊은 얼굴 밑의 그 자태와 그 존경할 만한 몸가짐.

> 이렇게 저 샛별이 대양의 물결에 목욕한 다음
> 그 숭고한 얼굴을 하늘에 쳐들며 밤안개를 흩뜨릴 때
> 비너스는 다른 모든 별무리에 앞서
> 이 별의 빛을 총애한다. (베르길리우스)

그의 학문과 능력의 탁월성, 그 순수하고 명쾌하고 오점과 시기심으로 더럽혀진 일이 없는 오랜 영광의 지속과 위대성, 그리고 그가 죽은 뒤에도 오래도록 그

의 메달을 몸에 지닌 자에게는 행운이 온다는 것으로 생각하는 것이 경건한 신념으로 되었던 사실, 다른 역사가들이 어느 왕이나 왕공들의 공훈을 두고 쓴 것보다도 더 많이, 왕들과 왕공들 자신이 그의 공훈에 관해서 기술했고, 다른 역사를 경멸하는 마호메트교도들이 지금까지도 다만 그의 역사에는 특권을 주어 이것을 용인하고 숭앙하는 사실들을 고찰해 본 자이면, 그는 이 모든 것을 뭉쳐 생각해서 단 하나 내 선택에 의문을 품게 할 수 있었던 카이사르보다도 내가 역시 그를 택한 것이 옳았다고 고백할 것이다. 카이사르의 공훈에는 그 자신의 힘이 더 많았고, 알렉산드로스의 공훈에는 운의 힘이 더 많았다는 것도 부인할 수 없는 일이다.

  그들은 여러 면에서 대등했고, 카이사르가 어느 점에는 아마도 더 위대했다. 그들은 이 세상을 여러 군데에서 황폐시켜 나간 두 불덩이거나 또는 두 급류였다.

> 소리내며 타는 마른 숲과 월계수 숲속에
> 맹렬한 기세를 떨치며 번지는 화염과도 같고
> 신속히 고산 준령에서 떨어져 내려
> 물거품 던지는 급류가 소란스레 대해로 달려가며
> 모든 것을 파괴하여 그 통로를 터 나가듯.   (베르길리우스)

  그러나 카이사르의 야심엔 더 많은 절제가 있었다 하여도, 그것은 자기 나라의 궤멸과 세계의 전반적인 악화에 그의 낮고 추한 목적을 두었던 만큼, 너무 심한 불행을 초래했기 때문에, 모든 점을 종합해 저울질해 보면, 나는 알렉산드로스의 편으로 기울어지지 않을 수 없다.

  셋째로, 가장 탁월한 인물은 에파미논다스이다. 영광으로 보면 그는 여간해서는 다른 자들의 것에 미치지 못한다(또 이것이 일의 실질적인 부분도 아니다). 그러나 결단성과 용감성으로 말하면, 야심으로 드높았던 것 외에도 예지와 이성이 잘 조절된 한 심령에 세울 수 있는 것으로는 상상할 수 있는 모든 것을 가지고 있었다. 그가 가진 이 덕성의 증거로, 내 생각으로는 그는 알렉산드로스에도 지지 않으며 카이사르에 대등한 업적을 세웠다. 그의 전쟁 공훈은 그렇게 빈번하지도, 그렇게 거창하지도 않지만, 그 업적과 모든 사정들을 잘 고찰해 보면, 그렇다고 똑같은 무게와 강직성을 갖지 않은 것이 아니며, 대등한 과감성과 군사적 능력의 명백한 증거를 가지고 있다. 그리스인들은 아무런 반대 없이 그를 그들 중의 제일인자라고 부르는 영광을 주고 있다. 그런데 그리스의 제일인자라 함은 쉽사리 세계의 제일인자가 되는 일이다.

그의 지식과 능력으로 말하면, 사람으로서 그만큼 많이 아는 자가 없고, 그만큼 말이 적은 자도 없었다고 하는 옛사람들의 판단이 전해진다. 학문은 피타고라스 학파에 속했다. 그리고 그는 어느 누구보다 더 말을 잘 했다. 그는 탁월한 웅변가이며 대단한 설복력을 가진 유세객이었다.

그러나 성격과 양심으로 말하면, 그는 도시 어떤 일에 참견하는 면에서 모든 자들을 훨씬 능가했다. 인간으로는 이것만이 주로 고려되어야 하고, 이것이 우리가 진실로 어떠한 인물인가를 보여 주며, 이것만을 다른 모든 일을 함께 뭉친 것과 비교하여 보지만, 이 부문에서는 어느 철학자에게도, 소크라테스에 비겨 보아도 지지 않는다.

이 인물에서 순진성은 그 고유의 항구적이고 균일한, 명예를 손상하지 않는 소질이다. 여기에서 비교해 보면, 알렉산드로스에는 미치지 못하고 불확실하고 온갖 것이 뒤섞인 듯하며 무르고 우발적이다.

옛사람들이 판단한 바에는, 모든 위대한 장수들을 세밀히 검토해 보면 각자에게는 그 인물을 유명하게 만드는 어떤 특수한 소질이 있다. 그런데 이 인물에서만은 모든 방면으로 고르게 충만한 덕성과 능력이 있어서, 그것이 인간 생활의 모든 기능에서 공적으로나 사적으로, 또는 평화 때나 전쟁 때의 직무에서거나, 위대하고도 영광스럽게 살기로서나 죽기로서나, 아무것도 말할 거리를 남기지 않는다. 나는 인간의 형체로나 운으로나 이 인물만큼 경의와 애정을 가지고 우러러볼 만한 자를 알지 못한다. 그가 가난을 지킨 고집을 가장 친한 친구들이 묘사한 바로, 나는 그가 어딘지 과하게 조심스럽다고 보는 것은 사실이다. 그리고 그것이 고매하고 지극히 감탄할 만한 일이지만, 이 처신만은 내가 소원만으로라도 그것을 모방하기를 바란다는 것은 좀 쓰라린 일로 느껴진다.

다만 스키피오 아이밀리우스만은 그에게 이 인물만큼 존귀하고 혁혁한 죽음과 그만큼 심오하고 보편적인 학문의 지식을 주어 보았더라면, 내가 택하기에 주저하게 했을 것이다. 오오, 하필이면 플루타르크의 《영웅전》의 첫머리에서 바로 그의 작품 속에 나오는 가장 고귀한 한 쌍의 인물 전기가 우리 눈에 띄지 않게 세월의 흐름 속에 묻혀 버렸다는 것은 얼마나 언짢은 일인가! 이 두 인물 중의 하나는 그리스의 제일인자요, 하나는 로마의 제일인자였던 것은 세상 사람들이 모두 인정하는 것이다. 재료가 그러하듯 작가가 그렇게 훌륭하던 것을! 성자 아닌 인간으로서, 그러나 그들이 말하는 것처럼 멋진 남아로 사람 사는 곳의 공통된 행동 습관을 가지고 적당한 지체에 있으며, 사람들 말마따나 산 사람들 중에 내가 알기로 가장 풍부한 생애이며, 가장 풍부하고 바랄 만한 소질들로 되어 있는 인생은, 내가 보기로는 알키비아데스의 생애이다. 그러나 에파미논다스로 말하면, 그의 과분한 선덕의 예로, 나는 몇 가지 그의 사상을 여기에 첨가해 보련다.

그가 한평생 가장 회심의 만족을 가져 본 것은, 레욱트라의 승리로 그의 부친과 모친에게 기쁨을 준 일이었다. 그가 이렇게 영광스러운 행적에서 충만하게 가질 수 있는 자기 기쁨보다도, 부모들의 기쁨을 더 좋아하는 것은 많은 것을 설명해 준다.

그는 자기 나라의 자유를 회복하기 위해서라도 이유를 알아보지 않고는 사람 하나 죽일 수 있다고 생각하지 않았다. 그 때문에 그는 테베의 해방을 위해서 그의 동료 펠로피다스가 행한 기도에 아주 냉담했다. 그는 또 한 전투에서 한 친구가 반대편에 들어 있는 것을 만나게 되면 싸움을 피하고 그의 생명을 아껴 주어야 한다고 생각했다.

그는 적에게까지도 인간애를 품고 대하며, 라케다이모니아군의 코린토스 근처 모레아의 입구를 지키려고 하던 계획을 기적 같이 분쇄하여 그 요충로를 밀고 나갔다. 그러나 그는 적진의 복판을 뚫은 것만으로 만족하고, 그들을 끝까지 추격하지 않은 탓으로 보이오티아 국민들의 의심을 사서, 총대장의 직위에서 파면당했다. 이러한 이유로 쫓겨난 것은 그에게는 대단히 큰 영광이 되었고, 그들을 위해서는 큰 수치가 되고 말았다. 그들은 필요에 몰려서 얼마 뒤에는 그를 다시 그 직위에 올려놓아야 했고, 승리는 그가 지휘하는 곳을 그림자와 같이 따라갔기 때문에, 그들의 영광과 안녕이 얼마나 그에게 매여 있는가를 뼈저리게 느끼게 했다. 그의 나라 번영이 그와 함께 일어났듯 또 그와 함께 사라졌다.

37
자손들이 조상을 닮음에 대하여

이처럼 여러 가지 잡동사니로 된 이 글 뭉치는 내가 너무 하릴없이 거북해질 정도로 한가할 때밖에, 그리고 다른 데서가 아니고 내 집에 있을 때밖에는 손을 대지 않는 조건으로 이루어진 것이다.

나는 가끔 다른 곳에서 몇 달씩 묵는 수가 있기 때문에 이 글은 중단과 틈을 거듭하는 가운데 써 나간 것이다. 그뿐 아니라 나는 최초의 생각들을 다음에 떠오르는 생각 때문에 고쳐 본 일이 없다. 아마도 글자 몇 정도는 고쳤을 것이다. 그러나 그것은 삭제하려기보다는 다양하게 만들기 위함이다. 나는 내 기분의 변화 과정을 묘사해서, 문장 하나하나가 생겨나는 모습을 보여 주었으면 싶다. 나는 차라리 더 일찍이 시작해서 다음에 내가 변해 온 경과를 더듬어 보았더라면 재미났을 것이다. 내가 부르는 말을 받아쓰게 하던 하인 하나가 제멋대로 내 글 여러 편을 빼내 가며 큰 재물이나 약탈한 줄로 생각했다. 거기엔 내가 잃은 것도 없고, 그것이 그에게 소득이 될 것도 없다는 것이 위안이 된다.

내가 이것을 시작한 뒤 칠팔 세는 더 늙은 것 같다. 그러나 여기에 새 소득이 없었던 것도 아니다. 나는 노령의 후덕한 덕을 입어서, 그동안 담석증과 사귀게 되었다. 세월과 친히 오래 알고 지내면서도 이러한 성과 없이 넘긴다는 것도 쉬운 일이 아니다. 세월이 그들과 오래 교제하는 자들에게 주기로 되어 있는 여러 선물들 중에도 내가 수락할 수 있는 것을 그들이 골라 주었더라면 좋았을 성싶다. 그들은 내가 어릴 적부터 가장 흉측하게 생각하던 것을 줄 수는 없을 테니까. 이것은 노년기에 일어나는 모든 재앙들 중에도 내가 가장 두려워하던 것이었다. 나는 앞으로 나가는 것이었고, 이렇게 먼 길을 가다가는 결국 어떤 불쾌한 일에 걸리고 말 것이라고 혼자 여러 번 생각했다. 나는 이미 떠날 시간이 되었다고, 외과의들이 신체의 어느 부분을 끊어 낼 때의 규칙을 따라서 이 인생을 생짜로 그 알맹이에서 잘라 내야 하는 것이고, 철 맞추어 생명을 내놓지 않는 자에게 대자연은 아주 호된 높은 이자를 물리는 습관이 있다고 어지간히 느끼고 있다고 주장했다. 그러나 이런 것은 헛된 제언이었다. 나는 그때 그런 일을 할 준비가 되어 있기는커녕 이런 불쾌한 상태에 있어 본 지 18개월쯤은 되었을 무렵에는, 벌써 거기에 적응할 줄 알게 되었다. 나는 벌써 이 담석증과의 살림에 화협해 가고 있었다. 나는 거기서 위안과 희망을 발견한다. 그렇게도 인간들은 그들의 비참한 존재와 어울리기 때문에 아무리 혹독한 경우라도 그 속에서 생명을 유지하려고 용납하지 않는 것이 없다!

마에케나스의 말을 들어 보라.

> 한쪽 팔이 없더라도, 다리 불구자라도,
> 앉은뱅이라도, 이가 없어도,
> 목숨만 붙어 있으면 된다. (세네카)

티무르는 나환자가 있는 것을 알기만 하면, 그의 말로는 그들을 너무 비참하게 살고 있는 생명에서 해방시켜 주기 위한 일이라고 하며, 모두 살해했다. 그는 나환자들에게 실시하던 잔인한 만행을 어리석은 인간애로 가장하고 있었다. 왜냐하면 그들 중에 죽는 것보다 세 배나 나환자 되기를 바라지 않을 자는 하나도 없었기 때문이다.

스토아 철학자 안티스테네스는 중병이 들어서, "누가 나를 이 불행에서 해방시켜 줄 것인가?" 하고 소리쳤다. 그를 문병하러 찾아왔던 디오게네스가 칼을 한 자루 그에게 내어 주며, "그대가 원한다면 이것이 바로 해방시켜 줄 것이네" 하자, "생명 말고 병에서 말이야" 하고 대꾸했다.

우리가 단순히 심령에 의해서 느끼는 고통을 나는 대부분 다른 사람들보다 훨씬 덜 괴롭게 느낀다. 그것은 한편으로는 판단력에 의하고(정말 세상 사람들은 내게는 거의 아무렇게도 보이지 않는 수많은 일들을 가지고, 무슨 무서운 일이거나 생명을 희생해서라도 피해야 할 일같이 보고 있다), 다른 한편으로는 내게 정통으로 부딪치지 않는 재앙들에 대해서 내가 둔하고 무감각한 기질을 가졌기 때문인데,

이 기질은 내가 타고난 조건들 중의 가장 좋은 소질이라고 나는 생각한다. 그러나 본질적이고 육체적인 고통은 극히 심하게 느낀다. 그렇다고 해도 과거에 하느님의 은혜로 내 생애의 대부분을 다행스럽게도 오래 계속된 건강과 휴식과 안정 속에서 누려온 덕택에, 약해지고 유연해지고 물러진 시야로 예측했다. 또한 상상으로는 이런 것을 너무나 참을 수 없는 일로 생각하고 있었기 때문에, 나는 이런 병고를 실제로 당하는 고통보다 더 심하게 두려워하고 있었다. 그래서 나는 우리 심령의 대부분의 소질들은, 그것들을 사용할 때 인생의 안정을 가꾸어 주기보다는 오히려 더 교란하고 있다는 신념이 강해지고 있다.

    나는 모든 질병들 중에도 아주 급격하고 가장 고통스럽고 치명적이며, 도저히 치유키 어려운 병과 싸우고 있다. 나는 이 병의 아주 길고 힘겨운 발작을 벌써 대여섯 번이나 겪었다. 이것이 내 자랑일지도 모르지만 의술이 우리들에게 고집하는 위협과 결론과 결과 따위를 상대하지 않고, 죽음의 공포에서 해탈된 심령을 가진 자에게는, 이런 경우에도 버티고 지낼 거리가 있다. 그러나 이 고통의 효력 자체가 침착한 인간이 그 때문에 발광하고 절망을 일으킬 정도로 그렇게 거칠고 찌르는 고통스러움을 갖고 있는 것은 아니다. 나는 적으나마 이 담석증에서 죽음과 전적으로 화해하고 친밀해지기 위해서 여태 해 볼 수 없었던 일을 이 병이 완수해 주리라는 이득을 얻는다. 왜냐하면 이 병이 나를 더 괴롭히고 귀찮게 굴수록 죽음은 더욱 내게 두려워할 거리가 못 될 것이기 때문이다. 내가 단지 생명으로서만의 생명에 매여 있다는 사실은 내가 이미 얻고 있던 소득이었다. 내 질병은 내 생명과의 이런 양해까지도 풀어 줄 것이다. 그리고 이 질병이 내 힘을 압도하는 일이 있어도, 하느님께서는 마침내 나를 이 다른 편 극단으로 밀어 넣어 그에 못지않게 악덕스러운 일로 내가 죽기를 사랑하고 욕구하게 하지는 않도록 해주실 일이다!

    마지막 날을 무서워하지도 바라지도 마라.   (마르티알리스)

    이런 일은 두 가지 두려워해야 할 걱정들이다. 그러나 한편의 치료는 다른 편보다 훨씬 더 손쉽게 얻을 수 있다.

그뿐더러 나는 고통을 참는 데 편한 용모와 자태와 경멸조의 점잖게 꾸민 태도를 가지라고 엄격하고 정확하게 명령하는 교훈은, 늘 형식에 구애되는 일이라고 보아 왔다. 실체와 행동만을 존중하는 철학이 어째서 이런 외면적 차림을 일삼는 것일까? 이런 걱정은 몸짓을 대단히 중시하는 희극 배우와 수사학자들에게 맡길 일이다. 이런 목소리의 비굴성은 심장이나 창자 속에 박힌 것이 아니라면 터놓고 고통에 내맡기고, 이런 임의(任意)의 비탄은 한숨짓고 흐느끼며 두근거리고 새파래지는 따위, 대자연이 우리의 통제 밖에 둔 것들의 부류에 넣어 둘 일이다. 마음이 공포에 사로잡히지 않았고, 말속에 절망이 없다면 철학은 그것으로 만족할 일이다! 우리가 우리 사상을 비틀지 않는다면 우리 팔뚝을 좀 비튼다고 상관있는가. 철학은 남을 위해서가 아니라 우리를 위해서 우리를 훈련시킨다. 시늉하려고 하는 것이 아니라, 살아가기 위해서 하는 것이다. 철학은 그 책임을 맡아서 가르쳐 주고 있는 우리의 오성을 지배하는 것으로 그칠 일이다. 담석증을 다루는 데에는, 철학은 우리의 심령이 자기를 알아보며, 그 습관화된 행동 습관을 좇을 수 있게 하고, 고통의 발밑에 수치스럽게 포복하는 것이 아니라 그것과 싸우며 버티어 나가고, 싸움에 지쳐서 엎어지는 것이 아니라, 흥분하고 열도 오르고 어느 정도까지는 교제도 하고 대화도 할 수 있게 심령을 유지해 주면 될 일이다.

극단적인 재앙을 당한 자에게 점잖게 차린 자세를 요구하는 것은 잔혹한 일이다. 행동만 떳떳이 해 나간다면 언짢은 얼굴을 해도 좋다. 신체가 비탄함으로써 괴로움이 좀 멀어진다면 그렇게 할 일이다. 몸을 흔드는 것이 기분에 좋다면, 멋대로 곤두박질이건 수선이건 떨어 볼 일이다. 만일 소리를 힘껏 맹렬하게 밖으로 내질러서(여자들이 해산할 때에는 그것이 도움이 된다고 어떤 의사들이 말하듯), 아픔이 어느 정도 풀어지는 듯하다면, 또는 그것으로 아픈 생각이 헛갈린다면, 악을 써서 고함쳐 볼 일이다. 이 소리에게 나오라고 명령은 하지 말자. 그러나 나오는 것을 허가하자. 에피쿠로스는 현자에게 아플 때에 소리지르는 것을 허용할 뿐 아니라, 그것을 권하기까지 한다. "역사(力士)들도 역시 그들 적수를 강타할 때에 철장갑을 내휘두르며 소리 지른다. 심오한 발성으로 전신이 단단해지고 타격이 더 맹렬히 내리처지기 때문이다."(키케로) 우리는 이런 쓸데없는 규칙으로 애쓰지 않아도 고통만으로 할 일이 많다.

내가 이런 말을 하는 것은, 이 병의 발작과 충격에 대해 야단법석을 떠는 자들을 변명해 주기 위해서이다. 나로서는 이제까지 이런 어려운 처지를 좀 더 점잖게 넘겨 왔지만, 그렇다고 외부의 체면을 유지하려고 애를 쓰지도 않는다. 나는 그러한 장점을 대수롭게 생각하지도 않으며, 이 점에서는 고통에게 하고 싶은 대로 하도록 놓아둔다.

그러나 내 고통이 너무 심한 것이 아니거나 그렇지 않으면, 보통 사람들보다는 더 굳세게 당해 낸다. 몸이 쑤시고 아파서 못 견딜 때에는 저절로 짜증이 나고 울화가 치민다. 그러나 이자처럼 내 정신을 잃게까지는 되지 않는다.

　　비탄과 통곡과 한숨과 신음으로 떨며,
　　수많은 애절한 소리를 내지른다.　　　　　　　(키케로가 인용한 아티우스)

나는 고통이 심할 때는 몸을 더듬어 본다. 그리고 언제나 다른 때만큼 건전하게 말하고 생각하고 대답할 수 있음을 발견했다. 다만 고통 때문에 정신이 흔들리고 헛갈려서 여전히 견실한 태도를 지키지는 못하는 것이다. 사람들이 나를 병고에 심하게 지친 것으로 보고 좌중이 나를 아껴 줄 때에는, 나는 자주 내 힘을 시험해 보며 스스로 내 상태와는 가장 인연이 먼 화제를 꺼낸다. 나는 급격한 노력으로 무슨 일이라도 할 수 있다. 그러나 오래 계속하지는 못한다.

오, 어째서 나는 저 키케로가 말하는 꿈꾸는 자 같은 정력을 갖지 못했단 말인가! 그는 자면서도 계집을 껴안은 꿈을 꾸다가 이부자리에 돌을 쏟아 놓았던 것이다.

내 병은 괴상하게도 계집을 물리친다!

이런 극심한 고통이 중단되어 배뇨관이 쑤시지 않고 맥이 풀려 있는 동안에는, 심령은 감각과 육체의 조건으로밖에 놀란 것이 없는 만큼, 나는 재빨리 평상심으로 돌아온다. 이것은 확실히 내가 이런 재앙에 대해서 이성의 힘으로 마음을 단속하려고 애써 온 덕택이다.

　　이제부터는

내게는 어떠한 알지 못했던 새로운 괴로움도 나오지 않는다.
일찍부터 여러 괴로움을 맛보고 시험했으므로
내 심령은 미리 대비되어 있다. (베르길리우스)

그렇지만 나는 초입생으로서는 너무 호되게 걸렸다. 순탄하고 행복하던 생활에서 돌연 생각해 볼 수 없는 가장 고통스럽고 힘든 상태에 빠져서, 아주 급격하고 가혹한 변화를 겪은 것이다. 왜냐하면 이 병은 대단히 두려워해야 할 질환일 뿐 아니라, 내 경우는 그 시작이 여느 경우보다 훨씬 더 거칠고 힘들었다. 발작이 너무 자주 일어나기 때문에 나는 완전한 건강 상태라고는 거의 느껴 보지 못한다. 그렇지만 나는 여기서 의지만 튼튼히 가질 수 있다면, 생각을 잘못 갖기 때문에 자기가 청해서 열병이나 질환을 얻는 다른 자들보다 내 인생을 상당히 좋은 상태에 두고 있다고 보는 정신 상태를 지금까지 유지해 오고 있다.

세상에는 오만에서 나오는 어떤 유체(流體)의 기묘한 겸양이 있다. 우리가 여러 가지 사물들에 관해서 자기 무식을 인정하며, 지나치게 예절을 지키느라고 자연의 작품들 속에는 우리에게 지각되지 않고, 우리 능력으로는 그 방법과 원인을 발견할 수 없는 소질과 조건이 있다고 고백하는 투 따위가 그런 것이다. 이런 정직하고 양심적인 선언에 의해서 우리는 우리가 이해한다고 말하는 사물들에 관해서도 사람들이 믿어 주기를 바란다. 우리는 기적이라든가 이해하기 곤란한 외국의 사물들을 찾아다니며 골라낸 것도 없다. 우리가 여느 때 보고 있는 사물들 중에도 기적의 모든 난해성보다 더 이해되지 않을 정도로 괴상한 일들이 많다고 본다.

도대체 이 정액 한 방울이라는 것이 무슨 괴물이기에 거기서 우리가 생겨나며, 거기에 우리 조상들의 육체적 형태뿐 아니라, 그 사상과 경향의 흔적까지 지니고 있는 것일까? 이 물방울은 어디다 이 무한한 수의 형태를 깃들이고 있단 말인가? 그리고 어떻게 이 물방울들은 종잡을 수 없게 혼란된 추이로, 증손자가 증조부를 닮고 조카가 삼촌을 닮는 이런 유전성을 지니고 있는 것인가?

로마 레피두스의 가문에서는 세 사람이 연달아서가 아니라 사이를 두고 똑같이 한 눈이 연골(軟骨)로 덮인 아이가 태어났다. 테베의 어느 집안에서는 그 혈통은 어미 배 속에 있을 때부터 창 맞은 상처를 지니고 있었고, 그것을 갖지 않은 자는 한 피가 아니라고 보던 가문이 있었다. 아리스토텔레스는 어떤 나라에서는 여자가 공동 소유이며 아이들은 그 닮은 모습으로 보아서 부친들에게 배정된다고 했다.

내가 이 담석을 가지고 있는 것은 부친에게서 받은 것이라 믿을 만하다. 왜냐하면 그는 방광에 커다란 돌이 생겨서 고생하다가 돌아가셨기 때문이다. 그는 67세가 되기까지 그 병에 걸린 것을 모르고 있었다. 그리고 그 전에는 신장이나 허리, 다른 어느 곳에도 이 병에 걸렸다는 아무런 징후도 느낀 일이 없었다. 그리고 그때까지는 행복한 건강 상태로 병에 걸릴 증세도 없이 지냈고, 이 병을 앓으면서는 아주 고생되게 7년 동안이나 질질 끌며 보냈다. 나는 이 병이 나기 25년 전, 그가 가장 건강하던 시절에 서열로는 세 번째의 아들로 태어났다.

어디서 그렇게 오랫동안 이 결함의 성향은 부화되고 있었던 것일까? 부친이 이 병에 걸리기까지에는 아직도 시일이 멀던 시절에 그가 나를 이뤄 낸 그 실체의 변변찮은 한 조각이, 어떻게 이렇게도 굉장한 사태의 흔적을 지니고 있었던 것인가? 그리고 한 어머니에게서 나온 그 많은 형제들과 자매들 중에 지금까지 나 혼자만 40년이 지난 뒤에 내가 그것을 느끼기 시작했을 정도로 어떻게 그토록 깊이 숨어 있었던 것인가? 누가 내게 이 추이에 대해 설명해 준다면, 나는 그만큼 다른 기적들도 그가 바라는 대로 믿어 줄 것이다. 다만 사람들이 하는 식으로, 사물 자체보다도 훨씬 더 난해하고 광상적인 학설을 믿어 달라고 그 대가로 내놓는 것이 아니라면 말이다.

의사들은 이 분방한 말투를 용서해 주기 바란다. 나는 바로 이 치명적인 질환의 주입과 삽식 때문에 그들 학설에 대해서 증오와 경멸을 품게 되었다. 내가 그들의 기술에 대해서 품은 반감을 유전적으로 부친에게서 물려받은 것이다. 내 부친은 74세까지 사셨고, 내 조부님은 69세, 중조부님은 80 가까이 사셨으며, 어떤 종류의 약도 입에 대신 일이 없었다. 그리고 그들끼리는 여느 습관 이외의 것은 모두 약과 같은 취급을 받았다.

약은 예와 경험으로 이루어진다. 내 의견도 그러하다. 그것은 극히 분명하고 유리한 경험이 아닌가? 나는 의사들이 자기 족보에서 한 가정에 태어나고 성장하고 죽어 간 사람으로, 그들의 규칙을 지키며 내 조상들만큼 오래 산 사람을 셋이라도 보여 줄 수 있을 것인지 모를 일이다. 그들은 이 점에서 이치가 내 편이 아닐지라도 적어도 운은 내 편을 들었다고 고백해야만 한다. 그런데 의사들에게는 이치보다는 운이 훨씬 더 가치 있는 것이다.

그들은 지금 와서 내 사정을 그들에게 유리하게 해석하지 말 것이다. 그들은 내가 아무리 지쳤다고 해도 위협하지는 말 일이다. 그것은 속임수 수작이다. 그뿐더러 진실을 말하면, 그들이 내 사실을 들어 고집한다 해도 내 가정의 예로 보아서는 그들보다 내가 상당히 점수를 따고 있는 형편이다. 인간은 그렇게 항구성을 가진 것이 아니다. 18년밖에 모자라지 않는 2백 년 이래로, 우리 가정에서 이 시험이 계속되고 있다. 맨 먼젓분이 1402년에 출생하셨기 때문이다. 이 경험이 우리에게 실패로 돌아가기 시작한 것은 당연한 일이다. 그들은 지금 이 시간에 질환이 내 목덜미를 잡고 있다고, 나를 책하지는 말 일이다. 나로서도 47세를 건강하게 살아왔다는 것이, 그것만으로도 상당한 일이 아닌가? 이것이 내 생애의 끝이라고 해도 그것은 아주 오래 산 축에 든다.

내 조상들은 어떤 숨겨진 비밀의 타고난 경향으로 의술을 달갑게 보지 않았다. 부친은 약을 보기만 해도 진저리를 내셨던 것이다. 교직자로 지내던 내 아버지 쪽의 숙부 드 가비아크 경은 출생할 때부터 병이 잦았지만 허약한 생명으로도 67세까지 사셨는데, 맹렬하게 계속되는 열병에 걸렸을 때 의사들의 진단으로는, 만일 그가 구조를 받지 않으면(그들은 흔히 장애밖에 못 얻는 것을 구조라고 부른다) 틀림없이 죽는다고 선언했다. 이 호인은 이 끔찍스러운 선고에 대단히 놀랐지만 그래도, "그럼 나는 이미 죽었군" 하고 대답했다. 그러나 하느님께서는 바로 이 진단을 헛된 것으로 만드셨다.

형제들 중의 막내인(내게는 네 명의 형제가 있었다) 드 비사게 경은 그것도 상당히 사이가 뜨게 출생한 막냇동생인데, 내 생각으로는 아마 그가 고등 재판소 판사로 있었기 때문에 다른 기술들과도 교섭을 갖고 있던 이유에서, 그 혼자만이 이 기술에 따랐다. 그런데 일이 묘하게도 외모로는 가장 튼튼하던 그가 드 생 미셸 경 한 사람만 빼고 다른 분들보다 훨씬 먼저 갔다.

내가 의학에 대한 반감을 그들에게서 물려받은 것은 있을 수 있는 일이다. 그러나 이런 일 외에 다른 사정이 없었다 해도, 나는 의약을 물리치려고 시도했을 것이다. 왜냐하면 우리 속에 이유 없이 생겨나는 이런 성향은 모두가 악덕스러우며, 그것은 싸워 이겨야 할 일종의 질병이기 때문이다. 대개 이런 경향이 있던 것은 있을 수도 있는 일이다. 그러나 나는 이 경향을 사색으로 지지하고 강화했기 때문에 내가 거기에 대해서 가진 사상이 세워진 것이다. 왜냐하면 나는 약의 맛이 쓰니까 거절한다는 생각도 역시 증오하기 때문이다. 그것은 건강은 사람이 할 수 있는 가장 고된 수단으로 불로 지지고 칼로 째고 하는 모든 수단을 써서라도 얻어 둘 만한 일이라고 보는 내 기분에 쉽사리 맞을 수 없는 일이다.

그리고 에피쿠로스에 따라, 탐락이 그 뒤에 더 큰 고통을 끌어온다면 피해야 하고, 고통도 그 뒤에 더 큰 탐락을 끌어오는 것이라면 찾아서 가질 만한 일이라고 생각된다.

건강은 소중한 것이며, 사실 그것을 추구하여 시간뿐 아니라 땀과 수고와 재산과 생명까지도 사용할 만한 단 하나의 것이다. 더욱이 건강 없이는 생명은 우리들에게 괴롭고 욕되는 것이기 때문이다. 탐락도 예지도 지식도 도덕도 건강 없이는 흐려지고 사라진다. 그리고 철학이 우리에게 그 반대의 인상을 주려고 하는 가장 확고하고 긴장된 사상에 대해서는, 우리는 플라톤이 간질병에 걸렸거나 졸도하여 쓰러진 모습을 상상하여, 그에게 자기 심령의 고귀하고도 풍부한 소질로 자기를 구제해 보라고 도전하기만 하면 된다. 우리를 건강으로 인도하는 모든 길은 나로서는 호되다거나 값비싸다고 말할 수는 없다. 그러나 나는 괴상하게도 이런 모든 흥정을 미덥지 않은 것으로 보게 하는 다른 생각을 가지고 있다. 나는 거기엔 어떤 기술도 있을 수가 없다거나, 하고많은 자연의 작품들 중에 우리들 건강의 보존에 적당한 사물들이 없다고 말하는 것은 아니다. 그것은 확실하다.

어떤 약초는 습하게 하고, 어떤 것은 건조하게 하는 것이 있는 줄을 잘 안다. 나는 매움풀을 쓰면 방귀가 나오고, 센나(열대산 콩과의 관목)의 잎새는 설사를 촉진시킨다는 것을 모두 경험으로 알고 있다. 나는 양고기를 먹으면 살이 되고 술을 마시면 몸이 더워지는 것을 아는 식으로, 여러 가지 이런 경험들을 알고 있다. 솔론은 음식은 다른 약과 마찬가지로, 배고픈 병에 약이라고 했다. 나는 세상의 사물들에서 우리가 끌어내는 용도를 부인하거나 자연의 힘과 비옥함 그리고 우리의 필요에 응하는 그 적용성을 의심하지 않는다. 나는 꼬치어와 제비가 자연대로 잘 지내고 있음을 잘 안다. 나는 우리의 정신과 지식, 그리고 우리 지식이 발명한 것을 믿지 않는다. 우리는 그 때문에 자연과 그 규칙을 버렸고, 그런 일에 절도와 한계를 지킬 줄 모른다.

우리가 우리 손에 잡힌 최초의 법률들을 잡탕으로 뒤섞은 것과, 흔히 이런 것을 극히 부적당하고 아주 불공평하게 적용하고 실천하는 일을 정의(사법 제도)라고 부르듯, 그리고 이것을 비웃고 비난하는 자들은 이 정의라는 고귀한 덕성을 욕할 생각이 아니고, 다만 이 칭호의 남용과 모독을 비난하고 있을 뿐인 것같이, 마찬가지로 의학에서도 인류에게 대단히 유용한 그 영광스러운 이름과 그 제안과 약속을 나는 찬양한다. 그러나 이 이름으로 우리들 사이에 지적되는 것을 나는 찬양도 존경도 않는다.

제1차로 나는 그것을 내 경험에 의해서 두려워하게 되었다. 왜냐하면 내가 알고 있는 한도에서 말하면, 인간의 어떤 족속도 이 의약의 권한 아래에 있는 자들보다 더 일찍이 병들고 더 늦게 낫는 족속들을 본 일이 없기 때문이다. 그들의 건강은 오래 살기의 강제 때문에 변질되고 퇴락한다. 의사들은 질병을 지배하는 것만으로 만족치 않고, 사람들이 어느 계절에도 그들의 권위를 잊을 수 없게 하기 위해 건강한 자를 병들게 만들어 놓는다. 그들은 견실하고 완전한 건강을 가지고, 그것이 장래에 중병이 된다는 논법을 끌어내는 것이 아닌가? 나는 상당히 자주 병을 앓았다. 그들의 도움을 받을 것도 없이, 내 병은 다른 어느 것과도 똑같이 참아 내기 수월하고(나는 거의 모든 종류의 병을 겪어 보았다), 어느 것과도 똑같이 짧았다. 그래서 나는 그들 처방의 쓴맛을 거기 섞지 않았다. 나는 내 습관과 좋은 대로밖에는 규칙도 다른 훈련도 없이 건강을 자유로이 유지한다. 모든 장소는 내가 머무르기에 좋았다.

왜냐하면 나는 병들었을 때에도, 건강했을 적에 필요하던 것밖에 다른 편의가 필요치 않았기 때문이다. 나는 의사가 없다고, 약제사가 없다고, 거들어 주는 자가 없다고 허겁지겁하지는 않는다. 나는 사람들 대부분이 병보다도 이 의사들 때문에 고생하는 것을 본다. 뭐라고! 그들이 삶에서 그들 기술의 분명한 효과를 우리에게 증명할 수 있는 행운을 보여 주던가?

의약 없이 여러 세기 동안 지내 보지 않은 국민은 전혀 없다. 그것도 최초의 세기들, 다시 말하면 가장 행복하던 세기에 그러했다. 그리고 이 세상의 10분의 1의 지역에서는 지금 이 시간까지도 약을 사용하지 않는다. 무한히 많은 국민들은 약을 알지도 못하며, 그곳 사람들은 여기서보다 더 건강하게 더 오래 살고 있다. 그리고 우리들 중에도 평민들은 약 없이 다행하게 살아가고 있다. 로마인들은 약을 받아들이기 전에 6백 년을 잘 지냈다. 그러나 그것을 시도해 본 다음에, 그들은 검열관 카토의 간섭으로 의약을 그들의 도시에서 축출했다. 이 카토는 85세를 살았고 그의 아내는 노령에까지 살게 하며, 약을 쓰지 않은 것이 아니라 의사의 도움 없이 지냄으로써 의사 없이도 살아갈 수 있음을 보여 주었다. 왜냐하면 우리 인생의 건강에 좋은 모든 것은 의약이라고 부를 수 있기 때문이다. 그는 토끼고기를 먹여서(라고 나는 생각한다), 그의 가족들을 건강하게 다루었다고 플루타르크는 말한다. 플리니우스가 아르카디아 사람들은 우유로 모든 병들을 고쳤다고 하는 식이다. 그리고 리비아 사람들은 아이들이 네 살이 되면 정수리와 관자놀이의 혈맥을 불로 지져 태우는 습관으로 보기 드문 건강을 누렸는데, 그들은 이 방법으로 한평생 모든 염증이 흐르는 길을 끊는 것이었다고 헤로도토스는 말한다. 그리고 이 나라의 두메 사람들은 무슨 병에든지 그들이 할 수 있는, 가장 강한 술에 여러 가지 사프란과 향료를 섞은 것밖에 사용하지 않으며 이 모든 것으로 똑같은 효과를 누린다.

그리고 사실 처방들의 그 모든 다양하고 혼란스러운 방법은 결국 배 속을 비우는 일밖에 무슨 다른 목적과 효과를 가진 것인가? 수천 가지의 가정 의약품이 할 수 있는 일은 그것뿐이다.

그러나 그것이 사람들 말만큼 유효한지, 그리고 포도주가 그 보존을 위해서 찌꺼기가 필요한 것같이, 우리 천성도 어느 정도 그 배설물의 잔재가 필요한 것이나 아닌지 모르겠다. 그대들이 보다시피 건강한 사람들이 흔히 어떤 외부적인 사고 때문에 갑자기 구토나 설사 등 발작을 일으켜서, 전에 필요가 있었던 것도 나중에 무슨 유용한 일이 있을 것도 아닌데, 정히 몸을 악화시키고 축을 내려고 배설물을 크게 비워 내는 일이 있다. 내가 최근에 위대한 플라톤으로부터 배운 것으로, 우리들에게 늘 있는 세 가지 행동 중에 마지막 최악의 움직임은 설사

하는 일이며, 미친 자가 아니면 극도의 필요에 몰린 경우밖에는 아무도 시도해서는 안 되는 치료법이라는 것을 알았다. 우리는 반대로 맞부딪치다가 병세를 뒤흔들어 잠 깨우고 있다. 병을 다루려면 살아가는 형태를 따라서 슬그머니 그 기세를 죽이며 끝장으로 이끌어 가야 한다. 약과 병을 상대로 맹렬히 드잡이질하는 통에 늘 우리는 녹아 버린다. 왜냐하면 싸움은 우리 속에서 난장판을 이루며, 약은 믿을 수 없는 구원군이고, 그 성질부터 우리 건강을 해치는 적이며, 무슨 소란이 있을 때밖에 우리 체질에 맞지 않기 때문이다.

  모든 일을 그대로 좀 되어 가게 놓아두자. 벼룩과 두더지를 보살펴 주는 자연의 절서는 벼룩이나 두더지같이 자연이 자기들을 지배하는 대로 두는 참을성을 가진 인간들도 역시 보살펴 준다. 우리는 아무리 이러저러하며 고함을 질러 보아도, 목이나 쉴 뿐이지 조금도 앞으로 나가게는 못 한다. 그것은 숭고하고 무자비한 질서이다. 우리가 공포를 품고 절망하면 대자연에게 짜증을 내게 해서 우리를 도와주도록 청해 오기는커녕, 우리의 구원을 지연시키게 한다. 그는 건강뿐 아니라 병에도 제 길을 가게 할 의무를 진다. 그는 한편에 정이 쏠려 마음을 타락시키고, 다른 편의 권익을 해하는 일은 하지 않을 것이다. 그러다가는 질서가 무질서에 빠진다. 순종하자, 맹세코! 순종하자! 대자연은 순종하는 자들을 인도한다. 순종하지 않는 자들은 자연이 그들의 광증과 의약을 두루 뭉쳐서 잡아 끌어간다. 그대의 골통을 훑어 낼 설사제를 쓰라. 그대의 배 속을 훑는 데에 쓰는 것보다는 나을 것이다.

  누가 라케다이모니아인에게 어떻게 해서 그렇게 오래 살게 되었느냐고 물어보자, "의약을 몰라서"라고 대답했다. 그리고 하드리아누스 황제는 죽어 가면서 의사들이 자기를 죽였다고 끊임없이 소리 질렀다. 못난 역사(力士)가 의사가 되었다. "잘해라" 하며 디오게네스가 그에게 말했다. "너 참 잘했다. 전에 너를 쓰러뜨리던 자들을 이번에는 네가 쓰러뜨릴 것이다."

  그러나 니코클레스에 의하면 그들에게는 이런 요행이 있었다. 그들의 성공은 태양이 밝혀 주고, 잘못은 땅이 감춰 준다. 그 밖에도 그들은 모든 종류의 사건들을 이용하는 대단히 유리한 방식을 가지고 있다. 운이, 자연이, 또는 어떤 다른 외부적인 원인이(그 수는 무한히 많다) 우리에게 좋고 건강에 유익한 일을 일으켜 주면, 그것을 자기 공(功)으로 삼는 것이 의약의 특권이라는 것이다. 그의 건강관리를 받고 있는 환자에게 일어나는 모든 다행한 결과는 의약의 덕분이라고 한다. 내 병을 낫게 해 준 기회들은 나를, 그리고 의사들의 구원을 청하지 않는 자들의 병을 낫게 해 준 기회들을 가지고, 의사들은 그들 환자들의 경우에 이 공을 가로챈다. 그리고 언짢은 사고들에 관해서 그들은 책임을 부인한다. 그리고 죄를 환자에게 뒤집어씌우며 당치 않은 이유를 대는 데 상당히 많은 이유를 유념해 두고 있으며, 그것을 찾아내기에 실수할 걱정이 없다. 즉, "그는 팔을 내놓고 있었다. 그는 마차 지나가는 소리를 들었다. 누가 그의 방 창문을 반쯤 열어 놓았다. 그는 왼쪽으로 누웠다거나, 또는 머리에 어떤 괴로운 생각을 떠올렸다"는 것이다.

    좁디좁은 거리의 굴곡 속에
    마차의 지나감.   (유베날리스)

    결국 말 한마디, 꿈 하나, 눈짓 하나가 그들에게는 잘못의 책임을 면하기 위한 충분한 변명으로 보인다. 그러다가 이편이 좋으면, 그들은 병의 상태가 악화됨을 이용하며 그들에게 결코 부족한 법이 없는 다른 방법으로 일을 처리해 간다. 그것은 그들의 치료를 받아서 병세가 더 도졌을 때, 그들의 치료를 받지 않았던들 병세가 더 심하게 악화되었으리라는 다짐을 주며 때워 버리는 일이다. 감기 든 사람을 매일 발열하게 만들어 놓고는, 자기 치료를 받지 않았더라면 열이 계속되었으리라고 한다. 환자의 손해는 그들에게 이익이 되니 일을 잘못해 갈 걱정은 없다. 그들이 환자에게 완전한 신임을 요구하는 것은 당연한 일이다. 그렇게도 믿기 어려운 이념을 성심껏 실천하기 위해서는, 진심으로 그리고 곧이듣는 마음으로 신임해야 할 일이다.

    의사들만은 마음 놓고 거짓말할 수 있다는 플라톤의 말은 옳다. 우리들 생명의 안전이 그들이 약속하는 허황한 거짓 수작에 달려 있으니 말이다.

    아이소모스는 보기 드문 탁월한 작가이지만 그의 우아미를 모두 찾아내어 감상할 줄 아는 사람은 극히 드물다. 그는 의사들이 질병과 공포에 지쳐서 허약해진 가련한 심령들에게 당치 않은 권한을 행사하고 있는 꼴을 재미나게 묘사하고 있다. 그가 하는 이야기에, 의사가 어떤 환자에게 묻기를 자기가 준 약을 써서 어떠한 작용을 느끼느냐고 했더니, "땀을 많이 흘렸어요"라고 대답했다. "좋습니다"라고 의사가 말했다. 두 번째로 의사는 또 그에게 경과가 어떠냐고 물어보았더니, "심한 오한이 나서, 몸이 몹시 떨렸어요"라고 그는 말했다. "좋습니다"라고 의사는 말했다. 세 번째도 의사는 그 후 경과가 어떠냐고 물어보았더니, "마치 수포증 환자같이 몸이 부풀어 오르는 것을 느낍니다"라고 말했다. "좋아져 갑니다"라고 의사는 덧붙여 말했다. 그의 하인 하나가 다음에 환자를 찾아와서 경과를 물어보자, "이 사람아, 좋아하던 덕택에 나는 죽네"라고 환자가 대답했다는 것이다.

이집트에는 더 정당한 법이 시행되고 있었다. 그 법에 의하면 의사는 첫 사흘 동안 환자에 관해서 그의 위험과 운명에 대한 책임을 졌다. 그러나 사흘이 지나면 책임은 자신에게로 돌아갔다. 과연 그들의 수호신 아스클레피오스가 헬레나를 죽음에서 다시 데려왔다고 벼락을 맞은 것은 어떤 이치에서였던가?

> 전능한 부신(父神) 주피터는 멸해도 될 자를
> 지옥의 귀신들이 사는 세상으로부터
> 생명의 광명계로 다시 데려다고 노하여
> 이러한 의약과 기술의 발견자인 페부스(아폴론)의 아들을
> 벼락의 일격으로 황천 강물 속에 던졌다. (베르길리우스)

그의 추종자들은 그 많은 영혼들을 생명에서 죽음으로 보내고 있는데, 속죄해 주고 있는 것은 웬일인가?

어떤 의사가 니코클레스에게 자기 의술의 권위를 자랑하자, 니코클레스는 말했다. "맞는 말이오. 그렇게 많은 사람들을 죽여도 벌받지 않으니 말이오."

어떻든 그들의 의견을 내가 가졌더라면, 나는 내 교훈을 더 거룩하고 신비롭게 만들었을 것이다. 그들은 시작은 잘했으나 끝맺음도 잘한 것은 아니다. 그들이 신과 악마를 그들 학문의 시조로 삼고, 그들만의 특별한 어법을 가지고, 특별한 글씨체를 쓰는 것은 시작을 잘한 것이었다. 철학이 어떻게 느끼건 한 인간에게 그의 이익을 도모한다고 하며 이해되지 않는 방식으로 충고하는 일은 미친 수작

에 지나지 않지만, "마치 어떤 의사가, '대지의 소생으로 풀밭을 기어다니고 가옥을 등에 지며 피가 없는 자'를 복용하라고 명령하는 식이다."(키케로)

환자가 희망과 확신을 가지고 약이 효과적으로 작용하리라고 예측하게 하는 일은 그들의 훌륭한 규칙이며, 그것은 모든 광상적이고 허황되고 초자연적인 기술에 수반되는 규칙이다. 그들은 가장 무식하고 서툰 의사라도 그를 믿어 주는 자에게는 세상에 알려지지 않은 가장 경험 있는 의사보다도 더 효험이 있다고 보일 때까지 이 규칙을 지키고 있다. 그들이 선택하는 약 자체도 대부분이 어딘가 신비롭고 거룩하다. 거북의 왼쪽 발, 도마뱀의 오줌, 코끼리의 똥, 두더지의 간, 흰 비둘기의 오른쪽 날개 밑에서 뽑은 피라는 식이고, 우리 따위의 담석증 환자에게는(이럴 정도로 그들은 우리의 가련한 신세를 경멸하며 속여 먹는다) 쥐를 가루로 만들어 이긴 것, 그리고 어떤 견실한 학문이라기보다는 마술사가 흘리는 행티의 모습을 가진 원숭이 수작 따위를 쓰는 것이다. 나는 그들이 환약을 홀수로 지어 주고, 1년 중의 어느 날짜나 축제일을 지정하는 것, 의약의 재료 중에 어느 풀을 어떤 지정한 시간에 따 오라는 것, 그리고 플리니우스까지도 조롱했지만 그들이 태도와 용모를 퉁명스럽고 엄숙하게 꼬아대는 꼴 따위는 제쳐 둔다.

시작은 이렇게 훌륭하게 하면서 다음 집회와 진단을 더 종교적으로 신비롭게 만드는 일을 첨가하지 않은 것은 그들의 실수라고 나는 말하고 싶다. 아스클레피오스의 비밀 의식 때와 마찬가지로, 사람들은 누구건 거기에 얼씬도 못하게 했어야 한다. 왜냐하면 어떤 실수 때문에 그들이 결단을 못내리는 것과 그들의 허약한 논법과 추측과 논거, 증오와 질투와 편견으로 충만한 치열한 논쟁이 모든 사람에게 밝혀지게 되기 때문이다. 그들에게 치료를 당부하는 것이 위험하다고 느끼지 않으려면 어지간히 눈먼 사람이어야 할 일이다. 도대체 의사치고 동료의 처방에 무엇이건 떼어 내든지 다른 것을 첨가하든지 하지 않고 그대로 쓰는 것을 본 일이 있는가? 그들은 이것으로 어지간히 그들 기술의 내막을 폭로하며, 환자들에 대한 관심보다도 자기들의 명성, 즉 자기들의 이익을 더 소중히 여긴다는 것을 보여준다. 옛날 박사들 중에, 한 병자는 단 한 사람의 의사가 보아야 한다고 명령한 자는 좀 더 현명한 자였다. 왜냐하면 그가 아무 쓸모없는 짓을 하고 있다고 해도, 단 한 사람 때문에 의술이 받을 책망은 그렇게 크지 않을 것이기 때문이다. 그러나 반대로 그의 운이 좋으면 의술의 영광은 커질 것이다. 그런데 여러 의사들이 대드는 경우에 그들은 흔히 잘되는 일보다도 나쁘게 되는 일이 더 많은 까닭에 하는 일마다 그 직업이 신용을 잃게 한다.

그들은 이 학문의 주요 대가(大家)들과 고대 작가들의 견해가 줄곧 불일치를 보였던 것으로 만족하고 말았어야 한다. 이 불일치는 서적에 능통한 자들에게밖에는 알려져 있지 않았으니, 그들이 자기들끼리 서로 가꾸어 계속하는 모순되고 주책없는 판단을 국민들에게 보여 줄 것은 아직 없었던 것이다.

의약에 관한 옛날의 논쟁 예를 하나 보고 싶은가? 피에로필로스는 질병의 근본적 원인을 체액에 둔다. 에라시스트라토스는 피에 둔다. 아스클레피아데스는 우리들의 땀구멍으로 흘러드는 보이지 않는 원자에 둔다. 알크마이온은 육체의 힘 과다나 부족에 둔다. 디오클레스는 신체 요소들의 불균등과 우리가 호흡하는 공기의 소질에 둔다. 스트라톤은 우리가 먹는 음식물이 과하거나 날것이거나 썩은 것에서 원인을 찾는다. 히포크라테스는 그것을 정신에 둔다.

그들은 나보다 더 잘 알고 있지만, 그들 친구들 중의 하나는 이 문제를 가지고, 우리의 생명 보존과 건강을 맡고 있는 학문과 같이 우리의 용도에 가장 중요한 학문은 불행하게도 가장 불확실하고 가장 혼란스럽고 변천으로 동요하고 있다고 했다. 태양의 높이 계산(플리우스의 《자연과학사》를 인용하여 말하는 것임)이나 천문학의 어떤 산출에는 조금 오산이 있다고 해도 크게 위험하지 않다. 그러나 여기에는 우리 존재 전체가 달려 있으니, 그렇게 심하게 동요하는 제멋대로의 바람결에 우리를 맡겨 버린다는 것은 현명한 일이 아니다.

펠로폰네수스 전쟁 전에는 이 학문이 그렇게 알려지지 않았다. 그런데 히포크라테스가 이 학문의 전통을 세웠다. 이자가 세워 놓은 것을 크리시포스가 전부 둘러엎었다. 그 뒤에 아리스토텔레스의 손자 에라시스트라토스는 크리시포스가 저술한 모든 것을 둘러엎었다. 이자들 뒤에 경험학파가 나와서 옛사람들과는 전혀 다른 방식으로 이 기술을 취급했다. 이 후자들의 신용이 없어지기 시작하니, 피에로필로스가 다른 종류의 의학을 유통시켰다. 그런데 이것을 아스클레피아데스가 나와서 차례대로 타도하여 없앴다. 그들의 대열에 또 테미손의 견해가 권위를 가지고 올라섰고, 그다음에는 무사의 것, 그리고 또 그다음에는 메살리나와의 친교로 유명해진 벡시우스 발렌스라고 하는 의사의 견해가 득세했다. 의학의 패권은 네로의 시대에 테살루스의 손으로 넘어가서, 그는 그에게 이르기까지의 모든 의학을 쓸어 없앴다. 이자의 학설은 마르세유의 크리나스에게 타도되었는데, 그는 새로 의술의 모든 시료법을 천문력과 별의 운행에 조절시키고, 달과 수성이 좋아하는 시간에 먹고 자고 마시게 하는 것으로 세워 놓았다. 그의 권위는 바로 뒤에 같은 마르세유의 의사 카리누스에 의해서 자리를 빼앗겼다. 이자는 고대 의학뿐 아니라 전부터 여러 세기를 두고 습관적으로 행하여 온 온천 요법이라는 공공의 풍습까지도 배격했다.

그는 겨울에도 냉수에 목욕하도록 하고, 병자들을 개울의 흐르는 물속에 집어넣곤 했다. 플리니우스의 시대까지 로마 사람은 아무도 아직 의술 따위를 실천하지 않았다. 의술은 마치 지금 우리 프랑스인들 사이에서 라틴어를 쓰는 식으로, 그 시절에는 외국인이나 그리스인들에 의해서 실시되었다. 왜냐하면 의학의 굉장한 대가(大家)가 말했듯이, 우리는 이해하는 의술은 쉽사리 받지 않고 약초도 우리가 채취해 온 것은 쓰지 않기 때문이다. 만일 우리가 유창목(癒瘡木, 수액은 매독약으로 쓰임)이나 사르사파릴라, 키니네 뿌리를 수입해 오는 나라의 국민들에게 의사가 있다면 이 괴이하고 희귀하고 값비싼 것이 권장되는 것과 같은 이치로, 그들은 우리 고장의 양배추와 파슬리 같은 것을 얼마나 귀하고 소중하게 여길 것인가! 누가 감히 그렇게 멀리서 그 위험한 여행 끝에 구하여 얻어 온 사물들을 경멸할 생각을 해낼 것인가?

옛날에 이러한 의학의 변천이 있은 뒤로 우리들까지에는 무한한 다른 변동이 있었고, 자주 보편적인 변천이 있었던 것은, 마치 우리 시대에 파라켈수스·피오라반티·아르겐티리우스 등이 일으키고 있는 것과 같다. 왜냐하면 그들은 다만 처방을 변경할 뿐 아니라, 사람들 말로는 의학 본체의 모든 구조와 관리를 변혁하며, 그들에 이르기까지의 의술을 실천하던 자들을 모두 무식한 사기꾼들이라고 비난한 것이다. 저 가련한 환자의 꼴이 어찌될 것인가는 그대의 판단에 맡겨둔다!

만일 그들이 잘못을 저질렀을 때, 그것이 우리에게 이로움을 주지는 못했을망정 해를 끼치는 일이 없다고 안심할 수 있다면, 좋은 결과를 얻기 위해 위험을 무릅쓴다는 것은 당연한 일일 것이다.

　아이소포스는 이런 이야기를 했다. 어떤 자가 무어 족의 노예를 하나 사서, 그 검은 빛깔이 첫 번 주인이 잘못 다루어 외부적 변고에서 온 것인 줄로 착각하고는 조심해서 여러 번 그를 목욕도 시키고 마실 것도 주고 하면서 의사의 치료를 받게 했다. 그런데도 이 무어인은 그 검은 빛깔이 조금도 나아지지 않았을 뿐 아니라, 처음의 건강하던 체질마저 약화되어 버렸다고 한다.

　얼마나 여러 번, 우리는 의사들이 환자의 죽음을 서로 다른 자들의 탓으로 돌리는 것을 보아 온 것인가! 나는 몇 해 전에 대단히 위험하고 치명적인 전염병이 인근 도시에 창궐하던 일이 생각난다. 많은 인간들을 쓸어간 이 대소란이 지나고 나서 전국에서 가장 유명한 의사들 중의 하나가 이 문제에 관한 소책자 하나를 발표했다. 그는 거기서 그가 사용했던 피 뽑는 치료법에 관해서 생각을 돌리고, 이것이 그때 일어났던 손실의 중요한 원인이었다고 고백했다. 그뿐더러 의학 저술가들은 어느 약이건 어느 부분에 해를 끼치지 않는 것은 없다고 생각한다. 그러면 우리에게 필요한 약들도 우리에게 어느 점에서는 해를 끼친다면, 우리에게 전혀 당치도 않게 사용될 약들은 무슨 짓을 할 것인가?

　나로서는 별다른 일이 없을 때 약의 맛을 진저리 내는 자들에게는, 그렇게도 마음에 없이 대단한 불편을 느끼는 시간에 약을 삼킨다는 것이 위험한 일이며 해를 끼치는 노력이라고 본다. 그리고 그것은 안정이 필요한 환자에게 엄청나게 무서운 시련을 주는 일이라고 생각한다. 그것 외에도 의사들이 질환의 원인이 거기에 있다고 하는 사정들이라는 것을 고찰해 보건대, 그런 것은 너무나 가볍고도 미묘한 일을 가지고 말하기 때문에, 나는 그것으로 그들의 약을 아주 조금만 잘못 써도 우리에게 대단한 해를 가져올 수 있다고 하는 이론을 세운다.

　의사의 오진이 위험한 것이라면, 우리는 극히 언짢은 처지에 놓인다. 왜냐하면 의사가 오진하지 않는다는 것은 대단히 어려운 일이기 때문이다. 그에게는 계획을 똑바로 맞추어 가기 위해서 상세한 일과 고찰과 사정이 필요하다. 그는 환자의 기질과 기분과 경향과 행동 및 그의 사상 자체와 공상들까지도 알아 두어야 한다. 그는 바깥 사정과 장소의 성질, 공기와 기후의 조건, 유성들의 자리와 그 영향들에 관해서 책임져야 하며, 병에 관해서 그 원인, 징후, 그 결과, 위험한 날들을 알고 있어야 한다. 약에 있어선 그 무게·힘·산지·모양·나이·복용법 등을 알아야 하고, 이 모든 부문들을 조정해서 서로 관련지어 거기서 완전한 균형이 이루어지게 해야 한다. 만일 그가 조금이라도 실수한다면, 또 그 많은 용수철 장치 속에 단 하나가 비뚜로 돈다고 해도, 그것만으로도 우리를 죽이기에 충분하다. 이러한 부분들의 대체를 안다는 것이 얼마나 어려운 일인가는 하느님만이 아신다. 예를 들자면 병이라는 것이 각기 무한수의 징후를 가질 수 있는 바에, 어떻게 그는 그 병의 증세를 발견할 수 있을 것인가? 오줌 검사에 관해서도 그들끼리 얼마나 많은 논쟁과 의문을 가지고 있는가! 그렇지 않다면 우리가 보는 것처럼 병의 진단에 관해서 그들 사이에 일어나는 계속적인 말다툼은 어째서 생기는 것일까? 어떻게 우리는 그들이 그렇게도 자주 수달을 여우로 보는 잘못을 변명해 주어야 할 것인가? 내가 걸렸던 병에서는 그렇게 어려울 것이 별로 없었지만, 나는 그것으로 세 의사의 의견이 합치되는 것을 본 일이 없다. 나는 내게 관계되는 일을 더 즐겁게 주목한다.

최근에 파리에서 한 귀족이 의사들의 진단으로 수술을 받았으나 찾던 돌은 손바닥에서도 방광 속에서도 발견되지 않았다. 이것도 파리에서의 얘기인데, 나와 매우 친한 주교님 한 분은 진찰받던 의사들한테서 수술을 받으라는 간절한 권고를 받았다. 나도 그들 말을 믿고 그에게 수술하라고 설득하는 것을 거들었다. 그가 죽은 뒤, 배 속을 열어 보니 신장밖에는 나쁜 곳이 없었다. 이 병은 어느 점에서 만져 보아도 알 수 있는 만큼, 의사들은 여기에 더 변명을 하지 못한다. 그 때문에 외과 의술은 그 하는 것을 보고 만지고 하기 때문에 훨씬 더 확실한 것으로 생각된다. 여기서는 추측하고 짐작할 거리가 더 적다. 그런데 내과의들은 우리 뇌수와 폐와 간을 드러내 보이는 '모태경(母胎鏡)'을 가지고 있지 않다. 의술의 약속 자체도 얻을 수 없다. 흔히 우리를 한꺼번에 압박해 오는 여러 장애들은 간의 열기와 위의 냉기같이 서로 거의 필연적인 관계를 가지고 있는데, 의술은 이런 장애들에 대비해야 하기 때문에 의사들은 약의 성분을 가지고, 이것은 위를 덥히고 다른 것은 위를 식히며, 하나는 직접 심장으로, 그리고 방광까지 가는 책임을 맡았다. 그런데 그동안 다른 곳에는 아무런 작용도 끼치지 않고, 그 약의 비밀스러운 성분 때문에 투약하는 목적의 일을 할 장소까지, 그 중간에 장애물이 많은 이 먼 길을 그 힘과 효능을 보존해 가는 것이고, 이 다른 성분은 뇌수를 말릴 것이며, 또 하나는 허파를 축일 것이라고 우리들을 설복해 가고 있다.

이런 것을 두루 뭉쳐서 혼합물의 한 음료를 만들어서 이 효능들이 혼돈과 뒤섞임에서 그렇게도 다양한 책임을 수행하러 달려 가느라고 서로 갈라져 선별되어 나간다고 기대하는 것이 일종의 망상이 아니란 말인가? 나는 이 효능들이 그들의 격식을 잃어버리거나 뒤바꾸거나 하며, 혼란시키지나 않을까 무한히 두려워한다. 그리고 이 액체의 혼돈 속에, 그 소질들이 서로 부패되고 혼동되고 변질되지 않으리라고 누가 상상할 수 있을 것인가? 뭐? 이 처분의 조제는 한 다른 의술가의 손에 달려 있으며, 우리는 그의 믿음직하고 착실함을 믿고 그가 제멋대로 생각하게 또 한 번 우리 생명을 맡겨 보는 것이라고?

우리는 옷을 만들어 입는 데 저고리 재봉사와 바지 재봉사가 있듯, 모든 의복을 도맡아 만드는 재봉사에게 시키는 것보다도 각자가 더 제한되고 범위가 좁은 자기 재료와 지식만을 쓰는 재봉사에게 시킬 때 더 좋은 옷을 지어 입는다. 또 음식에서는 세도가들은 더 많은 편익을 얻기 위해서 한 요리부에게 모든 음식의 조리를 맡기면 그만큼 맛좋은 음식을 얻지 못하므로, 음료 요리사와 구운 고기 요리사를 따로따로 거느린다. 마찬가지로 사람을 치료하기 위해서 만병통치식 의사를 배격하고 이 의술을 세분화해서 병마다, 신체의 각 부분마다 전문의가 있게 한 것은 옳은 일이었다. 과연 의사가 그 전문분야만을 보며 치료하기 때문에, 혼란을 일으키지 않고 더 확실하게 다루게 된 것이다.

의사들은 모든 일을 보살피는 자는 아무것도 보살피지 못하는 것이고, 인간 신체라는 이 조그만 우주 전체의 관리는 그들에게는 소화될 수 없다는 것을 알아차리지 못한다. 그들은 환자에게 열을 일으키지 않으려고 이질의 진행을 막기를 두려워하다가, 그들 전부를 뭉쳐 놓은 것보다도 더 값어치 있는 내 친구 하나를 죽였다. 그들은 현재의 질환에 대리해서 그들이 짐작하는 바를 저울질해 보고, 뇌수를 고치려다가 위를 해하지 않으려고 소란스럽고 서로 불화를 일으키는 약을 써서, 위도 해치고 뇌수도 악화시킨다.

이 기술의 추리법이 잡다하고 허약한 것으로 말하면, 다른 어느 기술보다도 더 분명하다. 이뇨하는 물질들은 담석을 앓는 사람에게 유익하다. 그것은 요도를 열어 확대시켜서 요사(尿妙)와 돌을 만드는 끈적끈적한 물질을 밀어내며, 굳어져서 신장 속에 뭉치기 시작하는 물질을 아래로 인도하기 때문이다. 이뇨하는 물질들은 담석증 환자에게 위험하다. 그것은 요도를 열어 확대시킴으로써 요사를 만들기에 적당한 물질을 신장으로 보내며, 신장은 자체에 가진 경향으로 이 요사를 곧잘 붙들어 놓기 때문에, 거기에 실어다 놓은 것을 멈추어 두지 않기가 쉬운 일이 아니다.

그뿐더러 만일 우연히 어떤 물체가 그것을 밖으로 밀어내기 위해서 거쳐야 하는 이런 모퉁이들을 지나는 데 필요한 통로보다 너무 큰 것이 있게 되면, 이 물체는 이런 이뇨하는 물질들 때문에 뒤흔들려서, 좁은 대롱으로 밀려가다가 결국 그 대롱을 틀어막아 환자에게 지극히 괴로운 죽음을 가져올 것이다.

우리가 살아가며 건강 관리를 잘하는 방법에 관해서 그들이 주는 충고에도 똑같은 경직성(硬直性)이 있다.

오줌은 자주 누는 것이 좋다. 오줌을 채워 두다가는 배설물과 찌꺼기를 내려놓고 갈 여유를 주며, 그런 물질들이 방광 속에 돌을 만드는 재료가 된다는 것을 우리는 경험으로 안다.—오줌은 자주 누지 않는 것이 좋다. 왜냐하면 억세게 굴러가는 급류는 그 지나가는 길을 깨끗이 쓸어 나가지만, 순하고 힘 없는 개울물의 흐름이 그렇지 못한 것을 우리가 경험으로 보듯, 오줌이 함께 쓸려 나가는 배설물들은 맹렬한 힘이 없으면 쓸려가지 않을 것이기 때문이다. 마찬가지로 여자와 자주 육체관계를 맺는 것은 좋다. 왜냐하면 그것은 그 통로를 열어서 요사와 돌을 실어 내기 때문이다.—그것 역시 대단히 언짢다. 왜냐하면 그것은 신장을 덮히고 피로케 하여 허약하게 하기 때문이다.

더운물에 목욕하는 것은 모래와 돌이 가라앉는 자리를 느긋하고 부드럽게 만들기 때문에 좋다. 또 외부에서 가해지는 열은, 신장 속에 침전된 물질을 압축시켜 딱딱하게 돌로 만드는 것을 거들기 때문에 역시 나쁘다. 온천에 가 있는 자들은 다음 날 아침에 배 속이 비어서 장애를 받지 않을 때, 그들이 마셔야 하는 물이 작용을 더하도록 저녁 식사는 덜 먹는 편이 건강에 좋다.—그 반대로 점심에 식사를 덜 하는 편이 낫다. 왜냐하면 아직 끝나지 않은 물의 작용을 혼란시키지 말고, 위가 다른 일을 한 다음에 너무 갑자기 부담을 받게 되지 않으며, 음식의 소화는 육체와 정신이 계속적으로 움직여 활동하는 낮보다는 밤에 더 잘할 수 있으니 소화하는 일을 밤에 맡겨 두는 편이 좋기 때문이다.

　이런 꼴로 그들은 모든 추리를 우리의 희생으로 요술을 부리며 부질없이 꾸며 가고 있다. 그리고 그들은 내가 똑같은 힘으로 반대 의견을 세워 볼 수 없는 제언을 하지는 못할 것이다.

　그러니 순순히 자기 욕망이 가리키는 대로 본성이 충고하는 대로 따라가며 일반의 운에 의탁하는 자들을 보고 더 이상 저주하지 말 일이다. 나는 여러 번 여행하는 기회에 기독교 국가권의 유명한 온천장이라고는 거의 모두 돌아보았다. 그리고 몇 해 전부터 이것을 이용하기 시작했다. 나는 온천 요양이 대체로 건강에 좋다고 보며, 옛날에 거의 모든 국민들이 그리 했고, 지금도 여러 나라에서 실천하고 있는 날마다 목욕하는 습관을 잃은 것은 우리 건강에 적지 않은 폐단을 가져온다고 생각한다. 또 우리가 이렇게 몸뚱이에 때가 끼고 땀구멍이 막히게 하는 것이 몸에 훨씬 좋지 못한 일이라고 생각하지 않을 수 없다.

　그리고 무엇보다 온천물을 마시는 것은 조금도 내 구미에 역하지 않았고, 둘째로 이 습관은 자연스럽고 단순하며 쓸데없는 일이라고 해도 적어도 위험하지 않다. 이 점은 수도 없이 다양한 체질을 가진 사람들이 거기에 모여드는 것으로 보아서 보장이 된다고 생각한다. 그리고 거기서 심상치 않은 기적 같은 효험은 본 일이 없다. 도리어 내가 어느 때보다 좀 더 유의해서 살펴본 바에 따르면, 효과에 관해서 이런 고장에 퍼져 있고 거기 사람들이 믿고 있는 모든 소문들은(사람들은 자기가 바라는 것에 쉽사리 속아 넘어가기 때문에) 근거가 박약하고 거짓임을 알았다. 그러나 역시 나는 이 탕치(湯治)로 병이 악화된 사람은 하나도 본 일이 없으며, 몸이 너무 쇠약하면 가지 말라고 권하지만, 그렇지만 않다면 식욕을 돋우고 소화를 쉽게 하고 몸에 어떤 새로운 경쾌감을 준다는 것을 악의를 품지 않고는 부인할 수 없는 일이다. 탕치는 중하게 파괴된 몸을 회복시킬 수는 없으나, 가볍게 기울어진 몸을 부축해 주거나 악화되는 위협에 대비해 줄 수는 있다.

　온천장에 모이는 사람들과 사귀며, 이런 온천이 자리 잡은 고장의 아름다운 풍경에 이끌려서 하는 산책이나 운동 같은 재미를 즐길 수 있을 만큼 몸이 어지간히 쾌활하지 않은 자는 탕치 효과의 가장 좋고 확실한 부분을 누리지 못하는 것이다. 그 때문에 나는 이제까지 프랑스에서는 바네르 온천, 독일과 로레느 국경 지대에는 플롬비에르, 스위스에서는 바덴, 토스카나에서는 루카, 그리고 특히 내가 가장 자주 가서 지낸 델라 빌라 온천 등과 같이 쾌적하고 숙소와 음식과 교제의 편의가 좋은 곳을 택해서 머물며 요양해 왔다.

모든 국민들은 저마다 온천의 용도에 관해서 자기들의 의견이 있으며 그것을 이용하는 데 전혀 다른 법칙과 형식을 가지고 있다. 그리고 내 경험에 의하면, 효과는 거의 같았다. 마시는 것은 독일에서는 전혀 용납되지 않는다. 그들은 모든 질병에 목욕하며 거의 해뜰 무렵부터 해질 때까지 개구리같이 물속에 들어앉아서 산다. 이탈리아에서는 9일 동안 물을 마시며 적어도 30일은 목욕한다. 그리고 그 작용을 돕기 위해서 물에 약을 타서 마신다. 여기서는 물을 소화토록 산책하라고 명령하며, 저기서는 물 마신 자리를 침대로 하여서 배와 발을 줄곧 덥히고 물을 다 소화할 때까지 머무르게 한다. 독일인들은 목욕탕에서 대개가 모두 난자법(亂刺法)과 아울러 깔때기로 빨아서 피를 뽑아 내게 하는 특수한 습관이 있듯, 이탈리아인들은 관수법이라는 습관을 가졌는데, 그것은 대롱으로 더운물을 끌어다가 만들어 놓은 낙수구(落水口)에 가서, 아침에 한 시간, 점심 뒤에 한 시간, 이렇게 한 달 동안 두고 머리나 배 또는 그들이 고치려는 신체의 다른 부분에 물을 맞는 것이다.

모든 나라에는 각기 다른 여러 관습이 수없이 많다. 더 자세히 말하자면, 이런 습관에는 거의 닮은 점이 없다는 것이다. 그러니 내가 단 하나 그 말을 들어 준 의술의 이 부분에서도 그것은 가장 인공적이 아니지만, 역시 이 기술의 다른 부문에서 볼 수 있는 혼란과 불확실성이 그 대부분을 차지하고 있다.

시인들은 더한층 강조와 아담한 풍치를 가지고 그들이 하고 싶은 말을 다하고 있다. 그 증거로 다음 두 편의 풍자시를 보자.

의사 알콘은 어제 주피터의 조각상 맥을 짚었다.
그는 아무리 대리석이라도 의사의 약효를 느꼈다.
이것 봐. 글쎄,
오늘 사람들은 오래 살아온 사원에서 그를 끌어내려

그가 아무리 신이고 대리석이라도 땅에 묻는다. (아우소니우스)

그리고 또 하나는,

안드라고라스는 어제 우리와 유쾌하게 목욕하고 식사했는데
아침에 일어나 보니 죽어 있었다.
이 갑작스러운 죽음의 원인이 무엇인지 알고 싶은가?
그는 꿈에 의사 헤르모크라테스를 보았던 것이다. (마르티알리스)

여기에 관련해서 나는 일화를 두엇 이야기해 보련다.
　드 쇼페느 앙 샬로스 남작과 나는 공동으로 산맥의 아래편에 라옹탕(바스피레네현 오르테군 살리강통에 있는 한 마을)이라고 부르는 지방의 대단히 넓은 면적에 대해서 보호 수익권을 가지고 있다. 그것은 오그루뉴 계곡에 속한다고 부르는 지역 주민들에 대한 것이다. 그들은 자기들만의 생활과 방식·의복·풍습을 가지고 있었다. 그들은 아버지에게서 아들로 이어져 온 특수한 제도와 관습으로 지도받고 다스려졌는데, 자기들의 습관에 대한 존경밖에는 다른 아무런 제약도 받지 않고 거기에 순종하고 있었다. 이 조그만 나라는 오랜 옛날부터 너무나 행복한 조건 아래에 계속되어 왔기 때문에, 이웃 지방의 어느 재판관도 그들의 사건을 심사할 수고를 가져본 일이 없었고, 어느 변호사도 그들에게 고용된 일이 없었으며, 어떠한 외지인도 그들의 싸움을 말려 달라고 부름받아 본 일이 없었고, 이 지역 사람이 구걸하는 것을 본 일이 한 번도 없었다. 그들은 자기들 제도의 순수성을 변질시키지 않으려고 바깥세상과의 연락과 교섭을 피하고 있었다. 그러다가 마침내는 그들이 이야기하는 바에 따르면, 그들의 조상들 기억에 의하면 그들 중의 하나가 마음에 고상한 야심의 자극을 받아서 신용과 명성을 얻게 하려고, 그의 아이들 중의 하나를 장 선생이나 피에르 선생으로 만들어 볼 생각을 가지고, 이웃 도시로 가서 글 쓰는 법을 배우게 해서 마침내 그를 동네의 공증인이 되게 했다. 이자는 도도해져서 그들의 옛 풍습을 경멸하며 그들의 머리에 이쪽 지방의 화려한 풍속을 불어넣기 시작했다. 사건의 시작으로, 그의 친구 중의 하나가 가

진 염소의 뿔을 누가 뽑자, 그에게 근처의 왕실 재판관(王室裁判官)에게 고소하라고 충고했다. 그리고 이 사람 저 사람 할 것 없이 충동해서 모두를 타락시키고 말았다.

이 부패에 바로 이어 다른 일이 하나 닥쳐와서 더 언짢은 결과를 초래했다고 그들은 말하는데, 그것은 어느 의사가 그들의 딸 하나와 결혼하고, 그들의 고장에 와서 살 생각을 가진 데에서 일어난 일이었다. 이자는 먼저 그때까지의 그들의 지식과는 대단히 인연이 먼 열병·감기·종기 등의 이름과 심장·간·창자 등의 위치를 가르쳐 주기 시작했다. 그리고 제아무리 호되고 심한 병이라도 마늘 하나로 모두 고치던 습관 대신, 그들에게 기침이 나거나 감기가 걸려도 괴상한 혼합물을 먹는 버릇을 들이고, 그들의 건강뿐 아니라 죽음을 가지고도 장사를 시작했다. 그들이 맹세하는 말에, 그때부터 그들은 밤이슬을 맞으면 머리가 무거워지고, 몸이 더워진 때에 술 마시면 해롭고, 가을바람은 봄바람보다 더 독하다는 것을 알았으며, 이 의술을 사용한 뒤 전에 걸려 본 일이 없던 병에 시달리게 되었으며, 그들의 옛날의 정력은 퇴락되고, 그들의 생명이 반은 짧아진 것을 알았다는 것이다. 이것이 나의 첫 번 이야기이다.

또 하나는 내 담석증이 발병하기 전의 일이다. 나는 많은 사람들이 염소 수놈의 피를, 마치 최근의 세기에 인간 생명의 보호와 보존을 위해서 하늘이 보내 준 영특한 음식 같이 진중하게 여기며 말하는 것을 보고, 이해력 있는 인물들이 이것을 실수 없이 효험이 있는 경탄할 만한 영약이라고 말하는 것을 들었다. 나는 늘 다른 사람들이 당하는 일은 모두 나도 걸릴 것이라고 생각해 온 터라, 온전한 건강 상태에 있으면서 나도 이 기적으로 몸 단속을 해 둘 생각이 들었다. 그래서 내 집에 숫염소 한 마리를 처방에 따라 기르라고 명령했다.

이 염소는 한여름 가장 더운 달에 끌어내어 식욕을 증진시키는 풀만 먹이고 백포도주만 마시게 해야만 했다.

나는 우연히 그 염소를 잡는 날 집으로 돌아왔다. 사람들이 내게 와서 말하기를, 그 밥통 속에서 굵직한 공이 두서너 개 여물에 섞여서 덜그럭거리는 것을 요리사가 발견했다는 것이다. 나는 호기심이 나서 그 창자를 모두 내 앞으로 가져오라 하고, 그 두텁고 커다란 껍질을 찢어 보게 했다.

거기서 굵은 물체가 세 개 나왔는데, 해면처럼 가볍고 속이 비어 있는 것 같았으며, 거죽은 딱딱하고도 단단했고 여러 가지 둔한 빛깔로 얼룩져 있었다. 하나는 공의 크기로 완전히 둥근 형태이고, 다른 두 개는 조금 적고 둥글기도 불완전하며, 둥글어져 가는 중인 것같이 보였다. 나는 습관으로 이런 짐승을 잡아 보던 자들에게 탐문해 보고, 이것이 드문 일인 것을 알았다.

이 돌은 우리 것과 사촌뻘은 되는 것 같았다. 만일 그렇다면 담석증 환자들이 같은 병으로 죽어 가는 짐승의 피를 먹어 자기 병의 치료를 바라는 것은 아주 쓸데없는 희망일 것이다. 과연 피가 이 병독에 영향을 받지 않고, 그 때문에 여느 때의 효험이 변질되지 않는다고 하는 말은 도저히 믿을 수 없지 않은가? 한 신체 안에서 다른 모든 기관들의 협력과 상호 연락에 의함이 아니면 아무것도 일어나는 것이 없음은 믿을 만하다. 여러 부분의 작용들이 저마다 다르므로, 신체의 한 부분이 다른 부분보다 더 많이 거기에 관여한다고는 하여도 역시 신체는 하나로서 행동하는 것이다. 그러므로 이 염소의 모든 부분에는 돌을 만드는 어떤 소질이 있었다고 보는 것이 그럴듯하다.

내가 이 경험에 호기심을 가진 것은 미래에 대한 공포와 나 자신을 위해서 그랬다기보다도 내 집이나 다른 많은 가정에서 잘 그렇듯, 여자들이 자질구레한 여러 약 나부랭이를 만들어 사람들을 치료한다고 나서는 것을 보았기 때문이다. 이들은 한 가지 처방전으로 50가지는 더 되는 병의 치료에 사용하며, 그 약을 자신들을 위해서 쓰는 일 따위는 없으면서, 그래도 일이 잘되어 가면 기고만장해진다.

어떻든 나는 교훈(전도서에 나오는 문구)에 따라 필요를 위해서 의사를 존경하는 것이 아니고(과연 사람들은 이 문구에 대해서 아더 왕이 의사의 도움을 받는 것을 예언가가 책망하는 다른 한 문구로 대항시키고 있다), 그들 중에 마땅히 사랑받을 만한 점잖은 사람들을 많이 보았기 때문에 그들 자신을 위해서 존경한다. 나는 그들을 원망하는 것이 아니라 그들의 기술을 원망한다. 그리고 그들이 우리의 어리석음을 타서 이득을 올린다고 크게 책망하지 않는다. 왜냐하면 세상일 대부분이 그렇게 되어 있기 때문이다. 그들의 직업보다 값어치가 못하거나 더 대접받는 많은 직업들이 사람들을 기만하는 일밖에 다른 근거를 가지고 있지 않은 것이다. 나는 아플 때 청해 올 수 있으면 그들을 내 옆에 불러 치료해 달라고 청하고,

다른 사람들처럼 값을 치른다. 내가 다른 방식보다는 그렇게 하기를 좋아한다면, 의사들에게 내 몸을 덥게 가리라고 명령하는 권한을 준다.

그들은 내 국물에 넣을 것으로 파와 상추 중에서 자기들 좋은 대로 고르고, 내게 백포도주나 분홍 포도주를 명령할 것이며, 이렇게 내 식욕과 습관에 무관한 일이라면 내게 다른 종류의 일이라도 시킬 수 있다.

나는 이것이 그들에게는 아무 일도 아님을 잘 이해한다. 왜냐하면 고통과 괴이함은 의술의 고유한 본질에 속하는 소질인 까닭이다. 리쿠르고스는 병에 걸린 스파르타인들에게 술을 마시라고 명령했다. 어째서? 그것은 그들이 건강했을 때 술을 싫어했기 때문이다. 그것은 마치 내 이웃에 있는 귀인(貴人)이 천성적으로 술맛을 원수처럼 싫어하기 때문에, 그가 열병에 걸렸을 때 이것을 건강에 대단히 좋은 약으로 사용하는 식이다.

의사들 중에는 내 성미와 같이, 자기들을 위해서는 의약을 경멸하며, 다른 사람들에게 명령하는 것과는 정반대로 자유로운 생활 방식을 취하는 자들이 얼마나 많은가? 그것은 우리의 어리석음을 아주 철면피하게 농락하는 수작이 아니고 무엇인가? 그들은 자기들의 생명과 건강을 우리보다 덜 사랑하고 덜 소중하게 여기는 것이 아니다. 그러니 그들이 의술의 허구성을 모르고 있다면, 그 실천을 그들의 학설과 부합시켜야 할 일이 아닌가.

우리가 이렇게 앞을 못 보게 되는 것은 죽음과 고통을 두려워하고, 아픔을 참아 내지 못하여 치유되기를 맹렬히 갈망하기 때문이다. 우리의 믿음을 그렇게 무르고 조종되기 쉽게 만드는 것은 순수한 비굴성에서 나온다.

그렇지만 사람들 대다수는 의술의 도움은 받지만 믿지는 않는다. 나는 그들이 불평하며 의술에 관해서 우리처럼 말하는 것을 듣는다. 그러나 그들은 결국, "하지만 어쩔 수 없으니까" 하고 결론짓는다. 마치 참을성보다는 조바심이 어느 점에서 더 나은 치료법이라는 식이다.

이렇게 가련하게 굴복당해 가는 자들 중에 다른 종류의 사기에도 똑같이 넘어가지 않는 예가 하나라도 있던가? 아무라도 뻔뻔스럽게 자기 병을 고쳐 주겠다고 약속할 때에 그자의 수중에 넘어가지 않을 자 있는가?

바빌로니아 사람들은 병자들을 장터에 데려다 놓는다. 국민들이 의사였다. 지나가는 사람이 각기 인간애와 예절을 가지고 병자의 용태를 물어보며, 자기 경험대로 유익한 조언을 주는 것이었다. 우리도 그들과 별로 달리 하는 것이 없다.

어느 바보 같은 변변찮은 마누라가 중얼거리는 어떤 예방 따위도 우리는 이용하지 않는 것이 없다. 그리고 내 심정으로는 의료법을 하나쯤 받아들이기라면, 나는 숫제 이 의료법을 다른 것보다도 더 기꺼이 받아들이겠다. 그런 것으로는 적어도 무슨 손해를 입을 위험은 없기 때문이다.

호메로스와 플라톤이 이집트 사람들은 모두가 의사였다고 말한 것은, 모든 민족을 두고 말할 수 있다. 자기는 믿고 싶지 않아도 이웃 사람에게는 처방전의 효력을 떠들어 대며 시험해 보려고 들지 않는 사람이 없다.

지난번에 어느 모임에 갔더니 나와 같은 증세를 가진 한 사나이가 백 가지 남짓 되는 재료를 빻아서 만든 일종의 환약이 있다는 소식을 알려 주었다. 이에 모두 환호하며 이상한 위안을 느꼈다. 어느 바윗돌이라고 이 많은 포열(砲列)의 공격에 지탱해 낼 수 있을 것인가? 그렇지만 나는 이 약을 써 본 자들에게서 그것으로 모래알 하나 까딱 않더라는 말을 들었다.

나는 의사들이 자기 약의 확실성을 보장하려고, 그들이 시험해 본 경험담에 대해서 또 한마디 하지 않고는 이 종잇장에서 물러날 수 없다. 의약의 효능 대부분은, 내 생각으로는 그 3분의 2는 약초의 정수와 그 숨겨진 소질에서 오는 것인데, 이 소질에 관해서 우리는 먼저 사용하는 것밖에 다른 지식을 얻을 수가 없다. 왜냐하면 정수라는 것은 우리가 이성으로 그 이유를 캐어 볼 수 없는 소질이기 때문이다. 이러한 증거에서 의사들이 어느 귀신이 주는 영감을 받았다고 말하는 것을, 나는 그대로 받아들여 만족한다.(왜냐하면 나는 기적 같은 것에는 결코 손을 대지 않기 때문이다.) 또 다른 고찰에서 흔히 우리가 사용하게 되는 사물들에서 끌어낸 증거들로, 예를 들면 우리가 습관으로 옷을 만들어 입는 양털은 발꿈치의 동상을 고쳐 주도록 건조시키는 숨은 효과가 우연히 발전했고, 또 우리가 식사 때 쓰는 부추에는 식욕을 돋우는 작용이 있었다는 것 등은 나도 인정한다. 갈레노스의 이야기에 한 문둥이가 술을 마신 덕택에 병이 나았다는데, 알고 봤더니 우연히 독사 한 마리가 그 술독에 기어들어갔더라는 것이다. 우리는 이 예에서, 마치 의사들이 짐승들의 하는 예를 보고 실험해 볼 생각이 났다고 말하는 식으로, 이러한 경험에 유사한 방법 수단을 발견한다.

  그러나 의사들이 어떤 운으로 찾아내었는지, 우연 이외에 다른 지도를 받지 않았다고 말하는 대부분의 다른 경험에서는, 그 조사 과정이 믿을 수 없다고 생각한다. 나는 인간이 자기 주위에 식물·동물·금속 등 무한한 사물들을 관찰하는 것을 상상해 본다. 과연 그는 어디서부터 그의 실험을 시작할까? 그의 첫째 번 공상에 사슴의 뿔이 떠올라서 거기에 무슨 효력이 있다고 생각하며, 극히 빈약하고 안이함으로 믿어 볼 때, 그는 둘째 번 행동을 어찌할 것인지 역시 당혹해지고 만다. 그에게는 하고많은 질병과 증상들이 나타나기 때문에, 자기 실험을 완전하게 끝맺기 전에, 인간의 지각은 그 실마리를 놓쳐 버린다. 그래서 이 무한수의 사물들 중에서 녹용이 제일 잘 듣는다든가, 하고많은 질병들 중에서 간질병에 제일 잘 듣는다든가, 하고많은 체질들 중에서 우울증에, 계절들 중엔 겨울에, 국민들 중엔 프랑스인에게, 나이 중엔 노령에, 천체의 변천 중엔 금성과 토성이 맺는 때, 신체의 부분들 중엔 손가락에 특히 좋다든가 하는 것을 발견하기 전에 막혀 버린다. 이 모든 것에서 어느 논법이나 추측이나 실례나 거룩한 영감으로 지도되는 것도 아니고, 단지 한 운의 움직임만으로 지도된다니, 그것은 기술적이고 정규적이고 방법적인 운이라야 할 일이다. 그리고 병이 치유되었다고 해도 그것은 그 병의 끝장에 왔거나, 또는 우연의 결과이거나, 또는 그가 그날 먹었거나 마셨거나 만져 본 다른 사물의 작용에 의했거나, 또는 그의 할머니가 기도를 올려 준 덕택이 아니었다고 어떻게 자신 있게 말할 수 있을 것인가? 그뿐더러 이 증거가 완벽하다고 해도 몇 번이나 그것이 반복되어 본 것이던가? 거기서 한 규칙을 결론지어 보려면 운과 우연의 일치가 쥐어진 일련의 경험은 몇 번이나 반복되어야 할 것인가?

  이 규칙이 결정될 때 그것은 누가 정할 것인가? 백만의 수가 얼마나 겹친지 모르는 인간들 중에, 자기 경험을 기록해 둘 생각을 하는 자는 세 사람 있을까 말까 하다. 운이 마침 그들 중의 하나에 부딪쳤단 말인가? 뭐? 만일 한 다른 자가, 다른 백 명이 반대의 경험을 해 보았다면? 인간들의 모든 판단과 추리가 우리에게 알려져 있다면, 아마도 우리는 어느 광명을 찾아볼 것이다. 그러나 세 명의 증인, 그리고 이 세 명의 의사가 인류를 지배하다니, 당치 않은 일이다. 그러자면 인간성이 그들을 택해서 대표로 정하고, 명백한 위임 행위로써 심판자로 택하고 선언했어야 할 일이다.

* * *

드 뒤라 부인에게

부인, 부인께서는 전번에 저를 찾아와 주셨을 때 내가 여기까지 써 온 것을 보셨습니다. 이 보잘것없는 글이 어느 날 부인 손에 들어갈 수도 있는 일이기 때문에, 부인께서 이 작품에 베풀어 주실 은총을 그 작가가 대단한 영광으로 느끼고 있는 표정을 이 작품이 지니고 있기를 바랍니다. 부인께서는 여기서 그 작가와 대화할 때 보던, 바로 그 자세와 풍모를 알아보실 것입니다. 내가 보통의 자세보다 다른 방식을, 그리고 더 명예롭고 더 나은 형식을 취할 수 있었다 해도 나는 그것을 취하지 않았을 것입니다.

왜냐하면 나는 이 문장에서 그저 부인의 기억 내에 있는 대로만을 묘사하고 싶기 때문입니다. 부인께서 저와 사귀어 보시고 그 값어치 이상의 과하신 영광과 범절로 용납해 주신 바로 그 조건과 소질들을, 변경 없이 내가 세상을 뜬 뒤에도 몇 해고 또 며칠이고 지속될 수 있게 견고한 형태로 여기에 담아 두고 싶습니다. 그래서 부인께서 이 작가의 기억을 새로이 해 볼 생각이 드실 때에는 애써 생각해 내는 수고를 하지 않아도 여기에서 그런 것을 찾아보실 것입니다. 그리고 역시 그렇게 할 가치도 없는 일입니다. 나는 부인께서 제게 은총을 주시던 바로 그 소질로 부인께서 우정의 은총을 계속 베풀어 주시기 바라옵니다. 나는 살아서보다 죽은 뒤에 내가 더 사랑받고 존중받기를 조금도 바라지 않습니다.

티베리우스 황제의 심정은 우습습니다. 그러나 흔히 있는 일입니다. 그는 자기 시대 사람들에게 존경받고 좋게 보이려는 생각보다는 장래에 명성을 연장시킬 걱정이 더 컸으니까요.

내가, 세상이 칭찬해 주어야 할 의무를 질 수 있는 사람들의 축에 든다 하여도, 나는 그것을 당겨서 치러 주기를 요구하고, 다음의 의무는 말소해 주겠습니다. 그 칭찬은 길게 끄는 것보다는 속이 차고, 지속하기보다는 더 충만하게 서둘러서 내 주위에 뭉쳐 쌓아 줄 일입니다. 그리고 내 지각이 사라지고 동시에 그 달콤한 음성이 내 귀에 울려오지 않을 때에는 이 칭찬도 과감하게 사라져 버릴 것입니다.

내가 사람들과의 교섭을 포기하려는 이 시간에, 새로 나를 추천해서 그들 앞에 내놓는다는 것은 어리석은 심정일 것입니다. 나는 살아가는 데 쓸모없는 보배에는 결코 영수증을 떼어 주지 않습니다. 내가 어떠한 자이건, 나는 종잇장으로 된 일보다는 다른 일로 받고 싶습니다. 내 기술과 기교는 나 자신을 더 가치 있게 하는 데에 사용되었습니다. 내 공부는 행할 줄 알기 위함이지, 글 쓰기 위한 것이 아닙니다. 나는 내 인생을 만드는 데 온 노력을 기울였습니다. 이것이 내 직분이고 내 사업입니다. 나는 다른 일꾼은 되어도 책 만드는 일꾼은 아닙니다. 나는 현재의 본질적인 편익에 소용되기 위해서 능력을 바란 것이지, 내 후계자들에게 저축과 예비 재산을 쌓아 주려고 한 것은 아닙니다.

어떠한 장점을 가진 자는 그것을 자기 행동 습관에, 여느 때의 말과 행동에, 사랑하거나 싸우는 행동에, 놀음에, 잠자리에, 식탁에, 자기 일처리에, 자기 집 세간살이에 드러낼 것입니다. 내가 보는 바 추레한 잠방이를 입고 좋은 책을 지어 내는 자들은, 내 말을 믿었더라면 먼저 잠방이를 만들어 입었을 것입니다. 스파르타인에게 훌륭한 군인보다 훌륭한 수사학자가 되고 싶은가를 물어보십시오. 나는 그러지 않겠습니다. 내게 밥을 차려 주는 자가 없다면 차라리 익숙한 요리사가 되겠습니다.

정말입니다! 부인, 글 쓰는 데는 유능한 인간이고, 다른 데서는 쓸모없는 바보 인간이라는 따위의 칭찬을 내가 얼마나 싫어하는지요. 나는 내 능력을 사용할 자리를 그렇게 못나게 골라잡았다기보다는 차라리 여기저기서 바보로 통하는 것이 더 좋습니다. 나는 이런 어리석은 수작으로 어떤 새로운 명예를 얻으려고 기대할 생각은 전혀 없습니다. 그것 때문에 내가 조금이나마 얻어 놓은 소득을 아무것도 잃지나 않으면 아주 잘하는 일일 것입니다. 과연 죽어서 말이 없어진 이 초상은 내 자연의 존재에서 무엇인가를 빼내 버리고 있을 것이고, 이 묘사는 가장 좋던 상태와는 관련이 없고, 초기의 정력과 유쾌성이 많이 시들어 떨어진 나를 표시하는 것입니다. 나는 지금 그릇의 밑창에서 바닥과 찌꺼기 냄새를 피웁니다.

그뿐더러 부인, 나는 바로 의술책 작가들에 의해 지도된 것이 아니었더라면, 부인과 하고많은 다른 분들이 의술을 사용하는 것에, 감히 이렇게 과감하게 의술의 진미를 뒤흔들어 놓지는 않았을 것입니다. 나는 그들이 두 명의 고대 라틴 작가 플리니우스와 켈수스만 생각해 보아도 충분하다고 생각합니다. 부인께서 어느 날 그것을 읽어 보시면, 그들은 내가 하는 것보다 훨씬 더 호되게 그들의 기술을 다루고 있음을 보실 것입니다.

  나는 꼬집기밖에 하지 않는데, 그들은 의술의 목을 자릅니다. 플리니우스는 다른 일 중에도 의사들이 아무 쓸모없는 의약과 섭생법으로 환자들을 뒤흔들어 괴롭히다가 속수무책으로 되었을 때는 훌륭한 도피 수단으로, 어떤 자들은 축복기도와 기적을 받으러 보내고, 어떤 자들은 온천장으로 내보내는 수작을 발명해 낸 사실을 조소하고 있습니다.(노하지 마세요, 부인, 이것은 댁의 보호하에 있고 모두 그라몽의 소유인 산 이쪽의 온천장들을 두고 하는 말이 아닙니다.) 그들은 우리를 자기들 옆에서 쫓아 버리고 그렇게 오랫동안 지배해 오다가, 더 이상 우리들을 다루어 볼 술책이 남아 있지 않았을 때, 우리 병을 조금도 고쳐 주지 못했다는 책망을 면하기 위한 도피 수단을 가졌습니다. 그것은 어느 다른 나라로 좋은 공기를 찾아가라는 것입니다.

  부인, 이것으로 넉넉합니다. 부인께서는 정녕 부인과 이야기하려고 잠깐 제쳐 둔 이야기 줄기를 내가 다시 잡아가도록 용서해 주실 것입니다.

＊＊＊

  페리클레스가 한 일이라고 나는 생각하는데, 누가 그에게 어떻게 지내느냐고 물어보자, 그는 팔과 목에 매단 부적을 보이면서 말했다. "그대는 이것으로 판단할 수 있소." 그는 자기가 이런 헛된 사물들의 도움을 받으려고 그런 식으로 몸치장할 지경에까지 이른 이상, 자기가 상당히 병들어 있다는 사실을 말하려고 했던 것이다. 나는 어느 날 내 생명과 건강을 의사들이 마음대로 하게 그들의 지도에 맡겨 두는 우스운 생각을 갖게 될 수 없다고 말하는 것은 아니다. 나도 이런 잠꼬대에 빠질 수는 있다. 나는 장래의 내 견고성에 대해서 책임질 수는 없다. 그러나 그때라도 누가 나에게 어떻게 지내느냐고 물어본다면, 나도 페리클레스처럼 내 손에 든 6드라크마의 아편을 보여주며, "그대는 이것으로 판단할 수 있소" 하고 말할 수 있을 것이다. 그것은 맹렬한 질병에 걸린 아주 분명한 표정이 될 것이다. 그때에는 내 판단력이 극심하게 착란되어 있을 것이다.

만일 조바심과 공포증이 그 정도로 내게 승리를 얻었다면, 내 마음이 열병에 걸렸다고 결론지을 수 있을 것이다.

나는 수고해 가며 충분히 이해하지도 못하는 이 원칙을 옹호하여 왔다. 그것은 이 원칙이 단지 어리석고 당돌한 경향에서 나온 것이 아니고, 좀 더 형태를 갖추게 하기 위한 일이며, 내 질병이 나를 압박할 때 사람들이 하는 권유나 위협에 대항해서 내가 확고하게 처신하는 것을 보는 사람들이 이것을 단순한 고집불통이라고 생각하지 않게 하기 위해서, 그리고 혹시 이것이 허영심의 자극을 받아서 하는 일이라고 판단할 정도로 몰지각한 자가 있을까 해서, 내 조상에게서 물려받은 성벽으로 약과 우리 의술의 실천에 대해서 반발하는 타고난 경향을 좀 지지하고 강화하려고 하는 일이다. 그것은 내가 내 정원사나 내 나귀몰이와 공통으로 가진 행동에서 명예를 끌어내리는 일이니, 진정 잘 노린 욕심일 것이다! 나는 건강과 같은 그 견실하고 살 붙고 가장 중요하고 본질적인 쾌락을 공상적이고 정신적인, 바람과 같은 쾌락과 바꾸려고 할 정도로 내 마음이 부풀어올랐거나 바람이 차 있는 것은 아니다. 영광은 에이몽의 네 아들들의 영광이라고 해도, 그 때문에 담석증을 세 번이나 심하게 겪어야 한다면, 내 기분과 같은 사람에게는 너무나 비싸게 사들이는 것이 된다. 무엇보다도 건강을!

우리들 의술을 애호하는 자들은 역시 그들대로의 양호하고 위대하고 강력한 고찰을 할 수 있다. 나는 나와 반대되는 사상들을 미워하지 않는다. 나는 내 판단력이 남의 것들과 합치되지 않는 것을 본다고 겁을 내거나, 그리고 사람들의 방향과 파당이 나와 다르다고 해서 사람들과의 교제에 서로 통하지 않고 지낼 생각은 해 본 적이 없다. 그 반대로 다양성이란 자연이 좇는 가장 전반적인 방식이며, 정신은 더 부드럽고 더 많은 형태를 받아들일 수 있는 물질로 되어 있다. 이 다양성은 육체보다 정신에 더 많기 때문에 나는 우리 기분과 의도가 합치하는 것을 보는 일이 더 드물다고 생각한다. 그래서 세상에 두 의견이 똑같아 본 일이 결코 없었던 것은 털 두 개와 씨앗 두 낱알이 똑같아 본 일이 없는 것과 같은 이치이다. 의견의 가장 보편적인 성질, 그것은 다양성이다.

제3권

1
유용성과 정직성에 대하여

부질없는 말을 하지 않는 사람이라고는 없다. 그것을 진심으로 말하는 데에서 불행이 나온다.

> 확실히 그는 극히 어리석은 말을 하려고
> 굉장히 애쓴다. (테렌티우스)

그것은 내게는 상관이 없다. 부질없는 소리는 그 가치만큼 멍청하게 나온다. 그렇기 때문에 좋다. 그것이 값어치가 없으니만큼 나는 바로 치워 버릴 것이다. 나는 그 무게 이상은 사지도 팔지도 않는다. 아무나 만나는 사람과 말하듯, 종이에다 대고 말한다. 그것이 진담인 것은 다음 글이 증명한다.

세상에 누가 배신을 미워하지 않을 것인가? 바로 티베리우스가 자기에게 중대한 이해관계에 매여 있는데도, 이 배신을 거절하던 중에 그는 자기가 좋다고만 하면 아리미니우스를 독살해 버리겠다고 하는 독일에서 보내온 통지를 받았다 (이자는 로마인들의 가장 강력한 적이며 바루스 지휘하의 그들 군대에게 호된 꼴을 보였고, 그 혼자만이 이 나라에서 티베리우스의 지배권이 증대하는 것을 방해했던 인물이다). 그는 대답하기를, 로마인은 사기 수단을 써 가며 숨어서 하는 것이 아니라 공개적으로 무기를 손에 들고 그들의 적에게 복수하는 것이 관습으로 되어 있다고 했다. 그는 명예를 위해서 유용성을 버렸다.

'그는 당돌한 사람이었다'고 그대는 말하리라. 그럴지도 모른다. 그것은 이런 직업을 가진 자에게는 대단한 기적일 것도 없다. 그러나 도덕을 증오하는 자의 입에서도 도덕은 자연스레 고백된다. 진실은 그의 입으로 도덕을 강제로 말하게 하며, 그가 자기 도덕을 인정할 생각이 없어도, 적으나마 자신을 장식하기 위해서 도덕의 탈을 뒤집어쓰니까 말이다.

우리는 공적으로나 사적으로나 불완전한 것으로 가득 차 있다. 그러나 본성에 불필요한 것은 하나도 없다. 불필요한 것까지도 필요하다. 이 우주에는 저마다 적합한 자리에 있지 않은 것은 아무것도 개입되어 있지 않다. 우리의 존재는 병적인 소질들로 굳어져 있다. 야심·질투·시기심·복수·미신·절망 등을 아주 자연스럽게 우리들 속에 가지고 있기 때문에, 우리는 이런 모습이 짐승들에게도 있음을 알아본다. 극히 변질된 악덕인 잔인성 역시 그렇다. 왜냐하면 우리는 동정심을 느끼는 중에도 그 속에 남이 고통받는 것을 보는 심술궂은 쾌감의 시큼달콤한 꼬투리를 느끼기 때문이다. 어린아이들도 이것을 느낀다.

> 폭풍우 속의 바람이 파도를 뒤집어엎을 때
> 해안에 서서 남이 난파하는 모습을 보기란
> 즐거운 일이다. (루크레티우스)

인간에게서 이런 성질의 씨를 없애는 자는 우리 생명의 기초적인 조건들까지도 파괴하게 될 것이다. 마찬가지로 정치에는 더러울 뿐 아니라 악덕이 되는 일도 필요한 경우가 있다. 마치 독약이 우리 건강을 보존하는 데 필요하듯, 악덕들은 거기에 제 지위를 차지하며, 우리 사이의 연결을 맺어 주는 일을 한다. 이런 인간들은 우리에게 필요한 일들을 하며, 사람들의 필요 때문에 그들의 진실한 소질이 없어지는 이상, 그런대로 용서될 수 있다고 하여도 그것은 옛날에 자기들 나라의 안녕을 위해서 생명을 희생시키던 자들처럼 두려움이 적고 더한층 강력해서, 자기들의 명예와 양심을 저버릴 수 있는 시민들에게 이 역할은 맡겨 둬야 한다. 마음이 더 약한 우리는 더 쉽고 위험이 적은 역할을 맡아 본다. 공익상의 이유로 배신하고, 거짓말하고, 학살하는 사람도 있어야 한다. 이런 사명은 좀 더 복종을 잘하고 잘 굽히는 사람들에게 맡겨 두자.

정말 나는 곧잘 재판관들이 죄를 용서하거나 무슨 혜택을 준다는 사기로 거짓 희망을 갖게 하며, 죄인들에게서 범죄 사실을 알아내려고 체면 없이 속임수를 쓰는 것을 보고 울분을 느꼈다. 나로서는 그와는 다르게 더 적합한 방법을 찾아 주는 편이 정의를 위해서 이 속임수를 인정한 플라톤을 섬기는 일도 될 것이다.

이것은 심술궂은 정의이다. 그것은 다른 사람에 의해서뿐 아니라 그 자체로써도 해가 되는 일이라고 생각한다. 얼마 전에 나는 어떤 개인을 위하여 왕을 속일 수는 없을 것이며, 그렇다고 해서 왕을 위해 한 개인을 속이기도 내게는 대단히 괴로운 일이며, 나는 속이기를 싫어할 뿐 아니라 남이 나로 인해서 속는 것을 보기도 싫어한다고 대답했다. 나는 그런 일에는 단지 재료나 기회조차도 제공하고 싶지 않다.

오늘날 우리를 찢고 있는 분열과 하부 분열에서 변변찮게 내가 왕들 사이를 절충하는 교섭을 맡게 되었을 때, 나는 그들이 나를 오해하거나 내 겉모습에 속아 넘어가게 하는 일은 조심스레 피했다. 직업인들은 될 수 있는 대로 자기 속을 감추고 가능한 한 절도 있고 화해적인 태도를 꾸며 보인다. 나는 내 사상을 아주 생생하고 독특한 형식으로 내놓는다. 자신을 속이기보다는 일이 실패하는 편을 좋아하다니, 상냥한 마음씨의 풋내기 교섭자로다! 이 방법은 지금까지는 아주 운이 좋아서(정말 운이 편들어 주었다) 나만큼 의심을 받지 않고 많은 호의와 친밀감을 가지고, 이편저편에 연락을 지어 본 사람도 드물었다.[1]

나는 사람과 처음 사귈 때부터 남의 마음속에 스며들고 그 신용을 받는, 터놓은 방식을 취한다. 순박성과 순수한 진실은 어느 시대에도 행운을 가지고 통용된다. 그리고 이런 자들이 아무 이해관계 없이 자유로이 하는 행동은 흉하게 보이지도 않고 의심받는 일이 드물다. 그들은 말투가 거칠다고 불평하는 아테네인들에게, 히페리데스가 "여러분, 내 말이 독설인 점만을 생각지 말고, 내가 이로써 아무것도 얻는 것이 없고, 이것으로 내 일에 보상을 받을 생각 없이 자유로이 말

---

[1] 이것은 1584년경에 플레 평화 조약이 결렬되고 구교의 리그와 신교도 사이에 적대 관계가 재연되었을 때 몽테뉴가 협상의 노고를 맡고 나섰던 일을 가리킨다. 그때에 그는 한편에는 신교도 뒤플레시 모르네, 다른 편에는 왕명에 의한 귀엔 지방 총대관 마티뇽 원수와 서신을 교환하고 있었다.

한다는 점을 보아 주시오" 하고 대답한 방식을 사용할 수 있다.

내 자유는 그것이 생기 있기 때문에, 그리고 내 태도에 태연한 순박성이 분명하게 드러났기 때문에, 아무리 중대하고 힘든 말이라도 당사자가 없는 자리에서도 그보다 더 나쁘게 말할 수는 없을 정도로 무엇이든지 사정없이 말하며, 내가 꾸며 댄다는 의심을 쉽사리 면할 수 있었다. 나는 행동하면 행동 자체밖에 다른 성과를 요구하지 않는다. 그리고 거기에 다른 어떤 계획이나 뒷일을 붙여서 생각하지 않는다. 행동 하나하나가 따로 제 구실을 한다. 될 수 있으면 정통에 들어맞아야지!

그뿐더러 나는 세력가들에 대한 증오심이나 애착심에 몸이 달지 않는다. 그리고 어느 개인의 모욕이나 은혜 때문에 내 의지가 구속받지 않는다.

나는 시민이 가져야 할 정당한 애정을 가지고 우리 왕들을 보며, 개인적인 이해관계로 끌리거나 비위가 달라지는 일이 없다. 그 점에서는 내 마음씨가 무척 고맙다. 일반적인 정당한 원칙 따위에도 내게 무슨 열을 올리는 일이 없이 절도 외에는 마음을 쓰지 않는다. 나는 어떤 사상에 내적으로 침투되어서 마음이 매여 지내는 일이 없다. 분노와 증오는 정의의 의무에서 벗어난다. 그런 것은 다만 이성으로 의무를 잘 지키지 못하는 자들에게만 소용되는 정열이다. 모든 정당하고 공명한 의지는 그 자체가 고르고 절도 있다. 그렇지 못하면 그것은 부당하게 선동적인 행동으로 흐른다. 그래서 나는 어디서나 머리를 높이 쳐들며 마음을 터놓고 지낸다.

사실 이런 것을 고백해도 무방하지만, 나는 늙은 할머니의 의향에 따라서, 필요하다면 생 미셸에 촛불 하나 켜 올리고, 또 하나는 그의 뱀에게 켜 올리련다. 나는 불에 타 죽어도 좋으니 옳은 편을 들겠다. 그러나 구태여 타 죽겠다는 말은 아니다. 필요하다면 이 몽테뉴 가의 성(姓)이 나라의 멸망과 함께 스러져 버려도 좋다. 그럴 필요가 없다면, 이 성을 구제해 준 일로 운명의 신에게 감사할 것이다. 내 의무가 내게 밧줄을 던져 준다면, 나는 이 성의 보존에 그것을 사용할 것이다. 아티쿠스는 정당한 파에 속했다가 그 파가 패하고 수많은 변혁과 분열 때문에 세상 전체가 망하며 부서지는 판에도 절도 있는 처신으로 화를 면한 것이 아니던가?

그와 같은 개인에게는 더욱 쉽다. 그리고 이런 종류의 일에는 자청해서 들어갈 야심을 갖지 않는 것도 정당하다고 본다. 나라가 동란에 빠지고 국민이 분열되어 있는 마당에 박쥐같이 휘뚝거리며 마음이 어느 편으로 움직이지도 기울어지지도 않는다는 것을 나는 훌륭하다거나 명예롭다고 보지 않는다. "그것은 중도를 취함이 아니다. 그것은 어느 길도 취함이 아니다. 그것은 운의 편으로 넘어가기 위해서 사건을 기다려 보는 태도이다."(티투스 리비우스)

그것이 이웃 나라 일이라면 무방하다. 시라쿠사의 폭군 겔론은 그리스인들에 대한 외국인들의 전쟁 때에, 승리하는 편과 때맞춰서 타협하려 했다. 그는 운이 어느 편으로 기우는가를 망보게 하기 위해서 사신에게 선물을 지워 델포이 신전에 보내 놓고는, 마음을 분명하게 정하기를 망설이고 있었다. 그러나 이런 태도는 자신이 매여 있는 국내 사정에서 심사숙려하여 불가피하게 어느 편을 들어야 할 경우에 쓴다면, 일종의 배신 행위가 될 것이다. 그러나 너무 서두르지 않는 태도는 자기에게 급박한 어느 책임도, 명백한 지휘권도 없는 처지에서는 외국인에 대한 전쟁의 경우보다는 설명될 수 있는 일이라고 본다. 그런데 이 외국과의 전쟁에는 우리 법률로는 자기가 원치 않으면 참가하지 않아도 좋게 되어 있다(그렇지만 나는 내 자신을 위해서 이런 변명을 쓰지는 않는다). 그러나 거기에 참여하는 자들이라도 폭풍우가 손해를 끼치는 일 없이 머리 위로 지나가게 두도록 질서와 절도를 지키며 처신할 수 있다.

오를레앙 주교님인 고(故) 모르빌리에 경[2]의 경우에도 우리는 당연하게 그런 형편을 기대했던 것이 아니던가? 나는 지금 이 시대에, 당장 용감하게 싸우고 있는 자들 중에도 그 몸가짐이 공평하고 상냥하며, 세상 운의 변천과 성쇠가 어떻게 되든 간에 끝까지 살아남을 만한 분들을 알고 있다.

나는 왕들과 맞서 싸우는 것은 왕들의 할 일이라고 생각하며, 자기 분수에 맞지 않는 싸움에 들떠서 대드는 자들을 비웃는다. 사람은 자기 명예와 의무를 위해서라도 한 왕에게 개인적인 싸움을 걸며 공개적으로 용감하게 대들지는 않는다. 그가 이런 인물을 좋아하지 않는다 해도 그는 더 잘 처신한다. 그는 상대를

---

[2] 장 드 모르빌리에는 르카토 캉브레지조약 협상과 트렌트 공의회에 참가했으며, 명확치 않은 성격으로 신교도에 아주 유화적인 태도를 보였다.

존경한다. 특히 법률의 권위와 예로부터 지금까지의 질서를 수호하는 일은, 개인의 생각으로 그것을 문란하게 하고 있는 자들까지도 그 수호자들을 존경하지는 않을망정, 그들을 변명하여 주고 있다.

그러나(우리가 날마다 하듯이) 개인적 관심과 정열에서 나오는 마음속의 앙심과 원한을 의무라고 불러서는 안 되며, 악의와 배신에 찬 행위를 용기라고 불러서도 안 된다. 그들은 악의와 폭력으로 향하는 마음을 열성이라고 부른다. 그들은 대의명분이 아니라 사리사욕 때문에 열을 올린다. 그들은 전쟁이 정당하기 때문이 아니라 전쟁을 위해서 전쟁을 도발한다.

서로 적대 관계에 있는 사이라도 편안하게, 그리고 믿음직하고 착실하게 행세하지 못하도록 막는 것은 없다. 이런 경우 모든 면에서 똑같은 심정으로 대할 수는 없을망정(왜냐하면 심정에는 저마다 차이가 있기 때문이다) 적어도 절도 있는 심정으로 대하며, 한 편이 그대에게 모든 것을 요구해 오지 못하도록 하는 태도를 취해야 한다. 그리고 그들의 호의는 어지간한 정도로 받아 두며, 흐린 물속에서 무엇을 낚아 내려고 하지 말고, 흘려보내야 한다.

또는 이와는 다르게 이편이나 저편으로 전력을 다해서 가담하는 태도는, 양심이라기보다도 조심성이 부족한 탓이다. 그대가 한 편을 위해서 다른 편을 배반하는 경우가 있다고 하자. 이제까지 그와도 좋게 지내 왔기 때문에 그대가 편들어 준 자라도, 그는 그대가 자기에게도 그렇게 대할 수 있다고 생각하는 것이 당연하지 않는가? 그는 그대를 악인으로 생각한다. 그리고 그는 그대의 말을 듣고 그대에게서 필요한 것을 끌어내며, 그대의 믿음직하지 못한 점을 이용해서 자기 일을 처리한다. 왜냐하면 이중인격자는 그들에게 유용한 일을 하기 때문이다. 그러나 그런 자들이 그대에게서 얻어 가는 것을 최소한도로 막으려고 조심해야 한다.

나는 제때 다른 편에도 어조만 좀 바꾸어서 말할 수 있는 것밖에는 한 편에도 말해 주지 않는다. 그리고 상관없거나 다 아는 일이거나, 양편에 다 필요한 일밖에 알려 주지 않는다. 내가 그들을 속여 가며 해도 좋다고 생각할 정도로 유용한 일이란 아무것도 없다. 내게 침묵을 지켜 달라고 맡겨진 일은 나는 조심스레 입에 담아 둔다. 그러나 될 수 있으면 나는 숨겨 두어야 할 일을 받지 않는다. 왕들의 비밀이란, 그것이 자기에게 아무 소용없는 자에게는 귀찮은 보관품이다. 나는 내게 맡기지 않으려면 아무쪼록 나를 믿어 주지 말고, 내게 맡기는 것은 전적으로 믿어 달라고 흥정한다. 나는 이렇게 해도 필요 이상의 일을 알게 되었다.

내가 터놓고 말하면, 상대편도 터놓고 말하게 된다. 그리고 마치 술이나 사랑과 같이 그의 속내를 밖으로 끌어 낸다.

리지마코스왕이 "내가 가진 무엇을 그대에게 줄까?" 하고 말하니, 필리피데스는 "그대의 비밀 외에는 아무것이라도 좋소"라고 현명하게 대답했다. 사람은 자기에게 무슨 일을 시키면 그 내용을 숨겨 두고 그 뒷면의 뜻을 알려 주지 않으면, 누구나 다 불평을 품는다. 나로서는 내가 해 주기를 바라는 일의 내용이 무엇인지 말해 주지 않아도 만족한다. 그리고 내가 아는 것이 내가 말할 수 없을 만큼 넘치며, 말에 제약받게 되는 일은 바라지 않는다. 내가 속임수의 도구로써 사용되더라도, 적어도 내 양심은 속이지 말게 해 줄 일이다. 나는 내가 남을 배신해도 좋을 정도로 어느 누구에게 애정을 품었거나 그에게 충실한 하인으로 보이기를 원치 않는다. 자신에게 불충실한 자는 자기 주군에게 불충실해도 용서될 일이다.

그러나 왕들은 사람들을 반쪽으로 받아들이지 않으며, 조건이 붙은 제한된 봉사를 경멸한다. 거기에는 묘한 수가 없다. 나는 그들에게 솔직하게 내 한계를 말한다. 나는 이성의 노예밖에 될 수 없으며, 그것조차 철저히 하지 못하고 있다. 그리고 그들이 만들어 주었거나 매수하여 그 사람의 운명이 명백하게 개인적으로 자기들에게 매여 있는 자들에게 하는 식으로, 자유인에게 봉사와 의무의 복종을 강요한다는 것은 역시 잘못이다. 법률은 내게서 커다란 수고를 덜어 주었다. 법률은 내게 한 당파와 주군을 골라 주었다. 모든 다른 권태와 의무는 여기에 대해서는 상대적이며 제한되어야 한다. 그러나 내 호의가 다른 방향으로 움직였을 때, 내가 즉시 그편으로 손을 내어 준다는 말은 아니다. 의지와 욕망은 그들 자체의 법을 따르기만 하면 되지만, 행동은 공공의 명령에서 법을 받아야 한다.

이 모든 나대로의 처세법은 세상 일반의 격식과는 좀 조화되지 않는다. 이것은 큰 효과를 내거나 오래 지속될 것도 아니다. 순진성 자체도 우리들 사이에는 속을 감추지 않고 교섭할 수 없으며, 속임수 없이 흥정할 수도 없다. 그러므로 공적 직책은 나에게 절실한 일거리가 못 된다. 내 직무가 내게 요구하는 바는, 내가 할 수 있는 가장 사적인 형식으로 이해한다. 어릴 때 사람들은 나를 이런 분위기 속에까지 잠기게 키웠으며, 거기서 성과를 얻었다. 그러나 나는 일찍이 거기서 빠져 나왔다. 나는 그 후 자주 거기에 참여하기를 피했고, 어쩌다가 받아들인 일도 있지만, 결코 내가 요구한 일은 아니었다. 나는 야심과는 등졌던 것이다. 삿대를 젓는 자들이 첫걸음으로 나가듯, 어떻든 내가 자진해서 그 배에 타지 않은 것은 내 운이 좋아서 그러했지, 내가 결심을 잘해서 그러한 것은 아니다.

과연 인생의 길에는 내 취미에 좀 덜 거슬리고 내 능력에 더 맞는 것이 있으며, 그전에 운이 나를 공직에 불러들여서 세속적인 신임으로 출세한 바가 있었다 해도, 내가 그 길을 좇은 것은 내 이성의 추리를 등한히 했던 것임을 안다.

내가 이렇게 표명하는 것을 반박하며, 내 행동 습관에서 솔직성이니 단순성이니 순박성이니 하며 말하는 것이 기술이고 재간이며, 착함이라기보다는 조심성이고, 본성이라기보다는 기교이고, 행운이라기보다는 양식이라고 말하는 자들은 내게서 명예를 빼앗기보다는 도리어 보태 주는 것이다. 그러나 정말 그들은 내 기교를 너무 묘한 것으로 보는 것이다. 누가 내 뒤를 따라다니며 가까이서 엿본 자가 그들 학파의 규칙으로는 그렇게도 다양하게 비틀어진 여러 갈래의 길들 속에, 자연스러운 동작에 맞춰서 이다지도 굽히지 않는 자유와 솔직한 태도를 고르게 유지할 수 있는 것은 없으며, 그들의 주의력과 재간을 써 보아도 이런 행동을 그들의 학파에 결부시키지 못할 것이라고 자백하지 않는다면, 내가 내기에 졌다고 하겠다.

진리의 길은 하나이고 단순하며, 개인적인 이득의 길과 사람들이 책임맡는 사무상 편의의 길은 이중이고 고르지 못하며 우발적이다. 나는 이런 꾸며진 기교적인 자유가 통용되는 것을 자주 보았으나, 대개는 실패했다. 이런 것은 이솝의 당나귀 이야기를 생각나게 한다. 이 당나귀는 귀염받는 개와 경쟁할 생각으로 아주 유쾌하게 두 발을 번쩍 쳐들어 주인의 어깨 위에 올려놓았다. 그러나 개가 애무를 받던 것과 똑같은 짓의 보상으로 이 가련한 당나귀는 갑절의 몽둥이찜질을 받았다. "우리에게 가장 맞는 일은 가장 자연스러운 일이다."(키케로) 나는 속임수에게서 그 정당한 지위를 빼앗으려는 것이 아니다. 그것은 세상을 이해하지 못하는 말이다. 나는 속임수가 곧잘 유익한 일을 해 주었고, 사람들 대부분의 직책을 가꾸어 주며 유지시켜 주고 있는 것을 안다. 여러 가지 행동에는 좋은 것, 용서될 수 있는 것, 비합리적인 것이 있듯이 악덕에는 합법적인 것이 있다.

자연적이며 보편적인 정의 자체는 정치의 필요상 제약을 받는 국가적인 특수한, 다른 재판 제도와는 달리 더 고상하게 조절되어 있다. "우리는 진실한 법과 순수하고 올바른 정의의 견고하고 정확한 표본을 소유하지 않는다. 우리는 필요에 의해서 그것의 한 음영, 한 영상밖에 갖지 못한다."(키케로) 그래서 현자 단다미스는 소크라테스와 피타고라스와 디오게네스의 생애에 관한 이야기를 들으며, 그들이 다른 모든 일에는 위대한 인물들이라고 판단했으나, 법률을 존중하기에 너무 매여 지냈으니 이 법률들의 권위를 세우고 도와주기 위해서 진실한 도덕이 그 본래의 힘을 많이 덜어 버렸고, 이 법률들의 허가를 받아서뿐 아니라, 법률들의 설복으로 여러 악덕스러운 행동이 자행된다고 생각했다. "원로원의 결의와 민중의 투표로 자행된 범죄들이 있다."(세네카) 나는 명예로운 일과 유용한 일 사이에 차별을 두며, 유용할 뿐 아니라 필요한 일로 어떤 자연스러운 행동들을 불명예롭고 더러운 것으로 부르고 있는 보통의 습관을 좇고 있다.

배신의 얘기를 계속하기로 하자. 트라키아 왕국의 왕권을 주장하는 두 경쟁자 사이에 권리 문제로 싸움이 벌어졌다. 황제는 그들이 무기를 쓰지 못하게 막았다. 그러나 둘 중의 하나가 서로 회견하여 친밀한 화해를 이루자고 하는 구실로, 그 상대에게 자기 집에서 연석을 베풀겠다고 초대해 놓고 그를 감금하여 살해했다. 정의에 호소하여 생각하면 로마인들은 이 범죄를 보복해야 했을 것이다. 그러나 여기에는 곤란한 문제가 있어서 보통의 방법을 쓸 수가 없었다. 전쟁의 위험 없이 할 수 없던 일을 그들은 배신으로 실행하려고 기도했다. 그들은 정직하게 할 수 없었던 일을 유익한 방법으로 처리하려 했다. 이 문제에는 폼포니우스 플라쿠스가 적당한 인물로 보였다. 이자는 꾸며 댄 말로 신변을 보장해 주며, 이 사람을 자기 그물 속으로 끌어들여서, 그가 약속한 명예와 은총 대신에 그의 팔다리를 묶어 로마로 송치했다. 이와 같이 배신자를 배반한 것은 대단히 진기한 일이다. 왜냐하면 배신자는 의심이 많기 때문이다. 그리고 그들의 꾀로 그들을 잡아오기는 쉬운 일이 아니다. 우리가 요즈음 느껴 본 괴로운 경험이 그 증거이다.

아무라도 되고 싶거든 한번 폼포니우스 플라쿠스가 되어 보라. 원할 자는 상당히 많다. 내게 있어서 내 말과 신용은 다른 것들과 같이, 동시에 이 공공체의 일부분이다. 내 언어와 명예와 최상의 효과는 공동의 봉사이다. 나는 이것을 당연한 일로 생각한다. 그러나 만일 사람들이 나에게 재판소와 소송 사무를 맡아 달라고 명령한다면 "나는 그런 일은 아무것도 모르오"라고 할 것이며, 군사적 개척민의 지도자가 되라고 하면, "나는 더 점잖은 일을 맡아 볼 인물이오"라고 말할 것이다. 마찬가지로 누가 내게 어느 중대한 일을 위해 거짓말이나 배신이나 맹세를 어기는 일을 하는 데 나를 이용하려고 한다면, 그것이 살인이나 독살을 행하라는 말이 아니라도 "내가 강도질이나 도둑질을 했거든 차라리 나를 노예선으로 보내 주오"라고 말할 것이다.

명예로운 인물에게는 라케다이모니아인들이 한 바와 같이 말할 수 있다. 그들은 안티파트로스에게 패전한 뒤 그 강화 조건으로 이렇게 말했다. "그대들은 우리에게 하고 싶은 대로 힘들고 손해되는 일을 명령할 수 있다. 그러나 불명예롭고 수치스러운 일을 하도록 명령하다가 시간만 낭비할 것이다." 그들 각자는 이집트의 왕들이 재판관들에게 엄숙히 맹세시켰듯이 "왕이 그들에게 무슨 명령을 내리건, 그들은 양심에서 벗어나는 일은 하지 않을 것이다"라고 한 맹세를 자신에게 했을 것이다.

이러한 사명에는 우리에게 수치와 처벌을 주는 명백한 표징이 있다. 이런 사명을 그대에게 주는 자는 그대를 비난하는 것이며, 그대가 잘 이해한다면 그는 그것을 부담과 형벌로서 그대에게 주는 것이다. 공공의 사무가 그대의 공로로 덕을 보는 만큼 일은 나빠지는 것이다. 그대가 거기서 잘하는 만큼 손해가 된다. 그리고 그대에게 이 일을 맡긴 자가 그것으로 그대를 벌 준다는 것은 새로운 일도 아니며, 아마도 어떤 정의의 모습이 없는 것도 아닌 것이다. 배신은 어느 경우에는 용서될 수 있다. 다만 배신을 배반해서 처벌하는 데에 사용될 뿐이다.

배신 행위들 중 상당수는 그 행위의 혜택을 받을 자들에 의해서 거절당했을 뿐 아니라 처벌당한 일이 있다. 피로스의 의사에 대한 파브리키우스의 고발[3]을 모르는 사람이 있는가? 그런데 어떤 사람에게 배신 행위를 시켜 이용하고 난 뒤, 비열하게 자기 자신을 포기하여 노예같이 복종해 준 자를 무시하고, 열렬히 바

---

3) 피로스의 의사가 집정관 파브리키우스에게 피로스를 독살하겠다고 내통하자, 파브리키우스는 이 사실을 피로스에게 알려 신변을 경계하도록 했다.

라던 권한과 세력은 거절하며 엄격하게 그 배신 행위를 벌 준 경우도 있다.

러시아 공작 자로펠크는 헝가리의 한 귀족에게, 폴란드 왕 볼레슬라우스를 배반하여 그를 죽이거나, 러시아인들이 그에게 막대한 손해를 끼치게 할 방법을 강구하라고 시켰다. 그자는 용감하게 이 일을 떠맡고, 그 전보다 더한 열성으로 이 왕에게 접근하여 그의 각료이며 가장 충성된 신하의 지위를 얻었다. 그는 이 유리한 지위를 이용하여, 그의 주군이 없는 틈을 타서 비슬리시아라는 부유한 대도시를 러시아인들에 넘겨주어, 러시아인들이 온 시가를 약탈하고 불태우고 남녀노소 할 것 없이 전 시민을 살육하게 했을 뿐 아니라, 그가 그곳에 집합시켰던 귀족들 대다수를 학살하게 했다. 자로펠크는 그렇게 할 이유가 있었다. 그러나 자기의 복수심을 실컷 채우고(왜냐하면 볼레슬라우스는 이와 비슷한 행동으로 그를 대단히 모욕한 바 있었기 때문에) 이 배반 행위의 성과에 넘치도록 만족하고 나서는 분노의 격정으로 흐려지지 않은 건전한 두뇌로 이 사건을 고찰해 보았다. 그러자 둘도 없을 적나라한 추악상을 느끼게 되고, 너무나 심한 증오와 양심의 가책에 사로잡혀서 그는 배신자의 눈을 빼고 혀를 끊고 부끄러운 부분을 잘라 내던지게 했다.

안티고노스는 아르귀라스피데스의 병사들을 설복시켜서 그들의 총대장이며 적수인 에우메네스를 배반하게 했다. 그러나 그들이 잡아서 넘겨준 그를 죽이고 나서는, 바로 자신이 이런 가증한 범죄를 처벌하기 위한 거룩한 정의의 집행자가 되기를 원했다. 안티고노스는 그들을 지방 태수의 손에 넘겨서, 무슨 방법을 써서든지 모두 극형에 처하라고 특별한 명령을 내렸다. 어찌나 심한 처사였던지 그 많은 사람들 가운데 살아남아서 다시 마케도니아의 공기를 마셔 본 자는 하나도 없었다. 그들이 일을 잘해 주었으면, 그럴수록 그들은 그만큼 더 악한 자들이며 벌받아야 한다고 그는 판단했다.

자기 주인 술피키우스를 배반하고 그 숨은 곳을 가르쳐 준 노예는 필라와의 약속에 따라서 자유의 몸이 되었다. 그러나 공적인 이유의 약속에 따라서 자유인이 된 그를 실라는 타르페이아의 바위 위에서 떨어뜨려 죽였다. 그들은 약속한 상금이 든 지갑을 이런 자들의 목에 달아 주고는 교살해 버린다. 이것으로 제이차적인 개인에 대한 신의를 지켜 준 다음, 제일차적인 일반적 신의를 만족시키는 것이다.

메흐메트 2세는 그들 종족의 관습에 따라서 지배권을 시기하는 아우를 처치하려고, 자신의 부하를 시켜 아우의 입에 물을 퍼부어 질식시켜서 죽였다. 그러고 나서는 이 살인 행위를 속죄하려고 살인자를 죽은 자의 어머니에게 넘겨주었다(그들은 이복형제였다). 그녀는 그가 지켜보는 앞에서 이 살인자의 배를 갈라서 아직도 뜨거운 배 속을 손으로 뒤져서 심장을 끄집어 내어 개들에게 먹으라고 던져 주었다.

그리고 우리의 왕 클로비스는 칸나크르의 하인 셋을 매수해서 그들의 주인을 배반하게 한 다음, 그들을 목매달아 죽였다.

아무런 가치도 없는 자를 어떤 악덕스러운 행동에 이용하고 나서, 그다음엔 마치 양심적인 보상과 장난을 행하듯, 매우 안전하게 선심과 정의의 행위를 거기에 결부시킬 수 있다는 것은 아주 재미있는 일이다. 그뿐더러 그들은 이런 끔찍한 범죄를 맡아 행하는 자들을, 자기들을 향해 문책하는 자로 보고 있다. 그들을 죽임으로써 이러한 일처리를 사람들이 알지 못하게 하고, 그 증거까지 인멸시키려고 하는 것이다.

그런데 운이 좋아서 그대가 타기해야 할 극한의 방법으로 공공의 이익을 도모해 준 공로를 헛되게 하지 않으려고 그대에게 상을 준다 해도, 그렇게 해 주는 자는 그 자신이 그런 인물이 아니라면 그대를 타기해야 할 저주받은 인물이라고 보는 것이며, 그는 그대에게서 배신을 당한 당사자보다도 더 그대를 배신자로 여길 것이다. 왜냐하면 그는 부인도 반박도 할 수 없는 그대가 실천한 행위에서 그대의 마음이 악하다는 증거를 잡았기 때문이다. 그러나 그는 마치 누가 '높은 정의의 집행자'로서 사회의 한 쓰레기 같은 인간을 이용하듯, 명예롭지 못한 정도로 그만큼 유용한 직책에 그대를 부리는 것이다. 이러한 사명은 비굴할 뿐 아니라 양심의 타락이다. 세자누스의 딸을 처형할 때 그녀가 처녀였기 때문에, 로마의 법으로는 재판의 확실한 형식대로 한다면 사형에 처할 길이 없었다. 그래서 법대로 시행하기 위해서 교살하기 전에 사형 집행인에게 이 처녀를 겁탈하게 했다. 이 집행인은 손뿐 아니라 마음까지도 공공의 편익을 위한 노예이다.

아무라트 1세는 자기 아들이 감행한 사건반란에 가담한 신하들을 혹독하게 처벌하기 위해서 가까운 근친들을 시켜서 형을 집행하라고 명령했다. 그때에 어떤 자들이, 그를 자신의 반란 행위로 법을 집행하기보다는 차라리 부당하게 다른 자의 반란 행위의 죄를 자기가 지기를 택한 것은 대단히 점잖은 일이라고 본다. 그리고 우리 시대에 어느 소도시가 함락되었을 때 어떤 못난 자들이 제 목숨만 살리기 위해서 자기 친구들이나 배우자들을 목매어 죽이는 일을 맡아서 하는 꼴을 보니, 그들은 교수당한 자들보다도 더 못한 처지에 있는 것으로 간주되었다. 리투아니아 태공 부이톨드는 옛날에 사형 선고를 받은 죄수들을, 제삼자에게 죄도 없이 사람을 죽인 책임을 지워서 사형을 집행시키는 일을 해괴망측한 처사라고 생각하고, 사형수끼리 서로 형을 집행하는 법을 세웠다고 한다.

 왕은 자기 나라가 처해 있는 긴급한 사태로 어떤 불의의 행동을 억지로 따르게 된 사건에 대해서, 약속을 어기고 신의에 배반하거나 평상시에 해 온 행동 습관에 벗어나는 일을 하게 되면, 이러한 딱한 사정은 자기에게 내린 처벌로 보아야 한다. 이것은 악덕이라고는 볼 수 없다. 왜냐하면 그는 한층 더 강렬하고 보편적인 이치 때문에 자기의 이치를 버린 것이기 때문이다. 그러나 이것은 참으로 불행한 일이다. 그래서 누가 진실로 이런 두 극단 사이에 끼어서 고민하며, 내게 "무슨 방책이 있는가?" 하고 물었을 때, "아무런 방책도 없다"고 나는 말했다. "만일 그가 이 두 극단 사이에 끼어서 고민했다면(그러나 그가 이 약속어김에 어떠한 구실도 찾을 생각을 말아야 한다), 그는 그 일을 해야만 했다. 그러나 그가 그런 일을 아무런 후회도 없이 했다면, 그런 일을 하면서 마음이 아프지 않았다면, 그것은 그의 양심이 병들었다는 표징이다"라고 나는 말했다.

 어떤 이의 양심이 너무 상냥해서 어떠한 해결책도 이렇게 중대한 수단을 쓰기에 마땅치 않다고 생각한다면, 나는 그만큼 더 그를 존경할 것이다. 그는 그보다도 점잖고 용서받을 만하게 패망할 수 없을 것이다. 우리는 모든 일을 다 할 수는 없다. 어떻든 간에 우리는 마치 마지막으로 닻을 내리듯, 곧잘 우리 배의 인도를 하늘에 맡길 수밖에 없다. 어디 이보다 더 정당한 필요가 있기에 그는 자신을 나중으로 미루어 두는 것인가? 자기 영혼의 구제보다도, 자기 국민의 구제보다도 더 소중해야 할 자기의 명예와 신의를 버리지 않으면 할 수 없는 사정이라는 것이 도대체 있을 수 있는 일일까? 그가 단순하게 하느님께 도움을 빈다면, 이 순결하고 정의로운 손에 착하신 하느님은 그 비상한 손의 은총을 거절하실 리 없다고 바랄 만한 일이 아닌가?

이런 사례는 위험한 일이며, 우리 본연의 규칙에는 드물고 일반적이지 않은 예외이다. 거기는 양보해야 한다. 그러나 극히 신중하게, 그리고 절도를 지켜가며 해야 한다. 어떤 불가피한 사정이라도 개인적인 필요 때문에 자기 양심에 이러한 곤욕을 주어도 될 일은 없다. 공익을 위해서는, 그 필요가 극히 명백하고 중대할 때는 그렇게 해도 좋다.

티몰레온은 자기 손으로 직접 폭군인 형을 죽였다는 것을 회상하며, 눈물을 무한히 흘림으로써 자기가 이룬 괴이하고 야릇한 공적에 대해서 양심을 지켰다. 그는 자기 행실의 명예를 이만큼이나 희생시키며, 공공의 이익을 도모해 주어야 할 필요에 몰렸기 때문에 양심의 가책을 느꼈던 것이다. 원로원도 그의 행적으로 노예의 지위를 면하고 사리가 서로 상반되는, 이토록 중대한 사태에 따른 그 높은 공적을 원만하게 다루어 볼 방법을 찾지 못했다. 그러나 마침 이때 시라쿠사 사람들이 코린토 사람들에게 보호를 청하며, 당시 시칠리아 지방을 압박하던 작은 폭군들을 숙청할 만한 장수를 보내 그들 도시에 예전의 위풍을 세워 달라고 요청해 왔다. 그러자 원로원은 티몰레온을 그곳에 파견하며, 그가 자기 직책을 수행하는 성패에 따라서, 그를 그의 나라를 해방시켜 줄 은인으로나 자기 형을 죽인 살인범으로 판결을 내리겠다는 새로운 해결책을 선언했다. 이렇게 허무맹랑한 결론을 지었다는 것은, 사람들이 이런 본을 뜰 위험과 그가 세운 특이한 공적의 중대성을 생각하던 원로원에게 얼마쯤 변명이 된다. 그들은 이것으로 자기들 결재의 책임을 완수하거나, 또는 다른 방면으로 제삼의 사정을 고려해서 그의 행적을 지지하게 되는 것이기 때문에 그것은 잘한 일이었다. 그런데 티몰레온이 이 원정에서 취한 행동은 그의 의도를 명백하게 알려 주었다.

그는 거기서 모든 일에 도덕적으로 당당하게 처신했던 것이다. 그리고 이 고귀한 사업에서 그가 극복해 나가야 할 곤란을 타개한 행운은 신들이 그의 결백을 증명하려고 그의 편을 들어서 내려 준 것으로 보인다.

만일 목적이 변명될 수 있다면, 이자가 목적한 것은 변명할 만한 일이다. 그러나 로마 원로원이 지금 내가 이야기하려는 국가 수입의 증가에 유익하다는 논법으로 그들 더러운 결정의 구실을 삼은 것은, 이런 불의를 정당화할 만큼 강력한 것은 못 된다. 어떤 도시들은 금전을 치르고 원로원의 허가와 명령으로 실라의 손을 벗어나 자유를 얻었다. 이 사건을 다시 재판에 걸게 되자, 원로원은 이 도시들이 전에 치른 금액은 무효이고 예전같이 세금을 물어야 한다고 판결을 내렸다. 내란 때에는 이런 더러운 사태가 잘 일어난다. 우리는 다른 윗사람 밑에 있던 때 우리를 믿고 행동한 개인들을 처벌하며, 동일한 관리가 자기 변절에 대한 벌을 당시 달리 처신할 길이 없었던 자에게 내리는 것이다. 제자가 순종하니 선생이 매질하고, 장님의 안내자가 장님을 매질하는 것이다. 이 얼마나 흉측한 정의의 모습인가!

철학에는 그릇되고 맺고 끊는 데가 없이 제멋대로인 규칙들이 있다. 개인적인 이익을 자기의 약속에 우선시키기 위해서, 사람들이 여기에 인용해 보이는 사태는 그들이 거기에 결부시키는 사정으로 볼 때 충분한 타당성을 얻지 못한다. 그대가 도둑에게 잡혔다가 일정한 금액의 몸값을 치르겠다고 맹세하고 자유를 다시 찾았을 때, 점잖은 사람이라면 그들의 손을 벗어난 다음 돈을 치르지 않아도 신의를 어긴 것이 없다고 생각하는 것은 잘못이다. 결코 그런 것이 아니다. 공포 때문에 내가 한번 원한 것은 공포가 아니라도 여전히 원하고 있는 것이다. 그리고 공포 때문에 생각에 없는 말을 한 것이라고 하여도, 그래도 나는 내가 말한 바를 끝까지 지켜야 한다고 생각한다. 나로서는 이따금 공포가 지나치게 내가 생각하는 바를 앞섰을 때에도 역시 내 말을 어기는 일은 삼가왔다. 그렇게 하지 않으면, 우리는 한 단계 한 단계씩 제삼자가 우리의 약속과 맹세에 대해서 갖는 모든 권리를 무시하게 될 것이다. "마치 폭력이 용감한 자에게 압력을 가할 수 있다는 식이다."(키케로) 만일 우리가 나쁘고 부당한 일을 약속했다면, 여기서만은 개인의 심정이 우리 약속을 어기는 구실을 삼을 권리를 얻는다. 왜냐하면 도덕의 권리는 의무의 권리에 우선해야 하는 까닭이다.

나는 전에 에파미논다스를 탁월한 인물들 중 첫 번째로 두었다. 나는 지금도 그 말을 뒤집지 않는다. 그는 얼마만 한 정도로 개인의 의무를 존중했던 것인가! 그는 결코 자기가 정복한 자를 죽인 일이 없으며, 자기 나라의 자유를 회복시킨다는 선을 위해서도 재판의 형식을 취하지 않고 폭군과 공모자들을 살해하는 것은 양심에 어긋나는 일이라고 생각했으며, 아무리 선량한 시민이라도 전쟁에서 적군 속에 있는 자기 친구나 주인을 아껴 주지 않는 자를 악인이라고 판단했다. 참으로 그의 마음은 바탕이 너그럽다. 그는 인간의 가장 거세고 격렬한 행동에 선함과 인간애, 즉 철학의 학파들 중에 있을 수 있는 가장 아름답고 고운 인간애를 가지고 있었다. 고통과 죽음과 빈곤에 대항해서는 그렇게도 굵고 완고하게 충만한 그의 마음이 그렇게까지 극도로 상냥하고 후덕한 심정을 갖도록 움직인 것은 그의 본성이었던가? 또는 그의 기교였던가? 칼을 휘둘러 피를 흘리게 하면 놀랄 만한 인물이 되며, 그가 없었더라면 어느 누구도 당해 내지 못했을 국민들을 무찔러 나가며 그렇게 온 힘을 다하여 용감하게 싸우다가도, 귀한 손님과 친구를 만나면 몸을 비켜 버린다.

진실로 분노와 살육으로 입거품나게 불타오르는 절정에서 온화함의 재갈을 물릴 수 있는 자가 바로 전쟁을 잘 지휘하는 자였다. 이러한 행동 속에 어떤 정의로운 모습을 섞을 수 있다는 것은 기적이다. 그러나 거기에 가장 부드러운 행동 습관의 유순성과 안이성, 그리고 순수한 순진성을 섞어 넣을 수 있는 것은 에파미논다스의 강직성만이 할 수 있는 일이다.

어떤 자(폼페이우스를 가리킴)는 법규는 무장한 자들에게는 통용되지 않는다고 말했고, 다른 자(카이사르를 가리킴)는 국민들의 호민관에게 정의의 때와 전쟁의 때는 각기 다르다고 말했고, 셋째 번 자(마리우스를 가리킴)는 무기의 소리는 법률의 소리를 들리지 않게 방해한다고 했는데, 이 인물에게는 범절의 소리와 순수한 예절의 소리까지도 막히지는 않았던 것이다. 그는 전쟁터로 나갈 때에, 이 전투의 분격과 횡포를 쾌활성과 유순성으로 식히기 위해서 시신(詩神)들에게 희생을 바치는 습관을 그의 적들에게서 빌려 온 것이 아니었던가?

이렇게 위대한 스승을 뒤따라 행하는 적들(에파미논다스의 적은 라케다이모니아인들임)에 대한 행동 중에도 해서는 안 될 일이 있다. 공공의 이익은 개인적인 이익에 대해서 전적으로 모든 것을 요구할 수 없고, '개인적 권리의 추억은 공적 불화의 와중에서도 존속되며'(티투스 리비우스)

어떠한 사랑의 권세도 우정의 권리를

침범할 권한이 없으며,   (오비디우스)

　그리고 자기 왕이나 공공 이익이나 법률에 봉사하기 위해서라도 명예로운 사람이 무슨 일을 해도 좋다는 것은 아니라고 생각하기를 두려워하지 말자. "조국에 대한 의무는 다른 모든 의무들을 불식시키는 것이 아니며, 부모에게 효성스러운 시민을 갖는 것은 조국의 이익으로 돌아온다."(키케로) 이것은 이 시대에 맞는 교훈이다. 우리는 칼날을 가지고 우리의 용기를 강화시켜도 소용이 없다. 우리의 어깨가 단단하면 그만이다. 우리의 펜대를 잉크에 적시면 그만이고, 피에 적실 것까지는 없다.
　공익을 위해서, 그리고 관(官)에 복종하기 위해서 우정과 개인적 의무와 약속과 친척 관계까지도 경멸하는 것이 마음의 위대성이며 희귀하고 독특한 도덕의 효과라면, 그런 것은 에파미논다스의 위대성 속에는 깃들 수 없는 부류라고 변명하고 거절하여도 그만이다.
　나는 이 다른 자가 혼란된 심령으로 광분해서,

　　칼날의 빛이 번뜩이는 동안 어떠한 사물과 현상도
　　그대 부모가 눈앞에 나타나도,
　　그대의 마음이 흔들리지 말게 하라.
　　어떠한 존엄한 얼굴이라도 그대 칼로 베라.   (루카누스)

　이런 식의 사기 앙양을 혐오한다. 피를 좋아하고 배신적인 타고난 악인들에게 위와 같은 이유의 구실을 주지 말자. 이런 엄청나고 당치 않은 정의는 치워 두고, 더 인간적인 실례를 따르는 데 열중하자. 시간과 실례와는 어떤 일을 할 수 있는 것인가! 킨나에 대하여 일어난 내란에서 폼페이우스의 한 병사는 뜻밖에도 적측에 있던 자기 동생을 죽이고는 수치와 후회로 그 자리에서 자살했다. 그리고 몇 해 뒤에는 이 국민들 사이에 일어난 다른 내란에서 한 병사는 자기 형제를 죽였다고 그의 대장에게 상을 요구했다.
　사람들은 변변찮게 한 행동의 영예와 미(美)를 그 효과를 가지고 따지며, 행동

하는 것이 유익한 일이면 각기 그 일을 행해야 한다고 보고, 그 행동은 각자에게 명예로운 일이라고 하며,

모든 사물들이 모든 사람에게 다 같이 적합하지는 않다.　　(프로페르티우스)

고 생각하는 것은 잘못 결론짓는 것이다. 인간 사회에서 가장 필요하고 유용한 일을 택하여 보자. 그것은 결혼이다.

그렇지만 성자들의 충고는 그 반대편을 더 점잖은 일로 본다. 인간들이 가장 존경할 직책을 맡아보는 분들에게 결혼을 금지하는 것은, 마치 우리가 별로 좋게 평가하지 않는 말을 종마로 고르는 것과 같다.

2
후회에 대하여

다른 사람들은 사람을 꾸민다. 나는 사람을 이야기한다. 그리고 아주 잘못 만들어진 개인으로서의 인간을 표현한다. 그것을 내가 다시 고쳐 만든다면, 나는 지금 있는 것과는 아주 다르게 만들어 놓을 것이다. 그러나 이제는 어찌해 볼 도리가 없다.

그런데 내가 묘사하는 글이 아무리 다양하게 변해 간다 해도 그릇되게 그리지는 않는다. 세상은 영원한 움직임에 불과하다. 거기서는 모든 일이 끊임없이 흔들린다. 땅이나 코카서스의 바윗돌이나 이집트의 피라미드나 모두가 다 같이 흔들리며 하나하나 흔들린다. 항상 변하지 않는 성질도 더 느린 흔들림일 뿐이다.

나는 내 대상, 즉 나 자신을 확보하지 못한다. 그는 늘 타고난 취몽으로 혼돈 속에 비틀거리며 간다. 나는 그가 있는 대로 그에게 흥미를 갖는 그 순간에 그를 잡아 본다. 나는 그 존재를 묘사하지 않는다. 나는 그 과정을 묘사한다. 한 연대에서 다른 연대로, 또는 사람들 말마따나 7년씩의 과정이 아니라, 매일 매순간의 과정을 그린다. 내 이야기는 시간에 맞춰 가야 한다. 나는 운뿐 아니라 외향으로도 금세 변할 것이다. 나는 변해 가는 여러 사건들과 분명하게 정함이 없는 공상

들, 그리고 반대되는 생각들이라도 있으면 있는 대로 기록해 본다. 내가 다른 나 자신이 되거나, 다른 사정이나 고찰로 제재를 파악하게 되거나 그냥 적어 간다. 하여튼 나는 아마도 모순되는 말을 하고 있는 것 같다. 그러나 데마데스가 말하듯, 나는 진실을 거꾸로 말하지는 않는다. 만일 내 심령이 자리를 잡을 수 있다면, 나는 《에세》를 시도하지 않고 결단을 내릴 것이다. 내 심령은 항상 수련하는 중이며, 교정받는 중이다.

나는 변변찮고 광채 없는 인생을 드러내 놓는다. 무슨 상관이 있는가? 가장 풍부한 옷감으로 입힌 인생에서와 마찬가지로, 평민적이며 개인적인 인생에도 완전한 도덕철학을 결부시켜 본다. 사람들은 저마다 인간 조건의 온전한 형태를 지니고 있다.

작가들은 자기를 특수하고 외부적인 표징으로 사람들에게 전달한다. 나는 맨 먼저 미셸 드 몽테뉴로서의 내 보편적 존재인 나를 전해 주는 것이지, 문법학자나 시인이나 법률가로서의 나를 보여 주는 것이 아니다. 만일 사람들이 내가 너무 내 말을 많이 한다고 꾸짖는다면, 나는 그들이 자신에 대해 생각조차 하고 있지 않은 것을 불평하겠다. 그러나 행동 습관이 이토록 다른 데도 나를 널리 알려 준다는 것이 옳은 일일까? 세상에서는 모양을 내고 기교를 부리는 일이 신용을 얻고 권위를 가지는 터에, 나 같은 생소하고 단순한 본성, 그것도 아직 극히 허약한 내 본성의 소산을 세상에 내보이는 것이 옳은 일일까? 학문도 기교도 없이 책을 짓는다는 것은 돌 없이 담을 쌓거나, 그와 비슷한 수작을 하는 길이 아닐까? 예술은 음악가의 환상을 이끌어준다. 내 망상은 운이 이끌어준다. 적어도 나는 내가 원하여 행하는 일에 관해서는, 세상에 어느 누구도 나보다 더 잘 이해하고 그 재료를 다루어 본 자는 없었으며, 이 제재에 관해서 나는 어느 누구도 못 당할 만한 학자이며, 둘째로 어느 누구도 나만큼 자기 재료에 더 깊이 침투해 들어가 보지 못했고, 더 특수한 그런 부분들도 없다는 것이 내 나름으로 얻은 바이다.

이 목적을 완수하려고 나는 충실성밖에 가져 볼 거리가 없다. 충실성은 세상에 있을 수 있는 가장 성실하고 순수한 것이다. 나는 진실을 말한다. 하고 싶은 대로 실컷 하지는 못하지만, 감히 할 수 있는 데까지는 말한다. 그리고 늙어 가며 좀 더 과감해진다. 습관은 이 나이에 횡설수설하며 조심성 없이 말하는 자유를 더 주는 것 같다. 나는 작가와 그의 작품이 서로 어긋나는 경우를 자주 보았지만, 여기서는 그런 일은 일어나지 않는다. "교제해 보면 그렇게 점잖은 사람이 어떻게 그런 어리석은 말을 썼을까?"라거나 "그렇게 교제가 부실한 사람이 어떻게 박식한 문장을 썼을까? 대화는 평범한 자가, 문장은 희귀한 것을 썼구나"는 말은 없다. 다시 말하면 그 능력은 자기에게 있지 않고 그가 빌려 온 곳에 있다고 하는 말은 나올 수 없다. 박식한 인물은 모든 일에 박식하지는 않다. 그러나 능력 있는 사람은 모든 일에 능력이 있다. 일을 모르는 경우도 마찬가지다.

여기서는 나는 내 책과 한 걸음으로 나간다. 다른 데서는 작품을 지은 자와는 따로 그의 작품을 추어올려 주든지 비난하든지 할 수 있다. 여기서는 못한다. 하나를 건드리면 다른 것도 건드린다. 이것을 알지 못하고 이 작품을 판단하다가는 나보다도 자기에게 잘못을 저지를 것이다. 이 사정을 잘 알아주는 자에게 나는 만족한다. 내게 무슨 지식이 있었다면, 내가 그 지식을 이용할 능력이 있었고, 내 기억력이 나를 더 도와 줄 만한 값어치가 있었다고 이해성 있는 사람들에게 느끼게 할 만큼 일반의 평가를 얻을 수만 있다면, 나는 받을 값어치 이상 행복을 얻은 사람이다.

여기서 내가 자주 말했듯이, 나는 후회하는 일이 드물고, 내 양심은 천사나 말(馬)의 양심 같지는 않아도, 사람의 양심으로서 그 자체에 만족한다. 이 후렴(後斂)은 격식으로 하는 후렴이 아니라 순박하고 본질적인 순종의 후렴으로, "나는 알지 못하니 파고들어 물으며, 순수하고 단순하게 일반의 합법적인 신앙에 의한 결정을 참조해서 말한다"고 붙여서 변명하련다. 나는 가르치는 것이 아니다. 나는 이야기할 뿐이다.

악덕인 바에는 그것이 사람의 비위를 거스르지 않고, 순결한 판단의 비난을 받지 않는 진실한 악덕이라고는 없다. 왜냐하면 악덕에는 너무나 명백하게 추악하고 불편한 점이 있어서, 이런 일은 주로 어리석음과 무지의 소산이라고 하는 자들이 아마도 옳을 것이다. 그런 만큼 악덕을 알고도 그것을 미워하지 않는다는 것을 생각하기는 어려운 일이다.

악의는 그 자체의 독을 대부분 들이마시고 제 독에 중독된다. 악덕은 몸의 종기와 같이 영혼에 후회를 남긴다. 이 후회는 항상 제 상처를 긁어서 피를 흘린다. 이성은 다른 슬픔들과 고통들을 지우지만, 악덕은 후회의 고통을 낳으며, 그 속에서 나오는 만큼 더 심하게 아프다. 그것은 마치 열병의 오한이 밖에서 오는 것들보다 더 혹독한 것과 마찬가지이다.(저마다 그 척도로 따지지만) 나는 이성과 본성이 배격하는 것뿐 아니라 법률과 관습에 의해서 당연한 일로 생각되어 오는 일이라도 사람들의 여론이 꾸며 낸 것, 다시 말하면 거짓이고 그릇된 것들을 악덕이라고 본다.

마찬가지로 선행은 잘 태어난 본성을 즐겁게 해 주지 않는 것이 없다. 우리들 속에는 우리를 즐겁게 해 주는 선을 행하려는, 무엇인지 모르는 축원과 양심을 따라다니는 너그러운 자존심이 있다. 용감하게 악덕스러운 마음은 아마도 안정성으로 자체를 장식하는 수가 있다. 그러나 그 심령은 이 기쁨과 만족을 자기에게 줄 수는 없다.

이렇게도 부패한 세기의 악덕에 전염되지 않고 자기가 보존되어 있는 것을 느끼며, 자기에게 "누가 내 마음속을 들여다보아도, 내가 사람을 해쳤거나 망하게 했거나, 복수심으로거나 시기심으로거나, 법률을 공공연하게 어긴 일로나, 새것을 즐기는 취미로나, 소란을 일으키는 일로나, 약속을 어겼다는 일 따위로 내게 잘못을 찾아보지는 못할 것이다. 그리고 이 시대의 방자한 풍조에 의해서 아무나 해도 좋다고 되어 있는 일이지만, 그래도 나는 어느 프랑스인의 재물이나 돈에 손을 대어 본 일이 없고, 전시나 평화시에 내 것으로밖에는 살아 본 일이 없고, 보수를 주지 않고는 아무의 수고도 받아 본 일이 없다"고 말할 수 있는 자의 기쁨은 결코 가벼운 쾌락이 아니다. 양심의 이런 증병은 유쾌하다. 이런 타고난 기쁨이란 우리에게 큰 이익이며, 언제나 결핍되는 일이 없는 단 하나의 보수이다.

남이 칭찬해 주는 것이 도덕적 행동의 필수라고 생각하는 것은, 그 근거가 불확실하고 어지럽다. 특히 지금처럼 부패하고 무지한 시대에는 사람들이 좋게 보아주는 것이 도리어 모욕이 된다. 누구의 말을 믿고 칭찬할 만한 일을 볼 줄 안다고 할 것인가? 내가 날마다 보는 것처럼, 각자가 이것이 명예스러운 일이라고 자기를 추어올려서 말하는 식의 착한 사람이 될 생각은 아예 하지 말아야 한다. "지난날의 악덕은 오늘날에는 풍습이 되었다."(세네카)

내 친구들 중의 몇몇은 자진해서거나 내 청을 받아서 가끔 내게 마음을 터놓고 훈계하거나 책망하려고 했다. 그것은 점잖은 마음을 가진 사람이 그 유익성으로뿐 아니라 우정의 상냥한 마음씨로 할 수 있는 봉사보다 더 나은 호의에서 나오는 일이었다. 나는 항상 거기에 예절과 감사를 다하며, 터놓은 마음으로 맞아들였다. 그러나 지금 이 시간에 양심적으로 말하자면, 나는 곧잘 그들의 책망이나 칭찬 속에 그릇된 의견이 너무 많은 것을 보았기 때문에, 나는 차라리 그들이 잘 저지르는 실수를 피하려고 애썼다. 우리의 개인 생활을 자신에게밖에 보여 줄 데가 없이 살고 있는 우리 따위는, 주로 우리들과 행동을 검열하기 위해서 우리들 속에 모범을 세우고, 그것으로 행동을 심사하며, 거기에 따라서 우리를 칭찬하기도 하고 정제하기도 해야 할 것이다.

나는 나를 판결하기 위해서 내 법률과 재판정을 가지고 있다. 그리고 다른 데 보다도 거기에 호소한다. 나는 남의 의견을 잘 따라서 내 행동을 억제한다. 그러나 내 의견에 의해서밖에는 행동을 확대시키지 않는다. 그대가 비굴한지 잔인한지, 믿음직하고 착실한지 신앙이 깊은지, 아는 것은 그대뿐이다. 다른 사람들은 그대를 보지 못한다. 그들은 불확실한 추측으로 그대를 짐작한다. 그들은 그대의 기교를 보는 만큼 그대의 본성을 보지 못한다. 그러니 그들의 판결에 매이지 마라. 그대 자신의 판결에 매여라. "그대가 자신에게 하는 판단을 그대는 사용해야 한다."(키케로)—"양심이 자신에게 해 주는 악덕과 도덕의 증명은 한층 더 막중하다. 이것을 제거한다면 전부가 와해된다."(키케로)

그러나 사람들이 말하는 것처럼, 후회는 죄악의 뒤에 가까이 따라다닌다는 말은, 우리 속에 마치 자기 집인 것처럼 무거운 장비를 가지고 들어앉아 있는 죄악과는 상관이 없는 것같이 보인다. 격정들이 갑자기 우리를 사로잡아 몰아넣는 악덕을 자기 것이 아니라고 부인할 수 있다. 그러나 오랜 관습에 의해 억세고 강력한 의지가 되어서 우리 속에 닻을 내리고 뿌리박고 있는 죄악은 부정할 길이 없다.

후회는 우리 의지를 부인하는 것이며, 우리를 아무 데로나 되는 대로 끌고 돌아다니는 미친 생각에 대한 반대 심정에 불과하다. 그것은 이자에게 지난날의 도덕과 순결성을 부정하게 한다.

어째서 오늘의 내 심정은 젊은 날의 내 것이 아닌가?
또는 순진하던 내 두 뺨은
어째서 이 정신에게로 돌아오지 못하는가? (호라티우스)

 자기의 개인 생활에까지 질서를 유지하는 것은 훌륭한 인생에서 보는 일이다. 저마다 광대놀이에 참가하여, 무대 위에서는 점잖은 인물을 연기할 수 있다. 그러나 중요한 것은 모든 일이 허용되고 모든 것을 감추어 두고 있는 가슴속, 마음속에 질서를 세워 보는 일이다. 그다음 단계는 아무에게도 보고할 필요가 없고, 연구도 기교도 없이 살아가는 자기 집에서 평소의 행동에 질서를 세우는 일이다. 그 때문에 비아스는 가정생활에서의 훌륭한 태도를 묘사하며 이렇게 말했다. "한 가정의 주인은, 그가 밖에서 나라의 법과 사람들의 평판이 두려워서 처신하는 식으로 집안에서도 그대로 행해야 한다." 율리우스 드루수스가 장인(匠人)들에게 한 말은 점잖은 말이었다. 장인들이 그에게 3천 에퀴만 내면 그의 집을 전과 같이 이웃 사람들이 안을 들여다볼 수가 없게 만들어 주겠다고 하자 그는 대답했다. "내가 6천 에퀴를 주겠으니, 누구든 어느 기둥이나 주춧돌을 들여다보아도 좋게 만들어 놓으라." 아게실라오스가 여행할 때에 항상 그의 숙소를 사원 안에 정하며, 사람들이나 신들이 모두 그의 개인적인 행동까지 볼 수 있도록 한 것은 칭송할 만한 일로 주목된다. 자기 아내와 하인이 보아도 별로 눈에 띌 일이 없게 살아간 자는 세상에서도 놀라운 인물이다. 집안 사람들에게 숭배받았던 인물은 거의 없었다.

 아무도 자기 집에서나 자기 고향에서 예언자 구실을 한 자는 없었다고 역사가들은 경험적으로 말한다. 어쭙잖은 일에도 마찬가지이다. 이런 비속한 예에서 위인들의 모습이 보인다. 우리 가스코뉴 지방에서는, 내 글이 인쇄되어 나오는 것이 우스꽝스럽게 보인다. 나를 알게 되는 사람들이 내 집에서 멀리 있을수록 내 값어치는 올라간다. 나는 귀엔에서는 돈을 써 가며 내 글을 인쇄한다. 다른 데서는 사람들이 내 글을 사 간다. 그렇기 때문에 죽은 뒤에 신용을 얻으려고 살아 있는 동안에 몸을 감추는 자들의 이유가 선다. 나는 차라리 신용을 덜 얻겠다. 그리고 내가 지금 세상에서 얻고 있는 몫밖에 나를 세상에 내놓지 않겠다. 이 세상을 뜬 뒤에는 신용이건 무어건 다 소용없다.

　사람들은 공적 행동으로는 황공해서 저자를 그의 집 문 앞까지 바래다 준다. 그자는 그의 옷과 더불어 역할도 벗어 놓는다. 그는 높게 올라갔던 정도로 낮게 내려온다. 그는 자기 집안에서는 모든 일이 엉망진창이다. 질서가 서 있다고 해도 이런 변변찮은 행동 속에 그것을 알아보려면 예민하게 식별하는 판단력이 필요하다. 그뿐더러 질서는 침침하고 희미한 덕성이다.

　성벽을 무찌른다, 외국으로 사절단을 데려간다, 한 국민을 다스린다 하는 것은 혁혁한 행동들이다. 자기 집 사람들이나 자기 자신과 부드럽고 올바르게 꾸지람하고 웃으며, 팔고 사며, 사랑하고 미워하고, 교섭하고, 되는 대로 일하지 않고, 자기 말을 어기지 않는 것 등은 눈에는 드러나지 않지만 더 드물고 어려운 일들이다.

　그 때문에 누가 어떻게 말하건, 은퇴한 생활은 다른 생활과 같을 정도로 또는 그보다 더 힘들고 긴장된 의무들을 지탱해 나간다.

　개인은 관직에 있는 자들보다도 더 힘들고 고매한 도덕을 섬긴다고 아리스토텔레스는 말한다. 우리는 양심보다도 명예욕으로 영예로운 자리에 채비하고 나선다. 영광에 도달하는 가장 가까운 길은 우리가 영광을 위해서 하는 일을 양심으로 하는 데에 있을 것이다. 알렉산드로스가 그의 활동 무대에서 보여 준 덕성은, 소크라테스가 그 변변찮고 희미한 행동에서 보여 준 것보다 훨씬 힘이 덜 드는 일이었다고 생각된다. 그러나 나는 소크라테스가 알렉산드로스의 자리에 있었다면 훌륭히 해 냈을 것으로 생각하지만, 알렉산드로스가 소크라테스가 한 일을 해냈으리라고는 생각하지 않는다. 누가 전자에게 무엇을 할 수 있는가 하고 물어보면, 그는 '세상을 정복하는 일'이라고 대답할 것이다. 후자에게 같은 질문을 해보면, 그는 '타고난 조건에 맞게 인생을 살아가기'라고 대답할 것이다. 이것은 보다 더 일반적이며, 더 중하고 정당한 지식이다. 심령의 가치는 높이 올라가는 데에 있지 않고, 질서 있게 살아가는 데에 있다.

　심령의 위대성은 위대성 속에 행세하지 않고, 일상 생활에서 행세한다. 우리의 마음속을 들여다보고 판단하는 자들은 우리의 공적(公的) 행동의 눈부신 빛을 대단한 것으로 보지 않고, 둔중한 흙탕물에서 튀어오른, 실낱같이 가느다란 물줄기의 광채와도 같은 어쭙잖은 것으로 본다. 그러나 바로 이런 경우에 우리를 그 씩씩한 외양으로 판단하는 자들은 우리의 마음속까지도 그와 같을 것으로 결론지으며, 우리를 동떨어지게 높은 사람으로 보기 때문에, 그들의 눈을 놀라게 하는 외모 속에 그들과 다름 없는 평범한 소질이 있는 것을 더불어 생각해 보지 못한다. 그래서 우리는 마귀들에게 무서운 모습을 꾸며 주는 것이다. 티무르를 생각해 볼 때, 치켜솟은 눈썹과 벌어진 콧구멍과 무서운 얼굴, 그리고 그 이름만 듣고 상상해 보는 공상 속의 엄청난 키다리로 생각하지 않을 자 누가 있는가? 누가 다른 날 내게 에라스뮈스를 보여 주었더라면, 그가 주인 마님과 하인에게 말하는 것까지 모두 금언 경구로 들렸을지도 모른다. 우리는 한 장인이 변기에 앉은 모습이나 마누라 위에 올라타는 것은 적당히 상상해 보지만, 그 풍채와 능력을 존경할 만한 대법원장이 그러는 것은 생각해 보기가 힘들다. 이런 사람들은 그 높은 옥좌 위에서 아래의 비천한 생활에까지 끌어내려지지 않을 성싶다.

악덕스러운 마음을 가진 자도 곧잘 어떤 외부의 충동을 받아서 착한 일을 하게 이끌리는 수가 있듯이, 도덕이 높은 사람도 악을 행하는 수가 있다. 그러므로 사람의 마음을 어느 때 그릴 수 있다면, 그 안정된 상태로 자기 본자리에 있는 모습으로, 또는 그들이 적어도 안정된 자연스러운 위치에 더 가까이 있을 때 판단해야 한다.

타고난 경향은 교육의 도움을 받아서 강화된다. 그러나 사람의 마음은 결코 바뀌거나 극복되지 않는다. 우리 시대의 수많은 사람들은 본성과 반대되는 단련에 의해서 도덕이나 악덕을 향해 달려 나갔다.

> 야수들은 숲속의 습관을 잃고 포로 생활에 젖어
> 위협하는 모습을 버리고 인간의 지배가 습관화되어도
> 만일 한 방울의 붉은 피가 그들의 타오르는 입술에 닿기만 하면,
> 광분과 용맹성이 되살아나와 피의 단맛에
> 코끝이 벌려져 살기가 끓어오른다.
> 이런 광분은 무서워 떠는 주인을 발기발기 찢지 않고는
> 참기 어려운 일이다.　　　　　　　　　　　(루카누스)

우리는 이 근원의 소질들을 뽑아 없애지 못한다. 그들은 그것을 덮어 감춘다. 라틴어는 내게는 타고난 말 같다. 나는 라틴어를 프랑스어보다 더 잘 알아듣는다. 그러나 벌써 40년 동안 나는 말하는 데에도 글 쓰는 데에도 라틴어를 쓰지 않았다. 그런데 평생에 두서너 번 겪어 본 일이지만, 극한의 급격한 격정에 빠졌을 때(한 번은 아주 건강하던 부친께서 갑자기 혼절하며 내게로 쓰러졌던 때의 일이다) 내 뱃속으로부터 처음 튀어나온 말은 언제나 라틴 말귀였다. 본성은 오랜 습관에 거슬러서 억지로라도 튀어나오며, 그 자체를 표현한다. 그리고 이 예 하나로도 다른 많은 일들을 알 수가 있다. 우리 시대에 새로운 사상을 가지고 풍습을 고쳐 보려고 시도한 자들은 피상적인 악덕들은 개혁하지만, 본질 속의 악덕들은 그들이 늘어놓는 것이 아니면 그대로 남겨 둔다. 더욱이 그 악덕이 늘어남은 두려운 것이다.

우리들은 힘을 안 들이고 큰 명성을 얻는 외부적이고 독단적인 개혁 사상 때문에, 다른 착한 일들은 하지 않고 쉬고 있다. 그리고 그것으로 내적이고 동질적인 다른 타고난 악덕들을 값싸게 만족시킨다.

우리의 경험에 본성이 어떻게 비치는가를 좀 보라. 자기 말을 들어 보고, 자기가 받은 교육에 맞서서, 마음에 반대되는 격정의 폭풍에 대항해서 싸우는 고유한 형체가 있는 것을 발견하지 않는 자는 하나도 없다. 나로 말하면, 무슨 충격으로 마음이 뒤흔들리는 일은 절대 없다. 나는 몸이 무겁고 묵직한 사람들이 하듯, 거의 늘 내 자리에 있다. 자리에 있지 않는다 해도, 나는 늘 그 가까이에 있다. 나는 방자하게 놀아도 심하게 탈선하지는 않는다. 아주 극단적인 것이나 괴이한 것은 아무것도 없다. 그리고 적으나마 나는 건전하고 힘찬 회복력을 갖는다.

우리 인간들의 일반적인 태도에 관련되는 비난은 그 은퇴 생활까지도 부패와 지저분하고 더러운 것으로 충만해 있는 점에 있다. 개선의 관념은 혼탁한 것이고, 뉘우침은 거의 죄악과 같이 그릇되고 병들어 있다. 어떤 자들은 타고난 애착으로 악덕에 달라붙어 있거나, 오랜 습관 때문에 그런 것의 낮고 추함을 알아보지 못한다. 다른 자들에게는(그들의 대열에 내가 속하지만) 악덕이란 거북살스럽다. 그러나 그들은 쾌락이나 다른 사정을 가지고 거기에 균형을 찾는다. 그리고 어떤 희생을 겪으며 악덕을 용인하고 그쪽으로 기울어진다. 그렇지만 그것은 악덕스럽고 비굴한 일이고, 아마도 우리가 유용성에 관해서 말하듯, 그 사이의 정도의 차이가 너무 동떨어져서 쾌락이 죄악에 대한 정당한 변명이 된다고 생각해 볼 수 있는 일이다. 그것은 절도에서와 같이 우발적이며 죄악이 되지 않는 경우뿐 아니라, 여자와 관계하는 경우처럼 이 악덕을 실천하는 데에 유혹이 너무나 강렬해서 때로는 극복할 수 없다고까지 사람들이 말하고 있는 경우이다.

지난번 내가 아르마냐크에 갔을 때 친척 한 분의 영지에서, 나는 모두가 좀도둑이라는 별명으로 부르는 한 농군을 보았다. 그는 자기가 살아온 내력을 이렇게 이야기하고 있었다. 그는 가난하게 태어나서 자기 손으로 일하는 것 가지고는 도저히 궁핍을 면할 도리가 없었기에, 좀도둑이 되기로 작정했다. 그리고 그는 청춘 시절을 사뭇 강한 체력을 이용해서 이 직업을 안전하게 실행해 왔던 것이다. 그는 남의 땅에 가서 곡식이나 포도를 걷어 오는데, 하도 멀리 가서 아주 큼직하게 해 왔기 때문에, 아무도 하룻밤에 그만큼 어깨에 짊어지고 갔으리라고는 생각하지 못했다. 그리고 그는 조심해서 골고루 도둑질을 했기 때문에, 그 손실이 각 개인에게는 그렇게 심한 타격이 되지는 않았다.

그는 이 덕택으로 늙은 지금은 그와 같은 지체의 사람들 중에서는 재산이 넉넉한 편이며, 이 사실을 공공연하게 고백했다. 더욱이 그가 재산을 모은 것에 관해서 하느님과 화평하려고, 이제부터는 날마다 그에게 도둑맞은 사람들의 후손들에게 좋은 일을 해 주어 벌충해 줄 작정이라고도 말했다. 그가 이 일을 완수하지 못하면(왜냐하면 그는 일시에 모두들에게 공급해 줄 수는 없었기 때문이다), 각자에게 손해를 입힌 것을 자기 혼자 알고 있는 계산으로 자기 후계자들에게 그 책임을 지울 생각이라는 것이다.

진실이건 거짓이건, 그는 이런 이야기로 도둑질이 못된 일이라는 것을 인정하며 그것을 혐오하고 있다. 그러나 빈궁보다는 나쁘지 않다고 본다. 그는 이 일을 단순하게 후회한다. 그의 과거의 행동은 이렇게 보충되고 변상되었으니, 그는 후회하지 않는다. 이것은 우리를 악덕과 하나 되게 해서 우리의 오성까지 적응시켜 버리는 습관은 아니며, 우리의 심령에 충격을 주고 뒤흔들어서 맹목적으로 만들며, 당장 판단력이나 모든 것을 악덕의 힘 속에 밀어 넣는 억센 폭풍도 아니다.

나는 습관적으로 내가 하는 일은 전부 해치운다. 그리고 단숨에 진행시킨다.

나는 내 이성에 숨기거나 거기서 벗어나는 행위라고는 한 적이 없고, 내 몸의 모든 부분이 분할되거나 내적 소란을 일으키는 일도 한 적이 없으며, 모두의 동의를 받지 않고 일을 행한 적도 거의 없다. 내 판단력이 완전히 비난을 받거나 칭찬받는다. 그리고 한번 잘못이 있으면 늘 그대로이다. 왜냐하면 거의 태어날 때부터 내 판단력은 한결같기 때문이다. 똑같은 경향이고, 똑같은 길이며, 똑같은 힘이다. 그리고 일반적 사상의 문제로는, 나는 어릴 적부터 내가 매어 있어야 할 자리에 머물러 있다.

죄악에는 강력하면서 신속하고 급격한 것이 있다. 그런 것은 따로 치워 두자. 그러나 하도 여러 번 되풀이되고 계획되고 숙고된 다른 죄악이나 체질화된 죄악, 다시 말하면 직업적이며 천부적인 죄악에 있어서는, 나는 그런 죄악을 가지고 있는 자의 이성과 양심이 그것을 계속 원하며, 그토록 오랫동안 동일한 마음속에 부식되어 있다고는 생각할 수 없다. 그리고 그가 어떤 한순간에 후회가 온다고 자랑하는 것은, 나로서는 상상해 보기가 좀 힘든 일이다.

나는 "신탁을 받으려고 신들의 영상 옆으로 가까이 갈 때, 사람들은 새로운 영혼을 갖는다"고 하는 피타고라스학파에 가담하지는 않는다.

그들의 영혼이 이러한 치성(致誠)에 마땅하게 깨끗하고 순수한 표정을 좀처럼 신들에게 보여 주지 않는 이상, 그는 바로 이 심령이 그 당장에만 빌려 온 아주 새로운 영혼이라야 한다고 말하려는 것이 아니라면 말이다.

그들은 스토아학파들이 우리에게 마음속에 인정하는 불완전한 일과 악덕들을 교정하라고 명령하며, 그렇다고 그런 것 때문에 슬퍼하고 고민해서는 안 된다고 금하고 있는, 이 교훈과는 정반대로 모든 일을 행한다. 이런 자들은 마음속에 심한 후회와 양심의 가책을 느끼는 것같이 우리를 믿게 하려고 한다. 그러나 개과천선이나 나쁜 행실을 그만두는 것 같은 것은 조금도 보여 주지 않는다. 악을 벗어 내던진 것이 아니면 악에서 치료된 것은 아니다. 후회가 접시 저울을 누르고 있는 것이라면 그것은 죄악을 실어가 버릴 것이다.

우리가 행동 습관과 생활을 신앙심에 조화시키는 것이 아니라면, 신앙의 실천보다 더 모방하기 쉬운 일은 없다고 본다. 그 본질은 난해하고 숨겨진 비밀 같다. 그러나 그 외양은 본뜨기 쉽고 화려하다.

나로 말하면, 대체로 다른 자가 되기를 바랄 수 있다. 나는 나의 일반적인 형태를 비난하고 불쾌하게 생각하며, 나를 완전히 개조해 주고 타고난 약점을 용서해 주기를 하느님께 탄원할 수 있다. 그러나 나는 그것을 후회라고 부를 수 없으며, 내가 천사나 카토의 못된 불만을 후회라고 할 수는 없다. 내 행동은 나라는 인물과 내 처지에 맞춰서 조절되어 있다. 나는 더 잘할 수는 없다. 그리고 후회는 바로 우리가 자기 힘으로 할 수 없는 일과는 관계가 없다. 그렇다. 섭섭한 생각은 있다. 나는 내 본성보다 무한히 더 고매하고 더 절도 있는 본성들을 부러워해 본다. 그렇지만 나는 내 소질들을 더 낫게 만들지 못한다. 그것은 다른 사람의 팔이나 정신이 힘찬 것을 생각해 본다고, 내 팔이나 정신이 더 힘차게 되지는 않는 식이다. 만일 우리보다 더 고상한 행동을 생각하고 바라는 것이 우리에게 후회를 일으킨다면, 더 탁월한 본성을 가진 사람은 더 큰 완벽과 품위를 가지고 행동했을 것이라고 생각한다. 또한 우리도 같이 하고 싶어질 것인 만큼, 우리의 더 순진한 행동을 가지고도 후회해야만 했을 것이다.

젊었을 때와 늙어서 내 하는 짓이나 태도를 비교해 보면, 나는 한결같이 내 식으로 질서 있게 행한 것을 발견한다. 이것이 내가 저항할 수 있는 한의 것이다. 자랑하는 것이 아니다. 같은 사정에서는 늘 한가지일 것이다. 나는 얼룩지기보다는 차라리 모조리 염색되는 오염을 택한다. 나는 피상적이나 어중간하게 형식적으로 하는 후회를 모른다. 내가 후회한다고 말하려면, 그에 앞서 후회가 모든 부분에 배고, 하느님이 나를 보시듯 심각하게, 그리고 내 오장육부를 짓찢어 고통을 주고 있어야 할 것이다.

업무의 처리로 말하면, 나는 묘수를 쓰는 재간이 없어서 여러 번 유리한 기회를 놓쳤다. 그렇지만 사람들이 제공하는 사정에 따라서 내가 하는 일의 형세에 대한 판단은 잘한 것이었다. 내 의견 방식은 항상 가장 쉽고 확실한 편을 잡는 것이다. 돌이켜보면 나는 일처리를 할 때, 내게 주어진 일의 형세를 내 규칙에 따라서 현명하게 주선하거나 변통해 나갔다. 그리고 나는 지금부터 천 년 뒤까지라도 같은 사정에서는 똑같게 행할 것이다. 그것이 지금 어떤가는 보지 않는다. 다만 내가 그것을 두고 고찰했을 때에 어떠했던가를 본다.

모든 계획의 좋고 나쁘고는 시기에 달려 있다. 사정들과 재료는 끊임없이 구르고 변해 간다. 나는 생각을 잘못해서가 아니라 운을 잘못 타서 평생에 중대하고 괴로운 잘못을 몇 번 저질렀다. 사람들이 다루는 대상들에는 짐작할 수 없는 비밀들이 있다. 특히 인간의 본성에는 드러나지 않게 잠겨 있고, 때로는 그 사람 자신도 모르며, 어느 사정에 부닥쳐서 비로소 잠 깨어 생겨나는 아무 말도 하지 않는 조건들이 있다. 내 예지로 그 속을 들여다보고 예측하지 못했다고 해서 불평하지는 않는다. 이 예지의 책임은 그 능력의 한도 안에 있다. 사건이 나를 억누른다. 사건이 내가 거절한 편을 든다고 해도 어찌할 도리가 없다. 나는 나를 원망하지 않는다. 나는 내 탓이 아닌 운을 비난한다. 그것은 후회라고 부를 성질의 것은 아니다.

포키온은 아테네 사람들에게 어떤 충고를 했는데 들어주지 않았다. 그런데 일은 반대로 그의 의견과는 거꾸로 잘되어 나갔다. 누가 그에게, "그래 일이 이렇게 잘되어 가네, 그대는 만족한가?" 하고 말하자, 그는 대답했다. "일이 이렇게 되었으니 나는 대단히 만족하네. 그러나 나는 전에 한 충고를 후회하지는 않네."

친구들이 내게 충고해 달라고 말하면, 나는 거의 모든 사람이 하는 식으로 일이 어떻게 될지 모르며 내 생각과는 거꾸로 될 수도 있는 일이므로, 그들이 내 충고를 책망할지도 모른다는 생각 때문에 주저하는 일 없이 자유롭고 분명하게 충고한다. 그래도 나는 걱정이 없다. 왜냐하면 그들이 일을 잘못할 수도 있으니, 내가 그들에게 이러한 봉사를 거절해서는 안 될 일이었기 때문이다.

나는 내 잘못이나 운이 그른 것을 가지고, 나보다도 남을 원망하진 않는다. 왜냐하면 사실의 진상을 알아볼 필요가 있는 경우나 체면을 세워 주기 위해서가 아니면, 사실상 남의 의견을 듣고 일하는 법이 없기 때문이다. 판단력을 사용해야만 되는 일에는 다른 사람들이 말하는 이치는 내게 힘이 되는 수가 있지만, 내 의견을 돌리게 하는 일은 드물다. 나는 남의 말을 호의를 가지고 모두 들어준다. 그러나 내가 생각하는 한, 나는 여태껏 내 말밖에 믿지 않았다. 내 생각으로는 그런 것은 파리나 먼지만큼밖에 내 의지에 영향을 주지 않았다. 나는 내 의견을 그렇게 존중하지는 않는다. 그러나 마찬가지로 남의 의견도 존중하지 않는다. 운은 지당하게 나를 대접한다.

나는 남의 의견을 받지 않는 반면에, 남에게 의견을 주는 일도 무척 드물다.

그런 요구를 받은 일도 대단히 드물며, 더욱이 내 말을 믿어 주는 사람도 드물다. 그리고 공적이나 사적 사업으로서 내 의견에 의해서 세워졌거나 바로 잡아진 것을 알지 못한다. 어느 점에서 내 의견에 매여 지낼 운을 타고난 자들까지도 나보다는 다른 사람의 머리를 빌려서 일해 가려고 했다. 내 권한에 붙은 권리만큼 휴식의 권리를 아껴 온 나로서는, 그렇게 하는 편이 더 좋다. 즉, 나를 여기에 그대로 놓아둔다면, 사람들은 내가 표명하는 원칙에 따라서 행하는 것이다. 그 원칙은 나를 완전히 내 속에 세우고, 담아 두는 것이다. 나는 남의 일에 아무런 문제가 없고, 그들을 보장해 줄 책임을 면한 것이 즐겁다.

모든 일이 지나간 다음에는 그것이 어떻게 되었건 나는 후회하는 일이 거의 없다. 나는 일이 그렇게 되어야만 했다고 생각하면서 번민할 것을 면한다. 즉, 일은 우주의 큰 흐름 속에 있으며, 스토아학파가 말하는 원인들의 연쇄 속에 있는 것이다. 그대의 사상은 과거나 미래를 통틀어, 모든 사물들의 질서가 뒤집혀지지 않고는, 소원으로나 사상으로나 그 속의 점 하나라도 움직여 놓을 수 없다.

그뿐더러 나는 나이 탓으로 일어나는 우발적인 후회감을 혐오한다. 옛사람들이 말하던 것처럼 나이 탓으로 탐락에 끌릴 필요도 없어졌다고 고마워하던 사고방식은 내 의견과는 다르다. 나는 결코 나이 때문에 좋은 일을 누릴 수 없음을 고맙게 생각하지는 않는다. "사람들은 약점까지도 최선의 사물들의 열(列)에 배치되어 있다고 생각할 정도로 신의 뜻은 그 피조물에 적대적이 아니다."(퀸틸리아누스) 우리의 정욕도 노년기에는 희박해진다. 끝난 다음에는 심한 포만감에 사로잡힌다. 나는 그 점에서 양심이 있는 것을 보지 못한다. 침울과 허약은 우리에게 류머티즘에 걸린 비굴한 덕성밖에는 남겨 주지 않는다. 우리는 그것 때문에 판단력을 변질시킬 정도로 자연적인 변화(늙음)에 끌려가서는 안 된다. 나는 그전에 청춘과 탐락 때문에 탐락 속의 악덕을 분간하지 못한 일은 없었다. 그리고 지금 이 시간에도 나이 탓으로 느끼는 염증 때문에 악덕 속에 있는 탐락의 모습을 분간 못하는 일은 없다. 때는 이미 지났지만 지금 나는 그때와 마찬가지로 일을 판단한다.

지금 힘주어서 이성을 조심스레 진작시키고 있는 나는, 이제 늙어 가며 약화하여 못 쓰게 된 것이 아니라면, 내 이성은 더 방자하던 시절과 같은 상태로 있다고 본다. 신체의 건강에 해로울까를 고려해서 이성이 나를 이 탐락의 도가니 속에 집어넣기를 거절하는 것은, 옛날과 마찬가지로 정신 건강을 위해도 그런 짓을 못하게 하는 것은 아닐 것이다. 나는 이성이 전투력을 잃었다고 해서 더 용감해졌다고는 보지 않는다. 나의 유혹받은 마음은, 너무 시달리고 부서졌기 때문에 이성으로 대항할 거리가 못 된다. 나는 오히려 손을 앞으로 내밀며, 이런 유혹을 간청할 뿐이다. 누가 그 옛날의 색욕을 내 이성 앞에 내어 준다면, 나는 이 이성이 옛날에 가졌던 만큼 거기 저항할 힘을 갖지 못하지나 않을까 두렵다. 나는 이성이 그때 판단하던 것을 벗어나서 달리 판단하는 것을 보지 못했으며, 그것이 어떤 새로운 광명을 얻었다고도 보지 않는다. 그 때문에 거기에 무슨 회복이 있다 해도 그것은 오히려 나빠지게 된 회복이다.

　병 덕택에 건강을 얻다니, 가련한 치료법이로다! 우리의 불행이 이러한 봉사를 해 주는 것은 아니다. 우리 판단력의 행운이 해 주는 것이다. 사람들이 내게 모욕이나 고통을 주어도 나는 그런 저주밖에는 아무런 일도 하지 않는다. 그런 일은 매질 않고는 잠 깨지 않는 자들에게나 해 줄 일이다. 내 이성은 번영 속에서 더 자유로이 움직인다. 이성은 쾌락보다도 고통을 소화하기에 더 방심해지고 분망해진다. 날씨가 좋은 날에는 더 잘 보인다. 질병보다는 건강이 더 경쾌하고 더 유익하게 일을 깨우쳐 준다. 나는 즐겨야 할 건강을 가졌을 때에 내가 할 수 있는 한 나를 교정하고 조절하는 일이 진척했다. 이 노쇠기의 불행과 불운이 건강하고 팔팔하고 힘차던 시절보다 더 좋다고 생각해야 하며, 내가 전에 있던 상태가 아니고 그렇게 있지 못하게 된 지금의 상태를 가지고 존경받아야 할 것이라면, 나는 오히려 수치와 굴욕을 느낄 것이다.

　내 생각으로는 안티스테네스가 말하던 바와 같이, 인간의 행복은 행복하게 죽는 것이 아니라 행복하게 사는 것이라고 본다. 나는 괴상망측하게도 파멸된 인간의 머리와 몸뚱이에다 한 철학자의 꼬리를 매달고 다니게 될 것이라고는 기대하지 않았으며, 이 빈약한 꼬리가 내 인생의 가장 아름답고 충실된 긴 시절을 인생의 몹쓸 부분이라고 배척해야 할 것이라고 생각해 본 일도 없다. 나는 어디서나 똑같이 고른 모습으로 나를 내놓으며 보여 주고 싶다.

　내가 처음부터 다시 살게 된다면, 나는 전에 살아본 대로 살아보겠다. 나는 과거를 돌아보며 슬퍼하지 않고, 미래를 생각해서 두려워하지 않는다. 그리고 내가 잘못 보았는지도 모르지만, 나의 겉도 내면도 같게 걸어왔다. 내 육체 상태의 경과가 모든 일을 그 계절에 맞추어 이끌어갔다는 것은, 내가 운명에게 고맙게 여기는 중요한 사항들 중의 하나이다. 나는 내 계절의 풀과 꽃과 열매를 보았다. 그리고 지금은 그 말라가는 것을 본다. 그것은 자연스럽게 되어 온 노릇이니 다행한 일이다. 나의 질병들은 모두 제철에 왔으며, 그들은 지난날의 오랜 행복을 더 쉽게 회상시키는 만큼, 이 불행들을 더 수월하게 참아 넘긴다.

마찬가지로 내 예지도 이 시절에나 그 시절에나 같은 높이로 있었다고 볼 수 있다. 그러나 예지는 꼬부라지고 투덜거리며 힘겨워진 지금보다도, 파랗고 유쾌하고 순진하던 옛날에 더 훌륭한 일을 했고 더 우아미를 지녔다. 그래서 나는 이런 천방지축의 고통스러운 종교 개혁을 단념한다.

하느님이 우리의 마음에 감동을 주셔야 한다. 우리 양심은 정욕의 약화에 의해서가 아니라, 이성의 강화에 의해서 개선해 가야 한다. 탐락은 눈곱이 끼어 흐려진 눈이 보는 식으로 희푸른 것도 퇴색된 것도 아니다. 우리는 하느님이 명령하셨기 때문에 절도를 사랑해야 하며, 정숙을 사랑해야 한다. 우리에게 오는 천식이나 당뇨병의 덕택으로 우리가 얻은 것은 정숙도 절도도 아니다. 사람은 탐락을 그 우아함도 그 힘도 가장 매력 있는 그 미(美)로 보지 못하고 알지 못하면, 탐락을 경멸하느니 타도하느니 하고 자랑할 수 없다.

나는 양쪽을 다 안다. 나는 그것을 말할 수 있다. 그러나 우리의 심령은 노년기에는 젊은 시절보다 더 번거로운 폐단, 불완전과 질병에 매이기 쉬운 것 같다. 나는 젊었을 때에 그런 말을 했었다. 그때에는 사람들은 내 맨송맨송한 턱을 조롱했었다. 나는 백발 때문에 사람들의 신망을 얻고 있는 지금 이 시간에도 같은 소리를 한다. 우리는 기분이 꾀까다롭고 현재의 사물들에 염증이 난 것을 예지라고 부른다. 그러나 사람들은 악덕을 바꾸어 보기는 하지만 버리지는 않는다. 그나마 내 생각으로는 더 나쁜 것으로 알고 있다. 어리석고 노쇠한 자존심과 진력이 나는 잔소리, 사귈 수 없는 가시 돋친 성미, 미신, 그리고 사용할 기회도 없는데 재간에 관한 꼴같잖은 걱정 따위 말고도 더 많은 시기심과 부정과 악의를 발견한다. 노년은 우리의 이마보다도 정신에 더 주름살을 붙여 준다. 그리고 늙어

가며 시어지고 곰팡내 나지 않는 심령이란 없으며, 있다 해도 매우 드물다. 사람은 그 전체가 성장과 쇠퇴로 향해 간다.

소크라테스의 예지와 그가 선고를 받았을 때의 여러 사정을 살펴보면, 그는 어딘가 그 자신이 의무배반으로 일부러 그런 사태를 자청했다고까지 생각이 든다. 나이 이미 70이며, 정신의 풍부한 자리와 사람들을 놀라게 하던 예지의 찬란한 광명도 얼마 안 가서 마비되어 가는 꼴을 당할 판이었으니 말이다.

나는 노년기가 수많은 내 친지들에게 얼마나 큰 변화를 일으키고 있는가를 보았던가! 노년이란 자연히 자기도 모르는 새에 저절로 흘러드는 강력한 질병이다. 노년이 우리에게 짊어지우는 결함을 피하려면, 적어도 그 진전을 막으려면, 대단히 많은 연구와 조심스러운 준비가 필요하다. 나는 아무리 몸을 아껴도 이 노년이 한 걸음 한 걸음 나를 이겨감을 느낀다. 나는 힘닿는 대로 버티어 볼 뿐이다. 나는 그것이 결국 나를 어디로 데려갈 것인지를 모른다. 어떻게 되든 내가 어느 점에서 쓰러졌는가를 사람들이 알아주기만 하면 만족이다.

3
세 가지 사귐에 대하여

우리는 자기 성격과 기질에 너무 집착해서는 안 된다. 우리의 주요 능력은 여러 가지 일을 판단할 줄 아는 일이다. 필요에 몰려서 한 가지 길에 매여 지내는 것은 존재하는 것이지 사는 것은 아니다. 가장 훌륭한 심령들은 가장 변화가 많고 적응력이 있는 심령들이다.

이 말은 대 카토에 관한 한 명예로운 증언이다. "그는 모든 직무에 동일하게 순종하는 극히 적응적인 정신을 소유하며, 그가 어떠한 일을 원하든지 그는 오로지 그 일을 위해서만 출생한 것이라고 말할 수 있었다."(티투스 리비우스)

내 식으로 자신을 훈련하는 것이 내게 달린 일이라고 한다면, 내가 한 조건에서 떨어져 나가지 않을 수 있게 거기에 매여 지내기를 원할 정도로 좋은 방식이라고는 하나도 없다. 인생은 고르지 못하고 불규칙하고, 여러 가지 형태인 움직임이다. 자기를 끊임없이 좇으며, 너무 자기 경향에만 매여서 벗어나지도 못하고 비틀어 보지도 못한다는 것은, 자신의 친구로 있는 것도 아니고 자신의 주인 노릇은 더 못 한다는 말이며, 그것은 자신의 노예가 되는 일이다.

지금 이 시간에 내가 이런 말을 하는 것은, 영혼이 무슨 일에 열중하지 않으면 거기에 흥겨워할 줄도 모르며, 긴장되지 않으면 아무것도 하지 못하는 형편이기 때문에, 심령이 나를 귀찮게 볶는 처지를 쉽사리 벗어나지 못해서 하는 말이다. 아무리 그 취급하는 주제가 가볍더라도 내 심령은 기꺼이 이것을 높이며 온 힘을 다해서 거기에 매여 있어야 할 정도로 그것을 늘려 놓는다. 내 심령이 한가로우면 그 때문에 그것이 내게는 고역이 되며, 건강을 해치기도 한다. 정신의 대부분은 마비 상태에서 풀려 나와 움직이기 위해서 외부의 재료가 필요하게 된다. 내 정신은 차라리 진정되어 휴식하기 위해서 그것이 필요하다. "한가로움의 악덕은 노고에 의해 벗어나야 한다."(세네카) 내 정신이 가장 많은 노력을 기울이는 주요 공부는 정신 자체를 공부하는 일인 까닭이다.

서적은 내 정신을 공부에서 벗어나 방탕하게 하는 부류에 속한다. 무엇이든 어떤 생각이 떠오르면 내 심령은 동요하며, 사방으로 그의 힘을 시험해 보고, 그의 조작을 때로는 힘의 편으로, 때로는 질서와 우아성으로 향해 행사하며, 자체를 정돈하여 가지런히 하고 절도를 지키고 강화한다. 내 정신은 그 자체로서 그 소질을 잠 깨워 가질 거리를 간직하고 있다. 본성은 모두들에게 해 주듯 내 정신의 소용에 충분한 재료와, 생각하여 판단할 제목을 충실히 주고 있다.

자기를 살펴서 힘차게 일할 줄 아는 자에게는 명상이 또한 강력하고 충만한 공부가 된다. 나는 내 심령의 장비를 갖춰 주기보다는 차라리 심령을 만들기를 좋아한다. 심령의 됨새에 따라서 자기 사상을 다루는 일보다 더 약한 일도 더 강한 일도 없다. 위대한 인물들은 이것을 천직으로 삼는다. "그들의 삶은 사색함이다."(키케로) 그런 만큼 자연은 심령에게 우리가 이보다 더 오래 할 수 있는 것도, 이보다 더 심상하고 손쉽게 몰두할 수 있는 행동도 없도록 하는 특권을 베풀어 주었다. "이것은 신들의 직무이며, 거기서 동시에 신들의 복지와 아울러 우리의 복지가 나온다"고 아리스토텔레스는 말했다. 독서는 특히 여러 가지 소재로 내 사색을 잠 깨우며, 기억력이 아니라 판단력을 일하게 하는 데 쓰인다.

그러므로 김 빠지고 노력이 없는 대화는 내 주의를 멈추는 일이 드물다. 우아함과 아름다움은 중후함과 심오함만큼, 또는 그보다 더 내 마음을 채우며 사로잡는 게 진실이다. 그리고 다른 모든 교제에서 내 마음은 잠들며, 거기에 내 주의력의 껍데기밖에 빌려 주지 않는다. 그래서 나는 힘 빠진 비굴한 이야기를 하는 자리에서는 어린아이가 하기에도 유치한 꼴사나운 군말이나 천치 같은 이야기를 주고받는다든가, 또는 더 서투르고 무례한 수작으로 고집하며 곧잘 침묵을 지키고 있는다. 나는 자신 속으로 물러나며 몽상하는 버릇이 있고, 한편으로 여러 가지 일상적인 일에 유치하고도 둔중하게 무식하다. 이 두 가지 소질에서 사람들이 어느 누구에게 대해서 하는 것과 마찬가지로, 나와 바보 같은 이야기 대여섯 가지는 그럴듯하게 해 볼 수 있다는 것이 소득이다.

  내 이야기로 돌아오자. 나는 기질이 이렇게 까다롭기 때문에, 사람들과의 교제에 힘이 들고 상대할 사람을 잘 골라야 하며, 범상한 행동에는 불편하게 된다. 우리는 사람들과 교섭하며 살아간다. 이 교제가 귀찮아서 천하고 속된 사람들을 상대하기를 경멸한다. 또 이 천하고 속된 사람들이 사리에 밝은 사람들만큼 절도를 지키는 것이라면(보통 인간의 어리석음에 조화되지 않는 모든 예지는 어리석은 것이다), 공적이건 사적이건, 이런 사람들과 해결해야 되는 일이라면, 그러다가는 우리 자신의 일도 남의 일도 처리해 볼 도리가 없어질 것이다.

  마음은 자연스럽고 긴장이 덜할 때가 가장 아름답다. 가장 좋은 직무는 강제가 제일 적은 직무이다. 예지가 자기 힘에 맞춰서 욕망을 조절해 주는 자들에게는 그 예지가 얼마나 좋은 일을 해 주는 것일까! 그보다 더 유용한 지식은 없다. 소크라테스가 입버릇처럼 늘 하던 '자기 힘에 맞게'라는 말은 대단히 알찬 말이다. 우리 욕망을 가장 쉽고 가까운 것으로 설정하여 거기에 멈추게 해야 한다. 내 교섭과 관계가 없는 한두 사람에 집착하거나, 또는 차라리 내 손에 넣어 볼 수 없는 사물에 대한 허황된 욕망 때문에 내 운이 거기에 매여 지내며, 그들 없이는 해 나갈 수 없는 수많은 사람들과 화합하지 못한다는 것은 내 심정이 어리석은 일이 아닌가? 나는 유약한 행동 습관에서 오는 거칠고 쓴 일은 상대하기를 싫어하기 때문에, 내게서 적으나 시기심 같은 것은 쉽사리 벗어던진다. 사랑받는다고는 말하지 않겠다. 그러나 미움받지 않기로는 나만큼 기회를 얻은 자도 없었다. 그러나 내가 사람과의 교제에 냉담하기 때문에 당연히 많은 사람들의 호의를 잃었고, 그 사람들이 나의 이러한 태도를 나쁜 다른 의미로 해석해도 어쩔 수 없는 일이다.

나에겐 희귀하고 섬세하고 특별한 우정을 얻어서 유지해 갈 능력이 있다. 나는 내 취미에 맞는 사람과의 친교를 간절히 바라며 애태운다. 그래서 그것을 너무 탐해서 적극적으로 나서며, 거기에 몰두하기 때문에 내가 집착하여 내가 주는 우정의 인상을 남기는 데에 쉽사리 실패하지 않는다. 나는 이것을 멋지게 입증한 일이 자주 있었다. 나는 평범한 우정에는 어딘가 멋쩍고 냉담하다. 왜냐하면 내 행티는 마음속을 완전히 드러내지 않으면 자연스럽지 못하기 때문이다. 그뿐더러 나는 운이 좋아서 젊었을 때 경험한 유일무이의 완벽한 우정에 맛을 들여 습관이 되어 있는 까닭에, 다른 식으로 사귀는 것은 싫어졌고 옛사람의 말처럼 우정은 한 무리의 가축이라기보다는 동무 삼는 소중히 여기는 물건 같다는 생각이 내 마음속에 박혀 있다.

그 때문에 나는 사람과 사귀는 데 마음을 반만 꾸며서 내보이는 식으로, 저 수많은 불완전한 우정의 교제에서 사람들이 권하는 식의 그 의심 많고 비굴한 조심성을 갖기가 자연히 힘이 든다. 그러나 사람들은 특히 이 시대에는 의구심을 품고 거짓으로밖에는 세상일을 말할 수 없다고 주장한다.

그 반면에 나와 같이 편안함과 즐거움을 인생의 목적으로 삼는 자는(본질적인 안락을 뜻하지만), 심정을 까다롭고도 미묘하게 쓰는 것은 악질과 같이 피해야 할 일이라고 생각한다. 나는 한 심령이 여러 단계로 되어 있어서 동시에 긴장하기도 풀리기도 하며, 운이 맺어 주는 어느 자리에서도 잘해 가며 이웃 간에 자기의 건물이나 수렵이나 소송 사건 같은 것으로 담소하고, 목수나 정원사와도 즐겨 말을 거는 식의 심령을 칭찬했다. 나는 하인들과 같이 천한 자와도 정답게 지내며, 그들이 하는 식으로 말을 주고받는 버릇을 가진 자들이 부럽다.

그리고 플라톤의 훈계처럼 하인들과는 여자이건 남자이건 친밀히 대하거나 희롱하는 일이 없이, 주인다운 말을 써야 한다고 하는 것은 내 비위에 맞지 않는다. 왜냐하면 내가 든 이유 말고도, 이러저러한 운의 특권에 너무 큰 값어치를 두는 일은 비인간적이고 부당하기 때문이다. 하인들과 주인들 사이에 차별을 많이 두지 않는 정치가 내게는 가장 공평한 정치로 보인다.

다른 사람들은 그들의 정신을 신장시켜 추켜올리려고 연구한다. 나는 눌러서 재우려고 연구한다. 정신은 확대에 의해서만 결함이 생기기 때문이다.

> 그대는 아이아코스의 족보와
> 성스러운 일리온의 성벽 아래에서 전개된 전투를 진술하지만,
> 키오의 포도주값을 얼마나 지불할 것인가,
> 어떤 하인이 내 목욕물을 데울 것인가,
> 어느 집으로, 어느 때
> 펠리냐의 추위를 피하러 심방할 것인가에는,
> 말이 없도다.   (루크레티우스)

라케다이모니아의 전법에서는 당돌한 광분으로 저돌적으로 달려들까 두려워하며, 전쟁터에서 용감성을 달래려고 보드랍고 우아한 피리 소리로 조절해 줄 필요를 느꼈다. 그런데 다른 국민들은 대개 군사들의 용기를 너무 과하게 앙진시키는 날카로운 곡조와 강력한 음성을 사용하고 있다. 나는 역시 보통의 형식과는 반대로 우리의 정신을 움직이려면 대개의 경우 날개보다는 납뭉치로 만든 추를 매달아야 하고, 열기와 흥분보다는 냉정과 휴식이 더 필요한 것으로 생각한다. 특히 어리석지 않은 사람들 축에서는 잘난 체하거나, 항상 긴장한 말투로 '삼지창 끝으로 뒤져서 이야기하는'(이탈리아 어법) 식은 어리석은 수작으로 보인다.

그대와 함께 있는 자들의 수준으로 몸을 좀 낮춰서 때로는 무식한 체도 해야 한다. 힘과 꾀는 따로 간직해 두라. 보통의 만남에는 거기에 질서를 유지하는 것만으로도 충분하다. 남들이 좋아하거든 그동안 땅을 기어라.

학자들은 흔히 이 돌에 잘 차인다. 그들은 항상 학자 투를 뽐내며 책에서 얻은 지식을 사방에다 뿌리고 다닌다. 요즈음 그들은 이런 것을 부녀자들이 거처하는 방과 귀에 너무 심하게 쏟아 넣었기 때문에, 그녀들은 그 실질은 파악하지 못했을망정 적으나마 그런 인상을 풍긴다. 모든 종류의 제목과 재료에, 그녀들은 아무리 변변찮고 평범한 일이라도 새롭고 박식한 말투와 문장을 사용한다.

이와 같은 말투로 그녀들은 무서움과
분노, 기쁨, 걱정, 마음의 비밀 모두를 쏟아 놓는다.
이 밖에 또 무엇을?
그녀들은 사랑의 고백까지도 박식하게 한다.　　　　〈유베날리스〉

　그리고 어느 누구라도 증언해 줄 사물들을 가지고, 구태여 플라톤과 성 토마스 아퀴나스를 인용해서 말한다. 그녀들의 심령 속에 들어가지 못한 학설은 그녀들의 혀끝에 머물러 있다.
　점잖은 여인들이 내 말을 믿는다면, 그녀들은 그 고유의 자연스러운 보배들을 빛내는 것으로 만족해야 한다. 그녀들은 밖에서 들여온 미(美)로 자기들의 미를 덮어 감춘다. 빌려 온 광채로 빛나기 위해서 자기의 광채를 없애는 일은 너무도 어리석은 짓이다. 그녀들은 기교 속에 덮여서 묻혀 있다. "미용실에서 방금 나온 얼굴이다."〈세네카〉 그것은 그녀들이 자신을 잘 모르기 때문이다. 세상에 그녀들보다 더 아름다운 것은 없다. 그녀들이 기술에 영광을 주며, 백분으로 분칠해 주는 것이다. 그녀들은 사랑받고 숭배받고 살아가는 것 외에 무엇이 또 필요할까? 그녀들은 그런 것을 너무 많이 가졌고, 너무 잘 알고 있다. 그녀들에게 있는 소질들을 잠 깨워 일으켜 주는 것밖에 다른 필요가 없다. 그녀들이 수사학이나 법학이나 논리학이나 이와 비슷한, 그녀들에게 아무 필요가 없는 헛된 처방전에 매여 있는 것을 보면, 그런 것을 충고하고 있는 남자들이 이런 핑계로 여자들을 지배할 권한을 가지려고 하는 일이 아닌가 하고 두려워진다. 과연 거기에 다른 변명이 있을 것인가? 그녀들은 우리의 도움 없이도 우아한 눈을 유쾌하고 엄격하게 또는 상냥하게 굴리며, 거절할 때도 쌀쌀하고 은근하게, 그리고 호의를 지닌 눈초리를 곁들여 줄 줄 알면 충분하고, 그녀들에게 봉사하려고 하는 말에 통역을 붙여 주려고 하지 말아야 한다. 이런 지식만 가지면, 그녀들은 회초리를 손에 든 것이고, 선생들과 학교를 지배하는 것이다.
　그렇지만 그녀들이 남자에게 무엇이건 양보하기가 싫고 호기심으로 서적 등과 사귀고 싶어진다면, 시는 그 필요에 맞는 취미이다. 그것은 여자와 같이 출랑이고 미묘하고 장식적인 말재간이며, 재미있고 화려한 예술이다. 역사에서도 역시 여러 가지 편익을 얻을 것이다. 철학에서는 인생에 소용되는 면에서, 남자들의 심경과 조건을 판단하고 남자들의 배반에서 몸을 지키며, 자신의 벅찬 정욕을 조절하고, 그녀들의 자유를 아끼고, 인생의 쾌락을 누리며, 하인의 하는 일이 믿음성이 없다든가, 남편이 혹독하게 대한다든가, 나이 들어 주름살이 잡히는 걱정 등등, 이와 같은 일들을 인간적으로 참아 내게 하는 가르침을 받을 것이다. 이것이 내가 여자들에게 학문에 관해서 지정해 주고 싶은 부문들이다.

사람들 중에는 은둔적이고 내향적인 특수한 성질도 있다. 나의 본질적인 형태는 나를 표현하고 사람과 교제하는 데 적합하다. 나는 천성이 사교와 우정을 즐기며 모든 것을 털어놓고 보여 준다. 나는 외롭고 쓸쓸함을 즐기고 권유하지만, 그것은 주로 내 심정과 사상을 자신에게 끌어오는 데 그치며, 내 생활이 아니라 욕망과 근심을 제한하여 압축하기 위함이며, 외부의 일이 되어 가는 형세로 외로워지는 것도 단념하고, 굴종과 부담을 극도로 피하기 때문이며, 사람이 많은 것이 싫어서가 아니라 번거로운 것이 싫어서 그러는 것이다. 내 사는 자리가 외롭고 쓸쓸한 것은, 진실을 말하면 오히려 나를 뻗쳐서 밖으로 키워 준다. 나는 혼자 있을 때에 더 즐겨서 국가와 우주의 일에 열중한다.

루브르 궁이나 군중들 속에서는 나는 내 껍데기 속으로 오그라져 들어간다. 군중은 나를 나 자신 속으로 몰아넣는다. 그리고 조심스레 예의범절을 차리는 점잖은 자리에서보다 더 미치다시피 방자하게 개인적인 일로 내가 나와 환담하는 일은 결코 없다. 우리의 미친 수작들은 나를 웃기지 않는다. 우리 예지가 나를 웃긴다.

내 기질로서는 궁전 안의 법석대는 분위기가 싫지 않다. 나는 거기서 내 생애 일부를 보냈고, 이따금 시간을 두어 내 기분에 맞는 때이면, 사람 많은 곳에서도 유쾌하게 지낼 수 있는 성미이다. 그러나 판단력이 무르기 때문에 나는 어쩔 수 없이 외로움에 매여 있다. 진실로 번잡한 가정과 사람을 잘 찾아오는 집안에서도 역시 그러하다.

나는 여기서 상당히 많은 사람들을 보지만, 내가 같이 이야기하고 싶은 사람은 드물다. 그리고 나는 여기서 나를 위해서나 다른 사람들을 위해서나 다시 없는 자유를 지닌다. 여기서 사람을 대접하며 시중하고 맞이하는 범절이나 우리 예절이 요구하는 다른 괴로운 절차는 치워 둔다.(오오, 노예적인 거북스러운 관습이지!) 여기서는 누구나 다 자기 좋을 대로 살아가며, 제가 갖고 싶은 사상을 품어 본다. 나는 혼자 들어앉아 몽상하며 손님들의 비위 거스를 것 없이 침묵을 지킨다.

내가 친분을 가지고 교제하고 싶은 사람들은 점잖고 재능이 있다고 알려진 위인들이다. 이런 사람들의 모습을 보면 다른 자들은 싫증이 난다. 잘 생각해 보면, 그들은 우리 중의 가장 희귀한 전형이며, 주로 본성에서 받아 온 전형이다. 이 교제의 목적은 단지 친분과 우의와 이야기 친구를 갖는 것이다. 즉, 심령의 단련일 뿐이고, 다른 성과는 없다. 우리의 이야기에서는 무슨 제목이든지 똑같다. 무게나 깊이가 없어도 상관없다. 거기에는 늘 아담한 풍치와 온당성이 있다. 모든 것이 거기서는 성숙한 지조 있는 판단으로 물들어 있고, 호의와 솔직성, 쾌활미와 우정이 섞여 있다.

우리의 정신이 아름다움과 힘을 보이는 것은 집안의 내력과 다른 것으로 바꿈에 관한 문제와 왕의 사무에 관해서만이 아니다. 개인적인 담소에서도 마찬가지이다. 나는 동료들을 그들의 침묵과 미소에서도 잘 알아본다. 그리고 회의실에서보다도 식탁에 앉아 있을 때에 그들을 더 잘 알아본다. 히포마코스가 투기사(鬪技士)들이 단지 거리를 걸어가는 모습만 보아도 고수인가 아닌가를 바로 알아본다고 한 말은 당연하다.

학문이 우리의 한가한 이야기에 참여하고 싶다면 물리치지는 않는다. 대신 그것은 여느 때 버릇처럼 위세 있고, 쉬 범할 수 없는 풍채이고 명령조이고 번거로운 것이 아니고, 그 자체가 딸려 있어 주며 유순해야 한다. 우리는 한가롭게 시간을 보낼 생각밖에 없다. 교육과 설교를 받을 시기에는 학문을 찾아 그 옥좌로 갈 것이다. 이런 자리에서는 제발 우리에게 굽혀 주어야 한다. 왜냐하면 학문이 아무리 유용하고 바랄 만하다 해도, 그것이 필요한 마당에서도 그것 없이 지낼 수 있고, 학문 없이도 우리의 할 일을 다할 수 있기 때문이다. 좋은 가문에 출생하여 인간 교섭에 단련된 심령은 그 자체로 충만하게 사람들의 마음에 든다. 기술은 이러한 심령들의 생산품의 목록과 기록에 불과하다.

예쁘고 우아한 여자들과 교제하는 것도 내게는 포근한 재미이다. "왜냐하면 우리 역시 그 점에 박식한 안목을 가졌기 때문에"(키케로) 그렇다. 심령은 이 점에는 먼젓것만큼 누릴 거리를 갖지 못한다 해도, 이편에 더 많이 참여하는 육체적 감각은, 내 생각으로는 그 비중이 서로 똑같은 것은 아니지만, 여자와의 교제는 전자에 가까운 정도의 무게를 준다. 하나 이 방면의 교제에는 미리 경계하며 다가서야 한다. 특히 나와 같이 육체 생활의 비중이 큰 자에게는 그렇다. 나는 젊었을 적에 시인들이 말하는 것처럼 거의 절도 없이 무비판적으로 끌려가는 자들이 당한다는 식으로, 이런 일에 뜨거운 거동을 보고, 모든 광분의 고통을 겪었다. 이 호된 매를 맞은 것이 다음에 내게 교훈이 된 것은 사실이다.

> 아르고의 함선을 타고
> 카팔레아의 암초를 피해 온 자는 누구든지,
> 항상 에우보이아의 수로(水路)에서 이물을 돌린다. (오비디우스)

우리의 모든 생각을 거기에 매어 두고 무분별하게 맹렬한 정열로 덤벼드는 것은 철부지 같은 짓이다.

그러나 한편에는 사랑도 책임감도 없이, 연극배우처럼 풍습과 나이가 모두 하는 버릇이라고 거기에 달려들며, 말로만 하고 마음을 주지 않는 일은 사실 안전을 도모하는 것이지마는, 그 비굴한 꼴은 마치 위험이 무서워서 명예도 이익도 쾌락도 버리는 식이다. 이러한 교제를 실천하는 자는 아름다운 심령을 감동시키거나 만족시키는 아무런 성과도 바랄 수 없다. 진심으로 누려 보았으면 하는 것은 진심으로 바라야만 한다. 운이 부당하게 그들 가면의 사랑을 유리하게 꾸며 준 때에도 말이다. 이런 일은 여자들이 아무리 팔자를 잘못 타고 났다고 해도, 자기가 아주 귀엽게 생겼다고 생각하지 않거나, 자기 나이로나 그 웃는 모습으로나 그 동작으로, 자기가 잘났다고 생각하지 않는 여인은 하나도 없기 때문에 자주 일어나는 일이니 하는 말이다. 전반적으로 예쁜 여자가 없듯이 전체가 못생긴 여자도 없다. 그래서 브라만 교도의 처녀들은 다른 장점이 없으면 장터로 나가서 이런 취지로 소리 질러 광고해서 사람들이 몰려왔을 때 여자의 부분을 들춰 보이는데, 적어도 그것만으로도 남편을 얻을 값어치가 있나 없나를 알아보는 것이다.

따라서 자기를 믿음직하고 착실하게 섬기겠다고 하는 첫 번 맹세에 쉽사리 넘어가지 않는 여자는 없다. 그런데 오늘날 남자들이 여자를 예사로 배반하는 결과에서, 여자들은 남자를 피하려고 서로 단결해서 스스로 뒤로 물러서거나 자기들끼리 놀게 되었다. 또는 어느 때는 우리가 보여 주는 본을 떠서 그녀들도 연극을 꾸미면서 정열도 생각도 사랑도 없이 교제해 온다. "자기에게서 오건, 타인에게서 오건, 정열에 무감각하며"(타키투스), 플라톤에 나오는 리시아스가 설복하는 바와 같이, 우리가 여자들을 사랑하는 마음이 적을수록 그만큼 그녀들은 우리에게 유리하고 편리하게 몸을 맡길 수 있다고 생각하는 것이다. 그것은 연극과 같은 꼴이 될 것이다. 사람들은 여기서 연극배우들만큼의, 또는 더 많은 재미를 볼 것이다.

나로 말하면 어린애 없는 모성애를 생각할 수 없는 것과 마찬가지로, 큐피드 없는 비너스를 생각해 볼 수 없다. 그것은 그들의 본질을 서로 빌려주고 서로 부채를 지고 하는 사물들이다. 그러므로 이 속임수는 그것을 행하는 자에게 다시 되돌아온다. 그에게 부담되는 것은 아무것도 없다. 그 대신 그는 쓸모 있는 아무런 것도 알지 못한다. 비너스를 여신으로 만든 자들은 그녀의 미를 비육체적이며 정신적이라고 보았던 것이다. 그러나 이자들이 찾는 여자는 인간적인 것도 아닐뿐더러 짐승과 같은 욕정을 지닌 것도 아니다. 짐승들도 그렇게 둔중하고 속된 것은 원치 않는다. 우리는 공상과 욕함이 육체에 앞서서 그들에게 열이 오르게 하는 것을 본다. 짐승들은 무리 속에서 이성(異性) 간에 그들의 애정에 쓸 것을 쓰고 버릴 것은 버리며, 그들 사이에 오랜 호의의 교분 있는 것을 본다.

늙어서 체력이 다한 놈들도 아직도 몸을 치 떨며 사랑으로 이히잉거리며 울부짖고 전율한다. 우리는 이 짐승들이 일에 앞서 희망과 열성으로 충만함을 본다. 그리고 육체가 할 일을 하고 나서도 여전히 그 추억의 달콤한 맛에 취하며, 거기서부터 의기양양해서 뽐내며, 피로하고 포만하면서도 경축과 승리의 노래를 불러 대는 것을 본다. 신체를 생리적 욕구로부터 해방시키려는 것밖에 없는 자는 그렇게 복잡한 마음씨를 준비하여 남에게 바쁘게 굴 필요는 없다. 그것은 무례하고 수준 낮은 배고픔과 목마름에 대한 음식은 아니다.

나는 있는 대로의 나보다 나를 더 낫게 보아주기를 원치 않기 때문에, 젊어서의 잘못들 중에 하나를 말해 보겠다. 그것은 건강 면에서 보아도 위험이 있을 뿐 아니라(나도 잘 처신할 줄을 몰라서 두 번이나 걸렸지만, 가볍고 일시적인 증세였다), 또한 공공연하게 몸을 파는 여자들과는 경멸감 때문에 친교를 맺어 보려고 열중하지도 않았다. 나는 곤란함과 정욕, 그리고 명예감으로 이 쾌감을 자극하려고 했다. 그리고 연애를 하는 데에 다른 어떠한 소질보다도 여자의 정숙함과 품위를 구한 티베리우스 황제의 방식과, 독재자나 집정관이나 감찰관이 아니면 상대를 않고, 자기 애인들의 지위에서 쾌감을 느끼던 창녀 플로라의 기분으로 놀고 싶었다. 사실 진주와 비단은 벼슬의 품계와 딸린 하인의 수와 아울러 보탬이 된다.

그뿐더러 나는 정신의 힘을 대단히 중시하고 있었다. 그러나 그것은 신체에 아무런 결함이 없다는 것을 조건으로 하는 말이었다. 왜냐하면 양심적으로 대답해 보면, 이 두 가지 미 중의 어느 하나가 거기서 필연적으로 빠져야 한다면, 나는 차라리 정신적인 면의 단념을 택했을 것이기 때문이다. 정신은 더 나은 곳에 소용이 된다. 그러나 사랑의 문제는 주로 시각과 촉감에 관련되는 까닭에, 정신적 우아미가 없으면 아무것도 되지 않는다. 미모라는 것은 부인들의 진실한 장점이다. 미모는 완전히 그녀들의 차지이기 때문에, 남자들에게는 좀 다른 특징을 요구하지만, 그 요점은 어린아이다운 수염 안 난 애송이의 미로서 여자들의 미와 구별되지 않는다. 사람들의 말에 튀르키예 황제의 궁전에서 그 미모 때문에 윗사람을 섬기는 남자들은, 그 수가 무한히 많으나 기껏해서 22세면 쫓겨난다는 것이다.

이성과 예지와 우정의 봉사는 남자들 편이 더 낫다. 그 때문에 그들은 세상의 모든 일을 처리하는 것이다.

이 두 가지 교제는 우연적이며 다른 자에 매여 있다. 하나는 얻기가 드문 것이 흠이고, 또 하나는 나이와 더불어 시들어 버린다. 그래서 이 두 가지는 내 인생의 필요를 충분히 채워 주지 못했다. 세 번째 것으로서 책과의 교제는 훨씬 더 확실하며 더한층 우리의 차지이다. 이것은 다른 장점에서는 먼저 것들만 못하다. 그러나 그것은 제 몫으로 언제나 꾸준하며, 그 봉사를 얻기 쉽다는 장점이 있다. 이것은 언제나 내가 가는 곳에 있으며 어디서나 나를 도와준다. 그것은 노년기에, 그리고 외롭고 쓸쓸함 속에서 나를 위로해 준다. 그것은 내가 한가로울 때 권태의 무게를 덜어 준다. 그리고 어느 시간에라도 내게서 귀찮은 동무들을 떼어 준다. 또 내 번민이 극도로 심하지 않을 때에는 고통을 덜어 준다. 불쾌한 생각을 덜어 보려면 책의 도움을 청하기만 하면 된다. 책은 쉽사리 그런 생각을 흩어 주며 빼앗아 간다. 그렇지만 서적들은 그보다 더 실제적이고 생생한 자연의 쾌락인 이런 다른 편익을 얻지 못하는 때에만 그들을 찾는 것을 보고도 불평을 하지 않고 늘 같은 얼굴로 나를 맞이해 준다.

말고삐를 쥐고 가는 자는 걸어가도 속이 편하다는 말이 있다. 그리고 나폴리와 시칠리아의 지배자인 우리 자크 왕은 미남자요, 젊고 건강하며 가마를 타고 털베개 위에 누워서 회색 천의 옷을 입고, 같은 천의 모자를 쓰고, 한편에는 크고 화려한 왕다운 행렬로 침대 교자(寢臺轎子)와 모든 종류의 손으로 끄는 말들과 귀족들과 장교들을 데리고 나라를 순행하며, 나약하고 흔들리는 모습에도 엄격성을 나타내고 있었다.

병자는 그 치유 방법을 손에 쥐고 있는 경우, 가련하게 생각해 줄 필요가 없다. 내가 서적들에서 끌어내는 모든 성과는 이런 어구의 실천과 적용으로 되어 있다. 사실 나는 책을 모르는 자들만큼이나 책을 들여다보지 않는다. 나는 구두쇠들이 보물을 가지고 즐기듯, 책을 가지고 즐긴다. 왜냐하면 내가 하고 싶은 때에 언제든지 그것을 즐길 수 있음을 알고 있기 때문이다. 내 마음은 이것을 소유하는 권리에 포만하도록 만족을 느낀다.

나는 평화시나 전시나 책 없이는 여행하지 않는다. 그러나 며칠이건 몇 달이건 책을 들추어 보지 않고 보내는 수도 있다. "조금 있다가 하거나 내일 하거나 아무 때라도 생각날 때에 하지" 하고 나는 말한다. 세월은 달음질쳐 흘러간다. 그렇다고 그동안에 마음이 상할 것도 없다. 왜냐하면 책이 내 옆에 있으며, 내가 읽고 싶은 시간에 언제든지 쾌락을 줄 것이라는 생각에 얼마나 내 마음이 안심하여 가벼워지며, 얼마나 이 책들이 내게 도움을 주는가를 이루다 인정하고 말할 수 없기 때문이다. 이것은 내가 인생행로에 갖추고 있는 최상의 장비이다. 그리고 이해력 있는 사람으로 이런 준비가 없는 자들을 지극히 가련하게 생각한다. 나는 이것만은 내게 결핍되지 않을 것이기 때문에, 다른 종류의 오락은 아무리 변변찮더라도 그대로 받아들인다.

집에 있을 때에는 나는 좀 더 자주 서재에 들며, 거기서 집안일도 손쉽게 보살펴 간다. 나는 입구에 자리 잡고, 내 아래에 정원과 양계장, 안마당, 그리고 내 집안의 대부분을 내려다본다. 거기서 나는 이때에는 이 책, 저때에는 저 책을 아무런 생각도 없이 아무렇게나 들춰 보며, 때로는 몽상도 하고 때로는 이리저리 거닐면서, 여기에 보듯이 내 생각하는 바를 불러 주며 적어 가게도 한다.

서재는 탑의 4층에 있다. 2층은 나의 예배실이고, 3층은 거처하는 방과 그 부속실이며, 혼자 있고 싶은 때에는 거기서 자는 일이 많다. 위에는 커다란 의장실이 있다. 그것은 지난날 내 집에서는 가장 쓸모없는 곳이었다. 나는 이 서재에서 내 생애의 대부분과 하루의 대부분을 보낸다. 밤에는 결코 거기에 있는 일이 없다.

거기 접해서 상당히 조용한 방이 있는데, 겨울에는 불을 피울 수 있고, 창문이 기분 좋게 뚫려 있다. 내가 비용뿐만 아니라 마음 쓰기를 두려워하지 않는다면, 그런 데에 마음 쓰다가는 다른 일을 아무것도 못하게 되니까 말이지만, 그렇지 않다면 나는 쉽사리 이 양편에 길이 1백 보, 넓이 12보의 복도를 붙이겠으며, 성벽들은 내게 필요한 높이로 쌓아 올려서 모두 다른 일에 쓰이게 할 것이다. 은퇴한 생활에는 산책할 곳이 필요하다. 나는 앉아서 생각하면 생각이 잠들어 버린다. 나는 다리를 흔들어 주지 않으면 정신이 움직이지 않는다. 책 없이 연구하는 자들은 모두가 그 모양이다.

이 서재의 형태는 둥글며, 판판한 곳이라고는 내 탁자와 의자를 놓을 곳밖에 없고, 그 주위의 전부에 다섯 층계로 정렬해 놓은 책들은 굽어들며 그 모두가 한눈에 보인다. 이 탑은 삼면으로 풍부하고 끝없는 조망이 내다보이며 실내에는 직경 16보의 공간이 있다.

겨울에는 나는 줄곧 거기 있지는 못한다. 왜냐하면 내 집은 그 이름이 말하듯 언덕 위에 올라앉아 있어서, 여기보다 더 바람 타는 곳도 세상에 없기 때문이다. 그러나 외떨어진 곳이라 찾아오기도 힘들어서 사람들의 소란도 물리쳐 주고 글을 읽기에도 효과적이기 때문에 더욱 마음에 든다. 여기가 내 자리이다. 나는 이 장소를 내 지배하에 두고, 이 구석 하나만은 아내이건 자식이건 일반 사람들이건 공동생활에서 구애받지 않고 간직하려고 한다. 다른 데는 나는 모두 본질상으로 확실치 못한 명목상의 권위밖에 갖지 않았다. 자기 집에 있으며 자기대로 있을 곳도, 자기만의 궁전을 차릴 곳도, 몸을 감출 곳도 없는 자들은 내 생각으로는 아주 가련한 신세들인 것 같다! 자기 하인이 많다고 마치 장터의 조각상처럼 남에게 자랑삼아 보이는 야심은 정말 비싸게 먹힌다. "큰 재산이란 큰 노예 생활이다."(세네카) 그들은 물러나 들어앉을 편안한 자리 하나 없다. 엄격한 생활로는, 우리 수도사들이 실천하는 것을 어떤 종단에서 보았지만, 규칙으로 줄곧 한 자리에 모여서 살며, 무슨 일을 하든지 그들끼리 수많은 회합을 가지고 하는 식의 생활보다 더 혹독한 예는 없다고 생각했다. 그리고 늘 혼자 있을 수 없는 것보다는 언제나 혼자 있는 편이 훨씬 견디기 쉽다고 본다.

학문을 단지 노리개나 소일거리로 삼는 것은 시신(詩神)들을 천대하는 일이라고 말하는 이가 있다면, 그는 쾌락과 노리개와 소일거리의 값어치가 얼마나 큰가를 모르고 하는 말이다. 자칫하면 다른 목표는 꼴사나운 일이라고까지 말하고 싶다.

나는 그날그날을 살아간다. 그리고 좀 말하기가 거북하지만 나를 위해서만 살아간다. 내 의도는 거기서 그친다. 나는 젊어서는 남에게 자랑하기 위해서 공부했다. 다음에는 나를 만족시키기 위해서 했다. 지금 이 시간에는 재미로 한다. 결코 소득을 위해서 한 일은 없다. 이런 종류의 가구(책을 말함)를 가지고 내 필요에 충당할 뿐 아니라, 서너 걸음 더 나가서 나를 덮어 치장하려던 낭비적인 헛된 심정은 버린 지 이미 오래다.

책은 그것을 택할 줄 아는 자들에게는 많은 유쾌한 소질을 가졌다. 그러나 좋은 일로 수고가 들지 않는 것이라고는 없다. 이것은 다른 것과 마찬가지로 깨끗하고 순수한 쾌락은 아니다. 거기에도 상당히 힘든 그 자체의 불편이 있다. 심령은 거기서 훈련받는다. 그러나(그것도 나는 보살피기를 게을리하지 않았지만) 신체는 그동안 움직이지 않고 머무르며 힘 빠지고 우울해진다. 나는 이렇게 노쇠해 가는 나이에 이것을 과도하게 하는 것보다 더 내게 해롭고 피해야 할 일을 알지 못한다.

이것이 내가 총애하는 내 개인의 세 가지 직무이다. 나는 국민의 의무로 세상에 대해서 부담하는 직무를 말하지 않는다.

4
기분 전환에 대하여

나는 전에 한 부인이 진정으로 상심하고 있는 것을 위로하려고 애써 본 일이 있었다. 왜냐하면 여자들이 비탄에 잠기는 것은 대부분 꾸며서 하는 겉치레이기 때문이다.

> 여자는 단지 명령만 내리면
> 어떠한 방법으로든 넘쳐흐르게끔 대령하고 있는
> 풍부한 눈물을 언제나 준비하고 있다.   (유베날리스)

사람들은 이 격정에 대항하려다가 톡톡하게 걸리고 만다. 대항하면 그녀들을 더 자극하게 되어 더한 슬픔 속으로 밀어 넣기 때문이다. 말로 따지다가는 더 열을 올려 주며 그녀들이 더 악을 쓰게 한다. 내가 아무 생각 없이 한 말을 가지고 누가 반박하며 대들면, 나는 정색하며 내가 가졌던 관심보다 훨씬 더 강경하게 그 일을 내 의견으로 삼는다. 그러나 이렇게 하다가는 의사가 처음 환자를 대할 때 상냥하고 쾌활하고 기분 좋게 접대해야 하는 것과는 반대로, 이 위로한다는 처사가 거칠어진다. 무뚝뚝하고 못난 의사치고, 이런 일을 잘 이루어 본 적이 없다. 여자들의 비탄은 그 반대로, 거들어 주고 권장해 주며 그것이 어느 점에서 지당한 일이라고 증명해 주고 변명해 주어야 한다. 이렇게 양해해 줌으로써 달리 공작해 볼 신용을 얻으며, 그 마음을 알지도 못하는 사이에 손쉽게 조종해서 더 확실하게 그녀들의 비탄을 달래어 주는 데 적당한 말을 늘어놓을 수 있다.

나는 주로, 나를 쳐다보는 좌중의 눈을 속여 넘길 생각밖에 없던 자였기에, 이 어색한 사정을 덮어 넘기기로 작정했다. 그뿐더러 나는 설복하는 수단이 서투르고 효과를 내지 못하는 것을 경험으로 알고 있다. 나는 너무 무미건조하고 날카로운 이치를 내놓는 것이 아니면, 말을 지나치게 불쑥 하거나 조심 없이 내놓고 만다. 나는 얼마 동안 그녀가 괴로워하는 것을 보살펴 주면서도 그 비탄을 강력하고 생생한 이성으로 깨우쳐서 달래려고는 하지 않았다. 내게는 그렇게 할 재간이 없었기 때문이다. 또 다른 수단을 쓰는 편이 낫다고 생각했던 것이다. 또는 철학이 이러한 고민을 위로하는 데 가르쳐 주는 여러 가지 방법으로, 클레안테스처럼 "사람들이 불쌍히 여겨 주는 것은 불행이 아니다"라고 하거나, 소요학파(아리스토텔레스학파)처럼 "그것은 가벼운 불행이다"라고 말하거나, 크리시포스처럼 "비탄하는 것은 정당한 일도, 칭찬받을 만한 일도 아니다"라고 하거나, 내 방법에 좀 더 가까운 에피쿠로스처럼, 언짢은 일에 관한 생각을 다른 재미나는 일로 옮겨 놓게 한다거나, 키케로처럼 이 모든 치료법의 한 뭉치를 짊어지고 경우에 따라 사용해 본다는 식의 방법을 시도해 보는 것이 아니다.

나는 우리의 이야기를 아주 부드럽게, 점차로 그 사정에 가까운 화제로 돌려 가다가, 그녀가 내 말에 귀를 기울여 주게 되면, 좀 더 인연이 먼 일로 말을 끌어가며, 깨닫지 못하는 사이에 이 괴로운 생각에서 벗어나게 함으로써 그녀가 좋은 안색으로 돌아오며 나와 같이 있는 동안 마음을 진정하게 해 주었다. 나는 기분 전환의 방법을 썼던 것이다. 다음에 다른 사람들이 내 뒤에 이어서 이 여인을 달래 보았으나 그 심정은 조금도 누그러진 것이 아니었다. 왜냐하면 나는 그 원인을 뿌리째 뽑지 못했기 때문이다.

나는 다른 데서 어느 공공 사무의 기분 전환에 관해서 다루어 보았다. 그리고 페리클레스가 펠로폰네소스 전쟁 때, 또 다른 여러 장수들이 수많은 경우에 사용해 본 방법(이 책 제2권 제23장, '나쁜 수단을 좋은 목적에 사용함에 대하여' 참조)은, 자기 나라에서 적군의 세력이 물러나게 하는 수단으로 그런 사례를 사용한 경우가 역사상에 너무나 많다.

브르고뉴 공작이 리에주시를 포위 공격하며, 그 시민들에게 이미 합의를 본 항복 조건을 진행시키려고 앨베르쿠르 경을 성안에 들여보냈을 때, 그가 동시에 자기와 다른 사람들을 구출한 방법은 실로 교묘한 계략이었다. 이곳 시민들은 그 준비를 하려고 밤에 집합했다가 과거에 체결한 이 협정에 반대하여 폭동을 일으키고, 그중 여럿은 자기들의 손아귀에 든 이 협상자를 습격하려고 모의하고 있었다. 그는 이 군중들의 파도 같은 첫 물결이 자기 숙소에 와서 부딪치는 것을 보고, 시민 두 사람에게(시민 몇 사람이 그와 함께 있었기 때문에) 이런 사정에 몰려 그 자리에서 꾸며 낸 가장 온화한 새로운 제안을 그들 회의에 전달하라는 사명을 주어 급히 그들이 있는 곳으로 내보냈다. 이 두 사람은 흥분한 군중들을 시청사로 데리고 가서 자기들의 맡은 바 새 제안을 전해 주고, 시민들에게 그 조건을 토의하게 하여 이 폭풍우의 첫 물결을 막았다. 토의는 간단했다. 두 번째 폭풍이 또 터져 나왔다. 첫 번 것만큼 맹렬했다. 그러자 그는 이번에는 더 걸쭉하게 그들을 만족시킬 수 있는 제안을 내놓겠다고 주장하며, 네 명의 새로운 중재자에게 그와 비슷한 임무를 띠어 시민들 앞으로 내보냈다. 시민들은 그것을 가지고 토의하러 회의장으로 몰려갔다. 결국 그가 이렇게 농락하는 수단으로 그들의 사나운 기세를 돌려서 쓸데없는 토의로 마음을 헛갈리게 하며, 그 바람을 재우는 동안 마침내 날이 밝았다. 이것이 그가 노린 점이었다.

다른 이야기 하나도 같은 범주에 속한다. 절세의 미인이며 놀라울 만큼 몸이 기민했던 아탈란트는, 자기와 결혼하겠다고 밀려오는 수많은 구혼자들을 물리치려고 한 규칙을 내세웠는데, 자기와 달음질쳐서 맞먹는 사람의 말을 들을 것이며, 실패하는 이는 생명을 잃을 것이라고 선언했다. 이 미인에게는 그러한 위험을 무릅쓰고 해 볼 만한 가치가 있다고 생각한 자들이 상당히 많았고, 그들은 모두 이 잔인한 흥정의 제물이 되었다.

히포메네스는 남들이 다 하고 난 뒤에서야 시합에 나섰는데, 그는 이 사랑의 열정을 그의 수호 여신에게 호소하며 도와달라고 간청했다. 여신은 그의 탄원을 받아들이고, 그에게 황금 사과 세 개를 내어 주며 그 사용법을 가르쳐 주었다. 경주가 시작되었다. 히포메네스는 사랑하는 여인이 자기 발 뒤꿈치에 바싹 따라붙는 것을 느끼자, 마치 부주의로 한 듯이 사과 한 개를 땅에 떨어뜨렸다. 이 미녀는 그 아름다운 광채에 마음이 끌려 영락없이 돌아서서 그것을 주웠다.

> 소녀는 놀람에 사로잡혀
> 찬란한 과실을 차지할 욕심으로
> 내달음에서 뒤돌아서며 발밑에 구르는 황금을 줍는다.　　　(오비디우스)

그는 이렇게 때를 맞춰 두 번째 것과 세 번째 것도 사용하며, 여자가 생각을 돌려 한눈팔게 하는 수단을 써서 마침내 경주에 이겼다.

의사들은 카타르(염증)를 씻어 낼 수 없을 때에는 그 방향을 바꿔서, 위험이 적은 다른 부분으로 돌려놓는다. 나는 이것이 심령의 질병에도 무난한 치료법이라고 본다. "때로는 정신을 다른 취미·생각으로 전환할 필요도 있다. 결국 정신은 기력을 차리지 못하는 병자와도 같이 자주 장소를 옮겨서 요양시켜야 한다."(키케로) 정신의 고통에는 직접 충격을 주는 일은 피해야 한다. 그 상처는 부추기거나 꺾지 않아야 한다. 그것을 기울여서 세력이 빗나가게 한다.

이 다른 교훈은 너무 고매하고 어렵다. 순수히 사물에 멈추어서 그것을 고찰하고 판단하는 일은 제일급의 인물들이 할 일이다. 죽음과도 아무렇지 않은 얼굴로 상대하며, 그와 친밀해지고 그것을 희롱하는 태도는 오직 소크라테스만이 할 수 있다. 그는 사물의 밖에서 위안을 찾지 않는다. 죽음은 그에게는 대수롭지 않은 자연스러운 사건으로 보인다. 그는 시선을 똑바로 겨누며 다른 곳을 쳐다보지도 않고 결심한다.

헤게시아스의 제자들은 그가 가르치는 아름다운 사상에 열중해서, 굶어 죽어 가면서도 동요하지 않았다. 그 도가 너무 심했기 때문에 프톨레마이오스왕은 그에게 이 살인적인 사상으로 학교를 운영하는 것을 금지했다.

그들은 죽음을 고려하지 않는다. 그것을 판단하지도 않는다. 그들은 그들의 사상을 여기에 멈추지 않고, 더 달려가며 새로운 존재를 노린다.

저 교수대에 올라가는 가련한 자들은 열렬한 신앙심으로 충만해서, 그들이 할 수 있는 한도로 모든 감각을 매어 두며, 그들에게 해 주는 설교에 귀를 기울이고, 눈과 팔은 하늘을 향해 뻗치고, 끊이지 않는 억센 감격 속에 높은 목소리로 기도를 올릴 때, 그들은 정히 이런 궁한 지경에 처해서 마땅하고 칭찬할 만한 일을 한다.

그들은 신앙상으로는 칭찬받을 만하다. 그러나 지조로서는 그렇지 못하다. 그들은 투쟁을 피한다. 그들은 마치 어린아이들에게 수술칼을 쓸 때 딴전을 피게 하듯, 죽음에서 그들의 생각을 옮기게 한다. 그러나 나는 그들 중에 가끔 시선이 주위에 전개되는 사형 집행 준비의 무서운 광경에 부딪치면, 마음이 뒤집히며 미친 듯이 생각을 딴 곳으로 돌리는 자들을 보았다. 무서운 낭떠러지 옆을 지나는 자들에게는 눈을 가리거나 딴 곳을 쳐다보라고 사람들은 명령한다.

수브리우스 플라비우스는 네로의 명령으로, 하필이면 함께 전쟁터에서 싸우던 니게르의 손으로 사형을 받게 되었다. 니게르가 집행 장소로 데리고 가자, 그는 시체를 묻으려고 파 놓은 구덩이가 고르지 못하고 형편없음을 보고 거기에 참석한 병사들을 돌아보며 말했다. "이것마저 군대의 규율에 맞지 않는구나." 그리고 고개를 단단히 쳐들라고 말하는 니게르에게, "네가 치나나 똑바로 쳐라" 하고 말했다. 그의 짐작이 맞았다.

왜냐하면 니게르는 팔이 떨려서 여러 번 시도해야만 했던 것이다. 그는 자기 생각을 똑바로 단단하게 문제의 초점에 두었던 것으로 보인다.

치열한 전투에서 무기를 손에 들고 죽는 자는, 그 찰나에 죽음을 생각하지는 않는다. 그는 느끼지도 생각하지도 않는다. 그의 정신은 싸움의 열기에 휩쓸려 간다. 내가 잘 아는 한 점잖은 분은 울타리 안에서 결투하다가 쓰러진 채, 적의 칼에 열 번 가까이나 찔리는 것을 느꼈고, 거기에 참석한 사람들이 모두 그에게 하느님께 자기의 양심을 당부할 생각을 가지라고 소리치기까지 했을 때, 이것은 그가 다음에 내게 한 말이지만, 그는 이 소리가 귀에 들리기는 했으나 마음은 아무런 느낌이 느껴지지 않았고, 오로지 적의 칼끝을 비켜서 복수할 생각 외에는 없었다고 말했다. 그는 바로 이 싸움에서 그의 상대를 죽였다.

실라누스에게 사형 선고의 통지를 가져온 자는 그에게 큰 일을 해 주었다. 그는 실라누스가 죽음에 임할 준비는 다 되었지만 범죄자들의 손에 죽지는 않겠다는 대답을 듣고, 그를 강제로 끌고 가려고 병사들과 함께 에워쌌다. 실라누스는 자기가 당할 것으로 되어 있던, 오래 끌도록 준비된 죽음의 괴로운 심정을 당장의 소란스러운 분노로 소산시켜 버리며, 무장한 것도 없이 맨손으로 완강하게 방어하며 싸웠다. 그자는 결국 이 싸움에서 실라누스를 죽이고 말았다.

우리는 늘 딴 일을 생각한다. 더 나은 인생을 가져 보리라는 희망이거나, 우리 자손들이 훌륭한 인물이 되리라는 희망이거나, 우리의 명성이 갖다 줄 미래의 영광이거나, 또는 이 인생의 불행에서 도피할 생각이거나, 또는 우리의 죽음을 가져올 자를 위협하는 복수심 따위가 우리를 이끌어 살아가게 부축해 주고 있다.

만일 정의로운 신들이 권세를 가졌다면

그대가 암초들의 한복판에서 온갖 고문을 당하며,
디도의 이름을 되풀이해 부르짖기를
나는 바란다…… 나는 들으련다.
그 소식은 하계(下界)의 망령들 속
내게까지 이를 것이다.
(베르길리우스)

크세노폰은 화관을 쓰고 제물을 바치고 있었다. 그때 그의 아들 그릴로스가 만티네아의 전투에서 죽었다는 소식이 전해졌다. 그는 이 소식을 들은 첫 충격으로 화관을 땅바닥에 내던졌다. 그러나 그의 아들이 대단히 용감하게 싸우다가 죽었다는 것을 알고는 화관을 다시 집어서 머리에 썼다.

에피쿠로스 역시 그의 종말에는 자기 문장의 영원성과 유용성에 위안을 느꼈다. "영예와 명성이 수반하는 모든 노고는 견디기가 수월하다."(키케로) 똑같은 상처이며 똑같이 처지가 어렵고 힘들더라도, 군대의 장수는 병사만큼 그 괴로움을 느끼지 않는다고 크세노폰은 말했다. 에파미논다스는 승리가 자기 편으로 넘어왔다는 소식을 받고, 훨씬 더 가벼운 마음으로 죽어 갔다. "이것이 진실로 가장 심한 고난에 대한 위안이며 진정제이다."(키케로) 그리고 이러한 사정들 때문에 사물 자체에 대한 우리의 생각은 빗나가며 헷갈려진다.

철학적 논법은 어느 때나 일 자체의 언저리를 둘러서 피해 나가며, 거의 그 껍데기조차 스쳐 보지 않는다. 철학의 최초 학파의 제일인자이며 다른 학파들의 총감독격이던 저 위대한 제논은, 죽음에 대해서 "어떤 악도 영광스럽지 못하다. 그러나 죽음은 영광스럽다. 그러므로 죽음은 악이 아니다"라고 했고, 술주정에 관해서는 "아무도 자기 비밀을 주정꾼에게 맡기지 않는다. 비밀은 현자에게 맡긴다. 그러므로 현자는 주정꾼이 될 수 없다"고 말했다. 이것이 정곡을 찌른 말일까? 내게는 이러한 지도적 심령들까지도 우리들 공통의 운명에서 벗어날 수 없음을 보는 것이 흥미롭다. 그들이 아무리 완벽한 인물이라고 해도, 언제나 변함없이 우둔한 인간일 뿐이다.

복수란 자연스럽고 심대한 감명을 주는 달콤한 격정이다. 나는 그런 경험이 없지만 그것을 잘 안다. 최근에 어떤 젊은 왕공이 그런 생각을 지닌 것을 돌려 놓으려고 나는 그에게 자비심의 의무로 왼뺨을 맞거든 오른뺨을 내놓아야 한다고 말하러 가지 않았다. 또 시(詩)가 이 격정을 묘사하듯 비극적인 사건들을 이야기하러 가지는 않았다. 그것은 치워 두고, 나는 그가 너그럽고 착한 마음으로 얻을 수 있을 명예·호의, 보살핌 등, 그와는 반대되는 정경의 아름다움을 맛 보이며 흥겨워했다. 나는 그의 마음을 야심 쪽으로 돌렸다. 사람이란 이런 것이다.

"만일 그대의 사랑에 대한 심정이 너무나 강하거든 흩어져 사라지게 하라"고 사람들은 말하는데, 그것은 바른말이다. 왜냐하면 나는 곧잘 그런 일을 시도하고 득을 보았기 때문이다. 그러한 격정은 여러 가지 욕망으로 부수고, 하고 싶거든 그중의 하나, 지배적이고 주장되는 욕망을 들 일이다. 그러나 그것이 그대를 포학하게 지배해서는 안 될 일이니, 그것을 분할하고 분산시켜 약화시키고 그치게 해야 한다.

>주책없는 혈맥이 울적히 발뒤꿈치에서
>고동할 때……   (페르시우스)

>모아진 액수(液水)는
>누구의 몸에라도 던져라.   (루크레티우스)

그리고 그대가 한 번 걸리거든

>그대가 새로운 상처를 가지고 옛 상처를 교란하지 않으면,
>그것이 산뜻한 동안에 되는 대로의 사랑에
>옛 사랑의 근심을 맡기지 않으면,   (루크레티우스)

그 때문에 그대가 고민에 빠지지 않도록 일찍부터 서둘러 대비하라.

옛날에 나는 내 기질대로 심각한 비통에 잠겨 보았지만, 그것은 심각하기보다는 한층 정당한 비탄이었다. 내가 그때 단순히 내 힘만 믿었다면 아마도 그 때문에 죽었을지도 모른다. 그 생각을 떨쳐 버리기 위해서는 기분을 급격히 바꿔야

했기 때문에, 그때 나이도 있고 해서 나는 기교적인 연구로 연애를 해 보았다. 연애는 내게 위안을 주었으며, 우정에서 싹튼 불행을 잊게 했다. 다른 일에도 같은 방법을 썼다. 어떤 괴로운 생각에 사로잡혔을 때는 그것을 억제하기보다는 바꾸는 편이 간단하다고 본다. 그 반대의 일을 할 수 없다면 적어도 다른 것을 거기에 바꿔 넣는다. 언제든지 변화는 덜어 주고 풀어 주고 흩어 준다. 싸워서 그것을 이길 수 없으면, 나는 빠져 나가며 그것을 피하려고 비켜 선다. 나는 계략을 쓴다. 장소와 일과 친구를 바꾸고 다른 직무와 생각을 가진 사람들의 무리 속으로 달아난다. 그러면 그 속에 휩쓸려서, 나는 그만 내 자취를 잃는다.

본성은 이렇게 절개와 지조 없이 혜택을 입으며 진척한다. 본성은 우리 정열의 고민을 고쳐 주는 가장 좋은 치료법으로 우리에게 세월을 주었다. 세월은 주로 우리가 생각할 거리로 다른 일을 연달아 대어 주어서, 처음 우리를 사로잡은 심정이 아무리 강하다 해도 그것을 풀어서 흩어 버리며 삭여 버린다.

현자는 친구의 죽음에서 당하는 슬픔을 그 첫해나 그 25년 뒤에나 거의 다름없게 느낀다. 그리고 에피쿠로스에 의하면, 그것은 조금도 덜해지지 않는다. 과연 그는 이런 일을 예상했거나 당한 뒤에 햇수가 지난다고 해서, 그 비탄하는 심정이 누그러지는 것을 보지 못한다. 그러나 많은 다른 생각들이 이 심정을 거쳐 지났기 때문에, 그 괴로운 마음은 물러나며 마침내 피로해 버린다.

알키비아데스는 사람들의 쑥덕공론의 방향을 돌리려고 예쁜 개의 귀와 꼬리를 잘라서 장터로 몰아냈다. 그것은 사람들을 이것으로 떠들썩하게 만들어 놓고, 그동안 다른 행동에 방해를 받지 않기 위한 일이었다. 나는 여자들이 사람들의 평판과 추측을 바꾸고 쑥덕공론을 빗나가게 할 목적으로, 가짜 연애를 꾸며서 진짜를 숨기는 것을 보았다. 그러나 어떤 여자가 이렇게 꾸며 보다가 정통으로 걸려서 가짜 애인 때문에 진짜 애인을 버리는 것을 보았다. 그래서 나는 자기가 진짜라고 안심하며 이런 가짜 수작을 묵인하는 것은 바보짓임을 이 여자로 인해 알았다. 사람들 앞에 터놓고 응수하며 이야기하는 역할이 이 꾸며 댄 심부름꾼에게 맡겨졌을 때, 결국 그자가 그대 자리를 빼앗고 그대를 자기 자리로 밀어내지 못한다면, 그는 약지 못한 사람이라고 생각하라. 그것은 마치 남에게 신어 달라고 구두를 재단하고 꿰매는 수작이다.

우리의 심정을 돌려서 해치는 일이란 많지 않다. 우리의 심정을 잡아 두는 일부터가 많지 않기 때문이다.

우리는 결코 일을 뭉쳐서 하나로 보지 않는다. 우리에게 강한 인상을 주는 것은 피상적인 잘디잔 모습이나 사정들이고, 본 덩치에서 벗겨져 나가는 헛된 껍데기들이다.

마치 매미들이 여름철에 벗게 되는
얇은 허물과도 같다.   (루크레티우스)

플루타르크도 죽은 딸의 어릴 적 재롱떨던 모습을 회상하며 애석해했다. 작별하는 태도, 어떤 행동과 애교, 마지막 당부 등 하나하나의 회상이 우리 마음을 상하게 한다. 카이사르의 옷(카이사르가 죽을 때 입었던 피 묻은 옷을 민중 앞에 전시한 것)은 온 로마를 떠들썩하게 했다. 그가 죽었을 때에도 그렇게까지는 하지 않았다. 단지 이름을 부르는 어조에 지나지 않았는데, 그것이 귀에 쟁쟁 울린다. "가엾은 주인 나리님!" 또는 "나의 절친한 친구!" "아, 사랑하는 아버님!" 또는 "내 착한 딸아!" 이런 말들이 내 귀에 울린다. 더 살펴보면 그것은 한낱 문법이나 모음에 관한 탄식임을 알 수 있다. 마치 설교사들의 절규가 곧잘 그들 말의 이치보다도 청중들을 감동시키며, 우리 밥상에 차려 내기 위해 죽이는 짐승의 측은한 울음소리가 우리에게 깊은 인상을 주는 것과 같다. 그런데 나는 그 대상의 본질과 실체에 침투하여 저울질해 본 일도, 통찰해 본 일도 없었다.

이런 가시 끝으로 고민은 저절로 더친다.   (루카누스)

이런 것이 우리들 고민의 기초이다.

나의 담석증은 특히 남근에 완고하게 붙어, 어느 때는 사나흘 동안이나 소변을 못 보게 하며 죽음을 향해 나아가는 처지이니, 이런 상태에서 오는 고통이 아주 잔혹하다고 그것을 피하기를 바라거나 요구한다는 것은 어리석은 수작이다. 오, 저 착한 티베리우스 황제는 죄인들의 남근을 잡아매게 하여 소변을 못 보게 하여 죽게 했으니, 그 얼마나 잔인한 사형 집행이던가! 내 사정이 그렇게 되고 보니, 나는 얼마나 미미한 원인과 목적으로 상상력이 인생에 대한 애석감을 가꾸어 주는 것이며, 얼마나 더할 수 없이 적은 일이 저승으로 가는 길을 무겁고 힘든 길로 만들어 주는 것이며, 이렇게도 중대한 사건에서 얼마나 변변찮은 생각에 자리를 내어 주는 일인가 하고 생각해 보았다. 개 한 마리, 말 한 필, 책 한 권, 유리잔 하나, 또 다른 무엇들이 내 죽음에 고려의 대상이 되는 것이다. 내 생각으로는 다른 자들도 마찬가지로 어리석게 그들의 야심에 찬 희망이나 금전·학문·지식 따위로 속을 썩이고 있다.

　나는 죽음을 인생의 끝이라고 대수롭지 않게 본다. 나는 통째로는 그것을 극복한다. 그러나 잘게 보면 죽음이 나를 괴롭힌다. 하인의 눈물 하나, 헌 옷 나눠 주기, 친지와의 악수 한 번, 범속한 위문 하나가 내 속을 썩이고 나를 슬프게 한다.

　이렇게 우리는 이야기 속의 비탄으로 감동받는다. 그리고 베르길리우스와 카툴루스에 나오는 이야기를 믿지 않는 사람들까지도, 디도와 아리아드네가 애틋하게 이별하는 대목에서는 감격한다. 이런 이야기를 읽어도 아무런 감동도 느끼지 않는다면, 그것은 사람들이 폴레몬의 기적이라고 말하는 식으로 그 성질이 완고하고 딱딱한 증거이다. 그렇기 때문에 그는 미친개가 허벅다리의 살점을 물어뜯어도 얼굴빛 하나 변치 않았다. 그리고 허황된 사건으로밖에는 동요될 수 없는 부분인 눈과 귀가 거기에 참여하고 보면, 아무리 예지가 높다 해도 현실 문제의 접촉에 영향을 받지 않고, 그 판단력으로 비애의 원인을 아주 산뜻하게 파악해 볼 수는 없는 일이다.

　기술 따위도 우리의 어리석음과 타고난 우둔을 이용해서 이득을 보다니 될 말인가? 수사학은 웅변가는 그의 변론의 희극에서 자기 목소리의 음조와 꾸며서 하는 몸짓으로 자기가 감격하며, 자기가 표현하는 격정에 속아 넘어가야 한다고 가르친다. 그는 자신이 연기하는 속임수의 방법으로 본질적인 비탄을 깊이 느끼며, 자기보다도 그 사건에 대한 관심이 적은 재판관에게 그 심정을 통하게 해야 한다. 그것은 마치 초상집에 고용되면서 장례 의식을 거들어 주려고 눈물과 설움을 무게와 양으로 파는 인간들이 하는 식이다. 왜냐하면 그들은 꾸며서 하는 형식으로 슬퍼한다고 하지만, 몸가짐을 그렇게 습관 지어 차림으로써 곧잘 흥분하고 진실로 슬픈 심정을 자기들이 받아들인다는 것도 확실하기 때문이다.

그라몽 경이 라 페르 전투에서 전사하여, 그 유해를 소아쏭으로 이송할 때, 나는 그의 다른 친구들과 함께 따라갔었다. 그런데 우리가 지나가는 곳마다 만나는 사람들은 모두 이 장송 행렬의 엄숙한 광경만으로 울음과 눈물을 터뜨리는 것을 보았다. 거기서는 고인의 이름조차 알려지지 않았는데 말이다.

퀸틸리아누스는 어떤 배우들이 초상당한 자의 역할에 너무 열중해서 집에 돌아가서도 울고 있는 것을 보았으며, 자기도 남이 받은 마음의 충격이 자신의 것으로 느껴져서 눈물을 흘렸을 뿐 아니라, 진심으로 비탄에 잠긴 사람의 태도로 얼굴이 창백해진 것을 사람들에게 들켰던 적이 있다고 말한다.

산악 지대 근처 어느 고장에서는 여자들이 마르탱[4] 신부 노릇을 한다고 한다. 그녀들은 죽은 남편이 살아 있을 때의 착하고 훌륭하던 일을 생각하면 애통함이 더 커지기 때문에, 불쌍하다는 마음을 경멸감으로 돌려서 어떤 보상을 얻으려는 듯, 줄곧 죽은 남편의 흠을 찾아서 떠들고 다니는 것이다. 그것은 우리가 어떤 사람이 죽으면 그저 거짓 칭찬으로 그를 추어올리며, 그가 죽어서 볼 수 없이 된 다음에는 살았을 때와는 아주 딴판의 인물로 만들기를 자랑삼으며, 마치 애석해하는 마음이 교양을 주는 한 부분이거나 또는 전에는 못 보던 일을 눈물이 무딘 감각을 씻어서 잘 보이게 한 것처럼 하는 식보다는 훨씬 더 점잖은 일이다. 나는 죽은 뒤에 그런 것을 받을 가치가 있어서가 아니라, 내가 죽었기 때문에 사람들이 내게 주려고 하는 유리한 증언을 받기를 미리 사양한다.

누가 한 지휘관에게 "이 공격전이 당신에게 어떤 관계가 있소?" 하고 물어보면 —"사람의 모범이 되는 것이오. 그리고 모두 왕께 복종해야 하기 때문이오. 나는 여기서 아무런 이익도 바라지 않소. 명예로서는 나 같은 개인에게도 조그만 몫이 올 것을 아오. 나는 여기 분개한 바가 있다거나 내가 싸움을 건 것이 아니오" 하고 그는 대답할 것이다. 그러나 다음날 가서 보라. 그는 아주 사람이 변해서 공격하려는 부대의 전열에 끼어 분노로 부글부글 끓고 있다. 하고많은 쇠붙이와 포

---

[4] 전설상의 신부로 미사를 올릴 때에 혼자서 신부와 복사(점술사)의 역할을 맡아보며, 자문 자답했다는 인물.

화가 번쩍거리며 대포소리, 북소리가 쾅쾅 울리는 통에, 그의 혈관에 억센 증오감이 흘러드는 것이다. "변변찮은 이유로다!" 하고 말하겠지. 뭐? 이유? 우리 마음을 흔드는 데는 이유가 필요 없다. 형체도 명목도 없는 공상이 지배하며 뒤흔든다.

내가 공중누각을 쌓아 보면, 공상은 거기에 온갖 호화판을 꾸며 내 마음은 그것을 흡족히 느끼며 즐거워진다. 얼마나 자주 우리는 이런 그림자 때문에 정신이 비애와 분노로 혼미해지며, 광상적인 격정에 쏠려서 심신이 변질되는 것인가! 이런 몽상은 얼마나 우리 얼굴의 상을 비틀며, 웃음 같은 혼돈된 표정을 일게 하는 것인가! 얼마나 우리의 팔다리와 목소리를 뒤흔들며 격발시키는 것인가! 이자는 혼자 있으면서 다른 사람들과 교제하거나, 내심의 악마에게 박해당하는 헛된 환각을 가진 것으로 보이지 않는가? 이 변화를 일으키는 대상이 어디에 있는가 찾아보라. 도대체 대자연 속에는 무(無)로 양육되며 무의 지배를 받는 것이 우리들 밖에 또 무엇이 있는가?

캄비세스왕은 자기 동생이 페르시아 왕이 될 것이라는 꿈을 꾸었기 때문에, 자기가 믿어 왔고 사랑하던 그를 죽여 버렸다. 메세니아의 왕 아리스토데모스는 자기 개가 짖는 소리를 나쁜 징조로 잘못 생각하고 자살했다. 그리고 미다스왕은 밤에 꾼 불쾌한 꿈으로 속을 썩이다가 똑같은 짓을 했다. 꿈 때문에 생명을 버리다니, 그것은 생명을 바로 그 가치대로 평가한 증거다.

그렇지만 우리 심령이 육체의 비참과 약점, 그것이 받는 모든 변화와 손상의 표적이 되고 있는 점을 극복하여 가는 것을 보라. 심령은 참으로 이렇게 말할 만하다.

> 오! 프로메테우스가 주물러 내놓은
> 최초의 점토의 불행함이여!
> 그는 이 작품을 만들면서 참으로 부주의했나니,
> 이 기술에 몸만 보고 정신은 생각하지 않았도다.
> 정신부터 시작했어야 했을 것을.
> (프로페르티우스)

5
베르길리우스의 시구에 붙여

유익한 사상은 속이 차서 견고해져 감에 따라서 더욱 장애를 일으키고 짐스러워진다. 악덕·죽음·빈한·질병 등은 중대한 문제이며, 사람에게 고난을 준다. 우리는 이러한 불행들에 버티어 싸워 나가는 수단을 배우고, 옳게 살며 옳게 믿으려는 심령을 가져야 하며, 자주 정신을 일깨워서 이 훌륭한 공부에 힘써야 한다. 그러나 평범한 부류의 심령은 좀 늦춰서 적당하게 해야 한다. 너무 계속해서 긴장하다가는 정신이 돌기 쉽다.

나는 젊었을 적에는 일에 충실하도록 나를 경계하여 타이르고 편달할 필요가 있었다. 쾌활성과 건강은 이런 근직하고 현명한 성찰과는 맞지 않는다고 사람들은 말한다. 나는 지금은 다른 상태에 있다. 노령기의 상태는 너무나 내 정신을 경계하여 타이르고 사리 분별에 밝게 하고, 내게 설교한다. 과도하게 쾌활했던 나는 이제 반갑지 않게 지나친 근엄성에 빠져 있다. 그 때문에 지금은 일부러 좀 방자하게 생각을 바꿔 본다. 그리고 때로는 경박한 젊은 생각에 마음을 쓰며, 마음만은 거기에 머문다. 나는 이제 너무 침착하고 둔중하고 노숙해졌다. 나이는 날마다 내게 냉철해지고 절제하라고 훈계한다. 이 몸은 무절제한 생활을 피하며 두려워한다. 이번에는 육체가 정신을 개선하도록 지도할 차례이다. 신체는 제 차례로 더한층 혹독하게 강압적으로 지배한다. 신체는 자나깨나 죽음과 인내와 금욕을 가르치기에 한시도 게을리하지 않는다.

나는 옛날에 탐락에 대해 하던 식으로 지금은 절제에 대해서 자신을 방어하고 있다. 절제는 얼떨떨해질 정도로 나를 뒤로 끌어당긴다. 그런데 나는 어떤 의미로서나 내 자신의 주인이 되고자 한다. 예지에도 지나침이 있어서 어리석음 못지않게 절제가 필요하다. 그래서 나는 신중성으로 둔해지고 진이 빠지고 말라붙을까 두려워서 내 병이 뜸하여 정신을 돌려주는 틈에—

　　내 마음이 항상 내 병에 매여 있을까 두려워　　　　　(오비디우스)

슬그머니 빗나가며, 내 앞에 보이는 이 폭풍우 실은 구름이 떠 있는 하늘에서 눈을 돌린다. 고마운 일로 나는 이 하늘도 두려움 없이 쳐다보는데, 그렇다고 노력하고 공부하지 않는 것은 아니다. 그리고 나는 지나간 젊은 날을 회상하면서 흥겨워하고 있다.

    내 마음은 잃어버린 것을 생각하며
    푸른 하늘에 잠겨 온전히 과거 속에 뛰어든다.   (페트로니우스)

소년은 앞을 내다보고, 노년은 뒤를 돌아보라. 이것이 야누스 신의 양면의 얼굴을 뜻함이 아니던가?

나이는 하고 싶으면 나를 끌어간다. 그러니 뒷걸음질이다! 내 눈이 이 사라진 아름답던 시절을 알아볼 수 있는 한도로, 나는 시선을 띄엄띄엄 그쪽으로 돌려본다.

이 젊음이 내 혈관에서, 내 피에서 빠져나간다고 하지만, 적어도 나는 그 기억의 모습마저 뽑아 버리고 싶지는 않다.

    지나간 인생을 즐길 수 있음은
    두 번 살아 보는 것과 같다.   (마르티알리스)

플라톤은 늙은이들에게, 청년들이 운동하고 춤추며 경기하는 데에 참석해서 그들이 갖지 않은 아름답고 부드럽던 신체를 남의 것에서 즐겨 보고, 추억 속에 이 꽃다운 시절의 은총과 우아미를 되살려 보라고 명령하며, 이런 오락에서 젊은 이들 중에 가장 많은 사람들을 유쾌하게 즐겨 준 자에게 승리의 영광을 수여하기를 바라고 있다.

나는 옛날 둔중하고 음침하게 느껴지는 날들은 심상치 않은 일이라고 보았다. 얼마 후에는 이런 날들이 예사로우며, 아름답고 명랑한 날들이 오히려 이상한 일로 느껴졌다. 나는 이제부터 몸에 아픈 데가 없어서 내 자신이 고마워질 때에는 새로운 은총을 받는 양 어쩔 줄 모르게 기뻐하련다. 이 몸을 간지럽혀 보아도 이 못난 몸은 가련한 웃음 하나 터뜨리지 못한다. 나는 늙음의 설움을 꾀로나 돌려보려고 공상이나 꿈속에서 유쾌해져 본다.

그러나 여기에는 꿈보다는 다른 치료법이 있어야 한다. 자연에 대해서 꾀를 쓰는 힘없는 투쟁이다. 각자가 하는 식으로 인간의 불행을 앞지르거나 연장시키는 것은 대단히 어리석은 짓이다. 나는 빨리 늙는 것보다는 노년이 짧은 편이 낫다. 쾌락을 얻을 수 있는 한 가장 조그만 쾌락의 기회까지도 놓치지 않는다. 나는 여러 가지 신중하고 강력하고 영광스러운 쾌락을 들어서 알고 있다. 그러나 사람들의 소문 때문에 여간해서 나는 그런 욕심을 내지 못한다. 나는 이런 쾌락이 광대하고 장엄하고 호화롭기보다는, 달콤하고도 바로 얻을 수 있는 손쉬운 것이기를 바란다. "우리는 자연에서 이탈한다. 우리는 어느 점으로도 좋은 지도자가 못 되는 세상 사람들의 의견을 좇는다."(세네카)

나는 철학을 행동에, 즉 현재의 자연스러운 실천에 두지 공상에는 두지 않는다. 지금이라도 도토리와 팽이를 가지고 장난할 수 있다면 얼마나 좋을까!

그는 자신의 명성을 국가의 안녕에 우선시키지 않았다. (엔니우스)

탐락은 별로 야심이라고는 할 수 없는 소질이다. 거기에 명성이라는 상품을 끌어 넣을 것 없이 그 자체로 탐락은 충분히 풍부한 것으로 자처하며, 또한 밖으로 드러나기를 즐기지 않는다. 탐락이 나쁘다면, 한 청년이 포도주와 소스의 맛을 가리는 경우 그를 매질해야 할 것이다. 나는 이런 일은 알지 못할 뿐 아니라 이해하지 못한다. 나는 지금 와서야 그것을 깨달았다. 그것이 매우 부끄럽다. 그러나 어찌할 도리가 있나? 그쪽으로 나를 미는 기회가 오면 더한층 부끄럽고 울화가 터진다. 우리들 늙은이는 헛짓으로 꿈이나 꾸며 세월을 보낼 일이고, 명성과 지위는 젊은이들이나 탐낼 일이다. 청춘은 명성을 향해서 세상으로 나가고, 우리는 거기서 돌아온다.

"그들에게 무기를, 그들에게 말을, 그들에게 창검을, 그들에게 곤봉을, 그들에게 투구를, 그들에게 수영과 경기를 갖게 하라. 많은 유희 중에 주사위와 카드는 우리를 늙은이의 차지이다."(키케로) 법률까지도 우리를 집으로 돌려보낸다. 나는 내 나이에 밀려온 이 허약한 상태를 위해서, 어린아이처럼 이 나이에 장난감이나 노리개를 대어 주는 일을 안 할 수도 없다. 그러니 우리는 다시 어린아이가 되는 것이다. 예지와 미친 수작은 이 나이의 재난에 처한 나를 번갈아 부축하며 도와주기 위해서 할 일이 많다.

그때 예지에 조금 광태를 섞으라.　　　　　　　　　　(호라티우스)

나는 가장 가벼운 상처도 피한다. 전에는 긁힌 자국도 남기지 않았을 것이 지금은 나를 꿰뚫는다. 그런데도 내 버릇은 이제 어떠한 불행과도 기꺼이 사귀기 시작하다니! "허약한 신체는 가장 가벼운 부상도 견디지 못한다."(키케로)

병든 심령은 혹심한 노고를 조금도 참지 못한다.　　　(오비디우스)

나는 항상 고통에는 근질거리도록 민감했다. 지금은 더욱 연약해져서 자칫하면 다친다.

금이 간 물건은 아주 작은 충격에도 깨진다.　　　　　(오비디우스)

내 판단력은 본성이 나에게 참으라고 명령하는 불행에 대해서 투덜거리며 반항하지 못하게 하지만, 느끼는 것은 막지 않는다. 나는 재미있게 사는 것밖에 다른 목적이 없으므로 쾌활하고 고요한 생활을 1년 동안 얻을 수 있다면, 세상의 저 끝까지라도 달려가 보겠다. 우울하고 우둔한 안정은 내게도 넉넉히 있다. 그러나 그것은 나를 혼미하고 완고하게 만든다. 거기에는 만족할 수 없다.

전원에나 도시에나, 프랑스이건 다른 곳이건, 가만히 있는 성미이거나 싸다니는 성미이거나, 어느 인물이나 어느 패가 있어 내 기분이 그들에게 맞고 그들 기분이 내게 맞는다면, 손바닥으로 휘파람만 불어오라. 난 그들에게 가서 살과 뼈로 내 《에세》를 제공하련다.

노년에 자기를 다시 찾겠다는 것이 정신의 특권인 바에야 나는 가능한 한 해 보라고 정신에게 충고한다. 그동안 할 수 있다면, 죽은 나무에 붙은 겨우살이처럼 푸르러 보라. 꽃피어 보라. 나는 이 정신이 배신자가 아닌가 두렵다. 그는 너무나 밀접하게 육체에 결합되어서, 필요한 때 그를 쫓느라고 걸핏하면 나를 버리게 된다. 나는 따로 그에게 아첨한다. 그러나 아무리 수작해 보아도 소용이 없다. 나는 아무리 그를 이 결탁에서 떼어 놓으려고 애써 보아도, 그에게 한꺼번에 세네카와 카툴루스와 부인들과 왕궁의 무도회를 제공해 보아도, 그의 친구가 담석병이 도지면 내 심령 역시 같은 병에 걸린 것 같다. 정신만이 고유하게 가지고 있는 특수한 동작도 그런 때에는 일어날 수가 없다. 그 동작도 염증에 걸려 있다. 육체가 심령과 함께 경쾌한 상태에 있지 않으면 심령이 내놓는 것도 경쾌하지 못하다.

우리 스승들이 정신의 경탄할 만한 비약에 관해서 그 원인을 찾아볼 적에, 이것을 거룩한 황홀감이나 사랑이나 전투에서 맹렬히 분개함이나 시의 영감이나 술의 탓으로 돌리는 이외에 건강에도 한몫을 주지 않은 것은 잘못이다. 옛날에 젊음과 안정된 생활이 그 융성한 발육으로 내게 공급하던 것과 같은, 부글부글 끓고 힘차고 충만하고 한가롭던 그 건강 말이다. 이 쾌활성의 불길은 우리 마음속에, 우리가 타고난 역량에 넘치며, 정신을 잃은 정도는 아니나마 유쾌한 열성 속에, 맑고도 생기 있는 정신의 섬광을 일으킨다.

그러니 내 정신이 이와 반대되는 상태에 억눌리고 못 박혀 지내며, 그와 반대의 결과를 가져온다고 해도 놀랄 일은 아니다.

그는 어떠한 사업에도 분기하지 못하며
육체와 함께 위축된다. (막시미아누스)

내 정신은 모든 사람들이 당하기 마련인 육체와 정신의 결박을 내게는 훨씬 덜 죄어 주었다고 자기에게 고맙게 여겨 달라고 말한다. 적으나마 정신과 육체 사이의 싸움이 멈춘 동안, 우리들 교섭의 불행과 곤란은 잊어버리자.

그렇게 할 수 있는 동안 노년은 그 얼굴의 주름을 펴 보기를 (호라티우스)

"비애에 잠긴 심정을 해학으로 유쾌히 함은 좋은 일이다."(시도니우스 아폴리나리우스) 나는 유쾌하고 사귐성 있는 예지를 좋아하며, 험상궂은 표정은 신용하지 않으므로 거칠고 엄하며 모진 행동 습관을 피한다.

찌푸린 얼굴의 오만한 비애,　　　　　　　　　　　(부카난)

이 슬픈 군중들 역시 그들의 음란한 즐거움을 가진다.　　(마르티알리스)

　나는 기분이 안일하거나 꾀까다로움은 그 심령이 착해지고 악해지는 데 큰 영향을 끼친다고 말한 플라톤을 진심으로 믿는다. 소크라테스는 굳고 곧은 용모를 가졌다. 그러나 그것은 한 번도 웃어 본 일이 없는 늙은 크라수스와 같은 것이 아니고, 명랑하게 웃음 짓는 꼿꼿함이었다.
　도덕은 재미있고 유쾌한 소질이다.
　자기 생각이 방자한 데에 불쾌함을 느끼지 않는 자들은 내 문장의 방자함을 불쾌하게 느끼지 않을 것임을 나는 잘 안다. 내 글은 그들의 심정에는 잘 맞지만, 그들의 눈에는 거슬린다.
　플라톤의 문장을 비평하며, 그의 파이드로스·디온·스텔라·아르케아낫사 등과의 교제에 관한 추측을 묵살하는 것은 조절된 심정이다. "사고하기에 수치스럽지 않은 일은 말하기를 부끄러워하지 말자."(작자 미상)
　나는 음침하고 울적해서 자기 인생의 쾌락은 넘겨치우고 불행에만 집착하는 마음씨를 혐오한다. 그것은 마치 파리 떼와 같이 반반하고 매끈매끈한 물체에는 붙어 있지 못하고 더럽고 거친 곳에만 앉는 식이며, 마치 거머리가 나쁜 피만 찾아 빨아먹는 격이다.
　어떻든 나는 감히 내가 할 수 있는 일은 모두 말하기로 작정했다. 공표할 수 없는 생각이 있다는 것까지도 불쾌하다. 내 행동이나 상태들 중의 가장 나쁜 것도, 그것을 감히 고백하지 못하는 것이 추하고 비굴한 일이라고 보는 정도로, 그렇게 추한 것이라고는 생각되지 않는다. 어느 누구나 고백하는 데는 조심스럽다. 행동에서도 그래야 할 것이다. 당돌하게 실수하는 일은 그것을 당돌하게 고백하는 일로 어느 면에서 보상되고 억제된다. 모두 말하는 것을 의무로 여기는 자는 침묵을 지키지 않으면 안 될 일은 아무것도 안 하는 의무를 질 것이다. 내 지나친 방자함이 우리의 결함에서 생겨난 저 겉모양만 꾸미는 비겁한 도덕을 벗어나서 사람들을 자유 속으로 끌어내고, 내 무절제한 행위의 부담으로 그들을 사리에 맞는 점까지 끌어 온다면, 그것이 바로 내 소원이다! 악덕을 비난하려면, 그것을 잘 보고 연기하여 밝혀야 한다. 그것을 남에게 감추는 자는 대개 자신에게도 감추고 있다. 그리고 그들은 그것을 눈으로 보면 충분히 감춰지지 않았다고 생각하며 그들 자신의 양심을 속여서 숨겨 버린다. "어떤 악한도 자기의 악덕을 고백하지 않는 것은 웬일인가? 그것은 그가 아직도 악덕의 노예인 까닭이다. 자기의 꿈을 이야기하려면, 잠에서 깨어야 한다."(세네카)

신체의 병은 심해질수록 밝혀진다. 우리는 삐었다느니 류머티즘이니 하던 것이 관절염에 걸린 것임을 알게 된다. 마음의 병은 그 자체로 가리워진다. 병이 가장 중한 자가 그것을 가장 느끼지 못한다. 그 때문에 이런 병은 자주 무자비한 손으로 대낮에 드러내어서 우리들의 흉곽(胸廓)을 열고 그 속에서 뽑아 내야 한다. 착한 행동에서와 같이 악한 행동에서도 때로는 고백만 해도 만족이 된다. 나쁜 일을 저지르는 추악치고 우리에게 그것을 고백하는 의무를 면제해 주는 것이 있는가?

나는 거짓을 꾸미기에 몹시 어려움을 느낀다. 아는 것을 모른다고 할 용기가 없기 때문에, 나는 남의 비밀을 맡아 두기를 피한다. 침묵을 지킬 수는 있다. 그러나 아는 것을 부인하기는 괴롭고 속이 상한다. 정말 비밀이 되려면 그 본성으로 그래야 되지, 의무로 그래서는 안 된다. 왕을 섬기려면, 덮쳐서 거짓말쟁이가 되지 않고는 비밀을 지키는 것만으로는 부족하다. 자기가 오입한 일을 엄숙하게 부인해야 할 것이냐고 밀레토스의 탈레스에게 문의했던 자가 내게도 물어보았더라면, 나는 부인해서는 안 된다고 대답했을 것이다. 왜냐하면 거짓말은 오입보다 더 나쁘기 때문이다. 탈레스는 아주 다르게 충고하며, 작은 잘못으로 큰 잘못을 막기 위해서 맹세하며 부인하라고 했다. 그렇지만 이 충고는 악덕을 골라내는 일이 아니고 늘려 가는 것이다.

여기에 한마디 덧붙이자면, 악덕의 벌충으로 다른 어려운 문제를 부과하는 것은 양심적인 인물의 책임을 값싸게 넘겨주는 일이다. 그러나 두 악덕 사이에 끼이면 그 선택은 무척 힘들다. 그것은 오리게네스가 당한 일로, 그는 우상을 숭배하거나 그렇잖으면 키다리인 추악한 에티오피아인에게 몸을 맡겨 즐겁게 해 주라는 곤경을 겪었다. 악덕스럽게도 그는 첫 번 조건을 수락했다고 사람들은 말한다. 그러나 요새 우리에게 반대하는 자들(신교도를 말함)이 그들의 잘못에 따라서 한번 미사를 올리기보다는 자기들 양심이 열 사람의 죄를 짊어지는 편이 낫다고 하는 주장에도 멋이 없지는 않은 일이다.

자기 잘못을 공개하는 것이 말이나 행동을 삼가고 조심하지 아니한 일이기는 하지마는, 그리하는 것이 모범이 되어 습관화되더라도 위험할 것은 없다. 왜냐하면 아리스톤은 사람들이 가장 무서워하는 바람은 쓴 것을 벗겨 가는 바람이라고 했기 때문이다. 우리의 풍습을 싸 감는 이 어리석은 누더기는 걷어 치워야 한다. 그들의 양심은 창녀촌으로 보내도, 그들은 외모만은 똑바로 차리고 있다. 그들은 배신자와 살인범에 이르기까지 범절의 격식을 차리며, 그들의 의무를 여기에 결부시킨다. 그러나 정의롭지 못함이 무례에 불평할 것도 아니고, 악의가 근신하지 않음에 불평할 것도 아니다. 억울한 일은, 악인이 바보가 아니기 때문에 범절이 그의 악덕을 둘러 꾸미는 일이다. 이런 겉치레는 보존해 둘 가치있는 착하고 건전한 벽면에나 붙여 두어야 할 일이다.

우리는 사사로이 귀에 대고 참회하는 격식을 비난하는 위그노(신교도) 편을 들지만, 나는 공개적으로 순순히 자신을 고백한다. 성 아우구스티누스와 오리게네스와 히포크라테스는 그들의 사상적 잘못을 공개했다. 나는 그 외에 내 행동 습관을 공개한다. 나는 나를 알려 주기에 굶주렸다. 그리고 진실한 말이라면 얼마를 해도 상관없다. 더 잘 말하려면 나는 아무것도 굶주린 바 없으나 다만 내 이름을 아는 자들이 나를 다르게 알고 있을까 죽을 만큼 두렵다.

모든 일을 명예와 영광을 위해서 하는 자가, 자기의 진실한 존재는 사람들에게 감춰 두고 가면을 씌워서 보여 준다면, 그가 얻는 것이 무엇일까? 곱사등이를 보고 체격이 잘생겼다고 추어올려 주어 보라. 그는 그것을 욕으로 들을 것이다. 그대가 겁보인데 사람들이 용감한 사람이라고 숭배한다면, 사람들이 말하는 것이 바로 그대일까? 그대를 딴 사람으로 본 것이다. 누가 수행원 중의 가장 변변찮은 한 병사를 장수로 잘못 알고 올리는 인사를 그가 만족하게 받는다면, 나는 그 꼴을 똑같이 귀엽게 보아줄 것이다.

마케도니아 왕 아르켈라오스가 거리를 지나는데, 누가 그에게 물을 끼얹었다. 그의 부관이 그자를 처벌해야 한다고 말하자, 그는 "이 사람아, 그는 내게 물을 끼얹은 것이 아니고, 나를 다른 누구로 오인하고 그 사람에게 끼얹은 것일세" 하고 말했다. 소크라테스는 누가 그에게 욕하는 사람들이 있다고 말하자, "그자가 말하는 것은 내게 관한 일이 아니오" 하고 말했다.

나로서는 누가 나에게 훌륭한 길잡이라든가, 아주 겸손하다든가, 또는 매우 행실이 올바르다고 칭찬한다 해도 조금도 고마울 것이 없다. 마찬가지로 나를 배신자라든가 도둑놈이나 주정뱅이라고 부르는 자가 있다고 해도, 나는 조금도 모욕으로 느낄 수가 없다. 자기를 알아보지 못하는 자들은 가짜 칭찬을 가지고 배 불릴 수도 있다. 그것은 나를 보며, 내 창자 속까지 뒤져 보고, 내 자신이 무엇인지 잘 알고 있는 나에 관한 말은 아니다. 나는 내 자신이 더 잘 알려지기만 한다면, 칭찬을 덜 받는 편이 낫다. 사람들은 내가 어리석음이라고 하는 것을 예지라고 부르는 조건으로 나를 예지로운 자라고 부를 수도 있을 것이다.

나는 내 《에세》가 단지 부인들의 여느 장식으로, 그것도 객실의 장식품으로 쓰일 것에 마음이 괴롭다. 이 장(章)은 내게 안방 노릇을 할 것이다. 나는 부인들이 이 장과 개인적으로 사귀었으면 한다. 공개적으로는 좀 언짢으며 멋쩍다.

우리는 작별할 때, 버리고 가는 사물들에 대해서 보통 이상으로 애정의 열을 올린다. 나는 이 세상의 장난과도 마지막으로 하직하련다. 이것이 우리들의 마지막 포옹이다. 우리의 논제로 돌아오자.

성적(性的) 행동은 사람들에게 무슨 짓을 했기에, 그렇게도 자연스럽고 필요하고 정당한 일을 사람들은 수치를 느끼지 않고는 감히 말하지 못하며, 신중하고 점잖은 어법에서 제외하는 것일까? 우리는 "죽인다, 훔친다, 배반한다"라는 말은 과감하게 입 밖에 낸다. 그런데 그 일은 입속에서만 우물거릴 뿐 감히 입 밖에 내지 못한단 말인가? 우리가 그것을 말로 적게 내뱉을수록 그만큼 우리는 그 생각을 키워 갈 권리가 생긴다는 말인가?

과연 가장 덜 사용되고, 덜 적히고, 가장 잘 침묵이 지켜진 말이 가장 잘 알려지고 보편적으로 이해되었다는 것은 재미있는 일이다. 어느 나이에도, 어느 풍습에서도 빵과 마찬가지로 그것을 알지 못하는 자는 없다. 이 말들은 표현도 되지 않고 소리도 없고 형태가 없어도 각자의 마음속에 새겨져 있다. 이것은 우리가 침묵의 권한 아래에 둔 행동이며, 그것을 비난하기 위해서라도 침묵에서 끌어내면 범죄가 된다는 것은 역시 좋은 일이다. 그것을 둘러서 말하는 표현이 아니면, 그 일을 감히 나무라지도 못한다. 한 범죄자에게 손을 대거나 보는 것도 부당한 일로 법이 볼 정도로 그가 가증하다는 것은 범죄자에게는 큰 혜택이다. 법의 처단이 가혹하다는 덕택으로, 그는 자유이며 구제당한 것이다.

그것은 삭제당한 글이 있으면 그만큼 더 잘 팔리며 유명해지는 서적의 경우와 같은 격이 아닌가? 나는 수치스러운 일이 청년에게는 장식이 되고, 노년에게는 책망이 된다고 말한 아리스토텔레스의 의견을 그대로 받아들이겠다.

고대 학파에서는 다음과 같은 시구(詩句)를 불렀다. 나는 고대 학파를 현대의 것보다 더 높이 평가한다(그 도덕은 더 크고 악덕은 더 적은 것으로 보인다).

　　비너스를 너무 피하면 고통이 크고
　　그 여신을 너무 찾아도 실패한다.　　　　　　　　(플루타르크, 아미요 역)

　　여신이여, 그 대란이 대자연의 사물을 지배한다.
　　그대 없이는 광명 세계에서 아무것도 성장치 못하고,
　　유쾌한 것, 귀여운 것도 이루어지지 않는다.　　　　　(루크레티우스)

나는 누가 팔라스(지혜의 신)와 뮤즈(시·극·음악·미술을 지배하는 아홉 여신)로 하여금 비너스와 의가 상하게 하고, 사랑의 신에 대해서 냉담하게 만들었는지 모르겠다. 그러나 나는 이 두 사이보다 더 짝이 맞고 서로 의존하는 신들을 알지 못한다. 시신들에게서 사랑에 관한 공상을 없애면, 그들이 가진 가장 아름다운 이야기와 그들 작품 속의 가장 아름다운 재료를 빼앗는 것이 되며, 사랑에게 시상(詩想)의 사용과 전단을 잊게 하면, 그의 최강의 무기를 약화시키게 될 것이다. 그 때문에 사람들은 이 사랑의 신에게 친교와 호의의 권한을 지우고, 인간성과 정의의 수호자인 여신들(뮤즈와 팔라스를 말함)에게는 배은망덕과 오해의 악덕에 관한 권한을 지운다.

  나는 이 신의 역량과 품위에 관해서 들은 기억이 없어질 정도로, 오랫동안 이 신의 위대함과 가치에 대한 기억이 없을 정도로, 그의 명부와 추종자들 축에서 제명된 지 그렇게 오래되지는 않았다.

    나는 내 옛날 정염의 흔적을 알아본다.   (베르길리우스)

    열병 뒤에는 아직도 감격과 정열의 찌꺼기가 남아 있다.

    이 열기가 내 인생의 겨울에도 소멸되지 말기를,   (장 스공)

    아무리 메마르고 둔감해졌다 해도, 나는 아직도 지나간 이 정열의 어떤 미지근한 나머지를 느끼고 있다.

    이리하여 에게해는 북풍이나 남풍이
    뒤흔들어 둘러엎다가 그쳐도
    그렇다고 폭풍우 뒤에 바로 평온이 오지 않고,
    오랜 격동 위에 아직도 파도치며 포효한다.   (토르콰토 타소)

  그러나 내가 여기서 이해하는 바는 이 신의 역량과 공덕이 그 고유의 본질보다도 시의 묘사로 더 발랄하게 생기를 띠는 점이다.

    그리고 시구는 손가락을 가졌다.   (유베날리스)

  시는 사랑 자체보다도 더 사랑다운 어떤 것을 표현한다. 발가벗고 생기 있고 숨 가빠하는 모습의 비너스는 다음 시구에서 베르길리우스가 묘사하는 것만큼은 아름답지 않다.

>   그녀는 말을 끝냈다. 그래도 그가 주저하고 있으니
>   여신은 그 백설 같은 팔로
>   그를 끌어안으며 따스한 포옹으로 그를 품어 준다.
>   그는 갑자기, 마치 창공을 쪼개는 벼락이
>   휘황하게 밝혀진 구름 속을 관통하며 질주하듯,
>   여느 때의 정염을 느끼며, 그에게 잘 알려진 정열이
>   골수까지 스며들어 뼈가 저리게 속을 달리는 것을 느꼈다.
>   ……이런 말을 한 다음에 그는 비너스에게,
>   기다리고 있던 포옹을 받으며
>   그 아내의 품에 누워 달콤한 잠 속에 빠져 꿈길을 간다. (베르길리우스)

내가 여기 생각해야 할 것으로 보는 것은, 그가 비너스를 너무 흥분한 것으로 묘사하는 점이다. 이 얌전한 흥정에서는 정욕은 그렇게 촐랑이같이 움직이지 않는다. 그것은 좀 더 약하고 둔하다. 사람들은 사랑을 그 이외의 것에 의해서 맺어지는 것을 싫어하며, 결혼 생활 같은 다른 자격으로 세워지고 유지되는 성관계에는 맥없이 참여한다. 거기서는 친족 관계나 재산 등이 이성에 의해서 우아미와 미모만큼, 또는 그보다 더하게 무게를 갖는다. 사람은 누가 뭐라고 말해도 자기를 위해서 결혼하는 것이 아니다. 그만큼 또는 그보다 더 자기 후손과 가족을 위해서 결혼한다. 결혼의 관습과 관심은 우리를 훨씬 넘어서 우리 혈통에 결부된다. 그러므로 결혼은 당사자들끼리보다도 제삼자의 중매로, 자기 지각보다도 남의 지각으로 이루어지는 편을 나는 좋게 본다. 이 모든 일은 그 얼마나 사랑의 관습과 배치되는 일인가! 그렇기 때문에 내가 다른 데서도 말한 듯하지만, 이 존경할 만하고 거룩한 친족 결연에 방종한 사람의 왕성한 노력을 사용하려는 것은 일종의 간음 행위이다.

아리스토텔레스는 "아내를 너무 음탕하게 애무하다가는 쾌감 때문에 이성의 테두리 밖으로 벗어날 위험이 있으니, 조심스럽고 엄숙하게 대해야 한다"고 했다. 그가 양심을 위해서 말한 것을 의사는 건강을 위해서 말한다. 즉, 과도로 열을 올리는, 끈덕지게 탐락적인 쾌감은 종자(種子)를 변질시켜 잉태에 장애를 준다는

것이다. 그리고 그들은 이 결혼의 본성은 그렇지만 한 완만한 교섭에서는, 그것을 잉태시키기에 알맞은 열기로 채우기 위해서 상당한 간격을 두고 드물게 접촉해야 한다고 말한다.

그것이 비너스의 선물을 탐하여 잡아,
태내에 깊이 받아들이게 하려고. (베르길리우스)

나는 오히려 미모와 사랑의 정욕에 끌려서 하는 결혼보다 더 빨리 실패하여 혼란을 일으키는 결혼을 보지 못했다. 거기에는 더 지조 있고 견고한 기반이 필요하며, 조심스레 진행시켜야 한다. 저 들끓는 쾌감은 여기서는 아무런 가치가 없다.

이 행위에 사랑을 결부시키면 결혼이 한층 더 명예로워진다고 생각하는 자들은, 마치 도덕을 위한다고 생각하며 귀족과 도덕을 동일시하는 자들과 마찬가지로 보인다. 그런 것은 서로 사촌뻘은 된다. 그러나 상당한 차이가 있다. 그 이름과 자격을 혼동해서는 안 된다. 뒤섞어 보다가는 서로 손해만 된다. 귀족인 것은 훌륭한 자격이며, 그것이 존중되는 것은 당연하다. 그러나 그것은 남에게 매여 있는 자격이며, 못났거나 악덕스러운 사람도 가질 수 있는 것인 만큼, 도덕보다는 훨씬 더 얕게 평가된다. 이것도 도덕이라면 그것은 인공적이며 눈에 보이는 도덕이다. 시기와 운에 매여 있으며, 나라마다 형식이 다르고, 살아 있고도 죽어 갈 것이며, 나일강 물과 같이 근원이 없고, 계보에 달렸고, 많은 사람에게 공통이며, 계승되고, 서로 닮으며, 이유에서 끌어낸 것이지만, 그 이유의 근거가 대수로운 것도 아니다. 학문과 힘과 착함과 미모와 부유 등 소년들은 상호 융통과 교섭에 의한다. 이 귀족의 자격은 그 사람 하나에게만 쓰여지며 남을 위한 봉사에는 아무런 소용이 없다.

우리나라 왕 한 분이 어떤 직책을 맡길 사람을 경쟁자들 중에서 골라 달라고 부탁을 했다. 한 사람은 귀족이었고 다른 사람은 아니었다. 그는 이 자격을 고려에 넣지 말고, 가장 능력이 있는 자를 택하라고 명령했다. 그러나 가치가 같거든, 그런 경우에는 문벌을 고려하라고 했다. 이것이 바로 귀족의 지위를 밝혀 주는 점이다. 안티고누스는 한 무명의 청년이, 무예와 용맹이 높은 사대부이던 그의 부친이 죽은 다음, 바로 그의 직위를 자기에게 달라고 청해 오자 이렇게 말했다. "이 사람아, 이런 혜택을 주는 데는 군인들의 용감성을 평가하는 것만큼 그 가문은 고려하지 않네." 그것은 그 직업에 대해서 아무것도 아는 바 없어도 그 아버지가 그런 위치에 있었다는 이유만으로 아버지의 일을 계승하는 스파르타의 장교들이나 나팔수·악사·요리사들처럼, 직무에 가장 익숙한 자들보다 우선할 수는 없는 일이다.

캘커타 사람들은 귀족을 인간 이상의 족속으로 삼는다. 그들에게는 결혼이 금지되고, 전쟁 이외의 다른 직무는 가질 수 없다. 첩은 얼마든지 가져도 좋고, 여자들도 난봉꾼들과 사귀며, 서로 질투하는 일이란 없다. 그러나 자기 지체와 다른 처지의 인물과 교섭하면 용서받을 수 없다. 그때는 사형의 중벌을 받는다. 그리고 지나가다가 누가 스치기만 해도 부정탔다고 하며, 귀족의 품위가 그것 때문에 큰 손상을 받았다고 생각하고, 누가 그들에게 너무 가까이 오기만 해도 죽여버린다. 그래서 상민들은 마치 베네치아의 뱃사공들이 거리 모퉁이에서 하는 식으로, 부딪치지 말라고 소리치며 걸어가게 되어 있다.

그리고 귀족은 상민들에게 그들이 원하는 골목으로 물러가라고 명령한다. 귀족은 이 방법으로 그들이 계속 남으리라는 수치를 면하고, 상민들은 면할 수 없는 죽음을 면한다. 아무리 세월이 지나도, 왕공(王公)의 어떠한 혜택으로도, 그리고 아무리 큰 공로나 도덕이나 재산이 있어도 상민은 귀족이 되지는 못한다. 다른 직업 사이의 결혼이 금지된 것은 이 풍습의 수호에 도움이 된다. 구둣방의 혈통을 가진 자는 대목 집안과 결혼하지 못한다. 그래서 부모들은 어린아이들을 조상들의 직업으로 훈련시켜야 하며, 다른 직업을 가르치지 못하기 때문에 그들의 운명의 항구성과 구별이 유지된다.

알맞은 결혼은(그런 것이 있다면) 사랑의 동반과 조건을 거부한다. 그것은 우정의 조건을 재현토록 노력한다. 그것은 지조와 신뢰와 서로 간의 유익하고도 견실한 많은 봉사와 의무로 충만된 인생의 온화한 공동 생활이다.

혼인의 횃불로 사랑하는 자와 결합된 자는, (카툴루스)

이러한 취미를 맛보고 나서는 어느 누구도 자기 남편의 정부나 간부의 자리를 갖고 싶지는 않을 것이다. 그녀가 여자로서 남편의 애정을 받고 있다고 해도, 그녀는 한층 더 명예롭고 확실한 지위에 있는 것이다. 남편이 다른 여자에게 반해서 쫓아다닌다고 하더라도, 그때에 아내가 수치를 당하는 것이 나은가, 정부가 수치를 당하는 것이 나은가를 물어보라. 누구의 불행이 그에게 더 아플 것인가, 어느 편이 더 영광받기를 바라는가. 이러한 물음에 대한 답이 건전한 결혼 생활의 편일 것은 의심할 여지가 없다. 훌륭한 결혼의 예가 대단히 보기 드물다는 것은 그 가치와 품위를 말하는 것이다. 결혼 생활을 잘 꾸미며 올바르게 살아가면, 우리 사회에 그보다 더 아름다운 일은 없는 것이다.

우리는 결혼하지 않고는 못 배긴다. 그렇지만 우리는 결혼을 천하게 다루며 살아간다. 그래서 새장에서 볼 수 있는 일이 일어난다. 밖에 있는 새들은 그 속에 못 들어가서 발버둥 치고, 속에 갇힌 것들은 어떡해서든 밖으로 나가려고 똑같은 수작을 한다. 소크라테스는 아내를 얻는 편이 좋으냐, 얻지 않는 편이 좋으냐고 누가 묻자 "둘 중에 어느 편을 취하건 사람은 후회할 것이다"라고 말했다. "인간은 인간에게 서로 신(神)이 아니면 승냥이나 이리지"(케킬리우스)라고 사람들이 말하는 것은 이 관계에 들어맞는 말이다. 결혼을 잘하기 위해서는 여러 소질들이 한데 뭉쳐져야 한다. 이 시대에는 쾌락이나 호기심·한가로움 따위가 심한 번민을 일으키는 원인이 되지 않는 평민들의 단순한 마음이 살기에 편하다. 내 마음 같은 방자스러운 심정은 모든 얽매임과 의무를 싫어하기 때문에 적당한 것이 못 된다.

나 또한 이 쇠고리를 목에 걸지 않고 사는 편이 더 안락하다.

(막시미아누스)

내 의도로는, 예지가 내게 청해 와도 나는 이 예지와 결혼하기를 피했을 것이다. 그러나 무슨 말을 해 보아도, 우리는 공동생활의 습관과 풍습에 지고 만다. 내 행동의 대부분은 내 의사로 택해서 행하기보다도 남을 본받아서 행한다. 어떻든 나는 나 자신이 청해서 한 결혼이 아니고, 사람들에게 끌려서 한 일이며, 외부적인 사정에 실려 갔다. 왜냐하면 불편한 일들 뿐만 아니라 아무리 추악하고 악덕스럽고 피해야 할 일이라도, 어떤 조건이나 사정에 따라서는 용납할 수 없는 일이라고는 없기 때문이다. 이렇게도 인간의 생태는 허황하다! 그런 일을 겪고 난 지금보다도 더 그 당시에는 마음의 준비도 없었고, 뜻에 반해서 끌려갔다. 그리고 사람들이 나를 아무리 방자하다고 보아도, 나는 약속하거나 바라던 것보다도 더 엄격하게 결혼의 법칙을 지켜 온 것이다. 한번 걸려든 뒤에는 발버둥 쳐 보아도 때가 늦었다. 자기 자유는 조심스레 아껴야 한다.

그러나 한번 의무에 복종한 다음에는 공동의 책임과 법칙을 지켜야 하며, 적어도 그렇게 노력해야 한다. 다음에 증오와 경멸을 품고 살아갈 생각으로 이 흥정을 체결하는 자는, 부당하고 난처하게 행동하는 것이다. 마치 신성한 신탁(神託)처럼 여자들 사이에 이손 저손 전해져 온 아름다운 규칙—

윗사람처럼 네 남편을 섬겨라.
그리고 배신자같이 그를 경계하라.   (원전 미상의 옛 시)

이 말은 "강제되고 적대하며, 경계하는 존경심으로 그를 대하라"는 뜻이니, 전투와 도전의 외침 같아서 똑같이 부당하고 곤란하다. 그러한 가시 돋친 심정을 품기에는 나는 너무 연약하다. 진실을 말하면, 내 정신은 사리와 정의롭지 못함을 혼동하고, 내 욕망에 맞지 않는 질서와 규칙을 우스개로 넘길 정도로 교묘한 민첩함과 세련된 재치에는 도달하지 못했다.

미신을 혐오한다고 해도, 나는 무신앙에 몸을 던지지는 않는다. 항상 자기 의무를 지키는 자는 적어도 이 의무를 인정하고 사랑해야 한다. 마음이 결합되지 않는 데도 결혼하는 일은 배신이다. 그만 다음으로 넘어가자.

우리의 시인(베르길리우스를 말함)은 범절이 좋고 따스함이 가득한 결혼을 묘사하는 반면에 믿음직하고 진실함은 충분하지 못하다. 그는 연애의 고된 고비도 넘어 보고, 그러고도 얼마간 영혼의 의무도 지켜 주는 것은 불가능한 일이 아니며, 결혼을 손상시키면서도 파경에까지는 이르지 않을 수 있다고 말하려는 것인가? 어떤 하인은 주인의 돈을 속여 먹지만, 그렇다고 주인을 미워하는 것은 아니

다. 미모와 기회와 운명이(참으로 운명은 여기에도 손을 뻗친다)

우리 옷이 가리고 있는 부분에는
한 숙명이 이어져 있다.
만일 그대의 운명이 그대를 버리면,
한 번도 본 적 없는 긴 연장을 소유하여도
아무런 소용이 없으리라.
(유베날리스)

그녀를 다른 남자에게 넘겨주더라도 이미 아주 완전한 관계는 아니지만, 그녀에게는 여전히 조금은 자기 남편에게 맺어진 인연이 남아 있다. 그녀 속에는 두 마음이 서로 다른 길을 잡아 혼동되지는 않는다. 여자는 어떤 남자에게 몸을 맡겨도 결혼할 생각이 전혀 없는 수가 있다. 그것은 남자의 신분 때문만이 아니라, 그 사람됨 때문에도 그러는 수가 있다. 자기 여자 친구와 결혼하고 후회하지 않은 남자란 드물다. 그것은 신들의 세계에서도 그렇다. 주피터가 먼저 사랑하고 즐겨 본 여자와 결혼한 다음, 그 살림살이의 꼴은 어떠했던가? 사람들이 말하는 "광주리에 똥을 누고는 머리에 인다"는 격이다.

나는 우리 시대에 어떤 귀인이 사랑을 수치스럽고도 점잖지 못하게 결혼으로 꾸며 대는 것을 보았다. 고려하는 점이 너무 다른 것이다. 우리는 각기 다르고 서로 반대인 두 가지 사물들을 사랑하고도 모순을 느끼지 않는다.

소크라테스는 아테네시는 우리가 사랑으로 아껴 주는 여자들같이 사람의 마음에 든다고 했다. 사람들은 즐겨 거기에 와서 거닐며 시간을 보낸다. 아무도 그와 결혼하려고, 다시 말하면 거기에 집을 두고 살 생각으로 사랑한 것은 아니다. 나는 사내들이 단지 자기 아내를 속이고 있는 이유로 아내를 미워하는 것을 보며 울분을 느꼈다. 적어도 자기 잘못 때문에 아내를 미워해서는 안 된다. 뉘우침과 동정심으로라도 여자들을 더 아껴줘야 한다.

이런 것은 어떤 면에서 보면 목적은 다르지만 서로 동감할 수 있는 일이라고 우리 시인은 말한다. 결혼은 그 몫으로 유용성과 정의와 명예와 견실성을 갖는다. 그것은 평범하나마 더 보편적인 쾌락이다. 사랑은 오로지 쾌락에만 기초를 둔다. 그리고 더 도발적이고 강렬하며 더 흥분시키는 쾌락이다. 얻기가 힘드니 더 불길이 일어나는 쾌락이다. 찌르고 지지는 맛이 필요하다. 살이 없고 불길이 없으면 이미 사랑이 아니다. 부인들은 너무 너그러워서 결혼 생활을 후하게 해 주기 때문에, 애정과 정욕의 자극을 둔하게 만든다. 이 폐단을 피하려고 리쿠르고스와 플라톤이 법을 만들 때 얼마나 고생했는지 보라.

인생의 규칙이란 여자와 상의하지 않고 남자들이 멋대로 만든 것이기 때문에, 세상에 통용되는 이 인생의 규칙을 여자들이 거절해도 여자들의 잘못은 아니다. 여자들과 우리 사이에 음모와 다툼이 있는 것은 당연하다. 우리가 여자들과 가장 밀접하게 화합되어 있는 경우에도, 역시 시끄럽고 소란스럽다. 우리 작가(베르길리우스를 말함)의 견해로는 우리는 이 점을 고려하지 않고 여자들을 다루고 있는 것이다. 즉, 여자들은 사랑의 실천에서 남자들과 비교할 수 없이 더 열렬하고 능력이 있다. 그리고 한때는 남자요, 한때는 여자이던 저 옛날의 제관(祭官)이―

    비너스는 양면의 모습으로 그에게 알려졌다.   (오비디우스)

이렇게 증언했으며, 그 밖에도 옛날 각기 다른 시대에 이 일에서 대가였던 로마의 한 황제와 한 황후가 행한 증거를 자신의 말로 알고 있으며,(황제는 하룻밤에 사르마디아의 처녀 포로 열 명과 관계했으며, 황후는 자기 필요와 취미에서 하룻밤에 실제로 스물다섯 번 상대를 바꾸었다)

    그녀의 타오르는 불길의 비밀스러운 문은
    여전히 완강히 팽창하여 남자에 피로해졌으나
    그래도 포만치 못하고 물러났다.   (유베날리스)

그리고 카탈로냐에서 한 여자가 자기 남편이 너무도 끈덕지게 요구한다고 소송을 제기한 사건에서도, 내 생각으로는 그 여인이 불편을 느낀 것은 아니라고 본다(결코 나는 신앙에서밖에는 기적을 믿지 않는다). 다만 그 여인은 결혼 생활의 기초적 행동인 이 점에서 이것을 구실로 남편들의 아내에 대한 권한을 삭감하여 억제하고, 남편의 심술궂게 행패하는 성질이 결혼의 잠자리를 넘어서 비너스의 상냥한 우아미까지도 짓밟는 것을 보여 주려는 듯이 남편을 고발한 것이다.

　이 소송 사건에서 그 남편은 참으로 변태적이고 짐승 같은 남자로, 그는 단식일까지도 열 번을 않고는 못 배긴다고 대답했다. 이에 대해서 아라공 여왕은 주목할 만한 판결을 내려서 이 문제를 조정했다. 거기서 이 착한 여왕은 회의를 열고 충분히 토의한 끝에, 정당한 결혼 생활에 요구되는 절도와 겸양의 본이 될 규칙을 모든 시대에 내어 주기 위해서 합법적이며 필요한 한도로 하루에 여섯 번을 명령했다. 여왕은 이것으로 자기 쪽 정욕의 필요를 충분히 채워서 완화시켜 주며, 실행하기 쉽고 따라서 영원히 변하지 않는 규칙을 세워 주는 것이라고 그녀는 말했던 것이다.

　여기에 대해서 박사들은 "우리의 정욕에 관해 이렇게까지 서로 다른 판단, 그리고 법률학파의 시조 솔론이 결혼 생활에서의 동침에 실수함이 없게 하기 위해서, 한 달에 세 번밖에 의무를 지우지 않는 것을 생각하면, 여자들의 이성과 지혜와 도덕이 이런 비율로 제정되는 이상, 그 정욕과 음란은 얼마만 한 것인가?" 하고 개탄했다. 이런 말을 믿고, 설교하고 나서 우리는 여자들에게 최후의 극형까지 과해 가며, 특별히 정조를 지키라고 요구하는 것이다.

　이 정욕보다 더 긴박한 격정은 없는데, 거기에 대해서 우리는 여자들만이 이 격정에 저항할 것을 요구하며 그것은 여자들의 절도에 벗어나는 악덕일 뿐 아니라, 신앙이 없는 것이나 아버지를 죽이는 것보다도 더 가증하고 더럽게 여겨 버려야 할 악덕으로 보고 이 격정에 저항하라고 한다. 그런데 남자들은 그런 짓을 해도 잘못이나 비난거리가 되지 않는다. 우리 중에 이 문제를 해결하려고 노력해 본 사람들은 물질적인 치료법을 써서 신체의 정력을 둔감하게 약화하여 냉각시키는 것이 얼마나 곤란한 일인가, 얼마나 불가능한 일인가 하고 고백한 사람들이 한둘이 아니다.

　우리는 그 반대로 여자들이 건전하고 정력적이고, 잘 먹어서 싱싱하고 아울러 정숙하기를, 다시 말하면 열기 있으면서도 냉철하기를 바란다. 결혼 생활에서 여자들의 열기를 막아야 할 책임이 있다고 우리는 말하지만, 우리 풍습으로는 결코 여자들에게 냉각시킬 거리를 주지 않는다. 만일 여자들이 정력이 끓는 나이의 남편을 얻는다면, 그는 이 정력을 다른 데로 흩는 것을 영광으로 삼을 것이다.

> 그러나 정조를 지켜라.
> 싫거든 재판정으로 가자.
> 네 남근은 매우 비싼 값으로 내가 산 것,
> 그것은 네 것이 아니다. 바수스야,
> 네가 내게 판 것이다.　　　　　　　　　　(마르티알리스)

철학자 필레몬의 아내는 밭에 뿌려야 할 씨를 씨가 붙지 않는 아무 밭에나 뿌리고 다닌다고 남편을 재판정에 고발했다. 이렇게 남들 때문에 헛되이 소비된다면, 여자들은 결혼 생활을 함에도 불구하고 처녀나 과부보다도 나쁜 조건에 있게 된다. 여자들에게는 남자가 하나씩 옆에 붙어 있으니, 우리는 여자들에게 그 필요를 충분히 채워 줬다고 생각한다. 그것은 마치 로마인들이 베스타 여신 클로디아 라에타에게 칼리굴라가 접근했다고, 그것은 접근한 것에 지나지 않았음이 증명되었어도 그녀가 처녀성을 잃었다고 간주하던 식이다. 반대로 여자가 혼자 있으면 아무 일도 없었을 것을, 어떤 남자이건 옆에 붙어서 따라다니면 식었던 열이 다시 솟아서 육체의 필요가 벅차오르게 된다. 있을 법한 얘기이지만, 폴란드 왕 볼레슬라우스와 그 아내 킹게는 이런 사정을 고려해서 그들의 정조를 더욱 값지게 하려고 결혼한 날 밤에 함께 자면서도 서로 정조를 지킬 것을 맹세하고 육체관계를 물리쳐 이 서약을 유지했다.

우리는 여자들을 어릴 적부터 사랑의 봉사를 위해서 길러 간다. 여자들의 아름다움이나 몸치장, 그녀들의 학문·어법 등 모든 교양은 이것 외에는 다른 목적이 없다. 그녀들의 유모는 끊임없이 사랑을 혐오하도록 가르치는 일밖에 하지 않지만, 사랑의 인상밖에 아무것도 넣어 주지 못한다. 내 딸은(나는 자식이라고는 이것 하나밖에 없다) 지금 가장 열렬하게 결혼하고 싶어 하는 것이 법률로 허용되는 나이에 있다. 이 아이는 체질이 늦되고 호리호리하고 연약한데, 제 어미가 역시 외따로 한적하게 키워 왔다. 그래서 이 아이는 이제 겨우 어린아이의 순박한 티를 벗기 시작한다.

그애가 내 앞에서 프랑스어 책 한 권을 읽고 있었다. 거기서 '너도밤나무[5]'라는 글자가 나왔다. 누구나 다 아는 나무 이름이다. 그 아이를 보살피던 부인이 좀 거칠게 막으며, 이 언짢은 구절을 뛰어넘게 했다. 나는 그들의 규칙을 문란시키고 싶지 않았기 때문에 그녀가 하는 대로 두었다. 왜냐하면 나는 그 아이 지도에 조금도 참견하거나 간섭하지 않기 때문이다. 여자의 지도에는 신비로운 행티가 있다. 그것은 여자들에게 맡겨 두어야 한다. 내가 잘못 아는 것이 아니라면, 이 아비가 남자 하인들 스무 명과 여섯 달 동안을 접해 보아도 이 착한 부인이 책망하고 금지한 것처럼, 이 죄스러운 모음과 자음이 합하여 나는 소리의 의미와 용법과 그 모든 효과가 이 아이의 속에 넣어 준 것만큼의 인상을 주지는 못했을 것이다.

　　혼기의 처녀는 이오니아의 춤을 즐기며
　　사지와 엉덩이를 흔들며
　　나이 어릴 적부터 벌써 부정한 사랑의 꿈에 잠긴다.　　　　(호라티우스)

여자들이 격식을 집어치우고 아무 말이나 마음대로 하게 두어 보라. 우리는 여자들에 비해서 이 학문에는 아직 어린아이밖에 되지 않는다. 우리가 쫓아다니며 수작하는 것을 여자들이 어떻게 보고 있는가를 들어 보라. 가르쳐 준 일이 없지만, 여자들은 모두 알고 있으며, 더 가르쳐 줄 것이 없다는 것을 알려 준다. 여자들의 전생은 난봉꾼 남자였다고 하는 플라톤의 말은 이런 뜻일까? 어느 날 내 귀는 우연히 여자들끼리 한 자리에서 거침없이 이야기하는 소리를 엿들었다. 왜 이런 말은 못 할 것인가? "성모님, 맙소사!"라고 나는 말했다. 자, 지금 바로 아마디스의 문장과 보카치오와 아레티노의 이야기 책을 공부해서, 좀 약아져 보자. 우리는 참 시간을 잘 이용해 오는군! 말이건, 본보기이건, 일처리이건, 여자들이 우리 책보다 더 잘 알지 못하는 것은 없다. 그것은 여자들의 핏줄 속에서 훈련되어 나온다.

---

5) 너도밤나무를 뜻하는 단어 '푸토(fouteau)'는 성교하다는 뜻의 비속어 '푸트르(foutre)'와 발음이 비슷하다.

> 비너스가 직접 여자들에게 가르쳐 주었다. (베르길리우스)

그래서 이 착한 선생 노릇을 하는 자연·청춘·건강 등이 끊임없이 여자들의 마음속에 속삭인다. 배움은 여자들에게는 소용이 없다. "여자들 자신이 낳는다."

> 부리의 장난으로 언제나 입 맞추며 좋아하는
> 흰 비둘기도, 보다 더 음란한
> 어떠한 날짐승도, 정욕에 몸을 맡기는 한 여인만큼은
> 정염의 열락을 맛보지 못한다는 말이 있다. (카툴루스)

세상의 눈을 무서워하는 마음으로 여자들의 본성이 이 맹렬한 본능을 억제하지 않는다면, 우리는 수치스러운 꼴을 볼 것이다. 세상의 모든 움직임이 다 이 음양의 결합으로 귀결된다. 그것은 모든 곳에 배어든 동기이며, 모든 사물들이 향하는 중심이다. 사람들은 아직도 옛날 현명했던 로마에서 행한 사랑의 봉사를 위한 가르침과 소크라테스가 창녀들을 깨우쳤던 교훈을 알고 있다.

> 스토아학파의 소책자들도 비단이불 위에 굴러다니기를
> 좋아하지 않는 것이 아니다. (호라티우스)

제논은 그가 제정한 법칙에 처녀를 깨우칠 때의 벌리고 흔들고 하는 법을 규정했다. 스트라톤의 《육체적 결합에 관하여》라는 저작은 무슨 뜻을 가졌던가? 그리고 테오프라스토스는 하나는 《애인》이라 하고, 하나는 《사랑에 관하여》라고 제목을 붙인 작품들에서 무엇을 다루었던가? 아리스티포스는 《고대의 탐락에 관하여》라는 그의 작품에서 무엇을 취급했던가? 플라톤은 그 광범하고 산뜻한 문장들 속에 자기 시대의 가장 과감한 사랑을 묘사하며 무엇을 노렸던 것인가? 그리고 데메트리오스 팔레로스의 저작 《애인에 관하여》는? 그리고 폰토스의 헤라클리데스의 《클리니아스, 또는 강제된 애인》은? 그리고 안티스테네스의 저작 《아이를 만드는 법, 또는 결혼》과 다른 저작 《주인에 관하여, 또는 애인에 관하

여》는? 아리스톤의 《사랑의 실천법》은? 클레안테스의 저작 《사랑에 관하여》와 또 《사랑하는 법》은? 스페로스의 《사랑의 대화》는? 그리고 크리시포스의 차마 읽기가 거북할 정도로 체면 없이 까놓은 《주피터와 주노의 이야기》와 그의 50편의 음탕한 서한시(書翰詩)는? 아예 에피쿠로스학파를 추종한 철학자들의 문장은 제쳐 두어야 한다. 고대에는 50명의 신들이 이 일에 봉사하고 있었다. 그리고 어떤 나라에서는 치성을 올리러 오는 자들의 음욕을 잠재우기 위해서 사원 안에 계집과 사내아이들을 두어서 즐기게 했는데, 치성을 올리기 전에 하는 의식적인 행동이었다.

"실로 금욕의 실천을 위해서는 무절제가 필요하고, 화재를 잡기 위해서는 불이 필요하다."(테르툴리아누스)

세상의 대부분 지방에서는 우리 신체의 이 부분은 신격화되어 있었다. 같은 지방에서 어떤 자들은 그 껍질을 벗겨 한 조각을 바치고, 다른 자들은 정액을 바친다. 또 다른 지방에서는 젊은이들이 사람들 앞에서 그것을 찔러 껍질과 살 사이를 여러 군데 찢고, 그 열린 데로 그들이 견딜 수 있는 한의 가장 길고 굵은 꼬치를 여러 개 꿰고는 이 꼬치들에 불을 피워서 신들에게 바치는데, 이 잔혹할 고통에 태연히 버티지 못하는 자들은 철이 없고 정숙하지 못하다고 간주되었다. 다른 데서는 가장 신성한 관직이 이 부분으로 인정되어 존경받았고, 여러 의식에는 그것의 모형을 받들고 화려한 행렬을 거행하며, 여러 신들의 영광을 경축하는 것이었다.

이집트의 부인들은 주신제(酒神祭) 때 크고 굵직하게 나무로 만든, 자기 힘에 맞는 무게의 성기 모형을 목에 달고 갔었고, 그 밖에 그들 신의 조각상은 그것을 표현하며, 그 크기는 몸뚱이 전체보다도 더 크게 만들었다.

이곳 가까운 데의 기혼 여성들은 그 형태의 그림을 모자의 정면에 그려서 쓰고 다니며, 그들이 그것에서 얻은 쾌감을 축하하고 있다. 그리고 과부가 되면 그것을 뒤로 돌려 쓰고 머리로 가리는 것이었다.

로마에서는 가장 현명한 귀부인들이 프리아포스 신(정원·포도원·어부의 신, 생식의 신)에게 화환을 바치는 영광을 얻었고, 결혼식 날 밤에 처녀들을 그 신의 점잖지 못한 부분에 앉히는 것이었다. 우리 시대에도 나는 이러한 형태의 신앙을 본 일이 있다고 생각한다. 스위스 사람들은 아직도 하고 있지만, 우리 조상들이 차고 다니던 그 꼴사나운 양복바지의 앞닫이는 무엇을 의미함일까? 요즈음도 우리가 정장으로 반바지 아래에 차고 다니며 보여 주는 것은 무슨 소용일까? 더 언짢은 면은 그것을 자연적인 크기 이상으로 과장하는 것은 무슨 까닭인가?

나는 이런 종류의 의복은 세상이 더 훌륭하고 양심적이던 시대에, 사람들을 속이지 않고 각자가 공개적으로 자기를 알려 주게 하기 위해서 발명된 것이라고 믿고 싶다. 더 단순한 국민들은 어느 점에서 더욱 실제와 관련시키고 있다. 그때에는 사람들은 팔과 다리로 일하는 식으로, 그 일의 지식을 가르쳐 주고 있었다.

내가 젊었을 때의 일이지만, 보는 사람들이 눈을 찌푸리게 하지 말라고 대도시의 수많은 고대 미술품인 조각상들을 거세하고 다닌 저 점잖은 인물[6]은, 옛날의 한 점잖은 분의 의견을 그냥 좇아서—

> 시민의 눈에 나체를 드러냄은 추한 풍속의 원인이 된다. (엔니우스)

마치 저 착한 여신(정조의 여신)의 제사 때 모든 남성적인 형태가 나타나지 못하게 했던 바와 같이, 그는 말이나 나귀나, 결국 대자연을 거세하지 않으면 그의 일에 아무런 진척이 없다는 것을 생각해 보았어야 할 일이었다.

> 땅 위의 모든 종족, 사람이건 짐승이건
> 대해의 고기이건 집짐승이건 온갖 빛깔의 새들이건
> 모두가 미친 듯한 열정의 불길 속으로 달려간다. (베르길리우스)

신들은 우리에게 말을 듣지 않는 포악한 기관을 제공했다고 플라톤은 말한다. 그것은 맹수와도 같이 그 맹렬한 정욕으로 모든 것을 굴복시키려고 기도한다. 마찬가지로 여자들에게는 극성맞게도 탐욕스러운 한 짐승이 있는데, 이 짐승은 때맞추어 먹이를 공급해 주지 않으면 늦게 주는 데 조바심이 나서, 제자리를 박차

---

6) 교황 바오로 3세(1536~1549)나 바오로 4세(1554~1559)로 추측됨.

고 나와 여자들의 몸에 광증(狂症)을 불어넣고, 목구멍을 틀어막아 숨을 못 쉬게 하고, 결국 갈증나게 한 목적물을 들이마셔서 자궁 속에다 풍성하게 물을 주어 씨를 뿌려 주기까지는 가지 각색의 병폐를 일으킨다.

우리 입법자들은 또한 그녀들에게 자유로운 공상의 정열로 짐작하도록 하기보다는, 차라리 일찍부터 실제를 가르쳐 주는 편이 더 정숙하고 효과 있는 풍습을 이루었을 것임을 생각했어야 한다. 여자들은 정욕과 희망 때문에 실제의 물건 대신 갑절이나 터무니없이 더 큰 것을 상상한다. 내가 아는 어떤 사람은 아직도 실제의 용도에 맡겨 둘 자리가 아님에도 불구하고 자기 것들을 내보였기 때문에 신수를 망치고 말았다.

어린아이들이 왕궁의 계단이나 통로에 그려 놓는 그 커다란 그림은 얼마나 폐단을 일으키는 일인가? 그것 때문에 부인들은 무참하게도 우리가 본성으로 할 수 있는 바를 경멸하게 된다.

플라톤이 훌륭한 제도를 가진 다른 국가들을 본떠서 남자와 여자, 늙은이와 젊은이들이 운동 경기를 할 때에는 누구나 벌거벗고 나오라고 규정한 것은 그 점을 고려한 것이 아닌지 누가 알겠는가?

서인도의 주민들은 인간들을 적나라하게 보고 있기 때문에, 적으나마 시각의 느낌이 냉철해졌다. 저 페쿠라는 큰 왕국의 여자들은 허리 밑을 가린 것이라고는 폭이 좁고 앞이 찢어진 천 하나뿐이었기 때문에, 어떤 점잖은 의식에 참석해도 한 걸음만 옮겨 디디면 모든 것이 다 들여다보이게 되어 있다. 이것은 그 나라에서는 남자들을 탐하는 경향이 있기 때문에 남들로부터 남자들을 떼어 내서 자기편으로 끌어 보려는 생각에서 고안된 것이라고 한다. 하지만 적어도 눈으로라도 실컷 요기시켜 두기보다는 완전히 굶주리게 하는 편이 더 거센 욕심을 북돋았을 것이기에, 그녀들은 이런 방법으로 얻은 것보다 잃은 편이 더 많았다고 말할 수도 있다.

그뿐더러 리비아는 점잖은 여자 앞에서 벌거벗은 남자는 그림에 지나지 않는다고 했다.

라케다이모니아의 여자들은 우리나라의 소녀들보다도 더 처녀성을 중시하며, 여자답기도 하지만 날마다 청년들이 옷을 벗고 경기하는 것을 보고 있고, 그녀들 자신도 걸어갈 때 엉덩이를 단정하게 가리지 않아도, 플라톤의 말마따나 치마를 입지 않아도 도덕적으로 충분히 몸을 가리고 있다고 생각했다.

그러나 성 아우구스티누스가 말하는 자들은, 여자들이 그 거룩한 상태로 다시 우리를 유혹하지 않기 위해서 최후 심판의 날에 차라리 남자로 태어났으면 좋겠지만, 그렇지 않고 자기들 성으로 다시 태어나지나 않을까 하고 걱정한 것은, 나체의 유혹이 갖는 놀라운 힘을 인정한 것이다.

우리는 결국 모든 방법을 다 써서 여자들을 유혹하여 마음을 들뜨게 한다. 끊임없이 여자들의 상상력을 자극해서 열을 올려 준다. 그러고는 애를 뺐다고 고함을 친다. 진실을 고백하자. 우리들 중에는 악덕보다도 자기 아내의 악덕에서 오는 수치를 더 두려워하지 않는 자는 하나도 없다. 자신의 양심보다도 자기의 얌전한 아내의 양심을 더 보살펴 주지 않는 자라고는 하나도 없다.(참 놀라운 자비심이지!) 여자가 사내보다 더 정숙하지 못한 것보다는 차라리 도둑놈이나 독신자가 되거나, 아내가 차라리 살인범이나 거짓교도가 되는 편을 택하지 않을 자가 하나도 없다.

그리고 여자들은 한가한 여유로움과 기뻐하고 즐거워함 속에 그렇게도 힘든 일을 지키고 있기보다는, 차라리 재판소에 나가서 무슨 이득이나 찾아보든지 전쟁에 나가서 명성을 올리든지 해 보겠다고 기꺼이 시도할 것이다. 세상에는 장사꾼이건 변호사이건 군인이건, 다른 일을 위해서 좇아 다니지 않을 자가 없으며, 짐꾼이건 신기료장수이건, 노동과 굶주림에 아무리 시달리고 있다고 해도, 역시 그 모양이라는 것을 여자들은 보지 못한다는 말인가?

    그대의 향기로운 입맞춤에 목덜미 굽혀 가며
    그녀는 그대보다 더 열렬히 입맞추기를 바라지만
    감미롭고도 차갑게 겉으로는 거절하다가
    언뜻 그녀 스스로가 그대 입술을 더듬을 때

    누가 아카에메네스의 전재산을 준다고 한들
    비옥한 프리기아 왕 미그돈의 부(富)를 준다고 한들

아라비아의 모든 보물을 주겠다고 한들
그대는 리킴니아의 머리칼 하나 물려 줄 생각을 갖겠는가?　　(호라티우스)

악덕의 불공평한 평가로다! 우리나 그녀들은 음란보다도 더 심하게 손해되고 패악스러운 수많은 타락 행위를 할 수 있다. 그러나 악덕을 그 본성에 따라 달아 보는 것이 아니고 이해관계에 매여서 하는 일이기 때문에 이것을 고르지 못하게 평가하는 것이다. 우리의 규칙이 엄격하면 엄격할수록 여자들은 자기의 본질보다 더 거칠고 이상야릇하고 흉악한 악덕에 열중하게 되며, 그 원인보다도 더 나쁜 결과를 끌어 오게 된다.

나는 그 가혹한 점에서 카이사르나 알렉산드로스의 공적과, 한 예쁜 여인이, 우리의 법식으로 밝은 사교계 속에 성장하여 많은 반대되는 사정에 시달리며 수없는 남성들의 끈덕지고도 벅찬 유혹에 온전하게 마음을 잡아서 몸을 지켜 나가는 것 중에 어느 편이 더 힘든 일인지 알지 못한다. 이렇게 하지 않는 행위보다 더 괴롭고 적극성을 띤 행위는 다시없는 것이다.

나는 동정을 지키기보다는 한평생 갑옷을 입고 있는 편이 더 쉽다고 본다. 그리고 처녀를 지키는 서약은 가장 어려운 일이기 때문에, 다른 모든 서약보다 더 고상하다고 본다. "마귀의 힘이 신(腎)에 있다"고 성 히에로니무스는 말한다.

인간의 의무 중에 가장 가혹하고 힘든 일을 우리는 부인들에게 넘겨주고, 그 영광을 양보한다. 그것은 여자들이 이것을 지키자고 고집하게 할 특수한 자극이 될 것이다. 이것은 우리가 여자들에 대해서 주장하는 도덕과 용감성에 관한 헛된 우월감에 도전하여, 이 우월감을 짓밟아 볼 좋은 재료이다. 여자들이 이 점에 주의해 보면 그것으로 대단히 존경받을 뿐 아니라 더욱 사랑받게 될 것임을 깨달을 것이다.

활달한 대장부는 여자 편에서 싫어하는 것이 아닌데도 정조를 지키려고 거절하는 것이라면, 거절당했다고 해서 구애를 포기하지 않는다. 그때 아무리 맹세하고 위협하고 한탄한다고 해도 그것은 거짓말이다. 그 때문에 우리는 여자들을 더 사랑하는 것이다. 무정하지도 침울하지도 않은 그 정숙함만한 꼬임수는 다시없다. 여자가 증오하고 경멸하는 경우에도 매달리는 것은 어리석고도 비겁한 짓이다. 그러나 감사하는 마음이 섞이고, 지조 굳고 도덕적인 결심을 가진 여자에 대해서는, 한번 품위 있고 너그러운 심령을 단련해 볼 기회가 된다. 그 여자들도 우리의 봉사를 어느 정도까지는 알아보며, 그녀가 우리를 경멸함이 아니라는 것을 점잖게 느껴 볼 수 있다.

우리가 숭배하니 우리를 혐오하고 우리가 사랑하니 우리를 미워하라고 여자들에게 명령하는 법칙은, 그 곤란성만으로도 참으로 잔혹한 일이다. 어째서 여자는 겸손한 심정 속에 자기를 숨기고 있다고 해서, 우리가 제공하고 요구하는 바를 알아듣지 못할 것인가? 어째서 우리는 여자들의 마음속에 더 방자한 어떤 생각이 울리고 있다고 억측하고 있는 것인가? 우리 시대의 한 여왕은 이것을 능청맞게 말했지만, 여자들이 남자를 가까이 오지 못하게 거절하는 것은 마음이 약하다는 증거이며, 자기가 쉽사리 넘어갈 것을 경계하는 태도이고, 유혹을 당하지 않는 부인은 정조를 지키더라도 자랑할 것이 못 된다는 것이다.

정숙의 한계는 그렇게 좁게 재단된 것이 아니다. 정숙에도 늦춰 줄 여유가 있다. 그것도 어느 점에서 자체에 위배되지 않게 자유를 향유할 수 있다. 그 한계의 끝에는 이래도 저래도 상관없는 막연하고 자유로운 폭이 있다. 정숙을 강제로 몰아서 그것의 요새 한구석으로 밀어 넣을 수 있는 자는, 그것으로 자기 운명에 만족하지 않는다면 어리석은 자이다. 승리의 대가는 겪은 고난으로 헤아릴 수 있다. 그대의 봉사와 그대의 공로가 여자의 마음에 어떠한 인상을 남겼는지 알고 싶은가? 그것은 여자의 몸가짐에 비춰서 재어 보라. 그렇게 많이 주지 않았는데 많이 준 것으로 생각하는 여자도 있다. 받은 혜택에 대한 의리는 전적으로 그것을 허락하여 주는 자의 의사에 관련된다. 소득이 될 다른 사정들은 말할 거리가 못 되고, 생명이 없고 우연적이다. 여자의 남자친구가 그가 가진 경우를 여자에게 주는 것보다 여자가 줄 수 있는 조그마한 것을 그에게 주기가 더 어렵다. 어떤 일의 희귀함이 가치가 된다면, 그것은 이런 경우일 것이다. 그것이 얼마나 작은 일인가를 보지 말고 얻는 자들이 얼마나 적은가를 보라. 돈의 가치는 그 주형과 장소의 표지에 따라서 다르다.

어떤 자들이 울분과 철없는 불만으로 심한 말을 하고 다녀도, 도덕과 진실은 항상 유리하게 되어 간다.

나는 오랫동안 언짢은 평판을 받아 오다가, 이런 일에는 아무런 꾀도 쓰지 않고 그대로 두면서 다만 꾸준히 지조만을 지켜옴으로써 다시 모든 남자들의 칭찬을 받게 된 여자를 보았다. 모두가 자신이 믿어 오던 바를 뉘우치며, 자기 잘못을 깨달았다. 좀 수상하게 보이던 여자가 명예롭고 점잖은, 부인들의 제일 윗줄에 서게 된다. 누가 플라톤에게 "모두들 그대를 나쁘게 말합디다"라고 하자, 플라톤은 "그대로 두오, 그들이 말버릇을 고치도록 내가 살아가겠소"라고 대답했다.

하느님이 무서울뿐더러 희귀한 영광을 얻고 싶어서라도 여자들은 자기 몸을 지키고자 하는 의욕이 생길 것이지만, 그것 말고도 이 시대의 부패한 풍조 때문에라도 여자들은 몸을 지켜야 하게끔 되어 있다. 내가 여자들의 처지에 있다면, 그 위험한 손에 걸려서 내 평판을 위태롭게 하기보다는, 차라리 무슨 일이라도 해내지 못할 것이 없다.

우리 시절에는 그런 이야기를 하는 재미가(이야기의 재미는 조금도 그 사실의 재미에 못지않지만) 유일무이의 충실한 친구에게밖에는 할 수 없는 일이었는데, 지금은 사람들이 모인 곳이나 식탁에서나 보통으로 하는 이야기가 부인들에게서 받은 총애라든가 비밀스러운 후한 대접에 대한 자랑이다. 이 따위 배은망덕하고 조심성 없고 경박한 인간들에게 베풀어 준 이런 상냥한 혜택을 자랑스럽게 박해하고 짓이겨 들쑤셔 놓다니, 참으로 너무나 더럽고 추잡한 심성이다.

이런 악덕에 대한 우리들의 무절제하고도 부당한 발악은 심령을 괴롭히는 가장 허망하고도 난폭한 병폐에서 나오는 것이니, 그것이 바로 질투이다.

한 봉화에서 다른 봉화에 불붙임을 누가 막을까?
그녀가 아무리 끊임없이 준다고 해도
그 밑천은 결코 마르지 않느니.　　　　　　　　　(오비디우스)

질투와 자매뻘인 시기는 이 부류 중의 가장 멋쩍은 일로 보인다. 나는 시기에 대해서는 거의 말할 자격이 없다. 사람들이 그렇게도 억세고 강력하게 묘사하는 이 격정은 내 마음속에 길을 터서 들어올 아무런 우아미도 없다. 또 하나 질투심이라는 것은 적어도 눈으로 보아서 그것이 무엇인지 나도 알고 있다. 짐승들도 그런 심정을 느낀다. 목자 크라스티스가 암염소와 사랑에 빠지게 되자, 숫염소는 질투심에서 그가 잠들어 있을 때 제 뿔로 목자의 머리를 들이받아 부숴 버렸다.

우리는 어느 야만족의 본을 받아서 이 열병의 열을 너무 과도하게 올려놓았다. 훌륭하게 수양을 닦은 자들도 거기에 마음이 상했다. 그것은 당연하다. 그러나 그들은 정신을 잃지는 않았다.

어떤 간통한 이도 남편의 칼에 찔려
그 선혈로 황천의 흐름을 물들인 일은 없다.   (요한네스 세쿤두스)

루쿨루스·카이사르·폼페이우스·안토니우스·카토 등 기타 용감한 인물들은 아내에 속은 남편들이었다. 그들은 그것을 알고도 소동을 일으키지는 않았다. 그 시대에 그런 일 때문에 고민해서 죽은 자는 레피두스라는 바보뿐이었다.

아아! 그때 네 운명의 불행은 처참하리라.
사람들은 너의 발을 잡아 젖혀 그 열린 문으로
무와 숭어를 쑤셔넣을 것이다.   (카툴루스)

그리고 우리 시인 베르길리우스의 신은, 그의 친구가 자기 아내와 함께 있는 것을 목격했을 때 그들에게 수치를 주는 것만으로 그쳤다.

행실이 좋지 못한 한 신은
오히려 수치당하기를 택했다.   (오비디우스)

그러고도 여신이 불카누스에게 주는 달콤한 애무에는 역시 꽤 흐뭇해 하며, 그녀가 자기의 사랑을 의심함을 불평한다.

무엇 때문에 그렇게도 이치를 속속들이 밝히는 것이오?
나에 대한 그대의 신임은 어찌 되었소?   (베르길리우스)

정히 그녀는 자기의 사생아를 위해서 그에게 요구한다.

모친으로서 내 자식을 위해 무기를 요구하오.　　　　　(베르길리우스)

불카누스는 그 요구를 들어주며, 아이네이스의 일을 명예롭게 말한다.

용사를 위해서는 예리한 무기가 만들어져야 하오.　　　(베르길리우스)

실로 인간성 이상의 인간성이로다! 그러니 이런 과분한 선심은 신들만이 가져야 할 것에 나는 동의한다.

인간을 신에게 비교함은 부당하다.　　　　　　　　　　(카툴루스)

아이들이 혼동되는 문제에 관해서는, 가장 엄정한 입법자들이 국가에서 이런 사례를 조정하고 비호할 뿐 아니라, 어쩐 일인지 질투심이 더 심한 여자들이 이것을 문제 삼지 않는다.

하늘의 여왕인 주노까지도 곧잘
자기 남편의 일상의 잘못에 격분하더라.　　　　　　　(카툴루스)

질투심이 이 허약하고 저항력 없는 가엾은 심령들을 사로잡을 때, 그 때문에 여자들의 마음이 가혹하게 끌리며 찢기는 모양은 보기에도 가련하다. 질투는 애정의 가면을 쓰고 스며든다. 그러나 이 격정에 사로잡히기만 하면 애정의 기초가 된 이유가 원수간의 증오의 기초가 된다. 이것은 일종의 정신적인 질환이며, 많은 사물들이 그것을 북돋아 주는 반면에 진정시켜 주는 일은 드물다. 남편의 도덕과 건강과 인격과 명성은 여자들의 증오와 광분의 불쏘시개가 된다.

사랑의 증오만큼 억누를 수 없는 일은 없다.　　　　　(프로페르티우스)

이 열병은 여자들이 다른 면에서 가진 아름답고 좋은 점을 모두 경직시키고 부패시킨다. 그리고 질투가 심한 여자는 아무리 정숙하고 살림을 잘해도, 그 행동 모두가 불쾌하고 어색하게 되지 않는 것이란 없다. 질투는 광분한 격동 상태이며, 행동을 그 목적의 전혀 반대 방향으로 몰아넣는다. 로마의 옥타비우스는 재미있는 사례를 보여준다. 그는 폰티아포스투미아와 자고 난 다음, 그 쾌감에 애정이 더욱 솟구쳐서 결혼하자고 끈덕지게 졸라대다가 끝내 여자를 설복할 수가 없자, 이 극도의 사랑은 그를 가장 잔학하고 치명적인 적의로 몰아넣었다. 그는 이 여자를 죽인 것이다.

이와 마찬가지로 사랑에서 나오는 다른 질병의 보편적인 징조는, 내장에서 우러나는 증오심과 남모르게 꾸미는 계책과 음모이다.

한 여인의 광분이 무엇을 저지를지를
사람들은 알고 있다.
(베르길리우스)

그리고 이 격정은 호의를 가졌다는 구실로 변명해야만 하는 만큼 더욱 심하게 오장육부를 좀먹는 광분이다.

그런데 정숙의 의무에는 넓은 폭이 있다. 여자들이 억제해 주기를 우리가 바라는 것은 그 여자들의 의지일까? 의지는 아주 부드럽고 활동적인 소질이다. 그것은 잡아매어 둘 수 없게 대단히 약삭빠르다. 뭐? 만일 여자들이 가끔 너무 심한 몽상에 사로잡혀, 그것이 본마음이 아니라고 부인할 수 없게 되면 어쩌나? 여자들은 여성인 이상, 음욕과 정욕을 억제하기란 정숙한 여자라도 어쩔 수 없는 일이다. 만일 여자들의 의지만을 상대한다면 우리는 어찌 될 것인가? 만일 한 남자가 날개가 돋아서 새처럼 날아다니며, 눈이 없어 보지 않고, 혀가 없어 말을 않으며, 그를 맞아 줄 여자 하나하나의 품에 들어갈 특권을 가진다면, 상대할 여자가 얼마나 많을 것인가를 상상해 보라.

스키타이족의 여자들은 전쟁에서 잡아 온 모든 포로와 노예들의 눈을 후벼냈다. 드러나지 않은 채 마음대로 그들을 이용하려는 것이었다.

오오, 사랑에서의 좋은 기회란 얼마나 가공스러운 이점이던가! 누가 내게 사람에게 가장 중요한 것이 무엇이냐고 묻는다면 질투심을 참을 줄 아는 일이라고 대답하련다. 둘째도 시기이고, 셋째도 또한 시기이다. 이 점 하나로 모든 일이 가능하다. 나는 늘 운을 얻지 못했다. 용기도 없었다. 이 비겁함을 비웃을 수 있는 자에게 하느님께서 행운을 주시길! 이 시대에는 우리 젊은이들이 정열을 핑계로 하여 변명하는 당돌함이 더욱 필요하다. 그러나 그녀들이 이 점을 더 세밀히 살펴보면, 이 당돌함이란 여자들을 경멸하는 데서 온다는 것을 알게 될 것이다.

나는 미신적으로 남을 모욕하기를 두려워해 왔다. 그리고 기꺼이 내가 사랑하는 상대를 존경한다. 그뿐더러 이 흥정에서는 상대를 존경하지 않으면 그 광채가 지워진다. 사랑하는 데는 좀 어린아이답고 겁 많고 잘 섬겨 주어야만 좋다고 생각한다. 이 점에서는 그렇지 않아도, 다른 사정에서는 나는 플루타르크가 말하는 식으로 어리석게도 부끄럼을 잘 타는 모습이다. 그 때문에 내 생애에 여러 가지로 손해도 보고, 모욕도 받았다. 그것은 나의 일반적인 모습과는 전혀 어울리지 않는 소질이다.

인간이란, 반항과 모순 외에 무엇인가? 나는 거절하는 데도 거절당하는 데도 상냥한 눈매로 버티어 낸다. 그리고 남에게 거북한 일을 하기가 너무 미안해서, 남에게 괴로움을 끼치게 될 것을 의무 때문에 남의 의사를 떠보아야 할 때에는, 그 일을 마음에도 없이 억지로 한다. 그러나 일이 나 개인에 관한 것이라면(약한 자에게는 부끄럼을 탐이 어리석은 덕성이라는 진실을 호메로스가 말했지만), 나는 그런 일을 대개 나 대신 얼굴을 붉혀 주도록 제삼자에게 맡긴다. 그리고 똑같이 어려운 일을 내가 대신해 주기를 바라는 자들의 부탁에는 꽁무니를 뺀다. 그래서 내게 그렇게 할 힘이 없다고 거부할 의지까지 갖게 되었다.

그러므로 여자들이 그 본성으로 타고난 정욕을 너무 강렬하게 억제하려는 것은 미친 수작이다. 여자들이 아주 순진하고 냉철한 의지를 가졌다고 자랑할 때에는 나는 그 여자들을 비웃는다. 그 여자들은 거의 냉철하지 못하다. 그것이 쇠잔하고 이가 빠진 노파이거나 젊은 여자로는 말라빠진 폐병환자라면 완전히 믿을 수는 없을망정, 적어도 그런 말을 해도 그럴 성싶다. 그러나 아직도 움직이며 숨을 쉬는 여자라면, 턱 없는 변명은 비난받을 거리밖에 안 되어 도리어 흥정에 손해를 본다.

예를 들면 우리 이웃에 사는 불능(不能)이라고 의심받는 한 귀족은—

　　그 연장은 연한 사탕무보다 더 무르게 축 늘어져서
　　바지 가운데를 떠받칠 기운도 없다.　　　　　　　　　(카툴루스)

　결혼한 지 사나흘 되는 날에 자기를 변명하려고 아주 용감하게 자기는 전날 밤에 스무 번도 더 육체관계를 맺었다고 자랑하고 다녔다. 그래서 사람들은 그가 전혀 그 일에 무지하다고 설복시키고는 이혼하게 했다. 마찬가지로 여자들이 냉정함을 뽐내는 말도 아무런 가치가 없는 말이다. 왜냐하면 충동을 억누르려는 노력이 없다면, 금욕이니 도덕이니 하는 것이 문제가 되지 않기 때문이다.
　"정말입니다. 그러나 나는 바로 충동에 항복하려고는 하지 않습니다" 하고 말했어야 할 일이다. 성자들까지 이렇게 말한다. 진심으로 자기는 그런 일에 냉담하고 무감각하다고 자랑하며 성실한 얼굴로 그 말을 믿어 주기를 바라는 여자들의 일이 이해된다. 왜냐하면 얼굴을 뽐내고 눈은 진심을 드러내지만 여자들이 쓰는 말투가 그 반대를 나타내는 경우라면, 나는 그것을 우습게 보기 때문이다.
　여자들의 그러한 순진성과 솔직성에 나는 매우 감탄한다. 그러나 그것만은 고쳐볼 도리가 없다. 그것이 바보 같은 어린아이 수작이 아니라면 부인들에게는 서투른 일이며, 이런 흥정에는 부적당하다. 이런 순진성은 바로 철면피로 돌아 버린다. 그 여자들의 거짓꾸밈 겉모양에는 바보들밖에 속지 않는다. 사랑에는 거짓말이 윗자리를 차지한다. 그것은 비밀의 문으로 진실에 안내하는 돌아가는 길이다.
　만일 우리가 여자들의 공상을 억누를 수 없다면, 달리 무엇을 구속할 수 있을 것인가? 행동을? 사람은 외부에 알려지지 않는 행위를 얼마든지 하고 있으니, 그런 것으로 순진성은 얼마든지 타락될 수 있다.

　　여자는 곧잘 증인 없는 일을 한다.　　　　　　　　　(마르티알리스)

　그리고 우리가 가장 두려워하지 않는 자들이 아마도 가장 위험한 인물일지도 모른다. 그들의 말없는 죄악이 가장 악질적이다.

> 약삭빠르지 못한 부정녀는 내 심사에 덜 사납다.   (마르티알리스)

부정하지 않고도 정조를 잃어버리는 수가 있다. 더욱이 그것은 알지도 못하는 사이에 이루어진다. "때로는 한 조산부가 처녀인가 아닌가를 검사하다가, 심술로 건 부주의로건 불운으로건 막을 찢어 버린다."(성 아우구스티누스) 어떤 여자는 처녀막을 찾아보다가 잃었고, 어떤 여자는 희롱하다가 잃었다.

우리가 여자들에게 금지하는 행동을 정확하게 규정해 주려고 해도 안 될 것이다. 우리의 법은 일반적인 불확실한 말로 표현할 수밖에 없다. 여자들의 정조에 관해서 우리가 꾸며 보는 관념 자체도 우스운 일이다. 내가 아는 극단적인 정조의 수호신 중에 파우누스의 아내 파투아는 결혼한 이후로 어떤 남성에게도 얼굴을 보이지 않았고, 히에론의 아내는 자기 남편의 코에서 나는 냄새가 다른 남자들에게도 나는 것인 줄 알고 그 냄새를 불쾌하게 느끼지 않았다. 여자들이 우리를 만족시키려면 여자들이 무감각하든지 우리 눈에 띄지 말아야 한다.

그런데 이 의무에 관한 판단에서 중요한 점은 주로 의지에 놓여 있다는 것을 고백하자. 남편들 중에는 이런 변을 당하면서도 아내에 대해서 비난과 모욕을 주지 않을뿐더러, 아내들의 덕성에 대해서 특이한 존경과 감사를 품으면서 참는 예가 있다. 어떤 여자는 자기 생명보다도 정조를 존중하던 터이나, 자기 남편의 생명을 구하려고 불구대천의 원수가 강제로 시키는 짐승과 같은 성적 욕망 앞에 정조를 더럽혔는데, 결코 자기를 위해서는 하지 않을 일을 남편을 위해 했다. 여기는 이런 사례를 더 전개시킬 자리가 아니다. 그런 것은 이렇게 표현하려 하기에는 너무나 고매하고 덕이 깊은 일들이니, 더 나은 자리를 위해서 미루어 두자.

그러나 이런 곳에서 밝혀도 좋을 더 속된 예로는, 오로지 자기 남편들의 이익을 위해서, 그리고 그들이 시키는 명령과 중매로 자기 몸을 빌려 주는 여자들을 우리는 날마다 보지 않는가? 옛날에 아르고스 사람 파울리오스는 야심을 품고 자기 아내를 필리포스 왕에게 제공했고, 마찬가지로 갈바는 마에케나스를 식사에 초대했을 때, 자기 아내와 그가 곁눈질하며 수작하는 것을 보고 잠이 와서 못 견디는 체하고 방석 위에 쓰러져 그들이 일을 수월하게 치를 수 있도록 거들어 주었다. 그리고 이 일을 기분 좋게 고백하고 있다. 마침 이때 하인이 들어와서 당돌하게도 탁자 위의 음식에 손을 대는 것을 보고, 그는 "이놈아, 내가 마에케나스를 위해서만 잠들고 있는 것을 못 보느냐?" 하며 소리쳤다.

어떤 여자는 몸가짐은 방종하지만, 외양으로 절도 있게 살아가는 다른 여자들보다 더 맑은 의지를 가지고 있다. 아직 철이 나기 전에 처녀성을 지키겠다고 맹세하고 나서 후회하는 여자들이 있듯이, 지각이 나기 전에 방탕에 몸을 던지고, 다음에 진심으로 한탄하는 여자들을 나는 보았다. 부모의 악덕이 그 원인이 될 수 있으며, 또는 빈곤에 몰려서 하는 일도 있다. 빈곤은 혹독한 충고자이다. 인도에서는 정조가 대단히 중시되고 있으나, 결혼한 여자는 코끼리 한 마리를 주는 자에게는 몸을 맡기도록 풍습상 허용되어 있다. 그리고 자기 가치를 그렇게 높게 본 것은 여자에게 얼마간의 영광이 된다.

철학자 파이돈은 귀족 출신이었지만, 자기 나라 엘리스가 패망한 뒤에 그의 청춘의 미모가 계속되는 동안, 생명을 잇기 위해서 돈을 치르고 자기를 원하는 자들에게 매춘하는 일을 직업으로 삼았다.

그리고 솔론은 그리스에서 가장 먼저 자기가 지은 법률로, 여자들에게 정조를 팔아서 생활의 필요에 충당하는 자유를 주었으며, 이것은 그보다 앞서 여러 나라에서 허용되던 풍속이라고 헤로도토스는 말한다.

그런데 이 고된 심려(心慮—질투)에서 무슨 소득이 오는가? 이 질투라는 격정에 아무리 정당한 이유가 있다고 해도, 그 때문에 흥분해서 이익이 있는가를 보아야 한다. 자기 재간으로 여자들을 묶어 놓을 수 있다고 생각하는 자가 있단 말인가?

  자물쇠로 잠가 두라. 감금하라. 문지기를 두어 보라.
  그러나 문지기는 누가 감시하지?
  여자란 지혜롭다.
  여자들은 문지기부터 손을 댄다.
                (유베날리스)

지금같이 약은 시대에 여자들에게 무슨 방법이 부족할 것인가?

호기심은 어디서나 악덕스럽다. 그러나 그것은 여기서는 해독을 끼친다. 처방전을 써 보아도 더 악화시키고 더 키워가기밖에는 못할 질병의 속을 밝혀 보려고 하는 것은 미친 수작이다. 그 불행의 수치는 주로 질투 때문에 더욱 불어가며 세상에 알려진다. 여기에 대해서 복수해 보아도 우리 마음을 덜어 주기보다는 우리 자녀들에게 해를 끼친다. 그대는 속을 알 수 없는 일을 밝히려다가 바싹 말라죽어 갈 것이다.

우리 시대에 이런 결말을 지어 본 자들이 얼마나 가련한 상태에 빠졌던가? 사실을 밝혀 주는 자가 동시에 마음의 상처를 치료해 줄 방법과 도움도 제공하지 못한다면, 알려 주는 일이 큰 해독이며, 사실을 밝힌 공로보다도 더 마땅히 칼을 맞을 만한 일이다. 사람들은 사실을 모르는 자와 마찬가지로 애써 가며 사실에 대비하는 자를 비웃는다. 마누라를 새치기당한 수치는 지워질 수 없다. 한번 걸리면 영원히 걸린 것이다. 그것에 징벌을 주면 잘못한 일 자체보다도 더 사실을 드러내 놓게 되는 셈이다. 알려지지 않은 의문을 풀어서 우리들의 개인적인 불행을 드러내고 비극의 무대 위에 나팔을 불어 대면 보기 좋은 꼴이다. 그것은 알려짐으로써 더 꼬집히는 불행이다. 왜냐하면 착한 아내와 행복한 결혼 생활은, 그 사실을 말함이 아니고, 사람들의 입에 오르지 않는 것을 말하기 때문이다. 이 괴롭고도 쓸모없는 지식은 피하는 편이 현명한 일이다.

그래서 로마 사람들은 여행에서 돌아올 때에는 먼저 집에 사람을 보내서 아내에게 자기의 도착을 알려 주며 엉겁결에 들이닥치지 않는 것이 습관이 되었다. 이런 의미에서 어느 나라에서는, 신랑이 첫날 밤에 신부가 처녀인가 또는 다른 남성에게 벌써 무너지지 않았는가 알아보려는 의문과 호기심을 없애기 위해서, 결혼식 날에는 제관(祭官)이 먼저 신부와 관계하는 것이다.

"그러나 세상은 떠든다." 나는 점잖게 그리 꼴 흉할 것 없이 아내에게 속고 있는 사람 백 명은 알고 있다. 물론 활달한 대장부는 그 때문에 동정을 받아도 경멸은 받지 않는다. 그대의 인격이 불행을 틀어막게 하라. 점잖은 사람이라면 그런 사정을 저주하게 하라. 그대를 모독한 자는 그 생각만 해도 몸이 떨리게 하라. 그리고 천한 자, 귀한 자 할 것 없이 이런 의미에서 소문나지 않은 자인가?

수많은 군대를 지휘한 장군까지도……
　　모든 점에서 너보다 나은 자들도 그렇다, 이 못난아.　　　(루크레티우스)

　그대 앞에 하고많은 점잖은 인물들이 이런 책망에 걸려드는 것을 보는가? 다른 데서는 그대 일도 빼놓지 않고 말하는 것이라고 생각하라. "아마 부인들까지도 그대 일을 비웃을 것이다." 그리고 요즈음 여자들은 금실 좋고 평화로운 결혼 생활 말고, 다른 무엇을 조롱하기를 더 즐기는가? 그대들은 각기 어느 누구의 마누라를 건드렸다. 그런데 본성은 모두가 마찬가지로 인과응보로 변화무상하다. 이런 사건이 잦다는 것은 이제부터는 고민거리가 덜 되어야 한다. 그러면 이것도 습관이 되어 버린다.
　못난 격정이지만, 그것은 또 남에게 상의할 수 없는 일이니 딱하다.

　　운명은 우리에게 불평을 들어 줄
　　귀마저 내주기를 거절한다.　　　(카툴루스)

　과연 그대는 어떤 친구에게 자기 설움을 감히 호소할 것인가? 그도 역시 그대를 비웃는 것이 아니라면, 자기도 이런 일을 알았으니 거기에 한몫 끼어 볼 생각이나 않을지 누가 아는가?
　결혼 생활의 단맛 쓴맛 모든 것을 현자들은 비밀에 부친다. 그리고 이 결혼 생활이 당하는 다른 어색한 조건들 중에서, 나처럼 말을 즐기는 자에게는 이런 일에 관해서 자기가 알고 있고 느끼고 있는 일을 아무에게나 전해 주는 일이, 습관상 점잖지 못하고 해로운 처사로 되어 있다.
　이 여자들에게 질투심에 싫증이 나게 하려고 충고를 주어 보아도, 그것은 시간 낭비밖에는 안 될 것이다. 여자들의 마음은 의심과 허영심과 호기심에 너무 젖어 있기 때문에 여자들의 질투심을 정당한 방법으로 고칠 생각은 아예 갖지 말아야 한다.
　여자들은 곧잘 질병 자체보다도 훨씬 더 두려워해야 할 건강의 형태로 이 고민에서 회복된다. 왜냐하면 귀신이 붙은 경우, 그것을 남에게 넘겨 씌우기 전에는 그 폐단을 면할 수 없는 일이 있듯, 여자들은 자기 열병이 사라질 때에는 그것을 남편에게 잘 뒤집어씌우기 때문이다.

그렇지만 진실을 말하면, 남자들이 여자들 때문에 당하는 곤경 치고 질투심보다 더한 것이 또 있는지 모르겠다. 여자들의 몸뚱이 중에 머리가 가장 위험하듯, 질투는 여자들의 성질 중에서 가장 위험한 것이다. 피타코스는 사람은 저마다 불만을 가지고 있는데, 자기 불만은 아내의 못된 머리라고 생각하며, 그것만 빼놓으면 자기는 모든 점에서 행복한 자라고 생각한다고 말했다. 이것은 대단히 괴로운 재앙이다. 그와 같은 정의롭고 현명하고 용감한 인물도 자기 인생이 그 때문에 망쳐졌다고 느꼈는데, 우리 따위의 못난 축들은 어떻게 해야 할 일인가?

마르세유의 원로원이 자기 아내의 바가지를 면하기 위해서 자살하겠다는 자의 소청을 들어준 것은 잘한 일이었다. 왜냐하면 그것은 몸뚱이를 없애지 않으면 없앨 방법이 없는 재앙이며, 그 일은 양편이 모두 매우 어렵지만 피하든가 당하는 일밖에 달리 도리가 없기 때문이다.

짝 맞는 결혼은 눈먼 아내와 귀머거리 남편 사이에 이루어진다고 말한 자는, 사유를 아는 자로 보인다.

또 우리가 여자들에게 엄명하는 의무는 너무나 거창하고 가혹하게 힘들고 거센 일이기 때문에, 도리어 우리 목적에 반대되는 두 가지 결과를 내놓지 않을까를 고려해야 할 것이다. 즉, 그 때문에 다른 남자들의 욕심을 더 자극하고, 여자들이 더 넘어가기 쉽게 만드는 것이다. 왜냐하면 첫 번 점으로 말하면 우리는 자리값을 올려서 여자를 정복하는 공훈의 가치와 그 욕심을 돋우는 것이다. 그런데 공상과 비싼 값으로 그것을 가치 있게 만들지 않으면 너무나 멋쩍은 쾌락이 될 것을 알고, 법률을 뚜쟁이 삼아서 이렇게 능청맞게 자기 상품의 값을 올려놓은 것은 바로 비너스가 한 일이 아니던가?

어떻든 돼지고기는 마찬가지인데 소스가 다르니 맛이 달라진다고 한 것은 플라미니우스의 손님이다. 쿠피도는 간사한 신이다. 그는 헌신과 정의를 싸움에 붙이며 희롱한다. 그의 권세는 다른 모든 권세와 상극이며 모든 다른 법칙은 그의 법칙을 못 당한다는 것이 그의 영광이다.

그는 자기 잘못의 재료를 추구한다. (오비디우스)

그리고 둘째로는 여자의 기질에 따라서 우리가 속는 일을 덜 두려워하면 속은 남편이 될 기회가 덜해질 것이 아닌가? 왜냐하면 이 일을 금지하면 여자들은 더 마음이 끌려서 하고 싶은 생각이 더 나기 때문이다.

그대가 원하면 그녀들은 거절한다.
그대가 거절하면 그녀들은 원한다. (테렌티우스)

허용된 길을 따라가는 것은 그녀들에게는 수치이다. (루카누스)

메살리나의 경우는 어떻게 해석해야 좋을까? 흔히 있는 일이지만 처음에는 숨어서 자기 남편을 속였다. 그러나 남편이 어리석어서 일이 너무 수월하게 되자, 갑자기 비밀스럽게 행하는 게 멋쩍어졌다. 다음에는 메살리나는 드러내놓고 사랑하며 자기 애인들을 공공연하게 인정하고, 모두가 보는 앞에서 그들을 대접하고 좋아했다. 메살리나는 자기 남편이 이것을 뼈저리게 느껴 주기를 바랐다. 그런데 이 맹추는 이런 모든 수작도 깨닫지 못했다. 메살리나는 일이 너무 쉬웠으며 남편이 이를 허용하고 정당화하는 것같이 보여서, 쾌감이 김빠지고 멋쩍어졌다. 그러자 메살리나가 한 일은 어떠했던가? 건강하게 살아 있는 한 황제의 아내로, 온 세계의 무대인 로마에서 한낮에 공적인 절차로 축연을 베풀며, 자기 남편이 시외에 나가 있는 동안에 자신은 오래전부터 함께 즐겨 오던 시리우스와 정식으로 결혼식을 올렸다. 메살리나의 경우는 남편이 너무 물러 빠졌기 때문에 다시 정숙한 생활을 찾으려 했거나 또는 다른 남편을 가짐으로써 질투로 자기의 정욕을 자극해 주며 자기 마음을 억지로라도 돋우어 주게 하려는 것으로 보이지 않는가?

그러나 메살리나가 부닥친 맨 첫 고비는 또한 마지막이 되어 버렸다. 이 짐승은 몸부림치며 잠에서 깨었다. 이런 잠든 귀머거리를 건드렸다가는 크게 코를 다치게 된다. 이러한 극단의 참을성이 터질 때에는 가장 잔혹하게 복수하는 것을 나는 경험으로 안다. 왜냐하면 분노와 광증이 한데 뭉쳐져 갑자기 불이 붙으면 힘이 단번에 폭발하기 때문이다.

미친 듯이 흥분해 완전히 고삐를 놓아 버린다.   (베르길리우스)

그는, 그녀는 물론 그녀와 친히 지내던 자들 다수와 그녀와의 교제를 거절 못하던 자들 가운데 그녀가 억지로 침대에 불러들인 자들까지 매질로 때려 죽였다.
비너스와 화산신 불카누스에 관해서 베르길리우스가 노래한 바를, 루크레티우스는 그 여신의 무신(武神) 마르스와 숨어서 즐기던 대목을 가지고 더 멋지게 노래했다.

강력한 싸움의 신 마르스는 곧잘
사랑의 영원한 부상을 입고,
자주 그대의 품 안에 도피처를 찾아온다.
만족할 줄을 모르고 눈은 그대를 지켜보며,
여신이여, 그는 사랑으로 탐욕의 눈길을 북돋우고,
몸은 엎어져 그의 숨결은 그대의 입술 위에 멈춘다.
그가 쉬는 동안, 여신이여,
그대 팔로 그를 얼싸안으며 거룩한 몸뚱이로 그를 싸덮으며
그대 입으로 그에게 달콤한 투정을 퍼부으라.   (루크레티우스)

내가 여기에서 'rejicit(던지다), pascit(삼키다), inhians(입 벌리다), molli(무르다), fovet(애무하다), medullas(골수), labefacta(전율하다), pendet(매달리다), percurrit(편력하다)' 등과 이 얌전한 'infusus(주입하다)'의 모어인 이 고상한 'circumfusa(포옹하다)' 등[7]을 중얼거려 보면, 다음에 나온 뾰족한 말씨나 잔소리 따위에는 경멸을 느낀다. 이런 점잖은 사람들에게는 날카롭고 묘한 말재주는 필요한 것이 아니었다.

---

7) 위의 라틴어 중의 어떤 것은 베르길리우스의 시구에서 따온 것이다.

그들의 언어는 지조 있는 자연스러운 힘으로 충만하며 벅차다. 그들은 꼬리뿐만 아니라 머리와 배와 다리 전부가 풍자시이다. 거기에는 억지가 없고 길게 잡아 늘인 것도 없다. 모든 것이 같은 태세로 진행된다. "그들의 사상은 남성적 미의 제조이다. 그들은 단지 말을 꾸며서 희롱하는 것이 아니다."(세네카)

그것은 가시 없는 무른 웅변이 아니고, 힘줄이 박히고 단단하며 사람을 즐겁게 해 주기보다는 채워서 황홀하게 하며 가장 강력한 정신들을 감복시킨다. 이러한 훌륭한 문체가 그렇게 생기 있고 심각하게 표현하는 것을 보면, 나는 그것을 말이 잘됐다고 하지 않고 생각이 잘됐다고 말한다. 그 생각하는 바의 발랄함이 말을 쳐들어 부풀어 올리는 것이다. "웅변을 만드는 것은 흉금이다."(퀸틸리아누스) 우리네는 속이 찬 개념들을 판단력이니 언어니 아름다운 문장이니 하고 부른다.

이러한 묘사는 숙련된 문장력으로써 되는 일이 아니고 묘사하는 대상에 대한 인상을 더 생생하게 마음속에 받았기 때문에 되는 것이다. 갈루스는 단순하게 말한다. 그것은 그가 단순하게 생각하는 까닭이다. 호라티우스는 피상적인 표현으로 만족하지 않는다. 그런 것은 그가 마음먹은 것을 말해 주지 못할 것이다. 그는 사물을 더 명확하게 더 멀리 내다본다. 그의 정신은 자기를 표현하기 위해서 말과 모양의 곳간 전체를 뒤져서 옭아내 온다. 그리고 그가 생각하는 것이 예사로움을 벗어나므로 그에게는 예사롭지 않은 언어가 필요하다. 그는 사물들을 통해서 라틴 말을 본 것이라고 플루타르크는 말한다.

여기도 마찬가지이다. 의미가 말을 밝혀 주며, 말을 내놓는다. 그것은 바람으로 되어 있지 않고, 살과 뼈로 되어 있다. 이 말들은 그 말하는 이상의 것을 뜻한다. 못난 자들도 역시 이것의 어떤 모습을 느낀다. 이탈리아에 있을 때 나는 보통의 잡담에는 내 마음에 드는 바를 말했다. 그러나 좀 딱딱한 화제에서는, 그 보통의 말투를 벗어나서 내가 마음대로 휘어잡고 윤곽을 지어 볼 수 없는 방언(方言)을 감히 마음 놓고 사용할 수 없었다. 나는 이런 경우에는 내 식의 말로 무엇인지 할 수 있다고 본다.

재간 있는 작가들이 조종해서 사용하는 방법은 언어를 개혁한다기보다는 더 힘차고 다양한 수단으로 채우며, 그것을 늘이고 휘고 해서 언어에 가치를 주는 것이다. 그들은 새 낱말을 가져오는 것이 아니고, 낱말을 풍부하게 갖추며 언어의 의미와 용법에 무게와 깊이를 주고, 보통 쓰이지 않는 표현법을 쓴다. 그러나 조심스럽고 묘하게 언어를 표현해 준 작가들 중에 그런 재치를 가진 자들이 얼마나 적은가는, 이 세기의 많은 프랑스 작가들을 두고 보아도 알 수 있다. 그들은 보통의 표현법은 경멸하며 쓰지 않을 정도로 매우 과감하다. 그러나 그들은 착상과 사리분별이 결핍되어서 실패한다. 거기에는 괴이한 문투로 가련하게 뽐내는 표현법과 멋쩍고 어리석은 거짓꾸밈밖에 없기 때문에, 재료의 품위를 높이기는 커녕 도리어 못쓰게 만들어 놓는다. 새 멋으로 자기 속을 채우기만 하면 문장의 효과는 어찌 되건 상관없다. 새로운 낱말을 하나 잡기 위해서 흔히 그보다 더 힘줄이 박히고 강력한 보통의 표현법을 버린다.

우리 언어는, 내가 보기엔 감은 충분한데 맵시가 좀 없다. 우리는 말을 풍부하게 빌려 올 터전인 수렵이나 전쟁 용어에서 못 따올 것이 없기 때문이다. 그리고 어법의 형태는 풀들과 같이 옮겨 심으면 개량되고 더 힘차게 큰다.

나는 어지간히 풍부하게 말을 찾아내지만, 표현은 충분히 부드럽고 힘차지 못하다. 그것은 강력한 사상에는 당해내지 못한다. 긴장한 마음으로 써 나가다 보면, 곧잘 말이 생각을 받아 주기에 겨우며 기우는 것을 느낀다. 그런 결함에는 라틴어가 와서 거들어 주고, 다른 난관에는 그리스어의 도움을 받는다.

이런 낱말들 중에서 내가 골라내는 어떤 것은, 우리가 버릇으로 너무나 자주 쓰고 있기 때문에 그 우아한 멋이 천하고 속되어져 표현의 기력을 알아보기가 힘들다. 우리들이 마구 쓰는 말투에서 보듯, 거기에는 묘하게 둘러 말하는 훌륭한 문구가 있지만, 그것이 너무 오래 쓰였기 때문에 그 아름다운 멋이 시들었고, 아무 때나 쓰기 때문에 그 색채가 흐려진 것이 있다. 그렇다고 건전한 코를 가진 사람들에게 그 향취가 사라진 것은 아니며, 아마도 그랬을 일이지만 가장 먼저 이런 찬란한 표현법을 사용한 옛 작가들의 영광이 손상되는 것은 아니다.

학문은 사물들을 보통의 자연스러운 방식과는 다르게 아주 인공적인 방법으로 미묘하게 다룬다. 내 심부름을 하는 아이는 사랑을 하며 그것을 이해한다. 그에게 해온 헤브레오나 휘치노를 읽어 주어 보라. 그 책은 그의 일과 생각과 행동들을 말하고 있지만, 그는 아무것도 이해하지 못한다. 나는 아리스토텔레스에게서는 대부분 보통의 행동에 관한 설명을 알아볼 수 없다. 이런 행동은 학교에서의 필요에서 다른 옷으로 덮어씌워 갈아입혀진 것이다. 하느님이 그들에게 옳은 일을 하도록 하셨겠지! 내가 그런 일을 직업으로 삼았던들, 그들이 자연을 기술화하는 만큼 나는 기술을 자연화했을 것이다. 벰보와 에퀴콜라는 치워 두자.

내가 글을 쓸 때에는 책을 동무삼거나 읽은 것들을 회상하는 일은 없다. 실로 좋은 작가들은 너무 나를 억눌러서 용기를 꺾어 버리기 때문이다. 어느 화가는 수탉 그림을 못나게 그려 놓고는 아이들에게 자기 화실에 진짜 수탉을 들여보내지 못하게 했다는데, 나는 곧잘 그 화가의 재능을 본뜬다.

그리고 내 글을 좀 빛내기 위해서는 차라리 음악가 안티노니데스의 꾀가 필요할 것이다. 그는 작품을 발표할 때에는 자기 작품을 연주하기 전과 후에 어느 다른 못난 가수의 노래를 청중에게 들려주라고 명령했던 것이다.

그러나 나는 플루타르크의 저서는 여간해서 놓지 못한다. 그는 매우 보편적이며 충실하기 때문에, 모든 경우에 우리가 어떠한 하찮은 일을 처리할 때도 그는 우리 일에 참견해 오며, 풍부와 미화의 무궁무진하고 관후한 손을 내밀며 거들어 준다. 나는 그를 애독하는 자들의 글에, 그에게서 따온 부분이 지나치게 눈에 띄어서 울화가 터진다. 그리고 그를 읽어 보기만 하면 내 글의 날개와 허벅다리를 거기서 따오지 않을 수 없다.

이 의도에 알맞게 나는 마침 황량한 시골의 집에서 글을 쓰게 되었다. 여기서는 보통 기도문의 라틴어를 이해하는 사람들과 사귀는 일도 없고, 사투리가 아닌 프랑스어를 알아듣는 사람과의 교제는 더욱 드물다. 다른 데서 했더라면 나는 글을 좀 더 잘 썼을 것이다. 그러나 그 작품은 순전한 내 것이 못 되었을 것이다. 더욱이 내 글의 주요 목표와 완성은 남의 것이 아닌 정확한 내 글이 되는 데에 있다. 나는 서투르게 써 나가기 때문에 문장에 오류가 가득 차 있는데, 우연히 저지르는 오류는 고쳐 가겠다. 그러나 내 글에서 종종 발견할 수 있고 습관처럼 된 불완전한 점을 제거한다는 것은, 내 글에 대한 배반이 될 것이다.

누가 내게, 또는 나 자신이 내게 "자네는 형용하는 것이 너무 텁텁하네. 이건 진짜 가스코뉴의 사투리가 아닌가. 이 글은 위험하네(나는 프랑스의 거리에서 하는 말투를 조금도 피하지 않는다. 문법을 따지며 말투를 비난하는 자들이 이상한 것이다).

이건 무식한 의견일세. 이것은 모순되는 논법이군. 이 글은 너무 어렵고 까다롭네. 자네는 희롱을 자주 하네. 자네가 꾸며서 말하는 버릇을 잘못하면 진심으로 말하는 것이라고 사람들이 오해하네" 하고 말한다면, "그렇소, 하지만 나는 부주의로 저지른 오류는 고치지만 버릇으로 저지르는 것은 못 고치오. 나는 어디서든지 이렇게 말하는 것이 아니오? 그쪽이 더 생기 있게 나를 표현하지 않소? 그러면 충분하지! 나는 하고 싶은 대로 한 것이오. 모두가 내 책 속에서 나를 알아보고, 내 속에서 내 책을 알아보오"라고 말한다.

그런데 나는 원숭이처럼 모방하는 버릇이 있다. 내가 시를 써 본다는 수작을 했을 때엔(라틴어로 밖에는 써 보지 않았다), 그 시는 당시 최근에 읽은 시인의 티를 명백히 드러내고 있다. 그리고 내 최초의 시도 중의 어떤 것은 외국풍의 냄새를 풍겼다. 나는 파리에서는 어딘가 몽테뉴에서와는 다른 말을 쓴다. 누구이건 내가 주목해서 관찰해 본 다음에는 무엇인지 그의 티가 내게 박힌다. 바보 같은 모습이건, 불쾌하게 웃는 꼴이건, 우스꽝스러운 말투이건, 내가 유심히 본 것을 나는 몰래 빼앗아 온다. 그것이 악덕이면 더하다. 그것은 나를 찌르기 때문에 더 잘 내게 걸린다. 그리고 뒤흔들지 않으면 떨어지지 않는다. 사람들은 내가 나의 기질 때문이 아니라 남을 본떠서 욕질하는 것을 본다.

마치 알렉산드로스 대왕이 인도의 어느 곳에서 본 끔찍하게 키가 크고 힘이 세고 무서운 원숭이의 수작만큼이나 몸을 잡치는 모방이다. 이 원숭이들은 달리면 잡을 길이 없다. 그러나 그들은 남이 하는 것을 보고는 그대로 본뜨는 성질을 가지고 있기 때문에, 스스로가 그들을 잡는 방법을 빌려 주고 있는 셈이다. 사냥꾼들은 그것들이 보는 데서 끈이 많이 달린 구두를 꼭꼭 묶어 신고, 머리에 올가미가 달린 두건을 뒤집어쓰고, 눈에 끈끈이로 바르는 체한다. 이렇게 하면 이 가련한 짐승들은 멋모르고 흉내를 낸다는 것이 제 눈에 끈끈이 칠을 하고 끈으로 몸을 묶어 얽어 놓는 것이다.

이와는 달리 남의 모습과 말투를 일부러 교묘하게 표현하는 소질은 가끔 재미도 있고 감탄스럽기도 한데, 그런 재능은 나무 그루터기에 아무것도 없는 것이나 마찬가지로 내게도 없다.

내가 내 식으로 맹세할 때에는 단지 '하느님을 두고' 한다. 그것은 모든 맹세 중의 가장 곧은 어법이다. 사람들의 말에, 소크라테스는 개를 두고 맹세했고, 제논은 지금도 이탈리아인들이 쓰고 있는 가파라라는 나무를 두고 했으며, 피타고라스는 물과 공기를 두고 맹세했다고 한다.

나는 생각해 보지도 않고 이런 피상적인 인상을 쉽사리 받아들이기 때문에, '폐하'나 '전하' 소리를 사흘 동안 계속하고 나면 여드레 뒤에는 이런 입버릇이 '대감'이나 '영감'이라고 할 자리에서도 튀어나온다. 이런 일을 속임수로나 조롱으로 하면, 다음 날에는 그런 말을 진짜로 쓰게 될 것이다. 그 때문에 글을 쓸 때는 남의 것을 따다가 쓰지 않을까 하는 두려움에서, 남이 모두 쓰는 화제는 다루고 싶지가 않다. 나는 어떠한 화제를 가지고도 얼마든지 쓸 수 있다. 나는 한 마리의 파리라도 제목으로 잡는다. 그렇다고 그렇게 경박한 뜻을 지니고 지금 이 논제를 잡았다는 말로는 믿지 마라. 내 마음에 드는 것을 잡아서 시작하게 하라. 이 재료들은 모두가 서로 얽히고설켜 있기 때문이다.

그러나 내 마음은 내가 찾지도 않을 때 흔히 가장 광상적이고 가장 심각하며, 내 마음에 드는 몽상들이 엉겁결에 나오기 때문에 속이 상한다. 이 몽상들은 매여 있을 자리 위에 있는 것이 아니기 때문에 갑자기 사라진다. 말을 타고 있을 때나 식사 때나 잠자리에서나 되는 대로 나오며, 특히 말을 탔을 때 이런 공상들은 멀리 퍼져나간다. 내가 힘주어 말할 때에는, 남이 입 다물고 주의해서 들어주기를 간곡히 열망한다. 내 말을 누가 끊는다면 나는 그치고 만다. 여행할 때에는 도중의 어려움에 말이 끊긴다. 그뿐더러 나는 계속 이야기하며 함께 가기에 적당한 친구 없이도 여행하는 수가 많다. 그렇게 해서 나는 실컷 혼자서 말을 주고받는다.

꿈꿀 때에도 마찬가지이다. 꿈꾸면서 나는 그것을 기억하려고 마음먹는다(나는 꿈속에서 꿈을 꾼다고 잘 생각한다). 그러나 다음 날 그것이 유쾌했다든가 슬펐다든가 괴상했다든가 하는 것은 기억해 낼 수 있지만, 도대체 그 꿈이 무엇이었던가는 기억하려고 애를 쓰면 쓸수록 더 망각 속에 묻혀 버리고 만다. 마찬가지로 내 공상 속에 우연히 일어나는 생각들 중에, 기억에 남는 것은 헛된 영상뿐이기 때문에 나는 그것이 무엇이던가 찾아보려고 헛되이 애를 쓰며 울화로 속만 썩이고 만다.

그러니 어떻든 책은 치워 두고 더 단순하게 말하면, 사랑이라는 것은 결국 한 욕망의 대상에 대한 향락의 갈증밖에 다른 것이 아니며, 비너스라는 것은 자기 기관에 찬 것을 비우는 쾌감에 불과한데, 이것이 절제가 없거나 근신하지 않을 때에는 악덕이 된다고 본다. 소크라테스에게 있어서는 사랑은 미(美)의 중개에 의한 생식의 욕망이다. 그리고 이 쾌감의 꿀같잖은 근질거림, 그것으로 제논과 크라티포스의 마음도 뒤흔들던, 어리석게도 정신없고 얼빠진 동작과 조심성 없는 광증과 사랑의 달콤한 성미에 광분과 잔인성으로 불타는 얼굴, 그리고 아주 미치광이 같은 행동에 있는 장중하고 엄숙하고 황홀한 점잖은 표정, 우리의 탐락과 오물을 한데 뒤섞어 놓았다는 것, 이 지극한 탐락이 고통과 같이 기절하며 신음하는 면을 가진 것 등을 여러 번 고찰해 보면, 플라톤이 말하는 바 인간은 신들의 장난감에 불과하다.

이 무슨 잔인한 희롱인가! (클라우디아누스)

자연은 인간을 우롱하느라고 우리에게 가장 혼란스럽고도 평범한 행동을 주어서 우리를 모두 동등하게 만들었고, 미치광이와 현자들을, 그리고 우리와 짐승들을 대등하게 만들었다는 말은 진심이라고 생각하고 싶다.
가장 명상적이고 신중하고 정직한 인물을 이런 자리에 두고 상상해 볼 때, 나는 그를 가짜 명상가요, 가짜로 정직한 사람 노릇을 하는 모독적인 사람이라고 본다. 공작의 오만한 풍채를 망치는 것은 그의 발이다.

웃으며 진리를 말하는 데 무엇이 못하게 막는가? (호라티우스)

희롱하는 중에 신중하고 정직한 사색을 거절하는 자는 옷을 감고 있지 않은 성자의 모습을 숭배하기를 두려워하는 자라고 누군가 말했다.
우리는 짐승과 같이 잘 먹고 마신다. 그러나 행동이 우리 심령의 작용을 막는 것은 아니다.
우리는 그런 행동에 관한 장점을 가지고 있다. 이 행동(성욕)은 모든 다른 상념에 굴레를 씌우며, 강제적인 권위를 가지고 플라톤에 나오는 신학과 철학을 학대하며 우둔하게 만든다. 그래도 그는 불평하지 않는다. 다른 모든 데서는 그대는 어느 정도 점잖은 태도를 지킬 수 있다. 다른 모든 행동에는 점잖음의 규칙을 적용할 수 있다. 그러나 이 행동은 악덕과 꼴사나움밖에는 상상할 수가 없다. 좀 보게, 거기 현명하고 조심스러운 방법을 찾아보게. 알렉산드로스는 그가 주로 이 행동과 수면에서 자기가 없애는 존재임을 인식한다고 말했다. 수면은 우리 영혼의 소질을 질식시켜서 말살해 버린다. 이것은 마찬가지로 영혼의 소질을 흡수해서 흩어 버린다. 진실로 이것은 우리의 근본적인 부피의 표지일뿐 아니라, 우리가 무력한 불구자라는 표지이기도 하다.

한편 본성은 이 욕망에 그의 동작 중의 가장 고귀하고 유용하고 재미있는 작용을 결부시켜서 우리를 밀어 넣는다. 다른 면에서는 본성은 이 동작을 무례하고 점잖지 못한 것이라고 비난하고 피하며, 그것을 부끄러워하게 하고, 금욕 생활을 권한다.

우리들을 만들어 내는 동작을 금수와 같다고 하는 우리가, 정말 금수와 같은 것은 아닐까?

여러 국민들은 종교에서 희생·등명(燈明)·분향·단식·공물 등의 여러 범절을 지키면서 무엇보다도 이 행동을 비난하는 데 서로 일치한다. 이것도 여기에 대한 처벌이지만, 상당히 널리 실시되고 있는 포경 수술의 풍습을 빼고 모든 의견이 합치된다. 우리가 사람을 낳는 것 같은 어리석은 짓을 비난하며, 그 행동을 수치스럽게 여기고, 거기 사용되는 부분을 수치스럽게 부르는 것은 아마 옳은 일일 것이다(지금 이 시간의 내 자신의 행동이 수치스럽고 가련하다).

플리니우스가 말하는 에세니아 종파[8]들은 유모도 없이 기저귀도 없이 몇 백 년 동안을 살아가며, 이 아름다운 기풍이 좋아서 모여드는 외래인들로 그들의 수를 채워 유지해 가며, 국민 전체가 여자와 포옹하는 수작을 하기보다는 차라리 멸종하는 위험에 처했고, 사람을 하나 만들기보다는 차라리 인간의 계승이 없어지게 하는 생활을 취했다. 제논은 한평생 한 번밖에 여자와의 접촉이 없었고, 그

---

8) 유대교 종파의 하나. 매우 엄격하고 순결을 지키는 교리를 가지고 있음.

것이나마 너무 고집하여 여성을 경멸하는 것이 아님을 보이기 위해서 인사로 해 준 일이라고 한다.

사람은 제각기 출생을 보는 것은 피하며, 죽는 것은 서로 찾아가서 본다. 인간을 파멸시키기 위해서는 대낮에 광막한 벌판(전쟁터)을 찾아가며, 생명을 만들기 위해서는 좁고 컴컴한 구석에서 흥겨워한다. 아기를 만드는 데는 부끄러워서 숨는 것이 의무이고, 파괴할(죽일) 줄 아는 것은 영광이며, 거기서 여러 가지 도덕도 나온다. 하나는 욕되며, 하나는 혜택이 된다. 아리스토텔레스의 말에, 어느 누구에게 좋은 일을 하기란 그를 죽이는 일이라고 한 것이 그 나라의 어떤 말에 있다고 했다.

아테네인들은 이 두 가지 행동이 상서롭지 못함을 대등하게 보고, 델로스 섬을 정화하고 아폴론 신에게 자기들의 결백을 변명하게 되었을 때, 이 섬의 경내에서 사람을 낳거나 묻는 일을 금지했다.

  우리는 스스로에게 부끄러움을 느낀다.   (테렌티우스)

우리는 우리 존재를 악으로 간주한다.

어느 나라에서는 밥을 먹을 때 몸을 가린다. 내가 아는 분으로 대단한 가문의 한 귀부인은 이와 같은 생각을 가지고 무엇을 씹을 때의 용모를 불쾌하게 여기며, 그것이 우아로운 미모를 몹시 천하게 만든다고 여기고, 남의 앞에서 밥 먹기를 좋아하지 않았다. 또 다른 한 분은 남이 밥 먹는 것도, 자기가 밥 먹는 모습을 남이 보는 것도 참아 내지 못하며, 배 속을 채울 때나 비워 낼 때나 똑같이 사람을 피한다.

튀르키예 제국에서는 많은 사람들이 다른 사람들보다 더 우월해지기 위해서 밥 먹을 때 남이 보지 못하게 하는 자도 있고, 일주일에 한 번밖에 밥을 먹지 않는 사람도 있으며, 자기 얼굴과 사지를 찢고 깨는 자도 있고, 아무한테나 전혀 말을 않는 자도 있으며, 자기 본성을 못쓰게 만들면서 본성에 영광을 준다고 생각하고, 자기들을 경멸함으로써 자신을 높게 평가하고, 신체를 악화시킴으로써 자기 신체를 보완하고 있다는 광신적 인간들을 볼 수 있다.

자기 자신을 징그럽게 여기고, 쾌락을 고통으로 느끼며, 불행에 의지해서 지내다니, 인간이란 얼마나 괴상한 동물인가! 세상에는 자기 인생을 감추는 자들도 있다.

주거와 따사로운 가정도 버리고 도피의 길로 떠나다니.　　　(베르길리우스)

그리고 다른 사람들에게 보이지 않게 자기 몸을 숨겨 두는 자도 있고, 건강과 쾌활한 상태를 인간성에 적대되는 해로운 소질이라고 구태여 피하는 자들도 있다.

여러 종파들뿐 아니라 여러 국민들은 자기 출생을 저주하며 죽음을 축복하고 있다. 태양을 파기하고 암흑을 숭배하는 국민도 있다.

우리는 우리를 학대하는 일 외에는 재간이 없다. 그것은 실로 우리 정신력의 노리갯감이다. 정신력이란 인생을 혼란시키는 위험한 연장이 아닌가!

불행한 자여! 자기의 쾌락을 죄로 삼다니.　　　(프세우스 가르스)

이보게! 가련한 인간이여, 그대는 일부러 꾸며내서 늘리지 않아도 살아가는 데 필요한 재앙을 너무나 많이 가지고 있다. 그리고 기술적으로 불행을 만들어내지 않아도 그대는 인간 조건 자체로 너무나 불행하다. 그대는 공상으로 그런 것을 꾸며내지 않아도 본질적으로 추악한 것을 넉넉하게 가지고 있다. 그대는 편안한 것이 불쾌하게 되어 주지 않으면 편안이 너무 지나치다고 보는가? 그대는 자연이 그대에게 맡겨 주는 모든 필요한 직무를 완수했고, 그대가 새로운 일거리를 만들어서 갖지 않으면 그대에게는 할 일이 없고 한가롭다고 생각하는가? 그대는 의심해선 안 될 자연의 보편적인 법칙을 모욕하기를 두려워하지 않는다. 그리고 파당적이며 광신적인 그대의 법에 집착한다. 그 법이 특수한 것이고 불확실하고 더 모순됨으로 그만큼 그대는 더 애를 쓴다. 그대가 꾸민 실천적인 규칙에 잡혀서 매여 지내며, 그때 교구(敎區)의 규칙, 즉 법칙과 우주의 법칙은 상관하지 않는다.

이런 고찰을 입증하는 실례를 좀 섭렵해 보라. 그런 것으로 그대의 온 인생이 이루어져 있다.

이 두 시인들(베르길리우스와 루크레티우스)의 시구는 그들이 하는 식으로 조심스럽고 은은하게 음욕을 다루기 때문에, 내게는 그들이 그것을 더 가까이 드러내서 밝혀 주는 것같이 보인다. 부녀들은 그들의 가슴을 옷감으로 가리며, 신부들은 신성한 사물들을 옷으로 가린다. 화가들은 그 작품을 더 빛나게 하기 위해서 그림폭을 가린다. 그리고 태양 광선이나 바람을 쏘이는 것은 직접 닿는 것보다 한번 부딪쳐서 반사한 때 더 세차다고 한다. 저 이집트인은 누가 "그대는 망토 밑에 무엇을 감추고 있는가?"라고 묻자 "그것이 무엇인지 그대가 모르도록 여기 감춰져 있네" 하고 현명하게 대답했다.

그러나 사람들은 어떤 일들은 남에게 보여 주기 위해서 감춘다. 더 터놓고 이야기하는 이 시구를 들어 보라.

> 발가벗은 그녀를 내 품에 끌어안다. (오비디우스)

이것은 나를 거세하는 것 같다. 마르티알리스는 아무리 비너스의 치마폭을 들추어 보아도, 그를 통째로 드러내 보이지 않는다. 모두 털어서 말하는 자는 바로 물려서 싫증이 나게 한다. 더듬더듬 잘 말해 주지 않는 자는 실제로 있는 것 이상을 생각하게 한다. 이런 종류의 겸손에는, 특히 이런 작가들처럼 반쯤 열어 보이며 우리들 공상의 큰 길을 터놓는 겸손에는 배신이 있다. 그리고 그 내용과 묘사는 동시에 좀도둑질하는 수법의 냄새를 풍겨야 한다.

스페인 사람들과 이탈리아 사람들은 사랑에 외경을 느끼고 공손하고 태를 더 꾸미며 가려진 것이 있어서 마음에 든다. 옛날에 자기가 먹는 음식의 맛을 더 오래 음미하고 싶어서 목덜미가 두루미 목만큼이나 기다랗기를 바랐던 사람이 있었다고 한다. 이런 소원은 빠르고 조급한 쾌락에는, 특히 내 취미같이 급격한 것이 흠인 쾌락에는 격에 맞는 일이다. 그 사라지는 것을 미리 잡아 두어서 늘려 가면, 곁눈질 하나, 갸우뚱하는 고갯짓 하나, 말 한마디, 몸짓 하나, 모든 것이 그들 사이에는 혜택과 보답이 된다. 불고기 냄새를 맡으며 식사하는 자는 상당히 절약한 것이 아닌가? 이것은 얼마 되지 않는 견고한 본질에 훨씬 더 많은 허영과 얼뜬 몽상을 섞어 넣는 격정이다. 이 격정은 똑같이 값을 치르고 섬겨야 한다. 부인들에게는 비싸게 놀고, 자기를 존경하며, 남자들의 흥을 돋우어 주고 농락하도록 가르쳐 주자. 우리는 연애를 처음 시작할 때 전력을 기울인다. 프랑스 사람의 성질은 늘 황급하다. 여자들이 혜택을 오래도록 질질 끌며 조금씩 늘려 준다면, 우리는 각기 가련한 노령기에 이르기까지 자기 공로와 가치에 따라 사랑의 언저리에 어느 꼬투리를 찾아본다.

　어디서나 향락을 찾고, 두드러지게 많은 돈을 벌어야 하고, 사냥에서는 반드시 잡아야만 속이 시원한 자는, 우리 연애 학파에 참견할 일이 아니다.

　층계와 계단이 많으면 많을수록 마지막 자리는 더 높고 명예롭다. 우리는 마치 장엄한 궁전에서 하는 식으로, 재미있는 기다란 복도와 여러 가지 주랑(柱廊, colonnade)과 통로와 여러 갈래의 굽이를 거쳐서 그리로 인도되는 것을 기뻐해야 한다. 이런 배치는 결국 우리에게 이익이 되어 돌아올 것이다. 우리는 거기 더 오래 머무르며 더 오래 사랑할 것이다. 우리는 희망도 없고 욕망도 없으면 잘 나아갈 수 없다.

　여자들이 절개와 신의를 완전히 우리에게 맡겨 두고 나서부터는, 여자들은 좀 위태로운 위치에 서게 된다. 우리가 완전히 지배하고 소유한다는 것을 여자들은 극도로 두려워해야 할 일이다. 그것은 드물고도 힘든 덕성이다. 여자들이 갑자기 우리들 것이 되면, 우리는 이미 그녀들의 것이 아니다.

　　그들은 변덕스러운 정욕을 충족하고 나면 바로
　　약속이건 맹세건 모두 아무것도 아닌 걸로 생각한다.　　　　　(카툴루스)

　그래서 그리스 청년 트라소니데스는 자기의 사랑을 너무도 사랑했기 때문에, 애인의 마음을 얻고 난 다음에는 그가 영광으로 품고 키우던 그 불안스러운 정열이 향락 때문에 없어지고 넘쳐나서 해이해지지 않게 하려고 사랑을 즐기기를 거절했다.

　음식은 값이 비싸야 맛이 난다. 우리나라의 독특한 인사 관습으로 걸핏하면 입을 맞추는 격식은, 그 때문에 입맞춤의 우아한 맛을 천하게 만들었다. 소크라테스의 말에 의하면, 입맞춤은 너무 강렬하고 위험해서 자칫하면 우리의 마음을 앗아 간다는 것이다. 하인을 셋 달고 다니는 자에게는 그가 아무리 못났어도 부인들이 입술을 내주어야 한다는 것은, 그 부인들에게 부당한 욕을 보이는 불쾌한 습관이다.

검푸른 고드름이 매달리고 수염은 빳빳한
그의 개 코에 입 맞추기보다는
차라리 엉덩이에 백 번 입 맞추리라. (마르티알리스)

우리들도 여기서 얻은 바가 없다. 왜냐하면 세상이 그렇게 배정되어 있으니, 우리는 세 명의 미녀와 입을 맞추려면 50명의 추녀와도 입 맞추어야 한다. 그리고 지금 내가 그렇듯, 연약한 위에는 나쁜 입맞춤은 좋은 입맞춤의 값으로는 억울하다.

이탈리아에서는 매춘부와도 정신없이 사랑에 빠지곤 한다. 그리고 변명하기를 "향락에도 단계가 있으며, 봉사해 줌으로써 그들은 완전한 향락을 얻으려는 것이다. 그녀들은 육체밖에는 팔지 않는다. 의지를 팔려고 내놓을 수는 없다. 그것은 개인적인 것이며 자유롭다"는 것이다. 그래서 이자들은 자기들은 상대편의 의지를 노리는 것이라고 말한다. 그 말은 옳다. 이 의지를 섬겨 주어야 하며, 또한 의지를 간청해야 한다. 나는 애정이 없는 육체를 내 것으로 한다는 것은 생각만으로도 징그럽다. 그리고 이 강제 행위는 프락시텔레스가 만든 비너스의 조각상에게 가서 사랑으로 더럽힌 소년의 행위나, 또는 광분한 이집트인이 죽은 여자의 시체를 향유로 바르고 수의를 입히러 가서는 사랑에 열중해 버렸다는 행동과도 비슷한 일처럼 보인다. 이자로 인해서 이집트에서는 그 후로 장례를 맡아보는 자들의 손에 젊은 미인이나 양가집 부인의 시체를 넘겨주기 전에, 사흘 동안은 보존, 감시되어야 한다는 법이 생겼다는 것이다.

페리안데르는 더 흉측스러운 일을 했다. 그는(가장 절도 있고 합법적인) 결혼의 애정적 향락을 아내 멜리사가 죽은 뒤에까지도 연장시켰다. 달의 여신이 미소년

엔디미온을 달리 즐겨 볼 수가 없어서, 여러 날 동안 그를 재워 놓고 꿈속에서밖에 움직이지 못하는 소년을 즐겼다는 것은 이 여신다운 미치광이 같은 사고방식이라고 생각하지 않을 수 있겠는가?

마찬가지로 나는 상대편의 동의와 욕망 없이 한 육체를 사랑한다는 것은, 영혼이나 감정이 없는 몸뚱이만을 사랑하는 것이라고 말하겠다. 모든 향락이 다 같은 것은 아니다. 윤리적이며 기운 빠진 향락도 있다. 호의 외에도 수많은 다른 이유로 우리는 부인들의 이 선물을 얻을 수가 있다. 그것은 애정의 충분한 증거는 되지 못한다. 다른 일에서와 같이 배신도 거기 굴러들 수가 있다. 그런 여자들은 단지 한쪽 궁둥이만을 가지고 있다.

    냉랭하기가 마치 신에게 분향과 제삿술을 준비하듯
      여자는 그곳에 없거나 대리석으로 된 것 같으니라.   (마르티알리스)

나는 자기의 마차보다도 그것을 더 쉽게 빌려 주고, 그것으로만 교제하는 예를 알고 있다. 그대가 같이 있어 주는 것이 여자들에게는 다른 목적으로 마음에 드는지, 또는 마구간의 뚱뚱보 하인처럼 단지 그 일만으로 상대하는지, 어떤 지위나 가치로 그대가 대접을 받고 있는 것인지를 알아보아야 한다.

    그녀가 그대에게만 허용하는 것인지
      또는 흰 분필로 이 날짜를 표해 두는 것인지.   (카툴루스)

뭐라고? 그녀가 그대의 빵을 더 기분 좋은 공상의 소스에 적셔서 만든다면?

    그녀는 그대를 껴안고 있으면서
      지금은 없는 다른 애인을 위해 한숨짓는다.   (티불루스)

뭐라고? 우리는 요즈음에도 어떤 사람이 끔찍한 복수의 수단으로 정숙한 여인을 독살하려고(그렇게 했지만) 한 행동을 보지 않았는가?

이탈리아를 알고 있는 사람들은, 이 문제에 대해서 내가 다른 예를 찾지 않는다고 해도 결코 이상하게 보지는 않을 것이다. 왜냐하면 이 나라는 이 점에 대해서는 세계에서도 으뜸이라고 말할 수 있다. 그들은 우리보다 대충 미인이 더 많고 추녀가 적은 셈이다. 그러나 드물게 보는 절세의 미인은 그들과 맞먹을 정도로 우리에게도 있다고 본다. 두뇌로 보아서도 마찬가지이다. 그들에게는 보통의 두뇌가 훨씬 많고, 야수와도 같은 만행은 훨씬 적다. 그러나 가장 특수하게 높은 층에 있는 두뇌들을 보면, 우리는 그들에게 조금도 질 것이 없다. 이런 비교를 더 확대해 본다면, 용감성에 대해서는 그 반대로 그들에 비해서 우리들이 훨씬 더 보편적인 소질을 타고난 것으로 보인다. 그러나 가끔 가다가는 그들 중에도 우리가 가진 가장 강직한 예보다도 더 충만하고 억세게 용감한 자가 있는 것을 본다.

이 점에서는 이 나라에서의 결혼은 절름발이나 다름없다. 즉 그들의 습관으로는 법률이 여자들에게는 극히 혹독하고 거의 노예와 같이 다루기 때문에, 남편이 아닌 사람과의 관계는 먼 일이건 가까운 일이건 동일하게 극형에 해당한다. 이 법률의 결과로, 남자들과의 접촉이 모두 필연적으로 실질적인 면으로 들어가며 교제 또한 마찬가지여서, 그녀들의 상대편 선택은 아주 쉬운 것이다. 그리고 그녀들이 이 속박의 장벽을 일단 부수기만 하면 불덩어리로 변한다고 생각하면 된다. "음탕은 쇠사슬에 매여 난폭해져 풀려난 맹수와 같다."(티투스 리비우스) 여자들에게는 고삐를 좀 늦춰주어야 한다.

>나는 전에 억센 준마 한 마리가 입에 물린 재갈을 씹으며
>우레와 같이 치닫는 것을 보았다.　　　　　　　　　　(오비디우스)

여자들에게 조금이라도 자유를 주면 남을 알고 지내려는 욕망이 약해진다.

우리는 거의 똑같은 운명을 겪고 있다. 저쪽에서는 속박이 너무 극단에 흐르고, 우리 쪽에서는 방종으로 흐르는 것이 심하다. 우리나라에서는 문벌이 좋은 집에서 귀족 학교에 보내는 것처럼, 아이들을 시동으로 맞아들여 키우는 것은 좋은 습관이다. 그리고 귀족이 이런 아이를 받아들이기를 거절한다면 실례와 모욕이 된다고 한다. 내가 본 바(가문에 따라서 격식이 다르다)로, 귀부인들은 시종하

는 소녀들에게 너무 엄격한 규칙을 지키게 하려고 하면 별로 재미를 보지 못한다. 거기에는 절도가 있어야 한다. 소녀들의 대부분의 행동은 자기 판단에 맡겨두어야 한다. 모든 부분들을 다 억제할 수 있는 훈련이란 없는 법이다. 그러나 자유로운 수업에서 아무 탈없이 지내온 여자는, 엄격하게 구속하는 학교에서 건전하게 나온 여자보다도 더 자신을 갖는다는 것은 사실이다.

우리 조상들은 소녀들의 행실을 내성적이고 수줍음을 갖도록 다루었지만(그래도 마음과 정욕은 같았다) 우리는 자신을 갖도록 한다. 그런데도 우리는 여기서 아무것도 이해하지 못하고 있다. 그런 일은, 여자가 전장에 나가 남자 하나를 죽이고 오지 않으면 남자와 동침할 권리가 없었던 사르마티아인들이나 할 일이다.

나로서는 여기서 귀에 들려주는 일밖에는 할 권한이 없으니, 내 나이의 특권에 따라서 그녀들은 내게 와서 의견이나 물어보면 족하다. 나는 남자들과 같이 여자들에게도 금욕을 충고한다. 그러나 이 세기는 금욕을 너무 적대시하고 있는 터이니, 적으나마 분별과 겸손을 권고한다. 왜냐하면 아리스티포스가 창녀촌으로 들어가는 것을 보고 얼굴을 붉히는 제자들에게 말했다고 하듯, 악덕은 그곳에서 나오지 않는 곳에 있지, 들어가는 데 있지 않기 때문이다. 양심의 짐을 덜어 주고 싶지 않은 자는 양심이 그의 이름의 수치만은 덜어 주어야 한다. 실속이 아무런 가치가 없더라도 외면만은 깨끗해야 한다.

나는 여자의 총애를 얻으려면 오랜 시일과 단계를 두라고 권한다. 플라톤은 모든 종류의 사랑에서, 용이성과 신속성은 당사자들에게 금지되어야 할 것이라고 보여준다. 주책없이 소란스럽게 통째로 넘어가는 일은 색을 탐하는 특징이 되는 것이니, 여자들은 모든 꾀를 부려서 그것을 감추어야 한다. 여자들은 몸가짐에 절도를 지키고 질서 있게 처신하면, 우리의 정욕을 더 잘 속여 넘기고 자기의 정욕도 또한 감출 수 있다. 여자들은 항상 우리들 앞을 피해야 한다. 붙잡히기를 바라는 여자들이라도 그래야 한다. 그녀들은 스키타이 족들처럼 달아날 때 우리에게 더 큰 타격을 준다. 진실로 그녀들이 본성으로 타고난 법칙에 따라서 여자들이 나서서 남자를 욕심내는 것은 마땅치 않은 일이다. 그녀들의 역할은 당하고, 복종하고, 동의하는 일이다. 그 때문에 그녀들은 계속적인 능력을 본성으로 타고난 것이다. 그 능력은 우리 남자들에게는 드물고도 불확실한 것이다. 여자들은 언제나 우리들의 시간에 대비해서 수동적인 역할을 타고났기 때문에, 언제나 자신의 시간을 가지고 있다. 그리고 자연은 우리의 욕망을 뛰어나게 드러내어서 선언하게 하는 반면에, 여자들의 것은 은밀하게 안으로 들어가며 내보이기에는 부적당하며 방어 태세를 가지게 해 주었다.

아마존 여인들의 음욕에도 이와 같은 특징을 남겨 주어야 한다. 알렉산드로스가 히르카니아를 지나가려니, 아마존의 여왕 탈레스트리스는 자기를 따르던 대군을 근처 산 너머에 남겨 두고, 중무장하고 말 탄 여무사 3백 명만 데리고 그를 만나러 왔다. 그녀는 무리들 앞에서 높은 소리로 외치기를, 대왕의 용감한 무훈과 승전의 소문을 듣고 그 기도하는 바를 도와주기 위해서, 자기 군대와 방법 및 수단을 제공하려고 찾아온 바인데, 보자하니 대왕은 미남자요 젊고 강건하고 자기도 여성으로서는 완벽하니, 둘이 자리를 같이 하여 세상에서 가장 용감한 여자와 지금 살아 있는 인간 중에서, 가장 용감한 남자 사이에 장래를 위해 위대하고 희귀한 무엇을 낳아 보자고 진언했다. 알렉산드로스는 다른 일은 중지했다. 그러나 마지막 요구를 들어 줄 시간을 얻기 위해서 열사흘 동안이나 그 고장에 머물면서 이 용감한 여왕을 위해 가장 유쾌한 향연을 베풀었다.

우리는 거의 모든 일에, 여자들이 우리에게 하는 식으로 그들의 행동에 대해서 불공평한 판단을 내린다. 나는 그것이 내게 해가 되건 이익이 되건 다 같이 진실인 것을 인정한다. 이것은 자기 상대를 얼마든지 바꾸고 있는 저 여신에게서 보듯, 여자들이 그렇게 자주 마음이 변하며 애정을 누구이건 한 대상에 정착시키지 못하는 것은 심정의 추악한 혼란에서 온다. 그러나 사랑은 어떻든 맹렬하지 않으면 사랑의 본성에 반하는 일이고, 사랑이 지조를 지킨다면 그 맹렬하다는 본성에 반하는 일이다. 그리고 놀라서 떠들어대며 그것이 믿을 수 없이 타락한 일이라고, 그 병폐의 원인이 여자 속에 있다고 보는 자들은 어째서 그들이 이 병폐를 자신들 속에 가지며 그것을 알아보지도 못하고 기적 같은 일이라고 놀라지도 않는 것인가! 아마도 사랑에 지조를 발견한다는 것이 더 이상한 일일 것이다. 그것은 단순한 육체적인 정열이 아니다. 탐욕과 야심에도 그 끝이 없다면 음욕에도 끝은 찾아볼 수 없는 일이다. 이 음욕은 포만시킨 다음에도 여전히 살아 있다. 그리고 영원한 포만이나 그 종식(終熄)을 명령할 수도 없다. 이 음욕은 항상 그 소유한 것의 밖으로 나간다. 그뿐더러 여자들이 변심하기 잘하는 것은 아마 우리들보다 용서될 점이 있다.

여자들은 우리처럼 자신들에게 공통된 다양성과 신기함으로의 경향을 핑계 삼을 수도 있고, 둘째로 우리와는 달라서 속도 모르고 물건을 사들인 탓이라고 핑계하며(나폴리 여왕 조안나는 자기 첫 남편 안드레오소를 몸소 짠 금실과 비단실 끈으로 창문의 철책에 목 졸라 죽였다. 그것은 여왕이 그의 키와 미모와 젊음과 점잖은 풍모에 속아 넘어가서, 여왕이 품었던 기대를 결혼 생활에서 그의 연장이나 노력이 만족시켜 주지 못했기 때문이었다), 행동은 복종하기보다 더 힘든 일이다. 따라서 여자들 편에서 보면 적어도 여자들은 언제든지 필요에 대비하고 있는데, 남자들은 사정이 다르다고 주장할 수도 있는 것이다.

플라톤은 이런 이유에서, 결혼의 짝을 잘 맞추어 주기 위해서 재판관은 구혼하는 남자들의 전신을 벗겨 보며, 소녀들은 단지 허리까지만 벗겨 본다고 현명한 법을 세워 놓았다. 여자들이 우리를 시험하게 되면, 아마도 골라잡을 거리가 못 된다고 볼 수도 있을 것이다.

> 허리를 시험하며, 처진 가죽끈처럼 축 늘어진 것을
> 두 팔로 세워 보려고 아무리 애써도 되지 않자
> 그녀는 이 비겁한 잠자리를 버리고 나갔다. (마르티알리스)

의지를 똑바로 잡는다고 다 되는 것은 아니다. 허약과 무능력은 합법적으로 결혼을 무효화한다.

> 처녀대를 풀어 줄 더 정력 있는 남편을
> 딴 곳에서 찾아보았어야 했을 것이다. (카툴루스)

어째서 못할까 보냐?

> 그가 감미로운 노고를 해내지 못한다면, (베르길리우스)

자기의 정도에 따라 더 방자하고 활기 있는 사랑의 연분을 찾아야 할 것이다. 그러나 우리가 남에게 좋게 해 주고, 우리에 관한 좋은 평가와 호평을 남겨 놓고 싶은 곳에 불완전하고 허약한 수단밖에 제공하지 못한다면, 그것은 대단한 무례가 아닐까? 지금 이 시간에 내게 필요한 만큼을 위해서

> 단 한 번의 일이나마
> 물러 빠지게 (호라티우스)

할 것이라면 나는 존경하고 두려워해야 할 인물에게 귀찮게 굴고 싶지는 않다.

> 아아, 가련하게도
> 이제 오십 고개를 넘은 자를
> 두려워 마오. (호라티우스)

자연은 이 나이를 꼴사납게 만들 것 없이, 가련하게 만든 것만으로 만족했어야 할 일이었다. 나는 이것이 일주일에 세 번쯤 허약한 힘으로 일어나며, 뱃속에 당연히 해낼 어떤 위대한 힘이나 가지고 있는 것처럼 거칠게 부스럭거리는 꼴이 보기도 싫다. 솜털에 불이 붙은 꼴이다. 그리고 지금 둔중하게 얼어붙어서 볼이 꺼진 이 나이에 이렇게도 생기 있게 팔딱거리는 자극이 놀랍다. 이런 욕망은 청춘의 꽃다운 시절에나 가질 일이다. 이런 충동을 믿고, 그대에게 있는, 이 피로할 줄 모르게 꾸준하고 충만하고 장엄한 열기를 한번 거들어 보라. 좋은 꼴을 볼 것이다.

그것을 차라리 시원하게,

> 자줏빛으로 물든 인도의 상아처럼
> 또는 흰 백합에 분홍빛이 섞여서 그 생기 있는
> 빛깔을 비치는 (베르길리우스)

자기 자신의 남근의 움직임에 아직도 놀라서 얼굴을 붉히는 유순한 젊은이에게 넘겨주도록 하라. 다음 날 아침에 부끄러워서 죽을 지경이 아니고, 비굴하고 무례한 자기 꼴을 직접 본 그녀의 아름다운 눈의 경멸감을 마주할 수 있는 자는,

  그녀의 말 없는 눈길이 자기를 비난한다.   (오비디우스)

그는 하룻밤을 행동적인 벅찬 실천으로 그녀를 압도해서, 눈자위가 흐려지게 한 자의 만족과 긍지는 결코 느껴 보지 못한 것이다. 나는 내게 짜증을 내는 여자를 볼 때에는 즉석에서 그녀가 경박하다고 비난하지는 않았다. 나는 차라리 본성을 원망할 것이 아닌가 하고 혼자 생각했다. 실로 그 여자는 부당하고도 무례하게,

  충분히 길지 않으면, 그것이 아주 굵직하지 않으면,
  그녀들은 역시—그녀들은 너무나 잘 알고 있어서—
  못난 것을 가진 자를 꺼림칙하게 쳐다본다.   (프리아페아)

그리고 내게 엄청난 봉변을 준다.
 나의 부분들은 각기 다른 부분과도 똑같이 나를 만든다. 그리고 다른 어느 것도 이것만큼 나를 남자로 만들지 못한다.
 나는 내 모습을 다 공개해야 한다. 내 교훈의 현명함은 진실됨과 솔직함과 본질적인 점에서 모두가 온전하다. 그 진실한 의무의 역할에 비겨서, 저 꾸며대고 습관적이고 시골뜨기식으로 하는 뚜렷하지 못한 규칙들을 경멸하며, 자연스럽고 꾸준하고 보편적이다. 예절이니 격식이니 하는 것은 이 예지의 딸인데, 그것도 사생아에 지나지 않는다.
 우리는 본질적인 악덕을 가져 보고 나서는, 실로 겉치레의 악덕도 가져 볼 만한 일이다. 우리는 이 본질적인 악덕을 처치한 다음에 이런 악덕에 대들어 볼 필요가 있다면, 이 다른 악덕에도 대들어 볼 일이다. 왜냐하면 우리는 본연의 의무를 소홀히 하는 것을 변명하고, 다른 것과 혼동하려고 새로운 의무를 꾸며대어

생각하지나 않을까 하는 위험이 있기 때문이다. 그러한 증거로, 잘못이 범죄로 취급되는 곳에서 범죄가 단지 잘못으로밖에 되지 않는 일이 있고, 범절의 규칙이 더 드물고 해이된 나라에서 기본적이며 공통되는 규칙이 잘 준수되는 것을 본다. 그런데 우리가 지켜야 할 규칙이 헤아릴 수 없을 정도로 많아서 우리의 심려는 얼떨떨하니 질식해 버리고, 기운이 빠져 흩어져 버린다. 자잘한 일을 열심히 하다가는 중요한 일에 소홀해진다.

오오, 저 천박한 인간들은 우리들에 비해서 얼마나 행하기 쉽고 분명하게 보이는 길을 향해 가는가! 우리가 서로 분칠하며, 서로 주고받고 하는 일은 그림자에 불과한 것들이다. 그러나 우리는 치를 값을 내는 것이 아니고, 오히려 우리의 부끄러운 부분들을 둘러싸는 누더기를 들추어 보며, 속속들이 우리들 내부의 가장 비밀에 붙인 오물들까지 무엇이든지 들여다보고도 그러한 체하지 않고 있는, 우리의 위대한 심판자에 대한 부채만 키워 가고 있는 것이다. 이 심판자에게 이런 부분을 들여다보지 못하게 막을 수만 있다면, 우리의 처녀다운 정숙감도 유용한 범절이 될 것이다.

결국 사람들이 언어상으로 이런 말을 피하는 미신을 배격하는 자들은, 세상에 그렇게 큰 손해를 끼치는 것이 아니다. 우리 인생의 반은 미친 수작이고, 반은 예지로 되어 있다. 그것을 점잖게 정상적으로 묘사하는 자는 그 반 이상은 뒤로 밀쳐 두고 있다. 나는 나에 대해서 변명하지 않는다. 변명한다면 다른 부분보다도 그 변명에 대해서 할 것이다. 나는 내 편보다 그 수가 훨씬 많은 것으로 생각되는 어떤 심정에 대해서 나를 변명하련다. 그들을 고려해서 나는 또 이것을 말하련다. 왜냐하면 '단지 한 인간이 대단히 잡다한 풍습과 사상, 의사에 적응하기'(키케로)는 어려운 일이지만, 나는 누구나 다 만족시켜 주고 싶기 때문이다.

그들은 내가 여러 세기에 걸쳐서 사람들이 승인하고 받아들인 권위자들에게 말을 시킨다고 나를 바로 원망할 것은 없으며, 다만 내가 시로 쓰지 못해서 우리나라 종교계의 가장 높은 인사(다음 시의 작자인 두 성직자, 테오도르 드 베즈와 멜랭 드 생 줄레를 가리킴)들까지 즐기고 있는 것을 택한 자유를 내게 거절하는 것은 당치 않은 일이다. 여기 이 시 두 줄을 보라.

만약 너의 열구(裂口)가 선(線) 밖의 다른 것이라면
  내가 죽을 노릇이다. (테오도르 드 베즈)

  한 친구의 연장은 그녀를 잘 대접하며 만족시킨다. (생 쥴레)

 다른 사람들은 어떨까?
 나는 겸손을 좋아한다. 그리고 이 추잡스러운 어법을 내 판단으로 하는 것이 아니다. 본성이 나에게 이 어법을 택해 준 것이다. 나는 우리가 풍습으로 받아 온 일에 반대되는 모든 일과 마찬가지로, 이것을 권장하지 않는다. 그보다도 나는 이것을 변명하며 특수한, 그리고 보편적인 사정들을 들어서 이에 대한 비난을 덜어 보려는 것이다.
 계속해 가자. 마찬가지로 자기를 희생시키며 그대들에게 총애를 주는 여자들에 대해서, 그대가 빼앗는 이 최상의 권위는 어디서 올 수 있단 말인가.

  만일 그녀가 캄캄한 밤의 어두움을 타서
  비밀스러운 선물을 그대에게 준다면. (카툴루스)

 그대는 어떻게 즉석에서 그녀에게 남편으로서의 관심과 냉대와 권위를 차지한단 말인가? 이것은 자유로운 약정이다. 어째서 그대는 여자들이 약속을 지켜 주기를 바라는 대로, 자신은 약속을 지키지 않는가? 임의로 하는 일에는 제약이 없다.
 그것은 격식에 맞지 않는다. 그렇지만 나는 내 시절에 이런 흥정이 성질상 허용되는 한도로 다른 일의 흥정과 똑같이 양심적으로 정의감을 가지고 진행시켰다. 나는 여자들에게 느끼고 있는 실질적인 애정 이상을 보여 주지는 않았고, 애정의 쇠퇴·왕성함·시작·발작·정체 등을 솔직하게 말해 주었다. 그 일은 늘 고르게 하지는 못한다. 나는 약속해 주는 일에는 인색했고, 내가 의무를 진 것이나 약속한 것보다는 더 지켜 주었다고 생각한다. 그녀들은 자기들의 변절에 대해서까지 내가 진실하게 처신하는 것을 보았다. 그것은 터놓은 변절 행위를 때로는 몇 번이고 거듭하는 것이었다. 나는 상대편에게 실오라기 하나만큼의 미련이 있는 동안에는 결코 관계를 끊지 않았다.

그리고 여자들이 아무리 절교하여 마땅할 구실을 만들어도 경멸이나 증오를 받을 정도로 그녀들과의 사이를 끊지 않았다. 왜냐하면 이런 비밀 관계가 가장 수치스러운 조건으로 기회를 얻은 것이라 해도, 나는 그 여자들에게 어떤 호의를 가져야 할 의무를 느낀다. 여자들의 교활한 계략이나 꾸며대는 핑계나 말다툼이 나올 때는, 가끔 종잡을 수 없는 조바심과 화도 내보았다. 왜냐하면 내 성미는 가볍게 곧장 그쳐 버리는 편이지만, 격하기 쉬워서 흔히 교제에 불리한 결과를 가져오기 때문이다.

여자들이 내 판단력의 너그러움을 시험해 보고 싶어 하면, 나는 그녀들에게 온후하고도 신랄한 충고도 주고, 그녀들의 아픈 곳도 찌르며 말하기를 꺼려 하지 않았다. 그녀들에게 불평할 거리라도 남겨 주었다면, 그것은 현대의 풍속에 비교해서 내가 오히려 그녀들에게 바보같이 양심적인 사랑을 느꼈기 때문이다. 나는 다른 사람들이라면 지키지 않아도 좋았을 일까지도 약속한 것은 지켜 왔다. 그러면 여자들은 때로는 승리자에게 버림받아도 쉽사리 참아내는 조건으로 세상의 평가가 좋게 항복하는 것이었다. 나는 여자들의 명예에 관계될 때에는 지극히 힘든 경우라도 여러 번 쾌락을 포기했다. 그리고 내가 사리(事理)에 몰릴 때에는 내게 불리하게 여자들을 몸단속시켰다. 그래서 그녀들은 스스로는 할 수 없었던 것이었지만, 솔직하게 내 규칙에 순종할 때에는 더 엄격하고 확실하게 처신했다.

나는 할 수 있는 한 여자들의 부담을 덜어주기 위해서 밀회의 위험을 나 혼자만의 책임으로 맡았다. 그리고 의심을 덜 받으려고 예상 외의 힘든 방법을 쓰며, 뿐만 아니라 내 의견을 따라서 더 성공하기 쉬운 길로 사랑의 계획을 세워 나갔다. 응당 발견되지 않으리라고 사람들이 생각하는 장소는 가장 들키기 쉬운 곳이다. 사람들이 덜 두려워하는 일은 발각의 위험이 더 많고, 더 지켜지지 않는 것이다. 아무도 그대가 감히 못하리라고 생각하는 일을 그대는 더 쉽게 감행할 수가 있다. 그 일은 어렵기 때문에 더 쉬워진다.

사람으로서 이보다 더 뻔뻔하게 성관계에 접근해 보는 자는 없다. 이런 사랑의 길은 훈련을 거쳐서 된다. 그러나 이 훈련이란 우리 멋쟁이들에게 얼마나 익살스러우며 효과가 적은가를 나보다 더 잘 알 사람이 누구인가? 그러니 나는 후회할 거리가 없다. 나는 무엇이건 잃을 건더기가 없다.

> 바다의 신 사원 벽면에
> 내가 붙여 둔 현판은
> 난파로 인하여 아직도 축축한 내 옷을
> 이 신에게 바친 것임을 가리킨다.   (호라티우스)

지금은 터놓고 이야기할 때이다. 그러나 나는 다른 사람에게나 하는 식으로 아마 "이 사람아, 자넨 꿈을 꾸고 있네. 자네 시절의 사랑은 신의나 성실성과는 인연이 머네" 하고 말할 것이다.

> 그녀에게 이성(理性)을 따르라고 주장함은
> 단지 양식(良識)을 가지고 횡설수설하라는
> 수고를 부르는 노릇이다.   (테렌티우스)

그런 만큼 내가 다시 반대로 시작해 볼 것이라면, 그것이 아무리 효과가 없다고 해도 같은 경로로 같은 수단을 쓰게 될 것이다. 칭찬받지 못할 행동에서는 무능력과 바보 같은 수작이 칭찬받을 만하다. 이 점에서는 내 심정이 사람들의 심정과 거리가 먼 만큼, 나는 내 심정에 더 접근하는 것이다.

어떻든 나는 이 흥정에 완전히 몰두하지는 않았다. 나는 거기에 재미를 붙였다. 그러나 자신을 망각하지는 않았다. 나는 내가 본성으로 받은 얼마 안 되는 지각과 판단력을 완전히 보존하며, 남의 일과 내 일을 생각했다. 좀 감격은 했지만 망상은 곁들이지 않았다. 내 양심은 역시 방종과 해이에 이를 정도로 거기 걸려들었다. 그러나 배은이나 배신과 악의, 잔인까지에는 이르지 않았다. 나는 모든 것을 희생해 가며 이 악덕의 쾌락을 사들이지는 않았다. 그리고 그 자체의 가치 그대로 만족했다. "어떤 악덕도 자제되지는 않는다."

나는 거칠고 일에 힘들게 매이는 것과 마찬가지로 한가롭게 오그라져 잠드는 생활도 혐오한다. 하나는 나를 꼬집어뜯는다. 하나는 나를 졸게 한다. 나는 뼈가 부러지는 부상만큼의 파열상도, 멍들게 하는 타격만큼 터뜨리는 타격도 좋아한다. 나는 이 흥정에서 제법 그런 일을 할 만하던 무렵에는 이 두 극단 사이의 중간을 택했다. 사랑은 개운하고 생기 있고 유쾌한 격동이다. 나는 번민도 고통도 받지 않았다. 그보다도 열이 올라서 갈증을 느꼈다. 거기서 멈춰야 한다. 사랑은 미치는 자들에게밖에는 해롭지 않다.

한 청년이 철학자 파나이티오스에게, 현자도 사랑을 해도 되느냐고 물어보자, "현자는 치워 두라. 그러나 자네와 나는 현자가 아니니까, 우리를 타인의 노예로 만들고, 자신을 경멸하고 싶어지게 하는 그런 마음 뒤집히는 강렬한 일에는 걸려들지 말자"고 대답했다. 이런 사태의 충격을 지탱할 수 없는 심령에게는, 그 자체로 격정을 일으키는 일에 몸을 맡길 수 없다고 하는 말은 진실이며, 예지와 연애는 병행할 수 없다고 한 아게실라오스의 말을 압도하고 있다. 그것은 참으로 헛되고 부적절하고 수치스럽고 옳지 못한 처사임에 분명하다. 그러나 나는 이런 방식으로 사랑한다면 그것은 둔중한 육체와 정신을 잠 깨워 주기에 적당하고 건전한 일이라고 하겠다. 그리고 내가 의사라면, 나와 같은 기질과 조건을 가진 인물에게는 나이가 지긋하기까지 생기를 돋우고 정력을 일으키며 늙음에 잡히는 일을 지연시키기 위해서 다른 어느 처방보다도 이 처방전을 적어 줄 것이다. 우리가 아닌 그 주변에 머무르는 동안, 맥박이 아직 뛰는 동안,

> 처음으로 흰 머리칼 겨우 생기며
> 노령(老齡)은 아직 강건하고 몸을 가눌 수 있는 동안
> 운명의 여신 라케시스에게 뽑을 실이 남아 있는 동안
> 아직도 내가 다리를 쓰며 지팡이를 쓰지 않아도 좋을 동안,　　　(유베날리스)

우리는 이런 따위의 몸이 찌르르 울리는 정열로 초대받고 애무받을 필요가 있다. 사랑은 저 현명한 아나크레온에게 젊음과 정력과 쾌활성을 얼마나 돌려 준 것인가를 보라. 그리고 소크라테스는 나보다도 훨씬 더 늙어서 사랑의 대상을 두

고 말했다. "내 어깨를 그의 어깨에 기대고, 내 머리를 그의 머리에 가까이 하며, 우리가 같이 책을 들여다보노라니, 거짓말 아니라, 내 어깨는 무슨 짐승이 무는 듯 찌르르하더니, 그 뒤 닷새 동안을 두고 근질거리며, 나는 마음속에 끊임없이 저린 느낌을 받았다." 우연히 어깨를 접촉한 것만으로도, 나이 탓에 식어 쇠약해져 가는 심령을 덥게 하다니! 그리고 인간 심령 중의 제1의 심령을 개혁해 주다니, 그럼 왜 못할까? 소크라테스는 사람이었다. 그리고 다른 아무것도 되려거나 닮으려고 하지 않았다.

  철학은 사람이 절도를 지켜 주기만 하면 그 타고난 탐락을 배격하는 것이 아니다. 절도를 설교함이지 탐락을 피하려고 하는 것이 아니다. 철학이 가르치는 저항의 노력은 외부에서 들여온 혼잡한 탐락에 대항하는 일이다. 철학은 육체의 욕망을 정신으로 촉진시켜서는 안 된다고 말하며, 그 포만에 의해서 우리들의 갈증을 일깨우려고 하지 말 일이며, 배를 채우는 것이 아니라 쑤셔넣는 짓은 하지 말 일이고, 우리에게 결핍을 느끼게 하는 모든 향락과, 기갈증을 일으키게 하는 모든 음식은 피하라고 가르친다. 사랑의 봉사에서는 다만 육체의 욕구를 충당하고 심령을 격동시키지 않는 대상을 잡을 것이며, 심령은 그것을 자체의 일거리로 삼지 말고 단순히 육체를 좇아서 도와주기만 하라고 명령한다.

  그러나 내가 보기에 좀 엄격성을 가진 이런 교훈은 자기 일을 할 수 있는 신체를 두고 하는 말이며, 위가 탈난 경우처럼 상한 신체에 대해서는 그 자체로 쾌활성을 잃어버린 이상 기술적으로 그것을 덥혀서 부축해 주고, 공상의 중개로 정욕과 쾌활성을 되살려 주어도 용서될 만하다고 보는 것이 옳은 일이 아닐까?

  우리가 이 지상의 감옥에 갇혀 있는 동안은 순전히 육체적인 것도 순전히 정신적인 것도 없으며, 살아 있는 사람을 이 두 가지로 쪼개 놓는 것은 부당한 일이다. 그리고 탐락의 이용은 적어도 고통에 대해서 하는 것과 마찬가지로 호의를 지니고 대하는 것이 옳을 것같이 보인다고 말할 수도 있는 것이 아닐까?(예를 들면) 고행할 때 성자들의 심령이 받는 고통은 거의 완벽에 가까운 맹렬함이었다. 육체도 연합의 권한으로 당연히 거기 참여하고 있었다. 그러나 그 원인에는 그렇게 큰 몫을 차지함이 아니었다. 그렇지만 그들은 육체가 단순히 고민하는 영혼을 따라가서 도와주는 것으로 만족하지 않았다. 그들은 육체에게 그에게만 적용되는 잔혹한 형벌로 고통을 주며, 영혼과 육체가 서로 다투어서 인간을 고통 속에 몰아넣으며, 고통이 심할수록 영혼의 구제를 얻는다고 생각했다.

이러한 경우, 육체적 쾌감에 대해서 영혼을 냉담하게 만들고, 이 쾌감이 강제적이며 노예적인 어떤 의무요 필요성인 것처럼, 육체를 형벌에 몰아넣어야 한다고 말하는 것은 정당하지 못한 일이 아닐까? 육체를 지배하는 권한은 자신의 책임이니, 심령은 그보다는 차라리 쾌락을 품어 키우고 자진해서 청해 오며, 또 내 의견으로는 심령의 책임으로써 그 자체가 맡는 쾌락들에게 그들의 조건이 지니고 있는 감각을 신체에 부어 넣고, 그것이 육체에 유쾌하고도 유익하게 되도록 노력해야 할 것이다. 사람들이 말하듯 육체는 정신에 손해가 되도록 자기 욕망을 추구해서는 안 될 것이 당연한 일이지만, 정신이 육체의 손해가 되게 자기 욕망을 추구하지 않는 일이 지당한 이치라고 보지 못할 이유는 무엇인가?

나는 숨 가쁘게 내 자신을 사로잡고 있는 어떠한 다른 정열도 없다. 다른 사람들이면 나처럼 일정한 직업이 없을 경우, 탐욕·야심·싸움·소송 사건 같은 일에 마음이 잘 매여 지내지만, 나로서는 사랑에 매여 지내는 편이 더 기분 좋은 일이다. 사랑은 다시금 내게 주의력과 소박성과 우아미와, 내 인품에 대한 생각을 가꾸게 하고, 이 늙음의 얼굴 찌푸림이, 이 측은할 만큼 비뚤어진 찌푸림이 나의 용모를 타락시키지 않게 보장해 주고, 나에게 다시 건전하고 현명한 공부를 시작하게 하고, 그래서 내 정신이 자신과 자신의 쓸모에 관해서 절망하는 심정을 없애고, 자신에게 다시 정이 붙게 하여 더 사랑받고 존경받을 수 있게 해 줄 것이고, 할 일은 없고 건강 상태는 나빠지기 쉬운 이런 나이의 수천 가지 불쾌한 생각과 우울한 번뇌를 흩어 준다. 또 적어도 공상으로라도 대자연에 버림받기 시작하는 이 피에 다시 따스함을 넣어 주며, 이제 마지막 파멸을 향해 줄달음치는 가련한 인간에게 턱을 괴어 주고, 근육과 심령의 정력과 쾌활성을 조금은 연장해 줄 것이다.

그러나 나는 이것이 여간해서는 회복하기가 쉽지 않은 것임을 너무나 잘 알고 있다. 몸은 허약해지고, 오랜 경험으로 우리 취미는 한층 더 연약하고 꾀까다로워져서, 내놓는 것도 별로 없이 요구만 많아지며, 용납될 만한 가치가 아주 없는 터에 가장 좋은 상대만 고르려고 한다. 우리는 이런 사정을 알고 있기 때문에 젊었을 적만큼 과감하지도 못하며, 사람을 더 믿어 주지도 못한다. 우리 조건과 여자들의 조건을 알고 있는 만큼 우리는 아무것도 사랑받을 자신을 가질 수 없다. 나는 저 피 끓는 새파란 청춘들 사이에 끼여 있기가 부끄럽다.

 그의 기관은 언덕 위에 서 있는 젊은 나무보다도
 더 빳빳이 아랫도리에 쳐들려 있다.   (호라티우스)

 우리들의 이 비참한 꼴을 몸이 가벼운 저 젊은이들 속에 어떻게 내놓으려 한단 말인가?

 불붙는 젊음들이
 다 타 버린 횃불들의
 불탄 끄트머리와 재를 보고 얼마나 비웃겠는가.   (호라티우스)

 그들은 자신을 위해서 힘과 이유를 가진다. 그들에게 자리를 물려주자. 우리들에게는 이미 잡을 거리조차 없다.
 지금 돋아나는 이 미(美)의 싹은, 이런 마비된 손으로 만지고 순전히 물질적인 수단으로 다루어 볼 대상이 되지 못한다. 옛 철학자가 한 소녀를 쫓아다녔어도 아무런 호의를 얻지 못하는 것을 보고 비웃는 자에게 대답했듯이, "이 사람아, 신선한 치즈는 낚시에 잘 꿰어지지 않는 법일세."
 그런데 이 교섭에는 상종과 의사소통이 필요하다. 우리가 받는 다른 쾌락들은 다양한 성질의 반응으로 알아볼 수 있다. 그러나 이 사랑은 같은 종류의 돈으로밖에 치르지를 못한다. 진실로 이렇게 기뻐하여 즐김에서는 내가 주는 쾌감은 받는 것보다 내 공상을 더 달콤하게 애무해 준다. 그런데 자기가 쾌락을 주지 못하며 남의 쾌락을 받는 자는 조금도 떳떳한 것이 못 된다. 모든 일에 남의 덕만 보려고 하며, 상대편에게 부담이 되게 교제하고, 남의 신세만 지기를 좋아하는 자는 마음이 비굴한 자이다. 아름다움에 대한 느낌이건 아담한 취미이건 친밀성이건, 활달한 대장부가 이런 대가를 치르고 바라야 할 만큼 정묘한 것은 아무것도 없다. 여자들이 겨우 측은한 마음으로밖에 우리에게 좋은 일을 해줄 수 없는 것이라면, 남이 시주한 재물로 살아가기보다는 차라리 살지 않는 편이 훨씬 낫겠다. 나는 이탈리아에서 하는 식으로 "당신을 위해서 내가 좋은 일을 했다"고라든가, 키루스가 자기 군대들의 사기를 돋우기 위해, "자기를 사랑하는 자는 나를 따르라"고 하던 식으로 여자들에게 사랑을 요구할 권리를 갖고 싶다.

"그대와 같은 조건의 여자들과 맺으라. 팔자가 같은 자와 함께 지내는 것이 마음 편할 것이다"라고 사람들은 내게 말할 것이다. 오, 그 얼마나 멋쩍고 어리석은 타협인가!

  나는 죽은 사자의 수염을 뽑고 싶지는 않다.   (마르티알리스)

크세노폰은 메논의 사랑이 꽃다운 시절을 넘은 대상에게 마음 쓰는 것을 보고 비난과 반대의 구실로 삼고 있다. 나는 자신이 우울하고 비뚤어진 배우자가 되기보다는 차라리 예쁜 젊은 두 남녀의 올바르고 상냥한 한 쌍을 보거나, 또는 그것을 상상해 볼 때에 많은 쾌감을 느낀다. 이런 허황된 욕망은 늙어 굳어 버린 육체만 탐하던 저 갈바의 황제에게, 그리고—

  오, 제신들은 내가 추방당해서
  그대를 그려 볼 모습으로 그대를 보며,
  슬픔으로 백발이 된 그대의 머리털에 감미로운 키스를 보내며
  그대의 구부정한 몸을 내 품에 안아 보게 하여 주기를! (오비디우스)

저 가련한 못난이에게 맡겨 두련다.

나는 제1급의 추악으로서 억지로 손질하여 꾸민 미모를 든다. 키오섬의 소년 에모네즈가 타고나지 못한 미모를 장식품으로 꾸미고, 철학자 아르케실라오스에게 가서 현자도 사랑을 할 줄 아느냐고 물어보았다. 철학자는 대답했다. "하고말고, 다만 너처럼 가짜로 꾸며서 만든 미모가 아니면 말이다." 나는 칠하고 닦아 놓은 것보다는 드러내 놓은 못난이나 늙은 모습이 덜 추하다고 생각한다.

누가 내 멱살을 잡지 않는다고 해서 이 말을 하는 것은 아니다. 사랑이 아주 알맞고 자연스럽기는 오직 소년기의 그 나이가 제격인 것으로 보인다.

> 머리 다발 굽이치며 얼굴도 순진무구한
> 한 젊은이를 소녀들 속에 들여놓으면
> 많은 총명한 관중들도 그를 여자로 볼 것이다. (호라티우스)

그 미모들도 매한가지이다.

호메로스가 미모를, 턱에 수염이 돋기 시작[9]하는 나이까지로 이해하는 것처럼, 플라톤 역시 희귀하게 꽃다운 시절로 보고 있다. 그리고 궤변가 디온이 청소년의 잔 수염을 아리스토게이톤과 하르모디오스들이라고 멋있게 부르게 한 이유는 유명한 이야기이다. 나는 장년기에는 미모가 이미 자리를 떴다고 본다. 더욱이 노년기이면 말할 거리도 없다.

> 사랑은 시들고 메마른 떡갈나무 위에
> 그 비상(飛翔)을 멈추지 않는다. (호라티우스)

나바르의 여장 마르그리트는 여자이니 여자의 장점을 한껏 연장시키며, 서른 살에 이르면 그 칭호를 '예쁜'에서 '착한'으로 바꾸라고 명령한다.

우리 인생의 지배력을 사랑에게 짧게 줄수록 우리는 그만큼 더 가치가 생긴다. 사랑의 자태를 보라. 그것은 젖내 나는 모습이다. 사랑의 학파에서는 모든 처사가 질서에 역행하는 것을 누가 모르는가? 공부나 훈련이나, 행동 습관이 무능력으로 향하는 방도로 된다. 거기서는 풋내기들이 스승이다.

"사랑은 규칙을 알지 못한다."(성 히에로니무스) 참으로 사랑의 행세에는 소홀과 혼란이 섞일 때 우아미가 더 많아지고, 잘못과 실수는 아담한 풍치와 같은 자극

---

[9] 소년의 턱에 수염이 날 때에는 그 미모에 사로잡혔던 애인들이 그의 매력의 포학에서 해방되므로, 이 수염을 아테네 폭군들의 학정에서 해방시킨 아리스토게이톤과 하르모디오스에 비겨 본 것.

을 준다. 그 경위가 거칠고 기갈에 걸려 있기만 하면, 조심성은 문제가 되지 않는다. 사랑이 얼마나 비틀거리며 부딪치고 출랑대며 가는가를 보라. 그것을 현명하게 기술적으로 지도한다는 것은 칼을 씌우는 일이다. 사랑을 더부룩하고 덕적덕적한 손에 맡긴다는 것은 그의 신성한 자유를 속박하는 일이다.

그뿐더러 나는 여자들이 흔히 이 문제에 관한 이해를 오로지 정신적으로 묘사하며, 감각이 지닌 중요성을 경멸하고 고려하지 않는 것을 듣는다. 거기엔 모든 것이 필요하다. 그러나 나는 우리가 여자들의 육체적 미를 고려해서 늘 여자들의 정신적 허약성을 용서해 주는 것은 보았으나, 여자들의 정신이 아무리 현명하고 성숙했다고 해도 그 정신의 미를 위해서 다소나마 쇠잔해 가는 육체를 여자들이 변호해 주려고 하는 것은 아직 본 일이 없다. 여자들 중의 어느 누구라도 저 소크라테스식의 육체와 정신의 고귀한 교환으로 자기 엉덩이의 가치를 가장 비싸게 올릴 수 있도록 그 엉덩이의 대가로 철학적이며 정신적인 지성과 생산을 사들일 생각은 어째서 해보지 못했단 말인가? 플라톤은 《법률편》에서 누구든 전쟁에 나가 뛰어난 공훈을 세운 자에게는, 그가 아무리 못났거나 나이가 어떠해도 전쟁에 출정하는 동안은 그가 원하는 상대편이 키스나 기타 사랑의 혜택을 거절하지 못한다고 정해 놓고 있다. 그가 군사상의 사기를 돋우는 데 그렇게도 정당하다고 보는 바를, 다른 가치를 앙양시키는 데에도 역시 생각해 주지 못할 것인가? 어째서 여자들은 자기 친구들보다 먼저 이 청순한 사랑의 영광을 싸워서 얻으려고 생각해 보지 못하는 것인가? 확실히 그것은 청순한 사랑이다.

어쩌다가 사랑의 싸움이 나오게 되면,
그것은 힘 없는 짚단에 붙는 큰 불길이다.
그 사나운 기세도 헛된 일이다. (베르길리우스)

사상 속에 질식하는 악덕은 최상의 악덕이 아니다.
때로는 강력하고도 해롭게, 내게서 쓸데없는 말의 밀물로 터져나온 이 주해를 끝맺기 위해

그녀 애인의 은밀한 선물로 얻은 사과는
　　치마폭 밑에 숨기고 깜박 잊은 채
　　소녀가 어머니의 발소리에 깜짝 놀라
　　펄쩍 뛰어 일어서니, 사과는 소녀의 정숙한 품에서
　　떨어지며 빠르게 앞으로 굴러간다.
　　수치의 홍조가 그녀의 숙인 얼굴에 퍼져 간다.　　　　(카툴루스)

　나는 수컷이나 암컷이나 같은 틀에 부어 냈다고 말한다. 교육과 풍습을 제외하고는 그 사이에 그리 큰 차이는 없는 편이다.
　플라톤은 그의 《국가론》에서 공부나 경기나 부담이나 전쟁 직무나 평화 직무나 모든 모임에, 양편을 다 무차별하게 불러들인다. 그리고 철학자 안티스테네스는 여자들의 도덕과 우리의 도덕 사이의 모든 구별을 철폐해 버렸다. 한편의 성(性)을 비난하기는 다른 편의 성을 변명하기보다도 훨씬 더 쉽다. 부지깽이가 냄비 바닥의 껌정을 비웃는다고 하는 말이 바로 이 뜻이다.

6
역마차에 대하여

　위대한 작가들은 어떤 생각을 적어 나갈 때, 단지 그들이 진실이라고 생각하는 것만을 쓰는 것이 아니라, 아직은 믿지 않더라도 아름답고 묘한 착상이 있으면 같이 사용하고 있음을 밝혀 보기란 쉬운 일이다. 그들은 묘하게만 말하면 상당히 진실되고 유익하게 말하는 것이라고 주장되고 있는 생각만으로는 안심할 수가 없다. 여러 생각을 쌓아 놓고, 그 속에서 주요한 것이 우연히 들어 있는가를 찾아본다.

　　한 생각만의 진술로는 충분하지 않다.
　　여러 생각들을 들어 보아야 한다.
　　그중에 하나만이 진실할 것이다.　　　　(루크레티우스)

재채기하는 자들을 축복하는 습관이 어디서 나왔느냐고 물어보는가? 우리는 세 가지 바람을 만들어 낸다. 아래에서 나오는 것은 너무나 더럽다. 입에서 나오는 바람에는 어딘가 탐욕스럽다는 비난이 붙는다. 셋째 번의 것은 재채기이다. 그것이 머리에서 나오고 또 비난할 거리가 없기 때문에 우리는 좋게 대접한다. 이런 묘한 논법을 비웃지 마라. 이것이 아리스토텔레스의 학설이라는 말이 있다.

나는 플루타르크에서(나는 그가 모든 작가들 중에서 기교와 자연, 그리고 판단력과 학문을 가장 잘 배합한 작가라고 보는데), 바다로 여행하는 자들이 겪는 일로서 구토의 원인이 공포에서 온다고 하는 것을 어디서 읽어 본 듯하다. 그것은 공포가 이런 결과를 일으킬 수 있음을 증명할 만한 어떤 이유를 그가 발견했을 것으로 생각된다. 나는 토하기 쉬운 체질이지만, 이 이유가 내게는 맞지 않음을 잘 알겠다. 그것은 따져 보아서가 아니고, 경험을 통해서 안다.

사람들이 말하는 바, 짐승들에게도 특히 위험이라는 생각을 해볼 수도 없는 돼지까지도 이런 일이 있다는 이야기는 인용할 것도 없이, 내가 잘 아는 어떤 사람도 잘 토하는 체질인데, 배가 심하게 흔들릴 때에는 공포심 때문에 오히려 토할 생각이 쑥 들어가 버린 일이 서너 번이나 있었다고 증언했다. 이 옛사람도 그와 같았다. "나는 위험을 생각하기에는 너무나 병이 중했다."(세네카) 나는 다른 데서도 없었지만 물 위에서 공포심으로(죽음이 두려운 일이라면 마땅히 무서워해야 할 기회는 자주 있었다) 조금이라도 내 마음이 혼란에 빠지고 당황한 일은 없었다.

공포심은 공기가 부족한 때와 같이, 판단력이 부족해서도 가끔 일어난다. 내가 당한 모든 위험은 눈을 똑바로 뜨고 관찰력 있게 건전하고 자유로이 둘러보면서 당한 일이었다. 두려워하는 데도 역시 용기가 필요하다. 나는 전에 다른 일에 비해서 이 용기로 대단히 유익하게 나의 도피행을 인도하며 질서를 유지할 수 있었다. 공포심이 없었다는 것은 아니지만 경악하거나 낭패스러운 일은 없었고, 놀라기는 했으나 정신을 잃었다든가 얼빠진 상태는 아니었다.

위대한 심령들은 한층 더 장하다. 그들은 이런 도피에 단지 침착하고 건전할 뿐 아니라 넓고 큰 분위기를 보여준다. 알키비아데스가 그의 전우 소크라테스에 관해서 말한 바를 이야기해 보자. "나는 우리 군대가 도망치던 때에 그와 라케스가 도망병들의 맨 끝에 따라가는 것을 보았다. 그리고 안전한 곳에서 그의 행동을 실컷 관찰해 볼 수 있었다. 나는 좋은 말을 탔고 그는 걸어갔기 때문이다. 우리는 이렇게 싸우고 있었다. 나는 그를 주의 깊게 살폈다. 그는 라케스와는 비교도 할 수 없을 만큼 신중성과 결단성을 보이며, 용감하게 걸어가는 태도란 여느 때와 조금도 다름이 없었고, 자기 주위에 일어나는 일을 두루 살펴 판단하고, 한때는 우군을 둘러보고, 한때는 적군을 쳐다보는 태도가 이편에는 용기를 북돋워 주고, 저편에는 누구든지 그의 생명을 빼앗으려 대들려고만 한다면 단단히 혼내 줄 결심을 보여주고 있었다. 그래서 그들은 위급하고 곤란한 경우를 피했다. 사람들은 이런 자를 잘 공격하려 들지 못하고, 겁내는 자들을 추격해 가기 때문이다." 이것은 날마다 경험하는 바이지만, 우리가 위험을 면하려는 열망보다 더 위험한 경지에 빠지게 하는 일은 없다는 것을 가르쳐 주는 이 위대한 장수의 증언이다. "대개 공포심이 덜할수록 위험을 덜 당한다."(티투스 리비우스)

아무개는 죽음을 두려워한다고 말하는데, 그것이 그가 죽음을 생각하고 죽음을 예측하고 있다는 것을 표현하는 것이라면, 우리 평민들은 잘못 알고 있는 것이다. 좋은 일이나 나쁜 일이나 미리 예측해 보는 것은 잘하는 일이다. 위험을 고찰해서 판단함은 어떤 점에서 그것 때문에 정신을 못 차리는 것과는 반대이다.

나는 공포나 다른 격렬한 일에서 받는 맹렬한 충격에 버티어 낼 만큼 내가 충분히 강하다고는 생각하지 않는다. 한번 타격을 받아서 쓰러진다면, 나는 다시는 온전히 일어서지 못할 것이다. 누가 내 마음에 줏대를 잃게 한다면 다시는 나를 제자리에 바로 세우지 못할 것이다. 내 마음은 너무 기운차고 심각하게 자체를 살피며 찾아본다. 그러나 한 번 받은 큰 타격의 상처는 결코 아물어서 다져 놓지 못할 것이다. 어떠한 병도 아직은 내 마음을 둘러엎지 못한 것이 다행한 일이다. 나는 병의 충격을 받을 때마다 정신을 차리고, 마음을 무장하며, 거기에 대항한다. 그러므로 단번에 나를 쓰러뜨리는 병은 내게 달리 대비할 방도를 남겨 주지 않을 것이다. 나는 제2의 방비는 없었다. 질병의 사나운 기세가 어떤 점에서 내 둑을 터뜨리건, 거기에 빠져서 다시는 헤어나지 못한다.

에피쿠로스는 현자는 결코 반대의 상태로는 넘어가지 않는다고 했다. 나는 이 말을 뒤집어서 '한번 완전히 미친 자는 다시는 완전히 현명해지지 못한다'고 생각한다.

하느님은 옷에 따라서 추위를 주고, 버티는 방법에 따라서 내게 격정을 준다. 대자연은 나의 한쪽을 벗겨 놓았기 때문에 다른 한쪽을 덮어 주었다. 내게 힘의 무장(武裝)을 주지 않기 때문에 무감각성과 규칙적이거나 둔감한 이해성으로 나를 무장시켜 주었다.

그런데 나는 역마차도, 가마도, 배도 오래 참고 타지 못한다(젊었을 적에는 그것을 참아 내기가 더 힘들었다). 도시에서나 시골에서나 말 이외의 다른 어떤 것도 타고 다니기를 싫어한다. 그러나 나는 가마를 역마차보다 더 참지 못한다. 같은 이유로 고요한 때의 물 위에서 느끼는 움직임보다도 풍량이 심해서 공포를 느끼게 하는 동요가 더 참기 쉽다. 나는 내 밑의 좌석이 흔들리면 참고 있지 못하는 성미로, 삿대를 저어 가며 배가 가볍게 흔들리면 우리 밑에서 배가 빠져나가는 것 같아서 어쩐지 머리와 배 속이 뒤섞여 거북해진다. 배의 돛이나 물의 흐름이나 또는 배를 끌어가는 것에 정신이 팔릴 때에는, 이렇게 고루 이루어지는 동요는 내게 전혀 괴롭지 않고 도리어 그것이 중단될 때, 더욱이 느린 움직임이 중단될 때 기분이 언짢아진다. 그 형태를 달리 어떻게 묘사해야 좋을지 모르겠다. 의사들은 이런 불편을 막으려면 아랫배를 압박대로 졸라매어 누르라고 가르쳐 주었지만, 나는 그것을 지키지 않았다. 나는 자신에게 있는 결함은 내 힘으로 싸워서 이기는 것이 버릇이 되어 있었기 때문이다.

기억력이 충분했더라면, 나는 나라에 따라, 시대에 따라 역마차를 전쟁의 용도에 써서, 위대한 성과를 올린 것으로 역사가 보여주는 그 수많은 예를 내가 아는 대로 여기 들어 보는 데 시간을 아끼지 않았을 것이다. 나는 그중에서 다만 이것을 말하련다. 우리 기억에 아주 생생한 것으로 우리 조상들 시대에 헝가리 사람들이 튀르키예 사람들에 대항해서 싸울 때에 대단히 유용하게 마차를 사용하며, 마차마다 각각 방패수와 소총수 각 한 사람씩과 총알을 재어 주는 화승총수 여럿을 정렬시켜 태우고, 그 둘레를 장갑상선 모양으로 방패로 둘러 막고서 싸웠다.

그들은 이런 마차 3천 대를 전선에 세워 놓고 대포 사격을 끝낸 다음, 다른 것을 시도하기 전에 이 병사들에게 일제 사격을 하게 함으로써 그 효과가 적지 않았다. 또 전진을 감행키 위해, 이 마차들을 적군의 대열 속으로 맹진시켜서 분쇄하여 뚫고 나가며, 그 밖에도 진군하는 부대에 위험을 느끼게 하는 지형을 막아서 옹호해 주고, 부대가 야영할 때에는 삽시간에 그 주위를 방비하는 성벽 역할을 했다.

우리 시대의 어느 한 귀인은 몸집이 너무나 무거워서 그를 태우고 감당해 낼 말이 없었기 때문에, 국경선의 어떤 곳에서 싸움이 일어났을 때, 지금 묘사한 식의 마차를 타고 사방으로 다니며 일을 처리해 나갔다. 그러나 이런 전차 이야기는 치워 두자. 우리들 최초의 왕조[10]는 소 네 마리가 끄는 수레를 타고 나라 안을 두루 돌아다녔다.

마르쿠스 안토니우스는 최초로 사자에게 수레를 끌게 하고 소녀 악사와 함께 로마를 돌아다닌 자이다. 헬리오가발루스도 다음에 같은 행동을 하여 신들의 모신(母神) 키벨레의 이름을 자칭하며, 바쿠스를 본떠서 호랑이에게 수레를 끌게 했다. 때로는 사슴 두 마리에게 수레를 끌게도 했으며, 한 번은 개 네 마리로, 그리고 네 명의 벌거벗은 여자들에게 끌게 하며 자기도 벗은 몸으로 타고 행진했다. 피르무스 황제는 굉장히 큰 타조에게 수레를 끌게 했기 때문에, 그는 굴러간다기보다 나는 것처럼 보였다.

이런 기묘한 고안들은 내 뇌리에 다른 생각도 떠오르게 한다. 즉, 제왕들이 이렇게 많은 비용을 써가면서 자기 가치를 올려 보려고 노력하는 것은 일종의 비겁한 마음에서 나오며, 자신을 충분히 인식하지 못한 탓이라고 본다. 그것은 외국에서는 용서될 수도 있다. 그러나 자기 신하들 속에는 자기의 권위만으로도 얻을 수 있는 극한의 영광을 받을 수가 있다. 마찬가지로 귀족의 경우, 옷을 별다르게 공들여 차려입는 짓은 쓸데없는 것으로 보인다. 자기 집, 하인들, 식사 등으로 그의 신분은 충분히 나타난다.

소크라테스가 왕에게 충고하기를, "가구·집기 등은 화려하게 차리십시오. 그런 데 돈을 쓰면 물건은 영속적으로 후계자에게 전달됩니다. 돈을 써도 풍속이나 기억에 남지 않고 즉석에 흘러버리는 모든 웅장하고 화려한 행사는 피하십시오"라고 한 것은 이유 없는 것이 아니라고 본다.

---

[10] 최초의 왕조는 메로빙거 왕조, 448년에 메로베가 창설하고, 751년에 실데리크로 끝남.

내가 지원병으로 있었을 때에는 다른(자격의) 장식이 없었기 때문에 몸치장하기를 좋아했으며, 그것이 내게 맞았다. 좋은 옷을 입으면 옷을 아까워하는 자도 있다. 우리는 왕들의 개인 생활과 그 하사품이 검소하던 점에 관해서 경탄할 이야기를 가지고 있다. 위신으로도 용기로도 운으로도 위대한 왕들이 그러했다. 데모스테네스는 자기 도시의 법이 경기와 축제 등의 행사에 공금을 배정하는 일에 대해서 극단적으로 투쟁했다. 그는 자기들의 위대성이 잘 장비된 함대와 보급이 잘된 군대의 양으로 나타나기를 바랐다.

　테오프라스토스가 그의 《부유론(富裕論)》에서 반대 의견을 내놓으며, 이런 종류의 소비는 부유함의 참된 성과라고 주장한 데 대해서 비난받는 것은 지당하다. 이것은 가장 천한 민중들을 만족시키는 쾌락이고, 만족되면 바로 기억에서도 사라지는 것이며, 올바르고 근직한 사람은 아무도 중히 여기지 않는 쾌락이라고 아리스토텔레스는 말한다. 부유의 소비는 항구나 축항(築港)·요새·성벽·화려한 건축·사원·병원·학교 등과 거리나 도로의 보수에 쓰는 것이 더 유용하고 정당하게 지속될 뿐만 아니라, 훨씬 더 왕자다운 것이라고 생각된다. 이 점에서 교황 그레고리우스 13세는 우리 시대에 권장할 만한 업적을 남겼으며, 여왕 카트린느는 그 방법이 자기의 뜻과 부합되었던들 타고난 후덕함과 호방한 재산 낭비는 오랜 세월을 두고 기억되었을 일이었다.

　나는 우리 대도시의 새 다리(센강의 퐁 네프 다리) 구축이 중단되어, 생전에 그 다리가 이용되는 것을 보지 못할 것이 유감스럽다. 그뿐더러 이렇게 이루어진 일들의 관객인 시민들에게는 그들의 재물로 이런 것을 보여주며, 그들의 비용으로 향연을 차리는 것으로 보인다. 왜냐하면 국민들은 우리가 하인들을 두고 생각하는 식으로, 왕들이 우리에게 필요한 모든 것을 풍부하게 준비해 주어야 할 것으로 생각하기 때문이다. 그러나 황제 갈바는 식사할 때 어떤 연주자가 연주하는 음악에 대단히 흥겨워서, 궤짝을 가져오게 하여 그 속에 든 돈을 한줌 집어주며, "이것은 공금이 아니고 내 돈이다"라고 말했다.

　어쨌든 대개는 국민들이 옳은 것 같다. 그들은 자기의 배를 채울 거리를 가지고 눈요기를 한다. 후덕함도 제왕의 손으로 한 것은 광채가 잘 나지 않는다. 후한 일을 한 권한은 차라리 개인들에게 있다. 정확하게 따져 보면 왕에게는 개인의 것이라고는 아무것도 없는 것이다. 그는 자기 자신도 남에게 부담이 되어 있다.

    재판은 재판하는 자를 위해서 하는 것이 아니고, 재판받는 자를 위해서 하는 것이다. 윗사람들의 직위는 결코 그 자신을 위해서 만드는 것이 아니고 아랫사람들을 위해서 만들며, 의사는 그 자신을 위해서가 아니라 환자를 위해서 있다. 모든 관직은 기술과 같이 목적이 그 자체 밖에 있다. "어떤 기술도 그 자체에 유폐되어 있지는 않다."(키케로)

    그러므로 왕공(王公)들의 유년 시절 스승들로서 그들에게 관후의 도덕을 넣어 준다고 자랑하며, 그들에게 아무것도 거절할 줄 모르게 하고, 베풀어 주는 것밖에는 아무것도 잘한 일이라고 생각하지 말라고 설교하는 자들은(이것은 우리 시대에 대단히 신용을 받고 있는 교육 방법이지만), 이런 방법으로 그들 윗사람의 이익보다도 자기 이익을 도모하는 수작이거나, 그들이 누구를 상대로 말하고 있는지 모르고 하는 일이다. 남의 비용으로 자기가 하고 싶은 짓을 얼마든지 할 수 있는 자에게 후한 마음을 갖게 하는 것은 아주 쉬운 일이다. 그리고 지배자들의 인품의 가치는 그가 주는 선물의 많고 적음에서 정해지는 것이 아니라, 그것을 주는 방법에 달려 있는 까닭에, 그렇게 강력한 권세를 가진 자에게는 후하다는 말이 의미가 없어진다. 그들은 후한 자가 되기 전에 낭비하는 자가 된다. 그러므로 후하다는 것은 왕들이 가질 다른 도덕에 비하면 그렇게 장하다고는 볼 수 없으며, 폭군 디오니시우스가 말한 바와 같이 그것은 바로 폭군이 할 수 있는 일이다. 나는 차라리 그에게 옛날 농민의 노래 한 구절을 가르쳐 주겠다.

    좋은 수확을 거두려면 종자를 뿌려야 한다. 포대를 쏟지 마라.

    곡식을 거두어들이고자 하는 자는 손으로 뿌려야 하고, 포대를 쏟아서는 안 된다.(씨앗은 뿌릴 것이고, 곡식을 쏟아서는 안 된다.) 그리고 무엇을 주는 경우에, 또는 더 진실로 말해서 하고많은 사람들이 그를 섬기며 일을 보아준 데 대해서 삯을 치르고 보수를 주는 경우에, 그는 믿음직하게 착실하고 총명하게 분배해 주는 자가 되어야 한다. 나는 왕이 조심성 없고 분수없이 후하기보다는 차라리 인색하기를 바란다.

왕다운 덕성은 무엇보다도 정의에 입각하는 것으로 보인다. 정의의 모든 부문들 중에서 이 후덕함에 수반되는 것이 더 왕들을 주목하게 한다. 정의의 다른 부문은 다른 자들을 시켜서 하는 데 반해서, 이런 일만은 특별히 자신이 맡아서 본다. 주책없이 후하게 구는 것은 사람들의 호의를 사는 데는 서투른 방법이다. 그렇게 하면 호의를 얻을 자의 수보다도 더 많은 사람들의 반감을 산다. "후하게 내려줌은 이미 더 많이 실시했을수록 다음에는 그만큼 더 못하게 된다. 기분 좋게 하는 일을 오래 두고 할 능력을 상실케 하는 일보다 더 어리석은 처사가 어디 있는가?"(키케로) 그리고 이런 후덕한 처사를 사람의 공로도 고려하지 않고 행한다면 받는 자들에게 수치를 주는 일이며, 그들은 받고도 고마워하지 않는다. 폭군들 중에는 그들이 불공평하게 승진시켜 준 자들의 손으로 국민들의 증오심에 희생된 자들도 더러 있다. 이런 인간은 자기가 후대를 받고도 베푼 자를 경멸하고 미워한다고 보여줌으로써 이미 받은 것을 확보하려고 생각하며, 이 점에서 일반의 판단과 여론에 영합하려는 것이다.

왕으로부터 지나친 하사를 받는 신하들은 요구도 지나치게 한다. 그들은 이치에 따라서 자기를 평가하지 않고, 남에게 해준 예에 따라서 한다. 이런 체면 없는 생각에 우리는 얼굴이 붉어지는 일이 많다. 받는 보수가 우리가 해준 수고와 비슷할 때에는, 정의를 따르면 우리는 너무 많이 받는다. 우리는 왕들에게 당연히 지고 있는 의무가 있지 않는가? 그가 우리의 비용을 부담한다면 그것만으로 과하다. 비용을 도와주는 것만으로 족하다. 그 초과액은 혜택이라고 부른다. 그것은 강요할 수 없는 성질이다. 관후(libéralité)라는 말 자체가 자유(liberté)라고 불린다. 우리 식으로 그것은 한이 없다. 받아버린 것은 이미 계산에 들어가지 않는다. 사람은 앞으로 후대받을 것밖에는 좋아하지 않는다. 그 때문에 왕은 남에게 주다가 줄 것이 없어질수록 그만큼 심복을 잃는다.

채워 줄수록 커 가는 욕심을 어떻게 만족시킨단 말인가? 가질 생각을 가진 자는 이미 가진 것은 생각하지 않는다. 탐욕은 배은망덕하기에 꼭 알맞은 소질이다. 이 시대의 왕들에게 그들이 하사를 잘하는 것인지 잘못하는 것인지 알아보는 시금석으로 쓰이고, 얼마나 더 묘하게 상을 주었던가를 보여주는 키루스 마왕의 예는, 이 자리에 알맞은 깨우침을 줄 것이다. 그 때문에 왕들은 그들이 후대해 주고 거기서 이름밖에 아무런 도움도 받지 못하는 자들에서보다는 알지 못하는 신하들에게서, 그리고 차라리 박대해 준 자에게서 더 많은 도움을 얻게 된다.

크로이소스는 대왕의 너무 후하게 쓰는 버릇을 책하며, 그의 손이 조금만 무디었다면 재산이 얼마나 더 불었을까를 계산해 보았다. 키루스는 자기가 하는 후한 처사가 옳다는 것을 보여주고 싶은 생각이 들었다. 그래서 즉시 특별히 출세시켜 준 각 지방의 고관들에게 사신을 특파하여, 자기 필요에 충당하도록 각기 가능한 대로 금전을 원조해 달라고 청하고, 미리 얼마를 보내 주겠다는 액수를 통고해 달라고 했다. 이 모든 계산서가 도착하고 보니, 그의 친구들은 각기 그의 후한 하사로 자기가 받은 것만을 보내는 것은 부족하다고 생각하여 자기의 재산을 더 보태 보내왔기 때문에, 그 액수는 크로이소스가 절약해서 얻을 것으로 계산된 액수를 훨씬 초과했다. 그래서 키루스는 그에게, "나는 다른 왕들보다 재물을 덜 좋아하는 것이 아니오. 아마도 내가 더 아낄 것이오. 내가 얼마나 적은 밑천으로 그 많은 친구들의 평가할 수 없는 재산을 얻었는가, 그리고 의무도 애정도 없는 고용인들에게 재물을 지키게 한 것보다 그들이 내 재산을 얼마나 더 잘 지켜 주었는가는 당신이 보는 바이오. 내 재물은 금고 속에 보관해 두어서 다른 왕들의 미움과 시기와 경멸을 사는 것보다 더 잘 보관되고 있소"라고 말했다.

로마의 황제들은 그들이 개최하는 천박한 공적 행사와 경기에 관해서, 그들의 권위가 어느 점(적으나마 외형으로는)에서는 로마인의 뜻에 달린 것으로 변명하려고 했다. 이 국민들은 어느 때나 이런 종류의 흥행과 낭비를 보고 좋아하는 것이 버릇처럼 되어 왔다. 그러나 자기 동포이며 친구인 시민들에게 주로 그 주머니를 털어서 막대한 비용이 드는 거창한 행사를 베풀어 주는 버릇을 길러온 것은 개인들이었다. 그런데 이것을 그들의 왕들이 모방하게 되면서부터 이 습관은 전혀 다른 취향을 지니게 되었다.

"합법적인 소유주의 금전을 외인에게 이전함은 후덕함으로 간주할 수 없다."(키케로) 필리포스는 그의 아들이 선물로 마케도니아인들의 인기를 얻으려고 하는 것을 보고 다음과 같은 편지를 보내 꾸짖었다. "뭐? 그대는 신하들이 그대를 왕으로 보지 않고 회계원으로 보아 달라는 것인가? 그들의 인기를 얻자는 건가? 금고의 혜택으로 얻지 말고, 그대 도덕의 혜택으로 얻으라."

그렇지만 프로부스 황제가 하던 식으로, 투기장의 마당에 푸른 잎이 아주 무성한 굵은 나무를 가져다가 심어 놓아 균형 잡힌 울창한 큰 숲을 보여주며, 첫날에는 이 속에다 타조 천 마리, 사슴 천 마리, 산돼지 천 마리, 흰 점박이 사슴 천 마리를 몰아넣어 국민들에게 사냥하도록 하고, 이튿날에는 국민들 앞에서 커다란 사자 백 마리, 표범 백 마리, 곰 3백 마리를 도살시키고, 셋째 날에는 3백 쌍의 검투사들에게 끝까지 싸우게 하던 것은 건강한 일이었다. 그리고 저 커다란 반원 극장을, 밝은 대리석을 붙여서 단장하고 수많은 형상들과 조각상들로 장식하며, 내부는 희귀하고 풍부한 아름다운 장식으로 휘황찬란하게—

원형 극장의 둘레는 보석으로,
문은 황금으로 찬란하게 장식하여,

(칼푸르니우스)

이 커다란 허공의 사방은 바닥에서 꼭대기까지 60줄이나 80줄의, 역시 대리석으로 된 계단으로 둘러싸고, 네모 무늬 방석을 깔고—

염치가 있거든 물러가라.
기사들의 방석자리를 내놓도록,
값을 치르지 않은 자는 일어서라.

(유베날리스)

그곳에는 10만 명이 넉넉히 앉아서 구경할 수 있으며, 경기를 하게 된 투기장에는 처음에는 기술로 반쯤 열어 갈라서 동굴을 만들어 보이고, 그 동굴들이 구경거리의 짐승들을 토해 내며, 다음에 둘째 번으로는 거기에다 물을 대어 깊은 바다를 만들어서 수많은 바다의 괴물들이 가득하며, 무장한 배를 띄워서 해전을 실연하고, 셋째 번으로는 다시 검투사들에게 싸움시키기 위해서 물을 뽑아 바닥을 말리고, 넷째 번으로는 붉은 모래와 스토락스(Storax, 향기를 풍기는 수지)를 뿌려 이 수많은 국민 전체를 위해서 엄숙한 향연을 베풀고, 이 하룻동안의 마지막은—

얼마나 여러 번 우리는 투기장 일부가 내려앉으며
　　누런 껍질의 나무, 황금빛 껍질의 숲속에
　　깊은 바닥이 반쯤 열려 맹수의 무리가 튀어나옴을 보았던가.
　　나는 이런 반원 극장에서 숲속의 괴수들과
　　싸우는 곰의 무리와 아울러 바다표범들뿐 아니라
　　하마란 흉측한 짐승이 나타나는 것을 구별할 수 있었다.　　(칼푸르니우스)

　어느 때는 높은 산의 울창한 나무에 과실이 가득히 달려서 나오며, 그 꼭대기에서 힘찬 폭포수와도 같이 개울물이 쏟아져내리게 한다. 어느 때는 거기 커다란 배가 떠서 저절로 열려 벌어지며, 배에서 짐승 4, 5백 마리가 나와 싸우다가 아무도 거들지 않는데 다시 닫히고 사라진다. 옛날에는 이 마당의 아래에서 물줄기가 공중으로 치솟아올라 사방에 퍼지며 수많은 군중에게 향수를 뿜어 주었다. 그리고 세월의 손상을 받지 않도록 어느 때는 이 모든 것 위에 바늘로 꿰맨 커다란 진붉은 차일을 치거나, 때로는 같은 빛깔이나 여러 빛깔의 비단으로 덮고는 그들이 하고 싶은 대로 이런 것을 덮었다 거두었다 하는 것이었다.

　　타오르는 태양이 반원 극장을 숯불처럼 구워 댔으나
　　헤르모게네스가 나오면 바로 차일을 거두어 버린다.　　(마르티알리스)

　맹수들이 포악하게 대드는 것을 막기 위해, 관중들 앞에 쳐놓은 그물 역시 금실로 짠 것이었다.

　　그물을 뜬 실 역시 금색으로
　　빛나고 있었다.　　(칼푸르니우스)

　이런 지나친 것에도 무슨 변명할 점이 있다면 그 참신한 착안이 감탄을 이끄는 점이며, 그 낭비에 있는 것은 아니다.
　우리는 이런 시대의 사람들이 바로 허영 속에 우리와는 얼마나 다른 풍부한 정신을 가지고 있었던가를 발견할 수 있다. 이런 종류의 풍족함도 자연의 다른 생산과 같다. 이 풍족함이 당시에 그들의 온 노력을 기울인 것이 아님은 말할 것도 없다. 우리는 전진하기는커녕 도리어 헤매고 있다. 여기저기를 뱅뱅 돌고 있을 뿐이다. 발걸음 닿는 대로 쏘다닌다. 나는 우리의 지식이 모든 방면에 허약하지 않은가 두려워한다. 우리는 멀리 내다보지도 못하며, 뒤를 조금도 돌아보지 못한다. 우리 지식은 포용하는 것이 얼마 되지 않고, 얼마 계속하지도 못한다. 그것은 시간의 폭으로나 내용의 폭으로나 마찬가지로 짧을 것이다.

> 아가멤논 이전에도 영웅은 많았건만
> 누구도 그들을 위해 눈물 흘리지도 않았고
> 오랜 어둠의 망각 속에 묻혔다. (호라티우스)

> 트로이 전쟁과 트로이의 멸망 전에도
> 많은 다른 시인들이 다른 사물들을 노래했다. (루크레티우스)

그리고 이집트의 제관(祭官)들이 그들 국가의 오랜 운명과 외국의 역사를 알아서 보존하는 방법에 관해서 말한 바를 듣고 솔론이 한 이야기에, "우리의 정신이 시간과 공간 속에 사방으로 뛰어들어 뿜어져 나가며, 두루 돌아다녀 보아도 자기의 진행을 저지하는 어떤 한계도 발견되지 않는 이 시간과 공간의 한도 없는 무한대를 관찰할 수 있다면, 이 무한 속에 우리는 측정할 수 없을 정도의 무수한 사물의 형체들을 발견할 것이다"(키케로)라고 전하는 것은, 이 고찰에 대한 반박으로는 보이지 않는다.

과거에 대해서 우리에게 전해 온 모든 것이 진실이고 그것을 어느 누가 알고 있다고 해도, 우리가 모르고 있는 것에 비하면 무(無)만도 못한 일이다. 우리가 이 세상에 살아 있는 동안 흘러가는 모든 사물들의 모습을 두고 말해도, 우리 중의 가장 호기심 많은 자가 알고 있다는 것은 얼마나 짧은 소견의 일들뿐인가! 운이 흔히 우리에게 중대한 일이라고 보여 주는 특수한 사건들뿐 아니라, 국가와 정부 같은 큰 일에 대해서도 우리가 아는 것보다 백 갑절 이상의 사건들을 우리는 알아보지도 못하고 넘어간다. 우리는 대포와 인쇄술의 발명을 기적이라고 떠든다. 이 세상의 다른 끝에 있는 중국에서는 우리보다 천 년 전에 이런 기술을 누리고 있었다.

우리가 보지 못하고 있는 세상만큼의 세상을 눈으로 볼 수 있다면, 우리는 생활 형태가 끊임없이 늘어가고 변화해 가는 것을 보리라는 것은 믿을 만한 일이다.

자연의 일에 관해서 희귀하다든가 단 하나밖에 없다는 사물은 아무것도 없다. 그러나 모든 규칙의 가련한 기초이며 자칫하면 사물들의 모습을 아주 그릇되게 그려 보이는 지식으로써 보면, 그런 일은 확실히 있다. 오늘날 우리는 자신의 허약하고 퇴폐한 사정에서 끌어내는 논법으로, 이 우주가 기울어져서 파멸해 간다고 얼마나 허황되게 결론짓고 있는가?

　　이제 그만큼 우리 시대는 쇠잔하고, 대지도 쇠잔했다.　　(루크레티우스)

마찬가지로 모든 기술의 참신함과 창의성이 풍부하던 자기 시대의 정신으로 자기가 보던 우주를 두고, 그리고 이 우주의 출생과 젊음을 두고—

　　내 생각엔 이 세상의 모든 것이 새로우며 가까운 일이다.
　　그 출생한 연대는 오래지 않다. 그 때문에 어떤 기술은
　　아직도 발전하여 완성되어 가고 있으며
　　그 때문에 오늘날의 항해술에는 새로운 많은 장비가
　　더 보태졌다.　　(루크레티우스)

이렇게 말하던 자도 똑같이 헛되게 결론지은 것이다.
최근 우리 세상은 이 옛 세상보다 크지도 작지도 않게 똑같이 충만하고 힘차다. 하지만 어린아이답게 새로워서 아직 ABC를 배우고 있는 다른 세상을 발견했다.(그리고 이것이 그의 막내 동생이라고 누가 감히 장담할 것인가? 귀신들도, 무녀(巫女)들도 이때의 이 다른 세상을 모르고 지내지 않았던가?) 50년 전에는 글자도, 무게

도, 자(尺)도, 의복도, 밀도, 포도도 모르고 있었다. 아직도 무릎 위에 벌거숭이로 있었고, 어머니인 대자연이 주는 방법으로만 살아왔다. 그러면 우리는 이 세상이 말기에 다다랐다고 보고, 이 시인은 자기 시대를 젊었다고 본다면, 우리 세상이 광명에서 나갈 때 이 새 세상은 광명 속으로 방금 들어오는 길일 것이다. 한쪽 다리는 오그라들고 나머지 다리가 팽팽하다면 이 우주는 마비되고 말 것이다.

나는 우리가 병폐에 감염되어 이 새 세상의 쇠퇴를 촉진시켰고, 그들에게 우리의 지식과 기술을 너무 비싸게 판 것이 되지나 않을까 두려워한다. 만일 우리의 용기와 타고난 힘이 그들보다 더했던 탓으로 그들을 매질하여 우리의 훈련에 굴복시키지 않았던들, 그리고 정의와 선심을 베풀어 우리의 강력한 힘으로 굴복시키지 않았던들, 그곳은 아직도 어린아이의 세상으로 남아 있을 것이다. 대부분 그들의 응답과 그들과의 교섭으로 보아서, 그들의 타고난 정신이 명석하고 마음씨가 정의로운 점은 그들이 우리보다 못할 것이 없음을 보여준다.

놀라울 만큼 장엄한 쿠스코시와 멕시코시의 규모라든가, 이와 비슷한 여러 사물들 중에서 그곳 왕의 정원에는 모든 나무들, 과실들, 풀들이 정원 안에 있는 같은 크기로 황금으로 만들어져 있고, 그의 방 안에는 매한가지로 그의 나라와 바다에서 나는 짐승들이 정렬되어 있으며, 보석과 깃털과 무명과 그림으로 된 작품들의 아름다움은 그들이 기교에서도 우리에게 결코 뒤질 것이 없음을 보여준다. 그러나 신앙심과 법률의 준수, 착함과 후덕함과 충실함과 솔직함에서는, 우리가 이런 소질을 그들만큼은 가지고 있지 않았기 때문에 우리에게 아주 유리했다. 그들은 이 장점 때문에 패하고 팔리고 배반당한 것이다.

과감성과 용기로 말하면, 또 확고성과 굳은 지조와 고통·굶주림·죽음에 대한 결심을 두고 보면, 나는 그들에게 볼 수 있는 예를 우리들 이편 세상의 기억에 남아 있는 옛날의 가장 유명한 예에 맞세워 보기를 두려워하지 않을 것이다. 그들을 굴복시킨 자들이 그들을 속이기 위해서 사용한 술책과 속임수가 없었던들, 그리고 아직 말(馬)도 본 일이 없을뿐더러 사람을 태우거나 짐을 싣게 길들인 짐승들도 없던 자들에 대해서, 그들과 전혀 다르게 생긴 털보들이, 언어도 종교도 형태도 용모도 다른 자들이, 이제껏 본 일이 없는 커다란 짐승(말)을 타고, 사람이 살고 있으리라고는 생각지 못했던 먼 세상에서 불시에 이런 나라로 닥쳐온 데서 마땅히 일어날 경악, 거울 조각이 비쳐 주고 칼이 번쩍이는 것을 기적처럼 보며, 황금과 진주 같은 큰 보물과 바꾸려고 들고, 마음을 뚫어 볼 지식도 재료도 없는 자들에 대해서 단단하고 번질거리는 껍질(갑옷)을 뒤집어쓰고, 예리하고 번질거리는 무기로 장비된 자들이 닥쳐온 데서 오는 경악이 없었던들, 거기다가 옛날의 카이사르도 그만큼 경험이 없으면 놀라 떨어지게 했을 천둥과 벼락같은 대포와 소총을 보태어 생각해 보라. 그것은 지금 이 순간에도 벌거벗고 사는 종족들이 무명옷이나 만들어 입고 무기라고는 기껏해야 활이나 돌이나 몽둥이, 그리고 나무로 만든 방패뿐인 자들에게, 신실한 우정의 가면 밑에 알지도 못하는 기이한 물건들로 꾀는 바람에 보고 싶은 호기심에 끌려 보다가 기습당한 것이니, 이 정복자들에 대해서 이토록 짝이 맞지 않는 상대였던 것을 계산에 넣어 보라. 그대는 이 정복자들에게 그 많은 승리의 모든 근거를 거부할 것이다.

이 수천 명의 남자·여자·어린아이들이 그들의 신과 자유를 수호하기 위해서 나서며, 그렇게도 여러 번 피할 길 없는 위험에 부딪쳐 오며, 자기들을 그토록 수치스러운 방법으로 속인 자들의 지배에 굴하기보다는 기꺼이 모든 어려움과 고난, 그리고 죽음을 감당해 내는 완고한 용감성을 보이고 있다. 또한 어떤 자들은 사로잡혀 이토록 비굴하게 승리한 적들의 손에 매여 사는 것을 용납하기보다는 차라리 음식을 끊어 굶어 쓰러지기를 택하고 있다. 이처럼 굴복시킬 수 없는 그들의 이 충성을 보면, 만일 누가 무기로나 경험으로나 1대 1로 그들을 공격했다면, 우리가 보는 다른 전쟁에서만큼의, 또는 그보다 더한 위험을 당했을 것이라 예견한다.

어째서 이런 고귀한 정복이 알렉산드로스나 옛날의 그리스나 로마 사람들의 차지가 되지 않았던가! 어째서, 이렇게도 많은 제국들과 국민들의 위대한 변혁과 개화가 그들의 야만적인 면을 부드럽게 개척하고 닦아서, 대자연이 그곳에 이루어 놓은 좋을 씨앗에 힘을 주고 발전시켜서 땅의 경작과 도시의 장식에 대단히 필요했을 이곳의 예술을 보태어 주었을 뿐 아니라 그 고장에 있던 도덕에 그리스와 로마의 도덕을 보태 주지 않았던가! 그랬더라면 저 너머로 건너갔던 우리의 첫 번 시범과 행동이 그곳 국민들에게 이편 덕성을 감탄하며 본받게 하고, 그들과 우리 사이에 우애적인 교섭과 양해를 이룩하며, 이 온 세상에 얼마나 훌륭한 개량과 개선이 이루어졌을 것인가! 그렇게도 새로운 마음으로 배움에 굶주리던 터에, 대부분이 아름답게 타고난 소질들을 이용해서 키워 가기에 얼마나 일이 쉬웠을 것인가!

반대로 우리는 그들의 무지와 무경험을 이용해서 우리의 풍습 사례와 배신과 음탕과 탐욕과 모든 종류의 비인간적인 잔인성의 방향으로 그들을 보다 손쉽게 휘어 갔다. 누가 도대체 상업과 교역의 업무에 이렇게도 가치를 주었던 것인가? 그 많은 도시들이 파괴되어 쓰러져 아주 없어지고, 그 많은 국가들이 멸망하고 수백만의 국민들이 칼끝에 꿰이고, 세상에서 가장 아름답고 중요한 부분이 진주와 후추 무역을 위해서 뒤집히다니! 기계적인 승리이다. 이다지도 야심이, 이다지도 적의가 인간들 서로의 무서운 적개심과 비참한 재난을 이루어 놓은 일은 없었다.

일부 스페인 사람들은 해안선을 따라서 광산을 탐색해 가며, 비옥하고 온화하고 사람이 많이 사는 나라에 상륙했다. 그리고 그 국민들에게 그들이 버릇으로 하는 책망을 던졌다. "우리는 사람이 사는 세상에서도 가장 위대한 제왕인 카스틸라 왕의 명으로 파견되어, 먼 항해 끝에 찾아온 평화로운 사람들이다. 카스틸라 왕은 이 땅 위의 하느님의 대표자이신 교황에게서 이 서인도의 모든 땅의 영유권을 받았다. 너희들이 이 왕께 조공을 바칠 생각이면, 너희들은 대단히 친절한 대접을 받을 것이다." 그들은 살기 위해 필요한 식량과 약으로 필요하다고 황금을 요구하고, 겸하여 그들에게 유일신의 신앙과 우리 종교의 진리를 설교하여 받아들이도록 권고하며, 거기에다 어떤 위협을 보태었다.

그에 대한 대답은 이러했다. "평화롭다는 말은 그렇다고 해도, 너희들의 인상이 그렇지 못하다. 너희 왕으로 말하면 남에게 무엇을 요구하는 것으로 보아 상당히 곤궁한 모양이다. 그리고 그에게 이런 분배를 해준 자는, 자기 것이 아닌 제삼자의 물건을 주어서 전의 소유자와 싸움을 일으키게 하는 것을 보니, 그는 불화를 조성하기를 즐기는 인물이다. 식량으로 말하면 쓰는 대로 공급하겠다. 황금으로 말하면 얼마 갖지는 않았을뿐더러 중하게 여기지도 않는다. 인생을 재미나고 행복하게 보낼 생각만을 할 뿐이니, 황금 따위는 살아가는 데 그리 필요한 것이 아니다. 그러니 신들에게 봉사하기 위한 것만을 제하고 찾아갈 대로 찾아가

라. 용감하게 빼앗아 가 보라. 유일신이란 말은 그럴듯하다. 그러나 우리는 오랫동안 우리들의 종교를 섬겨 왔으니, 신앙을 갈아치울 생각도 없고, 또 습관상 친구나 친지들의 충고밖에는 받아 본 일이 없다. 위협으로 말하면 어떤 성품과 방법을 갖고 있는지 모르는 사람들을 위협하고 다니는 것은 판단력이 부족한 징조이다. 그러니 빨리 이 땅에서 물러갈 일이다. 우리에게는 무장한 외국인들의 정직성과 설교를 좋게 보지 않는 풍습이 있다. 물러가지 않으면 저와 같이 다른 자들의 꼴로 만들어 주겠다." 그러고는 도시 주변에 매달아 놓은 처형당한 자들의 머리를 보여 주는 것이었다. 이것이 소위 어린아이들의 더듬거리는 말투이다. 아무튼 스페인 사람들은 이곳에서나 다른 곳에서나 그들이 찾고 있는 재물을 얻지 못할 때에는 아무리 다른 좋은 일이 있더라도 그들이 계획하던 것을 중지하는 일은 없었다. 그것은 내가 '식인종'의 장에서 보여 준 바이다.

이 신대륙에서, 그리고 구대륙까지 쳐서 가장 강력하던 제왕들로, 그들이 마지막으로 쫓아낸 두 제왕 중에 왕들의 왕인 페루의 왕은, 한 전투에서 사로잡혀 믿어지지 않을 만큼 터무니없는 몸값을 요구받았다. 그는 충실하게 이를 전부 치렀다. 그가 이 교섭에서 솔직하고 너그러우며 지조 있는 용기와 명석하고 야무진 이해력을 보여주니, 정복자들은 132만 5천5백 냥쭝의 황금과 같은 액수의 은과 다른 재물들을 짜내서 그들의 말에 황금 징을 박고 나설 정도였다. 그러나 그들은 다른 불충실한 행위가 있었다는 핑계로 이 왕에게 아직도 남아 있는 보배는 얼마나 될 것인가 생각하고, 남겨둔 보배마저 빼앗아 실컷 누려 볼 생각을 했다.

그들은 이 왕이 자신을 해방시키려고 지방민들에게 반란을 일으키라는 밀령을 내렸다는 거짓 고발을 조작했다. 그리고 이 배신행위를 꾸민 자들의 재판으로 그를 사람들 앞에서 교수형에 처한다는 판결을 내리고, 처형되기 직전 그에게 영세받게 하여 산 채로 불태워 죽이는 고문만은 면제해 주었다. 이제껏 들어 본 적이 없는 끔찍스러운 사건이다. 그러나 그는 용모도 언동도 흩뜨림 없이 왕다운 장중한 자세로 처형을 당했다. 그러고는 이렇게도 괴상한 사건에 놀라 마음이 뒤집힌 국민들의 마음을 가라앉히기 위해서, 그의 죽음을 매우 슬퍼하는 체 가장하고 화려한 장례식을 치러 주라고 명령했다.

또 멕시코 왕은 포위된 자기의 도성을 오랫동안 방위하며, 이 전투에서 왕이

나 국민들이 보여 줄 수 있는 한의 인내력을 드러내고 나서, 불행히도 왕의 대접을 받는다는 조건으로 산 채로 적의 손에 넘어갔다(그는 감옥에서도 왕답지 않은 일은 어떤 것도 그들에게 보여 준 일이 없었다). 이 승리 뒤에 그들은 모든 것을 들추어 뒤져 보고 기대했던 황금을 모두 다 찾아내지 못하자, 잡아 둔 죄수들에게 그들이 생각해 낼 수 있는 가장 혹독한 고문을 가해서 그 감춰 둔 곳을 알아보려고 했다. 그러나 그들은 자기들이 주는 고통보다 더 강한 용기에 부닥칠 뿐, 아무 소득도 얻지 못했다. 마침내 그들은 울화통이 터져서 이미 약속했던 것도 어기고, 인간의 모든 권익을 무시하며, 왕과 그의 고관 하나를 마주 앉혀서 죽음의 고문을 시작했다. 이 고관은 벌건 불덩어리로 둘러싸여 고통을 이겨내지 못해, 끝내는 가련하게도 그의 눈을 자기 윗사람에게 돌려 더 이상 참지 못하겠다고 용서를 청하는 것 같았다. 그러자 왕은 반은 방만하고 냉혹한 눈으로 쏘아보며, 비굴하고 겁 많은 태도를 이런 말로 꾸짖었다. "그래, 나는 목욕탕 속에 있는가? 내가 자네보다 더 편안하게 있는가?" 그러자 그는 얼마 후에 고통을 못 이겨 쓰러져 그 자리에서 죽었다. 왕은 반은 구워져서 들려 나갔다. 그것은 측은해서가 아니라(도대체 황금의 항아리를 약탈할 수 있다는 확실치 못한 정보를 가지고, 그 지체나 품격으로 보아 위대한 왕은 고사하고 한 인간을 눈앞에서 불에 굽고 있는 자들의 마음에 어떠한 측은한 심정이라도 있을 수 있겠는가?) 그의 지조 높은 태도 앞에서 자신들의 잔인함에 점점 더 수치를 느꼈기 때문이었다. 그들은 오랜 굴욕적인 감금 생활을 면하려고 무기를 들고 용감하게 싸우려고 했던 이 인물을 그 뒤에 교수형에 처했다. 그는 장엄한 제왕답게 생명을 마친 것이다.

또 한 번은 단번에 4백60명을 산 채로 불태워 죽였다. 4백 명은 평민이고, 60명은 지방의 귀족들이었는데, 단순한 전쟁 포로들이었다.

우리는 그들로부터 직접 이 이야기를 들었다. 그들이 이것을 고백할 뿐이 아니고, 자랑하며 퍼뜨리고 다녔던 것이다. 이것이 그들의 정의감이나 종교에 대한 열성의 증거란 말인가? 참으로 이것은 신성한 목적과는 너무나 동떨어진 적대적인 길이다. 그들이 우리의 신앙을 전파할 뜻이었더라면, 신앙이란 토지를 소유함으로써 전파되는 것이 아니라 사람의 마음을 소유함으로써만 된다는 것을 생각했을 것이다. 그리고 전쟁 때문에 일어나는 살육으로 만족하고, 거기에 그들이 행한 식으로 광산에서 일을 시킬 가련한 노예들로 만들 생각인 자들만 남겨 놓고는, 칼과 불로 저지를 수 있는 한도로 야수에게 하듯 보편적인 무차별적으로 참혹하게 마구 죽이는 행위를 하지는 않았을 것이다. 이것이 너무나 심해서 스페인 사람들의 여러 두목들은 거의 모두가 비난과 증오를 받고, 그 행동에 분개한 카스틸라 왕의 명령으로 자기들이 정복했던 고장에서 죽음의 처형을 당했다.

하느님께서는 당연하게도 이런 거창한 약탈품들이 운반되는 도중에 바닷속으로 침몰되든지, 그들끼리 서로 잡아먹으려는 내란의 와중에 빠져들고, 그들의 대다수가 승리의 보람도 없이 그 자리에 묻혀 버리게 해 주었다.

저 총명하고 알뜰한 왕의 손에 들어온 수입은 그의 선왕들 때 기대하던 바와, 이 신대륙에 처음으로 접해서 만나 본 최초의 풍부하던 재물에 비해서 대단히 기대에 어긋났다(아직도 많은 재물을 끌어내지만 기대하던 바에 비하면 아무것도 아닌 것이다). 그곳에는 금전 사용이 전혀 알려지지 않았고, 따라서 그들의 황금은 한군데로 뭉쳐 있어서 마치 강력한 여러 제왕이 대대로 이어받아 보존된 가구 집기와 같이 남에게 보이는 장식 구실밖에는 못했으며, 우리의 황금은 모두 물건을 사서 장사하는 곳에 사용하고 있는 데 반해서 이 왕들은 항상 광산의 금을 뽑아 내서는 궁전이나 사원의 장식품인 항아리나 조각상을 만들기 위해서 소비했기 때문이다. 우리는 그것을 잘게 쪼개서 수많은 형태로 변형하고 펴서 흩어 놓는다. 우리 왕들이 몇 세기를 두고 얻었을 모든 황금을 이렇게 쌓아 두고 꼼짝 못 하게 보관했다고 상상해 보라.

멕시코 왕국은 어떤 점에서 주변의 나라들보다 문화와 예술이 더 발달되어 있었다. 그래서 그 왕들은 우리처럼 우주가 그 종말에 가까웠다고 생각하고, 우리가 그곳에 가서 일으킨 약탈을 그 징조로 보았다. 그들은 우주의 존재를 다섯 시대로 구분하고 있으며, 서로 연속되는 다섯 태양의 생명 중에서 네 개는 이미 그 시간이 다 끝났고, 그들을 밝혀 주는 것은 다섯 번째의 태양이라고 믿고 있었다. 첫 번 세상은 온 우주를 휩쓴 대홍수로 모든 생명들과 함께 멸망했고, 둘째 것은 하늘이 우리들 위에 무너져 모든 생명들이 질식해 버렸는데, 이때를 거인들의 시대로 정하고 있으며, 그 거인들의 뼈다귀를 스페인 사람들에게 보여 주었다. 그것은 비율로 따지면 사람의 키가 스무 뼘이나 되는 것이었다. 세 번째 세상은 불이 모든 것을 태워서 없애 버렸다. 네 번째 세상은 공기와 바람이 요동해서 여러 산들까지도 쓸어 없앴다.

7
고귀한 신분의 불편함에 대하여

우리는 그런 것에 도달할 수가 없으니 욕설이라도 퍼부어 화풀이라도 해보자 (그러나 어떤 일의 결함을 찾아내는 것만으로는 아직 욕설이라고 할 수가 없다. 아무리 일이 아름답고 훌륭하다고 해도 결함이 전혀 없는 것이 아니다). 대체로 권세라는 것은 자기가 하고 싶은 때 아래로 내려가며 윗조건이건 아랫조건이건, 거의 마음대로 택할 수 있는 것이 그의 이점이다. 사람은 모든 높이에서 떨어지기만 하는 것이 아니다. 떨어지지 않고 내려올 수 있는 일이 더 많다. 어떻든 우리는 권세를 지나치게 높이 평가하고 있으며, 또 우리가 보았거나 들어온 바의 권세를 경멸하거나 스스로 그것을 포기한 자들의 결심을 역시 너무 과소평가하는 것으로 보인다. 그 본질이 기적이 아니고는 거절하지 못할 만큼 분명히 편리한 것은 아니다.

나는 불행을 참아 내는 노력은 대단히 힘들다고 보지만, 뚜렷하지 않은 정도의 운명에 만족한다거나 권세를 회피한다는 것은 대수롭지 않은 일로 본다. 그것은 나처럼 얼빠진 자라도 도달하기에는 그리 힘들지 않은 덕성이라고 본다. 이런 것을 거절하는 데서 오는 명예를 고려하는 자들은 어찌해야 한다는 말인가? 이 거절이 권세를 바라거나 누리는 것보다 더 큰 야심을 품고 있을 수 있으며, 야심이라는 것이 다른 사람들과는 다른 특이한 길로밖에는 제 경향을 좇지 않는 바에는 말이다.

나는 참을성 있는 마음을 단련하며, 욕심내는 마음을 약화시키고 있다.

나도 남만큼 바랄 것도 있다. 그리고 남만큼 내 소원이 자유롭고 주책없이 움직이게 내버려 둔다. 그렇지만 내게는 제국이나 왕위를 바라든가, 저 높은 운명으로 사람을 지배하는 고관대작을 원한 적은 전혀 없다. 나는 이런 것을 노리지는 않는다. 나는 나 자신을 무척 사랑한다. 내가 성장을 생각한다면, 그것은 비속하게 결단성으로나 조심성으로나, 건강으로나 미로나, 또 재산으로나 나 자신에 적합하도록 겁 많고 제한된 성장을 생각한다. 그러나 권세에 결부되는 저 강력한 신망이라든가 권위라든가 하는 것은 내 상념을 압박한다. 그러나 저자(카이사르를 가리킴)가 말한 바와는 정반대로, 나는 파리에서 첫째가 되기보다는 페리구외에서 둘째나 셋째가 되기를 원하겠다.

거짓말이 아니라 직책으로 파리에서 첫째가기보다는 셋째가 좋겠다. 나는 가련한 무명인사로 어느 집 문지기와 싸우고 싶지도 않고, 거리를 지나가다가 군중들에게 "에라 물렀거라!" 하며 길을 가르고 다니고 싶지도 않다. 나는 팔자로나 취미로나 중간쯤에 애정이 있다. 그리고 내 인생이나 내가 원하는 것을 처리해 가는 데 있어서, 세상에 나올 때 하느님이 태워 준 지체를 뛰어넘기를 바랐다기보다는 도리어 그런 생각을 피해 왔다. 타고난 모든 제도는 똑같이 정당하고 편안하다.

나는 이렇게 마음이 졸장부라, 좋은 운명을 그 높이로 재지 않고 그 안이성으로 재어 본다.

그러나 내 마음은 넉넉하게 크지는 못할망정 그 대신 고루 트이고, 그 약점을 과감하게 공개하라고 내게 명령한다. 누가 한편에 저 인품이 활달하고, 미남자요 학자요, 건강하며 이해심 있고, 모든 종류의 편의와 쾌락을 풍부하게 누리며, 완전히 자기만의 고요한 생활을 찾고, 마음에는 죽음이나 미신이나 고통 등 인생의 모든 장해를 당해 낼 결심을 가지고, 마지막으로 자기 나라를 수호하기 위해서 무기를 들고 전쟁에서 죽어 간 토리우스 발부스의 생애와 또 한편에는 모두가 그 이름을 알 만큼 지체가 높고 위대하며, 종신 때까지 세상 사람들의 숭배를 받은 레굴루스의 인생에서, 하나는 권위 없는 무명인사요, 또 하나는 훌륭하게 모범적이고 영광스러웠던 처지를 비교해 보라면, 내가 키케로만큼 말을 잘할 줄 안다면 (키케로는 레굴루스를 더 높이 평가하고 있다) 나도 그와 같이 말할 것이다. 그러나 내가 그들을 내 생애와 비겨 본다면, 나는 첫 번 것이 내 분수에 맞고 내 욕심에 맞으며, 다음 것은 내게서 거리가 먼 만큼 후자는 존경심으로밖에 도달하지 못할 것이다. 그러나 전자는 내 습관대로라도 쉽사리 도달할 수 있다고 말하련다.

우리가 처음에 다루어 본 세속적인 권세의 문제로 돌아오자.

나는 능동적이건 수동적이건 지배라는 것이 싫다. 오타네즈는 페르시아의 왕권을 주장할 권리를 가진 일곱 사람들 중의 하나였는데, 그는 내가 즐겨 취했을 태도를 지녔다. 그것은 자기가 명령하거나 명령받거나 하는 것을 참을 수 없는 일인 만큼, 자기와 가족들이 이 제국 안에서 그대의 법률을 위배하는 일이 없는 한 아무런 지배할 일도 지배받을 일도 없이, 옛날의 법을 지키는 문제만 제하고 완전히 자유롭게 살아가게만 해 달라는 조건으로, 제비를 뽑아서나 선거에 의해서나, 왕위에 오르는 권리를 동료들에게 포기한 것이었다.

내 생각으로는 세상에서 가장 거칠고 힘든 직업이 당당하게 왕 노릇을 해내는 일이다. 아무리 생각해 보아도 무서워지는 그들 직책의 끔찍한 무게를 보아서, 나는 사람들이 대개 하는 것보다 더 그들의 잘못을 용서해 준다. 그렇게도 엄청난 권력을 가지면 절도를 지키는 것도 힘이 든다. 그 때문에 그런 자리에서는 조금이라도 좋은 일을 하면 기록과 보고에 오르지 않는 것이 없고, 조금이라도 일을 잘하면 혜택이 많은 사람에게 미친다. 그 자리에서는 그대 능력이 설교하는 자의 것과 같이, 주로 판단력이 불확실하고 속이기 쉽고 만족시키기 쉬운 민중들에게 미치기 때문에, 거기 앉으면 성정이 좀 탁월하지 못한 사람들도 도덕적으로 처신하려는 자극을 받는다.

우리가 성실한 판단을 내릴 수 있는 일이란 대단히 드물다. 왜냐하면 우리가 개인적 이해관계를 갖지 않는 일은 극히 드물기 때문이다. 윗자리와 아랫자리, 지배와 복종의 지위에 앉으면 서로 타고난 시기심과 경쟁 의식에 사로잡히게 된다. 그들은 끊임없이 서로 약탈해야만 한다. 나는 이 동료들 사이에서 어느 편의 권리도 믿지 않는다. 우리가 이성을 행사할 수 있다면 이 냉철하고도 굽히지 않는 이성에게 발언권을 주자.

아직 한 달도 못 된 일이지만, 나는 이 문제를 가지고 논쟁하는 스코틀랜드 작가의 저서 두 권[11]을 읽어 보았다. 거기서 인민당은 왕을 마부만도 못한 조건에 두었고, 왕당은 왕을 권세와 주권으로 하느님보다도 몇 길 더 높이 올려놓고 있다.

그런데 최근에 내게 알려진 주목할 만한 것을 여기 들어 보지만, 권세의 옹색

---

11) 전자는 부카난의 작품, 왕권을 법의 아래에 두고 있다. 후자는 아담 블랙우드의 작품, 왕권을 신성시한다.

한 점은 이런 데 있다. 사람과 사람 사이의 교제에서는, 신체의 훈련에서건 정신의 훈련에서건 명예와 공적의 시기심에서 하는 수작보다 더 재미나는 일은 없을 것이다. 이런 것은 주권의 권세와는 아무런 상관도 없는 일이다. 사람들은 흔히 제왕들을 너무 존경하기 때문에, 그들을 경멸조로 부당하게 취급하는 것같이 보였다. 나는 어릴 적에, 나와 함께 경기하는 자들이 나를 애써 싸워 볼 가치가 없는 상대로 여겨, 힘을 아끼며 진심으로 나를 이기려고 대들지 않는 것이 대단히 불쾌했다. 이런 꼴은 제왕들이 날마다 당하는 일이며, 누구나 다 그들을 애써 가며 싸워 볼 거리가 못 된다고 생각한다. 만일 누가 다소나마 승리에 관심을 갖는다고 해도 자기 승리를 그들에게 넘겨주려고 애쓰지 않는 자는 없으며, 그들의 비위를 거스르기보다 승리를 포기하려고 하지 않는 자는 없다. 어느 누구도 상대편의 명예를 위해서 소용되는 정도밖에 힘을 써 주지 않는다.

각각이 이 왕공들 편을 들고 있는 싸움의 마당에서, 그들은 어떤 역할을 맡고 있는가? 나는 옛날 무사들이 말 위에서 창 시합이나 투기에 신통력을 갖춘 신체와 무기를 가지고 나오는 것을 눈앞에 보는 듯하다. 브리손은 알렉산드로스와의 경주에서 온 힘을 다하는 체했다. 알렉산드로스는 그 때문에 그를 질책했다. 그는 그자를 볼기를 치는 형벌에 처하라고 명령했어야 할 일이다.

이런 점을 생각하여 카르네아데스는 늘, 제왕의 아들들은 다른 경기에서 모두 그들 밑에 굽히고 승리를 주기 때문에 결국 말타기밖에 배우지 못한다고 했다. 말은 아첨꾼도 궁신도 아니며, 짐꾼의 자식이나 마찬가지로 그들을 내동댕이친다는 것이다.

호메로스는 트로이 전쟁에서 비너스에게 상처를 줄 수밖에 없었다. 그렇게도 상냥하고 가냘프며 거룩한 몸이지만, 위험이 면제된 자에게 결코 올 수 없는 용기와 과감성을 주기 위해서는 불가피한 일이었다. 사람들은 신들도 분노하고 두려워하며, 도망가고 서로 질투하며, 슬퍼하고 열중하게 한다. 그것은 우리에게 있는 이런 불완전한 소질에서 나오는 덕성으로 그들에게 명예를 주기 위함이었다.

모험과 곤란에 참여하지 않는 자는, 위험한 행동 뒤에 따라오는 명예와 쾌감의 혜택을 요구할 수 없다. 모든 일이 자기 앞에 양보할 만큼 대단한 권세를 갖는다는 것은 가련한 일이다. 그대의 운은 사회와 친구를 그대에게서 멀리 물리치고, 그대를 너무 외떨어지게 한다. 이렇게 비굴하게도 쉽게 모든 것을 자기 앞에 굽히게 하는 안일감은 모든 쾌락의 적이다. 그런 따위는 미끄러지는 것이지 가는 것은 아니다. 그것은 잠자는 것이지 사는 것은 아니다. 전능한 권세를 가진 인간을 생각해 보라. 그대는 그를 허공에 떠 있게 한다. 그는 그대에게 장애와 저항을 달라고 구걸해야 할 것이다. 그의 존재와 행복이 궁핍에 빠진 것이다.

그들의 좋은 소질은 사라지고 잃어버렸다. 왜냐하면 이런 소질들은 비교에 의해서만 느껴지기 때문이다. 그런데 그들은 이 비교에서 제외되어 있다. 그들은 계속해서 틀에 박힌 칭찬을 싫증나도록 들었기 때문에, 진실된 칭찬의 맛을 거의 알지 못한다. 그들은 신하들 중의 가장 못난 자를 상대하게 된다고 해도, 이 바보보다도 조금도 나은 실력을 발휘할 수는 없다. "그는 나의 왕이기 때문이다"라고 하며, 그는 일부러 지려고 힘을 썼다고 버젓이 말하는 것처럼 보인다.

이 권세라는 소질은 진실하고 본질적인 다른 소질을 질식시켜 없애 버린다. 이 다른 소질들은 왕위 속에 묻혀 버리고, 그들에게는 왕위에 직접 관련되는 행동과 왕위를 위한 일, 그들의 직무 수행밖에는 달리 그 가치를 나타낼 기회를 주지 않는다. 그렇게밖에는 못하는 것이 왕 되는 일이다. 외부적으로 둘러싸고 있는 이 광명은 그를 감추어 우리에게 왕이라는 인물을 보이지 않게 만든다. 왕이라는 이 강력한 광명이 충만해 가로막기 때문에 우리 시력은 그 힘으로 부서지며 흩어진다. 원로원이 티베리우스 황제에게 웅변상을 주려고 하자, 그는 이 심판이 자유롭게 이루어지지 못한 것이며, 그 판단이 진실이라고 해도 그가 그렇게 느낄 수 있는 것으로 생각하지 않았기 때문에 받기를 거절했다.

우리가 명예에 관한 모든 장점을 그들에게 양보하는 식으로, 그들도 마찬가지로 그의 결함과 악덕까지도 옳은 일이라고 인정할 뿐 아니라, 모방까지 해가며 그런 일하는 권한을 그들에게 주고 옹호한다. 알렉산드로스의 시종들은 모두가 그를 본떠서 고개를 갸우뚱하게 기울이고 다녔다. 그리고 디오니시우스의 아첨꾼들은 그와 같이 근시안인 체하느라고, 그의 앞에서 잘 부딪치고 발끝에 걸리는 것을 차고 둘러엎곤 했다. 탈장(脫腸)까지도 때로는 으스대며 자랑할 거리가 되었다. 나는 귀먹은 것도 뽐낼 거리가 되는 것을 보았다. 플루타르크는 왕이 왕비를 미워하자, 궁신들도 덩달아 사랑하는 아내를 쫓아내는 것을 보았다.

더 심한 것은 음탕한 버릇이 모든 버릇과 아울러 유행하고, 불충·모독·잔인성도 그렇고, 사교가 그렇고, 미신·무신앙·태만이 그렇다. 더 나쁜 일로, 도대체 더 나쁜 일이 있는지는 모르지만, 미트리다테스의 아첨꾼들은 그들의 왕이 명의(名醫)라는 영광을 얻고 싶어 하자 자기들 몸을 째고 지지고 했다. 그러나 그보다 더 위험한 본보기로 다른 자들은 몸의 가장 미묘하고 고귀한 부분인 심령을 지지도록 그대로 두고 있는 것이다.
　내가 시작한 이야기로 끝맺자면, 하드리아누스 황제가 어떤 문자의 해석을 가지고 철학자 파브리누스와 토론하던 때, 파브리누스는 바로 승리를 황제에게 양보했다. 그의 친구들이 그를 비난하자, 그는 대답하기를, "그런 말 마시오. 그래 30군단을 지휘하는 그가 나보다 박학하지 못하단 말이오?"라고 했다. 아우구스투스가 아시니우스 폴리오를 공격하는 시를 썼다. 그러자 폴리오는 말했다. "나는 입을 다물겠소. 나를 추방할 수 있는 자에게 대항해서 글쓴다는 것은 현명한 짓이 아니오." 그의 말이 옳았다. 왜냐하면 디오니시우스는 시로는 필로크세노스를, 산문으로는 플라톤을 당해 내지 못하자, 하나는 채석광으로 중노동형을, 하나는 노예로 팔아 아이기나 섬으로 쫓아냈다.

8
논변의 기술에 대하여

　다른 자들을 경계하여 타이르기 위해 어떤 자를 처벌하는 것은, 프랑스의 법 시행 관례로 되어 있다.
　잘못을 저질렀기 때문에 그들을 처벌한다는 것은 플라톤이 말하듯 어리석은 수작이다. 왜냐하면 한번 저지른 일은 하지 않은 것이 될 수는 없기 때문이다. 그보다도 그들이 똑같은 잘못을 다시 저지르는 일이 없도록, 또는 사람들이 그런 본을 뜨지 않게 하기 위해서 처벌받는 것이다.
　사람들은 목매어 죽이는 자의 행실을 고쳐 주는 것은 아니다. 그에 의해서 다른 자들의 행실을 고친다. 나도 같은 식으로 한다. 내 잘못들은 어떤 때는 고칠 수 없는 타고난 것이다. 그러나 점잖은 사람들은 일반 사람들에게 본받을 거리를 주어서 이롭게 하는 것을, 나는 아마도 나를 본받지 않게 하는 일로 공중에게 이익을 줄 것이다.

> 그대는 알비우스의 아들이 얼마나 못되게 살아가며,
> 바루스는 얼마나 비참한 꼴인가를 보지 않는가!
> 어버이의 유산을 낭비하지 못하게 할 훌륭한 훈시이다. (호라티우스)

나의 불완전한 점을 공개하고 비난하면, 이를 두려워할 사람도 생길 것이다. 내가 자신에서 가장 평가하는 몫은 나를 추어올려 주기보다 나를 비난하기로 영광을 삼는 일이다. 그 때문에 나는 여기 더 자주 내 문제를 다룬다. 그러나 모두 이야기하고 나면, 자기가 말한 것은 아무래도 손해가 된다. 사람들의 자기에 대한 비난은 늘 불어 가고, 칭찬은 줄어가기 때문이다.

아마 나처럼 시범보다는 반발로, 추종보다는 회피로 자기를 가르쳐 가는 성미를 가진 자들도 더러 있을 것이다.

대 카토는 어리석은 자들이 현자에게서 배우는 것보다도 현자들이 어리석은 자에게서 더 많이 배운다고 했고, 파우사니아스가 이야기하는 한 늙은 음악가는 제자들에게, 바로 앞집에 사는 못난 악사의 연주를 강제로 듣도록 보내 부조화음과 틀린 박자를 식별할 줄 알게 길들였다는 것은, 이런 종류의 훈련을 노렸던 것이다.

나는 너그러움의 모범에 끌리는 것보다도 잔인성을 미워하는 마음에서 더한 층 너그러운 심정으로 밀려 간다. 능숙한 승마 기수의 역할은 검사나 베네치아인이 말 타는 방식만큼 내게 말 타는 법을 가르쳐 주지 못한다. 그리고 올바른 어법보다도 서투른 방식이 나의 어법을 더 고쳐 준다. 나는 날마다 다른 사람의 못난 꼴을 보고 내 모습을 살펴보며 바로잡아 간다. 기분 좋은 일보다 속 쓰린 일이 더욱 자극을 주어서 잠을 깨운다. 이 시대는 찬성보다도 반대로, 닮기보다도 다르게 처하기로 후퇴 방법을 써서 우리에게 개선의 길을 찾아 준다. 좋은 본으로 배울 점이 적기 때문에 나는 더 평범한 교재로 나쁜 본을 사용한다. 나는 남에게 폐를 끼치는 자들을 많이 보았기 때문에 그만큼 남에게 좋게 해 주려고 노력했고, 물러 빠진 자들을 많이 보는 만큼 더 견실해지려고 했고, 상스러운 자들을 보았기 때문에 그만큼 상냥해지려고 노력했다. 그러나 나는 도달할 수 없는 표준을 세우고 있었던 것이다.

우리 정신의 가장 자연스럽고도 효과 있는 훈련법은, 사람과 논변(論辯)하는 일이다. 나는 이 방법이 인생의 어느 다른 행동보다도 더 감미로운 일이라고 생각한다. 이런 이유에서 만일 내가 이제부터 무언가를 택해야만 한다면, 듣기와 말하기를 버리기보다는 차라리 보기를 버리는 편에 동의할 것이다. 아테네인들은, 더욱이 로마인들은 이 토론의 훈련을 숭상했다. 우리 시대에는 이탈리아 사람들이 이런 흔적을 보존하고 있는데, 이것은 우리의 사고력을 그들에게 비겨 보면 그들이 얼마나 이 혜택을 입고 있는가를 알 수 있다.

서적에 의한 공부는 동작이 느즈러지고 열기를 올리지 못한다. 그런데 토론은 단번에 가르쳐 주고 훈련시킨다. 내가 힘찬 심령과 강직한 창술 선수와 토론을 하면, 그는 내 옆구리를 밀고, 왼쪽 오른쪽을 찌르며, 그의 관념은 내 관념을 약동시킨다. 적개심과 명예와 경쟁심은 나를 밀어서 나보다 위로 추어올린다. 그리고 동음조(同音調)는 토론에서 아주 사람을 물리게 하는 소질이다.

우리의 정신은 힘차고 조절된 정신과의 의사소통에서 강화되므로, 우리가 병적인 저속한 정신들과 끊임없이 교섭하고 자주 상종함으로써 얼마나 타락하며 손해를 보는 것인지는 이루 다 말할 수가 없다. 이보다 더 잘 전염하여 퍼지는 것은 없다. 나는 경험으로 그 정도가 얼마나 심한가를 알고 있다. 나는 토론과 변론하기를 즐긴다. 그러나 소수의 사람들과 나 자신을 위해서 한다. 왜냐하면 세도가들 앞에 구경거리가 되며, 서로 다투어 자기 재치와 말주변을 펼쳐 보이는 일은 점잖은 사람으로서는 할 일이 아니라고 여기기 때문이다.

어리석음은 언짢은 소질이다. 그러나 늘 그러하지만, 그것을 잘 참고 견디지 못하고 걸핏하면 화를 내며 꿍꿍 앓는 것은, 그 어리석음에 못지않은 다른 종류의 폐단이다. 그래서 나는 이제 이것으로 나를 책망하련다.

내 심정은 어떤 의견이 뚫고 들어가서 깊은 뿌리를 박기에는 정당치 못한 터전이기 때문에, 나는 아주 자유롭고 안이하게 논변과 토론에 들어간다. 어떠한 논제도 나를 놀라게 하지 않으며, 어떠한 신앙도, 내 신앙과 아무리 반대되는 교리를 가졌더라도 내 비위를 거스르지는 않는다. 나는 아무리 경박하고 허황된 생각이라도 인간 정신의 생산에 맞지 않는 것은 없다고 본다. 판단력에 결정을 내릴 무슨 권한을 주지 않는 우리로서는 여러 가지 반대되는 사상들도 부드럽게 보아주며, 판단은 내리지 않는다 해도 그 말에 쉽사리 귀를 기울여 준다. 저울의 한쪽 접시가 아주 비어 있을 때라도, 나는 거기 노파의 꿈 같은 미신을 올려놓아서라도 다른 접시와 나란하게 한다. 그리고 내가 차라리 홀수를 받아들이고, 금요일보다는 목요일이 좋고, 식탁에서는 열셋째보다는 열둘째나 열넷째를 좋아하고, 여행할 때는 토끼가 길을 건너는 것보다는 길가를 따라가는 것을 좋아하고, 신발을 신을 때에 왼발을 먼저 내놓는다고 해도 용서될 만한 일이라고 본다. 우리 주위에서 믿고 있는 이런 모든 망상은 적어도 들어 줄 가치는 있다. 나로서는 이런 것이 다만 아무 일도 하지 않는 것보다는 좀 낫다. 비속하고 터무니없는 의견들은 그 본성이 아무것도 없느니보다는 역시 무게가 있다. 그리고 그런 생각에까지 끌려가지 않는 자들은 아마도 미신의 악덕을 피하다가 완고성의 악덕에 빠질 것이다.

그러니 판단의 모순은 내게 역하지도 않고, 그것이 나를 변하게 하지도 않는다. 다만 내 정신을 잠 깨워 단련시킨다. 우리는 교정을 피한다. 이런 일은 교권(敎權)을 가지고 하는 것이 아니고, 특히 변론의 형식으로 올 때에는 환영하며 마주해 볼 일이다. 어떤 반대에 부닥치면 사람들은 그것이 정당한가를 보지 않고, 옳건 그르건 어떻게 거기서 벗어날 것인가만을 생각한다. 우리는 팔을 내밀기는커녕 발톱을 내민다.

나는 친구들이, "너는 바보다. 너는 꿈을 꾼다"고 쏘아붙여도 버티어 낼 것이다. 나는 활달한 사람들끼리는 서로 과감하게 표현하며, 말과 생각이 서로 들어맞기를 바란다. 우리는 청각을 강화하고, 예의를 차리는 물러빠진 음조에 대해서는 경계해야 한다. 나는 억세고 씩씩한 현실성의 교제와 피가 맺히도록 물어뜯고 할퀴고 하는 식으로 억세고 힘찬 사귐을 자랑삼는 우정을 좋아한다. 우정은 싸울 때에는 싸우는 것이 아니다. 예의를 찾고 기교를 부리며 상대편의 감정을 상할까 두려워하고, 자기를 억제하는 태도로 나온다면 충분히 힘차고 너그러운 것이 못 된다.

모순 없는 토론은 없느니라.   (키케로)

　누가 내게 반대하면, 그는 내 노여움이 아니라 주의력을 일깨운다. 나는 내게 반대하는 자를 나가서 맞이한다. 나는 거기서 배우는 바가 있다. 진리의 원칙은 양편에 공통되는 원칙이라야 할 것이다. 그가 무엇이라고 대답할 것인가 하면, 그의 판단력은 벌써 분노의 격정에 사로잡혀 있다. 이성에 앞서 판단력이 혼란에 빠진다. 우리들 논쟁의 결정에는 내기를 걸어 우리의 패배에 물리적 표적이 나타나게 해서 그것을 기록해 두고, 내 하인이, "나리께서는 지난해에 스무 번이나 무식하게 고집 세우다가 백 에퀴나 잃으셨습니다" 하고 말할 수 있게 하면 유익할 것이다.
　나는 진리가 어느 누구의 손에서 발견되었다 해도 기꺼이 환영하며, 그것이 아무리 멀리서 오는 것일지라도 마음 편하게 항복하고 무기를 그 앞에 내놓는다. 그리고 학교 선생님식으로 너무 명령조로만 나오지 않는다면, 사람들이 내 문장에 대해서 하는 비평에 한 팔 빈다. 글을 고쳐야 할 필요에서가 아니라 예절상의 필요에서 고쳐 본 일도 흔히 있다. 쉽사리 양보해서 남에게 좋은 일도 해 주어, 아무라도 내게 알려 주고 싶은 일을 자유로이 알려 주게 하기 위한 것이다. 정히 내게 손해가 되더라도 그렇게 한다. 그렇지만 우리 시대의 사람들을 그렇게 하도록 끌어오기는 쉬운 일이 아니다. 그들은 스스로 그들의 생각을 고쳐 볼 용기가 없기 때문에, 남을 고쳐 줄 용기도 갖지 못하고 서로 늘 숨겨 가며 말한다. 나는 남의 판단을 받아 이치를 알게 되는 것을 대단히 좋아하기 때문에, 내 판단이 두 형태 중의 어느 편에 있어도 무방하다. 내 생각 자체가 나의 생각을 반대하고 비난하는 일이 너무 많아서, 남이 반대하는 것도 매한가지이다. 하기는 나는 그의 책망에 대해서 내가 주고 싶은 권위밖에는 인정하지 않는다. 나는 자기 의견을 좇아 주지 않으면 모욕으로 생각하고, 자기를 믿어 주지 않으면 자기가 일을 공연히 알려 주었다고 후회하는 자들을 알고 있지만, 그렇게 너무 고압적으로 나오는 자와는 인연을 끊는다.
　소크라테스가 자기 논거에 대한 반대를 항상 웃는 얼굴로 맞이했다는 것은, 그의 역량이 대단히 컸으며 확실히 장점이 자기편에 있게 될 것이었기 때문에, 이런 반대를 새로운 영광의 재료로 맞이했던 것이라고 말할 수 있다. 그러나 그 반대로 자기의 우월감과 상대편에 대한 경멸감보다 더 우리를 민감하게 만드는 것은 없고, 이치로 보아서 약한 편이 도리어 고마운 마음으로 자기를 바로 세워 주는 반대 의견들을 받아들여야 할 일이라고 본다. 사실 나는 나를 두려워하는 자들보다도 나를 거칠게 다루는 자들과 더 자주 사귀려고 한다. 우리를 숭배하고, 우리들 앞에 자리를 물려주는 자들과 상종하는 쾌락은 멋쩍고 해롭다. 안티스테네스는 어린아이들에게 자기를 추어주는 자들을 결코 고맙게 여기지 말라고 훈계했다. 나는 열을 올리며 토론하다가 상대편이 약해서 승리할 때의 쾌감보다도 상대편의 올바른 이론 앞에 내가 굴복할 때의 나 자신에 대해서 얻는 승리감에 훨씬 더 큰 자존심을 갖는다.

　어떻든 나는 나를 공격하는 힘이 아무리 약한 것이라도, 정통으로 내 약점에 들어맞는 공격은 모두 받아들이며 내 잘못을 고백한다. 그러나 아무런 형태도 없이 오는 공격은 참아 내지 못한다. 주제가 무엇이라도 무방하며, 모든 의견들이 마찬가지이고, 어떤 논제가 이기고 지는 데는 무관심하다. 토론의 줄기가 질서 있게 이어지면, 나는 하루 종일이라도 점잖게 토론해 갈 것이다. 나는 논법의 힘과 꾀보다는 질서를 요구한다. 목동들이나 점원들 사이의 말다툼은 언제 보아도 이치가 정연하지만, 우리에게는 그것이 없다. 그들이 상식을 벗어난다면 예절이 없기 때문이다. 그것은 우리도 마찬가지이다. 그러나 그들은 아무리 참지 못하고 소란을 떨어도 논제에서 벗어나는 일은 없다. 그들의 말은 한 논제를 끌어 간다. 그들은 남의 말을 기다리지 않고 서로 상대편을 앞질러 말하는 일은 있어도 적어도 서로 이해한다. 사람들이 격에 맞게만 대답한다면 내게는 항상 좋은 대답이다. 그러나 논쟁이 흐트러져서 혼란에 빠지면, 나는 철부지같이 울분에 넘쳐서 형식만 따진다. 그리고 고집스럽고 심술궂고 억지 투의 토론 방식에 빠진다. 그러고는 다음에 낯이 뜨거워진다.

　어리석은 자와 성실하게 토론하기는 불가능하다. 밀어붙이기식으로 벅차게 나오는 자의 손에 걸리면 내 판단력뿐만 아니라 양심마저 썩어 버린다.

　우리의 논쟁은 다른 언어상의 범죄와 마찬가지로 금지되고 처벌되어야 했다. 언제나 분노에 지배되고 명령받으니, 무슨 악덕인들 잠 깨워서 쌓아 놓지 못할 것인가! 우리는 먼저 이성에 대해서, 그리고 다음에는 사람들에 대해서, 적의를 품게 된다.

우리는 반대하기 위해서만 토론을 배운다. 각자가 반박하며 반박을 받으니, 논쟁하는 성과는 진리를 잃어버리고 없애 버리는 것밖에 안 된다. 그래서 플라톤은 그의 《국가론》에서 무능한 소질의 어리석은 자로 태어난 자들에게는 이 논변의 훈련을 금지한다.

그 하는 걸음걸이와 태도가 아무런 가치도 없는 자와 존재하는 것(진리)을 찾아보려고 한들 무슨 소용이 있을 것인가! 논제를 취급할 방법을 보기 위해서 논제를 떠날 때에는 논제를 잘못 다루는 것이 아니다. 나는 스콜라 학파의 기교적인 방법을 말하는 것이 아니다. 건전한 이해력을 가지고 하는 자연스러운 방법을 말한다. 이 꼴은 마지막에 어찌 되는 것인가? 하나가 동쪽으로 가면, 하나는 서쪽으로 간다. 그들은 주요 논제를 버리고 수없는 지엽적인 문제 속으로 논제를 밀어낸다. 폭풍우가 1시간쯤 기세를 떨치다 지나가면, 그들은 무엇을 찾고 있었던 건지도 알지 못한다. 하나는 아래에, 하나는 위에, 하나는 옆에 있다. 이자는 낱말과 비교에 집착하고, 저자는 상대편이 자기에게 무슨 말로 대항하는 것인지도 모르고, 어떻든 자기 달음질에 매여서 자기를 좇을 생각만 있지, 상대편의 논지를 좇아 볼 생각은 없다. 어떤 자는 고삐가 약하다고 보고 그저 겁만 먹고, 모든 것을 거절하고 시작을 뒤섞으며 토론을 뒤죽박죽으로 만든다. 또는 실컷 토론하다가 실룩해지며 납작 엎드린다. 자기 무지에 울화가 나서 거만하게 상대를 경멸하는 체하거나, 또는 바보같이 겸손을 피우며 토론을 회피한다. 이자는 공격하기만 하면 얼마나 자기 밑천이 드러날 것인가는 문제 삼지 않는다. 또 하나는 자기의 말마디를 헤아리며, 달아보고 그것을 이치라고 따진다. 저자는 자기의 목소리와 허파의 힘이 센 것밖에는 사용하지 않는다. 그러니 자기 생각과는 반대의 결론을 내리는 자가 없나, 쓸데없는 서론과 잡설로 상대편을 압도하는 자가 없는가! 또 하나는 자기의 논제를 압박하는 이치로 따져 오는 토론에 상대하기를 피하려고 순수한 욕설로 무장하고, 독일식(이치 없는)의 싸움을 걸어온다. 마지막으로 저자는 이치라고는 아무것도 모르나 자기 말법의 변증법적 구절과 그 기술의 격식만을 가지고 상대편을 막다른 골목에 몰아넣었다고 생각한다.

그런데 우리가 학문의 용도를 고찰해 볼 때, "아무것도 치유해 주지 못하는 이 문자들을 가지고"(세네카) 인생의 필요를 위하여 어떤 견고한 성과를 얻을 수 있을 것인지, 학문에 의심스러운 생각을 품어 보지 않은 자 누구인가? 논리학에서 누가 이해력을 얻어 보았던가? 학문의 그 아름다운 약속은 다 어디 있는가? "더 잘사는 방법도, 잘 추리하는 방법도"(키케로) 이것을 직업으로 삼는 자들의 공적 토론에서보다 생선 장수 여인들의 떠드는 소리에 더 심한 혼란이 섞여 있던가? 나는 아들을 학교에서 웅변학을 배우게 하기보다는 주막집에서 말하는 법을 배우게 하겠다.

한 학자를 모셔와서 토론을 해 보라. 어째서 그는 그 기교의 탁월성을 느끼게 하지 못하는가? 그리고 그의 이치의 확고함과 그 질서의 아름다움으로 여자들이나 우리 같은 무식꾼들을 감탄시키며 황홀하게 해 주지 못하는가? 어째서 그는 우리를 지배해서 그가 원하는 대로 설복시키지 못하는가? 그렇게도 이런 재료와 논법에 유식한 사람이, 어째서 그의 격검(토론)에 무절제한 욕설과 광분을 섞는가? 그의 두건과 가운과 라틴어를 벗겨 던져 보라. 아주 순수하고 아주 알짜인 아리스토텔레스를 가지고 우리의 귀를 치게 하지 말라. 그도 우리들 따위의 하나일 뿐, 오히려 우리만도 못하게 보일 것이다. 그들이 어법을 이리저리 얽어 꾸며서 우리를 몰아대는 꼴은 마치 요술쟁이의 잡기처럼 보인다. 그들의 약은 재주는 우리의 감각을 싸워 가며 몰아대지만, 우리의 확신은 조금도 흔들어 놓지 못한다. 그들은 이런 속임수를 제하고는 평범한 일밖에 아무것도 못한다. 그들은 더 박학하기는 하지만 서투르기는 매한가지이다.

나는 학식을 가진 사람들 만큼이나 지식을 사랑하고 소중히 여긴다. 그리고 지식을 진실한 용도에 쓸 줄만 알면 지식은 사람들이 가질 수 있는 가장 고상하고 강력한 소득이다. 그러나 이 학문에 그들의 기본적인 능력과 가치를 두고, 이해력보다도 기억력을 신뢰하여 "타인의 그늘 밑에 숨어서"(세네카) 책으로 하지 않으면 아무것도 못하는 자들(그들의 수는 무한히 많다)에게는, 감히 말하지만 천치 수작보다 이런 것이 좀 더 밉다. 우리나라, 그리고 우리 시대에 지식은 돈주머니를 꽤 채워 준다. 그러나 심령을 채워 주는 일은 드물다. 학문은 둔중한 심령들을 만나면 소화되지 않은 그대로의 뭉치로 심령들을 눌러서 질식시켜 버린다. 예민한 심령들이라면 지식은 기꺼이 그들을 순화하고 명석하게 하며, 허탈에 이르기까지 정밀하게 만든다. 그것은 거의 무관심한 소질의 사물이다. 잘 태어난 심령에게는 아주 유용한 부속품이며, 다른 심령에게는 유해하고 손실을 끼치는 것이다. 그보다도 차라리 싼값으로는 소유를 허용하지 않는 대단히 소중한 용도에 쓰이는 것이다. 어느 손에 들어가면 이것은 왕홀이 되고, 다른 손에 들어가면 어릿광대의 희홀(戲笏)이 된다. 하지만 계속해 보자.

그대의 적에게 그대와 싸워 이기지 못한다는 것을 알려주기보다 더 큰 승리가 또 있을까? 그대의 제언으로 우세를 차지할 때에는 진리가 이기는 것이다. 그대가 질서와 논법으로 우세할 때에는 그대가 이기는 것이다. 플라톤과 크세노폰의 저서에서 소크라테스는 토론보다도 토론자를 위해서 토론하며, 에우티데모스와 프로타고라스에게 그들의 기술이 부당하다는 것보다도, 그들이 부당하다는 것을 지적해 주기 위해서 토론한다. 그는 한 문제를 밝혀 주기보다도 더 유용한 목적으로 아무런 문제라도 들어 본다. 다시 말하면, 그가 조종하여 훈련시키려는 정신들을 밝혀 주기 위해서 하는 것이다.

동요와 추격은 우리의 본분이다. 그것을 언짢고 부당하게 실행하는 것은 용서받을 수 없다. 잡는 데 실패한다는 것은 문제가 다르다. 우리는 진리를 탐구하려고 태어났다. 진리를 소유하는 일은 한층 더 위대한 힘을 가진 자의 소관이다. 데모크리토스가 말하듯 진리는 심연 속에 감추어져 있는 것이 아니고 거룩한 지식의 무한한 높이에 있다. 우주는 진리 탐구의 한 학교에 지나지 않는다. 그것은 누가 과녁을 맞히느냐에 있지 않고, 누가 가장 잘 달려가느냐에 있다. 거짓을 말하는 자보다도 진실을 말하는 자가 어리석게 보일 수도 있다. 왜냐하면 우리는 말하는 태도가 문제이지 그 재료를 문제 삼지는 않기 때문이다. 나는 알키비아데스가 사람들에게 하던 바와 같이, 실체와 똑같이 형식을 중요시하며, 소송 사건과 똑같이 변호사의 태도를 주시한다.

나는 날마다 여러 작가들을 읽으며, 그 속에서 그들의 학문을 돌아보지도 않고, 그들의 제재(題材)가 아니라 방식을 찾아보기에 흥거워하고 있다. 마찬가지로 내가 어떤 유명한 정신과 알고 지내려는 것은, 거기서 배우려는 것보다도 그 내용을 알아보려는 것이다(알아보고 나서 그럴 가치가 있으면 본받으려는 것이다—1595년판).

아무라도 진실하게 말할 수는 있다. 그러나 질서 있게, 현명하게, 능력 있게 말할 수 있는 사람은 드물다. 그러므로 무지에서 오는 오류를 나는 나무라지 않는다. 그것은 서투름이다. 나는 함께 교제하는 자들의 토론 방식이 어리석었기 때문에, 내게 유익하던 교우 관계 여럿을 끊었다. 내 밑에서 일하는 자들의 잘못을 가지고 내가 화를 내는 일은 1년에 한 번도 안 된다. 그러나 그들의 책임 전가와 변명과 자기변호를 둔하고 어리석은 짐승같이 고집 세워 우기는 바보같은 수작에는 날마다 멱살을 잡고 흔들어 대야 할 지경이다. 그들은 무슨 말을 하고 있는지, 어째서 그런지 이해하지도 못하고, 대답하는 것도 같은 수작이다. 정말 화가 날 일이다. 나는 남의 머리가 와서 부딪쳐야 내 머리가 아픈 것을 안다. 내 집 사람들의 경박하고 도리를 알지 못하고 어리석은 수작을 상대하기보다는, 차라리 그들의 악덕을 상대해 준다. 그들이 무슨 일이든 할 수만 있다면 조금쯤 덜해도 괜찮다. 거기에는 아직 그들의 의지를 일으켜 볼 희망이 있다. 그러나 나무토막 같은 자에게는 쓸 만한 일을 바라느니 누리느니 할 거리가 없다.

그런데 웬말인가? 내가 사물들을 사실보다 다르게 판단한 것은 아닐까? 그럴지도 모른다. 그 때문에 나는 참을성 없음을 한탄한다. 무엇보다도 이 참을성 없음은 옳은 자에게서건 그릇된 자에게서건 매한가지로 그릇된 일이라고 생각한다(왜냐하면 자기가 생각하는 바와 다른 형태를 용납하지 못한다는 것은 속 좁은 마음이기 때문이다). 사실 세상에 항상 있는 어리석은 수작을 가지고 짜증내며 분개하는 것보다 더 심하고 고질적이며 괴퍅한 일도 없다. 이런 심정은 주로 우리 자신에 대해 화를 내는 것이기 때문이다. 그리고 옛날 철학자(헤라클레이토스를 말함)는 자기를 고찰하는 동안 눈물을 흘릴 기회가 궁하지 않았을 것이다. 그리스 7현(七賢)의 하나인 뮈손은 티몬이나 데모크리토스에 지지 않는 기분으로 있었는데, 누가 왜 혼자서 웃고 있느냐고 묻자, "내가 혼자 웃고 있는 것이 우스워서"라고 대답했다.

얼마나 많은 어리석은 수작을 나는 날마다 말하고 대답하는가! 그러니 남의 생각을 따라서는 얼마나 더 자주 할까! 내가 그 때문에 꿍꿍 앓고 있다면 다른 자들은 어찌할 것인가? 결국 우리는 살아 있는 사람들 속에서 살아야 하며, 냇물은 우리가 걱정할 것 없이 또는 적어도 우리를 휩쓸어 가게 하지 말고, 다리 밑으로 흘려보내야만 한다. 정말이지 우리는 몸이 비틀어졌거나 못생긴 사람을 만나는 일이 있어도 충격을 받지 않으면서, 어째서 정신이 비뚠 사람에게는 화내지 않고 볼 수가 없단 말인가? 이런 악덕스러운 거친 마음씨는 잘못 자체보다도 판단하는 자에 매여 있는 것이다. 플라톤의 이 말을 항상 입에 담아 두자. "내가 무엇을 불건전하게 보는 것은 나 자신이 불건전한 까닭이 아닌가?" 자신에게 잘못은 없는가? 남의 잘못을 알려 준다는 것이 도리어 내가 비난받을 일은 아니던가? 정히 사람들의 가장 보편적인 잘못을 힐책하는 것은 현명하고도 거룩한 훈계이다. 우리가 서로 맞대놓고 하는 책망뿐 아니라 모순된 일에 관해서 따져 보는 이치와 논법까지도 대개는 우리에게 되걸어 올 수 있으며, 우리는 칼로 자신을 찌른다. 이런 일에 관해서 옛사람은 무게 있는 예를 상당히 남겨 주었다. 다음 어구를 생각한 사람은, 여기에 들어맞게 아주 묘한 말을 하고 있다.

　　누구에게나 자기의 방귀는 구수하다.　　　　　　　　(에라스뮈스)

　우리 눈은 뒤의 것은 보지 못한다. 우리는 하루에 백 번은 이웃 사람들의 문제로 자신을 비웃으며, 우리 속에서 더 분명히 보이는 결함을 다른 사람들 속에서 보며 미워한다. 그리고 뻔뻔스럽고 부끄럼이 없는 그들의 일에 놀란다.
　바로 어제도 나는 한 점잖은 분이, 어떤 사람이 누군가만 만나면 반은 거짓인 자기 족보 자랑이나 친척의 문벌 자랑으로 사람들을 골치 아프게 한다며, 남의 못난 수작을 가지고 재미나게 조롱하는 것을 보았다(이런 자들은 확실치 못한 사실을 가지고 더 신이 나서 어리석은 소리를 떠들고 다닌다). 그런데 그는 자기 일에는 자기 처가 혈통의 우수성을 자랑하느라고 그에 못지않게 무절제하고 지루하게 늘어놓는 것이다. '오오, 자존심도 없나? 글쎄, 마누라가 남편의 손으로 무장되어 나오다니!' 그들이 라틴어를 한다면, 이렇게 말해 주어야 할 일이다.

　　잘해라!
　　그녀 자신이 충분히 미치지 않았거든
　　거기에 부채질하라!
　　　　　　　　　　　　　　　　　　　　　　　　　　(테렌티우스)

나는 확실하지 않은 일을 누구건 비평해서는 안 된다고 말하는 것이 아니다. 그러다가는 아무도 비평하지 못할 것이다. 그리고 같은 종류의 잘못을 범하지 않아야 한다는 것도 아니다. 내 말은 우리의 판단력이 당장 문제에 오른 자를 공격해 본다고 해서, 그것이 내적 비판으로 우리 자신의 잘못의 책임을 면제해 주지는 않는다는 말이다. 자기 속의 악덕을 벗어던지지 못하는 자가, 다른 사람의 악덕에는 그 근본이 덜 모질고 덜 악질이더라도 적어도 그것을 없애 주려고 애쓰는 일은 자비로운 봉사이다.

그런데 내 잘못을 보고 알려 주는 자에게, 그 역시 그 결함을 가졌다고 말하는 것은 격에 맞는 대답으로는 보이지 않는다. 그래서 어떻단 말인가! 하여튼 알려 준 일은 진실하고 유익하다. 우리 코가 멀쩡하다면 우리 똥은 그것이 우리 것인 만큼 더 구려야 할 일이다. 소크라테스는 자기와 자신의 아들과 다른 한 사람이 어떤 폭력이나 부정행위로 죄를 지었을 경우, 자기가 맨 먼저 재판소에 가서 형 집행인의 손으로 자기 죄를 씻어 달라고 간청할 것이고, 둘째는 아들을 내보내고, 마지막에 다른 사람을 내보내야 할 일이라고 했다. 이 교훈은 그 어조가 매우 고매한 것으로서, 적어도 자기 양심이 하는 처벌에는 자기가 먼저 나서야 한다.

감각들은 외부의 사실로밖에 사물들을 알아보지 못하는 우리의 제1차적인 심판자이다. 그러므로 우리가 사회에 봉사하는 모든 일들 중에는 피상적인 외양과 격식, 절차의 끊임없고 보편적인 혼합이 있다고 해도 결코 놀라운 일은 아니며, 정치에서 가장 효과적인 부분은 이런 일로 구성된다. 우리에게 문제되는 상대는 언제나 인간들이다. 그의 조건은 놀랍게도 육체적인 점에 있다.

최근 아주 명상적이며 비물질적인 신앙의 훈련으로 우리의 생활 원칙을 세우려고 한 자들은, 만일 종교가 그 자체로서보다 인간 사회의 분열과 도당(徒黨)의 표징이며 자격이고 도구로서 우리 속에 견지되지 않았던들, 그들 손가락 사이로 종교가 녹아서 빠져나갔을 것이라고 생각하는 자들이 있다고 해도 놀라지 말 일이다.

논변에서도 마찬가지이다. 말하는 자의 위엄과 법복(法服)과 재산이 흔히 그 말의 공허하고 서툰 내용에 신용을 준다. 추종자가 많고 사람들이 두려워하는 한 나리가 속에는 속된 능력밖에 없다고 생각되거나, 사람들에게서 많은 사명과 책임을 맡고 경멸조로 거만하게 남을 대하는 인물이, 그에게 멀리서밖에는 인사도 잘 못 올리며 아무도 써 주는 사람이 없는 이 다른 인간보다 더 능숙한 재간이 없다고 추측할 수는 없는 일이다. 이런 인물들은 말뿐이 아니라 상을 찌푸리며 웃는 얼굴까지도 신중히 고려의 대상이 되고 존중받으며, 사람들은 저마다 거기에서 무슨 훌륭한 해석을 내려 보려고 애쓴다. 그들이 몸을 굽혀 일반의 토론에 참가해서, 사람들이 그들에게 '지당합니다' 하는 마음과 존경 이외의 무슨 다른 말이라도 내놓으면, 그들은 '자기는 들었다, 자기는 보았다, 자기는 행했다' 하는 식의 경험의 권위를 가지고 그들에게 타박을 준다. 그들은 경험의 사례들에 지배당한다. 나는 그들에게, 한 외과의가 자기 경험에서 판단을 꾸며 볼 거리를 얻지 못하고, 그가 이것으로 그의 기술 실천에 더 현명해진 것을 우리들이 느끼게 하지 못한다면, 경험의 성과는 그의 실천의 역사도 아니고, 네 명의 페스트 환자와 세 명의 통풍 환자를 고쳤다는 추억도 아니라는 것을 기꺼이 말할 것이다.

  그것은 마치 여러 악기의 합주에서 우리가 류트나 에피넷이나 피리 소리를 듣는 것이 아니고, 이 모든 뭉치를 합쳐 놓은 전체로서의 한 화음을 듣는 격이다.

  그들이 여러 여행이나 직무에서 그 인품이 나아졌다고 하면, 그것은 그들에게 이해력이 생긴 성과로서 나타나게 된 것이다. 경험의 수를 헤아리는 것만으로는 충분하지가 않다. 그것들이 지니는 이유와 결론을 끌어내기 위해서는 그런 것을 달아 보고 비교해 보며 소화하고 증류시켜야만 한다.

  지금처럼 역사가들이 많아 본 일은 없었다. 그들의 이야기를 듣는 것은 항상 좋고 유익하다. 왜냐하면 그들은 기억의 창고에서 아름답고 칭찬할 만한 가르침을 많이 끌어내다가 우리에게 제공하기 때문이다. 사실 그 대부분이 인생에 도움이 된다. 그러나 우리는 지금 당장 그런 것을 찾지 않는다. 우리는 이야기하는 자들이나 이야기를 수집하는 자들 자신이 칭찬할 만한 인물들인지를 알아본다.

  나는 말로나 실제로나 모든 포학을 증오한다. 나는 감각으로 우리의 판단력을 기만하는 이런 헛된 사정들에 기꺼이 대항해서 마음을 굳게 단속한다. 그리고 이런 비상하게 위대한 인물들을 엿보아 보니, 그런 따위들은 기껏해야 다른 사람들과 같은 인간들임을 발견했다.

이런 높은 신수에 견실한 상식을 갖추기는
드문 일이다. (유베날리스)

아마도 그들은 더 큰 일을 기도하고 더 크게 보이려고 하기 때문에, 사람들은 그들을 실제의 인물보다 못하게 평가할 것이다. 그들은 자기들이 차지한 짐의 무게를 감내하지 못한다. 짐을 진 자에게는 짐보다 더 많은 정력과 힘이 있어야 한다. 자기 힘을 다 채워서 쓰지 않은 자는 아직도 남은 힘이 있는지, 한도의 힘을 다 써 보았는지 짐작하게 한다. 자기 짐에 쓰러지는 자는 그의 역량과 어깨가 약하다는 것을 나타낸다. 그 때문에 사람들은 학자들 중의 많은 서투른 자들, 그리고 다른 사람들보다 더 서투른 자들을 잘 발견한다. 그런 인물로는 살림꾼이나 장사꾼, 능숙한 직공쯤은 되었을 것이다. 그들의 타고난 정력은 겨우 이 정도였다. 학문이란 것은 무거운 짐이다. 그들은 그 밑에 까부라진다. 이 고귀하고 강력한 재료를 전개시켜서 분배하고, 이 학문을 사용해서 자기를 돕기 위해서는, 그들의 타고난 소질은 충분한 정력도 충분한 기술도 갖지 못한다. 강력한 천성밖에는 학문을 못한다. 그런데 그런 천성은 대단히 드물다. "약한 자들은 철학을 조종하다가 그 권위를 추락시킨다"고 소크라테스는 말한다. 학문은 나쁜 칼집 속에 들어앉으면 쓸모없고, 동시에 해로운 것으로 보인다. 그 때문에 사람들은,

인간의 모방자, 저 유인원을 희롱하려고
한 어린애를 희귀한 비단으로 옷 입히고는,
궁둥이와 등때기를 내놓아서
사람들의 웃음거리가 되게 한 꼴이다. (클라우디아누스)

라는 식으로 망신을 당하며, 바보가 된다.
우리를 지배하고 지휘하며, 세상을 자기들 손아귀에 잡고 있는 자들도 마찬가지로, 보통의 이해력을 가지고 우리가 할 수 있는 것을 할 수 있다는 것만으로는 부족하다. 그들이 우리보다 훨씬 나은 능력을 갖지 못한다면, 우리보다 훨씬 못한 구실밖에는 하지 못한다. 그들은 더 많이 약속하고 있는 만큼 더 많은 부담을

진다. 그 때문에 그들에게는 침묵이 존경과 위엄뿐 아니라 유리하고 경제적인 풍모를 준다. 메가비소스는 아펠레스가 일하는 것을 보려고 그의 화실로 찾아갔을 때, 오랫동안 한마디 말도 없다가, 그의 작품에 관해서 이야기하기 시작했다. 그러나 그는 그 때문에 이런 혹독한 책망을 받았다. "그대가 침묵을 지키는 동안은 목걸이와 화려한 장식으로 인해서 거물처럼 보였다. 그러나 그대가 말하는 것을 듣고 난 지금은, 내 화실의 삼척동자도 그대를 경멸하지 않는 자가 없다." 화려한 장식과 위풍당당한 차림이라도 평민과 마찬가지로 무식하게 그림에 대해서 격에 맞지 않는 말을 하는 것은 용서될 수 없다.

그는 묵묵하게 그럴듯한 모습을 유지하고 있어야 할 일이었다. 우리 시대에 얼마나 많은 어리석은 인물들이 냉철하고 과묵한 자세로 예지와 능력을 가졌다고 가장하고 있는가!

위엄과 직무는 필연적으로 인물의 능력보다도 운수로 얻게 된다. 그리고 사람들이 그 때문에 왕을 원망하는 것은 잘못이다. 반대로 그들의 지도력이 그렇게도 부족하며, 운이 그렇게도 좋은 것은 놀라운 일이다.

> 제왕에게는 신하를 아는 일이
> 제일의 공훈이다.
> (마르티알리스)

왜냐하면 그들은 그 많은 국민들, 의지와 최상의 가치의 지식이 들어 있는 가슴속을 뚫고 보아서 그 탁월함을 식별할 만큼 사람을 알아볼 수 있는 능력을 천성적으로 타고난 것은 아니기 때문이다. 그들은 혈통·재산·학문, 사람들의 비판 등으로 추측하고 모색해서 우리를 골라내야만 한다. 하지만 이것은 아주 약한 논법이다. 사람을 올바르게 판단할 수 있고 이성으로 사람을 골라내는 방법을 찾아낼 수 있는 자는, 이 수완 하나로 완전한 하나의 정치 형태를 세워 볼 것이다.

"그렇다. 하지만 그는 이 큰일을 적절하게 처리했다." 이것은 의미심장한 말이다. 그러나 그것만으로는 충분하지가 않다. "결과로써 의도를 판단해서는 안 된다"고 하는 이 격언은 용인되어 왔다. 카르타고인들은 지휘관들이 그릇된 의견을 냈을 경우, 요행히 일이 잘 수습되었을 때라도 그들을 처벌했다. 그리고 로마 국민들은 지휘관의 행위가 그의 행운과 부합되지 않았을 경우에는, 위대한 승전에서도 개선 행진을 거절하는 수가 흔히 있었다. 대개 세상일이 되어 가는 것을 보면, 운이 모든 일에 대해 그 지배력이 얼마나 큰가를 보여 주기 위해서 우리의 오만함을 꺾어 버리는 데 재미를 들이고, 서투른 자들을 현명하게 만들어 주지는 못하니, 도덕에 대항해서 그런 자들에게 행운을 주고 있는 것이다. 그리고 더 순전히 운으로 꾸며지는 일에 참여해서 옹호해 준다. 그래서 우리는 우리 중에 가장 단순한 머리를 가진 자들이 공적으로나 사적으로 매우 큰 사업을 해치우는 예를 날마다 본다. 마치 페르시아인 시람네스가 그의 계획은 대단히 현명한데 일의 성사는 늘 실패하는 것을 보고 의아해하는 자들에게 대답하기를, 일의 계획은 자기 뜻대로 꾸미지만 일의 진행은 운이 한다고 말한 것과 같다. 이들은 마찬가지로 말을 거꾸로 둘러서 대답할 수 있다.

이 세상사의 대부분은 제대로 되어 간다.

> 운명은 그들의 길을 헤쳐 나간다. (베르길리우스)

결과는 흔히 극히 서투른 행위에도 권위를 준다. 우리는 거의 판에 박힌 습관으로 참여하는 것에 불과하다.

그리고 대개는 머리를 써서 하는 것이 아니라 습관과 남이 한 일을 본받아서 한다. 그 성취한 사업이 위대한 데 놀라서, 나는 전에 그런 일을 끝까지 성취했던 자들을 통해서 그들의 동기와 방법을 알아보았다. 그러나 거기서 나는 평범한 의견밖에는 알아보지 못했다. 가장 속되고 늘 쓰이는 의견이 본때는 나지 않지만 실천에는 가장 확실하고 유리한 것이다.

뭐라고? 가장 평범한 이치들이 가장 합당한 일이라면, 그럼 모두가 하는 천하고 비속한 방법이 일처리에 가장 적합하다는 말인가? 국왕들이 내각의 권위를 보존하기 위해서는 일반 사람들이 참여하여 첫 번째의 장애를 넘어 앞일을 내다보게 할 필요는 없는 일이다. 인기를 얻고 싶으면 그 전체로 신망을 얻고 존경받아야 한다.

나는 행동할 생각을 가질 때에는 먼저 일을 대강 살펴보고, 그 첫 모양을 가볍게 고찰해 본다. 그 일의 가장 어렵고 중요한 부분은 하늘에 맡겨 두는 것이 내 버릇이다.

나머지 일은 하늘에 맡겨라.   (호라티우스)

내 생각으로 행운과 불운은 두 가지 최고의 권력이다. 인간의 예지가 운의 역할을 채울 수 있다고 생각하는 것은 철없는 소리이다. 원인과 결과를 파악해 보며, 자기 손으로 자기 사업의 진전을 이끌어 갈 수 있다고 자부하는 자의 기도는 허황된 일이다. 특히 전략의 고찰에서 허황되다. 우리들 사이에 가끔 보이는 군사상의 예보다도 더 용의주도한 신중성은 없었다. 그것은 이 대도박의 마지막 결판에 대비해서 중도에 패할 것을 두려워하기 때문인 것인가?

더 나아가, 우리의 예지와 사고력 자체가 대부분은 우연에 매여 있다. 내 의지와 사유는 이때는 이렇게, 저때는 저렇게 움직이며, 그중에도 많은 움직임은 나 없이도 되어 간다. 내 이성에는 매일 돌발적인 충동과 동요가 있다.

심령의 모양은 변한다.
그리고 그들의 가슴속은 이때는 이 생각,
한 가닥 회오리바람이 구름을 밀고 가면,
그때는 다른 생각을 품게 된다.   (베르길리우스)

도시에서 가장 권세 있고 사업이 융성해 가는 자들을 보라. 대개는 그들이 가장 약지 못한 자들이다. 여자나 어린아이나 미친 사람들도 능력 있는 제왕들과 맞설 정도로 큰 나라들을 다스린 일이 있었다. 그리고 꾀 있는 자들보다 우둔한 자들이 대개 더 성공한다고 투키디데스는 말한다. 우리는 그들의 행운의 결과를 총명의 탓으로 돌린다.

사람이 성공함은 단지 행운의 덕택이다.

> 그런데 그의 득세를 보고서
> 우리는 그 수완을 칭찬한다.   (플라우투스)

그 때문에 어떻게 보건 사건의 결과는 우리의 가치와 능력에 대한 증거가 아니라는 내 말은 옳은 것이다.

그런데 나는 마침 권세 있는 자리에 올라앉았을 때에만 보아야 한다는 점에 생각이 이르렀다. 사흘 전에는 그를 대수롭지 않은 인물로 알고 있었다고 해도, 그다음에 미처 깨닫지 못한 사이에 우리의 생각 속으로 위대성과 능력의 모습이 흘러들며, 그의 지위와 권위가 증대했으니 그의 인품도 훌륭해졌다고 믿게 된다. 우리는 그를 그의 가치로 평가하는 것이 아니고 숫자판을 보고 하는 식으로, 그의 직위의 특권에 따라서 인물을 판단한다. 다음에 운이 틀려서 그가 보잘것없이 되어 다시 일반 사람들 속에 섞여들었다고 하자. 저마다 무엇이 그를 그렇게 높이 추어올렸던 것인가 그 원인을 따지며 놀라서 물어본다. "그게 바로 그 사람인가? 그는 거기 있을 때 다른 능력은 없었는가? 제왕들은 그런 애매한 능력에 만족했었나? 우리는 정말 잘난 사람에게 걸렸군!" 하며 사람들은 말한다. 나는 이 시대에 이런 일을 자주 보았다. 연극으로 상연되는 위대한 인물들의 가면을 보고도, 우리는 어느 정도 감명을 받고 속는다. 내가 국왕들을 숭배하는 점은 그들의 숭배자가 많다는 사실이다. 모두가 그들 앞에 머리를 숙이고 굴복하게끔 되어 있다. 이해력의 굴복만은 제하고 말이다. 내 이성은 그들 앞에 굽혀 숙이게 되어 있지 않다. 굽어지는 것은 나의 무릎이다.

멜란티오스는 누가 디오니시우스의 비극을 어떻게 보느냐고 물어보자, "그것을 보지 않았소. 말이 너무 많아서 알아볼 수가 없었소"라고 대답했다. 마찬가지로 세도가들의 의견을 판단해 보는 자들의 대부분은, "나는 그의 의도를 들어 보지 않았소. 엄숙하고 위대하고 장엄한 위풍에 눌려서 알아볼 수가 없었소"라고 말해야 한다.

안티스테네스가 어느 날 아테네 사람들에게 나귀를 말처럼 밭갈이에 부려 보라고 권고했는데, 그들은 이 짐승은 그런 데에 쓰려고 태어난 것이 아니라고 대답했다. 그러자 그는 "그것도 한가지요. 그대들의 명령에 달려 있소. 가장 무식하고 무능한 인간을 전쟁터의 지휘자로 세워도, 그를 그 일에 고용했기 때문에 그는 즉석에서 당당하게 그 직책을 맡아보는 것이오"라고 대꾸했다.

많은 사람들의 풍습에 관계되는 문제이지만, 자기들 속에서 뽑아서 국왕의 권한을 바치는 자들은, 그를 숭배하지 않고 그에게 주는 것만으로는 만족하지 않는다. 멕시코 국민들은 국왕 대관식이 끝나고 나면 감히 맞서 그 일을 보지도 못한다. 그러고는 이 왕위를 가지고 마치 그를 신격화한 것처럼 그에게 종교와 법과 자유를 유지하고, 용감하게 정의롭고 호탕하라고 맹세시키는 동시에 또한 국왕은, 태양에게는 그 습관된 왕명으로 운행하게 하고, 구름에게는 때맞춰 비 오게 하고, 강물에게는 하류를 따라 흐르게 하고, 땅에게는 그의 국민들에게 필요한 모든 것을 생산하도록 하겠다고 맹세한다.

보통의 격식과는 다르다. 그리고 국왕들이 운이 닿아 위대해지고 백성들이 칭송을 받는 경우, 나는 그 능력에 한층 더 불신을 품는다. 우리는 그가 숭배와 존경으로 떨고 있는 좌중들 앞에서 때맞추어 말하고, 요점을 택하고, 윗사람다운 권위로 말을 끊고, 또는 화제를 돌리고, 자기 의견에 반대하는 자가 나오면 고개를 한 번 끄덕하거나 미소하거나 침묵함으로써 막아 내는 것이 얼마나 위대한 일인가를 주의해 보아야 한다.

파격적인 운을 타고난 인물이 자기 식탁에서 경솔한 말들이 주책없이 오가는 자리에 한몫 거들어 간섭하며, 바로 "이 말과 다르게 말하는 자는 거짓말쟁이 아니면 무식꾼이지만……" 하고 말을 시작했다. 손에 단도를 들고 하는 이 철학적인 날카로운 말을 곰곰이 생각해 보라.

그와는 달리, 나에게는 다음의 고찰이 대단히 유익한 참고가 되었다. 그것은 논변에서나 토론에서 어떤 논법이 좋게 보인다고 즉석에서 모두 받아들여서는 안 된다는 말이다. 사람들은 대개 남에게서 빌린 재간으로 일을 많이 때운다. 어떤 자는 멋들어진 말투나 멋진 대답이나 문구를 말하는데, 그 뜻이 무엇인지도 모르고 내놓는다. 남에게서 빌려 온 것은 모두 그대로 자기 것이 되지 못한다는 것은 아마 자신에 의해서 증명될 것이다. 사람의 말에 아무리 진리나 아름다운 점이 있다고 해도, 그렇다고 바로 넘어 갈 일은 아니다. 차라리 진짜로 그 말을 논박하든지 또는 잘 알아듣지 못한 체하며 물러나서 모든 면에서 더듬어 보며, 그 관념이 그 작가에게 어떤 의미를 가진 것인가를 모색해 보아야 한다. 그러면 공격적인 논조를 맞으며, 토론의 효과가 그 한도를 벗어나서 전개되도록 도와줄 수도 있을 것이다.

　나는 전에 토론의 급박한 공격에 몰려서 급전 작전을 쓰다가, 내 기대 이상으로 상대편의 논조를 헛치게 한 일이 있었다. 나는 수만 채워 내놓은 것을 상대편은 무게로 받아들인 것이다. 마치 어느 때 억세게 대드는 사람과 토론하면서 상대편의 결론을 앞질러 말하고, 그에게 자기 의견을 설명하는 수고를 덜어 주며 그의 완성되지 않은 대로의 방금 싹터 나오는 생각을 앞질러 알아내려고 애써 보듯(그의 사고방식의 질서와 적절성이 멀리서부터 그것을 알려 주며 나를 위협한다), 이런 다른 자들과는 나는 전혀 반대의 태도를 취한다. 여기서는 그들에 의하지 않고는 아무것도 이해해서도 안 되고, 아무것도 미리 짐작해서도 안 된다. 그들이 상투적인 말투로, "이것은 좋다. 저것은 그렇지 않다" 하는 이런 논법이 들어맞을 때에는, 그것이 운이 좋아서 맞은 것이나 아닌지 알아볼 일이다.

　그들이 어구에 윤곽을 지어서 의미를 수습하며 "어찌어찌해서 이렇다. 이러니까 그렇다"라고 말한다면, 내가 그렇게도 평범한 일로 보는 이런 보편적인 판단에는 아무런 의미도 없다. 이들은 온 국민들을 뭉쳐서 전체로서 보고 인사하는 자들이다. 이 국민을 잘 알고 있는 자들은 사람을 따로따로 지적하며 이름을 불러서 인사한다. 그러나 이것은 위험한 수법이다. 그런 데서 나는 날마다 더 자주 지식의 기초가 박약한 자들이 똑똑한 체하며, 어떤 작품을 읽고 그 아름다운 점을 지적하려다가 당치 않은 곳에 탄복하는 꼴로 그 작가의 탁월한 점을 알려 주기는커녕 자기 무식을 탄로시키는 것을 보았다.

　베르길리우스의 시 한쪽 전체를 듣고 나서, "그것참 좋군!" 하며 탄성을 올리면 그것은 확실하다. 약은 자들은 이렇게 해서 면한다. 그러나 시 한 구절씩을 따라가며, 명확하게 추려낸 판단으로 한 훌륭한 작가가 어떤 난점을 극복하고 어떤 점에 가치를 높이는가를 지적하려고 하며, 낱말과 어구와 착상을 하나하나 저울질해 보는 일에서는 어서 물러나라! "각자의 어법을 검토할 뿐 아니라 그의 사상과 그 사상의 근거를 파고들어 알아보아야 한다."(키케로)

　나는 날마다 바보들이 바보 같지 않은 소리를 하는 것을 듣는다. 그들은 좋은 말을 한다. 이런 때에는 그들이 어느 정도 그것을 이해하고 있는지, 어디서 그것을 따 왔는지 알아봐야 한다. 우리는 그들을 거들어서 그들 소유가 아닌 이런 아름다운 말과 훌륭한 이치를 사용하게 한다. 그들은 그것을 보관하고 있을 뿐이다. 그들은 더듬어 가며 이런 것을 아무렇게나 내놓아 본다. 우리는 이런 어구를, 가치대로 외상으로 그들에게 맡겨 둔 것이다.

그대는 그들에게 이런 말을 쓰도록 거들어 준다. 그게 무슨 소용이 될까? 그들은 그런 도움을 고맙다고 하지도 않는다. 그리고 그 때문에 더욱 서툴어진다. 그들을 거들지 마라. 그들대로 두라. 그들은 이 재료를 마치 끓는 물에 넣어 다루듯, 더듬더듬 다룰 것이다. 그들은 그것을 바꾸어 써 보지도, 그 의미를 캐어 보지도 못할 것이다. 조금이라도 흔들어 보면 엄두를 못 내며, 아무리 그것이 좋은 재료라도 집어치운다. 그것은 좋은 무기들이지만 자루를 잘 맞춰 놓지 않은 것이다. 얼마나 여러 번 나는 이런 꼴을 보았는가!

그런데 그대가 그 의미를 밝혀서 확인해 주면, 그들은 즉시 그대가 한 해석의 장점을 집어서 앗아 가며, "내가 한 말이 바로 그 말이오. 내가 바로 그 의미로 말했던 것이오. 내가 그렇게 표현하지 않은 것은 말이 부족해서 그랬소" 하고 말할 것이다. 패를 넘겨라. 이런 어리석은 자만심을 교정하는 데는 심술도 좀 부려야 한다. "미워하지도 비난하지도 말고 가르쳐 주라"는 헤게시아스의 의견은 다른 데서는 옳다. 그러나 여기서는 소용없고, 그렇게 해서 더 못 되게 될 자를 거들어서 고쳐 준다는 것은 비인간적인 옳지 못한 처사이다. 나는 그들이 진창에 빠지듯 자기 논법 속에 더 심하게 허우적거리게 두며, 가능하면 자기의 무식함을 인정하기까지 아주 몰아넣는 것을 좋아한다.

어리석음과 지각의 혼란은 잠깐 가르쳐 주어서 될 일이 아니다. 이런 것을 교정하는 문제에는, 막 전투하려는 마당에 군대의 사기를 북돋워 달라고 재촉하던 자에게, "사람들은 훌륭한 연설 한마디로 당장에 용감해지거나 잘 싸우게 되지는 않는다. 그것은 좋은 노래를 듣고, 바로 음악가가 되지 못하는 것과 마찬가지이다"라고 키루스가 대답한 말이 바로 적용된다. 그것은 미리 오래 두고 꾸준한 훈련으로 이루어져야 하는 것이다.

우리는 가족에 대해서는 제대로 갖추어져 있지 않은 지식을 열심으로 교정하며 깨우쳐 가야만 한다. 그러나 아무나 지나가는 자를 붙들고 설교하며, 그의 서투르고 무식한 점을 교정하려는 버릇을 나는 매우 언짢게 본다. 나는 말을 주고받는 상대가 그러해도 교정해 주는 일은 거의 없다. 무슨 선생이나 된 것처럼 초보부터 깨우치는 것보다는 차라리 모두 버려둔다. 내 기분은 글 쓰는 데나 말하는 데나 풋내기들의 상대에게는 맞지 않는다. 어느 모임에서, 또는 다른 사람들 앞에서 말하는 일을 가지고는 그릇되고 어리석은 말이라고 판단해도, 나는 말로건 몸짓으로건 결코 간섭하지 않는다. 그뿐더러 어리석은 자가 어떠한 이치에 만족하기보다도 자기 어리석음에 더 만족하고 있는 것을 보는 일보다 울화가 터지게 하는 일은 없다.

완고하거나 주책없는 논법이 그 주인들의 마음을 안심과 유쾌한 기분으로 채우는 자리에서, 자기는 총명하기 때문에 만족이나 자신을 갖지 못하며, 늘 불만을 품고 자리를 떠야 하는 경우는 불행한 일이다. 이런 때에는 가장 서투른 자들이 남을 경멸하고 어깨너머로 넘겨다 보며, 토론에서 의기양양하게 승리를 거두고 돌아간다. 그리고 거의 언제나 오만한 말투와 유쾌한 얼굴이 좌중에서 우위를 차지하는데, 이 좌중이란 대개 이해력이 약하고 판단력이 없으며, 진실한 장점을 식별할 줄 모르는 자들이다. 자기 사상을 열렬하게 고집 세우는 것은 어리석다는 가장 확실한 증거이다. 그래, 확고하고 결단적이며, 경멸조이고 명상적이며, 장중하고 근직한 것으로 당나귀보다 더한 것이 또 무엇이 있는가?

이 토론과 의사소통이라는 제목 속에, 우리는 친구들끼리 가벼운 이야기로 생기 있고 유쾌하게 서로 주고받으며, 농지거리로 흥겨워하는 따끔하고 싹싹한 잡담을 넣어서는 안 될 것이다. 이런 좌흥은 타고난 나의 유쾌한 기질에 잘 들어맞는다. 그것은 내가 지금 말해 온 것처럼 긴장되고 신중하지는 않을망정, 그만 못하게 예민하고 교묘한 것도 아니며, 리쿠르고스가 생각하듯 유익하지 않은 것도 아니다. 나로 말하면 이런 자리에서는 재치라기보다 더 자유롭게 말이 돌며, 착상이라기보다 더 쉽게 말이 나온다. 나는 남의 잘난 체함을 참아 내는 데는 완벽하다. 좀 지나칠 뿐 아니라 지각없는 대거리에도 안색 하나 변하지 않고 견디어 낸다. 그리고 내가 공격을 받을 때에는 당장에 반격할 거리가 없으면, 끈덕지게 여기 매달려 지루하고 비굴한 언쟁으로 말꼬리 좇기를 좋아하지 않는다. 그것은 넘겨 둔다. 그리고 유쾌하게 귀를 기울이며, 더 좋은 시기에 내 밑천을 찾기로 한다. 장사꾼이라고 반드시 늘 벌어들이는 것은 아니다.

사람들은 대개 힘이 부족하면 얼굴빛과 목소리가 달라진다. 그리고 격에 맞지 않는 분노는 앙갚음보다 자기 약점과 참을성 없음을 한꺼번에 폭로한다. 우리는 가끔 침착한 기분으로 모욕을 주지 않고는 견딜 수 없는 일이라도, 이 흔쾌한 잡담에서 상대편의 불완전하고 숨겨진 예민한 부분을 건드린다. 그래서 피차 유익하게 우리의 결함을 서로 알려 준다.

그 밖에 프랑스식의 철없고 거친 결투[12]가 있지만, 나는 그것을 극단적으로 싫어한다. 내 피부는 보드랍고 민감하다. 나는 내 생애에 우리 왕실의 혈통 두 분을 땅에 묻는 것을 보았다. 기쁨과 즐거움으로 살다가 싸우는 것은 낮고 추한 일이다.

어떻든 나는 어떤 사람을 판단하려면 그가 얼마나 자신에게 만족하고 있으며, 그의 어법과 하는 일이 어느 정도까지 자기 마음에 드는가를 그에게 물어 본다. "나는 놀며 그 일을 했소.

　　이 작품은 아직 미완성인 채 모루에서 가져왔소.　　　　(오비디우스)

한 시간도 걸리지 않았소. 그리고 이것을 다시 들여다보지도 않았소"라는 식의 멋진 변명은 피하고 싶다—"그럼 이런 물건은 치워 둡시다. 당신의 일 전체를 대표하는 작품을 보여 주시오. 그것으로 당신의 역량을 알아볼 수 있는 것 말이오"라고 나는 말한다.

그러고는 "당신 작품 중에 가장 아름답게 보는 것은 어떤 것이오? 이것이요? 이 부분이요? 저 부분이요? 우아미요? 재료요? 착상이요? 판단이요? 또는 학문이요?" 나는 사람들이 남의 작품이나 마찬가지로 자신의 작품도 판단할 눈이 없는 것을 본다. 자기 작품에는 애정이 섞일 뿐 아니라, 그것을 깨닫고 식별해 갈 능

---

12) 1559년 창술 시합에서 사고로 죽은 프랑스 왕 앙리 2세와 1560년 무술 시합에서 부상을 입고 죽은 보프레오 후작, 또는 1546년에 장난하다가 궤짝에 얻어맞아 죽은 당갱 백작을 가리키는 것으로 추측된다.

력이 없기 때문이다. 작품은 그 자체의 힘과 운의 힘으로써 직공(작가)의 착상과 지식 이외에 그를 도와주며 직공의 역량을 넘는 수가 있다. 나로서는 남의 작품 가치를 내 것보다 더 흐리멍덩하게 판단하는 일은 없다. 그리고 이 《에세》도 때로는 얕게, 때로는 높게 아주 줏대 없이 평가한다.

서적 중에는 그 제재(題材) 때문에 유익한 것이 있는데, 그것은 작가에게는 아무런 공로도 되지 않는다. 그리고 직공에게 도리어 수치를 주는 좋은 제품이 있는 것처럼 좋은 책들도 있다. 나는 우리의 향연에 참석한 자들의 태도나 의복의 유행에 관해서 써 보겠으나, 그렇게 마음 내켜서 할 일은 아니다. 나는 우리 시대의 법령들과 일반에게 공개될 왕공들의 편지를 출판할 수 있다. 좋은 책을 가지고 축소본을 만들 수 있다(한 양서를 요약해서 만든 축소판은 모두 어리석은 축소판이다). 그리고 그 원본은 잃어버리거나 그 비슷하게 될지도 모른다. 후세는 이렇게 꾸며낸 서적에서 대단한 편의를 얻을 것이다. 그러면 그것이 내 운이 좋아서 그렇게 된 것이 아니라면 무슨 영광이 될 것인가? 유명한 서적들의 상당 부분이 이런 조건하에 놓여 있다.

몇 해 전에 나는 필리프 드 코민을 읽어 보았는데, 그는 참으로 훌륭한 작가였다. 그러나 나는 이 말은 평범하지 않은 생각이라고 보았다. 그것은 윗사람이 자기에게 적당한 보상을 줄 수 없을 정도로 너무 과하게 섬기지 않도록 조심해야 한다는 것이다. 나는 이 착상을 칭찬해 주어야 했지만, 작가를 추켜 줄 수는 없었다. 나는 같은 사상을 얼마 전에 타키투스에게서 읽었다. "선행은 그 부채를 보답할 수 있는 한도에서 유쾌한 일이다. 그러나 이 한계를 너무 초과하면 감사 대신에 우리는 증오로 이것을 갚는다."(타키투스) 그리고 세네카는 힘차게 말한다. "보답할 수 없음을 수치로 여기는 자는 보답해 줄 자가 없기를 원할 것이기 때문이다." 키케로는 더 비굴하게 둘러서 말한다. "그대에게 부채를 다 갚지 못했다고 생각하는 자는 그대의 친구가 될 수 없을 것이다."

제재는 사정에 따라서 박학하고 기억력이 강한 사람을 찾아 가질 수 있다. 그러나 한 작품에서 그 작가에게 고유하고 가치 있는 소질과 그 심령의 힘과 아름다움을 판단하려면, 그의 것은 무엇이고, 무엇이 그의 것이 아닌가, 그리고 그의 것이 아닌 중에서는 재료 선택·배치·장식 그리고 그가 제공한 언어 등을 잘 살펴보고, 그의 공로가 어느 정도인가를 알아야 한다. 자주 일어나는 일이지만, 그가 남의 재료를 따다가 오히려 악화시켰다면, 우리는 서적과의 접촉이 많지 않기 때문에, 새로운 시인에게서 아름다운 착상을 발견하거나 한 설교사에게 강력한 논거를 찾아볼 때에, 이 작품이 그들 고유의 것인지 또는 남의 작품에서 따온 것인지 문의해 보지 않으면, 감히 칭찬해 줄 수도 없다는 괴로운 점이 있다. 나는 그때까지는 늘 조심하는 태도를 견지한다.

나는 요즈음 타키투스를 단숨에 읽었다(이는 흔한 일이 아니다. 나는 20년 전부터는 한 시간을 계속해서 읽은 적이 없었다). 나는 용덕이 높을뿐더러 그 능력과 착한 마음으로 지조가 견고하며, 그 형제들 역시 그렇기 때문에, 프랑스 사람 전부가 그의 인격을 지극히 존경하는 한 귀인의 권고로 이 책을 읽었다. 나는 작가로서 이 작가만큼 공적 사건의 기록에 개인적 행동 습관과 경향에 관한 고찰을 섞어 넣는 예를 알지 못한다. 그래서 많은 행적들 뿐 아니라, 특히 신하들에 대한 잔인한 처사까지, 그 모든 종류의 형태가 극단적으로 잡다하던 제왕들의 생애를 좇아 보게 되었다. 그는 온 세상의 전쟁과 동란에 관한 것보다도 이런 면을 고찰하고 진술하기에 더 강력하고 흥미 있었던 것으로 보인다. 그가 저 아름다운 죽음들은 그 수가 너무 많아서 지루해질까 염려하는 듯 대강 넘겨 버렸기 때문에, 나는 늘 그를 거칠다고 보고 있다.

이런 형태의 역사는 한층 더 유익한 것이다. 공사(公事)의 움직임은 운의 지도에 더 매여 있고, 개인적인 일은 우리들의 지도에 달려 있다. 이것은 역사의 서술이라기보다도 차라리 하나의 판결이다. 여기는 이야기보다 교훈이 더 많다. 이것은 읽을 책이 아니라 연구하고 배워 갈 책이다. 옳은 일에 관한 교훈으로 가득하다. 이 작품은 세계를 다루는 지위를 잡은 인물들의 준비와 장식을 위한 윤리적이며 정치적인 고찰의 기초이다. 그는 자기 시대의 수식적인 문체를 좇아서 예리하고 미묘한 방식으로 견고하고 강력한 이치로 변론한다. 당대의 사람들은 너무 과장된 표현을 즐기며, 일 자체에 첨단적이고 기묘한 것을 찾아보지 못하면 언어에서 그런 표현을 빌려 오는 것이었다. 그의 문장은 적잖이 세네카와 닮았다. 그의 글은 더 풍요하고, 세네카의 문장은 더 날카로운 것 같다. 그의 저작은 현재의 우리 상태와 같은 혼란되고 병든 국가를 섬기기에 더 적합하다. 우리는 자주 그가 우리를 묘사하고 비판한다고 말하고 싶다.

그의 성실성을 의심하는 자들은 어떤 다른 이유에서 그를 원망하는 것으로 자기를 책망하는 일이 된다. 그는 건전한 사상으로 로마의 사정을 말하며 정당한 당파의 편을 든다. 그렇지만 나는 당시 폼페이우스와 같이 살고 교섭을 가졌던 점잖은 사람들이 이 인물의 역사 기록을, 좀 더 겉으로 드러나는 것이 없지마는 마리우스나 실라와 대등하게 평가하던 의견보다는 이 폼페이우스를 더 신랄하게 비판한 것이 좀 불만이다. 사람들은 그가 정사(政事)를 맡아보려는 야심이나 복수의 의향을 대강 보아 넘기지 않았고, 그의 친구들도 만일 그가 승리했다라면 이치에 벗어나는 것을 하지나 않았을까 두려워했으나, 그렇다고 미쳐 버릴 정도에까지 이르리라고는 보지 않았다. 그의 생애에는 우리를 포학과 잔인성으로 위협했을 아무런 징조도 보이지 않는다. 그뿐더러 수상한 점과 명확한 사실을 동일시해서는 안 된다. 그러니 나는 타키투스가 그에 대해 한 말을 믿지 않는다.

그의 진술이 순박하고 성실하다는 점은, 그가 조금도 굽혀서 말할 생각을 품지 않고 우리에게 보여 주는 그의 소재(素材)를 넘어서 자기가 취한 경향을 따라서 하는 그의 판단과 진술이 늘 정확하게 일치하지 않는 점을 가지고도 아마 추론할 수 있을 것이다. 그는 자기를 지배하던 법을 좇아서 자기 시대의 종교를 인정하고, 진실한 종교(기독교)를 알고 지내지 못했다고 해서 변명할 필요는 없다. 그것은 그의 불행이다. 그러나 그의 잘못은 아니다.

나는 주로 그의 판단을 고찰해 보았지만 그 모든 면을 밝힌 것은 아니었다. 티베리우스 황제가 늙어 병들게 되자 원로원에 편지를 보내어, "여러분, 지금 내가 그대들에게 무엇을 써 보낼 것인가? 어떻게 써 보내야 할 것인가? 또는 무엇을 써 보내지 못할 것인가? 내가 그것을 안다면, 신들과 여신들이 내가 날마다 받고 있는 괴로움보다 더 혹독한 죽음을 내려 줘도 좋다"라고 한 말을, 어째서 그가 그렇게도 확실하게 티베리우스의 양심을 괴롭히는 뼈저린 가책감의 탓으로 돌리고 있는지 알 수가 없다. 적어도 내가 읽었을 때에는 그것을 이해하지 못했다.

그는 로마에서 어떤 명예로운 관직을 잡고 있었다는 말을 해야 했던 처지에, 이것을 자랑으로 하는 말이 아니라고 변명하고 있는 것은, 내게는 역시 좀 비굴한 마음씨로 보였다. 이런 필법은 그런 지위에 있는 처지로서는 좀 천한 일이다. 왜냐하면 자기 일을 감히 터놓고 말하지 못하는 것은 어딘지 용기가 부족한 것으로 보이기 때문이다. 건전하고 확실하게 판단하는 올곧고 고매한 판단력은 개인의 일이거나 남의 일이거나 모든 사정에 행사되고, 똑같이 솔직하게 증언한다. 진리와 자유를 위해서는 범절에 관한 국민들의 규칙 따위는 그냥 넘겨 버려야 한다.

나는 단지 내 일을 말할 뿐 아니라, 내 말만을 확실하게 한다. 나는 다른 일을 쓸 때에는 줏대를 못 잡고 제재를 놓쳐 버린다. 나는 이웃 사람이나 나무를 보듯, 멀리서 나를 식별하고 고찰할 수 없을 정도로 무분별하게 나를 사랑하지도 않고, 나 자신에 파묻혀 집착하지도 않는다. 사람의 가치를 분별해 보지 못하거나, 자기가 보는 것보다 더 많이 말하는 것은 똑같은 실수이다. 우리는 자신보다 하느님을 더 사랑해야 하는데, 하느님의 일은 더 알지 못하면서도 마음껏 하느님에 관한 일을 말한다.

그의 문장이 자기 사정에 관해서 진술한 것을 보면, 그는 진실하고 강직하고 용감하며, 미신적인 도덕이 아니라 철학적인 너그러운 도덕을 가진 위대한 인물이었다. 사람들은 그가 증언하는 데 과감하다고 말할 수 있을 것이다. 그가 말한 한 병사가 나뭇짐을 지고 가다가 추위로 손이 그 짐에 얼어붙었는데, 어찌나 심했던지 손이 들러붙어 팔이 떨어져 죽어 있더라고 하는 식으로 말이다. 나는 이런 일에는 이만큼 위대한 증인의 권위에 굴하는 것이 습관으로 되어 있다.

그가 또 말하는 바, 베스파시아누스는 세라피스 신의 은혜를 받아 알렉산드리아에서 한 여자 장님의 눈에 침을 발라 눈을 뜨게 해 주었다느니 하는 무엇인지 모르는 다른 기적들을 말하는 것은, 그가 선량한 역사가들의 예와 의무로 하는 일이다. 그들은 중요한 사건들의 기록을 맡아보고 있다. 국민들의 소문이나 의견들 역시 공적 사건들 축에 든다. 일반이 믿는 바를 정리하는 것이 아니고, 그대로 기록하는 것이 그들의 역할이다. 이 정리하는 면은 양심을 지도하는 신학자들과 철학자들이 할 일이다. 그러기 때문에 그에 비길 정도로 위대한 그의 동료는, "사실 나는 내가 믿는 것보다 더 많이 기록한다.

왜냐하면 나는 의심하는 바를 확인해 볼 길도 없고, 그렇다고 전설이 내게 전해 준 바를 삭제할 수도 없기 때문이다"(퀸투스 쿠르티우스)라고 대단히 현명하게 말한다. 그리고 또 하나는 "이런 것은 고생해서 확인할 것도 반박할 것도 없는 일들이다…… 이런 일은 소문대로 좇아야 한다"(티투스 리비우스)고 하며, 기적을 믿는 일이 줄어들기 시작하는 세기에 기술된 것이니, 그는 고대(古代)에 하고많은 점잖은 사람들이 그렇게도 존경심을 품고 믿어 온 사연들을 배척하며, 그의 《연대기(年代記)》에 삽입하지 않기는 원하지 않는다고 말한다.

지극히 잘한 말이다. 그들은 마땅히 생각하는 것보다도 전해받은 것에 따라서 역사를 전해 줄 일이다. 나는 내가 취급하는 일에는 내가 왕이며, 아무에게도 매여 지낸 것이 없으니 결코 그렇게 생각하지 않는다. 나는 늘 내 정신이 트집을 잡는 수가 있기 때문에, 이 점을 경계한다. 그리고 언어상의 농간에 속을까 봐 내 귀도 경계한다. 그러나 나는 이런 일은 아무렇게나 되는 대로 둔다. 나는 이런 일로 자랑삼는 자들도 있다는 것을 본다. 나 혼자 이런 일을 비관할 것이 아니다. 나는 나 자신을 세워서나 눕혀서, 앞으로나 뒤로, 바로나 외로 내가 타고난 있는 대로 내보인다. 정신은 그 힘이 같은 경우라도 그 적용과 취미는 늘 같은 것은 못 된다.

이것은 대충, 그것도 대단히 불확실하게 내 기억에 남아 있는 사연들이다. 판단력은 모두 통틀어 보면 흐리멍덩하고 불완전하다.

9
허영에 대하여

아마도 허영에 대해서 이렇게 쓸데없이 써 나가는 것보다 더 허영된 노릇은 없을 것이다. 사리를 아는 사람들은 하느님께서 우리에게 그렇게도 거룩하게 이에 관해 밝혀 주신 바를 조심스레 끊임없이 명상해 보아야 한다.

세상에 잉크와 종이가 있는 한, 내가 줄곧 노력도 들일 것 없이 해 나갈 것을 잡았다는 것을 누가 보지 못하는가? 나는 내 인생을 행동에 따라서 기록해 갈 수는 없다. 내 운은 그런 것을 적어 두기에 너무 천한 것으로 만들어져 있다. 나는 그것을 내 생각으로 적어 간다. 이런 식으로 나는 한 귀인이 오로지 자기 배 속의 작용만으로 자기 인생을 전해 주는 것을 보았다. 그의 집에 가면 7~8일 분의 침실용 변기 순서를 자랑으로 보여 주는 것이다. 그것이 그의 공부이며 사상이었다. 다른 이야기는 그에게는 냄새가 나는 것이었다.

여기 나오는 것은 조금 더 점잖아서, 한 헐어 빠진 정신이 어느 때는 단단하게, 어느 때는 흐느적하게 쏟아 놓는 배설물인데, 늘 소화되지 않은 채이다. 그런데 무슨 제목을 가지고 다루건 끊임없이 흔들리고 변해 가는 내 생각을 묘사하는 일을 나는 언제 가서 끝마치려는 것인가? 저 디오메데스는 문법이라는 제목 하나로도 6천 권의 책을 채워 놓지 않았던가? 그렇게 언어를 더듬거리고 풀어 가면서도 이 엄청난 책의 무게로 세상을 질식시키는 바에, 이런 군소리는 무슨 일을 저지르지 않을 것인가? 단지 말을 가지고 그렇게 말이 많아졌다니! 오오, 피타고라스여, 이런 말문이 터지는 폭풍우는 왜 그대의 주문으로 쫓아 버리지 못했던가!

옛날에 갈바라는 자는 태만하게 살아간다고 사람들의 비난을 받았다. 그는 사람은 각기 그 휴식이 아니라 행동이 책임을 진다고 대답했다. 그는 잘못 알고 있었다. 왜냐하면 법은 일하지 않는 자에 대해서도 심사해서 처벌하기 때문이다.

부랑자와 게으름뱅이들에 대해서 징벌이 있듯, 서투르고 쓸모없는 작가들에 대해서도 강권이 행사되어야 한다. 나와 나 따위의 백여 명은 우리 국민의 손에 마땅히 한꺼번에 추방당할 일이다. 농담이 아니다. 글줄을 끄적거리는 버릇은 이 세기가 문란해진 징조이다. 글쎄, 우리는 동란 속에 들어간 이후보다 더 글을 쓴 일이 있었던가? 로마 사람들은 그들이 망할 때보다 더 많이 글을 쓴 일이 있었던가? 사람들의 정신이 세련된다는 것은 한 국민이 현명하게 된다는 것이 아님은 제쳐 두고, 이런 한가로운 일에 매여 지낸다는 것은 저마다 자기 직무를 맡아보는 데 해이해져 늘쩡거리기 때문이다.

이 시대적 부패상은 우리 각자의 개인적 행동으로 이루어진다. 어떤 자들은 그들이 더 강하니 배반으로, 다른 자들은 비행·무신앙·폭언·탐욕·잔인성 등으로 각기 더 강한 대로 이바지한다. 더 약한 자들은 어리석음과 허영됨과 한가로움을 가져오는데, 나는 이 축에 든다. 아마도 이제 우리가 손해되는 일에만 쏠리는 것은 헛된 일의 계절이 왔기 때문인 것 같다. 나쁜 짓하는 것이 다반사로 된 지금은 쓸데없는 짓하는 것은 칭찬받을 만한 일로 보인다. 나는 손을 대어 처치해 버려야 할 자들 중에서 마지막에 든다는 생각에 위안을 느낀다. 사람들이 중한 일을 처리하고 있는 동안, 내게는 행실을 고쳐 갈 시간적인 여유가 있을 것이다. 왜냐하면 커다란 폐단이 세상에 날뛰고 있는 이때, 자디잔 허물을 추가로 기소한다는 것은 사리에 어긋나는 일로 보이기 때문이다. 그래서 의사 필로티모스는 손가락을 붕대로 싸매 달라고 찾아온 한 환자의 얼굴색과 숨결을 보아 그가 폐에 염증이 난 것을 알고, "이 사람아, 자네는 지금 손가락을 가지고 장난할 때가 아닐세"라고 말했다.

나는 몇 해 전에 이 문제에 관해서 그에 대한 추억을 특별히 염두에 두고 있는 한 인물[13]이, 그때나 지금이나 똑같이 법도 정의도 관리도 제 구실을 하지 못하는 우리들의 큰 재난의 한복판에서, 의복과 요리와 소송 사무에 관해서 뚜렷하지 않은 개혁을 말하는 어떤 책을 세상에 내놓는 것을 보았다. 이런 일은 사람들이 학대받는 민중들에게, 그들을 완전히 잊어버린 것은 아니라고 말하기 위해서 대접하는 재밋거리는 된다. 또 다른 축들은 같은 식으로 국민들이 모든 종류의 더러운 악덕으로 망해 가는 판에, 말하는 격식, 댄스, 노름하는 방법 따위를 고쳐 주려고 줄곧 애를 쓰고 다닌다. 사람이 중한 열병에 걸렸을 때에는 때를 벗긴다. 몸을 씻는다고 하는 것이 문제가 아니다. 생명이 극도로 위험한 지경에 이르려는 판국에 머리를 빗는 따위는 스파르타 사람들이나 할 일이다.

나로 말하면, 덧신 하나를 비뚤게 신으면 셔츠도 망토도 꺼꾸로 입는 식의 못된 버릇을 가졌다. 나는 반만 바로 갖기를 경멸한다. 나쁜 상태에 있을 때에는 나쁜 편으로 가려고 악을 쓴다. 절망으로 자포자기하며, 타락의 방향으로 떨어지게 두고, 사람들 말처럼 도끼가 빠지면 자루까지 내던진다. 나는 상태가 악화되기를 고집하며, 나를 보살펴 줄 가치가 없다고 생각한다. 아주 잘 되든지 아주 못 되든지이다.

이 세태의 황폐가 나의 황폐한 나이에 부합해서 온 것은 내게는 혜택이다. 나는 그 때문에 편안한 생활이 난맥에 빠지는 것보다는 내 병이 거기 덮쳐 오는 것을 더 잘 참아 낸다. 내가 불행할 때 표현하는 말투는 울분의 말버릇이다. 내 마

---

13) 몽테뉴가 주장하는 인물은 미셸 드 로피탈이나 또는 보르도의 재판장 리쥬바통으로 추측되고 있다.

음은 그 때문에 납작해지기는커녕 엄살을 피우며 반항한다. 그리고 다른 사람들과는 반대로, 크세노폰의 이성을 따른 것이 아니라면, 그의 교훈을 따라서 팔자가 사나운 때보다도 좋은 때에 더 신앙심이 깊어지며, 행운을 애걸하기보다는 감사하며, 고마운 눈으로 하늘을 우러러본다. 나는 건강이 내게서 물러났을 때보다는 건강이 내게 웃음 지을 때 더 조심해서 몸을 보살핀다. 다른 사람들에게는 불운과 채찍이 훈련이 되는데, 내게는 번영한 상태가 훈련과 수양이 된다. 마치 행운은 양심과는 상극인 것처럼 사람들은 운이 나쁠 때에만 착한 사람이 된다. 내게는 행운이 절제와 겸양에 대한 특수한 자극제이다. 간청에는 내 마음이 양보하고 위협에는 반발한다. 은혜로 보살펴줌은 나를 굽히고, 공포는 나를 강직하게 만든다.

인간 조건들 중에는 우리 것보다 남의 것을 더 좋아하고 동요와 변화를 즐기는 성미가 공통적이다.

> 일광 자체도 시간의 준마를 갈아타고 달림으로써밖에
> 우리에게 희열을 주지 않는다. (페트로니우스)

나는 여기 내 몫을 받는다. 이런 것과는 다른 극단을 쫓아서 자신에 만족하고, 다른 것보다도 자기가 가진 것을 존중하고, 자기가 보는 것밖에 아무것도 더 아름다운 형태를 인정하지 않는 자들은 우리보다 더 총명하지 못할지는 몰라도, 참으로 더 행복한 자들이다. 나는 그들의 예지가 부럽지 않다. 그러나 그들의 행운은 부럽다. 아직 알지 못하는 새로운 사물들을 탐하는 성미는 여행하는 욕망을 가꾸도록 거들어 준다. 그러나 여기는 다른 사정들이 상당히 기여한다. 나는 기꺼이 나의 살림살이에서 벗어난다. 사람을 지휘한다는 것에는, 그리고 광 속에서만이라도 집안 식구들의 복종을 받는다는 것에는 어떤 재미가 있다. 그러나 이런 쾌감은 너무 일률적이며 이완된 것이다. 그리고 거기에는 필연적으로 여러 가지 언짢은 근심이 섞여든다. 때로는 보살펴 주는 국민들이 곤궁에 빠져 의기소침해 있고, 때로는 이웃 간의 싸움, 때로는 그대가 어떤 권리 침해를 당한다는 등으로 속을 썩인다.

그대 포도원에 우박이 내리쳤거나,
토지 수익이 줄었거나, 수목이 장마에 축이 갔거나,
때로는 가뭄으로 땅이 말라붙고,
때로는 엄동의 추위가 엄습하며.　　　　　　　　　(호라티우스)

그러고는 6개월도 못 가서 하느님께서는 좋은 계절을 주어 그대의 집사가 아주 만족하게 하는데, 그것이 포도나무에 좋으면 목장에 해가 되지 않는 것이고,

태양의 지나친 열기에 수확물이 말라붙거나
갑작스러운 폭우나 서리로 수확이 많이 줄거나
또는 회오리바람이 불어 전원을 황폐하게 한다.　　　(루크레티우스)

거기에다 옛말에 나오듯, 예쁜 구두에 발 벗겨진 것[14]은 남이 보지 못한다는 식으로, 그대 가정의 평화로운 질서를 꾸며 보이느라고 얼마나 힘이 드는가. 아마도 그 살림을 유지하기에 너무 큰 희생을 치르고 있는 것을 다른 사람들은 이해하지 못할 것이다.

나는 살림을 늦게 시작했다. 나보다 앞서 이 세상에 나온 분들은 내게 오랫동안 그 부담을 덜어 주었다. 내게는 벌써 내 기질대로 거기 맞지 않는 버릇이 생겨 있었다. 어떻든 내가 본 바에는 이것은 어렵다기보다 귀찮은 직무이다. 누구라도 다른 일을 할 수 있는 자는 이 일을 쉽사리 할 수 있을 것이다. 내가 부자가 되고 싶은 생각을 가졌다면, 이 길은 너무 오래 걸리는 것으로 보였을 것이다. 나는 다른 일보다도 수입이 많은 장삿속으로 제왕을 섬겼을 것이다. 나는 잘하지도 못하지도 않는 소질을 가졌고, 내 인생의 다른 면에 부합되게 아무것도 벌어 놓은 것이 없고 낭비한 것도 없으며, 그저 세월을 보낼 생각만을 가졌다는 평판밖에 요구하지 않는 이상, 고마운 일로 그리 큰 주의를 하지 않고도 해 나갈 수 있는 일이다.

---

[14] 플루타르크의 이야기, 한 로마인이 예쁜 아이까지 낳아 준 미모의 아내를 내쫓았다고 친구들이 책망하자 "이 구두는 새롭고 예쁘지 않은가? 그러나 그 때문에 내 발이 벗겨진 것을 그대들 중에는 아는 사람이 없네"라고 대답했다.

사정이 극도로 악화되거든, 빈곤에 앞장서 비용을 삭감하기 위해 줄곧 달음질쳐 보라. 이것이, 그리고 빈궁에 쪼들리기 전에 내 행실을 고치는 일이 그것에 대비하는 방책이다. 게다가 나는 가진 것보다도 적은 것으로 지낼 수 있는 상태를 여러 한계로 마음속에 세워 보았다. 만족하고 지내는 상태 말이다. "수입의 계산에서가 아니고 각자의 생활 방식과 교양으로 그대의 부는 측정되어야 한다."(키케로) 내게 정말 필요한 물자는 내 재산을 꼭 다 써버려야 할 정도가 아닌 바에 운이라 할지라도 생트집으로 대들기 전에는 나를 어찌해 볼 수 없을 것이다.

내가 아무리 집안일을 경시하며 아무것도 모르고 지낸다 해도, 내가 있다는 것이 일처리에 큰 힘이 된다. 일은 보아준다. 그러나 귀찮게 여기며 한다. 거기다가 내 집 형편은 내 편 촛불은 끝에서 약하게 타고 있는 동안, 다른 끝은 조금도 아끼는 일 없이 태우고 있다.

여행은 그 비용 때문에만 힘이 든다. 그것은 힘겨울 만큼 무거운 부담이다. 수행원을 데리고 가는 습관은 필요한 일일 뿐 아니라 체면을 지키는 일이기 때문에, 그만큼 기한을 짧게, 그리고 횟수를 뜨게 해야 하며, 저축해 놓은 여윳돈만을 사용하는 까닭에, 여유가 생기기까지 연기하며 때를 기다린다. 나는 돌아다니는 쾌락 때문에 휴식의 쾌락을 제쳐놓고 싶지는 않다. 그 반대로 이 두 가지가 서로 거들고 가꾸어 주도록 하고 싶다.

나는 이 점에서는 타고난 운명의 도움을 받았다. 이 인생에서 내가 주장하는 주요 목표는 무르게 살아가는 일이며, 바쁘기보다는 차라리 능청거리며 살아 보자는 것인데, 다행히 내 운명은 많은 후계자들에게 물려주려고 재산을 늘려 가야 할 걱정도 덜어 준 것이다. 하나 있는 상속자에게 내가 풍부하게 지내 온 것이 그 아이에게 충분치 못하다면 그것은 별 도리가 없다. 그 아이의 어리석은 수작 때문에 그 아이를 위해서 내가 더 많은 것을 욕심내야 할 필요는 없다. 그리고 사람은 각기 포키온[15]의 본을 떠서, 자기보다 못하게 살지만 않게 해 주면 자식들에게 넉넉히 물려주는 것이다. 나는 크라테스가 한 처사에 결코 찬성하지 않

---

15) 코르넬리우스 네포스의 《포키온 전》, "아이들이 나를 닮았으면 시골의 내 적은 재산이 그들의 신수에 족할 것이다…… 그렇지 않으면 나는 그들의 지위를 위해 비용을 만들고, 그들의 사치를 위해 대 주는 일은 거절한다."

는다. 그는 자기 돈을 은행에 맡겨 두고, "그 아들들이 바보이거든 그들에게 나누어 주라. 그들이 똑똑하거든 민중들 중 가장 순박한 자에게 나누어 주라"는 조건을 붙여 놓았다. 이것은 마치 바보들은 돈 없이는 지낼 수 없으니, 그만큼 더 재산을 사용할 수 있다는 생각이다.

 어떻든 내가 집에 없기 때문에 손해가 난다고 해도 그냥 어떻게든 해 나갈 수 있는 터이기에, 나는 이런 힘든 일에서 벗어날 기회가 내 앞에 오는 것을 물리쳐야 할 필요가 있다고는 보지 않는다. 엉망으로 되어 가는 일은 언제든지 있다. 어느 때는 이 집일, 어느 때는 저 집일을 해결하느라 끌려 지낸다. 그대는 모든 일을 너무 가까이서 밝혀 본다. 그대가 너무 자상히 따지는 것이 다른 데서 해를 끼치는 것만큼, 여기서 그대에게 해를 끼친 나는 속 썩일 일은 면할 기회만 있으면 피한다. 그리고 잘되어 가지 않는 일을 알아보려고 들지 않는다. 그래도 나는 내 집에서 계속 무엇이든 불쾌한 일에 부닥치지 않고는 못 배긴다. 사람들이 가장 애써서 내게 감추려고 하는 도둑질은 내가 가장 잘 알고 있는 일이다. 그 때문에 속을 덜 썩이려고 내가 거들어 가며 숨겨 주어야 한다. 부질없는 마음의 수고이다. 때로는 부질없다. 그러나 속 썩이기는 매일반이다. 가장 자잘하고 드러나지 않는 피해가 가장 괴롭다. 잔 글씨가 눈을 아프게 하고 피로하게 만들듯이, 자디잔 일이 마음을 상하게 한다. 아무리 크고 맹렬한 불행보다도 수많은 자잘한 불행들의 뭉치가 더 사람을 해친다. 가정생활의 이런 가시들은 엉겁결에 닥쳐오며 가늘고 빽빽하게 돋아나면서 위험도 없이 우리를 더 날카롭게 물어뜯는다.

 나는 철학자가 아니다. 불행은 그 무게에 따라 나를 짓밟는다. 그리고 형체에 따라, 재료에 따라 나를 억누른다. 때로는 더 심하다. 나는 일반사람들보다 그것을 더 잘 알고 있다. 어떻든 그런 것은 내게 상처는 주지 않는다고 해도 모욕을 준다. 인생이라는 것은 너무 연하고도 동요되기 쉬운 것이다. 내가 고난의 길로 고개를 돌린 뒤부터, "사실 첫 충격에 한 번 패배하면 다시는 저항하지 못한다." (세네카) 아무리 대단찮은 일도 나는 이 방면의 불쾌한 기분을 자극한다. 이 기분은 다음에는 제 힘으로 커져 가며, 제 힘으로 악이 나며, 이 일 저 일을 끌어서 가꾸어 갈 거리를 쌓아 올린다.

> 한 방울 한 방울 떨어지는 물이 바위를 뚫는다.　　　　(루크레티우스)

　이런 대수롭지 않은 물방울들이 나를 좀먹는다. 보통의 괴로움은 결코 가벼운 일이 아니다. 이런 것은 지속적이며, 다시는 유지시킬 수가 없다. 특히 집안 식구들에게서 나오면 계속적이며 불가분으로 된다.
　내가 자신의 일을 멀리서 전체로 살펴보면, 기억력이 정확지 못한 탓인지도 모르지만, 내가 따져 보는 계산과 이치 이상으로 지금까지는 모든 일이 잘되어 온 것으로 보인다. 나는 있는 재산 이상의 소득을 올리고 있는 듯하다. 이런 행운이 내 기대에 어긋난다. 그러나 일의 속을 들여다보며, 이 모든 조각들이 되어 가는 꼴을 보면,

> 그때에 우리 심령은 온갖 근심으로 분열되며　　　　(베르길리우스)

　수천 가지 일들이 이랬으면 싶고, 걱정거리가 된다. 이 전체를 그대로 버려 두기는 쉬운 일이다. 속을 썩이지 않고 그 일을 보아 가기는 대단히 어렵다. 보는 일마다 일거리가 되고 마음을 쓰게 하는 자리에 있기란 딱한 일이다. 그리고 남의 집 쾌락을 누리는 편이 훨씬 더 즐겁고 거기서 소박한 취미를 얻는 것 같다. 디오게네스는 내 생각과 같이, 어떤 종류의 포도주가 가장 맛 좋더냐고 누가 물어보자, "남의 집 것"이라고 대답했다.
　내 부친은 몽테뉴 성 쌓기를 즐기셨다. 그는 그곳에서 출생했다. 나는 모든 집안일 처리에 그의 본을 뜨고 그의 규칙을 좇는 것을 좋아한다. 그리고 될 수만 있다면 내 후계자들도 그렇게 시키겠다. 내가 그를 위해서 더 잘 해 줄 수 있다면 해 보고 싶다. 나는 그의 생각이 아직도 내 손으로 시행되며 작용하고 있는 것을 영광으로 생각한다. 그렇다. 이렇게도 착하신 부친의 생활 방식을 그대로 내 손으로 잘 실천해 나가지 못하다니 될 말인가! 내가 성벽의 어느 면을 완공시키고, 이 건축의 잘못된 어느 방을 정리해 놓았다고 해도 그것은 정말이지 내 만족보다 그의 의향을 생각해서 한 일이다. 그리고 그가 집을 잘 꾸미려고 시작해 놓은 일을 계속해서 완성시키지 못하고 있는 내 못난 구실이 한스럽다. 더욱이 나

는 혈통의 마지막 소유자(몽테뉴에게는 딸 하나뿐 남자 상속자가 없었다)의 위치에 있으며, 여기 마지막으로 손대는 처지에 있으니 말이다.

사람들이 대단한 매력을 느낀다고 하는 집 짓는 재미도, 사냥도, 정원 가꾸기도, 은퇴 생활의 다른 취미들도 내게 그렇게 큰 흥미를 주지는 못한다. 이것은 내게 불편한 다른 생각들과 마찬가지로 괴로운 일이다. 나는 이런 생각들이 안이하고 내 인생에 적합하기만 바라고, 그것을 강력하고 박식한 것으로 가지려고 마음 쓰지 않는다. 내 생각들은 유익하고 유쾌하기만 하면 충분히 진실하고 건전한 것이다.

내가 살림살이를 보살피는 데 무능하다고 말하는 것을 듣고, 그것은 농사를 경멸하는 말이며, 내가 높은 학문에 마음을 두었기 때문에 농사짓는 연장이나 때와 순서, 포도주 만드는 법, 꺾꽂이하는 법이나, 풀들과 과실들의 이름과 형태, 먹고 사는 식료품을 만드는 법, 내가 입고 다니는 옷감의 이름과 값 등을 알아 둘 생각도 않는 것이라고 내 귀에 대고 속삭이는 자들은 정말 사람을 죽이는 일이다. 그것은 영광이라기보다는 바보짓, 아니 그보다도 천치의 수작이다. 나는 훌륭한 논리학자가 되기보다는 훌륭한 방패수가 되고 싶다.

어째서 그대는 더 유익한 직업에 종사하지 않는가?
버들가지나 부드러운 갈대로 바구니라도 엮지 않는가?　　　(베르길리우스)

우리는 우리 없이도 잘되어 가는 일반적인 일과 우주의 원인과 진척에 관해서 생각하느라고 골머리를 앓으며, 인간이라는 문제보다 훨씬 더 가까이 내게 관계되는 사실과 이 미셸(몽테뉴 자신의 이름)은 뒤로 밀어 둔다. 그런데 나는 스스로에게 더 잘 얽매이고, 다른 데보다는 여기에 재미를 붙이고 싶다.

내 거기서 노년을 보냈으면!
바다와 육지의 여행과 군대 생활에 피로하여
이곳에 휴식을 찾았으면!　　　(호라티우스)

나는 이 소원을 성취할 것인지 모르겠다. 나는 부친이 다른 상속 재산 대신 노령에 살림살이에 열중하던 취미를 내게 물려 주었으면 한다. 그는 자기의 욕망을 재산을 돌보는 방향으로 돌리고, 가진 것에 만족하며 대단히 행복해했다. 만일 내가 그와 같이 한번 살림살이에 취미를 가져 볼 수 있다면, 정치 철학이 제아무리 내 직무의 비속하고 척박한 것을 비난해 보아도 소용이 없을 것이다.

내 생각으로는 가장 명예로운 직무는 나랏일에 봉사하며 많은 사람들에게 유익하게 되는 일이다. "우리는 가까운 사람들과 함께 즐거움을 누림으로써밖에 천재나 도덕이나 모든 우월성의 성과를 더 잘 누릴 수는 없다."(키케로) 나로서는 그런 생각은 포기한다. 일부는 내 양심에서 나오고(이런 직책에 수반되는 무거운 책임을 생각해 보면, 나는 또 그런 일에 별로 힘이 될 건더기가 없는 것을 안다. 그래서 모든 정치사상의 대가인 플라톤은 그런 일을 단념했다), 일부는 내가 겁쟁이이기 때문이다. 나는 세상일을 열심히 보아줄 것 없이 세상을 즐기며, 다만 나와 남에게 짐이 되지 않게 용서될 만한 인생을 살아가기로 만족한다.

일을 맡길 사람이 있었다면, 나만큼 무르게 내 일을 보살피며 관리해 나가는 임무를 제삼자에게 내맡길 사람은 없었을 것이다. 지금 당장의 내 소원 가운데 하나는, 이 늙은 나를 편하게 먹여 주고 잠재워 줄 사위를 얻어서, 그의 손에 재산의 모든 관리와 사용 권한을 넘겨주고, 그가 진실로 고맙고 친절한 마음을 쏟는다면, 내가 하는 식으로 그가 이 재산을 관리하고 내가 여기서 얻는 것을 대신 갖게 했으면 하는 생각이다. 그런데 우리는 친자식의 충실성도 믿을 수 없는 세상에 살고 있다.

여행 중에 내 금고를 맡아보는 자는 아무 구속 없이 나의 재산을 맡고 있어 돈 계산을 하면서 마음만 먹으면 얼마든지 나를 속일 수 있다. 그러나 그가 악마가 아닌 바에야 그를 완전히 신임하여 맡기고 일을 잘할 수밖에 없도록 책임지운다. "많은 사람들은 기만당할 우려에서 그들을 기만하도록 가르치며, 그들의 불신으로 타인에게 불신 행위를 정당화시켰다."(세네카) 내 집 사람들에 관해서 내가 취하는 가장 안전한 방법은, 내가 잊어버리고 지내는 일이다. 나는 눈으로 보기 전에는 나쁜 일이 있다고 생각하지 않으며, 젊은 아이들은 아직 나쁜 본에 덜 물들었다고 보기 때문에 그들이 더 미더워진다. 나는 저녁마다 3에퀴, 5에퀴, 7에퀴로 너무 썼다는 말을 귀따갑게 듣기보다는, 두 달 후에 4백 에퀴를 낭비했다고 듣는 편이 낫다. 그래서 나는 이런 종류로 다른 사람들보다 더 도둑맞은 것도 없었다. 내가(일부러) 모르고자 하는 것은 사실이다. 나는 어떤 점에서 고의로 금전 계산을 흐리고 불확실하게 해 두며, 어떻게 보면 그런 일이 있을 수 있다고 긍정하는 것에 만족한다. 그대의 하인에게는 불충실하거나 부주의할 수 있는 여유를 좀 주어야 한다. 전체로 보아서 일해 나갈 수 있을 만큼 남의 것이 있다면, 도타운 덕의 나머지는 운대로 되어 가게 둘 일이다. 이삭 줍는 자의 몫도 남겨야 한다. 결국 나도 내 집 사람들이 끼치는 손해도 대수롭게 여기지 않지만, 그들이 그렇게 충실하다고는 보지 않는다. 오오, 자기 돈을 재미로 만져 보고 달아 보고 세어 보고 연구하다니, 어리석고 추잡스러운 일이다! 여기서부터 탐욕은 다가온다.

나는 재산을 관리해 온 지 18년 이래로 반드시 보살펴야 했던 일로 나의 토지 소유권이건 주요한 사무이건 잘 알아봐야 한다고 자신을 설복시키지 못했다. 이것은 사라진 현세적인 사물들에 대한 철학적 경멸에서 하는 일이 아니다. 나는 그렇게 순화된 취미를 지니지 않았다. 그리고 이런 일을 적어도 그 가치대로는 평가한다. 그러나 사실 이것은 용서될 수 없는 유치한 나태이며 소홀이다. 많은 사람들이 돈벌이할 생각으로 하듯 내 일처리에 노예가 되며, 더 못할 일로 남의 흥정에 노예가 되어서 계약서를 읽어 가기보다는, 또 서류 뭉치의 먼지를 털어 가기보다, 차라리 무슨 일을 못할 것인가? 내게는 근심과 수고보다 더 비싼 것이 없고, 느긋하고 무기력하게 살아가는 것밖에 바랄 거리가 없다.

나는 의무를 지거나 종속관계에 매이지 않을 수만 있다면, 남의 재산으로 살아가기에 알맞다고 생각한다. 그러므로 더 가까이 살펴보면, 내 성미와 팔자로서는 나보다 더 훌륭하게 태어난 분으로 나를 좀 더 편하게 지도해 줄 사람의 종자(從者)가 된 경우에 겪을 것보다, 내가 일처리나 심부름꾼들이나 하인들 문제로 속 썩여야 하는 것이 더 귀찮고 고생스러운 것이 아닌지 모르겠다. "노예 신분은 자기의, 의지적 주인이 못 되는 비굴하고 허약한 정신의 굴종이다."(키케로) 크라테스는 더 심한 짓을 했다. 그는 가정생활의 잡무와 근심을 면하기 위해 가난의 자유 속에 몸을 던졌다. 나는 그런 것은 않겠다(나는 고통과 가난을 똑같이 싫어한다). 그러나 그보다 다른 좀 덜 용감하고 덜 바쁜 종류의 생활로 바꿔 보고 싶다.

내가 집에 있지 않는 동안은 이런 온갖 생활을 벗어던진다. 그리고 탑이 하나쯤 무너졌다고 해도 집에 있을 때 기왓장 하나가 떨어지는 것만큼도 느껴지지 않는다. 떠나 있으면 나는 곧잘 태평하게 지낸다. 그러나 돌아와 있으면 포도원의 주인만큼 마음을 기울인다.

나의 말고삐가 비뚤게 되었다든가, 발걸이의 가죽 끝이 다리에 닿는다든가 해도 내 기분은 하루 종일 언짢아질 것이다. 불편한 일에 마음은 분노로 들끓지만 눈으로는 그렇지 못하다.

감각! 오, 이놈의 감각!　　　　　　　　　　　　　　(작자 미상)

나는 집에서는 잘되지 않는 모든 일에 책임을 진다. 나 같은 중간쯤의 처지에 있는 자들을 두고 말하지만, 또 그렇게 할 수 있다면 더 행복한 사람이지만, 주인으로서 책임의 대부분을 자기가 맡지 않고 보조자들에게 맡겨 두며 안심할 수 있는 자는 드물다. 그런 때는 누가 갑자기 찾아온다고 해도 대접하는 데 무엇인지 내 체면이 깎이며(어쩌다가 손님을 붙들어 둘 수 있다고 해도, 내 인품이 좋아서가 아니라 아마 그중에 어떤 자는 우리 집의 음식맛이 좋아서 남아 있는 수도 있다), 내가 집에서 손님을 맞이한다거나 여러 친구들과 모임을 갖는 데 느껴야 할 재미의 대부분을 잃어버린다. 한 귀인의 가정에서 저지르는 가장 어리석은 꼴은 집안일을 보살피기에 분주한 눈치로, 이 하인에게 귀띔하고 저 하인에게 눈을 흘기며 하는 수작이다. 집안일 처리는 눈에 띄지 않게 해 나가며, 모든 일이 평범하게 보여야 한다. 그리고 손님들에게 자기가 대접하는 것이 어떻다느니, 미안하다거나 자랑하거나, 이런 말을 하는 것은 추잡하게 보인다. 나는 풍부한 것보다도 질서 있고 정결한 것이 좋다.

접시와 유리잔은
내 자신의 풍모를 나타낸다.　　　　　　　　　　　(호라티우스)

우리 집에서는 꼭 필요한 것만 고려하고, 볼품은 그렇게 차리지 않는다. 하인이 남의 집에서 싸운다거나 누가 접시를 엎질러도 그냥 웃으며 넘겨 버린다. 그대는 취침 중이다. 그동안 주인 나리는 요리사와 내일 그대를 대접할 일을 의논하고 있다.

나는 이런 일을 내 식으로 말한다. 그렇다고 대개 질서 있게 잘해 나가며 평화롭게 살림이 일어나는 집 안 세간살이가, 어떤 성질을 가진 사람들에게는 얼마나 달콤한 재미인가를 생각하지 않는 바도 아니고, 나 자신의 잘못과 결함을 여기에 결부시키고 싶지도 않으며, 아무런 잘못된 행동 없이 자기 일을 처리하는 것보다 더 행복한 일은 없다고 말한 플라톤의 말을 반박하려는 것도 아니다.

나는 여행할 때에는 나와 내가 쓰는 돈의 용도밖에 생각할 거리가 없다. 그것은 단 하나의 규칙으로 처리된다. 돈을 벌려면 너무 많은 소질이 필요하다. 나는 돈 쓰는 일에 관해서는 좀 알고 있다. 그리고 돈 쓰는 보람이 있는 일이 진실로 그 요점이다. 그러나 너무 야심을 가지고 처리하기 때문에, 나는 그 용도가 엉터리라 고르지 못하며, 절약하는 데나 소비하는 데나 다 절도가 없다. 돈 쓰는 보람이 있고, 어디 소용 있는 일이 생기면 나는 조심 없이 되는 대로 본다. 그리고 쓰는 보람이 없고 내게 좋게 보이지 않으면, 가차 없이 주머니를 조인다.

그것이 누구이건, 기술로건 본성으로건, 남과의 관련에 의해서 살아가는 이 조건을 우리에게 강조하여 심어 주는 자는, 우리에게 좋은 일보다도 언짢은 일을 해 주는 것이다. 우리는 사람들의 의견을 따라 볼품만 꾸미다가 자신의 이익을 사기당한다. 우리는 우리 존재가 자신에게 어떠한가보다도 사람들에게 어떻게 알려져 있는가에 더 신경을 쏜다. 정신의 기쁨까지도, 그리고 예지라도 우리 자신만이 누리고, 그것이 다른 사람들의 보는 눈에 드러나서 찬성을 얻지 않으면 별로 성과 없는 일같이 보인다.

세상에는 사람의 눈에 띄지 않게 땅 밑으로 황금을 콸콸 쏟아 놓는 자가 있다. 다른 자들은 돈을 나뭇잎처럼 얄팍하게 펼쳐서 늘어놓는다. 그래서 어떤 자에게는 한 푼이 몇 냥 가치가 나가고, 다른 자에게는 그 반대로 나가며, 세상은 그 외관으로 그 용도가 가치를 평가한다. 재산을 가지고 조금이라도 조심하는 눈치를 보이면 인색한 남자가 된다. 돈을 쓰는 일과 후한 처사도 너무 조직적이고 기교를 부리면 역시 그 모양이 된다. 애써서 주의하고 조심하는 것만 못하다. 재물을 적당하게 쓰려는 자는 꼼꼼하게 제한해서 쓴다. 돈을 담아 두건 써 버리건, 그 자체로는 무관한 일이다. 그것이 좋게든 그르게든 보이는 것은 오로지 우리 마음 씀씀이에 달려 있다.

 이렇게 내가 먼 곳으로 외유하러 나가고 싶게 하는 다른 이유는, 현재 우리나라의 도덕적 불안 상태 때문이다. 나는 공공의 이익이라는 견지에서 생각한다면, 이 세상의 부패상에도 쉽사리 위안을 느낄 것이다.

> 철의 시대보다도 더 악한 세기이니
> 자연이 그 죄악상에 이름을 찾아 주지 못하고
> 본성을 어느 금속명으로도 지칭할
> 방도가 없는 시대이다.   (유베날리스)

 그러나 내 사정으로는 그렇지가 않다. 나는 이 시대에 너무나 고통을 받는다. 우리 집 근처에서는 이제 오랜 내란의 문란한 생활로 혼란한 정치 형태 속에서 늙어

> 정(正)과 악(惡)이 뒤섞여서   (베르길리우스)

이 형태가 유지된다는 것이 놀라운 일이다.

> 사람들은 무장하고 땅을 갈며,
> 끊임없이 새로운 도둑질이나 하고
> 약탈로 살아갈 생각만 한다.   (베르길리우스)

 어떻든 나는 우리의 예로, 인간 사회는 무슨 희생을 치르고서라도 서로 매이고 얽혀서 살아가는 것을 본다. 마치 잘 결합되지 않은 물체들을 질서 없이 자루에 쑤셔 넣으면 그들끼리 서로 자기들 속에 얽매이는 방식을 찾아가며, 때로는 기술적으로 정리해 넣은 것보다 더 잘 자리 잡는 식으로 사람들은 어느 장소에 갖

다 놓아도 움직이며 서로 덮치다가 서로 쌓이며 정돈되어 간다. 필리포스 왕은 고쳐 볼 도리 없이 행실이 못된 인간들을 찾아낼 수 있는 대로 모두 한 곳에 모아놓고, 그들을 위해서 한 도시[16]를 세워 주고 이름을 붙여 주었다. 나는 그들이 악덕을 가지고도 그들끼리 정치 기구를 세워서 편리하고 정당한 사회를 이룩했다고 생각한다.

나는 사람들의 행동에 한 번이나 세 번, 백 번이라고 정한 것이 아니고, 사람들이 보통 지키는 풍습으로써, 특히 그 비인간성과 비신실성으로, 나로 서는 악덕들 중의 최악의 종류이며 마음으로는 소름이 끼치지 않고는 품어 볼 수 없는 행동이 용납되는 것을 보며, 그것을 혐오하는 것과 같은 정도로 감탄한다. 이 이채로운 악랄성의 훈련은 과오와 혼란과 아울러 정력과 힘찬 심령의 표징을 지니고 있다.

사람들은 필요에 의해 모여들며 조직을 꾸민다. 이 우연히 꾸며지는 조직은 다음에 법이 된다. 그중에는 인간 사상으로는 지을 수 없을 정도의 횡포한 것들도 있었으나, 그것은 플라톤이나 아리스토텔레스가 만들 수 있었던 것만큼 건전하게 오랜 생명을 가지고 그 본모습을 유지해 왔다.

그리고 이런 공상적이며, 기술로 꾸민 정치 제도의 묘사는 모두 엉터리라 실천하기에 부적당하다. 사회 제도의 가장 좋은 형태와 우리를 매어 놓는 가장 편리한 규칙을 오랫동안 떠들어 온 논쟁은, 그저 우리의 정신을 훈련시키기에 적당한 논쟁일 뿐이다.

그것은 마치 인문 과학의 본질이 동요와 논쟁으로 되어 있고, 그 이상 아무런 생명도 없는 제재(題材)가 많이 있는 식이다. 이러한 정치 형태의 묘사는 새로운 세상에서는 실시해 볼 만한 일이지만, 우리는 인간을 이미 어떠한 관습에 매여서 형성된 것으로 잡는다. 우리는 피라[17]나 카드모스[18]가 하던 식으로 사람을 만들어 내지는 못한다. 어떠한 방법으로 우리가 사람들을 일으켜 새로운 질서로 정

---

16) 플루타르크에 나오는 포네로폴리스(악인)의 도시.
17) 노아의 홍수 뒤에 돌을 던져서 사람들을 만들어 냈다는 신인(神人).
18) Cadmos-Argonaut의 전설에 카드모스가 용의 이빨을 뽑아 뿌리니, 그것이 무인(武人)들로 되었다는 이야기.

돈해 놓을 권력을 잡는다고 해도, 전부를 부수지 않고는 습관이 된 그들의 버릇을 비틀어 고쳐 놓지는 못한다. 사람들이 솔론에게, 그가 아테네인들을 위해 할 수 있는 가장 좋은 법률을 제정했느냐고 물어보자, 그는 "그렇소. 그들이 용납할 수 있는 법률로는 최상의 것이오"라고 대답했다.

바로는 이런 식으로 변명한다. 즉, 그가 종교에 관해서 모든 것을 다시 써야 할 것이라면 그가 생각하는 바를 말하겠지만, 종교는 이미 형성되어 용납되고 있으니, 그는 본성보다도 습관에 따라서 말하겠다고 했다. 한 의견으로서가 아니고 진실에 있어서, 나라에 따라 최선의 훌륭한 정치는 현재 유지되어 온 형태로서의 정치이다. 그 형태와 본질적인 편의는 관습에 매여 있다.

우리는 걸핏하면 현재의 조건에 불만을 갖는다. 그렇지만 나는 민주 국가에서 소수의 지배를 바란다거나, 군주 국가에서 다른 종류의 정치를 바라는 것은 어리석은 악덕이라고 본다.

> 지금 그대가 보는 대로의 나라를 사랑하라.
> 왕국이거든 왕위를 사랑하고,
> 과두정치(寡頭政治)거나 사회 공동체이거든,
> 역시 그것을 사랑하라.
> 신은 그대를 그곳에 출생케 했다. (피브라크)

작고한 지 얼마 안 되는 드 피브라크 경[19]은 품위 높은 정신과 건전한 사상과 온전한 사상과 온순한 습관을 지녔던 분이었다. 그분과 드 프와 경[20]이 작고한 것은 우리 왕국을 위해서 중대한 손실이다. 나는 국왕들의 보필을 위해서, 그 성실성과 역량으로 가스코뉴 출신의 이 두 분에 비길 만한 다른 쌍벽을 대치할 수 있을 것인지 알 수 없다. 그들은 심령이 이 시대 사람과는 다르게 아름답고 확고했으며, 각기 개성적 풍모로 드물게 훌륭한 분들이었다. 그런데 그분들에게 적합지 않고 격에 맞지 않은 이런 부패하고 소란한 시대에 누가 그런 분들을 나오게

---

19) Guy du Faure de Pibrac. 1529~1584. 저명한 중용 사상가·문인. 4행시 작가.
20) Paul de Foix 1528~1584. 고문관, 대사(大使). 몽테뉴는 《에세》 한 장을 이 백작에게 바치고 있다.

한 것인가?

　한 국가에 변혁보다 더 심한 억압을 주는 일은 없다. 단순한 변화는 부정(不正)의 폭군 정치를 만들어 내는 것이 고작이다. 어느 구석이 무너져 나간다면 떠받쳐 놓으면 된다. 우리는 모든 일들이 자연스러운 변질과 부패로 우리들의 처음 상태와 원칙에서 너무 벗어져 나가지 않도록 대비할 수 있다. 그러나 국가와 같은 커다란 뭉치를 다시 녹여서, 이 거대한 기구를 기초부터 갈아치우려고 기도하는 것은 명화(名畵)에 때가 묻었다고 그림을 지워 버리는 꼴이고, 특수한 결함을 교정하려다가 전체를 혼란에 빠뜨리는 식이며, 병자를 고치려다가 죽여 버리는 수작이다. "정부를 변경하기보다도 파괴하기를 바란다."(키케로)
　세상은 자체를 고치기에는 부적당하다. 그것은 그 자체를 압박하는 것을 도저히 참아 내지 못하며, 얼마나 희생이 줄 것인가는 생각하지 않고 그 압박을 벗어던지려고만 한다. 우리는 세상이 대개 자기 손해로 치유되는 예를 수없이 많이 현재의 악을 벗어나는 일은 전반적인 개선이 없으면 치유되는 것이 아니다.
　외과 의사의 목적은 나쁜 살을 죽이려는 것이 아니다. 그것은 치료의 과정에 지나지 않는다. 그는 한 수를 넘어서, 새 살이 나서 그 부분이 성할 때의 상태로 돌아올 것을 내다보고 있다. 아픈 곳을 때우려고만 하는 자는 바로 수단이 막히고 만다. 나쁜 일 뒤에는 반드시 좋은 일이 온다는 법이 없고, 다른 더 나쁜 일이 닥쳐올지도 모르기 때문이다. 그것은 카이사르를 살해한 자들이 겪은 바와 같이, 그 때문에 국가가 혼란에 빠져서 그들은 자기들이 참견했던 일을 후회하게 되었던 것이다. 그 후에도 우리 시대에 이르기까지 이런 일이 얼마든지 있었다. 우리 당대의 프랑스인들은 이런 사정을 너무도 잘 알고 있다. 모든 큰 변동은 국가를 뒤흔들어 혼란에 빠지게 한다.
　병을 바로 고쳐 보려고 행동에 앞서 곰곰 생각하거나 궁리하는 자는 거기 손을 댈 생각이 식어 버릴 것이다. 파쿠비우스 칼라비우스는 독특한 방법을 써서, 이런 식으로 병폐를 시정했다. 그의 도시 주민들이 관청 일에 반대하며 폭동을 일으켰다. 카푸아 시에서 큰 권세를 가졌던 그는 어느 날 꾀를 내어 원로원 의원들을 궁전 안에 감금했다. 그리고 시 광장에 시민들을 소집해 놓고, 시민들을 그렇게 오랫동안 압박하던 폭군들을 잡아서 무장해제시키고 자기 마음대로 할 수 있으니, 이제 그들에 대한 복수를 실컷 해 볼 날이 왔다고 말했다. 그리고 제비를 뽑아서 하나씩 따로따로 끌어내다가, 그에 대해서 판결이 나는 대로 당장에 형을 집행하는 것이 좋으리라고 말했다. 다만 관직에 공석이 생겨서는 안 되겠으니, 처단되는 피고의 자리는 즉시로 적당한 인물을 선출해서 채우라고 했다. 그들 중에 한 원로의 이름이 나오자, 즉시 그를 불만스럽게 여기는 고함소리가 이구동성으로 일어났다. "잘 알겠소" 하고 파쿠비우스는 말했다. "이 사람은 그만두게 해야겠소. 그는 악인이오. 선량한 인물로 바꿉시다." 그러자 갑자기 침묵이 왔다. 모두들 이 선택에 곤란함을 느꼈던 것이다. 어떤 당돌한 자가 입후보하여 이름을 내세우면, 이자를 거부하고 그의 부족한 면과 거절해야 할 정당한 이유에 관한 동의 투표가 더 많이 올랐다. 이렇게 반대하는 분위기가 격화되자 둘째 번, 셋째 번에 나오는 후보자에게는 일이 더 불리하게 되었다. 파면시키는 데 의견이 일치되는 것만큼 새 의원 선거에는 의견의 불일치가 심했다. 이런 소란에 쓸데없이 피로해지자, 그들은 여기저기서 슬금슬금 대회에서 물러가기 시작했다. 사람들은 각기 이제까지 잘 알려진 옛날 악은 아직 경험해 보지 않은 새로운 악보다 참아 내기가 쉽다는 생각을 품고 돌아갔던 것이다.

우리가 비참하게 혼란에 빠져 있는 것을 보건대(우리가 하지 않은 일이 무엇인가?)

오오, 골육상잔의 죄악과 상처로 우리 모두가 수치에 묻히도다.
이 혹독한 세기에 우리는 어떤 일을 피했는가?
무슨 범행에 저촉되지 않고 지냈는가?
우리 청춘의 손은 어디에 신의 두려움을 보존했는가?
어느 제단에 모독을 면제했던가? (호라티우스)

나는 당장에

살루스(안전의 여신)가 원한들
이제 이 가문을 구하지 못하리라. (테렌티우스)

는 결론을 내리지 않는다.

그렇다고 우리 사정이 마지막 고비에 도달한 것은 아니다. 국가의 보전은 우리의 이해력에 넘치는 일인 성싶다. 플라톤의 말과 같이, 한 국가의 참된 형체는 강력하고 해체되기 어렵다.

그것은 흔히 내부의 치명적인 질환에 대항해서, 부당한 법률의 침해에 대항해서, 폭군에 대항해서, 관리들의 월권과 무지에 대항해서, 국민들의 방종과 반란에 대항해서 존속되는 것이다.

우리의 모든 신수에서, 우리는 자기 위에 있는 자들과 비교하며 더 잘 사는 자들을 쳐다본다. 우리보다 못한 자들에게 자기를 견주어 보자. 아무리 신수가 사나운 사람이라도, 거기 수많은 위안거리를 찾아보지 못할 자는 없다. 자기보다 못한 예를 보면 마음이 좋고 자기보다 나은 자들을 보면 마음이 언짢아지는 것은 우리들 악덕의 소치이다. "만일 여기 세상의 모든 불행을 한데 뭉쳐 쌓아놓고 이 불행의 더미를 똑같이 나누어 가지라면, 그보다는 차라리 자기가 가졌던 불행을 택하지 않을 자가 하나도 없다"고 솔론은 말하고 있다. 우리나라의 정치는 잘되어 가지 않는다. 그렇지만 이보다 더 나쁜 처지에 있으면서 멸망하지 않는 예들도 있다.

신은 우리를 공을 가지고 놀듯, 장난하며 멋대로 손을 놀리고 있다.

　　여러 신은 우리 인간을 장난감 공 삼아 놀린다.　　　　　(플라우투스)

별들은 이러한 종류의 그들이 보낼 수 있는 본보기로 운명적으로 로마라는 나라를 세워 놓았다. 이 나라는 한 국가에 관련되는 모든 형체와 사건들, 질서와 혼란, 행운과 불운이 할 수 있는 모든 것을 그 자체에 품고 있다. 이 나라의 백성들이 당하고 겪어 낸 동요와 변화들을 본다면, 누가 어찌 자기 조건에 절망할 수 있을 것인가? 영토가 광대하다는 것이 한 나라의 건강을 뜻한다면(내 의견은 결코 그렇지 않다. 그리고 이 소크라테스가 니코클레스에게, "넓은 영토를 가진 왕들을 부러워하지 말고, 자기 몫으로 차지한 것을 잘 보존할 줄 아는 왕들을 부러워하라"고 한 말이 마음에 든다), 이 나라는 가장 병들었던 시대가 가장 건강했다. 가장 언짢은 형태를 가졌던 때가 가장 행운이었던 것이다. 초기의 황제들 밑에서는 정부의 형태라고는 거의 볼 수가 없었다. 그것은 사람이 생각해 볼 수 있는 가장 흉측하고 둔중한 혼란이었다. 그런데도 이 나라는 혼란을 잘 견디어 내고 존속해 가며, 자기의 영토로만 한정된 왕조를 보존하는 데 그치지 않고, 그렇게도 다양하고 멀리 떨어져 있고 좋지 못한 감정을 품고 있고, 그렇게도 혼란되게 지배되고 부당하게 정복된 나라들을 유지해 갔다.

  물과 바다의 지배자인 한 국민에 대항해서,
  운명의 별은 그의 시기심의 옹호를
  어느 국민에게도 베풀지는 않는다.   (루카누스)

흔들리는 것 모두가 쓰러지는 것이 아니다. 이렇게 거창한 몸뚱이가 수많은 못에 걸려 있다. 그것은 오랜 연대(年代)의 힘만으로도 버틴다. 마치 오래된 낡은 건물이 세월에 주춧돌이 파여 나가고 벽에 바른 것도 없이, 양회로 발라 두지 않아도 그 자체의 무게로 버티어 지탱하는 격이다.

  그것은 단단한 뿌리로 박힌 것이 아니다.
  그 자체의 무게가 지탱할 것이다.   (루카누스)

더욱이 한 요새의 견고성을 판단하려면, 그 측면과 성 둘레의 못만을 답사하는 것은 좋은 방법이 아니다. 적이 어디로 접근해 올 것인가, 공격군의 상태가 어떤가를 보아야 한다. 어떠한 선박도 외부 힘의 세력 없이 제 무게만으로 침몰하는 일은 드물다. 그러면 사방을 둘러보자. 우리 주위는 모든 것이 허물어진다. 기독교 국가든 다른 데든, 우리가 아는 모든 큰 국가들을 보라. 그대는 거기서 변혁과 파멸의 위험을 분명하게 알아볼 것이다.

  그들 모두 병들어서 같은 폭풍우의 위협을 받는다. (베르길리우스의 시주 변작)

점성가들이 하는 식으로, 머지않아 큰 재액과 변란이 있으리라고 아무리 떠들어 대도, 그들의 예언하는 바는 바로 눈앞에 있어 손에 닿을 수 있는 것이므로 하늘까지 일부러 구하러 갈 필요는 없다.
　우리는 모두 보편적으로 불행과 위협을 함께 당하고 있는 까닭에 어떤 위안을 찾아볼 뿐 아니라, 우리 국가의 존속을 위해서 일종의 희망까지도 가져 볼 만하다. 왜냐하면 모든 것이 쓰러지는 곳에서는 당연히 아무것도 쓰러지는 것이 없기 때문이다. 보편적인 병폐는 개인에게는 건강이 된다. 마음을 터놓고 협의함은 무너지고 흩어짐에 대한 적대적인 소질이다. 나로서는 여기 절망하지 않는다. 거기 구원의 길이 있다고 본다.

　　아마도 신께서 요행의 변환으로써
　　우리를 본래 상태로 돌려 주리라.　　　　　　　　　　(호라티우스)

　하느님이 돌보아 주셔서 마치 몸의 중한 병을 오래 앓는 동안, 속을 씻어 내고 더 나은 상태를 돌려주어서 병 때문에 빼앗겼던 건강체보다 더 온전하고 깨끗한 건강을 얻을 수 있듯이, 그와 같은 일이 일어나지나 않을지 누가 알 일인가?
　가장 괴로운 일은, 불행의 징조를 헤아려 보건대 인간의 혼란과 삼가고 조심하지 아니함에서 일어날 것의 징조만큼 자연히 닥쳐오며, 하늘이 그 자체의 것으로 보내는 불행의 징후들이 보이는 일이다. 별들까지도 우리들이 여느 기한 이상으로 상당히 오래 지속해 왔다고 판정해 주는 것 같다. 또 내게 괴로운 일은, 우리에게 가장 가까이서 위협하는 불행이 전체로서의 견고한 뭉치 속에 일어나는 변질이 아니라 이 전체가 분산되고 분열되어 가는 일이니, 이것이 우리에게 최악의 공포를 일으킨다.
　또한 이런 몽상에서, 내 기억력이 박약해서 부주의로 한 번 기록해 놓을 것을 두 번 적어 가지 않을까 걱정이 되는 일이다. 나는 내가 한 일을 다시 훑어보기가 싫다. 그리고 할 수 있으면 한 번 내놓은 글은 다시 손질하지 않는다. 한데 나는 여기 별로 새로 배운 것을 말하는 것이 아니다. 이런 것은 늘 하는 공상들이다. 그리고 이런 생각을 아마도 백 년은 해 보았기 때문에, 나는 전에 벌써 적어 놓은 것이나 아닌가 하고 염려한다. 되풀이해서 하는 말은 호메로스에 나오더라도 지루해진다. 일시적이며 피상적이고 외관뿐인 것은 더욱이 질색이다.

세네카의 문장에서와 같은 유익한 사상이라도 교훈조로 된 것은 내게는 정말 비위에 맞지 않는다. 그리고 그의 스토아학파의 버릇으로, 모든 제목을 가지고 일반적으로 적용되는 원칙과 먼저 내세우는 것들을 이모저모로 글을 쓸데없이 길게 되풀이하며, 공통적이고 보편적인 이치와 논법을 늘 다시 인용하는 수작이 비위에 거슬린다. 내 기억력은 잔혹하게도 날마다 악화해 간다.

> 마치 목이 말라 황천의 레테 강물을
> 단숨에 들이켠 듯,　　　　　　　　　　　　(호라티우스)

이제부터는(하느님 덕택에 지금까지 그것 때문에 큰 과오를 저지른 일은 없지만) 다른 사람들이 무슨 말을 해야 할 것을 미리 생각해 볼 시간과 기회를 갖고 있는 식과는 반대로, 내가 어떤 의무를 져서 매여 지내게 될 것이 두렵기 때문에 말을 준비하는 일은 피한다. 어디 매여서 의무를 지는 일과 내 기억력같이 허약한 연장에 의존하는 일은 나를 심란하게 만든다.

나는 이 이야기를 읽으면, 내 고유의 타고난 분하고 답답한 마음으로 화가 치밀어 오르지 않을 수 없다. 린케스테스는 알렉산드로스에게 음모를 꾸민다는 죄과로, 그때의 관습으로 군대 앞에 끌려가서 무죄를 변호하기로 된 날에 그 자리에서 할 변론을 미리 연구해서 머릿속에 넣어 가지고 나갔는데, 막상 말을 하려고 하니 더듬거리며 말도 잘 못했다. 머리만 점점 더 흐트러지며 기억을 더듬어 보느라고 애쓰는 동안 가장 가까이서 보고 있던 군사들이 그가 죄가 있다고 확신하고는 그대로 대들어 창으로 찔러 죽였다. 그의 경악과 침묵이 그들에게 범죄의 고백으로 보였던 것이다. 그들의 생각으로는, 그는 감옥에 있을 때 변명할 충분한 시간적 여유가 있었으니, 기억력 부족은 있을 수가 없고 양심의 가책으로 말문이 막혀서 말할 기운조차 없어진 것으로 보았던 것이다.

정말 참 잘한 말이지! 사람은 말 잘하려는 욕심밖에 없는 때에도 장소와 관중과 기대 때문에 정신이 얼떨떨해진다. 자기 생명이 왔다 갔다 하는 연설인 경우에 어찌해 볼 도리가 있단 말인가? 나로 말하면 내가 말해야 할 일에 매여 있는 것만으로도 말이 도망가고 만다. 내가 전적으로 기억력을 믿고 위탁하게 되면, 나는 너무 심하게 거기 의존하기 때문에 기억력을 억눌러 버린다. 기억력은 자기 책임에 놀라 떨어진다. 나는 기억력에 의지하면 의지할수록 정신이 더 혼돈되며 안색을 잃을 정도까지 된다. 그래서 어느 때의 나의 의도는 미리 말을 준비해 놓지 않고 당장 그 자리에서 나온 것처럼 아주 무심하게 말하듯 해 보이려는 것이었는데, 도리어 내가 걸려든 비굴한 심정을 감추려다가 진땀을 빼는 일이 있었다. 특히 나 같은 직분의 인물에 맞지 않는 일이고, 오래 지탱할 수 없는 처지에는 너무 큰 부담이 되기 때문에 나는 말을 잘하려고 준비해 가지고 왔다고 보이기보다는 쓸모 있는 말 한마디 않고 넘기는 편이 낫다고 생각했던 것이다. 준비는 실속보다도 더 많은 것을 기대하게 한다. 사람들은 흔히 망토를 입은 것만큼도 못한 주제에 어리석게도 조끼를 입고 나온다. "타인의 환심을 사기 위하여 자기에게 과중한 기대를 걸게 하기보다 더 불리한 일은 없다."(키케로)

웅변가 쿠리오에 관해서 남아 있는 문헌에 보면, 그는 자기 연설문을 서너 부분으로 구분하거나 그 사리와 논법의 수를 가지고 진술할 때에는, 그중의 어느 것을 잊어버리거나 다른 것을 한두 가지 첨가하는 일이 잘 일어나더라는 것이다. 나는 내 기억력을 믿지 못할 뿐 아니라, 이런 형식이 너무 기교적으로 기울어지기 때문에 약속과 규정을 싫어하고 꺼리며, 그러한 곤경에 빠지지 않도록 항상 조심했다. "전사들은 더 단순하게 차린 것이 분에 맞는다."(퀸틸리아누스) 체! 이제부터 점잖은 자리에서 말하는 책임을 지지 않기로 작정했으면 그만이지! 왜냐하면 원고를 읽으며 말한다는 것은 해괴할뿐더러 타고난 몸가짐으로 무엇인지 보여 줄 수 있는 자에게는 대단히 불리한 일이기 때문이다. 그리고 나로서는 당장에 즉흥적으로 나오는 생각에 의존하는 것은 더욱 못한다. 나는 착상이 둔하고 혼탁해서 갑자기 당하는 중대한 처지에는 생각을 제공할 재간이 없다.

독자여, 나의 이 《에세》의 시도와 나 자신의 묘사의 나머지 부분들을 세 번째로 연장하여 계속해 가게 두라. 나는 덧붙여 간다. 그러나 교정하지는 않는다. 첫째로 나는 자기 작품을 세상에 저당잡힌 자에게는 그 권한이 없을 것이라고 생각한다. 할 수 있으면 다른 데서 더 잘 말해 볼 일이다. 허나 이미 세상에 팔아 놓은 것이면 개작하지 말아야 한다. 이런 자들의 작품은 그들이 죽은 뒤에나 사 줄 일이다. 내놓기 전에 잘 생각해 볼 일이지, 왜 그렇게나 서두르는가?

내 책은 항상 한결같다. 새로 출판하는 데 따라서, 나는 사람들이 빈손으로 가지 않도록 거기 마치 잘 맞춰지지 않은 조각 맞춤같이 두엇의 장식을 붙이는 일을 허용했을 뿐이다. 그것은 첫 번 형태를 못쓰게 만드는 것이 아니고, 그보다도 계속 출판되는 것에 사소한 야심적인 재롱을 가지고 하나하나 특수한 가치를 주는 것에 불과한 것이다. 그렇지만 내 이야기는 연대에 따라서 한 것이 아니고 되는 대로 자리를 잡아갔기 때문에 연대가 쉽사리 뒤바뀌게 될 것이다.

둘째로 내 일에 관해서는 바꿔가다가 손해를 볼까 두려워지는 것이다. 내 이해력은 앞으로만 나가는 것이 아니고, 뒤로 물러가기도 한다. 나는 내 사색이 첫째 것이 아니고 둘째나 셋째 것이라고, 지난 일이기보다도 지금 일이라고 덜 불신하는 것이 아니다. 우리는 흔히 남의 것을 고치는 식으로, 어리석게도 똑같이 내 것을 고친다. 내 책의 초판은 1580년에 나왔다. 그 뒤 상당한 세월이 지났고, 나 또한 늙었다. 그러나 내가 조금이라도 더 현명해지지는 않았다. 지금의 나와 조금 전의 나는 확실히 둘이다. 어느 편이 더 나은가? 나는 아무것도 말할 수가 없다. 신으로밖에 나가지 않는다면, 늙는다는 것은 좋은 일일 것이다. 그것은 형태 없이 어지럽게 비틀거리는 주정뱅이 걸음이거나 바람결에 되는 대로 건들거리는 갈대와 같은 움직임이다.

안티오코스는 아카데미아를 옹호해서 강력한 글을 썼다. 그는 노년에 들어 다른 입장을 취했다. 어느 편을 들건, 나는 늘 안티오코스의 의견을 듣는 것이 아닐까? 아무것도 믿을 수 없다는 의문을 세우고 나서, 인간 사상의 확실성을 세운다는 것은 확실성이 아니라 의문을 세우는 일이며, 누가 그에게 더 살아가게 할 세월을 준다고 해도 그는 다른 때보다 더 나아진 것 없이 늘 새로운 동요의 조건에 있는 것이라고 약속하는 일이 아닐까?

독자들이 환영해 준 덕택으로 나는 기대하던 것보다 좀 더 용기를 얻었다. 그러나 내가 가장 두려워하는 것은 내 독자들을 질리게 하는 일이다. 나는 이 시대의 유식한 학자가 하던 식으로, 피로케 하기보다는 쏘아붙이기를 좋아할 것이다. 칭찬은 누구의 것이건, 이유가 무엇이건, 늘 달콤하다. 그러나 그것을 정당하게 좇기 위해서는 그 이유를 알아 두어야 한다. 되지 못한 작품도 잘된 것으로 행세하는 방법이 있다. 평범한 평민의 평가는 그 선택이 잘되는 수가 드물다. 그리고 우리 시대에도 가장 못 된 문장이 세속적인 풍습의 상위를 차지하고 있는 것이 아니라면 내가 잘못 본 것이다.

　나는 여러 가지 일을 겪어보지 않은 노력을 좋게 보아주는 착한 분들에게 감사한다. 이러한 저술 방법의 잘못은 그 자체에 권장할 거리가 없는 소재를 다루고 있는 때만큼 드러나는 일은 없다. 다른 사람들의 공상이나 소홀에 의해서 여기 오류가 흘러들어왔다고 해도, 독자여, 나를 원망하지 마라.

　손 하나, 직공 하나가 저마다 자기 것을 여기 가져온다. 나는 여기 철자법에도 구두점에도 상관 않으며, 다만 그전 격식을 따라서 하라고 명령한다. 나는 철자법이나 구두점에는 전문가가 아니다. 그들이 내 문장의 의미를 전혀 통하지 않게 만든다 해도, 나는 그렇게 속을 썩이지 않는다. 왜냐하면 적어도 그만큼 내 책임이 덜어지기 때문이다. 그러나 그들이 흔히 잘하듯 가짜를 바꿔 넣어서 내 생각을 그들의 생각으로 돌려놓는다면, 그들이 나를 망치는 것이다. 그러나 문장이 내 글의 힘을 갖지 못할 때에는, 선량한 분은 그것이 내 글이 아니라고 보아야 한다. 내가 얼마나 많이 노력하지 않고 얼마나 내 멋으로 노는가를 아는 분은, 이런 유치한 교정보다는 차라리 이《에세》를 다시 써 나가는 편을 좋아할 것이라고 이해해 줄 것이다.

　그러니 나는 이 새 금속의 가장 깊은 갱도로 파고들어간 시대[21]에 처해서, 나보다는 다른 습관과 사상으로 서로 뭉쳐 단결하고, 다른 사람들과의 결단을 피하고 있는 사람들[22]과는 내가 대단한 친교를 맺을 수 없을 뿐 아니라, 그 밖에 우리의 법률을 그 이상 더 못할 정도로 무시하며, 세태를 극도의 방자에 흐르게 만들도록 무슨 짓을 해도 좋다고 생각하는 자들 사이에서는 내가 위험을 느끼지 않는 것이 아니라고 앞에 말했던 것이다. 내게 관계되는 모든 특수한 사정들을 생각해 보면, 우리들 중에 나만큼 법을 옹호하기 힘들며, 법률가들의 말처럼 소득은 없고 손해만 생기게 된 사람도 드물다. 어떤 자들은 그들의 열정과 격정으

---

21) 황금시대에서 철기시대 이하로 타락한 시대.
22) 몽테뉴가 당시 신교도들에 둘러싸여 은연중에 박해당하고 있던 사정을 의미한 것이다.

로 용감한 체하는데, 정당하게 평가해 보면 해놓은 일은 나보다도 훨씬 적다.

내 집은 언제나 개방되어 찾아오기가 쉽고, 누가 와도 친절히 맞아 주기 때문에(나는 결코 내 성과 요새를 전쟁의 도구로 삼는 것은 절대로 하지 않으며, 전쟁 따위는 아주 먼 곳에 있을 때에나 더 기꺼이 참견하는 것이다), 내 집은 상당히 사람들의 호평을 얻었으니, 이 누추한 집에 관해서 나를 책망하기는 어려운 일일 것이다. 그리고 그 오랜 소란 속에 그렇게도 심한 변란을 근처에서 겪었는데도 내 집에서 피해를 보거나 약탈당한 일이 없는 것은 모범적이고 경이로운 일이라고 생각한다.

솔직히 말해서 나 같은 기질을 가진 자는 어떠한 형태로건 견실하고 지속적인 행동을 견지하지 않을 수도 있다. 서로 반대되는 도당들이 번갈아 침공해 들어오며, 내 주위에 운의 무상한 변천이 일어났다. 이것은 오늘날까지 이 고장의 인심을 더 각박하게 만들면 만들었지 부드러워지게 하지는 않았고, 그것은 내게 극복할 수 없는 곤란과 위험이 덮치는 것이었지만 나는 면하여 왔다. 그것은 내 운이 좋았고 또 내가 신중했기 때문이고 정도(正道)에 의해 그렇지 않았던 것이 기분 나쁘다. 그리고 내가 법의 보호 밖에 있고, 그보다도 다른 수호 밑에 있는 일이 불쾌하다.

사실, 나는 태반은 남의 덕으로 살고 있으니, 그것은 무거운 짐이다. 나는 세도자들이 내가 법을 지키고 살며, 아무 매인 데가 없는 자유로운 인간이라는 것을 인정해 주어서 그들의 호의와 선심을 받거나, 또는 내 조상들이나 내 한집에 거느리고 사는 식구들의 인심이 후한 덕택으로 나의 신분이 보장받게 되는 것을 원치 않는다. 만일 내가 다른 사람이었던들 일이 어찌 되었을 것인가? 만일[23] 내 처신과 나의 솔직한 언동이 내 이웃이나 친척들에게 혜택을 입혀서, 그들이 나를 살려 두기 때문에 내게 신세를 갚는 것이 되고, 그들이 "우리는 이 주변의 교회당을 모두 파괴해 버렸는데, 그에게 자기 집의 성단(聖壇)에 들어가서 자유로이 치성을 바치게 허용하고, 자기 재산을 누리고 생명을 보존하게 두는 것은 그가 필요한 때 우리 처자들과 소들을 간수해 주기 때문이다"라고 말할 수 있는 것은 너

---

23) 몽테뉴 성새(城塞)의 성벽 뒤에 여러 도당들이 와서 격투하던 때의 일을 말함.

무나 잔혹한 일이다. 내 집은 오래전부터 아테네 시민들의 재정을 전반적으로 맡아서 보호하던 리쿠르고스가 받던 것과 같은 칭찬을 받아왔다.

그런데 사람은 권한으로 살아야 하지, 어떤 보답이나 해택으로 살아서는 안 된다.(얼마나 많은 의협적인 인물들이 은혜를 입고 살기보다는 죽기를 원했던가!) 나는 무슨 종류이건 부채를 지는 일은 피한다. 그중에도 특히 명예에 대한 부채는 싫어한다. 나는 사람에게서 무엇이건 받고 그 때문에 내 의지가 감사라는 자격에 저당잡혀지는 것보다 더 값비싼 것을 알지 못한다. 그보다는 돈을 받고 해 주는 봉사를 받는 편이 더 마음이 편하다. 진정 그렇다. 왜냐하면 나는 이런 자들에게 돈밖에는 내놓지 않는데, 다른 자들에게는 나 자신을 내주어야 하기 때문이다.

명예의 법칙으로 맺어진 관계는 민사상의 제약으로 맺어진 것보다 더 천박하고 무겁게 나를 속박하는 것 같다. 나 자신에게 묶이는 것보다는 공증인에게 묶이는 편이 훨씬 덜 고되다. 사람이 단순히 내 양심을 믿어 주는 경우에 내 양심이 더 얽매이는 것은 당연한 일이 아닌가? 다른 경우에는 내 신의를 지는 일이 없다. 왜냐하면 아무도 양심에게 빌려 준 것이 없기 때문이다. 사람들은 나를 제쳐놓고 다른 데서 신용이건 보장이건 받을 것이다. 나는 내 약속을 부수기보다는 성벽이나 법률의 감옥을 부수는 편이 훨씬 더 좋을 것이다. 나는 약속을 지키는 데는 미신적으로 마음을 쓴다. 그래서 어느 경우에나 약속은 불확실하게 조건을 붙여서 한다. 책임이 전혀 없는 약속이라도 나는 조심스럽게 내 규칙을 존중함으로써 무게를 준다.

규칙은 그 자체의 관심으로 나를 괴롭히고 책임 지운다. 그렇다. 완전히 내게 매여 있는 자유로운 기도에는 그 요점을 말해 보면 바로 나 자신에게 그것을 명령하는 것 같다. 그러나 그것을 남에게 알려 주는 경우에는, 그 일 자체로 미리 결정해 두는 것이며, 그 말을 하면 내가 그것을 약속하는 것같이 생각된다. 그 때문에 나는 이런 말을 쉽사리 발설하지 않는다.

내가 나 자신에게 하는 판결은 재판관의 판결보다도 더 힘차고 혹독하다. 재판관은 일반적인 의무로밖에 나를 잡지 못한다. 그런데 양심은 나를 더 단단하고 호되게 조인다. 내가 하려고 한 것이 아니고 다른 사람들이 나를 끌어넣는 의무는 열성 없이 좇을 뿐이다. "임의로 행함이 아니면 정당한 행동이 못 된다."(키케로) 행동에 자유가 없으면 그것은 우아롭지도 명예롭지도 못하다.

　　법으로 강제된 것은
　　어떤 일도 성의로 이루어지지 못한다.　　　　　　　　(테렌티우스)

　필요에 끌려서 하는 일에는 내 의지를 긴장시키고 싶지 않다. "왜냐하면 부과된 일에는 복종하는 자보다 명령하는 자에게 더 감사하기 때문이다."(발레리우스 막시무스) 어떤 자들은 옳지 못한 정도로 이런 태도를 취하며 돌려주기보다는 차라리 그냥 주고, 갚아 주기보다는 차라리 빌려 주며, 자기가 매여 있는 사람들에게 성의껏 일하기를 꺼리는 것을 안다. 나는 그렇게까지는 않지만 거의 그에 가깝다.
　나는 책임이나 의무를 벗고 싶은 생각이 너무 심해서, 때로는 본성이나 우연한 일로 우정의 의무를 지게 되는 경우, 그들에게 은혜를 저버리거나 모욕, 기타 부당한 일을 당하면, 도리어 그것을 내게 유리한 일로 계산했다. 그것은 그들의 잘못이며, 나는 그만큼 책임이 면제되기 때문이다. 비록 공적 관계로 바깥으로는 계속해서 체면을 지켜 준다 해도, 역시 애정을 위해서 하던 일을 정의로 행하며, 속으로 내 의지의 주의와 심려를 좀 더 덜어 주는 편에서 마음이 대단히 가벼워지는 것을 느낀다. "그는 흥분한 마차를 다루듯 우정의 첫 약동을 신중하게 제어한다."(키케로) 이 의지의 심려는 적어도 전혀 압력받기를 원치 않는 사람을 위해서 내가 마음을 쏟을 때에는 너무나 긴박하게 강압적으로 나오는 것이다. 이런 심려적 절약은 나 자신에 관계되는 자들의 불완전한 점에 대해서 어느 점에서 위안을 느끼게 한다. 나는 그들이 그렇게 가치 없는 인간이라는 것이 슬프다. 그러나 그런 만큼 내가 그들에게 해 줄 책무와 열성이 좀 덜어지는 것이다.
　나는 자기 아들이 피부병에 걸렸거나 곱사등이라고 해서, 그리고 마음씨가 나쁜 경우뿐 아니라 운을 잘못 타 장애인으로 태어난 경우에(하느님께서도 그것으로 그의 타고난 가치와 평가를 깎아내렸으니), 그가 이런 아이에 대해서 애정이 덜 간다고 해도 그의 냉정한 태도에 절제와 의리를 지켜 준다면 이런 심정도 이해해 준다. 나로서는 사이가 가깝다고 해서 이런 결함이 덜해 보이는 것이 아니다.

오히려 그 때문에 더 심하게 보인다.

 결국 내가 은혜와 감사에 관한 학문을 이해하는 면에서 보면, 그것은 대단히 유용하고도 미묘한 학문이긴 하지만, 나는 이날까지 나만큼 자신에게 부채진 것이 적고 자유로운 처지에 있는 사람을 보지 못했다. 내가 지고 있는 것은 단지 공통적인 타고난 의무뿐이다. 다른 면에서 나만큼 깨끗하게 빚진 것이 없는 자는 없다.

   세도가의 후사함은 내게는 낯선 것이다.   (베루길리우스의 모작)

 제왕들은 내게서 빼앗아가지 않으면 내게 많이 주는 것이며, 해를 끼치지 않으면 잘해 주는 것이다. 이것이 내가 그들에게 바라는 전부이다. 오! 나는 얼마나 내가 가진 것을 하느님의 은덕에서 직접 받았고, 특히 하느님께만 의무를 지게 된 처지를 감사하는 것인가! 나는 얼마나 본질적인 감사의 부채를 아무에게도 지는 일이 없게 해 주시도록 하느님의 거룩하신 자비심에 절실히 간청하는 것인가! 여태껏 이렇게 해 오게 하다니, 축복받는 자유일 것이다. 마지막까지 이렇기를!

 나는 어느 누구의 분명한 도움도 받을 필요 없이 지내려고 애쓴다.

 "나의 온 희망은 내 자신에게 있다."(테렌티우스 모작) 이것은 아무라도 자신이 할 수 있는 일이다.

 다만 하느님이 그 생활을 긴박하도록 궁한 처지에 태어나게 하지 않은 자들에게 더욱 쉬운 일이다. 남에게 얹혀 지낸다는 것은 딱하고도 위태로운 일이다. 자기의 가장 정당하고 확실한 수단인 우리들 자신도 우리에게 충분히 보장되어 있는 것이 아니다. 나는 나밖에는 내 것이란 없다. 그리고 여기에 내 소유라는 것은 일부분에 불과하며 불완전한 것이다. 나는 다른 면에서 모두가 나를 버릴 때에 내가 가진 것으로 만족하려고 내 용기와(이쪽이 더 강한 힘이다), 내 운명을 가꾸어 간다.

 엘리스의 히피아스는 운명이 명령할 때에, 필요하다면 다른 친구 없이도 즐겁게 시신(詩神)의 무릎 위에서 지낼 수 있게 되기 위한 음악에 관한 지식뿐 아니라,

자기 것으로 만족하고 밖에서 얻어 오는 것 없이도 어색하게 견디어 내게 가르쳐 주기 위한 철학적 지식만을 준비해 가지지는 않았다. 오히려 그는 독립성이 너무 강해서 요리법·이발·재봉·구두 짓기·반지 만들기까지 배워 가능한 한 자신이 생활의 터전을 닦고, 남의 원조를 받지 않고 지내려고 애쓰고 있었다.

살림이 궁해서 남의 신세를 지고 제약을 받는 향락이 아니고, 그런 것 없이 내 의지로, 그리고 내 운으로 지낼 수 있는 힘과 방도를 가졌을 때에는 남의 재물을 빌려 써도 훨씬 더 자유롭고 유쾌하게 누린다.

나는 나를 잘 알고 있다. 그러나 도대체 내가 사정이 궁해서 곤경에 빠질 경우, 어느 누가 내게 불명예나 혹독한 대접이나 책망의 기미를 느끼게 하지 않도록 부담 없이 나를 추대해 줄 것인지, 그것은 상상도 못 해 볼 일이다. 남에게 무엇을 준다는 것은 야심적이고 특권적인 신분인 만큼 남의 것을 받는다는 일은 굴복의 신세이다. 그 좋은 예로, 바자제트는 티무르가 그에게 보내는 선물은 싸우다시피 하고 욕설을 퍼부으며 거절했다. 그리고 캘커타의 황제는 쏠리만 황제로부터 보내온 선물을 보고 너무 분개한 나머지, 자기나 자기 조상이 남의 것을 받은 전래는 없었으며, 주는 것은 자기가 할 일이라고 쏘아붙이고 거절했을 뿐 아니라, 선물을 가져온 사신들을 땅 속 감옥에 처넣게 했다.

아리스토텔레스의 말에 의하면, 데티스가 주피터에게 아첨할 때나 라케다이모니아인들이 아테네인들에게 아첨할 때마다, 그들은 자기들이 보낸 선물 이야기가 상대편에게 불쾌한 감정을 줄까 봐 두려워 입 밖에도 내지 않고, 저편에서 보내온 선물 이야기만 상기시켰다. 늘 친숙하게 보는 것처럼, 아무나 무턱대고 일을 시키고 그 신세를 지는 자들은 이 신세 지는 일이 얼마나 부담이 되는가를 어느 현자가 한 만큼 조심스레 헤아려 본다면, 그런 짓은 하지 않을 것이다. 이런 신세는 때로는 갚아 주는 수도 있다. 그렇다고 신세 진 일이 결코 풀리는 것은 아니다. 자기 팔꿈치를 사방으로 휘두를 자유를 찾는 자에게는 그 얼마나 구속인가!

내 친지들은 윗사람이건 아랫사람이건 나만큼 남의 부담이 되기를 싫어하는 사람이 없는 것을 알고 있다. 내가 이 점에서 현대인들의 본보기와 전혀 다르다는 것도 놀라운 일은 아니다. 내 성미의 많은 부분들이 여기 기여하는 것이다. 타고난 약간의 자부심, 거절당할까 내는 조바심, 내 의도와 욕심의 제약, 모든 일처리에 서투른 점, 그리고 내가 가장 좋아하는 소질인 하는 일 없이 지냄과 자유 등이 그렇게 만들어 놓은 것이다. 이 모든 것 때문에 나는 나 아닌 다른 사람에게 의탁하거나 남에게 약점잡히는 일을 진저리나게 싫어한다. 나는 아무리 가볍거나 중한 사정이라도 남의 혜택을 입기 전에 그런 것 없이도 지낼 수 있도록 할 수 있는 모든 방법을 취하는 데 온 힘을 기울인다.

친구들이 제삼자에게 청할 일을 나를 시켜 청하게 할 때에 나는 대단히 괴롭다. 그리고 내게 신세 진 사람에게 무슨 일을 당부하며 그가 내게 신세 진 것을 면제해 주는 것은, 내게 아무것도 신세 진 바 없는 자에게 내 친구를 위해서 무슨 일을 청탁하는 것만큼 힘들게 느껴진다. 이런 조건을 면제해 주고, 또 하나 내게 무슨 걱정거리가 될 흥정을 해 달라는 일만 벗어나게 해 준다면(나는 모든 걱정거리에는 한사코 반대하기 때문이다), 나는 누구의 일이라도 보살펴 준다. 그러나 나는 남에게 주려고 하기보다는 남에게 받는 것을 더 피해 왔다.

아리스토텔레스에 의하면 주는 편이 역시 훨씬 더 쉬운 일이다. 나의 신수는 남에게 별로 좋은 일을 해 줄 여유를 풍기지 못한다. 내 신수가 허락한 이 뚜렷하지 않은 몫은 변변치 못했다. 내가 사람들 사이에 무슨 지위라도 가질 만한 신수를 타고났더라면, 나는 사람들의 사랑을 받아 볼 야심은 가질지라도, 남의 숭배나 두려움을 받을 생각은 없었을 것이다. 더 건방지게 말해 볼까? 나는 잇속을 차리기보다는 남을 좋게 해 주고 싶었을 것이다.

키루스는 대단히 현명한 장수일뿐만 아니라 훌륭한 철학자의 입을 가지고 지극히 현명한 언변으로, 자기 용기와 전쟁의 승리보다도 자기의 착한 마음과 착한 행적을 훨씬 더 높이 평가하고 있다. 그리고 대 스키피오는 자기가 공적을 세우려고 하는 곳에서는 어디서나 그의 용기와 승리보다도 그의 후덕성과 인간성을 훨씬 더 중하게 보며, 철학자나 친구에게나 마찬가지로 자기 적에게도 자기를 사랑할 거리를 남겨 주었다고 하는 영광스러운 말을 항상 입버릇처럼 했다.

내가 말하고 싶은 것은, 내가 부담을 져야 할 일이라면 이 비참한 전쟁에 얽매여 있는 법칙보다도 더 정당한 자격으로 해야 할 일이고, 내 생명의 보존 같은 엄청난 부담을 가지고는 말하고 싶지 않다는 점이다. 그 생각은 나를 압도한다.

나는 집에서 잠자면서, 누가 나를 배반하여 이날 밤에 죽이러 올지도 모른다고 상상하고, 그런 일을 당해도 놀라거나 기절하는 일이 없도록 운과 타협해 보는 일이 수없이 많았다. 그러고는 기도를 올리며

믿을 수 없는 어떤 군사들이
이렇게 잘 가꾸어진 옥토를 점령하다니! (베르길리우스)

하며 부르짖는 것이었다. 어찌할 도리가 있을까? 여기는 나와 대부분의 내 조상들이 출생한 곳이다. 그들은 이곳을 사랑하고 자기들 이름[24]을 붙여 주었다. 우리는 습관화된 모든 것에 굳어 버린다. 그리고 우리가 처해 있는 것 같은 비참한 처지에서 이 습관은 대자연이 우리에게 베풀어 준 매우 유익한 선물이었다. 이 습관이 수많은 불행의 고통스러운 심정을 잠재워 주는 것이다. 내란은 각자가 자기 집에 파수를 세워 두게 하는 점에서 다른 전쟁들보다 더 나쁘다.

생명을 문과 벽으로 보호하며
가옥의 견고성에 겨우 자신을 맡겨 두다니
그 얼마나 불행인가! (오비디우스)

자기 가정의 살림살이와 휴식에까지 엄습당하며 지내다니, 이것은 불행의 극치이다. 내가 몸을 둔 고장은 우리나라의 동란이 일어났을 적에 처음부터 마지막까지 전쟁터여서, 평화가 그 온전한 모습을 보여 준 일이 없었던 곳이다.

평화시에도 역시 전쟁의 공포로 떤다. (오비디우스)

운명의 신이 평화를 파괴할 적마다
이곳이 전쟁의 중요한 길목이었다.

---

24) 자기 가족의 이름을 몽테뉴 성에 붙여 주었다는 말. 사실 이 성은 그의 조부 때에 사들여서 부친이 처음 여기서 출생한 것이고, 몽테뉴는 본래 가족명이 아니다.

오, 운명의 신이여,
내게 주려면 차라리 동방의 태양 아래나
큰곰자리의 빙원(氷原) 위에
정처 없는 주거를 줄 일이었다.　　　　　　　　　(루카누스)

　나는 가끔 방심과 비굴에 관한 이런 상념에 대항하여 정신을 단속할 법을 찾아본다. 이런 상념들은 역시 어느 정도 우리에게 결단성을 갖도록 이끌어 준다. 나는 흔히 치명적인 위험을 상상해 보며, 그런 일을 기다리는 데 일종의 쾌감을 느낀다. 마치 망망하고 컴컴한 심연 속 같은 죽음의 속으로 그것을 고찰해 보거나, 알아보지도 않고 머리를 푹 숙이고 우둔하게 뛰어들면, 이 심연은 덥석 나를 삼켜서 그 순간에 허무와 무상함이 가득 찬 강력한 수면으로 나를 압도해 버린다. 그리고 이런 맹렬하고 짤막한 죽음에서 내가 예측하는 결과는 이런 경황의 혼란된 효과보다도 차라리 더 많은 위안을 얻는다. 사람들은 인생이 길다고 가장 좋은 것이 못 되는 것처럼 죽음은 길지 않은 것이 가장 좋다고 한다. 나는 마치 죽음과 친분을 맺고 있는 격이기 때문에 죽었다는 사실에 초연해 있는 것도 아니다. 나는 느껴질 사이 없이 신속한 습격으로 그 사나운 기세 속에, 정신을 후려서 앗아갈 폭풍우 속에 몸을 감싸고 웅크린다.
　어느 정원사들이 말하듯, 장미꽃이나 앉은뱅이꽃이 마늘과 파 옆에서 자라면, 그것들이 땅에 있는 나쁜 냄새를 모두 빨아들이기 때문에 장미나 앉은뱅이꽃 냄새가 더 향기로워진다는 식으로, 이런 퇴락한 천성들이 내가 사는 공기와 풍토에서 모든 독소들을 빨아들여서, 그런 것 가까이 있는 덕택으로 내가 그만큼 더 나아지고 순결해지는 것이라면, 모두 잃고만 있는 것은 아닐 것일까? 그런 것은 아니다. 그러나 이런 일은 있을 수 있다. 즉, 착한 마음은 희귀할 때에 더 아름답고 매력 있게 되는 것이며, 고난과 역경은 그 자체로 착한 행실을 더 조여서 굳게 만들 것이며, 대항 의식과 영광의 시기심에서 이런 착한 행동을 더 열렬하게 일으킬 수 있을 것이다.
　도둑들은 내게 개인적으로 원한을 품지 않을 만큼 선심을 가졌다. 내게 그들을 원망할 거리가 있을까? 원망하려다가는 한이 없다. 똑같은 마음보가 가지각색의 직책을 맡은 사람들에게 깃들며, 똑같은 잔인성과 불신실과 도둑질할 마음까지 깃든다. 이런 것은 법률의 그늘 밑에 숨어서 더 비열하고 더 안전하고 더 알려지지 않은 채로 있는 만큼 더 악랄하다. 나는 배신적인 것보다는 드러내 놓은 침해를, 평화적이고 합법적으로 하는 것보다는 전투적인 것을 차라리 덜 미워한다. 열병이 우리 몸에 닥쳐오지만, 그렇다고 결코 몸이 더 나빠진 것은 아니다. 불씨는 이미 있었다. 불길이 붙어 오른 것이다. 소문이 클수록 피해는 그렇게 대단한 것이 아니다.

나는 여행을 즐기는 이유를 물어보는 사람들에게, 내가 버리고 떠나는 것은 무엇인지 잘 알고 있으나, 이제부터 찾아보려는 것은 무엇인지 잘 모른다고 대답한다. 누가 나에게 외지 사람들 속에서 그다지 건강을 얻을 수는 없을 것이며, 또 그들이 해 가는 꼴도 우리보다 더 나을 것이 없다고 말하면, 나는 첫째로

> 그렇게도 많이들 범죄의 상을 갖는 것 (베르길리우스)

은 쉽지 않은 일이라고 대답한다. 둘째로는, 나쁜 상태를 불확실한 상태와 바꾸어 보면 늘 소득이 있으며, 남들의 불행은 우리들의 불행만큼 뼈저리게 느껴지지 않는 것이라고 대답한다.

나는 이것을 잊어버리고 싶지 않다. 나는 파리를 좋은 눈으로 보지 않을 정도로 프랑스에 대해서 불평을 품는 것이 아니다. 파리는 어릴 적부터 내 마음을 차지해 온 것이다. 그리고 거기서는 훌륭한 일들도 더러 있었고, 아름다운 도시들을 많이 보아 갈수록 이 도시의 아름다움에 정이 들었다. 나는 이 도시 자체를 사랑한다. 외국의 화려한 장식을 뒤집어쓰는 것보다도 있는 그대로가 더 좋다. 나는 이 도시의 흠이나 오점까지도 마음에 들 정도로 이 도시를 사랑한다. 나는 이 위대한 도시에 의해서만 프랑스 사람이다. 인구도 위대하고 그 자리 잡은 품위도 위대하며, 특히 가지 각색의 물품이 풍부한 것이 비길 수 없이 위대하다. 프랑스의 영광이며 이 세상의 가장 고상한 장식들 중의 하나이다. 하느님 분부로 이 나라에 분열이 없어지게 되었으면! 전체로 통일만 되면 우리는 어떤 침략에도 굳게 방비할 것이다.

나는 모든 파당들 중에 이 나라를 불화 속에 처넣는 파당이 가장 나쁘다고 생각한다. 또 나는 이 나라를 위해서 이 나라 자체밖에는 염려하지 않는다. 이 나라의 어느 다른 지방과 똑같이 나는 이 나라 일을 염려한다. 이 나라가 존속되는 한 나는 궁지에 몰렸을 때 은둔처를 얻기 힘들지 않을 것이며, 그것으로 다른 어느 은둔처를 얻지 못해도 억울한 생각을 버리기에 충분할 것이다.

소크라테스가 그렇게 말했기 때문이 아니다. 이것이 내 심정이며, 아마 좀 지나친 말이겠지만 모든 인간들을 나의 동포로 보며, 폴란드인이라도 프랑스인과 마찬가지로 포옹한다. 이 국민 간의 연결을 나는 공통적이며 보편적인 인류의 단결 뒤에다 둔다. 나는 내 고장 풍토의 공기에 우둔해지는 않는다. 나 자신이 나름대로 만드는 새로운 친지들은 이웃 간에 살아서 우연히 알게 된 보통의 친지들 만한 가치가 있다고 본다. 우리가 찾아서 만든 순수한 우정은 대체로 지연이나 혈연으로 맺어진 우정 위에 서는 것이다. 우리는 처음부터 자유롭고 속박 없이 세상에 태어났다. 우리 스스로 자신을 어떤 좁은 지역에 감금하는 것이다. 그것은 마치 페르시아 임금들이 소아스페스강의 물밖에는 다른 물을 마시지 않도록 자신을 얽매어 놓고 어리석게도 다른 물의 사용 권리를 포기하며, 그들의 눈으로서는 세상의 다른 모든 부분들을 메마른 땅으로 보던 식이다.

소크라테스는 그의 생애 말기에, 자기에 대한 추방 선고를 사형 선고보다 더 언짢게 생각했다. 내가 생각하기에 소크라테스는 그렇게 되기까지 의기소침할 정도로 자신의 나라에 강한 애착심을 갖지는 않았을 것이다. 나는 하늘의 생명들에 관해서는 애착보다도 존경심을 크게 품고 있다. 그리고 그런 생명들에게는 또 너무나 고매하고 심상치 않은 모습이 있기 때문에, 그런 것은 이해할 수 없어 짐작으로도 상상해 보지 못한다. 온 세상을 자기 도시로 간주하던 소크라테스의 이 심정에는 심히 미묘한 면이 있다.

진실로 그는 각처를 돌아다니기를 경멸했고, 아티카의 영토밖에 발을 딛어 본 일이 없었다. 뭐라고? 그는 친구들이 자기 생명을 구하려고 돈 쓰는 것을 아까워했고, 부패했던 시대에 법을 어기지 않기 위해서 타인의 주선으로 감옥에서 나오는 것을 거절했다고? 이런 일은 나로서는 제1급에 속하는 모범이다. 내가 이와 같은 인물 속에 찾아볼 수 있는 다른 사례들은 제2급에 속한다.

그의 희귀한 사적들 중 많은 것은 내 행동으로는 힘에 넘치는 일이다. 그러나 어떤 것들은 내 판단의 힘에도 넘치는 일이다.

이런 이유들 외에도 내게는 여행이 유익한 수양으로 보인다. 심령은 여행을 하는 동안 늘 알지 못하는 새로운 사물들을 주목하느라고 계속적으로 훈련 받는다. 그리고 내가 여러 번 말한 바와 같이, 사람에게 끊임없이 다른 나라의 색다른 생활과 사상과 습관 등을 제시해 주며, 우리들의 천성인 끊임없이 변해 가는 형태를 음미시키는 것보다 인생을 형성하는 데 더 효과적인 학문이 있는지 나는 알지 못한다. 그동안 몸은 한가롭지도 않고 바쁘지도 않으며, 이렇게 알맞은 움직임으로 늘 긴장되어 있다.

나는 아무리 담석증을 앓고 있어도 한번 말을 타면 내릴 줄 모르고, 여덟이나 열 시간 동안 물리지 않고

노년의 힘과 건강이 감당할 정도 이상으로, (베르길리우스)

매달려 지낸다.

내리쪼이는 햇볕의 혹독한 더위를 겪을 때보다 더 괴로운 것은 없다. 왜냐하면 옛날 로마 때부터 이탈리아에서 쓰고 있던 양산은 머리를 가리기보다 팔에 짐이 되기 때문이다. 나는 크세노폰이 전하는 바, 저 옛날 페르시아에서 사치가 싹트던 시대에 마차에 탄 사람에게 그늘을 지어 주고 시원하게 바람을 일으키더라는 장치가 무엇인지 알고 싶다. 나는 거위처럼 비와 흙탕물을 좋아한다. 공기와 풍토를 바꾸어 보아도 상관없다. 어느 하늘 아래건 내게는 매한가지이다. 나는 내 속에 일으키는 내적 변화로밖에는 타격을 받는 일이 없다. 이런 일은 여행하는 동안은 잘 일어나지 않는다.

나는 움직이기 힘이 든다. 그러나 한번 길을 떠나면 가는 데까지 가고 본다. 큰 일에나 작은 일에나 똑같이 준비한다. 하룻길로 이웃 사람을 찾아가 보거나 먼 여행을 떠나거나 똑같은 차림으로 나선다. 나는 스페인식으로 한숨에 가는 일정을 꾸미는 법을 배웠다. 멀고도 알맞은 노정인 것이다. 그리고 더위가 심할 때에는, 해질 무렵부터 해뜨기까지 밤길을 간다. 길을 가다가 다른 방식으로 법석대

며 서둘러 식사하는 법은 날이 짧을 때에는 불편하다. 내 말들은 이런 여행에 잘 견딘다. 나는 결코 말에 부족함을 느낀 일은 없다. 어느 것도 첫날 하룻길은 태워 주었다. 나는 아무 데서나 말에게 물을 먹인다. 그리고 다만 여정이 넉넉히 남아 있는가를 보아서 물에 뛰어들게 둔다.

나는 일어날 때는 몹시 게으르기 때문에, 따라오는 자들은 떠나기 전에 실컷 식사할 여유가 있다. 나로서는 식사도 크게 차리지는 않는다. 밥을 들면 입맛은 절로 난다. 그래서 별다른 방법을 쓰지 않는다. 나는 식탁에 앉아야 배고픈 생각이 난다.

어떤 분들은 내가 처자가 있는 늙은 몸으로 이런 수고를 즐겨 계속하고 있다고 불평한다. 알지 못하고 하는 말이다. 자기 없이도 집안일이 잘되어 가고, 그 전의 형태가 뒤집히는 일이 없게 살림에 질서를 세워 놓았을 때에는, 가정을 버려두고 떠나기에 알맞다. 자기 집에 충실치 못한 집지기를 남겨 두고 궁핍에 대비해 놓을 생각도 없이 떠나는 것은 철부지보다 더한 일이지만 말이다.

여자에게 가장 유익하고 명예로운 지식과 임무는 살림살이하는 일이다. 탐 많은 여자는 더러 보이지만, 살림꾼은 극히 드물다. 이것이 가장 주요한 소질이니, 우리는 집안의 패망과 보전이 거기 매여 있는 유일한 재산처럼 이 점을 찾아보아야 한다. 내게 딴 말을 할 필요는 없다. 내가 얻은 경험으로는, 결혼한 여자에게는 다른 어떤 덕성보다도 살림을 잘하는 덕성이 요구된다. 나는 살림 맡을 사람에게 일을 맡기며, 내가 없는 동안 집안일의 모든 처리를 넘겨준다. 딴 여러 가정에서는 주인이 복잡한 일로 풀이 죽어서 가련한 꼴로 점심때 돌아오는데, 부인이 안방에서 미처 머리도 안 빗고 화장도 않고 있는 꼴을 보면 화증이 난다. 그것은 여왕들이나 할 일이다. 여왕이라고 그래도 좋을지 모르겠다. 우리는 피땀 흘려 일하며, 여자는 빈둥빈둥 놀고 있게 한다는 것은 꼴사납고 옳지 못한 일이다. 내 재산을 마음대로 태평하게, 걱정 없이 쓰게 할 수 있을 사람은 나밖에 아무도 없을 것이다. 남편이 재산을 공급하는 것이라면 아내는 형체를 만들어 주는 것이 당연히 요청된다.

이렇게 집을 비우면 문제가 일어날 것으로 생각되는 부부간의 애정적 의무로 말하면, 나는 그렇게 생각하지 않는다. 반대로 너무 오래 한데 붙어 있으면, 너무

끈적해서 도리어 애정이 손상되고 냉각될 우려가 있다. 남의 여자는 모두가 점잖은 여자로 보인다. 그리고 계속해서 늘 쳐다보고 있으면 서로 떨어져 있다가 다시 만날 때 느끼는 쾌감을 알아볼 수 없는 것도 누구나 다 경험해 보는 일이다. 이런 이별은 내 식구들에 대한 새로운 사랑으로 나를 채워 주며, 내 집 살림에 더 정다운 맛을 다시 돌려 준다. 생활을 이렇게 바꾸어 주면 내 욕망을 한때는 이편으로, 그리고 다음에는 다른 편으로 일깨워 준다.

나는 우정이라는 것의 손이 무척 길어서, 이 세상의 한 구석에서 다른 구석까지라도 뻗쳐 서로 잡을 수 있음을 안다. 그리고 특히 서로 염려해 주는 편지를 꾸준히 주고받으며, 우정의 의무와 추억을 잠 깨워 주는 경우에는 더욱 그렇다. 스토아학파들이 말하듯 현자들 사이의 관계는 너무나 친밀해서, 하나가 프랑스에서 식사하면 이집트에 있는 친구의 배가 불러진다고 하며, 아무 데서라도 하나가 손가락을 뻗치기만 하면 사람이 살 수 있는 땅 위의 모든 현자들이 도움을 받는다고 한 말은 옳다.

소유와 향락은 주로 상상력의 소관이다. 상상력은 우리가 찾고 있는 것을 우리가 손에 잡은 것보다도 더 열렬하고 계속적으로 품어 갖는다. 그대의 나날의 명상을 검토해 보라. 친구와 같이 있을 때가 친구와 가장 같이 있지 않을 때임을 알 것이다. 그가 자리에 있으면 그대의 주의력이 해이해져서 어느 시각에나 기회에, 그대 생각이 그 자리에서 물러나는 자유를 갖게 한다.

로마에서 멀리 내다보며, 나는 내 집과 두고 온 사물들을 손에 잡고 있듯 관리한다. 나는 담이 쌓여 올라가고, 나무가 크고, 연수입이 불어 가고 줄어 가는 것이 거의 두 치 정도의 상관으로, 마치 내가 거기 있는 것처럼

> 눈앞에 집안일이 움직이고
> 고향의 모습도 펼쳐진다.
> (오비디우스)

는 식으로 내 눈앞에 보인다.

만일 우리가 손에 잡히는 것밖에 누리지 못한다면, 돈도 금고 안에 있으면 내 것이 아니고, 아이들도 사냥 나갔으면 내 아이들이 아니겠지? 우리는 이런 것을

더 가까이하기를 원한다. 들에 있으면 먼 것인가? 반나절쯤의 거리라면? 뭐? 40㎞ 떨어져 있으면 먼가? 가까운가? 그것이 가깝다면 44㎞는? 48㎞는? 52㎞는? 이렇게 한 걸음 한 걸음 나가 보자. 아내가 남편에게 "몇 걸음에서 가까움이 끝나고, 몇몇 걸음에서 멀어지기 시작한다"고 결정해 준다면, 내 의견으로는 그녀가 남편을 그 중간쯤에 잡아 둘 일이다.

> 말다툼은 피하도록 끝장을 내라.
> 그렇지 않으면 말총을 조금씩 뽑아내듯
> 그대의 논거의 더미가 줄어들어
> 내 사리 앞에서 무너지기까지
> 한 단위 깎아내리고 다시 한 단위 깎아내리리라. (호라티우스)

그리고 그녀들은 과감하게 철학에 구원을 호소할 것이다. 이 철학은 과한 것과 부족한 것, 긴 것과 짧은 것, 가벼움과 무거움, 가까움과 멀기의 맺어지는 이 끝도 저 끝도 보지 못하는 이상, 그것의 처음도 마지막도 알아보지 못하는 이상, 또 이 중용을 아주 불확실하게 판단하는 이상, 이 철학은 어떤 자의 비난을 받을 만한 일이다. "자연은 인간에게 사물들의 한계에 관한 어떠한 인식도 주지 않았다."(키케로)

그녀들은 이 세상의 끝에 있지 않고 이미 저세상에 있는 죽은 자들의 아내나 친구들이 아닌가? 우리는 이미 있었던(죽은) 자들과 아직 있지 않은 자들을 파악한다. 부재자들 뿐만 아니다.

결혼할 때에 우리는 늘 보는 작은 동물들이나 카렌티의 귀신 들린 남녀들이 암캐처럼 늘 붙어 다니듯, 결혼한 쥐에 줄곧 꽁지를 잡아매고 있기로 했던 것은 아니다. 그리고 아내는 그렇게까지 탐하는 식으로 남편의 앞만 쳐다볼 것이 아니고 필요한 때는 그 등 뒤도 볼 줄 알아야 할 것이다.

여자들의 심정을 탁월하게 묘사한 이 작가의 말은, 그녀들이 불평하는 이유를 표현하기에 이 자리에 맞는 말이 아닌가?

돌아감이 늦으면,
당신의 아내는 애인이 있다든가,
다른 여자의 사랑을 받는다든가,
음주나 방탕으로 좋은 일을 당신 혼자만 보고
나쁜 일은 자기의 차지라고 생각한다.　　　　　　　(테렌티우스)

　또 반대와 모순은 그 자체로 여자들을 다루고 가꾸어 가는 것이며, 그대들을 불편하게 곯려 주기만 하면 그녀들은 마음 편할 것이 아닌가?
　진실한 우정에서는, 나는 이 부문의 전문가이지만, 친구를 내게로 끌어오기보다 나 자신을 친구에게 내준다. 나는 그가 내게 해 주는 것보다도 내가 그에게 더 잘해 주기를 좋아할 뿐 아니라, 그가 나보다도 자기 자신에게 더 많이 해 주기를 바란다. 그가 자신을 위해서 하는 것이 가장 나를 위해서 하는 것이며, 떨어져 있는 것이 그에게 유리하고 필요하다면 여기 있는 것보다도 나에게 더욱 마땅하다. 그리고 서로 소식을 전할 방법이 있는 동안은 진실한 부재(不在)가 아니다. 나는 전날 우리가 서로 떨어져 있는 것으로 이익과 편의를 얻었다. 우리는 서로 떨어져 지내며 더 충실하게 인생을 소유하고 확장했던 것이다. 그는 마치 그가 여기 있는 듯 충만하게 나를 위해서, 그리고 나는 그를 위해서 살고 즐기며 보았다. 우리가 함께 있을 때에는 우리의 한 부분은 한가로웠다. 우리는 하나로 혼합되어 있었다. 장소의 격리는 우리 의지의 결합을 한층 풍부하게 해 주는 것이었다. 육체적으로 같이 있고 싶어지는 만족하지 못할 기갈증은 어느 점에서 심령들의 기쁨이 허약함을 강조하는 것이다.
　사람들은 내가 늙은 것을 탓하지만, 그 반대로 일반의 여론에 굴하고 남을 위해서 자기를 억제하는 것은 젊은 사람들이나 할 일이다. 청춘은 사람들과 자기 모두를 위해서 일해 줄 수 있다. 그러나 우리는 자기 혼자의 몸도 추스르기 힘들다.
　타고난 안락이 쇠퇴해 감에 따라 우리는 인공적 안락으로 지탱해 갈 것이다. 청춘이 정열을 추구하는 것은 용서하고, 노년이 쾌락을 찾는 일은 금지하는 것은 잘못이다. 나는 젊었을 때는 불타는 정열을 조심성으로 은폐했다. 이제 늙어서는 음산한 심정을 방종으로 풀어 준다. 그 때문에 플라톤의 법칙은 편력을 더 유익하고 교양적인 것으로 만들기 위해서, 40이나 50세 전에 돌아다니는 것을 금지한다. 나는 바로 이 규칙의 제2항으로 60세가 넘어서는 편력을 금지하는 데 기꺼이 동의할 것이다.

"그런데 이런 나이에 길을 떠나다가는 그 먼 길에서 다시 돌아오지 못할 것 아니오?" 무슨 상관이 있나? 나는 여행에서 돌아오거나 여행을 완수하려고 떠나려는 것이 아니다. 나는 단지 움직이는 것이 기분 좋은 동안은 움직여 보려고 하는 것이다. 바람을 쏘이기 위해서 나는 바람을 쐰다. 이득이나 토끼를 보고 달려가는 자는 달려가는 것이 아니다. 도둑잡기의 장난으로, 그리고 달음질의 훈련을 위해서 달음질치는 자들이 달려가는 것이다.

내 계획은 어떤 데서라도 떼어 낼 수 있다. 그것은 무슨 큰 희망에 근거를 둔 것이 아니다. 날마다가 그날 여정의 마감이다. 그리고 내 인생의 여로도 그렇게 지향된다. 그렇지만 나는 누가 붙들어 주었으면 싶었던 고장에도 상당히 가 보았다. 왜 못할까? 그 모양으로 크리시포스가, 클레안테스가, 디오게네스가, 제논이, 안티파트로스가, 저 가장 준엄했던 학파의 많은 현자들이 아무 불평거리도 없이, 그저 다른 땅의 공기를 즐겨 보고 싶어서 자기 나라를 버리고 떠난 것이 아니던가? 정히 내 편력의 행로 중에 가장 불쾌한 일은 내가 마음에 드는 곳에 정착해 볼 결심을 가져보지 못하고 일반의 기분에 맞춰 주기 위해서 늘 돌아오겠다는 말을 해 두어야 했던 일이다.

내가 출생지가 아닌 다른 땅에서 죽지나 않을까 두려워하고, 내 집 사람들을 떨어져서는 편하게 죽지 못하는 것으로 생각한다면, 나는 프랑스 밖으로 나가 볼 엄두도 못 냈을 것이다. 공포심 없이는 늘 내 교구 밖을 못 나갈 것이다. 나는 죽음이 계속적으로 내 목덜미와 허리를 꼬집어 뜯고 있는 것을 느낀다. 그러나 나는 다른 사람과는 다르다. 죽음은 어디서나 내게는 한가지이다. 내가 택할 수 있다면 나는 집을 나가서 식구들과는 멀리 떨어져서, 침대 위에서보다는 차라리 말 위에서 죽고 싶다.

친한 친구들과 고별하기란 위안이 되기보다도 가슴이 터질 노릇이다. 나는 우리 예절의 이 의무를 즐겨 잊어버린다. 왜냐하면 우애의 봉사 중에서 이것만이 불쾌하기 때문이다. 그래서 이 위대한 영원의 고별을 말하는 것은 기꺼이 잊어버리련다. 죽음의 자리에 이렇게 참석해 주는 것이 어떤 도움이 있다고 해도, 거기에는 백 가지 불편이 따라붙는다. 나는 사람들이 이런 패들에게 둘러싸여서 아주 가련한 꼴로 죽어 가는 것을 많이 보았다.

이런 군중들이 그들을 질식시킨다. 사람이 편하게 죽어 가도록 두는 것은 의무에 배반되며, 애정이 부족해서 보살펴 주지 않은 증거가 된다는 것이다.

그래서 하나는 죽는 자의 눈을 괴롭히며 또 하나는 귀를 괴롭히고, 다른 자는 혀를 괴롭힌다. 그의 감각이건 사지이건 뒤흔들지 않고 두는 것이 없다. 친한 처지의 울부짖는 소리를 들으면 가슴이 조이며, 다른 자들이 가면을 쓰고 우는 소리에는 아마도 울화가 터진다. 상냥하고 연약한 마음씨의 인간이라면 더욱 심하다. 이런 때 이런 막다른 경지에는 그의 심정에 잘 맞춰 주며 가려운 데를 긁어 주는 부드러운 손이 필요하고, 그렇지 않으면 전혀 긁어 주지 말아야 한다. 우리가 세상에 나올 때에 조산부(助産婦)[25]가 필요하다면, 우리가 세상을 떠날 때에는 조사부(助死夫)가 필요할 것이다. 이런 기회의 봉사를 위해서 이런 직업인을 상당히 비싼 요금으로 불러와야 할 일이다.

나는 자기 자신으로 힘을 돋우며, 아무것도 그것을 돕지도 동요시키지도 못하는 저 경멸조의 정력에는 도달하지 못했다. 나는 한 점 그 아래이다.

나는 무서워하는 것이 아니고 기술적으로 이 목정강이를 구멍 찾듯 빠져나가 보련다. 나는 이 행동에서 내 굳은 지조를 증명하거나 과시하려는 생각은 없다. 누구 때문에 하는 걸까? 그때에는 내가 세상의 평판을 생각해 볼 권한도 흥미도 사라지는 것이다. 나는 죽을 때에는 개인적인 내 은퇴 생활에 알맞는 고요하고 외로운, 그 자체로 평온한 죽음을 얻는 것으로 만족한다. 나는 로마 사람들의 미신으로, 사람이 말을 않고 죽든지 임종 시에 가장 가까운 사람이 눈을 감겨 주지 않으면 큰 불행으로 생각하던 바와는 반대로, 남을 위로해 주기는커녕 나를 위로해 주기에 바쁘고, 딴 사정으로 새로운 생각을 끌어올 것 없이 내 머릿속 생각만으로도 힘에 넘치며, 남의 일을 꾸어 올 것도 없이 내 일처리만으로

---

[25] Sage-femme. 글자대로 직역하면 '현명한 여자', 이에 대해서 몽테뉴는 Sage-homme '현명한 남자'라는 말을 꾸며서 조사부(助死夫)라는 의미로 쓰고 있다.

도 벅차다. 이 부분은 사회의 역할이 아니고 한 사람의 행위이다. 친지들 속에서 웃으며 살다가, 죽을 때는 알지 못하는 사람들의 고장에 가서 상을 찌푸리며 죽어 가자. 돈만 치르면 무관심한 얼굴로 우리의 소원대로 머리를 돌려 주고, 발을 문질러 주고, 몸을 눌러 주고, 그대 좋도록 불평하거나 반성하게 놓아 둘 사람은 얼마든지 구할 수 있다.

   나는 날마다 사람들이 자기 불행으로 친구들에게 동정과 상심을 일으키고 싶어 하는, 이 유치하고 비인간적인 심정을 내 사색의 힘으로 물리쳐 가고 있다. 우리는 그들의 눈물을 끌려고 자기 고통을 정도 이상으로 과장한다. 우리는 각자 완강하게 자기 불행에 버티어 나가는 것을 보고 칭찬하면서, 우리 불행에 관해서 친구들이 그렇게 하면 비난하고 책망한다. 우리는 그들이 우리의 불행을 알아보는 것만으로 만족하지 않고, 그것 때문에 그들이 상심하기를 바란다.

   기쁨은 펴 주어야 한다. 그러나 슬픔은 될 수 있는 대로 잘라 내야 한다. 이유 없이 동정을 끌려고 하는 자는 그럴 이유가 있을 때 동정을 받지 못할 인간이다. 아무에게도 가련하게 보이지 않을 정도로 늘 가련한 꼴을 하며 항상 자기 신세를 한탄만 하는 것은 아예 남의 동정을 받지 않겠다는 수작이다. 살아서 죽어 가는 체하는 자는 죽어 갈 때 사는 사람으로 대접받자는 것이다. 나는 누가 자기에게 안색이 좋고 맥이 정상적이라고 하는 것을 들으면 화를 내며, 웃는 것은 병이 나은 증거니까 웃기를 억제하고, 건강하면 동정의 말을 못 들으니 건강을 싫어하는 자들을 보았다. 더구나 그들은 여자도 아니었다.

   나는 내 병세를 기껏해야 그 병세대로 말한다. 그리고 병이 언짢게 되어 간다거나, 꾸며서 큰일 났다고 하는 식의 말을 피한다. 점잖은 병자의 옆에 참석한 자들은 쾌활한 용모는 못 가질망정, 적어도 침착한 얼굴을 갖는 것이 마땅하다. 자기가 남과는 반대되는 상태에 있는 것을 본다고 병자가 건강과 싸우려 대들지는 않는다. 그는 남들의 온전하고 강력한 건강 상태를 관찰하며, 적어도 교제함으로써 건강을 즐겨 보는 것이 기분 좋다. 자기 기억이 퇴락하는 것을 느낀다고 해서 결코 인생에 관한 상념을 버리는 것이 아니며, 평범한 대화를 피하지 않는다. 나는 건강한 때 병을 연구해 보고 싶다. 병이 실제로 왔을 때에는 내 상상력이 거들지 않아도 병 자체가 상당히 절실한 인상을 준다. 우리가 계획하는 여행을 미리 준비한다. 그리고 결심하고 있다. 말을 타고 떠나야 할 시간의 결정은 동행들에게 맡겨 두고 그들을 위해서 연기한다.

나는 내 습관을 공표함으로써 이것이 어느 점에서 내게 규칙이 된다는 것 외에도 다른 소득을 느낀다. 어느 해는 나의 사생활에 관해선 말하지 말자는 생각도 했다. 이렇게 공적으로 발표해 놓았으니 나는 내 길을 지켜 가며, 오늘날 사람들의 심술궂고 병든 판단이 갖는 것보다는 일반적으로 변형되고 비뚤어진 면이 덜한 내 생활 조건의 모습에 배치되지 말아야 한다는 의무를 느낀다. 고르고 단순한 나의 생활 습성은 해석하기 쉽다. 그러나 이런 방식은 좀 새롭고 보기 드문 일이기 때문에 자칫하면 흉 잡히기에 꼭 알맞다. 그래서 나를 진짜로 모욕하고 싶은 자에게는 허탕칠 염려 없이 내가 터놓고 고백한 결정을 가지고, 실컷 물어뜯고 째고 할 재료를 제공해 놓은 듯싶다. 만일 내가 자신을 비난하고 폭로하는 데 남보다 먼저 자리를 잡음으로써 그의 물어뜯는 이빨을 불러오는 것으로 보인다면, 그는 과장하고 확대하는 권리를 가져도 좋을 일이다(모욕은 정의의 밖에 제 권한을 가지고 있다). 그리고 내가 그에게 내 속의 악덕을 뿌리에서 보여 주는 것을 그가 나무로 키워서 보여 주고, 나를 사로잡고 있는 악덕들뿐 아니라 나를 위협하는 악덕들까지 사용해 볼 일이다. 질로나 양으로나 욕되는 악덕들이다. 그런 것으로 나를 쳐 보라!

나는 솔직하게 철학자 디온(비온)을 본받겠다. 안티고노스는 그의 조상을 들어서 그를 매도하려고 했다. 그는 딱 잘라 말했다. "나는 농노이며 백정으로 낙인찍힌 자와 창녀 사이의 아들이다. 아비의 신수가 천해서 이런 여자와 결혼한 것이다. 둘은 모두 무슨 나쁜 짓을 저질러서 처벌당했다. 한 웅변가가 이런 나를 샀다. 그는 나를 귀엽게 보고 죽을 때 자기 전재산을 물려주었다. 나는 그 재산을 가지고 이 아테네로 와서 철학에 몰두했다. 역사가들은 나에 관한 일들을 거리낌 없이 찾아볼 것이다. 나는 그들에게 사실대로 말하겠다." 너그럽고도 솔직한 고백은 책망을 약화시키고, 모욕의 길을 막는다.

어떻든 모두 계산해 보면, 사람들이 나를 당치 않게 헐뜯어 보는 족족 그들은 나를 칭찬하는 셈이 되는 것 같다. 또 나는 어릴 적부터 명예의 지체나 단계로 내가 차지해야 할 것의 아래보다는 윗자리를 받아 온 듯하다.

나는 이런 귀천의 질서가 정비되었거나 경멸받는 나라에서 더 편하게 지낼 것이다. 사람들끼리 앞서 가라든가 먼저 앉으라든가 하는 특권을 가지고 말이 세 번 오가면 실례가 된다. 나는 이런 귀찮은 말썽을 피하기 위해서 부당하게 양보하든지 먼저 차지하기를 두려워하지 않는다. 그리고 내가 자리를 내주지 않고, 상석을 차지한다고 시기하는 자를 본 일이 없다.

내가 내 말을 쓰는 데서 얻는 이런 소득 말고도, 내가 죽기 전에 내 심정과 의기상통하는 어느 점잖은 인사가 나오게 되면, 그는 나와 만날 길을 찾아볼 것이다. 이것은 미리 그에게 나에 대한 유리한 터전을 마련해 준 것이 된다. 왜냐하면 여러 해 동안을 두고 서로 친하게 지내며 얻었을 모든 지식을, 그는 사흘이면 이 기록을 읽고 나서 더 확실하고 정확하게 얻을 수 있으리라 생각되기 때문이다. 재미나는 생각이다. 내가 아무에게도 말하고 싶지 않은 일을 나는 모두에게 말하며, 내가 가진 가장 비밀스러운 지식이나 사상을 알아보고 싶으면, 나의 가장 진실한 친구일지라도 책방에 가서 내 책을 사 보아야 하는 것이다.

우리는 속마음을 뒤져 보라고 내놓는다. (페르시우스)

이렇게도 좋은 표지로 어느 누구든지 내 마음에 맞는 사람을 알게 된다면, 정히 나는 멀리까지라도 그를 찾아갈 것이다. 왜냐하면 기분이 잘 맞는 친구의 맛이란 마음대로 헐값으로 살 수 없기 때문이다. 오, 친구 하나! 이 말의 사용은 물과 불 같은 요소들보다도 더 감미롭다고 한 옛말은 얼마나 진실한가!

나의 이야기로 돌아오기로 하자. 그러니 멀리 떨어져서 혼자 죽어 간다는 것이 그렇게 언짢은 일은 아니다. 우리는 이것보다는 꼴이 좀 덜 흉하고 자연스러운 행동을 위해서 물러가야만 할 것이다. 더욱이 오랜 생애를 두고 질질 끌며 시들어 가는 지경에 이른 자들은, 아예 그들의 비참한 생명으로 수많은 가족들에게 폐 끼칠 생각은 말아야 할 것이다. 때문에 서인도의 어떤 지방 사람들이 이런 곤경에 빠진 사람들을 죽이는 것이 옳은 일이라고 생각한다. 또 다른 지방에서는 이런 자를 업어다가 버리고, 자기 재간대로 해 나가게 둔다는 것이다.

그들은 결국 누구에게도 참을 수 없이 진저리 나는 존재가 되지 않을 것인가?

세상의 의무라도 거기까지는 미치지 못한다. 그들은 여자나 어린아이나 모두 오랜 습관으로 마음을 강직하게 다져서, 가장 친한 친지들에게 자신들의 불행을 느껴서 가련히 여기지 말도록 하는 잔인성을 강제로 가르쳐 주고 있다. 내가 담석증으로 한숨을 지어도, 그것은 누구에게도 감동을 주지 못한다. 우리가 그들과 같이 지내는 데서 어떤 쾌감을 얻지 않는 것도 아니지만(사람은 모두 생활 조건이 고르지 못해서 어느 누구나 무슨 일이건 경멸 아니면 시기심을 품게 되기 때문에 그런 일은 자주 있을 수도 없지만), 그것은 그들에게 오랜 세월을 두고 폐를 끼치는 일이 아닌가? 그들이 나를 위해서 진심으로 괴로운 심정을 겪는 것을 보면 볼수록 나는 더욱 그들의 상심이 딱해질 것이다.

우리는 서로 의지해 가며 살아갈 권리를 가지고 있다. 그렇다고 남을 너무 무겁게 덮쳐누르며 그들을 망치고 나만이 살라는 법은 없다. 그것은 마치 자기 병을 고치기 위해 어린아이의 목을 잘라[26] 그 피를 쓴다든가, 밤에 자기 늙은 삭신을 품어 주게 하기 위해 어린 처녀들을 제공하게 하고, 그의 무겁고 거친 숨결에 여인의 보드라운 숨결을 섞어 주게 하던 자들(다비드왕과 수다미트의 여인 아비삭의 이야기를 암시한다)과도 같은 수작이다. 나는 내 성품이 이렇게 쇠잔한 지경에 빠질 때 은퇴할 곳으로는 베네치아를 기꺼이 권장하고 싶다.

노쇠는 외롭고 쓸쓸한 소질이다. 나는 과하도록 교제를 즐긴다. 그래서 나는 이 귀찮은 꼴을 이제부터는 세상 사람들의 눈에서 멀리하여 나 혼자 속에 품고, 그저 거북이 목처럼 내 껍데기 속에 오그라드는 것이 옳다고 본다. 나는 사람들을 보아도 그들에게 매달리지 않고 살기를 배운다. 그것은 이 가파른 길에서는 너무 난폭한 짓이다. 이제 사람을 상대하는 일에는 등을 질 때가 왔다.

"그런데 그렇게 먼 여행을 하다가, 당신은 비참하게도 아무것도 얻을 수 없는 돼지우리와 같은 곳에 멈추고 말 것이오."—나는 필요한 대부분의 물건들을 가지고 다닌다. 그리고 운명이 우리를 엄습해 오려고 한다면 피할 길이 없을 것이다. 내가 병들었을 때에는 별다른 것이 필요치 않다. 환약 한 알이 내가 타고 나지 않은 팔자를 고쳐 주기를 바라지 않는다. 나를 쓰러뜨릴 신세가 질병으로 시

---

[26] 루이 14세가 건강을 회복하기 위해서 어린아이 피를 마셨다는 말이 있지만 그렇다고 목을 자른 것은 아니다.

작되면, 아직 온전하고 건강에 가까운 때 나는 기독교도의 마지막 예식으로 하느님과 화평한다. 그리고 나면 더 자유롭고 짐을 덜어 놓은 것을 느끼며, 그만큼 내 병을 이겨 낸 것 같아진다. 공증인이나 상담역은 식사나 마찬가지로 필요없다. 내가 건강할 때 다 해치우지 않은 일들의 처리를 병들어서 해치울 것이라고는 기대하지 말 일이다. 죽음의 뒤치다꺼리로 내가 하고자 원하는 것은 언제나 되어 있다. 나는 그것을 단 하루라도 늦추지 못할 것이다. 그리고 아무것도 해 놓은 일이 없다면, 그것은 방법을 택하는 데 의문이 생긴 것이거나(왜냐하면 때로는 택하지 않는 것이 잘 택하는 일이기 때문이다), 내가 전혀 아무것도 하고 싶지 않았던 까닭이다.

내가 이 책을 써도, 많은 사람들이 읽지도 않고 오래 가지도 못할 것이다. 존속될 작품이라면 더 견실한 문장으로 되었어야 할 것이다. 지금 이 시간까지 계속해서 변천만 거듭해 온 프랑스어의 사정을 보면, 이대로의 형태가 50년 뒤까지라도 읽히기를 어찌 바랄 수 있을 것인가? 이 작품은 날마다 우리 손에서 흘러 빠져 나간다. 그리고 내가 살아온 이래로 반은 변했다. 그것이 지금 당장은 완전하다고 우리는 말한다. 어느 시대에나 모두가 자기 것을 완전하다고 말한다. 나는 이 작품이 사라져 가며 제대로 변형되어 가는 것을 제자리에 꼭 못박아 둘 생각은 없다. 좋고 유용한 작품이면 원형대로 못박아 둘 일이다. 그 신용은 우리 사정의 운에 따라 되어 갈대로 되어 갈 것이다.

그 때문에 나는 그 소용이 오늘날 살아 있는 사람들에게만 국한되며, 일반이 알고 있는 일보다 더 깊은 것으로, 어떤 자들이 개인적으로만 알고 겉으로 드러나지 않은 수많은 사실들을 적은 글로 삽입하는 것도 꺼리지 않는다. 결국 사람들이 옛사람들의 추억을 자주 흐리게 하는 일이 보이는 것처럼, 사람들이 "그는 이렇게 생각하고 이렇게 살아갔다. 그는 이것을 원했다. 그가 자기의 목적하는 바를 말했다면, 그는 이러저러하게 말했을 것이다. 그는 그것을 주었을 것이다. 나는 그를 누구보다도 더 잘 알고 있었다"라는 식으로 떠들어 대기를 원치 않는다. 그리고 범절이 내게 허용하는 한, 나는 여기 내 경향과 기호를 알아보게 한다. 그러나 그것을 알고 싶어 하는 분에게는 누구에게나 더 자유롭게 기꺼이 말해 준다. 어떻든 이 회고록을 잘 읽어 보면, 내가 무엇이건 다 말했고 모두 알려주고 있음을 알 것이다. 내가 표현할 수 없는 것은 손가락으로 가리킨다.

> 단순한 가리킴으로도 그대 같은 투철한 머리는
> 나머지를 알기에 충분하리라.   (루크레티우스)

나에 관해서는 아무것도 바라거나 짐작할 거리를 남겨 놓지 않는다. 누구든지 이 문제를 두고 말해야 하는 마당에는, 진실하고 올바르게 하기를 바랄 뿐이다. 누가 나에 관해서 사실과는 달리 꾸며 말한다면, 설사 내게 명예를 주기 위해서 한 일이라도 나는 저세상에서 돌아와서 기꺼이 그것을 뒤집어 놓을 것이다. 산 사람들에 관해서도 사람들은 늘 있는 바와는 다르게 말하고 있는 것을 느낀다. 내가 모든 힘을 다해서 잃어버렸던 한 친구를 옹호하지 않았던들, 사람들은 그를 수천 가지 모습으로 찢고 쪘을 것이다.

나의 허약한 심정에 관한 말을 끝맺기 위해서 고백하지만, 여행하다가 어느 여인숙에 들면 반드시 그곳에서 병이 들지나 않을까, 그리고 편안하게 죽어 갈 수 있을까 하는 생각이 떠오른다. 나는 시끄럽지도, 음침하거나 연기가 끼거나 숨 막히지도 않는 나만의 전용 자리에 들었으면 한다. 나는 이런 부질없는 사정들로 죽음을 구슬리려고 해 본다. 더 잘 말해 보면 죽음밖에 더 이상 기다릴 것이 없도록 다른 모든 폐스러운 일은 벗어던지려는 것이다. 이 죽음은 다른 짐을 걸머지지 않아도 그것만으로 상당히 힘겨울 것이다. 나는 죽음이 내 인생의 안녕과 편의에도 기여해 주기를 바란다. 죽음은 인생의 크고도 중대한 몫이며, 이후에도 그것이 나의 안온하던 과거에 어그러져 동떨어지는 일이 없기를 바란다.

죽음은 어느 것은 다른 것보다 더 편한 모습을 띠며, 각자의 사상에 따라 그 성질이 가지각색으로 달라진다. 자연스러운 죽음 중에서 몸이 무겁고 쇠약해져서 오는 것은 부드럽고 순해 보인다. 횡사(橫死) 중에서 폐허의 성둑이 무너지거나 절벽에서 떨어지거나, 칼날에 찔려 죽거나 총탄에 맞아 죽는다는 것은 상상하기에도 힘들며, 나는 카토와 같이 자기 칼로 죽기보다는 차라리 소크라테스의 독배를 마시겠다. 모두 마찬가지의 일이지만, 죽어서나 살아서나 불 속에 몸을 던지는 것과 강물이나 운하의 잔잔한 물에 빠지는 것은 다르게 느껴진다. 우리는 공포심 때문에 어리석게도 결과보다 방법에 더 마음이 끌린다. 단지 한순간의 일이다. 그러나 이 방법이 대단히 중대한 문제이므로, 나는 내 식으로 이 고비를 넘기 위해서 살아서의 여러 날을 두고 궁리해 보아야 할 것이다.

사람은 저마다 그 상상에 따라 죽음이 더하게나 또는 덜 고되게 느껴지며, 죽는 형식에 각기 다 취하고 버릴 것이 있는 이상, 좀 더 일찍 모든 불쾌감을 털어 낸 죽음은 없을 것인가 하고 생각해 볼 일이다. 안토니우스와 클레오파트라가 그랬듯이 죽음을 탐락적으로 만들지는 못할 것인가? 나는 철학자나 종교가들이 꾸며 내는 모범적인 혹독한 노력은 제쳐둔다. 그러나 로마의 테트로니우스와 티길리누스와 같은 자들은 그 시대의 규칙을 따라 황제들에게서 사형 선고를 받고는, 안락한 준비로 잠드는 듯이 평온하게 죽은 예도 있다. 그들은 여느 때 하던 식으로 친한 친구들과 여자들 속에서 방자하게 놀며, 위안의 말 한마디나 유언 하나도, 지조가 있는 체하는 야심적인 꾸밈도, 죽은 뒤에 어떻게 하라는 당부도 하나 없이, 노름·잔치·농담, 범상하고 속된 이야기에 음악과 연애시까지 읊어 가며 안일 속에 죽음이 흘러 스며들게 했다.

우리는 좀 더 점잖은 태도로 이런 결심을 가져 보지 못할 것인가? 미치광이에게 맞는 죽음이 있고, 현자에게 맞는 죽음이 있는 바에야 이들 중간에서 적당한 죽음을 찾아보자. 죽어야 하는 이상, 나는 그것을 쉽고도 바랄 만한 모습으로 상상해 본다. 로마의 폭군들은 죄수에게 자기가 죽는 방법을 택하는 자유를 줄 때에는 살려 주는 것으로 생각했다. 그러나 테오프라토스가 그렇게도 섬세하고 겸손하고 현명한데도 키케로가 라틴어로 번역한

　　생명은 예지보다도 운에 매여 있다.　　　　　　　　　　　(키케로)

라는 시구를 감히 말한 것은 이성에 의해서 강제된 것이 아니던가?

운명 덕분에 내 생명은 이제 아무런 부족이나 장애를 느끼지 않을 정도로 되었으니, 나는 내 생명의 흥정을 쉽게 넘기는 데 그 얼마나 많은 운의 도움을 받는 것인가. 이런 조건은 내 생애의 어느 시기에도 받아들였을 것이다. 그러나 이제 이것저것 모두 접고 짐짝을 꾸려야 하는 이 시기에, 나는 죽어 가며 누구에게

도 좋은 일도 나쁜 일도 남겨 주지 않은 것에 특히 기쁨을 느낀다. 운은 기술적으로 사정을 꾸며서, 내가 죽은 뒤에 어떤 물질적 이익을 기대하는 자에게는 물질적 손해도 합쳐서 받게 만들어 놓았다. 늘 남들이 죽음을 두려워하기 때문에, 우리도 덩달아 죽음이 무서워지고, 관심이 대단하기 때문에 우리도 거의 맞먹게 어느 때는 더 심하게 거기에 관심을 갖게 된다.

내가 찾고 있는 이 편안히 묵을 자리에는 화려함도 풍부함도 섞지 않는다. 그러한 것은 질색이다. 그보다도 별로 기술이 쓰이지 않는 장소에 잘 볼 수 있고, 대자연이 그 자체가 가진 우아미로 영광을 주는 어떤 소박한 청결미만 있으면 된다. "풍요보다도 청결미가 있는 식사"(유스투스 립시우스)—"사치보다도 재치 있게"(코르넬리우스 네포스)

길을 가다가 이런 어려움에 빠진다는 것은, 한겨울에 직업으로 끌려다니는 그리종(Grison. 스위스의 동부 지방) 사람들이나 당할 일이다. 나는 대개가 재미로 여행을 하기에 그렇게 서투른 짓은 하지 않는다. 오른쪽이 싫어지면 왼쪽을 잡는다. 말을 타기가 거북해지면 멈춘다. 이렇게 하다 보니 사실 내 집보다 더 좋고 편한 곳이 아무 데도 보이지 않는다. 나는 언제나 과잉을 부질없게 보고, 미묘한 취미나 풍성한 생활에도 거북함이 있음을 본다. 무슨 볼 만한 것을 놓친 것이 있으면 그곳으로 되돌아간다. 그것이 늘 나의 여행길이다. 나는 곧게건 굽게건 어느 확실한 선을 죽 그어 두지 않는다. 내가 가는 곳에서 사람에게 들은 것을 찾아보지 못했다고(일부 남의 판단과는 부합되지 않고, 그것이 그릇된 판단이었음을 여러 번 보았다), 헛수고했다고 불평도 않는다. 사람이 말하던 것이 거기에 없다는 사실을 안 것만으로도 족하다.

나는 세상에서 어느 누구만큼이나 환경에 잘 적응하는 체질이고 취미도 평범하다. 이 나라 저 나라 방식의 다양한 모습은 그 색다른 맛밖에 내게 다른 감명을 주지 않는다. 풍습에는 각기 이치가 있다. 놋그릇이나 목기나 토기로 된 접시들이건, 삶아 냈거나 구워 냈거나, 버터이건 호두기름이건 올리브유이건, 더운 음식이건 찬 음식이건 내게는 매한가지이다. 너무 무관하기 때문에 늙어 가면서 나는 이 후한 소질을 언짢게 본다. 좀 입맛이 까다로워지고 음식을 골라서 무절제한 식욕을 막고, 가끔 내 위의 부담을 덜어 줄 필요가 있을 것이다.

프랑스보다도 다른 데 나가 있을 때에는 누가 인사치레로 프랑스식으로 차려 내느냐고 물어 오면, 나는 사양하며 항상 외국인들이 가장 빽빽이 앉은 식탁으로 끼어든다.

우리나라 사람들이 이 어리석은 습성에 도취해서, 자기들 식과 반대되는 형식에 놀라는 꼴을 보면 남부끄러워진다. 그들은 자기 동네 밖으로 나가면 자기들 본질에서 벗어나는 듯이 여긴다. 어디를 가든지 그들은 자기네 식을 지키며, 다른 방식은 싫어하고 꺼린다. 어쩌다가 헝가리에 가서 우리나라 사람들을 만나면 무슨 큰일이나 난 것처럼 야단 법석이다. 그들은 거기서 서로 뭉쳐 단합하며, 그들이 보는 그 많은 야만적 풍속을 비난한다. 그들은 프랑스식이 아닌데, 어째서 야만이 아니겠는가? 그나마 이런 것이 눈에 띄어서 욕이라도 하는 자들은 그중에도 좀 현명한 자들이다. 대부분은 단지 돌아오기 위해서 가는 것이다. 그들은 마차의 덮개를 덮고 비좁게 앉아서 묵묵히 조심하여 말도 하지 않고, 알지 못하는 땅의 공기에 감염될까 자기를 방비하며 여행한다.

내가 말하는 이런 자들의 행티를 보면, 나는 같은 처지에서 우리 젊은 궁신들 중의 어떤 자가 하는 수작을 본 일이 가끔 생각난다. 그들은 자기편만 사람으로 여기고, 우리는 딴 세상 사람인 양 경멸과 동정의 눈초리로 쳐다본다. 그들의 말투에서 궁궐 안의 신비스러운 어법을 떼어 보라. 그들은 토끼를 놓친 사냥꾼 꼴이 되며, 우리들 앞에 신출내기이고 그들이 우리들을 보는 정도로 일에 서투른 어리석은 자들이다. 점잖은 사람이란 융통성 있는 사람을 일컬음이라고 하는 말은 옳다.

반대로 나는 우리들 방식으로 실컷 여행하는데, 그것은 시칠리아에 가서 가스코뉴 사람을 찾아보려는 것이 아니다. 그런 작자들은 고향에 잔뜩 남겨 두었다. 나는 차라리 그리스나 페르시아 사람을 찾아본다. 거기서 그들과 사귀며 관찰한다. 나는 바로 이런 일에 바쁘게 마음을 쓴다. 그리고 더한 일로 나는 그들에게서 우리 것보다 못한 방식이란 본 일이 없다고 생각한다. 내가 멀리 나온 것도 아니다. 언제나 내 눈앞에 내 집 풍차가 선하게 보이니 말이다.

사실 말이지만, 그대가 도중에 우연히 만나는 길동무는 대개 그대에게 재미나기보다는 불편한 일이 더 많다. 나는 그들과 사귀고 싶지 않다. 더욱이 이제 늙어서 어느 점에서는 외떨어지게 되며, 서로 격식 차리느라 사이가 서먹서먹해지는 것이다. 그대는 다른 사람 때문에 고생하고, 다른 사람은 그대 때문에 고생한다. 서로 크게 불편하다. 그러나 남이 내 걱정을 해 주는 것이 더욱 불편하다. 이해력이 견실하고 습관이 그대의 비위에 맞고, 그대와 동행하기를 좋아하는 사람을 만나기란 대단히 드문 요행일뿐더러 그지없는 위안이 된다. 나는 내가 해 본 모든 여행에서 그런 예를 경험한 일이 없었다.

이러한 동행은 집에 있을 때 미리 찾아서 얻어 두어야 한다. 어떠한 쾌락도 남에게 통해 주지 않으면 내게는 멋이 없다. 마음속에 아무리 좋은 생각이 난다고 해도, 그것을 나 혼자 지어냈고 아무에게도 말해 줄 사람이 없다면 화가 난다. "예지를 누구에게도 전하지 않고 자기 혼자만 가진다는 조건으로 하기라면, 나는 그것을 거절하겠다."(세네카) 또 한 사람은 그것을 더 심한 어조로 말했다. "만일 한 현자가 모든 필요한 사건들을 풍부하게 받아들이고, 그가 알아 둘 가치 있는 사항을 자유로이 관찰하며 한가롭고 여유 있게 연구하는 생활을 가졌다면, 그러고도 외롭고 쓸쓸함이 어느 인간도 결코 만나 볼 수 없을 정도라면 그는 인생에서 물러날 일이다."(키케로) 아르키타스의 말에, 그가 하늘나라에 가서 저 광대하고 거룩한 천체들 속을 산책한다고 해도 같이 갈 친구가 없으면 불쾌할 것이라고 한 말은 내 성미에 맞는다. 그러나 어색하고 서투른 동행과 여행하느니 차라리 혼자서 하는 편이 낫다. 아리스티포스는 혼자 살기를 좋아했다.

  만일 운명이 내 뜻대로 인생을 살아가게 한다면,   (베르길리우스)

  나는 궁둥이를 안장 위에 얹고 지내기를 택할 것이다.

  따가운 햇볕이 내리쪼이는 곳,
  구름과 안개, 음울한 비가 질척한 곳을
  보고자 갈망하며.   (베르길리우스)

"더 편한 소일거리는 없으시오? 무엇이 부족하단 말이오? 당신 저택의 공기가 언짢아서 건강에 좋지 못하오? 장비가 부족하오? 충분히 넉넉지 못하단 말이오? 국왕 폐하께서 몇 번이고 거기 의장을 갖추어 행차하시기까지 했소. 당신 가문은 지체가 더 높은 집안보다 격식으로는 지체가 더 낮은 가문이 더 많은 것 아니오? 당신에게는 어떤 심상치 않게 해결이 곤란한 집안 사정으로 번민할 거리라도 있단 말이오?

> 그대의 가슴속에 박혀 빚어져서
> 그대를 매우 딱하게 하는 것이 있소? (엔니우스)

어디를 가면 폐가 되고 괴로운 일 없이 지낼 수 있다는 생각이오? '운명은 결코 혼잡한 일 없는 은총을 베풀지 않는다.'(퀸투스 쿠루티우스) 그러니 보시오. 당신을 불편하게 하는 것은 당신뿐이오. 그리고 당신은 사방으로 당신을 따라다닐 것이오. 어디를 가나 당신은 불평할 것이오. 이 아래 세상에서는 야만적이거나 신성한 심령이 아니면 만족하지 못할 것이오. 이렇게도 상당한 지체에서 만족하지 못하는 처지에 어디에 간들 만족을 얻을 것이오? 당신 같은 운명은 수천의 사람들이 자기 소원의 목표로 삼으려는 것이오. 마음을 좀 바로잡으시오. 사람은 운에게 받은 것으로 참고 지내는 권한밖에 없는 것이오. 당신은 하고 싶은 일을 한껏 할 수 있으니 말이오." "이성으로 얻은 것밖에 진실한 평화와 평온함은 없다." (세네카)

나는 이러한 경고가 당연함을 안다. 그리고 그것을 아주 잘 인식한다. 그러나 그보다는 차라리 "철 좀 들어라" 하고 한마디로 말하는 편이 더 온당했을 것이다. 이러한 결심은 예지를 넘는 일이다. 그것은 예지의 업적이며 산물이다. 그것은 의사가 쇠잔해 죽어 가는 병자를 다그치며, 살아서 재미 보라고 부르짖는 일이다. 그가 "건강해지라" 하고 말했던들 좀 덜 서둘렀을 것이다. 나는 평범한 인간에 불과하다. "당신 것으로 만족하라", 즉 사리에 맞는 일로 만족하라는 말은 알기 쉽고 확실하고 건전한 가르침이다. 그렇지만 그 실행은 나나, 나보다 더 현명한 자들이나 모두 쉬운 일이 아니다. 그것은 아무라도 하는 말이다. 그러나 그 폭이 굉장히 넓다. 거기 포함되지 않는 일이 무엇인가? 모든 일이 식별과 변화를 겪게 되어 있다.

　글자 그대로 받아들이면, 나는 이 여행의 쾌락이 불안과 동요의 참고가 될 만한 증거임을 안다. 이것 역시 우리를 지배하는 우세한 소질이다. 그렇다. 고백하지만 꿈으로나 소원으로나 나는 의지할 곳을 모른다. 적어도 무엇이건 내게 보람을 준다면 그것은 단지 변화성, 그리고 다양함을 소유하는 것이 얻어 볼 보람이 있다. 여행을 떠나면 나는 아무 데나 멈추어도 상관없고, 아무 데로나 편리한 대로 떠날 수 있다는 것에 힘을 얻는다.

　나는 개인 생활을 즐긴다. 내가 택한 것이므로 좋아하며, 공적 생활이 거북해서 그런 것은 아니다. 그것도 아마 이것만큼 내 기질에 맞는다. 그 때문에 나는 왕을 기쁜 마음으로 섬긴다. 그것은 다른 어느 곳에도 푸대접으로 용납되지 않는 까닭에, 그리고 밀려갔거나 강제당한 것이 아니고 내 판단과 이성으로 그쪽을 자유로이 택한 것이기 때문이다. 나머지는 가히 알 만하다. 나는 필요에 못 이겨 하는 일을 싫어한다. 모든 편익도 내가 오로지 거기에만 매여 있다면, 그것이 내 목덜미를 틀게 될 것이다.

　　나의 한쪽 노는 파도를 치고,
　　다른 노는 모래톱을 치게 하라.
　　　　　　　　　　　　　　　　　　　　　　　(프로베리우스)

　밧줄 하나만으로는 결코 나를 한자리에 잡아 두지 못한다. "이런 재미에는 허영이 있지요?"라고 그대는 말하라. 한데 허영 없는 곳이 있나? 이 좋은 교훈들도 허영이며, 모든 예지들도 허영이다.

　"현자들의 사상도 허영에 불과함을 주께서 아신다."(시편, 고린도서) 그런 미묘한 잔소리는 설교에나 마땅하다. 이런 것은 모두 우리에게 재갈을 물려 저승으로 보내려는 말투이다. 생명은 물질적, 육체적인 움직임이며, 그 고유의 본질로부터 불완전하고 혼란스러운 작용이다. 나는 그 본질을 따라 생명을 열성을 다해 섬긴다.

　　각자는 스스로 만든 운명에 당한다.
　　　　　　　　　　　　　　　　　　　　　　　(베르길리우스)

"우리는 대자연의 보편적인 법칙에 위배되지 않도록 행동해야 한다. 그러나 이 법칙이 보장되고 나서는, 자기 천성에 부합하여 갈 일이다."(키케로)

철학이 아무리 높은 학설을 세워 보아도 어떤 인간도 그 위에 안정하지 못하고, 그들의 규칙이 우리의 습성과 힘에 넘친다면 그것이 다 무슨 소용이 될까?— 나는 자주 사람들이 우리에게 내놓는 인생의 시범을 보는데, 그 시범은 내놓는 자나 듣는 자나 좇아 볼 가망도 없고, 좇아 볼 의사도 없는 것이다. 간음죄를 처벌하는 판결문을 쓴 바로 그 종이 한쪽을 빼내, 재판관은 그의 동료 아내에게 연애 편지를 쓴다. 그대가 겉으로 드러나지 아니한 수작을 걸기로 된 여자는, 조금 전에 그대 앞에서 자기 친구의 똑같은 잘못을 보고 포르키아[27]는 그런 짓을 않는다고 더 심하게 꾸짖을 것이다. 그리고 어떤 자는 자기는 잘못이라고 보지 않는 범죄를 가지고 사람들을 사형에 처한다.

나는 젊었을 때 한 멋진 사나이가 민중들에게 정열에 넘치는 아름다운 시를 읽어 주며, 동시에 다른 손으로는 이미 오래전부터 사람들이 떠드는 종교개혁론을 맹렬하게 내놓는 것을 보았다.

사람들은 이렇게 해 간다. 법이나 교훈은 제대로 되어 가게 둔다. 우리는 다른 길을 잡는다. 그것은 다만 습관의 혼란뿐 아니라, 흔히 사상과 판단으로 거기 반대하기 때문이다. 철학 강의를 들어 보라. 착상과 웅변과 지당한 말은 당장에 그대에게 깊은 인상을 주며, 그대를 감동시킨다. 그대의 양심을 건드리거나 자극하는 것은 아무것도 없다. 그들은 양심에 말하는 것이 아니다. 사실 아닌가? 그래서 아리스톤은 "목욕이나 공부는 몸을 닦아서 때를 씻어 내지 않으면 아무 소용이 없다"고 했다. 껍데기에 구애되는 것은 좋지마는, 그것은 속의 골수를 뽑아낸 다음이라야 한다. 마치 아름다운 잔에 가득한 좋은 술을 마시고 나서, 판에 새겨진 그림을 감상하는 격으로 말이다.

고대 철학의 모든 칸막이들 속에서는 이런 것이 발견된다. 즉, 동일한 철학가가 절제를 말하면서 함께 사랑과 방탕에 관한 문장을 발표하고 있다. 그리고 크세노폰은 클리니아스의 무릎을 베고 아리스티포스학파의 쾌락주의에 반대하는

---

27) Porcia. 카토의 딸. 그의 남편 브루투스가 전사했다는 소식을 듣고 자살했다.

문장을 썼다. 거기에 무슨 기적과 같은 개종(改宗)이 있어서, 그들이 파동을 지으며 발작을 일으키는 것이 아니다. 그것은 솔론이 때로는 자신을 표현하고, 때로는 입법자의 형태로 표현하며, 때로는 대중을 위해서 말하며, 자신을 위해서는 확고하고 완전한 건강을 확보하면서 타고난 자유로운 규칙을 지키고 있는 식이다.

위독한 병자는 훌륭한 의사의 치료를 받을 일이다.　　　　(유베날리스)

안티스테네스는 현자에게, 법률을 조심할 것 없이 자기가 좋다고 생각하는 방식으로 사랑하고 행동하는 것을 용인한다. 왜냐하면 그는 법률보다 더 나은 사상을 가졌고 도덕에 관해서 더 많이 알고 있기 때문이다. 그의 제자 디오게네스는 정신착란에는 이성을, 운에는 자신을, 법률에는 본성을 대립시키라고 말했다.

위가 약할 때에는 엄격하게 인공적인 식이법이 필요하다. 건강한 위에는 자연스러운 식욕의 처방을 쓴다. 그래서 의사들은 수박을 먹고 신선한 포도주를 마시며, 그동안에 환자에게는 시럽과 빵, 수프를 먹으라고 강제한다.

창녀 라이스[28]는 "나는 책이 무엇인지, 예지가 무엇인지, 철학이 무엇인지 몰라요. 그런데 이분들은 누구보다도 더 자주 찾아와서 내 집 문을 두드린대요"라고 했다. 우리의 방자한 행동은 항상 우리가 해도 좋은 한도를 벗어나기 때문에, 사람들은 흔히 보편적인 이치를 넘어서 우리 인생의 법칙과 계율을 매우 어렵게 만들어 놓았다.

　　그대가 허용하는 한도를 넘지 않고는
　　아무도 제가 범하는 잘못을 충분히 느끼지 않는다.　　(유베날리스)

명령과 복종 사이에는 한층 더 균형이 잡혀 있어야 한다. 그리고 도달할 수 없는 목표는 옳지 못한 목표로 보인다. 아무리 착한 사람이라도 그의 모든 행동과

---

28) Lais. 기원전 410~390년경의 창녀. 아리스티포스와 디오게네스의 정부(情婦).

사상을 법대로 다루어 보면, 한평생에 열 번은 교수형에 처할 일을 저지르지 않을 자 없을 것이며, 그렇게 처벌해서 사람을 잃는다면 대단히 큰 손해와 불의를 저지르게 될 것이다.

  울루스여, 남녀가 처신을 어떻게 한들
  네게 무슨 상관이냐?
                 (마르티알리스)

 그리고 도덕군자라는 칭찬을 받을 가치가 없어서, 극히 당연하게 철학의 채찍을 받을 만한 자라도 법을 어기지 않을 수 있다. 그만큼 이 문제는 고르지 못하고 복잡하다. 우리는 하느님 뜻대로의 착한 사람이 될 생각은 조금도 없다. 우리 식으로 착한 사람이 될 수도 없을 것이다. 인간의 예지는 스스로에게 정해 준 의무를 결코 완수해 본 일이 없다. 그것을 수행했다 해도, 인간 예지는 더한층 어려운 의무를 정해 놓고 그것을 갈망하고 주장할 것이리라. 그만큼 우리 심정은 자기 지조를 지키지 못한다. 인간은 필연적으로 잘못을 범하라고 자신에게 명령한다. 자기와는 다른 존재의 이치를 가지고 자기 의무를 결정하는 것은 잘하는 일이 아니다. 아무도 할 수 없는 것으로 기대되는 일을 누구에게 하라고 명령하는 것인가? 그가 할 수 없는 일을 하지 않는다고 잘못인가? 우리가 하지 못한다고 우리를 처단하는 법은, 그 법 자체가 우리가 할 수 없는 것을 가지고 비난하는 일이다.
 기껏해야 생각은 이런 식으로 하고 행동은 저런 식으로 하는, 이 두 방면으로 처신하는 비뚤어진 자유는 다른 것을 말하는 자들에게는 허용될 수 있다. 그러나 그런 자유는 내가 하는 식으로 자기 자신을 말하는 자들에게는 있을 수 없다. 나는 발로 걸어가듯, 펜으로 걸어가야 한다. 인생은 다른 인생들과 연결이 있어야 한다. 카토의 도덕은 당대의 척도에 넘치게 강력했다. 그리고 공공의 직무에 매여서 사람들을 다스리는 일이 참견하는 자로서는 부정당한 일은 아닐망정, 적어도 헛되고 격에 맞지 않는 정의였다고 말할 수 있을 것이다. 나의 습관 자체는 일반 풍습과 엄지손가락만큼의 차이가 있을까 말까 하지만 얼마만큼은 이 시대에 겁을 집어먹고 거기에 접촉하기가 싫어진다. 그래서 내가 잘 찾아다니는 사람들이 이유 없이 싫어지는 것인지도 모른다. 그러나 내가 그들을 싫어하는 이상으로 그들이 나를 싫어한다고 불평한다면, 그것이 당치 않은 일임은 나도 잘 안다.

　세상일을 위해서 지정된 도덕은 여러 주름과 구석과 팔꿈치를 가진 도덕이며, 인간성의 그 뒤섞이고 기교적이며, 꼿꼿하지도 깨끗하지도 순수하지도 못한 약점에 결부시켜서 적용하게 되어 있다. 우리 국왕들 중의 어느 한 분[29]이 너무 단순하게 자기 참회사가 양심적으로 설복하는 말에 넘어갔다고 책망하고 있다. 나랏일에는 더 과감한 교훈이 있는 것이다.

　　순결을 지키려거든 궁궐을 피하라.　　　　　　　　(루카누스)

　옛날에 나는 몸에 지니고 태어났거나, 교육받은 대로 소박하고 참신하고 오염되지 않는 사상과 생활 규칙을 사무 처리에 적용하려고 해 보았다. 그 규칙은 개인으로는 편리하지는 못할망정 적어도 확실하게 실행하는 스콜라 학파적인 새로 나온 도덕이었다. 그런데 이것은 그런 일에는 부적당할뿐더러 위험하다는 것을 발견했다. 군중 속에 들어가는 자는 살살 비키며 팔꿈치를 오므리고 물러갔다 나아갔다 하며, 바로 말하면 사정에 따라서는 바른 길도 피해야 하고, 자기 식으로가 아니라 남의 식을 따르고, 자기 생각대로가 아니라 남이 제안해 주는 바에 따라서 때에 맞추어 사람 따라 일 따라 살아가야만 한다.

　플라톤은 세상의 일에서 몸을 더럽히지 않고 피해 나오는 것은 기적이라고 했다. 그는 또 철학자를 국가의 원수로 임명한다면, 그것은 아테네의 정부와 같은 부패한 정부를 말하는 것이 아니라고 했으니, 예지 자체가 헛수고가 되는 우리 정부 같은 것에는 더욱 맞지 않는 말이다. 그것은 마치 잘 자라는 풀을 그 조건과 아주 다른 토질에 옮겨 심으면, 풀에 맞게 땅을 개량하기보다, 풀을 토질에 맞추는 식이다.

　내가 이런 직업에 적응하도록 훈련받으려면, 나 자신을 많이 고치고 변화시켜

---

29) 샤를 8세가 참회사(懺悔師) 올리비에 마이야르의 간청을 듣고, 루시용 지방을 카스틸라 왕에게 돌려 준 실적(實績)을 말하는 듯하다.

야 할 것으로 느낀다. 해 보면 그렇게 될 수 있다고 해도(난들 시간만 있고 정성만 들이면 못할 것인가), 나는 그런 일을 원치 않을 것이다. 나는 잠시 동안이나마 이 세상일의 직책을 맡아본 그만큼 멀미가 났었다. 나는 가끔 세상일의 야심에 관해서 마음속에 어떤 유혹이 풍기는 것을 느낀다. 그러나 나는 억제하며 그 반대를 고집한다.

여봐, 카툴루스, 그대의 고집에 집착하라.　　　　　　　　(카툴루스)

사람들은 결코 나를 부르지 않고, 나 역시 그것이 탐탁지 않다. 나의 주요한 소질인 자유와 한가하게 집에서 지내는 이런 직업과는 맞지 않는다.
우리는 사람들의 재능을 구별할 줄 모른다. 그 종류와 한계는 미묘해서 분간하기 쉽지 않다. 개인 생활의 능력을 보고 공적 사무에 어떤 능력이 있다고 결정하는 것은 잘못 결정짓는 일이다. 어떤 자는 자기 처신은 잘해도 남을 지도하는 것은 잘 못하며, 일의 효과는 내지 못하는 자가 이런 《에세》는 써 내놓는다. 어떤 자는 요새의 공격 계획은 잘 세우지만 전투 지휘에는 서투르며, 혼자서 궁리는 잘 하지만 군중 앞에나 국왕 앞에 나가서는 말도 잘 못한다. 사실 이것은 아마도 하나의 일에 능한 자는 다른 일에는 다르게밖에 능하지 못하다는 증거이리라. 나는 저속한 정신들이 고매한 일을 못하는 것만큼 고매한 정신들이 저속한 일을 하기에 적당치 못하다고는 보지 않는다. 소크라테스가 자기 부족의 투표수를 헤아릴 줄 몰라서 시민 회의에 보고하지 못했기 때문에 아테네 사람들에게 자기를 조롱할 거리를 제공했다고 생각할 수 있을까? 나는 이 위대한 인물의 완벽성에 대해서 이토록 존경심을 품고 있으니, 그의 운명은 나 자신의 불완전성을 변명해 주기 위해서 훌륭한 예를 제공해 주어도 마땅하다.
우리의 능력은 자디잔 부분들로 갈라져 있다. 내 능력은 폭이 좁아서 가짓수가 적다. 사람들이 사투르니누스에게 지휘권을 맡기자 그는 말했다. "여보게들, 그대들은 훌륭한 부대장을 잃고, 그것으로 못난 사령관을 만드는 것이오."
현대와 같이 병든 시대에 공공 사무에 순박하고 성실한 도덕을 행사하겠다고 자랑하는 자는, 사람들의 사고방식이 세상의 풍습을 따라 부패했기 때문에, 그가 도덕이라는 것이 무엇인지를 모르는 것이거나(그들이 도덕을 묘사하는 것을 들어 보라. 사람들이 대부분 자기들의 행세를 영광으로 삼으며, 자기들 규칙으로 생각한 것을 들어 보라. 그들은 도덕을 묘사하는 대신 순수한 부정과 악덕을 묘사하여 군왕들 ─아마도 마키아벨리와 《군주론》을 말하는 듯─의 교육을 위해서 이렇게도 그릇된 도덕은 내놓는다), 도덕을 알고 있다고 해도 잘못 자랑하며, 그가 무슨 말을 해 보아도 그는 천만 가지 자기 양심에 가책받을 짓만 하고 있다. 세네카가 이런 경우에 경험한 바를 그가 마음을 터놓고 말하려고 한 것이라면, 나는 기꺼이 그 말을 믿어 주겠다. 그러한 궁지에 몰렸을 때 자기의 착한 마음을 보이는 가장 명예로운 표지는 자기의 잘못과 남의 잘못을 솔직하게 인정하고, 자기가 악으로 기울어지는 것을 자기 힘으로 버티며 지연시키고, 마음에 없이 이 방향을 좇으면서도 일이 바르게 되기를 희망하며 더 잘되기를 욕망하는 일이다.

나는 지금 이 프랑스를 산산이 찢고 우리를 불순한 무리로 갈라놓은 이 소란통에, 각자 가장 나은 인물들까지도 가장과 허위로 자기 주의를 변호하려고 노력하는 것을 본다. 솔직하게 적어 보려면, 그들을 두고 과감하게 악덕스러운 것으로 적어 갈 것이다. 가장 올바른 당파까지도 역시 벌레 먹은 구더기투성이의 단체 가운데 하나이다. 그러나 이런 몸뚱이를 가지고 좀 병세가 덜한 부분을 건강체라고 부른다. 우리들의 소질을 남에게 비교해서밖에 자격을 줄 수가 없기 때문이다. 시정(市井)의 순진성이라는 것은 때와 장소에 따라 재어진다.

내가 크세노폰에서 아게실라오스를 두고 이런 방식으로 칭찬하는 것을 보았다면 참으로 놀랐을 것이다. 그는 전에 자기와 적이 되어 전쟁하던 이웃 나라 영토를 통과하게 해 달라는 간청을 받았을 때, 그 말을 들어주고 펠로폰네소스를 거쳐서 지나가게 두며, 이제는 자기 손에 든 쥐와 같은 신세인데도 불구하고 그를 감금하거나 독살하지 않았을뿐더러, 그에게 모욕도 주지 않고 정중하게 대접했다. 지금 사람들의 심정으로는 이런 말은 아무런 반응도 일으키지 않을 것이다. 장소와 시대가 달라지면 사람들은 이러한 행동의 솔직성을 고려해 보게 될 것이다. 이곳 학교의 원숭이 같은 녀석들은 이런 말을 듣고 코웃음 칠 것이다. 스파르타의 순진성은 프랑스식의 심성과는 이렇게도 인연이 멀다.

우리에게도 도덕군자가 없는 것은 아니다. 그러나 그것도 우리네 식이다. 우리 시대에 넘치는 규칙으로 습관을 세운 자는, 그 규칙을 틀어서 부드럽게 해 주든지, 그렇지 않으면 제발 한구석으로 물러가서 우리에게는 참견을 하지 말라고 충고하는 바이다. 참견했자 무슨 소득이 있을까?

> 만일 내가 탁월한 성인군자를 만난다면,
> 나는 이 괴물을 머리 둘 달린 기형아에,
> 또는 놀란 농민의 장끼 모습에, 걸린 물고기에,
> 또는 새끼 낳은 당나귀에 비교할 것이다. (유베날리스)

황금시대를 못 만난 것은 애석할 수도 있지만, 우리는 지금 이 시대를 피하지는 못한다. 다른 관리들이 나와 주기를 바랄 만도 하지만, 그래도 현재 있는 관리들에게는 복종해야 한다. 그리고 아마 착한 관리들보다도 못된 관리들에게 복종하라고 권할 만도 하다. 이 왕조가 예전부터 전수해 온 법의 모습이 어느 구석에서 빛나고 있는 한, 나는 거기 눌어붙어 있다. 불행하게도 이 법들이 피로 모순되고 뜻이 서로 어긋나며 선택이 의심스럽고 곤란한 두 갈래를 이루게 되는 경우, 나로서는 이런 폭풍우를 피해 달아날 길밖에 없다. 그러는 동안에 자연이, 또는 전쟁의 운이 내게 구원의 손을 빌려 줄 것이다. 나는 카이사르와 폼페이우스 사이에 솔직하게 내가 어느 편이라고 선언했을 것이다. 그러나 그 뒤에 온 세 도둑들(삼두 정치) 밑에서는, 어디 가서 숨든지 바람 부는 대로 하든지 해야만 했을 것이다. 그것이 사리(事理)로 판단할 수 없는 때에 내가 할 수 있는 일이라고 생각한다.

> 어디로 빗나가려는 것인가? (베르길리우스)

이렇게 뭉개어 가는 붓끝은 내 제목에서 좀 벗어난다. 나는 헤매고 있다. 그러나 부주의에서라기보다는 방종한 탓으로 하는 일이다. 나의 복잡한 생각들은 서로 이어 나온다. 그러나 때로는 멀리서 서로 이어 오며 서로 쳐다보는데, 그것도 비뚤어 보는 눈짓이다.

나는 플라톤의 《대화편》 중에 반은 다채로운 환상에 지나지 않으며, 전편은 사랑에 관한 것이고, 다음은 모두 수사학에 관한 것으로 어느 장을 훑어 보았다. 그들은 이런 뉘앙스를 두려워하지 않는다. 그리고 이렇게 바람결에 굴러가며 그렇게 보여 주는 데 경이로운 우아미를 가지고 있다. 내 글의 장(章)들의 제목은 늘 그 이름의 내용을 품고 있는 것은 아니다. 이런 제목들은 《안드로스에서 온 아가씨》, 《내시》 또는 《실라》, 《키케로》, 《토르카투스》[30]라는 이런 다른 이름들 식으로, 다만 어떤 표지(標識)로 그 내용을 가리키는 일이 자주 있다. 나는 팔짝팔짝 뛰노는 시적인 자세를 좋아한다. 그것은 플라톤이 말하듯 가볍고 들뜨고 신령스러운 예술이다. 플루타르크에게는 자기 작품 속의 제목을 잊어버리고, 그의 말의 논법은 다른 이야기에 눌려서 어쩌다가 나올 뿐이다. 소크라테스가 다이몬을 두고 말하는 그의 태도를 보라. 오, 이렇게도 유쾌하게 말꽁무니를 빼는 수작이나, 그 후닥닥 변하는 기분은 어쩌면 그렇게도 아름다운지! 특히 아무렇게나 튀어나와 능청대는 시구(詩句)에 말이다.

부주의한 독자라야만 내 제목을 놓쳐 버린다. 내 탓은 아니다. 아무리 내 글이 압축되어 있다고 해도, 어느 구석에든지 늘 제목에 관한 말이 몇 마디씩은 실려 있을 것이다. 나는 조심성 없이 부산스럽게 변화를 찾는다. 내 문제와 정신은 마찬가지로 방황하며 떠돈다. 너무 어리석지 않으려면 미친 수작도 좀 섞어야 한다는 말이 우리 스승들의 교훈에 있으며, 더욱이 그들의 교훈이 그렇게 가르친다.

수많은 시인들은 산문조로 질질 끌며 시들어간다. 그러나 옛날의 가장 훌륭한 산문은(나는 여기 그것을 무차별하게 시라고 뿌려 놓지만), 사방에 시가(詩歌)의 정력과 과감성이 빛나며, 그 미친 듯한 분노의 효과를 나타내고 있다. 우리는 확실히 말법의 숙련과 탁월성은 시가에 맡겨 두어야 한다. 시인은 뮤즈(詩神)들의 삼각의자에 앉아 그의 입에 떠오르는 모든 것을 되씹을 것도 저울질할 것도 없이 마치 샘물의 물 홈통처럼 맹렬한 기세로 쏟아 내놓으며, 그에게서 뒤섞인 온갖 사물들이 서로 반대되는 내용의 고르지 못한 흐름으로 튀어나온다고 플라톤은 말한다. 그 자신이 아주 시적이다. 그리고 고대의 신학과 최초의 철학은 시(詩)였다

---

30) 《안드로스에서 온 아가씨》와 《내시》는 테렌티우스의 희곡 제명. 《실라》는 빨간 코, 《키케로》는 이집트 콩, 《토르카투스》는 목걸이 건 남자라는 뜻.

고 학자들은 말한다.

시는 신들의 근본적인 언어이다.

재료는 그 자체로 드러난다고 하는 말을 나는 들었다. 재료는 잘 알아듣지 못하거나 느슨한 귀에 들려주기 위해서 연결하는 말과 꿰매는 말로써 얽어 놓지를 않아도, 그리고 내가 나를 해설해 주지 않아도 그것이 어디서 변하며, 어디서 맺으며, 어디서 시작하며, 어디서 나오는가를 충분히 보여 준다. 책을 졸면서 읽거나 훑어 가기라면 숫제 읽어 주지 않는 편을 좋아하지 않을 자 누구인가? "검사해서 유익한 일보다 더 유익한 일은 없다."(세네카) 책을 드는 것이 배우는 것이고, 책을 보는 것이 고찰하는 것이고, 책을 훑어보는 것이 말을 파악하는 것이라면, 도대체 내가 말하는 대로 나 자신을 이렇게 무식하게만 드러내는 것이 잘못일 것이다.

나는 무게로 독자의 주의를 끌 수 없는 이상, 내 글이 뒤죽박죽이기 때문에 독자의 마음을 끄는 것이라면 "그만큼 소득이다."—"그것은 진실이다. 그러나 이런 글을 흥겨워 읽었다고 다음에는 후회할 것이다."—그것은 그렇다 하고, 역시 독자는 늘 거기에 흥겨워했을 것이다. 그리고 읽어서 이해되는 것은 경멸하며, 내가 무엇을 썼는지 모르면, 나를 더 평가하는 식으로 노는 기분파들도 있다. 그들은 내 글이 어렵고 까다로워서 그 의미가 심오하다는 결론을 내릴 것이다. 이 어렵고 까다로운 것은 사실 내가 대단히 싫어하는 것이며, 피할 수 있다면 피할 것이다. 아리스토텔레스는 어디선지 이것을 뽐낸다. 몹쓸 뽐냄이다.

내가 첫 부분에 하던 식으로 장을 짧게 끊었더니, 독자의 주의력이 생기기도 전에 그것을 흩어져 사라지게 하고, 이런 뚜렷하지 않은 일에 멈추어서 명상해 보기를 경멸하는 것같이 보였기 때문에 나는 일정한 명제를 두고 여유 있게 시간을 가지고 읽어 주기를 요구하며, 이번에는 좀 더 길게 쓰기 시작했다.

이런 일거리에서는 한 시간의 여가도 여기 떼어서 남에게 넘겨주려고 하지 않는 분에게는 아무것도 주고 싶은 생각이 나지 않는다. 그리고 사람을 위해서 한다는 일이 딴짓밖에 하지 않는 것이라면, 그것은 그를 위해서 아무것도 해 주지 않는 것이다. 게다가 아마도 내게는 무슨 일을 반밖에 말하지 않고 뒤죽박죽으로 말하며, 이가 맞지 않게 말해야 할 어떤 개인적인 의무가 있는 것이다.

나는 이렇게 흥을 깨는 이유를 싫어하고, 인생을 힘들게 하는 터무니없는 계획과 교묘한 견해들 속에 진리가 들어 있다고 해도, 그것을 너무 값비싸고 불편한 것으로 본다고 말하려던 것이다. 그런데 그 반대로 이런 헛된 일과 바보짓까지라도 그것이 내게 재미를 준다면, 나는 가치를 주려고 노력하며, 타고난 내 성향들을 자세히 검토하지 않고 제대로 둔다.

나는 다른 고장[31]에서도 무너진 가옥들과 조각상들, 하늘과 땅을 보았다. 그 모두가 늘 인간들의 문제이다. 그 모두가 진실하다. 그렇기 때문에 너무 위대하고 강력한 저 대도시(로마를 가리킴)의 무덤들을 아무리 여러 번 찾아보아도, 나는 거기 존경심을 품고 감탄하기를 마지않는다. 죽은 사람들을 보살펴 주는 것은 우리에게 권장되는 일이다. 그런데 나는 어릴 적부터 이 고인들 속에서 성장해 왔다. 나는 내 집 일을 맡아보기 훨씬 전부터 로마의 일을 알고 지냈다. 나는 루브르 궁을 알기 전에 카피톨리누스(로마의 주피터 신전이 있는 언덕의 이름)와 그 도면을 알았고, 센강을 알기 전에 테베레강(로마로 흐르는 강)을 알고 있었다. 나는 어느 누구의 일보다도 루쿨루스나 메텔루스나 스키피오의 운명과 생활을 머릿속에 담아 두고 있었다. 그들은 고인이 되었다. 내 부친도 역시 돌아가셨다. 그들과 똑같이 아주 떠나신 것이며, 1600년 전에 간 그들이나 18년 전에 떠나신 부친이나, 내게서 그리고 인생에서 똑같이 떠나버렸다. 그렇지만 부친에 관한 기억과 애정과 교류는 아주 생생하고 완전한 맺음으로 내 마음속에 품어 가꾸어 가기를 마지않는다.

나는 진실된 심정으로 고인들에게 봉사하고 있다. 그들은 이미 자기들의 도움을 받지 못한다. 그들은 내 도움을 요구하는 듯하다. 감사의 마음은 바로 여기 그 자체의 눈부신 빛으로 빛난다.

혜택은 상호관계와 보답이 있을 때는 풍부하게 주어지지 않는다. 아르케실라오스는 크테시비오스를 문병하러 찾아가서 그가 대단히 곤궁한 상태에 있는 것을 보고, 진정 착한 마음으로 그의 침대 머리맡에 돈을 집어넣어 주고는 그 사실을 감추어 둠으로써 감사하는 빚까지 그에게 면제시켜 주었다. 애정과 감사를 받

---

31) 로마 이외의 다른 곳. 몽테뉴의 머리는 너무 로마의 기억으로 가득 차서 아직 로마의 말을 꺼내지 않은 것을 깨닫지 못하고 있다.

을 일을 내게 해 준 사람들은 지금 여기 있지 않다고 해도 헛된 일을 한 것은 아니다. 그들이 여기에 있지 않고 내가 감사하는 마음을 모르고 있어도, 나는 더 조심스레 그리고 더 잘 보답해 주었다. 나는 친구들이 내 말을 들어줄 기회가 없을 때 더 애정을 품고 그들의 말을 한다.

나는 폼페이우스를 변명하고 브루투스를 옹호하기 위해서 많은 토론으로 수없이 싸웠다. 이 친밀성은 아직도 우리 사이에 계속되고 있다. 우리는 현재의 사물들도 생각으로만 파악하고 있다. 나는 나 자신을 이 세기에는 쓸모없는 인물로 보고 있기 때문에 다른 세기로 뛰어들며, 그들에게 완전히 반해서 옛날의 그 자유롭고 정의롭고 융성하던 로마에(나는 로마의 시초나 노쇠기는 좋아하지 않는다) 흥미를 느끼며 열중한다. 그 때문에 나는 그들 거리와 옛 집터와 세상의 양극까지 이르는 그들의 깊은 폐허를 그렇게 자주 찾아보아도 흥미를 느끼지 않은 적이 없다. 그것을 기억해 두는 일, 권장되는 인물들이 자주 찾아다니고 살고 하던 곳인 줄을 알아 방문할 때에, 그들의 발자취 이야기를 듣거나 작품을 읽는 것보다도 어느 점에서 더 깊은 감명을 받는 것은 우리들의 본성이 시키는 것인가? 아니면 우리들 공상의 속임수에 의한 것인가?

"장소가 회상시키는 힘은 그토록 크다! 그리고 이 도시에서의 그 힘은 무한이 크다. 어디를 걷든지 우리는 역사의 유적 위에 발을 디디는 것이다."(키케로) 나는 그들의 용모와 자세와 의복을 고찰해 보기가 재미난다. "나는 이런 위대한 이름들을 내 입에 올려 보며, 그것을 내 귀에 울려오게 한다. 나는 그들을 숭배하면 이런 위대한 이름들 앞에 일어선다."(세네카) 그 어떤 부분들도 위대하고 감탄할 만한 이런 사물들 중에, 나는 바로 그 평범한 부분들에 감탄한다. 나는 그들이 잡담하며 산책하며 식사하는 것을 보았으면 한다. 그들의 살아가고 죽고 하는 것을 보고, 우리가 그들을 좇을 수만 있다면, 우리에게 시범으로 가르침을 주고 있는 그 많은 훌륭하고 용감한 인물들의 유적과 모습들을 경멸한다는 것은 배은망덕한 일이다.

우리가 보는 저 로마는 너무나 오랫동안, 그리고 많은 자격으로 우리나라의 왕실과도 동맹을 맺고 있기 때문에 사랑받을 만하다. 그것은 인류 공동의 보편적인 유일한 도시이다. 그곳에서 지배하는 최고의 관직은 다른 곳에서도 똑같이 인정받는다. 이 도시는 모든 기독교 국가들의 수도이며 스페인 사람이건 프랑스 사람이건 그곳에서는 자기 나라에 있는 기분이 든다. 이 나라의 제왕이 되려면 어느 나라이건 기독교 국가의 국민이면 충분하다. 이 아래 세상에 이 도시만큼 하늘이 많은 은총을 내리고 그토록 오랫동안 지켜주는 고장은 없다. 그 폐허까지도 영광스럽고 당당하다.

   찬양받을 폐허들로 더욱 진귀하다.   (시도니우스 아폴리나우스)

 이 도시는 무덤까지도 제국의 표징과 모습을 지니고 있다. "그리하여 이 오직 하나뿐인 지역에서 대자연이 그의 작품에 긍지를 가질 만한 것도 명백한 일이다." (플리니우스)

 어떤 자는 이런 헛된 쾌감으로 흥거워하며 자책을 느끼고 역정을 낼 수도 있을 것이다. 무슨 심정이건 상식을 가질 수 있는 인간을 꾸준히 만족시켜 간다면, 나는 그를 가련히 여길 생각을 가질 수 없다.

 나는 이때까지 적어도 내가 해 나갈 수 없을 정도로 곤경에 빠져 본 일이 없으니, 운의 덕을 많이 보고 있는 셈이다. 이 운이라는 것은 자기를 귀찮게 굴지 않는 자들을 고이 두는 것이 그의 격식이 아닐까?

   우리가 더 궁핍에 처하면 처할수록
   신들은 우리에게 더욱더 많은 것을 준다.
   적나라한 신세로,
   나는 아무것도 바라지 않는 자들의
   진영에 들고자 원한다……
   많이 요구하는 자에게 결핍이 많다.   (호라티우스)

 이대로 계속한다면 운은 여기서 아주 안심하고 만족하게 나를 보내 줄 것이다.

   나는 더 이상

신에게 요구하지 않는다.　　　　　　　　　　　　　　(호라티우스)

　그러나 부딪칠까 주의하라! 항구에 다다라 난파하는 자들이 얼마든지 있다. 나는 내가 이 세상에 없을 때, 여기서 일어날 일에 대해서는 대수롭지 않게 여긴다. 현재의 일만으로도 나는 너무나 매여 있는 셈이다.

　　나머지는 운에 맡긴다.　　　　　　　　　　　　　　(오비디우스)

　그뿐더러 나는 자기 이름과 가문의 명예를 이어받을 어린아이들에 의해서 사람들이 미래에 맺어진다고 하는 강력한 결연의식도 없으며, 그것이 그렇게 바랄 만한 일이라고 해도 아마 더 바라는 마음이 적을 것이다. 나는 나 자신만으로 너무나 이 세상과 인생에 매여 있다. 다른 면으로 운의 권한을 내 존재 위에 뻗쳐 줄 것 없이 바로 내 존재 자체에 필요한 사정들로 운에 매여 있는 것만 해도 충분하다. 그리고 어린아이가 없다는 것이 인생을 덜 완전하게 하고 덜 만족시키는 결함이라고는 결코 생각해 본 적이 없다. 잉태를 못하게 타고났어도 역시 편리한 점이 있다. 어린아이라는 존재는, 특히 그들을 착하게 만들기가 몹시 힘든 지금은 그렇게 바랄 만한 것이 못 되는 축에 든다. "이제부터는 선량한 것은 아무것도 출생할 수가 없다. 그만큼 아기를 밸 씨앗이 부패했다."(테르틸리아누스) 그렇지만 어린아이들을 기르다가 잃는 자들은 당연히 그것을 애석해할 이유가 있다.
　내게 이 집의 책임을 맡겨 준 분은, 집 안에 가만히 들어앉아 있지 못하는 내 성미를 보고는 이 집을 망칠 것이라고 예언했다. 그는 잘못 보았다. 나는 더 잘해 놓지는 못했을망정, 들어오던 때 그대로의 상태로 있다. 다만 공직도 맡지 않고 수익도 올리지 않았다.
　나온 김에 하는 말이지만, 운은 내게 예사롭지 않게 맹렬한 모욕을 보인 일은 없었다 해도 혜택을 준 것도 없다. 운으로부터 받은 선물로 우리 집에 있는 것은 모두 나보다 앞서 백 년 전부터 있는 것들이다. 나는 운으로부터 특별히 후하게 받은 본질적이고 견고한 재산이라는 것은 아무것도 없다. 운은 내게 실속 없이 명예적이며 자격으로 된 바람과 같은 혜택을 얼마간 주었다. 그리고 하느님도 알지만 아주 물질적인 나에게, 그것도 아주 구체적으로 된 현실밖에는 받아들이지 못하는 나에게, 감히 고백하지만 탐욕이 결코 야심보다 더 용서될 수 있는 것으로 보지 않고, 고통도 수치보다 피할 만한 것이 못 된다고 보지 않으며, 건강은 학문만큼, 재산은 부유한 가문만큼 바랄 만한 것이 못 된다고 보지 않는 나에게 허락된 것이 아니라 제공된 것이었다.

운의 쓸데없는 혜택들 중에는, 내가 최근 로마에 갔을 때에 내 속에 가꾸어지는 이 바보 같은 심정에 매우 너그러운 은혜로 수여받은 화려한 금문자(金文字)의 인장이 찍힌 정통 로마 시민증만큼 기쁜 것이 없었다. 이것은 다소간 은혜에 차이를 두는 각기 다른 문체로 되어 있다. 그것을 보기 전에 그 양식을 보여 주었어도 대단히 기뻤을 것이기 때문에, 누구든지 나와 같은 호기심에 병들어서 이것을 보고 싶어 하는 사람이 있으면 만족시켜 주기 위해 여기 그 문서의 문장을 옮겨 놓는다.

로마시 보존관 오라치오 마시미와 마르초 체치와 알렉산드로 무티가 원로원에 제출하노라. 기독교를 믿는 왕의 통상 귀족이며 성 미가엘 종단 기사인 유명한 미셸 드 몽테뉴에게 수여될 로마 시민권에 관한 보고서에 준거하여, 원로원과 로마 시민은 포고하노라. 고대 이래 습관과 권위, 도덕과 품격이 탁월하며, 우리 공화국에 지대히 봉사하여 명예를 앙양했거나 또는 앞으로 이러한 봉사가 예측되는 자들은 항상 간청과 열성으로 우리들 중에 채택되어 왔음을 고려하여, 우리는 선조의 모범과 권위를 위한 존경에 충만하여, 미풍을 모방하고 보존하여야 할 것으로 확신하노라. 어떠한 이유로 기독교 신앙이 지극히 돈독한 왕의 궁실 통상 귀족이며 성 미가엘 종단 기사인 유명한 미셸 드 몽테뉴는 로마인의 명의에 대단한 열성을 품고 있으므로, 그리고 그 지위와 가문의 빛남과 그의 개인적 소질에 감하며 원로원과 로마 시민의 판단과 찬성 투표에 의하여 로마 시민권을 수여받음이 지당하므로, 원로원과 로마 시민은 이 고귀한 국민에게 대단히 친애로운 유명한 미셸 드 몽테뉴를 그와 더불어 그의 후세를 통하여 로마 시민으로 등록하며, 로마의 시민 귀족으로 출생했거나 최선의 자격으로 시민이 된 자가 보유한 모든 명예와 이익을 향유하게 하노라. 이 점에서 원로원과 로마 시민은 권리를 수여한다기보다도 의무를 상환하는 일로 생각하며, 봉사를 준다기보다도 이 시민권을 수령함으로써 시 자체에 영광을 기여하고 이 시를 높이 빛낼 자로부터 봉사를 받는 것으로 생각하노라. 시 보존관 등은 이 원로원 결의를 원로원 및 로마 시민의 서기관으로 하여금 기입케 하여 카피톨리누스 서고에 보관시키며, 시의 보통 인장이 날인된 이 문서를 작정했노라.
로마 기원 2331년, 예수 그리스도 탄생 1581년 3월 13일

오라치오 포스코, 신성 원로원 및 로마 시민 서기관
뷘첸테 마르톨리, 신성 원로원 및 로마 시민 서기관

 나는 어느 시의 백성도 못 되는데, 세상에 있는 동안, 그리고 이후까지라도 가장 고귀한 도시의 시민이 된 일에 대단히 만족한다. 다른 사람들이 내가 하는 식으로 주의해서 자기를 관찰한다면, 나와 함께 허황함과 부질없음으로 충만해 있는 것을 볼 것이다. 내가 그런 부질없는 것을 벗어던지기는 나 자신을 해체하지 않고는 불가능한 일이다. 우리는 이편이나 다른 편이나 모두가 다 거기 절여져 있다. 그러나 그것을 느끼는 자들은 좀 나은 축일는지, 그 역시 모르겠다.
 이렇게 우리와는 다른 것을 쳐다본다는 공통된 생각이나 습관은 우리의 일 처리를 위해서 매우 유익하다. 우리는 불만족으로 가득찬 대상이다. 우리는 여기 고난과 허영밖에 보지 못한다. 우리를 실망시키지 않기 위해서, 대자연은 아주 알맞게 우리 시력의 작용을 밖으로 돌려 버린 것이다. 우리는 부평초와 같이 앞으로 떠나간다. 그러나 우리의 경로를 우리에게로 거슬러 돌아오게 하기는 힘든 일이다. 바다는 그 자체로 밀려올 때는 이 모양으로 흐트러지며 막힌다. "하늘의 운행을 보라. 사람들을 보라. 저 사람의 말다툼을, 어느 아무개의 맥박을, 이 다른 자의 유언을 보라. 결국은 늘 그대의 위나 아래를, 또는 옆이나 그렇지 않으면 뒤를 보라"하며 각자 말한다.
 옛날에 델포이에 있던 신이 우리에게 "그대 속을 보라. 그대를 알아보라. 그대 자신을 믿으라. 다른 데 가서 소모되는 그대의 정신과 의지를 그 자체에로 돌려오라. 그대는 흘러나간다. 그대는 흩어져 간다. 그대를 집중시켜라. 그대 자신에

버텨라. 사람들은 그대를 배반하고, 그대를 낭비하고, 그대를 그대로부터 훔쳐낸다. 그대는 이 세상이 그 온 시야를 안으로 오므리며, 눈은 그 관찰을 위해 열려 있는 것을 보지 않는가? 그대를 위해서는 안이나 밖이나 늘 허영이다. 그러나 시야를 덜 펼치면 허영이 덜하다. '그대밖에는, 오 인간이여, 사물 하나하나가 그 자체를 맨 먼저 연구한다. 그리고 자기 필요에 따라서 그의 일과 욕망에 한계를 두고 있다'고 이 신은 말했다. 우주를 포섭한다는 그대보다 더 궁하고 더 빈 사물은 하나도 없다. 그대는 지식 없는 수집자이다. 권한 없는 관리이며, 결국은 희극 속의 떠버리이다"라고 한 말은 모순된 명령이었다.

10
자기 의지의 아낌에 대하여

여느 사람들과 비교하면 나를 감동시키는 사물들, 더 정확히 말해서 내 마음을 잡아 두는 사물들은 대단히 적다. 왜냐하면 사물들이 우리의 마음을 잡아 두지만 않으면 사물들이 우리를 감동시킨다는 것은 당연한 일이기 때문이다. 나는 타고난 소질로 상당히 진척되어 있는 이 무감각성이라는 특권을 연구와 사색으로 더욱 강화하려고 마음을 쓴다. 따라서 내가 집착하여 열중하는 사물들이라는 것은 대단히 드물다. 내 관찰력은 명석하다. 그러나 나는 이것을 많은 대상들에게 적용하지 않는다. 내 감성은 연약하고 섬세하다. 그러나 이해력과 적용에는 뚝뚝하고 둔하다. 나는 쉽사리 남과 관계를 맺지 않는다. 가능한 한 내 일에 전심한다. 그러나 내 문제에 관해서도 심정이 너무 몰두하지 않도록 즐겨 내 심정을 억제하고 막을 것이다. 왜냐하면 이 문제도 남에게 매여 있으며, 운이 그 일에 나보다 더한 권한을 가졌기 때문이다. 그래서 내가 대단히 중하게 여기는 건강까지도 그것을 너무 바라느라고, 내 병이 참을 수 없는 것으로 느껴지도록 욕구하거나 집착하지 않을 필요가 있다.

고통을 싫어하는 것과 쾌락을 좋아하는 것 사이에는 절제가 있어야 한다. 그래서 플라톤은 이 두 가지 사이에 중용의 길을 닦으라고 명령한다. 그러나 나를 자신에 관해서 방심케 하고, 내 마음을 딴 곳에 매여 놓는 심정에는 온 힘을 다

해서 반항한다. 내 생각으로는 남에게 마음을 빌려 주기만 할 일이고, 자기 마음을 내주는 일은 자신밖에는 해서는 안 될 일이다. 내 의지가 무슨 일에 집착하고 열중하기 쉽다고 해도, 나는 거기 계속 열중하지는 않을 것이다. 나는 천성으로나 습성으로나 너무 연약하다.

  번거로움을 피하며 태평스러움을 위해 태어나다.   (오비디우스)

  누구와 승강이하며 고집을 세워 토론하다가 결말이 상대편에게 유리하게 되거나, 무슨 일에 열중해서 추구하던 결과가 나 자신의 수치로 되는 경우에는, 아마도 내 속을 아주 잔혹하게 썩일 것이다. 만일 내가 다른 사람들이 하는 식으로 일을 하려고 진짜로 대든다면, 내 심령은 도저히 이런 엄청난 일을 떠맡는 자들이 겪는 벅찬 충격과 격정을 견디어 낼 힘을 갖지 못할 것이다. 내 심령은 내부적인 동요로 즉각 붕괴하고 말 것이다.
  언제고 내가 남의 일을 처리해 주어야 할 처지에 몰리게 되면, 나는 그런 일을 손으로 잡지 폐나 간으로는 잡지 않겠다고 약속했었다. 일은 떠맡아도 그 일을 내 몸에 합체시키지는 않는다. 일을 보살펴 주기는 한다. 그러나 절대로 열중하지는 않는다. 나는 일을 쳐다보기는 하지만 끌어안지는 않는다. 집안의 소란스러운 일들을 보살펴 처리하기에도 바빠서 내 혈맥과 오장 속에 걸리는 터에, 거기다가 바깥일 더미를 들여와서 치일 것까지는 없으며, 외부의 일을 청해 들여오지 않아도 나 자신의 본질적인 타고난 일만으로도 매여 지내기에 벅차다.
  자신에 대해 얼마나 빚이 있고, 자기에게 얼마나 해 주어야 할 일을 많이 맡고 있는가를 아는 자들은, 대자연이 그것만으로도 그들에게 한가롭지 않을 정도로 충분한 일거리를 맡기고 있음을 알아본다. 그대는 집에서 할 일이 상당히 많다. 자기를 떠나지 마라.
  사람들은 자기를 세(貰)로 내놓는다. 그들의 재능은 자기들의 것이 아니다. 자기들이 노예가 되어서 섬겨 주는 사람들을 위한 것이다. 그들로부터 빌려 쓴 이들이 그들 속에 앉아 있다. 그들이 들어앉는 것이 아니다. 사람들이 대개가 지고 있는 이러한 마음씨는 내 비위에 맞지 않는다. 우리의 심령이 자유는 아껴서 두고,

정당한 기회가 아니면 저당 잡혀서는 안 된다. 이런 기회는 우리가 건전하게 판단해 보면 그렇게 많은 것이 아니다. 어떤 일에 흥분해서 거기 잡혀 끌려 드는 자들을 보라. 그들은 작은 일에나 큰 일에나 그들에게 상관있는 일이거나 없는 일이거나, 어디를 가도 그 모양이다. 그들은 일이 있는 데서나 의무를 진 데서나 무차별하게 끼어들어 간섭한다. 그리고 소란스럽게 꿈틀거리지 않으면 산 기분이 나지 않는다. "그들은 일을 위해서 일을 찾는다."(세네카)

그들은 일에 간섭하기 위해서밖에는 일을 찾지 않는다. 그들은 앞으로 나가려고 원하는 것도 아니며, 그렇다고 한 자리에 가만히 있을 수도 없는 일이니, 마치 돌이 떨어지기 시작하면 계속해서 굴러가며 바닥에 닿을 때까지 멈추지 못하는 식이다. 직무는 사람들의 방식으로는 능력과 위엄의 표징이다. 그들의 정신은 어린애가 요람 속에 잠자리를 찾듯이 움직임 속에 휴식을 찾는다. 그들은 자신의 일은 귀찮아하는 만큼 친구들의 일은 서둘러 보살펴 준다고 말할 수 있다. 아무도 남에게 자기 돈은 나눠 주지 않으나 각자는 남에게 자기 생명과 시간을 나눠 준다. 이런 것만이 우리가 인색해야 유익하고 칭찬받을 만한 일인데, 이보다 우리가 더 낭비하고 있는 것도 없다.

나는 전혀 다른 태도를 취한다. 나는 내 일에 집착한다. 그리고 일반적으로 내가 바라는 것은 아주 조용하게 하며 그다지 많이 바라지도 않는다. 마찬가지로 일에 매여서 서두르는 것도 같은 식이다. 극히 드물며 그리고 침착하게 한다. 그들은 원하며 행하는 것을, 모든 의지로 맹렬하게 해 간다. 일에는 실수할 기회가 너무 많은 까닭에 가장 확실한 길은 세상을 좀 가볍게 피상적으로 흘려보내야 하는 일이다. 그것은 미끄러져 가게 두어야 할 것이지, 처박히게 해서는 안 된다. 탐락까지도 깊이 빠져들면 고통스럽다.

> 배신의 잿더미로 덮인
> 불길 위를 그대는 걷고 있다. (호라티우스)

보르도의 공작들은 내가 프랑스에서 멀리 떠나 있고, 그런 생각에서는 더 멀리 떨어져 있을 때, 나를 그들 도시의 시장(市長)으로 선출했다. 나는 그것을 사양했다. 그러나 사람들은 내가 잘못하는 것이라 말했고, 왕의 명령도 역시 개입되어 있었다. 이 직책은 집행하는 명예 이외에는 보수도 소득도 없는 것인 만큼 훌륭한 것으로 보여야만 할 일이었다. 이 직무는 이태 동안 지속되며, 두 번째 선출로 유임할 수 있는 것이었으나 대단히 드문 일이었다. 내가 그 경우에 해당했다. 그리고 전에는 두 번밖에 그런 일이 없었다. 몇 해 전에 랑사크 경이 그랬고, 최근에는 프랑스 원수 드 비롱 경이 그랬고, 그 자리를 내가 계승했다. 내 자리는 역시 프랑스 원수인 마티뇽 경에게 넘겨주며, 나는 이렇게 고귀한 분을 동료로 맞이하는 데 큰 긍지를 느꼈다.

양쪽이 다 평화와 전쟁에 선량한 봉사자였다. (베르길리우스)

운은 자기 것으로의 한 특수한 사정을 써서 나를 출세시키는 데 한몫 거들었다. 그것은 허망한 일이 아니었다. 알렉산드로스는 코린토스의 사절들이 대왕에게 자기들 도시의 시민권을 진상하자, 그들을 경멸했었다. 그러나 그들이 바쿠스와 헤라클레스가 그들 시민으로 등록된 내력을 말하는 것을 듣고는 상냥하게 감사하며 받아들였다.

나는 돌아와서, 나에 대한 인품을 느끼는 대로 양심적으로 충실하게 설명해 보였다. 기억력도 없고, 조심성도 없고, 경험도 없고, 정력도 없으며, 증오심도 역시 없고, 야심도, 탐욕도 갖지 않았고, 난폭한 인물도 아니라고 했다. 이것은 내 봉사에 그렇게 기대할 거리가 없다는 것을 그들에게 알려 주기 위해서 한 일이었다. 그들은 오로지 돌아가신 내 부친에 관한 지식과 그에 관한 명예로운 기억 때문에 나를 선출한 것인데, 지금 그들이 나를 불러다 앉히는 바로 이 자리에 부친이 앉아서 일을 보시던 그 옛날, 그들 도시의 사무를 처리하며 부친께서 당하시던 그 고생스러움을 내가 겪게 된다면 매우 괴로운 일이라고 나는 명확하게 말해 주었다.

나는 어릴 적에 부친께서 늙어 허약한 몸으로 오랜 애착을 가지고 지내던 온화한 가정의 분위기나 살림살이나 건강도 잊어버리고, 그들을 위해서 멀고 고된 여행을 하다가 자칫하면 생명까지 잃을 뻔하면서도 시끄러운 공사(公事)에 호되게 마음을 시달리며 지내시던 것을 본 일이 생각났다. 그는 그러한 인물이었다. 그리고 천성의 위대하고 착한 마음씨가 그에게서 풍겨 나왔다. 그보다 더 인자하고 사람들에게 잘 어울리는 분을 아직 나는 본 일이 없다.

다른 사람의 일이라면 칭찬하는 이러한 인품을 좇고 싶지는 않다. 그리고 변명이 없지도 않다. 그는 이웃 사람을 위해서 자기를 잊어야 했으며, 개인의 사정은 일반의 일에 비해서 고려해서는 안 된다는 말을 들은 바 있었다.

세상의 규칙과 교훈 대부분은 우리를 공공 사회에 소용되도록 밖으로 몰아서 장터 마당으로 쫓아내는 방도를 쓰고 있다. 사람들은 우리가 너무나 자연스러운 애착심으로 자신에게 정착하고 있다고 미리 짐작하며, 우리를 자신에게서 벗어나게 하며 방심시키는 것으로 좋은 결과를 얻는다고 생각하고, 모든 기회를 타서 이 목적으로 말하기를 아끼지 않았다. 왜냐하면 현자들에게는 사물을 있는 그대로 말하지 않고 그것이 어떻게 소용된다고 설명하는 것은 새로운 격식이 아니기 때문이다. 진리는 우리에게 장애가 되고, 불편하고 화목하지 못한 면을 가졌다. 우리는 자기가 속지 않기 위해서 흔히 속여야 하는 경우가 있으며, 우리 눈과 이해력을 단련시켜서 보충하려면 눈을 깜박거려야 하고 이해력을 둔화시켜야 하는 경우가 있다. "판단하는 것은 무식한 자들이다. 그들이 오판하는 것을 방지하기 위해서는 그들을 기만해야 한다."(퀸틸리아누스) 그들이 우리에게 우리보다 셋, 넷, 쉰 단계 앞선 사물들을 사랑하라고 명령할 때 그들은 궁수들이 과녁을 노리자면 그 위 훨씬 떨어진 곳을 겨누는 식의 기법을 설명하는 것이다. 휜 나무를 바로 잡으려면 거꾸로 휘어잡아야 한다.

나는 우리가 모든 종교에서 보는 바와 같이 지혜의 신 팔라스의 신전에서는 평민들에게 보여 주기 위한 신비로운 의식이 있었고, 거기는 다만 오묘한 뜻에 통한 자들에게 보여 주기 위해서 더욱 비밀스럽고 높은 의식이 있었다고 생각한다. 아마도 이 후자들에게는 각자가 자기 책임을 지는 우정의 핵심이 있는 성싶다. 그것은 우리 존재의 일부와 같이, 영광·학문·재물 또는 이런 따위의 사물들에 극심한 애착심을 절도 없이 품게 하는 저 그릇된 우정도 아니고, 마치 인동덩굴처럼 착 들어붙어서 기어올라가 벽면을 삭히며 부수는 식의 유약하고 철없는 우정도 아니며, 사람에게 힘을 돋워 주고 조절되고, 유익하고도 동시에 유쾌한 우정일 것이다. 우정의 의무를 알고 실천하는 자는 진실로 시신(詩神)의 길동무이며, 인간 예지와 우리들 행복의 절정에 도달한 자이다. 그는 자기가 책임진 일을 정확하게 알고 있기 때문에 자기에게 적용해야 할 역할 속에 다른 사람들과 세상을 위해서 소용되는 일을 발견하며 그렇게 함으로써 자기에게 관련된 의무와 봉사를 가지고 공공 사회에 기여할 줄 아는 것이다. 조금도 남을 위해 살지 않는 자는 결코 자기를 위해서 살지 못한다. "자신의 친우는 역시 타인의 친우임을 알라."(세네카)

우리가 가진 주요 책임은 각자가 자기 할 일을 하라는 것이며, 그 때문에 우리가 여기 있는 것이다. 자기가 착하고 거룩하게 살아야 하는 것을 망각하고, 다른 자들을 그리로 지도하며 훈련시키는 것으로 자기 책임을 다한다고 생각하는 자는 천치일 것이다. 마찬가지로 자기 일에 건전하고 유쾌하게 살아가기를 저버리고 그 힘으로 남에게 봉사하려고 하는 자는, 내 생각으로는 비뚤어지고 좋지 않은 길을 잡은 것이라고 본다.

나는 사람들이 자기가 취하는 직책에 주의와 땀과 약속, 그리고 필요하다면 노고와 피까지도 거절하기를 원치 않는다.

나는 언제든지 내 친우나 조국을 위하여
목숨을 바치기 두려워하지 않노라.   (호라티우스)

그러나 이것은 빌려 주는 식으로 우연히 하는 일이고, 정신은 항상 평정되어 있으며, 행동이 없는 것은 아니지만 곤혹이 없고 정열 없이 하는 일이다.

단순히 행한다는 것은 그에게는 거의 부담이 되지 않으며, 졸면서라도 그는 행한다. 그러나 행할 때는 조심스레 몸을 일으켜 움직여야 한다. 왜냐하면 신체는 짊어지는 짐을 바로 그대로 받아 주지만, 정신은 자기 좋을 대로 이 짐의 분량을 정하고 흔히 간계의 희생으로 짐을 늘리며 무겁게 만들기 때문이다. 사람들은 의지의 잡다한 노력과 각기 다른 긴장으로써 이와 똑같은 일을 한다. 한편은 다른 편 없이도 잘되어 간다. 얼마나 많은 사람들이 자기 일도 아닌데 전쟁에 목숨을 걸고 나서며, 그 싸움이 이기건 지건, 또 지더라도 다음 날 밤에 잠을 못

이룰 것도 아닌데, 위험한 전투로 몰려가는 것인가? 어떤 자는 위험권 밖인 자기 집에 있으면서 무서워 감히 구경하러 가지도 못할 친구가, 이 전쟁의 결과에 열중하며 직접 피와 목숨을 던지는 병사들보다 더 애를 쓰고 있다.

나는 나 자신에게 손톱 넓이만큼도 벗어나지 않고 공무를 맡아보며, 내 자신을 잃지 않고 남을 돌보아 줄 수 있었다.

일하려는 욕망이 거칠고 맹렬하면 맡아보는 일을 수행하는 데 이익보다도 도리어 장애를 주며, 사건이 마음대로 되지 않거나 늦어지면 마음에 조바심만 일어나고, 교섭하는 상대편에게 불쾌감과 의심만 품게 한다. 우리는 일에 잡혀서 끌려가다가는 결코 그 일을 잘 처리하지 못한다.

정열은 모든 일을 졸렬히 처리한다. 〈스타티우스〉

거기에 자기 판단력과 기술을 쓰는 자는 더 유쾌하게 일을 처리해 간다. 그는 사정의 필요에 따라서 속 편하게 모든 일을 꾸려 나가며, 양보하며 지연시킨다. 그는 목표에 실패하여도 번민이나 고통을 느끼지 않고 언제나 온전한 마음으로 새로운 계획을 세워 볼 준비가 되어 있다. 그는 늘 고리를 손에 잡고 간다. 맹렬하고 난폭한 생각에 도취된 자는 필연적으로 조심성이 없고 옳지 못하게 일한다. 그는 저돌적으로 맹진하는 그의 욕망에 지고 만다. 그것은 무모한 행동이며, 운이 대단히 좋지 않으면 성과를 거두지 못한다.

철학은 우리가 받은 모욕에 대한 징벌에서, 거기에 대한 분노의 마음을 흩뜨리기를 바란다. 그것은 복수를 덜 하라는 말이 아니다. 반대로 더한층 확실하고 준엄한 일격을 가하기 위한 일이다. 그러기 위해서는 이 저돌적으로 돌진하는 것은 지장이 된다고 보는 것이다. 분노는 마음을 혼란시킬 뿐 아니라, 그 자체로써 징벌하는 자들의 힘을 피로하게 한다. 그 열기가 그들의 힘을 마비시키고 소모시켜 버린다. 초조하게 굴면 "초조는 시간을 늦춘다."(퀸투스 쿠르티우스) 조급함이 다리를 내밀며 거기 걸려서 멈추게 한다. "조급은 오히려 얽혀들게 한다."(세네카) 예를 들면, 내가 보통의 습관에서 보듯이, 탐욕에는 그 자체보다 더 큰 장애가 없다. 탐욕이 더 긴장되고 강해지면 강해질수록 소득은 더욱 적어진다. 일반적으로 탐욕은 후덕함이라는 가면을 쓸 때 더 빠르게 재물을 얻는다.

　내 친구 중에 매우 점잖은 귀인[32] 한 사람은, 자기 윗사람인 국왕의 일에 너무 전념하며 열심히 보아주다가 머리가 돌 뻔했다. 그 윗사람[33]은 자기를 내게 이렇게 묘사해 보였다. 그는 사건의 무게를 제삼자가 보듯이 본다. 그러나 어찌할 도리가 없이 된 일은 그대로 참고 있기로 작정한다. 다른 일들에 관해서는 머리를 민첩하게 돌려서 필요한 예비 방책을 명령해 두고 나서, 일이 되어 가는 것을 태평하게 객관적으로 바라본다는 것이다. 나는 그가 극히 중대하고 힘든 일에 처해서까지 용모나 행동이 만사태평으로 마음 편하게 지내는 것을 보았다. 나는 그가 운이 좋을 때보다도 언짢을 때 더 위대하고 더 능력 있는 인물이 되는 것으로 본다. 그의 실패는 승리보다도, 그리고 그의 비탄은 개선보다도 더 큰 영광이 된다.

　눈을 돌려 장기나 공치기 같은 쓸데없고 경박한 일을 고찰해 보라. 욕심이 커져서 마음이 맹렬하게 매이면, 정신과 팔다리가 즉시 조심성을 잃고 혼란에 빠진다. 정신이 어지러워지며 자신을 주체하지 못하게 된다. 소득과 손실에 더 절제 있게 대처하는 자는 항상 제정신을 차리고 있다. 놀이에 잘난 체하고 열중하는 일이 덜 할수록 그는 그만큼 더 유리하고 확실하게 이끌어 간다.

　게다가 마음에 잡을 거리를 너무 많이 주면, 그만큼 그것은 잡아 쥐는 힘에 장애가 된다. 어느 것은 다만 앞에 내보이기만 할 것이고, 다른 일은 매어 두어야 하며, 또 다른 것은 마음에 합체시켜야 한다. 마음은 모든 일을 보고 느낄 수 있다. 그러나 마음은 그 자체에서밖에 힘을 얻어서는 안 되고, 그 자체에 관계되는 일의 소유이며 실체가 될 일만 배워야 한다. 자연법칙은 바로 우리에게 필요한 일만을 가르쳐 준다. 현자들은, 본성에 의하면 사람은 아무도 궁하지 않고, 사색에 의하면 각자가 다 궁하다고 말한 다음, 그들은 본성에서 오는 욕망과 우리들 공상의 혼란에서 오는 욕망을 이렇게 묘하게 구별하고 있다. 즉, 그 끝이 자기에게 보이는 욕망들은 본성에서 오는 것으로 우리 앞에서는 달아나며, 그 끝을 쫓아갈 수 없는 욕망은 우리의 것이라고 한다. 물질적 빈곤에서는 벗어나기 쉽다. 그

---

32) 이 귀인은 나바르 왕의 귀족 자크 드 세귀르라고 보는 사람이 있다.
33) 그의 윗사람은 당연히 다음에 앙리 4세, 프랑스 왕이 된 나바르 왕을 말한 것으로 짐작된다.

러나 정신적 빈곤에서는 불가능하다.

> 인간이 스스로 만족할 줄을 안다면
> 그는 상당히 풍부할 것이다.
> 사정이 그렇지 못한 바에,
> 결국 어떠한 부유가
> 내 마음을 충족시킬 수 있다고 생각하는가? (루킬리우스)

소크라테스는 어떤 자가 많은 재물과 보패와 값비싼 가구 등으로 화려한 행렬을 차리고 거리를 지나가는 것을 보고, "얼마나 많은 사물들을 나는 욕심내지 않은 것인가!" 하고 말했다. 메트로도로스는 하루에 콩 12온스로 살아갔다. 에피쿠로스는 그것조차 들지 않았다. 메트로클레스는 겨울에는 양 떼들과 같이 자고, 여름에는 사원의 울 안에서 잤다. "자연은 인간에게 필요한 것을 공급한다." (세네카) 클레안테스는 자기 손으로 살아가며, 할 수 있다면 다른 클레안테스 하나쯤은 더 살리겠다고 자랑하고 있었다.

자연이 우리 생명의 보존을 위해서 근본적으로 정확하게 요구하는 바가 대단히 적은 것이라면(그것이 얼마나 적게 걸리고, 얼마나 싼값으로 우리 생명이 보존될 것인가는, 그것이 너무 적게 걸리기 때문에 그 적음으로써 운의 혹독한 손아귀를 면한다고 하는 고찰보다 더 잘 표현될 수는 없다), 얼마간 좀 더 가외의 것을 우리에게 면제해 주자. 우리 각자의 습관과 조건 역시 본성이라고 부르자. 이 척도에 따라서 우리에게 부담을 지우고 우리를 다뤄 보자. 우리의 부속물과 재산을 거기까지 확장하자. 왜냐하면 거기까지는 어떤 변명이 선다고 생각되기 때문이다.

습관은 제2의 천성이다. 그리고 그만큼 강력하다. 내 습관에 부족한 것은 내게 부족한 것이라고 생각한다. 그리고 내가 이렇게 오래 살아온 생활 상태를 축소시키고 줄여 놓는다면 차라리 죽는 편이 나을 것이다.

나는 내 생활에 큰 변화를 일으키거나 길들지 않은 새로운 방식에 몸을 던져 볼 나이는 이미 지났다.

재산이 느는 것도 귀찮다. 그러나 다른 사람으로 될 때는 지났다. 그리고 지금

이 시간에 큰 복이 내 손에 굴러떨어진다면, 왜 내가 그것을 누릴 수 있던 때에 오지 않았던가 하고 슬퍼할 것처럼

   내가 향락지 못한다면 복이 터진들 무엇하리.   (호라티우스)

 마찬가지로 나는 내적인 소득에도 불평을 말할 것이다. 이미 살아갈 생명도 가지지 못했을 때에 이렇게 늦게 산다는 것을 잘 이해하는 점잖은 사람이 되기보다는, 차라리 그렇게 된 일이 없는 편이 나을 것이다. 이제 떠나려는 나의 일이니, 사람들과의 교섭에 필요하다고 배우는 예지 같은 것은 아무나 오는 사람에게 쉽사리 넘겨주었다. 그것은 식사가 끝난 뒤의 겨자 격이다. 나에게 쓸모없는 보배는 소용이 없다. 이미 머리가 없는데, 학문이 무슨 소용이랴? 제때에 오지 않고 철늦게 와서 울화만 터지게 하는 선물은 오히려 운이 나에게 주는 모욕이고 총애를 스스로 저버리는 일이다. 나를 지도하기는 이제 그만두라. 나는 더 길이 없다. 그 많은 종류의 능력들 중에 참을성만으로 충분하다. 폐가 썩어 가는 가수에게 탁월한 최고음의 능력을 주어 보라. 또 아라비아 사막으로 보내져 숨어 사는 사람에게 웅변술을 주어 보라.
 추락에는 기술이 필요치 않다. 어떤 일이건 마지막에는 제대로 그 끝이 있다. 내 세상은 꺼지고, 내 형체는 이미 비워졌다. 나의 전부가 과거에 있다. 그리고 그것을 인정하며 내 출발을 맞춰 주게 마련이다.
 나는 이 말을 하고 싶다. 교황[34]의 명령으로 새로 날짜가 달라진 까닭에 나는 아주 뒤로 밀려나서, 여간해서 거기 맞춰 갈 수가 없다. 나는 그와는 다르게 계산했던 오랜 세월에 속해 있다. 그렇게 옛적부터 오랫동안 계속된 습관은 나를 찾아서 불러 간다. 나는 이런 혁신이 불가능하기 때문에 이 점에서는 사교도 같은 심정이 되지 않을 수 없다. 그렇게 하지 않으려고 해도 내 생각은 항상 열흘을 앞서거나 뒤져 가며, 내 귀에 대고 "이 규칙은 장차 나올 자들의 것이다"라고 투덜거린다.

---

34) 1582년에 교황 그레고리우스 13세가 달력을 개정하여, 프랑스에서는 12월 9일이 바로 20일이 되었다.

어쩌다가 그렇게도 달콤한 건강이 변덕스럽게 나를 찾아오면, 그것은 나를 소유하게 하기보다도 도리어 슬프고 안타까운 감정만 일으켜 놓는다. 나는 이 건강을 둘 자리가 없다. 시간이 나를 떼어 놓고 간다.

시간이 없으면 아무것도 소유할 수 없다. 오, 나는 세상에서 잘 볼 수 있는, 금세 떠날 사람들에게만 골라서 주어지는 그 위대한 선거직 고관들을 얼마나 마땅치 않게 보는 것인가! 거기서 그들이 얼마나 직권을 행사할 것인가보다도 얼마나 짧게 직위에 있을 것인가만을 생각한다. 들어가자마자 나갈 구멍을 찾는 직책이다.

결국 나는 이제 나라고 하는 이 인간을 끝마치는 것이 문제이고, 다른 자로 만드는 것은 문제가 아니다. 오랜 습관으로 이 형태는 내 실체가 되었고, 운으로 받은 것이 본성이 되었다.

그래서 우리 각자는 허약한 신세로 이 척도 안에 포함된 것을 자기 것이라고 생각해도 용서될 만하다. 그러나 이 한계를 넘으면 역시 혼돈이 있을 뿐이다. 이것이 우리 권한에 부여될 수 있는 최대의 폭이다. 우리들의 소유와 필요를 확대해 가면 갈수록 그만큼 더 운과 역경의 타격에 부닥친다. 우리들 욕망의 길은 우리에게 인정한 가장 가까운 필수품의 좁은 한도 내에 한계를 지어 제한되어야 한다. 또 이 욕망들의 진로는 끝이 딴 데로 가는 직선을 이루지 않고, 한 원을 그리며 두 점이 우리에게 와서 끝맺어 합치는 좁은 원주를 이루어야 한다. 이러한 반사운동 없이 이끌리는 행동은 본질적으로 모색하는 반사운동을 말하지만, 인색한 사람들이나 야심가들 그리고 많은 부류의 사람들이 직선으로 달음질치듯 줄곧 그들 앞만 보고 하는 달리는 것은 그릇된 병적인 행동들이다.

우리들 직업의 대부분은 희극배우식이다. "온 세상은 희극을 연기한다."(페트로니우스) 우리는 우리의 역할을 적당하게 연기해야 하며, 그것도 빌려 온 인물의 역할로 해야 한다. 가면과 외모를 가지고 실제의 본질을 삼아서는 안 되고, 밖에서 빌려 온 것을 진짜로 삼아도 안 된다. 우리는 피부와 셔츠를 분간하지 못한다. 가슴을 치장할 것 없이 얼굴의 화장만으로도 충분하다. 나는 직무를 수행할 때 그만큼 새로운 형상과 새로운 존재로 변형하며 실체를 변질시키는 사람들을 본다.

그들은 간과 창자까지 고관대작이 되어서 자기 직무를 화장실까지 끌고 간다. 나는 그들에게 자기들에 관한 인사성, 그들의 권한에 관한 인사성, 그들의 종자에 관한 것, 또는 그들 당나귀에 대한 것 등을 분간할 수 있도록 가르칠 줄을 모른다. "그들은 본성을 망각할 정도로 운에 몸을 맡긴다."(퀸투스 쿠르티우스) 그들은 마음과 본연의 말투를 그들 관직의 높이로 부풀어올려 키운다.

시장(市長)과 몽테뉴는 언제나 명백히 구별되는 두 가지 존재였다. 자기가 변호사나 재정가가 되었다고 해서 이런 직무에 붙어다니는 악랄성을 잊어서는 안 된다. 점잖은 인물은 그 직업에 따르는 악덕과 어리석은 노릇에 책임을 질 것 없으며, 그렇다고 그 직무의 행사를 거절해서는 안 된다. 그것은 자기 나라의 관습이다. 그리고 거기는 소득이 있다. 사람은 세상 속에 살아야 하며, 우리가 그것을 보는 대로 잘 이용해 가야 한다. 그러나 황제의 판단은 그의 통치 권력을 초월해야 하며, 이것을 외부적인 사건처럼 관찰하고 고려해야 한다. 그리고 그는 자기로서 따로 향락할 줄 알아야 하며, 적어도 자신에게는 자기가 자크나 피에르[35]라고 부르는 인간이라는 식으로 자기를 알려 주어야 한다.

나는 심각하고 완전히 일에 골몰할 줄을 모른다. 내가 내 의지로 한편을 들게 될 때에는, 나는 내 이해력이 거기 감염될 정도로 맹렬한 책임을 느끼는 것이 아니다. 이 나라의 현재 불화 상태에서는, 내 관심으로는 적대관계인 나의 상대편에 관해서도 칭찬할 만한 소질이 있는 것을 인정치 않는 바 아니며, 내가 좇고 있는 편의 비난받을 만한 점에 관해서도 역시 그렇다. 사람들은 자기들 편의 것은 모두 찬양한다. 나는 내 편에서 보는 대부분의 사물들까지도 변명하지 않는다. 우수한 작품은 내 원칙에 반대해서 항변당한다고 해도 그 우아미를 잃지 않는다.

이 논쟁의 요점을 제외하고는, 나는 마음의 평정과 순수한 무관심을 유지해 왔다. "전쟁의 필요를 넘어서는 나는 특수한 권한을 품지 않는다."(리투스 리비우스의 문구 개작) 나는 그 반대로 사람들이 일반적으로 실수하는 것을 보는 만큼, 이 점은 내가 잘했다고 본다. "이성을 사용할 줄 모르는 자는 정열을 사용하

---

35) 프랑스에서 가장 보편적인 이름, 황제도 보통 사람과 다름없는 인간이라는 뜻.

게 하라."(키케로) 사람들 대부분이 그렇게 하듯 일의 한계를 넘어서 분노와 증오심을 연장시키는 자들은, 이 분노가 다른 이유로 개인적인 원인에서 나온다는 것을 보여 준다. 마치 궤양은 다 나아도 열은 아직 남아 있는 것같이 거기는 더 숨어 있는 다른 원인이 있었다는 것을 보여 준다. 사실은 그들이 공통의 원칙에 대해서, 그리고 이 원칙이 전체와 국가의 이익을 해치기 때문에 분노를 품는 것이 아니고, 개인적인 감정으로 그들의 화를 북받치게 하는 까닭에 원망하는 것이다. 그 때문에 그들은 개인적 심정으로, 그리고 정의와 공적 이유를 넘어서 분개하는 것이다. "그들을 전부가 전체로서의 조건을 책망하는 것이 아니고, 자기 개인적으로 관련되는 세부 사항을 비난하는 것이다."(리투스 리비우스)

나는 우리 편이 유리하게 되기를 바란다. 그러나 그렇게 되지 않는다고 해도 미워서 발광하지는 않는다. 나는 파당들 중의 가장 건전한 쪽에 가담한다. 그러나 별다른 이유 없이 다른 자들의 적으로 주목되는 것을 좋아하지 않는다. 나는, "그는 리그파이다. 왜냐하면 그는 드 기즈 경의 우아한 품위를 숭배하기 때문이다.""그는 나바르 왕의 활동력에 경탄하고 있다. 그는 신교도이다.""그는 임금님의 습관에 비난할 점을 발견한다. 그 마음속에 반심(叛心)을 품고 있다"라는 식의 악덕스러운 추리를 심히 비난한다. 그리고 이 세기는 가장 우수한 시인들 속에 한 사교도(邪敎徒)[36]를 넣어 놓았다고 쓴 나의 책이 비난당할 때, 나는 관리들 앞에서도 그들이 옳다고 양보하지 않는다. 도둑은 다리 힘이 좋다는 말도 감히 못할 것인가? 창녀라고 냄새마저 반드시 더럽다고 해야 할 것인가?

더 현명하던 세기에는 공적 자유와 종교의 수호자로서 마르쿠스 마리우스에게 수여되었던 카피톨리누스라는 훌륭한 칭호를 취소했던가? 사람들은 그가 다음에 나라의 법을 어기고 왕위를 갈망했다고 해서, 그의 관후성과 무훈과 용덕에 수여되었던 포상에 관한 추억을 말살했던가?

그들이 한 변호사를 미워하면, 이 변호사는 다음 날에는 웅변이 서툴러진다. 나는 다른 점에서는 점잖은 분들이 열성에 끌려서 이런 과오를 범하는 것을 보았다. 나로서는, "그는 저 짓은 못되게 하고, 이 일은 도덕적으로 행한다"고 말할

---

36) 몽테뉴는 이 《에세》로 교황청 검열관의 조사를 받은 일이 있었다. 여기는 신교도 시인 테오도르 드 베즈에 관해서 말한 것을 지적한다.

수 있다.

　마찬가지로 일이 되어 갈 예상이나 그 일의 불길한 결말에 관해서 그들은 각자가 자기편에 맹목적으로 되고 정당한 관찰력을 상실하기를 바라며, 우리의 사색과 판단은 진리에 봉사하는 것이 아니고 욕망의 목표에 봉사하기를 바란다. 차라리 나는 극단을 향해야만 할 것이다. 어떻든 나는 나 자신이 욕망에 유혹될까 두려워한다. 거기 덧붙여서 내가 바라는 사물에 관해서는 일단은 약간의 미심쩍은 마음을 품는 터이다.

　나는 우리 시대 국민들이 신앙과 희망의 문제에 관해서 서로 덮쳐 쌓인 수많은 잘못된 계산과 꿈같은 환상을 대충 보아 넘기고, 지도자들이 좋아하여 이용하고 있는 신앙을 받들며, 사리도 모르고 놀랍도록 쉽게 그들 지도자들에게 끌려 조종당하며 섬기고 있는 해괴한 사태를 보아 왔다. 이제 나는 아폴로니우스나 마호메트의 원숭이 같은 수작에 속아 넘어가는 사람들을 보고도 놀라지 않는다. 그들의 감각과 오성은 정열 때문에 질식되어 버린 것이다. 식별력은 그들의 주의 원칙(主義原則)에 주견 없이 따르고, 그것을 강화하는 일밖에는 다른 선택의 길을 모른다.

　나는 우리들 열에 뜬 당파들 중 맨 먼저 나온 것(신교도를 가리킴)에서 어떤 현상을 명백히 주목했다. 그것을 본받아서 그 뒤에 나온 다른 당파[37]는 더 해괴망측하다. 그래서 나는 이것이 국민들의 잘못과는 떼려야 뗄 수 없는 소질이라고 생각한다. 첫 바람이 한 번 불면 백 가지 의견들이 물결처럼 일어나서 뒤따라간다. 누구든지 그 의견을 취소하거나 공동의 길을 따라서 헤매지 않으면 한패가 되지 못한다. 정당한 당파라도 사기 수단으로 원조하려다가는 도리어 그 당파를 해치는 일이 된다. 나는 이런 수작에는 언제나 반대했다. 이런 방법은 병든 정신에게밖에는 작용하지 않는다. 정신이 건전한 사람들에서는 그 용기를 지탱해 주고, 그 역경의 사정을 변명해 주기 위해 더 정직할 뿐 아니라 더 확실한 방도가 있다.

　하늘은 카이사르와 폼페이우스 사이의 싸움보다 더 중대한 사태에 이른 불화

---

37) 리그 파 쟁논을 말함. 1576년에 드 기즈 공작에 의해서 결성되어 프랑스의 왕권을 다투었다.

를 본 일이 없었다. 아마 미래에도 그보다 더한 일은 없을 것이다. 그러나 이 고매한 심령들 사이에는 서로 간에 절제가 있었던 것이 인정되는 듯하다. 그것은 명예와 지휘권에 관한 대립에서 일어났지만, 그 때문에 그들 사이에 지각을 잃게 하는 맹렬한 증오심이 있었던 것도 아니고, 악의나 모함이 있었던 것도 아니다. 그들의 가장 힘들고 고생스러운 무력 항쟁 속에는 얼마만큼의 존경과 호의가 남아 있음이 엿보인다. 그래서 그들은 가능했다면 상대편을 파멸시키기보다는 저마다 동료의 멸망을 초래하지 않고 일을 처리해 가기를 바랐을 것으로 생각된다. 마리우스와 실라 사이의 사정은 또 얼마나 달랐던가! 이 점에 주의하라.

    우리는 정신을 잃으면서까지 정열과 이해관계 속에 뛰어들 것은 아니다. 나는 젊었을 적에 내 속에 심하게 사랑이 진척되어 가는 것을 느끼며, 여기에 대항했다. 내가 완전히 그 지배를 받게 되면 그렇게 유괴할 것도 못되리라는 생각으로, 또 내 마음속을 살펴보는 식으로, 의지가 너무 욕심에 사로잡히는 다른 경우에도 똑같이 이 방법을 사용한다. 나는 내 마음의 경향이 기울어지며, 제 술독에 빠져서 취하는 것을 보며, 그 반대편으로 마음을 기울인다. 나는 극렬한 손실을 보지 않고는 내 마음을 바로잡을 수 없게 될 정도로 심하게 마음의 쾌락을 가꾸는 일을 피한다.

    마음이 어리석어서 사물의 이치를 반밖에 보지 못하는 자들은, 그 해독의 피해를 덜 입는 요행을 누린다. 이것은 정신적 문둥병이고, 어느 점에서는 건강한 풍모를 가지고 있으며, 이러한 건강을 철학은 결코 경멸하지 않는다. 그러나 우리가 종종 하듯 그것을 예지라고 부르는 것은 옳지 않은 일이다.

    옛날 어떤 자는 디오게네스가 참을성을 시험하려고 한겨울에 벌거벗고 눈사람을 껴안는 것을 보고는 조롱했다. 그들은 그를 보고, "그대는 지금 매우 추운가?" 하고 물었다. "조금도 춥지 않네" 하며 디오게네스가 대답했다. 그러자 그는 말을 이어, "그래, 그렇게 버티어 보면서 그대는 무슨 대단히 어려운 일을 한다고 생각하는가?" 했다. 지조를 알아보기 위해서는 필연적으로 고통을 알아야 한다.

    그러나 일이 거꾸로 되고, 운이 심히 나쁘게 돌아서 그 본연의 힘들고 고생스러운 맛과 무겁게 내리누름을 맛보고 달아 보아야 하게 된 심령들은, 꾀를 써서 이런 일들의 원인을 연결시키지 말고 서로 접근하지 못하도록 비켜 돌려야 한다. 코티스왕이 한 일을 보라. 그는 누가 그에게 진상하는 아름답고 진귀한 그릇을 받아 그 값을 후하게 치르고 나서는, 그것이 자칫하면 부서지기 쉽기 때문에 즉석에서 그 그릇을 깨뜨려 버렸다. 다음에 그가 하인들에게 분노할 원인을 미리 없애 버렸던 것이다. 이와 같은 생각에서 나는 내 일이 남의 일과 혼동되지 않도록 일부러 피했고, 내 재산이 근친들이나 나와 굳은 우정으로 맺어진 자들과 인접해 있지 않게 하려고 노력했다. 대개 이런 일로 불화와 분열이 생기는 법이다. 나는 전에는 카드나 주사위와 같이 요행에 매인 노름을 즐겼다. 그러나 잃었을 때는 아무리 좋은 얼굴을 가져 보려고 해도 마음속을 찌르는 아픈 생각을 지울 수 없었기 때문에, 오래전에 이 버릇을 치워 버렸다. 명예로운 사람이 배신이 탄로 나는 것과 창피당함을 마음 깊이 느낀다면, 그가 어리석고 요망스러움을 자기 손실에 대한 보상과 위안으로 치지 않는다면, 그는 수상한 일이나 말다툼에서 오는 분쟁이 악화되기 전에 미리 피할 일이다.

나는 기질이 우울하거나 신경질적인 사람을 도리에 어긋나고 흉악한 사람들과 마찬가지로 멀리한다. 그리고 관심을 갖거나 마음이 격하지 않고는 취급할 수 없는 문제에는, 책임상 불가피한 경우 이외에는 참견하지 않는다. "중지하기보다는 시작하지 않는 편이 나을 것이다."(세네카) 그러니 가장 확실한 방도는 사정에 앞서 미리 대비책을 강구하는 일이다.

나는 어떤 현자들이 이와 다른 방법을 취하며, 여러 가지 문제에 생명을 걸고 대들기를 두려워하지 않는 것을 안다. 이런 사람들은 자기 힘에 자신을 가지고, 그 힘을 모든 종류의 적대적 요소에 대한 방패로 삼으며, 인내심 있는 정력으로 악과 싸워 나간다.

　　파도에 둘러싸인 바위가
　　폭풍과 대해의 사나운 기세에 맞서듯
　　천지의 온 힘과 위협에 항거하여
　　반석의 무게로 머무른다.　　　　　　　　　　(베르길리우스)

이런 본(本)과는 드잡이질을 말자. 우리는 그런 경지에 이르지 못할 것이다. 그들은 완강한 결심으로 그들의 의지를 장악하고 지배하던, 조국의 패망도 동요치 않고 목도한다. 우리들 보통 사람의 심정으로는 지나치게 극심한 고생과 가혹성이 있다. 카토는 이런 고집으로 세상에 있었던 사람 중에서 가장 고귀한 생명을 내던졌다. 우리 따위의 소인들은 멀리서부터 폭풍우를 피해야 한다. 우리는 참을성에 의지할 것이 아니고 그런 심정을 겪기를 피하며, 우리가 받아 넘길 수 없는 운명의 타격을 면해야 한다.

제논은 그가 사랑하는 소년 크레모니데스가 옆에 앉으려고 가까이 오는 것을 보고 갑자기 일어섰다. 클레안테스가 그 이유를 묻자, "나는 의사들이 모든 종기에는 안정을 명령하고 흥분을 금지하는 것을 이해한다"고 말했다.

소크라테스는 "미의 매력에 항복하지 마라. 저항하고 대항하려고 노력하라"고는 말하지 않았다. "그것을 피하라. 마치 먼 데서 뛰어와 사람을 치는 강력한 독소와도 같이, 그것이 보이지 않고 만날 수 없는 곳으로 피하여 달아나라"고 했다. 그리고 그의 착한 제자(크세노폰을 말함)는 저 위대한 키루스 대왕의 희귀한 인격을 두고, 꾸며서 말함인지 외워서 말함인지, 내 생각으로는 꾸몄기보다는 외워서 말한 것 같지만, 이 대왕이 그의 포로인 유명한 판테아의 미모와 매력에 자기 힘으로 저항할 수 있을까를 믿지 못해서, 자기보다도 더 자유가 없는 다른 자에게 그 미인의 수호와 자기가 방문할 날짜와 시각의 결정권을 맡겼다는 내력을 이야기했다.

성경에도 마찬가지로 "유혹에 끌리지 말지어다"(마태복음)라고 했다. 우리는 이성이 여색(女色)에 지거나 굴복당하지 말기를 기원하는 것이 아니다. 단지 여색의 시련을 받는 일도 없고, 죄악의 접근과 갈망과 유혹 상태로 끌려가지 않도록, 그리고 우리가 악과의 교섭에서 완전히 해방되어서 양심의 안정을 유지할 수 있도록 하느님께 축원한다.

복수심의 혈기나 다른 억제하기 힘든 종류의 정열을 극복했다고 말하는 자들은, 종종 현존하는 사실에 관해선 진실을 말하지만 과거에 있었던 사실을 말하는 것은 아니다. 그들은 자기 잘못의 원인이 자신에 의해서 가꾸어지고 진척되었을 때 우리에게 말한다. 그러나 더 과거로 물러가서 이 원인들의 시초를 회상시켜 보라. 그러면 그들의 꼬리가 잡힐 것이다. 그들에게는 그 잘못이 예전 일이니 좀 덜하고, 시초는 글렀지만 그 결과가 정당하다는 말인가?

　나처럼 나랏일이 잘되기를 바라고, 그 때문에 속 썩이며 애태우지 않는 자는, 나라가 멸망하거나 멸망에 못지않은 상태로 존속할 것이라고 위협하는 것을 보아도, 마음은 아프겠지만 그 때문에 기절하는 일은 없을 것이다. 가련한 배로다. 물결과 바람과 뱃사공이 서로 딴 방향으로 이리 끌리고 저리 끌리고 하다니!

　　이렇게 여러 방향으로
　　뱃사공과 바람과 파도가 끌어가다니. 　　　　　　　　　　(프카난)

　국왕의 은총이 자기에게 없어서는 안 될 일로 여기고, 입을 벌리고 멍하니 바라고 있지 않는 자는 왕공(王公)들의 안색이나 대접이 냉정해졌거나 그들의 마음에 줏대가 없다고 해도 화를 낼 것이 없다. 노예와 같은 마음씨로 자기 자녀들이나 명예욕을 품어 키우지 않는 자들은, 이런 것을 잃은 다음에도 편안하게 살아가지 못할 것이 없다. 주로 자신의 만족을 위해서 행하여 온 자는, 남이 자기 행동을 자기 공적(功績)에 반대되게 판단하는 것을 보아도 조금도 변하는 일이 없다. 4분의 1온스의 참을성만으로도 이런 불편을 막을 수가 있다. 나는 이런 방편으로 될 수 있는 대로 가장 값싼 노력으로 나 자신을 찾는 것을 잘한 일로 보며, 이 방법으로 많은 수고와 곤경을 면하여 온 것으로 느낀다. 나는 아주 적은 노력으로 내 감정의 흥분을 그 시초에 막으며, 힘이 들기 시작하는 문제는 열중하기 전에 포기해 버린다. 출발점에서 멈추지 않는 자는 그 진행을 정지시킬 마음이 없는 것이다. 이런 정열이 들어오기 전에 미리 문을 닫지 않는 자는 들어오고 나서 쫓아내지는 못할 것이다. 처음을 잘 처리하지 못한 자는 끝처리도 못할 것이다. 흔들리는 것을 떠받치지 못한 자는 쓰러지는 것을 막아내지 못할 것이다.

　"이성에서 이탈하는 즉시 격정들은 저절로 성장한다. 인간의 어리석음은 자신에게 관대하며, 생각 없이 대해로 밀려가서 안정의 장소를 찾지 못한다."(키케로) 나는 폭풍의 시작을 알리는 잔 바람들이 내 속에 들어와서 만지작거리며 바시락거리는 것을 때맞게 느낀다. "심령은 압도되기 오래전에 동요된다."(세네카)

> 처음 산들바람이
> 수풀 속에 붙들려 율동할 때
> 그 은은하게 우는 바람소리는
> 폭풍우의 다가옴을 뱃사람들에게 알린다.　　　　(베르길리우스)

　내 본성에는 고문과 화형보다 더 치가 떨리는 이 미혹과 어지러움과 지저분하고 더러움, 비굴하고 추악한 실천의 한 세기 뒤에, 얼마나 여러 번 재판관들에게서 더 나쁜 부정을 받을 위험을 피하기 위해서 명백하게 내게 불리하도록 일을 처리해 온 것인가! "사람은 소송을 피하기 위해서 사람이 할 수 있는 모든 일, 아마도 그 이상의 일을 해야 한다. 왜냐하면 때로는 자기의 권익을 조금 포기하는 편이 더 온후할 뿐 아니라 어느 때는 더 유리하기 때문이다."(키케로) 우리가 현명하다면, 내가 어느 날 어떤 대가(大家)에서 본 어린아이 같이 기뻐하고 자랑했어야 할 일이다. 이 아이는 자기 어머니가 소송에 패했다고, 마치 기침이나 열병, 어느 귀찮은 병이 떨어진 것같이 만나는 사람에게 순박하게 자랑했던 것이다. 나는 운을 잘 타고난 덕택으로 내 친척이나 친지 중에 이런 일에 지대한 권위를 가진 인물들이 많았지만, 남이 손해 보게 그들을 이용할 생각을 피하고, 내 권리를 그 정당한 가치 이상으로 올려놓지 않으려고 양심껏 애써 왔다.
　어떻든 나는 남의 말을 들었던들, 극히 여러 번 정당하고 유리하게 일을 이끌어 해결했을 사건들이 있었지만, 여간 아닌 노력으로(행운을 믿고 이런 말을 한다) 아직껏 소송 사건을 겪어 본 일이 없고, 싸움을 걸어 본 일이 없도록 일을 처리하여 왔다. 나는 내가 당했건 남에게 끼쳤건 중대한 침해의 경험 없이, 이제까지 내 이름만도 못한 사람이라는 말을 들어 본 일이 없이 오랜 세월을 살아왔다. 실로 희귀한 천행이었다.
　우리의 가장 큰 혼란은 그 원인과 내력을 따져 보면 어처구니없는 일들이다. 마지막 부르고뉴 공작[38]은 양가죽 한 마차분으로 인해 패망의 길로 든 것이 아

---

[38] 그의 부하인 드 르몽 경이 한 스위스인의 양피 한 마차를 탈취한 데서 싸움이 일어나, 부르고뉴 공작이 스위스군에게 그랑송에서 패하게 된 사적(史蹟)을 말함.

니던가? 그리고 인장에 새긴 글자[39] 하나에, 저 거대한 국가 기구가 당하게 될 그 끔찍한 붕괴의 주요 발단이 깃들어 있지 않았던가? 폼페이우스와 카이사르는 전의 두 인물들의 후예이며 계승자임에 불과했다. 나는 우리 시대에 이 왕국의 가장 현명한 두뇌를 가진 인물들이 공공의 비용을 써 가며 굉장한 의식 절차로 협상과 조약을 맺으려고 한 자리에 모여 있는데, 그 결정은 그동안 뒷방에서 부인들이 하고 있는 잡담과 볼품 없는 몇몇 여자들의 마음에 달려 있는 것을 보았다.

사과 한 개[40]를 가지고 그리스와 아시아를 피와 불바다로 만든 것이 누구이던가를 시인들은 익히 들어 왔다. 어째서 저자가, 온통 칼과 단도를 들고 명예와 생명을 걸어 가며 운을 찾아 모험하러 나가는가를 보라. 이 싸움의 근원이 어디 있는가를 말해 보라면, 그는 얼굴을 붉히지 않고는 말하지 못할 것이다. 그렇게도 그 이유는 변변찮고 헛된 일에서 나왔다.

일의 시초에는 하찮은 생각밖에 들지 않는다. 그러나 한번 배를 타고 나서면 이 줄 저 줄을 모두 끌어낸다. 그보다 더 어렵고 중대하게, 엄청난 준비가 필요하게 된다. 거기서 빠져나오기보다는 숫제 들어가지 않는 편이 얼마나 쉬운 일인가! 그런데 여기는 갈대와는 반대의 방법을 취해야 한다. 갈대의 첫 번 돋은 줄기는 대롱이 길고 꼿꼿하다. 그러나 다음에 돋는 줄기는, 마치 기운이 빠지고 숨이 가빠서 자주 쉬는 것처럼 마디가 작고 굵어지며, 이미 처음의 힘과 끈기를 잃은 것을 보여 준다. 그보다는 차라리 처음에 냉정하게 잘 시작해서 일을 완수할 때의 힘찬 고비에 쓰도록 강력한 약진의 숨결을 보존해 둘 일이다. 일을 시작할 때에는 우리는 일을 이끌어 가며 마음대로 해 나간다. 그러나 다음에 일이 진행되면, 일이 우리를 이끌며 흥분시켜서 우리가 그 뒤를 쫓아가야만 하게 된다.

그렇다고 이것은 내가 이런 견해를 가졌기 때문에 곤란한 모든 문제가 없어지고, 자주 내 격정들을 억눌러 극복하는 데 그렇게 힘들지 않았다는 말은 아니다. 이런 격정들은 사정이 어떠하느냐에 따라서 늘 제어되는 것이 아니고, 그 시초

---

[39] 마리우스와 실라의 싸움은, 실라가 유굴타 승전의 기념으로 반지를 새기게 한 데서 발단이 되고, 이 두 파당의 적개심과 투쟁이 카이사르와 폼페이우스에 미쳐, 끝내는 로마 쇠망의 원인이 되었다고 본 것.

[40] 주노와 비너스와 미네르바 세 여신이 미모를 다투던 때 내기로 쓴 사과. 이 질투심에서 트로이 전쟁이 벌어졌음.

자체가 종종 거칠고 맹렬하다. 어떻든 그렇게 하면 일이 잘 되더라도 그만한 명성을 얻지 못하면 어떠한 성과에도 만족하지 않는 자들을 제외하고는, 그만큼 힘이 덜 들고 소득이 생긴다. 왜냐하면 이런 소득 계산은 각자의 마음에 달려 있기 때문이다. 자기가 행동을 시작하고, 그것이 세상에 알려지기 전에 일이 잘되면 자기는 만족하지만, 사람들의 평가는 받지 못한다. 그렇지만 또 이런 경우뿐 아니라 인생의 다른 의무에서도, 명예를 노리는 자들의 길은 질서와 사리에 맞게 일하려는 사람들의 길과는 다르다.

나는 그중에도 시작할 때는 분별없이 맹렬하게 경기장으로 뛰어들어서는, 막상 경기에 들어가서 달음질을 늦추는 자들을 본다. 플루타르크가 말한 바와 같이 부끄럼이라는 악덕 때문에 사람들이 무엇을 요구하건 쉽사리 응낙하는 자들은 다음에 약속을 지키지 못하고 어기는 수가 많고, 마찬가지로 쉽게 말다툼하는 자들은 화해하기도 쉬운 것이다. 일을 시작하기에 힘든 내 성격은 한번 몸을 일으켜 움직여 열을 올리고 나서는 분발하게 될 것이다. 이것은 언짢은 태도이다. 일에 들어서면 해 나가든지 쓰러지든지 해야 한다. "부드럽게 계획하라. 그러나 열렬하게 밀고가라"고 비아스는 말한다. 조심성이 부족하면 용기도 부족하기 쉬우니, 이것이 더욱 참기 어려운 일이다.

오늘날 우리들에게 싸움의 화해라는 것은 대부분 허위에 찬 수치스러운 일이다. 우리는 우선 체면만 꾸미기에 바쁘고, 뒤에서는 진실을 속이며 우리의 속뜻과는 거꾸로 말하고 있다. 결국 우리는 사실을 숨긴다. 우리는 무슨 뜻으로 어째서 그렇게 말했는가를 안다. 참석자들과 우리는 어째서, 그리고 무슨 뜻으로 그렇게 말했는가를 안다. 그리고 거기 참석한 자들과 이래야만 우리가 유리하다는 것을 알려 주려고 한 우리 편들은 그것을 안다. 우리가 우리 사상을 부인하고, 서로가 사과하기 위해서 속임수 속에 토끼굴을 찾는다는 것은 우리의 정직함과 마음의 명예를 손상시키는 일이다. 우리는 속임수로 한 약속을 둘러맞추다가 우리 자신을 부인하게 된다.

그대는 그대 행동이나 약속을 다르게 해석할 수 있는가를 생각해 보아서는 안 된다. 아무리 힘들더라도 이제부터는 자기가 진심으로 성실하게 해석하는 것을 견지해야 한다. 사람들은 그대의 덕성과 양심에 대해서 말한다. 이것은 가면으로 씌워 둘 거리가 아니다. 이런 비굴한 수단과 방법은 재판소의 소송꾼들에게나 맡겨 두자.

  나는 사람들이 철없이 한 일을 뒤처리하느라고 변명입네 사과입네 하는 수단을 쓰는 것을 날이면 날마다 본다. 이것은 철없음 자체보다도 내게는 더 더러운 일로 보인다. 상대편에게 이렇게 사과하며 자신을 모욕하기보다는 차라리 그를 한 번 더 모욕하는 편이 낫다. 그대는 분한 마음에 화가 나서 상대편을 모욕했다. 그리고 머리가 식어서 본정신으로 돌아왔을 때에는, 그에게 아첨하며 그의 마음을 진정시켜 주려고 한다. 그래서 그대는 한 번 뽐내 본 것보다도 더 자신을 굴복시킨다. 권위 있는 근거 앞에 부득이 자기 말을 취소한다고 해도, 자기 말을 취소하는 일만큼 점잖은 사람에게 흉한 화법은 없는 것으로 보인다. 더욱이 그에게는 비굴성보다는 고집불통인 편이 차라리 용서된다.

  격정은 조절하기 힘든 만큼 내게는 피하는 것이 쉬운 일이다. "그런 것은 제어하기보다도 심령에서 배제하기가 더 쉽다."(세네카) 스토아학파의 요지부동의 경지에 도달하지 못할 바에는, 내가 하는 식으로 평민의 우둔성의 무릎 위로 도피해 갈 일이다. 그들은 덕성으로 하는 일을, 나는 내 의향으로 행한다. 그 중간 지대에 폭풍우가 깃든다. 양 극단인 철학자와 시골뜨기는 안정과 행운을 누리는 점엔 맞먹는다.

    사물들의 이치를 아는 자는 행운일거나!
    그는 모든 공포심이나
    운명의 믿음이나
    탐이 많은 아케론(그리스 신화에 나오는 저승의 강)의 포효를
    그 발밑에 유린한다.
    그러나 전원(田園)의 신들과
    목양신 판과
    늙은 삼림신 실바누스와
    물의 요정 님파스 자매들을 알고 있는
    농민 역시 행복하여라.   (베르길리우스)

모든 사물들의 발단은 순하고 약하다. 그러나 그 시초를 똑바로 눈뜨고 보아야 한다. 그것이 작을 때에는 숨어 있는 위험한 요소를 발견할 수 없는 것같이, 그것이 커지면 그 구제책을 발견하지 못하기 때문이다. 나를 난처한 사정으로 몰아넣는 나의 타고난 경향을 억누르기는 쉬운 일이 아니었지만, 이것을 억누르지 않았던들 나는 야심대로 하다가 날마다 수만 가지의 처리하기 어려운 곤경에 부딪혔을 것이다.

머리를 들어 멀리 드러남을
내 언제나 피해 온 것은 옳았다. (호라티우스)

모든 공적 행동은 그 해석이 불확실하고 다양하기 쉬운 것이다. 왜냐하면 판단하는 머릿수가 너무 많기 때문이다. 어떤 자들은 내가 시정(市政)을 맡아 보던 태도를 두고(나는 이것을 말할 가치가 있어서가 아니라 이런 일에 관한 내 버릇을 보여 주는 데 소용되도록 한마디 해 둔다), 내가 거기 너무 힘없이 움직이며 기운 빠진 심정을 가진 인물로 처신했다고 했다. 그들은 그럴듯한 말을 하지 않은 것도 아니다. 나는 내 마음과 생각을 안온하게 가지려고 애쓴다. "항상 천성이 고요하며, 현재는 나이 탓으로 더욱 그렇다."(키케로)
그리고 내 사상이 가끔 억센 자극을 받아 딴전을 피우는 일이 있다면, 그것은 내 충고를 받지 않은 탓이다. 내가 타고난 무기력을 무능하다는 증거로 삼지 말 일이며(왜냐하면 조심성의 부족과 지각의 부족은 같은 일이 아니기 때문이다), 더욱이 나를 알기 전이나 뒤에나, 그들은 내게 직책을 맡겨 주기 위해서 가능한 모든 수단을 썼고, 한 번만으로 그치지 않고 두 번이나 직책을 맡겨 주었다. 고마운 일을 해 준 이 시민들에게, 내가 무정하고 배은망덕하게 대했다고 보아서는 안 된다. 나는 그들에게 온갖 행운이 오기를 축원한다. 그리고 그런 기회가 있었다면 그들에게 봉사해 주기 위해서 나는 무슨 일이건 힘을 아끼지 않았을 것이다. 나는 내 일을 하는 것같이 그들의 일을 보살펴 주었다. 그들은 선량하고, 전투에는 강하고 용감하며, 그리고도 훈련받고 복종할 줄 알며, 잘 지도하면 어떠한 훌륭한 사업에라도 봉사할 수 있는 시민들이다.

사람들은 또 내 임무가 아무런 특색도 없고 표적도 없이 지나간다고 말한다. 사람들은 거의 모두가 일을 너무 많이 한다고 확신하고 있는 시기에 내가 일을 중단한다고 비난한다. 그것이 좋다.

나는 내 의지가 밀어줄 때에는 발버둥 치며 행동한다. 그러나 이런 열성은 인내력과는 상관이 없다. 나를 나대로 부려 보고 싶은 분은 정직과 자유가 필요한 일거리를 내게 맡겨 볼 일이다. 그 일이 단순하고 짧으며, 그리고 위험성이 있는 것이라면, 나는 할 만큼 할 것이다. 그것이 길게 끌며, 미묘하고, 힘들여 꾸며대야 하고, 뒤얽혀 복잡한 사건이 많은 것이라면, 다른 사람에게 청하는 편이 나을 것이다.

중요한 직책이라고 모두 어렵지는 않잖아. 나는 필요하다면 좀 더 힘차게 일해 볼 생각이었다. 왜냐하면 내게는 내가 하는 일이나 내가 하기를 좋아하는 일보다 더한 일을 할 능력이 있기 때문이다. 내가 알기로는 내가 정말 하지 않으면 안 될 일은 어느 행동이고 소홀히 한 적이 없다. 나는 야심이 의무에 섞여서 그 이름만으로 덮어씌우는 일은 잘 잊어버렸다. 그런 것은 이목(耳目)을 가장 많이 끌어서 사람들의 호평을 받는다. 일 자체가 아니라 그 겉모습 때문에 칭찬을 받는다. 그들은 부산한 소리를 듣지 못하면 일을 안 하고 잠자는 줄 안다. 내 기분은 소란스러운 기분과는 상극이다. 나는 내 마음을 혼란시키지 않고, 오히려 혼란을 억제할 것이다. 나는 얼굴빛을 변치 않고 무질서를 징계할 것이다. 내가 분해서 화를 낼 필요를 느낀다면? 나는 그 탈을 빌려서 쓴다. 내 습성은 모가 깎였다. 맵기보다는 멋쩍은 편이다. 나는 한 관리가 졸고 있을 때, 그 부하들도 같이 졸고 있으면 그를 책하지 않는다. 법도 함께 졸고 있는 것이다. 나로서는 "교만하지 않은 만큼 비굴하지도 잔악하지도 않고" 슬슬 빠져서 이름 없이 묵묵하게 사는 인생을 찬양한다. 내 팔자는 그것을 원한다. 내가 태어난 가문은 광채나 소란 없이 흘러갔으며, 오랜 기억으로는 특별히 청렴한 생활을 갈망하는 나라에 공이 많은 집안이었다.

우리 시대 사람들은 잘 동요하고 겉치레에만 마음이 쏠려서, 착하고 절도 있고 공평하고 지조 있는 식의 온화하고 고요한 소질들은 전혀 느껴지지 않는다. 거친 물체는 만져서 느껴지지만, 매끈한 물체는 만져도 만지는 둥 만 둥하다. 병자는 자기를 느끼지만, 건강한 자는 거의 느끼지 않는다. 찌르는 물건에 비하면,

바르는 물건 역시 그렇다. 회의실에서 할 수 있는 일을 장터에 가서 하기로 미루고, 전날 밤중에 했어야 할 일을 대낮에 하자고 하고, 자기 동료라도 잘 해치웠을 일을 자기가 하려고 시기하는 것은, 일을 잘하려는 것이 아니라 개인의 이익을 위해서 자기 명성을 얻고자 하는 수작이다. 그리스의 어떤 외과의들은 이 모양으로 구조물 위에서 그들의 기술을 구경꾼들에게 보여주며, 광고 효과로 손님을 더 끌려고 했다. 그들은 좋은 행동은 나팔을 불어 대지 않으면 사람들에게 알려지지 않는 것으로 생각했다.

야심은 우리 같은 드러나지 않은 사람들과 이런 일거리들에 매인 악덕이 아니다. 누가 알렉산드로스에게 "당신 부친은 평화롭고 통치하기 쉬운 커다란 영토를 남겨 줄 것이오"라고 말했다. 이 소년은 그 부친이 많은 승리를 거두고 정치를 올바르게 해 가는 것을 보고 시기했다. 그는 유약하고 부드럽게 세계 제국을 누리고 싶지는 않았을 것이다. 플라톤에 나오는 알키비아데스는 이런 상태에 머물러 있기보다는 차라리 특출하게 젊고 예쁘고 부유하고 귀품 있고 박식한 자로 죽기를 더 좋아한다.

이런 병폐는 그만큼 강력하고 충만한 심령에게는 아마 용서될 만도 하다. 저 난쟁이 마음보들이 우쭐해서 하나쯤 일처리를 바르게 판단했다든가, 도시의 성문 수호(城門守護)를 꾸준히 수행했다든가 해서 그들의 명성을 떨친다고 생각한다면, 그들은 원숭이 꼴로 머리를 쳐든다고 하는 것이 볼기짝만 드러내 보이고 있는 것이나 마찬가지다. 이 조그마한 선행은 사람의 몸뚱이도 생명도 없다. 그런 소문은 한 번 전해 주는 입에서 사라지고, 한 네거리에서 다음 네거리까지밖에 전파되지 않는다.

어떤 사람이 자기 공로의 칭찬을 들어주고 자기 용감성을 지켜본 자가 없자, 그의 침모를 데려다 놓고는 "오, 페레뜨야, 너는 참 훌륭하고 유능한 양반을 주인으로 모셨구나!" 하고 소리쳤다는 격으로, 그대도 아들이나 하인에게 씩씩하게 그런 말을 해 보라. 못한다면 내가 아는 어느 시의원처럼 자신하고라도 이야기해 보라. 그는 극도로 애를 써서 똑같은 서툰 수작으로 웅변을 배 한 척에 싣는 짐만큼은 풀어 내놓고 나서 화장실로 들어갔다. 그러자 그 안에서 "우리들 것이 아니외다. 주여, 우리들 것이 아니외다. 찬사는 주의 이름으로 돌리소서"(시편) 하며

제3권　1157

의식적으로 중얼거리는 소리가 들려 왔다. 다른 사람에게서 받지 못할 것이라면 값은 자기 지갑에서 치러 받을 일이다.

명성은 이렇게 천한 계산으로 추락하지 않는다. 명성이 돌아가야 할 만한 희귀하고 모범적인 행동들은 날마다 수없이 일어나는 이런 사소한 행동들의 예에 비교될 수 없는 일이다. 하고 싶어서 그대가 성벽의 한 면을 수리해 주었거나 하수도를 깨끗이 청소해 놓았다면, 대리석이 그대의 칭호를 얼마든지 드높여 줄 것이다. 다만 지각 있는 사람들은 그런 일을 않는다. 잘 한 일이라도 그것에 지극히 어렵고 신기한 멋이 없으면, 명성이 뒤따르지는 않는다. 스토아학파는 도덕에서 나오는 모든 행동은 단순한 평가라도 받을 거리가 없다고 하며, 금욕을 하느라고 눈곱 낀 늙은 할머니와 육체관계를 맺지 않은 자는 치하할 것이 아무것도 없다고 생각한다. 로마의 장군 스키피오의 감탄할 만한 품격을 알아본 자들은, 그가 남이 보내는 선물을 받지 않았다고 파나에티우스가 그에게 보내는 영광을 그 세기 전체의 영광이고, 그 자신의 고유한 것이 아니라고 보며, 그의 영광만으로 인정하기를 거부한다.

우리에게는 우리 신수에 맞는 쾌락이 있다. 위대한 인물들의 것을 억지로 빼앗지 말자. 우리의 것은 더 자연스럽다. 그것이 비속한 만큼 더 견고하고 확실하다. 의식해서 하는 일이 아닌 이상, 적어도 야심을 가지고 야심을 배격하자. 모든 종류의 인간들에게 굽실거리며 구걸하게 하는 그런 비속하고 거지 같은 명성과 영광에 대한 배고픔과 갈증을 경멸하자. 무슨 더러운 방법이건 어떠한 천한 값으로라도, "시장에 가서 알아볼 수 있는 이 영광이란 대체 무엇인가?"(키케로) 이렇게 영광을 얻는 것은 불명예이다. 우리가 얻을 수 없는 영광을 탐하지 말자. 모든 유익하고 순진한 행동을 가지고 뽐내는 일은, 이런 일을 심상치 않고 희귀하게 보는 자들이 할 일이다. 그들은 그것이 자기들에게 힘이 든 가치로 올려놓는 것이다.

선한 행동의 명성이 높아 감에 따라 나는 그 선한 점이 선하기 때문이라기보다도 명성을 얻기 위해서 이루어진 것이 아닌가 하는 의심이 생기는 것을 억누른다. 드러내 놓은 것은 반은 이미 할인된 것이다. 이러한 행동들은 그것을 성취한 자들의 손에서 자연스레 풍겨져 나오거나, 점잖은 사람들이 다음에 그것을 택하여 세상에 묻혀 있는 것을 드러내고 그 자체가 좋으므로 세상에 알려지고 드러날 때에, 한층 더 운치가 나는 것이다. "나는 세상 사람들의 이목에 신경 쓰지 않고 성취된 행적이 훨씬 더 찬양할 만하다고 본다"(키케로)고 세상에서 가장 허영스러운 인물은 말한다.

나는 보전하고 지속하기만 하면 되었다. 그것은 소리 없고 느껴지지 않는 일이다. 혁신은 큰 광채를 발한다. 그러나 지금 이 시대처럼 우리가 새롭고 기이한 성질에 몰려 지내고, 거기에 대항해서 자신을 방어하기에 급한 때에는 그런 것은 금지된 일이다. 결국 행함을 금하여 근절하는 것은 행하는 것과 똑같이 너그러운 일이지만, 세상에 드러나지 않는다. 그리고 나의 가치라고 할 이 드러나지 않은 몫은 거의 전부가 이 방면에 있다. 결국 내가 이 직책을 맡은 기회는 내 기질에 들어맞았다. 그래서 나는 내게 일을 맡겨준 자들에게 대단히 감사한다.

의사에게 일거리를 주고 싶어서 병자가 되길 바라는 자가 있을까? 그리고 자기 기술을 실천하기 위해서 페스트가 유행하기를 바라는 자에게는 볼기치는 형벌을 가해야 할 일이 아닌가? 나는 세상에 흔히 보는 것처럼, 내 도시의 일이 혼란되고 병들어서 나의 정치수단에 명예가 오기를 바라는 식의 옳지 못한 심정은 갖지 않았다. 나는 진심으로 그들의 건강과 편안함을 위해서 한 팔을 빌려 주었다. 나의 집권과 함께 이루어진 질서와 온화하고 묵묵한 평온함을 고맙게 여겨 주지 않는 자는, 적어도 좋은 운수의 자격으로 내 공로에 속하는 몫을 내게서 빼앗지는 못할 것이다. 그리고 내 인품이 이렇게 되어서 현명하기보다는 행복하기를 더 원하며, 나의 성공은 내가 한 일이 중개에 의해서보다도 순수히 하느님 덕택으로 이루어진 것이 기쁘다. 나는 이런 공적 사무를 취급하는 데 내가 무능력한 것을 많은 말로 나타냈다.

사실은 무능력보다도 더 못하다. 나는 이 무능력이 결코 불쾌하지 않고, 내가 정하고 있는 생활 방식에 비추어 보아 이 결점을 교정해 갈 생각은 조금도 없다. 나는 이 중간 역할에서 나 자신에게 만족한 것도 아니다.

그러나 내가 하고자 한 성과에는 거의 도달했고, 내가 일을 해 주어야 했던 자들에게 약속해 준 것보다는 훨씬 더 많이 일했다. 왜냐하면 나는 내가 할 수 있고, 내가 하려고 작정한 것보다는 덜 약속하기를 좋아하기 때문이다. 나는 모욕도 주지 않았고, 증오도 남기지 않은 것으로 확신한다. 나를 아까워하고 내가 더 일해 주기를 바라는 마음을 그곳 사람들이 품은 것, 그것은 적어도 나 자신이 요구한 것이 아니라는 것을 잘 알고 있다.

   내가 이런 괴물을 믿다니?
   이 넓은 바다의 평화로운 수면과
   조용한 파도가 감추고 있는 것을 내가 모르다니?   (베르길리우스)

11
절름발이에 대하여

 2년 전인가 3년 전에, 프랑스에서는 1년을 열흘 단축시켰다. 이 개혁은 얼마나 심한 변화를 일으키게 한 일이었던가? 그것은 바로 하늘과 땅을 뒤흔들어 놓는 일이었다. 그렇다고 제자리에서 움직이는 것은 아무것도 없다. 내 이웃 사람들은 파종과 수확의 시기와 운수, 손이 있는 날과 없는 날 등을 그들이 정해 왔던 바로 같은 점에 두고 있다. 우리 습관에 오류가 있는 것이 느껴지는 것도 아니고, 이 개혁에서 좋아진 점이 느껴지는 것도 아니다. 사방에 너무 불확실한 점이 생겨서 그만큼 우리의 지각이 상스러우며 흐리고 둔하게 된다. 사람들의 말에 따르면, 이번 규정은 아우구스투스의 본을 떠서 어디로 보건 혼란만 일으키고 장애가 되는 윤년(閏年)의 날짜를, 이 빚을 다 갚게 되는 날까지 공제하여 가면 이보다는 좀 덜 불편한 방식으로 일이 처리될 수 있게 한다고 한다.(이것은 이번 교정 방법을 가지고도 이루지 못했고 우리는 아직도 며칠의 연대가 남은 채로 있다.) 그리고 역시 이 방식으로 장래에는 어떤 햇수를 두고 세월이 흘러감에 따라서 이 남은 날짜가 언젠가는 없어지게 되고, 그래서 우리의 계산 오차는 24시간이 넘어가지 않도록 할 수 있다고 한다.
 우리는 햇수로밖에 세월을 계산하지 않는다. 수많은 세기 동안 사람들은 이 방법을 사용하고 있다. 그러고도 이것은 우리가 아직 완전히 고정해 놓지 못한 척도이다. 그래서 다른 나라들은 이 세월에 다른 형식을 주고 있으며, 그 사용 방법이 어떠한 것인지 우리는 날마다 의문스럽게 생각하고 있다. 뭐? 어떤 사람들이 말하듯이, 하늘은 늙어 가면서 우리들 쪽으로 압축되어 오고, 시각과 날짜들까지도 불확실하게 만드는 것이라고? 그리고 달에 관해서도 플루타르크가 말하는 대로, 그의 시대에도 점성학이 달의 운행을 결정해 놓을 수 없었다고? 이거 참, 우리는 과거의 일들을 기록해 두기에 편리하게 되었군!

나는 종종 하는 식으로, 지금 인간의 이성이 얼마나 방자하고 막연한 도구인가를 두고 명상하고 있었다. 내가 보건대, 누가 한 가지 사실을 제시하면 사람들은 그 진실을 찾기보다도 그 이치를 따져 보기를 흥거워한다. 그들은 사물들은 제쳐두고 원인을 다루기만 좋아한다. 재미나는 원인 추구자들이군!

원인에 관한 지식은 다만 사물들의 지휘권을 장악한 이에게 속하며, 그 사물들의 작용을 받고 그 근원과 본질을 통찰함 없이 우리 본성에 따라서 사물들을 완전히 충만하게 사용하고 있는 우리(조물주가 만들어 낸)에게 속하는 것이 아니다. 포도주라도 그 근원을 아는 자에게는 맛 좋을 리가 없다. 그 반대이다. 그리고 영혼이건 육체이건 학문적 견해를 섞어 넣음으로써, 세상일을 사용하는 데 가진 그들의 권한을 중단시키고 변질시킨다. 결정하고 알고 하는 일은 주는 일과 마찬가지로 지배하고 주장되는 지위에 속하며, 낮은 위치에 있고 복종하고 수업하고 하는 지위에는 향유와 수락이 속한다. 우리의 습관으로 다시 돌아오자.

그들은 사실을 스쳐 넘겨 버리고, 결과만을 조심스레 살펴본다. 그들은 대개, "어째서 일이 이렇게 되었나?" 하며 시작한다. 그들은, "그런데 일이 이러한가?" 하고 말해야 할 일이다. 우리의 사고력은 백 가지 다른(공상의) 세계들을 채워서 그 원칙들과 그 구조를 발견해 낼 수 있다. 그것에는 재료도 기초도 필요없다. 하는 대로 두어 보라. 그것은 충만과 마찬가지로 공허의 위에, 재료와 마찬가지로 무(無)를 가지고 꾸며 나간다.

연기에 무게를 줄 재간이 있다.   (페르시우스)

나는 우리가 거의 어떤 경우라도 "그것은 전혀 그렇지 않다"고 말해야 한다고 본다. 그리고 자주 이 대답을 사용하고 싶다. 그러나 나는 감히 하지를 못한다. 왜냐하면 그들은 이것이 정신이 허약하고 무지한 탓에서 온 패배라고 떠들어 대기 때문이다. 그래서 나는 내가 완전히 믿지 않는 터무니없는 이야기와 제목을 가지고도, 대개 남들과 어울리기 위해 그런대로 엉터리로 말해야 한다. 그뿐더러 사실로 된 제언을 무뚝뚝하게 부인한다는 것도 실은 좀 싸움투로 나오는 천하고 상스러운 태도이다. 특히 설복하기 어려운 일에 관해서 자기들은 그것을 보았다고 확인하거나 우리의 반대를 꽉 막아 버릴 권위를 가진 증인을 끌어 대지 못할 자는 거의 없다. 이 습관을 따라 우리는 결코 있어 본 일이 없던 수많은 사람들의 기초와 내력들을 알고 있다. 그리고 세상 사람들은 찬성도 반대도 모두 거짓인 수많은 사물들을 가지고 서로 입씨름을 한다. "허위는 진실에 너무 가까이 있으므로, 현자는 어떠한 위험한 계곡 속에도 모험을 하지 말 일이다."(키케로)

진리와 허위는 비슷한 모습을 가지고 있으며, 그 몸체와 맛과 자세가 닮아 있다. 우리는 그들을 같은 눈으로 본다. 우리는 속임수에 대해서 자신을 방어하기에 비굴할 뿐 아니라 자청해서 속임수에 걸리려고 덤벼드는 것을 본다. 우리는 우리 존재에 맞는 것처럼 허영 속에 얽혀들기를 좋아한다.

나는 우리 시대에도 많은 기적들을 보았다. 그런 것은 나오자마자 바로 삭아 버리지만, 그것이 제 나이를 채워 갔더라면 무엇이 되었을 것인지 우리가 억측해 보지 않은 것이 아니다. 왜냐하면 사람들은 그 실마리만 잡으면 거기서 소원대로 실을 뽑아내기 때문이다. 그리고 무(無)에서 세상의 가장 작은 사물까지의 거리는, 그것에서 가장 큰 사물까지의 거리보다 더 먼 것이다.

그런데 맨 먼저 시작하는 자들이 이 이상한 일의 시초를 확신하며 그들의 이야기를 펼치고 다니다가, 사람들이 거짓말이라고 반대하는 경우에 부딪치면 어떤 점이 설복하기에 어려운 대목인가를 느낀다. 그리고 그 점을 다른 거짓 조각으로 틀어막고 다닌다. 게다가 "들은 풍문을 전파하려고 하는 자들이 지닌 내적 경향에 의해서"(티투스 리비우스) 우리는 사람들이 빌려 준 것에 우리의 소재를 가지고 이자나 덤을 붙여 주지 않고 돌려주다가는 당연히 양심에 거리낀다.

개개인의 잘못은 먼저 공공의 잘못을 만들고, 이번에는 공공의 잘못이 개개인의 잘못을 만들어 간다. 이래서 이 구조는 이손 저손을 거치는 동안 살이 붙고 꾸며져 가며, 그래서 가장 먼 증인이 가장 가까운 증인보다 더 잘 알게 되고, 마지막에 들은 자가 첫 번 사람보다 더 확신을 갖게 된다. 그것은 당연한 과정이다.

무슨 일을 믿는 자는 누구든지 그것을 다른 사람에게 전해 주어 설복시키는 것이 자선 사업이라고 생각하며, 그러기 위해서 다른 사람의 이해력 속에 있다고 보는 저항과 결함을 보충하려고 그가 필요하다고 보는 정도로 자기가 꾸민 이야기를 첨가하기를 꺼리지 않기 때문이다.

나는 거짓말을 유난히 싫어하고, 내 말에 신용과 권위를 세울 생각은 조금도 없다. 그래도 내 손에 쥔 이야기를 남이 믿지 않거나, 또는 이야기하는 재미로 열이 오르면, 나는 목소리를 높이고 몸짓과 팔짓으로 말에 힘을 주어 가며, 더욱 이야기를 키우고 불려서 순수한 진실을 왜곡하는 수가 없지 않다. 반면에 나는 누가 내게 정신을 돌리게 하여 진짜로 생생한 사실을 알려 달라고 하면, 바로 이렇게 애쓰던 버릇을 버리고 과장이나 강조나 채워 넣은 것이 없는 사실 그대로를 알려 주는 조건으로, 그렇게 한다. 내 말투는 여느 때에도 생기 있고 소란스럽기 때문에, 자칫하면 과장으로 흐르기 쉽다.

일반적으로 사람들이 자기 사상을 전해 주고 싶어 하는 생각보다 더 강한 욕구는 아무것도 없다. 거기에 보통 수단으로 부족하면 우리는 명령과 폭력과 화형까지도 사용한다. 진리에 관한 최선의 감식이 광신자의 수가 현자의 수를 훨씬 능가하는 신도들에게 맡겨지도록 일이 되면 큰 불행이다. "판단력의 모자람이 없는 것만큼 범상한 일은 없다는 격이다."(키케로)

"정신 이상자들의 군중을 건전한 정신의 수호자로 삼다니!"(성 아우구스티누스) 대중의 여론에 거슬러서 자기 판단을 결정하기는 어려운 일이다. 문제 자체에서 취해진 확신은 순박한 자들을 파악한다.

다음에는 이것이 증거와 많은 사람들이 믿는다는 권위와 그 증언에 세월의 관록이 붙어서 더 지각 있는 자들에게 전파되어 간다. 나로서는 나 하나가 믿지 않는 일은 믿는 자가 백이 되어도 믿지 않을 것이고, 사상을 햇수로 판단하지도 않는다.

최근 우리 왕공들 중에서 한 분[41]은 중풍 때문에 그 건장하던 체질도 경쾌하던 기질도 잃고 있던 터에, 어느 곳의 한 신부님이 경이로운 치료법을 가지고 말

---

41) 플로리몽 드 레이몽에 의하면 이 왕공은 루이즈 드 사보아의 조카 느무르 경이라고 한다.

과 몸짓을 써서 무슨 병이든지 고친다는 보고를 받았다. 그분이 사람들이 하도 권하는 통에 못 이겨 먼 여행을 떠나 그 신부를 찾아갔더니, 이 신부는 그를 설복하여 몇 시간 동안 잠재우고, 오랫동안 말을 안 듣던 다리를 다시 쓸모 있게 만들어 주었다. 운수가 좋아서 이런 일이 대여섯 번 생기면, 이런 사건들은 기적을 자연스러운 일로 만드는 것이었다. 다음에 알아보니, 그것은 너무나 단순하고 아무런 기술도 없는 것이었기 때문에, 처벌할 거리도 못 되는 일이라는 판결이 내려졌다. 이런 일은 그 본거지를 찾아가서 알아보면 대부분 이렇게 해결될 것이다. "멀리 떨어져 있기 때문에 속이는 사물들에 감탄한다."(세네카) 우리의 시각은 멀리서는 종종 괴상한 물건을 보는데, 가까이서 보면 사라져 없어진다. "평판은 분명하게 증명하지 못한다."(퀸투스 쿠르티우스)

시작은 정말 아무것도 아닌 원인에서 대개 굉장한 소문이 퍼지는 것을 보면 신기한 일이다. 바로 그 자체가 사실의 조사를 방해한다. 왜냐하면 사람들은 그런 대단한 평판에 어울리는 강력하고 중대한 원인을 찾고 있다가, 진짜 원인은 놓쳐 버리기 때문이다. 원인이 너무 뚜렷하지 않아서 눈에 띄지 않는 것이다. 그리고 사실 이런 일의 수사에는 무관심하고 선입견이 없는 극히 신중하고 조심성 많고 능숙한 수사관이 요구된다.

지금 이날까지 이런 모든 기적이나 괴상한 사건 같은 것은 내 눈에는 띄지 않는다. 나는 이 세상에 나 자신보다 더 확실한 괴물이나 기적은 본 일이 없다. 사람들은 세월이 지나면 피곤한 일도 습관이 되어서 대수롭지 않게 보아 넘긴다. 그러나 나는 자신을 찾아보고 알아보고 하면 할수록 더욱 나의 기형적인 꼴에 놀라며, 더욱 나를 이해하지 못한다.

이러한 사건들을 세상에 드러내어서 사람들이 믿도록 만들어 놓는 주요 권한은 운수에 있다. 엊그제 내 집에서 8㎞쯤 되는 한 마을을 지나다 나는 기적이 일어났다는, 그 소동이 아직 채 식지도 않은 곳을 가 보았다. 최근에 그것이 아무것도 아닌 것으로 밝혀졌지만, 그 근처는 몇 달을 두고 온통 이 사건으로 떠들어 댔고, 이 근방 전체가 소란해져 모든 계층의 사람들이 떼 지어 몰려들었다.

그 고장의 한 청년이 어느 날 밤 자기 집에서 귀신 소리를 흉내 냈다. 그저 재미로 떠들어 본 것이었지, 누구를 속이려는 생각은 없었다. 일이 생각보다 재미있자, 그는 그 속임수를 좀 더 발전시켜 그 마을에서 아주 어리석고 모자라는 한 처녀를 끌어 넣었다. 그리고 마침내는 나이도 재간도 같은 또래의 셋이 한패가 되었다. 처음에는 집에서 설교를 하다가 다음에는 대대적으로 설교하러 나서며, 교회의 제단 밑에 숨어서 밤중에만 말하고, 그곳에 불이라고는 전혀 가져오지 못하게 했다. 세상이 뒤집힐 것이라느니, 최후 심판의 날이 가까워 온다느니 하는 위협을 해 가면서(이런 말을 해야만 권위가 서고 사기술이 감추어지는 것이다) 그들은 어떤 환각과 동작을 꾸며 보였는데, 너무 어리석고 우스꽝스러워 어린아이 장난이라도 그런 엉터리짓은 없었을 것이다. 그렇지만 운이 어느 정도 가세해 주었던들, 이 속임수가 어디까지 불어 갔을 것인지 누가 알 일인가?

이 못난이들은 지금 감옥에 갇혀 있다. 아마도 사람들의 어리석음에 대한 형벌을 그들이 받게 될 것이며, 어떤 재판관이 자기의 어리석음에 대한 앙갚음을 그들에게 할지 모를 일이다. 이 사건은 발각이 되었으니까 사실이 뚜렷하게 드러났다. 그러나 비슷하게 우리의 지식으로 이해되지 않는 많은 사건들에 관해서 우리의 지식에 벗어나는 일을 용인하고 안 하기에는 우리의 판단력을 유예해 두는 편이 좋다고 나는 생각한다.

세상의 많은 속임수들, 아니 더 과감하게 말해서 세상의 모든 속임수들은, 우리가 무식하다는 말을 듣는 일은 두려워하게 하고, 우리가 반박하지 못하는 것은 그대로 받아들이도록 사람들이 가르쳐 온 데서 생긴다. 우리는 모든 사물들을 규범을 세워서 단정적으로 말한다. 로마에서 하던 재판소의 어법으로는, 한 증인이 자기 눈으로 보았다고 진술하고 재판관이 가장 확실한 지식을 가지고 판결할 때에도, "이런 것 같다"라는 어법을 쓰기로 되어 있었다. 사람들이 무엇이든지 확실하다고 단정해서 말하면, 나는 그것을 진실된 일로 받아들이고 싶지가 않아진다. 나는 우리 말투 중에 말의 의미를 부드럽게 조절하는, "혹시, 어쩌면, 어떤 사람들 말이, 내 생각에는" 식의 어법을 좋아한다. 그리고 내가 어린아이들을 가르치게 된다면, "그게 무슨 말씀이죠? 나는 잘 모르겠는데요. 그럴 수도 있겠죠. 정말입니까?"라는 식으로 대답하는 어법이 버릇이 되게 훈련시키겠다. 그래서 그들은 지금 사람들이 하는 식으로 열 살 때 박사님 노릇을 시키기보다는 60이 넘어서도 제자의 태도를 지키게 하겠다. 무식의 병을 고쳐 주려면, 그 무식을 자백시켜야 한다.

이리스(하늘이 인간 세계에 보내는 사자인 무지개)는 타우마스(경탄)의 딸이다. 감탄은 모든 철학의 기초이고 조사는 진보이고, 무지는 맨 끝이다. 진실로 명예나 덕으로 보아서 학식에 아무것도 빚지지 않은 무식이 있다. 그러한 무식을 가지기 위해서는 학식을 가지는 것 못지않은 학식이 있어야 한다.

나는 어릴 적에 툴루즈 재판소 배심원인 코라스가 괴이한 사건에 관한 재판 서류를 인쇄해 낸 것을 보았는데, 그것은 두 인물이 서로 상대편과 뒤바뀐 사건의 기록이었다. 다른 일은 생각나지 않지만 재판관이 이편이 유죄라고 판단한 자의 사기 수단이 우리 상식으로나 재판인 그 자신의 상식으로는 이해하기가 너무 힘들 정도로 진기한 사건이었기 때문에, 당사자를 교수형에 처한다는 판결이 내게는 너무 엉성한 것으로 보였다. 차라리 그리스의 아레이오파고스 재판관들이 더 너그럽고 묘하게 판결하던 식으로, "재판정은 이 사건이 도무지 이해되지 않는다"고 하던 판결 형식을 받아들일 일이다. 이 그리스 재판관들은 그들이 풀어 볼 수 없는 소송 사건에 몰리면, 사건의 판결을 백 년 뒤로 연기시켰던 것이다.

내 집 근처의 무녀(巫女)들[42]은 새 작가들이 나와서 그녀들의 환각이 실제로 있다는 것을 입증해 줄 적마다 생명을 내걸며 운을 팔고 있다. 성경이 이런 사물들에 관해서 제공하는 사례 가운데 지극히 확실하고 반박할 수 없는 사례들은, 현대의 사건들과 결부시켜 다루기 위해서는 그 원인도 방법도 알아보지 못하는 이상, 거기는 우리의 것보다는 다른 재간들이 필요하다. 이런 해석은 "이것은 기적이고 저것도 기적이다. 다른 것은 그렇지 않다"라고 말할 수 있는 오로지 전능자의 증언으로만 할 수 있는 일이다. 이런 일에 관해서는 하느님을 믿어야 한다. 그것은 가장 옳은 일이다. 그렇다고 우리들 중의 하나가 이런 일을 다른 자의 사실을 가지고 말하든지, 또는 자기 자신을 두고 말하든지, 자기가 하는 이 이야기에 놀라는 경우에는(그리고 그는 지각이 없는 자가 아니라면 당연히 놀라야 한다) 그것을 믿어 줄 일이 아니다.

나는 인품이 둔해서 실질적인 사람들과 진실된 일들을 존중하는 편이고, 옛

---

42) 이 문제는 당대의 정신을 열중시키고 있다. 그리고 내란에 수반하는 민중의 곤궁 속에 마술사·무녀들의 황당한 언동이 성형되고 있다.

사람들이 "대다수의 인간들은 자기들이 이해하지 못하는 사물들을 믿어 증거로 삼는다"(작가 미상)거나 "인간은 그 본성으로 비밀스러운 사물들을 즐겨 믿어 증거로 삼는다"(타키투스)는 식으로 책망받기를 피한다. 나는 이런 일을 의심하다가는 사람들이 화를 내고 그러지 못하게 하며, 자칫하면 저주받을 모욕을 받게 될 것을 잘 안다. 그것은 새로운 설복 방법이지, 하느님의 덕택으로 내 믿음은 주먹다짐으로 조종되지는 않는다. 자기들의 의견이 그릇되다고 비난하는 자들을 책망하려면 하라. 나는 그런 의견이 믿기 어려운 당돌한 결론이라고만 비난하며, 그 의견에 반대하는 이론도 그들만큼 강력하게는 못하더라도 그들 것과 아울러 책망한다. "오랜 사물들을 진실다운 사물이라고 제언할망정 다만 그것을 확인하지 말지어다."

자기 의견을 강제와 명령으로 세우는 자는 그 이유가 박약하다는 것을 보여 주는 것이다. 스콜라 학파식의 말꼬리 잡는 싸움이라면 그 반대자들만큼이나 똑같이 그럴듯하게 말해 볼 수도 있을 것이다. 그러나 그들이 거기서 끌어내는 결과로 보면, 이 반대자들 편이 훨씬 더 유리하다.

사람들을 죽이려면 명백하고 뚜렷한 이유가 있어야 한다. 그러나 이런 초자연적인 허망한 사건들을 보증해 주기에는, 우리 인생이 너무나 현실적이고 본질적이다. 그리고 독약이나 약제로 말하면, 나는 그런 것을 고려에 넣지 않는다. 그런 것은 가장 악질적인 살인 행위이다. 그렇지만 이런 사건에도 범인의 고백에 늘 구애될 필요가 없다고 사람들은 말한다. 왜냐하면 지금 뻔히 살아 있는 자들을 죽였다고 자백하는 경우를 가끔 보기 때문이다.

그와는 다른 이런 허망한 고발에서는 한 인물이 아무리 훌륭한 능력이 있다고 칭찬받고 있다고 해도, 그에 관해서는 인간적인 일만 믿어 주면 충분하다고 나는 생각한다. 그의 이해력에 넘치는 일이고 초자연적인 사실이 문제되는 경우에는 그가 초자연적인 힘을 가질 만한 인정을 받아서 그의 권위가 서 있을 때에만 믿어 주어야 한다. 하느님께서 어떤 자들에게 내려 주신 그런 특권이 우리에게 증명된 경우라도, 그 특권을 경솔하게 남에게 전해 주어서 더럽히는 일이 있어서는 안 되겠다.

나는 이런 이야기를 귓속이 다져지도록 수없이 들어왔다. "그가 어느 날 동쪽에 있는 것을 세 사람이 보았는데, 세 사람은 다음 날 그가 서쪽에, 어느 시간에 어디서 어떻게 옷을 입고 있는 것을 보았다"는 것이다. 정말 나 자신의 말이라도 나는 그런 말을 믿지 않을 것이다. 내가 한 인간을 열두 시간 사이에 바람과 함께 동쪽에서 서쪽으로 간 것으로 만들어 놓기보다는 그 사람이 속이고 있다고 믿는 편이 얼마나 더 당연하고 진실한 일인가? 우리들 중의 하나를, 살과 뼈가 있는 사람을, 밖에서 온 귀신이 빗자루에 실어서 자기 집 굴뚝을 따라 날려보냈다고 하는 말이라면, 머리에 고장이 나서 떠벌리는 통에 우리의 이해력이 돌았다고 하는 편이 얼마나 더 당연하게 들리는 일인가?

 알지 못하는 환상을 밖에서 끌어들이지 말자. 우리는 집에서 일어나는 환각(幻覺)에 끊임없이 흔들리고 있는 것이 아닌가. 적어도 그런 것을 기적이 아닌 방법으로 그런 증명을 돌려서 부인할 수 있다면, 기적을 믿지 않는 것은 용서될 만한 일이라고 나는 생각한다. 그리고 나는 성 아우구스티누스가 말한, 증명하기 어렵고 믿는 것도 위험한 일은 확신보다도 의심하는 쪽으로 기울어지는 편이 낫다는 의견을 좇겠다.

 몇 해 전에 내가 어느 왕의 영토를 지날 때, 그 왕은 내가 잘 믿지 않는 버릇을 고쳐 주려고 고맙게도 나를 어떤 비밀의 장소로 데려가서, 이런 따위의 10명 남짓한 죄수를 보여 주었다. 그중에 한 노파는 정말 마술쟁이같이 추잡스럽고도 괴상하게 생겼고, 그 술법이 용하다는 소문이 먼 곳에까지 퍼져 있었다. 나는 이 가련한 노파에게서 동시에 자유로운 고백과 그 증거와 무엇인지 말할 수 없는, 느낄까 말까 하는 표징을 보았다. 나는 가능한 한도의 가장 건전한 주의력을 써서, 그녀에게 실컷 말해 보고 물어보았다. 나는 결코 판단력이 어떤 선입견에 얽매이는 인물이 아니다. 결국 내 양심으로는 이런 자들에게 사약(死藥)인 독인삼보다는 차라리 정신병 약인 엘레보르를 처방해 줄 일이었다. "그들의 경우는 범죄보다도 광증(狂症)에 가까운 것으로 보였다."(티투스 리비우스) 재판정은 이런 질병에 대해서 고유의 징계법을 가지고 있다.

 어느 점잖은 분들이 종종 여기서나 다른 곳에서 내 의견에 반대해서 내놓은 논법은, 내가 그것을 인정하지 않을 수 없다거나, 그들의 결론보다도 더 진실된 해석이 허용될 수 없는 것으로 느껴 본 일은 없었다. 경험과 사실에 기초를 둔 증거와 사리(事理)는 풀어 보지 않는 것이 일반적이다. 그런 일에는 역시 끝이 없다. 그런 것은 알렉산드로스가 옭아맨 끈을 풀어 놓은 방식으로 나는 매듭을 끊어 버린다. 결국 그런 것을 가지고 생사람을 태워 죽인다는 것은, 그가 생각하는 바를 너무 값비싸게 생각해 주는 일이다.

사람들은 여러 예를 들어서 말한다. 그리고 프레스탄티우스는 그의 부친의 일을 들어 이야기하기를, 그는 깊은 잠에 빠진 상태에서 자기가 말이 되어 병사들의 짐끄는 말노릇을 하고 있는 꿈을 꾸었다고 한다. 그는 꿈꾸는 동안 그대로였었다. 만일 마술사들이 이렇게 물질적으로 꿈꾸는 것이고 설사 꿈이 때로는 사실로 되는 수가 있다고 해도, 나는 그 때문에 우리의 의지가 법에 걸리는 것이라고는 믿지 않는다.

이런 말은 내가 왕들의 재판관도 고문관도 아니고, 그런 자격이 있다고 꿈에도 생각해 본 일이 없는 인간이며, 자기 행위로나 언동으로나 공적 이유에 복종할 것으로 태어났고, 그러한 의무를 진 평범한 인간으로서 하는 말이다. 내가 생각하는 바를 가지고 누가 자기 동네의 가장 사소한 법규나 여론이나 습관에 불리한 사고방식을 좇는다면, 그것은 자신에게나 내게나 대단히 언짢은 일이다. 왜냐하면 내가 하는 말은 그 당시에 뒤숭숭하게 흔들리는 상념으로 혼자 생각해 본 것일 뿐, 이것이 확실한 의견이라고는 보장하지 못하기 때문이다.

내가 말하는 것은 모두 잡담으로 말하는 것이고, 누구에게 주는 충고의 방식으로 하는 것이 아니다. "그리고 나는 그들과 같이 내가 모르는 것을 모른다고 하기를 수치로 여기지 않는다."(키케로) 사람들이 내 말을 믿어 주는 것이 내 권리라면, 나는 이렇게 과감하게 말하지 않을 것이다. 그래서 내가 권고하는 논법이 너무 심하다고 불평하는 어느 고위층에게 나는 이렇게 대답했다. "당신이 한 편의 의견에 긴장해서 그 사상으로 준비되어 있는 것을 느끼기 때문에, 나는 내가 할 수 있는 생각으로 당신의 판단력을 밝혀 주기 위해서 다른 편의 의견을 제시해 볼 따름이오. 당신의 마음은 하느님께 달려 있으니, 하느님께서 택하시는 길로 가르쳐 주실 것이오. 나는 내 의견이 이렇게 중대한 일에 무슨 영향을 주기를 바랄 정도로 오만한 마음을 가지지는 않았소. 나는 그렇게까지 강력하고 고매한 결론을 내릴 만하게 내 판단력을 수련해 볼 신수를 타고나지도 않았소." 사실 나는 생각이 여러 갈래로 갈라져 있을 뿐 아니라 이리저리 헛갈려서, 내게 아들이 있다면 내 아들조차 내 의견에 싫증을 내게 될 것이다. 뭐라고? 가장 진실한 의견들이 가장 편리한 것이 못 되는 것이라면, 그럴 정도로 인간은 황당한 구조로 되어 있다는 것이다.

지당한 말이건 황당한 말이건 상관없다. 이탈리아 속담에 절름발이 여자와 자 보지 않은 자는 비너스의 맛을 완전히 알아보지 못한 것이라고 했다. 운수 탓인지, 어느 특수한 사정이 있어서 그런지, 남자들이나 여자들에 관해서나 마찬가지로 이 말이 오래전부터 평민들의 입에 오른다. 스키타이족의 왕이 아마존들의 여왕에게 사랑을 청하자, "그짓은 절름발이가 가장 알짜로 할 것이오"라고 대답했다는 것이다. 이 여자들의 국가에서는 남자의 지배를 면하기 위해서 남자들을 어릴 적부터 팔과 다리와 다른 부분 등, 여자들에 비해서 남자가 유리한 부분을 모두 분질러 놓고, 단지 그것만을 가지고 여자들이 사용하는 것으로만 남자들을 이용하는 것이었다.

나는 절름발이 여자는 그 비뚤어진 동작 때문에 그 일에 어떤 새 맛을 주기 때문에, 그런 여자를 시험해 보는 자들에게 달콤한 자극을 일으키는 것이라고 말하고 싶다. 그러나 나는 옛날 철학에서도 이 문제를 다룬 것을 요즈음에서야 알았다. 철학은 절름발이 여자의 다리와 엉덩이는 그 불완전한 상태 때문에 필요한 양분을 받지 못하고, 그 위에 있는 생식 부분이 더 충만해지고 힘차게 된 것이라고 한다. 또 이 결함은 운동에 장애가 되기 때문에, 이런 흠집을 가진 여자들은 힘을 덜 소모해서, 힘이 완전히 비너스의 장난에 몰린다는 것이다. 그런 이유에서 그리스 사람들은 베 짜는 여자들이 몸을 심하게 움직이지 않고 늘 앉아서 일하기 때문에 다른 여자들보다 더 뜨겁다고 핀잔하고 있다. 이런 식이라면 무슨 일을 추론해 보지 못할 것인가? 이 베 짜는 여자들을 두고 말한다면, 마치 귀부인들이 마차를 타고 뒤흔들려서 그렇듯이 그녀들은 앉아서 일하는 작업으로 몸이 흔들려서 이런 생각을 일깨워 촉진시키는 것이라고도 말할 수 있을 것이다.

내가 처음에 말하던 것을 설명하는 데에 이런 예는 소용이 되지 않을 것인가? 즉, 우리의 추리력은 종종 결과를 앞질러 예측하며, 그 판단하는 폭이 무한히 넓어서 존재하지 않는 것에까지 행사되는 것이 아닐까? 우리의 사고력은 자유자재로 모든 종류의 헛된 생각에도 이치가 있다고 꾸며 붙일뿐더러, 우리의 상상력도 똑같이 아주 어쭙잖은 겉모습에서 그릇된 인상을 받기 쉽게 되어 있다. 왜냐하면 이 절름발이라는 낱말의 뜻이 이렇게 예부터 전해 내려온 권위만으로, 나는 전에 육체관계를 맺은 한 여자가 몸이 온전하지 못했던 탓으로 내가 그 여자에게서 더 많은 쾌감을 받았고, 그것을 그녀의 우아미에 넣어서 고려한 것으로 믿게 되었기 때문이다.

토르콰토 타소는 프랑스와 이탈리아를 비교하면서, 우리는 이탈리아 귀인들보다 다리가 약한 것을 주목했다고 말하며, 그 원인을 우리가 계속적으로 말을 타고 다니는 탓에 돌리고 있다. 이것을 이유로 들어서 수에토니우스는 전혀 반대되는 결론을 내리고 있다. 그는 거꾸로 게르마니쿠스가 바로 이 훈련을 통해 그의 다리를 키웠다는 것이다.

우리의 이해력같이 흐늘거리고 혼미되기 쉬운 것은 없다. 그것은 어느 발에도 맞는 테라메네즈[43]의 신발이다. 이해력도 앞뒤가 있고 다르며, 그 재료들도 이중이고 서로 다르거나 어긋난다. "내게 은 한 드라크마를 다오" 하며 견유학파(犬儒學派) 철학자가 안티고노스에게 말했다. "그것은 왕의 선물이 못 된다." 그는 대답했다. "그럼 한 탈렌트를 다오." "그것은 견유학파가 받을 선물이 아니다."

> 이 열기가 길을 터서 비밀스러운 작은 구멍을 열므로
> 수액이 새싹에까지 이름인지.
> 또는 그 열기가 대지를 더 다지고 너무 열린 혈맥을 수축시켜서
> 보슬비의 영향이나 태양의 작열이나
> 또는 심한 북풍의 냉기를 방어함인지.   (베르길리우스)

"모든 메달에는 그 이면이 있다."(이탈리아의 격언) 그 때문에 클리토마코스는, 카르네아데스는 인간들에게서 동의하는 버릇, 즉 판단하는 의견과 그 조잡성을

---

43) Theramenez. 프로디코스의 제자로 아테네 시의 웅변술 교사. 그는 한 신발을 양쪽에 사용했다.

빼앗아 갔으니, 그는 헤라클레스의 공로를 능가하는 업적을 세운 것이라고 말했다. 이렇게까지 강력하게 나오는 카르네아데스의 사상은, 내 생각으로는 옛날 사람들이 건방지게 무엇을 알고 있다고 표방하며, 지나치게 교만하게 굴던 태도에서 나온 것이라고 본다.

이솝의 주인은 그를 다른 두 노예와 함께 팔려고 장에 내놓았다. 살 사람이 와서 그들 중의 하나에게 무엇을 할 줄 아느냐고 물어보았더니, 그 노예는 자기 가치를 올리려고 이것도 알고 저것도 안다는 식으로 자기 재주를 산더미같이 떠벌려 놓았다. 둘째 노예도 첫 사람보다 더하면 더했지 못하지 않게 늘어놓았다. 이솝의 차례에 이르러 무엇을 할 줄 아느냐고 물어보자, "아무것도 없소. 이자들이 먼저 모두 차지해서 그들이 모두 알고 있소"라고 대답했다. 철학 학파들도 이러했다. 인간 정신이 모든 일을 할 수 있다고 주장하는 자들에 대해서 울화가 터져, 다른 자들은 경쟁심으로 사람은 아무것도 할 줄 모른다는 사상을 내놓게 되었다.

어떤 자들은 다른 자들이 학식을 존중하고 있는 정도로 극단적으로 무지를 자랑삼는다. 그것은 인간이 어느 방면에서든지 절제가 없고, 필연 앞에서 비로소 정지하며, 더 이상 나아가려야 나아갈 수 없는 사실을 부인하지 못하게 하기 위한 것이다.

12
인상에 대하여

우리들이 지닌 거의 모든 견해는 권위와 신용에서 얻어졌다. 그것이 언짢다는 말은 아니다. 지금과 같은 약한 시대에 자신이 택하다가는 가장 나쁜 것밖에는 잡지 못한다. 소크라테스에 대해서 그의 친구들이 남겨 놓은 사상적 형태는, 사람들이 거기에 찬성하고 있는 것을 존중하므로 우리도 찬성할 뿐이다. 우리가 알아서 하는 것이 아니다. 이 사상들은 우리의 경험에 준한 것이 아니다. 지금 이 시대에 그와 비슷한 것이 나온다면, 그것을 좋게 평가할 사람은 얼마 없을 것이다.

우리는 톡 쏘고 부풀어 올리고 기교로 팽창된 것밖에 우아한 맛을 보지 못한다. 순박성과 단순성 밑에 흐르는 우아미는 우리와 같은 천하고 상스러운 취미에는 걸려 오지 않는다. 그런 것에는 미묘한 미가 숨어있다. 이런 숨겨진 비밀스러운 광명을 발견하기에는 깨끗이 씻어진 명철한 시각이 있어야 한다. 순박이라는 것은 우리들로 보면 우둔의 사촌뻘이며 비난받을 소질이 아니던가? 소크라테스는 타고난 범상한 동작으로 그의 마음을 움직여 간다. 농사꾼도 그렇게 하며 여자라도 그렇게들 한다. 그는 마부·농담꾼·나막신장이·토역장이의 말투밖에 입에 담지 않는다. 그것은 사람들이 가장 잘 알고 있는 범속한 행동들에서 끌어낸 귀납이며 유추이다. 아무라도 그것을 이해한다. 우리 따위, 어려운 학설로 명성을 떨치지 않은 모든 것은 평범하고 비속한 것으로 보며, 겉모양과 허식으로 꾸며 보이지 않으면 풍부성을 알아주지 않는 우리들은 그렇게 비속한 형태로는 그의 고상하고도 찬란하고 감탄할 만한 사상들을 결코 식별할 수 없을 것이다.

우리의 세상은 겉치장으로만 꾸며져 있다. 사람들은 바람으로만 속을 채우고 고무풍선처럼 둥실둥실 떠돌고 있다. 소크라테스는 헛된 생각을 내놓지 않는다. 그의 목적은 우리에게 현실적으로 인생에 더 밀접하게 필요한 사물들과 교훈을 찾아 주는 데 있다.

절도를 지키고, 한계를 견지하고, 본성을 좇다.　　　　　　(루카누스)

그는 또 항상 변함없고 한결같았다. 그리고 몸을 솟구쳐 뛰어오른 것이 아니라 기질로 자기 정력의 궁극에까지 올라갔다. 더 자세히 말해 보면, 그는 아무 것도 올려놓은 것이 아니고, 도리어 자기를 끌어내려서 그 근원의 본성으로 돌려 놓으며, 정력과 역경과 고난을 극복해 나갔다. 카토의 경우는 평범한 사람과는 거리가 먼 긴장의 자세이며, 그의 생애와 죽음의 고매한 행적에서는 늘 위풍 있게 말을 타고 있던 그의 풍모가 명백하게 느껴진다. 소크라테스의 경우는 땅으로 기며 유연하고 평범한 보조로 가장 유용한 사상을 다루고, 그의 죽음에서, 그리고 사람으로서 당할 수 있는 가장 가혹한 역경에 처해서도 인간다운 삶의 길을 밟아 갔다.

세상에서 가장 알려질 만한 가치가 있으며 세상의 모범으로 소개될 만한 인물이 우리가 가장 확실하게 알고 있는 인물이라는 것은 잘된 일이다. 그는 세상에서 가장 사리를 잘 아는 사람들(소크라테스를 소개한 플라톤과 크세노폰을 말함)에 의해서 밝혀졌다. 우리가 알고 있는 그에 관한 증인들은 그 믿음직하고 착실함과 능력으로 보아서 감탄할 만한 인물들이다.
　한 어린아이의 순결한 마음에 이러한 질서를 세우고 그것을 변질시키거나 늘리지도 않고 우리들 심령의 가장 훌륭한 성과를 이루었다는 것은 위대한 업적이다. 그는 인간의 심령을 고매한 것으로도 풍부한 것으로도 표현하지 않는다. 그는 이 심령을 건전하게, 그것도 경쾌하고도 밝은 건강으로만 표현할 뿐이다. 이러한 속되고 자연스러운 동기들과 예사롭고 평범한 관념들을 가지고 감격하거나 흥분함이 없이 그는 세상에서 가장 절제되었을 뿐 아니라 가장 높고도 힘찬 신념과 행동과 도덕을 세웠다. 하늘에서 헛되이 시간을 보내던 인간적 예지를 끌어내려, 그것을 가장 정당하고 노력이 들며 유용한 일거리가 있는 인간에게 돌려준 것이 바로 그가 한 일이다. 그가 재판관들 앞에서 변론하던 바를 들어 보라. 얼마나 정당한 이유를 들어서 전쟁의 위험 앞에 용맹을 돋우고, 어떠한 논법으로 중상과 포학과 죽음, 그리고 아내의 바가지 등쌀에 대항해서 인내심을 강화해 가는가 보라. 거기는 기술이나 학식에서 빌려 온 것은 아무것도 없다. 가장 단순한 머리를 가진 자도 소크라테스를 보면, 자기들이 가진 수단 방법과 힘을 자각하게 된다. 그보다 더 뒤로 물러나고 아래로 내려갈 수는 없다. 그는 인간의 본성이 얼마만 한 일을 할 수 있는가를 보임으로써 인류에게 큰 혜택을 끼쳤다.
　우리들은 저마다 자기가 생각하는 것보다 더 부유하다. 그런데 사람들은 재료를 빌려 오고 찾아오라고 우리를 훈련시킨다. 사람들은 우리에게 자기 것보다도 남의 것을 사용하도록 지도한다. 사람은 어떤 일에서도 자기에게 필요한 정도에서 멈출 줄 모른다. 탐락이건 재산이건 권력이건, 그는 자기가 품어 안을 수 있는 이상의 것을 차지하려고 한다. 그의 탐욕은 절제가 불가능하다. 알고자 하는 욕심에서도 마찬가지이다.
　그는 자기가 할 수 있는 것보다 훨씬 더 많이, 자기가 해야 할 것보다 훨씬 더 많은 일을 스스로를 위해 끌어내며, 지식의 유용성을 그 재료가 있는 한 확대시

킨다. "우리는 다른 모든 일에서와 같이 학문의 연구에도 무절제 때문에 고생한다."(세네카)

아그리콜라의 모친이 그 아들의 맹렬한 학문 연구 의욕을 억제했다고 타키투스가 칭찬한 것은 옳은 일이다. 확고한 눈으로 보면, 학문은 다른 재물과 같이 인간이 타고난 고유의 약점과 허영이 많이 섞여 있는 값비싼 것이다.

학식의 사용은, 다른 식량이나 음료보다도 훨씬 더 위험하다. 대체로 우리가 사들인 물건은 그릇에 담아서 집으로 가져가며, 거기서 그 가치를 우리 마음대로 심사해 보고, 어느 시간에 얼마나 가져다 쓸까를 정할 여지가 있다. 그러나 학문은 우리 심령밖에는 당장 다른 그릇에 담아 둘 수가 없다. 우리는 이 지식들을 사들일 때 그것을 삼켜 버리며, 장터에서 나올 때 벌써 몸이 그 해독을 입었거나 그 때문에 개선되었거나 한다. 그중에는 우리에게 영향을 주기는커녕 도리어 심령에 장애와 부담밖에 안 되며 우리를 치유해 준다는 핑계로 해를 끼치는 것도 있다.

나는 어느 곳에서, 사람들이 경건한 마음으로 정절과 빈궁과 고행을 축원하는 식으로 무지를 축원하는 것을 보고 마음이 즐거웠다. 우리를 흥분시키는 이 글공부의 욕심을 억제해서 학문적 사상을 자랑 삼게 하는 탐락적인 의도를 마음에서 없애 버리는 것은 역시 우리의 무절제한 욕망을 거세하는 일이다. 그리고 거기 정신의 빈궁까지 첨가하는 것은 가난하며 쓸쓸함의 축원을 풍부하게 성취하는 일이다.

우리가 편안히 살기 위해서 학문이 필요한 것은 아니다. 그리고 우리 속에서 학문을 찾아내는 일도, 그것을 활용하는 일도 모두가 우리들 자신 속에 있다고 소크라테스는 말한다. 우리가 본성으로 받은 것을 넘는 이 모든 능력들은 거의 다 헛되고 불필요한 능력들이다. 이 학문이라는 것은 우리에게 필요한 것이기보다 도리어 마음에 짐을 지워서 혼란시키지나 않으면 다행이다. "현명한 정신에는 문장은 그다지 필요치 않다."(세네카) 그런 것은 정신적 과잉이며 우리의 일에 귀찮게 끼어들어 간섭하는 불안스러운 도구이다.

명상해 보라. 그대는 죽음에 대항하게 하는 본능의 진실한 가르침과, 우리들이 곤경에 처했을 때 사용하기에 가장 적합한 가르침을 자신 속에서 발견할 것이다.

그것은 농민이나 여러 국민 전체가 철학자와 똑같이 죽음에 대해서 지조있게 처리하게 하는 가르침이다.

그런 내가 키케로의 《투스쿨라나에》(키케로의 대표적 작품)를 못 읽어 보았더라면 죽기가 더 힘들 것이라 생각하는가? 나는 그렇다고 생각하지 않는다. 나는 이제 진실로 죽음을 마주 대하고 보니, 말재주는 좀 늘었으나 마음에는 별로 얻은 것이 없다고 느낀다. 마음은 내 본성이 만들어 준 그대로이며, 사람들과 공통의 보조로 싸움을 위해서 무장하고 있다. 책은 나를 훈련은 시켜 주었을망정 가르쳐 준 것은 별로 없다.

뭐라고? 학문이 새로운 방어책을 가지고 우리가 타고난 불운에 대항해서 새로운 방비로 무장해 주려고 시도하다가, 우리를 보호해 주는 이치와 묘책을 지닌 것 이상으로 이 인생이라는 불운이 바로 거창하고 무거운 짐이라는 인상을 우리의 사상 속에 깊이 새겨 주는 것이라고 한다면? 그런 것은 학문이 우리를 쓸데없이 깨우치는 묘책이다. 속이 가장 짜이고 현명한 작가들을 두고 보아라. 그들은 옳은 논법을 둘러서 얼마나 경박한 다른 논법들을, 그것도 자세히 들여다보면 속 빈 논법들을 뿌려 놓고 있는가. 그것은 우리를 속이는 언어만의 헛된 말재간에 불과하다. 그러나 그런 것은 유용할 수도 있기 때문에 나는 그것을 달리 쓸데없이 너저분한 이론으로 보고 싶지 않다. 이 서적 속에도 빌려 왔거나 모방했거나 해서, 이런 식의 문장이 상당히 여러 군데에 끼여 있다. 그러므로 좀 묘한 구절을 힘차다고, 날카로운 점을 견고하다고, '마시기보다도 맛보기에 더 좋은 것'(키케로)을 가지고 잘되었다고 부르지 않도록 조심해야 한다. '재치가 아니라 심령이 문제될 때에'(세네카) 마음에 드는 것 모두가 배불려 주는 것이 아니다.

세네카가 죽음을 준비하는 데 들인 노력을 본다면, 그가 마음을 단단히 잡고 안심하려고 진땀 흘리며, 이 외나무다리에서 그렇게 오랫동안 죽을 애를 써 가며 허우적거리던 꼴을 본다면, 만일 그가 죽을 때 아주 씩씩하게 체면을 유지하지 못했던들, 나는 그에 대한 평판을 뒤집어 생각해 보았을 것이다. 고민이 그렇게까지 자주 일어난 것은, 그 자신이 열정적이고 괄괄한 성격이었음을 보여 준다. 위대한 심령은 더 고요하고 침착한 태도로 표현된다. "정신은 한 색채를 가졌고 심령은 그보다 다른 색채를 가진 것이 아니다."(세네카) 그는 그의 논법으로 설복시켜야 한다. 그리고 이것은 어느 점에서 그의 적수인 죽음에서 물려 지낸 것을 보이고 있다.

플루타르크의 태도는 한층 더 경멸조이고 풀려 있던 만큼, 내가 보기엔 그만큼 더 씩씩하고 사람을 설복시키는 힘이 있다. 나는 그의 심령이 더 침착하고 절제된 동작을 가졌다고 쉽게 생각하고 싶어진다. 전자는 한층 더 생기 있어서 우리를 자극하고 놀라 일어나게 하며 정신에 더욱 감명을 준다. 후자는 더 태연하여 꾸준하게 우리를 만들어 주고 세워 주고 힘돋워 주며, 우리의 이해력을 더욱 감동시킨다. 전자는 우리의 판단을 앗아간다. 후자는 그것을 얻게 한다.

마찬가지로 더한층 존경받는 다른 문장들을 보았는데, 그것은 육체의 충동에 대항해서 버티는 투쟁의 묘사에서 이런 것을 너무나 자극적이고 강력하고 극복할 수 없는 것으로 묘사한다. 그 때문에, 우리 국민들 중의 쓰레기더미에 속하는 자들은, 그들의 저항에 관한 한, 그들이 당한 유혹의 진기함과 그 들어 본 바 없는 위력에 감탄하게 된다.

우리가 이런 학문의 노력으로 자기를 무장해서 무슨 소용이 있을 것인가? 대지 위를 내다보자. 거기 퍼져 있는 가난한 사람들은, 열심히 일하고 있는 가엾은 그들은 아리스토텔레스니 카토니 모범이니 교훈 등은 알지도 못한다. 그런데 본성은 그들에게서 날마다 우리가 학교에서 공부하는 것보다 훨씬 더 순수하고 강직한 지조와 인내의 효과를 끌어낸다. 그들 중에 가난을 가난으로 알지 않고, 죽음을 자진해서 바라거나, 또는 죽음의 고비를 놀라지도 괴로워하지도 않고 넘기는 자들을 얼마나 예사로 보는가? 내 정원을 일구고 있는 저자는 오늘 아침에 그 아비인지 아들인지를 땅에 묻었다. 병을 말할 때 그 병명만 들어 보아도 그 병의 가혹성이 부드러워지고 순해진다. 폐결핵은 그들에게는 기침이고, 이질은 설사요, 늑막염은 기력 부진이다. 이렇게 순한 말로 병을 부르기 때문에 그들은 참아 내기도 수월하게 된다. 그들이 평상시 일을 그만두게 될 때에는 병은 이미 중한 것이다. 그들은 죽기 전까지는 병석에 눕지 않는다. "이 단순하고 명백한 덕성은 어둡고 어려운 미묘한 학문으로 변했다."(세네카)

내가 이 글을 쓰고 있을 때, 우리나라는 내란으로 맹렬한 전투가 몇 달 동안을 내 집 주변에서 벌어지고, 온통 무거운 압력을 가하여 왔다. 나는 한편에는

제3권 1177

우리 집 문 앞에 적들이 밀려오고, 한편에는 적보다 더 패악한 불한당들이 몰려와 "무기가 아니라 죄악으로 전투했다."(작자 미상) 모든 종류의 군사적 행패를 동시에 겪고 있었다.

오른쪽에 가공할 적이,
그리고 왼쪽에 다른 적이 나타나며
급박한 위험이 양쪽에서 위협해 온다.   (오비디우스)

해괴망측한 전쟁이다. 다른 전쟁들은 밖에서 행하여지는데, 이 전쟁은 그 자신의 독소로 스스로를 침식하며 자기를 파괴하여 들어간다. 이 전쟁은 그 본질이 너무나 패악하고 파괴적이기 때문에 다른 모든 것과 아울러 그 자체를 파괴시키며, 광분에 들떠서 그 자체를 찢고 쩬다. 우리는 이 전쟁에서 생필품의 부족이나 적군의 압력에 의한 것보다도 더 그 자체로 무너지는 것을 본다. 내란 때에는 모든 규율이 없어진다. 이 전쟁은 반란을 진압하려고 와서 반란으로 가득 채우며, 불복종을 징벌하려는 것이 불복종의 본을 보이고, 법을 수호하려고 일어난 것이 자기편에 대항해서 반란에 가담한다. 대체 어찌 될 참인가? 우리의 약에는 병균이 들어 있다.

우리가 당하는 불행은 구원으로 더 악화된다.   (작자 미상)

병폐는 치료로 더 악화되고 격화된다.   (베르길리우스)

정과 부정이 우리들 죄악의 광분으로 혼동되며
신들의 정당한 의지를 우리들로부터 물리쳤다.   (카툴루스)

민중들의 이러한 병폐에서, 사람들은 처음에는 병든 자와 건강한 자를 식별할 수 있다. 그러나 우리처럼 이 병폐를 오래 끌게 되면, 머리에서 발끝까지 온몸이 병에 물든다. 그 어느 부분도 부패를 면치 못한다. 번져 나가는 방자한 풍조보다 더 탐스럽게 흡수되고 잘 퍼지며 침투하는 공기는 없기 때문이다. 우리 군대는 외부에서 들여온 시멘트에 의해서 밖에 뭉쳐지고 단단해지지 않는다. 프랑스인들은 이미 견실하고 질서 잡힌 군대를 만날 수가 없다. 이런 수치가 또 어디 있는가! 외국인 용병들이 보여 주는 정도 말고는 규율이라고는 없다. 우리는 모두가 제멋대로 놀며 각자 수령의 지휘를 받는 것이 아니고 모두 자기 마음대로 행세한다. 수령은 외부의 일에 대비하기보다도 내부 일에 더 급하다. 남을 쫓아다니고 아첨하고 몸을 굽히는 것은 지휘관의 일이다. 그 혼자만이 복종하고, 다른 자들은 모두 자유이며 풀어져 있다. 야심에는 얼마나 졸장부 같은 비굴성이 있는가. 얼마나 낮고 추한 노예근성을 가지고 사람들이 야심의 목표에 도달해야 하는가를 보면 재미가 난다. 그러나 마음이 온후하고 정의를 지킬 수 있는 사람들이 이 혼란에 처해서 사람을 지휘하고 일을 처리해 나가다가 날마다 타락해 가는 꼴을 보기는 참으로 불쾌한 일이다. 오래 겪다 보면 그것이 버릇이 되고, 버릇이 되면 동의하고 모방하게 된다. 우리는 착하고 후덕한 심령들을 손상시키지 않아도, 못되게 태어난 심령들을 상당히 가지고 있다. 그러나 이대로 해 가다가는 운이 돌아서 이 나라가 건강을 다시 찾게 될 경우, 나랏일을 맡아야 할 자가 적게 될 것이다.

적어도 이 청년[44]이
붕괴하는 세기를 구하러 오는 것은 막지 마라.　　　　　(베르길리우스)

군사들에게 적군보다도 수령을 두려워하라고 하는 옛 교훈은 어떻게 되었는가? 그리고 옛날 로마군이 쳤던 진영의 울 안에 사과나무 한 그루가 있었는데, 다음 날 진영이 옮겨 갈 때에 그 나무의 무르익은 맛 좋은 사과들이 축 하나 나지 않았더라는 경탄할 만한 사례는 어떠한가? 나는 우리네 젊은이들이 별로 쓸모없는 순례와 명예로울 것 없는 도제(徒弟) 생활로 세월을 보내는 대신에, 그 반

---

44) 베르길리우스는 그때에 옥타비우스 아우구스투스를 지적하는 것이었다. 몽테뉴는 이 시구(詩句)로 나바르 왕을 가리키는 것 같다. 사실 그는 다음에 프랑스 왕이 되어 거의 반세기 동안 동란으로 파멸되어 가던 국가를 다시 일으켜 세웠다.

은 로데스 해군의 어느 선량한 사령관 밑에서 바다 위의 전쟁을 견학하며, 반은 튀르키예 육군의 엄격한 규율을 배우며 보냈으면 한다. 왜냐하면 그들의 규율은 우리 것과는 많은 차이와 장점을 가지고 있기 때문이다. 우리의 군인들은 원정하러 나가면 더 충성스러워지는데, 저들은 더 조심스럽고 두려움이 많아진다. 평시에 비천한 평민들이 행패와 도둑질을 저지르면 볼기 맞는 형벌을 가할 뿐이지만, 전시에는 사형에 처하기 때문이다. 달걀 한 개의 값을 치르지 않으면 볼기 50대로 정해 있고, 식료품 이외의 경우 다른 모든 만행은 아무리 가볍더라도 지체 없이 말뚝을 박아 죽이거나 단수형(斷首形)에 처한다. 나는 역사상 가장 잔혹한 정복자인 셀림의 이야기를 읽고 놀란 바 있다. 그가 이집트를 정복했을 때 다마스쿠스시 주위에 풍부하고 미묘하며 감탄할 만한 정원들이 문을 닫지 않고 활짝 열어 놓은 채, 군사들의 손에 황폐되지 않고 온전히 남아 있었다는 것이다.

한 국가의 병폐에 대항하여 이러한 죽게 하는 약제로 싸워 가야 할 불행이 또 있단 말인가? 한 나라를 찬탈하는 포학한 점거도 이것만큼은 못하다고 파보니우스는 말했다.

플라톤은 마찬가지로 한 국가의 병폐를 고치려고 폭력으로 평화를 문란케 하는 일에 동의하지 않았고, 국민을 살육하고 피를 흘려 가며 하는 개혁을 용인하지 않았다. 이런 경우 점잖은 인물이 할 일은 모든 것을 그대로 두고 하느님께 그 비상한 손을 빌리라고 기원하는 길 뿐이다.

그는 친한 친구 디온이 좀 다른 방법을 사용했다고 불만으로 생각하는 것 같다.

나는 이 방면에는 플라톤이 세상에 있었다는 사실을 모를 때부터 플라톤주의자였다. 그는 자기 시대의 암흑 상태 속에서, 그의 양심적 성질로 오랫동안 기독교적 광명에 침투하게끔 신의 가호를 받아 마땅했다. 이 인물이 우리(기독교도)의 형제에게서 거절되어야 할 것이라면 나는 우리의 협력 없이 신에게서 아무런 구원도 기대하지 않는다는 것이 얼마나 불경건한 태도인가를, 이교도로부터 배우게 되는 것은 마땅한 일이 아니라고 생각한다.

나는 이런 일에 참견하는 많은 사람들 중에 진심으로 이런 가장 못된 사태를 나쁜 방향으로 바꾸는 행위를 사회 개혁의 수단으로 택하며, 아주 확실하게 하느님의 저주를 받은 가장 명백한 원칙을 가지고 자기 영혼의 구제를 찾고, 하느님이 자기에게 맡겨 주신 정부와 관리와 법률을 둘러엎고, 어머니(조국)의 사지를 찢어서 옛날의 적에게 갉아먹게 던져 주고, 동포애를 골육상쟁의 증오심으로 채우고, 마귀와 광귀(狂鬼)들을 원군으로 청하면서, 하느님의 법의 거룩한 평화와 정의를 돕는 일이라고 생각할 만큼 이해력이 우둔한 수작을 본 자가 하나라도 있을까 자주 의심을 품어 본다.

야심과 탐욕과 잔인성과 복수심은 그 자체로서 본연의 기세를 충분히 갖지 않았다. 그런 것을 정의와 신앙의 영광스러운 자격으로 뜨겁게 해 주고 부채질해 주자. 도리에 어그러지고 흉악함이 합법적으로 되고, 관청의 허가를 얻어서 도덕의 망토를 입는 꼴보다 더 괴악한 사태를 상상해 볼 수는 없는 일이다. "미신보다 더 심한 기만은 없다. 그것은 신들을 구실 삼아 범죄를 은폐한다."(티투스 리비우스) 플라톤에 의하면 부정(不正)의 극단적인 종류는 부정의가 정의로 간주되는 일이다.

국민들은 그 당시 대단히 광범하게 도탄의 구렁에 빠져 있었다. 그것은 단지 현재의 손해뿐 아니라

> 모든 방면의 전원(田園)은
> 그다지도 혼란과 무질서로 어지럽혀져 있었다. (베르길리우스)

미래까지도 손해를 입는 것이다. 살아 있는 자들이 고생해야만 했다. 아직 출생하지 않은 자들까지도 당할 일이었다. 국민들은, 따라서 나도 당할 일이지만[45] 희망까지 약탈당했다. 사람들은 오랜 세월을 살아가려고 준비해야 할 거리까지 모두 빼앗겼던 것이다.

---

45) 국민들이 약탈당한 것을 말하고 은연중에 몽테뉴의 거성(居城)은 피해를 보지 않은 것을 암시한다. 이 사태는 1586년에 마이엔느 장군 휘하의 리그파 군대가 당시 신교도에게 점거되었던 카스티용을 공략하던 때에 벌어진 일이다. 거기서 5마일 떨어진 몽테뉴 성은 사방으로 적군과 불한당 패들에게 시달리고 있었다.

가져가거나 데려가지 못할 것은 부숴 버리고,
이 못난 도당은 무고한 초가집들마저 태워 버린다.   (오비디우스)

성벽 안쪽에도 안전은 없고,
전원의 민가는 약탈당하다.   (클라우디아누스)

　이런 소란 이외에도 나는 다른 고생을 겪었다. 나는 절제가 이런 병폐에 가져오는 봉변을 겪어 보았다. 나는 모든 편에서 얻어맞았다. 지불랭 당[46]에게는 겔프 당원이었고, 겔프 당에게는 지불랭 당원으로 보였다. 어디선지는 생각이 안 나지만 우리 시인들 중의 하나가 이렇게 말했던 것이다. 내 집의 위치와 이웃간의 친지들의 사정은 나를 이런 모습으로 보여 주었고, 내 생활과 행동은 나를 다른 모습으로 보여 주었다. 정식으로 비난받은 일은 없었다. 걸릴 건더기가 없었던 것이다. 나는 결코 법을 어기지 않는다. 내게서 그런 꼬투리를 찾았다면 그자가 걸렸을 것이다. 사람들은 은밀히 혐의를 두었다. 이런 혼잡스럽게 뒤섞인 시대에는 시기심 많은 자나 어리석은 자들이 없지 않으며 그렇게 보일 거리가 없는 것은 아니다.
　내 양심을 보호하는 것은 도리어 그것을 위태롭게 하는 일이라고 생각한다. "언쟁은 증거를 약화시키기 때문이다."(키케로) 나는 자신에게 무슨 구실을 붙이거나 변명하거나 설명하는 일은 항상 피해 왔기 때문에 운수가 글러서 누가 내게 불리한 억측을 퍼뜨리면 대개 그것을 거들어 주는 꼴이 된다. 그리고 마치 각자가 나와 똑같이 내 속을 환히 들여다보았다는 것처럼 내게 대한 비난에서 물러나려고 하는 것이 아니고, 나는 도리어 조롱조로 비꼬아 고백하며, 자진하여 이런 비난에 부채질을 한다. 그래서 이런 일은 대답할 건더기가 못 된다고 딱 잡아떼며 침묵을 지키지도 않는다.
　그러나 이런 태도가 너무 자신을 가지고 교만하게 구는 수작이라고 보는 자들은, 자기의 사상에 변명할 여지가 없는 약점을 지닌 데서 오는 것이라고 보는

---

[46] Gibelin은 독일 황제파요, Guelphe는 교황파로, 12세기에서 15세기까지 이탈리아에서 둘로 분열되어서 맹렬히 싸우던 두 당파이다.

자들에 못지않게 나를 언짢게 본다. 특히 세도가들이 그렇다. 그들은 자기들 앞에 굴복하지 않는 것이 가장 큰 잘못이라고 보고, 올바른 사람들이 자기를 알고, 그들 앞에 못난 태도로 공손히 굴지 않고 탄원하지 않는 태도를 느끼는 경우에 혹독하게 대한다. 나는 자주 이 난관에 부딪혔다. 어떻든 그때에 내게 일어난 일은 야심가였더라면 목매달아 죽었을 것이고, 탐욕한 사람이라도 그러했을 것이다.

나는 소득에는 아무런 관심이 없다.

> 지금 내가 가진 것만을 보전하고,
> 할 수가 없으면 다 못 해도 좋다.
> 신이 허락하는 남은 여생이나마
> 나대로 살아가게 하라.
> (호라티우스)

그러나 폭력에서 오건 도둑질에서 오건 타인의 침해로 생긴 손실은, 탐욕으로 병들어 고통받는 사람과 똑같이 나를 괴롭힌다. 이런 침해는 그 손실보다 마음에 쓰리기 한이 없다.

온갖 종류의 불행이 줄을 지어서 내게 닥쳐왔다. 다른 사람들과 모두 함께 당한다면, 나는 더 마음 편히 당했을 것이다. 벌써 나는 내가 늙어 넋을 잃어 곤궁하게 되면 친구들 중에 누구에게 몸을 의탁할 것인가 하고 생각해 보았다. 눈으로 사방을 둘러본 뒤에 나는 알몸뚱이로 돌아왔다. 그렇게 높이서 곤두박질쳐 떨어지려면, 견고하고 힘차고 여유 있게 풍족한 친구의 팔에 떨어져야 할 일인데, 그런 친구란 있다고는 해도 드물다. 마침내 나는 내가 곤궁한 때 나를 맡길 가장 안전한 곳은 나 자신이라는 것을 알았다. 그리고 운의 은혜에서 냉대받는 경우를 당한다면 가장 간절하게 나를 자신의 은혜에 당부하고 내게 애착하며 나를 더 가까이서 주시해 보아야 할 것임을 알았다.

모든 일에서 자신을 무장할 줄 안다면, 그것만이 확실하고 강력한 것인데, 사람들은 자신의 일을 아끼려고 남의 힘에 의지하며 몸을 던진다. 아무도 자기에게 도달하지 못했기 때문에 각자는 다른 곳으로, 그리고 미래를 향해 달려간다. 그래서 마침내 이 난리가 유익하다는 결론을 얻었다.

첫째로, 굽은 나무는 불에 쬐어서 집게의 힘으로 바로잡듯이, 못된 생도는 이치를 잘 타일러도 알아듣지 못할 때에는 매질로 깨우쳐야 하기 때문이다. 나는 이미 오래전부터 내게 의지하고 남에게 의탁할 생각을 버리라고 자신에게 설교하고 있다. 그러나 내 눈은 역시 늘 옆으로 돌아간다. 높은 사람이 고개를 끄덕이며 좀 호의 있는 말이라도 던지고, 좋은 얼굴이라도 보여 주면, 나는 마음이 솔깃해진다. 그런 것이 요즈음 얼마나 드물게 있는 일인지 그 뜻이 어디 있는지는 하느님이 안다! 나는 또 사람들이 나를 장터로 끌어내리려고 유인하는 소리에 이마의 주름살도 잡지 않고 들어 주며, 너무 약하게 내 자신을 방어하기 때문에 자진해서 넘어가는 것같이 보인다. 한데 이렇게 말 안 듣는 정신에는 몽둥이찜질이 필요하다. 그리고 이렇게 제대로 풀어지고 터지며 빠져서 부서져 가는 통은 망치로 때리고 두드려서 조여야 한다.

둘째로, 설사 운의 덕택으로, 그리고 내 성격의 조건 때문에 걸려도 마지막에 걸리리라고 기대하던 내가, 대뜸 초두부터 이 폭풍우에 걸려들게 되었다 해도 이런 변고는 일찍부터 내 생활을 단속하고 새로운 조건에 적응하도록 나를 가르쳐서 이보다 더 나쁜 일에 대비하게 하는 훈련이 되었기 때문이다. 참된 자유는 자신에게 전적인 권한을 갖는 일이다. "가장 강력한 자는 스스로를 자기 권한 속에 갖는 자이다."

보통의 평온한 시대에는 사람들은 대단치 않는 사고에 대비한다. 그러나 벌써 40년 이래로 우리가 처하여 있는 이 혼란 상태에서는 프랑스 사람은 누구나 다 개인적으로나 일반적으로나 시시각각으로 자기 운명이 완전히 둘러엎어지는 찰나에 있음을 본다. 그런 만큼 우리는 더 강력하고 힘찬 준비가 필요하다. 이렇게 무르지도 느긋하지도 한가롭지도 않은 세기에 살게 된 일을 운명에게 감사하자. 다른 방법으로 유명해지지 못하는 자는 자기 불행으로 유명해질 것이다.

나는 전에 역사에서 다른 나라의 이런 혼란 상태를 읽어 나가다가, 내가 그때 살아서 직접 눈으로 보지 못한 것이 한스럽던 만큼, 내 눈으로 우리 공공생활의 파멸이라는 광경과 징후와 형태를 보아 가며, 어느 정도 내 호기심에 만족을 느낀다. 그리고 내가 이런 사태를 지연시킬 수 없는 이상, 나는 거기 참여해서 그것을 알아볼 수 있게 된 것에 만족한다.

그래서 우리는 극장에서 움직이는 영상이나 헛된 이야기 속에 인간 운명에 대한 비극적인 희롱의 표현을 알아보고 탐하여 구경한다.

우리는 우리가 듣는 일에 동정이 가지 않는 것이 아니다. 그러나 우리는 극히 드물게 이러한 비참한 사건들을 보고, 인생의 고통을 환기시키며 쾌감을 느낀다. 꼬집는 맛이 없으면 즐거운 맛도 없다. 탁월한 역사가들은 평온한 이야기를 잠자는 물이나 죽음의 바다와도 같이 피하며, 반란과 전쟁 시대를 다루어 간다. 그런 이야기를 해 달라고 우리가 청하고 있음을 그들은 알고 있기 때문이다.

나는 내 생명의 안정과 평온을 얻기 위해서 내 나라가 망해 가는 동안 얼마나 비굴한 대가로 인생의 반 이상을 보였는가를 어지간히 수치스럽게 고백할 염치를 가졌는지 의심스럽다. 나는 나 자신에게 직접 관계되지 않은 사건은 너무 값싼 참을성으로 넘기고 있다. 그리고 한탄하기 위해서 내가 빼앗긴 것보다도 안으로나 밖으로나 내게 그대로 남아 있는 것을 둘러본다. 불행들이 연달아 우리에게 곁눈질하며 우리 주위의 다른 곳을 치는 통에, 이번에는 이런 꼴을 면하고 저번에는 저런 꼴을 면했다는 일에 위안을 느낀다. 그래서 공적인 사물에 관해서와 같이, 내 심정이 더욱 보편적인 사물들로 확대되어 감에 따라 내 마음은 더 약화된다. 그뿐더러 거의 확실하게 "공적인 불행에 관해서는 우리에게 관계되는 사실밖에 느끼지 않는다."(티투스 리비우스) 그리고 병이 시작되기 전의 건강하던 상태는 지금은 그렇지 못하다는 애석감을 덜어 준다. 그것은 건강이었다. 그러나 다만 그다음에 온 질병에 비교해서의 말에 지나지 않는다.

우리는 결코 높은 곳에서 떨어진 것이 아니다. 지금은 권위와 질서로 간주되고 있는 부패와 강도 행위는 가장 참을 수 없는 일같이 보인다. 안전한 장소에서보다도 숲속에서 도둑을 맞으면 분하기도 좀 덜하다. 상황은 신체의 모든 부분들이 서로 다투어서 썩어 가고, 저마다 썩은 부분들이 한데 뭉치는 격이며, 그 대부분이 고질화되어서 치료를 받을 수도 없고, 치료받기를 요구하지도 않는 종창 같은 상태였다.

어쨌든 평정할 뿐 아니라 오만하게 처하던 내 양심 덕택으로, 이 붕괴작용은 나를 놀라 쓰러지게 하기보다는 더 활기를 주었다.

그러니 나는 한탄할 거리를 찾아보지 못했던 것이다. 하느님께서 순수하게 좋은 일도, 순수하게 불행한 일도 사람들에게 보내는 것이 아닌 만큼, 내 건강은 이 시절에 여느 때보다 더 잘 지탱되었다. 그리고 나는 건강하지 않으면 아무 일도 못하듯, 건강하고서 못할 일도 거의 없었다. 건강은 내 모든 역량을 나에게서 잠 깨우며, 자칫하면 더 심한 피해를 입혔을 타격을 막아 내려고 손을 내밀 재주를 주었다. 그리고 나의 참을성으로 운수의 타격에 대항하는 어떤 발판을 장만해 주며, 극히 심한 타격이 오기 전에는 쉽사리 낭패하지 않을 것을 느꼈다.

나는 재앙이 더 혹독하게 나를 공격해 오게 하려고 이런 말을 하는 것은 아니다. 나는 운수 나리께 문안 올린다. 나는 그 앞에 손을 쳐든다. 제발 이만하면 운명도 만족해 줘야지, 내가 그 공격을 느끼느냐고? 느끼고말고. 마치 설움에 시달림 받는 자가 그래도 가끔은 어떤 쾌감을 더듬어 보며 미소 짓는 수도 있는 것과 같이, 나는 자신에게 평상 상태를 진정시키고 괴로운 생각을 벗어던지게 하기 위한 여유는 넉넉히 가지고 있다. 그렇지만 이런 불쾌한 생각을 쫓아 버리거나 그것과 싸우려고 마음을 단단히 먹는 동안에도, 엄습해 오는 이런 불쾌한 상념이 불쑥 솟아 엉겁결에 침울함에 사로잡히는 수도 있다.

그런데 여기 이 모든 불행에 뒤이어, 가증할 재앙이 찾아왔다. 내 집 안팎으로 흑사병이 다른 것보다도 더 혹독하게 나를 맞아 주었다. 건강한 몸이 병에 걸리면 더 중하게 앓으며, 이런 질병들에 의해서밖에는 압도되지 않는 만큼, 지금까지의 기억으로는 근처에 온 전염병도 발을 들여놓은 일 없이 아주 건전하던 내 집 공기가, 한번 독소에 걸리고 보니 정말 괴상한 결과를 가져왔다.

> 늙은이나 젊은이가 뒤죽박죽으로 무덤 구덩이 속에 쌓여
> 프로세르피나(황천의 신)의 잔인한 손아귀를
> 벗어나는 자 없었다.   (호라티우스)

나는 이런 황당한 꼴을 당하게 되자, 내 집을 보기가 무서워졌다. 그 속에 있는 모든 것이 아무나 탐내는 자에게 방치된 채로 있었다.

사람이라면 누구나 다 잘 맞이해 주던 내가 내 가족의 피할 곳을 찾으며 무한

히 고생했다. 길 잃은 가족이라고 친지들이 무서워하고, 자신이 무서워지며, 자리 잡을 터전을 찾아가는 곳마다 공황을 일으키며, 일행 중에 누구 하나 손가락 끝이라도 아프다면 갑자기 그곳을 떠나야만 했다. 아프다면 모두 흑사병으로 보였다. 그것을 확인해 볼 시간도 주지 않았다. 그리고 의술의 규칙을 따라서 위험이 가깝다고 느끼면 40일 동안은 이 병이 아닌가 하는 공포에서 떨고 있어야 하며, 그동안에 상상력은 제멋대로 작용해서 건강한 몸이라도 열병을 일으키는 것쯤은 가벼운 편이었다.

내가 6개월 동안 비참하게도 이 상인 무리의 안내자 노릇을 하며, 남의 고통을 느끼지 않아도 좋았던들 이 모두가 내게는 그토록 심하게 고된 일은 아니었을 것이다. 왜냐하면 나는 결심과 참을성이라는 예방약을 가지고 있었기 때문이다. 병의 증후는 사람들이 이 병에서 특히 무서워하지만 내게는 조금도 무서울 것이 없었다. 그러니 내가 홀몸이었다면 그 병에 걸리고 싶었을 것이다. 그것은 훨씬 더 유쾌하게 멀리 도피하는 한 방법이 되었을 것이다. 그 죽음은 내게는 가장 나쁜 죽음으로 보이지는 않는다. 이 병고는 일반적으로 짧고 정신차릴 사이 없이 닥쳐오며, 고통이 싫고, 모두가 그런 상태이니 위안이 되고, 범절을 차릴 것도 없고, 초상치를 것도 없고, 사람들이 와서 와글대지도 않는다. 그러나 근처 사람들은 백에 하나도 목숨을 건지지 못한다.

  그대는 보았으리, 목자(牧者)의 왕국에 인정이 없고
  논밭과 들은 사방으로 멀리 공허함을.   (베르길리우스)

이 고장에서 내 수입의 대부분은 손으로 하는 일에서 나온다. 그런데 나를 위해서 일하던 일꾼 1백 명이 오랫동안 일을 하지 못하고 있다.

한데 그 당시 이 평민들의 순박함 속에서 우리는 결단성의 어떤 본보기를 찾아보지 못할 것인가? 저마다 대부분 자기 생명을 보살필 생각을 포기하고 있었다. 이 지방의 주요 산물인 포도송이는 포도나무에 달려 있는 채이고, 모두가 무관심하게 죽음에 채비하고 오늘 저녁에 올까, 내일 올까 하며 얼굴이건 말이건 조금도 두려워하는 기색이 없어서, 그들은 마치 운명과 타협했고 모두가 당하는 불가피한 처단으로 생각하는 것같이 보였다.

　죽음이란 언제나 그렇다. 그러나 죽는다는 결심은 이 얼마나 하찮은 일에 걸려 있는 것인가! 그 거리는 몇 시간 더 살고 못 사는 것이다. 다만 같이 있는 사람들 때문에, 이 죽음의 해석이 가지각색으로 된다. 이 사람들을 보라. 어린아이나 젊은이나 늙은이나 모두 같은 달에 죽기 때문에, 그들은 놀라지도 않는다. 서로 울어 주지도 않는다. 그중에는 남보다 뒤떨어지는 것을 자기 혼자 외따로 되는 무서운 고독같이 두려워하는 자가 있음을 나는 보았다. 그리고 무덤 걱정밖에 다른 걱정이 없었다. 그들은 시체들이 들판에 흩어져 있어 짐승들이 즉시 떼지어 대드는 것을 보고 속상해하고 있었다.

　사람들의 공상이란 얼마나 판이한 것인가? 알렉산드로스가 정복한 네오리트 사람들은 죽은 자들의 시체를 깊은 숲속에 내던져 짐승들의 먹이가 되게 하는데, 이것이 그들에게는 행복한 장례로 간주된다.

　어떤 자는 여전히 건강한 데도 벌써 자기 무덤을 파고 있었다. 다른 자들은 아직 살아 있는데 무덤 속에 누워 있었다. 내 집의 직공 하나는 죽어 가며 제 손발로 흙을 제 몸에 끌어 덮었다. 이것은 마치 좀 더 편히 자려고 비 이슬을 피하려는 것 같잖은가! 그 고매한 정신은 칸느의 전투가 끝난 뒤에 볼 수 있었던 바와, 로마 군사들이 자기가 판 구덩이에 머리를 쑤셔박고 제 손으로 흙을 끌어 묻어서 질식해 죽던 모습에 비길 만했다. 요약하면 한 국민 전체가 단번에 습성으로 그 강직성이 연구되고 상의된 끝의 결심에도 지지 않는 수준으로 올라갔던 것이다.

　학문이 우리에게 권장하는 교훈의 대부분은 힘보다는 겉치레가 더 많고, 실속보다도 장식에 더 흐른다. 우리는 본성을 버리고, 우리를 그렇게도 행복하고 확실하게 지도해 주던 본성에게 교훈을 가르치려고 한다. 그 반면에 학문은 날마다 본성의 가르침과, 무식한 덕택으로 아직도 조금 박혀서 남아 있는 본성의 모습을 배운 것 없는 시골뜨기 민중들의 생활 속에서 찾으며, 날마다 배울 거리를 빌려다가 제자들에게 지조와 순진과 안정의 본으로 보여 주지 않으면 안 되는 것이다. 그런데 이 제자들은 그 훌륭한 지식으로 가득 차 있는 터에 어리석은 순박성을 모방해야 하며, 그것도 그들이 처음으로 도덕을 실천할 때 해야 한다. 또 우리의 예지는 우리가 어떻게 살고 죽으며 재산을 아끼고 어린이를 사랑하며 기르는가, 법은 어떻게 지켜야 하는가 등의 문제와 같이, 우리 인생에 가장 중요한 부분에 가장 필요하고 유익한 가르침을 바로 저 짐승들에게서 배워 온다는 것은 인간이 병들었다는 기이한 증거이다. 또한 우리 멋대로 조종되는 이 이성이라는 것은 늘 잡다하게 새로운 것을 찾아내며, 우리에게 본성의 드러난 자국이라고는 아무것도 보여 주지 않으니, 이것 모두가 보기에도 재미나는 일이다. 사람들은 이 이성을 마치 향수 장사가 기름 다루는 식으로 한다. 그들은 밖에서 받아들인 논법이나 사상 등으로 본성을 심하게 조작해서, 본성이 그 때문에 사람에 따라서 변하며 특수하게 되고, 고유의 불변의 모습을 잃어버린 까닭에, 우리는 그것을 찾으려면 어느 한쪽으로 치우치거나 부패나 잡다한 사상의 영향을 받지 않은 짐승들에게서 이 본성의 증거를 찾아보아야 하게 되었다.

왜냐하면 짐승들도 본성의 길을 항상 정확하게 걷는 것은 아니지만, 그들이 길에서 벗어나는 폭은 극히 좁아서 언제나 그 본 자국을 알아볼 수 있기 때문이다. 마치 사람이 몰고 가는 말이 아무리 뛰며 달아나도 고삐의 길이를 벗어나지 못하며, 그동안 항상 그들을 몰고 가는 자의 걸음을 따라가는 식이고, 새가 아무리 날아 보아도 발에 맨 끈의 길이밖에는 나가지 못하는 식이다.

"어떤 불행에도 풋내기 노릇을 하지 않도록 추방 생활·고문·전쟁·질병·난파 등을 상기하라."(세네카) 우리 본성의 모든 병폐 따위를 예측하며, 아마도 우리에게 아무 관계도 없는 일을 가지고 그렇게까지 고민하며 대비하는 저 호기심은, 우리에게 무슨 소용이 있는 것인가? "고통의 가능성은 고통 자체와 같이 불행을 준다."(세네카) 매를 맞아서뿐 아니라 바람소리, 방귀소리만 들어도 우리는 놀라 떨어진다. 또는 가장 심한 열병환자들처럼(이것은 정말 열병이기 때문이다) 언제 매를 맞을 팔자가 될지 모르므로, 지금부터 매를 맞아 본다는 식인가? 크리스마스에 필요할 터이니 생장(여름철의 축제) 때부터 솜옷을 껴입으라는 말인가? 그대에게 일어날 수 있는 모든 불행들, 특히 극단적인 불행의 경험 속에 몸을 던져라. 거기 몸을 단련해서 미리 안심하고 있으라고 사람들은 말한다. 그 반대로 가장 쉽고 가장 자연스러운 일은 바로 그런 생각을 하지 않는 일이다. 그런 불행이 어서 빨리 오지 않을까 해서, 불행이 실제로 그렇게 오래 계속되지 않을까 해서, 우리 감각만으로는 그 고통을 정당하게 느끼지 못할 것처럼, 정신은 이런 불행들을 펴고 늘려서 미리 자기 몸에 결합시켜 품어 갖는 것이다. "불행이 닥쳐올 때에는 호될 것이다(가장 온화한 학파가 아니고, 가장 엄격한 학파의 한 스승은 말한다). 그동안 그대 몸을 아껴 두라. 가장 좋은 대로 생각하라. 그대의 거센 운수를 미리 맞이해 데려오며, 미래가 두려워서 현재를 희생하고, 세월이 지나면 그대가 불행해질 것이라고 지금부터 가련한 꼴을 할 필요가 어디 있는가?" 이것이 그(세네카)의 말이다.

 학문은 우리에게 기꺼이 불행의 폭을 정확하게 가르치고

  심려로 인간의 마음을 편달하며,   (베르길리우스)

좋은 봉사를 해 준다. 이런 불행들의 위대성의 한 부분이라도 우리의 심정이나 인식에 오르지 않는다면 참 억울할 것이다.
 죽음에 대한 준비가 대다수의 사람들에게 그 고통 자체보다도 더 큰 고민을 준 것은 확실하다. "불행으로 겪는 고통은 상상한 고통보다 덜 느껴진다"(퀸틸리아누스)고 한 말은 옛날의 어질고 사리에 밝은 한 작가에게서 실제로 나온 말이다.
 현재의 죽음에 대한 심정은 때로는 우리에게 전혀 피할 수 없는 일을 그 이상 피하지 말라는 결심을 당장 세워 준다. 옛날 수많은 검투사들은 싸울 때는 비겁하게 싸우고, 죽을 때는 적의 칼날 앞에 목을 내밀며 죽음을 용감하게 받아들이는 것을 볼 수 있었다. 장차 올 죽음을 내다보려면 차분한 결심이 필요하다. 따라서 그 결심은 갖기 힘들다. 그대는 죽을 줄 모른다고 걱정 마라. 본성은 당장에 충만하고 넉넉하게 가르쳐 준다. 본성이 그대를 위해서 이 일을 정확하게 치러 줄 것이다. 그 때문에 공연히 속 썩일 것은 없다.

  생이여, 그대는 무용하게 죽어서 세상을 뜰 시간과
  죽음이 어느 길을 따라 가까이 오는가를
  탐지하려고 한다.   (프로페르티우스)

확고한 파멸을 급격히 당하기는
공포의 고심을 오래 겪기보다 덜 괴롭다.　　　　　(막시미아누스)

우리는 죽음의 근심으로 삶을 방해하고, 삶에 대한 걱정으로 죽음을 방해한다. 하나는 우리에게 고난을 주고, 또 하나는 우리에게 공포를 준다.

우리는 죽음에 대해서 준비하는 것이 아니다. 그것은 너무나 순간적인 일이다. 결과가 없고 해(害)가 없는 15분 동안의 수고는 특별한 교훈을 받을 가치가 없다. 사실을 말하면 우리는 죽음의 준비를 준비한다.

철학은 우리에게 죽음을 항상 앞에 두고 때가 오기 전에 예측하고 고찰하라고 명령하며, 그리고 다음에 우리가 이 예측과 고찰 때문에 심정을 상하지 않도록 차비시키고, 그러기 위한 규칙과 주의를 준다. 의사들이 하는 수작도 그렇다. 그들은 약과 기술을 사용하기 위해서 우리를 질병 속에 먼저 넣는다. 우리가 살아가는 법을 몰랐다고 해도 우리에게 죽는 법을 가르치며, 그 전체의 종말을 전체와 어긋나게 하는 것은 옳지 못한 일이다. 우리가 견실하고 안온하게 살아갈 줄 알았다면, 우리는 같은 태도로 죽어 갈 줄 알 것이다.

그들은 저희들 멋대로 자랑할 것이다. "모든 철학자들의 인생은 죽음에 관한 명상이다."(키케로)

그러나 내 생각으로는 죽음은 인생의 끝에 지나지 않으며 그 목표는 아니다. 그것은 인생의 종말, 그 극단이지 목적은 아니다. 인생은 그 자체의 목표이며 의도라야 한다. 올바른 연구는 자기를 조절하고, 자기를 인도하며, 자기를 참고 견디는 일이다. 처세법의 전반적인 주요 장(章)에 포함된 여러 가지 다른 의무들 중에 죽는 법이라고 하는 한 조건이 있는데, 그것은 우리의 공포심이 무게를 주지 않으며 그중에도 가장 가벼운 조목들 속에 포함된다.

그 효용과 소박한 진실을 가지고 판단하면, 이 순박성의 가르침은 반대로 학설이 설교하는 교훈에 지는 바 없다. 사람들은 그 심정이나 능력으로 보아서 모두가 다르다. 그들은 사람에 따라서 자기에 맞게 각기 다른 길로 지도해야 한다. "폭풍이 나를 어느 해안에 던져 놓건 나는 손님으로 상륙한다."(호라티우스)

나는 내 이웃에 사는 농민들이 마지막 숨을 거둘 때, 어떤 태도를 취할 것인가

하고 생각하는 것을 보지 못했다. 본성은 그에게 죽어 갈 때밖에는 죽음을 생각하지 않도록 가르쳐 준다.

그리고 그때는 아리스토텔레스보다도 더 점잖게 해치운다. 이 철학자는 죽음과 죽음에 관한 오랜 예측 때문에 두 번 죽음을 맞이했던 것이다. 그래서 카이사르의 의견을 따르면, 가장 예측하지 않은 죽음이 가장 행복하고, 가장 가벼운 죽음이다. "필요하기 전에 고민하는 것은 필요 이상으로 고민하는 일이다."(세네카)

사상에서 생기는 이 괴로운 심정은 우리의 호기심에서 나온다. 우리는 미리 내다본다고 하며, 본성이 정해 준 일을 앞질러서 지배하려고 하다가 이렇게 우리에게 항상 장애만 끼친다. 아주 건강할 때 죽음에 대한 생각으로 얼굴을 찌푸리며, 식사할 때 입맛마저 잃는 수작은 의사들이나 할 일이다. 보통 사람은 부딪치고 날 때밖에는 약도 위안도 필요 없다. 그리고 그가 병 때문에 고통받는 바로 그 정도밖에는 생각하지 않는다. 세상 사람들은 이해력이 부족하고 어리석은 탓으로 현재의 불행에 대해서 강한 인내력을 갖고 장차 올 불길한 사건에 대해서 무관심하게 지낼 수 있다고 하며, 그들의 영혼은 더 때 묻고 우둔한 탓으로 침투당하거나 동요되는 일이 적다고 말하는 것이 아닌가? 정말이지! 그렇다면 이제 바보학파를 세워 보자. 학문이 우리에게 약속해 주는 궁극의 목적은 바로 이것이다. 그 방면으로는 이 바보학파가 더 순하게 제자들을 지도하는 것이다.

우리에게는 타고난 순박성을 해석해 주는 착한 스승들은 부족하지 않다. 소크라테스도 그중의 하나일 것이다. 내가 생각하는 바로는 그는 자기 생명에 관해서 심의하고 있는 재판관에게 대략 이런 뜻으로 말한다.

"여러분,[47] 내가 당신들에게 나를 죽이지 말아 달라고 청한다면, 그것은 내가 이 세상의 위쪽과 아래쪽에 있는 사물들에 관한 더 비밀스러운 지식을 가지고 있어서, 내가 다른 자들보다 더 잘 알고 있다고 주장한다고 하는 내 고발자들의 밀고에 걸리게 될까 두렵습니다. 나는 죽음과 사귄 것도 아니고, 죽음을 아는 것도 아니며, 아무도 내게 그것을 가르쳐 주려고 자기 소질을 시험해 본 자를 본 일도 없다는 것을 압니다. 죽음을 두려워하는 자들은 죽음을 알고 있다고 미리

---

47) 이것은 디오게네스 라에르티오스의 《소크라테스 전》에서 인용했음.

추측합니다. 나로서는 죽음이 무엇인지, 저승에서는 일이 어떻게 되는 것인지 모릅니다. 죽음은 무관심한 일이고, 어찌 보면 죽음은 바랄 만한 일입니다. 그러나 죽음이 이 세상에서 저세상으로 옮겨 가는 일이라면, 그렇게 많은 작고한 위인들과 같이 살러 찾아가서, 이승에서의 불공평하고 부패한 재판관들과 상관할 필요가 없어진다는 것은 훨씬 나은 일이라고 생각할 만합니다. 그것이 우리 존재의 소멸이라면, 그런 오래고 평화로운 방으로 들어간다는 것은 또한 좋은 일입니다. 우리 인생에서는 고요한 휴식과 꿈도 갖지 못하는 깊은 잠보다 더 감미로운 일은 느껴 볼 수 없습니다."

"자기와 가까운 사람을 모욕한다든가, 신이건 사람이건 자기 웃어른의 말을 어기는 것과 같이, 내가 나쁜 것으로 알고 있는 일들은 조심해서 피합니다. 보아서 좋은 일인지 나쁜 일인지 모르는 일들은 두려워할 거리가 못 됩니다."

"만일 나는 죽으러 가 버리고 당신들은 살아 있게 놓아둔다면, 당신들과 나와 어느 편이 더 좋게 되는 것인가는 신들만이 아십니다. 그러니 내 일에 관해서는 당신들 좋을 대로 명령하십시오. 그러나 내 식으로 옳고 그른 일을 충고하라면 내 사건에 관해서 당신들이 나보다 멀리 내다보지 못하는 경우, 당신들의 양심을 위해서 나를 석방하는 편이 나을 것입니다. 그리고 공적으로나 사적으로나 나의 과거 행동으로 판단해서, 내 의향과 젊고 늙은 수많은 시민들이 나와 날마다 이야기하는 데서 얻는 이익과, 내가 여러분들 모두에게 해 주는 성과로 보아서, 이보다 못한 이유를 가지고도 당신들은 다른 사람들에게 베푸는 것을 내가 자주 보아 온 바이니, 가난한 내 처지를 고려해서 나를 프리타네이온[48]에 넣어서 국가의 비용으로 양육하라고 명령함으로써밖에는 내 공로에 대해서 정당하게 보답하지 못할 것입니다."

"여느 관습에 따라서 내가 당신들에게 애걸복걸하며 동정해 달라고 마음에 호소하지 않는다고 해서, 나를 고집쟁이라거나 당신들을 경멸한다고는 생각하지 마시오(나는 호메로스가 말하듯 다른 사람들과 마찬가지로 나무나 돌에서 나온 인간이 아닙니다). 내게는 눈물 흘리며 애통해 줄 수 있는 친구들과 친척들이 있고, 어린

---

48) Prytaneion. 아테네 원로원들의 관사. 국가의 공로자들을 수용한 곳.

것들 셋이 울부짖고 있으니, 이런 것은 당신들의 인자심을 끌 거리가 됩니다. 그러나 이 나이로, 그리고 지금 고발당하고 있듯 예지로운 사람이라는 평판을 들으며 그런 비열한 얼굴을 보인다면, 그것은 우리 도시에 수치를 주는 일입니다. 사람들은 다른 아테네인들을 보고 뭐라고 말하겠습니까?"

"나는 언제나 내 말을 경청하는 자들을 훈계하며 부정직한 행위로 자기 생명을 건지지 말라고 말했습니다. 그리고 우리나라 전쟁 때에 암피폴리스와 포티데아, 델리온 등 내가 참전한 전쟁터에서 나는 수치스러운 행동으로 내 생명을 보장하지 않는 자라는 것을 실제로 보여 주었습니다. 그뿐이겠습니까? 그런 일은 내가 당신들에게 의무를 어기고 더러운 일을 하라고 청하는 행위가 됩니다. 왜냐하면 나의 간청이 당신들을 설복할 것이 아니고, 정의의 순수하고 견고한 이성이 해야 할 일이기 때문입니다."

"당신들은 정의를 견지하겠다고 신들에게 맹세했습니다. 이렇게 말하면 당신들은 신이 있는 것을 믿지 않는 것이 아닌가 하고, 내가 당신들을 의심하며 비난하는 것처럼 보일는지도 모르겠습니다. 나 자신이 나 사건의 귀결을 순수하게 그들의 처리에 맡기지 않고, 그들의 처리를 신임하지 않는 것이라면, 내가 응당 믿어야 할 신들을 믿지 않는다는 것으로 내게 불리한 증명이 될 것입니다. 나는 모든 일을 신들에게 맡기며, 신들은 당신들이나 나를 위해서 가장 적당한 길을 따라 이 사건을 처리할 것이라고 확신합니다. 착한 사람들은 산 사람이나 죽은 사람 모두가 조금도 신을 두려워할 거리가 없습니다."

이것이야말로 소박하고 건전한 변론이다. 그러나 동시에 모든 사례를 넘어서 진실하고 솔직하고 정당하며, 상상해 볼 수 없이 고매한 태도의 순진하고도 평범한 변론이 아닌가? 그런데 어떠한 어려운 지경에서 이런 말을 한 것인가? 그가 저 위대한 웅변가 리시아스가 그를 위해서 법률상의 문제로 지어 준 그 탁월한 문장으로 된 변론보다도 이것을 택한 것은 지당한 일이었다. 왜냐하면 그것은 이런 고귀한 죄인에게는 마땅치 못했던 것이기 때문이다.

어느 누가 소크라테스의 입에서 애원하는 소리를 들은 일이 있었던가? 그의 드높은 덕성이 가장 강력하게 발로할 때 어찌 막혀 버릴 수가 있었을 것인가? 그의 풍부하고 강건한 본성이 어찌 자기변호를 기교에 맡겨 둘 수가 있겠으며, 그의 가장 고매한 시도에 외어 온 연설의 외형과 꾸밈의 분칠로 자기를 분장하기 위해서 그의 어법의 장식인 진리와 순진성을 버릴 수 있었을 것인가? 그가 그의 늙어 빠진 생명을 한 해 더 살리려고 부패시킬 수 없는 그의 생활 방식을 가진 인간 형태의 너무나 거룩한 모습을 타락시키지 않고, 이 영광스러운 죽음에 관해서 영원히 남아 있을 인류의 기억을 배반하지 않은 것은, 대단히 현명하게 행한 일이었다. 그의 생명은 자기 것이 아니고, 온 세상의 본보기를 위한 것이었다. 그가 한가로운 무명 인사로서 의미 없는 생애를 마쳤더라면 그것은 공공(公共)의 손실이 아니었을까?

실로 이렇게도 무관심하게 자기 생명을 고려하지 않는 일은 후세가 그만큼 더 그를 위해서 이 죽음을 추모해 줄 만한 일이었다. 후세는 이렇게 했다. 그리고 정의로서는 운성(運星)이 그를 칭송하기 위해서 명령한 것보다 더 정당한 정의는 없었다. 왜냐하면 아테네 사람들은 그의 죽음의 원인이 된 자들을 너무나도 증오했기 때문이다. 아테네 사람들은 마치 파문당한 자들에 대하는 것처럼 그들을 피했고, 그들의 손이 닿는 것은 불결하다고 보았으며, 아무도 그들과 함께 욕탕에서 목욕하지 않았고, 아무도 그들에게 인사하지도, 그들을 알아 주지도 않았다. 그래서 그들은 마침내 사람들의 증오심을 견디어 내지 못해 목매달아 죽었다.

만일 누가 소크라테스의 언행에 관한 많은 다른 예들 중에서, 내가 이야기 거리로 하필 이것을 택한 일은 잘못이고, 이 언설(言說)은 일반의 사상보다 너무 고상한 것이라고 생각한다면, 나는 일부러 이것을 택한 것이 된다. 왜냐하면 나는 다르게 판단하며, 그리고 이 언설은 그 계열로나 순박성으로나 보통의 사상보다 더 뒤떨어지고 저속한 것이라고 생각하기 때문이다. 그것은 기교 없는 어리석은 과감성으로, 유치한 자신을 가지고 본성에서 나오는 제1차적인 순수한 인상과 무지를 표현하고 있는 것이다. 왜냐하면 우리는 당연히 고통에 대한 공포심을 가지고 있지만, 죽음 때문에 그 죽음에 대한 두려움을 가진 것은 아니라고 믿을 만하기 때문이다. 죽음은 삶과 똑같이 우리 존재의 본질적인 일부이다. 죽음이 대자연에게 그의 작품들의 계승과 변천을 가꾸기 위해서 대단히 중요한 지위를 차지하고 있는 이상, 그리고 이 우주 공동체에서 죽음이 손실과 파멸보다도 출생과 증식(增殖)에 더 봉사하고 있는 이상, 무엇 때문에 본성이 죽음에 대해 증오심과 공포심을 조성하게 할 필요가 있는가?

　　　이와 같이 만물이 새롭게 된다.　　　　　　　　　(루크레티우스)

　　　많은 생명들은 죽음에서 출생한다.　　　　　　　　(오비디우스)

　한 생명의 쇠잔은 다른 생명으로의 통과이다. 대자연은 동물들에게 자신을 보살펴 보존하는 본능을 부어 넣었다. 그들은 몸이 상하고, 부딪치고, 상처 입고, 우리가 그들에게 올가미를 걸고, 두드리고 하는 것 등, 그들의 감각과 경험에 매여 있는 사고들을 두려워하기까지 한다. 그러나 우리가 그들을 죽이는 것은 두려워하지도 못하며, 죽음을 상상하고 추론(推論)하는 소질도 갖지 않았다. 그래서 짐승들은 죽음을 유쾌하게 당할 뿐 아니라(말들은 대부분이 죽으면서 소리친다. 백마는 죽음을 노래한다), 코끼리들의 많은 사례들처럼 필요할 때에는 죽음을 찾아간다고 사람들은 말한다.
　게다가 소크라테스가 여기 사용하는 진술 방식은, 그 순박성과 힘찬 기백이 똑같이 감안할 만한 일이 아닌가? 참으로 소크라테스가 말하고 사는 식으로 살아가기보다는 아리스토텔레스같이 말하고 카이사르와 같이 사는 편이 더 쉽다. 그의 생애는 완벽함과 지극히 어려움의 극단의 단계이다. 기교는 여기 결부될 수가 없다.
　그런데 우리의 소질은 이렇게 버릇들여져 있지 않다. 우리는 우리 자신의 것은 시험도 인식도 하지 않고 남들의 소질을 빌려다 쓰며, 우리의 소질은 놀게 한다.
　마치 누가 나를 두고 말한다면, 나는 여기서만 가져온 꽃으로 꽃다발을 뭉쳐 놓았을 뿐이며, 내 것이라고는 이 꽃들을 묶은 끈밖에 내놓은 것이 없다고 말할 수 있을 것이다. 실로 나는 이런 빌려 온 장식이 나를 따라다닌다고 일반에게 공표해 놓고 있다.
　그러나 이런 것이 나를 덮어씌워서 감춰 버린다는 말은 아니다. 그것은 내 의도와는 반대이다. 나는 내 것과 그 본성으로 내게서 나오는 것만을 보이려고 한다. 그리고 사람들이 내 말을 믿어 준다면, 일이 어떻게 되건 나는 전적으로 나 혼자의 말만을 했을 것이다. 나는 내가 뜻하는 바와 내가 처음에 잡은 형식 말고도 이 시대 사람들의 사상과 사람들의 권고를 좇아서, 날마다 점점 더 심하게 남에게서 빌려 온 것을 내 글에 실어 놓는다. 그렇게 되기 쉽지만 그것이 내게 맞지 않는다고 해도 상관없다. 그것은 다른 사람에게 유익할 수도 있다.

어떤 자는 한 번도 만나 보지 못하고도 플라톤과 호메로스를 인용한다. 그리고 나는 그들의 원본에서보다도 상당히 다른 곳에서 따왔다. 힘도 안 들이고 능력도 없이 내가 글을 쓰고 있는 지금 이 자리 주위에 있는 수천 권의 책들 속에서, 생각만 있다면 나의 이 인상론(人相論)을 장식하기 위해서 들추어 보지도 않은 어느 표절자들 열두엇에서 즉각에 빌려 올 것이다. 인용으로 내 책을 장식한다면 한 독일 작가의 권두사(卷頭辭)를 따오기만 해도 된다. 그것은 어리석은 세상 사람들을 속이며, 욕심나는 영광을 구걸하는 것이다.

그렇게도 많은 사람들이 자기 연구의 노력을 아껴 두고 상투어로 잡탕을 만들어 내는 것은 진부한 소재 외에는 소용이 되지 않는다. 그것은 우리를 지도하려는 것이 아니고 소크라테스가 아주 재미나게 에우티데모스를 질책하던 식으로, 학문의 우스운 성과를 우리에게 보여 주는 데 소용된다. 나는 작가가 여러 박학한 친구들에게 이것을 조사해 달라고 하고, 이 다른 재료로 저것을 꾸며 달라고 당부하며, 자기로서는 연구하지도 않고 들어 본 일도 없는 것을 가지고 일을 계획하고, 이 알지 못하는 재료의 묶음을 기교있게 엮어 놓는 것만으로 만족하며 책을 꾸며 놓는 것을 보았다. 잉크와 종이만이 자기 것일 뿐이다. 그것은 솔직히 말한다면 어떤 책을 사거나 빌려 오는 일이다. 책을 만드는 일은 아니다. 그것은 사람들에게 자기가 책을 만들 줄 안다는 것을 알림이 아니고, 사람들이 의심할 수 있는 바, 그가 책을 만들 줄 모른다는 것을 알리는 일이다.

내가 있던 곳의 한 재판장은 다른 문장 2백 군데에서 글을 따다가 재판장으로서의 자기 판결문을 하나 꾸며 놓았다고 자랑하고 있었다.

그것을 아무에게나 떠들어 대다니, 내가 보기에는 자기가 받아 온 영광을 지워버리는 셈이었다. 이런 인물이 그러한 소재를 가지고 떠들어 대다니, 내 생각에는 용렬하고 어리석은 자랑이었다.

나는 그 많은 빌려 온 것으로부터 어떤 것은 태평하게 표절하며, 그것을 가장

하고 다른 작품으로 만들어 새로운 용도에 사용한다. 그 글의 본래 의미를 이해하지 못했다고 사람들이 말할 위험을 무릅쓰고, 나는 거기에 내 손으로 다른 특수한 의미를 주어 가며, 그것을 그만큼 아주 순수하게 남에게서 따온 것이 아니게 만든다. 다른 사람들은 그들이 도둑질한 것을 드러내 보이며 이야기한다. 그러니 그들은 법 앞에서는 나보다 신용이 있다. 우리 따위의 본성론자(本性論者)들은 인용하는 명예보다도 창작의 명예를 비교할 수 없이 더 크게 평가한다.

내가 학문을 가지고 말하고 싶었더라면 더 일찍이 말했을 것이다. 즉, 내가 재치도 있고 기억력도 더 좋았고 공부하던 때에 가깝던 시절에 써 보았을 것이다. 그때 이것을 직업으로 삼고 싶었던들, 그때의 젊은 패기에 지금보다는 더 자신을 가졌을 것이다. 게다가 운이 이 작품을 통해서 내게 베풀어 주는 이런 우아한 혜택이, 그때는 더 유리했을 것이다. 이 소질을 크게 가진 내 친지들 중의 두 사람은 60이 되기를 기다리느라고 40대에는 글 쓸 생각을 않고 있다가, 재질의 반은 잃었다고 나는 본다. 성숙기에는 청춘기처럼 그때의 결함이 있고, 그 결함이 더 심해진다. 그리고 노년기가 이런 일에는 다른 어느 시절보다도 나쁘다. 아무라도 자기 노쇠기를 많은 사람들 앞에 내보이며, 그가 나이의 은총을 잃은 자이고 몽상가이며 정신이 잠든 자라는 것을 느끼게 하지 않는 기분으로 표현하기를 바란다면, 그것은 미친 수작이다. 우리 정신은 늙어 가면서 변비증에 걸리고 오그라든다.

나는 내 무지를 화려하고 풍부하게 말하고, 학문은 메마르고 빈약하게 말한다. 학문은 어쩌다가 살짝 건드리며, 무지는 그것을 주로 명백하게 말한다. 그것도 무(無)밖에는 아무것도 특수하게 취급하지 않으며, 무학문(無學問)에 관해서밖에 다른 어느 학문도 다루지 않는다. 나는 내 생애를 묘사하는 데 인생을 전부 앞에다 내놓고 보는(즉 늙은) 시기를 택했다. 생명으로 남아 있는 몫에는 죽음이 더 큰 자리를 차지한다. 나의 죽음을 가지고도 다른 사람들처럼 수다를 떨 생각이라면, 나는 죽는 자리에서도 기꺼이 사람들에게 내 의견을 말해 줄 것이다.

모든 위대한 소질들의 완벽한 모범이었고, 그 자신도 미를 미치다시피 사랑하던 소크라테스가, 그의 아름다운 영혼과는 맞지 않게, 사람들의 말처럼 그렇게도 추한 신체와 용모를 가졌다는 것은 울화가 치밀 일이다. 대자연은 그에게 부당한 일을 했다. 육체에서 영혼과의 조화와 관계보다 더 있을 만한 일은 없다. "영혼이 어떠한 육체에 깃들어 있는가 하는 것은 대단히 중요한 문제이다. 왜냐하면 많은 육체적 소질들이 정신을 세련되게 하고, 다른 소질들은 정신을 둔화시키기 때문이다."(키케로) 이 작가는 신체의 부분들이 비뚤어지고 변질된 추악을 두고 말한다.

우리는 첫눈에 비위에 맞지 않는 것을 또한 추악한 것이라고 부른다. 그것은 주로 얼굴 모습 때문이며, 안색이나 반점, 거친 용모, 그리고 잘 정돈되고 온전한 신체의 부분들에, 설명할 수 없는 어떤 원인의 아주 가벼운 이유 때문에 싫어지는 수가 있다.

에티엔 드 라 보에티에게서 대단히 아름다운 심령을 싸감고 있던 못생긴 용모는 이 범주에 든다. 그 피상적인 추악은 그대로 강력한 인상을 주는 것이기는 하지만, 정신에 큰 영향을 주지 않고 사람들의 평판에도 그다지 확실하게 작용하지 않는다. 또 하나 더 적절한 이름으로 기형이라고 부르는 것은 더 실질적이며, 내부에까지 타격을 주는 수가 많다. 매끈매끈한 가죽 구두보다도 모양이 좋은 구두라야 속에 있는 발의 형태를 보여 준다.

소크라테스가 자기의 못난 얼굴을 두고 한 말이지만, 그의 심령은 교육으로 고쳐 놓은 것이 아니었던들 똑같이 못난 심령을 드러내 보였을 것이라고 한다. 그러나 나는 이 말이 그가 버릇으로 하던 농담이라고 본다. 그만큼 탁월한 심령은 결코 그 자체로 만들어진 일이 없었다.

미모가 얼마나 강력하고 유쾌한 소질이라고 생각하는가는 아무리 자주 말해 보아도 부족하다. 소크라테스는 이것을 짧은 시기의 폭군이라고 불렀고, 플라톤은 그것을 자연의 특권이라고 했다. 우리는 미모보다 더 신용을 얻는 특권을 보지 못한다. 그것은 사람들과의 교제에 가장 높은 자리를 차지한다. 미모는 앞으로 나타나며, 경이로운 인상으로 지대한 권위를 가지고 우리의 판단력을 유혹하며 독점한다. 프리네[49]가 만일 그녀 옷깃을 슬쩍 벌리며 미모로 재판관을 유혹하지 않았던들, 탁월한 변호사에게 걸려서 소송 사건에 패소했을 것이다. 그리고

---

[49] Phryne. 그리스의 창녀로 오만과 탐욕의 전형. 프락시텔레스는 그녀를 모델로 하여 아프로디테(비너스)의 조각상을 만들었다.

나는 온 세상의 주인이던 키루스, 알렉산드로스, 카이사르가 이 미모를 끝까지 중시했다고 본다. 그리고 대 스키피오도 그것을 잊지 않았다.

그리스 말로는 '좋다'와 '아름답다'에 같은 낱말이 쓰인다. 그리고 성경에는 자주 아름답다는 말을 '좋다'는 말로 표현한다. 나는 플라톤이 야비하다고 말했지만, 옛날 시인에게서 따온 노래에 따라 건강·미모·부유를 선(善)의 범주에 넣은 것에 찬성하고 싶다.

아리스토텔레스는 지휘하는 권한이 미의 부류에 속한다고 했고, 사람의 미가 신들의 모습에 접근할 때는 그는 당연히 똑같이 숭배받아야 한다고 했다. 누가 그에게 어째서 사람들은 아름다운 인물에게 더 오래 더 자주 따르며 친하게 지내느냐고 물어보자, 그는 "이 질문은 맹인이 아니면 할 수 없는 질문이다"라고 대답했다. 그리고 대부분의 가장 위대한 철학자들은 그들의 미모 덕택으로 수업료를 치렀고 예지를 얻었다.

내가 부리고 있는 사람들뿐 아니라 짐승들에게도 역시 미는 선과 두 치 상관으로 아주 가깝다고 한다. 그래서 얼굴의 특징이나 모양, 그리고 사람들이 그것으로 어떤 내적인 기질과 장차 올 운을 점치는 얼굴의 금들은 직접적으로 미와 추함의 범주에 들어가는 것은 아니다. 그것은 마치 모든 좋은 향기와 명랑한 공기가 그것만으로 늘 건강을 약속하지 못하는 식이며, 둔하고 후덕하지 않은 것이 반드시 고치기 힘든 병이 유행할 때의 열병을 앓게 하는 나쁜 기운을 의미하지 않는 것과 같다.

부인들이 그 미모에 배치되는 행동 습관을 가졌다고 비난하는 것은 반드시 적절한 것은 아니다. 못난 얼굴에도 정직성과 신실성의 풍모가 깃들 수 있으며, 그와는 반대로 가끔 예쁜 두 눈 사이에 심술궂고 위험한 성정이라는 위험의 징조를 읽은 일도 있다. 세상에는 유리한 인상을 가진 자들이 있다. 의기충천하는 적들의 무리 속에서, 그대는 알지 못하는 사람들 속에, 다른 자보다도 그자에게 항복하여 생명을 의탁하려고 택하는 자가 있을 것이다. 그것은 반드시 미모만 보아서 선택하는 것은 아니다.

용모라는 것은 증거가 박약한 보증이다. 그렇지만 용모에는 고려해 볼 가치가 있다. 만일 내가 사람들을 매질해야 할 처지라면, 약속을 어기고 배반할 인물이라는 것이 뚜렷이 이마에 박혀 있는 악인들을 더 혹독하게 다룰 것이다. 어떤 얼굴들은 다행히 호의를 얻고, 다른 얼굴들은 운 나쁘게 불쾌감을 일으키는 것으로 보인다. 그리고 후덕한 얼굴과 바보 얼굴, 엄격한 얼굴과 가혹한 얼굴, 심술궂은 얼굴과 고민하는 얼굴, 경멸조의 얼굴과 우울한 얼굴, 또 서로 다른 비슷한 소질의 얼굴들을 분간하는 기술이 있을 것 같다. 오만하고도 쓰디쓴 미모가 있고, 또 다른 상냥한 얼굴, 그리고 더 넘어서 멋쩍은 얼굴들도 있다. 이런 인상으로 미래의 사건들을 예언한다는 일은 불확실한 것으로 남겨 둔다.

다른 데서 말했듯이 나는 내게 관해서는 아주 단순히, 그리고 생생하게 이 옛날 교훈을 내 것으로 채택했다. 즉, 본성을 좇아서 실수하는 일은 없고, 최고의 교훈은 이 본성에 순응하는 일이라는 것이다. 나는 소크라테스가 한 것처럼 내가 타고난 기질을 교육이나 이성의 힘으로는 교정하지 않았고, 내 마음의 경향을 기술로 혼란시키지 않았다. 나는 내가 해온 대로 되어 가게 둔다. 나는 아무것과도 싸우지 않는다. 나의 두 부분들(영혼과 육체)은 평화롭게 화합해서 얌전하게 잘 살아간다. 그러나 내 유모의 젖인 교육은 고마운 일로 적당히 건전하게 조절되어 있다.

이것도 나온 김에 말해 둘까? 우리 사이에 스콜라 학파의 성실성에 관한 어떤 관념이 교훈의 노예로 희망과 공포에 강제되어서, 거의 그것만이 사람들이 지키는 것이 되고, 그 가치 이상으로 평가되고 있는 것을 나는 본다. 나는 성실성이라는 것을 법률과 종교가 그냥 만들어 준 것이 아니고, 변질되지 않은 모든 사람들에게 박혀 있는 보편적 이성의 씨앗이 그 자체로 뿌리박아서 우리에게 돋아나와, 그것을 완성시켜서 권위를 세워 준 것이며, 남의 부축을 받지 않고 제대로 지탱하는 것으로서의 성실성을 사랑한다. 소크라테스를 악의 주름에서 다시 일으켜 주는 이 이성은, 그를 자기 도시를 지배하는 인간들과 신들에게 복종하게 하고, 그의 영혼이 영생불멸이라는 이유가 아니라 그가 없어질 인간이기 때문에 죽음에 대해서 용감해지게 만들어 주었다. 종교적 신앙은 도덕 없이 그것 하나로 하늘의 정의를 만족시키기에 충분하다고 국민들을 설복시키는 교육 방법은 모든 사회를 파멸로 이끄는 방법이며, 교묘하고 약다고 하기보다는 오히려 더 큰 손해를 초래하는 교육 방법이다. 실천은 신앙과 양심 사이에 막대한 차이가 있음을 보여 준다.

나는 형체로나 해석으로나 유리한 자세를 가지고 있다.

　　내가 무엇을 가지고 있다고 말했지?
　　차라리 나는 가졌었다. 크레메스야!　　　　　　　　　　(테렌티우스)

　　아아, 그대는 내게서 골격만 남은
　　여윈 육체밖에 보지 못하도다.　　　　　　　　　　　　(막시미아누스)

　그것은 소크라테스가 보여 준 것과는 정반대이다. 내게는 단지 풍채와 모습만으로, 사람들이 자신의 일을 위해서나 내 일을 위해서나 전혀 알지 못하는 처지의 나를 대단히 신용해 주는 일이 자주 있었다. 그 때문에 외지에 있을 때 특수한 혜택을 받아 보았다. 그러나 이 두 가지 경험은 내가 특별히 이야기해 볼 가치가 있을 것이다.

　어떤 자가 내 집을 기습할 생각을 꾸몄다. 그는 내 집 문 앞에 혼자 찾아와서 들여보내 달라고 간청했다. 나는 그의 이름을 알고 있었고, 그를 내 이웃 사람들같이 믿어 줄 이유가 있었고 인척 간이었다. 나는 누구에게나 하듯이 그에게 문을 열어 주게 했다.

　그는 아주 공포에 사로잡혀 있었고, 타고 온 말은 헐떡거리며 기진맥진해 있었다. 그는 내게 이런 이야기를 꾸며서 말했다. 그는 거기서 2km쯤 되는 곳에서 원수를 만났는데, 그편도 내가 아는 사람이었고, 나는 그들 사이의 싸움도 듣고 있었다. 그런데 이 원수가 그의 뒤를 급격히 추격하여 왔기 때문에, 자기편이 수도 적은 터에 엉겁결에 적의 습격을 당해서 혼란에 빠졌다며 구제를 청하려고 문을 두드렸다는 것이다. 그리고 자기 부하들이 심히 걱정이 된다며, 적을 만났을 때 이리저리 흩어졌기 때문에, 아마 모두 죽었거나 잡혔을 것이라고 했다.

　나는 순진하게 그를 위로하며 안심시키려고 애썼다. 얼마 뒤에 그의 병사 너덧이 똑같은 공포에 찬 모습으로 찾아와 들여보내 달라고 간청했다. 또 얼마 뒤에 완전 무장한 다른 병사들 스물댓이나 서른다섯 정도가 그 뒤에 적이 따라오는 시늉을 하며 찾아왔다. 이런 수상한 꼴에 나는 미심쩍은 생각이 들기 시작했다. 나는 내가 어떤 시대에 살고 있으며, 내 집이 욕심의 대상이 될 수 있는 것을 모르는 바 아니었다. 그리고 내 친지들 중에, 이런 식으로 봉변을 당한 예를 많이 들어 알고 있었다. 어떻든 나는 끝까지 마무리짓지 않으면 인심을 사려고 시작한 일이 소득 없이 끝날 것을 알았고, 여기서 모면하려다가는 모든 일이 망쳐지겠기에 언제나 하는 식으로 가장 자연스럽고 단순한 방도를 취하며, 그들에게도 역시 들어오라고 했다.

사실 나는 본성이 별로 남을 믿지 않거나 의심하는 편이 아니다. 나는 남의 일을 변명해 주고 좋게 믿지 않는 것과 마찬가지로 사람의 성질이 비틀어지고 패악하다고 믿지 않는다. 그뿐더러 나는 모든 일을 그저 운에 맡기며, 내 온몸을 그 품 안에 던지는 성미이다. 그것은 지금까지 한탄스럽기보다도 오히려 자랑삼을 거리였다. 그리고 운이 나보다도 더 생각이 깊었고, 내 일을 잘 보아 주고 있음을 알았다.

내 생애 중에서 몇 가지 행동은 정당하게 어려운 행위라고, 또는 신중한 행위라고 부를 만한 일이 있었다. 그런 행동도 3분의 1의 몫은 내 행동이었으나, 3분의 2는 운의 덕택이라고 볼 일이다. 우리는 일을 충분히 하늘에 맡기지 않고, 우리가 할 일이 아닌 것을 우리 멋대로 하다가 실패하는 수가 많은 듯하다. 어떻든 우리의 계획은 너무나 자주 잘못된 길로 간다. 하늘은 각기 특권에 대항해서 인간의 예지가 그의 권한의 폭을 넓히는 것을 시기한다. 그리고 우리가 우리 권한의 폭을 넓히려고 하면 더욱 좁혀 버린다.

이 작자들은 말을 탄 채로 안마당에 서 있었고, 두목은 나와 함께 객실에 있었다. 그는 자기 부하들의 소식을 들으면 즉시 물러가겠다고 하며, 말을 마구간에 매려고 하지 않았다. 그들은 계획대로 된 것을 보았다. 다음에는 일을 실행할 뿐이었다. 그 뒤에 그는 자주 이 이야기를 했고, 그런 이야기하기를 꺼리지도 않았지만, 그는 내 얼굴과 솔직성 때문에 난동을 부릴 엄두를 내지 못했다. 그는 다시 말을 탔다. 그의 부하들은 그가 무슨 신호를 내리지 않나 하고 주목하다가, 이런 좋은 기회를 두고 나가 버리는 것을 알고 모두들 어이가 없어져 버린 듯싶었다.

또 한 번은 우리 군대에 무슨 영문인지 모를 휴전이 선포된 것을 믿고, 나는 소란스레 떠들썩한 지방을 거쳐서 여행길을 떠났다. 내가 기미를 알아차렸을 때는 벌써 사방에서 기마대 서너덧 패가 나를 잡으러 왔다. 첫 기마대는 사흘째 나를 쫓아왔었다. 장비도 완전히 갖춘 열댓이나 스무 명가량 되는 가면의 귀족들이 물결 같은 화승총(火繩銃) 부대를 이끌고 공격해 왔다. 그래서 나는 영락없이 항복하고 사로잡혀 근처의 깊은 숲속으로 끌려가 말도 궤짝도 빼앗겼다.

궤짝은 수색되고, 말이나 장비들은 새 주인들에게 분배되었다. 우리들은 숲속에서 몸값을 가지고 오랫동안 옥신각신했다. 엄청난 액수를 뒤집어씌우는 것을 보니 그들은 내가 누구인지 모르는 모양이었다. 그들은 내 생명을 가지고 활발히 토론했다. 사실 내가 처한 입장에서는 위험한 사정이 한 둘이 아니었다.

    그때 풍부한 용기가, 아이네이스여,
    확고한 마음이 필요했다.   (베르길리우스)

나는 내가 들은 휴전령을 이유로, 그들이 내게서 약탈해 가져간 것만(그것도 무시 못할 액수였) 넘기기로 하고, 다른 몸값은 약속하지 않고 끝내 버티었다. 이렇게 실랑이하며 두서너 시간이 지난 다음, 그들은 나를 말에 태우고 빠져 나갈 수 없게 열댓 이상 되는 주력 총대에게 데려가라고 맡겨 놓고, 내 부하들은 다른 패들에게 분산시키고, 우리를 포로로 해서 다른 여러 길로 끌고 가라는 명령을 내렸다. 그런데 내가 벌써 두서너 착탄거리(着彈距離)쯤 가 있을 때

    이미 카스토르에게 탄원하고,
    이미 폴룩스에게 애걸하니,   (카툴루스)

이때 갑자기 뜻밖의 변화가 일어났다. 그들의 두목이 내게로 돌아와서 대단히 공손한 말을 쓰며, 부대들 사이에 흩어진 내 옷 나부랭이를 다시 찾아오도록 하고, 찾아올 수 있는 한도로 중요한 물건들을 찾아 주고, 내 궤짝까지도 돌려주는 것이었다. 그러나 그들이 내게 준 가장 큰 선물은 자유였다. 이런 시절에 다른 것

은 문제가 아니었다.

이런 시절에 미리 고려되었고, 관습상 정당하게 보이는 이 계획이(나는 바로 내가 어느 파에 속하고, 지금 어디로 가는 길이라고 알려 주었다), 아무런 분명한 동기도 없이, 이렇게 기적적으로 그들이 마음을 바꿔 생각을 갑자기 돌린 급작스러운 변화의 이유를 나는 아직도 모른다. 그들 중에 가장 눈에 띈 자가 가면을 벗고 그의 이름을 밝히며 여러 번 되풀이해서, 내 용모와 호방한 기백과 언행의 꿋꿋한 태도를 보고 석방한 것이라고 했다. 나의 인품이 이런 봉변을 당할 처지가 아니라고 하고, 그리고 만약 자기가 이런 난처한 꼴을 당하게 될 경우에 나도 이와 같이 해 달라고 당부하는 것이었다. 아마도 하느님의 착하심이 이 헛된 외모를 내 생명의 보존에 이용하신 모양이다.

나는 신의 은혜를 입고 다음 날도 더 심한 다른 복병에 걸리는 것을 면했는데, 그것은 그자들이 미리 통보해 놓았기 때문이었다. 이 마지막 사람은 아직도 건재하며 이 이야기를 해 주고 있다. 첫 번 사람은 얼마 전에 살해당하고 말았다.

만일 내 얼굴이 나를 보증해 주지 않았던들, 만일 사람들이 내 눈과 목소리로 내 마음의 순박함을 알아보지 못했던들, 나는 이렇게 오랫동안 싸움도 없이 모욕도 받지 않고, 옳고 그르건 생각나는 대로 되는 대로 지껄이며, 당돌하게 사물들을 판단하는 자유를 가지며 지탱해 오지 못했을 것이다. 이런 방식은 무례하고 우리 습관에 맞지 않는다고 보아도 지당할 것이다. 그러나 나는 이것을 모욕적이고 심술궂다고 생각하는 사람을 보지 못했다. 그리고 내 입에서 그런 말을 들었다고 나의 방자한 말투에 화를 내는 사람도 없었다. 되풀이해 전해 준 말은 소리가 다르듯 뜻이 다르다.

게다가 나는 아무도 미워하지 않는다. 또 남을 모욕하기에는 너무나 비굴하고, 이성에 봉사하기 위해서라도 그런 짓을 못한다. 그리고 범죄자를 처단하는 경우에 부딪쳤을 때에는 차라리 재판정에 나가지 않았다. "나는 인간을 처벌할 용기가 없는 만큼, 사람들이 잘못을 범하지 않기를 바란다."(티투스 리비우스)

누가 아리스토텔레스에게 악인에게 너무 인자하다고 책망하자, "나는 사람에게 인자했지, 악에 인자한 것은 아니오"라고 대답했다는 말이 있다.

일반적인 판단은 악한 행위가 미워서 악으로 처벌하려고 한다. 그것만으로도 나는 냉철해진다. 나는 첫 번 살인의 흉측함에서 두 번째 살인을 무서워한다. 첫 번 잔인성의 추악함이 나에게 모든 모방을 싫어하게 했다. 클로버의 기사(騎士)밖에 안 되는 나로서는 스파르타의 왕 카릴로스에 관해서 나온, "그는 악인에게 악할 수 없는 이상, 그가 착할 수는 없다"라는 말이 적용될 수 있다. 또 플루타르크도 수없이 다른 사람들과 같이 반대로 그것을 이 두 가지 종류로 다르게 표현했듯 "그는 악인에게까지 착하므로 착한 사람일 수밖에 없다"고 할 수도 있다. 나는 합법적인 행동을 불쾌하게 보는 자들에 대해서 하는 합법적인 행동에 손을 떨리는 것도 불쾌한 만큼, 진실을 말하면 비합법적인 행동이라도 동의하는 자들에게라면 손을 빌려주는 일을 그렇게 삼가지 않는다.

13
경험에 대하여

세상에 지식에 대한 욕망보다 더 자연스러운 욕망은 없다. 우리는 거기에 도달할 수 있는 모든 방법을 시도해 본다. 이성으로 모자랄 때에는 경험을 사용한다.

경험은 각각 다른 시도로 기술을 만들어 낸다.
실제 일어난 일이 방법을 가르쳐 주는 것이다.　　　　(마닐리우스)

그것은 더 변변찮고 품위가 덜한 방법이다. 그러나 진리는 너무나 위대한 것이기 때문에, 우리를 진리로 인도해 주는 것은 어떠한 방법이라도 경멸해서는 안 된다. 이치는 너무나 많은 형태를 가지고 있기 때문에, 우리는 어떤 것을 잡아야 옳을지 모른다. 경험도 그만 못지않은 형태들을 가지고 있다. 사건들의 유사함에서 우리가 끌어내려는 결론은, 그 사건들이 항상 닮지는 않았기 때문에 확실하지 못하다. 사물들의 이러한 모습에는 다양하고 서로 다른 것이 무엇보다도 가장 보편적인 편이다.

그리스인들이나 라틴인들이나 우리나 모두 가장 닮은 것으로 달걀의 예를 든다. 그러나 사람들 중에는, 특히 델포이의 한 사람은 달걀 하나하나를 결코 뒤바꾸는 일이 없을 정도로 달걀들 사이의 차이를 알아보았다. 게다가 암탉이 여러 마리 있었는데, 어느 닭이 낳은 알인 줄을 알아맞히는 것이었다.

서로 다른 성질은 우리들 제품 속에 저절로 밀고 들어간다. 기술이 아무리 좋아도 똑같은 것은 만들어 내지 못한다. 아무리 페로제와 같은 기술이 뛰어난 장인이나 다른 어느 누가 조심해서 카드의 등을 희게 닦아 보아도, 그것이 이 손에서 저 손으로 넘어가는 동안에 어느 노름꾼도 언뜻 보고 그것을 식별할 수 없게까지 만들어 놓지는 못한다.

차이점이 사물들을 다르게 만드는 정도로 서로 비슷한 성질이 똑같게 만들지는 못한다. 대자연은 서로 다르지 않은 것은 아무것도 만들어 내지 않기로 작정하고 있다.

따라서 법률을 자디잘게 잘라서 그 수를 많이 만들어 재판관들의 자유 재량을 제한한다고 생각한 자(유스티니아누스 황제를 가리킴)의 견해는 내 비위에 맞지 않는다. 그는 법률을 만들어 내는 것만큼, 법률을 해석하는 데에도 자유와 폭이 있다는 것을 이해하지 못하고 있었다. 그리고 성경에 명백하게 나오는 어구를 인용해서 사람들의 논쟁을 정지시키겠다고 생각하는 자들의 말은 농담거리도 안 된다. 왜냐하면 우리의 정신은 자기 의미를 표현하는 것에 못지않게 남의 의미를 기록하는 데도 폭넓은 영역을 가지고 있기 때문이다. 마치 남의 사상을 비판하는 것은 자기가 생각해 내는 것만큼 원한과 신랄성이 없다는 식이다!

우리는 그가 얼마나 잘못 알았는가를 본다. 프랑스에서는 우리 예상보다도 더 많은 법률을 가지고 있고, 에피쿠로스의 모든 세상을 조절하기에 필요한 이상의 법률을 가지고 있다. "옛날에 인간들이 추행으로 고통받듯 현재는 법률로 고통받는다."(타키투스) 그렇지만 우리는 이것만큼 방자하고 강력한 자유를 본 일이 없었던 정도로, 우리 재판관들에게 심리하고 결정할 자유를 주고 있다.

우리 입법자들이 10만 종류의 특수한 경우와 행위들을 골라서 10만 조항의 법률을 거기 결부시켜 본들 소득이 무엇이던가? 이 수는 인간 행동의 무한한 다양성에 비하면 문제가 되지 않는다. 우리가 상상해 보는 사례들로 법률을 몇 갑절 만들어 보아도 실제의 사례들이 각각 다르게 많은 수에는 미치지 못할 것이다. 거기 백 배 더 많은 조항을 첨가해 보라. 그렇게 해 보아도 이렇게 골라서 제정해 놓은 수천 가지 사례들의 이 엄청난 수 속에서, 장차 일어날 사건들 중의 하나와 판단을 다르게 고려해 볼 여지가 없을 정도로 사정이 똑 들어맞게 부합되는 조항은 하나도 찾아볼 수 없을 것이다. 끊임없이 변하는 우리의 행동은 고정된 법률과는 거의 관계가 없다. 가장 바람직한 법률은 가장 드물고 단순하며 일반적이다. 그것이나마 우리가 차지하고 있는 수만큼의 법률을 갖기보다는 숫제 하나도 갖지 않는 편이 나으리라고 생각한다.

 자연은 우리가 만들어 갖는 법률보다 더 묘한 법률을 내놓는다. 시인들이 묘사하는 황금 시대의 것이 그렇고, 우리가 보듯이 따로 법률이라는 것 없이 살고 있는 국민들의 상태가 그렇다. 그중에는 그 나라의 산악 지대를 지나가는 나그네 가운데 아무나 먼저 만난 자를 데려다가 재판관으로 삼고, 그들의 소송 사건을 처리하게 하는 고장도 있다. 다른 곳에서는 장날에 모인 사람들 중의 하나를 선출해서, 그가 장터에서 모든 소송 사건을 결정하여 조처하게 한다. 가장 현명한 자들이 전의 판례와 다음에 올 사건들에 구애될 것 없이, 경우에 따라 눈짐작으로 소송 사건을 처리해 나간다면 무슨 위험이 있을 것인가? 발에 따라 맞는 신이 있다. 페르디난드왕은 서인도 제도로 식민들을 보내면서 현명하게도 법률학자는 데려가지 못하게 했다. 이 학문은 그 본질상 분쟁과 분열을 조장시키는 까닭에, 이 새 세상에 소송 사건이 법석댈 것을 두려워했던 것이다. 그는 플라톤과 마찬가지로 법률가와 의사는 나라를 위해서 달갑지 않은 비장품이라고 판단했던 것이다.

 어째서 우리의 공통 용어가 다른 용도에서는 매우 편리한 것인데, 유언과 계약서에서는 어렵고 이해할 수 없게 되어 있는 것인가? 그리고 말을 아주 분명하게 표현하는 자라도 그가 말로 하건 글로 쓰건, 이런 일에서는 의문과 모순 없이 표현할 방법을 찾아내지 못하는 것은 웬일인가? 그것은 이 기술의 왕자들이 특별한 주의로 엄숙한 낱말을 열심히 골라내고, 기술적인 문장을 만드느라고 철음(綴音) 하나하나를 달아보고, 모든 종류의 이은 매듭을 세밀하게 손질했기 때문에, 그 무한수의 형용으로 엉클어지고 뒤섞였으며, 너무나 자디잔 부분들로 조사해 놓았기 때문에 이 부분들은 어느 규칙이나 규정에도 맞을 수 없고, 어떤 확실한 해석도 할 수 없게 된 것이 아니면 말이다. "티끌과 먼지로 되기까지 분할된

것은 무엇이든지 혼돈뿐이다."(세네카)

수은 뭉치를 일정한 비율로 배열해 놓으려고 애쓰는 아이를 본 일이 있는가? 그들이 수은을 눌러 이겨서 원하는 형태로 만들려고 하면 할수록 그들은 더 거리낌 없는 금속의 자유를 자극한다. 수은은 그들의 기교에 굴하지 않고 빠져나가서 헤아릴 수 없을 정도로 잘게 부서지며 흩어져 나간다. 여기서도 매한가지다. 이런 미묘한 점을 분석해 나가면, 그들은 사람들에게 의문 나는 점을 늘려 가는 일만 가르치고 어려운 문제만 벌여서 잡다하게 만들며, 그런 것을 늘이고 흩어 놓는다. 의문점을 뿌려서 다시 쪼개 나가며, 마치 땅을 깊이 갈아서 잘 부수어 놓으면 더 비옥해지듯, 그들은 세상을 불확실성과 말다툼으로 풍성하게 만든다. "곤란을 조장하는 일이 바로 학문이다."(퀸틸리아누스)

우리는 울피아누스(로마의 법학자)를 가지고 의문에 빠졌는데, 이제는 또 바르톨루스와 발두스(둘 다 이탈리아의 법학자)로 다시 의문에 빠진다. 이런 수많은 의견들은 그 자취를 지워 버릴 일이었고, 그런 것으로 후세 사람들이 자기를 치장하고 머릿속을 채우게 할 일이 아니었다.

어떻게 말해야 좋을지 모르겠다. 그러나 이렇게 많은 해석들이 진리를 흩고 부수는 것은 경험적으로 느껴진다. 아리스토텔레스는 남에게 이해시키기 위해서 글을 썼다. 그도 그렇게 잘 못하는데, 자신의 생각을 취급하는 자보다도 더 서투르게 남의 생각을 다루는 제삼자는 더 못할 것이다.

우리는 재료에 물을 타서 불려 놓고 묽게 만들어 놓는다. 우리는 하나의 제목으로 천 가지를 만들며, 다시 몇 곱으로 쪼개서 에피쿠로스가 말하는 무한수의 원자로 만들어 놓고 만다. 두 사람이 같은 일을 가지고 똑같이 판단한 일은 없었다. 그리고 여러 사람들뿐 아니라 한 사람의 경우라도 시간이 다를 때에 두 개의 의견이 똑같아지는 일은 보기 드문 일이다. 나는 대개 주석이 붙어 있지 않은 것에는 의문을 품는다. 내가 아는 말들이 판단한 길에서 더 잘 비틀거리듯, 나는 평탄한 길에서 헛디디기가 일쑤이다.

인간의 것이건 신의 것이건, 사람들이 부지런히 읽는 책들은 그 해석이 어려운 문제를 풀어 주는 것이 하나도 없는 바에야, 주석(註釋)이라는 것은 의문과 무지를 늘려 가기만 한다고 말하지 않을 자 있을 것인가? 백 번째의 주석은 먼젓것이 찾아본 것보다 더 힘들고 더 이해하기 어렵게 만들어져서 다음 자에게로 넘어간다. "이 책만으로 충분하다. 이제부터는 말할 거리가 없다"고 하는 것이 우리에게 있은 적이 있던가?

이런 일은 법률계에서 더 잘 볼 수 있다. 사람들은 수많은 박사들, 수많은 판결문, 그리고 그 많은 문장들의 해석에 법률의 권위를 인정한다. 그렇다고 해석이 필요할 때에 끄트머리의 자질구레한 조리를 잡은 일이 있었던가? 거기 안정으로의 어떤 발전이나 진척이 보이는가? 그럼 우리는 법률의 뭉치가 아직 유년기에 있었을 때보다 지금은 변호사와 판사가 덜 필요하게 되었단 말인가? 그와는 반대로, 의미를 흐리게 하고 묻어 버리며 수많은 칸막이와 방책이 가로막는 통에 도무지 의미를 찾아볼 도리가 없다.

사람들은 그들의 타고난 정신적 병폐를 알아보지 못한다. 그들의 정신은 고치 짓는 누에처럼, 뒤져보며 찾아보며 끊임없이 뺑뺑이를 돌아 꾸며 가고, 자기 일로 자기를 틀어막아서 그 속에 질식한다. '끈끈이통에 빠진 생쥐'(라틴 속담)이다. 정신은 멀리 무엇인지 모르는 공상 속의 광명과 진리 같은 것을 본다고 생각한다. 그러나 그쪽으로 달려가는 동안, 그는 길에서 많은 장애와 곤란에 부딪히며 새 길을 찾아가야 하기 때문에, 결국 길도 정신도 잊어버리고 만다.

그것은 이솝의 개들과 똑같은 격이다. 이 개들은 바다 위에 무엇인지 죽은 시체가 떠 있는 것을 발견했으나 접근할 수가 없자, 이 물을 들이켜서 가는 길목을 말리려고 하다가 질식해 버렸던 것이다. 이것은 크라테스라는 자가 헤라클레이토스의 문장을, 이 학문의 깊이와 무게 속에 빠져서 질식하지 않으려면 독자가 "헤엄 잘 치는 선수라야 한다"고 한 말과 일치한다.

다른 사람들이나 우리 자신이 이런 지식의 추구에서 발견한 것으로 만족한다는 일은 우리가 개인적으로 약하다는 탓밖에 안 된다. 더 능력 있는 자는 그것으로 만족하지 않는다. 거기에는 항상 다음에 올 자를 위해서, 그리고 우리 자신을 위해서 자리가 있다. 그리고 길은 다른 방면으로 있다. 우리의 탐구에는 끝이 없다. 끝은 저승에나 있다. 정신이 만족하는 날은 그 정신이 위축했거나 피로한 징조이다. 활기 있는 정신으로 그 자체가 정지하는 것은 없다. 정신은 항상 앞으로 밀고 나가며, 힘에 넘치는 일을 한다. 정신은 그의 실책을 넘어서 약진한다. 정신이 나가고 밀고 몰리고 부닥치고 하지 않으면, 그 정신은 반밖에 산 것이 아니다. 정신의 추구에는 한이 없고 형체가 없다. 놀라움과 추구와 애매성이 그것의 식량이다. 정신은 아폴론이 항상 우리에게 이해하기 어려운 말로 비스듬하게 이중 삼중으로 말해 주며, 우리를 만족시키지는 않고 방심시키며, 정신 차리지 못하게 하는 방법으로 충분히 보여 준 것이다. 그 움직임은 불규칙하고 끊임없고 제약이 없으며 목표가 없다. 그 생각들은 서로 열중하며, 서로 이어져 나오며, 이 생각이 저 생각을 만들어 낸다.

> 이와 같이 사람들은, 흐르는 시냇물의
> 이 물이 저 물로 끝없이 이어서 흐르며,
> 모두가 줄을 지어 영원히 이끌어 가며
> 다른 물이 따르면 서로가 피해 가는 것을 본다.
> 저 물은 이 물로 밀려가며,
> 이 물에 저 물이 앞장서며,
> 항상 물은 물속으로 흘러서
> 개울은 하나인데, 물은 다른 물이다. (드 라 보에티)

우리는 사물을 해석하기보다도 해석을 해석하는 데 더 일이 많으며, 책을 놓고 쓴 책이 다른 제목을 두고 쓴 것보다 더 많다. 우리는 우리끼리 서로 주석하는 짓밖에는 하지 않는다.

모든 일은 주석으로 웅성거린다. 진짜 작가는 드물다.

우리 세기의 주요한, 그리고 가장 평판 높은 학문은 학자들을 이해할 줄 아는 일이 아닌가? 그것이 모든 연구의 공통적이고 마지막 목표가 아닌가?

우리의 사상은 서로 다른 사상을 기초로 해서 이해된다. 첫 번 사상은 다음 것의 줄거리가 되고, 다음 사상은 셋째 것의 줄거리가 된다. 우리는 이렇게 한 계단 한 계단 올라간다. 그래서 가장 높이 올라간 것은, 흔히 실제 가치보다도 더 큰 영광을 얻는다. 왜냐하면 그것은 마지막 바로 앞의 것 어깨 위의 눈곱만큼밖에는 오르지 못하고 있기 때문이다.

얼마나 자주, 그리고 어리석게도 나는 내 책 이야기를 하느라고 내 책을 늘려 간 것인가! 어리석고말고, 이와 같은 일을 하는 다른 자들을 두고 나도 똑같은 말을 한다. "그들이 자기 작품에 그렇게도 자주 곁눈질하는 것은 그들이 자기 작품을 위한 애정으로 떨리고 있는 증거이고, 자기 작품을 경멸하며 박대하는 것까지도 모정다운 뽐내는 애교에 지나지 않는다"는 아리스토텔레스의 말처럼, 자기를 평가하거나 경멸하는 일은 흔히 똑같은 오만한 태도에서 나온다는 것을 생각해 보아야 할 이유만으로도 그렇다. 다른 점에서보다도 이 점에서 내가 더 자유로워야 하지만, 내가 나의 다른 행동들에 대해서 하는 식으로 나와 내 문장에 관해서 쓰고 있는 이상 내 제목은 그 자체로 뒤집히는 터이니, 모두가 이 변명을 받아 줄 것인지 모를 일이다.

나는 독일에서 루터가 성경에 관해서 물의를 일으킨 것만큼, 아니 그보다 더 그의 사상의 의문점에 관해서 분열과 논쟁거리를 남겨 놓은 것을 보았다.

우리의 논쟁은 말로만 한다. 나는 본성·탐락·순환·대치라는 것이 무엇인가를 물어본다. 질문은 말로 되고, 깊아진다. 돌 하나는 물체이다. 그러나 누가 "물체는 무엇인가?" 하고 캐어 물으면, "실체이다." "그럼 실체는 무엇인가?" 하고 캐어 가며, 마지막에는 대답하는 자에게 사전을 펴도록 몰아넣을 것이다. 사람들은 하나의 말을 다른 말로, 그리고 흔히 더 알지 못하는 말로 바꿔 말한다. 나는 동물이니 없어질 자니 또는 이성을 가진 자라는 것이 무엇인지를 아는 것보다, 인간이라는 것이 무엇인지를 더 잘 안다. 그들은 하나의 의문을 풀어 주기 위해서 세 가지 의문을 내놓는다.

그것은 베면 벨수록 움트는 백두사(百頭蛇)이다. 소크라테스가 메논에게 "도덕은 무엇인가?" 하고 물어보았더니, 메논은 "도덕에는 남자의 도덕, 여자의 도덕, 관리의 도덕, 어린아이의 도덕, 늙은이의 도덕이 있다"고 했다. 그러자 소크라테스는 소리쳤다. "이거 참 잘됐군! 우리는 하나의 도덕을 찾았더니, 여기 도덕이 떼거리로 나오는군!"

우리가 질문 하나를 내놓으면 벌떼 같은 질문이 쏟아져 나온다. 어느 사건이나 형태이건 다른 것과 완전히 닮지 않는 것과 마찬가지로, 어느 것도 다른 것과는 서로 다르거나 하지 않는 것이다. 자연은 묘하게도 섞어 놓고 있다. 우리의 얼굴이 서로 닮지 않았다면 사람과 동물은 분간할 수 없을 것이다. 이 얼굴들이 서로 닮은 점이 없다면, 사람과 사람을 서로 분간할 수 없을 것이다. 모든 사물들은 어떤 유사성에 매여 있다. 모든 모범에는 흠집이 있다. 그리고 우리가 경험에서 끌어내는 사물들의 관계라는 것은 항상 불완전하고 불확실하다. 그렇지만 사람들은 어떤 모퉁이를 가지고 비교를 붙여 본다. 법률들은 이 모양으로 우리의 사건 하나하나에 간접적으로 억지로 둘러맞춘 어느 해석으로 적용된다.

이제껏 보아 온 것처럼 인간 각자의 특수한 의무에 관한 도덕적 법칙을 세우기도 그렇게까지 어려운 터에, 수많은 개인들을 다스리는 법률을 세우는 것은 더욱 어렵다는 것은 놀랄 일이 아니다. 우리를 지배하는 법률 제도의 형태를 고찰해 보라. 그것은 인간 정신이 약하다는 진실한 증명이다. 거기는 그만큼 모순과 잘못이 있다. 우리나라 재판 제도가 한편에는 후하고 또 한편에는 각박한 일이 많다는 것을 보며, 그리고 그런 일이 너무 많아서 그 중간이 그렇게 흔히 있는 일인지 알 수 없다는 것은, 재판 제도의 본체와 본질의 병든 부분들과 부정한 기관(機關)들이다.

농민들 몇몇이 황급히 달려와서 내 소유지의 숲속에 어떤 사람이 큰 상처를 입고 넘어져 있는데, 제발 물을 갖다주고 몸을 좀 일으켜 달라고 간청하는 것을 그냥 두고 왔다고 일러 주었다. 그들은 경찰에 잡혀갈까 두려워서 그 사람에게 가까이 가지도 못하고 도망쳐 왔다는 것이며, 상처 입은 자 옆에 있다가 흔히 걸려들듯 자기들이 혐의를 받을 경우 무죄를 변호할 능력도 돈도 없는 처지인 까닭에, 섣불리 하다가 패가망신할까 두려워서 사건의 보고 의무를 지지 않으려는 것이었다. 그들에게 내가 뭐라고 말해야 좋을 것인가? 그들이 이런 인도적인 봉사를 했다가는 몹시 고생했을 것임은 확실하다.

우리는 얼마나 많은 죄 없는 사람들이 처벌당하는 것을 보아 왔는가. 나는 재판관을 허물하는 것이 아니다. 그리고 우리가 이런 일을 밝혀내지 못한 것이 얼마나 많은가? 이것은 우리 시대에 일어난 일이다. 어떤 자들이 살인 혐의로 사형 선고를 받았다. 판결은 아직 언도되지 않았으나, 결의로서 확정되어 있었다. 마침 이때 그 재판관은 가까운 곳의 하급 재판소 관리들에게서 어떤 범인들을 체포했는데, 이 범인들이 문제의 살인 행위를 범했다고 자백했으며, 이 사실에 의해서 그 사건의 전모가 의심할 여지없이 밝혀졌다는 보고를 받았다. 그래서 첫 번 죄수에 대해서 내린 판결의 집행을 중단하고 연기할 것인가 하는 문제가 토의되었다. 그리고 이 사례의 특이성과 판결 집행의 중지에서 일어날 결과에 관한 문제가 고찰되었다. 즉, 판결이 합법적으로 통과했으니 재판관들은 후회할 이유가 없다는 것이다. 결국 이 가련한 자들은 법률제도의 형식에 제물이 되고 말았다.

필리포스였던지 아니면 다른 사람이었던지 그는 이런 부당한 경우에는 이렇게 사건을 처리했다. 그는 확정 판결로 한 사람이 다른 사람에게 많은 액수의 배상을 치르도록 권고했다. 얼마 뒤에 진실이 밝혀져서 그가 부당하게 판결한 것이 드러났다. 한편에는 사건의 정당성이라는 문제가 걸리고, 다른 편에는 법률제도의 형식적 문제가 걸렸다. 그는 판결은 그대로 두고 패소자(敗訴者)의 손해는 자기가 보상해 줌으로써 그럭저럭 양편을 다 만족시켰다. 그러나 그 사건은 시정할 수 있는 일이었다. 앞서 내가 말한 사건에서는 처형되고 나면 시정할 것이 없었다. 나는 범죄보다도 범죄적인 판결을 얼마나 더 많이 보아 온 것인가!

이 모든 것으로 나는 이런 옛날의 견해들을 떠올려 본다. 즉, 큰 둥치를 바로잡으려면 세부적인 잘못이 있어도 하는 수 없고, 큰 일에 정의를 세우려면 잔일들은 부당하게 처리하지 않을 수 없다는 것이다. 또 인간의 정의는 유익한 것은 모두 올바르고 정당하다고 보는 약정을 본받아서 만들어지며, 스토아학파들은 자연이 대부분 그의 작품에 관해서 정의에 반대되게 진행하고 있다고 생각한다. 퀴레네학파들은 그 자체로 정당한 일은 아무것도 없고 관습과 법률들이 정의를 만든다고 생각하며, 테오도로스학파들은 도둑질, 도둑 행위, 음란한 행위라도 유익하다는 것이 알려진다면 현자는 그런 것을 정당한 일로 본다고 생각하는 것이다.

여기는 별다른 방법이 없다. 나는 알키비아데스와 같이 할 수 있으면 내 명예와 생명인 내가 무죄하다는 사실보다도, 내 소송 대리인의 심려해 주는 재간에 달려 있도록 다른 사람이 내 생명을 좌우하는 자리에 결코 내 몸을 넘겨주지 않기로 작정한다. 나는 내가 잘한 일도 잘못한 일과 같이 알아주고 두려워해야 할 것만큼, 내 앞길의 희망도 가질 수 있는 재판정이라면 나가 보겠다. 실수 않기보다도 일을 더 잘할 수 있는 자에게는 탈이 없다는 것만으로는 부족하다. 우리네 재판정에서는 한쪽 손밖에 내주지 않는다. 그것이나마 왼쪽 손이다. 누가 걸리건 거기서 손해만 보고 나온다.

중국에서는 그 나라의 정치와 기술이 우리와 교섭도 없고 우리의 일을 알지도 못하는 터이지만, 여러 부문에서 우리의 사례를 뛰어넘을 만큼 탁월하며, 그들의 역사를 읽어 보면 고대인들이나 우리가 엿볼 수 없을 정도로 얼마나 이 세상이 더 풍만하고 다양한가를 알 수 있다. 그 나라에서는 관리들이 왕에 의해서 각 지방에 파견되어 시찰하러 나가면, 그들은 직책을 잘못 수행하는 자들에게 벌을 주는 것처럼 자신의 의무 이상으로 직책을 잘 수행한 자들에게 또한 후한 상을 내려 준다. 거기서 사람들은 신분 보장을 위해서뿐 아니라, 소득을 바라고 단순히 보수를 받기 위해서뿐 아니라 상을 받으러 나온다.

고마운 일로, 아직 어떠한 재판관도 내 일로건 제삼자의 일로건, 형사 사건이건 민사 사건이건, 무슨 일을 가지고도 내게 재판관으로서 말한 자는 없다. 어떤 감옥도, 단지 산책하기 위해서라도 나를 맞이한 일이 없다. 감옥은 밖에서 본다는 것만으로도 나에게는 불쾌하다. 나는 너무나 자유를 갈망하기 때문에, 내가 서인도의 한구석에 가는 것을 누가 금지한다는 말만 들어도 어느 점에선 살아가기가 전보다 불쾌해질 것이다. 그리고 내가 다른 곳에서 더 개방된 땅이나 공기를 발견하는 한, 나는 숨어 지낼 곳에 웅크리고 있지는 않을 것이다. 정말이지! 내가 보는 바 많은 사람들이 우리 법률과 말썽을 일으켰다고 해서, 사람과 차가 다니는 큰길의 사용이 금지되어 나다니지도 못하고, 주요 도시에 들어가지 못하며, 이 왕국의 한 지방에 못박혀 지내야만 한다면 얼마나 견디어 내기 어려울 것인가! 만일 내가 섬기는 법률이 내 손가락 끝이라도 위협한다면, 나는 당장에 어디라도 다른 법률을 찾아서 떠나 버릴 것이다. 우리가 당하고 있는 이 내란에서 나는 이 전쟁 때문에 내가 마음대로 오갈 수 있는 자유를 속박당하지 않으려 매우 조심한다.

그런데 법률은 정당하기 때문이 아니라, 그것이 법률이기 때문에 신용을 유지한다. 이것은 법률의 권위가 가지는 신비적인 기만이다. 그것은 다른 기반이라고는 가진 것이 없다. 이것이 법률에 있어 대단히 효과가 있다. 법률은 흔히 바보들이 만들어 놓는 것이고, 그보다도 공평하지 못한 자들이 평등을 몹시 싫어해서 만드는 수가 많으며, 어떻든 늘 허영되고 결단성 없는 자들인 인간들에 의해서 만들어지는 것이다.

법률보다 더 중대하고도 대폭적으로, 이보다 더 예삿일처럼 잘못을 저지르는 것은 없다. 법률이 올바르다고 해서 법률을 지키는 자들이 누구나 다 바로 지켜야 할 방법으로 지키는 것은 아니다. 프랑스 법률들은 그 불규칙성과 왜곡된 형태 때문에 어느 정도 그 적용과 집행에 혼란과 부패를 조장한다. 지휘가 너무 흐리고 처음부터 끝까지 한결같지 못하기 때문에, 그것은 불복종과 아울러 혜택과 관리와 준수(遵守)의 결함에 대한 변명이 된다.

그러므로 경험에서 얻을 수 있는 성과가 어떠한 것이건 간에, 우리가 더 친근하여 반드시 우리에게 필요한 것을 가르쳐 주기에 충분한 것으로 자신에게서 얻는 경험을 이용할 줄 모른다면, 외국의 사례에서 얻는 경험은 거의 아무런 가르침도 우리에게 주지 못할 것이다.

나는 다른 주제보다도 나 자신을 더 연구한다. 이것이 나의 형이상학이고 물리학이다.

> 신은 무슨 기술로 우리의 거주지인 우주를 지배하는가,
> 달은 어디서 떠서 어디로 돌아가며, 저 달을 어떻게
> 압축된 예각(銳角)들이 다달이 다시 만월(滿月)로 돌아오는가.
> 바다를 지배하는 바람은 어디서 오며,
> 남풍의 세력권을 어디메인가.
> 그리고 어떤 물기로 검은 구름이 끊임없이 조성되는가.
> 어느 때 우주의 도성을 부술 날이 올 것인가.　　　　(프로페르티우스)

> 탐구하라, 우주를 밝히는 데 고생하는 그대여,　　　　(루카누스)

일반 사물들 속에서, 나는 세상의 일반적인 법률이 조종하는 대로 무엇을 알아보려고 따지지 않고 아무렇게나 이끌려 간다. 내가 그것을 느낄 때에는 충분히 알게 될 것이다. 내 학문의 힘으로는 이 세상일의 방향을 돌리지 못할 것이다.

그것은 나 때문에 변해 주지는 않을 것이다. 그런 일을 바라는 것은 어리석은 수작이고, 그렇게 하려고 수고한다면 미치광이 짓이다. 왜냐하면 그 길은 필연적으로 같은 형태요, 공적(公的)이고 공통적이기 때문이다.

행정관이 착하고 능력이 있으면, 우리에게서 정치에 관한 근심을 만전을 기해 덜어 주어야 할 것이다.

철학적인 탐구와 명상은 우리의 호기심을 북돋는 일밖에는 하지 못한다. 철학자들이 우리에게 자연의 법칙들을 쫓으라고 권하는 것은 대단히 옳은 일이다. 그런데 이 법칙들에는 그렇게 고매한 지식이 소용없다. 학자들을 이 법칙들을 변형시켜서 그 색채를 너무 두드러지게 비틀린 모습으로 그려 놓기 때문에, 고른 재료를 가지고 너무나 잡다한 형태로 보여 준다. 자연은 우리에게 걸어가라고 발을 만들어 준 것과 같이, 예지를 가지고 우리의 인생의 길을 지도하고 있다. 그것은 철학자들이 고안한 것처럼 교묘하고 억세고 화려한 것이 아니고, 거기 상응해서 쫓기 쉽고 유익하며, 다른 자가 말로 하는 것을 순박하고 질서 있게, 말하자면 자연스럽게 처신하는 행운을 가진 자에게 실제 행동으로 잘하게끔 해 주는 예지이다. 가장 순박하게 본성을 신뢰하는 것은 가장 현명하게 본성을 신뢰하는 일이다. 오오, 무지와 호기심 없음은 잘생긴 머리를 얹어 놓기에 얼마나 기분 좋고 폭신하고, 그리고 몸에 유익한 베개인가!

나는 키케로에 관한 권위자가 되기보다는 나 자신에 관한 권위자가 되련다. 자신에게서 얻은 경험을 가지고라도 선량한 학도라면, 나를 충분히 현명하게 만들 것이다. 지난날의 과격한 분노가 얼마나 제정신을 잃게 했는가를 기억 속에 담아 두고 있는 자는, 아리스토텔레스를 잃은 것보다도 더 잘 이 격정의 추악상을 깨닫고, 이에 대해 증오심을 품는다. 자기가 당한 불행과 불행을 당할 위협을 느낀 일과, 이렇게 할까 저렇게 할까 망설이게 하던 가벼운 사정들을 상기하는 자들은, 그것으로 자기 장래 운명의 변화와 인생 조건의 이해에 대비하는 것이다. 카이사르의 인생은 우리를 위해서 우리들 인생보다 더 나은 본이 될 것은 없다. 제왕의 인생이건 평범한 사람의 인생이건 항상 인간적인 사건들에 관련되는 인생이다. 이 소리를 조심해 들어 보자. 우리는 주로 우리들에게서 판단한 것을 자신에게 말하고 있다.

자신의 판단이 너무 여러 번 틀린 것을 상기하는 자는 천치가 아니고서야 어찌 자기 판단을 영영 믿을 수 없는 것으로 보지 않을 것인가? 다른 사람이 알려 주는 이치로 내가 어느 그릇된 사상에 설복당한 것을 알게 된다면, 나는 그자가 무슨 새로운 말을 했다든가, 그리고 이 특수한 무식을 알게 된 것보다도(그것은 변변찮은 소득일 것이다) 일반적으로 내가 허약하고 이해력이 나를 잘 배반한다는 것을 알게 되는 것이다. 여기서 나는 아예 개선해 볼 생각을 하게 된다. 나의 다른 모든 잘못에 관해서도 나는 같은 방식을 쓰며 이 규칙이 인생에 대단히 유익한 것임을 깨닫는다. 나는 인류와 개인을 발길에 차인 길거리의 돌같이는 보지 않는다. 나는 모든 일에 두려움을 품고 헌신하기를 배우며, 이것을 잘 조절하려고 노력한다. 사람이 어리석게 말했거나 행한 일을 안다는 것은 그것뿐이다. 사람은 한 천치에 지나지 않는다는 것을 배워야 한다. 이것이 훨씬 더 충만하고 중대한 가르침이다.

내 기억력이 가장 자신을 가졌던 때 그렇게도 여러 번 실수를 저질렀다는 것은, 쓸모없이 실수한 것이 아니다. 기억력이 당장 아무리 확신을 가지고 안심시켜도, 나는 고개를 흔든다. 이 기억력이 보증하는 바에 반대하는 이가 있으면 나는 바로 주저하며, 중대한 일에 관해서는 감히 이 기억력을 믿지 않을 것이고, 그것으로 남의 일에 보증해 주지도 않을 것이다. 그리고 내가 기억력이 모자라서 저지르는 일에 다른 사람들은 신실치 못해서 더 자주 일을 저지르게 되어도, 내 말보다는 다른 사람의 입에서 나온 진실을 항상 사실이라고 간주할 것이다. 만일 각자가, 내가 격정에 사로잡혔을 때 하던 식으로 자기를 지배하는 격정의 실제와 사정을 가까이서 더 자세히 살펴본다면, 그는 이 격정들이 밀려 오는 것을 보며 그것의 위세와 접근을 좀 완화할 것이다. 격정들은 단번에 우리에게 대들어서 늘 목덜미를 잡지는 않는다. 거기는 위험이 있고, 단계가 있다.

첫 바닷바람에 파도가 희게 거품을 던지고
그러다가 대해는 점점 팽창하여 거대한 파도를 밀어 올리며,
바로 깊은 못에서 하늘까지 솟아오른다.   (베르길리우스)

내게는 판단력도 중요한 자리를 차지한다. 적어도 나는 그렇게 하려고 조심스레 노력한다. 내 판단은 증오라든가 애정이라든가, 진실로 그것 때문에 내가 변질되든가 부패되는 일이 없이 내 자신이 지니고 있는 격정들을 제대로 나타나게 둔다. 내 판단력은 제 힘으로 다른 부분들을 고쳐 갈 힘은 없더라도, 적어도 그것들 때문에 그 자체가 변질되는 일은 없다. 내 판단력은 제대로 제 일을 한다.

　저마다에게 '너 자신을 알라'고 하는 통고는 매우 중대한 효과를 낸 것임에 틀림이 없다. 저 학문과 태양의 신(델포이 신전에 있는 아폴론)은 그가 우리에게 충고해야 할 일을 모두 포함시킨 듯, 이 말을 자기 신전의 정면에 새겨 놓게 했던 것이다. 플라톤도 역시 예지는 이 명령을 집행하는 것에 불과하다고 말했고, 소크라테스는 크세노폰의 문장에서 자세히 이것을 증명한다.

　어느 학문에서나 이해하기 어려운 성질과 어둡고 어려운 성질은 그 학문을 닦는 사람 외에는 보이지 않는다. 왜냐하면 알지 못한다는 것을 깨달을 수 있기까지에는, 역시 어느 정도의 지식이 필요하기 때문이다. 그리고 문이 닫혀 있는 것을 알기 위해서는 문을 밀어 보아야만 한다. 그래서 아는 자는 알기 때문에 물어볼 필요가 없고, 모르는 자는 무엇을 물어보아야 할까를 알아야 하기 때문에 물어볼 거리가 없다는 플라톤식의 묘한 논법이 나온다. 그래서 자신을 안다는 문제에서, 각자가 자기를 만나고 혼자 단정하고 만족하는 것, 각자가 자기를 충분히 이해하고 있다고 생각하는 것은 이 문제를 전혀 이해하지 못한 것을 의미한다고 소크라테스는 크세노폰의 문장에서 에우티데모스에게 가르친다.

　나는 이 일밖에는 다른 말을 하지 않는 자로서 이 자아 속에 너무나 무한한 깊이와 다양성을 발견하기 때문에, 이제껏 내가 배운 것에는 내가 얼마나 배울 것이 많은 것인가를 알게 된 일밖에 다른 성과가 없다. 내 판단력이 약하다는 것을 너무 자주 깨달아 온 까닭에 나는 겸양해지고, 내가 명령받은 신앙에 복종하고, 사상은 항상 냉철하게 절도를 지키는 경향을 갖게 되고, 그리고 자기 역량에 자신을 가지고 수양과 진리의 적인 방약무인하게 투쟁조로 나서는 오만한 태도에는 증오심을 품게 되었다. 그들이 명령하는 것을 들어 보라. 그들이 내놓는 천치와 같은 수작은 종교와 법률을 세우는 문체에 있다. "확언과 증명을 지각과 인식에 선행시키기보다 더 수치스러운 일은 없다."(키케로)

아리스타르코스는 옛날에는 현자가 겨우 일곱 사람 있을까 말까 했고, 그의 시대에는 무식자가 겨우 일곱이나 있을까 말까 했다고 한다. 그 말은 지금의 우리 시대를 두고 하는 것이 아닐까? 확언과 고집은 명백하게 어리석은 표징이다. 이자는 하루 동안에 1백 번 콧방아를 찧어도 전과 마찬가지로 뻣뻣하게 위세를 떨친다. 그가 다음에 새로운 정신과 이해력의 힘을 어디서 주입받아서, 마치 옛날에 땅을 지배하는 신의 아들 안테이아[50]가 넘어져서 땅에 몸이 닿으면 새로 굳고 단단한 성질을 얻고 힘이 세어지더라는 식이 되었다.

    그의 짓밟힌 사지는
    어머니인 대지에 몸이 닿을 적마다
    체력과 정력을 다시 찾더니라.
                              (루카누스)

말을 안 듣는 이 고집쟁이는 새로운 싸움을 걸려고 새 정신을 찾았다고 생각하는 것이 아닌가? 나는 내 경험으로 인간의 무지를 강조한다. 그것은 인간의 학문이 얻을 수 있는 가장 확실한 지식이다. 내 의견이나 자기들 의견과 같은 허망한 사례들을 가지고 이 무지의 사상을 품고 싶지 않은 자들은, 신들과 인간들의 증명으로 지금까지 생존했던 인간 중에서 가장 현명했던 소크라테스의 의견을 따라서 이 말을 인정해야 한다. 철학자 안티스테네스는 그의 제자들에게 "자, 그대들이나 나나 소크라테스의 말을 들으러 가자. 거기서는 나도 그대들과 함께 제자가 될 것이다"라고 했다. 그리고 자기 학파인 스토아 학설을 지지하며 도덕이 인생을 충분히 행복하게 만들어 주기에 충분하고, 아무런 다른 사람들의 필요가 없게 만들어 준다고 했다. 그러나 "소크라테스의 가르침의 힘은 제하고" 하고 그는 덧붙였다.

    내가 이렇게 오래 주의하여 나를 고찰하는 노력은, 남의 일도 어지간히 판단할 수 있게 나를 수련시켜 준다. 그리고 내가 이런 일보다 더 적절하고 용납될 수 있게 말하는 일도 드물다. 나는 내 친구들보다도 더 정확하게 그들의 사정을 보고

---

[50] 헤라클레스는 바다의 신 포세이돈과 대지의 신 가이아의 아들인 거인 안테이아와 싸우다가, 그가 땅에 닿기만 하면 다시 힘이 생기는 것을 보고 그를 번쩍 쳐든 채 목졸라 죽였다.

식별하는 일이 자주 있었다. 그들 중의 하나는 내가 하는 말의 적절함에 경탄하며 그 말로 자기 처지를 파악할 수 있었다. 나는 어릴 적부터 내 인생을 다른 사람들의 인생에 비춰 보는 수련을 쌓아서, 이 점에 몰두해 연구하는 소질을 얻었다. 그리고 이런 일을 생각해 볼 때에는 내 주위에 있는 모든 일들 중에 필요한 것은 용모·기질·사상 등 거의 다 놓치지 않고 주목한다. 나는 피해야 할 일, 좇아야 할 일 등 모든 것을 연구한다. 이렇게 해서 친구들이 밖으로 나타내는 것으로서 그들 마음의 움직임을 알아본다. 그것은 그렇게도 흐트러지고 잇닿은 맥락 없는 무한히 다양한 행동들을 어떤 유(類)와 종(種)으로 정리해서 구별 지은 것을 알려진 항(項)과 목(目)으로 배열해 놓는다는 말은 아니다.

> 얼마나 많은 종류가 있는지,
> 그들의 명칭은 무엇인지,
> 일일이 들 길이 없다.　　　　　　　　　　　(베르길리우스)

학자들은 그들의 헛된 생각을 더 특수하게 세밀한 부분으로 갈라서 기술한다. 나로서는 경험으로 알 수 있는 것밖에는 보지 못하기 때문에, 대개는 그저 질서 없이 내 생각들을 좇아 가며 내놓는다. 그것은 이런 식이다. 나는 내 문장을 한꺼번에 뭉쳐서는 말할 수 없는 사물들을 가지고 하듯 흐트러진 문구들로 내놓는다. 우리들같이 하찮고 평범한 인물에게는 관련이나 일치는 찾아볼 수 없다. 예지는 온건하고 견고한 구조이며, 그 부분들은 각기 특성을 가지고 자기의 자리를 확보하고 있다. "오로지 예지만이 그 전체를 자체에 포함한다."(키케로) 나는 아무렇게나 일어나는 이런 마디가 잘고 뒤섞인 인물의 무한히 다양한 모습들을 몇 무리로 정리해서, 우리의 절도 없는 행위를 정지시키고 질서를 세우는 일은 기술자들에게 맡기지만, 그들이 이런 일을 해 낼 수 있을지는 모르겠다. 우리의 행동을 이것저것 결부시켜 보는 것도 쉽지 않을 뿐 아니라, 그 하나하나를 따로 두고 주요한 소질을 적당하게 지적해 보기도 힘든 일이라고 생각한다. 그렇게도 인간의 행위들은 보는 각도가 다르면 이중으로, 그리고 다른 색으로 보인다.

마케도니아 왕 페르세우스는 어떤 조건에도 집착하지 않고 모든 종류의 생활

속을 헤매며 너무나 엉뚱하게 방황하는 성격을 보여 주었기에 희귀한 일이라고 주목받았다. 그 자신이나 다른 어느 누구도 그가 어떠한 인간인지 알아볼 수 없었다는 것은, 내게는 거의 모든 사람들에 관해서 말할 수 있는 일로 보인다. 그리고 나는 누구보다도 그의 역량에 버금가는 다른 인물(프랑스 왕 앙리 4세를 지적하는 것 같다)을 보았는데, 이 결론은 더욱 적절하게 그에게 적용될 것으로 생각된다. 즉, 중용(中庸)의 자세라고는 전혀 없고, 항상 짐작해 볼 길 없는 이유로 이 극단에서 저 극단으로 옮겨 가며, 놀랍게도 뒤집히고 모순되지 않는 행티라고는 하나도 없고, 단순한 소질이라고는 전혀 없어서, 언제고 가장 근사하게 그를 묘사해 볼 수 있다면 그가 알 수 없는 인간이라는 것으로 사람들에게 알려지려고 테두리를 쳐 가며 연구하고 있다는 말일 것이다.

우리는 자기를 솔직하게 비판하는 소리를 듣기 위해서는 강인한 귀를 가질 필요가 있다. 그리고 속이 쓰리다고 느끼지 않고 남의 비판을 참고 듣는 자는 드문 까닭에, 우리에게 감히 비평을 시도하는 자는 특별한 우정의 표시를 보여 주는 것이다. 왜냐하면 그 사람을 좋게 해 주려고 그의 감정을 상하게 하고 모욕을 주는 일을 한다는 것은 건전하게 사랑해 주는 일이기 때문이다. 나는 못된 소질이 착한 소질보다 강한 자를 비판하기는 힘들다고 본다. 플라톤은 다른 사람의 마음을 알아보려고 하는 자에게 지식과 호의와 과감성이라는 세 가지 소질을 가지라고 명령한다.

내가 아직 일할 수 있는 나이에 있는 동안, 사람들은 나에게 일하게 할 생각으로 가끔 무슨 일을 잘하느냐고 물어 왔다.

> 더 나은 혈기가 정력을 주고, 시기하는 노령이
> 아직 내 귀밑에 흰 수염을 뿌리지 않았을 때.   (마르티알리스)

"아무것이라도"라고 나는 말했다. 그리고 자기 자신을 남의 노예 노릇을 시키는 일은 아무것도 할 줄 모른다고 사절한다. 그러나 나는 윗사람에게는 그가 원했다면 진실을 말해 주고 행동 습관을 지도했을 것이다. 내가 알지 못하는 스콜라 학파의 교훈을 따라서 하는 것이 아니고(그 학설을 알고 있는 자들에게서 행동 습관의 진실한 개선이 이루어지는 것을 보지 못했다) 그의 행동 습관을 모든 경우에 따라서 하나하나 관찰하며, 그것을 개별적으로 단순하고 자연스럽게 눈으로 보고 비판하며, 그에 관해서 사람들의 평판이 어떻다는 것을 알려 주며, 아첨하는 자들에게 대항할 것이다.

왕들이 그 못난 자들 때문에 당하고 있는 것처럼 사람이 그 모양으로 끊임없이 부패한다면, 우리들 중에 아마도 왕들보다 못하지 않을 자는 없을 것이다. 군주였으며 철학자였던 위인 알렉산드로스도 그가 이런 자들을 막아 내지 못했던들 어찌 되었을 것인가!

나는 그렇게 할 만큼 충분히 충성심과 판단력과 자유를 가졌다. 그것은 명성 없는 봉사일 것이다. 그렇지 않다면 이 봉사는 그 성과와 우아미를 잃을 것이다. 그리고 아무나 무차별하게 할 수 있는 일은 아니다. 왜냐하면 진리는 아무 때 아무렇게 사용되어도 좋다는 특권을 가진 것은 아니기 때문이다. 그 사용에는 그것이 아무리 고귀하다고 해도 경계와 한도가 있는 것이다. 세상이 그렇지만, 왕의 귀에 진실을 들려주는 것은 효과가 없을뿐더러 도리어 해가 되며, 그것이 옳지 못한 경우도 또한 있다. 그리고 거룩한 책망이 해롭게 될 수 없고, 실질을 위해서 한 일이 형식을 위해서 한 일에 질 수가 없다고 해도 나는 믿지 않을 것이다.

나는 이런 직책에는 자기 신수에 만족하는 인간으로,

자기의 있는 대로를 원하며
더 이상을 원함이 없는 자.   (베르길리우스)

중간쯤 가는 팔자를 타고난 자이기를 바란다. 그것은 한편에는 그가 신랄하고 심각하게 자기 윗사람의 마음을 거스르다가 승진의 길이 막힐까 두려워할 것이 없고, 또 한편에는 그가 중간의 조건으로 있는 것이 모든 종류의 인물들과 교섭하기가 더 쉽기 때문이다. 나는 이런 직책은 단 한 사람이 맡고 있기를 바란다. 왜냐하면 이렇게 왕과 자유롭고 친근하게 대하는 특권을 많은 사람들에게 확대시키다가는 불경스러운 태도를 자아내게 할 것이기 때문이다. 이것은 진실이다. 그리고 그 한 사람에게 나는 침묵을 지켜달라고 요구할 것이다.

한 왕이 그가 들어 주기에 귀가 따가운 수고밖에는 하지 않고, 그 실행 여부는 온전히 자기 손에 있는 것을 가지고, 친우가 말해 주는 것을 자기 이익과 개선을 위해서 참고 들어 줄 수 없다면, 그가 자기 영예를 세우기 위하여 지조 굳게 적과의 대전(對戰)을 기다린다고 자랑해도 믿어 줄 게 못 된다. 그런데 어떠한 인간들을 보아도, 이런 왕들만큼 남의 진실하고 자유로운 충고가 절실하게 필요한 자는 없다. 그들은 공적 생활을 영위하며 많은 관중들의 의견을 만족시켜주어야 하는 처지에 있는데, 국민들은 왕들이 잡은 방향을 돌리게 하는 일은 입다물고 하지 않는 것이 버릇되어 있기 때문에, 만일 누가 늦지 않게 알려 주었던들 그들의 쾌락도 잃지 않고 어지간하면 피할 수 있었을 것을, 어쭙잖은 이유로 자기도 모르게 국민의 반감과 증오를 사게 되는 수가 있는 것이다. 대개 그들의 신하들은 윗사람보다 자기를 중하게 여긴다. 그래야만 그들의 일이 잘되어 간다. 왜냐하면 정성 어린 우정으로 하는 일은 대부분 그 왕에 대해서 행하기에 매우 위험하고 힘든 시련이 되기 때문이다. 그래서 이런 일에는 충성심과 솔직성뿐 아니라 용기가 필요하다.

어떻든 내가 여기 끄적거려 놓는 이 모든 부스러기는, 내 인생의 경험을 기록하는 것에 지나지 않으며, 마음의 건강을 위해서는 이 교훈을 거꾸로 해석해도 족할 만한 본보기이다. 그러나 육체적 건강으로 나보다 더 유익한 경험을 제시할 수 있는 사람은 없을 것이다. 나는 이 경험을 결코 기술이나 추리로 부패시키거나 변질시키지 않고 순수하게 제공한다. 경험은 의학의 문제에 관해서는 바로 자기 터전 위에 있으며, 거기서의 이성은 경험 앞에 맥을 못 춘다. 티베리우스는 20년을 살아 온 자이면 누구든지 자기 몸에 해로운 것과 이로운 것을 분간할 줄 알게 되기 때문에, 의술 없이도 해 나갈 줄 알아야 한다고 했다. 그는 이것을 소크라테스에게서 배웠을 것이다. 소크라테스는 제자들에게 건강을 대단히 중요한 연구 과제로 하라고 충고하며, 이해성 있는 사람은 자기 몸을 단련하고 음식은 가리는 데 조심하며, 무엇이 자기에게 좋고 나쁜가를 의사보다도 더 잘 알지 못한다는 것은 어려운 일이라고 덧붙이고 있다.

그리고 의술은 역시 경험을 항상 치료법의 시금석으로 삼는다는 것을 표명하고 있다. 그러므로 플라톤이 "진실한 의사가 되려면, 고치고 싶은 모든 병들을 겪어 보고, 그가 판단하려는 사정과 사건들을 모두 거쳐 보고 난 다음에 할 필요가 있다"고 말한 것은 지당하다.

천연두를 고치려면 천연두를 앓아 보아야만 한다. 그런 사람이라면 나는 믿겠다. 왜냐하면 다른 자들은 대개 자기 집 탁자에 앉아서 마치 바다와 암초와 항구 등을 그려 놓고, 아주 안전한 자리에서 배의 모형을 끌고 다니는 식으로 사람을 지도하고 있기 때문이다. 그에게 실제로 당하게 하라. 그는 어떻게 해야 할지를 모른다. 그들이 사람의 병을 말하는 꼴은 마치 성읍(城邑)의 나팔수가 잃어버린 말이나 개의 모양을 설명하며, 털빛이 어떻고 키는 어떻고 귀가 어떻게 생겼다고 소리치는 식이다. 진짜 실물을 가져다 보여 보라. 그렇게 해도 그는 알아보지 못한다.

정말이지 의술이 언제고 네게 눈에 보이도록 좋은 효과를 주게 된다면, 나는 얼마나 진심으로,

    마침내 나는 결과로 설명되는 학문에 항복한다!   (호라티우스)

하고 소리칠까를 보라. 우리 신체의 건강과 영혼의 건강을 보존하라고 약속하는 기술은 대단한 일을 약속한다. 그런데 약속하는 바를 그들만큼 지키지 못하는 경우도 세상에 없다. 요즘 우리 사이에 이런 기술을 떠들어 대는 자들은, 다른 사람들보다도 실제를 보여주는 것이 적다. 그들은 기껏해야 약을 팔고 있다고는 말할 수 있어도, 의사라고 말할 수는 없다.

나는 이렇게 오래도록 지탱해 오게 한 실천법을 보고할 수 있을 만큼 상당히 장수했다. 약을 맛보고 싶은 사람들을 위해서 나는 그의 술 따르는 노릇을 하며, 시음해 보았다. 여기 몇 가지 생각나는 대로 적어 보련다(나는 사정에 따라서 변하지 않는 격식이라고는 갖지 못했다. 그러나 지금까지 내가 자주 실행하고 가장 매여 지낸 격식들을 적어 본다).

내 생활방식은 병들었을 때나 건강할 때나 똑같다. 침대도 같고, 시간도 같으며, 먹는 것이나 마시는 것이 모두 똑같다. 나는 힘과 식욕에 따라서 다소간의 절제 외에 다른 아무런 방법도 덧붙이지 않는다. 내게 건강이란 버릇으로 된 상태

를 훼방 놓지 않고 그대로 유지하는 일이다. 나는 병 때문에 이 습관이 한쪽으로 옮겨지는 것을 본다. 의사들의 말을 믿는다면, 그들은 나를 다른 편으로 비켜 놓는 것이다. 그리고 운과 기술의 탓으로 몸은 나의 길에서 벗어난다. 내가 단 하나 확실한 것으로 믿는 것은 그렇게 오래 길들여 온 일을 실천해서 손해 볼 일은 없다는 것이다.

습관은 우리의 생명에 하고 싶은 대로 형체를 만들어 준다. 습관은 전능한 힘을 갖는다. 그것은 우리의 본성을 어떻게라도 고쳐 놓을 수 있는 키케로의 술과 같은 것이다. 우리 고장에서 서너 발자국만 떠나면 얼마나 많은 국민들이 우리가 아주 해로운 것으로 생각하는 밤이슬에 대한 공포심을 익살로 보는가? 뱃사공이나 농민들도 그것을 비웃는다. 독일인이 담요 위에 자거나, 이탈리아인이 깃털 방석 위에 자거나, 프랑스인이 커튼도 없이 불을 피우지 않고 자면 병이 든다고 한다. 스페인 사람의 위는 우리네 음식에는 견디어 내지 못하고, 우리의 위도 스위스식으로 술을 마시면 견디지 못한다.

나는 한 독일인이 아우구스부르크에서, 우리가 그들의 난방 장치를 비난하는 논법으로 우리의 난방 장치가 불편하다고 공격하는 것을 보고 재미나게 생각했다. 그들 난방 장치를 쓰면 답답할 만큼 방 안이 더운 데다가, 데우는 물체에서 발산되는 텁텁한 냄새를 맡으면 겪어보지 않은 대부분의 사람들은 머리가 아파지는데, 나는 그렇지 않다. 이왕 말이지만 이 더위는 사방이 고르고 꾸준하며 불길도 없고 굴뚝으로 들어오는 바람도 없으니, 이 방법은 다른 면에서는 우리들 것과 비교해 볼 수가 있다.

어째서 우리는 로마의 건축을 본받지 않는가? 옛날 그들의 가옥에서는 불을 방 안에서 때지 않고, 밖에서 방 아래로 때어 불기가 벽 속에 설치한 대롱으로 빨려들어가서 데우고 싶은 곳을 덥게 했는데, 이것은 어디서인지 자세히는 모르나 세네카의 문장에서 확실히 읽은 듯하다.

이 독일인은 내가 그의 도시의 아름답고 편리한 점을 칭찬하는 말을 듣고(정말 이 도시는 칭찬받을 만했다), 내가 어째서 그 고장을 떠나야만 하느냐고 불평을 하기 시작했다. 그가 다른 고장에서 가장 불편한 일이라고 내게 탈을 잡은 것은, 아궁이 때문에 머리가 무거워진다는 것이었다. 그는 다른 자가 그렇게 언짢게 말하는 것을 듣고는 자기 방식은 습관이 되어 아무렇게도 느껴지지 않으므로 우리 고장의 것을 그런 식으로 연상하는 것이었다.

불에서 오는 더위는 모두 내 몸을 약하고 둔하게 만든다. 그러나 에베누스는 인생의 가장 좋은 맛은 불이라고 했다. 나는 추위를 면하기 위해서 그보다는 차라리 다른 방법이라도 취하겠다.

우리는 술통 바닥의 술은 마시기를 꺼린다. 포르투갈에서는 그런 술의 향기가 진미라고 하여 왕공들의 음료로 되어 있다.

결국 나라마다 여러 가지 습관과 버릇이 있는데, 그것은 다른 국민들에게는 알려지지 않았을뿐더러 낯설고 괴이하게 보인다.

인쇄된 증명이 아니면 받아들이지 않고, 책에 실려 있지 않으면 사람의 말을 믿지 않고, 진실이라도 자격 있는 시대의 것이 아니면 믿지 않는 이 백성들을 어찌하란 말인가? 우리는 어리석은 수작이라도 인쇄해 놓은 것에는 권위를 준다. "나는 그런 말을 들었소"보다는 "나는 그러한 것을 책에서 읽었소"라는 말이 그들에게는 무게가 있다. 그러나 나는 사람의 손보다 입을 덜 믿는 것이 아니면, 말하는 것만큼 주책없는 일을 글로 쓰는 것도 알고 있고, 이 세기를 지나간 세기들만큼이나 존경하고 있는 까닭에, 아울루스 겔리우스나 마크로비우스와 마찬가지로 증인으로 서고, 그들이 문장으로 쓴 것과 마찬가지로 내가 본 일들을 인용해서 말한다. 그리고 도덕은 오래 실행되었다고 해서 더 위대한 것이 아니라고 하는 것처럼, 나는 진리는 오래되었다고 해서 더 현명한 것이 못 된다고 생각한다.

나는 우리가 외국이나 학교에서 가르치는 본을 따른다는 것이 어리석은 수작이라고 자주 말한다. 이러한 예는 현실에도 호메로스와 플라톤의 시대와 마찬가지로 풍부하다. 그러나 우리는 사상이 진실하다는 것보다도 남에게서 따오는 것을 더 영광으로 생각하는 것이 아닌가? 그것은 마치 봐스코장(파리의 한 인쇄업자)이나 플랑탱(앙베르에 인쇄소를 차려서 유명해진 인물)의 가게에서 증거를 빌려오는 것이, 우리 동네에서 보는 것보다 더 확실하다고 생각하는 식이다. 정말 어째서 우리는 눈앞에 일어나는 일을 심사해서 그 가치를 세우고, 그것을 생생하게 판단하여 본으로 삼는 정신을 갖지 못하는 것인가? 만일 우리의 신용을 얻을 만큼 우리에게 권위 있는 것이 아니라고 한다면 그것은 당치 않은 말이다. 더욱

이 내 생각으로는 사람들이 다 알고 있는 가장 평범한 사물들에 관해서 우리가 진실을 밝힐 수가 있다면, 특히 인간 행동이라는 제목을 두고 그 본성이 가장 위대한 기적이며 경탄할 만한 본보기들이 이루어질 수 있는 바에야 말이다.

그런데 내 제목에 관해서, 내가 책에서 읽은 사례들과 아리스토텔레스가 아르고스인 안드론에 관해서 리비아의 메마른 모래 벌판을 물도 안 마시고 횡단했다는 이야기를 말하는 것은 치워 두자. 이것은 여러 직책을 당당하게 수행하고 난 어떤 귀인의 말인데, 그는 마드리드에서 리스본까지 한여름에 물 한 모금만 마시고 갔다고 내 앞에서 말했다. 그는 나이에 비해 건강한 몸이었다. 그가 내게 말한 것은 두서너 달이나 1년 동안이라도 술을 안 마시고[51] 살아간다는 것밖에, 그의 생활 습관에 예사롭지 않은 점이라고는 아무것도 없었다. 그는 목마름을 느낀다. 그러나 그 생각이 지나가게 가만히 내버려 둔다. 그리고 이 술 생각이 쉽사리 저절로 약해지는 성질이면, 필요성이나 쾌락으로보다도 변덕으로 마시게 되는 것이라고 그는 생각했다.

또 하나의 예를 들어 보자. 별로 오래되지 않은 일인데, 나는 프랑스에서 가장 박학한 학자 한 분을 만났다. 그는 재산도 상당히 가지고 있는 처지인데, 큰 방 한구석을 커튼으로 칸막이하고 공부를 하고 있었다. 그런데 그의 주위에는 하인들이 제멋대로 소란을 떨며 놀고 있었다. 세네카도 거의 그렇게 말했지만, 그는 이런 소란을 이용했다는 것이다. 그것은 마치 이 소리에 시달려서 정신은 더욱 명상에 적당하게 자기 속으로 잠겨들어 긴장하며, 폭풍우와 같은 이런 소음에 그의 사상은 속으로 집중되더라고 내게 말했다. 그는 파도바에서 학교에 다닐 때에, 역마차의 마부들이 부산떠는 소리와 장터의 소란 속에서 오랫동안 공부했기 때문에 이런 소란을 이용했다는 것이다.

소크라테스는 그의 아내가 쉴새없이 바가지를 긁는 틈바구니에서 어떻게 견디어 내는가 하고 놀라며 묻는 알키비아데스에게 대답했다. "여느 때 물길어 올리는 바퀴소리에 길든 사람과 같다." 나는 완전히 그 반대이다. 내 정신은 너무 약해서 날아가 버리기 쉽다. 외따로 생각 속에 몰두해 있을 때, 파리 한 마리만

---

51) 프랑스인은 식사 때 물 대신 포도주를 마신다.

'왱' 해도 내 생각은 사라져 버린다.

세네카는 젊었을 때 죽어서 내놓은 것은 먹지 않는다는 섹스티우스의 행티를 열렬히 본뜨며, 1년 동안이나 그런 것을 먹지 않고 즐겁게 지냈다고 한다. 그리고 이런 규칙을 전파하던 어떤 새 종교에서 본을 따왔다고 의심을 받지 않으려고 이 버릇을 버렸다는 것이다. 아울러 그는 아탈루스의 교훈을 받아서 푹신한 요 위에 자지 않고 늙을 때까지 딱딱한 침대를 사용했다. 그 시대의 습관으로는 이런 것이 혹독한 단련이라고 이야기에 오르지만, 우리 행동 습관으로 보면 유약한 단련으로 간주된다.

자기의 팔 힘만으로 살아가는 내 하인들과 나와의 차이를 보라. 스키타이 족들과 서인도 사람들은 형체나 힘으로는 나와 별로 다른 점이 없다. 거지로 돌아다니는 아이들을 데려다가 부려 보았더니, 얼마 안 가서 그들은 그전 생활로 돌아가기를 원하며, 밥 잘 먹고 옷 잘 입으며 지내던 내 집에서 떠나 버렸다. 그중의 하나가 그 뒤에 돌아다니며 쓰레기더미에서 조개나 주워 먹고 끼니를 때우는 것을 발견하고, 내가 아무리 달래고 위협해 보아도 그는 궁핍 속에서 얻는 감미로운 맛을 버리려고 하지 않았다. 거지도 부자들과 마찬가지로 그들의 위풍과 탐락이 있으며, 그들에게도 직책이나 직무와 정치적 질서가 있다고 한다.

그것은 버릇의 성과이다. 버릇은 우리를 자기 멋대로의 형태로 만들어 갈 수 있을 뿐 아니라(현자들은 그 때문에 부리는 습관이 즉시 우리를 좋은 형태로 만들어 주기 쉽도록 가장 좋은 형태 속에 박혀 있어야 한다고 말한다), 또한 변화와 변종으로 만들어 간다. 이것이 습관의 가장 고귀하고 유익한 가르침이나, 내 육체적 기질들 중의 가장 좋은 면은 융통성이 있고 별로 고집불통이 아닌 점이다. 나는 다른 사람들보다 더 개인적이며 일반적이고 유쾌한 경향을 가지고 있다. 그러나 얼마 힘들이지도 않고 벗어나서 쉽사리 반대편으로 흘러간다. 어떤 젊은이는 자기 정력을 일깨워서 거기에 곰팡이가 끼어 겁쟁이가 되지 않도록 방어하기 위해서는 규칙들을 문란시켜야 한다. 세상의 명령과 훈련에 따라서 움직이는 것만큼 어리석고 허약한 생활 태도는 없는 것이다.

그는 첫 이정표까지 발을 옮겨 놓자면

출발 시간은 운수 요람(要覽)으로 확인해 본다.
눈을 너무 비벼서 눈구석이 가려우면,
점을 쳐 보기 전에는 안약도 쓰지 못한다. (유베날리스)

내 말을 믿는다면, 과분한 것도 늘 해야 한다. 그렇지 않으면 조금만 방탕해도 그는 몸을 망친다. 그는 사람과의 교제에 어색하고 불쾌해진다. 점잖은 사람에게 가장 반대되는 태도는 어떤 특수한 방식에 너무 마음을 쓰며 매여 지내는 일이다. 생활 태도는 부드러운 융통성이 없으면 특수한 것이 되고 만다. 친구들이 하는 일을 기력이 없어서 못하거나, 또는 감히 할 생각을 내지 못한다는 것은 수치스러운 일이다. 그런 사람은 자기의 부엌이나 지키게 하라! 다른 곳에 가면 어디서도 점잖지 못하다.

그러나 무인(武人)에게는 그것은 참을 수 없는 악덕스러운 일이다. 무인은 필로포에멘이 말하듯 다양하고 고르지 못한 모든 생활에 적응해서 습관을 만들어야 한다.

내가 아무리 할 수 있는 한의 자유와 무관심을 위해 훈련받았다 해도 태평스레 늙어 가면서 어느 형태에 더 집착하게 되었으며(나는 이제 교육받을 나이도 넘었고 나 자신을 유지하는 것밖에 다른 것을 쳐다볼 수 없다), 습관은 이미 나도 모르는 사이에 내 안에 어떤 사물에 대한 굳어진 성질을 박아 넣었기 때문에, 지금에 와서 그런 버릇을 버린다는 것은 지나친 일이다. 그리고 애를 쓰지 않고는 낮잠을 잘 수도 없고, 간식을 하거나 아침 식사를 하거나 저녁 식사 뒤엔 서너 시간을 보내며, 오랜 시간을 보내지 않고는 잠자러 가거나 할 수 없고, 잠자기 전이 아니면 아이를 만들지 못하고, 서서는 그 짓을 못하고, 땀을 씻지 않고 그냥 있지 못하며, 오래도록 모자를 벗고 있지를 못하고, 식사 뒤에는 머리를 깎지도 못하고, 끓이지 않은 물이나 술은 마시지도 못한다. 그리고 셔츠를 입지 않는 것과 마찬가지로 장갑을 끼지 않고 지내거나, 일어날 때와 식탁에서 물러날 때에 세수와 양치를 않거나, 침대에 닫집과 커튼을 치지 않고는 못 배기게끔 되어 버렸다.

나는 식탁보를 펴지 않고도 식사할 수 있다. 그러나 독일식으로 냅킨을 펴지 않으면 매우 불편을 느낀다. 나는 독일인이나 이탈리아인보다도 더 냅킨을 더럽한다. 스푼과 포크는 그다지 쓰지 않는다. 왕들이 요즈음 시작하는 방식을 본받아 음식을 갈아들여 올 때마다 냅킨을 가는 격식을 모두들 좇지 않는 것이 섭섭하다. 우리는 저 억센 군인 마리우스가 늙어 가면서 술마시는 성미가 꾀까다로워져서 자기 술잔으로만 들었다는 이야기를 알고 있다. 나 역시 술잔의 모양을 가린다. 그리고 공동의 잔이나 아무나 따라 주는 술을 즐겨 마시지 않는다. 맑고 투명한 물체가 아니고는 금속으로 된 모든 잔이 싫어졌다. 내 눈도 그 능력에 따라 술을 맛보아야 한다.

나는 습관에서 이런 연약한 행티를 많이 얻었다. 본성은 다른 면에도 역시 그 버릇을 가져왔다. 식사를 두 번씩이나 잔뜩 먹으면 배가 거북해지고, 한 끼라도 굶으면 배에 가스가 차며 입이 마르고 심한 식욕을 느낀다. 너무 오래 밤이슬을 맞고도 지탱 못한다. 몇 해 전부터 전쟁에 복무하며 모두가 하듯 밤새도록 근무하면, 대여섯 시간 지나서부터는 배가 언짢아지며 심한 두통이 나고 새벽에는 토하고야 만다. 그래서 다른 사람들이 식사하러 갈 때에 나는 잠자러 간다. 자고 나면 그 전과 같이 쾌활해진다. 나는 밤이슬이 초저녁에만 퍼진다는 것을 알았다. 그러나 지난 몇 해 동안 내가 친해져서 찾아다니던 한 귀족은, 해가 지기 전의 한두 시간, 즉 해 질 녘의 이슬이 가장 독하여 위험하다는 말을 믿고 있으며, 조심스레 이 시각을 피하고, 밤의 이슬은 대단찮게 여겼기 때문에, 그의 관념보다도 감정적인 면을 내게 느끼게 했다.

뭐라고? 의심과 질문까지도 우리의 상상력에 충격을 주며, 우리를 변하게 하는 것은 어찌할 것인가? 갑자기 이런 경향으로 기울어지는 자들은 자기에게 완전한 파멸을 초래한다. 그리고 나는 많은 귀인들이 의사들의 어리석음 때문에 아주 젊고 온전한 몸으로(밤마을도 못 가고), 방구석에 감금당한 꼴이 되는 것을 가련하게 생각한다. 그렇게도 널리 실천되는 사회 생활의 향락을, 그 습관을 버림으로써 영원히 잃기보다는 차라리 감기에 걸려서 고생하는 편이 나을 것이다. 성가시고 귀찮은 학문이지! 그것은 하루의 가장 좋은 시각을 누리지 못하게 금하는 일이다. 마지막 수단을 써서라도 우리의 소유를 넓혀 가자. 카이사르가 그의 간질을 경멸하며 싸워 극복한 것과 같이, 사람들이 고집을 세움으로써 몸을 견고하게 단련하고 자기 체질을 고쳐 가는 일은 흔하다. 사람들은 가장 좋은 규칙을 지키도록 마음을 기울여야 하지만, 그렇다고 어떤 규칙에 따르는 책임과 예속이 유익한 일이 있는 경우 말고는 다른 규칙에 노예가 되어서는 안 될 일이다.

왕들과 철학자들도 다같이 변을 보며, 귀부인들 역시 그렇다. 공적 생활에는 범절을 지켜야 한다. 내 생활은 드러나지 않고 개인적인 것이니 그런 범절에 제약 받지 않는다. 군인과 가스코뉴인은 소심성이 없는 성질을 갖기 쉽다. 그래서 나는 이런 행동에 관해서 말하련다. 즉 내가 해 본 식으로 그것을 밤의 어느 일정한 시간으로 미루어 두고, 습관으로 그렇게 노력해서 거기 버릇이 다져지게 한다. 그러나 내가 늙으면서 한 식으로 그 일을 보기 위해 편한 장소와 앉을 자리를 찾는 특별한 근심에 얽매이며, 쾌적한 장소나 편하기를 찾아서 그 일을 까다롭게 만드는 것은 안 될 말이다. 그러나 가장 더러운 이런 일에 더한층 마음을 쓰고 정결을 요구하는 것은 용서될 만한 일이 아닌가? "인간은 그 본성에서 청결하고 섬세하고 미묘한 동물이다."(세네카) 본성에서 나오는 모든 행동들 중에 이것은 중단하기가 가장 괴롭다. 나는 많은 병사들이 배탈이 나서 곤란을 겪는 것을 보았다. 나의 위장과 나는 정해 놓은 시간을 결코 어긴 일이 없다. 그것은 어떤 시급한 일이거나 몸에 탈이 날 경우가 아니면 침대에서 내려올 때 변을 보기로 되어 있다.

그러므로 나는 전에 말하던 바와 같이, 병자들은 자기가 양육받아 성장하여 온 생활방식을 묵묵히 지키는 길밖에 달리 안전한 도리가 있을 것이라고 생각하지 않는다. 생활의 변화는 어떠한 것이건 혼란을 일으켜 해를 끼친다.

페리고르인들과 룩카인들에게는 밥을 먹는 것이 해가 되고, 산악 지대 사람들에게는 치즈와 우유를 먹는 것이 해가 되는 것이라고 믿어 보라. 사람들은 병자들에게 새로울 뿐 아니라 평시와는 반대되는 생활형식을 명령하려고 한다. 그것은 건강한 자라도 참아 낼 수 없는 변화이다. 70노령의 브루타뉴인에게 냉수를 마시라거나 뱃사람을 한증막 속에 가두어 보라. 바스크인 하인에게 산책하는 것을 금지해 보라. 그것은 운동을 못하게 해서 그들로부터 결국 공기와 빛을 빼앗는 일이다.

사는 것이 그렇게 대단한 일일까? (작자 미상)

심령의 습관된 사물을 정지하도록 강제하니,
우리는 생존하기 위하여 생존을 포기하도다……
숨쉬는 공기와 빛이 고역(苦役)으로 된 자를
아직도 생존하는 것으로 간주해야 할 것인가?　　　　　　(막시미아누스)

　다른 좋은 일은 못할망정 그들은 환자에게 생명을 점차로 깎아 없애고 제거하며, 일찍부터 그들에게 죽음을 준비해 주는 일을 하고 있다.
　나는 몸이 건강하거나 성치 못하거나 즐겨 욕심에 끌리는 대로 해 왔다. 나는 내 욕망과 성향에 큰 권위를 준다. 그리고 악으로 악을 고치기를 좋아하지 않는다. 질병 자체보다도 더 불편한 치료 방법을 싫어한다. 담석증으로 곯고, 굴 먹는 재미도 끊어야 한다면, 하나로 끝날 수 있는 병을 둘로 만드는 셈이다.
　한편에서는 병이 우리를 괴롭히고 다른 편에서는 규칙이 괴롭힌다. 아무리 해도 우리가 잘못을 저지르게 될 것이라면, 차라리 쾌락을 좇으며 저지를 일이다. 세상 사람들은 이와는 반대로 힘들지 않는 것은 유익하지 않다고 생각한다. 그들에게는 쉬운 것이 수상하게 보인다.
　여러 사물들에 대한 나의 욕망은, 그 자체가 상당히 묘하게 조화하여 내 위장의 건강에 적응해 주었다. 소스의 신맛과 쏘는 맛은 젊었을 때에는 구미에 맞았었다. 그 후에는 내 위가 그런 것을 받지 않으니 내 입맛도 바로 변해 버렸다. 포도주는 병자에게 해롭다. 그것은 맨 먼저 내 구미에서 벗어나 억지로 권해도 싫어졌다. 내가 받아서 불쾌한 것은 무엇이든지 내 몸에 해롭다. 그리고 배가 고파서 맛있게 먹는 것은 아무것도 해로운 것이 없다. 나는 기분에 맞는 행동으로 해를 입어 본 일이 없다. 그래서 모든 의료법이 결정한 것을 아주 대폭적으로 내 쾌락 앞에 양보시켰다. 그리고 젊었을 적에는,

사랑이 붉은 옷자락을 날리며
내 주위를 이리저리 즐겁게 돌아다닐 때.　　　　　　(카툴루스)

나는 누구만큼이나 방자하게 정욕에 사로잡혀 지냈으며,

나는 싸울 때마다 상당한 영광도 거두었다.　　　　　(호라티우스)

　　　돌격보다도 차라리 끈덕지게 오래 끌었으며,

　　　여섯 번까지 지탱했던 것만은 어렴풋이 기억하고 있다.　　(오비디우스)

　내가 얼마나 어린 나이에 처음 애정의 압제에 부딪혔는지 고백해 보면, 실은 불운도 있고 기적도 있었다. 그것은 정말 부딪힌 일이었다. 그때는 선택이라는 지각이 생기기 훨씬 전의 일이었다. 너무 오랜 이야기라서 내 일이지만 전혀 생각이 나지 않는다. 자기가 처녀였던 시절의 생각이 안난다던 카르틸라[52]의 기억에 비겨 볼 수 있는 일이다.

　　　나는 일찍부터 겨드랑이에 털이 났고
　　　내 조숙한 수염은 어머니를 놀라게 했다.　　　　　(마르티알리스)

　병자들에게 맹렬히 닥쳐오는 격심한 욕망 앞에, 의사들이 대개 그들의 규칙을 굽히는 것은 유익한 일이다. 이런 극심한 욕망은 본성이 관여되지 않았을 정도로 이질적이고 악덕스러운 것이라고는 상상해 볼 수 없다. 또 상상력을 만족시키는 것만도 얼마나 좋은 일인가! 나는 이 소질이 매우 중요하다고 생각한다. 적어도 다른 모든 것을 넘어서 중요하다. 가장 중하고도 대수롭지 않은 불행은 상상력이 우리에게 지워 주는 것이다. '신께서 나 자신에게서 나를 방위해 주시기를'이라는 이 스페인의 격언은 여러 모로 내 마음에 든다. 병들었을 때의 나는 무슨 욕망이건 포만시키는 만족감을 줄 거리가 없는 것이 섭섭했다. 의술이라도 내가 욕망을 좇는 것을 돌리지는 못할 것이다. 몸이 성할 때에도 마찬가지이다. 무엇을 희망하고 요구하기보다 더한 것이 보이지 않는다. 희망하는 데까지 약해지며 시들어 간다는 것은 가련한 일이다.

---

52) Cuartilla. 페트로니우스의 작품에 나오는 여자.

우리가 무엇을 하건, 우리가 하는 일이 권위가 없을 만큼 의술이 확고한 것은 아니다. 의술이 풍토에 따라서, 달력에 따라서, 파르넬에 따라서, 에스칼르[53]에 따라서 달라진다. 그대가 잠을 자거나 포도주나 딴 음식을 먹는 것을 보고 의사가 좋게 여기지 않아도 상관할 것이 없다. 그와 의견이 다른 의사를 내가 찾아다 주겠다. 의학상의 다양한 논법과 견해에는 가지각색의 형태가 있다. 나는 한 가련한 환자가 병을 고치려고 생활방식을 바꾸다가 기절해 죽어 가자, 다음에는 다른 의사가 그 의사의 견해는 해롭다고 비난하며 조롱하는 것을 보았다.

이 환자는 수고한 보람이 있었던 것은 아닐까? 의술을 직업으로 하는 자 하나가 최근 담석증으로 죽었다. 그는 자기 병과 싸우느라고 극도로 단식법을 써 왔다. 그의 동료들은 이 단식이 그를 말려 신장 속의 모래를 응고시켰다 한다.

상처를 입었거나 병들었을 때에는 말하는 것이 나를 흥분시키며, 내가 무슨 무질서한 일을 저지른 것만큼 해가 됨을 알았다. 목소리에 힘이 들어서 피로해진다. 왜냐하면 나는 목소리에 힘을 주어서 높은 소리를 내기 때문이다. 그래서 중대한 일로 고위층의 귀를 번거롭게 할 때에는 목소리를 조절하는 데 주의해 달라고 그들은 나에게 간청한다.

말이 좀 비약하지만, 이 이야기는 해 볼 만한 것이다. 어느 그리스 학파에 속하는 한 사람이 나처럼 말소리가 높았다. 예법 선생이 그에게 낮은 소리로 말하라고 요구했다. 그러자 그는 "내가 말해야 할 소리의 높낮이를 보여 주오" 하며 반문했다. 그 상대편은 자기 말을 들어 주는 자의 귀를 생각해서 소리를 조절하라고 대꾸한다. 이 말은 "들어 주는 사람과 서로 관계되는 정도에 따라서 말하라"고 이해한 것이라면 잘한 말이다. 그러나 만약 그것이 "상대편에게 들리기만 하면 족하다"거나 "상대편에게 목소리에 따라서 조절하라"는 말이라면 잘한 말이라고 보지는 않는다. 목소리의 음조와 강약에는 내가 뜻하는 바의 어떤 표현과 의미가 있다. 내 뜻을 이해시키기 위해서 소리를 조절하는 것은 내가 할 일이다.

어조에는 가르치는 목소리가 있고, 아첨하는 목소리가 있고, 또한 꾸짖는 목소리가 있다. 나는 내 목소리가 상대편에 도달할 뿐 아니라 그 상대편을 쳐서 찌

---

[53] Jules César Scaliger(1484~1558). 파도바 출신으로 프랑스의 아젱에 정착함. 언어 학자이며 의사로서 문예부흥 시대의 가장 유명한 학자이다.

르기를 원한다. 내가 하인을 매서운 목소리로 힐책할 때에는 그가 "주인 나리, 좀 더 부드럽게 말씀하십시오, 내 귀는 잘 들립니다"라고 말해 주면 좋을 것이다. "양보다 질로 듣기에 적합한 어조가 있다."(퀸틸리아누스)

 말은 반은 말하는 자의 것이고, 반은 듣는 자의 것이다. 듣는 자는 그 말의 어조에 따라서 받아들일 준비를 하게 된다. 마치 공 치는 자들 사이처럼 받는 자는 치는 자의 잡는 동작과 치는 형태에 따라서 몸을 움직이며 준비하는 식이다.

 나는 또 경험으로 참을성이 없으면 손해가 되는 것을 배웠다. 재난에는 그들의 생명과 한계와 병폐와 건강이 있다.

 질병 구조는 동물들의 구조를 본받아 형성되어 있다. 질병은 생길 때부터 제한된 운명과 지속되는 기간이 정해져 있다. 그것을 강제로 단축시키라고 하다가는 연장시키고 키워 가는 결과가 된다. 그리고 병을 진정시키는 대신에 자극한다. 나는 고집 세워서 병에 대항하여도 안 되고, 또 얼빠져서 약하게 병에 넘어가도 안 되며, 그 반대로 병의 상태와 우리의 조건에 따라서 자연스럽게 양보해야 한다고 말한 크란토스의 의견을 좇는다. 병에게 지나갈 통로를 주어야 한다. 병을 제대로 두면 그것이 덜 오래 몸에 머무르는 것임을 보았다.

 나는 사람들이 가장 심한 고질(痼疾)로 보는 병들을, 도움도 기술도 받은 것 없이 의술의 규칙에 반해 가며 제대로 쇠퇴해서 없어지게 두었다. 본성을 좀 제대로 내버려 두자. 본성은 우리보다 자기의 할 일을 더 잘 알고 있다. "그러나 아무개는 그 때문에 죽었소." "이 병이 아니면 다른 병으로라도 그대는 죽을 것이오." 그러나 궁둥이에 의사를 셋이나 달고 다니며, 얼마나 많은 사람들이 죽음을 면치 못하는가! 보편적으로 본보기는 모든 방향을 반영하는 아련한 거울이다. 약이 쾌감을 주는 것이거든 받으라. 쾌감만큼 당장은 소득이다. 약이 맛좋고 구미 당기는 것이라면, 나는 그 이름이나 빛깔에 구애받지 않겠다. 쾌락은 소득 중의 중요한 부류에 속한다.

 나는 감기이건 통풍증의 배출이건, 설사이건, 가슴이 뛰는 증세이건, 두통이건, 무엇이건 내 몸에서 제대로 늙어서 자연적인 죽음으로 되어 가게 두었더니, 품어 가꾸려고 반은 채비해 갈 때 그런 것을 잃었다. 이런 따위는 도달보다도 점잖게 다루어서 돌려 보내는 것이다. 우리 인간 조건의 법칙은 순하게 참아 넘겨야 한다. 우리는 어떠한 의술을 써 보아도 늙어 가고, 병들고, 약해지게 되어 있다. 멕시코인들이 어린아이들에게 맨 먼저 가르쳐 주는 말은 이것이다. 그들은 아이가 어미의 배 속에서 나올 때 이런 말로 맞이한다. "아이야, 너는 참으라고 이 세상에 나왔다. 참아라, 견디어 내라. 그리고 잠자코 있어라."

어느 누구건 다 당하는 것을 자기가 당했다고 불평하는 것은 옳지 못하다. "그대 하나에게만 부정한 법률이 부과되었거든 불평하라."(세네카) 한 늙은이가 자기의 건강을 힘차게 보존해 달라고, 즉 그를 다시 젊게 해 달라고 신에게 요구하는 꼴을 좀 보라.

> 어리석은 자야! 어째서 이런 유치한 축복기도로
> 헛된 소원을 올리는가?　　　　　　　　　　　　　　　　　(오비디우스)

이건 미친 수작이 아닌가? 인간 조건에는 그런 일이 담겨 있지는 않다. 통풍·담석·소화불량 같은 것은 오랜 세월을 살았다는 징조이니, 그것이 긴 항해에서 더위가 비와 바람을 만나는 격이다. 플라톤은 아스클레피오스가 퇴락되고 허약하고 자기 나라에 소용없고 직업에도 소용없게 된 신체를 섭생법으로 그 생명을 지속시키고, 건전하고 힘센 어린아이를 남게 하려고 수고한 것이라고는 생각하지 않으며, 그러한 걱정은 모든 일을 유용하게 지도해 가야 하는 거룩한 정의와 예지에도 맞지 않는 일이라고 본다. 이 사람아, 일은 글렀네, 그대를 다시 일으켜 세우려고 해 보아도 안 될 말이네. 그대에게 기껏 석고로 때우고 떠받쳐 주고 해 보았자, 그대의 비참한 생명을 몇 시간 더 연장시키는 것에 지나지 않다네.

> 한 건물을 버텨 놓으려는 자는 붕괴될 위험이 있는 자리에다
> 여러 기둥을 세워 괴어 놓는다.
> 그러나 결국 이 모든 기둥이 무너져 나가며,
> 건물과 함께 넘어지는 날이 오고야 만다.　　　　　　　(막시미아누스)

피할 수 없는 것은 참아 낼 줄 알아야 한다. 우리의 생명은 이 세상의 조화와

도 같이 순하고도 거칠고, 날카롭고도 평탄하고, 무르고도 장중하여, 그 품격과 취향이 가지각색인 반대되는 사물들로 꾸며져 있다. 음악가가 그중에 어느 한 음절밖에 좋아하지 않는다면, 그는 무엇을 표현할 것인가? 그는 이런 것을 통틀어 사용하며 섞어서 쓸 줄 알아야 한다. 그리고 우리도 우리 인생의 공통의 구성 요소인 선과 악을 함께 다룰 줄 알아야 한다. 이런 혼합이 없이는 우리의 생명이 존속되지 않으며, 이 두 가지는 똑같이 다 필요한 요소이다. 우리가 타고난 필연성에 거스른다는 것은 크테시폰이 발길로 차서 당나귀와 싸우려던 수작처럼 미친 짓이다.

나는 몸에 어떤 변화를 느껴도 거의 진찰을 받지 않는다. 왜냐하면 이런 작자들은 몸을 맡기는 자들을 제 마음대로 지배하기 때문이다. 그들은 진단으로 우리를 귀가 따갑도록 책망한다. 그리고 전에는 내 몸이 힘으로 허약해졌던 꼬투리를 잡고, 때로는 내가 굉장히 고생할 것이라느니 또는 죽을 것이라느니 하고 위협하며, 위풍 있는 얼굴로 그들의 학설을 휘두르며 말이 아니게 나를 학대했다. 나는 그렇다고 의기소침하거나 정신을 잃거나 하지는 않고, 반대로 속이 상해서 화가 치밀어 올랐다. 그 때문에 판단력이 변하거나 동요된 것은 아니더라도, 다소의 장애를 받았다. 그것은 언제나 동요이며 싸움이다.

나는 될 수 있는 대로 내 상상력을 부드럽게 다루며, 가능하면 거기서 모든 고통과 역겨운 심정을 제거하려고 한다. 상상력은 달래어 거들어 주어야 하며, 가능하면 속여야 한다. 내 정신은 이런 일에 적합하다. 내 정신은 어떤 일에라도 그럴듯한 이유를 내보이는 재간에 부족함이 없다. 그가 설교하는 대로 설복시켜 준다면 내게 유리하게 도움이 될 것이다.

그런 예를 하나 들어 볼까? 그의 설교에는 나의 담석증이 대단히 좋은 일이라는 것이다. 내 나이의 몸의 구조에는 어디건 새는 곳이 당연히 생겨야 한다(신체 구조는 헐어서 말을 듣지 않을 때가 되었으며, 또 그것은 누구나 당하는 운명이다. 그렇지 않다면 여기 나를 위해서 한 새로운 기적이 이루어졌어야 할 일이 아닌가?). 나는 이것으로 노년기에 공납을 바치는 것이며, 이보다 더 나은 계산은 있을 수가 없다. 나는 내 시대 사람들이 가장 흔히 당하는 사건에 빠진 것이니, 담석증과 동무가 되는 것에 위안을 느껴야만 한다(나는 같은 병으로 고생하는 사람들을 사방에서 보는데, 대개 훌륭한 사람들이 이 병에 잘 견디며, 그러므로 이 병의 본질에 품격과 위엄이 있는 것으로 내가 그런 인물들과 같은 축에 든다는 것은 영광이 된다). 그리고 이 병에 걸린 사람들은 그것을 값싸게 넘기는 일이 드물고, 날마다 지리하게 약을 먹고 귀찮은 섭생법을 지켜야 하는데, 나는 그 반대로 일을 순전히 운에 맡기고 있는 것이다.

사실 내 병이 호되게 주는 것과는 반대로 일을 상냥하게 보살펴 주는 몇몇 부인들이 내게 사제와 수렴제(收斂劑)를 써 보라고 권하며, 자기들이 쓰던 약의 반을 덜어서 가져다 주기에 그 호의에 보답해서 두서너 번 인사로 마셔 보았는데, 그것은 먹기가 쉬운 만큼 효과도 전혀 없어 보였다. 사람들은 담석을 완전하게 흘려 내보내려고 아스클레피오스에게 수없이 축원을 바치고 의사들에게는 많은 돈을 치러야 하는데, 나는 본성의 혜택으로, 그대로 있어도 돌은 자주 쏟아 내고 있다.

내가 사람들과 같이 지낼 적에 몸가짐의 범절을 지키기 위해서 어려운 일은 없고, 열 시간쯤은 다른 사람 못지않게 소변을 참아 낸다. "너는 옛날에는 이 병이 어떤 것인지 몰랐기 때문에 이 병을 무서워했지"하며 내 정신은 말한다. "사람들이 이 병을 참아 내지 못하고 아프다고 절망해서 울부짖는 소리에, 나는 징그러운 공포심을 품었지. 이 병은 네가 가장 잘 실수하게 하던 신체의 기관을 친다. 너는 양심을 가진 인간이다."

우리는 부당하게 겪는 불행에만
불평할 권리가 있다.
(오비디우스)

"이 징벌을 살펴보라. 다른 것에 비하면 대단히 가볍다. 그것은 부모에게서 받는 은총과도 같다. 그것이 늦게야 찾아온 것을 보라. 이 병은 마치 협정이나 한 것같이 어디로 보건 네 청춘의 방자와 쾌락을 피하고 나서, 이제부터 마멸되어 불모가 된 네 인생의 시기를 포착해서 곯리고 있는 것에 불과하다."
"사람들은 이 병에 공포심을 품고 보며 거기 걸린 자를 가련하게 여기지만, 네게는 이것이 도리어 영광이 된다. 너는 네 판단력 속에서 그런 소질을 씻어 냈고, 네 사상 속의 그런 병폐를 치유했다고 해도, 친구들은 너의 됨됨이 속에 아직도 그러한 것의 어떤 색채를 알아본다. "뚝심도 장하고 참을성도 장하다"고 자기가 말하는 것을 듣기도 재미가 있다. 그동안 너는 고통으로 진땀을 흘리며, 얼굴은 붉으락푸르락 떨리고, 피까지 토하며, 괴상하게 몸이 오그라들고, 경련을 일으켜 고민하며, 눈에서는 눈물이 뚝뚝 떨어지고, 오줌은 무섭게도 뻑뻑하고 시커먼 것을 내놓거나, 또는 담석이 걸린 요관의 껍질을 잔혹하게 찌르며 오줌이 막힌다. 그동안 너는 같이 앉은 사람들과 예사롭게 상대하며, 우뚝 멈추었다가는 사람들에게 어릿광대의 꼴을 해 보이고, 사람들과 같이 활발한 대화를 주고받으며, 너의 아픈 것을 사과하여 가면서 고충을 억누르려고 애쓰는 것이 보인다."

"너는 지나간 시대의 사람들이 그들의 도덕을 생기 있게 단련시키려고 고통을 탐하며 찾던 일이 생각나는가? 본성이 네가 자기 의사로는 결코 들어가 보지 못했을 이 영광스러운 스토아학파에 너를 데려다가 밀어넣어 준다고 생각해 보라. 네가 이것을 치명적인 위험한 병이라고 말한다면, 그렇지 않은 병이 어디에 있던가? 의술이 누구에게 이 병고를 면제시켜 주고, 그들이 죽음으로 직행하지 않게 해 준다고 말하는 것은 사기이다. 우리를 그리 인도해 주는 길로 무슨 사고에 부딪혀 그리로 가건, 미끄러져서 가건, 빗나가서 들어가건, 뭐 다를 것이 있는가?"

"그러나 너는 네가 걸린 병 때문에 죽는 것이 아니다. 너는 네가 살아 있기 때문에 죽는 것이다. 죽음은 병의 도움을 받지 않고도 너를 잘 죽인다. 어떤 자들에게는 병이 죽음을 물리쳐 준다. 그들은 죽어 간다고 생각하기 때문에 더 사는 것이다. 더욱이 상처를 받고도 그런 일이 있지만, 병이 약이 되어서 유익해지는 수가 있다."

"담석증은 늘 그대 못지않게 살아 있다. 어떤 자들은 어릴 적부터 담석증에 걸려서 노년에 이르기까지 살아간다. 그들이 동무로 삼던 병을 버리지 않았더라면, 병은 그들을 더 오래 살게 거들어 주었을 것이다. 병이 그대를 죽이기보다도 더 자주 그대가 병을 죽인다. 병이 그대에게 죽음의 모습을 더 가깝게 보여 준다고 해도, 이런 나이가 된 사람에게 자기 종말을 생각하게 하는 일은 그에게 좋은 일을 해 주는 것이 아닐까?"

"더 언짢은 일로, 너는 누구를 위해서 병을 고쳐야 할 거리가 없다. 어떻든 간에 그날이 오면 모두의 운명이 너를 부른다. 이 병이 얼마나 기술적으로 순하게 너를 인생에 싫증 나게 해서, 이 세상에 대한 애착심을 없애 주는가를 생각해 보라. 네가 보는 것처럼, 많은 늙은이들은 허약과 고통에 끊임없이 얽매여 몸이 편할 때가 없는데, 너는 그렇게 많은 신병(身病)들의 포학에 억눌려 있는 것이 아니고, 반대로 병의 발작이 가끔 사이를 띄우며 다시 시작할 것을 미리 알려 주고, 그 중간에는 오랜 휴식이 섞여서 병이 명상하는 기회를 주며, 네가 건전하게 판단하여 용기 있는 사람으로 거기에 대해 마음을 단속하도록 하루 동안에 어느 때는 아주 쾌활한 인생과, 다른 때에는 참아 낼 수 없는 면 등, 좋은 면과 나쁜 면을 아울러서 네 상태를 완전히 보여준다. 너는 죽음을 포옹하지는 않는다 해도 적어도 한 달에 한 번은 죽음을 만져본다. 그것으로 너는 어느 날 죽음이 너를 위협하지도 않고 잡아갈 것을 바랄 수 있을 것이며, 그렇게 자주 항구(목적지)까지 안내를 받았으니만큼 마지막 길에 한층 자신이 생겼으니, 너는 자신만만한 마음과 아울러 어느 날 아침에 불의에 황천(黃泉)으로 건너가 버릴 것을 기대할 수 있다. 건강과 공평하게 시간을 나누어 갖는 것은 불평할 거리가 안 된다."

나는 운수가 이렇게도 자주 똑같은 무기를 가지고 공격해 오는 덕을 본다. 운수는 나를 거기 맞추어서 꾸며 주며, 습관으로 그 고통에 단련시키고 저항할 힘을 주며 익숙하게 해 준다. 나는 이제부터는 무엇으로 빚을 갚아야 할 것인가를 거의 다 잘 알고 있다.

나는 기억력을 타고나지 못했기 때문에 종이로 이 기억력을 만들어 간다. 그리고 이 병의 새로운 증세가 닥쳐오면, 그것을 적어 둔다. 그래서 지금은 이 병의 거의 모든 증세를 거쳐 본 까닭에, 어떤 급박한 증세가 위협하면 나는 무녀(巫女)인 시빌라가 예언을 적어 놓던 나뭇잎같이 흩어진 자디잔 기록을 뒤져 보며, 지나간 경험에서 영락없이 유익한 진단을 찾아내며, 여기서 위안을 얻는다.

이렇게 병과 친해 두면, 본래의 희망을 갖는 데 효과가 된다. 왜냐하면 이렇게 속을 비워 내는 행티가 너무 오래 계속되어서, 본성은 이런 상태가 변하지 않을 것이며, 다음에 내가 지금 느끼는 것보다 더 나쁜 변고는 일으키지 않을 것이라고 믿어도 좋기 때문이다. 그뿐더러 이 병은 날쌔고 성급한 내 체질에 맞지 않는 것도 아니다. 병이 나를 순하게 공격할 때는 도리어 공포감을 준다. 그것은 오래 계속될 것이기 때문이다. 이 병에도 당연히 멋들어지게 호된 고비가 온다. 그것은 하루나 이틀 동안 나를 너무도 지나치게 뒤흔들어 놓는다.

내 신장은 어느 동안까지는 변함없이 지속했다. 다른 한 세월에는 그 상태를 바꾸었다. 나쁜 일은 좋은 일과 같이 그 시기가 있다. 이 변고는 그 종말에 가까웠다. 나이 탓으로 내 위의 열기는 약해졌다. 소화가 전보다 불완전해서 위장은 소화되지 않은 물질을 신장으로 보낸다. 이것이 어느 정도 발전되어 가면 점액을 돌로 만드는 힘이 없어질 정도로 내 신장의 열기가 약해지며, 본성이 다른 길을 잡아서 이 병을 씻어 낸다는 일이 있을 수 없다고 누가 장담할 것인가? 나이는 내게서 확실히 감기 기운을 말려 버렸다. 그럼 어째서 이 담석에 재료를 제공하는 배설물은 말리지 못하는 것인가?

그뿐더러 이런 극단적인 고통을 겪다가 담석을 비워 내고 나면, 담석통이 더 급격하고 심하게 아플 때에 그렇지만, 마치 번갯불처럼 아주 자유롭고 충만한 건강이라는 아름다운 광명을 회복하게 될 때의 갑작스러운 변화에 비겨서 더 감미로운 일이 또 무엇이 있을 것인가? 이 고통을 치른 뒤에, 그렇게도 신속하게 몸이 회복되는 쾌감에 견주어 볼 것이 또 무엇이 있는가? 이 건강은 병에 아주 가깝게, 아주 일정하게 찾아오는 까닭에, 마치 둘이 서로 머리를 맞대어 대항하고 있는 모습으로 양편의 가장 두드러진 특징을 앞에 놓고 비교해서 알아볼 수 있을 때, 병을 치르고 난 뒤의 건강은 얼마나 더 아름답게 보이는가! 스토아학파가 악덕이 도덕을 거들어 그 가치를 올려 주기 위해서 세상에 들여온 유용한 것이라고 말하듯, 우리는 그만큼 더 지당한 이치로, 자연은 쾌락과 평안과 건강에 봉사하여 영광을 주기 위해서 우리에게 고통을 빌려 준 것이라고 말할 수 있다.

그에게서 쇠사슬이 제거된 다음, 그 무게를 벗으면서 다리에 느끼던 그 간지러운 쾌감을 알았을 때, 소크라테스는 이 고통에서 해학으로의 밀접한 연결이 서로 번갈아 뒤따르며 생겨나기까지의 그 필연적인 결합으로 맺어지는 모습을 고찰해 보며 즐겼다. 그리고 저 호인 이솝이었더라면 그가 고찰한 것을 가지고 아름다운 우화를 꾸몄을 것이라고 소리쳤다. 내가 다른 병에서 보는 가장 언짢은 일은, 그 당장에는 병세가 대단치 않으면서 그 결과가 중하게 되는 일이다. 그런 때 우리는 항상 허약하고 공포에 눌려 지내며, 회복하기에 1년은 걸린다.

다시 몸이 안전하게 회복되기까지 너무 많은 위험과 단계가 있어서 끝날 줄을 모른다. 머리싸개를 벗고 모자로 바꾸었다가, 공기를 쐬고 포도주를 마시고 아내와 같이 자리하며 멜론을 먹게 되기까지, 다시 중태에 빠져서 고생하는 일이 없다면 아주 재수가 좋은 것이다. 내 병은 그 자체를 깨끗이 씻어 가는 것이 뛰어난 장점인데, 다른 병들은 늘 어떤 자국을 남기고 체질을 변하게 해서 자칫 합병증을 일으키게 하며, 이 병들이 서로 가세한다. 우리 몸을 차지하기에 그치며, 확대되지도 않고 후유증도 남기지 않는 병들은 용서될 만하다. 그러나 한 번 겪고 나면 다음에 결과가 좋아지는 병들은 점잖고 우아롭다. 나는 담석증에 걸린 뒤로는 다른 변고들은 그전보다도 더 많이 털어 낸 것 같으며, 그 후에는 열병에 걸린 일이 없었다. 그것은 내가 자주 극도로 토해 내는 증세 때문에 속이 씻기고, 다른 편으로는 내가 겪고 있는 식욕 상실과 그 특이한 단식이 언짢은 액체를 삭혀 버리며, 본성이 이 담석증에서 다른 쓸데없는 유해한 물질들을 비워 내기 때문이라고 추론해 본다.

이것이 너무 값비싼 치료법이라고 말하지 마라. 그 많은 악취 나는 탕약이나 불로 지지기, 주사·땀내기·꿰매기·절식 등, 너무나 귀찮고 혹독해서 자칫하면 그것을 견디어 내지 못하여 죽음을 초래하는 많은 치료법은 어찌 볼 것인가? 그 까닭에 나는 병의 발작이 오면, 이것을 약으로 여긴다. 그리고 아픔이 가시면 그것을 꾸준하고 온전한 해방으로 삼는다.

여기 또 내 병의 특수한 혜택이 하나 있다. 그건 이 병이 제멋대로 놀고 나는 나대로 그대로 두며, 그것을 하고 안 함은 나의 용기 나름이다. 나는 증세가 가장 심할 때에 열 시간 동안이나 말을 타고 버티어 냈다. 참기만 하라. 다른 섭생법을 쓸 필요가 없다. 놀아라, 먹어라, 달음질쳐라, 할 수 있거든 이것이나 저것이나 무엇이든 하라. 방자한 행동은 여기에 이익은 되어도 해가 되지는 않는다.

천연두나 통풍 환자나 탈장 환자에게도 똑같이 말해 줘라. 다른 병들은 더 여러 방면으로 속박을 가하며, 우리 행동에 유달리 장애를 세우고 몸의 질서를 혼란시키며, 생활의 모든 상태에서 질병을 고려하게 한다. 내 병은 피부를 꼬집기밖에는 하지 않는다. 이 병은 이해력과 의지와 혀와 발과 손은 내 마음대로 쓰게 둔다. 이 병은 사람을 잠재우기보다도 도리어 일깨워 준다. 영혼은 열병의 기세에 타격을 받고, 간질에 타도당하고, 심한 두통에는 이가 어긋나며, 몸과 가장 고상한 부분들을 다치는 모든 병들에 의해서 뒤엎어진다. 나는 병으로 해서 심령을 공격받지는 않는다. 심령이 언짢아진다면 자기 잘못이다. 심령은 자체를 배반하고 유기하고 추락시키는 것이다.

우리의 신장 속에 구워지는 딱딱한 뭉치가 약을 마시면 풀린다는 말을 그대로 믿는다는 것은 미친 사람들이나 할 일이다. 그러나 담석이 요동하거든 제대로 빠져나가게 두기만 하면 된다. 자기의 길은 자신이 잘 찾아간다.

또 내가 주목한 것으로, 이 병이 특히 편리한 것은 별로 짐작해 볼 거리가 없다는 점이다. 다른 병들은 그 원인과 조건과 진행이 불확실해서 대단한 근심거리가 되는데, 이 병은 그런 근심을 할 필요가 없다. 우리는 의사들의 진단이나 해석을 받아 볼 여지가 없다. 감각으로 이것이 무엇인지, 어디가 어떤지를 알 수 있다.

키케로가 노환에 관해서 해설한 바와 같이, 나는 동시에 강하고도 약한 논법으로 내 상상력을 달래고 잠재우며, 그 상처에 고약을 칠해 주려 시도한다. 만일 이 상처들이 내일 악화된다면 면할 도리를 내일 달리 생각해 볼 것이다.

그것이 진실임은, 그 후에 다시 조금만 움직여도 신장에서 온통 피가 쏟아져 나오는 것에서 알 수 있다. 그것이 어쨌다는 건가? 그래도 나는 그전처럼 잘 돌아다니며, 젊은이식의 건방진 열기로 내 집 개들을 몰아 대기를 그만두지는 않는다. 겨우 뿌듯하게 몸이 무거워지고 이 부분에 어떤 변화를 느낀 것뿐으로, 이런 중대한 사건을 훌륭히 해치우곤 한다. 그것은 어떤 굵직한 돌이 내 신장의 살과 아울러 조금씩 비워 가는 내 생명을 부수며 소모해 가는 일인데, 거기는 이제는 쓸모없는 귀찮은 배설물을 비워 내듯 자연스러운 쾌감이 없는 것도 아니다.

그런데 나는 무엇이 무너지는 것을 느낀단 말인가? 내가 오줌과 맥박을 검진해 보고는 귀찮게 조심을 하며 그것으로부터 무언가 좋지 않은 예상을 끌어 내리라 기대하지는 마라. 나는 어리석게 공포로 고통을 늘려 가지 않아도 내 고통을 느낄 여유가 충분하다. 고통받을 것을 두려워하는 자는 두려워하는 것으로 벌써 고통을 받는다.

뿐만 아니라 자연의 묘한 이치와 그 내면의 진행을 설명하려고 참견하는 자들의 의혹과 무지와 기술의 그릇된 많은 진단은, 자연이 우리가 알 수 없는 무한한 방법을 가지고 있음을 우리들에게 인정하게 해야 할 일이다. 자연이 우리에게 약속하거나, 우리를 위협하는 것에는 극히 불확실하고 잡다하며 이해하기 힘든 것이 있다. 죽음의 접근을 알리는 것으로는 적당치 않은 징조인 노령을 제하고는, 나는 다른 변고들 중에서 우리의 추측을 세워 갈 근거가 되는 미래에 관한 징조를 거의 찾아볼 길이 없다.

나는 사색에 의해서가 아니고, 진실한 심령에 의해서밖에는 자신을 판단하지 않는다. 거기는 참을성을 가지고 기다릴 수밖에 없는데, 사색이 다 무슨 소용일까? 내가 그 때문에 얼마나 소득을 보는지 알고 싶은가? 그와는 달리 다른 사람들의 많은 충고에 매여 지내는 자들을 보라. 실제보다도 상상력에 눌려 지내는 자들이 얼마나 많은가? 나는 이런 위험한 병에 시달리지 않고 몸의 상태가 양호했을 때, 마치 병이 시작되는 것처럼 꾸며서 의사에게 말하며, 혼자서 재미나 했다. 나는 그들의 무서운 결론적 판결을 태평하게 참고 들으며, 하느님의 은총에 감사를 올리고, 이 의술이 허황되다는 것을 더 잘 알았다.

젊은이들에게는 활동과 각성보다 더 권장할 만한 일은 없다. 우리의 생명은 움직임일 뿐이다. 나는 꼼작거리는 데도 힘이 들고, 모든 일이 느리다. 일어나기·잠자기·식사하기가 모두 그렇다. 7시가 내게는 아침이고, 집안일을 살펴볼 때에는 10시 전에 아침을 먹은 일이 없으며, 저녁은 6시 뒤에라야 먹는다. 옛날에는 내가 걸린 신열(身熱)과 질병의 원인을 잠이 너무 많아서 몸이 무거워지고 흐리멍덩해진 탓으로 돌리며, 항상 아침에 깼다가 다시 잠드는 것을 후회했다. 플라톤은 잠이 많은 것을 술이 많은 것보다 더 언짢게 여겼다. 나는 딱딱한 잠자리에서 혼자서 잠드는 것, 여자도 없이 제왕처럼 잘 덮고 자기를 좋아한다. 내 침대에는 온수통을 넣은 일이 없다. 그러나 늙은 후에는 발과 배를 덮히려고 이불을 덮는다.

사람들은 저 위대한 스키피오에게 잠이 많다는 것으로 책망했다. 내 생각은 그것으로는 그를 책할 거리가 안 된다는 것이 사람들의 속을 상하게 했다는 것밖에 다른 이유가 없었기에, 그것으로나마 탈을 잡았던 것 같다. 내가 몸가짐에 조심성이 있다면, 그것은 다른 것보다도 잠잘 때일 것이다. 그러나 나는 대체로 어느 누구 못지않게 필요성에 양보하며 적응해 간다. 잠은 내 인생에 큰 부분을 차지해 왔으며, 지금 이 나이에도 여덟, 아홉 시간은 줄곧 잔다. 나는 이 게으른 버릇에서 유익하게 벗어나고 있으며, 그만큼 몸에 좋은 것을 명백하게 느낀다. 나는 변화의 충격을 좀 느낀다. 그러나 그것도 한 사흘뿐이다. 그리고 필요한 때에는 나만큼 적은 것으로 살아가는 사람도 없으며 나만큼 꾸준히 훈련을 받는 자도 없고, 나만큼 군대 복무를 괴로워하지 않고 넘긴 자도 없다.

내 몸은 견실한 동작은 할 수 있으나, 맹렬하고 급격한 일은 하지 못한다. 이제부터 나는 땀을 흘리는 심한 운동은 피한다. 몸의 부분들은 더워지기 전에 피로하다. 나는 하루 종일이라도 서서 보내며 산보하기에 물리지 않는다. 그러나 포장도로 위에서는 어릴 적부터 말타고 가는 것 외에는 즐기지 않는다. 걸어가면 나는 궁둥이까지 흙이 튀어오른다. 키가 작은 사람들은 거리에서는 외모가 변변치 않아서 부딪히고 밀리기가 쉽다. 그리고 쉴 때는 앉아서건 누워서건, 다리를 자리와 같게 하거나 더 높게 쳐들고 쉬기를 좋아한다.

군대 생활보다 더 재미나는 것은 없다. 맡아보고 집행하기가 고상하며(왜냐하면 도덕 중에 가장 강하고 너그럽고 숭고한 것은 용덕이기 때문이다), 그 목적이 고상하다. 자기 나라의 안전과 위대성을 보호하는 것보다 더 보편적으로 정당하게 유익한 일은 없는 것이다. 그렇게 많은 사람들과 지내는 것이 즐겁기만 하다. 모두가 귀족이고 젊으며 활동적이고, 그렇게 많은 비극적인 풍경을 예사롭게 관망하며, 기교 없이 자유롭게 교제하고 격식 없이 씩씩하게 살아가는 방식이나, 수많은 행동의 다양한 변화, 듣기에 경쾌하고 가슴에 열정이 좋게 하는 군악의 웅장한 화음, 이 직업을 실천하는 명예, 그 벅차고 힘든 일까지도 내 마음에 드는데, 플라톤은 이것을 너무 천하게 보고 그의 《국가론》에서 여자와 어린아이들까지도 참여시키고 있다.

지원병이여, 그대는 이런 것의 찬란한 빛과 중요성을 판단함에 따라서, 이 특수한 위험을 지닌 역할을 맡아보려고 한다. 그리고 거기 생명 자체가 정당하게 사용되었음을 보라.

　　　싸우다 죽는 것은 아름다운 일이다. 　　　　　　　　(베르길리우스)

그렇게 많은 군중들의 운명이 문제가 되는 공통의 위험을 두려워하고, 여러 종류의 사람들이 감행하는 일을 감히 못한다는 것은 지나치게 약하고 비열한 마음이나 할 일이다. 여럿이 함께 하는 일은 어린아이들까지도 안심하고 행한다. 다른 자들이 학문이나 우아로움이나 힘으로나 재산으로나 그대보다 우수하다면, 그대는 누구를 원망할 외적인 이유를 가지고 있다. 그러나 마음의 견고함이 그들만 못하다면, 그대는 그대밖에는 원망할 상대가 없다. 죽음은 전투에서보다도 침대 위에서 당하는 편이 더 더럽고 질질 끌고 힘들며, 열병이나 독감은 총상을 입은 것보다 더 괴롭고 치명적이다. 일상의 변고를 용감하게 감당해 낼 각오가 있는 자는, 군인이 된다고 해서 자기 용기를 더 키워 볼 길은 없을 것이다. "삶은, 친애하는 루킬리우스여, 그것은 전투이다."(키케로)

내 기억에는 옴이 올라 본 일이 없다. 그래도 긁는 일은 가장 유쾌하고 손쉬운 자연적 혜택이다. 그러나 너무 괴롭게도 후회가 곧 뒤따른다. 나는 자주 귀를 긁는데, 그것은 가끔 그 내부에 옴기를 가졌기 때문이다.

나는 모든 감각들을 거의 완전하게 타고 나왔다. 내 위장은 내 머리에 못지않게 쓸 만하게 좋고, 내가 열병을 겪는 동안에도 여간해서 탈이 나지 않으며, 내 숨결도 그렇다. 나는 지난번에 56세를 넘어섰다. 50세란, 어떤 국민들은 이 나이를 넘는 것을 허락하지 않는 인생의 아주 적당한 종점으로 정해 놓았던 나이로, 이것은 이유 없는 일은 아니다. 그렇지만 나는 불확실하고 짧기는 하지만, 너무나 확실하게 이 나이를 훌쩍 넘겼기 때문에, 젊었을 때의 건강과 안일을 못 가졌다고 불평할 거리는 거의 없다. 나는 정력과 쾌활성은 말하지 않는다. 정력이 이 한계 너머까지 나를 따라올 이유는 없다.

> 이제부터는 애인의 집 문턱에서
> 궂을 날을 무릅쓰고 기다려 볼 기운조차 없다. (호라티우스)

내 얼굴과 눈은 바로 내 속을 드러내보인다. 나의 모든 변화는 거기서부터 시작된다. 그리고 실제 상태보다도 좀 더 언짢게 보여 준다. 나는 그 원인을 아직 느끼지 못하고 있는데, 친구들은 벌써 내 건강을 걱정해 준다. 나는 거울을 보고 놀라지 않는다. 왜냐하면 나는 젊은 시절에도 아무런 큰 탈 없이 안색과 풍모에 언짢은 기색을 보인 일이 여러 번 있었기 때문이다. 그래서 의사들은 외부로 나타나는 변화에 상응하는 증세를 속에서 발견하지 못하고, 그것을 내 속을 좀먹는 어떤 숨겨진 정열이나 정신 탓으로 돌렸다. 그들은 잘못 알았다. 우리 심령이 하는 것과 마찬가지로 몸이 자기의 뜻대로 자체를 지배해 갈 줄 안다면, 우리는 좀 더 편하게 살아갈 수 있을 것이다.

내 심령은 그 당시 아무런 번민도 없었을뿐더러, 대개 반은 체질, 반은 의도로 그러했지만, 쾌활과 만족으로 가득 차 있었다.

　　내 육신은 정신의 번민으로 상처받지 않는다.　　　　(오비디우스)

나는 심령이 절제를 지키기 때문에 여러 번 신체를 퇴락에서 일으켜 주었다고 생각한다. 신체는 기력을 잃는다. 내 심령은 밝고 쾌활하지는 못할망정 적어도 휴식하면 안정된다. 나는 너더댓 달 동안 말라리아에 걸려서 얼굴이 아주 핼쑥해졌었다. 그러나 정신은 평안하고 고요할 뿐 아니라 쾌활했다. 고통만 물러가면 기력이 없어 허약해지는 것으로 조금도 우울해지지 않는다. 나는 그 이름만 들어도 끔찍해지는 여러 가지 신체적 퇴락을 아는데, 나는 그것을 보통 잘 보는 수많은 정열과 정신적 고민보다는 두려워하지 않는다. 나는 이제 달음질치지 않기로 작정한다. 몸을 질질 끌어가는 것만으로도 충분하다. 그리고 내가 겪고 있듯 몸이 자연히 쇠퇴하는 것도 불평하지 않는다.

　　알프스 산중의 혹 달린 자들을 보고 누가 놀랄까?　　(유베날리스)

그리고 내 생명이 떡갈나무만큼 온전하게 길지 못하다고 해서 못마땅하게 생각하지 않는다. 나는 내 상념들로 불평할 거리가 없다. 내가 자는 동안 잠을 멈출 만큼 괴로운 생각을 해 본 일은 거의 없다. 다만 정욕이 잠을 깨웠지만 괴로울 것은 없었다. 나는 꿈을 자주 꾸지는 않는다. 꿈을 꾸어도 그것은 대개 쾌활한 생각에서 나온 광상적인 헛생각들이고, 슬프다기보다는 오히려 우스운 생각들이었다. 꿈은 우리의 마음이 향한 충실한 해설자라고 하는 말은 사실이라고 생각한다. 그러나 여기는 그런 것을 맞추어서 이해하는 기술이 있다.

> 인간들이 생활 속에서
> 전념하고 명상하고 관찰하고 각성할 때
> 행하고 마음을 쓰게 하는 사물들이, 잠잘 동안에
> 다시 나타난다고 해도 그렇게까지 놀랄 것은 없다. (아리누스)

 플라톤은 더 나아가 꿈의 해석으로 미래를 점치는 가르침을 찾아내는 것은 예지의 기능에 속한다고 했다. 꼬투리를 잡을 수 없는 권위를 가진 인물인 소크라테스, 크세노폰, 아리스토텔레스 등이 이야기하는 경이로운 경험들에 관한 일 외에는 나는 거기에서 아무것도 찾아볼 수가 없다. 역사가들은 아틀란티스인들은 결코 꿈을 꾸는 일이 없으며, 죽여서 잡은 것을 먹는 일이 없다고 한다. 이것은 그들이 꿈꾸지 않는 원인이 되는 까닭에 내가 덧붙여 말하는 것이다. 왜냐하면 피타고라스는 적당한 꿈을 꾸려고 할 때에는 특수한 음식을 조리시켰기 때문이다. 내가 꾸는 꿈들은 온화하고, 몸에 아무런 충격도 주지 않으며, 꿈꾸다가 말하는 법도 없다. 나는 오늘날 여러 사람들이 꿈 때문에 마음에 괴상한 충격을 받는 것을 보았다.

 철학자 테온은 꿈을 꾸며 걸어 다녔고, 페리클레스의 하인은 기왓장을 타고 지붕 꼭대기까지 기어 올라가서 걸어 다녔다.

 나는 식탁에서는 음식을 가리지 않고 아무것이나 가장 가까운 것을 집어든다. 그리고 이 맛 저 맛 옮기기를 좋아하지 않는다. 차려 낸 접시들의 수는 사람들 떼나 마찬가지로 내 비위에 거슬린다. 나는 적은 수로 쉽사리 만족한다. 파블리누스가 향연에서는 손님이 맛 들인 것을 빼앗아 가며 계속 새것으로 갈아 내야 하고, 손님들을 여러 가지 새의 꼬리로 포식시켜 주지 않으면 하찮은 만찬이 되며, 백카피고라는 작은 새의 고기만이 다 먹을 만하다고 한 것은 역정나는 소리이다.

 나는 절인 고기를 즐긴다. 그래서 소금을 치지 않은 빵을 좋아한다. 나의 빵집은 이 고장의 습관과는 달리 이렇게 만들지 않은 것은 보내 주지를 않는다. 사람들은 내가 어릴 적부터, 대개 그 나이에 좋아하는 설탕이나 설탕절임의 빵과자 같은 것을 거부하는 것을 보고 고쳐 보려고 애썼다. 나의 선생님은 이런 맛있는 음식을 꺼리는 것을 꾀까다로운 취미라고 보고 고치게 하려고 애썼다. 그러나 이것은 어느 곳에 적용되건 괴상한 취미임에는 틀림없다. 어린아이가 특히 건빵과 돼지비계나 마늘을 고집 세워 좋아하는 것을 못하게 막으면, 그 아이는 맛있게 먹는 습관을 잃고 만다. 세상에는 메추리고기를 두고도 쇠고기와 돼지고기가 없으면 괴로운 환자와 같이 구는 사람들도 있다. 팔자가 좋은 소리이다. 그것은 괴벽 중에서도 괴벽한 취미이다. 팔자가 편해서 보통 모두가 먹는 것에는 염증이 나는 취미이다. "그것으로 사치가 부유의 권태를 면하려고 한다."(세네카) 남이 즐기는 음식은 좋아하지 않고, 특별한 대접을 받으려고,

    간소한 식사로 마련한 채소 요리로 만족하지 않으면,　　　　(호라티우스)

그것은 악덕이 본질이다. 여기에 이런 차이가 있다. 즉, 얻기 쉬운 물건을 받아들이도록 자기 욕망을 억누르는 것은 좋은 일이지만, 그렇다고 자기를 강제하는 일 역시 악덕이다. 나는 전에 친척 중의 한 분이 배를 타고 다니느라 침대에서 자는 습관과 잠잘 때 옷 벗는 습관을 잊은 것을 보고 괴이한 취미라고 말했다.

  내게 사내자식들이 있다면, 그 아이들이 내 신수를 물려받기를 원했을 것이다. 하느님이 내게 주신 착하신 아버님(그는 그 착하심으로 내게서 감사 밖에 못 받지만, 이 감사만은 진실로 마음껏 바친다)은 내가 요람 속에 있을 적에, 나를 자기 영지의 한 가난한 동네로 보내 유모에게 맡기고, 젖이 떨어진 뒤까지 두어서 가장 비천하고 서민적인 생활을 감내하도록 길렀다. "잘 조절된 식성은 자유의 큰 부분이다."(세네카) 아이 기르는 책임을 그대의 아내에게서 결코 빼앗지 마라.

  그리고 맡겨 두는 것은 더 안 될 일이다. 어린아이들은 평민답고 자연스러운 법칙으로 운에 맡겨 제대로 되어 가게 두라. 검소하고 엄격한 생활에 단련되는 습관에 맡겨 두라. 그들을 다음에 험난한 생활로 올라가게 하기보다는 내려오게 할 일이다. 부친의 마음은 또한 다른 목적을 갖고 있었다. 그것은 우리의 도움을 필요로 하는 자들인 평민들에게 나를 맺어 줌으로써, 등지는 사람들보다도 손

내미는 사람들에게 눈을 돌리도록 하려는 생각이었다. 그리고 그는 이런 이유에서 나를 사회와 가장 천한 층과 인연을 맺어 애착심을 갖게 하려고 그런 사람에게 수양아들로 내주었다.

그의 의도가 성공을 거두지 못한 것은 아니다. 나는 그것을 영광으로 삼아서 이건 내 속에 무한히 솟아나오는 동정심에 의해서이건, 약한 사람들을 위해서 노력하기를 즐긴다. 이번 전쟁에서 내가 비난할 당파는 그 세력이 강하고 우세할 때 더 혹독하게 비난하련다. 그편이 가련하게 압도당할 때 어느 점에서 나와 화해하게 될 것이다.

나는 스파르타 왕의 아내이며 딸인 켈로니스의 아름다운 마음을 얼마나 존경하고 싶은지. 그의 남편 클레옴브로토스가 혼란의 틈에 부친 레오니다스에게 대항해서 우세하던 동안, 그녀는 착한 딸 노릇을 하며 추방당한 부친의 어려움 속에 그의 편을 들며 승리자에게 반대했다. 그런데 운이 뒤집힌 다음 이 여자는 행운의 편을 들려고 하지 않고 용감하게 자기 남편의 편을 들며 그가 패하여 달아나는 뒤를 따라간다. 그녀는 자기 도움이 가장 절실하게 요구되며 자기가 가련하게 보아주는 편으로 투신하는 것밖에 선택의 길이 없는 것같이 보였다. 나는 세도가의 앞에서 머리를 숙이고, 약한 자들에게는 거만하게 굴던 피로스보다는 당연히 플라미니우스의 본을 더 좇고 싶다. 그는 자기에게 좋은 일을 해줄 수 있는 사람들보다도 도움을 필요로 하는 사람들에게 힘을 빌려 주었다.

식사를 오래 끄는 것은 내게는 거북스럽고 몸에도 해롭다. 내가 어릴 적부터 습관이 되어서 그런지, 어떻게 몸을 둘 도리가 없어서 자리에 앉아 있는 동안은 사뭇 먹기만 하기 때문이다. 그렇지만 집에서는 간단한 식사 때에도 나는 아우구스투스 황제가 하던 식으로 남들보다 뒤에 자리 잡는다. 그러나 나는 그가 남보다 먼저 일어나던 것은 본뜨지 않는다. 반대로 나는 식사 후에 오랜 동안 쉬며, 내가 직접 이야기하는 데 끌려들어가는 것만 아니라면 남이 하는 이야기 듣기를 좋아한다. 배가 부른 상태에서 말을 하면 피로하고 몸에 해롭기 때문이다. 그 대신 식사 전에 소리 지르고 토론하고 하는 훈련은 몸에 대단히 좋고 재미나는 일이라고 본다. 옛날 그리스와 로마 사람들은 우리보다 훨씬 현명한 생활을 했다. 그들은 예사롭지 않은 일에 매여 있지 않는 한, 식사를 몇 시간 동안 하며 밤의 대부분을 보냈다. 그리고 무슨 일이든지 달음질치듯하는 우리보다 훨씬 덜 급하게 먹고 마시며, 이 자연스러운 쾌락을 더 한가로이 재미나게 연장시키며, 거기 여러 가지 유익하고도 유쾌한 사교상의 의무를 이어놓았다.

　내 몸을 보살펴 주어야 하는 자들은 내게 해롭다고 그들이 생각하는 것을 손쉽게 치워 둘 수 있을 것이다. 왜냐하면 나는 내 눈으로 보지 않는 것은 결코 욕심내지 않고, 그것이 부족하다고 느끼지 않기 때문이다. 그러나 내 앞에 있는 것을 보면, 그것을 쓰지 말라고 아무리 설교해도 시간 낭비밖에 되지 않는다. 그래서 내가 음식을 절제하며 먹고 싶은 때에는 식사하는 자들과 자리를 따로 해서, 규정된 식사에 필요한 것만을 내놓게 하면 된다. 식탁에 앉아 있다가는 결심한 바를 잊어버리기 때문이다.

　식탁에 차려 낸 것을 갈아달라고 명령할 때에는, 내 집 사람들은 식욕이 줄어들어서 내가 그 음식에 손도 대지 않을 것을 안다. 나는 음식으로는 모두 덜 익은 것을 좋아하고, 여러 종류 중에는 냄새가 변했을 정도로 오래 걸어 두었던 것이 입맛에 맞다. 대개 내 구미에 맞지 않는 것으로는 딱딱한 것밖에 없다(다른 품질들로 말하면 내가 아는 어느 누구에게도 지지 않게 무관심하며 아무것이나 다 먹는다). 그래서 나는 보통 사람들의 기분과는 반대로, 생선이라도 너무 신선한 것이나 단단한 것은 가리는 수가 있다. 그것은 이가 나쁘기 때문이 아니다. 이는 늘 썩 좋은 상태에 있었고, 지금 겨우 나이 탓으로 좀 언짢아지기 시작했다. 나는 어릴 적부터 아침에, 그리고 식사하러 들어갈 때와 나올 때 냅킨으로 이를 닦도록 배웠다.

　하느님은 사람들의 생명을 조금씩 빼앗아 가지만, 그것이 그들에게 내리는 혜택이다. 이것은 노령의 단 하나의 소득이다. 마지막에 죽는 것은 그만큼 온전한 생명을 잃는 것이 아니며, 그만큼 고통도 덜 받을 것이다. 이런 죽음은 사람의 반이나 반의 반쪽밖에 죽이는 것이 아닐 것이다. 이제 내 이 하나가 아프지도 않고 힘도 안 들이고 빠졌다. 그것은 이 이의 상태로서 자연스러운 한계였다. 그리고 내 존재의 이 부분과 다른 부분들은 이미 죽었고, 내가 정력이 왕성하던 시기에 가장 생기 있던 다른 부분들은 이미 반은 죽었다. 이렇게 해서 나는 무너져 가며 나로부터 빠져나간다. 죽음으로의 뜀박질이 이렇게까지 진척되어 있는 것을, 내가 이제 온 채로 죽는 것으로 느낀다면 내 오성이 얼마나 어리석은 것일까? 나는 오성이 그렇게 어리석으리라고는 생각하지 않는다.

내 죽음이 정상적이고 자연스러우며, 이제부터는 운명에게 혜택을 요구하거나 바란다는 것이 부당한 일이라고 내 죽음에 관해서 생각하며, 여기서 위안을 느낀다. 사람들은 옛날에는 인간이 키가 컸던 만큼 더 오래 살았다고 생각한다. 그러나 그 옛날 사람이던 솔론은 연간 수명의 한계를 70으로 잡고 있다. 옛날의 그 '탁월한 중용'을 그렇게도 찬양하며, 중용의 절도를 가장 완벽한 것으로 간주하던 내가, 어이없게도 내 수명은 터무니없이 높게 요구해야 할 일인가? 자신의 흐름에 거꾸로 되어 가는 것은 모두 불쾌해야 할 일이며, 자연대로 되어 가는 것은 항상 유쾌해야 할 일이다. "자연과 합치하여 생성하는 사물과 형상은 모두 선(善)이라는 수(數) 중에서 계산되어야 한다."(키케로) 그 때문에 플라톤은 부상이나 질병이 가져오는 죽음은 횡사라고 불러도 좋으며, 노령이 우리들을 그리로 인도해서 닥쳐오는 죽음은 모든 것 중에 가장 가볍고 어느 점에서 감미로운 죽음이라고도 했다. "청년에게는 난폭이, 노년에게는 성숙이 생명을 빼앗아 간다."(키케로)

죽음은 사방에 우리의 생명과 섞이며 혼동된다. 쇠퇴가 그 시간에 앞서 오며, 바로 우리가 나아가는 길 속에 섞여 든다. 나는 25세와 35세 때의 내 초상화를 가지고 있다. 나는 그것들을 지금의 것과 비교해 본다. 이미 몇 갑절이나 내가 아니게 되었던가! 지금의 내 그림은 나의 죽음의 그림보다도 지난날의 내 그림에서 얼마나 더 멀어진 것인가! 본성을 너무 심하게 학대해서 본성이 우리의 지도권을 (우리의 눈·치아·다리, 기타 다른 것 모두들) 포기하고 외부에서 구걸해 온 원조에 내맡기며, 우리들을 쫓기에 피로해서 기술의 손에 넘겨주고, 우리를 버리지 않으면 안 되게 해 놓다니, 그것은 너무나 본성을 박대하는 일이다.

나는 멜론을 제외하고는 채소나 과일 같은 것을 그렇게 많이 즐기지 않는다. 나의 부친은 소스라고는 모두 싫어하셨다. 나는 소스라면 모두 좋아한다. 나는 과식하면 거북스럽다. 그러나 어떠한 음식이건 그 소질로 보아 내게 해로운 것이 확실한 것은 아직 알지 못한다. 그리고 보름이건 그믐이건, 가을이건 봄이건 가리지 않는다. 우리에게는 줏대 없고 그 이유를 알 수 없는 변화가 있다. 예를 들면 겨자무는 처음에는 맛이 좋더니, 다음에는 언짢아졌다가, 지금 다시 좋아졌다. 내 위장과 입맛은 여러 음식을 두고 이렇게 변해 가는 것을 느낀다. 나는 백포도주에서 적포도주로 갔다가, 다음에는 적포도주에서 백포도주로 다시 갔다. 나는 생선을 즐긴다. 그리고 고기를 끊는 날에 고기를 먹고, 단식일에 실컷 먹는다. 생선은 짐승 고기보다 더 잘 소화된다고 어떤 사람들이 하는 말을 믿는다. 나는 생선을 먹는 날에 짐승 고기를 먹는 것이 꺼림칙하듯, 짐승 고기에 생선을 섞어서 먹는 것도 마음에 걸린다. 그것은 이 두 가지 맛이 너무 다르다고 보기 때문이다.

　나는 젊었을 적부터 가끔 식사를 걸렀다. 그것은 다음날의 입맛을 돋우기 위한 것이었다. 에피쿠로스가 풍성하게 차리는 음식 없이 넘기도록 식욕을 길들이기 위해서 식사를 거르거나 식사를 간소하게 하던 식으로, 나는 그 반대로 풍부한 음식을 즐기며 내 탐락을 돋우기 위해서 검소하게 식사하는 것이며, 또 내 신체나 정신의 어떤 행동을 위해서 정력을 보존하려고 단식하는 것이었다. 포식은 정신이나 신체를 모두 다 심히 게을러지게 하기 때문이다. 특히 나는 저 대단히 쾌활한 여신 비너스와 저 술기운에 부푼 트림 잘하는 소화불량증의 키작다리 신 바쿠스를 어리석게 겹붙이기가 싫었고, 또 내 병든 위장을 고치고 싶어서, 또는 같이 식사할 적당한 동무가 없어서 단식했다. 나는 에피쿠로스가 하던 식으로 무엇을 먹는가보다도 누구와 같이 먹는가를 보아야 한다고 말하며, 킬론이 페리안드로스의 초대를 받고 그 향연에 참석하는 것 같이 식사할 다른 사람들이 누구인가를 알아보기 전에는 참석하겠다고 약속하지 않은 일을 칭찬한다. 나는 사람과의 교제에서 얻는 취미보다 더 맛 좋은 조미료는 없다고 본다.

　나는 더 좋은 음식을 더 적게 더 자주 먹는 편이 건강에 좋다고 생각한다. 그러나 식욕과 배고픔에 더 가치를 주고 싶다. 약을 먹는 식으로 하루에도 서너덧 번씩 정해 놓고 질질 끌며 하다가는 재미라고는 전혀 없을 것이다. 아침에 있던 입맛이 저녁에 또 있으리라고 누가 보장할 것인가! 입맛이 돋거든, 특히 노인들은 입맛이 도는 기회를 놓치지 말고 잡아 둘 일이다. 날짜별의 메뉴 따위는 달력장이나 의사들에게 맡겨 두자.

　내 건강의 가장 큰 소득은 탐락이다. 지금 눈앞에 있어 우리가 아는 쾌락은, 아무것이라도 놓치지 말고 잡아 두자. 나는 이 단식의 법칙을 꾸준히 지키는 것을 피한다. 형식이 자기에게 효과가 있기를 바라는 자는 그것을 계속하기를 피한다. 우리는 그 형식 속에 굳어지며, 그 때문에 우리의 힘도 잠들어 버리고, 여섯 달이 지나면 그대의 위는 그 점에 마비되어서 소득이라고는, 달리 위장을 대접하다가 탈이 나는 자유쯤일 것이다.

나는 겨울이나 여름이나 다리와 엉덩이를 가리지 않고 견직 양말 하나로 지낸다. 나는 감기를 치료하기 위해서는 머리를 덮게 하고, 담석증을 위해서는 배를 덮게 했다. 내 병은 며칠 안 가서 길들어 버리고, 보통으로 해서는 말을 듣지 않도록 되어 버렸다. 나는 모자를 쓰다가 머리싸개로, 그리고 한 겹 모자에서 두 겹 모자로 더 두껍게 씌워 갔다. 내 윗도리에 솜을 넣는 것은 이제 장식에 지나지 않는다. 거기다가 토끼 가죽이나 매 깃털을 댄 모자를 머리에 쓰지 않으면 효과가 없다.

이 단계를 계속해 보라. 참으로 재미날 것이다. 이제는 아무 짓도 않겠다. 그리고 할 수 있다면 처음에 시작한 것부터 치워 버리고 싶다. 그대에게 새로 불편한 일이 생기면? 이런 개혁은 아무런 소용이 없어진다. 그것이 습관이 되고 만다. 다른 개혁을 찾아보라. 강제적 요양법에 몸이 얽히고, 미신적으로 매이는 자들은 이렇게 해서 몸을 퇴락시킨다. 그들에게는 다른 요양법이, 다음에는 그 너머의 또 다른 요양법이 필요하게 되며, 이와 같이 끝이 없다.

우리의 직무와 쾌락을 위해서는 옛사람들이 하던 식으로 점심을 끊고, 낮의 일을 중단하지 말며, 식사는 물러나가 쉬는 시간으로 미루어서 마음껏 먹는 편이 훨씬 낫다. 그전에는 나도 그렇게 했었다. 건강을 위해서는, 그 뒤에 경험으로 알았지만 반대로 점심을 먹는 편이 낫다. 소화는 잠자지 않을 때 더 잘된다.

나는 건강할 때나 병들었을 때나 술 생각 때문에 못 견디는 일은 없었다. 입은 잘 마르지만 갈증은 나지 않는다. 다만 식사할 때 생각이 나서 마실 뿐이다. 그것도 한참 식사하다가 마신다. 나는 보통의 몸집을 가진 인간으로서는 상당히 마시는 편이다. 여름철에, 그리고 맛있는 음식 앞에서도 나는 아우구스투스의 한도는 넘기지 않는다. 그는 정확하게 세 번밖에 마시지 않았다. 그러나 넷이라는 숫자가 불길하다고 멈추는 일을 금지하던 데모크리토스의 규칙을 범하지 않기 위해서, 나는 다섯 잔, 즉 4분의 3리터까지는 마신다. 나는 작은 잔을 즐기며, 남들은 점잖지 못하다고 피하지만 잔을 비우는 것이 재미있다. 나는 포도주에 물을 반이나 3분의 1 정도 타서 마시는 일이 많다. 그리고 내가 집에 있을 때에는 부친이 계실 적부터 의사가 권하는 바에 따라 습관이 되어 술을 내오기 두서너 시간 전에 창고에서 물을 타 놓는다. 이 습관은 아테네의 왕 크라나오스가 발명해서 포도주에 물을 타게 된 것이라고 한다.

이것이 유익한지 않은지는 사람들 사이에 말이 많음을 보았다. 아이들은 16세나 18세 전에는 술을 마시지 않는 것이 건강에도 좋은 것으로 생각된다. 습관이 된 보통의 생활방식이 가장 좋다고 본다면, 특수한 방식은 모두 피해야 할 것으로 보인다. 그러므로 독일인이 술에 물을 타서 마시건, 프랑스인이 맨술을 마시건, 나는 똑같이 다 싫어한다. 이런 일에는 공공의 습관이 법이 된다.

나는 탁한 공기를 두려워하며, 연기를 싫어한다(내가 집수리에 가장 먼저 서두른 것은 굴뚝과 화장실이었다. 대개 오래된 건물에는 그 부분에 참고 지낼 수 없는 결함이 있다). 그리고 전쟁 때의 고생으로는 여름 한더위에 먼지더미에 처박혀서 하루 종일 보내는 것도 이 축에 한몫 든다. 나는 호흡이 자유롭고 편하다. 감기가 들어도 폐에 오지 않고, 기침도 없이 넘긴다.

나는 여름의 폭서를 겨울의 혹한보다 더 싫어한다. 왜냐하면 더위에 불편한 점은 추위보다 피할 길이 적을뿐더러 햇빛이 머리에 내리쬐는 것 말고도 광선이 너무 강해서 눈이 상하기 때문이다. 나는 지금도 밝고 작열하는 불길 앞에 앉아서는 식사를 들지 못할 것이다. 책을 한참 읽었을 때는, 종이의 흰 빛깔을 부드럽게 하기 위해서 책 위에 유리판을 깔고 읽으면 눈이 훨씬 편했다. 나는 지금까지 안경을 쓸 줄을 모른다. 그리고 전과 다름없이, 그리고 누구만큼이라도 멀리 내다본다. 실은 해 질 무렵에는 읽는 것이 좀 힘들고 시력이 약해진 것을 느낀다. 내 눈은 독서로 늘 피로했다. 특히 밤에 하는 독서에 피로가 심하다. 이것이 바로 일보 퇴각이지만, 거의 느껴지지 않을 정도이다. 나는 1보에서 2보로, 2보에서 3보로, 3보에서 4보로 아주 순하게 물러가며, 내 시각이 노쇠해서 퇴락하기까지 느끼지 않는 동안에 장님이 되어 갈 것이다. 이렇게 운명의 여신 파르크들은 기술적으로 우리들 생명의 실을 풀어서 끊는다. 내 청각도 둔해지려고 흥정하는 중이라고는 꿈에도 생각하지 않지만, 청각의 반을 잃고 난 다음에도 내게 말하는 상대편의 목소리를 탓하고 있는 꼴을 그대는 볼 것이다. 영혼이 얼마나 가는가를 느끼게 하려면 정신을 바짝 차리게 해야만 한다.

나의 걸음걸이는 빠르고 야무지다. 그리고 정신과 육체 둘 중에 어느 편을 동일한 점에 잡아 두기가 더 힘든 일인지 나는 모른다. 설교하는 동안 사뭇 내 주의력을 끌어가는 설교사는 내 친우들 축에 든다. 예배를 드리는 자리에서 모두가 자세를 긴장시키고, 부인들이 눈동자도 움직이지 않고 있을 때, 나는 아무리 애써 보아도 내 어느 부분이 늘 한눈팔고 있는 것을 막을 길이 없다. 나는 거기 앉아 있으나, 몸을 바르게 하여 앉아 있는 것이 아니었다. 철학자 크리시포스의 침모가 주인을 두고 말하기를, 그는 다리만이 취한다고 하던 식으로(크리시포스는 어느 자리에 앉아서도 다리를 흔드는 버릇이 있었는데, 다른 사람들이 술에 취했을 때에도 그는 끄떡 않고 있는 것을 보고, 침모는 이렇게 말했다), 사람들은 내가 어릴 적부터 다리가 미쳤거나 수은이라도 들어 있는 듯 잠시도 다리를 그대로 두지 못한다고 말할 정도였다. 어떻든 나는 어디다 발을 두건 늘 움직이며 가만히 있질 못한다.

내가 하는 식으로 먹는 것을 탐하는 것은 건강에 해롭다. 쾌락에도 손해가 될 뿐 아니라 점잖지 못한 일이다. 나는 혀를 잘 물고, 때로는 너무 급해서 손가락까지 깨문다. 디오게네스는 어떤 어린아이가 이렇게 먹는 것을 보고, 그 아이의 선생의 따귀를 갈겼다. 로마에서는 걸음걸이와 마찬가지로 맵시 있게 먹는 법을 가르치는 선생들이 있었다. 나는 먹기에 바빠서 말할 틈조차 잃어버린다. 식탁에서는 유쾌하고 짤막하고 알맞은 말이라면 양념이 되는데 말이다.

우리의 쾌락들 사이에도 질투와 시기가 있다. 이런 것들끼리는 서로 상극이며 서로 방해를 놓는다. 진수성찬을 잘먹기로 유명한 알키비아데스는 이야기하는 재미를 방해하지 못하도록 식탁에서는 악사들도 내보냈다. 플라톤은 그 이유를, 연회석에 악사들과 가수들을 불러들이는 것은 예지로운 인사들이 이런 자리에서 서로 주고받으며 즐기는 좋은 말과 재미나는 이야기를 할 줄 모르는 평민들이나 하는 버릇이라고 했다.

바로는 향연에 이런 절차를 요구한다. 즉, 모인 인사들이 훌륭하며 모두 침묵을 지키거나 너무 떠벌리지 않게, 거기 나오는 말들이 유쾌하고, 음식은 진미롭고, 장소가 깨끗하고, 날씨가 좋아야 한다는 것이다. 식탁에서 대접을 잘하는 것은 적지 않은 기술과 적지 않은 탐락이 있는 향연이다. 전쟁의 위대한 장수들도 위대한 철학자들도 이런 일의 지식과 실천을 거부하지 않았다.

나는 세 번 이런 향연에 참석한 기억이 있다. 그것은 내 운수가 좋아서 혈기방장하던 시절에 특출하게 재미가 진진한 시간들을 즐겨 보는 것이었다. 이런 자리에 참석하는 인사들은 각기 그 교양 높은 신체와 정신이 상응하게 우아미를 가져오기 때문이다. 현재 나의 상태로는 그런 자리에 나가 볼 권한이 없다.

나로서는 평범하고 속된 일밖에 다루지 못하기 때문에, 신체를 가꾸는 일을 경멸하고 반대하게 하는 비인간적인 예지를 증오한다. 나는 자연스러운 쾌락을 너무 탐하는 것도, 그런 취미에 반대하는 것도 똑같이 옳지 못한 일이라고 본다. 크세르크세스가 모든 인간적인 탐락으로 둘러싸여 있음에도 불구하고 다른 탐락을 찾아오는 자에게는 상을 주겠다고 포고하다니, 그는 맹추 같은 자였다. 그러나 본성이 자기에게 주는 탐락을 단절해 버리는 자도 그에 못지않은 천치이다. 쾌락은 추구해서도 피해서도 안 된다. 쾌락은 받아야 한다. 나는 쾌락을 좀 걸쭉하고 고맙게 받아들이며, 기꺼이 본성의 경향을 향해 이끌려 간다. 쾌락의 헛됨을 과장해 보아도 소용없다. 그것은 충분히 느껴지며 충분히 드러나 보인다. 우리의 정신과 아울러 쾌락에 싫증이 나게 하며, 흥을 깨뜨리는 구실을 하는 병든 정신의 간섭을 거부하자, 정신은 그 만족할 줄 모르며 변하기 쉬우며 변덕스러운 성질에 따라서, 그 자체와 그것이 받아들이는 사물들을 어느 때는 지나치게, 어느 때 늘 모자라게 다루고 있다.

그릇이 불결하면 무엇을 담아도 쉬어 버린다.　　　　　(호라티우스)

인생의 편익을 아주 조심스럽게 개인적으로 포옹하는 것을 자랑하는 나로서는, 그것을 자세히 들여다보면 거의 바람밖에 찾아보지 못한다. 하지만 어찌하란 말인가? 우리는 어디서나 바람일 뿐이다. 그런데 바람일지라도 우리들보다는 더 현명하게 부스럭거리고 흔들리기를 좋아하며, 자기 소질이 아닌 안정성이나 고착성을 바라지 않고 자기 고유의 기능만으로 만족한다.

크리톨라오스[54]의 접시저울이 말해 주는 바와 같이, 상상력의 순수한 쾌감은 불쾌감과 마찬가지로 가장 위대한 감각들이라고 어떤 자들은 말한다. 그것은 신기할 것도 없다. 상상력은 자기 마음대로 쾌락을 만들며, 한껏 넓은 폭으로 끌어낸다. 나는 날마다 이런 일의 두드러진 사례들, 그리고 바랄 만한 사례들을 보고 있다. 그러나 천하고 상스럽고 뒤섞인 조건에 있기 때문에 인간적이며, 일반적인 법칙을 따라서 지적으로 감각적이며, 현재의 쾌락들에 아주 둔중하게 끌려가게 하지 않을 정도로 충만하게 단순한 단 하나의 이 대상에 매여 지낼 수는 없다. 퀴레네의 철학자들은 고통과 마찬가지로 육체적 쾌감을 더한층 강력하고, 정당한 것으로 간주하고 있다.

아리스토텔레스가 말하듯, 바보처럼 겁이 많아서 이런 쾌락을 혐오하는 자들도 있다. 나는 야심 속으로 그런 태도를 갖는 자들을 알고 있다. 어째서 그들은 숨 쉬는 일은 단념하지 않는가? 왜 그들은 자기들 것으로 살지 않는가? 왜 그들은 고안도 노력도 하지 않고, 공짜로 얻는 저 광명을 거절하지 않는가? 비너스나 케레스(곡물의 신)나 바쿠스 대신에 마르스(전쟁의 신)나 팔라스(지혜의 신)나 메르쿠리우스(상업의 신)가 그들을 지지했으면 볼 만한 일이다. 이렇게 바람으로 가득 찬 기분들은 어떤 만족을 꾸며 볼 수는 있다. 공상이 무슨 일을 하지 못할 것인가? 그러나 거기 예지라고는 없다. 그들은 아내 위에 올라타고 원(圓)의 평방을 찾아볼 게 아닌가? 식탁에 앉아 있는데, 정신은 구름 위에 띄워 놓으라고 명령하는 것을 나는 혐오한다. 나는 정신이 한자리에 못박혀 있거나 버티고 있는 것을 바라지 않는다. 정신은 활동할 것이며, 거기 누워 있지 말고 앉아 있기를 바란다.

아리스티포스는 우리에게 정신이 없는 것처럼, 신체밖에 다른 것을 옹호하지 않고 있었다. 제논은 우리에게 신체가 없는 것처럼 영혼만을 포옹했다. 이 둘에 모두 결함이 있다. 그들은 피타고라스는 완전히 관조의 철학을 좇았고, 소크라테

---

[54] Critolaos. 기원전 2세기 소요학파 철학자. 그가 현상(現象)의 저울대에 한 접시에는 세속적 재물들을 싣고 다른 접시에는 정신적 재물들을 얹었더니, 정신 편이 너무 무거워서 다른 편에 대지와 바다를 얹어 놓아도 균형을 이루지 못했다고 키케로는 그의 《투스쿨라나룸》에서 말하고 있다.

스는 풍습과 행동의 철학을 좇았으며, 플라톤은 이들 사이의 조화를 찾아냈다고 한다. 그러나 그들의 이야기로 이것을 말할 뿐이다. 진실한 조화는 소크라테스에 있으며, 플라톤은 피타고라스보다도 소크라테스의 학문을 더 받았고, 그것이 그에게 더 맞다.

나는 춤출 때에는 춤추며 잠잘 때에는 잔다. 내가 아름다운 과수원을 산책할 때에 다른 때에는 내 마음이 한동안 외부의 사정들을 생각하고 있었다고 해도, 내 생각을 산책하는 일, 과수원, 이 온화하고 외롭고 쓸쓸함, 그리고 내 자신으로 돌아온다. 대자연은 인자스럽게도 우리의 필요를 위해서 그가 우리에게 명령하는 행동들이 또한 우리에게 쾌락이 되도록 하는 규칙을 지켜 왔으며, 이성에 의해서뿐 아니라 욕망에 의해서도 우리들을 그리로 유도해 간다. 대자연의 규칙을 어기는 것은 옳지 못한 일이다.

카이사르와 알렉산드로스는 똑같이 자기들의 가장 위대한 사업을 수행하는 중대한 시기에도 본성의 쾌락, 따라서 필요하고도 정당한 쾌락을 아주 충만하게 누리는 것을 보면, 나는 그것을 정신의 풀림이라고는 보지 않는다. 그것은 이런 격렬한 직무와 힘든 사색을 그들 마음의 정신으로 일상생활의 실천에 굴복시켜서, 심령을 강화하는 일이라고 생각한다. 일상생활은 정상적인 직무이고, 다른 것을 비정상적인 직무라고 보았다면 그들이 현명했다.

우리는 대단한 바보들이다. "저 사람은 그의 일생을 한가롭게 보냈지. 나는 오늘 아무것도 한 일이 없네"라고 우리들은 말한다. "뭐? 당신은 살아 보지 않았단 말이오? 그것이 당신의 직무들 중의 기본적일 뿐 아니라, 가장 훌륭한 일이오." "사람들이 내게 중대한 일을 다루어 볼 처지에 두었다면, 나는 내가 할 수 있는 수완을 보여 주었을 것이오." "당신은 당신의 인생을 생각해서 조종할 줄을 알았소? 당신은 모든 일 중의 가장 위대한 일을 수행한 것이오."

본성이 자기를 나타내고 계발하기 위해서는 운수 따위는 상대할 거리도 안 된다. 본성은 모든 층계에서 똑같이, 마치 장막이 없는 것처럼 그 뒷면까지도 나타내 보인다. 계략을 꾸밀 것이 아니라, 행동 습관을 꾸미는 것이 우리가 할 업무이다. 전쟁에 승리하여 영토를 얻는 것이 아니라, 우리 행실에 질서와 안정을 얻는 것이 우리의 일이다. 우리의 영광스럽고 위대한 걸작은 우리가 적당하게 살아가는 일이다. 지배한다, 재물을 모은다, 건설한다는 따위의 모든 일들은 기껏했자, 부수적이며 부차적인 데 지나지 않는다.

나는 한 군대의 장군이 방금 공격하려고 하는 돌격구(突擊口) 아래에서, 친구들과 함께 식탁에 앉아서 마음을 터놓고 한가로이 담소하는 장면이나, 천지가 자기와 로마의 자유에 반대해서 음모를 꾸미고 있는 때에 브루투스가 순회 근무에서 물러나와 밤의 몇 시간을 안심하고 사학자 폴리비오스를 읽으며 주(註)를 달던 모습을 보는 것이 즐겁다. 하찮은 심령들이나 자기 일의 무거운 부담에 눌려 지내며, 그런 일에서 완전히 풀려나와 채워 두었다가 다시 잡아서 처리할 줄 모르는 것이다.

오오, 나와 함께 가장 독한 시련을 겪어 온 용감한 전사여,
오늘은 그대 근심을 술잔에 담그라.
내일 우리는 망망한 대해로 배 띄워 나가리라.　　　　(호라티우스)

농담으로건 진담으로건, 소르본 대학의 신학주(神學酒)[55]와 향연은 속담에도 오르지만, 그들이 오전은 유익하고 근직하게 학문의 단련에 보낸 만큼, 저녁 만찬은 태평하고 더 유쾌하게 든다는 것은 지당한 일이다. 다른 시간들을 잘 사용했다는 생각은 식탁에서 더 정당하고 맛있는 향미가 된다. 현자들은 그렇게 살았다. 그리고 저 두 카토가 도덕을 위해서 남이 모방할 수 없는 노력을 기울이고 있는 것에 놀라는 바이지만, 그들의 그 어색할 만큼 엄격한 심정은 그들 학파의 교훈을 따라서 인간 조건의 법칙과 비너스와 바쿠스의 법칙에도 유순하게 복종하며 그 법칙들을 즐겼던 것이다. 그들 학파는 완벽한 현자에게, 인생의 다른 모든 의무와 마찬가지로 타고난 탐락의 습성에도 똑같이 기술이 있고 이해가 깊기를 요구하고 있다. "미묘한 판단력을 가졌으면, 미묘한 구미도 가져야 한다."(키케로)

한가롭고 여유로운 마음가짐과 넉넉하고 편안함은 강력하고 후덕한 심령에 경

---

[55] Vinum theologale. 스콜라학파의 말투. 소르본 대학(파리 대학)의 토론 규정으로, 신학생이 그 논법에 화려한 표현으로 박수 갈채를 받으려고만 하는 경우, 의장이 그 벌로 포도주 2쿼트를 과하던 내력에서 온 말로 짐작된다.

이롭게 영광을 주며, 그들에게 더 적합한 일로 보인다. 에파미논다스는 자기 도시(테베를 말함)의 청년들의 무도회에 참가하여 노래하고 연주하는 것이, 자기와 같은 혁혁한 군공(軍功)을 세우고 사람이 할 수 있는 가장 완벽한 풍속 개혁을 성취한 자의 명예에 손상을 주는 일로는 보지 않았다. 그리고 하늘의 혈통을 계승했다는 소문을 받은 늙은 스키피오는 감탄스러운 많은 행동을 했다. 그중에, 그가 유치하게도 능청하게 라엘리우스와 바닷가를 따라 거닐며 조개껍데기를 골라 줍기에 흥겨워하며, 공기놀이 장난을 즐기고, 날씨가 나쁜 때에는 방 안에 들어앉아 가장 평민적인 비속한 행동을 묘사하여 희극[56]을 꾸미는 일로 재미 삼으며, 머리는 한니발에 관한 대책과 아프리카 원정 계획으로 가득했다. 이러한 그가 시칠리아에 가서는 로마에 있는 그의 적들이 이를 박박 갈며 시기할 정도로 여러 학교를 찾아가 철학 강의를 들었던 일보다 더 그 인물에 매력을 주는 일은 없다.

소크라테스가 아주 노령에 이르러서도 시간을 내어 댄스와 악기 연주를 배워 가며, 이것으로 시간을 유용하게 쓰고 있다고 생각한 것은 가장 주목할 만하다. 이 인물이 그리스 군대 전체 앞에서 심오한 사상에 사로잡혀 정신을 잃고 황홀해서 하루 종일, 그리고 하룻밤을 서서 지내는 것을 볼 수 있었다. 그는 알키비아데스가 적에게 압도당한 것을 보고 군대의 많은 용감한 사람들 중에서 맨 먼저 구원하러 달려가 자기 몸으로 그를 가리며, 무기를 휘둘러 적군을 흩어져 달아나게 한 일이 있었다. 또 30명의 폭군들이 괴뢰들이 테라메네스[57]를 처형하려고 할 때에, 이 부당한 처사에 그와 함께 분노한 전 아테네 시민들 중에서 맨 먼저 그를 구원하려고 나섰다가, 테라메네스가 직접, 겨우 시종 두 명밖에 데리고 있지 않았는데도 굳이 말렸기 때문에, 소크라테스는 그의 대담한 기도를 포기하게 되었다. 그는 자기가 사랑하는 미소년의 구애를 받고 강요당했을 때에도 엄격하게 욕심을 억제한 일이 있었다. 그는 델리온의 전투에서는 크세노폰이 말에서

---

56) 몽테뉴는 테렌티우스의 희극을 스키피오와 라 엘리우스가 지은 것으로 생각하고 있다.
57) Theramenes. 아테네의 정치가요 웅변가였으나, 성격이 경박했다. 그는 기원전 411년에 아테네 민주정치제를 전복시키는 데 기여하고, 자기도 30명의 폭군 가운데 하나가 되었다. 그러나 크리티아스에게 배반자라고 고발당하여 음독형을 받았다.

굴러 떨어지는 것을 일으켜 구원해 준 일이 있었다. 계속해서 전쟁에 나갔고, 맨발로 얼음을 밟았고, 겨울이나 여름이나 같은 옷을 입었으며, 힘든 일을 참아 내는 데 있어 모든 동료들을 압도했고, 평시나 향연 때나 음식을 다르게 들지 않는 것을 볼 수 있다.

그는 27년 동안 한결같은 모습으로 굶주림과 추위와 말 안 듣는 어린아이들의 보챔과 아내의 바가지 등쌀에 시달렸고, 마침내는 고발과 포학과 투옥과 쇠사슬과 독배형(毒盃刑)을 받고 말았다. 그러나 이 인물은 교제의 의무로 술마시기 내기에 초청되면, 군대 중에서도 역시 승자로 남게 되는 것이었다. 그리고 어린아이들과 공기놀이와 목마타기를 거절하지 않았으며, 그런 일에도 우아한 품이 있었다. 왜냐하면 철학에 말하기를, 현자에게는 모든 행동이 똑같이 적합하며, 똑같이 영광을 준다고 하기 때문이다.

우리는 완벽의 형태와 본보기를 이 인물의 모습에서 찾아볼 일이며, 그리고 그 모습을 귀감으로 삼기에 결코 물러서는 안 될 일이다. 인생의 충만하고 순결한 사례들은 대단히 드문 일이다. 사람들이 사람들을 가르쳐 준답시고 좋은 점이라고는 단 한 줌 있을까 말까 하며, 우리를 도리어 뒤로 퇴보시키고, 고쳐 주기는 고사하고 타락시키는 어리석고 못나고 부족한 자들을 날마다 우리의 본보기로 내세우는 것은 큰 잘못이다.

세인은 잘 속는다. 사람들은 넓게 열린 큰길을 취하기보다도, 그 끝이 도로 표시와 경계선이 되는 언저리를 따라가기가 쉽다. 또한 본성보다도 기교를 따르기가 훨씬 쉬운 일이다. 그러나 그것은 고상한 품이 훨씬 적고 권장할 것이 못 되는 일이다. 심령의 위대성은 높이 올라가고 앞으로 나가는 일보다는 한계를 정하여 조절할 줄 아는 데 있다. 심령은 넉넉한 것은 모두 위대하다고 보며, 탁월한 것보다는 중용이 되는 사물들을 사랑함으로써 그 높이를 보인다. 사람 노릇을 잘하는 것보다 더 아름답고 정당한 일은 없으며, 이 인생을 자연스럽게 잘 사는 길을 배우는 것보다 더 힘든 학문은 없다. 그리고 질병 중에서도 가장 야만적인 병폐는 우리의 존재를 경멸하는 일이다.

신체가 병들었을 때, 전염되지 않게 영혼을 떼어 내고 싶은 자는 할 수만 있으면 용감하게 해 보라. 다른 데서는 그 반대로 영혼이 신체를 도와서 애호하고, 그 본연의 쾌락에 참여하여 함께 즐기기를 거절하지 말 일이며, 영혼이 더 현명하다면 분수 없이 하다가 불쾌한 일을 섞지 않도록 절제를 지키게 할 일이다. 무절제는 탐락이 주는 고치기 어려운 병이다. 그리고 절제는 결코 탐락의 징벌은 아니다. 그것은 쾌락에 맛을 더한다. 탐락을 최고선(最高善)으로 세우던 에우독소스와 탐락을 대단히 높은 가치로 올려놓던 그의 동료들은, 그 둘 사이에 특별히 모범적으로 지켜 오던 절제의 방법으로 이 탐락을 가장 우아하고 감미로운 진수로 맛보았던 것이다.

나는 내 심령에 고통과 탐락을 똑같이 조절된 눈으로 "영혼이 희열 속에 커지는 것은 고통 속에 줄어드는 것 못지않게 책망받을 것이다."(키케로)

똑같이 확고하게, 그러나 하나는 유쾌하게 다른 하나는 엄격하게, 그리고 심령이 할 수 있는 힘에 따라서 그중의 하나를 소멸시키려는 마음과 똑같이 조심해서, 다른 하나는 확대시킬 생각으로 고찰하라고 명령한다. 선(善)을 건전하게 보는 능력은 그 뒤에 악을 건전하게 보는 능력을 끌어온다.

그리고 고통은 그 연약한 시초에는 무엇인지 피할 수 없는 것이 있고, 탐락은 그 과도한 끝장에서 피해야 할 무엇이 있다. 플라톤은 이 둘을 짝지으며, 고통에 대항해서 싸우는 일은 똑같이 강인함이 맡은 역할이라고 보려 한다. 이들은 두 줄기 샘물이다. 거기서 국가나 사람이나 짐승이나, 자기에게 필요한 만큼 때맞춰서 길어 낼 때에 그는 행복하다. 첫 번 것은 필요에 따라 약으로 써야 하며, 또 하나는 목마른 때 마시되 취하도록 마셔서는 안 된다. 고통·쾌락·사랑·미움 등은 어린아이가 맨 먼저 느끼는 일들이다. 만일 거기 이성이 솟아나서 그런 사물들이 이 이성에 적용되면 그것이 도덕이다.

나는 나 혼자 쓰는 어휘를 가졌다. 나는 날씨가 나쁘고 불편할 때에는 시간을 보낸다. 날씨가 좋으면 시간을 보내고 싶지가 않다. 나는 시간을 어루 만지며 매달린다. 나쁜 날씨는 달음질쳐 보내고, 좋은 날씨는 주저앉게 하고 싶다. 이 '소일(消日, passe temps)'과 '시간을 보냄(passer le temps)'이라는 평범한 말투는, 인생을 가장 잘 이용하는 방법이 인생을 흘러서 놓쳐 보내고 모면해 가며, 자기들이 알 수 있는 한 이 일생을 어떤 귀찮은 경멸할 거리인 것처럼 무시하고 도피할밖에 다른 도리가 없다고 생각하는 인간들의 습성을 표현한다. 그러나 나는 인생을 다르게 알고 있다.

　그리고 지금 내가 인생을 잡고 있는 이 마지막 쇠퇴기에도 나는 인생을 가치 있고 편리한 것으로 보고 있다. 자연은 우리에게 인생을 너무나 유리한 사정으로 장식해서 손에 쥐었기 때문에 인생이 우리를 압박하거나 우리에게서 쓸모없이 빠져나간다 해도 원망할 것은 우리들밖에 없는 것이다. "깨닫지 못하는 자의 인생은 희열이 없고 혼돈스러우며 미래의 일만을 생각한다."(세네카) 그 때문에 나는 인생을 잃어도 아까워하지 않고, 오히려 잃게 되어 있는 것으로 보며, 그렇다고 귀찮고 괴로운 것이라고는 보지 않는다. 그래서 살기가 재미나는 자들만이 죽는 것도 불쾌해지지 않는다고 해야만 격에 맞는 일이다. 인생을 즐기는 데는 그 법이 있다. 나는 다른 사람들의 갑절은 인생을 즐긴다. 왜냐하면 즐기는 정도는 어느 정도 노력하는 열성에 달려 있기 때문이다. 내가 주로 내 생명을 시간적으로 아주 짧게 보고 있는 지금에 와서는, 나는 인생의 무게로 늘려 놓고 싶다.

　나는 인생이 빨리 달아나는 것을 재빨리 잡아서 멈추게 하고 싶다. 그리고 생명을 정력 있게 사용함으로써 그 빠르게 흘러가는 것을 보충하며, 삶의 소유가 더 짧아짐에 따라 인생을 더 심오하고 충만하게 만들어 놓아야 하겠다.

　다른 사람들은 만족과 번영의 단맛을 느낀다. 나는 그것을 그들과 같이 느끼지만, 미끄러워 스쳐 지나가는 식으로 느끼는 것이 아니다. 우리에게 생명을 부여하는 자에게 정당하게 감사하기 위해서는, 그 반대로 이 인생을 연구하고 맛보고 되씹어 보아야 한다. 사람들은 잠자는 쾌락을 누리는 식으로 다른 쾌락들을 누리며, 그것을 알지도 못하고 있다. 이 잠자는 쾌락까지도 어리석게 놓치지 않을 목적으로 나는 그전에 잠자는 동안 누가 훼방이나 놓아서 이 쾌락을 엿보게 하는 것이 좋지나 않을까 걱정했다. 나는 만족감에 관해 상의해 본다. 나는 그 거품만을 거두지는 않는다. 그 속을 뒤지며 울적해지고 싫증이 난 내 이성을 굽혀서 이 만족감을 가려 내게 한다. 내 마음이 평정한 상태에 있는가? 나를 솔깃하게 즐겨 주는 탐락이라도 있는가? 나는 이 탐락이 감각에 속임수를 쓰게 두지는 않는다. 거기에 내 영혼을 참여시킨다. 영혼이 걸려들게 하는 것이 아니고, 쾌락을 즐겨 받아 주게 하려는 것이며, 영혼이 깊이 빠지게 하는 것이 아니고, 그 자체를 찾아보게 하기 위해서 하는 것이다. 그리고 영혼으로서는 이 융성한 상태에 그 자체를 비쳐 보고, 그 행복을 달아보고 평가하며, 확대하기 위해서 하는 것이다.
 내 심령은 자기의 양심과 다른 내적 정열들이 안정되고, 신체는 그 자연스러운 취향에 두고, 하느님의 계시에 따라 그의 정의로 우리를 징계하는 고통에 대한 보상으로 내리시는 혜택을 받아서, 우리가 감미롭고 유쾌한 기능을 조절해서 유쾌하게 누리는 일로 우리가 얼마나 하느님의 은덕을 입고 있는 일인가. 그리고 어느 곳을 둘러보아도 주위의 하늘은 고요하고 어떤 욕망도 공포나 의심스러운 생각도 이 공기를 혼란시키지 않고, 자기 생각이 손상되지 않고는 둘러볼 수 없는 과거나 현재나 미래의 곤란도 발견되지 않는 이런 처지에 있다는 것이 얼마나 좋은 일인가를 측정해 본다.
 이러한 고찰은 각기 다른 조건들과 비교해 봄으로써 크게 빛난다. 그래서 나는 운수의 탓이거나 자기 잘못으로 곤경에 빠져서 허덕이는 자들과 나와는 더 가까운 처지에 있으며, 자기 좋은 신수를 무관심하도록 유약하게 받아들이는 자들을 수없는 모습으로 생각해 본다. 이들은 시간을 헛되이 보내는 자들이다. 그들은 현재 가진 것은 제쳐 두고, 희망의 노예가 되어서 환상이 그들 앞에 그려 보이는 그림자들과 헛된 생각에 사로잡혀 지내며,

　　죽은 뒤에도 춤을 춘다고 하는 유령들과도 같이,
　　또는 수면 속에 우리 감각을 기만하는 헛된 꿈과도 같이, 　　(베르길리우스)

 이런 헛된 생각들은 사람이 그것을 좇아가면 그들도 발걸음을 멀리 떼어 급하게 달아난다. 알렉산드로스가 자기 사업의 목적은 오직 일하는 데 있다고 말한 것과 같이, 인간들이 추구하는 성과와 목적은,

　　무엇이건 할 거리가 남아 있으면
　　아무것도 해 놓은 일이 없다고 생각하며, 　　(루카누스)

 그저 추구하는 데 있다.
 그 때문에 나는 하느님께서 우리에게 베풀어 준 대로 인생을 사랑하며 인생을

가꾼다. 나는 내 생활에 먹을 것과 마실 것이 부족하기를 원치 않는다. 그러나 필요한 것보다 갑절을 요구하는 일도 똑같이 용서될 수 없는 실수라고 보련다. "현자는 본성의 부유를 탐하여 추구한다."(세네카) 그리고 에피메니데스가 하던 식으로 식사를 끊고 약을 조금씩 입에 넣어서 목숨을 잇고 생명을 유지하던 짓도 원치 않으며, 무감각하게 손가락으로 어린아이를 만드는 짓도 원치 않는다. 점잖지 못한 말이지만, 손가락으로 만들더라도 쾌감은 있어야 하며, 육체에 욕망과 쾌감이 없기를 원하지 않는다. 이런 일은 배은망덕의 옳지 못한 불평이다. 나는 자연이 내게 해 준 바를 진심으로 감사하며 받아들이고, 거기 만족하여 기뻐하고 그것을 찬양한다. 이 위대하고 전능하신 수여자가 주는 바를 사람들이 거절하고, 무가치하게 만들고, 변형시키는 것은 옳지 못할 일이다. 모두 좋다. 그가 한 일은 모두 좋다. "본성에 의한 모든 것은 존경의 가치가 있다."(키케로)

　철학 사상들 중에서 나는 가장 견실한 것, 다시 말하면 가장 우리의 것인 인간적인 것을 기꺼이 받아들인다. 내가 생각하는 바는 내 행동 습관에 맞게 낮고 천하고 하찮은 것이다. 철학자가 우리에게 신성한 것을 속세적인 것에, 합리적인 것을 비합리적인 것에, 엄격성을 관대성에, 정직을 부정의에 결합시키는 일은 야만적인 결합이라고 하며, 탐락은 현자가 맛볼 가치가 없는 짐승들의 소질이고, 그가 젊고 예쁜 아내에게서 얻은 단 하나의 쾌락을 말을 탈 필요가 있을 때에 장화를 신는 식으로 올바른 일을 행하는 양심적 쾌락이라고 맹렬한 기세로 설교하는 것은 참으로 유치한 수작이다. 마치 그의 제자들은 그의 가르침이 아니면 그들 아내의 처녀성을 빼앗을 권한도 정력도 생기도 없다는 말투이다!

　이것은 그의 스승이며 우리의 스승인 소크라테스가 말하는 것이 아니다. 그는 육체적 쾌락을 마땅히 받아야 할 것으로 평가한다. 다만 그는 정신의 쾌락이 더 힘차고 견실하며 안이하고 다양하며 위엄이 있다고 말하며, 이편을 택한다. 그에 의하면 정신적 쾌락은 결코 홀로 독점하지 않는다.(그는 그렇게 허망하게 생각하지 않는다.) 그것은 다만 우선한다. 그에게 절제는 탐락에 적대하는 것이 아니고 조절해 주는 것이다.

　본성은 상냥한 안내자이다. 그러나 상냥하기보다도 더 현명하고 올바르다. "우리는 사물들의 본성에 침투하여 그 요구하는 바를 정확히 관찰해야 한다."(키케로) 나는 사방으로 이 본성의 자취를 찾는다. 우리는 그것을 인공적인 기이하고 묘한 자취와 혼동하여 왔다. 그리고 아카데미(플라톤) 학파와 페리파토스(아리스토텔레스) 학파의 최고선은 이 본성을 따라서 살아감을 말한다. 그 때문에 정의하여 표현하기가 힘들다. 이와 가까우며 본성에 동의함을 말하는 스토아학파의 최고선도 역시 그렇다.

어떤 행동들이 필연적인 것이기 때문에 덜 평가한다는 것은 잘못이 아닐까? 신들은 항상 이 필연성과 공모한다고 옛사람(시모니데스를 가리킴)은 말하고 있지만, 아무리 해 보아도 그들은 쾌락과 필연성의 결합이 대단히 적절한 일이라는 생각을 내 머리에서 말끔히 떨어내지는 못할 것이다. 무엇 때문에 우리는 한 형제처럼 서로 통하게 결합되어 짜인 구조를 갈라서 분리시키려는 것인가? 그 반대로, 이 둘을 서로 봉사하도록 매어 줄 일이다. 정신은 그 둔중한 신체를 잠 깨워서 활기를 줄 것이며, 신체는 정신의 경솔함을 붙들어서 잡아매어 둘 일이다. "누구라도 영혼의 본성을 최고선으로 앙양하고 육체의 본성을 악이라고 처단한다면, 그는 확실히 영혼을 육체적으로 총애하고 육체적으로 도피하는 것이다. 왜냐하면 그는 신성한 진리에 의해서가 아니고 인간적 허영으로 그들을 판단하고 있기 때문이다."(성 아우구스티누스)

하느님이 우리에게 주신 이 선물에는 우리가 보살펴 줄 가치가 없는 부분은 하나도 없다. 우리는 그 머리털 하나하나라도 소중히 해야 한다. 그리고 인간을 그 조건에 따라 인도하는 일은 형식적으로 주어진 사명이 아니다. 이 사명은 명확하고 소박하고 지극히 중요하다. 그리고 조물주는 우리에게 이 사명을 신중하고 엄격하게 수여했다. 권위만이 오로지 오성 위에 지배력을 가지며, 그리고 외국어로 말할 때에 더욱 무게를 가진다. 여기서 다시 한번 공격하자. "인간이 행해야 할 것은 저주해 가며 비굴하게 행하고, 육체적 영혼은 각각 다른 방면으로 밀며, 자신을 이렇게도 반대되는 동작들로 분열시키는 일이 바로 천치의 수작임을 부인할 길이 있는가?"(세네카)

글쎄, 좀 보라. 자기 머릿속에 처넣은 사상 때문에 맛있는 식사도 돌아다볼 생각을 않으며, 이런 먹는 일 때문에 시간을 낭비해서야 되느냐고 불평하는 자의 잡념과 허상을 마음 놓고 그대에게 말하도록 해 보라. 그대는 식탁의 모든 반찬들 중에 그의 영혼이 말하는 그 훌륭한 이야기보다 더 멋쩍은 것이 없다는 걸 알게 될 것이다.(대개의 경우 우리가 지켜보는 것은, 지켜보기보다는 잠자고 있는 편이 나을 것이다). 그리고 그의 사상과 의향은 그대의 스튜 요리만 한 가치도 없음을 알게 될 것이다. 그것이 아르키메데스의 황홀경[58]이라고 한들 무슨 소용이 있을 것인가?

나는 여기서 저 신앙과 종교의 열성을 가지고 항구적이며 의식적으로 거룩한 사물들을 명상하도록 길러진 자들에 대해선 언급하고 싶지 않다. 또 생기 있고 새로우며 강렬한 희망의 노력으로 썩지 않는 단 하나의 영원한 쾌락으로서 기독교적 욕망의 종국적 목표이며 궁극적 한계인 영원한 양식을 미리 맛보며, 우리의 활동적이고 애매하고 궁색한 안락에 기대하기를 경멸하며, 세속적이고 감각적인 양식의 사용을 쉽사리 육체에게 맡겨 버리는 것은 존경할 만한 심령들이나 하는 연구이다.

나는 항상 평범한 사이에서도 가장 천상적(天上的)인 사상과 가장 현세적 행위가 묘하게 일치하는 것을 보았다. 저 위대한 인물 이솝은 그 주인이 걸어가며 오줌을 깔기는 것을 보고, "이거 어디 되겠습니까? 다음에는 달음질치며 똥을 싸야 할 일이 아니오?" 했다. 시간을 아끼자. 우리에게는 아직도 너무 한가롭고 잘 못 사용되는 시간이 많다. 우리 정신은 자기의 필요를 위해 없어서는 안 될 이 조그마한 공간에서 아마도 신체에서 떨어져 나오지 않고는 일하기 위한 다른 시간들을 충분히 갖지 못하는 모양이다.

사람들은 자기들 밖으로 빠져나가 자신에게서 달아나길 원한다. 그것은 어리석은 수작이다. 그들은 천사로 변하는 것이 아니고 짐승으로 변하는 것이다. 자기를 높이는 것이 아니고 바닥으로 떨어지게 하는 것이다. 이렇게 초월하는 심정은 감히 오를 수 없는 높은 곳 같아서 나는 두렵기만 하다. 소크라테스의 생애에서, 그의 황홀감이니 다이몬이니 하는 말보다 더 이해하기 어려운 것은 없고, 플라톤에서는 사람들이 그를 신성하다고 부르게 하는 것만큼 인간적인 면은 없다. 우리의 학문에서는 가장 높이 올라간 것이 가장 비천하고 세속적인 것으로 보

---

[58] 아르키메데스가 목욕탕 속에서 정수역학(靜水力學)의 원칙(아르키메데스의 원리)을 발견하고, "유레카, 유레카!"(알아냈다, 알아냈다!) 하고 소리치며 발가벗고 뛰어나왔다는 고사를 말함.

인다. 그리고 나는 알렉산드로스의 생애에서, 자기를 신격화하는 생각보다 더 치명적으로 천한 것을 알지 못한다.

필로타스는 이 대답으로 그를 재미나게 풍자했다. 그는 알렉산드로스를 신들 축에 넣어 준 주피터 신 암몬의 신탁(神託) 편지를 가지고 그와 함께 즐기며 말했다. "그대를 위해서 내 마음은 대단히 기쁘오. 그러나 인간을 초월해서 인간의 척도로 만족하지 않는 사람과 같이 살며, 그에게 복종해야 할 자들을 가련히 생각하오." "그대는 신들에게 굴함으로써 세상에 군림하는 것이다."(호라티우스) 아테네인들이 자기들의 도시에 폼페이우스가 왕림하는 것을 환영하는 얌전한 글귀는 내 뜻에 맞는다.

    그대는 자기를 인간으로 인정하니,
    그만큼 그대는 신이로다.   (플루타르크 영웅전, 아미오 역)

자기의 존재를 충실하게 누릴 줄 아는 것은 절대적인 완벽이며, 신성함과 같은 일이다. 우리는 자신의 용도를 이해하지 못하기 때문에 다른 조건들을 찾고 있다. 그리고 우리가, 어떻게 되었는지 모르기 때문에 자기 자신에게서 벗어난다. 그 때문에 우리가 아무리 죽마(竹馬)를 타고 높이 올라 보아도 소용없다. 왜냐하면 죽마 위에서도 우리는 다리로 걸어야 하기 때문이다. 그리고 세상에서 가장 높은 왕좌 위에서도 역시 우리 궁둥이는 자리에 앉은 것에 지나지 않는다.

가장 아름다운 인생은, 내 생각으로는 터무니없는 기적 없이 보통 인간의 본보기로 질서 있게 처신하는 인생이다.

그런데 노령기는 좀 더 부드럽게 대접받을 필요가 있다. 건강과 예지의 수호자이면서 유쾌하고 사귐성이 있는 이 신(아폴론 신을 말함)에게 노년기의 축원을 바치자.

    라토나의 아들이여,
    내가 받은 재산을 굳건한 건강과 아울러 내게 주도록 간청하노라.
    그리고 나의 지적 소질이 온전히 머무르도록 기도하노라.

내 노년기로 하여금 추악한 꼴이 되지 말고,
아직도 칠현금을 탈 수 있게 해 다오.　　　　　　　　　　　(호라티우스)

몽테뉴의 생애와 사상

생애

몽테뉴는 1533년 2월 28일 프랑스 남부 페리고르와 귀엔 접경지의 몽테뉴 성에서 태어났다. 이 성은 보르도에서 포도주와 도료(塗料)·염건어(鹽乾魚) 장사로 부자가 된 그의 증조부가 1478년에 매수한 것이다. 그의 아버지는 이탈리아 전쟁에 참전하고 돌아와서, 이 성을 확장하고 가꾸어 귀족 행세를 하며 살았다. 몽테뉴는 부친의 배려로 유아 때부터 이웃마을 가난한 농가의 한 유모에게 맡겨 길러졌다.

또한 아버지는 그가 말을 배우기 시작하자, 그 무렵 지식인에게 필수적인 라틴어 습득의 어려움을 극복시키기 위해 프랑스어를 전혀 모르는 독일인 학자를 가정 교사로 초빙, 라틴어를 가르치게 했다. 몽테뉴 앞에서는 그 부모를 비롯해서 주변의 모든 사람들, 성 밖의 동네 사람들까지도 라틴어만을 쓰게 했으므로 서투르나마 온 동네에 라틴어 사용이 유행이 될 정도였고, 몽테뉴는 이미 여섯 살에 학자들을 놀라게 할 만큼 정확한 라틴어를 유창하게 쓸 수 있게 되었다.

그의 아버지는 이탈리아 전쟁 때 그곳의 정력적이고 참신한 문예 부흥기의 풍조를 받아들인 진보주의자였다. 그는 창조적 정신을 가지고 생활 개선에 힘썼다. 몽테뉴는 보르도의 귀엔 중학교에 들어갔으나 거의 배울 것이 없었고, 라틴 고전을 탐독할 정도에 이르렀다.

몽테뉴는 툴루즈와 보르도에서 법학을 배우고 나서 페리고르 지방재판소 고문관직을 매수(買受)해 봉직했는데, 이 재판소가 보르도 재판소에 병합되는 바람에 1557년 그곳으로 옮겨가 평정관으로 1570년까지 재임했다. 이 경험에서 몽테뉴는 법률 운용에 많은 모순이 있음을 발견했다. 그는 보르도에서 동료 라 보에티를 만나 절친한 사이가 되었다. 아마도 인간으로서 느껴 본 가장 이상적인 우정을 경험한 것 같다. 라 보에티는 천재 작가였으나 1563년 젊은 나이에 세상을 떠났다. 이 절친한 친구의 죽음으로 몽테뉴는 오랜 세월을 두고 사라지지 않는 심각한 마음의 상처를 입었다.

그는 라 보에티의 죽음에서 비롯된 상심을 잊기 위해 2년 동안을 방탕하게 지내다가, 1565년 7월 23일 보르도 고등재판소 판사의 딸 프랑수아즈 드 라 샤세뉴와 결혼했다. 그들 사이에 자녀가 여럿 태어났지만, 둘째 딸 레오노르만 살아 남았다.

몽테뉴(1533~92)

1565년 아버지가 죽자, 몽테뉴는 넓은 영지와 막대한 재산을 상속받았다. 한편 그는 아버지가 죽기 얼마 전에 명령한, 스페인 신학자 레이몽 스봉의 《자연신학》을 번역했다.

그는 차츰 서재 생활을 즐기게 되었다. 직책에 대해서는 승진에 대한 매력도 느끼지 못하고 싫증도 나서 1570년에 사퇴하고, 대부분의 시간을 성탑 3층에 있는 서재에 들어앉아 독서와 명상에 잠겼다. 그는 라틴 고전과 현대 서적을 섭렵, 책 여백에다 주석과 독후감을 기입하며 지냈다.

그러는 중에 인생의 처신에 대한 도덕적 관념이 우러나왔다. 그는 자기의 사상을 펼치기 시작했다. 그는 라 보에티와의 대화에서 고대 스토아학파에 감탄하게 되고, 고통을 억누르는 극기 생활을 찬양하며 세네카를 탐독, 카토를 이상적인 영웅으로 받들고, 자살 찬미론을 쓰며, 특히 죽음에 관심을 쏟았다. 그러나 이런 것은 일시적인 것에 지나지 않았다. 그는 노력과 강제와 고행 따위에는 등을 돌린 채 안일을 즐기는 성미로서, 특히 아미요가 번역한 플루타르크의 《영웅전》을 읽자 자신도 도덕에 대해 말해 볼 생각이 났다.

그는 유전병인 신장결석을 앓고 있었는데, 의술은 본성에 어긋나는 것이라 하여 물리치고, '자연요법 이상 훌륭하게 작용하는 것은 없다' 하면서 온천욕으로 병을 치료하기 위해 피레네 산중의 온천탕과 그 밖의 유명한 온천을 두루 찾아다녔다. 그가 보르도로 돌아왔을 때 시의원들이 그를 시장으로 선출했다. 그는 처음엔 이를 의례적으로 사양했으나 앙리 3세의 간곡한 편지를 받고는 시장직을 수락했다. 물론 그의 아버지가 지냈던 시장직에 임명됐다는 것은 그에겐 큰 영광이었다. 보르도 시장직을 맡아보는 동안에도 틈틈이 여가를 이용해 1581년에 레이몽 스봉의 《자연신학》 제2역판을 펴냈으며, 1582년에는 그의 《수상록》을 조금 증보해서 제2판을 펴냈다. 1583년 그가 시장직에 재선된 것을 보면 시민들의 만족을 살 만한 일을 한 것 같다.

1588년 파리에서, 그는 풍부한 증보와 제3권이 첨가된 《수상록》 신판을 펴냈다. 증보된 장(章)을 보면 그의 사상이 스토이시즘에서 플루타르크의 영향을 받아 부드러워지고, 그가 모범으로 삼는 인물이 후기 카토에서 소크라테스로 옮아간 것을 알 수 있다. 그에게 스토이시즘은 초인간적인 엄격성이었고, 그 중간에 거친 회의주의는 허무주의로밖에 이르지 않았으며, 마지막에는 중용(中庸)의 길이라 할 에피큐리어니즘에 다다른다. 이것은 세상의 경박한 쾌락주의와는 달리 가능한 한 모든 쾌락을 추구하나 고통과 불행을 불러오지 않도록 절제하는 쾌락주의이다. 《수상록》의 인기는 날로 높아갔다. 몽테뉴는 그의 추종자들 가운데 마리 드 구르네 양을 파리에서 만나 수양딸로 삼았다.

그는 리그파(위그노에 대항하여 조직된 가톨릭교도 동맹파)의 내전 중에 왕명으로 보르도에 머물렀다. 1589년 왕이 암살되고 앙리 드 나바르가 그 뒤를 이었다. 몽테뉴는 앙리 4세가 된 나바르 왕의 부름을 받았으나 이를 사양, 1592년 경건한 가톨릭교도로서 세상을 마쳤다.

몽테뉴는 심려와 고생을 피하려고 노력했으나 뜻한 대로 되지는 않았다. 그는 집안의 유전병인 신장결석으로 평생 고생했고, 흑사병에 시달렸으며 내란에 휩쓸렸다. 하지만 끝내 이 모든 것은 그에게 명상의 재료를 풍부히 안겨 준 셈이었다.

사상과 해학 취미

몽테뉴는 사상적으로 영광 같은 허영을 경멸하지만, 영예가 탐락의 일종임을 담담히 지적한다. 무엇보다도 편안함을 추구하는 그는 다만 번뇌를 끌어오는 이런 종류의 탐락을 즐겨 추구하지 않을 뿐이다. 그에게는 도덕적·철학적 탐구라는 더욱더 심오하고 심층적인 탐락의 욕망이 더 컸기 때문이다.

세네카의 작품을 애독하고 아미요가 번역한 플루타르크 《영웅전》이 출판된 것이 결정적 영향을 주어 그는 사색의 세계로 들어간다. 그는 고대나 중세 작가들의 고사(故事)를 수집하며 남의 말을 전하기보다는 자기를 훑어보며 자신을 말하고 싶어 했다. 여기서 우선적으로 스토아 사상을 받아 자신의 견해를 펼쳤다.

사리(事理)는 우리들의 선(善)을 증진시키는 데에 써야 할 것이지 파멸시키는 쪽으로 써서는 안 될 것이다. 고민을 하게 하는 마음의 동요는 이성의 힘으로 극복해야 할 일이다. 그러나 일을 당해서 버티는 견인성(堅忍性)은 도덕의 힘이라고 본다.

몽테뉴는 스토아적 견지에서 귀족의 용덕을 찬양한다. 그러나 어떠한 고난도 의무가 명하는 것이 아니라면 구태여 찾아나설 필요가 없다는 데서 벌써 후기의 쾌락주의적 취향이 드러나며, 해괴한 이야기의 예나 열거는 엄격한 성향에 반발하는 그의 해학(諧謔) 취미와 남의 논법을 전도시키는 회의주의적 사고방식을 엿보게 한다.

사물들은 그 자체가 곤란한 것이 아니고 우리들의 허약성, 비속성이 그 사물을 곤란한 것으로 만든다. 사물들로선 모두 관심 없는 일이다. 인간은 운명에 맞서서 언제든지 자기 자신을 임의로 처치할 수 있다는 최후의 무기를 가지고 있다. 여기서 그는 스토아 철학의 자살을 말한다. 그는 인생을 부인하는 것도 가치를 무시하는 것도 아니다. 단 살아가는 것이 무거운 짐이며 고통이라면 차라리 죽는 것이 낫다고 보는 것이다. 즉 삶에서 자기 힘닿는 대로 쾌락과 행복을 찾아도 좋다는 여지를 남겨주고 있다.

고통을 참고 살아감은 용기가 아니고 용서될 수 없는 치욕이요 비굴이다. 그는 인생을 버리는 것을 자포자기로 보지 않는다. 여기서 그의 사상에 이교적(異敎的)

냄새가 풍긴다고 볼 수 있다. 사실 그의 교양은 대부분 전(前) 기독교적이며, 이교적이라 할 수 있다. 여기서 그가 말하는 죽음은 인생에 대해 어쩔 도리가 없는 패배를 뜻함이 아니고, 자기 의사로 인생을 심판해 자주적으로 인생을 처분하는 것을 의미한다. 그는 죽음을 인간의 자유가 가진 최후의 무기라고 본다.

그는, 철학은 죽음에 대한 준비일 뿐 그 밖에 다른 것이 아니라는 키케로의 말을 빌린다. 속인의 죽음에 대한 대책은 죽음을 생각지 못함이다. 그러나 현자는 늘 죽음을 생각하라고 권고한다. 그는 스토아 사상을 받아 죽음을 대수롭지 않은 것으로 여기는 것을 가장 높은 도덕으로 여기고 카토, 세네카, 특히 소크라테스의 괴로움 없는 태연한 죽음을 찬양한다. 죽음과 신앙을 결부해 생각하지 않은 것은 그의 사상이 본질적으로 비종교적임을 보여 주는 것이라 하겠다. 그는 죽음이 모든 인간에게 불가피하게 오는 것인 이상, 이 불확실한 인생에서 죽음에 대한 걱정으로 삶의 맛을 나쁜 쪽으로 변화시키는 것보다는 살아 있는 동안 생명에 고통을 끼치는 모든 요소를 가능한 한 없애야 할 것이라고 말한다. 그는 사색으로 죽음을 희롱하며, 여러 가지 죽음의 모습에 호기심을 보인다. 그는 모든 장소, 모든 경우에 죽음을 명상한다. 죽음에 무관심하니 다른 모든 일에도 무관심할 수 있다. 죽어가는 데엔 용기도, 노력도, 한탄도, 울부짖음도 필요없다. 그는 죽어가는 사람을 고이 놓아두지 못하는 인간들의 모습을 우습게 본다.

남을 위한 투쟁과 봉사·헌신·굴종 속에도 큰 쾌락이 있을 수 있다. 인간은 남을 위해서 곧잘 자신의 존재를 내던진다. 그러면 완전히 남의 것이 되므로 자신은 이미 없다. 그러나 인간은 자주적인 존재이니 자기의 정신까지 남에게 바칠 수는 없다. 이런 의미에서 그는 완전한 자유인의 정신을 가진 합리주의자이며 다음 시대의 사상에 횃불을 밝혀 준다.

그의 스토이시즘은 그 엄격한 가르침에 대해 똑같은 엄격한 비판으로 이 덕성을 검토해, 어떤 원칙에 자아를 예속시킴 없이 다시 자유로운 유연성으로 탈피해 가는 노정의 입구에 있으나, 그 궁극의 목표는 이뤄지지 않는 것이 없었으며 생각하는 것이 그대로 법이 되는 소크라테스의 경지라 하겠다.

몽테뉴는 안일성을 주장하나 그렇다고 행동력이 없는 것은 아니었다. 오히려 그의 본성으로 보면 행동가를 지향할 수 있는 인품이었다. 그러나 유아 시기에

몽테뉴 성탑 서재가 있는 탑으로 《수상록》 3권 3절에 설명이 있다.

효과 있는 교육 방침에 의해 독서력을 기르고, 문예 부흥의 풍조를 타서 독립 불패의 정신을 가꾸고, 연마된 판단력은 세속적 영달의 허영과 그 이면의 정신적 굴욕을 투시하게 했을뿐더러 전통과 인습과 사회적 현실 속에 수많은 모순을 발견케 했다. 그로 인해 그는 모든 번거로운 일에는 도리어 몸을 사리는 성격인 반면, 오염되지 않은 순수한 인간성이 살아 있어 외향적 행동보다 내면적 자아 탐구로 취미를 돌리게 되었다.

확실히 그는 물질과 정신 양면에서 자신에게 유리한 길을 측정해 보았을 것이다. 다행히 상당한 재산 상속으로 자신의 안일을 보존하며 독서를 즐길 방도만 찾으면 되었고, 게다가 영원히 남기고 싶은 불멸의 작품을 써 보려는 야심마저 생겼을 것이다. 결국 물욕을 경멸해도 좋을 만치 풍족한 그는 정신적 실증주의를 실천한 것이다.

그는 사회에서는 사회인답게 살면서 내부에서는 자아의 세계를 감추고 있었다. 그는 사회인으로서의 나와 나 자신의 나는 별개의 존재라고 명확하게 선언한다. 즉 사회와는 타협하며 살아가지만 자기 자신만의 유일한 세계는 따로 존재한다는 것이다. 게다가 자아의 탐구로 들어서면 회의주의의 냄새도 희박해져 버린다.

　몽테뉴의 정확한 눈은 평민층에도 우수한 소질이 있음을 발견했으며, 세상의 어느 누구라 하더라도 그 자신보다 실질적으로 나은 것은 없다고 확신하고 있다. 권력가 앞이라도 그의 판단력은 마비되지 않으며, 인간 각자를 그 자체가 지닌 가치로밖에 보지 않는다.

　몽테뉴의 평등 사상과 정의감은 순진한 인간성에서 나오며, 동시에 문예 부흥 시대의 자유 사상에 영향을 받고 있다. 아버지가 그가 유아였을 때 가난한 농가의 유모에게 맡김으로써, 그가 앞으로 지배할 농민들에게 친밀감을 갖게 한 것은 현대 평등 사상의 원류가 몽테뉴를 넘어 고대에까지 소급되는 것을 알 수 있다. 르네상스에서 온 영향은 18세기에 이르러 성숙한 사회 개혁 사상의 싹을 그의 뇌리에 싹트게 했다. 그것은 아직 사회 사상으로까지 발전하지는 않고, 몽테뉴의 내면의 거울에 비치는 외적 사물들의 영상으로 나타난다. 그는 자신의 실리를 취하며 자신의 흥취로 이런 상념을 모색해 보고, 그것이 사회의 현실과 부딪치는 선에 이르면 바로 회의주의의 방패 뒤에 숨으며 판단을 미룬다.

　그는 사상을 현실과 타협시키는 내면적 실증주의자이다. 즉 그는 수많은 후대의 사상들이 씨 뿌려진 묘상(苗床)과도 같은 인물이었다. 실증적 사상은 인간을 내면으로 검토해 들어가면 문학적 판단주의에서와 같이 부정적 작용을 띠게 된다. 그는 자신이 그 매력에서 완전히 벗어나지 못한 명예심과 영광이라는 것의 허영됨을 가차 없이 분석해 해체시킨다. 마음의 허영뿐 아니라 지식에서도 그렇다. 또 후세의 명성 따위는 생각지도 않는다고 공언하는 것은, 살아 있는 자신에게 이롭지 않은 것은 고려할 값어치가 없다고 보는 적극적인 실증적 태도이다.

　그는 아동 교육론을 시도해 종래의 독단적 권위 사상을 신랄하게 비판하고 자유로운 교육 방법을 종용한다. 일반인들이 알아듣지도 못하는 라틴어나 휘두르며, 자신의 학식을 자랑하는 박식한 학자들이 가장 무식한 자들보다도 현실 생활에 더 무식한 것을 우롱한다. 학문은 앵무새처럼 문구를 외는 데 있지 않고 사리를 이해하는 데 있음을 강조한다. 학문으로 남의 의견을 안 다음에는 다시 내 의견을 찾아서 나의 주장으로 사리를 판단하라고 권고하고 있다. 또 교육의 목적은 글을 배우는 데 있지 않고 사람을 만드는 데 있다. 그의 관점은 늘 막연히 전체를 포용하기보다는 특수한 실제적인 면을 고찰하는 경향이 있으며, 거기서 전체에 통용될 수 있는 판단이 나온다. 이 기회에 그는 종래의 교육 방법을 매섭게 비판하며, 학교를 마치 감옥이나 도형장같이 묘사하고, 이러한 징벌로 어린아이들의 연약한 육체와 정신이 변질되고 둔화되어, 인간이 마땅히 가져야 할 판단력을 잃게 한다고 거듭 비판하고 있다. 그는 교육적 논지를 학문조(調)가 아니고 설명조로 생활에 직결시켜서 고려하고 있다. 물론 이런 견해는 모두 그의 독창적인 것은 아니고 대부분 문예 부흥기의 자유사상에서 얻어온 것이지만, 사물을 인간성이 풍부하게 실제적인 면으로 고찰해 가는 점에서, 후세의 로크나 루소의 경험주의 교육론이 여기서 그 원류를 얻고 있음을 알 수 있다.

《수상록》에 나타난 사상

문예 부흥의 여파로 종교 개혁이 일어나면서 프랑스는 신구 양파의 투쟁으로 혼란 상태에 있었다. 따라서 몽테뉴가 비록 구교를 지지하고는 있었다 하나 참으로 진실한 신앙을 가지고 있었는지는 의심스럽다는 설도 많다. 그의 시대적 환경으로 볼 때, 그 같은 투철한 비판 정신의 작가로서는 오히려 신교를 지지했을 가능성이 많으며, 그의 고향인 페리고르 지방에서는 신교가 대단히 성행했고, 집안에서도 어머니와 형제들이 신교였으니 그럴 가능성이 많은데다, 그 자신이 신교도 수령인 앙리 드 나바르와 친교를 맺은 점 등을 보면, 그가 가톨릭에 가담해 양 다리를 걸친 것은 하나의 처세술이 아닌가 하는 의심도 들게 한다. 그러나 그때의 풍조 또한 신앙상의 분열은 형제 간에도 매우 많았고, 또 한편에선 신앙은 달라도 친교는 평상으로 계속하는 관용적 인물도 많아 몽테뉴가 이에 속한 것 같기도 하다. 혹은 신의(信義) 관념에서 고수했을지도 모른다. 개종은 이전의 신앙에 대한 배신이 되기 때문이다. 개인적 입장에서 볼 때는 몽테뉴도 리그파에는 확실히 호감을 갖지 않았으나, 1562년 파리 대법원에 참석한 기회를 이용해 자진해서 가톨릭 신앙에 선서했고, 한 세력 있는 귀부인에게 이 새 풍조의 위험성을 완곡하게 경고하고 있는 것을 보면, 그는 겉과 속이 일치한 가톨릭 신자였으며, 이 양자의 싸움에 무관심하게 자신의 안일책만을 찾고 있었던 것은 아닌 것 같다.

몽테뉴는 교리를 가지고 신구교를 논고해 본 일은 없었다. 그는 신구 양파에서 주장하는 폐단을 모르는 것은 아니었으나, 이러한 사태가 가톨릭 신앙이 지닌 모순성과 부패상에 대한 하느님의 징벌로서, 오히려 그 때문에 손해보다도 소득이 더 많을지도 모른다고까지 말하고 있다. 그가 여러 가지 폐단을 보면서도 신교에 가담하지 않고 가톨릭 신앙을 옹호한 것은 평화와 안정을 희구하는 현실적 판단에서 한 일이다. 그는 모든 격정을 배격한다. 설사 신교에 옳은 점이 있다고 해도 이성을 잃고 난 다음에는 바른 길을 잡을 도리가 없고, 신앙을 빙자해 사사로운 이익을 추구하고 사사로운 원한을 품고 복수를 자행하며 사회 질서를 문란시키는 일밖에는 하지 않는다고 본다.

몽테뉴는 신앙에 있어서도 확고한 신념은 가지지 않은 것 같다. 그는 오로지 이 신앙의 갈등을 현실적인 면에서 고찰한다. 그리고 신교도들이 신앙에 결부되는 모든 형식을 배제하고 순수한 신앙의 형태로 복귀하려는 시도는, 인간의 일에는 절대적 순수라는 것이 있을 수 없는 일이고, 무슨 일이든지 어떤 형식 없이 이뤄지는 것이란 없으며, 모든 일이 상대적으로 되어 있는 인간사에는 어느 정도 혼탁한 요소를 용인해 주어야 하고, 너무 심한 순수성을 찾다가는 맑은 물이 손가락 사이로 빠져나가듯 아무것도 걸릴 건더기가 없으리라는 견지에서 긍정하지 않았다.

그는 또한 신교도들이 고대 성경에서 기독교의 참된 의미를 찾아 신앙의 순수한 형태를 찾으려고 성경을 번역하고 연구하는 행동은 무의미한 것이라고 본다. 이미 그들 자체가 여러 파로 갈라져 싸우고 있는 데다가, 인간의 지식으로 하느님의 일을 파악하려는 것은 교만스러운 행위라는 것이다. 그에게는 신앙이란 신비스러운 일이기 때문에 무조건 믿어야 하고 따져 보아서는 안 될 일이었다. 신앙의 문제에 양심의 자유를 도입하다가는 사회 질서가 무너질 것이니 하느님에게서 특별한 권한을 받은 가톨릭 교회의 성직자들에게 맡겨 두어야 할 일이라고 그는 규명 짓는다. 즉 신앙은 비판 없이 그대로 받아들이라는 말이다. 그것이 가톨릭 신앙의 정통적인 가르침이며, 몽테뉴는 이것을 그대로 받아들이고 있으니 정통적인 가톨릭 신자이다. 몽테뉴 같은 자유로운 비판 정신의 소유자로서 이런 사고방식은 이례적인 일이다. 그러나 그는 이 방면에서는 비판을 포기한 것이며, 이 포기하는 태도가 순수한 신앙에서 나온 것이라고 볼 수 있다. 그러나 그의 작품은 많은 자유사상가들, 즉 무신론자들에게 영감(靈感)의 원천을 제공했다. 사실 그는 이성으로 신이 있다는 확신 아래 신을 믿은 것이 아니고, 신을 인간적 확신 그 너머에 두며, 사리로 따져서 믿는 것이 아니라 믿는 것이 의무이기 때문에 믿는 것이다. 그것은 모든 일이 불확실하고 결함으로 충만하고 무력한 인간성과, 절대적으로 확실하고 완벽하고 전능한 존재와의 연결 행위이다. 이 행위가 신앙의 격식이라는 인간적 동작으로 나타날 때에, 그 인간의 행위는 신

《수상록》(초판 1580) 표지

교도가 주장하는 것과 같이 비판의 대상은 될 수 있으나 신랄하게 비판하는 행위 자체는 이해할 수 없는 일이라 주장한다. 근본적으로 허구 속의 사색에 지나지 않으므로 무용한 일일 뿐이다. 즉 신앙은 인간적인 극과 극의 절대와 인간 현실과의 타협 행위이다.

 죽음의 관념은 신앙과 불가분의 관계에 있으며 특히 중세기의 인간에게 붙어다니던 집념이었다. 그 때문에 그에게도 죽음의 관념이 늘 붙어다녔을 것이다. 그러나 그의 사고방식, 자신이 의식하는 세상밖에 다른 세상은 없다는 것이다. 인간의 의식으로 이 세상을 초월한 존재에게 기도를 올려 보아도 통할 길이 없기에 그 실재가 있건 없건 신은 인간에게 무(無)의 존재라는 것이다.

 따라서 그는 모든 종교를 같은 격으로 다루어 마치 법률과 같은 성질로 본 것 같다. 결국 종교란 아무 근거 없는 것이고, 사회 생활에서 필요한 것으로 사람들이 지켜야 할 한 방편으로밖에는 보지 않은 것이다. 또한 그가 모든 종교를 같은 눈으로 보았다는 것은, 내가 믿는 신만이 옳은 신이 아니고 다른 신을 믿어도 좋

다고 용인하는 일이니, 일신교(一神敎)의 사상에 어긋나는 관념이다. 그러나 그는 이교(異敎)의 풍습을 들어서 신앙의 성질을 보편적으로 고찰하며, 신앙의 형식은 다르지만 모든 종교를 같은 존재로 본다고 생각할 수 있다.

몽테뉴는 신앙에서 자기가 할 일을 지켰을 뿐이고 남에게 자기의 신앙을 강요할 의사는 갖지 않았다. 타인은 타인의 입장을 가질 수 있다는 것을 충분히 이해했기 때문이다. 그 때문에 그는 회색적 존재라 하여 양편에서 질시와 위험을 받기도 했으나, 그보다는 양쪽의 이해를 더 얻었다. 무엇보다도 언제나 이성을 견지해 독립적 위치를 유지했으므로, 그는 신교도의 수령 나바르 왕이 구교로 개종하면서 프랑스 국왕으로 오르는 데에 막중한 중개 역할을 했다.

몽테뉴는 마음 너머에 신앙을 둔다. 신앙은 현실 생활에 이어져 있다. 그는 마음만은 따로 아껴서 간직하고 자기가 하고 싶은 생각의 것은 무엇이건 한다. 일단 자기가 한 말은 강력하게 옹호한다. 어찌 보면 그의 신앙은 순전히 형식적이다. 우리는 신앙의 형식성이 신앙의 효과를 이루는 현실을 인정해야 한다. 화창한 날씨의 밝은 자연 속에서는 신을 생각할 여유가 없다. 자신의 아름다움에 끌리기 때문이다. 몽테뉴의 사색 세계는 밝다. 그는 필요에 응해서 신앙을 생각하는 것이지, 신앙에 끌리는 인간은 아니다.

몽테뉴는 철학하기를 즐기나 자신을 철학자로 자처하지는 않는다. 문예 부흥기의 인간의 정력이 그에게는 오로지 독서와 사색으로 경주되었다. 잡다하고 모순되는 사상으로 가득 차 있는 고서를 섭렵함으로써 학문의 허황함을 너무나도 잘 느끼고 있었기에, 그는 학문이나 사상을 세워 볼 뜻은 없었고, 안일을 즐기는 성미로 세상과의 마찰을 조심스럽게 피하면서 그의 정력은 만족할 줄 모르는 호기심으로 변했다. 그러나 신앙 투쟁의 소용돌이에 휘말리기를 피했으므로, 마음속에 미치는 세상의 모습과 인간 심리의 내적 세계를 관찰하는 데만 몰두했다.

생활의 방편이었던 회의주의적 취향은 '나는 아무것도 모른다'에서 '내게는 그것을 그대로 받아들일 근거가 없다'로 남의 모든 논법을 이끌어 갔다. 그는 모든 사물에 초연해서 냉철하게 고찰한다. 그의 회의주의 사상은 인간의 이성이 무력하다는 것을 주장했다. 그러나 그는 타고난 이성주의자였다.

몽테뉴는 자연 속에서의 경험을 존중하며 실증적으로 사색한다. 그것은 지식에 의해서 변질된 인간성보다도 본성대로의 인간성을 높이 평가하는 일이 된다. 이 점에서 그는 충분히 루소의 선구자가 된다. 그러나 그는 루소보다도 더욱더 적나라한 본성론자이다. 왜냐하면 그가 폭로하는 본성은 루소의 것과 같이 순화되고 미화된 본성이 아니기 때문이다. 특히 주목할 일은 그는 도덕적으로 추악한 일을 다루기를 꺼리는 반면에, 세인들이 추악으로 부르는 것은 그대로 받아들이지 않고 점잖은 사람들이 꺼리는 외설한 문장을 다루기를 좋아한다. 그것은 프랑스 문학의 밝고 유쾌한 풍조를 따른 이면의 몽테뉴가 가진 사상적 진의를 엿보게 한다. 그는 "성(性)의 본능은 인간 본성의 중요한 부분인데 왜 사람들은 이것을 은폐하며 가식으로 점잔을 빼는 것일까"하며 로마 시인들의 시구를 인용해 가며 적나라하게 다루고 있다. 그러나 그는 남녀의 결합에 있어야 할 정신적인 면은 무시한 채 육체적으로 인간을 다루고 있으며, 성의 동작을 감추는 것도 사람의 본능으로 보지 않는다. 그는 사람들이 모두 알고 있는 사실을 가식적으로 감추며, 이 본성이 드러나는 것을 부당하게 억압하는 것에 항의하고, 남이 꺼리는 이 문제를 즐겨 다루는 것도 본성을 존중한 것에서 한 일이라고 생각된다.

   무엇보다도 몽테뉴는 사람에게 불행을 끌어오는 원인이 되는 모든 격정을 배격하고 중용과 절도의 길을 권장한다. 마침내 그는 이성의 힘을 시인하며, 이성으로 인간은 행복을 찾을 수 있고 또 찾아야 한다고 생각하며, 모든 면에서 불필요하게 인간 자유를 억압하는 요소를 고발하는 반면, 자유가 방자함을 초래하지 않도록 중용을 권고한다. 그는 실증적 사고방식에서 물질주의로 타락하지 않고 사이비 도덕을 공박하며, 인간에게 더 많은 선(善)을 찾아 주려고 하는 진정한 의미의 에피쿠로스 계승자이자, 오히려 그보다도 더 과감하고 조심성 있는 쾌락주의자이다.

몽테뉴 연보

1533년　　남프랑스 페리고르 지방 몽테뉴 성(城)에서 태어남. 아버지 피에르 에켐은 상인 출신 귀족으로 몽테뉴 성의 영주.
1535년(2세)　아버지의 신교육 방침으로 독일인 라틴어 학자를 가정교사로 초빙, 라틴어 학습을 시작함.
1539년(6세)　보르도시(市) 귀엔 중학교에 입학, 특히 고전에 열중함. 그 무렵 프랑스에서도 손꼽는 일류 학교인 귀엔의 교사 가운데엔 그루시·마튜랑·코르디에·부카난·물레이 등의 석학이 있어 직접 그들의 지도를 받음.
1546년(13세)　귀엔 중학교를 졸업한 뒤에도 줄곧 철학과 고전을 공부함. 이듬해 앙리 2세 즉위함.
1549년(16세)　툴루즈 대학에서 법률학 공부를 시작함.
1554년(21세)　아버지가 보르도 시장에 선출됨. 앙리 3세가 신설한 페리고르 지방재판소 고문관이 되고, 3년 뒤 보르도 고등재판소에 병합되면서 평정관으로 1570년까지 재직함.
1558년(25세)　28세의 지우(知友) 에티엔 드 라 보에티를 처음 만남.
1559년(26세)　신구(新舊) 양파의 종교적 대립이 정치적 색채를 띠게 됨. 이해 9월, 앙리 2세의 뒤를 이어 즉위한 병약하고 어린 프랑수아 2세를 수행해 바를르 뒤크에 감. 다음 해, 신교도에 의해서 시도된 앙부아즈의 음모가 발각되면서 신교도의 가혹한 처형이 실시됨. 그해 프랑수아 2세를 이은 샤를 9세의 즉위에 따라 모후 카트린 드 메디시스가 섭정이 됨.
1561년(28세)　보르도 고등재판소 사절(使節)로서 귀엔 지방 종교 분쟁에 대한 보고서를 가지고 파리에 감.

1562년(29세) 신교도에게 집회의 자유를 인정하는 '정월칙령' 반포로 신교 세력이 팽창, 이를 막으려는 구교 측의 압력과 신교 측의 반격이 마침내 내란(內亂)으로 발전함. 그 뒤 30년 간 프랑스는 혼란을 겪음. 그해 4월, 신교도군이 루앙을 점령하자 샤를 9세를 따라 루앙으로 감. 7월 '정월칙령'에 불만을 품은 파리 대법원의 신앙선서(信仰宣誓)에 참가함. 10월, 샤를 9세가 루앙을 탈환함.

1565년(32세) 보르도 고등재판소 판사의 딸 프랑수아즈 드 라 샤세뉴와 결혼함.

1568년(35세) 아버지 피에르 에켐이 죽고 뒤이어 몽테뉴 성의 영주가 됨.

1569년(36세) 아버지가 권유했던 레이몽 스봉의 《자연신학》 라틴어 원전을 프랑스어로 번역하여 파리에서 펴냄.

1570년(37세) 7월, 보르도 고등 재판소 평정관 직을 플로리몽 드 레이몽에게 물려줌. 장녀 투아네트카가 태어나지만 2개월 뒤에 죽음. 이해 말부터 이듬해 초까지 파리에서 라 보에티의 라틴어 시(詩) 및 번역물을 펴냄.

1571년(38세) 10월, 샤를 9세의 왕실 기사가 되어 생 미셸 훈장을 받음. 이 달에 차녀 레오노르가 태어남.

1572년(39세) 《수상록》 집필을 시작, 여기서는 주로 전쟁과 정치에 대한 것이 많고 그의 개성적인 색채는 적음. 출간된 자크 아미요가 번역한 플루타르크 《영웅전》의 애독자가 됨. 3녀 안느가 출생하나 7주 만에 죽음.

1574년(41세) 5월에 샤를 9세를 이어 앙리 3세 즉위함. 생 테르민에 주둔한 왕실 군대에 가담한 그는 사령관 몽팡시에의 명(命)으로 보르도 고등재판소에 사절로 파견됨. 4녀가 태어나지만 3개월 만에 죽음.

1575년(42세) 도르망 전투에서 앙리 드 기즈가 이끈 구교도군이 크게 승리함. 그는 섹스투스 엠피리쿠스의 《피론주의 개요》를 읽고 크게 감명받음.

1575년(43세) 자신의 초상을 주조시켜 'Que sais-je?(나는 무엇을 아는가?)'를 새겨 넣고 뒷면에는 평형을 이룬 천칭(天秤)을 그린 다음 그 주위에 'Επέχω(나는 주장하지 않는다)'를 새김. 이것은 회의주의자들의 주장에 대해 자기 판단의 보류를 표명한 것임. 이 무렵에 《수상록》 제2권 제12장 '레이몽 스봉의 변호'와 이어서 제2권 제14장과 제15장을 집필함. 2월에 루브르 궁에 연금되어 있던 앙리 드 나바르가 탈출해 베아른으로 돌아감. 구교 측이 기즈 공을 중심으로 '구교 동맹(가톨릭교도동맹)'을 결성함.

1577년(44세) 나바르 왕실의 목사가 됨. 이해부터 1580년까지 《수상록》 제2권 제16장부터 제33장까지를 쓴 것으로 추측됨. 이 무렵 탐독서는 카이사르, 플루타르크, 세네카의 《서한집》, 타키투스, 아미아누스, 마르켈리누스, 장 보댕의 《역사의 방법》 및 《국가》, 이노상 장티에의 《반(反) 마키아벨리론(論)》 등이 있음.

1578년(45세) 처음으로 신장결석 증세를 알게 됨. 그 뒤 죽을 때까지 이 병으로 고생함. 2월부터 7월에 걸쳐 카이사르의 《내란기(內亂記)》와 《갈리아전기》를 탐독함.

1579년(46세) 이해부터 이듬해 초까지 《수상록》 제1권 제26장, 제31장, 제2권 제7장, 제10장 등과 제37장 일부를 씀. 이 장의 특색은 바로 그의 자기 묘사가 강하게 나타난 점이다.

1580년(47세) 《수상록》 2권을 '독자에게'라는 서문을 붙여 보르도 시의 시몽 미랑주 출판사에서 펴냄. 6월 신장 결석을 온천으로 치료하기 위해 프랑스·스위스·이탈리아 등지를 여행함. 그 뒤에 《이탈리아 기행》을 출판, 르네상스 시대의 귀중한 증거 자료가 되었다. 11월 30일 로마에 도착, 12월 29일 교황 그레고리 13세를 배알함. 그해 9월 7일, 드 라 비라 온천 체류 중에 보르도 시장에 선출됨.

1582년(49세) 《수상록》 제1권과 제2권을 종합해 제2판 간행, 약간 증보하고 수정(특히 이탈리아 시인에 대한 것. 로마 체류 중에 생각한 것 등)함. 이해부터 플루타르크에 더욱 감명받으며, 시를 즐겨 읽고, 타키투스·고마라·아리아누스·코스투스·립시우스 등의 역사 관계 서적을 즐겨

	읽게 됨.
1583년(50세)	보르도 시장에 재선되고 나서 종교 전쟁과 페스트로 말미암아 많은 시련을 겪음. 국왕 대리로서의 서신 교환으로 귀엔 지방의 총사령관인 마티뇽과 앙리 드 나바르의 고문인 모르네 사이에서 중재 역할을 함. 6녀가 태어난 지 며칠 만에 죽음.
1584년(51세)	6월, 앙리 2세의 막내아들 앙주 공의 죽음으로 폴란드 왕 앙리 드 나바르가 왕위 계승자가 됨. 앙리 3세가 그에게 특사를 보내어 구교로 개종을 권유, 12월 앙리 드 나바르는 몽테뉴 성을 방문해 이틀 간 체류함.
1585년(52세)	4월, 보르도시가 종교 전쟁에 휘말려 소란해지자, 마티뇽 원수가 몽테뉴와 보르도 시민들의 협력을 얻어 보르도시가 구교 동맹파에 함락되지 않도록 노력함. 바이야크가 총열병식(總閱兵式) 사건으로 비협조적인 태도를 보이자 앙리 3세의 명을 받들어 아쥬앙의 마티뇽에게 급히 이 사실을 알리고 앙리 드 나바르와의 관계를 조정함. 6월, 양자 회담의 단계에 들어가나 8월 구교 동맹이 프랑스 국왕은 구교도여야만 한다고 선언하자 9월 로마 교황은 앙리 드 나바르를 이단자로 몰아 파문함. 7월 보르도시에 페스트가 발생, 온 시민이 피난함.
1586년(53세)	몽테뉴 성으로 돌아와 《수상록》 신판 출간을 위해 제2권을 대폭 증보하고 수정하며, 제3권에 수록할 13장을 새로이 집필함.
1587년(54세)	《수상록》 제3판을 파리의 장 리셰 출판사에서 펴냄. 10월 쿠트라 전투에서 신교도군이 승리하고 앙리 3세와 화해함. 11월, 비모리 전투와 오뉴 전투에서 앙리 드 기즈가 독일 신교도군을 격파함.
1588년(55세)	2월, 《수상록》 간행을 위해 파리로 향함. 가는 도중에 비르부아 숲에서 구교도 동맹파 전사들의 습격을 받아 금품을 강탈당하지만 아슬아슬하게 재난을 피함(《수상록》 제3권 제12장 참조). 마리 드 구르네를 만남. 파리의 아벨 랑제리 출판사에서 《수상록》 제5판을 펴냄(실제로는 제4판이 됨). 5월 신교도 군에게 이기고 개선한 앙리

	드 기즈가 금지령을 어기고 파리에 들어와 왕실 군대와 교전, 패전한 앙리 3세를 따라 루앙으로 도피함. 7월까지 루앙에 머무름. 루앙에서 돌아오자, 왕실 군대에게 체포되어 바스티유 감옥에 투옥되지만 카트린 드 메디시스가 이를 알고 기즈 공에게 항의해 석방됨. 12월 기즈 공이 암살당하고 그는 보르도로 돌아와 마티뇽 원수에게 협력함.
1590년(57세)	1월, 앙리 3세를 이어 즉위하려는 앙리 4세(앙리 드 나바르) 앞으로 아름다운 편지를 씀. 그때는 앙리 4세가 구교도의 반발과 로마 교황의 파문 조치로 정식으로 즉위하지 못하고 무력 투쟁을 벌이고 있을 때임. 7월 앙리 4세가 그를 요직에 앉히려 하자 정중하게 거절함. 만년에 이르러서는 시(詩)보다 철학·역사 서적을 주로 읽음.
1592년(59세)	9월 13일, 영면함. 루앙 전투에서 앙리 4세 군이 구교 동맹파를 물리치고 큰 승리를 거둠.

인명 찾아보기

◀ㄱ▶

갈레노스 Galénos, Claudius 129~199 고대 그리스의 의학자. 소아시아 페르가몬 출생. 마르쿠스 아우렐리우스 황제의 친구인 동시에 궁정의(宮廷醫)였다. 히포크라테스와 플라톤에게서 공부했고, 뛰어난 의사는 철학가라야 한다는 신념을 가지고 의학을 비롯해 철학·문법학·문학·문헌학 등에 걸쳐 광범위한 저술을 했음.

갈바 Galba, Servius Sulpicius 3 BC~69 AD 네로의 뒤를 이은 고대 로마 황제.

게르마니쿠스 Germanicus Caesar 15 BC~19 AD 고대 로마의 장군으로서 독일에서 아르미니우스를 격파했음.

구이치아르디니 Guicciardini, Francesco 1483~1540 이탈리아의 역사가·정치가. 피렌체 출생. 에스파냐 공사 역임. 메디치 가와 친밀하여 교황 클레맨스 7세의 총애 속에 루마니아 지방 부총독을 역임했으나, 만년에 메디치 가의 코지모 1세에 의해 정계에서 은퇴함. 마키아벨리와 함께 역사적 서술의 대표자로 불린다. 주요 저서로는 《이탈리아사》《피렌체사》《피렌체 정체론》 등이 있음.

그라쿠스 Gracchus, Tiberius Sempronius 168~133 BC 고대 로마의 호민관이며 웅변가로 민권 옹호를 위해 싸웠으나, 스키피오 나우시카와 숙적이 되어 그들의 폭동에 말려 살해됨.

기즈 Guise, François de Lorraine 1519~1563 프랑스의 공작, 앙리 1세 때의 정치가·장군. 로렌 가에 속했으므로 프랑스에서는 외국인으로 되어 있음. 그는 종교 전쟁 때 자기를 암살하려는 적을 용서해 줬으나, 결국 폴로트 드 메레에게 암살됨.

기즈 Guise, Henri de Lorraine 1550~1588 프랑소아 드 로렌 기즈의 아들로서 프랑스의 장군. 친교도 반대파의 수령으로, 카트린 드 메디시스와 결탁하여 1572

년 성 바르톨로메오 대학살을 감행한 주모자의 하나. 1588년 앙리 3세에 의해 암살당함.

◀ㄴ▶

네로   Nero, Claudius Caesar Drusus Germanicus 37~68, 재위 54~68   로마의 제5대 황제. 치세 초기에는 세네카 등의 보좌로 선정을 베풀었으나, 말기에는 그들을 물리치고 모후와 왕비를 살해했으며, 로마시에 불을 놓고 그 죄를 기독교에 전가하여 대학살을 감행하는 등 공포 정치를 했다. 후년에 반란을 만나 자살함. 잔악하고 음탕한 폭군의 대명사가 됨.

네르바   Nerva, Marcus Cocceius 32?~98, 재위 96~98   로마의 황제. 재위 중의 절도 있는 정치로 이름이 높음.

네포스   Nepos, Cornelius 99?~24 BC   로마의 전기(傳記) 작가. 북이탈리아 티키눔(현 파비아) 출생. 아티쿠스 및 카툴루스·키케로 등과 친했다. 작품으로 《명사전(名士傳)》《연대기》《카토 전기》《키케로 전기》 등이 있는데, 수집한 자료를 비판 없이 이용한 데다가 본질적인 것을 파악하지 못한 점이 엿보임.

넴로드   Nemrod   칼데아의 전설상의 왕. 강력한 수렵자라는 별명을 가졌음.

누마   Numa Pompilius?~700? BC, 재위 715~673 BC   전설상의 로마 제2대 왕. 님프 에게리아(Egeria)의 가르침을 따라 종교 행사법을 제정했다고 함.

니오베   Niobe   그리스 신화 속의 탄탈로스 왕의 딸로 테베의 암피온의 아내. 아들 일곱, 딸 일곱을 가진 것에 교만해져, 아르테미스와 아폴론 두 자식밖에 없는 레토를 비웃은 죄로, 아들, 딸들이 모두 두 신(아폴론과 아르테미스)의 화살에 맞아 돌로 변했다. 니오베는 제우스의 분노를 사, 말라 죽는 벌로 버림받다가, 후에 그녀의 애원을 받아들인 제우스가 돌로 만들었다. 니오베는 비애의 상징이 됨.

니키아스   Nicias?~413 BC   아테네의 귀족·정치가·장군으로 시라쿠사에서 살해됨.

◀ㄷ▶

다고베르트 1세 Dagobert Ⅰ 600?~639? 메로빙거 왕조 최후의 프랑크 왕. 전설에 의하면 괴저병(壞疽病)에 대한 공포로 말미암아 오히려 온몸에 종기가 생겼다고 함.

다나에 Danaē 그리스 신화의 아르고스의 왕 아크리시오스와 라케다이몬의 에우뤼디케 사이의 딸. 다나에의 아들이 아크리시오스를 살해한다는 신탁(神託)에 의해 아크리시오스가 다나에를 청동의 탑 속에 가두자, 제우스가 황금의 비로 변신하여 접근, 다나에에게 페르세우스를 낳게 했다. 왕은 다나에와 페르세우스를 상자 속에 넣어 바다에 띄워 보냈다. 이들이 세르포스 섬에서 구조되어 페르세우스가 성인이 될 때까지 그곳에 머문다. 후에 경기대회에서 페르세우스가 던진 원반에 아크리시오스가 맞아 죽음. 이탈리아의 전설에 의하면, 다나에가 후에 필룸누스와 결혼하여 아르데아 마을을 창건한 것으로 되어 있다.

다나이스 Danais 복수형은 Danides(다나이데스). 그리스 신화의 아르고스왕 다나오스의 10명의 딸들. 다나오스의 명에 따라 결혼 향연 후 그들의 신랑을 모두 죽였으나, 맏딸 히페름네스트라는 남편 린케우스를 살려 주었다. 그들은 제우스의 용서를 받아 그들에게서 다나오이인이 태어났다 함. 또 일설에 의하면 살아남은 린케우스의 분노의 화살에 그들은 모두 죽어, 지옥에서 구멍 뚫린 그릇으로 영원히 물을 긷도록 벌을 받았다고도 함.

다리우스 1세 Darius Ⅰ 548~486 BC, 재위 521~486 BC 페르시아의 왕. 다리우스 대왕이라고도 함. 국내를 정비하고 조로아스터 교를 국교로 하여 널리 폄. 기원전 490년 소아시아와 인도를 정복하고 그리스를 치려 했으나, 한 번은 아토스 산의 앞바다에서 전 함대가 폭풍우를 만나 실패했고, 두 번째는 마라톤 전투에서 참패하여 뜻을 이루지 못했다.

단다미스 Dandamis 알렉산드로스 대왕 시대의 인도의 한 현자.

데모스테네스 Demosthenes 383?~322 BC 고대 그리스의 웅변가·정치가. 아테네 출생. 법정 연설문으로 유명한 이사이오스의 문하에서 수사법(修辭法)을 익힘. 마케도니아 왕 필립 2세의 야심을 간취하고 세 차례의 필립왕 탄핵 연설

(Philippikos)을 행했고, 후에 친 마케도니아파에 의하여 아테네 민회에서 사형 선고를 받자 포세이돈 신전으로 피해 자살함. 그는 투키디데스·소크라테스·플라톤에게 배운 수사력을 구사하여 정의와 자유를 위한 논진(論陳)을 폈고, 같은 시대 사람들에 대한 정치적 영향이나 저작의 교본, 또 문학상의 가치로 볼 때 그리스 최대의 웅변가로 꼽힌다. 그의 활동에는 폴리스 세계의 변질이라는 추세에 거역하는 비극적인 모습이 깃들어 있다. 그의 저서는 당시 사회·법제·경제 전반에 걸친 사료를 제공해 준다. 대표작으로 《필리포스 탄핵 제1~3》《영광론(De corona)》이 있다.

데모크리토스 Demokritos 460?~370 BC 고대 그리스 자연 철학자. 트라키아의 압데라 출신. 원자론의 체계를 세워 자연학을 완성했다. 그는 "세계는 무수히 많은 미소(微小)한 불생불멸(不生不滅)의 원자(atoma)와 공허(kenon)로써 이뤄져 있다. 아토마는 옛날부터 케논 속에서 운동하면서 결합 분리하며 거기에 사물의 생성·소멸이 있다. 윤리에서는 영혼의 평정이 행복이다"라고 말한 최초의 원자론 발견자임. 항상 세인의 하잘것없는 생활에 매여 몰두하는 모습을 조소하므로 그는 일명 '웃는 철학자(the laughing philosopher)'라고도 불린다.

데요타로스 Dejotaros 기원전 2세기 소아시아 갈라티아의 왕. 로마군에 협력하여 미트리 다도스와 싸우고, 다음에는 파르살리아 전투에서 폼페이우스 편을 들다가 카이사르군에 잡힘.

데 피요레 de Fiore, Joachion 1190~1202 이탈리아 신비주의 학자.

뒤 게클랑 du Guesclin, Bertrand 1320?~1380 프랑스 장군, 백년 전쟁 때의 대표적 명장.

뒤 벨레 du Bellay, Joarhim 1522~1560 프랑스 릴 출생. 16세기 프랑스 시단에서 커다란 위치를 차지하고 있던 '플레이아드(Pléiade) 시파'의 일인. 귀족 가문 출신으로 프와티에에서 법률을 공부함. 인문 학자 도라 밑에서 라틴 문학을 공부, 그 아름다움에 도취되어 롱사르와 함께 '플레야드파'를 결성함. 프랑스어는 심원하고 시적 감정이나 사상을 표현하는 훌륭한 능력을 가지고 있다고 주장하고, 이를 풍부히 하기 위해 중세의 전통을 버리고 고대와 이탈리아의 제재(題材)와 형식에 의한 새로운 시(詩)의 체계 수립을 역설했다. 그의 저작으로는 《프랑스어의 옹호와 선양〉, 시집 《올리브》, 소네트 집 《애석 시집(Les regret)》《로마의 고적》, 서정 시집 《전원 유락》《라틴 시집》 등이 있다.

뒤 벨레 du Bellay, Martin 1613~1645 기욤 뒤 벨레와 같이 비망록을 써서 열 권으로 합쳐 발표함. 프랑스 문예 부흥기의 유명한 시인 조아생 뒤 벨레의 사촌임.

드 구르네 de Gournay Marie 1565~1645 17세기 초 프랑스의 대표적 평론가. 몽테뉴에게 사숙함.

드 뒤라 부인 de Gramont d'aure Marguerite 뒤라(Dura) 성주(城主) 장 드 뒤포르의 부인. 마르그리트 드 발로아 여왕의 총애받는 시종녀로 여왕의 많은 탈선 행위의 공범자임.

드 라 누우 De la Nouë 1531~1591 철완 장군(鐵腕將軍)이란 별명의, 신교도 측의 탁월한 장수임.

드 트리폴리 de Tripoli, Raymond 1088~1105 툴루즈의 백작. 제1차 십자군 대장으로 이스라엘의 트리폴리 공성전에서 전사함.

디아고라스 Diagoras 기원전 5세기 후반에 활동한 그리스의 무신론 철학자.

디오게네스 Diogenes, 412?~323 BC 고대 그리스의 견유 철학자(犬儒哲學者). 시노페의 디오게네스라고 함. 조의 조식(粗衣粗食)하는 무욕(無慾)한 인간으로 세계 시민임을 자처하며, 자연에 부합하여 사는 길을 강조함. 키니코스 학파의 창시자.

디오게네스 라에르티오스 Diogenes Laertios 고대 그리스 철학자. 키리아의 라에르테르 출신. 《고대 철학자들의 생활과 견해 및 저작 목록》의 저자로 유명, 이 책은 고대 그리스 철학자에 관한 유일한 전기적 자료가 되며 중세 이후 서양 철학의 바탕이 되는 귀중한 것으로 본래의 철학서나 문학서의 수준에서 보면 내용이나 문체가 떨어지나, 저자 자신의 풍자시는 물론 일화나 명문구를 수집한 점에 최대의 가치가 있음. 이 책은 전10권으로 되어 있음.

디오니시우스 1세 Dionysius Ⅰ 430~367 BC, 재위 405~367 BC 시라쿠사의 폭군이며 그리스 명장(名將) 중의 하나. 폭군의 지위에서 쫓겨났다가 다시 돌아온 후 또 쫓겨나자, 코린토스에 가서 교사가 되었다 함.

디오클레티아누스 Diocletianus 230?~316?, 재위 284~305 로마 황제. 강력하고

총명하며 과감한 권위적 정치를 실시하여 로마의 쇠퇴 현상을 한동안 막았음. 말기에는 기독 교도를 박해하여, 당시를 순교 시대라고 불리게까지 함.

디온 Dion 408?~354 BC 시라쿠사 지배자. 디오니시우스 1세의 의동생 및 그의 재상이며 플라톤의 친구. 디오니시우스를 제거하고 정권을 장악했으나 칼리포스에게 암살당함.

디온 카시오스 Diōn Cassios 150?~235? 로마의 역사가. 니케아 출신으로 로마 통령의 직위를 누리다 은퇴하고 그리스어로《로마사(史)》를 완성함. 이 책은 아이네이스의 이탈리아 상륙에서부터 229년까지의 로마 역사로, 로마 공화제의 붕괴와 제정 초기의 역사를 찾는 데 중요한 사료가 되는 대작이다.

디카이아르코스 Dikaiarchos 기원전 4세기경 고대 그리스 철학자. 시칠리아섬 메시나 출생. 아리스토텔레스의 제자. 최초로 그리스 문학사를 쓴 외에 전기(傳記)·정치·철학·지리학 등의 저서가 많다. 특히 지리서에는 처음으로 지구 표면을 등위도(等緯度)로 나누는 등, 과학적 독창성을 발휘, 후세 과학자들에게 많은 영향을 줌.

◀ㄹ▶

라베르나 Laverna 로마 신화의 도둑의 여신 '라베르날리스 문(Porta Lavernalis)'은 이 여신의 이름에서 유래함.

라베리우스 Laverius 기원전 1세기경 로마의 희곡 작가.

라 보에티 La Boétie, Etienne de 1530~1563 프랑스 라틴 문학파 시인. 시클라 출생. 몽테뉴의 가장 절친했던 친우로 그에게 미친 영향력이 큼. 요절함. 저술로《자발적 예종론》이 있다.

라블레 Rabelais, François 1494?~1553 프랑스의 유머 작가·의사, 몽테뉴와 함께 프랑스 르네상스 문학의 대표자. 투렌주 출생. 프란체스코 수도원에서 기거하며 철학·신학에 몰두했고《히포크라테스 및 갈레노스 문집》의 리프린트, 주석판 등 3종의 라틴어 문학서를 내놓았다. 고전 학자·의사로서 알코프리바스란 필명 하에 4차에 걸쳐《가르강튀아와 팡타그뤼엘 이야기》를 완성했다. 그 도중 1551년에 장 뒤 벨레의 배려와 오데 드 샤티용 추기경의 비호하에 사제직을 받았으나, 가르강튀아 건(件)으로 개혁파 교회의 칼빈과 그 동조자들로부터 무신론자로서 매도되어, 파리 신학 대학으로부터 고발되고 사제직을 그만두었다. 《가르강튀아와 팡타그뤼엘 이야기》의 내용은 해학적 거인 왕의 모험 이야기를 주제로 엮은 것으로, 풍자와 비판과 조롱으로 가득 차 종래의 문학 전통에서 볼 수 없는 새로운 음영의 풍부한 세계가 창조되어 있다. "그는 프랑스 문학을 창조했다"고 샤토브리앙이 일컬을 만큼 언어 예술의 자원을 철저히 활용하여 새로운 세계의 입김을 구상화했다.

라비에누스 Labienus, Titus 100?~45 BC 로마의 군인. 갈리아 전쟁 때 카이사르의 부관으로 용맹했던 장군.

라이스 Lays 410~390 BC 고대 그리스의 이름난 창녀, 철학자 디오게네스와 아리스티포스의 정부(情婦).

라케스 Laches 아테네의 장군.

라토나 Latona 티탄 신족(神族) 코이오스와 포이베의 딸. 제우스의 사랑을 받아 아폴론과 아르테미스를 낳을 때, 헤라의 방해를 받아 헤메다 겨우 물 위에 떠 있는 섬 튀기아를 찾았다. 이에 튀기아는 델로스(빛나는) 섬이란 명칭을 얻었다. 아리스토텔레스에 의하면 라토나는 늑대에게서 낳은 신(神) 아폴론의 어머니로, 암늑대의 모습으로 휘페르 보레이오스인의 나라를 떠나 12일 만에 델로스에 당도했다. 암늑대가 일년 중 12일에만 새끼를 낳지 않는 이유는 여기에 있다고 한다.

락탄리우스 Lactantius Caecilius Firminaus 240?~320? 로마의 기독교 호교론자·신학자. 북아프리카 누미디아 출생. 기독교 박해가 시작되자 신학 저술에 전념. 밀라노 칙령으로 기독교가 공인되자 궁정 신학자가 됨. 저서로 《신학체계》《하느님의 진노에 대하여》 등이 있음, 순수한 문체로 기독교의 키케로라 일컬어짐.

레굴루스 Regulus, Marcus Atilius 기원전 3세기. 제1차 포에니 전쟁 당시의 로마 역사가·장군, 전형적인 로마 무장으로, 카르타고군과의 해전에서 승리했다가 스파르타군에 패하여 그들에게 포로로 잡혔다. 스파르타군의 잔악한 꾀로 카르타고군에 넘겨졌으며, 양국의 포로 교환 교섭을 맡아 본국에 송환되어 원로원에 포로 교환이 불가함을 역설하고서는, 모든 사람의 만류를 뿌리치고 적국으로 되돌아가 무참히 죽임당함.

레오 10세 Leo X 1475~1521, 재위 1513~1521 이탈리아 성직자. 로마 교황을 역임, 본명은 조반니 데 메디치(Giovanni de Medici). 고대 예술의 열애자로 베드로 대성당 건축을 위해서 면죄부를 발매한 것이 종교 개혁의 도화선이 됨.

레오니다스 Leonidas ?~480 BC, 재위 491?~480 BC 고대 그리스 스파르타의 왕. 페르시아 대군의 침입을 테르모필레 협곡에서 소수의 군사들과 최후까지 방어하다 전멸당함. 그 사이에 아군 함대는 무사히 퇴각할 수 있었음.

레피두스 Lepidus, Marcus Aemilius ?~13 BC 로마의 정치가. 그의 군대는 폼페이우스에 패함. 카이사르 암살 뒤 옥타비아누스와 제2차 삼두 정치 결성.

로피탈 Michel de L'Hopital 1537~1553 프랑스 당대의 매우 도덕적인 인물로, 능력과 아울러 범상치 않은 도덕 관념을 가지고 있어 몽테뉴의 극진한 예찬을 받은 궁신.

롱사르 Ronsard, Pierre de 1524~1585 프랑스 '플레야드파'의 대표자, 루아르 지방 출생. 이탈리아에 심취한 부친의 영향으로 이교적 분위기에서 성장. 일찍부터 청각 장애가 생겨 신앙 생활에 몰두했음. 휴머니스트 장 드라의 가르침을 받아 '플레야드파'의 전신 '브리가드(부대)를 형성, 프랑스 시가(詩歌) 개혁에 전력을 기울였다. 고대 시인의 직접적인 모방을 통해 고전 시가의 아담함과 풍부한 서정을 도입, 강한 약동과 절도 있는 운율로 프랑스 시풍을 확립했고, 시 작업은 신으로부터 부여받은 고귀한 천직이라 주장, 소네트·교훈시·철학시·건국(프랑스) 서사시 등을 썼다. 그의 사후 19세기에 이르러 낭만파의 발생과 흥성 및 생트뵈브의 노력으로 그의 진가가 재확인됨.

루카누스 Lucanus, Marcus Annaeus 36~65 고대 로마의 서사 시인, 에스파냐 코르도바 출생. 철학자 세네카의 생질. 네로 황제의 시우(詩友)로서 원로원 지위에 올라 그 명성이 높아지자, 네로의 질투로 인해 자살을 강요받음. 짧은 생애에 많은 작품이 있었으나 현존하는 것은 10권의 《내란기(De Bello Civili)》뿐이다. 스토아 철학자로서, 공화주의자로서의 그 입장과 당시 유행의 수사풍(修辭風) 짙은 문체가 사실을 바로 전하지 못했고, 기교적으로 베르길리우스의 영향을 받고 있다.

그의 진가는 서사시의 전통적 관습을 깨뜨리고 인간 사상 속에서 신의 개입을 인정치 않고 인간의 운명을 생생한 필치로 정열을 기울여 쓴 점으로, 특히 프랑스 고전 극작가, 영국 엘리자베드 왕조 시민들에게 높이 평가됨.

루쿨루스 Lucullus, Lucius Licinius 110?~57 BC 미트리다테스 6세 왕을 격파한 로마의 집정관·장군. 학문이 유려하고 전술에 능하며 대부호로서 욕심이 많고 사치스러운 생활을 즐겼음.

루크레티우스 Lucretius Carus, Titus 기원전 1세기. 고대 로마의 철학자·시인. 에피쿠로스 원자론의 창도자. 인간을 종교의 속박과 죽음의 공포에서 해방시키기 위한 자연의 원리와 구조를 해명한 유일한 작품 장편시 《만물의 본성에 대하여(De rerum natura)》가 있다. 그의 사상은 "실재는 원자와 공허이며 현재의 세계는 원자의 결합에 의한 것이므로 반드시 붕괴한다. 세계는 이 외에도 존재가 가능하니 죽음의 공포란 무의미하다. 살아 있는 한 죽음은 없으며, 죽음이 오면 우리는 존재치 않는다. 세계가 많은데 신(神)이 우리 세계에만 신경 쓸 리가 없다. 신의 지배하의 세상은 결함, 부정투성이다. 고로 인간의 간소한 의·식·주에서 자연의 이치를 깨달으면 된다"는 것이다. 풍부한 시적 이미지에 의해 원자론을 문학화시키고 전통을 후세에 전한 그의 시에는 강인한 정신이 내포되어 있고, 장중한 위용을 지니고 깊은 감정에 차 있으며, 윤리적인 면에서 특히 시적 표현의 최고 수준에 달함.

루키아노스 Lukianos 117?~180? 고대 로마 제정기의 그리스의 산문 작가, 시리아 사모사타에서 출생. 아티카 풍 문체를 쓰는 대표 작가의 하나. 작문과 화법을 익히고 날카로운 관찰력과 비판력을 겸비해 웅변가로도 성공한 철학자이다. 야유가 심한 회의주의 사상의 소유자로 그 자신 "나도 칭찬할 줄 모르는 바는 아니나 세상에는 현재 너무나도 우열과 불합리가 많기 때문에 독설을 뱉지 않을 수 없다"고 말했다. 작품 초기엔 논술류가 많았고 후기에 접어들어 플라톤이나 메니포스를 모방, 대화체로서 호평을 받았다. 그의 작품의 총칭이 《루키아노스의 대화》라고 불린다. 가벼운 신화나 고사(故事)를, 죽음의 모순이나 왜곡된 점을, 부(富)의 불합리나 죽음의 공포에 대한 모순을, 사이비 철학자의 꾸짖음, 고대 종교를 주로 다뤘고, 우정에 대해 논한 것도 있음.

루킬리우스 Lucilius, Gaius 180?~102 BC 로마의 풍자 시인. 수에사 아우룽카 출생. 소스키피오의 문학 서클의 일원. 라틴 문학의 특유한 풍자시의 창시자. 후에 호라티우스·르페시우스 등에 영향을 줌. 작품으로《담화(談話)》가 있음.

리비우스 Livius, Patavius Titus 59? BC~17 AD 고대 로마의 대표적 역사가. 북이탈리아 파타비움(현 파도바) 출생. 아우구스투스 황제 측근 문인의 하나. 공화 시대 사가(史家)들로부터 소재와 형식에 있어 많은 영향을 받았고, 정치적으로 제정(帝政) 수립의 개가(凱歌) 상태에 처해 있었던 데다, 공화제 전통에 깊은 사모의 뜻을 가지고 있었다. 그리고 재생한 로마를 칭송하는 당시 로마 국민 정신을 반영해, 로마사를 로마인으로서의 긍지로 엮어 나갔다. 문장은 라틴 문학 황금 시대의 산문을 대표할 만하다. 대표작은《로마 건국사》(142권)가 있음.

리산드로스 Lysandros ?~395 BC 고대 그리스의 스파르타 정치가이며 해군 제독. 펠로폰네소스 전쟁 말기에 활약했으며, 페르시아 왕의 도움을 받아 아테네 해군을 격파함.

리시마코스 Lysimachos 335?~281 BC 마케도니아 알렉산드로스 대왕의 부장(副將). 사후 마케도니아 왕으로 추대됨.

리콘 Lycon ?~5 BC 그리스의 웅변가. 소크라테스의 고발장(告發狀)을 기초(起草)하여 후에 아테네에서 추방됨.

리쿠르고스 Lykūrgos 390?~325? BC 고대 그리스 아테네의 10대(大) 웅변가의 하나. 정치적으로 데모스테네스와 같은 진에 있었고, 후에 아테네에서 재정을 맡아 봄. 이소크라테스에게서 사사한 그의 법정에서의 고소 연설은 매우 준엄했다. 15편의 연설문이 있는데, 현존하는 것은 1편에 불과함. 입법자로 알려진 그의 입법의 주요 내용은 토지의 공정한 분배, 상원의 설립, 엄격한 군대 훈련 실시, 공동 식사, 공공 의무 교육 등에 관한 것임.

립시우스 Lipsius, Justus 1547~1606 벨기에의 문학자·언어 학자. 몽테뉴와 서신 연락이 있었던 석학.

마닐리우스 Manilius Marcus 기원전 1세기경 아우구스투스 시대의 로마 점성가·시인. 장시 《성학(星學)》을 저술함. 천문학서로는 부정확하고 학문적 가치도 없지만 종교적 정열이 담긴 문장이 웅변처럼 힘차다.

마로 Marot, Clément 1497~1544? 프랑스 해학 시인. 대압운파(大押韻派) 시인 장 마르의 아들. 첫 시집 《클레망의 젊은 날》로 인해 구교의 박해를 받아 이탈리아 망명 후 트리노에서 객사했다. 이탈리아 문학의 영향을 입어 프랑스 최초의 소네트를 씀. 생애가 불운했던 것에 비해, 그의 작품에는 웃음이 넘치는 명랑성과 멋이 있다. 시풍은 중세의 시법으로 '로마식의 문체' 또는 '우아한 농담'이라고 불리는 반면에 그곳엔 예리한 풍자와 조소가 깃들어 있다.

마르그리트 드 나바르 Marguerite de Navare 1492~1549 프랑스 작가. 르네상스 시기의 나바르 여왕으로 인문주의와 종교 개혁자를 비호함. 데카메론의 영향으로 《에프타 메론》을 저술, 심리적 리얼리즘의 길을 열었다. 전 시대 작가들의 해학적·취미적 경향을 배제한 준엄하고 냉철한 인간 탐구의 자세로 인간의 약점을 신랄하게 공박했다. 그의 작품에는 르네상스 사상의 한 요소인 네오플라토니즘이 종교적 감성과 함께 전편의 밑바닥에 깔려 있다.

마르켈루스 Marcellus, Marcus Claudius 270?~208 BC 제2차 포에니 전쟁 때 크게 활약한 고대 로마의 정치가·장군. 한니발과의 싸움에서 복병에 걸려 패하여 전사했다.

마르쿠스 아우렐리우스 Marcus Aurelius Antoninus 121~180 로마제국 제16대 황제, 로마에서 출생. 5현제(五賢帝) 중의 마지막 황제. 당시 일류 학자로부터 그리스적 교양을 쌓음. 프론토와 루스티쿠스에게서 배워 스토아 철학이 그의 사상과 생활을 지배하게 되었고, 후기 스토아학파의 대표자로 인정됨. 유일한 저작 《명상록》은 그리스어로 쓰여, 극히 간결하고 잠언적(箴言的)이며 메모적인 문장으로, 스토아 현인다운 강직함과 웅혼한 필치를 보인다. 내용은 스토아 철학의 실천적 인생론적인 기조의 세계관·인생관의 표명이다.

마르티알리스 Martialis, Marcus Valerius 40?~104? 고대 로마 시인. 대표적 에피

그램 작가. 에스파냐 빌빌리스 출생. 세네카·루카누스의 우정 속에 시인 생활을 하게 됨. 그의 시 대부분은 만가조(挽歌詞)로 쓰였고, 거의 실재나 상상의 인물에 바친 것들이다. 인간 영혼에 대한 신랄한 통찰, 정다운 심정, 자연미에 대한 감상 안에 매혹되면서도, 외면하고 싶게 하는 권력자에 대한 추한 아부성이 발견되기도 한다. 서구 문학에 에피그램의 모범을 보인 점에 유의할 만함.

마리우스 Marius 156?~86 BC 로마의 집정관·장군. 많은 군공을 세웠으나 술라의 반대로 실각하여 오랫동안의 도피 생활 중 암살됨.

마우리키우스 Mauricius, Flavius 539~602 비잔틴 황제. 포카스에게 살해됨.

마키아벨리 Machiavelli, Niccolò 1469~1527 이탈리아 정치 사상가·역사가. 피렌체 출생. 인문주의 교육하에 그리스, 라틴 고전 작가를 섭렵함. 광범한 독서로 인간 심리를 깊이 규명, 현실과 시대 풍조를 명민(明敏)하게 관찰했다. 피렌체 공화 정부에 들어가 국가적 중대사가 일어날 때마다 외교 사절로서 절충 역할을 해냈음.《군주론(君主論)》을 제출하여 국가의 성격과 종류, 국가 권력의 획득 방법과 유지, 국가 상실의 이유 등을 전장(全章)에 걸쳐 논하고, 정치 활동의 법칙은 도덕과 종교에서 분리되어 순수한 정치적 행위와 그 경험에서 추출되어야 한다고 주장했다. 군주나 정치가에겐 목적 수행을 위해서라면 반도덕적 행위도 용납될 수 있다는 그의 사상에서 '마키아벨리즘'이란 어휘가 나왔다. 문학 분야에서는 여성을 조소하고 비난하는, 이탈리아 여러 도시를 풍자한,《군주론》을 이상화한 여러 저술이 있다. 특히《피렌체사(史)》전8권은 과학적 근대 역사의 시초라 함.

마크로비우스 Macrobius 5세기경의 로마 철학자·정치가. 대표작으로《사투르누스의 잔치(Saturnales)》가 있음.

마투살렘 Mathusalem 성경에 나오는 세트족의 장. 노아의 조부이며 969년간 살았음.

마호메트 Mahomet 570?~632? 이슬람교의 개조. 메카 교외의 히라(Hira) 언덕에서 알라 신의 천계(天啓)를 받아 새로운 종교를 창시했음. 일시 메디나에 피하고 기초를 확립한 후 여러 부족을 통일하여 전 아라비아를 통일하고, 정치와 종교 양권의 주권자가 됨. 그가 쓴《코란》은 시적 가치면에서 높이 평가됨.

메난드로스 Menandros 343?~291 BC 고대 그리스 신희극의 대표 작가. 아테네 출생. 특히 아리스토텔레스의 사상에 많은 영향을 받음. 그의 작품은 "인생이 메난드로스를 흉내 낸 것인지, 메난드로스가 인생을 그린 것인지"라고 에피그램이 읊어질 정도로, 인생의 다양성을 여실히 조사한 것으로 유명하다. 고희극(古喜劇)의 정치성이나 종교성에 대해 그의 것은 인정극·사실극이라 하겠다. 결혼·부(富)·우정·인생 전반에 대한 관찰과 지혜에는 귀 기울일 만한 것이 많다. 작품에 《까다로운 성격자(Dyskolos)》《삭발당한 처녀(Perikeiromenē)》 등이 있음.

메살리나 Messalina, Valeria 22?~48? 고대 로마 황제 클라우디우스 1세의 세 번째 황후로 음란한 생활로 유명함. 클라우디우스에게 살해됨.

메트로도로스 Mētrodōros 기원전 4세기경의 그리스 철학자·의사.

멜람포스 Melampus 고대 그리스의 의사·마술사.

멜리소스 Melissos 기원전 5세기. 고대 그리스 철학자·정치가. 사모스섬 출생. 엘레아학파 최후의 주요 인물. 442년 해군 지휘관으로 아테네 함대를 격파함.

몽스트를레 Monstrelet 1390~1453 프랑스 15세기 연대기 작가. 그의 연대기는 장 프롸사르의 연대기에 계속됨.

무라트 1세 Murat Ⅰ 1319~1389 오스만투르크 제국의 제3대 술탄(1359~1389), 발칸 제국을 정복했음.

미노스 Minos 그리스 신화에 나오는 크레타의 전설적인 왕, 제우스와 에우로페 사이의 아들이며, 라다만티스와 사르페돈의 형제. 9년마다 이데산 동굴에서 제우스로부터 가르침을 받아 법을 개정, 선정을 베풀었으며, 유명한 입법자인 그의 동생 라다만티스와 함께 사후 명부(冥府)의 판관이 되었다 함. 미노스란 선사시대의 크레타왕을 가리키는 명칭인 듯함.

미다스 Midas 그리스 신화에 나오는 부자로 이름난 프리기아의 전설적인 왕. 그는 바쿠스를 따르는 실레노스를 술 섞인 샘물로 잡아 지혜의 전수를 강요했다. 이 이야기는 고대 당시에 문제가 되었던 것으로, 아리스토텔레스는 "인생은 고난이며 태어나는 것은 재난"이라고 말했고, 그리스의 철인 아일리아노스의 "이 세계 밖에는 에우세베스(경건)와 마키모스(싸움)의 양 민족이 있는데, 그들의 세계는 부유하여 그들이 인간 세계의 가장 행복하다는 휘페르 보레이오스에 왔다가 실망해 돌아갔다"는 이야기 등이 거기서 나왔다. 한편 다른 전설에 의하면, 미다스왕이 실레노스에게 요청한 황금의 소원 성취로 인해 오히려 굶게 되자, 그가 다시 바쿠스에게 구원을 요청하매, 파크톨로스(Paktolos)강의 근원에서 목욕하도록 지시받고, 이로 인해 파크톨로스강은 풍부한 사금 산지가 되었다고 전해지고 있음.

◀ㅂ▶

바로 Varro, Marcus Terentius 116~27 BC 고대 로마 철학자·저술가.

바루스 Varus, Publius Quintilius ? BC~9 AD 고대 로마의 장군·관리. 토미토부르거발트 전투에서 아리뫼니우스가 이끄는 반란군 게르만족에 대패해 로마군 3개 군단이 전멸하고 바루스는 자결함.

바자제트 Bajazet, 1347~1402 튀르키예 황제.

바쿠스 Baccus, Dionysos 본래 트라키아 및 마케도니아의 종교적 광란을 수반하는 의식을 갖는 신. 로마 신화에서는 바카스라고 함. 소아시아에서는 자연의 생산력의 표상이라 하여 풍요의 신이라고도 함. 포도 재배에 관계하여 술의 신이 되기도 함. 또한 '황소' 또는 '황소뿔이 달린 자'로 상징됐고, 후에 제례에 연극이 발생했다는 점에서 중요시됨. 헬레니즘 시대 이후 바쿠스의 신비 종교가 크게 유행해 이탈리아로 수입됨. 그 종자로는 사티로스·판·실레노스·카리스·호라이 등이 있음.

발레리우스 플라쿠스 Valerius Flaccus ?~90? 고대 로마의 시인. 신탁서(神託書)를 관리하는 관직을 맡음. 작품 《아르고 선(船) 원정 이야기》는 아폴로니우스를 따른 경향이 있어 여러 곳에서 인용되고 있음.

베게티우스 Vegetius 4세기 말경 콘스탄티노폴리스에 살던 라틴어 작가. 중세에 그의 작품이 매우 유행했음.

베루스 Verus, Aetius, 재위 130~169 고대 로마 황제. 용감한 명장이기도 했으나 매우 방탕했음.

베르길리우스 Vergilius, Maro Publius 70~19 BC 고대 로마 최고 시인. 이탈리아

만토바 부근 안데스 출생. 게르크 혈통의 가계. 로마에서 수사학과 에피쿠로스파 철학을 공부함. 아우구스투스의 배려로 궁정 시인의 자격을 받음. 만년에 필생의 장편 서사시 《아이네이스(Aeneis)》를 저술했다. 이것은 임종하기 전까지 11년 간에 걸쳐 쓴 것으로 미완성임. 호메로스의 영향이 두드러지나 단순한 모방이 아니며, 로마 제국의 통일 의식과 결부해서 위대한 국민적인 서사시가 되었다. 그의 기교가 뛰어나고 주옥 같이 아름다운 문체는 라틴 문학의 진수이며, 특히 전원 풍경에 대한 서경(敍景)의 아름다움이나 서정의 기교 등은 그의 시를 더욱더 위대하게 해 주고 있음. 작품으로 《아펜딕스 베르길리아나》《에클로가에 (Eclogae, 전원시)》《농경시(Georgica)》가 있음.

베이야르 Bayard 1476?~1524 이탈리아 원정에서 여러 번 공을 세운 프랑스 명장.

벰보 Bembo, Pietro 1470~1147 이탈리아의 인문학자. 교황 레오 10세를 받들고, 교황 바오로 3세에 의해 추기경에 임명됨. 페트라르카·보카치오가 사용한 피렌체 방언이야말로, 공용 문학어인 라틴어에 대신해야 한다는 주장을, 대화 형식의 《속어 산문집》에 썼다. 속어의 문법 규칙의 정리를 시도함. 작품에 《사랑의 대화》가 있음.

보댕 Jean Bodin 1530~1596 16세기 프랑스 정치철학자이자 경제학자.

보쉬에 Bossuet, Jacques Bénigne 1627~1704 프랑스의 성직자·신학자. 디종에서 사법관의 아들로 태어남. 황태자의 스승을 지냈고 모의 주교가 되었다. 페늘롱을 상대한 그의 '정숙주의' 논쟁은 특히 유명하며, 신구 양론에서 그는 고대파의 주류이다. 그의 오를레앙 공의 부인에게 바친 연설은 죽음에 대한 성찰을 지닌 것으로, 고전주의의 전형적인 문체를 유지하고 있다. 저서 《설교집》《추도연설》은 문학적 가치가 있는 중요한 것임.

보카치오 Boccaccio, Giovanni 1313~1375 이탈리아 작가. 파리 출생. 상인으로서 멀리 동양에까지 여행한 것이 그의 저작 활동에 큰 도움이 되어 활달하고 치밀한 관찰력을 갖게 했다. 단테의 《신곡(神曲)》에 대해 《데카메론》을 써 인간 희극이란 평을 받음. 페트라르카의 영향을 업고 고전 및 고대에 관심을 기울여 인문학자 자노비 다 스트라다로부터 고전을 배웠다. 주요 작품으로, 이탈리아어 산문체의 《필로콜로》《단테 전》, 운문 형식의 《필로스트라토》 등이 있음.

부셰 Bouchet, Jean 1476~1550 프랑스 시인·역사가. 프랑스 시에 남성운(韻)과 여성운을 처음 적용한 시인. 주요 작품으로 《희망 없는 소심한 애인들》《아키텐의 연대기》 등이 있음.

불카누스 Vulcanus 로마의 불의 신. 물키베르(Mulkiber)라고도 불림. 사비니인의 왕 티투스 타티우스가 이 신을 최초로 숭배했다 하며, 최초의 신전은 로물루스가 봉헌했다 함. 8월 23일의 불카날리아(Vulcanalia)가 그 주제(主祭)임. 그리스의 신 헤파이스토스의 모든 특성을 지닌 것으로 묘사됨.

브루투스 Brutus, Lucius Junius 기원전 5세기경 로마의 왕정을 정복하고 공화국을 세운 혁명의 주역이다. 자기 아들이 전복 음모에 가담했다 하여 직접 주재하에 아들을 처형함.

브루투스 Brutus, Marcus Junius 85~42 BC 고대 로마의 정치가, 카토의 조카, 카이사르의 야망에 분개하여 카시우스와 공모, 카이사르를 암살한 다음 안토니우스와 옥타비아누스의 연합군에 패해 자살함.

비아스 Bias 기원전 6세기, 그리스 일곱 현자의 하나. 불의에 대항해 앞장섬. 《아도니스 애도가》로 유명. 모스코스와 함께 데모크리토스를 계승한 대표적 목가시인(牧歌詩人).

빌르가뇽 1510~1571 프랑스 해군 제독. 리우 데 자네이루만 안에 프랑스 식민지를 세웠음.

◀ 人 ▶

사투르누스 Saturnus 로마 신화에 나오는 농경신. 라틴어 Sero(뿌리다)에서 유래함. 그리스 신화의 크로노스와 동일시됨. 제우스에 쫓긴 크로노스가 이탈리아 카피톨리누스의 언덕에 한 시(市)를 건립하고 사투르니아라 부르게 함. 그의 치세는 이탈리아의 황금 시대를 이뤘고, 농경과 포도나무 재배를 가르치고 법을 제정했다. 그의 신전에 드리는 제사(Saturnalia)는 12월 17일부터 1주일간으로, 선물의 교환과 노예에게 특별 휴가를 주며, 촛불을 켜고 온갖 유쾌한 놀이가 벌어져 크리스마스의 기원으로도 전해짐.

살루스티우스 Sallustius Crispus Gaius 86~34 BC 고대 로마의 역사가. 중부 이탈리아 아미테르눔 출신. 호민관을 역임하고 카이사르의 열렬한 지지자였다가, 카이사르가 암살되자 정계에서 물러나 역사 기술에 전념. 공화 정치의 타락으로 내우 외환에 고민하는 당시의 사회 위기를 가장 본질적인 면에서 예시, 카틸리나 일파의 음모 사건을 비판적으로 서술했다. 철인 포세이도니오스의 영향을 받아 스토아적 눈으로 사회상을 관찰, 로마인의 물질주의·이기주의가 로마를 쇠약케 했다고 말했다. 그의 작품은 역사적 전체상을 뒷받침하여 독특한 깊이를 지니고 있다. 《카틸리나의 음모》《유구루타 전기(戰記)》《역사》가 있다.

살비아누스 Salvianus, Massiliensis 490?~470? 마르세이유에서 신부로 있던 종교 작가. 정력적이고 음산한 웅변으로 새 시대의 '예레미아'란 별명이 있음.

상쇼 Sancho 10세기 나바르 왕조 하르시아 5세의 사실과 다르게 전해짐.

생 루이 Saint Louis 1214~1270 프랑스 왕 루이 9세, 성왕(聖王)으로 불림. 제6회 및 제7회 십자군을 일으켰으나, 성지 회복을 완수치 못하고 원정 도중 사망함. 1297년 성인으로 추대됨.

생 베르나르 Saint Bernard 1091~1153 중세 종교계의 거물. 많은 수도원을 세우고 제2차 십자군 원정을 역설했다. 저서로 《서한집》, 《신학론》이 남아 있다.

생 힐레르 Saint Hilaire?~367 프와티에 주교. 숙련한 변증학자. 삼위일체에 관한 저술이 있음.

샤롱 Charron, Pierre 1541~1603 프랑스의 가톨릭 신학자·철학자. 스토아 사상의 영향을 받은 회의론자(懷疑論者). 파리 출생. 타고난 수사가로 알려져 세네카·플루타르크·몽테뉴를 모방했으며, 특히 몽테뉴와는 친구 사이. 그는 에픽테토스식의 악(惡)과 정념으로부터의 해방에서, 이후 인간의 취약성으로서의 정념의 탐구라는 모랄리스트로서의 길을 걸었다. 대표작 《지혜에 대하여》가 있음.

샤를마뉴 Charlemagne 742~814 재위 768~814 카롤링거 왕조의 제2대 프랑크 왕, 독일·프랑스·이탈리아와 에스파냐 일부를 정복하여, 전 게르만 민족을 통합하고 영토를 확장하여 구교도를 보호했다. 그 공적으로, 로마 교황으로부터 800년 신성 로마 제국의 제관을 받고, 내치에도 힘써 중세 문학의 중심 인물이 되었음. 카를 1세, 카를 대제로도 불림.

샤티용 Chatillon Gaspard de Coligny, admiral de, 1519~1572 신교도의 수령인 유능한 장수. 아메리카 대륙의 식민 활동을 벌이고 많은 전투에서 승리를 거뒀다. 생 바르톨로뮤 대학살 때 암살당함.

성 크리소스토모스 Saint Crysosthomos 347~407 콘스탄티노폴리스의 사교(司敎). 웅변으로 유명함.

성 히에로니무스 Saint Hieronymus 340?~420 가톨릭 교회의 신학자. 아드리아 해 동해안 달마티아 출생. 신앙의 기반으로서, 베드루의 자리를 계승한 교회로서의 로마 교회(Roman Catholic)의 우위를 명확히 했다. '오리게네스 논쟁' '펠라기우스 논쟁' 등으로 교회를 위해 투쟁함. 라틴어·그리스어·히브리어에 능통해 교황 다마수스의 명에 따라 라틴어 번역 성서(Vulgate)를 완성함. 제롬으로 일컬어짐.

세네카 Seneca, Lucius Annaeus 5? BC~65 AD 고대 로마 스토아학파의 철학자·비극 작가·정치가. 에스파냐의 코르도바 기사(騎士) 계급 명문 출신. 소 세네카(Seneca Minor)로 통칭된다. 변론술을 공부했으며, 소티온·아탈로스에게서 철학을 배움으로써 인생관을 설정, 스토아학파의 일원이 됨. 변호사·원로원을 역임. 메살리나 황후에 의한 코르시카의 추방 생활에서 많은 비극 작품을 씀. 작품은 수사풍(修辭風)의 그리스 비극 모작에 지나지 않으나, 셰익스피어 및 서구 비극 작가에게 절대적 영향을 미침. 네로의 스승으로 집정관이었으나 정계에서 은퇴한 후, 네로로부터 모반 사건으로 의심받자 혈맥을 끊고 자살함. 작품에 대작 《사혜시여론(思惠施與論)》《트로이아의 여인들》《힙폴리토스》《마르키아에의 위로》《아가멤논》《자연학 문제점》 등이 있다.

세르토리우스 Sertorius, Quintus 123~72 BC 고대 로마의 군인·정치가.

세콘두스 Secondus, Johannes 1511~1536 라틴어로 시작(詩作)한 폴란드 시인.

섹스투스 엠피리코스 Sextos Empeiricos 3세기 초엽. 고대 그리스 의사. 회의파 철학자. 아이네시데모스의 아류(亞流)로 독창성은 없으나, 그의 저작은 고대 회의론에 관한 완전한 기술로서 자료상 중요하다. 특히 《피론주의의 개설》은 스케포시스파의 개조(開祖)인 피론의 가르침에 대한 진의를 전하려 한 것으로, 스케포시스적 판단 중지의 태도 결과 및 목적으로서의 평정 심란(平靜心亂)의 심경과

이를 얻기 위한 방법, 피론주의 입장에서의 고래의 철학자 및 정설가(定說家)들의 논리학과 인식론, 그들의 자연학과 윤리학을 논의한 것이다.

셀레우코스   Seleucos 358?~281 BC   알렉산드로스 대장 휘하의 장군. 페르시아에 셀레우코스 왕조를 세움.

소크라테스   Socrates 469?~399 BC   고대 그리스 철학자. 아테네 출생. 자신은 아무것도 써 남긴 것이 없으나, 제자들이 그에게서 받은 강렬한 인상들을 기록해 두었다. 그는 자연 과학에 흥미를 가져 아낙사고라스를 연구하다가, 방향을 바꿔 오로지 윤리적 문제의 탐구에 몰두했는데, 이의 전환점으로 델포이 신(神)의 "사람의 지혜란 무지의 자각 바로 그것이다. 소크라테스 이상의 현자는 없다"는 계시에서, 그는 지자(智者)로 이름 높은 사람들을 찾으며, 그들의 현명함을 음미하는 것을 자신의 천직으로 삼았다. 소크라테스의 부정적 대화는 이 생활의 영위를 의미하는 것으로, 사실상 기존 사회 체제·도덕·종교를 맹신하는 보수적 사람들의 비판의 대상이 됨. 그는 기원전 399년 청년들을 타락시켰다는 이유로 사형당함. 그의 모습을 플라톤의 《대화편》에서 상세히 볼 수 있음.

소포클레스   Sophokles, 496?~405 BC   아테네 교외의 콜로노스에서 출생. 아이스킬로스·에우리피데스와 함께 그리스 3대 비극 시인으로 통함. 그중에서도 비극의 최성기를 대표하는 시인으로 아리스토텔레스의 《시학》에서는 그를 가장 이상에 가까운 비극 시인으로 꼽는다. 다작 시인으로, 기원전 468년 에레우시스 전설에서 취재한 《토리프토레모스》를 써, 스승인 아이스킬로스를 앞섰다. 뛰어난 인격자로 국사를 운영하는 10인 위원의 일원으로 일했고, 의신(醫神)의 사제로서 자택을 아스클레피오스의 가신전(假神殿)이라 칭했다. 그의 작풍의 특색은 모든 의미에서 문화의 최성기에 알맞은 완성에 이르고 있는 점으로, 형식면에서 작품마다 독립된 성격을 주었다는 점, 극의 구성면에서 합창 부분을 줄이고 사건의 진행을 빨리한 점 등 그리스 비극을 완성으로 이끌었다. 극 중의 주인공은 자랑스럽고 고귀한 성격으로 묘사되고, 그들의 고민은 인간 윤리의 문제로 우리에게 제시된다. 추상적인 문제가 아닌 주인공의 성격과 사건의 교묘한 짜임에 의해, 어디까지나 극으로서 구성되어 있다는 점에 그의 천재성이 나타난다. 작품에 《아이아스》《안티고네》《오이디푸스왕》, 특히 생애 최후를 장식한 유작 《콜로

노이의 오이디푸스》는 고향에 바친 아름다운 찬가임.

솔론 Solōn 640~560 BC 고대 그리스 아테네의 정치가·시인. 아테네 귀족 가문에서 태어남. 그리스 일곱 현인의 한 사람. '솔론의 개혁'으로 알려진 대담한 국정 개혁을 실시한 입법자. 그의 시작(詩作)은, 형식으로는 에레게이아가 많고, 용어는 서사시의 이오니아 방언, 표현은 장황하긴 하나 솔직함이 드러나 있다. 그의 서정시는 처세훈(處世訓)이라든가 정치 활동을 노래한 것으로 신선한 감정이 풍부하며 아테네 최고 문학으로 일컬어진다.

수에토니우스 Suetonius, Tranquillus Gaius 75~160 고대 로마의 전기 작가. 트라야누스 황제 및 프론티누스와 하드리아누스 황제 시대에 비서 등 관직을 역임. 작품에 카이사르에서 도마티아누스에 이르는 12황제 전기로 《황제전》과 《명사전(名士傳)》 등이 있음.

술라 Sulla 138~79 BC 고대 로마의 귀족 당수, 독재관.

스봉 ?~1432 에스파냐의 의사·신학자. 바르셀로나에서 출생. 《자연 신학》을 라틴어로 씀. 그의 사상은 인간을 모든 다른 것들의 저 위에 높이 고립시켜, 온 생명들의 가장 우월한 단계에 올려서 그것을 최종 목표로, 그 아래에 밀려드는 모든 불완전한 존재들의 존재 이유로 삼는다. 몽테뉴는 《수상록》의 한 장(章)에 그를 취해 씀.

스카에볼라 Scaevola, Mucius 기원전 507년, 에트루리아인들의 로마 포위 때, 적장을 죽이려고 적진에 들어가, 그의 시종을 적장으로 잘못 알고 죽인 후 곧 잡혔다. 그는 자기 손이 자기를 속였다 하여 손을 불에 태우고 그로 인해 스카에볼라(왼손잡이)란 별명이 붙음.

스카우루스 Scaurus 168~89 BC 로마의 집정관. 누미디아에 사절로 가서 그곳 왕에게 매수당해 로마를 배반함.

스칸데르베그 Scanderbeg 1403?~1467 알바니아의 국민적 영웅.

스크리보니아 아우구스투스의 셋째 아내로, 미모와 방탕 생활로 유명한 줄리아의 모친.

스키피오 Scipio(Africanus Major), Publius Cornelius 236~183 BC 고대 로마의 유명한 장군. 대(大) 스키피오 아프리카누스(Scipio Africanus Major)라 함. BC 202년 아프

리카의 자마(Zama)에서 한니발을 격파하고 제2차 포에니 전쟁을 종식시켜 '아프리카누스' 칭호를 받았음. 사치와 오만으로 많은 비난을 받았음.

스키피오 Scipio(Aemilianus Africanus Minor), Publius Cornelius 185~129? BC 대 스키피오의 양손(養孫)으로 로마의 장군. 카르타고를 격파하여 대승을 거둠. 소(小)스키피오 아프리카누스(Scipio Africanus Minor)라 함. 글을 좋아하여 문필 그룹에 들었으며, 라엘리우스, 폴리비우스와 친우였다. 그는 해방 노예 아프리카인 테렌티우스를 그들의 문필 그룹에 가입시켜 보살펴 줌.

스토바이오스 Stobaios Jonnes 그리스의 《명시선집》 편자. 마케도니아 출생. 100년경에 편찬된 《명시선집(Anthology)》은 500명 이상의 그리스 시인, 산문 작가들에게서 명문들을 발췌한 것으로 전4권이다.

스트라토니케 Stratonice 그리스의 여왕으로, 시리아 왕 니카토르의 비(妃)가 된 절세의 미인. 안티오코스의 열렬한 사랑으로 인해 그에게로 감.

스틸폰 Stilpon 380?~300 BC 고대 그리스 철학자. 그리스 메가라 출생. 키니코스 학파인 디오게네스의 제자로, 제논의 스승이며 스토아학파의 선구자. 저서로 《대화편》이 있음.

스페우시포스 Speusippos ?~339 BC 고대 그리스의 철학자. 플라톤의 조카. 아카데메이아를 계승함.

스포르짜 Sforza 이탈리아 밀라노 공국을 지배하던 호족.

시루스 Syrus, Publius 기원전 1세기, 로마의 해방 노예 시인.

시팍스 Syphax 서부 누미니아(현 알제리아)의 왕. 처음 카르타고와의 적대 관계로 로마인과 동맹을 맺었다가 다시 카르타고와 손잡음.

실리우스 이탈리쿠스 Silius Italicus, Tiberius Catius asconius 26~101? 고대 로마의 애국 시인. 소아시아 총독을 역임. 제2차 포에니 전쟁(BC 218~201)을 소재로 한 《푸니카(Punica)》란 라틴 문학사상 가장 긴 서사시를 씀.

◀ ㅇ ▶

아게실라오스 Agêsilâos 444~360 BC 스파르타 왕으로, 테베 왕 에파미논다스의 두 번의 공격으로부터 스파르타를 방어했음.

아기스 3세 Agis III, ?~331 BC 스파르타의 왕. 마케도니아의 장군 안티파테르에 패하여 죽음.

아나카르시스 Anacharsis 기원전 4세기의 스키타이족 출신의 그리스 철학자. 솔론의 제자로 그리스 일곱 현인의 한 사람. 본국에 돌아가 데메테르교(농경신 숭배)를 이식하려다 살해당함.

아나크레온 Anakreōn 570?~475? BC 고대 그리스 서정 시인. 이오니아의 테오스에서 출생. 술과 사랑을 노래한 해학파 시인으로, 시집은 알렉산드로스 시대의 가요, 이암보스 시, 에레게이아 시로 분류 편찬되었다. 아크로폴리스 언덕에 술에 취해 시를 읊는 모습의 상이 세워짐. 그의 시는 맑고 아름다운 이오니아 방언에 의해 시격(詩格)도 간결하고, 내용 자체에 재치가 넘치고 풍자에도 뛰어나, 당대 제일의 멋있는 시인이라 칭송됨. 《아나크레온 풍의 시(Anakreonteia)》라는 60여 편의 단시편이 있다.

아낙사고라스 Anaxagorās 500?~428 BC 고대 그리스 철학자. 그리스 클라조메네 출생. 처음으로 아테네에 학교를 열었음, 만물은 '스페르마(種子)'라 일컬어지는 여러 종류의 무수한 미립자의 결합 분리에 의해 생기며, 이들의 생성 변화의 궁극 원인은 '누스(理性)'라 했다. "태양은 불타는 돌덩어리이다"라고 설파해 무신론자로 몰려 처형됨.

아낙시만드로스 Anaximandros 611?~547 BC 고대 그리스의 철학자 밀레토스에서 출생. 탈레스의 제자이며, 탈레스의 뒤를 이어 세계의 '아르케(原理·實體)'를 연구 고찰해 '아페이론(無限)'이라고 주장함. 존재의 생성 소멸을 '클레온(必然)'의 지배에 따르는 것이라고 설파한 《단편(斷片)》은 철학 사상 가장 오래된 것임.

아낙시메네스 Anaximenēs ?~500 BC 고대 그리스의 밀레토스학파 철학자. 아낙시만드로스의 제자임. 공기는 만물의 근원이라고 주장함.

아레티노 Aretino, Pietro 1492~1556 이탈리아의 풍자 시인·평론가·희극 작가. 한때 '왕후의 채찍'이란 별명이 있었음. 작품에 《오라치아》《궁정 대화론》 등이 있음.

아르케실라오스 Arcesilaos 315?~241 BC 고대 그리스 철학자, 그리스 아이올리아 출생. 제논의 반대파. 신(新) 아카데미 철학자. "세상 일에는 아무것도 결론을 내리지 못한다"고 제논에 대해 부정적인 학설을 주장함.

아르키아스 Archias ?~378 BC 테베 폭군 펠로피다스에게 살해됨.

아리스토게이톤 Aristogeiton ?~514 BC 기원전 514년에 아테네 폭군 피시스트라토스의 아들을 친구 하르모디오스와 함께 살해함.

아리스토텔레스 Aristotelēs 384~322 BC 고대 그리스 철학자. 스타게이로스에서 출생. 플라톤의 제자이며 알렉산드로스의 스승. 아테네 리케이온에 학원을 창설, 이 일문(一門)을 '페리파토스학파'라고 칭함. 그의 학문적 경력은 플라톤 영향의 아카데미아 시대, 플라톤 비판의 아소스 시대, 방대한 자료를 활용, 스스로의 체계를 전개한 리케이온 시대의 3기로 나뉜다. 저서로는 초기의 《대화편》 중 특히 《플로토레프리코스》《아우데모스》《철학에 대하여》가 유명하며, 형식이론학의 불후의 고전으로 유명한 논리학에서의 6권의 《오르가논》《형이상학》, 자연철학의 체계를 편 《자연학》, 인식론에 이르는 《영혼론》이 있다. 그의 철학은 제1철학으로서의 존재론 및 그 귀결점인 신론(神論)에 이르는 사변(思辨)의 체계화를 꾀한 것으로, 그의 사상은 '우리에게 있어 명백한 것으로부터 그 자체에 있어 명백한 것으로'라고 방법론에 나타나 있듯이, 경험적 자료에서 그 비교 분석을 거쳐 논리적으로 일반자를 도출하는 점에 그 특색이 있다.

아리스티데스 Aristides, 530~468 BC 고대 아테네의 장군·정치가. 테미스토클레스의 적(敵). 많은 전공을 세워 '정의로운 자'란 별명이 있음.

아리스티포스 Aristippos 기원전 4세기. 고대 그리스 철학자. 북아프리카 키레네 출생. 소크라테스의 제자로서 아테네 학파의 창도자, 탐락주의와 아부주의를 창도함.

아리오스토 Ariosto, Ludovico 1474~1533 이탈리아 시인. 레조에밀리아 백작의 장남으로 태어남. 페라라 추기경으로 있으면서, 《광란의 오를란도》라는 샤를마뉴 대제의 십자군과 아그라만테의 회교군의 전쟁을 배경으로 하여 풍부한 운(韻)의 8행 운시를 노래한 발라드를 썼다. 고전 희극을 모방한 희극을 써서 이탈리아 희극의 창시자가 됨. 작품으로 《카사리아》《수포지티》 등이 있음.

아리우스 Arius 250?~336 알렉산드리아의 성직자. 리비아 출생. 그리스도의 신성(神性)을 부인한 아리우스파의 주창자. 삼위일체의 통일성과 동체성(同體性)을 부인하고 예수를 완전한 인간으로 봄. 알렉산드리아 교회회의에서 파문당해 추방됨.

아미요 Amyot, Jacques 1513~1593 프랑스 르네상스 시대의 인문주의자·번역가. 고대 그리스어 교수, 궁중 사제·주교·외교관을 역임. 그리스어·라틴어 고전 작품의 가장 훌륭한 번역자로서 《플루타르크 영웅전》《윤리론집》 등 그리스 고전을 불후의 명역(名譯)으로 완성하며 프랑스어 산문(散文)의 발전과 그리스적 영지(英智)의 이식에 크게 공헌했음. 몽테뉴는 《수상록》에서 그의 글을 많이 인용했음.

아스클레피오스 Asclepius, Esculape 그리스 신화의 아폴론과 콜로니스의 아들로 의술의 신. 전설상의 명의로 숭앙받는 영웅. 펠로폰네소스의 에피다우로에서 태어남. 그곳에 그의 신전이 있어 병자들이 이곳에 와 잠을 자기만 해도 병이 치유된다고 함. 뱀을 의술의 신의 화신이라 했으며, 특히 헬레니즘 이후 더욱 번창해짐.

아이네이스 Aeneas 베르길리우스의 라틴 문학 최대의 걸작시라 일컬어지는 《아이네이스》에 나오는 주인공. 트로이 함락 후 시칠리아를 떠나 7년 동안 유랑 생활을 하던 아이네이스가 라티움을 향해 가던 중, 아프리카에서 표류해 고난을 겪다가 다시 시칠리아로 되돌아간다. 시칠리아에서는 그의 부인을 선두로 여인들이 나서서 그들의 배를 모두 불태우는 등 유랑 생활을 막으려고 애쓰나, 그는 다시 이탈리아를 향해 항해에 나섰다. 그가 드디어 티베르강 하류에 이르자 신(神)의 뜻에 의해 그 지방의 왕 라티누스의 딸 라비니아와 결혼하고, 트로이인을 증오하는 왕의 아내 아마타와 투르누스로 인해 병사들에게 쫓기게 되자, 티베르 하신(河神)의 권유를 따라 에우안드로스(팔라티누스 언덕 위의 시(市) 창건자)에게 동맹을 청한다. 에우안드로스는 기다렸다는 듯 그를 한 곳으로 안내하여 로마의 장소와 그 이름을 설명한다. 그리하여 에우란드로스의 아들 팔라스, 에트루리아 왕 타르콘의 동맹군과 아프로디테 여신의 협조로 불카누스에게서 무기를 얻은 그는 역경과 죽음의 고비를 무수히 겪은 후 투르누스를 무찔러 로마의 창건자가 된다.

아우구스투스 Augustus 63 BC~14 AD 고대 로마의 초대 황제. 가이우스 옥타비아누스가 본이름이며, 아우구스투스는 원로원이 준 존칭. 카이사르의 유언장에 후계자로 지명되자, 가이우스 율리우스 카이사르 옥타비아누스로 개명했음. 공화 정치 말기의 내란을 진압, 공화 정치의 정치 제도를 유지시켰고, 문무의 실권 장악으로 제정의 기반을 굳힘. 저서에 《아우구스투스의 공업록(功業錄)》이 있는데, 회상록도 자전(自傳)도 아닌 다소 자기 변명적인 필치로 된 간결한 기록으로 '라틴 비문(碑文)의 여왕'이라 불리는 가장 중요한 사료(史料)가 됨.

아우구스티누스 Augustinus, Aurelius 354~430 고대 로마의 그리스도교 최대의 교부(敎父). 아프리카의 누미디아(현 알제리아) 타가스테 출생. 학교에서 받은 이교적 교양으로 신앙에서 멀어졌다가, 암브로시우스 사교(司敎)의 감화로 신앙에 다가가 《고백록》을 쓰게 된다. 그의 작품에는 키케로의 스토아주의, 신플라톤주의 영향이 현저히 드러난다. 그의 형이상학적 사변(思辨)은 시간 속에서 육체를 가지고 사는 '인간 구제의 지혜'에 종극(終極)할 만한 것으로, 거기서부터 시간과 역사가 사변의 중요한 과제가 되었고, 또 영원한 진리가 인간에 닿는 장소로서의 내면적 세계 구조를 중요시함에서, 형이상학은 신학의 틀 안에 놓이고 기독교적 세계관(理論)이 형성되었다. 중세의 신학적 체계는 물론, 근세의 주관주의(主觀主義)도 내성적 입장의 근원을 여기서 구했음.

아우소니우스 Ausonius, Decimus Magnus 310~395 로마 제정 말기의 정치가·시인. 갈리아 브르디갈라(현 프랑스 보르도) 출생의 라틴 시인. 가벼운 목가시를 씀. 작품으로 《모젤라강》이 있음.

아이기스토스 Aigisthus 그리스 신화 속의 인물. 티에스테스와 그의 딸 펠로피아 사이에서 태어난 백부 아트레우스를 죽여 아버지의 원수를 갚음. 트로이 전쟁 때 아트레우스의 아들 아가멤논의 왕비 클리타임네스트라의 정부(情夫)가 되어, 왕비와 짜고는, 개선해 돌아온 아가멤논을 들어서자마자 암살했다. 후에 아가멤논의 아들 오레스테스에 의해 피살됨.

아이스킬로스 Aischylos 525~456 BC 고대 그리스 3대 비극 시인 중의 하나. 성지 에레우시스의 신관(神官) 귀족 가문 출신. 심오한 종교적 감정과 사상의 풍부함에서 역사상 최대 극작가의 하나로 간주된다. 그의 작품의 특징은 약간 조잡하긴 하나, 힘차고 건강한 감성에 넘친 시구, 웅장한 구상력과 상상력의 비상(飛翔)

이 전면에 넘치고 있어, 특히 제신들의 세계를 웅혼한 필치로 즐겨 다뤘다. 작품에 《결박당한 프로메테우스》《오레스테이아》《이스토모스 제전으로 가는 사람들》 등이 있음.

아이소포스 Aisopos 기원전 6세기경의 그리스 작가. 이솝의 영어식 표기. 《이솝 우화》로서 유명한 풍자적 동물 설화집을 창작한 그의 생애에 대해선 확실한 것이 없다. 동물 설화 자체도 원본이 남아 있지 않아 단편적으로 알려져 온 것을 모아 콘스탄티노플 수도사 플라누데스가 편찬한 것에 유래하여 각국어로 번역되었고, 동양에 기원하는(특히 인도에서 유래하는) 우화가 많이 첨가되어 《이솝 우화》도 차차 내용이 증가해 왔다고 하겠다. 우화의 발생지는 인도냐 그리스냐 논란이 많지만 결국 그 기원은 동일한 것임.

아킬레우스 Achileus 그리스 신화의 영웅. 라틴어로 아킬레스. 호메로스 《일리아스》의 주인공. 프티아 왕 펠레우스와 바다의 여신 테티스와의 아들. 테티스는 그를 불사신으로 만들려고 황천의 스틱스에 담갔는데, 그때 어머니 손에 잡혀 있던 발꿈치가 물에 젖지 않아 급소가 되었다 함. 아가멤논 왕의 트로이 정벌에 지원하여 나서나 포획물로 얻은 브리세이스로 인한 알력으로 전투 참가를 거부하다가 친우의 죽음에 분노하며 일어나 트로이군을 전멸시킨다. 그러나 그의 운명이 발꿈치에 매여 있어 결국은 아폴론신의 화살에 맞게 된다. 여기서 '아킬레스 건', '아킬레스 텐던'이란 말이 유래됨.

아킬레우스 타티오스 Achilleus Tatios 300년경의 그리스 작가. 이집트 알렉산드리아 출생. 지루한 수사법(修辭法)을 쓰긴 하나 생생한 문체와 묘사로 후세에도 널리 읽힘. 작품으로 《레우키페와 클레이토폰 이야기》가 있다.

아티쿠스 Atticus Titus Pomonius 109~32 BC 고대 로마의 장군, 키케로의 친구. 에피쿠로스학파로서 문예를 후원함.

아틀라스 Atlas 그리스 신화 티탄 신족의 거인신. 티탄 신족과 제우스신의 싸움에서 티탄 신족이 패하자, 그 벌로 천공(天空)을 떠받들게 됨. 한편 양치기·천문학자·왕 등의 갖가지 해석을 갖고 있음.

아페로 Apero 1세기경의 로마의 웅변가.

아폴로니우스 Apollonius, Tyaneos ?~97 피타고라스학파의 철학자. 학문·도덕·웅변으로 특출한 인물이며, 기적을 행하여 당대의 그리스도와 같이 어울러 일컬어짐.

아폴로도로스 Apollodoros 기원전 2세기 후반 그리스 문법학자. 아테네 출생. 알렉산드리아의 대문헌학자 아리스타르코스의 제자. 이암보스 시형(詩形)의《연대기》《신들에 대하여》, 특히《일리아스》제2권의 그리스군의 인물들에 대한 학식 넘치는 주석은 훌륭하며, 에피카로모스와 소프론의 주석을 저작함. 그의 이름으로 전해지는《그리스 신화》는 그의 것이 아니란 설도 있으나 그리스 영웅 전설을 요약한 것으로 고대 저서 중에서 가장 완벽한 것임.

아폴론 Apollon 제우스와 레토의 아들. 여신 아르테미스와 쌍둥이로 델로스 섬에서 태어남. 그리스 신화의 음악·의술·궁술·예언·가축 등의 신, 또 광명의 신으로 포이보스(빛나는)란 호칭에서 태양과 동일시됨. 그리스인에 있어 온갖 지성과 문화의 대표자이며, 율법·도덕·철학의 대표자요, 속죄의 정죄(淨罪)의 신인 동시에, 전염병에 의해 인간에게 벌도 내린다. 그는 아름다운 청년으로 그려지며, 분노에서는 무서운 신으로 제우스에 대한 반역을 꾀한 적도 있음. 아우구스투스 황제가 이 신을 숭배하여 파라티누스 언덕에 신전을 세운 이래, 아폴론 파라티누스는 주피터와 더불어 로마 신계(神界)의 왕이 됨.

아폴리나리스 Apolinaris, Sidonius 430~489 프랑스 시인. 리옹에서 출생. 야만인들의 진기한 풍습의 묘사를 특히 즐김.

아피온 Apion 1세기의 알렉산드리아 웅변가.

안드로디쿠스 Androdicus 110~? 동로마의 황제.

안토니우스 Antonius, Marcus 82~30 BC 고대 로마의 장군·정치가. 카이사르의 친구이며 부관으로서 브루투스를 치고, 제2차 삼두 정치의 집정관이 됨. 이집트의 여왕 클레오파트라에 탐닉하여 옥타비아누스와의 정권 싸움에 패하자 자살함.

안티고노스 1세 Antigonos Ⅰ 382?~301 BC 알렉산드로스 대왕 막하의 장군. 후에 마케도니아의 왕이 됨.

안티노니데스 Antinonydes 플루타르크의《데메트리오스 전》에 나오는 인물.

안티스테네스 Antisthenes 445?~366 BC 고대 그리스 철학자. 키니코스학파(Cynic

School)의 창시자. 소크라테스의 제자이며 디오게네스의 스승으로, 부(富)와 탐락과 권세를 배격함.

안티오코스 Antiochos Ⅲ 242~187 BC 시리아의 셀레우코스 왕조의 왕. 이집트와 소아시아의 대부분을 정복했으나 후에 마그네시아 전투에서 로마군에 패함.

안티파트로스 Antipatros 397~319 BC 알렉산드로스의 부장(副將). 알렉산드로스의 원정 중에 마케도니아를 맡아 지킴.

안티파트로스 223~187 BC 그리스 에피그램 작가. 페니키아의 시돈 출생. 카툴루스의 친우로서 많은 영향을 그에게 줌. 그의 시작(詩作)은 대체로 평범하고 실감이 결여되어 있으나, 때로는 세련된 문투로 특수한 멋이 있음.

알렉산드로스 Alexandros 365~323 BC 마케도니아 왕. 필립 2세의 아들로 20세에 즉위. 별칭은 알렉산더 대왕, 알렉산드로스 3세. 그리스·소아시아·이집트에서 인도에 이르기까지 정복하며 그리스 문화를 세계에 전파함으로써, 헬레니즘 문화를 형성케 하는 역할을 한 인류 최대의 정복자.

알베르투스 Albertus Magnus 1193?~1280 독일의 스콜라 철학자. 토마스 아퀴나스의 스승. 13세기 최대 학자로 불리며 1932년 성도(聖徒)로 인정됨.

알크마이온 Alkmaion 기원전 5세기 전반의 그리스 생물학자·철학자·의사. 이탈리아 크로토네에서 출생. 처음으로 동물 해부를 실시하여 시신경(視神經)을 발견. 피타고라스의 제자. 이원론을 주장. 인간의 건강은 건(乾)·습(濕)·난(暖)·냉(冷)·감(甘)·신(辛) 등 여러 능력의 평형에 의해 성립되며, 어느 한 능력의 전횡(專橫)에 의해 파괴된다고 주장함. 그의 영혼설은 후에 '영혼이란 육체의 조화이다'라고 한 플라톤의 《파이돈》에서 시미아스 설을 낳았다.

알키비아데스 Alcibiades 450?~404 BC 아테네의 정치가·장군. 소크라테스의 제자. 미모로 화려함을 즐기고, 페리클레스가 쌓아 올린 아테네의 번영을 시칠리아 원정 등의 무모한 짓으로 파멸로 이끌었음.

앙리 2세 Henri Ⅱ, de Anjou 1519~1559 재위 1547~1559 프랑스 왕. 재위 중 신구교(新舊敎)의 분쟁으로 '격문 사건(激文事件)'이 발생하는 등 신교도에의 탄압이 극심했음.

앙리 4세 Henri Ⅳ, de Navare 1553~1610 재위 1589~1610 부르봉 왕조 제1대 프

랑스 왕, 앙리 2세의 아들 앙쥬 공의 죽음으로 폴란드 왕손인 그가 후계자가 됨. 신교도의 수령이었던 그는 몽테뉴와 지기 관계였고, 교황청에서 파문을 당해 왕위가 일시 위태로웠으나 회복됨.

에드워드 1세 Edward Ⅰ 1239~1307 영국 왕. 헨리 3세의 아들로 웨일스를 정복해 합병하고, 스코틀랜드를 쳤으며, 프랑스 왕과 영토 분쟁을 함.

에드워드 3세 Edward Ⅲ 1312~1377 영국 왕. 영국 윈저 출생. 에드워드 2세의 아들이며 프랑스에 있는 넓은 채령(采領)을 독립시키려, 프랑스의 왕위 계승권 주장함으로써 백년 전쟁을 일으킴. 귀엔은 그가 영유했던 프랑스 남부의 주요 지방임.

에라스뮈스 Erasmus, Desiderius 1466~1536 네덜란드 인문학자. 로테르담에서 출생. 수도사로서 실증적 비판적 성서 연구, 교부 문학 연구, 고대 연구에서 지도적 역할을 함. 문명 비평가, 사상가로서 유럽의 주목을 받았다. 정신적 독립을 얻기 위해 서유럽 각지를 편력하며 일생을 보냄. 그의 저서 《그리스도교 병사 제요》는 교회 여러 제도로부터 신성(神性)을 빼앗아 신앙의 내면화·자율화, 근대화의 길을 여는 작품이며, 고대 그리스, 로마의 명구(名句)에 어학적, 역사적 주해를 덧붙인 《격언집》은 고전학자, 신문학 담당자의 필독서가 되었으며, 《우신예찬(愚神禮讚)》에서는 전환기 유럽의 퇴폐 현상과 그 병폐를 날카롭게 파헤쳤다. 그는 휴머니스트의 왕자로 추앙되었고 '에라스머즘'의 공명자(共鳴者)를 각국에 배출시켰다. 그 당시의 대표적 작품 《교정 신약 성서》와 《그리스도교 군주 교육》에서, 전자는 사상(史上) 최초의 그리스 어 원전 인쇄본에 비판과 주석, 독자적 라틴어 역을 한 역작이요, 후자는 권력 유지가 아닌 국민의 번영을 목표로 한 정치론으로 계몽 사조를 예고한 것이라 하겠다. 주요 작품 《대화집》은 르네상스 라틴 문학의 걸작으로, 그 인간 통찰이 몽테뉴에 비교된다. 그의 방대한 저작물은 18세기 초에 《에라스뮈스 전집》으로 출간됨.

에라시스트라토스 Erasistratos 304?~250 그리스 의학자. 최초로 인간의 시체를 해부함. 심장 속의 반월판·이첨판 발견. 카테테르(katheter) 발명자임.

에우독소스 Eudoxos 408?~355? BC 고대 그리스 수학자·천문학자. 소아시아 쿠니도스 출생. 해시계의 시계판을 발명했다 함.

에우리피데스　Euripides 480?~406? BC　그리스 3대 비극 시인 중의 하나로 그 최후의 사람. 아테네에서 출생. 성격이 까다로운 비사교적 인물로 철학을 사랑하여 아낙사고라스·푸로디·코스프로타고라스 등 사상가와 소피스트의 교설을 즐겨 들음. 소크라테스도 그의 작품을 즐겨 읽었다. 소포클레스가 그리스 비극의 완성자라 한다면, 그는 여러 면에서 정통에서 벗어난 일종의 데카당스라 하겠다. 극단적이라 할 정도까지 사실적 수법을 썼고, 다분히 아이러니를 포함한 합리적 해석으로 전통적 신화 전설에 새로운 모습을 부여하여, 신이나 영웅을 천상(天上)에서 현실의 위치로 끌어내렸으며, 바로 이 면에서 근대인이 그의 예술에 공감하는 점을 찾는다. 총 작품 92편 가량으로 작품의 특색은 실사적(實寫的)인 수법으로 신화 전설에 자유로운 개변을 가하여, 이의 윤리성과 성격 묘사에 중점을 두었음. 작품에 《키클롭스》《알케스티스》《아울리스의 이피게니아》《엘렉트라》 등이 있음..

에우메네스　Eumenes 362?~316 BC　마케도니아 장군. 칼데아 출생. 알렉산드로스의 후계자로 안티고노스 1세에게 패하여 피살됨.

에이몽의 네 아들　Quatre fils Aymon　중세의 무혼시 '르노 드 몽토방(Renaud de Montauban)'에 나오는 네 주인공.

에퀴콜라　Equicola 1460~1539　이탈리아 작가. 작품에 《사랑의 본성》이 있음.

에파미논다스　Epaminondas 410~362 BC　고대 그리스 테베의 장군·정치가. 스파르타군을 레우크트라에서 격퇴, 테베의 패권을 장악함. 헬레니즘의 가장 완벽한 대표자의 하나.

에포로스　Ephoros 405?~330 BC　그리스 역사가. 아이올리아의 키메에서 출생. 이소크라테스의 제자로, 신화 시대에서 시작하여 마케도니아의 페린토스 공략에 이르는 《세계사》 30권을 저작함. 이것이 그리스 역사의 정본이 되었다. 디오도루스·스트라본 등의 역사가들이 많이 애용함.

에피메니데스　Epimenides　기원전 7세기경, 크레타섬의 철학자·예언자. 전설적 인물. 그리스 일곱 현인 중의 한 사람.

에피쿠로스　Epicuros 341~270 BC　고대 그리스 철학자. 사모스섬 출생. 페리파토스파와 원자론에 영향받음. 철학을 연구하며 강론을 함. 그의 강연에는 노예도 참석할 수 있게 해, 그의 학원을 '화원 학원'이라 청했다. 데모크리토스의 원자론적 유물론을 계승하여, 부정 부동(不靜不動)의 심경에 도달함을 목적으로 하여 '신이란 우리 생활을 위협하는 것이 아니다. 모든 것은 원자의 결합, 분리임을 통찰하여, 생을 즐겁고 아름답게 보냄이 사려 깊은 생활이다'고 주장하여 많은 제자를 거느렸고 에피쿠로스학파의 창시자가 됨. 그의 사상은 자연관으로나 인생관으로서나 후세에 큰 영향을 주었다. 《주요 교설》 등 약간의 단편이 있음.

에피카르모스 Epicharmos 기원전 5세기경 그리스 희극 작가, 피타고라스학파의 철학자. 시칠리아의 시라쿠사 출생. 시라쿠사 희극의 창시자로서 그리스 신화 전설을 익살스럽게 다룸. 그의 희극의 특징은 합창만이 없고, 종교적 구속을 받지 않아 내용도 자유롭다. 그는 기존의 유치한 극을 문학에까지 끌어올려, 그의 《희극집》은 후세 대표적 희극 인물의 유형을 낳게 했다.

엔니우스 Ennius, Quintus 239~169 BC 고대 로마의 시인·극작가. 칼라브리아 출생. '라틴 문학의 아버지'로 불림. 최초로 호메로스 풍의 6각시(六脚詩)를 소개, 후의 라틴 시 발전의 기초를 세움, 대표작 《연대기》가 있음.

엠페도클레스 Empedocles 490~430 고대 그리스 철학자. 시칠리아섬 출생. 만물은 지(地)·수(水)·화(火)·풍(風)의 4원소 결합과 분리로 이루어지며, 이 작용을 일으킴은 사랑과 미움의 두 원리라고 주장함. 대표작으로 《자연에 대하여》 《정화》가 있음.

오디세우스 Odysseus 그리스 신화에 나오는 영웅, 호메로스의 《오디세이아》의 주인공. 라틴명은 울리세스(Ulysses), 트로이 전쟁에 참가한 출중한 전략과 지모의 용장. 이타케의 라에르테스의 아들. 트로이 전쟁이 끝나고 귀국 도중 무수한 역경을 겪는데, 그는 여러 섬과 마인(魔人)들, 필로폰네소스 남단 말레이곶의 망각을 주는 마력의 과일, 로토파고스, 키클롭스들, 아이올로스 섬의 바람 주머니, 식인종 섬의 라이스트리고네스족, 세이렌과 스킬라, 카리브디스, 태양의 가축 등을 만난다. 님프인 칼립소에 붙잡혀 수난을 겪는 동안, 아테네 여신의 지시로 알키아노스왕을 만나 도움을 받고, 드디어 본국에 도착한다. 그의 몇 충복(忠僕) 에우마이오스를 만나고, 아들 텔레마코스를 만나 결국 그의 재산을 탕진하고 있는 구혼자들을 모두 물리치고, 부인 페넬로페와 부친 라에르테스를 만난다. 오디세우스는 '나노스(방랑자)'란 뜻으로 불리며, 그의 발자취를 구하는 경향이 유럽에 퍼져 있다.

오랑주 태공 Guillaume Ⅰ, prince d'orange 1533~1584 오랑주 공국의 오랑주 가(家)의 수령인 기욤. 신교를 믿고, 에스파냐의 지배에 항거하며, 폴란드 해방을 위해 투쟁함. 에스파냐 왕 필립 2세가 보낸 자객 발타자르 에제라르의 총에 암살됨. 현재의 네덜란드 왕실(Comte de Nassau)은 오랑주 가에서 온 것임.

오리게네스 Origenes Adamantius 185~254 알렉산드리아의 신학자. 신학의 아버지로 불림.

오비디우스 Ovidius Naso, publius 43 Bc~17 AD 고대 로마의 시인. 이탈리아 술모나 출생. 수사학(修辭學)을 배움. 문학에 대한 순수한 사랑으로 당시의 시인들과 교류하며 연시(戀詩)를 씀. 그의 작품은 정열보다는 여성의 심리 분석을 목적으로 다뤄졌으며, 여성들의 심리 변화를 임상적 객관성으로 고찰하는 것이 그 특색이라 하겠다. 그에겐 베르길리우스나 호라티우스에 있는, 존엄함이라거나 진지함도, 카툴루스나 프로페르티우스 같은 강력한 개인 감정의 표현도 없으며, 단지 시를 위한 시를 쓴 시인이란 말을 들을 정도로, 오직 시만 즐겁게 쓸 수 있는 것으로 만족했다. 후세에 이야기 작가, 그리스 로마 신화의 안내자로 알려졌으며, 중세는 오비디우스 해(年)라고 불릴 정도였다. 그의 작품은 르네상스 시기에 와선 문학이나 회화의 모델 소재가 되었고, 셰익스피어나 밀턴까지 매료시켰다. 대표작 《사랑의 기교》는 특히 로마의 풍속, 생활을 아는 데에 많은 참고가 됨.

오토 Otho, Marcus Salvius 32~69 고대 로마 황제. 네로의 친구. 네로가 죽자 후임자인 갈바를 살해하고 친위대를 매수, 황제 즉위를 선포했으나, 비텔리우스 군단에 패하여 자살함.

요세푸스 Josephus, Flavius 37~100? 유대인 역사가. 유대교 바리사이파의 성직자. 유대 반란군의 지도자로서 체포되었으나, 베스파시아누스가 황제가 되자 사면되었음. 그리스어에 의한 저서 《유대 전쟁사》 《유대 고대사》 등이 있다. 유대교, 유대 문화의 옹호에 노력함.

울피아누스 Ulpianus Domitius 170?~228 고대 로마의 법학자. 페니키아 출생. 학

식이 깊어 2백 80여 권의 주해서를 저술함. 유스티니아누스 법전 《학설휘찬》의 3분의 1은 그의 논저에서 인용된 것. 주요 작품에 《법무관 공시 주해》《시민법 주해》가 있다.

유베날리스 Juvenalis, Decimus Junius 50~130 고대 로마 최고의 풍자 시인. 유베날리스는 영어식 발음. 캄파니아의 아퀴눔 출생. 그는 신화에서 제재를 얻어 현실과 동떨어진 시를 썼던 당시의 풍조에 대항, 인간이 하는 일 모두를 대상으로 해, 인간의 우열·광기·위선 등 희로애락을 묘사한 사실파로, 힘차고 정열적 문투의 풍자시를 쓴 모럴리스트이다. 경묘한 농설, 도덕적인 교훈, 자신의 자각까지 깃들인 풍자시를 써, 서구식 풍자시의 전통적 진리의 시조가 되었다. 루소·위고·바이런·플로베르 등이 그의 시에 심취함. 작품으로 《풍자시집(Saturae)》 등이 있음.

유스티누스 Justinus 100?~165? 로마의 철학자·변증론자. 이교도 출신으로 스토아·페리파토스·피타고라스·아카데미아 등을 편력한 후 그리스도에 이르러 그리스도교야말로 가장 완전한 철학이라 함. 로마에 학교를 세우고, 호교에 정열을 기울이다 165년 참수됨. 이에 순교자 유스티누스로 불림. 저서로 《변증(Apologies)》 《트리포와의 대화(Dialogue with Trypho)》 등이 있고, 트로구스의 《만국사(萬國史)》를 요약함.

율리아누스 Julianus, Flavius Claudius 332~363 고대 로마 황제. 기독교도로 신플라톤 철학의 영향 속에 성장한 반면, 그리스도교를 마음 속으로부터 반대한 그는, 옛 이교도(그리스 다신교)의 부활을 기도했다 하여 후세에 '배교자'로 불림. 그러나 총명하고 용감한 황제로서 고결한 성품의 인물이며, 《그리스도교도 반박》 《갈리아인의 공박론》 등의 저술이 있음.

이레나이오스 Irenaios 125년 스미르나에서 출생. 리옹의 주교로 202년 순교당한 신학자.

이소크라테스 Isocrates 436~338 BC 고대 그리스 수사학 완성자, 정치 평론가. 아테네 출생. 그의 스승 고르기아스의 수사술(修辭術)을 완성. 연설이나 문장의 내용을 중시한 그로서는 수사학이 하나의 인격 도야의 길이었음. 소크라테스식 철학적 사변에는 반대편에 섰고 현실에 집착하여, 그 대표적 작품들을 보면 오늘날의 정치 평론과 흡사하다. 그의 문하에 에포로스·리쿠르고스·이사이오스

등이 있음. 그의 작품은 4세기 그리스 사회를 알기 위한 중요 자료가 되었으며, 그의 그리스 협력에 의한 페르시아 토벌의 염원을 내비치고 있다. 또한 헬레니즘 시대의 도래를 예견했고 촉진시켰음. 저서로 《파네규리코스》《평화에 대하여》《필리포스》 등이 있음.

이피게니아 Iphigenia 에우리피데스의 작품에 나오는 여주인공. 트로이 전쟁에 참가하는 그리스군 총수 아가멤논의 딸. 그리스군의 트로이 원정 출진 때, 해신(海神)의 분노를 풀기 위해 희생으로 바쳐지나, 아르테미스 여신의 비호로 타울리스에서 여신의 신관(神官)이 되고, 후에 그의 동생 오레스테스를 만나 아테네 여신의 비호를 받아 아버지 아가멤논의 원수를 갚으러 떠난다. 이후로 타울로포로스의 아르테미스와 이피게니아 숭배가 아티카에서 행해지게 됨.

이피크라테스 Iphicrates 415?~353 BC 아테네 장군. 코린트 전쟁(BC 395~387) 때 경보병 부대로 스파르타의 장갑 보병 부대를 무찔렀으나 후에 패함.

◀ㅈ▶

장 Jean Prêtre 요한 신부. 중세의 전설에 의하면 동방에 있으리라고 믿어 온 강력한 기독교 국가 제왕(帝王)의 칭호. 회교 국가에 대항해서 싸울 맹방으로 삼고자 오랫동안 연락을 기도했으나, 찾아내지 못했다 함. 현 에티오피아 황제의 조상으로 추측됨.

제노비아 Zenobia ?~274 로마 식민지였던 시리아 팔미라의 여왕. 아우렐리아누스 황제의 포로. 정숙한 여성의 대명사가 됨.

제논 Zenon, of Elea 495?~430? BC 고대 그리스 수학자·철학자. 이탈리아 엘레아 출생. 파르메니데스 후계자로, 스승의 주장인 존재의 일성(一性), 부동성(不動性) 등을 귀류법(歸謬法)에 의해 옹호함. 즉 주장하고 싶은 명제와는 정반대의 가정으로부터, 서로 모순되는 두 가지 결론을 끌어내어 가정 자체의 오류를 명시하는 것으로, 운동을 부정하기 위한, '아킬레우스와 거북의 경주', '나는 화살의 정지론' 등은 유명함. 아리스토텔레스는 그를 '변증법의 발견자'라 함.

제논 Zenon, of Kypros 334~262 BC 고대 그리스 철학자로서 스토아학파 창시자.

키프로스섬 키티온 출생. 아테네의 스토아 포이킬레(회랑)에서 가르쳤다 하여 일컬어진 이름. 사상은 인식론·자연학·윤리학 등 세 부분의 체계로 헤라클리토스·아리스토텔레스의 영향이 강함. "유일한 참다운 선은 덕이며, 유일한 참다운 악은 도덕의 박약이다. 재산·고통·죽음 등 일체의 것은 문제가 아니다"라고 주장함.

주피터 Jupiter 유피테르. 로마 신화의 최고의 신. 주피터는 영어식 발음. 그리스 신화의 제우스에 해당. 모든 신과 인간을 다스리는 부신(父神), 티탄 신족(神族)의 크로노스와 레아의 아들. 형제들과 손을 잡아 크로노스를 타르타로스에 유폐시킨 후 올림포스를 차지함. 그는 '하늘·낮·빛'을 의미하며 온갖 기하학적인 현상(비·폭풍·벼락)을 일으키는 하늘의 신이다. 그의 성수(聖獸)는 독수리, 성목은 떡갈나무(또는 올리브)임.

지스카 Ziska Johann 1370~1424 보히미아 지방의 국민적 영웅·장군·종교 개혁가. 존 후스 문하의 지도자.

◀ ㅊ ▶

체사레 보르자 Cesare Borgia duc Valentinois 1475~1507 이탈리아 추기경·군인·정치가. 교황 알렉산드로스 6세의 아들로 권모 술수에 능하며, 잔혹한 범행으로 유명하다.

◀ ㅋ ▶

카로 Caro, Annibal 1507~1566 이탈리아 시인. 서한집으로 유명.

카론 Charon 그리스 신화. 명계(冥界;저승)의 강에 있는 늙은 뱃사공. 수염이 길고 때묻은 옷을 입은 초라한 모습으로 상상되고 있다. 뱃삯 1오보로스를 주어야만 여러 개의 강을 건너 저승으로 보내준다는 전설이 있어, 그리스에서는 이 때문에 죽은 자의 입 안에 1오보로스짜리 동전을 넣어 주는 습관이 생겼다 한다. 그는 방향만 조정할 뿐, 실제 노는 죽은 자 스스로 젓는다 함. 헤라클레스가 명계의 부름 없이 산 몸으로 내려가, 강제로 카론에게 배를 젓게 하니 이에 따른 벌로 카론은 1년간 사슬에 묶여 있었다 함.

카르나발레 Carnavelet, Kernevenoy 1520~1571 앙리 4세의 제1사마사(司馬使). 롱사르가 그를 칭송하는 시를 지을 정도로 말(馬)의 대가임.

카르네아데스 Carneades 기원전 2세기 그리스 철학자. 키레네 출생. 네오아카데미학파의 수령으로, 프로바빌리즘을 창도했으며, 확실한 모든 지식을 부인함.

카밀루스 Camilus 기원전 56년 로마의 호민관. 로마 제2의 건국자로 숭상받음.

카브리아스 Cabrias 기원전 4세기경 아테네의 장군. 나크소스에서 스파르타 군을 무찌름.

카를 5세 Karl V 1500~1558 플랑드르와 에스파냐 왕으로 카를로스 1세로 불림. 헨트 출생. 또 독일(신성 로마) 황제, 오스트리아와 이탈리아 일부를 소유했으며, 세계 제국을 꿈꾸어 프랑스와 30년 전쟁을 이끎.

카토 켄소리우스 Cato Censorius, Marcus Porcius 234~149 BC 고대 로마의 정치가·장군·웅변가. 대(大) 가토라고도 함. 투스클룸 출생. 매우 준엄하여 전통을 사랑하고 그리스 문화 유입을 반대했으나, 만년에 스스로 그리스어를 배움. 그의 작품 《농경서(農耕書)》는 현존하는 최고의 라틴 산문 문학. 이것은 농촌의 가정 경제, 실제 생활의 발전적인 안내서라 하겠으며, 그 기술이 뒤죽박죽으로 체계가 서 있지 않은 점과 내용이 생활에 직접 유용하게 한정된 점은 다분히 로마적이다. 라틴어로 쓰인 로마 최고의 역사서로 《기원론》이 있다.

카토 우티첸시스 Cato Uticensis, Marcus Porcius 95~46 BC 로마의 정치가·군인. 작은(小) 카토라고도 하며 대(大) 카토의 증손자임. 스토아 철학자. 아프리카의 타프수스에서 폼페이우스가 카이사르에 패했다는 보고를 받고 자살함.

카툴루스 Catullus, Gaius Valerius 84~54 BC 고대 로마의 서정 시인, 베로나 출생. 키케로가 조롱하던 '청년 시인'의 그룹에 들었음. 그리스 서정시의 운율을 라틴 시에 채용, 특히 알렉산드리아 문학의 영향을 강하게 받음. 그의 시의 최대 특징은 순수함이며, 감정 표현이 소박하고 직접적이며 도회적 센스를 즐겨, 우열한 인간이나 거친 작품을 날카롭게 공격한다. 가끔 민요풍을 즐기기도 하지만 밑바닥엔 언제나 세련된 기교와 기지를 담고 있다. 그는 사랑을 일반화해서 다루고 반성하며 이상과 현실을 개탄했으나, 그 정점이 엘레게이아(elegeia)로서 그는 순 로마적 연애 엘레게이아 시인들의 선구자가 되었다. 작품으로 서사시 《펠레우스와 테티스의 결혼》이 있다.

카트린 드 메디시스 Catherine de Medisis 1519~1589 프랑스의 여왕. 프랑수아 2세·샤를 9세·앙리 3세의 어머니로 샤를 9세 때엔 섭정이 되었다. 앙리 드 기즈와 손을 잡고 신교도 탄압을 강행하여, 1572년 성(聖)바르톨로메오 축일 밤에 대학살을 감행함.

카틸리나 Catilina Lucius Sergius 108~62 BC 로마 공화정 말기 정치가. 귀족당으로 로마 원로원에 대해 두 번 음모를 꾸몄다. 처음엔 카이사르에, 두 번째는 키케로에 의해 고발당해 분쇄됨.

카피톨리누스 Capitolinus, Manlius ?~390 BC 카피톨르(주피터의 신전)가 갈리아족에게 포위당했을 때 사투하며 지켰다. 그러나 384년 평민당의 요구를 너무 열렬히 지지했다는 죄로 타르페이우스 바위에서 죽임당함.

카필루포 Capilupo, Lenio 영웅적 시구를 주워 모아, 승려 생활의 풍자시를 썼음.

칼리굴라 Caligula 12~41 고대 로마 제3대 황제. 본명은 Gaius Julius Caesar Gemanicus. 로마인민 전체의 머리가 하나여서 한칼로 쳤으면 좋겠다고 말한 유명한 폭군.

칼콘딜라스 Chalcondylas, 1424~1511 이탈리아 문예 부흥에 크게 기여한 그리스 문법 학자.

칼푸르니우스 시쿨루스 Calpurnius Siculus, Titus 1세기경 로마 시인. 네로 시대에 활약한 자로 추측됨. 베르길리우스의 영향을 받아 네메시아누스의 본보기가 됨. 목가시(牧歌詩)의 유산을 르네상스 시대로 전하는 데 공헌함.

캄비세스 Cambyses 페르시아 태수와 메디아 왕의 딸 만다나의 아들. 기원전 549년 아스티아고스를 폐위시킨 후 왕위에 오름. 후에 키루스 대왕으로 추대됨.

카이사르 Caesar, Gaius Julius 100~44 BC 고대 로마의 군인·정치가. 로마 출생. 시저라고도 함. 독재자로 유명. 명문 출신으로 기원전 60년 크라수스·폼페이우스와 삼두 정치에 참가, 갈리아·브리타니아에 원정 토벌을 감행했다. 크라수스가 죽은 후 폼페이우스를 이집트로 추멸(追滅)하고, 각지 내란을 평정하는 등, 종신 딕타토르의 칭호를 받아 공화 정치 체제를 무시하고 독재를 실시했다. 공화 정치파의 음모로 브루투스에게 원로원 의사당에서 피살됨. 율리우스력(歷)의 채용, 식민지의 건설 등 훌륭한 정치적 실적을 쌓은 데다 문필에도 능해 《갈리아 전기(戰記)》 《내란기》 등은 라틴 문학의 걸작이라 일컬음.

케키나 Caecina, Severus 14년에 독일 케루스크족의 수령 아르미니우스에게 승리한 로마의 장수.

코르테즈 Cortez, Hernando 1485~1547 멕시코를 정복한 에스파냐 무장.

코민 Commines, Philippe de la Clite 1445~1509 15세기 프랑스의 역사가·외교관. 플랑드르 성주의 아들. 온건 중용의 재능으로 여러 대의 왕을 보필. 그의 《회상록》은 중세 연대기풍의 사실의 나열에다, 서사적인 묘사 없이 사건의 인과 관계(因果關係)를 탐구하고 정치 사상을 분석하여, 후세 군주의 필독서로 불린다. 이 저서는 루이 11세의 전기(傳記)로도 볼 수 있다. 그는 근세 역사 기술의 시조로 꼽힘.

코타 Cotta, Lucius ?~70 BC 로마 사법관. 160년에 국세(國勢) 검열관 역임. 아우렐리아 법을 통과시켜 사법권을 기사(騎士)들에게 넘겨줌.

콘라트 3세 Konrad III 1093~1152 독일 황제. 로마 교황의 콘라트 황제 파문에서, 황제파 지블랭 당과 교황파 겔프 당의 당쟁으로 번져 3세기에 걸쳐 계속됨.

쿠르티우스 루푸스 Curtius Rufus, Quintus 1세기 로마의 역사가. 클라우디우스 황제 시대에 10권으로 된 《알렉산드로스 대왕 원정기》를 씀. 자료의 취사 선택에서 비판력의 결핍으로, 사적(史的) 사실보다는 독자의 호기심을 만족시키는 데 중점을 두었기 때문에 로맨틱한 면에만 치우쳤으며, 또한 스타일에도 개성이 없음.

키벨레 Kybele 소아시아에서 숭배되고 있던 대지의 여신으로 BC 6세기경에 그리스로 들어오고, 이어 로마에서 이 여신을 맞아들였다. 본래 풍요, 다산(多産)의 여신이었으나, 최고신으로서 예언, 질병 치유, 전쟁에서의 보호, 숲속 짐승의 보호 등을 살피는 신으로 알려짐. 여신의 신전은 팔라티누스에 세워지고, 한때는 로마인이 그 신관이 되는 것을 금했다. 그 축제일 메갈렌시아는 4월 4일. 여신의 상징은 여러 개의 젖을 가지고 여러 마리의 사자가 끄는 전차를 탄 모습으로 나타남.

퀸틸리아누스 Quintilianus 에스파냐 출생. 1세기 로마에서 처음으로 수사학 교수로 활동 한 수사학자.

크라수스 Crassus, Marcus Licinius 115~53 BC 고대 로마의 집정관. 카이사르와 함께 삼두 정치를 실시했으며, 파르티족과의 전투에서 전사함.

크라테스 Crates 5세기, 그리스 희극 시인. 정치와 풍속을 풍자함.

크로이소스 Kroisos 재위 560?~546 BC 소아시아 리디아 왕국의 마지막 왕. 팔톨로스 강의 사금(砂金)에서 얻은 재보로 부유하기로 유명했으나, 마침내 페르시아의 키루스 2세에게 패망함.

크리시포스 Chrysippos 280?~207? BC 고대 그리스 철학자. 제논의 제자 클레안테스에게 배움. 스토아학파의 제2수령. 신아카데미학파에 강력히 맞섬.

크리톤 Criton 아테네의 부유한 시민으로 소크라테스의 제자.

크세노파네스 Xenophanes 560~478 BC 고대 그리스 시인·철학자. 엘레아학파의 시조로 파르메니데스의 스승. 이오니아 콜로폰에서 출생. 호메로스, 헤시오도스의 의인적 신관(神觀)을 맹렬히 공격하고, 신은 불생·불멸·부동하여 만물을 움직이며 인간적인 여러 성질을 초월하는 유일자라고 주장함. 그의 여러 단편(斷片)은 서양 철학사상 최초로 유일신의 관념을 명확히 기술한 것으로 알려짐.

크세노폰 Xenophon 431~350? BC 고대 그리스 군인·역사가·철학자·작가. 아테네에서 출생. 소크라테스에 많은 감화를 받음. 특히 그의 작품에서, 키루스 대왕의 청을 받아 그리스군을 인솔하고 페르시아로 원정했다가 키루스왕의 사망으로, 그리스 용병대 1만 명을 이끌고 본국까지 회군해 온 2년간의 상황을 소재로 한 산문 형식의 수기인 《아나바시스》는 유명함. 스승 소크라테스의 추상록인 《소크라테스의 추억》은 소크라테스를 아는 데 좋은 자료가 된다. 일종의 역사 소설 《키루스의 교육》 특히 자신의 스파르타주의와 국가주의의 이상을 기초로 한 교육관을 보여준다. 그의 특색은 문인으로서는 명석한 아티카 문체의 소유자로 언제나 상식에 따르는 실행가이며, 후기엔 우아하고 신을 공경하는 마음으로 생활을 함. 작품에 《아게실라오스》《소크라테스의 변명》《세입론(歲入論)》등이 있음.

크세르크세스 1세 Xerxes Ⅰ 519?~465 BC 아케메네스 왕조의 페르시아의 왕. 다리우스 1세의 아들로서 부친의 뒤를 이어 그리스를 침공했으나, 살라미스 해전에서 참패함.

클라우디아누스 Claudianus, Claudius 370?~404? 고대 로마의 시인 이집트 알렉산드리아 출생. 타고난 시적 재질이 풍부해 궁정의 전속 시인이 되어 많은 상찬가(賞讚歌)와 적을 공격하는 시를 썼다. 모두 사적(史的) 가치가 인정되는 것들임. 로마 최후의 대표적 시인.

클레멘스 5세 Clemens Ⅴ 1305~1314 본명은 베르트랑 드 고(Bertrand de Got). 교황으로 교황청을 아비뇽으로 옮김. 그 전에 그는 보르들레 대주교였으므로 몽테뉴가 그를 이웃처럼 생각하는 듯함.

클레안테스 Cleanthes 331?~232? BC 고대 그리스의 스토아학파 철학자. 소아시아 아소스 출생. 제논의 제자. 저서로 《제우스 찬가》가 있음.

클레오메네스 Cleomenes ?~487 BC 아르고스를 공격한 스파르타의 왕.

클로비스 1세 Clovis Ⅰ 466~511 프랑크 왕국의 메로빙거 왕조의 창시자. 전 프랑크족을 통합하여 프랑크 왕국을 수립.

키루스 2세 Cyrus Ⅱ 600?~529? BC 고대 페르시아 제국 건설자. 바빌로니아를 정벌하고 그곳에 갇힌 유대 사람들을 본국으로 돌려보냄. 소아시아 전역을 정복하여 대제국을 형성함.

키론 Chiron 그리스 신화에서 크로노스신과 바다의 요정인 펠리라 사이의 아들. 지혜와 의학으로 유명했음. 아킬레우스에게 무술을 가르친 반인 반수(半人半獸)의 신.

키르케 Circe 그리스 신화의 태양의 신 헬리오스와 페르세이즈의 딸. 전설적인 섬 아이아이(Aiaie)에 살았으며 마술에 능한 여신. 《오디세이아》에서 오디세우스의 부하들을 마법을 써 동물로 만들었다가 오디세우스에게 항복하고, 그와의 사이에서 아들 텔레고노스를 얻음. 키르케의 섬은 후에, 라티움의 테라치나 근방의 키르케이(Circeii) 반도라는 설이 있음.

키몬 Cimon 5세기경의 아테네 무장. 귀족당의 수령. 페르시아군과 여러 번 싸워 이김.

키케로 Cicero, Marcus Tullius 106~43 BC 고대 로마 최대의 웅변가·정치가·철학자·저술가. 라티움의 아르피눔 출생. 그가 활동하던 시대는 공화제가 붕괴하는 시기에 해당되고 정치적으로 불안한 시대였지만, 문학사에서 키케로·카이사르 시대라 일컬을 만큼 라틴 문학의 황금 시대였으며, 특히 그는 라틴 산문 문학의 제1인자였다. 그는 정계의 신인이었으나 원로원 의원을 역임했고, 전통을 만들고 질서를 애호하는, 스토아와 아카데미아 학파의 절충주의자였음. 그는 신경질적이었으나 포용력이 컸고, 동정심·감수성이 컸으나 기분 전환의 태도가 너무 급진적이어서 정적들로부터는 기회주의자란 비난도 들었다. 그러나 그의 그런 변화무쌍함이 그에겐 변론가로 성공하는 데 큰 도움을 주었다. 더욱이 충분한 법률, 문학 지식에 노련하고 명확히 논술하는 재능이 있어 글에서나 변론의 결말에 가장 적절한 율동을 붙이는 데에 달인이었다. 그의 작품 성격은 그리스 문학을 모방한 알렉산드리아니즘적이었음. 그의 작품으로 《아메리아의 로스키우스 변호》《카틸리나 탄핵》, 또 카토를 야유한 《무레나 변호》외 50여 편의 연설과 《국가론》《법에 관하여》《투스쿨라나룸 담론》《웅변가에 관하여》《공화국에 관하여》가 있는데 특히 《공화국에 관하여》에 나오는 '스키피오의 꿈'이란 논문은 유명하다.

킨나 Cinna 대 폼페이우스의 증손자. 아우구스투스를 살해하려 음모했으나, 이를 안 황제가 용서하여 결국 황제의 충복이 되었음. 이것은 관후한 덕성의 모범으로 역사에 남았고, 코르네이유는 이것을 제재로 비극을 씀.

킬론 Chilon 기원전 6세기 스파르타의 정치가. 민선 장관, 그리스 일곱 현인의 하나. 아들의 올림픽 경기 우승을 너무 기뻐하다 죽음.

킴베르 Cimber, Tillus 카이사르 살해 음모단의 일원. 그의 신호하에 암살이 이뤄짐.

◀ E ▶

타소 Tasso, Torquato 1544~1595 이탈리아의 서사 시인. 르네상스 기에 개화한 자연 예찬가. 궁정 시인 베르나르도를 아버지로 소렌토에서 출생. 8세에 시문을 쓰고, 15세에 이미 그리스 라틴 문학을 알고 있었다 함. 법률을 공부했으나 장시(長詩) 《리나르도》를 써 문학에 대한 재능을 인정받고, 대호평을 받은 전원시극 《아민타》를 써 후에 밀턴의 《코우머스》에 영향을 미쳤다. 그러나 사실(史實)의 왜곡, 교조(敎條)에서 탈피, 문학상 규범의 무시 등으로 비난을 받자, 노이로제에 시달려 광포한 행동을 했다. 그 뒤 만토바 공의 보살핌으로 그 곁에서 비극 《토리스몬도》를 완성했고, 다시 방랑 생활을 하던 중 교황의 비호를 받아, 페트라르카·아리오스토와 어깨를 나란히 하는 작가란 평을 듣게 한 대서사시 《해방된 예루살렘》을 완성함. 특히 여기에서 그의 낭만적 자질이 많이 드러남.

타키투스　Tacitus, Publius Cornelius 56?~120?　고대 로마 제정기의 역사가·웅변가·정치가. 로마의 속주 나르포 갈리아(현 남프랑스)에서 출생. 그의 작품은 키케로와 세네카의 '대화'에서 볼 수 없는 인물의 생생한 묘사, 우아한 문체를 지니고 있어 매력적인 면모를 보인다. 문체나 그 취미가 시대와 함께 변천한다는 관점에서 평가의 상대성을 인정한 것은 문예 비평 사상 큰 공적의 하나라 하겠다. 특히 그의 작품 《아그리콜라전》은 고대 전기(古代傳記)에서 가장 아름다운 것으로 알려져 있으며, 아그리콜라의 브리타니아 통치 시대가 군사적 지리적으로 자세히 기술되어 있기 때문에, 고대 영국사 연구에 있어 빼놓을 수 없는 문헌이다. 그는 역사상 미덕을 후세에 전해서 그들의 본보기로 하여 악덕에 대한 공포심을 갖게 하려는 의도에서 글을 썼으므로, 그의 작품은 특히 그 묘사가 극적이며 생생한 빛을 띠고, 그 문체가 강력 간결하며 매우 독특한 독자성을 지니고 있다. 그는 고대 역사가 중에서 가장 위대한 인물 중의 하나이다. 작품에 《게르마니아》《역사》《연대기》 등이 있음.

탄탈로스　Tantalos　그리스 신화. 제우스와 플루토 사이의 아들. 리디아 또는 프리지아 왕. 그는 대단한 거부(巨富)로서 신들의 사랑을 받았는데, 자기 아들을 죽여 신들을 시험해 본 교만으로 제우스의 분노를 삼으로써 타르타르 지옥에 떨어져 영원히 갈증에 시달리는 벌을 받게 되었다 함.

탈레스　Thales 640?~546? BC　고대 그리스 철학자. 밀레토스 출생. 그리스 일곱 현인 중에 1인자이며, '만물의 근원은 물'이라고 주장함으로써, 자연의 합리적 설명을 시도하여 '철학의 창시자'라고 불렸음. 밀레토스 학파 창시자.

테라메네스　Theramenes　프로디코스의 제자로 아테네의 웅변술 교사.

테렌티우스 아페르　Terentius Afer, publius 195?~159 BC　고대 로마의 희극 작가. 북아프리카 카르타고 출생. 노예로서 주인 테렌티우스로부터 재능을 인정받아 노예의 신분에서 벗어나고, 교육까지 받았으며 성(姓)도 받았음. 당시 귀족이며 지식인이었던 소(小) 스키피오의 문학 서클에 참가, 극작을 시작함. 플라우토스 이상으로 그리스 원전(原典)에 충실하여 거의 번역자와 창작자의 중간에 서 있다 하겠다. 그가 그리는 인물은 자연스럽고 광대 연극과 같은 요소가 없어, 그는 희극 작가라기보다는 명상적·감상적인 인생 비평가였다. 그의 작품의 근본적 바탕은 교양인을 위주로 썼다는 데 있다. 따라서 그의 말은 일상어가 아닌 세련된 순수한 언어로서 후세 사람들의 입에 오르내리는 명구가 많다. 이처럼 다듬어지고 기교적인 말을 라틴 문학 사상 처음으로 사용하여, 현대 서구 연극에 커다란 영향을 준 작가임. 작품에 《안드로스에서 온 아가씨》《계모》《자학자》《포르미오》《거세(去勢) 노예》《형제》 등이 있음.

테르툴리아누스　Tertullianus, Quintus Septimius Florens 160?~220?　고대 로마의 신학자·논쟁가. 최초의 라틴 교부(敎父). 카르타고 출생. 그노시스파에 반대하고 성서 해석의 전통성과 신앙의 전면적인 수용을 강조했다. 극단적 반이성주의자로 이단(異端)의 근원은 이성에 의한 신앙의 합리화에 있다고 함. 그러나 뒤에 몬타누스파 이단에 가입했으며, "불합리하기 때문에 나는 믿는다" 등의 비문적(碑文的) 명구로 후세에 많은 영향을 줌. 저서에 《변증》《헤르모게네스를 논박하다》《영혼의 증명에 대하여》《마르키온을 논박한다》 등이 있음.

테미스토클레스　Themistocles 524?~460? BC　고대 그리스 아테네의 정치가. 아테네의 패권을 세워 준 무장. 살라미스와 마라톤의 승전 장군.

테오도시우스 1세　Theodosius Ⅰ 346~395　고대 로마 황제. 대제라 존칭됨. 제국의 통일을 기하고 기독교를 국교로 삼았음. 야만족을 토벌, 사교(邪敎)를 억압하고 훌륭한 법전을 편찬했음. 후에 영토를 두 아들에게 나누어 준 까닭으로 그의 사후 로마 제국은 분단되었음.

테오프라스토스　Theophrastos 372~287? BC　고대 그리스 철학자. 그리스 레스보스섬에서 출생. 아리스토텔레스가 세운 리케이온 학원에서 후계자가 되고, 스승의 다방면에 펼친 학문적 업적을 계승하여 각 분야에 걸친 그 조직화에 공헌이 큼. 식물 분류의 《식물지(植物誌)》 및 식물 생리학이라 할 수 있는 《식물 원인론》은 이 분야 최초의 체계적인 서술로서, 식물학의 창시자라 일컬어짐. 특히 《자연학자의 학설》은 문제마다 그것에 대한 선대 철학자들의 의견의 다름·같음을 구별해 집대성한 작품으로, 이후 고대 철학사의 가장 기본적 자료의 하나가 되었다. 그의 풍속 시평 같은 콩트 《사람은 갖가지》는 후세 프랑스와 영국에 많은 아류의 작품을 낳게 한 원천이 됨. 그의 원 이름은 티르타모스라 하나, 후에 '신과 같은 변재(辯才)'란 뜻의 테오프라스토스의 칭호를 얻었다고 함.

테오필로스 Theopilos 동로마 제국의 황제.

토르카투스 Torquatus, Manlius ?~340 BC 로마 집정관. 자기 아들이 명령 없이 전쟁에 참가했다 하여 처형했음.

토마스 아퀴나스 Thomas Aquinas 1225~1274 이탈리아의 스콜라 철학자·신학자. 천사적 박사라 불림. 이탈리아 로마와 나폴리 부근 로카세카에서 출생. 도미니코회에 입회하고 파리와 쾰른에서 수학함. 작품에 《신학 대전》《대 이교도 대전(對異敎徒大全)》《진리에 대하여》 등이 있고, 아리스토텔레스의 많은 저작의 주해와 위작, 디오니시오스와 보에티우스의 주해 및 성서 주해 등이 있다. 그의 이러한 다작은 투명한 통찰력과 강인한 종합력에 의해 종전의 신학설을 통합하여, 전체가 조화 있는 그리스도교적인 세계관을 완성한 점에 그 의의가 있다. 당시 아리스토텔레스의 철학 연구를 대폭 받아들여, 이것을 신학 체계 수립에 이용한 점도 두드러진 특징이라 하겠다. 그의 신학은 플라톤·아리스토텔레스의 철학과 그리스도교 전통의 종합임.

토미리스 Tomyris 스키타이족의 여왕. 아들의 죽음을 복수하려고 전쟁을 하다가, 키루스에게 잡혀 피 속에 빠져 죽는 형을 받았다 함.

투키디데스 Thucydides 460~400? BC 고대 그리스 아테네의 역사가. 아테네 출생. 필로폰네소스 전쟁이 발발하자 곧 그 역사를 기록하기 시작함. 그는 아테네의 황금시대에 태어나 활약한 천재 중의 하나로, 아테네가 몰락하는 과정을 냉정하게 바라보며 기록해 갔다. 그의 저서 《펠로폰네소스 전쟁사》 8권은 기원전 411년 중도에서 미완성인 채 남아 있음.

튀르네브　Turnébe, Adriande 1512~1565　프랑스의 헬레니스트. 많은 그리스 고전을 번역 함.

튀르네브　Turnébe, Ode de 1552~1581　프랑스 작가. 파리 출생. 파리에서 화폐 감사원장을 역임. 작품에 희극 《만족한 사람들》 등이 있어, 고대 희극의 충실한 모방과 시대풍의 생생한 묘사를 보여줌. 튀르네브 아드리앙의 아들.

트라야누스　Trajanus, Marcus Ulpius 53~117　고대 로마의 황제. 에스파냐 바이티카 이탈리카 출생. 5현제(五賢帝) 중 제2대 황제. 조직적 행정력을 발휘했고, 여러 전쟁에 공훈을 세워 로마 제국의 판도를 확장함.

트라페준티우스　Trapezuntius, Georgus 1396~1486　논리학자. 아리스토텔레스를 번역, 주석함.

트로구스　Trogus　폼페이우스 아우구스투스 시대의 역사가. 《만국사(萬國史)》를 저술함.

트리스메기스토스　Trismegistos　그리스의 신비가들이 이집트의 신(神) 도토를 일컫는 이름. 이후 신플라톤학파의 많은 작가들도 이 이름으로 불리었다. 이 말은 그들 중 하나의 작품 《피만데르》에서 인용한 것임.

티그라네스 2세　Tigranes Ⅱ 140?~55? BC　아르메니아의 왕. BC 69년 로마의 장군 루쿨루스에 패하여 수도를 빼앗겼으며, BC 66년 폼페이우스에게도 패하여 아르메니아 본토만 남기고 모두 빼앗겼음.

티르타이오스　Tyrtaeos　기원전 7세기 그리스 서정 시인. 아테네 학교의 교사였으나 전설에 의하면 제2차 메세니아 전쟁 때, 스파르타에 가서 그의 노래로 스파르타군의 사기를 고무해 주어 메세니아 반란으로 위기에 직면한 스파르타를 구했다 함. 호메로스풍 서사시의 언어로 지은 엘레게이아가 많음.

티리다테스　Tiridates　2세기경의 아르메니아의 왕.

티마이오스　Timaios 356?~260? BC　고대 그리스 역사가. 시칠리아섬 타우로메니움 출생. 시라쿠사의 참주 아가토클레스에 의해 시칠리아에서 쫓겨나 아테네에서 50년간 머무름. 《시칠리아 사(史)》는 신화 시대로부터 기원전 264년에 이르는 역사로서 시칠리아 역사의 기술을 바로 시정하고, 이탈리아·카르타고 및 그리스의 사건·정세 등에 언급한 것임. 올림피아 기(紀)에 의한 연대 계산법을 처음으로 씀.

티몰레온 Timoleon 기원전 4세기경 코린토스의 무장. 시라쿠사의 폭군 디오니시우스를 추방함.

티불루스 Tibullus, Albius 48?~19 BC 고대 로마의 엘레게이아 시인. 유명한 문인 보호자 메살라 문학 서클에 가담함. 호라티우스와 친교가 있었으며, 그의 시는 거의 베르길리우스의 영향을 받아 불행한 사랑을 목가적으로 재현함으로써, 사랑의 이상을 형이상학적으로 승화시켰음. 정열은 미미하나 유려한 문체와 우울한 시풍을 특색으로 함. 작품으로 《티불루스 전집》 4권이 있음.

티에스테스 Thyestes 그리스 신화에서 펠롭스와 히포다메이아의 아들로, 아트레우스는 그의 형. 티에스테스를 이를 갈며 미워하던 아트레우스가 그의 아들 폴뤼데네스를 죽여 요리해서 그에게 먹이자, 후에 이 사실을 알게 된 또 다른 아들 아이기스토스는 부친의 원수를 갚기 위해 아트레우스를 죽임. 여기서 다시 그들 형제 친척 사이의 살벌한 복수의 투쟁이 일게 됨.

티탄 Titan 영어로 타이탄. 천공의 신 우라노스와 땅의 신 가이아 사이에 태어난 여섯 명의 남신과 여섯 명의 여신으로 이뤄진 선주 민족(先住民族)에서 계승된 원시 신. 이들은 올림포스 이전의 거인신으로 후에 제우스 통솔하의 올림포스 신들과 싸워 패하고 제우스에 의해 그들의 부신(父神) 크로노스와 함께 타르타로스에 유폐됨.

◀ ㅍ ▶

파나이티오스 Panaitios 180~109 BC 고대 그리스 스토아학파의 철학자. 그리스령 로도스섬 출생. 디오게네스의 제자. 엄격주의 윤리설을 완화하여 절충적인 중기 스토아학파 철학을 확립.

파라셀수스 Paracelsus, Philippus Aureolus 1493~1541 스위스의 화학자·의학자·연금술자. 스위스 아인지델른 출생. 비전 의술(秘傳醫術)의 창시자. 바젤 대학에서 공적(公敵)으로 아비켄누스와 갈레노스의 의서를 불태우고 새로운 학설을 창도함. 물질계의 근본을 유황·수은·소금의 3원소라 함 산화철·수은·안티몬·납·

구리·비소 등의 금속 화합물을 처음으로 의약품에 채용함.

파브리키우스 루스키누스 Fabricius Luscinus, Gaius 기원전 282년경의 로마 집정관. 그리스의 에페이로스 왕 피로스가 뇌물로 매수하려는 것을 거절함으로써 피로스왕을 감동시켜, 포로를 아무 대가 없이 돌려받았다 함.

파비우스 막시무스 쿤크타토르 Fabius Maximus Cunctator, Quintus 275~203 BC 고대 로마의 장군·정치가. 제2차 포에니 전쟁(BC 218~201) 때 지연 전술로 카르타고의 용장 한니발을 괴롭힌 로마의 장군.

파우사니아스 Pausanias ?~470 BC 페르시아 전쟁 때의 스파르타 장군. 기원전 480년 그리스 연합군 총수가 되어 플라타이아 전투에서 페르시아군을 격파한 스파르타 무장.

파쿠비우스 Pacuvius 고대 로마의 가장 오래된 비극 시인. 또는 기원전 2세기경의 로마 문법 학자 겸 비평가로도 전해짐.

파트로클레스 Patrokles 그리스 신화. 오푸스 땅의 메노이티오스와 스테넬레의 아들. 아킬레우스와는 혈연 관계에 있음. 소년 시절 친구 클레이토니모스와 놀이를 하다 실수로 그를 죽이자, 펠레우스를 찾아가 도피처를 얻고, 그를 양육한 펠레우스는 그를 아들 아킬레우스의 벗으로 했다. 트로이 원정 때 아킬레우스와 같이 출전하나 아킬레우스가 아가멤논에 대한 분노로 전투 참가를 거부하고 있을 때 동조하다가, 그리스군의 비참한 패망의 모습을 보다 못해 아킬레우스의 갑옷을 빌려 입고 출전한다. 그러나 아폴론의 방해로 헥토르에게 살해됨. 그로 인해 아킬레우스는 다시 그리스군에 복귀하여 헥토르를 죽임으로써 파트로클레스의 복수를 함.

페레우스 Phereus, Jason ?~370 BC 고대 그리스 전국의 정복을 기도한 테살리아 폭군.

페레키데스 Pherecydes ?~542 BC 고대 그리스 신화 서술가. 시로스 출생. 그리스어를 사용한 가장 오래된 산문의 작가. 천지 창조의 신들의 계보 《테프타미코스》 10권을 저술했음. 또한 피타고라스의 스승으로 최초로 영혼 불멸설을 창도한 철학가이기도 함.

페르디난트 1세 Ferdinand Ⅰ 1503~1564 오스트리아의 대공(大公), 보헤미아·헝

가리의 왕, 독일의 왕이 되었다가 독일 신성 로마 제국 황제인 형 카를 5세의 뒤를 이어 황제가 됨.

페르세우스 Perseus 재위 179~168 BC 마케도니아 최후의 왕. 로마군에 멸망함.

페르시우스 플라쿠스 Persius Flaccus, Aulus 34~62 고대 로마의 풍자 시인. 에트루리아 출생. 스토아학파의 코르누투스로부터 신학을 배움. 루킬리우스에서 힌트를 얻어 6편의 《풍자시》를 썼으나 제1편을 제외하곤 오히려 설교에 가깝다. 스토아학파 입장에서 당시의 퇴폐한 도덕에 관해 언급한 것으로 문장은 지극히 난해하다.

페리클레스 Pericles 495~429 BC 고대 그리스의 웅변가·정치가. 관리를 희망자 중에서 추첨하는 등 민주 정치의 토대를 마련함. 아테네 해군을 강화했고, 아테네를 미화시키고, 식민지를 확장하는 등 정치적 대활약을 함.

페트라르카 Petrarca, Francesco 1304~1374 이탈리아 문예 부흥 초기의 시인·고전학자. 이탈리아 토스카나 아레초 출생. 볼로냐 대학에서 법률을 공부했으나 그보다도 고전 문학서 탐독에만 열중했다. 라틴어 서사시 《아프리카》의 독창적 사상이 높이 평가되어, 나폴리 로베르토 왕의 천거로 시인 최고의 영예인 계관시인(桂冠詩人)의 칭호를 받음. 공화제 고대 로마의 부활을 꿈꾸는 그의 소망이 좌절되자, 베네치아 해안에 머물러 시작(詩作)에만 몰두했다. 특히 14행시를 완성시켜 유명해진 그는 고대 로마에 대한 사모의 마음이 컸으며, 흔히 '근대 시인'이라 불릴 정도로 중세 사람들에게서는 무시당했으나, 자연의 미를 동경하고, 강한 현실적인 관심을 보였던 인간적 매력이 넘친 작가였다. 또한 종전에 이교도의 문화로 버림받고 있던 고전 고대의 문화를 친근히 하여, 흩어진 고사본(古寫本)을 찾아 여행을 즐겼으며, 분실된 것으로 알고 있던 키케로와 타키투스의 작품 일부를 발견하기까지 했다. 그는 고대 문화의 의의를 이해하고 소화하려 노력해, 라틴어 저작 《고독한 생활에 대하여》에서 당시 스토아 철학풍의 부동의 한가로움이란 관념에 착안해, 그것을 그리스도교적 입장에서 소화하여 어떤 것에도 좌우되지 않는 인간 정신의 거룩함을 찬양하고 있다. 또한 중세의 초경험적 가치관에 반대하고, 있는 그대로의 인간성, 그리스도교적 자각에 불탄 인간의 활동력을 찬양했는데, 그러한 주장이 앞으로 올 르네상스의 여러 문화를 낳게 한 원동력이 되었음. 작품으로 《아프리카》《나의 비밀》《칸초니에레》《승리》 등이 있음.

페트로니우스 Petronius, Gaius ?~66 고대 로마의 풍자 작가·정치가. 네로 황제의 총신이었으나, 피소의 반란에 개입한 것으로 의심받자 혈맥을 끊어, 친구들과 담소하던 중 죽음. 16세기 이후 세계 각국에서 유행한 악한 소설(惡漢小說)의 선구를 이룬 《사티리콘》을 저술함. 당시의 일상어·비어(卑語) 등의 자유로운 구사와 예리한 관찰과 넘치는 기지, 라블레풍의 웃음에 넘친 사회의 표리를 분별해 리얼하게 그려낸 이색적인 풍자 소설로서, 위스망스는 현대 프랑스 소설과의 기묘한 상사성(相似性)을 지적하며 격찬했다. 이 작품에서 특히 유명한 것은 '트리말키오의 향연'과 '에페소스의 과부'로서 이들은 중세에서 현대에 이르기까지 많은 작가들에 의해 취급되고 있다. 이 소설은 유럽 소설 발달 사상 극히 중요한 작품으로 근대 리얼리즘 소설의 선구로 보고 있음.

펠로피다스 Pelopidas 410?~364 BC 고대 그리스 테베의 장군·정치가. 에파미논다스의 친구.

포르티아 Portia 카토의 딸. 남편 브루투스가 전사했다는 소식을 듣고 자살함.

포시도니오스 Posidonios 135?~51 BC 고대 로마의 스토아학파 철학자·역사가. 시리아 출생. 키케로의 스승.

포키온 Phocion 402?~318 BC 아테네의 무장·웅변가·정치가. 플라톤의 제자. 점령군 마케도니아의 대리인으로 아테네를 다스림. 물욕이 없는 것으로 유명함.

포파에아 Popaea 크리스피누스의 아내였다가 오토에게, 다시 네로의 첩이었다가 왕후가 됨. 미모를 가꾸는 데 극도로 사치하여 항상 1백 마리의 암탕나귀를 기르며, 그 젖으로 목욕을 했다 함. 네로에게 배를 채여 죽음.

폰티코스 Ponticos, Heraclides 기원전 4세기 폰토스 출생의 그리스 철학자. 플라톤·아리스토텔레스의 제자.

폴레몬 Polemon, 344~276 BC 고대 그리스 철학자. 아케데미아를 관장함.

폴리비오스 Polybios 205~125 BC 고대 로마의 그리스계 역사가. 메갈로폴리스 출생. 아카이아 동맹에 속하는 정치가로 활약했음. 제3차 마케도니아 전쟁 후

로마에 인질로 가, 소(小) 스키피오의 교사로 우대받음. 포에니 전쟁에서 BC 144년까지의 로마 역사를 40권으로 저술한 그의 작품《역사》는 하나의 일체적 세계사로 파악한 전 세계의 모든 역사적 사실이 연관되어 서술되어 있음. 자신의 정치 경력에 비추어 정치적 경험을 가진 자만이 충분한 역사를 쓸 수 있다고 주장한 그는, 특히 역사의 인과 관계를 중요시했다. 그의 서술 특징은 실제 사건만의 서술로 만족치 않고, 여러 곳에 자신의 의견이나 역사 이론을 삽입한 점이다. 정치사가로 오늘날까지 높이 평가됨.

폴리크라테스 Polycrates 537~523 BC 사모스의 폭군. 40년 동안 권위를 누리다가 언젠가 다가올지도 모를 액운을 막으려고 황금반지를 바닷물에 던져 운명의 신에게 바쳤더니, 금반지가 어부의 손을 거쳐 되돌아왔다. 그후 그는 페르시아의 다리우스에게 잡혀 십자형을 받았다.

폼페이우스 Pompeius 107~49 BC 카이사르와 함께 로마의 집정관으로 있다가 파르살리아 전투에서 패하고, 그와 더불어 로마 공화제도가 허물어짐.

프란체스코 성자 Saint Francesco d'Assisi 1182~1226 이탈리아 아시시의 수도사·성인. 청빈을 지킨 성자로 프란체스코 수도회의 창시자. 그가 수도 중 하늘에 붉은 천사가 나타난 것을 보자, 예수의 십자가에 못박힌 자국의 상처가 그의 손과 발에 나타나서 피가 흘렸다 함.

프랑수아 1세 François I, 1494~1547 프랑스의 왕. 신성 로마 황제 카를 5세와 이탈리아 파비아에서 싸움에 져 포로가 되어 유폐됨. 이탈리아로부터 문예 부흥의 문물을 수입하여, 문인·예술가들은 옹호했음.

프로메테우스 Prometheus 그리스 신화. 티탄 신족인 이아페토스와 올리메네 사이의 아들. 진흙으로 인간을 만들고 인간을 위해 제우스가 감추어 둔 불을 훔쳐다 준 죄로, 제우스는 그를 코카소스산에 묶어 독수리에게 그 간을 쪼아 먹게 했다. 후에 헤라클레스가 독수리를 죽이고 그를 풀어 주었다고 함.

프로부스 Probus ?~282 재위 276~282 아우렐리아누스 휘하의 명장(名將), 타키투스가 죽은 뒤 군대에 의해 황제로 추대되었다. 전쟁이 없을 때 군대를 공공사업 등에 투입했다가 처우에 불만을 품은 군부의 반란으로 살해됨.

프로타고라스 Protagoras 485?~410? BC 고대 그리스 철학자·소피스트 트리키아

아브데라 출생. 인식에 있어 감각주의적인 상대론을 취했고, 신의 존재에 대해서는 불가지론(不可知論)을 주장했으며, 도덕에서는 공동체 내에서의 약속설을 주장한 그는 특히 인신론과 웅변술을 연구하여 가르쳤음. "인간은 만물의 척도이다" "있는 것에 대해서는 있다는 것의, 없는 것에 대해서는 없다는 것의"는 특히 그의 유명한 말임.

프로토게네스 Protogenes 알렉산드로스 대왕 때의 그리스 조각가이며 화가.

프로페르티우스 Propertius, Sextus 50?~16? BC 고대 로마의 서정 시인. 아시시 출생, 법률을 공부했으나 시작(詩作)으로 전향, 서정이 풍부한 만가(挽歌)를 지어 아우구스투스의 총신인 마에케나스의 총애를 받았다. 그는 감수성과 상상력이 풍부한 알렉산드리아파의 영향이 엿보이는 시인으로 베르길리우스의 친우였음. 작품으로 《서정 시집》(4권)이 있음.

프루아사르 Froissart, Jean 1333~1400 프랑스 연대기 작가. 프랑스 플랑드르 출생. 여러 나라를 견문하여 기록한 여행기가 있음. 작품으로 《멜리아도르》와 백년 전쟁 당시 유럽 시대사를 엮은 《연대기》는 14세기의 우수한 문학 작품으로 평가됨.

프리암 Priam 라틴어로 프리아모스(Priamos). 그리스 신화의 트로이 전쟁 때 그리스군에 패망한 트로이 최후의 왕. 트로이의 왕 라오메돈과 하신(河神)의 딸 스트리모 사이의 아들로, 헤라클레스가 라오메돈의 왕으로 있을 때 트로이를 공략, 왕의 아들들을 죽이고 딸 헤시오네와 그 아들 프리아모스만을 포로로 데려와 헤시오네를 델라몬과 결혼시킴에 그녀가 결혼 선물로 동생을 요구했다. 헤라클레스는 그녀의 베일과 동생을 교환하여 그를 노예 매매 형식으로 그녀에게 주었고, 이에 그때까지는 포다르케스라고 불렸던 그는 프리아모스(그리스어의 Pria는 '산다'를 뜻함)라 개명되었다고 함. 후에 노령에 이르러 트로이 패망 때 그리스군 네오프톨레모스에게 죽임당함.

프톨레마이오스 Ptolemaeos, Claudios 90?~168? BC 고대 그리스 천문학자·지리학자. 영어명 Ptolemy(톨레미). 천체를 관측하면서 대기에 의한 빛의 굴절 작용을 발견, 달의 운동이 비등속 운동임을 밝힘. 저서로 《천문학 집대성》《알마게스트》《지리학》 등이 있음.

플라미니우스 Flaminius 로마의 집정관. 그리스에 건너가 마케도니아의 왕 필리포스를 침. 기원전 217년 한니발에 패하여 죽음.

플라우투스 Plautus, Titus Maccius 254~184 BC 고대 로마의 시인. 희극 작가, 이탈리아 사르시나 출생. 작품은 모두 1백 30여 편이 되나, 작품다운 것은 20여 편에 지나지 않음. 그리스 신(新) 희극에 영향을 받은 그의 작품에는, 감상적이고 섬세하며 기백이 모자라는 경향의 그리스 희극에 비해 로마인에 맞는 행동적이고 야성적인 면이 풍긴다. 가장 호평을 받는 작품 《포로》는 복잡한 줄거리, 생생한 대화, 성실함과 익살이 있어, 운율의 극적 가능성을 개척한 점에서 그의 업적이 높이 평가된다.

플라톤 Platon 427~347? BC 고대 그리스 최대의 철학자. 아테네 명문 출신 초기엔 정치 무대를 동경했으나, 30인 참주 정치의 잔인한 권력 위주, 이에 맞선 데모크라시의 어리석음, 소크라테스 처형의 어리석음 등으로 인한 정치에의 불신과 의혹으로 괴로워하는 동안, "참다운 철학자가 정치적 권력을 잡든가, 정치적 권력의 소유자가 되든가, 그 어느 조건이 충족되지 않는 한 혼란은 수습될 수 없다"는 유명한 철인 정치사상이 형성되어 갔다. 결국 그는 정치에서 손을 떼기로 하고 40세경 아테네 교외에 연구 및 상설 교육 기관 '아카데메이아'를 설립하여 학문의 중심 역할을 했다. 그의 철학은 영원불변의 질서가 있으며, 이 질서에 참여하는 것만으로 낱낱의 사물이 존재할 수 있다는 확신 위에 서 있다. 작품에 《소크라테스의 변명》《제7서한》《향연》《국가론》《메논》《법률》편 등이 있음.

플라쿠스 Flacchus 기원전 237년경 로마 집정관.

플로루스 Florus 1세기 로마의 역사가.

플루타르코스 Plutarcos, 45~125 영어명 Plutarch(플루타르크). 고대 그리스 말기의 사가(史家)·수필가. 고전 고대에 걸쳐 가장 유명한 전기 작가(傳記作家). 중부 그리스 카이로네이아 출생. 플라톤 철학을 배웠고 자연 과학이나 변론술도 수학함. 카이로네이아 시정(市政)에 공헌해 아테네 명예 시민이 되었고, 만년에 델포이의 최고 신관(神官)으로 있으면서 아폴론 신역의 부흥을 위해 노력했다. 카이로네이아에 사숙(私塾)을 열어 어린이들을 교육하고, 그 교양 속에 왕성한 수필 활동을 하고 방대한 전기를 씀은 그의 진면목이라 하겠다. 특히 부유한 생활에서 어려움 없이 지낸 데다, 당시 로마 제국이 융성했던 시기의 배경에 있었으므로 작품에도 자신의 짙은 체험담 같은 것은 나타나지 않는다. 그의 사상은 플라톤학파를 주로 하여 거기에 피타고라스파 사상을 가미했으며 에피쿠로스학파는 철저히 반대했다. 미신을 반대하나 신비주의 사상이 엿보이고 로마 제국의 지배를 긍정하며 한 사람만의 지배를 인정했음. 사료로서 가치가 높은 《플루타르크 영웅전》이 있음.

플리니우스 Plinius Seundus, Gaius 23~79 고대 로마 제정기의 장군·정치가·자연 과학자. 북이탈리아 노붐코뭄 출신. 만년에 미세눔 함대 사령관으로 베수비오 화산 대폭발 때 그 구조와 조사를 위해 접근하다가 질식사함. 저작에 《박물지》가 있음. 그것은 전 37권에 달하는 사항별 백과전서로 티투스 황제에 바쳐진 것임.

플리니우스 Plinius Caecilius Secundus, Gaius 61~113 로마의 법률가·정치가·문인. 북이탈리아 코뭄 출신. 숙부 플리니우스의 양자. 법정 변론가로 출세, 트리야누스 황제 때 통령(統領)을 지냄. 작품에 《송사(頌詞)》《서한론》이 있으며 이 시대 역사를 아는 데에 귀중한 정보를 포함하고 있음. 또 그 당시 신흥 종교였던 그리스도교에 관한 것이 서한으로 실려 있어 원시(原始) 그리스도교에 관한 진귀한 자료가 됨.

피로스 Pyrrhos 319~272 BC 고대 그리스 북서부의 에페이로스 왕. 로마군을 치러 이탈리아 원정 감행.

피론 Pyrrhon, 360~270 BC 고대 그리스 철학자. 회의주의 창도자. 그리스 엘리스 출생. 모든 판단을 성급하게 해서는 안 된다는 회의론(懷疑論)의 이상은 아타락시아(ataraxia : 마음을 어지럽히지 않는 일)에 있다 함. 회의론을 의미하는 피론주의는 그의 이름에서 유래함.

피브라크 Pibrac 1529~1586 4행 도덕시의 작가로 프랑스 고관.

피치노 Ficino, Marsilio 1433~1499 이탈리아의 철학자·신학자. 플로렌스의 플라톤학파 아카데미의 교장. 플라톤 작품을 번역. 《연애론》《향연》은 이때 프랑스어로 옮겨짐.

피타고라스 Pythagoras 580~500 BC 그리스의 철학자·수학자·종교가. 수(數)에 관한 신비설을 세움.

피타쿠스 Pittacus 650~570 BC 그리스의 일곱 현인 중 한 사람.

핀다로스 Pindaros 522?~440? BC 고대 그리스 최대의 서정 시인. 그리스의 키노스케 팔라이 출생. 올림픽 경기를 장쾌하게 노래함. 기원전 5세기의 그는 시대 착오적인 존재였으며, 그의 신관(神觀)은 사람의 운명을 좌우하는 두려운 신이었음. 그의 편협한 견해, 교만한 덕, 민중으로부터의 유리는 아테네의 민중 정치나 새로운 사상에는 용납되지 않았으며, 그는 대담한 종교관을 지녀 그 대담한 비유는 종종 현대 상징파의 그것을 넘어설 정도이다. 그 난해한 언사(言辭)는 알렉산드로스 이후 문법학자의 주석의 대상이 되었고, 또 복잡한 운율과 언어 기교는 그리스 어 이외의 언어는 모방할 수 없을 정도였음. 작품에 《축승가(祝勝歌)》가 있음.

필로포이멘 Philopoemen 253?~182 BC 고대 그리스 아카이아 연맹의 수령. 로마 군의 진격에 마지막까지 저항한 용장.

필론 Philon 20? BC~40 AD 알렉산드리아의 유대인 공동체의 수장·철학자. 알렉산드리아 출생. 로마에 사절을 보내 유대인의 황제 예배를 거절함. 그의 《서면(書面)》에는 "신은 그 백성을 돌보며 박해자를 처벌할 것"이라고 서술하여 그리스도교 섭리 사상에 영향을 줌. 신과 세계의 매개자로 '로고스'를 주장함.

◀ ㅎ ▶

하드리아누스 Hardrianus, Publius Aelius 76~137 5현제(五賢帝)의 한 사람. 로마 출생. 정복 전쟁을 지양하고 평화책을 쓴 로마의 황제. 법률을 정비했음.

하르모디우스 Harmodius 기원전 514년, 아테네 폭군 피시스트라토스의 히피아스를 살해함.

한니발 Hannibal 247~182 BC 아프리카에서 에스파냐·프랑스를 거쳐 알프스 산을 최초로 넘어 로마에 원정한 카르타고 명장.

헤라클레이토스 Hēracleitos ?~460 BC 그리스 철학자. 에페소스의 귀족 출신. 대중을 경멸해 고고(孤高)한 생을 보냄. 만물의 근원은 불이며 모든 것은 서로 반발하면서 결합하고 있는데, 이러한 결합 관계가 우주를 꿰뚫는 이법(理法; 로고스)이라 함.《신은 낮과 밤, 겨울과 여름, 전쟁과 평화, 포만과 기아》와《전쟁은 만물의 아버지》등의 단편(斷片)이 전해짐.

헤라클레스 Herakles 그리스 신화 최대의 영웅으로 제우스와 알크메네 사이의 아들. 제우스의 아내 헤라는 딴 여자 사이에서 태어난 헤라클레스를 미워하여 괴롭혔다. 인간의 힘 이상의 힘을 쓸 수 있어, 수십 가지의 어려운 일들을 겪어냈으며 초인적 업적을 무수히 남겼음. 힘의 상징으로 나타남.

헤로도토스 Hêrodotos 485~425 BC 고대 그리스 역사가. 소아시아의 할리카르나소스 출생. 세계 각지를 여행하여 지리·풍속·역사 등에 대해 풍부한 지식을 거두어《역사》를 저술함. 한때 문학적으로 크게 가치를 주지 않았으나 최근에 와서 문학사(文學史)에 높이 평가되며 키케로는 그를 '역사의 아버지'로 불렀음.

헤브레오 Hebreo, Leon 포르투갈 출생의 유대교 학자. 1335년《사랑의 대화》를 저술.

헥토르 Hektor 그리스 신화에 나오는 영웅. 트로이 왕 프리아모스의 아들로, 제우스신이 사랑하여 보살피는 용장. 트로이 전쟁에서 트로이 군 총대장. 동생 알렉산드로스(파리스)의 헬레나에 대한 고집으로 인해 결국 전투에 출전하여 맹활약하다 아킬레우스에게 살해됨.

헬리오가발루스 Heliogabalus 204~222 엘라가발루스(Elagabalus)로도 불림. 고대 로마의 황제. 시리아 출생. 태양신 바알을 섬기는 엘라가발의 신관 집안 출신. 광포함과 음란함으로 인해 친위대에 암살됨.

헬리오도로스 Heliodoros 3세기경 그리스 소설가. 시리아의 에메사 출생. 소설《에티오피아 이야기》는 복잡한 줄거리에 등장 인물이 많으나 잘 통일되어 있고, 비교 종교적·역사적·지리적인 면에 흥미를 느끼게 함. 기법에 있어 당시 소설 중 가장 뛰어난 것이라 함. 16세기에 번역되고서부터 그 후의 소설이나 희곡에 많은 영향을 줌.

호라티우스 Horatius Flaccus, Quintus 65~8 BC 베르길리우스 다음 가는 고대 로마 시인. 남이탈리아 베누시아에서 출생. 그 부친은 해방 노예로 그를 아테네에 유학시킴. 카이사르 암살을 지도한 브루투스군에 장교로 가담. 안토니우스에게 패하고 모든 재산을 몰수당하고 나서 시를 쓰기 시작함. 그 무렵 베르길리우스 등과 벗이 되어 마에케나스에게 소개되어 38년, 겨우 그의 문학 서클에 가입함으로써 그 생애의 대전환기가 됨. 그의 작시법상의 완벽함, 자유 활달하며 도시인다운 민감함, 인정미, 소박한 취미, 자신의 결점을 숨기지 않는 솔직함 등은 충분히 독자의 인기를 독점할 수 있는 요소였다. 이미 그의 작품은 라틴 고전 문학의 위치에 있으나, 중세를 거쳐 오늘에 이르기까지 사랑받으며 널리 읽혀, 그가 후세 서구 시에 끼친 영향은 크다 하겠다. 시작에《풍자시》《서정시집》《사이크라레스제 축전가》등이 있고《서한집》《시론》등의 저서도 있음.

호메로스 Homēros 기원전 9세기경. 고대 그리스 제일의 시인. 서구 문학의 아버지로 서사시의 바이블이라 일컫는《일리아스》《오디세이아》의 저자. 아시아의 이오니아 해변, 스미르나 또는 키오스섬에서 출생한 것으로 추측됨. 그의 연대와 출생지는 확실치 않아 갖가지 설이 나돌며, 작품 또한《일리아스》와《오디세이아》사이에 상당한 차이점이 있다 하여 이 두 작품의 저자도 각기 다른 게 아닌가 하는 분리설도 나돈다. 그러나 이 두 편의 서사시는 트로이 이야기 속의 하나의 간추려진 사건을 각기 다루고 있으며, 그것을 극적으로 한 점에 집중시켰다는 점에서 한 사람의 작자에 의한 것이라는 점이 분명한 것 같다. 그의 시는 전 그리스의 국민적인 서사시가 되었고, 그 언어와 기법은 그리스, 라틴 문학을 비롯해 근대 문학, 현대 문학에 이르기까지 서구 문학 전체에 직접 간접의 영향을 줌. 그의 언어는 오랜 전통의 결과인 인공과 기교와의 극치임에도 불구하고 자연스러움과 순박함으로 생동감을 느끼게 한다. 그는 인간의 정열과 감정을 가장 생생하고 진실하게 형상화하여 전형적인 불후의 성격과 심리, 정서와 태도의 형태를 완성함으로써 이른바 사실주의적 수법의 완벽을 기하고, 모든 인간 체험의 다양한 본질을 가장 심오하게 묘사했다. 그의 신들, 영웅상은 그리스뿐만 아니라 서구의 조형 미술을 결정지어 놓았으며, 모든 초자연적 괴기를 배격하고 밝은 기사도의 세계를 열었다. 그는 내용의 평이성과 심오함 속에 이야기의 발전과 함께 복선을 깔고, 인간 운명의 구심적 입체적인 단면과 인간 체험의 원심적 횡적 단면을 표출하고 있다. 그의 가치는 스타일과 플롯의 완벽한 통일성, 인간의 기본적인 정지와 모티브의 파악, 보편적 견지에서 본 위대한 인물들의 완전한 개성화, 인생의 위엄과 쾌락과 비극을 그리면서 특히 죽음의 필연성도 묘사함으로써 종교와 윤리를 뒷날 지구 문명의 조류로 이룬, 그리스적인 성격을 바탕으로 하여 방대한 스케일을 건전한 모럴에 의해 하나의 세계관을 이룩한 데 있음.

호스틸루스 Hostillus, Tullus 670~630 BC 고대 로마 제3대 왕.

히에른 1세 Hieron Ⅰ 재위 478~467 BC 시칠리아에 있는 시라쿠사에 11년간 군림해 시칠리아 전국토를 장악한 참주. 문학을 옹호하여 문학자들을 보살핌.

히피아스 Hippias 기원전 5세기. 소크라테스 당대의 아테네 소피스트 철학자.

손우성

충북 청원에서 태어나다. 일본 법정대학불문학과를 졸업, 아테네프랑세에서 프랑스문학 전공. 이하윤·김진섭·이선근·정인섭 등과 외국어문학연구회 결성 〈해외문학〉 창간동인 활동. 서울대 교수, 성균관대 교수, 성균관대문리대 학장, 성균관대 대학원장, 한국불어불문학회 회장을 지냈다. 프랑스 문화훈장, 프랑스 공적훈장, 한국펜클럽번역문학상을 받다. 학술원회원, 평론집 《비정통사상》 옮긴 책 부르제 《제자》, 사르트르 《존재와 무》 등이 있다.

Michel de Montaigne
LES ESSAIS
몽테뉴 수상록
몽테뉴 지음/손우성 옮김

1판 1쇄 발행/1978. 12. 10
4판 1쇄 발행/2007. 9. 20
4판 18쇄 발행/2025. 11. 1
발행인 고윤주
발행처 동서문화사
창업 1956. 12. 12. 등록 16-3799
서울 중구 마른내로 144 동서빌딩 3층
☎ 546-0331~2 Fax. 545-0331
www.dongsuhbook.com

잘못된 책은 구입하신 곳에서 바꾸어드립니다.
*
이 책의 출판권은 동서문화사가 소유합니다.
의장권 제호권 편집권은 저작권법에 의해 보호를 받는 출판물이므로
무단전재와 무단복제를 금합니다.
사업자등록번호 211-87-75330
ISBN 978-89-497-0427-2 04080
ISBN 978-89-497-0382-4 (세트)